Código Civil
Comentado

I
Parte Geral

CÓDIGOS COMENTADOS DO CENTRO DE INVESTIGAÇÃO
DE DIREITO PRIVADO

CÓDIGO CIVIL
COMENTADO

I
PARTE GERAL

(artigos 1.º a 396.º)

ANTÓNIO MENEZES CORDEIRO
COORDENADOR

Comissão Científica
ANTÓNIO MENEZES CORDEIRO • PEDRO ROMANO MARTINEZ
DÁRIO MOURA VICENTE

Montagem e paginação
JOSÉ ANTÓNIO VELOSO DA CUNHA

ALMEDINA
2020

CÓDIGO CIVIL COMENTADO

COORDENAÇÃO
ANTÓNIO MENEZES CORDEIRO

EDITOR
EDIÇÕES ALMEDINA, S.A.
Rua Fernandes Tomás, n.os 76-80
3000-167 Coimbra
Tel.: 239 851 904 · Fax: 239 851 901
www.almedina.net · editora@almedina.net

DESIGN DE CAPA
FBA

PRÉ-IMPRESSÃO
EDIÇÕES ALMEDINA, SA

IMPRESSÃO E ACABAMENTO

Abril, 2020

DEPÓSITO LEGAL

Biblioteca Nacional de Portugal – Catalogação na Publicação

PORTUGAL. Leis, decretos, etc. Código civil

CÓDIGO CIVIL COMENTADO
Coord. António Menezes Cordeiro. – v. – (Menezes cordeiro)
1.º v.: Parte geral. – p.

ISBN 978-972-40-8450-3 (ed. brochada)
ISBN 978-972-40-8453-4 (ed. cartonada)

I – CORDEIRO, António Menezes, 1953-

CDU 347

COLABORADORES DO 1.º VOLUME

ANTÓNIO MENEZES CORDEIRO
Doutor em Direito; Professor Catedrático da FDL
Investigador e Coordenador do CIDP
(introdução geral, diploma preambular e 1.º a 13.º, 66.º a 81.º, 122.º a 156.º, 157.º a 184, 217.º a 235.º, 240.º a 257.º, 270.º a 340.º e 352.º a 396.º)

MIGUEL TEIXEIRA DE SOUSA
Doutor em Direito; Professor Catedrático da FDL
Investigador do CIDP
(introdução 341.º a 348.º)

DÁRIO MOURA VICENTE
Doutor em Direito; Professor Catedrático da FDL
Investigador do CIDP
(14.º a 65.º)

PEDRO DE ALBUQUERQUE
Doutor em Direito; Professor Associado com agregação da FDL
Investigador do CIDP
(258.º a 269.º)

JOSÉ ALBERTO VIEIRA
Doutor em Direito; Professor Associado com agregação da FDL
Investigador do CIDP
(202.º a 216.º)

MARIA RAQUEL REI
Doutora em Direito; Professora Auxiliar da FDL
Investigadora do CIDP
(236.º a 239.º)

ISABEL ALEXANDRE
Doutora em Direito; Professora Auxiliar da FDL
Investigadora do CIDP
(341.º a 351.º)

A. BARRETO MENEZES CORDEIRO, LLM
Doutor em Direito; Professor Auxiliar da FDL
Investigador do CIDP
(introdução 70.º a 81.º, 82.º a 88.º, 89.º a 121.º, 185.º a 201.º-D e 240.º a 243.º)

ÍNDICE DO PRIMEIRO VOLUME/PARTE GERAL

Código Civil Comentado

Decreto-Lei n.º 47 344, de 25 de novembro de 1966

LIVRO I – PARTE GERAL

TÍTULO I – Das leis, sua interpretação e aplicação

Capítulo I – Fontes do Direito

Capítulo II – Vigência, interpretação e aplicação das leis

Capítulo III – Direitos dos estrangeiros e conflitos de leis

Secção I – Disposições gerais

Secção II – Normas de conflitos

Subsecção I – Âmbito e determinação da lei pessoal

Subsecção II – Lei reguladora dos negócios jurídicos

Subsecção III – Lei reguladora das obrigações

Subsecção IV – Lei reguladora das coisas

Subsecção V – Lei reguladora das relações de família

Subsecção VI – Lei reguladora das sucessões

TÍTULO II – Das relações jurídicas

SUBTITULO I – Das pessoas

Capítulo I – Pessoas singulares

Secção I – Personalidade e capacidade jurídica

Secção II – Direitos de personalidade

Secção III – Domicílio

Secção IV – Ausência

Subsecção I – Curadoria provisória

Subsecção II – Curadoria definitiva

Subsecção III – Morte presumida

Subsecção IV – Direitos eventuais do ausente

Secção V – Menores e maiores acompanhados

Subsecção I – Condição jurídica dos menores

Subsecção II – Maioridade e emancipação

Subsecção III – Maiores acompanhados

Capítulo II – Pessoas coletivas

Secção I – Disposições gerais

Secção II – Associações

Secção III – Fundações

Capítulo III – Associações sem personalidade jurídica e comissões especiais

SUBTÍTULO I-A – Dos animais

SUBTÍTULO II – Das coisas

SUBTÍTULO III – Dos factos jurídicos

Capítulo I – Negócio jurídico

Secção I – Declaração negocial

Subsecção I – Modalidades da declaração

Subsecção II – Forma

Subsecção III – Perfeição da declaração negocial

Subsecção IV – Interpretação e integração

Subsecção V – Falta e vícios da vontade

Subsecção VI – Representação

Divisão I – Princípios gerais

Divisão II – Representação voluntária

Subsecção VII – Condição e termo

Secção II – Objeto negocial. Negócios usurários

Secção III – Nulidade e anulabilidade do negócio jurídico

Capítulo II – Atos jurídicos

Capítulo III – O tempo e a sua repercussão nas relações jurídicas

Secção I – Disposições gerais

Secção II – Prescrição

Subsecção I – Disposições gerais

Subsecção II – Prazos de prescrição

Subsecção III – Prescrições presuntivas

Subsecção VI – Suspensão da prescrição

Subsecção V – Interrupção da prescrição

Secção III – Caducidade

SUBTÍTULO IV – Do exercício e tutela dos direitos

Capítulo I – Disposições gerais

Capítulo II – Provas

Secção I – Disposições gerais

Secção II – Presunções

Secção III – Confissão

Secção IV – Prova documental

Subsecção I – Disposições gerais

Subsecção II – Documentos autênticos

Subsecção III – Documentos particulares

Subsecção IV – Disposições especiais

Secção V – Prova pericial

Secção VI – Prova por inspeção

Secção VII – Prova testemunhal

ABERTURA

O *Código Civil Comentado*, cujo primeiro volume agora se leva a público, constitui uma aspiração antiga e pensada. Ele aproveita a experiência colhida com outras iniciativas do Centro de Investigação de Direito Privado, publicadas pela Editora Almedina: as anotações aos Códigos das Sociedades Comerciais, às Leis do Arrendamento e à Lei da Arbitragem.

A iniciativa vai ao encontro das necessidades de práticos, de estudantes e de estudiosos. Pretende, a propósito das normas do Código, disponibilizar, de modo sintético e eficaz: (1) a origem dos preceitos; (2) os entendimentos doutrinários mais significativos que, sobre eles, se tenham estabelecido; (3) o modo por que os tribunais os tenham vindo a aplicar.

A informação em excesso torna-se inaproveitável. Neste momento, a doutrina civilística assume uma extensão inabarcável: não é credível sumariá-la em anotações. Assim, o presente *Código Comentado* opta por: (a) não citar doutrina estrangeira: a propósito de cada rubrica, indicam-se os títulos nacionais onde podem ser pesquisadas obras de outros países; (b) remeter, para escritos acessíveis, os desenvolvimentos históricos e comparatísticos; (c) usar, para o efeito e como obra atualizada, completa e subjacente, o *Tratado de Direito civil*, doze volumes publicados e mais três em preparação; (d) referir, da jurisprudência, casos exemplares, com relevo para os recentes: hoje estão disponíveis, em linha, bases de dados que facultam milhares de decisões, sendo inadequado seriá-las.

As abreviaturas usadas constam do referido *Tratado*. Omite-se a palavra "artigo": nos textos ela é substituída pelo ordinal: o artigo 1.º será, simplesmente, "1.º".

Quanto a obras citadas: as de uso corrente constam da bibliografia geral, sendo depois referidas apenas pelo seu autor e por uma designação abreviada. A propósito de cada preceito, ou grupo de preceitos, indica-se a bibliografia específica. Esta, quando não coincida com a geral vem, na anotação subsequente, citada apenas pelo autor e pelo título abreviado. Em certos casos, repetem-se o título completo e a data: sempre que se pretenda chamar a atenção para eles.

A jurisprudência inserida na base de dados ITIJ é referida pelo número do processo: basta para a sua localização imediata.

Foi posto o maior cuidado na revisão, Todavia, nem os autores nem a Editora assumem qualquer responsabilidade pelas indicações: os práticos são convidados a confrontar, sempre, os precisos textos em vigor. O presente texto está atualizado com referência a escritos publicados até janeiro de 2020.

Lisboa, 14 de fevereiro de 2020.

António Menezes Cordeiro

BIBLIOGRAFIA GERAL

I – Anterior a 1867

Pascoal José de Mello Freire, *Institutiones Juris Civilis Lusitani*, 4 tomos, 3.ª ed. (1842); há uma tradução portuguesa, efetuada por Miguel Pinto de Meneses e publ. no BMJ 161 (1966) e 162 a 166, 168, 170 e 170 (1967) sob o título *Instituições de Direito Civil Português;* o livro I diz respeito ao Direito público;

Manuel de Almeida e Sousa (conhecido como Lobão), *Notas de uso prático e críticas, addições, illustrações e remissões à imitação das de Muller a Struvio, sobre todos os titulos e todos os §§ do Livro primeiro das Instituições de Direito Civil Lusitano do Doutor Pascoal José de Mello Freire,* Parte I, *idem,* ao *Livro segundo,* Parte II e *idem,* ao *Livro terceiro,* Parte III; há uma edição da Imprensa Nacional, publicada a partir de 1847, em 32 volumes. Esta obra é conhecida como *Notas a Mello*;

Manuel Borges Carneiro, *Direito Civil de Portugal*, 4 volumes, Lisboa, 1826-1840;

José Homem Corrêa Telles, *Digesto português*, 3.ª ed. Lisboa, 1849; a 1.ª ed. é de 1835;

António Ribeiro de Liz Teixeira, *Curso de Direito Civil Português ou commentário às instituições do Sr. Paschoal José de Mello Freire sobre o mesmo Direito,* 3.ª ed., Coimbra, 1856;

Manuel António Coelho da Rocha, *Instituições de Direito Civil Português,* 82.ª ed., 2 tomos, Lisboa, 1848; a 1.ª ed. é de 1844; há uma reimp. de 1917.

II – Posterior a 1867 e anterior a 1966

José Dias Ferreira, *Código Civil portuguez annotado,* Lisboa, 5 volumes, 1871-1876 e 2.ª ed., Coimbra, 1894-1905; a 1.ª ed., tem elementos preparatórios;

Abel Pereira de Andrade, *Commentario ao Codigo Civil Portuguez* (Art. 359.° e ss), Coimbra, 1895;

Guilherme Alves Moreira, *Instituições do Direito civil português,* 1 – *Parte Geral,* Coimbra, 1907[1];

José Caeiro da Matta, *Direito Civil Português* I – *Parte Geral,* Coimbra, 1909;

António José Teixeira D'Abreu, *Curso de Direito Civil,* 1 – *Introdução,* Coimbra, 1910; e *Lições de Direito Civil Português,* 1.ª ed., Coimbra (1898);

José Tavares, *Os princípios fundamentais do Direito civil,* 1.° vol., 2.ª ed., Coimbra, 1929 e 2.° vol., Coimbra, 1928;

[1] Existem Lições de Guilherme Moreira anteriores, embora sem indicação de autoria e data: provavelmente de 1902-1903.

Luiz da Cunha Gonçalves, *Tratado de Direito Civil em comentário ao Código Civil Português,* 14 volumes, Coimbra, 1929-1945;

José Gabriel Pinto Coelho, *Direito Civil* (*Noções fundamentais*), por J. R. Mendes de Almeida e J. Agostinho de Oliveira, Lisboa, 1936-37;

Paulo Cunha, *Direito Civil/Teoria Geral da Relação Jurídica,* tomo I por Margarida Pimentel Saraiva e Orlando García-Blanco Courrège, Lisboa, 1937/38 e tomo II por Maria Luísa Coelho Bártholo e Joaquim Marques Martinho, polic., Lisboa, 1936/37[2]; *Teoria Geral de Direito Civil* II e III, polic., Lisboa, 1961-62[3];

Jaime de Gouveia, *Direito Civil,* por F. C. Andrade de Gouveia e Mário Rodrigues Nunes, Lisboa, 1939[4];

Inocêncio Galvão Telles, *Cadeira de Direito Civil/Teoria Geral,* por Fernando Mendes Leal e Fernando Pessoa Jorge, 2 volumes, Lisboa, 1947-48, dactil.;

Luís Pinto Coelho, *Teoria Geral do Direito Civil,* polic., Lisboa, 1950-51[5] e *Direito Civil/Teoria Geral da Relação Jurídica,* por José Dias Bravo, 1953, polic.;

Fernando Pires de Lima/João Antunes Varela, *Noções fundamentais do Direito Civil,* 2 volumes, Coimbra, 1945[6];

José Dias Marques, *Teoria Geral do Direito Civil,* 1.° vol., Coimbra, 1958 e 2.° vol., Coimbra, 1959[7];

Luís Cabral de Moncada, *Lições de Direito Civil,* 3.ª ed., 2 volumes, Coimbra, 1959[8]; existe uma 4.ª ed., de 1962, mas publicada apenas em 1995, num volume único[9];

Manuel Augusto Domingues de Andrade, *Teoria Geral da Relação Jurídica,* 2 volumes, Coimbra, 1960[10].

III – Posterior a 1966

João de Castro Mendes, *Direito civil* (*Teoria Geral*), 3 volumes, policop., Lisboa, 1967-1968[11];

Orlando de Carvalho, *Direito Civil* (*Teoria geral da relação jurídica*), policop., Coimbra, 1968--1969[12] e *Teoria Geral do Direito Civil/Sumários desenvolvidos,* policop., Coimbra, 1981[13];

Paulo Cunha, *Teoria Geral de Direito Civil,* policop. Lisboa, 1971-1972 e 1972-1973[14];

[2] Trata-se de lições correspondentes à 2.ª cadeira de Direito Civil, abrangendo porém matéria clássica da Parte geral, de acordo com o figurino germânico.

[3] Estas lições policopiadas, sem indicação de autoria, foram objeto de reimpressão, até 1965.

[4] Trata-se de lições dadas ao 1.° ano jurídico, em 1939-40.

[5] Trata-se de lições policopiadas, sem indicação de autoria.

[6] Esta obra teve várias edições posteriores das quais a última – a 6.ª – corresponde a uma reimpressão de 1973.

[7] A Teoria Geral de Dias Marques foi a única obra impressa, elaborada apenas pelo seu Autor e que correspondeu à disciplina da Teoria Geral do Direito Civil, antes do Código de 1966. Ela foi antecedida por Lições policopiadas.

[8] Corresponde a uma reimpressão da 2.ª edição, de 1954, a qual retomou um original, de 1931-32 correspondente à disciplina de Noções fundamentais de Direito civil.

[9] As peripécias relativas a esta 4.ª ed. podem ser confrontadas na nota do editor que a antecede.

[10] Manuel de Andrade faleceu em 1958; trata-se, pois, de uma obra póstuma, publicada por Ferrer Correia e Rui de Alarcão, aproveitando embora elementos elaborados anteriormente por Andrade, com relevo para as Lições coligidas por Ricardo da Velha, em 1953. Houve, depois, reimpressões sucessivas.

[11] Esta obra conheceu versões posteriores, a última das quais de 1978; quando faleceu, em 1983, Castro Mendes preparava uma nova versão, de que foi publicado o 1.° vol., em 1983, graças a Armindo Ribeiro Mendes e a Vasco de Castro.

[12] Infelizmente incompleto, este escrito foi reimpresso em 1981, com algumas alterações, sob o título *A teoria geral da relação jurídica/seu sentido e limites.*

[13] Também incompleto, este escrito avança um pouco na matéria em relação ao anterior, para o qual remete largamente.

[14] Estas lições, infelizmente incompletas, foram as únicas correspondentes ao ensino de Paulo Cunha e escritas por ele

Carlos Alberto da Mota Pinto, *Teoria Geral do Direito Civil,* 3.ª ed., 1985[15];

Mário Bigotte Chorão, *Teoria Geral do Direito Civil,* 3 volumes, policop., Lisboa, 1972-1973[16];

Inocêncio Galvão Telles, *Teoria Geral do Direito Civil/Sumários,* policop., Lisboa, 1979;

A. da Penha Gonçalves, *Teoria Geral do Direito Civil,* 1.° vol., policop., Lisboa, 1981;

António Menezes Cordeiro, *Teoria geral do Direito civil,* 2.ª ed., 2 volumes, policop., Lisboa, 1989-1990;

José de Oliveira Ascensão, *Direito Civil/Teoria Geral,* Coimbra, I – *Introdução. As pessoas. Os bens,* 2.ª ed., 2000, II – *Acções e factos jurídicos,* 2.ª ed. (2003) e III – *Relações e situações jurídicas,* 2002;

Rabindranath Capelo de Sousa, *Teoria Geral do Direito Civil,* 1.° vol., Coimbra, 2003;

Carlos Alberto da Mota Pinto, *Teoria geral do Direito civil,* 4.ª ed., por António Pinto Monteiro e Paulo Mota Pinto, Coimbra, 2005;

Luís Carvalho Fernandes, *Teoria Geral do Direito Civil,* 1.° vol., 6.ª ed., Lisboa, 2012 e 2.° vol., 5.ª ed., Lisboa, 2014;

Pedro Paes de Vasconcelos/Pedro Leitão Pais de Vasconcelos, *Teoria Geral do Direito Civil,* 9.ª ed., Coimbra, 2019, reimpr.;

Heinrich Ewald Hörster/Eva Sónia Moreira da Silva, *A parte geral do Código Civil português/ /Teoria Geral do Direito Civil,* 2.ª ed., Coimbra, 2019;

António Menezes Cordeiro, *Tratado de Direito civil,* II – *Negócio jurídico,* 4.ª ed., Coimbra, 2014; III – *Coisas,* 4.ª ed., Coimbra, 2019; IV – *Pessoas,* 5.ª ed., Coimbra, 2019; V – *Exercício jurídico,* 3.ª ed., Coimbra, 2018; os volumes III, IV e V tiveram a colaboração de A. Barreto Menezes Cordeiro.

IV – Bibliografia específica relativa à introdução do Estudo do Direito, anterior a 1966

Paulo Cunha, *Cadeira de introdução ao Estudo do Direito*, I, por Maurício Canelas (1945/46) e II, sem indicação do compilador;

José Hermano Saraiva, *Lições de introdução ao Direito*, Lisboa, 1963;

Fernando Andrade Pires de Lima e João de Matos Antunes Varela, *Noções fundamentais de Direito civil*, I, 6.ª ed., Coimbra, 1973.

V – *Idem*, posterior a 1966

António de Castanheira Neves, *Lições de introdução ao Estudo do Direito*, Coimbra, 1968-1969;

António Menezes Cordeiro, *Noções gerais de Direito*, Lisboa, 1979;

Nuno Sá Gomes, *Introdução ao Estudo do Direito*, Lisboa, 1979/1980;

José Dias Marques, *Introdução ao estudo do Direito*, Lisboa, 1986;

João Baptista Machado, *Introdução ao Direito e ao discurso legitimador,* 3.ª ed., Coimbra, 1989, reimp., 2019;

Marcelo Rebelo de Sousa e Sofia Galvão, *Introdução ao estudo do Direito*, Lisboa, 1991;

próprio; existem apontamentos completos das aulas de Paulo Cunha, inéditos.

[15] Publicada pouco depois da morte do seu Autor – mas ainda preparada por ele – esta obra teve uma primeira edição impressa em 1976; na origem, estão lições de 1967, elaboradas para adaptar o ensino de Manuel de Andrade ao novo Código Civil; na atualização colaborou António Pinto Monteiro.

[16] Apresentados como notas das lições, estes elementos, com exceção do 2.° volume, ficaram incompletos.

Paulo Otero, *Lições de introdução ao Estudo do Direito*, 1.º vol., 2 tomos, Lisboa, 1999;
Inocêncio Galvão Telles, *Introdução ao Estudo do Direito*, 10.ª ed., dois volumes, Coimbra, 2000;
Diogo Freitas do Amaral, *Manual de Introdução ao Direito*, 1, Coimbra, 2004;
José de Oliveira Ascensão, *O Direito. Introdução e teoria geral*, 13.ª ed., Coimbra, 2005;
António Menezes Cordeiro, *Tratado de Direito civil*, I – *Introdução, fontes do Direito, interpretação da lei, aplicação da lei no tempo e doutrina geral*, 4.ª ed., Coimbra, 2012;
Pedro Trovão do Rosário e outros (coord.), *Introdução ao Direito*, Coimbra, 2018, reimp..
António Santos Justo, *Introdução ao Estudo do Direito*, 10.ª ed., Coimbra, 2019;
Fernando José Bronze, *Lições de introdução ao Direito*, 3.ª ed., Coimbra, 2019;
Miguel Teixeira de Sousa, *Introdução ao estudo do Direito*, Coimbra, reimp., 2019;

VI – **Códigos anotados**

Jacinto Rodrigues Bastos, *Das leis, sua interpretação e aplicação/Segundo o Código Civil de 1966*, Lisboa, 1967; *idem*, *Das relações jurídicas/Segundo o Código Civil de 1966*, I (66.º a 156.º), Lisboa, 1967; II (157.º a 228.º), Lisboa, 1968; III (229.º a 284.º), Lisboa, 1968; IV (285.º a 333.º), Lisboa, 1969; V (334.º a 396.º), Lisboa, 1969;
Fernando Andrade Pires de Lima/João de Matos Antunes Varela, *Código Civil anotado*, I, 4.ª ed., 1987;
Jacinto Rodrigues Bastos, *Código Civil Português*, 16.ª ed., Coimbra, 2008;
José Alberto González, *Código Civil anotado*, 1.º vol., *Parte geral (artigos 1.º a 396.º)*, Lisboa, 2011;
Luís Carvalho Fernandes (coord.), UCP, *Comentário do Código Civil/Parte geral*, Lisboa, 2014;
António Pinto Monteiro, *Código Civil/Edição comemorativa dos 50 anos/1966-2016*, Coimbra, 2016;
Abílio Neto, *Código Civil anotado*, 20.ª ed., Lisboa, 2018;
Ana Prata (org.), *Código Civil anotado*, 1, 2,ª ed., (artigos 1.º a 1250.º), Coimbra, 2019.

VII – **Estudos gerais**

Faculdade de Direito de Coimbra, *Comemorações dos 35 anos do Código Civil de 1966 e dos 25 anos da reforma de 1977*, 3 volumes, Coimbra, 2006;
Código Civil Português/Evolução e perspectivas actuais, Themis, 2008, n.º especial;
José João Abrantes (coord.), *50 anos do Código Civil de 1966*, Coimbra, 2016;
Elsa Vaz Sequeira/Fernando Oliveira e Sá (coord.), *Código Civil/Edição comemorativa do cinquentenário*, Lisboa, 2017;
António Menezes Cordeiro (coord.), *Código Civil/Livro do cinquentenário*, 2 volumes, Coimbra, 2019;
António Pinto Monteiro (coord.), *50 anos do Código Civil/em homenagem aos Profs. Doutores Vaz Serra, Antunes Varela e Rui de Alarcão*, Coimbra, 2019.

VIII – Trabalhos preparatórios/Estudos parcelares

Das leis, sua interpretação e aplicação (1.º a 13.º):

Manuel de Andrade, *Fontes do Direito/Vigência, interpretação e aplicação da lei*, BMJ 102 (1961), 141-166.

Direitos dos estrangeiros e conflitos de leis (14.º a 65.º):

António de Arruda Ferrer Correia, *Direito internacional privado/direitos dos estrangeiros*, BMJ 24 (1951), 9-71;

idem, com a colab. de João Baptista Machado, *Aplicação das leis no espaço/direitos dos estrangeiros*, BMJ 136 (1964), 17-73.

Das relações jurídicas/Pessoas singulares e domicílio (66.º a 88.º):

Manuel Augusto Domingues de Andrade, *Esboço de um anteprojeto de Código das pessoas e da família, na parte relativa ao começo e termo da personalidade jurídica, aos direitos de personalidade, ao domicílio*, BMJ 102 (1961), 153-166.

***Idem*, ausência (89.º a 121.º):**

Manuel Gonçalves Pereira, *Ausência (anteprojecto para o novo Código Civil)*, BMJ 105 (1961), 281-391.

***Idem*, incapacidades (122.º a 156.º):**

Américo de Campos Costa, *Incapacidades e formas do seu seguimento*, BMJ 111 (1961), 195-231.

Pessoas coletivas (157.º a 201.º):

António de Arruda Ferrer Correia, *Pessoas coletivas/Anteprojecto de um capítulo do novo Código Civil*, BMJ 67 (1957), 247-281.

Coisas (202.º a 216.º):

Fernando Andrade Pires de Lima, *Das coisas*, BMJ 91 (1959), 297-222.

Factos jurídicos/negócio jurídico (217.º a 279.º):

Rui de Alarcão, *Do negócio jurídico/Anteprojecto para o novo Código Civil*, BMJ 105 (1961), 249-279;

Idem, *Declaração expressa e tácita/O silêncio/Anteprojecto*, BMJ 86 (1959), 231-241;

Idem, *Forma dos negócios jurídicos/Anteprojecto*, BMJ 86 (1959), 177-208;

Adriano Vaz Serra, *Requisitos da forma escrita*, BMJ 86 (1959), 208-244;

Idem, *Perfeição da declaração de vontade – Eficácia da emissão da declaração – Requisitos especiais da conclusão do contrato*, BMJ 103 (1961), 5-151;

Rui de Alarcão, *Interpretação e integração dos negócios jurídicos/Anteprojecto*, BMJ 84 (1959), 329-345;

Idem, *Simulação/Anteprojecto*, BMJ 84 (1959), 305-328;

Idem, *Reserva mental e declarações não sérias*, BMJ 86 (1959), 225-231;

Idem, *Erro, dolo e coacção – Representação – objecto negocial – negócios usurários – condição/Anteprojecto*, BMJ 102 (1961), 167-180;

Idem, *Breve motivação do anteprojecto sobre o negócio jurídico na parte relativa ao erro, dolo, coacção, representação, condição e objecto negocial*, BMJ 138 (1964), 71-122;

Mário Júlio de Almeida Costa, *A vontade e a declaração na teoria do negócio jurídico representativo*, BMJ 127 (1963), 145-174;

Rui de Alarcão, *Invalidade dos negócios jurídicos*, BMJ 89 (1959), 199-267.

O tempo e a sua repercussão nas relações jurídicas (296.º a 333.º):

Adriano Vaz Serra, *Prescrição extintiva e caducidade*, BMJ 105 (1961), 5-248; 106 (1961), 45-278 e 107 (1961), 159-306.

Do exercício e tutela dos direitos (334.º a 340.º):

Adriano Vaz Serra, *Abuso do direito (em matéria de responsabilidade civil)*, BMJ 85 (1959), 243-343;

Idem, *Causas justificativas do facto danoso*, BMJ 85 (1959), 13-113.

Provas (341.º a 396.º):

Adriano Vaz Serra, *Provas (Direito probatório material)*, BMJ 110 (1961), 61-256; 111 (1961), 5-194 e 112 (1962), 33-293.

IX – Anteprojetos e Projeto

Código Civil/Livro I – Parte geral (1.ª Revisão Ministerial), BMJ 107 (1961), 5-158;

Código Civil/Livro I – Parte geral (revisão intercalar) (1964), no Arquivo Histórico da Secretaria-Geral do Ministério da Justiça, dactilografado, 152 pp.;

Código Civil/Livro I – Parte geral (2.ª Revisão Ministerial) (Julho 1965), policopiado, 161 pp.;

Projecto de Código Civil (1966), 1-116.

INTRODUÇÃO AO CÓDIGO CIVIL COMENTADO

Bibliografia: Adriano Vaz Serra, *A revisão geral do Código Civil/Alguns factos e comentários*, BMJ 2 (1947), 24-76 = BFD 22 (1947), 451-513; João Antunes Varela, *Do projecto ao Código Civil* (1966); *idem*, *Código Civil*, em *A feitura das leis* I (1986), 17-34; António Menezes Cordeiro, *Da modernização do Direito civil*, I – *Aspectos gerais* (2014), 51 ss.; *idem*, *Tratado de Direito civil*, I, 4.ª ed. (2014), 261-242, 377-385; *idem*, *A Lei da Boa Razão (1769): a globalização atlântica*, em Estudos João Soares da Silva (2020); António Pinto Monteiro, *O Código Civil de 1966*, RDC 2016, 535-538; Dário Moura Vicente, *O Código Civil na lusofonia: constantes e variáveis*, RDC 2019, 59-83; Helena Leitão, *O Código Civil português de 1966 nos PALOP e as tendências de reforma*, Themis, n.º especial (2008), 129-161; Jorge Sinde Monteiro, *Manuel de Andrade e a influência do BGB sobre o Código Civil português de 1966*, BFD, volume comemorativo, 75.º tomo (2003), 181-207 (187 ss.); Luís Correia de Mendonça, *As origens do Código Civil de 1966: esboço para uma contribuição*, Análise Social, XVIII (1982), 829-867; Paulo Mota Pinto, *Declaração tácita e comportamento concludente no negócio jurídico* (1995), 10-17; *idem*, *Código Civil português: "de uma possível tendência para o esvaziamento a uma também possível necessidade de reforma"? Algumas reflexões* (2008), em *Direito civil/Estudos* (2018), 7-34; Raul Guichard, *A elaboração do Código Civil de 1966. Sua génese, sistematização e técnica legislativa. Em especial, a adoção de uma Parte geral*, em Elsa Vaz de Sequeira/Fernando Oliveira e Sá (coord.), *Código Civil/ /Edição comemorativa do cinquentenário* (2017), 71-110;

Bibliografia quanto à Parte geral: António Menezes Cordeiro, *Teoria geral do Direito civil/Relatório* (1988), 71-82 e 215-234; António Pinto Monteiro, *A Parte Geral do Código, a Teoria Geral do Direito Civil e o Direito Privado Europeu, Comemorações dos 35 anos*, II (2006), 57-76; Claus-Wilhelm Canaris, *Funções da Parte geral de um Código Civil e limites da sua prestabilidade, idem*, 23-42; Francisco Amaral, *A Parte geral do novo Código Civil brasileiro. Influência do Código Civil português, idem*, 43-55; Jorge Silva Santos, *Teoria geral do Direito civil, cripto-justificações e performatividade da decisão jurídica* (2018, polic.), 549 pp..

Índice

I – A elaboração do Código Civil

1 **1. As origens.** O Direito privado português resulta de sucessivos fenómenos de receção (aprendizagem de uma Ciência jurídica determinada) e de transplante (imposição de um corpo de regras a uma comunidade a elas estranha), adaptados à realidade humana do Ocidente peninsular. Na origem, temos o Direito vulgar resultante da romanização. Pontuado por elementos germânicos, árabes e canónicos, o corpo inicial de regras românicas sofreu o influxo de práticas consuetudinárias. Acolheu as leis dos Reis de Portugal, retomadas nas sucessivas Ordenações: Afonsinas (1446-1447), Manuelinas (1512-1514) e Filipinas (1603).

2 Em paralelo, a fundação da Universidade (1288) deu azo a uma primeira receção do Direito romano. Seguiram-se-lhe os influxos humanistas e as aportações pombalinas. Estas tomaram corpo especialmente na Lei da Boa Razão (18-ago.-1769) e nos Estatutos Pombalinos da Universidade (28-ago.-1772). Ambos os diplomas abriram, na área civil, a porta ao acolhimento do *usus modernus* e da pandectística e, no plano mercantil, a receções e a transplantes dos diversos países europeus. Com isso, o Direito lusófono ficou especialmente aberto à Ciência Jurídica oriunda de outros países, numa característica estrutural que se mantém.

3 No decurso do séc. XIX, decorreu um esforço de reconstrução do Direito civil português. A partir das regras existentes, juristas notáveis como Pascoal de Melo (1738-1798), Manuel de Almeida e Sousa (Lobão, 1744-1817), António Ribeiro de Liz Teixeira (1790-1847), José Homem Correia Teles (1780-1849) e Manuel António Coelho da Rocha (1793-1850), desenvolveram as bases da pré-codificação civil portuguesa. Para além das Ordenações, foi patente a influência do Código Civil francês, principalmente em Correia Teles e do pandectismo alemão, presente em Coelho da Rocha, através de traduções francesas de Ferdinand Mackeldey.

4 **2. O Código de Seabra (CS)**, promulgado em 1867, assente num projeto de António Luís de Seabra e Sousa (1798-1895) ou Visconde de Seabra, posicionou-se na família napoleónica. Mau grado a sistemática francesa, ele afastou-se, em pontos importantes, do regime do *Code*. Vigorou até ao Código de 1966. A sua luz fez, no início, regredir o civilismo português: num refluxo normal em face de grandes codificações, a doutrina seguiu, nas décadas subsequentes, os caminhos da exegese.

5 Não obstante o retrocesso, o CS foi decisivo na afirmação do civilismo lusófono, numa época em que países dotados de sólidas tradições jurídicas, como a Itália ou a Holanda, recuavam em face da forte pressão do sistema napoleónico. Datam dessa época (1867), duas grandes revistas jurídicas que se mantêm: a *Revista de Legislação e de Jurisprudência*, de Coimbra e *O Direito*, de Lisboa. No refluxo de Seabra surgiu uma obra importante: o *Codigo Annotado* de José Dias Ferreira (1837-1909), cuja 1.ª ed., em cinco volumes, se iniciou em 1870. Apesar de exegética, ela logrou uma exposição cabal do nosso vernáculo civil. No plano do ensino e como obra de referência, mantiveram-se as *Instituições* de Coelho da Rocha as quais, subliminarmente, foram divulgando a sistemática pandectística.

6 Num balanço, mau grado as críticas que lhe foram dirigidas nos meados do séc. XX e que estão na base do atual Código, temos, como vantagens: (a) a salvaguarda, na Europa e no Império, de um civilismo genuinamente português; (b) um aperfeiçoamento do português jurídico; (c) a sedimentação de conceitos; (d) a preservação de soluções territorialmente mais adequadas; (e) o progresso técnico em áreas como as das obrigações e as dos contratos; (f) algum avanço social, no campo da família; (g) um instrumento jurídico-científico que não inviabilizou o progresso subsequente.

3. A receção do pandectismo deu-se, fundamentalmente, através das *Instituições de Direito civil*[1] de Guilherme Alves Moreira (1861-1922). Antecedido por um fenómeno paralelo ocorrido no Brasil[2], e que conduziu ao Código brasileiro de 1916, de feição germânica[3], o ensino de Guilherme Moreira adotou um figurino próprio, levando a uma deslocação do civilismo português da área de influência francesa para a do Direito romano-germânico. 7

O pandectismo nacional ficou marcado pelos pontos seguintes: (a) adoção do sistema germânico: parte geral, obrigações, reais, família e sucessões; (b) alteração das obras de consulta: autores alemães e italianos, em detrimento dos franceses; (c) divulgação do BGB alemão; (d) desenvolvimento da parte geral; (e) acolhimento de diversos institutos romano-germânicos; (f) reelaboração do Direito das obrigações; (g) afinamento dogmárico geral, com o progressivo acolhimento de cláusulas gerais. 8

À luz do pandectismo floresceu uma vigorosa escola coimbrã de Direito civil. Manuel de Andrade (1899-1958), Adriano Vaz Serra (1903-1989), Fernando Pires de Lima (1906-1970), António Ferrer Correia (1912-2003), João Antunes Varela (1919-2005) e Rui de Alarcão (1930-2018), em monografias, em obras gerais e no ensino, asseguraram a divulgação do novo Direito civil. O movimento prosseguiu na Universidade de Lisboa, através de José Maria Joaquim Tavares (1873-1938), Paulo Cunha (1908-1986), Manuel Gomes da Silva (1915-1994), Inocêncio Galvão Telles (1917-2010) e Fernando Pessoa Jorge (1929). Com exceção de José Tavares, todos estes professores tiveram um papel direto na elaboração do Código Civil de 1966. 9

4. A preparação do Código Civil de 1966 foi desencadeada por Adriano Vaz Serra, então ministro da Justiça, através do Decreto 33:908, de 4-set.-1944[4]. Na base jogaram críticas ao CS: (a) o seu texto, nos então oitenta anos de vigência, provocara numerosas dúvidas que convinha esclarecer; (b) ele estava já alterado por diplomas extravagantes, de tal modo "... que perdeu em grande parte a característica de um verdadeiro Código"; (c) mesmo para a data do seu aparecimento, ele nem sempre foi feliz na orientação que seguiu a respeito de certos institutos ou problemas; o exemplo dado era o da responsabilidade civil; (d) ele não regularia institutos ou figuras jurídicas relevantes e necessários; (e) a técnica por ele utilizada "não está isenta de reparos"; (f) ele denotaria um individualismo extremo. 10

O referido Decreto 33:908 veio determinar a elaboração de um projeto de revisão geral do Código Civil. As orientações fundamentais foram firmadas, no início dos trabalhos, pela comissão de reforma constituída por Manuel de Andrade, Pires de Lima, Paulo Cunha e Vaz Serra, seu presidente. 11

Na repartição de trabalhos chegou-se ao seguinte quadro: (a) Parte geral – Manuel de Andrade; (b) Direito das obrigações – Vaz Serra; (c) Direito das coisas – Pires de Lima; (d) Direito da família – Pires de Lima; (e) Direito das sucessões – Paulo Cunha. Outros civilistas foram, depois, associados à reforma. Manuel de Andrade teve, como colaboradores, Ferrer Correia, cuja atuação foi decisiva, designadamente no domínio do Direito internacional privado, das associações e das sociedades e Rui de Alarcão, no do negócio jurídico. Galvão Telles foi incumbido dos contratos em especial; Pinto Coelho, de certas áreas do Direito das coisas; 12

[1] Pré-edição, 1903, 1.ª ed., 1907, 2.ª ed. inalterada, 1925. Os dois primeiros volumes são oficiais; o terceiro (Reais) e o quarto (Família), sem identificação do autor, surgem ainda como pré-edições.

[2] Em especial na sequência de Teixeira de Freitas (1816-1883).

[3] Na base de um projeto de Clóvis Beviláqua (1859-1944).

[4] DG I, n.º 196, de 4-set.-1944, 830-836.

Gomes da Silva, do Direito da família; Galvão Telles, das sucessões; outros peritos tiveram, também, intervenção[5].

13 Os trabalhos preparatórios do Código Civil foram sendo publicados no BMJ. Com relevo para os de Vaz Serra, que cobrem a área nuclear do Direito das obrigações, eles representam muitos milhares de páginas de investigação e de divulgação: ainda hoje eles cobrem áreas que, depois, pouco ou nada foram estudadas[6].

14 As propostas iniciais foram alteradas por Pires de Lima e Antunes Varela, este último designado Ministro da Justiça a partir de 1955 e a quem se devem dois anteprojetos, de 1963 e 1965, conhecidos como 1.ª e 2.ª Revisões Ministeriais e, em 1966, um projeto definitivo global, convertido nesse mesmo ano, após brevíssima discussão pública, em Código Civil. Os reflexos concretos de toda esta preparação nos diversos preceitos será ponderada, caso a caso, nas competentes anotações.

15 **5. As opções básicas** do Código Civil foram fixadas, logo em 1944, pela comissão dos cinco professores acima referidos. De acordo com a respetiva ata, foram decididos os pontos seguintes[7]: (1) adoção da ordenação germânica; (2) acolher definições desde que, na parte geral, se diga que são apenas orientadoras; (3) colocar as doações na parte dos contratos em especial, mas confiá-las ao vogal incumbido das sucessões por morte; (4) inserir as garantias reais no livro das obrigações; (5) tratar o contrato de trabalho nas obrigações, mas de modo reduzido, remetendo no mais para legislação especial; (6) limitar o registo predial a alguns princípios, nos direitos reais; (7) posicionar a prescrição na parte geral; (8) ponderar a inserção das provas; (9) admitir normas gerais sobre a interpretação e a integração das leis, mas numa lei de introdução ao Código; (10) confiar o instituto da ausência e a teoria das coisas e do património a Pires de Lima, que trataria a família e os direitos reais; (11) atribuir as incapacidades à parte geral; (12) firmar um Código de cariz social, desenvolvendo a ordem pública e a proteção dos fracos; (13) fixar, como supletivo, o regime da comunhão de adquiridos; (14) não admitir o costume como fonte do direito mas, apenas, remissões para os usos; (15) nortear o poder paternal pelos interesses dos filhos e acautelar melhor os da mulher casada; (16) manter o *favor debitoris*; (17) *idem*, quanto aos fideicomissos, mas só num grau; (18) conservar a enfiteuse e acolher, pelo menos, o direito de superfície; (19) tratar a sucessão legitimária como espécie autónoma; (20) fazer variar limitadamente a parte indisponível da herança em função do número de herdeiros; (21) reduzir a sucessão legítima ao 4.º grau colateral; (22) não ampliar os quadros da sucessão contratual; (23) não admitir nem o testamento nuncupativo, nem o ológrafo, salvo melhor reflexão, confiada a Paulo Cunha; (24) designar os cinco livros do código como parte geral, direito das obrigações, direito das coisas, direito da família e direito das sucessões; (25) aprovar um código o mais completo possível, no seu núcleo fundamental; (26) perfilhar um estilo claro, sóbrio e preciso, conservando a terminologia e a redação do Código de Seabra, sempre que possível; (27) dividir o código em partes, livros, títulos, capítulos, secções, subsecções, divisões e subdivisões; (28) inserir parágrafos nos artigos, quando necessário; (29) homogeneizar a terminologia legal; (30) desenvolver esforços para fixar o *onus probandi* em cada espécie; (31) redigir o código no presente.

16 Esta seriação fixou os pontos decisivos do Código, ainda que nem sempre eles tenham sido integralmente respeitados.

[5] A lista dos membros e dos colaboradores da Comissão do Código Civil consta do BMJ 160 (1966), 12.

[6] *Tratado*, VI, 3.ª ed. (2019), 206 ss..

[7] Adriano Vaz Serra, *A revisão geral do Código Civil*, BMJ 2, 34-41.

6. A apreciação geral do Código foi sendo feita nos últimos cinquenta anos. Como vantagens: (1) consagrou a receção do pandectismo em Portugal, prevenindo retrocessos; (2) modernizou áreas significativas, mormente na teoria do negócio e nas obrigações em geral; (3) acolheu cláusulas gerais, como a da boa-fé e assinalou institutos dela decorrentes: *culpa in contrahendo*, abuso do direito, alteração das circunstâncias e deveres acessórios; (4) abriu as portas aos direitos de personalidade e à compensação de danos morais; (5) permitiu aspetos mais claros, na defesa dos devedores; (6) deixou espaço para os desenvolvimentos registados e futuros, no domínio de uma Ciência do Direito responsiva, capaz de corrigir injustiças e de afinar o sistema. A apreciação geral é fortemente positiva. 17

7. As críticas surgidas relativamente ao Código são: (1) mau grado as revisões ministeriais, denotam-se assimetrias derivadas da diversidade de autores que intervieram na sua elaboração; assim, o nível elevado presente no Direito internacional privado e nas obrigações em geral contrasta com a modéstia dos Direitos Reais; (2) atendeu à doutrina alemã anterior à segunda guerra mundial, passando ao lado de novidades já conhecidas, aquando da sua elaboração; (3) aceitou a parte geral há muito criticada; (4) foi incipiente quanto aos direitos de personalidade e à liberdade de associação; (5) consagrou soluções retrógradas no campo da família e das sucessões, obrigando a uma revisão apenas dez anos após a sua aprovação; (6) agravou o regime vinculístico do arrendamento, quando o diagnóstico dos seus inconvenientes já era conhecido; (7) manteve soluções arcaicas, com exemplo no regime da venda de coisas oneradas e defeituosas; (8) contra o inicialmente previsto, abusou das definições, obrigando a reformulações doutrinárias (aparentemente) *contra legem*. 18

II – A evolução jurídico-científica e legislativa

8. As fases de aplicação do Código Civil foram ditadas pela jurisprudência, em parte apoiada na doutrina. Temos três fases: (1) a exegese (1967-1985); (2) a implantação das cláusulas gerais (1985-2000); (3) o desenvolvimento integrado (2000 em diante). Assim: (1) na fase da exegese, procedeu-se à explicação dos novos preceitos e à sua aplicação quase literal; este período foi dominado pelo *Código anotado* de Pires de Lima e de Antunes Varela e por uma jurisprudência muito estrita, atreita a um certo conceitualismo; (2) na fase da implantação das cláusulas gerais, valeram obras relativas à boa-fé e às suas concretizações; a jurisprudência passou a reconhecer e a aplicar as figuras da *culpa in contrahendo*, do abuso do direito, da alteração das circunstâncias e dos deveres acessórios; (3) na fase do desenvolvimento integrado, pesaram as reconstruções gerais; a jurisprudência, além de sedimentar as figuras derivadas da boa-fé, hoje de aplicação corrente, passou a articular regras constitucionais, declarações de direitos e novas doutrinas sobre a responsabilidade civil. 19

A tipificação apontada é tendencial. Surgem recaídas no conceitualismo e na exegese, impulsionadas por obras sem critério. Também operam tendências ingénuo-antiquárias: solucionam-se litígios na base de citações de obras antigas, totalmente respeitáveis, mas que não comportam (nem podiam comportar) as valorações permitidas pela atual Ciência do Direito. A tendência geral é, não obstante, muito positiva. 20

9. A evolução legislativa é mais difícil de tipificar. A regra, não-escrita mas bastante óbvia, de que não se mexe num código civil a não ser precedendo estudos sérios e profundos, confiados às universidades, à alta magistratura e à advocacia mais considerada e só depois validados pelos órgãos constitucionais competentes, foi, por vezes, postergada. Além disso, recorreu-se à alteração do Código para solucionar questões pontuais ou para consignar soluções da moda, 21 ditadas por maiorias parlamentares circunstanciais. Com exemplo noutros países, as reformas civis devem assentar em consensos alargados.

22 **10. As alterações ao Código Civil** ascendem, neste momento, a 75[8]. Cumpre seriá-las, antes de as apreciar e ordenar. São elas (os preceitos referidos *ad nutum* são os alterados): **(1)** DL 67/75, de 19-fev.: 1029.º/3 e 1051.º/2 e 3, relativos à forma do arrendamento e à subsistência do direito do locatário; **(2)** DL 201/75, de 15-abr.: novo regime do arrendamento rural; revoga os 1064.º a 1982.º; **(3)** DL 261/75, de 27-mai.: generaliza o divórcio, na sequência da revisão da Concordata com o Vaticano, em 15-fev.-1975: 1599.º, 1605.º, 1656.º, 1778.º, 1792.º, 1793.º e 1795.º; **(4)** DL 561/76, de 17-jul.: modifica os fundamentos do divórcio: 1605.º e 1778.º; **(5)** DL 605/76, de 24-jul.: *idem*, quanto ao divórcio e à separação de pessoas e bens: 1786.º, 1788.º, 1794.º e 1795.º; **(6)** DL 293/77, de 20-jul.: introduz um novo regime para as ações de despejo: 1041.º (mora do locatário) e 1111.º (transmissão por morte do arrendatário); **(7)** DL 496/77, de 25-nov.: reforma do Código, em função da Constituição de 1976 indo, nalguns pontos, mais longe do que o exigido por esta; foram modificados 27 artigos da parte geral, 6 das obrigações, 1 dos reais, 249 da família, sendo, neste livro, acrescentados 17 novos artigos e revogados 3; 33 nas sucessões, com 3 acrescentos e 2 revogações; foram fundamentalmente atingidas a parte geral, a família e as sucessões; **(8)** DL 200-C/80, de 24-jun., relativo a juros e temas conexos: 559.º, 811.º, 812.º e 1146.º; **(9)** DL 236/80, de 18-jul.: 410.º, 412.º e 830.º, fixando um novo regime para o contrato-promessa; retificado em 29-jul.-1980, DR I, n.º 164, de 18-ago.-1980, 2440/II; **(10)** DL 328/81, de 4-dez.: 1111.º e 1051.º, quanto ao arrendamento, fixando ainda um "direito a novo arrendamento"; **(11)** DL 262/83, de 16-jun.: 282.º, 805.º, 806.º, 811.º, 812.º e 1146.º, sendo aditados os 559.º-A e 829.º-A: juros, mora, cláusula penal, sanções pecuniárias compulsórias e usura; **(12)** DL 225/84, de 6-jul.: 691.º, quanto à extensão da hipoteca; **(13)** DL 190/85, de 24-jun.: 508.º e 510.º (limites da responsabilidade objetiva) e 1143.º (forma do mútuo); **(14)** L 46/85, de 20-set.: a "lei das rendas": 1051.º, 1083.º, 1106.º e 1111.º, todos sobre o arrendamento; **(15)** DL 381-B/85, de 28-set.: difere para 1-jan.-1986 a entrada em vigor do DL 190/85; **(16)** DL 379/86, de 11-nov.: 410.º, 412.º, 413.º, 421.º, 442.º, 755.º e 830.º, adotando o novíssimo regime do contrato-promessa; retificado 22-dez., DR I, n.º 300, 6.º supl., de 31-dez.-1986, 3874-(452)/I; **(17)** L 24/89, de 1-ago.: 1094.º, relativo à caducidade da ação de resolução do arrendamento; **(18)** DL 321-B/90, de 15-out.: aprova o Regime do Arrendamento Urbano; revoga os 1083.º a 1120.º e os 1029.º/3 e 1051.º/2: **(19)** DL 257/91, de 18-jul.: 1525.º/2 (superfície subterrânea); **(20)** DL 423/91, de 31-out.: 508.º/2 (limites da indemnização), a propósito das vítimas de crimes violentos; **(21)** DL 185/93, de 22-mai.: novo regime da adoção: altera os 1974.º, 1978.º a 1985.º, 1988.º e 1992.º; **(22)** DL 227/94, de 8-set.: reformula o processo de inventário; altera os 1889.º, 1890.º, 1892.º, 1937.º, 1938.º, 2053.º, 2083.º, 2084.º, 2086.º e 2102.º; **(23)** DL 267/94, de 25-out.: modifica o regime da propriedade horizontal: 1418.º, 1419.º, 1421.º, 1422.º, 1424.º, 1426.º, 1429.º, 1432.º, 1433.º, 1435.º e 1436.º; **(24)** DL 163/95, de 13-jul.: simplifica vários atos: 731.º, 1143.º, 1239.º, 1604.º, 1609.º, 1611, 1612.º, 1710.º, 1773, 1795.º-C, 1832.º e 1833.º; adita o 1778.º-A; **(25)** L 84/95, de 31-ago.: 1887.º-A, 1905.º e 1906.º, quanto ao exercício comum do poder paternal; **(26)** DL 329-A/95, de 12-dez.: revê o Código de Processo Civil: 1696.º e revoga o 2.º; **(27)** DL 14/96, de 6-mar.: 504.º, relativo à responsabilidade por danos causados por veículos, em obediência à Diretriz 90/232, de 14-mai.; **(28)** DL 68/96, de 31-mai.: 1410.º (ação de preferência), dada a abolição do despacho liminar levada a cabo pelo DL 329--A/95; **(29)** DL 35/97, de 31-jan.: 1589.º, 1616.º e 1631.º, relativos a formalidades do casamento; **(30)** DL 120/98, de 8-mai.: regime jurídico da adoção: 1978.º a 1982.º, 1984.º e 1992.º; Ret. 11-C/98, de 30-jun.; **(31)** L 21/98, de 12-mai.: 1817.º e 1871.º, quanto à investigação de paternidade; **(32)** L 47/98, de 10-ago.: divórcio por mútuo consentimento: 1775.º e 1775.º e 1781.º; **(33)** DL 343/98, de 6-nov.: transição para o euro: 558.º, 1143.º e 1239.º; **(34)** L 59/99, de 30-jun.: 1906.º, relativo ao poder paternal em caso de divórcio, de separação judicial de pessoas e bens e de declaração de nulidade ou de anulação do casamento;

[8] A PGR conta 77, porque considera como alterações as cinco ratificações a diplomas de alteração, indicadas nos locais próprios e não conta, como alteração, o DL 381--B/85, de 23-set., que adiou a entrada em vigor do DL 190/85, de 24-jun.. Agora, há ainda que acrescentar a L 43//2019, de 21-jun., que procede à "interpretação autêntica" da L 13/2019 e a L 85/2019.

(35) L 16/2001, de 22-jun.: Lei da Liberdade Religiosa: 1615.°, 1654.° e 1670.°, na área do casamento; **(36)** DL 272/2001, de 13-out.: transfere competências para o MP e para as conservatórias de RC; revoga o 1777.°; **(37)** DL 277/2001, de 13-out.: *idem*, para as conservatórias de RP e de RC: 1295.°, 1653.°, 1659.° e 1832.°; Ret. 20-AS/2001, de 8-jan.-2002; **(38)** DL 323/2001, de 17-dez.: converte em euros valores expressos em escudos: 1323.° (achamento); **(39)** DL 38/2003, de 8-mar.: ação executiva: 548.°, 565.°, 675.°, 735.°, 749.°, 751.°, 819.°, 827.° e 1285.°; **(40)** L 31/2003, de 22-ago.: adoção: 1974.°, 1978.° a 1981.°, 1983.° e 1992.°; adita o 1978.°-A; **(41)** DL 199/2003, de 10-set.: retifica aspetos atinentes à ação executiva: 820.°; **(42)** DL 59/2004, de 19-mar.: limites máximos de responsabilidade objetiva, na linha da Diretriz 84/5, de 30-dez.: 508.° e 510.°; **(43)** L 6/2006, de 27-fev.: aprova o NRAU: 1024.°, 1042.°, 1047.°, 1049.°, 1051.°, 1053.° a 1055.°, 1417.° e 1682.°-B; repõe os 1064.° a 1113.°; Ret. 24/2006, de 17-abr.; **(44)** DL 263-A/2007, de 23-jul.: procedimento especial de transmissão, oneração e registo imediato de prédio urbano: 714.°, 731.°, 875.° e 1143.°; **(45)** L 40/2007, de 24-ago.: constituição imediata de associações: 158.°, 168.°, 174.°, 185.° e adita o 201.°-A; **(46)** DL 324/2007, de 28-set.: reforma o registo civil: 51.°, 1589.°, 1597.° a 1599.°, 1603.°, 1610.°, 1613.°, 1614.°, 1616.°, 1622.° a 1624.°, 1633.°, 1710.°, 1720.°, 1857.° e 1987.°; **(47)** DL 116/2008, de 4-jul.: simplifica e desmaterializa atos no âmbito do registo predial e conexos: 410.°, 413.°, 578.°, 660.°, 714.°, 875.°, 930, 947.°, 1143.°, 1232.°, 1239.°, 1250.°, 1419.°, 1422.°-A e 2126.°[9]; **(48)** L 61/2008, de 31-out.: altera o regime do divórcio: 1585.°, 1676.°, 1773.° a 1776.°, 1778.°, 1778.°-A, 1779, 1781.°, 1785.°, 1789.° a 1793.°, 1795.°-D, 1901.° a 1912.° e 2016.°; **(49)** L 14/2009, de 1-abr.: 1817.° e 1842, sobre investigação de paternidade; **(50)** DL 100/2009, de 11-mai.: 1626.°, sobre os efeitos civis de decisões eclesiásticas relativas à nulidade do casamento canónico e à dispensa pontifícia do casamento rato e não consumado; **(51)** L 29/2009, de 29-jun.: regime jurídico do processo de inventário: 1770.°, 2053.°, 2083.° a 2086.° e 2102.°; **(52)** L 103/2009, de 11-set.: apadrinhamento civil: 1921.° e 1961.°; **(53)** L 9/2010, de 31-mai.: casamento entre pessoas do mesmo sexo: 1577.°, 1591.°, 1628.° e 1690.°; **(54)** L 23/2010, de 30-ago.: protege as uniões de facto: 496.°, 2019.° e 2020.°; **(55)** L 24/2012, de 9-jul.: Lei Quadro das Fundações: 158.°, 162.°, 166.°, 168.°, 185.°, 188.°, 190.° a 194.°; **(56)** L 31/2012, de 14-ago.: revê o regime do arrendamento urbano: 1048.°, 1054.°, 1055.°, 1069.°, 1072.°, 1080.°, 1083.° a 1085.°, 1087.°, 1094.° a 1098.°, 1100.° a 1103.°, 1106.° e 1110.°; **(57)** L 32/2012, de 14-ago.: reabilitação urbana: 1424.°, 1425.° e 1426.°; **(58)** L 23/2013, de 5-mar.: aprova o (novo) regime do processo de inventário: 1770.°, 2053.°, 2083.° a 1086.° e 2102.°; **(59)** L 79/2014, de 19-dez.: revê o arrendamento urbano: 1072.° e 1103.°; **(60)** L 82/2014, de 30-dez.: indignidade sucessória: 2036.°; **(61)** L 111/2015, de 27-ago.: Regime Jurídico da Reestruturação Fundiária: 1379.°; **(62)** L 122/2015, de 1-set.: regime de alimentos em caso de filhos maiores ou emancipados: 1602.°, 1903.° e 1904.°; adita o 1904.°-A; **(63)** L 137/2015, de 7-set.: altera o regime das responsabilidades parentais: 1602.°, 1903.° e 1904.°; **(64)** L 143/2015, de 8-set.: Regime Jurídico do Processo de Adoção: 1973.°, 1975.°, 1976.°, 1978.° a 1983.°, 1986.° a 1990.°; adita o 1990.°-A; **(65)** L 150/2015, de 10-set.: altera a Lei Quadro das Fundações: 166.°, 168.°, 185.°, 186.°, 188.°, 190.°-A e 193.°; **(66)** L 5/2017, de 2-mar.: responsabilidades parentais por mútuo acordo, junto das conservatórias de RC: 1909.°, 1911.° e 1912.°; **(67)** L 8/2017, de 3-mar.: estatuto jurídico dos animais: 1302.°, 1305.°, 1318.°, 1323.°, 1733.° e 1775.° e adita os 201.°-B, 201.°-C, 201.°-D, 493.°-D, 1305.°-A e 1793.°-A; **(68)** L 24/2017, de 24-mai.: regulação urgente de responsabilidades parentais, no caso de violência doméstica: adita o 1906.°-A; **(69)** L 43/2017, de 14-jun.: obras em prédios arrendados: 1083.°, 1084.°, 1094.° e 1103.°; **(70)** L 48/2018, de 14-ago.: possibilidade de renúncia recíproca à condição de legitimário na convenção antenupcial: 1700.° e 2168.°; adita o 1707.°-A; **(71)** L 49/2018, de 14-ago.: regime do maior acompanhado: 32.°, 85.°, 131.°, 138.° a 156.°, 320.°, 488.°, 705.°, 706.°, 1003.°, 1174.° a 1176.°, 1601.°, 1604.°, 1621.°, 1633.°, 1639.°, 1643.°, 1650.°, 1708.°, 1769.°, 1785.°, 1821.°, 1850.°, 1857.°, 1860.°, 1861.° 1913.°, 1914.°, 1933.°, 1970.°, 2082.°, 2189.°, 2192.°, 2195.° e 2298.°; **(72)** L 64/2018, de 29-out.: 1091.° (preferência do arrendatário); **(73)** L 13/2019, de 12-fev.: proteção dos arrendatários: 1041.°. 1069.°, 1074.°, 1083.°, 1095.° a 1098.°, 1101.°, 1103.°, 1104.° e 1110.°; adita os 1067.°-A e 1110.°-A; revoga os

[9] Por lapso, diz, no seu 4.°, que o CC foi aprovado pelo DL 67/75, de 19-fev..

1074.º/4 e 1106.º/2; **(74)** L 43/2019, de 21-jun.: procede à interpretação autêntica do 1041.º/7, aditado pelo 2.º da L 13/2019; **(75)** L 85/2019, de 3-set.: suprime o prazo internupcial; revoga os 1604.º, *b*), 1605.º e 1650.º/1.

23 Devem também ser referidos os DL 195-A/76, de 16-mar. e 233/76, de 2-abr., que, sem referir o Código Civil, aboliram as enfiteuses rústica e urbana; de facto, revogaram os 1491.º a 1523.º.

24 Assinale-se que diversos diplomas complementares vêm bulir com a interpretação e a aplicação de preceitos civis. Iremos encontrá-los a seu propósito.

25 **11. A interpretação e a aplicação** das alterações deve ser feita por um prisma duplo. Muitas delas são decorrência de modificações introduzidas em institutos extravagantes, com fins próprios. A sua interpetação e aplicação processam-se em consonância com os institutos visados. Todavia, ao ingressar no Código Civil, elas passam a comungar dos valores e do sistema neles vertidos.

26 **12.** A **ordenação das alterações** pode ser feita em função de vários pontos de vista. *Por sectores*, de acordo com a área exclusiva ou predominante, temos 28 diplomas para o Direito da família, 13 para o arrendamento[10], 13 para diversas outras áreas das obrigações, 8 para os reais, 4 para a parte geral e 3 para as sucessões. Verdadeiramente geral foi a reforma de 1977, que apenas deixou de fora os direitos reais; incidiu, predominantemente, na família.

27 **13.** Pelo **prisma dogmático**, podemos distinguir: (a) alterações de fundo em obediência a reformas de base; p.ex., o DL 496/77, que adequou as associações, a família e as sucessões à Constituição de 1976 ou a L 49/2018, que reviu as incapacidades dos maiores, em função da Convenção de Nova Iorque; vale, também, o DL 343/98, relativo à introdução do euro; (b) modificações em institutos instáveis, como o arrendamento e a família e que constituem a grande maioria; estas modificações traduzem preocupações de afirmação política, sendo claro que não vêm bulir com o fundo da sociedade: nem ele poderá modificar-se todos os anos; (c) adaptações motivadas por reformas de outras áreas: processo e registo, como exemplos; (d) retoques para enquadrar temas monetários e dúvidas pontuais; assim: os DL 236/80 e 379/86, sobre o contrato-promessa ou as adaptações a temas de juros ou de indemnizações.

28 **14.** O **balanço** das alterações, mau grado estarem em causa algumas centenas de preceitos, permite constatar a estabilidade básica do Código. Salvo o caso da família, que provoca interrogações em vários países quanto ao papel do Direito nesse domínio, podemos dizer que o Código mantém a sua estrutura básica. As áreas nucleares do negócio jurídico das obrigações, dos contratos[11], dos reais e das sucessões não foram atingidas. Tirando esta última, elas são, de resto, Direito romano atual.

III – O Direito europeu

29 **15. A adesão à Europa** (então CEE, hoje UE) consumada em 1986, motivou a aplicação de fontes específicas e, particularmente, de diretrizes e de regulamentos. Alguns destes instrumentos têm relevância civil, em especial nas áreas do consumo, dos direitos sobre bens intelectuais, das cláusulas abusivas, das vendas à distância e da sociedade de informação[12]. Nenhum deles motivou alterações ao Código Civil: neste jogaram, apenas, as diretrizes da área dos seguros, com reflexos nos DL 14/96 e 59/2004, que modificaram os 504.º, 508.º e 510.º. Todavia, há

[10] Sendo que, de 1990 a 2006, a matéria esteve fora do Código Civil: não contabilizamos as várias alterações introduzidas no RAU.

[11] Descontando o arrendamento, muito instável por razões de índole político-ideológica.

[12] *Tratado*, I, 4.ª ed., 360 ss..

influxos indiretos, mercê da tutela do consumidor e das cláusulas contratuais gerais. Somente os regulamentos relativos ao euro lograram uma efetiva projeção uniforme.

A instituição de um Direito civil europeu suscita dificuldades científicas de momento inultrapassáveis. A hipotética unificação privada pressuporia uma Ciência jurídica una e uma linguagem uniformizada. Neste momento, as Ciências civis são de base nacional, amparadas em evoluções multicentenárias e em idiomas próprios. Os objetivos prosseguidos pela unificação, centrados na segurança jurídica e na facilidade de acesso de nacionais europeus aos distintos espaços, perder-se-iam, uma vez que o "Direito unificado" nunca seria aplicado nem uniforme, nem previsivelmemente. 30

16. **Os "códigos europeus"** até hoje surgidos[13] são meras iniciativas privadas, centradas na busca de princípios comuns entre as três ordens dominantes: a alemã, a britânica e a francesa. Redundaram, até hoje, em Direito alemão simplificado, escrito em inglês. A tentativa de apron-tar um regulamento sobre a compra e venda conduziu, também, a um fracasso jurídico[14]: sem prejuízo para o interesse científico representado pelo esforço desenvolvido. 31

O êxito de Estados plurilegislativos mostra que o desenvolvimento económico e social é compatível com a presença de distintos Direitos privados. Uma Europa integrada conviveria bem com esse fenómeno, que não deixaria de a enriquecer. Todavia: o *Brexit* pode ditar um surto de europeísmo, levando os dirigentes europeus a defender uma unificação civil *à outrance*. Há pois que manter atualizada a Ciência jurídica portuguesa. 32

IV – O Código Civil: hoje

17. O nosso **Direito civil atual** apresenta traços distintivos estruturais próprios do estilo germânico e, ainda, elementos específicos da sua particular posição geográfica e cultural. 33

(a) É um Direito codificado. A aprendizagem e a reflexão aplicativa fazem-se num diálogo com leis cientificamente estruturadas – por oposição a precedentes emblematicamente decididos ou a diplomas meramente compilados. Mas um tanto em desvio à prática alemã atual, o Direito português mantém uma maior ligação à exegese dos diplomas, tendo dificuldades, na sua aplicação, em transcender a letra da lei. 34

(b) É um Direito conceitualizado e analítico. As leis usam conceitos definidos – por vezes, elas próprias os definem – privilegiando as situações típicas isoladas, nas regras que estabelecem. A arrumação da matéria segue canais construtivistas – veja-se a Parte I, do Código Civil, com a sua serviência à relação jurídica –, por oposição a pragmáticos. A conformação das ideias arrima-se a pressupostos lógico-dogmáticos, de preferência assentes em fórmulas impressivas. Pense-se na dissociação dos pressupostos da responsabilidade civil. Em obediência à conceitualização, encontramos institutos bloqueados e valorações dificultadas. Assim: a suscetibilidade de aquisição, por usucapião, do direito do locatário ou a oponibilidade a terceiros dos direitos de crédito. 35

(c) É um Direito dotado de elevada abstração. Os modelos codificados aplicam-se a um universo lato de casos concretos, muito diversificados. As distintas proposições assentam em generalidades que requerem, depois, todo um esforço de concretização. Essa dimensão escapa, todavia, ao próprio Código: fica nas mãos de uma aprendizagem capaz de percorrer toda uma paleta de vias conhecidas: desde a exegese à jurisprudência dos interesses e desde a jurisprudência valorativa ao nexoalismo integrado. 36

[13] *Tratado*, I, 4.ª ed., 399 ss. e VI, 3.ª ed. (2019), 257, para o ponto da situação, nesse domínio.

[14] *Tratado*, XI (2018), 74 ss..

37 (d) É um Direito que opera com conceitos indeterminados. A natureza complexa do sistema em que assenta condescende com áreas de diversa densidade normativa. Em determinados institutos, esta pode ser tão ténue que não encontramos uma proposição clara. Obrigado a lidar com institutos como o da boa-fé, o dos bons costumes ou o da ordem pública, o intérprete-aplicador fica um tanto na posição do integrador de lacunas: ele terá de, na base dos dados basilares do sistema, (re)construir uma mensagem normativa que, propositadamente, lhe chegou ténue. A abstração e a operatividade com conceitos indeterminados – em conjunto com os demais traços distintivos, aliás – tornam o Direito português particularmente dependente de uma Ciência decidida e sensível que o conheça e que seja capaz de conduzir a sua concretização aplicativa.

38 (e) A estrutura germânica do Direito português assegura-lhe uma elevada recetividade a elementos exteriores, sendo suscetível de permanentes aperfeiçoamentos e reformas. Torna-se apto para considerar problemas novos, os quais, para um sistema fechado, nem seriam reconhecidos como relevantes. As reformas podem ser puramente interiores: conseguidas através de redimensionamentos ou de novas aplicações de conceitos indeterminados. E podem, naturalmente, advir de novidades legislativas.

39 (f) No plano legislativo, é um Direito prolixo. Mau grado a existência de envolventes codificações, sucedem-se as mais diversas alterações nas leis. No campo civil: ora se modifica o Código, ora se legisla extravagantemente. Há institutos causticados – o arrendamento ou a adoção – enquanto outros surgiram *ab initio* fora do Código: as cláusulas contratuais gerais. A situação atingiu uma dimensão só por si legitimadora de reforma.

40 (g) É, na realização, lasso e atomístico. Os operadores jurídicos nacionais revelam um individualismo que prejudica o Direito, enquanto Ciência dotada de vetores previsíveis e controláveis. Torna-se frequente o inimaginável noutras latitudes: depois de conquistados certos estádios ou certas soluções, surgirem posições doutrinárias que esqueçam todo o processado ou ocorrerem decisões judiciais que deem corpo à orientação que já ninguém defendia há muito. Na origem: a desorganização científica das Universidades, com carreiras académicas assentes no autodidatismo e no desconhecimento da produção da própria Terra-Mãe e a desatualização de obras correntemente usadas pelos aplicadores. Com frequência, são citados escritos ainda do âmbito de Seabra, deles se retirando decisões concretas.

41 (h) Finalmente, o Direito português exige um estudo francamente mais complexo do que o requerido pelos Direitos nossos vizinhos. As sucessivas receções de estilos diversos, a contínua abertura legislativa e a especial sensibilidade a novidades jurídico-científicas obrigam o civilista interessado a um permanente estudo do Direito comparado e a um esforço de atualização. A reforma universitária atual que, invocando abusivamente a declaração de Bolonha, entendeu encurtar o curso de Direito, desconhece, além do mais, a realidade nacional.

Decreto-Lei n.º 47 344, de 25 de novembro de 1966

INTRODUÇÃO AO DIPLOMA PREAMBULAR

Índice

1. O diploma preambular de aprovação do Código comporta 23 artigos: 1.º (aprovação), 2.º (começo de vigência), 3.º (revogação do Direito anterior), 4.º (remissões para o Código de 1867), 5.º (aplicação no tempo) e 6.º (pessoas coletivas). Os 7.º a 23.º fixam regras especiais de aplicação no tempo relativamente aos diversos institutos neles elencados: fundamentalmente no campo da família e das sucessões[1]. Retomou a tradição da Carta de Lei de 1-jul.-1867 (Código de Seabra). É prática comum: p. ex., a L 41/2013, de 26-jun., que aprovou o Código de Processo Civil. 1

A adoção de um novo código coloca questões de Direito transitório e de adaptação aos novos institutos. O diploma preambular resolve. 2

2. O **relevo dogmático** do diploma preambular tem sido silenciado. Os anotadores ao Código limitam-se a transcrevê-lo. Algumas das suas soluções são referidas a propósito dos institutos concretos nele referidos. Mas perde-se a dimensão sistemática. No seu conjunto, o diploma preambular dá-nos elementos sobre: (a) a técnica da revogação global e das remissões dinâmicas (3.º e 4.º); (b) a ressalva do Direito público (6.º e 8.º/2, com a delimitação do 12.º); (c) o vinculismo (10.º); (d) as especificidades do Direito das pessoas, da família e das sucessões (7.º e 15.º a 23.º): preceitos a conjugar com os do próprio Código. 3

Na interpretação e na aplicação do diploma preambular, seguem-se as regras do Código, ao qual ele está genética e funcionalmente ligado. 4

3. Vigência. O diploma preambular continua em vigor, no que não tenha perdido oportunidade. Nas anotações subsequentes, verifica-se a atualidade de vários dos seus preceitos. 5

[1] DG I, n.º 274, de 25-nov.-1966, 1883-1885.

Artigo 1.º (Aprovação do Código Civil)

É aprovado o Código Civil que faz parte do presente decreto-lei.

Índice

1 **1. A aprovação do Código** Civil atribui, a este, a normatividade, conectando-o com uma fonte do Direito. O Código não pode ser alterado por fonte inferior. O Direito privado exige uma lei em sentido material: lei ou decreto-lei.

2 **2. A base constitucional** do DL 47 344 residiu no 109.º/2, 1.ª parte, da Constituição de 1933, segundo o qual compete ao Governo aprovar decretos-leis[1]. Não havia uma reserva de lei a favor do Parlamento[2]. O diploma foi aprovado em período de funcionamento da Assembleia Nacional, de modo a poder ser objeto de ratificação parlamentar, de acordo com o 109.º/4, § 3.º, da Constituição de 1933[3]. Esta considerou-se concedida uma vez que, nas primeiras dez sessões posteriores à sua publicação, não foi requerida, por um mínimo de cinco deputados, a sua apreciação[4].

3 **3. A Constituição de 1976** não permitiria a aprovação do Código sem intervenção do Parlamento, em diversas das suas áreas. As associações caem na reserva absoluta de competência legislativa [164.º, *h*)], enquanto pontos significativos suscitam a reserva relativa: *a*) estado e capacidade das pessoas; *b*) regime do arrendamento rural e urbano; *n*) Bases da política agrícola, incluindo a fixação de limites máximos e mínimos das unidades de exploração agrícola.

4 O 290.º/2 da Constituição de 1976 ressalvou o Direito ordinário anterior não contrário a ela ou aos princípios nela consignados. Resultou, daí, a inconstitucionalidade dos preceitos atinentes à liberdade de associação e à (não) igualdade dos cônjuges e dos filhos. Esses pontos e outros foram corrigidos pelo DL 496/77, de 25-nov..

Artigo 2.º (Começo de vigência)

1. O Código Civil entra em vigor no continente e ilhas adjacentes no dia 1 de junho de 1967, à exceção do disposto nos artigos 1841.º a 1850.º, que começará a vigorar somente em 1 de janeiro de 1968.

2. O código não é, porém, aplicável às ações que estejam pendentes nos tribunais no dia da sua entrada em vigor, salvo o disposto nos artigos 17.º e 21.º do presente decreto-lei.

[1] Na última versão consolidada oficialmente publicada: DR I, n.º 271, de 6-dez.-1945, 1024/I.

[2] A reserva de lei do Parlamento constava do 93.º e era limitada a aspetos públicos.

[3] DR I, n.º 271, de 6-dez.-1945, 1024/I.

[4] *Vide* a RT 84 (1966), 472.

Índice

1. A *vacatio* fixada foi de 187 dias: até 1-jun.-1967. Comparado com códigos similares, é curta: evitou que o Código de Seabra vigorasse por cem anos[1]. O BGB alemão foi publicado em 1896, para entrar em vigor em 1900: houve tempo para anotações e lições atualizadas. 1

Os 1841.º a 1850.º, relativos ao reconhecimento oficioso da paternidade – hoje, por via do DL 496/77, a matéria consta, com uma ordenação diversa, dos 1808.º (maternidade) e 1864.º (paternidade) – entraram em vigor apenas a 1-jan.-1968. O legislador deixou nascer todas as crianças concebidas ao abrigo da Lei velha, antes de aplicar a nova. 2

2. As ações pendentes no dia da entrada em vigor do Código mantiveram-se pela Lei velha: um princípio comum de Direito transitório. De facto, os processos seriam ingovernáveis, defrontando a confiança das partes, quando, depois de intentados, se modificassem os direitos e os deveres em jogo. 3

O 2.º/2, 2.ª parte, exceciona o 17.º, relativo à conversão da separação em divórcio prevista no então 1793.º: este preceito aplica-se aos processos pendentes e aos findos à data da entrada em vigor do Código. Também o 21.º, relativo à tutela e à curatela é excecionado: o Código aplica-se às ações intentadas até 31-mai.-1967, uma vez que o novo regime é mais adequado para as pessoas que se pretende proteger. Essa mesma doutrina foi seguida pelo 26.º/1 da L 49/2018, de 14-ago., relativamente ao regime do maior acompanhado, que substituiu as anteriores interdição e inabilitação. 4

3. No Ultramar, de acordo com a base LXXXVIII/III da Lei Orgânica do Ultramar Português[2], o Código foi mandado aplicar pela P 22 869, de 4-set.-1967, do Ministro do Ultramar (Joaquim Silva Cunha)[3]. Entrou aí em vigor a 1-jun.-1968, salvo os 15.º e 19.º, que retomaram os 17.º e 21.º do DL 47 334. Essa P, em 23 números, replicou o DL 47 334. Ressalvou a legislação civil privativa de cada Província. 5

O Código constituiu a base da legislação civil de Angola, de Cabo Verde, da Guiné, de Macau, de Moçambique, de São Tomé e Príncipe e de Timor. Após a independência, esses países nacionalizaram o Código e adaptaram-no às realidades próprias. Macau, antes da entrega à China, elaborou um Código próprio, muito decalcado do de 1966. Timor preparou um Código do mesmo estilo, publicado em 2011. Apenas no Estado da Índia, ocupado desde 1961, se manteve, em diversas áreas, o Código de Seabra[4]. 6

Artigo 3.º (Revogação do direito anterior)

Desde que principie a vigorar o novo Código Civil, fica revogada toda a legislação civil relativa às matérias que esse diploma abrange, com ressalva da legislação especial a que se faça expressa referência.

[1] RT 84 (1966), 3.

[2] Aprovada pela L 2 066, de 27-jun.-1953, DG I, n.º 135, de 27-jun.-1953, 877-892 (891/II); a L 2066 (não neste ponto) foi alterada pela L 2 119, de 24-jun.-1963, DG I, n.º 147, de 24-jun.-1963, 669-674.

[3] DG I, n.º 206, de 4-set.-1967, 1582-1583.

[4] *Tratado* I, 4.ª ed., 251 ss. e Dário Moura Vicente, O *Código Civil na lusofonia: constantes e variáveis*, em *Código Civil/Livro do Cinquentenário*, 1 (2019), 273-300, quanto aos Direitos lusófonos autonomizados após 1975.

Índice

1 **1.** A **revogação global** da legislação civil, relativa a matérias incluídas no Código, decorre deste preceito. Ela emerge ainda do 7.º/2, 2.ª parte, do próprio Código. A aplicação desta regra deve ser precisada; há que verificar: (a) o que entender por legislação civil; (b) qual o alcance da inclusão de matérias no Código; (c) a eventual extensão de certos preceitos ao Direito público.

2 A legislação civil equivale ao conjunto das regras privadas comuns. Contrapõe-se aos ramos especiais, com relevo para as diversas disciplinas comerciais e para o Direito do trabalho.

3 **2.** O **Direito comercial**, que hoje inclui os Direitos das sociedades, bancário, dos seguros, da concorrência, mobiliário e da propriedade intelectual, entre outros, não foi atingido diretamente pelo Código. Todavia, temos (a) *preceitos materialmente civis, incluídos no Código Comercial*: p. ex., o 10.º (versão original), do Código Comercial[1], relativo às dívidas comerciais do marido, que não teria sido revogado[2]; julgamos, todavia, que o Código de 1966 deve prevalecer.

4 (b) *privilégios creditórios de Direito comercial*: não teriam sido revogados pelos 3.º e 8.º/1 do DL 47 344: uma posição abaixo explicitada[3]. Contudo, o 8.º/1 tem uma amplidão suficiente para revogar os próprios privilégios comerciais. De resto, é nessa área que a multiplicação dos privilégios, a que a lei pretendeu pôr cobro, se mostra mais inconveniente.

5 (c) *normas comerciais* incluídas *no Código*, como os arrendamentos comerciais: substituíram as antecedentes, onde quer que se encontrem: assim os 1112.º a 1118.º, versão original.

6 **3.** O **Direito do trabalho**, mau grado promissores preparatórios[4], só obteve, no Código, a definição do 1152.º e a remissão, para legislação especial, do 1153.º. Aquando da aprovação do Código de 1966, o contrato de trabalho dispunha já, através do DL 47 032, de 27-mai.-1966, de um regime especial, depois substituído pelo DL 49 408, de 24-nov.-1969[5]. Tudo isso e, *a fortiori*, a legislação laboral coletiva e a relativa às condições de trabalho, passou incólume, perante o Código.

7 Daí não se infira uma insensibilidade laboral à lei civil fundamental. Os regimes do contrato de trabalho de 1966 e de 1969, depois prolongados nos Códigos do Trabalho de 2003 e de 2009, usam linguagem e conceitos civis: a essa luz devem ser interpretados.

8 O Código contém, todavia, regras laborais, como a relativa ao privilégio do 737.º/1, *d*).

9 **4. Regras civis não incluídas no Código** são as relativas às coisas comuns, previstas no 381.º do CS: não foram revogadas pelo DL 47 344. Outros exemplos podem ser elencados[6].

5. O **Direito público** não consta, em princípio, do Código. Todavia, ele contém algumas
10 regras públicas: os privilégios creditórios do Estado e das autarquias [736.º, 738.º, 743.º e 744.º,

[1] Alterado pelo DL 363/77, de 2-set. (3.º).

[2] RPt 15-jan.-1975 (Norberto Sardinha), BMJ 243 (1975), 322.

[3] *Infra*, anot. 8.º.

[4] António Menezes Cordeiro, *Direito do trabalho*, II (2019), 80 ss..

[5] *Idem*, 88 ss..

[6] RT 84 (1966), 475 e RT, anot. RCb 12-mar.-1969 (Alberto Nogueira), 94/II.

746.º, 747.º/1, *a*) e 748.º/1, *a*)], encarados pelo 8.º/2. Fora isso, ele fica ressalvado. O 6.º relativo a pessoas coletivas, explicita-o – quiçá desnecessariamente – a propósito dos 157.º a 194.º.

Queda a aplicabilidade, ao Direito público, das regras sobre as fontes de direito (1.º a 4.º) 11
e sobre a vigência, a interpretação e aplicação das leis (5.º a 13.º), referida a propósito desses preceitos[7]. Caso esses preceitos não se apliquem fora do Direito civil, teríamos de recorrer à Lei de 18-ago.-1769 (a Lei da Boa Razão).

6. O **Direito da segurança social** tem, predominantemente, natureza pública: não foi alte- 12
rado pelo Código Civil. Todavia, no campo dos privilégios e dado o teor geral do 8.º, devem-se ter como abolidos os privilégios creditórios anteriores por dívidas às então Caixas de Previdência. O tema será retomado em anotação a esse 8.º.

7. O **Direito estradal**, como tal se entendendo o relativo à circulação automóvel, *grosso modo* 13
inserido no Código da Estrada, tem natureza mista. No entanto, ele contém regras civis, como as do 56.º/2 do CE de 1954[8], revogadas pelo DL 47 344[9].

Artigo 4.º (Remissões para o Código de 1867)

Todas as remissões feitas em diplomas legislativos para o Código Civil de 1867 consideram-se feitas para as disposições correspondentes do novo código.

Bibliografia: António Menezes Cordeiro, *Tratado de Direito civil*, I, 4.ª ed., 836.

Índice

1. A **remissão estática** ocorre quando uma norma remeta para outra, visando o seu conteúdo 1
material. A revogação do preceito remitido, se não for acompanhada pela alteração da norma remissora, não atinge o teor da revogada. As remissões estáticas para o Código de Seabra manter-se-iam incólumes, mau grado a revogação operada pelo DL 47 344.

A **remissão dinâmica** visa a norma remitida, seja ela qual for. Havendo substituição 2
desta, a remissão opera para a regra substituta.

2. O artigo 4.º considera todas as remissões existentes, feitas para o Código de Seabra, como 3
dinâmicas. A assim ser, independentemente do seu conteúdo e do sentido da própria remissão, os preceitos de Seabra seriam automaticamente substituídos pelos do Código novo.

3. A **interpretação restritiva** desse preceito é necessária. Assim, temos: (a) institutos presen- 4
tes em Seabra e ausentes do Código: a remissão seria impossível; poder-se-ia julgar caduca a norma remissora, o que, a ponderar em cada caso, não seria fatal; (b) remissões contratuais para

[7] *Infra*, Introdução geral aos 1.º a 13.º.

[8] Aprovado pelo DL 39 672, de 20-mai.-1954; foi substituído pelo Código adotado pelo DL 114/94, de 3-mai., por último alterado pelo DL 107/2018, de 29-nov..

[9] Herlander Martins, *Alguns problemas de legitimidade nas acções do art. 68.º do Código da Estrada com mais de um lesado*, RT 90 (1972), 58-62 (58).

o Código velho: a autonomia das partes não deve ser sacrificada, tanto mais que o Código novo admite contratos atípicos; logo, aplica-se o Código revogado; (c) remissões substantivas: visaram um concreto regime, presente em Seabra e que nada vem invalidar.

5 Deve prevalecer uma interpretação restritiva do 4.º. As remissões feitas para o Código de 1867 consideram-se, em princípio, feitas para o Código novo: mas esse ponto deve ser visto caso a caso, podendo ser afastado quando a interpretação revele a inviabilidade da remissão nova, o exercício legítimo da autonomia privada ou a natureza substancial do regime visado pela norma remissora.

Artigo 5.º (Aplicação no tempo)

A aplicação das disposições do novo código a factos passados fica subordinada às regras do artigo 12.º do mesmo diploma, com as modificações e os esclarecimentos constantes dos artigos seguintes.

Bibliografia: António Menezes Cordeiro, *Tratado*, I, 4.ª ed., 837 ss.; João Baptista Machado, *Sobre a aplicação no tempo do novo Código Civil* (1968), 45 ss.; José de Oliveira Ascensão, *O Código Civil de 1966 é interpretativo do Direito anterior?*, BMJ 227 (1973), 13-20.

Índice

1 **1. O regime geral** da aplicação das leis no tempo consta do 12.º do Código. Esse preceito, que se aplica a todo o ordenamento, salvo regras especiais, tem aplicação ao próprio Código Civil. Di-lo, para evitar dúvidas, o 5.º.

2 **2. Regras especiais** ocorrem nos preceitos subsequentes. O 6.º visa a salvaguarda do Direito público, não tendo a ver com a aplicação no tempo. O 5.º distingue, nessas leis especiais, as modificações e os esclarecimentos.

3 **3.** São **modificações** os dispositivos dos 8.º/1 (privilégios creditórios), 11.º (parceria agrícola), 13.º (anulação do casamento), 16.º (doações para casamento e entre casados. Separação e divórcio), 17.º (conversão da separação em divórcio), 18.º (impugnação da legitimidade), 20.º (filhos e adulterinos) e 22.º (declaração de nulidade ou anulação de testamento ou de disposição testamentária).

4 **4.** São **esclarecimentos** os dos 7.º (interdições), 8.º/2 (privilégios e hipotecas não fiscais do Estado), 9.º (sociedades universais e familiares), 10.º (arrendamentos em Lisboa e Porto), 12.º (foros do Estado), 14.º (efeitos do casamento), 15.º (regimes de bens), 19.º (ações de investigação de maternidade ou paternidade ilegítima), 21.º (tutela e curatela) e 23.º (testamentaria).

Artigo 6.º (Pessoas coletivas)

As disposições dos artigos 157.º a 194.º do novo Código Civil não prejudicam as normas de direito público contidas em leis administrativas.

Este preceito é dispensável e encontra-se deslocado: melhor ficaria no 3.º ou junto dele, uma vez que se limita a ressalvar o Direito público: não se inclui na "legislação civil".

Artigo 7.º (Interdições)

Os dementes, surdos-mudos ou pródigos que tenham sido total ou parcialmente interditos do exercício de direitos, ou venham a sê-lo em ações pendentes, mantêm o grau de incapacidade que lhes tiver sido ou vier a ser fixado na sentença ou que resultar da lei anterior.

Bibliografia: António Menezes Cordeiro, *Tratado de Direito civil*, IV, 5.ª ed. (2019), 530-533.

Índice

1. O **Código de Seabra** previa a interdição por demência (314.º a 336.º), a tutela dos surdos-mudos (337.º a 339.º) e a interdição dos pródigos (340.º a 352.º). O interdito por demência era equiparado ao menor (321.º); a tutela dos surdos-mudos teria extensão a fixar caso a caso na sentença (338.º). A dimensão da interdição por prodigalidade ficava, também, dependente da sentença (344.º). 1

2. O **Código de 1966** estabeleceu as figuras distintas da interdição (138.º a 151.º) e da inabilitação (152.º a 156.º), hoje revogadas pela L 49/2018, de 18-ago., e fê-lo em termos não coincidentes com a lei anterior. O 7.º do diploma preambular determinou que se mantivesse o grau de incapacidade fixado ou a fixar na sentença resultante ou a resultar do Direito anterior. 2

3. **A L 49/2018** adotou um esquema similar relativo às decisões de interdição ou de inabilitação de pretérito, embora com adaptações. Visa-se a estabilidade dos estados das pessoas. 3

Artigo 8.º (Privilégios creditórios e hipotecas legais)

1. Não são reconhecidos para o futuro, salvo em ações pendentes, os privilégios e hipotecas legais que não sejam concedidos no novo Código Civil, mesmo quando conferidos em legislação especial.

2. Exceptuam-se os privilégios e hipotecas legais concedidos ao Estado ou a outras pessoas coletivas públicas, quando se não destinem à garantia de débitos fiscais.

Bibliografia: António Menezes Cordeiro, *Tratado de Direito civil*, X (2015), 788-796.

Índice

1 **1.** O **Código de Seabra**, tentando simplificar o regime anterior, consagrou uma subsecção aos privilégios creditórios (878.º a 887.º). Diplomas avulsos vieram multiplicar figuras desse tipo.

2 **2.** O **Código de 1966**, mau grado algumas hesitações, manteve e afirmou os privilégios creditórios e o seu regime (733.º a 753.º). Hoje, a figura é criticada pela generalidade da doutrina[1], incluindo Antunes Varela[2].

3 **3. Críticas** aos privilégios: (a) quebram a *par condicio creditorum*; o princípio da igualdade tem, no Direito das obrigações, uma projeção individual e coletiva que não pode ser minimizada; (b) representam uma expropriação, sem contrapartida, de todos os demais credores; (c) prejudicam o crédito: em especial por lhes faltar a publicidade, eles causam suspeição antecipada junto dos potenciais credores e, em especial, da banca; (d) dificultam as PME: crédito mais reduzido e mais caro; (e) aumentam os custos de transação: a propósito de qualquer operação de crédito, os particulares são obrigados a juntar certidões das finanças e da segurança social, provando não estar em dívida, para prevenir os inoportunos privilégios; (f) complicam a vida das empresas em dificuldade: não podendo obter as certidões em causa e num momento decisivo em que ainda se poderiam recuperar, elas veem dificultado ou vedado o crédito; (g) constituem uma permanente fonte de dúvidas, tornando incertas as decisões que as apliquem; (h) permitem o desleixo na defesa dos interesses públicos que, em certos casos, era suposto assegurarem: as entidades beneficiárias, tranquilas nos seus privilégios, não cobram, em tempo útil, as importâncias a que têm direito; (i) instilam, nos diversos níveis financeiros, económicos e sociais, uma insegurança que fica nos antípodas de qualquer sistema coerente de garantias.

4 Foi pena que, em 1966, o legislador não tivesse aproveitado para lhes pôr termo. Não obstante, ele foi sensível ao problema, procurando restringir os privilégios existentes. Donde o 8.º do DL 47 344.

5 A exceção destruiu o essencial da regra. Quanto aos débitos fiscais: ficaram fortemente ressalvados no próprio Código: 736.º/1 e 744.º.

6 **4. Privilégios comerciais**: terão cessado, em face do Código de 1966, sempre que, dele, não constem? Embora já se tenham suscitado dúvidas[3], a resposta afigura-se positiva: "mesmo quando conferidos em legislação especial". Além disso, o 8.º/2 excetua (apenas) certas posições do Estado o que, *a contrario*, reforça a supressão dos privilégios privados, mesmo comerciais.

7 **5. Privilégios fiscais**: sobrevivem, apenas, os consignados no Código[4]: 736.º, 738.º, 743.º e 744.º, com a graduação fixada nos 746.º, 747.º/1, *a*) e 748.º.

[1] *Vide* o *Tratado*, X, 792-793.

[2] João Antunes Varela, *Das obrigações em geral*, II, 7.ª ed. (1997, reimp., 2004), n.º 494 (572).

[3] RCb 8-abr.-1970 (José António Fernandes), JR 16 (1970), 405 (405/II).

[4] RCb 15-out.-1969 (s/ind. relator), BMJ 201 (1970), 191 (o sumário); *vide* António Sousa Franco, *Aspectos fiscais do novo Código Civil*, CTF 98 (1967), 9-85.

6. Privilégios da segurança social ("caixas de previdência"): afiguram-se suprimidos[5], embora haja jurisprudência dissonante[6]. Esta última, em especial por influência do Parecer 11/72, de 23-mar., da PGR, acabaria por se tornar dominante[7]. Jogaram razões conceituais: o considerar-se que os débitos à segurança social tinham natureza "parafiscal" e não "fiscal". Substancialmente, traduzem encargos públicos que o legislador de 1966 quis abolir. 8

Mais tarde, leis avulsas voltaram a multiplicar os privilégios creditórios. 9

Artigo 9.º (Sociedades universais e familiares)

Às sociedades universais e familiares constituídas até 31 de maio de 1967 serão aplicáveis, até à sua extinção, respetivamente, as disposições dos artigos 1243.º a 1248.º e 1281.º a 1297.º do Código Civil de 1867.

Índice

1. Sociedades universais: eram previstas no CS, nos 1243.º a 1248.º. Implicavam que alguém entregasse a generalidade dos seus bens ou, pelo menos, os móveis, para o manejo social. De racionalidade duvidosa e pouco praticadas, eram consideradas "peças de museu de arqueologia jurídica"[1]. 1

O Código novo não prevê (980.º a 1021.º) esse tipo de sociedade civil. Todavia, através do 9.º em anotação, admite-se a manutenção das pré-existentes. 2

2. Sociedades familiares constavam dos 1281.º a 1297.º do Código de Seabra. Também elas eram "arqueologia jurídica". O diploma preambular optou por respeitar as de pretérito, não mais prevendo a sua constituição. 3

Artigo 10.º (Arrendamentos em Lisboa e Porto)

Enquanto não for revista a situação criada em Lisboa e Porto pela suspensão das avaliações fiscais para o efeito da atualização de rendas dos prédios destinados a habitação, mantém-se o regime excecional da Lei n.º 2030, de 22 de junho de 1948, quanto a esses arrendamentos.

[5] RPt 2-jul.-1971 (s/ind. relator), BMJ 209 (1971), 195; RPt 5-abr.-1972 (s/ind. relator), BMJ 216 (1972), 201; RLx 20-fev.-1974 (s/ind. relator), BMJ 234 (1974), 333; RLx 8-mai.-1974 (s/ind. relator), BMJ 237 (1974), 297.

[6] RLx 28-jul.-1971, BMJ 209 (1971), 191; STJ 12-out.-1971 (Vasco Homem de Melo), AcD 121 (1972), 92-94, STA 11-jan.-1972 (Manuel dos Santos Vítor), AcD 127 (1972), 1096-1100 (1097); STA 22-fev.-1972 (Vasco Homem de Melo), AcD 128-129 (1972), 1277-1280 (1279); STJ 23-jan.-1973 (J. Carvalho Júnior), BMJ 238 (1974), 288; STJ 9-dez.-1975 (José António Fernandes), BMJ 252 (1976), 141-142 (142).

[7] PGR 11/72, de 23-mar. (Rui Vieira Miller Simões), BMJ 220 (1972), 94-100 (100).

[1] Luiz da Cunha Gonçalves, *Tratado de Direito civil* 7 (1933), 234; *vide* António Menezes Cordeiro, *Direito das sociedades* II (2007), 48-49.

1 A L 2:030, de 22-jun.-1948, no seu 47.º, previa (magras) atualizações de rendas, nos arrendamentos para habitação: mas apenas fora de Lisboa e Porto[1]. Nessas duas cidades, por via do presente 10.º, as rendas mantiveram-se congeladas, assim permanecendo, praticamente, até 1985.

2 A situação criada, da maior gravidade, obteve, logo em 1966, críticas públicas do próprio Antunes Varela[2]. Todavia, o regime da II República, pretendendo não perder o apoio da pequena burguesia e dos funcionários, manteve essa manifestação extrema do vinculismo.

Artigo 11.º (Parceria agrícola)

Ao contrato de parceria agrícola são aplicáveis, para o futuro, as disposições que regulam o arrendamento rural.

Bibliografia: António Menezes Cordeiro, *Tratado de Direito civil*, XII (2019), 50-55.

Índice

1 **1.** O **Código de Seabra**, regulava a parceria agrícola (1279.º a 1303.º): o contrato pelo qual uma pessoa dá a outra um prédio rústico para cultivo, mediante o pagamento de uma quota de frutos. Criticada (por vezes excessivamente) como gravosa para o parceiro explorador, ela foi abandonada pelo Código novo. O 11.º, em anotação, mandava aplicar o regime do arrendamento rural que, então (1067.º, versão original), admitia rendas fixadas em quotas de frutos.

2 **2. Legislação pós-1974** tomou diversas medidas relativas à parceria agrícola: prova de que continuaria a ser aplicada, tanto mais que o referido 1067.º, original, foi revogado pelo DL 201/75, de 15-abr., que aprovou um novo regime do arrendamento rural. Assim: ela foi proibida pelo 44.º do referido DL 201/75; o 50.º da L 76/77, de 29-set., previa que o Governo, por decreto-lei, tomasse medidas para a sua efetiva extinção.

3 **3.** O **DL 385/88, de 25-out.**, fixava, no 31.º, regras sobre a parceria agrícola: aparentemente readmitida.

4 **4.** O **DL 294/2009, de 13-out.** proibiu (finalmente?) a celebração de parcerias agrícolas e deu 20 dias para que os contratos existentes fossem convertidos em arrendamentos rurais (36.º/1 e 2). O 11.º do DL 47 344 terá demorado 43 anos para ser executado.

[1] *Vide* António Menezes Cordeiro, *Leis do arrendamento urbano anotadas* (2014), 209.

[2] João Antunes Varela, *Comunicação sobre o projecto de Código Civil*, BMJ 156 (1966), 8-65 (39).

Artigo 12.º (Foros do Estado)

Na determinação do quantitativo do laudémio nos foros do Estado, para efeitos do disposto no artigo 1517.º do novo Código Civil, atender-se-á ao valor dos respetivos prédios que resulte da matriz.

Índice

1. O **laudémio** era um encargo típico e tradicional do enfiteuta. Este, na hipótese de transmissão do domínio útil, ficava adstrito a pagar ao senhorio direto uma percentagem sobre o preço ou a optar na compra. O Código de Seabra extinguiu esse encargo para o futuro, mantendo-se nas enfiteuses ou emprazamentos de pretérito (1693.º). A percentagem dizia-se de vintena (5%) ou de quarentena (2,5%), podendo acordar-se outras cifras. 1

2. **O Código Civil** aboliu essa figura: segundo o 1517.º, o laudémio é substituído automaticamente por uma prestação anual em dinheiro, integrada no foro e equivalente à vigésima parte do seu valor, à data da sua entrada em vigor (n.º 1). 2

O cálculo do laudémio, para tanto, obtinha-se deduzindo do prédio o valor de 20 prestações anuais e dividindo-se o resto pela taxa (do laudémio) mais um (n.º 2). Nada se determinando no título, a taxa seria de quarentena (n.º 3). 3

3. Os **foros do Estado** levantavam o problema da determinação do valor dos prédios em jogo, já que, em rigor, não se encontravam no mercado. Visando ajudar os enfiteutas, o 12.º remeteu para os valores matriciais. 4

Artigo 13.º (Anulação do casamento)

1. Os casamentos civis celebrados até 31 de maio de 1967 não podem ser declarados nulos ou anulados, se para tal não houver fundamento reconhecido tanto pela lei antiga como pela nova lei civil, a não ser que já esteja pendente, naquela data, a respetiva acção.

2. O disposto nos artigos 1639.º a 1646.º do novo código é aplicável às ações que forem intentadas depois de 31 de maio de 1967, sem prejuízo do que, relativamente aos prazos, prescreve o artigo 297.º do mesmo diploma.

Índice

1. A **anulação do casamento** obteve regras diferentes das anteriores. Que lei aplicar aos casamentos de pretérito subsistentes? O 13.º/1 responde: o fundamento da invalidação deveria ser 1

reconhecido quer pela lei velha, quer pela nova. Estando pendente a ação, seguia-se (apenas) a lei velha: um desvio em relação ao 12.º/2, 1.ª parte, do Código, segundo o qual, aos casamentos anteriores a 31-mai.-1967, só se aplicaria a lei velha. A referência à declaração de nulidade é excessiva: rege-se pelo Direito canónico.

2 **2. A legitimidade** para requerer a anulação (1639.º a 1642.º) é determinada, para as ações posteriores a 31-mai.-1967, apenas pela lei nova: o regime comum.

Artigo 14.º (Efeitos do casamento)

O disposto nos artigos 1671.º a 1697.º do novo código é aplicável aos casamentos celebrados até 31 de maio de 1967, mas em caso algum serão anulados os atos praticados pelos cônjuges na vigência da lei antiga, se em face desta não estiverem viciados.

Bibliografia: João Baptista Machado, *Da aplicação imediata do n.º 3 do art. 1696.º do novo Código Civil/ /Modo de realização dos direitos*, em *Sobre a aplicação no tempo do novo Código Civil* (1968), 9-44.

1 Os efeitos do casamento, quer pessoais quer patrimoniais, passaram a ser regidos pelos 1671.º a 1697.º do novo Código. Dando corpo ao 12.º/2, 2.ª parte, do Código, o 14.º manda aplicar esses preceitos aos casamentos de pretérito.

2 Todavia, seguindo o 12.º/2, 1.ª parte, determina que a lei nova não se aplique aos atos validamente celebrados ao abrigo da lei velha. Tutela-se a confiança de todos os intervenientes, em conformidade com os princípios gerais.

Artigo 15.º (Regime de bens)

O preceituado nos artigos 1717.º a 1752.º só é aplicável aos casamentos celebrados até 31 de maio de 1967 na medida em que for considerado como interpretativo do direito vigente, salvo pelo que respeita ao n.º 2 do artigo 1739.º.

1 Os 1717.º a 1752.º ocupam-se do regime de bens. Pelas regras gerais (12.º/2, 1.ª parte), eles só se aplicariam a casamentos posteriores a 31-mai.-1967. Todavia, e de acordo com o 13.º/1 do Código novo, admite-se que sejam aplicáveis aos casamentos anteriores, desde que tenham natureza interpretativa.

2 O 1739.º/2 diz respeito à constituição de dote por terceiro: este preceito só se aplica aos casamentos novos.

Diversos preceitos do Código de 1966 podem ser tomados como interpretativos do
3 Direito anterior[1]: o 15.º não será exceção. Mas essa eventualidade deve ser determinada caso a caso: globalmente tomado, o Código novo não é interpretativo das regras que veio substituir[2].

[1] P. ex.: STJ 5-mai.-1972 (Manuel José Fernandes Costa), BMJ 217 (1972), 113-117, relativamente ao 1513.º, *d*), hoje revogado e referente à falta de pagamento do foro durante 20 anos.

[2] José de Oliveira Ascensão, *O Código Civil de 1966 é interpretativo do Direito anterior?*, BMJ 229 (1973), 13-20 (20).

Artigo 16.º (Doações para casamento e entre casados. Separação e divórcio)

1. Sem prejuízo da regra estabelecida no n.º 2 do artigo 2.º deste decreto-lei, são aplicáveis aos casamentos celebrados até 31 de maio de 1967 as disposições do novo Código Civil relativas à caducidade das doações para casamento, às doações entre casados, à separação dos cônjuges ou dos seus bens e ao divórcio.

2. Não pode, no entanto, ser decretada a separação judicial de pessoas e bens ou o divórcio de cônjuges casados até 31 de maio de 1967 com fundamento em facto que não seja relevante segundo a lei vigente à data da sua verificação.

O 16.º começa por ressalvar as ações intentadas até à entrada em vigor do novo Código, 1
remetendo para o 2.º/2. Isto dito, manda aplicar, aos casamentos celebrados até 31-mai.-1967, as disposições do novo diploma relativas à caducidade das doações para casamento, às doações entre casados, à separação dos cônjuges ou dos seus bens e ao divórcio (n.º 1). Desta feita, tendo em conta a natureza mais aperfeiçoada do novo dispositivo, vincou-se o vetor da aplicação imediata da Lei nova (12.º/1, do Código).

Todavia, quanto à separação judicial de pessoas e bens ou ao divórcio, apenas valem os 2
factos relevantes em face da lei vigente à data da sua verificação (n.º 2): uma precisão útil, pois poderia haver margem para dúvidas.

Artigo 17.º (Conversão da separação em divórcio)

O disposto no artigo 1793.º é aplicável nas ações pendentes e nos processos findos à data da entrada em vigor do novo Código Civil.

O 1793.º permitia a conversão da separação judicial de pessoas e bens, litigiosa ou por 1
mútuo consentimento, em divórcio, sem prejuízo da indissolubilidade dos casamentos católicos posteriores a 1-ago.-1940.

O 17.º preambular, em desvio ao 2.º/2 – que, de resto, fez a ressalva – faculta a aplicação 2
desse dispositivo às ações pendentes e aos processos findos. Sem problema, uma vez que se trata de uma solução regida pela lei nova.

Artigo 18.º (Impugnação da legitimidade)

1. Até 31 de outubro de 1967 pode o marido da mãe intentar ação de impugnação da paternidade, com fundamento em qualquer dos factos referidos nas alíneas *c*) e *d*) do artigo 1817.º do novo Código Civil, relativamente ao filho nascido antes da entrada em vigor deste diploma, com prejuízo do disposto no artigo 1818.º.

2. Dentro do mesmo prazo serão recebidos nos tribunais de menores os requerimentos a que se refere o artigo 1820.º, seguindo-se os demais termos da impugnação oficiosa, desde que o filho tenha menos de catorze anos de idade à data da apresentação do requerimento.

1 O 1817.º ocupava-se da impugnação da paternidade do filho concebido durante o matrimónio. Em causa estavam filhos da mulher nascidos passados 180 dias após o casamento. Na época, não havia análises de ADN que permitissem determinar, sem margem para dúvidas, a filiação biológica, pelo que a matéria tinha de seguir delicados critérios jurídicos, taxativamente fixados. A alínea *c*) previa a hipótese de separação de facto, tendo a mulher convivência marital com outro homem; a alínea *d*) previa o adultério da mulher, tendo esta ocultado ao marido a gravidez e o nascimento do fiho e, ainda então, provando o marido que o filho não foi procriado por ele.

2 Estas circunstâncias, bastante radicais, não constavam da lei anterior. O 18.º preambular permite a aplicação do dispositivo correspondente ao filho nascido antes da entrada em vigor do Código novo: com prejuízo do 1818.º, que fixava um prazo de caducidade de 120 dias para a ação de impugnação, contado desde o momento em que o marido teve conhecimento do nascimento do filho.

3 O 18.º/2 manda aplicar o mesmo esquema às impugnações oficiosas, intentadas pelo MP, desde que o filho tenha menos de 14 anos de idade, à data do requerimento.

Artigo 19.º (Ações de investigação de maternidade ou paternidade ilegítima)

O facto de se ter esgotado o período a que se refere o n.º 1.º do artigo 1854.º não impede que as ações de investigação de maternidade ou paternidade ilegítima sejam propostas até 31 de maio de 1968, desde que não tenha caducado antes, em face da legislação anterior, o direito de as propor.

1 O 1854.º/1 determinava que a ação de investigação de maternidade ou paternidade só pudesse ser proposta durante a menoridade do investigante ou nos dois primeiros anos posteriores à sua emancipação ou maioridade.

2 O 19.º permitia que, esgotado esse prazo, a ação em causa pudesse ser intentada até 31-mai.-1968, desde que, pela lei velha, não tivesse caducado o direito de a propor. Visava-se, assim, um melhor tratamento da filiação.

Artigo 20.º (Filhos adulterinos)

Os assentos secretos de perfilhação de filhos adulterinos, validamente lavrados ao abrigo da legislação vigente, tornar-se-ão públicos mediante averbamento oficioso, sempre que sejam passadas certidões do respetivo registo de nascimento.

1 A situação dos filhos adulterinos era penalizante. Dada a indissolubilidade dos casamentos católicos – à época, largamente dominantes – as pessoas que se separassem e assumissem novas uniões de tipo marital ficavam na contingência de passarem a ter filhos adulterinos. Estes, mesmo quando perfilhados pelos seus progenitores, não podiam ser oficialmente reconhecidos como filhos, dado o seu carácter "adulterino". As certidões eram secretas.

O 20.º permitiu que esses registos se tornassem públicos, logo que passada a competente certidão de nascimento. 2

Artigo 21.º (Tutela e curatela)

As disposições do novo Código Civil relativas à tutela e à curatela são aplicáveis às tutelas e curatelas instauradas até 31 de maio de 1967; porém, os tutores e os curadores já nomeados manter-se-ão nos seus cargos enquanto deles não se escusarem ou enquanto não forem removidos ou exonerados.

A tutela e a curatela estavam previstas, no Código de Seabra, em diversas circunstâncias. O Código novo precisou o seu perfil, em termos aperfeiçoados. O 21.º manda aplicar as novas regras às situações anteriores (1.ª parte). Todavia, manteve as nomeações feitas ao abrigo da lei velha, até ocorrerem escusas, remoções ou exonerações.

Artigo 22.º (Declaração de nulidade ou anulação de testamento ou de disposições testamentárias)

Os testamentos anteriores a 31 de maio de 1967 e as disposições testamentárias neles contidas só podem ser declarados nulos ou anulados, por vício substancial ou de forma, se o respetivo fundamento for também reconhecido pelo novo Código Civil, salvo se a ação já estiver pendente naquela data.

Os testamentos e disposições testamentárias anteriores a 31-mai.-1967 só podem ser declarados nulos ou anulados, por vício substancial ou de forma, se o respetivo fundamento proceder ao abrigo da Lei velha e da nova. 1

Há um *favor negotii* que tira partido da melhor adequação da lei nova. Ressalva-se a Lei aplicável no momento em que a ação tenha sido intentada. 2

Artigo 23.º (Testamentaria)

As atribuições do testamenteiro são as que lhe forem fixadas pela lei vigente à data da feitura do testamento.

Este preceito reafirma, quanto à testamentaria, o princípio básico do 12.º/1 do Código: a lei só dispõe para o futuro.

LIVRO I – PARTE GERAL

TÍTULO I – DAS LEIS, SUA INTERPRETAÇÃO E APLICAÇÃO

INTRODUÇÃO GERAL (1.º a 13.º)

Bibliografia: António Menezes Cordeiro, *Tratado de Direito civil* I, 4.ª ed., 412-432; Diogo Freitas do Amaral, *Da necessidade de revisão dos artigos 1.º a 13.º do Código Civil*, Themis 1 (2000), 9-20; *idem*, em Ana Prata, *Código anotado* 1, 2.ª ed., (2019),11-36; Jorge Miranda, *Em vez do Código Civil, uma lei sobre leis*, Legislação 47 (2007), 5-23; José Hermano Saraiva, *Apostilha crítica ao projecto de Código Civil (Capítulos I e II)*, ROA 1967, 5-141; Manuel de Andrade, *Fontes do Direito/Vigência, interpretação e aplicação da lei*, BMJ 102 (1961), 141-166; vários, *UCP/Comentário ao Código Civil* (2014), 27-66.

Índice

I – Os antecedentes

1 **1.** A **tradição lusófona** comporta regras legislativas sobre as fontes do Direito, a sua interpretação e a sua aplicação. Assim sucedeu com as diversas Ordenações e com a Lei da Boa Razão (1769)[1]. De resto, essa orientação remonta ao Direito romano e ao *corpus iuris civilis*[2].

2 **2.** O **Direito comparado** ilustra duas possibilidades: leis explícitas sobre a realização do Direito, incluídas nos códigos civis ou em diplomas preambulares (por ordem cronológica: Áustria, Suíça, Itália, Espanha e Brasil)[3]; omissão legislativa, ficando o tema entregue à doutrina (França e Alemanha).

[1] *Vide infra* a introdução aos 1.º a 4.º, quanto à evolução das fontes do Direito.

[2] *Tratado* I, 4.ª ed., 412-415.

[3] *Tratado* I, 4.ª ed., 415-422, onde são explicitadas as leis respetivas.

3 **3.** O **Código de Seabra** continha algumas normas desse tipo: 9.º (a ignorância da lei não aproveita), 11.º (proibição de analogia quanto a regras excecionais) e 16.º (integração de lacunas)[4]. A doutrina da época desenvolveu o tema, sobretudo através de Manuel de Andrade[5]: um ponto importante no Código atual.

4 **4. A opção de 1944**, tomada pela Comissão Revisora, foi decisiva. Transcrevemos, da ata respetiva, o essencial[6]:

> i) *Devem incluir-se no Código normas gerais sobre a interpretação das leis bem como sobre a aplicação das leis no tempo e no espaço (regras de conflitos)? Qual a sua localização?*
>
> Resolveu-se afirmativamente quanto à primeira questão. Quanto à segunda, deliberou-se que figurem numa lei de introdução ao Código Civil, visto se tratar de regras de aplicação geral, isto é, válidas também em outros ramos de direito, salvos os desvios que lá devam introduzir-se-lhes. A sua inclusão numa lei de introdução ao Código Civil justifica-se, já pela tradição, já pela maior importância deste Código. Esta matéria fica a cargo do vogal incumbido da parte geral.

5 A opção parece não ser inóqua. Caso surja numa lei autónoma, ainda que de introdução ao Código Civil, será de esperar um teor mais englobante, uma vez que, nessa eventualidade, todos os ramos do Direito seriam visados. Já a sua inclusão no próprio Código Civil poderia ser redutora. Ora, na preparação do Código, usou-se um anteprojeto de lei de introdução para inserir as regras em jogo no próprio Código Civil[7]. Daí resultaram dúvidas quanto ao seu âmbito.

6 A questão ultrapassa-se: mesmo integradas formalmente no Código Civil, tais regras podem ter alcance geral. Estamos num sistema de *Civil Law*. Fazer, disso, uma guerra territorial entre publicistas e privatistas não dignifica uma doutrina adulta. Todavia, ela originou a uma querela que ainda hoje se mantém.

7 **5. O anteprojeto de Manuel de Andrade** deu execução à orientação da Comissão. Esse Autor apresentou um bosquejo de projeto de título preliminar do Código Civil, intitulado *Fontes de direito/Vigência, interpretação e aplicação da lei*: como tal o considerava o seu Autor, estando prevista uma publicação mais aperfeiçoada e justificada. Infelizmente, a doença e a morte surpreenderam-no prematuramente. Todavia, o então Ministro da Justiça Antunes Varela optou pela sua publicação póstuma[8], mau grado a relutância mostrada pelo próprio Autor[9].

8 Foram apontados 11 artigos que, com poucas alterações, passaram ao Código Civil. O seu título acabou por ficar refém do prematuro falecimento de Manuel de Andrade. A matéria poderia ter sido mais trabalhada[10], sendo ainda certo que sofreu alterações que lhe retiraram os aspetos cientificamente mais notáveis.

9 **6.** Na **discussão** que antecedeu a aprovação do Código Civil – e para além de Marcello Caetano, abaixo referido – avultou a crítica feita na Ordem dos Advogados por José Hermano Saraiva, muito aplaudida pelos sectores marginalizados, aquando da sua preparação[11]. Alguns dos preceitos merecem críticas: em matéria desta natureza, torna-se fácil fazê-las. Há, pois, que tomar

[4] As epígrafes não são oficiais; esses preceitos serão examinados *infra* anot. ao 11.º.

[5] Manuel de Andrade, *Ensaio sobre a teoria da interpretação das leis*, 1.ª ed. (1933) e 2.ª ed., póstuma (1963).

[6] Adriano Vaz Serra, *A revisão geral do Código Civil*, BMJ 2, 36.

[7] José Hermano Saraiva, *Apostilha crítica*, 9.

[8] Manuel Augusto Domingues de Andrade, *Fontes de Direito/Vigência, interpretação e aplicação da lei*, BMJ 102 (1961), 141-166.

[9] *Idem*, 141-142, a nota explicativa; Marcello Caetano, O *Código Civil*, O Direito 98 (1966), 307-308.

[10] José Hermano Saraiva, *Apostilha crítica*, 7.

[11] Marcello Caetano, *Manual de Direito administrativo*, 1, 10.ª ed. (1973), 114.

a lei (qualquer lei!) como um espaço de desenvolvimento jurídico-científico. As críticas que faremos visam tal propósito e não a substituição da lei.

II – O âmbito de aplicação

7. Os publicistas manifestaram-se (compreensivelmente) críticos em relação aos 1.º a 13.º e à sua preparação. Marcello Caetano chamou a atenção para o facto de o Governo ter fixado quatro meses de discussão pública ... a acabar em setembro. Além do prazo ser curto, ainda lhe foram retiradas as férias[12]. Quanto às diversas críticas sobressai logo a do artigo 1.º, que deixaria de fora a produção das autarquias locais[13]. 10

As críticas foram retomadas no *Manual de Direito administrativo*, a propósito das fontes. Lei, para Marcello Caetano, admitiria um sentido amplíssimo: toda a norma jurídica definida por um poder acatado e competente[14]; ora, segundo ele, o Código Civil limitaria a Lei a uma disposição proveniente de órgãos estaduais. 11

A objeção básica residiu na estreita base jurídico-científica de apoio ao Código Civil, na área em estudo. Explica Marcello Caetano[15]: 12

> Mas as condições em que foi publicado e posto em vigor o projeto de Código não permitiram o exame amplo e autorizado do texto, e por isso tais disposições saíram de tal modo imperfeitas que não podem ser aceites pela Ciência jurídica.
>
> Assim, quando muito, elas vigorarão (porque são direito positivo) no âmbito traçado pelo artigo 3.º do Decreto-Lei n.º 47 344, isto é, no âmbito da legislação civil.

Quanto ao método, tem razão. Não se prepara uma lei geral sobre fontes e sobre interpretação sem ouvir especialistas das várias áreas, e isso mesmo quando a lei em causa seja, formalmente, integrada num Código Civil. Jogou a pressa do momento e um jeito autoritário de legislar: algo que, infelizmente, também sucede na III República. 13

A hipótese de limitar os 1.º a 11.º ao Código Civil deixa em aberto a questão de saber se, para o Direito público, existe algum sistema de fontes explícito. Paulo Cunha suscitava a hipótese de, nesse âmbito, se aplicar a Lei da Boa Razão (18-ago.-1769), uma vez que o próprio Código de Seabra não a teria revogado: pelo menos em relação ao costume. Aguardamos uma resposta. 14

8. As "propostas" de reforma. A abertura do Código Civil, com a sua referência a fontes imediatas do Direito, que seriam, afinal, "leis" e "normas corporativas" (1.º) torna-se de crítica fácil e imediata. Se a isso somarmos a figura dos assentos, questionada pelo neopositivismo constitucional em voga e a tecnicidade permitida pelas regras sobre publicação e *vacatio*, temos uma situação que autoriza todas as pretensões de reforma. 15

Isto dito, cumpre referir duas propostas de reforma: de Diogo Freitas do Amaral[16] e de Jorge Miranda[17], respetivamente. Freitas do Amaral considera ultrapassados os 1.º a 4.º: o mapa atual das fontes seria muito mais extenso, incluindo as europeias; a definição de lei é inaceitável; as normas corporativas deviam ter sido abolidas com o Estado Novo[18]; os assentos foram (mal) 16

[12] Marcello Caetano, *O projecto de Código Civil*, O Direito 98 (1966), 211-216 (211). *Vide* também Paulo Cunha, *Do Código Civil (Meditação sobre a lei mais importante do País)*, O Direito 98 (1966), 313-320 (316 ss.).

[13] Marcello Caetano, *O projecto de Código Civil*, 215-216.

[14] Marcello Caetano, *Manual de Direito administrativo*, 1, 10.ª ed., n.º 35 (81).

[15] *Idem*, n.º 38 (84).

[16] Diogo Freitas do Amaral, *Da necessidade de revisão dos artigos 1.º a 13.º do Código Civil*, Themis 1 (2000), 9-20.

revogados; os usos têm (hoje) uma amplidão maior do que a resultante do Código. No restante, o Autor propõe pequenos ajustes.

17 Jorge Miranda amplia o sentido das críticas de Freitas do Amaral[19]. Apresenta um projeto de articulado de "Lei sobre Diplomas Normativos" que, no essencial: limita-se aos tais "diplomas"; adita regras sobre a prática da publicação das leis; insere dispositivos constitucionais; retoca os preceitos do Código Civil sobre interpretação e integração da lei e sobre a sua aplicação, designadamente no tempo. Tem a originalidade de deixar de fora as fontes não-legais: provavelmente, manter-se-iam, num futuro e depauperado Código Civil.

18 Salvo no tocante às "leis", os projetos apresentados não procuram justificar uma revisão do Código Civil ou uma substituição dos preceitos em causa. O Direito comparado mostra que, em todo o Mundo, se evitam alterações a esse nível: as controvérsias científicas são infindáveis e ninguém pode ter a pretensão de encontrar uma fórmula que se mantenha válida daqui a umas décadas. Os textos antigos são inóquos, não manietando a Ciência do Direito. Quanto às "leis": o Código Civil foi seguramente menos conseguido. Mas quer pelo assunto, quer pela forma inadequada por que foi tratado, é dobradamente inóquo. Não justifica a alteração, tanto mais que as alternativas se prestariam, de imediato, a críticas.

III – Natureza e aplicação geral

19 **9. O problema**. O 1.º é insustentável. A generalidade dos civilistas critica-o[20]. Outros preceitos inseridos no capítulo inicial do Código são questionados. Mas não para os alijar: cabe proceder a uma determinação analítica da sua natureza. Temos situações diferenciadas.

20 **10. Tipos de preceitos**: **(1)** preceitos de enquadramento: 1.º (fontes imediatas) e ex-2.º (assentos); **(2)** preceitos remissivos, porquanto totalmente dependentes de uma concretização que só a doutrina pode fazer: 3.º (valor jurídico dos usos), na parte em que refere boa-fé, 4.º (valor da equidade), no que tange à própria equidade, 8.º (obrigação de julgar e dever de obediência à lei), no seu n.º 3, relativo à interpretação e aplicação uniformes do Direito, 9.º (interpretação da lei), 10.º (integração de lacunas da lei) e 11.º (normas excecionais); **(3)** preceitos injuntivos: os 5.º (começo de vigência da lei), 6.º (ignorância ou má interpretação da lei), 7.º (cessação da vigência da lei), 8.º (obrigação de julgar e dever de obediência à lei), 12.º (aplicação das leis no tempo; princípio geral) e 13.º (*idem*; leis interpretativas).

21 Os preceitos de enquadramento são isso mesmo. A sua escassa felicidade não incomoda, uma vez que não vinculam, pela sua própria estrutura, a quaisquer condutas.

22 Os preceitos remissivos atribuem, conquanto que com margens variáveis, poderes ao intérprete-aplicador, para definir o seu preciso conteúdo. Os diversos ramos do Direito dis-

[17] Jorge Miranda, *Em vez do Código Civil, uma lei sobre leis*, Legislação 47 (2007), 5-23.

[18] Freitas do Amaral, *Da necessidade de revisão*, 13, chega a afirmar que foi lamentável o DL 496/77, 25-nov., que adequou o Código Civil à Constituição, não ter cuidado de revogar esses preceitos. A Comissão de Reforma, dominada, de resto, por Isabel de Magalhães Collaço, não se esqueceu do assunto: entendeu (e bem) que ele era inóquo, sendo descabido, a dez anos de vigência do Código, (re)abrir o tema eterno das fontes. Freitas do Amaral retoma as críticas no *Código Anotado* org. Ana Prata: pp. 12 ss., sendo acompanhado por Jorge Bacelar Gouveia, *As fontes do Direito entre o Código Civil e a Constituição*, em José Abrantes (coord.), *50 anos do Código Civil de 1966* (2016), 36-42. Notamos a falta de diálogo com os civilistas, que se têm ocupado desse assunto há muitos anos.

[19] Jorge Miranda, *Em vez do Código Civil*, 7-8.

[20] P. ex., Oliveira Ascensão, *O Direito/Introdução e Teoria Geral*, 13.ª ed. (2005), 284, 288 e *passim*.

põem da liberdade jurídico-científica de, neles, fazerem as adaptações convenientes. Não vemos razões para queixas.

Os preceitos injuntivos, com todas as hipóteses de interpretações extensivas ou restritivas 23
e, ainda, de aplicação analógica ou de restrição teleológica, devem ser respeitados. Só assim não será quando normas especiais os afastem.

11. A aplicação geral. Com estas precisões, os dois primeiros capítulos do Código Civil são, 24
de facto, de aplicação geral. Pelo seu próprio conteúdo, têm essa intenção normativa: não se imagina, hoje, uma ordem jurídica coerente em que as diversas disciplinas pretendam reinventar os conceitos básicos da Ciência Jurídica. Mas que assim não fosse: o Direito civil, enquanto Direito comum, aplica-se em todas as áreas do ordenamento, sempre que não seja afastado. Por isso somos um País de *Civil Law*.

Com as críticas universais suscitadas nos últimos cinquenta anos – ou já antes disso, na fase 25
de projeto – as falhas patentes, particularmente do 1.º ao 4.º, não prejudicam a Ciência do Direito e a sua aplicação. Antes originam um espaço de debate profícuo. Substituí-los apenas iria suscitar dúvidas. Uma tradição sábia manda que não se alterem, sem relevo prático, textos datados.

Capítulo I – Fontes do Direito

Introdução (1.º a 4.º)

Bibliografia: António Castanheira Neves, *Fontes do Direito*, Digesta 2 (1995), 7-94; António Menezes Cordeiro, *Tratado*, I, 4.ª ed., 503-669; *idem*, *Das fontes do Direito e da Lei: a História presente*, Est. Nuno Espinosa Gomes da Silva I (2013), 117-142; *idem*, *A Lei da Boa Razão (1769): a globalização atlântica*, em Estudos João Soares da Silva (2020); Fernando José Bronze, *Lições de introdução ao Direito*, 3.ª ed. (2019), 683-746; Guilherme Moreira, *Instituições de Direito civil*, 1 (1907), §§ 3 e 5 (10-19 e 22-29); João Baptista Machado, *Introdução ao Direito e ao discurso legitimador* (1983, reimp., 2018), 153-171; José Dias Marques, *Introdução ao Estudo do Direito*, 4.ª ed. (1972), 197-223; José Tavares, *Os princípios fundamentais do Direito civil*, I, 2.ª ed. (1929), 123-184; Manuel António Coelho da Rocha, *Instituições de Direito civil portuguez*, I, 2.ª ed. (1846), §§ 23-43 (1, 10-20) e nota B (1, 241-247); Manuel de Andrade, *Fontes do Direito*, BMJ 102 (1961), 141-166; Miguel Teixeira de Sousa, *Introdução ao estudo do Direito* (2012, reimp., 2019), 117-196; Nuno Espinosa Gomes da Silva, *História do Direito português/Fontes do Direito*, 5.ª ed. (2011), 147-527 e o apêndice, 531-544.

Índice

I – Problemática histórico-dogmática

1. Aceções e questões de fundo. Na tradição continental, são fontes do Direito os modos 1
de revelação das normas jurídicas. Também se usou, no mesmo sentido, o termo "facto norma-

tivo"[1], para evitar a metáfora. O português "fonte" advém do latim *fons*, grego φένω (phénô), abrir, donde φόνος (phónos)[2]. A sua utilização metafórica para significar a produção de Direito ocorreu com Cícero[3], no século I a. C.. A metáfora "fonte" foi oficializada nas compilações de Justiniano (século VI d. C.)[4]. Hoje, o termo está generalizado, nos diversos idiomas continentais (*sources*, *Quellen*), de tal modo que, *summo rigore*, de metáfora ficará, tão-só, a origem.

2 A noção deve ser contextualizada, de acordo com coordenadas histórico-dogmáticas. A referência a "fontes" pode ter: (a) diretamente, um papel regulativo; (b) uma dimensão sistematizadora; (c) uma feição metodológica.

3 Em períodos históricos anteriores ao surgimento dos Estados modernos, regular as fontes equivalia a assumir opções de Direito positivo efetivo. Visava-se a primazia de certas fontes (predominamente: a lei nacional), em detrimento do costume, de leis regionais ou de práticas anteriores. Esta dimensão mantém-se, hoje, em Estados federais (Brasil) e em Estados que comportem largas comunidades regionais (Angola). No primeiro caso, há que ordenar as fontes estatais e estaduais[5]; no segundo, que posicionar o costume[6]. Nesta dimensão, o tema das fontes é jurídico porque visa a solução de casos. Comporta dois níveis: (a) o do reconhecimento da fonte; (b) o da sua hierarquização. Esta última pode operar por duas vias: ou pela fixação de uma hierarquia abstrata, que funciona sempre, quando duas ou mais fontes conduzam a normas não coincidentes: por exemplo, a lei prevalece sempre sobre o costume; ou pela adoção de regras de conflitos que apontem, para o caso em jogo, a fonte prevalente: por exemplo, em matéria temporal, aplica-se a Lei do Reino enquanto, em temas que envolvam pecado, funciona o Direito canónico.

4 Perante ordens jurídicas estabilizadas, a ordenação das fontes não é um tema ordenador, que implique opções. Trata-se de sistematizar a matéria, em termos expositivos, seja para a ordenação de códigos, seja para a lecionação do Direito.

5 Por fim, a fonte do Direito pode visar não "a descrição analítico-sistemática" da matéria envolvida, mas "o próprio problema da constituição normativa do Direito positivo" (Castanheira Neves)[7]. Sob o tema fonte vai debater-se a temática subjacente do fundamento da jurídica-positividade e da pertença da mesma a um concreto ordenamento ou *corpus iuris*. Esta aceção é sempre pertinente, mas não abdica das restantes, antes as pressupondo.

[1] José Dias Marques, *Introdução ao Estudo do Direito*, 3.ª ed. (1970), 197 ss..

[2] Sebastião Cruz, *Direito romano* I – *Introdução. Fontes*, 4.ª ed. (1984), 162.

[3] Marco Túlio Cícero, *De officiis libri tres*, III, 72 = ed. Hubert Ashton Holden (1996), 120 = versão bilingue latim/alemão de Heinz Gunermann (1976), 21.

> Ex quo intellegitur, quoniam iuris natura fons sit, hoc secundum naturam esse, neminem ida gere ut ex alterius praedetur inscitia.
> [… a fonte do Direito é a natureza …]

[4] C. 8.53.34.4 = ed. Paulus Krüger, *Corpus Iuris Civilis* II (1880), 364/II :

> (…) an ex totius stipulationis fundamento et fonte eius, ex quo annuae donationes profluxerunt (…)

[5] Paulo Dourado de Gusmão, *Introdução ao Estudo do Direito* (1986), 153 ss. e 159 ss.; também no Brasil o costume tem um papel autónomo, dada a existência de numerosos povos indígenas.

[6] O artigo 7.º da Constituição de Angola de 2010 reconhece o costume, nos termos seguintes:

> É reconhecida a validade e a força jurídica do costume que não seja contrário à Constituição nem atente contra a dignidade da pessoa humana.

[7] António Castanheira Neves, *Fontes do Direito*, Digesta 2 (1995), 7-94 (93-94). O Autor expusera (38 ss.) e criticara (45 ss.) a "teoria tradicional", expendendo os tópicos para uma certa teoria revista (54 ss.), concluindo, em síntese, que a (94):

> (…) validade normativo-jurídica é referida a uma realidade histórico-cultural através de certos modos ou instâncias constituintes que impõem a determinação de uma normatividade jurídica suscetível de se inserir por uma objetivação dogmática no corpus iuris e de adquirir por isso mesmo, vigência normativo-jurídica.

Ocorrem utilizações não-técnicas do termo "fontes de Direito". Estas podem reportar-se a dimensões histórico-culturais (o Direito romano é a fonte do Direito lusófono), a áreas sócio-políticas (o Povo ou as instituições populares são a fonte última do Direito), a posicionamentos políticos (a Constituição é a fonte do ordenamento) ou a opções pedagógicas (o ensino ou a doutrina são as fontes do jurídico). 6

2. Das origens às Ordenações. No Direito romano, para além do costume básico, vários órgãos foram adquirindo, ao longo dos séculos, a competência para fazer leis, com designações próprias, em função da sua origem. No século II d. C., é reconhecido, aos jurisprudentes, o poder de constituir o Direito. Em texto atribuído a Papiniano, distinguem-se as fontes de Direito civil e de Direito pretoriano[8]: 7

> Assim, é Direito civil o que resulta de leis, de plebiscitos, de senatus-consultos, de decretos imperiais e da autoridade dos prudentes. Direito pretoriano é o que os pretores introduzem no interesse público, para apoiar, para completar ou para corrigir o Direito civil.

Com o tempo, as diversas fontes de Direito romano unificaram-se num todo, o qual veio a ser recebido, nos vários Países, ao longo da História. 8

No Direito lusófono aponta-se, logo na fundação do Reino (1143), o predomínio do Direito consuetudinário e foraleiro[9], seguido de um período de receção do Direito comum (1248-1446)[10]. A fundação da Universidade (1288) foi decisiva, difundindo-se o Direito canónico e o Direito romano. Ocorriam ainda leis e decisões dos sucessivos Reis, seja perante questões de ordem geral, seja para solucionar problemas concretos. A multiplicação das fontes internas (as Leis) e a sua coordenação com o Direito comum levaram D. João I a determinar a sua ordenação. Antecedidas pelas chamadas Ordenações de D. Duarte[11], vieram à luz as Ordenações Afonsinas (1447). Deu-se início ao período ou época das Ordenações[12]. 9

As Ordenações Afonsinas ocuparam-se do problema das fontes, regulando-o, em termos práticos, sob o título sugestivo: *Quando a Ley contradiz aa Degratal, qual dellas fe deve guardar*[13]. Fixava-se a hierarquia seguinte: (a) no julgamento de questões recorria-se, em primeiro lugar, às fontes nacionais: lei do Reino, estilo da Corte e costume longamente usado; (b) subsidiariamente (não havendo fontes nacionais), atendia-se às fontes assim seriadas: (1) Direito romano, em matéria temporal, salvo se contrário ao Direito canónico e se a sua observância envolvesse pecado; (2) Direito canónico em matéria espiritual e na temporal, havendo pecado; (3) Glosa de Acúrsio, na falta de regras romanas ou canónicas; (4) Comentário de Bártolo, na falta das anteriores; (5) Decisão do Rei, na ausência de fontes. 10

As Ordenações Manuelinas ocuparam-se das fontes no Livro II, Título V: *Como fe julguaram os cafos, que nom forem determinados por Noffas Ordenaçoens*[14]. Manteve-se o esquema afonsino, mas com subtilezas[15]: (a) as Leis Imperiais (o Direito romano) *Mandamos soomente guardar pola boa* 11

[8] Papiniano, D. 1.1.7 = *Corpus Iuris Civilis/Text und Übersetzung* II – *Digesten 1-10*, por Okko Behrends, Rolf Knütel, Berthold Kupisch e Hans Hermann Seller (1995), 93-94. As várias fontes vinham, depois, sistematizadas.

[9] Nuno Espinosa Gomes da Silva, *História do Direito Português/Fontes do Direito*, 5.ª ed. (2011), 147 ss..

[10] *Idem*, 191 ss..

[11] *Ordenações del-Rei Dom Duarte* (ed. Gulbenkian, 1988), introd. Martim de Albuquerque, V-XXVI.

[12] Nuno Espinosa, *História do Direito Português*, 5.ª ed., 301 ss.. *Vide* Paulo Ferreira da Cunha/Joana Aguiar e Silva/ /António Lemos Soares, *História do Direito/Do Direito romano à Constituição Europeia* (2005), 456 ss..

[13] *Ordenações Afonsinas* (2.ª ed. Gulbenkian, 1998), Livro II, Título IX (161 ss.); *vide* Nuno Espinosa, 315 ss., que recorda alguns troços essenciais, com síntese, *idem*, 331-332.

[14] *Ordenações Manuelinas* (ed. Gulbenkian, 1984), Liv. II, Tit. V, 21 ss..

razam em que fam fundadas; (b) as posições de Acúrsio e de Bártolo eram antecedidas pela *comum opiniam dos Doutores*, quando esta fosse diversa.

12 As Ordenações Filipinas (1603)[16] passaram a matéria para o Livro II, Título LXIV. Conservaram o mesmo esquema de fontes, embora dando agora prevalência à opinião de Bártolo, quando houvesse várias opiniões entre os doutores. Manteve-se a justificação do apelo ao Direito romano: pela boa razão em que se fundaria. A fonte assume, aqui, o fundamento da sua jurídica-positividade. O sistema foi complementado com o aparecimento dos assentos, abaixo examinados[17].

13 **3. A Lei da Boa Razão (18-ago.-1769)** foi um importante marco subsequente, *declarando a authoridade do Direito Romano, e Canonico, Assentos, Estylos, e Costumes*[18]. Na tradição do progressivo afirmar do poder real, considera-se que, sob as Ordenações Filipinas, as fontes imediatas do Direito eram a vontade real, corporizada na Lei e o *utrumque ius* (ambos os Direitos, isto é, o romano e o canónico). Proliferavam, no entanto, outras fontes (mediatas): o estilo, o costume, as glosas e os comentários. Além disso, surgiam contradições entre as fontes, o que obrigou a criar uma hierarquia.

14 Sob o jusracionalismo, encabeçado pelo Marquês de Pombal, a autoridade do Príncipe devia contracenar com a (boa) razão[19]. Neste pano de fundo, fixou-se o seguinte sistema: (a) quanto às fontes nacionais, para além da supremacia da lei, estabelecia-se que o estilo da Corte só vigoraria quando resultasse de Assento da Casa da Suplicação; o costume, por seu turno, só seria observado quando reunisse três requisitos: ser conforme com a boa razão; não contrariar as leis; ter mais de cem anos[20]; (b) quanto ao Direito subsidiário, a aplicar na falta de fontes nacionais, fixava-se: o Direito romano, quando conforme com a boa razão e, nas matérias políticas, económicas, mercantis e marítimas, as leis das nações civilizadas da Europa[21].

15 O recurso ao Direito estrangeiro, na área do Direito comercial, teve especiais consequências na conformação dessa disciplina: consequências que se mantêm, particularmente no Direito das sociedades lusófono, muito aberto ao exterior[22] e que se foram alargando a todo o Direito: em Portugal e no Brasil.

16 **4. Os Estatutos Pombalinos da Universidade** (28-ago.-1772) mandaram observar, no ensino do Direito, as obras do *usus modernus pandectaram*. Seguiu-se-lhe uma progressiva receção do pandectismo alemão. Em Portugal e no Brasil, ficaram criadas as condições para uma aproximação ao sistema romano-germânico.

17 **5. O Código de Seabra** (1867), como é próprio de uma codificação civil, procurou fazer a unificação das fontes[23]. Assim, no seu artigo 9.º, vedava o costume contrário à lei:

> Ninguém pode eximir-se de cumprir as obrigações impostas por lei, com o pretexto de ignorância d'esta, ou com o seu desuso.

[15] *Idem*, 21.

[16] *Ordenações Filipinas* (ed. Gulbenkian, 1985), Livros II e III, 663-665.

[17] *Infra*, anotações ao revogado 2.º.

[18] Pode ser confrontada em *Ordenações Filipinas*, Liv. II e III, ed. Gulbenkian, 725-730 e no tomo II da *Collecçaõ das Leys, Decretos e Alvarás, que comprehende o feliz reinado del Rey Fidelíssimo D. Jozé o I. Nosso Senhor, desde o anno de 1761 até o de 1769* (1770). Existe uma versão anotada de José Homem Correia Telles, *Commentario critico á Lei da Boa Razão, em data de 18 de Agosto de 1769* (1845), 110 pp..

[19] Nuno Espinosa, *História do Direito Português*, 5.ª ed., 467.

[20] *Lei da Boa Razão*, § 14 (730/I, da ed. Gulbenkian); quanto à supremacia das fontes nacionais, *idem*, § 9/2 (728/I).

[21] *Idem*, § 9/3 (728/I).

[22] Os nossos *Direito comercial*, 4.ª ed., 93 ss. e o *Editorial: a importância do Direito das sociedades*, RDS 2009, 5-8 (6).

[23] Quanto à preparação e às fontes do Código de Seabra, José Tavares, *Princípios fundamentais*, I, 2.ª ed., 325-337.

Desaparecia qualquer via de apelo subsidiário ao Direito romano, ao *utrumque ius* ou ao Direito estrangeiro[24]. 18

II – Tipologia das fontes

6. Tipologia das fontes. A análise elementar das fontes, enquanto modos de revelação de normas jurídicas, efetuada com base na realidade jurídico-social existente, mostra uma situação inorgânica, insuscetível de ser reconduzida a classificações coerentes. Três razões: (a) o Direito, particularmente o civil, é-nos dado, em grande parte, por irredutível evolução histórica; torna-se irreal reconduzir essa matéria às fontes atuais que o tenham compilado ou codificado[25]; (b) na origem, operaram muitas fontes, hoje desaparecidas, em obediência a uma acentuada complexidade; pode haver interesse interpretativo em recuar e (re)estudar algumas das fontes em causa; por exemplo, um estudo de profundidade média sobre ações possessórias obriga a estudar o edito do pretor; (c) para além do próprio Estado, as sociedades modernas dispõem de técnicas de criação jurídica, que transcendem os modos constitucionais explícitos. 19

O panorama existente não obedece a nenhuma lógica reconhecível. Apenas podemos fazer descrições típicas de certos modos de criação (e de revelação) de normas jurídicas (mais) estabilizadas, procurando apontar-lhes as características (mais) marcantes. Como sucede frequentemente com as tipologias, as diversas categorias podem surgir em planos diferentes, podem ter densidades diversas, podem obedecer a critérios distintos e podem apresentar áreas de sobreposição. Além disso, na apresentação dos diversos tipos, recorre-se, por vezes, a critérios e tradições históricos, sem grande lógica formal, mas aos quais os juristas estão afeiçoados. 20

Temos: (1) a lei, entendida em sentido amplo, de modo a abranger o Direito comum (*ius commune*) hoje vertido em códigos, as leis formais (Parlamento e Governo) e as leis materiais (todas as outras); (2) as normas corporativas; (3) os diplomas privados; (4) o costume, enquanto categoria tradicional; (5) os usos; (6) a equidade; (7) a jurisprudência; (8) a doutrina. 21

Alguns desses tipos requerem um estudo especializado. Remete-se para as competentes disciplinas. 22

7. Regras extrajurídicas; o "politicamente correto". No domínio das fontes, há ainda que lidar com a erupção de regras extrajurídicas, mas muito eficazes na sociedade e às quais, no limite, o Direito deve prestar atenção. Há normas do "politicamente correto", contra as quais é perigoso, social e até fisicamente, reagir. Surgem "sanções" típicas, que envolvem *mobbing* e, até, *bullying*[26]. Uma rede de censores, com largo acesso à comunicação social, assegura o respeito por uma moral de circunstância, por vezes contraditória, mas que é de bom tom respeitar. Trata-se de costume (ainda que condenável)? Fica a questão. 23

III – As fontes europeias

8. Enunciado. O 288.º do Tratado de Lisboa prevê, como atos jurídicos da União: (a) o regulamento: tem carácter geral, é obrigatório nos seus diversos elementos, com aplicação direta em todos os Estados-membros; (b) a diretriz: vincula o Estado-membro destinatário quanto ao resultado a alcançar, mas deixa às instâncias nacionais a competência quanto à forma e aos meios; (c) a decisão: é obrigatória em todos os seus elementos; quando designa destinatários, só 24

[24] *Vide, infra*, 4.º, anot. 2 e 3.

[25] *Vide infra*, a situação da lei, como fonte, quando mais não faça do que retomar proposições romanas; adiantando: seria surreal vir afirmar que a fonte da norma segundo a qual os contratos devem ser cumpridos (406.º/1) é um Decreto-Lei do Governo: o n.º 47 344, que aprovou o Código.

[26] *Tratado*, IV, 5.ª ed., 178; a matéria é particularmente candente no Direito do trabalho: *vide* Menezes Cordeiro, *Direito do trabalho*, 1 (2019), 62-64.

é obrigatória para estes; distingue-se do regulamento por não ter carácter geral. Esse preceito acrescenta, ainda, as recomendações e os pareceres, explicando que não são vinculativos.

25 Do seu teor, são fontes europeias o regulamento e a diretriz. Remetemos esta matéria, que transcende o Código Civil, para os locais competentes[27].

IV – A natureza dos preceitos

26 **9. O problema** da natureza dos 1.º a 4.º resulta das críticas que, *ab initio*, lhes têm sido dirigidas. Conforme adiantado, os 1.º (fontes imediatas) e ex-2.º (assentos) são meras normas de enquadramento, sem conteúdo normativo. Os 3.º (valor jurídico dos usos) e 4.º (valor de equidade) têm um conteúdo remissivo: em si, constituem regras incompletas.

27 Como explicado, feitas as competentes precisões, trata-se de preceitos inofensivos. Permitem, contudo, um espaço de debate e de aprofundamento jurídico-científico.

Artigo 1.º (Fontes imediatas)

1. São fontes imediatas do direito as leis e as normas corporativas.

2. Consideram-se leis todas as disposições genéricas provindas dos órgãos estaduais competentes; são normas corporativas as regras ditadas pelos organismos representativos das diferentes categorias morais, culturais, económicas ou profissionais, no domínio das suas atribuições, bem como os respectivos estatutos e regulamentos internos.

3. As normas corporativas não podem contrariar as disposições legais de carácter imperativo.

Bibliografia: António Menezes Cordeiro, *Tratado*, I, 4.ª ed. (2014), 518-532; Carlos Blanco de Morais, *As leis reforçadas*, 1998; Manuel de Andrade, *Fontes do Direito*, BMJ 102 (1961), 141-166; Miguel Teixeira de Sousa, *Introdução ao estudo do Direito* (2019), 145-154.

Índice

[27] *Tratado*, I, 4.ª ed., 373 ss..

I – A lei; origem e evolução

1. No **anteprojeto de Manuel de Andrade**, o 1.º, sem epígrafe, tinha um estilo e um conteúdo diferentes. Dizia[1]: 1

> I – São fontes do Direito:
> *a*) As leis;
> *b*) As normas corporativas.
> II – *a*) Consideram-se leis todas as disposições genéricas emanadas dos órgãos estaduais competentes;
> (...)

Para a enumeração das fontes, Manuel de Andrade buscou inspiração no 1.º do Código Civil italiano, de 1942[2]. Sob a epígrafe "indicação das fontes", dispõe esse preceito: 2

> São fontes do direito:
> 1) As leis;
> 2) Os regulamentos;
> 3) As normas corporativas;
> 4) Os usos.

O projeto de Código italiano, primeiro publicado, não fazia qualquer referência a uma indicação de fontes[3]. O preceito foi introduzido numa fase tardia. Visaria resolver uma "teima" que opunha os comercialistas, defensores dos usos, aos "corporativo-laboralistas", que pretendiam a primazia, sobre eles, das normas corporativas[4]. Mais ligados ao regime fascista de Mussolini, estes últimos levaram a melhor. O regime caiu: mas o alto nível técnico do Código (não certamente o do 1.º) assegurou a sua sobrevivência. Não se pôs o problema de abrogar as "normas corporativas": o preceito era inóquo. Ao inspirar-se no Código italiano, Manuel de Andrade não sabia que perfilhava a opção dos "corporativo-laboralistas" italianos, contra os comercialistas ou, mais latamente, os privatistas. A "história inédita" do Código italiano só foi tornada pública no início do século XXI. 3

Manuel de Andrade esclarece onde foi buscar o sentido muito vasto do termo "lei": veio de Enneccerus/Nipperdey[5]. Todavia, essa origem apenas esclarece sobre os "órgãos estaduais competentes", remetendo-os para a Constituição. Foi acrescentado "genéricas" e retirada a referência ao texto fundamental: o primeiro ponto para distinguir a lei de comandos concretos; o segundo, provavelmente, por discrição política. 4

2. **As revisões e o projeto**. Na passagem do anteprojeto para o projeto, decidiu-se[6] entronizar o escrito de Manuel de Andrade[7]. Mas com alterações[8]: (a) quanto ao estilo, o que se afigura 5

[1] Manuel de Andrade, *Fontes de direito*, 141.

[2] Quanto à preparação desse Código, dispomos, hoje, da interessante obra de Nicola Rondinone, *Storia inedita della codificazione civile* (2003), XVIII + 814 pp..

[3] Mariano d'Amelio, *Codice civile/Libro primo (Persone e famiglia)* (1940), 6 ss.; o projeto começava com um preceito relativo ao início da obrigatoriedade das leis. *Vide* Nicola Rondinone, *Storia inedita*, especialmente 100 ss.. O capítulo sobre fontes foi aditado já em 1942: *idem*, 564.

[4] Nicola Rondinone, *Storia inedita*, 609 ss..

[5] Manuel de Andrade, *Fontes do direito*, 147. Manuel de Andrade cita a 13.ª ed. do *Lehrbuch*. De facto, Ludwig Enneccerus/Hans Carl Nipperdey, *Allgemeiner Teil des Bürgerlichen Rechts*, 1, 15.ª ed. (1959), 240 ou, para recorrermos ao texto que terá inspirado diretamente Andrade, a trad. castelhana de Blás Perez González/José Alguer da 13.ª ed. alemã (1943), no local por ele precisado, dizem:

> Lei (em sentido material) é uma proposição jurídica ou um conjunto de proposições jurídicas, ditada e publicada pelos órgãos do Estado competentes, conforme a Constituição.

[6] A decisão terá partido de João Antunes Varela, Ministro da Justiça na época, coautor, com Fernando Andrade Pires de Lima, de *Noções fundamentais de Direito civil* 1, 6.ª ed. (1964, reimp., 1973), e que aproveitou para introduzir algumas das suas ideias, na lei civil fundamental.

[7] *Vide* José Hermano Saraiva, *Apostilha crítica*, 7.

[8] *Projecto de Código Civil* (1966), 1.

normal, uma vez que cabia uniformizar os troços de diversas proveniências, que vieram a formar o Código Civil; (b) quanto ao fundo, aditando a "fontes", o adjetivo "imediatas". Esse aditamento ocorreu, apenas, na 2.ª Revisão Ministerial[9].

6 Antunes Varela, no ensino do Direito civil, degradava o costume, explicando que, pelo menos no Direito privado, ele não constituía uma "fonte autónoma, imediata de direito"[10]. No *Código Anotado*, verdadeira justificação de motivos das revisões ministeriais por ele levadas a cabo, explica que a lei e as normas corporativas são fontes imediatas[11],

> (...) em contraposição aos assentos, usos e equidade, cuja força vinculativa provém da lei, que define os termos e limites da sua obrigatoriedade.

7 **3. O pensamento subjacente** do legislador de 1966 pretendeu consignar em lei o fundamento da jurídica-positividade: algumas fontes (as "mediatas") só vigorariam por, para elas, remeterem as imediatas. Isso obrigaria a considerar também "mediatas" as normas corporativas, num passo que não foi dado. Mas não joga. Com efeito: (a) qualquer estudioso das fontes do Direito considerará como fonte "imediata", no sentido de dotada de autónoma jurídica-positividade, o costume, lado a lado com a lei; ora o Código, na sequência dos ensinamentos de Antunes Varela, parece reconduzi-los aos usos; (b) a jurídica-positividade interessará à teoria do Direito, mas não ao Direito civil; confrontado com uma fonte, o intérprete-aplicador irá, dela, retirar (imediatamente) uma norma, seja qual foi a complexidade constitucional que tenha sido observada na sua produção.

8 A referência a fontes "imediatas" parece corresponder a uma repartição didática, aliás discutível[12]. Não devia ter sido levada ao Código. Isto dito: não incomoda, uma vez que, como tem sido dito, não tem relevância civil.

II – Reposicionamento das leis

9 **4. Críticas ao Código**. A enumeração do 1.º não foi conseguida. A definição de lei do n.º 2, 1.ª parte, surge muito ampla. Torna-se questionável a oportunidade de definir, num Código, o que seja lei: sintomaticamente, os críticos que pretenderiam alterar esses preceitos do Código Civil, não apresentam qualquer definição alternativa. Sendo evitável, esse dispositivo tem uma vantagem: recorda que todas as fontes estão sujeitas a interpretação e, nessa medida, a integração no sistema.

10 A crítica dos publicistas de que o Código teria esquecido o regulamento administrativo o qual não poderia, de forma alguma, ser reconduzido à lei[13], é duvidosa. O decisivo, segundo esses críticos, residiria no facto de os regulamentos, mesmo provenientes do Conselho de Ministros, corresponderem à função administrativa do Estado e não à sua função político-legislativa. Além disso, os regulamentos das autarquias e da demais administração autónoma, bem como os da administração indireta do Estado, não proviriam de "órgãos estaduais". Pois

[9] *Vide Código Civil/Livro I – Parte geral/1.ª revisão ministerial*, BMJ 107 (1961), 5-158 (5) e *idem, 2.ª revisão ministerial* (1965, dact.), 1. Na *Revisão intercalar* (1964, dact.), 3, o acrescento ainda não fora feito.

[10] Pires de Lima/Antunes Varela, *Noções fundamentais de Direito civil*, 1, 6.ª ed. (1973), 93.

[11] Pires de Lima/Antunes Varela, *Código Civil Anotado*, 1, logo na 1.ª ed. (1967), 10.

[12] Luís Cabral de Moncada, *Lições de Direito civil/Parte geral*, 1, 3.ª ed. (1959), 89, em nota, considera "fontes mediatas" aquelas que, de facto, possam influenciar as restantes. Seriam fontes, apenas em sentido sociológico, razão pela qual considera esta categoria "absolutamente inútil e irrelevante para a Ciência do Direito". Não é este, todavia, o sentido de "fonte mediata", no Código Civil. Neste ponto, não tem razão a referência de José H. Saraiva, *Apostilha crítica*, 11.

[13] Diogo Freitas do Amaral, *Da necessidade de revisão dos artigos 1.º a 13.º do Código Civil*, 12.

bem: o Direito civil é um Direito de pessoas e para pessoas. Perante um diploma normativo, o particular vai sofrer-lhe as consequências, seja qual for a designação que lhe atribuam as correntes em voga. Saber se um diploma do Governo advém da função política ou da função administrativa é, no terreno, tudo menos óbvio: pode, até, vir das duas. Decidir que uma postura camarária, que pode ter o mesmo teor do que um diploma a aprovar pelo Estado (central), não é lei porque a Câmara não é órgão estadual será boa técnica administrativa, mas conceitualiza e, com isso, condiciona a decisão. Na vida real, as pessoas sentem mais a autoridade das Câmaras e de outras realidades paraestaduais, do que a do (longínquo) Parlamento. Por certo que o Direito público dá (ou deve dar) meios acrescidos para reagir perante regulamentos. E é ainda verdade que o acima transcrito Código italiano autonomizou os regulamentos, coisa que, porventura mal, não fez o Código de 1966. Mas isso dito: o regulamento (e similares), quando contenha normas, pode ser reconduzido a um sentido amplíssimo de lei. Aplicar-se-lhes-ão regras importantes, como a exigência de publicação, a interpretação adequada e sistemática, a integração conveniente e a não-retroatividade de princípio. As leis, mesmo más, são úteis.

5. Leis inovatórias e Direito comum. Porventura mais relevante do que criticar o exaurido 1.º, será distinguir, dentro das "leis", as inovatórias das que se limitem a retomar o Direito comum. 11

A lei pode corresponder a uma efetiva decisão de política legislativa, do Parlamento ou do Governo, de modo a conformar a conduta dos membros da sociedade. Mas pode tratar-se de (mera) lei compilatória ou codificadora, que aceite e recolha o Direito anterior, servindo-o, aos seus concidadãos, por forma a melhor facultar a realização da matéria. 12

Seria pura estultícia pretender que os contratos devem ser cumpridos (406.º/1), que a posse pode dar lugar à propriedade através da usucapião (1287.º) ou que o parentesco é fonte de relações familiares (1576.º) porque ... assim foi decidido pelo Governo, quando, pelo DL 47 344, de 25-nov.-1966, aprovou o Código Civil. Essa Lei deu arrumação a matérias há muito em vigor e cuja "fonte" remontará, pelo menos, ao *corpus iuris civilis*. De resto, é nessa base que o Código continua a operar em numerosos países que alcançaram a sua independência e cujo bom senso logo considera não se tratar de uma "lei colonial", mas de Direito, puro e simples. 13

Isso não quer dizer que, ao Código Civil, não possam ser levadas leis circunstanciais, algumas bem dispensáveis, por pura iniciativa de governantes cujos nomes nem serão lembrados pelos especialistas. Distinguimos, assim, em termos materiais: (a) Direito ou leis comuns, correspondentes ao Direito tradicional, paulatinamente elaborado, provenientes do Direito romano ou de leis antigas e que foram vertidas nos códigos modernos; (b) leis estaduais, que devem a sua existência à decisão reguladora de órgãos públicos competentes. 14

As técnicas interpretativas, integrativas e aplicativas, num e noutro caso, não podem ser idênticas. E é ainda óbvio que os legisladores se devem coibir de mexer nas leis comuns sem estudos muito adequados e sem passar pela opinião das Universidades. São como que "leis reforçadas", embora essa categoria se lhes não aplique. As leis comuns estão próximas do costume. Todavia, são vividas como leis. 15

III – Fontes imediatas e mediatas

6. A distinção. A fonte imediata vale por si. Retira, dela própria, a sua jurídica-positividade. Já a fonte mediata vale, apenas, quando, para ela, remeta uma fonte imediata. Assim, será fonte imediata a própria lei (1.º/1). Já os usos funcionam como fontes quando a lei o determine (3.º/1): seriam fontes mediatas. 16

17 **7. Crítica**. Alguém que respeite um uso está a fazê-lo por existir uma lei que para ele remeta? E o intérprete-aplicador, confrontado com a aplicação de um uso, vai interpretá-lo como? Fará sentido a "despromoção" do uso quando é ele que vai revelar (criativamente!) a conduta exigível e a solução para o caso? Naturalmente: a fonte imediata não deixará de o ser quando, para ela remeta uma outra fonte. Mas a fonte "mediata" é fonte, independentemente do *ranking* de que se arrogue a "imediata".

18 A ideia de fonte como *quid* portador de jurídica-positividade e, portanto, reconhecido pelo sistema como apto para introduzir normas jurídicas, é fecunda, mas tem limites. Vamos supor uma "lei" de grande complexidade: por exemplo, o 1253.º do Código Civil, relativo à distinção entre posse e detenção. Nenhum cidadão retirará, daí, seja o que for: apenas um jurista formado saberá explicar os meandros em causa e as regras que, daí, podem resultar para a vida social. Qual é a fonte? A jurídica-positividade veio da lei: aliás: lei comum e não, propriamente, o DL 47 344, de 25-nov.-1966. Mas a(s) norma(s) só surge(m) pelo labor doutrinário: não se trata de mera interpretação; antes de uma (re)construção de um instituto complexo, que impõe a leitura de textos romanos. Além disso, toda esta matéria fica no limbo das teorias até que uma decisão judicial dê corpo ao Direito.

19 **8.** Outra questão é a suscitada pela **sobreposição de fontes** potencialmente dotadas de autonomia. Um cidadão celebra e cumpre um contrato. Porquê? Para respeitar o 406.º/1? Nem se lembrará disso. Para evitar os meandros do DL 62/2013, de 10-mai., que transpôs a Diretriz 2011/7, de 16-fev., a qual tomou medidas para lutar contra os atrasos nos pagamentos nas transações comerciais? Não é credível. Por assumir um costume (imemorial e óbvio) de cumprir o que se assume? Mais provável. Por, numa relação contratual, ser elementar cumprir para receber a contraprestação, numa tradução interindividual de reciprocidade? Quase seguro. Por razões éticas? Seguro. Pergunta-se, agora, qual é a fonte da norma: cumprir o contratado?

20 Ocorre uma confluência de fontes, que obriga a falar num sincretismo jurídico. Várias (todas?) depõem no mesmo sentido, ainda que, provavelmente, o decisor refira, na justificação, a lei comum, isto é, o Código Civil.

21 **9. Os tipos sociais**. Um dos contratos mais importantes é o de abertura de conta bancária[14]. Através desse contrato, o banqueiro e o seu cliente regulam o essencial de uma subsequente relação bancária complexa, que envolve giro bancário, depósitos, transferências, recebimentos e, eventualmente, emissão de cheques, emissão de cartões e concessão de crédito. Alguns desses aspetos (p. ex., o cheque) têm base legal. Os outros não têm: aplicam-se, sectorialmente, certas determinações do Banco de Portugal. Podemos, todavia, considerar que o contrato de abertura de conta não tem regime adotado pela lei. Todavia, as suas regras são bem conhecidas e estão estabilizadas. Chama-se-lhe um "tipo social" de contrato (por oposição a "tipo legal").

22 Qual é a fonte? Aparentemente, os "usos", "usos" esses que, mediante uma interpretação "corretiva", são retirados do artigo 407.º, do Código Comercial[15] e que foram recolhidos pelas cláusulas contratuais gerais dos bancos. Aplicam-se porque os particulares, quando abram conta, aderem a eles. Mas então a fonte é contratual, assentando no 406.º/1. Temos um conjunto de usos e de autonomia privada.

23 **10. A hierarquia** oficial retira-se do 8.º da L 74/98, de 11-nov., na redação dada pela L 42/2007, de 24-ago., relativo à numeração e apresentação dos diplomas e do artigo 112.º da

[14] *Direito bancário*, 6.ª ed. (2016), 286 ss. e 539 ss..

[15] *Direito bancário*, 6.ª ed., 217.

Constituição. Joga, ainda, uma série de regras inseridas na Constituição e em diplomas complementares. Tem peso?

Um sistema coerente de fontes, virado para o Direito enquanto Ciência de resolução de 24
casos, fica insatisfeito. As determinações genéricas dos bancos e das seguradoras, sobre juros, informações ou pagamentos, são leis? O que dizer das condições gerais dos transportes, adotadas pelas grandes empresas públicas e privadas? E pelas pequenas empresas privadas regionais?

Uma circular do Banco de Portugal (nem se trata de um aviso!) pode ser bem mais 25
importante para a coletividade do que muitas e boas leis do Parlamento. As decisões genéricas da Autoridade Tributária e Aduaneira ou da Segurança Social mexem profundamente com as pessoas. São leis? Mesmo quando ilegais e, até, desconexas, essas regras são obedecidas: o cidadão, ainda que jurista experiente e conhecedor, prefere, em regra, segui-las do que entrar num contencioso extremado e dispendioso. Qual é a fonte? E o que dizer das determinações das companhias do telefone, do gás e da eletricidade? Uma campanha publicitária pode veicular regras que a generalidade dos destinatários irá observar. Com base em quê?

11. Em conclusão, o espaço representado pela "lei" está em aberto, suportando os processos 26
da Ciência do Direito. Nessa dimensão, a presença de um dispositivo aparentemente vazio como o 1.º, torna-se útil.

IV – As "normas" corporativas; origem e alcance

12. O corporativismo designa uma corrente de pensamento, primeiro social e, depois, sócio- 27
-política, que se desenvolveu a partir dos finais do século XIX. Na origem, teve preocupações cristãs suscitadas pela questão social e pela dureza da luta de classes dela resultante. Ele via, no regresso a uma organização medieval edílica, a solução para os dramas sociais. Na Idade Média, os mestres, os companheiros e os aprendizes estavam enquadrados em corporações profissionais, que fixavam mínimos e asseguravam uma certa assistência social. No seio das (hoje ditas) empresas dominava uma ideia de cooperação e de assistência mútua, em que cada um ocupava o seu lugar. Os trabalhadores de base, em vez de se organizarem entre si, articulavam-se numa estrutura vertical, de acordo com a arte ou ofício que exercessem; o mesmo sucederia com o dono da exploração. O corporativismo entendia poder recriar essa realidade: as empresas e, mais latamente, os sectores de atividade, articular-se-iam na vertical, aproximando, num espírito de solidariedade de sector, trabalhadores e patrões, de modo a substituir a ideia de luta e de confrontação por uma solidariedade profissional.

Sendo, em si, mais uma peça nas doutrinas que intentavam resolver pacificamente a 28
questão social, o corporativismo não implicava nenhum plano de tomada do poder. Todavia, na conturbada Europa subsequente à Grande Guerra de 1914-1918, que viu surgir as primeiras revoluções comunistas, com relevo para a Revolução de Outubro na Rússia, depois União Soviética, o corporativismo foi aproveitado para dar cobertura linguística a regimes autoritários ou, mesmo, ditatoriais, centrados no poder pessoal de líderes carismáticos.

A partir dessa altura, o corporativismo dobra-se de uma doutrina política e económica 29
difícil de definir, dada a multiplicidade de orientações que comportou[16]. Oficialmente, apresen-

[16] Alberto Xavier, *Direito corporativo* (1972), 3 ss.; Amado de Aguilar, *Donde veio e para onde vai o corporativismo português/Ensaio sobre o lugar do corporativismo na História* (s/d), 72 pp.; Augusto da Costa, *Factos e princípios corporativos* (1934), 263 pp.; *idem*, *A nação corporativa/Textos legais, comentados e justificados*, 3.ª ed. (1937), 474 pp.; António Ribeiro da Silva e Sousa, *Diálogos fáceis sobre a economia corporativa, moral e humana* (1941), 95 pp.; João Manuel Cortez Pinto, *A corporação/Subsídios para o seu estudo* (1956), 348 pp..

tava-se como uma terceira via entre o liberalismo e o socialismo, procurando suplantar o dilema indivíduo/Estado, com recurso a entes intermédios: as corporações que, por sectores, agrupariam os trabalhadores e os patrões, em torno de um ideário nacionalista de colaboração entre classes. A literatura portuguesa da época é abundante. Muitos dos mais ilustres universitários portugueses da área do Direito associaram o seu nome ao estudo, principalmente jurídico, da matéria[17]. Houve, mesmo, escritos de nível metodológico e filosófico elevado, sobre o tema[18].

30 O termo "corporativismo", bem como algumas das suas ideias, foram aproveitados, em moldes ora propagandísticos ora efetivos, pelo regime fascista de Mussolini e por certos regimes autoritários, como o da II República, designadamente para combater o sindicalismo livre. Resultou, daí, um descrédito acentuado. Algumas das suas teses, com outros epítetos, têm encontrado abrigo em programas políticos muito variados; assim, por exemplo, o relevo dado ao "poder local" ou às "associações culturais". As referências a um neocorporativismo surgiram nos escritos da década de oitenta do século XX, tendo, depois, caído em desuso, com o incremento do liberalismo subsequente a 1989 e com o termo do comunismo soviético.

31 **13. A experiência portuguesa** de corporativismo correspondeu ao período da II República ou Estado Novo (1933-1974). Sob o poder pessoal de António de Oliveira Salazar, desenvolveu-se uma cobertura ideológica de cariz tradicionalista e populista, que aproveitou as ideias, um tanto vagas, do corporativismo: um fenómeno visível no Direito do trabalho[19].

32 O sistema corporativo não se limitava às relações de trabalho. Através de uma série de organismos (corporações) de filiação obrigatória, ele regia áreas significativas da economia, fixando preços, margens, condições de comercialização e qualidades dos produtos. De certo modo, podemos dizer que ele antecipou, numa base formalmente associativa, aquilo que hoje se chama "regulação" e "entidades reguladoras". As corporações vinham previstas na Constituição de 1933. O seu 16.º dispunha:

> Incumbe ao Estado autorizar, salvo disposição da lei em contrário, todos os organismos corporativos morais, culturais ou económicos, e promover ou auxiliar a sua formação.

33 O 17.º do mesmo diploma explicitava que esses organismos:

> (...) visarão principalmente objetivos científicos, literários, artísticos ou de educação física; de assistência, beneficiência ou caridade; de aperfeiçoamento técnico ou de solidariedade de interesses.

34 O sistema infraconstitucional foi fraco: a II República não parecia acreditar nas corporações: organismos potencialmente incómodos, caso se auto-organizassem. O DL 29:110, de 12-nov.-1938, estabeleceu um primeiro quadro-geral, explicitando que as corporações seriam criadas por decreto, precedendo parecer do Conselho Corporativo. O DL 29:111, do mesmo dia, fixava os interesses e atividades representados na Câmara Corporativa, agrupando-os (4.º) em (a) interesses económicos, culturais e morais; (b) autarquias; (c) administração pública, acrescentando ainda (5.º); (d) representantes dos advogados, dos médicos, dos engenheiros e dos agrónomos, silvicultores e veterinários. O sistema foi sendo montado: mas com pouca convicção. As bases para a instituição das corporações foram promulgadas, apenas, pela L 2 086, de 22-ago.-1956: trinta anos após a queda da I República. Entre outros aspetos, esse diploma –

[17] *Vide* indicações no *Tratado*, I, 4.ª ed., 536.

[18] Nuno Cabral Basto, *Ordem natural e organização plural*, ESC VI, 24 (1967), 115-154 e Rui Machete, *Os princípios e classificações fundamentais do corporativismo*, SI XVIII, 99-100 (1969), 398-440.

[19] António Menezes Cordeiro, *Direito do trabalho* 1 (2019), 126 ss..

uma Lei de Bases – considerava as corporações pessoas coletivas de Direito público (I); fixava os órgãos das corporações (VIII); sujeitava os regimentos das corporações a aprovação ministerial (XIII); previa, como primeiras corporações a instituir, as da lavoura, da indústria, do comércio, dos transportes e turismo, do crédito e seguros e da pesca e conservas. O sistema corporativo foi-se desenvolvendo, alcançando alguma complexidade[20]. Tínhamos organismos corporativos: (a) morais e culturais; (b) económicos, que abarcavam, como organismos primários, os sindicatos e os grémios, as casas do povo e as casas de pescadores, como organismos intermédios, as federações e uniões de sindicatos e, na cúpula, as corporações, incluindo as da lavoura, dos transportes e turismo, do crédito e seguros, da pesca e conservas, da indústria, do comércio, da imprensa e artes gráficas e dos espetáculos.

Todas estas entidades implicavam os seus diplomas legais, regras internas, poder regulativo 35
e regras de fundo.

14. Os preparatórios do Código. No anteprojeto de Manuel de Andrade[21], as normas cor- 36
porativas surgiam, ao lado das leis, como fontes, embora se não lhes chamasse "imediatas". A definição de normas corporativas ocorria no 1.º/II, *b*), em termos mais simples do que os depois inseridos no Código:

> São normas corporativas as ditadas por organismos representativos de categorias profissionais ou económicas, nos limites das suas atribuições, bem como os respectivos estatutos e regulamentos internos.

Este teor manteve-se nas revisões ministeriais[22] e no Projeto final[23]. 37

15. O texto definitivo acrescentou as "categorias morais" e as "categorias culturais", de modo 38
a completar o mapa oficial das corporações, adotado pelo Estado Novo[24].

O anteprojeto já subordinava as normas corporativas às disposições legais imperativas (1.º/ 39
/III), fazendo-as prevalecer sobre os usos (3.º/II).

O modelo de Manuel de Andrade e, depois, do Ministro Antunes Varela, foi o do Código 40
italiano, mas apenas em parte. O Código italiano era mais explícito, compreendendo, sobre o tema em estudo: (a) o 1.º, que colocava as normas corporativas entre os regulamentos e os usos, no elenco das fontes do Direito; (b) o 5.º que considerava normas corporativas:

> (...) as ordenações corporativas, os acordos económicos colectivos, os contratos colectivos de trabalho e as sentenças da magistratura do trabalho nas controvérsias colectivas.

(c) o 6.º que remetia a formação e a eficácia das normas corporativas para o Código 41
Civil e as leis especiais; (d) o 7.º, que impedia as normas corporativas de derrogar as disposições imperativas da lei e dos regulamentos; (e) o 8.º, que fazia prevalecer as normas corporativas sobre os usos.

Fixava-se um sistema coerente ao qual dava um conteúdo alargado. Já Manuel de Andrade 42
e, depois, o Código vieram retirar (ou não vieram referir), entre as normas corporativas, os acordos económicos coletivos, os contratos coletivos de trabalho e as sentenças da magistratura do trabalho.

[20] *Vide* a enumeração de Alberto Xavier, *Direito corporativo* II (1972), com a colaboração de Carlos Pamplona Corte-Real, 18 ss..

[21] Manuel de Andrade, *Fontes de direito*, 141-142.

[22] *1.ª revisão ministerial*, 5 e *2.ª revisão ministerial*, 1.

[23] *Projecto de Código Civil*, 1.

[24] E constante do artigo 17.º da Constituição Política de 1933, como refere, de resto, o próprio Manuel de Andrade, *Fontes de direito*, 147-148.

43 **16. Críticas legislativas.** Seguindo os movimentos transalpinos dos anos trinta do séc. XX, o Código Civil marcou a supremacia do Estado (as normas corporativas não podem contrariar leis imperativas) e a da organização sócio-económica pública, sobre o Direito comercial (as normas corporativas prevalecem sobre os usos). Politicamente, quer esta opção quer a própria referência, num diploma como o Código Civil, a "normas corporativas", tendo em conta a sua conotação com o fascismo italiano e isso mais de vinte anos após a queda do regime de Mussolini, regime esse com o qual ninguém, após 1945, ousaria identificar-se, surgem surpreendentes: foram sufragadas por professores universitários do mais alto nível, dos quais seria de esperar contenção e bom senso[25].

44 Em termos formais, estranha-se a contraposição entre "leis" e "normas corporativas": ou se dizia "normas legais" e "normas corporativas" (fórmula inadequada já que as fontes contêm normas mas não são, elas próprias, normas) ou se optava por "leis" e "diplomas corporativos". Andrade não chegou a rever o seu projeto e Varela decidiu entronizá-lo, mesmo contra a vontade do seu Autor.

45 Em termos materiais, não se entende como considerar as "normas corporativas" como "fontes imediatas": parece claro que elas retiram a sua jurídica-positividade da lei e não de elas próprias. Em suma: a mais de meio século de distância, todo este episódio se afigura surpreendente.

V – A sobrevivência das normas corporativas

46 **17. A eventual caducidade.** As normas corporativas, pela sua origem e pela sua conexão com o fascismo italiano, estavam formalmente ligadas à II República. Pergunta-se se a queda desse regime, em 25-abr.-1974, e a entrada em vigor da Constituição de 1976 não terão revogado ou feito caducar tais normas.

47 Para além das conexões político-culturais, as normas corporativas não exprimiam, na sua generalidade, nada de especialmente incompatível com o regime pós-25 de abril. Pelo contrário: a lógica dirigista que enformava muitas delas até poderia ir ao encontro do ideário estatizante que dominou o País, mormente durante o ano de 1975 e que encontrou lugar em muitas das disposições iniciais da Constituição de 1976. As normas corporativas, em si, não são materialmente contrárias à Constituição. Poderia haver uma ou outra situação em que essa contrariedade surgisse: mas nessa altura, não ofereceria dúvidas considerá-las revogadas ou inconstitucionais[26].

48 **18. A revogação progressiva.** Após a queda da II República, e ao contrário do que sucedeu em Itália, não se procedeu a uma supressão global dos organismos corporativos. Antes se foram sucedendo os diplomas de extinção sectorial, os quais se prolongaram por duas décadas[27]. Não houve, pois, qualquer caducidade imediata: elas foram desaparecendo à medida que a lei as foi revogando.

[25] Diogo Freitas do Amaral, *Manual de introdução ao Direito* 1 (2004), 358, considera que se tratou de uma homenagem tardia ao "sistema corporativo" criado pelo Estado Novo.

[26] Tem ainda interesse verificar como foi resolvido o problema em Itália. Após a queda do regime de Mussolini, em 1942, as normas corporativas continuaram em vigor. O Decreto Legislativo n.º 369, de 23-nov.-1944, suprimiu as fontes corporativas. Mas deixou em funcionamento as normas corporativas já emanadas, com a eficácia originária, sem prejuízo das ulteriores modificações (43.º). O funcionamento das normas corporativas manteve-se, em tudo o que elas não contraditassem os princípios constitucionais.

[27] *Vide* indicações no *Tratado*, I, 4.ª ed., 545.

VI – Os diplomas privados

19. A categoria dos diplomas corporativos é, de certo modo, preenchida hoje pelos diplomas privados. Trata-se de fontes não previstas no Código, reconhecidas mas não impostas por lei e que não devem ser ignoradas por um sistema atual de fontes do Direito. São elas: (a) as convenções coletivas de trabalho; (b) os negócios normativos; (c) os regulamentos privados. 49

20. As convenções coletivas de trabalho correspondem a acordos, por vezes de grande extensão, concluídos entre entidades representativas dos trabalhadores (os sindicatos) e dos empregadores (as associações patronais) e que se destinam a reger, em termos gerais e abstratos, as diversas questões que possam cair sob o seu âmbito. Ficam abrangidas as prestações diretamente laborais, a duração do trabalho, as categorias, as promoções, as prestações acessórias, o sindicalismo na empresa, as regalias circunlaborais e diversos aspetos assistenciais, incluindo reformas[28]. A matéria consta, hoje, do Código do Trabalho de 2009: artigos 476.º a 509.º[29]. 50

As convenções coletivas de trabalho são verdadeiras fontes de Direito. Elas contêm normas (proposições gerais e abstratas) aplicáveis aos casos nelas previstos, normas essas que se obtêm por uma interpretação mais próxima da lei do que da dos negócios. Pode haver lacunas e conceitos indeterminados aos quais se prestarão os cuidados competentes. Permitem a construção de princípios. Podem entrar em conflito: temporal, espacial, hierárquico ou pessoal. Temporal quando duas ou mais convenções se sucedam no tempo; espacial sempre que uma situação tenha conexões territoriais com mais de uma convenção; hierárquico quando vários instrumentos laborais coletivos de diversa natureza sejam tendencialmente aplicáveis à mesma situação e pessoal quando, a uma mesma pessoa, possam ser tendencialmente aplicáveis convenções distintas[30]. Em suma: trata-se de fontes efetivas do Direito, de natureza privada e com uma dogmática própria. São facultadas pela lei, que lhes fixa limites: mas a sua força criativa advém delas próprias e dos parceiros quer as subscrevam. 51

21. Os negócios normativos. O negócio, designadamente quando tenha natureza contratual, visa, à partida, solucionar uma questão concreta. Não origina normas jurídicas, por falta de generalidade e de abstração. Mas certos contratos, designadamente quando visem situações duradouras, estão de tal modo montados que, deles, resultam proposições estruturalmente normativas. 52

Pense-se num contrato de sociedade. Concluído entre os sócios fundadores, ele vai originar regras que se aplicam no futuro, caso ocorram os factos nelas previstos e sejam quais forem as pessoas (e poderão ser milhares) que venham a ser sócias. Este fenómeno leva a que, ao contrato de sociedade, se apliquem regras de interpretação próximas da das leis e não da dos negócios[31]. 53

Outra situação conhecida é a do contrato-quadro (*Rahmenvertrag*). As partes, sabendo que no futuro irão celebrar diversos contratos, fixam antecipadamente regras gerais e abstratas a que eles vão obedecer. 54

Em termos técnicos, os negócios normativos são (meros) negócios. Advêm do exercício da autonomia privada e vinculam apenas quem, a eles, tenha aderido. Mas isso não lhes retira a imperatividade: também muitas leis se aplicam, apenas, a quem, voluntariamente, se coloque no seu campo de aplicação. 55

[28] António Menezes Cordeiro, *Direito do trabalho* 1 (2019), 613 ss..

[29] *Vide* Luís Gonçalves da Silva, em Pedro Romano Martinez e outros, *Código do Trabalho anotado*, 12.ª ed. (2020), 1018-1096.

[30] *Vide* os nossos *O princípio do tratamento mais favorável no Direito do trabalho actual*, DJ III (1987-88), 111-139 e *Dos conflitos temporais de instrumentos de regulamentação colectiva de trabalho*, em *Estudos em Memória do Professor Doutor João de Castro Mendes* (1994), 457-473.

[31] António Menezes Cordeiro, *Direito das sociedades*, I, 4.ª ed. (2020), 441 ss..

56 É certo que os negócios, mesmo normativos, retiram a sua jurídica-positividade da lei: designadamente, do 406.º/1, que determina o dever de cumprir. Não deixam, todavia, de revelar as normas jurídicas que contenham. De resto, a própria lei é vinculativa porque assim o determina a Constituição: por essa ordem de ideias, a única fonte de Direito seria a *Grundnorm* kelseniana[32]. Apoiados na tradição das convenções coletivas de trabalho, temos margem para inserir os negócios normativos numa teoria das fontes de Direito, através dos diplomas privados.

57 **22. Os regulamentos privados**. Algumas entidades privadas, designadamente associações, adotam regulamentos internos. Estes complementam os estatutos nas mais diversas áreas: direitos e deveres dos sócios; funcionamento da direção ou da fiscalização; uso de bens sociais; competições e certames organizados pela associação; exercício do poder disciplinar e sanções. Esses regulamentos podem ser aprovados pela assembleia geral ou pela direção.

58 Juridicamente, eles retiram a sua força vinculativa dos próprios estatutos. Muitas vezes, os interessados em certas prestações subordinam-se, voluntariamente, ao competente regulamento. Por exemplo, aquando de um concurso de automóveis, os concorrentes declaram submeter-se ao regulamento. E os regulamentos tendem a ser acompanhados de sanções: ou não surtiriam efeito[33]. Nalguns casos, como na justiça desportiva, estão montados esquemas complexos para aplicação de tais sanções, no plano nacional e internacional. Temos, ainda, regulamentos nas sociedades, os quais podem ter natureza laboral[34].

59 Os regulamentos privados são fonte de proposições imperativas, gerais e abstratas, aplicáveis quando se concretizem os factos neles previstos. São fontes materiais de Direito. O 1.º/2, *in fine*, considerava fontes imediatas do Direito, a título de normas corporativas, os estatutos e os regulamentos internos das diversas corporações. As corporações do Estado Novo eram, todavia, entidades públicas, pelo que tais elementos poderiam desaguar na lei. Hoje, falamos de verdadeiras e próprias entidades privadas.

60 Finalmente, podemos inserir ainda nesta rubrica os códigos de conduta. Certas entidades, nomeadamente associações representativas de sectores económicos, podem aprovar regras coerentes de certa extensão ("códigos"), relativas à atuação profissional dos seus membros[35]. Tais códigos, em regra publicitados junto dos potenciais clientes dessas entidades, dão azo a efetivas normas de conduta. São diplomas privados.

Artigo 2.º (revogado)
Assentos

Nos casos declarados na lei, podem os tribunais fixar, por meio de assentos, doutrina com força obrigatória geral.

Bibliografia: António Castanheira Neves, *O instituto dos "assentos" e a função jurídica dos supremos tribunais*, RLJ 105 (1972), 133-139 a RLJ 116 (1983), 8-9; António Menezes Cordeiro, *Tratado*, I, 4.ª ed., 622-660; *idem*, *Da inconstitucionalidade da revogação dos assentos*, em *Estudos Comemorativos dos vinte anos da Constituição* (1996), 799-811; Miguel Teixeira de Sousa, *Sobre a constitucionalidade da conversão do valor dos assentos/ /Apontamentos para uma discussão*, ROA 1996, 707-718.

[32] Hans Kelsen, *Reine Rechtslehre*, 2.ª ed. (1960, reimp., 1967), 196 ss. (204 ss.).

[33] *Tratado* IV, 5.ª ed., 813 ss..

[34] Segundo o artigo 104.º/1 do CT,

> A vontade contratual do empregador pode manifestar-se através de regulamento interno da empresa e a do trabalhador pela adesão expressa ou tácita ao mesmo regulamento.

Vide Pedro Romano Martinez, *Código do Trabalho anotado*, 12.ª ed. (2020), 267 ss..

[35] *Vide*, no campo financeiro, o nosso *Direito bancário*, 6.ª ed., 219 ss..

Índice

1. *Origem e evolução*. *Os assentos descendem das façanhas medievais: decisões exemplares, tomadas pelos reis e que funcionavam como fontes, afeiçoando novas decisões jurídicas. As Ordenações receberam a figura, reportando-a à "Mesa grande" dos desembargadores. Mais tarde, as diversas Relações (Porto, Goa, Baía e Rio de Janeiro) passaram a lavrar assentos. A Lei da Boa Razão (1769) reconheceu, apenas, os assentos da Casa da Suplicação*[1]. 1

2 *Com a criação do STJ, em 1822, a prática dos assentos cessou. Todavia, as contínuas flutuações jurisprudenciais recolocaram o problema, de modo repetido, ao longo do séc. XIX. Após diversas tentativas, o Decreto 12:352, de 22-set., permitiu que, caso o STJ tomasse uma decisão que contraditasse uma decisão anterior, fosse possível recorrer da primeira: a decisão daí derivada seria obrigatória para os tribunais inferiores e para o próprio, até que mudasse de orientação (66.º).*

Esta opção foi acolhida pelo CPC de 1939: os seus 763.º a 770.º regularam o "recurso para o tribunal pleno", na hipótese de acórdãos contraditórios. A decisão então tomada – o "assento" – era obrigatória. O CPC de 1961 aperfeiçoou o esquema e vedou a hipótese de o próprio STJ alterar os seus assentos. 3

2. *A natureza* *dos assentos levantou dúvidas desde o seu restabelecimento. José Alberto dos Reis procurou ultrapassá-las com pragmatismo. Uma ponderação conceitual levaria a aproximá-los da lei, com a consequência da atribuição, ao STJ, de um (muito) limitado poder legislativo.* 4

3. *A inconstitucionalidade dos assentos* *foi sustentada, durante mais de dez enérgicos anos, por Castanheira Neves. Em revisões constitucionais, por razões hoje irrelevantes, perdeu-se a oportunidade de os consagrar. No terreno, qualquer parte a quem não interessasse um assento recorria para o Tribunal Constitucional, clamando pela inconstitucionalidade. O TC n.º 743/96, de 28-mai., acabou por declarar a inconstitucionalidade, com força obrigatória geral, do 2.º*[2]. 5

4. *A revogação* *do 2.º foi levada a cabo pelo DL 329-A/95, de 12-dez. (4.º/2). Invocaram-se três razões: (1) a jurisprudência do TC; (2) os inconvenientes para a celeridade processual; (3) o facto de ser um instituto exclusivo de Portugal. Surpreende: nem uma linha quanto ao problema da instabilidade judicial. Além disso, afigura-se surrealista imputar aos assentos as demoras processuais, enquanto a singularidade nacional só revela adaptação à nossa Terra. Queda o problema constitucional a resolver ou com o abandono do positivismo legalista imperante ou com uma revisão (singela) da Constituição. Aliás: bastaria substituir, no 2.º, a expressão "força obrigatória geral" por "força obrigatória para os tribunais", para resolver o problema.* 6

5. *A inconstitucionalidade da revogação dos assentos* *derivou da opção – que nada exigia – de transformar os assentos de pretérito em acórdãos proferidos nos termos dos 732.º-A e 732.º-B: sem qualquer valor específico. Com isto atingiu-se matéria da competência reservada da Assembleia*[3]*, assim se perpetrando uma clara inconstitucionalidade. Este episódio menos feliz ilustra o cuidado que se deve pôr, quando se toque no Código.* 7

[1] Com indicações: *Tratado de Direito civil*, I, 4.ª ed., 614 ss..

[2] TC n.º 743/96, de 28-mai. (Monteiro Dinis) = BMJ 457 (1996), 99-110 (109).

8 **6. *Os inconvenientes*** *da revogação dos assentos tornaram-se claros, em face da instabilidade judicial. Foram preparados novos instrumentos, como os "acórdãos uniformizadores"*[4].

Artigo 3.º (Valor jurídico dos usos)

1. Os usos que não forem contrários aos princípios da boa fé são juridicamente atendíveis quando a lei o determine.

2. As normas corporativas prevalecem sobre os usos.

Bibliografia: António Menezes Cordeiro, *Tratado*, I, 4.ª ed., 573-589; *idem, O costume e os usos no século XXI*, RDS 2011, 627-655; Júlio Gomes, *Dos usos da empresa em Direito do trabalho*, RDES 2008, 101-186; Manuel de Andrade, *Fontes do Direito/Vigência, interpretação e aplicação da lei*, BMJ 102 (1961), 141-166.

Índice

1 **1. Os preparatórios**. No anteprojeto de Manuel de Andrade, propôs-se a fórmula seguinte[1]:

> Os usos não contrários à boa fé têm relevância jurídica quando assim seja determinado por lei.

2 Essa orientação derivou da opção inicial, de 1944, de não admitir o costume mas, apenas, os usos[2].

3 A fórmula de Andrade procurou inspiração nas disposições preliminares do Código italiano, cujo 8.º dispõe:

> 1. Nas matérias reguladas pelas leis e pelos regulamentos, os usos só têm eficácia quando sejam reclamados por eles.
>
> 2. As normas corporativas prevalecem sobre os usos, ainda que reclamados pelas leis e pelos regulamentos, salvo se dispuserem diversamente.

4 Quanto à boa-fé: Manuel de Andrade inspirou-se em Enneccerus/Nipperdey[3] e, logo, no Direito alemão[4]. Segundo esses Autores, os usos, quando concordes com a boa-fé, seriam aplicáveis nas hipóteses seguintes: (a) na interpretação dos negócios jurídicos; de facto, o

[3] Designadamente no campo da família, da expropriação por utilidade pública, do arrendamento e do trabalho; *vide* o *Tratado*, I, 4.ª ed., 644-647, onde são indicados vários assentos dessas áreas, nos quais apenas a Assembleia poderia mexer.

[4] *Tratado*, I, 4.ª ed., 658 ss..

[1] Manuel de Andrade, *Fontes do Direito*, 142.

[2] Adriano Vaz Serra, *A revisão do Código civil*, ponto 14.

[3] Manuel de Andrade, *Fontes do Direito*, 148.

[4] No Direito alemão, a boa-fé surge ligada aos usos por razões históricas: ao longo do século XIX, os tribunais comerciais alemães depararam com um comércio em forte expansão, mas sem qualquer lei comercial moderna para aplicar; usaram, além do *corpus iuris civilis*, de manuseio sempre complicado, a ideia de boa-fé, na sua vertente de respeito pela confiança e pela materialidade das situações e os usos, desde que conformes com a boa-fé.

§ 157 do BGB determina que os contratos sejam interpretados segundo a exigência da boa-fé, com consideração pelos costumes do tráfego; (b) sempre que, para eles, as partes remetam; (c) no âmbito do § 242 do BGB: o devedor fica obrigado a efetivar a prestação como o exija a boa-fé, com consideração pelos costumes do tráfego; (d) quando a lei especificamente para eles apele.

Manuel de Andrade restringiu a relevância dos usos à quarta situação de Enneccerus/ /Nipperdey. Mas acrescentou[5]: 5

> Resta advertir que nos lugares próprios deve considerar-se a relevância dos usos no tocante à interpretação dos contratos (ou outros negócios de natureza patrimonial), à execução de quaisquer prestações devidas, e ainda que as partes podem remeter para eles, de modo expresso ou tácito, quando estipulem sobre matérias não subtraídas à sua disponibilidade.

O Código não considerou esta recomendação: não refere os usos em matéria de interpre- 6
tação (236.º a 238.º), de integração de negócios (239.º) ou no tocante à execução das obrigações (762.º/2).

2. As **revisões ministeriais** não alteraram o preceito, salvo pormenores. Na 1.ª, substituiu-se 7
"boa-fé" por "princípios da boa-fé" – o que não é correto[6]: a própria boa-fé é um princípio. Na 2.ª e no Projeto[7], não houve mais modificações.

O Código, na versão final, limitou o papel dos usos. Recorreu aos modelos italiano e ale- 8
mão para multiplicar as restrições. Subjacente está uma desconfiança em relação aos usos. Além disso, manifesta-se a não-sensibilidade ao Direito comercial.

3. Elementos; o costume. O uso traduz-se numa prática social reiterada. Temos, como ele- 9
mentos: (a) a atuação social; tal atuação deve ter uma extensão mínima, sendo adotada por diversos membros da comunidade: condutas isoladas ou restritas não dão corpo a usos; (b) a atuação repetida: só o reiterar da conduta permite identificar um uso; (c) uma certa antiguidade: a própria repetição implica estabilidade nas condutas, (d) a natureza patrimonial.

O confronto entre o costume e os usos explica que o primeiro tem, em si próprio, o fun- 10
damento da jurídica-positividade. Seja pela *opinio iuris vel necessitatis*, seja pela especial matéria que sobre ele recaia, seja pelo fenómeno da positivação, o costume tem uma autoafirmação que falece ao uso. Hoje, a *opinio iuris* é desatendida: ela surge em face de costumes já consolidados. A diferença reside na natureza imperativa do costume, em face da supletividade do uso[8]. Daí resulta um ponto prático decisivo: quando se aplique um costume, lida-se com uma norma imperativa. O recurso ao uso traduz uma norma supletiva: funciona quando as partes para ela remetam ou, pelo menos, quando não a afastem.

4. Os usos no Código Civil, surgem nos preceitos seguintes: 11

> *3.º*: valor jurídico dos usos; *234.º*: a declaração de aceitação é dispensável, designadamente, por via dos usos; *560.º/3*: as restrições relativas ao anatocismo não são aplicáveis se forem contrárias a regras ou usos particulares do comércio; *763.º/1*: a prestação deve ser realizada integralmente e não por partes, exceto se outro for o regime convencionado ou imposto por lei ou pelos usos;

[5] Manuel de Andrade, *Fontes de direito*, 148, de novo referindo Enneccerus/Nipperdey.

[6] *1.ª Revisão*, 6: não há "princípios" da boa-fé, que opera como princípio.

[7] *2.ª Revisão*, 2; *Projecto de Código Civil*, 2; também na *Revisão intercalar* (3.ª), 4.

[8] *Tratado*, I, 4.ª ed., 558 ss., com indicações.

777.º/2: quando seja necessária a fixação de um prazo para o cumprimento, quer pela natureza da prestação, quer pelas circunstâncias, quer pela força dos usos e as partes não acordarem, a fixação é deferida ao tribunal; *885.º/2*: se, por estipulação das partes ou por força dos usos, o preço não tiver de ser pago no momento da entrega, o pagamento será efetuado no lugar do domicílio que o credor tiver ao tempo da entrega; *919.º*: na venda sob amostra, o devedor assegura a existência, na coisa vendida, de qualidades iguais às da amostra, salvo se da convenção ou dos usos resultar que esta serve somente para indicar de modo aproximado as qualidades do objeto; *920.º*: ficam ressalvadas as leis especiais ou, na falta destas, os usos sobre a venda de animais defeituosos; *921.º/1*: o vendedor pode ficar obrigado, por convenção das partes ou por força dos usos, a garantir o bom funcionamento da coisa vendida; *921.º/2*: no silêncio do contrato, o prazo da garantia de bom funcionamento expira seis meses após a entrega da coisa, se os usos não estabelecerem prazo maior; *924.º/3*: na venda a contento, o vendedor pode fixar um prazo razoável para a resolução, se nenhum for estabelecido pelo contrato ou, no silêncio dele, pelos usos; *925.º/2*: na venda sujeita a prova, esta deve ser feita dentro do prazo e segundo a modalidade estabelecida pelo contrato ou pelos usos; se tanto o contrato como os usos forem omissos, observar-se-ão o prazo fixado pelo vendedor e a modalidade escolhida pelo comprador, desde que sejam razoáveis; *937.º*: na venda sobre documentos, a entrega da coisa é substituída pela entrega do seu título representativo e de outros documentos exigidos pelo contrato ou, no silêncio deste, pelos usos; *940.º/2*: não há doação na renúncia a direitos ou no repúdio de herança ou legado, nem tão-pouco nos donativos conformes aos usos sociais; *1037.º/1*: não obstante convenção em contrário, o locador não pode praticar atos que impeçam ou diminuam o gozo da coisa pelo locatário, com exceção dos que a lei ou os usos facultem ou o próprio locatário consinta em cada caso, mas não tem obrigação de assegurar esse prazo contra atos de terceiro; *1039.º/1*: o pagamento da renda ou aluguer deve ser efetuado no último dia de vigência do contrato ou do período a que respeita, e no domicílio do locatário à data do vencimento, se as partes ou os usos não fixarem outro regime; *1122.º/1*: quanto à parceria pecuária, na falta de convenção quanto a prazo, atender-se-á aos usos da terra; na falta de usos, qualquer dos contraentes pode, a todo o tempo, fazer caducar a parceria; *1128.º*: ainda quanto à parceria pecuária, no que não estiver estabelecido nos artigos precedentes devem ser observados, na falta de convenção, os usos da terra; *1158.º/2*: se o mandato for oneroso, a medida da retribuição, não havendo ajuste entre as partes, é determinada pelas tarifas profissionais; na falta destas, pelos usos; e, na falta de umas e outros, por juízos de equidade; *1163.º*: quanto à aprovação tácita do mandato: tem-se por verificada no silêncio do mandante, por tempo superior àquele em que teria de pronunciar-se, segundo os usos ou, na falta destes, de acordo com a natureza do assunto; *1167.º*: o mandante é obrigado (b) a pagar ao mandatário a retribuição que ao caso competir e fazer-lhe provisão por conta dela, segundo os usos; *1323.º/1*: no tocante a animais e coisas móveis perdidas, observam-se, além de outras regras, os usos da terra, sempre que os haja; *1682.º/4*: quanto à alienação ou oneração de móveis, pelos cônjuges, não há imputação na meação quando se trate de donativo conforme aos usos sociais; *1718.º*: o regime de bens do casamento não pode ser fixado, no todo ou em parte, por simples remissão genérica para uma lei estrangeira, para um preceito revogado, ou para usos e costumes locais; *2110.º/2*: não estão sujeitas a colação as despesas com o casamento, alimentos, estabelecimento e colocação dos descendentes, na medida em que se harmonizem com os usos e com a condição social e económica do falecido; *2326.º*: se o testador não especificar as atribuições do testamenteiro, competirá a este (a) cuidar do funeral do testador e pagar as despesas e sufrágios respetivos, conforme o que for estabelecido no testamento ou, se nada se estabelecer, consoante os usos da terra.

12 Na versão original, o Código Civil referia ainda, no 1066.º/3, os usos locais, quanto à não renovação do arrendamento rural, no 1087.º, os usos quanto ao prazo para o arrendamento feito ao cultivador direto e, no 1667.º/1, os usos e a condição dos cônjuges, quanto ao governo doméstico entregue à mulher.

O atual regime do arrendamento rural, aprovado pelo DL 294/2009, de 13-out., não refere os usos. Quanto ao governo doméstico entregue à mulher: foi suprimido pelo DL 496/77, de 25-nov.. 13

5. O **agrupamento dos usos**, no Código, pode fazer-se em oito tipos de situações: (1) conclusão do contrato, quanto à dispensa de aceitação (234.º); (2) obrigações em geral, quanto ao anatocismo (560.º/3) e à realização da prestação (763.º/1 e 777.º/2); (3) compra e venda, designadamente nas modalidades mais marcadamente comerciais (885.º/2, 919.º, 920.º, 921.º/1, 922.º/2, 924.º/2, 925.º/2, 937.º); (4) locação, de forma moderada (1037.º/1 e 1039.º/1); (5) parceria pecuária, contrato de tipo agrário (1122.º/1 e 1128.º); (6) mandato, particularmente nas vertentes comerciais (1158.º/2, 1163.º e 1167.º); (7) achamento (1323.º/1); (8) doações, família e sucessões, designadamente no que tange a donativos e certas despesas: 940.º/2, 1682.º/1, 2110.º/2 e 2326.º. 14

Temos, ainda, a proibição de remeter para os usos, no artigo 1682.º/4. 15

6. Na prática, a área que mais atenção tem merecido, aos tribunais, é a do anatocismo (juros de juros). A existência de um uso bancário que permita o funcionamento alargado do anatocismo é afirmado por vária jurisprudência: STJ 14-mar.-1990[9], RLx 7-jul-1993[10] e RLx 31-out.-1996[11]. REv 9-jul.-1996 admite esse uso em geral, mas considera que ele não se coaduna com a atividade das cooperativas[12]. Diogo Leite de Campos contesta a existência de tal uso[13]. Outra jurisprudência reconhece o desfavor civil relativamente ao anatocismo (STJ 14-fev.-1995[14]), requer que ele seja invocado e provado em cada caso[15] ou refere, em geral apenas, a sua possibilidade (STJ 8-mar.-2003[16]), exigindo uma convenção nesse sentido[17]. 16

Nos termos gerais (348.º), quem invocar a existência de um uso deve prová-lo. O tema do anatocismo perdeu acutilância judicial por ser contemplado nas cláusulas dos contratos bancários. Ele é ainda objeto de um especial esclarecimento, ao consumidor. O controlo pelo sistema (a "boa-fé" do 3.º/1) deve ser efetivo, particularmente na área em jogo. 17

7. Os usos laborais têm um relevo especial[18]. O 1.º do CT dispõe: 18

> O contrato de trabalho está sujeito, em especial, aos instrumentos de regulamentação coletiva de trabalho, assim como aos usos laborais que não contrariem o princípio da boa-fé.

Embora a proximidade ao 3.º do Código Civil seja evidente, verifica-se a desnecessidade de novas normas específicas remeterem para os usos: no campo laboral, todos eles são genericamente acolhidos. A jurisprudência distingue diversos tipos de casos, desde que marcados pela generalidade[19]. Não podem contrariar normas legais salvo se, sendo estas supletivas, forem mais favoráveis para o trabalhador[20]. Entre os usos laborais admitidos contam-se, por exemplo, o 19

[9] STJ 14-Mar.-1990 (Barros Sequeira), BMJ 395 (1990), 556-560 (558).

[10] RLx 7-Jul-1993 (Cruz Broco), CJ XVIII (1993) 3, 151-152 (151).

[11] RLx 31-Out.-1996 (Silva Salazar), CJ XXI (1996) 4, 147-149 (149/I).

[12] REv 9-Jul.-1996 (Mota Miranda), CJ XXI (1996) 4, 278-280 (279/I).

[13] Diogo Leite de Campos, *Anatocismo/Regras e usos particulares do comércio*, ROA 1988, 37-62 (61).

[14] STJ 14-Fev.-1995 (Cardona Ferreira), CJ/Supremo III (1995) 1, 82-84 (84).

[15] RPt 16-Mar.-1998 (Gonçalves Ferreira), CJ XXIII (1998) 2, 206-208 (208/I).

[16] STJ 8-Mar.-2003 (Ezagüy Martins), CJ/Supremo IX (2003) 2, 34-38 (37/I).

[17] RGm 23-mai.-2019 (Helena Melo), Proc. 2113/16.

[18] Júlio Gomes, *Dos usos da empresa em Direito do trabalho*, RDES 2008, 101-186; António Menezes Cordeiro, *Direito do trabalho*, 1, 201 ss..

[19] RCb 27-out.-2016 (Ramalho Pinto), Proc. 7303/15.

[20] RPt 16-dez.-2015 (Maria José Costa Pinbto), Proc. 136/13.

reconhecimento da terça-feira de Carnaval[21] e o pagamento do subsídio de função ao operador de uma central de segurança[22].

Artigo 4.º (Valor da equidade)

Os tribunais só podem resolver segundo a equidade:
***a*) Quando haja disposição legal que o permita;**
***b*) Quando haja acordo das partes e a relação jurídica não seja indisponível;**
***c*) Quando as partes tenham previamente convencionado o recurso à equidade, nos termos aplicáveis à cláusula compromissória.**

Bibliografia: António Menezes Cordeiro, *A decisão segundo a equidade*, O Direito 122 (1990), 261-280; *idem*, *Tratado*, I, 4.ª ed., 590-613; Manuel de Andrade, *Fontes do Direito*, BMJ 102 (1961), 141-166; Manuel Carneiro da Frada, *A equidade (ou a "justiça com coração")/A propósito da decisão arbitral segundo a equidade*, em *Forjar o Direito*, 2.ª ed. (2019), 671-705; Paulo Otero, *Equidade e arbitragem administrativa*, em *Centenário Paulo Cunha* (2012), 827-854.

Índice

I – Origem e evolução

1 **1. Na Antiguidade**, a equidade conhecia uma dupla utilização: técnica, de tipo romano e filosófica, de origem grega. A *actio in bonum et aequum concepta* dava ao juiz liberdade para calcular a indemnização. Na Grécia, a *epieikeia* operava para corrigir a dureza das leis. No período pós-clássico, ambas as noções foram aproximadas conferindo, à *aequitas*, uma larga margem de concretização[1].

2 **2. Na pré-codificação**, a equidade foi aproximada de uma alternativa à lei para resolver casos concretos: estaria na linha da moral ou do Direito natural[2]. No projeto de 1860 do CS, surgia um 13.º[3]:

> Se as questões sôbre direitos e obrigações não poderem ser resolvidas, nem pelo texto da Lei, nem pelo seu espirito, nem pelos casos análogos previstos em outras leis, regular-se-hão pelos princípios gerais de equidade, segundo as circunstancias do caso; e sem que possa recorrer-se a nenhuma legislação estrangeira, a não ser como em testemunho d'essa mesma equidade.

[21] STJ 17-nov.-2016 (Gonçalves Rocha), Proc. 1032/15.
[22] RGm 4-out.-2018 (Antero Veiga), Proc. 5192/17.
[1] Com indicações, *Tratado*, I, 4.ª ed., 591 ss..
[2] M. A. Coelho da Rocha, *Instituições de Direito civil portuguêz*, 2.ª ed. (1842), § 10 (1, 4).
[3] Confrontável em António da Cunha Pereira Bandeira de Neiva, *Observações sôbre o Projecto do Codigo Civil* (1860), 16.

As várias influências subjacentes foram criticadas por Bandeira de Neiva[4]. Vicente Ferrer Neto Paiva[5], por seu turno, veio lamentar a menção à legislação estrangeira: poria em causa a autonomia nacional. Seabra respondeu, dando parcialmente razão a Vicente Ferrer. No 16.º do CS, foi suprimida a referência a Direitos estrangeiros, substituindo-se a equidade por princípios de Direito natural[6]. 3

3. Na **vigência do Código de Seabra**, este acidente histórico causou uma tradição integrativa e restritiva da equidade, numa orientação retomada por Guilherme Moreira[7]: 4

> Na nossa legislação não está sancionado o princípio de que o juiz deve, tendo em vista o fim que o legislador se propôs, e não a sua vontade, adaptar as leis às necessidades sociais. Só na falta de lei expressa, ou quando esta seja obscura, é que o juiz poderá atender a essas necessidades, pronunciando um juízo equitativo, isto é, aplicando regras de direito que se adaptem às circunstâncias especiais do facto.

4. Os preparatórios do 4.º são curiosos. O anteprojeto de Manuel de Andrade continha um 4.º, semelhante ao que hoje consta do Código[8]. Não é hábito inserir-se a equidade entre as fontes do Direito. Donde veio a inspiração de Manuel de Andrade? A alínea *a*) parece óbvia: quiçá dispensável. A alínea *b*) resultou do 114.º do Código de Processo Civil italiano[9], que dispõe: 5

> O juiz, seja na primeira instância, seja no tribunal de recurso, decide do mérito da causa segundo a equidade quando, a respeito de direitos disponíveis pelas partes, elas lhe façam um pedido concorde nesse sentido.

A alínea *c*) é um desenvolvimento da anterior: desnecessário, aliás. O Projeto continha uma redação próxima do texto final[10]. 6

II – Noções forte e fraca

5. O agrupamento. A equidade é objeto de referências dispersas, muitas vezes sem precisão de linguagem. A doutrina agrupa-as em duas aceções fundamentais[11]: 7

(a) uma noção "fraca", que, partindo da lei positiva, permite amacear a natureza rígida das normas abstratas;

(b) uma noção "forte", que prescinde do Direito estrito e procura, para os problemas, soluções baseadas na denominada justiça do caso concreto.

[4] *Idem*, 16-19.

[5] Vicente Ferrer Neto Paiva, *Reflexões sobre os sete primeiros titulos do livro unico da parte 1.ª do Projecto do Codigo Civil portuguez* (1859).

[6] António Luís de Seabra, *Resposta às reflexões do Sr. Doutor Vicente Ferrer Netto Paiva sobre os sete primeiros Capítulos do projecto do Código Civil Portuguez* (1859), 22. A matéria pode ser seguida, com outros elementos, em Nuno Espinosa, *História do Direito Português*, 5.ª ed., 520-523.

[7] Guilherme Alves Moreira, *Instituições do Direito Civil Portuguez*, 1, *Parte Geral* (1907), 36. *Vide*: José Tavares, *Os Princípios Fundamentais*, I, 2.ª ed. (1929), 176; Luiz da Cunha Gonçalves, *Tratado de Direito Civil*, I (1929), 40-41; L. Cabral de Moncada, *Lições de Direito Civil*, 1, 3.ª ed. (1959), 36, nota 2. Note-se que no final da vigência do Código de Seabra, a doutrina foi mais aberta quanto ao papel integrativo da equidade. *Vide* Oliveira Ascensão, *O Direito/Introdução*, 13.ª ed., 245 ss., e Castanheira Neves, *Questão-de-Facto – Questão-de-Direito ou o Problema Metodológico da Juridicidade*, 1 (1967), 278 ss. (317).

[8] Manuel de Andrade, *Fontes de direito*, 142-143.

[9] Manuel de Andrade, *Fontes de direito*, 148. Acrescenta esse ilustre Autor:

> Parece-me evidente a sua justificação, desde que já se admite no nosso Código de processo que para o juízo arbitral as partes podem convencionar que os árbitros decidam *ex aequo et bono*. Agora passa a ser-lhes possível conferir um poder análogo às próprias justiças ordinárias. Quanto ao disposto no art. 4.º, *c*), trata-se do natural prolongamento do estatuído na alínea *b*).

[10] *Projecto de Código Civil*, 2. *Vide* a *1.ª Revisão*, 6, a *Intercalar*, 4 e a *2.ª Revisão*, 2.

[11] Com elementos: *Tratado de Direito civil*, I, 4.ª ed., 598.

8 Estas aceções têm a ver com as relações entre a equidade e o Direito; não dão o próprio conteúdo da equidade.

9 **6.** A **vertente individualizadora** da justiça está presente tanto na aceção "fraca" como na "forte". O julgador terá de se preocupar com a causa, sem ponderar a necessidade de, mais tarde, ter de decidir outras questões do mesmo modo.

10 Seguem-se dois problemas: uma questão de Direito positivo, consistente em saber até que ponto o julgador pode decidir com recurso à equidade e, por essa via, adaptar ou ignorar o Direito estrito, e uma questão de metodologia do Direito, que se traduz em indagar o conteúdo da equidade. Cabe partir do Direito positivo para abordar a temática metodológica.

11 **7. As referências civis**. O Código não define a equidade. Tem-na, porém, repetidamente em conta, em termos que, no seu conjunto, permitem alcançar conclusões. Assim:

4.º: os tribunais só podem resolver segundo a equidade quando haja disposição legal que o permita, quando haja acordo das partes e a relação jurídica não seja indisponível ou quando as partes tenham previamente convencionado o recurso à equidade, nos termos aplicáveis à cláusula compromissória; *72.º/2*: quando, no exercício de uma atividade profissional, duas ou mais pessoas tenham nomes total ou parcialmente iguais, o tribunal deve decretar as providências que, segundo juízos de equidade, melhor conciliem os interesses em presença; *283.º/1*: em vez de anulação do negócio usurário, o lesado pode requerer a sua modificação de acordo com juízos de equidade; *339.º/2*: havendo danos causados em estado de necessidade, quando o perigo não for provocado por culpa exclusiva do autor da destruição, pode o tribunal fixar uma indemnização equitativa e condenar nela não só o agente, como aqueles que tiraram proveito do ato ou contribuíram para o estado de necessidade; *400.º/1*: a determinação da prestação, efetuada por uma das partes ou por terceiro, deve ser feita segundo juízos de equidade, se outros critérios não tiverem sido estipulados; *437.º/1*: em certas condições, a alteração das circunstâncias pode dar lugar à modificação do contrato segundo juízos de equidade; *462.º*: quando, tendo em vista uma promessa pública, várias pessoas tiverem cooperado conjunta ou separadamente e todas tiverem direito à prestação, será esta dividida equitativamente, atendendo-se à parte que cada uma delas teve nesse resultado; *489.º/1*: a pessoa não imputável pode ser obrigada, por motivo de equidade, a reparar os danos que cause; *494.º*: a indemnização devida nos termos de responsabilidade fundada na mera culpa ou negligência pode ser equitativamente fixada em montante inferior ao que corresponderia aos danos causados; *496.º/3*: havendo danos não patrimoniais, o montante da indemnização será fixado equitativamente pelo tribunal; *566.º/3*: quando não for possível averiguar o valor exato dos danos, o tribunal julgará equitativamente dentro dos limites que tiver por provados; *812.º/1*: a cláusula penal manifestamente excessiva pode ser reduzida pelo tribunal de acordo com a equidade; *883.º/1*: no contrato de compra e venda, quando se verifique a insuficiência de determinadas regras para a determinação do preço, é o mesmo determinado pelo tribunal, segundo juízos de equidade; *992.º/3*: no contrato de sociedade, quando não se fixe o quinhão do sócio de indústria nos lucros nem o valor da sua contribuição, será o mesmo estimado pelo tribunal segundo juízos de equidade; *993.º/1*: na sociedade, quando se convencione que a divisão de lucros ou de perdas seja feita por terceiro, deve este fazê-lo segundo juízos de equidade, sempre que não haja estipulação em contrário; *1158.º/2*: no contrato de mandato oneroso, a retribuição, quando não tenha sido ajustada pelas partes nem seja determinável pelas tarifas profissionais, é fixada por juízos de equidade; *1215.º/2*: no contrato de empreitada, quando sejam introduzidas alterações no plano da obra de tal monta que o preço seja elevado em mais de 20%, o empreiteiro pode denunciar o contrato e exigir uma indemnização equitativa; *1407.º/2*: na administração de coisa comum, quando não seja possível formar a maioria legal, a qualquer dos consortes é lícito recorrer ao tribunal, que decidirá segundo juízos de equidade.

O elenco mostra que o juiz não decide arbitrariamente. Boa parte das remissões para a equidade têm a ver com obrigações que oferecem dificuldades na sua quantificação abstrata: situações indemnizatórias e compensatórias[12] e de retribuição correspondente a determinados bens ou serviços[13]. A lei fixa as margens dentro das quais operará a equidade; por exemplo, no estado de necessidade, o juiz considera a atividade do agente, o proveito que terceiros retirem do ato ou a contribuição que eles tenham dado para a criação do estado de necessidade – 339.º/2; na diminuição da indemnização causada por "mera culpa", o juiz atende à culpabilidade do agente, à situação económica deste e do lesado e às demais circunstâncias do caso, para além das regras que condicionam e delimitam a obrigação de indemnizar, em geral. 12

Nas situações em que o papel do julgador não seja, apenas, o de quantificar uma prestação – por exemplo, as providências a decretar em face da identidade de nomes profissionais, segundo o 72.º/1, do Código Civil – a margem de discricionariedade é limitada: apenas no mínimo requerido pelos fins em presença é possível vir introduzir desvios *ad aequitatem*. A equidade consagrada no Código é a fraca. A jurisprudência confirma-o: 13

STJ 12-Jul.-2011: a redução equitativa da cláusula penal, prevista no artigo 812.º, depende de um pedido nesse sentido e de se indicarem factos concretos que demonstrem a desproporção manifesta entre a penalidade e os danos[14];

STJ 7-Jun.-2011: alinha, com precisão, os critérios a que obedece o cálculo de uma indemnização "segundo a equidade"[15];

STJ 6-Jul.-2011: quando o tribunal tenha de recorrer à equidade para fixar o preço de uma empreitada, ele vai socorrer-se do que apurou, designadamente do resultado da prova pericial quanto ao valor das obras e o seu custo[16].

III – A decisão segundo a equidade

8. O predomínio da fraca. A indicação retirada do Código Civil pode não ser decisiva: o 4.º, ao permitir o recurso à equidade quando haja acordo das partes, poderia ter em vista uma aceção mais ampla dessa noção. E quando tal sucedesse, a noção mais ampla poderia ser transposta para o 39.º da LAV, adotada pela L 63/2011, de 14-dez., que permite às partes decidir que os árbitros julguem segundo a equidade[17]. 14

Quando, por remissão das partes, haja que julgar segundo a equidade, não se pretende obter uma solução casual ou arbitrária[18]: basta ver a regulamentação da arbitragem e o cuidado que se põe na escolha dos árbitros. As partes pretendem no mínimo, uma solução justa, sujeita a certas regras, sendo previsível. Na busca de tais regras, acaba por se encontrar o Direito positivo. 15

9. As margens. A decisão segundo a equidade é tomada à luz do Direito e de acordo com normas positivas estritas. Apenas será dispensada a aplicação de regras formais, somente necessárias em serviços públicos ou em tribunais do Estado. Pense-se, por exemplo, nos prazos, nas citações formais ou nos documentos autenticados. Já as regras sobre a prescrição e a caducidade 16

[12] RGm 14-mar.-2019 (Ana Cristina Duarte), Proc. 2110/15; RGm 9-abr.-2019 (Paulo Reis), Proc. 673/17.

[13] RGm 8-mar.-2018 (Fernando Fernandes Freitas), Proc. 2141/16, relativo a uma empreitada.

[14] STJ 12-Jul.-2011 (Nuno Cameira), Proc. 1552/03.

[15] STJ 7-Jun.-2011 (Lopes do Rego), Proc. 3042/06.9; STJ 14-Abr.-2011 (Lopes do Rego), Proc. 3107-C/1993, a propósito do cálculo de honorários; na mesma linha, entre muitos outros, STJ 16-Dez.-2010 (Alves Velho), Proc. 4948/07.3.

[16] STJ 6-Jul.-2011 (Granja da Fonseca), Proc. 13/06.9.

[17] O Direito da arbitragem permite (39.º/3, da LAV) uma "composição de interesses" que, quando possível, se aproxima da equidade forte; *vide* António Menezes Cordeiro, *Tratado da arbitragem* (2016), 377 ss..

[18] RGm 28-fev.-2019 (Maria Cristina Cerdeira), Proc. 261/14: por maioria de razão, a equidade prevista na lei não é discricionariedade ou pura arbitrariedade.

não podem ser dispensadas. A maleabilização das saídas será de encarar quando não estejam em causa as posições substanciais das partes: num Mundo de bens escassos, não se pode dar a uma pessoa sem tirar a outra; ora não há equidade no retirar, *contra legem*, vantagens seja a quem for: prevalece a equidade fraca.

17 A aproximação entre a equidade e o Direito positivo não deve ser levada a uma total identificação. Quando as partes remetam para a equidade, elas revelaram uma intenção de abdicar de parte do Direito positivo. E é por isso, aliás, que a cláusula de equidade só é possível quando estejam em causa relações disponíveis. Haverá que partir do Direito estrito, limado de aspetos demasiado rígidos; o resultado obtido pode ser adaptado, por forma a melhor corresponder ao equilíbrio buscado pelas partes.

IV – A natureza da equidade

18 **10. Soluções verbais**. Ocorrem duas orientações: uma pretende sublinhar uma equidade abstrata, cuja decisão traduziria uma aplicação do mais alto princípio do Direito ao caso concreto; outra apela para uma afirmada juridicidade imanente do caso concreto. Ambas são pouco esclarecedoras. Explicar que a "decisão pela equidade" é uma "decisão pela justiça fundamental" não resolve nada, antes se resumindo numa conversão linguística. E apelar a uma "juridicidade imanente" tão-pouco adianta: os factos não podem ser bitolas de si próprios. Apenas valorações exteriores permitem qualquer julgamento. Trata-se de meras explicações verbais.

19 O julgamento de equidade é, em última análise, sempre o produto de uma decisão humana que visa ordenar determinado problema perante um conjunto articulado de proposições objetivas. Distingue-se do puro julgamento jurídico por apresentar menos preocupações sistemáticas e maiores empirismo e intuição. Mas as proposições objetivas a ter em conta, base de qualquer convencibilidade da própria decisão de equidade, serão sempre as historicamente mais adequadas. O Direito permite conhecê-las.

20 **11. A natureza**. A consideração das doutrina e jurisprudência sobre a equidade permite constatar a existência de uma oscilação pendular entre entendimentos mais fortes e mais estritos, acabando por se encontrar um certo ponto de equilíbrio.

21 A equidade não é arbítrio: parte sempre do Direito positivo, expressão histórica máxima da justiça. Mas ela alija determinados elementos técnicos e formais que apenas se justificam perante as exigências de normalização estadual. É, assim, possível fazer apelo ao razoável, ao equilíbrio entre as partes e à justa repartição de encargos. De modo paralelo, afastam-se os obstáculos formais ou os argumentos hábeis mas, predominantemente, técnico-jurídicos, procurando antes ponderar os interesses globais das partes, isto é, a sua situação como um todo. A equidade dispensa, ainda, demonstrações matemáticas[19].

22 Estes vetores aplicam-se quer aos âmbitos substantivos, quer aos processuais. Em ambos os domínios há princípios que o julgador não pode ignorar, quando decida *ex aequo et bono*, sob pena de incorrer em arbítrio. Mas, por outro lado, os dois comportam aspetos de que as partes podem dispor[20]. Não é satisfatório definir equidade como "justiça do caso concreto" ou equivalente, se, com isso, se pretende abdicar de o Direito e da sua Ciência. Como o caso concreto não é juiz de si próprio, ou se cai no arbítrio ou se assiste a uma decisão baseada em razões ignotas e, logo, não científicas.

[19] RGm 8-nov.-2018 (Afonso Cabral de Andrade), Proc. 4408/16.

[20] Não é outra a conclusão que se retira da anotação de Miguel Teixeira de Sousa a STJ 15-Jan.-1987 (Góis Pinheiro), O Direito 120 (1988), 561-566, 566-578 (p. ex., 574).

Caso a caso e norma a norma é, pois, necessário proceder a uma análise sobre o crivo da equidade. Em abstrato, a equidade é um modo de aplicação do Direito, através da sua Ciência, com um esbatimento dos aspetos mais formais. Teoricamente, ela pode filtrar a realização de qualquer fonte: da lei, do costume, dos usos ou da jurisprudência, como exemplos. Todos têm aplicação, mas "atenuada" pela lente da equidade. Tecnicamente, não é uma fonte: antes um modo de realizar o Direito, cujo tratamento é oportuno, em sede de fontes. 23

CAPÍTULO II – Vigência, interpretação e aplicação das leis

Artigo 5.º (Começo da vigência da lei)

1. A lei só se torna obrigatória depois de publicada no jornal oficial.

2. Entre a publicação e a vigência da lei decorrerá o tempo que a própria lei fixar ou, na falta de fixação, o que for determinado em legislação especial.

Bibliografia: António Menezes Cordeiro, *Tratado*, I, 4.ª ed., 789-810; José Hermano Saraiva, *Apostilha crítica*, ROA 1967, 41-43; Miguel Teixeira de Sousa, *Introdução ao Direito* (2012, reimp., 2019), 166-173.

Índice

I – Antecedentes imediatos

1. O anteprojeto Manuel de Andrade propôs (5.º)[1]: 1

> I. A lei só se torna obrigatória depois de publicada no jornal oficial.
>
> II. Entre a publicação e a vigência da lei decorrerá o tempo que a própria lei fixar ou, na falta de fixação, o que for determinado em legislação especial.

Manuel de Andrade explicou a sua opção[2]: 2

> Quanto à doutrina do art. 5.º, I, é evidente que se pretendeu deixar imprejudicada a questão dos prazos da *vacatio legis*, matéria sobre a qual, de resto, não pareceu necessária qualquer reforma importante. Esclarece-se, por outro lado, que o art. 5.º, II, foi tirado do art. 10.º, II, das já citadas Disposições preliminares [do Código Civil italiano]. Porventura será aconselhável estender o mesmo preceito aos outros contratos-tipos (*Tarifverträge*) ou acordos congéneres estipulados por organismos corporativos.

[1] Manuel de Andrade, *Fontes do Direito*, 143.

[2] *Idem*, 149.

3 Temos duas indicações: a do recurso ao artigo 10.º da Lei italiana e a da intenção de não mexer nos prazos de *vacatio* então em vigor.

4 O 10.º das disposições sobre as leis em geral, que antecedem o Código italiano de 1942, dispunha[3]:

> (1) As leis e os regulamentos tornam-se obrigatórios no décimo quinto dia subsequente ao da sua publicação, salvo se se dispuser diversamente.
>
> (2) As normas corporativas tornam-se obrigatórias no dia seguinte ao da publicação, salvo se nessas se dispuser diversamente.

5 As similitudes entre o anteprojeto de Andrade e a fonte italiana não são completas. Não manteve a lógica da referência às normas corporativas, reportando, em contraciclo, os contratos coletivos de trabalho[4]: estes não eram elencados entre as fontes.

6 **2.** Na **1.ª revisão** ministerial, o 5.º acolheu um número 2 que permitia a vigência retroativa de disposições contidas nos contratos coletivos de trabalho[5]. Na **2.ª revisão** [6], o preceito recebeu uma redação próxima da do **Projeto**. Este consignou um n.º 2 na redação equivalente à final. O n.º 1 recebeu a seguinte feição[7]:

> Só a publicação torna a lei obrigatória.

7 Esta fórmula foi criticada[8]: poderia sugerir que bastaria a publicação para tornar uma lei obrigatória. Não chega; antes cabe seguir todo o percurso constitucional, incluindo a promulgação e a referenda. Por isso, na versão final, regressou-se ao texto de Manuel de Andrade.

8 **3. Regime**. Com estes antecedentes confusos, queda concluir: (1) a vigência das leis depende da sua publicação; (2) entre a publicação e a entrada em vigor decorre um lapso de tempo – a *vacatio legis* – fixada, caso a caso, pela lei em causa ou, genericamente, por leis especiais.

II – Diplomas complementares

9 **4. Ordenações**. As primeiras regras sobre a entrada em vigor das leis constam das Ordenações Manuelinas (1521)[9], tendo passado às Filipinas (1603)[10]: a publicação era feita na Chancelaria--Mor e na Casa da Suplicação; entravam em vigor, na Corte, passados oito dias e no resto do País, passados três meses; eram ainda publicitadas nas Comarcas, o que não era condição de eficácia.

10 **5.** A **exigência de publicação** foi assumida por uma L de 25-jan.-1749 e sistematizada por Leis de 9-out.-1841 e de 30-jun.-1913, sendo retomada ao longo do séc. XX por vários diplomas[11]. Fixavam um esquema sucessivo: as leis, a partir de Lisboa, eram aplicadas diferidamente no País, nas Ilhas, no Ultramar e no estrangeiro: tanto mais tarde quanto maior fosse a distância.

[3] O 10.º/II da Lei italiana equivale ao artigo 1.º das disposições preliminares do Código Civil italiano de 1865. No anteprojeto italiano, essa lógica foi respeitada: mantinha-se um artigo 1.º, circunscrito ao artigo 10.º/I. O n.º II foi acrescentado ulteriormente, dentro da ideia geral de "corporativizar" o Código, ao sabor da época em que foi apontado.

[4] A justificação de motivos também não é clara. *Tarifverträge* equivale a contratos coletivos de trabalho e não a contratos-tipos. O sentido do projetado 5.º/II não corresponde, como se viu, ao do Código italiano.

[5] *1.ª Revisão Ministerial*, 7.

[6] *2.ª Revisão Ministerial*, 2.

[7] *Projecto de Código Civil* (1966), 2.

[8] José Hermano Saraiva, *Apostilha crítica*, 41-43.

[9] *Ord. Man.*, Livro I, Tit. II, § 9 = ed. Gulbenkian I, 38-39.

[10] *Ord. Fil.*, Livro I, Tit. II, § 10 = ed. Gulbenkian I, 11/I.

[11] Outros elementos históricos: *Tratado*, I, 4.ª ed., 791 ss. e 799 ss..

6. A Constituição de 1976 designa, no 119.º/1, como oficial, o *Diário da República* e elenca os atos que, nele, devem ser publicados, entre os quais as diversas leis materiais. O 119.º/2 determina a ineficácia jurídica, no caso de falta de publicação. 11

7. A **Lei 74/98, de 11-nov.**, alterada e republicada pelas Leis 2/2005, de 24-jan., 26/2006, de 30-jun., 42/2007, de 24-ago. e 43/2014, de 11-jul., fixa hoje o regime da publicação, da identificação e do formulário dos diplomas. 12

As alterações derivadas da L 26/2006 introduziram o sistema sincrónico: na falta de fixação, os diplomas entram em vigor, no País e no estrangeiro, no dia 5 após a publicação[12] (2.º/2). O prazo conta-se a partir do dia imediato ao da sua disponibilização no sítio da Imprensa Nacional-Casa da Moeda (2.º/4). 13

O esquema adotado pela L 26/2006 retira atualidade a diversas questões, antes debatidas, a propósito das divergências entre a data "oficial" e a data da publicação[13]. Finalmente: dado o 119.º/2 da Constituição, o 5.º/1 deve ser interpretado como conferindo, à publicação, condição de eficácia aos diplomas em jogo. 14

III – A *vacatio legis*[14]

8. Justificação. A *vacatio* assenta em três razões: (1) permite o conhecimento pelos destinatários, para poder ser cumprida; (2) faculta o estudo de diplomas complicados; (3) dá azo à montagem das operações materiais necessárias. 15

9. Contagem. Segundo o 2.º da L 74/98: (a) os atos legislativos entram em vigor no dia neles fixado; (b) o início de vigência não pode, em caso algum, verificar-se no próprio dia da publicação; (c) na falta de fixação, eles entram em vigor, no País e no estrangeiro, no 5.º dia após a publicação; (d) o prazo em causa conta-se a partir do dia imediato ao da sua disponibilização na *Net*. 16

IV – Gralhas, lapsos, erros e omissões

10. A **Lei 74/98, de 11-mar.**, por último alterada pela L 43/2014, de 11-jul., relativa à publicação, à identificação e ao formulário dos diplomas, ocupa-se do tema das retificações. Estas conheceram um regime movimentado[15]. Dispõe o seu 5.º: 17

> 1. As rectificações são admissíveis exclusivamente para correcção de erros materiais provenientes de divergências entre o texto original e o texto impresso de qualquer diploma publicado na 1.ª série do *Diário da República* e são feitas mediante declaração do órgão que aprovou o texto original, publicada na mesma série e parte.
> 2. As declarações de rectificação devem ser publicadas até 60 dias após a publicação do texto rectificando.
> 3. A não observância do prazo previsto no número anterior determina a nulidade do acto de rectificação.
> 4. As declarações de rectificação reportam os efeitos à data da entrada em vigor do texto rectificado.

[12] Presume-se que a data da distribuição é a dos diplomas nele inseridos; a presunção é ilidível, valendo a data da efetiva distribuição: PGR 265/78, de 1-mar. (José Cunha Rodrigues), BMJ 290 (1978), 115-123 (123) e PGR 5/85, de 10-jan. (António Caeiro), BMJ 348 (1985), 107-115 (113).

[13] *Vide* o *Tratado*, I, 4.ª ed., 801 ss..

[14] *Tratado*, I, 4.ª ed., 805-810.

[15] *Idem*, 811-819. Também em Menezes Cordeiro, *O CSC e a reforma de 2010: gralhas, lapsos, erros e retificações*, RDS 2010, 509-528.

Artigo 6.º (Ignorância ou má interpretação da lei)

A ignorância ou má interpretação da lei não justifica a falta do seu cumprimento nem isenta as pessoas das sanções nela estabelecidas.

Bibliografia: António Menezes Cordeiro, *Tratado*, I, 4.ª ed., 689-691; Luís Cabral de Moncada, *Lições de Direito civil* 1 (1959), 100-103; Luiz da Cunha Gonçalves, *Tratado de Direito civil* 1 (1929), 144-146.

Índice

I – Antecedentes

1 **1.** O **Código de Seabra** (9.º), dispunha[1]:

> Ninguém pode eximir-se de cumprir as obrigações impostas por lei, com o pretexto de ignorância d'estas, ou com o seu desuso.

2 A regra já era afirmada na pré-codificação, remontando ao Direito comum[2].

3 **2.** O **anteprojeto Manuel de Andrade** propôs:

> A ignorância ou má interpretação da lei não desculpa o seu cumprimento nem isenta das sanções correlativas.

4 **3.** Nas **revisões ministeriais**, a 1.ª manteve o texto de Andrade[3] e a 2.ª[4] fixou o texto que passaria ao Projeto final[5].

II – A imperatividade da lei

5 **4. Manifestações**. O 6.º equivale a uma afirmação de imperatividade da lei: *nemo ius ignorare censetur* [a ninguém é admitido ignorar o Direito] e *ignorantia iuris non excusat* [a ignorância do Direito não desculpa][6]. A imperatividade manifesta-se, ainda, na proibição de *non liquet* (8.º/1) e no dever de obediência à lei (8.º/2). Na falta desta regra, a aplicação do Direito seria incerta e injusta: penalizaria os diligentes e os informados, que cairiam sob a alçada da lei, isentando-se-lhes os desleixados e os distraídos.

6 **5. Alcance**. O 6.º equipara a ignorância à má interpretação da lei. Isso implica que: (a) perante uma lei, apenas uma única interpretação possa ser válida; (b) o intérprete-aplicador tenha o dever funcional de procurar e de encontrar a "boa aplicação da lei".

[1] José Dias Ferreira, *Codigo Civil annotado*, 1, 2.ª ed., 21-22.
[2] Correia Telles, *Digesto portuguez*, 1, 3.ª ed., §§ 30-32 (10-11); Coelho da Rocha, *Instituições de Direito civil*, § 26 e nota (1, 11).
[3] *1.ª Revisão*, 7; *Revisão intercalar*, 5.
[4] *2.ª Revisão*, 3.
[5] *Projecto de Código Civil*, 2.
[6] Aplicações recentes: RGm 27-out.-2016 (Maria dos Anjos Nogueira), Proc. 207/15; RCb 9-dez.-2017 (Vítor Amaral), Proc. 545/16.

O 6.º usa "lei"; não se trata da lei em sentido estrito, mas antes do Direito: ficam incluídos os princípios e, em geral, o labor da Ciência do Direito. 7

6. Delimitação. Embora não isente, a ignorância da lei pode relevar: (a) para efeitos do dever de informar: nalguns casos, designadamente quando esteja em jogo a tutela do consumidor ou o recurso a cláusulas contratuais gerais, a parte mais dotada tem o dever de esclarecer a outra, o que pode envolver elementos de tipo legal (6.º do DL 446/85, de 25-out.); (b) no tocante à compleição de situações concretas: a pessoa que, por erro de Direito, desconheça certa realidade, pode impugnar os contratos que se lhe reportem, invocando erro relevante[7], desde que procedam os demais pressupostos; (c) no domínio da falta de consciência da ilicitude, quando porventura ela releve[8]; (d) na ponderação do juízo de culpa, eventualmente relevante para o cálculo da indemnização, nos termos do 494.º; (e) na construção da boa-fé subjetiva: a pessoa que, sem culpa, ignore estar a prejudicar terceiros[9]. 8

Artigo 7.º (Cessação da vigência da lei)

1. Quando se não destine a ter vigência temporária, a lei só deixa de vigorar se for revogada por outra lei.

2. A revogação pode resultar de declaração expressa, da incompatibilidade entre as novas disposições e as regras precedentes ou da circunstância de a nova lei regular toda a matéria da lei anterior.

3. A lei geral não revoga a lei especial, excepto se outra for a intenção inequívoca do legislador.

4. A revogação da lei revogatória não importa o renascimento da lei que esta revogara.

Bibliografia: António Menezes Cordeiro, *Tratado*, I, 4.ª ed., 825-836; João Baptista Machado, *Introdução ao discurso legitimador* (2018), 165-166; José Hermano Saraiva, *Apostilha crítica*, 49-53; Manuel de Andrade, *Fontes do direito*, 143-144; Miguel Teixeira de Sousa, *Introdução ao Direito*, 173-182.

Índice

[7] Carlos Mota Pinto, *Cessão da posição contratual* (1970), 18-19, nota 1 e *Teoria geral do Direito civil*, 4.ª ed., 518, onde se refere o erro sobre o conteúdo do negócio.

[8] *Tratado* VIII, 477 ss..

[9] *Tratado*, I, 4.ª ed., 964 ss..

I – Antecedentes

1 **1. Anteprojeto Manuel de Andrade**: no seu 7.º, propunha[1]:

> I. Não se destinando a vigência temporária, a lei só cessa de vigorar quando for revogada por outra lei posterior.
>
> II. A revogação pode ter lugar mediante declaração expressa, ou por incompatibilidade entre as novas disposições e as precedentes, ou porque a nova lei regule de modo sistemático toda a matéria da lei anterior.
>
> III. Uma lei especial não se considera, desde logo, revogada pela lei geral posterior.
>
> IV. A revogação da lei ab-rogatória não importa a repristinação da lei ab-rogada.

2 Na justificação de motivos, Manuel de Andrade afirma:

> Nos artigos 6.º e 7.º só se pensou em sintetizar a doutrina corrente sobre os pontos aí versados. Pelo que toca ao artigo 7.º, na sua formulação teve-se à vista o artigo 15.º daquelas disposições e o artigo 2.º da lei de introdução ao Código brasileiro[2].

3 **2.** As **revisões ministeriais e** o **Projeto** não alteraram, no fundo, o texto de Manuel de Andrade[3].

II – O sistema da cessação

4 **3. O quadro geral** da cessação resulta do 7.º. Ela ocorre: (a) por autolimitação; (b) por revogação operada por outra lei.

5 A autolimitação é explícita ou implícita: explícita caso a própria lei coloque balizas temporais à sua vigência e implícita quando tal decorra da matéria por ela versada. Podemos falar, *lato sensu*, na caducidade da lei.

6 A revogação corresponde à cessação de vigência determinada por uma lei subsequente: a lei nova. A própria lei prevê diversas vias de revogação, que caberá discernir.

7 Uma figura específica de cessação de vigência é o desuso. À partida, o desuso é afastado pelo 7.º/1: a lei só deixa de vigorar se for revogada por outra lei[4]. Todavia, a prática mostra a existência de leis nunca revogadas, mas que, com o passar dos séculos, ninguém se lembraria de vir invocar ou de aplicar. A hipótese de desuso é retida pela doutrina[5].

8 **4. Caducidade e leis transitórias**. São leis transitórias (não confundir com o Direito transitório) aquelas que se destinem a vigorar durante um período limitado. Temos: (a) leis que visem enfrentar situações passageiras como uma cheia ou uma época de incêndios; (b) leis que

[1] Manuel de Andrade, *Fontes de Direito*, 143-144. Quanto ao regime anterior, *vide* o *Tratado*, I, 4.ª ed., 827-828, com indicações dos clássicos civilistas.

[2] Recordemos as fontes dadoras, aí referidas. O artigo 15.º das disposições italianas sobre as leis em geral dispõe:

> As leis não são ab-rogadas a não ser por leis posteriores, por declaração expressa do legislador, ou por incompatibilidade entre as disposições novas e as precedentes ou porque a lei nova regula toda a matéria já regulada pela lei anterior.

Quanto à lei brasileira, temos o texto seguinte:

> Art. 2.º – Não se destinando à vigência temporária, a lei terá vigor até que outra a modifique ou revogue.
>
> § 1.º – A lei posterior revoga a anterior quando expressamente o declare, quando seja com ela incompatível ou quando regule inteiramente a matéria de que tratava a lei anterior.
>
> § 2.º – A lei nova, que estabeleça disposições gerais ou especiais a par das já existentes, não revoga nem modifica a lei anterior.
>
> § 3.º – Salvo disposição em contrário, a lei revogada não se restaura por ter a lei revogadora perdido a vigência.

A similitude é flagrante.

[3] *1.ª Revisão*, 7-8; *Revisão intercalar*, 5; *2.ª Revisão*, 3; *Projecto*, 3.

[4] O 9.º CS afastava, de modo explícito, o desuso; *vide* Luís da Cunha Gonçalves, *Tratado*, 1, 161-162.

[5] José Hermano Saraiva, *Apostilha crítica*, 50; Oliveira Ascensão, *O Direito*, 13.ª ed., 270 e 309, exigindo, todavia, um costume *contra legem*.

procurem um efeito predeterminado: assim, a supressão dos subsídios dos funcionários públicos, até que se restabeleça o equilíbrio orçamental; (c) leis dirigidas a ocorrências destinadas a desaparecer: regimes de transição, situações preparatórias, como o congelamento de construções até ao aprontamento de aeroportos ou de estradas e conjunturas jurídicas passageiras, como as que visem adaptações a novos institutos.

Em todos os casos, é necessário que se possa inferir a autolimitação da lei: eventualidade prevista na 1.ª parte do 7.º/1: a lei destina-se a ter vigência temporária. O diploma transitório pode conter um prazo explícito e certo, quanto à sua vigência: até ao fim do ano ou ao termo da legislatura, como exemplo. Mas pode-se configurar um termo incerto: a lei destinada a compensar os combatentes da Grande Guerra (1914-1918) cessa de vigorar, por caducidade, com a morte da última pessoa que, aí, tenha servido. 9

Uma situação particular é a das leis condicionadas. Fica proibida a deslocação de palmeiras enquanto se mantiver a praga de escaravelho encarnado. Caso tal praga desapareça (facto futuro e incerto), a lei cessa de vigorar. Também aqui ocorre uma caducidade, marca de uma lei (eventualmente) transitória. 10

A autolimitação temporária de uma lei deve ser inserida em todo o seu processo interpretativo. Não se trata de um aditivo "somado" a um texto legal: antes de um fator de delimitação temporal, suscetível de infletir todo o tecido normativo. A transitoriedade de uma lei permite fixar, com nitidez, a sua dimensão teleológica e calibrar, em sua decorrência, a ponderação das consequências a efetuar. 11

5. A supressão da matéria regulada. A lei – qualquer lei – visa regular os factos que, nela própria, se prevejam. Quando, supervenientemente, se verifique que tais factos não mais se podem verificar, a lei cessa a sua vigência. Por exemplo: o diploma destinado a proteger o lince ibérico cessa com a morte do último exemplar dessa espécie. 12

Na outra extremidade do processo normativo, temos a eventualidade de a lei visar uma solução que se tornou impossível ou inútil. Por exemplo: as regras destinadas a promover um novo aeroporto perdem aplicação com o cancelamento do projeto. Desta feita, devemos lidar com a teleologia das normas. A inviabilização do seu escopo faz cessar a sua vigência, numa manifestação de caducidade ampla. 13

A inadequação social superveniente tem aqui o seu lugar. Leis de discriminação positiva – por exemplo: a hipotética fixação de quotas mínimas para mulheres, nas Faculdades de Direito – perdem sentido quando se verifique que o seu objetivo foi alcançado ou ultrapassado. 14

Pergunta-se se, com estas asserções, não se defrauda a lei, na parte em que a mesma afirma que, não tendo natureza temporária, a sua vigência se conserva até à eventual revogação. A resposta é negativa: a caducidade (ampla) pode ser reconduzida a uma estruturação necessariamente limitada, de qualquer evento humano, também no plano temporal. Cairá no espírito da 1.ª parte do 7.º/1. 15

6. O desuso pode advir: (a) de se atenuarem fortemente os fins que levaram à promulgação da lei; dizemos "atenuarem" porque, se tais fins desaparecerem, a lei caduca; (b) de, no seu conjunto e mercê da evolução sócio-económica, a lei se revelar contraproducente ou inútil; (c) de se terem apurado valores ou princípios que contraditem a via prosseguida ou que a tornem menos eficaz. 16

O desuso pode ser admitido no quadro da 1.ª parte do 7.º/1. Pela evolução das circunstâncias e por exigência do sistema, a lei em desuso destina-se a vigorar temporariamente. 17

III – A revogação da lei

18 **7. Noção.** Diz-se revogação a cessação de exigência de uma lei (a lei velha) por determinação de outra lei (a lei nova)[6]: (a) revogação é mais geral: abrange as situações de cessação de vigência de uma lei, pela ocorrência de uma nova lei que a tanto conduza; (b) ab-rogação traduz uma revogação expressa e completa de uma lei velha por uma lei nova; (c) derrogação equivale ao afastamento da lei velha, pelo surgimento de um novo regime com ela incompatível[7].

19 **8. Modalidades**: o 7.º/2 aponta três: (a) a revogação expressa: ocorre sempre que uma lei nova suprima, explicitamente, a lei velha; temos, ainda, revogação expressa perante uma substituição de preceitos: "o artigo tal passa a ter a seguinte redação", como exemplo; (b) a revogação implícita: verifica-se nos casos em que uma lei estabeleça um regime diverso do anterior; muitas vezes, a revogação implícita é pontuada por normas que dispõem "é revogada toda a legislação em contrário": uma disposição inútil, uma vez que a aprovação de uma lei revoga, automaticamente, as leis velhas que disponham de forma diversa; (c) a revogação global: acode sempre que uma lei substitua toda a matéria regulada na anterior; assim, a aprovação de um novo Código Civil revoga o anterior, independentemente de este último conter normas compatíveis com o primeiro ou de tratar pontos não versados no novo diploma: resultarão, daí, lacunas a integrar à luz do novo diploma.

20 As apontadas três modalidades não funcionam, sempre, em estado puro. É frequente uma lei nova conter disposições revogatórias explícitas (são revogados os diplomas tal e tal) e rematar com uma fórmula genérica (e, ainda, toda a legislação em contrário). Nessa eventualidade, a fórmula genérica pode ser útil, por prevenir qualquer raciocínio *a contrario*.

21 **9. As leis especiais.** Diz-se especial a norma que retire, de um regime comum (a lei geral), uma situação determinada em função de certa característica e estabeleça, para ela, um regime não-conforme com o aplicável às demais situações. A especialidade é sempre relativa: o Direito comercial é especial em relação ao Direito civil, mas comum em relação ao Direito bancário, por exemplo. Apenas em cada ocorrência se torna possível formular um juízo de especialidade.

22 Quando uma lei geral seja substituída por outra lei geral, entende-se que é conservada a lei especial porventura existente (7.º/3)[8]. O legislador apenas curou da substituição da primeira, sem se ocupar das especialidades. Essa eventualidade deve ser confirmada lei a lei: é esse o sentido da segunda parte do artigo 7.º/3: (...) *exceto se outra for a intenção inequívoca do legislador.* Tal locução é literária: o legislador não tem intenções, equívocas ou inequívocas. Tudo depende da finalidade da lei geral e de saber, à luz dos elementos de interpretação, se a lei geral nova visou pôr termo aos regimes especiais porventura existentes.

23 **10. Remissões para leis revogadas.** As leis podem remeter, explícita ou implicitamente, umas para as outras. Quando um diploma remeta para um preceito revogado, *quid iuris*? A resposta é dada em cada caso, à luz da interpretação das fontes em presença. Faz-se a distinção entre: (a) remissões estáticas; (b) remissões dinâmicas.

24 Perante uma remissão estática, a lei remissora apela ao concreto regime constante da lei para que remeta: se este for imperativamente revogado, seja *ad nutum*, seja por derrogação, a lei remissora perde o seu sentido, havendo-se, também, por revogada; tratando-se de uma revogação não-imperativa (deixando margem para soluções supletivas) ou não-retroativas, a lei

[6] Por esta via, pode haver que indagar leis antigas; *vide* STA 22-out.-2018 (Madeira dos Santos), Proc. 0530/07, quanto a uma lei de 1912.

[7] Recordamos Ulpiano. *Regulae*, I, 3: *lex abrogatur, id est, prior lex tollitur; lex derogatur, id est, pars prioris legis tollitur*; desta feita, a ab-rogação seria uma revogação total; a derrogação, apenas, parcial; *vide* Luís da Cunha Gonçalves, *Tratado*, 1, 155.

[8] RPt 21-fev.-2018 (Oliveira Abreu), Proc. 728/13.

remitida mantém-se. Na remissão dinâmica, tem-se em vista o regime *ad quem*, seja ele qual for. Se ele for substituído, subentende-se que a remissão, automaticamente, se vai reportar à lei nova.

11. Não-repristinação. O denominado princípio de não-repristinação das leis emerge do 25
7.º/4: a revogação da lei revogatória não importa o renascimento da lei que esta revogara[9]. A mensagem normativa revogatória dirige-se, apenas, à supressão da lei velha. Repristinar as leis que esta revogar implicaria já um juízo normativo que transcende a mera revogação. Além disso, a repristinação representaria um perigo evidente, com danos para a segurança jurídica: o de fazer renascer regimes em que ninguém pensara e que ficariam totalmente fora do pensamento legislativo da lei nova. A repristinação é possível: apenas quando a lei nova, devidamente sindicada pela interpretação e pela ponderação das consequências, a tanto conduza.

Artigo 8.º (Obrigação de julgar e dever de obediência à lei)

1. O tribunal não pode abster-se de julgar, invocando a falta ou obscuridade da lei ou alegando dúvida insanável acerca dos factos em litígio.

2. O dever de obediência à lei não pode ser afastado sob pretexto de ser injusto ou imoral o conteúdo do preceito legislativo.

3. Nas decisões que proferir, o julgador terá em consideração todos os casos que mereçam tratamento análogo, a fim de obter uma interpretação e aplicação uniformes do direito.

Bibliografia: António Menezes Cordeiro, *Tratado*, I, 4.ª ed., 691-695.

Índice

I – Antecedentes

1. Manuel de Andrade, no competente anteprojeto, preconizou as fórmulas seguintes[1]: 1

> I – Os juízes não podem abster-se de julgar por falta ou obscuridade de lei ou por dúvida insanável sobre os factos em litígio.
>
> II – Também não podem negar obediência à lei por imoralidade ou injustiça de um conteúdo.

Explica esse Autor que, quanto ao 8.º/1, serviram de paradigma o 97.º do "velho" 2
Código de Processo Civil e, quanto ao 8.º/2, o 110.º do Estatuto Judiciário[2].

[9] RLx 3-mai.-2018 (Ferreira de Almeida), Proc. 1997/17.

[1] Manuel de Andrade, *Fontes de Direito*, 144.

[2] O 97.º do Código de Processo Civil de 1876 dispunha:

Os juizes não pódem abster-se de julgar, a pretexto de falta ou obscuridade de lei, falta de provas ou por qualquer outro motivo, salva a disposição do artigo 235.º, que lhes

3 **2. Revisões ministeriais e Projeto**. A 1.ª acrescentou o n.º 3, então assim redigido[3]:

> Nas suas decisões, deve o julgador ter em consideração todos os casos que mereçam análogo tratamento, a fim de, quanto possível, se obter uma jurisprudência uniforme.

4 A redação final resultou da 2.ª Revisão[4], daí passando ao Projeto Final[5].

II – Regime

5 **3. A proibição de *non liquet***, presente no 8.º/2, veda a recusa em decidir, por falta de elementos. O *non liquet* poderia ter uma de duas origens: (a) ou a falta ou a obscuridade da lei; (b) ou a dúvida insanável acerca dos factos em litígio. A primeira hipótese é afastada: subentende-se que, mesmo na falta ou na obscuridade da lei, é sempre possível, se necessário lançando mão do 10.º do Código, descobrir ou criar uma regra aplicável.

6 A segunda ultrapassa-se com recurso às regras sobre o ónus da prova: perante um litígio, uma das partes (normalmente, o autor ou demandante) tem o ónus de provar os factos que alegue; se não o conseguir fazer, por subsistir uma dúvida insanável, o seu pedido é desatendido[6]. Os 343.º a 345.º contêm diversas regras sobre o ónus da prova: perante elas, o juiz chega sempre a uma solução, por desconhecidos que os factos se possam apresentar.

7 **4. A obediência à lei** resulta do 8.º/2; não pode ser afastada (...) *sob pretexto de ser injusto ou imoral o conteúdo do preceito legislativo*. Manuel de Andrade justificou, assim, o preceito[7]:

> (...) se trata de doutrina irrecusável, mas que nunca será demais proclamar com todas as letras, para combater ou prevenir certas veleidades de insubmissão à lei e o pendor assaz frequente para o impressionismo fácil da chamada jurisprudência sentimental (*Gefühljurisprudenz*).

8 Desconhecemos "veleidades de insubmissão à lei", perpetradas aquando do aprontamento do Código Civil. Mas a jurisprudência do sentimento manifesta-se, embora não pela via do afastamento da lei. Os tribunais conseguem-no facilmente através do afeiçoar dos factos ou com recurso a institutos de conteúdo indeterminado. O sentimento tem lugar, no Direito. Mas deve ser assumido, explicado e controlado[8].

9 Em compensação, a "norma injusta" que o seja verdadeiramente pode ser afastada, desde que com base em outras normas, com relevo para as que vedam o abuso do direito[9]. Não há, então, nenhum "pretexto": apenas se assiste ao aplicar do Direito, na sua plenitude. A norma

permitte ordenar exame ou vistoria em qualquer estado da causa.

Por seu turno, mandava o 110.º do Estatuto Judiciário, aprovado pelo DL 44 278, de 14-abr.-1962:

> 2. Os juízes não podem deixar de aplicar a lei sob pretexto que ela lhes pareça imoral ou injusta (...)
>
> 3. O dever de obediência à lei compreende o de respeitar os juízos de valor legais, mesmo quando se trate de resolver hipóteses não especialmente previstas; o juiz não pode recusar o julgamento com o fundamento na obscuridade ou na falta de lei, desde que o caso sujeito à apreciação jurisdicional deva ser juridicamente regulado.

[3] *1.ª Revisão*, 8.

[4] *2.ª Revisão*, 4.

[5] *Projecto de Código Civil*, 3.

[6] Aplicações recentes: STJ 13-mar.-2018 (Alexandre Reis), Proc. 2947/12; TCAS 22-nov.-2018 (Pedro Marchão Marques), Proc. 1313/12.

[7] Manuel de Andrade, *Fontes de Direito*, 149.

[8] Quanto à jurisprudência do sentimento *vide*, no Direito bancário, o nosso *Da compensação no Direito civil e no Direito bancário* (2003), 242 e 253: o juiz pode ser levado a condenar (mais) facilmente o banqueiro, por ser "rico"; mas essa via leva a que o banqueiro transfira para o sistema financeiro e, daí, para os consumidores, os custos da condenação. Há que manter um equilíbrio.

[9] Como exemplo de "normas injustas": a lei obriga os senhorios a fazer obras em prédios arrendados. Todavia, é injusto condenar um senhorio que recebe 5 ou 10 euros de renda, a fazer obras que ascendam a dezenas de milhares de euros. Perante isso, os tribunais entendem, de modo

legal vale, todavia, como pretensão: apenas em situações muito ponderosas pode ser sindicada a (in)justiça de uma norma, sob pena de se perder a imperatividade da lei.

10 O dever de obediência à lei tem de ser entendido, latamente, como um dever de obediência ao Direito. Está na base de qualquer interpretação, mas não pode restringir-se à lei/comando isolado: o Direito ficaria então dependente de qualquer revogação legislativa, perdendo o estatuto de Ciência. Não está tanto em jogo um dever de respeitar cada proposição legal *à outrance*: isso será mesmo impossível, quando exista um jogo de proposições desencontradas, que obriguem o julgador a encontrar, entre elas, a bissetriz possível. Perante o desenvolvimento obtido pela jurisprudência constitucional e dadas as possibilidades hoje abertas pelo manuseio científico dos conceitos indeterminados, não há soluções injustas inevitáveis. O tribunal dispõe de todos os instrumentos, para as evitar.

11 Quanto à "imoralidade", que não pode afastar a lei: assim é, mas com a ressalva de que dificilmente uma imoralidade efetiva não terá projeção em princípios jurídicos, que se encontram à disposição do tribunal. Há que prestar atenção ao "politicamente correto": seja para o prevenir, seja para o acompanhar.

12 **5. A primazia do sistema** resulta do 8.º/3, quando manda atender a todos os casos "análogos", de modo a obter uma interpretação e uma aplicação uniformes do Direito. A Lei aponta para um dado conhecido: em cada caso, não é apenas a norma aplicável que funciona: antes o sistema, na dua plenitude.

Artigo 9.º (Interpretação da lei)

1. A interpretação não deve cingir-se à letra da lei, mas reconstituir a partir dos textos o pensamento legislativo, tendo sobretudo em conta a unidade do sistema jurídico, as circunstâncias em que a lei foi elaborada e as condições específicas do tempo em que é aplicada.

2. Não pode, porém, ser considerado pelo intérprete o pensamento legislativo que não tenha na letra da lei um mínimo de correspondência verbal, ainda que imperfeitamente expresso.

3. Na fixação do sentido e alcance da lei, o intérprete presumirá que o legislador consagrou as soluções mais acertadas e soube exprimir o seu pensamento em termos adequados.

Bibliografia: António Menezes Cordeiro, *Tratado*, I, 4.ª ed., 671-784; António Santos Justo, *Introdução ao Estudo do Direito*, 9.ª ed. (2018), 325-349; Catarina Monteiro Pires, *Jurisprudência cível e metodologia jurídica/ /alguns apontamentos, por ocasião dos 50 anos do Código Civil*, CDP 62 (2018), 3-13; Fernando Bronze, *Lições de introdução ao Direito*, 3.ª ed. (2019), 875-976; *idem*, *A metodonomologia (para além da argumentação)* (2004); João Baptista Machado, *Introdução ao Direito e ao discurso legitimador* (1983), 175-192; José Hermano Saraiva, *Apostilha crítica*, ROA 1967, 61-108; José Lamego, *Elementos de metodologia jurídica* (2016), 71-292; *idem*, *A interpretação da lei e a integração das lacunas no Código Civil de 1966*, em *Código Civil/Livro do Cinquentenário* II (2019), 199-212; Manuel de Andrade, *Ensaio sobre a teoria da interpretação das leis* (1953); *idem*, *Fontes do*

hoje pacífico e uniforme, que abusa do seu direito o inquilino que, pagando uma renda diminuta, venha exigir, ao senhorio, obras de valor elevado. *Vide* o nosso *O Novo Regime do Arrendamento Urbano: dezasseis meses depois, a ineficiência económica do Direito*, O Direito 2007, 945-971 (948 ss.), com indicação de múltiplas decisões judiciais que o confirmam.

Direito, BMJ 102 (1961), 141-166; Miguel Nogueira de Brito, *Introdução ao Estudo do Direito* (2017), 159--339; Miguel Teixeira de Sousa, *Introdução ao Direito* (2019), 337-372; Orlando de Carvalho, *Para um novo paradigma interpretativo: o projecto social global*, BFD LXXII (1997), 1-17.

Índice

I – A preparação do preceito

1 **1. Antecedentes**. O Direito romano e a evolução subsequente permitem ilustrar os grandes vetores da interpretação da lei ou, mais latamente, das fontes[1]. Algumas codificações modernas procuram verter em textos legais a tradição secular, nesse domínio[2]. Os quadros de interpretação, presentes no 9.º, devem-se a Savigny[3], tendo sido divulgados por Manuel de Andrade[4].

2 **2. O Anteprojeto de Manuel de Andrade** propôs o seguinte texto[5]:

> I. A interpretação não deve ficar atida à letra dos textos. Deve reconstituir o verdadeiro pensamento legislativo, integrando-o na totalidade do sistema jurídico e projectando-o nas condições do tempo actual.
>
> II. Não pode surtir efeito o pensamento legislativo que não tenha na letra da lei um reflexo verbal tolerável, conquanto imperfeito.
>
> III. Deve presumir-se que o legislador consagrou as soluções mais acertadas e soube traduzir o seu pensamento com sobriedade e correcção.
>
> IV. Os chamados trabalhos preparatórios ou materiais da lei não têm qualquer autoridade enquanto não devidamente publicados.
>
> V. É consentido restringir o preceito da lei quando, para casos especiais, ele levaria a consequências graves e imprevistas que certamente o legislador não teria querido sancionar.

3 Manuel de Andrade deu as seguintes justificações[6]:

[1] *Tratado*, I, 4.ª ed., 412 ss., com indicações.

[2] *Idem*, 415 ss..

[3] Friedrich Carl von Savigny, *Juristische Methodenlehre (1802-1803)*, por Jakob Grimm, publ. Gerhard Wesenberg (1951), 73 pp.; *vide* o *Tratado*, I, 4.ª ed., 672-674, referindo, ainda, o contributo de Thibaut.

[4] Manuel de Andrade, *Ensaio sobre a teoria da interpretação das leis* (1953), 2.ª ed. póstuma (1963); o tema da interpretação vinha sendo tratado, entre nós, desde a Lei da Boa Razão (1769); *vide* o *Tratado*, I, 4.ª ed., 674-677.

[5] Manuel de Andrade, *Fontes do Direito*, 144-145.

[6] *Idem*, 150.

(...) não se pretendeu marcar uma atitude inteiramente definida quanto ao método de interpretação a seguir, até mesmo para deixar campo livre para a actividade da doutrina, um problema de tanta complexidade e transcendência, que perigoso seria tentar solucioná-lo duma vez para sempre. Só se pensou em firmar aqui umas tantas posições que pareceram bastante seguras, deixando ainda vago um espaço considerável, para a livre investigação dos doutos.

A fórmula ambígua "o verdadeiro pensamento legislativo" tem, subjacente, as seguintes reflexões[7]: 4

Não se quis tomar partido em toda a linha no velho pleito entre os objectivistas e os subjectivistas. Apenas se teve o propósito de combater, deixando aqui bem marcada a antipatia que inspiram ao legislador certos excessos de uma e de outra corrente.

E prossegue[8]: 5

Assim, por um lado, condenou-se aquele subjectivismo que vai ao ponto de prescindir totalmente da letra da lei, ou de admitir (como Heck) que se produza em juízo prova testemunhal (ou semelhante) sobre qual tenha sido o pagamento (sic; pensamento?) do legislador (II e IV). Por outro lado, tomou-se posição contra o objectivismo actualista.

Finalmente, e na base do pensamento de Enneccerus/Nipperdey, Manuel de Andrade entendeu referir o que hoje se chama redução teleológica[9]: 6

(...) quis-se autorizar a restrição do conteúdo da lei. Não apenas como que do *teor* legal; e por isso Enneccerus-Nipperdey, § 54.º, entendeu que já não estamos aqui no domínio da interpretação *stricto sensu*. Essa restrição, porém, não pode ir até ao ponto de eliminar o respectivo preceito. Ele deve aceitar-se como bom em tese geral, sofrendo embora uns tantos cerceamentos periféricos – digamos – para certos casos particulares.

3. Nas **revisões ministeriais**, o texto foi sendo afeiçoado[10], atingindo, na 2.ª[11], uma redação acolhida no **Projeto**[12] e praticamente idêntica à hoje em vigor. Apenas se mantinha um n.º 4, segundo o qual os trabalhos preparatórios carecem de autoridade enquanto não forem devidamente publicados. Esse troço ainda constava do projeto definitivo. Criticado pela mensagem subjetivista e historicista que envolvia, tal número desapareceu do texto final. 7

4. As críticas movidas ao projeto do 9.º são úteis para a sua apreensão. Dele foi dito[13]: (1) trata-se da mais extensa e complexa norma legal sobre interpretação; normalmente, os códigos evitam meter-se em tal matéria, sendo o 12.º das disposições preliminares italianas apenas um bosquejo, criticado, de resto, pela doutrina; (2) o papel normativo das regras de interpretação é questionável; no horizonte, fica sempre o espetro das proibições históricas de interpretação; (3) as opções do legislador nada podem contra o avanço da Ciência do Direito; (4) o 9.º acaba, afinal, por não tomar partido no pleito objetivismo/subjetivismo; (5) visando refrear a interpretação, o 9.º acaba por lhe dar a maior amplitude. 8

[7] *Idem*, loc. cit..

[8] *Idem*, loc. cit..

[9] *Idem*, loc. cit.; quanto a Nipperdey, o ilustre Autor transcrito teve em vista a "interpretação criativa modificadora (restrição)", que transcende a simples interpretação: opera quando, em função do fim da norma, esta deva, no concreto, ser abandonada; na última edição: Enneccerus/Nipperdey, *Allgemeiner Teil*, 1, 15.ª ed., § 59 (344-349). Quanto à redução teleológica, *vide infra*, anotação 43.

[10] *1.ª Revisão*, 8-9; *Revisão intercalar*, 6.

[11] *2.ª Revisão*, 4.

[12] *Projecto de Código Civil* (1966), 4.

[13] Em especial, José H. Saraiva, *Apostilha crítica*, 61 ss..

9 A primeira e solene diretriz que o legislador de 1966 dá, ao aplicador, é a de que *a interpretação não deve cingir-se à letra da lei*. Sendo assaz evidente, a sua proclamação feita nestes termos poderia conduzir à maior insegurança: nos tribunais ou nas repartições, qualquer pessoa a quem uma lei não conviesse logo proclamaria, com assento legal, que a interpretação não poderia ater-se à letra da lei[14].

10 As críticas ao 9.º têm razão de ser. O seu relevo é, todavia, o de permitir um melhor conhecimento da matéria em jogo, abrindo espaço para a reflexão. O 9.º é, pela sua própria natureza, remissivo para o intérprete-aplicador: não vemos qualquer inconveniente na manutenção do preceito.

11 O 9.º comporta duas mensagens: (1) ele indicia os elementos de interpretação, isto é, os fatores a que o intérprete-aplicador irá dar a sua atenção, sem estabelecer uma hierarquia entre eles; remete-se a tarefa da sua organização para as fases ulteriores da realização do Direito; (2) ele recorda que a lei não pode ser interpretada por leigos. A experiência mostra que o leigo (letrado), perante uma disposição legal, retira o sentido literal imediato, o que pode conduzir a grandes inadequações. O 9.º/1 diz que somente a Ciência do Direito pode conduzir operações de interpretação. Mesmo quando aparentemente muito fácil, a letra da lei esconde, por vezes, conexões e implicações valoradas apenas no conjunto do ordenamento.

II – As querelas clássicas

12 **5.** Os **subjetivismos** na interpretação da lei podem sobrelevar a vontade do legislador ou a do próprio intérprete-aplicador. Esta hipótese conduz ao decisionismo e ao Direito livre, sendo evitada.

13 Quando reportado ao legislador, o subjetivismo pode ser histórico (o que se pretendeu ao fazer a lei) ou hipotético/atualista (o que pretenderia o legislador, no momento atual).

14 **6.** Os **objetivismos** preocupam-se com o que, na lei, esteja exarado. Uma vez aprovada, ela desprende-se da vontade dos seus autores.

15 **7. Apreciação**. O subjetivismo não é operacional perante o Direito comum, em regra de origem romana. Não é possível apurar as vontades vertidas em séculos de evolução. E mesmo perante o Direito legislado atual: uma lei pode ser aprovada no Parlamento por vontades dissonantes. O subjetivismo atualista é um refúgio linguístico: de facto, o intérprete-aplicador dirá o que ele faria, caindo no decisionismo. O objetivismo ganha, assim, a dianteira, desde que expresso e sindicado pela Ciência do Direito.

16 **8.** O **historicismo** releva o sentido da lei, aquando da elaboração. No Direito comum, ele privilegia a evolução histórica. Ele parece irrecusável, pelo menos para entender os textos.

17 **9.** O **atualismo** valoriza o sentido da lei, no momento da aplicação.

III – Os elementos da interpretação

18 **10. A letra** da lei é o primeiro elemento da interpretação, ainda que não o único (9.º/1)[15]. Também dita "elemento gramatical", ela tem um triplo papel: (1) constitui o ponto de partida da interpretação; (2) liga o Direito ao juiz, legitimando o papel deste; (3) opera como limite à aplicação, fixando a fronteira entre a interpretação simples e a criativa.

[14] *Idem*, 70 ss..

[15] RPt 25-jun.-2018 (Nelson Fernandes), Proc. 10543/15.

A letra limita o intérprete em dois planos: (a) ele não deve afastar-se dela sem elementos sólidos (9.º/3, *in fine*): deve-se presumir que o legislador soube exprimir-se em termos adequados; (b) e quando o faça, não a pode perder de vista (9.º/2): não deve chegar a um resultado que não tenha, na letra, um mínimo de correspondência verbal, ainda que imperfeitamente expresso[16]. 19

A letra constitui o elemento a partir do qual se devem indagar os restantes; 9.º/1: reconstituir, a partir dos textos, o pensamento legislativo. 20

11. O **elemento histórico**, a entender como integrando o comparatístico, é decisivo: vale a natureza cultural do Direito. Ele desdobra-se: (a) na *occasio legis* ou conjunto de circunstâncias relevantes na sua feitura; os preâmbulos podem, aqui, ser úteis; (b) nos trabalhos preparatórios, genéricos ou específicos, em especial nos diplomas complexos; (c) nas opções subjetivas do legislador, quando conhecidas. 21

Embora, na teoria da interpretação, o elemento mais valorado seja o teleológico, a prática (nos diversos países) revela que o histórico é o mais decisivo. Quando se consiga um enquadramento histórico cabal de certa lei, o seu sentido está apreendido. 22

12. O **elemento sistemático** recorda que o Direito é um todo e que apenas em conjuntos articulados as proposições legais ganham sentido. Podemos, nele, enquadrar: (a) os lugares paralelos, isto é, a aproximação a regras similares, em bases linguísticas, substanciais ou funcionais; (b) a recondução a princípios, sejam eles apriorísticos (a igualdade), históricos (o consensualismo) ou estruturais (a tutela da confiança, tudo como exemplos); (c) a coerência sistemática, ínsita na busca da harmonia das decisões. 23

O elemento sistemático, mormente no plano da harmonia, é referido em vários preceitos: 8.º/3 (interpretação e aplicação uniformes do direito), 9.º/1 (tendo em conta a unidade do sistema jurídico) e 10.º/3 (tendo em conta o espírito do sistema). 24

13. O **elemento teleológico**, recorda que a regra jurídica não é um fim em si: visa-se um resultado. A *ratio legis* diz-nos o que pretendeu a lei. O 9.º/1 reporta-o quando manda atender às condições específicas em que a lei é aplicada. Esse fator abre as portas à interpretação evolutiva, já conhecida pelos canonistas: a mesma lei pode propiciar resultados diferentes, ao longo do tempo, assim prosseguindo o seu intuito básico. 25

Finalmente, o elemento teleológico obriga a ponderar as consequências da interpretação. Se esta conduzir a um resultado contrário ao fim da lei, o procedimento deve ser retomado e corrigido. 26

14. O **sistema móvel**. A articulação entre os elementos da interpretação, mau grado os casos e as regras a interpretar, o protagonismo pode ser assegurado por um ou por outro, de entre eles. Além disso, a interpretação joga sempre com os valores fundamentais do ordenamento, presentes nos seus diversos elementos[17]. 27

IV – A articulação dos elementos

15. Tipos de interpretação. Quando a letra da lei coincida com o seu espírito, a interpretação é declarativa: lata, média ou restrita, conforme a própria lei comporte sentidos amplos, médios ou estritos. A letra fica aquém do espírito: a interpretação extensiva[18], sendo restritiva na hipótese 28

[16] TCAS 6-dez.-2018 (Joaquim Condesso), Proc. 471/18, ponto 8.

[17] RLx 20-jun.-2017 (Eurico Reis), Proc. 108/14.

[18] TCAN 7-jul.-2016 (Ana Patrocínio), Proc. 00048/13.

[19] A interpretação corretiva, em si, não é admissível – TCAS 4-out.-2018 (Paulo Pereira Gouveia), Proc.

inversa. A interpretação corretiva opera quando seja manifesto algum lapso vocabular. Será abrogante caso, mercê de contradições internas, o preceito não tenha significado: uma ocorrência a minimizar, quanto possível, com recurso aos outros elementos da interpretação[19].

29 **16. Inferências lógicas** são proposições clássicas tendentes a auxiliar a interpretação e a justificação do seu resultado. Assim, temos os argumentos: (a) *a contrario*: proíbe-se uma conduta; logo, permitem-se condutas diversas; (b) *a fortiori*: proíbe-se o menos logo, proíbe-se o mais (*a minore ad maius*); ou: permite-se o mais, permite-se o menos (*a maiore ad minus*); (c) *a simile*: dispondo-se de certa forma, abrange-se quanto seja semelhante.

30 As operações de interpretação não devem obnubilar que esta é uma operação unitária. O pré-entendimento do intérprete-aplicador, embora sindicável pelo resultado a que chegue, é decisivo.

V – A interpretação critativa[20]

31 **17. Noção**. A expressão "interpretação criativa" exprime a *Rechtsfortbildung* (aperfeiçoamento do Direito). Sob essa locução, a doutrina versa operações de realização do Direito que têm em comum o permitir soluções de casos para além do que as fontes vigentes facultariam. Por vezes insere-se, na interpretação criativa, a integração das lacunas. Fala-se, então, em interpretação criativa dentro da lei ou do sistema. No Direito lusófono temos noções delimitadas de interpretação e de integração: não há que indiferenciá-las, em conjunto com outras figuras, dentro de uma categoria global de interpretação criativa.

32 A interpretação criativa não se confunde com uma hipotética livre criação do Direito, confiada ao intérprete-aplicador e, *maxime*, ao juiz. Pela sua delicadeza, a interpretação criativa envolve cuidados e justificações que fazem dela uma via mais estreita de realização do Direito do que a interpretação, por vezes alargada por polissemias e ambiguidades. A interpretação criativa não é novidade: ela sempre foi praticada com um forte pico no Direito romano e na pandectística do séc. XIX. Institutos inteiros foram desenvolvidos sem apoio na lei e à margem de qualquer interpretação minimamente plausível: basta pensar nos direitos de personalidade, nos pressupostos de responsabilidade civil ou na transmissão das obrigações.

33 **18. Motivação e âmbito**. As diversas manifestações podem ser explicitadas e ordenadas em função de vários critérios: (a) pela necessidade do tráfego; (b) pela natureza das coisas; (c) por um princípio ético-jurídico.

34 (a) As necessidades do tráfego têm conduzido a novidades nas áreas bancária e financeira. Figuras como a cessão de créditos em garantia ou a titularidade fiduciária fazem, nesse campo, a sua aparição. O Direito lusófono conhece o fenómeno, tendo-o afeiçoado através dos usos, acolhidos nas cláusulas contratuais gerais praticadas pelas instituições de crédito. (b) A natureza das coisas dita soluções como o alargamento da personalidade coletiva ou a tutela diferenciada dos direitos de personalidade. (c) O princípio ético-jurídico motivou as inúmeras criações tecidas em torno da boa-fé, desde as várias formas de tutela da confiança ao *venire contra factum proprium* e à *suppressio*.

35 Vamos considerar, enquanto manifestações jurídico-científicas de interpretação criativa do Direito: (a) a concretização de conceitos indeterminados; (b) a paralisação de normas injustas; (c) a redução teleológica.

722/18; a "correção" não é levada a cabo pelo intérprete aplicador, mas pela própria ordem jurídica, no seu todo.

[20] *Tratado*, I, 4.ª ed., 769 ss. e elementos aí inseridos.

19. A concretização de conceitos indeterminados reporta-se ao uso de proposições normativas que não permitem comunicações claras quanto ao seu conteúdo[21]. Tal eventualidade ocorre por polissemia, vaguidade, ambiguidade, porosidade ou esvaziamento[22]: polissemia quando tenha vários sentidos, vaguidade quando permita uma informação de extensão larga e compreensão escassa, ambiguidade quando possa reportar-se a mais de um dos elementos integrados na proposição onde o conceito se insira, porosidade quando ocorra uma evolução semântica com todo um percurso onde o sentido do termo se deva encontrar e esvaziamento quando falte qualquer sentido útil. 36

A decisão amparada a nível de conceito indeterminado[23] exige uma ponderação das possibilidades que ele permita; tais possibilidades são ordenadas, selecionando-se uma que será apresentada como justificação da saída encontrada. Os conceitos indeterminados tornam-se juridicamente atuantes mediante a sua complementação com valorações. 37

Os conceitos indeterminados não são de utilização arbitrária: existe uma série de indícios que inculcam as variáveis a ponderar e o seu peso relativo, aquando das operações de preenchimento. Há graus de indeterminação, consoante a impressividade de elementos disponíveis. Em princípio, a indeterminação adveniente de polissemia, ambiguidade ou porosidade será menor do que na vaguidade, atingindo um grau máximo nos conceitos vazios: ela relativiza-se, nas aplicações diversas, consoante as referências existentes. 38

A concretização de conceitos indeterminados origina casuísticas ordenadas em constelações de casos, bases de institutos de precisão crescente. A boa fé, por exemplo, originou o abuso do direito, do qual se inferiram figuras como o *venire contra factum proprium* e o *tu quoque*[24], que atingem uma grande precisão: quiçá maior do que muitos institutos assentes em "conceitos determinados": uma conquista da Ciência do Direito dos nossos tempos. 39

20. A paralisação de normas injustas remonta a Aristóteles[25]. Diz-se injusta a norma que se oponha ao sistema, no seu conjunto. Em causa fica o princípio da igualdade: a quebra do sistema exprime-se em que o igual não é tratado de modo igual e o diferente de modo diferente, de acordo com a medida da diferença. Num Estado dotado de uma boa Constituição Política, a norma injusta incorre, em regra, numa inconstitucionalidade material. Mas pode não ser assim, além de que a própria Constituição não fica imune a injustiças. Quais as hipóteses da Ciência do Direito? 40

Um exemplo pacífico: a Lei prevê que o senhorio seja obrigado a realizar obras no local arrendado; todavia, a degradação das rendas torna essa regra injusta; assim, os tribunais têm recusado a condenação dos senhorios na realização de obras, por abuso do direito. Há, nos últimos 30 anos, dezenas de acórdãos publicados, nesse sentido[26]. Ao impor obras dispendiosas 41

[21] Sobre toda esta matéria, com indicações, António Menezes Cordeiro, *Da boa fé no Direito civil* (1985), 1176.

[22] Joaquim Gomes Canotilho, *Constituição dirigente e vinculação do legislador* (1982), 436; *vide*, aí, 428 ss., embora se apontem aplicações diversas.

[23] Mantém-se, como foi dito, a referência a conceitos, tradicional nas tarefas de construção jurídico-científica. Não há dificuldades em estender as considerações feitas e as subsequentes a proposições jurídicas de complexidade maior, que operem, de forma simultânea, com articulações de vários conceitos. Observa-se, aí, a mesma realidade de fundo: a ocorrência de proposições de conteúdo significativo insuscetível, em si, de fornecer a regra do caso.

[24] *Tratado*, V, 3.ª ed., 307 ss..

[25] *Vide* as anotações ao 4.º.

[26] Assim: RLx 25-fev.-1986 (Cura Mariano), CJ XI (1986) 1, 104-105 (105/II); RPt 1-jun.-1993 (Matos Fernandes), CJ XVIII (1993) 3, 220-223 (223); RLx 17-fev.-1994 (José Manuel de Carvalho Ribeiro), BMJ 434 (1994), 670-671 (o sumário) = CJ XIX (1994) 1, 123-124 (124/ /II); RLx 11-mai.-1995 (Eduardo Nunes da Silva Baptista), BMJ 447 (1995), 549 = CJ XX (1995) 3, 100-102 (101/I); RCb 29-out.-1996 (Eduardo Antunes), BMJ 460 (1996), 814 (o sumário) = CJ XXI (1996) 4, 43-45 (44/ /II); RPt 10-jul.-1997 (Azevedo Ramos), BMJ 469 (1997), 649; RCb 27-jan.-1998 (Sousa Ramos), BMJ 473

a quem receba uma renda deprimida, está-se a contrariar a globalidade do sistema. Este possui válvulas de segurança, como a cláusula do abuso do direito.

42 O controlo da "injustiça" é possível na base de concretos institutos – como o do abuso do direito – que permitem a erupção dos valores do sistema, no caso concreto. Chega-se, assim, a (aparentes) decisões *contra legem* que, com as referidas cautelas, são admitidas.

43 **21. A redução teleológica** consiste em afastar a aplicação de uma norma quando o fim por ela propugnado já se mostre alcançado ou se torne inviável ou impossível.

44 As práticas integráveis na redução teleológica são antigas[27]. Em Graciano (séc. XII), surge a fórmula *cessante necessitate debet cessare quod urgebat*; Inocêncio III (1160-1216) proclama *cessante causa cessat effectus*; hoje, cita-se o brocardo *cessante ratione legis cessat lex ipsa*: cessando a razão de ser da lei cessa a própria lei. Ao longo dos séculos XIX e XX, numerosos autores retomaram esses esquemas.

45 Perante um preceito, há uma interpretação extensiva, caso o seu espírito vá para além da sua letra. E podemos ir mais longe, aplicando-o para além da letra e do espírito, sempre que seja chamado a acudir a um caso análogo. De modo inverso: o preceito pode sofrer uma interpretação restritiva, quando o seu espírito fique aquém da sua letra; e pode-se ir ainda mais longe, desconsiderando quer a letra, quer o espírito, sempre que o fim prosseguido pelo preceito a tanto conduza[28]. A interpretação extensiva está para a restritiva assim como a analogia está para a redução teleológica. A redução teleológica é hoje reconhecida[29]; funciona mais como um instrumento prático do que como um banco de reflexão teorética.

Artigo 10.º (Integração das lacunas da lei)

1. Os casos que a lei não preveja são regulados segundo a norma aplicável aos casos análogos.

2. Há analogia sempre que no caso omisso procedam as razões justificativas da regulamentação do caso previsto na lei.

3. Na falta de caso análogo, a situação é resolvida segundo a norma que o próprio intérprete criaria, se houvesse de legislar dentro do espírito do sistema.

Bibliografia: António Menezes Cordeiro, *Tratado*, I, 4.ª ed., 739-768; António Santos Justo, *Introdução ao Estudo do Direito*, 9.ª ed. (2018), 349-366; Fernando Bronze, *Lições de introdução ao Direito*, 3.ª ed. (2019), 876-976; Guilherme Moreira, *Instituições de Direito civil*, 1 (1907), 46-50; João Baptista Machado, *Introdução ao Direito e ao discurso legitimador* (1983), 192-205; João Pedro Marchante, *Da deteção de lacunas no Direito português*, 2001; *idem*, *Das lacunas da lei no Direito português*, 2017; José de Oliveira Ascensão, *O Direito/ /Introdução e teoria geral*, 13.ª ed. (2005), 433-467; José Hermano Saraiva, *Apostilha crítica ao projecto de*

(1998), 569 = CJ XXIII (1998) 1, 16-18 (18/I); neste caso a renda era de 36.000$ e as obras de 6.000.000$; STJ 28-nov.-2002 (Edmundo Baptista), Proc. 02B3436; RLx 18-mar.-2004 (Fátima Galante), Proc. 1275/2004-6; RLx 29-abr.-2004 (Fátima Galante), CJ XXIX (2004) 2, 113-119 (118/I); STJ 8-jun.-2006 (Oliveira Barros), Proc. 06B1103; STJ 14-nov.-2006 (Fernandes Magalhães), Proc. 06B3597; RLx 12-jul.-2007 (Pimentel Marcos), Proc. 4848/2007-7; STJ 30-set.-2008 (Paulo Sá), CJ/ /Supremo XVI (2008) 3, 46-50 (49-50), com indicações.

[27] Sobre toda esta matéria, com indicações, *Tratado*, I, 4.ª ed., 782 ss..

[28] Enneccerus/Niperdey, *Allgemeiner Teil*, 1, 15.ª ed., § 59 (344-349).

[29] *Tratado*, I, 4.ª ed., 782 ss..

Código Civil (Capítulos I e II), ROA 1967, 5-141; Luís Cabral de Moncada, *Integração de lacunas e interpretação da lei*, RDES VII (1954), 159-195 (161 ss.); Luiz da Cunha Gonçalves, *Tratado de Direito civil*, 1 (1929), 465-505; Manuel de Oliveira Chaves, *Estudo sobre o artigo XVI do codigo civil portuguez e especialmente sobre o direito subsidiario civil portuguez* (1871); Miguel Teixeira de Sousa, *Introdução ao Direito* (2019), 385-411. *Vide* as indicações a propósito do 9.º.

Índice

I – Origem e preparação

1. Antecedentes. Na tradição lusófona, o modo de proceder quando nenhuma solução resultasse da lei vinha contemplado nas Ordenações do Reino e na Lei da Boa Razão[1]. 1

Nos clássicos da pré-codificação do século XIX, essa tradição amorteceu. Por influência francesa, subentende-se que todas as questões são solucionadas pela interpretação. Havendo omissão, caberia ver a "intenção que falta na palavra"[2], ou recorrer ao Direito subsidiário[3]. Não há margem para a integração e nem mesmo se refere o termo "lacuna"[4]. 2

2. O Código de Seabra, dispôs, no seu 16.º[5]: 3

> Se as questões sobre direitos e obrigações não poderem ser resolvidas, nem pelo texto da lei, nem pelo seu espírito, nem pelos casos análogos, prevenidos em outras leis, serão decididas pelos princípios de direito natural, conforme as circunstâncias do caso.

A doutrina subsequente conhecia os antecedentes nacionais[6] e comparatísticos do preceito[7]. A integração não era separada rigorosamente da interpretação. Dizia-se, simplesmente, que o legislador apelava[8]: (1) ao texto; (2) ao espírito; (3) à analogia; (4) ao Direito natural. Este, de resto, era tomado como Direito subsidiário[9]. 4

Os "princípios de direito natural", segundo Chaves e Castro, eram[10]: 5

[1] *Tratado*, I, 4.ª ed., 506 ss..

[2] José Corrêa Telles, *Theoria da interpretação das leis* (1845), 29.

[3] António Liz Teixeira, *Curso de Direito civil português*, 1 (1848), 29.

[4] Coelho da Rocha, *Instituições de Direito civil*, 8.ª ed., §§ 44 e 45 (1, 20-24).

[5] *Supra*, art. 4.º, anot. 2-3.

[6] Manuel de Oliveira Chaves e Castro, *Estudo sobre o artigo XVI do codigo civil portuez e especialmente sobre o direito subsidiario civil portuguez* (1871), 8 ss. e 21 ss..

[7] *Idem*, 16 ss..

[8] *Idem*, 36; *vide* José Dias Ferreira, *Codigo Civil Portuguez Annotado*, 1, 2.ª ed., 25-26.

[9] A. J. Teixeira d'Abreu, *Curso de Direito civil*, 1, 190.

[10] Manuel de Oliveira Chaves e Castro, *Estudo sobre o artigo XVI do codigo civil*, 51.

(...) os resultados do raciocínio feito sobre a natureza das cousas, tendo em consideração o pensamento, e origem e o fim das leis, que regulam a matéria de que se trata, o que na linguagem scientifica se chama philosophia de direito positivo.

6 O avanço decisivo veio de Guilherme Moreira e de Manuel de Andrade. O primeiro, embora referindo a "interpretação por analogia", faz a contraposição entre a analogia da lei e a analogia de direito. Esta estaria implícita na referência aos princípios de Direito natural, assim convolado para os princípios do Direito. O essencial do funcionamento da analogia era explicado em moldes atualizados[11]. Uma exposição alongada sobre toda esta matéria resulta de Cunha Gonçalves[12], tendo o acerto pelo pensamento jurídico alemão do primeiro quartel do século XX sido feito por Manuel de Andrade[13] e por Cabral de Moncada[14].

7 **3.** O **anteprojeto Manuel de Andrade** propôs o texto seguinte[15]:

> I. Nos casos não previstos na lei, nem sequer por remissão para outro sistema normativo ou para a equidade, o juiz deve resolver segundo a norma que estiver na lei para casos análogos.
>
> II. O antagonismo insanável entre duas estatuições legais importa a eliminação dessas estatuições.
>
> III. Consideram-se análogos casos que, razoavelmente, devam ter o mesmo tratamento jurídico.
>
> IV. Na falta de caso análogo deve o juiz resolver segundo a norma que, mantendo-se fiel ao espírito do sistema vigente, editaria se tivesse de legislar. Inspirado neste critério, ele apreciará se o caso omisso deve ter regulação jurídica, e averiguará depois, se for preciso, qual deva ser essa regulação.
>
> V. As normas penais, assim como, em princípio, as normas excecionais não comportam extensão analógica. Umas e outras, todavia, admitem interpretação extensiva.

8 Na justificação de motivos[16], Manuel de Andrade remete para um escrito seu anterior[17]. Aí, é feita uma descrição sintética da matéria, apoiada em Enneccerus/Nipperdey e sem referências histórico-culturais explícitas. O texto é de leitura obrigatória, para o bom conhecimento do Código Civil.

9 **4.** Nas **revisões ministeriais e no Projeto**. A 1.ª Revisão introduziu modificações sensíveis. Os três primeiros números do 10.º receberam a redação seguinte[18]:

> 1. Nos casos que a lei não preveja, nem sequer por meio de remissão para outro sistema normativo ou para a simples equidade, o juiz deve resolver segundo a norma que estiver fixada na lei para os casos análogos ao que lhe incumbe julgar.
>
> 2. Consideram-se análogos os casos que devam ter o mesmo tratamento jurídico, segundo os critérios de razoabilidade perfilhados pelo sistema.
>
> 3. Na falta de caso análogo, deve a situação ser resolvida segundo a norma que, fiel ao espírito do sistema vigente, o próprio julgador editaria se tivesse de legislar. Dentro do critério estabelecido, cabe ao juiz decidir se o caso omisso deve ter regulação jurídica, e fixar depois, se necessário, os termos dessa regulação.

[11] Guilherme Moreira, *Instituições de Direito civil*, 1, 46 ss..

[12] Luiz da Cunha Gonçalves, *Tratado de Direito civil*, 1, 465-505.

[13] Manuel de Andrade, *Interpretação das leis*, LXXII e *passim*.

[14] Luís Cabral de Moncada, *Integração de lacunas e interpretação da lei*, RDES VII (1954), 159-195 (161 ss.).

[15] Manuel de Andrade, *Fontes de Direito*, 145.

[16] *Idem*, 151-152.

[17] Manuel de Andrade, *Sobre a recente evolução do Direito privado português*, BFD XXII (1947), 284-343 (290 ss.). Tem ainda interesse, do mesmo Manuel de Andrade, a *Teoria geral da relação jurídica* 1 (1960, reimp., 1972), 96, nota.

[18] *1.ª Revisão*, 9; o n.º 4 mantinha o mesmo texto quanto às normas excecionais.

Na 2.ª Revisão, o texto já era praticamente o definitivo[19], sendo este alcançado no 10
Projeto[20].

Os preparatórios denotam preocupações de simplificação[21]. Assim: (1) no n.º 1 do ante- 11
projeto, suprimiram-se as referências à remissão para outro sistema normativo (afigura-se que para o Direito estrangeiro, para o Direito canónico ou para a Moral) ou para a equidade; de facto, não são necessárias, uma vez que, quando ocorram, não há lacuna; (2) o n.º 2, que referia as lacunas de colisão, desaparece: seria uma regra interessante e útil, mas dispensável[22]; (3) o n.º 3 perdeu em amplidão: acentuaram-se as "razões de regulamentação", a entender como a dimensão teleológica, em detrimento do "mesmo tratamento jurídico", que atendia aos diversos fatores: *occasio legis*, sistema e *ratio legis*; (4) o n.º 4 foi simplificado, suprimindo-se o desdobramento previsto por Andrade; (5) o n.º 5 caiu: em parte surge no artigo 11.º (as normas excecionais não comportam aplicação analógica), abolindo-se o troço que se reportava às leis penais.

5. As **críticas** feitas ao preceito, na fase de projeto, muito semelhante à versão final do Código[23], 12
devem-se a José Hermano Saraiva[24]. Quanto à analogia: (a) a sua definição é tautológica: há analogia perante a procedência de razões; há procedência de razões quando ocorra analogia; (b) a aplicação analógica ocorre perante a similitude de factos e não pela procedência das razões: é aquela que desencadeia a analogia, pelo que a norma está invertida; (c) o apelo ao critério da procedência das razões é um convite ao subjetivismo.

No que tange à "norma que o intérprete criaria", Saraiva censura-lhe a falta de origi- 13
nalidade, uma vez que é retirada do Código Suíço, de 1907 e a escassa clareza. Nestes pontos como noutros, o legislador não foi sensível às críticas. Antunes Varela deu um grande relevo, na sua apresentação do Código Civil, ao artigo 10.º[25]. Mas para quem conheça os textos, parece claro que ele pretendeu, aí, defender o preceito contra as críticas que lhe haviam sido movidas. Apelou ora à prudência, ora à conveniência em deixar (…) *o campo suficientemente aberto a todos os progressos da jurisprudência e a todas as conquistas da doutrina*[26].

II – Noção e modalidades de lacuna

6. Noção. Diz-se lacuna a falta de uma regra diretamente aplicável a um caso que careça de 14
solução jurídica. Pressupõe-se um sistema dotado de abertura, sob pena de as situações não-reguladas serem havidas como não-jurídicas.

7. Modalidades. As lacunas podem ser: (1) da lei ou do Direito, consoante ocorram em certo 15
texto ou no conjunto do ordenamento; (2) autênticas ou não-autênticas, conforme resultem de um preceito incompleto ou da falta de regra; (3) patentes ou ocultas caso, respetivamente, se apurem pela interpretação comum ou por uma interpretação restritiva ou – no limite – por

[19] *2.ª Revisão*, 5.

[20] *Projecto de Código Civil*, 4.

[21] *Projecto de Código Civil*, 4.

[22] José H. Saraiva, *Apostilha crítica*, 109, congratula-se com a supressão do que considera "uma afirmação do princípio da interpretação correctiva". Mas não: a constatação de uma lacuna de colisão é meramente declarativa.

[23] A diferença registava-se no n.º 2 e era mínima: o projeto dizia "há analogia entre dois casos sempre que …"; no Código suprimiu-se "… entre dois casos …".

[24] José H. Saraiva, *Apostilha crítica*, 113 ss..

[25] Antunes Varela, *Do projecto ao Código Civil* (1966) e *Código Civil*, Polis 1 (1983), 929-944.

[26] Antunes Varela, *Do projecto ao Código Civil*, 26; o essencial desse texto pode ainda ser confrontado em Jacinto Rodrigues Bastos, *Das leis, sua interpretação e aplicação*, 40-42.

redução teleológica da norma *prima facie* aplicável; (4) iniciais ou supervenientes em função de emergirem logo na aprovação da lei ou só se revelarem depois, mercê da evolução subjacente[27]; (5) diretas ou de colisão, sendo estas últimas o produto de normas em contradição que se suprimam mutuamente; (6) intra ou extrassistemáticas, mercê da sua presença dentro de institutos regulados ou fora deles; (7) sensíveis ou rebeldes à analogia, segundo a via possível da sua integração.

III – A analogia (10.º/2 e 3)

16 **8.** O **caso análogo** é aquele: (1) no plano dos factos, apresente similitudes relevantes, com um outro; (2) no plano axiológico, suscite valorações paralelas. O juízo analógico não opera quando haja uma total semelhança: aí, a norma tem aplicação direta. Para o juízo analógico, o 10.º/2 dá predomínio ao fator teleológico, a conjugar com os demais.

17 **9.** ***Legis*** e ***iuris***. Na primeira, o caso omisso é resolvido com recurso à norma dirigida ao caso análogo; na segunda, passa-se do caso análogo à construção de um princípio e, deste, ao caso omisso.

18 **10.** O **relevo prático** da analogia é inferior ao seu papel jurídico-científico: um dado que resulta da análise da jurisprudência. Por três razões: (1) a grande densidade da lei atual, que deixa pouca margem para espaços em branco; (2) o recurso alargado a conceitos indeterminados, como o de boa-fé, que permitem cobrir largas extensões de casos, sem lacunas formais; (3) a natureza integrada do processo de realização do Direito, que permite, ao intérprete-aplicador, dirigir os casos para áreas onde saiba haver regras aplicáveis.

IV – A norma que o intérprete criaria (10.º/3)

19 **11. Origem**. O 10.º/3 adveio de Manuel de Andrade, inspirado no 1.º/2 do Código Suíço de 1907, o qual remonta a Aristóteles. Andrade complementou a fórmula, com a referência estimulante ao espírito do sistema. Em regra, na falta de analogia, os códigos apelam aos princípios gerais ou equivalente. O 10.º/3 parece ter feito uma opção mais voluntarista e individualista, matizada, todavia, pelo referido "espírito do sistema".

20 **12. Procedimento**. O 10.º/3, perante lacunas rebeldes à analogia, dá quatro indicações: (1) mantém o dever de decidir (8.º/1); (2) delega no juiz ou, mais latamente, no intérprete, o poder de encontrar uma solução; (3) indica que essa solução não deve ser casuística, antes se conformando com uma hipotética norma geral; (4) norma essa que, por seu turno, também não é desalinhada: deve ir ao encontro do espírito do sistema.

21 O 10.º/3 surge interessante, ousado e equilibrado, com utilidade prática. As poucas lacunas que se localizam no ordenamento têm a ver com questões práticas e regulamentares. Aí, a analogia e os princípios claudicam. O juiz, com as vestes de legislador, pode intervir, ultrapassando quaisquer problemas.

> Assim, STJ 29-nov.-2005: recorre à norma que o intérprete criaria para fixar um prazo para a impugnação de sanções disciplinares diferentes da do despedimento[28].

[27] As lacunas iniciais podem ser imprevisíveis, imprevistas ou propositadas, de acordo com o processo que a elas tenha conduzido.

[28] STJ 29-nov.-2005 (Sousa Grandão), Proc. 05S1703.

V – Proibições de analogia

13. Normas excecionais: segundo o 11.º, não comportam aplicação analógica. *A fortiori*, não podem ser objeto da norma que o intérprete criaria, pelo que, de facto, é vedada, nessa área, a integração. As lacunas encontrarão soluções não-excecionais. 22

14. Normas típicas. Nas áreas dominadas por tipicidades estritas, não cabe lugar à analogia. Há três vias para explicitar essa situação: (a) a proibição direta da analogia; (b) a determinação de um *numerus clausus*; (c) a exigência de que todos os elementos relevantes devam constar da lei. Assim: (a) o 1.º/3 do CP proíbe o recurso à analogia para qualificar um facto como crime; (b) o 1306.º/1 impõe um *numerus clausus* de direitos reais; (c) o 103.º/2 da Constituição determina que os impostos sejam criados por lei, a qual determina a incidência, a taxa, os benefícios fiscais e as garantias dos contribuintes. A explicação é simples: em todos esses casos, não há lacunas; a situação em jogo, na falta de lei, não tem, respetivamente: relevância criminal, eficácia real e apetência fiscal. 23

Artigo 11.º (Normas excecionais)

As normas excepcionais não comportam aplicação analógica, mas admitem interpretação extensiva.

Bibliografia: António Menezes Cordeiro, *Tratado*, I, 4.ª ed., 761-763; José Hermano Saraiva, *Apostilha crítica*, ROA 1967, 126-140.

Índice

1. A **proibição da analogia** decorre da excecionalidade da norma[1]. Prevendo uma saída contrária aos princípios, ela defronta a regra da igualdade. O legislador, nos limites constitucionais, pode valorar certos aspetos que permitam a solução singular. O intérprete-aplicador não o pode fazer. 1

2. A **interpretação extensiva** é possível. Verificando-se, com recurso aos elementos de interpretação (*occasio legis*, factos sistemáticos e *ratio legis*) que o espírito da lei transcende a sua letra, a exceção alarga-se, nos limites da letra e do próprio sistema. 2

Artigo 12.º (Aplicação das leis no tempo. Princípio geral)

1. A lei só dispõe para o futuro; ainda que lhe seja atribuída eficácia retroativa, presume-se que ficam ressalvados os efeitos já produzidos pelos factos que a lei se destina a regular.

2. Quando a lei dispõe sobre as condições de validade substancial ou formal de quaisquer factos ou sobre os seus efeitos, entende-se, em caso de dúvida, que só

[1] RLx 28-jun.-2018 (Anabela Calafate), Proc. 192/17; RPt 11-set.-2018 (Vieira e Cunha), Proc. 1211/17; RGm 13-set.-2018 (Afonso Cabral de Andrade), Proc. 3345/14. *Vide* a anotação 22 ao 10.º.

visa os factos novos; mas, quando dispuser diretamente sobre o conteúdo de certas relações jurídicas, abstraindo dos factos que lhes deram origem, entender-se-á que a lei abrange as próprias relações já constituídas, que subsistam à data da sua entrada em vigor.

Bibliografia: António Menezes Cordeiro, *Tratado*, I, 4.ª ed., 837-860; *idem*, *Da aplicação da lei no tempo e das disposições transitórias*, Legislação 7 (1993), 7-29; Arménio Marques Ferreira, *O princípio geral da aplicação da lei civil no tempo* (1995); Emídio Pires da Cruz, *Da aplicação das leis no tempo (princípios gerais)* (1940); João Baptista Machado, *Sobre a aplicação no tempo do novo Código Civil* (1968), 45 ss.; *idem*, *Âmbito de aplicação e âmbito de competência das leis (limites das leis e conflitos de leis)* (1970), 19 ss.; *idem*, *Introdução ao Direito e ao discurso legitimador*, 3.ª ed. (1983), 226-252; José Alberto dos Reis, *Aplicação das leis de processo quanto ao tempo*, RLJ 86 (1953), 49-53 e 84-87; José Pereira de Pitta, *Questões transitórias de Direito civil portuguez* (1870); Manuel de Andrade, *Fontes do Direito*, BMJ 102 (1961), 141-166; Miguel Teixeira de Sousa, *Aplicação da lei no tempo*, CDP 18 (2007), 3-15; *idem*, *Introdução ao Direito*, 279-298.

Índice

I – Antecedentes

1 **1. O anteprojeto Manuel de Andrade** comportava um 11.º assim redigido[1]:

> I. A lei dispõe para futuro. Não tem efeito retroactivo. Mas quando esse efeito lhe seja atribuído, deve presumir-se que ficam salvos os efeitos já produzidos dos factos ou relações jurídicas correspondentes.
>
> II. Quando a lei provê sobre as condições de validade substancial ou formal, ou sobre os efeitos de actos ou factos jurídicos, entende-se, na dúvida, que ela só visa os actos ou factos novos. Quando provê directamente sobre a existência ou conteúdo de relações jurídicas, entende-se, na dúvida, que ela abrange as relações já constituídas, que perduram ao tempo da sua entrada em vigor.

2 Em tema de justificação, Manuel de Andrade dá a explicação seguinte[2]:

> 9. A parte mais delicada do art. 11.º está na alínea II. A este propósito cabe esclarecer que se pretendeu seguir a doutrina de Enneccerus-Nipperdey, I, §§ 56.º e 57.º. Frisa-se, porém, que ela só nos elucida sobre qual seja o significado natural da letra da lei.
>
> Constitui portanto uma indicação liminar, que deve ceder em face de razões ponderosas no sentido de ter sido outro o pensamento da lei. Essas razões serão tiradas principalmente da

[1] Quanto a esse preceito: Miguel Teixeira de Sousa, *Aplicação da lei no tempo*, CDP 18 (2007), 3-15.

[2] Manuel de Andrade, *Fontes de Direito*, 152.

consideração dos interesses em jogo. Acerca deles não pode formular-se um critério geral praticável. Sendo de natureza funcional aquelas razões, só por milagre os seus resultados poderiam coincidir com elementos precisos de natureza estrutural, como teriam de ser os que integrassem um tal critério.

Por seu turno, os tratadistas citados por Andrade[3] assinalam que a lei dispõe, de um modo geral, "a partir de agora ..."; o que tem dois alcances: (a) quando a lei se reporte a factos ou aos seus efeitos, "a partir de agora" visa os factos novos; (b) quando se dirija a relações jurídicas, atinge as existentes, para o futuro. No fundo, temos uma explicitação interpretativa. O âmbito de aplicação da lei nova depende do que ela vise, ficando, em princípio, vedada a retroatividade. 3

2. O Projeto, após revisões ministeriais[4] pouco inovatórias, continha um texto similar ao que hoje integra o Código em vigor[5]. 4

II – A não-retroatividade (12.º/1)

3. A lei dispõe para o futuro: é a primeira regra do 12.º/1. A lei retroativa fixa efeitos não em função de factos presentes ou futuros (à medida que se verifiquem), mas de acordo com algo que sucedeu no passado e que nada poderá alterar. Representa uma grave preversão: por definição, a lei retroativa abdica de conformar condutas humanas, apenas procurando certos efeitos. Esses efeitos podem ser um ponto de partida para novas condutas: é justificável, ainda que limitadamente, alguma eficácia retroativa. 5

4. Podemos distinguir **três graus de retroatividade**: (1) forte ou de grau máximo: a lei nova dispõe alterando um caso julgado decidido ao abrigo da lei velha; por exemplo, ela vem invalidar um contrato cuja eficácia fora reconhecida por sentença transitada; (2) média ou de grau médio: a lei nova vai atingir efeitos consubstanciados e decorridos ao abrigo da lei velha; por exemplo, ela vem ampliar os prazos de um arrendamento anterior; (3) fraca ou de grau mínimo: a lei nova vem atingir posições consubstanciadas ao abrigo da lei velha; por exemplo, vem baixar, para o futuro, taxas de juros ajustadas ao abrigo da lei velha. Pergunta-se se estes tipos de retroatividade são possíveis, isto é, se a lei pode determinar que eles se verifiquem. 6

(a) A *retroatividade forte* é inconstitucional. O 282.º/3 da Constituição prevê que a declaração, pelo Tribunal Constitucional, de uma inconstitucionalidade com força obrigatória geral produza efeitos desde a entrada em vigor dessa norma, mas com ressalva dos casos julgados. Pois bem: se mesmo perante o vício máximo de inconstitucionalidade, o caso julgado é intocável, por maioria de razão assim será perante uma lei nova[6]. 7

(b) A *retroatividade média* é tendencialmente inconstitucional. De facto, a Constituição não a proíbe, a não ser em matéria penal (29.º/1 e 4) e salvo se a lei nova for mais favorável ao arguido, em matéria de leis restritivas para os direitos, liberdades e garantias (18.º/3) e em domínios fiscais (103.º/3, todos da Constituição, versão posterior a 1997[7]). Além disso, a retroa- 8

[3] Enneccerus/Nipperdey, *Allgemeiner Teil*, 1, 15.ª ed., § 62, I (357); na trad. castelh. da 13.ª ed., provavelmente a usada por Manuel de Andrade, *vide* o § 56, I (236-237).

[4] *1.ª Revisão*, 10, *Revisão intercalar*, 7-8 e *2.ª Revisão*, 5-6.

[5] *Projecto*, 4.

[6] STJ 29-jun.-1976 (Jacinto Rodrigues Bastos), BMJ 258 (1976), 220-224 (223-224); STJ 28-mar.-1996 (Sá Couto), BMJ 455 (1996), 450-464 (460).

[7] Anteriormente, a retroatividade fiscal fora admitida, ainda que de modo erróneo: TC n.º 11/83, de 12 de outubro (José Martins da Fonseca), O Direito 106-119 (1974/87), 357-394, anot. Jorge Miranda, *idem*, 394-396, discordante, e com diversos votos de vencido; na verdade, a retroatividade fiscal viola o princípio da igualdade (13.º/1): vai tributar (hoje) de modo diverso, realidades que (hoje) são iguais ou de modo igual (hoje), realidades (hoje) diferentes. A riqueza passada (ou a falta dela) podem não ter correspondência, no momento da incidência do imposto, que é o relevante.

tividade contraria o princípio básico da proteção da confiança, próprio do Estado de Direito[8], e tal como temos vindo a preconizar, conectado com a regra básica da igualdade. Em rigor, ela poderia ser admitida quando as posições atingidas fossem compensadas nos termos aplicáveis à "justa indemnização" (62.º/2, da Constituição).

9 (c) A *retroatividade fraca* é admissível desde que não contradiga valores constitucionais e, no caso concreto, não dê azo a posições que, a serem invocadas, se revelem abusivas, por contrárias ao sistema.

10 O 12.º/1 dispõe: (a) que a lei só dispõe para o futuro; quando ela nada diga, não tem eficácia retroativa (12.º/1, 1.ª parte); (b) que, todavia, a interpretação pode revelar a presença de uma retroatividade fraca, atingindo-se efeitos que se iriam desencadear ao abrigo da lei velha; a referência "*ainda que lhe seja atribuída eficácia retroativa, presume-se* ..." tem um alcance interpretativo, não fazendo sentido imaginar aqui uma presunção *proprio sensu*; (c) que, mesmo nessa hipótese, não há retroatividade média: (...) *ficam ressalvados os efeitos já produzidos pelos factos que a lei se destina a regular*.

11 **5. A lei sobre os efeitos** e não sobre os factos, é possível com a consequência de, então, não ter eficácia retroativa, ficando fora quer das restrições constitucionais, quer do próprio 12.º/1. Quando se considere que o direito de propriedade pode ser alterado, no seu conteúdo, pela lei nova, pois esta não visa os factos, porventura remotos, que o tenham constituído, sufraga-se esta orientação. Não é assim. O Direito regula factos ... para lhe fixar os efeitos. No fundo é sempre e só destes últimos que se trata. Por isso, quando vise efeitos, a lei sujeita-se às regras gerais sobre retroatividade. A lei nova não pode mexer *ad nutum* no direito de propriedade, modificando as vantagens que ele conferia ao seu titular. Se o fizer em termos redutores, deve haver compensação.

III – O respeito pelos direitos adquiridos (12.º/2, 1.ª parte)

12 **6. Condições de validade**. O 12.º/2, 1.ª parte, prevê a hipótese de a lei dispor (...) *sobre as condições de validade substancial ou formal de quaisquer factos ou sobre os seus efeitos* (...)[9] altura em que, na dúvida, se entende que só visa os factos novos[10]. Temos aqui, mau grado um certo hermetismo, o afluxo da doutrina dos direitos adquiridos, fundamente radicada na cultura ocidental. Importa esclarecer que "na dúvida" significa: sempre que não resulte da própria lei que ela visa mesmo os factos antigos (ou os seus efeitos), assumindo eficácia retroativa, com as consequências já apontadas.

13 **7. O objetivo da lei** deve ser atendido, segundo o 12.º/2, 1.ª parte, na fixação das suas dimensões temporais. Quando se trate de regular factos – portanto, as suas "condições de validade substancial ou formal" ou os "seus efeitos" –, ela visa, apenas, os factos novos. Os antigos mantêm a configuração que resulte da lei velha.

14 Este preceito dirige-se, basicamente, aos contratos ou, mais latamente, às fontes das obrigações. Por isso são correntes os exemplos jurisprudenciais e doutrinários, relativos a esse pre-

[8] TC n.º 70/92, de 24-fev. (Antero Monteiro Dinis), BMJ 414 (1992), 130-147 (145-146); TC n.º 95/92, de 17-mar. (Armindo Ribeiro Mendes), BMJ 415 (1992), 190-207 (206); TC n.º 93/84, de 30 de julho (Jorge Campinos), BMJ 355 (1986), 135-156 (150-151); TC n.º 71/87, de 18-fev. (Vital Moreira), BMJ 364 (1987), 508-516 (514).

[9] STJ 1-mar.-2018 (Rosa Tching), Proc. 1011/16.

[10] A regra é documentada pelo brocardo *tempus regit actum*: TCAN 15-mai.-2017 (Rogério Paulo da Costa Martins), Proc. 00183/05; TCAS 23-nov.-2017 (José Gomes Correia), Proc. 09984/13; TCAS 15-fev.-2018 (Ana Celeste Carvalho), Proc. 2538/16.

ceito e que reportam as condições de validade formal dos contratos: regem-se pela lei do momento da celebração[11].

IV – A aplicação imediata (12.º/2, 2.ª parte)

15 **8. Conteúdo das relações jurídicas.** O 12.º/2, 2.ª parte, ocupa-se da lei que venha dispor (...) *diretamente sobre o conteúdo de certas relações jurídicas* (...); reforça a ideia, ao completar (...) *abstraindo dos factos que lhes deram origem* (...). Nessa altura, ela aplica-se às relações já constituídas, que subsistam à data da sua entrada em vigor.

16 Desta feita, a lei nova dirige-se para situações preexistentes: relações duradouras (de arrendamento ou de trabalho) ou direitos reais, como exemplos[12]. A própria jurisprudência justifica esta solução recordando que, de outro modo, subsistiriam situações perpétuas reguladas por leis há muito ab-rogadas[13]. A não se admitir uma aplicação imediata – logo, às situações já existentes – da lei nova, assistiríamos a uma ultra ou pós-atividade das leis velhas, já revogadas, dificultando a coesão social.

17 **9. O limite da retroatividade.** O Código Civil dispõe, apenas, sobre regras gerais de Direito transitório. Ele não legitima as aplicações a que elas possam conduzir. Quando, por dispor diretamente sobre certas relações jurídicas, a lei venha atingir situações já constituídas, temos uma manifestação de retroatividade[14]. Esta opera como um recorte negativo no 12.º/1, que começa por afastá-la e no próprio 12.º/2, 1.ª parte, que ressalva as posições adquiridas. O tópico argumentativo de que, a assim não ser, cairíamos nas Ordenações ou no Direito romano não pode ser absolutizado. As pessoas conquistam as suas posições em vidas de dedicação e de trabalho. É suposto receberem a proteção do Direito e do Estado, para o qual pagam (na média nacional) mais de metade de quanto ganham, em impostos. Não é curial que, supervenientemente, o espaço legítimo alcançado seja alterado por leis do Estado: uma prática demasiado habitual, nos dias que correm, precisamente a coberto de emendar os erros do próprio Estado.

18 A aplicação do 12.º/2, 2.ª parte, conduz, de facto, a manifestações de retroatividade: a lei rege ignorando os factos passados que justificam a diferenciação que ela vai suprimir. Em regra, será retroatividade fraca. Mas o ponto deve ser verificado, em cada caso, com apelo aos valores mais avançados permitidos pela Constituição.

Artigo 13.º (Aplicação das leis no tempo. Leis interpretativas)

1. A lei interpretativa integra-se na lei interpretada, ficando salvos, porém, os efeitos já produzidos pelo cumprimento da obrigação, por sentença passada em julgado, por transação, ainda que não homologada, ou por atos de análoga natureza.

2. A desistência e a confissão não homologadas pelo tribunal podem ser revogadas pelo desistente ou confitente a quem a lei interpretativa for favorável.

[11] STJ 16-jan.-1973 (Eduardo Correia Guedes), BMJ 223 (1973), 186-291 (188), STJ 8-fev.-1974 (José António Fernandes), BMJ 234 (1974), 212 -214 (214), STJ 2-dez.-1975 (Manuel Ferreira da Costa), BMJ 252 (1975), 123-127 (125), STJ 4-fev.-1993 (Raúl Mateus), BMJ 424 (1993), 661-668 (666), REv 12-dez.-1996 (Mota Miranda), CJ XXI (1996) 5, 281-283 (282/II), RPt 13-mar.-2000 (Caimoto Jácome), CJ XXV (2000) 2, 198--202 (200/I).

[12] RLx 27-out.-1999 (César Augusto de Sousa Teles), BMJ 430 (1999), 501, relativo a uma relação de trabalho; RGm 8-jun.-2017 (António Figueiredo de Almeida), Proc. 528/15, referente a uma união de facto.

[13] STJ 8-jun.-1994 (Fernando Dias Gusmão), BMJ 438 (1994), 440-449 (445).

[14] RGm 21-fev.-2019 (Conceição Sampaio), Proc. 313/18.

Bibliografia: António Menezes Cordeiro, *Tratado*, I, 4.ª ed., 857-860. *Vide* a bibliografia referida no 12.º.

Índice

I – Origem

1 1. O **anteprojeto Manuel de Andrade** preconizava, no seu 11.º/III, a regra seguinte[1]:

> A lei interpretativa identifica-se com a lei interpretada, ficando salvos, porém, os efeitos e casos já esgotados ou resolvidos por pagamento, sentença transitada, por transacção, ainda que não homologada, ou por actos congéneres. A desistência ainda não levada ao conhecimento da parte contrária nem homologada pode ser revogada pelo desistente, caso a lei interpretativa lhe seja favorável, podendo também ser-lhe fixado um prazo para dizer se pretende usar desse direito, sob pena de decair dele se nada responder. Este preceito é extensível à confissão.

2 2. A **2.ª revisão** ministerial autonomizou o 13.º, retirando-o do 12.º[2]. O **Projeto** continha um preceito similar ao hoje inserido no Código em vigor[3].

3 3. **Ascendência**. O princípio da aplicação retroativa das denominadas leis interpretativas remonta ao Direito romano tardio. Uma Constituição de Justiniano, de 563 d. C., dispôs[4]:

> decidimos que esta interpretação vale não só para os casos futuros, mas também para os casos passados, como se a nossa lei tivesse sido promulgada desde o início com uma tal interpretação.

4 A ideia manteve-se, através dos glosadores, chegando a alguns ordenamentos modernos, com particulares desenvolvimentos nos séculos XVIII e XIX.

II – Noção e pressupostos

5 4. A **lei interpretativa** ocorre quando, perante uma lei velha que admita diversas interpretações, as quais tenham, efetivamente, sido propugnadas, ela opte por validar uma delas. Nessa eventualidade, e fazendo uso da ficção de 563 d. C., tudo se passará como se a lei interpretativa aderisse, desde o início, à lei interpretada: ela não inovaria, assim se justificando a eficácia retroativa, reportada à entrada em vigor da lei velha.

6 A figura das leis interpretativas merece a maior cautela. Desde logo, ela parte de um dado cientificamente inaceitável: o de que uma lei comportaria várias interpretações. Apenas um resquício exegético permite tal asserção. Por imperativo lógico-científico, apenas uma interpretação (a correta) é possível; sendo a letra ambígua, cabe aos demais elementos de interpre-

[1] Manuel de Andrade, *Fontes de Direito*, 146.
[2] *2.ª Revisão*, 6; *vide* a *1.ª Revisão*, 10.
[3] *Projecto de Código Civil*, 5.
[4] *Novela* 143, Cap. I *in fine* = *Corpus iuris civilis*, III, ed. Rudolf Schoell (1899), 703, a propósito do rapto de mulheres.

tação decidir. Posta a questão nestes termos, uma de duas: ou a lei interpretativa sufraga a boa interpretação e é inútil, ou subscreve a má e é inovatória. Admitimos, contudo, que, por vezes, pior do que uma má solução, seja a dúvida quanto à solução. Os agentes económicos e sociais, perante decisões flutuantes, ficarão perdidos. Pode justificar-se, no concreto, a aplicação do artigo 13.º: mas com cautelas.

5. Pressupostos. A lei interpretativa ou interpretação autêntica deve, através de um estudo integrado, revelar os pontos seguintes: (1) recai sobre um ponto em que existam efetivas divergências, documentadas na jurisprudência e/ou na doutrina reconhecida[5]; (2) exprime uma vontade legislativa de resolver a dúvida dentro de uma das soluções plausíveis; de outro modo, será inovatória; (3) manifesta uma intenção normativa de o fazer *ab initio*: ou não será verdadeiramente interpretativa; (4) sendo a retroatividade daí resultante compaginável com os dados básicos do sistema[6]. 7

III – **Eficácia**

6. A **retroatividade** da lei interpretativa resulta da regra "integra-se na interpretada". Todavia, o próprio 13.º/1, 2.ª parte, veda a retroatividade forte: a lei interpretativa não pode atingir os efeitos integralmente decorridos no passado ("produzidos pelo cumprimento da obrigação) ou cobertos pelo caso julgado, por transação ainda que não homologada ou por atos de análoga natureza. O n.º 2 do preceito procede a uma delimitação negativa[7]. Quanto à retroatividade média: há que ponderar, em cada caso, a sua admissibilidade constitucional. 8

7. Exemplos. Entre leis consideradas interpretativas pela jurisprudência, cabe referir a L 24/2007, de 18-jul.[8]. Este diploma estabeleceu uma inversão do ónus da prova, no caso de certos acidentes ocorridos em auto-estrada: apesar de se tratar de responsabilidade extracontratual, cabe à concessionária provar que cumpriu os deveres a que está adstrita. Nesse sentido, REv 27-out.-2010[9], STJ 2-nov.-2010[10] e STJ 8-fev.-2011[11]. A L 24/2007, que altera profundamente a lógica milenária da responsabilidade aquiliana, nunca poderia ser considerada interpretativa. De quê, aliás? O facto de surgir numa área de dissenso jurisprudencial não faz, dela, uma norma interpretativa: a interpretação teria de se reportar a uma regra em concreto. Estamos, antes, perante um facilitismo legislativo, que temos por inconstitucional. 9

A natureza interpretativa é negada, por exemplo, quanto à nova redação do 1225.º/4, introduzida pelo DL 267/94, de 25-out.[12] e quanto ao novo regime do arrendamento urbano[13]: trata-se de diplomas inovatórios. Mas é reconhecida no campo das reformas do contrato-promessa[14]: e bem[15]. 10

[5] TC 157/88, de 7-jul. (Cardoso da Costa), n.º 16, admite que a norma interpretativa o seja, apenas, em sentido formal, bastando, para tanto: um *animus interpretandi* e a eficácia *ab initio*; nessa altura, poderia comportar um sentido estranho à norma interpretada; afigura-se, todavia, que para efeitos do Código Civil e para, por via deste, receber eficácia retroativa, que o alcance interpretativo terá de o ser em sentido material, contendo-se dentro do âmbito possível da norma interpretada. No bom sentido, *vide* RGm 6-mar.-2008 (Espinheira Baltar), Proc. 2666/07-2.

[6] RLx 7-fev.-2019 (Adeodato Brotas), Proc. 8063/07.

[7] Miguel Teixeira de Sousa, *Aplicação da lei no tempo*, 11; RCb 11-dez.-2018 (Emídio Santos), Proc. 1216/09.

[8] *Vide* os nossos *Igualdade rodoviária e acidentes de viação nas auto-estradas* (2004), 154 pp. e *A lei dos direitos dos utentes das auto-estradas e a Constituição (Lei n.º 24/2007, de 18 de Julho)*, ROA 2007, 551-572.

[9] REv 27-out.-2010 (Bernardo Domingos), Proc. 235/07.

[10] STJ 2-nov.-2010 (Fonseca Ramos), Proc. 7366/03.9.

[11] STJ 8-fev.-2011 (Paulo Sá), Proc. 8091/03.6.

[12] STJ 27-nov.-2008 (Salvador da Costa), Proc. 08B3682.

[13] RLx 25-set.-2007 (Roque Nogueira), Proc. 5180/2007.7.

[14] STJ 17-abr.-2008 (Moreira Camilo), Proc. 08A631.

[15] *Tratado*, VII, 383.

11 Por vezes, a própria lei proclama-se, expressamente, como "interpretação autêntica". Assim sucede, relativa ao arrendamento urbano com a L 43/2019, de 21-jun., relativamente ao 1041.º/7, aditado pelo 2.º da L 13/2019, de 12-fev. Em matéria tão sensível, é de estranhar que quatro meses após a publicação de uma lei, já haja que fazer "interpretações autênticas". A autoqualificação é um dado interpretativo. Mas mesmo assim, há que verificar se, substancialmente, se trata de verdadeira interpretação ou se há inovação legislativa.

Capítulo III – Direitos dos estrangeiros e conflitos de leis

Introdução (14.º a 65.º)

Bibliografia: António Ferrer Correia, *Direito Internacional Privado. Alguns problemas* (1981), 15-127; *idem, Direito Internacional Privado*, in Temas de Direito Comercial e Direito Internacional Privado (1989), 299-327; *idem, Lições de Direito Internacional Privado*, I (2000), 11-99; António Marques dos Santos, *Direito Internacional Privado*, I (2001), 5-50; *idem, Direito Internacional Privado*, in Estudos de Direito Internacional Privado e de Direito Público (2004), 1-31; Dário Moura Vicente, *Método jurídico e Direito Internacional Privado*, in Direito Internacional Privado. Ensaios, II (2005), 7-37; *idem, Sources and General Principles of Portuguese Private International Law*, in Direito Internacional Privado. Ensaios, III (2010), 409-431; *idem, Private International Law in Portugal*, in Direito Internacional Privado. Ensaios, IV (2018), 7-25; Isabel de Magalhães Collaço, *Direito Internacional Privado*, I (1966), 7-36; João Baptista Machado, *Lições de Direito Internacional Privado*, 2.ª ed. (1982), 9-51; Luís de Lima Pinheiro, *Direito Internacional Privado*, I, 3.ª ed. (2014), 21-358; *idem, Direito Internacional Privado (artigos 14.º a 24.º do Código Civil)*, RDC II (2017), 3, 575-598; *idem, Direito Internacional Privado*, in Enciclopédia Luso-Brasileira de Direito Internacional (2020; no prelo); Maria Helena Brito, *O Direito Internacional Privado no Código Civil/Perspectivas de reforma*, in Estudos Comemorativos dos 10 anos da Faculdade de Direito da Universidade Nova de Lisboa (2008), 355-380; *idem*, em Ana Prata, *Código Civil Anotado*, I, 2.ª ed. (2019), 36-38; Rui de Moura Ramos, *Direito Internacional Privado*, in Estudos de Direito Internacional Privado e de Direito Processual Civil Internacional, II (2007), 99-105; *idem, Linhas gerais da evolução do Direito Internacional Privado português posteriormente ao Código Civil de 1966*, in *ibidem*, 275-325; *idem, O Código Civil de 1966 e a codificação do direito internacional privado português*, RLJ 146 (2017), 370-385.

Trabalhos preparatórios: António Ferrer Correia, *Direito Internacional Privado/direitos dos estrangeiros*, BMJ 24 (1951), 9-71; *idem*, com a colab. João Baptista Machado, *Aplicação das leis no espaço/direitos dos estrangeiros*, BMJ 136 (1964), 17-73; *Código Civil/Livro I – Parte geral (1.ª Revisão Ministerial)*, BMJ 107 (1961), 12.º a 43.º (11-23); *idem, (Revisão intercalar)* (1964), 14.º a 66.º (9-30); *idem, (2.ª Revisão Ministerial)*, (1965), 14.º a 65.º (7-28); *Projecto de Código Civil* (1966), 14.º a 65.º (5-21).

Índice

I – Objeto do capítulo

1 **1. Os conflitos de leis no espaço** são fruto da confluência de dois fenómenos: a constituição de uma situação privada internacional e a diversidade das leis com as quais a mesma se encontra conexa. As situações privadas internacionais são aquelas cujos sujeitos intervêm sem poderes de autoridade e que se encontram em conexão com mais de uma ordem jurídica. São também designadas por situações plurilocalizadas. Ao conceito de situação internacional são ainda reconduzíveis as situações em contacto com um único ordenamento, estrangeiro relativamente àquele a cujos tribunais ou outros órgãos de aplicação do Direito seja solicitada a resolução de questões delas emergentes. Para distingui-las do primeiro tipo de situações mencionadas – que se denominam situações *absolutamente internacionais* – designam-se estas últimas por situações *relativamente internacionais*[1]. Contrapõem-se a ambas as categorias as situações *puramente internas*, i. é, aquelas que apenas estejam em contacto com o ordenamento jurídico do Estado do foro.

2 As situações internacionais não apresentariam especificidades relativamente às internas se o Direito fosse idêntico em toda a parte. Mas não é essa a realidade contemporânea: o Direito difere de país para país e frequentemente também dentro do mesmo país. É um fenómeno cultural referido a valores: a diversidade dos sistemas jurídicos é inerente à pluralidade de culturas e à desigual valoração dos mesmos problemas sociais nas diferentes comunidades humanas[2]. É o reconhecimento desta realidade fundamental que subjaz ao presente capítulo do Código Civil.

3 **2. O Direito dos estrangeiros.** As questões privadas internacionais não se cingem aos conflitos de leis no espaço: a elas se encontram ligadas as que se prendam com a condição jurídica das pessoas singulares e coletivas estrangeiras em território nacional. As normas que regulam esta matéria – o denominado Direito dos estrangeiros – possuem com as que se ocupam dos conflitos de leis, não obstante a sua diferente estrutura, um inegável nexo funcional, na medida em que podem constituir um *pressuposto* ou um *limite* ao seu funcionamento. Assim, o reconhecimento aos estrangeiros de capacidade genérica de gozo de direitos no Estado do foro é uma condição necessária da aplicação das normas da lei reguladora da situação privada internacional que lhes confiram certos direitos subjetivos; e as normas que estabeleçam incapacidades específicas de gozo de certos direitos privados por parte de cidadãos estrangeiros, ou que sujeitam essa capacidade à condição de reciprocidade, são um limite ao funcionamento das regras de conflitos[3]. Eis por que o Código incluiu no presente capítulo um preceito relativo à condição jurídica dos estrangeiros.

[1] Assim João Baptista Machado, *Lições de Direito Internacional Privado*, 2.ª ed. (1982), 10 ss..

[2] Sobre o ponto, Dário Moura Vicente, *Direito Comparado*, I, 4.ª ed. (2018), 17 ss..

[3] Neste sentido, Isabel de Magalhães Collaço, *Direito Internacional Privado*, I (1966), 47.

4 **3. Outras matérias integrantes do Direito Internacional Privado (DIP) e sua sede normativa.** Além de uma pluralidade de Direitos, existe não raro uma pluralidade de jurisdições estaduais suscetíveis de se pronunciarem sobre as situações internacionais. A qual ou quais dessas jurisdições compete decidir as questões que a situação privada internacional suscite? É a temática dos chamados *conflitos de jurisdições*. A esta encontram-se estreitamente ligadas, por um lado, a definição do regime a que se subordinam os mecanismos de *cooperação judiciária internacional* e, por outro, a questão de saber sob que pressupostos e em que condições serão as decisões proferidas por um tribunal estrangeiro admitidas a produzir, em território nacional, os seus efeitos próprios enquanto atos jurisdicionais: é o *reconhecimento das sentenças estrangeiras*.

5 No seu conjunto, os quatro núcleos temáticos mencionados – conflitos de leis no espaço, conflitos de jurisdições, cooperação judiciária internacional e reconhecimento de sentenças estrangeiras – formam o objeto essencial do DIP, tal como este é modernamente entendido[4]. Sendo o primeiro fundamentalmente regulado, na ordem interna, pelo Código Civil, já os conflitos de jurisdições, a cooperação judiciária internacional e o reconhecimento de sentenças estrangeiras, dada a sua estreita ligação com o exercício em juízo dos direitos subjetivos, são objeto de outras fontes normativas, com destaque, no Direito nacional, para o CPC, que deles se ocupa nos 59.º, 62.º, 63.º, 94.º, 580.º/3, e 978.º a 985.º.

6 **4. Atualidade e importância da matéria**: o desenvolvimento do comércio internacional e a intensificação dos movimentos migratórios ocorridos nos últimos setenta anos, que trouxeram consigo um significativo acréscimo do número de situações com caráter internacional. Para tal foram decisivos três fenómenos que marcaram esse período da história contemporânea: (1) a acentuada redução dos direitos aduaneiros verificada no âmbito do Acordo Geral Sobre Tarifas e Comércio (GATT) e, mais recentemente, da Organização Mundial de Comércio (OMC); (2) a integração económica regional levada a cabo em diversos espaços geográficos, como a União Europeia, a União Económica e Monetária Oeste-Africana (UEMOA), o Mercado Comum do Sul (MERCOSUL), o Tratado de Livre Comércio da América do Norte (NAFTA) e a Associação de Nações do Sudeste Asiático (ASEAN), os dois primeiros caraterizados ainda pela adoção de uma moeda única; e (3) o advento das redes eletrónicas de comunicações abertas de âmbito mundial, entre as quais a *Internet*, e do chamado comércio eletrónico, por elas possibilitado. Trata-se, em suma, do crescente entrosamento das comunidades nacionais, que se convencionou denominar *globalização* e que fomentou ao mais alto grau os conflitos de leis e de jurisdições. Estes fenómenos são particularmente nítidos em Portugal: existe hoje, em território nacional, uma importante comunidade de imigrantes, que ascende a cerca de meio milhão de pessoas; vivem no estrangeiro perto de quatro milhões de cidadãos portugueses; e a economia portuguesa depende em boa parte das exportações de produtos e serviços, as quais representam atualmente cerca de quarenta e quatro por cento do produto interno bruto, bem como do turismo e do investimento estrangeiro.

[4] Vejam-se, sobre o tema, os relatórios sobre o ensino da disciplina em Universidades portuguesas, da autoria de António Marques dos Santos, *Defesa e Ilustração do Direito Internacional Privado* (1998), 162 ss.; Rui de Moura Ramos, *Direito Internacional Privado. Relatório sobre o programa, conteúdos e métodos de ensino da disciplina* (2000), 21 ss.; Luís de Lima Pinheiro, *Um Direito Internacional Privado para o século XXI. Relatório* (2001), 78 ss.; Dário Moura Vicente, *Direito Internacional privado. Problemática internacional da sociedade da informação* (2005), 73 ss.; e Maria Helena Brito, *Direito Internacional Privado sob influência do Direito Europeu* (2017), 19 ss..

II – Os valores do Direito privado e suas projeções no regime legal dos conflitos de leis

5. A dignidade da pessoa humana está na base do sistema jurídico português. A sua salvaguarda constitui, aliás, a finalidade precípua deste, consoante se infere do 1.º da Constituição. Nela se fundam, designadamente, o reconhecimento de personalidade jurídica e de direitos de personalidade a todos os seres humanos, que o Código acolhe. O *personalismo jurídico* subjacente ao Direito privado português projeta-se em diferentes aspetos do DIP. Por um lado, pode ver-se nele o fundamento da sujeição das matérias compreendidas no estatuto pessoal dos indivíduos à respetiva *lei pessoal*. No regime instituído pelo 25.º, o estado, a capacidade e os direitos de personalidade das pessoas singulares acham-se submetidos a uma lei que é, em princípio, de *aplicação permanente*, ou seja, a mesma onde quer que esses sujeitos atuem ou se encontrem. Isso é assim não apenas pelos inconvenientes de ordem prática que a aplicação neste domínio da *lex loci* ou da *lex fori* acarretariam para o indivíduo, mas sobretudo porque tal solução poderia despojá-lo de estados, qualidades ou situações jurídicas (*v.g.* o de cônjuge ou de filho) que integram uma parte da sua identidade, ferindo-o na sua dignidade. Por outro lado, a conceção personalista do Direito que inspira a ordem jurídica portuguesa reclama o reconhecimento, aos estrangeiros, da suscetibilidade de serem titulares de direitos em território nacional, consoante o estabelece o 14.º. 7

6. A autonomia privada. Entre os traços fundamentais do DIP sobressai o reconhecimento, aos sujeitos, da faculdade de escolherem, dentro de certos pressupostos, a lei aplicável a essas relações: é o *princípio da autonomia privada*, ou da *autonomia da vontade*, que tem igualmente consagrações de relevo noutros ramos do Direito privado. No Código, esse princípio achou acolhimento nos 34.º e 41.º. No domínio dos conflitos de leis, propiciam-se, através desse reconhecimento, a *certeza* quanto ao regime jurídico aplicável às relações plurilocalizadas e a *segurança* destas relações; e possibilita-se também às partes a eleição da lei que, na sua ótica, consagre o regime mais ajustado à particular correlação de interesses em jogo nas relações entre si estabelecidas e aos fins por si prosseguidos. Mas esse princípio representa também a consagração, no domínio em apreço, da esfera de liberdade necessária à realização pelas pessoas dos seus intentos e ao exercício do direito ao *desenvolvimento da sua personalidade*, consagrado no 26.º/1, da Constituição, que à ordem jurídica cabe assegurar na medida em que tal não contenda com o bem comum e os direitos de outrem. 8

7. A tutela da confiança constitui uma das funções primordiais da ordem jurídica. Ela é condição do *equilíbrio social* e da *paz jurídica*, as quais assentam largamente na permanência das posições jurídicas e na realização das legítimas expectativas geradas nas relações entre privados e entre estes e o Estado. O desaparecimento da confiança privaria de segurança o tráfico jurídico e inviabilizaria uma vida coletiva pacífica e de cooperação. Daqui a sua centralidade no Direito português[5]. 9

No DIP, a tutela da confiança assume um significado plúrimo. Em primeiro lugar, dela decorre a própria *aplicabilidade de leis estrangeiras* na ordem interna: a sistemática sujeição das questões privadas internacionais à *lex fori* implicaria a lesão de expectativas legítimas. Associada a esta ideia está a necessidade de previsibilidade pelos interessados da lei aplicável às relações e situações da vida privada internacional, por forma que cada um saiba quais as regras por que 10

[5] *Vide* António Menezes Cordeiro, *Tratado*, I, 4.ª ed. (2012), 969 ss..

deve pautar a sua conduta e, desse modo, quais os bens de que lhe é lícito dispor e qual a medida em que lhe é lícito interferir na esfera jurídica alheia.

11 Em segundo lugar, o princípio da confiança impõe, especialmente quando daí possam advir conflitos de deveres, que se evite a formação de situações claudicantes (*hoc sensu*, de situações a que pertencem certos efeitos jurídicos em determinado Estado, que, todavia, não são reconhecidos noutro ou noutros com que as mesmas possuem conexões significativas). A consecução deste desiderato pode reclamar, nomeadamente, o *reconhecimento de situações jurídicas* constituídas à luz de uma lei estrangeira que possua, com as mesmas, uma conexão relevante, ainda que esta não seja a que é em princípio postulada pela regra de conflitos aplicável ao caso.

12 Em terceiro lugar, a tutela da confiança pode exigir a *proteção da aparência* de validade um negócio jurídico, que um sujeito erroneamente se representa como válido e eficaz a partir das normas de um dos ordenamentos com que se encontra conexo, por ignorar um vício de que o mesmo padece segundo a lei aplicável de acordo com o Direito de conflitos do foro.

13 Correspondem ao princípio da confiança: (1) os limites à competência da lei pessoal dos indivíduos consagrados nos 28.º e 31.º/2, mediante os quais se procura assegurar a aplicação de uma lei (*v.g.* a da residência habitual) com que esses sujeitos ou aqueles que com eles interagem presumivelmente contaram ao praticarem certo ato, *maxime* por ser a que vigora no meio sociojurídico em que esse ato foi praticado; (2) a disciplina do denominado conflito móvel constante dos preceitos legais, como os 29.º e 63.º/2, que preveem a manutenção, por um indivíduo, de posições jurídicas adquiridas ao abrigo da sua anterior lei pessoal; (3) os limites à competência da lei reguladora da substância dos negócios jurídicos, consignados no 35.º/2 e 3, quanto à determinação do valor de uma conduta e do silêncio como declarações negociais; e (4) as conexões alternativas consagradas nos 36.º/1 e 65.º/1, para a aferição da validade formal dos negócios jurídicos.

14 O pensamento da confiança acha-se associado à necessidade de *segurança jurídica*. Ele visa assegurar a previsibilidade do Direito aplicável e permitir, a cada um, conhecer a lei sob que vive, condição imprescindível do exercício da sua liberdade; e é-o também porque a satisfação das legítimas expectativas individuais contribui para um estado de ordem propício à fluidez do comércio jurídico sobre fronteiras e à paz jurídica nas relações privadas internacionais. Mas quando a tutela da confiança se consubstancie no reconhecimento no Estado do foro de direitos subjetivos ou outras situações jurídicas validamente constituídas à face de ordenamentos estrangeiros que, com elas, apresentem uma conexão espacial relevante, constitui a mesma ideia expressão de uma *exigência de justiça*. No princípio da confiança conjugam-se assim os valores axiais prosseguidos pelo DIP, i. é, a *ideia de Direito* que o inspira.

15 **8. A igualdade perante a lei**. O DIP presta ainda tributo ao valor da *igualdade perante a lei*. Esta reclama uma *valoração uniforme* das relações sociais, tanto na ordem interna como na internacional: a causa igual deve ser dado tratamento igual. As relações plurilocalizadas devem, por isso, ser apreciadas, tanto quanto possível, à luz das mesmas regras, onde quer que os feitos a elas referentes sejam submetidos a julgamento.

16 Sucede, porém, que diferentes jurisdições nacionais se reputem competentes para julgar os mesmos litígios. Quando assim aconteça, importa que daí não resulte, para o autor, a possibilidade de escolher unilateralmente, mediante a propositura da ação em determinado país, a lei mais favorável à sua pretensão – i. é, o chamado *forum shopping*. Ao legislador de conflitos incumbe criar as condições para que seja, tanto quanto possível, uniforme a composição dos referidos litígios nos países com eles conexos. A *harmonia jurídica internacional* é, assim, recla-

mada pela preservação da igualdade nesses litígios[6]. Esta diretriz tanto se faz sentir no plano da formulação das regras de conflitos como no da resolução dos chamados conflitos de sistemas: no primeiro caso, mediante a adoção de fatores de conexão suscetíveis de serem aceites pelos demais sistemas nacionais; no segundo, através da consagração de certos títulos de relevância na ordem interna de regras de conflitos estrangeiras. O Código procurou assegurar ambas, como o evidenciam, além de múltiplas regras constantes da secção II do presente capítulo, as que na secção I se ocupam do reenvio.

9. Valores sociais: também são visados pelo DIP contemporâneo. Avulta entre eles a *proteção do contraente mais fraco* contra o risco de abusos por parte de quem ocupe uma posição de poder económico ou social. No Direito vigente, esse desiderato ganhou expressão sobretudo em regras de conflitos constantes de diplomas avulsos ou de atos jurídicos europeus, como as atinentes aos contratos celebrados por consumidores[7], ao contrato individual de trabalho[8], ao contrato de agência ou representação comercial[9], aos contratos relativos a direitos de habitação periódica em empreendimentos turísticos[10] e aos contratos de intermediação financeira celebrados com investidores não institucionais[11]. Estas regras visam, por meio de técnicas diversas, assegurar ao contraente mais débil a proteção que lhe é conferida pela lei de um dos países com os quais esses contratos se encontram conexos (*maxime* a que seria aplicável na ausência de *electio iuris*). Observa-se um certo movimento de retorno ao *status* como critério de determinação da disciplina jurídica das situações privadas internacionais, por força do qual a lei aplicável às obrigações contratuais deriva mais da condição económica ou social de uma das partes do que daquilo que por elas foi livremente convencionado ou de fatores de conexão objetivos. Neste contexto, um número crescente de regras de natureza institucional prevalece, no seu domínio próprio de aplicação, sobre as regras de conflitos comuns constantes do Código. Acentua-se o carácter fragmentário do DIP que, contudo, apenas repercute, neste aspeto, uma tendência geral do Direito Privado material. 17

São igualmente valores sociais – mormente a *salvaguarda da soberania nacional*, que pressupõe uma certa autodeterminação de cada país em matéria de organização económica e social – que em parte estão na base das regras de conflitos que estabelecem a aplicabilidade da *lex rei sitae* à constituição e à transferência de direitos reais sobre coisas corpóreas[12]. Através delas, o Estado reserva-se a faculdade de disciplinar juridicamente a propriedade sobre os meios de produção e, de um modo geral, o gozo de bens móveis e imóveis situados no respetivo território, mormente através da definição dos tipos de direitos reais possíveis e da regulação do seu conteúdo, da imposição de limites e proibições à aquisição ou à disposição de tais direitos ou da adoção de medidas de nacionalização, expropriação, requisição, confisco e outras relativas aos mesmos bens. 18

10. Conclusão. Os grandes ideais prosseguidos pelo regime legal dos conflitos de leis são afinal, em larga medida, também os do Direito civil, enquanto Direito privado comum: a chamada 19

[6] Sobre a relevância da harmonia jurídica internacional como «um dos principais objetivos, senão o principal, visados pelo direito internacional privado», António Ferrer Correia, *Direito Internacional Privado. Alguns problemas* (1981), 111 ss..

[7] *Vide* o 23.º do Regime Jurídico das Cláusulas Contratuais Gerais, na redação dada pelo DL 249/99, de 7-jul.; e o 6.º do Regulamento 593/2008, de 17-jun.-2008, sobre a lei aplicável às obrigações contratuais («Roma I»).

[8] O 8.º do Regulamento de Roma I.

[9] O 38.º do DL 178/86, de 3-jul..

[10] O 60.º/7 e 8, do Regime Jurídico da Habitação Periódica aprovado pelo DL 275/93, de 5-ago., alterado por último pelo DL 245/2015, de 20-out..

[11] O 321.º/5, do CVM.

[12] O 46.º do Código Civil.

justiça do DIP não é senão o reflexo desses ideais no domínio específico desta disciplina. É certo que a melhor solução para o caso concreto não é necessariamente, sob o prisma do DIP, a que resulta da aplicação da lei que estabelece a *melhor regulação substantiva* para ele, mas antes a que *melhores títulos apresenta* a fim de discipliná-lo, sob o ponto de vista das conexões espaciais que com ele possui. Contudo, na determinação das conexões relevantes para este efeito os valores jurídicos fundamentais a atender não são distintos dos que subjazem ao Direito privado material. A autonomia do DIP deriva mais do seu *objeto próprio* e do *método específico* pelo qual ele as regula do que dos valores essenciais que o inspiram[13].

III – As opções metodológicas subjacentes ao regime dos conflitos de leis no Código Civil

20 **11. Posição do problema**. Identificados os temas fundamentais, coloca-se a questão de saber como assegurar a realização dos valores acima referidos. Trata-se do *método ou métodos* mais apropriados a fim de prover à regulação das situações jurídicas internacionais. Sobre a matéria, há muito objeto de acesa controvérsia[14], não deixou o legislador português de tomar posição.

21 **12. A orientação jurisdicionalista**: as situações privadas internacionais deveriam estar sujeitas, independentemente das conexões que possuam com a ordem jurídica em que se integre o órgão jurisdicional chamado a decidir os litígios delas emergentes, unicamente às normas materiais nela vigentes: desde que seja internacionalmente competente, esse órgão aplicaria sempre a *lex fori*.

22 Este método, por alguns denominado *jurisdictional approach*, ou *lexforismo*, prevaleceu na Europa até, pelo menos, ao séc. XII. Atualmente, é ainda praticado, de forma mais ou menos aberta, pelos tribunais de vários Estados, entre os quais alguns norte-americanos. Na literatura jurídica europeia encontrou também adesões de relevo[15].

23 A aplicação da *lex fori* às situações plurilocalizadas obteve acolhimento em preceitos dispersos de legislações estrangeiras: é o caso do 62.º/2, da Lei Federal suíça de DIP, relativo às providências cautelares, e do 38.º/1, da lei italiana de DIP, sobre a adoção plena de menores. Por seu turno, certas disposições constantes de instrumentos jurídicos supra- e internacionais têm procurado assegurar a coincidência entre a lei aplicável e o tribunal ou outro ente administrativo competente para decidir a causa, mandando em princípio aplicar a lei deste último: haja vista, por exemplo, ao 15.º/1, da Convenção da Haia de 1996 relativa à jurisdição, à lei aplicável, ao reconhecimento, à execução e à cooperação em matéria de responsabilidade parental e de medidas de proteção dos filhos; e ao 7.º/1, do Regulamento 2015/848, de 20-mai.-2015, relativo aos processos de insolvência.

24 No Direito português, pode ver-se uma manifestação da referida corrente metodológica no 5.º/3, do DL 7/2004, de 8-jan.[16]. Aí se dispõe que «[o]s serviços [da sociedade da informação] de origem extracomunitária estão sujeitos à aplicação geral da lei portuguesa, ficando também sujeitos a este diploma em tudo o que não for justificado pela especificidade das relações intracomunitárias». Prevê-se a aplicabilidade da lei portuguesa independentemente de existir qualquer conexão entre a situação da vida a regular e a ordem jurídica nacional, *maxime* em

[13] Para maiores desenvolvimentos, Dário Moura Vicente, *Da responsabilidade pré-contratual em Direito Internacional Privado* (2001), 28-85, e bibliografia aí citada.

[14] Na doutrina portuguesa, por muitos, António Ferrer Correia, *Considerações sobre o método em Direito Internacional Privado*, in Estudos Vários de Direito (1984), 309 ss..

[15] Na doutrina portuguesa, por último, António Menezes Cordeiro, *Direito do Trabalho*, I (2018), 379.

[16] Que transpôs para a ordem jurídica interna a Diretiva 2000/31, de 8-jun.-2000, sobre o comércio eletrónico.

virtude de ser Portugal o país de destino dos serviços da sociedade da informação em causa. O preceito em apreço – cuja consagração não era exigida pela mencionada Diretiva e que não tem paralelo nas leis de transposição desta vigentes nos demais Estados-Membros da União – só pode, assim, ser entendido à luz da ideia de primado da *lex fori*.

Este método possui inegáveis vantagens: (1) possibilita uma melhor administração da 25
justiça, pois em virtude dele os tribunais apenas terão de aplicar o Direito local, único em que normalmente os juízes são versados; (2) envolve menor dispêndio de recursos e confere maior celeridade aos processos judiciais, dada a desnecessidade, que lhe é inerente, de alegar Direito estrangeiro e de determinar o respetivo conteúdo.

Mas ele é também passível de reparos: (1) a aplicação do Direito interno a um facto 26
totalmente ocorrido num ou mais países estrangeiros, entre pessoas que tenham fundado a sua conduta nos ordenamentos jurídicos desses países, poder *defraudar a confiança* legitimamente depositada pelos interessados na valoração desse facto à luz do Direito vigente naqueles países; (2) caso os tribunais de cada país apreciassem exclusivamente à luz do seu próprio Direito as questões suscitadas pelas situações privadas internacionais, estas teriam soluções diferentes consoante o tribunal a que fossem submetidas, incentivando-se o *forum shopping*; no limite, recusar-se-ia às partes, a faculdade de escolher uma lei estrangeira a fim de reger as relações privadas internacionais entre si estabelecidas, num retrocesso para a liberdade de ação no âmbito daquelas relações. Compreende-se assim que nos sistemas anglo-saxónicos, onde o primado da *lex fori* ainda hoje tem certa relevância, se confira aos tribunais concomitantemente a faculdade de se declararem *fora non conveniens*.

Ao Estado do foro cabe, no exercício da sua soberania, definir os pressupostos e limites 27
a que se subordina a aplicação na ordem interna do Direito estrangeiro: haja vista, designadamente, ao 22.º/1. Não pode, por outro lado, negar-se a importância ao primado das *normas internacionalmente imperativas*, ou *de aplicação imediata,* do Estado do foro sobre as da *lex causae* – consagrado, designadamente, no 9.º do Regulamento de Roma I – porquanto, numa economia globalizada, essas normas são indispensáveis à implementação das políticas económicas de cada Estado e dos regimes locais sobre concorrência. Embora o primado da *lex fori* seja inaceitável, uma rigorosa igualdade entre esta e o Direito estrangeiro aplicável às situações privadas internacionais não se afigura, vistas as coisas sob este prisma, desejável ou sequer viável.

13. A orientação substancialista: a regulamentação das situações internacionais deveria resultar 28
sobretudo de normas ou princípios que forneçam diretamente a respetiva disciplina material, quer sejam especificamente criados para o efeito, quer tenham também por objeto as situações puramente internas. Semelhante desiderato poderia ser conseguido, desde logo, através da unificação do Direito privado material mediante convenções internacionais adrede celebradas ou regras de Direito da União Europeia. Reclamá-la-ia, designadamente, a intensificação sem precedentes das relações económicas, políticas e culturais entre os povos que caracteriza a nossa época. O Direito privado uniforme, que alguns preconizam, deveria elevar-se acima das contingências históricas, consagrando as melhores e mais duradouras regras para cada categoria de questões jurídicas. Deste modo se facilitaria o estabelecimento de relações entre particulares através das fronteiras.

Neste contexto se inserem as propostas de um Código civil europeu[17]. Delas se pode 29
dizer que correspondem, em certo sentido, à *via dirigista* para a unificação do Direito Privado.

[17] Sobre as quais *vide* Dário Moura Vicente, *Um Código Civil para a Europa? Algumas reflexões,* in Estudos em homenagem ao Prof. Doutor Inocêncio Galvão Telles, I (2002), 47 ss., reproduzido em Direito Internacional Privado. Ensaios, I (2002), 7 ss..

Apesar do aval que lhes deu o Parlamento Europeu[18], tais propostas estão longe de pacíficas, podendo questionar-se quer a *necessidade* da unificação, sob a forma de um código, do Direito civil europeu, quer a *legitimidade*, perante os tratados constitucionais da Comunidade e da União Europeia, de uma tal unificação, quer ainda a sua *possibilidade*[19]: (1) a *necessidade* dessa unificação é contestável porque, diversamente do que tem sido sustentado por alguns, a integração económica não exige a unificação do Direito civil; demonstra-o a circunstância de em certos países onde existe um mercado único (como o Reino Unido, os Estados Unidos da América e o Canadá) vigorarem ordenamentos jurídicos complexos; (2) a *legitimidade* de semelhante iniciativa conflitua com o *princípio da subsidiariedade*, que o Direito europeu também consigna, por força do qual a intervenção legislativa da Comunidade deve constituir a *ultima ratio* – o que se afigura indispensável, nomeadamente, em ordem a assegurar a necessária adequação do Direito ao sentimento ético-jurídico dos seus destinatários; (3) a própria *possibilidade* da unificação em causa é duvidosa, visto que as diferenças que separam os Direitos dos vários Estados-Membros da União Europeia em matéria civil – traduzidas, p. ex., na ausência do princípio de boa-fé na formação dos contratos e da proscrição do abuso de direito nos sistemas de *Common Law* – não relevam meramente da técnica jurídica, antes radicam em fatores metajurídicos, que o legislador é, por si só, incapaz de superar. Não é, de todo o modo, inequívoco que uma unificação do Direito civil dos Estados-Membros da União Europeia suprima, neste âmbito, os conflitos de leis no espaço: na falta de um sistema judiciário único no seio da União, as disparidades entre os Direitos nacionais ressurgiriam muito provavelmente, sobretudo no tocante a certas cláusulas gerais e conceitos indeterminados que não têm tradições nalguns daqueles Estados, por via da aplicação do Direito uniforme levada a cabo pelos tribunais nacionais.

30 Uma solução menos ambiciosa, mas ainda integrada na corrente substancialista, consiste na formulação de regras de Direito material especialmente gizadas para as situações privadas internacionais: um DIP material, como já se lhe chamou[20]. Dessas regras são exemplos as constantes da Convenção das Nações Unidas Sobre os Contratos de Compra e Venda Internacional de Mercadorias, concluída em Viena em 1980, em vigor desde 1-jan.-1988, e a Convenção de Montreal de 1999 Para a Unificação de Certas Regras Relativas ao Transporte Aéreo Internacional, em vigor desde 4-nov.-2003. Mas também não parece que semelhante DIP material constitua, só por si, uma solução para os problemas postos pelos conflitos de leis no espaço. Por um lado, porque as regras dessa índole hoje existentes não abrangem todas as categorias de situações privadas internacionais. E mesmo nas matérias por elas disciplinadas, a eliminação dos conflitos de leis no espaço pressuporia que vigorassem em todos os Estados, o que está longe de ter sido conseguido. Por outro lado, porque ainda que semelhante desiderato fosse alcançado, sempre subsistiriam os conflitos de leis resultantes das inevitáveis divergências de interpretação das convenções internacionais pelos tribunais nacionais e da necessidade de integrar as respetivas lacunas por recurso às disposições do Direito interno. Compreende-se, a esta luz, que a aplicação do DIP material de fonte convencional dependa geralmente da existência entre a situação

[18] *Resolução sobre um esforço de harmonização do direito privado dos Estados-membros*, JOCE C 158, de 26-jun.-1989, 400 ss.; *Resolução sobre a harmonização de certos sectores do direito privado dos Estados-membros*, JOCE C 205, de 25-jul.-1994, 518 ss.; e *Resolução do Parlamento Europeu sobre a aproximação do direito civil e comercial dos Estados-Membros*, JOCE C 140 E, de 13-jun.-2002, 538 ss.. Veja-se ainda a comunicação da Comissão ao Parlamento Europeu e ao Conselho intitulada *Maior Coerência no Direito Europeu dos Contratos*, COM (2003) 68 final.

[19] Menezes Cordeiro, *supra*, introdução geral, 39; *idem*, *Tratado*, I, 4.ª ed., 399 ss. e VI, 3.ª ed. (2019), 257.

[20] A expressão foi utilizada, nomeadamente, por António Ferrer Correia, *Lições de Direito Internacional Privado*, I, 156 ss..

sub judice e um dos Estados em que o mesmo vigore da conexão postulada por uma regra de conflitos do Estado do foro ou por uma regra de conflitos convencional.

14. Cont.: a autonomização da ***lex mercatoria*** corresponde, dentro de orientação substancialista, a uma tentativa de superar as dificuldades referidas. A doutrina que a preconiza remonta aos anos 20 do século pregresso, mas floresceu sobretudo na década de 60[21]. Dela se fez eco, na sua fase inicial, a jurisprudência dos tribunais arbitrais constituídos sob a égide da Câmara de Comércio Internacional. Não existe, contudo, uma noção sedimentada de *lex mercatoria*. É, com efeito, possível distinguir a seu respeito, pelo menos, duas conceções: (1) a *lex mercatoria* é uma ordem jurídica *autónoma* relativamente aos Direitos estaduais e *alternativa* a estes; dentro desta conceção, podem autonomizar-se dois pontos de vista no tocante ao conteúdo da *lex mercatoria*: para uns, essa ordem jurídica é essencialmente formada por regras de fonte consuetudinária; para outros, incluem-se nela todas as regras materiais que disciplinam o comércio internacional, qualquer que seja sua fonte, compreendendo os próprios tratados e convenções relativos ao comércio internacional: (2) a *lex mercatoria* exerce, quando muito, uma função complementar dos Direitos nacionais e tem por fonte precípua os usos do comércio internacional, que as partes podem incorporar, por remissão, nos contratos entre si celebrados e os árbitros podem aplicar como meios de integração e de interpretação destes. 31

Constituirá a *lex mercatoria*, na primeira daquelas aceções, uma solução *a se* para os conflitos de leis no espaço? Contra uma resposta positiva depõem vários argumentos. (1) Dada a indefinição do conteúdo da *lex mercatoria* e a sua reconhecida incompletude, gerar-se-ia grande insegurança caso lhe fosse conferida eficácia como fonte autónoma e exclusiva de regulação das relações privadas internacionais. Um Direito autónomo do comércio internacional concebido nestes moldes, arriscar-se-ia a não ser mais do que a formulação normativa dos pontos de vista pessoais de quem houvesse de aplicá-lo quanto à melhor solução do caso singular. Ora, nas relações privadas internacionais é crucial que as partes possam conhecer antecipadamente as regras por que hão de pautar a sua conduta. Se aos julgadores – juízes ou árbitros – fosse consentido afastar o Direito vigente e aplicar às causas que lhes fossem submetidas, exclusivamente, aquilo que entendessem por *lex mercatoria*, tornar-se-ia quase impossível esse conhecimento. Talvez por isso, as cláusulas de escolha da *lex mercatoria* como estatuto dos contratos internacionais são muito raras. 32

(2) O reconhecimento de eficácia à *lex mercatoria* como fonte autónoma da disciplina das relações privadas internacionais despojaria o Estado dos seus poderes de conformação jurídica das relações sociais num largo e significativo número de situações; o que se afigura indesejável, mormente à luz dos interesses sociais que, também naquele plano, lhe compete defender. 33

(3) É pelo menos duvidoso que algumas das supostas regras da *lex mercatoria* sejam verdadeiro Direito. Poderá, é certo, haver regras de fonte costumeira próprias do comércio internacional; mas serão quando muito «ilhotas» como lhes chamou Paul Lagarde[22]. Não basta que uma regra de conduta seja de facto observada em certo meio (i. é, que tenha efetividade) para 34

[21] Sobre as origens da doutrina em apreço, *vide* Dário Moura Vicente, *Da arbitragem comercial internacional. Direito aplicável ao mérito da causa* (1990), 134 ss., com mais indicações bibliográficas. Acerca da *lex mercatoria*, vejam-se ainda, na doutrina portuguesa, Rui de Moura Ramos, *Direito Internacional Privado e Constituição*, (1980), 89 ss.; *idem, Da lei aplicável ao contrato de trabalho internacional* (1991), 495 ss.; António Marques dos Santos, *As normas de aplicação imediata no Direito Internacional Privado*, I (1991), 656 ss.; Luís de Lima Pinheiro, *Contrato de empreendimento comum (joint venture) em Direito Internacional Privado* (1998), 561 ss. e 703 ss.; *idem, Arbitragem transnacional. A determinação do estatuto da arbitragem* (2005), 383 ss.; Maria Helena Brito, *Direito do Comércio Internacional* (2004), 111 ss.; Menezes Cordeiro, *Direito comercial*, 4.ª ed. (2016), 185 ss..

[22] *Approche critique de la lex mercatoria*, in Le droit des relations internationales. Études offertes à Berthold Goldman (1982), 139.

que seja dotada de juridicidade; é ainda preciso que *deva sê-lo* segundo determinado juízo de validade. De outro modo, tudo o que fosse observado socialmente, ainda que ilícito ou imoral, seria regra de Direito; o que se afigura inadmissível, pelo menos a quem, como nós, veja no Direito uma ordenação da vida social dotada de um fundamento axiológico e não uma mera ordem de poder ou a consagração formal de factos sociais. Também a esta luz não parece que a *lex mercatoria* possa de per si constituir o estatuto de uma relação privada internacional.

35 A circunstância de as partes poderem conferir aos árbitros poderes para julgarem segundo a equidade em nada afeta a solução do problema. A decisão segundo a equidade não é, com efeito, um *minus* relativamente à decisão segundo a *lex mercatoria*, pois aquela não dispensa o julgador de determinar previamente as normas ou outros comandos jurídicos potencialmente aplicáveis ao caso. A equidade não é, neste sentido, um critério de decisão livre (*hoc sensu*: independente de qualquer referência a normas, princípios ou valores). Ainda que se confira à equidade, entendida como justiça do caso concreto, o papel de elemento corretor da solução legal porventura inadequada ao caso de espécie, não está o julgador *ex aequo et bono* dispensado de qualificar juridicamente os factos em apreço. Pode, decerto, aplicar-lhes uma sanção diversa da que prevê a norma aplicável, atendendo às circunstâncias do caso singular, mas para tanto terá de indicar as razões de oportunidade ou de justiça em virtude das quais se afasta da solução nela consignada. Qualquer outro entendimento envolveria o risco de as partes se sujeitarem ao puro arbítrio do julgador. De resto, se o referido argumento fosse válido, haveria de valer também para as causas afetas aos tribunais estaduais, os quais, nos termos do 4.º do Código Civil português, podem igualmente decidir segundo a equidade, preenchidos que estejam os requisitos consignados nesse preceito[23].

36 Os usos do comércio internacional podem, todavia, ser incorporados no contrato ou servir de elementos interpretativos dos contratos, desde que a lei reguladora destes o consinta. Será eficaz, nestes termos, uma *referência material*, mas não uma *referência conflitual*, à *lex mercatoria*, entendida na aceção acima mencionada em segundo lugar[24]. Seja qual for a eficácia que se reconheça à *lex mercatoria*, o risco de imprevisibilidade das sentenças nela fundadas é inequívoco. Em parte para fazer face a esse risco que foram publicadas, na última década, diversas codificações extra estaduais de regras e princípios de Direito dos contratos, as quais se destinam a aplicar-se, nomeadamente, quando as partes convencionem que os contratos por si celebrados serão regidos pela *lex mercatoria*, entre as quais se destacam os *Princípios Relativos aos Contratos Comerciais Internacionais*, emanados do Instituto Internacional para a Unificação do Direito Privado (UNIDROIT)[25]. Embora não constituam fontes normativas, é muito relevante o papel que tais codificações podem assumir na disciplina das relações contratuais internacionais. Nada impede que as partes as incorporem, *maxime* por remissão, nos contratos por si celebrados, como fontes da disciplina a observar na execução deles. A sua aplicabilidade pelos tribunais estaduais depende, nesse caso, do que estabelecerem as regras de conflitos vigentes no Estado do foro.

[23] *Supra*, a anotação a esse preceito por António Menezes Cordeiro e a demais bibliografia aí citada.

[24] Neste sentido nos pronunciámos já no nosso *Da arbitragem comercial internacional*, 171 ss. e 200 s. O mesmo ponto de vista foi expendido por Rui de Moura Ramos, em *Da lei aplicável ao contrato de trabalho internacional*, 515. Uma orientação diferente foi perfilhada, pelo que respeita aos litígios submetidos a árbitros, por Isabel de Magalhães Collaço, *L'arbitrage international dans la récente loi portugaise sur l'arbitrage volontaire (Loi n.º 31/86, du 29 août 1986)*, in Droit International et Droit Communautaire (1991), 62 ss., e Luís de Lima Pinheiro, *Direito aplicável ao mérito da causa na arbitragem transnacional*, in Estudos de Direito Comercial Internacional, I, 20 ss..

[25] International Institute for the Unification of Private Law, *Unidroit Principles of International Commercial Contracts* (2016).

15. O método da conexão. Ao Direito interno continua a caber um papel primordial na regulação do comércio internacional. A resolução dos conflitos entre os diferentes sistemas locais em contacto com as situações privadas internacionais passa por uma coordenação desses sistemas jurídicos. Esta deve ser levada a cabo, em primeira linha, através de *regras de conflitos*, que submetam aquelas situações a uma ou mais leis que com elas possuam determinada ligação. Só assim se assegurará que a disciplina jurídica dessas situações salvaguarde, por um lado, certos valores essenciais, como a tutela da confiança, e, por outro, a diversidade dos Direitos nacionais e das formas de cultura que estes exprimem. 37

Não raro, tem essa coordenação sido empreendida no plano internacional ou supranacional, mediante convenções de unificação do DIP ou atos de Direito da União Europeia: a *internacionalização* e a *europeização* das fontes daquela disciplina são, como se verá adiante, dois dos fenómenos mais salientes na sua evolução ao longo das últimas décadas. Mas ela é há muito também levada a cabo unilateralmente pelos Estados, ao disporem, através de regras de conflitos de fonte interna (e de regras auxiliares destas, como as relativas ao reenvio), sobre as condições de que depende a aplicação pelos tribunais locais, às questões privadas internacionais que lhes sejam submetidas, não só do seu próprio Direito, mas também do de outros Estados. 38

Coloca-se assim a questão de saber quais os critérios em que deve basear-se a designação da lei aplicável às situações privadas internacionais e quais os limites a que a mesma se subordina. De acordo com a doutrina clássica, é à *localização espacial* das situações jurídicas em causa que há de atender-se para esse efeito, sendo a lei aplicável em princípio determinada independentemente do conteúdo das respetivas normas materiais. 39

Esta a essência do *método conflitual*, também dito *da conexão*, cujas origens remontam a Friedrich Carl von Savigny (1779-1861)[26]. Para este, existiria, entre as nações civilizadas, aquilo a que chamou uma *comunidade de Direito*, fruto da influência das ideias cristãs, consistente num acordo fundamental entre as ordens jurídicas quanto à solução de certas questões jurídicas. Seria essa comunidade que permitiria aos Estados afastarem-se do territorialismo. Relativamente à solução a dar aos conflitos de leis no espaço, partiu Savigny do conceito de relação jurídica. Em seu entender, a cada categoria de relações jurídicas corresponderia, segundo a natureza das coisas, uma «sede». A lei vigente na sede da relação jurídica seria a que lhe deve ser aplicada. O ideal do DIP é, para Savigny, a harmonia de julgados: as relações jurídicas esperam, no caso de conflito de leis, a mesma solução, independentemente de serem submetidas à apreciação dos tribunais deste ou daquele país. Da ideia de comunidade de Direito resultam uma certa fungibilidade das ordens jurídicas e a paridade entre a ordem jurídica do foro e as estrangeiras. É esta paridade que está na base do modelo, proposto por Savigny, da *regra de conflitos bilateral* – i. é, a regra de conflitos que tanto remete para o Direito do Estado do foro como para um Direito estrangeiro – como modelo mais adequado à resolução dos conflitos de leis no espaço. 40

No seio do *método da conexão* autonomizaram-se ao longo do século pregresso diversas correntes, que deram origem a diferentes tipos de regras de conflitos. (1) Tais regras distinguem-se entre si, desde logo, quanto à relevância por elas atribuída aos objetivos de política legislativa prosseguidos pelas normas materiais dos ordenamentos jurídicos em presença: ao passo que umas – as regras de conflitos ditas *bilaterais* ou *multilaterais*, que o Código predominantemente acolheu – definem a lei aplicável (que tanto pode ser a do foro como uma lei estrangeira) exclusivamente em razão da *conexão espacial* que com ela apresentem os factos, outras, delimi- 41

[26] *System des heutigen Römischen Rechts*, 8 (1849), 23 ss..

tando tão-somente a esfera de competência da lei do foro, fazem-no atendendo à «vontade de aplicação» desta ao caso, deduzida do objeto e fins das respetivas normas: são as chamadas regras de conflitos *unilaterais*[27].

42 (2) Depois, é possível diferenciar regras de conflitos quanto à atendibilidade do resultado material da aplicação de certa lei ao caso *sub judice*: enquanto que umas – as regras ditas *localizadoras*, de que se encontram múltiplos exemplos nos 25.º a 65.º – designam a lei aplicável em função da ligação espacial entre a situação da vida a regular e certo ordenamento jurídico local, outras – ditas de *conexão material* – mandam aplicar certa lei, ou determinadas normas desta, em função de um específico resultado material tido em vista[28].

43 (3) Podem ainda autonomizar-se, quanto ao papel desempenhado pelo julgador na determinação da lei aplicável, regras de conflitos *rígidas*, que designam a lei aplicável sem lhe conferirem qualquer margem de discricionariedade, e regras de conflitos *flexíveis*, que enunciam meros critérios gerais de determinação da lei aplicável (*v.g.* a maior proximidade de certo Direito relativamente à relação material litigada)[29].

44 (4) Finalmente, certas regras de conflitos prescindem de um elemento de conexão espacial a fim de atribuírem competência a determinada lei: é o caso das que conferem efeitos à escolha pelas partes da lei aplicável, independentemente da existência de qualquer conexão da situação em apreço com a lei escolhida[30]. Não deixam, todavia, de constituir *regras de conexão*, na medida em que delas resulta o chamamento de uma ou mais leis para regularem as situações jurídicas que têm por objeto.

IV – O lugar do Código Civil entre as fontes do DIP

45 **16. A codificação do DIP e outras tendências contemporâneas**. O regime dos conflitos de leis no Código reflete uma das tendências dominantes da disciplina ao longo das últimas décadas: a sua *codificação*. São muito numerosos os países que nos últimos anos se dotaram de leis de DIP ou que inseriram nos respetivos códigos civis, regras de conflitos de leis: a Suíça, em 1987; o Quebeque, em 1994; o Reino Unido e a Itália, em 1995; a Bélgica, em 2004; a República Popular da China, em 2010; a Polónia e os Países-Baixos, em 2011; a República Checa, em 2012. Em Macau, entrou em vigor, em 1-nov.-1999, o novo Código Civil, no qual se contém um capítulo dedicado ao DIP que consubstancia um importante esforço de modernização das disposições do Código Civil português sobre a matéria.

46 Essa tendência convive com outras, de sentido contrário. Está neste caso na *internacionalização das fontes do DIP*, decorrente da celebração, sobretudo a partir da segunda metade do século pregresso, de um vasto número de convenções internacionais mediante as quais se visou unificar o seu regime, de cujo teor se dará conta adiante. Por outro lado, no âmbito da União Europeia propende-se desde o Tratado de Amesterdão (em vigor desde 1999), para a adoção de atos de Direito europeu nesta matéria. Emerge assim uma nova tendência de grande relevo: a *comunitarização* ou *europeização* do Direito Internacional Privado.

[27] Haja vista, por exemplo, ao 60.º/7, do diploma que aprova o regime jurídico do *time-sharing* (DL 275/93, de 5-ago., alterado por último pelo DL 245/2015, de 20-out.), ao 14.º do RGIC (aprovado pelo DL 298/92, de 31-dez., alterado por último pelo DL 144/2019, de 23-set.) e ao 2.º da L 58/2019, de 8-ago., que visa assegurar a execução, na ordem jurídica nacional, do Regulamento Geral de Proteção de Dados.

[28] Como, por exemplo, a proteção do consumidor, do trabalhador ou do investidor não institucional: 6.º e 8.º de Roma I e o 321.º/5, do CVM.

[29] Por exemplo, os 52,.º/2 e 60.º/2.

[30] De que é exemplo o 3.º/1, de Roma I.

Paralelamente, afirmou-se uma tendência para a *especialização do DIP* em razão das matérias. Em certos domínios, como o dos contratos celebrados por consumidores, em virtude da aprovação de sucessivas diretivas europeias, ocorre uma significativa proliferação de regras de conflitos, nem sempre coerentes entre si. Associada a esta está uma tendência de sinal inverso à que assinalámos acima em primeiro lugar: a *descodificação* do DIP, mediante a sujeição de várias matérias a legislação extravagante, não raro resultante da transposição das referidas diretivas. Trata-se, aliás, de um fenómeno que não é privativo do DIP: afeta todo o Direito privado. Tem sido combatido com sucesso por diversos países, que incorporaram nas suas codificações de DIP, modernizando-as, as novas regras de conflitos de fonte internacional e supranacional. Está neste caso a Alemanha, que alterou em 1986, 1999, 2016 e 2017 a sua Lei de Introdução ao Código Civil (*Einführungsgesetz zum Bürgerlichen Gesetzbuche*), na parte relativa ao DIP. 47

Em razão destas diferentes tendências, o regime dos conflitos de leis constante do Código Civil tem hoje de ser articulado com outras fontes, que em parte o derrogam e que importa, por isso, referir aqui. 48

17. Fontes internacionais. A partir do final do séc. XIX, iniciou-se um vasto movimento, com crescentes adesões, tendente à unificação do DIP através de convenções internacionais, o que se deve à acrescida segurança que a unificação das regras de conflitos de leis, de jurisdições e de reconhecimento de sentenças estrangeiras traz ao tráfico jurídico sobre fronteiras. Hoje ocorre uma densa teia de convenções internacionais neste domínio. Boa parte do DIP vigente em Portugal é, assim, de fonte convencional. 49

(1) **Conferência da Haia de Direito Internacional Privado**: a mais relevante instituição de que emanam tais convenções. São atualmente membros desta Conferência diplomática permanente, com sede na Haia, 82 Estados (entre os quais Portugal) e a União Europeia. A Conferência tem por objetivo, segundo o seu estatuto, proceder à unificação progressiva das regras de DIP. Para o efeito, tem aprovado diversos projetos de convenções de DIP, não só no domínio dos conflitos de leis, mas também no dos conflitos de jurisdições e no do reconhecimento de sentenças estrangeiras. A Conferência iniciou os seus trabalhos em 1893, na sequência de diligências empreendidas por dois eminentes juristas europeus: o italiano Pasquale Stanislao Mancini (1819-1888) e o holandês Tobias Michael Carel Asser (1838-1913). Na primeira fase do seu funcionamento, a Conferência aprovou diversos projetos de convenções respeitantes ao estatuto pessoal das pessoas singulares e ao processo civil internacional. As primeiras representam o triunfo das teses de Mancini, visto que acolhem como princípio geral a competência da lei da nacionalidade. Têm hoje uma importância diminuta, pois vinculam um número muito restrito de Estados. A fase mais frutífera do funcionamento da Conferência é a que decorre desde 1954, durante a qual foram aprovadas quarenta convenções e outros instrumentos internacionais[31]. Nem todas entraram em vigor: algumas não obtiveram o número mínimo de ratificações necessário para o efeito; mas não deixam de ter importância como modelos de soluções, que por vezes têm inspirado os legisladores nacionais. Portugal ratificou várias dessas convenções[32]. 50

(2) A **Comissão Internacional do Estado Civil**, sedeada em Estrasburgo. Esta organização intergovernamental foi constituída em 1950 entre vários Estados europeus, sendo Portugal membro dela desde 1973. No seu âmbito foram aprovadas 34 convenções respeitantes 51

[31] Parcialmente coligidas em Conférence de La Haye de Droit International Privé/Hague Conference on Private International Law, *Recueil des conventions. Collection of conventions (1951-2003).*

[32] *Vide* o respetivo estado das ratificações em http://www.hcch.net.

[33] Disponíveis em www.ciec1.org.

ao Direito da nacionalidade, ao Direito da família, aos Direitos de personalidade e ao Registo Civil. Portugal é parte de mais de uma dezena dessas Convenções[33].

52 (3) No seio da **União Europeia** foram também celebradas importantes convenções de DIP. Em parte, a celebração dessas convenções já se encontrava prevista no Tratado que instituiu a CEE no seu 220.º (293.º na numeração do Tratado de Amesterdão), previa que os Estados-Membros entabulariam negociações destinadas a garantir em benefício dos seus nacionais, a simplificação das formalidades a que se encontram subordinados o reconhecimento e a execução recíprocos de decisões judiciais e arbitrais. Ao abrigo desse preceito que os Estados-Membros da Comunidade Económica Europeia celebraram em 1968 a Convenção de Bruxelas Relativa à Competência Judiciária e à Execução de Decisões em Matéria Civil e Comercial, a que Portugal aderiu 1989[34]. Os princípios informadores desta Convenção foram estendidos aos Estados que integram a Associação Europeia de Comércio Livre (EFTA), através de uma convenção paralela, celebrada em Lugano em 1988 e revista em 2007, de que Portugal é também parte. A Convenção de Bruxelas foi substituída pelo Regulamento 44/2001, relativo à competência judiciária, ao reconhecimento e à execução de decisões em matéria civil e comercial («Regulamento de Bruxelas I»), de 22-dez.-2000, por seu turno substituído pelo Regulamento 1215/2012, de 12-dez.-2012 («Regulamento de Bruxelas I *bis*»).

53 (4) No domínio dos conflitos de leis, os Estados-Membros da Comunidade Europeia concluíram entre si a **Convenção de Roma** de 19-jun.1980 sobre a Lei Aplicável às Obrigações Contratuais, a qual foi entretanto substituída, salvo na Dinamarca, pelo já referido Regulamento de Roma I. A celebração da Convenção de Roma encontra-se estreitamente ligada à Convenção de Bruxelas. Esta consagra uma pluralidade de fatores de competência internacional para as mesmas matérias: altamente propiciador do *forum shopping*: cada uma das partes tende a dirigir-se à jurisdição nacional, de entre as que forem competentes para conhecer do caso, cuja decisão antevê lhe será mais favorável. Esse fenómeno compromete potencialmente a igualdade entre as partes. A preocupação em evitá-lo que impeliu os Estados-Membros da Comunidade Europeia a unificarem o seu Direito de Conflitos em matéria contratual.

54 (5) **Eficácia das fontes internacionais.** O Direito Internacional tem valor supralegal, prevalecendo sobre a lei interna, anterior ou posterior[35]. Uma vez que, como estabelece o 8.º/2, da Constituição, as normas de Direito convencional vigoram na ordem interna enquanto vincularem internacionalmente o Estado português, não pode um ato legislativo de fonte interna fazer cessar essa vigência. As regras convencionais de DIP acima referidas, primam, pois, sobre as do Direito interno, mesmo que estas lhes sejam posteriores.

55 **18. Fontes europeias.** A via convencional foi recentemente preterida na UE em favor do recurso crescente a atos de Direito Europeu. Por duas ordens de razões: (1) a aplicabilidade direta dos regulamentos europeus evita a necessidade de ratificação dos mesmos, a consequente diversidade das datas de entrada em vigor das convenções internacionais nos Estados que deles são partes e a inerente incerteza quanto ao regime aplicável; (2) a competência interpretativa desses atos comunitários, de que dispõe o TJUE, reduz o risco de entendimentos divergentes das mesmas regras de DIP, por parte dos tribunais nacionais.

56 (1) O **Tratado de Amesterdão**, de 1997, introduziu no Tratado que Institui a Comunidade Europeia um novo título IV intitulado «Vistos, Asilo, Imigração e Outras Políticas

[34] Miguel Teixeira de Sousa/Dário Moura Vicente, *Comentário à Convenção de Bruxelas* (1994).

[35] André Gonçalves Pereira/Fausto de Quadros, *Manual de Direito Internacional* Público, 3.ª ed. (1993), 121; Jorge Miranda, *Curso de Direito Internacional Público*, 6.ª ed. (2016), 182 ss..

Relativas à Livre Circulação de Pessoas», no qual se atribuiu expressamente competência à CE para legislar em matéria de DIP. Assim, o 61.º deste Tratado incumbiu o Conselho da União Europeia de adotar medidas no domínio da cooperação judiciária em matéria civil, as quais terão por objetivo, segundo o 65.º, designadamente, melhorar e simplificar o reconhecimento e a execução de decisões em matéria civil e comercial e promover a compatibilidade das normas aplicáveis nos Estados-Membros em matéria de conflitos de leis e de jurisdições.

(2) O **Tratado de Lisboa**, assinado em 2007 e em vigor desde 2009, reiterou esta 57
orientação ao consagrar no 81.º/1, do Tratado Sobre o Funcionamento da União Europeia (doravante TFUE) a regra conforme a qual: «A União desenvolve uma cooperação judiciária nas matérias civis com incidência transfronteiriça, assente no princípio do reconhecimento mútuo das decisões judiciais e extrajudiciais». Para este efeito, dispõe o n.º 2 do mesmo preceito que o Parlamento Europeu e o Conselho, deliberando de acordo com o processo legislativo ordinário, adotam, quando necessário para o bom funcionamento do mercado interno, medidas destinadas a assegurar, entre outros: o reconhecimento mútuo entre os Estados-Membros das decisões judiciais e extrajudiciais e a respetiva execução; a citação e notificação transfronteiriça dos atos judiciais e extrajudiciais; a compatibilidade das normas aplicáveis nos Estados-Membros em matéria de conflitos de leis e de jurisdição; e a cooperação em matéria de obtenção de meios de prova.

(3) **Os regulamentos Roma**. Com base nestas disposições, foram adotados, entre outros, 58
os seguintes atos europeus em matéria de conflitos de leis: (1) o Regulamento 593/2008, de 17-jun.-2008, sobre a lei aplicável às obrigações contratuais («**Roma I**»); (2) o Regulamento 864/2007, de 11-jul.-2007, sobre a lei aplicável às obrigações extracontratuais («**Roma II**»); (3) o Regulamento 1259/2010, de 20-dez.-2010, que cria uma cooperação reforçada no domínio da lei aplicável em matéria de divórcio e separação judicial («**Roma III**»); (4) o Regulamento 650/2012, de 4-jul.-2012, relativo à competência, à lei aplicável, ao reconhecimento e execução das decisões, e à aceitação e execução dos atos autênticos em matéria de sucessões e à criação de um Certificado Sucessório Europeu («**Roma IV**»); (5) o Regulamento 4/2009, de 18-dez.-2008, relativo à competência, à lei aplicável, ao reconhecimento e à execução das decisões e à cooperação em matéria de obrigações alimentares; (6) o Regulamento 2016/1103, de 24-jun.-2016, que implementa a cooperação reforçada no domínio da competência, da lei aplicável, do reconhecimento e da execução de decisões em matéria de regimes matrimoniais; (7) o Regulamento 2016/1104, de 24-jun.-2016, que implementa a cooperação reforçada no domínio da competência, da lei aplicável, do reconhecimento e da execução de decisões em matéria de efeitos patrimoniais das parcerias registadas[36].

Estes regulamentos são fontes de DIP vigente na ordem interna, uma vez que têm nela 59
aplicabilidade direta e *efeito imediato*. Dado que esses regulamentos são, além disso, de *aplicação universal* – na medida em que disciplinam todas as situações que têm por objeto, independentemente de a lei por eles designada ser a de um Estado-Membro da União ou a de um terceiro Estado –, um vasto leque de situações privadas internacionais, do Direito das obrigações ao Direito das sucessões, encontra-se hoje sujeito em Portugal, por força do 8.º/4, da Constituição, a regras de conflitos de leis de fonte europeia, que derrogam, no respetivo âmbito de aplicação, as regras constantes do Código Civil.

[36] Ver, para uma análise de vários desses atos normativos, Rui de Moura Ramos, *Estudos de Direito Internacional Privado da União Europeia* (2016).

60 Falta todavia, por enquanto, uma *parte geral* do DIP europeu; o que levou alguns a preconizar a adoção de um Regulamento de «**Roma 0**», que conteria a disciplina dos problemas gerais ligados à interpretação e aplicação das regras de conflitos de fonte europeia[37]. Na ausência dessa disciplina, as regras constantes dos 15.º a 24.º mantêm, em boa parte, a sua relevância nas questões privadas internacionais submetidas aos tribunais portugueses, ainda que estas caibam no âmbito de aplicação dos regulamentos europeus sobre a matéria.

61 **19. Fontes internas**. A fonte primordial do DIP na ordem interna é a lei. Nem sempre foi assim. Na vigência do Código de Seabra, as normas legais de DIP eram em número restrito. O Código Comercial consagrava, é certo, algumas normas esparsas de DIP, que eram aplicadas por analogia a todo o Direito privado[38]. Esta disciplina era, porém, em larga medida fruto de uma construção doutrinal e jurisprudencial, que forneceu os alicerces da atual codificação[39]. Desde a entrada em vigor do Código, passou a existir em Portugal e nos demais países de língua oficial portuguesa onde o mesmo vigora, um *sistema* de regras de DIP de fonte legal, constantes dos 14.º a 65.º deste diploma[40]. Mas o Código não é, em qualquer desses países, a única fonte de regras de conflitos, antes é complementado por disposições constantes de outros códigos e leis avulsas[41]. Entre estes destacam-se: o Código das Sociedades Comerciais, o Código dos Valores Mobiliários, o Código do Trabalho, o Código da Insolvência e da Recuperação de Empresas, o Regime Jurídico das Cláusulas Contratuais Gerais e a Lei da Arbitragem Voluntária.

62 **20. Fontes não-normativas**, por vezes designadas por *soft law*. Estão neste caso: (1) As **Leis-Modelo** preparadas designadamente pela Comissão as Nações Unidas Para o Direito do Comércio Internacional (CNUDCI ou UNCITRAL), as quais versam, nomeadamente, sobre a arbitragem comercial internacional (1985, revista em 2006), o comércio eletrónico (1996), as assinaturas eletrónicas (2001) e a conciliação comercial internacional (2002): não sendo instrumentos vinculativos para os Estados, é inequívoca a sua relevância na harmonização dos Direitos nacionais, como o demonstra o elevado número de países que as adotaram nas respetivas ordens jurídicas; são por isso, indiretamente, fontes de normas internas. (2) As **codificações de princípios jurídicos**, como os *Princípios UNIDROIT sobre os contratos comerciais internacionais*, a que se fez referência a cima, e os *Princípios Relativos à Escolha de Lei Aplicável aos Contratos Comerciais Internacionais*, adotados em 2015 pela Conferência da Haia de Direito Internacional Privado[42]

[37] Existe contudo um projeto desse Regulamento, da autoria de Paul Lagarde, intitulado *Embryon de Règlement Portant Code Européen de Droit International Privé*, RabelsZ (2011), 673 ss..

[38] Referimo-nos, designadamente, aos 4.º e 12.º. Estas normas não foram revogadas expressamente pelo diploma preambular do Código Civil; mas dado que funcionavam como disposições de caráter geral, devem ter-se por revogadas nos termos do 7.º/2, cujas regras de conflitos consagraram uma disciplina mais adequada às necessidades próprias das relações comerciais. Já o mesmo não se pode dizer dos 488.º, 650.º, 674.º e 690.º do CCom, relativos à lei aplicável aos atos de comércio marítimo, que nenhuma outra norma veio revogar expressa ou implicitamente.

[39] *Vide* os anteprojetos de António Ferrer Correia, intitulados *Direito internacional privado*, BMJ 24 (1951), 9 ss.; e *Aplicação das leis no espaço. Direitos dos estrangeiros e conflitos de leis*, BMJ 136 (1964), 17 ss. (com a colaboração de João Baptista Machado).

[40] Assim também Rui de Moura Ramos, *O Código Civil de 1966 e a codificação do direito internacional privado português*, RLJ 146 (2017), 372.

[41] Coligidas em Dário Moura Vicente, *Direito Internacional Privado. Textos normativos fundamentais*, 4.ª ed. (2019).

[42] De que existe tradução em língua portuguesa, disponível em https://assets.hcch.net/docs/875f0793-9618-4753-aec6-9450dcc01316.pdf.

Secção I – Disposições gerais

Artigo 14.º (Condição jurídica dos estrangeiros)

1. Os estrangeiros são equiparados aos nacionais quanto ao gozo de direitos civis, salvo disposição legal em contrário.

2. Não são, porém, reconhecidos aos estrangeiros os direitos que, sendo atribuídos pelo respetivo Estado aos seus nacionais, o não sejam aos portugueses em igualdade de circunstâncias.

Bibliografia: Ana Vargas/Joaquim Ruas, *Direito dos estrangeiros* (1995); António Ferrer Correia, *Lições de Direito Internacional Privado*, I (2000), 71-81; Florbela de Almeida Pires, *Conflitos de Leis. Comentário aos artigos 14.º a 65.º do Código Civil* (2009), 5-14; Gonçalo Matias, *UCP/Comentário ao Código Civil* (2014), 66-69; Isabel de Magalhães Collaço, *Direito Internacional Privado*, I (1966), 41-48; III (1959), 72-85; João Baptista Machado, *Lições de Direito Internacional Privado* (1982), 18-21; João de Castro Mendes, *Teoria Geral do Direito Civil*, I (1978), 120-121; Jorge Miranda, *Manual de Direito Constitucional*, III, 4.ª ed. (1998), 125-162; Luís Carvalho Fernandes, *Teoria Geral do Direito Civil*, I, 5.ª ed. (2009), 242-244; Luís de Lima Pinheiro, *Direito Internacional Privado*, II, 4.ª ed. (2015), 245-265; Maria Helena Brito, em Ana Prata, *Código Civil Anotado*, I, 2.ª ed. (2019), 39-41; Rui de Moura Ramos, «Estrangeiro», *Polis*, II, 1215-1221; *idem, Sociedades estrangeiras e processo de privatizações. Sobre uma evolução recente do Direito dos Estrangeiros em Portugal*, in Estudos de Direito Internacional Privado e de Direito Processual Civil Internacional (2002), 75-100.

Índice

I – Direito dos estrangeiros: noção e natureza jurídica

1 **1. Noção**. Denomina-se Direito dos estrangeiros o conjunto de princípios e normas que disciplinam a condição jurídica das pessoas singulares e coletivas estrangeiras em território nacional. Estrangeiro, para este efeito, é toda a pessoa que não seja nacional portuguesa, quer possua a nacionalidade de outro Estado, quer seja apátrida. O traço distintivo deste conceito reside na ideia de *não pertinência* de alguém à comunidade nacional. Deve, em todo, o caso ter-se presente que a condição dos estrangeiros não é unívoca. A cidadania da UE, instituída pelo Tratado de Maastricht em 1992, teve forte repercussão sobre a condição dos estrangeiros em Portugal, dando lugar a uma *categoria especial de estrangeiros*, que são os nacionais de outros Estados-Membros da União, cujo estatuto figura atualmente nos 18.º e seguintes do TFUE. Outro tanto pode dizer-se do Tratado de Amizade, Cooperação e Consulta entre a República Portuguesa e a República Federativa do Brasil, assinado em 2000, que regula nos seus 12.º e seguintes o estatuto de igualdade entre cidadãos portugueses e brasileiros.

2 **2. Natureza jurídica**. É muito heterogénea a natureza das normas do Direito dos Estrangeiros. Trata-se de normas de Direito material, e não de conflitos. A maior parte delas reserva

aos estrangeiros um tratamento diferente, não raro menos favorável do que aquele que é conferido aos cidadãos nacionais, ferindo-os de incapacidades específicas de gozo de direitos ou subordinando o reconhecimento desses direitos a certas condições *maxime* a reciprocidade de tratamento relativamente aos cidadãos nacionais. Mas certas normas de Direito dos estrangeiros visam, ao invés, equiparar os estrangeiros aos nacionais. Essas normas são de Direito público ou de Direito privado, consoante a natureza das situações jurídicas relativamente às quais disciplinam a capacidade dos estrangeiros. Assim, por exemplo, são de Direito constitucional certas normas respeitantes ao exercício de direitos políticos em território nacional por cidadãos estrangeiros[1]; de Direito administrativo, as que se referem à entrada, permanência, saída e afastamento de estrangeiros do território nacional[2]; de Direito do trabalho, as que disciplinam as condições da prestação de trabalho por conta de outrem por estrangeiros em Portugal[3]; e de Direito intelectual, as que regulam o gozo por cidadãos estrangeiros de direitos de autor e conexos ou direitos de propriedade industrial em território nacional[4].

II – Princípios fundamentais do Direito dos estrangeiros

3 **3. Equiparação**. O Código equipara, no n.º 1 do preceito em anotação, os estrangeiros aos cidadãos portugueses quanto ao gozo de direitos civis, salvo disposição legal em contrário. No mesmo sentido dispõe o 15.º/1, da Constituição:

> Os estrangeiros e os apátridas que se encontrem ou residam em Portugal gozam dos direitos e estão sujeitos aos deveres do cidadão português.

4 Este princípio de equiparação não significa que o estrangeiro tenha em território nacional exatamente os mesmos direitos que os portugueses. Em concreto, pode ter mais ou menos. Tudo depende da lei aplicável à situação jurídica *sub judice*. Isto, porém, com o limite do 27.º/2, que se examinará adiante. Assim, por exemplo, se dois estrangeiros, menores de idade, quiserem casar em Portugal e a sua lei pessoal, aplicável nos termos do 49.º, não o consentir, apesar de ser outra a solução que, *in casu*, se extrairia da lei portuguesa, um conservador do Registo Civil português não pode casá-los. O princípio da equiparação significa, por conseguinte, tão-somente que os estrangeiros, pelo mero facto de o serem, não veem a sua capacidade de gozo de direitos restringida em Portugal. A norma do 14.º/1 limita-se a fornecer um *pressuposto geral* do funcionamento das regras de conflitos portuguesas, reconhecendo aos estrangeiros a suscetibilidade de serem titulares de direitos na ordem jurídica interna.

5 **4. Reciprocidade**. Por força do n.º 2, não são reconhecidos aos estrangeiros os direitos que, sendo atribuídos pelo respetivo Estado aos seus nacionais, o não sejam aos portugueses em igualdade de circunstâncias[5]. O reconhecimento de um direito subjetivo a um estrangeiro em Por-

[1] É o caso das normas que figuram no 15.º/4 e 5, da Constituição.

[2] Matéria regulada pela L 23/2007, de 4-jul., que aprova o regime jurídico de entrada, permanência, saída e afastamento de estrangeiros do território nacional.

[3] As quais figuram actualmente nos 4.º e ss.. do Código do Trabalho.

[4] *Vide* os 54.º/11 e 64.º do Código do Direito de Autor e dos Direitos Conexos e o 3.º/3, do Código da Propriedade Industrial.

[5] O mesmo princípio aflora em diversos outros diplomas legais. Estão neste caso: o 1.º/3, do Código da Propriedade Industrial; o 64.º do Código do Direito de Autor e dos Direitos Conexos; o 17.º/1, do DL 252/94, de 20-out. (relativo à proteção jurídica dos programas de computador); o 2.º/2, do DL 122/2000, de 4-jul. (relativo à proteção jurídica das bases de dados); e o 7.º/2, da L 34/2004, de 29-jul. (que disciplina o acesso ao Direito e aos tribunais).

tugal pressupõe que, no caso de a sua legislação nacional reconhecer esse direito aos respetivos nacionais, o não recuse aos portugueses, quer por serem estrangeiros quer por serem portugueses. Para que o preceituado no 14.º/2 funcione é necessário que os cidadãos portugueses sejam objeto de um tratamento discriminatório no país de que é nacional o estrangeiro que reclama entre nós o reconhecimento de certo direito. O preceito consagra, por conseguinte, uma norma de *reciprocidade de facto* ou, para alguns, de *retaliação*.

Segundo se retira dos trabalhos preparatórios do Código Civil[6], visou-se deste modo evitar a desigualdade do tratamento concedido aos portugueses no estrangeiro. Através da recusa aos estrangeiros dos direitos que, nos respetivos países de origem, sejam negados aos portugueses que se encontrem em idênticas condições de facto, pretende-se dissuadir os Estados estrangeiros de adotarem medidas discriminatórias contra os portugueses (ou os estrangeiros em geral) e assim influir, por via indireta, no melhoramento das condições de vida dos cidadãos portugueses estabelecidos no estrangeiro. 6

Foram, todavia, formuladas reservas quanto à constitucionalidade do 14.º/2[7]. Essas reservas resultam fundamentalmente de duas ordens de considerações: (1) o 15.º/2, da Constituição, só admite, pelo menos explicitamente, restrições ao princípio da equiparação que resultem de a própria Constituição ou a lei ordinária reservarem exclusivamente aos cidadãos portugueses o gozo de certos direitos; não se contempla naquele preceito a existência de normas de reciprocidade de facto ou de retaliação, como a do 14.º/2; (2) a Constituição só prevê diferenças de tratamento entre portugueses e estrangeiros; não entre estrangeiros de nacionalidades distintas: o 14.º/2 feriria, assim, também o 13.º da Constituição. 7

A isto se tem contraposto o seguinte[8]: (1) a equiparação dos estrangeiros aos portugueses, consagrada no 15.º/1, da Constituição, não é irrestrita, antes se permite, no n.º 2 deste preceito, que a lei ordinária reserve exclusivamente aos cidadãos portugueses o gozo de certos direitos: *a fortiori* permite-se também nele que a lei ordinária exclua o gozo de certos direitos por cidadãos estrangeiros tão-só quando o mesmo seja recusado aos portugueses nos respetivos países de origem, pelo facto de serem portugueses ou de serem estrangeiros, conforme estabelece o 14.º/2; (2) o 15.º da Constituição permite igualmente, nos seus n.ºs 3 a 5, a instituição, sob condição de reciprocidade, de certas diferenciações entre estrangeiros, em razão do seu país de origem, mediante tratados internacionais ou disposições da lei ordinária; nenhuma razão de princípio obsta, pois, a diferenciações do mesmo género, resultantes do funcionamento do princípio da reciprocidade de facto consignado no 14.º/2. 8

A aplicação deste preceito deve, em qualquer caso, ser feita sem prejuízo do *tratamento mínimo* dos estrangeiros exigido pelo Direito Internacional geral, o qual é independente de reciprocidade e compreende os direitos humanos fundamentais[9]. 9

[6] António Ferrer Correia, *Direito internacional privado*, BMJ 24 (1951), 9 ss..

[7] Pronunciam-se no sentido da inconstitucionalidade do 14.º/2: João de Castro Mendes, *Teoria geral do Direito Civil*, I (1978), 121; Luís Carvalho Fernandes, *Teoria geral do Direito Civil*, I, 5.ª ed. (2009), 242; Florbela de Almeida Pires, *Conflitos de Leis. Comentário aos artigos 14.º a 65.º do Código Civil* (2009), 12 ss.; Gonçalo Matias, *UCP/Comentário ao Código Civil* (2014), 68; e Luís de Lima Pinheiro, *Direito Internacional Privado*, II, 4.ª ed. (2015), 258.

[8] A orientação favorável à constitucionalidade do 14.º/2, é sustentada por Jorge Miranda, *Manual de Direito Constitucional*, III, 4.ª ed. (1998), 152, e por António Ferrer Correia, *Lições de Direito Internacional Privado*, I (2000), 78; obteve acolhimento no parecer da PGR 65/82, de 22-jul.-1982, BMJ 325, 294.

[9] Sobre esse princípio, Rui de Moura Ramos, *Da Comunidade Internacional e do seu Direito. Estudos de Direito Internacional Público e Relações Internacionais* (1996), 119 ss..

Artigo 15.º (Qualificações)

A competência atribuída a uma lei abrange somente as normas que, pelo seu conteúdo e pela função que têm nessa lei, integram o regime do instituto visado na regra de conflitos.

Bibliografia: António Ferrer Correia, *O princípio da autonomia do Direito Internacional Privado no sistema jurídico português*, in Temas de Direito comercial e Direito Internacional Privado (1989), 451-495; *idem*, *Lições de Direito Internacional Privado*, I (2000), 199-243; Dário Moura Vicente, *Qualificação*, in Enciclopédia Luso-Brasileira de Direito Internacional (2020; no prelo); Isabel de Magalhães Collaço, *Da qualificação em Direito Internacional Privado* (1964); João Baptista Machado, *Lições de Direito Internacional Privado*, 2.ª ed. (1982), 102-144; Luís de Lima Pinheiro, *Direito Internacional Privado*, I, 3.ª ed. (2014), 571-597; Maria Helena Brito, *A utilização do método comparativo em Direito Internacional Privado. Em especial, o problema da qualificação*, in Estudos em homenagem ao Professor Doutor Carlos Ferreira de Almeida (2011), 103-133; *idem*, em Ana Prata, *Código Civil Anotado*, I, 2.ª ed. (2019), 41-43; Sofia Oliveira Pais, *UCP/Comentário ao Código Civil* (2014), 69-72.

Índice

I – Noção de qualificação em DIP e problemas que suscita

1 **1. Noção**. A qualificação, operação necessária à aplicação de toda a norma jurídica ao caso singular, é a integração de um caso numa categoria de casos designada pela norma jurídica através de um conceito. A especificidade da problemática da qualificação em DIP prende-se com a estrutura particular das normas tipicamente utilizadas por este ramo do Direito: as regras de conflitos de leis no espaço. Estas caracterizam-se por se socorrerem de *conceitos-quadro* a fim de delimitarem o seu objeto. Esses conceitos designam ora uma categoria de situações ou relações jurídicas (*v.g.* «obrigações contratuais» ou «direitos reais»), ora uma categoria de questões jurídicas parciais (por exemplo, «validade formal» ou «capacidade negocial»). A estatuição das regras de conflitos consiste no chamamento de normas de Direito material, interno ou estrangeiro, para regular essas situações, relações e questões.

2 **2. Problemas**. Na aplicação das regras de conflitos às situações concretas da vida suscitam-se duas ordens de problemas. O primeiro é relativo ao alcance da referência feita pela regra de conflitos à lei designada pelo elemento de conexão dela constante. Pergunta-se se se trata de uma *referência aberta – hoc sensu* dirigida ao conjunto das suas disposições materiais – ou antes de uma *referência seletiva* – ou seja, de uma referência que compreende apenas as normas que correspon-

dam à categoria definida pelo conceito-quadro da regra de conflitos. O segundo prende-se com a operação de qualificação propriamente dita: cuida-se de saber quais os critérios que presidem à subsunção das normas materiais da lei designada pela regra de conflitos no conceito-quadro desta (ou, como alguns preferem dizer, à subsunção das situações jurídicas decorrentes da aplicação dessas normas materiais no conceito-quadro da regra de conflitos).

II – Sentido e alcance da referência à *lex causae*

3. Referência seletiva à *lex causae*. Pelo que respeita ao primeiro problema mencionado, a referência feita por uma regra de conflitos à *lex causae* – quer esta seja uma lei estrangeira, quer seja a própria *lex fori* – deve ser entendida como uma *referência seletiva*, no sentido de que se dirige tão-somente àquela ou àquelas das suas disposições que correspondam, pelo seu conteúdo e pela função que desempenheem no ordenamento a que pertençam, à *categoria normativa* visada pela regra de conflitos, que o seu conceito-quadro exprime. Só esta solução é compatível com a observância do juízo de valoração de interesses que subjaz à regra de conflitos, i. é, com a razão de ser da atribuição de competência a certa lei para regular determinada matéria. 3

4. A regra do 15.º. É precisamente este o regime que se encontra consagrado no 15.º do Código Civil português. Por força dele, a competência atribuída, por exemplo, à lei reguladora da sucessão *mortis causa* abrange apenas as disposições dessa lei que, pelo seu conteúdo e função, tenham natureza sucessória; o que não é o caso, por via de regra, das disposições reguladoras da apropriação pelos Estados dos bens integrantes das heranças vagas sitos nos respetivos territórios[1]. 4

III – Objeto da qualificação e momentos em que se analisa

5. Razão de ordem. Do sistema de referência à *lex causae*, consagrado no 15.º, nasce a conceção de qualificação própria do DIP português. A *referência seletiva* implica que se averigue se as normas da lei designada pela regra de conflitos potencialmente aplicáveis à situação privada internacional, pelo conteúdo e pela função que têm nessa lei, integram – i. é, se subsumem – no regime do instituto visado na norma de conflitos que para ela remeta. Assim, se é invocada num processo que decorre perante tribunal português uma norma material, de certo ordenamento jurídico e este é potencialmente competente, por força de uma norma de conflitos vigente em Portugal, antes de aplicar essa norma material o tribunal tem de verificar se, atentos os seus conteúdo e função, ela integra o instituto visado na regra de conflitos: ou seja, tem de *qualificá-la*. 5

A qualificação incide sobre as normas materiais da lei designada potencialmente aplicáveis à situação plurilocalizada, ou – o que para este efeito é o mesmo – sobre as situações jurídicas decorrentes da aplicação dessas normas materiais. Assim entendida, a operação de qualificação suscita três ordens de questões, que correspondem aos três momentos em que é possível analisá-la: (1) a interpretação dos conceitos-quadro designativos do objeto da conexão das regras de conflitos potencialmente aplicáveis; (2) a caracterização do objeto da qualificação, i. é, do *quid* a 6

[1] Como se infere, por exemplo, do disposto no 33.º do Regulamento 650/2012, de 4-jul.-2012, relativo à competência, à lei aplicável, ao reconhecimento e execução das decisões, e à aceitação e execução dos atos autênticos em matéria de sucessões e à criação de um Certificado Sucessório Europeu, nos termos do qual: «Na medida em que, nos termos da lei aplicável à sucessão por força do presente regulamento, não houver herdeiros nem legatários de quaisquer bens ao abrigo de uma disposição por morte, nem qualquer pessoa singular que possa ser considerada herdeiro por via legal, a aplicação da lei assim determinada não impede que um Estado-Membro ou uma entidade designada para o efeito por esse Estado-Membro possa apropriar-se, nos termos da sua própria lei, dos bens da herança situados no seu território, desde que os credores tenham o direito de obter a satisfação dos seus créditos a partir da totalidade dos bens da herança».

subsumir sob aqueles conceitos; (3) o apuramento da concreta apreensibilidade desse *quid* pelos conceitos de conexão da norma de conflitos (a qualificação *stricto sensu*).

7 **6. A interpretação do conceito-quadro da regra de conflitos**. No primeiro momento da qualificação, cabe apurar se os conceitos-quadro das normas de conflitos devem ser interpretados por referência ao Direito material do foro, isto é, recorrendo aos conceitos homólogos desse Direito, ou com *autonomia* em relação a ele; e neste caso até onde deve ir essa autonomia.

Só esta segunda solução permite alcançar a desejável harmonia de julgados e assegurar a
8 tutela da confiança nas situações plurilocalizadas: a solução oposta implicaria excluir conteúdos normativos estrangeiros desconhecidos da ordem jurídica do foro, com prejuízo para aqueles valores. P. ex., até recentemente, o divórcio pressupunha em Portugal a intervenção de uma autoridade judiciária; não se admitia nem o divórcio privado, nem que o casamento fosse dissolvido por uma autoridade administrativa. Mas a Conservatória dos Registos Centrais, numa decisão proferida em 1985[2], reconheceu efeitos a um divórcio de dois japoneses decretado pelo presidente de uma Câmara Municipal japonesa, por aplicação da lei local. Do mesmo modo, deve entender-se que, em face do Código Civil vigente, o conceito de filiação consagrado nos 56.º e 57.º não corresponde necessariamente ao que por tal se entende no Direito material português: antes são reconduzíveis, a essas normas de conflitos, as normas materiais estrangeiras sobre a filiação ilegítima, que o Direito português atualmente desconhece.

9 O problema da interpretação do conceito-quadro não se encontra autonomizado no 15.º. Mais explícito era, neste particular, o 2.º do Anteprojeto de 1964, que dispunha:

> A designação de uma lei como aplicável por qualquer regra de conflitos deste código determina apenas a aplicação daqueles preceitos da mesma lei que correspondam à categoria normativa visada nessa regra. Tal correspondência afere-se pelo teor e finalidade da norma de conflitos, tendo em atenção o conteúdo e fins dos preceitos em causa no contexto do respetivo ordenamento jurídico.

10 Previa-se que a interpretação da norma de conflitos seria uma interpretação teleológica: na categoria normativa usada pela regra de conflitos incluir-se-iam todos os preceitos e institutos jurídicos que, no ordenamento em que se inscrevam, visassem realizar a mesma função sociojurídica que o legislador de conflitos tinha em mente, ao aludir àquela categoria. O alcance dos conceitos-quadro das regras de conflitos transcenderia, deste modo, o dos conceitos homólogos do Direito material do foro. A eliminação daquela referência no atual 15.º ficou a dever-se apenas ao reconhecimento de que toda a interpretação é em princípio teleológica, nos termos do 9.º[3]. A solução da questão posta deve ser a mesma, apesar de ser diversa a redação do 15.º.

11 **7. A caracterização do objeto da qualificação**: o problema surge quando o julgador se interroga sobre o conteúdo e a função social das regras materiais potencialmente aplicáveis ao caso, a fim de determinar se as mesmas podem ser chamadas a aplicar-se por força da regra de conflitos que remeta para a lei a que pertencem. Importa determinar quais as finalidades que as normas em causa visam e, em particular, se estas são as mesmas que presidem ao instituto a que alude o conceito-quadro da regra de conflitos de que se partiu. Só na hipótese afirmativa será possível reconduzi-las a este e aplicar ao caso a lei por ela designada. A caracterização jurídica

[2] Referida por Ferrer Correia, *O princípio da autonomia do Direito Internacional Privado no sistema jurídico português*, in Temas de Direito comercial e Direito Internacional Privado (1989), 451 ss..

[3] *Vide supra*, António Menezes Cordeiro, anotação 25 ao preceito citado.

das situações da vida privada internacional a regular ou das normas que lhe são aplicáveis deve ser feita à luz da lei ou leis com que se achem conexas e a que pertençam as normas que lhe são potencialmente aplicáveis; não da *lex fori*. É justamente esta a estatuição fundamental do 15.º: a caracterização das normas materiais potencialmente aplicáveis faz-se à luz da *lex causae*, devendo, para tanto, atender-se, como notámos, ao conteúdo e à função que as mesmas exercem no ordenamento em que se inserem.

8. A qualificação *stricto sensu*. Feita a interpretação da categoria de conexão da regra de conflitos e caracterizado o objeto (as normas materiais ou situações jurídicas) a qualificar, resta decidir se este pode ser reconduzido à categoria própria da regra de conflitos. Em conformidade com o sistema da referência seletiva, a ordenação dessas normas nos quadros das regras de conflitos vigentes no Estado do foro depende de nelas se verificarem as características fundamentais que se entenda informarem os conceitos que delimitam estas regras. O critério que preside à qualificação em sentido estrito é o da *correspondência funcional* entre as normas que disciplinam as situações da vida *sub judice* nos ordenamentos com elas conexos e os conceitos-quadro das regras de conflitos do foro. Não basta ao julgador ater-se à caracterização jurídica dessas situações perante os ordenamentos jurídicos em que se inserem as normas materiais suscetíveis de lhes serem aplicadas: toda a qualificação em DIP importa uma reconstrução, à luz das categorias que delimitam as regras de conflitos do foro, dos institutos jurídicos nacionais e estrangeiros que compreendam no seu âmbito as situações decidendas. A última palavra nesta matéria pertence à *lex fori*. A qualificação que aqui se preconiza é, em suma, uma qualificação *lege fori* operada na base de uma caracterização *lege causae* das situações da vida a regular e das normas que as disciplinam nos ordenamentos com elas conexos. 12

IV – Conclusão

9. Conclusão. Em face do exposto, cumpre reconhecer que a qualificação em DIP não se resume a um silogismo. Com efeito, o julgador não está estritamente vinculado à caracterização dos preceitos materiais aplicáveis feita à luz de qualquer ordenamento jurídico. Pertence-lhe, pelo contrário, uma certa margem de liberdade na averiguação da existência de um grau de correspondência suficiente entre as normas materiais aplicáveis e o conceito-quadro da regra de conflitos. A qualificação reclama, para tanto, um *juízo de valor*, a empreender pelo julgador com base na ponderação da teleologia imanente aos preceitos jurídico-materiais em presença e das finalidades prosseguidas pela regra de conflitos ao consagrar determinado elemento de conexão para certa matéria. 13

Artigo 16.º (Referência à lei estrangeira. Princípio geral)

A referência das normas de conflitos a qualquer lei estrangeira determina apenas, na falta de preceito em contrário, a aplicação do direito interno dessa lei.

Bibliografia: Ana Taveira da Fonseca, *UCP/Comentário ao Código Civil* (2014), 72-78; António Ferrer Correia, *O problema do reenvio (devolução) em direito internacional privado*, BFD 38 (1962), 143-233; *idem*, *De novo acerca do reenvio no actual Código Civil português*, BFD 45 (1969), 29-53; *idem*, *Lições de Direito Internacional Privado*, I (2000), 265-320; *idem*, *Contribuição para uma história da Fundação Calouste Gulbenkian*, in Estudos em homenagem ao Professor Doutor Inocêncio Galvão Telles, I (2002), 755-788; Florbela de Almeida Pires, *Conflitos de Leis. Comentário aos artigos 14.º a 65.º do Código Civil* (2009) 20-33; Isabel de

Magalhães Collaço, *A devolução na teoria da interpretação e aplicação da norma de conflitos*, O Direito 90 (1958), 166-202, e O Direito 91 (1959), 3-34; *idem*, *Direito Internacional Privado. O regime da devolução no Código Civil de 1966* (1968); João Baptista Machado, *Lições de Direito Internacional Privado*, 2.ª ed. (1982), 178-221; José Robin de Andrade, *O novo Código civil e o problema do reenvio ou devolução*, Jornal do Fôro 31 (1967), 99-144; Luís de Lima Pinheiro, *Direito Internacional Privado*, I, 3.ª ed. (2014), 531-569; Maria Helena Brito, em Ana Prata, *Código Civil Anotado*, I, 2.ª ed. (2019), 43-44.

Índice

I – O problema do alcance da referência à lei estrangeira e sua génese

1 **1. Objeto do preceito.** Disciplina-se neste preceito o problema do alcance da referência feita pelas regras de conflitos vigentes em Portugal à lei estrangeira por elas designada: cuida-se aqui de determinar se a remissão feita por essas regras para uma lei estrangeira compreende tão-só as respetivas normas materiais ou também o seu DIP, isto é, as suas regras de conflitos e as regras auxiliares destas, observando-se o eventual reenvio, ou devolução, operado por essas regras para outro sistema jurídico.

2 **2. Os conflitos de sistemas de DIP.** A génese deste problema coincide com o fenómeno da «nacionalização» ou «particularização» do DIP, ocorrida no séc. XIX. Com as grandes codificações europeias de Direito privado surgiram também os sistemas nacionais de DIP, que consagraram regras de conflitos divergentes. Registou-se uma cisão entre, por um lado, os países que aderiram ao sistema da aplicação da lei da nacionalidade às matérias compreendidas no estatuto pessoal das pessoas singulares e, por outro, os que se mantiveram fiéis à lei do domicílio. Surgiram também divergências quanto ao âmbito de aplicação da *lex rei sitae*: enquanto que alguns países o restringiram aos direitos reais sobre bens imóveis, outros estenderam-no, por exemplo, à sucessão por morte quanto a estes bens. Desta diversidade dos elementos de conexão adotados pelas regras de conflitos nacionais para regerem as mesmas matérias resultou o fenómeno chamado os *conflitos de sistemas* em DIP. Estes conflitos podem ser fundamentalmente de dois tipos: *conflitos positivos*, quando duas ou mais leis se declaram simultaneamente aplicáveis à mesma questão jurídica concreta; e *conflitos negativos*, quando nenhuma das leis com as quais a situação a regular se ache em contacto pretende discipliná-la, devolvendo a outra a competência para esse efeito. São os conflitos negativos que estão na origem do problema do reenvio. Cabe notar que este problema diminuiu muito de relevância nas últimas décadas, devido nomeadamente à unificação do DIP na União Europeia; de todo o modo, continua a colocar-se nas matérias não cobertas por este.

II – O princípio geral da referência material à lei estrangeira: sentido e limites

3 **3. O princípio geral.** O preceito em anotação consagra a *referência material* à lei estrangeira: esta determina apenas, na falta de preceito em contrário, a aplicação do Direito interno dessa lei. Por Direito interno hão de entender-se aqui as normas materiais da lei designada, com exclusão das suas normas de conflitos. A expressão tem, por isso, neste preceito um sentido diferente

daquele que lhe pertence no 20.º/1, onde visa antes designar as normas de conflitos interlocais da lei estrangeira competente segundo a norma de conflitos nacional.

4 **4. Outras consagrações**. No mesmo sentido podem ver-se os 20.º de Roma I, 24.º de Roma II, 11.º de Roma III, 32.º do Regulamento 2016/1103, relativo aos regimes matrimoniais, e 32.º do Regulamento 2016/1104, relativo às parcerias registadas.

5 **5. Justificação**. São várias as razões justificativas deste princípio. No 16.º, ele corresponde a uma consagração do primado dos juízos de valor do DIP do foro sobre os da lei estrangeira: por força deste preceito, o DIP português só admite que as opções valorativas consignadas nas suas regras de conflitos, quanto à regulação das situações plurilocalizadas, cedam perante as que informam uma regra de conflitos estrangeira quando isso conduza a certos resultados tidos por úteis na ótica dos fins gerais que a disciplina visa realizar[1]. O 16.º não consagra, assim, uma simples *regra pragmática* destinada a dar solução aos casos em que a denominada referência global à lei estrangeira seja inexequível[2]. À luz do exposto, o sentido do 16.º é outro: trata-se antes de um preceito que exprime um *princípio geral* relativo ao sentido normal da referência da regra de conflitos à lei estrangeira. Por outro lado, a exclusão do reenvio nos citados regulamentos europeus constitui um reflexo da unificação do DIP empreendida por esses atos da União Europeia e da supressão, no respetivo âmbito material de aplicação, do problema dos conflitos de sistemas entre os países que deles são partes.

Artigo 17.º (Reenvio para a lei de um terceiro Estado)

1. Se, porém, o direito internacional privado da lei referida pela norma de conflitos portuguesa remeter para outra legislação e esta se considerar competente para regular o caso, é o direito interno desta legislação que deve ser aplicado.

2. Cessa o disposto no número anterior, se a lei referida pela norma de conflitos portuguesa for a lei pessoal e o interessado residir habitualmente em território português ou em país cujas normas de conflitos considerem competente o direito interno do Estado da sua nacionalidade.

3. Ficam, todavia, unicamente sujeitos à regra do n.º 1 os casos da tutela e curatela, relações patrimoniais entre os cônjuges, poder paternal, relações entre adotante e adotado e sucessão por morte, se a lei nacional indicada pela norma de conflitos devolver para a lei da situação dos bens imóveis e esta se considerar competente.

Bibliografia: *vide* a indicada na anotação ao artigo 16.º.

Índice

[1] *Vide*, sobre o ponto, *infra*, as anotações aos 17.º e 18.º.

[2] Como sustentou Baptista Machado, *Lições de Direito Internacional Privado*, 193.

I – A admissão do reenvio em caso de transmissão de competência

1 **1. Condições de admissão do reenvio.** O n.º 1 consagra um desvio à regra do 16.º: o reenvio é admitido, na modalidade de transmissão de competência, sempre que o DIP da lei referida pela regra de conflitos portuguesa remeta para outra legislação e esta se considere competente para regular o caso. P. ex., se se colocar perante um tribunal português a questão de saber qual a lei reguladora do estatuto pessoal de um brasileiro domiciliado na Argentina: a lei brasileira, competente a título de lei pessoal por força do 31.º/1, reenvia para a lei argentina, a título de lei do domicílio, e esta reputa-se competente. A condição fundamental de que o 17.º/1, faz depender a aceitação da devolução é que a segunda *lex causae* (a lei argentina no exemplo figurado) se considere competente. Note-se, porém, que pode também haver reenvio, com fundamento no 17.º/1, se esta lei apenas indiretamente se tiver como competente. É o que sucede, p. ex., se se discutir perante um tribunal português a capacidade de um brasileiro domiciliado na Alemanha. A lei brasileira remete, neste caso, para a alemã, que por seu turno devolve à brasileira, embora aceitando o retorno que por esta lhe é efetuado.

2 **2. Justificação.** Acolhe-se, dentro de certos limites, a *teoria da referência global*, por força da qual a referência feita à lei estrangeira designada pelas regras de conflitos do Estado do foro abrange também as suas regras de conflitos. Em abono dessa teoria aduz-se, além do mais, que ela favorece a *harmonia internacional de julgados*: apesar da diversidade das regras de conflitos do Estado do foro e da ordem jurídica estrangeira por elas designada, conseguir-se-ão resultados concordantes na resolução das mesmas questões privadas internacionais, qualquer que seja a jurisdição competente para julgá-las.

II – As restrições à transmissão de competência em matéria de estatuto pessoal

3 **3. Âmbito de aplicação.** Em derrogação ao disposto no preceito anterior, exclui-se no n.º 2 a admissibilidade do reenvio nas matérias regidas pela lei pessoal (que o 25.º do Código enuncia) sempre que o interessado resida habitualmente em Portugal ou em país cujas regras de conflitos considerem competente o direito interno do Estado da sua nacionalidade. P. ex., dois suíços com residência habitual em Portugal casam entre si no Estado de Nova Iorque. Pergunta-se qual a lei aplicável à validade substantiva do casamento. A lei portuguesa remete para a lei nacional (a lei suíça); esta, porém, reconhece o casamento validamente celebrado de acordo com a *lex loci*, a qual, por seu turno, se tem por competente ao abrigo da regra conforme a qual «a marriage which satisfies the requirements of the state where the marriage was contracted will everywhere be recognized as valid». Não obstante estarem aparentemente preenchidos os requisitos do n.º 1, em tal caso não se admite o reenvio, aplicando-se antes, nos termos do 17.º/2, a lei suíça.

4 **4. Justificação.** Visa-se, através deste preceito evitar que o reenvio conduza à aplicação, em matéria de estatuto pessoal, de uma lei que não a da nacionalidade ou a da residência habitual. Estas são, com efeito, as conexões primordiais no domínio do estatuto pessoal, sendo para o DIP português todas as demais soluções, em princípio, indesejáveis. De novo é o primado das valorações do DIP do foro sobre os da lei estrangeira que aqui se manifesta.

III – As exceções à restrição

5 **5. Âmbito de aplicação.** O 17.º/3 abre uma exceção à regra anterior, nos casos em que a *lex causae* devolva para a *lex rei sitae* e esta se considere competente. É o que sucede, p. ex., se for

submetida a um tribunal português uma questão atinente à sucessão por morte, ocorrida antes do início de aplicação de Roma IV, de um nacional do Reino Unido, com residência habitual em Portugal, mas proprietário de imóveis em França. Admitindo que a lei portuguesa remete *in casu* para a inglesa e que esta, por seu turno, reenvia, no tocante à sucessão nos imóveis, para a lei francesa, o reenvio não seria em princípio de aceitar, de acordo com o 17.º/2, ainda que a lei francesa se tivesse por competente, pois o interessado residia em Portugal; sendo, porém, o reenvio feito para a lei da situação dos imóveis, o 17.º/3, permite-o excecionalmente.

6. Justificação. A aplicação da *lex rei sitae* permite nestas hipóteses assegurar a eficácia da decisão a proferir em Portugal, caso esta tenha de ser reconhecida e executada no país onde se destina normalmente a produzir os seus efeitos: o da situação dos bens imóveis. O reenvio não se funda, neste caso, na harmonia de julgados, mas antes na *efetividade das decisões judiciais.* 6

Artigo 18.º (Reenvio para a lei portuguesa)

1. Se o direito internacional privado da lei designada pela norma de conflitos devolver para o direito interno português, é este o direito aplicável.

2. Quando, porém, se trate de matéria compreendida no estatuto pessoal, a lei portuguesa só é aplicável se o interessado tiver em território português a sua residência habitual ou se a lei do país desta residência considerar igualmente competente o direito interno português.

Bibliografia: *vide* a indicada na anotação ao artigo 16.º.

Índice

I – A admissão do reenvio em caso de retorno à lei portuguesa

1. Condições do reenvio. Os casos de retorno à lei portuguesa estão previstos no 18.º/1, por força do qual, se o DIP da lei designada pela norma de conflitos devolver para o Direito interno português, será este o Direito aplicável. É o que ocorre, p. ex., se houver que regular uma questão relativa do estatuto pessoal de um brasileiro domiciliado em Lisboa: a lei aplicável é em princípio a da sua nacionalidade, por força do 31.º/1, mas esta devolve à lei portuguesa, visto que nos termos da Lei de Introdução às Normas do Direito Brasileiro «A lei do país em que domiciliada a pessoa determina as regras sobre o começo e o fim da personalidade, o nome, a capacidade e os direitos de família». 1

A condição primordial para a aceitação do retorno é a existência de uma *referência material* à lei portuguesa. Não haverá retorno, por conseguinte, se, consoante sucedeu no caso *Allard*, julgado pelo STJ em 1952[1], for submetida aos tribunais portugueses a sucessão *mortis causa* de 2

[1] Relatado *in* Isabel de Magalhães Collaço *et al.*, *Direito Internacional Privado. Casos práticos de devolução e qualificação* (1983), 9.

um francês falecido com último domicílio em Portugal antes do início de aplicação de Roma IV, pois nesse caso não havia uma referência material, mas antes uma devolução simples à lei portuguesa. Outro tanto pode dizer-se da hipótese em que os nossos tribunais hajam de pronunciar-se, nas mesmas condições, sobre a sucessão *mortis causa* de um inglês domiciliado em Portugal. Foi o que ocorreu no caso *Gulbenkian*, submetido ao Tribunal de Comarca de Lisboa nos anos 50 do séc. XX[2], em que se discutia a validade do testamento feito por Calouste Gulbenkian, em 1953, pelo qual este criava uma fundação com sede em Lisboa. O testamento foi contestado pelo filho primogénito de Calouste Gulbenkian, Nubar Gulbenkian, que sustentava ter, sobre a herança e a Fundação com o mesmo nome, entretanto constituída em Portugal, outros direitos, além daqueles que o testamento de seu pai lhe reconhecia. Fundava-se para tanto nas disposições da lei portuguesa que conferiam aos filhos do *de cujus* o direito à legítima paterna. O DIP português remetia no caso para a lei inglesa, visto ter Calouste Gulbenkian a nacionalidade do Reino Unido, que obtivera por naturalização. Para Nubar Gulbenkian, aquelas disposições seriam, não obstante isso, aplicáveis ao caso, por força do reenvio operado pelo DIP inglês para a lei portuguesa. Este resultaria de ser o nosso país aquele onde Calouste Gulbenkian fixara o seu último domicílio, sendo por isso a nossa lei designada pela regra de conflitos inglesa, a fim de reger a sua sucessão *mortis causa*. Sucedia, porém, que a referência da regra de conflitos inglesa à *lex domicilii* em matéria sucessória era entendida pelos tribunais ingleses como uma *dupla devolução*, nos termos da qual um juiz inglês deveria julgar a causa de acordo com as normas da lei que os tribunais do Estado do último domicílio do *de cujus* aplicariam se fossem chamados a decidi-la. Uma vez que a validade intrínseca do testamento de Calouste Gulbenkian seria aferida em Portugal pela lei nacional do *de cujus* – que era na espécie a lei reguladora da sucessão –, seria também essa a lei aplicável por um tribunal inglês, caso fosse confrontado com a questão. Não havia, assim, referência material à lei portuguesa, razão pela qual o retorno não devia ser aceite.

3 **2. Justificação.** Também neste caso o legislador teve manifestamente em vista assegurar a *harmonia de julgados*, pois só verificada a referida condição é que tal objetivo se alcançará; não, evidentemente, se a referência à lei portuguesa for uma referência global, isto é, se a *lex causae* aceitar ela própria o reenvio.

II – As restrições ao retorno em matéria de estatuto pessoal

4 **3. Âmbito de aplicação**. O 18.º/2 estabelece, à imagem do 17.º/2, uma restrição à admissibilidade do reenvio em matéria de estatuto pessoal, o qual só é aceite se o interessado tiver em território português a sua residência habitual ou se a lei do país desta residência considerar igualmente competente o Direito interno português. P. ex., dois norte-americanos com residência habitual em Espanha casam em Portugal. O casamento é inválido no Estado de que são originários, mas válido em Portugal. Tanto a lei portuguesa como a espanhola consideram competente a lei desse Estado; esta, porém, manda aplicar a lei portuguesa à validade do casamento celebrado em Portugal. O reenvio assim operado para o Direito português não é aceite, nos termos do 18.º/2.

5 **4. Justificação.** De novo a razão justificativa desta restrição à admissibilidade do reenvio radica na circunstância de o mesmo levar à aplicação, em matéria de estatuto pessoal, de uma lei distinta das da nacionalidade e da residência habitual, solução tida como em princípio indesejável, segundo o DIP português.

[2] Sobre o caso, veja-se A. Ferrer Correia, *Contribuição para uma história da Fundação Calouste Gulbenkian*, in Estudos em homenagem ao Professor Doutor Inocêncio Galvão Telles, I (2002), 755 ss..

Artigo 19.º (Casos em que não é admitido o reenvio)

1. Cessa o disposto nos dois Artigos anteriores, quando da aplicação deles resulte a invalidade ou ineficácia de um negócio jurídico que seria válido ou eficaz segundo a regra fixada no Artigo 16.º, ou a ilegitimidade de um estado que de outro modo seria legítimo.

2. Cessa igualmente o disposto nos mesmos Artigos, se a lei estrangeira tiver sido designada pelos interessados, nos casos em que a designação é permitida.

Bibliografia: *vide* a indicada na anotação ao artigo 16.º.

Índice

I – A exclusão do reenvio fundada no *favor negotii*

1 **1. Regime**. O 19.º/1 exclui a admissibilidade do reenvio quando dele resulte a invalidade ou ineficácia de um negócio jurídico que seria válido ou eficaz segundo a regra fixada no 16.º, ou a ilegitimidade de um estado que de outro modo seria legítimo. É o que ocorre, por exemplo, se dois naturais da Califórnia, com residência habitual em Lisboa, casarem aqui, sendo o casamento válido à face do Direito da Califórnia, mas inválido segundo o Direito português. Levantando-se perante tribunal português a questão da validade do casamento, e remetendo o DIP da Califórnia para a lei portuguesa, a título de lei do lugar da celebração do ato, não se aceita este reenvio: aplica-se o Direito da Califórnia, pois o reenvio conduziria na espécie à invalidade do negócio.

2 **2. *Ratio legis*.** Visa-se evitar que o reenvio importe a defraudação das expectativas das partes na eficácia de um negócio jurídico ou na legitimidade de um estado, que seria válido ou legítimo segundo a lei em princípio designada pelo DIP português. O preceito evidencia o lugar central reconhecido à tutela da confiança no sistema nacional de regras de conflitos. Do mesmo passo, explicita-se nele uma restrição à aplicabilidade dos 17.º e 18.º, que é exigida pela teleologia destes: no DIP português o objetivo da harmonia de julgados não pode ser prosseguido contra as expectativas dos interessados, porque a tutela destas é um dos seus fundamentos precípuos.

3 Esta explicação do 19.º/1, permite precisar o seu âmbito de aplicação: o preceito não é aplicável em todos os casos em que não exista uma confiança legítima dos interessados na aplicação da lei designada pela regra de conflitos portuguesa e, consequentemente, na validade ou eficácia de um negócio ou na legitimidade de um estado segundo essa lei. É o que sucede, nomeadamente, quando o negócio deva ser tido como inválido ou ineficaz em face das únicas leis com ele conexas no momento da sua celebração; e bem assim quando estiverem em causa negócios ainda não celebrados.

II – A exclusão do reenvio fundada na autonomia da vontade

4 **3. Regime**. O 19.º/2 consagra uma restrição adicional ao reenvio, respeitante aos casos de *electio iuris*: sempre que a lei estrangeira tiver sido validamente designada pelos interessados, como

sucede nos casos previstos nos 34.º e 41.º, a eventual devolução dessa lei a uma outra não será atendida pelos tribunais portugueses. Uma regra análoga figura no 34.º/2, de Roma IV.

5 **4. *Ratio legis.*** O preceito encontra a sua justificação precípua no respeito pela vontade das partes: o reenvio poderia levar à aplicação de uma lei distinta da pretendida pelas partes, frustrando-se as finalidades que presidem à admissão, pelo DIP, em certas matérias, da escolha pelos interessados da lei aplicável, *maxime* a certeza quanto ao Direito aplicável desse modo visada.

Artigo 20.º (Ordenamentos jurídicos plurilegislativos)

1. Quando, em razão da nacionalidade de certa pessoa, for competente a lei de um Estado em que coexistam diferentes sistemas legislativos locais, é o direito interno desse Estado que fixa em cada caso o sistema aplicável.

2. Na falta de normas de direito interlocal, recorre-se ao direito internacional privado do mesmo Estado; e, se este não bastar, considera-se como lei pessoal do interessado a lei da sua residência habitual.

3. Se a legislação competente constituir uma ordem jurídica territorialmente unitária, mas nela vigorarem diversos sistemas de normas para diferentes categorias de pessoas, observar-se-á sempre o estabelecido nessa legislação quanto ao conflito de sistemas.

Bibliografia: António Ferrer Correia, *Lições de Direito Internacional Privado*, I (2000), 399-404; Florbela de Almeida Pires, *Conflitos de Leis. Comentário aos artigos 14.º a 65.º do Código Civil* (2009), 33-38; Isabel de Magalhães Collaço, *Direito Internacional Privado. Determinação da ordem local aplicável em caso de remissão para ordenamentos plurilegislativos* (1970); João Baptista Machado, *Lições de Direito Internacional Privado*, 2.ª ed. (1982), 237-242; Luís de Lima Pinheiro, *Direito Internacional Privado*, I, 3.ª ed. (2014), 521-529; Maria Helena Brito, em Ana Prata, *Código Civil Anotado*, I, 2.ª ed. (2019), 47-48; Maria João Matias Fernandes, *UCP/Comentário ao Código Civil* (2014), 78-82.

Índice

I – Conflitos de leis interlocais

1 **1. Objeto e âmbito do regime**. As regras de conflitos de leis no espaço podem remeter para a lei de um Estado onde vigorem simultaneamente diferentes sistemas jurídicos, válidos para diferentes partes do respetivo território. Estão neste caso os ordenamentos jurídicos vigentes em países como a Espanha, onde certas comunidades autónomas (p. ex., a Catalunha), têm um Direito próprio; o Reino Unido, onde se podem autonomizar os sistemas jurídicos inglês, escocês, da Irlanda do Norte, das Ilhas do Canal (Guernsey e Jersey) e da Ilha de Man; os Estados Unidos, onde cada Estado federado tem um Direito material específico; e ainda o Canadá e a Austrália. Para designar tais ordenamentos utiliza a nossa lei, no preceito em anotação, a expressão «ordenamentos jurídicos plurilegislativos»; mas parece mais exato falar, a este respeito, de

ordenamentos jurídicos complexos, visto que, em alguns deles (como os de *Common Law*), não é a lei a fonte primordial do Direito.

Levanta-se nestes casos o seguinte problema, relativo à interpretação e concretização do elemento de conexão: limita-se a regra de conflitos a remeter para a ordem jurídica estadual em que tais ordenamentos locais ou pessoais se inserem, ficando a determinação das normas locais ou pessoais aplicáveis ao caso a cargo das regras de conflitos interlocais ou interpessoais vigentes nessa ordem jurídica ou, ao invés, é a própria regra de conflitos que indica a ordem jurídica local ou pessoal competente? É deste problema que se ocupa o 20.º, o qual apenas tem em vista os casos em que é competente um ordenamento jurídico plurilegislativo, ou complexo, a título de lei da nacionalidade de um indivíduo e enquanto sua lei pessoal. 2

2. Critérios de determinação do Direito local aplicável. Em face do disposto no 20.º/1 e 2, quando for designado um ordenamento jurídico complexo em razão da nacionalidade de uma pessoa, há que proceder do seguinte modo: (1) se existir Direito interlocal nesse ordenamento jurídico (como sucede em Espanha), recorre-se a ele: é o que dispõe o n.º 1, onde a expressão «direito interno» deve ser interpretada no sentido de regras de conflitos interlocais; (2) na falta de Direito interlocal, recorre-se ao DIP do Estado em questão, se este possuir um sistema de regras de conflitos unificadas, consoante determina o n.º 2, primeira parte; (3) não havendo Direito interlocal nem DIP unificado (como sucede no Reino Unido, nos Estados Unidos, no Canadá e na Austrália), aplica-se a lei da residência habitual do interessado (i. é, da pessoa originária do ordenamento complexo), conforme estabelece o n.º 2, 2.ª parte, que consagra, para esta hipótese, uma solução autónoma de Direito português. 3

Este último segmento do 20.º/2, levanta o seguinte problema de interpretação: no caso de a residência habitual do interessado se situar fora do território do Estado plurilegislativo também se deve aplicar a lei da sua residência habitual? Ou, ao invés, essa solução só vale para os casos em que a residência habitual do interessado se situe dentro do território do Estado plurilegislativo? É o problema que se suscitava, antes da entrada em vigor do Regulamento Roma IV, quando se curava de saber se a sucessão *mortis causa* de um inglês, que falecera com residência habitual em Portugal, era regida pela lei portuguesa, por força do citado 20.º/2; e que continua a suscitar-se atualmente pelo que respeita a outros aspetos do estatuto pessoal das pessoas singulares regidos pela lei da nacionalidade e não abrangidos pelos Regulamentos europeus. 4

Este problema é passível de duas soluções fundamentais. Uma, mais apegada à letra da lei, consiste em aplicar a lei da residência habitual, onde quer que ela se situe: na hipótese acima figurada, a lei portuguesa[1]. Foi a solução recentemente adotada pelo STJ[2]. Outra, que apela mais ao espírito do sistema em matéria de regulação do estatuto pessoal dos indivíduos, consiste em só aplicar a lei da residência habitual quando esta se situar dentro do Estado plurilegislativo[3]. A favor desta solução depõe a circunstância de não existir, no nosso DIP, uma rigorosa equivalência entre as conexões nacionalidade e residência habitual na regulação do estatuto pessoal dos indivíduos: a lei portuguesa conferiu à nacionalidade uma nítida preponderância neste domínio. Na verdade, a nacionalidade é a conexão primária em matéria de estatuto pessoal, por força do 31.º/1. A residência habitual só intervém, nos termos do 32.º, como conexão subsidiária, na 5

[1] Solução preconizada por João Baptista Machado, *Lições de Direito Internacional Privado*, 242, e António Ferrer Correia, *Lições de Direito Internacional Privado*, 402.

[2] STJ 16-maio-2018 (Roque Nogueira), Proc. 2341/13.

[3] Solução sustentada por Isabel de Magalhães Collaço, *Direito Internacional Privado. Determinação da ordem local aplicável em caso de remissão para ordenamentos plurilegislativos* (1970), 16, bem como por Luís de Lima Pinheiro, *Direito Internacional Privado*, I, 3.ª ed. (2014), 358.

falta de nacionalidade (i. é, se o indivíduo for apátrida), ou, por força do 31.º/2, como forma de assegurar o aproveitamento de certos negócios jurídicos. Assim sendo, a aplicação da lei da residência habitual, sempre que a lei da nacionalidade não forneça direta e imediatamente um critério de determinação do sistema jurídico local competente, contraria valorações fundamentais do sistema de conflitos.

6 O 20.º/2, carece, nesta medida, de uma redução teleológica. Encontramo-nos, nestes casos, perante uma lacuna oculta, que resulta da ausência de um preceito que enuncie, para o caso em apreço, um regime especial, conforme ao espírito do sistema, e da inadequação a este caso da regra enunciada no 20.º/2, 2.ª parte. A fim de preencher essa lacuna, e na falta de caso análogo, há que recorrer, nos termos do 10.º/3, à norma que o próprio intérprete criaria, se houvesse de legislar dentro do espírito do sistema. Este aponta no sentido da aplicação ao estatuto pessoal dos indivíduos da lei que deles esteja mais próxima, porque só desse modo se salvaguardarão as suas expectativas legítimas. Haverá, por isso, que procurar o ordenamento jurídico local com que o interessado possui a *conexão mais estreita*. Esta conexão poderá consistir, por exemplo, na sua última residência habitual dentro do Estado plurilegislativo ou na cidadania de um Estado federado. Na hipótese referida acima, se o inglês falecido em Portugal tivesse residido em Londres a maior parte da sua vida, até se fixar em Portugal, seria o Direito inglês, e não o português, o aplicável ao caso. É esta, de resto, a solução recomendada pela lição do Direito Comparado, pois encontra-se consagrada no 4.º/3, da Lei de Introdução ao Código Civil alemão e no 18.º/2, da lei italiana de DIP. Obteve também acolhimento no 18.º/2, do Código Civil de Macau. E é ainda essa solução consignada no 14.º, *c*), de Roma III e no 36.º/3, de Roma IV.

7 Sendo a remissão para um ordenamento jurídico complexo feita a título diverso do de lei da nacionalidade, p. ex., de residência habitual, lugar da celebração de um negócio jurídico, lugar da situação de uma coisa, lugar da prática de um delito ou da ocorrência de um dano ou conexão mais estreita, o 20.º não oferece qualquer solução para o problema em apreço. Nestes casos, o legislador terá pressuposto que a regra de conflitos designa direta e imediatamente a ordem jurídica local aplicável[4]. Nesse sentido depõe a circunstância de, pelo que respeita aos elementos de conexão referidos, as razões justificativas da atribuição de competência à *lex causae* – isto é, o juízo de valoração de interesses que está na base da regra de conflitos – tanto procederem nos casos em que no lugar onde se concretiza o elemento de conexão vigora um ordenamento jurídico unitário como naqueles em que esse lugar constitui apenas uma parcela de um ordenamento jurídico complexo[5].

II – Conflitos de leis interpessoais

8 **3. Objeto e âmbito do regime**. A remissão da regra de conflitos pode, além disso, dirigir-se à lei de um Estado em que vigorem diversos sistemas jurídicos, aplicáveis a diferentes grupos de pessoas. É o que sucede em certos países muçulmanos onde as regras da *Xaria*, fundadas designadamente no Corão e na Suna, apenas são aplicáveis às pessoas que professam a religião islâmica;

[4] Como entendem João Baptista Machado e António Ferrer Correia, 403.

[5] A solução mencionada no texto encontra-se consignada, por exemplo, nos 22.º/1, de Roma I, 25.º/2, de Roma II, 14.º, *a*) e *b*), de Roma III, 36.º/2 e 3, de Roma IV e 33.º/2, dos Regulamentos 2016/1103 e 2016/1004. No Direito interno português, encontrava-se uma disposição do mesmo teor no 188.º/3, do DL 94-B/98, de 17-abr., que regulava as condições de acesso e exercício da atividade seguradora e resseguradora. Essa matéria foi revogada pelo 6.º/2, *d*), do DL 72/2008, de 16-abr., constando hoje dos 5.º a 10.º da LCS de 2008 e do 7.º de Roma I. Quanto ao DIP dos seguros, António Menezes Cordeiro, *Direito dos seguros*, 2.ª ed. (2017), 494 ss..

e na Índia, onde o Direito hindu se aplica fundamentalmente às populações que professam o Hinduísmo. Tal o tipo de situações visadas pelo n.º 3 do preceito em anotação.

4. Critérios de determinação do Direito pessoal aplicável. Nas hipóteses em apreço, haverá, de acordo com esta disposição, que recorrer às regras de conflitos interpessoais do sistema jurídico em causa ou a eventuais regras materiais *ad hoc* que disciplinem as situações de conflito interpessoal (por exemplo, as normas materiais que regulam os casamentos entre pessoas de credos religiosos diferentes). Outro tanto sucede, em matéria sucessória, por força do disposto no 37.º de Roma IV; em matéria de regimes matrimoniais, segundo o 34.º do Regulamento 2016/1103; e quanto às parcerias registadas, nos termos do 34.º do Regulamento 2016/1104. Na falta de regras de conflitos interpessoais no ordenamento jurídico designado, deverá de aplicar-se, por força do disposto nestes últimos preceitos, o sistema jurídico com o qual os interessados têm (ou tinham) a *conexão mais estreita*. A mesma solução deve adotar-se, pelas razões expostas *supra* a respeito do n.º 2, nas situações compreendidas no âmbito de aplicação do 20.º/3. 9

Artigo 21.º (Fraude à lei)

Na aplicação das normas de conflitos são irrelevantes as situações de facto ou de direito criadas com o intuito fraudulento de evitar a aplicabilidade da lei que, noutras circunstâncias, seria competente.

Bibliografia: Alexandre de Castro Freire, *A fraude à lei no Direito Internacional Privado*, ROA, 1954-1956, 68-96; António Ferrer Correia, *Lições de Direito Internacional Privado*, I (2000), 421-425; Florbela de Almeida Pires, *Conflitos de Leis. Comentário aos artigos 14.º a 65.º do Código Civil* (2009) 38-41; *idem*, *UCP/Comentário ao Código Civil* (2014), 83-85; João Baptista Machado, *Lições de Direito Internacional Privado*, 2.ª ed. (1982), 273-286; Luís de Lima Pinheiro, *Direito Internacional Privado*, I, 3.ª ed. (2014), 561-569; Maria Helena Brito, em Ana Prata, *Código Civil Anotado*, I, 2.ª ed. (2019), 50-51.

Índice

I – Noção e pressupostos gerais da fraude à lei em DIP

1. Noção. A fraude à lei em DIP é um caso particular de fraude, que se socorre dos mecanismos específicos desta disciplina. Consiste na constituição formalmente regular de uma situação de facto ou de Direito, que serve de elemento de conexão de uma regra de conflitos, a fim de evitar a aplicação da lei normalmente competente e de assim se alcançar um resultado que esta não permite. Através desse expediente, os interessados provocam a estatuição de uma regra de conflitos – que, como se referiu acima, consiste na atribuição de competência a certa lei para reger uma situação privada internacional –, manipulando o seu elemento de conexão. 1

Tal sucede, p. ex., nos seguintes casos: (1) *A*, cidadã francesa, casada com um seu compatriota, mas dele separada de pessoas e bens, pretendia divorciar-se. Ao tempo, o divórcio não 2 era permitido em França. A fim de poder beneficiar das disposições do Direito alemão que consideravam divorciados os católicos separados de pessoas e bens, *A* obteve a nacionalidade alemã e em seguida casou de novo com um terceiro. A Cassação francesa julgou este segundo casamento inoponível em França, com fundamento em que a referida naturalização tinha sido obtida unicamente com o intuito de a interessada se subtrair às disposições da lei francesa[1]; (2) *B*, português, que quer privar da legítima um filho seu, obtém a nacionalidade do Reino Unido e seguidamente dispõe a favor de terceiros, ao abrigo do Direito inglês, que escolhe para regular a sua sucessão, dos bens que integram a sua herança; mas continua a residir habitualmente em Portugal e a comportar-se como um português. A mudança de nacionalidade não foi, portanto, seriamente querida pelo testador, que visou apenas iludir as disposições do Direito português sobre a sucessão legitimaria; (3) *C*, sociedade com sede em Portugal, que se dedica ao transporte de mercadorias por mar, abre uma sucursal no Panamá, onde a legislação laboral é mais permissiva, e contrata através dela os trabalhadores que prestam serviço nos navios de que é proprietária; mas na realidade exerce toda a sua atividade empresarial através da sede. Nestes casos manipulou-se um elemento de conexão – nos dois primeiros, a nacionalidade de um indivíduo; no terceiro, o lugar da situação do estabelecimento que contratou o trabalhador –, a fim de se conseguir a aplicação de uma lei diferente da que seria normalmente competente, subtraindo-se assim os interessados às disposições imperativas dessa lei. A fraude à lei em DIP corresponde a uma concretização irregular do elemento de conexão da regra de conflitos.

3 **2. Pressupostos gerais**: (1) a intenção fraudatória, isto é, a vontade de conseguir a aplicação de uma lei diferente da que seria normalmente competente, para fugir às disposições imperativas dessa lei e alcançar um resultado por elas proibido; (2) a atividade fraudatória, ou manipulação com êxito de um elemento de conexão, por força da qual passa a ser aplicável certa lei. Não há fraude, por não se verificarem estes pressupostos, em situações como as seguintes: (1) *A* e *B* passam a viver no país onde casaram, cuja nacionalidade previamente obtiveram, sendo que, à face da sua anterior nacionalidade, não poderiam casar. Neste caso não há intenção fraudatória, pois as partes fizeram um uso legítimo da sua faculdade de mudar de nacionalidade, sendo a lei sob cuja égide se colocaram de competência normal. (2) *C*, sociedade comercial cuja administração reúne habitualmente em Lisboa, fixa a sua sede estatutária em Gibraltar, supondo os sócios que a sociedade ficaria desse modo sujeita ao Direito gibraltino. Uma vez que o 3.º/1, do CSC, sujeita o estatuto pessoal das sociedades comerciais à lei do Estado onde se encontre situada a sede principal e efetiva da sua administração, será aplicável, não obstante isso, a lei portuguesa. Não houve, pois, manipulação com êxito do elemento de conexão relevante.

II – Regime legal

4 **3. Requisitos**. O 21.º delimita as situações a que se aplica através de um duplo requisito: (1) o intuito fraudulento de evitar a aplicabilidade da lei que, noutras circunstâncias, seria competente; (2) a criação de situações de facto (por exemplo, a mudança de residência habitual) ou de Direito (por exemplo, a mudança de nacionalidade), que permitam evitar a aplicabilidade da lei que seria normalmente competente. Para este efeito, é necessário que se possa determinar uma lei normalmente competente, o que nem sempre sucede. Se, por exemplo, um português e um inglês decidem formalizar um contrato em Inglaterra porque a lei inglesa é menos exigente

[1] Acórdão de 18-mar.-1878, *Princesse de Beauffremont c. Prince de Beauffremont*, reproduzido em Bertrand Ancel/ /Yves Lequette, *Grands arrêts de la jurisprudence française de droit international privé*, 4.ª ed. (2001), 49 ss..

do que a portuguesa em matéria de forma dos negócios jurídicos, ou porque em Inglaterra os emolumentos notariais são menos gravosos do que em Portugal, não há fraude à lei portuguesa, porque nada permite concluir que a lei portuguesa seria normalmente competente para reger a forma desse ato: esta matéria é em princípio disciplinada pela lei reguladora da substância, nos termos do 9.º/1, de Roma I, e essa lei pode, de acordo com o 3.º deste Regulamento, ser escolhida pelas partes.

4. Sanção da fraude. A estatuição do 21.º consiste na irrelevância da conexão artificialmente criada e na inaplicabilidade da lei assim designada. Aplica-se, por conseguinte, a lei normalmente competente. Consagra-se uma sanção no plano da regra de conflitos: a validade dos atos praticados em fraude à lei é questão que não se põe nesta sede. Não se distingue no 21.º entre a fraude à lei portuguesa e a fraude à lei estrangeira. Parece, assim, que o preceito se aplica quer a lei defraudada seja a portuguesa, quer seja uma lei estrangeira; o que é condizente com a tendencial paridade de tratamento entre a lei do foro e a lei estrangeira, que inspira o DIP português. Se, porém, a lei estrangeira defraudada não reagir à fraude, essa solução suscita dúvidas, pois dessa forma pôr-se-á em risco a harmonia de julgados. Pode, pois, não se justificar que a ordem jurídica portuguesa sancione uma fraude irrelevante para a lei estrangeira defraudada. Isso, pelo menos, quando os valores jurídicos que se visa tutelar através da harmonia de julgados forem desse modo afetados. Se, todavia, a fraude à lei estrangeira der lugar a uma situação ofensiva da ordem pública internacional do Estado português não parece que deva ser consentida. Nesse caso, porém, situamo-nos no domínio deste último instituto, e não no da fraude à lei. 5

5. Incidência do Direito europeu. Em acórdão proferido em 9-mar.-1999[2], o TJUE ocupou-se de uma hipótese em que se suscitavam importantes questões a respeito da relação entre a fraude à lei em DIP e a liberdade de estabelecimento, atualmente consignada nos 49.º e seguintes do TFUE. Em causa estava uma *private limited company*, com a denominação Centros Ltd., constituída por dois dinamarqueses no Reino Unido, onde se situava também a sua sede. Um dos sócios requereu na Dinamarca o registo de uma sucursal dessa sociedade. A pretensão foi recusada com fundamento em que, uma vez que a sociedade não exercia no Reino Unido qualquer atividade efetiva, o que a sociedade procurava desse modo era, na realidade, constituir na Dinamarca um estabelecimento principal, contornando as normas locais relativas, nomeadamente, à liberação de um capital mínimo. Aparentemente, a conduta em apreço consubstanciaria uma hipótese de fraude à lei dinamarquesa mediante a «internacionalização artificial» de uma pessoa coletiva[3]. Ela fundava-se, porém, nas disposições do Direito europeu que consagram a liberdade de estabelecimento. O *Hoejesteret* (Supremo Tribunal dinamarquês) colocou, por isso, ao TJUE a questão da compatibilidade da recusa do registo com o disposto nos 52.º e 58.º do Tratado. No mencionado aresto, o Tribunal frisou que «as disposições do Tratado relativas à liberdade de estabelecimento visam precisamente permitir às sociedades constituídas em conformidade com a legislação de um Estado-Membro, e que têm a sua sede social, a sua administração central ou o seu estabelecimento principal na Comunidade, exercerem, por intermédio de uma agência, de uma sucursal ou de uma filial, atividades noutros Estados-Membros» (n.º 26). E concluiu daí que «o facto de um nacional de um Estado-Membro, que pretenda criar uma sociedade, optar por constituí-la num Estado-Membro cujas regras de direito das sociedades lhe parecem menos rigorosas e criar sucursais noutros Estados-Membros não pode constituir, em 6

[2] Proc. C-212/97, *Centros Ltd. contra Ehvervs- og Selskabsstyrelsen*, CJTJ 1999-I, 1459 ss.; Menezes Cordeiro, *Direito das sociedades*, 1, 4.ª ed. (2020), 183-184 e 193.

[3] I. é, a fixação no estrangeiro da sede de uma pessoa coletiva puramente interna: António Ferrer Correia, *Lições de Direito Internacional Privado*, 423.

si, um uso abusivo do direito de estabelecimento» (n.º 27). Com estes fundamentos, declarou o Tribunal:

> Os artigos 52.º e 58.º do Tratado CE opõem-se a que um Estado-Membro recuse o registo de uma sucursal de uma sociedade constituída em conformidade com a legislação de outro Estado-Membro, no qual aquela tem a sua sede, sem aí exercer atividades comerciais, quando a sucursal se destina a permitir à sociedade em causa exercer a totalidade da sua atividade no Estado em que esta sucursal será constituída, evitando constituir neste uma sociedade e eximindo-se assim à aplicação das normas de constituição de sociedades que aí são mais rigorosas em matéria de liberação de um capital social mínimo.

7 Desta jurisprudência infere-se que uma situação de facto ou de Direito criada com o intuito de evitar a aplicação da lei que noutras circunstâncias seria competente, mas que se funde no exercício de uma liberdade comunitária, não é suscetível de ser qualificada como fraude à lei em DIP. O Direito Europeu restringe, nesta medida, o âmbito de aplicação das regras que sancionam a fraude à lei em DIP.

Artigo 22.º (Ordem pública)

1. Não são aplicáveis os preceitos da lei estrangeira indicados pela norma de conflitos, quando essa aplicação envolva ofensa dos princípios fundamentais da ordem pública internacional do Estado português.

2. São aplicáveis, neste caso, as normas mais apropriadas da legislação estrangeira competente ou, subsidiariamente, as regras do direito interno português.

Bibliografia: António Ferrer Correia, *Lições de Direito Internacional Privado*, I (2000), 405-420; António Menezes Cordeiro, *Tratado da arbitragem* (2016, reimp.), 443-455; Florbela de Almeida Pires, *Conflitos de Leis. Comentário aos artigos 14.º a 65.º do Código Civil* (2009), 41-47; João Baptista Machado, *Lições de Direito Internacional Privado*, 2.ª ed. (1982), 253-272; José de Oliveira Ascensão, *Tribunal competente. Acção de simples apreciação respeitante a sentença estrangeira violadora da ordem pública internacional portuguesa*, CJ (1985-IV), 22-31; Luís de Lima Pinheiro, *Direito Internacional Privado*, I, 3.ª ed. (2014), 658-674; *idem, A ordem pública internacional: hoje*, RDC IV (2019), 1, 47-57; Luís Barreto Xavier, *UCP/Comentário ao Código Civil* (2014), 85-89; Maria Helena Brito, em Ana Prata, *Código Civil Anotado*, I, 2.ª ed. (2019), 50-51; Nuno Andrade Pissarra/Susana Chabert, *Normas de aplicação imediata, ordem pública internacional e Direito Comunitário* (2004), 155-173; Rui de Moura Ramos, *L'ordre public international en droit portugais*, BFD, 1998, 45-62; Vasco Taborda Ferreira, *Acerca da Ordem Pública no Direito Internacional Privado*, RDES, 1959, 1-15 e 185-200.

Índice

I – Noção e características da reserva de ordem pública internacional

1. Noção. A reserva de ordem pública internacional constitui um limite à aplicação do Direito estrangeiro em princípio competente, bem como ao reconhecimento de sentenças estrangeiras e à transcrição de atos do registo civil lavrados no estrangeiro, que intervém quando daí resulte uma situação incompatível com as conceções ético-jurídicas ou os princípios jurídicos fundamentais do Estado do foro. 1

A reserva de ordem pública internacional distingue-se da chamada ordem pública interna tanto pela sua *função* como pelo seu *conteúdo*. Pela sua *função*, porque apenas se destina a intervir, como resulta do exposto, em situações de cariz internacional, obstando a que sejam derrogados nelas, pelo menos quando apresentem alguma conexão com o Estado do foro, os princípios jurídicos de que este não abdica ainda que a situação *sub judice* se encontre sujeita a uma lei estrangeira. Pelo seu *conteúdo*, porque, dada a abertura a conteúdos jurídicos estrangeiros e ao reconhecimento de situações jurídicas neles fundadas que é postulada pelo método da conexão adotado pelo DIP português, o conceito de ordem pública internacional tem um alcance necessariamente mais restrito do que o de ordem pública interna, pelo menos na medida em que se reconduza a esta a generalidade das normas de Direito interno inderrogáveis por efeito da vontade dos interessados ou *ius cogens*[1]: trata-se, como afirmou o STJ, dos «princípios fundamentais estruturantes da presença de Portugal no concerto das nações»[2]. 2

2. Características. A reserva de ordem pública internacional é um conceito indeterminado, a concretizar pelo julgador caso a caso. O seu conteúdo não pode, pois, ser definido *a priori*[3]. 3

Não obstante, podem apontar-se algumas características fundamentais[4]. Em primeiro lugar, a sua *excecionalidade*: a reserva de ordem pública internacional é, como a sua designação o inculca, uma exceção ou limite à aplicação da lei estrangeira competente segundo as regras de conflitos do Estado do foro. Foi, pelo menos, nestes termos que Savigny a concebeu[5]; e foi essa conceção que os Direitos modernos acolheram. A ordem pública é um *mal necessário*, cuja intervenção deve reduzir-se ao mínimo, por forma a não se comprometer, através dela, a desejável abertura da ordem jurídica do foro aos sistemas estrangeiros. Daqui se infere, como diretriz de ordem geral, o caráter restritivo da aplicação deste instituto. Em segundo lugar, a *atualidade ou relatividade temporal*: o preenchimento desse conceito faz-se à luz do sentimento ético-jurídico dominante no momento do julgamento da causa. Em terceiro lugar, o *caráter nacional* ou *relatividade espacial*: a reserva de ordem pública internacional é expressão da ideia de Direito que 4

[1] Uma integral assimilação da ordem pública interna às regras legais imperativas não parece, todavia, condizente com a própria lei: o 281.º, p. ex., distingue a contrariedade do fim do negócio jurídico à lei e à ordem pública; e outros preceitos legais, como o 81.º/1, referem-se aos «princípios da ordem pública». Esta não compreende assim necessariamente todas as normas legais imperativas; *vide*, *infra*, as competentes anotações.

[2] STJ 23-out.-2008 (Pires da Rosa), Proc. 07B4545, qualificando como tal «o princípio da lei sucessória portuguesa que pretende salvaguardar para os filhos ao menos uma parte da herança de seus pais».

[3] Em algumas disposições legais descobrem-se, no entanto, tentativas de concretização do conceito de ordem pública internacional. Era o caso do 192.º/3 do revogado DL 94-B/98, de 17-abr., que regulava as condições de acesso à actividade seguradora e resseguradora, o qual declarava contrários à ordem pública os contratos de seguro que cubram certos riscos (p. ex., a responsabilidade criminal ou disciplinar, o rapto, a posse de drogas). É ainda o caso do 33.º do Regulamento 2015/848, de 20-mai.-2015, relativo aos processos de insolvência, onde se estabelece que «[q]ualquer Estado-Membro pode recusar o reconhecimento de um processo de insolvência aberto noutro Estado-Membro ou execução de uma decisão proferida no âmbito de um processo dessa natureza, se esse reconhecimento ou execução produzir efeitos manifestamente contrários à ordem pública desse Estado, em especial aos seus princípios fundamentais ou aos direitos e liberdades individuais garantidos pela sua Constituição».

[4] *Vide* a formulação de STJ 14-mar.-2017 (Alexandre Reis), Proc. 103/13.

[5] *System des heutigen Römischen Rechts*, 8 (1849), 37 ss..

informa o ordenamento jurídico do foro – dos seus princípios fundamentais. De internacional a reserva de ordem pública tem, na realidade, muito pouco. Em certo sentido, pode mesmo dizer-se que a reserva de ordem pública internacional é o que há de mais nacional: o *núcleo intangível* da ordem jurídica do foro. Não falta, porém, quem defenda atualmente a existência de uma *ordem pública europeia*, integrada por certos princípios fundamentais do Direito da União Europeia e da Convenção Europeia dos Direitos do Homem.

II – Pressupostos e efeitos da reserva de ordem pública internacional

5 **3. Pressupostos**. A intervenção da reserva de ordem pública internacional pressupõe, em primeiro lugar, a existência de uma *conexão suficiente* entre os factos em apreço e o Estado do foro (a que os autores germânicos chamam *Binnenbeziehung*): os princípios fundamentais deste só são ofendidos se da aplicação da lei estrangeira resultar uma situação suscetível de produzir efeitos nesse Estado. Essa conexão não pode ser definida de antemão: quando muito, pode afirmar-se que a sua intensidade varia na razão inversa da importância dos princípios violados[6]. Por outro lado, requer-se um *juízo de incompatibilidade* entre o resultado da aplicação da lei estrangeira e os princípios fundamentais do Direito do foro. O que está em causa não é o *conteúdo* daquela lei, mas o *efeito* da sua aplicação ao caso concreto: a situação jurídica que daí adviria[7]. É o que se retira do 22.º/1, que refere a situação em que a «aplicação [da lei estrangeira] envolva ofensa dos princípios fundamentais da ordem pública internacional do Estado português». Assim, por exemplo, o repúdio de mulher casada pelo marido, permitido pelo Direito islâmico, é uma instituição inaceitável à luz do sentimento jurídico nacional; mas isso não obsta a que, tendo ocorrido no estrangeiro, o mesmo possa ser reconhecido em Portugal, se no caso em apreço o casamento pudesse ser dissolvido por divórcio de acordo com o Direito interno, pois em semelhante hipótese a situação jurídica decorrente daquela instituição não seria diversa da que resultaria da aplicação das regras nacionais.

6 **4. Efeitos**. Os efeitos possíveis da atuação da reserva de ordem pública internacional são também de duas ordens: há um *efeito primário*, consistente no afastamento das normas da lei em princípio competente, o qual é um efeito necessário da intervenção do instituto; e um *efeito secundário*, com caráter eventual, que apenas se produz quando o efeito primário faça surgir uma lacuna na regulação jurídica da situação em apreço. É esta última a situação contemplada pelo 22.º/2, que manda aplicar, nesse caso, as normas mais apropriadas da lei estrangeira competente – o que constitui um afloramento do princípio dito do *mínimo dano à lei estrangeira* – ou, na falta delas, a *lex fori*.

7 **5. Jurisprudência**:

(1) não viola a ordem pública o divórcio decretado no estrangeiro sem tentativa prévia de conciliação[8]; *idem*, sem indicação da causa[9];

(2) a conversão de separação judicial de pessoas e bens em divórcio também não viola a ordem pública[10];

[6] Assim também Rui de Moura Ramos, *L'ordre public international en droit portugais*, in Estudos de Direito Internacional Privado e de Direito Processual Civil Internacional (2002), 254.

[7] Nesta linha de orientação, *vide* António Ferrer Correia, *Lições de Direito Internacional Privado*, 412.

[8] STJ 23-mar.-2000 (Ferreira de Almeida), Proc. 00B089.

[9] RLx 12-mai.-1993 (Lopes Bento), Proc. 0065561, RLx 14-nov.-2006 (Rosa Maria Ribeiro Coelho), Proc. 3329/2006-7 e RLx 18-out.-2007 (Jorge Leal), Proc. 10602/2005-2.

[10] STJ 30-abr.-2002 (Pinto Ribeiro), Proc. 01A824.

(3) a "delegação do poder paternal" não contraria a ordem pública, nos casos concretos (menores residentes em Portugal e confiados a familiares)[11]; *idem* quanto à indicação de um tutor[12];

(4) o instituto da legítima, a favor dos filhos de portugueses, é de ordem pública[13];

(5) a fixação de uma pensão de alimentos a favor de uma filha, com base em rendimentos hipotéticos que o pai obteria trabalhando na Suíça (e não em Portugal), não contraria a ordem pública[14];

(6) a regra da imutabilidade das convenções antenupciais, regidas pela lei portuguesa, não integra a ordem pública internacional[15]

(7) o mesmo quanto às normas que, na adoção, requerem que o adotado não mantenha o nome de origem, que o adotante tenha mais de 25 anos e que o casal adotante esteja casado há mais de quatro anos[16];

(8) o mesmo quanto à proibição de despedimento sem justa causa, levado a cabo por um instituto público português no Canadá, pela lei canadiana[17];

(9) o mesmo quanto à aplicação das regras de responsabilidade do produtor a uma questão de vícios ocultos em rolhas vendidas[18];

(10) o mesmo quanto a prestação, por um administrador, de uma garantia pessoal estranha ao objeto da sociedade[19];

(11) o mesmo quanto a uma sentença eclesiástica que decretou a nulidade de um casamento católico, quando o foro civil nacional já havia recusado a sua anulação[20];

(12) é contrária à ordem pública internacional a decisão que, numa partilha de bens subsequente a divórcio, atribua a um ex-cônjuge, sem contrapartida, um imóvel sito em Portugal[21];

(13) o repúdio da mulher, feito segundo o Direito de Marrocos, contraria os princípios da igualdade e da dignidade humana sendo, como tal, contrário à ordem pública[22]; *idem*, segundo a Lei do Bangladesh[23];

(14) contratos obtidos com corrupção dão azo a situações contrárias à ordem pública internacional[24].

Artigo 23.º (Interpretação e averiguação do direito estrangeiro)

1. A lei estrangeira é interpretada dentro do sistema a que pertence e de acordo com as regras interpretativas nele fixadas.

2. Na impossibilidade de averiguar o conteúdo da lei estrangeira aplicável, recorrer-se-á à lei que for subsidiariamente competente, devendo adotar-se igual procedimento sempre que não for possível determinar os elementos de facto ou de direito de que dependa a designação da lei aplicável.

[11] RLx 27-abr.-2004 (Abrantes Geraldes), Proc. 7793/2003-7, STJ 27-abr.-2005 (Salvador da Costa), Proc. 05B1067, RLx 12-out.-2006 (Ferreira de Almeida), Proc. 9215/2005-8, RLx 3-out.-2006 (Arnaldo Silva), Proc. 454/2006-7 e RLx 14-nov.-2007 (Arnaldo Silva), Proc. 4398/2007-7.

[12] RLx 8-jun.-2004 (Maria Amélia Ribeiro), Proc. 1136/2004-7, RLx 16-mar.-2006 (Aguiar Pereira), Proc. 7951/2005-6 e RLx 30-jun.-2006 (Rosa Maria Ribeiro Coelho), Proc. 9160/2004-7.

[13] STJ 23-out.-2008 (Pires da Rosa), Proc. 07B4545.

[14] STJ 11-nov.-2008 (Fonseca Ramos), Proc. 08A3252.

[15] RLx 23-out.-2008 (Jorge Vilaça), Proc. 637/2008, STJ 26-mai.-2009 (Paulo Sá), Proc. 43/09 e RLx 24-jun.-2012 (Isabel Fonseca), Proc. 389/11.

[16] RCb 18-nov.-2008 (Sílvia Reis), Proc. 3/08.

[17] STJ 11-jul.-2012 (António Leones Dantas), Proc. 377/07.

[18] RPt 10-jan.-2012 (Maria de Jesus Pereira), Proc. 227/11.

[19] RLx 17-set.-2009 (Ezagüy Martins), Proc. 2580/08.

[20] REv 16-dez.-2008 (Almeida Simões), Proc. 1144/08.

[21] RCb 3-mar.-2009 (Jorge Arcanjo), Proc. 237/07.

[22] RLx 18-out.-2007 (Jorge Leal), Proc. 10602/2005-2.

Bibliografia: António Ferrer Correia, *Lições de Direito Internacional Privado*, I (2000), 427-435; António Marques dos Santos, *A aplicação do Direito estrangeiro*, ROA 2000, 647-668; Dário Moura Vicente, *La aplicación del principio* iura novit curia *en el arbitraje internacional*, reproduzido em Direito Internacional Privado. Ensaios, IV (2018), 259-281; Florbela de Almeida Pires, *Conflitos de Leis. Comentário aos artigos 14.º a 65.º do Código Civil* (2009), 47-50; João Baptista Machado, *Lições de Direito Internacional Privado*, 2.ª ed. (1982), 242-251; José Alberto dos Reis, *Código de Processo Civil anotado*, III (1950, reimp., 1985), 304-312; Luís de Lima Pinheiro, *Direito Internacional Privado*, I, 3.ª ed. (2014), 641-656; Maria Helena Brito/Dário Moura Vicente, *Portugal*, in Carlos Esplugues/José Luís Iglesias/Guillermo Palao (orgs.), Application of Foreign Law (2011), 301-315; Maria Helena Brito, em Ana Prata, *Código Civil Anotado*, I, 2.ª ed. (2019), 51-52; Maria João Matias Fernandes, *UCP/Comentário ao Código Civil* (2014), 89-93; Rui de Moura Ramos, *Proof and Information About Foreign Law*, BFD 90/1 (2014), 431-448.

Índice

I – Interpretação do Direito estrangeiro

1 **1. Regra geral e seu fundamento.** Quanto à interpretação do Direito estrangeiro e à integração das suas lacunas, aplica-se a *lex causae* (23.º/1). Para o efeito, deve o juiz ou outro órgão de aplicação do Direito português recorrer aos critérios e métodos do próprio ordenamento jurídico estrangeiro em questão[1]. Não há, pois, que atender aos 9.º e 10.º, mas antes às correspondentes regras (de fonte legal, jurisprudencial ou outra) da lei designada pela regra de conflitos. Esta regra geral constitui um corolário do princípio conforme o qual os nossos tribunais devem aplicar o Direito que efetivamente vigora no território do Estado estrangeiro, ou em certa parcela desse território, cuja ordem jurídica seja designada pelas regras de conflitos portuguesas. Na sua base temos o ideal da *harmonia jurídica internacional*, acima aludida. Pela mesma ordem de razões, se certa norma estrangeira tiver sido declarada inconstitucional no país a cujo ordenamento pertença, não pode a mesma ser aplicada pelos tribunais portugueses[2].

2 **2. Limites.** O juiz nacional não tem de se cingir a uma reprodução acrítica daquilo que os tribunais da *lex causae* hajam decidido sobre a regra interpretanda[3]. Quando estiver em causa a aplicação de cláusulas gerais ou conceitos indeterminados da lei estrangeira competente, p. ex., será inevitável o reconhecimento ao julgador nacional de uma certa margem de liberdade, pois essa aplicação é indissociável das circunstâncias do caso singular. Nestes casos pode, assim, haver uma *definição heterónoma* do conteúdo do Direito estrangeiro aplicável.

II – Averiguação do conteúdo do Direito estrangeiro

3 **3. Conhecimento e prova.** Pelo que respeita ao conhecimento e à prova do Direito estrangeiro, o 23.º/2 deve ser conjugado com o disposto no 348.º/1, nos termos do qual àquele que

[23] RLx 19-nov.-2019 (Maria Amélia Ribeiro), Proc. 1378//18.

[24] RLx 10-out.-2019 (Pedro Martins), Proc. 1667/18.

[1] Assim, STJ 2-jun.-2016 (Orlando Afonso), Proc. 6777/09.

[2] Neste sentido, STJ 6-nov.-2003 (Bettencourt de Faria), Proc. 03B2835.

[3] Nesta linha de entendimento, STJ 26-fev.-2015 (Fernanda Isabel Pereira), Proc. 693/10.

o invocar compete fazer a prova da sua existência e conteúdo, devendo, todavia, o tribunal procurar, oficiosamente, obter o respetivo conhecimento[4]. Deste preceito retira-se que não há um verdadeiro ónus de alegação e prova do Direito estrangeiro competente por aquele a quem a sua aplicação aproveite: se tal ónus existisse o tribunal português não poderia suprir oficiosamente a falta dessa alegação e prova, consoante nele se determina. Em Portugal, o Direito estrangeiro tem, nesta medida, o *estatuto de verdadeiro Direito*, e não de mero facto[5].

Existe, no entanto, um dever de colaboração das partes com o tribunal na determinação 4
da existência e conteúdo do Direito estrangeiro, o qual pode considerar-se um corolário do dever de cooperação que o 7.º do CPC consagra.

4. Meios de averiguação pelo tribunal do conteúdo do Direito estrangeiro. Pergunta-se 5
agora por que meios há de o tribunal informar-se acerca do conteúdo do Direito estrangeiro competente. O 348.º não estabelece qualquer limitação quanto aos meios a usar: o juiz pode socorrer-se de todos os meios ao seu alcance que lhe mereçam confiança.

Esses meios tanto podem ser oficiais como não oficiais. Entre os primeiros destacam- 6
-se os que estão previstos em convenções internacionais. A este respeito, merecem referência especial a Convenção Europeia no Campo da Informação Sobre o Direito Estrangeiro[6] e o Protocolo Adicional a esta Convenção[7]. Por força desta Convenção, os Estados que dela são partes obrigam-se a prestar mutuamente informações acerca do seu Direito civil e comercial, do seu Direito processual civil e da respetiva organização judiciária. Os pedidos de informação, emanados designadamente das autoridades judiciárias, são dirigidos a um órgão de receção[8]; e também podem ser apresentados a órgãos de transmissão, encarregados de receber os pedidos de informação formulados pelas autoridades judiciárias locais e de os encaminhar para os órgãos de receção estrangeiros[9]. A resposta aos pedidos de informação é obrigatória, devendo ser dada num prazo breve; e não tem como contrapartida o pagamento de quaisquer taxas ou despesas. Deve conter informação objetiva e imparcial e incluir o fornecimento de textos legislativos e regulamentares e de decisões jurisdicionais. As informações assim prestadas não vinculam, todavia, a autoridade judiciária de que emana o pedido de informação. O mecanismo instituído pela Convenção de Londres é um valioso instrumento para a superação de um dos principais óbices à aplicação do Direito estrangeiro: o facto de este ser por vezes indevidamente interpretado e aplicado.

Quando estiver em causa a aplicação da lei de um Estado que não seja parte desta Con- 7
venção, nada impede que o tribunal recorra a outros meios a fim de se inteirar do teor e vigência dessa lei. Entre esses meios incluem-se a solicitação de informações ao Ministério da Justiça e aos Consulados e Embaixadas de Portugal no estrangeiro, bem como a consulta de obras doutrinais ou de bases de dados acessíveis eletronicamente.

5. Impossibilidade de determinação do conteúdo do Direito estrangeiro. Cabe, por 8
último, indagar como deve proceder o tribunal português quando não for possível determinar o conteúdo concreto do Direito estrangeiro competente. São possíveis diferentes soluções para

[4] *Infra*, Isabel Alexandre, anot. ao 348.º.

[5] Neste sentido se pronuncia a doutrina dominante entre nós: *vide* os autores e obras recenseados em Maria Helena Brito/Dário Moura Vicente, *Portugal*, in Carlos Esplugues/José Luís Iglesias/Guillermo Palao (orgs.), Application of Foreign Law (2011), 304, n. 6.

[6] Assinada em Londres a 7-jun.-1968 e aprovada para ratificação pelo D 43/78, de 28-abr..

[7] Assinado em Estrasburgo a 15-mar.-1978 e ratificado pelo D 23/84, de 14-mai..

[8] Que em Portugal é o Gabinete de Documentação e Direito Comparado da Procuradoria-Geral da República.

[9] Função que em Portugal também é cometida ao dito Gabinete.

este problema. A primeira consiste em julgar improcedente a pretensão do autor ou do réu baseada no Direito estrangeiro. A segunda, em recorrer ao Direito provavelmente vigente no Estado estrangeiro, fixado através de presunções (*v.g.* aplicando o Direito de outro sistema jurídico pertencente à mesma família jurídica ou princípios gerais que se sabe inspirarem o sistema estrangeiro em causa). A terceira, em aplicar o Direito subsidiariamente competente (*Ersatzrecht*). E a quarta, em aplicar o Direito material do Estado do foro.

9 Nenhuma destas soluções é inteiramente satisfatória. Em todo o caso, a primeira[10] parece hoje insustentável. Ela apenas seria dogmaticamente coerente num sistema em que o Direito estrangeiro detivesse o estatuto de mero facto: é o caso do atual sistema de conflitos português, pelo menos em matéria de alegação e prova do seu teor e vigência.

10 No DIP português vigora para o referido problema uma solução assente na combinação das restantes orientações. Obtém-se através da conjugação dos 23.º/2 e 348.º/3. De acordo com a primeira destas disposições, na impossibilidade de averiguar o conteúdo da lei estrangeira aplicável, recorrer-se-á à lei que for subsidiariamente competente: a lei designada por uma conexão subsidiária. P. ex., se for impossível determinar a lei da nacionalidade do interessado, quando esta for a lei competente, aplicar-se-á a lei da residência habitual.

11 Nos termos do 351.º, deve considerar-se admissível a prova por presunções do Direito estrangeiro, bem como o recurso à prova testemunhal[11]. Só se não for possível averiguar o conteúdo do Direito estrangeiro de modo direto ou indireto (i. é, com recurso a presunções) é que se recorre à lei subsidiariamente competente. Será, nestes termos, de admitir o recurso aos princípios gerais que se sabe informarem a lei competente quanto a certa matéria (por exemplo, o princípio da liberdade de testar vigente em certos sistemas de *Common Law*), apesar de ser desconhecido o teor exato da regra legal, costumeira ou jurisprudencial que os consagra, a fim de se extrair deles a solução do caso. Há ainda quem admita ser um modo legítimo de provar o conteúdo da lei estrangeira o recurso ao Direito de um terceiro país, que se saiba ter influenciado fortemente essa lei[12]. O recurso a uma tal presunção envolve o risco de erro judiciário: preferível a julgar a causa com base na *lex fori*. O julgador deve, em todo o caso, usar nesta matéria da máxima prudência.

12 Pode não existir uma conexão subsidiária da que é utilizada pela regra de conflitos aplicada ou não ser possível averiguar o conteúdo da lei designada através dessa conexão subsidiária. Nestes casos, o 348.º/3 manda aplicar o Direito material português. Aí se estabelece, com efeito, que na impossibilidade de determinar o conteúdo do Direito aplicável, o tribunal recorrerá às regras do direito comum português; sendo que por Direito aplicável deve entender-se, para os efeitos deste preceito, o Direito aplicável em via principal ou subsidiária. Assim se harmoniza o disposto neste preceito com o 23.º/2.

Artigo 24.º (Atos realizados a bordo)

1. Aos atos realizados a bordo de navios ou aeronaves, fora dos portos ou aeródromos, é aplicável a lei do lugar da respetiva matrícula, sempre que for competente a lei territorial.

[10] Que foi preconizada por José Alberto dos Reis na vigência o Código de Processo Civil de 1939: *Código de Processo Civil anotado*, III (1950), 312.

[11] *Infra*, Isabel Alexandre, 348.º, anot. 16-20.

[12] Neste sentido, António Ferrer Correia, *Lições de Direito Internacional Privado*, 431.

2. Os navios e aeronaves militares consideram-se como parte do território do Estado a que pertencem.

Bibliografia: Dário Moura Vicente, *O estatuto jurídico da aeronave*, *in eiusdem* (coord.) (2012), 571-589; Florbela de Almeida Pires, *Conflitos de Leis. Comentário aos artigos 14.º a 65.º do Código Civil* (2009), 50-51; *idem*, *UCP/Comentário ao Código Civil* (2014), 93; Januário Costa Gomes, *O porto e o direito. Breves notas*, *in eiusdem* (coord.), IV Jornadas de Lisboa de Direito Marítimo (2018), 617; Luís de Lima Pinheiro, *Temas de Direito Marítimo II. O navio em Direito Internacional*, ROA 71 (2011), 447-476; *idem*, *Direito Internacional Privado (artigos 14.º a 24.º do Código Civil)*, RDC II (2017), 3, 595-596; Maria Helena Brito, em Ana Prata, *Código Civil Anotado*, I, 2.ª ed. (2019), 53.

Índice

I – Atos realizados a bordo de navios ou aeronaves civis

1. Atos em navegação ou em voo. O 24.º visa a determinação da lei aplicável nos casos em que esta seja designada através de um elemento de conexão que designe para o efeito o lugar da prática de certo ato (como sucede, por exemplo, nas hipóteses visadas pelos 36.º, 42.º/2, 43.º, 45.º/1, 50.º e 65.º/1) e o ato em questão tenha ocorrido a bordo de um navio ou de uma aeronave. 1

Sendo os navios e as aeronaves meios de transporte dotados de grande mobilidade, destinados muitas vezes a circular entre diversos países, é da maior importância, sob o ponto de vista da certeza do Direito aplicável e da segurança das transações jurídicas, a subordinação dos atos praticados a bordo deles a um único regime jurídico, onde quer que se encontrem. Se esse regime jurídico variasse em função da localização do navio ou da aeronave, quando se encontrem em navegação ou em voo, dificilmente se saberiam, em muitos casos, quais as regras aplicáveis; dificuldade acrescida quando esses meios de transporte se encontrassem no alto mar ou no espaço aéreo correspondente. Daí que o n.º 1 adote o princípio conforme o qual, sempre que seja aplicável a lei territorial, os atos praticados a bordo de navios e aeronaves ficam sujeitos à lei do país da respetiva matrícula, do qual estes são tidos, por via de regra, como nacionais[1]. 2

Para os efeitos deste preceito, a expressão «navio» compreende qualquer «engenho flutuante destinado à navegação por água»[2] e a expressão «aeronave» deve ser tomada na aceção de «qualquer máquina que consiga uma sustentação na atmosfera devido às reações do ar, que não as do ar sobre a superfície terrestre»[3]. O conceito de «navios e aeronaves civis» é aqui uti- 3

[1] Haja vista, pelo que respeita aos navios, ao 3.º/1, do DL 201/98, de 10-jul., que define o estatuto legal do navio, segundo o qual: «Consideram-se portugueses os navios cuja propriedade se encontra registada em Portugal». Quanto às aeronaves, veja-se o 17.º da Convenção Sobre a Aviação Civil Internacional, concluída em Chicago em 1944 e aprovada para ratificação, em Portugal, pelo D 36.158, de 17-fev.-1947, segundo o qual: «As aeronaves têm a nacionalidade do Estado em que se encontram matriculadas».

[2] Consoante o define o 1.º/1, do citado DL 201/98, de 10-jul.

[3] *Vide* o 2.º, *d*), do DL 186/2007, de 10-mai., que fixa as condições de construção, certificação e exploração dos

lizado por contraposição ao de «navios e aeronaves militares», a que se faz referência no n.º 2. Incluem-se, portanto, nessa categoria tanto as aeronaves e embarcações privadas como as pertencentes a entidades públicas, desde que não se encontrem afetas a fins militares.

4 **2. Atos em portos ou aeródromos**: deixam de ser havidos como realizados no território do respetivo Estado de matrícula quando os navios ou aeronaves civis se encontrem atracados ou fundeados em portos[4] ou estacionados em aeródromos[5], casos em que passam a estar sujeitos à lei local. Nestas situações as referidas dificuldades inerentes à concretização do elemento de conexão, que justificam a aplicação da lei do país da matrícula, deixam de se suscitar, recuperando a sua plena justificação as razões de soberania ou outras que determinam a aplicação da lei territorial.

II – Atos realizados a bordo navios e aeronaves militares

5 **3. Extensões do território do Estado de que são nacionais**. As regras acima referidas apenas valem para os navios e aeronaves civis. Quanto aos navios e aeronaves militares, estabelece o 24.º/2 que os mesmos se consideram como parte do território do Estado a que pertencem. Mesmo que tais navios ou aeronaves se encontrem em portos ou aeródromos estrangeiros, a lei local ser-lhes-á inaplicável. Esta limitação adicional ao princípio da aplicação da lei territorial funda-se na soberania dos Estados de que esses navios e aeronaves são pertença e ao serviço dos quais se encontram, a qual justifica a imunidade de jurisdição para eles estabelecida no Direito internacional.

6 **4. Limites à imunidade**. Essa imunidade conhece, no entanto, certos limites, que em Portugal constam do DL 2/2017, de 6-jan.. Nos termos do seu 4.º/1 «[o]s navios de guerra estrangeiros, as aeronaves de Estado estrangeiras e seus ocupantes, bem como as forças estrangeiras e os bens que transportem ou em que se façam transportar, devem respeitar as leis vigentes no Estado português, estando sujeitos, designadamente, às disposições aduaneiras, sanitárias e de imigração em vigor, bem como às relativas à ordem pública e à segurança nacional». Por outro lado, segundo o n.º 3 do mesmo preceito, «[a]s autoridades do Estado de origem não podem praticar atos que envolvam ofensa dos princípios fundamentais da ordem pública internacional do Estado português».

Secção II – Normas de conflitos

Subsecção I – Âmbito e determinação da lei pessoal

Artigo 25.º (Âmbito da lei pessoal)

O estado dos indivíduos, a capacidade das pessoas, as relações de família e as sucessões por morte são regulados pela lei pessoal dos respetivos sujeitos, salvas as restrições estabelecidas na presente secção.

aeródromos civis nacionais, alterado pelo DL 55/2010, de 31-maio, e republicado em anexo a este.

[4] Na ausência, na ordem jurídica portuguesa, de uma definição universal do conceito de «porto», deve este ser entendido, para os efeitos do preceito em anotação, à luz do disposto no 3.º, *ii*), do DL 226/2006, de 15-nov.: «A área em terra e na água, com os limites definidos pelo Estado, em que foram feitas obras e instalados equipamentos que permitam, principalmente, a receção de navios, a sua carga e descarga, o armazenamento de mercadorias, a receção e entrega de mercadorias e o embarque e desembarque de passageiros, no qual é exercida a autoridade do Estado, especificamente em termos de acesso e ou de recusa de entradas e largadas».

[5] Isto é, na definição do 2.º, *a*), do DL 186/2007: «a área definida em terra ou na água, incluindo edifícios, instalações e equipamentos, destinada a ser usada no todo ou em parte para a chegada, partida e movimento de aeronaves».

Bibliografia: António Ferrer Correia, *Unidade do estatuto pessoal*, BFD 30 (1954), 101-130; *idem*, *Lições de Direito Internacional Privado. Aditamentos* (1975); Dário Moura Vicente, *Lei pessoal das pessoas singulares*, in Direito Internacional Privado. Ensaios, I (2002), 61-84; Florbela de Almeida Pires, *Conflitos de Leis. Comentário aos artigos 14.º a 65.º do Código Civil* (2009), 52-55; *idem*, *UCP/Comentário ao Código Civil* (2014), 94-97; Isabel de Magalhães Collaço, *Direito Internacional Privado. Do sistema de normas de conflitos portuguesas. Do direito das pessoas* (1970); João Baptista Machado, *Lições de Direito Internacional Privado*, 2.ª ed. (1982), 339-343; Luís de Lima Pinheiro, *Direito Internacional Privado*, II, 4.ª ed. (2015), 32-48; Maria Helena Brito, em Ana Prata, *Código Civil Anotado*, I, 2.ª ed. (2019), 55; Nuno Ascensão Silva, *Do estatuto pessoal – Unidade e dispersão (Algumas notas a propósito da comemoração dos 35 anos do Código Civil*, in Comemorações dos 35 anos do Código Civil e dos 25 anos da Reforma de 1977, II (2006), 549-649.

Índice

I – Noção, âmbito e critérios de determinação da lei pessoal

1. Noção e âmbito. O preceito submete, em princípio, o estado dos indivíduos, a capacidade 1
das pessoas, as relações de família e as sucessões por morte à lei pessoal dos respetivos sujeitos. No sistema de regras de conflitos do Código, são várias as conexões que podem indicar a lei pessoal: a nacionalidade, a residência habitual e o domicílio. Esta lei não se define através de um elemento de conexão. A lei pessoal é antes a que regula determinado conjunto de matérias[1]. Além das que o 25.º enumera, estão ainda sujeitos à lei pessoal, nos termos dos 26.º/1, 27.º/1 e 30.º, o início e o termo da personalidade jurídica, os direitos de personalidade e a tutela e os institutos análogos de proteção aos menores e acompanhados. Encontram-se, em suma, submetidas a essa lei as matérias que integram o chamado *estatuto pessoal* das pessoas singulares.

2. Critérios de determinação da lei pessoal. A lei pessoal não é expressamente designada 2
no 25.º. Esta disposição define o âmbito de competência da lei pessoal, mas não indica como determiná-la. Para o efeito, há que recorrer a outras disposições. Entre estas sobressai o 31.º/1, nos termos do qual a lei pessoal é a da nacionalidade do indivíduo. Contudo, outras leis – mormente a da residência habitual, a do domicílio, a do lugar da celebração de um negócio jurídico e a do lugar da situação de uma coisa – são também competentes para reger estas matérias. Pode, desde logo, suceder que a conexão nacionalidade não funcione no caso concreto por o indivíduo cuja lei pessoal se procura determinar ser apátrida. Nessas hipóteses prevê o 32.º que a lei pessoal seja, em princípio, a da residência habitual do interessado; na falta dela, a da residência ocasional; e se também esta faltar, a do paradeiro. Por outro lado, há desvios ou restrições à competência da lei pessoal, que o Código consagra nos 28.º, 31.º/2, e 47.º. Além disso, nas situações previstas nos 52.º/2, 53.º/2, 56.º/2, 57.º/1, e 60.º/2, do Código, é chamada a reger as relações familiares, na falta de nacionalidade comum dos cônjuges, a lei da sua residência habitual comum.

[1] Neste sentido, Isabel de Magalhães Collaço, *Direito Internacional Privado. Do sistema de normas de conflitos portuguesas. Do direito das pessoas* (1970), 14.

II – Fundamento jurídico-político da autonomização da lei pessoal

3 **3. Lei pessoal e personalismo jurídico.** De um modo geral, as matérias submetidas à lei pessoal correspondem a estados, qualidades ou situações jurídicas – como os de cônjuge, pai ou filho – que contendem com a própria identidade das pessoas e que, por isso, estas têm interesse em ver regidas pela mesma lei onde quer que se encontrem ou atuem. Se a essas matérias fosse sistematicamente aplicada a lei territorial – *hoc sensu*, a do lugar onde os interessados se encontram ou atuam – ou a *lex fori*, correr-se-ia o risco de estes se verem despojados, ao atravessarem as fronteiras de um Estado, de qualidades ou situações jurídicas que definem a sua identidade. Uma pessoa poderia, p. ex., ser havida por incapaz no país onde agiu, embora fosse capaz naquele de que é originária; solteira no primeiro apesar de casada no segundo; filha ilegítima num e legítima noutro. Semelhante resultado é potencialmente lesivo da *dignidade da pessoa humana*, pois esta postula o reconhecimento das qualidades essenciais que definem a condição jurídica da pessoa, onde quer que ela se encontre e atue. Para cada indivíduo a lei reguladora das matérias compreendidas no seu estatuto pessoal deve, pois, em princípio, ser uma só e a mesma em toda a parte[2]. Ora, a unidade e a estabilidade do estatuto pessoal das pessoas singulares só podem ser alcançadas através da aplicação da lei pessoal às matérias que o integram. O 25.º reflete, nesta medida, a conceção personalista do Direito que inspira o Código Civil português[3].

4 **4. Lei pessoal e economia legislativa.** A autonomização do conceito de lei pessoal explica-se, além disso, por uma razão de economia legislativa. Por um lado, porque ele dispensa o legislador de repetir nas regras de conflitos que tratam das diferentes matérias que integram o estatuto pessoal – mormente os 26.º, 27.º, 30.º, 49.º e 56.º a 65.º – as conexões em que aquela lei potencialmente se desdobra: ao remeter nesses preceitos para a lei pessoal, o legislador abrange potencialmente todas as leis designadas através dos elementos de conexão que os 31.º/1, e 32.º consagram. Por outro lado, porque certas normas auxiliares das regras de conflitos utilizam também o conceito de lei pessoal para designar sinteticamente o conjunto de matérias regidas por essa lei. É o caso do 17.º/2 que, como se deixou dito na anotação a este preceito, estabelece uma restrição à admissibilidade do reenvio neste domínio.

Artigo 26.º (Início e termo da personalidade jurídica)

1. O início e termo da personalidade jurídica são fixados igualmente pela lei pessoal de cada indivíduo.

2. Quando certo efeito jurídico depender da sobrevivência de uma a outra pessoa e estas tiverem leis pessoais diferentes, se as presunções de sobrevivência dessas leis forem inconciliáveis, é aplicável o disposto no n.º 2 do Artigo 68.º.

Bibliografia: *vide* a indicada na anotação ao 25.º.

Índice

[2] António Ferrer Correia, *Unidade do estatuto pessoal*, BFD 30 (1954), 101 ss.; *idem*, *Lições de Direito Internacional Privado. Aditamentos* (1975), 117 ss..

[3] Sobre o tema, *vide* Gomes da Silva, *Esboço de uma concepção personalista do direito* (1965), especialmente 95 ss..

1. Lei reguladora do início e termo da personalidade jurídica. A personalidade jurídica, tomada aqui na aceção de suscetibilidade de ser sujeito de direitos e obrigações, é hoje reconhecida às pessoas singulares por todas as legislações do Mundo, consoante determina o 6.º da Declaração Universal dos Direitos do Homem[1]. Podem, no entanto, surgir conflitos de leis quanto ao início e ao termo da personalidade jurídica, pois as legislações nacionais não são concordantes no que toca ao momento de aquisição da personalidade jurídica. Entre nós, ela dá-se no momento do nascimento completo e com vida[2]: só o nado-morto não é, portanto, sujeito jurídico. Mas em França, por exemplo, exige-se, além do nascimento, a viabilidade da criança a fim de que esta possa adquirir por doação ou testamento[3]. Por outro lado, divergem também as legislações de cada país no tocante aos pressupostos e ao regime da declaração de morte presumida e às presunções de sobrevivência entre pessoas falecidas na mesma ocasião. 1

O 26.º/1 estabelece que o início e o termo da personalidade jurídica são fixados pela lei pessoal. Quer isto dizer que a determinação do momento em que os indivíduos adquirem personalidade jurídica deve ser feita à luz da sua *presuntiva ou hipotética lei pessoal*, i. é, a lei que será a sua lei pessoal se se apurar que efetivamente gozam de personalidade jurídica. P. ex., se se quiser saber se o filho de um francês, que nasceu inviável e faleceu poucas horas depois do seu nascimento, adquiriu personalidade jurídica – o que tem relevância para apurar, *v.g.*, se ele herdou da mãe, por hipótese falecida durante o parto –, é perante a lei francesa que terá de se resolver este problema[4]. 2

Por outro lado, é a lei pessoal do indivíduo que deve indicar quais os factos extintivos da sua personalidade. As normas dessa lei só se aplicam sob a reserva de não ofenderem a nossa ordem pública internacional – o que pode acontecer se, por hipótese, previrem a perda de personalidade em vida, também chamada morte civil (*v.g.*, como sucedeu em diversos ordenamentos jurídicos estrangeiros, em consequência de uma condenação a prisão perpétua). 3

Pode ver-se no 26.º/1, uma consagração legislativa da denominada *conexão autónoma* da questão prévia em DIP: quando a aquisição de personalidade jurídica surja como questão prévia relativamente a uma questão de sucessões *mortis causa*, ela deve ser resolvida perante a hipotética lei pessoal do hereditando, e não segundo a lei aplicável de acordo com o DIP da lei reguladora da relação sucessória, como preconiza a doutrina da *conexão subordinada*. Está certo que assim seja pois, de outro modo, o indivíduo teria ou não personalidade jurídica consoante a relação jurídica a propósito da qual a questão se suscitasse, o que poderia ferir a harmonia jurídica material. 4

2. Presunção de comoriência. O 26.º/2, conjugado com o 68.º/2 consagra uma norma material de DIP: em caso de conflito de leis em matéria de presunções de sobrevivência de uma pessoa a outra, presume-se a comoriência dos interessados, se essas presunções forem inconciliáveis entre si[5]. P. ex., se no mesmo acidente morrerem marido e mulher, com nacionalidades diferentes, e as respetivas leis nacionais consagrarem presunções de sobrevivência inconciliáveis, funciona em Portugal a presunção de que faleceram os dois ao mesmo tempo, consagrada no 68.º/2, e nenhum deles sucederá ao outro. 5

[1] A qual dispõe que «todos os indivíduos têm direito ao reconhecimento em todos os lugares da sua personalidade jurídica».

[2] *Infra*, António Menezes Cordeiro, anotação ao 66.º.

[3] 725.º/2, e 906.º, § 3.º, do Código Civil francês.

[4] A resposta terá de ser negativa, à luz do que acima se disse sobre o Direito francês. Portanto, se a sucessão da mãe for regida pela lei portuguesa, tudo se passará como se o filho nunca tivesse nascido, aplicando-se o 2133.º, *b*): herdam o cônjuge e os ascendentes da mãe. *Vide* João Baptista Machado, *Lições de Direito Internacional Privado*, 341.

[5] Sobre os fundamentos dessa solução *vide* António Marques dos Santos, *Breves considerações sobre a adaptação em Direito Internacional Privado* (1988), 81 ss..

Artigo 27.º (Direitos de personalidade)

1. Aos direitos de personalidade, no que respeita à sua existência e tutela e às restrições impostas ao seu exercício, é também aplicável a lei pessoal.

2. O estrangeiro ou apátrida não goza, porém, de qualquer forma de tutela jurídica que não seja reconhecida na lei portuguesa.

Bibliografia: *vide* a indicada na anotação ao artigo 25.º e ainda: A, Barreto Menezes Cordeiro, *Direito da proteção de dados. À luz do RGPD e da Lei n.º 58/2019* (2020), 92-100; Dário Moura Vicente, *A proteção de dados pessoais na Internet à luz do Direito Comparado*, Revista de Direito Intelectual, 2018/II, 45-89 (em colaboração com Sofia de Vasconcelos Casimiro); *idem, ¿Aplicación extraterritorial del derecho al olvido en Internet?*, in Anuario Hispano-Luso-Americano de Derecho Internacional, 24 (2018-2019), 225-235; Elsa Dias Oliveira, *Da responsabilidade civil extracontratual por violação de direitos de personalidade em Direito Internacional Privado* (2012); Rui de Moura Ramos, *O Tribunal de Justiça das Comunidades Europeias e a regulamentação do direito ao nome nas relações privadas internacionais*, in Jorge Miranda/Luís de Lima Pinheiro/Dário Moura Vicente (orgs.), Estudos em memória do Professor Doutor António Marques dos Santos, I (2005), 607-635.

Índice

1 **1. Lei reguladora** dos direitos de personalidade. Como regra geral, aplica-se a lei pessoal do indivíduo, por força do n.º 1 deste preceito, à determinação da existência e do conteúdo dos direitos de personalidade, das formas de tutela de que esses direitos são suscetíveis e das restrições que afetem o seu exercício. Perante essa lei, deve-se averiguar, p. ex., qual o conteúdo do direito de certa pessoa à integridade física e moral ou à imagem. Já a responsabilidade civil pela ofensa desses direitos é regulada pela lei designada pelo 45.º[1] e, nas matérias a que este é aplicável (como é o caso das obrigações extracontratuais decorrentes de violações do direito à vida, à integridade física e moral e à saúde), pelo Regulamento de Roma II[2]. Por outro lado, as obrigações contratuais emergentes dos negócios relativos ao aproveitamento económico de bens da personalidade, como a imagem, ou à cedência do seu conteúdo patrimonial, são regidas pela lei designada pelo Regulamento de Roma I.

2 **2. Limites à aplicação da lei estrangeira**. A lei portuguesa funciona, nos termos do n.º 2, como um limite às formas de tutela jurídica dos direitos de personalidade que podem ser reconhecidas em território nacional aos estrangeiros e aos apátridas. Consagra-se neste preceito uma *conexão cumulativa*, traduzida na competência concorrente da lei pessoal e da lei portuguesa, a fim de regular as formas possíveis de tutela jurídica dos direitos de personalidade dos

[1] Neste sentido se pronunciam também João Baptista Machado, *Lições de Direito Internacional Privado*, 343 e Rabindranath Capelo de Sousa, *O direito geral de personalidade* (1995), 503 ss..

[2] Ver, sobre a aplicabilidade do Regulamento de Roma II à responsabilidade civil por violação de direitos de personalidade, Elsa Dias Oliveira, *Da responsabilidade civil extracontratual por violação de direitos de personalidade em Direito Internacional Privado* (2012), 224 ss..

estrangeiros e apátridas. Para se apurar se um estrangeiro ou apátrida pode invocar com êxito, em Portugal, certa forma de tutela dos seus direitos de personalidade, há que consultar primeiro a sua lei pessoal, como determina o n.º 1, e depois a lei portuguesa, consoante estabelece o n.º 2, a fim de verificar se essa forma de tutela se encontra prevista nela. Só se ambas as leis consagrarem essa forma de tutela dos direitos de personalidade será a mesma reconhecida em Portugal. As formas de tutela dos direitos de personalidade previstas na lei civil portuguesa são fundamentalmente de duas ordens: a responsabilidade civil e as providências previstas no 70.º/2, destinadas a evitar a consumação da ameaça (por exemplo, a apreensão de um livro difamatório) ou a atenuar os efeitos da ofensa já cometida (*v.g.*, a supressão de passagens de um livro)[3]. Não se preveem, portanto, providências civis com caráter punitivo. O estrangeiro cuja lei pessoal admita a imposição de *punitive damages* como forma de tutela dos direitos de personalidade não pode, por conseguinte, obtê-la em Portugal.

3 **3. Regras de conflitos especiais.** No tocante à proteção de dados pessoais, matéria que contende fortemente com o direito à privacidade, o Regulamento Geral de Proteção de Dados (RGPD)[4] consagra um regime especial assente na aplicação da lei do país de estabelecimento do agente económico responsável por esse tratamento quando o mesmo se situe na União Europeia. É o que resulta do disposto no 3.º/1, de acordo com a qual:

> O presente regulamento aplica-se ao tratamento de dados pessoais efetuado no contexto das atividades de um estabelecimento de um responsável pelo tratamento ou de um subcontratante situado no território da União, independentemente de o tratamento ocorrer dentro ou fora da União.

4 O lugar do estabelecimento do responsável pelo tratamento ou subcontratante é, assim, o principal elemento de conexão relevante a fim de se determinar a aplicabilidade das disposições do Regulamento. Porém, o processamento eletrónico de dados por entidades estabelecidas no exterior da União pode também encontrar-se compreendido no âmbito de aplicação das regras europeias relativas à proteção de dados pessoais. É esse o propósito do artigo 3.º/2, do RGPD, que estabelece:

> O presente regulamento aplica-se ao tratamento de dados pessoais de titulares que se encontrem no território da União, efetuado por um responsável pelo tratamento ou subcontratante não estabelecido na União, quando as atividades de tratamento estejam relacionadas com: a) A oferta de bens ou serviços a esses titulares de dados na União, independentemente da exigência de os titulares dos dados procederem a um pagamento; b) O controlo do seu comportamento, desde que esse comportamento tenha lugar na União.

5 O RGPD procura garantir que as pessoas singulares que se encontram na União Europeia não fiquem privadas da proteção a que têm direito ao abrigo do Regulamento, quando o tratamento dos seus dados pessoais for levado a cabo por um responsável pelo tratamento ou um subcontratante que não se encontre estabelecido na União, contanto que as atividades de tratamento em causa estejam relacionadas com a oferta de bens ou serviços a essas pessoas[5] ou

[3] *Vide infra* Menezes Cordeiro, anot. ao 70.º.

[4] Regulamento 2016/679 de 27-abr.-2016, relativo à proteção de pessoas singulares no que diz respeito ao tratamento de dados pessoais e à livre circulação desses dados.

[5] Considerando 23 do Regulamento.

com o controlo do seu comportamento[6]. O denominado «princípio do mercado» (*market-place principle*) foi assim acolhido no Regulamento. Em virtude desse princípio, as normas europeias de proteção de dados ganharam um certo grau de aplicabilidade extraterritorial.

6 Pelo que respeita ao direito ao nome, vigora um regime especial, constante da Convenção de Munique de 1980 Relativa à Lei Aplicável aos Nomes Próprios e Apelidos[7]. De acordo com a regra consagrada no 1.º/1 desta Convenção, o nome próprio e os apelidos de cada pessoa são determinados pela lei do Estado de que ela é nacional; esta regra é de aplicação universal (2.º).

Artigo 28.º (Desvios quanto às consequências da incapacidade)

1. O negócio jurídico celebrado em Portugal por pessoa que seja incapaz segundo a lei pessoal competente não pode ser anulado com fundamento na incapacidade no caso de a lei interna portuguesa, se fosse aplicável, considerar essa pessoa como capaz.

2. Esta exceção cessa, quando a outra parte tinha conhecimento da incapacidade, ou quando o negócio jurídico for unilateral, pertencer ao domínio do direito da família ou das sucessões ou respeitar à disposição de imóveis situados no estrangeiro.

3. Se o negócio jurídico for celebrado pelo incapaz em país estrangeiro, será observada a lei desse país, que consagrar regras idênticas às fixadas nos números anteriores.

Bibliografia: Florbela de Almeida Pires, *Conflitos de Leis. Comentário aos artigos 14.º a 65.º do Código Civil* (2009), 58-67; *idem*, *UCP/Comentário ao Código Civil* (2014), 98-100; João Baptista Machado, *Lições de Direito Internacional Privado*, 2.ª ed. (1982), 342-343; Luís de Lima Pinheiro, *Direito Internacional Privado*, II, 4.ª ed. (2015), 138-142; *vide* a bibliografia indicada na anotação no 25.º.

Índice

I – Objeto e âmbito; sua articulação com o Regulamento de Roma I

1 **1. Objeto do preceito**. Consagra-se um importante desvio à aplicação da lei pessoal à capacidade de exercício: sendo um negócio jurídico celebrado em Portugal por pessoa incapaz segundo a sua lei pessoal, não pode o mesmo ser anulado com fundamento nessa incapacidade se a lei portuguesa a tiver como capaz. Visa-se tutelar a aparência de validade de um negócio jurídico à luz da *lex loci actus* e, reflexamente, a segurança do tráfico jurídico local. O preceito

[6] Considerando 24 do Regulamento.

[7] Aprovada para adesão pela RAR 8/84, de 3-mar.-1984. Entrou em vigor, em Portugal, no dia 1-out.-1990.

constitui uma expressão do princípio da proteção de confiança, com numerosas outras consagrações no Direito português.

2. Âmbito de aplicação. O preceito apenas se aplica, todavia, aos negócios jurídicos bilaterais atinentes ao tráfico corrente de bens e serviços e não aos negócios jurídicos unilaterais ou de natureza familiar ou sucessória, que o n.º 2 expressamente exclui do seu escopo. Só quanto aos primeiros relevam a aparência de validade e a confiança do declaratário formada com base nela; nos negócios unilaterais e nos estranhos ao comércio jurídico, como os familiares e os sucessórios, é antes a confiança do declarante que sobressai. Comprova-o o Direito material português, no qual são distintos os critérios interpretativos que valem para as duas categorias de negócios jurídicos: ao passo que, quanto aos primeiros, prevalece o sentido objetivo da declaração negocial, por forma a proteger as expectativas legítimas do declaratário e a segurança do tráfico jurídico[1], quanto aos segundos é o sentido subjetivo, correspondente à vontade do declarante, que tem a primazia[2]. Afastam-se ainda do âmbito de aplicação do 28.º/2 os negócios respeitantes à disposição de imóveis situados no estrangeiro, o que se prende com o facto de o 47.º estabelecer, para os mesmos, uma regra especial[3]. Embora as pessoas coletivas não sejam diretamente visadas pelo 28.º, deve este preceito aplicar-se analogicamente às situações em que seja invocada em Portugal a invalidade ou ineficácia de um negócio jurídico aqui celebrado por pessoa coletiva sujeita a lei pessoal estrangeira com fundamento em restrições à sua capacidade negocial que fossem ignoradas pela contraparte e não tenham equivalente no Direito português. 2

3. Sua articulação com o Regulamento de Roma I. A matéria em apreço é igualmente objeto do 13.º de Roma I, que dispõe a este respeito: 3

> Num contrato celebrado entre pessoas que se encontram no mesmo país, uma pessoa singular considerada capaz segundo a lei desse país só pode invocar a sua incapacidade que resulte de uma outra lei se, no momento da celebração do contrato, o outro contraente tinha conhecimento dessa incapacidade ou a desconhecia por negligência.

Ambos os preceitos mandam aplicar, em derrogação à regra geral da competência da lei pessoal no tocante à capacidade de exercício, a lei do lugar da celebração do negócio jurídico, verificados que estejam certos pressupostos. Como se articulam entre si estas regras? Em princípio, as regras de conflitos do Regulamento têm prevalência, no seu domínio próprio de aplicação, sobre as de fonte interna. Daqui resulta que o 28.º tem hoje em Portugal um âmbito de aplicação residual: ele apenas se aplica às situações não abrangidas pelo Regulamento de Roma I, *ratione temporis* ou *ratione materiae*[4]. Trata-se de questão com certa importância prática, porque, como se verá a seguir, as duas disposições não consagram exatamente os mesmos pressupostos de aplicação da *lex loci actus* às consequências da incapacidade. 4

II – Pressupostos de aplicação do preceito

4. Desconhecimento da incapacidade do declarante. O primeiro pressuposto consiste no desconhecimento, pelo declaratário, da incapacidade do declarante: se aquele sujeito conhecia essa incapacidade não há qualquer aparência digna de tutela jurídica que justifique a exclusão da aplicabilidade da lei pessoal. Mais exigente se mostra o 13.º de Roma I: o desvio nele consignado à aplicação da lei pessoal não funciona se «o outro contraente tinha conhecimento dessa incapacidade ou a desconhecia por negligência». 5

[1] *Infra*, o 236.º/1 e a anotação correspondente.
[2] *Infra*, o 2187.º/1 e a anotação correspondente.
[3] *Infra*, o 28.º e a anotação correspondente.
[4] Ver, sobre o ponto, *infra*, anotação ao 41.º.

6 **5. Celebração entre pessoas no mesmo país.** Requer-se, além disso, que o negócio jurídico haja sido celebrado entre presentes. O 13.º formula este requisito expressamente, ao aludir na sua hipótese a um «contrato celebrado entre pessoas que se encontram no mesmo país». Compreende-se a razão de ser desta exigência: os limites à competência da lei pessoal consagrados nos preceitos em apreço fundam-se na preocupação de proteger a aparência de validade do negócio jurídico e esta forma-se à luz da *lex loci*. Se as partes se encontravam, no momento da celebração do negócio, em países diferentes, não pode afirmar-se que haja qualquer aparência de validade do negócio, porque não tinham motivo para contar com a aplicação da lei local.

7 **6. Local da celebração do negócio.** O 28.º/1 cinge o desvio à aplicação da lei pessoal, em princípio, aos negócios jurídicos celebrados em Portugal. O n.º 3 «bilateraliza» essa regra, mandando aplicar, sempre que o negócio for celebrado pelo incapaz em país estrangeiro, a lei local que consagre regras idênticas às fixadas nos números anteriores. Ao mesmo resultado conduz o 13.º de Roma I.

Artigo 29.º (Maioridade)

A mudança da lei pessoal não prejudica a maioridade adquirida segundo a lei pessoal anterior.

Bibliografia: António Ferrer Correia, *Lições de Direito Internacional Privado*, I (2000), 193-198; Florbela de Almeida Pires, *Conflitos de Leis. Comentário aos artigos 14.º a 65.º do Código Civil* (2009), 67-69; *idem*, *UCP/Comentário ao Código Civil* (2014), 101; João Baptista Machado, *Lições de Direito Internacional Privado*, 2.ª ed. (1982), 341-342; *vide* a bibliografia indicada no 25.º.

Índice

1 **1. A mudança de lei pessoal e o conflito móvel.** O preceito em anotação ocupa-se de uma hipótese do chamado *conflito móvel*: o que ocorre quando se dá uma alteração do conteúdo concreto do elemento de conexão consagrado em certa regra de conflitos, do qual resulta uma sucessão de leis aplicáveis. Certos elementos de conexão têm um conteúdo variável no tempo, como é o caso da nacionalidade e da residência habitual. P. ex., *A*, timorense, de 17 anos de idade, adquire a nacionalidade portuguesa. Em Timor, a maioridade atinge-se aos 17 anos de idade; em Portugal, aos 18. Admitamos agora que, antes da mudança de nacionalidade, *A* vendera a *B* a sua motorizada. Suscita-se posteriormente a questão de saber se a venda celebrada por *A* é válida e, designadamente, se *A* tinha capacidade para vender. O que pressupõe a determinação de qual das duas leis em presença se aplica: a timorense ou a portuguesa.

2 **2. Critério de solução segundo o 29.º.** Responde o 29.º, que consagra o princípio *semel major, semper major*: a mudança da lei pessoal não prejudica a maioridade adquirida segundo a lei pessoal anterior. Visa-se evitar a lesão de direitos adquiridos e, tal como no preceito anterior, tutelar a *confiança legítima* nas relações privadas internacionais.

Artigo 30.º (Tutela e institutos análogos)

À tutela e institutos análogos de proteção aos incapazes é aplicável a lei pessoal do incapaz.

Bibliografia: Elsa Dias Oliveira, *Convenções internacionais e Direito Comunitário no domínio do Direito dos Menores*, Revista CEJ, 2004, 53-75; Florbela de Almeida Pires, *Conflitos de Leis. Comentário aos artigos 14.º a 65.º do Código Civil* (2009), 69; *idem, UCP/Comentário ao Código Civil* (2014), 101-102; Luís de Lima Pinheiro, *Direito Internacional Privado*, II, 4.ª ed. (2015), 78-124; *vide* a indicada no 25.º.

Índice

1 **1. Âmbito de aplicação**. O preceito rege a determinação da lei aplicável aos institutos de proteção dos menores e dos acompanhados[1]. O seu âmbito material de aplicação compreende: (1) a tutela de menores, prevista nos 124.º e 1921.º 1962.º e a administração dos respetivos bens, regulada nos 1967.º a 1972.º; (2) o acompanhamento, regulado nos 138.º e seguintes. Já a representação dos menores exercida pelos pais, no âmbito das responsabilidades parentais que lhes competem nos termos dos 1877.º e seguintes, rege-se pela lei que regula as relações entre pais e filhos, a determinar em conformidade com o disposto no 57.º.

2 **2. Lei aplicável aos institutos de proteção**. Determina-se a aplicabilidade às situações abrangidas pelo 30.º da lei pessoal do visado. Ressuma aqui a relevância de que se reveste, na regulação dessas situações, o interesse do próprio visado, a que o legislador terá querido atribuir a primazia, diferentemente, por exemplo, do que sucede no domínio das relações entre pais e filhos, em que é antes a *lex familiae* que merece preferência, como o evidencia o 57.º. Essa solução tem vindo a perder terreno, nos últimos anos, em benefício de outras soluções, que as convenções internacionais mais recentes tendem a privilegiar.

3 **3. Regras de conflitos especiais.** O 30.º encontra-se derrogado, no respetivo âmbito de aplicação, por diversas convenções internacionais que se ocupam igualmente da proteção dos incapazes. Entre estas destacam-se por último: (1) a Convenção da Haia Relativa à Competência, à Lei Aplicável, ao Reconhecimento, à Execução e à Cooperação em Matéria de Responsabilidade Parental e Medidas de Proteção das Crianças, concluída em 1996. Esta convenção consagra o *princípio da coincidência* entre a lei aplicável e a autoridade competente para tomar medidas de proteção da pessoa ou dos bens da criança (15.º/1), sendo que esta autoridade é, em princípio, a do Estado da residência habitual da criança (5.º). Prevê-se nela que, na medida em que a proteção da pessoa ou dos bens da criança o exija, as autoridades competentes podem excecionalmente aplicar ou tomar em consideração a lei de outro Estado com o qual a situação apresente um nexo estreito (15.º/2)[2]. (2) A Convenção da Haia Relativa à Proteção Inter-

[1] O 30.º conserva a referência a "incapazes". A L 49/2018, de 14-ago., substituiu a inerente ideia por "condição jurídica dos menores" e por "maiores acompanhados".

[2] A Convenção entrou em vigor a 1-jan.-2002. Portugal aprovou-a pelo D 52/2008, de 13-nov., tendo entrado em vigor no país a 1-ago.-2011.

nacional dos Adultos, concluída em 2000. Tal como a Convenção anterior, esta subordina a determinação da lei aplicável à fixação da autoridade competente para adotar medidas tendentes à proteção da pessoa ou dos bens do adulto, a qual é em princípio a do Estado da residência habitual deste (5.º/1). Essa autoridade aplica a sua própria lei (13.º/1), salvo se a proteção da pessoa ou dos bens do adulto exigir a aplicação ou a tomada em consideração da lei de outro Estado que possua com a situação um nexo estreito (13.º/2)[3].

Artigo 31.º (Determinação da lei pessoal)

1. A lei pessoal é a da nacionalidade do indivíduo.

2. São, porém, reconhecidos em Portugal os negócios jurídicos celebrados no país da residência habitual do declarante, em conformidade com a lei desse país, desde que esta se considere competente.

Bibliografia: António Marques dos Santos, *Quem manda mais – a residência ou a nacionalidade?* in Estudos de Direito Internacional Privado e de Direito Público (2004), 79-92; Dário Moura Vicente, *La reconnaissance au Portugal des situations juridiques constituées à l'étranger*, in Direito Internacional Privado. Ensaios, IV (2018) 27-42; Florbela de Almeida Pires, *Conflitos de Leis. Comentário aos artigos 14.º a 65.º do Código Civil* (2009), 69-76; *idem, UCP/Comentário ao Código Civil* (2014), 102-105; Luís de Lima Pinheiro, *Direito Internacional Privado*, II, 4.ª ed. (2015), 40-48; Maria Helena Brito, em Ana Prata, *Código Civil Anotado*, I, 2.ª ed. (2019), 59-60; Rui de Moura Ramos; *Dos direitos adquiridos em Direito Internacional Privado*, in Das relações privadas internacionais (1995), 11-48; *vide* a indicada no 25.º.

Índice

I – A nacionalidade como conexão definidora da lei pessoal

1 **1. Consagração e fundamento**. O 31.º/1 consagra a nacionalidade como elemento de conexão definidor da lei pessoal. Por várias razões: (1) Conforme resulta dos trabalhos preparatórios[1], através da atribuição de competência à lei da nacionalidade, procurou-se assegurar que o estatuto pessoal dos portugueses domiciliados no estrangeiro fosse regido pelo Direito português: sendo Portugal um país de forte emigração, a sujeição dos portugueses vivendo no estrangeiro – que se mantêm, em regra, ligados ao seu País de origem e contribuem relevantemente para a economia nacional – à lei do país do seu domicílio subtrairia um largo número de cidadãos

[3] A Convenção entrou em vigor a 1-jan.-2009. Foi aprovada para adesão pela RAR 52/2014, de 19-jun., tendo entrado em vigor no país a 1-jul.-2018.

[1] António Ferrer Correia, *Direito internacional privado*, BMJ 24 (1951), 9 ss..

nacionais ao âmbito de eficácia das leis portuguesas. (2) A nacionalidade é um vínculo mais estável do que a residência habitual e o domicílio: a opção pela lei da nacionalidade previne a fraude à lei em DIP. (3) Além disso, a opção pela lei do domicílio obrigaria os tribunais portugueses a aplicar Direito estrangeiro num elevado número de casos, com as consequências a isso inerentes sob o prisma dos custos do processo e do risco de erro judiciário. (4) A aplicação da lei nacional às matérias compreendidas no estatuto pessoal dos indivíduos é a solução mais conforme com a preservação da identidade cultural dos indivíduos: a competência da lei nacional evita que a integração do indivíduo numa nova comunidade, em virtude, p. ex., da emigração, signifique, do ponto de vista jurídico, um corte com as suas raízes.

2. Evolução contemporânea. A lei da nacionalidade apresenta, pelo exposto, fortes títulos de legitimidade para regular o estatuto pessoal. Importa todavia notar que a consecução de certos objetivos da integração europeia – *maxime* a maior mobilidade das pessoas através das fronteiras por ela visada – pode justificar a consagração, em certas matérias compreendidas no estatuto pessoal dos indivíduos, da competência da lei da residência habitual, ou pelo menos da possibilidade de os interessados optarem entre ela e a lei da nacionalidade, em ordem a facilitar a celebração e a eficácia dos atos jurídicos que com ele contendam: é o que sucede por força dos regulamentos europeus que disciplinam estas matérias, no tocante aos regimes matrimoniais, ao divórcio e à separação judicial[2] e às sucessões *mortis causa*[3]. Outro tanto ocorre nas situações previstas na Convenção de Genebra de 1951 Relativa ao Estatuto dos Refugiados, a qual submete o estatuto pessoal dos refugiados à lei do seu domicílio ou, na falta deste, à da sua residência[4]. 2

3. Concretização. Compete à lei do Estado cuja nacionalidade esteja em causa determinar se tem o interessado como seu nacional. Há que proceder por tentativas ao concretizar o elemento de conexão, interrogando para o efeito as diferentes leis interessadas; o que se justifica, entre outras razões, porque assim se possibilita a harmonia de julgados, evitando que tribunais de países diferentes concretizem de modo diverso o mesmo elemento de conexão. Trata-se de solução expressamente consagrada na segunda declaração anexa ao TUE, onde se estabelece: 3

> A Conferência declara que, sempre que no Tratado que institui a Comunidade Europeia é feita referência aos nacionais dos Estados-membros, a questão de saber se uma pessoa tem a nacionalidade de determinado Estado-membro é exclusivamente regida pelo direito nacional desse Estado-membro.

Assim, em Portugal um indivíduo será tido por nacional do Estado ou Estados cuja lei ou leis lhe atribuam a respetiva nacionalidade; o que constitui um corolário da liberdade que assiste a cada Estado de definir quem são os seus nacionais. Neste sentido dispõe a Convenção Europeia Sobre a Nacionalidade[5], no 3.º/1: 4

> Cada Estado determinará quem são os seus nacionais nos termos do seu direito interno.

Deste método de concretização da nacionalidade podem resultar situações de concurso ou conflito positivo de nacionalidades, i. é, situações em que uma pessoa seja tida como nacional de mais do que um Estado. Os critérios de solução deste problema encontram-se entre nós fixados nos 27.º e 28.º da Lei da Nacionalidade[6]: (1) no caso de concurso de nacionalidade 5

[2] Regulamento de Roma III, 5.º e ss..

[3] Regulamento de Roma IV, 21.º ss..

[4] 12.º/1. A Convenção foi aprovada para adesão pelo DL 43.201, de 1-out.-1960.

[5] Ratificada pelo DPR 7/2000, de 6-mar.-2000.

[6] L 37/81, de 3-out., republicada em anexo à LO 2/2018, de 5-jun..

portuguesa e estrangeira, só releva a *nacionalidade portuguesa* (27.º); (2) no caso de concurso de nacionalidades estrangeiras, segundo o 28.º releva a *nacionalidade efetiva*. Esta presume-se ser a nacionalidade do Estado em cujo território o plurinacional tenha a sua residência habitual ou, na falta dela, a do Estado com o qual mantenha uma vinculação mais estreita.

II – O reconhecimento de negócios em conformidade com a lei da residência habitual

6 **4. *Ratio legis*.** Por força do 31.º/2, são reconhecidos em Portugal, em certas condições, negócios jurídicos celebrados no país da residência habitual do declarante, em conformidade com a lei local, ainda que sejam inválidos ou ineficazes segundo a lei da nacionalidade. Visa-se deste modo tutelar a confiança do declarante nas suas validade e eficácia. Mais concretamente, teve-se em mente, como revelam os trabalhos preparatórios, conceder uma adequada proteção aos emigrantes portugueses, relativamente aos quais se entendeu não ser razoável exigir, quando pratiquem um ato do estado civil ou uma disposição de última vontade no país estrangeiro onde se encontrem radicados, o cumprimento do disposto no Direito português, nem ferir de nulidade esses atos quando sejam válidos perante a lei do domicílio[7].

7 **5. Âmbito de aplicação.** O desvio à aplicação da lei da nacionalidade constante do 31.º/1 aplica-se tanto a portugueses como a estrangeiros; mas apenas abrange os negócios jurídicos pertencentes ao domínio do estatuto pessoal: casamentos, adoções, e testamentos. Fora do seu âmbito de aplicação ficam os negócios do tráfico corrente de bens e serviços, como a compra e venda ou a prestação de serviços, que são abrangidos pelos 28.º do Código Civil e 13.º de Roma I, os quais estabelecem, relativamente a esses negócios, desvios à aplicação da lei pessoal quanto às consequências da incapacidade de uma das partes, que se subordinam a requisitos próprios.

8 **6. Requisitos.** São de três ordens os requisitos de aplicação do 31.º/2:

9 (1) O primeiro diz respeito ao lugar da celebração do negócio. Nos termos deste preceito, deve tratar-se de «negócios celebrados no país da residência habitual». Os negócios em questão podem ter sido celebrados num terceiro país, desde que o tenham sido segundo a lei da residência habitual. Releva para o 31.º/2 que as partes tenham agido ao abrigo da lei da residência habitual, e não tanto o local onde celebraram o negócio[8]. Deve tratar-se de negócios celebrados no estrangeiro: o 31.º/2, não vale quanto a negócios celebrados em Portugal. É o que resulta do próprio preceito, que declara que «são [...] reconhecidos em Portugal os negócios celebrados no país da residência habitual do declarante». Pressupõe-se que existe um negócio já celebrado num país estrangeiro, que aí desenvolveu os seus efeitos por certo tempo e cujo reconhecimento é posteriormente solicitado em Portugal. Só nestes casos há, com efeito, expectativas dignas de tutela jurídica a proteger através da aplicação excecional da lei da residência habitual às questões do estatuto pessoal dos indivíduos; e apenas nesse caso se justifica, na ótica do legislador, a derrogação da regra de conflitos constante do 31.º/1.

10 (2) O segundo requisito de aplicação do 31.º/2, é relativo à lei em conformidade com a qual o negócio em causa há de ter sido celebrado. De acordo com o preceito, o negócio deve

[7] *Vide* o anteprojeto de 1951, 2.º/IV; e o comentário correspondente.

[8] Assim António Ferrer Correia, *Direito Internacional Privado. Alguns problemas* (1981), 258; *idem*, *Lições de Direito Internacional Privado*, 393. Em sentido concordante vejam-se João Baptista Machado, *Lições de Direito Internacional Privado*, 176 ss., e Rui de Moura Ramos, *Dos direitos adquiridos em Direito Internacional Privado*, in Das relações privadas internacionais (1995), 46 ss..

ter sido celebrado «em conformidade com a lei desse país [i. é, o país da residência habitual]». Mas também este requisito não pode ser tomado literalmente. O negócio pode igualmente ter sido celebrado de acordo com a lei de um terceiro país – o país cuja lei é competente de acordo com a lei da residência habitual[9]. O que importa, a fim de que o negócio seja reconhecido em Portugal, é que ele seja eficaz no país da residência habitual.

(3) O terceiro requisito do 31.º/2, prende-se com a vontade de aplicação ao caso da lei da residência habitual. Exige-se, na parte final do preceito, que «esta [lei] se considere competente». Essa lei pode considerar-se competente, desde logo, a título de lei da residência habitual; mas também pode sê-lo a outro título. É o que sucede, por exemplo, se dois portugueses casarem no país da sua residência habitual e esta se julgar competente para regular o casamento enquanto *lex loci actus*. Neste caso, nenhuma razão obsta ao reconhecimento em Portugal do negócio. O que importa, como se disse, é que ele seja eficaz no país da residência habitual. Finalmente, a lei da residência habitual pode considerar-se competente indiretamente, por via de um retorno que lhe faça o DIP da ordem jurídica competente segundo a *lex domicilii*. 11

Artigo 32.º (Apátridas)

1. A lei pessoal do apátrida é a do lugar onde ele tiver a sua residência habitual.

2. A lei pessoal do apátrida é, porém, a do seu domicílio legal quando o apátrida seja menor ou quando seja maior acompanhado com domicílio legal determinado por sentenças.

3. Na falta de residência habitual, é aplicável o disposto no n.º 2 do Artigo 82.º.

Bibliografia: Florbela de Almeida Pires, *Conflitos de Leis. Comentário aos artigos 14.º a 65.º do Código Civil* (2009), 76-78; *idem*, *UCP/Comentário ao Código Civil* (2014), 105-106; *vide* a indicada no 25.º.

Índice

1 **1. Conexões definidoras da lei pessoal do apátrida.** Pode suceder que a conexão nacionalidade não funcione no caso concreto, por o indivíduo cuja lei pessoal se procura determinar ser apátrida. Nessa hipótese, o 32.º determina que a lei pessoal do interessado seja, em princípio, a da sua residência habitual; na falta desta, por força da remissão para o 82.º/2, aplica-se a lei da sua residência ocasional; e se também esta faltar, a do seu paradeiro. Sendo o apátrida menor ou maior acompanhado, manda-se atender à lei do seu domicílio legal: 32.º/2, na redação dada pela L 49/2018, de 14-ago..

2 **2. Concretização.** Tal como sucede relativamente à determinação da nacionalidade do indivíduo (31.º/1), a concretização das conexões acolhidas no 32.º deve fazer-se *lege causae*, i.é, à luz do próprio ordenamento jurídico hipoteticamente designado pela regra de conflitos. P. ex., é à

[9] Assim também António Ferrer Correia, *Direito Internacional Privado. Alguns problemas*, 258; *idem*, *Lições de Direito Internacional Privado*, 393; João Baptista Machado, *Lições*, 177; Rui de Moura Ramos, *Dos direitos adquiridos*, 46 ss..

lei francesa que compete dizer se um apátrida é tido como habitualmente residente ou domiciliado no respetivo território. A aplicação da lei do domicílio, nas hipóteses contempladas no n.º 2, deve, todavia, considerar-se subordinada à condição de essa lei ter o apátrida como menor ou acompanhado. Não sendo esse o caso, falha o pressuposto de que depende, nos termos desse preceito, a competência desta lei, devendo recorrer-se à lei da residência habitual, que é a conexão subsidiária geral em matéria de estatuto pessoal das pessoas singulares.

Artigo 33.º (Pessoas coletivas)

1. A pessoa coletiva tem como lei pessoal a lei do Estado onde se encontra situada a sede principal e efetiva da sua administração.

2. À lei pessoal compete especialmente regular: a capacidade da pessoa coletiva; a constituição, funcionamento e competência dos seus órgãos; os modos de aquisição e perda da qualidade de associado e os correspondentes direitos e deveres; a responsabilidade da pessoa coletiva, bem como a dos respetivos órgãos e membros, perante terceiros; a transformação, dissolução e extinção da pessoa coletiva.

3. A transferência, de um Estado para outro, da sede da pessoa coletiva não extingue a personalidade jurídica desta, se nisso convierem as leis de uma e outra sede.

4. A fusão de entidades com lei pessoal diferente é apreciada em face de ambas as leis pessoais.

Bibliografia: António Ferrer Correia, *Lições de Direito Internacional Privado. Aditamentos* (1975), 165-169; *idem, Lições de Direito Internacional Privado*, I (2000), 81-99; António Marques dos Santos, *Algumas reflexões sobre a nacionalidade das sociedades em Direito Internacional Privado e em Direito Internacional Público*, in Estudos de Direito da Nacionalidade (1998), 7-209; António Menezes Cordeiro, *O levantamento da personalidade colectiva no Direito Civil e Comercial* (2000), 163-166; *idem, Direito das Sociedades*, I, 4.ª ed. (2020), 186--197; Dário Moura Vicente, *Liberdade de estabelecimento, lei pessoal e reconhecimento das sociedades comerciais* in Direito Internacional Privado. Ensaios, II (2005), 91-115; *Liberdades comunitárias e Direito Internacional Privado* in Direito Internacional Privado. Ensaios, III (2010), 91-115; Florbela de Almeida Pires, *Conflitos de Leis. Comentário aos artigos 14.º a 65.º do Código Civil* (2009), 78-87; *idem, UCP/Comentário ao Código Civil* (2014), 106-109; Isabel de Magalhães Collaço, *Direito Internacional Privado. Pessoas colectivas* (1971); João Baptista Machado, *Lições de Direito Internacional Privado*, 2.ª ed. (1982), 344-351; Luís de Lima Pinheiro, *O Direito aplicável às sociedades. Contributo para o Direito Internacional Privado das pessoas colectivas*, ROA, 1998, 673-777; *idem, Direito Internacional Privado*, II, 4.ª ed. (2015), 145-244; Maria Helena Brito, *Sobre a aplicação no espaço do novo Código dos Valores Mobiliários*, Cadernos do Mercado dos Valores Mobiliários, 7 (abril 2000), 51-73; Manuel Fernandes Costa, *Da nacionalidade das sociedades comerciais*, separata BFD (1984); Maria Helena Brito, em Ana Prata, *Código Civil Anotado*, I, 2.ª ed. (2019), 62-63; Pedro Paes de Vasconcelos, *Estatuto pessoal das sociedades comerciais*, in Estruturas jurídicas da empresa (1989), 37-55; Raúl Ventura, *A sede da sociedade no direito interno e no direito internacional português*, SI (1977), 344-361 e 462-509; Rui de Moura Ramos, *Aspectos recentes do Direito Internacional Privado português*, in Das relações privadas internacionais. Estudos de Direito Internacional Privado (1995), 85-123; *idem, O artigo 4.º do Código das Sociedades Comerciais revisitado, in ibidem*, 125-142.

Índice

I – Lei pessoal da pessoa coletiva: generalidades

1. Noção e delimitação de figuras afins. Entende-se por lei pessoal da pessoa coletiva a que regula as suas constituição, vida e extinção. O problema da determinação dessa lei não se confunde com dois outros, com ele conexos, de que trataremos adiante: o reconhecimento de pessoa coletiva de estatuto estrangeiro e a nacionalidade da pessoa coletiva. O primeiro é o de saber em que condições uma pessoa coletiva sujeita a uma lei estrangeira pode ser admitida a exercer a sua atividade e a prosseguir os seus fins no Estado do foro. A sua resolução pressupõe a definição da lei pessoal. O segundo é o vínculo jurídico-político que liga a pessoa coletiva a um Estado. Ele tem hoje um alcance limitado no DIP português, pois, diferentemente do que sucede em relação às pessoas singulares, não é a nacionalidade o elemento de conexão que define a lei pessoal da pessoa coletiva. Mas não deixa de ter certa relevância, designadamente para efeitos de aplicação das normas de Direito dos estrangeiros. 1

2. Interesses em jogo: (1) Avulta nesta matéria, antes de mais, o **interesse da própria pessoa** coletiva e dos seus fundadores, aos quais importa que ela possa assumir a conformação jurídica mais apta à prossecução dos seus fins; o que depõe no sentido de o seu estatuto pessoal ser submetido a uma lei por eles escolhida. Convém-lhes também que a pessoa coletiva possa exercer a sua atividade sem constrangimentos, onde quer que isso se revele necessário àqueles fins, independentemente do que sobre a matéria disponha a lei local. Interessa-lhes, por último, que seja uma só a lei reguladora das matérias que integram o estatuto pessoal da pessoa coletiva, de modo a evitar que ela fique sujeita a regras contraditórias. 2

(2) O **interesse dos credores** da pessoa coletiva, que reclama a aplicação às questões compreendidas no estatuto pessoal desta da lei do país ou países onde esta exerce a sua atividade ou, em certos casos, da do país da sede estatutária, visto serem essas as leis cujo teor é para os referidos sujeitos de mais fácil averiguação e cuja aplicação implica para eles menores riscos e custos. 3

(3) O **interesse do Estado** onde a pessoa coletiva desenvolva a sua atividade, o qual postula que, tanto quanto possível sem prejuízo do afluxo de investimentos estrangeiros ao respetivo território, essa atividade se subordine às normas imperativas locais, em ordem a assegurar o controlo dela por parte do poder público. A integração europeia aditou a estas categorias de interesses os conexos com a instituição do mercado interno, do mesmo passo que tornou mais difícil a localização desses interesses no território de determinado Estado. A livre circulação de mercadorias e fatores de produção consagrada nos tratados europeus, postula, com efeito, que as sociedades comerciais constituídas de acordo com a lei de um Estado-Membro e que tenham a sua sede, administração central ou estabelecimento principal na União sejam admitidas a prosseguir os respetivos fins estatutários no território dos demais Estados-Membros, diretamente ou por intermédio de sucursais – ou seja, que se lhes reconheça liberdade de estabelecimento nesses Estados. 4

II – Determinação e âmbito de aplicação da lei pessoal da pessoa coletiva

5 **3. Regra geral**. Diversamente do que sucede quanto às pessoas singulares, não é a nacionalidade, entre nós, o elemento de conexão definidor da lei pessoal das pessoas coletivas. De um modo geral, a aplicação da lei da sede principal e efetiva da administração parece satisfazer de forma adequada o interesse da pessoa coletiva na unidade e na estabilidade do seu estatuto pessoal, pois desse modo a lei pessoal não muda consoante o país onde a pessoa coletiva exerça a sua atividade; mas já se afigura mais duvidoso que tal solução seja conforme com as demais ordens de interesses acima referidas. A regra que o 33.º/1 consagra será, de todo o modo, inaplicável nos casos em que ainda não existe uma sede principal e efetiva da administração da pessoa coletiva, *v.g.*, aqueles que se suscitam no momento da constituição da pessoa coletiva, em que a administração desta ainda não funciona e em que porventura nem estão designados os titulares dele. Nesses casos, terá de se recorrer à sede estatutária[1].

6 A sede real tem sido preferentemente definida na doutrina e na jurisprudência alemãs por apelo a fatores reconhecíveis externamente. Nesta perspetiva, ela deverá consistir no lugar onde as decisões fundamentais da direção da empresa se traduzem em atos de gestão corrente. O lugar onde se formou a vontade social não será, por conseguinte, oponível a terceiros. Por outro lado, deve presumir-se que a sociedade tem a sede da sua administração no Estado da sede estatutária; pelo que, não se demonstrando que a sede de administração se situa noutro local, será aplicável o Direito daquele Estado[2].

7 **4. Regimes especiais**. A regra constante do 33.ºaplica-se às associações e às fundações. Vale também para as sociedades civis, quer diretamente (quando tenham personalidade jurídica, como é o caso, entre nós, das sociedades de advogados), quer por analogia (quando não tenham personalidade jurídica). No que respeita às sociedades comerciais, o 3.º/1, primeiro período, do CSC manda igualmente, na sua primeira parte, aplicar-lhes a lei da sede principal e efetiva da sua administração. Porém, no segundo período do mesmo preceito determina-se:

> A sociedade que tenha em Portugal a sede estatutária não pode, contudo, opor a terceiros a sua sujeição a lei diferente da lei portuguesa.

8 Visa-se deste modo tutelar a confiança em DIP. A sociedade que tem a sua sede estatutária em determinado país pode, por esse motivo, criar naqueles que com ela contratam a expectativa de que a lei desse país se aplicará às questões relativas ao seu estatuto pessoal. Essa expectativa seria defraudada se a sociedade pudesse opor a terceiros a sua sujeição à lei do país onde tem a sua sede efetiva – onde reúne o seu conselho de administração, por exemplo –, pois a localização desta pode ser, para quem negoceia com a sociedade, mais difícil de averiguar do que a primeira.

9 **5. O impacto do Direito europeu**. Questão que tem concitado a atenção da doutrina é a da relação entre a liberdade de estabelecimento consignada nos tratados europeus e a lei pessoal da pessoa coletiva. Conquanto não possa extrair-se da jurisprudência do Tribunal de Justiça da União Europeia qualquer preferência por determinada regra de conflitos em matéria de lei pessoal das pessoas coletivas, a orientação firmada no já referido acórdão *Centros*, de 9-mar.-1999[3],

[1] Neste sentido, veja-se Raúl Ventura, *A sede da sociedade no direito interno e no direito internacional português*, SI 1977, 473.

[2] Assim Luís de Lima Pinheiro, *Direito Internacional Privado*, II, 4.ª ed. (2015), 175. Em sentido concordante, veja-se RLx 20-jul.-2010, (Margarida Bacelar), Proc. 10653/ /08.

[3] Proc. C-212/97, *Centros Ltd. contra Ehvervs- og Selskabsstyrelsen*, CJTJ 1999-I, 1459 ss.; *vide supra*, a anotação ao 21.º.

não é desprovida de consequências a este respeito. Com efeito, de acordo com este aresto, uma sociedade constituída em conformidade com a lei de um Estado-Membro da União Europeia, onde tenha a sua sede estatutária, pode constituir uma sucursal no território de qualquer outro Estado-Membro, e registá-la nele, ainda que possua no segundo a sua sede efetiva. Quer dizer: o segundo Estado terá de reconhecer essa sociedade, admitindo que seja constituída e registada localmente uma sucursal sua, posto que, de acordo com as suas regras de conflitos, a sociedade em questão devesse subordinar-se ao seu Direito. Pelo que respeita às sociedades comerciais constituídas noutro Estado-Membro da União Europeia, de acordo com a lei desse Estado, que queiram exercer em Portugal a sua atividade através de um estabelecimento secundário, não obstante terem em território nacional a sua sede efetiva, certas questões (como o capital social mínimo, os deveres de publicidade, a responsabilidade dos administradores, etc.) ficarão em princípio submetidas à lei segundo a qual tais sociedades foram constituídas, e não à lei portuguesa, como resultaria do artigo 3.º/1 do CSC. A liberdade de estabelecimento atualmente consignada nos 49.º e seguintes do TFUE – que, em si, não consagra qualquer regra de conflitos suscetível de determinar o Direito aplicável ao estatuto pessoal das sociedades – tem, nesta medida, uma *projeção conflitual negativa*. Esta orientação foi confirmada pelo Tribunal de Justiça no acórdão proferido no caso *Inspire Art, Ltd.*[4].

Numerosas sociedades de tipo britânico, ao abrigo da doutrina *Centros*, exercem a sua atividade no território continental da União Europeia. Neste momento, desconhecem-se os efeitos que o *Brexit* irá ter nesse campo[5]. 10

6. Âmbito das matérias regidas pela lei pessoal: acha-se enunciado, em termos gerais, no 33.º/2. Deve considerar-se analogicamente aplicável às sociedades comerciais, uma vez que o 3.º do CSC não contém um preceito que delimite expressamente as matérias abrangidas na lei pessoal dessas sociedades. A este elenco de matérias acresce a representação orgânica da pessoa coletiva, de que se ocupa o 38.º. A lei pessoal da pessoa coletiva rege também a capacidade para a emissão e a forma de representação dos valores mobiliários por ela emitidos, bem como, em princípio, o conteúdo desses valores mobiliários: é o que resulta do disposto nos 39.º e 40.º/1, do CVM. 11

III – Transferência internacional da sede e fusão internacional de pessoas coletivas

7. Transferência internacional da sede: encontra-se disciplinada no 33.º/3 e, de forma mais desenvolvida, no 3.º/2 a 5 do CSC. O 33.º estabelece uma conexão cumulativa: só se as leis da antiga e da nova sede da pessoa coletiva nisso concordarem é que ela não se extingue em virtude da mudança de sede. Esta conexão cumulativa traduz-se no predomínio da lei mais severa. 12

8. Fusão internacional. Também quanto a esta matéria se estabelece uma conexão cumulativa; o que pode suscitar a necessidade de correção pelo julgador do resultado da aplicação das leis convocadas, quando estas sejam incompatíveis entre si. Na falta de disposição especial sobre a matéria no tocante às sociedades comerciais, deve este preceito ser-lhes aplicado por analogia. Isto dito: existe, hoje, uma extensa regulamentação europeia sobre fusões e cisões internacionais, transposta para o CSC[6]. 13

[4] Proc. C-167/01, *Kamer van Koophandel en Fabrieken voor Amsterdam c. Inspire Art, Ltd.*, CJTJ 2003-I, 10155 ss..

[5] António Menezes Cordeiro, *Direito das sociedades*, I, 4.ª ed. (2020), 197.

[6] *Idem*, 1017 ss..

Artigo 34.º (Pessoas coletivas internacionais)

A lei pessoal das pessoas coletivas internacionais é a designada na convenção que as criou ou nos respetivos estatutos e, na falta de designação, a do país onde estiver a sede principal.

Bibliografia: Florbela de Almeida Pires, *Conflitos de Leis. Comentário aos artigos 14.º a 65.º do Código Civil* (2009), 87-88; *idem, UCP/Comentário ao Código Civil* (2014), 109; *vide* a indicada no 33.º.

Índice

1 **1. Noção de pessoa coletiva internacional**: para os efeitos do preceito em anotação, é a criada por fontes de Direito internacional, mormente por tratados internacionais ou por deliberações de organizações internacionais. Neste sentido depõem principalmente dois argumentos: (1) o emprego da expressão «convenção que as criou». Por «convenção» deve aqui entender-se uma convenção internacional, conforme, de resto, se dizia no 18.º/3, do anteprojeto de 1964; (2) a consagração nele do princípio da autonomia da vontade. Esta só se explica pelo facto de não existir nestas situações o risco de que a escolha da lei pessoal aplicável seja ditada pelo intuito de os interessados se subtraírem às disposições imperativas da lei normalmente aplicável. Exemplos de tais pessoas coletivas são a Organização das Nações Unidas, a União Europeia, o Banco Internacional para a Reconstrução e o Desenvolvimento e o Fundo Monetário Internacional[1]. Trata-se, portanto, de uma categoria específica de pessoas coletivas de Direito Internacional: as organizações internacionais. Fora do âmbito do 34.º ficam as pessoas coletivas de Direito interno, ou seja, aquelas que adquirem a sua personalidade jurídica em virtude de uma norma de Direito interno.

2 **2. Determinação da lei pessoal**. A lei reguladora do estatuto pessoal da pessoa coletiva internacional pode ser a lei escolhida na convenção que criou a pessoa coletiva ou nos respetivos estatutos (acolhe-se assim, como se disse, o princípio da autonomia da vontade). Na falta de escolha, vale a lei do país onde estiver situada a sua «sede principal». Por sede principal há de aqui entender-se a sede da administração, em consonância com o que estabelece o 33.º. O disposto no 34.º só se aplica na falta de normas materiais de Direito Internacional Público vigentes na ordem interna, que diretamente regulem o estatuto pessoal da pessoa coletiva internacional em apreço (por exemplo, a sua capacidade para celebrar contratos de Direito Privado).

[1] Isabel de Magalhães Collaço, *Direito Internacional Privado. Pessoas colectivas* (1971), 49.

Subsecção II – Lei reguladora dos negócios jurídicos

Artigo 35.º (Declaração negocial)

1. A perfeição, interpretação e integração da declaração negocial são reguladas pela lei aplicável à substância do negócio, a qual é igualmente aplicável à falta e vícios da vontade.

2. O valor de um comportamento como declaração negocial é determinado pela lei da residência habitual comum do declarante e do destinatário e, na falta desta, pela lei do lugar onde o comportamento de verificou.

3. O valor do silêncio como meio declaratório é igualmente determinado pela lei da residência habitual comum e, na falta desta, pela lei do lugar onde a proposta foi recebida.

Bibliografia: Ana Taveira da Fonseca, *UCP/Comentário ao Código Civil* (2014), 110-112; António Frada de Sousa, *Conflito de clausulados e consenso nos contratos internacionais* (1999); Dário Moura Vicente, *Da responsabilidade pré-contratual em Direito Internacional Privado* (2001); *idem, A formação dos contratos internacionais*, in Direito Internacional Privado. Ensaios, II (2005), 117-138; *idem, La culpa in contrahendo en el Derecho Internacional Privado europeo*, in Direito Internacional Privado. Ensaios, IV (2018), 117-135; Elsa Dias Oliveira, *A lei reguladora dos negócios jurídicos, da representação, da prescrição e da caducidade no Código Civil português*, in *Código Civil/Livro do Cinquentenário* I (2019), 463-486; Florbela de Almeida Pires, *Conflitos de Leis. Comentário aos artigos 14.º a 65.º do Código Civil* (2009), 88-90; João Baptista Machado, *Lições de Direito Internacional Privado*, 2.ª ed. (1982), 351-352; Luís de Lima Pinheiro, *Direito Internacional Privado*, II, 4.ª ed. (2015), 268-276; Maria Helena Brito, em Ana Prata, *Código Civil Anotado*, I, 2.ª ed. (2019), 64-66.

Índice

I – Perfeição, interpretação e integração da declaração negocial

1. A aplicação da lei reguladora da substância do negócio jurídico. O preceito em anotação submete as questões da perfeição, interpretação e integração da declaração negocial, assim como as da falta e vícios da vontade, à lei reguladora da substância do negócio jurídico, i.é, a lei que rege a generalidade dos seus pressupostos, conteúdo e efeitos, por alguns dita o *estatuto do negócio*[1]. Esta, por seu turno, tem de ser determinada por apelo a outras regras de conflitos, em função do objeto do negócio jurídico em apreço. Assim, por exemplo, haverá que atender ao disposto no 46.º quanto aos negócios jurídicos reais, ao 49.º quanto ao casamento, ao 53.º quanto à convenção antenupcial e ao 60.º quanto à adoção. 1

[1] Assim João Baptista Machado, *Lições de Direito Internacional Privado*, 2.ª ed. (1982), 351.

2 Pelo que respeita aos negócios jurídicos obrigacionais, a disposição em apreço deve considerar-se derrogada pelo Regulamento de Roma I, cujo 10.º/1, submete, contudo, também a existência e validade substancial do contrato ou de alguma das disposições à lei que seria aplicável, por força do mesmo Regulamento, se o contrato ou a disposição fossem válidos; sendo que essa lei disciplina ainda, por força do 12.º/1, *a*), do Regulamento, a interpretação do contrato. A fim de determinar, por exemplo, se a aceitação de uma proposta contratual com limitações ou modificações dá origem a um contrato ou se, ao invés, importa a rejeição da proposta, haverá, assim, que aplicar a lei designada pelos 3.º a 8.º do Regulamento.

3 A conexão dependente assim consagrada no Direito português e europeu em matéria de formação, interpretação e integração dos negócios jurídicos favorece a existência de um *estatuto contratual único*, evitando a ocorrência das antinomias normativas a que o «desmembramento» das relações plurilocalizadas pode dar lugar e os problemas de qualificação que a sujeição da conclusão do contrato e dos seus efeitos a leis diferentes inevitavelmente ocasiona.

5 **2. Desvios**. A regra geral da aplicação da lei da substância à existência do negócio conhece, porém, duas importantes desvios. O 35.º/2 do preceito em anotação submete a determinação do valor de um comportamento como declaração negocial à lei da residência habitual comum do declarante e do destinatário e, na falta desta, à lei do lugar onde o comportamento de verificou; e, por força do n.º 3, o valor do silêncio como meio declaratório é igualmente determinado pela lei da residência habitual comum das partes e, na falta desta, pela lei do lugar onde a proposta foi recebida.

6 Na mesma linha fundamental de orientação, o 10.º/2, de Roma I, que igualmente prevalece sobre essas disposições no seu campo próprio de aplicação, submete a determinação do valor de um comportamento como declaração negocial cumulativamente às leis da substância do contrato e da residência habitual do sujeito a quem esse comportamento for imputável «se resultar das circunstâncias que não seria razoável que o valor do comportamento desse contraente fosse determinado pela lei designada no n.º 1». O objetivo deste preceito é o mesmo do 35.º/2 e 3; mas o regime nele consagrado é mais flexível, pois confere ao julgador o poder de apreciar em face das circunstâncias do caso se é ou não razoável aplicar às matérias em apreço a *lex contractus*.

Como é sabido, alguns ordenamentos jurídicos equiparam abertamente o silêncio do
6 destinatário de certas declarações negociais – nomeadamente as chamadas *cartas comerciais de confirmação* – à aceitação das mesmas. Outros sistemas jurídicos, ao invés, recusam em princípio qualquer valor ao silêncio como meio declaratório, ainda que haja um dever de responder. Através das regras de conflitos em análise procura-se evitar que a uma pessoa seja imputada uma declaração negocial de aceitação se não era esse o alcance do seu silêncio ou outro comportamento segundo a lei com cuja aplicação podia ou devia contar – o seu *Umweltrecht* na expressão de alguns autores de língua alemã –, a qual será geralmente a lei que vigora no país da sua residência habitual. Essas regras constituem, assim, consagrações do princípio da *tutela da confiança* nas situações plurilocalizadas, sendo também a esta luz que devem ser interpretadas.

II – ***Culpa in contrahendo (cic)***

7 **3. Problemas de qualificação**. Embora o 35.º compreenda no seu escopo a generalidade das matérias reguladas nos 224.º a 257.º, não se regula nele a questão da lei aplicável à culpa na formação dos contratos, disciplinada entre nós no 227.º. Como sustentámos noutro lugar[2], dado

[2] *Da responsabilidade pré-contratual em Direito Internacional Privado* (2001), 379 ss..

que o regime da responsabilidade pré-contratual apresenta, nos diferentes sistemas jurídicos nacionais, divergências muito significativas, a determinação da lei pressupõe a resolução de um problema de qualificação: (1) Se a causação de danos *in contrahendo* resulta da violação de *deveres específicos de conduta*, que vinculam as partes na negociação e na conclusão de contratos, os quais integram uma relação jurídica de caráter obrigacional análoga à relação contratual (como sucede entre nós, em Itália e na Alemanha), as normas da hipotética *lex causae* que prevejam esses deveres e a obrigação de indemnizar os danos decorrentes da sua violação são reconduzíveis às regras de conflitos que disciplinam as obrigações contratuais. (2) Se, ao invés, os deveres jurídicos violados nos preliminares e na formação dos contratos são *deveres gerais*, que vinculam qualquer pessoa (como é o caso, por exemplo, das normas alemãs que sancionam a *culpa in contrahendo* consistente na violação de deveres de proteção e de cuidado nessa fase do *iter* contratual e das normas inglesas sobre a *fraudulent e a negligent misrepresentation*), as normas que os consagram devem ser subsumidas sob as regras de conflitos reguladoras da responsabilidade extracontratual. É esta, como se verá a seguir, a solução a que conduz atualmente o DIP de fonte europeia.

4. Conexão acessória. O 12.º/1 de Roma II sobre a lei aplicável às obrigações não contratuais consagrou, sob a epígrafe «*culpa in contrahendo*», uma disposição nos termos da qual: 8

> A lei aplicável a uma obrigação extracontratual decorrente de negociações realizadas antes da celebração de um contrato, independentemente de este ser efetivamente celebrado, é a lei aplicável ao contrato ou que lhe seria aplicável se tivesse sido celebrado.

A consagração de uma regra de conflitos sobre a *cic* foi uma das principais inovações de Roma II. Trata-se de uma regra sem precedentes no Direito legislado da maioria dos Estados-Membros da UE, onde a solução dos problemas suscitados pela *cic* em situações plurilocalizadas se achava, antes da entrada em vigor do Regulamento, fundamentalmente confiada à doutrina e à jurisprudência. A lei aplicável à *cic* terá, no entanto, por força da citada disposição, de ser determinada em conformidade com o disposto nas regras de conflitos de Roma I. Apesar de a *cic* ser qualificada por Roma II como uma fonte de obrigações extracontratuais, independentemente do conteúdo e das funções das normas materiais que se lhe referem nos ordenamentos jurídicos a que pertencem, a lei que lhe é aplicável nos termos desse Regulamento é assim, em princípio, a *lex contractus* ou, quando o contrato não tiver chegado a ser celebrado, a *lex hypothetici contractus*. Esta *conexão acessória* compreende-se bem, atento o nexo funcional que existe entre aquelas normas e o contrato visado pelas partes, cuja correta formação as mesmas visam de um modo geral assegurar. A lei aplicável à *cic* será assim, em princípio: (1) A lei escolhida pelas partes nos termos de Roma I para regular o contrato que pretendiam concluir; (2) Na falta de tal escolha, a lei aplicável aos diferentes tipos contratuais contemplados no 4.º/1, do Regulamento; ou (3) Sempre que o projetado contrato não corresponda a um desses tipos, a lei do país em que o devedor da prestação característica tiver a sua residência habitual. 9

5. Determinação autónoma da lei aplicável. Se, porém, a lei aplicável não puder ser determinada nos termos do 12.º/1 de Roma II, essa lei será, de acordo com o disposto nas alíneas *a*) e *b*) do n.º 2: (1) a lei do país onde ocorreu o dano, independentemente do país em que tenha ocorrido o facto que deu origem ao dano e do país ou países em que ocorram as consequências indiretas desse facto; ou (2) quando as partes tiverem a sua residência habitual no mesmo país no momento em que ocorreu o facto que dá origem ao dano, a lei desse país. Trata-se aqui dos casos – presumivelmente raros – em que as negociações se frustraram num 10 estádio inicial dos contactos entre as partes, não sendo por isso possível determinar a lei que estas escolheriam a fim de disciplinar o contrato com base no 3.º de Roma I, nem a lei subsidiariamente aplicável. Além disso, consagra-se na alínea *c*) da mesma disposição uma *cláusula de exceção* nos termos da qual:

> Se resultar claramente do conjunto das circunstâncias do caso que a obrigação extracontratual, decorrente de negociações realizadas antes da celebração de um contrato, tem uma conexão manifestamente mais estreita com um país diferente do indicado nas alíneas *a*) e *b*), [é aplicável] a lei desse outro país.

11 Por outro lado, o 14.º/1, de Roma II permite às partes submeter as suas obrigações extracontratuais a uma lei por elas escolhida, quer mediante um acordo posterior ao facto que deu origem ao dano, quer, no caso de ambas as partes desenvolverem atividades económicas, mediante um acordo livremente negociado entre elas antes desse facto. Esta faculdade assume grande relevância sempre que as partes queiram, mediante uma cláusula incluída num acordo pré-contratual, excluir a eventual responsabilidade de qualquer delas por *cic*.

12 Pode, além disso, ocorrer uma violação de deveres pré-contratuais de conduta que não se encontrem funcionalmente vinculados ao contrato visado pelas partes. É o que sucede, nomeadamente, quando estejam em causa lesões de bens jurídicos pessoais ou patrimoniais causados por uma das partes à outra mediante a violação, nas negociações pré-contratuais, de deveres de proteção e cuidado, que as regras da responsabilidade civil extracontratual tipicamente têm em vista tutelar. As pretensões indemnizatórias fundadas na violação desses deveres hão de, por isso, ser qualificadas como extracontratuais e submetidas à lei designada nos termos do 4.º de Roma II. É, de resto, o que decorre do considerando 30 do Regulamento, segundo o qual:

> O artigo 12.º apenas abrange as obrigações extracontratuais que tenham uma relação direta com as negociações realizadas antes da celebração de um contrato. Isso significa que, se uma pessoa sofrer danos não patrimoniais enquanto um contrato é negociado, serão aplicáveis o artigo 4.º ou outras disposições relevantes do presente regulamento.

13 O conceito de *cic* no 12.º de Roma II tem assim um alcance mais restrito do que o de responsabilidade pré-contratual, na qual se compreendem *fattispecie* delituais excluídas do escopo daquele preceito.

Artigo 36.º (Forma da declaração)

1. A forma da declaração negocial é regulada pela lei aplicável à substância do negócio; é, porém, suficiente a observância da lei em vigor no lugar em que é feita a declaração, salvo se a lei reguladora da substância do negócio exigir, sob pena de nulidade ou ineficácia, a observância de determinada forma, ainda que o negócio seja celebrado no estrangeiro.

2. A declaração negocial é ainda formalmente válida se, em vez da forma prescrita na lei local, tiver sido observada a forma prescrita pelo Estado para que remete a norma de conflitos daquela lei, sem prejuízo do disposto na última parte do número anterior.

Bibliografia: Ana Taveira da Fonseca, *UCP/Comentário ao Código Civil* (2014), 112-113; Elsa Dias Oliveira, *A lei reguladora dos negócios jurídicos, da representação, da prescrição e da caducidade no Código Civil português*, in *Código Civil/Livro do Cinquentenário* I (2019), 463-486; Florbela de Almeida Pires, *Conflitos de Leis. Comentário aos artigos 14.º a 65.º do Código Civil* (2009), 91-95; João Baptista Machado, *Lições de Direito Internacional Privado*, 2.ª ed. (1982), 352-356; Luís de Lima Pinheiro, *Direito Internacional Privado*, II, 4.ª ed. (2015), 277-293; Maria Helena Brito, em Ana Prata, *Código Civil Anotado*, I, 2.ª ed. (2019), 66-67.

Índice

1 **1. A aplicação alternativa da lei reguladora da substância do negócio jurídico e da *lex loci celebrationis*.** Aplica-se, por força deste preceito, à determinação dos requisitos de forma exigíveis a fim de que a declaração negocial seja válida a lei da substância ou a lei do lugar onde é feita a declaração. A remissão para a lei da substância constitui uma inovação relativamente à regra *locus regit actum*, tradicionalmente aplicada entre nós. Ela funda-se na ideia de que «todo o ato jurídico constitui uma unidade, e deve por isso ser única (em princípio) a lei que o reja»[1]. O recurso à técnica da conexão alternativa explica-se ainda pela preocupação de assegurar a conservação ou aproveitamento dos negócios jurídicos[2].

Também Roma I, que prevalece no seu âmbito próprio de aplicação sobre o preceito em anotação, consagra nesta matéria uma conexão alterativa no seu 11.º, cujos n.ºs 1 e 2 dispõem: 2

> 1. Um contrato celebrado por pessoas ou pelos seus representantes que se encontrem no mesmo país aquando da sua celebração é válido quanto à forma, se preencher os requisitos de forma prescritos pela lei reguladora da substância, determinada nos termos do presente regulamento, ou pela lei do país em que é celebrado.
>
> 2. Um contrato celebrado por pessoas ou pelos seus representantes que se encontrem em países diferentes aquando da sua celebração é válido quanto à forma, se preencher os requisitos de forma prescritos pela lei reguladora da substância, determinada nos termos do presente regulamento, ou pela lei do país em que se encontre qualquer das partes ou os seus representantes aquando da sua celebração, ou pela lei do país em que qualquer das partes tenha a sua residência habitual nessa data.

3 **2. Limites**. A aplicação alternativa das leis da substância e do lugar da declaração conhece, no entanto, um importante limite no 36.º/1. Assim, se a lei da substância exigir expressa ou tacitamente: (1) a observância de certa forma; (2) sob pena de nulidade ou ineficácia do negócio; e (3) ainda que o negócio seja celebrado no estrangeiro, aplicar-se-á imperativamente essa lei. Não há no 36.º/1, uma pura conexão alternativa: a lei da substância ocupa uma posição hierarquicamente superior à lei do lugar onde é feita a declaração. Podem ver-se limites da mesma índole, pelo que respeita aos contratos celebrados por consumidores e aos contratos que tenham por objeto direitos reais sobre bens imóveis ou o arrendamento de bens imóveis, nos 11.º/4 e 5 de Roma I.

[1] *Vide* no anteprojeto de 1951, o comentário ao 27.º/1.

[2] Assim João Baptista Machado, *Lições de Direito Internacional Privado*, 2.ª ed. (1982), 355.

4 **3. Reenvio**. O 36.º/2, prevê uma hipótese de reenvio, que acresce às contempladas nos 17.º/1 e 18.º/1, por força da qual se admite quer a transmissão de competência quer o retorno, com fundamento no princípio do *favor negotii*. O reenvio admitido por este preceito não está sujeito às condições fixadas nos 17.º e 18.º; o que bem se compreende, porque o objetivo que através deles se tem em vista não é a harmonia de julgados, como nestes preceitos, mas o aproveitamento de um negócio jurídico, que seria inválido ou ineficaz segundo a *lex causae*. Trata-se, pois, de uma disposição que consagra um regime semelhante à denominada devolução simples: aplica-se a lei designada pelo Direito de Conflitos da *lex causae*, ainda que essa lei não se repute competente, desde que perante ela o negócio seja válido e eficaz[3]. Vale contudo, também aqui, a ressalva constante do disposto na última parte do número anterior.

Artigo 37.º (Representação legal)

A representação legal está sujeita à lei reguladora da relação jurídica de que nasce o poder representativo.

Bibliografia: Ana Taveira da Fonseca, *UCP/Comentário ao Código Civil* (2014), 114; Elsa Dias Oliveira, *A lei reguladora dos negócios jurídicos, da representação, da prescrição e da caducidade no Código Civil português*, in *Código Civil/Livro do Cinquentenário* I (2019), 463-486; Florbela de Almeida Pires, *Conflitos de Leis. Comentário aos artigos 14.º a 65.º do Código Civil* (2009), 95; João Baptista Machado, *Lições de Direito Internacional Privado*, 2.ª ed. (1982), 356-357; Luís de Lima Pinheiro, *Direito Internacional Privado*, II, 4.ª ed. (2015), 294; Maria Helena Brito, em Ana Prata, *Código Civil Anotado*, I, 2.ª ed. (2019), 67.

Índice

1 **1. A regra geral**. A lei reguladora da relação jurídica de que nasce o poder representativo, pode ser a lei pessoal do incapaz, designada pelo 30.º para reger a representação exercida pelo tutor ou a lei nacional comum dos pais, designada pelo 57.º para reger a representação exercida pelos pais no exercício do poder paternal. No domínio de aplicação da Convenção da Haia Relativa à Competência, à Lei Aplicável, ao Reconhecimento, à Execução e à Cooperação em Matéria de Responsabilidade Parental e Medidas de Proteção das Crianças, concluída em 1996, essa lei será, em princípio, a do Estado da residência habitual da criança (17.º). Tal como nas regras de conflitos anteriores, tem-se em vista através do disposto no 38.º favorecer a harmonia jurídica material, sujeitando a uma lei única matérias entre si conexas.

2 **2. Desvios**. Ressalva-se todavia na referida Convenção da Haia de 1996 a hipótese de ter sido celebrada, entre pessoas presentes no território do mesmo Estado, uma transação entre uma parte terceira e uma pessoa com o direito de agir como representante legal ao abrigo da lei desse Estado, caso em que prevalecerá a *lex loci celebrationis* se a referida pessoa não tivesse o direito

[3] Neste sentido também, por último, Elsa Dias Oliveira, *A lei reguladora dos negócios jurídicos, da representação, da prescrição e da caducidade no Código Civil português*, in *Código Civil/ /Livro do Cinquentenário* I (2019), 476 ss..

de agir como representante legal ao abrigo da lei do Estado da residência habitual da criança, salvo se a parte terceira tivesse tido ou devesse ter tido conhecimento de que a responsabilidade parental era regida por esta última lei (19.º). Visa-se deste modo, tal como no 28.º do Código, tutelar a aparência de validade de um negócio jurídico à luz da *lex loci actus* e, reflexamente, a confiança no tráfico jurídico internacional.

Artigo 38.º (Representação orgânica)

A representação da pessoa coletiva por intermédio dos seus órgãos é regulada pela respetiva lei pessoal.

Bibliografia: Florbela de Almeida Pires, *UCP/Comentário ao Código Civil* (2014), 114-115; Elsa Dias Oliveira, *A lei reguladora dos negócios jurídicos, da representação, da prescrição e da caducidade no Código Civil português*, in *Código Civil/Livro do Cinquentenário* I (2019), 463-486; Luís de Lima Pinheiro, *Direito Internacional Privado*, vol. II, 4.ª ed. (2014), 294-295; Maria Helena Brito, em Ana Prata, *Código Civil Anotado*, I, 2.ª ed. (2019), 67-68.

Este preceito submete a (impropriamente chamada) representação orgânica das pessoas coletivas pelos seus órgãos à respetiva lei pessoal, a determinar nos termos dos 33.º e 34.º do Código Civil e 3.º do CSC. Reconhece-se assim tratar-se de matéria compreendida no âmbito de aplicação do estatuto pessoal desses entes.

Artigo 39.º (Representação voluntária)

1. A representação voluntária é regulada, quanto à existência, extensão, modificação, efeitos e extinção dos poderes representativos, pela lei do Estado em que os poderes são exercidos.

2. Porém, se o representante exercer os poderes representativos em país diferente daquele que o representado indicou e o facto for conhecido do terceiro com quem contrate, é aplicável a lei do país da residência habitual do representado.

3. Se o representante exercer profissionalmente a representação e o facto for conhecido do terceiro contratante, é aplicável a lei do domicílio profissional.

4. Quando a representação se refira à disposição ou administração de bens imóveis, é aplicável a lei do país da situação desses bens.

Bibliografia: Ana Taveira da Fonseca, *UCP/Comentário ao Código Civil* (2014), 115-116; Elsa Dias Oliveira, *A lei reguladora dos negócios jurídicos, da representação, da prescrição e da caducidade no Código Civil português*, in *Código Civil/Livro do Cinquentenário* I (2019), 463-486; Florbela de Almeida Pires, *Conflitos de Leis. Comentário aos artigos 14.º a 65.º do Código Civil* (2009), 96-98; João Baptista Machado, *Lições de Direito Internacional Privado*, 2.ª ed. (1982), 356-357; Luís de Lima Pinheiro, *Direito Internacional Privado*, II, 4.ª ed. (2015), 295-300; Maria Helena Brito, *A representação nos contratos internacionais. Um contributo para o estudo do princípio da coerência em direito internacional privado* (1999); *idem*, *A representação em direito internacional privado. Análise da Convenção da Haia de 1978 sobre a lei aplicável aos contratos de intermediação e à representação*, in Luís de Lima Pinheiro (coord.), Estudos de Direito Comercial Internacional, I (2004), 143 ss.; *idem*, em Ana Prata, *Código Civil Anotado*, I, 2.ª ed. (2019), 68-69.

Índice

1 **1. A regra geral da aplicação da *lex loci actus*.** A representação voluntária é submetida pelo 39.º/1 à lei do país onde os poderes são exercidos. A intenção fundamental do legislador é a de proteger os interesses dos terceiros perante os quais o representante é chamado a agir e, reflexamente, a segurança do tráfico jurídico[1].

2 **2. Desvios.** Os n.ºs 2 a 4 deste artigo estabelecem diversos desvios a esta regra, que atendem aos demais interesses em presença: (1) os do representado, nos casos em que o representante exerça os seus poderes representativos em país diferente daquele que o representado indicou e o facto for conhecido do terceiro com quem contrate, sendo então aplicável a lei do país da residência habitual do representado; (2) os do próprio representante, quando este exerça profissionalmente a representação e o facto for conhecido do terceiro contratante, hipótese em que será aplicável a lei do domicílio profissional, (3) e o interesse na efetividade das decisões judiciais (de que se encontram outras manifestações nos 17.º/3 e 47.º), o qual justifica que se aplique a *lex rei sitae* à representação que se refira à disposição ou administração de imóveis.

3 **3. A Convenção Sobre a Lei Aplicável aos Contratos de Mediação e à Representação**, concluída na Haia em 14-mar.-1978[2], em vigor para Portugal em 1-mai.-1992, fixa um regime especial. Prevalece sobre as regras de conflitos do Código relativas às matérias nela versadas e é de aplicação universal, nos termos do seu 4.º. Todavia, não se aplica à representação legal em Direito da família, regimes matrimoniais e sucessões – 2.º, *c*) –, à representação em processos judiciais – 2.º, *e*) –, à representação da pessoa coletiva por intermédio dos seus órgãos – 3.º *a*) – e à representação em matéria de operações de banco e seguros (reserva prevista no 18.º, que Portugal formulou). Do âmbito de aplicação material da Convenção, estão excluídas a representação legal, a chamada representação orgânica e ainda certos casos de representação voluntária. Portanto, a Convenção apenas derroga o 39.º do Código Civil – e mesmo este só parcialmente –, deixando intactos os seus 37.º e 38.º.

4 A Convenção distingue três categorias fundamentais de relações: (1) entre o *representado e o representante*, às quais é aplicável a lei escolhida pelas partes (5.º); e, na falta de escolha, a lei do lugar do estabelecimento profissional ou residência habitual do representante (6.º); (2) entre o *representado e terceiros*, às quais será aplicável a lei escolhida pelo representado e pelo terceiro (14.º); na falta de escolha, a lei do Estado onde o representante tem o seu estabelecimento profissional no momento em que agiu (11.º, § 1.º), ou a lei do Estado onde o representante agiu, se se verificar alguma das circunstâncias previstas no § 2.º do 11.º. A lei designada nos termos destes preceitos é, no dizer de Maria Helena Brito, o *estatuto da representação*[3]; compete-lhe reger a generalidade dos aspetos relacionados com a existência, extensão e exercício do poder de representação e os efeitos dos atos celebrados pelo representante no exercício real ou suposto

[1] João Baptista Machado, *Lições de Direito Internacional Privado*, 2.ª ed. (1982), 356.

[2] Aprovada para ratificação pelo D 101/79, de 18-set..

[3] *A representação nos contratos internacionais. Um contributo para o estudo do princípio da coerência em direito internacional privado* (1999), 509 ss.., 561 ss.., 653 e 746.

desse poder; visa-se deste modo salvaguardar a unidade e coerência do regime material aplicável à representação internacional; (3) entre o *representante e o terceiro*, resultantes de o representante ter atuado sem poderes ou para além dos seus poderes (incluindo, portanto, a sua responsabilidade pré-contratual por esse facto). É-lhes aplicável a mesma lei que regula as relações entre o representado e o terceiro, consoante resulta do 15.º da Convenção, que consagra quanto a esta matéria uma conexão acessória. Esta visa o mesmo objetivo fundamental que subjaz à criação do estatuto da representação: evitar neste domínio um excessivo *dépeçage*.

Artigo 40.º (Prescrição e caducidade)

A prescrição e a caducidade são reguladas pela lei aplicável ao direito a que uma ou outra se refere.

Bibliografia: Ana Taveira da Fonseca, *UCP/Comentário ao Código Civil* (2014), 116-117; Elsa Dias Oliveira, *A lei reguladora dos negócios jurídicos, da representação, da prescrição e da caducidade no Código Civil português*, in *Código Civil/Livro do Cinquentenário* I (2019), 463-486; Florbela de Almeida Pires, *Conflitos de Leis. Comentário aos artigos 14.º a 65.º do Código Civil* (2009), 40-41; João Baptista Machado, *Lições de Direito Internacional Privado*, 2.ª ed. (1982), 357; Luís de Lima Pinheiro, *Direito Internacional Privado*, II, 4.ª ed. (2015), 300-301; Maria Helena Brito, em Ana Prata, *Código Civil Anotado*, I, 2.ª ed. (2019), 69-70.

Índice

1 **1. A aplicação da *lex causae*.** Também aqui se consagra uma conexão dependente ou acessória, por força da qual a lei reguladora da prescrição e a caducidade é que for aplicável ao direito a que uma ou outra se refere. Aliás, ainda que não houvesse disposição expressa neste sentido e nas matérias não expressamente abrangidas pelo preceito em anotação – como será o caso da prescrição e da caducidade de direitos de fonte não negocial – a solução deve ser a mesma: o facto de um direito estar sujeito a certa lei implica que a sua extinção em virtude do decurso do tempo, como a que ocorre por força da prescrição e da caducidade, seja regulada por essa lei[1]. À usucapião, uma vez que se trata de uma forma de aquisição de direitos reais, é aplicável a lei designada nos termos do 46.º.

2 **2. Regulamentos europeus.** No Regulamento de Roma I, que prevalece no âmbito próprio de aplicação sobre o preceito em anotação, a matéria encontra-se regulada no 12.º/1, *d*). Aí se estende à prescrição e à caducidade a aplicabilidade da lei reguladora da substância do contrato, definida nos termos dos 3.º a 8.º. Dispõe, com efeito, aquele preceito:

> A lei aplicável ao contrato por força do presente Regulamento regula, nomeadamente: [...] *d*) As diversas causas de extinção das obrigações, bem como a prescrição e a caducidade fundadas no decurso de um prazo.

[1] *Vide*, para uma aplicação jurisprudencial da regra em apreço à prescrição da responsabilidade civil extracontratual, STJ 12-nov.-2009 (Oliveira Rocha), Proc. 258/04.

3 Uma regra análoga figura no 15.º, *h*), de Roma II. Estas disposições representam o triunfo da conceção continental a respeito da prescrição e caducidade sobre a que vigorava (e em parte ainda vigora) nos sistemas de *Common Law*, uma vez que nestes a prescrição e a caducidade eram tradicionalmente qualificadas como institutos de natureza processual, e, portanto, submetidas à *lex fori*.

Subsecção III – Lei reguladora das obrigações

Artigo 41.º (Obrigações provenientes de negócios jurídicos)

1. As obrigações provenientes de negócio jurídico, assim como a própria substância dele, são reguladas pela lei que os respetivos sujeitos tiverem designado ou houverem tido em vista.

2. A designação ou referência das partes só pode, todavia, recair sobre lei cuja aplicabilidade corresponda a um interesse sério dos declarantes ou esteja em conexão com algum dos elementos do negócio jurídico atendíveis no domínio do direito internacional privado.

Bibliografia: Ana Taveira da Fonseca, *UCP/Comentário ao Código Civil* (2014), 117-119; António Ferrer Correia, *Algumas considerações acerca da Convenção de Roma de 19 de Junho de 1980 Sobre a Lei Aplicável às Obrigações Contratuais*, RLJ 122 (1989-90), 289-292, 321-322 e 362-366; Dário Moura Vicente, *Da responsabilidade pré-contratual em Direito Internacional Privado* (2001), 457-480; Florbela de Almeida Pires, *Conflitos de Leis. Comentário aos artigos 14.º a 65.º do Código Civil* (2009), 99-105; Isabel de Magalhães Collaço, *Da compra e venda em Direito Internacional Privado. Aspectos fundamentais*, I (1954); *idem*, *Direito Internacional Privado. Das obrigações voluntárias* (1972-73); João Baptista Machado, *Lições de Direito Internacional Privado*, 2.ª ed. (1990), 358-366; Luís de Lima Pinheiro, *Direito Internacional Privado*, II, 4.ª ed. (2014), 314-414; *idem*, *O novo Regulamento comunitário sobre a lei aplicável às obrigações contratuais (Roma I) . Uma introdução*, ROA 68 (2008), 575-650; Maria Helena Brito, *Determinação da lei aplicável aos contratos internacionais: da Convenção de Roma ao regulamento de Roma I*, in Estudos em homenagem ao Prof. Doutor José Lebre de Freitas (2013), 427-473; *idem*, em Ana Prata, *Código Civil Anotado*, I, 2.ª ed. (2019), 53; Rui de Moura Ramos, *Da lei aplicável ao contrato de trabalho internacional* (1991), 428-574, 659-720 e 839-866; *idem*, *O Direito Internacional Privado das Obrigações Contratuais na União Europeia*, in Estudos de Direito Internacional Privado da União Europeia (2016), 73-107.

Índice

I – A liberdade de escolha

1 **1. Forma, objeto possível e fundamentos**. O Código Civil abre a subsecção relativa à lei reguladora das obrigações com uma regra de conflitos que consagra a faculdade de os interessados escolherem a lei aplicável às obrigações provenientes de negócio jurídico, assim como a própria substância dele. Essa escolha tanto pode ser expressa como tácita, inferindo-se, p. ex., de

referências feitas no negócio jurídico a disposições legais ou a institutos jurídicos próprios de certa lei. Pode, além disso, ser anterior, contemporânea ou posterior à celebração do negócio jurídico. O seu objeto possível cinge-se, em todo o caso, a uma lei, *hoc sensu,* a ordem jurídica de um Estado.

São principalmente dois os fundamentos justificativos da consagração legal daquela facul- 2
dade. Por um lado, ela contribui para a certeza quanto ao Direito aplicável e a segurança do tráfico jurídico internacional: havendo escolha da lei aplicável ao contrato, cada uma das partes sabe desde a sua celebração quais as regras por que deve pautar a sua atuação. Por outro lado, o acolhimento do princípio da autonomia privada nas situações plurilocalizadas corresponde ao reconhecimento às pessoas de certa esfera de liberdade, que é um corolário do direito ao desenvolvimento da personalidade, expressamente consagrado no 26.º/1, da Constituição portuguesa e um instrumento indispensável ao exercício da iniciativa económica privada, que o 61.º/1, da Constituição também consagra.

2. Regulamento de Roma I. O mesmo princípio encontrou acolhimento expresso em 3
Roma I, cujo 3.º/1, dispõe:

> O contrato rege-se pela lei escolhida pelas partes. A escolha deve ser expressa ou resultar de forma clara das disposições do contrato, ou das circunstâncias do caso. Mediante a sua escolha, as partes podem designar a lei aplicável à totalidade ou apenas a parte do contrato.

A escolha da lei aplicável assim facultada às partes pode compreender todo ou apenas 4
parte do contrato. Admite-se, assim, o seu desmembramento, por efeito da vontade das partes, mediante a sujeição de diferentes cláusulas a leis diversas. Além disso, nos termos do n.º 2 da mesma disposição, podem as partes, em qualquer momento, «acordar em subordinar o contrato a uma lei diferente da que precedentemente o regulava, quer por força de uma escolha anterior nos termos do presente artigo, quer por força de outras disposições do presente regulamento». Qualquer modificação quanto à determinação da lei aplicável, ocorrida posteriormente à celebração do contrato, não afeta a validade formal do contrato, nos termos do artigo 11.º do Regulamento, nem prejudica os direitos de terceiros.

Também no Regulamento tem a escolha das partes por objeto possível apenas a lei de um 5
Estado. Nada obsta, porém, a que as partes incorporem no seu contrato as referidas codificações extra estaduais de regras e princípios de Direito dos contratos[1], cuja aplicação terá lugar na medida em que os mesmos sejam compatíveis com as normas imperativas da lei supletivamente aplicável. Não se estará, porém, em tal caso, perante uma *referência conflitual*, mas antes perante uma *referência material* a tais critérios de decisão. É o que decorre do considerando 13 do Regulamento, nos termos do qual:

> O presente regulamento não impede as partes de incluírem, por referência, no seu contrato um corpo legislativo não estatal ou uma convenção internacional.

O regime do Regulamento prima, no seu âmbito próprio de aplicação, sobre o do Código 6
Civil. A fim de delimitar esse âmbito, há que atender, desde logo, ao disposto no seu 1.º/1, que manda aplicá-lo «às obrigações contratuais em matéria civil e comercial que impliquem um conflito de leis»; e bem assim ao 2.º, por força do qual o Regulamento é aplicável ainda que a

[1] *Supra*, Introdução, III/4.

lei por ele designada seja de um Estado não contratante, razão por que se diz ser o mesmo de *aplicação universal*. São, porém, excluídas do âmbito de aplicação do Regulamento, pelo 1.º/2, diversas matérias relativamente às quais há que recorrer a outras fontes de DIP, incluindo as nacionais. Pelo que respeita às obrigações resultantes de negócios jurídicos unilaterais, não obstante a sua omissão no 1.º/1, parece mais conforme com os interesses do tráfico jurídico contemporâneo submetê-los ao regime do Regulamento, enquanto regime-base dos conflitos de leis em matéria de obrigações voluntárias, do que aplicar-lhes o do Código Civil[2].

II – Limites à liberdade de escolha

7 **3. Em razão do objeto**. Nos termos do 41.º/2, a designação ou referência das partes só pode recair sobre lei que «esteja em conexão com algum dos elementos do negócio jurídico atendíveis no domínio do direito internacional privado» ou, não sendo esse o caso, «cuja aplicabilidade corresponda a um interesse sério dos declarantes». Já o Regulamento de Roma I não exige qualquer conexão entre a lei escolhida e o contrato: as partes podem escolher a lei que se lhes antolhe mais conveniente às relações que entabularam, tanto sob o ponto de vista do conteúdo material das soluções que essa lei consagra como do seu posicionamento relativamente a elas. P. ex., num contrato entre uma empresa sediada em Portugal e outra sediada em França será admissível a escolha do Direito suíço, por este disciplinar especificamente certo tipo contratual que os Direitos português e francês não contemplam ou por ser um Direito «neutro» relativamente aos interesses em jogo. Contudo, sempre que todos os outros elementos relevantes da situação se localizem, no momento da escolha, num país que não seja o da lei escolhida, a escolha das partes não pode prejudicar a aplicação das disposições da lei desse país não derrogáveis por acordo. É o que resulta do 3.º/3, do Regulamento. O n.º 4 deste preceito estende a referida regra às disposições da mesma índole do Direito da União Europeia, quando todos os outros elementos relevantes da situação se situem num ou em vários Estados-Membros desta. Procura-se assim prevenir uma escolha abusiva da lei aplicável, ditada apenas pelo intuito de as partes se subtraírem às normas da única ou das únicas leis conexas com os factos.

8 **4. Em razão do tipo contratual**. São estabelecidos em regras de conflitos especiais, tendo em vista proteger a parte presumivelmente mais fraca em certos tipos contratuais, entre os quais se destacam: (1) na lei portuguesa, o 38.º do DL 178/86, de 3-jul., que regulamenta o contrato de agência ou representação comercial, o 60.º do DL 275/93, de 5-ago., que aprova o regime jurídico da habitação periódica e o 11.º do DL 67/2003, de 8-abr., que transpõe para a ordem jurídica nacional a Diretiva 1999/44/CE, de 25-mai.-1999, sobre certos aspetos da venda de bens de consumo e das garantias a ela relativas e o 8.º do CT; (2) no Regulamento de Roma I, os 5.º a 8.º, respeitantes, respetivamente, aos contratos de transporte, consumo, seguro e trabalho. Esses limites traduzem-se, por via de regra, na definição de um leque mais restrito de leis suscetíveis de serem escolhidas pelas partes (como acontece no Regulamento em matéria de contratos de transporte e de seguro) ou na previsão de que a escolha da lei aplicável não pode ter como consequência privar a parte mais fraca (p. ex., o agente comercial, o passageiro, o consumidor, o tomador do seguro e o trabalhador por conta de outrem) da proteção que lhe

[2] Neste sentido depõe o acórdão proferido pelo TJUE em 20-jan.-2005, no Proc. C-27/02, *Petra Engler c. Janus Versand GmbH*, CJTJ 2005-I, 499 ss.., em que se declara que a Convenção de Bruxelas de 1968 deve ser deve ser interpretada no sentido de que «a ação judicial através da qual um consumidor pretende obter a condenação, ao abrigo da legislação do Estado contratante em cujo território reside, de uma sociedade de vendas por correspondência, cuja sede se situa noutro Estado contratante, na entrega de um prémio que aparentemente ganhou tem natureza contratual, na aceção do artigo 5.º, ponto 1, da referida Convenção».

proporcionam as disposições imperativas da lei portuguesa ou da lei supletivamente aplicável ao contrato[3].

Artigo 42.º (Critério supletivo)

1. Na falta de determinação da lei competente, atende-se, nos negócios jurídicos unilaterais, à lei da residência habitual do declarante e, nos contratos, à lei da residência habitual comum das partes.

2. Na falta de residência comum, é aplicável, nos contratos gratuitos, a lei da residência habitual daquele que atribui o benefício e, nos restantes contratos, a lei do lugar da celebração.

Bibliografia: *vide* a indicada na anotação ao artigo 25.º e ainda: Ana Taveira da Fonseca, *UCP/Comentário ao Código Civil* (2014), 119-120; Eugénia Galvão Teles, *A prestação característica: um novo conceito para determinar a lei subsidiariamente aplicável aos contratos internacionais. O artigo 4.º da Convenção de Roma sobre a Lei Aplicável às Obrigações Contratuais*, O Direito 1995, 71-183; *idem*, *Determinação do Direito material aplicável aos contratos internacionais. A cláusula geral da conexão mais estreita*, *in* Luís de Lima Pinheiro (coord.), Estudos de Direito Comercial Internacional, I (2004), 63-141; Florbela de Almeida Pires, *Conflitos de Leis. Comentário aos artigos 14.º a 65.º do Código Civil* (2009), 105-109; Maria Helena Brito, em Ana Prata, *Código Civil Anotado*, I, 2.ª ed. (2019), 72; Maria João Matias Fernandes, *A cláusula de desvio no direito de conflitos. Das condições de acolhimento de cláusula de desvio geral implícita no Direito português* (2007).

Índice

I – A conexão subsidiária no Código Civil

1. A lei da residência habitual. Na falta de escolha pelas partes da lei aplicável, manda-se 1
aplicar a lei da residência habitual do declarante, nos negócios jurídicos unilaterais e a lei da

[3] Ver, sobre o tema, Dário Moura Vicente, *Lei reguladora dos contratos de consumo*, in Direito Internacional Privado. Ensaios, II (2005), 187 ss..; *idem*, *O Direito Internacional Privado no Código do Trabalho*, in *ibidem*, 213 ss.; Eugénia Galvão Teles, *A lei aplicável aos contratos de consumo no "labirinto comunitário"*, in Menezes Cordeiro/Menezes Leitão/ Costa Gomes (orgs.), Estudos em homenagem ao Prof. Doutor Inocêncio Galvão Telles, I (2002), 683 ss.; Luís de Lima Pinheiro, *Direito Internacional Privado*, vol. II, 4.ª ed. (2014), 350 ss.; *idem*, *Direito aplicável aos contratos com consumidores*, ROA 2001, 155 ss.; Rui de Moura Ramos, *La protection de la partie contractuelle la plus faible en droit international privé portugais*, in Das relações privadas internacionais (1995), 197 ss.; *idem*, *Contratos internacionais e protecção da parte mais fraca no sistema jurídico português*, in Contratos: Actualidade e evolução (1997), 331 ss.; *idem*, *O contrato individual de trabalho em Direito Internacional Privado*, in Juris et de jure. Nos 20 anos da Faculdade de Direito da Universidade Católica Portuguesa – Porto (1998), 41 ss.; *idem*, *Remarques sur les développements récents du droit international privé portugais en matière de protection des consommateurs*, in Estudos de Direito Internacional Privado e de Direito Processual Civil Internacional (2002), 21 ss..

residência habitual comum das partes, nos contratos (n.º 1). A lei da residência habitual daquele que atribui o benefício é ainda atendível, na falta de residência comum, nos negócios gratuitos (n.º 2). A solução legal justifica-se pela ideia de proximidade entre a lei aplicável e os factos da lide; contudo, no comércio internacional falta, por via de regra, uma residência comum às partes, o que obriga à determinação da lei aplicável aos contratos na base de outros critérios.

2 **2. A lei do lugar da celebração do negócio jurídico.** O n.º 2 manda atender em tais casos à lei do lugar da celebração do negócio jurídico, solução que suscita inevitáveis dificuldades quando o contrato for celebrado entre ausentes. E mesmo pelo que respeita aos contratos entre presentes muitas vezes esse lugar não tem qualquer ligação significativa com os factos, como sucede quando as partes se encontravam nele ocasionalmente. Trata-se, por isso, um elemento de conexão hoje geralmente tido por desajustado aos interesses do comércio internacional. Compreende se, assim, que Roma I e, antes dele, a Convenção de Roma de 1980 Sobre a Lei Aplicável às Obrigações Contratuais, o tenham preterido a favor de outras soluções.

II – A conexão subsidiária no Regulamento de Roma I

3 **3. A lei do devedor da prestação característica.** Na falta de escolha da lei aplicável nos termos do 3.º de Roma I, essa lei deve ser determinada de acordo com as regras de conflitos constantes do 4.º/1, as quais diferenciam para este efeito diversos tipos de contratos (p. ex., compra e venda e prestação de serviços). Os contratos não abrangidos por esses tipos são regulados, nos termos do n.º 2, pela lei do país em que o contraente que deve efetuar a *prestação característica do contrato* tenha a sua residência habitual. Várias das conexões consignadas no n.º 1 são expressão da mesma diretriz fundamental, mormente o país da residência habitual do vendedor, do prestador de serviços, do franqueado e do distribuidor. Por tal prestação entende-se a que caracteriza o contrato, i.é, a que lhe confere individualidade e permite subsumi-lo sob determinado tipo legal ou social; geralmente, é a que tem por contraprestação uma quantia em dinheiro, a qual é comum a um número indeterminado de tipos contratuais. A aplicação da lei do país do devedor da prestação característica corresponde, na maioria dos casos, às expectativas das partes e é conforme com a preocupação em reduzir os custos das transações no mercado interno europeu, na medida em que permite ao exportador de produtos ou serviços nele colocados em circulação sujeitar os contratos por si celebrados à sua própria lei, evitando os custos e riscos inerentes à sujeição a uma lei estrangeira.

4 **4. A lei do país com o qual o contrato apresenta uma conexão mais estreita.** Se, porém, o contrato apresentar uma conexão manifestamente mais estreita com um país diferente do indicado no 4.º/1 ou 2, estabelece o n.º 3 desse preceito que será aplicável a lei desse outro país. Em ordem a determinar esse país, deve ser tido em conta, nomeadamente, se o contrato em questão está estreitamente ligado a outro ou outros contratos (considerando 20 do Regulamento). Acolhe-se aqui uma *cláusula de exceção*, que encontra diversas outras consagrações nos preceitos subsequentes do Regulamento[1].

5 **5. Outras conexões subsidiárias.** Roma I estabelece outras conexões subsidiárias para distintos tipos contratuais, fundadas ora na ideia de *proximidade espacial* entre o contrato e certo país [como sucede no caso dos contratos que tenham por objeto direitos reais sobre bens imóveis ou o arrendamento de tais bens, os quais são submetidos pelo 4.º/1, *c*), à *lex rei sitae*] ora na

[1] Ver, sobre essa figura, Maria João Matias Fernandes, *A cláusula de desvio no direito de conflitos. Das condições de acolhimento de cláusula de desvio geral implícita no Direito português* (2007); Rui de Moura Ramos, *Les clauses d'exception en matière de conflits de lois et de conflits de juridictions – Porugal*, in Das relações privadas internacionais (1995), 295 ss..

preocupação de *proteger a parte mais fraca* (consoante ocorre com os contratos de transporte, submetidos pelo 5.º/2, à lei do país da residência habitual do passageiro quando o local de partida e de destino se situe nesse país; com os contratos celebrados por consumidores, que o 6.º/1, sujeita à lei do país da residência habitual do consumidor desde que o profissional que com ele contrata aí exerça as suas atividades comerciais ou dirija essas atividades para aquele país e o contrato seja abrangido pelo âmbito dessas atividades; e com os contratos individuais de trabalho, que são regulados, por força do disposto no 8.º/2, pela lei do país em que o trabalhador presta habitualmente o seu trabalho em execução do contrato).

Artigo 43.º (Gestão de negócios)

À gestão de negócios é aplicável a lei do lugar em que decorre a principal atividade do gestor.

Bibliografia: Florbela de Almeida Pires, *Conflitos de Leis. Comentário aos artigos 14.º a 65.º do Código Civil* (2009), 110-112; João Baptista Machado, *Lições de Direito Internacional Privado*, 2.ª ed. (1982), 366-367; Luís de Lima Pinheiro, *Direito Internacional Privado*, II, 4.ª ed. (2015), 509-515; Maria Helena Brito, em Ana Prata, *Código Civil Anotado*, I, 2.ª ed. (2019), 72-73; Maria João Matias Fernandes, *UCP/Comentário ao Código Civil* (2014), 121-122.

Índice

1 **1. O regime e a sua justificação**. O 43.º sujeita a gestão de negócios à lei do lugar em que decorra a principal atividade do gestor. A solução que encontra a sua justificação precípua, por um lado, nos *interesses sociais* que avultam neste domínio (entre os quais há a destacar o interesse em preservar os atos que visam conservar bens alheios, que de outro modo poderiam perder-se, deteriorar-se ou manter-se improdutivos e o interesse em impedir intromissões não autorizadas na esfera patrimonial e pessoal alheia) e, por outro na *harmonia jurídica material* (que recomenda a adoção de uma conexão unitária, quando a atividade do gestor se desenvolva no quadro de uma relação jurídica preexistente entre as partes ou se tenha repartido por diferentes países, submetendo-se, assim, as obrigações decorrentes da gestão e essa relação a um estatuto único, por forma a evitar contradições normativas entre as soluções que decorrem das leis em presença). Deve, porém, considerar-se analogicamente aplicável à gestão de negócios o 45.º/3, por força do qual se o dono do negócio e o gestor tiverem a mesma nacionalidade ou, na falta dela, a mesma residência habitual, e se encontrarem ocasionalmente em país estrangeiro, onde ocorreu a gestão a lei aplicável a esta será a da nacionalidade ou a da residência comum das partes[1].

[1] É o que sucede, p. ex., se um inglês habitualmente residente em Londres sofrer ferimentos num acidente de automóvel no Algarve e um seu compatriota, também residente em Londres, o transportar a um hospital, onde aquele recebe tratamento, e posteriormente providenciar o seu regresso a Inglaterra, pagando as despesas inerentes a esses atos.

2 **2. O Regulamento de Roma II** conduz à mesma solução. O seu 11.º dispõe, sob a epígrafe *negotiorum gestio*:

1. Se uma obrigação extracontratual que decorra da prática de um ato relativamente a negócios alheios sem a devida autorização estiver associada a uma relação previamente existente entre as partes, baseada nomeadamente num contrato ou em responsabilidade fundada em ato lícito, ilícito ou no risco que apresente uma conexão estreita com essa obrigação extracontratual, a lei aplicável é a lei que rege essa relação.

2. Sempre que a lei aplicável não possa ser determinada com base no n.º 1 e as partes tenham a sua residência habitual no mesmo país no momento em que ocorre o facto que dá origem ao dano, é aplicável a lei desse país.

3. Sempre que a lei aplicável não possa ser determinada com base nos n.os 1 ou 2, é aplicável a lei do país onde tenha sido praticado o ato.

4. Se resultar claramente do conjunto das circunstâncias do caso que a obrigação extracontratual que decorra da prática de um ato relativamente a negócios alheios sem a devida autorização tem uma conexão manifestamente mais estreita com um país diferente do indicado nos n.os 1, 2 e 3, é aplicável a lei desse outro país.

3 Consagram-se, no tocante à gestão de negócios, quatro soluções possíveis: (1) a aplicação da lei reguladora de uma *relação preexistente entre o gestor e o dono do negócio*: é a conexão acessória, também acolhida noutras regras do Regulamento, *maxime* em matéria de responsabilidade extracontratual, *culpa in contrahendo* e enriquecimento sem causa; (2) a aplicação da lei do país da residência habitual comum das partes: a *lex communis*, igualmente relevante em matéria de responsabilidade extracontratual; (3) a aplicação da lei do país onde o gestor agiu, a *lex loci gestionis*; (4) a aplicação, em derrogação das leis anteriores, da lei de um país que tenha uma conexão manifestamente mais estreita com a obrigação emergente da gestão de negócios: de novo se consagra uma *cláusula de exceção*, com múltiplas outras expressões no Regulamento. Trata-se, no fundo, da transposição para este domínio de soluções que o Regulamento igualmente adota quanto a outras fontes de obrigações não voluntárias. Importa ter presente que no 14.º do Regulamento se admite, dentro de certos limites, a escolha pelas partes da lei aplicável às obrigações extracontratuais, mediante uma convenção posterior ao seu litígio ou, caso todas as partes desenvolvam atividades económicas, também mediante uma convenção livremente negociada, anterior ao facto que deu origem ao dano. As referidas regras constantes do 11.º operam subordinamente à condição de não ter havido escolha da lei aplicável. Nisto se traduz uma das principais inovações do Regulamento relativamente ao Código Civil, no tocante à matéria em apreço.

4 O 11.º do Regulamento não define o conceito de *negotiorium gestio*, limitando-se a referir, no n.º 1, a «prática de um ato relativamente a negócios alheios sem a devida autorização». O âmbito material de aplicação do preceito é potencialmente muito vasto, cobrindo tanto os casos em que a interferência na esfera jurídica alheia tem lugar por motivos altruístas, como aqueles em que ela ocorre com intenção egoísta, como sucede na chamada *gestão imprópria de negócios alheios*, em que o gestor, estando ciente de que os bens por si geridos não são seus, atua no seu próprio interesse, com o intuito de fazer seus os lucros resultantes da gestão; e bem assim os casos, que o 472.º contempla, de alguém gerir negócio alheio, convencido de que ele lhe pertence. O 11.º não se aplica, contudo, às hipóteses de gestão de negócios ocorridas no contexto de relações jurídicas excluídas do âmbito de aplicação de Roma II por força do 1.º/2, p. ex., as relações de família e societárias e os *trusts*. Nestes casos – como aqueles que ocorrem, por

exemplo, se um pai gere bens de um filho seu sem para tal estar autorizado por lei ou negócio jurídico –, o 43.º mantém-se potencialmente aplicável. Por outro lado, o 11.º não se aplica aos casos em que a gestão envolva a violação de um direito de propriedade intelectual, hipótese em que haverá que aplicar a lei designada pelo 8.º do Regulamento.

3. Convenções internacionais. O Regulamento Roma II ressalva expressamente no 28.º/1, 5
as convenções internacionais de que um ou mais Estados-Membros sejam partes na data da aprovação do Regulamento e que estabeleçam regras de conflitos de leis referentes a obrigações extracontratuais. Tais convenções primam assim, no respetivo âmbito de aplicação, sobre as regras do Regulamento. Pergunta-se, por isso, se, quando a gestão de negócios se traduza na prática, pelo gestor, de atos jurídicos em nome e por conta do dono do negócio, a mesma se encontra abrangida pela Convenção da Haia de 1978 sobre a Lei Aplicável aos Contratos de Mediação e à Representação. Depõe nesse sentido a redação muito ampla utilizada no 1.º desta Convenção, a fim de delimitar o seu âmbito material de aplicação (definido como as «relações de caráter internacional que se estabelecem quando uma pessoa, o intermediário, tem o poder de agir, ou age ou pretende agir junto de um terceiro, por conta de outrem, o representado»); e a solução afirmativa tem encontrado eco na doutrina portuguesa[2]. *De jure constituendo*, é, todavia, muito duvidosa esta solução.

As regras consagradas nos 5.º e 6.º da Convenção (*maxime* a aplicabilidade da lei escolhida 6
pelas partes ou, subsidiariamente, da lei do país do estabelecimento profissional ou da residência habitual do intermediário) demonstram que nela se têm fundamentalmente em vista os casos em que exista uma relação contratual entre o representante e o representado e essas conexões não se ajustam à específica correlação de interesses que se verifica nos casos de gestão de negócios em que inexiste tal contrato e o gestor se intromete sem autorização nos negócios de outrem. A aplicação da lei do país do estabelecimento ou residência habitual do gestor, por exemplo, exporia demasiado o dono do negócio a intervenções não autorizadas de terceiros na sua esfera jurídica. Por outro lado, essa solução cria um indesejável *dépeçage* na disciplina conflitual da gestão de negócios, beneficiando o gestor nos casos em que a gestão se traduz na celebração de atos jurídicos (visto que nesses casos se aplicará, na falta de escolha da lei aplicável, a lei do país do seu estabelecimento ou residência habitual) relativamente aos casos em que a gestão consiste na prática de puros atos materiais (caso em que se aplica, na falta de uma relação anterior entre as partes e de residência habitual comum, a *lex loci gestionis,* nos termos do 11.º/3 de Roma II). Por isso nos parece que mesmo a *gestão representativa* – i. é, aquela em que o gestor atua em nome do dono do negócio, embora sem ter para isso os necessários poderes – deve sujeitar-se à lei designada nos termos de Roma II. Em contrapartida, o Regulamento não é aplicável às situações de gestão de negócios ocorridas no contexto da denominada salvação marítima, às quais se aplica, nas relações entre os respetivos Estados Membros, a Convenção sobre a Salvação Marítima assinada em Londres a 28-abr.-1989[3].

Artigo 44.º (Enriquecimento sem causa)

O enriquecimento sem causa é regulado pela lei com base na qual se verificou a transferência do valor patrimonial a favor do enriquecido.

[2] Maria Helena Brito, *A representação nos contratos internacionais* (1999), 393; Luís de Lima Pinheiro, *Direito Internacional Privado*, II, 4.ª ed. (2015), 511.

[3] De que Portugal não é parte, apesar de ter influenciado o DL 203/98, de 10-jul., sobre a mesma matéria, consoante decorre do respetivo preâmbulo.

Bibliografia: Dário Moura Vicente, *El enriquecimiento sin causa en el Reglamento de Roma* II, in Direito Internacional Privado. Ensaios, IV (2018), 161-182; Florbela de Almeida Pires, *Conflitos de Leis. Comentário aos artigos 14.º a 65.º do Código Civil* (2009), 112-113; João Baptista Machado, *Lições de Direito Internacional Privado*, 2.ª ed. (1982), 366-367; Luís de Lima Pinheiro, *Direito Internacional Privado*, II, 4.ª ed. (2015), 509-515; Maria Helena Brito, em Ana Prata, *Código Civil Anotado*, I, 2.ª ed. (2019), 73; Maria João Matias Fernandes, *UCP/Comentário ao Código Civil* (2014), 122-123.

Índice

1 **1. Conexão acessória: consagrações e fundamento**. São várias as soluções possíveis para o problema da lei aplicável à obrigação de restituir o enriquecimento obtido à custa de outrem, no que se reflete a ausência de unidade teleológica nas diferentes manifestações deste instituto através das fronteiras e até no seio dos mesmos sistemas jurídicos. No 44.º vingou a solução da designação indireta da lei aplicável ao enriquecimento sem causa mediante a sua sujeição à lei com base na qual se verificou a transferência patrimonial a favor do enriquecido. Alude-se, a fim de caracterizar essa solução, a uma *conexão dependente ou acessória*. Por força dela, p. ex., se *A* paga a *B* o preço de uma mercadoria, que perece antes da sua expedição, a obrigação de *B* restituir a *A* a prestação recebida em cumprimento do contrato cuja contraprestação se tornou impossível é regida pela lei do próprio contrato. E se *C*, possuidor de um imóvel pertencente a *D*, faz nele benfeitorias úteis e estas, por hipótese, não podem ser levantadas sem dano para o imóvel, o eventual direito de *C* a receber de *D*, proprietário do imóvel, o seu valor é regulado pela lei aplicável aos direitos reais sobre o imóvel: a *lex rei sitae*, segundo o 46.º/1.

2 Esta solução é ditada pela preocupação de assegurar a harmonia jurídica material, visto que permite evitar potenciais antinomias normativas entre a lei reguladora do ato que operou a transferência patrimonial para o enriquecido e a lei reguladora da obrigação de restituir o enriquecimento.

3 Uma solução deste tipo acha-se igualmente acolhida no 10.º/1 de Roma II, segundo o qual:

> Se uma obrigação extracontratual que decorra de enriquecimento sem causa, incluindo o pagamento de montantes indevidamente recebidos, estiver associada a uma relação existente entre as partes, baseada nomeadamente num contrato ou em responsabilidade fundada em acto lícito, ilícito ou no risco que apresente uma conexão estreita com esse enriquecimento sem causa, é aplicável a lei que rege essa relação.

4 A conexão acessória assim consagrada tem paralelo com o disposto no 4.º/3, do Regulamento em matéria de responsabilidade extracontratual por factos danosos. Mas no 10.º a conexão acessória é a regra de conflitos primária, apenas sendo derrogada nos casos em que as partes escolham a lei aplicável ou em que haja de operar a cláusula de exceção. Importa, a fim de se entender corretamente o âmbito de aplicação deste preceito do Regulamento de Roma II, considerar o 12.º/1, *e*), de Roma I. Aí se estabelece:

> A lei aplicável ao contrato por força do presente regulamento regula, nomeadamente: [...] *e*) As consequências da invalidade do contrato.

A obrigação de restituir as prestações recebidas em cumprimento de um negócio declarado nulo ou anulado é, assim, submetida por Roma I à própria *lex contractus*. O Regulamento aplica-se, por via deste preceito, a uma obrigação não-contratual: a obrigação legal de restituir o que tiver sido prestado em cumprimento de um contrato inválido. Trata-se, no entanto, de uma obrigação que tem uma ligação substancial com o contrato, dado que a invalidade deste é a fonte daquela. Nestes casos, Roma II não se aplica à *condictio indebiti*, uma vez que Roma I opera em relação àquele como uma *lex specialis*. Esta solução está de acordo com o caráter subsidiário que a pretensão de restituição com base no enriquecimento sem causa tem em certos sistemas jurídicos. Nesses sistemas, como é o caso do português, a própria declaração de nulidade ou anulação do contrato opera a restituição ao património de cada uma das partes dos bens (ou o seu valor) com que a outra poderia enriquecer-se à custa alheia; a restituição não tem lugar, por conseguinte, segundo as normas do enriquecimento sem causa. Em particular, a restituição deve fazer-se por inteiro, ainda que seja menor, no caso concreto, o efetivo enriquecimento ocorrido. Correspondentemente, no plano do DIP, não há que aplicar nesses casos as regras de conflitos relativas ao enriquecimento sem causa, mas antes as que regulam o contrato e a sua validade. É certo que o 10.º/1, de Roma II conduz, em princípio, ao mesmo resultado que o 12.º/1, *e*), de Roma I, graças à conexão acessória que adota; mas não é indiferente a submissão da *condictio indebiti*, nestes casos, a Roma I, uma vez que não se aplica neles a cláusula de exceção do 10.º/4, de Roma II. 5

2. Outras conexões. Na falta de uma relação prévia entre as partes, aplica-se, segundo o 10.º/2 de Roma II, a lei do país onde as partes tiverem a sua residência habitual comum ao tempo em que se produziu o facto que deu lugar ao enriquecimento sem causa (solução a que se chegaria igualmente, perante o Direito Internacional privado de fonte interna, por via da aplicação analógica do disposto no 45.º/3 à obrigação de restituir o enriquecimento sem causa). Não tendo as partes a sua residência habitual no mesmo país, determina o n.º 3 do mesmo preceito que a lei aplicável à obrigação extracontratual fundada num enriquecimento sem causa seja a do país em que se produziu o enriquecimento. Incluem-se no âmbito deste preceito, por exemplo, as transferências patrimoniais entre pessoas ausentes não tituladas por relações contratuais entre elas (como a que se verificava no exemplo acima referido em primeiro lugar) e as situações de intervenção em bens alheios que sejam utilizados ou explorados sem o consentimento do seu titular, mas de que não derivem danos a indemnizar. Se, porém, resultar do conjunto das circunstâncias da causa que a obrigação de restituir possui uma conexão mais estreita com outro país, é aplicável a lei deste, *ex vi* 10.º/4. Poderá ser esse o caso, por exemplo, se enriquecimento se tiver produzido num país onde só existe uma conta bancária do enriquecido. Também nesta matéria se admite a escolha pelas partes da lei aplicável (14.º de Roma II). 6

Artigo 45.º (Responsabilidade extracontratual)

1. A responsabilidade extracontratual fundada, quer em ato ilícito, quer no risco ou em qualquer conduta lícita, é regulada pela lei do Estado onde decorreu a principal atividade causadora do prejuízo; em caso de responsabilidade por omissão, é aplicável a lei do lugar onde o responsável deveria ter agido.

2. Se a lei do Estado onde se produziu o efeito lesivo considerar responsável o agente, mas não o considerar como tal a lei do país onde decorreu a sua atividade, é aplicável a primeira lei, desde que o agente devesse prever a produção de um dano, naquele país, como consequência do seu ato ou omissão.

3. Se, porém, o agente e o lesado tiverem a mesma nacionalidade ou, na falta dela, a mesma residência habitual, e se encontrarem ocasionalmente em país estrangeiro, a lei aplicável será a da nacionalidade ou a da residência comum, sem prejuízo das disposições do Estado local que devam ser aplicadas indistintamente a todas as pessoas.

Bibliografia: Anabela Sousa Gonçalves, *Da responsabilidade extracontratual em Direito Internacional Privado. A mudança de paradigma* (2013); António Ferrer Correia, *Lições de Direito Internacional Privado* (1963), 752-760; Dário Moura Vicente, *Da responsabilidade pré-contratual em Direito Internacional Privado* (2001), 481-509; Elsa Dias Oliveira, *Da responsabilidade civil extracontratual por violação de direitos de personalidade em Direito Internacional Privado* (2012); Florbela de Almeida Pires, *Conflitos de Leis. Comentário aos artigos 14.º a 65.º do Código Civil* (2009), 113-117; Isabel de Magalhães Collaço, *Direito Internacional Privado. Obrigações não voluntárias* (1970-71), 13-24; João Baptista Machado, *Lições de Direito Internacional Privado*, 2.ª ed. (1982), 367-377; Luís de Lima Pinheiro, *Direito Internacional Privado*, II, 4.ª ed. (2015), 471-509; Maria Helena Brito, em Ana Prata, *Código Civil Anotado*, I, 2.ª ed. (2019), 73-74; Maria João Matias Fernandes, *UCP/Comentário ao Código Civil* (2014), 123-128; Rui de Moura Ramos, *Le droit international privé communautaire des obligations extra-contractuelles*, in Estudos de Direito Internacional Privado e de Direito Processual Civil Internacional, II (2007), 79-98; *idem*, *O Direito Internacional Privado das Obrigações Extracontratuais na União Europeia*, in Estudos de Direito Internacional Privado da União Europeia (2016), 109-144.

Índice

1 **1. Objeto do preceito e sua articulação com Roma II**. A disposição em apreço ocupa-se da lei reguladora da responsabilidade civil extracontratual. A matéria é também objeto do Regulamento de Roma II, que prevalece, no seu âmbito material de aplicação (definido no seu 1.º/1, como as «situações que envolvam um conflito de leis, às obrigações extracontratuais em matéria civil e comercial»), sobre o preceito em anotação. Este instrumento europeu exclui, todavia, a aplicabilidade das respetivas disposições às matérias enunciadas no 1.º/2, entre as quais se incluem as obrigações extracontratuais que decorram da violação da vida privada e de certos direitos de personalidade, incluindo a difamação: continuam, por conseguinte, a aplicar-se as regras do 45.º.

2 **2. *Lex loci delicti comissi***. O 45.º consagra o princípio da aplicabilidade à responsabilidade civil extracontratual da lei do lugar onde o agente atuou ou devia ter atuado. A determinação do *locus delicti* suscita, porém, dificuldades quando a conduta lesiva e o seu resultado (a lesão do bem ou interesse juridicamente protegido) ocorram em países diferentes. Como a lesão de um bem ou interesse alheio tutelado pela ordem jurídica é um elemento do ato ilícito, este poder ter-se, em rigor, por praticado em qualquer desses países[1]: pergunta-se qual dos lugares em causa deve

[1] Foi o que sucedeu, por exemplo, no caso julgado pelo TJUE em 30-nov.-1976, Proc. 21/76, *Bier c. Mines de Potasse d'Alsace*, CJTJ, 1976, 1735 ss.: uma empresa industrial francesa despejou no Reno, em território francês, resíduos tóxicos provenientes de uma mina de potassa; esses resíduos desceram o Reno e vieram a destruir culturas agrícolas situadas em território holandês, causando danos ao respetivo proprietário.

ser tomado em consideração para se determinar a lei aplicável à responsabilidade do agente: o da conduta ou o do dano.

O interesse do lesante aponta para a competência do lugar da conduta, pois é com a lei nele vigente que podia e devia contar no momento em que agiu. Mas o interesse do lesado depõe no sentido da aplicação da lei do lugar do resultado, ou no da concessão a este sujeito da faculdade de optar, dentre as leis em presença, por aquela que lhe for mais favorável. O legislador português enveredou, em princípio, pelo critério do lugar da conduta: o 45.º/1 apela à lei do lugar onde decorreu a *principal atividade* causadora do prejuízo, ou, no caso de responsabilidade por omissão, da lei do lugar onde o responsável deveria ter agido. 3

3. *Lex loci injuriae*. O 45.º/2 se estabelece um desvio à aplicação dessa lei, no sentido da aplicabilidade, sob certas condições, da lei do lugar do *efeito lesivo*. Manda-se aplicar a lei do lugar onde ocorreu a lesão, desde que se verifiquem cumulativamente dois requisitos: (1) que essa lei considere o agente responsável, ao passo que a lei do lugar da conduta não o considera como tal; (2) que o agente devesse prever a produção de um dano naquele primeiro lugar como consequência do seu ato ou omissão. Visa-se tutelar o lesado. A confiança deste seria injustamente defraudada se a sua pretensão indemnizatória fosse julgada improcedente por a lei do país da conduta não a acolher, embora seja reconhecida pela lei do país onde ocorreu o efeito lesivo. Subjaz a esta norma, além disso, uma política de favorecimento da vítima, que aflora igualmente em diversas regras de DIP estrangeiro em matéria de responsabilidade extracontratual. Observe-se, no entanto, que diversamente do que sucede noutros ordenamentos jurídicos não existe, entre nós, uma relação de pura alternatividade entre as conexões consagradas no 45.º/1 e 2. Isto porque se faz depender a aplicação da *lex loci injuriae* da previsibilidade, pelo agente, da produção do dano nesse lugar. O que não prejudica que (como nos parece) essa alternatividade seja em certos casos desejável. Com efeito, desde que o lesante controle o risco da produção do dano num país diverso daquele em que atuou e retire algum benefício da possibilidade de desenvolver a sua ação na esfera internacional, é justo que lhe sejam imputados os danos causados por essa ação, com fundamento na lei do lugar do efeito lesivo, independentemente da previsibilidade, em concreto, da produção do dano neste lugar. 4

Não é fundamentalmente diversa desta a solução que se extrai do 4.º/1 de Roma II. Estabelece-se aí, com efeito: 5

> Salvo disposição em contrário do presente regulamento, a lei aplicável às obrigações extracontratuais decorrentes da responsabilidade fundada em ato lícito, ilícito ou no risco é a lei do país onde ocorre o dano, independentemente do país onde tenha ocorrido o facto que deu origem ao dano e independentemente do país ou países onde ocorram as consequências indiretas desse facto.

Manda-se assim aplicar a lei do lugar do dano – conceito que deve ser entendido, para este efeito, como o *dano real* (i. é, a ofensa de um bem ou interesse alheio juridicamente protegido e não a diminuição patrimonial sofrida pelo lesado em consequência da lesão) e *direto* (ou seja, as consequências imediatas do facto e não os seus efeitos reflexos). Assim entendida, esta regra corresponde a uma adequada ponderação dos interesses em jogo. É natural que o agente conte com a aplicação da lei do lugar onde agiu à definição das consequências jurídicas do seu ato ou omissão. Mas ninguém pode legitimamente esperar que a liberdade de atuação que lhe confere a lei de certo país lhe seja reconhecida *urbi et orbi*. A referida expectativa apenas é atendível, por isso, na medida em que estejam em causa os efeitos do ato ou omissão verificados no próprio país onde o agente atuou; não pelo que respeita aos efeitos produzidos noutros países. 6

Relativamente a estes últimos, avulta a expectativa da vítima em ver aplicadas as regras locais que delimitem as situações em que o sofrimento de danos causados por terceiros é suscetível de constituir o seu autor no dever de repará-los, pois geralmente é confiando na aplicação dessa lei que as pessoas intervêm no tráfico jurídico e se expõem ao padecimento de danos.

7 **4. *Lex communis*.** No 45.º/3 estabelece-se outro desvio à aplicação da *lex loci delicti*, agora no sentido da aplicação da lei da nacionalidade ou da residência habitual comum do agente e do lesado, quando estes se encontrem ocasionalmente em país estrangeiro. Próxima desta é a regra que consta do 4.º/2 de Roma II:

> Todavia, sempre que a pessoa cuja responsabilidade é invocada e o lesado tenham a sua residência habitual no mesmo país no momento em que ocorre o dano, é aplicável a lei desse país.

8 Visa-se aplicar à responsabilidade extracontratual, nos casos em que o lugar do facto tenha uma ligação puramente acidental com a relação controvertida, a lei que dela se encontre mais próxima e com cuja aplicação as partes normalmente contariam, por ser a que vigora no meio social que lhes é comum. A solução consagrada no 45.º/3, mostra-se, por isso, conforme com as expectativas das partes. Ter-se-á ponderado, além disso, que, ocorrendo os factos em questão entre sujeitos originários de um país estrangeiro, da aplicação da respetiva lei comum não resulta qualquer prejuízo para os interesses sociais subjacentes à consagração da competência da *lex loci*. O 45.º/3, do Código faz, porém, depender a aplicação da *lex communis* da condição de o agente e o lesado se encontrarem «ocasionalmente» em país estrangeiro. O STJ 8-nov.-1979[2], sustentou que se deve considerar como ocasional, para os efeitos deste preceito:

> a estadia sem grande estabilidade e permanência, antes a título transitório e passageiro, ou seja, para durar por um período limitado, circunscrita à realização de um fim ou atividade pouco prolongada.

9 Estão neste caso, por exemplo, as excursões e viagens de negócios feitas a um país estrangeiro. Mas já não será assim, consoante decidiu o STJ 16-out.-2001[3], quando os lesados se encontrem em país estrangeiro «ao serviço da ré no âmbito da execução de um contrato de trabalho para atividade integrada na construção civil, sem estipulação de qualquer limite temporal».

10 Ressalvam-se, em todo o caso, na parte final deste preceito, as disposições do Estado local «que devam ser aplicadas indistintamente a todas as pessoas». Trata-se de normas imperativas, que relevam sobretudo na valoração do facto como ilícito. São, p. ex., as normas sobre o trânsito, a segurança das construções e a defesa da concorrência. Assim, se o condutor excedeu o limite de velocidade fixado pela *lex loci*, pouco importa, para a determinação da sua responsabilidade, o que dispõe a esse respeito a lei nacional comum das partes. O condutor é responsável porque violou uma norma indistintamente aplicável a todas as pessoas que se encontrem no território do Estado onde agiu e porque causou desse modo danos a outrem. Não é outra a solução a que conduz o 17.º de Roma II, onde se estabelece:

> Ao avaliar o comportamento da pessoa cuja responsabilidade é invocada, são tidas em conta, a título de matéria de facto e na medida em que for apropriado, as regras de segurança e de conduta em vigor no lugar e no momento em que ocorre o facto que dá origem à responsabilidade.

[2] STJ 8-nov.-1979 (Abel de Campos), BMJ 291 (1979), 456-463.

[3] STJ 16-out.-2002 (Ribeiro Coelho), CJ/Supremo X (2002) 1, 11-16.

5. A conexão mais estreita e a conexão acessória. Diversamente do que sucede na lei portuguesa, o princípio da conexão mais estreita obteve consagração no Regulamento de Roma II também em matéria de responsabilidade extracontratual. Na verdade, de acordo com o 4.º/3: 11

> Se resultar claramente do conjunto das circunstâncias que a responsabilidade fundada em ato lícito, ilícito ou no risco tem uma conexão manifestamente mais estreita com um país diferente do indicado nos n.os 1 ou 2, é aplicável a lei desse outro país. Uma conexão manifestamente mais estreita com um outro país poderá ter por base, nomeadamente, uma relação preexistente entre as partes, tal como um contrato, que tenha uma ligação estreita com a responsabilidade fundada no ato lícito, ilícito ou no risco em causa.

Trata-se aqui de uma cláusula de exceção, análoga a outras que o Regulamento acolhe, 12
mas que apresenta a particularidade de poder também funcionar quando a conexão mais estreita resultar da ligação dos factos com outra relação jurídica. Alude-se, para designar esta última solução, a uma *conexão acessória*. Consiste esta na sujeição das violações de deveres jurídicos gerais à lei reguladora de uma relação especial, de fonte legal ou contratual, existente entre o agente e o lesado, quando o dano tenha sobrevindo no desenvolvimento dessa relação e o respetivo evento causal possua com esta uma conexão estreita, p. ex., por isso que constitui simultaneamente violação de deveres de prestação ou de conduta dela emergentes. É o que sucede, por exemplo, se um motorista residente em Portugal, que convencionou com um turista inglês transportá-lo do nosso país a Espanha, aí provocar, por culpa sua, um acidente de que resultem ferimentos para o passageiro; ou se o trabalhador ao serviço de uma firma estrangeira sofrer, em país onde se achava temporariamente destacado, um acidente laboral imputável à entidade patronal, sofrendo em consequência dele lesões corporais; ou ainda se um dos cônjuges causar danos ao outro em consequência de ato que constitua violação da sua integridade física ou moral praticado em país diverso do da sua nacionalidade comum, no qual residem habitualmente.

Várias razões podem ser invocadas em abono do primado da lei acima referida. Entre elas 13
podem mencionar-se as seguintes: (1) quando a conduta ilícita se traduza na violação concomitante de deveres jurídicos gerais e de deveres especiais emergentes de uma relação preexistente entre o lesante e o lesado, o lugar da prática do facto tem carácter fortuito, sendo insuscetível de indicar o meio social em que o mesmo se acha inserto; nestes casos, só aquela relação permite descobrir o «centro de gravidade» da responsabilidade; a lei que a regula corresponde, nessa medida, a uma ordem jurídica com que as partes podiam ou deviam contar, dada a íntima conexão entre a pretensão indemnizatória e a situação considerada, desse modo se tutelando a confiança e garantindo a segurança jurídica; p. ex., é de supor que o transportador e o respetivo passageiro não esperem que o teor dos deveres de proteção e cuidado que vinculam o primeiro, bem como a responsabilidade emergente do seu incumprimento, variem consoante o país onde forem violados, antes sejam regidos pela lei aplicável à relação contratual entre si estabelecida, da qual derivam para o transportador deveres de proteção da integridade física do passageiro; (2) a aplicação desta lei à responsabilidade extracontratual emergente da inexecução das obrigações dela decorrentes corresponde, por via de regra, à vontade conjetural ou mesmo à vontade tácita das partes; (3) a conexão acessória permite evitar eventuais antinomias normativas decorrentes da repartição por diferentes sistemas da competência legislativa para disciplinar essas relações.

Deve, no entanto, observar-se que nenhuma destas razões justifica, nas hipóteses em 14
apreço, a sistemática atribuição de preferência à lei reguladora da relação especial entre o lesante e o lesado sobre a lei reguladora da responsabilidade extracontratual. A proteção devida à vítima pode mesmo depor no sentido da aplicação da segunda: se, por exemplo, uma das partes (*v.g.* o

transportador ou o empregador) houver excluído ou limitado a sua responsabilidade por danos causados à outra através de uma cláusula inserta no contrato, terá de ser a *lex delicti* a decidir se essa estipulação compreende validamente a responsabilidade extracontratual. A conexão acessória não parece, pois, suscetível de ser erigida em critério geral de resolução dos concursos de normas em DIP. Pressuposto da admissibilidade da subordinação da responsabilidade *ex delicto* à lei reguladora da dita relação jurídica existente entre as partes é, em todo o caso, que o respetivo facto indutor constitua violação de um dever de prestação ou de conduta emergente dessa relação.

15 Em face do DIP português é igualmente de admitir, *de iure constituto*, o desvio em apreço a favor da *lex contractus*. Esta solução constitui, na verdade, um afloramento do princípio *accessorium sequitur principale*, com consagração nos 35.º/1, 36.º/1, 37.º, 40.º e 44.º, que subordinam as matérias que têm por objeto à lei aplicável a outras questões ou relações jurídicas. Por outro lado, o caráter exclusivo da conexão ao *locus actus* já se acha prejudicado pela admissão, no 45.º/3, do desvio a favor da lei comum ao agente e ao lesado. Este funda-se, como se viu, num valor essencial do Direito de conflitos: a tutela das expectativas das partes. Por identidade de razões, deve aceitar-se o desvio em benefício da lei reguladora de uma relação jurídica existente entre as partes, desde que esta tenha com a pretensão indemnizatória *sub judice* uma ligação significativa, consistente, p. ex., na aludida circunstância de o ilícito delitual representar uma forma de inexecução de deveres emergentes dessa relação. Em tais casos, a relevância do lugar da prática do facto como critério de atribuição de competência legislativa é, à luz da teleologia imanente ao sistema de conflitos, claramente diminuta. Em contrapartida, a conexão com a relação entabulada entre as partes assume, pelas razões enunciadas, um significado preponderante na valoração das consequências do evento lesivo. A restrição do âmbito do 45.º/1 (ou a sua redução teleológica) e a concomitante subordinação da responsabilidade civil nos casos visados ao estatuto da relação jurídica com ela conexa afiguram-se, assim, conformes à ponderação de interesses visada pelo legislador e ao princípio normativo fundamentante daquela disposição.

16 **6. A autonomia da vontade**. Nos termos do 14.º/1 de Roma II, as partes podem acordar, salvo nos casos de violação de direitos intelectuais, mediante uma convenção posterior ao seu litígio, em sujeitar a obrigação extracontratual à lei que escolherem. É o princípio da autonomia da vontade que assim se acolhe. O funcionamento deste princípio encontra-se sujeito a alguns requisitos importantes: (1) a escolha tem de ser, nos termos da referida disposição, posterior ao surgimento do litígio, salvo se todas as partes exercerem uma atividade comercial; (2) deve ser expressa ou resultar de modo um inequívoco das circunstâncias da causa; (3) não deve prejudicar os direitos de terceiros; (4) não pode, sempre que todos os outros elementos da situação se localizem, no momento do dano, num outro país que não seja o da lei escolhida, prejudicar a aplicação das disposições não derrogáveis por acordo, nos termos da lei deste país; (5) e não pode, sempre que todos os outros elementos da situação se localizem, no momento do dano, num ou mais Estados-Membros da União Europeia, prejudicar a aplicação das disposições de Direito europeu. Observa-se também aqui uma relevante diferença relativamente ao regime instituído no 45.º do Código Civil português.

Subsecção IV – Lei reguladora das coisas

Artigo 46.º (Direitos reais)

1. O regime da posse, propriedade e demais direitos reais, é definido pela lei do Estado em cujo território as coisas se encontrem situadas.
2. Em tudo quanto respeita à constituição ou transferência de direitos reais sobre coisas em trânsito, são estas havidas como situadas no país do destino.
3. A constituição e transferência de direitos sobre os meios de transportes submetidos a um regime de matrícula são reguladas pela lei do país onde a matrícula tiver sido efetuada.

Bibliografia: Afonso Patrão, *Hipoteca e autonomia conflitual. A escolha da lei aplicável à hipoteca como contributo para a construção de um mercado hipotecário europeu* (2018); António Ferrer Correia, *Conflitos de leis em matéria de direitos sobre as coisas corpóreas*, in Temas de Direito Comercial e Direito Internacional Privado (1989), 363-411; *idem, A venda internacional de objectos de arte e a protecção do património cultural*, RLJ 125 (1993), 289-293, 321-325, 353-357; e 126 (1993-1994), 8-12, 34-37, 66-70, 98-103 e 162-166; António Marques dos Santos, *Le statut des biens culturels en droit international privé*, in Estudos de Direito Internacional Privado e Direito Processual Civil Internacional (1998), 167-202; Florbela de Almeida Pires, *Conflitos de Leis. Comentário aos artigos 14.º a 65.º do Código Civil* (2009), 118-124; João Baptista Machado, *Lições de Direito Internacional Privado*, 2.ª ed. (1982), 377-381; Luís de Lima Pinheiro, *A venda com reserva de propriedade em Direito Internacional Privado* (1991); *idem, Direito Internacional Privado*, II, 4.ª ed. (2015), 531-547; Maria Helena Brito, em Ana Prata, *Código Civil Anotado*, I, 2.ª ed. (2019), 75; Maria João Matias Fernandes, *UCP/Comentário ao Código Civil* (2014), 128-132.

Índice

1. A *lex rei sitae*; fundamento. O 46.º/1 submete os direitos reais à *lex rei sitae*, isto é, à lei do Estado em cujo território as coisas que são objeto desses direitos se encontram situadas, independentemente de as mesmas serem móveis ou imóveis. A regra é relativamente recente. De acordo com a tradição estatutária, os direitos sobre bens móveis eram submetidos à lei do domicílio do proprietário (***mobilia sequuntur personam***). Só com Savigny se impôs duradouramente o princípio da sujeição dos direitos reais sobre móveis à *lex rei sitae*[1]. 1

Este princípio corresponde a diferentes ordens de interesses e valores. (1) *Interesses públicos*: os direitos reais são instrumentos jurídicos através dos quais se disciplina a exploração da riqueza existente em cada país[2]; o Estado tem, por isso, interesse em definir os tipos de direitos reais que podem constituir-se sobre os bens sitos no seu território e em regular o seu conteúdo, bem como em fixar eventuais limites e proibições à aquisição ou à disposição de tais direitos. A aplicação da *lex rei sitae* aos direitos reais possibilita a consecução deste objetivo. Se assim não fosse, ficaria, aliás, prejudicada a tipicidade dos direitos reais. (2) A aplicação dessa 2

[1] *System des heutigen römischen Rechts*, 8, 169 ss..

[2] Pires de Lima/Antunes Varela, *Código Civil anotado*, III, 2.ª ed. (1984), 98.

lei é conforme com os *interesses do tráfico jurídico*. Aos sujeitos que nele intervenham importa, na verdade, poderem informar-se facilmente sobre o estatuto das coisas que dele são objeto. Ora, semelhante desiderato consegue-se mais facilmente se essas coisas se acharem sujeitas à *lex rei sitae* do que se estiverem, por exemplo, submetidas à lei do domicílio do seu proprietário, pois o lugar da situação das coisas é mais facilmente cognoscível do que este último local. (3) A *harmonia de julgados*. Trata-se de uma regra que se encontra amplamente difundida nos sistemas jurídicos contemporâneos. É, por isso, de supor que os tribunais de países estrangeiros que sejam chamados a pronunciarem-se sobre uma questão respeitante ao estatuto de certa coisa também a resolverão por aplicação da *lex rei sitae*, conseguindo-se desse modo a harmonia de julgados entre o Estado do foro e esses países. (4) A aplicação da *lex rei sitae* aos direitos reais é conforme com a *efetividade das decisões judiciais*, na medida em que através dela se facilita o reconhecimento das decisões proferidas sobre a matéria no país onde as mesmas se destinam a produzir efeitos.

3 **2. Desvios: estatutos especiais**. A regra da aplicação da *lex rei sitae* aos direitos reais comporta diversos desvios, consagrados em regras de conflitos especiais. O primeiro diz respeito aos direitos reais sobre as chamadas *coisas em trânsito*, de que trata o 46.º/2: coisas objeto de um transporte internacional no momento da celebração de um negócio a elas respeitante, do qual resulta a constituição ou a transferência de um direito real; por conseguinte, de coisas que não têm, nesse momento, uma situação fixa. No comércio internacional de certas mercadorias é, com efeito, bastante frequente que as mesmas sejam transacionadas (várias vezes até) enquanto são transportadas pela via marítima, de um ponto do globo para outro, mediante o endosso do respetivo conhecimento de embarque. No que toca a estas coisas, seria desajustada a aplicação da *lex rei sitae*. Por um lado, porque o seu contacto com os países atravessados no percurso até ao local de destino tem escasso relevo jurídico. Por outro, porque os interessados podem desconhecer o exato paradeiro da coisa no momento da realização do dito negócio. O 46.º/2 manda aplicar-lhes a lei do *país de destino*. Esta solução é a mais conforme com a ideia inspiradora da competência da *lex rei sitae*: em princípio, é no tráfico jurídico do país de destino que a coisa em trânsito se vai inserir; é, por conseguinte, à lei desse país que se deve atender na regulação dos direitos reais sobre ela[3].

4 Um segundo desvio à aplicação da *lex rei sitae* diz respeito aos meios de transporte sujeitos a um regime de matrícula (aviões, navios, automóveis, motocicletas). Também não parece adequado aplicar a estes bens a lei do lugar onde casualmente se encontrem, dado que esse lugar pode ser desconhecido dos interessados e até constituir um espaço subtraído à soberania de qualquer Estado, como o alto mar ou o espaço aéreo correspondente. Relativamente a estes bens, só o *lugar da matrícula* ou do registo pode ser facilmente conhecido pelos interessados; não o da respetiva situação. Compreende-se a solução do 46.º/3 e do 488.º do CCom. De acordo com o primeiro, a constituição e a transferência de direitos sobre os meios de transporte submetidos a um regime de matrícula são regulados pela lei do país onde a matrícula tiver sido efetuada. Nos termos do segundo, as questões sobre a propriedade do navio, os privilégios e as hipotecas que o onerem são reguladas pela *lei da nacionalidade* que o navio tiver ao tempo em que o direito, objeto da contestação, houver sido adquirido. No mesmo sentido, dispõe o 11.º do DL 201/98, de 10-jul., relativo ao estatuto legal do navio, que as questões relacionadas com direitos reais sobre ele são reguladas pela lei da nacionalidade que este tiver ao tempo da

[3] Neste sentido, Ferrer Correia, *Conflitos de leis em matéria de direitos sobre coisas corpóreas*, in Temas de Direito Comercial e Direito Internacional Privado (1989), 388.

constituição, modificação, transmissão ou extinção do direito em causa. A nacionalidade portuguesa de um navio determina-se nos termos do 3.º/1, deste último diploma, segundo o qual se consideram portugueses os navios cuja propriedade se encontre registada em Portugal[4].

Um terceiro limite à aplicação da *lex rei sitae* aos direitos reais figura atualmente no 41.º do CVM. Nos termos deste preceito: 5

> A transmissão de direitos e a constituição de garantias sobre valores mobiliários regem-se: *a*) Em relação a valores mobiliários integrados em sistema centralizado, pelo direito do Estado onde se situa o estabelecimento da entidade gestora desse sistema; *b*) Em relação a valores mobiliários registados ou depositados não integrados em sistema centralizado, pelo direito do Estado em que se situa o estabelecimento onde estão registados ou depositados os valores mobiliários; *c*) Em relação a valores mobiliários não abrangidos nas alíneas anteriores, pela lei pessoal do emitente.

Esta disposição visa adaptar a regra geral do 46.º/1 às características específicas dos valores mobiliários: a regra da aplicação da *lex rei sitae* é inoperante em relação aos valores mobiliários escriturais, dado que se trata de *coisas incorpóreas*; e mesmo em relação aos valores mobiliários titulados, não parece que seja ela a que melhor satisfaz as necessidades do tráfico jurídico, sendo preferível, como se determina na alínea *b)* do preceito citado, a sua sujeição à lei do país do estabelecimento do respetivo depositário. Note-se, a este propósito, que o CVM, diferentemente do Código Civil, excluiu o reenvio (42.º). 6

3. Âmbito de aplicação do estatuto real. Nos termos do 46.º/1, encontra-se sujeito à *lex rei sitae* o regime da posse, da propriedade e dos demais direitos reais. No regime dos direitos reais cabe a disciplina jurídica da constituição, transferência e extinção desses direitos, assim como do seu conteúdo, i.é, das faculdades jurídicas que os integram. Para qualificar um direito como real e para saber se ele é subsumível no 46.º, há que caracterizá-lo perante a *lex rei sitae*. Mas, de acordo com a orientação estabelecida no 15.º a respeito da qualificação em DIP, é à *lex fori* que cabe decidir se as situações em causa e as normas que as regem correspondem ou não às características essenciais do conceito-quadro do 46.º. Assim, p. ex., para determinar se o direito do arrendatário de um imóvel sito no estrangeiro é um direito real ou obrigacional e se, como tal, ele está ou não sujeito à *lex rei sitae*, há que indagar, perante a lei do lugar da situação do imóvel, qual o conteúdo concreto desse direito. Mas é à lei portuguesa que pertence dizer quais os requisitos que um direito subjetivo deve preencher a fim de que possa ser qualificado como real: por exemplo, se tem ou não de ser oponível *erga omnes*. O direito do arrendatário só será subsumível no 46.º, ficando, por conseguinte, sujeito à *lex rei sitae*, se preencher esses requisitos. 7

Quando a transferência de um direito real tenha origem num contrato, podem suscitar-se problemas de delimitação entre o estatuto real e o estatuto contratual. Em princípio, a formação e as condições de validade intrínseca do contrato, bem como os seus efeitos obrigacionais, são regidos pela lei reguladora da substância do contrato; já as condições de transferência do direito real são disciplinadas pela *lex rei sitae*. Este *dépeçage* pode suscitar dificuldades quando a *lex contractus* e a *lex rei sitae* divirjam quanto às condições da transferência da propriedade. A resolução destes problemas pode implicar o reconhecimento ao tribunal de um poder modelador da disciplina aplicável às situações privadas internacionais. A questão está hoje consideravelmente mitigada, pelo menos quando as partes não escolham a fim de reger o contrato uma lei diferente 8

[4] O 33.º do DL 201/98 revogou o 486.º do CCom, substituindo-o pelo preceito citado no texto.

da do lugar da situação do imóvel que este tem por objeto, na medida em que o 4.º/1, *c*), de Roma I dispõe:

> O contrato que tem por objeto um direito real sobre um bem imóvel ou o arrendamento de um bem imóvel é regulado pela lei do país onde o imóvel se situa.

9 **4. A sucessão de estatutos ou conflito móvel.** A regulação jurídica dos direitos sobre uma coisa suscita problemas especiais quando ocorra uma alteração da sua localização, p. ex., mediante o transporte de um país para outro ou, tratando-se de um valor mobiliário, pela mudança do estabelecimento onde este se encontre depositado. Dá-se nesse caso uma sucessão de estatutos, ou *conflito móvel*. Pergunta-se então qual das duas leis em presença – se a antiga ou a atual *lex rei sitae*, se a antiga ou a atual lei da situação do estabelecimento onde se encontra depositado o valor mobiliário – deve ser aplicada. O problema não se encontra expressamente resolvido na lei portuguesa, em termos gerais. No entanto, o critério de solução deve consistir na aplicação da atual *lex rei sitae* ou da lei do Estado onde estejam atualmente depositados ou registados os valores mobiliários. Esta solução é, com efeito, reclamada pelos interesses públicos e pelo tráfico jurídico que, como vimos, se encontram na base da competência dessas leis. Mas há desvios, que importa considerar.

10 O primeiro diz respeito aos factos constitutivos, modificativos ou extintivos de direitos reais sobre a coisa já verificados ao tempo da mudança da sua localização espacial. A esses factos deve aplicar-se a antiga *lex rei sitae*. Se, p. ex., o comprador de uma coisa móvel sita em Portugal adquire a propriedade da mesma em virtude de um contrato aqui celebrado e a coisa é depois transportada para a Alemanha, onde se exige a tradição do bem móvel a fim de que se dê a transferência da propriedade sobre ele, deve entender-se que o comprador permanece proprietário, visto que já o era antes da mudança da localização da coisa, por força da antiga *lex sitae*; mas o conteúdo do direito de propriedade do comprador será regido pela nova *lex rei sitae*. Outro tanto sucede se alguém for proprietário de um navio e este mudar de nacionalidade. É o que resulta do 488.º, § 2.º, do CCom, que dispõe:

> A mudança de nacionalidade não prejudicará, salvos os tratados internacionais, os direitos anteriores sobre o navio.

11 Um segundo desvio à competência da nova *lex rei sitae* em caso de sucessão de estatutos resulta da aplicação, que alguma doutrina admite, da lei do Estado de origem do bem – a *lex originis* – em matéria de venda internacional de objetos culturais[5]. Há, neste domínio, outro interesse a considerar: o do Estado de origem do objeto na preservação do seu património artístico e da sua identidade cultural. Este ficaria comprometido se se aplicasse a nova *lex rei sitae* à pretensão desse Estado à restituição da coisa, uma vez que a competência irrestrita dessa lei fomentaria a sua exportação ilícita para países que lhe fossem desfavoráveis. A aplicação da *lex originis* constitui nestas hipóteses uma forma de prevenção do conflito móvel quanto à regulação dos direitos reais sobre estes bens, pela «imobilização» temporal do elemento de conexão. O recurso a normas internacionalmente imperativas, ou de aplicação imediata, permite chegar ao mesmo

[5] Pronunciaram-se neste sentido António Ferrer Correia, *A venda internacional de objectos de arte e a protecção do património cultural*, RLJ, 126 (1993), 99 ss., e António Marques dos Santos, *Le statut des biens culturels en droit international privé*, in Estudos de Direito Internacional Privado e Direito Processual Civil Internacional (1998), 192.

resultado. Estão neste caso várias regras constantes da Lei de Bases do Património Cultural[6]. Por força delas, a *lex originis* tem um título de eficácia em Portugal, em matéria de direitos sobre bens culturais, não obstante a ausência de uma regra de conflitos explícita nesse sentido.

Artigo 47.º (Capacidade para constituir direitos reais sobre coisas imóveis ou dispor deles)

É igualmente definida pela lei da situação da coisa a capacidade para constituir direitos reais sobre coisas imóveis ou para dispor deles, desde que essa lei assim o determine; de contrário, é aplicável a lei pessoal.

Bibliografia: Florbela de Almeida Pires, *Conflitos de Leis. Comentário aos artigos 14.º a 65.º do Código Civil* (2009), 124-126; João Baptista Machado, *Lições de Direito Internacional Privado*, 2.ª ed. (1982), 342; Maria Helena Brito, em Ana Prata, *Código Civil Anotado*, I, 2.ª ed. (2019), 76, Maria João Matias Fernandes, *UCP/Comentário ao Código Civil* (2014), 132-134.

Índice

1. O desvio à lei pessoal; fundamento e condições de aplicação. Subjacente a este preceito está a preocupação com a efetividade das decisões judiciais. Manda-se aplicar a *lex rei sitae* à capacidade para constituir direitos reais sobre coisas imóveis ou para dispor deles porque se supõe que dessa forma se assegurará que a decisão que for proferida no Estado do foro sobre a matéria será mais facilmente reconhecida pelos tribunais do país da situação da coisa. De facto, a intervenção destes tribunais é essencial para a execução coerciva dessa decisão. Pode suceder que o reconhecimento, por parte desses tribunais, da decisão proferida no Estado do foro seja mais fácil se esta se fundar na *lex rei sitae* do que se se basear em qualquer outra lei. Exige, em todo o caso, que a *lex rei sitae* se considere competente para regular a situação; caso contrário, deve aplicar-se a lei pessoal. Tal como na hipótese regulada pelo 31.º/2, este requisito pode ter-se por preenchido qualquer que seja o título a que aquela lei se considere aplicável: pode a *lex rei sitae* julgar-se aplicável ao caso a título de lei do lugar da situação da coisa, de lei do lugar da celebração do negócio ou de lei do domicílio do disponente. 1

[6] L 107/2001, de 8-set.. São suscetíveis de serem reconduzidas àquela categoria os 35.º e seguintes da Lei, que estabelecem certas regras em matéria de alienação de bens classificados, exigindo por exemplo a prévia comunicação escrita das mesmas ao serviço público competente, bem como direitos de preferência a favor do Estado e outras entidades públicas, sob pena de anulabilidade da alienação ou da constituição de outro direito real de gozo sobre esses bens; e os 64.º a 66.º, que estabelecem certas restrições em matéria de exportação e de expedição de bens culturais. Estas regras deverão ter-se como aplicáveis sempre que os bens culturais em questão sejam originários de Portugal, ainda que as transações a eles respeitantes tenham ocorrido no estrangeiro e se encontrem no estrangeiro. A própria lei admite, aliás, o reconhecimento de efeitos a normas imperativas do mesmo tipo oriundas de países estrangeiros, nas condições enunciadas no 69.º.

2 **2. Limites.** A *lex rei sitae* pode não estabelecer, como condição do reconhecimento das sentenças estrangeiras, que estas se fundem no mesmo Direito que os tribunais do país da situação dos bens teriam aplicado ao caso. Em rigor, isso só acontece quando a *lex rei sitae* consagre um sistema da revisão de mérito das sentenças estrangeiras a fim de que elas possam produzir efeitos localmente. São hoje muitos os países que não sujeitam as sentenças estrangeiras a uma tal revisão, antes admitindo que elas produzam efeitos no seu território desde que preencham um certo número de requisitos meramente formais. Sempre que o país da situação dos bens imóveis proceda deste modo, a aplicação da *lex rei sitae* à questão da capacidade para constituir ou dispor de direitos sobre esses bens seria inútil. Há, por isso, que interpretar restritivamente o preceito em anotação. Só será, assim, de aplicar a *lex rei sitae* à determinação da capacidade para constituir ou dispor de direitos reais sobre imóveis sitos no estrangeiro nas situações em que essa aplicação seja necessária e suficiente para assegurar a efetividade das decisões judiciais proferidas por tribunais portugueses sobre a matéria; de contrário, deve aplicar-se a lei pessoal[1].

3 Da *ratio* do 47.º retira-se que ele só seja aplicável à disposição de imóveis sitos no estrangeiro; e à mesma conclusão conduz a conjugação deste preceito com o 28.º/2, que expressamente subtrai ao desvio quanto às consequências da incapacidade previsto no respetivo n.º 1 os negócios respeitantes à disposição de imóveis situados no estrangeiro – o que apenas se explica por o legislador ter tido em vista sujeitar a capacidade para a celebração de tais negócios à *lex rei sitae* e não à *lex loci.*

Artigo 48.º (Propriedade intelectual)

1. Os direitos de autor são regulados pela lei do lugar da primeira publicação da obra e, não estando esta publicada, pela lei pessoal do autor, sem prejuízo do disposto em legislação especial.

2. A propriedade industrial é regulada pela lei do país da sua criação.

Bibliografia: Dário Moura Vicente, *Direito Internacional de Autor*, in Direito Internacional Privado. Ensaios, I (2002), 107-143; *idem, A tutela internacional da propriedade intelectual*, 2.ª ed. (2019); Florbela de Almeida Pires, *Conflitos de Leis. Comentário aos artigos 14.º a 65.º do Código Civil* (2009), 126-129; João Baptista Machado, *Lições de Direito Internacional Privado*, 2.ª ed. (1982), 381-392; Luís de Lima Pinheiro, *Direito Internacional Privado*, II, 4.ª ed. (2015), 611-636; Maria Helena Brito, em Ana Prata, *Código Civil Anotado*, I, 2.ª ed. (2019), 76-78; Maria João Matias Fernandes, *UCP/Comentário ao Código Civil* (2014), 134-136.

Índice

[1] É, aliás, o que dispunha o 5.º/2, do anteprojeto de 1964, segundo o qual: «Se uma decisão a proferir por um tribunal português, em matéria sujeita a um dos artigos referidos no número anterior, só puder produzir qualquer efeito útil através do seu reconhecimento no Estado da situação de um imóvel, o tribunal observará os princípios de direito internacional privado vigentes nesse Estado, se tanto for necessário e suficiente para assegurar aquele reconhecimento».

I – Direito de autor

1. A lei do país de origem e os seus limites. O 48.º/1 remete para a lei do país de origem da obra submetendo-se-lhe todo o regime do direito de autor. A favor desta solução pode aduzir-se que desse modo apenas uma lei regulará a utilização e a exploração económica da obra, onde quer que esta tenha lugar. Semelhante solução corresponde ao interesse dos autores na continuidade e na estabilidade dos seus direitos através das fronteiras. 1

2. A competência da *lex loci protectionis*. Ressalva-se no preceito em apreço o disposto em legislação especial. Nesta hão de ter-se por compreendidas a Convenção de Berna para a Proteção das Obras Literárias e Artísticas, celebrada a 9-set.-1886 e revista por último a 2-out.-1979[1] e o Regulamento de Roma II. Estes instrumentos jurídicos consagram o princípio da aplicabilidade da lei do país para cujo território seja reclamada a proteção (*hoc sensu, princípio da territorialidade*). Com efeito, o primeiro deles, depois de proclamar que o gozo e exercício dos direitos dos autores são independentes da existência de proteção no país de origem da obra, estabelece: 2

> [A] extensão da proteção, bem como os meios de recurso garantidos ao autor para salvaguardar os seus direitos regulam-se exclusivamente pela legislação do país onde a proteção é reclamada.

A mesma regra encontra-se consagrada, pelo que respeita à responsabilidade extracontratual emergente da violação de direitos de propriedade intelectual, no 8.º/1, de Roma II, nos termos do qual: 3

> A lei aplicável à obrigação extracontratual que decorra da violação de um direito de propriedade intelectual é a lei do país para o qual a proteção é reivindicada.

É esta a solução mais condizente com a natureza dos direitos de autor e conexos e com os interesses públicos que dominam o seu regime. Esses direitos constituem, com efeito, *exclusivos* de utilização e exploração económica de uma obra intelectual, que restringem a liberdade de comércio e o acesso do público aos bens culturais e à informação. Uma vez que tais exclusivos são concedidos tendo em vista, fundamentalmente, o bem comum, natural é que cada Estado tenha a prerrogativa de definir em que termos eles se constituem, exercem e extinguem no território sobre o qual o mesmo detenha poderes de soberania, assim como de determinar o seu conteúdo e objeto e as sanções aplicáveis às respetivas violações ocorridas nesse território. De outro modo, ficaria comprometido o *princípio de tipicidade* a que o Direito de autor se encontra submetido. 4

Força é, assim, concluir que a regra constante do 48.º/1 tem hoje escasso alcance. Há, no entanto, uma questão relativamente à qual se afigura pertinente a atribuição de competência à *lex originis*: a titularidade do direito de autor. Nesta matéria o princípio da territorialidade sofre uma derrogação, cabendo à lei do país de origem da obra definir a quem é atribuído o direito de autor[2]. Se os interesses públicos acima referidos exigem que seja a lei do país onde o direito é exercido a determinar se, e em que condições, lhe é conferida proteção no respetivo território, outro tanto não pode dizer-se da titularidade desse direito, pois em rigor esta é indiferente à 5

[1] Em vigor em Portugal, na versão do Ato de Paris de 24-jul.-1971, por força do D 73/78, de 26-jul., que o aprovou para adesão.

[2] Ver, sobre a matéria, o nosso *A tutela internacional da propriedade intelectual*, 2.ª ed. (2019), 255 ss., com mais referências. Em sentido concordante com a tese sustentada no texto, veja-se STJ 10-01-2008 (Rui Maurício), Proc. 07A2208.

comunidade local. Assente, por exemplo, que certa obra feita no estrangeiro por encomenda é protegida em Portugal como criação intelectual – e que, por conseguinte, não está sujeita à apropriação por qualquer um – tanto monta, sob o ponto de vista daqueles interesses, que o direito de autor seja atribuído ao criador ou ao comitente. Em contrapartida, a aplicação da lei do país de origem facilitará aos titulares dos direitos a transmissão destes e a concessão de licenças internacionais de utilização de obras. É, por isso, a solução mais conforme com os interesses desta categoria de sujeitos. A legislação vigente em Portugal consagra-a pelo que respeita aos programas de computador e às bases de dados[3].

II – Propriedade industrial

6 **3. A natureza dos direitos industriais e o princípio da territorialidade**. Tal como o direito de autor, os direitos privativos da propriedade industrial são monopólios de utilização e exploração de certos bens incorpóreos: inventos e sinais distintivos de comércio, p. ex.. Essa sua índole determina que o respetivo âmbito espacial de validade seja em princípio também confinado ao território do Estado que os concede. Por isso se diz que tais direitos têm *caráter territorial*. Mas a fim de que os direitos de propriedade industrial possam desempenhar cabalmente as suas funções sociais torna-se imprescindível – sobretudo numa época de globalização da economia, como a presente, em que a exploração de patentes e marcas se faz crescentemente em vários países – assegurar a esses direitos algum grau de tutela internacional, mormente conferindo aos seus titulares a possibilidade de se oporem para além das fronteiras do Estado que os concedeu às utilizações não autorizadas dos bens sobre os quais esses direitos recaem. Neste sentido, foram concluídos diversos instrumentos internacionais, entre os quais avulta a Convenção de Paris para a Proteção da Propriedade Industrial, de 2-mar.-1883, revista por último através do Ato de Estocolmo de 14-jul.-1967[4]. Esta consagra nos 4.º-*bis*/1 e 6.º/1, a *independência das patentes e das marcas* requeridas nos países da União de Paris, a qual importa que a proteção conferida em cada Estado a um direito privativo seja definida pelo seu próprio Direito e não pelo de outro Estado. É o princípio da aplicação da *lex loci protectionis* que assim se manifesta também nesta matéria; princípio esse que tem igualmente aplicação, por força do citado 8.º/1 de Roma II, à responsabilidade extracontratual emergente da violação de tais direitos. Ora, a regra constante do n.º 2 do preceito em anotação deve considerar-se subordinada a estas disposições.

7 **4. A aplicabilidade excecional da lei do país da criação**. A aplicação da *lex loci protectionis* conhece alguns desvios a favor da *lex originis*. No tocante às marcas, a admissão a registo é decidida pela lei do país de origem segundo o 6.º *quinquies*, A)/1), da Convenção de Paris, nos termos do qual:

> Qualquer marca de fábrica ou de comércio regularmente registada no país de origem será admitida a registo e como tal protegida nos outros países da União [...].

8 Consagra-se aqui a cláusula *telle quelle*: uma marca pode ser registada num Estado membro tal como está registada no Estado membro de origem. O registo num Estado membro não pode ser recusado apenas porque os sinais de que é composta não são admitidos como marca

[3] Assim, no 17.º/4, do DL 252/94, de 20-out., que regula a proteção jurídica dos programas de computador, atribui-se competência à lei do país de origem quanto à qualificação como autor desses programas; e outro tanto se dispõe no 2.º/4, do DL 122/2000, de 4-jul., relativo à proteção jurídica das bases de dados.

[4] Aprovado para ratificação pelo D 22/75, de 22-jan..

nesse Estado membro. Assim se confere uma certa eficácia internacional às marcas registadas nos Estados membros da Convenção. O que não prejudica, naturalmente, que o conteúdo da proteção e o âmbito dela se rejam pela lei do país em que esta é reclamada. Relativamente ao nome comercial, as condições de que depende a proteção são também definidas, por força do que estabelece o 8.º da Convenção de Paris, pela lei do país de origem: nos demais Estados, não se pode exigir, atento o disposto nesse preceito, novo registo. Em relação às denominações de origem, decorre do 1.º do Acordo de Lisboa de 1958 que a sua proteção se faz nos países da União na medida em que as mesmas tenham proteção como tais no respetivo país de origem.

Subsecção V – Lei reguladora das relações de família

Artigo 49.º (Capacidade para contrair casamento ou celebrar convenções antenupciais)

A capacidade para contrair casamento ou celebrar a convenção antenupcial é regulada, em relação a cada nubente, pela respetiva lei pessoal, à qual compete ainda definir o regime da falta e dos vícios da vontade dos contraentes.

Bibliografia: Ana Raquel Pessoa, *UCP/Comentário ao Código Civil* (2014), 136-138; António Ferrer Correia, *Direito Internacional Privado Matrimonial (Direito Português),* in Temas de Direito Comercial e Direito Internacional Privado (1989), 331-361; Florbela de Almeida Pires, *Conflitos de Leis. Comentário aos artigos 14.º a 65.º do Código Civil* (2009), 129-131; Francisco Pereira Coelho, Guilherme de Oliveira e Rui de Moura Ramos, *Curso de Direito da Família,* I, 2.ª ed. (2001), 695-729; João Baptista Machado, *Lições de Direito Internacional Privado,* 2.ª ed. (1982), 393-395; João Gomes de Almeida, *Capacidade matrimonial e casamentos transnacionais: termos de uma articulação entre o Código Civil e o Código do Registo Civil,* in *Código Civil/ /Livro do Cinquentenário* I (2019), 779-794; Luís de Lima Pinheiro, *Direito Internacional Privado,* II, 4.ª ed. (2015), 641-651; Maria Helena Brito, em Ana Prata, *Código Civil Anotado,* I, 2.ª ed. (2019), 78-79; Miguel Teixeira de Sousa, *O casamento no Direito Internacional Privado. Alguns aspectos,* in Estudos em Memória do Professor Doutor António Marques dos Santos (2005), 415-441.

Índice

1 **1. Capacidade e condições de validade intrínseca do casamento.** No tocante ao casamento, a presente subsecção do Código distingue a lei reguladora da capacidade e das demais condições de validade intrínseca (*maxime* o consentimento) da lei reguladora da respetiva forma. A primeira é regida pela lei da nacionalidade, sem prejuízo da competência da lei da residência habitual consagrada no 31.º/2 (49.º). A expressão «capacidade» tem nele o significado de ausência de impedimentos matrimoniais, regulada pela lei pessoal. Se os nubentes tiverem leis pessoais diferentes, determinam-se as condições que cada nubente deve satisfazer a fim de poder casar em face da respetiva lei pessoal. Assim, p. ex., se um português de 16 anos de idade quiser casar com uma angolana de 15, há que verificar se o português tem idade núbil à face da

lei portuguesa e se a angolana a tem segundo a lei do respetivo país. Sendo neste último país permitido, em determinadas circunstâncias, o casamento de uma mulher que tenha completado 15 anos, o casamento será válido, desde que verificadas essas circunstâncias, embora não o fosse por aplicação da lei portuguesa.

2 **2. A reserva de ordem pública internacional**. Ressalva-se a reserva de ordem pública internacional. Esta pode obstar ao casamento em Portugal de estrangeiros sem maturidade física ou psíquica para o efeito, ainda que pudessem casar segundo a sua lei pessoal. A ordem pública internacional impede também à celebração de casamentos poligâmicos e poliândricos no nosso País, mesmo que permitidos pela lei pessoal dos nubentes. Outro tanto se poderia dizer até há uma década atrás, dos casamentos entre pessoas do mesmo sexo, que algumas legislações estrangeiras, como a holandesa e a espanhola, já então consentiam, mas que era tido por inexistente em face da lei portuguesa. A L 9/2010, de 31-mai., ao permitir o casamento entre pessoas do mesmo sexo, alterando correspondentemente a definição de casamento constante do Código Civil, modificou todavia este estado de coisas, impedindo daí em diante a invocação da reserva de ordem pública contra a aplicação em Portugal das referidas leis estrangeiras: passou a suscitar o problema inverso, consistente em saber se pode a mesma reserva ser agora invocada contra a aplicação de leis estrangeiras que proíbam tal modalidade de casamento[1].

Artigo 50.º (Forma do casamento)

A forma do casamento é regulada pela lei do Estado em que o ato é celebrado, salvo o disposto no Artigo seguinte.

Bibliografia: António Ferrer Correia, *Direito Internacional Privado Matrimonial (Direito Português)*, in Temas de Direito Comercial e Direito Internacional Privado (1989), 331-361; Florbela de Almeida Pires, *Conflitos de Leis. Comentário aos artigos 14.º a 65.º do Código Civil* (2009), 131; *idem*, *UCP/Comentário ao Código Civil* (2014), 138; Francisco Pereira Coelho, Guilherme de Oliveira e Rui de Moura Ramos, *Curso de Direito da Família*, I, 2.ª ed. (2001), 695-729; João Baptista Machado, *Lições de Direito Internacional Privado*, 2.ª ed. (1982), 395-397; Maria Helena Brito, em Ana Prata, *Código Civil Anotado*, I, 2.ª ed. (2019), 79.

No tocante à forma do casamento rege, nos termos do 50.º, o princípio da aplicação da lei do lugar da celebração (*locus regit actum*). É, assim, tido como válido em Portugal o casamento celebrado segundo qualquer forma reconhecida no país da celebração, mesmo, por exemplo, segundo um rito religioso de uma igreja ou comunidade religiosa não radicada em Portugal e ainda que se trate de um casamento puramente consensual. Esta regra conhece, no entanto, as derrogações a favor de outras leis consagradas no preceito seguinte.

[1] Em sentido afirmativo se pronuncia o Despacho 87/ /2010, de 19-jul., do Presidente do Instituto dos Registos e Notariado (disponível em https://www.irn.mj.pt), que determina, com este fundamento, que as conservatórias do registo civil procedam à celebração de casamentos entre pessoas do mesmo sexo, ainda que ambos os nubentes ou um deles seja nacional de Estado que não admita esse tipo de casamentos.

Artigo 51.º (Desvios)

1. O casamento de dois estrangeiros em Portugal pode ser celebrado segundo a forma prescrita na lei nacional de qualquer dos contraentes, perante os respetivos agentes diplomáticos ou consulares, desde que igual competência seja reconhecida por essa lei aos agentes diplomáticos e consulares portugueses.

2. O casamento no estrangeiro de dois portugueses ou de português e estrangeiro pode ser celebrado perante o agente diplomático ou consular do Estado Português ou perante os ministros do culto católico.

3. Em qualquer dos casos previstos no número anterior, o casamento deve ser precedido do processo respetivo, organizado pela entidade competente, exceto se for dispensado nos termos do Artigo 1599.º.

4. O casamento no estrangeiro de dois portugueses ou de português e estrangeiro, em harmonia com as leis canónicas, é havido como casamento católico, seja qual for a forma legal da celebração do ato segundo a lei local, e à sua transcrição servirá de base o assento do registo paroquial.

Bibliografia: António Ferrer Correia, *Direito Internacional Privado Matrimonial (Direito Português)*, in Temas de Direito Comercial e Direito Internacional Privado (1989), 331-361; António Marques dos Santos, *Constituição e Direito Internacional Privado. O estranho caso do artigo 51.º/3, do Código Civil*, in Estudos de Direito Internacional privado e de Direito Público (2004), 55-77; Florbela de Almeida Pires, *Conflitos de Leis. Comentário aos artigos 14.º a 65.º do Código Civil* (2009), 131-134; *idem, UCP/Comentário ao Código Civil* (2014), 138-140; Heinrich Hörster, *A conveniência da revogação dos artigos 1589.º/2, e 51.º/3, do Código Civil – algumas reflexões*, in Juris et de jure. Nos 20 anos da Faculdade de Direito da Universidade Católica Portuguesa – Porto (1998), 83-94; João Baptista Machado, *Lições de Direito Internacional Privado*, 2.ª ed. (1982), 395-397; Luís de Lima Pinheiro, *Direito Internacional Privado*, II, 4.ª ed. (2015), 284-287; Maria Helena Brito, em Ana Prata, *Código Civil Anotado*, I, 2.ª ed. (2019), 79-81.

Índice

1 **1. Casamento de dois estrangeiros em Portugal.** À aplicação da lei do lugar da celebração abrem-se, no 50.º, dois desvios, no sentido da aplicação à forma do casamento da lei reguladora da respetiva substância. O primeiro figura no 51.º/1 e diz respeito ao casamento de dois estrangeiros em Portugal. Este pode ser celebrado segundo a forma prescrita na lei nacional de qualquer dos contraentes, desde que a celebração tenha lugar perante o agente diplomático ou consular respetivo e igual competência seja reconhecida por essa lei aos agentes diplomáticos e consulares portugueses (i. é, sob condição de reciprocidade).

2 **2. Casamento no estrangeiro de dois portugueses ou de português e estrangeiro.** O segundo desvio à aplicação da *lex loci* consta do 51.º/2 e 4 (ex-n.º 3)[1] e é relativo ao casa-

[1] O primeiro dos quais foi alterado pelo 4.º/1 do DL 324/2007, de 28-set. e o segundo renumerado pelo pelo mesmo preceito.

mento no estrangeiro de dois portugueses ou de português e estrangeiro, perante agente diplomático ou consular do Estado português ou perante ministro do culto católico. Este casamento pode ser celebrado, por força destes preceitos, segundo a forma prevista na lei portuguesa ou na lei canónica, ainda que a lei do lugar da celebração não reconheça a validade do casamento católico celebrado por estrangeiros no respetivo território. Assim, p. ex., se dois emigrantes portugueses radicados na Alemanha casarem nesse país segundo a forma canónica, esse casamento é eficaz em Portugal, desde que transcrito o assento do registo paroquial.

3 O 51.º/4 suscitou na doutrina duas ordens de questões. A primeira prende-se com o facto de esse preceito ser suscetível de conduzir a situações em que o casamento é tido como válido e existente num país, mas não noutro (*matrimonium claudicans*). É o que sucede sempre que a lei do lugar da celebração do casamento não reconheça efeitos civis ao casamento canónico e, todavia, lhe sejam atribuídos esses efeitos em Portugal, ao abrigo daquele preceito. Este resultado não favorece a harmonia jurídica internacional. Por isso, preconizou Heinrich Hörster a revogação do preceito[2] e defendeu Marques dos Santos que, enquanto não fosse declarado inconstitucional com força obrigatória geral ou revogado pelo legislador ordinário, ele deveria ser objeto de uma interpretação corretiva, por forma a não ser aplicado nos casos em que a *lex loci* não reconheça tal forma confessional de contrair casamento[3]. A segunda ordem de questões suscitada pelo 51.º/4, prende-se com a sua constitucionalidade. À luz desse preceito, só o casamento celebrado no estrangeiro de harmonia com as leis canónicas tem efeitos civis; não o que for celebrado segundo o rito de outras religiões. Quer isto dizer que a dupla celebração do casamento – civil e religiosa – só é exigida aos cidadãos que professem religiões não católicas. O que constituiria, segundo Marques dos Santos, um «privilégio inconstitucional», concedido pela lei ordinária a uma confissão religiosa em detrimento das demais. Ao que contrapôs Antunes Varela que o disposto no atual 51.º/4 se fundaria nas «diferenças entre a segurança do registo canónico e a insegurança do registo do casamento segundo as demais confissões e não constituiria nenhum privilégio abrangido na condenação proferida pelo art. 13.º da Constituição»[4].

4 O inconveniente apontado ao 51.º/4, consistente em possibilitar a celebração de casamentos claudicantes, é real; mas apesar disso, o preceito pode justificar-se pela ideia de *favor validitatis*, que aflora em diversos preceitos do nosso sistema de regras de conflitos e do DIP de fonte europeia. É o caso, por exemplo, do 19.º/1. Por outro lado, o 51.º/4, permite o reconhecimento em Portugal de efeitos civis a casamentos celebrados na forma canónica por emigrantes portugueses no estrangeiro – portanto, entre pessoas cuja expectativa natural é que o seu casamento produza efeitos no nosso país. Quanto à questão da constitucionalidade do 51.º/4, ela não é senão a da constitucionalidade da atribuição de efeitos civis ao casamento católico, prevista no 1587.º/2 e no 13.º/1, da Concordata entre a República Portuguesa e a Santa Sé, assinada em 18-mai.-2004[5]. Não sendo uma questão específica do Direito de conflitos, não cabe analisá-la aqui.

5 O regime da L 16/2001, de 22-jun., que veio reconhecer, no seu 19.º/1, efeitos civis aos casamentos celebrados na forma religiosa perante ministro de qualquer igreja ou comunidade

[2] *A conveniência da revogação dos artigos 1589.º/2, e 51.º/3, do Código Civil – algumas reflexões*, in Juris et de jure. Nos 20 anos da Faculdade de Direito da Universidade Católica Portuguesa – Porto (1998), 87.

[3] Veja-se *Constituição e Direito Internacional Privado. O estranho caso do artigo 51.º/3, do Código Civil*, in Estudos de Direito Internacional privado e de Direito Público (2004), 55 ss..

[4] *Direito da Família* (1999), 268, nota 1.

[5] Ratificada pelo DPR 80/2004, de 16-nov..

religiosa radicada no País, parece dificilmente transponível para os casamentos celebrados no estrangeiro. Dessa lei não deriva, assim, qualquer alteração ao regime consagrado no 51.º/4.

3. Casamento de estrangeiros em país estrangeiro distinto do da sua nacionalidade. 6
O 51.º não prevê a hipótese da celebração de um casamento por dois estrangeiros em país estrangeiro que não o da sua nacionalidade. A doutrina dominante admite, porém, nestes casos a bilateralização parcial do 51.º/2, no sentido de que também esse casamento possa ser celebrado de acordo com a forma prevista na lei nacional[6]: solução que se justifica inteiramente pelo objetivo de facilitar a celebração do casamento. Em face do DIP português o casamento pode assim, em situações plurilocalizadas, ser celebrado de acordo com a *lex loci*, a *lex patriae* e a lei canónica.

Artigo 52.º (Relações entre os cônjuges)

1. Salvo o disposto no Artigo seguinte, as relações entre os cônjuges são reguladas pela lei nacional comum.

2. Não tendo os cônjuges a mesma nacionalidade, é aplicável a lei da sua residência habitual comum e, na falta desta, a lei do país com o qual a vida familiar se ache mais estreitamente conexa.

Bibliografia: António Ferrer Correia, *Direito Internacional Privado Matrimonial (Direito Português)*, in Temas de Direito Comercial e Direito Internacional Privado (1989), 331-361; Florbela de Almeida Pires, *Conflitos de Leis. Comentário aos artigos 14.º a 65.º do Código Civil* (2009), 134-136, *idem*, *UCP/Comentário ao Código Civil* (2014), 140-142; Francisco Pereira Coelho, Guilherme de Oliveira e Rui de Moura Ramos, *Curso de Direito da Família*, I, 2.ª ed. (2001), 695-729; Helena Mota, *Os efeitos patrimoniais do casamento em Direito Internacional Privado. Em especial, o regime matrimonial primário* (2012); João Baptista Machado, *Lições de Direito Internacional Privado*, 2.ª ed. (1982), 403-406; José de Sousa Cunhal Sendim, *Notas sobre o princípio da conexão mais estreita no Direito Internacional Privado Matrimonial português*, Direito e Justiça (1993), 311--375; Luís de Lima Pinheiro, *Direito Internacional Privado*, II, 4.ª ed. (2015), 651-653; Maria Helena Brito, *Nos 40 anos da reforma do Código Civil. Alcance e significado actual da reforma no âmbito do Direito Internacional Privado da Família*, Themis (2018), 97-137; *idem*, em Ana Prata, *Código Civil Anotado*, I, 2.ª ed. (2019), 81-82.

Índice

1 **1. Âmbito de aplicação.** Ocupa-se o preceito em anotação dos efeitos do casamento nas relações entre os cônjuges. Estes produzem-se em dois planos distintos: o das relações pessoais e o das relações patrimoniais. Referem-se também a esta última matéria o 53.º e o já mencionado Regulamento 2016/1103, de 24-jun.-2016, que implementa a cooperação reforçada no domí-

[6] Cfr. Ferrer Correia, *Direito Internacional Privado Matrimonial (Direito Português)*, in Temas de Direito Comercial e Direito Internacional Privado (1989), 346; Baptista Machado, *Lições de Direito Internacional Privado*, 2.ª ed. (1982), 396; e Pereira Coelho/Guilherme de Oliveira//Moura Ramos, *Curso de Direito da Família*, I, 2.ª ed. (2001), 710.

nio da competência, da lei aplicável, do reconhecimento e da execução de decisões em matéria de regimes matrimoniais. Importa por isso delimitá-los reciprocamente[1].

2 O 52.º/1 apenas exclui do seu âmbito de aplicação as matérias a que se reporta o 53.º. Vem daqui que são subsumíveis ao 52.º não só as normas que regulam as relações pessoais entre os cônjuges, mas também as que disciplinam questões de caráter patrimonial não abrangidas pelo 53.º, i. é, todas aquelas cujo conteúdo não dependa do regime de bens do casamento.

3 Prima sobre ambos os preceitos o referido Regulamento 2016/1103, cujo âmbito material de aplicação é mais lato do que o do 53.º. Estabelece, com o efeito, o 1.º/1, que ele é aplicável aos regimes matrimoniais, noção que o respetivo 3.º/1, *a*), define como «o conjunto de normas relativas às relações patrimoniais dos cônjuges e às suas relações com terceiros, em resultado do casamento ou da sua dissolução». Nas situações compreendidas no âmbito temporal de aplicação das regras de conflitos do Regulamento, que referiremos adiante, em nota ao 53.º, todas as relações patrimoniais entre cônjuges resultantes do seu casamento, independentemente do regime de bens escolhido, serão assim por elas disciplinadas.

4 **2. A lei reguladora das relações entre cônjuges.** Nos termos do 52.º, as relações entre cônjuges são reguladas: (1) em princípio, pela lei nacional comum dos cônjuges; (2) não tendo os cônjuges a mesma nacionalidade, pela lei da sua residência habitual comum; (3) na falta desta, pela lei do país com o qual a vida familiar se ache mais estreitamente conexa, a determinar pelo órgão de aplicação do Direito em face das circunstâncias do caso concreto.

5 Nesta última hipótese, o Código mandava aplicar, na sua redação original, a lei pessoal do marido. Mas este regime foi alterado pelo 1.º do DL 496/77, de 25-nov.. Procurou-se com nova redação dada ao preceito fazer desaparecer, na escolha das conexões em que assenta a determinação da lei aplicável, qualquer discriminação entre marido e mulher, em ordem a compatibilizá-lo com o disposto na Constituição de 1976[2]. Também por aqui se vê que, como resulta do que dissemos acima[3], os elementos de conexão das regras de conflitos não são axiologicamente neutros: na escolha desse elemento intervêm também valores e interesses que, no plano do Direito material, relevam na regulamentação das questões a que ele diz respeito – incluindo aqueles que a Constituição acolhe. A solução não ficou, porém, imune à crítica, pois a determinação do que seja a conexão mais estreita com a vida familiar é suscetível de gerar alguma incerteza, tornando menos previsível a lei aplicável às relações matrimoniais[4].

Artigo 53.º (Convenções antenupciais e regime de bens)

1. A substância e efeitos das convenções antenupciais e do regime de bens, legal ou convencional, são definidos pela lei nacional dos nubentes ao tempo da celebração do casamento.

2. Não tendo os nubentes a mesma nacionalidade é aplicável a lei da sua residência habitual comum à data do casamento e, se esta faltar também, a lei da primeira residência conjugal.

[1] Ver, sobre o ponto, Helena Mota, *Os efeitos patrimoniais do casamento em Direito Internacional Privado. Em especial, o regime matrimonial primário* (2012), 432 ss..

[2] Veja-se, neste sentido, o preâmbulo do DL 496/77, n.ºs 4 e 5.

[3] *Supra*, Introdução, II.

[4] António Ferrer Correia, *A revisão do Código Civil e o Direito Internacional Privado*, in Estudos vários de Direito (1982), 293.

3. Se for estrangeira a lei aplicável e um dos nubentes tiver a sua residência habitual em território português, pode ser convencionado um dos regimes admitidos neste código.

Bibliografia: Florbela de Almeida Pires, *Conflitos de Leis. Comentário aos artigos 14.º a 65.º do Código Civil* (2009), 136-137; *idem, UCP/Comentário ao Código Civil* (2014), 142-143; Francisco Pereira Coelho, Guilherme de Oliveira e Rui de Moura Ramos, *Curso de Direito da Família*, I, 2.ª ed. (2001), 695-729; João Baptista Machado, *Lições de Direito Internacional Privado*, 2.ª ed. (1982), 406-413; Luís de Lima Pinheiro, *Direito Internacional Privado*, II, 4.ª ed. (2015), 654-657; Maria Helena Brito, em Ana Prata, *Código Civil Anotado*, I, 2.ª ed. (2019), 82-84.

Índice

1 **1. Âmbito de aplicação**. Estabelece-se neste preceito a lei reguladora das relações patrimoniais entre os cônjuges cujo conteúdo dependa do regime de bens do casamento. É matéria também regulada no Regulamento 2016/1103, cujas regras de conflitos (constantes do seu capítulo III) só se aplicam aos cônjuges casados ou que tenham designado a lei aplicável ao respetivo regime matrimonial após 29-jan.-2019 (69.º/3). Coexistem assim presentemente na ordem jurídica portuguesa dois regimes quanto à determinação da lei aplicável às relações patrimoniais entre cônjuges.

2 **2. Lei reguladora das convenções antenupciais e do regime de bens**. Diferentemente do 52.º, o preceito em anotação estabelece uma *conexão fixa* no tempo, pois manda aplicar uma *lei contemporânea* da celebração do casamento. É esta a solução mais consentânea com o princípio da confiança e a proteção das expectativas das partes, pois o regime de bens fica a reger-se por uma lei com que os cônjuges podiam contar no momento em que, expressa ou tacitamente, escolheram esse regime.

3 Em princípio, essa lei será, de acordo com o n.º 1, a da *nacionalidade* dos nubentes ao tempo da celebração do casamento. Não tendo os nubentes a mesma nacionalidade, aplica-se, nos termos do n.º 2 (alterado pelo 2.º do DL 496/77, de 25-nov.), a lei da sua *residência habitual comum* à data do casamento. Se esta também faltar, aplica-se a lei da *primeira residência conjugal*. P. ex., se os cônjuges forem de nacionalidade, respetivamente, francesa e belga e tiverem residência habitual em países diferentes à data do casamento, mas tiverem fixado residência na Bélgica após o casamento, a lei reguladora do seu regime de bens, assim como da validade e do conteúdo da sua convenção antenupcial, será a belga.

4 **3. A autonomia privada e o regime do Regulamento 2016/1103**. No 53.º/3 consagra-se uma abertura, ainda que limitada, ao princípio da autonomia da vontade em DIP: se for estrangeira a lei aplicável e um dos nubentes tiver residência habitual em território português, pode ser convencionado um dos regimes admitidos no Código. Não se permite, pois, uma escolha em bloco da lei portuguesa para regular o regime de bens, mas apenas a estipulação do regime de bens do casamento mediante a eleição da lei portuguesa a fim de regê-lo.

5 Mais longe foram diversas leis estrangeiras, entre as quais, por último, o Código belga de DIP, que permitem a escolha pelos cônjuges da lei aplicável ao regime matrimonial, ainda que

dentro de certos limites: podem ser escolhidas, de acordo com esse diploma, a lei da primeira residência habitual após o casamento ou a do Estado em que um dos cônjuges tenha a residência habitual ou de que seja nacional no momento da escolha. Semelhante solução tem a vantagem de tornar mais certa a lei aplicável, possibilitando aos interessados a opção por um regime com o qual se identifiquem particularmente.

6 Foi justamente isso o que estabeleceu o referido Regulamento 2016/1103, cujo 22.º/1, prevê que os cônjuges ou futuros cônjuges «podem acordar em designar ou alterar a lei aplicável ao regime matrimonial, desde que essa lei seja uma das seguintes: (1) a lei do Estado da residência habitual dos cônjuges ou futuros cônjuges, de um deles, no momento em que for concluído o acordo; ou (2) a lei de um Estado da nacionalidade de qualquer dos cônjuges no momento da conclusão do acordo»; também aqui triunfou, pois, ainda que com limitações, a orientação autonomista.

7 Na ausência de escolha de lei nos termos do 22.º, a lei aplicável ao regime matrimonial é, segundo o 26.º/1, a do Estado: (1) da primeira residência habitual comum dos cônjuges depois da celebração do casamento; ou (2) na falta desta, da nacionalidade comum dos cônjuges no momento da celebração do casamento; ou (3) na falta desta, com o qual os cônjuges tenham em conjunto uma ligação mais estreita no momento da celebração do casamento, atendendo a todas as circunstâncias.

8 Observa-se aqui uma inversão da ordem das conexões estabelecidas no 53.º, a favor da lei da residência habitual comum dos cônjuges; o que, tal como noutros instrumentos europeus de Direito Internacional Privado, se prende com a intenção de facilitar a mobilidade dos cidadãos europeus e a sua integração no Estado de acolhimento. Também neste caso a autoridade judicial competente pode decidir, a título excecional, que o regime matrimonial seja regido pela lei de um Estado diferente (26.º/3).

Artigo 54.º (Modificações do regime de bens)

1. Aos cônjuges é permitido modificar o regime de bens, legal ou convencional, se a tal forem autorizados pela lei competente nos termos do Artigo 52.º.

2. A nova convenção em caso nenhum terá efeito retroativo em prejuízo de terceiro.

Bibliografia: Florbela de Almeida Pires, *Conflitos de Leis. Comentário aos artigos 14.º a 65.º do Código Civil* (2009), 137-138, *idem*, *UCP/Comentário ao Código Civil* (2014), 143-144; Francisco Pereira Coelho, Guilherme de Oliveira e Rui de Moura Ramos, *Curso de Direito da Família*, I, 2.ª ed. (2001), 695-729; Luís de Lima Pinheiro, *Direito Internacional Privado*, II, 4.ª ed. (2015), 657-658; Maria Helena Brito, em Ana Prata, *Código Civil Anotado*, I, 2.ª ed. (2019), 84.

Índice

1 **1. Lei reguladora da mutabilidade do regime de bens do casamento.** Sujeita-se no n.º 1 a questão da mutabilidade do regime de bens do casamento – fortemente limitada em diversos

ordenamentos jurídicos, incluindo o português – à lei reguladora da generalidade das relações matrimoniais, definida pelo 52.º; o que é condizente com o âmbito de aplicação deste preceito, atrás enunciado. Uma vez que a solução de tal questão não depende, via de regra, do regime de bens do casamento, é, com efeito, no estatuto matrimonial primário que devem ser subsumidas as regras que a disciplinam.

2. Proibição do efeito retroativo da nova convenção em prejuízo de terceiros. O n.º 2 consagra uma regra material de DIP destinada a salvaguardar a confiança de terceiros, por força da qual a nova convenção nupcial, ainda que válida e eficaz segundo a lei designada pelo 52.º, será inoponível retroativamente a terceiros quando daí resulte prejuízo para estes. A mesma ordem de preocupações subjaz ao 28.º/1, do Regulamento 2016/1103, por força do qual a lei aplicável ao regime matrimonial de bens só pode ser invocada por um cônjuge contra um terceiro para regular os respetivos efeitos sobre uma relação jurídica com este se tal relação se houver iniciado em momento que o terceiro tinha ou devia ter conhecimento dessa lei[1]. 2

Artigo 55.º (Separação judicial de pessoas e bens e divórcio)

1. À separação judicial de pessoas e bens e ao divórcio é aplicável o disposto no Artigo 52.º.

2. Se, porém, na constância do matrimónio houver mudança da lei competente, só pode fundamentar a separação ou o divórcio algum facto relevante ao tempo da sua verificação.

Bibliografia: Florbela de Almeida Pires, *Conflitos de Leis. Comentário aos artigos 14.º a 65.º do Código Civil* (2009), 138-140; *idem, UCP/Comentário ao Código Civil* (2014), 144-146; Francisco Pereira Coelho, Guilherme de Oliveira e Rui de Moura Ramos, *Curso de Direito da Família*, I, 2.ª ed. (2001), 695-729; João Baptista Machado, *Lições de Direito Internacional Privado*, 2.ª ed. (1982), 413-422; João Gomes de Almeida, *O Divórcio em Direito Internacional Privado* (2017); Luís de Lima Pinheiro, *Direito Internacional Privado*, II, 4.ª ed. (2015), 658-669; Maria Helena Brito, em Ana Prata, *Código Civil Anotado*, I, 2.ª ed. (2019), 84-85.

Índice

1. A lei aplicável à separação judicial de pessoas e bens e ao divórcio e os seus limites. Manda-se aplicar no n.º 1 à separação judicial de pessoas e bens e ao divórcio o disposto no 52.º. À lei assim designada cabe definir, nomeadamente, os fundamentos da separação e do divórcio. A conexão relevante por força do 55.º/1, é, porém, uma *conexão móvel*, suscetível de diferentes concretizações ao longo do tempo. A lei competente para regular o divórcio e a separação nos termos desse preceito é em princípio, a da nacionalidade comum ou a da residência habitual comum dos cônjuges à data do julgamento da causa. 1

[1] Ver, a este respeito, o considerando 52 do Regulamento.

2 Sucede que os cônjuges podem ter mudado de nacionalidade ou residência habitual entre o momento em que se verificou certo facto que fundamenta a separação ou o divórcio e o momento em que a causa é julgada. Neste caso, o 55.º/2 determina que só pode fundamentar a separação ou o divórcio algum facto relevante ao tempo da sua verificação. Visa-se evitar que o divórcio funcione como sanção de uma conduta que, ao tempo em que se verificou, não era ilícita segundo a lei aplicável. A aplicação da lei designada nos termos do 55.º/1, implicaria, na realidade, a aplicação retroativa da norma que previa essa sanção; e semelhante resultado poderia lesar a confiança legítima de um dos cônjuges[1].

3 **2. O regime do Regulamento Roma III**. A matéria do 55.º foi objeto de atenção por parte da Comissão Europeia, que publicou em 2005 o *Livro verde sobre a lei aplicável e a competência em matéria de divórcio*[2], no qual se colocou a hipótese da adoção pela União Europeia de regras de conflitos harmonizadas sobre o divórcio. Estas teriam a vantagem de aumentarem a previsibilidade das soluções judiciais, evitando o *forum shopping* e, caso se admitisse dentro de certos limites a escolha da lei aplicável, de flexibilizar o regime vigente. Na sequência desse *Livro Verde*, foi publicada em 2006 uma proposta de Regulamento visava alterar o Regulamento 2201/2003, de 27-nov.-2003, relativo à competência, ao reconhecimento e à execução de decisões em matéria matrimonial e de responsabilidade parental (Bruxelas II *bis*), com o intuito de introduzir neste certas regras sobre a lei aplicável em matéria matrimonial. Contudo, não houve unanimidade quanto a essa proposta, o que levou um grupo de países, entre os quais se incluiu Portugal, a apresentar à Comissão Europeia um pedido de cooperação reforçada entre si no domínio da lei aplicável à matéria matrimonial. Em 12-jul.-2010, o Conselho adotou a Decisão 2010/405, que autorizou uma cooperação reforçada em matéria de divórcio e separação judicial. Dessa decisão resultou o Regulamento 1259/2010, 20-dez.-2010, que criou uma cooperação reforçada no domínio da lei aplicável em matéria de divórcio e separação judicial (Roma III). Este Regulamento é aplicável desde 21-jun.-2012 (21.º) e tem aplicação universal, ou seja, a lei designada pelas respetivas regras de conflitos é aplicável, mesmo que não seja a de um Estado-Membro participante (4.º).

4 Este Regulamento assenta em duas soluções fundamentais, que constam dos 5.º e 8.º. Por um lado, o reconhecimento aos cônjuges da possibilidade de escolherem a lei aplicável ao divórcio e à separação, dentre certas leis que o 5.º indica: (1) a lei do Estado da residência habitual dos cônjuges no momento da celebração do acordo de escolha de lei; (2) A lei do Estado da última residência habitual dos cônjuges, desde que um dlees ainda aí resida no momento da celebração do acordo; (3) a lei da nacionalidade de um dos cônjuges à data da celebração do acordo; ou (4) a lei do foro. Por outro lado, a título subsidiário, o divórcio e a separação judicial serão regidos pela lei de um dos seguintes Estados: (1) o da residência habitual dos cônjuges à data da instauração do processo em tribunal; ou (2) na sua falta, o da última residência habitual dos cônjuges, desde que o período de residência não tenha terminado há mais de um ano antes da instauração do processo em tribunal, na medida em que um dos cônjuges ainda resida nesse Estado no momento da instauração do processo em tribunal; ou (3) na sua falta, o da nacionalidade de ambos os cônjuges à data da instauração do processo em tribunal; ou (4) na sua falta,

[1] Parece, assim, que o 55.º/2 não deve ser aplicado às causas de divórcio cuja relevância seja independente de qualquer violação de deveres conjugais, e antes se justifique pela situação de rutura da relação matrimonial: quanto a estas valerá antes a lei da família contemporânea do divórcio: cfr. neste sentido João Baptista Machado, *Lições de Direito Internacional Privado*, 2.ª ed. (1982), 415, e Francisco Pereira Coelho, Guilherme de Oliveira e Rui de Moura Ramos, *Curso de Direito da Família*, I, 2.ª ed. (2001), 721.

[2] COM (2005) 82 final.

aquele em que se situe o tribunal onde o processo foi instaurado. Sempre, porém, que a lei aplicável por força dos 5.º ou 8.º não preveja o divórcio ou não conceda a um dos cônjuges igualdade de acesso ao divórcio ou à separação judicial em razão do seu sexo, aplica-se a lei do foro (10.º). Por outro lado, o Regulamento exclui expressamente o reenvio (11.º). A aplicação de uma disposição da lei designada ser recusada quando essa aplicação for manifestamente incompatível com a ordem pública do foro (12.º). Além disso, os tribunais dos Estados-Membros participantes no regulamento não são obrigados a decretar o divórcio em aplicação dele quando a respetiva lei não preveja o divórcio ou não considere o casamento em questão válido para efeitos do processo de divórcio (13.º).

O Regulamento consubstancia uma profunda alteração do regime da lei aplicável ao 5
divórcio internacional, relativamente àquele que vigorava entre nós por força do 55.º. Tal como em matéria de efeitos patrimoniais do casamento, a consagração da autonomia da vontade em matéria de divórcio visa, neste Regulamento, melhorar a *mobilidade dos cidadãos*, a qual exige, segundo se declara no respetivo preâmbulo, mais flexibilidade e maior segurança jurídica (considerando 15). Mas subjaz-lhe também, manifestamente, um certo *favor divortii*, bem patente na regra constante do 10.º acima referida.

Artigo 56.º (Constituição da filiação)

1. À constituição da filiação é aplicável a lei pessoal do progenitor à data do estabelecimento da relação.
2. Tratando-se de filho de mulher casada, a constituição da filiação relativamente ao pai é regulada pela lei nacional comum da mãe e do marido; na falta desta, é aplicável a lei da residência habitual comum dos cônjuges e, se esta também faltar, a lei pessoal do filho.
3. Para os efeitos do número anterior, atender-se-á ao momento do nascimento do filho ou ao momento da dissolução do casamento, se for anterior ao nascimento.

Bibliografia: Ana Taveira da Fonseca, *UCP/Comentário ao Código Civil* (2014), 146-147; Florbela de Almeida Pires, *Conflitos de Leis. Comentário aos artigos 14.º a 65.º do Código Civil* (2009), 140-142; Dário Moura Vicente, *Maternidade de substituição e reconhecimento internacional*, in Direito Internacional Privado. Ensaios, IV (2018), 43-62; João Baptista Machado, *Lições de Direito Internacional Privado*, 2.ª ed. (1982), 422-430; Luís de Lima Pinheiro, *Direito Internacional Privado*, II, 4.ª ed. (2015), 669-675; Maria Helena Brito, em Ana Prata, *Código Civil Anotado*, I, 2.ª ed. (2019), 86-87; Nuno Ascensão Silva e Geraldo Rocha Ribeiro, *A maternidade de substituição e o direito internacional privado português*, Cadernos do Centro de Estudos Notariais e Registais, 3 (2015), 9-73.

Índice

1. Lei reguladora da constituição da filiação não adotiva. A constituição da filiação não 1
adotiva é regida pelo 56.º, cuja redação atual lhe foi dada pelo 3.º do DL 496/77, de 25- nov.

No n.º 1 deste preceito, manda-se aplicar a *lei pessoal do progenitor* à data do estabelecimento da relação. No n.º 2, estabelece-se uma regra especial sobre a constituição da filiação em relação ao pai, quando se trate de filho de mulher casada. Segundo esta regra, a lei aplicável será, neste caso, a lei nacional comum da mãe e do seu marido (a *lex familiae*, à luz do disposto no 52.º/1); na falta desta, a lei da residência habitual comum dos cônjuges; e se também esta faltar, a lei pessoal do filho. A lei pessoal do progenitor, designada nos termos do n.º 1, apenas se aplica relativamente à mãe e ao pai, se a mãe for solteira. Mas já não será aplicável em relação ao marido da mãe nem ao pai natural, se a mãe for casada. Esta diversidade de regimes, que não ficou imune à crítica[1], prende-se com a existência, em vários ordenamentos jurídicos, de *presunções de paternidade* relativamente aos filhos de mulher casada: é o que sucede no Direito português, por força do 1826.º.

2 A aplicação da *lex familiae* nos casos em que se trate de estabelecer a filiação relativamente a filho de mulher casada, como determina o n.º 2, evita duas ordens de situações: por um lado, as antinomias entre a lei pessoal do pai e a lei pessoal da mãe, quando estas consagrem regras diferentes em matéria de paternidade presumida; por outro, o estabelecimento da filiação natural relativamente a um terceiro, se a *lex familiae* nisso não consentir – o que está de acordo com o princípio, consagrado no 1832.º/4 conforme o qual a filiação fora do casamento só pode ser estabelecida se primeiro tiver sido impugnada com êxito a filiação presuntiva do filho nascido ou concebido na constância do matrimónio, relativamente ao marido da mãe. Vistas as coisas sob outro ângulo, o 56.º/2, impede que a paternidade presumida ao abrigo da *lex familiae* seja posta em causa com base na lei pessoal do suposto pai natural, mediante um reconhecimento da paternidade biológica feito ao abrigo desta lei. Está certo que assim seja: qualquer outra solução destruiria a coerência do regime da paternidade presumida consagrado pela *lex familiae* e poria em causa os valores da paz familiar e da certeza e segurança do estado dos filhos, que através dela se tem em vista assegurar.

3 **2. Maternidade de substituição**. A aplicação do 56.º/1, levanta particulares problemas quando se trate de maternidade de substituição. Pergunta-se nesses casos quem é o "progenitor" para os efeitos do preceito em questão. O preceito deve ser interpretado à luz da L 32/2006, de 26-jul., que regula a utilização de técnicas de procriação medicamente assistida, alterada por último pela L 48/2019, de 8-jul. O 8.º daquele diploma, na redação que lhe foi dada pela L 25/2016, de 22-ago., veio admitir, dentro de certos condicionalismos, a gestação de substituição, e estabeleceu no n.º 7 daquele preceito:

> A criança que nascer através do recurso à gestação de substituição é tida como filha dos respetivos beneficiários.

4 O acórdão do TC 225/2018 (Pedro Machete)[2], declarou, porém, «a inconstitucionalidade, com força obrigatória geral, das seguintes normas da Lei n.º 32/2006, de 26 de julho: dos n.ºs 4, 10 e 11 do artigo 8.º, e, consequentemente, das normas dos n.ºs 2 e 3 do mesmo artigo, na parte em que admitem a celebração de negócios de gestação de substituição a título excecional e mediante autorização prévia; do n.º 8 do artigo 8.º, em conjugação com o n.º 5 do artigo 14.º da mesma Lei, na parte em que não admite a revogação do consentimento da ges-

[1] João Baptista Machado, *Lições de Direito Internacional Privado*, 2.ª ed. (1982), 423 ss..

[2] Proc. n.º 95/17, DR 1.ª série, n.º 87, de 7-mai.-2018, 1885-1979, com diversas declarações de voto. Ver ainda o TC 465/2019 (Joana Fernandes Costa), Proc. n.º 829/2019, DR 1.ª série, n.º 201, de 18-out.-2019, 117-137.

tante de substituição até à entrega da criança aos beneficiários; consequentemente, do n.º 7 do artigo 8.º; do n.º 12 do artigo 8.º; das normas do n.º 1, na parte em que impõe uma obrigação de sigilo absoluto relativamente às pessoas nascidas em consequência de processo de procriação medicamente assistida com recurso a dádiva de gâmetas ou embriões, incluindo nas situações de gestação de substituição, sobre o recurso a tais processos ou à gestação de substituição e sobre a identidade dos participantes nos mesmos como dadores ou enquanto gestante de substituição, e do n.º 4 do artigo 15.º».

A mãe da criança nascida ao abrigo de um negócio de gestação de substituição parece, 5
assim, continuar a ser, entre nós, a mulher que a deu à luz (a «mãe portadora»), como já decorria da redação originária do 8.º/3 do diploma em apreço.

Se, porém, a lei pessoal da mãe portadora atribuir a maternidade à comitente da criança 6
(a «mãe social»), como sucede, por exemplo, na Califórnia, cremos que a maternidade da mãe social deve ser reconhecida entre nós, quando regularmente constituída à luz da lei estrangeira em causa, em homenagem ao superior interesse da criança, que de outro modo ficaria privada de filiação materna; a reserva de ordem pública internacional não deve obstar a esse reconhecimento[3].

Artigo 57.º (Relações entre pais e filhos)

1. As relações entre pais e filhos são reguladas pela lei nacional comum dos pais e, na falta desta, pela lei da sua residência habitual comum; se os pais residirem habitualmente em Estados diferentes, é aplicável a lei pessoal do filho.

2. Se a filiação apenas se achar estabelecida relativamente a um dos progenitores, aplica-se a lei pessoal deste; se um dos progenitores tiver falecido, é competente a lei pessoal do sobrevivo.

Bibliografia: Ana Taveira da Fonseca, *UCP/Comentário ao Código Civil* (2014), 148-149; Florbela de Almeida Pires, *Conflitos de Leis. Comentário aos artigos 14.º a 65.º do Código Civil* (2009), 142-143; João Baptista Machado, *Lições de Direito Internacional Privado*, 2.ª ed. (1982), 430-433; Luís de Lima Pinheiro, *Direito Internacional Privado*, II, 4.ª ed. (2015), 675-676; Maria Helena Brito, em Ana Prata, *Código Civil Anotado*, I, 2.ª ed. (2019), 87-88.

Índice

1. O regime conflitual de fonte interna. As relações entre pais e filhos são reguladas, nos 1
termos do 57.º/1, alterado pelo 4.º do DL 496/77, de 25-nov., pela mesma lei que rege a constituição da filiação relativamente a filho de mulher casada: a lei nacional comum dos pais; na falta desta, a lei da residência habitual comum dos pais; e se também esta não existir, a lei pessoal do filho. Pretende-se deste modo reger por uma única lei toda a vida familiar. Diferentemente,

[3] Ver, sobre o tema, para maiores desenvolvimentos, o nosso estudo *Maternidade de substituição e reconhecimento internacional*, reproduzido em Direito Internacional Privado. Ensaios, IV (2018), 43 ss.. e a bibliografia aí indicada.

porém, do que sucede no 56.º, as conexões do 57.º são móveis. Compreende-se que assim seja, pois o que está em causa não é a constituição de uma relação jurídica, mas a regulação do seu conteúdo; e esta matéria deve ser regida por uma lei a que as pessoas se encontrem ligadas no momento em que têm de cumprir os direitos ou exercer os deveres de que são titulares.

2 **2. A Convenção da Haia de 1996**. As regras do 57.º são, todavia, aplicáveis sem prejuízo das que constam de convenções internacionais de que Portugal é parte. Entre estas avulta a Convenção da Haia de 1996 relativa à jurisdição, à lei aplicável e ao reconhecimento, à execução e à cooperação em matéria de responsabilidade parental e de medidas de proteção dos filhos[1]. Os 15.º e seguintes dessa Convenção submetem a responsabilidade parental à lei do país da residência habitual da criança; o que se explica, consoante se infere do preâmbulo da Convenção, por ser o interesse da criança a consideração primordial nesta matéria. Apenas excecionalmente, na medida em que a proteção da pessoa ou os bens da criança assim o exija, poderão as autoridades dos Estados Contratantes aplicar ou tomar em consideração a lei de outro Estado com o qual a situação tenha uma ligação estreita (15.º/2). No âmbito próprio de aplicação desta Convenção, é esta, por conseguinte, a lei aplicável entre nós à matéria em apreço, mesmo que seja a de um Estado não contratante (20.º). Em princípio, não é admitido o reenvio no domínio de aplicação da Convenção (21.º).

Artigo 58.º (Legitimação)
(Revogado)

1. A legitimação é regulada, quanto aos seus requisitos e efeitos, pela lei pessoal do pai no momento da celebração do casamento ou, quando fundada em qualquer outro ato, no momento em que este se verificar.

2. Se, posteriormente ao casamento, mudar a lei pessoal do pai, é reconhecida a legitimação admitida pela nova lei.

Preceito revogado pelo 5.º do DL 496/77, de 25-nov..

Artigo 59.º (Filiação ilegítima)
(Revogado)

1. À constituição da relação de filiação ilegítima é aplicável a lei pessoal do progenitor, que vigore à data do reconhecimento.

2. As relações entre pais e filhos ilegítimos são reguladas pela lei nacional comum dos progenitores e, na falta desta, pela lei da sua residência habitual comum; se os pais tiverem a residência habitual em paises diferentes, é aplicável a lei pessoal do filho.

3. Se o filho estiver reconhecido apenas por um dos progenitores, ou algum deles tiver falecido, é competente, no primeiro caso, a lei pessoal daquele relativamente ao qual se verifica o reconhecimento e, no segundo caso, a lei pessoal do sobrevivo.

4. À simples relação de filiação natural é aplicável a lei pessoal do progenitor.

Preceito revogado pelo 5.º do DL 496/77, de 25-nov..

[1] Portugal assinou esta Convenção em 2003, na sequência da autorização dada pelo Conselho aos Estados-Membros da União Europeia, por Decisão de 19-dez.-2002, e aprovou-a pelo Dec. n.º 52/2008, de 13-nov.

Artigo 60.º (Filiação adotiva)

1. À constituição da filiação adotiva é aplicável a lei pessoal do adotante, sem prejuízo do disposto no número seguinte.

2. Se a adoção for realizada por marido e mulher ou o adotando for filho do cônjuge do adotante, é competente a lei nacional comum dos cônjuges e, na falta desta, a lei da sua residência habitual comum; se também esta faltar, será aplicável a lei do país com o qual a vida familiar dos adotantes se ache mais estreitamente conexa.

3. As relações entre adotante e adotado, e entre este e a família de origem, estão sujeitas à lei pessoal do adotante; no caso previsto no número anterior é aplicável o disposto no Artigo 57.º.

4. Se a lei competente para regular as relações entre o adotando e os seus progenitores não conhecer o instituto da adoção, ou não o admitir em relação a quem se encontre na situação familiar do adotando, a adoção não é permitida.

Bibliografia: Ana Taveira da Fonseca, *UCP/Comentário ao Código Civil* (2014), 149-150; Florbela de Almeida Pires, *Conflitos de Leis. Comentário aos artigos 14.º a 65.º do Código Civil* (2009), 143-146; Francisco Pereira Coelho, Guilherme de Oliveira e Rui de Moura Ramos, *Curso de Direito da Família*, I, 2.ª ed. (2001), 695-729; Luís de Lima Pinheiro, *Direito Internacional Privado*, II, 4.ª ed. (2015), 676-683; Maria Helena Brito, em Ana Prata, *Código Civil Anotado*, I, 2.ª ed. (2019), 89-90; Nuno da Ascensão Silva, *A constituição da adopção de menores nas relações privadas internacionais: alguns aspectos* (2000); *idem*, *A adopção internacional*, Direito e Cidadania, VII (2005), 93-109; Rui de Moura Ramos, *A adopção no Direito Internacional Privado português*, in Das relações privadas internacionais (1995), 55-83; *idem*, *Sucessão e coexistência de métodos ao longo do tempo: a adopção no Direito Internacional Privado português*, in Estudos de Direito Internacional e de Direito Processual Civil Internacional (2002), 263-282.

Índice

1 **1. Lei reguladora da filiação adotiva.** Em virtude do preceito em anotação, cuja atual redação lhe foi dada pelo 6.º do DL 496/77, de 25-nov., a constituição da filiação adoptiva em situações internacionais é regida cumulativamente por duas leis. Por um lado, nos termos do 60.º/1, pela lei pessoal do adotante (ou, nos termos do n.º 2, se a adoção for realizada por marido e mulher ou o adoptando for filho do cônjuge do adotante, pela *lex familiae*). Por outro lado, de acordo com o 60.º/4, pela lei aplicável às relações entre o adotando e os seus progenitores. Se esta lei não conhecer o instituto da adoção ou não a admitir em relação a quem se encontre na situação familiar do adotando, a adoção não é permitida.

2 Esta aplicação cumulativa da lei pessoal do adotante e da lei aplicável às relações entre o adotando e os seus progenitores funda-se na preocupação com a efetividade das decisões judiciais. É que se a a adoção faz ingressar o adotado na família do adoptante ou adoptantes, ela também o faz sair, de certo modo, da sua família de origem. Assim sendo, o regime jurídico da adoção internacional não pode deixar de tomar em consideração a lei aplicável às relações entre o adotado e a sua família natural, sob pena de, sendo essas leis contraditórias, ficar em risco a estabilidade da adoção internacional.

3 À lei determinada nos termos acima referidos cabe regular, nomeadamente, os requisitos substanciais da adoção e os vícios do ato constitutivo da adoção. Já quanto aos efeitos da adoção rege o 60.º/3. Por força deste preceito, a lei reguladora das relações do adotado com o adotante e a família de origem é a lei pessoal do adotante ou, nos casos de adoção feita por marido e mulher ou pelo cônjuge do progenitor, a lei designada nos termos do 57.º. É essa lei que irá regular, por exemplo, o poder paternal do adotante ou adotantes sobre o adotado e a obrigação de alimentos entre pais e filhos adotivos.

4 **2. Adoção internacional.** A adoção que envolva a deslocação do adotando de Portugal para o estrangeiro ou do estrangeiro para Portugal (*inter-country adoption*), fenómeno com crescente relevância social dado o desfasamento que hoje se regista em certos países entre a procura e a oferta de crianças para adotar[1], encontra-se submetida a um regime especial, constante de regras materiais de DIP. Esse regime figura atualmente nos 61.º e seguintes da Lei n.º 143/2015, de 8-set., que aprova o regime jurídico da adoção. Este diploma define a adoção internacional, no 2.º, *a*), como o «processo de adoção, no âmbito do qual ocorre a transferência de uma criança do seu país de residência habitual para o país da residência habitual dos adotantes, com vista ou na sequência da sua adoção».

5 São três os princípios orientadores do regime da adoção internacional constantes do 62.º desse diploma legal: (1) *Subsidiariedade* – a adoção internacional só é permitida quando não seja possível encontrar uma colocação familiar permanente para a criança no seu país de residência habitual; (2) *Cooperação internacional* – o processo de adoção internacional exige a participação e colaboração obrigatória e concertada das autoridades centrais e competentes dos países envolvidos, nos termos regulados nos instrumentos internacionais; (3) *Colaboração interinstitucional* – a nível interno, o processo de adoção internacional exige a colaboração entre a Autoridade Central para a Adoção Internacional e outras autoridades, nomeadamente diplomáticas e policiais. Visa-se deste modo salvaguardar o interesse superior da criança, que o 3.º, alínea *a)*, estabelece como princípio orientador de todo o diploma mencionado; e dar cumprimento ao disposto no 69.º/2, da Constituição, que incumbe o Estado de assegurar a proteção privada de um ambiente familiar normal.

6 O princípio da subsidiariedade da adoção internacional acha-se também consagrado, ainda que numa versão menos restritiva, na Convenção Relativa à Proteção das Crianças e à Cooperação em Matéria de Adoção Internacional, feita na Haia em 1993[2]. Com efeito, de acordo com o 4.º, alínea *b)*, dessa Convenção, as adoções por ela abrangidas só se podem realizar após as autoridades competentes do Estado de origem «terem constatado, depois de adequadamente ponderadas as possibilidades de colocação da criança no seu Estado de origem, que uma adoção internacional responde ao interesse superior da criança». Não se proíbe, por conseguinte, a adoção internacional com vista à colocação da criança no estrangeiro se a adoção em território nacional for viável, como sucede na lei portuguesa; mas atribui-se claramente primazia à colocação da criança para adoção no seu país de origem; e incumbem-se as autoridades competentes de fiscalizar a possibilidade dessa adoção. O mesmo princípio consta, aliás, do 21.º, alíneas *b*), *c*) e *d*), da Convenção das Nações Unidas Sobre os Direitos das Crianças, feita em Nova Iorque em 20-nov.-1989[3].

[1] Nuno da Ascensão Silva, *A constituição da adopção de menores nas relações privadas internacionais: alguns aspectos* (2000), 309 ss..

[2] Ratificada pelo DPR 6/2003, de 25-fev.. Em vigor em Portugal desde 1-jul.-2004.

[3] Ratificada pelo DPR 49/90, de 12-set.. Em vigor em Portugal desde 21-out.-1990.

Artigo 61.º (Requisitos especiais da perfilhação ou adoção)

1. Se, como requisito da perfilhação ou adoção, a lei pessoal do perfilhando ou adotando exigir o consentimento deste, será a exigência respeitada.

2. Será igualmente respeitada a exigência do consentimento de terceiro a quem o interessado esteja ligado por qualquer relação jurídica de natureza familiar ou tutelar, se provier da lei reguladora desta relação.

Bibliografia: Ana Taveira da Fonseca, *UCP/Comentário ao Código Civil* (2014), 151; Florbela de Almeida Pires, *Conflitos de Leis. Comentário aos artigos 14.º a 65.º do Código Civil* (2009), 146; Maria Helena Brito, em Ana Prata, *Código Civil Anotado*, I, 2.ª ed. (2019), 90-91.

É ainda a referida preocupação com a estabilidade da adoção internacional que explica o regime deste preceito, cuja atual redação resulta do 7.º do DL 496/77, de 25-nov., em razão do qual é chamada a intervir na constituição do vínculo de adoção uma terceira lei, além das referidas no 60.º: a lei pessoal do adotando ou a lei reguladora de uma relação jurídica de natureza familiar ou tutelar em que o interessado esteja inserido, se esta exigir o consentimento do adotando ou de um terceiro para a adoção.

Subsecção VI – Lei reguladora das sucessões

Artigo 62.º (Lei competente)

A sucessão por morte é regulada pela lei pessoal do autor da sucessão ao tempo do falecimento deste, competindo-lhe também definir os poderes do administrador da herança e do executor testamentário.

Bibliografia: Adelino da Palma Carlos, *Lei reguladora da sucessão* (1964); Afonso Patrão, *Problemas práticos na aplicação do Regulamento Europeu das Sucessões. A determinação da residência habitual por autoridades extrajudiciais, o reenvio para a lei de um Estado-Membro e a mobilização da cláusula de excepção*, BFD 94 (2014), 1171-1200; Florbela de Almeida Pires, *Conflitos de Leis. Comentário aos artigos 14.º a 65.º do Código Civil* (2009), 146-148; João Baptista Machado, *Lições de Direito Internacional Privado*, 2.ª ed. (1982), 433-437; João Gomes de Almeida, *Direito de Conflitos Sucessórios. Alguns Problemas* (2012); Luís de Lima Pinheiro, *Direito Internacional Privado*, II, 4.ª ed. (2015), 686-702; Maria Helena Brito, em Ana Prata, *Código Civil Anotado*, I, 2.ª ed. (2019), 91-92; Maria João Matias Fernandes, *UCP/Comentário ao Código Civil* (2014), 151-154; Nuno Ascensão Silva, *O regime patrimonial do casamento e as sucessões no direito internacional privado europeu – crónica de um desfecho anunciado*, in Estudos em homenagem ao Conselheiro Presidente Rui Moura Ramos, II (2016), 629-695; Rui de Moura Ramos, *O Direito Internacional Privado das Sucessões na União Europeia. Primeiras reflexões*, BFD 89 (2013), 69-114.

Índice

1 **1. Articulação do Código Civil com o DIP de fonte europeia.** A determinação da lei reguladora das sucessões por morte, que constitui objeto da presente subsecção, é também disciplinada pelo já referido Regulamento de Roma IV. Não obstante a primazia deste sobre o DIP de fonte interna, os 62.º a 65.º não perderam toda a sua relevância. Por um lado, porque aquele instrumento jurídico europeu apenas é aplicável às sucessões das pessoas falecidas em 17-ago.-2015 ou após essa data (83.º/1). Por outro, porque se exclui do seu âmbito de aplicação a validade formal das disposições por morte feitas oralmente [1.º/2, alínea *f*)]. Quanto às situações não abrangidas pelo Regulamento, mantém-se, assim, a aplicabilidade dos referidos preceitos do Código Civil.

2 **2. O princípio da unidade da sucessão; desvios.** Tanto em Roma IV como no DIP de fonte interna adota-se, como regra geral, o sistema da *unidade da sucessão*, de acordo com o qual a vocação sucessória e a devolução de toda a herança são submetidas à lei de um único país. Este tratamento unitário da sucessão por morte em DIP está de acordo com o ponto de vista, que o nosso Direito Sucessório consagra, segundo o qual a herança é um património autónomo, ou universalidade de Direito, i. é, um conjunto de bens distintos entre si, mas com um destino comum, que lhe confere individualidade económica[1].

3 Mas se a esta luz se justifica a unidade do estatuto sucessório, não pode ignorar-se o facto de que outros sistemas consagram soluções diversas, sujeitando a sucessão imobiliária à *lex rei sitae*. Se os tribunais portugueses não tomarem em consideração essas soluções, as decisões por eles proferidas correm o risco de não serem reconhecidas e executadas no país da situação dos bens, mormente se o Direito deste se considerar em exclusivo competente para disciplinar a sucessão *mortis causa* quanto aos bens nele situados. Há, portanto, que ter presente a preocupação com a *efetividade das decisões judiciais* em matéria de sucessão nos bens imóveis. De outro modo, poderiam gerar-se situações injustas, como sucederia se o beneficiário de uma partilha feita à luz da lei pessoal do autor da sucessão não conseguisse realizar o seu direito por aquela ser ineficaz no *locus rei sitae*. Daí que o nosso DIP, embora acolha, como se verá a seguir, a regra da aplicação da lei pessoal do autor da sucessão, admita o reenvio desta para a lei da situação dos bens imóveis, desde que esta se considere competente. É o que dispõe o 17.º/3. Daí também que o 31.º/2 deva ser considerado analogicamente aplicável à partilha de uma herança feita no país da situação dos bens imóveis hereditários, de acordo com o Direito nele vigente. Por força deste entendimento, uma tal partilha será reconhecida em Portugal desde que a *lex rei sitae* se repute competente para regulá-la[2].

4 O Regulamento Roma IV estabelece também um desvio importante ao princípio da unidade da sucessão no seu 30.º, socorrendo-se, todavia, de uma técnica diferente: a do reconhecimento de eficácia às normas internacionalmente imperativas. Dispõe esse preceito:

> Se a lei do Estado onde estão situados determinados bens imóveis, determinadas empresas, ou outras categorias especiais de bens incluir regras especiais que, devido a considerações económicas, familiares ou sociais, imponham restrições quanto à sucessão ou a afetem no respeitante a esses bens, tais regras especiais aplicam-se à sucessão na medida em que sejam aplicáveis, segundo a lei daquele Estado, independentemente da lei que rege a sucessão.

5 **3. A lei reguladora da sucessão.** O princípio geral consagrado no preceito em anotação é o de que a sucessão por morte é regulada pela *lei pessoal* do autor da mesma ao tempo do seu

[1] Ver Inocêncio Galvão Telles, *Direito das Sucessões*, 6.ª ed. (1996), 33 ss..

[2] Ver neste sentido Ferrer Correia, *Lições de Direito Internacional Privado*, I (2000), 391.

falecimento. Essa lei é em princípio, atento o disposto no 31.º/1, a da nacionalidade do *de cujus*. Outra foi a solução consagrada no Regulamento Roma IV. Aí se estabelece, no 21.º/1, como regra geral, que:

> A lei aplicável ao conjunto da sucessão é a lei do Estado onde o falecido tinha residência habitual no momento do óbito.

Várias são as razões invocadas em abono desta solução: (1) a lei da residência habitual coincide com o centro de interesses do falecido e, muitas vezes, com o lugar onde se encontra a maior parte dos seus bens; (2) trata-se da conexão mais favorável à integração do interessado no Estado-Membro da sua residência habitual; (3) ela evita qualquer forma de discriminação relativamente às pessoas que aí residem sem serem nacionais desse Estado; (4) Tal solução facilita ainda a boa administração da justiça na União, na medida em que assegura uma «conexão real entre a sucessão e o Estado-Membro em que a competência é exercida»[3]. 6

Em ordem a determinar a residência habitual do falecido, declara-se, no preâmbulo do Regulamento, que «a autoridade que trata da sucessão deverá proceder a uma avaliação global das circunstâncias da vida do falecido durante os anos anteriores ao óbito e no momento do óbito, tendo em conta todos os elementos factuais pertinentes, em particular a duração e a regularidade da permanência do falecido no Estado em causa, bem como as condições e as razões dessa permanência. A residência habitual assim determinada deverá revelar uma relação estreita e estável com o Estado em causa tendo em conta os objetivos específicos do presente regulamento»[4]. Em certos casos, a determinação da residência habitual pode revelar-se particularmente complexa. Será isso o que sucede, por exemplo, «quando o falecido, por razões profissionais ou económicas, tenha ido viver para o estrangeiro, a fim de aí trabalhar, por vezes por um longo período, mas tenha mantido uma relação estreita e estável com o seu Estado de origem». Em tais casos, diz-se no mesmo considerando, «o falecido poderá, em função das circunstâncias, ser considerado como tendo ainda a sua residência habitual no Estado de origem, no qual se situavam o centro de interesses da sua família e a sua vida social»[5]. 7

Excecionalmente, porém, caso resulte claramente do conjunto das circunstâncias do caso que, no momento do óbito, o falecido tinha uma relação manifestamente mais estreita com um Estado diferente do Estado cuja lei seria aplicável nos termos do n.º 1 – *v.g.* a da sua nacionalidade – é aplicável à sucessão a lei desse outro Estado nos termos do n.º 2 do mesmo preceito. Poderá ser esse o caso, *v.g.*, quando «o falecido se tenha mudado para o Estado da sua residência habitual muito pouco tempo antes da sua morte e todas as circunstâncias do caso indiquem que tinha uma relação manifestamente mais estreita com outro Estado»[6]. 8

Por outro lado, nos termos do 22.º/1: 9

> Uma pessoa pode escolher como lei para regular toda a sua sucessão a lei do Estado de que é nacional no momento em que faz a escolha ou no momento do óbito. Uma pessoa com nacionalidade múltipla pode escolher a lei de qualquer dos Estados de que é nacional no momento em que faz a escolha.

De acordo com o n.º 2 do mesmo preceito, a escolha «deve ser feita expressamente numa declaração que revista a forma de uma disposição por morte ou resultar dos termos dessa disposição». 10

[3] *Vide* o considerando 23 do Regulamento.
[4] *Idem*.
[5] Considerando 24 do Regulamento.
[6] Considerando 25 do Regulamento.

11 Encontramos aqui, portanto, uma consagração, ainda que limitada, do princípio da autonomia privada.

12 **4. Âmbito de competência do estatuto sucessório**. Ao estatuto sucessório definido nos termos acima examinados compete, de um modo geral, regular todas as questões relativas à abertura, devolução, transmissão e partilha da herança. Cabe-lhe, nomeadamente, disciplinar, por força do disposto no 23.º/2, do Regulamento Roma IV, a composição e a hierarquia do elenco dos sucessíveis e estabelecer as respetivas quotas hereditárias, bem como definir os herdeiros legitimários e o montante da sua legítima. Já a questão de saber se alguém é cônjuge ou filho do *de cujus* e se, por conseguinte, é herdeiro deste, é regulada, de acordo com o entendimento que perfilhamos a respeito da questão prévia em DIP[7], pela lei designada pelas regras de conflitos vigentes em Portugal que disciplinam, respetivamente, o casamento e a filiação, e não pelas da lei reguladora da sucessão.

Artigo 63.º (Capacidade de disposição)

1. A capacidade para fazer, modificar ou revogar uma disposição por morte, bem como as exigências da forma especial das disposições por virtude da idade do disponente, são reguladas pela lei pessoal do autor ao tempo da declaração.

2. Aquele que, depois de ter feito a disposição, adquirir nova lei pessoal conserva a capacidade necessária para revogar a disposição nos termos da lei anterior.

Bibliografia: Florbela de Almeida Pires, *Conflitos de Leis. Comentário aos artigos 14.º a 65.º do Código Civil* (2009), 148-149; João Baptista Machado, *Lições de Direito Internacional Privado*, 2.ª ed. (1982), 437-443; Maria Helena Brito, em Ana Prata, *Código Civil Anotado*, I, 2.ª ed. (2019), 92-93; Maria João Matias Fernandes, *UCP/Comentário ao Código Civil* (2014), 154-156.

Índice

1 **1. Objeto e sentido do preceito**. Tal como nos 29.º e 55.º/2, encontra-se no preceito em anotação uma solução legislativa do *conflito móvel*: em caso de sucessão de estatutos por alteração da lei aplicável, manda-se aplicar à questão visada o estatuto anterior. Entendeu o legislador, com efeito, que as questões da capacidade para fazer, modificar ou revogar uma disposição por morte, bem como as exigências da forma especial das disposições por virtude da idade do disponente não deveriam ser reguladas pela lei do autor da sucessão no momento da sua morte, mas antes pela sua lei ao tempo da declaração, única com que esse sujeito podia contar no momento em que a fez. Na verdade, apenas parece razoável exigir ao autor da herança que, a fim de garantir a validade dos seus atos de última vontade, se conforme com essa lei, e não uma lei que,

[7] Dário Moura Vicente, *Da responsabilidade pré-contratual em Direito Internacional Privado*, 563 ss., e a demais bibliografia aí citada.

por qualquer motivo, posteriormente lhe venha a ser aplicável – por exemplo, porque entretanto mudou de residência habitual ou de nacionalidade. O n.º 1 também compreende a capacidade para revogar disposições por morte; mas a lei nele designada só pode ser a lei pessoal do disponente ao tempo da declaração de revogação, pois de outro modo, o n.º 2 seria redundante.

2. O regime do Regulamento de Roma IV. A mesma ordem de considerações subjaz ao que estabelece o 24.º de Roma IV, segundo o qual: 2

> 1. As disposições por morte diferentes dos pactos sucessórios regem-se, no que toca à sua admissibilidade e validade material, pela lei que, por força do presente regulamento, seria aplicável à sucessão do autor da disposição se este tivesse falecido no dia em que fez a disposição.
>
> 2. Não obstante o n.º 1, uma pessoa pode escolher como lei reguladora da sua disposição por morte, no que respeita à sua admissibilidade e validade material, a lei que essa pessoa teria podido escolher nos termos do artigo 22.º, e nas condições nele previstas.
>
> 3. O disposto no n.º 1 aplica-se, se for caso disso, à alteração ou à revogação da disposição por morte diferente de um pacto sucessório. Em caso de uma escolha de lei nos termos do n.º 2, a alteração ou a revogação regula-se pela lei escolhida.

Artigo 64.º (Interpretação das disposições; falta e vícios da vontade)

É a lei pessoal do autor da herança ao tempo da declaração que regula:

a) A interpretação das respetivas cláusulas e disposições, salvo se houver referência expressa ou implícita a outra lei;

b) A falta e vícios da vontade;

c) A admissibilidade de testamentos de mão comum ou de pactos sucessórios, sem prejuízo, quanto a estes, do disposto no Artigo 53.º.

Bibliografia: António Ferrer Correia, *Apêndice: Naturalização – Testamento de mão comum em Direito Internacional Privado*, in Estudos Vários de Direito (1982), 421-473; Florbela de Almeida Pires, *Conflitos de Leis. Comentário aos artigos 14.º a 65.º do Código Civil* (2009), 149-151; João Baptista Machado, *Lições de Direito Internacional Privado*, 2.ª ed. (1982), 443-447; Luís de Lima Pinheiro, *Direito Internacional Privado*, II, 4.ª ed. (2015), 702-704; Maria Helena Brito, em Ana Prata, *Código Civil Anotado*, I, 2.ª ed. (2019), 93-95; Maria João Matias Fernandes, *UCP/Comentário ao Código Civil* (2014), 156-158.

Índice

1. Lei reguladora da interpretação das disposições por morte e da falta e vícios da vontade. Pelo que respeita à interpretação das disposições *mortis causa*, a alínea *a)* do 64.º prescreve também a aplicação da lei pessoal do autor da herança ao tempo da declaração. Também a regulação da falta e vícios da vontade de que porventura enfermem as disposições por morte foi submetida pelo 64.º, alínea *b*), à lei pessoal do autor da herança ao tempo da declaração. 1

2 Na parte final daquele primeiro preceito ressalva-se a «referência expressa ou implícita a outra lei». Não significa isso, todavia, que ao disponente seja dado submeter a interpretação do seu ato de última vontade a uma lei por si escolhida, que não a sua lei pessoal ao tempo da celebração do ato. Este preceito apenas reconhece que uma referência expressa ou implícita, contida numa disposição por morte, a uma lei que não a lei pessoal do autor no momento da declaração é um elemento a ter em conta na interpretação dessa disposição. Assim, por exemplo, se um português fez testamento em Inglaterra, onde residia habitualmente, a interpretação do ato faz-se em princípio segundo a lei portuguesa, à qual ele se encontrava sujeito. Mas se, por hipótese, o testamento foi feito em inglês e há nele uma referência a um instituto do Direito inglês, *v.g.* um *trust* que o testador instituiu, é com base no Direito inglês que o tribunal português deve determinar o sentido e alcance dessa referência.

3 O exposto não prejudica, todavia, a conveniência de se conferir à autonomia privada um alcance mais vasto em matéria de determinação da lei aplicável às sucessões, permitindo-se ao interessado, *v.g.*, a opção entre a lei da residência habitual e a da sua nacionalidade a fim de reger a respetiva sucessão *mortis causa*. Foi o que se fez, como se viu acima, no 24.º/2, do Regulamento.

4 **2. Lei reguladora da admissibilidade de testamentos de mão-comum e de pactos sucessórios**. Particulares dificuldades suscita a admissibilidade dos chamados testamentos de mão comum, i. é, os atos em que duas ou mais pessoas testam em proveito recíproco ou a favor de terceiro – e dos pactos sucessórios. Trata-se de matéria em que se registam profundas divergências entre as legislações nacionais. Com efeito, os testamentos de mão comum, recíprocos ou conjuntos, são absolutamente proibidos nalguns sistemas jurídicos (como o português: cfr. o 2181.º); mas noutros essa proibição é desconhecida (como é o caso do Direito de certos Estados norte-americanos). No tocante aos pactos sucessórios, verifica-se que eles são igualmente proibidos por algumas legislações (como, por exemplo, a italiana); são permitidos apenas em certos casos por outras (como sucede entre nós, por força do 2028.º/2); e são livremente celebrados noutras (*v.g.* a alemã e a suíça). Assume, assim, grande relevo a determinação da lei em face da qual se há de decidir da admissibilidade desses atos.

5 Em relação aos testamentos de mão comum, foi intenção do legislador português, no 64.º, *c*), submetendo-os à lei pessoal do disponente ao tempo da declaração, pôr termo às dúvidas que a qualificação destes testamentos suscitara na vigência do Código de Seabra. Discutia-se, a este propósito, se se tratava de uma simples questão de forma ou de uma questão de fundo. Na primeira hipótese, haveria que aplicar aos testamentos de mão comum a lei do lugar da sua celebração; na segunda, a lei pessoal dos testadores. A qualificação como *questão de forma* foi sustentada pelos tribunais; a qualificação como *questão de substância* foi perfilhada pela doutrina dominante. O problema pôs-se num caso julgado pelo STJ 14-mar.-1979[1]. Uma mulher portuguesa e o seu marido haviam feito em 1962, no Estado norte-americano da Pensilvânia, onde ambos residiam, um testamento pelo qual se instituíram reciprocamente herdeiros. O ato era válido em face da lei local, mas violava a proibição dos testamentos de mão comum formulada no 1753.º do CS. Por morte do marido, ocorrida em 1969, foi levantada perante tribunal português a questão da validade do testamento. O Supremo resolveu-a afirmativamente, por entender que o 1753.º deveria ser qualificado como regra de forma, sendo, por conseguinte, inaplicável ao caso. Embora a solução a que o Supremo chegou se afigure correta, a sua funda-

[1] STJ 14-mar.-1979 (Rodrigues Bastos), BMJ 285 (1979), 341-345 (344-345).

mentação não é indiscutível. A proibição dos testamentos de mão comum visa tutelar a vontade dos testadores: procura-se evitar as influências e pressões que se podem suscitar entre eles; e também assegurar a livre revogabilidade das disposições por morte, que fica inevitavelmente comprometida nestes casos. O problema de que se ocupava aquela disposição do Código Civil transcende, pois, a mera forma do ato e diz respeito à sua substância. Foi este o problema que o legislador resolveu no 64.º, *c*), ao sujeitar a admissibilidade dos testamentos de mão comum à lei pessoal do autor da herança.

O que ali se estabelece não importa, cumpre notá-lo, a ineficácia em Portugal de todos os testamentos de mão comum celebrados por portugueses no estrangeiro: esses testamentos poderão ser reconhecidos e executados entre nós, ao abrigo do 31.º/2, se tiverem sido validamente celebrados no país da residência habitual do declarantes, em conformidade com a lei desse país, desde que esta se considere competente, seja a que título for (portanto, também como lei reguladora da forma). 6

O Regulamento de Roma IV não disciplina especificamente esta matéria, mas deve considerar-se que ela cabe no escopo do 24.º, atinente à validade das disposições por morte diferentes de pactos sucessórios. 7

Também a admissibilidade de *pactos sucessórios* foi submetida pelo 64.º, *c*) ao estatuto pessoal do disponente ao tempo da declaração. Ressalvam-se, todavia, os pactos sucessórios que se integrem em convenções antenupciais. Estes estão sujeitos à lei designada no 53.º a fim de reger a convenção antenupcial. Roma IV dedica-lhes o 25.º, que aponta no mesmo sentido daquela regra de conflitos do DIP português, ainda que com maior abertura à autonomia privada: 8

> 1. Um pacto sucessório relativo à sucessão de uma só pessoa rege-se, no que respeita à sua admissibilidade, à sua validade material e aos seus efeitos vinculativos entre as partes, incluindo as condições da sua dissolução, pela lei que, por força do presente regulamento, seria aplicável à sucessão dessa pessoa se esta tivesse falecido no dia em que o pacto foi celebrado.
>
> 2. Um pacto sucessório relativo à sucessão de várias pessoas só é admissível se for admissível ao abrigo de todas as leis que, por força do presente regulamento, teriam regido a sucessão de todas as pessoas em causa se estas tivessem falecido no dia em que o pacto foi celebrado.
>
> Um pacto sucessório que seja admissível nos termos do primeiro parágrafo rege-se, no que respeita à sua validade material e aos seus efeitos vinculativos entre as partes, incluindo as condições da sua dissolução, pela lei, de entre as referidas no primeiro parágrafo, com a qual tem uma ligação mais estreita.
>
> 3. Não obstante os n.os 1 e 2 do presente artigo, as partes podem escolher como lei reguladora do seu pacto sucessório, no que respeita à sua admissibilidade, à sua validade material e aos seus efeitos vinculativos entre as partes, incluindo as condições da sua dissolução, a lei que a pessoa ou uma das pessoas cuja herança está em causa teria podido escolher nos termos do artigo 22.º, nas condições nele previstas.

Artigo 65.º (Forma)

1. As disposições por morte, bem como a sua revogação ou modificação, serão válidas, quanto à forma, se corresponderem às prescrições da lei do lugar onde o ato for celebrado, ou às da lei pessoal do autor da herança, quer no momento da declaração, quer no momento da morte, ou ainda às prescrições da lei para que remeta a norma de conflitos da lei local.

2. Se, porém, a lei pessoal do autor da herança no momento da declaração exigir, sob pena de nulidade ou ineficácia, a observância de determinada forma, ainda que o ato seja praticado no estrangeiro, será a exigência respeitada.

Bibliografia: António Marques dos Santos, *Testamento público, in Estudos de Direito Internacional Privado e de Direito Processual Civil Internacional* (1998) 207-220; *idem, Lei aplicável a uma sucessão por morte aberta em Hong Kong*, in Estudos de Direito Internacional privado e de Direito Público (2004), 347-373; Florbela de Almeida Pires, *Conflitos de Leis. Comentário aos artigos 14.º a 65.º do Código Civil* (2009), 151-152; João Baptista Machado, *Lições de Direito Internacional Privado*, 2.ª ed. (1982), 450-452; Luís de Lima Pinheiro, *Direito Internacional Privado*, II, 4.ª ed. (2015), 289-293; Maria Helena Brito, em Ana Prata, *Código Civil Anotado*, I, 2.ª ed. (2019), 95-97; Maria João Matias Fernandes, *UCP/Comentário ao Código Civil* (2014), 158-160.

Índice

1 **1. A conexão alternativa em matéria de forma das disposições por forma.** O 65.º mantém a sua relevância, como resulta do que dissemos a respeito do 62.º, pelo menos no que tange à questão da validade dos testamentos de pessoas falecidas antes de 17-ago.-2015 e dos testamentos orais, que Roma IV não disciplina.

2 Manda-se aplicar, no seu n.º 1, em alternativa, a lei do lugar do ato, a lei pessoal do autor da herança no momento da declaração, a lei pessoal do autor da herança no momento da morte, e a lei para que remetam as regras de conflitos da lei local. Esta conexão alternativa exprime uma ideia de *favor negotii* – ou, mais especificamente, de *favor testamenti* – e visa tutelar a confiança do testador.

3 Também Roma IV adota nesta matéria um sistema de conexões alternativas, que visam assegurar, na medida do possível, a validade formal dessas disposições. Estabelece, a este respeito, o 27.º/1:

> Uma disposição por morte feita por escrito é válida do ponto de vista formal se a sua forma respeitar a lei:
>
> *a*) Do Estado onde a disposição foi feita ou o pacto sucessório celebrado;
>
> *b*) De um Estado de que o testador, ou pelo menos uma das pessoas cuja sucessão seja objeto de um pacto sucessório, era nacional, quer no momento em que a disposição foi feita ou o pacto celebrado, quer no momento do óbito;
>
> *c*) De um Estado onde o testador, ou pelo menos uma das pessoas cuja sucessão seja objeto de um pacto sucessório, tinha o seu domicílio, quer no momento em que a disposição foi feita ou o pacto celebrado, quer no momento do óbito;
>
> *d*) Do Estado onde o testador, ou pelo menos uma das pessoas cuja sucessão seja objeto de um pacto sucessório, tinha a sua residência habitual, quer no momento em que a disposição foi feita ou o pacto celebrado, quer no momento do óbito; ou
>
> *e*) Caso se trate de um bem imóvel, do Estado onde este se encontra situado.

2. A aplicação imperativa da lei pessoal do autor da herança. No n.º 2 estabelece-se uma restrição à aplicabilidade das leis designadas no n.º 1. Nos casos aí previstos, o legislador entendeu que as prescrições relativas à forma das disposições por morte pertencentes à lei pessoal do autor da herança no momento da declaração, uma vez que presumivelmente visam tutelar a correta formação da vontade do disponente, devem ser imperativamente aplicadas ao caso. Há um nítido paralelismo entre o 65.º/2, e os 63.º e 64.º, pois estes designam a mesma lei que aquele para regular outras matérias em que está igualmente em causa a tutela da vontade do disponente. 4

Encontra-se no 2223.º uma norma do tipo das que são visadas pelo 65.º/2, nos termos do qual o testamento feito por cidadão português em país estrangeiro com observância da lei estrangeira competente só produz efeitos em Portugal se tiver sido observada uma «forma solene» na sua feitura ou aprovação. 5

Pode perguntar-se qual o alcance da expressão «forma solene» contida neste preceito. A este respeito é possível distinguir duas orientações na doutrina portuguesa. 6

Uma primeira orientação (perfilhada, nomeadamente, por Baptista Machado[1] e Marques dos Santos[2]) sustenta que a dita expressão significa o mesmo que *forma escrita*. Ficaria apenas excluída, em face deste preceito, a eficácia do testamento oral. Este entendimento apoia-se em três argumentos: (1) A circunstância de que o 1961.º do CS apenas aceitava que os testamentos feitos por portugueses no estrangeiro tivessem validade em Portugal se houvessem sido «formulados autenticamente». A substituição desta expressão pela «forma solene» a que se alude no 2223.º do Código de 1966 poderia indicar uma diminuição da exigência quanto ao formalismo a observar pelos cidadãos portugueses que queiram testar no estrangeiro, de acordo com a lei local. (2) O princípio do aproveitamento dos negócios jurídicos: qualquer outro entendimento do 2223.º levaria à inutilização dos testamentos hológrafos (isto é, os testamentos escritos e assinados pelo testador, sem sujeição a qualquer outra forma) feitos por cidadãos portugueses em países estrangeiros, com observância da lei local. Sendo esses testamentos admitidos no país onde foram celebrados – como sucede, por exemplo, em Espanha, na França e em Itália –, a respetiva invalidade segundo a lei portuguesa pode ser compreensivelmente ignorada pelo testador. (3) O facto de no próprio 2223.º se aceitar a aplicação de uma lei estrangeira, o que leva a admitir como razoável uma atenuação das exigências de forma que vigoram internamente, aceitando-se um formalismo menos pesado, como a simples forma escrita (até porque a lei do lugar da celebração do testamento pode não conhecer qualquer outra forma, nomeadamente a forma autêntica). O certo, porém, é que se era esta a intenção do legislador, seria mais natural ter-se dito no 2223.º que se requeria apenas a forma escrita. Ora, o que a lei consagra é a exigência de uma «forma solene». 7

Daí que uma segunda corrente doutrinal (integrada por Guilherme de Oliveira[3], Antunes Varela[4] e Lima Pinheiro[5]) vá além da exigência da simples forma escrita e interprete o 2223.º no sentido de que este impõe também a intervenção, na feitura ou aprovação do testamento, de um notário ou outra entidade dotada da fé pública. De acordo com este entendimento, apenas são eficazes entre nós os testamentos celebrados por portugueses no estrangeiro que 8

[1] *Lições de Direito Internacional Privado*, 2.ª ed. (2002), 451.

[2] *Lei aplicável a uma sucessão por morte aberta em Hong Kong*, in Estudos de Direito Internacional Privado e de Direito Público (2004), 347 ss..

[3] Anotação ao acórdão do STJ de 12-mai.-1992, RLJ 125 (1992-93), 314 ss..

[4] Pires de Lima/Antunes Varela, *Código Civil anotado*, VI (1998), 356.

[5] *Direito Internacional Privado*, II, 4.ª ed. (2015), 291 ss..

tenham sido *feitos ou aprovados por oficial público*. Este último entendimento é o mais conforme com as preocupações fundamentais subjacentes à disciplina jurídica da forma do testamento no nosso Direito: a tutela da vontade do testador e a garantia da autenticidade do testamento. É isso que explica que no Direito português o testamento seja um *negócio formal ou solene*, cujas formas comuns são o testamento público (escrito pelo notário no seu livro de notas: 2205.º do Código) e o testamento cerrado (escrito e assinado pelo testador e aprovado pelo notário: 2206.º do Código)[6]. É certo que deste modo se inutilizarão os testamentos hológrafos feitos por portugueses no estrangeiro, os quais poderão ter confiado na sua eficácia. Mas não é menos verdade que a exigência feita no 2223.º, entendido nos termos propostos, não é maior do que a que é feita aos portugueses que façam testamento em Portugal. Além disso, nenhum português está impedido, ao testar no estrangeiro, de o fazer segundo o nosso Direito, em Consulado português, por forma a assegurar a validade extrínseca do testamento. Os Cônsules titulares de postos de carreira e os encarregados das Secções Consulares têm, na verdade, competência para a prática de atos notariais relativos a portugueses que se encontrem no estrangeiro ou que devam produzir os seus efeitos em Portugal[7]. Esta orientação doutrinal encontrou acolhimento expresso na jurisprudência dos tribunais superiores[8]. O 2223.º não é, em todo o caso, aplicável
9 às sucessões por morte regidas por Roma IV.

3. A Convenção Relativa à Lei Uniforme Sobre a Forma de Um Testamento Internacional. Esta Convenção, concluída em Washington em 1973[9], contém em anexo uma *Lei Uniforme Sobre a Forma do Testamento Internacional*, que cada parte contratante se obriga a introduzir na sua ordem interna. A lei uniforme estabelece uma forma especial para o testamento internacional: este deve ser escrito e assinado na presença de duas testemunhas e de uma pessoa habilitada a certificar que as disposições da lei uniforme foram cumpridas, fazendo o certificado emitido por essa pessoa prova plena da validade formal do testamento. Em Portugal, essa pessoa é o notário, quando a aprovação do testamento tenha lugar em território nacional; e é o agente consular português quando ela ocorra no estrangeiro[10]. Por força do artigo III da Convenção, a competência da pessoa habilitada a tratar das matérias relativas ao testamento internacional, conferida de acordo com a lei de uma das Partes contratantes, será reconhecida no território das restantes. De acordo com o artigo IV, o certificado emitido por essa pessoa será reconhecido no território de todas as Partes contratantes. Portugal obrigou-se assim, por força da Convenção, a reconhecer no seu território os testamentos feitos no estrangeiro de acordo com as disposições da Lei Uniforme anexa à Convenção. A Convenção não consagra a validade do testamento hológrafo, pois exige que o cumprimento das disposições da lei uniforme seja certificado por uma pessoa legalmente habilitada para o efeito. É na presença dessa pessoa que o testamento deve ser assinado ou, se o testamento tiver sido previamente assinado, a assinatura do testador deve ser reconhecida por este como sua (5.º/1); e essa pessoa autentica o testamento (5.º/3).

[6] Oliveira Ascensão, *Direito Civil. Sucessões* (2000), 75.

[7] *Vide* o 56.º/1, do Regulamento Consular aprovado pelo DL 71/2009, de 31-mar..

[8] Ver, no sentido de que «a exigência de "forma solene" contida no 2223.º do Código Civil só será cumprida com a utilização da forma escrita e a intervenção de um notário ou oficial equivalente», RPt 23-out.-1997 (Saleiro de Abreu), CJ XXII (1997), 4, 224-225. Na mesma linha fundamental orientação, vejam-se STJ 18-jun-2013 (Gregório da Silva Jesus), Proc. 832/07 e STJ 27-jun.-2019 (Ana Paula Boularot), Proc. 2430/11.

[9] A Convenção foi aprovada para adesão pelo DL 252/75, de 23-mai., e complementada pelo DL 177/79, de 7-jun.. Encontra-se em vigor nas relações entre Portugal e a Austrália, a Bélgica, a Bósnia-Herzegovina, o Canadá, Chipre, a Croácia, o Equador, a Eslovénia, a França, a Itália, a Líbia e o Níger.

[10] Por força do DL 177/79, de 7-jun., que complementa a Convenção na ordem jurídica nacional.

Título II – Das relações jurídicas

Introdução (66.º a 396.º)

Bibliografia: António Menezes Cordeiro, *Teoria geral do Direito civil/Relatório* (1988), 237-240; *idem*, *Tratado*, I, 4.ª ed., 63-72; Carlos Alberto da Mota Pinto, *Teoria geral do Direito civil*, por António Pinto Monteiro e Paulo Mota Pinto, 4.ª ed. (2005), 177-191; Guilherme Moreira, *Instituições de Direito civil*, 1 (1907), 121-130; João de Castro Mendes, *Direito civil (teoria geral)*, 1 (1967), 35-50; Mafalda MIranda Barbosa, *Estudos de teoria geral de Direito civil* (2017), 239 pp.; Manuel de Andrade, *Teoria geral da relação jurídica*, 1 (1960), 1-28; Pires de Lima/Antunes Varela, *Noções fundamentais de Direito civil*, 1, 6.ª ed. (1973), 217-236; Orlando de Carvalho, *Para uma teoria da relação jurídica civil*, 2.ª ed., 1981 = *Teoria geral de Direito civil*, coord. Francisco Liberal Fernandes e outros (2012), 11-82; *idem*, *Teoria geral de Direito civil*, loc. cit., 87-188.

Índice

I – A relação jurídica

1. Origem. A sistemática do Código Civil assenta numa parte geral, seguida das clássicas partes especiais: obrigações, reais, família e sucessões: a chamada classificação germânica. Na realidade, ela exprima uma ordenação de massas jurídico-culturais: as obrigações e os reais são Direito romano atual; a família e as sucessões, Direito comum medieval; a parte geral, uma construção jusracionalista. 1

A parte geral, desde as suas origens, tem uma preocupação construtivista, onde se insere a relação jurídica. Presente em Savigny e na pandectística, a relação jurídica deriva do exacerbar do Direito das obrigações e, daí, do vínculo creditício. A equação do Direito com recurso a pretensões exige um sujeito ativo e outro passivo, bem como um objeto, uma origem e uma garantia. 2

3 Na Alemanha, a relação jurídica está ancorada, fundamentalmente, no Direito das obrigações: ao ponto de o livro II se intitular "relações obrigacionais". Na Parte geral, ela não é hoje utilizada; nem na lei, nem na doutrina. Tem algumas potencialidades explicativas, uma vez que permite aproximar o Direito das relações sociais: quando visadas pelo Direito, seriam "relações jurídicas". Note-se, ainda, que se admitem "relações jurídicas" não apenas interpessoais mas, também, reportadas ao sujeito e a uma coisa.

4 **2. A receção lusófona** da relação jurídica levou a um exacerbar desta figura. Acolhida como a peça-mestra de todo o edifício jurídico, houve a pretensão de a aplicar a todo o Direito civil e, até, a diversos ramos do Direito público. A relação obrigacional, centrada no crédito/débito, não ofereceria dificuldades. Nos reais, houve que improvisar: uma relação jurídica universal que contraporia o sujeito ativo (titular do direito) a todos as demais pessoas do ordenamento, adstritas a respeitar a situação real. As relações familiares, estruturalmente obrigacionais, não ofereceriam problemas; já a relação sucessória teria de ser criativa.

5 No seu núcleo essencial, a relação jurídica, na construção nacional, comportaria dois sujeitos (ativo e passivo), um objeto imediato (um direito/dever), também dito conteúdo, um objeto mediato (uma prestação ou uma coisa), um facto originador (normalmente, um negócio jurídico) e a garantia jurídica que daria consistência à relação.

II – O sistema do Código

6 **3. O Código Civil**, sob influência de Manuel de Andrade, acolheu fielmente a relação jurídica. O título II da Parte I, que contém o essencial do livro I, denomina-se, precisamente "das relações jurídicas" (66.º a 396.º). Está repartido por quatro subtítulos: pessoas (66.º a 201.º-A), coisas (202.º a 216.º), factos jurídicos (217 a 333.º) e exercício e tutela dos direitos (334.º a 396.º). Temos, pois, uma aplicação forte da relação jurídica, sem paralelo nos demais códigos, mesmo de filiação romano-germânica.

7 **4. Críticas**. O recurso à relação jurídica presta-se a críticas, há muito parte do roteiro jurídico-civil. Assim:

8 (a) **Metodológicas**: a relação jurídica pressupõe uma conceção extremada da Parte geral, aplicável às diversas partes especiais; mas tal não é possível, uma vez que as categorias básicas da capacidade, do negócio jurídico e da repercussão do tempo só funcionam nas obrigações. Reais, família e sucessões têm regras próprias.

9 (b) **Dogmáticas**: a relação jurídica não esgota as possíveis situações jurídicas, com relevo para direitos reais: pretender generalizá-la a toda a matéria jurídica implica seja esquecer situações não-relativas, seja distorcê-las, metendo-as em moldes que, de facto, não as comportam.

(c) **Significativo-ideológicas**: implica a desgraduação da pessoa a um dos elementos
10 de uma relação que a transcende, lado a lado com objetos, factos e garantias; ora (hoje mais do que nunca) há que encontrar uma técnica personalizadora, que ponha a pessoa no local que lhe compete.

(d) **Pedagógicas**: inviabiliza a distribuição dinâmica da matéria; no próprio Direito das
11 obrigações, ela potencia uma construção estática, em detrimento da realidade dinâmica do vínculo obrigacional.

(e) **Científicas**: dificulta os direitos e os deveres absolutos e as pretensões de sujeitos ou
12 de objetos indeterminados; são particularmente prejudicados os direitos de personalidade, os direitos reais, a tutela do ambiente e dos animais e a própria responsabilidade civil.

III – Alternativa. A situação jurídica

5. Como **alternativa**, oferece-se a situação jurídica, tratada e experiente. Desde logo, ela absorve quanto seja comunicado pela relação, através da figura das situações relativas. Mas além disso, permite ir mais longe, abordando, ordenando e explicando todas as demais ocorrências relevantes para o Direito. 13

A situação jurídica exige, simplesmente, um sujeito, relativamente ao qual possa ocorrer um enquadramento ou uma decisão jurídica. Resulta, daí, uma flexibilidade que a relação jurídica não pode acompanhar. 14

6. Modalidades. As situações jurídicas podem ser: simples ou complexas, unissubjetivas ou plurissubjetivas, absolutas e relativas, patrimoniais e não-patrimoniais, ativas e passivas e analíticas e compreensivas[1]. Simples, quando não lhe possa ser retirado qualquer elemento, sob pena de ininteligibilidade; complexa caso comporte várias situações simples (p. ex., o direito de propriedade); unissubjetivas com apenas um sujeito; plurissubjetivas na hipótese inversa (p. ex., o contrato); absolutas se faltar uma relação jurídica (p. ex., a propriedade) e relativas na hipótese inversa (p. ex., o crédito); patrimoniais se o Direito admitir a sua troca por dinheiro; não-patrimoniais, na hipótese contrária; ativas e passivas conforme dependam da vontade do titular ou de terceiro; analíticas caso lógicas (p. ex., poder de disposição); compreensivas quando de base histórico--cultural (p. ex., o direito subjetivo). 15

7. O **direito subjetivo** surge como situação jurídica compreensiva nuclear[2]. Tem uma evolução pautada por sucessivas fórmulas hoje clássicas: poder da vontade (Savigny); interesse juridicamente protegido (Jhering); poder jurídico para realização de um escopo (síntese de Regelsberger); expediente dispensável (negativismo de Duguit); fonte de pretensões defensivas (protecionismo de Thon); algo de atribuído pelo direito (neo-empirismo de Larenz); espaço de liberdade e autodeterminação (escola jurídico-formal de Schapp e outros). 16

A variedade de situações recondutíveis a direitos exige uma noção de nível abstrato elevado. Deve ser tecnicamente operacional e valorativamente significativa. Direito subjetivo é uma permissão normativa específica de aproveitamento de um bem. Sendo permissão específica dirigida a um sujeito, ela opera como proibição para o não-sujeito, assim se explicando a defesa; e sendo permissão, ela traduz a ideia de liberdade básica. 17

8. Aceções não técnicas. Num enquadramento assente em "direitos", o direito subjetivo traduz uma vantagem aprazível. Por isso, abundam aplicações suas não técnicas: o "direito" ao trabalho ou à habitação (programáticos), o "direito" a contratar (uma permissão genérica) ou o "direito" à igualdade (uma aspiração genérica). 18

IV – Outras situações[3]

9. Ativas: poderes (disponibilidade de meios para obtenção de um fim); faculdades (conjunto de poderes ou outras posições ativas unificadas sob uma designação); proteções reflexas ou indiretas (ocorrências aprazíveis não reconduzíveis a direitos); poderes funcionais (dever de aproveitar um bem com certa finalidade); direitos potestativos (possibilidade de, unilateralmente, alterar uma situação); exceções (poder de bloquear o exercício de um direito alheio). 19

10. Passivas: obrigações (vínculo complexo que adstringe a uma prestação); deveres (necessidade jurídica de adotar uma conduta exigida); deveres genéricos (necessidade de adotar uma conduta, independentemente de ser exigida); deveres funcionais (*idem*, por via de integração 20

[1] *Tratado*, I, 4.ª ed., 864 ss..
[2] *Tratado*, I, 4.ª ed., 871 ss..
[3] *Tratado*, I, 4.ª ed., 903 ss..

numa posição ou estado); sujeições (subordinação a um direito potestativo); ónus (necessidade processual para alcançar um objetivo); encargos (necessidade material, para esse mesmo efeito).

21 **11. Em síntese**, temos, em poucas palavras, o produto da evolução terminológica dos últimos duzentos anos. Com base nestas peças, podemos construir a arquitetura da Parte geral e, ainda, do sistema do Direito civil.

Subtítulo I – Das pessoas

Capítulo I – Pessoas singulares

Introdução (66.º a 156.º)

Bibliografia: António Menezes Cordeiro/A. Barreto Menezes Cordeiro, *Tratado de Direito civil*, IV, 5.ª ed. (2019), 23 ss. e 327 ss.; Carlos Alberto da Mota Pinto, *Teoria geral do Direito civil*, por António Pinto Monteiro e Paulo Mota Pinto, 4.ª ed. (2005), 201-268; Fernando Pires de Lima/João Antunes Varela, *Código Civil Anotado*, I, 4.ª ed. (1987), 101-161; Heinrich Ewald Hörster/Eva Sónia Moreira da Silva, *A parte geral do Código Civil português*, 2.ª ed., (2019), 315-399; João de Castro Mendes, *Direito civil (teoria geral)* 1 (1967), 59-296; José de Oliveira Ascensão, *Direito civil/Teoria geral*, I, 2.ª ed. (2000), 135-214; Luís Alberto Carvalho Fernandes, *Teoria geral do Direito civil*, 1, 6.ª ed. (2012), 195-424; Luísa Neto e outros, em Ana Prata, *Código Civil anotado*, 1, 2.ª ed. (2019), 97-208; Manuel de Andrade, *Esboço de um anteprojecto de Código das pessoas e da família*, BMJ 102 (1961), 153-166; *idem*, *Teoria geral da relação jurídica*, 1 (1972, reimp.), 29-44; Pedro Pais de Vasconcelos/Pedro Leitão Pais de Vasconcelos, *Teoria geral do Direito civil*, 9.ª ed., (2019), 37-134; Rabindranath Capelo de Sousa, *Teoria geral do Direito civil*, I (2003), 249-292.

Índice

1 **1. O ser humano**, taxonomicamente, é um: animal (reino), cordato (tipo), vertebrado (subtipo), mamífero (classe), primata (ordem), antropóide (subordem), hominóide (superfamília), homídio (família), *homo* (género), *homo sapiens* (espécie), *homo sapiens sapiens* (subespécie). Todos os seres humanos pertencem a esta última subespécie; não há, hoje, *homines* de subespécies diferentes, tendo os homídios mais próximos (chimpanzés) divergido há mais de dez milhões de anos.

2 Não há qualquer fundamento científico para distinguir anatómica ou espiritualmente as várias raças humanas. Todas são interfecundas e apresentam idênticas qualidades: bipedia, crâneo desenvolvido, capacidade de raciocínio, controle de instrumentos, linguagem e postura humana. Comporta um genoma com 27.000 genes, em 23 pares de cromossomas, mapeado em 2001.

3 O ser humano tem a capacidade de obter conhecimentos, de os armazenar e de os transmitir, facultando a aprendizagem. É essencialmente livre, autodeterminando-se. Vive em sociedades de complexidade crescente, com especialização de funções, o que requer o Direito.

2. A pessoa é o ser humano reconhecido como tal pelo Direito. Este protege-o e assegura-lhe uma esfera de liberdade. Tecnicamente, é sujeito de direitos (destinatário de permissões normativas específicas de aproveitamento de bens) e adstrito a obrigações (normas de conduta, que lhe ditam a necessidade jurídica de assumir certos comportamentos). Opera como um centro de imputação de normas jurídicas correspondente a um *homo sapiens sapiens*. 4

Ao conjunto de prerrogativas reconhecidas à pessoa, enquanto ser humano, chama-se, por influência alemã, a dignidade da pessoa. Envolve uma série de direitos e de posições protegidas, que constituem uma disciplina complexa. 5

3. A escravatura, que perdurou durante milénios, era o instituto pelo qual determinados seres humanos não eram havidos como pessoas: antes como coisas. Podiam, designadamente, ser objeto do direito de propriedade de outros seres humanos: esses, sim, pessoas. Após uma evolução prolongada, a escravatura foi totalmente abolida, em Portugal e nos seus domínios, por uma Lei de 25-fev.-1869 (Sá da Bandeira). 6

4. A **pessoa singular** é a locução tradicional para designar a pessoa-ser humano, por oposição às pessoas coletivas: realidades jurídicas às quais, por razões técnicas e valorativas, o Direito reconhece os atributos da personalidade, apesar de não serem seres humanos. 7

Secção I – Personalidade e capacidade jurídica

Artigo 66.º (Começo da personalidade)

1. A personalidade adquire-se no momento do nascimento completo e com vida.

2. Os direitos que a lei reconhece aos nascituros dependem do seu nascimento.

Bibliografia: António Menezes Cordeiro/A. Barreto Menezes Cordeiro, *Tratado de Direito civil*, IV, 5.ª ed., 327-370; Catarina Santos Botelho, em *UCP/Comentário ao Código Civil* (2014), 160-165; Manuel de Andrade, *Esboço de um anteprojecto de código das pessoas e da família*, BMJ 102 (1961), 153-166. *Vide* as indicações constantes da introdução (66.º a 156.º).

Índice

I – Origem

1 **1.** O **Direito romano** continha as regras hoje patentes no 66.º, embora sem as teorizar. A pessoa, livre ou escrava, iniciava-se com o nascimento: adquiria, nesse mesmo momento, capacidade jurídica. O nascituro surgia, para certos efeitos, como sujeito de posições jurídicas (*conceptus pro iam nato habetur*[1]), podendo ser nomeado um *curator ventris*[2]. Mas a efetivação dependia do nascimento.

2 **2.** As **Ordenações** não continham regras explícitas sobre as coordenadas das pessoas singulares. Essas coordenadas eram construídas pela doutrina, na base de elementos romanos e de diversas leis nacionais dispersas. O Direito económico era, também, utilizado.

3 **3.** O **Código de Seabra** dispunha, logo no 1.º:

> Só o homem é susceptivel de direitos e obrigações. Nisto consiste a sua capacidade jurídica, ou a sua personalidade.

4 Apesar da equiparação entre personalidade e capacidade, Seabra deu um passo importante na conceitualização dessas noções. Dias Ferreira ainda as tratava de modo indistinto[3]; mas Guilherme Moreira iniciou uma separação, explicando que a capacidade "tem sido usada para distinguir a medida do poder jurídico que deriva do estado [civil]"[4]. Na anotação ao 67.º veremos como operou a autonomização da capacidade.

5 O 6.º do Código de Seabra, determinava que a "capacidade" se adquirisse pelo nascimento[5]; o seu 110.º dispunha:

> Só é tido por filho, para os effeitos legaes, aquelle de quem se prove, que nasceu com vida e com figura humana.

6 O seu 1479.º previa:

> Os nascituros podem adquirir por doação, com tanto que estejam concebidos ao tempo da mesma doação, e nasçam com vida.

7 Finalmente, o seu 1776.º, a propósito da capacidade para adquirir por via testamentária, explicava, em § único:

> Reputa-se existente o embrião, que nasce com vida e figura humana dentro de trezentos dias, contados desde a morte do testador".

8 Tudo isto, doutrinariamente, era uniformizado a propósito do artigo 6.º, dizendo-se que a capacidade jurídica só surgia com o nascimento com vida e figura humana[6]. Manuel de Andrade, cujo peso nos correspondentes preceitos do Código de 1966 foi decisivo, limitava-se

[1] Ulpiano D. 25.4.1.1. = *Corpus iuris civilis*, ed. Paul Krüger/Theodorus Mommsen, 331/I.
[2] Modestino, D. 26.5.20 pr. = *idem*, 339/I.
[3] José Dias Ferreira, *Codigo Annotado*, 1, 2.ª ed., 5-6.
[4] Guilherme Moreira, *Instituições de Direito civil*, 1, 169.
[5] Acrescentando "... mas o indivíduo, logo que procriado, fica debaixo da proteção da lei e tem-se por nascido para os efeitos declarados no presente Código".
[6] Dias Ferreira, *Código Civil Annotado*, 1, 2.ª ed., 11 e Cunha Gonçalves, *Tratado*, 1, 176. Dias Ferreira explica como, na Comissão de Revisão do Anteprojeto do Código de Seabra, se deu pela disfunção entre os quatro citados preceitos, tendo-se assentado na necessidade de proceder à harmonização. Tal não foi, todavia, feito.

a referir, quanto aos nascituros, uma hipótese de direitos sem sujeito, acabando por referir "estados de vinculação de certos bens", em vista do eventual nascimento[7]; Cabral de Moncada, fica-se por uma mera expectativa[8]; Paulo Cunha, recorria à teoria da obnubilação do sujeito[9]. Apenas José Tavares admitia explicitamente a personalidade, conquanto que restrita, do nascituro[10].

4. O **Anteprojeto Manuel de Andrade**, no seu 1.º, continha já um texto idêntico ao atual[11]: sem alterações, passou ao Projeto[12]. 9

II – O regime do 66.º/1 e diplomas conexos

5. A **aquisição da personalidade** opera automaticamente, com o nascimento. *Ex lege* o recém-nascido recebe a plenitude da tutela conferida pelo Direito, passando a desfrutar da "dignidade humana", isto é, de todo o acervo de direitos e prerrogativas que a lei confere. Totalmente dependente, ele carece de uma tutela reforçada, genericamente referida no 1878.º/1 e especialmente ponderosa no caso de crianças recém-nascidas e de leite. Pela ordem natural das coisas, os pais protegem e cuidam dos seus filhos; só por exceção é necessária a intervenção da lei. 10

6. Outras consequências. (a) **Tutela penal**: o recém-nascido é um ser humano. Provocar a sua morte, por ação ou omissão, é homicídio (131.º do CP[13], 8 a 16 anos de prisão), em regra qualificado (132.º do CP, 12 a 25 anos), por preencher alguma (ou várias) das alíneas desse preceito: ser praticada por ascendente (a); ser levada a cabo contra pessoa particularmente indefesa (c); ser perpetrada por motivo fútil (e). 11

Todavia, a lei prevê o infaticídio: a morte do filho pela mãe, durante ou logo após o parto e estando ainda sob a sua influência perturbadora (136.º do CP, 1 a 5 anos de prisão). Trata-se de uma situação especial, em que a culpabilidade pode ser reduzida, segundo estudos de campo. 12

(b) **Registo civil**: é obrigatório, sendo o nascimento o primeiro facto que lhe está sujeito: 1.º/1, *a)* do CRC[14]. O nascimento é declarado nos 20 dias imediatos ou, quando ele ocorra em unidade de saúde apetrechada, até ao momento em que a parturiente receba alta (96.º/1 do CRC)[15]. Deve ser, quando possível, identificada a mãe (112.º) e o pai (118.º, ambos do CRC), atendendo-se aos requisitos especiais do 126.º. 13

(c) O **NIF** (número de identificação fiscal) é obrigatório (3.º do DL 14/2013, de 28-jan.[16]), podendo ser requerido por representante (*idem*, 6.º/1). 14

7. O **nascimento completo**, em termos rigorosos, dá-se com o corte do cordão umbilical. Muitas vezes, o cordão é laqueado, só se procedendo ao corte depois da expulsão da placenta. Além disso, é frequente a criança bem formada começar a respirar (e a chorar) logo que a cabeça se liberta do corpo da mãe. 15

O legislador devia ter evitado referir "nascimento completo". A referência é tão inadequada que o Direito penal, reclamando a libertação do pensamento civilístico, considera que, 16

[7] Manuel de Andrade, *Teoria geral*, 1, 35.

[8] Cabral de Moncada, *Lições de Direito civil*, 1, 3.ª ed., 301.

[9] Paulo Cunha, *Teoria geral*, 11 e 12 e aulas teóricas.

[10] José Tavares, *Os princípios fundamentais*, 21-25. Quanto ao estado da doutrina no âmbito do Código de Seabra, *vide* Mário Bigotte Chorão, *O problema da natureza e tutela jurídica do embrião humano*, O Direito 123 (1991), 571-598 (573 ss.).

[11] Manuel de Andrade, *Esboço de um anteprojecto de código das pessoas e da família*, 153.

[12] *1.ª Revisão* (44.º), 24; *2.ª Revisão* (66.º), 29; *Projecto de Código Civil* (66.º), 21.

[13] Aprovado pelo DL 48/95, de 15-mar., por último alterado pela L 44/2018, de 9-ago..

[14] Aprovado pelo DL 131/95, de 6-jun., por último alterado pela L 49/2018, de 14-ago.. *Vide infra*, artigo 72.º, nota 35.

[15] O não cumprimento desta norma dá azo à aplicação dos 98.º e 99.º do CRC.

[16] Por último alterado pela L 89/2017, de 21-ago..

para efeitos de homicídio, há pessoa desde que se dê o *início do ato de nascimento* (136.º do CP)[17], sob pena de incoerência nas incriminações. Seria por demais bizarro que a morte de um ser não considerado pessoa desse azo a um crime ... de homicídio. O 66.º/1 deve ser considerado alterado pelo Código Penal de 1995: onde está nascimento completo deve ler-se "início do nascimento".

17 **8.** A **personalidade pré-natal** está em aberto. Dado o 24.º da Constituição, que proclama a inviolabilidade da vida humana, pode-se entender que o 66.º/1 foi revogado: haveria pessoa antes desde a conceção[18].

18 Em termos dogmáticos, se a personalidade jurídica se contenta com a titularidade de um único direito, o nascituro é uma pessoa desde a conceção: tem o direito à vida. Em relação à capacidade para deter outros direitos, ela depende do nascimento. Nesta última afirmação reside a dimensão normativa do 66.º. Segundo o seu n.º 2, os direitos que a lei reconhece aos nascituros dependem do seu nascimento. Os nascituros têm direitos: os que a lei lhes reconheça. Todavia, estão sujeitos à condição (legal) do seu nascimento: facto *incertus an, incertus quando*.

19 O Código Civil não menciona o direito à vida do nascituro. Desde logo porque não refere, de todo, o direito à vida, entre os direitos de personalidade. De seguida porque o nascituro envolve, aqui, também o conceturo. Este, por definição, não dispõe do direito à vida, embora possa, para certos efeitos, funcionar como um centro autónomo de imputações jurídicas.

III – A tutela civil do nascituro

20 **9.** O **direito à vida**. A determinação civil do direito à vida do nascituro *stricto sensu*, isto é, da criança concebida, mas ainda não nascida, não depende de tutela penal: nem a exige. Por outro lado, esse direito, como qualquer outro, pode ceder em face de direitos incompatíveis mais ponderosos. O tema não se alarga aos conceturos ou nascituros *lato sensu*: ainda não concebidos.

21 Este ponto, muito prejudicado pelo problema do aborto, leva a excluir, à cabeça, vários argumentos que não o prejudicam. Assim: (a) o direito à autodeterminação da mulher: é total e indiscutível; todavia, mesmo sem entrar na discussão da responsabilidade da mulher no ato da conceção, não se pode retirar, desse direito, que o próprio nascituro não tenha direito à vida; se a autodeterminação fizesse cessar os direitos à vida que a restrinjam, a mulher-mãe poderia matar ou abandonar o recém-nascido: este é mais limitador do que o nascituro; (b) a legítima defesa da mulher: justificaria atos que, de outro modo, seriam ilícitos – 337.º; todavia, mesmo a conseguir-se configurar, na presença do nascituro, uma "agressão ilícita" (hipótese aliás bizarra), a verificação dos pressupostos da legítima defesa não conduz a que o "agressor" não tenha direito à vida: apenas que esse direito deva, em concreto, ceder; ver-se-á, depois, como e em que medida; (c) o não-direito ao uso do corpo da mãe: todavia, isso será um segundo momento da discussão; para já, pergunta-se, apenas, se o nascituro tem ou não direito à vida; (d) a múltipla ocorrência de abortos sem condições: uma questão de política criminal, que nada tem a ver com o direito à vida do nascituro, caso este o tenha.

[17] Jorge Figueiredo Dias, *Comentário Conimbricense ao Código Penal*, II, 2.ª ed. (2012), 8, com indicações.

[18] Assim, Mário Bigotte Chorão, *O problema da natureza e tutela jurídica do embrião humano*, 584 ss., com múltiplas indicações, Diogo Leite de Campos, *O estatuto jurídico do nascituro*, ROA 1996, 877-886 (877 ss.), Gabriel António Órfão Gonçalves, *Da personalidade jurídica do nascituro*, RFDUL 2000, 525-539 (533), defendendo que o artigo 66.º/1 foi revogado pelo artigo 24.º/1, da Constituição, Diogo Leite de Campos/Stela Barbas, *O início da pessoa humana e da pessoa jurídica*, ROA 2001, 1257-1268, com indicações e David Magalhães, *A muito limitada proteção jurídica do nascituro*, BFD 95/1 (2019, 283-336 (285 ss.).

O recém-nascido é um ser humano e tem direito à vida. Antes de iniciado o parto, a realidade biológica é a mesma; o parto até poderia ser precipitado: a criança viveria. Não há, aqui, alterações fácticas que justifiquem valorações civis diversas. A questão que se põe é, todavia, a seguinte: o nascituro, ao longo do processo embriológico, sofre uma série de alterações, passando, em 9 meses, de um zigoto microscópico a uma criança. O "direito à vida" desse ser não se irá modificando, ao ritmo biológico, de tal modo que apenas se consolidaria nas últimas fases da gestação? Podemos admitir que o desvalor penal que recaia sobre quem mate um recém-nascido seja muito maior do que o merecido por quem mate um núcleo indiferenciado de células, que nem pode ver: mas daí não resulta que este não seja humano e não tenha direito à vida. 22

Em termos civis, não é possível, hoje, fazer variar o direito à vida em função do perfil do beneficiário. "Tanto" direito têm o maior filantropo ou o mais distinto cientista como o mais depravado criminoso; os deficientes profundos, os inimputáveis, os idosos: todos têm o mesmo direito. Trata-se de um axioma humanista e liberal que enforma todo o Direito civil: ou teríamos de diferenciar institutos, o que só por exceção ocorre. Discriminações: apenas positivas, traduzidas num suplemento de proteção para os mais fracos. O direito à vida do nascituro surge com a vida: não é qualitativamente diferente na 10.ª semana, na 20.ª ou no termo da gravidez. 23

Se admitirmos – e admitimos – o Direito como uma Ciência coerente, harmónica e adequada, temos de encontrar uma articulação equilibrada entre os seus valores e as suas regras. As afirmações de dignidade humana e do supremo valor representado pela pessoa, em Direito, têm de se repercutir nos direitos subjetivos daí resultantes. Uma defesa *à outrance* do recém-nascido não joga com uma desproteção do pré-nascido. Não há, na realidade biológica, na sensibilidade humana, no mundo dos valores ou na simples lógica formal, realidades tão diferentes que justifiquem soluções radicalmente distintas. 24

10. Refutação de contra-argumentos. O reconhecimento do direito à vida do nascituro é praticamente pacífico. Importa, todavia, ponderar cinco contra-argumentos: (1) o direito à vida do nascituro depende de uma opção confessional; (2) trata-se de matéria que apenas pode ser decidida pelas mulheres; (3) é hipócrita e farisaico admitir um direito à vida do nascituro, quando se multiplicam os abortos; (4) uma menor proteção seria eficaz no combate aos abortos clandestinos, fazendo baixar, globalmente, o número de abortos; (5) o direito à vida do nascituro depende do facto incerto do nascimento e o visado não tem quem o defenda. 25

O primeiro ponto é um completo equívoco. O homem é um mamífero plancentário inteligente, que vive em sociedade e que rege a sua conduta por regras científicas e muito extensas: o Direito. Não é pensável que não tenha regras civis, laicas e independentes de ordens extrajurídicas, para reger algo de tão elementar e evidentemente decisivo como são as suas próprias conceção, gestação e nascimento. 26

O segundo ponto levaria a que nem todas as mulheres pudessem decidir; apenas as grávidas; melhor: apenas as grávidas dispostas a abortar voluntariamente, já que as outras não poderiam impor opções às demais. Levando o raciocínio às últimas consequências: qualquer problema só poderia ser solucionado pelo(s) interessado(s) direto(s), numa negação da própria ideia de Direito. Em sede penal, qualquer solução deve ponderar os problemas que uma gravidez indesejada possa pôr às mulheres concretas que a sofram; isso assente: o Direito, com todos os seus operadores, decide. 27

O terceiro ponto apresenta a ineficácia da lei como razão de supressão da mesma. O aborto põe um problema de política criminal semelhante ao de numerosos crimes íntimos. A maioria dos crimes contra as pessoas – pequenas e médias agressões, violência doméstica, crimes sexuais – e mesmo contra o património – pequenos e médios furtos, roubos e burlas – não 28 chegam aos tribunais nem são participados. A existência de uma cúpula de tutela penal pode, todavia, ter utilidade. No plano civil, as dificuldades de aplicação de tais leis são irrelevantes.

29 O quarto ponto – o dos abortos clandestinos – é uma pura questão de política criminal, a discutir no terreno, perante estudos de campo. Civilmente, é irrelevante. O Direito privado não trabalha com penas, nem as exige.

30 Finalmente, o quinto ponto: o nascimento é incerto tal como incerta é a sobrevivência do recém-nascido no seu primeiro ano de vida – e pela vida fora; a mortalidade não constitui argumento para uma menor defesa ou para o não reconhecimento de direitos das pessoas; quanto à natureza indefesa do nascituro: ocorrem outros casos similares – o próprio menor! – há muito enquadrados pelo Direito.

31 As razões últimas que justificam o direito à vida do nascituro são precisamente as que depõem a favor do direito à vida das pessoas, em geral. Poder-se-ia acrescentar que os nascituros são a Humanidade do amanhã. Daí deriva o próprio Direito. A base jurídico-positiva reside no 24.º da Constituição.

32 Finalmente: a sensibilidade geral do povo onde o problema se ponha assume um papel nesta temática. Já se tem contraposto a facilidade com que, nos Estados Unidos, o Supremo Tribunal Federal admitiu a constitucionalidade do aborto, às dificuldades que o Tribunal Constitucional alemão tem apontado, no mesmo domínio[19]. Nos Estados Unidos há uma tradição de pena de morte, enquanto a Alemanha, após 1949, é pacifista e não admite tal tipo de pena.

33 Portugal, com a sua tradição pioneira de abolição da pena de morte e com uma postura assumida de brandos costumes, está numa posição privilegiada para reconhecer o direito à vida do nascituro, já reconhecido pelo nosso Supremo Tribunal de Justiça[20].

IV – Direitos específicos dos nascituros (66.º/2)

34 **11.** No **Código Civil**, o 66.º/2 admite direitos reconhecidos, por lei, aos nascituros em sentido amplo. No próprio Código Civil, encontramos as seguintes referências expressas: **(1) 952.º** *(Doação a nascituros)*: 1. Nascituros ou conceturos podem adquirir por doação, desde que sejam filhos de pessoa determinada, viva ao tempo da declaração de vontade do doador. 2. Na doação em causa, presume-se que o doador reserva para si o usufruto dos bens doados até ao nascimento do donatário. Tal doação, por via do 951.º/2, produz efeitos independentemente de aceitação, nos termos aí dispostos; **(2) 1855.º** *(Perfilhação de nascituro)*: é admitida desde que se trate de nascituro *proprio sensu*, isto é, já concebido, e desde que o perfilhante identifique a mãe; **(3) 1878.º** *(Conteúdo do poder paternal)*: 1. Compete aos pais representar os filhos, ainda que nascituros; **(4) 2033.º** *(Princípios gerais da capacidade sucessória)*: 1. Têm capacidade sucessória, também, os nascituros em sentido próprio. 2. Têm-na, também, os conceturos filhos de pessoa determinada, viva ao tempo da abertura da sucessão; **(5) 2240.º** *(Administração da herança ou legado a favor de nascituro)*: 1. Manda aplicar, à administração em causa e perante conceturos, o regime da herança ou legado sob condição. 2. Tratando-se de nascituro em sentido próprio, a administração compete a quem administraria os seus bens, se ele já tivesse nascido.

35 **12.** No **Código do Registo Civil**: **(1) 132.º**: regula o assento de perfilhação do nascituro, o qual deve conter a época da conceção e a data provável do parto; **(2) 209.º**: prevê o depósito do certificado médico de morte fetal com tempo de gestação de 22 semanas ou superior, bem

[19] Assim, Winfried Brugger, *Abtreibung – ein Grundrecht oder ein Verbrechen?/Ein Vergleich der Urteile der United States Supreme Court und des BVerfG*, NJW 1986, 896-901.

[20] STJ 3-abr.-2014 (Álvaro Rodrigues), Proc. 436/07.6.

como a elaboração de um auto com diversos elementos, a fornecer à conservatória do registo civil; o certificado médico de morte fetal é dispensado no âmbito do artigo 209.º-A, do mesmo Código, introduzido pelo DL 113/2002, de 20-abr..

13. Nas leis sociais: **(1) 4.º/1** *da L 4/84, de 5-abr*[21], relativa à proteção da maternidade e da paternidade: "incumbe ao Estado o dever de informar e divulgar conhecimentos úteis referentes aos direitos das mulheres grávidas, dos nascituros, das crianças e dos pais ..."; **(2) 8.º** *da mesma L*, na redação dada pela L 142/99, de 31-ago.: "incumbe especialmente ao Estado, para proteção da maternidade, da paternidade, do nascituro e da criança, no domínio dos cuidados de saúde: (..)"; **(3) 57.º/1,** ***c*****)**, *do Regime de Reparação de Acidentes de Trabalho, aprovado pela L 98/2009, de 4-set.*, atribui as prestações na eventualidade de morte dos beneficiários do regime geral da segurança social, aos "filhos, ainda que nascituros ..."; um preceito que vinha já do artigo 7.º/1, *b*) do DL 322/90, de 18-out., muito recordado pela jurisprudência[22]; **(4) 15.º-A** *do Regime de Proteção na Eventualidade de Encargos Familiares*, aprovado pelo DL 176/2003, de 2-ago.[23], com as alterações introduzidas pelos DL 41/2006, de 21-fev. e 41/2010, de 21-fev. e pela L 71/2018, de 31-dez., veio prever certos abonos de família em função dos nasciturnos medicamente comprovados; veja-se, também, o 12.º-A deste diploma; **(5) 37.º/1** *do CT de 2009*: atribui determinada licença "em situação de risco clínico para a trabalhadora grávida ou para o nascituro"; *vide*, também, os seus 60.º/1, *b*) e 62.º/5; **(6) 9.º** *do Regime de Proteção na Parentalidade*, adotada pelo DL 91/2009, de 9-abr., por último alterado pelo DL 53/2018, de 2-jul.: prevê um determinado subsídio quando exista risco clínico, para a grávida ou para o nascituro; **(7) 56.º/2** *da L 98/2009, de 4-set.*, sobre a reparação de acidentes de trabalho e doenças profissionais; atribui uma pensão por morte, também, ao nascituro; *vide*, ainda, o seu 57.º/1, *c*). 36

14. O **direito à indemnização** do nascituro por danos que lhe sejam causados foi, à partida, admitido: *RLx 28-jan.-1977*: entendeu-se que o jovem Fernando, nascido seis dias depois da morte de seu pai, num acidente de viação, teria direito a uma indemnização por danos morais; explica o Tribunal: "O menor ficou privado do amparo moral e proteção, orientação e carinho que o pai lhe prodigalizaria até à maioridade e muito especialmente enquanto criança e jovem"[24]. 37

Todavia, por razões puramente conceituais, tomou-se, depois, uma posição inversa: *RCb 27-set.-1988*: Alexandra, nascida três meses após a morte do pai, em consequência de facto ilícito, não teria, na altura, capacidade jurídica; além disso, nenhuma lei lhe reconheceria qualquer indemnização: esta, foi-lhe, pois, recusada[25]; *RPt 13-abr.-1989*: o jovem Mário Filipe, nascido depois da morte do pai ilicitamente causada num acidente de viação, não tem qualquer direito a uma indemnização por danos próprios; apenas poderia receber algo por via sucessória[26]; *REv 12-mai.-1992*: o jovem Victor Manuel, igualmente nascido depois da morte ilícita de seu pai, não teve qualquer indemnização por danos morais; o Tribunal chegou mesmo a explicar o seguinte: "O problema da dor ou do desgosto de menores de tenra idade não é equiponderável ao de quem ainda não tinha nascido: quem não chegou a conhecer o pai, não pode sofrer por o ter perdido"[27]. 38

[21] Republicada pelo DL 70/2000, de 4-mai..

[22] STJ 27-mai.-2005 (Moreira Alves), Proc. 03A927 e STJ 9-nov.-2006 (Salvador da Costa), Proc. 06B3836.

[23] Republicado pelo DL 133/2012, de 27-jun..

[24] RLx 28-jan.-1977 (Santos Silveira), CJ II (1977) 1, 191-193 (192/I).

[25] RCb 27-set.-1988 (Pereira da Silva), CJ XIII (1988) 4, 58-63 (60).

[26] RPt 13-abr.-1989 (Aragão Seia), CJ XIV (1989) 2, 221-223 (222/I).

[27] REv 12-mai.-1992 (Manuel Fernandes), CJ XVII (1992) 3, 350-353 (352/II).

39 A jurisprudência regressou à solução positiva: *RPt 30-mar.-2000*: O 496.º/2, do Código Civil, ao atribuir aos filhos direito a indemnização por danos não patrimoniais pela morte da vítima, não exclui os nascituros; estes têm direito à indemnização desde que se verifique o condicionalismo do 66.º/2[28].

40 A posição veio, mais recentemente, a ser assumida pelo Supremo, depois de ter negado essa possibilidade[29]: *STJ 3-abr.-2014*: A faleceu em decorrência de um acidente rodoviário. A era casado com B e tinham um filho de 16 meses, C. À data do acidente, B estava grávida de D, filha de A. D nasceu 18 dias depois do falecimento de seu pai, A. O tribunal, confrontado com um pedido de indemnização por danos não patrimoniais próprios, em benefício de C e D, reconhece a personalidade jurídica do filho ainda não nascido à data do acidente. Atente-se às ponderosas palavras do Juiz Conselheiro Relator Álvaro Rodrigues:

> Repugna ao mais elementar sentido de justiça que – como neste caso paradigmático – dois irmãos que sofrem a perda do mesmo progenitor, tenham tratamento jurídico tão gritantemente diferenciado, pela circunstância de um deles já ter nascido à data do falecimento do pai (tinha 16 meses de idade) e outro ter nascido apenas 18 (dezoito) dias depois de tal acontecimento fatídico[30].

41 A decisão merece total concordância. O nascituro é "filho": seja biológica, seja ética, seja socialmente. Quando o 496.º/2 contempla os "filhos", nenhuma razão há para excluir os nascituros. Além disso, o 57.º/1, *c*), da L 98/2009, de 4-set., já citado, atribui ao nascituro o direito a uma pensão, por morte do pai em acidente de trabalho, num claro lugar paralelo. Finalmente: a criança nascida sem pai sofre pesados danos morais, mau grado não o ter conhecido[31]: será uma falta que a acompanhará por toda a vida.

42 O direito à indemnização do nascituro, por morte do pai, nem depende da questão da sua personalidade pré-natal: consubstanciando-se, apenas, com o nascimento. Todavia, é patente que, nestas situações, o sentir social considera o nascituro como um centro autónomo de sofrimento injusto, em mais uma achega para a personalização.

43 **15. A condição legal do nascimento**. O 66.º/2 dispõe que os direitos reconhecidos aos nascituros dependem do seu nascimento: é um facto *incertus an* e *incertus quando*[32]: uma condição legal. Suspensiva ou resolutiva? A não haver nascimento, tais direitos têm-se por não havidos; nascendo a criança, eles consolidam-se, com efeitos retroativos. A condição é suspensiva. As condições legais são condições impróprias. Ponto por ponto haverá que indagar em que medida as regras da condição são aplicáveis[33].

44 A ideia de contratar em nome de nascituros ou de os contemplar em doações ou em deixas testamentárias pode ser tentadora: dá, ao sujeito, a ideia de se prolongar para além de

[28] RPt 30-mar.-2000 (Custódio Montes), BMJ 495 (2000), 360/II = CJ XXIII (2000) 2, 209-215 (212/II).

[29] STJ 17-fev.-2009 (Helder Roque), CJ/Supremo XVII (2009) 1, 96-100 (99/I) = Proc. 08A2144; vencidos: Mário Cruz e Ernesto Calejo. Salvo o devido respeito, afigura-se-nos patente que, além do conceptualismo formal que enferma este acórdão, há um permanente recurso a doutrinas e a citações desatualizadas.

[30] STJ 3-abr.-2014 (Álvaro Rodrigues), Proc. 436/07.6. Também no sentido de incluir o nascituro entre os filhos com direito à indemnização por morte do pai (496.º/2): STA 30-jun.-2016 (Maria do Céu Neves), Proc. 01485/14.

[31] Aliás, por essa ordem de ideias, o recém-nascido também não teria direito a uma indemnização por danos morais causados pela morte do pai (e da mãe!): não se lembrará deles nem se poderá dizer que os tenha conhecido; poderá, mesmo, nunca ter estado ao pé do pai, se este se encontrar ausente.

[32] O nascimento tem uma data previsível, com uma margem de erro variável; além disso, ele pode ser provocado, seja por via natural, seja por cesariana. Em qualquer caso, o momento exato do nascimento é incerto.

[33] *Tratado*, II, 4.ª ed., 619.

própria morte. Mas introduz um fator de incerteza patrimonial. Admitir, *ad nutum*, uma capacidade plena aos nascituros daria azo, na hipótese do não-nascimento, a retransmissões complexas. Haveria desvantagens sociais, sem qualquer aportação para os próprios nascituros. Mais: o próprio nascituro passaria a ser considerado como um centro de imputações patrimoniais, perturbando-se a quietude requerida pela gestação.

O nascituro tem direito à vida e, por essa via, personalidade jurídica. A sua capacidade 45
geral de gozo também ocorre: mas sujeita à condição suspensiva do nascimento.

Artigo 67.º (Capacidade jurídica)

As pessoas podem ser sujeitos de quaisquer relações jurídicas, salvo disposição legal em contrário: nisto consiste a sua capacidade jurídica.

Bibliografia: António Agostinho Guedes, *UCP/Comentário ao Código Civil* (2014), 165-167; António Menezes Cordeiro/A. Barreto Menezes Cordeiro, *Tratado*, IV, 5.ª ed., 371 ss.. *Vide* a bibliografia indicada à introdução aos 66.º a 156.º.

Índice

I – As capacidades de gozo e de exercício

1. O Código de Seabra, no n.º 1, acima transcrito[1], equiparava a capacidade jurídica à per- 1
sonalidade, conduzindo a um uso indistinto das noções[2]. Guilherme Moreira iniciou a separação: explica que a capacidade "tem sido usada para distinguir a medida do poder jurídico que deriva do estado [civil]"[3]. Na origem da distinção entre personalidade e capacidade, estiveram as "incapacidades", isto é: as situações nas quais, por específicas razões concretas, alguém não pode desfrutar de certos direitos ... sem, por isso, deixar de ser pessoa[4]. Não obstante, a **doutrina subsequente** conservou uma certa confusão entre as duas noções[5].

[1] Artigo 66.º, anot. 3.

[2] José Dias Ferreira, *Codigo Annotado*, 1, 2.ª ed., 5-6.

[3] Guilherme Alves Moreira, *Instituições do Direito Civil*, I, 169.

[4] *Idem*, 170 ss..

[5] Assim José Tavares, *Os princípios fundamentais*, 2, 25 ("A capacidade jurídica, isto é, a idoneidade para ser sujeito de direitos, pertence portanto a toda a gente; ..."), Cunha Gonçalves, *Tratado de Direito civil*, 1 (1929), 176 ("A personalidade ou capacidade jurídica dos indivíduos ...") e Manuel de Andrade, *Teoria geral*, I, 30-31 ("A capacidade jurídica, enquanto capacidade de gozo de direitos (...) é inerente à personalidade jurídica. São mesmo conceitos idênticos"). Todavia, logo de seguida Andrade reconhece que usa falar-se antes de capacidade do que de personalidade, quando se trate de circunscrever o campo de atuação de uma pessoa.

2 Coube a Paulo Cunha formular, em definitivo, a contraposição entre a personalidade e a capacidade jurídicas, subdistinguindo, nesta última, a capacidade de gozo da de exercício[6]. Uma reponderação crítica desta matéria deve-se, hoje, a Costa Gonçalves[7].

3 **2.** O **Anteprojeto Manuel de Andrade** continha dois preceito relevantes[8]:

Artigo 2.º (Capacidade de direitos)

As pessoas podem ser sujeitos de quaisquer relações jurídicas, em igualdade de condições, sempre que a lei não determine outra coisa.

Artigo 3.º (Capacidade para actos jurídicos)

Podem ser partes em contrato ou noutro acto juridico, agindo só por si ou por meio de procurador, todas as pessoas não exceptuadas por lei.

4 A "capacidade de direitos" era a capacidade de gozo ou *Rechtsfähigkeit* e a "capacidade para atos jurídicos", a capacidade de exercício ou *Handlungsfähigkeit*, nas categorias de Manuel de Andrade[9].

5 **3. As revisões e o Projeto**. Na 1.ª revisão ministerial, os preceitos mantiveram-se, passando, respetivamente, a 45.º e 46.º[10]. Na 2.ª, sem qualquer justificação de motivos, a capacidade de exercício desaparece e surge um preceito quase semelhante ao do Projeto hoje inserido no Código Civil[11].

6 **4. O sistema do Código Civil**. A terminologia usada manteve-se à margem da dogmatização apontada e hoje corrente. Os trabalhos preparatórios e os antecedentes doutrinários dos 66.º e 67.º apontam para a manutenção da confusão entre personalidade e capacidade. Tendo disposto sobre o início da personalidade/capacidade (66.º), o Código vem definir a respetiva noção (67.º). Essa solução teria ainda a vantagem de explicar o traço quantitativo que o 66.º/2 assume ao falar nos "... direitos que a lei reconhece aos nascituros ...". Além disso, o 68.º depõe sobre o termo da personalidade, atingindo claramente a capacidade, enquanto o 69.º, ao proibir a renúncia à capacidade, veda, de facto, a renúncia à personalidade.

7 **5. Interpretação atualista**. A solução atualista passa por acentuar o termo *quaisquer*, do 67.º. A tónica da capacidade de gozo não reside no facto de poderem ser sujeitos de "relações jurídicas": isso adviria, já, da personalidade: ela deriva de poderem encabeçar *quaisquer* situações, de modo indiferenciado. Embora se esteja perante uma qualidade, ela é apresentada pelo modo quantitativo do elevado número de situações disponíveis, de tal forma que apenas genericamente podem ser referidas.

8 A esta luz, o 66.º refere a personalidade e o 67.º, a capacidade de gozo. A capacidade de exercício, banida destes preceitos pelas revisões ministeriais, terá de ser construída com base nas antes denominadas incapacidades – 122.º e seguintes.

[6] Paulo Cunha, *Teoria geral*, 14-15; *vide* João de Castro Mendes, *Direito civil (Teoria geral)*, I, 72-73 e Carlos Alberto da Mota Pinto, *Teoria geral do Direito civil*, 3.ª ed. (1985), 192.

[7] Diogo Costa Gonçalves, *Pessoa coletiva e sociedades comerciais/Dimensão problemática e coordenadas sistemáticas da personificação jurídico-privada* (2015), 1063 pp., 533 ss..

[8] Manuel de Andrade, *Esboço de um anteprojecto*, 154.

[9] Trata-se de conceitos que Manuel de Andrade retirou de Enneccerus/Nipperdey e que correspondem, hoje, à terminologia habitual.

[10] *1.ª Revisão*, 25.

[11] *2.ª Revisão* (67.º), 29; *Projecto de Código Civil* (67.º), 21; *vide* Jacinto Rodrigues Bastos, *Das relações jurídicas*, I, 12.

Este afinamento atualista de conceitos e definições legais tem os seus limites. Ele é válido, apenas, para a concreta contraposição pretendida: noutros lugares normativos, haverá que verificar se se trata de "personalidade" ou de "capacidade". Além disso, ele enfraquece comandos hipoteticamente subjacentes às definições legais. 9

II – Os estados das pessoas

6. Origem. A ideia de estado ou *status* era já usada, no Direito romano, com um alcance próximo do atual. A concreta posição de cada um advinha da conjunção de três estados: o *status libertatis*, o *status civitatis* e o *status familiae*. O primeiro distinguia a pessoa livre do escravo; o segundo contrapunha o cidadão ao *peregrinus*; o terceiro definia a posição do sujeito no seio da família. 10

A técnica dos estados foi acolhida pelos direitos de base românica. Na pré-codificação, dizia Coelho da Rocha[12]: 11

> (...) nos homens os direitos variam conforme as differentes qualidades, posição ou circunstâncias, em que elles se acham; ou, para nos servirmos da phrase dos JCtos Romanos, conforme seu differente *estado*.

7. Atualidade. As pessoas singulares podem estar investidas nas mais diversas posições jurídicas. Pode tratar-se de posições terminais – p. ex., a posição que derive da qualidade de comprador – ou de posições com apetência para gerar novos efeitos jurídicos – p. ex., a que emerja da qualidade de comerciante. 12

A nível de linguagem, seria inviável transmitir, a propósito de cada pessoa, todas as posições jurídicas que ela encabece ou possa encabeçar. Por isso, o Direito recorre à noção de estado das pessoas, a entender como qualidades ou prerrogativas que impliquem ou que condicionem uma massa predeterminada de situações jurídicas. 13

O estado das pessoas pode ser entendido com um alcance triplo[13]: (1) o estado-qualidade correspondente a uma determinada posição da pessoa; (2) o estado como complexo de situações jurídicas correspondentes a essa qualidade ou por ela potenciadas ou condicionadas; (3) o estado enquanto complexo de normas jurídicas reguladoras dessa massa de situações. O ponto de partida é constituído pelo estado-qualidade, sendo as outras aceções facetas dele decorrentes. O estado de cada pessoa condiciona e determina a sua capacidade: de gozo e de exercício. 14

8. Modalidades. Os estados das pessoas podem ser globais ou parcelares. Globais, quando condicionem uma generalidade de posições de uma pessoa – p. ex., o estado civil; parcelares, se se reportarem a determinada faceta da pessoa em causa – p. ex., o estado profissional ou profissão. Quando se fala, simplesmente, em estados, têm-se em vista estados globais. A ideia de estado pode ser bastante fecunda, uma vez que permite transmitir, em termos sintéticos e precisos, toda uma série de informações sobre vetores jurídicos importantes. Torna-se útil proceder a classificações. 15

Na tradição de Paulo Cunha, que remonta ao Código de Registo Civil de 1932, podemos distinguir entre estado das pessoas e estado civil: estados civis são os estados publicitados pelo registo civil; estados das pessoas equivalem aos estados civis e, ainda, aos estados apurados por via doutrinária. 16

[12] Coelho da Rocha, *Instituições de Direito Civil*, 1, 30-31.

[13] Paulo Cunha, *Teoria geral*, 17; este Autor fixava-se na primeira aceção, que considerava a correta; a segunda e a terceira teriam respetivamente a ver com o estatuído e com o estatuto.

17 Os estados das pessoas subdividem-se em estados relacionados com a nacionalidade ou cidadania, com a família, com a posição sucessória, com o sexo, com a idade, com deficiências ou com a situação patrimonial. Teremos: (1) quanto à nacionalidade: nacional, estrangeiro, apátrida e plurinacional; o nacional, por seu turno, poderá ser originário, superveniente ou por reaquisição; (2) quanto à família: parente ou estranho; solteiro, casado, viúvo ou divorciado; pai, mãe, filho ou adotado; (3) quanto à posição sucessória: herdeiro ou legatário; o herdeiro pode ser legitimário, legítimo ou testamentário; (4) quanto ao sexo: masculino ou feminino; (5) quanto à idade: nascido ou nascituro e menor ou maior; (6) quanto a necessidades especiais: comum ou acompanhado; (7) quanto à situação patrimonial: comum ou insolvente.

18 Os diversos estados são tratados pelas disciplinas privadas de acordo com critérios legislativos e histórico-culturais. A matéria da nacionalidade era, tradicionalmente, vista na parte geral, o mesmo sucedendo com o sexo, a idade e as deficiências; a nacionalidade passou, porém, para o Direito internacional privado. A família e a posição sucessória correspondem às respetivas disciplinas civis: Direito da família e Direito das sucessões. A falência compete ao Direito comercial.

19 Os estados parcelares correspondem a diversas áreas jurídico-normativas. Significativos são determinados estados profissionais, com relevo para o de comerciante e o de trabalhador. No domínio funcional regido pelo Direito público, encontramos os estados de funcionário público, com múltiplas subdivisões (militar, magistrado, diplomata ou docente do ensino público), de político, de profissional liberal ou de reformado. Ao utilizar-se qualquer uma dessas designações, refere-se um pressuposto de aplicação de diversas normas. Uma enumeração precisa seria impensável.

Artigo 68.º (Termo da personalidade)

1. A personalidade cessa com a morte.
2. Quando certo efeito jurídico depender da sobrevivência de uma a outra pessoa, presume-se, em caso de dúvida, que uma e outra faleceram ao mesmo tempo.
3. Tem-se por falecida a pessoa cujo cadáver não foi encontrado ou reconhecido, quando o desaparecimento se tiver dado em circunstâncias que não permitam duvidar da morte dela.

Bibliografia: António Menezes Cordeiro/A. Barreto Menezes Cordeiro, *Tratado*, IV, 5.ª ed., 568-606; Luís A. Carvalho Fernandes, *Teoria geral do Direito civil*, I, 6.ª ed., 208-220; Luísa Neto, em Ana Prata, *Código Civil anotado*, 1, 2.ª ed. (2019), 102-105.

Índice

I – A morte

1. O 68.º/1 visa **a morte natural**, isto é, a cessação das funções vitais, seguindo-se a decomposição do organismo. Diz-se "morte natural", por oposição à "morte civil": uma sanção que recaía sobre os condenados à privação dos direitos civis[1]: os seus bens passavam aos sucessores, o seu casamento era havido como dissolvido e tudo se passava como se o sujeito tivesse deixado de existir. Ela estava prevista na versão inicial do Código Napoleão[2], tendo sido suprimida por uma Lei de 31-mai.-1854. 1

Os brandos costumes não se compaginavam com a ideia de morte civil. As *Ordenações*, no Liv IV, Tit LXXXI, § 6, dispunham que o condenado à morte natural "... he privado de todos os atos civis ..." embora, de seguida, abrissem exceções[3]. Pascoal de Mello entendia essa medida como antiquada e inexequível[4]. Todavia, o Código Comercial de 1833 (Ferreira Borges), no 818.º, indicava que o mandato cessava "... pela morte natural ou civil ..." do comitente ou do comissário[5]. 2

2. O **anteprojeto Manuel de Andrade** propôs um texto que, com poucas alterações, passou ao Código[6]. 3

3. A efetiva **determinação da morte** de uma pessoa pode levantar dúvidas. O Direito apela à Medicina, embora ponderando as respostas desta[7]. A morte natural era associada à paragem do coração. Mas esta podia não ser definitiva. A morte passou a ser determinada pela cessação da função respiratória ou pelo desaparecimento dos reflexos oculares. 4

4. Com a **técnica dos transplantes**, a problemática voltou a pôr-se. As diversas funções vitais não cessam em simultâneo. Após a "morte" confirmada, os vários tecidos vão-se necrosando, sobrevivendo alguns durante várias horas[8]. Justamente: a colheita pressupõe que tais tecidos ainda estejam vivos. O órgão mais sensível é o cérebro, sede da consciência e das funções intelectivas: perdido o cérebro, perdido fica, como pessoa, o ser humano. Com uma vantagem: o restante organismo pode, por vezes, manter-se em vida, o que permite a colheita de órgãos vitais, como o coração, o fígado e os pulmões. 5

A L 141/99, de 28-ago., estabelece os princípios da verificação da morte: estão em causa direitos fundamentais, numa situação que importa definir, para as transplantações[9]. O 2.º da referida lei define: 6

[1] A condenação à morte (natural) envolvia, também, a morte civil – 23.º do Código Napoleão.

[2] 22.º e seguintes, vindo os efeitos da "morte civil" alinhados no 25.º do mesmo Código.

[3] *Ord. Fil.*, Liv. IV, tit. LXXXI, § 6 = Ed. Gulbenkian IV e V, 910-911.

[4] Pascoal de Mello, *Instituições*, Liv. II, tit. I, § XI = trad. port. BMJ 163 (1967), 17.

[5] Coelho da Rocha, *Instituições de Direito civil*, 2.ª ed., nota C ao § 70 (1 vol., 247), por influência francesa, refere ainda a morte civil. Dulcificava, todavia, a matéria – *idem*, 248.

[6] Manuel de Andrade, *Esboço de um anteprojecto*, 4.º; *Projecto de Código Civil*, 22.

[7] Indicações no *Tratado*, IV, 5.ª ed., 570.

[8] Daí o falar-se na morte como um processo, sendo possível distinguir uma morte relativa, uma intermédia e uma absoluta.

[9] *Vide* Luís Carvalho Fernandes, *A definição de morte/transplantes e outras utilizações do cadáver*, DJ XVI (2002) 2, 29-59 e João de Oliveira Geraldes, Finis vitae *ou* ficta mortis?, ROA 2010, 625-673.

A morte corresponde à cessação irreversível das funções do tronco cerebral.

7 A verificação é da competência dos médicos – 3.º/11 – cabendo à Ordem dos Médicos definir, manter atualizados e divulgar os critérios médicos, técnicos e científicos de constatação da morte – n.º 2[10]. Quanto ao processo – 4.º: compete ao médico a quem, no momento, caiba a responsabilidade pelo doente ou que em primeiro lugar compareça, cabendo-lhe lavrar um registo sumário de que conste – n.º 1:

a) A identificação possível da pessoa falecida, indicando se foi feita por conferência de documento de identificação ou informação verbal;
b) A identificação do médico pelo nome e pelo número da cédula da Ordem dos Médicos;
c) O local, a data e a hora da verificação;
d) Informação clínica ou observações eventualmente úteis.

8 Nos casos de sustentação artificial das funções cárdio-circulatória e respiratória, a verificação da morte deve ser efetuada por dois médicos, de acordo com o regulamento elaborado pela Ordem dos Médicos – n.º 4.

9 5. As **unidades de colheita e transplantação** de órgãos estão regulamentadas pela P 76/2014, de 21-mar., com as alterações introduzidas pela P 16/2015, de 23-jan.. O regime básico advém da L 36/2013, de 12-jun., alterada pela L 2/2015, de 8-jan., que o republicou em anexo.

II – A comoriência (68.º/2)

10 **6. O problema.** Várias pessoas morrem em idênticas circunstâncias – desastre rodoviário ou ferroviário, naufrágio ou queda de aeronave, por exemplo – sem que se possa apurar por que ordem. Esse fator poderia ser relevante, em especial tratando-se de pessoas sucessíveis entre si: o jogo das transmissões por morte depende de quem sobreviva a quem.

11 Não sendo possível fazer a prova da ordem dos falecimentos, o Direito, numa técnica que remonta ao Direito romano, ajuda através de presunções.

12 **7.** O **Direito tradicional** estabelecia presunções de premoriência: os mais robustos (ou, como tal, havidos) sobreviviam aos demais. Tal a solução do Código Napoleão[11], presente no antigo Direito português. Segundo Corrêa Telles[12]:

> 631. Se no mesmo perigo morrem pae, mãe e filhos, e não ha evidencia de quem sobreviveu, presume-se que o pae e mãe sobreviveram aos filhos impuberes e que os filhos puberes sobreviveram ao pae e mãe.
>
> 632. Se as pessoas que morreram no mesmo desastre eram maiores de sessenta annos, presume-se que os mais idosos morreram primeiro; se menores de quinze annos, presume-se que os mais velhos sobreviveram aos mais novos.
>
> 633. Em concurso de menores de quinze annos, e de menores [aliás: maiores] de sessenta, os primeiros se presume terem sobrevivido.

[10] Os critérios da morte cerebral constam de uma declaração da Ordem dos Médicos, efetuada ao abrigo do 12.º da L 12/93, de 22-abr. e publicada no DR I-B, n.º 235, de 11-out.-1994, 6160.

[11] 721.º e 722.º: tendo os falecidos menos de 15 anos, presume-se que sobreviveu o mais velho; tendo mais de 60 anos, presume-se a sobrevida do mais novo; tendo uns menos de 15 e outros mais de 60, presume-se a dos primeiros; tendo todos mais de 15 e menos de 60, presume-se, havendo igualdade de idade ou uma diferença inferior a um ano, a sobrevida do varão; sendo do mesmo sexo, presume-se a do mais novo.

[12] Corrêa Telles, *Digesto Portuguez*, 2, 89 ss.. Este Autor inspira-se, essencialmente, no Código francês.

634. Se as pessoas que pereceram eram maiores de quinze annos e menores de sessenta, e todas do mesmo sexo, a de menor idade presume-se ter sobrevivido aos mais velhos. Se eram de diverso sexo, o varão presume-se ter sobrevivido á femea em paridade de idade, ou ainda que o varão excedesse um anno á femea.

As regras de premoriência eram irreais: introduziam uma aleatoriedade que não servia interesses detetáveis. Os códigos civis mais recentes abandonaram-nas. 13

8. O Código de Seabra, optou pela comoriência, no seu 1738.º[13]: 14

> Se o auctor da herança, e os seus herdeiros, ou legatarios, perecerem no mesmo desastre, ou no mesmo dia, sem que se possa averiguar quaes foram os que se finaram primeiro, reputar-se-hão fallecidos todos ao mesmo tempo, e não se verificará entre elles a transmissão da herança, ou do legado.

9. A solução da comoriência conheceu o sufrágio dos códigos mais recentes, com relevo para o alemão[14], constando do 68.º/2, em anotação[15]. É uma mera presunção. Qualquer interessado pode fazer prova da pré-morte de algum dos envolvidos[16]. A comoriência impede transmissões entre os falecidos que envolva. 15

III – A morte declarada e a morte presumida

10. A morte declarada. Em regra, a morte é atestada pelo médico, perante o cadáver do visado. Circunstâncias várias podem levar a que não haja cadáver ou a que este não possa ser encontrado. 16

Segundo o 68.º/3, tem-se por falecida a pessoa cujo cadáver não foi encontrado ou reconhecido, quando o desaparecimento se tiver dado em circunstâncias que não permitam duvidar da morte dela. 17

A lei prevê um processo especial: a morte terá de ser declarada por uma entidade judicial, depois de recolhidos todos os elementos. Segue-se o processo de justificação judicial: 233.º e seguintes, do CRCiv. 18

O processo inicia-se por auto de notícia do conservador ou a requerimento do interessado ou do MP, dirigido ao juiz da comarca (234.º/1). No requerimento, são expostos os fundamentos da pretensão e indicadas as providências pretendidas – 234.º/3. O conservador determina a citação de eventuais interessados e a afixação de editais – 235.º/1 – procedendo-se, findo o prazo da oposição eventual, à inquirição das testemunhas – 236.º. Concluída a instrução, o conservador lança uma informação final e remete os autos a juízo, para julgamento – 237.º/1. O juiz pode determinar novos atos de instrução, proferindo sentença em 10 dias a contar da conclusão – 239.º. Da sentença cabe recurso, com efeito suspensivo, para a Relação, o qual é processado e julgado, como agravo cível; do acórdão da Relação não há, em princípio, recurso para o Supremo – 240.º, todos do CRCiv. 19

11. A morte presumida, vem prevista nos 114.º e seguintes. Desta feita, o indício da morte advém apenas de uma ausência prolongada e sem notícias, do visado. *Vide* as competentes anotações. 20

[13] José Dias Ferreira, *Codigo Annotado*, 3, 2.ª ed., 282, dá conta de que esta solução foi recolhida no Código holandês. Congratulando-se com a consignação da comoriência, Guilherme Moreira, *Instituições do Direito civil*, 1, 234.

[14] No § 20 da sua versão original.

[15] STJ 5-mai.-1987 (Menéres Pimentel), Proc. 074603.

[16] Para tanto, pode usar todos os meios possíveis: STJ 6-out.-1994 (Miranda Gusmão), BMJ 440 (1994), 408-421 (415).

IV – As consequências da morte

21 **12.** A primeira consequência da morte é **o termo da personalidade**: 68.º/1. Essa regra é compatível com uma tutela *post mortem* de certos direitos de personalidade[17]. O morto não pode ser destinatário de normas jurídicas nem, daí, titular de direitos ou sujeito de obrigações. A manutenção da personalidade do falecido equivaleria a dirigir comandos, de modo indireto, a outras pessoas: originar-se-ia como que uma pessoa coletiva, contrária à tradição românica e à natureza e que iria complicar, sem vantagens, a inevitável passagem de testemunho. A morte envolve a cessação de quaisquer titularidades ou adstrições do falecido: *mors omnia solvit*.

22 A morte é um facto jurídico *stricto sensu*: um evento não-humano – ou no qual a vontade humana, a nível de eficácia, não é tratada como tal pelo Direito – a que o ordenamento associa resultados jurídicos.

23 **13. Tipos de efeitos**: (1) No tocante aos efeitos de Direito público encontramos: (a) a constatação, a certificação e o registo do óbito; (b) a aplicação das regras relativas à inumação e à cremação; (c) efeitos administrativos e fiscais.

24 (2) Quanto ao Direito privado, cumpre referir: (a) a cessação da personalidade; (b) a extinção dos direitos de personalidade, dos direitos pessoais e de certos direitos patrimoniais; (c) a abertura da sucessão.

25 **14. A constatação, a certificação e o registo do óbito**. A morte é verificada por um médico a quem compete, gratuitamente, passar um certificado de óbito – 194.º/1 – com o conteúdo previsto no 196.º, ambos do CRCiv.

26 A morte é de inscrição obrigatória – 1.º/1, *p*), do CRCiv. Quando ocorra em território português, qualquer falecimento deve ser declarado, no prazo de 48 horas, na conservatória competente – 192.º/1, do CRCiv. Conta-se tal prazo, conforme os casos, do momento – *idem*, n.º 2: (a) em que ocorrer o falecimento; (b) em que for encontrado ou autopsiado o cadáver; (c) da dispensa da autópsia; (d) em que for recebida a cópia ou o duplicado da guia de enterramento, emitida pela autoridade policial.

27 A declaração de óbito compete, obrigatória e sucessivamente, às pessoas elencadas no artigo 193.º/1, do CRCiv:

a) Ao parente capaz mais próximo do falecido, que estiver presente na ocasião do óbito;
b) A outros familiares do falecido, que estiverem presentes;
c) Aos donos da casa onde o óbito ocorrer;
d) Ao diretor ou administrador do estabelecimento, público ou particular, onde o óbito tiver ocorrido, tiver sido verificado ou no qual o cadáver tenha sido autopsiado;
e) Ao ministro de qualquer culto, presente no momento do falecimento;
f) A pessoa ou entidade encarregada do funeral;
g) Às autoridades administrativas ou policiais, no caso de abandono do cadáver.

28 O cumprimento da obrigação de declaração de óbito por alguma das pessoas ou entidades mencionadas desonera os demais – 193.º/2, do CRCiv.

29 Pode ainda acontecer – 197.º do CRCiv – que haja indícios de morte violenta ou suspeitas de crime, que o médico declare ignorar a causa da morte ou que o óbito tenha ocorrido há mais de um ano – n.º 1: o funcionário abstém-se de lavrar o assento ou o auto de declaração e comunica de imediato o facto às autoridades judiciais ou policiais, "... a fim de estas promo-

[17] *Infra*, 71.º e suas anotações.

verem a autópsia do cadáver e as demais diligências necessárias à averiguação de causa da morte e das circunstâncias em que esta tenha ocorrido". A autoridade que investigar a causa da morte deve comunicar à conservatória competente todos os elementos úteis que obtiver, designadamente a hora, o dia e o local do falecimento, para serem levados ao assento de óbito – n.º 2.

Na falta da declaração de óbito, o 198.º remete para o 98.º, ambos do CRCiv: as autori- 30 dades administrativas ou policiais devem participar o facto ao conservador ou ao MP, a fim de ser suprida a omissão do registo, podendo ainda a participação ser também feita por qualquer outra pessoa. Segue-se um processo de suprimento e, ainda, um processo contraordenacional, previsto no 295.º, do mesmo Código.

Só pode ser lavrado registo de óbito não comprovado por certificado médico ou por auto 31 de verificação mediante decisão resultante de processo de justificação administrativa: 199.º e 241.º e seguintes, do CRCiv.

Quanto aos requisitos específicos do assento de óbito, o 201.º/1, do CRCiv, fixa três 32 ordens de elementos[18]: (a) a identificação do falecido: nome completo, sexo, idade, estado, naturalidade, última residência habitual, nome completo dos pais e nome completo do último cônjuge; (b) hora, data e lugar do falecimento ou do aparecimento do cadáver; (c) cemitério onde vai ser ou foi sepultado.

Apenas a identificação é indispensável, para o assento. O conservador poderá averbar os 33 que, mais tarde, cheguem ao seu conhecimento – 201.º/4. Não sendo possível determinar a identidade do morto, rege o 202.º/1: no assento, deve ser mencionado o lugar, a data e o estado em que o cadáver haja sido encontrado, o sexo, cor e idade aparente do falecido, o vestuário, os papéis e os objetos achados junto do cadáver, bem como qualquer outra circunstância capaz de concorrer para a sua identificação; quando possível – n.º 2 – o conservador deve ainda mandar arquivar fotografias do cadáver.

O CRCiv prevê situações especiais: os óbitos consumados em hospitais, cadeias e esta- 34 belecimentos equivalentes e as dos verificados em viagem ou por acidente: 203.º a 208.º do CRCiv.

15. Efeitos administrativos e fiscais. A morte determina a cessação de todas as relações de 35 Direito público do titular. Ficam envolvidos os cargos públicos que ocupe, desde o de Presidente da República ao mais modesto e todas as relações funcionais, com relevo para a de funcionário ou agente do Estado. São desencadeados os diversos mecanismos previstos na lei para a sua substituição.

A morte pode reabrir processos em curso. Assim, no âmbito do processo eleitoral con- 36 ducente à eleição do Presidente da República, a morte de qualquer candidato obriga a reiniciar o processo eleitoral – 124.º/3, da Constituição.

A morte de uma pessoa deve ser levada ao conhecimento da Repartição de Finanças 37 competente – 26.º/1 do Código do Imposto de Selo. Dá-se início à eventual liquidação do imposto.

16. Efeitos de Direito privado. O termo da personalidade – 68.º/1 – extingue os direitos de 38 personalidade do falecido. Cessam os direitos à vida e à integridade física, por falta de objeto. Os restantes deixam de se reportar a uma pessoa e à especial dignidade que ela envolve. A lei prevê uma tutela *post mortem*, no 71.º.

[18] Carvalho Fernandes, *Teoria geral*, 1, 6.ª ed., 212.

39 A morte extingue os direitos pessoais do falecido, com especial relevância no Direito da família. O casamento dissolve-se (1788.º), cessando as relações patrimoniais e pessoais entre os cônjuges (1688.º).

40 A morte opera nos conflitos de normas no espaço – 17.º/3, 25.º, 62.º, 63.º/1 e 65.º/1, bem como no campo da personalidade e dos direitos de personalidade – 68.º/1 e 3, 31.º/1, 73.º, 76.º/2 e 79.º/1 – e no da ausência e morte presumida – 98.º, 100.º, 102.º, 106.º, 112.º, 114.º/1, 2 e 3, 115.º, 116.º/1, 118.º/1 e 119.º/3.

41 A morte do menor permite aos herdeiros a anulação dos atos por ele praticados – 125.º, *c*).

42 Nos negócios e contratos, a regra geral é a da sua passagem aos herdeiros. Encontramos as referências seguintes, que ora confirmam a regra geral, ora a afastam: *226.º/1*: a morte do declarante não afeta a eficácia da declaração, salvo se o contrário dela resultar; *231.º/1*: *idem*, quanto à morte do proponente, salvo havendo fundamento para presumir que outra teria sido a sua vontade; *31.º/2*: a morte do destinatário determina a ineficácia da proposta; *306.º/3*: nas obrigações *cum voluerit* ou *cum potuerit*, a prescrição só se inicia com a morte do devedor; *420.º*: as posições derivadas dos pactos de preferência não são transmissíveis em vida nem por morte, salvo estipulação em contrato; *448.º/1*: no contrato a favor de terceiro, a promessa a cumprir depois da morte do promissário é revogável, enquanto este for vivo, salvo cláusula em contrário; presume-se que o terceiro apenas depois da morte do promissário adquire direito à promessa – 451.º/1; *495.º*: prevê as indemnizações por morte; *496.º*: *idem*, no tocante a danos não patrimoniais; *artigos 508.º/1 e 510.º/1*: *idem*, no domínio da responsabilidade pelo risco; *737.º/1, a*): privilégio mobiliário que assiste ao crédito pelas despesas do funeral do devedor; *737.º/2*: o prazo de 6 meses relativo a créditos dotados de privilégio mobiliário conta-se da morte do devedor; *943.º*: a doação que tenha por objeto prestações periódicas extingue-se por morte do devedor; *946.º*: regula a doação por morte: é, em princípio, proibida, salvo quando possa ser havida como disposição testamentária; *959.º*: o doador pode reservar para si o direito de dispor, por morte ou por ato entre vivos, de alguma ou de algumas das coisas compreendidas na doação; *968.º*: o herdeiro do doador que confirme a doação depois da morte deste não pode prevalecer-se da nulidade da doação; *976.º*: a ação de revogação da doação por ingratidão não pode ser proposta nem depois da morte do donatário, nem pelos herdeiros do doador, salvo determinadas exceções; *1001.º/1*: falecendo um sócio, deve a sociedade liquidar a sua quota em benefício dos herdeiros, salvo cláusula em contrário; o valor obedece ao artigo 1021.º/1; *1051.º/1, d*): a locação caduca por morte do locatário, salvo – 1059.º/1 – se se tiver convencionado, por escrito, a sua transmissão por morte[19]; *1123.º*: a parceria pecuária caduca por morte do parceiro pensador; *1141.º*: o comodato caduca por morte do comodatário; *1174.º, a*): o mandato caduca por morte do mandatário e, em certos casos – 1175.º – pela do mandante; *1176.º*: os herdeiros do mandatário devem, então, tomar as providências adequadas; *1230.º*: a empreitada extingue-se por morte do empreiteiro se, na celebração do competente contrato, tiverem sido tomadas em conta as qualidades pessoais deste; *1255.º*: por morte do possuidor, a posse continua nos sucessores, independentemente da apreensão material da coisa; *1316.º*: a propriedade adquire-se por sucessão por morte, no momento da abertura da sucessão – 1317.º, *b*); *1442.º*: direito de acrescer, no usufruto: na contitularidade deste, a propriedade só se consolida por morte do último usufrutuário; *1476.º/1, a*): o usufruto extingue-se por morte do usufrutuário, numa regra aplicável ao uso e habitação – 1485.º; *1534.º*: a superfície transmite-se por morte; *1593.º*: regula as restituições no caso de não realização de promessa de casamento, por morte de algum dos promitentes; *1595.º*: o direito de exigir os donativos ou a indemnização por quebra de promessa de casamento caduca no prazo de um ano contado da quebra da promessa ou da morte do promitente; *1621.º/1*: a procuração para casamento caduca pela morte do constituinte ou do procurador[20]; *1622.º/1*: o receio de morte próxima permite casamentos urgentes; *1657.º/2*: a morte de um ou ambos os cônjuges não obsta à transcrição do casamento católico, anteriormente celebrado; *1685.º*: cada um dos cônjuges

[19] Esta regra sofre importantes desvios no tocante ao arrendamento urbano e hoje constantes do Código Civil, após a reforma de 2006; *vide* os 1106.º e 1113.º.

tem a faculdade de transmitir os bens próprios, por morte, salvo o regime geral dos herdeiros legitimários; *1700.º*: disposições por morte em convenções antenupciais; *1703.º*: caducidade de pactos sucessórios; *1705.º*: disposição por morte a favor de terceiro; *1706.º*: correspetividade das disposições por morte a favor de terceiros; *1719.º/1*: partilha segundo regimes não convencionados, no caso de dissolução do casamento por morte; *1755.º/2*: doações para casamento que produzam efeitos por morte do doador: equiparação a pactos sucessórios; quanto à forma: 1756.º; *1766.º/1, a)*: a doação entre casados caduca falecendo o donatário antes do doador; *1788.º*: o divórcio tem os efeitos da dissolução por morte; *1818.º*: prossecução da ação de reconhecimento de maternidade, ocorrendo falecimento do filho; *1825.º*: legitimidade em caso de falecimento do autor ou réus em ações de estabelecimento de maternidade; *1844.º*: legitimidade nas ações de impugnação de paternidade, ocorrendo falecimentos; *1859.º*: a perfilhação que não corresponda à verdade é impugnável em juízo, mesmo depois da morte do perfilhado; *1904.º*: poder paternal, falecendo um dos cônjuges; *1937.º, d)*: o tutor não pode receber, do pupilo, liberalidades, por ato entre vivos ou por morte; *2013.º/1, a)*: a obrigação de prestar alimentos cessa com a morte do obrigado ou do alimentado.

Os 2024.º a 2334.º regem a sucessão por morte[21]. 43

Artigo 69.º (Renúncia à capacidade jurídica)

Ninguém pode renunciar, no todo ou em parte, à sua capacidade jurídica.

Bibliografia: Luísa Neto, em Ana Prata, *Código Civil anotado* 1, 2.ª ed. (2019), 106-117.

1 O preceito advém, sem alterações, do 5.º do Anteprojeto Manuel de Andrade[22]. Está 1
em causa a capacidade de gozo, já que, quanto à de exercício, é possível a emissão de procurações irrevogáveis, em certas circunstâncias. O preceito deve, todavia, ser interpretado como vedando a renúncia à personalidade: ninguém pode entregar-se em escravatura. O suicídio é, também, civilmente vedado: uma consequência da indisponibilidade do direito à vida[23]. Já os diversos direitos envolvidos podem (ou não) ser objeto de renúncia, em função do seu regime. 2

2 O 69.º, de modo direto, veda o suicídio e o pedido de eutanásia: ambos esses eventos implicam, direta e necessariamente, a renúncia à personalidade: em linha com os 24.º/1 a 25.º/1 da Constituição

Secção II – Direitos de personalidade

Introdução (70.º a 81.º)

Bibliografia: AAVV, *UCP/Comentário ao Código Civil* (2014), 169-204; Ana Filipa Morais Antunes, *Comentário aos artigos 70.º a 81.º do Código Civil (Direitos de personalidade)*, 2012; António Menezes Cordeiro, *Os direitos de personalidade na civilística portuguesa*, Est. Galvão Telles 1 (2002), 21-45; António Menezes

[20] Trata-se de uma regra aplicável à procuração em geral, mesmo no silêncio do artigo 265.º: aplicam-se as regras do mandato.

[21] A matéria será objeto do volume VI do presente *Cóigo Anotado*.

[22] *Vide* os 265.º/3 e 1070.º/2; António Menezes Cordeiro, *Tratado*, V, 5.ª ed. (2018), 136 e XII (2018), 671-674.

[23] *Idem*, *Tratado*, V, 5.ª ed., 167-168.

Cordeiro/A. Barreto Menezes Cordeiro, *Tratado de Direito civil*, IV, 5.ª ed. (2019), 45-325; Diogo Leite de Campos, *Lições de direitos de personalidade*, 2.ª ed., 1992; *idem*, *O Direito e os direitos de personalidade*, ROA 1993, 201-224; Elsa Dias Oliveira, *Sa responsabilidade civil extracontratual por violação de direitos de personalidade em Direito internacional privado*, 2012; Filipe Albuquerque Matos, *Responsabilidade civil por ofensa ao crédito e ao bom nome*, 2011; Jorge Miranda, *Direitos fundamentais*, 2.ª ed., 2017; Jorge Reis Novais, *As restrições aos direitos fundamentais não expressamente autorizadas pela Constituição*, 2.ª ed., 2010; *idem*, *A dignidade da pessoa humana*, I – *Dignidade e direitos fundamentais*, 2015; Luísa Neto, em Ana Prata (org.), *Código Civil anotado* 1, 2.ª ed., (2019), 111-128; Manuel Carneiro da Frada, *Nos 40 anos do Código Civil português/tutela da personalidade e dano existencial*, Themis n.º especial (2008), 47-68; Nuno Pinto Oliveira, *Direitos de personalidade: contributo para a revisão das disposições do Código Civil português*, *idem*, 209-227; Orlando de Carvalho, *Os direitos do homem no Direito civil português* (1973), 45 pp.; Paulo Cunha, *Teoria geral do Direito civil*, 1971-1972; Paulo Ferreira da Cunha, *Desafio metodológico dos direitos de personalidade*, 20 anos do CSC, III (2007), 825-849; Paulo Otero, *Sumário de um curso de direitos fundamentais*, 2000; Rabindranath Capelo de Sousa, *O direito geral de personalidade*, 1995; Tiago Soares da Fonseca, *Da tutela judicial civil dos direitos de personalidade*, ROA 2006, 147-293.

Índice

I – Origem e evolução

1 **1.** No **Direito romano**, a proteção da pessoa operava pela *actio iniuriarum*: um meio para reagir a ofensas corporais, que veio a alargar a sua aplicação. A *Lex Aquilia de damno* (286 a. C.), ao facultar indemnizações por atentados à integridade, teve também esse papel, ao longo dos séculos.

2. Donellus (Hugues Doneau, 1527-1591), na transposição das ações para os direitos subjetivos, fixou os *iura in persona ipsa* ou direitos sobre a própria pessoa, dando lugar aos direitos de personalidade. 2

3. Os **direitos humanos**, categoria anglo-saxónica que os admitia como preexistentes ao próprio Estado, deram uma cobertura ideológica ao tema, enriquecendo-o. A sua dogmatização era difícil, dada a aparente inversão de um direito virado para o interior. Savigny (1779-1861) não lhes foi favorável, ao contrário de Jhering (1818-1892). Ao longo do séc. XIX, o pandectismo elaborou a noção. 3

4. As **manifestações parcelares** de direitos de personalidade foram decisivos para a sua radicação: a categoria dos bens imateriais (patentes, fotografias, imagens e nome) foi reconhecida, na Alemanha e nos finais do séc. XIX, permitindo, mais tarde, construções generalizadas. 4

Em França, os direitos de personalidade apenas foram expressamente acolhidos em lei, nos anos setenta do séc. XX. Já na Alemanha, após a II Guerra Mundial (1939-1945) e em reação aos excessos então perpetrados, o tema teve grande expansão, mau grado o BGB só ter consagrado o direito ao nome. 5

II – Figuras afins

5. Os **direitos do homem**, com antecedentes no Reino de Leão (1188) e na *Magna Charta* britânica (1215), foram desenvolvidos por John Locke (1632-1704) e David Hume (1711-1776), bem como por Jean-Jacques Rousseau (1712-1778). A vida, a liberdade e a propriedade eram havidos como direitos inatos. 6

Os direitos do homem tiveram um papel ideológico (*Bill of Rights* da Virgínia, 12-jun.--1778) e na Declaração francesa (1789). Foram-se alargando nas constituições liberais, exprimindo um núcleo a respeitar pelo Estado. A internacionalização foi decisiva: deu azo ao Tribunal Europeu dos Direitos do Homem (1959), ao Tribunal Penal Internacional (Rat. DPR 2/2002, de 18-jan.) e à própria Carta dos Direitos Fundamentais da União Europeia (2000). 7

6. Os **direitos fundamentais** correspondem à positivização, nos Direitos continentais, dos direitos do homem. Foram formalizados na Constituição de Weimar (11-ago.-1919), daí passando à Lei Fundamental alemã de 1949. A Constituição de 1976 acolheu e desenvolveu a matéria. Eles exprimem posições jurídicas ativas nela consagradas (formais) ou dela derivadas (materiais). 8

Os direitos fundamentais podem ser direitos subjetivos (direito à vida) ou exprimir liberdades genéricas (direito à liberdade de religião). Podem corresponder a direitos de personalidade quando se reportem a bens desse tipo. Assim os direitos à vida (24.º/1), à integridade moral e física (25.º/1), "pessoais" (26.º/1), à inviolabilidade do domicílio (34.º/1), ao sigilo da correspondência e de outros meios de comunicação privada (*idem*), ao acesso aos dados informáticos que digam respeito ao próprio (35.º/1) e a reagir a abusos de liberdade de expressão e de informação (37.º/4). Também aqui se inclui o direito moral de autor (42.º/2, todos da Constituição). 9

Os direitos fundamentais relativos a direitos, liberdades e garantias são diretamente aplicáveis e vinculam as entidades públicas e privadas (18.º/1, da Constituição). Todavia, há que atentar no sentido de cada um e nos valores que tutelem. Os direitos fundamentais estruturalmente oponíveis *erga omnes* são os de personalidade. 10

11 7. O **Direito europeu** acolheu os direitos fundamentais, através do TUE. Exemplos: (1) a dignidade da pessoa[1]; (2) o direito de propriedade[2]; (3) a liberdade geral de comércio[3]; (4) a liberdade de emprego e de ocupação económica[4]; (5) a liberdade de associação[5]; (6) a inviolabilidade do domicílio[6]; (7) o respeito pela esfera privada[7]; (8) a proteção de dados pessoais[8]; (9) a liberdade religiosa[9]; (10) a tutela da família[10]; (11) a liberdade de opinião[11]; (12) o princípio geral da igualdade[12].

III – Experiência portuguesa

12 8. O **Código de Seabra** ultrapassou os desenvolvimentos anteriores, que ficavam pela tutela geral e pelas declarações constitucionais. Introduziu um título relativo aos direitos originários (359.º a 368.º):

Artigo 359.º

Dizem-se direitos originários os que resultam da própria natureza do homem, e que a lei civil reconhece, e protege como fonte e origem de todos os outros. Estes direitos são:

1.º O direito de existência;
2.º O direito de liberdade;
3.º O direito de associação;
4.º O direito de apropriação;
5.º O direito de defesa.

Artigo 360.º

O direito de existência não só compreende a vida e integridade pessoal do homem, mas também o seu bom nome e reputação, em que consiste a sua dignidade moral.

Artigo 361.º

O direito de liberdade consiste no livre exercício das faculdades físicas e intelectuais, e compreende o pensamento, a expressão e a ação.

[1] TJE/I 30-abr.-1996 (P./S.), Proc. 13/94, EuGHE 1996, I, 2159-2167 (2165, n.º 22, com referências a uma discriminação atentatória da dignidade e da liberdade).

[2] TJE 13-dez.-1979 (Liselotte Hauer), Proc. 44/79, EuGHE 1979, 3727-3729 (3728, n.º 4). *Vide* Rengeling, *Grundrechtsschutz*, 30 ss., Christian Calliess, *Eigentumsgrundrecht*, em Dirk Ehlers, *Europäische Grundrechte* (2003), 381-397.

[3] TJE 21-mai.-1987 (Walter Rau), Proc. n.º 133 a 136/85, EuGHE 1987, III, 2334-2344 (2339, n.º 19).

[4] TJE 13-dez.-1979 (Liselotte Hauer), Proc. 44/79, 3729 (n.º 7). *Vide* Matthias Ruffert, *Grundrecht der Berufsfreiheit*, em Dirk Ehlers, *Europäische Grundrechte* (2003), 364-380. *Vide* Rengeling, *Grundrechtsschutz*, 58 ss..

[5] TJE 15-dez.-1995 (Bosman), Proc. n.º 415/93, EuGHE 1995, I, 5040-5082 (5065, n.º 79).

[6] TJE 21-set.-1989 (Hoechst AG), Proc. 46/87, EuGHE 1989, 2919-2935 (2924, n.º 17, com a referência de que só se reconhece esse direito a pessoas singulares).

[7] TJE/I 8-abr.-1992 (R.F.A.), Proc. 62/90, EuGHE 1992, I, 2601-2611 (2609, n.º 23).

[8] TJE 7-nov.-1989 (Adams), Proc. 145/83, EuGHE 1985, 3557-3593 (3587, n.º 34), surgindo como um dever de sigilo.

[9] TJE 27-out.-1975 (Vivien Prais), Proc. 130/75, EuGHE 1975, 3, 1589-1600 (1599, n.º 12/19).

[10] TJE 18-mai.-1989 (R.F.A.), Proc. 249/86, EuGHE 1989, 1286-1294 (1290, n.º 11). *Vide* Rengeling, *Grundrechtsschutz*, 98 ss..

[11] TJE 17-jan.-1984 (VBVB e VBBB), Procs. n.ºs 43 e 63/82, EuGHE 1984, 19-71 (62, n.ºs 33 e 34: reconhece o direito, mas afasta a sua aplicação *in casu*). TJE/I 25-jul.-1991 (Holanda), Proc. n.º 353/89, EuGHE 1991/I, 4088-4103 (4097, n.º 30).

[12] TJE 25-nov.-1986 (Klensch), Procs. n.ºs 201 e 202/85, EuGHE 1986, 3503-3512 (3507, n.º 9: "a proibição de discriminação é apenas a manifestação específica do princípio geral da igualdade, que pertence aos princípios fundamentais do Direito comunitário") e TJE/I 13-abr.-2000 (Karlsson), Proc. n.º 292/97.

Artigo 362.º

O pensamento do homem é inviolável.

Artigo 363.º

O direito de expressão é livre, como o pensamento; mas o que dele abusar, em prejuízo da sociedade ou de outrem, será responsável na conformidade das leis.

Artigo 364.º

O direito de acção consiste na faculdade de praticar livremente quaisquer atos; mas o que dele abusar, atentando contra os direitos de outrem ou da sociedade, será responsável, nos termos das leis.

Artigo 365.º

O direito de associação consiste na faculdade de pôr em comum os meios ou esforços individuais, para qualquer fim, que não prejudique os direitos de outrem ou da sociedade.

Artigo 366.º

O direito de apropriação consiste na faculdade de adquirir tudo o que for conducente à conservação da existência, e à manutenção e ao melhoramento da própria condição. Este direito, considerado objetivamente, é o que se chama propriedade.

§ único. O direito civil só reconhece a apropriação, quando é feita por título ou modo legítimo.

Artigo 367.º

O direito de defesa consiste na faculdade de obstar à violação dos direitos naturais ou adquiridos.

Artigo 368.º

Os direitos originários são inalienáveis, e só podem ser limitados por lei formal e expressa. A violação deles produz a obrigação de reparar a ofensa.

No imediato, a enumeração de Seabra foi considerada inútil[13]. Ocorrem depois os primeiros contactos com a categoria pandectística dos direitos de personalidade. A doutrina dividiu-se. Guilherme Moreira[14], José Tavares[15] e Cabral de Moncada[16] recusaram a figura dos direitos de personalidade, enquanto Cunha Gonçalves[17], Manuel de Andrade[18], Paulo Cunha[19] e Pires de Lima/Antunes Varela[20], vieram aceitá-la. 13

[13] José Dias Ferreira, *Codigo civil annotado*, 1, 2.ª ed., 253; Abel Pereira de Andrade, *Commentario ao Codigo Civil Portuguez*, 1 (1895), 5 ss..

[14] Guilherme Moreira, *Instituições de Direito civil*, 333 ss.. Alguns elementos podem ser confrontados em Capelo de Sousa, *O direito geral de personalidade* (1995), 137 ss..

[15] José Tavares, *Os princípios fundamentais*, 1, 2.ª ed., 278 ss. (282).

[16] Luís Cabral de Moncada, *Lições de Direito civil*, 3.ª ed., 74-75 = 4.ª ed. póstuma (1995), 73-74.

[17] Luiz da Cunha Gonçalves, *Tratado* (1930), 3, 9-10.

[18] Manuel A. Domingues de Andrade, *Direito civil* (*Teoria geral da relação jurídica*), lições por Porfírio Augusto Junqueiro, 1 (1944), 199-201; na ed. publ. por A. Ferrer Correia e Rui de Alarcão, *Teoria geral da relação jurídica*, 193-195.

[19] Paulo Cunha, *Teoria geral* (1971-72), 111 ss.; as posições favoráveis de Paulo Cunha quanto aos direitos de personalidade haviam já sido manifestadas nos anos 30 do séc. XX; *vide* nas *Lições* de 1965, que reproduzem as de 1961-1962, 46.

[20] João de Matos Antunes Varela, *Noções fundamentais de Direito civil*, *Lições* do Prof. dr. Pires de Lima ao Curso do

14 Na viragem, pesou a doutrina alemã (Windscheid e Enneccerus) e a italiana (de Ruggiero e Coviello). A adesão de Manuel de Andrade foi decisiva para o Código Civil. Os direitos de personalidade sairam prejudicados pela "relação jurídica": esta não poderia "relacionar" uma pessoa com ela própria. Nos finais da década de cinquenta do séc. XX, a jurisprudência consagrou-os, na vertente do direito à vida e à saúde, postos em causa pela construção, em laboração contínua, do metropolitano de Lisboa[21].

IV – A evolução da jurisprudência

15 9. **Antes do Código de 1966**, a jurisprudência acolheu o "direito à existência", no âmbito das obras do metropolitano[22]. Não o reconheceu, em 1969, no caso de perturbações causadas numa clínica oftalmológica pelo galo Tenório[23], mas admitiu o bom nome e reputação, em 1973[24].

16 10. O **reconhecimento pontual (1967 a 1982)** seguiu-se à aplicação do novo Código, com uma progressão lenta. Em 1974, o Supremo rejeita uma providência cautelar para fazer cessar bailes incomodativos num clube recreativo[25]. Mas em 1977, foi condenado um colégio a abster-se de barulhos[26], o mesmo sucedendo com uma cervejaria[27]. A confidencialidade de cartas missivas foi subscrita em 1982[28].

17 11. A **implantação (1983 a 1992)** ampliou a tutela. Foram abrangidos: (1) **o direito à vida**[29], ainda que com delimitações discutíveis[30]; (2) **os direitos ao repouso e à saúde**, prejudicados por um hidropressor[31], ou atingidos por fumos[32], por ruídos do andar de cima[33], por ensaios de orquestra[34], por compressores[35], motores[36] e insetos[37]; (3) **o direito à qualidade de vida**, posto em causa por uma pocilga com um cheiro pestilento e nauseabundo e com ruídos[38]; (4) **o direito ao nome**, ainda que delimitando casos em que não há proteção[39]; (5) **o direito à**

1.º ano jurídico de 1944-45, I (1945), 187 ss.; em edições ulteriores, este desenvolvimento desapareceu.

[21] RLx 1-fev.-1957 (Sousa Monteiro), RT 75 (1959), 381-383 = BMJ 67 (1957), 307-310 e RLx 2-mar.-1960 (Cardoso de Figueiredo), JR 6 (1960) 1, 225-228, relativos aos direitos à vida e à saúde das pessoas, postos em causa pela construção do metropolitano de Lisboa, abaixo referidos.

[22] *Vide* a nota anterior.

[23] STJ 6-mai.-1969 (J. S. Carvalho Júnior; vencidos: Correia Guedes e Albuquerque Rocha), BMJ 187 (1969), 121-125 (124).

[24] STJ 20-mar.-1973 (Eduardo Correia Guedes), BMJ 225 (1973), 222-226 (226).

[25] STJ 5-mar.-1974 (Bruto da Costa), BMJ 235 (1974), 199-201 (201); trata-se do caso do Doutor Vasco Taborda Ferreira, em Estremoz.

[26] RLx 29-jun.-1977 (Bordalo Soares), CJ II (1977) 4, 918-921; foi, ainda, arbitrada uma indemnização de 150 c.; o acórdão foi confirmado por STJ 4-jul.-1978 (Oliveira Carvalho), BMJ 279 (1978), 124-132.

[27] REv 21-jul.-1977 (Dias da Fonseca), CJ II (1977) 5, 1225-1227 (1227/I).

[28] RLx 19-out.-1982 (Eliseu Figueira), CJ VII (1982) 4, 125-126 (126/I e II).

[29] STJ 13-mai.-1986 (Aurélio Fernandes), BMJ 357 (1986), 399-408 (407), a propósito de um acidente ferroviário e RPt 7-nov.-1991 (Lopes Furtado), CJ XVI (1991) 5, 182-184 (183/II).

[30] Assim, STJ 23-mai.-1985 (Góis Pinheiro), BMJ 347 (1985), 398-402, onde se nega uma indemnização autónoma pela perda de uma criança, por acidente culposo causado à mãe, grávida de 9 meses; esta só foi indemnizada pelo desgosto.

[31] RLx 3-nov.-1983 (José A. Gonçalves Pereira), CJ VIII (1983) 5, 103-104 (103/II).

[32] Cantanhede 31-out.-1984 (Santos Cabral), CJ XIV (1989) 1, 277-280 (mal sumariado!).

[33] STJ 13-mar.-1986 (Góis Pinheiro), BMJ 355 (1986), 356-360.

[34] RLx 19-fev.-1987 (Carvalho Pinheiro), CJ XII (1987) 1, 141-143.

[35] RPt 6-jul.-1989 (José Marques), CJ XIV (1989) 4, 192-194.

[36] RCb 6-fev.-1990 (Castanheira da Costa), CJ XV (1990) 1, 92-95.

[37] RCb 7-jan.-1992 (Cardoso de Albuquerque), CJ XVII (1992) 1, 83-85.

[38] STJ 15-out.-1985 (Santos Carvalho), BMJ 350 (1985), 301-304.

[39] Assim, RLx 22-nov.-1983 (José Saraiva), BMJ 338 (1984), 459 (o sumário) = CJ VIII (1983) 5, 121-123 e RLx 5-jul.-1984 (Prazeres Pais), BMJ 346 (1985), 301, onde se entendeu que a inclusão, nos boletins do "totobola", dos nomes dos clubes desportivos, sem a autorização destes, não violava o seu direito ao nome.

imagem, seja defendendo-o[40], seja precisando os contornos em que não há proteção[41]; (6) **o direito à honra e ao bom nome e reputação**, atingidos por cartas difamatórias[42] ou pela comunicação social[43]; (7) **os direitos pessoais derivados do casamento**[44]; (8) **o direito à proteção jurídica**[45]; (9) **o alargamento da proteção às pessoas coletivas**, designadamente no que toca ao direito ao nome[46] e à honra[47]; (10) decisões quanto **a transexuais**, seja admitindo[48], seja recusando[49].

A generalização leva a referir apenas uma tutela geral[50], ou a "plenitude dos direitos de personalidade"[51]. Importante é o facto de se transcender o quadro estreito do Código Civil, com "direitos" não tipificados na lei. 18

Alargam-se os remédios encontrados pelos tribunais: mandados parar estabelecimentos[52] ou atuações[53]; dados prazos para se fazerem obras de resguardo e de proteção[54]; arbitradas indemnizações[55]. 19

12. A aplicação corrente (a partir de 1993) advém da acumulação de decisões, da ordem das centenas, com linhas de jurisprudência constante. Problemas dogmáticos são identificados e resolvidos, com relevo para o conflito de direitos e para a apreciação, *in concreto*, dos valores e das sensibilidades em presença. A proteção vai-se diversificando, bem como a paleta de soluções apuradas para dirimir os conflitos. 20

Temos o cenário que segue, não exaustivo: (a) o **reconhecimento do direito à vida**, designadamente para efeito de indemnização por morte[56]: RCb 2-nov.-1993[57], STJ 28-fev.-2013[58], STJ 24-set.-2013[59], STJ 3-abr-2014[60] e STJ 16-mar.-2017[61]; 21

(b) a **consagração do direito à vida, à integridade física e ao bom ambiente**: STJ 26-abr.-1995[62], RCb 9-mai.-1995[63], STJ 22-jun.-1995[64], RLx 21-mar.-1996[65], STJ 2-jul.- 22

[40] STJ 24-mai.-1989 (João Solano Viana), BMJ 387 (1989), 531-537 (caso da fotografia em *topless* publicada sem autorização).

[41] TC n.º 6/84, de 18-jan. (Magalhães Godinho), BMJ 340 (1984), 177-181 = DR II Série, n.º 101, de 2-mai.-1984, onde se considerou que tal direito não era atingido pela obrigação regulamentar de o pessoal que presta serviço nos transportes coletivos se dever apresentar devidamente uniformizado e barbeado.

[42] STJ 16-abr.-1991 (Martins da Fonseca), BMJ 406 (1991), 623-628.

[43] RCb 3-jul.-1993 (Ferreira de Sousa), CJ XVIII (1993) 4, 71-73.

[44] STJ 26-jun.-1991 (Tato Marinho), BMJ 408 (1991), 538-543 (caso do homossexual que casa, escondendo esse facto à mulher e que depois se mostra incapaz de consumar o casamento).

[45] STJ 14-jul.-1984 (Alves Peixoto), BMJ 339 (1984), 356-358.

[46] RPt 28-mar.-1985 (Zeferino Faria), CJ X (1985) 2, 229-232.

[47] RLx 1-abr.-1987 (Costa Figueirinhas), CJ XII (1987) 2, 181-183, retomando um assento de 24-fev.-1960.

[48] RLx 5-abr.-1984 (Garcia da Fonseca), CJ IX (1984) 2, 124-127.

[49] Lx 8.º Juízo Cível 11-fev.-1985 (Costa Soares), CJ X (1985) 1, 351-355.

[50] STJ 13-mar.-1986 (Góis Pinheiro), BMJ 355 (1986), 356-360 (358).

[51] STJ 18-fev.-1986 (Rui Corte-Real), BMJ 354 (1986), 473-475 (474).

[52] P. ex., STJ 15-out.-1985, BMJ 350, 302-303: fora pedida a destruição da pocilga e RCb 7-jan.-1992, CJ XVII, 1, 85: a demolição do viteleiro.

[53] P. ex., RLx 3-nov.-1983, CJ VIII, 5, 104/I: tirar o hidropressor ou RPt 6-jul.-1989, CJ XIV, 4, 194: parar com o compressor.

[54] P. ex., Cantanhede 31-out.-1984, CJ XIV, 1, 280/II.

[55] P. ex., STJ 16-abr.-1991: 400 c. por cartas difamatórias e STJ 26-jun.-1991, BMJ 408, 543: 750 c. à mulher cujo marido não cumpria os deveres conjugais.

[56] Há numerosa jurisprudência ilustrativa, em sede de responsabilidade civil, *vide Tratado* 2/3, 516 ss..

[57] RCb 2-nov.-1993 (Moreira Camilo), BMJ 431 (1993), 563 (o sumário), focando tratar-se do "... mais alto e mais valioso dos direitos de personalidade ...".

[58] STJ 28-fev.-2013 (Lopes do Rego), Proc. 4072/04.

[59] STJ 24-set.-2013 (Mário Mendes), Proc. 294/07.

[60] STJ 3-abr.-2014 (Álvaro Rodrigues), Proc. 436/07.6.

[61] STJ 16-mar.-2016 (Maria da Graça Trigo), Proc. 294/07.

[62] STJ 26-abr.-1995 (Cardona Ferreira), CJ/Supremo III (1995) 1, 155-160.

[63] RCb 9-mai.-1995 (Vasconcelos Cameira), CJ XX (1995) 3, 24-28.

[64] STJ 22-jun.-1995 (Mário Cancela; vencido: Sampaio da Nóvoa), BMJ 448 (1995), 334-344 (342).

[65] RLx 21-mar.-1996 (Noronha Nascimento), CJ XXI (1996) 2, 86-89 = BMJ 455 (1996), 559 (o sumário).

-1996[66], RPt 22-fev.-1996[67], RPt 22-fev.-1998[68], RLx 15-jun.-1999[69], RLx 14-out.-1999[70], RLx 9-mai.-2002[71] e STJ 7-mai.-2014 (integridade física/acidente de viação)[72];

23 (c) a **concretização do direito à saúde, ao repouso e ao descanso**: RCb 13-jul.-1993 (cheiros)[73], STJ 21-set.-1993 (estabelecimento industrial)[74], RLx 24-nov.-1994 (tiro aos pratos)[75], RLx 30-mar.-1995 (bar)[76], RPt 27-abr.-1995 (ar condicionado)[77], STJ 24-out.-1995 (rixas, palavrões escabrosos, bêbados e drogados, motivados por discoteca)[78], RLx 26-out.-1995 (galinheiro e pombal)[79], RPt 11-dez.-1995 (posto de combustível)[80], STJ 9-jan.-1996 (talho)[81], RPt 14-mar.-1996 (bar-sala de animação)[82], RPt 27-jun.-1996 (serralharia)[83], RLx 1-out.-1996 (peneira de areias)[84], RPt 19-nov.-1996 (discoteca)[85], RCb 26-nov.-1996 (república de estudantes)[86], RLx 5-dez.-1996 (tacões e arrastamento de móveis no soalho e latidos de cão)[87], RLx 27-fev.-1997 (fabrico de bolos e pão)[88], STJ 13-mar.-1997 (discoteca)[89], RCb 8-jul.-1997 (grua)[90], REv 2 out. 1997 (discoteca)[91], REv 16-out.-1997 (discoteca)[92], STJ 19-fev.-1998 (clínica médica)[93], STJ 6-mai.-1998 (discoteca)[94], STJ 2-jun.-1998 (estábulo)[95], RPt 22-fev.-1999 (câmara frigorífica)[96], RPt 8-mar.-1999 (reclamo luminoso incomodativo)[97], RCb 15-fev.-2000

[66] STJ 2-jul.-1996 (Cardona Ferreira), BMJ 459 (1996), 444-456 = ROA 1996, 667-682, anot. Menezes Cordeiro, favorável.

[67] RPt 22-fev.-1996 (Gonçalves Ferreira), BMJ 484 (1999), 440 (o sumário).

[68] RPt 2-fev.-1998 (Simões Freire), CJ XXIII (1998) 1, 203-207.

[69] RLx 15-jun.-1999 (Bettencourt Faria), CJ XXIV (1999) 3, 115-117.

[70] RLx 14-out.-1999 (Catarina Manso), CJ XXIV (1999) 4, 125-127 (127/I).

[71] RLx 9-mai.-2002 (Maria do Rosário Oliveira), CJ XXVII (2002) 2, 69-70 (69/II).

[72] STJ 7-mai.-2014 (João Bernardo), Proc. 436/11.

[73] RCb 13-jul.-1993 (Cardoso Albuquerque), BMJ 429 (1993), 895.

[74] STJ 21-set.-1993 (Pais de Sousa), CJ/Supremo I (1993) 3, 26-29.

[75] RLx 24-nov.-1994 (Freitas de Carvalho), CJ XIX (1994) 5, 112-114, confirmado por STJ 22-out.-1998 (Noronha Nascimento), CJ/Supremo VI (1998) 3, 77-79 = BMJ 480 (1998), 413-418.

[76] RLx 30-mar.-1995 (Almeida Valadas), CJ XX (1995) 2, 98-100, numa decisão em que, para maior eficácia, a Relação condenou, também, o gerente da sociedade responsável, levantando a personalidade jurídica desta.

[77] RPt 27-abr.-1995 (Azevedo Ramos), CJ XX (1995) 2, 213-216.

[78] STJ 24-out.-1995 (Fernando Fabião; vencidos: Martins da Costa e César Marques), BMJ 450 (1995), 403-415 = CJ/Supremo III (1995), 74-78.

[79] RLx 26-out.-1995 (Viriato Bernardo), BMJ 450 (1995), 559 (o sumário).

[80] RPt 11-dez.-1995 (Azevedo Ramos), CJ XX (1995) 5, 22-225 = BMJ 452 (1996), 491-492 (o sumário).

[81] STJ 9-jan.-1996 (Fernando Fabião), CJ/Supremo IV (1996) 1, 37-40.

[82] RPt 14-mar.-1996 (Mário Cruz), CJ XXI (1996) 2, 193-196 = BMJ 455 (1996), 569-570 (o sumário).

[83] RPt 27-jun.-1996 (Viriato Bernardo), BMJ 458 (1996), 396 (o sumário).

[84] RLx 1-out.-1996 (Pereira da Silva), CJ XXI (1996) 4, 104-107.

[85] RPt 19-nov.-1996 (Araújo Barros), CJ XXI (1996) 5, 188-192; aqui, ao contrário de STJ 24-out.-1995, entendeu não se condenar a entidade exploradora porque as perturbações vinham do exterior ... sendo a culpa, pois, do Estado!

[86] RCb 26-nov.-1996 (Custódio Matos), CJ XXI (1996) 5, 29-31 (29/II), mais precisamente: sapateado e trepidações.

[87] RLx 5-dez.-1996 (Moreira Camilo), CJ XXI (1996) 5, 127-130.

[88] RLx 27-fev.-1997 (Silva Santos), CJ XXII (1997) 1, 145-149.

[89] STJ 13-mar.-1997 (Miranda Gusmão), BMJ 465 (1997), 516-524.

[90] RCb 8-jul.-1997 (Francisco Lourenço), CJ XXII (1997) 4, 23-26.

[91] REv 2-out.-1997 (Mota Miranda), CJ XXII (1997) 4, 275-277.

[92] REv 14-out.-1997 (Mota Miranda), CJ XXII (1997) 4, 278-279.

[93] STJ 19-fev.-1998 (Henrique de Matos), CJ/Supremo VI (1998) 1, 92-96 = BMJ 474 (1998), 467-479.

[94] STJ 6-mai.-1998 (Fernando Magalhães), CJ/Supremo VI (1998) 2, 76-78.

[95] STJ 2-jun.-1998 (Fernando Fabião), CJ/Supremo VI (1998) 2, 106-108.

[96] RPt 22-fev.-1999 (Gonçalves Ferreira), BMJ 484 (1999), 440 (o sumário).

[97] RPt 8-mar.-1999 (Manuel Gonçalves Ferreira), CJ XXIV (1999) 2, 177-180 = BMJ 485 (1999), 485 (o sumário).

(corte e polimento de granito)[98]; RCb 16-mai.-2000 (talho com ventoínhas)[99], RCb 15-jan.-2002 (bar)[100], RPt 18-mar.-2002 (café, com mesas e cadeiras em galeria comum)[101], RGm 20-nov.-2002 (gases e ruído)[102], RPt 12-dez.-2002 (currais de vacas e ovelhas)[103], STJ 15-mar.-2007 (máquina de afugentar pássaros)[104], RGm 2-jul.-2008 (trepidações de autoestrada)[105], STJ 30-set.-2010 (latidos de cães)[106], STJ 19-out.-2010 (obras de metropolitano)[107], STJ 17-abr.-2012 (música ao vivo)[108], STJ 17-abr.-2013 (parque eólico)[109], STJ 2-dez.-2013 (linhas elétricas de alta tensão)[110], RPt 8-jul.2015 (estabelecimento comercial)[111], RPt 12-out.-2015 (fabrico de pão)[112], STJ 29-jun.-2017 (estabelecimento de diversão noturna)[113], RGm 8-fev.-2018 (vibrações de fábrica têxtil)[114], STJ 22-mar.-2018 (ruído de poste de eletricidade)[115], STJ 18-set.-2018 (lavandaria)[116] e STJ 18-out.-2018 (fábrica em laboração contínua)[117];

(d) o **reforço do direito à honra, ao bom nome e à reputação**: RCb 3-jul.-1993 24
(difamação pela comunicação social)[118], RLx 20-jan.-1994 (imputação de fatos falsos ou desprestigiantes pela imprensa)[119], RLx 20-out.-1994 (atentado ao bom nome, pela imprensa)[120], STJ 27-jun.-1995 (ofensa ao crédito e ao bom nome)[121], STJ 3-out.-1995 (falsos depoimentos contra advogado)[122], RLx 11-jan.-1996 (indevida inclusão em lista de "maus pagadores")[123], STJ 5-mar.-1996 (bom nome e reputação atingidos pela imprensa)[124], STJ 29-out.-1996 (*idem*)[125], STJ 3-fev.-1999 (*idem*)[126], STJ 24-fev.-1999 (*idem*)[127], STJ 27-mai.-1999 (imputação a um administrador, da degradação do imóvel)[128], RLx 15-mar.-2000 (inclusão do cliente do banqueiro em lista de risco)[129], STJ 17-out.-2000 (falsa e desprimorosa notícia na televisão)[130],

[98] RCb 15-fev.-2000 (Ferreira de Barros), CJ XXV (2000) 1, 22-27.
[99] RCb 16-mai.-2000 (Garcia Calejo), CJ XXV (2000) 3, 16-20.
[100] RCb 15-jan.-2002 (Silva Freitas), CJ XXVI (2002) 1, 5-11 (7/II).
[101] RPt 18-mar.-2002 (Marques Pereira), CJ XXVII (2002) 3, 201-203 (203/I).
[102] RGm 20-nov.-2002 (Leonel Serôdio), CJ XXVII (2002) 5, 273-277 (275).
[103] RPt 12-dez.-2002 (João Bernardo), CJ XXVII (2002) 5, 192-195 (192-193).
[104] STJ 15-mar.-2007 (Oliveira Rocha), CJ/Supremo XV (2007), 1, 130-132 (132) = Proc. 07B585 (improcedeu).
[105] RGm 2-jul.-2008 (Rosa Tching), CJ XXXIV (2009) 2, 297-299 = Proc. 2903/08 (considerou-se incompetente).
[106] STJ 30-set.-2010 (Álvaro Rodrigues), Proc. 1229/05 (improcedeu).
[107] STJ 19-out.-2010 (Alves Velho), Proc. 565/1999.
[108] STJ 17-abr.-2012 (Sousa Leite), Proc. 1529/04.
[109] STJ 30-mai.-2013 (Granja da Fonseca), Proc. 2209/08.
[110] STJ 2-dez.-2013 (Bettencourt Faria), Proc. 110/2000.
[111] RPt 8-jul.-2015 (Fernando Samões), Proc . 912/14.
[112] RPt 12-out.-2015 (Caimoto Jácome), Proc. 6/14.
[113] STJ 29-jun.-2017 (Lopes do Rego), Proc. 117/13.
[114] RGm 8-fev.-2018 (João Diogo Rodrigues), Proc. 3499/11.
[115] STJ 22-mar.-2018 (Maria da Graça Trigo), Proc. 184/13.
[116] STJ 18-set.-2018 (Pedro Lima Gonçalves), Proc. 4964/14.
[117] STJ 18-out.-2018 (Rosa Tching), Proc. 3499/11.
[118] RCb 3-jul.-1993 (Ferreira de Sousa), CJ XVIII (1993) 4, 71-73.
[119] RLx 20-jan.-1994 (Moreira Camilo), CJ XIX (1994) 1, 106-111 e STJ 26-abr.-1994 (Carlos Caldas), BMJ 26-abr.-1994, BMJ 436 (1994), 370-384 (caso Cadilhe, envolvendo *O Independente* e o *Expresso*).
[120] RLx 20-out.-1994 (Silva Salazar), CJ XIX (1994) 4, 117-123 (caso Fernando Nogueira e Marques Mendes).
[121] STJ 27-jun.-1995 (Torres Paulo), BMJ 448 (1995), 378-389 (caso F. C. do Porto).
[122] STJ 3-out.-1995 (Torres Paulo), BMJ 450 (1995), 424-431.
[123] RLx 11-jan.-1996 (Adélio André), CJ XXI (1996) 1, 79-82.
[124] STJ 5-mar.-1996 (Fernando Fabião), CJ/Supremo IV (1996) 1, 122-129 (caso Monjardino).
[125] STJ 29-out.-1996 (Aragão Seia), BMJ 460 (1996), 684-698 (caso Lilaia).
[126] STJ 3-fev.-1999 (Garcia Marques), BMJ 484 (1999), 339-351 (caso Prof. Vasconcelos Marques).
[127] STJ 24-fev.-1999 (Torres Paulo), CJ/Supremo VII (1999) 1, 118-122 (caso Lilaia; em sentido diverso de STJ 29-out.-1996).
[128] STJ 27-mai.-1999 (Ferreira de Almeida), CJ/Supremo VII (1999) 2, 122-123.
[129] RLx 15-mar.-2000 (Marcolino de Jesus), CJ XXV (2000) 2, 90-92.
[130] STJ 17-out.-2000 (Azevedo Ramos), CJ/Supremo VIII (2000) 3, 78-82 (caso Partex).

RLx 5-abr.-2001 (*idem*)[131], STJ 27-nov.-2001 (queixa-crime insubsistente)[132], STJ 14-mai.-2002 (série de notícias incomodativas)[133], STJ 24-out.-2002 (inibição indevida do uso de cheque)[134], RLx 22-jan.-2004 (imputação de que alguém dissera "cobras e lagartos" de outrem)[135], STJ 26-fev.-2004 (insinuação de que a mulher do visado era leviana e cometera adultério)[136], RLx 23-set.-2004 (efetivação de juízos de valor desonrosos)[137], RLx 18-nov.-2004 (imputação irresponsável de incúria profissional)[138], RLx 18-jan.-2005 (crítica mordaz e excessiva a uma atriz profissional)[139], STJ 20-jan.-2005 (publicação de fotografia que, erroneamente, mostrava determinada casa turística em estado de degradação)[140], RLx 10-mar.-2005 (publicidade que, contextualizada, associa certa pessoa à prisão)[141], STJ 18-out.-2005 (imputação, a uma atriz, de factos não verdadeiros)[142], STJ 19-set.-2006 (aparelho deficiente que aponta como contrafeita uma nota de banco autêntica, com grande escândalo para o seu portador)[143], STJ 12-mar.-2009 (suspeita infundada de crime imputado a ex-secretário de Estado)[144], STJ 20-jan.-2010 (presidente de clube desportivo faz afirmações impróprias sobre um jornalista)[145], STJ 25-mar.-2010 (ex-ministro indevidamente conexionado com questões de droga)[146], e STJ 9-set.-2010 (fotografia despropositada de uma casa, a propósito de notícias sobre o tráfego de droga)[147], STJ 6-jul.-2011 (insinuações de corrupção)[148], STJ 8-mai.-2013 (divulgação de residência de figura pública)[149], STJ 21-out.-2014 (objetividade das peças jornalísticas)[150], STJ 29-jan.-2015 (considerações desprimorosas sobre decisões tomadas por um juiz)[151], STJ 13-jul.-2017 (divulgação de "histórias cor-de-rosa" e críticas políticas mordazes)[152] e RLx 31-out.-2017 (imputar a dois administradores o terem-se envolvido em pancadaria)[153];

25 (e) **decisões relativas a diversos outros direitos**: STA 6-out.-1993 (direito de audiência)[154], RCb 9-nov.-1993 (fornecimento de energia elétrica)[155], RLx 28-jan.-1999 (direito à imagem)[156], RLx 13-mar.-2001 (*idem*)[157], STJ 8-nov.-2001 (*idem*)[158], RLx 28-nov.-

[131] RLx 5-abr.-2001 (Salvador da Costa; vencido: Urbano Dias, mas num ponto processual), CJ XXI (2001) 2, 103-114 (106/I).

[132] STJ 27-nov.-2001 (Ferreira Ramos), CJ/Supremo IX (2001) 3, 122-125 (124).

[133] STJ 14-mai.-2002 (Ferreira Ramos), CJ/Supremo X (2002) 2, 63-70 (65/II): um excelente aresto!

[134] STJ 24-out.-2002 (Pinto Monteiro), CJ/Supremo X (2002) 3, 110-113 (112) = Proc. 02A2402/ITIJ.

[135] RLx 22-jan.-2004 (Maria José Mouro), CJ XXIX (2004) 1, 79-87 (83/I).

[136] STJ 26-fev.-2004 (Araújo Barros), CJ/Supremo XII (2004) 1, 74-80 = Proc. 03B3898.

[137] RLx 23-set.-2004 (Graça Amaral), CJ XXIX (2004) 4, 91-96 (92/93): caso Celeste Cardona.

[138] RLx 18-nov.-2004 (Pereira Rodrigues), CJ XXIX (2004) 5, 91-96 (95/II): caso da morte dos hemodialisados, imputada a incúria do Conselho Diretivo do Hospital.

[139] RLx 18-jan.-2005 (Pimentel Marcos), CJ XXIX (2005) 1, 72-78.

[140] STJ 20-jan.-2005 (Ferreira de Almeida), CJ/Supremo XIII (2005) 1, 45-49 (48/I) = Proc. 04B4244: caso "Casa da Agrela".

[141] RLx 10-mar.-2005 (Olindo Geraldes), CJ XXIX (2005) 2, 75-79 (76/I).

[142] STJ 18-out.-2005 (Moreira Alves), CJ/Supremo XIII (2005) 3, 77-80 (80/I).

[143] STJ 19-set.-2006 (Sebastião Póvoas), Proc. 06A2735.

[144] STJ 12-mar.-2009 (Serra Baptista), CJ/Supremo XVII (2009), 1 140-146 = Proc. 08B2972.

[145] STJ 20-jan.-2010 (Fonseca Ramos), Proc. 1839/06.

[146] STJ 25-mar.-2010 (Prazeres Beleza), Proc. 576/05.

[147] STJ 9-set.-2010 (Gonçalo Silvano), Proc. 77/05.

[148] STJ 6-jul.-2011 (Gabriel Catarino), Proc. 216/05.4.

[149] STJ 8-mai.-2013 (Alves Velho), Proc. 1755/08.

[150] STJ 21-out.-2014 (Gregório Silva Jesus), Proc. 941/09.

[151] STJ 29-jan.-2015 (Távora Victor), Proc. 24412/02.

[152] STJ 13-jul.-2017 (Lopes do Rego), Proc. 1405/07 (caso Santana Lopes).

[153] RLx 31-out.-2017 (Rijo Ferreira), Proc. 159/13 (caso Tagus Park).

[154] STA 6-out.-1993 (Dimas de Lacerda), BMJ 430 (1993), 489-490.

[155] RCb 9-nov.-1993 (Francisco Lourenço), BMJ 431 (1993), 568 (o sumário): o acórdão recusou haver, aqui, um direito de personalidade.

[156] RLx 28-jan.-1999 (Proença Fouto), CJ XXIV (1999) 1, 93-95 (caso dos nomes de jogadores de futebol).

[157] RLx 13-mar.-2001 (Pais do Amaral), CJ XXVI (2001) 2, 73-75.

[158] STJ 8-nov.-2001 (Quirino Soares), CJ/Supremo IX (2001) 3, 113-115 (115), recusando, *in concreto*, a tutela, por não proteger o próprio e revogando o acórdão anterior.

-2001 (direito à intimidade)[159], STJ 27-nov.-2002 (direito à imagem)[160], RGm 28-jun.-2004 (carta-missiva confidencial)[161], RLx 20-jan.-2005 (respeito por gravações *audio* privadas)[162], STJ 17-dez.-2009 (direitos à intimidade e à imagem)[163], STJ 30-mar.-2017 (idoso vítima de burla sexual)[164], STJ 16-mar.-2017 (revelação de aspetos relativos a adoções)[165] e RLx 11-dez.-2018 (*idem*, com revelação das identidades das crianças)[166].

13. Aplicação ao mundo virtual: estaria o Direito preparado para as mudanças que se apro- 26
ximavam? O novo paradigma exigiu adaptação, mas esteve longe de originar uma mudança drástica do método, estrutura e dogmatização do Direito[167]. Também no âmbito dos direitos de personalidade, os problemas suscitados residem mais na adaptação do ser humano do que na aplicação dos regimes vigentes: o respeito pelos direitos de personalidade não é uma prerrogativa do mundo real: impõem-se nos restantes mundos criados pelo Homem.

A jurisprudência confirma a adequação do Direito vigente às necessidades modernas da 27
comunidade[168]: (a) RLx 16-nov.-2012[169]: publicação, numa página pessoal, de um comentário difamatório; (b) RPt 8-set.-2014[170]: considerações pouco abonatórias sobre o seu empregador, num grupo fechado do *Facebook*; os membros desse grupo (cerca de 140) eram trabalhadores e ex-trabalhadores da empresa visada; o tribunal, atendendo à ligação dos membros do grupo à empresa, considerou não ser expectável que comentários dessa natureza permanecessem confidenciais; (c) RPt 5-jun.-2015[171]: *A* colocou, na sua conta pessoal do *Facebook*, fotografias de *B*, sem a sua autorização; o tribunal, no âmbito de um processo crime, deu como provado o preenchimento dos elementos do tipo penal previsto no artigo 199.º/2, *b)*, do CP: utilização de fotografias contra a vontade do fotografado, mesmo que licitamente obtidas, sendo esse o caso.

V – A construção dogmática

14. Um direito subjetivo, a entender como uma permissão normativa específica de aproveita- 28
mento de um bem. O direito de personalidade é um espaço de liberdade, defendido pelo direito e que ao seu titular compete gerir livremente: ou não será direito. A liberdade tem limites (p. ex., o direito à vida não legitima o suicídio), mas existe.

A permissão facultada pelo direito de personalidade é específica e não genérica. Não 29
abrange liberdades fundamentais, como a de expressão, dotadas de um regime próprio.

15. O bem-personalidade constitui a base do direito em jogo. Tais bens são autonomizados 30
pela evolução histórico-cultural, podendo ainda ser referidos como tópicos argumentativos. P. ex., do bem "vida", podemos isolar os bens "sossego", "repouso", "ambiente puro" e assim por diante.

[159] RLx 28-nov.-2001 (Rodrigues Simões; vencido: Cotrim Mendes), CJ XXVI (2001) 5, 138-143, entendendo não haver, *in caso*, tutela.

[160] STJ 27-nov.-2002 (Manuel Neto), CJ/Supremo X (2002) 3, 285-286 (285/II), reconhecendo a competência dos tribunais de trabalho para se ocuparem do problema da instalação de câmaras de *video* nos locais de trabalho.

[161] RGm 28-jun.-2004 (Heitor Gonçalves), CJ XXIX (2004) 3, 297-298.

[162] RLx 20-jan.-2005 (Sousa Grandão), CJ XXX (2005) 1, 97-100 (100/I): um caso em que se pediu uma providência cautelar relativa a gravações referentes ao *dossier* Casa Pia e que haviam sido furtadas.

[163] STJ 17-dez.-2009 (Oliveira Rocha), Proc. 4822/06.

[164] STJ 30-mar.-2017 (João Trindade), Proc. 1064/12.

[165] STJ 16-mar.-2017 (Silva Gonçalves), Proc. 2178/10.

[166] RLx 11-dez.-2018 (Cristina Neves), Proc. 2502/18 (caso TVI/IURD).

[167] Tratado, II, 4.ª ed, 345 ss.: impacto da *Internet* na formação dos negócios.

[168] Para além dos acórdãos sumariamente referidos no texto principal, *vide*, também: RLx 24-set.-2014 (Jerónimo Freitas), Proc. 431/13: explora o conceito de amigo no *Facebook* e a privacidade dos comentários proferidos nesta rede social.

[169] RLx 16-nov.-2012 (Jorge Langweg), Proc. 54/11.

[170] RPt 8-set.-2014 (Maria José Costa Pinto), Proc. 101/13.

[171] RPt 5-jun.-2015 (José Carreto), Proc. 101/13.

31 **16. O "direito geral" de personalidade** é uma construção alemã, destinada a preencher o § 823, I, do BGB, que só admite a responsabilidade aquiliana no caso de violação de direitos absolutos. A pressão doutrinária alemã levou a doutrina nacional a acolher o "direito geral": Vaz Serra[172], Antunes Varela[173], Carlos Mota Pinto[174], Leite de Campos[175], Hörster/Sónia Moreira[176], Capelo de Sousa[177], Januário da Costa Gomes[178], Álvaro Dias[179], Paulo Mota Pinto[180] e Nuno Pinto Oliveira[181]; contra, opinam Oliveira Ascensão[182], Carvalho Fernandes, que vê, nele, mais um princípio do que um direito[183], Guilherme Dray[184], Ana Filipa Morais Antunes[185] e Maria de Fátima Ribeiro[186]. Recordamos que, na própria Alemanha, o "direito geral" vem sendo suplantado a favor de esquemas mais operacionais, com relevo para a definição de âmbitos de proteção (Canaris). Cabe refletir perante a realidade portuguesa.

32 O 70.º reconhece uma proteção geral à personalidade, isto é, ao conjunto dos bens de personalidade. Não fixa um "direito geral": teria um objeto indefinido, não se enquadrando na natureza específica de qualquer direito subjetivo. Perante esse teor geral e indefinido, não há lugar para a aplicação do regime próprio dos direitos subjetivos. O 70.º, enquanto regra geral de proteção, faculta os direitos de personalidade correspondentes a bens necessariamente existentes, como o direito à vida e o direito à honra figuras subsequentes ao 70.º.

33 O 70.º dá azo a diversos direitos de personalidade: não há qualquer tipicidade. Além disso, ocorre uma tutela através de normas de proteção, no sentido do 483.º/1.

34 O artigo 70.º assume dois propósitos: (i) permite uma contextualização e a sistematização da matéria; e (ii) surge como fundamento jurídico-positivo do reconhecimento de direitos de personalidade atípicos.

VI – Características dos direitos de personalidade

35 **17. A absolutidade**[187] não é unívoca. Numa primeira aceção, seriam oponíveis a todos ou *erga omnes*; distinguir-se-iam dos relativos, oponíveis apenas *inter partes*.

Numa segunda aceção, os direitos de personalidade seriam absolutos por não postularem relações jurídicas: a aceção estrutural. A ideia, hoje abandonada, de que o Direito, pela sua

[172] Adriano Vaz Serra, *Anotação a STJ 5-mai.-1974*, RLJ 108 (1976), 315-319, 324-326 (318-319): embora reconhecendo a dificuldade em determinar o conteúdo exato deste direito geral de personalidade.

[173] João Antunes Varela, *Alterações legislativas ao direito ao nome*, 116 (1983), 140-146 (142).

[174] *Teoria geral*, 4.ª ed, 210.

[175] Diogo Leite de Campos, *Lições de direito de personalidade*, 2.ª ed., 49 ss..

[176] *A parte geral*, 2.ª ed., 276-279.

[177] R. Capelo de Sousa, *O direito geral de personalidade*, *maxime*, 605 ss..

[178] Januário da Costa Gomes, *O problema da salvaguarda da privacidade antes e depois do computador*, BMJ 319 (1982), 21-56.

[179] João António Álvaro Dias, *Dano corporal/Quadro epistemológico e aspetos ressarcitórios* (2000), 397 ss..

[180] Paulo Mota Pinto, *O direito à reserva sobre a intimidade da vida privada*, BFD 69 (1993), 479-586 (490 ss.) e *O direito ao livre desenvolvimento da personalidade, em Portugal Brasil Ano 2000* (2000), 149-246 (171 ss.), ambos já citados; este Autor procede, todavia, a uma interessante aproximação entre o direito geral de personalidade e o direito ao livre desenvolvimento da personalidade, em termos que traduzem uma via de superação.

[181] Nuno Manuel Pinto Oliveira, *O direito geral de personalidade e a "solução do dissentimento"/Ensaio sobre um caso de "constitucionalização" do Direito civil* (2002), 78 ss. e 93 ss..

[182] Oliveira Ascensão, *Direito civil/Teoria geral*, 1, 2.ª ed., 86 ss., ignorando todavia a superação do "direito geral", na Alemanha. Desse Autor, *vide*, ainda, *A dignidade da pessoa e o fundamento dos direitos humanos*, Est. Martim de Albuquerque II (2010), 37-58 (50).

[183] Luís A. Carvalho Fernandes, *Teoria geral do Direito civil*, 1, 6.ª ed., 232.

[184] Guilherme Dray, *Direitos de personalidade/Anotações ao Código Civil e ao Código do Trabalho* (2006), 34-35.

[185] Ana Filipa Morais Antunes, *Comentário aos artigos 70.º a 81.º*, 62-63.

[186] Maria de Fátima Ribeiro, *Comentário ao artigo 70.º do CC* em *UCP/Comentário*, 172.

[187] Capelo de Sousa, *O direito geral de personalidade*, 401; Sílvio Romero Beltrão, *Direitos da personalidade*, 2.ª ed. (2014), 210 pp., 19-20.

alteridade, teria de se efetivar através de relações jurídicas conduziu a posições negativistas dada a impossibilidade de configurar uma "relação" consigo próprio. Todavia, certos direitos de personalidade são estruturalmente relativos: embora reportados a bens de personalidade, eles concretizam-se em situações pedido/cumprimento, com sujeitos ativo e passivo: basta pensar na confidencialidade.

Na terceira aceção: independentemente do modo de efetivação ou da estrutura que apre- 37
sentem, os direitos de personalidade devem ser respeitados por todos. Disfrutam de tutela aquiliana (483.º/1)[188].

Todos os direitos subjetivos, por o serem, devem ser respeitados por cada um. Os pró- 38
prios créditos disporiam de uma tutela aquiliana[189]. Simplesmente, nas situações socialmente típicas, o crédito tem uma configuração tal que apenas o devedor o pode violar. Já os direitos de personalidade, mesmo quando consubstanciados apenas *inter partes*, apresentam um objeto estranho ao "devedor". Qualquer pessoa os pode atingir, incorrendo no dever de não o fazer. A carta confidencial, por exemplo, deve ser respeitada pelo destinatário e, ainda, por qualquer terceiro que dela tenha conhecimento. No sentido de vocação para uma total cobertura aquiliana, os direitos de personalidade serão absolutos.

18. A natureza não-patrimonial. Os direitos de personalidade não teriam alcance econó- 39
mico, de modo a serem avaliáveis em dinheiro[190]. A afirmação não é correta. A própria lei, a propósito do direito à imagem – artigo 79.º/1 – admite que a mesma seja "lançada no comércio". Também o direito ao nome pode ter componentes comerciais: o nome comercial ou firma[191]. Há uma disciplina jurídico-científica relativa à comercialização de bens de personalidade.

Encontramos: (a) direitos de personalidade não-patrimoniais em sentido forte: o Direito 40
não admite a permuta por dinheiro: o direito à vida, o direito à saúde e à integridade corporal; (b) direitos de personalidade não-patrimoniais em sentido fraco: não podem ser abdicados por dinheiro embora, dentro de certas regras, sejam objeto de negócios patrimoniais ou com algum alcance patrimonial: o direito à saúde ou à integridade física, desde que não sejam irreversivelmente atingidos, nos termos que regem a experimentação humana[192]; (c) direitos de personalidade patrimoniais: representam um valor económico, são avaliáveis em dinheiro e podem ser negociados no mercado: nome, imagem e fruto da atividade intelectual.

19. A dupla inerência: os direitos de personalidade estão ligados à pessoa do titular e ao 41
bem a que respeitam. Qualquer "separação" daria lugar a um direito diverso. Na hipótese de comercialização do (p. ex.) direito à imagem, há apenas uma autorização, dada ao terceiro, para o aproveitamento: não um direito de personalidade.

20. O problema da prevalência coloca-se em dois planos: (1) os direitos de personalidade 42
prevalecem, havendo conflito, sobre quaisquer outros de natureza diferente? (2) quando concorram entre si, haverá uma hierarquia ou atender-se-á ao mais antigo? A discussão é lançada pelo problema paralelo em direitos reais[193].

[188] Antunes Varela, *Das obrigações em geral*, 1, 10.ª ed. (2000), 533-534.

[189] *Direito das obrigações*, 1, 256 ss.; *Tratado*, VI, 3.ª ed., 404 ss..

[190] Quanto à "não-patrimonialidade", *Tratado*, I, 4.ª ed., 867.

[191] O nosso *Direito comercial*, 4.ª ed. (2016), 359 ss..

[192] Regulados na L 21/2014, de 16-abr.. Jeovanna Viana Alves, *Ensaios clínicos* (2003), 390 pp.; Guilherme de Oliveira, *Direito biomédico e investigação clínica*, em *Temas de Direito da Medicina* (1999), 185-201 (191 ss.); José de Oliveira Ascensão e Mafalda de Castro Ascensão Marques, *"Boas práticas" e ética nos ensaios clínicos* em *Estudos de Direito da Bioética*, IV, (2012) 193-229.

[193] O nosso *Direitos Reais*, n.º 146.

43 No conflito de direitos de personalidade com quaisquer outros, há uma evidente apetência de princípio para reconhecer prevalência aos primeiros. Todavia, nenhuma regra jurídica a tanto obriga. A jurisprudência apela ao 335.º (conflito de direitos), ponderando, perante o caso concreto, qual deva levar a melhor[194]. Dois vetores: (1) há direitos de personalidade que nunca podem ser postos em causa: prevalecem, ainda que em termos funcionais, sobre quaisquer outros; pense-se no direito à vida; (2) a lei não admite certas limitações convencionais aos direitos de personalidade; os negócios que a tanto conduzam são nulos, assim se assegurando a prevalência da personalidade. Isto dito, a "prevalência" não é uma característica dos direitos de personalidade. Constitui o prelúdio a uma exposição sobre o regime do conflito de direitos e sobre o dos negócios jurídicos com conteúdos de personalidade. Um e outro tema melhor ficam, precisamente, na rubrica dedicada ao regime.

44 **21. Negociabilidade limitada**: seriam, por essência, *extra commercium*. Não é assim. O 81.º/1 admite, em termos genéricos, a limitação voluntária dos direitos de personalidade, salvo a ordem pública. Além disso, o 79.º/1 refere a hipótese de o retrato de uma pessoa ser "... lançado no comércio ...".

45 Os direitos de personalidade representam, como direitos subjetivos, posições de liberdade, reconhecidas ao seu beneficiário. Implicam disponibilidade. As grandes restrições advêm da não-patrimonialidade de vários deles e da inerência de todos: o Direito poderá consentir limitações graciosas e temporárias: mas não na sua troca por dinheiro ou numa alienação definitiva. Quanto à graciosidade, será o caso dos direitos do círculo biológico e do círculo moral. Mas, apenas caso a caso será possível formular um juízo definitivo. No tocante à temporalidade: o 81.º fixa uma regra de livre revogabilidade, "... ainda que com obrigação de indemnizar os prejuízos causados às legítimas expectativas da outra parte". Em rigor, trata-se de denúncia e não de revogação, já que a figura procede em situações duradouras e não tem eficácia retroativa[195]. A indemnização deve ser cabal, tendo em conta as circunstâncias do caso.

46 Disseminadas na lei, podemos localizar diversas disposições que implicam a "negociabilidade limitada": (1) a cessão de créditos é possível, entre outros aspetos, "... quando o crédito não esteja, pela própria natureza da prestação, ligado à pessoa do credor" – 577.º/1; (2) o credor não pode ser constrangido a receber a prestação de terceiro "... quando a substituição o prejudique" – 767.º/2; (3) a sanção pecuniária compulsória não é possível nas prestações de facto "... que exigem especiais qualidades científicas ou artísticas do obrigado" – 829.º-A; (4) a execução de um contrato é possível, designadamente "... sempre que a isso não se oponha a natureza da obrigação assumida" – 830.º/1; (5) são absolutamente impenhoráveis as coisas ou direitos inalienáveis – 736.º, *a*), do CPC; (6) não podem extinguir-se por compensação os créditos impenhoráveis, exceto entre si – 853.º/1, *b*), a interpretar restritivamente, de modo a não abranger os créditos absolutamente impenhoráveis.

47 Os direitos de personalidade que assumam natureza creditícia, mercê da negociabilidade limitada, não são cedíveis (sobretudo sem o consentimento do "devedor"), não podem ser efetivados por terceiros, não podem ser objeto de sanções pecuniárias compulsórias ou de execução específica, são impenhoráveis e não se extinguem por compensação. Outros vetores surgem em domínios especiais, com relevo para o Código de Trabalho.

[194] Em regra: o direito de personalidade; quanto à colisão de direitos: *Tratado* V, 3.ª ed. (2018), 432 ss..

[195] *Da compensação no Direito civil e comercial* (2003), 205 ss.; Pedro Romano Martinez, *Da cessação do contrato*, 3.ª ed (2015), 60 ss..

22. Imprescritibilidade. As partes não podem apor prazos ou condições em direitos de personalidade. Consequentemente, não se lhes pode aplicar qualquer regime de caducidade: além do que foi dito, também a lei não lhes coloca qualquer limite temporal. Visto o 298.º/1, os direitos de personalidade são, também, imprescritíveis. Um exercício tardio nunca poderia obstar à sua eficácia. Quando muito – e verificados apertados requisitos – poderia haver uma indemnização pela confiança criada no seu não-exercício. 48

23. Ordem pública. Pelo 81.º/1, os negócios que envolvam direitos de personalidade devem respeitar os vetores injuntivos do ordenamento, a que se chama "ordem pública"[196]. Há que observar, ainda, os demais requisitos do 280.º, com relevo para a determinabilidade e a não contrariedade aos bons costumes. Qualquer limitação deve ser clara e percetível, sob pena de poder assumir proporções com que o sujeito não pudesse contar. Quanto aos bons costumes[197]: ficam sempre ressalvados os códigos éticos que, nesse domínio, são exigentes e as regras de conduta sexual e familiar próprias da nossa sociedade. 49

24. A ressarcibilidade e a adoção de medidas adequadas de defesa. A violação dos direitos de personalidade dá azo a responsabilidade civil e à adoção das "... providências adequadas às circunstâncias do caso, com o fim de evitar a consumação da ameaça ou atenuar os efeitos da ofensa já cometida" – 70.º/2, 2.ª parte: aspetos importantes, referidos em anotação ao 70.º. 50

VII – Modalidades

25. Direitos necessários e eventuais. Os necessários estão presentes, desde que exista uma pessoa singular: os direitos à vida, à integridade física e à integridade moral[198]. Os eventuais dependem da existência dos respetivos bens de personalidade: o direito ao nome e o direito à confidencialidade de cartas-missivas. 51

Esta contraposição tem importância, no ónus da prova: nos necessários, a sua mera invocação é bastante, quedando demonstrar a violação; nos eventuais há que alegar e provar a existência do bem protegido. Eles surgem, de modo automático, sempre que ocorram os pressupostos respetivos. Tão-pouco é necessário que o titular tenha consciência da sua presença: trata-se de posições jurídicas independentes da vontade. 52

26. Os círculos de personalidade permitem distinguir três níveis: (1) o círculo biológico, que abrange a vida e a integridade física da pessoa: os direitos à vida, à integridade física, à saúde, ao repouso ou ao sono; (2) o círculo moral, que tem a ver com a intocabilidade espiritual das pessoas; os direitos à integridade moral e ao bom nome e reputação; (3) o círculo social, que se prende com as relações entre o sujeito considerado e os seus semelhantes: direitos à intimidade privada, ao nome e à imagem, como exemplos. À medida que se caminhe para o exterior, os direitos de personalidade são mais elaborados, complexos e diferenciados. 53

27. Limitáveis e não-limitáveis: estes últimos traduzem situações que o titular não pode validamente restringir ou às quais não pode renunciar, p. ex., direito à vida. Os primeiros retratam direitos que, em certas condições, admitem limitação: direito à imagem. 54

28. Patrimoniais e não-patrimoniais: os primeiros facultam – ou podem facultar – ao seu titular, vantagens de tipo económico; os segundos carecem dessa dimensão. De um modo geral, 55

[196] *Tratado* II, 4.ª ed., 603 ss..

[197] *Idem*, 584 ss..

[198] Não parece correto reconduzi-los ao nascimento: desde logo está em aberto a tutela pré-natal; de seguida, a causa eficiente da sua constituição não é o nascimento, suscetível de ser substituído por qualquer outro procedimento artificial: ela antes terá de ser procurada na existência de um ser humano ou, se se preferir, de um ser inteligente, capaz de se autodeterminar em função de uma ideia de dever-ser. Com esta reserva, podemos considerar estes direitos "inatos".

os dos círculos biológico e moral não podem ter conteúdo patrimonial; os do círculo social podem originar exclusivos de aproveitamento, com vantagens patrimoniais para o próprio: p. ex., o ator, que rendibiliza a sua imagem.

56 **29. Nominados e inominados**, consoante sejam ou não referidos na lei. Eles são **típicos**, quando disponham de um regime consignado na lei e **atípicos**, na hipótese inversa. Normalmente, os nominados são típicos: é o que sucede com os direitos ao nome, à confidencialidade de certas cartas-missivas, à imagem e à reserva e intimidade da vida privada, referidos e nomeados nos 72.º e seguintes. O direito à vida e à integridade física é típico, mas surge inominado: o 70.º/1 aponta um regime, mas não o refere pelo seu *nomen*.

VIII – O alargamento às pessoas coletivas

57 **30. Dificuldades**. Os direitos de personalidade foram pensados para a pessoa singular. Transpô-los equivaleria a uma distorção da figura[199]. E tal transposição poderia prejudicar os próprios direitos, amputando-os da sua conexão humanística e banalizando os argumentos basilares em que assenta.

58 **31.** O **alargamento** da tutela dos direitos de personalidade operou pela jurisprudência alemã subsequente a 1945[200]: o descrédito de uma sociedade, provocado por afirmações falsas, não poderia deixar de ser sancionado.

59 As dificuldades radicam na má dogmatização do conceito de pessoa coletiva. O "realismo jurídico" é disso um bom exemplo: entender que a pessoa coletiva é uma "realidade", perante o Direito, não explica como lhe aplicar figuras pensadas para seres humanos. O problema supera-se desistindo de ver realidades "substantivas" onde apenas há jogos de normas. A personalidade coletiva somente traduz um centro de imputação de normas jurídicas, diverso do implicado por uma pessoa singular; mas esta é, sempre e em última análise, a destinatária de quaisquer deveres. Pode sê-lo em *modo singular*, altura em que as regras se lhe apliquem diretamente, ou em *modo coletivo*, situação que implica novas normas, antes de se chegar ao destinatário do comando.

60 A desonra de uma pessoa coletiva repercute-se sobre as pessoas que lhe sirvam de suporte ou que, para ela, trabalhem ou atuem: há que reagir em *modo coletivo*. A pessoa coletiva fica encartada nos direitos competentes, embora os bens em jogo sejam, sempre, verdadeiros bens de personalidade, atingidos de modo mediato.

61 Excluídos os direitos intrinsecamente associados às pessoas singulares, todos os demais deverão ser reconhecidos, com destaque para o direito ao nome[201], para o direito ao bom nome[202] e para a confidencialidade da correspondência[203]: quer em sociedades[204], quer em associações[205].

[199] Oliveira Ascensão, *Direito civil/Teoria geral*, 1, 2.ª ed., 259-261.

[200] *Tratado*, IV, 5.ª ed., 121.

[201] STJ 9-jul.-2014 (João Bernardo), Proc. 366/12; RPt 28-mar.-1985 (Zeferino Faria), CJ X (1985) 2, 229-232 (232).

[202] STJ 21-mai.-2009 (Alves Velho), Proc. 09A0643; STJ 17-out.-2000 (Azevedo Ramos), CJ/Supremo VIII (2000) 3, 78-82: o caso *Partex*; uma estação televisiva divulgou que a *Partex* providenciara a instalação de um telefone escondido no gabinete do Procurador-Geral da República, de modo a realizar escutas ilícitas, o que resultou ser falso: foram arbitrados 10.000 c. de indemnização (82/II). Curiosa e acertadamente, o Supremo fez apelo ao artigo 70.º/2, fonte da tutela geral. Na verdade, o direito à honra não tem consagração civil expressa; trata-se de um direito inominado cuja juridicidade decorre, genericamente, do preceito em causa.

[203] STJ 12-set.-2013 (Oliveira Vasconcelos), Proc. 372/08.

[204] STJ 20-jan.-2010 (Moreira Alves), Proc. 115/07; RLx 23-mar.-2010 (João Aveiro Pereira), Proc. 7527/04.

[205] RLx 21-abr.-2009 (Amélia Alves Ribeiro), Proc. 554/08.

Artigo 70.º (Tutela geral da personalidade)

1. A lei protege os indivíduos contra qualquer ofensa ilícita ou ameaça de ofensa à sua personalidade física ou moral.

2. Independentemente da responsabilidade civil a que haja lugar, a pessoa ameaçada ou ofendida pode requerer as providências adequadas às circunstâncias do caso, com o fim de evitar a consumação da ameaça ou atenuar os efeitos da ofensa já cometida.

Bibliografia: António Menezes Cordeiro/A. Barreto Menezes Cordeiro, *Tratado*, IV, 5.ª ed. (2019), 165-216; *vide* as indicações constantes da introdução aos artigos 70.º a 81.º.

Índice

I – Origem

1 **1. O Anteprojeto Manuel de Andrade** preconizou o texto seguinte (6.º)[1]:

Artigo 6.º
(*Tutela geral da personalidade*)

§ 1.º – A lei protege os indivíduos contra qualquer ofensa ilícita à sua personalidade. Esta norma abrange as ofensas simplesmente receadas, se o receio for bastante sério para legitimar a necessidade de tutela jurídica.

§ 2.º – A parte directamente interessada pode exigir, independentemente de culpa, a eliminação do acto ofensivo. Pode exigir também, quando for caso disso, que a outra parte seja condenada

[1] Manuel de Andrade, *Esboço de um anteprojecto*, 155-156; os §§ 5 e 6 deste preceito dizem respeito a ofensas a pessoas já falecidas, surgindo, hoje, no 71.º.

a abster-se de renovar a ofensa ou de a consumar, sob a cominação de sofrer uma pena se, culpadamente, desacatar a sentença.

§ 3.º – Estas acções não prejudicam a responsabilidade civil a que possa haver lugar. A título de reparação do dano moral causado pode o juiz condenar o responsável numa soma pecuniária, ainda que de valor insignificante, ou estatuir outras determinações que se revelem apropriadas às circunstâncias do caso.

(...)

2 **2. Na 1.ª Revisão**, o preceito de Andrade tomou uma feição distinta. Assim, segundo o 49.º[2]:

Artigo 49.º
(*Tutela geral da personalidade*)

1. É causa de responsabilidade civil toda a ofensa ilícita contra a personalidade física ou moral dos indivíduos. A responsabilidade abrange as ofensas simplesmente receadas, se o receio for bastante sério para legitimar a necessidade de tutela jurídica.

2. Sem prejuízo, porém, da responsabilidade civil a que haja lugar, a parte directamente interessada pode exigir, independentemente de culpa, a eliminação do acto ofensivo. Pode exigir também, quando for caso disso, que a outra parte seja condenada a abster-se de renovar a ofensa ou de a consumar, sob a cominação de multa adequada se, culpadamente, desacatar a sentença.

3. A título de reparação do dano moral causado pode o juiz condenar o responsável numa soma pecuniária ou nas providências requeridas pelo lesado, que julgue realmente adequadas às circunstâncias do caso.

(...)

3 **3. Na 2.ª Revisão e no Projeto** o texto aproxima-se, com pequenas diferenças, do atual[3]. O tema dos danos morais passou ao 496.º, com um enquadramento diverso.

4 **4.** O **sistema** do 70.º comporta regras distintas. No n.º 1, tutela o direito à integridade física – e, por maioria de razão, à vida – e à integridade moral. No n.º 2, prevê a responsabilidade civil e as medidas adequadas para evitar ou atenuar a ameaça.

II – O direito à vida

5 **5. O direito à vida** pertence à tradição de Seabra[4]. Não obteve consagração expressa no Código Civil: Mas deriva do 24.º da Constituição[5], sendo de sublinhar a sua consagração penal[6] e a sua evidência europeia – 2.º/1 da Convenção Europeia dos Direitos Humanos (1950)[7-8] e 2.º/1 da Carta dos Direitos Fundamentais da União Europeia (2000)[9-10] – e internacional – 3.º da Declaração Universal dos Direitos Humanos[11] e 6.º do Pacto Internacional dos Direitos Civis e Políticos[12]. E a própria lei civil, ao referir, no 70.º/1, a proteção concedida por lei, aos indiví-

[2] *1.ª Revisão*, 26.

[3] *2.ª Revisão* (70.º), 30; *Projecto* (70.º), 22.

[4] Recorde-se o 359.º, 1.º, do Código Civil de 1865 e as considerações que, na época, sobre ele foram feitas; *vide* Introdução (70.º a 81.º), anot. 11.

[5] Cuja epígrafe é, justamente, "direito à vida"; *vide* Gomes Canotilho/Vital Moreira, *Constituição da República Portuguesa Anotada*, I, 4.ª ed. (2006), 445 ss. e Jorge Miranda/Rui Medeiros, *Constituição Portuguesa Anotada*, 1, 2.ª ed. (2010), 499 ss..

[6] Jorge de Figueiredo Dias, *Comentário Conimbricense*, anot. 131.º, §§ 4 e ss. (5 ss.)

[7] "O direito de qualquer pessoa à vida é protegido por pela Lei".

[8] Ireneu Cabral Barreto, *A Convenção Europeia dos Direitos do Homem*, 5.ª ed. (2015), 80 ss..

[9] "Todas as pessoas têm direito à vida".

[10] Alessandra Silveira/Mariana Canotilho, *Carta dos direitos fundamentais da União Europeia* (2013), 46 ss.

[11] "Todo o indivíduo tem direito à vida".

[12] "O direito à vida é inerente à pessoa humana. Este direito deve ser protegido pela lei: ninguém pode ser arbitrariamente privado da vida".

duos, "... contra qualquer ofensa ilícita ou ameaça de ofensa à sua personalidade física ..." garante o direito à vida[13]. Este ponto surge nas diversas leis dos nossos dias, sendo de relevar a brasileira[14].

O direito à vida distingue-se dos direitos: (1) à integridade física; (2) à integridade moral; (3) à qualidade de vida; (4) de cidadania ou de realização política ou pessoal. O direito à vida assegura a preservação das funções vitais do organismo biológico humano. O atentado à integridade desse organismo ou qualquer outro esquema que provoque sofrimento físico, mas que não ponha em causa imediata a sobrevivência, atinge outros direitos: não o direito à vida. Também os círculos moral e social do ser humano ficam fora do concreto âmbito deste direito. 6

No seu "núcleo duro", o direito à vida tem um regime claro: não admite compressão. Em qualquer conflito de direitos ou deveres (335.º), o direito à vida não pode ceder. O Direito civil não aceita a supressão de uma vida humana: nunca, definitivamente e em caso algum, salvo havendo conflito com direitos semelhantes. P. ex., num cenário de catástrofe, o médico poderá ter de escolher salvar uma pessoa, em detrimento de outra. Usará critérios clínicos e deontológicos. 7

6. A **indisponibilidade** do direito à vida é clara. Isso implica a ilicitude do suicídio, do duelo e de comportamentos de risco: 24.º/1 da Constituição e 69.º do Código Civil. 8

7. A **eutanásia** fica excluída, quando seja direta e ativa, isto é, redunde num comportamento voluntário destinado a tirar a vida. Por qualquer uma das seguintes cinco razões, a que aditamos um argumento definitivo: (1) a Ciência médica suprime o sofrimento físico e, no limite, psíquico; (2) não é seguro que os meios usados para "abreviar" a vida não sejam, eles próprios, fontes de novos sofrimentos[15]; (3) não é possível calcular o *quantum* de sofrimento justificativo da morte, sendo questionável o modo de determinar o grau de consciência de quem pretenda sofrer eutanásia; (4) a morte de uma pessoa é irreversível: qualquer erro de avaliação clínica ou psíquica não mais poderá ser corrigido; (5) a vida, mesmo terminal e infeliz, continua a ser um bem a defender: preferível à morte. 9

Mas sobre tudo isto impera uma razão definitiva: admitir ou promover a supressão da vida implica valorações visceralmente contrárias a qualquer lógica civilística. Fica excluída a supressão de deficientes mentais profundos, de criminosos irrecuperáveis ou de doentes incuráveis. Sem este axioma, não há fronteiras e nenhum sistema civilístico será coerente. Qualquer lei que vise "legalizar" a eutanásia é claramente inconstitucional. 10

A eutanásia ativa indireta consiste em administrar, ao doente terminal, meios paliativos que possam causar a morte, dentro dos parâmetros da deontologia médica. O efeito procurado não é a morte: antes o de minorar o sofrimento, ainda que assumindo riscos aceitáveis. Devidamente aprovado por comissões de deontologia, este procedimento é lícito: não é verdadeira eutanásia. 11

Não se confunde com eutanásia a cessação da assistência clínica ou o não-prolongamento artificial da vida, quando fique claro estar-se em face de um procedimento não-natural, que cause sofrimento injustificado ou que atente contra a dignidade do paciente e da própria morte. A deontologia médica dirá, em concreto, até onde ir. 12

[13] A proteção do direito à vida por intermédio do 70.º/1 é unânime: STJ 2-dez.-2013 (Paulo Sá), Proc. n.º 1667/08; RPt 13-mar.-2014 (Soares de Oliveira), Proc. n.º 2140/10.

[14] Sílvio Romero Beltrão, *Direitos da personalidade*, 2.ª ed., 149 ss..

[15] Nos finais de 2006, rebentou, na Florida, um escândalo: um condenado à morte, por injeção letal, demorou quase quarenta minutos a morrer, debatendo-se no meio do maior sofrimento. Descrições de execuções na cadeira elétrica e na câmara de gás dão conta de eventos similares. E todavia: as execuções capitais são supervisionadas por médicos "especialistas".

III – O direito à integridade física

13 **8. O direito à integridade física** assegura a proteção do ser biológico e das suas diversas funções, quando não esteja em causa a sua imediata sobrevivência – hipótese em que cairíamos no direito à vida. A integridade física pode ser diretamente atingida, através de atuações que visem a própria pessoa enquanto unidade biológica ou indiretamente, mediante atuações que venham bulir com aspetos circundantes ou ambientais.

14 **9. Jurisprudência**. Surge em torno de crimes contra as pessoas[16] e, sobretudo, no campo dos acidentes de viação, domínio regido por regras gerais e, ainda, pelo Código da Estrada[17]. Quanto a atentados circundantes:

15 (1) a **ofensa ao direito à saúde e ao repouso**[18], através de túneis do metropolitano demasiado à superfície[19], de barulhos de um colégio instalado num primeiro andar[20], de uma cervejaria[21], de um hidropressor[22], de ruídos vários, esclarecendo-se que não é necessário que a ofensa seja deliberada[23], de ensaios de orquestra[24], de um motor[25], de tiro aos pratos[26], de um bar[27], de um aparelho de ar condicionado[28], de uma escola de música[29], de uma discoteca[30], de um talho[31], de peneiras de areia[32], de sapateado e trepidações[33], de fabrico de bolos e pão[34], de um talho, com motor elétrico, câmara frigorífica e machadadas[35], de um bar animado[36], de ruídos de um café[37], de falta de cuidado num hospital[38], de maquinismos ruidosos num restaurante[39] ou

[16] Artigos 143.º e seguintes do Código Penal; segundo o n.º 1 daquele preceito,

Quem ofender o corpo ou a saúde de outra pessoa é punido com pena de prisão até 3 anos ou com pena de multa.

[17] Aprovado pelo DL 114/94, de 3-mai., com alterações subsequentes, designadamente as introduzidas pelo DL 265-A/2001, de 28-set.e, por último (neste momento), pelo DL 107/2018, de 29-nov..

[18] Além do 70.º, invocam-se, ainda e com frequência, os 64.º (proteção à saúde) e 66.º (ambiente), da Constituição.

[19] STJ 28-abr.-1977 (Abel de Campos), BMJ 266 (1977), 165-169 (168).

[20] RLx 29-jun.-1977 (Bordalo Soares), CJ II (1977) 4, 918-921 e STJ 4-jul.-1978 (Oliveira Carvalho), BMJ 279 (1978), 124-132 (128).

[21] REv 21-jul.-1977 (Dias da Fonseca), CJ II (1977) 5, 1225-1227 (1227/I).

[22] RLx 3-nov.-1983 (José M. Gonçalves Pereira), CJ VIII (1983) 5, 103-104 (104/I): o seu barulho provocara uma crise depressiva.

[23] STJ 13-mar.-1986 (Góis Pinheiro), BMJ 355 (1986), 356-360 (359).

[24] RLx 19-fev.-1987 (Carvalho Pinheiro), CJ XII (1987) 1, 141-143 (142/II): este aresto alargou o âmbito de proteção; com efeito, *in casu*, a 1.ª instância recusara a tutela por não estar em jogo o direito ao sono; entendeu a Relação de Lisboa (e bem) que "o direito à saúde, em que se resolve o direito à vida, não se reduz ao direito ao sono e repouso noturno. A proteção daquele não se limita à proteção deste".

[25] RCb 6-fev.-1990 (Castanheira da Costa), CJ XV (1990) 1, 92-95 (94/I).

[26] RLx 24-nov.-1994 (Freitas de Carvalho), CJ XIX (1994) 5, 112-114 (113/II).

[27] RLx 30-mar.-1995 (Almeida Valadas), CJ XX (1995) 2, 98-100 e RPt 14-mar.-1996 (Mário Cruz), CJ XXI (1996) 2, 193-196 = BMJ 455 (1996), 569-570 (o sumário).

[28] RPt 27-abr.-1995 (Azevedo Ramos), CJ XX (1995) 2, 213-216 (215/II e 216/I).

[29] STJ 22-jun.-1995 (Mário Cancela), BMJ 448 (1995), 334-344 (341).

[30] STJ 24-out.-1995 (Fernando Fabião), BMJ 450 (1995), 403-405 = CJ/Supremo III (1995), 74-78.

[31] STJ 9-jan.-1996 (Fernando Fabião), CJ/Supremo IV (1996) 1, 37-40 (39/II).

[32] RLx 1-out.-1996 (Pereira da Silva), CJ XXI (1996) 4, 104-107.

[33] RCb 26-nov.-1996 (Custódio Matos), CJ XXI (1996) 5, 29-31 (29/II): o caso, já referido, da "República do Baco": uma "república de estudantes" instalada por cima da habitação da lesada; esta teve de ser assistida nos serviços de psiquiatria dos HUC.

[34] RLx 27-fev.-1997 (Silva Santos), CJ XXII (1997) 1, 145-149.

[35] RPt 22-fev.-1999 (Gonçalves Ferreira), BMJ 484 (1999), 440 (o sumário); outro caso de um talho foi decidido em RCb 16-mai.-2000 (Garcia Calejo), CJ XXV (2000) 3, 16-20 (19/I).

[36] RCb 15-jan.-2002 (Silva Freitas), CJ XVII (2002) 1, 5-11 (7/I e II).

[37] RPt 21-mar.-2002 (Marques Pereira), CJ XXVII (2002) 3, 201-203.

[38] RLx 9-mai.-2002 (Maria do Rosário Oliveira), CJ XXVII (2002) 2, 69-70.

[39] STJ 22-set.-2005 (Pereira da Silva), Proc. 04B4264.

de obras desagradáveis[40], de aparelhos de afugentar pássaros[41], de música ao vivo[42], de ruído do trânsito rodoviário numa auto-estrada[43], de ruídos de aparelhos típicos da atividade comercial[44] e do ruído e vibrações produzidos durante o fabrico de pão[45];

(2) as **emissões, sancionadas pelo 1346.º**, mas em termos reforçados pelos direitos de personalidade[46]; temos exemplos de hidropressores[47], de viteleiros, com cheiros e insetos[48], de cheiros[49], de galinheiro e pombal[50], de discotecas[51], de clínicas[52], de lavandaria[53], de estabelecimentos industriais[54], de currais de vacas e ovelhas[55], de trepidações provenientes de uma auto-estrada[56], de latidos de cão[57] e de obras de metropolitano[58]; 16

(3) à **qualidade de vida**, invocando-se, direta ou indiretamente, a temática ambiental; assim nos casos de uma pocilga[59], de uma obra que viole regras de planeamento e de construção[60], de um posto de combustível[61], de fábricas de madeira[62], de reclamos luminosos[63], de um laboratório de betão[64], de uma fábrica de corte e de polimento de granito[65], da atividade de cunicultura[66], de um parque de sucata[67] e da proximidade de linhas elétricas de alta tensão[68]. 17

10. Danos pré-natais e vida indesejada[69]. Os danos causados a um nascituro são indemnizaveis. Após hesitações iniciais, esse tema já não coloca dúvidas: é atingido o direito à vida, na 18

[40] STJ 28-nov.-2006 (Faria Antunes), Proc. 06A2210.

[41] STJ 15-mar.-2007 (Oliveira Rocha), CJ/Supremo XV (2007) 1, 130-132 (132) = Proc. 07B585, sem aplicação concreta, nesse caso.

[42] STJ 17-abr.-2013 (Sousa Leite), Proc. 1529/04.

[43] RPt 6-jun.-2015 (Rodrigues Pires), Proc. 1491/06.

[44] RPt 8-jul.-2015 (Fernando Samões), Proc. 912/14, sem aplicação concreta, nesse caso.

[45] RPt 12-out.-2015 (Caimoto Jácome), Proc. 6/14.

[46] RCb 25-out.-1983 (Ataíde das Neves), BMJ 331 (1983), 610 (o sumário).

[47] RPt 6-jul.-1989 (José Marques), CJ XIV (1989) 4, 192--194 (194).

[48] RCb 7-jan.-1992 (Cardoso de Albuquerque), CJ XVII (1992) 1, 83-85.

[49] RCb 13-jul.-1993 (Cardoso de Albuquerque), BMJ 429 (1993), 895.

[50] RLx 26-out.-1995 (Viriato Bernardo), BMJ 450 (1995), 559 (o sumário): o ofendido contraíra, neste caso, uma rinite alérgica.

[51] REv 2-out.-1997 (Mota Miranda), CJ XXII (1997) 4, 275-277 (caso de Vila Viçosa), confirmado em STJ 6-mai.--1998 (Fernandes Magalhães), BMJ 477 (1998), 406-411 e REv 16-out.-1997 (Mota Miranda), CJ XXII (1997) 4, 278-279 (caso de Lagos).

[52] STJ 19-fev.-1998 (Henrique de Matos), CJ/Supremo VI (1998) 1, 92-96 = BMJ 474 (1998), 467-479.

[53] RLx 14-out.-1999 (Catarina Manso), CJ XXIV (1999) 4, 125-127 (127/I).

[54] RGm 20-nov.-2002 (Leonel Serôdio), CJ XXVII (2002) 5, 273-277 (275/II).

[55] RPt 12-dez.-2002 (João Bernardo), CJ XXVII (2002) 5, 192-195 (193/I).

[56] RGm 2-jul.-2008 (Rosa Tching), CJ XXXIV (2009) 2, 297-299 = Proc. 2903/08, que se declarou incompetente.

[57] STJ 30-set.-2010 (Álvaro Rodrigues), Proc. 1229/05, sem aplicação concreta, nesse caso.

[58] STJ 19-out.-2010 (Alves Velho), Proc. 565/1999.

[59] STJ 15-out.-1995 (Santos Carvalho), BMJ 350 (1985), 301-304 (302-303), especificando-se ruídos e um cheiro pestilento e nauseabundo.

[60] RCb 9-mai.-1995 (Vasconcelos Cameira), CJ XX (1995) 3, 24-28.

[61] RPt 11-dez.-1995 (Azevedo Ramos), CJ XX (1995) 5, 225-225 = BMJ 452 (1996), 491-492 (o sumário), confirmado por STJ 2-jul.-1996 (Cardona Ferreira), BMJ 459 (1996), 444-456 = ROA 1996, 667-682, anot. Menezes Cordeiro, loc. cit., 683-688, favorável.

[62] RPt 2-fev.-1998 (Simões Freire), CJ XXIII (1998) 1, 203-207, esclarecendo-se que a fábrica foi instalada depois de a Autora viver no local e que a mesma produzia ruídos, serrim e poeira.

[63] RPt 8-mar.-1999 (Manuel Gonçalves Ferreira), CJ XXIV (1999) 2, 177-180 = BMJ 485 (1999), 485 (o sumário).

[64] RLx 15-jun.-1999 (Bettencourt Faria), CJ XXIV (1999) 3, 115-117.

[65] RCb 15-fev.-2000 (Ferreira de Barros), CJ XXV (2000) 1, 22-27.

[66] STJ 11-fev.-2003 (Reis Figueira), Proc. 02A730.

[67] STJ 9-mai.-2006 (Nuno Cameira), Proc. 06A636.

[68] STJ 2-dez.-2012 (Bettencourt Faria), Proc. 110/2000.

[69] *Tratado*, V, 5.ª ed., 357-365; António Pinto Monteiro, *Direito a não nascer*, RLJ 134 (2002), 377-384; Fernando Araújo, *A procriação assistida e o problema da santidade da vida* (1999), 84-113; Gisela Hildegard Kern, *O valor absoluto da vida humana / Limite para a responsabilidade civil*, RFDUP IV (2007), 79-88; Guilherme de Oliveira, *O direito do diagnóstico pré-natal*, em *Temas de Direito da medicina* (1999), 203--223; Manuel Carneiro da Frada, *A própria vida como dano?*, ROA 2008, 215-253; Paulo Mota Pinto, *Indemnização em caso de "nascimento indevido" e de "vida indevida" ("wrongful birth" e "wrongful life")*, Lex Medicinae 2007, 5-25.

vertente das integridades física[70] e moral[71]. A indemnização, que deve ser confortável, depende apenas do seu nascimento, nos termos do 66.º/2.

19 Questão diversa é a de saber se cabe indemnização nos casos de nascimento indesejado.

20 Ocorrem duas hipóteses: (1) a **criança não-planeada**: uma mulher, já com seis filhos, solicita uma esterilização; esta é mal executada, vindo a nascer mais uma criança: um tribunal alemão condenou o médico em indemnização e em alimentos. Em causa não está a vida (que nunca pode ser considerada um dano), mas a má execução de um contrato de prestação de serviço médico.

21 (2) a **criança deficiente**: a mãe adoece com rubéola, nas primeiras semanas de gravidez; o médico, por negligência, não fez o diagnóstico, de modo a permitir o aborto, nascendo a criança com problemas; noutros casos, por falta no acompanhamento, não é diagnosticada a doença de Down (trissomia 21) ou outras falhas congénitas, de modo a facultar a interrupção da gravidez; atribuir uma indemnização à criança, por ter nascido, não é possível: a alternativa seria a não-vida; a vida é, pelo Direito como pela Ética, sempre um bem ou valor positivo; já caberá uma indemnização quando se mostre que um diagnóstico correto teria permitido minorar ou corrigir a deficiência.

22 Em compensação, nas hipóteses de vida deficiente, cabe uma indemnização aos pais, por má execução dos serviços médicos[72]: ficam incluídos os danos morais e os patrimoniais.

23 **11. O assédio (*mobbing* e *bullying*).** Num primeiro momento, ele foi sentido como uma forma de discriminação contra as mulheres, vítimas mais frequentes. A Diretriz 76/207, de 9-fev.[73], veio vedar discriminações laborais em função do sexo. Seguiu-se a Diretriz 2002/73, de 23-set.[74], que, alterando a primeira, introduziu a noção de assédio, proibindo-o por o entender discriminatório. Apresenta as seguintes definições (novo artigo 2.º/2 da Diretriz 76/2007): (1) assédio: sempre que ocorrer um comportamento indesejado, relacionado com o sexo de uma dada pessoa, com o objetivo ou o efeito de violar a dignidade da pessoa e de criar um ambiente intimidativo, hostil, degradante, humilhante ou ofensivo; (2) assédio sexual: sempre que ocorrer um comportamento indesejado de carácter sexual, sob forma verbal, não-verbal ou física, com o objetivo ou o efeito de violar a dignidade da pessoa, em particular pela criação de um ambiente intimidativo, hostil, degradante, humilhante ou ofensivo.

24 Em transposição, o Código do Trabalho define e proíbe o assédio, no 29.º, ampliando-o para além dos aspetos sexuais[75]. A doutrina distingue[76]: (1) o assédio sexual ou com conotação sexual (*sexual harassment*): um comportamento indesejado e hostil com conotação sexual, de modo verbal, gestual ou físico; (2) o assédio moral discriminatório: o comportamento indesejado assente em fatores discriminatórios não-sexuais (*discriminatory harassment*); (3) o assédio

[70] O caso mais debatido foi o dos "bebés talidomida", i. é, das crianças nascidas com graves deficiências por, no período de gestão, as mães respetivas terem sido medicadas, contra os enjoos matinais, com talidomida. Em Portugal, foram assinaladas dez vítimas.

[71] *Supra*, 66.º, anot. 37-42.

[72] TC n.º 55/2016, de 2-fev.-2016 (Teles Pereira), DR 2.ª série, n.º 51, de 14-mar.-2016 (8944-8962); STJ 19-jun.-2001 (Fernando Pinto Monteiro), RLJ 134 (2002), 371-377 = Proc. 01A1008; RPt 1-mar.-2012 (Filipe Caroço), Proc. 9434/06; RGm 19-jun.-2012 (Rosa Tching), Proc. 1212/08 (onde se discutiu a prova do diagnóstico pré-natal mal executado); STJ 17-jun.-2013 (Ana Paula Boularot), Proc. 9434/06 (com especial relevo no tocante ao eventual direito da própria criança, a uma indemnização); STJ 12-mar.-2015 (Hélder Roque), Proc. 1212/08.

[73] JOCE N.º L 39, 40-42, de 14-fev.-1976.

[74] JOCE N.º L 269, 15-20, de 5-out.-2002.

[75] Guilherme Dray, em Pedro Romano Martinez e outros, *Código do Trabalho*, 12.ª ed. (2019), 139 ss.; *vide* o nosso *Direito do trabalho* I (2019), 551 ss..

[76] M. Regina Redinha, *Assédio moral ou* mobbing *no trabalho*, Est. Raúl Ventura 2 (2003), 833-847 e, em especial, Maria do Rosário Palma Ramalho, *Direito do trabalho*, Parte II, *Situações laborais individuais*, 7.ª ed. (2020), 194 ss..

moral não-discriminatório: o comportamento indesejado não deriva de qualquer discriminação, mas visa, apenas, atingir certa pessoa; fala-se, então, em *mobbing*.

25 Quantos aos propósitos do assédio (*animus*), há duas modalidades: (i) assédio emocional; e (ii) assédio estratégico. O primeiro é motivado por simples animosidade ou maldade e o segundo por razões específicas, por exemplo, levar o trabalhador a despedir-se, contornando, assim, o regime do despedimento sem justa causa[77]. O problema tem sido amplamente discutido pelos nossos tribunais superiores[78].

26 O Direito despertou através de não-discriminação no Direito do trabalho e nos serviços públicos. Os sociólogos isolam o *mobbing* (de *to mob*, rodear, atacar)[79] como um conjunto de atos de comunicação negativa, contra uma pessoa isolada, frequentes (pelo menos, uma vez por semana), prolongados (pelo menos, seis meses), danosos para a saúde física e psíquica do atingido e visando o seu isolamento e o seu afastamento. O fator sexo foi determinante, para os estudos iniciais. Hoje, calcula-se que 55% dos casos registados atinjam mulheres, o que documenta um apagamento dessa dimensão. Exige-se uma resposta multidisciplinar, sem esquecer o Direito.

27 O tema concretiza-se, também, entre jovens e nas escolas. Toma, por vezes, formas de violência física, falando-se em *bullying* (de *bully*, "valentão").

28 O *bullying* foi espoletado pelo suicídio do jovem Curtis Taylor, em 1993 e nos Estados Unidos, vítima, durante anos, de agressões e vexames por parte dos seus colegas de turma. Os episódios de tiroteios nas escolas, com muitas vítimas e, a todos os títulos, lamentáveis, são por vezes reações descontroladas de vítimas dos *bullies*. Em Portugal, ficou registado o caso de Leandro, de 12 anos, vítima constante de *bullying* em Mirandela e que, em março de 2010, se suicidou, lançando-se ao Tua. As autoridades do Ministério da Educação não foram capazes de esclarecer responsabilidades, tendo a competente associação de pais contribuído para o muro de silêncio.

29 Nas universidades, o *bullying* exerce-se a coberto das denominadas "praxes": em regra sem nível nem estética e que nada têm a ver com qualquer espírito académico.

30 As descrições de práticas de assédio, de *mobbing* e de *bullying* levam-nos a meditar sobre os abismos da alma humana e sobre a necessidade de permanente intervenção de regras de educação, de ética, de religião e, no limite, de Direito, para garantir a sociabilidade das pessoas e a defesa dos mais fracos. Em termos civis, o problema não é de discriminação: antes de atentado à integridade física e moral das pessoas e, no mínimo, do direito à honra. O Direito civil não contemporiza com o sofrimento das pessoas: e, para mais, quando gratuito, sendo que a irracionalidade não é atenuante. E muito menos será aceitável legitimar práticas agressivas, vexatórias ou intimidatórias com a sua "habitualidade" ou como uma "inevitabilidade". Pelo contrário: se assim for, mais uma razão para lhes pôr cobro.

31 O *cyber-bullying* é a prática de incomodar, vexar, intimidar ou prejudicar alguém através das redes sociais, de imagens ou ditos colocados na *Net* ou com recurso a telefones portáteis (celulares). Estudos mostram que, nos Estados Unidos, metade dos jovens já foi incomodada por

[77] STJ 3-dez.-2014 (Mário Belo Morgado), Proc. 712/12.

[78] RLx 13-dez.-2006 (Maria Paula Sá Fernandes), CJ XXXI (2006) 5, 160-164 (163/I), onde se considerou assédio moral a não-ocupação efetiva, do trabalhador, numa asserção muito duvidosa (*vide* o voto de vencido do Des. José Feteira); RPt 2-nov.-2009 (Paula Carvalho), CJ XXXIV (2009) 5, 206-214, aí num caso claro de assédio sexual, e onde é feita uma aproximação à violação da intimidade da vida privada; STJ 3-dez.-2014 (Mário Belo Morgado), Proc. 712/12; STJ 26-mai.-2015 (António Leones Dantas), Proc. 2056.12: dado como não provado.

[79] Na gíria académica, o *mobbing* é expresso por "gozar" ou o "ato de gozar" um colega infeliz ou mais fraco. O *mobbing* foi estudado por Heinz Leymann (1932-1999), professor sueco de origem alemã, que, em análises de campo, identificou 45 comportamentos típicos dessa natureza.

esta via. A *Net* é um bem da Humanidade; manchá-lo só pode conduzir, no futuro, a limitações. Além disso, o sofrimento nunca é nem justificado, nem admissível.

IV – O direito à honra

32 **12. A defesa da honra** correspondeu a um valor tradicional do Ocidente. O ideal da cavalaria apontava para a honra como o bem máximo, a defender em quaisquer circunstâncias e até às últimas consequências. Os tempos mudaram. A honra, antes de mais, é defendida e promovida não como bem absoluto em si, mas como fonte de outras vantagens, particularmente de ordem social e patrimonial.

33 Isto dito: a honra vale por si: não (apenas) pelas vantagens sociais e patrimoniais que acarrete. Pode haver atentados à honra sem prejuízos; mas é ainda protegida pelo que representa e pelas vantagens eventuais que acarrete.

34 **13. Base legal**. O 70.º/1 protege "... os indivíduos contra qualquer ofensa ilícita ou ameaça de ofensa, à sua personalidade (...) moral". Na responsabilidade civil, o 484.º[80] (ofensa do crédito ou do bom nome), dispõe:

> Quem afirmar ou difundir um facto capaz de prejudicar o crédito ou o bom nome de qualquer pessoa, singular ou coletiva, responde pelos danos causados.

35 A Constituição refere (26.º), o direito ao bom nome e à reputação como um direito fundamental.

36 O CP contém, nos seus 180.º e seguintes, um capítulo com crimes contra a honra. Distingue: (1) o crime de difamação: "... imputar a outra pessoa, mesmo sob a forma de suspeita, um facto, ou formular sobre ela um juízo, ofensivo da sua honra ou consideração, ou reproduzir uma tal imputação ou juízo ..." – 180.º/1; (2) o crime de injúria: "... injuriar outra pessoa, imputando-lhe factos, mesmo sob a forma de suspeita, ou dirigindo-lhe palavras, ofensivos da sua honra ou consideração ..." – 181.º/1, ambos do Código Penal. No caso de difamação, é possível a *exceptio veritatis*: esta, a proceder, torna a conduta não-punível – 180.º/2, *b*), do mesmo Código[81]. No Direito civil, tal *exceptio* não obsta à ilicitude do ato.

37 **14. A jurisprudência** documenta[82]: (1) difamações e calúnias feitas por carta dirigida a uma multinacional, para tentar retirar uma representação comercial ao ofendido[83]; (2) cartas difamatórias dirigidas a várias pessoas, ainda que não tenham provocado prejuízos concretos[84]; (3) difamação feita pela comunicação social[85], através de factos falsos ou incorretamente relatados[86]; (4) divulgação pela comunicação social de factos verdadeiros, mas sem utilidade social, revelados

[80] Quanto a esse preceito e à sua origem: *Tratado* VIII, 552 ss.; *vide* Filipe Albuquerque Matos, *Responsabilidade civil por ofensa ao crédito e ao bom nome*, 150 ss., 242 ss. e *passim*.

[81] *Vide* Faria Costa, *Comentário Conimbricense*, 926 ss.; o preceito é julgado constitucional pelo acórdão do TC n.º 201/2004, de 24-mar.-2004 (Artur Maurício), DR II Série n.º 129, de 2-jun.-2004, 8551-8554 (8554).

[82] Um exemplo que se concretizou em RLx 19-out.-1982 (Eliseu Figueira), CJ VII (1982) 4, 125-126 (126/I): afixara-se, à porta, uma carta em que o ofendido reconhecia uma dívida e isso só para o envergonhar; o Tribunal condenou a Ré a abster-se de tal atitude.

[83] STJ 20-mar.-1973 (Eduardo Correia Guedes), BMJ 225 (1973), 222-226 (225-226): uma questão (bem) resolvida ainda perante o Código de Seabra.

[84] STJ 16-abr.-1991 (Martins da Fonseca), BMJ 406 (1991), 623-628 (626).

[85] RCb 3-jul.-1993 (Ferreira de Sousa), CJ XVIII (1993) 4, 71-73 (72/II).

[86] RLx 20-jan.-1994 (Moreira Camilo), CJ XIX (1994) 1, 106-111 e STJ 26-abr.-1994 (Carlos Caldas), BMJ 436 (1994), 370-384 (caso Cadilhe).

apenas para apoucar o visado[87]; (5) afirmações ou imputações que *in concreto*, sejam desprimorosas (exemplo: ex-vice-presidente do FC Porto acusado de ter provocado a interdição do estádio das Antas)[88]; (6) falsos depoimentos deduzidos em juízo contra um advogado[89]; (7) inclusão em base de dados de "maus pagadores"[90]; (8) atentado à competência profissional[91] ou funcional[92]; (9) insinuações de negócios menos claros[93]; (10) insinuações de conduta adúltera da mulher[94]; (11) acusações concretas infundadas[95]; (12) notícias constantes incomodativas, independentemente da questão da veracidade[96]; (13) publicidade contextualizada de modo a associar determinada pessoa a uma prisão[97]; (14) funcionamento inadequado de um aparelho de deteção de notas falsificadas, de onde resultou grande enxovalho para uma pessoa inocente[98]; (15) afirmação de que uma pessoa, aos 19 anos, já cometera 100 crimes[99]; (16) notícia (falsa) de que o lesado e ex-membro do Governo estava a ser investigado por burla[100]; (17) afirmações desconsiderantes para um jornalista[101]; (18) ex-ministro indevidamente conexionado com a droga[102]; (19) fotografia de uma casa, relacionando-a com a droga[103]; (20) notícia (falsa) de que o lesado estava envolvido num esquema de corrupção[104]; (21) denúncias falsas e calumiosas[105]; (22) descontextualização de afirmações proferidas no âmbito de um processo, pelo Juiz[106]; (23) imputação, a um candidato à Presidência da República, de traição à Pátria[107]; (24) imputar, a uma pessoa, o envolvimento numa cena de pancadaria[108]; (25) usar, em peças processuais, uma série de adjetivos desprimorosos para o lesado[109]; (26) difundir um comportamento alegadamente desonroso, com uma fotografia do ofendido[110].

15. A ***exceptio veritatis*** não é admitida no Direito civil[111]. Esta orientação, que teve acolhimento 38
jurisprudencial[112], é de sufragar[113]: a lei não exige, como pressuposto do funcionamento do

[87] RLx 20-out.-1994 (Silva Salazar), CJ XIX (1994) 4, 117-123 (122/I) (caso Fernando Nogueira e Marques Mendes).

[88] STJ 27-jun.-1995 (Torres Paulo), BMJ 448 (1995), 378-389.

[89] STJ 3-out.-1995 (Torres Paulo), BMJ 450 (1995), 424-431 (426).

[90] RLx 11-jan.-1996 (Adélio André), CJ XXI (1996) 1, 79-82 (81).

[91] STJ 3-fev.-1999 (Garcia Marques), BMJ 484 (1999), 339-351 (341): caso Prof. Eduardo Correia, médico assistente do Prof. Oliveira Salazar.

[92] STJ 27-mai.-1999 (Ferreira de Almeida), CJ/Supremo VII (1999) 2, 122-123: imputar, a um administrador, a degradação de um imóvel.

[93] STJ 24-fev.-1999 (Torres Paulo), CJ/Supremo VII (1999) 1, 118-122 (122/I): caso Lilaia e do *stand*.

[94] STJ 26-fev.-2004 (Araújo Barros), CJ/Supremo XII (2004) 1, 74-80 = Proc. 03B3989.

[95] STJ 17-out.-2000 (Azevedo Ramos), CJ/Supremo VIII (2000) 3, 78-82 (79/I); no caso: a *Partex* teria feito colocar um microfone na PGR; também RLx 23-set.-2004 (Graça Amaral), CJ XXIX (2004) 1, 91-96 (95/II): a então Ministra Dra. Celeste Cardona teria envolvimentos no caso da Universidade Moderna e RLx 18-nov.-2004 (Pereira Rodrigues), CJ XXIX (2004) 5, 91-96 /94/II): acusações à Direção do Hospital no caso da morte dos hemodialisados.

[96] STJ 14-mai.-2002 (Ferreira Ramos), CJ/Supremo X (2002) 2, 63-70 (66/I): caso Margarida Marante.

[97] RLx 10-mar.-2005 (Olindo Geraldes), CJ XXIX (2005) 2, 75-79 (76/I).

[98] STJ 19-set.-2006 (Sebastião Póvoas), Proc. 06A2735, onde se lê, designadamente: "É inadmissível que o utente de um estabelecimento comercial seja vexado, humilhado em público e veja a sua autoestima ser degradada por uma conduta menos diligente e inadequada ...".

[99] STJ 30-set.-2008 (Fonseca Ramos), Proc. 08A2425, sem aplicação, nesse caso.

[100] STJ 12-mar.-2009 (Serra Baptista), Proc. 08B2972.

[101] STJ 20-jan.-2010 (Fonseca Ramos), Proc. 1839/06.

[102] STJ 25-mar.-2010 (M. Prazeres Beleza), Proc. 576/05.

[103] STJ 9-set.-2010 (Gonçalo Silvano), Proc. 77/05.

[104] STJ 21-out.-2014 (Gregório Silva Jesus), Proc. 941/09, sem aplicação, nesse caso.

[105] RPt 21-jan.-2015 (Fátima Furtado), Proc. 7309/10.

[106] RPt 26-mar.-2015 (José Amaral), Proc. 589/11.

[107] RLx 12-mai.-2016 (Antero Luís), Proc. 2544/10 (caso Manuel Alegre).

[108] RLx 31-out.-2017 (Rijo Ferreira), Proc. 159/13.

[109] STJ 3-mai.-2018 (Cabral Tavares), Proc. 428/12.

[110] RPt 11-out.-2018 (Leonel Serôdio), Proc. 10038/16.

[111] Antunes Varela, *Das obrigações em geral*, 1, 10.ª ed., 548-549.

[112] RLx 21-mai.-1987 (Carvalho Pinheiro), CJ XII (1987) 3, 88-89, RLx 20-out.-1994, CJ XIX, 4, 122/I e STJ 14-mai.-2002, CJ/Supremo X, 2, 66/I.

[113] Já o fizéramos em *Direito das obrigações*, 2, 349, com base nos pressupostos da responsabilidade civil. Trata-se, ainda, da opção de Antunes Varela, *supra*, nota 111, de Paula Gouveia de Andrade, *Da ofensa do crédito e do bom nome / Contributo para o estudo do art. 484.º do Código Civil* (1996), 86 ss.

artigo 484.º, a falsidade de quaisquer afirmações; limita-se a remeter, ainda que implicitamente, para os direitos de personalidade. A afirmação totalmente verdadeira pode atentar contra a honra das pessoas.

39 **16. O conflito com a liberdade de informação.** A tutela da honra – tal como a proteção da intimidade da vida privada, no 80.º – pode entrar em colisão com a liberdade de informação, também constitucionalmente garantida[114]. A questão ganha contornos acrescidos com o uso das chamadas redes sociais, na *Internet*. Perante a pujança demonstrada pela liberdade de informação, a tutela da honra está na defensiva. Inversamente: uma proteção muito alargada da honra prejudicaria a liberdade de opinião e a liberdade de a exprimir: só se admitiriam panegíricos. Ambos os vetores são considerados necessários para as democracias modernas. Há que harmonizá-los.

40 O direito à honra é um direito de personalidade. Marca um círculo em que o interesse da pessoa beneficiária prevalece sobre quaisquer pretensos valores superiores. Sob este pano de fundo humanista, queda prevenir contra soluções apriorísticas. O Direito e a jurisprudência vêm diversificando as soluções: elas são especialmente úteis quando a honra fique ameaçada.

41 A liberdade de informação deve reportar-se a algo de socialmente útil ou relevante[115]. Distingue-se entre a liberdade de informação e a livre iniciativa económica: um órgão de informação que divulgue determinado facto ou desenvolva uma campanha, pretende informar o seu público ou aumentar tiragens ou audiências? Esta última finalidade pode ser prosseguida com notícias socialmente insignificantes, mas que, pela forma por que sejam dadas ou pelo ambiente superficial que se venha criando, granjeiem o interesse do público. A livre iniciativa económica, mesmo aplicada no campo da comunicação social, é digna e merece proteção; mas não pode prevalecer sobre o direito à honra, seja de quem for. Já a verdadeira liberdade de informação vai mais longe: com limites.

42 São eles dois: (1) o da absoluta veracidade; (2) o do interesse político-social. Nenhuma liberdade de comunicação justifica notícias inverídicas, em qualquer uma das concretizações. Pelo contrário: a liberdade de informar e de comunicar exige uma verdade pura, sem equívocos e sem sombras. Além disso, a asserção questionada tem de corresponder a um interesse político-social e não meramente a um interesse do público. As dívidas de um político para com uma empresa candidata a um concurso, que ele vai decidir, são facto relevante, que pode ser relatado; as dívidas domésticas, mesmo quando não estejam a coberto do segredo bancário, não relevam: a serem reveladas, poderão apoucá-lo, sem vantagem para ninguém. Há atentado à honra.

43 O interesse político-social permite a reposição da verdade em face de "honras imerecidas". Pense-se na clientela angariada pelo falso médico: este não pode invocar a ofensa ao bom nome e à reputação, perante a reposição da verdade. Também são legítimas as prevenções contra métodos não-científicos (astrologias, medicinas paralelas, curandeiros, etc.): o público deve ser informado. Em compensação, não é possível separar uma pessoa da sua atuação. Desconsiderar uma iniciativa concreta é, necessária e evidentemente, desconsiderar a pessoa que a tenha desenvolvido.

e de Albuquerque Matos, *Responsabilidade civil por ofensa ao crédito ou ao bom nome* (2011), 432 ss..

[114] Jorge de Figueiredo Dias, *Direito de informação e tutela da honra no Direito penal da imprensa portuguesa*, RLJ 115 (1982), 100-106, 133-137 e 170-173; Manuel da Costa Andrade, *Liberdade de imprensa e inviolabilidade pessoal/Uma perspectiva jurídico-penal* (1996), 88 ss.; Luis Vasconcelos Abreu, *A violação dos direitos de personalidade pela comunicação social e as funções da responsabilidade civil / Recentes desenvolvimentos jurisprudenciais / Uma breve comparação luso-alemã*, Est. Magalhães Collaço II (2002), 457-475.

[115] "Razoável", nas palavras de Figueiredo Dias, *Direito de informação e tutela da honra*, 137.

V – O direito à indemnização (70.º/2, 1.ª parte)

17. O **dano-morte** é o derivado da supressão do direito à vida. O 70.º/2, 1.ª parte, sem distinções, pressupõe que haja indemnização. Todavia, há que lidar com os 495.º e 496.º, que dispõem: 44

495.º
Indemnização a terceiros em caso de morte ou lesão corporal

1. No caso de lesão de que proveio a morte, é o responsável obrigado a indemnizar as despesas feitas para salvar o lesado e todas as demais, sem excetuar as do funeral.

2. Neste caso, como em todos os outros de lesão corporal, têm direito a indemnização aqueles que socorreram o lesado, bem como os estabelecimentos hospitalares, médicos ou outras pessoas ou entidades que tenham contribuído para o tratamento ou assistência da vítima.

3. Têm igualmente direito a indemnização os que podiam exigir alimentos ao lesado ou aqueles a quem o lesado os prestava no cumprimento de uma obrigação natural.

496.º
Danos não patrimoniais

1. Na fixação da indemnização deve atender-se aos danos não patrimoniais que, pela sua gravidade, mereçam a tutela do direito.

2. Por morte da vítima, o direito à indemnização por danos não patrimoniais cabe, em conjunto, ao cônjuge não separado de pessoas e bens e aos filhos ou outros descendentes; na falta destes, aos pais ou outros ascendentes; e, por último, aos irmãos ou sobrinhos que os representem.

3. Se a vítima vivia em união de facto, o direito de indemnização previsto no número anterior cabe, em primeiro lugar, em conjunto, à pessoa que vivia com ela e aos filhos ou outros descendentes.

4. O montante da indemnização é fixado equitativamente pelo tribunal, tendo em atenção, em qualquer caso, as circunstâncias referidas no artigo 494.º; no caso de morte, podem ser atendidos não só os danos não patrimoniais sofridos pela vítima, como os sofridos pelas pessoas com direito a indemnização nos termos dos números anteriores.

A supressão da vida permite a indemnização de todos os danos patrimoniais causados a terceiros e, ainda, ao próprio, até ao momento da morte. A indemnização em causa segue as regras sucessórias. 45

O 496.º contempla os danos morais, enumerando os beneficiários. Prevê indemnizações *iure proprio*, isto é: recebidas por direito próprio e por o legislador partir do princípio de que estas pessoas são as que, efetivamente, sofrem ou mais sofrem, com a morte da vítima. Essa norma não é excecional: exceção é, sim, qualquer restrição ao princípio da compensabilidade dos danos morais. 46

O juiz tem a possibilidade de – agindo com prudência e no caso concreto – atuar em termos de interpretação extensiva ou, até, de aplicação analógica. P. ex., um jovem, abandonado pelos pais, vem a ser acolhido e criado pelos avós. Por ato ilícito, injustificado e culposo de terceiros, vem a falecer. A indemnização prevista no 496.º deve caber aos avós. Vale o espírito do 496.º e a finalidade legal a ele subjacente. 47

A somar a estes danos, temos os sentidos pela própria vítima. P. ex., esta, gravemente ferida, agoniza, consciente, durante várias semanas: os (graves) danos morais que vai sofrendo devem ser indemnizados[116]. Por sua morte, as correspondentes indemnizações transmitem-se, 48

[116] STJ 9-jul.-2015 (João Bernardo), Proc. 1647/13: o Tribunal atendeu, no cálculo na indemnização, ao facto de a vítima, depois de um acidente de viação, ter ficado "estendida no solo em agonia e sofrimento, com várias convulsões, tendo falecido passada uma hora já no hospital".

iure hereditario, aos sucessores do falecido: estes poderão coincidir, ou não, com as pessoas enunciadas no 495.º/2, acima transcrito.

49 Finalmente, queda o direito máximo: o próprio direito à vida, retirado à vítima. Deve ser indemnizado, pela sua supressão; a indemnização acresce às demais, quando as haja, seguindo por via hereditária. O direito à vida não pode deixar de ser tutelado pelo Direito civil: a responsabilidade civil tem, hoje, funções punitivas, retributivas e de prevenção, sendo impensável que desampare o direito máximo. Além disso, a indemnizabilidade do dano-morte contribui para majorar as indemnizações dos nossos tribunais, sendo elementarmente justas.

50 **18. A "querela" em torno do dano-morte** [117]. Alguns autores, como Antunes Varela[118] e Oliveira Ascensão[119], contestam que o direito à vida possa ser indemnizável a favor do lesado. Não vale afirmar que a morte é computada no sofrimento dos terceiros, porque isso seria um dano próprio destes. Quais as razões? São quatro: (1) com a morte cessa a personalidade; logo, não se pode constituir um direito em algo que já não existe; 2) os trabalhos preparatórios e o cuidado posto (por Antunes Varela) em contraditar as iniciativas originais de Vaz Serra, favoráveis ao dano-morte, mostrariam que a lei não consagraria tal solução; (3) o 496.º esgota o universo dos danos indemnizáveis e dos seus beneficiários; (4) o Direito europeu não seria favorável ao dano-morte.

51 Nenhum argumento destes colhe. Assim: (1) se a morte não é ressarcível, então a vida não é um direito subjetivo; ora isso representaria, por puras razões conceptuais, um enorme retrocesso na defesa da dignidade humana, alcançada nas últimas décadas; (2) os trabalhos preparatórios mostram apenas a intenção subjetiva de quem os fez: intenção que, de resto, nem logrou assento final no Código; (3) o 496.º não esgota o universo a que se aplica; a seu lado funcionam os 70.º/1 e 2, 483.º/1 e 2024.º, todos do Código Civil; (4) não há nenhum Direito europeu cogente, nesta matéria; além disso, as indemnizações arbitradas entre nós ficam muito aquém das "europeias", pelo que só por ironia se podem invocar normas comunitárias, para reduzir as nossas já parcas indemnizações.

52 À orientação ora criticada contrapõe-se uma outra, subscrita por Galvão Telles[120], por Almeida Costa[121], por Leite de Campos[122], por nós próprios[123] e por Menezes Leitão[124], favorável a que, para além das indemnizações arbitradas por via do 496.º, ainda haja outras, por danos morais e pela supressão do direito à vida, do próprio lesado e que seguem, depois, por via hereditária. Temos quatro argumentos: (1) não faz sentido descobrir "direitos" e, depois, negar-lhes o regime; se existe um "direito à vida", há que dotá-lo da competente tutela aquiliana, a favor do seu titular ... ou será um direito de terceiros; (2) a atual responsabilidade civil tem funções retributivas e preventivas; tais funções perder-se-ão quando se admitam direitos que desapareçam logo que violados; (3) a mera aplicação do 496.º/2, desarticulado do resto do ordenamento conduz a resultados inaceitáveis: se não houver nenhum dos familiares aí referidos, não há indemnização? Chega-se ao que segue: o agente responsável deve indemnizar o lesado ferido; mas se conseguir matá-lo, nada paga; (4) as indemnizações arbitradas pelos nossos tribunais, mau

[117] *Vide* a síntese do diferendo em Luís Menezes Leitão, *Direito das obrigações* 1, 15.ª ed., (2018), 336-337.

[118] João Antunes Varela, *Das obrigações em geral*, 1, 10.ª ed. (2000), 615 ss..

[119] José de Oliveira Ascensão, *Direito civil/Sucessões*, 5.ª ed. (2000), 243 ss..

[120] Inocêncio Galvão Telles, *Direito das sucessões/Noções fundamentais*, 6.ª ed. (1991), 96 ss..

[121] Mário Júlio de Almeida Costa, *Direito das obrigações*, 12.ª ed. (2009), 602, nota 1, embora sem tomar posição clara.

[122] Diogo Leite de Campos, *A indemnização do dano da morte*, BFD L (1974), 247-297 (292 ss.) e *Os danos causados pela morte e a sua indemnização*, 133-137.

[123] *Direito das obrigações* 2, 289 ss. e *Tratado* VIII, 516 ss..

[124] Luís Menezes Leitão, *Direito das obrigações*, 1, 15.ª ed. (2018), 336-340.

grado algumas melhorias, são totalmente insatisfatórias: € 60.000/€ 80.000[125] pela vida de uma pessoa não é dinheiro, mesmo tendo em conta o atraso económico do País: há que incentivar todos os mecanismos que possam ajudar a corrigir essa situação[126].

A jurisprudência manteve-se largamente convicta de que a morte é um dano indemnizável. Todavia, o facto de as indemnizações terem vindo a aumentar, embora pouco, conduziu a novas pressões sobre os julgadores, no sentido da sua redução. Surgiram algumas brechas, mas apenas minoritárias. Referindo apenas arestos dos últimos anos, são favoráveis a um dano-morte, com uma indemnização transmissível *iure hereditario*: STJ 18-jun.-2015: "está fora de dúvidas que o dano morte é indemnizável"[127]; STJ 9-jul.-2015: o dano pela perda do direito à vida é distinto do dano sofrido pelos familiares da vítima, com essa morte[128]; STJ 26-nov.-2015: o dano morte é indemnizável[129]. 53

Tem ainda interesse atender aos montantes (neste momento) mais recentes, atribuídos à compensação pelo dano-morte: RPt 14-mar.-2016: fixa o dano-morte em € 80.000, acrescido de € 60.000 por danos morais, arbitrados aos pais de uma vítima[130]; STJ 18-abr.-2018: num caso de homicídio com arma de fogo, estima o dano morte em € 50.000[131]; STJ 6-dez.-2018: calcula o dano-morte em € 65.000[132]; STJ 11-dez.-2018: considera adequada a cifra de € 70.000, pelo dano-morte[133]. 54

19. As providências adequadas às circunstâncias podem, além da indemnização, ser requeridas pelo ofendido (72.º/2). Têm, em regra, lugar perante ofensas ou ameaças ao direito à vida ou ao direito à integridade física: estão envolvidas posições irreparáveis, sendo insuficientes meras compensações. 55

A primeira e mais adequada medida é uma injunção judicial destinada a fazer cessar a atividade atentatória. Na decisão pioneira da RLx de 2-mar.-1960, relativa aos trabalhos do metropolitano, o tribunal, em nome do direito à vida e ao sono, mandou parar as obras das 0 às 7 horas[134]: uma medida pragmática, a seguir sempre que não baste ou não se imponha nenhuma outra[135]. 56

57

Obras de isolamento: outra solução[136]: num primeiro momento, a atividade gravosa deve ser suspensa; apenas se retomará quando fique provado que as tais obras de isolamento foram levadas a cabo e se mostram eficazes[137].

[125] STJ 19-jun.-2014 (Sérgio Poças), Proc. 1679/10: considerando ser esta a média atualmente aplicada pelos nossos tribunais.

[126] Devemos ainda alertar para um fenómeno, em nome da verdade universitária. Todas estas questões se põem a propósito de acidentes de viação. Aí e em regra, familiares pobres de acidentados falecidos litigam contra companhias de seguros, bem apetrechadas e experientes. Deriva, daí, uma enorme pressão sobre os tribunais, no sentido de minorar as indemnizações e de, por todas as vias, cortar os caminhos para as incrementarem. Desde as XII Tábuas, o Direito civil existe para tutelar os desprotegidos.

[127] STJ 18-jun.-2015 (Fernanda Isabel Pereira), Proc. 2567/09.

[128] STJ 9-jul.-2015 (João Bernardo), Proc. 1647/13.

[129] STJ 26-nov.-2015 (Tomé Gomes), Proc. 598/04: um acórdão com muito relevo doutrinário e prático.

[130] RPt 14-mar.-2016 (Manuel Domingos Fernandes), Proc. 424/13.

[131] STJ 18-abr.-2018 (Gabriel Catarino), Proc. 1603/14.

[132] STJ 6-dez.-2018 (Hélder Almeida), Proc. 1685/15.

[133] STJ 11-dez.-2018 (Luís Gominho), Proc. 2016/14.

[134] RLx 2-mar.-1960, JR 6, 1, 227.

[135] Assim, STJ 19-fev.-1998, CJ/Supremo VI, 1, 96/ /II: mandou cessar a atividade de uma clínica, ou RCb 15-jan.-2002, CJ XXVII, 1, 10/II: mandou encerrar um bar a partir das 22.00 horas.

[136] REv 21-jul.-1977, CJ II, 5, 1227/I.

[137] RLx 27-fev.-1997, CJ XXII, 1, 148/I: suspensão de uma padaria até à realização das benfeitorias necessárias; RLx 14-out.-1999, CJ XXIV, 4, 127/I: suspensão de uma lavandaria até à efetivação das obras adequadas.

58 Retirar o material atentatório (um hidropressor[138], um aparelho de ar condicionado[139], uma viteleira[140] ou currais de ovelhas e vacas[141], como exemplos): outra possível medida adequada[142].

59 Quaisquer medidas tomadas pelos tribunais neste domínio (como noutros) podem ser reforçadas por sanções pecuniárias compulsórias, destinadas a assegurar o seu cumprimento[143].

60 **20. Irrelevância de autorizações administrativas**. Os tribunais comuns são competentes em quanto diga respeito a direitos de personalidade[144]. O facto de a atividade danosa estar licenciada pela autoridade pública competente não legitima o atentado à vida ou à integridade física (ou moral) dos cidadãos, nem coíbe os tribunais comuns de se ocuparem do assunto, decretando as medidas que entendam adequadas[145].

61 Não basta dizer que, havendo licenciamento, a responsabilidade passa a ser do Estado ou da autarquia: a defesa dos direitos de personalidade exerce-se contra a fonte imediata da perturbação; o particular licenciado que, fiado nessa autorização, realizou investimentos depois inutilizados é que poderá pedir indemnizações à entidade licenciadora.

62 Existe **legislação de tipo ambiental** que fixa, por exemplo, os limites máximos de ruído admissíveis[146]. Como já explicou o nosso Supremo[147], não é objetivo dessa legislação o regular conflitos entre o direito de propriedade e a integridade física das pessoas. O facto de certa fonte de perturbação se conter nos limites regulamentares pode constituir uma presunção de que os direitos de terceiros não são atingidos. Mas é possível a contradita: razões do caso, atinentes, inclusive, à pessoa do próprio cidadão visado, que tem proteção seja qual for o seu estado físico ou psíquico[148], podem justificar a tutela.

63 **21. O processo**. O CPC, logo a abrir o Livro V (Dos processos especiais), dedica o título I à tutela da personalidade. Dispõe (878.º a 880.º):

Artigo 878.º
Pressupostos

> Pode ser requerido o decretamento das providências concretamente adequadas a evitar a consumação de qualquer ameaça ilícita e direta à personalidade física ou moral de ser humano ou a atenuar, ou a fazer cessar, os efeitos de ofensa já cometida.

[138] RLx 3-nov.-1983, CJ VIII, 5, 104/I e RPt 6-jul.-1989, CJ XIV, 4, 194.
[139] RPt 27-abr.-1995, CJ XX, 2, 216/II.
[140] RCb 7-jan.-1992, CJ XVII, 1, 85.
[141] RPt 12-dez.-2002, CJ XXVII, 5, 194.
[142] Em RLx 21-mar.-1996, CJ XXI, 2, 89/I, discutiam-se duas máquinas refrigeradoras e uma câmara frigorífica, de um talho e de um supermercado; a 1.ª instância mandou isolar as paredes; a RLx entendeu que a sentença era nula, por condenar em facto alheio ao pedido; optou por mandar desligar os motores barulhentos.
[143] RGm 20-nov.-2002, CJ XXVII, 5, 276.
[144] STJ 21-set.-1993 (Pais de Sousa), CJ/Supremo I (1993) 3, 26-29, onde se pedia a cessação de determinada atividade industrial. Discordamos, pois, de RGm 2-jul.-2008 (Rosa Tching), Proc. 2903/08, que ao remeter o tema para os tribunais administrativos, enfraquece a tutela das pessoas.
[145] RPt 14-mar.-1996, CJ XXI, 2, 195/II e RLx 1-out.-1996, CJ XXI, 4, 106/II.
[146] Assim, o Regulamento Geral do Ruído, aprovado pelo Decreto-Lei n.º 9/2007, de 14 de março, com alterações introduzidas pelo Decreto-Lei n.º 278/2007, de 1 de agosto.
[147] STJ 29-nov.-2012 (Abrantes Geraldes), Proc. 1116/05: o respeito pelo Regulamento pode não ser suficiente para acautelar o direito à integridade física (direito ao repouso).
[148] Recusa-se a ideia, já defendida nalguma doutrina, de que as pessoas de sensibilidade exacerbada não teriam proteção (descontando, naturalmente, as ofensas imaginárias): justamente um dos pontos mais específicos dos direitos de personalidade, do qual muito se espera no futuro, é a sua adaptabilidade ao sujeito a defender; luta-se, aqui, contra a massificação e a favor de cada pessoa: para isso existe Direito civil.

Artigo 879.º
Termos posteriores

1. Apresentado o requerimento com o oferecimento das provas, se não houver motivo para o seu indeferimento liminar, o tribunal designa imediatamente dia e hora para a audiência, a realizar num dos 20 dias subsequentes.

2. A contestação é apresentada na própria audiência, na qual, se tal se mostrar compatível com o objeto do litígio, o tribunal procura conciliar as partes.

3. Na falta de alguma das partes ou se a tentativa de conciliação se frustrar, o tribunal ordena a produção de prova e, de seguida, decide, por sentença, sucintamente fundamentada.

4. Se o pedido for julgado procedente, o tribunal determina o comportamento concreto a que o requerido fica sujeito e, sendo caso disso, o prazo para o cumprimento, bem como a sanção pecuniária compulsória por cada dia de atraso no cumprimento ou por cada infração, conforme for mais conveniente às circunstâncias do caso.

5. Pode ser proferida uma decisão provisória, irrecorrível e sujeita a posterior alteração ou confirmação no próprio processo, quando o exame das provas oferecidas pelo requerente permitir reconhecer a possibilidade de lesão iminente e irreversível da personalidade física ou moral e se, em alternativa:

a) O tribunal não puder formar uma convicção segura sobre a existência, extensão, ou intensidade da ameaça ou da consumação da ofensa;

b) Razões justificativas de especial urgência impuserem o decretamento da providência sem prévia audição da parte contrária.

6. Quando não tiver sido ouvido antes da decisão provisória, o réu pode contestar, no prazo de 20 dias, a contar da notificação da decisão, aplicando-se, com as necessárias adaptações, o disposto nos n.os 1 a 4.

Artigo 880.º
Regimes especiais

1. Os recursos interpostos pelas partes devem ser processados como urgentes.

2. A execução da decisão é efetuada oficiosamente e nos próprios autos, sempre que a medida executiva integre a realização da providência decretada, e é acompanhada da imediata liquidação da sanção pecuniária compulsória.

Artigo 71.º (Ofensa a pessoas já falecidas)

1. Os direitos de personalidade gozam igualmente de proteção depois da morte do respetivo titular.

2. Tem legitimidade, neste caso, para requerer as providências previstas no n.º 2 do artigo anterior o cônjuge sobrevivo ou qualquer descendente, ascendente, irmão, sobrinho ou herdeiro do falecido.

3. Se a ilicitude da ofensa resultar de falta de consentimento, só as pessoas que o deveriam prestar têm legitimidade, conjunta ou separadamente, para requerer providências a que o número anterior se refere.

Bibliografia: António Menezes Cordeiro/A. Barreto Menezes Cordeiro, *Tratado*, IV, 5.ª ed. (2019), 587-606; Diogo Leite de Campos, *O estatuto jurídico da pessoa depois da morte*, O Direito 2007, 245-253; Gabriela Páris Fernandes, *UCP/Comentário ao Código Civil* (2014), 174-179; Heinrich Ewald Hörster, *A parte geral do Código Civil Português/Teoria geral do Direito civil* (1992), 261; *vide* a bibliografia referida quanto aos 70.º a 81.º.

Índice

I – Origem

1 **1.** O **Anteprojeto Manuel de Andrade** inseriu o dispositivo no próprio preceito relativo à tutela geral da personalidade, nos termos seguintes (§§ 4.º e 5.º)[1]:

> § 4.º – Se a ofensa se referir directamente a uma pessoa já falecida, serão partes legítimas para as acções previstas nos parágrafos anteriores os herdeiros imediatos, o cônjuge sobrevivo, os descendentes até ao terceiro grau, os ascendentes, os irmãos e seus descendentes até ao terceiro grau, e os irmãos de ascendentes.
>
> § 5.º – Se a ilicitude da ofensa depender do consentimento dos interessados, será aplicável o disposto no art. 13.º, § 2.º. Havendo desacordo entre as pessoas chamadas a prestar o seu consentimento, resolverão os tribunais com audiência do Ministério Público. Só essas pessoas terão legitimidade para os efeitos do § 4.º.

2 **2.** A **1.ª Revisão** manteve essa orientação, no seu 49.º/4 e 5[2]. A 2.ª dedicou-lhe um preceito autónomo (o 71.º), expurgando a tutela geral dessa matéria[3].

3 **3. O Projeto** sedimentou essa orientação (70.º)[4], a qual passaria ao texto definitivo.

II – O regime

4 **4. Distinções**. Cabe discernir as ofensas perpetradas antes da morte do visado e depois dela. Quando ocorram antes da morte, as consequências da violação tomam corpo na esfera jurídica do ofendido: a este compete agir. Quando o faça e a morte ocorra na pendência do processo,

[1] Manuel de Andrade, *Esboço de um anteprojecto*, 156-157.
[2] *1.ª Revisão* (49.º), 26.
[3] *2.ª Revisão* (70.º), 30-31.
[4] *Projecto* (70.º), 22-23.

seguem-se as regras gerais: habilitação dos herdeiros. Quando o não faça, uma de duas: ou o ofendido renunciou, com eficácia, à atuação ou nada fez. Na primeira hipótese, fica precludida qualquer atuação subsequente; na segunda, observa-se o 71.º, por razões de harmonia sistemática e valorativa[5]: os valores em jogo (a memória do falecido) e a necessidade de prevenir conflitos de legitimidade, na hipótese de uma violação continuada *pre* e *post mortem*, a tanto conduzem. O 73.º, relativo ao direito ao nome, di-lo, de resto, de modo expresso, em termos generalizáveis.

Ocorrendo as ofensas *post mortem*, cabe distinguir os direitos de personalidade que não possam ser pós-eficazes (*maxime*, o próprio direito à vida) daqueles que representem bens perenes: direitos ao nome, às cartas-missivas confidenciais, à imagem e à reserva sobre a intimidade da vida privada. Quanto a estes últimos, temos duas sub-hipóteses: (1) ou se trata de direitos de proteção absoluta – p. ex., o bom nome – altura em que qualquer violação desencadeia a legitimidade prevista no n.º 2; (2) ou se trata de direitos que admitem restrição, se for dada determinada autorização – p. ex., publicação de cartas: aplica-se, então, a regra do n.º 3: só as pessoas que, conjunta ou separadamente, tenham legitimidade para dar a autorização em causa, podem reagir à violação. 5

5. A **legitimidade**, pelo 71.º/2 e para requerer a tutela da personalidade, cabe ao cônjuge sobrevivo ou qualquer descendente, ascendente, irmão, sobrinho ou herdeiro da falecido. Já se pretendeu[6] que a legitimidade não assistiria a todas estas pessoas, mas apenas sucessivamente e pela ordem indicada. De facto, tal como está, o preceito parece inconveniente e mesmo impraticável[7]; todavia, fazer dele uma ordenação sucessiva equivaleria, por exemplo, a paralisar os filhos (possivelmente de um primeiro e mais sólido casamento), quando o cônjuge sobrevivo nada fizesse. Além disso, a legitimidade do cônjuge teria de cessar perante a separação judicial de pessoas e bens. O 17.º da L 58/2019, de 8-ago., relativa à proteção de dados, quando estes respeitem a pessoas falecidas, limita-se a atribuir legitimidade à pessoa indicada pelo visado ou aos seus herdeiros. 6

O 71.º/2 deve ser complementado com o 496.º/2[8], por analogia valorativa de situações, acrescentando-se os herdeiros. A legitimidade prevista no primeiro daqueles preceitos assiste: (1) ao cônjuge não separado judicialmente de pessoas e bens e aos filhos ou outros descendentes; (2) na falta destes, ao cônjuge não separado judicialmente de pessoas e bens e aos pais e outros ascendentes; (3) na falta destes, aos irmãos ou sobrinhos que os representem; (4) na falta destes, aos herdeiros do falecido; no limite: ao Estado; (5) se a vítima viver em união de facto, a legitimidade dada ao cônjuge não-separado cabe ao parceiro. 7

No caso de o prevaricador pertencer a uma destas classes e a não haver ninguém disposto a agir, nem na classe superior, nem na do agente, a legitimidade defere-se à classe seguinte. 8

[5] A alternativa consistiria em fazer seguir, por via sucessória, as pretensões ocasionadas pela violação pré-mortal registada. Os beneficiários poderiam não coincidir com os previstos no 71.º/2, o que causaria grande confusão. Além disso, a bitola de violação não seria a mesma. Finalmente: estaríamos perante um construtivismo conceitual que, perante as realidades da vida, poderia pôr em causa a tutela dos valores que se pretendem propugnar.

[6] Tal a opção de Pires de Lima/Antunes Varela, *Código Civil Anotado*, 1, 4.ª ed., 105.

[7] A opção de permitir a defesa judicial concreta da memória de determinado falecido a todas as pessoas enumeradas no 71.º/2 é delicada: dá azo a uma publicidade contrária ao repouso dos mortos e pode conduzir a novos desacatos. Assim, seria incompreensível que, por hipótese, tendo o cônjuge sobrevivo e os filhos, ocorrendo determinada atuação controversa perante um falecido, preferido remeter-se ao silêncio, aparecesse um sobrinho ignoto com uma ação retumbante. Todavia, contra: Oliveira Ascensão, *Teoria geral*, 1, 2.ª ed., 102-103, alegadamente para aumentar a defesa do falecido. Pode ser contraproducente.

[8] Na redação dada pela L 23/2010, de 30-ago..

9 **6. Âmbito.** A legitimidade conferida para a tutela *post mortem* diz respeito, apenas, às "providências adequadas" ou, também, ao pedido de indemnização? Uma interpretação literal do 71.º/2, 1.ª parte, apontaria para a exclusão da indemnização. Tal opção assenta em dois equívocos: (1) o de que está em jogo a personalidade do falecido, que já nada pode compensar; (2) o de que o dinheiro é inadequado para resolver a situação.

10 De facto, já nada pode incomodar o falecido, por muito que se macule a sua memória; a tutela *post mortem* é, necessariamente, uma defesa de vivos. Não se trata de indemnizações ao falecido: antes, *iure proprio*, aos familiares legitimados para agir. A responsabilidade civil tem fins retributivos e de prevenção geral e especial. A nossa sociedade é sensível a condenações em dinheiro. Além disso, os autores de ações suportam custos e incómodos, mal parecendo contemplá-los com meros consolos morais. Nos países que mais longe têm levado a tutela *post mortem*, são arbitradas indemnizações: a única sanção séria quando estejam em causa, por exemplo, empresas jornalísticas que cultivem o escândalo.

11 A boa doutrina passa por uma remissão, em bloco, do 71.º/2 para o 70.º/2: as "providências adequadas" são sempre possíveis "independentemente da responsabilidade civil a que haja lugar".

III – A bitola da ofensa

12 **7. As teorias**: (a) a sensibilidade do falecido; (b) a sensibilidade dos familiares vivos; (c) a ofensa da memória *in abstracto*; (d) a ofensa da memória *in concreto*.

13 (a) Segundo a **teoria da sensibilidade do falecido**, a determinação da violação dos seus direitos de personalidade deveria procurar reconstituir o que o próprio falecido sentiria, se fosse vivo. A reconstituição serviria para apurar a extensão da violação e as suas consequências. Mesmo que tais construções não descambem em artificialismos, elas não são úteis. O falecido já não pode ser incomodado por atuações terrenas. Apelar para o que ele sentiria se fosse vivo não serve, assim, valores reais.

14 (b) A **teoria da sensibilidade dos familiares vivos** apela para o atentado aos sentimentos destes, mercê da ofensa feita ao ente querido desaparecido. A ofensa feita a um parente próximo é, muitas vezes, mais sentida pelos seus familiares do que pelo próprio, mesmo quando vivo. Todavia, a lei procura, aqui, defender os "direitos de personalidade do falecido" e não os dos sobreviventes. Este podem não ter sentido nada e justificar-se plenamente a tutela, *post mortem*. Ou podem ter sofrido muitíssimo, por algo de objetivamente insignificante, altura em que não há lugar à ação.

15 (c) A **teoria da memória *in abstracto*** explica que não estão propriamente em causa os direitos do falecido mas, antes, o respeito devido à sua memória, respeito esse que é quebrado com atentados formais àquilo que seriam (se fosse vivo) os seus bens de personalidade. A nossa sociedade respeita os seus mortos, o que permite uma bitola geral e abstrata de "tutela da memória". A inobservância dessa fasquia de respeito, dependente, apenas, do perfil do falecido e das projeções da sua atuação na sociedade, ditaria a medida da violação e das suas consequências.

16 (d) A **teoria da memória *in concreto*** aceita o valor do respeito devido à memória dos mortos. Todavia, as quebras a esse respeito são sentidas pelos familiares sobrevivos mais chegados: podem inteligir e sentir a inveracidade ou a injustiça das violações, sofrendo a inerente mágoa. A bitola da violação não residirá, assim: nem na sensibilidade do falecido; nem na sensibilidade dos familiares vivos, como se fossem eles os ofendidos; nem num respeito abstrato pela memória dos mortos: antes no respeito concreto pela memória daquele morto, tal como ele é sentido e sofrido pelos seus familiares sobrevivos.

8. A adaptabilidade. Os direitos de personalidade adaptam as suas soluções a cada caso concreto. A tutela *post mortem* será sempre constituída pela defesa *in abstracto*, da memória do falecido, mas complementada com a ponderação *in concreto* da situação registada. Preconizamos uma síntese das terceira e quarta teorias. 17

IV – A natureza da tutela *post mortem*

9. As teorias. O 71.º/1, à letra, surge contraditório: se os direitos de personalidade gozam de proteção depois da morte do respetivo titular, como afirmar que a personalidade deste cessou com a morte – 68.º/1? Três posições possíveis: (a) teoria do prolongamento da personalidade: a personalidade não se extinguiria (totalmente) com a morte: haveria um desvio ao 68.º/1[9], sendo a personalidade do defunto "empurrada" para depois da morte[10]; (b) teoria da memória do falecido como bem autónomo: a personalidade cessa com a morte; o dispositivo não visa a tutela dos direitos de personalidade do falecido mas, antes, um bem diferente: a sua memória[11]; (c) teoria do direito dos vivos: a tutela em jogo visa a proteção das pessoas enumeradas no 71.º/2, afetadas por atos ofensivos à memória do falecido[12]; elas teriam direito à indemnização por danos morais e patrimoniais sofridos[13]. 18

10. A manutenção da personalidade do falecido não pode ser admitida. A pessoa é sempre destinatária ou beneficiária de regras, numa prerrogativa que o falecido não pode, infelizmente, ter. A alternativa seria construir uma pessoa coletiva: nada, na lei, aponta para tal derivação[14]. 19

11. A teoria da **memória do falecido como bem autónomo** é insuficiente. Quem encabeça as potencialidades relativas a tal bem? Como aferir se tal memória é, de facto, ofendida, uma vez que não se pode recorrer às opções do falecido? Poder-se-ia tentar construir um dever geral de respeito pelos mortos, com uma subsequente atribuição de legitimidade para agir, em termos aquilianos, a certas pessoas. A lei fala, porém, em "direitos" concretos. Além disso, essa construção deixaria por explicar o que vem a ser uma ação sem direito. 20

12. Fica-nos a teoria do **direito dos vivos**: a tutela *post mortem* é a proteção concedida ao direito que os familiares têm de exigir o respeito pelo descanso e pela memória dos seus mortos. 21

13. Âmbito. O direito de cada um ao respeito pela memória dos entes queridos desaparecidos pode acolher situações diversas: usurpação do nome, atentado ao bom nome e reputação, deturpação de obras intelectuais, uso ou abuso de imagem, quebra de confidencialidade e devassa da vida privada[15], todas com particularidades de regime. 22

[9] Pires de Lima/Antunes Varela, *Código Civil Anotado*, 1, 4.ª ed., 105 (anot. 1 ao artigo 71.º).

[10] Diogo Leite de Campos, *Lições de direitos de personalidade*, 2.ª ed., 44-45.

[11] Oliveira Ascensão, *Teoria geral*, 1, 2.ª ed., 101 e Heinrich Ewald Hörster, *A parte geral do Código Civil*, 1.ª ed., 261-262 e 302, referindo que os familiares legitimados atuam um direito próprio, mas no interesse de outrem.

[12] Mota Pinto, *Teoria geral*, 4.ª ed., 205 e Carvalho Fernandes, *Teoria geral*, 1, 6.ª ed., 212.

[13] Castro Mendes, *Teoria geral*, 1, 67.

[14] Em REv 18-dez.-2008 (Eduardo Canas Mendes), CJ XXXIII (2008) 5, 260-262 (262/I), veio dizer-se que se trata de um direito nem do morto, nem dos vivos; antes haveria uma extensão da legitimidade para a ação, de modo que alguns dos direitos do falecido ainda seriam protegidos; todavia, não vemos como construir direitos sem sujeito, nem posições processuais sem suporte substantivo; se há ação, há direito, e se há direito, há titulares; de outro modo, não logramos uma dogmática sólida.

[15] Quanto a esta última: o 80.º, ao contrário dos 73.º, 75.º/2, 76.º/2 e 79.º/1, não remete para o 71.º/2, o que permitiria, *a contrario sensu*, concluir pela inexistência de tutela *post mortem* da vida privada. De modo algum. Desde logo: as remissões dos 76.º/2 e 79.º/1 têm a ver com consentimentos para publicação ou reprodução e não com a tutela *in totum*, enquanto o 75.º/2 se relaciona com a restituição das cartas e o 73.º com a continuação de ações: tudo situações específicas, cuja generalização não é viável. De seguida, pela contemplação dos valores em jogo: a devassa da vida privada, seja qual for a bitola eleita, pode ser um gravíssimo atentado à memória do falecido: não vemos

23 O legislador encontrou uma fórmula cómoda para exprimir essa complexa riqueza: referiu os direitos de personalidade do próprio falecido, procurando regular o direito ao respeito da sua memória. Esse respeito traduz-se na tutela dos bens de personalidade que este teve e teria, se fosse vivo.

V – Limite temporal

24 **14.** O Código Civil não fixa qualquer **prazo** para a defesa, pelos sucessores, da memória dos falecidos. O 185.º/3 do CP considera não-punível a ofensa, quando decorridos mais de 50 anos sobre o falecimento: uma solução que alguma doutrina defende aplicável ao Direito civil[16].

A questão não é tão simples: não está em causa a defesa de falecidos, mas antes a dos vivos.
25 Estes podem ser melindrados por ofensas gratuitas feitas, p. ex., a um avô, ainda que falecido há mais de 50 anos; não podem pedir a cessação do ilícito? Os direitos de personalidade não prescrevem; mas submetem-se ao limite do sistema, isto é, da boa-fé[17]. Assim, uma defesa tardia pode ser detida pela *suppressio* ou pelo desequilíbrio no exercício. Além disso, há que distinguir a ofensa da crítica histórica: desde que justificada e genuína.

Artigo 72.º (Direito ao nome)

1. Toda a pessoa tem direito a usar o seu nome, completo ou abreviado, e a opor-se a que outrem o use ilicitamente para sua identificação ou outros fins.

2. O titular do nome não pode, todavia, especialmente no exercício de uma atividade profissional, usá-lo de modo a prejudicar os interesses de quem tiver nome total ou parcialmente idêntico; nestes casos, o tribunal decretará as providências que, segundo juízos de equidade, melhor conciliem os interesses em conflito.

Bibliografia: António Menezes Cordeiro/A. Barreto Menezes Cordeiro, *Tratado*, IV, 5.ª ed. (2019), 217-246 e 283-325; João Antunes Varela, *Alterações legislativas do direito ao nome*, RLJ 114 (1981), 207-212 a 119 (1986), 197-200; Luís Alberto Carvalho Fernandes, *Teoria geral do Direito civil*, 1, 6.ª ed. (2012), 238; Luiz da Cunha Gonçalves, *Tratado de Direito civil*, 1 (1929), 188-211; Manuel de Sousa, *A origem dos apelidos das famílias portuguesas*, 2001; Manuel Vilhena de Carvalho, *Do direito ao nome/Protecção jurídica e regulamentação legal*, 1972; *idem*, *O nome das pessoas e o Direito*, 1989.

Índice

que positivismo exegético, insuficientemente assente numa omissão explicável, poderia conduzir à solução inversa, afastando, sem base expressa, o 71.º/1.

[16] Luísa Neto, em Ana Prata, *Código Civil anotado* 1, 2.ª ed. (2019), 115. A L 58/2019, de 8-ago. (proteção de dados), no 17.º, é também omissa quanto ao limite temporal da tutela dos falecidos.

[17] *Supra*, Introdução artigos 70.º a 81.º, anot. 48.

I – Origem e evolução

1. Origem. O nome é a representação linguística de um ser humano. Tem uma função dupla: vocativa e distintiva. Vocativa, porquanto permite designar a pessoa que o use; distintiva por facultar destrinçá-lo das demais. 1

Em sociedades simples, o nome de cada membro seria elementar: uma única palavra. Em sociedades mais avançadas, o nome passou a ser escolhido socialmente. À medida que se tornaram complexas, um nome simples era insuficiente: houve que acrescentar vocábulos, indicando a origem, a filiação ou outras características diferenciadoras[1]. Apareceram regras. 2

2. A experiência portuguesa. No início da nacionalidade, cada pessoa tinha um nome simples, que a distinguia das restantes. A nobreza e as classes letradas adotaram nomes duplos, normalmente patronímicos. Afonso Sanches (filho de Sancho), Mem Ramires (filho de Ramiro) ou Diogo Fernandes (filho de Fernando). Mais tarde, as famílias nobres assumiram nomes de família (apelidos) provenientes de sobrenomes (escolhidos pelo próprio) ou de alcunhas (escolhidas por terceiros). Foram eleitos nomes de árvores (Pinheiro, Carvalho ou Pereira), de animais (Carneiro, Lobo, Coelho), de terras (Almeida, Palmela, Lobão), de profissões (Moleiro, Ferreiro, Pastor) ou simples adjetivos (Branco, Preto, Gago, Marreco). Seguiu-se uma certa hereditariedade, perturbada pelo facto de não ser obrigatória e de, ao longo da História, as classes populares terem vindo, repetidamente, a adotar os nomes dos senhores a quem prestavam serviço ou das terras onde trabalhavam. Nos séculos XV e XVI, os judeus convertidos à força adotaram nomes de famílias tradicionais. 3

Nomes próprios tornaram-se apelidos, seja na forma direta, seja na versão patronímica. Os nomes portugueses, enriquecidos com aportações bíblicas, canónicas e estrangeiras e com corruptelas nacionais, surgem hoje num turbilhão rico e díspare, imagem curiosa da mistura de gentes e de costumes que dá a nossa identidade[2]. 4

Não encontramos, nos clássicos da pré-codificação, referências ao nome ou à problemática jurídica a ele ligada[3]. O registo das pessoas, na sequência do Concílio de Trento (séc. XVI), seguia as constituições dos bispados, sem uniformidade entre si. 5

[1] Tomemos como exemplo o nome completo de Cícero, apresentado como *M. Tullius M. f. Cor. Cicero* ou, por extenso, *Marcus Tullius Marci filius, Cornelia tribu, Cicero*; significa *Marcus* (nome próprio), da estirpe *Tullius* (nome gentílico), filho de *Marcus*, da tribo *Cornelia*, cognominado *Cicero*. Ao longo da evolução romana, foram surgindo designações para mulheres, para libertos, para escravos e para estrangeiros, numa teia complexa que é possível reconstituir graças às inscrições tumulares. Tal como na Grécia, os nomes próprios começaram por se retirar de termos com significado; assim, quanto à ordem de nascimento: *Quintus*, *Sextus* ou *Postumus*; quanto às circunstâncias do nascimento, *Manius* (nasceu de manhã) ou *Lucius* (nasceu de dia ou à luz); de deuses: *Marcus* (de Marte); geográficos: *Tiberius* (de Tibre); de características físicas: *Paullus* (pequeno), etc.. Ao longo da História, os nomes romanos sofreram a influência das demais culturas mediterrânicas. No Império, as regras tradicionais sobre a formação dos nomes foram abandonadas. Assistiu-se a uma acentuada liberdade. O nome das pessoas não foi objeto do *ius civile*: antes ficou a cargo dos *mores*. Consequência direta era a sua mutabilidade.

[2] Luiz da Cunha Gonçalves, *Tratado*, 1 (1929), 190 ss. e Manuel Vilhena de Carvalho, *Do direito ao nome* (1972), 17 ss.. Quanto à origem de diversos nomes *vide* Manuel de Sousa, *A origem dos apelidos das famílias portuguesas* (2001).

[3] Temos em mente Borges Carneiro, Corrêa Telles e Coelho da Rocha; apenas ocorrem, nas obras respetivas, referências aos títulos nobiliárquicos e a outras prerrogativas similares.

6 O nome surge na legislação do registo civil. Mas lentamente: o D de 16-mai.-1832[4], que proclama o registo civil, nada diz quanto ao nome, outro tanto sucedendo com o D de 18-jul.-1835[5]. O mesmo sucedeu com os Códigos Administrativos de 1836[6], de 1842[7] e de 1878[8], que se limitam a referir o registo.

7 O D de 19-ago.-1859[9], que visou o registo paroquial, regulando, pela primeira vez, os atos de registo civil, estabeleceu[10]: (1) que em cada assento do registo paroquial se declare o nome e apelido da pessoa ou pessoas por cuja causa tiver lugar o assento e os nomes e apelidos de quaisquer pessoas que nele hajam de figurar; (2) que os assentos de batismo contenham o nome que foi posto ao indivíduo batizado.

8 Segue-se o D de 2-abr.-1862[11], cujo 13.º, com referência ao assento de batismo determinava que o mesmo devesse conter:

> (...)
>
> 4.º o sexo do individuo baptisado e o nome que lhe foi posto;
>
> (...)
>
> 8.º o nome e appelidos dos paes, sua profissão, naturalidade (...)
>
> 9.º o nome e appelidos dos avós paternos e maternos do individuo baptisado;
>
> 10.º o nome, appelido e profissão do padrinho e o nome e appelido da madrinha.
>
> (...)

9 **3. O Código de Seabra** retomou o nome na parte IV – *Da offensa dos direitos, e da sua reparação*, contém um livro II – *Da prova dos direitos e da restituição d'elles*, onde se insere um Título I – *Das provas*, com um Capítulo IV – *Da prova documental*, Secção III – *Da prova de nascimentos, casamentos e óbitos*, Sub-secção I – *Do registo civil*. Cabe reter[12]:

> artigo 2448.º Em todos os assentos do registo civil deve mencionar-se:
>
> 1.º O logar onde são feitos, e a hora, dia, mez e anno em que são escriptos;
>
> 2.º Os nomes, appelidos, estado, profissão, naturalidade e residência das partes, e das testemunhas que n'elles interveem;
>
> (...)
>
> artigo 2464.º Nos assentos de nascimento, além das declarações mencionadas no artigo 2448.º, deverão especificar-se:
>
> (...)

[4] Decreto de 16-mai.-1832, em *Collecção de Decretos e Regulamentos publicados durante o Governo da Regência do Reino estabelecida na Ilha Terceira*, 1829-1832, 2.ª ed. (1836), 87-101, relativo à organização administrativa; *vide*, aí, os artigos 69.º e 70.º.

[5] Decreto de 18-jul.-1835, em *Collecção de Leis e outros Documentos Officiaes*, 1834-1835 (1837), 194-211; cf., aí, os artigos 65.º, 72.º e 73.º.

[6] Código Administrativo de 31-dez.-1836 (Passos Manuel), DG n.º 6, de 1837.

[7] Código Administrativo de 18-mar.-1842 (Costa Cabral), *Collecção de Leis*, 1841/1843, 108-149.

[8] Código Administrativo de 6-mai.-1878 (Rodrigues Sampaio), *Collecção Official 1878*, 73-103 (90).

[9] Decreto de 19-ago.-1859, DG n.º 212, de 9-set.-1859, 1173-1175.

[10] *Vide* Vilhena de Carvalho, *Do direito ao nome*, 23.

[11] Decreto de 2-abr.-1862, em *Collecção Official Anno de 1862* (1863), 69-75. Esse diploma é antecedido por um relatório que explica as circunstâncias da sua preparação. *Vide*, ainda, o Decreto de 9-set.-1863, relativo ao Ultramar, em *Collecção Official Anno de 1863* (1864), 458-463, também com largo e interessante relatório histórico.

[12] Estes preceitos eram objeto de ligeiras anotações, sem aprofundamento da matéria ligada ao nome; assim, José Dias Ferreira, *Codigo Civil Portuguez Annotado*, 4, 2.ª ed. (1905), 346.

3.º O nome que lhe foi, ou ha de ser posto;
4.º Os nomes, appelidos, profissão, naturalidade e domicílio dos paes, mães e avós, quando os nomes dos dictos paes, mães e avós houverem de ser declarados, e os das testemunhas;
(...)

Seguiu-se o regime do registo civil para os não-católicos, de 1878[13], que manteve regras 10
semelhantes às do CS.

Guilherme Moreira dedicou páginas importantes ao registo civil[14], aproximando-o do 11
Direito das pessoas. Fez breves e descritivas referências ao nome, a propósito dos 2448.º e 2464.º do CS e de diversos regulamentos, particularmente o de 1878.

4. O registo civil e a doutrina. No plano legislativo, o nome passou ao CRCiv de 1911[15], em 12
termos retomados, com alterações, pelos de 1932[16], de 1958[17], de 1967[18], de 1978[19] e de 1995[20].

Deve-se a Cunha Gonçalves o tratamento aprofundado sobre o nome, a sua tutela e a
sua natureza[21]. O tema foi retomado por José Tavares, como direito de personalidade[22] e por 13
Manuel de Andrade, no âmbito da preparação do Código Civil[23]. Depois deste, temos Vilhena de Carvalho[24] e o estudo de Antunes Varela[25]; além de referências feitas nas obras gerais[26].

5. O anteprojeto Manuel de Andrade preconizou um 7.º (Direito ao nome), assim cons- 14
truído[27]:

§ 1.º – Toda a pessoa tem direito a usar sem estorvo o seu nome completo ou abreviado.
§ 2.º – Se nisso tiver algum interesse atendível, pode também opor-se a que o seu nome seja usado ilicitamente por outrem, no todo ou em parte, para sua identificação ou para outras finalidades.

Na origem do 72.º/2 está o 9.º (Restrições impostas ao uso do nome a que se tenha 15
direito), com o seguinte teor[28]:

§ 1.º – O titular de um nome não pode usá-lo, especialmente no exercício de uma actividade profissional, em termos de causar injusto prejuízo para interesses já criados a favor de outra pessoa que tenha direito a um nome total ou parcialmente idêntico.
§ 2.º – Em casos destes o juiz providenciará como for necessário e justo para reduzir o prejuízo a limites aceitáveis.

[13] Decreto de 28-nov.-1878 (Tomás Ribeiro), *Collecção Official 1866*, 296.
[14] Guilherme Moreira, *Instituições de Direito civil*, 1, § 23 (235 ss.).
[15] Aprovado pelo Decreto de 18 de fevereiro de 1911, CL 1911, 113-142, alterado pela Lei de 10 de julho de 1912, CL 1912, 175-179.
[16] Aprovado pelo D 22:018, de 22-dez.-1932.
[17] Aprovado pelo DL 41.967, de 22-nov.-1958.
[18] Aprovado pelo DL 47.678, de 5-mai.-1967.
[19] Aprovado pelo DL 51/78, de 30-mar..
[20] Aprovado pelo DL 131/95, de 6-jun., por último alterado pela L 49/2018, de 14-ago..
[21] Luiz da Cunha Gonçalves, *Tratado*,, especialmente 1, 206 ss.. Cunha Gonçalves estava sob manifesta influência da doutrina francesa.
[22] José Tavares, *Os princípios fundamentais*, 1, 2.ª ed. (1929), 277, num texto muito aderente a Nicola Coviello.
[23] Manuel de Andrade, *Esboço de um anteprojecto*, 157-158.
[24] Vilhena de Carvalho, *Do direito ao nome*, 254 pp. e *O nome das pessoas e o Direito* (1989), 179 pp..
[25] João Antunes Varela, *Alterações legislativas ao direito ao nome*, RLJ 114 (1981), 207-212 e 229-233, 114 (1982), 260-261, 293-297, 323 e 357-359, 115 (1982), 7-9, 37-40, 68-72 e 196-201, 116 (1983), 140-146, 116 (1984), 257-258 e 289-293, 117 (1984), 97-100, 133-136, 161-165 e 196-200, 117 (1985), 275-262 e 354-357, 118 (1986), 262-267, 293-298 e 321-324 e 119 (1986), 197-200; o estudo em causa ficou incompleto.
[26] Assim, Carvalho Fernandes, *Teoria geral*, 1, 6.ª ed., 238.
[27] Manuel de Andrade, *Esboço de um anteprojecto*, 153.
[28] *Idem*, 27-28.

16 6. **As revisões ministeriais e o projeto**. Na 1.ª Revisão, a orientação dos 7.º e 9.º de Manuel de Andrade manteve-se, agora nos 50.º e 52.º[29]. Na 2.ª Revisão, a matéria foi sintetizada no 72.º[30], numa orientação que transitou para o Projeto[31], semelhante ao texto final.

II – O regime do nome

17 7. **A formação do nome** implica o nome próprio e os apelidos. Assim: (a) nome: o conjunto de vocábulos que designem individualmente uma pessoa singular; (b) nome próprio: os vocábulos que se reportam apenas à pessoa considerada (p. ex., Abel ou Bento); (c) apelido: os vocábulos que situam essa pessoa no âmbito da família de origem (p. ex., Costa ou Silva).

18 A formação segue regras do Direito da família: de parentesco (filiação), de adoção ou de casamento, observando-se, ainda, regras, quando ocorra divórcio.

19 Pelo 1875.º/1, o filho usa os apelidos do pai e da mãe ou só de um deles. A escolha do nome próprio e dos apelidos do menor pertence aos pais ou, na falta de acordo, ao juiz, de harmonia com o interesse do filho (n.º 2). Sendo a maternidade ou a paternidade estabelecidas posteriormente ao registo do nascimento, os apelidos do filho podem ser alterados nos termos dos números anteriores.

20 Quando a paternidade não se encontre estabelecida, podem ser atribuídos ao filho menor apelidos do marido da mãe se ambos consentirem, perante o funcionário do registo civil – 1876.º/1. Tais apelidos podem ser eliminados a requerimento do próprio filho, nos dois anos posteriores à sua maioridade ou emancipação – *idem*, n.º 2.

21 Na adoção plena, o adotado perde os seus apelidos de origem, sendo o seu novo nome constituído nos termos do 1875.º, com as necessárias adaptações – 1988.º/1. A pedido do adotante, pode o tribunal, excecionalmente, modificar o nome próprio do menor, se a modificação salvaguardar o seu interesse e favorecer a integração na família. Na adoção restrita, que preserva os vínculos com a família de origem, dispõe o 1995.º:

> O juiz pode atribuir ao adotado, a requerimento do adotante, apelidos deste, compondo um novo nome em que figurem um ou mais apelidos da família natural.

22 Havendo casamento, cada um dos cônjuges conserva os seus próprios apelidos, mas pode acrescentar-lhes apelidos do outro até ao máximo de dois – 1677.º/1: solução introduzida pelo DL 496/77, de 25-nov.: anteriormente, a mulher adotava apelidos do marido. Essa faculdade não pode ser exercida por quem conserve apelidos do cônjuge de anterior casamento – 1677.º/2.

23 Quanto à dissolução do casamento: ocorrendo por morte, o cônjuge que tenha acrescentado, ao seu, apelidos do outro, conserva-os, na viuvez e mesmo depois de segundas núpcias, se o declarar até à celebração de novo casamento – 1677.º-A. Decretada a separação judicial de pessoas e bens, cada um dos cônjuges conserva os apelidos do outro, que tenha adotado; no caso de divórcio, pode conservá-los se o ex-cônjuge der o seu assentimento[32] ou se o tribunal, tendo em atenção os motivos invocados, o autorizar[33] – 1677.º-B/1. Nestas situações, o nome

[29] *1.ª Revisão*, 27-28.

[30] *2.ª Revisão*, 31.

[31] *Projecto*, 23.

[32] O artigo 1677.º-B especifica que o consentimento do ex-cônjuge pode ser prestado por documento autêntico ou autenticado, termo lavrado em juízo ou declaração perante o funcionário do registo civil.

[33] O pedido de autorização judicial do uso dos apelidos do ex-cônjuge pode ser deduzido no processo de divórcio ou em processo próprio, mesmo depois de o divórcio ter sido decretado – 1677.º-B/3.

vale pela vertente profissional e patrimonial, mais do que de personalidade[34]. Havendo conflitos entre essas vertentes, o 1677.º-C prevê a privação judicial do uso do nome:

> 1. Falecido um dos cônjuges ou decretada a separação judicial de pessoas e bens ou o divórcio, o cônjuge que conserve apelidos do outro, pode ser privado pelo tribunal do direito de os usar quando esse uso lese gravemente os interesses morais do outro cônjuge ou da sua família.

O n.º 2 desse preceito fixa a legitimidade para o pedido de privação do uso do nome: no 24
caso da separação judicial de pessoas e bens ou divórcio, o outro cônjuge ou ex-cônjuge; no caso de viuvez, os descendentes, ascendentes e irmãos do cônjuge falecido.

8. A composição do nome é fixada no registo de nascimento. Qualquer alteração exige 25
requisitos previstos na lei. Segundo o 103.º do CRCiv de 1995, na redação dada pelo DL 36/97, de 31-jan., o nome do registando é indicado pelo declarante[35] ou, quando este o não faça, pelo funcionário perante quem foi apresentada a declaração – n.º 1.

Pelo 103.º/2, o nome compõe-se, no máximo, de seis vocábulos gramaticais, dos quais 26
dois correspondem ao nome próprio e quatro a apelidos, observando-se as regras seguintes: (1) os nomes próprios devem ser portugueses, da onomástica nacional[36] ou adaptados, gráfica e foneticamente, à língua portuguesa, não devendo suscitar dúvidas sobre o sexo do registando – *a*)[37]; são admitidos nomes próprios estrangeiros sob a forma originária se o registando for estrangeiro, houver nascido no estrangeiro ou tiver outra nacionalidade, além da portuguesa – *b*); são ainda admitidos os nomes próprios estrangeiros sob a forma originária se algum dos progenitores do registando for estrangeiro ou tiver outra nacionalidade além da portuguesa – *c*); em qualquer caso não pode, a irmãos, ser dado o mesmo nome próprio, salvo se um deles for falecido – *d*); (2) quanto a apelidos: eles são escolhidos entre os que pertençam a ambos ou a só um dos pais do registando ou a cujo uso qualquer deles tenha direito, podendo, na sua falta,

[34] STJ 10-dez.-1998 (Quirino Soares), Proc. 98B920: o Tribunal defende que a conservação do apelido do cônjunge apenas se justifica em razão da notoriedade ou reconhecimento, o que não se verifica, embora reconheça o incómodo, no caso de o requerente ser um *simples* funcionário público.

[35] Segundo o 97.º/1 CRC, na redação dada pelo DL 324/2007, de 28-set., a declaração de nascimento compete, obrigatória e sucessivamente, às seguintes pessoas:

> *a*) Aos pais ou a outros representantes legais do menor ou a quem por eles seja, mandatado por escrito particular;
> *b*) *(revogada)*;
> *c*) Ao parente capaz mais próximo que tenha conhecimento do nascimento;
> *d*) Ao diretor ou administrador ou outro funcionário por eles designado da unidade de saúde onde ocorreu o parto ou na qual foi participado o nascimento;
> *e*) *(revogada)*.

[36] Em Vilhena de Carvalho, *Do direito ao nome*, 213 ss., podem ver-se nomes inabituais que se entendeu fazerem parte da onomástica nacional (Aires, Alcides, Alzira, etc., até Zelinda) e, 227 ss., nomes não admitidos na mesma onomástica (Açucena, Adário, Adilson, Agostília, etc., até Wilson); a tendência subsequente foi no sentido de ampliar os nomes admissíveis.

[37] A jurisprudência tem insistido – e bem – no sentido de ser respeitada a onomástica nacional. Assim, o Supremo rejeitou, em 27-jan.-2004, o nome "Fitz", explicando não haver, na recusa, qualquer atentado ao direito à identidade – (STJ 27-jan.-2004 (Alves Velho), CJ/Supremo XII (2004) 1, 4-44 (43/II-44/I). "Fitz" provém de *filius*, não pertencendo claramente à onomástica nacional:

> (...) conjunto de relações, traduzidas em intersubjetividade de direitos e deveres entre cidadãos entre si e entre cada um deles e o Estado que impõem que se reconheça a esse mesmo Estado o direito de intervir por via legislativa, impedindo a escolha de nomes sem qualquer ligação ao onomástico nacional ou que se mantenham estranhos, por inadaptáveis, à língua portuguesa, prevenindo possíveis deturpações e confusões decorrentes dessa falta de correspondência gráfica e fonética.

Também o nome "Petiz" não é aceitável, por razões paralelas, numa asserção que não contunde com o princípio da igualdade – (RCb 23-mar.-2004 (Garcia Calejo), CJ XXIX (2004) 2, 20-22. "Petiz" advém do francês *petit*, latim *petitius*: é termo português, mas não como nome de pessoa.

escolher-se um dos nomes por que sejam conhecidos – *e*); não sendo conhecida a filiação, pode o declarante escolher os apelidos a atribuir ao registando; se não o fizer, reverte esse poder ao próprio conservador – *f*), por remissão para o artigo 108.º.

27 No caso de abandonados[38], compete ao conservador atribuir ao registando um nome completo, dentro dos parâmetros do 103.º/2,

> (...) devendo escolhê-lo de preferência entre os nomes de uso vulgar ou derivá-los de alguma característica particular ou do lugar em que foi encontrado, mas sempre de modo a evitar denominações equívocas ou capazes de recordarem a sua condição de abandonado (...) – 108.º/1 do CRC.

28 O n.º 2 determina que, na escolha do nome, se respeite qualquer indicação escrita encontrada em poder do abandonado ou junto dele, ou por ele próprio fornecida.

29 **9. Modificações do nome**. O nome submete-se ao princípio da estabilidade[39]. Qualquer modificação só é possível dentro de condicionalismo legal[40]. Temos: (1) retificações e alterações de pormenor[41]; (2) alterações resultantes do Direito da família; (3) alteração por autorização do Conservador dos Registos Centrais[42]; (4) alteração por naturalização.

30 A retificação, referida no 104.º/2, *b*), pode operar quando se verifiquem os requisitos do 92.º, ambos do CRC. A alteração de pormenor vem referida no 104.º/2, *c*), como a "... simples intercalação ou supressão de partículas de ligação entre os vocábulos que compõem o nome, ou no adicionamento de apelidos, se do assento constar apenas o nome próprio do registado".

31 O Direito da família implica a alteração quando, depois do assento de nascimento, sobrevenham o estabelecimento da filiação, a adoção, sua revisão ou revogação ou o casamento – 104.º/2, *a*). Pode haver alterações por renúncia aos apelidos adotados por virtude do casamento ou por perda do direito ao nome, por parte do interessado – 104.º/2, *d*). Opera, ainda, o 1876.º – portanto: a atribuição dos apelidos do marido da mãe ou a sua eliminação, nos termos aí previstos – 104.º/2, *e*).

32 A alteração por autorização do Conservador dos Registos Centrais advém de um processo especial (278.º e seguintes, do CRCiv): (a) o interessado dirige um requerimento, justificado e com as provas oferecidas, ao conservador; (b) é imediata e oficiosamente verificada a base de dados de registo civil, de modo a comprovar o assento de nascimento do interessado; (c) após exame do processo, o conservador pode ordenar as diligências necessárias; (d) da decisão cabe impugnação judicial.

[38] Na definição do 105.º do CRCiv: "... os recém-nascidos de pais desconhecidos que forem encontrados ao abandono em qualquer lugar e, bem assim, os indivíduos de idade aparente inferior a 14 anos, ou dementes, cujos pais, conhecidos ou não, se hajam ausentado para lugar não sabido, deixando-os ao desamparo". Os casos mais frequentes reportam-se, todavia, a recém-nascidos.

[39] STJ 14-out.-1997 (Torres Paulo), CJ/Supremo V (1997) 3, 82-83 (82/II); todavia, nesse caso concreto, admitiu-se a mudança de nome de um cidadão, por alteração da ordem por que surgia: de *Mário Coelho Branco* passou a *Mário Branco Coelho*, para coincidir com o nome da mulher.

[40] Ao abrigo de CRCiv anteriores – mas não muito diferentes – *vide* Vilhena de Carvalho, *Direito ao nome*, 149 ss. e *O nome das pessoas e o Direito*, 119 ss.. Nos restantes países, o procedimento de alteração do nome não diverge, fundamentalmente, do nosso.

[41] STJ 29-jan.-2004 (Santos Bernardino), Proc. 03B3153: Assunção para Assumpção.

[42] De acordo com as alterações introduzidas nos 278.º e seguintes, do CRCiv, pelo DL 324/2007, de 28-set.. Anteriormente, exigia-se autorização do Ministro da Justiça.

O nome pode ser alterado na hipótese de aquisição da nacionalidade portuguesa por força do prescrito na Lei da Nacionalidade[43] e do Regulamento da Nacionalidade Portuguesa[44]. 33

III – O conteúdo e a natureza

10. O direito ao nome tem **o conteúdo** seguinte (72.º): (1) o poder de usar o nome completo; (2) o poder de abreviar o nome; (3) o poder de usar o nome abreviado; (4) o poder de opor-se a que outrem o use ilicitamente, para sua identificação ou outros fins; (5) o poder de, perante nomes total ou parcialmente idênticos, requerer ao tribunal providências conciliatórias. 34

O cidadão português tem, à nascença, um nome composto por seis palavras, além das partículas. Pelo casamento, ao de origem, junta mais dois apelidos do cônjuge. Um nome de oito palavras é incomportável: não cabe, de resto, na generalidade dos impressos, causando a maior surpresa no estrangeiro[45]. A lei portuguesa confere aos cidadãos a importante possibilidade de, nos limites do nascimento, escolher o seu próprio nome corrente, pela abreviação do inicial. 35

11. Conflito de nomes. Tem o titular do nome o direito a impedir que outrem o use. A lei refere "ilicitamente"; o uso de nome alheio será, todavia, sempre ilícito salvo situações marginais: de facto, nem a autorização dada pelo próprio habilita outrem a usar nome alheio. A hipótese de assim não suceder reside na eventualidade de nomes total ou parcialmente idênticos, altura em que opera o 72.º/2, do Código Civil. Havendo conflito de interesses, o tribunal decreta as providências que melhor os conciliem. 36

12. A natureza. (a) O nome foi tomado como um **direito de propriedade**: doutrina francesa tradicional, acolhida por Cunha Gonçalves[46] e por Pedro Chaves[47]. Esta teoria foi rejeitada, perante a conceção pandectística que só admite direitos reais sobre coisas corpóreas. Pode ser adaptada aos novos dados do sistema: o nome seria reconduzido para a área dos direitos sobre bens intelectuais, obtendo um regime paralelo ao dos direitos de autor? Esta variante teria vantagens, na área de aproveitamento material do nome. É possível. Mas o Direito positivo português dota o nome de um regime próprio, diverso do dos direitos sobre bens intelectuais. 37

(b) O direito ao nome foi entendido como uma **instituição de Direito público**, de tipo policial: foi graças às pretensões de controlo do Estado moderno que o nome se estabilizou e ganhou regras. Ainda hoje, boa parte do regime do nome surge no Registo Civil e comporta procedimentos de tipo administrativo. Todavia, o nome tem uma dimensão pessoal que transcende esse plano. 38

(c) Finalmente, o direito ao nome é apresentado como **um direito de personalidade**: movimento pandectístico que se tornaria dominante. Cunha Gonçalves criticava esta (na altura) "nova teoria", por duas razões[48]: (a) o nome não distingue só a pessoa, mas também a respetiva família: não seria, pois, um direito puramente pessoal; (b) o nome sobrevive à pessoa, não se extinguindo com ela, como sucede com os direitos de personalidade. O primeiro argumento atinge qualquer conceção de nome como direito subjetivo. Mas não é possível construir um direito "familiar". Além disso e atentando-se no regime, a família releva para a composição inicial do nome; a partir daí, ele passa a constituir uma posição jurídico-subjetiva individual. 39

[43] Aprovada pela L 37/81, de 3-out., alterado, por último, pela Lei Orgânica n.º 2/2018, de 5-jul., que o republicou em anexo.

[44] Aprovado pelo DL 237-A/2006, de 14-dez., alterado, por último, pelo DL 71/2017, de 21-jun..

[45] Todavia, a tradição portuguesa dos nomes longos deve manter-se na lei; o sistema torna-se funcional justamente graças à possibilidade de abreviar o nome, nos termos abaixo exarados.

[46] Cunha Gonçalves, *Tratado*, 1, 206-207.

[47] Pedro Chaves, *Comentário do Código de Registo Civil*, 3.ª ed. (1937), 145 e 165.

[48] Cunha Gonçalves, *Tratado*, 1, 207.

A família só volta a assumir um papel *post mortem*, como é da natureza das coisas. O segundo não é exato: hoje, diversos direitos de personalidade têm pós-eficácia.

40 O direito ao nome submete-se ao regime dos direitos de personalidade, particularmente no tocante à defesa. No entanto, implica regras que transcendem as dos bens de personalidade: o processo relativo à composição e à alteração do nome, de cariz administrativo[49]. O nome é um instituto autónomo, dotado de regras próprias, talhadas pela História, e envolvendo aspetos privados e públicos. A complexidade apontada não obsta a que, no cerne, surja um bem de personalidade, de tipo civil: um ponto importante e que permite captar as figuras semelhantes ao nome e que são, também, protegidas.

Artigo 73.º (Legitimidade)

As ações relativas à defesa do nome podem ser exercidas não só pelo respetivo titular, como, depois da morte dele, pelas pessoas referidas no n.º 2 do artigo 71.º.

Bibliografia: *vide* a indicada ao artigo 72.º.

Índice

1 **1. O anteprojeto Manuel de Andrade**, no seu 8.º (particularidades próprias das ações relativas à defesa do direito ao nome), propôs[1]:

> § 1.º – As acções fundadas no artigo precedente podem ser exercidas por quem, não sendo portador do nome contestado ou indevidamente usado, tenha interesse em defendê-lo, a título de herdeiro, de cônjuge, ou de parente nos termos do § 4.º do art. 6.º.
>
> § 2.º – Nas mesmas acções pode o juiz, sendo caso disso, ordenar a rectificação de assentos do registo civil.

2 **2. As revisões ministeriais.** Na 1.ª, o preceito de Manuel de Andrade foi conservado (51.º)[2]. Na 2.ª, gizou-se um preceito (73.º)[3] que, sem alterações no Projeto (73.º)[4], passou ao texto final.

3 **3. O regime** é semelhante ao do 71.º[5]. Em rigor, o preceito seria dispensável. Permite, todavia, remover eventuais dúvidas.

[49] Ainda que sujeito, no topo, à jurisdição do Supremo Tribunal de Justiça, numa clara prevalência de elementos civis.

[1] Manuel de Andrade, *Esboço de um anteprojecto*, 157.

[2] *1.ª Revisão*, 27.

[3] *2.ª Revisão*, 31-32.

[4] *Projecto*, 23.

[5] *Vide* as competentes anotações.

Artigo 74.º (Pseudónimo)

O pseudónimo, quando tenha notoriedade, goza da proteção conferida ao próprio nome.

Bibliografia: António Menezes Cordeiro/A. Barreto Menezes Cordeiro, *Tratado*, IV, 5.ª ed., 240-246.

Índice

I – Antecedentes

1. O **anteprojeto Manuel de Andrade**, no 10.º (tutela do pseudónimo ou da alcunha), preconizou[1]: 1

> O pseudónimo será equiparado ao nome, até onde for razoável, quando tenha adquirido notoriedade que assim o justifique. De modo análogo, será tratada a alcunha quando dela faça uso a pessoa a quem foi atribuída.

2. As revisões ministeriais. A 1.ª Revisão (53.º) manteve a proposta de Manuel de Andrade: suprimiu, todavia, a menção à "alcunha"[2]. Na 2.ª Revisão desaparece a referência "até onde for razoável" (74.º)[3]: ela introduzia, com efeito, um fator de insegurança no regime. No Projeto (74.º)[4] e até à versão final, não houve mais alterações. 2

II – As figuras semelhantes ao nome

3. O **pseudónimo**, referido no 74.º, é uma figura semelhante ao nome, expressamente tutelada. Tem as características seguintes: (a) é próprio de uma pessoa; (b) adotado livremente por esta; (c) com notoriedade. A equiparação ao nome, determinada por lei, é justa e clara: o pseudónimo adere à pessoa, como qualquer direito de personalidade[5]. 3

4. A **alcunha** (do árabe al-kuniâ, sobrenome) é uma designação posta por terceiros, a uma pessoa. Em regra aproveita uma característica física ou circunstancial, podendo ser pejorativa. O hipocorístico ou diminutivo segue o mesmo regime embora, em regra, não seja diferenciador. 4

5. O **nome artístico** tem um regime especial, tutelado nos 28.º e 29.º do CDA. 5

[1] Manuel de Andrade, *Esboço de um anteprojecto*, 157.
[2] *1.ª Revisão*, 53.
[3] *2.ª Revisão*, 32.
[4] *Projecto*, 23.
[5] RLx 9-mar.-2000 (Moreira Camilo), CJ XXV (2000) 2, 87-89 (89/I).

6 **6.** O **nome comercial** segue as regras do RNPC (DL 129/98, de 13-mai.): o comerciante (38.º/1) pode aditar, para efeitos de firma[6] e ao seu nome, uma alcunha ou expressão alusiva à atividade exercida, bem como (38.º/3) fazer anteceder o seu nome por expressões ou siglas correspondentes a títulos académicos, profissionais ou nobiliárquicos a que tenha direito: são complementos do nome, que facilitam a identificação da pessoa.

7 **7.** Como **títulos** académicos, surgem os de licenciado, de mestre e de doutor[7]; como profissionais, avulta o de professor. Quanto aos **títulos nobiliárquicos**[8], temos os de barão, conde, marquês e duque, a que podemos acrescentar o tratamento por dom.

8 Não oferece dúvidas a proteção civil dos referidos títulos[9], no plano do nome e tal como sucede, de resto, com o pseudónimo, mero *minus*: ao contrário deles, o pseudónimo pode ser arbitrário. Exigem-se títulos legítimos (38.º/3 do RNPC[10], aplicável no campo civil e 72.º). A prova da legitimidade faz-se, no tocante a títulos académicos, mediante certidões emitidas pelas universidades que os hajam atribuído; quanto a títulos profissionais, por certidão ou atestado produzido pela câmara, pela ordem profissional ou pela entidade a quem caibam as carteiras profissionais; quanto a títulos nobiliárquicos, por carta passada e autenticada pelo Instituto da Nobreza. No tocante a títulos nobiliárquicos legítimos, a sua referência em atos oficiais era ainda reconhecida pelo 40.º/2 e 3 do CRCiv, incompreensivelmente revogados pelo DL 324/2007, de 28-set.[11].

9 **8.** Além dos títulos referidos no 38.º/3 do RNPC, encontramos **designações honoríficas**: o tratamento de excelência, reservado ao Presidente da República, a membros do Governo ou equiparados e a embaixadores; o de eminência, aos prelados; o de magnífico, aos reitores; o de meritíssimo, aos juízes; o de venerando, aos juízes dos tribunais superiores, como exemplos. Além disso, cabe ter em conta as diversas patentes militares. Tudo isto comporta designações que contribuem para a individualização das pessoas, dando corpo ao *eu social* de quem legitimamente as use. A tutela legal do nome é-lhes extensiva, ainda que não tenham acesso ao registo civil.

10 **9.** A tutela dispensada ao nome é, ainda extensiva aos **endereços eletrónicos**. Estes são, em regra, derivações do nome do próprio tendo, logo aí, tutela direta. Além disso, eles implicam – ou podem implicar – uma parcela da intimidade pessoal privada. Finalmente podem, pela sua notoriedade, desfrutar de uma situação em tudo paralela ao pseudónimo.

III – Outros sinais distintivos das pessoas

11 **10. Outras situações**. As pessoas podem individualizar-se entre si e ser representadas por sinais distintivos diferentes do do nome ou designações equiparadas. Na enumeração de Paulo Cunha[12]: (a) sinais figurativos, como as insígnias e o anel de brasão[13]; (b) sinais verbais, como as divisas e os lemas; (c) títulos honoríficos, como condecorações ou títulos académicos, científicos ou eclesiásticos que traduzam meras honras e não graus efetivos; (4) monogramas e *ex libris*.

12 Os diversos sinais distintivos, acolhem-se ao regime geral do 74.º: terão a proteção própria do direito ao nome, quando sejam legítimos e gozem de notoriedade. Além disso, eles

[6] No tocante à firma, António Menezes Cordeiro, *Direito comercial*, 4.ª ed., 357 ss..

[7] A prática portuguesa dá, aos licenciados, o tratamento de *doutor*, ainda que de forma abreviada: *dr.*

[8] *Tratado*, IV, 5.ª ed., 283-325.

[9] STJ 15-mai.-2014 (Salazar Casanova), Proc. 150/13 (Conde de Oeiras).

[10] A legitimidade, para haver proteção comercial, deve ser provada pelos requerentes, nos termos do artigo 49.º/1 e 2 do RNPC.

[11] *Vide* o *Tratado*, IV, 5.ª ed., 324-327, com indicações; RLx 28-jan.-2014 (Isabel Fonseca), Proc. 150/13.

[12] Paulo Cunha, *Teoria geral*, 165 ss..

[13] Os brasões obedecem a regras próprias; o direito a usá-los é atestado pelo Instituto da Nobreza.

podem obter a proteção própria do Direito comercial, quando sejam, por hipótese e a título de exemplo, registados como marcas.

Artigo 75.º (Cartas-missivas confidenciais)

1. O destinatário de carta-missiva de natureza confidencial deve guardar reserva sobre o seu conteúdo, não lhe sendo lícito aproveitar os elementos de informação que ela tenha levado ao seu conhecimento.

2. Morto o destinatário, pode a restituição da carta confidencial ser ordenada pelo tribunal, a requerimento do autor dela ou, se este já tiver falecido, das pessoas indicadas no n.º 2 do artigo 71.º; pode também ser ordenada a destruição da carta, o seu depósito em mão de pessoa idónea ou qualquer outra medida apropriada.

Bibliografia: Ana Filipa Morais Antunes, *UCP/Comentário ao Código Civil* (2014), 166-187; António Menezes Cordeiro/A. Barreto Menezes Cordeiro, *Tratado*, IV, 5.ª ed., 247-256.

Índice

I – Generalidades e antecedentes

1. O sistema do Código Civil, sem antecedentes no CS, dedica quatro artigos à tutela das denominadas cartas-missivas confidenciais. Integram-se nos bens protegidos pela intimidade da vida privada. O facto de constarem de documento dirigido a terceiros levou a uma regulamentação minuciosa: ela tem, ainda, relevo ético e social. 1

Uma carta é um texto, em suporte duradouro, com um destinatário. Será confidencial quando contenha matéria que não deva ser comunicada fora do círculo entre o remetente e o destinatário. Fica incluído o denominado correio eletrónico e as mensagens telefónicas (*SMS*[1], *Whatsapp* e sucedâneos). Temos: (1) o direito de propriedade sobre a carta, que se transmite para o destinatário por doação, assim que a carta seja fechada e endereçada ou quando, independentemente do endereço, seja entregue em mão ao destinatário[2]; (2) os direitos de autor, patri- 2

[1] RPt 3-dez.-2013 (José Igreja Matos), Proc. 37/12; RPt 22-mai.-2013 (Melo Lima), Proc. 74/07.

[2] Fazemos aplicação do 947.º; todavia, por interpretação da vontade do remetente-doador, temperada pelo 237.º, que valida o sentido menos gravoso para o disponente, admitimos que, do contexto, resulte que apenas com a expedição se completou a decisão de enviar a carta: o próprio poderá, até esse momento, optar pelo não-envio. Já se alguém encontrar uma carta fechada, deverá fazer segui-la para o destinatário e não para o remetente: as pessoas são responsáveis pelo que escrevam.

monial e moral, sobre o texto da carta: pertencem ao autor, se da própria carta outra solução não resultar; seguem o regime do Direito de autor; (3) os direitos de personalidade que tutelam bens íntimos eventualmente patentes na carta: são do autor e seguem o regime do Direito de personalidade.

3 Estes diversos direitos têm regimes diferentes: podem conflituar. Aplica-se o 335.º, sendo claro, em princípio, que os direitos de personalidade envolvidos, mais ponderosos, levam a melhor.

4 **2.** O **anteprojeto Manuel de Andrade**, no seu 11.º (Dever de sigilo sobre o conteúdo das cartas missivas), propôs[3]:

> § 1.º – O destinatário de uma carta missiva de natureza confidencial deve guardar reserva sobre o conteúdo da carta. Esse dever, cuja extensão deve ser apreciada conforme as circunstâncias do caso e das pessoas, pode impor ao destinatário a necessidade de não tirar partido dos elementos de informação que a carta tenha levado ao seu conhecimento.
>
> § 2.º – O autor da carta pode também estar obrigado a guardar reserva sobre o seu conteúdo.
>
> § 3.º – O destinatário de uma carta não confidencial deve usar dela em termos não contrários às legítimas expectativas do seu autor.

5 **3. Revisões ministeriais**. Na 1.ª Revisão (54.º)[4] desapareceu o § 2.º de Manuel de Andrade. Foi pena: se alguém escreve uma missiva confidencial a outrem, obrigando o destinatário ao segredo, mal parece – ou pode parecer – que o autor a torne pública. Pode, inclusive, atingir a confiança do destinatário.

6 Na 2.ª Revisão (75.º)[5], o preceito foi remodelado. O § 3.º do anteprojeto saiu para integrar um preceito próprio (78.º) e foi introduzido o n.º 2, relativo à morte do destinatário. No Projeto (75.º), a matéria estava estabilizada[6].

II – A confidencialidade

7 **4.** As **cartas confidenciais** (75.º e 76.º) contrapõem-se às não-confidenciais (77.º). À partida, qualquer carta dirigida por uma pessoa a outra, dentro das regras da cortesia e da educação, não se confunde com uma carta aberta ou com uma notícia em jornal de parede. Quando a lei fala em "carta-missiva confidencial" vai mais longe – 75.º/1: (1) o destinatário deve guardar reserva sobre o seu conteúdo; (2) o destinatário não pode aproveitar os elementos de informação que ela tenha levado ao seu conhecimento.

8 **5.** Para a **teoria subjetivista**, a natureza confidencial de uma carta resulta da vontade declarada do seu autor[7]. Para uma teoria objetivista, a confidencialidade teria de resultar do próprio teor da carta, independentemente da vontade do remetente. Finalmente, encontramos uma terceira orientação, dita teoria do direito de personalidade: a confidencialidade resulta do teor da carta, embora o seu autor, dentro das regras do Direito de personalidade, possa "interferir".

9 A pessoa que remeta uma carta, a outra, vai criar adstrições ao destinatário: maiores quando se trate de carta confidencial. O destinatário pode ser colocado na posse de um segredo desagradável, ficando paralisado pelo regime da confidencialidade. Tudo isto terá de ser obje-

[3] Manuel de Andrade, *Esboço de um anteprojecto*, 158-159.
[4] *1.ª Revisão*, 28.
[5] *2.ª Revisão*, 32.
[6] *Projecto*, 23-24.
[7] Assim, Pires de Lima/Antunes Varela, *Código Civil Anotado*, 1, 4.ª ed., 107; estes Autores admitem que a declaração possa não ser expressa, através da aplicação analógica do artigo 217.º.

tivo, assente em valores: não depende da vontade do remetente que, sozinho, não pode criar vinculações em terceiros.

6. A teoria objetivista entende a confidencialidade como resultante do teor da própria carta. Assim será por se tratar de carta: (a) sobre matéria coberta por segredo profissional – p. ex., cartas entre advogado e constituinte ou entre médico e paciente, sobre assuntos das respetivas relações profissionais; (b) sobre assuntos de intimidade privada – p. ex., "cartas de amor" ou de questões de família íntimas; (c) relativa a assunto que, já anteriormente, emitente e destinatário tivessem acordado – expressa ou tacitamente – manter apenas entre si e desde que o assunto tenha dignidade. 10

A confidencialidade cessa – ou nem chega a surgir – quando colida com outros direitos de personalidade que, em concreto, prevaleçam, segundo o regime do 335.º: a carta que explique onde está uma bomba prestes a explodir, provocando vítimas, deve de imediato ser levada ao conhecimento das autoridades competentes ainda que, eventualmente, calando os elementos não necessários para evitar o pior ou para dar credibilidade à informação. 11

A confidencialidade natural ou objetiva é tão marcante que, no campo das relações da advocacia, por exemplo, não pode ser levantada nem mesmo com o acordo do remetente e do destinatário: apenas com autorização da Ordem dos Advogados[8]. 12

7. A teoria dos direitos de personalidade propende para o seguinte: (a) a confidencialidade é objetiva, resultando de lei especial (*v.g.* a que imponha segredo profissional), da boa-fé (obrigação de segredo como dever acessório) ou de estar, em causa, um bem de personalidade; (b) apenas neste último caso estaremos perante o regime dos 75.º e seguintes, regime que, todavia, se poderá aplicar, por analogia, a outras situações; (c) a vontade do remetente releva na decisão de incluir, em carta, matéria de personalidade (*maxime*: intimidade privada) que só a ele próprio diga respeito e no não abdicar da tutela de personalidade. 13

O facto de especificar que a carta é confidencial pode ser útil, ainda, em dois pontos: (a) por acentuar o carácter de intimidade de algo que poderia ser inóquo; (b) por facilitar a correta apreensão do conteúdo pelo destinatário, colocando-o num nível de confidencialidade. Fora dos apontados casos, um pedido de confidencialidade é uma proposta, que o destinatário aceitará ou não. O cavalheirismo manda que aceite: mas a um nível não-jurídico. 14

III – O regime e o âmbito de proteção

8. Níveis normativos. As cartas-missivas suscitam a aplicabilidade de vários complexos normativos: o direito de propriedade sobre os documentos em que estejam exarados, o direito de autor ao seu texto e o direito de personalidade que se prenda com a confidencialidade. No domínio do direito de autor, ainda será possível distinguir os aspetos morais dos patrimoniais[9]. Na carta confidencial, a dimensão "direito de personalidade" prevalece. A sua tutela resulta das regras gerais do 70.º/2, conjugadas com o regime específico dos 75.º e seguintes. 15

[8] *Vide* o 92.º/4 dos Estatutos da Ordem dos Advogados, aprovados pela L 145/2015, de 9-set.; *vide* o Regulamento 94/2006, de 25-mai., DR II Série n.º 113, de 12-jun.-2006, 8588-8589, relativo à dispensa de segredo. Quanto ao segredo profissional dos advogados: Fernando Sousa Magalhães, *Estatuto da Ordem dos Advogados – anotado e comentado*, 10.ª ed (2015), 582 pp; Luís Menezes Leitão, *Estatuto da Ordem dos Advogados anotado* (2015), 460 pp. e Augusto Lopes Cardoso, *Do segredo profissional na advocacia* (1998), 92 pp.: à luz dos Estatutos de 1984. O STJ, em 16-jul.-1985 (Rui Corte-Real; vencido: Joaquim Figueiredo, mas não no ponto aqui em causa), BMJ 349 (1985), 409-412 (411), entendeu que as partes podiam articular matéria contida em cartas sob sigilo profissional; a autorização da Ordem seria necessária, apenas, para a junção, aos autos, das cartas em causa.

[9] Artigo 9.º do CDA.

16 Verificados os pressupostos da confidencialidade, o destinatário deve guardar segredo e não pode pautar a sua atuação pelo que tenha passado a saber. Caso viole estes deveres: (a) incorre em responsabilidade civil por todos os danos patrimoniais que cause; (b) *idem*, quanto aos danos morais; (c) podendo ainda ser empreendidas diligências para fazer cessar o ilícito.

17 Neste último caso, serão de encarar: a apreensão da carta e a sua destruição ou a sua entrega ao remetente; a publicação de complementos de informação que permitam situar a carta num contexto que minore o seu significado; a divulgação da ilicitude cometida e da infidelidade do destinatário.

18 **9.** A **morte do destinatário (75.º/2).** A confidencialidade une o remetente e o destinatário num vínculo de personalidade. Os inerentes deveres não se transmitem (em princípio) aos sucessores do destinatário – *vide* os 2024.º e 2025.º: há, pois, que providenciar quanto à carta. Tal a preocupação do 75.º/2, que prevê: a restituição da carta, a requerimento do autor dela ou, tendo este falecido, das pessoas indicadas no 71.º/2; a sua destruição; o seu depósito em mão de pessoa idónea; qualquer outra medida adequada.

19 O 12.º do Anteprojeto Manuel de Andrade previa a hipótese de, falecido o destinatário da carta confidencial, o tribunal, a requerimento do seu autor, poder ordenar a sua restituição, a sua destruição, o seu depósito ou qualquer outra providência idónea[10]. Esta disposição não passou ao Projeto: todavia, ela está ao alcance do tribunal, ao abrigo das providências adequadas.

Artigo 76.º (Publicação de cartas confidenciais)

1. As cartas-missivas confidenciais só podem ser publicadas com o consentimento do seu autor ou com o suprimento judicial desse consentimento; mas não há lugar ao suprimento quando se trate de utilizar as cartas como documento literário, histórico ou biográfico.

2. Depois da morte do autor, a autorização compete às pessoas designadas no n.º 2 do artigo 71.º, segundo a ordem nele indicada.

Bibliografia: António Menezes Cordeiro/A. Barreto Menezes Cordeiro, *Tratado*, IV, 5.ª ed., 252-253.

Índice

1 **1.** O **anteprojeto Manuel de Andrade** propunha, no 13.º (Publicação de cartas missivas)[1].

§ 1.º – A publicação de cartas missivas, como tais, quando de natureza confidencial, exige o consentimento do seu autor e do destinatário ou o respectivo suprimento judicial; mas o consentimento do autor não pode ser suprido quando se trate de utilizar as cartas como documento literário, histórico ou biográfico.

[10] Manuel de Andrade, *Esboço de um anteprojecto*, 159.

[1] Manuel de Andrade, *Esboço de um anteprojecto*, 159-160.

§ 2.º – Depois da morte do autor ou do destinatário, cada um deles, se não tiver determinado outra coisa por escrito, será representado para este efeito pelos seus herdeiros imediatos e pelas pessoas da sua família. A vocação das pessoas da família terá lugar de acordo com a seguinte escala de precedência:

1.º – O cônjuge sobrevivo e os filhos;
2.º – Os pais;
3.º – Os irmãos;
4.º – Os outros ascendentes e descendentes mais próximos, nos termos do § 4.º do art. 6.º;
5.º – Os irmãos de ascendentes e os descendentes de irmãos, nos termos do n.º 4.

§ 3.º – Quando não tenha sido prèviamente autorizada a publicação, os tribunais devem apreciar se no caso deveria ser suprido o necessário consentimento, tomando na devida conta o resultado dessa apreciação.

§ 4.º – O disposto nos §§ 1.º e 2.º será extensivo, com as necessárias adaptações às memórias familiares e pessoais e a outros escritos que tenham carácter confidencial ou se refiram à intimidade da vida privada.

2. Revisões ministeriais. A 1.ª Revisão (56.º) procedeu a meros ajustes formais[2]. Na 2.ª Revisão (76.º)[3], a matéria surge condensada. Todavia, apenas no Projeto (76.º)[4] foi encontrada a redação final. 2

3. O regime. O consentimento para publicação é um negócio pelo qual o autor se despoja de um bem da sua personalidade. Ele não mais pode revogar a sua decisão ou, pelo menos, não o pode fazer com eficácia; uma vez publicada, a carta passa a ser do conhecimento geral. Caso a caso haverá que ponderar a admissibilidade da autorização, à luz do 81.º/1. Matéria muito íntima que envolva terceiras pessoas nunca pode ser publicada, mesmo com autorização do próprio. Ressalva-se a informação com valor científico ou literário, publicada de modo a preservar a autoria, não a revelando: 76.º/1, 2.ª parte. Tudo isto deve ser interpretado de modo restritivo, fazendo-se apelo, se necessário, à Constituição. 3

A doutrina exposta aplica-se, *a fortiori*, ao suprimento judicial do consentimento –76.º/1, 1.ª parte, *in fine* – e à autorização dada por sucessores, depois da morte do autor da carta – 76.º/2. 4

Artigo 77.º (Memórias familiares e outros escritos confidenciais)

O disposto no artigo anterior é aplicável, com as necessárias adaptações, às memórias familiares e pessoais e a outros escritos que tenham carácter confidencial ou se refiram à intimidade da vida privada.

Bibliografia: ver a indicada ao 75.º.

Índice

[2] *1.ª Revisão*, 29-30.
[3] *2.ª Revisão*, 32-33.
[4] *Projecto*, 23-24.

1 **1.** O **anteprojeto Manuel de Andrade** propôs uma regra semelhante, inserindo-a no 13.º, § 4.º, acima transcrito[1].

2 **2. Revisões ministeriais**. Na 1.ª Revisão (56.º/4)[2], o esquema foi mantido. Na 2.ª Revisão, ele foi objeto de um preceito autónomo (77.º)[3], que se manteve no Projeto[4] e, daí, no texto final.

3 **3. O regime** das memórias e outros escritos confidenciais é o das cartas: antes ou depois da morte. Por maioria de razão: nas cartas confidenciais, ainda há uma intenção de compartilhar o segredo com o destinatário; mas memórias, diários e outros escritos íntimos, isso nem sucede: o autor esteve (e quis estar), aí, perante si próprio.

Artigo 78.º (Cartas-missivas não confidenciais)

O destinatário de carta não confidencial só pode usar dela em termos que não contrariem a expectativa do autor.

Bibliografia: António Menezes Cordeiro/A. Barreto Menezes Cordeiro, *Tratado*, IV, 5.ª ed., 255-256.

Índice

I – Origem

1 **1.** O **anteprojeto Manuel de Andrade** continha esta regra no 11.º, § 3.º, relativo ao dever de sigilo sobre o conteúdo das cartas missivas[1]. Apenas usava "termos não contrários às legítimas expectativas do seu autor".

2 **2. Revisões ministeriais**. Na 1.ª Revisão manteve-se a orientação do anteprojeto (54.º/2)[2]. Na 2.ª Revisão, o preceito ganhou um artigo próprio (78.º)[3], numa solução que passou ao Projeto[4] e à versão definitiva.

II – O regime

3 **3. A confiança**. O 78.º[5] configura uma relação de confiança. Embora não coberta pelos direitos de personalidade ou pelo sigilo profissional, a remessa de uma carta é acompanhada pela ideia,

[1] *Supra*, anot. 1 ao 76.º.
[2] *1.ª Revisão*, 30.
[3] *2.ª Revisão*, 33.
[4] *Projecto*, 24.

[1] *Supra*, anot. 4 ao 75.º.
[2] *1.ª Revisão*, 28.
[3] *2.ª Revisão*, 32.
[4] *Projecto* 24 (78.º).
[5] Para a aplicação deste preceito *vide* RLx 19-out.-1982 (Eliseu Figueira), CJ VII (1982) 4, 125-126: a destinatária de uma carta cujo autor se confessa devedor de determinada garantia resolveu afixá-la; diz o Tribunal (CJ VII, 4, 126/II): "É evidente que, na vontade presumível da pessoa que se confessa devedor em carta que envia ao credor,

socialmente consistente, de que se trata de assunto a não usar contra o próprio. É a relação de confiança, de base legal, que o Direito, em nome da paz social, tutela.

4 A doutrina da confiança fixa os termos e os limites de proteção. Há que verificar os pressupostos da confiança e, designadamente e para usar o termo da lei, se as "expectativas" do autor da carta eram fundadas e qual o seu sentido. Se alguém remete uma carta a um jornalista, com uma notícia, sem qualquer foro de intimidade e sem nota de confidencialidade é evidente: a ter qualquer expectativa, é, precisamente, a de ver a notícia publicada. Já uma proposta entre empresas não pode surgir na empresa concorrente: a confiança, assente na boa-fé, foi violada.

5 **4.** O tema das **cartas de negócios** encontra, em regra, uma redução dogmática à luz da boa-fé *in contrahendo*. Não se tratando de negócios, é relevante a deontologia do sector que esteja em causa, juridificada através da denominada cláusula dos bons costumes. O bom senso e o bom gosto devem imperar, em todos os outros casos, só intervindo o Direito em situações-limite. Quem escreva e assine (e deve-se assinar o que se escreva) assume um certo risco, que nenhuma lei pode isentar.

6 **5. Alargamento a sms e a comunicações eletrónicas.** As normas e a doutrina acima expostas, relativamente a "cartas" são aplicáveis aos atuais meios de comunicação, designadamente a *sms* (*short message service*)[6] e a mensagens eletrónicas (*email*). Todavia, cabe aos remetentes de tais comunicações, designadamente quando jovens, ter consciência da facilidade de divulgação de tais elementos. Os segredos não devem ser confiados à *Net*.

Artigo 79.º (Direito à imagem)

1. O retrato de uma pessoa não pode ser exposto, reproduzido ou lançado no comércio sem o consentimento dela; depois da morte da pessoa retratada, a autorização compete às pessoas designadas no n.º 2 do artigo 71.º, segundo a ordem nele indicada.

2. Não é necessário o consentimento da pessoa retratada quando assim o justifiquem a sua notoriedade, o cargo que desempenhe, exigências de polícia ou de justiça, finalidades científicas, didáticas ou culturais, ou quando a reprodução da imagem vier enquadrada na de lugares públicos, ou na de factos de interesse público ou que hajam decorrido publicamente.

3. O retrato não pode, porém, ser reproduzido, exposto ou lançado no comércio, se do facto resultar prejuízo para a honra, reputação ou simples decoro da pessoa retratada.

Bibliografia: Adalberto Costa, *O direito à imagem*, ROA 2012, 1323-1377; António Agostinho Guedes, *UCP/Comentário ao Código Civil* (2014), 194-197; António Menezes Cordeiro/A. Barreto Menezes Cordeiro, *Tratado*, IV, 5.ª ed., 257-269; Cláudia Trabuco, *Dos contratos relativos ao direito à imagem*, O Direito 2011, 389-459; David Oliveira Festas, *Do conteúdo patrimonial do direito à imagem; contributo para um estudo do seu*

está a expectativa de que o credor não publique a carta em moldes de ferir os seus sentimentos". A destinatária da carta foi condenada a abster-se de lhe dar publicidade.

[6] RPt 3-dez.-2013 (José Igreja Matos), Proc. 37/12; no plano penal: RPt 22-mai.-2013 (Melo Lima), Proc. 74/07; RCb 18-jun.-2014 (Orlando Gonçalves), Proc. 718/11; RPt 20-jan.-2016 (Artur Oliveira), Proc. 1145/08; RPt 17-fev.-2016 (Nuno Ribeiro Coelho), Proc. 458/14.

aproveitamento consentido e inter vivos, 2009; Fernando Horta Tavares, *Breves notas sobre a proteção à imagem das pessoas como manifestação do direito de personalidade nas ordenamentos jurídicos do Brasil e de Portugal: um estudo do caso*, em José João Abrantes, *50 anos do Código Civil de 1966* (2018), 169-196.

Índice

I – Antecedentes

1 **1.** O **anteprojeto Manuel de Andrade**, no seu 14.º (Direito à imagem) propôs:

> § 1.º – O retrato de uma pessoa não pode ser exposto, reproduzido ou lançado no comércio sem o seu consentimento, fora dos casos previstos nos §§ 2.º e 3.º. Depois da morte da pessoa retratada aplica-se a disposição do § 2.º do artigo precedente.
>
> § 2.º – Não é necessário o consentimento da pessoa retratada quando assim o justifiquem a sua notoriedade, o cargo que desempenhe, exigências de polícia ou de justiça, finalidades científicas, didácticas ou culturais, ou quando a reprodução da imagem venha enquadrada na de lugares públicos ou de factos, acontecimentos ou cerimónias de interesse público, ou que decorreram em público.
>
> § 3.º – O retrato, contudo, não pode ser reproduzido, exposto ou lançado em comércio, se daí resultaria prejuízo para a honra, para a reputação ou para o simples decoro da pessoa retratada.

2 O próprio Manuel de Andrade esclarece ter procurado inspiração no 10.º do Código Civil italiano de 1942, relativo ao abuso da imagem alheia.

3 **2. Revisões ministeriais.** A 1.ª Revisão (57.º) manteve o texto do anteprojeto[1]. Da 2.ª Revisão (79.º) resultaram alterações formais[2], com confirmação no Projeto (79.º)[3] e no texto finalmente adotado.

II – O enquadramento

4 **3. O bem protegido.** A imagem é a representação de uma pessoa na sua configuração exterior.

5 No percurso histórico, a imagem era reproduzida pela pintura. Operação cara, demorada e só acessível a especialistas, após um complicado processo de aprendizagem. Nessa fase, os problemas relacionavam-se com a propriedade da reprodução[4]. O aparecimento da fotografia, nos

[1] *1.ª Revisão*, 30.

[2] *2.ª Revisão*, 33-34.

[3] *Projecto*, 24-25.

finais do século XIX, permite que qualquer pessoa, munida de uma câmara fotográfica, possa captar e reproduzir a imagem alheia. Esta possibilidade, aliada à tipografia, faculta excessos. A situação tornou-se mais aguda com o cinema, o *video*, a gravação por telefones portáteis, televisão internacional, a divulgação por *Internet* e as redes sociais.

4. Os direitos e os valores. A imagem materializada de uma pessoa é um bem de personalidade fortemente objetivado. Surge o direito de propriedade: sobre a tela, a película ou o suporte magnético onde a imagem esteja reproduzida. Mas a imagem permite a imediata identificação da pessoa de que se trate e a sua associação a elementos circundantes. O destino que se dê à imagem é, de certo modo, um tratamento dado à própria pessoa. 6

Proteger a imagem equivale a tutelar a intimidade e a tranquilidade de cada um. Bem se compreende que as pessoas não queiram – ou possam não querer – ser reconhecidas na rua ou em qualquer local público, mercê da divulgação não autorizada da própria imagem. 7

A imagem de uma pessoa, quando divulgada, raramente o será de modo abstrato: em regra, trata-se de a associar a qualquer notícia ou mensagem que se pretenda transmitir. Tal mensagem poderá não ser aprazível para o próprio. Daqui emerge outro valor: o do bom nome e reputação[5]. 8

O problema não se põe se o retratado der, previamente, o seu assentimento esclarecido, isto é: com conhecimento cabal da notícia que a sua imagem vem ilustrar. 9

Um terceiro e possível valor em jogo tem a ver com a capacidade lucrativa que determinada imagem possa assumir. Atores famosos, desportistas de nomeada, apresentadores de êxito e, até, homens públicos podem dar lugar a imagens que, de modo direto (venda) ou indireto (publicidade ou aumento de tiragens) proporcionem lucros. Tais lucros deveriam reverter para o próprio retratado: seja para evitar o enriquecimento alheio, seja porque o Direito positivo em jogo reconhece tal faculdade lucrativa ao "dono" originário da imagem. A variedade de valores não põe em crise a unidade do direito à imagem. 10

5. Alargamento à palavra. A palavra humana também pode ser gravada e reproduzida. Ela tem características que permitem reportá-la a uma determinada pessoa e, apenas, a ela. A utilização de gravações pode afrontar a privacidade, o bom nome ou direitos patrimoniais legítimos. Dada a inexistência de uma tipicidade dos direitos de personalidade, nenhuma dificuldade existe em extrapolar, com base no artigo 70.º ou, se necessário, do artigo 79.º, por analogia, um direito à palavra[6]. 11

III – O regime

6. O consentimento. O 79.º/1 consagra a regra básica: o retrato de uma pessoa não pode ser exposto, reproduzido ou lançado no comércio sem o consentimento dela. O direito é pós-eficaz: depois da morte da pessoa retratada, a autorização compete e pela ordem nele indicada, às pessoas referidas no 71.º/2. 12

A lei refere "exposto", "reproduzido" e "lançado no comércio"; todavia, parece-nos claro que o primeiro comando, claramente subjacente, é o de que ninguém pode ser retratado 13

[4] Ou seja: com a questão de determinar quem seria o proprietário do produto final: o pintor, o dono das tintas ou o dono da tela, por hipótese; esta questão, já resolvida no Direito romano, encontra projeção no 1338.º.

[5] OLG Koblenz 20-dez.-1996, VersR 1997, 1500. O problema pode ser ilustrado com base num caso decidido na Alemanha. A propósito de uma notícia relativa a práticas sexuais com menores, um jornal publica a fotografia de um padre, que nada tinha a ver com o assunto relatado. Foi reposta a verdade e arbitrada uma indemnização de 2.000 DM.

[6] O 199.º do Código Penal protege a palavra e a imagem das pessoas; *vide* Costa Andrade, *Comentário Conimbricense*, 1196 ss..

sem o seu consentimento. O consentimento pode ser tácito: a pessoa que se apresenta num palco para um desfile está a revelar, com toda a probabilidade, uma concordância – 217.º/1, *in fine*.

14 Não oferece dúvidas uma graduação: a pessoa que autorize o retrato pode não estar a autorizar a "exposição", a "reprodução" ou o "lançamento no mercado"; inversamente, quem autorize esta última hipótese está, necessariamente, a permitir todas as outras operações antes referidas.

15 O consentimento pode tomar corpo num contrato ou surgir como unilateral. Existindo um contrato, há que observar as suas cláusulas, com certas particularidades[7]. Qualquer disposição relativa ao retrato surge como uma limitação ao direito à imagem. O 81.º é aplicável[8]: (a) sindicando a limitação voluntária, perante os princípios da ordem pública; (b) permitindo a livre revogação da limitação, ainda que com o dever de indemnizar.

16 **7. Requisitos.** A lei refere os "princípios da ordem pública"; mas aplicam-se os demais requisitos prescritos no 280.º: a determinabilidade e a não-contrariedade aos bons costumes. Determinabilidade: ao contratar sobre o próprio retrato, o sujeito deve fazê-lo precisando em que termos, por quanto tempo e para que efeito. No que o contrato seja omisso, teremos de optar pela solução mais restritiva, seguindo-se a nulidade quando, de todo, nada se consiga apurar pela interpretação. Bons costumes fazem apelo a códigos de ética e a regras de moral sexual e familiar, particularmente pertinentes em questões de imagem.

17 Entra neste campo o debate sobre a juridicidade de contratos relativos a filmes pornográficos (a não confundir com a exibição artística ou científica do corpo humano) ou – não indo tão longe – a cenas que deveriam relevar da intimidade pessoal, familiar ou sexual. Os tribunais alemães já discutiram se tais contratos são nulos por contrariedade aos bons costumes, tendo-se fixado na negativa[9]. Efetivamente, não havendo proibições penais[10] ou outras, o Direito civil é permissivo. A recente evolução dos costumes, no Ocidente, tem levado a que, por exemplo, filmes extremamente chocantes e criticados ainda há poucos anos sejam, hoje, clássicos patentes nos canais oficiais de televisão, à hora do almoço, com a aceitação geral. Todavia, temos de admitir uma fronteira, por lata que seja. A bitola última terá de ser constituída pela dignidade humana, sem esquecer que, com regulamentação ou sem ela, todos os filmes acabam por ser acessíveis a menores. São, assim, contrários aos bons costumes retratos, filmes ou gravações, bem como a sua reprodução ou exibição, relativos a atos que envolvam crianças, que degradem a mulher, que associem sexo e violência ou que surjam violentamente *contra naturam*. A autorização relativa a filmes pornográficos é – por maioria de razão – sempre revogável e isso mesmo quando lícita.

18 Tratando-se de autorização unilateral, ela não vai além do resultante nas condições em que seja dada. A fotografia permitida numa escola não pode, depois e sem mais, ser usada numa campanha publicitária. Além dos bens em jogo, cumpre ter presente que tais autorizações são, em regra, gratuitas. Devem, na dúvida, ser interpretadas no sentido menos gravoso para o disponente (237.º), o que é dizer: na aceção que menos limite o direito à imagem em jogo.

[7] Quanto à fotografia encomendada, *vide* o artigo 168.º do CDA.

[8] *Vide* as anotações ao 81.º.

[9] *Tratado*, IV, 5.ª ed., 263.

[10] O Código Penal, na versão de 1982, ainda incriminava a figura do ultraje público ao pudor. Hoje, o 170.º desse Código, apenas incrimina os atos exibicionistas, entendidos pela doutrina especializada como atos ou gestos relacionados com o sexo, perante a vítima – *vide* Anabela Miranda Rodrigues/Sónia Figalgo, *Comentário Conimbricense*, 816 ss..

IV – Delimitação negativa

8. Enumeração. O 79.º, depois de, no n.º 1, ter referido o direito à imagem em termos muito amplos veio, no n.º 2, introduzir limitações severas. O consentimento do retratado não é necessário nalguma das circunstâncias seguintes: (1) quando assim o justifiquem a sua notoriedade, o cargo que desempenhe, exigências de polícia ou de justiça, finalidades científicas, didáticas ou culturais; (2) quando a reprodução da imagem vier enquadrada na de lugares públicos, ou na de factos de interesse público ou que hajam decorrido publicamente. 19

O n.º 3 corrige, um tanto, esta limitação severa, dispondo que, não obstante a verificação dalguma dessas circunstâncias, o retrato não pode: 20

> (...) ser reproduzido, exposto ou lançado no comércio, se do facto resultar prejuízo para a honra, reputação ou simples decoro da pessoa retratada.

9. A **teoria das esferas**, apurada também para a intimidade da vida privada é, aqui, aplicável. 21

(a) **Esfera pública**: própria de políticos, atores, desportistas ou outras celebridades, ela implica uma área de condutas propositadamente acessível ao público, independentemente de concretas autorizações. 22

(b) **Esfera individual-social**: reporta-se ao relacionamento social normal que as diversas pessoas estabelecem com amigos, colegas e conhecidos; a reprodução de imagens seria aí possível, salvo proibição, mas apenas para circular nesse mesmo meio. 23

(c) **Esfera privada**: tem a ver com a vida privada comum da pessoa: apenas acessível ao círculo da família ou dos amigos mais estreitos, equiparáveis a familiares. 24

(d) **Esfera secreta**: abrange o âmbito que o próprio tenha decidido não revelar a ninguém; desde o momento em que ele observe a discrição compatível com tal decisão, esta esfera tem absoluta tutela. 25

(e) **Esfera íntima**: reporta-se à vida sentimental ou familiar no sentido mais estrito (cônjuge e filhos); tem uma tutela absoluta, independentemente de quaisquer prévias decisões, nesse sentido, do titular considerado; elas são dispensáveis. 26

As esferas privada, secreta e íntima nunca são acessíveis sem autorização. Nenhuma notoriedade, cargo, exigências de polícia ou de justiça ou finalidades científicas, didáticas ou culturais permitiriam tal invasão. Além disso, só são admissíveis autorizações na esfera privada: as esferas secreta e íntima deixariam de o ser se surgirem autorizações de ingerência, o que nunca pode ser presumido. 27

As esferas pública e individual-social permitem retratar sem autorização, consoante as circunstâncias e os objetivos, mas apenas para documentar o que lá se passa: não, por exemplo, para obter imagens publicitárias. Podem operar os fatores da notoriedade, cargo, polícia ou justiça, ciência, ensino ou cultura, sempre em termos de adequação social. Mas mesmo nestas duas esferas, os retratos – em sentido amplo – não serão permitidos se puderem prejudicar a honra, a reputação ou o decoro do retratado. Pense-se no político surpreendido a mudar de gravata ou a alimentar-se, com a boca aberta: a lei não autoriza tomadas de imagens. Este troço deve ser interpretado extensivamente, de modo a abranger todas as situações que possam prejudicar o visado[11]. 28

[11] *Vide, infra*, o caso de RLx 19-out.-1977: a criança incluída num cartaz político.

29 **10.** A lei exceciona, à autorização, os retratos tirados **em lugares públicos**, de factos de interesse geral ou que hajam decorrido publicamente: um aspeto a aproximar da doutrina das esferas. Nas condições "públicas" elencadas pelo legislador, a lei presume que o interessado age no âmbito das esferas pública ou individual-social ou que está a autorizar retratos. Tudo depende das circunstâncias e do destino das imagens captadas: elas só podem visar documentar o sucedido: não, por exemplo, animar campanhas publicitárias, sem autorização do próprio. E também aqui sempre sob a sindicância do 79.º/3.

V – Jurisprudência

30 **11. Aplicação concreta** do 79.º: *RLx 19-out.-1977*: um partido político elaborou cartazes de propaganda eleitoral que exibiam crianças a brincar, algumas das quais perfeitamente reconhecíveis; uma delas, através dos pais, invocou a violação do direito à imagem; o tribunal, todavia, entendeu que tendo a fotografia sido tirada em local público, não havia necessidade de consentimento do menor[12]; mas não: desde logo, é duvidoso que o recreio de uma escola pública seja um "local público", para efeitos do artigo 79.º/2: basta ver que só lá poderão ir pessoas autorizadas, sendo, pelo menos, desejável que assim seja; de seguida, a permissão do final do artigo 79.º/2 só opera com finalidades adequadas, designadamente noticiosas e não para fins publicitários, em absoluto estranhos à *ratio* do diploma; por fim, o retrato não poderia ser usado de modo a prejudicar o retratado: ora associar uma criança a um partido político, ainda que legítimo, pode, efetivamente, causar-lhe dissabores ou, até, condicionar o seu desenvolvimento futuro; esta decisão não foi feliz, sendo certo que a jurisprudência ulterior foi mais sensível quanto à necessidade de proteger a personalidade. *RLx 23-nov.-1977*: entendeu que não se podia exibir em público uma fotografia de um quadro a óleo sem autorização do interessado ou de seus herdeiros; foi ainda arbitrada uma indemnização de 10 contos[13]; como se vê, não se pôs, aqui, a hipótese de um interesse "cultural", que sempre teria de ser invocado e provado pelo prevaricador. *TC n.º 6/84, de 18-jan.*: não se pronunciou pela inconstitucionalidade do Regulamento de Transportes aprovado pelo Decreto n.º 37.372, de 31 de dezembro de 1948, que impunha que o pessoal que prestasse serviço nos transportes coletivos o dever de "se apresentar devidamente uniformizado e barbeado"; o Tribunal reconheceu o direito à imagem e o próprio direito geral de personalidade, a compaginar, todavia, com o "direito de ser atendido por quem se apresente com uma aparência higiénica, não repulsiva, pelo seu aspeto de desmazelo, desleixo, falta de limpeza e de decoro"[14]; trata-se de um caso curioso em que o direito à imagem surge como "direito de liberdade de imagem"; a assim ser, ele teria de se articular com os direitos de terceiros. *STJ 24-mai.-1989*: a propósito da votação, no Parlamento, de uma lei sobre zonas de nudismo, um jornal diário de distribuição nacional fotografou, na praia do Meco, sem autorização, uma senhora em *topless*, divulgando a fotografia na primeira página; acionado, o jornal vem afirmar que a fotografia fora tirada em local público; o Supremo entendeu, e bem, que a situação caía sob a alçada do artigo 79.º/3, sendo sempre ilícita[15]; assim é; podemos, todavia, ir mais longe; desde logo, todas as praias pertencem ao domínio público[16]: daí não se infere que as pessoas percam, aí, a sua privacidade, podendo ser molestadas ou fotografadas, sem o seu consentimento; de seguida, mesmo numa praia, o *topless* mantém-se na esfera privada, não se presumindo que a visada pretenda ser vista por todos; finalmente, o tipo de publicidade dada ao retrato não tem nada a ver com o interesse da concreta situação relatada; a tudo isso acresce que a publicidade feita atingiu, necessariamente, a visada e que o abuso da situação é manifesto. *RLx 28-jan.-1999*: uma publicação divulga cromos de jogadores de futebol com fins de publicidade e sem autorização; não pode ser: há, aqui, uma finalidade lucrativa que teria de passar

[12] RLx 19-out.-1977 (Rocha Ferreira), CJ II (1977) 5, 1015-1019 (1018/II).

[13] RLx 23-nov.-1977 (Alves Branco), CJ II (1977) 5, 1055-1056 (1056/II).

[14] TC n.º 6/84, de 18 de janeiro (Magalhães Godinho), BMJ 340 (1984), 177-181 = DR II Série n.º 101, de 2 de maio de 1984.

[15] STJ 24-mai.-1989 (João Solano Vieira), BMJ 387 (1989), 531-537 (534 e 535).

[16] *Tratado* III, 3.ª ed. (2013), 97-98.

sempre pela autorização dos próprios[17]. *STJ 8-nov.-2001*: o direito à imagem é de exercício pessoal; consequentemente, só pode ser invocado e defendido pelo próprio[18]. *RLx 28-nov.-2001*: entendeu não haver lugar a proteção caso o interessado se exibisse em público, com um cachecol de determinado clube de futebol[19]; assim parece: a menos que a fotografia pretendesse ilustrar uma notícia desonrosa, nada há, aqui, contra a intimidade do visado. *RCb 17-abr.-2002*: a propósito de um anúncio de programa sobre criminalidade, uma cadeia televisiva transmite fotografias de um conhecido recluso, condenado por homicídio e que protagonizou uma sangrenta tentativa de fuga; a via aí seguida para a tutela do direito à imagem foi a penal, tendo sido feita queixa-crime por fotografia ilícita, nos termos do artigo 199.º/1 e 2, *a*), do Código Penal; o Tribunal entendeu que não havia crime, por se tratar de episódios integrados na história do seu tempo[20]; em termos civilísticos, temos dúvidas: uma pessoa é condenada por crimes graves: cumpre a sua pena, assim pagando a dívida à sociedade; não tem, para além disso, de ser incomodada com a divulgação da sua imagem, associada a factos menos dignos: cair-se-ia, por certo, no artigo 79.º/3, do Código Civil. *RLx 12-abr.-2007*: a Câmara Municipal de Almada organizou um *atelier* de artes plásticas visitado por um menor, autorizado pelos pais; foram tiradas fotografias usadas, pela Câmara, em *outdoors*; intentada uma ação pelo menor, representado por seus pais, entendeu o Tribunal que se tratava de um evento público, decorrido em local público[21]; não sufragamos tal doutrina, que recai no erro de 1977: os locais frequentados por crianças não são "públicos", para efeitos do artigo 79.º/2; há que resguardar as crianças de publicidades, não autorizadas, que as possam incomodar. *RPt 5-jun.-2015*: o Tribunal considerou, bem, que o consentimento em ser fotografado não inclui uma autorização para essa mesma imagem ser divulgada no *Facebook* e nas demais redes sociais[22]. Temos outros casos judicialmente solucionados[23].

12. Casa Pia. A propósito dos casos Casa Pia – um escândalo relacionado com abusos sexuais 31
cometidos sobre menores confiados à tutela do Estado – verificou-se uma presença permanente, ao longo das muitas sessões, de numerosos jornalistas, à porta do Tribunal, que fotografavam e filmavam continuamente todas as pessoas que entravam e saíam[24]. Os magistrados do MP em serviço pediram medidas para que tal recolha de imagens não fosse permitida. Consultada, a PGR elaborou um parecer (longo) em que acaba por concluir pela licitude dessa prática: as forças policiais apenas poderiam intervir para garantir a livre entrada e saída das pessoas e para salvaguardar a vida, a integridade física, a liberdade e a segurança dos intervenientes processuais[25]. Evidentemente.

A questão é todavia outra: até onde pode ir o encarniçamento jornalístico? Pode uma pes- 32
soa que preste serviço no âmbito de um processo mediatizado ser fotografada *ad nauseam*, sempre que entre e saia do Tribunal? A resposta é claramente negativa. Embora em local público, a imagem da pessoa não pode ser objeto de abuso, seja qual for o pretexto. Na situação descrita, o direito à imagem dos intervenientes estava, claramente, a ser violado, fora do que qualquer interpretação razoável da lei poderia permitir. Além do direito à imagem, acabam ainda por ficar em causa os direitos ao sossego e tranquilidade pessoais, a integridade moral e até a integridade física: os visados acabaram por ser reconhecidos, em todo o País, como pessoas ligadas

[17] RLx 28-jan.-1999 (Proença Fouto), CJ XXIV (1999) 1, 93-95 (94/I e 95/I).

[18] STJ 8-nov.-2001 (Quirino Soares), CJ/Supremo IX (2001) 3, 113-115 (115), decidindo contra RLx 13-mar.-2001 (Pais do Amaral), CJ XXVI (2001) 2, 73-75.

[19] RLx 28-nov.-2001 (Rorigues Simões; vencido: Cotrim Mendes), CJ XXVI (2001) 5, 138-43.

[20] RCb 17-abr.-2002 (Oliveira Mendes), CJ XXVII (2002) 2, 40-41 (41/I).

[21] RLx 12-abr.-2007 (Teresa Prazeres Pais), CJ XXXII (2007) 2, 98-99 (98/II).

[22] RPt 5-jun.-2015 (José Carreto), Proc. 101/13.5.

[23] Exemplos desde 2014: RLx 16-out.-2014 (Fátima Galante), Proc. 1922/12; RLx 16-out.-2014 (Isoleta Costa), Proc. 7896/09; RLx 25-nov.-2014 (Pedro Brighton), Proc. 1599/13; RPt 14-out.-2015 (Vítor Morgado), Proc. 78/15; RCb 20-set.-2017 (Brizida Martins), Proc. 2/16.5.

[24] Esta prática encontra-se hoje bem consolidade entre os *media* nacionais.

[25] Parecer 95/2003, de 6-nov.-2003 (Manuel Pinto Hespanhol), DR II Série, n.º 54, de 4-mar.-2004, 3699-3711.

ao caso "Casa Pia". Faria assim todo o sentido deter a prática registada, ainda que se admita, havendo dúvidas sérias, a necessidade de passar por uma decisão jurisdicional.

Artigo 80.º (Direito à reserva sobre a intimidade da vida privada)

1. Todos devem guardar reserva quanto à intimidade da vida privada de outrem.

2. A extensão da reserva é definida conforme a natureza do caso e a condição das pessoas.

Bibliografia: A. Barreto Menezes Cordeiro, *Dados pessoais: conceito, extensão e limites*, RDC 2018, 297-321; *idem*, *O consentimento do titular dos dados no RGPD*, RDC 2018, 839-863; *idem*, *A autonomia da função de encarregado de proteção de dados e a independência do exercício da advocacia*, ROA 2018, 17-38; *idem*, *O tratamento de dados pessoais fundado em interesses legítimos*, RDTec 2019, 1-31; *idem*, *Repercussões do RGPD sobre a responsabilidade civil* em *A Lei Geral de Proteção de Dados Pessoais e suas repercussões no Direito Brasileiro*, coord. Ana Frazão/Gustavo Tepedino/Milena Donato Oliva, 2019; Alexandre Sousa Pinheiro, *Privacy e protecção de dados pessoais: a construção dogmática do direito à identidade pessoal*, 2015; António Menezes Cordeiro, *Direito do trabalho*, 1 (2019), 554-579; António Menezes Cordeiro/A. Barreto Menezes Cordeiro, *Tratado*, IV, 5.ª ed., 270-282; Catarina Santos Botelho, *UCP/Comentário ao Código Civil* (2014), 198-201; David Oliveira Festas, *O direito à reserva da intimidade da vida privada do trabalhador no Código do Trabalho*, ROA 2004, 369-458; Guilherme Dray, *O direito à intimidade da vida privada. O artigo 80.º do Código Civil de 1966*, em *Código Civil/Livro do cinquentenário* I (2019), 565-634; Luísa Neto, em Ana Prata, *Código Civil anotado* 1, 2.ª ed. (2019), 121-125; Paulo Mota Pinto, *A limitação voluntária do direito à reserva sobre a intimidade da vida privada*, Est. Cunha Rodrigues II (2001), 527-558; Rita Amaral Cabral, *O direito à intimidade da vida privada (Breves reflexões acerca do artigo 80.º do Código Civil)*, Est. Paulo Cunha (1989), 373-406 .

Índice

I – Antecedentes

1 1. O **anteprojeto Manuel de Andrade** compreendia um 15.º (Direito à reserva sobre a intimidade da vida privada)[1]:

> Todos devem guardar reserva quanto à intimidade da vida particular de outrem. A extensão desse dever será apreciada conforme as circunstâncias do caso e das pessoas.

[1] Manuel de Andrade, *Esboço de um anteprojecto*, 161.

2. As **revisões ministeriais.** A 1.ª Revisão (58.º) conservou esse mesmo texto[2]. A 2.ª Revisão (80.º) procedeu à arrumação desse artigo em dois números[3], num esquema que passou ao Projeto (80.º)[4] e ao Código aprovado. 2

II – O bem protegido

3. A privacidade. O 80.º postula uma liberdade fundamental: a de cada um orientar a sua vida privada como entender. Daí advém um bem: a concreta vida privada do sujeito, suporte do inerente direito. 3

A vida privada compreende as mais diversas realidades: a origem e a identidade da pessoa; a sua situação de saúde; a sua situação patrimonial; a sua imagem; os seus escritos pessoais; as suas amizades e relacionamentos sentimentais; as suas preferências estéticas; as suas opções políticas e religiosas. Em rigor, a vida privada abrangerá tudo o que não seja público e profissional ou social. 4

A intimidade da vida privada é, antes de mais, um direito contra o Estado. Este só pode investigar nesse campo com cobertura de leis constitucionais e na estrita medida do necessário: pense-se na devassa fiscal. Mas além disso constitui um direito de personalidade, oponível a todos os particulares. Nos possíveis conflitos com outros direitos, haverá que proceder a uma ponderação valorativa. 5

4. A **remissão para as esferas** é útil para a precisa definição da privacidade[5], acima adiantada a propósito do direito à imagem: faz sentido contrapor as esferas pública, individual-social, privada, secreta e íntima. 6

5. A **delimitação (80.º/2)** é feita em função de dois elementos[6]: (a) um dado objetivo: a natureza do caso; (b) um dado subjetivo: a condição das pessoas. 7

O dado objetivo tem a ver com os valores que, *in concreto*, possam conduzir à intromissão na esfera privada. Devem ter cobertura legal e constitucional e devem revelar-se, na questão a decidir, mais ponderosos do que os valores subjacentes à privacidade. Será o caso de exigências de polícia ou de justiça que – sempre sob sigilo e no estrito limite do necessário – podem conduzir a escutas telefónicas, a microfones ou câmaras ocultas ou à análise de documentos particulares. Imperiosa será sempre a decisão do juiz e o controlo por este. 8

O dado subjetivo reporta-se à notoriedade ou ao cargo da pessoa considerada ou à própria postura que a mesma adote. Perante um político ou uma celebridade, passam a ser notícia factos que, noutras condições, se tornariam irrelevantes. Os visados sabem-no de antemão e tiram partido disso: vigiando o que fazem e o que dizem e aproveitando a inerente publicidade. 9

A esfera privada de tais políticos ou celebridades não desaparece: e, sobretudo, nunca ao ponto de atingir as esferas secreta e íntima[7]. Mas pode ser restringida, sem atentado à privacidade. O mesmo raciocínio opera quando o visado tome a iniciativa de revelar a sua vida privada: o caso típico da celebridade que abre as portas da sua casa aos jornalistas ou que lhes relata factos da sua vida privada (que não podem envolver terceiros). Tem aplicação a delimitação negativa do 79.º/3: embora dirigida ao direito à imagem, não levanta dúvidas a sua aplicação extensiva a situações similares. 10

[2] *1.ª Revisão*, 30.

[3] *2.ª Revisão*, 34.

[4] *Projecto*, 25.

[5] *Supra*, anot. 20 a 23 do 79.º.

[6] *Vide* a sempre excelente análise de Paulo Mota Pinto, *O direito à reserva sobre a intimidade da vida privada*, 564 ss..

[7] Paulo Mota Pinto, *O direito à reserva sobre a intimidade da vida privada*, 571, embora com terminologia diversa.

11 Mercê dos aludidos elementos subjetivos, um mesmo ato pode ser lícito perante uma pessoa e ilícito, perante outra. Será lícito relatar as férias do primeiro-ministro: este tomará as medidas para atuar, em face dos acompanhantes, de modo politicamente correto, aceitando livremente essa sua "condição". Já relatar, sem mais, as férias de um cidadão, digno mas anónimo, é atentatório da sua privacidade: não sendo "profissional" em imagem e estando desprevenido, certamente será apanhado em situações caricatas ou menos publicitáveis. De resto, o simples facto de ser notícia incomoda, em regra, qualquer pessoa normal.

12 **6. Situações sensíveis.** A privacidade tutela, ainda, diversas informações que apenas ao próprio dizem respeito. Estão, nessas condições, o segredo bancário[8], o segredo dos seguros[9], os diversos segredos profissionais, com relevo para o médico[10] e o dos advogados[11] e a reserva sobre os elementos constantes de bases de dados. Quanto a estas últimas, foi adotada a Diretriz 95/46, de 24-out.-1995, transposta pela Lei 67/98, de 26 out., alterada pela L 103/2015, de 24-ago.: a Lei de Proteção de Dados Pessoais[12]. No plano europeu, após prolongada preparação, foi adotado o Regulamento 2016/679, de 27 de abril, relativo à proteção de pessoas singulares, no que diz respeito ao tratamento de dados pessoais[13].

13 Caem na privacidade elementos atinentes à identidade genética do visado[14], ao seu estado de saúde e a fatores de hereditariedade que envolvam. O direito que as pessoas tenham de conhecer os seus antepassados e os seus parentes atuais colide com o direito que todas essas pessoas tenham à reserva sobre os mapas genéticos respetivos e sobre a sua vida íntima. A necessária conciliação é feita pelas leis da família, designadamente quando estabeleçam prazos e condições para as ações de investigação de paternidade.

14 No Direito do trabalho, a preservação da intimidade do trabalhador está na ordem do dia: ocupa os 17.º a 21.º do CT: proteção de dados pessoais, dados biométricos, testes e exames médicos, meios de vigilância à distância e utilização de meios de vigilância à distância. O seu estudo deve ser feito à luz da realidade laboral[15].

15 **7. O direito ao esquecimento.** A 13-mai.-2014, o TJUE, no caso *Google Spain v AEPD e Mario Costeja González*[16], reconheceu a existência de um direito ao esquecimento (*right to be forgoten/Recht auf Vergessenwerden*), sustentado nos artigos 12.º, *b)*, e 14.º, *a)*, da Diretriz 95/46 e nos artigos 7.º e 8.º da Carta dos Direitos Fundamentais da União Europeia[17].

16 O direito ao apagamento[18] surge encontra-se previsto no artigo 17.º do Regulamento 2016/679, sobre a proteção de dados:

[8] Em especial, e com indicações, Rabindranath Capelo de Sousa, *O segredo bancário/Em especial face às alterações fiscais da Lei n.º 30-G/2000, de 29 de Dezembro*, em *Estudos em Homenagem ao Prof. Doutor Inocêncio Galvão Telles*, II volume – *Direito bancário* (2002), 157-223 (176 ss.) e o nosso *Direito Bancário*, 6.ª ed. (2016), 354 ss..

[9] *Direito dos seguros*, 2.ª ed. (2016), 344 e 736.

[10] Maria do Céu Rueff, *O segredo médico como garantia de não-discriminação/Estudo de Caso: HIV/SIDA* (2010), 696 pp..

[11] *Vide* o 92.º do Estatuto da Ordem dos Advogados, aprovado pela L 145/2015, de 9-set., e o Regulamento da Ordem dos Advogados n.º 94/2006, de 25-mai., DR II Série, n.º 113, de 12-jun.-2006, 8588-8589.

[12] Com a Retificação 22/98, de 28-nov. Refira-se, ainda, o DL 122/2000, de 4-jul., que transpôs a Diretriz 96/9, de 11-mar., também relativa à proteção de bases de dados.

[13] JOUE N. 119, 1-88, de 4-mai.-2016.

[14] *Vide* o estudo de Helena Moniz, *Os problemas jurídico-penais da criação de uma base de dados genéticos para fins criminais*, RPCC 12 (2002), 237-264 (246 ss.).

[15] António Menezes Cordeiro, *Direito do trabalho*, 1 (2019), 565-579, com indicações.

[16] TJE 13-mai.-2014 (*Google Spain v AEPD e Mario Costeja González*), Proc. C-131/12.

[17] Luis Martius Holanda Bezerra Júnior, *O tempo e o direito na sociedade de informação: o limite temporal para a manutenção de informações pessoais como corolário de um direito de personalidade* (2015), 220 pp.; Rui de Mascaranhas Ataíde, *Direito ou esquecimento*, RDC 2018, 281-295.

[18] No projeto original, surgia intitulado de *direito a ser esquecido e ao apagamento*.

O titular dos dados tem o direito de obter do responsável pelo tratamento o apagamento de dados pessoais que lhe digam respeito e a cessação da comunicação ulterior desses dados e de obter de terceiros o apagamento de quaisquer ligações para esses dados pessoais, cópias ou reproduções dos mesmos

Não se trata, contudo, de um efetivo direito subjetivo, mas apenas de um novo mecanismo de defesa que os titulares de direitos de personalidade têm à sua disposição e que lhes permite requerer a exclusão de informação privilegiada ou de imagens dos resultados decorrentes de uma pesquisa realizada nos motores de busca da *Internet*. 17

8. Concretização. As situações mais graves têm tutela penal. O CP contém um capítulo VII na Parte especial, com previsões de crimes contra a reserva da vida privada[19]: 190.º (Violação de domicílio), 192.º (Devassa da vida privada) e 193.º (Devassa por meio de informática). 18

Quer no crime de violação de domicílio[20], quer no de devassa da vida privada[21] e quer no de devassa por meio de informática[22], o bem jurídico protegido é a intimidade. Os crimes de introdução em lugar vedado ao público (191.º), de violação de correspondência ou de telecomunicações (192.º), de violação de segredo (195.º) e de aproveitamento indevido de segredo (196.º, todos do CP), também podem tutelar a vida privada. 19

A lei penal intervém quando a violação da privacidade atinja os círculos interiores da vida secreta e da vida íntima[23]. A lei civil vai mais longe: (1) protegendo, também, o círculo privado (não íntimo ou não secreto); (2) tutelando hipóteses de ingerência que não constem dos tipos incriminadores[24]; (3) reagindo perante puras violações objetivas, isto é, independentemente da intenção do agente. 20

9. Sanções. As consequências da violação de direitos de personalidade são, sempre, a responsabilidade civil e as medidas adequadas a fazer cessar a intromissão – 70.º/2. A responsabilidade civil exige dolo ou negligência – 483.º/1; já as "medidas adequadas" dispensam tal requisito. Perante qualquer atitude atentatória à privacidade, o Tribunal pode adotar as medidas que ponham, de imediato e com eficácia, termo ao desacato, ainda que, *in casu* e por falta de outros requisitos, não possa haver responsabilidade civil. O ónus da prova cabe ao lesado: deve demonstrar o ato prevaricador e, ainda, a especial sensibilidade que determinou o atingimento da sua honra. Neste último ponto, a prova é dispensada quando, pela natureza da agressão, seja público e notório que qualquer "honra" se sentiria atingida. 21

Quanto à responsabilidade civil: as competentes indemnizações devem assumir uma feição desincentivadora e punitiva. O agente nunca pode retirar benefícios da sua atuação prevaricadora: nem imediatos, vendendo, por hipótese e com lucros, o produto da devassa, nem mediatos, através da notoriedade que obtenha. Desta forma, no cálculo da indemnização, o 22

[19] *Vide* Costa Andrade, *Comentário Conimbricense*, 1000 ss..

[20] Costa Andrade, *Comentário Conimbricense*, 1008.

[21] Costa Andrade, *Comentário Conimbricense*, 1043.

[22] J. M. Damião da Cunha, *Comentário Conimbricense*, 1073.

[23] Em STJ 6-nov.-1996 (Lopes Rocha), CJ/Supremo IV (1996) 3, 187-195, onde, ainda que na base de lei penal anterior, menos aperfeiçoada, houve que julgar um caso em que uma empregada doméstica furtou uma gravação com cenas íntimas de um casal, divulgando-a com fins comerciais. Trata-se de um caso que apela claramente ao agravamento das penas.

[24] Será o caso das câmaras de vigilância; estas só podem ser instaladas em espaços públicos; ainda então, deve haver avisos prevenindo as pessoas de que estão a ser filmadas; finalmente: na hipótese de, não obstante, serem captadas imagens que devam ser resguardadas (p. ex., cenas de namorados), a entidade que as detenha não pode fazer qualquer uso delas, cabendo-lhe destruí-las quando não tenham relevo para a segurança do local. Quanto à licitude da vídeo-vigilância em estabelecimentos comerciais, RGm 30-set.-2002 (Heitor Gonçalves), CJ XXVII (2002) 4, 285-286 (285/II).

Tribunal, além dos demais aspetos do caso, deve suprimir o lucro e, ainda, retribuindo o mal feito, prevenir, em geral e no particular, a repetição das afrontas. Na atual civilização tecnológica, apenas o Direito, apoiado na cultura que o suporte, poderá prevenir a total devassa da privacidade do ser humano.

Artigo 81.º (Limitação voluntária dos direitos de personalidade)

1. Toda a limitação voluntária ao exercício dos direitos de personalidade é nula, se for contrária aos princípios da ordem pública.

2. A limitação voluntária, quando legal, é sempre revogável, ainda que com obrigação de indemnizar os prejuízos causados às legítimas expectativas da outra parte.

Bibliografia: André Dias Pereira, *Direitos dos pacientes e responsabilidade médica* (2012), 879 pp.; *vide* a indicada nas anotações aos artigos anteriores.

Índice

I – Antecedentes

1 1. **O anteprojeto Manuel de Andrade** preconizou (16.º) o texto seguinte[1]:

> Toda a limitação voluntária imposta ao exercício dos direitos da personalidade é nula quando contrária à ordem pública. Pode também ser apenas revogável, ainda que com obrigação de ressarcimento pelo dano de confiança.

2 2. **Revisões ministeriais.** Na 1.ª Revisão (59.º), o texto do anteprojeto foi desdobrado em dois números, mantendo o seu sentido fundamental[2]. Na 2.ª Revisão (81.º)[3] alcançou-se o texto que, via Projeto (81.º)[4], passou à redação aprovada.

[1] Manuel de Andrade, *Esboço de um anteprojecto*, 161.
[2] *1.ª Revisão*, 31.
[3] *2.ª Revisão*, 34.
[4] *Projecto*, 25.

II – O regime

3. A **negociabilidade limitada** é própria dos direitos de personalidade. A lei admite-a, no 81.º/1, ainda que para lhe indicar os limites; o 79.º/1, a propósito do direito à imagem, já o havia feito. As limitações voluntárias relativas aos círculos sociais e profissionais[5] são admissíveis, salvo a ordem pública e os demais valores do ordenamento. Valem as considerações acima feitas sobre filmes pornográficos[6]. Mais complexas são as limitações que tenham a ver com a integridade física. 3

4. **Situações desportivas** podem contundir com a integridade, provocando lesões. Cada modalidade desportiva dispõe de regras próprias, que obrigam a exames médicos e que implicam, no decurso de competições e de treinos, a presença de pessoal habilitado para intervir. 4

5. As **intervenções médicas** constituem uma área sensível. Particularmente em cirurgia, muitos atos obrigam a agressões à integridade física e mesmo moral. A matéria é regida pelo Regulamento 14/2009, de 26-set., da Ordem dos Médicos, que aprovou o Código Deontologico[7]. 5

6. **O consentimento do doente**. (a) **Regra geral** resulta do 45.º do Código Deontológico Médico: 6

> 1. Só é válido o consentimento do doente se este tiver capacidade de decidir livremente, se estiver na posse da informação relevante e se for dado na ausência de coações físicas ou morais.
> 2. Sempre que possível, entre o esclarecimento e o consentimento deverá existir intervalo de tempo que permita ao doente refletir e aconselhar-se.
> 3. O médico deve aceitar e pode sugerir que o doente procure outra opinião médica, particularmente se a decisão envolver grandes riscos ou graves consequências.

(b) **Doentes incapazes**, manda o 46.º: 7

> 1. No caso de menores ou de doentes com alterações cognitivas que os torne incapazes, temporária ou definitivamente, de dar o seu consentimento, este deve ser solicitado ao seu representante legal, se possível.
> 2. Se houver uma diretiva escrita pelo doente exprimindo a sua vontade, o médico deve tê-la em conta quando aplicável à situação em causa.
> 3. A opinião dos menores deve ser tomada em consideração, de acordo com a sua maturidade, mas o médico não fica desobrigado de pedir o consentimento aos representantes legais daqueles.
> 4. A atuação dos médicos deve ter sempre como finalidade a defesa dos melhores interesses dos doentes, com especial cuidado relativamente aos doentes incapazes de comunicarem a sua opinião, entendendo-se como melhor interesse do doente a decisão que este tomaria de forma livre e esclarecida caso o pudesse fazer.
> 5. Os representantes legais ou os familiares podem ajudar a esclarecer o que os doentes quereriam para eles próprios se pudessem manifestar a sua vontade.
> 6. Quando se considerar que as decisões dos representantes legais ou dos familiares são contrárias aos melhores interesses do doente, os médicos devem requerer o suprimento judicial de consentimento para salvaguardar os interesses e defender o doente.

(c) **Situações urgentes** são figuradas no 47.º: 8

> O médico deve presumir o consentimento dos doentes nos seguintes casos:

[5] *Supra*, 79.º, anot. 12-15 e *passim*.
[6] *Supra*, 79.º, anot. 17.
[7] Ordem dos Médicos/Regulamento 14/2009, de 26-set., publ. no DR, 2.ª série, n.º 8, de 13-jan.-2009, 1355-1369.

a) Em situações de urgência, quando não for possível obter o consentimento do doente e desde que não haja qualquer indicação segura de que o doente recusaria a intervenção se tivesse a possibilidade de manifestar a sua vontade;

b) Quando só puder ser obtido com adiamento que implique perigo para a vida ou perigo grave para a saúde;

c) Quando tiver sido dado para certa intervenção ou tratamento, tendo vindo a realizar-se outro diferente, por se ter revelado imposto como meio para evitar perigo para a vida ou perigo grave para a saúde, na impossibilidade de obter outro consentimento.

9 (d) A **forma do consentimento** está fixada no 48.º:

1. O consentimento pode assumir a forma oral ou escrita.

2. O consentimento escrito e ou testemunhado é exigível em casos expressamente determinados pela lei ou regulamento deontológico.

3. No caso de menores ou incapazes, o consentimento será dado pelos pais ou representantes legais, mas o médico não fica dispensado de tentar obter a concordância do doente, nos termos do número 3 e 6 do artigo 46.º e do artigo 52.º.

10 (e) A **recusa de exames e tratamentos** é sempre delicada, podendo envolver uma forma de suicídio ou resultar da adesão a crendices não-científicas, contra as quais as pessoas devem ser protegidas. O 49.º dispõe, com cautela:

1. Se o doente, a família ou o representante legal, esgotadas todas as formas de esclarecimento adequadas, recusarem os exames ou tratamentos indicados pelo médico, pode este recusar-se a assisti-lo nos termos do artigo 41.º, sem prejuízo do disposto na parte final do n.º 6 do artigo 46.º.

2. Em caso de perigo de vida de doente com capacidade para decidir, a recusa de tratamento imediato que a situação imponha só pode ser feita pelo próprio doente, expressamente e sem quaisquer coacções.

11 **7.** No caso de **doença avançada e de fim de vida**, a L 31/2018, de 18-jul., exige um consentimento informado do paciente, nos termos seguintes (5.º):

Artigo 5.º
Consentimento informado

1. As pessoas em contexto de doença avançada e em fim de vida têm direito a dar o seu consentimento, contemporâneo ou antecipado, para as intervenções clínicas de que sejam alvo, desde que previamente informadas e esclarecidas pelo médico responsável e pela equipa multidisciplinar que a acompanham.

2. O consentimento previsto no número anterior deve ser prestado por escrito, no caso de intervenções de natureza mais invasiva ou que envolvam maior risco para o bem-estar dos doentes, sendo obrigatoriamente prestado por escrito e perante duas testemunhas quando estejam em causa intervenções que possam pôr em causa as suas vidas.

3. As pessoas em contexto de doença avançada e em fim de vida, desde que devidamente informadas sobre as consequências previsíveis dessa opção pelo médico responsável e pela equipa multidisciplinar que as acompanham, têm direito a recusar, nos termos da lei, o suporte artificial das funções vitais e a recusar a prestação de tratamentos não proporcionais nem adequados ao seu estado clínico e tratamentos, de qualquer natureza, que não visem exclusivamente a diminuição do sofrimento e a manutenção do conforto do doente, ou que prolonguem ou agravem esse sofrimento.

8. Os **participantes em estudos clínicos** (L 21/2014, de 16-abr., alterada pela L 73/2015, de 27-jul. e pela L 49/2018, de 14-ago.) devem, também ser cuidadosamente informados da situação e dos riscos, antes de darem qualquer consentimento. 12

9. **Eletrochoques**, nos termos do 5.º da Lei de Saúde Mental (L 36/98, de 24-jul.) exigem um prévio consentimento escrito do paciente. 13

10. **Tratamento de dados**: o 8.º/2 do Regulamento 2018/1725, de 23-out., prevê o consentimento da pessoa interessada: um ponto muito desenvolvido pelos especialistas. 14

11. A **jurisprudência** põe a tónica: (1) no consentimento para procriação heteróloga (14.º/1 e 2 da L 32/2006, de 26-jul.)[8]; (2) na insuficiência de um consentimento genérico, quando sejam necessárias várias intervenções clínicas[9]; (3) na necessidade de adequada informação, para o consentimento do paciente, sem o que pode haver responsabilidade médica[10]; (4) incluindo informação sobre riscos menos frequentes, como os envolvidos por uma extração dentária[11]; (5) no facto de o consentimento não incluir erros médicos, como o da perfuração cólica numa colonoscopia[12]. Em compensação, o consentimento não foi considerado necessário para realizar, num hospital, um teste de alcolémia a um condutor tão embriagado que não conseguia fazer o teste do balão[13]. 15

III – Ordem pública e revogabilidade

12. A **ordem pública** envolve os princípios cogentes que não podem ser afastados pela autonomia privada (p. ex., a dignidade da pessoa humana, particularmente sensível quanto a crianças[14]) e os códigos deontológicos de certas profissões, com relevo para o Código Deontológico Médico[15]. Qualquer limitação voluntária em contrário, seja ela contratual ou unilateral, é nula (n.º 1). 16

13. A **revogabilidade** é, também, de regra, independentemente da natureza contratual ou unilateral: o interessado pode, a todo o tempo, discricionariamente e sem efeitos retroativos, pôr termo ao consentimento. 17

14. A **indemnização** (81.º/2, 2.ª parte) tem lugar na presença de "prejuízos causados às legítimas expectativas da outra parte". Manuel de Andrade falava em "dano de confiança". A locução do Código é mais ampla: não cobre, apenas, o dano negativo, colocando o lesado na posição em que estaria se não tivesse havido consentimento, mas antes o positivo: a situação sem a revogação. 18

As circunstâncias são importantes, tanto mais que estamos em face de responsabilidade por ato lícito. Se, num caso de limitação ligeira e reversível, foi dado um consentimento informado, originando investimentos do beneficiário e, depois, *ad nutum*, o consentimento foi revogado, é justa uma indemnização integral. Parece desejável, em casos desse tipo, que as partes regulem previamente, as consequências da revogação. 19

[8] STJ 6-nov.-2018 (Pinto de Almeida), Proc. 2790/16.

[9] STJ 22-mar.-2018 (Maria da Graça Trigo), Proc. 7053//12.

[10] RGm 10-jan.-2019 (Sandra Melo), Proc. 3192/14.

[11] STJ 2-nov.-2017 (Maria dos Prazeres Beleza), Proc. 23592/11; também RLx 10-nov.-2016 (Jorge Leal), Proc. 23592/11, confirmado pelo primeiro.

[12] RPt 27-mar.-2017 (Jorge Seabra), Proc. 7053/12.

[13] RGm 8-out.-2018 (Jorge Bispo), Proc. 678/17.

[14] STJ 30-mai.-2019 (Catarina Serra), Proc. 336/18: a instrumentalização de crianças é contrária à ordem pública, pois ofende o valor da dignidade humana.

[15] António Menezes Cordeiro, *Tratado*, II, 4.ª ed. (2014), 606 ss..

Secção III – Domicílio

Introdução (82.º a 88.º)

Bibliografia: António Menezes Cordeiro/A. Barreto Menezes Cordeiro, *Tratado*, IV, 5.ª ed. (2019), 438-451; Clara Martins Pereira, *UCP/Comentário ao Código Civil* (2014), 204-217; Luís Carvalho Fernandes, *Teoria geral do Direito civil*, 1, 6.ª ed. (2012), 391-402; Manuel de Andrade, *Esboço de um anteprojecto de Código das pessoas e da família*, BMJ 102 (1961), 153-166 (162-166); Zeno Veloso, *O domicílio*, ROA 1985, 391-432.

Índice

I – Generalidades

1 **1.** O ***domicilium*** (de *domus*, casa e *colere*, habitar) era, em Roma, definido por dois fatores: (a) objetivo, o facto concreto da habitação no local; (b) subjetivo, o *animus* de aí fazer a sua casa. Noção flexível, ela foi precisada por Diocleciano, visando razões fiscais e de polícia.

2 **2. No período intermédio**, a mera residência dava azo à *habitatio*: o domicílio exigia o *animus perpetue habitandi*. Surgem diversos domicílios. Os canonistas introduziram o quase-domicílio.

3 **3.** As **codificações** optaram por maior precisão: um por pessoa. O Código francês (102.º) pôs a tónica no "principal estabelecimento"; o alemão (§ 7.º/1) sublinhou a residência permanente; o italiano (43.º) distingue domicílio (sede principal dos negócios) e residência (morada habitual).

II – Direito português

4 **4.** As **Ordenações** distinguiam a vizinhança (naturalidade) e o domicílio (estabelecimento permanente). Mais liberal, o CS quedou-se pelo domicílio (40.º a 54.º): residência permanente e única.

5 **5.** O **anteprojeto Manuel de Andrade** passou, com poucas alterações, ao Código. Denota alguma influência italiana[1]. A evolução dos preparatórios será considerada a propósito de cada preceito.

6 **6. Distinções básicas**[2]: (a) **Paradeiro**: o local onde a pessoa se encontre, num determinado momento: referido no 225.º, a propósito do anúncio público de uma declaração a uma pessoa desconhecida ou de paradeiro ignorado pelo declarante.

[1] Artigos 43.º a 47.º do Código italiano.

[2] RCb 2-jun.-1987 (Castanheira da Costa), CJ XII (1987) 3, 33-34 (33/II), onde as noções de paradeiro, residência e domicílio são definidas.

(b) **Residência**: o lugar onde o sujeito viva habitualmente, aí organizando a sua vida[3]: uma noção de facto, assente na habitualidade e nalguma estabilidade. O 82.º/2 admite uma "residência ocasional": deve ser harmonizado: haverá uma estabilidade mais pronunciada, ou caímos no paradeiro. 7

(c) **Domicílio**: o sítio onde, oficialmente, o sujeito está presente, aí podendo ser contactado, com relevo jurídico. 8

7. Relevo prático do domicílio[4]: (a) a competência internacional ocorre quando o réu tenha domicílio em território português – 65.º/1, *a*), do CPC[5]; (b) a ação para o cumprimento pode ser proposta, à escolha do credor, no tribunal do local do cumprimento ou no tribunal do domicílio do réu[6] – 74.º/1, do CPC; (c) nas ações de divórcio e de separação, vale o tribunal do domicílio ou da residência do autor – 75.º do CPC[7]; (d) as ações de honorários por causas instauradas na Relação ou no Supremo, correm no tribunal da comarca do domicílio do devedor – 76.º/2, do CPC; (e) para o inventário e para a habilitação, seguem-se vários critérios de competência e, por fim, o de domicílio do habilitando – 77.º/2, *b*), do CPC; (f) para notificações avulsas, é competente o tribunal em cuja área resida a pessoa a notificar – 84.º do CPC; (g) em todos os casos não previstos de outro modo, é competente, para a ação, o tribunal do domicílio do réu – 85.º do CPC. 9

8. Domicílios fiscal e eletrónico. O 19.º da LGT fixa o domicílio fiscal do sujeito passivo: o da residência habitual. O n.º 2 refere o domicílio fiscal eletrónico, ambos com relevo para determinados atos (191.º do CPPT, quanto a citações postais).Visam a comodidade dos cidadãos, a manusear com cautela[8]. 10

9. Proteção do domicílio está garantida pelo 34.º da Constituição: é inviolável (n.º 1) e a entrada contra a vontade dos cidadãos só pode ser ordenada pela autoridade judicial competente (n.º 2). O consentimento a dar pelo próprio deve ser consciente[9]. O 190.º do CP incrimina a violação do domicílio[10], a qual pode ser perpetrada por telemóvel[11]. Na falta de autorização do próprio, requer-se uma decisão judicial[12]. 11

Artigo 82.º (Domicílio voluntário geral)

1. A pessoa tem domicílio no lugar da sua residência habitual; se residir alternadamente, em diversos lugares, tem-se por domiciliada em qualquer deles.

[3] REv 23-jun.-1988 (Matos Canas), BMJ 378 (1988), 809; RPt 18-mar.-2004 (Pinto de Almeida), Proc. 0430361.

[4] O relevo processual do domicílio é aferido em função do modo porque seja configurada a relação processual: RPt 5-fev.-2016 (Nelson Fernandes), Proc. 1485/15.

[5] *Vide* RGm 8-jun.-2017 (João Diogo Rodrigues), Proc. 143378/15, reportando ainda o Regulamento 1215/2012, de 12-dez..

[6] RCb 9-mai.-2017 (Luís Cravo), Proc. 2340/16.

[7] RCb 14-mai.-2016 (Carlos Moreira), Proc. 4756/13.

[8] TCAN 12-abr.-2018 (Bárbara Tavares Teles), Proc. 765/08; RCb 18-jun.-2014 (Orlando Gonçalves), Proc. 718/11.

[9] RGm 23-out.-2017 (Laura Maurício), Proc. 14/17: não é válido se dado por um cidadão estrangeiro, na ausência de um intérprete.

[10] RLx 15-mai.-2018 (Margarida Bacelar), Proc. 346/14: o bem jurídico protegido é a privacidade.

[11] RPt 7-nov.-2012 (Pedro Vaz Pato), Proc. 765/08; RCb 18-jun.-2014 (Orlando Gonçalves), Proc. 718/11.

[12] RPt 5-abr.-2017 (José Piedade), Proc. 2498/17. Havendo oposição à entrada de funcionários da câmara municipal para aferição da legalidade de uma obra, pode o presidente obter o suprimento judicial previsto na Constituição: TCAS 12-jan.-2017 (José Gomes Correia), Proc. 477/14. O competente mandado judicial deve ser indeferido perante uma pretensão manifestamente improcedente, como a resultante de denúncia anónima: TCAS 6-out.-2016 (Catarina Jarmela), Proc. 13605/16.

2. Na falta de residência habitual, considera-se domiciliada no lugar da sua residência ocasional ou, se esta não puder ser determinada, no lugar onde se encontrar.

Índice

I – Preparatórios

1 1. O **Anteprojeto Manuel de Andrade** propôs (17.º)[1]:

§ 1.º – O domicílio da pessoa é no lugar da sua residência habitual.

§ 2.º – Se a pessoa residir alternadamente em diversos lugares, tem-se por domiciliada em qualquer deles.

§ 3.º – Na falta de residência habitual, a pessoa terá domicílio no lugar da sua residência ocasional. Em último termo reputa-se domiciliada onde se encontrar.

2 **2. Revisões ministeriais**: na 1.ª, os §§ passaram ao 60.º/1, 2 e 3[2]; na 2.ª, a redação era próxima da atual, tendo-se reconduzido ao 83.º/1 os anteriores 60.º/1 e 2[3]; a redação final adveio do Projeto[4].

II – Tipos de domicílio; critérios

3 **3.** (a) **Domicílio voluntário**: deriva da escolha do sujeito, através da fixação da residência habitual; **geral**, visa a generalidade das situações relevantes; **especial**, visa alguma categoria de situações: profissionais (83.º) ou eletivas (84.º).

4 (b) **Domicílio legal** é fixado por lei, em certos casos; assim sucede no caso dos menores e dos interditos (de pretérito, 85.º/1), do menor sujeito a tutela (85.º/3), do maior acompanhado (85.º/4), da pessoa cujos bens estejam sob administração (85.º/5), dos empregados públicos (87.º) e dos agentes diplomáticos (88.º). Antes de 1977, a mulher casada tinha, também, domicílio legal (86.º, revogado): o do marido.

5 **4.** Os **critérios** do domicílio voluntário geral resultam do 81.º/1 e 2. Corresponde, sucessivamente: (a) à residência permanente, caso o sujeito se encontre, sem interrupção, num determinado local; (b) à residência habitual, quando, circulando por vários locais, ele tenha, todavia, um de presença claramente predominante[5]; (c) a alguma das residências alternativas[6], na hipótese de ser esse o figurino habitacional do sujeito; (d) à residência ocasional, se não for possível apontar

[1] Manuel de Andrade, *Esboço de um anteprojecto*, 162.

[2] *1.ª revisão*, 31.

[3] *2.ª Revisão*, 35.

[4] *Projecto*, 25-26.

[5] Inocêncio Galvão Telles, *Resolução do contrato de arrendamento/Residência permanente, residências alternadas e residência ocasional*, CJ XIV (1989) 2, 31-35, já defendeu que residências permanente e habitual são a mesma coisa; parece, todavia, possível distinguir, com vantagens para o aperfeiçoamento dos conceitos: a pessoa que tenha uma residência permanente não terá quaisquer outras; já a que tenha (mera) residência habitual, poderá apresentar residências alternativas ou, ainda, ocasionais.

[6] STJ 17-dez.-1971 (João Moura), BMJ 212 (1972), 219-221 (221).

uma residência mais estável (portanto: permanente, habitual ou alternativa)[7]; (e) ao paradeiro, na falta de outro critério.

O 82.º suscita dúvidas[8]: o n.º 1 não refere a residência permanente que, assim, tem de ser construída pela doutrina; o n.º 2 apela para a residência ocasional na falta da habitual o que, à letra, obrigaria a considerar habitual a residência alternativa. Força as palavras: o sujeito pode ter *habitualmente*, residências alternativas, o que não faz, delas, residências habituais; e o que tivesse *habitualmente* residências ocasionais faria, destas, residências ... habituais, colapsando o 82.º/2. 6

O argumento sistemático logo revela que só se apela à residência ocasional na falta quer da habitual, quer da alternativa a qual, pelo próprio n.º 1, deve ser mantida distinta da primeira. 7

Artigo 83.º (Domicílio profissional)

1. A pessoa que exerce uma profissão tem, quanto às relações que a esta se referem, domicílio profissional no lugar onde a profissão é exercida.

2. Se exercer a profissão em lugares diversos, cada um deles constitui domicílio para as relações que lhe correspondem.

Índice

1. Preparatórios. O 83.º teve origem numa nota ao 18.º do anteprojeto Manuel de Andrade[1], segundo a qual seria de encarar a ampliação desse preceito, em termos semelhantes aos do 229.º do anteprojeto francês[2]. 1

A 1.ª Revisão previu um domicílio voluntário comercial (61.º)[3], enquanto na 2.ª (83.º)[4] se regressou à ideia de Manuel de Andrade, do domicílio profissional. No Projeto, surge a redação definitiva[5]. 2

2. Regime. O domicílio profissional pode coincidir com os escritórios de advogados, com os consultórios de médicos, com os *ateliers* dos arquitetos ou com os diversos estabelecimentos dos comerciantes. Os trabalhadores por conta de outrem têm domicílio profissional no local onde prestem serviço. 3

O domicílio profissional visa as relações da profissão em jogo. Trata-se de um domicílio especial. 4

[7] STJ 8-jan.-1991 (Marques Cordeiro), BMJ 403 (1991), 331-333 (332).

[8] *Vide*, em Carvalho Fernandes, *Teoria geral*, 1, 6.ª ed., 394 ss., uma referência a diversas posições. Outros troços relevantes são os de Castro Mendes, *Direito civil (teoria geral)*, 1, 217 ss., Pires de Lima/Antunes Varela, *Código Anotado*, 1, 4.ª ed., 111 e Oliveira Ascensão, *Teoria geral*, 1, 2.ª ed., 157-158.

[1] Manuel de Andrade, *Esboço de um anteprojecto*, 163.

[2] Dispõe o 229.º do referido anteprojeto francês:

> A pessoa que exerce uma profissão tem, no que concerne a tal exercício, um domicílio profissional. Esse domicílio é no lugar onde a pessoa exerce a sua profissão principal.

[3] *1.ª Revisão*, 32.

[4] *2.ª Revisão*, 35.

[5] *Projecto*, 26.

5 **3. Natureza**. O domicílio profissional é voluntário ou necessário? O exercício da profissão é voluntário. A escolha do local do exercício cabe, também e formalmente, ao interessado. Mesmo perante um trabalhador por conta de outrem: ele pode, no momento da celebração do contrato de trabalho, estipular onde o mesmo deva ser produzido. O domicílio profissional é voluntário, numa qualificação reforçada pelo confronto com o domicílio legal dos "empregados públicos" (87.º).

Artigo 84.º (Domicílio eletivo)

É permitido estipular domicílio particular para determinados negócios, contanto que a estipulação seja reduzida a escrito.

Índice

1 **1.** O **anteprojeto Manuel de Andrade**, retomando o 46.º do CS[1], consignou um preceito alargado (19.º)[2]:

> § 1.º – Pode estipular-se domicílio particular para actos ou negócios determinados.
> § 2.º – Essa escolha não pode ser deixada ao arbítrio de terceiro e vincula os sucessores dos pactuantes.
> § 3.º – A estipulação, para ter efeitos processuais que não sejam mera consequência dos seus efeitos civis, deve fazer-se por documento particular simples, quando outro documento não seja necessário.
> § 4.º – A doutrina dos parágrafos antecedentes também será válida para os casos previstos nos arts. 22.º a 24.º.

2 Manuel de Andrade manifestou dúvidas quanto à necessidade de tal preceito[3]. Por isso, ele desapareceu na 1.ª Revisão, que apenas referiu um domicílio eletivo comercial.

3 **2.** A **2.ª Revisão** recuperou a ideia, reduzida a um número (85.º)[4] que, pouco alterado, passou ao Projeto[5] e deste ao Código.

4 **3.** A ***electio domicilii*** é contratual, quando exarada em contrato; será unilateral se presente num negócio desse tipo. Opera para negócios determinados, ou será domicílio geral (82.º).

[1] Segundo o qual:

> Os cidadãos podem estipular domicílio particular, para o cumprimento de atos determinados, que a lei não haja sujeito a certo domicílio, fazendo-o por documento autêntico ou autenticado; não podem, porém, deixar essa escolha ao arbítrio de outrem.
>
> § único. Falecendo algum dos estipulantes, a convenção conserva os seus efeitos, em relação aos herdeiros, não tendo havido declaração em contrário.

[2] Manuel de Andrade, *Esboço de um anteprojecto*, 163.

[3] *Idem*, nota 17.

[4] *2.ª Revisão*, 26.

[5] *Projecto*, 26.

4. Prática. A *electio* visa negócios disponíveis. Não pode desaforar causas, quando a lei não o permita[6]. A escolha de domicílios tem relevância prática no domínio de negócios de grande porte e no campo de relações duradouras. Em qualquer dessas situações poderá haver notificações a fazer e pagamentos repetidos a realizar. Prevenindo dúvidas, as partes esclarecem, desde logo e em cláusula adequada, quais, para efeitos do negócio, os domicílios a reter. Nessas eventualidades são, por vezes, consignados os domicílios profissionais dos advogados que representem as partes. 5

Artigo 85.º (Domicílio legal de menores e dos maiores acompanhados)

1. O menor tem domicílio no lugar da residência da família; se ela não existir, tem por domicílio o do progenitor a cuja guarda estiver.

2. O domicílio do menor que em virtude de decisão judicial foi confiado a terceira pessoa ou a estabelecimento de educação ou assistência é o do progenitor que exerce o poder paternal.

3. O domicílio do menor sujeito a tutela é o do seu tutor.

4. O domicílio do maior acompanhado é o determinado nos artigos anteriores, salvo se a sentença que decretou o acompanhamento dispuser de outro modo.

5. Quando tenha sido instituído o regime de administração de bens, o domicílio do menor ou do maior acompanhado é o do administrador, nas relações a que essa administração se refere.

6. Não são aplicáveis as regras dos números anteriores se delas resultar que o menor ou o maior acompanhado não tem domicílio em território nacional.

Bibliografia: Américo Campos Costa, *Breves notas sobre a menoridade e as incapacidades no anteprojecto de Código Civil (1.ª Revisão Ministerial)*, BMJ 133 (1964), 5-53 (8-9); António Menezes Cordeiro/A. Barreto Menezes Cordeiro, *Tratado*, IV, 5.ª ed., 450; Clara Martins Pereira, no *UCP/Comentário ao Código Civil* (2014), 210-214; Fernando Pires de Lima/João Antunes Varela, *Código civil anotado*, I, 4.ª ed. (1987), 113--114; Manuel de Andrade, *Esboço de um anteprojecto*, BMJ 102 (1961), 164.

Índice

[6] REv 8-mai.-1997 (Conceição Bento), BMJ 467 (1997), 647.

I – Origem e evolução

1 **1.** O **anteprojeto Manuel de Andrade** propôs (20.º)[1]:

> § 1.º – O domicílio dos menores e dos maiores sob tutela é o do seu representante, a não ser quanto aos actos em que possam intervir pessoalmente.
>
> § 2.º – Também não se aplica a disposição anterior se o representante estiver cumprindo pena de prisão ou de desterro, ou se residir no estrangeiro ou nas colónias.

2 **2.** A **1.ª Revisão** manteve, no essencial, o preceito (62.º): substituiu "colónias" por "províncias ultramarinas"[2]. Campos Costa, em crítica a esse texto, preconizou que "maiores sob tutela" passasse a interditos: não ficariam abrangidos os inabilitados, que manteriam o domicílio proprio[3].

3 **3.** A **2.ª Revisão** aceitou a crítica (86.º)[4], tendo o Projeto fixado o teor definitivo[5].

4 **4. A redação de 1966** ficou assim estabilizada[6]

> Artigo 85.º
> Domicílio legal dos menores e interditos
>
> 1. O domicílio dos menores e interditos é o do respectivo representante legal, salvo quanto aos actos em que possam intervir pessoalmente.
>
> 2. Não é aplicável o disposto no número anterior, se o representante residir no estrangeiro ou numa província ultramarina ou estiver cumprindo pena de prisão, seja qual for a natureza desta.

5 **5. A reforma de 1977** alterou o preceito[7]. Os dois primeiros números receberam a redação que se mantém em vigor. Os restantes acolheram o texto seguinte:

> 3. O domicílio do menor sujeito a tutela e o do interdito é o do respectivo tutor.
>
> 4. Quando tenha sido instituído o regime de administração de bens, o domicílio do menor ou do interdito é o do administrador, nas relações a que essa administração se refere.
>
> 5. Não são aplicáveis as regras dos números anteriores se delas resultar que o menor ou interdito não tem domicílio em território nacional.

6 **6. A reforma de 2018** (maior acompanhado em substituição das anteriores interdição e inabilitação), alterou os n.os 3 a 5 e acrescentou o n.º 6, nos termos em vigor[8].

II – O regime

7 **7.** A **residência da família** é fixada (1673.º) por acordo dos cônjuges ou, na falta deste, a requerimento de qualquer deles. Em regra, os cônjuges vivem com os seus filhos, sem que nunca se adote, formalmente, uma residência de família. Esta releva em casos de conflito: 1682.º-A (disposição do direito ao arrendamento) e 1793.º (divórcio), p. ex..

8 Podem multiplicar-se as situações de falta de residência de família: desacordo não suprido, pais não casados, pais desentendidos e residência fixada pelo tribunal, mas recusada pelos visados, na enumeração de Antunes Varela[9].

[1] Manuel de Andrade, *Esboço de um anteprojecto*, 164.
[2] *1.ª Revisão*, 32.
[3] Américo Campos Costa, *Breves notas*, 8-9.
[4] *2.ª Revisão*, 32.
[5] *Projecto*, 26.
[6] DG I, n.º 334, de 25-nov.-1966, 1893/II.
[7] DL 496/77, de 25-nov., DR n.º 273, de 25-nov.-1977, 2818-(10)/II-2818-(11)/I.
[8] L 49/2018, de 14-ago., DR 1.ª série, n.º 156, de 14-ago.-2018, 4073/II.
[9] Pires de Lima/Antunes Varela, *Código Civil anotado*, I, 4.ª ed. (1987), 113.

8. Funciona, então, o **domicílio do progenitor** que tenha a guarda do menor. E se ambos, com residências diferentes, tiverem essa guarda? Noutro plano, o 85.º/2 complica: o domicílio do menor confiado a terceiros ou a um estabelecimento de educação ou de assistência mantém-se o do progenitor que exerça o poder paternal. Inadequado sempre que – como é regra – o essencial do poder caiba ao diretor desse estabelecimento. 9

O realismo e a defesa do menor exigiriam uma correspondência entre a residência efetiva deste e o seu domicílio: mais do que a preocupação construtivista do poder paternal. 10

9. A **tutela**, prevista no 1921.º e regulada nos 1927.º a 1972.º, visa suprir o poder paternal (parental) quando: (a) os pais houverem falecido; (b) estiverem inibidos; (c) estiverem impedidos há mais de seis meses; (d) forem incógnitos, Quando exista, a lei desiste da residência da família (ainda que, de facto, exista) e remete para a do tutor. 11

10. A administração de bens, prevista no 1922.º e regulada nos 1967.º a 1972.º, opera (a) quando seja retirada aos pais ou (b) caso, havendo tutor, seja confiada essa administração a outrem. A administração de bens pode ser atribuída ao maior acompanhado, nos termos do 145.º/2, *c*). Nas relações envolvidas na administração, vale o domicílio do administrador (85.º/5). 12

11. O **maior acompanhado** (L 49/2018), mantém, no possível, o livre exercício da sua autonomia, ao contrário do antigo interdito. O seu domicílio obedece às regras gerais, salvo se a sentença do acompanhamento dispuser de outro modo (n.º 5). 13

12. A ressalva geral do 85.º/5 paralisa as regras anteriores quando delas resulte que o menor ou o maior acompanhado não teriam residência no território nacional. Aplicam-se, então, as regras gerais do 82.º: como se o menor fosse maior ou como se o acompanhado não tivesse esse estatuto[10]. 14

Artigo 86.º (revogado)
Domicílio legal da mulher casada

A mulher casada tem o domicílio do marido, excepto se os cônjuges estiverem separados judicialmente de pessoas e bens, ou se entretanto se verificar algum dos casos previstos nas alíneas b) e c) do n.º 1 do artigo 1672.º ou, relativamente ao marido, no n.º 2 do artigo anterior.

Índice

1. ***Origem****. O domicílio legal da mulher casada remonta ao 49.º do CS e ao 40.º do D 1, de 25-dez.-1910. Foi mantido por Manuel de Andrade*[1] *e burilado nas revisões ministeriais e no projeto*[2]*.* 1

2. A ***revogação*** *desse preceito foi levada a cabo pelo 9.º do DL 496/77, de 25-nov.: além de perturbar o princípio da igualdade, perdeu sentido com a substituição da norma do original 1672.º/1 que, com exce-* 2

[10] RCb 16-mai.-2015 (Fonte Ramos), Proc. 3174/06: a competência internacional para ações de responsabilidade parental é determinada, em princípio, pela residência habitual do menor, à data em que o processo seja instaurado; refere, ainda, a Convenção de Haia, de 19-out.-1996, aprovada pelo DL 52/2008, de 13-nov..

[1] Manuel de Andrade, *Esboço de um anteprojecto*, 165 (21.º).

[2] *1.ª Revisão*, 32 (63.º); *Revisão intercalar*, 38 (87.º); *2.ª Revisão*, 36 (86.º); *Projecto*, 26 (86.º).

ções, obrigava a mulher a adotar a residência do marido, pela do 1673.º (DL 496/77), segundo a qual ambos os cônjuges devem adotar a residência da família.

Artigo 87.º (Domicílio legal dos empregados públicos)

1. Os empregados públicos, civis ou militares, quando haja lugar certo para o exercício dos seus empregos, têm nele domicílio necessário, sem prejuízo do seu domicílio voluntário no lugar da residência habitual.

2. O domicílio necessário é determinado pela posse do cargo ou pelo exercício das respetivas funções.

Índice

1 **1. Origem**. O preceito remonta ao 51.º do CS e equivale, com poucas alterações, ao 22.º do anteprojeto de Manuel de Andrade[1].

2 **2. Finalidade**: facilita a vida dos particulares, precavendo a intimidade dos funcionários e agentes; estes não têm de revelar o domicílio privado, podendo ser contactados no local do exercício das funções[2].

Artigo 88.º (Domicílio legal dos agentes diplomáticos portugueses)

Os agentes diplomáticos portugueses, quando invoquem a extraterritorialidade, consideram-se domiciliados em Lisboa.

Índice

1 **1. Origem**: advém do anteprojeto de Manuel de Andrade (24.º), inspirado no 40.º/II do Código espanhol e no 41.º do brasileiro[1]. Foi pouco tocado nos preparatórios subsequentes[2].

2 **2. Complementação**: o preceito pouco adianta, pois o diplomata pode não ter qualquer residência privada em Lisboa; deve ser conjugado com o 87.º: a sua residência profissional será no Palácio das Necessidades, Ministério dos Negócios Estrangeiros.

[1] Manuel de Andrade, *Esboço de um anteprojecto*, 165, com explicações na nota 21; *1.ª Revisão*, 33 (64.º); *2.ª Revisão*, 36 (87.º); *Projecto*, 27 (87.º).

[2] Quanto ao domicílio profissional dos juízes: STA 1-fev.-2017 (José Veloso), Proc. 0700/16.

[1] Manuel de Andrade, *Esboço de um anteprojecto*, 166.

[2] *1.ª Revisão*, 33 (64.º); *2.ª Revisão*, 37 (88.º); *Projecto*, 27 (88.º).

Secção IV – Ausência

Introdução (89.º a 121.º)

Bibliografia: António Menezes Cordeiro/A. Barreto Menezes Cordeiro, *Tratado*, IV, 5.ª ed. (2019), 452-468; Carlos Alberto da Mota Pinto, *Teoria geral do Direito civil*, 4.ª ed. (2005), 264-269; Clara Martins Pereira, *UCP/Comentário do Código Civil* (2014), 218-265; Fernando Pires de Lima/João Antunes Varela, *Código Civil anotado*, 1, 4.ª ed. (1989), 116-134; José Alberto González, *Código Civil anotado* 1 (2011), 124--147; Luís Carvalho Fernandes, *Teoria geral do Direito civil*, 1, 6.ª ed. (2012), 403-424; Manuel Gonçalves Pereira, *Ausência (Anteprojecto para o novo Código Civil)*, BMJ 105 (1961), 281-372; Manuel Pita, em Ana Prata, *Código Civil anotado* 1, 2.ª ed. (2019), 133-152.

Índice

I – Origem e evolução

1. A ausência defende a pessoa, os bens e os terceiros, no caso em que ela não apareça nem seja contactável, durante um período significativo. Vem do latim *absentia*, de *absens*, *absentis*, derivado de *ab* (fora, separação) + *esse* (ser, estar). 1

Sociologicamente, o desaparecimento de pessoas é significativo. Segundo números da PJ de 2018 desaparecem, em Portugal, cerca de 4.000 pessoas por ano, das quais a maioria em fuga passageira: regressam ou são encontradas. Menos de metade dá origem a inquéritos policiais. Casos sentimentais, casais desavindos, problemas com credores, questões de adolescência e, no limite, acidentes, homicídios e suicídios explicam os desaparecimentos. 2

A maioria reaparece ou é localizada em seis meses: o uso de telemóveis e de cartões bancários permite esclarecimentos muito rápidos. Só marginalmente há que recorrer ao Direito civil. 3

2. Evolução. O Direito romano apenas previa designação de um *curator bonorum absentis*, para cuidar dos bens do desaparecido. Este presumia-se vivo, até à notícia da sua morte ou até perfazer 100 anos. O instituto da ausência desenvolveu-se, judicialmente, em França, nos sécs. XVII e XVIII, vindo a constar do Código Napoleão (1804), 112.º a 143.º: houve muitos desaparecimentos, na Revolução Francesa. 4

3. O **Código de Seabra**, acolhendo soluções díspares anteriores e inspirado no Código francês, fixou um regime completo (55.º a 96.º), assente na administração dos bens do ausente. Não previa a morte presumida: apenas o termo da curadoria definitiva, com entrega dos bens aos sucessores, decorridos 20 anos ou completando o ausente os 95 (78.º). Não havia solução para o cônjuge, que se mantinha casado, até à confirmação da morte do ausente. 5

II – A preparação do Código Civil

6 4. O **anteprojeto Gonçalves Pereira** resultou de incumbência dirigida, mercê da morte prematura de Manuel de Andrade: um articulado, antecedido de um largo estudo[1]. A influência do Código italiano foi determinante, designadamente na introdução da morte presumida.

7 5. **Revisões ministeriais e projeto**: o anteprojeto Gonçalves Pereira foi pouco alterado, nas revisões ministeriais[2] e no projeto[3]. Dada a relativa estabilidade da matéria nos preparatórios, apenas indicamos, a propósito de cada preceito, as alterações de monta.

III – Sistema geral

8 6. Os **três graus de ausência**, aperfeiçoados na base do CS e do Código italiano são: (a) curadoria provisória (89.º a 98.º); (b) curadoria definitiva (99.º a 113.º); (c) morte presumida (114.º a 119.º). O Código consagra ainda dois preceitos aos direitos eventuais do ausente (120.º e 121.º). O processo é desencadeado pelo desaparecimento e pela falta de notícias do ausente. Os graus operam na base de decisões judiciais. Cabe dar um panorama geral.

9 (a) Na **curadoria provisória** tomam-se medidas cautelares, relacionam-se os bens do ausente e entregam-se estes a um curador provisório, com a posição de um mandatário geral.

10 (b) Na **curadoria definitiva**, passados dois anos ou cinco, se o ausente deixar representante, são abertos os testamentos existentes e é entregue a administração ao cabeça-de-casal, procedendo-se à partilha dos bens e à entrega dos legados.

11 (c) A **morte presumida**, passados dez anos sobre as últimas notícias ou cinco se o ausente tiver completado oitenta anos, produz os efeitos da morte. Havendo casamento, este não cessa, mas o cônjuge do ausente pode contrair novo casamento; regressando o ausente ou dele havendo notícias, considera-se o casamento dissolvido por divórcio, à data da morte presumida.

12 7. O **relevo** da ausência e da morte presumida é, essencialmente, patrimonial[4]: todo o sistema está montado com vista à salvaguarda dos bens e à sua entrega aos sucessores. O aspeto formal mais sensível liga-se à posição pessoal do cônjuge. Hoje, dada a fragilidade do casamento, o tema perdeu relevância.

13 8. O **estilo** dos preceitos sobre a ausência recorre por vezes a verbos no futuro: 92.º/1, 93.º/1, 94.º/4, 96.º, 101.º, 105.º, 114.º/2. Quebra a regra do Código em opções feitas, a esse propósito, em 1944, que optaram pelo uso do presente.

Subsecção I – Curadoria provisória

Artigo 89.º (Nomeação de curador provisório)

1. Quando haja necessidade de prover acerca da administração dos bens de quem desapareceu sem que dele se saiba parte e sem ter deixado representante legal ou procurador, deve o tribunal nomear-lhe curador provisório.

[1] Manuel Gonçalves Pereira, *Da ausência (Anteprojecto para o novo Código Civil)*, BMJ 105 (1961), 281-372.

[2] *1.ª Revisão*, 34-38 (67.º a 99.º); *2.ª Revisão*, 37-49 (89.º a 121.º).

[3] *Projecto*, 27-36 (89.º a 121.º).

[4] Assim, o facto de um cônjuge ter sido nomeado curador provisório dos bens do outro, não interfere na contagem do prazo de um ano de separação, para fundamento do divórcio: STJ 26-abr.-2018 (António Joaquim Piçarra), Proc. 133/15.

2. Deve igualmente ser nomeado curador ao ausente, se o procurador não quiser ou não puder exercer as suas funções.

3. Pode ser designado para certos negócios, sempre que as circunstâncias o exijam, um curador especial.

Índice

1. Origem: o preceito remonta ao 55.º do CS. O anteprojeto Gonçalves Pereira era mais desenvolvido (1.º)[1], referindo "desapareceu do lugar do seu último domicílio ou da sua residência, sem dar notícias e em circunstâncias que façam pelo menos duvidar da sua existência" (n.º 1). A 1.ª Revisão manteve esta multiplicação de requisitos (67.º)[2], simplificados na 2.ª[3] (90.º) e no Projeto[4] (89.º). Da 1.ª Revisão resultaria que quem nunca teve domicílio ou residência em certo lugar, não pudesse ser considerado ausente[5]: má solução. 1

2. Requisitos para a nomeação do curador provisório: (a) necessidade de prover acerca da administração de bens; (b) desaparecimento sem notícias; (c) sem representante legal ou procurador; (d) ou este não quiser ou não puder exercer as suas funções. 2

(a) A **necessidade de prover** é objetiva: ela ocorre havendo perigo de dissipação (armazém ao abandono), de subsistência (animais por alimentar ou veículo na via pública) ou de perda jurídica (juros ou rendas por cobrar). A lei foca a "administração de bens"; logo, os aspetos pessoais (filhos ou cônjuge, tudo como exemplos) são de encarar com outras medidas, de Direito da família e dos menores. 3

(b) O **desaparecimento** sem notícias corresponde à falta de contactos com o visado; a lei não põe margens temporais: a duração do desaparecimento sujeita-se à necessidade de tomar medidas; pode ser curto (p. ex., animais sem alimento) ou longo (p. ex., decurso de uma prescrição desfavorável). 4

(c) **Sem representante**, legal ou voluntário: havendo-o não ocorre, tecnicamente, ausência; 5

(d) **Ou que** este **não exerça as funções**: por não querer (com ou sem justificação) ou por não poder, por impossibilidade ou por falta de indicações (n.º 2). 6

3. Um curador especial (n.º 3) será indicado quando as medidas a tomar exijam especiais qualificações, pessoais ou profissionais (p. ex., advogado ou engenheiro); *a fortiori*, podem ser nomeados vários curadores, para as diversas funções. O 92.º/2 prevê um curador especial na hipótese de conflito de interesses entre o curador comum (seu cônjuge, ascendentes ou descendentes) e o ausente. 7

4. O processo relativo à curadoria provisória consta dos 1021.º a 1025.º do CPC. Para facilidade de consulta[6]: 8

[1] Manuel Gonçalves Pereira, *Da ausência*, 373, com explicações a 293-296.

[2] *1.ª Revisão*, 34.

[3] *2.ª Revisão*, 37.

[4] *Projecto*, 27.

[5] Manuel Gonçalves Pereira, *Da ausência*, 293.

[6] A matéria ficou separada da justificação da ausência, que consta dos 881.º a 890.º do CPC.

Artigo 1021.º – Curadoria provisória dos bens do ausente: 1. Quando se pretenda instituir a curadoria provisória dos bens do ausente, é necessário fundamentar a medida e indicar os detentores ou possuidores dos bens, o cônjuge, os herdeiros presumidos do ausente e quaisquer pessoas conhecidas que tenham interesse na conservação dos bens. 2. São citados para contestar, além das pessoas mencionadas no número anterior, o Ministério Público, se não for o requerente, e, por éditos de 30 dias, o ausente e quaisquer outros interessados. 3. Produzidas as provas que forem admitidas e obtidas as informações que se considerem necessárias, é lavrada a sentença.

Artigo 1022.º – Publicação da sentença: 1. A sentença que defira a curadoria é publicada por editais afixados na porta do tribunal e na porta da sede da junta de freguesia do último domicílio conhecido do ausente e por anúncio inserto no jornal que o juiz achar mais conveniente. 2. Os editais e o anúncio hão de conter, além da declaração de que foi instituída a curadoria, os elementos de identificação do ausente e do curador.

Artigo 1023.º – Montante e idoneidade da caução: Sobre o montante e a idoneidade da caução que o curador deve prestar é ouvido o Ministério Público, depois de relacionados os bens do ausente.

Artigo 1024.º – Substituição do curador provisório: À substituição do curador provisório, nos casos em que a lei civil a permite, é aplicável o disposto nos artigos 292.º a 295.º.

Artigo 1025.º – Cessação da curadoria: 1. Se o ausente voltar, os bens só lhe podem ser entregues pela forma regulada no artigo 888.º. 2. Logo que conste no tribunal a existência do ausente e haja notícia do lugar onde reside, é oficiosamente notificado, ou informado por carta registada com aviso de receção, se residir no estrangeiro, de que os bens estão em curadoria provisória; e, enquanto não providenciar, a curadoria continua.

Artigo 90.º (Providências cautelares)

A possibilidade de nomeação do curador provisório não obsta às providências cautelares que se mostrem indispensáveis em relação a quaisquer bens do ausente.

Índice

1 **1. Origem**: remonta ao 55.º, § 2.º, do CS. O anteprojeto Gonçalves Pereira continha uma fórmula próxima da final (2.º)[1].

2 **2. As providências cautelares** surgem independentes da curadoria provisória: são requeridas pelo MP ou por qualquer interessado (91.º). Podem incluir: (a) entrega de bens a um depo-

[1] Manuel Gonçalves Pereira, *Da ausência*, 374, com explicações a 296-297 e 374 (2.º); *1.ª Revisão*, 34 (68.º/1); *2.ª Revisão*, 37-38 (90.º); *Projecto*, 28 (90.º).

sitário; (b) alienação de deterioráveis; (c) pagamentos urgentes; (d) procedimentos cautelares relativos a ações de fundo; pode usar-se a gestão de negócios, mas o recurso à ausência dispensa quer a aprovação, quer a ratificação dos atos.

No caso de desaparecimento, a medida mais imediata será a participação às autoridades policiais. 3

Artigo 91.º (Legitimidade)

A curadoria provisória e as providências a que se refere o artigo anterior podem ser requeridas pelo Ministério Público ou por qualquer interessado.

Origem: provém do 56.º do CS. O anteprojeto Gonçalves Pereira admitia que fossem ordenados oficiosamente pelo juiz (2.º)[1]. Essa hipótese desapareceu na 1.ª Revisão (69.º)[2] e na 2.ª (91.º)[3] e assim passando, com a fórmula final, ao Projeto[4].

Artigo 92.º (A quem deve ser deferida a curadoria provisória)

1. O curador provisório será escolhido de entre as pessoas seguintes: o cônjuge do ausente, algum ou alguns dos herdeiros presumidos, ou algum ou alguns dos interessados na conservação dos bens.

2. Havendo conflito de interesses entre o ausente e o curador ou entre o ausente e o cônjuge, ascendentes ou descendentes do curador, deve ser designado um curador especial, nos termos do n.º 3 do artigo 89.º.

Índice

1 **1. Origem**: corresponde ao 57.º do CS. Os preparatórios mostram hesitações. O anteprojeto Gonçalves Pereira (4.º) propôs[1]:

> 1. Havendo mais de um herdeiro presumido ou, na sua falta, mais de um interessado na conservação dos bens do ausente, é escolhido para curador o mais idóneo de entre eles.
>
> 2. A recusa da aceitação do cargo de curador, sem razões atendíveis, implica a perda de qualquer direito ou interesse eventual sobre os bens do ausente.

[1] Manuel Gonçalves Pereira, *Da ausência*, 374, com explicações a 296-297.

[2] *1.ª Revisão*, 35.

[3] *2.ª Revisão*, 38.

[4] *Projecto*, 28.

[1] Manuel Gonçalves Pereira, *Da ausência*, 374, com justificações a 297-299.

2 A 1.ª Revisão (70.º) manteve uma redação semelhante[2]. A solução era inadequada: obrigava, num processo que se pretende provisório e rápido, a procurar os herdeiros e a efetuar uma sempre problemática seleção entre eles. A 2.ª Revisão (92.º) fixou uma redação[3] que, através do Projeto (92.º)[4], ficou próxima da final.

3 **2.** A **escolha** do curador provisório cabe ao juiz, dentro do lato âmbito do 92.º/1. Determinante é, na prática, o modo por que o requerimento previsto no 1021.º do CPC, seja concebido. Na hipótese de um único herdeiro presumido, este é o escolhido.

4 A aceitação da curadoria provisória surge livre: a cominação da perda de direitos, na hipótese de recusa antecipada, caiu, na 2.ª Revisão. E bem: pode suceder que um herdeiro (quiçá o único), justamente por o ser, entenda, eticamente, dever rejeitar o encargo.

5 **3.** O **conflito de interesses** entre o ausente e o curador (ou cônjuge, ascendentes ou descendentes deste) deve levar, desde logo, a que seja escolhida outra pessoa. Não sendo o caso – ou havendo um conflito superveniente –, recorre-se a um curador especial (92.º/2), nos termos do 89.º/3. Este tem competência para o preciso ponto em conflito.

6 O conflito pode ser "confessado" pelo próprio, constatado oficiosamente pelo juiz ou resultar da contestação apresentada no processo, nos termos do 1021.º/2 do CPC.

Artigo 93.º (Relação de bens e caução)

1. Os bens do ausente serão relacionados e só depois entregues ao curador provisório, ao qual será fixada caução pelo tribunal.

2. Em caso de urgência, pode ser autorizada a entrega dos bens antes de estes serem relacionados ou de o curador prestar a caução exigida.

3. Se o curador não prestar a caução, será nomeado outro em lugar dele.

Índice

1 **1. Origem**. A regra remonta ao 58.º do CS. O anteprojeto Gonçalves Pereira previa um esquema complexo (6.º)[1]:

> 1. O curador provisório recebe por arrolamento os bens do ausente e, em garantia da gestão respectiva, pode ser obrigado a prestar prèviamente caução no montante que o juiz reputar adequado. Em caso de manifesta urgência, o curador pode iniciar a gestão, com autorização do juiz, antes de se proceder ao arrolamento e de prestar a caução.

[2] *1.ª Revisão*, 35.
[3] *2.ª Revisão*, 38.
[4] *Projecto*, 28.

[1] Manuel Gonçalves Pereira, *Da ausência*, 375, com justificações a 300-302.

2. Se o curador nomeado não prestar a sobredita caução, deve o juiz designar outro em seu lugar, aplicando-se o disposto no art. 4.º.

A 1.ª Revisão tornou a caução obrigatória, mantendo, no mais, a redação de Gonçalves Pereira (6.º)[2]. A 2.ª Revisão (93.º) deu, ao preceito, a redação definitiva[3]. Desapareceu a referência ao arrolamento. 2

2. O **regime** fixado é cauteloso. Passa por: (a) o relacionamento dos bens; (b) a fixação de uma caução; (c) a prestação da caução; (d) a entrega. 3

(a) O **relacionamento** faz-se por auto que descreva os bens, em verbas numeradas como em inventário e se declare o seu valor, fixado por louvado (406.º/1, do CPC, relativo ao arrolamento, com adaptações). 4

(b) A **caução** é prestada nos termos do 623.º[4]: depósito de dinheiro, títulos de crédito, pedras ou metais preciosos, penhor, hipoteca ou fiança bancária, devendo os seus custos ser suportados pelo património do ausente, entrando na prestação de contas (95.º/1). O montante é prudente e razoavelmente fixado pelo juiz, tendo em conta a fragilidade ou a volatilidade dos bens, a posição do curador e as demais particularidades. Pode ser fixada uma caução simbólica, quando o risco de dissipação seja nulo. 5

(c) A **prestação da caução** fixada é necessária: ou o curador é substituído (93.º/3). 6

(d) A **entrega** dos bens é a fase final deste processo. 7

3. A **urgência** permite a entrega antes do relacionamento e da prestação de caução. Aliás, antes do relacionamento, não se encara a fixação da caução: 1027.º do CPC. O preceito é útil: o processo acaba por se alongar. 8

4. O **interesse do ausente** na curadoria provisória é dominante: explica o regime e dirige o modo por que ele deve ser interpretado. 9

Artigo 94.º (Direitos e obrigações do curador provisório)

1. O curador fica sujeito ao regime do mandato geral em tudo o que não contrariar as disposições desta subsecção.

2. Compete ao curador provisório requerer os procedimentos cautelares necessários e intentar as ações que não possam ser retardadas sem prejuízo dos interesses do ausente; cabe-lhe ainda representar o ausente em todas as ações contra este propostas.

3. Só com autorização judicial pode o curador alienar ou onerar bens imóveis, objetos preciosos, títulos de crédito, estabelecimentos comerciais e quaisquer outros bens cuja alienação ou oneração não constitua ato de administração.

4. A autorização judicial só será concedida quando o ato se justifique para evitar a deterioração ou ruína dos bens, solver dívidas do ausente, custear benfeitorias necessárias ou úteis ou ocorrer a outra necessidade urgente.

[2] *1.ª Revisão*, 36.

[3] *2.ª Revisão*, 38-39; *Projecto*, 28 (93.º).

[4] *Tratado de Direito civil*, X, 617.

Índice

1 **1. Origem**. O preceito remonta ao 59.º CS. No anteprojeto Gonçalves Pereira, a posição do curador originava dois artigos: o 5.º e o 10.º[1]:

> 5.º (Direitos e obrigações do curador provisório) 1. O curador provisório fica, em princípio, sujeito ao regime do mandatário com poderes de geral administração, podendo o juiz, consoante as circunstâncias do caso, fixar-lhe os direitos e obrigações que especialmente lhe competem.
>
> 2. Cabe ao curador provisório intentar acções conservatórias e, quando autorizado pelo juiz, propor outras, que não possam retardar-se sem prejuízo grave do ausente. Compete-lhe ainda representar o ausente em todas as acções contra ele propostas.
>
> 10.º (Alienação de bens) 1. Só com autorização judicial pode o curador provisório vender, aforar, hipotecar ou constituir quaisquer ónus sobre os bens imobiliários do ausente, quando o acto se justifique para evitar a deterioração ou ruína desses bens, solver dívidas, custear benfeitorias necessárias ou úteis ou ocorrer a outra urgente necessidade. 2. Também não podem ser vendidos, dados em penhor ou sujeitos a quaisquer outros ónus, sem autorização judicial, os objectos preciosos, o estabelecimento comercial, nem, de um modo geral, os mobiliários cuja venda não constitua acto de administração.

2 A junção dos dois preceitos ocorreu na 1.ª Revisão (71.º)[2], surgindo a redação quase definitiva na 2.ª Revisão (94.º)[3], ainda que com um n.º 3 que abrangia os atuais 3 e 4. O Projeto rematou os preparatórios[4].

3 **2.** O **mandato geral**, consta do 1159.º[5]: envolve a prática dos atos de administração ordinária: um mandato com representação, consoante se infere do 94.º/2, *in fine*, e como resulta da natureza das coisas, uma vez que age em nome e por conta do ausente.

4 **3. Os poderes** envolvem: (a) a administração geral; (b) intentar as ações que não possam ser retardadas e contestar as intentadas contra o ausente (94.º/2); (c) alienar ou onerar imóveis, objetos preciosos, títulos de crédito, estabelecimentos comerciais e quaisquer outros bens cuja alienação ou oneração não seja ato de administração (94.º/3) desde que com autorização do MP, a conceder no quadro do 94.º/4 e visto o 2.º/1, *c*), do DL 272/2001, de 13-out..

5 **4.** A **natureza** da posição do curador é a de um mandato *ex lege* e mediante decisão judicial: solução mais flexível do que a da tutela ou a do depositário, já defendidas noutras doutrinas[6]. Mais precisamente: (a) com representação; (b) geral; (c) oneroso (96.º). Caso a caso cabe verificar a aplicabilidade dos competentes dispositivos.

[1] Manuel Gonçalves Pereira, *Da ausência*, 374 e 376, com justificações a 299-300 e 304, respetivamente.
[2] *1.ª Revisão*, 35-36.
[3] *2.ª Revisão*, 39.
[4] *Projecto*, 29.
[5] *Tratado de Direito civil*, XII, 542-548.
[6] Manuel Gonçalves Pereira, *Da ausência*, 299.

Artigo 95.º (Prestação de contas)

1. O curador provisório deve prestar contas do seu mandato perante o tribunal, anualmente ou quando este o exigir.

2. Deferida a curadoria definitiva nos termos da subsecção seguinte, as contas do curador provisório são prestadas aos curadores definitivos.

Índice

1 **1. Origem**: corresponde aos 59.º e 74.º do CS. No anteprojeto Gonçalves Pereira, valiam o 7.º (prestação de contas) e o 20.º (exigência de prestação de contas ao curador provisório)[1]. A 1.ª Revisão (73.º e 83.º) manteve essa repartição[2], superada na 2.ª (96.º)[3], com uma redação praticamente definitiva.

2 **2. O regime** consta dos 941.º a 952.º do CPC, com especial atenção ao 947.º; as contas são prestadas por dependência do processo em que o curador tenha sido nomeado.

Artigo 96.º (Remuneração do curador)

O curador haverá dez por cento da receita líquida que realizar.

Índice

1 **1. Origem**. O preceito corresponde ao 61.º do CS, que fixava 5% da receita líquida. O anteprojeto Gonçalves Pereira previa que o juiz fixasse a remuneração até aos 10%, podendo ser elevada até aos 20%, em face de um "aumento excepcional de rendimento" (8.º)[1]: uma solução justificada com a conveniência de adaptar a remuneração a cada caso concreto[2]. A 1.ª Revisão simplificou a cifra e a redação finais[3].

2 **2. Regime**. A Lei dispõe uma solução rígida. Ao rendimento bruto haverá que descontar os custos e encargos e os impostos. A solução vigente pode ser injusta, nos casos em que o curador nada tenha a fazer e ainda naqueles que exigem um esforço acentuado, para parcos rendimentos. Tem a vantagem da segurança, evitando ao juiz o ter de se embrenhar em sempre difíceis previsões económicas.

[1] Manuel Gonçalves Pereira, *Da ausência*, 375 e 381, com explicações a 302 e a 317-318, respetivamente.
[2] *1.ª Revisão*, 36 e 41.
[3] *2.ª Revisão*, 39-40; *Projecto*, 29.

[1] Manuel Gonçalves Pereira, *Da ausência*, 376.
[2] *Idem*, 302-303.
[3] *1.ª Revisão*, 37 (74.º); *2.ª Revisão*, 40 (96.º); *Projecto*, 29 (96.º).

Artigo 97.º (Substituição do curador provisório)

O curador pode ser substituído, a requerimento do Ministério Público ou de qualquer interessado, logo que se mostre inconveniente a sua permanência no cargo.

Índice

1 **1. Origem.** O anteprojeto Gonçalves Pereira previa a substituição "por qualquer motivo justificado" (12.º)[1]. A 1.ª Revisão optou por "logo que se mostre inconveniente" (75.º[2], mantido no 97.º da 2.ª[3]). O Projeto acrescentou a referência ao MP[4].

2 **2. Regime.** A substituição não é oficiosa: depende de requerimento, regendo-se pelo 1024.º do CPC, que remete para os 292.º a 295.º do mesmo Código (disposições gerais relativas aos incidentes da instância).

3 A locução "logo que se mostre inconveniente" deve ser aproximada do 1170.º/2: justa causa de revogação do mandato conferido, também, no interesse do mandatário (o curador é remunerado). Tal justa causa é objetiva[5]: corresponde a um fundamento importante que, independentemente de culpa, torne inexigível a manutenção da situação.

Artigo 98.º (Termo da curadoria)

A curadoria provisória termina:

***a*) Pelo regresso do ausente;**

***b*) Se o ausente providenciar acerca da administração dos bens;**

***c*) Pela comparência de pessoa que legalmente represente o ausente ou de procurador bastante;**

***d*) Pela entrega dos bens aos curadores definitivos ou ao cabeça-de-casal, nos termos do artigo 103.º;**

***e*) Pela certeza da morte do ausente.**

Índice

[1] Manuel Gonçalves Pereira, *Da ausência*, 377, com justificações a 305.

[2] *1.ª Revisão*, 37.

[3] *2.ª Revisão*, 40.

[4] *Projecto*, 29.

[5] *Tratado*, XII, 674 ss..

1. Origem. O preceito, correspondente ao 63.º do CS, manteve uma redação quase idêntica à final, nos diversos preparatórios[1]. 1

2. Regime: o 98.º é explícito. O termo não é automático: terá de haver notícia confirmada, sendo a mesma levada ao processo. Embora (aparentemente) pensados para a curadoria definitiva, têm aplicação os 887.º e 888.º do CPC, abaixo transcritos[2]. 2

A curadoria provisória caduca com o desaparecimento do património do ausente. 3

Subsecção II – Curadoria definitiva

Artigo 99.º (Justificação da ausência)

Decorridos dois anos sem se saber do ausente, se este não tiver deixado representante legal nem procurador bastante, ou cinco anos, no caso contrário, pode o Ministério Público ou algum dos interessados requerer a justificação da ausência.

Índice

1. Origem: remonta ao 64.º do CS. O anteprojeto Gonçalves Pereira falava em "declaração de ausência", fixando dois ou quatro anos conforme houvesse ou não representante legal ou procurador bastante (14.º/1)[1]. A 1.ª Revisão (77.º/1) optou pelos dois ou cinco[2], tendo a 2.ª Revisão (99.º) consignado uma redação próxima da final[3]. 1

2. Regime: a passagem à curadoria definitiva, através da justificação de ausência, depende do exercício do correspondente direito potestativo dos interessados ou do poder funcional do MP; valem juízos de oportunidade. A decisão é do tribunal. 2

A justificação marca uma viragem na ausência: esta deixa de contemplar, em primeira linha, os interesses do ausente, para se virar para os dos sucessores. 3

3. Processo. A justificação da ausência segue as regras previstas no título II do livro V do CPC, relativo aos processos especiais (881.º a 890.º). Assim: 4

Artigo 881.º
Petição – Citações

1. Quem pretender a curadoria definitiva dos bens do ausente deduz os factos que caracterizam a ausência e lhe conferem a qualidade de interessado e requer que sejam citados o detentor dos bens, o curador provisório, o administrador ou procurador, o Ministério Público, se não for o requerente, e quaisquer interessados certos e, por éditos, o ausente e os interessados incertos.

[1] Manuel Gonçalves Pereira, *Da ausência*, 377 (13.º), com justificações a 305-306; *1.ª Revisão*, 37 (76.º); *2.ª Revisão*, 40 (98.º); *Projecto*, 30 (98.º).

[2] *Infra*, anot. 4 ao 99.º.

[1] Manuel Gonçalves Pereira, *Da ausência*, 378, com justificações a 307-310.

[2] *1.ª Revisão*, 38.

[3] *2.ª Revisão*, 41; *Projecto*, 30 (99.º).

2. O ausente é citado por éditos de seis meses; o processo segue entretanto os seus termos, mas a sentença não é proferida sem findar o prazo dos éditos.

3. O processo de justificação da ausência é dependência do processo de curadoria provisória, se esta tiver sido deferida.

Artigo 882.º
Articulados posteriores

1. Os citados podem contestar no prazo de 30 dias, podendo o autor replicar, se for deduzida alguma exceção, no prazo de 15 dias, a contar da data em que for ou se considerar notificada a apresentação da contestação.

2. As provas são oferecidas ou requeridas com os articulados.

Artigo 883.º
Termos posteriores aos articulados

1. Após os articulados, ou findo o prazo dentro do qual podia ter sido oferecida a contestação dos citados pessoalmente e dos interessados incertos, são produzidas as provas e recolhidas as informações necessárias.

2. Decorrido o prazo da citação do ausente, é proferida decisão, que julga justificada ou não a ausência.

Artigo 884.º
Publicidade da sentença

1. A sentença que julgue justificada a ausência não produz efeito sem decorrerem quatro meses sobre a sua publicação por edital afixado na porta da sede da junta de freguesia do último domicílio do ausente e por anúncio inserto num dos jornais mais lidos da comarca a que essa freguesia pertença e também num dos jornais de Lisboa ou do Porto, que aí sejam mais lidos.

2. Basta a publicação do anúncio no jornal de Lisboa ou do Porto, se na comarca não houver jornal.

Artigo 885.º
Conhecimento do testamento do ausente

1. Decorrido o prazo fixado no artigo anterior, solicita-se ao serviço competente informação sobre se o ausente deixou testamento.

2. Havendo testamento, é requisitada certidão dele, se for público, ou ordena-se a sua abertura, se for cerrado, providenciando-se para que este seja apresentado à entidade competente com a certidão do despacho que tenha ordenado a abertura; aberto e registado o testamento cerrado, é junta ao processo a respetiva certidão.

3. Quando pelo testamento se mostrar que o requerente carece de legitimidade para pedir a justificação, a ação só prossegue se algum interessado o requerer.

Artigo 886.º
Justificação da ausência no caso de morte presumida

O processo de justificação da ausência regulado nos artigos 881.º a 885.º é também aplicável ao caso de os interessados pretenderem obter a declaração da morte presumida do ausente e a sucessão nos bens ou a entrega deles, sem prévia instituição da curadoria definitiva.

Artigo 887.º
Notícia da existência do ausente

Logo que haja fundada notícia da existência do ausente e do lugar onde reside, o mesmo é notificado de que os seus bens estão em curadoria e de que assim continuam enquanto ele não providenciar.

Artigo 888.º
Cessação da curadoria no caso de comparecimento do ausente

1. Se o ausente comparecer ou se fizer representar por procurador e quiser fazer cessar a curadoria ou pedir a devolução dos bens, requer, no processo em que se fez a entrega, que os curadores ou os possuidores dos bens sejam notificados para, em 10 dias, lhe restituírem os bens ou negarem a sua identidade.

2. Não sendo negada a identidade, faz-se imediatamente a entrega dos bens e termina a curadoria, caso exista.

3. Se for negada a identidade do requerente, este justifica-a no prazo de 30 dias; os notificados podem contestar no prazo de 15 dias e, produzidas as provas oferecidas com esses articulados e realizadas quaisquer outras diligências que sejam julgadas necessárias, é proferida decisão.

Artigo 889.º
Liquidação da responsabilidade a que se refere o artigo 119.º do Código Civil

Se o ausente tiver direito a haver o preço recebido por bens alienados depois de declarada a sua morte presumida, esse preço é liquidado no processo em que se haja feito a entrega dos bens e nos termos aplicáveis dos artigos 358.º e seguintes.

Artigo 890.º
Cessação da curadoria noutros casos

Junta ao processo certidão comprovativa do falecimento do ausente, ou declarada a sua morte presumida, qualquer interessado pode pedir que a curadoria seja dada como finda e por extinta a caução que os curadores definitivos hajam prestado.

Artigo 100.º (Legitimidade)

São interessados na justificação da ausência o cônjuge não separado judicialmente de pessoas e bens, os herdeiros do ausente e todos os que tiverem sobre os bens do ausente direito dependente da condição da sua morte.

Índice

1 **1. Origem.** O anteprojeto Gonçalves Pereira acrescentava a legitimidade do MP (14.º/2)[1]. Em face do 99.º, não é necessário. O preceito foi retocado até ao Projeto[2].

2 **2. Regime.** A justificação da ausência, como considerado na anotação ao 99.º, é facultativa: na sua falta, os interesses do ausente mantêm-se assegurados pelo curador provisório.

3 **3. A legitimidade** é atribuída: (a) ao cônjuge não separado de pessoas e bens; (b) aos herdeiros; (c) a todos os que tiverem, sobre os bens do ausente, algum direito dependente da condição da

[1] Manuel Gonçalves Pereira, *Da ausência*, 378.

[2] *1.ª Revisão*, 38 (77.º/2); *2.ª Revisão*, 41 (100.º); *Projecto*, 30 (100.º).

sua morte. Podemos inserir nesta categoria as pessoas referidas no 102.º: desde que, naturalmente, possam fazer prova da sua situação, antes da abertura do testamento. O conhecimento deste pode retirar a legitimidade ao requerente: a ação, nessa eventualidade, só prossegue se algum interessado o requerer (885.º/3, do CPC).

4 A bitola da legitimidade é, agora, mais estreita do que a prevista no 91.º para requerer a curadoria provisória: estamos já numa fase que transcende a mera tutela dos bens do ausente, antes se passando à dos seus sucessores e outros beneficiários.

Artigo 101.º (Abertura de testamento)

Justificada a ausência, o tribunal requisitará certidões dos testamentos públicos e mandará proceder à abertura dos testamentos cerrados que existirem, a fim de serem tomados em conta na partilha e no deferimento da curadoria definitiva.

Índice

1 **1. Origem**. Sucede ao 66.º do CS, passando pelo anteprojeto Gonçalves Pereira (15.º/1)[1] e pela 1.ª Revisão[2], com redação definitiva na 2.ª Revisão (102.º)[3].

2 **2.** A **abertura dos testamentos**, com vista à partilha e ao deferimento da curadoria definitiva, indicia a viragem representada pela justificação: para os interesses dos sucessores. Segue-se o esquema do 885.º do CPC, acima transcrito.

Artigo 102.º (Entrega de bens aos legatários e outros interessados)

Os legatários, como todos aqueles que por morte do ausente teriam direito a bens determinados, podem requerer, logo que a ausência esteja justificada, independentemente da partilha, que esses bens lhes sejam entregues.

Índice

1 **1. Origem**. Sucede ao 67.º do CS. O anteprojeto Gonçalves Pereira (15.º)[1] indiciava uma "posse" automática pelos beneficiários: solução menos adequada que, logo na 1.ª Revisão (78.º/3), foi substituída pela necessidade de a entrega ser requerida[2].

[1] Manuel Gonçalves Pereira, *Da ausência*, 379, com justificações a 310-312.
[2] *1.ª Revisão*, 38 (78.º/1).
[3] *2.ª Revisão*, 41-42 (101.º); *Projecto*, 30 (101.º).

[1] Manuel Gonçalves Pereira, *Da ausência*, 379, com justificações a 310-312.
[2] *1.ª Revisão*, 39; *2.ª Revisão*, 42 (102.º); *Projecto*, 31 (102.º).

2. Regime. Conhecidos, em face do testamento, os legatários, podem estes requerer a entrega dos bens. O mesmo sucede com quantos tenham direito a bens determinados: p. ex., o titular da nua propriedade, de que o ausente fosse o usufrutuário ou o senhorio de quem ele fosse arrendatário. 2

Nesses casos, a partilha é desnecessária, não havendo que prolongar o processo, quanto aos visados no preceito. 3

Artigo 103.º (Entrega de bens aos herdeiros)

1. A entrega dos bens aos herdeiros do ausente à data das últimas notícias, ou aos herdeiros dos que depois tiverem falecido, só tem lugar depois da partilha.

2. Enquanto não forem entregues os bens, a administração deles pertence ao cabeça-de-casal, designado nos termos dos artigos 2080.º e seguintes.

Índice

1 **1. Origem**. Sucede ao 69.º do CS. O anteprojeto Gonçalves Pereira (15.º/2) consagrava a regra do n.º 1[1], simplificada na 1.ª Revisão[2]. Na 2.ª Revisão, acrescentou-se o atual n.º 2[3], ligeiramente alterada no Projeto[4].

2 **2. Regime**. O tribunal começa por designar o cabeça-de-casal, com observância dos 2080.º a 2086.º. Segue-se a entrega aos herdeiros do ausente, mais precisamente, aos que o forem à data das últimas notícias. Este preceito deve ser interpretado restritivamente, em face do 884.º do CPC: valem os herdeiros que o forem, à data da eficácia da sentença que justifique a ausência[5].

Artigo 104.º (Curadores definitivos)

Os herdeiros e demais interessados a quem tenham sido entregues os bens do ausente são havidos como curadores definitivos.

O preceito adém do anteprojeto Gonçalves Pereira (15.º/2)[1], simplificado na 1.ª Revisão (78.º/2)[2] e, ainda mais e definitivamente, na 2.ª (104.º)[3]. Não se trata (ainda) de herdeiros, mas de curadores definitivos, dentro da lógica gradativa da ausência.

[1] Manuel Gonçalves Pereira, *Da ausência*, 379.
[2] *1.ª Revisão*, 39 (78.º/2).
[3] *2.ª Revisão*, 42 (103.º).
[4] *Projecto*, 31 (103.º).
[5] *Infra*, 118.º, anot. 4 e 120.º, anot. 4.

[1] Manuel Gonçalves Pereira, *Da ausência*, 379.
[2] *1.ª Revisão*, 39.
[3] *2.ª Revisão*, 42; *Projecto*, 31 (104.º).

Artigo 105.º (Aparecimento de novos interessados)

Se, depois de nomeados os curadores definitivos, aparecer herdeiro ou interessado que, em relação à data das últimas notícias do ausente, deva excluir algum deles ou haja de concorrer à sucessão, ser-lhe-ão entregues os bens nos termos dos artigos anteriores.

Índice

1 **1. Origem**. Sucede ao 68.º do CS. O anteprojeto Gonçalves Pereira previa um esquema mais complexo (24.º)[1]:

> 1. Se aparecer algum herdeiro ou interessado que, em relação à data das últimas notícias, deva excluir o curador definitivo ou outro interessado, ou haja de concorrer com ele, provando-o pelo meio competente, a posse e a administração dos bens são-lhe conferidas, nos termos da decisão proferida.
>
> 2. O direito aos frutos e rendimentos só se verifica a partir do momento em que a interposição da acção produzir os seus efeitos.

2 A 1.ª Revisão procedeu a alguma simplificação (87.º)[2], rematada na 2.ª, onde se consignou a redação final[3].

3 **2.** A **superveniência** de interessados é uma eventualidade: o legislador fixou o regime justo.

Artigo 106.º (Exigibilidade de obrigações)

A exigibilidade das obrigações que se extinguiriam pela morte do ausente fica suspensa.

O preceito corresponde ao 15.º/4 do anteprojeto[1]. Fixa uma solução adequada, sob inspiração do 50.º do Código italiano. A suspensão traduz-se: (1) na sua inexigibilidade; (2) no facto de cessar o vencimento de juros. Todavia, nada impede que o devedor, com conhecimento de causa, opte por cumpri-las. Nessa eventualidade, não poderá repeti-las: caímos no regime das obrigações naturais.

[1] Manuel Gonçalves Pereira, *Da ausência*, 383, com justificações a 323-324.

[2] *1.ª Revisão*, 42.

[3] *2.ª Revisão*, 43 (105.º); *Projecto*, 31 (105.º).

Artigo 107.º (Caução)

1. O tribunal pode exigir caução aos curadores definitivos ou a algum ou alguns deles, tendo em conta a espécie e valor dos bens e rendimentos que eventualmente hajam de restituir.

2. Enquanto não prestar a caução fixada, o curador está impedido de receber os bens; estes são entregues, até ao termo da curadoria ou até à prestação da caução, a outro herdeiro ou interessado, que ocupará, em relação a eles, a posição de curador definitivo.

Índice

1. Origem. Sucede aos 69.º e 70.º do CS. O anteprojeto Gonçalves Pereira previa um esquema mais complexo (18.º), com recurso ao arrolamento[1]. Mantido na 1.ª Revisão[2], ele foi simplificado na 2.ª[3] e no Projeto[4]. 1

2. Regime: retoma o dispositivo do 93.º, deixando ao juiz a margem para fixar ou não a caução, a quem e em que termos. Quanto à caução: 623.º a 626.º[5]. 2

Enquanto a caução não for prestada, o curador não recebe os bens; estes são entregues a outro curador, herdeiro ou interessado, até ao termo da curadoria. 3

Artigo 108.º (Ausente casado)

Se o ausente for casado, pode o cônjuge não separado judicialmente de pessoas e bens requerer inventário e partilha, no seguimento do processo de justificação da ausência, e exigir os alimentos a que tiver direito.

Índice

1. Origem. Sucede aos 82.º, 83.º e 90.º do CS. O anteprojeto Gonçalves Pereira apresentava um dispositivo mais complexo (17.º)[1]: 1

[1] Manuel Gonçalves Pereira, *Da ausência*, 379; *1.ª Revisão*, 39 (78.º/4); *2.ª Revisão*, 43 (106.º); *Projecto*, 31 (106.º).
[1] Gonçalves Pereira, *Da ausência*, 380-381, com justificações a 314-315.
[2] *1.ª Revisão*, 40 (81.º).
[3] *2.ª Revisão*, 43 (107).
[4] *Projecto*, 32 (107.º).
[5] *Tratado*, X, 617-618.
[1] Manuel Gonçalves Pereira, *Da ausência*, 379-380, com justificações a 313-314.

1. Se o ausente é casado, não se havendo estipulado o contrário em convenção antenupcial, procede-se à separação e partilha dos bens, como se pela declaração de ausência o casamento fosse dissolvido à data das últimas notícias, podendo o cônjuge presente exigir alimentos aos que, nos termos do art. 15.º, entrarem na posse dos bens ou direitos do ausente.

2. Porém, no caso de o casamento haver sido celebrado segundo o regime da comunhão geral de bens, pode o cônjuge presente optar pela permanência daquela comunhão e conservar ou entrar na administração dos bens do casal. A opção pela manutenção da comunhão é renunciável em qualquer altura, enquanto não caducar a declaração de ausência.

3. Mantendo-se a comunhão, o cônjuge administrador é obrigado a prestar os alimentos devidos pelo ausente.

2 O esquema foi simplificado nas Revisões[2], atingindo a forma definitiva no Projeto[3].

3 **2. Regime**: visa acautelar a posição do cônjuge: seja como meeiro, seja como sucessor. Além disso, o direito a alimentos constitui uma pretensão autónoma.

Artigo 109.º (Aceitação e repúdio da sucessão; disposição dos direitos sucessórios)

1. Justificada a ausência, é admitido o repúdio da sucessão do ausente ou a disposição dos respetivos direitos sucessórios.

2. A eficácia do repúdio ou da disposição, assim como a aceitação da herança ou de legados, ficam, todavia, sujeitas à condição resolutiva da sobrevivência do ausente.

Índice

1 **1. Origem**: embora com alguns antecedentes[1], o preceito surge apenas na 2.ª Revisão (110.º), já com a redação definitiva[2].

2 **2. Regime**: adota o esquema do repúdio da herança (2062.º a 2067.º). Tal como a aceitação ou a disposição da herança ou dos legados, ficam sujeitos à condição resolutiva da sobrevivência do ausente a qual, a ocorrer, determina a restituição, nos termos do 113.º.

Artigo 110.º (Direitos e obrigações dos curadores definitivos e demais interessados)

Aos curadores definitivos a quem os bens hajam sido entregues é aplicável o disposto no artigo 94.º, ficando extintos os poderes que anteriormente hajam sido conferidos pelo ausente em relação aos mesmos bens.

[2] *1.ª Revisão*, 39-40 (80.º); *2.ª Revisão*, 44 (109.º).
[3] *Projecto*, 32 (108.º).

[1] Manuel Gonçalves Pereira, *Da ausência*, 379 (16.º), com justificações a 312-313.
[2] *2.ª Revisão*, 44 (109.º); *Projecto*, 32 (109.º).

Índice

1. Origem. O preceito remonta aos 74.º (contas) e 77.º (necessidade de autorização para certos atos), do CS. O anteprojeto Gonçalves Pereira enumerava os poderes dos curadores: 19.º (administração e alienação) e 22.º (representação)[1]. A 1.ª Revisão sintetizou os textos, remetendo para a bitola do "proprietário ou curador diligente" (82.º/1)[2]. A 2.ª Revisão ultrapassou o tema, apelando ao 94.º e, daí, ao mandato[3]. 1

2. Regime. O 94.º/1 remete para o regime do mandato; refere, ainda, os procedimentos cautelares e a necessidade de autorização judicial para certas alienações. Os poderes anteriormente conferidos pelo ausente em relação aos bens entregues cessam[4] em obediência à lógica da transição, para os sucessores, da titularidade respetiva. 2

Artigo 111.º (Fruição dos bens)

1. Os ascendentes, os descendentes e o cônjuge que sejam nomeados curadores definitivos têm direito, a contar da entrega dos bens, à totalidade dos frutos percebidos.

2. Os curadores definitivos não abrangidos pelo número anterior devem reservar para o ausente um terço dos rendimentos líquidos dos bens que administrem.

Índice

1. Origem. Sucede aos 73.º, 85.º e 91.º do CS. O anteprojeto Gonçalves Pereira limitava os direitos do n.º 1 aos beneficiários de boa-fé (23.º/1)[1]. Houve alterações formais, até ao projeto[2]. 1

2. Regime. O curador provisório tem direito a uma remuneração equivalente a 10% da receita líquida (96.º). Desta feita, já se reconhece a alguns curadores definitivos (ascendentes, descendentes e cônjuge) a totalidade dos rendimentos. Quanto aos restantes: apenas a 2/3 dos rendimentos líquidos, ficando o resto reservado para o ausente. 2

[1] Manuel Gonçalves Pereira, *Da ausência*, 381 e 382, com explicações a 316-317 e 319-320, respetivamente.
[2] *1.ª Revisão*, 40-41.
[3] *2.ª Revisão*, 44; *Projecto*, 32.
[4] RPt 21-mar.-1985 (Pinto Ferreira), CJ X (1985) 2, 220-223 (221).

[1] Manuel Gonçalves Pereira, *Da ausência*, 382, com justificações a 321-323.
[2] *1.ª Revisão*, 42 (86.º); *2.ª Revisão*, 45 (111.º); *Projecto*, 33 (111.º).

Artigo 112.º (Termo da curadoria definitiva)

A curadoria definitiva termina:

a) Pelo regresso do ausente;
b) Pela notícia da sua existência e do lugar onde reside;
c) Pela certeza da sua morte;
d) Pela declaração de morte presumida.

Índice

1 **1. Origem**. Sucede ao 78.º do CS. O anteprojeto Gonçalves Pereira, além dos quatro fundamentos do termo da curadoria definitiva, acrescentava a constituição de curador (25.º)[1]. Essa eventualidade manteve-se na 1.ª Revisão (88.º)[2], sendo suprimida na 2.ª[3].

2 **2. Regime**: as previsões das alíneas *a)* e *b)* suprimem o pressuposto básico da ausência. As *c)* e *d)* conduzem à aplicação da sucessão por morte ou da morte presumida, respetivamente.

Artigo 113.º (Restituição dos bens ao ausente)

1. Nos casos previstos nas alíneas *a)* e *b)* do artigo anterior, os bens do ausente ser-lhe-ão entregues logo que ele o requeira.

2. Enquanto não for requerida a entrega, mantém-se o regime da curadoria nos termos desta subsecção.

Índice

1 **1. Origem**. Sucede ao 78.º, § único, do CS. O 26.º do anteprojeto Gonçalves Pereira permitia, aos "curadores definitivos e outros possuidores", conservar os frutos, até se constituírem em mora[1]. A regra desapareceu na 1.ª Revisão: era desnecessário, dado o regime da fruição[2]. A 2.ª Revisão adotou a redação final[3].

2 **2. Regime**. Ainda nas hipóteses das alíneas *a)* e *b)*, a cessação da curadoria definitiva não é automática: deve ser requerida.

[1] Manuel Gonçalves Pereira, *Da ausência*, 383, com explicações a 324-325.
[2] *1.ª Revisão*, 43.
[3] *2.ª Revisão*, 45 (112.º); *Projecto*, 33 (112.º).

[1] Manuel Gonçalves Pereira, *Da ausência*, 383-384, com explicações a 325-327.
[2] *1.ª Revisão*, 43 (89.º).
[3] *2.ª Revisão*, 45 (113.º); *Projecto*, 33 (113.º).

Subsecção III – Morte presumida

Artigo 114.º (Requisitos)

1. Decorridos dez anos sobre a data das últimas noticias, ou passados cinco anos, se entretanto o ausente houver completado oitenta anos de idade, podem os interessados a que se refere o artigo 100.º requerer a declaração de morte presumida.

2. A declaração de morte presumida não será proferida antes de haverem decorrido cinco anos sobre a data em que o ausente, se fosse vivo, atingiria a maioridade.

3. A declaração de morte presumida do ausente não depende de prévia instalação da curadoria provisória ou definitiva e referir-se-á ao fim do dia das últimas notícias que dele houve.

Índice

1 **1. Origem**. Sucede ao 78.º/4 e 5, do CS. A norma provém do 27.º do anteprojeto Gonçalves Pereira que, no n.º 2, referia "26 anos sobre a data do nascimento do ausente" numa solução equivalente, quando a maioridade se alcançava aos 21 anos[1]. As revisões aproximaram a redação do texto atual[2].

2 **2. Regime**. A declaração de morte presumida é o termo do (alongado) processo de ausência. Pode ser obtida *per saltum* (portanto: com dispensa de prévias curadorias provisória e definitiva), desde que se verifiquem os seus requisitos (n.º 3).

3 **3. Legitimidade**. O 114.º/1 remete para o 100.º, que refere o cônjuge não separado judicialmente de pessoas e bens[3], os herdeiros do ausente e todos os que tiverem, sobre os bens do ausente, algum direito dependente da sua morte. Ficam incluídos seguros de vida, salvo o que se disponha nas competentes cláusulas, quando válidas.

4 **4. O processo** relativo à morte presumida segue o prescrito para a curadoria definitiva ou justificação da ausência, nos termos do 886.º do CPC.

Artigo 115.º (Efeitos)

A declaração de morte presumida produz os mesmos efeitos que a morte, mas não dissolve o casamento, sem prejuízo do disposto no artigo seguinte.

[1] Manuel Gonçalves Pereira, *Da ausência*, 384-385, com explicações a 327-333.

[2] *1.ª Revisão*, 44 (90.º); *2.ª Revisão*, 46 (114.º); *Projecto*, 33-34 (114.º).

[3] STJ 7-jun.-2001 (Barata Figueira), Proc. 01B3324, recusou legitimidade à requerente alegadamente convivente em união de facto com o cônjuge da requerida, com o declarado propósito de haver alimentos da respetiva herança.

Índice

1 **1. Evolução e origem**. O 115.º tem a redação dada pelo DL 496/77, de 25-nov.[1]. A redação inicial era a seguinte:

> A declaração de morte presumida produz os mesmos efeitos que a morte.

2 Sucede ao 79.º do CS. O anteprojeto Gonçalves Pereira enumerava alguns efeitos da morte presumida (31.º)[2], numa orientação que passou à 1.ª Revisão (91.º)[3], mas desapareceu na 2.ª[4], já com a redação final.

3 **2. Regime**. A alteração de 1977 visou solucionar o problema do eventual regresso do "morto presumido", em face do cônjuge "sobrevivo": se este fosse havido como viúvo, como convolar a situação para um divórcio? Mantendo-se o casamento, temos margem para o (atual) 116.º.

Artigo 116.º (Novo casamento do cônjuge do ausente)

O cônjuge do ausente casado civilmente pode contrair novo casamento; neste caso, se o ausente regressar, ou houver notícia de que era vivo quando foram celebradas as novas núpcias, considera-se o primeiro matrimónio dissolvido por divórcio à data da declaração de morte presumida.

Índice

1 **1. Origem**. O preceito tem a redação dada pelo DL 496/77, de 25-nov.[1]. No texto original, o atual corpo do artigo era o n.º 1, seguindo-se um n.º 2, com o seguinte teor[2]:

> Sendo católico o casamento do ausente, o seu cônjuge só pode celebrar novo matrimónio se as leis canónicas o permitirem.

2 A manutenção do advérbio "civilmente" equivale a um lapso de 1977: hoje, se o casamento for canónico, o regime é idêntico: donde a revogação do inicial n.º 2.

3 **2.** O **regime** afigura-se claro. O casamento "sobrevive" à morte presumida, mas esta habilita o cônjuge do ausente a um novo casamento. Regressando o ausente, ele tem-se por divorciado[3].

4 Estas regras, em face da atual fragilidade jurídica do casamento, perderam relevo.

[1] DR I, n.º 273, de 25-nov.-1977, 2818(11)/I.
[2] Manuel Gonçalves Pereira, *Da ausência*, 386-387, com explicações a 340-342.
[3] *1.ª Revisão*, 44-45.
[4] *2.ª Revisão*, 46 (115.º); *Projecto*, 34 (115.º).

[1] DR I, n.º 273, de 25-nov.-1977, 2818(11)/I.
[2] Manuel Gonçalves Pereira, *Da ausência*, 389-390 (38.º); *1.ª Revisão*, 47 (96.º); *2.ª Revisão*, 46-47 (116.º); *Projecto*, 34 (116.º).
[3] REv 17-abr.-2008 (Acácio Neves), Proc. 2670/07.

Artigo 117.º (Entrega dos bens)

A entrega dos bens aos sucessores do ausente é feita nos termos dos artigos 101.º e seguintes, com as necessárias adaptações, mas não há lugar a caução; se esta tiver sido prestada, pode ser levantada.

Índice

1. Origem. O 31.º/3 do anteprojeto Gonçalves Pereira mantinha a referência ao arrolamento, como meio para fazer a entrega dos bens aos sucessores do ausente[1]. Essa referência, consagrada na 1.ª Revisão (91.º/2)[2], despareceu na 2.ª[3], que antecipou a redação final[4]. 1

2. O regime. Na fase da morte presumida, desaparece a exigência de caução. Tendo ela sido prestada, pode ser levantada. 2

Artigo 118.º (Óbito em data diversa)

1. Quando se prove que o ausente morreu em data diversa da fixada na sentença de declaração de morte presumida, o direito à herança compete aos que naquela data lhe deveriam suceder, sem prejuízo das regras da usucapião.

2. Os sucessores de novo designados gozam apenas, em relação aos antigos, dos direitos que no artigo seguinte são atribuídos ao ausente.

Índice

1. Origem. O anteprojeto Gonçalves Pereira preconizou[1]: 1

> 1. Se vier a provar-se que o ausente ou desaparecido morreu em data diversa da fixada na sentença de declaração de morte presumida, o direito à herança compete, nos termos do art. 31.º, aos que naquela data deveriam suceder, ressalvando-se, porém, a prescrição.
>
> 2. A má fé compreende o caso dos presumidos herdeiros conhecerem a data certa do óbito.

Esse texto tinha o especial interesse de comportar uma referência à má-fé. O n.º 2 desapareceu na 1.ª Revisão (93.º)[2], chegando-se, na 2.ª (118.º), à redação final[3] 2

[1] Manuel Gonçalves Pereira, *Da ausência*, 387.
[2] *1.ª Revisão*, 44-45.
[3] *2.ª Revisão*, 47 (117.º)
[4] *Projecto*, 34 (119.º).

[1] Manuel Gonçalves Pereira, *Da ausência*, 387, com explicações a 347-348.
[2] *1.ª Revisão*, 45.
[3] *2.ª Revisão*, 47; *Projecto*, 34-35.

3 **2. Regime**. O mapa dos sucessores define-se na data da morte. Sendo esta apenas presumida, cabe à sentença fixar a data, na base dos elementos de que disponha. Conhecendo-se supervenientemente a data real, há que adequar o mapa à realidade. Opera, todavia, a usucapião.

4 **3.** A **data da morte presumida** é fixada na sentença que a declare. Quando ela tenha sido antecedida por justificação da ausência, vale a data do trânsito da respetiva sentença, acrescida de quatro meses sobre as publicações previstas no 884 do CPC, nos termos deste mesmo preceito[4]. O 103.º/1, ao fixar a data das últimas notícias do ausente, como marco para determinar os herdeiros, tem apenas esse preciso alcance, devendo ser interpretado restritivamente. Parece claro que, caso antes do trânsito em julgado da sentença que justifique a ausência, se verifique que outros são os herdeiros, o mapa da entrega deve ser revisto.

Artigo 119.º (Regresso do ausente)

1. Se o ausente regressar ou dele houver notícias, ser-lhe-á devolvido o património no estado em que se encontrar, com o preço dos bens alienados ou com os bens diretamente sub-rogados, e bem assim com os bens adquiridos mediante o preço dos alienados, quando no título de aquisição se declare expressamente a proveniência do dinheiro.

2. Havendo má-fé dos sucessores, o ausente tem direito a ser indemnizado do prejuízo, sofrido.

3. A má-fé, neste caso, consiste no conhecimento de que o ausente sobreviveu à data da morte presumida.

Índice

1 **1. Origem**. O preceito sucede ao 80.º do CS. O anteprojeto Gonçalves Pereira propôs (32.º)[1]:

> 1. No caso de voltar a pessoa que deu causa à abertura da herança, ou de aparecer um seu procurador bastante, constituído em data que não justifique nova declaração de morte presumida, é devolvido o património no estado em que se achar, sem satisfação do valor das benfeitorias, com os bens directamente sub-rogados, o preço dos alienados ainda não recebido e os bens expressamente adquiridos com esse preço.
>
> 2. Porém, havendo má fé dos sucessores verificar-se-á o direito à indemnização integral pelos prejuízos sofridos.
>
> 3. A má fé consiste no conhecimento de que o ausente sobreviveu à declaração de morte presumida.

[4] Quanto a outras opiniões *vide infra* a anot. 3 ao 120.º.

[1] Manuel Gonçalves Pereira, *Da ausência*, 387, com explicações a 342-347.

O preceito, próximo do final, foi retocado nos preparatórios subsequentes[2]. 2

2. Origem. O regresso do ausente declarado morto presumido coloca problemas embaraçosos. No plano pessoal, se o cônjuge tiver contraído novas núpcias, passa este a divorciado (116.º). No patrimonial, são-lhe devolvidos os bens no estado em que estiverem, com sub-rogação real: cabem-lhe os bens diretamente sub-rogados, o preço dos alienados e os bens adquiridos mediante o preço dos alienados, quando esse facto esteja expressamente declarado no título de aquisição 3

3. A **má-fé** dos sucessores obriga-os a indemnizar do prejuízo sofrido (n.º 2): de todo o prejuízo (562.º e 564.º/1). A má-fé consiste no conhecimento de que o ausente sobreviveu à data da morte presumida (n.º 3). De acordo com a atual Ciência do Direito, a boa-fé deve ser tomada na aceção ética[3]: é ainda considerado como má-fé o desconhecimento culposo, ou seja, aquele que represente uma violação dos deveres de cuidado que ao caso caibam. 4

Subsecção IV – Direitos eventuais do ausente

Artigo 120.º (Direitos que sobrevierem ao ausente)

Os direitos que eventualmente sobrevierem ao ausente desde que desapareceu sem dele haver notícias e que sejam dependentes da condição da sua existência passam às pessoas que seriam chamadas à titularidade deles se o ausente fosse falecido.

Índice

1 **1. Origem**. No anteprojeto Gonçalves Pereira eram propostos os preceitos seguintes[1]: 1

34.º (Direitos relativos à pessoa cuja existência não é conhecida)

Todo aquele que reclame um direito, em nome de pessoa cuja existência não é conhecida, tem de provar que essa pessoa vivia ao tempo em que sobreveio tal direito.

35.º (Direitos sucessórios)

1. Quando a uma herança seja chamada uma pessoa, cuja ausência ainda não está declarada, deve aquela ser confiada transitòriamente ao curador provisório do ausente. Os bens móveis compreendidos na herança e os imóveis, se necessário, podem ser alienados com autorização judicial para, com o preço, se satisfazerem os direitos de transmissão ou outros encargos sucessórios.

2. Declarada a ausência ou a morte presumida, de forma a não poder concluir-se pela existência do ausente à data da abertura da herança, passará esta para aqueles a quem seria devolvida na falta do dito ausente, salvo o direito a representação.

[2] *1.ª Revisão*, 45 (92.º); *2.ª Revisão*, 48 (119.º); *Projecto*, 35 (119.º).

[3] *Tratado de Direito civil*, I, 4.ª ed., 965-966.

[1] Manuel Gonçalves Pereira, *Da ausência*, 388, com explicações a 349-353.

3. A entrega dos bens só se efectua mediante prévio arrolamento, devendo ainda ser prestada caução, quando necessária. Após a declaração de morte presumida não há lugar a caução.

2 Os textos transcritos permitem entender melhor o alcance do 120.º. A 1.ª Revisão manteve os peceitos (94.º e 95.º)[2], enquanto a 2.ª (120.º)[3] encontrou uma fórmula sintética que passou ao Projeto[4] e ao texto em vigor.

3 **2. Regime**. Determinados direitos, com relevo para os sucessórios, firmam-se em certa data e, para o caso: o da morte do autor da herança. Mas para tanto, necessário é que o pretenso titular exista, nessa data. Em face de um ausente, põe-se o problema de se desconhecer se ele está vivo. O 120.º resolve: os direitos em causa passam para as pessoas que lhe sucederiam, se ele fosse falecido, o que se presume ter sucedido na data em que, nos termos do 884.º do CPC, a justificação da ausência produz efeitos: quatro meses sobre a sua publicação por edital na sede da junta de freguesia e por anúncio em jornal (n.º 1). Parece a melhor solução, já que então se dá a abertura (e a eficácia) dos testamentos[5].

4 **3.** A **conciliação com o 103.º** constitui um ponto delicado do regime da ausência. Esse preceito indica a data das últimas notícias para a determinação do mapa dos herdeiros a quem os bens do ausente vão ser entregues, em curadoria definitiva. Todavia, a data da eficácia da sentença que justifique a ausência pode ser muito posterior, altura em que os herdeiros poderão ser úteis. Repare-se, ainda, que apenas com a abertura do testamento – também subsequente às últimas notícias – se pode apurar o mapa dos sucessores.

5 Tudo visto, deve prevalecer a data em que a justificação produz efeitos, fixada no 884.º do CPC. O 103.º deve ser interpretado restritivamente ou, em alternativa: parcialmente alterado pelo CPC.

Artigo 121.º (Curadoria provisória e definitiva)

1. O disposto no artigo anterior não altera o regime da curadoria provisória, à qual ficam sujeitos os direitos nele referidos.

2. Instaurada a curadoria definitiva, são havidos como curadores definitivos, para todos os efeitos legais, aqueles que seriam chamados à titularidade dos direitos nos termos do mesmo artigo.

Índice

1 **1. Origem**. O preceito surge apenas na 2.ª Revisão (121.º)[1]. Visou solucionar uma dúvida: qual o regime aplicável, havendo curadoria provisória, uma vez que os curadores não são, nessa fase, os

[2] *1.ª Revisão*, 46.
[3] *2.ª Revisão*, 48.
[4] *Projecto*, 35.
[5] Fernando Pires de Lima/João Antunes Varela, *Código Civil anotado*, 1, 4.ª ed., 134, optam pela data das últimas notícias, enquanto outra doutrina fixa a morte na data da curadoria definitiva; *vide* Clara Martins Ferreira, *UCP//Comentário*, 264. Referindo a data das últimas notícias, com a ressalva do mandato, que só caduca quando o facto seja conhecido pelo mandatário: STJ 18-mar.-1986 (Luís Fanqueira), Proc. 073394.
[1] *2.ª Revisão*, 48-49.

possíveis herdeiros. Havia que ressalvar essa situação, em termos que passaram ao Projeto (121.º) e ao Código final.

2. Regime. O preceito ressalva, de facto, regras já fixadas: quer as relativas à curadoria provisória (n.º 1), quer as atinentes à definitiva, como constavam do 104.º (n.º 2) 2

Secção V – Menores e maiores acompanhados[1]

Subsecção I – Condição jurídica dos menores

Introdução (122.º a 137.º)

Bibliografia: Américo Campos Costa, *Breves notas sobre a menoridade e as incapacidades no anteprojecto do Código Civil (1.ª Revisão Ministerial)*, BMJ 133 (1964), 5-53; António Menezes Cordeiro/A. Barreto Menezes Cordeiro, *Tratado*, IV, 5.ª ed. (2019), 469-493; António Pais de Sousa/Carlos F. de Oliveira Matias, *Da incapacidade jurídica dos menores, interditos e inabilitados no âmbito do Código Civil*, 2.ª ed. (1983), 291 pp.; Carlos Alberto da Mota Pinto, *Teoria geral do Direito civil*, 4.ª ed., 2005; 227-244; Fernando Pires de Lima, *Filiação, poder paternal, tutela de maiores, emancipação e maioridade/Projecto de reforma*, BMJ 89 (1959), 23-122; Guilherme Moreira, *Instituições do Direito civil*, 1 (1907), 168-200; Hans Ewald Hörster, *A parte geral do Código Civil português* (1992), 308-351; Jorge Morais Carvalho/Paulo Távora Vítor, em Ana Prata (org.), *Código Civil anotado*, 2.ª ed., (2019), 152-208; Luís Carvalho Fernandes, *Teoria geral do Direito civil*, 1, 6.ª ed. (2012), 250-310; Luiz da Cunha Gonçalves, *Tratado de Direito civil*, 2 (1930), 117-733; Manuel Gomes da Silva, *O Direito de família no futuro Código Civil*, BMJ 123 (1963), 285-320; Manuel Gomes da Silva/Fernando Pessoa Jorge, *O Direito de família no futuro Código Civil (Quinta parte)*, BMJ 124 (1963), 251-283; Maria Clara Sottomayor, UCP *Comentário ao Código Civil/Parte geral* (2014), 265-294; Raúl Guichard, *Sobre a incapacidade dos menores no Direito civil e a sua justificação*, RCEJ 6 (2005), 103-148; Rosa Martins, *Menoridade, (in)capacidade e cuidado parental* (2008), 256 pp..

Índice

I – Dados sociológicos e históricos

1. Desde o **nascimento**, o ser humano inicia um processo físico e mental, até atingir a autossuficiência. O recém-nascido está dependente. Ao longo de anos, ele vai adquirir a locomoção, 1

[1] O título foi adotado pelo 22.º da L 49/2018, de 14-ago.; o inicial era incapacidades, abrangendo os menores, as interdições e as inabilitações, hoje substituídas pelo acompanhamento.

a fala e um conjunto de esquemas de higiene e de apresentação. Sofre um processo de socialização, e submete-se a prolongados procedimentos de aprendizagem cultural e profissional: com a maior naturalidade, no seio das famílias. Só por exceção ocorre a intervenção do Estado e do Direito.

2 Com o nascimento, surge a capacidade de gozo. Mas não o exercício pessoal e livre: há incapacidade de exercício, ditada pela natureza das coisas.

3 **2. Evolução**. O Direito romano regulava a situação jurídica dos menores; mas desconhecia o conceito geral de incapacidade[2]. Até aos 7 anos, tínhamos o *infans*, incapaz; após os 7, os *impuberes*, imputáveis. A *pubertas* verificava-se aos 14 anos para os homens e aos 12, para as mulheres: conduzia à capacidade plena. Os *infantes* e os *impuberes* estavam sujeitos à tutela. A "maioridade" prevista, no Direito romano, para os 14 anos tornava-se pouco relevante, na prática: o jovem continuava sujeito ao *pater familias*. No final do Império, a maioridade foi fixada aos 25 anos, numa solução que passou ao Direito comum e às codificações iniciais.

4 A maioridade tem vindo a recuar: dos 25 anos do Direito comum passou-se para os 21 das codificações clássicas, estando hoje generalizados os 18: um movimento destinado a acelerar a integração dos jovens na vida política, procurando captar o voto. Tal movimento funciona em sentido contrário ao das realidades: mercê do alongamento dos estudos, a idade da plena autonomia pessoal e patrimonial avança: não recua.

5 **3. O poder paternal** tem vindo a dulcificar-se. As leis modernas aproximam a menoridade e o poder paternal do espírito próprio do Direito da família, em detrimento de uma simples questão de (in)capacidade. Todavia, a instabilidade da família e a multiplicação das filiações extramatrimoniais coloca novos desafios.

II – A experiência portuguesa

6 **4.** Nas **Ordenações**, a maioridade alcançava-se aos 25 anos, de acordo com o Direito comum[3].

7 **5. O Código de Seabra**, de acordo com as leis do seu tempo, fixou a maioridade aos 21 anos. A matéria vinha integrada no livro das pessoas e era seguida pela filiação e pelo poder paternal[4].

8 **6. Preparatórios**. O tema foi tratado por Manuel Gomes da Silva, no âmbito do Direito da família[5]. A capacidade dos menores ocorria, pela positiva, dentro dos limites do dever de obediência e da sua capacidade natural (5.º, § 2.º):

> (...) gozam de liberdade pessoal e podem, no exercício dos seus direitos civis, agir ou abster-se de agir livremente, contanto que o não façam por meio de atos jurídicos que lhes sejam vedados por lei.

[2] *Tratado*, IV, 5.ª ed., 469 ss..

[3] *Ord. Fil.*, Liv. III, tít. XLI, pr. = ed. Gulbenkian, II/III, 623/I; *vide* Sónia Moreira, *A autonomia do menor no exercício dos seus direitos*, SI 2001, 159-194 (162 ss.). Procedia-se, ainda e ao estilo românico da receção, a uma série de distinções dentro dos menores: púberes e impúberes, consoante houvessem ou não completado os 14 (homens) ou os 12 (mulheres) anos; infantes, até aos 7 anos; dos 7 aos 10 e meio (homens) ou 9 e meio (mulheres), próximos à infância; desses limites e até à puberdade, próximos à puberdade; os púberes até aos 18 anos (homens) ou aos 14 (mulheres) dizem-se na puberdade menos plena; daí em diante, na puberdade plena. Os menores são assistidos pelo pai ou, na sua falta, por tutor. Não se falava, então, em "incapacidades" as quais, de resto, não eram totais. O menor de 7 anos não podia contratar; a partir daí, porém, poderia fazê-lo, nos contratos que lhe fossem vantajosos.

[4] O projeto primitivo ainda mantinha a maioridade aos 25 anos, num ponto alterado pela comissão revisora: José Dias Ferreira, *Código Civil Anotado*, 1, 2.ª ed., 88. Para uma exposição da matéria à luz do Código de Seabra cumpre referir Manuel Anselmo, *Da capacidade e da responsabilidade civil dos menores*, RDES VIII (1955), 219-240.

[5] Manuel Duarte Gomes da Silva, *O direito da família no futuro Código Civil*, BMJ 123 (1963), 285-320. O tema surgia, aí, no capítulo relativo à filiação, designadamente em secção intitulada *da condição jurídica dos filhos-famílias*.

Seguia-se uma incapacidade para atividades jurídicas (6.º) com latas exceções (7.º) que permitiam: (a) a prática de atos jurídicos próprios da vida corrente dos menores; (b) o exercício de profissão autorizada e, depois, a livre prática de todos os atos jurídicos a ela inerentes. Pretendia-se substituir uma ideia de incapacidade do menor pela conceção de uma capacidade gradativa, adaptada à sua real condição. Donde a evolução linguística: a substituição de "incapacidade", termo grave e até pejorativo, pela tradicional "condição dos menores". 9

Na preparação do Código Civil, a matéria foi deslocada para o Livro I (Parte geral), numa rubrica sobre "incapacidades", desligada da família e lado a lado com as interdições: uma opção que apenas se concretizou na 2.ª Revisão[6]. O Direito dos menores, nas mais de cinco décadas de vigência do Código, não logrou um desenvolvimento mínimo. 10

III – O Direito dos menores

7. A dignificação dos jovens não permite reconduzi-los a um tema de "incapacidades". Constituem a parcela mais delicada da Humanidade e que mais atenção merece[7]. 11

8. Há uma **dispersão** de regras, designadamente: (1) as "incapacidades"; (2) a filiação; (3) o registo civil; (4) as regras de proteção, para a hipótese de não operarem os esquemas naturais de Direito da família; (5) o Direito da educação; (6) regras dispersas que contemplam a situação dos menores. Toda esta matéria pode ser sistematizada e ordenada em função de pontos de vista unitários: um Direito de menores, ponto de partida para melhoramentos científicos e legislativos. 12

9. A tradição nacional remonta a Pina Manique (1733-1805) e à Casa Pia. 13

10. A **legislação moderna** data do D de 27-mai.-1911[8]. Seguiu-se uma série de diplomas que culminou na Organização Tutelar de Menores (DL 44.288), acompanhada pela reforma dos Serviços Tutelares (DL 44.287) e pelo regulamento da Direção-Geral dos Serviços Tutelares de Menores (DL 44.289, todos de 24-abr.-1962). 14

De acordo com a tradição legislativa portuguesa, esta matéria vem sofrendo muitas dezenas de alterações, sucedendo-se as reformas a um ritmo muito superior ao do seu estudo. 15

Em 1978 foi aprovada a Organização Tutelar de Menores (DL 314/78, de 27-out.) em vigor durante quase 40 anos, tendo sido revogado pela L 141/2015, de 8-set., que aprovou o Regime Geral do Processo Tutelar Cível[9]. 16

A Lei 147/99, de 1-set., aprovou a *Lei de proteção de crianças e jovens em perigo,* alterada pela L 142/2015, de 8-set., que a republicou em anexo e pelas L 23/2017, de 23-mai. e 26/2018, de 5-jul.. Corresponde à tendência atual substituir a tutela tradicional por medidas de acompanhamento social. As comissões de proteção são fundamentais; todavia, a composição heterogénea que lhes é conferida pelos 17.º e 20.º, da Lei de Proteção, deixa recear falta de profissionalismo e de experiência, num domínio em que esses fatores são essenciais. Seguiu-se-lhe a Lei Tutelar Educativa, aprovada pela L 166/99, de 14-set., alterada pela L 4/2015, de 15-jan., que a republicou em anexo[10]. 17

O Direito dos menores desenvolve alguns princípios e conceitos úteis para a interpretação do próprio Código Civil. Assim: (a) os tribunais de menores têm por fim a pro- 18

[6] *2.ª Revisão*, 49-54 (122.º a 137.º). Na *1.ª Revisão*, 48, passava-se da ausência para as interdições.

[7] Paulo Cunha, *Teoria geral/Sumários*, 42 ss..

[8] CLP 1911, 989 ss., antecedida por um esclarecedor relatório, 989-992.

[9] Alterada pela L 24/2017, de 24-mai., relativa à violência doméstica e que aditou os 24.º-A e 44.º-A.

[10] *Vide* Maria João Leote de Carvalho, *A intervenção institucional na área da justiça tutelar de menores em Portugal,* RMP 25, 98 (2004), 37-76.

teção destes[11]; (b) a intervenção para a proteção da criança e do jovem em perigo (4.º da Lei de Proteção) obedece, entre outros, aos princípios do interesse superior da criança, à privacidade, abrangendo a imagem e a intimidade da vida privada, à intervenção precoce e mínima e à proporcionalidade. Proliferam as posições funcionais e os poderes-deveres.

19 **11. O Direito internacional**[12]: releva a Declaração dos Direitos da Criança, aprovada pela Resolução n.º 1386 (XIV) da ONU, de 20-nov.-1955, que influenciou legislações de vários países. Em 20-nov.-1989, a ONU aprovou a Convenção sobre os Direitos da Criança, ratificada por Portugal em 12-set.-1990[13]. Com fins de proteção, o DL 67/2004, de 2-mar., criou um registo nacional de menores estrangeiros que se encontrem em situação irregular no território nacional[14].

Subsecção I – Condição jurídica dos menores

Artigo 122.º (Menores)

É menor quem não tiver ainda completado dezoito anos de idade.

Índice

1 **1. Origem**. O 122.º tem a redação dada pelo 12.º do DL 496/77, de 25-nov.[1]. A redação original dispunha:

> São menores as pessoas de um e outro sexo enquanto não perfizerem vinte e um anos de idade.

1 O preceito foi proposto por Gomes da Silva no *Direito da família* (4.º)[2], devendo a sua localização atual à 2.ª Revisão[3] e, depois, ao Projeto[4] (122.º). Daí a referência a "um ou outro sexo", uma vez que a idade núbil era diferente para homens (16 anos) e mulheres (14 anos).

2 A redação de 1977 não tinha razões para especificar essa igualdade, agora evidente. De acordo com os ventos da época, fixou os 18 anos[5].

3 **2. Natureza**: o 122.º vale por si. Embora visando mediatamente a tutela dos jovens, ele fixa uma idade firme, insensível à realidade. Não é possível qualquer redução teleológica[6]: nem provando

[11] REv 12-jan.-1985 (Matos Canas), BMJ 443 (1995), 470 (o sumário).

[12] *Vide* Sónia Moreira, *A autonomia do menor no exercício dos seus direitos*, SI 2001, 159-194. (170 ss.)

[13] Resolução 20/90, da AR, DR I Série, n.º 211, de 12-set.-1990, 3738-(2)-3738-(20).

[14] O competente regulamento foi adotado pela P 995/2004, de 9-ago..

[1] DR I, n.º 277, de 25-nov.-1977, 2818(11)/I.

[2] Manuel Gomes da Silva, *O Direito da família*, 286.

[3] *2.ª Revisão*, 49.

[4] *Projecto*, 122.

[5] A alteração da maioridade para os 18 anos foi precedida por um estudo de política legislativa, coordenado por Rui de Alarcão. *Vide* Rui de Alarcão, *Maioridade e emancipação na revisão do Código Civil*, RFD LII (1976), 363-369 e os anexos de José Carlos Brandão Proença, *A maioridade e a emancipação*, *idem*, 371-382 e de J. Sousa Ribeiro, *A maioridade e a emancipação nos países socialistas*, *idem*, 383-388.

[6] *Tratado*, I, 4.ª ed., 783-784.

que, antes dos 18 anos, um jovem tem uma maturidade superior, ou que um maior tem uma idade psicológica inferior. O bem imediato é a fixação de uma fronteira firme, por razões de segurança e de racionalização.

Artigo 123.º (Incapacidade dos menores)

Salvo disposição em contrário, os menores carecem de capacidade para o exercício de direitos.

Índice

1. Origem. O preceito remonta ao 98.º do CS. No anteprojeto Gomes da Silva/Pessoa Jorge, tinha a composição seguinte[1]: 1

6.º (Incapacidade dos menores para actividades jurídicas)

§ 1.º – Salvo disposição da lei em contrário, os menores não emancipados não podem praticar pessoalmente actos jurídicos, nem estar por si em juízo, seja como autores, seja como réus.

§ 2.º – Os menores com mais de catorze anos de idade serão, todavia admitidos a intervir nas acções em que sejam partes, e devem ser citados para aquelas em que forem réus.

A 2.ª Revisão inseriu o preceito na Parte geral, com um teor quase definitivo: apenas referia "menores não emancipados" (123.º)[2] 2

2. Alcance. O 123.º, aparentemente claro, não se aplica: (a) à capacidade de gozo; (b) aos direitos reais, à família e às sucessões; (c) à generalidade dos negócios obrigacionais. 3

(a) A **capacidade de gozo** é, em regra, plena, desde o nascimento (67.º). Apenas é limitada: (1) no caso de acompanhamento, na eventual medida da sentença (147.º/1); (2) no tocante ao casamento, em que se exigem os 16 anos [1601.º, *a*)]; (3) *idem*, quanto à perfilhação (1850.º/1); (4) quanto à adoção, com regras próprias (1979.º/1 e 1992.º/1 e 2); (5) quanto ao testamento (2188.º), que não admite representação (2182.º/1). 4

(b) **Limitação às obrigações**: o procurador deve apenas ter a capacidade de entender e querer (263.º); a aquisição da posse exige somente o uso da razão, uso esse que é mesmo dispensável quanto a coisas ocupáveis (1266.º), numa regra extensiva à ocupação; o casamento [1601.º, *a*)], a perfilhação (1850.º/1) e a adoção (1979.º/1 e 1992.º/1 e 2) têm regras próprias; o testamento, *idem* (2188.º). 5

(c) **E a certos contratos**. Dentro das próprias obrigações, opera o 127.º, com latas exceções; na responsabilidade civil, a imputabilidade opera aos 7 anos (488.º/1). 6

[1] Manuel Gomes da Silva, *O Direito da família*, 287.

[2] *2.ª Revisão*, 49; *Projecto*, 36 (123.º).

7 **3. Sentido**. O 123.º funciona, nos contratos, no domínio do ónus da prova: nos negócios com menores, há que verificar se estão ao seu alcance e se envolvem uma "pequena importância" [127.º/1, *b*)].

8 O 123.º vale como regra tradicional e de enquadramento. Na sua aplicação, deve ser conjugado com diversos outros preceitos.

Artigo 124.º (Suprimento da incapacidade dos menores)

A incapacidade dos menores é suprida pelo poder paternal e, subsidiariamente, pela tutela, conforme se dispõe nos lugares respetivos.

Índice

I – Enquadramento

1 **1. Origem**. O preceito corresponde ao 100.º do CS. Foi introduzido, já com a redação definitiva, na 2.ª Revisão (124.º)[1].

2 **2. Sentido**. O 124.º funciona como uma norma de enquadramento. Não acrescenta nada relativamente ao denominado suprimento da incapacidade dos menores, limitando-se a dar uma imagem do sistema implicado.

II – O poder paternal [2]

3 **3. Conteúdo**. Abrange um conjunto multifacetado de direitos e poderes funcionais[3], no interesse dos filhos (1878.º/1): (1) velar pela sua segurança; (2) velar pela sua saúde; (3) prover ao seu sustento; (4) dirigir a sua educação; (5) exercer a sua representação; (6) administrar os seus bens.

[1] *2.ª Revisão*, 49-50; *Projecto*, 36 (124.º).

[2] A reforma introduzida pela L 61/2008, de 31-out., substituiu, na epígrafe da secção II, do capítulo II, do título III, do livro IV, "poder paternal" por "responsabilidades parentais", alterando, nesse mesmo sentido, os 1877.º e seguintes. Não tocou nem no 124.º nem nos 1921.º e seguintes: poder paternal mantém-se correto, não deixando de o ser por pertencer também à mãe ou, até, apenas a ela. Este tipo de remodelação linguística, conquanto que bem intencionado e politicamente correto, não é próprio do Direito civil. Acresce que "parental" não é bom português: o conjunto pai/mãe diz-se pais e não "parentes": puro galicismo. Preferível seria a expressão "poder familiar", do Código brasileiro (1630.º e seguintes).

[3] Pais de Sousa/Oliveira Matias, *Da incapacidade jurídica*, 2.ª ed., 118 ss..

4. O **poder de representação** (1881.º/1) compreende o "... exercício de todos os direitos e o cumprimento de todas as obrigações[4] do filho, excetuados ...": (1) os atos puramente pessoais, com relevo para os de natureza familiar; (2) os que o menor possa praticar pessoal e livremente, como sejam os das "exceções" do 127.º e toda a restante massa de atos que escape ao Direito contratual; (3) os que se reportem a bens cuja administração não caiba aos pais. 4

O essencial da representação legal tem a ver com a administração dos bens dos filhos. Além disso, ela inclui-se na lógica global do poder paternal, como um todo. 5

5. Exercício. Na constância do casamento, o poder paternal pertence a ambos os pais (1901.º/1). Se um dos pais o exercer, presume-se o acordo do outro, salvo se a lei exigir o consentimento de ambos ou se se tratar de um ato de especial importância (1902.º/1). Estando um dos pais impedido, o exercício cabe unicamente ao outro progenitor (1903.º), o mesmo se observando na hipótese de viuvez (1904.º). 6

No caso de divórcio, separação judicial de pessoas e bens, declaração de nulidade ou anulação de casamento, o poder paternal é regulado por acordo dos progenitores, a homologar pelo tribunal, em função dos interesses do menor; não havendo acordo, o tribunal decide, em função dos mesmos interesses (1905.º). Sendo o filho confiado a uma terceira entidade[5], cabem a esta os poderes e deveres dos pais que forem exigidos pelo adequado desempenho das suas funções (1907.º/1)[6]. Outros pontos constam dos 1908.º e seguintes, havendo vasta casuística[7]. A regulação é feita tendo em conta os interesses do menor[8]. 7

6. Inibição. Ocorre nos termos dos 1913.º e seguintes. A inibição opera de pleno direito (automaticamente) nas hipóteses do 1913.º/1: condenação por crime a que a lei atribua esse efeito e acompanhamento, quando a sentença assim o declare. Além disso, pode ocorrer por ação específica, caso os pais infrinjam culposamente os deveres para com os filhos, com grave prejuízo para estes (1915.º/1)[9]. 8

As decisões relativas ao poder paternal estão sujeitas a registo obrigatório, devendo ser oficiosamente comunicadas à repartição do registo civil competente (1920.º-B). Cumpre, ainda, anotar o Regulamento 2201/20003, 27-nov.-2003, relativo à competência, ao reconhecimento e à execução de decisões em matéria matrimonial e de regulação do poder paternal, em relação a filhos comuns do casal. 9

7. A **adoção** dá azo a poder paternal, em benefício do menor[10]. 10

III – A tutela

8. Tem **natureza** subsidiária, em relação ao poder paternal (124.º). Pelo 1921.º/1, é obrigatória[11]: (1) se os pais houverem falecido; (2) se estiverem inibidos do poder paternal quanto à 11

[4] A fórmula legal deve ser alargada: a representação legal permite contratar em nome e por conta dos filhos, o que não se coaduna com o exercício de um direito *proprio sensu* nem com o cumprimento de uma obrigação.

[5] Os tribunais bastam-se com situações de facto, não fazendo depender a aplicação deste regime de uma decisão judicial ou negócio jurídico: RCb 21-mai.-2014 (José Eduardo Martins), Proc. 1707/10.

[6] O processo relativo à regulação do poder paternal resulta dos 34.º e seguintes do Regime Geral do Processo Tutela Cível.

[7] P. ex.: RPt 16-set.-2004 (Teles de Menezes), CJ XXIX (2004) 4, 165-166: a deslocação para Portugal de menores contra a vontade da mãe e contra o acordado por ambos os pais é ilícita.

[8] RLx 9-dez.-2004 (Aguiar Pereira), CJ XXIX (2004) 5, 108-110.

[9] Segue-se o processo especial regulado nos 52.º e seguintes do Regime Geral do Processo Tutela Cível.

[10] Assim: STJ 2-abr.-2005 (Pinto Monteiro), CJ/Supremo XIII (2005) 2, 25-28 e RLx 14-abr.-2005 (Manuel Gonçalves), CJ XXX (2005) 2, 102-106, quanto à confiança judicial de menor, *vide* Maria Clara Sottomayor, *Adopção ou o direito ao afecto*, SI LIV, n.º 301 (2005), 115-137.

[11] Pais de Sousa/Oliveira Matias, *Da incapacidade jurídica*, 2.ª ed., 152 ss..

regência da pessoa do filho; (3) se estiverem há mais de 6 meses impedidos de facto de exercer o poder paternal; (4) se forem incógnitos.

12 Para suprir o poder paternal, a lei prevê ainda o regime de administração de bens, caso os pais estejam excluídos de o fazer ou quando a entidade que designar tutor indique outra pessoa (1922.º).

13 **9. Funcionamento**. A tutela pode ser oficiosamente promovida (1923.º). É exercida pelo tutor e pelo conselho de família (1924.º/1). O tutor é designado pelos pais ou pelo tribunal de menores (1927.º); pelos pais, para o caso de virem a falecer ou de se tornarem incapazes (1928.º/1); pelo tribunal, nos restantes casos (1931.º/1). Posto isso, prevê a lei: (1) inibições: pessoas que não podem ser nomeadas tutoras, segundo a lista do 1933.º/1; (2) escusas: pessoas que podem escusar-se da tutela (1934.º/1). O tutor tem os direitos e as obrigações dos pais, com determinadas modificações e restrições (1935.º/1); deve exercer o encargo com a diligência do bom pai de família.

14 **10. Aspetos patrimoniais**: (1) o tutor só pode usar os rendimentos dos bens do filho no sustento e educação deste e na administração dos seus bens (1936.º); (2) são-lhe proibidos atos gravosos para o menor, elencados no 1937.º, sob pena de nulidade (1939.º); outros ficam dependentes de autorização do MP (1938.º) sob as cominações do 1940.º e salvo confirmação pelo MP (1941.º), visto o disposto no 2.º/1, *b*) e *d*), do DL /2001, de 13-out.; (3) é-lhe atribuível uma remuneração que não exceda a décima parte dos rendimentos dos bens do menor (1942.º); (4) o tutor é obrigado a relacionar os bens do menor (1943.º) e a prestar contas (1944.º)[12]; pode ser responsabilizado (1945.º), tendo direito a certas indemnizações (1946.º).

15 **11. Cessação**. A remoção ocorre caso o tutor falte ao cumprimento dos deveres próprios do cargo ou revele inaptidão para o seu exercício [1948.º, *a*)] ou caso, supervenientemente, incorra numa causa de inibição [*idem*, *b*)]. Pode, ainda, pedir a exoneração, nas hipóteses do 1950.º. A tutela termina por alguma das causas enunciadas no 1961.º: maioridade, salvo o 131.º, emancipação, salvo o 1649.º, adoção, termo da inibição do poder paternal, cessação de impedimento dos pais ou estabelecimento de maternidade ou de paternidade.

16 **12.** O **conselho de família** é (1951.º) um órgão composto pelo agente do MP, que preside e por dois vogais, escolhidos nos termos do 1952.º. Tem funções de vigilância sobre o tutor, além das que a lei lhe atribua (1954.º). Permanentemente, a fiscalização é feita por um dos vogais do conselho de família: o protutor (1955.º). A este cabem ainda outras funções de cooperação e de administração, de substituição e de representação (1956.º). A convocação e o funcionamento do conselho de família constam dos 1955.º e seguintes, sendo ainda de observar o disposto nos 1017.º e seguintes, do CPC.

17 **13.** A **assistência pública** ocorre caso não haja condições para exercer a tutela, sendo as funções de tutor exercidas pelo diretor do estabelecimento público ou particular onde tenha tido lugar o internamento; não há, então, lugar ao conselho de família, nem é nomeado protutor (1962.º).

18 **14. DIP**. Portugal é membro da *Convenção para Regular a Tutela de Menores*, assinada na Haia, em 12-jun.-1902[13].

[12] A aprovação destas não impede o pupilo de, nos dois anos subsequentes à maioridade ou à emancipação, contestar as contas em causa – 1947.º.

[13] António Marques dos Santos, *Direito internacional privado/Colectânea de textos legislativos de fonte interna e internacional*, 2.ª ed. (2000), 1053-1055.

Artigo 125.º (Anulabilidade dos atos dos menores)

1. Sem prejuízo do disposto no n.º 2 do artigo 287.º, os negócios jurídicos celebrados pelo menor podem ser anulados:

a) A requerimento, conforme os casos, do progenitor que exerça o poder paternal, do tutor ou do administrador de bens, desde que a ação seja proposta no prazo de um ano a contar do conhecimento que o requerente haja tido do negócio impugnado, mas nunca depois de o menor atingir a maioridade ou ser emancipado, salvo o disposto no artigo 131.º;

b) A requerimento do próprio menor, no prazo de um ano a contar da sua maioridade ou emancipação;

c) A requerimento de qualquer herdeiro do menor, no prazo de um ano a contar da morte deste, ocorrida antes de expirar o prazo referido na alínea anterior.

2. A anulabilidade é sanável mediante confirmação do menor depois de atingir a maioridade ou ser emancipado, ou por confirmação do progenitor que exerça o poder paternal, tutor ou administrador de bens, tratando-se de ato que algum deles pudesse celebrar como representante do menor.

Índice

I – Origem

1 **1. Preparatórios**. O preceito, que contém doutrina antes dispersa nos 98.º, 99.º, 687.º, 688.º e 696 do CS, advém do 8.º do anteprojeto Gomes da Silva[1]. Foi formalmente alterado na 2.ª Revisão[2] e no Projeto[3].

2 **2.** O **DL 496/77**, de 25-nov., deu-lhe a redação atual (13.º)[4]. Na origem, onde se lê [n.º 1, *a*) e n.º 2] "progenitor que exerça o poder paternal", lia-se "pai".

II – O regime

3 **3.** Os **atos dos menores**[5] são anuláveis[6]. Os 125.º e 126.º estabelecem um regime especial: donde a ressalva, no 125.º/1, do dispositivo do 287.º/2, que permite invocar a anulabilidade a todo o tempo, enquanto o negócio não estiver cumprido. A anulabilidade é estabelecida no interesse do menor[7]: só pode ser invocada pelo próprio ou pelo representante (287.º/1): nunca pela contraparte.

[1] Manuel Gomes da Silva, *O Direito da família*, 288.
[2] *2.ª Revisão*, 50 (125.º).
[3] *Projecto*, 36-37 (125.º).
[4] DR I, n.º 276, de 25-nov.-1977, 2818(11)/I.
[5] E não, naturalmente, os praticados pelo pai em seu nome: RLx 10-mai.-1974 (s. ind. relator), BMJ 237 (1974), 295.
[6] RPt 22-nov.-1984 (Simões Ventura), BMJ 341 (1984), 474.
[7] Raúl Guichard Alves, *Observações a respeito da incapacidade de exercício dos menores e sua justificação*, RDE 15 (1989), 359-365 (361 ss.), acentua a necessidade de ponderar também os interesses dos outros intervenientes.

4 A anulabilidade pode ser alegada pelo progenitor que exerça o poder paternal, pelo tutor ou pelo administrador de bens, nas seguintes circunstâncias [125.º/1, *a*)]: (1) dentro do prazo de um ano a contar do conhecimento que o requerente haja tido do negócio; (2) nunca depois de o menor atingir a maioridade ou ser emancipado, altura em que ao próprio caberá agir, salvo se estiver pendente ação de acompanhamento.

5 A anulabilidade pode, ainda, ser invocada pelo próprio menor, no prazo de um ano a contar da maioridade ou da emancipação [125.º/1, *b*)]. Pode, também, sê-lo por qualquer herdeiro do menor, no prazo de um ano a contar da morte deste, desde que ocorrida antes de expirado o prazo para o próprio menor a poder invocar [125.º/1, *c*)].

6 Os herdeiros do menor não podem invocar a anulabilidade quando o próprio menor esteja incurso no 126.º: os sucessores não recebem algo que nunca tivesse pertencido ao *de cuius*. O representante legal do menor doloso pode invocar a anulabilidade, nos prazos que lhe competem: estamos fora do *tu quoque*.

7 **5. Sanação**. A anulabilidade é sanável mediante confirmação (288.º/1). O 125.º/2 procede à adaptação da regra: (1) a confirmação pode ser feita pelo menor, depois de atingir a maioridade ou ser emancipado[8]; (2) pode, ainda, ser levada a cabo pelo seu representante legal que tivesse podido praticar o próprio ato em jogo.

8 **6. Natureza**. A solução da (mera) anulabilidade especial, uma vez que apenas o próprio menor ou o seu representante a podem invocar, traduz uma solução sábia, já patente no 99.º do CS[9]. Evitam-se, assim, discussões surgidas nos ordenamentos que se refugiam na nulidade de tais atos.

9 Os atos praticados pelos menores tendem para a validade. Apenas, em virtude da preocupação pelos jovens, se permite um esquema de certa "impunidade": se o negócio se revelar desfavorável, o menor (ou o seu representante) pode alijá-lo. Quem contrate com um menor assume, pois, o risco do negócio.

Artigo 126.º (Dolo do menor)

Não tem o direito de invocar a anulabilidade o menor que para praticar o ato tenha usado de dolo com o fim de se fazer passar por maior ou emancipado.

Índice

[8] RLx 24-out.-1978 (Santos Silveira), CJ III (1978) 4, 1361-1364 (1363/I) e STJ 19-jun.-1979 (Hernâni de Lencastre), BMJ 288 (1979), 364-368 (366).

[9] Que dispunha:

Os contratos celebrados illegitimamente pelos menores não podem, todavia, ser impugnados pelos outros estipulantes, com o fundamento da incapacidade do menor.

Tratava-se de uma "nulidade relativa", segundo a linguagem da época. *Vide* Dias Ferreira, *Codigo Civil Annotado* cit., 1, 2.ª ed., 90. Num aforismo que traduz a ideia de que quem contrata com um menor fica obrigado, não sendo o inverso verdadeiro: *qui cum his contrahunt, obligantur: ac invicem pupilli non obligantur.*

1. Origem. A norma descende do 299.º/2 do CS. No anteprojeto Gomes da Silva, tinha a redação seguinte[1]: 1

9.º (Caso em que o menor não tem acção de anulação)

§ 1.º – Não pode exercer a acção prevista no n.º 2 do § 1.º do artigo antecedente, nem defender-se com a sua incapacidade por via de excepção, o menor que, para praticar actos indevidos, tenha usado o dolo com o fim de se fazer passar por maior ou emancipado.

§ 2.º – A simples declaração ou inculca de maioridade, ou de emancipação, não é suficiente para, neste caso, caracterizar o dolo.

A redação definitiva ocorreu na 2.ª Revisão (126.º)[2]. 2

2. O **dolo** do menor é aproximado do 253.º/1: qualquer sugestão ou artifício com a intenção ou consciência de induzir ou manter em erro o autor da declaração[3]. Tais sugestões ou artifícios devem ser eficazes e, em abstrato, idóneas para produzir o engano: não operam, p. ex., perante um menor de 10 anos. Na prática, haverá falsificação: a pessoa que celebre um contrato significativo com um jovem terá a precaução mínima de lhe pedir o cartão de cidadão. 3

O preceito corresponde a um afloramento do *tu quoque*[4]: não se pode tirar partido do ilícito próprio. 4

3. A **invocação** da anulabilidade pode ser feita pelo representante legal, nos prazos que lhe cabem: estamos fora do *tu quoque* e o menor que se faça passar por maior pode, pela natureza das coisas, celebrar negócios ruinosos para ele próprio. 5

Já os herdeiros [125.º/1, *c*)] não o poderão fazer: não recebem do *de cuius* algo inexistente na esfera deste, aquando da abertura da sucessão. 6

Artigo 127.º (Exceções à incapacidade dos menores)

1. São excecionalmente válidos, além de outros previstos na lei:

***a*) Os atos de administração ou disposição de bens que o maior de dezasseis anos haja adquirido por seu trabalho;**

***b*) Os negócios jurídicos próprios da vida corrente do menor que, estando ao alcance da sua capacidade natural, só impliquem despesas, ou disposições de bens, de pequena importância;**

***c*) Os negócios jurídicos relativos à profissão, arte ou ofício que o menor tenha sido autorizado a exercer, ou os praticados no exercício dessa profissão, arte ou ofício.**

2. Pelos atos relativos à profissão, arte ou ofício do menor e pelos atos praticados no exercício dessa profissão, arte ou ofício só respondem os bens de que o menor tiver a livre disposição.

Bibliografia: António Menezes Cordeiro, *Direito do trabalho*, II (2019), 225-334.

[1] Manuel Gomes da Silva, *O Direito da família*, 288.
[2] *2.ª Revisão*, 50; *Projecto*, 37.
[3] *Tratado*, II, 4.ª ed., 871-874.
[4] *Tratado*, V, 3.ª ed., 365 ss..

Índice

I – Origem

1 **1. Evolução**. O preceito comporta regras presentes nos 147.º e 299.º do CS. A redação vigente foi adotada pelo 14.º do DL 496/77, de 25-nov.[1]. A redação inicial era a seguinte[2]:

> 1. São excepcionalmente válidos, além de. outros previstas na lei:
>
> *a*) Os actos de administração ou disposição dos bens que o menor haja adquirido por seu trabalho ou indústria, vivendo sobre si com permissão dos pais, ou pelas armas, letras ou profissão liberal, vivendo ou não em companhia dos pais;
>
> *b*) Os negócios jurídicos próprios da vida corrente do menor, que, estando ao alcance da sua capacidade natural, só impliquem despesas, ou disposições de bens, de, pequena importância;
>
> *c*) Os negócios jurídicos relativos à profissão, arte ou ofício que o menor tenha sido autorizado a exercer, ou os praticados no exercício dessa profissão, arte ou ofício.

2 A reforma de 1977 reconduziu a atividade do menor ao contrato de trabalho, desde que maior de dezasseis anos.

II – O produto do trabalho

3 **2.** O **contrato de trabalho** celebrado por menor está, hoje, muito restringido[3]. Ele exige que o menor tenha completado os 16 anos de idade, tenha concluído a escolaridade obrigatória e disponha de capacidades físicas e psíquicas adequadas ao posto de trabalho (68.º/1 do CT); se tiver menos de 16 anos, o trabalho é possível se concluída a escolaridade obrigatória – *idem*, n.º 3, podendo, porém, prestar apenas tarefas leves ou que, pelas condições específicas em que sejam realizadas, "... não sejam suscetíveis de o prejudicar no que respeita à integridade física, segurança e saúde, assiduidade escolar, a sua participação em programas de orientação ou de formação, capacidade para beneficiar da instrução ministrada, ou ainda ao seu desenvolvimento físico, psíquico, moral, intelectual e cultural" – 68.º/3[4].

4 As restrições que impendem sobre o trabalho de menores são essenciais para uma sociedade pós-liberal e humanista, mas surgem altamente responsabilizantes para o Estado: equivalem a condenar os supostos protegidos à ociosidade e à mendicidade, se não lhes forem dadas condições adequadas.

[1] DR I, n.º 273, de 25-nov.-1977, 2818(11)/II.
[2] DG I, n.º 274, de 25-nov.-1966, 1896-1897.
[3] Guilherme Dray, em Pedro Romano Martinez, *Código do Trabalho anotado*, 12.ª ed. (2020), 207-210.
[4] *Vide*, anteriormente, o 122.º/2 da LCT, com a configuração dada pela L 58/99, de 30-jun.. Quanto ao trabalho dos menores e à sua evolução: Menezes Cordeiro, *Direito do trabalho*, II (2019), 225 ss..

Podendo trabalhar, os menores dispõem dos bens daí resultantes. Se o trabalho for clan- 5
destino (o "trabalho infantil"), o menor não perde os salários ganhos; mas estes poderão ser confiados aos pais ou ao tutor, para administração, até à maioridade.

III – Negócios correntes

3. O **critério** subjacente ao 127.º/1, *b*), joga com três parâmetros: (1) vida corrente; (2) capa- 6
cidade natural; (3) pequena importância. (1) A vida corrente envolve os negócios do dia-à-dia: aquisição de bens vitais, de títulos de transporte e ingressos em espetáculos; inclui, ainda, o cumprimento de obrigações: pagamento de propinas, de impostos, de rendas ou de juros, desde que óbvios; (2) A capacidade natural liga-se ao entendimento do visado; a bitola do 488.º/2 é um referencial: sete anos para a responsabilidade civil; (3) a pequena importância depende de cada caso e dos bens em jogo, ficando ao prudente arbítrio do juiz[5].

4. O **relevo** do 127.º/1, *b*) é elevado: ele permite a autodeterminação prática do menor: apenas 7
ficam excluídos negócios extraordinários, em regra formais, com as aquisições de imóveis ou de móveis valiosos. Verifica-se, ainda, que os menores podem praticar, mesmo sem capacidade, a generalidade dos negócios viabilizados pela *Net*.

IV – Profissão, arte ou ofício

5. A **autorização** é necessária para que o menor possa exercê-los sem o limite imposto para 8
o trabalho subordinado [127.º/1, *b*)]. Isto dito, tem capacidade para praticar os atos inerentes, fazendo seu o produto e podendo dispor dele[6].

V – Situações especiais

6. Enumeração. Pela positiva, o menor tem capacidade de exercício[7]: (1) para ser representante, 9
desde que possa entender e querer o negócio concretamente em causa (263.º); (2) para efeitos de responsabilidade civil, a partir dos sete anos (488.º/2, a contrario); (3) para adquirir a posse, desde que tenha o uso da razão ou, mesmo quando a não tenha, no tocante a coisas suscetíveis de ocupação (1266.º); (4) para adquirir por usucapião, sem limites (1281.º); (5) para contrair casamento a partir dos dezasseis anos [1601.º, a), *a contrario*]; (6) para perfilhar, a partir dos dezasseis anos (1850.º/1); (7) para decidir quanto à sua educação religiosa, a partir dos dezasseis anos [1886.º, *a contrario*]; (8) para ser testemunha: desde que tenha aptidão física e mental para tanto, segundo o 495.º/1, do CPC; (9) para aderir a associações juvenis de partidos políticos, a partir dos dezasseis anos (15.º/2 do DL 595/74, de 7-nov., com alterações subsequentes); (10) para aderir a associações de menores, com idade inferior a 14 anos, desde que previamente autorizados por quem detenha o poder paternal (2.º/1, da L 124/99, de 30-ago.); (11) para, tendo completado os 14 anos, aderir a tais associações, constituir novas associações e ser titular dos respetivos órgãos, sem qualquer autorização (idem, artigo 2.º/2).

7. Outras intervenções: (1) o maior de catorze anos deve ser ouvido em questões de poder 10
paternal, salvo quando circunstâncias ponderosas o desaconselhem (1901.º/2); deve, ainda, ser ouvido quanto à nomeação de tutor (1931.º); (2) a intervenção de entidades com competência

[5] António Pais de Sousa/Carlos Frias de Oliveira Matias, *Da incapacidade jurídica dos menores, interditos e inabilitados*, 2.ª ed., 61.

[6] Quanto à posição do menor no Direito comercial, *vide* o nosso *Direito comercial*, 4.ª ed. (2016), 272 ss.; quanto ao Direito bancário, *vide* o nosso *Direito bancário*, 6.ª ed. (2016), 336 ss..

[7] Sónia Moreira, *A autonomia do menor*, 181 ss.

em matéria de infância e de juventude e de comissões de proteção de crianças e jovens depende da não oposição do visado, desde que tenha idade igual ou superior a doze anos (10.º da Lei de Proteção de Crianças e Jovens em Perigo); (3) a criança ou jovem com mais de 12 anos – ou com idade inferior quando a sua capacidade para compreender o sentido da intervenção o aconselhe –, é ouvida quanto às medidas de promoção e de proteção (84.º/1, da referida Lei).

11 **8. Outros limites**: (1) no tocante à adoção, exigem-se vinte e cinco anos de idade (ou mesmo trinta): 1979.º/1 e 1992.º; (2) 18 anos, para a obtenção de licença de uso e porte de arma[8]; (3) 35 anos para a elegibilidade como Presidente da República[9].

12 **9. Direito de personalidade**. Uma regra geral de incapacidade é inaplicável ao exercício de outros direitos, com relevo para os de personalidade e os fundamentais. O menor tem direito à intimidade da vida privada, pelo menos a partir da adolescência. Ninguém pode dispor dos seus direitos à vida ou integridade pessoal, invocando representação legal, salvo nos casos em que isso se imponha no interesse estrito do próprio menor – vg., uma intervenção cirúrgica necessária. Em caso algum convicções sociais ou religiosas dos pais poderiam facultar ritos mutilantes.

Artigo 128.º (Dever de obediência)

Em tudo quanto não seja ilícito ou imoral, devem os menores não emancipados obedecer a seus pais ou tutor e cumprir os seus preceitos.

Índice

1 **1. Antecedentes**: o preceito equivale ao 142.º do CS. Nos preparatórios, surgiram duas propostas. Segundo Gomes da Silva[1]:

5.º (Condição dos menores, em geral)

§ 1.º – Os filhos menores não emancipados devem, em tudo quanto não seja ilícito imoral, obedecer a seus pais ou àqueles que, nos termos da lei, forem designados para suprir o pátrio poder.

§ 2.º – Sem ofensa deste dever e dentro dos limites da sua capacidade natural, os menores gozam de liberdade pessoal e podem, no exercício dos seus direitos civis, agir ou abster-se de agir livremente, contanto que o não façam por meio de actos jurídicos que lhes sejam vedados por lei.

§ 3.º – Aos pais e a seus substitutos legais é lícito, porém, subordinar especificadamente a autorização sua actos e abstenções dos menores e, na falta de regulamentação especial da actividade destes, as pessoas, a quem a exigência de tal autorização for expressamente comunicada, devem respeitá-la, sob pena de responderem por perdas e danos.

2 Pires de Lima preconizou uma fórmula mais próxima do CS[2]:

[8] 18.º/1 da L 5/2006, de 23-fev., para detenção de arma no domicílio.

[9] 122.º da Constituição.

[1] Manuel Gomes da Silva, *O Direito da família*, 286-287.

[2] Fernando Pires de Lima, *Tutela de menores*, 71.

108.º Os filhos devem em todo o tempo honrar e respeitar seus pais e cumprir durante a menoridade os seus preceitos em tudo o que não seja ilícito ou imoral.

A 2.ª Revisão acolheu, com pequenas alterações, a proposta de Pires de Lima (128.º)[3], ajustada pelo Projeto (128.º)[4]. 3

2. A **obediência** tem um conteúdo determinado pelos pais ou pelos textos, correspondendo a dados éticos e sociológicos. Só por exceção o Direito pode imiscuir-se. Tecnicamente, ela exprime um direito potestativo dos pais, contraposto a uma sujeição dps filhos: tudo isso com um sentido funcional. 4

Artigo 129.º (Termo da incapacidade dos menores)

A incapacidade dos menores termina quando eles atingem a maioridade ou são emancipados, salvas as restrições da lei.

O 129.º é um preceito de enquadramento. Remete-se para os 130.º e 132.º.

Subsecção II – Maioridade e emancipação

Artigo 130.º (Efeitos da maioridade)

Aquele que perfizer dezoito anos de idade adquire plena capacidade de exercício de direitos, ficando habilitado a reger a sua pessoa e a dispor dos seus bens.

O limite dos dezoito anos foi introduzido pelo 15.º do DL 496/77, de 25-nov.[1], em obediência à nova redação do 122.º. Na versão original[2]: perfizer vinte e um anos. Trata-se de uma norma de enquadramento, que permite considerar excecionais todas as regras especiais que disponham diversamente. 1

O preceito sucede ao 311.º do CS. As propostas de Pires de Lima (268.º)[3] e de Gomes da Silva/Pessoa Jorge (57.º)[4] comportavam textos simplificados na 2.ª Revisão (130.º)[5], em termos definitivos[6]. 2

Artigo 131.º (Pendência de ação de acompanhamento de maior)

Estando pendente contra o menor, ao atingir a maioridade, ação de acompanhamento, mantêm-se as responsabilidades parentais ou a tutela até ao trânsito em julgado da respetiva sentença.

[3] *2.ª Revisão*, 51.

[4] *Projecto*, 38.

[1] DG I, n.º 274, de 25-nov.-1966, 1897/I.

[2] DR I, n.º 273, de 25-nov.-1977, 2818(11)/II.

[3] Fernando Pires de Lima, *Poder paternal*, 116.

[4] Manuel Gomes da Silva/Fernando Pessoa Jorge, *O Direito da família (Quinta parte)*, 279.

[5] *2.ª Revisão*, 52.

[6] *Projecto*, 38 (130.º).

Índice

1 **1. Origem**: a redação vigente foi dada pelo 2.º da L 49/2018, de 14-ago.[1], que introduziu o regime do maior acompanhado, em substituição das antigas interdição e inabilitação, presentes na redação original[2].

2 **2.** A **ação de acompanhamento** prolonga a menoridade, mantendo-se as responsabilidades parentais ou a tutela, até ao trânsito da sentença respetiva. Visa-se, com isso, um *continuum* de proteção.

Artigo 132.º (Emancipação)

O menor é, de pleno direito, emancipado pelo casamento.

Índice

I – Evolução

1 **1. Origem**. O 132.º tem antecedentes nos 304.º, 289.º e 291.º do CS. A redação vigente foi adotada pelo 16.º da DL 496/77, de 25-nov.[1], resultando da antecipação da maioridade para os 18 anos.

2 **2. Preparatórios**: os 59.º, do anteprojeto Gomes da Silva/Pessoa Jorge[2] e 269.º do anteprojeto Pires de Lima[3], propunham redações extensas que desembocaram, na 2.ª Revisão (132.º)[4], na redação final[5]. A redação original do 132.º (factos constitutivos da emancipação) era[6]:

> A emancipação pode resultar:
>
> *a*) Do casamento do menor;
>
> *b*) De concessão do pai, ou da mãe quando exerça plenamente o poder paternal;
>
> *c*) De concessão do conselho de família, na falta dos pais ou estando eles inibidos do poder paternal;
>
> *d*) De decisão do tribunal de menores

[1] DR, 1.ª série, n.º 156, de 14-ago.-2018, 4073/II; aproveitou-se para corrigir o futuro e para substituir "poder paternal" por responsabilidades parentais", em obediência à linguagem atual.

[2] DG I, n.º 274, de 25-nov.-1966.

[1] DR I, n.º 273, de 25-nov.-1977, 2818(11)/II.

[2] Manuel Gomes da Silva/Fernando Pessoa Jorge, *O Direito da família (Quinta parte)*, 280.

[3] Fernando Pires de Lima, *Poder paternal*, 116.

[4] *2.ª Revisão*, 52-53.

[5] *Projecto*, 38 (132.º).

[6] DG I, n.º 274, de 25-nov.-1966, 1897/I.

II – Natureza

3. A **diversidade** de factos conducentes à emancipação levava a considerar esta como um efeito: o de conferir plena capacidade de exercício ao menor emancipado. Salvo o caso do casamento, ela só era possível depois dos dezoito anos. 3

O regime vigente entre 1967 e 1977 distinguia as diversas hipóteses, de acordo com os revogados 134.º a 137.º, abaixo transcritos. 4

4. O **casamento**, com a reforma de 1977, manteve-se como a única forma de emancipação. Trata-se do casamento de menor, que exige autorização dos pais ou do tutor, com eventual suprimento pelo conservador do registo civil – 1604.º, *a*) e 1612.º. 5

Artigo 133.º (Efeitos da emancipação)

A emancipação atribui ao menor plena capacidade de exercício de direitos, habilitando-o a reger a sua pessoa e a dispor livremente dos seus bens como se fosse maior, salvo o disposto no artigo 1649.º.

Índice

1. Origem. O preceito sucede a 305.º do CS. Os anteprojetos Gomes da Silva/Pessoa Jorge (60.º)[1] e Pires de Lima (270.º)[2] consagravam redações semelhantes, que passaram, com alterações formais, à 2.ª Revisão (133.º)[3] e ao Projeto (133.º)[4]. 1

A redação vigente foi adotada pelo 17.º do DL 496/77[5]. Na versão original, o preceito dizia: "salvo o disposto nos artigos 136.º e 1649.º". O 136.º, relativo à emancipação restrita, foi revogado pelo referido DL. 2

2. Delimitações. A emancipação não é, tecnicamente, maioridade. O visado diz-se menor emancipado. 3

O 1649.º comporta uma sanção especial para o menor que case sem autorização dos pais ou do tutor ou o respetivo suprimento. Dispõem os seus dois primeiros números[6]: 4

> Artigo 1649.º Casamento de menores – 1. O menor que casar sem ter obtido autorização dos pais ou do tutor, ou o respetivo suprimento judicial, continua a ser considerado menor quanto à administração de bens que leve para o casal ou que posteriormente lhe advenham por título gratuito até à maioridade, mas dos rendimentos desses bens ser-lhe-ão arbitrados os alimentos necessários ao seu estado.
>
> 2. Os bens subtraídos à administração do menor são administrados pelos pais, tutor ou administrador legal, não podendo em caso algum ser entregues à administração do outro cônjuge durante

[1] Manuel Gomes da Silva/Fernando Pessoa Jorge, *O Direito da família (Quinta parte)*, 281.
[2] Fernando Pires de Lima, *Poder paternal*, 117.
[3] *2.ª Revisão*, 53
[4] *Projecto*, 39.
[5] DR I, n.º 273, de 25-nov.-1977, 2818(11)/II.
[6] O DL 163/95, de 13-jul., alterou o 1604.º, *a*), substituindo o suprimento judicial pelo do conservador do registo civil; todavia, não "corrigiu" o 1649.º/1, que mantém a referência anterior.

a menoridade do seu consorte; além disso, não respondem, nem antes nem depois da dissolução do casamento, por dívidas contraídas por um ou ambos os cônjuges no mesmo período.

3. (Revogado pelo DL 496/77).

5 A preocupação legal reside na tutela do menor emancipado, em especial em face do cônjuge, que poderá ser de maior idade e ter provocado o casamento sem a reflexão exigível. A alternativa de examinar, no terreno, o mérito do cônjuge em causa não se afigura adequado.

6 O 2274.º, relativo ao legado deixado a menor, dispõe:

> O legado deixado a um menor para quando atingir a maioridade não pode por ele ser exigido antes desse tempo, ainda que seja emancipado.

7 Respeita-se a vontade do *de cuius*, tal como formulada.

Artigo 134.º (revogado)
Emancipação por concessão dos pais ou do conselho de família

A emancipação por concessão do pai, da mãe ou do conselho de família só é possível com a aquiescência do menor e depois de este haver completado dezoito anos de idade.

Artigo 135.º (revogado)
Emancipação resultante de decisão judicial

O tribunal de menores pode decretar a emancipação do menor que tenha completado dezoito anos de idade, ocorrendo alguma das seguintes circunstâncias:

a) Ser o menor filho ilegítimo;
b) Proceder o menor de casamento declarado nulo ou anulado, ou acharem-se os pais divorciados, separados judicialmente de pessoas e bens ou separados de facto;
c) Estar o menor sob tutela;
d) Estar o menor abandonado.

Artigo 136.º (revogado)
Emancipação restrita

1. *A emancipação por concessão ou por decisão do tribunal de menores pode respeitar apenas a certos actos ou categorias de actos, continuando o emancipado a ser havido como menor quanto aos actos restantes.*

2. *Sempre que tiver sido concedida com o intuito de habilitar o menor à prática de certos actos ou ao exercicio de determinada actividade, e esse fim constar do respectivo registo, presume-se que a emancipação se restringe à prática desses actos ou ao exercicio dessa actividade.*

Artigo 137.º (revogado)
Revogação da emancipação

1. *A emancipação por concessão ou por decisão do tribunal de menores é revogável por este tribunal, a requerimento do emancipante ou do Ministério Público, ou oficiosamente, se o emancipado vier a mostrar inaptidão para reger a sua pessoa ou administrar os seus bens.*

2. *A revogação só produz efeitos a partir do registo.*

Os 134.º a 137.º foram revogados pelo 18.º do DL 496/77, de 25-nov.[1]*. Traçavam cenários pormenorizados que perderam o sentido com o abaixamento da menoridade para os 18 anos e com a limitação da emancipação ao casamento.*

Subsecção III – Maiores acompanhados

Introdução (138.º a 156.º)

Bibliografia: *Anteprojeto: Da situação jurídica do maior acompanhado/Anteprojeto de reforma*, por António Menezes Cordeiro, António Pinto Monteiro e Miguel Teixeira de Sousa, RDC 2018, 687-740; António Menezes Cordeiro, *Da situação jurídica do maior acompanhado/Estudo de política legislativa relativa a um novo regime das denominadas incapacidades dos maiores*, RDC 2018, 473-554; António Menezes Cordeiro/A. Barreto Menezes Cordeiro, *Tratado*, V, 5.ª ed. (2019), 495-567; António Pinto Monteiro, *Das incapacidades ao maior acompanhado/Breve apresentação da Lei n.º 49/2018*, RLJ 2018, 72-84; CEJ/AAVV, *O novo regime jurídico do maior acompanhado*, (2019), 143 pp., na *Net*; Cláudia Trabuco, *O regime das incapacidades e do respectivo suprimento: perspectivas de reforma*, Themis, n.º especial (2008), 313-330; Jorge Artur Costa, *O regime jurídico do maior acompanhado: uma apresentação do regime substantivo*, RMP 160 (2019), 187-210; Mafalda Miranda Barbosa, *Maiores acompanhados/Primeiras notas depois da aprovação da Lei n.º 49/2018, de 14 de agosto* (2018), 153 pp.; Paula Távora Vítor, em Ana Prata (org.), *Código Civil anotado*, 1, 2.ª ed., (2019), 166-208.

A bibliografia relativa às antigas interdição e inabilitação pode ser confrontada nas nossas referidas obras.

Índice

[1] DR I, n.º 273, de 25-nov.-1977, 2818(11)/II.

I – Evolução histórico-comparatística

1 **1. *Venia debilium*.** A proteção de deficientes, particularmente cegos, surdos-mudos e paralíticos, está documentada na Antiguidade bíblica[1]. Os Evangelhos referem curas feitas por Jesus Cristo a deficientes[2].

2 **2. O Direito romano** dava, ao tema, um relevo superior ao atual. As deficiências mentais colocaram problemas mais acentuados. Distinguiam-se o *furiosus*, o *insanus*, o *demens* e o *mente captus*, consoante o tipo de deficiência. O *furiosus* ou louco furioso, pela espetacularidade da deficiência, era paradigmático.

3 No período clássico, previa-se a designação, pelo pretor, de um tutor ou de um curador: o *tutor* tem um papel mais alargado, incluindo no campo pessoal, podendo também contemplar o *infans*; a tutela poderia ser testamentária, legítima ou dativa, consoante o modo de designação do tutor; a *cura* visava um conjunto de situações para efeitos de proteção patrimonial, sendo de designação pretoriana, vocacionada para o *furiosus*. As coordenadas romanas, ao longo das sucessivas receções, acabariam por reaparecer nas configurações atuais destes institutos.

4 **3. O Código francês de 1804** continha um título epigrafado *Da maioridade, da interdição e do conselho judiciário* (489.º a 515.º). Segundo o 489.º:

> O maior que esteja num estado habitual de imbecilidade, de demência ou de furor, deve ser interdito, mesmo quando esse estado apresente intervalos lúcidos.

5 Posto isso: (a) formava-se o conselho de família, segundo o esquema previsto para os menores, o qual dava o seu parecer sobre o estado da pessoa cuja interdição fosse pedida (494.º); quem tivesse requerido a interdição não podia fazer parte do conselho de família, exceto o esposo ou esposa e os filhos, que nele poderiam ser admitidos sem voto (495.º); (b) recebido o parecer do conselho de família, o tribunal devia interrogar o visado, se necessário em casa deste (496.º); após esse primeiro interrogatório, o tribunal podia designar, se fosse o caso, um administrador provisório, para tomar conta da pessoa e dos bens do visado (497.º); (c) a audiência sobre a interdição era pública (498.º).

6 A medida da interdição era radical: o interdito era equiparado ao menor (509.º). A situação cessava com as causas que lhe tivessem dado azo, com observância das formalidades requeridas para a interdição (512.º).

7 Após diversas reformas parcelares, as antigas interdições foram reformadas pela L 2007-308, de 5-mar.-2007. O título competente tem, hoje, a designação *Da maioridade e dos maiores protegidos pela lei*. Prevê vários institutos: a salvaguarda em justiça, a curatela, a tutela e o mandato de proteção futura: tudo assente em regras processuais minuciosas.

8 **4. O Direito alemão** tem profundas raízes romanísticas, recorrendo, ainda no séc. XIX, ao *Corpus Iuris Civilis*, adaptado como "Direito romano atual". Diversas leis de polícia obrigavam, quando necessário, à designação judicial de tutores.

9 O BGB, na redação original, previa o instituto da interdição, com desenvolvimentos sucessivos nas leis de processo e algumas reformas parcelares.

10 Nos finais do séc. XX, a pressão das alterações demográficas, o envelhecimento da população, o incremento do Estado Social de Direito e uma memória histórica negativa, ditada pelo

[1] *Levítico*, 19, 14; *Deuteronómio*, 27, 18.

[2] *S. Marcos*, 7, 31-37 (cura de surdo-mudo), 8, 22-26 (cura de cego), 10, 46-52 (*idem*).

(mau) uso dado, pelo nacional-socialismo, à interdição, impuseram uma reforma mais vincada: a da L de 12-set.-1990. A matéria foi colocada no Direito da família, depois da tutela. Em síntese, visou: (1) a realização e consideração do direito de autodeterminação do visado; (2) o acompanhamento personalizado em vez de administração anónima; (3) a integração das pessoas deficientes físicas ou mentais na sociedade; (4) a limitação da assistência estadual ao cuidado requerido no caso concreto; (5) o princípio da prevalência da assistência privada relativamente à pública; (6) o reforço da assistência pessoal através de regras sobre tratamentos curatórios, de alojamentos, de medidas similares a alojamento e habitacionais.

O esquema alemão assenta numa única figura – a *Betreuung* ou acompanhamento – marcada pela flexibilidade: em cada caso cabe ao tribunal definir o perfil mais adequado para a defesa da pessoa, da liberdade e do património do acompanhado. 11

5. O **Direito brasileiro** adotou, no domínio das "incapacidades dos maiores", uma ordenação similar à do atual Direito alemão: elas surgem no Direito da família, na sequência da tutela. O Código de 1916 previa a curatela (446.º a 453.º), aplicável quando fosse decretada a interdição. O Código de 2002 manteve essa orientação, ainda que modernizando a linguagem (1767.º a 1772.º). 12

Pelo D 6.949, de 25-ago.-2009, o Brasil promulgou a Convenção Internacional sobre os Direitos das Pessoas com Deficiência e o seu Protocolo Facultativo, assinados em Nova Iorque, em 30-mar.-2007. No seguimento, a L 13.146, de 6-jul.-2015, instituiu a "Lei Brasileira de Inclusão da Pessoa com Deficiência (Estatuto da Pessoa com Deficiência)". Autonomizou a tutela, a curatela e a tomada de decisão apoiada, de modo a garantir a autonomia do deficiente e a protegê-lo nas suas opções. 13

6. O **Direito italiano**, segundo o Código de 1865, fixava um esquema de interdição próximo do napoleónico (324.º a 338.º). Previa a inabilitação (339.º a 342.º) para os casos menos graves e para o pródigo. O Código Civil de 1942 firmou a diferenciação entre a interdição e a inabilitação inserindo-as no Livro I sobre "pessoas e família" (409.º a 426.º), título XII – *da enfermidade de mente, da interdição e da inabilitação* (414.º a 432.º). 14

Houve críticas que desembocaram na L 6/2004, de 9-mai.: (1) a interdição era uma resposta excessiva, fruto de conceções psiquiátricas superadas, e que visava em primeira linha os interesses familiares, pondo em causa os direitos das pessoas; (2) a inabilitação representava um instituto punitivo de escassa aplicação prática. Essa Lei consagrou quatro figuras: a administração de apoio (404.º a 413.º), a interdição, a inabilitação e a incapacidade natural (414.º a 432.º, todos do Código Civil), em função da situação concreta. 15

7. Direito internacional e europeu. A Convenção de Nova Iorque de 30-mar.-2007, "Direitos das Pessoas com Deficiência", aponta para um sistema flexível, que evite a incapacitação dos visados. Aponta os princípios gerais seguintes (3.º): (a) O respeito pela dignidade inerente, autonomia individual, incluindo a liberdade de fazerem as suas próprias escolhas, e independência das pessoas; (b) Não discriminação; (c) Participação e inclusão plena e efectiva na sociedade; (d) O respeito pela diferença e aceitação das pessoas com deficiência como parte da diversidade humana e humanidade; (e) Igualdade de oportunidade; (f) Acessibilidade; (g) Igualdade entre homens e mulheres; (h) Respeito pelas capacidades de desenvolvimento das crianças com deficiência e respeito pelo direito das crianças com deficiência a preservarem as suas identidades. Foi aprovada pela RAR 56/2009, de 7-mai.[3] e ratificada pelo DPR 71/2009, de 30-jul.. O Proto- 16

[3] DR 1.ª série n.º 146, de 30-jul.-2009, 4906, com o texto em anexo, em inglês e em português (*idem*, 4907-4929).

colo Opcional foi aprovado pela RAR 57/2009, de 7-mai.[4], e ratificado pelo DPR 72/2009, de 30-jul..

17 No plano europeu, temos a Decisão do Conselho de 26-nov.-2009, relativa à Convenção de Nova Iorque.

18 O Conselho da Europa aprovou as recomendações seguintes: (1) R (98) 9, de 18-set.-1998, relativa à dependência; (2) R (99) 4, de 23-fev.-1999, acerca da proteção legal de adultos incapazes[5]; (3) R (2006) 5, de 5 de abril de 2006, sobre a promoção dos direitos e da plena participação das pessoas deficientes na sociedade; (4) R (2009) 6, de 8-jul.-2009, atinente ao envelhecimento e à deficiência, na Europa do século XXI.

II – Evolução do Direito português

19 **8. Ordenações e Código de Seabra**. Estavam presentes os esquemas do Direito comum. No Livro IV das Ordenações, surgiam regras sobre os curadores "*... dados assi aos Desasisados, como aos Prodigos*"[6]. Não se previa um processo do tipo do da interdição[7]. A doutrina da pré-codificação, inspirando-se direta e assumidamente nos Códigos franceses, defendeu um procedimento de tipo equivalente[8]. Ficavam abrangidos os furiosos ou mentecaptos e os pródigos.

20 O CS firmou os seguintes princípios[9]: (1) a interdição dos "mentecaptos" e outros em "estado anormal das suas faculdades mentaes" depende de sentença judicial (317.º); (2) o interdito é equiparado ao menor (321.º), ficando sujeito a tutela (322.º e seguintes); (3) os rendimentos e os bens do interdito "... serão com preferencia, applicados ao melhoramento do seu estado" (332.º); (4) a liberdade do interdito deve, quanto possível, ser respeitada (333.º[10]); (5) todos os atos subsequentes à publicitação da sentença, praticados pelo interdito, "... serão nullos de direito ..."; os anteriores podem ser anulados, caso se provasse que, a esse tempo, já existia e era notória, a causa da interdição ou que ela era conhecida do outro estipulante (334.º e 335.º); (6) os surdos-mudos sem capacidade para reger os seus bens seriam postos em tutela (337.º) cabendo à sentença que a conferisse fixar os seus limites e extensão – 338.º[11]; (7) os pródigos ficam sujeitos a interdição, por um processo semelhante ao dos dementes (340.º e seguintes); todavia, ficavam sob o cuidado de um curador, dependendo da sentença a extensão da inabilidade (344.º); além disso, conservavam a livre disposição da sua pessoa e todos os outros direitos civis (345.º).

[4] DR 1.ª série n.º 146, de 30-jul.-2009, 4929, com o texto em anexo, em inglês e em português (*idem*, 4930-4933).

[5] A Recomendação do Conselho da Europa (99) 4 é objeto da especial atenção de Geraldo Rocha Ribeiro, *A proteção do incapaz adulto no Direito português* (2010), 285-291.

[6] *Ord. Fil.*, Liv. IV, tit. CIII, § 8 = ed. Gulbenkian, IV/V, 1008/II. O esquema das Ordenações previa, quanto aos menores órfãos, tutores até à idade de 14 ou 12 anos, consoante fossem "varões" ou "femeas"; a partir daí e até aos 25 anos, curadores: Liv. IV, tit. CIV, § 6 = ed. cit., 1011/I. *Vide* Manuel Borges Carneiro, *Direito civil de Portugal* (1828), III, 164 ss..

[7] Fixava-se, no Liv. IV, tit. CIII, § 6 = ed. cit., 1007-1008, uma inquirição do juiz a respeito dos pródigos: apenas.

[8] José Homem Corrêa Telles, *Digesto Portuguez* (1842), 2, artigos 733 e ss. (103 ss.) e Manuel António Coelho da Rocha, *Instituições de Direito civil portuguez*, 2.ª ed. (1843), §§ 379 ss. (1, 226 ss.).

[9] José Dias Ferreira, *Codigo Civil Portuguez Annotado* 1, 2.ª ed. (1894), 219 ss..

[10] O internamento do interdito exigia prévia autorização judicial, determinando o § único do referido artigo 333.º:

o disposto n'este artigo deve entender-se de modo que não obste a recorrer-se à força, quando seja necessario empregal-a para conter o demente furioso; mas esse recurso restringir-se-ha ao tempo absolutamente indispensável para se requerer à competente autoridade.

Dias Ferreira, *Codigo Civil Annotado*, 1, 2.ª ed., 234, congratula-se com a alteração introduzida pela comissão revisora e que retirou o "poder de internamento" ao tutor: "o interdito deve gosar a sua liberdade tanto quanto o permittam os cuidados da sua saude, e a segurança dos outros".

[11] Não se tratava, em rigor, de interdição, como bem explicava Dias Ferreira, *Codigo Civil Annotado*, 1, 2.ª ed., 237.

O sistema era complementado pelo CPC de 1876, que estabelecia um processo especial[12]. 21

A interdição fazia sentido perante pessoas dotadas de patrimónios significativos: pressupunha toda uma mobilização de meios humanos. Visava uma dupla proteção: do doente e dos presuntivos sucessores[13]. Esta última preocupação emergia na determinação das pessoas com legitimidade para iniciar o processo e na escolha do tutor. 22

No domínio do CS, era ainda enfatizada a importância do interrogatório conduzido pelo juiz[14]. De facto, a interdição tinha graves consequências para os direitos do atingido, sendo de afastar quaisquer hipóteses de recurso abusivo ou indevido a esse instituto. A doutrina protestava contra a rigidez da lei. Explicava Guilherme Moreira que existem diversas doenças mentais, "*... não derivando de todas ellas completa incapacidade para os atos da vida civil*"[15]. Exigia-se uma reforma. Significativo foi o contributo de Ferrer Correia/Eduardo Correia, sobre a relatividade da ideia de psicopatia e os seus reflexos no Direito[16]. 23

9. Na **preparação do Código Civil de 1966**, as aspirações anteriores foram ponderadas. O Código Civil italiano de 1942, que distinguiu a interdição, radical e a inabilitação, foi determinante. 24

Na sequência do desaparecimento de Manuel de Andrade, a elaboração do anteprojeto foi pedida a Américo de Campos Costa. Este elaborou um documento em 21 artigos, acompanhados de "observações" explicativas[17]. Surpreende a ausência de referências a estudos de campo: o número de interdições judiciariamente decretadas e as cifras de internamentos por anomalias mentais; a geografia do País quanto a esse tipo de doenças, a sua origem e o seu prognóstico; o papel da assistência pública e as hipóteses das instituições existentes de apoiar os necessitados e as famílias. 25

A novidade foi a consagração da interdição, própria das deficiências que eliminem a vontade e o entendimento, que exigiriam a representação por um tutor e a inabilitação, específica de situações que não aniquilem a vontade, suscetíveis de suprimento através de mera assistência[18]. Incluía, entre os fundamentos da interdição, a "habitual surdez, mudez ou cegueira": isso quando a doutrina do tempo de Seabra já sublinhava a capacidade das pessoas portadoras dessa deficiência, quando devidamente preparadas[19]. 26

O anteprojeto de 1961 optou pela terminologia italiana, aproximando interdição e tutor e inabilitação e curador. Não foi sensível à problemática social discutida em França e que levou, nesse País, à reforma de 1968: seis meses após a entrada em vigor do Código de 1966. 27

10. A revogada interdição. O Código Civil, na versão original, veio ocupar-se das "interdições" (138.º a 151.º) e das inabilitações (152.º a 156.º) em duas distintas subsecções, uniformi- 28

[12] Artigos 419.º e seguintes; *vide* Dias Ferreira, *Codigo de Processo Civil Annotado*, 1 (1887), 524 ss. Deve notar-se que, ao tempo da aprovação do Código de Seabra, vigorava a Nova Reforma Judiciária, que era bastante omissa na matéria. Daí que Seabra tenha sentido a necessidade de incluir, no seu articulado, matéria puramente processual, como sucede com o seu artigo 317.º.

[13] Luiz da Cunha Gonçalves, *Tratado de Direito civil* 2 (1930), n.º 263 (645) 645.

[14] *Idem*, 2, n.º 265 (659).

[15] Guilherme Moreira, *Instituições de Direito civil* 1 (1907), 198.

[16] António Ferrer Correia/Eduardo Correia, *Fundamento de interdição por demência*, RLJ 86 (1954), 289-296, 305-311, 321-325, 337-342 e 353-355.

[17] Américo de Campos Costa, *Incapacidades e formas do seu suprimento/Anteprojecto do Código Civil*, BMJ 111 (1961), 195-231. Este mesmo Autor publicou, ainda, um escrito intitulado *Breves notas sobre a menoridade e as incapacidades no anteprojecto do Código Civil (1.ª Revisão Ministerial)*, BMJ 133 (1964), 5-53.

[18] Campos Costa, *Incapacidades e formas do seu suprimento*, 197 e 221 ss..

[19] José Dias Ferreira, *Codigo Civil Annotado*, 1, 2.ª ed., 237.

zadas, com a menoridade, sob "incapacidades"[20]. Não definiu a interdição: um instituto aplicável a maiores que, por anomalia psíquica, surdez-mudez ou cegueira, se mostrassem incapazes de governar suas pessoas e bens, equiparando-o, com as necessárias adaptações, ao menor.

29 Eram competentes os tribunais comuns (140.º)[21]: uma garantia dos visados. Havia que seguir o processo especial regulado nos artigos 891.º a 905.º, do CPC (944.º a 958.º do Código de 1961)[22]. Desse processo, cumpria destacar: (1) o interrogatório conduzido pelo juiz, com o "... fim de averiguar da existência e do grau de incapacidade do requerido ..." (897.º, do CPC)[23]; (2) o exame pericial do requerido (898.º, do CPC); quando opte pela interdição (ou pela inabilitação), o relatório dos peritos[24] deve precisar, sempre que possível, a espécie de afeção de que sofre o requerido, a extensão da sua incapacidade, a data provável do começo desta[25] e os meios de tratamento propostos.

30 A jurisprudência entendia que a opinião dos peritos médicos tinha mais valor do que os resultados do interrogatório do arguido, que apenas daria azo a uma impressão do juiz[26]. Mas, na larga maioria dos casos, uma anomalia que justificasse a interdição era imediatamente percetível por qualquer cidadão culto – como é o caso paradigmático do juiz. Do auto do interrogatório deve constar o registo das perguntas (que serão pertinentes) e das respostas, sob pena de anulação[27].

31 A interdição podia ser requerida pelo cônjuge do interditando, pelo tutor ou curador deste, por qualquer parente sucessível ou pelo MP (141.º/1). Na PI, deviam ser mencionados os factos reveladores dos fundamentos invocados, o grau de incapacidade e as pessoas que, segundo os critérios legais, deveriam compor o conselho de família[28] e exercer a tutela (ou a curatela, tratando-se de inabilitação) (891.º do CPC). Era admissível a intervenção espontânea de interessados[29]. A interdição podia ser requerida no ano anterior à maioridade, para produzir efeitos quando o menor se tornasse maior (138.º/2). Nessa altura, apenas os progenitores com o poder paternal ou o MP tinham legitimidade para requerer a interdição (141.º/2).

32 O 143.º/1 indicava a ordem por que a tutela era deferida: (1) ao cônjuge do interdito, salvo se estiver separado judicialmente de pessoas e bens ou separado de facto por culpa sua ou se for, por outra causa, legalmente incapaz; (2) à pessoa designada, em testamento ou em documento autêntico ou autenticado, pelos pais ou pelo progenitor que exerça o poder paternal; (3)

[20] Sobre a matéria: António Pais de Sousa/Carlos Frias de Oliveira Matias, *Da incapacidade jurídica dos menores, interditos e inabilitados*, 2.ª ed. (1983), 224 ss..

[21] RCb 20-out.-2015 (Maria João Areias), Proc. 989/13.

[22] José Alberto dos Reis, *Processos especiais*, 1 (1982, reimpr.), 112-154; embora esta obra esteja elaborada ainda no âmbito do Código de Seabra, ela mantém um vivo interesse processual. Quanto a aspetos de processo: RGm 22-mar.-2007 (Proença Costa), Proc. 2631/06-1.

[23] Quanto ao âmbito desse interrogatório, RPt 20-mai.-2013 (Ana Paula Amorim), Proc. 1206/11.

[24] Nesse relatório, os peritos não são obrigados a fazer a apreciação de pareceres ou atestados subscritos por outros médicos – RPt 27-out.-1992 (Almeida e Sousa), CJ XVII (1992) 4, 260-262 (261).

[25] Pronunciando-se os peritos a favor de certa data e nada havendo que a contrarie, deve o juiz fixá-la de acordo com o parecer emitido – RCb 31-mai.-1988 (Ferreira da Rocha), CJ XIII (1988) 3, 85-86 (86/I): os peritos médicos são as pessoas melhor colocadas, para tal efeito. Quanto à fixação da data: RCb 15-out.-2013 (Carlos Moreira), Proc. 444/09.

[26] STJ 19-nov.-2015 (Silva Gonçalves), Proc. 63/2000; RLx 30-jun.-1994 (Abranches Martins), CJ XIX (1994) 3, 142-144 (144/II); em RCb 23-fev.-1994 (Costa Marques), CJ XIX (1994) 1, 46-49, entendeu-se relevar a ausência, do processo, dos termos do interrogatório, dado o sentido concludente da restante prova.

[27] RPt 7-mar.-1996 (Alves Velho), CJ XXI (1996) 2, 182-183 (183/II).

[28] O autor não tem de juntar, com a p. i., prova documental do parentesco do visado com os vogais indicados para o conselho de família – RLx 14-jan.-1999 (Proença Fouto), BMJ 483 (1999), 264/I. Também já se decidiu que o falecimento da pessoa que exerce a função de protutor em ação de interdição não conduz à suspensão da instância – RLx 22-mai.-1997 (Moreira Camilo), BMJ 467 (1997), 621.

[29] RLx 5-mai.-2009 (Dina Monteiro), Proc. 5198/07.

a qualquer dos progenitores do interdito, que o tribunal escolha de acordo com o interesse do mesmo; (4) aos filhos maiores, preferindo o mais velho, salvo se o tribunal, ouvido o conselho de família, entender que algum dos outros dá maiores garantias de bom desempenho do cargo.

O corpo do 143.º/1, parecia indicar uma ordenação, vinculativa para o tribunal. 33

Quando a tutela recaísse no pai ou na mãe, estes exerceriam o poder paternal, nos ter- 34
mos dos 1878.º e seguintes (144.º). O 146.º regia a escusa da tutela e a exoneração do tutor: o cônjuge do interdito bem como os seus descendentes ou ascendentes não podiam escusar-se da tutela nem dela ser exonerados, salvo violação do 143.º (146.º). Os descendentes podiam ser exonerados, a seu pedido e ao fim de cinco anos, se existissem outros descendentes igualmente idóneos (146.º/2).

Era substancialmente importante o conteúdo da sentença que a decretasse. O 901.º/1, do 35
CPC (1961) dispunha:

> A sentença que decretar, definitiva ou provisoriamente, a interdição ou a inabilitação, consoante o grau de incapacidade do arguido e independentemente de se ter pedido uma ou outra, fixará, sempre que seja possível, a data do começo da incapacidade e confirmará ou designará o tutor e o protutor ou o curador e, se for necessário, o subcurador, convocando o conselho de família, quando deva ser ouvido.

Segundo o 148.º, eram anuláveis os negócios jurídicos celebrados pelo interdito depois do 36
registo da sentença de interdição definitiva[30]. Antes da interdição definitiva, podiam justificar--se providências provisórias (142.º): (1) a nomeação de um tutor provisório, que pratique em nome do interditando os atos necessários, com a autorização do tribunal; (2) o decretamento da interdição provisória, quando haja que providenciar quanto à pessoa do interditando ou dos seus bens.

Os atos praticados pelo interditando[31] no decurso da ação, depois de anunciada a sua 37
propositura, eram anuláveis, desde que a interdição viesse a ser efetivamente decretada e se mostrasse que o negócio causou prejuízo ao interdito (149.º/1); o prazo para a anulação só começa a correr a partir do registo da sentença (149.º/2)[32]; aos atos celebrados pelo interdito antes de anunciada a proposição da ação é aplicável o disposto acerca da incapacidade acidental[33] (150.º).

11. A revogada inabilitação constituía uma inovação do Código de 1966, pedida, há então 38
já 50 anos, por Guilherme Moreira. Visava pessoas cuja anomalia psíquica, surdez-mudez ou cegueira, embora permanentes, não fossem de tal modo graves que justificassem a sua interdição (152.º/1.ª parte). Aplicava-se ainda àqueles que, pela sua habitual prodigalidade ou pelo (ab)uso de bebidas alcoólicas ou de estupefacientes, se mostrassem incapazes de reger convenientemente o seu património – 152.º/2.ª parte[34].

Ao pedido de inabilitação e ao decurso do processo aplicavam-se, subsidiariamente, as 39
regras da interdição (156.º). Ela não conduzia a uma incapacidade geral: antes se reportava a

[30] REv 12-jul.-1984 (Sanches Afonso), CJ IX (1984) 4, 292-293 (293/I); o direito de pedir a anulação caduca no prazo de um ano a contar do conhecimento do negócio (293/II).

[31] Quanto à validade dos atos praticados pelo interdito, *vide* STJ 2-dez.-1993 (Ramiro Vidigal), BMJ 432 (1994), 319-331 (329); num caso concreto relacionado com um testamento, *vide* STJ 9-out.-1973 (Adriano de Campos Carvalho), BMJ 230 (1973), 119-124 (122).

[32] *Vide* STJ 22-jan.-2009 (Santos Bernardino), Proc. 08B3333.

[33] STJ 31-out.-2006 (Alves Velho), Proc. 06A2907. Um caso de incapacidade acidental: STJ 13-jan.-2009 (Helder Roque), CJ/Supremo XVII (2009) 1, 43-47; RLx 12-dez.-2013 (Fátima Galante), Proc. 282/13.

[34] Sobre a matéria, Pais de Sousa/Oliveira Matias, *Da incapacidade jurídica*, 2.ª ed., 267 ss.

determinados atos ou categorias de atos: a sentença que a decretasse devia especificar os negócios que devam ser autorizados ou praticados pelo curador (901.º/2, do CPC). O sistema era flexível: permitia que o juiz colocasse a administração do património do inabilitado, no todo ou em parte, sob o curador (154.º/1). A especial diferença entre a interdição e a inabilitação situava-se no domínio das situações de natureza pessoal; o curador (ao contrário do tutor) não podia tomar medidas no tocante ao inabilitado, o qual se conservava livre, na esfera pessoal.

40 A inabilitação era levantada quando cessasse a causa que a determinara: 151.º e 156.º. Quando adviesse de prodigalidade ou do abuso de bebidas alcoólicas ou de estupefacientes, o seu levantamento só seria deferido quando decorressem cinco anos sobre o trânsito em julgado da sentença que a houvesse decretado ou da decisão que tivesse desatendido um pedido anterior de levantamento (155.º).

41 **12. Os preceitos revogados** têm ainda aplicação, sendo úteis para o conhecimento do regime vigente. Assim[35]:

Subsecção III – Interdições

Artigo 138.º

(Pessoas sujeitas a interdição)

1. Podem ser interditos do exercício dos seus direitos todos aqueles que por anomalia psíquica, surdez-mudez ou cegueira se mostrem incapazes de governar suas pessoas e bens.

2. As interdições são aplicáveis a maiores; mas podem ser requeridas e decretadas dentro do ano anterior à maioridade, para produzirem os seus efeitos a partir do dia em que o menor se torne maior.

3. A interdição por anomalia psíquica pode, todavia, ser requerida e decretada a partir dos dezassete anos do interditando, com os efeitos do número anterior, mas sem prejuízo do disposto no artigo 2299.º.

Artigo 139.º

(Capacidade do interdito e regime da interdição)

Sem prejuízo do disposto nos artigos seguintes, o interdito é equiparado ao menor, sendo-lhe aplicáveis, com as necessárias adaptações, as disposições que regulam a incapacidade por menoridade e fixam os meios de suprir o poder paternal.

Artigo 140.º

(Competência dos tribunais comuns)

Pertence ao tribunal por onde corre o processo de interdição a competência atribuída ao tribunal de menores nas disposições que regulam o suprimento do poder paternal.

Artigo 141.º[36]

(Legitimidade)

1. A interdição pode ser requerida pelo cônjuge do interditando, pelo tutor ou curador deste, por qualquer parente sucessível ou pelo Ministério Público.

[35] DG I, n.º 274, de 25-nov.-1966, 1897/II-1899/I; o 138.º/1 foi revogado pelo 19.º do DL 496/77, de 25-nov., enquanto as redações dos 141.º/2, 143.º, 144.º e 147.º foram alteradas por esse mesmo diploma: DR I, n.º 274, de 25-nov.-1977, 2818-(12)/I.

[36] Revogado, nos termos da nota 35. Redação original:

Artigo 141.º

(...)

1. (...)

2. Se o interditando estiver sob o poder paternal, só têm legitimidade para requerer a interdição o pai, a mãe que exercer plenamente aquele poder e o Ministério Público.

2. Se o interditando estiver sob o poder paternal, só têm legitimidade para requerer a interdição os progenitores que exercerem aquele poder e o Ministério Público.

Artigo 142.º
(Providências provisórias)

1. Em qualquer altura do processo pode ser nomeado um tutor provisório que celebre em nome do interditando, com autorização do tribunal, os actos cujo adiamento possa causar-lhe prejuízo.

2. Pode também ser decretada a interdição provisória, se houver necessidade urgente de providenciar quanto à pessoa e bens do interditando.

Artigo 143.º [37]
(A quem incumbe a tutela)

1. A tutela é deferida pela ordem seguinte:

a) Ao cônjuge do interdito, salvo se estiver separado judicialmente de pessoas e bens ou separado de facto por culpa sua, ou se for por outra causa legalmente incapaz;

b) À pessoa designada pelos pais ou pelo progenitor que exercer o poder paternal, em testamento ou documento autêntico ou autenticado;

c) A qualquer dos progenitores do interdito que, de acordo com o interesse deste, o tribunal designar;

d) Aos filhos maiores, preferindo o mais velho, salvo se o tribunal, ouvido o conselho de família, entender que algum dos outros dá maiores garantias de bom desempenho do cargo.

2. Quando não seja possível ou razões ponderosas desaconselhem o deferimento da tutela nos termos do número anterior, cabe ao tribunal designar o tutor, ouvido o conselho de família.

Artigo 144.º [38]
(Exercício do poder paternal)

Recaindo a tutela no pai ou na mãe, exercem estes o poder paternal como se dispõe nos artigos 1878.º e seguintes.

Artigo 145.º
(Dever especial do tutor)

O tutor deve cuidar especialmente da saúde do interdito, podendo para esse efeito alienar os bens deste, obtida a necessária autorização judicial.

Artigo 146.º
(Escusa da tutela e exoneração do tutor)

1. O cônjuge do interdito, bem como os descendentes ou ascendentes deste, não podem escusar-se da tutela, nem ser dela exonerados, salvo se tiver havido violação do disposto no artigo 143.º.

[37] Revogado, nos termos da nota 35. Redação original:

Artigo 143.º
(...)

1. (...):

a) À pessoa designada pelo pai, ou pela mãe na falta ou impedimento deste, em testamento ou documento autêntico ou autenticado;

b) Ao cônjuge do interdito, salvo se estiver separado judicialmente de pessoas e bens ou separado de facto por culpa sua, ou se for por outra causa legalmente incapaz;

c) Ao pai, ou à mãe na falta ou impedimento deste;

d) Aos filhos maiores, preferindo o mais velho, salvo se o tribunal entender, ouvido o conselho de família, que algum dos outros dá maiores garantias de bom desempenho do cargo.

2. Se a tutela não puder ser deferida nos termos do número precedente, cabe ao tribunal a nomeação do tutor, ouvido o conselho de família.

[38] Revogado, nos termos da nota 35. Redação original:

Artigo 144.º
(...)

Recaindo a tutela no pai ou na mãe, exercem estes o poder paternal como se dispõe nos artigos 1879.º e seguintes.

2. Os descendentes do interdito podem, contudo, ser exonerados a seu pedido ao fim de cinco anos, se existirem outros descendentes igualmente idóneos para o exercício do cargo.

Artigo 147.º[39]
(Publicidade da interdição)

À sentença de interdição definitiva é aplicável, com as necessárias adaptações, o disposto nos artigos 1920.º-B e 1920.º-C.

Artigo 148.º
(Actos do interdito posteriores ao registo da sentença)

São anuláveis os negócios jurídicos celebrados pelo interdito depois do registo da sentença de interdição definitiva.

Artigo 149.º
(Actos praticados no decurso da acção)

1. São igualmente anuláveis os negócios jurídicos celebrados pelo incapaz depois de anunciada a proposição da acção nos termos da lei de processo, contanto que a interdição venha a ser definitivamente decretada e se mostre que o negócio causou prejuízo ao interdito.

2. O prazo dentro do qual a acção de anulação deve ser proposta só começa a contar-se a partir do registo da sentença.

Artigo 150.º
(Actos anteriores à publicidade da acção)

Aos negócios celebrados pelo incapaz antes de anunciada a proposição da acção é aplicável o disposto acerca da incapacidade acidental.

Artigo 151.º
(Levantamento da interdição)

Cessando a causa que determinou a interdição, pode esta ser levantada a requerimento do próprio interdito ou das pessoas mencionadas no n.º 1 do artigo 141.º.

Artigo 152.º
(Pessoas sujeitas a inabilitação)

Podem ser inabilitados os indivíduos cuja anomalia psíquica, surdez-mudez ou cegueira, embora de carácter permanente, não seja de tal modo grave que justifique a sua interdição, assim como aqueles que, pela sua habitual prodigalidade ou pelo abuso de bebidas alcoólicas ou de estupefacientes, se mostrem incapazes de reger convenientemente o seu património.

Artigo 153.º
(Suprimento da inabilidade)

1. Os inabilitados são assistidos por um curador, a cuja autorização estão sujeitos os actos de disposição de bens entre vivos e todos os que, em atenção às circunstâncias de cada caso, forem especificados na sentença.

[39] Revogado, nos termos da nota 35. Redação original:
Artigo 147.º
(...)
À sentença de interdição definitiva é aplicável, com as necessárias adaptações, o disposto nos artigos 1919.º e 1920.º

2. A autorização do curador pode ser judicialmente suprida.

Artigo 154.º
(Administração dos bens do inabilitado)

1. A administração do património do inabilitado pode ser entregue pelo tribunal, no todo ou em parte, ao curador.

2. Neste caso, haverá lugar à constituição do conselho de família e designação do vogal que, como subcurador, exerça as funções que na tutela cabem ao protutor.

3. O curador deve prestar contas da sua administração.

Artigo 155.º
(Levantamento da inabilitação)

Quando a inabilitação tiver por causa a prodigalidade ou o abuso de bebidas alcoólicas ou de estupefacientes, o seu levantamento não será deferido antes que decorram cinco anos sobre o trânsito em julgado da sentença que a decretou ou da decisão que haja desatendido um pedido anterior.

Artigo 156.º
(Regime supletivo)

Em tudo quanto se não ache especialmente regulado nesta subsecção é aplicável à inabilitação, com as necessárias adaptações, o regime das interdições.

III – A Reforma de 2018

12. A necessidade da reforma assentou em vários fatores. Desde o início da vigência do Código Civil, registou-se uma elevação muito considerável do nível de vida da população[40]. Foi atingido o patamar das nações desenvolvidas, com tudo o que isso implica, no verso e no reverso: um aumento expressivo da esperança de vida; uma quebra da natalidade; a inversão da pirâmide etária; o envelhecimento da população; o aumento percentual do cancro e das doenças vasculares cerebrais como causa de morte; o aumento de patologias neurológicas, com relevo para as doenças de Alzheimer e de Parkinson[41]. 42

O Direito civil, tradicionalmente virado para a atividade do cidadão adulto, *sui iuris*, na plena posse de todas as faculdades e com um aceno aos menores, futuros agentes económicos, tem de adaptar-se. Cumpria preparar o terreno para um tratamento condigno das pessoas idosas ou, em qualquer idade e dada a menor mortalidade, das pessoas carecidas de proteção acrescida. Além disso, cabia acolher as opções da Convenção de Nova Iorque sobre as pessoas com deficiência. 43

A evolução dos costumes permite, hoje, considerar o deficiente como uma pessoa igual às outras: apenas com necessidades especiais, que devem ser satisfeitas. Valha o exemplo paradigmático de Stephan Hawking (1942-2018): um dos maiores sábios dos nossos dias. Atingido por uma esclerose lateral amiotrófica, Hawking não podia agir a não ser poderosamente assistido, 44

[40] *Vide* os elementos coligidos no nosso estudo *Da situação jurídica do maior acompanhado/Estudo de política legislativa relativo a um novo regime das denominadas incapacidades dos maiores*, RDC 2018, 473-554 (492 ss.), estudo esse que serviu de base à reforma.

[41] Em Portugal haverá 150.000 pessoas com demência, incluindo 90.000 doentes de Alzheimer. Além disso, temos situações de degenerescência por alcoolismo (síndrome de Korsakoff e outros), bem como pessoas com sequências de acidentes vasculares cerebrais. Ocupa ainda um lugar "honroso" no domínio do consumo de bebidas alcoólicas: uma capitação de 13 litros de álcool por pessoa/ano (11.º lugar mundial). O *record* cabe à Bielorrússia, com 17,5 litros.

falando através de um sintetizador de voz. Todavia, a sua genealidade é pacífica, sendo um dos grandes credores da Humanidade.

45 Às limitações causadas pela idade, há que somar limitações das crianças. (1) nascem, no País e por ano, cerca de 1800 crianças com doença de Down: essa afetação reporta-se a alguns milhares de jovens: estima-se que cerca de 15.000; (2) não existem dados seguros quanto ao autismo, que provoca, de resto, limitações muito variáveis; há 2.300 casos diagnosticados, sabendo-se, contudo, que os números reais são muito superiores; nos países desenvolvidos, o autismo afeta 1 em cada 70 nascidos; (3) a paralisia cerebral – que abrange situações diversas – atinge, por seu turno, milhares de jovens.

46 O levantamento geral da saúde mental no País[42] revela que 22,9% da população sofre de alguma afetação: desde depressão, a bipolarismo e até às várias demências[43]. O Direito intervém nas situações mais delicadas.

47 De acordo com os números disponíveis, os nossos tribunais, ao abrigo do antigo regime das incapacidades, haviam decretado alguns milhares de interdições[44]. Os números revelam uma dimensão que justifica amplamente uma maior atenção por parte das universidades e dos institutos especializados. Devemos porém ter consciência de que a larga maioria das situações de insuficiência ou de deficiência físicas ou psíquicas ficam à margem de quaisquer medidas de proteção jurídica.

47 Tomemos o caso alemão. Em 1994, havia 542.000 pessoas sob acompanhamento (*Betreuung*): uma cifra que, em 2012, subiu para 1.325.013. Em termos percentuais, os números variam, conforme os *Länder*. Temos um mínimo de 7 pessoas por mil, em Baden-Württemberg e um máximo de 14,6 pessoal por mil, em Berlim. Números mais recentes, constantes da *Justizstatistik*, revelam um ligeiro decréscimo: 2013 – 1.310.619; 2014 – 1.306.589; 2015 – 1.276.538. Feitas as contas à diferença de população entre a Alemanha e Portugal, o número de pessoas que, entre nós, deveriam beneficiar de proteção jurídica ultrapassaria as 160.000. Essa cifra, muito considerável, está em linha de conta com as demências diagnosticadas. Mas as medidas decretadas no terreno cobrem uma pequena percentagem desse número.

49 O "défice" de medidas jurídicas de apoio aos física ou psiquicamente necessitados: tem várias causas: (1) a desadequação do sistema em vigor, assente na interdição/inabilitação; (2) o papel das famílias que ora dá, ao necessitado, todo o apoio no seu seio, ora o desconhece; (3) a falta de bens que suscitem o interesse dos familiares; (4) o facto de os familiares terem, por uma via ou outra, acedido a todos os bens relevantes, com destaque para móveis de valor e saldos bancários; (5) o tipo de publicidade previsto na lei, com anúncios prévios nos tribunais, nas juntas de freguesia e nos jornais e que perturba o recato pessoal e familiar que sempre deveria acompanhar situações deste tipo.

50 **14. Os objetivos**. A necessidade de renovação das "incapacidades" visava: (1) a primazia da autonomia do visado, cuja vontade deve ser respeitada e aproveitada até aos limites do possível; (2) a subsidiariedade de quaisquer limitações judiciais à capacidade do visado: só encaráveis quando o problema não possa ser ultrapassado com recurso aos deveres de proteção e de acompanhamento comuns, próprios de qualquer situação familiar; (3) a flexibilização da interdição//inabilitação, dentro da ideia de que cada caso é um caso; (4) a manutenção de um controlo

[42] *Vide* a publicação da Direção-Geral de Saúde, *Portugal/ /Saúde Mental em números – 2015* (2016), 72 pp..

[43] Outras indicações estatísticas constam do nosso *Da situação jurídica do maior acompanhado*, 499 ss..

[44] *Idem*, 499-501.

jurisdicional eficaz sobre qualquer constrangimento imposto ao visado; (5) o primado dos interesses pessoais e patrimoniais do visado; (6) a agilização dos procedimentos, no respeito pelos pontos anteriores; (7) a intervenção do MP em defesa e, quando necessário, em representação do visado. 51

15. As opções da reforma. A análise comparatística ilustra vários modelos ou vias para prosseguir os objetivos: (1) modelos monistas, dualistas ou múltiplos; (2) modelos assentes na situação a corrigir (materiais) ou nos meios destinados a fazê-lo (instrumentais); (3) modelos de substituição e de acompanhamento; (4) modelos estritos e regulamentares. 52

Os modelos monistas consagram um único instituto de "incapacitação" de maiores; os dualistas trabalham com dois; os múltiplos admitem mais de dois. O CS era monista: assentava na interdição. Esta orientação mantém-se no Código Civil brasileiro de 1916 e no de 2002, versão inicial. Na atualidade, exemplo de monismo é a solução alemã da *Betreuung* ou acompanhamento; o acompanhante recebe os poderes que cada caso recomende. O Direito espanhol, ao trabalhar com a figura da "incapacitação" era, também, monista; a reforma de 2015, com regimes sobre a tutela, a curatela e a guarda de facto, quebrou essa lógica. A Convenção de Nova Iorque de 2007 tem subjacente o monismo. 53

Modelo dualista é o do Código Civil de 1966: a interdição e a inabilitação, seguindo o esquema do Código italiano de 1942, antes da reforma de 2004. 54

Modelo múltiplo é, hoje, o do Código Civil francês, após a reforma de 2007. Ele admite a salvaguarda em justiça, a tutela, a curatela e o mandato para proteção futura. O Código italiano, após a reforma de 2004, consigna a administração apoiada, a interdição e a inabilitação. 55

O objetivo marcante da reforma é o da flexibilização. A consagração de vários institutos dificulta esse escopo. Prevendo-os, há que tipificá-los, fixando-lhes um conteúdo próprio. A aplicação prática vai concentrar-se em temáticas conceituais, descurando – ou podendo descurar – a realidade. Tudo isso aponta para o monismo: a escolha certa, que deve prevalecer. 56

Cabe optar por modelos materiais ou instrumentais. Os modelos materiais partem da situação do visado; p. ex., um sistema construído a partir da interdição é material: integrado o instituto, há, depois, que ver as consequências. Os instrumentais arrancam dos remédios a aplicar: p. ex., um esquema assente na tutela. O modelo alemão da *Betreuung* é material; o francês pós-2007 (tutela, curatela e mandato) é instrumental. 57

Contrapõem-se os modelos de substituição e os de acompanhamento. Na substituição, o maior "incapaz" é representado. No acompanhamento, o visado é simplesmente apoiado. Pretende-se que a sua vontade, embora genuína, se vá formando e manifestando com a ajuda de um figurante que apenas pretenda, objetiva e subjetivamente, defender a autonomia e o interesse do deficiente. A Convenção de Nova Iorque aponta para a primazia do acompanhamento, mais aprazível. Mas não é possível um acompanhamento "puro". O deficiente profundo, o doente de *Alzheimer* em estado avançado ou o paciente em coma *dépassé* não têm nem manifestam qualquer vontade: terão, mesmo, de ser representados; no limite, pelo MP. Com a limitação apontada, há que eleger, como preferível, o modelo do acompanhamento. 58

Segue-se a análise dos modelos estritos ou regulamentares. Num modelo estrito, a lei fixa as bases do regime: em termos claros, simples e de fácil apreensão. Já no regulamentar, a lei faz distinções, fixa procedimentos e desce a minúcias. A Lei alemã é estrita, enquanto a francesa surge regulamentar. 59

A reforma acolhida fixa um modelo monista, material, de acompanhamento e estrito.

60 Escolheu o termo "maior acompanhado". Acompanhar[45] uma pessoa é digno, prestigiante para todos, socialmente adequado e, neste sentido, juridicamente virgem: um conceito civil sistematicamente correto, convidativo e com potencialidades para transmitir a essência do novo regime.

IV – O acompanhamento

61 **16. Sistema geral**. O acompanhamento consta dos 138.º a 156.º, introduzidos pela L 49/2018, de 14-ago.[46]. Os aspetos processuais resultam dos 891.º a 904.º do CPC, na redação derivada, também, dessa mesma Lei.

62 O acompanhamento lida com seis princípios básicos[47]: (a) judicialidade; (b) primazia do acompanhado; (c) supletividade; (d) necessidade; (e) minimalismo; (f) flexibilidade. Assim: (a) judicialidade: o acompanhamento pode ser limitativo da autodeterminação livre do beneficiário; assim, apenas o juiz do Estado, com todas as garantias do moderno processo civil e ouvindo os visados, os interessados e quem possa ajudar, pode tomar as devidas decisões; vejam-se os 139.º e 148.º e o dispositivo dos 901.º e seguintes do CPC; (b) primazia do acompanhado: nas decisões a tomar (140.º/1) e no modo de as executar (146.º/1), prevalecem sempre os interesses do acompanhado e os valores a eles associados; (c) supletividade: no âmbito da família e, ainda, por via de certos contratos, como o de internamento solicitado pelo próprio, surgem deveres gerais de cooperação e de assistência que podem proteger eficazmente o beneficiário; nessa eventualidade, não há que recorrer ao acompanhamento, que fica reservado para os casos em que não haja outra saída (140.º/2); (d) necessidade: independentemente da existência de outros esquemas de tutela, o acompanhamento só opera perante a impossibilidade de o próprio poder agir plena, pessoal e conscientemente (138.º); deve entender-se que essa impossibilidade se manifesta de modo poderoso e continuado; uma falha secundária e/ou pontual não justifica a proteção legal; (e) minimalismo: o acompanhamento deve limitar-se ao mínimo necessário (145.º/1), sendo periodicamente revisto; os direitos pessoais e os negócios da vida corrente mantêm-se livres, salvo decisão judicial em contrário (147.º/1); (f) flexibilidade: o acompanhamento é personalizado, devendo moldar-se a cada situação, em termos a apreciar pelo juiz e independentemente do que haja sido pedido (145.º/2), devendo cessar ou ser modificado, em função do evoluir das causas que o justificaram (149.º/1); o juiz tem poderes instrutórios latos (897.º do CPC).

63 **17. Aplicação no tempo**. A L 49/2018, de 14-ago., fixou o prazo de *vacatio*: ela entrou em vigor 180 dias após a sua publicação, ou seja, em 12-fev.-2019 (25.º/1).

64 Uma vez em vigor, ela tem aplicação imediata aos processos pendentes (26.º/1), cabendo ao juiz fazer a necessárias adaptações (26.º/2). Aos atos requeridos aplica-se a lei vigente aquando da sua prática (26.º/3). O novo regime aplica-se à interdição e às inabilitações de pretérito (26.º/4 e 6), passando os antigos tutores e curadores a acompanhantes (26.º/7). A prática de atos pessoais, antes vedada aos interditos, pode agora ser autorizada pelo juiz (26.º/5). Finalmente, as "incapacidades" convertidas em acompanhamento são suscetíveis de revisão a pedido

[45] Acompanhar advém do latim *companio*, de *cum panis*: aquele com quem se reparte o pão. Implica, na base, uma ideia de igualdade solidária.

[46] Este diploma alterou os artigos 32.º, 85.º, 131.º, 138.º a 156.º, 320.º, 488.º, 705.º, 706.º, 1003.º, 1174.º, 1175.º, 1176.º, 1601.º, 1604.º, 1621.º, 1633.º, 1639.º, 1643.º, 1708.º, 1769.º, 1785.º, 1821.º, 1850.º, 1857.º, 1860.º, 1861.º, 1913.º, 1914.º, 1933.º, 1970.º, 2082.º, 2189.º, 2192.º, 2195.º e 2298.º do Código Civil: fundamentalmente no sentido de substituir as referências à interdição e à inabilitação pelo acompanhamento.

[47] Quanto so novo paradigma; RCb 10-dez.-2019 (Isaías Pádua), Proc. 7779/18.

do próprio, do acompanhante e do MP (26.º/8). Concretiza-se, em todos estes preceitos, uma regra geral de *favor personae*, em linha com o sentido profundo da reforma.

18. O processo de acompanhamento consta dos 891.º a 904.º do CPC, na redação dada pela 65
L 49/2018. Exaramos o seu texto, com breves anotações:

Artigo 891.º
(Natureza do processo)

1. O processo de acompanhamento de maior tem carácter urgente, aplicando-se-lhe, com as necessárias adaptações, o disposto nos processos de jurisdição voluntária no que respeita aos poderes do juiz, ao critério de julgamento e à alteração das decisões com fundamento em circunstâncias supervenientes.

2. Em qualquer altura do processo, podem ser requeridas ou decretadas oficiosamente as medidas cautelares que a situação justificar.

O anterior "processo especial" de interdição e inabilitação era apresentado como um 66
processo de partes, com autor e réu, a prosseguir num ambiente de litígio.

A reforma pretendeu alterar profundamente esta conceção seguindo (sem servilismo)
o modelo processual alemão adotou-se uma jurisdição voluntária, guiada essencialmente pela 67
defesa dos interesses do visado.

Artigo 892.º
Requerimento inicial

1. No requerimento inicial, deve o requerente, além do mais:

a) Alegar os factos que fundamentam a sua legitimidade e que justificam a proteção do maior através de acompanhamento;

b) Requerer a medida ou medidas de acompanhamento que considere adequadas;

c) Indicar quem deve ser o acompanhante e, se for caso disso, a composição do conselho de família;

d) Indicar a publicidade a dar à decisão final;

e) Juntar elementos que indiciem a situação clínoica alegada

2. Nos casos em que for cumulado pedido de suprimento da autorização do beneficiário, deve o requerente alegar os factos que o fundamentam.

O preceito é auto-justificativo, simplificando, ao máximo, as exigências formais. 68

Artigo 893.º
Publicidade

1. O juiz decide, em face do caso, que tipo de publicidade deve ser dada ao início, ao decurso e à decisão final do processo.

2. Quando necessário, pode determinar-se a publicação de anúncios em sítio oficial, a regulamentar por portaria do membro do Governo responsável pela área da justiça.

Em face das realidades atuais, mormente em ambiente urbano, o anterior 892.º do CPC 69
era surrealista: editais no tribunal e na junta de freguesia e anúncios em jornais. Além disso, este tipo de publicidade pode ser vexatório para o visado e para os seus próximos. Muitas interdições ficaram por decretar justamente pelo desincentivo que este tipo de publicidade representa.

Para casos graves, propõe-se um sítio oficial, que será visitado pelos agentes especializados. 70

Artigo 894.º
Comunicações e ordens

Quando o interesse do beneficiário o justifique, o tribunal pode dirigir comunicações e ordens a instituições de crédito, a intermediários financeiros, a conservatórias do registo civil, predial ou comercial, a administrações de sociedades ou a quaisquer outras entidades.

71 O preceito pretende ir ao núcleo do problema; além disso: muita da atual publicidade é inútil e desconsiderante.

Artigo 895.º
Citação e representação do beneficiário

1. O juiz determina, quando o processo deva prosseguir e o requerente da medida não seja o beneficiário, a sua imediata citação pelo meio que, em função das circunstâncias, entender mais eficaz.

2. Se a citação não produzir efeitos, nomeadamente em virtude de o requerido se encontrar impossibilitado de a receber, aplica-se o disposto no artigo 21.º.

72 Devia ficar nas mãos do juiz optar pela citação formal, por uma notificação ou por uma convocação informal; a natureza que se pretende imprimir ao processo dispensaria medidas infamantes ou desprestigiosas. Todavia, na Assembleia da República, optou-se por "citação".

73 Não funcionando a "citação", cabe ao MP representar o beneficiário.

Artigo 896.º
Resposta

1. Ao requerimento inicial segue-se a resposta do beneficiário, no prazo de 10 dias.
2. Na falta de resposta, aplica-se o estabelecido no artigo 21.º.

74 Embora se pretenda uma jurisdição voluntária simplificada, há que dar todas as garantias às pessoas envolvidas.

Artigo 897.º
Poderes instrutórios

1. Findos os articulados, o juiz analisa os elementos juntos pelas partes, pronuncia-se sobre a prova por elas requerida e ordena as diligências que considere convenientes, podendo, designadamente, nomear um ou vários peritos.

2. Em qualquer caso, o juiz deve proceder, sempre, à audição pessoal e direta do beneficiário, deslocando-se, se necessário, ao local onde o mesmo se encontre.

75 Pretendeu-se, desde logo, afeiçoar a "semântica" evitando "exames" e "interrogatórios".

76 O contacto pessoal com o juiz é decisivo, revogando-se o infeliz artigo 896.º do CPC, que o dispensava em certos casos. Se o beneficiário estiver internado ou em casa, impedido de se deslocar, o tribunal irá até ele, para se inteirar da situação e confirmar o que lhe seja dito.

Artigo 898.º
Audição pessoal

1. A audição pessoal e direta do beneficiário visa averiguar a sua situação e ajuizar das medidas de acompanhamento mais adequadas.

2. As questões são colocadas pelo juiz, com a assistência do requerente, dos representantes do beneficiário e do perito ou peritos, quando nomeados, podendo qualquer dos presentes sugerir a formulação de perguntas.

3. O juiz pode determinar que parte da audição decorra, apenas, na presença do beneficiário.

A reforma pretendeu desformalizar o processo e dar, ao juiz, um máximo de informação para decidir em consciência, em prol do beneficiário.[1] 77

Uma conversa direta, privada e sigilosa entre o juiz e o beneficiário pode, em concreto, ser recomendável, de modo a criar um ambiente de confiança e a prevenir quaisquer pressões. Uma audição "pública" pode ajudar, além de legitimar o procedimento: depende das circunstâncias. 78

Artigo 899.º
(Relatório pericial)

1. Quando determinado pelo juiz, o perito ou os peritos elaboram um relatório que precise, sempre que possível, a afeção de que sofre o beneficiário, as suas consequências, a data provável do seu início e os meios de apoio e de tratamento aconselháveis.

2. Permanecendo dúvidas, o juiz pode autorizar o exame numa clínica da especialidade, com internamento nunca superior a um mês e sob responsabilidade do diretor respetivo, ou ordenar quaisquer outras diligências.

Pretendeu simplificar-se e agilizar-se o dispositivo do anterior 898.º, em termos autoexplicativos. 79

Artigo 900.º
(Decisão)

1. Reunidos os elementos necessários, o juiz designa o acompanhante e define as medidas de acompanhamento, nos termos do artigo 145.º do Código Civil e, quando possível, fixa a data a partir da qual as medidas decretadas se tornaram convenientes.

2. O juiz pode ainda proceder à designação de um acompanhante substituto, de vários acompanhantes e, sendo o caso, do conselho de família.

3. A sentença que decretar as medidas de acompanhamento deverá referir expressamente a existência de testamento vital e de procuração para cuidados de saúde e acautelar o respeito pela vontade antecipadamente expressa pelo acompanhado.

Simplificou-se e flexibilizou-se o dispositivo do 901.º, ainda em vigor. Recorda-se que o conselho de família passa a ser facultativo: o juiz verifica, em cada caso, se é possível e desejável. 80

O n.º 3 foi acrescentado pela Assembleia da República. 81

[1] RLx 10-set.-2019 (Ana Rodrigues da Silva), Proc. 14219/18; REv 10-out.-2019 (Ana Margarida Leite), Proc. 1110/18.

Artigo 901.º
(Recursos)

Da decisão relativa à medida de acompanhamento cabe recurso de apelação, tendo legitimidade o requerente, o acompanhado e, como assistente, o acompanhante.

82 Atualizou-se o esquema do anterior 902.º.

Artigo 902.º
(Efeitos)

1. A decisão de acompanhamento transitada permite que, por apenso, a pedido do requerente, do acompanhado, do acompanhante ou do Ministério Público, sejam relacionados os bens do beneficiário.

2. Transitada a decisão de acompanhamento, têm aplicação, com as devidas adaptações, os artigos 1920.º-B e 1920.º-C do Código Civil.

3. A decisão que decrete o acompanhamento ou que o rejeite é publicitada e comunicada nos precisos termos decididos ao abrigo do artigo 894.º.

83 O anterior 803.º/1 e 2, ora em vigor, foi devidamente expurgado e simplificado.

84 Dada a publicidade seletiva facultada pelo novo artigo 894.º, há que dar igual publicidade à decisão final.

85 Pareceu inevitável a inscrição no registo, remetendo-se, neste ponto, para o Código Civil.

Artigo 903.º
(Valor dos atos do acompanhado)

Transitada a decisão, pode o acompanhante requerer a anulação dos atos praticados após as comunicações referidas no artigo 894.º, quando estejam abrangidos pelas medidas de acompanhamento.

86 Pretendeu atualizar-se e flexibilizar-se o disposto no anterior 903.º.

Artigo 904.º
(Termo e alteração do acompanhamento)

1. A morte do beneficiário extingue a instância.

2. As medidas de acompanhamento podem, a todo o tempo, ser revistas ou levantadas pelo tribunal, quando a evolução do beneficiário o justifique.

3. Ao termo e à modificação das medidas de acompanhamento aplicam-se, com as necessárias adaptações e na medida do necessário, o disposto nos artigos 892.º e seguintes, correndo os incidentes respetivos por apenso ao processo principal.

87 A cessação do processo com a morte do beneficiário corresponde à nova natureza do instituto; visou afastar o anterior 904.º; a validade dos atos do acompanhado segue o regime geral.

88 Os n.os 2 e 3 poderiam ser dispensados, dado o estarmos perante um processo de jurisdição voluntária; todavia, a sua especialidade justifica-os.

Artigo 138.º (Acompanhamento)

O maior impossibilitado, por razões de saúde, deficiência, ou pelo seu comportamento, de exercer, plena, pessoal e conscientemente, os seus direitos ou de, nos mesmos termos, cumprir os seus deveres, beneficia das medidas de acompanhamento previstas neste Código.

O preceito, na sua aparente simplicidade, aproveita dois séculos de experiências históricas e comparatísticas. Ele evita referir anomalias psíquicas, surdez-mudez e cegueira; ficam as razões de saúde, a indagar e a valorar pelo Tribunal. As razões comportamentais podem abranger o alcoolismo, a tóxico-dependência ou a prodigalidade. Também aqui qualquer enumeração, que seria sempre insuficiente ou delicada (pense-se na dependência de jogos de *video*, na adesão a seitas ilegais com práticas perigosas para o próprio ou na radicalização político-militar), surge dispensável. Igualmente não se vê como exigir "habitualidade" ou "durabilidade": tudo depende de cada situação. O acompanhamento é apresentado como um benefício e nunca como uma sujeição.

Artigo 139.º (Decisão judicial)

1. O acompanhamento é decidido pelo tribunal, após audição pessoal e direta do beneficiário, e ponderadas as provas.

2. Em qualquer altura do processo, podem ser determinadas as medidas de acompanhamento provisórias e urgentes, necessárias para providenciar quanto à pessoa e bens do requerido.

Deixa-se claro, logo no início, que apenas o Tribunal pode optar pelo acompanhamento, seja qual for o seu grau. O juiz deve ter um contacto pessoal e direto com o visado; se este não puder falar e/ou não se puder deslocar ao Tribunal, o juiz visitá-lo-á onde quer que esteja. Esse contacto é decisivo, em termos nos quais se dispensa insistir[1]. Ficou desde logo revogado o (infeliz) 896.º do CPC, versão anterior, que fazia depender o contacto de ter havido contestação. A solução ideal seria a de cometer a competência prevista neste preceito a um "tribunal de acompanhamento", devidamente apetrechado e com magistrados experientes, logo que possível. A eventualidade de medidas provisórias e urgentes está prevista no n.º 2.

Artigo 140.º (Objetivo e supletividade)

1. O acompanhamento do maior visa assegurar o seu bem-estar, a sua recuperação, o pleno exercício de todos os seus direitos e o cumprimento dos seus deveres, salvo as exceções legais ou determinadas por sentença.

[1] Miguel Teixeira de Sousa, *O regime do acompanhamento de maiores: alguns aspectos processuais*, em CEJ, *O novo regime jurídico* (2019), 41-60 (44-45); RLx 16-set.-2019 (Laurinda Gemas), Proc. 12596/17; RLx 11-dez.-2019 (Laurinda Gemas), Proc. 5287/18.

2. A medida não tem lugar sempre que o seu objetivo se mostre garantido através dos deveres gerais de cooperação e de assistência que no caso caibam.

1 Os princípios do acompanhamento podem, com vantagens técnicas e estilísticas, ser sintetizados na fórmula do n.º 1: não há paternalismos nem sujeições; apenas a recuperação e o exercício digno dos direitos de cada um, bem como o cumprimento dos deveres envolvidos.

2 O pleno exercício de todos os seus direitos envolve os direitos pessoais e os patrimoniais. Não parece necessário vir com especificações ou classificações: são todos.

3 O n.º 2 consagra a regra da supletividade; têm-se em vista, em primeira linha, os 1674.º e 1675.º; mas admite-se que eles possam resultar de outra fonte; seria ideal que estivessem em causa as situações das pessoas que vivam em economia comum (L 6/2001, de 11-mai.) e em união de facto (L 7/2001, de 11-mai.); infelizmente, os competentes regimes não consagram expressamente os deveres de cooperação e de assistência, embora se chegue lá pela boa-fé.

Artigo 141.º (Legitimidade)

1. O acompanhamento é requerido pelo próprio ou, mediante autorização deste, pelo cônjuge, pelo unido de facto, por qualquer parente sucessível ou, independentemente de autorização, pelo Ministério Público.

2. O tribunal pode suprir a autorização do beneficiário quando, em face das circunstâncias, este não a possa livre e conscientemente dar, ou quando para tal considere existir um fundamento atendível.

3. O pedido de suprimento da autorização do beneficiário pode ser cumulado com o pedido de acompanhamento.

1 O preceito fixa o primado da vontade do acompanhado: está em causa um benefício, de que ele pode ou não querer prevalecer-se. Todavia, em certas situações (anomalia congénita grave, acidente cerebral profundo, depressão total, coma, demência avançada) o interessado não está em condições de dar uma autorização consciente.

2 A Lei poderia enumerar as circunstâncias que possam levar a esse suprimento. A tarefa seria ingrata: ficariam hipóteses de fora sendo que, no fundo, tudo depende do prudente arbítrio do juiz.

3 O n.º 3 adianta uma regra processual, sempre útil.

Artigo 142.º (Menores)

O acompanhamento pode ser requerido e instaurado dentro do ano anterior à maioridade, para produzir efeitos a partir desta.

Equivale ao revogado 138.º/2, 2.ª parte. Torna-se desnecessário especificar quando e como tenha lugar este "acompanhamento" decidido logo para menores: têm aplicação os 138.º e 139.º.

Artigo 143.º (Acompanhante)

1. O acompanhante, maior e no pleno exercício dos seus direitos, é escolhido pelo acompanhado ou pelo seu representante legal, sendo designado judicialmente.

2. Na falta de escolha, o acompanhamento é deferido, no respetivo processo, à pessoa cuja designação melhor salvaguarde o interesse imperioso do beneficiário, designadamente:

a) Ao cônjuge não separado, judicialmente ou de facto;

b) Ao unido de facto;

c) A qualquer dos pais;

d) À pessoa designada pelos pais ou pela pessoa que exerça as responsabilidades parentais, em testamento ou em documento autêntico ou autenticado;

e) Aos filhos maiores;

f) A qualquer dos avós;

g) À pessoa indicada pela instituição em que o acompanhado esteja integrado;

h) Ao mandatário a quem o acompanhado tenha conferido poderes de representação;

i) A outra pessoa idónea.

3. Podem ser designados vários acompanhantes com diferentes funções, especificando-se as atribuições de cada um, com observância dos números anteriores.

1 O 142.º/1 começa por consignar, como se impõe, a liberdade do acompanhado; todavia, impõe-se a designação pelo tribunal, para prevenir abusos e para defender o visado. Sendo o acompanhado menor ou estando sujeito a tutela, a designação compete ao representante legal, sempre sob confirmação do juiz. Pode, por qualquer razão, não dever haver coincidência entre o representante legal e o acompanhante: pense-se, por exemplo, no acompanhado detentor de fortuna, que deva ser administrada por um especialista.

2 O n.º 2 mantém a "lista" do revogado 143.º, atualizando-a. As diversas alíneas propostas falam por si, dispensando explicações. Podia-se ponderar a inexistência de qualquer lista, com total liberdade ao juiz de fazer a escolha; imagine-se que o interessado está à guarda dos avós, que o tratam bem, quando o cônjuge e/ou os pais não querem saber dele; a solução encontrada mantém a "lista", em homenagem à família e para ter base para a proibição de recusas; mas dá liberdade ao juiz para, no concreto, decidir no melhor sentido para o visado.

3 O Direito alemão admite a existência da associação acompanhante (*Betreuungsverein*), ainda que o *Betreuer* deva ser uma pessoa singular, indicada pela associação. De facto, as relações de confiança exigidas pelo acompanhamento pressupõem uma pessoa singular; todavia, esta pode ser indicada por uma associação.

4 A hipótese de acompanhantes múltiplos tem inconvenientes; no concreto poderá justificar-se, ficando como mais um instrumento à disposição do tribunal; este terá o cuidado de fixar os poderes de representação que caibam a cada um. Para evitar a montagem de um esquema para ultrapassar divergências entre acompanhantes, a sua pluralidade implica que tenham funções distintas.

Artigo 144.º (Escusa e exoneração)

1. O cônjuge, os descendentes ou os ascendentes não podem escusar-se ou ser exonerados.

2. Os descendentes podem ser exonerados, a seu pedido, ao fim de cinco anos, se existirem outros descendentes igualmente idóneos.

3. Os demais acompanhantes podem pedir escusa com os fundamentos previstos no artigo 1934.º ou ser substituídos, a seu pedido, ao fim de cinco anos.

1 O preceito retoma o revogado 146.º do Código Civil, atualizando-o.

2 O papel de acompanhante corresponde a um imperioso dever social, irrecusável no caso do n.º 1; nos restantes, ele pode ser temporalmente limitado.

3 A remissão para o artigo 1934.º parece clara: prevê as situações que permitem a escusa de tutela.

Artigo 145.º (Âmbito e conteúdo do acompanhamento)

1. O acompanhamento limita-se ao necessário.

2. Em função de cada caso e independentemente do que haja sido pedido, o tribunal pode cometer ao acompanhante algum ou alguns dos regimes seguintes:

***a*) Exercício das responsabilidades parentais ou dos meios de as suprir, conforme as circunstâncias;**

***b*) Representação geral ou representação especial com indicação expressa, neste caso, das categorias de atos para que seja necessária;**

***c*) Administração total ou parcial de bens;**

***d*) Autorização prévia para a prática de determinados atos ou categorias de atos;**

***e*) Intervenções de outro tipo, devidamente explicitadas.**

3. Os atos de disposição de bens imóveis carecem de autorização judicial prévia e específica.

4. A representação legal segue o regime da tutela, com as adaptações necessárias, podendo o tribunal dispensar a constituição do conselho de família.

5. À administração total ou parcial de bens aplica-se, com as adaptações necessárias, o disposto nos artigos 1967.º e seguintes.

1 O preceito representa o ponto alto do regime do acompanhamento; a regra básica, tal como resulta das opções feitas, é a da proporcionalidade, assente no *minimum* necessário[1].

2 Mau grado a opção pelo regime do acompanhamento, não há como evitar a substituição, pelo poder parental, pela tutela ou por representações seletivas: recordamos os deficientes profundos, as pessoas em coma *dépassé* ou os dementes terminais; insistir, aí, num "mero acompanhamento" seria uma fachada dispensável.

[1] RLx 11-dez.-2019 (Jorge Leal), Proc. 5539/18.

A administração de bens pode ser útil quando esteja em causa a gestão complexa de patrimónios. Nas intervenções de outro tipo podem conter-se, de acordo com as realidades atuais, o acesso a informação bancária, a intervenção para certas operações bancárias ou mobiliárias e a guarda de objetos valiosos ou preciosos. Em todos os casos, como é da natureza das coisas, cabe ao tribunal decidir, sempre com a maior prudência. 3

Artigo 146.º (Cuidado e diligência)

1. No exercício da sua função, o acompanhante privilegia o bem-estar e a recuperação do acompanhado, com a diligência requerida a um bom pai de família, na concreta situação considerada.

2. O acompanhante mantém um contacto permanente com o acompanhado, devendo visitá-lo, no mínimo, com uma periodicidade mensal, ou outra periodicidade que o tribunal considere adequada.

O preceito tem um sabor programático. Todavia, dá corpo às aspirações dominantes. O padrão do bom pai de família é conhecido e está muito experimentado: dispensa proceder a proclamações e a desenvolvimentos linguísticos ou a considerações sexistas: pode ser a *mater familias*. 1

O n.º 2 visa situações prolongadas, em que o acompanhado não está entregue ao acompanhante. 2

Artigo 147.º (Direitos pessoais e negócios da vida corrente)

1. O exercício pelo acompanhado de direitos pessoais e a celebração de negócios da vida corrente são livres, salvo disposição da lei ou decisão judicial em contrário.

2. São pessoais, entre outros, os direitos de casar ou de constituir situações de união, de procriar, de perfilhar ou de adotar, de cuidar e de educar os filhos ou os adotados, de escolher profissão, de se deslocar no país ou no estrangeiro, de fixar domicílio e residência, de estabelecer relações com quem entender e de testar.

Um dos objetivos do atual Direito de proteção dos maiores é, precisamente, o reconhecimento da liberdade para a prática de direitos pessoais, com relevo para o casamento e a perfilhação. Dependendo das circunstâncias, compreende-se que possa ser necessária a autorização do acompanhante e/ou do Tribunal; mas apenas se assim ficar exarado. 1

Quanto aos negócios da vida corrente e à semelhança do que se passa com os menores: eles são, à partida, permitidos. Este ponto é essencial: permite, ao maior acompanhado, levar uma vida totalmente normal, se a sua condição o facultar. 2

O n.º 2 especifica, a título de exemplo, alguns direitos pessoais que assistem ao acompanhado. Pretende-se, com visibilidade, acolher os termos da Convenção de Nova Iorque de 2007. 3

Artigo 148.º (Internamento)

1. O internamento do maior acompanhado depende de autorização expressa do tribunal.

2. Em caso de urgência, o internamento pode ser imediatamente solicitado pelo acompanhante, sujeitando-se à ratificação do juiz.

O internamento compulsivo sujeita-se a regras próprias. No entanto, de modo a completar o regime, faz-se uma referência mínima no Código Civil. Poder-se-ia explicitar que o internamento a pedido do próprio dispensa autorização. Todavia, um sistema que proteja efetivamente as pessoas deve ser cauteloso. O acompanhado pode sofrer de um *minus* de vontade, sendo levado a pedir internamentos não-necessários, mas apenas convenientes para os familiares ou alguns deles. Tudo pressupõe Tribunais dotados de meios humanos e materiais para acompanhar com rapidez e eficácia as situações que lhes sejam submetidas.

Artigo 149.º (Cessação e modificação do acompanhamento)

1. O acompanhamento cessa ou é modificado mediante decisão judicial que reconheça a cessação ou a modificação das causas que o justificaram.

2. Os efeitos da decisão podem retroagir à data em que se verificou a cessação ou modificação referidas no número anterior.

3. Podem pedir a cessação ou modificação do acompanhamento o acompanhante ou qualquer uma das pessoas referidas no n.º 1 do artigo 141.º.

1 O n.º 1 é auto-justificativo; dados os princípios da supletividade e do mínimo necessário, o acompanhamento deve seguir as realidades que vise enfrentar. A decisão pode ser retroativa.

2 Há que fixar a legitimidade para requerer ao Tribunal o termo ou a modificação do acompanhamento: cabe ao interessado ou às demais pessoas indicadas no artigo 141.º.

Artigo 150.º (Conflito de interesses)

1. O acompanhante deve abster-se de agir em conflito de interesses com o acompanhado.

2. A violação do dever referido no número anterior tem as consequências previstas no artigo 261.º.

3. Sendo necessário, cabe-lhe requerer ao tribunal autorização ou as medidas concretamente convenientes.

O preceito é autoexplicativo. Acentua-se que as diversas medidas relativas ao acompanhamento devem correr no tribunal que as haja decretado, para evitar disfunções.

Artigo 151.º (Retribuição do acompanhante e prestação de contas)

1. As funções do acompanhante são gratuitas, sem prejuízo da alocação de despesas, consoante a condição do acompanhado e a do acompanhante.
2. O acompanhante presta contas ao acompanhado e ao tribunal, quando cesse a sua função ou, na sua pendência, quando assim seja judicialmente determinado.

Índice

1. Gratuitidade das funções. O sentido geral do acompanhamento é o da concretização de um dever geral de solidariedade, particularmente claro em face dos critérios de escolha do acompanhante, patentes no 143.º 1

Além disso, o acompanhamento redunda num exercício tendencialmente não-profissional, aplicando-se o regime do mandato gratuito (1158.º/1, *ex vi* 1156.º). Na hipótese de ser designada como acompanhante a pessoa indicada pela instituição em que o acompanhado esteja integrado [143.º/2, *g*)], pode esta ser retribuída no quadro dessa mesma instituição. 2

2. A alocação de despesas, prevista no 151.º/1, 2.ª parte, tem paralelo no 1167.º, *a*) e *c*), relativo ao mandato. O preceito é prudente, havendo que ter em conta a condição do acompanhante e do acompanhado. 3

3. A prestação de contas (151.º/2), tem paralelo no 1161.º, *d*), relativo ao mandatário. Ela deve ser feita ao acompanhado, sempre que este o exigir, ao tribunal, quando judicialmente determinado e a ambos, quando cesse a sua função. A contabilidade deve estar devidamente organizada, no interesse de todos os intervenientes. 4

Artigo 152.º (Remoção e exoneração do acompanhante)

Sem prejuízo do disposto no artigo 144.º, a remoção e a exoneração do acompanhante seguem o disposto nos artigos 1948.º a 1950.º.

A solução remete para o regime aplicável à tutela, já experimentado; não se vê margem para inventar, aqui, novas soluções.

Artigo 153.º (Publicidade)

1. A publicidade a dar ao início, ao decurso e à decisão final do processo de acompanhamento é limitada ao estritamente necessário para defender os interesses do beneficiário ou de terceiros, sendo decidida, em cada caso, pelo tribunal.

2. Às decisões judiciais de acompanhamento é aplicável o disposto nos artigos 1920.º-B e 1920.º-C.

1 O sistema anterior de editais e de anúncios em jornais era menos digno e não se mostrava necessário: pelo menos em geral. A referência aos "interesses de terceiros" introduzido pela Assembleia da República, presta-se a confusões: vale, predominantemente, o interesse do acompanhado.

2 O juiz pode, por exemplo e com discrição, dar ordens a instituições de crédito, os intermediários financeiros ou a conservatórias de registo. Pode-se, ainda, criar um sítio, no Ministério da Justiça onde sejam publicitadas as situações ou algumas delas.

3 No limite, mantém-se (n.º 2) o revogado 147.º: assegura a publicidade do acompanhamento e regula as consequências de eventuais falhas nessa publicidade; pode, todavia, questionar-se se o registo é sempre necessário.

Artigo 154.º (Atos do acompanhado)

1. Os atos praticados pelo maior acompanhado que não observem as medidas de acompanhamento decretadas ou a decretar são anuláveis:

_a_) Quando posteriores ao registo do acompanhamento;

_b_) Quando praticados depois de anunciado o início do processo, mas apenas após a decisão final e caso se mostrem prejudiciais ao acompanhado.

2. O prazo dentro do qual a ação de anulação deve ser proposta só começa a contar-se a partir do registo da sentença.

3. Aos atos anteriores ao anúncio do início do processo aplica-se o regime da incapacidade acidental.

Índice

1 **1. Origem.** O 154.º sintetiza, atualiza e flexibiliza os revogados 148.º a 150.º. No fundamental, há que atender ao alcance da sentença de acompanhamento: é na base dela que deve ser apreciada a subsistência dos atos praticados pelo acompanhado.

2 **2. A anulabilidade** justifica-se por, em qualquer situação, os atos do acompanhado poderem ser razoáveis ou benéficos para ele próprio. Cabe ao acompanhado ou ao acompanhante, conforme o decidido, verificar as consequências dos atos, impugnados, apenas, quando prejudiciais.

3 Essa mesma lógica obriga a que o prazo para a ação de anulação, em princípio de um ano (287.º/1), só comece a decorrer após o registo da sentença de acompanhamento (154.º/2).

4 **3. Atos atingidos (n.º 1)**: (a) os posteriores ao registo do acompanhamento; (b) os praticados após o anúncio do início do processo, mas apenas a decisão final e caso se mostrem prejudiciais

ao acompanhado. Significa este troço que, para os atos em causa, não basta o juízo de oportunidade que acompanha qualquer pedido de anulação; exige-se um prejuízo objetivamente comprovável.

4. Atos anteriores ao anúncio do início do processo: 154.º/3: aplica-se o regime da incapacidade acidental (257.º). 5

Artigo 155.º (Revisão periódica)

O tribunal revê as medidas de acompanhamento em vigor de acordo com a periodicidade que constar da sentença e, no mínimo, de cinco em cinco anos.

A medida é autoexplicativa; o prazo de cinco anos surge como adequado.

Artigo 156.º (Mandato com vista a acompanhamento)

1. O maior pode, prevenindo uma eventual necessidade de acompanhamento, celebrar um mandato para a gestão dos seus interesses, com ou sem poderes de representação.

2. O mandato segue o regime geral e especifica os direitos envolvidos e o âmbito da eventual representação, bem como quaisquer outros elementos ou condições de exercício, sendo livremente revogável pelo mandante.

3. No momento em que é decretado o acompanhamento, o tribunal aproveita o mandato, no todo ou em parte, e tem-no em conta na definição do âmbito da proteção e na designação do acompanhante.

4. O tribunal pode fazer cessar o mandato quando seja razoável presumir que a vontade do mandante seria a de o revogar.

A uma primeira abordagem, a ideia de um "mandato em previsão de incapacidade" 1
parece excelente, tendo consagração noutros Direitos. Todavia, ela deve ser tomada com cautela. Tal mandato "em previsão de incapacidade" dirige-se, primordialmente, a pessoas atingidas por doenças invalidantes progressivas, como a de *Alzheimer*. Feito o diagnóstico, o visado sabe que irá perder progressivamente as suas faculdades, até à total dependência: lógico parece conferir-lhe a possibilidade de, enquanto é tempo, providenciar, designando um mandatário de sua confiança. De resto e neste momento, já têm sido usadas procurações comuns, com essa finalidade. Nesse mandato seriam fixadas as condições do seu exercício e, designadamente, o seu início: uma situação que não vemos possa ser prevista em preceito legal. Sujeitar estes mandatos a "fiscalização" prévia sem fazer o mesmo quanto a mandatos "comuns" não seria operativo.

Todavia, há riscos sérios envolvidos nesta figura, à primeira vista aliciante. Nas primeiras 2
fases da demência, o visado vai perdendo a sua vontade, sendo sugestionável. O mandato pode ser sugerido ou, mesmo, subtraído por qualquer familiar ou pessoa próxima, sem fins (totalmente) altruístas; além disso, uma vez passado, não há controlo quanto ao seu exercício.

3 A solução, pelo prisma da defesa dos interesses do visado e da possível conciliação com a sua livre determinação é a da sujeição do mandato ao tribunal que deva optar pelo acompanhamento. Aí, com contraditório, pareceres clínicos e todo o tipo de prova, o juiz poderá decidir pela manutenção, pela alteração ou pela caducidade do mandato.

4 O n.º 4, introduzido pela Assembleia da República, é contraditório com o n.º 3. Este prevalece.

Excurso (138.º a 155.º)

Apesar de recente, o novo regime do maior acompanhado já originou algumas linhas jurisprudenciais. Assim:

– *quanto à aplicação no tempo*: à data da prolação do acórdão recorrido, ainda não entrara em vigor o novo regime, pelo que rege o das interdições/inabilitações; o STJ convolou uma interdição para inabilitação[1]; o novo regime, em vigor desde 10-fev.-2019, aplica-se aos processos pendentes[2], sem sentença transitada[3] e caber ao juiz proceder às necessárias adequações[4];
– *quanto à audição do beneficiário*: é sempre necessária, sem exceção[5]; na sua falta, há nulidade[6];
– *ocorrendo a morte do beneficiário*, na pendência do processo: o revogado 904º/1 do CPC permitia o seu prosseguimento, para determinar a data da incapacidade; o novo regime não o permite, atentando contra a confiança: por imperativo constitucional, não tem, aqui, aplicação imediata[7];
– *quanto à perícia médica*: não deve ser dispensada[8];
– *quanto às medidas a tomar*: a total substituição da vontade do acompanhado só ocorre em casos excecionais[9]; o conteúdo da medida em uma maior flexibilidade[10];
– *quanto à aplicação do instituto*: duas condições: (1) uma positiva (princípio da necessidade); (2) uma negativa (princípio da subsidiariedade); na dúvida, a medida não é decretada[11];
– *quanto à necessidade*: deve ser averiguada, caso o requerido se oponha ao acompanhamento[12].

[1] STJ 21-mar.-2019 (Maria do Rosário Morgado), Proc. 228/17.
[2] RPt 26-fev.-2019 (Alexandra Pelayo), Proc. 613/17; RCb 4-jun.-2019 (Maria João Areias), Proc. 446/14; RGm 12-set.-2019 (Moreira Dias), Proc. 228/17.
[3] REv 2.mai.-2019 (Silva Rato), Proc. 446/14.
[4] RCb 17-set.-2019 (Fonte Ramos), Proc. 6985/18.
[5] RCb 4-jun.-2019 (Alberto Ruço), Proc. 647/18; RLx 16-set.-2019 (Laurinda Gemas), Proc. 12596/17; RPt 10-jul.-2019 (Maria José Simões), Proc. 6651/99.
[6] REv 10-out.-2019 (Ana Margarida Leite), Proc. 1110/18.
[7] RPt 10-set.-2019 (Anabela Tenreiro), Proc. 12342/18; RPt 21-nov.-2019 (Joaquim Correia Gomes), Proc. 528/16.
[8] RLx 11-dez.-2019 (Vaz Gomes), Proc. 2990/18.
[9] RLx 11-dez.-2019 (Jorge Leal), Proc. 5539/18.
[10] RGm 16-jaqn.-2020 (Paulo Reis), Proc. 4046/17 e RLx 21-jan.-2020 (Higina Castelo), Proc. 3570/18.
[11] RLx 4-fev.-2020 (Carlos Oliveira), Proc. 3974/17.
[12] RPt 13-jan.-2020 (Carlos Querido), Proc. 8433/18.

Capítulo II – Pessoas coletivas

Introdução (157.º a 194.º)

Bibliografia: António Ferrer Correia, *Pessoas colectivas/Anteprojecto de um capítulo do novo Código Civil*, BMJ 67 (1957), 247-281; António Menezes Cordeiro/A. Barreto Menezes Cordeiro, *Tratado de Direito civil*, IV, 5.ª ed. (2019), 607-789; Carlos Alberto da Mota Pinto, *Teoria geral do Direito civil*, por António Pinto Monteiro e Paulo Mota Pinto, 4.ª ed. (2005), 269-329; Diogo Costa Gonçalves, *Pessoa coletiva e sociedades comerciais. dimensão problemática e coordenadas sistemáticas da personificação jurídico-privada*, 2015; Fátima Gomes, em UCP/*Comentário ao Código Civil* I (2014), 344-450; Fernando Pires de Lima/João Antunes Varela, *Código Civil Anotado*, I, 4.ª ed. (1987), 161-192; Guilherme Moreira, *Instituições de Direito civil português*, 1 – *Parte geral* (1907), 281-329; *idem*, *Da personalidade collectiva*, RLJ 40 (1907), 385-388 a RLJ 42 (1909), 257-259; Heinrich Ewald Hörster/Sónia Moreira, *A parte geral do Código Civil português/Teoria geral do Direito civil*, 2.ª ed. (2019), 408-454; Jacinto Rodrigues Bastos, *Das relações jurídicas* II (1968), 7-102; João de Castro Mendes, *Direito civil (teoria geral)* 1 (1967), 253-331; José de Oliveira Ascensão, *Direito civil/Teoria geral*, I, 2.ª ed. (2000), 215-291; Luís Alberto Carvalho Fernandes, *Teoria geral do Direito civil*, 1, 6.ª ed. (2012), 425-664; Luiz da Cunha Gonçalves, *Tratado de Direito civil* I (1929), 734-855; Manuel de Andrade, *Teoria geral da relação jurídica* 1 (1972, reimp.), 45-186; Manuel Pita, em Ana Prata (coord.), *Código Civil anotado*, 1, 2.ª ed. (2019), 208-273; Manuel Vilar de Macedo, *Regime jurídico das pessoas colectivas/Anotação aos artigos 157.º a 201.º-A do Código Civil*, 2008; Marcello Caetano, *Das fundações/Subsídios para a interpretação e reforma da legislação portuguesa*, 1962; Pedro de Albuquerque, *A vinculação das sociedades comerciais e por quotas*, 1 (2018), 455-1029; Pedro Pais de Casconcelos, *Teoria geral do Direito Civil*, 8.ª ed., (2019), 134-221.

Índice

I – Terminologia e evolução

1 **1. Pessoas singulares e coletivas.** Apenas o ser humano pode ser destinatário de normas jurídicas e, portanto: encabeçar direitos e obrigações. Ao longo da História, diversos vetores levaram a que direitos e obrigações fossem encimados por outras entidades; a pessoa singular é o ser humano; as pessoas coletivas são as demais: uma noção obtida pela negativa: puramente residual, com tudo o que isso implica, a nível de heterogeneidade.

2 A contraposição pessoas singulares/coletivas é jusracionalista. Tornou-se (Pufendorf, 1672) habitual nas exposições que admitam uma "Parte geral", como o Código Civil, nos 66.º e seguintes e 157.º e seguintes, respetivamente.

3 A expressão "pessoa coletiva" foi introduzida no princípio do séc. XX por Guilherme Moreira (1907). Nas Ordenações, faltava um tratamento geral. Os juristas liberais apenas referiam pessoas singulares e introduziram um tratamento sistemático das pessoas coletivas, sob a designação de "corporações" ou "pessoas morais". Este termo, de inspiração jusracionalista, foi acolhido por Coelho da Rocha[1] e passou ao CS (32.º e seguintes) radicando-se na doutrina[2]. O CS reservou a expressão para as "corporações de utilidade pública e privada, conjuntamente". Alguns autores vieram propor "pessoa jurídica" para referir a personalização de entidades não correspondentes a pessoas humanas[3]. Guilherme Moreira resolveu, com êxito, ao fixar "pessoa coletiva".

[1] M. A. Coelho da Rocha, *Instituições de Direito Civil Portuguez* (1848), §§ 55 ss. e 73 ss. (30 ss. e 42 ss.), contrapõe "pessoas physicas" a "pessoas moraes" ou "juridicas".

[2] Assim, Brunsky, *Manual de Direito Civil Portuguez*, 2.ª ed. (1868), 1, 44 (§ 49).

[3] Dias Ferreira, *Codigo Civil Portuguez Annotado*, I, 1.ª ed. (1870), 60-61.

"Pessoa coletiva" não é designação perfeita: inculca uma "coletividade", no sentido de pluralidade de pessoas, o que nem sempre sucede. Feita a ressalva, ela está consagrada. O seu teor pode ser renovado com a ideia da imputação de normas jurídicas *em modo coletivo* – por oposição ao *modo singular*. 4

2. O Direito romano não elaborou o conceito: a própria personalidade jurídica, como ideia geral, lhe terá sido estranha[4]. Queda procurar figuras afins das que, hoje, preencham o universo das pessoas coletivas. Nessas condições, apresenta-se como a mais antiga o *Populus Romanus* no que, com todas as distâncias e salvaguardas, se pode considerar uma antecipação da ideia de Estado. No período do Império, surge como *fiscus*. Essa potencialidade estendeu-se a outras figurações de base territorial, como os municípios e as colónias. 5

Além destas figuras, outras surgiram, de base pessoal: as *universitates* de pessoas, com relevo para os *collegia* profissionais; as *soladitates* de base religiosa; diversos tipos de *societates*. A História de Roma documenta uma marcha para a liberdade de associação, ainda que com recuos, motivados por razões de ordem pública e política: a *Lex Julia de collegiis* veio, por exemplo, reconhecer apenas *collegia* antigos, sujeitando os que viessem a ser constituídos a uma autorização prévia. A consagração romana das fundações é duvidosa. A opinião dominante entende que, embora com raízes em iniciativas cristãs do Baixo Império, elas apenas seriam reconhecidas na Idade Média. 6

Para além dos aspetos descritivos, os *jurisprudentes* admitiam que, de um ente ideal, pudesse resultar um centro de relações jurídicas diferente das diversas pessoas singulares que, porventura, lhe estivessem subjacentes. Por seu turno, o *Edictum Perpetuum* aceitava que os municípios pudessem agir e ser demandados, outro tanto sucedendo com as *universitates*. A capacidade patrimonial própria desses entes era, ainda, reconhecida. 7

Os *jurisprudentes* conseguiam, na prática, trabalhar com as pessoas coletivas. Mas não isolaram a correspondente noção abstrata. O que não admira: a personalidade coletiva, como a História viria a demonstrar, só pode ser alcançada através do pensamento sistemático. As primeiras aplicações efetivas da ideia de sistema, em Direito, tiveram de aguardar a ordenação periférica dos humanistas, do século XVI. 8

3. Canonistas e glosadores. A personalidade coletiva foi desenvolvida a partir de textos romanos. Mas para tanto, era necessária a incidência de um pensamento científico formalmente ordenado, isto é: de um pensamento sistemático[5]. Os canonistas, pelas necessidades práticas, foram precursores. Visando enquadrar os institutos de natureza eclesiástica, recuperaram e alargaram a instrumentação deixada pelos jurisprudentes romanos. Na base das *universitates*, alcançaram um conceito de ordem geral[6]. Procurando justamente passar do somatório de pessoas singulares para a pessoa coletiva, Sinibaldo dei Fieschi (Inocêncio IV) vem apontar que o sujeito de direitos não é a pessoa natural, mas sim a fictícia: *cum collegium in causa universitatis fingatur una persona*[7]. 9

[4] Para um apanhado histórico: Diogo Costa Gonçalves, *Pessoa coletiva e sociedades comerciais*, 91 ss.; Pedro de Albuquerque, *A vinculação das sociedades comerciais*, 455 ss.; António Menezes Cordeiro/A. Barreto Menezes Cordeiro, *Tratado*, IV, 5.ª ed., 612 ss..

[5] *Vide* a nossa introdução à versão portuguesa de Claus-Wilhelm Canaris, *Pensamento sistemático e conceito de sistema na Ciência do Direito* (1989).

[6] Ruy de Albuquerque, *As represálias/Estudo de História do Direito Português (sécs. XV e XVI)*, I (1972), 403-404, nota 2.

[7] Leituras recentes sublinham que dei Fieschi admitia ainda, nas *universitates*, uma certa ligação à realidade, pelo que a ficção não seria total; *vide* Pedro de Albuquerque, *A vinculação das sociedades comerciais por garantia de dívidas de terceiros*, ROA 1995, 689-711 (689-690, nota 2), com indicações.

10 Os glosadores moveram-se sobre textos romanos onde a personalidade coletiva era patente. No entanto, seja por falta de meios científicos, seja pelo influxo da realidade medieval ou seja, por fim, pela impossibilidade de levar demasiado longe a capacidade de abstração, eles não avançaram: não souberam conceber a personalidade jurídica sem o substrato de uma coletividade de pessoas; a corporação seria, simplesmente, a soma dos seus membros. Não se deve menosprezar a obra dos glosadores: ela foi decisiva na evolução subsequente. A sua ligação estreita ao canonismo permitiu recuperar a ideia de ficção para o Direito comum.

11 **4. Humanismo e jurisprudência elegante.** A evolução técnico-jurídica da personalidade coletiva requeria uma maior capacidade de abstração para transcender comparações simplistas com *corpora* ou aproximações elementares à ideia de ficção. Os juristas do humanismo estariam habilitados a dar o passo subsequente. Em Donellus (1527-1591), a pessoa continua, essencialmente, a ser a singular[8]. Althusius (1563-1638) procede já a uma contraposição bastante expressiva:

> Persona est homo, iuris commercium habens. Homines considerantur singulatim, vel collective.
> (...)
> Collective homines considerati faciunt, vel collegium, familiam, universitatem, Rempub vel coetum[9].

12 A contraposição clara entre a pessoa singular e a coletiva terá tido, aqui, a sua origem.

13 Os humanistas prolongaram a sua influência no *mos gallicum* e nos jurisprudentes elegantes que o enformaram. Eles ocuparam-se dos entes coletivos, dando azo a uma tradição própria na pré-codificação francesa. Domat (1625-1696) escreve, designadamente:

> (...) as comunidades legitimamente constituídas, funcionam como pessoas, e a sua união, que torna comuns, a todos os que as compõem, os seus interesses, os seus direitos e os seus privilégios, faz que elas sejam consideradas como um só todo[10].

14 Pouco antes, explicara:

> (...) as comunidades que são corpos compostos de várias pessoas, para um fim público, e que, num Estado, são consideradas como se fossem pessoas[11].

15 As ideias de Domat foram, diretamente, retomadas por Pothier (1699-1772), cuja influência, no *Code Civil*, é conhecida; explica:

> Os corpos e comunidades, estabelecidos segundo as leis do reino, são consideradas, no Estado, como se fossem pessoas: *veluti personam sustinet*; pois esses corpos podem, tal como as pessoas, alienar, adquirir, possuir bens, litigar, contratar, obrigar-se e obrigar os outros para com eles.

[8] *Hugoni Donelli jurisconsulti et antecessoris opera omnia*, tomo I (1840; a primeira edição é de finais do século XVI), 242.

[9] Iohannes Althusius, *Ivrisprvdentia romana, vel potius, ivris romani ars; dvobvs libris comprehensa, et ad leges methodi Rameae conformata, Studio Iohannei Althusii* (1586), Cap. III, 9 e 11, respetivamente.

[10] Jean Domat, *Le droit public, suite des lois civiles dans leur ordre naturel*, Liv. I, Tit. XV, Sec. II, n.º 2 = *Oeuvres Complètes de J. Domat*, par J. Remy, tomo 3 (1835), 248.

[11] Jean Domat, *Le droit public*, 244.

> Esses corpos são seres intelectuais, diferentes e distintos de todas as pessoas que os compõem: *universitas distat a singulis*[12].

A pré-codificação francesa abrira o caminho, sendo de esperar que as pessoas coletivas obtivessem um lugar condigno, no então futuro Código Napoleão. Isso não sucedeu: o período revolucionário foi contrário a entes que pudessem reduzir o papel nuclear do cidadão individual. Além disso, os jurisprudentes elegantes franceses, embora conhecendo a ideia de personalidade coletiva, não lhe deram a focagem sistemática necessária para, dela, fazer um dado nuclear do sistema. Exigia-se um nível de pensamento abstrato que surgiu, entretanto, além-Reno. 16

5. Racionalismo. A personalidade coletiva, entendida no sentido mais abstrato e como categoria geral, inserida no topo das introduções jurídicas, foi obra do racionalismo ou da segunda sistemática. Pufendorf (1632-1694) explica: 17

> Entia moralia, quae ad analogia substantiarum concipiuntur, dicuntur *personae* morales, quae sunt homines singuli, aut per vinculum morale in unum systema connexi, considerati cum statu suo aut munere, in quo in vita communi versantur[13].

Estava aberta a classificação que, até hoje, ocupa as primeiras páginas dos tratados de Direito civil: a que contrapõe pessoas singulares às coletivas. 18

6. Savigny. O pensamento jurídico atual deve-se a Savigny (1779-1861). A literatura que o antecedeu manteve o tema nas estreitas fronteiras do jusracionalismo: uma noção conhecida, mas com um papel sistemático reduzido. A mudança ocorreu com Glück o qual, retomado por Heise e consagrado por Savigny, tornou irreconhecível o desenvolvimento subsequente[14]. Glück (1755-1831) reata a tradição de Pufendorf, abrindo a matéria das pessoas com a distinção entre a "pessoa física" e a "pessoa moral". O passo decisivo pertenceu a Heise (1778-1851): no seu escrito sobre a sistemática privada, que fixou definitivamente a denominada classificação germânica do Direito civil, presente no BGB e no Código Civil[15], Heise contrapôs, na parte geral, após o conceito de pessoa, as pessoas físicas às pessoas jurídicas, propondo, para estas, uma noção e várias classificações. 19

Savigny adotou a sistematização de Heise. E fê-lo dando corpo ao "Direito romano atual", assim obtendo um sistema integrado: um núcleo central de princípios, racionalmente decantado, mas recetivo às soluções propugnadas na periferia, através da receção de um corpo cultural de representações jurídicas pré-dadas[16]. Savigny revolucionou diversos institutos privados, dando-lhes a feição que, ainda hoje, lhes conhecemos: entre eles, a personalidade coletiva. Dela deixou-nos uma definição geral, uma construção técnica, uma explicação teórica e uma cobertura ideológica. Pessoa é todo o sujeito de relações jurídicas[17], que, tecnicamente, não corresponda a uma "pessoa natural"[18], mas que seja tratado, como pessoa, 20

[12] R.-J. Pothier, *Traité des Personnes et des Choses*, em *Oeuvres de R.-J. Pothier contenant les Traités du Droit Français*, par Dupin Ainé, 5 (1831), 195.

[13] Samuel Pufendorf, *De jure naturae et gentium libri octo* (1672), § 12 (9).

[14] *Tratado*, IV, 5.ª ed., 624 ss..

[15] *Vide* António Menezes Cordeiro, *Teoria Geral do Direito Civil/Relatório*, 71 ss..

[16] *Vide* a introdução à versão portuguesa de Claus-Wilhelm Canaris, *Pensamento sistemático e conceito de sistema na Ciência do Direito*.

[17] Friedrich Carl von Savigny, *System des heutigen Römischen Rechts*, 2 (1840), 1 ss..

[18] *Idem*, 2, 235-236.

através de uma ficção teórica[19], numa situação que se justifica, para permitir determinado escopo humano[20].

21 O pensamento de Savigny constitui ponto de partida para os estudos sobre a dogmática da personalidade coletiva. Os textos savignyanos permitem leituras diversas. Um entendimento tradicional traçava um quadro plausível: Savigny estaria imbuído de ideias líbero-individualistas, pelo que, como pessoa, só podia entender o ser humano (*Mensch*)[21]; levado por razões de ordem técnica, Savigny admitiu ainda pessoas coletivas, mas apenas a título de *ficção jurídica*.

22 Essa leitura de Savigny, opinião comum durante quase século e meio, foi posta em causa por Flume (1908-2009)[22]: Savigny conhecia a existência de um substrato real, subjacente às pessoas coletivas[23]. A referência a uma ficção teria resultado de um mal-entendido na leitura de Savigny; haveria, apenas, uma transposição.

23 O problema suscitado por Flume não tem resposta clara. Uma leitura atenta das páginas dedicadas, por Savigny, à personalidade coletiva, indica que, quando ele falava em *ficção*, não lhe dava o sentido de "fingimento", adquirido na literatura posterior. A verdadeira teoria da ficção surgiu mais tarde, com raízes anteriores a Savigny.

24 Todavia, a qualificação "ficção", feita pela pena de Savigny, tinha um imediato alcance dogmático. Ao efetuá-la, Savigny não pretendia lucubrar sobre teorias mas antes apontar um regime. Com duas consequências: a impossibilidade de aplicação analógica das normas "ficciosas" e a irresponsabilidade, penal e civil aquiliana, das próprias pessoas coletivas[24].

25 **7. De Jhering aos negativismos**. A recondução da personalidade coletiva à categoria de ficção punha em jogo a sua própria subsistência: ela não seria, apenas, um expediente técnico, para prosseguir determinados objetivos? Jhering responde afirmativamente, com argumentos ponderosos[25]. Coloca o tema da personalidade depois do do direito subjetivo que define como o "interesse juridicamente protegido"[26]. O primeiro elemento seria o interesse. Como segundo elemento, surge a proteção, *maxime* pela ação judicial e que corresponde a um critério de Direito privado[27]. Na sociedade ocorrem certos interesses, indeterminados ou gerais, cuja defesa exige uma particular colocação de modo a comportarem a ação judicial. Aí acodem as pessoas coletivas: são modos de posicionar os referidos interesses indeterminados ou gerais, para os tornar operacionais, perante a ação judicial[28]. Mas os interesses são-no, sempre, dos homens; por isso, Jhering passa a descobrir quem se abriga por detrás das diversas pessoas coletivas: os verdadeiros titulares do direito[29].

26 Esta evolução teve um termo lógico. Se as pessoas coletivas – e, daí, as pessoas em geral – mais não são do que um expediente técnico para assegurar a tutela jurídica de certos escopos, então elas podem ser dispensadas. As realidades deveriam ser chamadas pelos seus nomes: os escopos com determinada afetação. Esta posição negativista foi defendida por Brinz (1820-

[19] *Idem*, 2, 236.

[20] *Idem*, 2, 240.

[21] Donde a aproximação entre Savigny e Kant.

[22] *Tratado*, IV, 5.ª ed., 628-629, com indicações.

[23] *Idem*, loc. cit..

[24] Savigny, *System*, 2, § 94 (310-318). Em abono da posição assumida, no Direito penal, Savigny cita Feuerbach.

[25] Rudolf von Jhering, *Geist des römischen Rechts auf den verschiendenen Stufen seiner Entwicklung*, 3 (1877), 338 ss..

[26] O sentido da conceção de Jhering, quanto ao direito subjetivo e o alcance da contraposição entre essa conceção e a de Savigny, podem ser confrontados, com diversas indicações, em *Tratado* I, 4.ª ed., 873 ss..

[27] Jhering, *Geist*, 3, 340.

[28] *Idem*, 3, 341.

[29] No tocante às pessoas coletivas, de tipo corporacional, Jhering não tem, segundo diz, dificuldades especiais: "Não! Não é a pessoa jurídica, como tal, mas sim os seus membros, que são os verdadeiros titulares dos direitos ..." – *Geist*, 3, 342 e 343. Nas fundações, Jhering reconhece maiores dificuldades; *vide Geist*, 3, 344 ss.; Tratado, IV, 5.ª ed., 635 ss..

-1887), mais citado do que entendido[30]. Num prisma puramente técnico, Brinz marca pontos irrespondíveis[31]. O Direito não vive – não pode viver – de expedientes linguísticos. Por isso, se a pessoa (coletiva) mais não fosse do que um expediente destinado a permitir a ação judicial, em relação a escopos coletivos ou indeterminados – ou quaisquer outros – poderia ser dispensada, como complicação suplementar inútil.

Com premissas diferentes, também Duguit (1859-1928) – muito conhecido e citado, em 27
Portugal, na literatura da primeira metade do século XX – vem negar a personalidade coletiva[32]. Partindo da supressão do direito subjetivo, reduzido a um simples poder da vontade reconhecido pelo Direito, Duguit explica que a "pessoa moral" é um conjunto de bens, orientado pela vontade dos seus representantes em virtude das regras de direito que lhe dão tal alcance. Duguit procede, nas suas reconstruções, a reformulações linguísticas de grande amplitude, doseadas por um jusracionalismo positivista. Discutível no Direito público, tal procedimento é irreal, no Direito privado, onde o jurista, antes de criar, deve conhecer os elementos pré-dados, pela História e pela Cultura.

Parece mais apoiado o negativismo de Planiol. Este, com recurso à História, procura 28
demonstrar que o problema da personalidade coletiva tem, subjacente, o da propriedade coletiva: apenas se recorreria a ficções de personalidade para exprimir esta[33]. A supressão das dimensões significativo-ideológicas é patente[34].

8. O organicismo. O vazio deixado pela tecnicização da personalidade coletiva levou a dou- 29
trina do século XIX a preencher essa noção.Von Gierke (1841-1921) desenvolve a sua construção na base de uma crítica, à "teoria da ficção"[35]. Após estudos históricos, von Gierke conclui pela existência, na sociedade, de entidades coletivas que não se podem reduzir à soma dos indivíduos que as componham. Explica este Autor:

> A pessoa coletiva é uma pessoa composta. A sua unidade não se exprime numa essência humana singular, mas, antes, num organismo social que, na sua estrutura orgânica surge, tradicionalmente, com um "corpo", com "cabeça" e "membros" e com "órgãos funcionais", mas apenas como imagem social (...)[36].

Resultaria, daí, que 30

> A pessoa coletiva é uma pessoa efetiva e plena, semelhante à pessoa singular; porém, ao contrário desta, é uma pessoa composta[37].

[30] Alois Brinz, *Lehrbuch der Pandekten*, 1, 2.ª ed. (1873), § 61 (201 ss.).

[31] Brinz, *Pandekten*, 1, 2.ª ed., 197 ss., explica, designadamente, que a afirmação da impossibilidade de existência de um património sem pessoa é um autêntico axioma – proposição indemonstrada de pretensão absoluta –, acabando por desabar na magia de transformar coisas em pessoas, efetivada, em Puchta, com uma dimensão quase religiosa. Tal orientação que, segundo Brinz, nem teria apoio nas fontes, não deveria subsistir.

[32] Léon Duguit, *L'État, le Droit objectif et la Loi positive* (1901), 1 ss. (a pretensa personalidade do Estado) e *Traité de Droit Constitutionnel*, 1 – *La règle de droit – Le problème de l'État*, 2.ª ed. (1921), 318 ss., 324 ss. e 321 (a personalidade é uma pura criação do espírito) e 2 – *La Théorie Générale de l'État* (1923), 31 ss. (não há vontades coletivas).

[33] Marcel Planiol, *Traité Élémentaire*, 1, 3.ª ed. (1904), n.º 3009 ss. (979 ss.).

[34] O negativismo francês, aqui expresso com Duguit e com Planiol, não pode deixar de ser conectado à parcimónia do *Code Napoléon* e, daí, a uma síntese imperfeita das primeira e segunda sistemáticas.

[35] Otto von Gierke, *Die Genossenschaftstheorie und die deutsche Rechtsprechung* (1887), 603 e *passim*; por último, desse mesmo Autor, *Das Wesen der menschlichen Verbände* (1902), 4.

[36] Otto von Gierke, *Deutsches Privatrecht*, vol. I – *Allgemeiner Teil und Personenrecht* (1895), 472.

[37] *Idem*, 470.

31 A construção de von Gierke foi criticada pelo insólito da referência a "órgãos", especificadamente "cabeça" e "membros", nas pessoas coletivas. A crítica não é justa: von Gierke explica que, por um lado, também a pessoa singular só age através dos seus órgãos; por outro, tais referências são meramente explicativas.

32 Imputa-se ainda, a von Gierke, uma indefinição quanto à natureza última dos "organismos": ora assumiriam natureza histórico-cultural, ora seriam apresentados como realidades sociológicas, ora seriam remetidos para o elemento humano subjacente. Responde von Gierke:

> Não sabemos, verdadeiramente, o que é a vida. Mas não a podemos, por isso, excluir da Ciência. Sabemos, de facto, que a vida existe (...). Assim, construímos um conceito de vida com o qual operamos nas ciências da natureza e nas do espírito[38].

33 Finalmente, considera-se que o Direito positivo personifica realidades carecidas de substrato, enquanto outras, dele guarnecidas, não são contempladas. Também esta crítica deve ser redimensionada. Von Gierke escreveu o essencial da sua obra antes da codificação: nessa altura, a atribuição da personalidade coletiva era, antes de mais, doutrinária. Quando surgiu o projeto do então futuro BGB, von Gierke apercebeu-se da orientação assumida: a personificação depende de critérios formais, que podem dispensar a presença do "organismo" subjacente. Por isso, ele não deixou de criticar o projeto, acusando-o de ter dado acolhimento à teoria da ficção[39].

34 A orientação orgânica de von Gierke tem o mérito de recordar que a personalidade coletiva corresponde a uma realidade histórica e sociológica, que ultrapassa o arbítrio do Direito. Este pode não reconhecer todos os "organismos" que o mereceriam, como nota von Gierke. Mas quando isso ocorra, o legislador esquece a realidade, atentando contra a ideia de Direito[40]. Por outro lado, atribuir personalidade a algo que não corresponda a qualquer substrato, estará próximo da ficção. O grande óbice da construção de von Gierke reside na dimensão técnica que a personalidade coletiva veio a assumir. Embora essa dimensão não a esgote, ela existe e não deve ser esquecida. Desde o momento que o Direito positivo personifique entidades que ainda não têm substrato orgânico e que – porventura – nunca o virão a ter, há que procurar, alhures, a sua essência. Com esta ressalva, Otto von Gierke fica como o cientista do Direito que mais profundamente estudou a personalidade coletiva.

35 **9. Substratos ideais**. Embora a linguagem metafórica de von Gierke tenha sido desamparada, a sua ideia básica permaneceu na personalidade coletiva: não há uma pura criação jurídica ou um simples expediente normativo: o Direito limitar-se-ia a reconhecer algo de preexistente, ou seja, um determinado substrato, cuja natureza, depois, se poderia discutir. Ocorrem substratos diversos. Três tradições procuram esse substrato, em: (1) acervos de bens; (2) manifestações institucionalizadas da vontade; (3) organizações específicas.

36 (1) O **acervo de bens** ou património de afetação remonta a Brinz (1873) e, mais longe, a uma das leituras de Jhering. Perante a prática jurídica corrente, habituada a lidar com as pessoas coletivas, esta orientação foi perdendo as suas vestes negativistas (Rhode, 1932).

[38] Otto von Gierke, *Das Wesen der menschlichen Verbände*, 19.

[39] Otto von Gierke, *Personengemeinschaften und Vermögensinbegriffe im dem Entwurfe eines Bürgerlichen Gesetzbuches für das Deutsche Reich* (1889), 5 e 39.

[40] Entre nós, *vide* as indicações críticas dadas por Pedro de Albuquerque, *Direito de preferência dos sócios* (1993), 307 ss., nota 25.

(2) A **vontad**e, com raízes em Savigny, surge como um excelente substrato para as pessoas coletivas. A personalidade seria a capacidade de ter uma vontade jurídica (Zitelmann, 1873), falando-se em centros de atuação e de vontade. Levando esta orientação até às suas fronteiras lógicas, ela seria o efetivo substrato da pessoa coletiva (Hölder, 1908). 37

(3) Os apelos a uma **organização de tipo jurídico** – e, portanto, a não confundir com o organismo, de von Gierke – vão surgir, com exemplo em Enneccerus (1900): as pessoas coletivas são organizações, reconhecidas como sujeitos, de direito e de vontade. 38

10. Crítica. Todas essas orientações, de leitura crescentemente complexa e subtil, defronta-se com uma dificuldade de raiz: a multiplicação das pessoas coletivas permite, em contínuo, apresentar casos nos quais falta, ora o património, ora a vontade, ora a organização. Noutros termos: não há *um* substrato que possa, com razoabilidade, amparar todas as pessoas coletivas que a prática jurídica permita documentar. 39

11. O "realismo" jurídico. A variedade de situações a que o Direito reconhece personalidade coletiva inviabiliza construir substratos unitários. Os juristas refugiam-se em construções cada vez mais teóricas ou técnico-jurídicas. A pessoa coletiva veio a ser definida com pura terminologia jurídica e por oposição à pessoa singular – p. ex., pessoa coletiva é aquilo que, não sendo pessoa singular, traduza a suscetibilidade de ser titular de direitos ou adstrito a obrigações. Em contrapartida à teoria da ficção, esta orientação é dita "realista"; e por contraposição aos diversos substratos, ela considera-se "jurídica"[41]. 40

O "realismo" "jurídico" remonta aos aspetos técnicos da noção de Savigny: sobrevalorizados por alguma pandectística tardia (Bekker, Baron, Wendt, Sohm e Wächter), ao ponto de se tornarem nos únicos fatores a ter em conta, na definição. Em troços de Windscheid e de Enneccerus, nota-se uma referência tímida a substratos; o essencial das respetivas noções é, já, técnico-jurídico. A partir daqui, autores das mais diversas formações vêm apresentar noções que pretendem combater o "ficcionismo" com recurso a categorias jurídicas. 41

O realismo jurídico tem sido doutrina quase oficial em França, em Itália e em Portugal. Em França, perdidas as tradições do início do séc. XX, a doutrina comum tem vindo a contraditar a "ficção" através de uma apontada "realidade", em sede jurídica, das pessoas coletivas. Autores mais recentes apontam já, para uma relativização da noção. Foi significativo o influxo, do "realismo" jurídico em Itália, determinante, aliás, na doutrina portuguesa. Na base estão as construções de Francesco Ferrara que, após cuidadosa investigação histórica, sublinha o papel do Direito no reconhecimento da personalidade: as pessoas coletivas existem, mas por via jurídica. O "realismo" mantém-se bem representado, até hoje, mau grado a influência crescente das conceções normativistas e analíticas. 42

Em Portugal, essa orientação, documentada em José Tavares[42] e Cunha Gonçalves[43], partia de uma série de classificações de doutrinas, rebatendo os diversos termos. No fim, a pessoa coletiva, amparada em referências político-filosóficas, era apresentada como uma realidade jurí- 43

[41] Indicações: *Tratado*, IV, 5.ª ed., 647 ss..

[42] José Tavares, *Os princípios fundamentais do Direito civil*, II – *Pessoas, cousas, fatos jurídicos* (1928), 105 ss. O Autor antecipou alguns elementos, nos artigos seguintes: *Teorias sobre o conceito e fundamento da personalidade coletiva*, GRLx 38 (1924), 161-164 e 193-195, *Elementos constitutivos da pessoa coletiva*, GRLx 38 (1924), 241-245 e *Pessoas coletivas nacionais e estrangeiras*, GRLx 38 (1925), 337-339.

[43] Luiz da Cunha Gonçalves, *Tratado de Direito Civil*, 1, 742 ss.. Deste Autor, cumpre, ainda, citar o escrito *Breve estudo sobre a personalidade das sociedades commerciaes*, GRLx 25 (1911), 305-307, 313-315, 353-354, 409-411, 425-426, 449-450, 481-482, 521-522, 545-546, 593-594 e 617-619, destinado ao Brasil, com apreciáveis indicações bibliográficas (619).

dica[44] ou técnica[45]. Manuel de Andrade, referindo Ferrara, constrói a pessoa coletiva como um produto da ordem jurídica[46] ou uma realidade do mundo jurídico, na qual o essencial é o elemento jurídico[47]. A fórmula de Andrade reaparece, em Mota Pinto[48], com uma caminhada no sentido da sua formalização. Perto dessa evolução esteve José Dias Marques que, após percorrer as tradicionais classificações das doutrinas, acaba por fixar-se numa orientação jurídica e realista, definindo a pessoa como "mera suscetibilidade de direitos e obrigações"[49]. Paulo Cunha[50] e Castro Mendes[51] ficaram mais próximos de um "realismo" jurídico tradicional, à semelhança de diversa doutrina que os antecedeu e lhes sucedeu[52]. Em Heinrich Ewald Hörster, de modo muito sintético[53] e em Oliveira Ascensão[54], tentou-se superar, entre nós, o invocado "realismo" jurídico. A evolução posterior abandonou este "realismo".

44 **12. Refutação.** O "realismo" jurídico é uma fórmula vazia: ela só significa algo pelo que cala: a inviabilidade das construções que a antecederam. Na verdade, a personalidade coletiva é, seguramente, personalidade jurídica e, daí, uma "realidade jurídica". Mas com semelhante tautologia, pouco teremos avançado, no sentido de determinar a sua natureza.

45 Restaria concluir pelo esvaziamento do conteúdo da pessoa coletiva: esta teria, hoje, um puro conteúdo técnico-jurídico, não cabendo discutir teorias. E de facto, multiplicam-se os

[44] José Tavares, *Os princípios fundamentais*, II, 125-126, que, depois de proclamar que considera preferível a teoria da instituição, declara aceitar a definição de Ferrara.

[45] Cunha Gonçalves, *Tratado*, 1, 752, afirmando que "... a doutrina mais exata, e que tende a preponderar, é a que considera as pessoas jurídicas ou coletivas como uma realidade técnica ...".

[46] Manuel A. Domingues de Andrade, *Direito Civil (Teoria Geral da Relação Jurídica)*, por Porfírio Augusto de Andrade, 1 (1944), 49 ss..

[47] Manuel A. Domingues de Andrade, *Teoria Geral da Relação Jurídica*, 1 – *Sujeitos e objetos*, 2.ª ed., publ. Ferrer Correia/Rui de Alarcão (1960, 3.ª reimpr. 1972), 50 e 51.

[48] Mota Pinto, *Teoria Geral*, 269.

[49] José Dias Marques, *Teoria Geral do Direito Civil*, 1 (1958), 157 ss. (176).

[50] Paulo Cunha, *Direito Civil (Teoria Geral)/Apontamentos manuscritos das Lições dadas ao 2.º ano jurídico de 1971/72*, 22.ª aula teórica, de 7-jan.-1972, onde se defendeu a doutrina da realidade jurídica.

[51] João de Castro Mendes, *Direito Civil (Teoria Geral)*, 1 (1967), 253 ss. (263), transcrevendo Manuel de Andrade = *Direito Civil/Teoria Geral*, 1, col. Armindo Ribeiro Mendes (1978), 227.

[52] Assim: José Gabriel Pinto Coelho, *Direito Civil (Noções Fundamentais)*, por João Luís P. Mendes de Almeida/José Agostinho de Oliveira (1936-37), 281 ss. (286), Jaime de Gouveia, *Direito Civil*, por F. C. Andrade de Gouveia/ /Mário Rodrigues Nunes (1939), 664 ss., Luís Cabral de Moncada, *Lições de Direito Civil/Parte Geral*, 3.ª ed., 1 (1959), 374 ss. (379) e 4.ª ed. póstuma, revista (1995), 320 ss. (324-325), Marcello Caetano, *Das fundações/Subsídios para a interpretação e reforma da legislação portuguesa* (s/d, mas 1962), 53-54 e *Manual de Direito Administrativo*, 10.ª ed. rev. e at. por Diogo Freitas do Amaral, 1 (1973), n.º 82 (176 ss.), Inocêncio Galvão Telles, *Teoria Geral do Direito Civil/Sumários* (s/d, policopiados), 42, A. da Penha Gonçalves, *Teoria Geral do Direito Civil*, 1 (1981, policopiado), 176 ss. (177-178), Luís A. Carvalho Fernandes, *Teoria Geral do Direito Civil*, 1, 6.ª ed. (2012), 523-526, Brito Correia, *Os administradores das sociedades anónimas* (1991), 176 ss. (188-189) e Coutinho de Abreu, *Da empresarialidade (as empresas no Direito)* (1994), 198, referindo embora, mais adiante, a necessidade de não absolutizar a noção. Esta orientação, fortemente radicada em Portugal, terá pesado na elaboração do Código Civil.

[53] Heinrich Ewald Hörster/Sónia Moreira, *A parte geral do Código Civil Português*, 2.ª ed. (2019), 407-408, onde, apesar de se remeter para Manuel de Andrade, se abre a porta para a normatividade do conceito.

[54] José de Oliveira Ascensão, em *Teoria Geral do Direito Civil*, I e II (1991, reimpr, da ed. de 1984/85), n.º 15-16 (50-57), considerava a pessoa coletiva como uma realidade jurídica; porém, exigências valorativas e programáticas orientariam o legislador. Subsequentemente, Oliveira Ascensão veio a reconhecer a desnecessidade da presença de um substrato – *Direito civil/Teoria geral*, I, 2.ª ed. (2000), 218-219 – acabando, todavia, por apurar na pessoa coletiva uma instituição-coisa – *idem*, 233 – ainda que dubitativamente. Pois bem: se se reconhece, como parece ser o caso, que o Direito positivo, com todos os limites que lhe queiram apontar, define, artificialmente, o que é a pessoa coletiva, não vemos como evitar o "normativismo": trata-se de uma evidência à qual, perante o BGB, acabaria por ser render o próprio Otto von Gierke. Com esta precisão, a "instituição-coisa" poderia ser o produto de normas jurídicas, acolhendo, formalmente, o "normativismo" que pretende negar: muito longe do sentido historicamente consagrado da teoria da instituição.

manuais que, de pessoa coletiva, dão breves definições técnicas, ou abandonam, pura e simplesmente, a tarefa da sua definição[55]. Trata-se de uma situação cientificamente insustentável: ela surge como um pragmatismo agnóstico que, como suporte, apresenta as dificuldades em descobrir a verdade. Ora se parece admissível – e mesmo razoável – proclamar que, de momento, a Ciência do Direito não conseguiu explicar a essência da personalidade coletiva, já não é aceitável uma pura e simples demissão, quanto a essa tarefa.

Por isso, a mais recente doutrina tem vindo a abandonar o "realismo" jurídico, o tecnicismo e o agnosticismo, procurando novos rumos para aquele que, tendo sido considerado "o problema do século XIX", conseguiu atravessar, sem solução, todo o século XX, prosseguindo no século XXI. 46

III – Tendências recentes e posição adotada

13. Tendências recentes. O panorama atual relativo à determinação da natureza da personalidade coletiva é dominado pelas orientações "realistas", tecnicistas, pragmáticas ou agnósticas. No entanto, alguns Autores, mantendo acesa a chama da Ciência do Direito, têm procurado ir mais longe, aprofundando o problema[56]. Por vezes, essas tentativas redundam em retornos às posições clássicas, do século XIX. Surgem posições negativistas, apelos de regresso a Savigny e defesas de diversos substratos, com relevo para os patrimónios de afetação, para as realidades sociais subjacentes ou para a estrutura de suporte. 47

(1) **O neo-negativismo** proclama a inutilidade do conceito de pessoa coletiva (Ernst Wolf): é possível fazer uma exposição de Direito civil onde seja suprimida a referência a pessoas coletivas; apenas haverá que repetir, a propósito de cada figura singular, as consequências próprias do que, normalmente, se chama "personalização". O neo-negativismo é criticado; no entanto, há que mantê-lo como hipótese, última válvula de segurança contra a eventual incapacidade dos juristas, quanto à manutenção em vida da personalidade coletiva. 48

(2) **O regresso a Savigny** (Flume) não é tomado como uma pura e simples afirmação da teoria da ficção, nas leituras, um tanto abusivas, que, do *System*, a ela conduziram. Ele constata, mais simplesmente, que a ideia de personalidade foi construída na base da pessoa singular tendo, daí, sido extrapolada para a coletiva. 49

(3) **O património de afetação** (Niedemann) sustentaria a pessoa coletiva. Há um retomar de Brinz, numa área em que as construções deste são particularmente verosímeis. 50

(4) **A realidade social** preside à construção de Bianca. Desta feita, projeta-se a sombra de von Gierke, numa opção do claro agrado de von Lilienfeld-Toal. 51

(5) Finalmente, refira-se John: na base, a pessoa coletiva assenta numa **estrutura**, com três elementos: organização de atuação, centro de responsabilidade e ponto de referência designado; teríamos, assim, uma morfologia das personificações, num organicismo técnico. 52

14. A relativização. A personalidade jurídica não poderia mais ser considerada como uma categoria absoluta: antes haverá que relativizá-la[57]. A doutrina tradicional contrapunha "personalidade", a "capacidade": a primeira daria um teor qualitativo do ente, enquanto a segunda se ligaria a aspetos quantitativos. Noutros termos: as diversas "pessoas" podem ter maiores ou menores capacidades de direitos ou de adstrições; mas ou são pessoas, ou não o são. 53

[55] As indicações bibliográficas relativas a estas opções constam do *Tratado*, IV, 5.ª ed., 651.

[56] Indicações no *Tratado*, IV, 5.ª ed., 653 ss..

[57] Veja-se, entre nós, o estudo de Costa Gonçalves, com profundos desenvolvimentos: *Pessoa coletiva*, 533 ss..

54 A absolutização da personalidade obriga a reduzir, num mesmo conceito, realidades profundamente diversas: um dos óbices que têm travado uma doutrina, cabal e coerente, de pessoas coletivas. Justamente: áreas crescentes do moderno privatismo, tentam pôr cobro a essa anómala absolutidade. Na origem, alguns estudiosos clássicos do início do século XX, que, ponderando a natureza da personalidade coletiva, sublinham a multiplicidade das suas concretizações: a pessoa coletiva define-se, apenas, pela negativa: não ser singular[58].

55 Mais recentemente, a ideia de "personalidades" parcelares foi divulgada, sobretudo em torno do estudo das sociedades do BGB (Breuninger, Göckeler e, finalmente, o clássico Thomas Raiser). Decorrem efeitos práticos, uma vez que permite, entre outros aspetos, equacionar novos direitos reconhecidos às sociedades civis puras (que, no *BGB*, não seriam personalizadas), encarar a "personalização" parcelar das sociedades profissionais, explicar a incidência de deveres legais sobre sociedades em formação, bem como o seu específico regime de responsabilidade.

56 **15. Posição adotada.** As diversas teorias são úteis. O tempo das descobertas intuitivas geniais acabou com Savigny. Não é pensável assumir posições inovadoras sem um esforço de cultura e sem todo um paciente trabalho de estudo e de meditação. As doutrinas não se criticam com "rotulagens", sob pena de pôr em crise a própria natureza científica do Direito. Também não é intelectualmente correto ponderar fórmulas sem as integrar no contexto que lhes deu alma.

57 A pessoa de Direito surge como uma realidade independente; ela é sistemática; ela deve abranger pessoas singulares e coletivas; ela deve dar azo a conceitos dogmaticamente operacionais; ela pode aproveitar as diversas teorias historicamente surgidas. Há que entroncar, aqui, um dos mais estimulantes filões da atualidade e que tem sido designado "corrente analítica" ou "corrente normativa", sem com isso, se pretender uma unificação desses termos[59].

58 Quando, em Direito, se fala em personalidade coletiva, pretende-se, caso não se teorize, exprimir um regime jurídico-positivo. Impõe-se uma abordagem dogmática do tema. A pessoa coletiva é, antes de mais, um determinado regime, a aplicar aos seres humanos implicados. Estes podem ser destinatários diretos de normas; mas podem-no ser, também, indiretamente, assim como podem receber normas transformadas pela presença de novas normas, agrupadas em torno da ideia de "pessoa coletiva". No caso de uma pessoa de tipo corporacional, os direitos da corporação são direitos dos seus membros. Simplesmente, trata-se de direitos que eles detêm de modo diferente do dos seus direitos individuais.

59 Tudo isto é indubitável. Mas há que ir mais longe: a ideia de pessoa – singular ou coletiva – é, só por si, uma comunicação normativa. Dentro das realidades terrenas, o termo "pessoa" tem a maior dignidade e concita representações de toda a ordem, que asseguram e justificam uma elevada tutela jurídica. Não é um conceito neutro, suscetível de livre manuseio em função de fatores técnicos. Tem uma dimensão que previne banalizações e que lhe tem assegurado, mau grado as incertezas doutrinárias, uma vitalidade tranquila, até aos nossos dias.

60 "Pessoa" é a entidade destinatária de normas jurídicas e portanto: capaz de ser titular de direitos subjetivos ou de se encontrar adstrita a obrigações. O ente visado pode autodeterminar-se, no espaço de legitimidade conferido pelos direitos de que seja titular, e deve agir, no campo das suas adstrições. O modo por que vão ser exercidos os direitos e cumpridas as obrigações já não é esclarecido pela afirmação sumária da personalidade: isso depende de múltiplas outras normas jurídicas, cuja aplicabilidade, postula a personalidade e deriva dela.

[58] As indicações bibliográficas constam do *Tratado*, IV, 5.ª ed., 655.

[59] Indicações bibliográficas: *Tratado*, IV, 5.ª ed., 656 ss..

Qualquer norma de conduta – permissiva ou de imposição – é sempre, em última análise, acatada por seres humanos conscientes: pessoas singulares capazes. Qualquer fruição de bens é, também, sempre sentida, em última instância, por pessoas singulares e isso não obstante, muitas vezes (quase sempre?) a verdadeira fruição exigir um compartilhar das vantagens. Por razões históricas, culturais, económicas, práticas, linguísticas ou casuais, as normas assumem, com frequência, fórmulas indiretas para atingir os seus destinatários. Dizer que uma sociedade deve pagar os seus impostos é significar que os seus administradores o devem fazer, com fundos societários; aplicar-lhe uma multa pelo não-pagamento equivale a retirar, dos fundos societários e em detrimento dos sócios e dos credores da sociedade, a importância correspondente à sanção. 61

Em Direito, pessoa é sempre, um centro de imputação de normas jurídicas. A pessoa é singular, quando esse centro corresponda a um ser humano; é coletiva – na terminologia portuguesa – em todos os outros casos. Na hipótese da pessoa coletiva, entram, depois, novas normas em ação, de modo a concretizar a "imputação" final dos direitos e dos deveres. Tudo se passa em *modo coletivo*: as regras, de resto infletidas pela referência a uma "pessoa", ainda que coletiva, vão seguir canais múltiplos e específicos, até atingirem o ser pensante, necessariamente humano, que as irá executar ou violar. 62

A definição apresentada é sistemática, técnica e funcional: permite, numa fórmula sintética, a articulação da personalidade com o direito subjetivo e os demais níveis da ordem jurídica. É, ainda, unitária. Pergunta-se, porém, se não apresentará um excessivo plano de abstração, reduzindo a personalidade a um expediente técnico, próximo das correntes normativistas e analíticas. Na verdade, os diversos ordenamentos dos nossos dias, guiados por necessidades materiais e de normalização, concedem a personalidade às mais variadas entidades, independentemente do seu substrato. Por isso, não é viável induzir uma definição plausível da pessoa coletiva que mantenha uma referência a um qualquer substrato. Além disso, o mapa das diversas pessoas coletivas possíveis, desde o Estado até às discutíveis sociedades civis puras, é tão vasto e diversificado que só à custa da abstração se torna possível encontrar um esquema que tudo abranja. 63

Este formalismo abstrato, fatalmente necessário, não vai ao ponto de esquecer a referência a "pessoa". O Direito poderia ter encontrado outra expressão para designar os "centros coletivos de imputação de normas jurídicas", que não a de "pessoa". Não o fez. Numa receção cultural, cujo mérito remonta a Savigny e seus antecessores, aos jusracionalistas e, mais longe, aos canonistas, procedeu-se à transposição da própria figuração humana: pessoa. Houve transposição: é bom lembrá-lo e, aqui, o retorno a Savigny surge inevitável e é saudável. Mas transposição, tanto quanto possível, efetiva. 64

Tanto basta – e seria possível mais? – para que a referência a uma *pessoa* coletiva, para além da imediata eficácia técnica, no plano da aplicação de normas jurídicas, envolva representações ético-normativas, determinantes na aplicação de normas e princípios. 65

IV – Pessoas rudimentares

16. Pessoas rudimentares. A personalidade coletiva era apresentada como qualitativa: sim ou não. 66

A doutrina foi, porém, confrontada com situações legisladas nas quais, a certas entidades, era reconhecida, apenas, uma escassa medida de titularidade potencial. A manter-se uma lógica estritamente formal, uma de duas: ou se reconhecia uma personalidade jurídica em entidades muito elementares e cuja personalização repugnaria ao senso jurídico comum ou se revia a natureza meramente qualitativa da personalidade coletiva, acrescentando-lhe determinados tra- 67 ços quantitativos. Qualquer das duas soluções iria quebrar a cristalografia conceitual. Por isso, embora o tema estivesse identificado há muito tempo, tardaram, para ele, as saídas.

68 Paulo Cunha abordou o problema, analisou-o e propôs, para ele, uma solução: ao lado das pessoas coletivas, haveria que apontar a categoria das pessoas rudimentares: realidades a quem a lei recusaria a titularidade de direitos civis, admitindo-lhes, todavia, direitos processuais[60]. Esta figura, retirada da controversa "personalidade judiciária", podia ser generalizada a outras situações parcelares. A tradição de Paulo Cunha vai ao encontro das modernas construções da "capacidade jurídica parcial"[61]. Tal "capacidade parcial" ocorreria, entre outros casos, nas sociedades civis do BGB e às quais não é reconhecida a personalidade; não obstante, diversos preceitos atribuir-lhes-iam "direitos". Essa atribuição agrava-se com os recentes diplomas de tutela do consumidor, de inspiração europeia e que atribuem "deveres" às empresas, independentemente de estas se encontrarem personalizadas. Duas soluções: (1) a teoria tradicional: os "direitos" e demais posições jurídicas deveriam ser imputados às pessoas singulares que constituíssem o ente questionado; (2) a teoria da "capacidade parcial": o ente questionado seria "pessoa", para certos efeitos. Esta última construção tem vindo a colher os sufrágios, aproximando-se da doutrina Paulo Cunha das pessoas rudimentares.

69 Em situações de "capacidade parcial", o Direito trabalha em modo coletivo ou em modo individual? Na primeira hipótese, as normas são dirigidas à "pessoa rudimentar", obrigando depois à intervenção de outras regras para desencadear, na base, as competentes condutas (necessariamente) humanas; na segunda, as mesmas normas seriam diretamente exequíveis pelas pessoas singulares subjacentes.

70 Impõe-se uma pesquisa *in concreto*. Nas hipóteses mais marcantes, os "direitos" e "deveres" dirigidos ao ente questionado surgem mesmo em modo coletivo: nenhuma pessoa singular de base poderia encabeçá-los e exercê-los diretamente. Temos de admitir, ao lado da coletiva, tendencialmente plena – isto é: boa para todos os efeitos, dentro do princípio da especialidade, que abaixo considerado – uma personalidade coletiva rudimentar: operacional, apenas, para os concretos âmbitos que a lei lhe atribuir.

71 Às pessoas rudimentares podem aplicar-se algumas regras próprias da personalidade coletiva. Fora do que a lei preveja, a pessoa rudimentar é substituída pelos titulares efetivos dos bens em presença. O modo coletivo deve ser apurado em cada situação.

72 **17. Casos de pessoas rudimentares** são designadamente[62]: (1) a personalidade judiciária (12.º do CPC); (2) a personalidade económica, relativa a empresas, independentemente se se tratar de entes personalizados; (3) a personalidade laboral, reconhecida para certos efeitos de Direito do trabalho; (4) a personalidade tributária, com fins meramente fiscais; (5) as pessoas coletivas em formação ou em extinção, às quais serão reconhecidas apenas algumas hipóteses de atuação; (6) as sociedades civis sob forma civil ou sociedades civis puras; (7) as sociedades irregulares; (8) as associações não reconhecidas; (9) as comissões especiais; (10) as esferas e os patrimónios de afetação[63].

[60] Paulo Cunha, *Teoria geral 1971/1972*, 236 ss. (241); o Autor sonda ainda as expressões "pessoa de extensão limitada", "pessoa embrionária" e "pessoa judiciária", rejeitando-as.

[61] Ou *Teilrechtsfähigkeit*, já acima referida, a propósito das tendências recentes para a relativização da personalidade jurídica; *vide*, ainda, Diogo Costa Gonçalves, *O início da personalidade jurídica e a capacidade jurídica parcial (*Teilrechtsfähigkeit*)*, *Código Civil/Livro do Cinquentenário*, I (2019), 369-406. 654 ss.

[62] A análise destes diversos tipos consta do *Tratado*, IV, 5.ª ed., 663-672.

[63] A. Barreto Menezes Cordeiro, *Do trust no Direito civil* (2014), 883-884.

18. Monismo conceitual? Ao admitir hipóteses de pessoas rudimentares, introduz-se, pelo menos *prima facie*, um dado quantitativo no conceito de pessoa. E assim sendo, a personalidade aproximar-se-ia da capacidade de gozo, podendo constituir, com esta, uma ideia unitária. Chega-se ao monismo conceitual, apresentado por Diogo Costa Gonçalves[64], ainda que contestado por Pedro de Albuquerque[65]. 73

A ideia merece reflexão. Todavia, conservamos a personalidade coletiva como realidade distinta da capacidade. Valem três razões: (1) o peso histórico-cultural; (2) a dimensão técnica: a personalidade é um modo coletivo de realização do Direito, enquanto a capacidade traduz (apenas) o espaço de atuação do ente; (3) o plano significativo-ideológico, ligado à "pessoa", com consequências práticas. A diferenciação não impede relações mútuas de implicação. Isto dito: os escritos de Costa Gonçalves e de Pedro de Albuquerque prenunciam o aprofundamento jurídico-científico desta temática, e da melhor forma, ao longo do nosso século XXI. 74

V – Figuras afins

19. O modo coletivo imperfeito; o litisconsórcio necessário. Perante certas situações, o Direito trata, em conjunto, realidades atinentes a várias pessoas, sem todavia, nem total nem parcialmente, o fazer como se de uma única se tratasse: o modo coletivo então manifestado é imperfeito. 75

O modo coletivo imperfeito é exemplificado com o litisconsórcio necessário (33.º do CPC). Quando, com referência a determinada situação controvertida, a lei ou o negócio jurídico exijam a intervenção de vários interessados, a ação deve ser intentada por todos eles ou contra todos eles, sob pena de ilegitimidade. O mesmo ocorre quando a intervenção de todos seja necessária para que a decisão produza o seu efeito útil normal. Não havendo, embora, uma pessoa diferente da dos titulares envolvidos, estes apenas em conjunto podem agir: como demandantes ou como demandados. 76

20. Na **mão-comum**, duas ou mais pessoas detêm um direito – ou um acervo de direitos – em conjunto, podendo exercer atuações restritas enquanto membros do grupo. Não podem dispor da sua "parcela" e não podem pedir a divisão da situação. Além disso, toda a sua atuação sobre a coisa passa pela mediação do grupo[66]. A mão-comum fica muito próxima da personalidade coletiva; não se deixa, porém, caracterizar perante o Direito vigente, a não ser aproveitando figuras dogmáticas autónomas, como a comunhão conjugal ou a própria sociedade. 77

21. Na **comunhão** simples, duas ou mais pessoas são titulares de direitos sobre o mesmo objeto, direitos esses representados por quotas. A matéria vem tratada a propósito da compropriedade (1403.º e seguintes), sendo aplicável a outras formas de comunhão (1404.º). Embora haja direitos que só em conjunto podem ser usados (a alienação do objeto, a sua reivindicação ou a sua transformação), cada titular mantém uma individualidade, podendo alienar a sua quota ou pedir a divisão da coisa. Na administração da coisa, há que recorrer às regras da sociedade (1407.º/1) o que acentua uma aproximação às pessoas rudimentares. 78

[64] Diogo Costa Gonçalves, *Pessoa coletiva e sociedades comerciais*, 533 ss. e *passim* e *O início da personalidade jurídica e a capacidade jurídica parcial*, acima referido.

[65] Pedro de Albuquerque, *A vinculação das sociedades*, 1, 815 ss..

[66] *Vide*, com indicações bibliográficas portuguesas e italianas, *Direitos Reais* (1993, *reprint*), n.º 201, II (438). Indicações no *Tratado*, IV, 5.ª ed., 674-675.

VI – Classificações

79 **22. Públicas e privadas.** Apesar da sua aparente simplicidade, a contraposição está por esclarecer, particularmente no Direito português[67]: uma sucessão de experiências de publicização e de privatização, sem projetos unitários, torna a panorâmica portuguesa das mais complicadas. Temos seis teorias:

80 (1) **Teoria do fim ou do interesse prosseguido**: as públicas prosseguiriam fins ou interesses públicos, interessando-se as pessoas coletivas privadas pelos privados[68]; todavia, para além das dificuldades em dogmatizar o "interesse", parece hoje adquirido que se podem prosseguir interesses públicos com técnicas e entidades indiscutivelmente privadas[69], enquanto certos entes públicos (regidos pelo Direito público!) defendem interesses privados, assumida e legalmente;

81 (2) **Teoria dos poderes de autoridade**: as públicas teriam *ius imperii*, podendo praticar atos de autoridade, só discutíveis *a posteriori*, enquanto as privadas se moveriam no âmbito igualitário do Direito privado[70]; esta distinção é básica, para distinguir regras e disciplinas jurídicas; todavia, ela não é operacional perante pessoas coletivas: há-as públicas, que apenas recorrem ao Direito privado, enquanto certas pessoas privadas veem-se investidas em poderes de autoridade;

82 (3) **Teoria da integração**: as públicas integrar-se-iam na organização do Estado, ao contrário das privadas[71]: uma orientação mais avançada que faz apelo ao sistema; todavia, a confusão reinante após as nacionalizações de 1975 impede integrações sistemáticas coerentes[72]: na organização do Estado atuam entes públicos e privados, pelo que deveremos procurar, alhures, o critério de distinção;

83 (4) **Teoria da iniciativa**: as públicas seriam criadas pelo Estado, enquanto as privadas proviriam da iniciativa privada[73]: todavia, o Estado cria, com frequência, sociedades anónimas por Decreto-Lei[74], como exemplo;

84 (5) **Teoria do regime**: as públicas subordinar-se-iam a um regime específico que incluiria a sua sujeição geral ao Direito público, a competência dos tribunais administrativos, um estatuto tributário específico e um regime particular das relações de trabalho[75]; tudo isto se poderia sintetizar em torno do primeiro termo: "sujeição geral ao Direito público"; todavia, a

[67] Guilherme Moreira, *Instituições*, 1, 284; Marcello Caetano, *Manual de Direito administrativo*, 1, 10.ª ed. (1973), n.º 83 (181); Luís Carvalho Fernandes, *Teoria geral*, 1, 6.ª ed., 458; *Tratado*, IV, 5.ª ed., 678 ss..

[68] Propugnada por Cabral de Moncada, *Lições de Direito civil*, 1, 3.ª ed., 383 = 4.ª ed. póstuma, 326-327. Era a orientação já subjacente a Guilherme Moreira, *Instituições*, 1, 284, tendo sido reanimada por Marcelo Rebelo de Sousa, *Lições de Direito administrativo*, 1 (1999), 145 ss., como ponto de partida.

[69] Assim sucede, no próprio Código Civil, com as fundações: conquanto que privadas, elas só são reconhecidas se o seu fim for considerado de "interesse social", pela entidade competente – 188.º/1.

[70] Defendida por: Cunha Gonçalves, *Tratado*, 1, 759-761, apoiando-se em Jellinek, em Ferrara e em Hauriou; Manuel de Andrade, *Teoria geral*, 1, 72, com várias prevenções; Mota Pinto, *Teoria geral*, 4.ª ed., 284-285, em termos similares.

[71] Referida por Castro Mendes, *Teoria geral*, 1 (1978), 263; na ed. de 1967, Castro Mendes, *Teoria geral*, 1, 298, aderiu ao esquema de Marcello Caetano: constituição por lei, interesse público e poderes de autoridade.

[72] P. ex., mercê da nacionalização de certas empresas de transportes, por via indireta, algumas sociedades de táxis, pouco significativas, vieram cair no sector público. Considerá-las "pessoas coletivas públicas" seria cientificamente insatisfatório.

[73] O critério consta de Freitas do Amaral, *Curso de Direito administrativo*, 1, 4.ª ed. (2015), 619, embora, segundo esse Autor, seja apenas um dos elementos a ter em conta.

[74] Algumas dessas sociedades anónimas têm as suas ações sob exclusiva titularidade do Estado – caso, p. ex., da Caixa Geral de Depósitos, SA, cujos estatutos foram aprovados pelo DL 287/93, de 20 de agosto, sendo depois modificados por deliberação da assembleia geral – enquanto outras estão, hoje, sob total controlo privado – caso, p. ex., da BRISA.

[75] Trata-se da bem apoiada orientação de Carvalho Fernandes, *Teoria geral*, 1, 6.ª ed., 466 ss..

multiplicação de híbridos e a tendência para remeter certos entes públicos para o foro comum, para a tributação geral e para o contrato individual de trabalho, acabam por acantonar esta orientação nos "poderes de autoridade";

(6) **Teorias negativistas ou agnósticas**: perante a complexidade da matéria, recusam-se a tomar posição ou declaram inviável fazer uma distinção[76]; mas não: a dificuldade da matéria não isenta de esforços o estudioso; além disso, não é credível que o Direito civil nada tenha para dizer. 85

23. Clarificação. O problema secular da distinção advém de ela encobrir classificações distintas[77]. Desde logo, as seguintes: (1) a que distingue as pessoas coletivas consoante tenham ou não poderes de autoridade; às primeiras poderíamos chamar "de Direito público", com uma reserva: o "Direito público" poderá limitar-se à parcela em que os tais poderes de autoridade lhe tenham sido atribuídos e sejam exercidos; (2) a que distingue as pessoas coletivas em função da titularidade do investimento que representem: nuns casos, o capital provém do Estado; noutros, da iniciativa privada; esta classificação distingue, afinal, um sector público caracterizado pela natureza pública dos fundos: tem um grande interesse, por justificar a fiscalização pública de tais dinheiros, com relevo para a jurisdição do Tribunal de Contas[78]; (3) o que distingue as pessoas coletivas em função da sua configuração jurídica: as sociedades, as cooperativas, as associações (de Direito civil), as fundações (também de Direito civil) e outras entidades equivalentes a associações e aprovadas por diplomas extravagantes são privadas; as restantes entidades são públicas. 86

Retemos esta última: a ela cabe *iure proprio*, a designação pessoas públicas/pessoas privadas. São privadas as pessoas coletivas que se rejam pelo Direito civil ou comercial, assumindo a forma de sociedades comerciais, de cooperativas, de associações, de fundações ou de sociedades civis e, ainda, de outras figuras, plenas ou rudimentares, que ocorram em sectores civis ou comerciais extravagantes. As restantes, são públicas. As pessoas coletivas públicas podem reger-se, em parte ou totalmente, pelo Direito privado: tal o caso paradigmático das empresas públicas, irredutíveis às categorias privadas tradicionais. 87

24. Tipos de pessoas públicas[79]: (a) de população e território: o Estado português, as regiões autónomas e as diversas autarquias; (b) de tipo fundacionalista ou institucional: institutos públicos, fundações públicas, serviços e estabelecimentos públicos personalizados e empresas públicas; (c) pessoas coletivas de tipo associativo e, fundamentalmente, as associações públicas, de que as ordens profissionais são o mais conhecido exemplo[80]. 88

25. Pessoas de utilidade pública, designadamente de tipo associativo, prosseguem fins de interesse público, que deveriam – ou poderiam – ser cometidos ao Estado: sem prejuízo para a sua natureza de pessoas privadas, é-lhes dispensado um estatuto dito "de utilidade pública", com consequências no seu regime. 89

[76] Tais as escolhas de Armando Marques Guedes, *A concessão*, 1 (1954), 137 ss. ("... a mesma pessoa pode simultaneamente ser de direito público e de direito privado"), de Sérvulo Correia, *Natureza jurídica dos organismos corporativos*, ESC II (1963) 8, 9-25 (19 ss.) e de Oliveira Ascensão, *Teoria geral*, 1, 2.ª ed., 225.

[77] No parecer da PGR n.º 160/2004, de 29-set.-2005 (Paulo Oliveira e Sá), DR II Série n.º 198, de 14-out.-2005, 14739-14749, intentou-se uma justaposição dos critérios: a identificação de uma pessoa coletiva pública ou privada adviria da análise casuística da sua finalidade, do modo de criação, da titularidade de poderes de autoridade, da sua integração e da verificação se predominam ou não atributos administrativos. O problema surge, porém, quando estes elementos apontem para direções contrárias.

[78] *Direito bancário*, 6.ª ed., 1033.

[79] *Vide* Carvalho Fernandes, *Teoria geral*, 1, 6.ª ed., 472 e ss., Freitas do Amaral, *Curso de Direito administrativo*, 1, 620 ss. e Marcelo Rebelo de Sousa, *Lições de Direito administrativo*, 1, 150 ss..

[80] Para as competentes referências legislativas *vide Direito comercial*, 4.ª ed., 283.

90 O "estatuto das coletividades de utilidade pública" consta do DL 460/77, de 7-nov.[81]. São consideradas "pessoas coletivas de utilidade pública" as (...) associações ou fundações que prossigam fins de interesse geral, ou da comunidade nacional ou de qualquer região ou circunscrição, cooperando com a Administração Central ou administração local, em termos de merecerem da parte desta administração a declaração de "utilidade pública" (1.º/1). Segundo o n.º 2, as pessoas de "utilidade pública administrativa" eram também consideradas de utilidade pública. A utilidade pública exigia que não houvesse limitações de associados contrárias ao 13.º/2 da Constituição e a consciência ativa de utilidade pública. A qualidade de utilidade pública dependia de declaração do Governo (3.º), dando azo a certas regalias (10.º) e a benefícios fiscais, hoje constantes da L 151/99, de 14-set., por último alterada pelo DL 34/2008, de 26-fev.. A utilidade pública cessa com a extinção da pessoa coletiva ou por decisão da entidade competente para a declarar, quando deixassem de se verificar os seus pressupostos (13.º/3).

91 Vários ramos de atividade justificam o aparecimento de "utilidades públicas" específicas: (a) a utilidade turística, regulada pelo DL 423/83, de 5-dez., com as alterações introduzidas pelo DL 38/94, de 8-fev., pelo DL 141/2007, de 27-abr. e pela L 71/2018, de 31-dez.; (b) a utilidade pública desportiva, prevista no DL 248-B/2008, de 31-dez., por último (neste momento), alterado e republicado pelo DL 93/2014, de 23-jun. e de novo modificada pela L 101/2017, de 28-ago..

92 **26.** As **instituições privadas de solidariedade social**, reguladas pelo DL 119/83, de 25-fev., alterado, em especial, pelo DL 12-A/2014, de 14-nov., que o republicou em anexo e, depois disso, pela L 76/2015, de 28-jul.. Esse DL foi complementado pelo DL 347/81, de 22-dez., relativo a associações de socorros mútuos[82]. O Direito vigente prevê, depois, numerosas categorias de associações (de estudantes, de pais, de mulheres ou de deficientes, como exemplos) a que dispensa um tratamento diferenciado. Tudo isto demonstra que, no Direito atual, o interesse coletivo é prosseguido com recurso às técnicas privatísticas.

93 **27. Pessoas nacionais, estrangeiras, internacionais e europeias.** As nacionais têm a sua sede principal e efetiva em território português (33.º/1 e 3.º/1.º do CSC); quando isso não suceda, são estrangeiras. Este regime permite apresentar uma sede estatutária que não corresponda à "principal e efetiva". Visando proteger a confiança de terceiros, a sociedade que tenha a sua sede estatutária em Portugal, não pode opor a terceiros a sua sujeição a uma lei diferente da portuguesa (3.º/1, 2.ª parte, do CSC)[83].

94 As pessoas coletivas dizem-se internacionais sempre que retirem a sua personalidade de fontes internacionais, *maxime* de tratados ou convenções internacionais[84]. Ditas, normalmente, "organizações internacionais", elas estão vocacionadas para atuar em diversos Estados. Mas não necessariamente: a sua especificidade reside na fonte e não no campo de atuação. Haverá que aplicar, sucessivamente, o seu estatuto e o Direito internacional comum. Para questões surgidas em território nacional, conta-se, subsidiariamente, com o Direito civil interno.

95 As pessoas coletivas europeias resultam de fontes do Direito europeu. Além da própria União, damos o exemplo do Banco Central Europeu. O Protocolo relativo aos Estatutos do

[81] O DN 147/82, de 16-jul., veio "esclarecer dúvidas" sobre algumas das disposições desse diploma. O DL 460/77, de 7-nov., foi diversas vezes alterado e, por último, pelo DL 391/2007, de 13-dez., que o republicou em anexo e, depois, pela L 40/2007, de 24-ago..

[82] Ret. no DR I Série, n.º 173, de 11-nov.-1982, 2252.

[83] *Direito das sociedades*, 1, 4.ª ed., (2020), 188.

[84] *Vide* o artigo 34.º.

Sistema Europeu de Bancos Centrais e do Banco Central Europeu[85] atribui-lhe, no seu 9.º/1, personalidade jurídica, acrescentando que ele "... goza, em cada um dos Estados membros, da mais ampla capacidade jurídica reconhecida às pessoas coletivas pelas legislações nacionais, podendo, designadamente, adquirir ou alienar bens móveis e imóveis e estar em juízo".

28. Pessoas associativas e fundacionais: a distinção remonta aos canonistas e foi aperfeiçoada 96
por Savigny[86]. Assume um relevo estrutural e tem a ver com o substrato que a anime ou – caso não tenha ainda substrato – que se destine a comportar. Na associativa, o substrato é constituído por uma agremiação de pessoas, que juntam os seus esforços para um objetivo comum; na fundacional, o substrato redunda num valor ou num acervo de bens, que potencia a atuação da pessoa considerada. Os exemplos mais restritos serão constituídos pelas associações e pelas fundações civis (167.º e seguintes e 185.º e seguintes), respetivamente.

A contraposição anunciada, conquanto que, à partida, estrutural, encontra-se formalizada. 97
Podemos localizar pessoas coletivas que mais não traduzam do que acervos objetivos personalizados e que, todavia, não sigam a forma fundacional, mas antes a associativa: tal o caso das sociedades unipessoais (270.º-A e seguintes do CSC) e o das sociedades anónimas de capitais exclusivamente públicos – p. ex., a Caixa Geral de Depósitos. Estas distorções explicam-se por duas ordens de ideias: (a) pelo arcaísmo do regime atual relativo a fundações e que impede que estas tenham fins diretamente lucrativos; (b) pela impressividade de tipo ideológico e de mercado que assume a referência a "sociedades" e que leva à adoção, por puras razões de designação, da correspondente forma.

A contraposição entre pessoas associativas e fundacionais pode ser seguida entre as pessoas 98
coletivas públicas. Uma associação pública é, naturalmente, uma pessoa coletiva de tipo associativo, enquanto um instituto público ou uma empresa pública assumem natureza fundacional. Já as denominadas pessoas coletivas de população e território apresentam uma natureza mista.

29. Pessoas coletivas com e sem fins lucrativos, conforme visem os lucros e, tendo base 99
associativa, sociedades; quando não assumam tal fim lucrativo, será uma associação ou, não tendo natureza associativa, uma fundação. No fundo, esta contraposição permitiria isolar as sociedades das restantes pessoas coletivas: apenas elas teriam, como objetivo geral, a procura de lucro.

Estas categorias estão ultrapassadas: sobrevivem devido à sua formalização. Sociedades: 100
nada impede que uma função benemérita seja, por elas, desenvolvida: trata-se de uma questão de mercado ou de técnica de gestão. Quanto às pessoas sem fins lucrativos: é desejável que disponham de rendimentos próprios, obtidos através de atuações lucrativas. O seu objetivo geral pode ser lucrativo, ainda que afetando os lucros a fins beneméritos[87].

O fim lucrativo ou não-lucrativo não dita a posição assumida pela pessoa coletiva em jogo. 101
Isso não obsta a que, de facto, as associações tenham um perfil "solto", perante o das sociedades; aí, a busca oficializada do lucro leva a prever esquemas de fiscalização mais marcados e uma tutela especial para minorias, que não é requerida nas associações. À medida que se acentua o relevo económico, direto ou indireto, de associações e fundações, estas têm vindo a dotar-se de esquemas de acompanhamento, de consulta e de fiscalização semelhantes aos das sociedades.

30. Pessoas comuns e especiais: uma contraposição com um sentido relativo. A comum rege- 102
-se pelo regime mais genérico. As especiais dependem de regras diferenciadas, particularmente previstas para a categoria que elas integrem. Será comum a associação que se reja pelo Código

[85] DR I Série-A, n.º 300, de 30-dez.-1992, 6026(54)-6026(63).

[86] Savigny, *System*, 2, § 86 (243 e 244).

[87] Quanto à prática de atos de comércio e às qualidades de "comerciante", *Direito comercial*, 4.ª ed., 207 ss. e 256 ss., com indicações.

Civil; será especial, por exemplo, a associação de estudantes que, além do Código em causa, se irá regular pela legislação específica para esse tipo de entidades.

103 Uma mesma pessoa coletiva pode ser "comum" ou "especial", consoante o ângulo de abordagem: uma sociedade anónima será especial perante uma sociedade civil, mas comum perante uma instituição de crédito que, por lei, deve assumir a forma de sociedade anónima, mas com regras específicas bancárias. A ordenação das pessoas coletivas em séries, de acordo com relações de tipo comum/especial, tem utilidade: quando faltem normas vocacionadas para regular a pessoa "especial", fazer apelo subsidiário às regras comuns. A base é constituída pelo Direito civil: Direito comum perante a generalidade das outras regulações.

104 **31. Associações, fundações e sociedades civis**: a trilogia clássica de pessoas coletivas (166.º e seguintes, 185.º e seguintes e 980.º e seguintes). Não se trata de qualquer classificação: antes e tão-só de um alinhamento de tipos. As associações e as fundações ainda poderiam ser tomadas como uma classificação estrutural. As sociedades obedecem já a um critério diverso – a apregoada natureza lucrativa – mas, sobretudo, a uma tradição muito distinta e mais antiga: a *societas*.

105 As associações dão corpo a uma manifestação civil básica do princípio da liberdade de associação. As fundações têm o sentido de entregas em vida ou de deixas por morte do interessado. Elas equivalem a uma reconstrução liberal das antigas deixas pias, a conventos ou a congregações religiosas. Finalmente, as sociedades correspondem ao produto da celebração de contratos de sociedade, podendo apresentar formas muito multifacetadas.

106 **32. Sociedades comerciais; cooperativas**. As sociedades comerciais dão lugar a um ramo diferenciado do Direito[88]. Segundo o 1.º/2 do CSC, são sociedades comerciais:

> (...) aquelas que tenham por objeto a prática de atos de comércio e adotem o tipo de sociedade em nome coletivo, de sociedade por quotas, de sociedade anónima, de sociedade em comandita simples ou de sociedade em comandita por ações.

107 Aparentemente, temos dois elementos para determinar a presença de uma sociedade comercial: a prática de atos de comércio ou elemento material e a adoção de determinado tipo societário ou elemento formal. Todavia, a entidade que adote a forma de sociedade comercial mas tenha, como objeto exclusivo, a prática de atos não-comerciais, rege-se igualmente pelo CSC (1.º/4). O Direito das sociedades comerciais está formalizado: ele aplica-se a todas as sociedades que assumam forma comercial. Tais sociedades podem ser comerciais puras ou, simplesmente, comerciais, quando visem a prática de atos de comércio; serão sociedades civis sob forma comercial, na hipótese inversa.

108 O 1.º/2 do CSC enumera os tipos de sociedades que ele próprio regula. A destrinça é feita de acordo com um critério de responsabilidade por dívidas, facilmente percetível pela firma da sociedade. O CSC prevê: (1) **sociedade em nome coletivo**: o sócio responde individualmente pela sua entrada e, ainda, pelas obrigações sociais subsidiariamente em relação à sociedade e solidariamente com os outros sócios (175.º/1); a sua firma, quando não individualize todos os sócios, deve conter, pelo menos, o nome ou firma de um deles, com o aditamento, abreviado ou por extenso, "e Companhia" ou qualquer um que indique a existência de outros sócios (177.º/1); (2) **sociedade por quotas**: o capital está dividido em quotas e os sócios são solidariamente responsáveis por todas as entradas convencionadas no contrato – artigo 197.º/1; a firma pode ter uma composição variada mas, em qualquer caso, conclui pela palavra "limitada"

[88] *Direito das sociedades*, 1, 3.ª ed., 45 ss..

ou pela abreviatura "Lda." (200.º/1); (3) **sociedade anónima**: o capital é dividido em ações e cada sócio limita a sua responsabilidade ao valor das ações que subscreveu – 271.º; a firma, de composição variada, encerra com a expressão "sociedade anónima" ou pela abreviatura "S.A." (275.º/1); (4) **sociedade em comandita**: tem dois tipos de sócios: os sócios comanditários, que respondem apenas pela sua entrada e os sócios comanditados, que respondem nos mesmos termos dos sócios em nome coletivo; na comandita simples não há representação do capital por ações; na comandita por ações, só as participações dos sócios comanditários são representadas por ações (465.º).

O DL 257/96, de 31-dez., introduziu, no CSC, as sociedades unipessoais por quotas 109
(270.º-A a 270.º-G): um tipo societário não coincidente com o das sociedades por quotas "comuns".

No âmbito do Código Comercial de 1888 (207.º e seguintes, hoje revogados) eram ainda 110
consideradas comerciais as sociedades cooperativas. Hoje (e no Direito português[89]) há quem não considere as cooperativas como sociedades, por lhes faltar o escopo lucrativo. Segundo o 2.º/1, do Código Cooperativo vigente[90],

> As cooperativas são pessoas coletivas autónomas, de livre constituição, de capital e de composição variáveis, que, através da cooperação e entreajuda dos seus membros, com obediência aos princípios cooperativos, visam, sem fins lucrativos, a satisfação das necessidades e aspirações económicas, sociais ou culturais daqueles.

O Direito subsidiário aplicável às cooperativas é o do Código das Sociedades Comerciais, 111
particularmente os preceitos relativos às sociedades anónimas – 9.º do Código Cooperativo. As cooperativas, embora não distribuam lucros formais, devem ser geridas em termos empresariais. O Direito europeu considera-as sociedades. Toda a ambiência que as rodeia é de tipo societário. Apenas surpreendentes pruridos ideológicos levaram o legislador a retirar-lhes a qualificação oficial de "sociedades"[91].

VII – Princípios gerais das pessoas coletivas

33. A tipicidade. A pessoa coletiva representa uma realidade com a qual podem ser confronta- 112
dos terceiros. Para evitar surpresas e acautelar os interesses dos diversos operadores jurídicos, o Direito determina, em abstrato, as formas que as pessoas coletivas podem assumir. Donde a tipicidade: o princípio segundo o qual elas devem obedecer a uma das formas (dos "tipos") previstas na lei. Os tipos legais de pessoas coletivas contêm os aspetos fundamentais do ente considerado e, designadamente: (a) os órgãos essenciais; (b) o modo de representação; (c) o regime de responsabilidade por dívidas; (d) os elementos que devam, necessariamente, constar dos estatutos. O tipo não tem, necessariamente, de ser referenciado, como tal, pela própria lei, sendo dotado de *nomen iuris*: apenas se exige que ela o preveja. A sua identificação e, eventualmente, a nominação, competem ao intérprete-aplicador.

A tipicidade em causa não é fechada, no sentido de dever conter, de modo exaustivo, 113
todos os elementos atinentes ao tipo considerado[92]. Compõe contornos mínimos, sob pena de

[89] No Direito italiano – 2511.º e seguintes do Código Civil – as cooperativas continuam a ser consideradas sociedades comerciais. Assim sucede ainda nos Direitos alemão e francês e no Direito europeu.

[90] Aprovado pela L 119/2015, de 31-ago. e alterado pela L 66/2017, de 9-ago..

[91] *Direito das sociedades* 1, 4.ª ed., 359 ss..

[92] Quanto à categoria, Oliveira Ascensão, *A tipicidade dos direitos reais* (1968), 304 ss..

facultar às pessoas interessadas a constituição das mais díspares e inesperadas figuras. Da tipicidade resultam três consequências: (1) o *numerus clausus* de figuras relevantes; como todos os tipos de pessoas coletivas constam da lei, é possível identificá-los e seriá-los: uma operação impossível se dominasse um puro princípio de liberdade dos interessados; (2) a impossibilidade de, por analogia, construir novos tipos de pessoas coletivas; o recurso à analogia sempre pressuporia a existência de uma lacuna; numa área normativa dominada por um princípio de tipicidade, não há lacunas: perante uma figura controversa, ou ela cai nalgum dos tipos legais – e ele disporá de lei diretamente aplicável – ou não cai e, nessa altura, não assume relevância para a série considerada: não é pessoa coletiva, não reclamando, por isso, qualquer regime que a conduza à personalização; (3) a presença, na lei, dos elementos essenciais do tipo considerado.

114 A tipicidade não transforma as normas relativas a pessoas coletivas em normas excecionais. A personalidade coletiva (ao contrário das posições clássicas de Savigny) constitui um instituto perfeitamente integrado na lógica do nosso sistema jurídico. As inerentes normas, salvo quando intrinsecamente excecionais, vão ao encontro das valorações de ordem mais geral que animam o ordenamento. Verificados os competentes pressupostos, elas têm aplicação analógica. Fica ressalvado o sistema de fontes específico das sociedades comerciais[93].

115 **34. A autonomia patrimonial** é uma decorrência da personalização. A pessoa coletiva tem um património próprio, que responde pelas suas obrigações. Esse fenómeno não é suficiente, uma vez que ocorrem patrimónios autónomos. Mas surge necessário[94]. Ainda quanto outras pessoas possam, supletiva ou subsidiariamente, ser chamadas a responder, os bens da pessoa coletiva estão sempre na primeira linha. A autonomia patrimonial implica regras específicas de administração. Tais regras são direcionadas para o património coletivo. A não serem observadas, podem envolver a responsabilidade pessoal dos envolvidos.

116 **35. O privilégio da irresponsabilidade** beneficia os administradores. Quando sigam as regras que lhes respeitem, eles não respondem pelo atos que pratiquem: são imputados à pessoa coletiva a que respeitem.

117 **36. A autonomia privada** constitui o pano de fundo. A constituição de pessoas coletivas privadas é livre. Cabe aos interessados escolher o tipo a constituir e, nos limites legais, conformar os estatutos respetivos.

VIII – Sistema de fontes e elementos essenciais

118 **37. Constituição.** Domina o sistema de fontes aplicáveis às pessoas coletivas. O seu 46.º dispõe[95]:

> 1. Os cidadãos têm o direito de, livremente e sem dependência de qualquer autorização, constituir associações, desde que estas não se destinem a promover a violência e os respetivos fins não sejam contrários à lei penal.
>
> 2. As associações prosseguem livremente os seus fins sem interferência das autoridades públicas e não podem ser dissolvidas pelo Estado ou suspensas as suas atividades senão nos casos previstos na lei e mediante decisão judicial.
>
> 3. Ninguém pode ser obrigado a fazer parte de uma associação nem coagido por qualquer meio a permanecer nela.
>
> 4. Não são consentidas associações armadas nem de tipo militar, militarizadas ou paramilitares, nem organizações racistas ou que perfilhem a ideologia fascista.

[93] *Direito das sociedades*, 1, 4.ª ed., 227 ss..
[94] António Ferrer Correia, *A autonomia patrimonial*, 42 ss..
[95] *Vide* Jorge Miranda/Rui Medeiros, *Constituição Portuguesa Anotada*, 1, 2.ª ed., (2010), 952 ss..

Além desta consagração da liberdade geral de associação, a Constituição consigna manifestações sectoriais. Assim: a liberdade de organização religiosa (41.º/4); a liberdade de criação de escolas particulares e cooperativas (43.º/4); a liberdade de criação ou de participação em associações e partidos políticos (51.º/1); a liberdade de constituição de associações sindicais [55.º/2, *a*)]; a liberdade de constituição de cooperativas (61.º/2, todos da Constituição). 119

A História ensina que a liberdade de associação não é efetiva se não for acompanhada pela liberdade económica. Esta exige a possibilidade de livre constituição de pessoas coletivas com fins lucrativos, o que é dizer: de sociedades. Nessa linha, o 61.º/1 da Constituição consagra o livre exercício da iniciativa económica privada e o seu 86.º salvaguarda as empresas privadas, estabelecendo, no seu n.º 2, que: 120

> O Estado só pode intervir na gestão das empresas privadas a título transitório, nos casos expressamente previstos na lei e, em regra, mediante prévia decisão judicial.

A existência de "empresas privadas" e a sua autonomia fica assegurada. Na ideia de "empresa", estão abrangidas as sociedades, nos seus diversos tipos e, porventura, as associações e as fundações. 121

38. O Código de Seabra. As regras básicas sobre pessoas coletivas constam, nos países de Direito continental, dos códigos civis respetivos: em cada momento, a uma síntese complexa entre dados histórico-culturais, entre necessidades práticas e entre as preocupações racionalizadoras e harmonizadoras da Ciência do Direito. Os antecedentes da lei vigente são importantes. 122

O CS, denotando um grande avanço para a sua época, ocupou-se, no título VI, do Livro único da Parte I – Capacidade civil, das "pessoas moraes". Cumpre dar conta dos três primeiros artigos desse título[96]: 123

> Artigo 32.º Dizem-se pessoas moraes as associações ou corporações temporareas ou perpetuas, fundadas com algum fim ou por algum motivo de utilidade publica, ou de utilidade publica e particular conjuntamente, que nas suas relações civis representam uma individualidade juridica.
>
> Artigo 33.º Nenhuma associação ou corporação póde representar esta individualidade jurídica, não se achando legalmente auctorizada.
>
> Artigo 34.º As associações ou corporações, que gosam de individualidade juridica, podem exercer todos os direitos civis, relativos aos interesses legitimos do seu instituto.

Estava expressa a ideia de personalidade coletiva, bem como o princípio da aquisição de personalidade pelo reconhecimento do Estado. Aflorava, no 32.º, a distinção entre *pessoas moraes temporareas ou perpetuas* que era, na altura, importante: em relação às perpétuas, vigoravam determinadas restrições quanto à possibilidade de aquisição de bens: 35.º[97]. 124

O 37.º estabelecia a personalidade coletiva do Estado, da Igreja, das câmaras municipais, das juntas de paróquias e de "... quaesquer fundações ou estabelecimentos de beneficiência, piedade ou instrucção pública". As associações de interesse particular reger-se-iam pelas regras do contrato de sociedade: tal o teor do 39.º. 125

[96] Quanto à versão inicial do Código: José Dias Ferreira, *Codigo Civil Portuguez Annotado*, 1, 2.ª ed., 46 ss..

[97] Com indicações, José Dias Ferreira, *Codigo Annotado*, 1, 2.ª ed., 49 ss..

126 O CS não contrapunha, de forma clara, as associações às fundações. Estas eram omitidas no 32.º, embora o 37.º se lhes referisse[98]; de todo o modo, a doutrina desde cedo passou a fazer a distinção[99], aprofundando os seus termos[100].

127 **39.** Na **preparação do Código Civil** de 1966, a parte relativa às pessoas coletivas foi confiada a Ferrer Correia, também o Autor do anteprojeto relativo às sociedades civis puras (980.º e seguintes). O anteprojeto de Ferrer Correia foi, infelizmente, apresentado sem justificação de motivos[101]. Trata-se de um documento de certa extensão – 88 artigos, contra os 45 que passariam ao projeto – manifestamente inspirado no Código italiano de 1942. Tinha, todavia, um alcance liberalizador que não venceu no projeto definitivo. Assim, o reconhecimento das associações só não teria lugar quando o seu fim fosse contrário à ordem pública (15.º/2), num esquema semelhante quanto às fundações[102] (56.º/2). Umas e outras poderiam ter fins económicos. Na passagem para o projeto definitivo, parece ter prevalecido uma preocupação limitadora e restritiva: aflorou o ideário antiliberal do Estado Novo e dos juristas que, no Governo, o serviam.

128 No âmbito da preparação do Código Civil, tem ainda interesse referir o estudo de Marcello Caetano, sobre as fundações[103]: faz um comentário ao texto relativo às pessoas coletivas, na versão resultante da primeira revisão ministerial[104] e conclui apresentando um projeto pessoal de articulado[105].

129 **40. O sistema do Código Civil; a influência comercial.** Com os antecedentes apontados, o Código Civil, no subtítulo relativo às pessoas, contém um capítulo II intitulado *pessoas coletivas*. Está repartido por três secções:

Secção I – Disposições gerais (157.º a 166.º);
Secção II – Associações (167.º a 184.º);
Secção III – Fundações (185.º a 194.º).

130 Surge, ainda, um capítulo III, relativo a associações sem personalidade jurídica e comissões especiais (195.º a 201.º). Deparamos com uma ordenação própria do construtivismo pandectístico, em que se procurou isolar uma massa de princípios gerais, seguidos de regulações mais especificas. Como se referiu, foi adotado o modelo italiano, embora com permeabilidade a outros códigos[106].

131 O legislador de 1966, na linha de Ferrer Correia, aproveitou, do Código italiano, disposições comuns às associações e fundações para, com elas, compor as disposições gerais do Código português. Passamos a estabelecer as seguintes correspondências. O 158.º equivale ao 12.º; ambos foram alterados; o primeiro pelo DL 496/77, de 25-nov., no sentido de suprimir

[98] Cunha Gonçalves, *Tratado*, 1, 754.

[99] Guilherme Moreira, *Instituições de Direito civil*, 1, 288-289.

[100] Manuel de Andrade, *Teoria geral*, 1, 54 ss. e 68 ss..

[101] A. Ferrer Correia, *Pessoas coletivas/Anteprojeto de um capítulo do novo Código Civil*, BMJ 67 (1957), 247-281. O Autor, em nota de rodapé (p. 247) promete tornar públicas "as razões justificativas das principais diretrizes e normas deste anteprojeto", o que, infelizmente, não viria a suceder. Marcello Caetano, na nota prévia ao seu livro *Das fundações/Subsídios para a interpretação e reforma da legislação portuguesa* (1962), III, também dá conta da inexistência de uma exposição de motivos ou de um relatório, referentes ao anteprojeto de Ferrer Correia.

[102] No tocante a estas, previa-se ainda o não reconhecimento, quando os seus bens fossem insuficientes.

[103] *Supra*, nota 103.

[104] Marcello Caetano, *Das fundações*, 168 ss.

[105] Marcello Caetano, *Das fundações*, 197 ss. O projeto de Marcello Caetano limitava-se à secção das pessoas coletivas em geral e às fundações.

[106] Marcello Caetano, *Das fundações*, 168 ss., intentou fazer o levantamento das diversas influências, perante o texto, então disponível, da 1.ª Revisão Ministerial.

o reconhecimento administrativo das associações; o segundo pelo D 361, de 10-fev.-2000, que o revogou, de modo a liberalizar, quer as associações, quer as fundações. O 161.º, hoje revogado, equivalia ao 17.º. O 163.º recorda o 19.º, embora omitindo aspetos importantes. O 164.º equivale ao 18.º; o 166.º ao 31.º; o 167.º ao 26.º; o 171.º ao 20.º, outro tanto sucedendo com o 173.º; o 175.º tem semelhanças com o 21.º; o 177.º ao 23.º/I; o 179.º ao 23.º/II; o 180.º ao 24.º/I; o 181.º ao 24.º, embora muito menos completo; o 182.º ao 27.º, conquanto que mais prolixo; o 184.º ao 30.º; o 185.º ao 14.º/I e o 185.º/3 ao 15.º; o 186.º ao 16.º; o 189.º ao 25.º, mais completo; o 195.º/1, 1.ª parte, ao 36.º; o 196.º ao 37.º; o 198.º ao 38.º; o 199.º, ao 39.º; o 200.º ao 40.º e o 201.º ao 42.º. Podemos dizer que o Código Civil de 1966 desenvolveu mais as matérias da forma e da publicidade (168.º), da eleição e destituição de titulares (170.º), da competência (172.º) e forma de convocação da assembleia (174.º), da privação do direito de voto (176.º), do regime da anulabilidade (178.º), das vicissitudes das fundações (187.º, 188.º, 191.º e 192.º a 194.º). Globalmente considerado: podia ter sido mais ambicioso.

A matriz do texto italiano sobre pessoas coletivas foi o regime das sociedades comerciais, 132
particularmente as anónimas, que se havia desenvolvido em Itália, no âmbito do Código de Comércio de 1882[107]. O Código de 1942 unificou o Direito privado, absorvendo as sociedades comerciais. De todo esse espólio, foram retirados vetores importantes, como os relativos à invalidade e ineficácia de deliberações sociais e os referentes à responsabilidade dos administradores.

A matéria das pessoas coletivas foi entregue, aquando da preparação do Código, a um 133
grande comercialista português, perfeito conhecedor da doutrina italiana e dos grandes avanços levados a cabo, no sector das sociedades, na primeira metade do século XX: Ferrer Correia.

Ela assume, deste modo, uma matriz jurídico-cultural própria do Direito das sociedades 134
comerciais. Assim se confirma a elaboração periférica do Direito civil e a unidade do Direito privado. Contudo, em 1966, a matéria comercial disponível entre nós, em termos de legislação, era arcaica. O Código representou, na altura, um avanço notável, que só foi recuperado, pela comercialística, com o CSC de 1986.

41. O DL 594/74, de 7-set. e a reforma de 1977. O Código Civil foi, desnecessariamente, 135
colocado ao serviço da prática autoritária da II República. Daí a não-autorização de associações que pudessem ter uma atuação de tipo político ou até cultural, numa medida que, contra todas as tradições, foi mesmo alargada às cooperativas[108]. Por isso, pouco depois de 25-abr.-1974, foi aprovado o DL 594/74, de 7-nov., ainda parcialmente em vigor[109] e que estabeleceu o direito à livre associação.

O 1.º desse diploma garantia, a todos os cidadãos maiores de 18 anos e no gozo dos 136
direitos civis, o livre exercício do direito de se associarem para fins não contrários à lei e à

[107] Sobre a evolução do Direito das sociedades comerciais *vide* o nosso *Da responsabilidade civil dos administradores das sociedades comerciais, passim*.

[108] Trata-se do DL 520/71, de 24-nov., que tem uma história: as cooperativas podiam constituir-se normalmente, sem autorização do Governo; foram aproveitadas por algumas iniciativas cívicas, que constituíram "cooperativas culturais"; o Ministro do Interior decidiu então, por despacho, dissolver algumas cooperativas, por entender que os fins culturais não as justificavam; tais despachos vieram a ser anulados pelo Supremo Tribunal Administrativo, por (evidente) usurpação de poder; o Governo de Marcello Caetano aprovou, em resposta, o DL 520/71, de 24-nov., que passou a sujeitar as cooperativas culturais a prévio reconhecimento administrativo; na então Assembleia Nacional, o grupo de deputados "liberais" pediu a ratificação do diploma; houve um debate, animado em especial pelo então deputado Prof. Miller Guerra e em que foi questionada a natureza do regime, ainda que sem efeitos práticos, dada a larga maioria governamental. Todo este episódio foi seguido, muito de perto, pela Faculdade de Direito de Lisboa.

[109] Com alterações introduzidas pelo DL 71/77, de 25 de fev..

ordem pública, sem necessidade de qualquer autorização prévia (1.º/1). As associações passavam a adquirir personalidade jurídica pelo depósito, contra recibo, de um exemplar do ato de constituição e dos estatutos no governo civil da área da respetiva sede, após prévia publicação no *Diário da República* e num dos jornais mais lidos na região, de um extrato, autenticado pelo notário, do seu título constitutivo. Este deveria mencionar a denominação, sede social, fins, duração e condições essenciais para a admissão, exoneração e exclusão de associados – 4.º/1. Cópia do ato constitutivo deveria ser enviada ao MP para que este pudesse promover a extinção judicial das associações cujos estatutos não fossem conformes à lei ou à moral pública. Este diploma continha ainda múltiplas outras regras relevantes, quanto ao funcionamento das associações. Na parte em que ele se desvia do Código Civil reformado em 1977, este prevalece: a lei nova revoga a velha.

137 O DL 594/74, de 7-set., determinava, no seu 16.º, que as associações se regessem pelos 157.º e seguintes do Código Civil, "... em tudo o que não for contrário a este diploma". Ficavam, assim, implicitamente revogados os preceitos daquele Código relativos ao reconhecimento da personalidade jurídica das associações.

138 O DL 496/77, de 25-nov., que introduziu modificações importantes no Código, em parte destinadas a adequá-lo à Constituição de 1976, completou a tarefa do DL 594/74, de 7-set.[110]. Assim: (a) foi alterado o 158.º: as associações passaram a adquirir personalidade jurídica pela escritura pública, com as especificações do 167.º/1; apenas as fundações se mantiveram dependentes do reconhecimento; (b) foi editado o 158.º-A, relativo à nulidade do ato de constituição ou de instituição, e dando legitimidade ao MP para desencadear o processo de declaração judicial de nulidade; (c) foi revogado o 161.º, relativo à capacidade de adquirir e alienar imóveis, dependente de autorização do Governo; (d) foi alterado o 166.º, que dava, à entidade competente para o reconhecimento, os poderes de os reafetar a outra pessoa coletiva; (e) foi mudado o 168.º, relativo à forma e publicidade do ato de constituição da associação; (f) foi revogado o 169.º, que sujeitava à "... aprovação da entidade competente para o reconhecimento da pessoa coletiva ..." as modificações do ato de constituição ou dos estatutos; (g) foram alterados os 182.º e 183.º, relativos, respetivamente, a causas de extinção e à declaração de extinção das associações; em causa estava o papel da entidade competente para o reconhecimento, nesse domínio; (h) foi modificada a epígrafe do capítulo III: de *associações não reconhecidas e comissões especiais*, passou a *associações sem personalidade jurídica e comissões especiais*; (i) foram alterados os 195.º e 197.º, no mesmo sentido.

139 **42. O Direito subsidiário; o papel do Direito comercial.** Independentemente dos estatutos, pergunta-se se existe algum Direito subsidiariamente aplicável às pessoas coletivas da Parte geral do Código Civil e, havendo-o, qual é ele. À primeira vista, os 157.º e seguintes do Código Civil consideram-se o fundo comum das diversas pessoas coletivas. Dispõe aquele preceito:

> As disposições do presente capítulo são aplicáveis às associações que não tenham por fim o lucro económico dos associados, às fundações de interesse social, e ainda às sociedades, quando a analogia das situações o justifique.

140 Porém, as regras relativas às sociedades, quer civis quer, sobretudo, comerciais, surgem muito mais desenvolvidas do que as constantes do capítulo referido no transcrito 157.º. Para

[110] *Vide* o ponto 9 do preâmbulo do citado diploma. Devemos reconhecer que o DL 496/77, também neste capítulo, foi mais longe do que o requerido pela simples adequação à Constituição.

completar a matéria dos 157.º e seguintes, particularmente havendo lacunas, pode-se recorrer ao Direito das sociedades comerciais?

O Direito comercial, aqui abrangendo o Direito das sociedades comerciais, não é excecional. Trata-se de um Direito especialmente adaptado às realidades que pretende regular mas que, em regra, dá corpo aos valores fundamentais do ordenamento privado. Essa proximidade de valores mais se acentua, na experiência portuguesa, se tivermos em conta um fenómeno capital já referido: o de parte das regras relativas a associações e fundações ter tido a sua origem no regime das sociedades anónimas. Nestas condições, não há obstáculos de princípio à aplicação analógica, no campo civil, das regras relativas a sociedades comerciais[111]. 141

O recurso ao Direito comercial implica a presença dos requisitos de que depende a analogia: o caso omisso; o facto de esse caso dever ter, à luz do sistema, uma solução jurídico-normativa; a analogia de situações; a presença de uma norma comercial aplicável ao caso análogo. Verificadas as condições, as pessoas coletivas civis podem recorrer ao manancial representado pelo Direito das sociedades comerciais. E como estas, a título subsidiário, também podem recorrer às sociedades civis[112] e ao Direito das pessoas coletivas, fecha-se o círculo: fica reforçada a unidade do Direito privado português. 142

43. As regras do negócio jurídico. Uma pessoa coletiva privada tem, em princípio, sempre subjacente um ato de constituição. O Código não identifica esse ato: mas pressupõe-no, quando refere: no 158.º/1, as "... associações constituídas por escritura pública ..."; no 158.º-A, a aplicabilidade do 280.º; no 167.º/1, o "... ato constitutivo da associação ...", o qual (artigo 168.º/1) deve constar de escritura pública; no 185.º/1, "as fundações podem ser instituídas por ato entre vivos ou por testamento". Como qualificar esse ato de constituição? 143

Frente a frente, havia duas teorias tradicionais: (1) a teoria da norma; (2) a teoria do contrato. (1) A teoria da norma era defendida pelos organicistas, com relevo para Otto von Gierke que via, no ato constitutivo, uma "fonte autónoma e própria"[113]; hoje, ela prolonga-se em autores que apelam a um "ato conjunto", ainda que negocial: na constituição de uma pessoa coletiva (e no aprontamento dos seus estatutos), não haveria uma negociação na qual duas partes procurem harmonizar os seus interesses; antes uma fixação de regras para o futuro. (2) A teoria do contrato vê, na constituição de uma associação, um contrato de constituição, de tipo organizatório; na de uma fundação: um negócio (unilateral) de tipo fundacional. Surgiu, ainda, uma terceira teoria, de tipo misto: o ato de constituição teria natureza contratual, enquanto os estatutos assumiriam natureza normativa. 144

No Direito português, não oferece dificuldades a afirmação da natureza contratual e negocial do ato de constituição das associações[114], quando levado a cabo por particulares; a constituição de uma fundação assenta num negócio unilateral. As dificuldades de leitura advinham da necessidade de um ato de reconhecimento, normativo ou por concessão, ato esse que constituiria a causa eficiente da personalização[115]. Tal ato é condicionante de eficácia plena: não se substitui à vontade fundadora. Além disso, quer a lei civil, quer a lei comercial consideram, de modo repetido, o ato constitutivo da sociedade comercial como "contrato" ou "pacto social". Finalmente, o 158.º-A considera aplicável, à constituição das pessoas coletivas, o 280.º: requisitos do objeto negocial[116]: deve ser física e legalmente possível, conforme 145

[111] *Direito comercial*, 4.ª ed., 148 ss..
[112] Artigo 2.º do CSC.
[113] Indicações: *Tratado* IV, 5.ª ed., 709.
[114] Carvalho Fernandes, *Teoria geral*, 1, 6.ª ed., 572.
[115] *Vide* as elucidativas considerações de Manuel de Andrade, *Teoria geral*, 1, 63 ss..
[116] Trata-se de um preceito aditado pelo DL 496/77, de 25-nov.; Pires de Lima/Antunes Varela, *Código Anotado*, 1, 4.ª ed., 164, consideram-no supérfluo.

com a lei e determinável; além disso, não pode ser contrário à ordem pública e aos bons costumes[117].

146 As pessoas coletivas de tipo privado – associações, fundações ou sociedades – podem ser constituídas por diploma legal: normalmente Decreto-Lei. Poderíamos, ainda, apurar situações de constituição de associações ou de fundações por deliberação de um ente coletivo – p. ex., da assembleia geral de uma associação ou sociedade. A hipótese de constituição negocial de associações e fundações é a mais comum ou, em todo o caso: a hipótese paradigmática. Outros instrumentos jurídicos, nos limites que lhes sejam aplicáveis, podem fazer outro tanto. Tendencialmente, terá aplicação o mesmo regime.

147 **44. Sistematização de elementos.** Na base do conteúdo necessário dos estatutos estão diversos elementos que, de acordo com a tradição nacional[118], comportam: (1) elemento pessoal ou patrimonial; (2) elemento teleológico; (3) elemento organizacional; (4) eventualmente, o *animus personificandi*.

148 (1) **O elemento pessoal ou patrimonial** tem a ver com a necessidade de associados – ou da indicação de como reuni-los –, nas associações e de bens, nas fundações. O 167.º/1 consigna o requisito dos associados, referindo os "bens ou serviços com que os associados concorrem para o património social"[119]. A associação dispensa patrimónios, assim como dispensa, por maioria de razão, que os associados para ele concorram. Indispensável é, sim, a existência de associados. Contraprova: o 182.º/1, *d*), considera causa de extinção da associação o falecimento ou desaparecimento de todos os associados; nenhum preceito liga, a extinção da associação à ausência de património. No que tange às fundações: a insuficiência de bens justifica o seu não-reconhecimento (188.º/2), sendo a insolvência uma causa da sua extinção [192.º/1, *c*)].

149 (2) **O elemento teleológico** ou o fim da pessoa coletiva (167.º/1 e 186.º/1) tende a ser considerado o fator fundamental. Efetivamente, o fim da pessoa coletiva vai ditar: (a) a sua idoneidade e, sendo o caso, o seu reconhecimento; (b) a sua capacidade, em função do princípio da especialidade ou do que dele reste; (c) o eventual reconhecimento de utilidade pública; (d) o tipo de atuação requerido aos titulares dos seus órgãos; (e) as coordenadas de interpretação dos estatutos. Enquanto uma pessoa singular vale por si, a pessoa coletiva deve ser aferida em função do escopo que tenha em vista.

150 (3) **O elemento organizacional** abrange um conjunto de fatores: a denominação, a sede, a orgânica e a forma do seu funcionamento (162.º a 165.º, 167.º/1 e 186.º/2). Trata-se de um elemento primordial: ele dá corpo ao *modo coletivo* de aplicação das normas, base da moderna doutrina da personalidade coletiva. Além disso, ele tem um relevo prático que justifica o seu tratamento a propósito dos artigos implicados.

151 (4) Pergunta-se pela existência de um elemento voluntário ou ***animus personificandi***: um tema que tem motivado a doutrina nacional da especialidade[120]. Deparamos com, pelo menos, três posições: (1) o *animus personificandi* ou vontade de criar um novo ente seria necessário para a constituição de uma pessoa coletiva[121]; (2) esse elemento seria desnecessário: normalmente, "... nem sequer passará pela mente dos associados ou dos fundadores a ideia de personalidade"[122];

[117] Quanto a estas noções: *Tratado* II, 4.ª ed., 567 ss..

[118] Manuel de Andrade, *Teoria geral*, 1, 57 ss..

[119] Esta fórmula era desconhecida no modelo italiano; corresponde a uma "societarização" das associações, que nada justifica.

[120] *Vide* a panorâmica dada por Carvalho Fernandes, *Teoria geral*, 1, 6.ª ed., 562 ss..

[121] É a posição assumida por Manuel de Andrade, *Teoria geral*, 1, 61, por Carvalho Fernandes, *Teoria geral*, 1, 6.ª ed., 562 e nota 2 e por Cabral de Moncada, *Lições de Direito civil*, 1, 3.ª ed., 409 = 4.ª ed. póstuma, 347 e que aflora, ainda, em Hörster, *A parte geral*, 366 e 2.ª ed., 411.

[122] José Tavares, *Os princípios fundamentais*, 2, 128.

(3) o *animus personificandi* presume-se[123] ou, noutra variante: ele não tem de ser expresso, antes se dirigindo às consequências práticas do ato constitutivo[124].

A constituição de pessoa coletiva coloca o tema do papel da vontade nos negócios. 152
O que temos: um ato de vontade tendente a um fim protegido pelo ordenamento, um ato de autorregulação e interesses ou um ato de autonomia privada a que o Direito associa certos efeitos[125]? A solução será a encontrada, em geral, para o negócio jurídico: a constituição de pessoas coletivas inscreve-se na autonomia privada, operando quando se mostrem, pelos interessados, reunidos os requisitos necessários. A pergunta por um *animus personificandi* é, todavia, mais do que a comum indagação pelo papel da vontade: implica um *suplementum* de intenção dirigido à personificação? A resposta é negativa. A vontade está presente; mas tais efeitos filiam-se no Direito positivo. Perante negócios mais delicados, o Direito procura assegurar-se da livre determinação do sujeito, indagando a presença de um *animus* claro: pense-se no *animus donandi*, nas doações. Não é aqui o caso, com a eventual exceção do negócio fundacional *inter vivos*.

Problema diverso é o colocado por Castro Mendes[126] e, em seu seguimento mas com 153
variante, por Oliveira Ascensão[127]: o de uma relevância negativa do *animus personificandi*: alguém celebra uma escritura de constituição de uma pessoa coletiva mas exara que não pretende a personalidade jurídica; poderia esta não surgir, mas apenas se não se mostrassem reunidos os requisitos legais. Oliveira Ascensão afirma dissentir: as partes poderiam não querer, no campo dos efeitos, o resultado da personalização; rejeitando esta, rejeitariam aqueles, o que é legítimo, no caso das associações: optariam, então, por uma associação sem personalidade jurídica, figura permitida por lei. Parece razoável: só que tem apenas a ver com a opção, pelas partes, pela figura dos 167.º e seguintes ou 195.º e seguintes, a decidir de acordo com as regras de interpretação da vontade dos outorgantes e não com *animi* específicos.

IX – A desconsideração da personalidade coletiva

45. Origem e evolução. Os Direitos modernos desinteressam-se pelos substratos das pessoas 154
coletivas. Estas dependem de requisitos formais: podem não apresentar qualquer significado social, económico ou humano. As diversas ordens jurídicas, conscientes das vantagens para todos que isso acarreta, conferem a cada um a possibilidade de gerir os seus interesses diretamente ou pela intermeação de uma pessoa coletiva.

A possibilidade de agir por pessoas coletivas tem limites. Estas não têm capacidade no 155
tocante a situações exclusivas das pessoas singulares. Além disso, há normas proibitivas que impõem restrições. Finalmente, devemos contar com regras de tipo formal ou processual, sem o que o privilégio da personalidade coletiva não opera. Este privilégio traduz-se na limitação da responsabilidade patrimonial aos bens da pessoa coletiva e na irresponsabilidade dos administradores pelos atos que pratiquem em nome dela: eles são imputados a esta. Ocorrem limites a esse privilégio, impostos por lei.

A desconsideração[128] reporta limites genéricos à personalidade e, designadamente: a even- 156
tualidade de, sem normas específicas e por exigência do sistema, o Direito, em certas situações, passar do modo coletivo ao modo singular, ignorando a presença formal de uma pessoa coletiva.

[123] Manuel de Andrade, *Teoria geral*, 1, 61 e nota 3 e Mota Pinto, *Teoria geral*, 4.ª ed., 275.

[124] Carvalho Fernandes, *Teoria geral*, 1, 6.ª ed., 564.

[125] *Tratado* II, 4.ª ed., 123 ss.; *infra*, intr. 217.º a 294.º, anot. 20 a 30.

[126] Castro Mendes, *Teoria geral*, 1 (ed. 1978), 298.

[127] Oliveira Ascensão, *Teoria geral*, 1, 2.ª ed., 236 ss..

[128] Hoje, adotamos "desconsideração" em vez de "levantamento", expressão mais adequada: *Tratado*, IV, 5.ª ed., 756 ss.. Desconsideração é a locução usada na jurispru-

As diversas regras de fundo vão aplicar-se, de forma direta, ao substrato, pessoal ou patrimonial, da pessoa coletiva em causa.

157 A desconsideração, no Direito continental europeu, surgiu com o êxito das sociedades por quotas, criadas pela lei alemã, em 1892[129]. Até então, ou surgiam sociedades anónimas, rodeadas de cautelas internas e sujeitas a uma especial publicidade no seu funcionamento ou ocorriam sociedades de responsabilidade ilimitada e, portanto: sociedades nas quais os sócios podiam ser chamados a responder com o seu próprio património. As sociedades por quotas modificaram o panorama: permitiram a "democratização" da responsabilidade limitada. Mas com um preço: surgiam problemas delicados de tutela dos credores sociais, designadamente quando, sem publicidade, fossem ignorados determinados postulados do seu funcionamento. Um dos problemas colocados pelo novo tipo societário da "responsabilidade limitada" era o da unipessoalidade. Quando a sociedade visse todas as suas quotas de capital reunidas numa única titularidade, como distinguir os direitos dela e os do sócio único? Se a distinção se tornasse impossível, o sócio responderia pela dívidas da sociedade[130].

158 Nos Estados Unidos, o levantamento da personalidade coletiva remonta às próprias origens do ordenamento norte-americano, após a independência, nos finais do século XVIII. A Constituição Federal norte-americana limita, no seu artigo 3.º, 1, a jurisdição federal, entre outras, às controvérsias que surjam entre cidadãos de Estados diferentes. Punha-se o problema das pessoas coletivas: quando avocar, a seu propósito, a competência dos tribunais federais? O *Chief Justice* Marshall, em 1809 e para preservar a jurisdição federal sobre as pessoas coletivas, explicou que[131]:

> (...) was compelled to look beyond the entity "to the character of the individuals who compose the corporation".

159 A partir daí, *the breach of the rampart had been made*. Ao longo do século XIX, multiplicaram-se as decisões – muitas vezes com base na boa-fé – que, evitando situações nas quais uma pessoa coletiva era usada para prejudicar terceiros, especialmente os credores, responsabilizavam as pessoas que agiam por seu intermédio e, designadamente, os sócios[132].

160 O levantamento norte-americano tem, na sua origem, razões processuais e constitucionais. Radicou-se antes de o próprio conceito de pessoa coletiva estar bem conformado[133]. Nestas condições, toda a matéria do levantamento radica em fórmulas vagas: *disregarding the corporate fiction*, *piercing the corporate veil* ou *looking at the substance rather than at the form*[134]. E vagos são o conteúdo e os pressupostos do levantamento.

dência: não vale a pena duplicar a terminologia. *Vide*, ainda, os nossos *Do levantamento da personalidade coletiva*, DJ IV (1989/90), 147-161 (151), *Da responsabilidade civil dos administradores das sociedades comerciais* (1997), § 13.º, *O levantamento da personalidade coletiva no Direito civil e comercial* (2000), 103, *Direito das sociedades*, 1, 4.ª ed., 368 ss. e *Responsabilidade por informações dadas em juízo*, ROA 2004, 627-674.

[129] O sentido e as vicissitudes desta inovação legislativa, em conjunto com diversa literatura, podem ser confrontadas em Menezes Cordeiro, *Da responsabilidade civil dos administradores*, 137 ss..

[130] Elementos no *Tratado*, IV, 5.ª ed., 758-759.

[131] I. Maurice Wormser, *Piercing the Veil of Corporate Entity*, 12 Col. L. Rev. (1912), 496-518 (497); trata-se da doutrina expressa no caso *Bank of United States v. Deveaux*. Este e outros escritos de Wormser sobre o mesmo tema podem ser confrontados no seu *Disregard of the Corporate Fiction and Allied Corporation Problems*, 1927, reimp., 2000.

[132] Wormser, *Piercing the Veil*, 498 ss., onde podem ser confrontadas diversas decisões ilustrativas.

[133] Wormser, *Piercing the Veil*, 496, começa o seu estudo precisamente sublinhando que não há duas pessoas de acordo sobre o que sejam a *corporate entity* ou a *corporate personality*. Outros elementos: *Tratado*, IV, 5.ª ed., 760.

[134] Henry Winthrop Ballantine, *On corporations* (1946), § 122 (292-293), citando diversas decisões. Cf. Ralph J. Baker/William L. Cary, *Cases and Materials on Corpora-*

A desconsideração foi teorizada em 1955, na Alemanha, por Rolf Serick (1955), através do confronto entre as experiências norte-americana e alemã. Teve êxito. Por essa via, foi acolhida entre nós: recordamos os trabalhos já citados de Orlando de Carvalho[135] e os nossos próprios[136], além de uma referência implícita de Coutinho de Abreu[137]. Independentemente de tais influências e levado pela necessidade de resolver corretamente outros problemas, Galvão Telles já havia proposto a utilização deste instituto, designando-o, como acima foi dito, "superação da personalidade jurídica"[138]. Simões Patrício, em escrito de Direito da economia, admite a hipótese de um "abuso de personalidade coletiva"[139]. 161

Num caso de refluxo da literatura brasileira sobre a doutrina nacional, a teoria do levantamento foi incrementada pela obra de Lamartine Correia de Oliveira[140]. Referida por Mota Pinto[141], ela foi especialmente divulgada por Oliveira Ascensão[142], daí advindo o termo "desconsideração". Um pouco nesta linha, o levantamento foi objeto de uma dissertação de mestrado, de Pedro Cordeiro[143], e de uma dissertação de doutoramento, de Maria de Fátima Ribeiro[144]. Referências mais envolventes podem ser confrontadas na dissertação de doutoramento de Coutinho de Abreu[145]. 162

O individualismo da doutrina portuguesa, pelas flutuações a que dá azo, tem dificultado a receção, pela jurisprudência, da figura da desconsideração. Mas foi acolhida nos tribunais. Como pioneiro, podemos citar o acórdão do STJ 6-jan.-1976[146]. Uma receção formal foi-lhe concedida pela RPt, em 13-mai.-1993[147], multiplicando-se os casos[148]. Vencidas as fases iniciais, o problema ficou maduro para ser sistematicamente estudado e aplicado. 163

46. Grupos de casos. A desconsideração é um instituto surgido *a posteriori* para sistematizar e explicar diversas soluções concretas, estabelecidas para resolver problemas reais postos pela personalidade coletiva. Na sua origem, encontramos uma multiplicidade de casos concretos. 164

tions, 3.ª ed. (1959), 374 e William L. Cary/Melvin A. Eisenberg, *Cases and Materials on Corporations*, 5.ª ed. (1980), 80 ss..

135 Orlando de Carvalho, *Teoria geral do Direito civil/Relatório* (1976), 46.

136 Menezes Cordeiro, *Da boa fé*, 1232, particularmente com base nos estudos de Helmut Coing e, subsequentemente, em *Direito da economia*, 1 (1986), 224-226, *Do levantamento da personalidade coletiva*, 147-161, *Da responsabilidade civil dos administradores*, § 13.º e *O levantamento da personalidade coletiva*.

137 Coutinho de Abreu, *Do abuso do direito/Ensaio de um critério em Direito civil e nas deliberações sociais* (1983), 105-106, embora sem denominar o instituto.

138 Inocêncio Galvão Telles, no já citado *Venda a descendentes e o problema da superação da personalidade jurídica das sociedades*, ROA 1979, 513-562 (537 e 555), correspondendo a um escrito concluído em 1973.

139 António Simões Patrício, *Curso de Direito económico*, 2.ª ed. (1981), 696 ss.

140 Lamartine Correia de Oliveira, *A dupla crise da pessoa jurídica* (1979), 294 ss. e *passim*.

141 Mota Pinto, *Teoria geral*, 4.ª ed., 141, nota 140.

142 José de Oliveira Ascensão, *Lições de Direito comercial*, I – *Parte geral* (1986/87), 472 ss., e, depois, em escritos sucessivos: *Direito comercial*, IV – *Sociedades comerciais* (1993), 57 ss. e, por último, em *Direito civil/Teoria geral*, I, 2.ª ed., 318-321; este Autor mantém-se no plano da divulgação, não aprofundando o tema. No último local citado admite-se já, ao lado da "desconsideração" a expressão, porventura preferível, "superação".

143 Pedro Cordeiro, *A desconsideração da personalidade jurídica das sociedades comerciais* (1989).

144 Maria de Fátima Ribeiro, *A tutela dos credores da sociedade por quotas e a "desconsideração" da personalidade jurídica* (2012), 738 pp..

145 Coutinho de Abreu, *Da empresarialidade* (1994), 204 ss., com especial atenção às notas de rodapé.

146 STJ 6-jan.-1976 (Oliveira Carvalho), BMJ 253 (1976), 150-155.

147 RPt 13-mai.-1993 (Fernandes Magalhães), CJ XVIII (1995) 3, 199-201 (200-201).

148 Assim, como exemplos: STJ 6-abr.-2000 (José Mesquita), CJ/Supremo VIII (2000) 2, 245-247 (246/II), RPt 1-jun.-2000 (Viriato Bernardo), CJ XXV (2000) 3, 196-199 (199/II), STJ 9-mai.-2002 (Miranda Gusmão), CJ/Supremo X (2002) 2, 53-55 (54) e STJ 23-mai.-2002 (Abel Freire), CJ/Supremo X (2002) 2, 88-92 (90/II, mal sumariado). Outros casos podem ser confrontados *infra*, anot. 180.

Podemos agrupá-los: (1) a confusão de esferas jurídicas; (2) a subcapitalização; (3) o atentado a terceiros; (4) o abuso da personalidade.

165 (1) **A confusão de esferas** jurídicas verifica-se quando, por inobservância de certas regras societárias ou, mesmo, por decorrências puramente objetivas, não fique clara a separação entre o património da sociedade e o do sócio ou sócios[149]. Estavam em causa situações de unipessoalidade: uma ocorrência que não tinha, na época e na Alemanha, uma lei expressa, devendo ser cuidadosamente solucionada, na base de princípios gerais e com recurso à desconsideração. A figura conserva atualidade, mesmo após a admissão legal expressa da unipessoalidade. Como regra mantém-se, contudo, a da separação: apenas fatores coadjuvantes podem levar ao levantamento.

166 (2) **A subcapitalização** relevante ocorre caso uma sociedade tenha sido constituída com um capital insuficiente. A insuficiência é aferida em função do seu próprio objeto ou da sua atuação, podendo surgir tecnicamente abusiva. Cumpre distinguir entre a subcapitalização nominal e a material. Na nominal, a sociedade considerada tem um capital formalmente insuficiente para o objeto ou para os atos a que se destina. Todavia, ela pode acudir com capitais alheios. Na material, há uma efetiva insuficiência de fundos próprios ou alheios. Em rigor, esta apenas releva, para efeitos de levantamento, quando o problema não seja resolvido com recurso a uma norma de Direito estrito[150].

167 (3) **Atentado a terceiros** verifica-se sempre que a personalidade coletiva seja usada, de modo ilícito ou abusivo, para os prejudicar. Não basta uma ocorrência de prejuízo: para haver levantamento é necessária uma utilização contrária a normas ou princípios gerais, incluindo a ética dos negócios. Sub-hipótese particular é a do recurso a "testas-de-ferro", numa situação que autoriza a procurar o real sujeito das situações criadas[151].

168 (4) **O abuso da personalidade** é uma situação de abuso do direito ou de exercício inadmissível de posições jurídicas, verificada a propósito da atuação do visado, através de uma pessoa coletiva. O comportamento que suscita a desconsideração caracteriza-se por atentar contra a confiança legítima (*venire contra factum proprium*, *suppressio* ou *surrectio*) ou por defrontar a regra da primazia da materialidade subjacente (*tu quoque* ou exercício em desequilíbrio)[152]. É certo que todos os outros casos de desconsideração traduzem, em última instância, situações de abuso; neste, porém, há uma relativa inorganicidade do grupo, que deixa, mais diretamente, a manifestação de desconsideração, perante a atuação inadmissível: uma ordenação em grupos de problemas não é uma classificação: há disfunções e áreas de sobreposição sem que, por isso, o esforço perca a sua utilidade. O abuso é objetivo: não exige "culpa".

169 **47. As teorias do levantamento**. Existem várias sistematizações[153], sendo de salientar a que distingue: (1) a teoria subjetiva; (2) a teoria objetiva, incluindo versões institucionais; (3) a teoria da aplicação das normas; (4) orientações negativistas.

170 (1) A **teoria subjetivista** foi defendida pelo próprio Serick: a autonomia da pessoa coletiva deveria ser afastada quando houvesse um abuso da sua forma jurídica, com vista a fins não permitidos. Na determinação dos tais "fins" ou "escopos" não permitidos, caberia lidar com a situação objetiva e, ainda, com a intenção do próprio agente: na fórmula de Serick, o levantamento exigiria um abuso consciente da pessoa coletiva, não bastando, em princípio, a não obtenção do escopo objetivo de uma norma ou de um negócio.

[149] *Vide* a jurisprudência fundante alemã em *Tratado*, IV, 5.ª ed., 766-767.

[150] *Tratado*, IV, 5.ª ed., 768-769.

[151] *Tratado*, IV, 5.ª ed. 267-268.

[152] Quanto a estas categorias: *Tratado* V, 3.ª ed., 307 ss..

[153] *Tratado*, IV, 5.ª ed. 774-779.

Apesar dos antecedentes jurisprudenciais, Serick escreveu, em 1955, contra um dos dogmas mais profundamente radicados na moderna dogmática civilística: o da absolutização da personalidade coletiva. Nessas condições, compreende-se que viesse apresentar a sua construção do modo mais cauteloso e convincente possível, acrescentando-lhe pressupostos. E com êxito: será muito difícil negar desconsideração nos exemplos radicais em que alguém, conscientemente e com abuso, venha manipular a personalidade coletiva só para prejudicar outrem. A fase "subjetiva" surge, assim, como um episódio natural, dentro da evolução geral da ideia de desconsideração: jogam-se, tão-só, os pressupostos da responsabilidade civil. 171

A teoria subjetiva tem sido rejeitada: a utilização puramente objetiva de uma pessoa coletiva fora dos limites sistemáticos da sua função surge, só por si, abusiva. Além disso, a exigência do elemento subjetivo específico provoca insondáveis dificuldades de prova. 172

(2) As **teorias objetivas** resultam, à partida, da rejeição de elementos subjetivos para fazer atuar a desconsideração: uma evolução comum, no tocante a institutos aparentados à boa-fé e que visam, no fundo, permitir uma sindicância do sistema sobre as diversas soluções jurídicas. Numa primeira fase, tudo é feito depender das (más) intenções do agente. Conquistado o instituto, este é objetivado, passando a depender da pura contrariedade ao ordenamento. 173

Abandonada a intenção, exige-se a ponderação dos institutos em jogo. Quando, contra a intencionalidade normativa, eles fossem afastados pela invocação da personalidade, esta deveria ser levantada. As orientações objetivistas dizem-se também institucionais. Desde o momento em que tudo dependa da articulação entre os institutos em jogo, o levantamento vai exigir a cuidada interpretação das regras em presença. Com as teorias objetivas, a desconsideração deixa de constituir uma "pena" para quem manipule o ordenamento e a personalidade coletiva. 174

(3) A **teoria da aplicação das normas** foi apresentada por Müller-Freienfels, logo em 1957. Visava constituir uma alternativa à então recém-publicada orientação de Serick. A desconsideração não traduziria um problema geral da personalidade coletiva: antes o de uma questão de aplicação das diversas normas jurídicas. Quando, particularmente por via do seu escopo, elas tivessem uma pretensão de aplicação absoluta ou visassem atingir a realidade subjacente à própria pessoa coletiva, aplicar-se-iam. O detrimento das regras da personalidade seria uma mera consequência daí decorrente: haveria desconsideração sempre que, por exigência de uma norma concretamente prevalente, não tivesse aplicação uma norma própria da personalidade coletiva. 175

A teoria da aplicação das normas é, em rigor, objetiva, tendo bastante êxito. Também ela segue um movimento habitual nos institutos que nascem sob a égide da boa-fé ou dos princípios gerais que remetem para o sistema: numa primeira fase, eles bastam-se com essas remissões; subsequentemente eles ganham em precisão dogmática, abandonando as áreas indeterminadas donde provêm: tornam-se Direito estrito. 176

A teoria da aplicação das normas não deve levar a esquecer que a personalidade coletiva tem valores próprios, não sendo um mero jogo de (outras) normas: visa limitar a responsabilidade e funcionalizar patrimónios autónomos. 177

(4) As **teorias negativistas** negam, direta ou indiretamente, a autonomia à desconsideração, enquanto instituto. Ela lidaria com proposições vagas, conduzindo à insegurança. Haveria, antes, que determinar os deveres concretos que, em certos casos, incidam sobre os membros das pessoas coletivas. No limite, apenas poderíamos responsabilizar os dirigentes ou administradores das pessoas coletivas, por falta de diligência. 178

179 A desconsideração conquistou a sua posição na Ciência do Direito. Seja qual for a explicação dogmática encontrada, não restam dúvidas sobre a sua capacidade em facultar soluções mais adequadas para diversos problemas. Rejeitá-lo ou ignorá-lo *ad nutum* apenas enfraquece o moderno instrumentário jurídico.

180 **48. A jurisprudência**:

– *RPt 13-mai.-1993*: os Réus, pais, fizeram trespasse a outros dois Réus, seus filhos, de um estabelecimento comercial, sem o consentimento doutros filhos; a venda foi, porém, feita a uma sociedade, constituída pelos adquirentes, para contornar a proibição de venda de pais a filhos; o tribunal entendeu aplicar a doutrina da "desconsideração", invalidando a venda[154]. O acórdão – de resto bem documentado –, não refere, de modo expresso a boa-fé: prescindiu de indicar bases legais. Mas de facto, verifica-se, aqui, a predominância da substancialidade subjacente: a proibição da venda de pais a filhos, numa das concretizações da velha *bona fides*;

– *Rev 21-mai.-1998*: os gerentes de uma sociedade comercial, devedora de avultada quantia, transferem os ativos dessa sociedade para uma outra, expressamente constituída, prejudicando os credores: devem ser responsabilizados; entre outros aspetos, ponderou-se o abuso da personalidade coletiva, por violação do artigo 334.°[155];

– *RPt 1-jun.-2000*: a propósito do administrador de condomínio e, simultaneamente, gerente de uma sociedade comercial proprietária de parte do imóvel, que veio declarar falsamente que todo o prédio lhe pertencia, para conseguir a mudança do destino de uma fração, veio-se afirmar: "E por vezes torna-se desnecessário *desconsiderar* a personalidade jurídica [da] pessoa coletiva e tomar em conta o respetivo substrato pessoal ou patrimonial. Trata-se de fazer o levantamento da personalidade jurídica ..."[156];

– *STJ 9-mai.-2002*: embora não fazendo aplicação ao caso considerado, o Supremo admite a doutrina do levantamento, assente no abuso do direito e na boa-fé[157];

– *STJ 9-jan.-2003*: "... a desconsideração ou levantamento da personalidade coletiva das sociedades só se torna possível quando dela haja sido feito um uso abusivo ou contrário ao princípio da boa-fé (portanto reprovável) ..."[158];

– *RLx 22-jan.-2004*: "... não prescinde o instituto do levantamento ou desconsideração da personalidade do uso abusivo daquela, para iludir/prejudicar terceiros"[159];

– *STJ 16-Nov.-2004*: "... quando a personalidade coletiva seja usada de modo ilícito ou abusivo para prejudicar terceiros, existindo uma utilização contrária a normas ou princípios gerais, incluindo a ética dos negócios é possível proceder ao levantamento da personalidade coletiva"[160];

– *RPt 24-jan.-2005*: "Não deve levantar-se ou desconsiderar-se a personalidade jurídica da empresa contratante, a não ser quando o interessado prove manifestações de conduta societária reprovável

[154] RPt 13-mai.-1993 (Fernandes Magalhães), CJ XVIII (1995) 3, 199-201 (200-201). Sobre esse tipo de problemas, embora em termos restritivos, *vide* o escrito já citado de Inocêncio Galvão Telles, *Venda a descendentes e o problema da superação da personalidade jurídica das sociedades*, ROA 1979, 513-562 (537 e 555, mas correspondente a escritos elaborados em 1973), bem como STJ 6-jan.-1976 (Oliveira Carvalho), BMJ 253 (1976), 150-155.

[155] REv 21-mai.-1998 (Fernando Bento), CJ XXIII (1998) 3, 258-262 (260-261) e, designadamente (261/I): "A utilização da personalidade jurídica societária para subtrair o património à garantia geral e comum dos credores configura abuso de direito previsto no art. 334.° do C. Civil".

[156] RPt 1-jun.-2000 (Viriato Bernardo), CJ XXV (2000) 3, 196-199 (199/II); o itálico é do original.

[157] STJ 9-mai.-2002 (Miranda Gusmão), CJ/Supremo X (2002) 2, 53-55 (54/II). De notar que em STJ 23-mai.-2002 (Abel Freire), CJ/Supremo X (2002) 2, 88-92 (90/ /II), se vem dizer que a "doutrina da desconsideração ou ficção da pessoa coletiva não vem sendo aceite no nosso direito"; tem-se, porém, em vista, o problema da expressão dos direitos dos sócios, o que não se prende com o levantamento, no sentido comum que lhe é dado pela doutrina e pela jurisprudência. Tal como está sumariado, este aresto presta-se a equívocos.

[158] STJ 9-jan.-2003 (Ferreira de Almeida), Proc. 02B3034.

[159] RLx 22-jan.-2004 (Ezagüy Martins), Proc. 9061/2003.

[160] STJ 16-nov.-2004 (Pinto Monteiro), Proc. 04A3002; *vide*, também, do mesmo e ilustre relator, STJ 9-dez.-2004, Proc. 04A3087.

(como, por exemplo, a confusão ou a promiscuidade entre as esferas da sociedade e dos sócios, a subcapitalização da sociedade para concretizar o objeto social ou as relações de domínio grupal) e uma atuação de fraude à lei, evidenciada aquando da existência de efeitos prejudiciais a terceiros"[161];

– *RPt 3-mar.-2005*: "... não é lícito (...) agir em moldes de levar à confusão das esferas jurídicas (...) à subcapitalização ou a prejudicar terceiros, servindo-se de forma abusiva da responsabilidade coletiva ..."[162];

– *STJ 31-mai.-2005*: a responsabilidade da sociedade dominante é legal: não decorre da desconsideração da personalidade jurídica da sociedade filha[163];

– *RPt 13-jun.-2005*: "Tal [o levantamento] exige, porém, que se demonstre que a executada, ou a executada acompanhada pelos seus sócios gerentes enquanto pessoas singulares, por meios lícitos, obteve fins proibidos por lei, sendo certo que tal ónus cai ao exequente ..."[164];

– *RPt 25-Out.-2005*: "Em tese geral, pode dizer-se que a desconsideração da personalidade coletiva, imposta pelos ditames da boa-fé, se traduz no desrespeito pela separação entre a pessoa coletiva e os seus membros"[165];

– *STJ 23-mar.-2006*: "Trata-se de casos em que o exercício do direito subjetivo conduz a um resultado clamorosamente divergente do fim para que a lei o concedeu e dos interesses jurídica e socialmente aceitáveis"[166];

– *STJ 18-mai.-2006*: "... ressalvando as situações-limite de desconsideração da personalidade da sociedade face aos sócios e outras (...) equivalentes, são distintas a personalidade jurídica dos sócios e da sociedade"[167];

– *RPt 31-jan.-2007*: a desconsideração, para efeitos de responsabilidade, tem a ver com o abuso da limitação de responsabilidade das sociedades comerciais[168];

– *STJ 26-jun.-2007*: por trás da desconsideração ou levantamento da personalidade coletiva, está sempre a necessidade de corrigir comportamentos ilícitos, fraudulentos de sócios que abusaram da personalidade coletiva da sociedade, seja atuando em abuso do direito, em fraude à lei ou de forma mais geral, em violação das regras de boa-fé e em prejuízo de terceiros[169];

– *RLx 29-abr.-2008*: há confusão de esferas jurídicas quando por violação das regras societárias ou por decorrências puramente objetivas, não fique clara, na prática, a separação entre o património da sociedade e o do sócio ou sócios que tenham atuado sob a capa daquela; o abuso não depende da intenção, mas da violação da boa fé[170];

– *STJ 5-fev.-2009*: a demarcação entre a personalidade singular e a coletiva não é um valor absoluto[171];

– *STJ 11-mar.-2010*: refere, com muitos elementos, a doutrina do levantamento[172];

– *RPt 20-mai.-2010*: o tema foi discutido no processo ainda que, dele, não se tenha feito aplicação[173];

– *STJ 10-jan.-2012*: demonstrado que a sociedade atuava como mero testa de ferro do sócio dominante (85% do capital socil), justifica-se o levantamento da personalidade jurídica coletiva[174];

– *STJ 19-fev.-2013*: justifica-se o levantamento para identificar o empregador real[175];

[161] RPt 24-jan.-2005 (Domingos Morais), Proc. 0411080, sumário/III.

[162] RPt 3-mar.-2005 (Gil Roque), Proc. 1119/2005.

[163] STJ 31-mai.-2005 (Fernandes Magalhães), Proc. 05A1413.

[164] RPt 13-jun.-2005 (Ferreira da Costa), Proc. 0540646.

[165] RPt 25-out.-2005 (Henrique Araújo), Proc. 0524260.

[166] STJ 23-mar.-2006 (Salvador da Costa), Proc. 06B722.

[167] STJ 18-mai.-2006 (Sebastião Póvoas), Proc. 06A1106.

[168] RPt 31-jan.-2007 (Gonçalo Silvano), CJ XXXII (2007) 1, 173-177 (176/II).

[169] STJ 26-jun.-2007 (Afonso Correia), Proc. 07A1274.

[170] RLx 29-abr.-2008 (Manuel Tomé Soares Gomes), CJ XXXIII (2008) 2, 130-134 (133).

[171] STJ 5-fev.-2009 (João Bernardo), CJ/Supremo XVII (2009) 1, 87-90 (89-90).

[172] STJ 11-mar.-2010 (Serra Baptista), Proc. 4056/03.6, em especial na nota 19.

[173] RPt 20-mai.-2010 (Catarina Arêlo Manso), Proc. 2638/07.

[174] STJ 10-jan.-2012 (Salazar Casanova), Proc. 434/1999.

[175] STJ 19-fev.-2013 (Pinto Hespanhol), Proc. 73/08.

– *RCb 10-fev.-2015*: levantamento da personalidade jurídica para efeitos de apuramento de eventual responsabilidade civil por danos causados a terceiros[176];
– *RLx 16-mar.-2016*: naquelas situações em que se verifique que a personalidade coletiva é usada de modo ilícito ou abusivo para prejudicar terceiros, nomeadamente para retirar direitos e garantias a trabalhadores, existindo uma utilização contrária a normas ou princípios gerais, cabe desconsiderá-la[177];
– *RCb 9-jan.-2017*: o recurso à desconsideração é possível quando ocorram situações de responsabilidade assentes em princípios gerais ou normas de proteção ou em situações de abuso do direito, na falta de outro fundamento legal: é subsidiária[178];
– *RGm 11-jul.-2017*: a desconsideração tem sido tratada como abuso do direito institucional[179];
– *STJ 7-nov.-2017*: admite a desconsideração quando a personalidade seja usada contra a boa-fé e a proibição de abuso do direito[180];
– *STJ 19-jun.-2018*: refere a desconsideração por confusão de patrimónios e menciona a sua natureza subsidiária[181];
– *RCb 14-jan.-2020*: admite a desconsideração a título subsidiário[182].

181 O tema é, ainda, invocado pelas partes em diversos processos, como RLx 17-jun.-2010[183] e RCb 7-Set.-2010[184], sem dele se ter feito aplicação.

182 **49. A importância prática**. A personalidade coletiva e o recurso a formas societárias, tem vindo a popularizar-se. Por um lado, cidadãos e famílias de médias ou, até, de pequenas posses, recorrem a sociedades para gerir os seus interesses. Por outro, grandes empresas usam pequenas sociedades, por elas adquiridas ou constituídas, para praticar determinados negócios ou para retirar, da sua esfera patrimonial, segmentos produtivos e pessoal auxiliar (*outsourcing*). São paradigmáticos os exemplos de grandes multinacionais, que recorrem a pequenas sociedades locais, para desenvolver as suas atividades.

183 Em todas estas situações, as pessoas coletivas podem ser usadas fora dos objetivos próprios da personalidade coletiva, de tal modo que, contra os valores fundamentais do sistema – portanto: contra a boa-fé – venham causar danos ou promover atuações pelos quais não possam, depois, responder. O exemplo da multinacional que, a coberto da pequena sociedade, causa danos ambientais catastróficos ou provoca danos patrimoniais calamitosos, merece a atenção dos diversos Direitos[185].

184 O Direito civil deve responder a estas situações. A abertura das fronteiras e a facilidade com que se constituem pessoas coletivas permite abusos. Não se trata de pôr em crise o instituto da personalidade coletiva, importante fator de cooperação e de progresso dentro do Direito: apenas de cercear formas abusivas de atuação, que ponham em risco a harmonia e a credibilidade do sistema.

185 **50. A natureza**. O levantamento da personalidade coletiva, seja pela sua origem jurisprudencial, seja pela riqueza dos contributos jurídico-científicos que encerra, surge com um conteúdo diversificado. Temos, no seu seio: (1) situações de violação não-aparente de normas jurídicas: a pretexto da personalidade coletiva, são descuradas normas de contabilidade, de separação de patrimónios

[176] RCb 10-fev.-2015 (Moreira do Carmo), Proc. 1279/08.
[177] RLx 16-mar.-2016 (Leopoldo Soares), Proc. 122/13.
[178] RCb 9-jan.-2017 (Luís Cravo), Proc. 473/13.
[179] RGm 11-jul.-2017 (Maria de Fátima Andrade), Proc. 2166/12.
[180] STJ 7-nov.-2017 (Alexandre Reis), Proc. 919/15.
[181] STJ 19-jun.-2018 (Graça Amaral), Proc. 446/11.
[182] RCb 14-jan.-2020 (Alberto Ruço), Proc. 1205/18.
[183] RLx 17-jun.-2010 (Aguiar Pereira), Proc. 3766/08.
[184] RCb 7-set.-2010 (Jorge Arcanjo), Proc. 213/10.
[185] Quanto à lei aplicável ao levantamento: fundamentalmente, a reclamada pelo facto que obriga a recorrer a esse instituto, *vide* o nosso *O levantamento*, 164-165.

ou de clareza nas alienações; (2) situações de violação de normas indeterminadas ou de princípios: as pessoas que têm a seu cargo a administração de pessoas coletivas agem sem a diligência legalmente requerida para tais funções; (3) situações de violação de direitos alheios ou de normas destinadas a proteger interesses alheios, sob invocação da existência de uma pessoa coletiva; (4) situações de emulação nas quais, sem razões justificativas, alguém usa uma pessoa coletiva para causar prejuízos a terceiros; (5) situações de violação da confiança ou de atentado às valorações subjacentes, através de uma pessoa coletiva; (6) situações em que pessoas coletivas são usadas fora dos objetivos que levaram as normas constituintes a estabelecê-las; (7) situações em que jogos de pessoas coletivas são montados ou atuados para além dos princípios básicos do sistema.

Perante a diversidade, seria vão procurar uma noção explícita de desconsideração ou 186
indagar, para ela, uma natureza unitária e autónoma. Tão-pouco adianta reportar o assunto à fraude à lei: esta apenas permite referenciar, das situações elencadas, aquelas em que o agente usasse a pessoa coletiva – forma lícita – para prosseguir efeitos proibidos. Teríamos, aí, uma comum ilicitude, que deixa de fora vários dos fenómenos acima referenciados.

A falta de unidade interna tem levado alguns autores a perder o interesse pelo desconside- 187
ração. Esquece-se, com isso, a natureza sistemática, da Ciência do Direito. As diversas proposições jurídicas ganham sentido através da teia de relações estáveis em que se insiram, isto é: graças à sua inserção num determinado sistema. Este é-o, também, a nível de exposição. Somos por isso levados a admitir institutos de enquadramento: institutos que reúnem, em função de pontos de vista ordenativos – porventura, mesmo: periféricos –, figuras que, de outro modo, ficariam dispersas. A junção assim conseguida poderá, à partida, ter escasso conteúdo dogmático. No entanto, esse conteúdo surge *após* a procurada ordenação.

Ao conseguir a junção, num espaço específico de pesquisa e de exposição, de um con- 188
junto de situações que delimitam, interna e externamente, a pessoa coletiva, a desconsideração vai interferir nas soluções em jogo. Pelo cotejo de problemas e das suas soluções, facultado pelo "instituto de enquadramento", vão-se limar arestas, minorar contradições ou disfunções e colmatar lacunas. O espaço criado permite aprofundar o velho mote de tratar o igual de modo igual e o diferente, de forma diferente, de acordo com a medida da diferença.

O levantamento é um instituto de enquadramento, de base aparentemente "geográfica", 189
mas com todas as vantagens científicas e pedagógicas dele decorrentes. Guardadas as devidas distâncias, outro tanto se passa com a própria boa-fé. Reunindo institutos de origens muito diversas – *culpa in contrahendo*, abuso do direito, alteração das circunstâncias, complexidade intra-obrigacional e interpretação do contrato – a boa-fé permitiu afeiçoá-los a todos, inserindo-os, de modo mais cabal, na complexidade do sistema.

Mau grado a sua variedade, é possível reconduzir as experiências práticas a três grandes 190
grupos: (1) situações de responsabilidade civil assentes em princípios gerais ou em normas de proteção; (2) situações de interpretação integrada e melhorada de normas jurídicas; (3) situações de abuso do direito ou, se se preferir: de exercício inadmissível de posições jurídicas. As teorias historicamente surgidas para explicar o levantamento estão representadas: a teoria subjetiva de Serick cobre as hipóteses de responsabilidade civil; a teoria do escopo das normas, de Müller-Freienfelds, tem a ver com a interpretação integrada e melhorada de normas jurídicas; a teoria objetiva ou institucional visa o abuso do direito. Resta concluir: as diversas teorias documentam facetas próprias da desconsideração, correspondendo a progressões da mesma ideia. Elas não se opõem: completam-se.

Posto isso, não haveria dificuldades em proceder a uma depuração da desconsideração. 191
Grupos inteiros de casos que lhe são reconduzidos poderiam ser recolocados noutros institutos:

na responsabilidade civil e nas diversas normas cuja interpretação melhorada permite, *in concreto*, julgar que o legislador decidiu reportar-se diretamente a situações subjacentes à pessoa coletiva considerada. Um último núcleo concentrar-se-ia no abuso do direito. Apesar da apontada fragmentação dogmática, apenas a ideia global do levantamento permite: alcançar novas e mais apuradas hipóteses de responsabilidade civil; obter perspetivas aprofundadas de interpretação normativa; conquistar vias mais finas de concretização da boa-fé. Ainda que como (mero) instituto de enquadramento, a desconsideração tem uma efetiva eficácia dogmática: a natureza sistemática do pensamento jurídico a tanto conduz.

192 A desconsideração conquista uma autonomia dogmática, enquanto instituto de enquadramento. No fundamental, ela traduz uma delimitação negativa da personalidade coletiva por exigência do sistema ou, se se quiser: ele exprime situações nas quais, mercê de vetores sistemáticos concretamente mais ponderosos, as normas que firmam a personalidade coletiva são substituídas por outras normas.

193 Tal como sucede na própria boa-fé e com os institutos que lhe são reconduzidos, também na desconsideração, à medida que a Ciência do Direito progride, as soluções vagas vão sendo substituídas por subinstitutos mais precisos e firmes. No Direito português, as facilidades legislativas permitiram mesmo prever, em lei expressa, problemas típicos da desconsideração: é o que sucede com a responsabilidade do sócio único, hoje vertida no artigo 84.º do CSC[186].

Apesar do progresso assim alcançado, mantém-se um núcleo duro: a desconsideração
194 exigida pela boa-fé, conquanto vetor dos dados básicos do sistema. Ela atua caso a invocação da personalidade ou das suas prerrogativas represente um abuso do direito. Não há insegurança: o abuso representa, hoje, um instituto firme, delimitado e experiente.

Secção I – Disposições gerais

Artigo 157.º (Campo de aplicação)

As disposições do presente capítulo são aplicáveis às associações que não tenham por fim o lucro económico dos associados, às fundações de interesse social, e ainda às sociedades, quando a analogia das situações o justifique.

Bibliografia: Afonso d'Oliveira Martins/Guilherme d'Oliveira Martins, *Conceito e regime do terceiro sector. Alguns aspectos*, Est. 90 anos Galvão Telles (2007), 7-37; António Menezes Cordeiro/A. Barreto Menezes Cordeiro, *Tratado de Direito civil*, IV, 5.ª ed. (2019), 695-754; Marcello Caetano, *Das fundações/Subsídios para a interpretação e reforma da legislação portuguesa* (1962), 165-206; Pedro Pais de Vasconcelos, *As pessoas colectivas no Código Civil/30 anos depois*, Themis, n.º especial (2008), 229-249; Pedro Videira Henriques, *O regime geral das associações*, Comemorações dos 35 anos do Código Civil, II (2006), 271-303; *vide* a bibliografia indicada na introdução aos 157.º a 194.º.

[186] Na sequência dos trabalhos de Ferrer Correia, *Sociedades fictícias e unipessoais*, 299 ss. e *O problema das sociedades unipessoais*, BMJ 166 (1967), 183-217 (216-217), com um projeto legislativo.

Índice

I – Origem

1. Anteprojeto Ferrer Correia propunha (1.º)[1]: 1

> 1.º – As disposições da presente secção são aplicáveis às pessoas colectivas de direito privado. No entanto, as sociedades comerciais terão a regulamentação que segundo a lei comercial lhes competir, e as regras gerais das pessoas colectivas só lhes serão aplicáveis subsidiariàmente e quando for caso disso.
>
> 2.º – As pessoas colectivas de direito privado dividem-se em associações ou corporações e fundações. São, contudo, admissíveis organismos de carácter misto.

2. Revisões ministeriais e Projeto: na 1.ª, o preceito passou ao 118.º, limitando-se, com alterações formais, ao n.º 1 do anteprojeto[2]; na 2.ª, optou-se por um preceito (157.º)[3] quase idêntico ao que, pelo Projeto (157.º)[4], passaria à versão final. 2

As alterações feitas na 2.ª versão suscitam dúvidas, presentes no texto em vigor. *A contrario*, teríamos associações que visem o lucro económico dos associados e fundações sem interesse social: umas e outras sem regras diretas, no Código Civil. Quanto às sociedades: a aplicação deve ser subsidiária e não analógica: pontos a retomar. 3

II – O sistema do Código, alterações e complementos

3. Uma **norma de enquadramento**: o 157.º não tem um regime prescritivo direto: visa apenas introduzir à matéria subsequente. Norma a norma haverá que ponderar o preciso âmbito de aplicação de cada uma. 4

4. O **âmbito** do capítulo abarca as disposições gerais (157.º a 166.º), tendencialmente aplicáveis a associações (167.º a 184.º) e a fundações (185.º a 194.º). Todavia e mau grado o teor restritivo derivado da 2.ª Revisão, a secção "disposições gerais" constitui o plano mais geral das pessoas coletivas, aplicável, subsidiariamente, a todas elas, incluindo pessoas rudimentares, sociedades e pessoas coletivas públicas, precedendo análises adequadas. 5

5. Alterações legislativas. O capítulo relativo às pessoas coletivas conheceu as alterações que seguem: **DL 496/77, de 25-nov.**: 158.º (aquisição de personalidade), 158.º-A (nulidade do ato de constituição ou instituição), 166.º (destino dos bens no caso de extinção), 168.º (forma e publicidade), 182.º (causas de extinção), 183.º (declaração de extinção)[5]; no essencial, 6

[1] António Ferrer Correia, *Pessoas colectivas*, 247.

[2] *1.ª Revisão*, 55; Marcello Caetano, *Das fundações*, 168-169.

[3] *2.ª Revisão* (1965), 61.

[4] *Projecto* (1966), 45.

[5] DR I, n.º 273, de 25-nov.-1977, 2818-(12)-2818-(13).

adaptou-se o regime à liberdade de associação constitucionalmente garantida; **L 40/2007, de 24-ago.** (constituição imediata de associações): alterou os 158.º (aquisição de personalidade), 168.º (forma; publicidade), 174.º (forma de convocação) e 185.º (instituição e sua revogação)[6]; **L 24/2012, de 9-jul.** (Lei-quadro das Fundações): alterou os 158.º (aquisição de personalidade), 162.º (órgãos), 166.º (publicidade), 168.º (forma e comunicação), 185.º (instituição e sua revogação), 188.º (reconhecimento), 190.º (transformação), 190.º-A (fusão), 191.º (encargo prejudicial aos fins da fundação), 192.º (causas de extinção), 193.º (declaração de extinção) e 194.º (efeitos da extinção)[7]; **L 150/2015, de 10-set.** (modifica a Lei-Quadro das Fundações): alterou os 166.º (destino dos bens em caso de extinção), 168.º (forma e comunicação), 185.º (instituição e sua revogação), 186.º (ato de instituição e estatutos), 188.º (reconhecimento), 190.º-A (fusão) e 193.º (declaração de extinção)[8]. Estamos em face de alguma instabilidade, pouco desejável num Código Civil.

7 **6. Leis complementares**. O DL 594/74, de 7-nov., reconhece e regulamenta o direito de associação; foi modificado pelo DL 71/77, de 25-fev.[9], que alterou o 4.º e pela L 29/2009, de 29-jun. (inventário), que revogou o 15.º. A L 24/2012, de 5-jul., que aprovou a Lei-Quadro das Fundações, foi alterada pela L 150/2015, de 10-set..

8 Tudo isso deve considerar-se incluído no âmbito definido no 157.º.

III – O perímetro do capítulo de "pessoas coletivas"

9 **7. Associações sem lucro** económico dos associados representam a primeira área de aplicação do preceito. A haver busca de lucro para eles, estaremos, tecnicamente, em face de uma sociedade: provavelmente irregular, se não houver uma recondução a um tipo societário admitido.

10 O preceito, na sua letra, parece ter subjacente a ideia de que o capítulo apenas se aplica a associações regularmente constituídas. Não é o caso: precisamente quando haja desvios, torna-se necessário apelar ao Direito.

11 **8. Fundações de interesse social** constitui uma ideia subjacente. Admite-se, como será visto, a empresa detida por uma fundação, com relevo económico, antes de social[10]. A fundação irregular também apela aos preceitos ora em jogo.

12 **9. Sociedades**, quando a analogia das situações o justifique. Estão em causa as sociedades civis e as comerciais: a lei não distingue. Todavia, o Direito civil é subsidiariamente aplicável na área comercial (3.º do CCom) e na das sociedades comerciais (2.º do CSC): *a fortiori*, às sociedades civis. Foi um erro técnico o ter-se, na 2.ª Revisão Ministerial, substituído a aplicação subsidiária às sociedades pela aplicação analógica. A primeira é mais fácil e não implica os meandros do 10.º/2.

13 **10. Outras entidades** caem sob a alçada do capítulo II – pessoas coletivas. Desde logo as denominadas associações sem personalidade jurídica, às quais a lei manda aplicar o regime das associações (195.º). As comissões especiais também podem apelar ao regime das pessoas coletivas[11].

14 **11. Em suma**, o 157.º deve ser tomado em sentido lato. Ele apresenta a matéria subsequente, mas não a delimita. Os preceitos do capítulo relativo às pessoas coletivas têm a aplicação que resulte de cada um deles, após adequada interpretação.

[6] DR 1.ª série, n.º 163, de 24-ago.-2007, 5661-5662.
[7] DR 1.ª série, n.º 131, de 9-jul.-2012, 3550-3552.
[8] DR 1.ª série, n.º 177, de 10-set.-2015, 7533.
[9] Revogado pela L 36/2019, de 29-mai..
[10] *Tratado*, V, 5.ª ed., 876.
[11] *Idem*., 892.

Artigo 158.º (Aquisição da personalidade)

1. As associações constituídas por escritura pública ou por outro meio legalmente admitido, que contenham as especificações referidas no n.º 1 do artigo 167.º, gozam de personalidade jurídica.

2. As fundações referidas no artigo anterior adquirem personalidade jurídica pelo reconhecimento, o qual é individual e da competência da autoridade administrativa.

Bibliografia: António Menezes Cordeiro/A. Barreto Menezes Cordeiro, *Tratado de Direito civil*, IV, 5.ª ed. (2019), 746-753; *vide* a bibliografia indicada na introdução aos 157.º a 194.º.

Índice

I – Origem e evolução

1. O **anteprojeto Ferrer Correia**, no 2.º (aquisição de personalidade jurídica), dispunha, com elegância[1]: 1

> Em geral, as associações, as fundações e as demais pessoas colectivas adquirem a personalidade jurídica mediante o seu conhecimento, nos termos adiante indicados.

Esse preceito era complementado pelo 15.º, relativo ao reconhecimento das associações, assim concebido[2]: 2

> 1.º – Salvo preceito da lei em contrário, o reconhecimento das associações será individual e da competência do Governo. Tratando-se de associações que devam limitar a sua actividade ao âmbito de um único distrito, a competência poderá ser delegada no respectivo governador civil.
> 2.º – O reconhecimento só deixará de ser concedido quando o fim da associação for contrário à ordem pública.

O anteprojeto Ferrer Correia fazia um claro aceno à liberdade de associação: o reconhecimento era quase automático, uma vez que apenas podia ser recusado quanto estivesse em causa a ordem pública. 3

2. Revisões e projeto. Na 1.ª Revisão, o 2.º foi mantido, agora no 117.º, com supressão de "em geral"[3]. O 15.º do anteprojeto passou a 120.º[4], com alterações formais e com a supressão do n.º 2, excessivamente liberal para a lógica da II República. A 2.ª Revisão (158.º) juntou, no mesmo 4

[1] António Ferrer Correia, *Pessoas colectivas*, 248.
[2] *Idem*, 252.
[3] *1.ª Revisão*, 55.
[4] *Idem*, 120.º.

preceito, o 2.º e o remanescente do 15.º do anteprojeto Ferrer Correia[5]. O preceito passou ao Projeto (158.º)[6] e, daí, ao texto final.

5 **3.** Na **versão de 1966**, com os antecedentes apontados, o 158.º (aquisição de personalidade) dispunha[7]:

> 1. As associações e fundações adquirem personalidade jurídica pelo reconhecimento, salvo disposição especial da lei.
>
> 2. O reconhecimento é individual e da competência do Governo, ou do seu representante no distrito quando a actividade da associação ou fundação deva confinar-se na área dessa circunscrição territorial.

6 **4.** A **versão de 1977**. O n.º 1, na parte relativa às associações, foi revogado pelo DL 594/74, de 7-nov.: a personalidade adquiria-se pelo depósito do ato de constituição e dos estatutos no governo civil da área da sede (4.º). O DL 496/77, de 25-nov., que adequou o Código à Constituição de 1976, deu nova redação ao 158.º[8]:

> 1. As associações constituídas por escritura pública, com as especificações referidas no n.º 1 do artigo 167.º, gozam de personalidade jurídica.
>
> 2. As fundações adquirem personalidade jurídica pelo reconhecimento, o qual é individual e da competência da autoridade administrativa.

7 **5.** A **versão de 2007**. A L 40/2007, de 24-ago., fixou um regime especial de constituição imediata de sociedades. A facilitação daí resultante levou a uma nova redação para o 158.º/1[9]:

> 1. As associações constituídas por escritura pública ou por outro meio legalmente admitido, que contenham as especificações referidas no n.º 1 do artigo 167.º, gozam de personalidade jurídica.

8 **6.** A **versão de 2012**, proveniente da L 24/2012, de 9-jul., relativa à Lei-Quadro das Fundações, ocupou-se do 158.º/2, com uma modificação subtil: onde se dizia "as fundações" passou a dizer-se "as fundações referidas no artigo anterior"[10]. Uma alteração quiçá explicável pelo facto de a Lei-Quadro das Fundações admitir fundações públicas, com regras próprias.

II – O regime

9 **7.** O 158.º visa o **enquadramento** da matéria. Deixa subjacente a ideia de que as associações são de constituição automática, por remissão para o 167.º/1; todavia, a personalidade coletiva parece surgir, apenas, com a publicação referida no 168.º/3, na redação da L 150/2015, de 10-set.[11].

10 As regras aplicáveis às associações e às fundações são estruturalmente diversas. O 158.º e a sua evolução refletem essa realidade.

[5] *2.ª Revisão*, 61-62.

[6] *Projecto*, 45.

[7] DG I, n.º 274, de 25-nov.-1966. 1899/I.

[8] DG I, n.º 273, de 25-nov.-1977, 2813-(12)/II. *Vide* o ponto 9 do preâmbulo, *idem*, 2818-(3)(I.

[9] DR 1.ª série, n.º 163, de 24-ago.-2007, 5661.

[10] DR 1.ª série, n.º 131, de 9-jul.-2012, 3550.

[11] *Vide* as anotações aos 168.º e 188.º.

Artigo 158.º-A (Nulidade do ato de constituição ou instituição)

É aplicável à constituição de pessoas colectivas o disposto no artigo 280.º, devendo o Ministério Público promover a declaração judicial da nulidade.

Bibliografia: António Menezes Cordeiro, *Tratado de Direito civil*, II, 4.ª ed. (2014), 541-605 (quanto ao 280.º).

Índice

1. **Origem**. O 158.º-A foi introduzido pelo 25.º do DL 496/77, de 25-nov.[1]. Tendo sido reconhecida a livre constituição de associações, havia que colocar delimitações: em rigor, inúteis, já que o 280.º teria, sempre, aplicação. 1

2. **Requisitos** da constituição livre são os aplicáveis, em geral, aos negócios jurídicos, previstos no 280.º: 2

> 1. É nulo o negócio jurídico cujo objeto seja física ou legalmente impossível, contrário à lei ou indeterminável.
> 2. É nulo o negócio contrário à ordem pública ou ofensivo dos bons costumes.

Cada um dos cinco pontos aí referidos (impossibilidade, contrariedade à lei, indeterminabilidade, contrariedade à ordem pública e ofensa aos bons costumes) implica um estudo diferenciado e aprofundado. Importa reter os aspetos mais afeiçoados às pessoas coletivas. Assim: 3

(a) **Impossibilidade** física ou legal: a pessoa coletiva tem fins inalcançáveis, por razões fácticas ou jurídicas ou prevê meios que caiam nalgum desses óbices. 4

(b) **Contrariedade à lei**: os estatutos contêm regras que afastam normas legais imperativas; os casos mais frequentes têm a ver com os órgãos ou os modos do seu funcionamento. 5

(c) **Indeterminabilidade**: em rigor, os objetivos indeterminados podem ser precisados pelos órgãos próprios da pessoa coletiva; não sendo de todo possível, opera a nulidade. 6

(d) Contrariedade aos **bons costumes**, ocorre quando a pessoa coletiva defronte, no plano estatutário, regras de moral social comumente aceites (hoje: muito escassas e praticamente assentes na proteção das crianças) e de ética deontológica. 7

(e) Contrariedade à **ordem pública** decorre de uma oposição estatutária a princípios cogentes do sistema jurídico. 8

3. O **fim** da pessoa coletiva é absorvido pelos requisitos elencados. O 281.º não tem, aqui, autonomia, já que não se torna possível, na constituição de pessoas coletivas, apontar "partes" distintas. Por isso, ele é omitido no 280.º-A. 9

[1] DG I, n.º 273, de 25-nov.-1977, 2813-(12)/II.

10 **4. Prática**. O 158.º-A tem uma aplicação prática modesta. No terreno, quando os estatutos se desviem de regras imperativas, em regra de tipo orgânico, o MP notifica os interessados para que corrijam a anomalia, numa orientação que é geralmente acolhida, sanando o óbice.

11 **5. Casos concretos** decididos nos tribunais:

RPt 16-jul.-1987: os estatutos das associações não têm de conter regras sobre a admissão, a exoneração ou a exclusão de associados[2];

RLx 16-jan.-2007: são nulos os estatutos de uma associação sindical que defrontem diversos preceitos do Código do Trabalho: direito de tendência, número de membros e funcionamento do congresso e possibilidade de convocação de assembleias gerais por iniciativa de 10% ou de 200 associados[3];

RLx 13-fev.-2007: é nula a cláusula estatutária que preveja a convocação de associados para a assembleia geral por anúncio em jornais: viola o 174.º/1, que prevê o aviso postal[4]

12 A PGR, numa amostragem já antiga mas ainda ilustrativa, elenca como irregularidades objeto de diligências para correção voluntária ou de ação judicial[5]:

A) Quanto à *Direcção* (órgão colegial de administração) e ao *Conselho Fiscal*: 1) Os estatutos não prevêem a sua existência; 2) Os estatutos não prevêem a sua composição; 3) Não prevêem a sua competência; 4) Prevêem a sua composição com um número par de titulares: situações estas violadoras dos arts. 162.º e 167.º, n.º 1, do CC.

B) Quanto à *Assembleia Geral*: 1) Prevêem a possibilidade de a mesma poder ser convocada sem ser por aviso postal expedido para cada um dos associados, com a antecedência mínima de 8 dias, contra o disposto no art. 174.º, n.º 1, do CC; 2) Prevêem a possibilidade de a mesma deliberar, em primeira convocação, sem a presença de metade, pelo menos, dos seus associados, contra o disposto no art. 175.º, n.º 1, do CC; 3) Prevêem a possibilidade de a mesma deliberar, em matérias ordinárias por maioria relativa de votos dos associados presentes, contra o disposto no art. 175.º, n.º 2, do CC, que exige, nesses casos, votação por maioria absoluta de votos dos associados presentes; 4) Prevêem que as deliberações sobre alteração dos estatutos possam ser tomadas com voto favorável de menos de três quartos do número de associados presentes, contra o disposto no art. 175.º, n.º 3, do CC; 5) Prevêem que as deliberações sobre a dissolução da associação possam ser tomadas com o voto favorável de menos de três quartos de todos os associados, contra o disposto no art. 175.º, n.º 4, do CC; 6) Prevêem a atribuição a outros órgãos (v.g. à direcção) das competências imperativamente previstas na lei como sendo da assembleia geral, nos termos do art. 172.º, n.º 2, do CC (destituição dos titulares dos órgãos, aprovação do balanço, alteração dos estatutos, extinção da associação e autorização para esta demandar os administradores por factos praticados no exercício do cargo).

C) Quanto ao disposto no art. 167.º, n.º 1, do CC: não especificam os bens e serviços com que os associados concorrem para o património social.

13 **6. Consequências**. As nulidades pontuais dão azo à redução dos estatutos (292.º): as cláusulas viciadas são substituídas pelas regras imperativas que, indevidamente, pretenderam substituir. Quando, porém, se trate de cláusulas que deveriam ter sido, necessariamente, preenchidas pelas partes, todos os estatutos são invalidados.

[2] RPt 16-jul.-1987 (Sampaio da Nóvoa), CJ XII (1987) 4, 207-209 (208/II).

[3] RLx 16-jan.-2007 (Luís Espírito Santo), Proc. 9429//2006.

[4] RLx 13-fev.-2007 (Rosário Gonçalves), Proc. 10573//2006.

[5] BRN, n.º 7/2004, 1 cad., p. 7, *apud* Abílio Neto, *Código Civil anotado*, 20.ª ed. (2018), 89-90.

7. Legitimidade. As nulidades devem ser invocadas pelo MP. Para além disso, qualquer interessado pode suscitá-las, sem limites de prazo, sendo ainda conhecidas de ofício (286.º). 14

Artigo 159.º (Sede)

A sede da pessoa colectiva é a que os respectivos estatutos fixarem ou, na falta de designação estatutária, o lugar em que funciona normalmente a administração principal.

Bibliografia: António Menezes Cordeiro/A. Barreto Menezes Cordeiro, *Tratado de Direito civil*, IV, 5.ª ed. (2019), 720; Fátima Gomes, *UCP/Comentário ao Código Civil* (2014), 350-351.

Índice

I – Origem

1. O **Anteprojeto Ferrer Correia** propôs (4.º)[1]: 1

> Na falta de disposição do estatuto em contrário, considerar-se-á como sede da pessoa colectiva o lugar da sua administração principal.
>
> Se a sede estatutária não coincidir com a sede efectiva, os terceiros poderão considerar esta última como a verdadeira sede da pessoa jurídica.

2. Revisões e projeto: na 1.ª Revisão, esse preceito manteve-se (121.º)[2]. Na 2.ª, foi adotada uma redação idêntica (157.º)[3] à que passou ao Projeto (157.º)[4] e à versão final, hoje em vigor. 2

II – O regime

3. A sede (159.º, 1.ª parte) é fixada nos estatutos, numa regra retomada pelo 12.º do CSC para as sociedades[5]. Equivale ao domicílio das pessoas singulares (82.º a 84.º), cujos preceitos podem ser supletivamente aplicados. Ela releva para a determinação da nacionalidade da pessoa coletiva considerada (33.º/1), do foro competente (81.º/2, do CPC) e do domicílio fiscal [19.º/1, *b*), da LGT]. 3

O 12.º do CSC opera como auxiliar interpretativo. Assim: (1) a administração, salvo cláusula estatutária em contrário, pode mudar a sede dentro do território nacional, desde que se alterem os estatutos em conformidade; (2) a sede opera como domicílio; (3) pode, nos estatutos, estipular-se domicílio particular para certos negócios. 4

[1] António Ferrer Correia, *Pessoas colectivas*, 248.
[2] *1.ª Revisão*, 56; Marcello Caetano, *Das fundações*, 171-173.
[3] *2.ª Revisão*, 62.
[4] *Projecto*, 45.
[5] RPt 2-dez.-1998 (Couto Pereira), CJ XXIII (1998) 5, 206-207 (206/II).

5 A indicação deve ser precisa e não genérica: visa permitir contratos diretos e imediatos. Não basta indicar uma região ou uma cidade.

6 **4.** A **redundância** imediata do 159.º, impõe-se: o ato de constituição das associações deve indicar a sede (167.º/1), o mesmo sucedendo com o das fundações (186.º/2). O preceito terá pois relevo quando se aplique, subsidiariamente, a outras entidades.

7 A "administração principal" é a administração da pessoa coletiva.

Artigo 160.º (Capacidade)

1. A capacidade das pessoas coletivas abrange todos os direitos e obrigações necessários ou convenientes à prossecução dos seus fins.

2. Excetuam-se os direitos e obrigações vedados por lei ou que sejam inseparáveis da personalidade singular.

Bibliografia: António Menezes Cordeiro/A. Barreto Menezes Cordeiro, *Tratado de Direito civil*, IV, 5.ª ed. (2019), 729-739; Luís A. Carvalho Fernandes, *Teoria geral do Direito civil*, I, 6.ª ed. (2012), 600-614; Pedro de Albuquerque, *A vinculação das sociedades comerciais anónimas e por quotas*, 1 (2017), 850-1029.

Índice

I – Origem

1 1. O **Anteprojeto Ferrer Correia** propôs (5.º)[1]:

> Salvas as excepções determinadas na lei, a capacidade das pessoas colectivas estende-se a todos os direitos e obrigações que, seguindo a natureza das coisas ou a índole da sua disciplina legal, não forem inseparáveis da personalidade singular.

[1] António Ferrer Correia, *Pessoas colectivas*, 248.

2. As **revisões ministeriais**, na 1.ª (122.º), mantiveram o preceito com alterações formais[2]; mas na 2.ª, alteraram o sentido do preceito (160.º), introduzindo o denominado princípio da especialidade[3], que passou ao Projeto (160.º)[4] e ao texto hoje em vigor. 2

II – O princípio da especialidade

3. **Alcance aparente**. O 160.º comporta o chamado princípio da especialidade. Ele dirige-se à capacidade de gozo das pessoas coletivas. Para as pessoas singulares, ela é plena: abrange a generalidade das posições jurídicas admitidas em Direito. Já quanto às coletivas, ela apenas abrangeria os direitos e obrigações necessárias ou convenientes à prossecução dos seus fins, seguindo a letra do 160.º/1. 3

4. **Origem**. (a) **Atos *ultra vires***: nos países anglo-saxónicos, a personalidade coletiva era outorgada pelo Parlamento ou equivalente. Requeria-se uma lei específica, lei essa que definia a finalidade da entidade em criação e que fixava os poderes que, em consonância, lhe eram reconhecidos. Se a entidade praticasse atos que sobreelevassem o acervo que lhe fora concedido, eles eram *ultra vires*: ultrapassavam as forças da própria entidade, não a vinculando. Em linguagem continental, podemos dizer que teria sido ultrapassada a sua capacidade de gozo. 4

(b) **A mão-morta**. Nos países latinos, particularmente em França, verificou-se um fenómeno diverso. Ao longo da Idade Média, iam sendo deixados bens a conventos e a ordens religiosas, entidades pioneiras no domínio da personalidade coletiva. Tais bens – em especial quando imóveis – saíam do mercado normal: não mais eram transacionados, tinham uma produtividade que podia ser limitada e, além disso, não pagavam impostos, uma vez que ficavam envolvidos nos privilégios da Igreja. Eram os bens de mão-morta. Ao longo da História, os reis foram aprontando leis tendentes a limitar tais bens e, designadamente: sujeitando a prévia autorização régia a sua aquisição, pelas referidas entidades. Este estado de coisas ainda se refletia no Código Napoleão cujo 910.º, versão original, dispunha: 5

> As disposições entre vivos ou por testamento, a favor de hospícios dos pobres de uma comuna ou de um estabelecimento de utilidade pública não produzirão efeitos enquanto não forem autorizadas por um decreto imperial.

Já as deixas à Igreja haviam sido proibidas, tendo-se procedido, ao longo da Revolução, à venda compulsiva dos seus bens. Na sequência destas medidas, vamos encontrar, no Direito francês, uma referência a um princípio da especialidade, limitador da capacidade de gozo de (certas) pessoas coletivas, princípio esse em que, muitas vezes, é referido sem uma menção às origens. 6

5. **Em Portugal**, a preocupação de restringir a capacidade das pessoas coletivas prende-se, igualmente, ao problema dos bens de mão-morta e às leis de desamortização, preparadas para evitá-los. A primeira lei destinada a combater a acumulação dos bens nas corporações religiosas é de D. Dinis, datando de 10-jul.-1324[5]. Outras medidas constam das Ordenações Manuelinas[6], dispondo as Filipinas[7]: 7

[2] *1.ª Revisão*, 56; Marcello Caetano, *Das fundações*, 173-174.

[3] *2.ª Revisão*, 62; em rigor, a alteração tem-se na *Revisão intercalar* (161.º), 62.

[4] *Projecto*, 45.

[5] *Ord. Af.* II, tit. XIII = Ed. Gulbenkian, II, 174-176 (175), assim:

> 2. E porem mando, e defendo que os Clerigos, nem Hordẽs nom comprem herdamentos, e aquelles herdamentos, que comprarem, ou fezerom comprar ataaqui pera ſy, des que fui Rey, dou-lhes prazo, que os vendam deſta Santa Maria d'Agoſto ataa hũ anno; e ſe os nõ venderem ataa eſte prazo, percam-nos.

[6] *Ord. Man.* II, tit. 8 = Ed. Gulbenkian, II, 27-33.

[7] *Ord. Fil.* II, tit. 18 = Ed. Gulbenkian, II, 435-437.

> De muito longo tempo foi ordenado por os Reis nossos antecessores, que nenhumas Igrejas nem Ordens podessem comprar, nem haver em pagamento de suas dividas bens alguns de raiz, nem per outro titulo algum os acquirir, nem possuir, sem especial licença dos ditos Reis, e acquirindo-se contra a dita defesa, os ditos bens se perdessem para a Corôa. (...)[8].

8 Com o liberalismo, foram tomadas novas medidas. A Lei de 4-abr.-1861 ordenou a alienação dos bens das Igrejas e determinou a sua sub-rogação por títulos da dívida pública consolidada[9]. A Lei de 22-jun.-1866 ampliou a desamortização aos bens imobiliários dos distritos, municípios, paróquias, misericórdias, hospitais, irmandades, confrarias, recolhimentos e quaisquer outros estabelecimentos pios, nacionais ou estrangeiros[10]. A Lei de 28-ago.-1869 procedeu a novas ampliações[11].

9 **6. O Código de Seabra**, na sequência de toda esta evolução[12], veio estabelecer:

> Artigo 34.º As associações ou corporações, que gosam de individualidade juridica, podem exercer todos os direitos civis, relativos aos interesses legitimos do seu instituto[13].
>
> Artigo 35.º As associações ou corporações perpetuas não podem, porém, adquirir por titulo oneroso bens imobiliarios, excepto sendo fundos consolidados; e os que adquirirem por titulo gratuito, não sendo d'esta especie, serão, salvas as disposições de leis especiaes, convertidos n'ella d'entro d'um anno, sob pena de os perderem em beneficio da fazenda nacional.
>
> § 1.º O que fica disposto na segunda parte d'este artigo, não abrange os bens immoveis, que forem indispensaveis para o desempenho dos deveres das associações ou corporações.
>
> § 2.º São havidas, para os effeitos declarados n'este artigo, como perpetuas:
>
> 1.º As associações ou corporações por tempo illimitado;
>
> 2.º As corporações ou associações, ainda que por tempo limitado, que não tenham por objeto interesses materiaes.

10 O 34.º limitava a capacidade "aos interesses legítimos do instituto", enquanto a conjugação do 35.º, com o seu § 1.º e o seu § 2.º, n.º 2, impedia as associações não lucrativas de deter bens imóveis que não fossem indispensáveis para o desempenho dos seus deveres. Fechava-se, mesmo sem autoconsciência, o princípio da especialidade.

11 Recolhendo e reformulando todas estas construções, Guilherme Moreira procede a uma interessante aproximação: (1) por um lado, a ideia, ligada à doutrina *ultra vires*, de que operando o reconhecimento com vista aos interesses legítimos do seu instituto, a capacidade concedida não poderia ir mais além[14]; (2) por outro, as restrições postas à aquisição de bens, por parte das *pessoas moraes*[15]. Trata-se de considerações retomadas por Manuel de Andrade, que aproxima o princípio da especialidade e a doutrina *ultra vires*, de modo explícito[16]. Outros autores deram o referido princípio como adquirido[17].

[8] *Idem*, corpo = 435/I.

[9] Carta de Lei de 4-abr.-1861 = COLP 1861, 155-157 (155).

[10] Carta de Lei de 22-jun.-1866, artigo 7.º = COLP 1866, 254-256 (255).

[11] Carta de Lei de 28-ago.-1869, artigo 1.º = COLP 1869, 394-395 (394).

[12] Cunha Gonçalves, *Tratado de Direito civil*, 1, 800-802 (802).

[13] Este preceito reproduz expressões do artigo 4.º da Lei de 4-abr.-1861; *vide* Dias Ferreira, *Codigo Civil Annotado*, 1, 2.ª ed., 48.

[14] Guilherme Moreira, *Instituições de Direito civil*, 1, 316.

[15] *Idem*, 317.

[16] Manuel de Andrade, *Teoria geral*, 1, 123 ss..

[17] Assim Cabral de Moncada, *Lições de Direito civil*, 1, 3.ª ed., 428 = 4.ª ed. póstuma, 362-363.

III – **A superação**

7. O **reconhecimento automático** da personalidade coletiva generalizou-se a partir de meados do século XIX: reunidos os requisitos legais e procedendo-se às diligências requeridas – *maxime*, ao registo – a personalidade coletiva surge, de acordo com a iniciativa privada. Não há, por esta via, nenhum limite estrutural: nas margens legais, os interessados elegem os fins que entenderem, os quais podem ser prosseguidos por todos os meios lícitos. Introduzir, aqui, uma doutrina *ultra vires* só vai embaraçar o comércio jurídico, prejudicando as relações com terceiros. 12

8. Quanto ao **problema da mão-morta** e das desamortizações: ele é histórico. Infelizmente, já não se fazem deixas a instituições religiosas ou caritativas. Quando se pretenda evitar a concentração de imóveis em certas esferas jurídicas, leis especiais prescrevem-no[18]. 13

9. O **abandono** do princípio da especialidade consumou-se no Código Civil italiano; este apenas previa, no artigo 17.º, a necessidade de autorização governamental para a aquisição de imóveis ou para a aceitação de heranças e legados, preceito esse que já foi revogado[19]. Também a doutrina alemã da atualidade o ignora: salvas as limitações da natureza, as pessoas coletivas têm plena capacidade de gozo[20]. 14

O anteprojeto Ferrer Correia recolheu esta solução, como vimos. Era o preceito correto. Infelizmente, ele veio a ser afastado na 2.ª Revisão Ministerial, sem qualquer justificação conhecida e apenas em homenagem a um construtivismo conceitual. Porventura mais grave: a regra do 160.º/1 foi retomada no 6.º/1 do CSC, onde a problemática da capacidade é censuravelmente restringida. 15

10. A **doutrina subsequente a 1966**, confrontada com uma consagração legal tardia do princípio da especialidade, no 160.º/1, tentou minorar o seu alcance. O próprio Antunes Varela, responsável pela 2.ª Revisão Ministerial, explica que ele, facultando os direitos e deveres convenientes à prossecução dos fins da pessoa coletiva, atenuou largamente o rigor da especialidade, chegando a uma solução aparentemente mais ampla do que a do Código de Seabra[21]. Carvalho Fernandes opta por um entendimento liberal do preceito[22], enquanto Oliveira Ascensão considera praticamente impossível indicar categorias de atos que, em função do seu fim, uma pessoa coletiva não possa praticar[23]. Pedro de Albuquerque, por fim, sujeita o princípio da especialidade a uma crítica definitiva[24]. 16

Uma tentativa de salvaguardar o princípio poderia provir de uma dupla compartimentação do seu conteúdo: (1) não estaria em causa o fim de uma concreta pessoa coletiva, mas antes o de uma completa categoria de pessoas[25]; (2) não estaria em jogo um ato em si, mas antes uma categoria de atos, estranhos ao fim[26]. Dir-se-ia, assim, que determinada categoria de pessoas coletivas – p. ex., instituições de crédito – não se teria capacidade para certos tipos de atos – p. ex., parceria pecuária. Mas não: por verosímeis que pareçam os exemplos que se encontrem, 17

[18] Por exemplo, segundo o 112.º do RGIC, as instituições de crédito só podem adquirir os imóveis necessários para as suas instalações, salvo autorização do Banco de Portugal.

[19] Pela Lei n.º 127, de 15-mai.-1997.

[20] *Tratado*, IV, 5.ª ed., 733.

[21] Pires de Lima/Antunes Varela, *Código Civil Anotado*, 1, 4.ª ed., 165, numa consideração retomada por Mota Pinto, *Teoria geral*, 4.ª ed., 319 e por Hörster, *A parte geral*, 390-391 (n.º 624) e 2.ª ed. (2019), 431-432.

[22] Carvalho Fernandes, *Teoria geral*, 1, 6.ª ed., 600 ss. (605).

[23] Oliveira Ascensão, *Teoria geral*, 1, 2.ª ed., 264; como este Autor explicara – *idem*, 263 –, uma sociedade comercial pode praticar beneficiência para melhorar a sua imagem, enquanto uma associação desportiva pode praticar atos de comércio, para aumentar o seu património.

[24] Pedro de Albuquerque, *A vinculação das sociedades*, 1, 850 ss..

[25] Carvalho Fernandes, *Teoria geral*, 1, 6.ª ed., 605.

[26] Oliveira Ascensão, *Teoria geral*, 1, 2.ª ed., 264.

[27] STJ 13-abr.-1994 (Sá Couto), Proc. 084548.

poderia sempre suceder que, em concreto, um ato estranho se mostrasse justificado. Apenas na base de leis específicas se torna possível limitar a capacidade das pessoas coletivas.

18 **11. A jurisprudência** tem vindo a alargar o âmbito da capacidade de gozo das pessoas coletivas o que, objetivamente, redunda no abandono do princípio da especialidade. Assim:

STJ 13-abr.-1994: uma associação sindical, mau grado a especificidade dos seus fins pode praticar atos que, de algum modo, se afastem do seu objeto, mesmo que sejam de natureza lucrativa[27];

RLx 12-jan.-2006: é válida a doação de um prédio feita por uma sociedade a um instituto de que ela é administradora, constituindo uma fundação de utilidade pública[28];

RLx 15-dez.-2009: uma sociedade comercial não adquire automóveis para fins não-profissionais, de modo a surgir como consumidora[29]; desta feita, o princípio da especialidade liga-se à regra de Direito do consumo a qual, em princípio, só funciona em face de pessoas singulares.

19 **12. Atos gratuitos**. O grande campo de eleição para as restrições à capacidade de gozo das pessoas coletivas é o dos atos gratuitos, que poderiam ser contrários aos seus fins, particularmente se ela fosse uma sociedade. A doutrina tende a abandonar tais construções[30].

20 Desde logo, ficam de fora os donativos conformes com os usos sociais: nem são havidos como doações (940.º/2). O 6.º/2 do CSC também considera não serem contrárias ao fim da sociedade "as liberalidades que possam ser consideradas usuais, segundo as circunstâncias da época e as condições da própria sociedade". Vamos mais longe: e a doação verdadeira e pura ficará fora da capacidade de uma pessoa coletiva? E se os seus órgãos próprios, com todas as garantias legais, chegarem à conclusão que a doação acaba por ser vantajosa, a prazo, qual o papel do legislador, procurando intervir num ato de gestão hoje corrente, em todo o Mundo?

21 A prática de doações ou atuações *non profit* é, hoje, uma "indústria", por parte de instituições lucrativas e muito bem geridas. O próprio legislador consagra um Estatuto do Mecenato[31], como modo de atrair certas doações. Nenhuma razão se visualiza para considerar as doações fora da capacidade de qualquer pessoa coletiva, mesmo tratando-se de uma sociedade. Em casos concretos, determinadas doações poderão ser inválidas: mas por força de regras específicas, que as proíbam[32].

22 **13. Em conclusão**: o denominado princípio da especialidade não restringe, hoje, a capacidade das pessoas coletivas: tal como emerge do 160.º/1, ele diz-nos, no fundo, que todos os direitos e obrigações são, salvo exceções abaixo referidas, acessíveis às pessoas coletivas.

[28] RLx 12-jan.-2006 (Tibério Silva), CJ XXXI (2006) 1, 67-71.

[29] RLx 15-dez.-2009 (Luís Espírito Santo), CJ XXXIV (2009) 5, 109-111. Outras espécies referidas em comentários não têm correspondência.

[30] *Vide* Carvalho Fernandes, *Teoria geral*, 1, 6.ª ed., 604-605, ainda que de modo circunspecto.

[31] Aprovado pelo DL 74/99, de 16-mar. e alterado, por apreciação parlamentar, pela L 160/99, de 14-set. e, depois e sucessivamente, pela L 3-B/2000, de 4-abr., pela L 30-C/2000, de 29-dez., pela L 30-G/2000, de 29-dez. e pela L 109-B/2001, de 27-dez., pela L 36/2004, de 8-jul. ele foi revogado pela L 53-A/2006, de 29-dez.; a matéria passou a ser vista pelo prisma dos benefícios fiscais. Por seu turno, o mecenato científico foi aprovado pela L 26/2004, de 8-jul. alterada pela L 67-A/2007, de 31-dez..

[32] Assim, o exemplo da nulidade da doação feita pela sociedade a um dos sócios – Carvalho Fernandes, *Teoria geral*, 1, 6.ª ed., 606: ela impor-se-ia por via dos 31.º e 32.º do CSC, relativo à distribuição de bens aos sócios e não por força de um limite à capacidade de gozo dos sócios.

IV – Limitações específicas: naturais, legais e estatutárias

14. Enumeração. O chamado princípio da especialidade não tem, hoje, alcance dogmático. 23
Não se infira, contudo e daí, que a capacidade de gozo das pessoas coletivas seja idêntica à das singulares. Ela pode sofrer diversas limitações. Vamos distinguir: (1) limitações ditadas pela natureza das coisas; (2) limitações legais; (3) limitações estatutárias; (4) limitações deliberativas. A destrinça é importante, uma vez que os regimes derivados da inobservância dos diversos pontos não são coincidentes.

(1) **Limitações pela natureza**. Segundo o final do 160.º/2, excetuam-se ao âmbito da 24
capacidade de gozo das pessoas coletivas os direitos e obrigações "inseparáveis da personalidade singular". Trata-se, fundamentalmente: (1) de situações jurídicas familiares ou sucessórias que, pela sua natureza, visam apenas pessoas singulares; (2) de situações de personalidade, também centradas nas pessoas singulares: o direito à vida e à integridade física, o direito à saúde ou o direito ao sono; (3) de situações patrimoniais, mas que pressupõem a intervenção de uma pessoa singular: a qualidade de trabalhador subordinado, por exemplo; (4) diversas situações de Direito público, também destinadas a contemplar pessoas singulares: o direito ao voto, como exemplo. Quando se trate de transpor para modo coletivo uma determinada norma, cabe verificar, pela interpretação, se ela não opera, apenas, em modo singular, contemplando direta e necessariamente pessoas singulares. A violação de limitações impostas pela natureza das coisas implica a nulidade do negócio, por impossibilidade legal (280.º/1).

(2) As **limitações legais** à capacidade de gozo das pessoas coletivas, referidas na primeira 25
parte do 160.º/2, têm uma natureza profundamente diferente das impostas pela natureza das coisas. O facto de não se acentuar esta clivagem tem sido fonte de confusões em toda a doutrina da capacidade de pessoas coletivas. A referência, feita no 160.º, a "... direitos e obrigações vedados por lei ..." é, tal como o princípio da especialidade, herdeira das antigas leis de desamortização, que visavam prevenir a acumulação de bens de mão-morta: mas herdeira tardia. A revogação, em 1977, do 161.º, foi o episódio derradeiro dessa dimensão.

Não há aqui um verdadeiro problema de (in)capacidade: há, sim, uma proibição legal. 26
Pode acontecer que a prática de determinado negócio se inscreva, perfeitamente, nas finalidades coerentes de certa pessoa coletiva (ou de certa categoria de pessoas coletivas) mas que, não obstante, o legislador proíba a sua celebração. Pode ainda suceder que o legislador vede um ato e, depois, o venha, sucessivamente, a permitir e a proibir de novo: não corresponderia a uma Ciência do Direito harmónica e estável considerar que a capacidade de gozo de certa sociedade se modificou, sucessivamente, ao abrigo de alterações legislativas.

A inobservância das limitações legais à possibilidade de prática, pelas pessoas coletivas, de 27
certos atos, conduz, em princípio, à nulidade do ato por violação de lei expressa (294.º) ou por ilicitude (280.º/1): não por incapacidade.

(3) **Limitações estatutárias**. Podem os estatutos restringir, pela positiva, a atuação da 28
pessoa coletiva à prática de certos atos ou, pela negativa, vedar-lhe a sua prática. As competentes disposições estatutárias limitam a capacidade de gozo da pessoa coletiva? À partida: seguramente não. A capacidade de gozo é uma medida que acompanha automática e necessariamente a personalidade jurídica: ou esta já nada quererá dizer, salvo o estabelecer a maior confusão no espaço jurídico. Apenas a lei, seja pela técnica positiva das "pessoas rudimentares", seja pela negativa das proibições específicas, pode reduzir o campo de ação das pessoas coletivas.

As limitações estatutárias são regras de conduta internas: adstringem os órgãos da pessoa 29
coletiva a não praticar os atos vedados, sem, contudo, limitarem a capacidade da sociedade: a solução do 6.º/4 do CSC, cuja generalização às diversas pessoas coletivas não suscita dúvidas ou

dificuldades. A violação a esses limites estatutários pode conduzir à anulabilidade prevista nos 177.º e 178.º[33] e com ressalva dos direitos de terceiros de boa-fé.

30 (4) **Limitações deliberativas**. O mesmo regime deve ser aplicado a limitações resultantes de deliberações internas da própria pessoa coletiva ponham quanto à prática de certos atos. O desrespeito por tais deliberações responsabiliza o seu autor: a capacidade da pessoa coletiva mantém-se, porém, intacta.

V – A capacidade de exercício

31 **15. Irrelevância**: a categoria "capacidade de exercício", só é aplicável às pessoas singulares. Visa, aí, retratar o problema dos menores e dos acompanhados. Não faz sentido considerar as pessoas coletivas "feridas de incapacidades": a realidade é completamente diversa, tal como diferentes são as normas aplicáveis. No Direito das pessoas coletivas não cabe contrapor a capacidade de gozo à de exercício: há, apenas, capacidade[34].

32 Na mesma linha, os "representantes", das pessoas coletivas, não são verdadeiros representantes. Joga-se, apenas, a organização da pessoa coletiva: um dos seus elementos existenciais. Todavia e pelo modo próprio que o Direito civil tem de se desenvolver e de aproveitar quadros linguísticos e mentais já disponíveis, fala-se em representação (orgânica), decalcada, em muitos aspetos, das regras de representação voluntária[35].

VI – O exercício do comércio

33 **16.** Os **fins lucrativos** não ficam, à partida, ao alcance das pessoas coletivas regidas pelo Código Civil, mais propriamente das associações e das fundações, que não têm por fim o lucro: dos associados, no primeiro caso (157.º) e, em geral, no segundo (188.º/1). Este aspeto mereceria reforma: ele corresponde à velha (mas criticável) ideia nacional de que a busca do lucro e o êxito económico são condenáveis.

34 Tecnicamente, as associações e as fundações não são consideradas comerciantes. Podem, porém, praticar atos de comércio e desenvolver atuações lucrativas[36]. É mesmo desejável que assim suceda, sob pena de deverem viver de donativos, sendo improdutivas.

35 **17. Superação**. O fundamento jurídico do exercício de atividades comerciais por parte das associações e fundações está, simplesmente, na sua capacidade jurídica tendencialmente plena: abrange tudo o que for necessário e conveniente para a prossecução dos seus fins, na linguagem do 160.º/1. Ora quaisquer fins são convenientemente servidos com a obtenção de meios materiais que lhe possam ser afetos.

36 O exercício de várias atividades sensíveis está regulamentado: exigindo-se, designadamente, que a pessoa que a elas se dedique assuma a forma de sociedade anónima (caso dos bancos[37]). Deparamos, nessa altura, com uma restrição legal expressa.

37 A capacidade tendencialmente plena de que dispõem as pessoas coletivas habilita-as a exercer atividades comerciais: diretamente, através de um estabelecimento adequado[38] ou indiretamente, participando em sociedades comerciais que detenham tal estabelecimento. Esta últi-

[33] Esses preceitos devem ser interpretados restritivamente, quando estejam em causa certas violações de lei ou dos estatutos: *infra*, 177.º.

[34] Com evitáveis flutuações de linguagem, podemos considerar que a doutrina portuguesa se inclina nesse sentido; *vide* Carvalho Fernandes, *Teoria geral*, 1, 6.ª ed., 609 ss., onde podem ser confrontados outros autores.

[35] *Tratado*, V, 3.ª ed., 81 ss..

[36] *Direito comercial*, 4.ª ed., 282 ss..

[37] *Direito bancário*, 6.ª ed., 1133 e *passim*.

[38] *Vide*, quanto às fundações, a bibliografia referida no nosso *Direito comercial*, 4.ª ed., 283.

ma possibilidade é, hoje, muitas vezes usada por associações de grande porte, como modo de prestar bens e serviços em condições favoráveis, aos seus associados[39].

Artigo 161.º (revogado)
Aquisição e alienação de imóveis

1. *As pessoas colectivas podem adquirir livremente bens imóveis a título gratuito.*

2. *Carece, porém, de autorização do Governo, sob pena de nulidade, a aquisição de imóveis a título oneroso, bem como a sua alienação ou operação a qualquer título.*

Índice

1. *Origem*. *O preceito, com raízes que remontam às leis de desamortização, adveio de um longo e cuidado texto proposto por Ferrer Correia (6.º)*[1]*. Acolhido na 1.ª Revisão Ministerial (123.º)*[2]*, ele foi simplificado na 2.ª (161.º)*[3]*, passando ao Projeto e ao texto definitivo*[4]. 1

2. *Sentido*. *Confrontado com as leis anteriores e com o anteprojeto Ferrer Correia, o preceito era bastante tímido: permitia as aquisições gratuitas: o grande problema que levara a sucessivas intervenções dos Reis de Portugal, contra os bens de mão-morta. Essa permissão já tinha, porém, pouco significado, uma vez que a materialização dos costumes pôs cobro ao hábito de doar ou deixar por morte bens à Igreja ou a instituições benemerentes. Em compensação, a fiscalização do Governo sobre as operações imobiliárias onerosas das pessoas coletivas era total: quer a aquisição, quer a alienação, quer a simples oneração dependiam de autorização governamental.* 2

3. *A revogação*. *O 161.º foi revogado pelo DL 497/77, de 25-nov.. Embora o preâmbulo deste seja omisso quanto a tal revogação, parece-nos claro que ela ficou a dever-se à restrição ao direito de livre associação, que representava. Antunes Varela manifestou-se surpreendido, por entender que a medida ia ao arrepio da feição coletivista da Constituição de 1976*[5]. 3

Artigo 162.º (Órgãos)

Os estatutos da pessoa coletiva designam os respetivos órgãos, entre os quais um órgão colegial de administração constituído por um número ímpar de titulares, dos quais um será o presidente, e um órgão de fiscalização, que pode ser constituído por um fiscal único ou por um número ímpar de titulares, dos quais um será o presidente.

[39] É o caso, entre nós, de associações como o *Automóvel Club de Portugal*, à semelhança de congéneres de outros países, como o ADAC alemão.

[1] António Ferrer Correia, *Pessoas colectivas*, 249.

[2] *1.ª Revisão*, 249; Marcello Caetano, *Das fundações*, 174-175.

[3] *2.ª Revisão*, 62.

[4] *Projecto*, 46.

[5] Pires de Lima/Antunes Varela, *Código Civil Anotado*, 1, 4.ª ed., 166.

Bibliografia: António Menezes Cordeiro/A. Barreto Menezes Cordeiro, *Tratado de Direito civil*, IV, 5.ª ed. (2019), 720-722; Luís A. Carvalho Fernandes, *Teoria geral do Direito civil*, 1, 6.ª ed. (2012), 439-443; Manuel de Andrade, *Teoria geral da relação jurídica*, 1 (1960), 115-121.

Índice

I – Origem e evolução

1 **1.** O **anteprojeto Ferrer Correia** previa, no tocante aos órgãos, preceitos separados para as associações (19.º) e para as fundações (64.º)[1]. A 1.ª Revisão Ministerial manteve essa orientação (129.º e 155.º)[2]. A 2.ª Revisão fundiu os dois preceitos (162.º)[3], numa redação que passou ao Projeto[4] e à versão de 1966.

2 **2.** A **redação original** do 161.º era a seguinte[5]:

> Os estatutos da pessoa colectiva designarão os respectivos órgãos, entre os quais um órgão colegial de administração e um conselho fiscal, ambos eles constituídos por um número ímpar de titulares, dos quais um será o presidente.

3 **3. A reforma de 2012**, conduzida pela L 24/2012, de 9-jul., que aprovou a Lei-Quadro das Fundações deu, ao 162.º, a sua redação atual[6]. Para além de mexer na redação do preceito, a novidade de 2012 cifrou-e em permitir o fiscal único: medida de simplificação que vai ao encontro do Direito das sociedades comerciais.

II – Os órgãos

4 **4.** A **organização** postula estruturas estáveis e permanentes, que permitam à pessoa coletiva autodeterminar-se, exercer os seus direitos e cumprir as suas obrigações. A matéria pode revestir complexidade em pessoas coletivas que, como o Estado, cubram a generalidade dos campos de atuação de um povo, impondo-se distinções e subdistinções. No campo das pessoas privadas, particularmente das que ocorrem no Código, a regulação é mais simples.

5 Cumpre aos estatutos determinar quais os órgãos e qual a composição (162.º, 167.º/1 e 186.º/2). O 162.º aponta para um conteúdo mínimo obrigatório.

6 Nas associações, há, ainda, uma assembleia geral de associados (170.º), órgão que falta, naturalmente, nas fundações.

7 **5.** Podemos identificar os seguintes **princípios**: (1) divisão de poderes; (2) colegialidade; (3) livre aceitação; (4) responsabilidade; (5) efetividade.

[1] António Ferrer Correia, *Pessoas colectivas*, 254 e 272, respetivamente.
[2] *1.ª Revisão*, 59 e 70.
[3] *2.ª Revisão*, 63.
[4] *Projecto*, 46.
[5] DG I, n.º 274, de 25-nov.-1966, 1899/II.
[6] DR 1.ª série, n.º 131, de 9-jul.-2012, 3550-3551.

(1) **Divisão de poderes**. O 162.º aponta para a existência separada de um órgão de administração e de um órgão de fiscalização. A ideia é a de cindir posições, dotando, em especial, o órgão de fiscalização de um distanciamento mínimo, para ser eficaz. 8

(2) **Colegialidade**. A lei impõe que os órgãos sejam colegiais. Previne-se a administra- 9
ção ou a fiscalização por uma única pessoa: além da concentração de poderes que isso implica, poderiam gerar-se situações de menor atenção e cuidado, de compadrio ou, até, de má imagem pública: repare-se que está em causa a gestão de bens alheios. Todavia, a reforma de 2012 aceitou o fiscal único.

(3) A **livre aceitação** não é explícita, mas resulta clara da área em que nos encontramos: 10
o Direito civil. Salvo disposição em contrário – que ocorre, por exemplo, no acompanhamento (144.º/1) –, não há obrigatoriedade (jurídica) de aceitação de quaisquer cargos.

(4) **Responsabilidade**. Os titulares dos órgãos são responsáveis, perante a pessoa cole- 11
tiva. Eles têm, para com ela, as obrigações que resultem da lei e dos estatutos (164.º/1), sendo imputáveis pela sua violação. Segundo esse preceito, aplicam-se, subsidiariamente, as regras do mandato[7]. Veremos como esta matéria pode ser construída, em face do Direito português[8].

(5) **Efetividade**. Os órgãos devem ser efetivos. Não é possível retirar-lhe os poderes, sob 12
pena de se falsear o dispositivo legal[9].

6. A **tipicidade** própria das pessoas coletivas reflete-se na sua orgânica. Também não é viável 13
aditar novos órgãos, que esvaziem as competências dos legais. Desde que isso não suceda, opera a autonomia privada. P. ex., será possível instituir um conselho consultivo ou similar.

Artigo 163.º (Representação)

1. A representação da pessoa coletiva, em juízo e fora dele, cabe a quem os estatutos determinarem ou, na falta de disposição estatutária, à administração ou a quem por ela for designado.

2. A designação de representantes por parte da administração só é oponível a terceiros quando se prove que estes a conheciam.

Bibliografia: António Menezes Cordeiro/A. Barreto Menezes Cordeiro, *Tratado de Direito civil*, IV, 5.ª ed. (2019), 724-727; *idem*, V, 3.ª ed. (2019), 81-82; Paulo Olavo Cunha, UCP/*Comentário ao Código Civil* (2014), 357-358.

Índice

[7] Muitos lugares de administração de associações são exercidos em termos gratuitos; por isso e por vezes, os seus titulares julgam não poder ser responsabilizados, desde que não se apropriem de nada. Não é assim.

[8] *Infra*, 164.º, anot. 3-10.

[9] STJ 24-out.-1996 (Joaquim Matos), Proc. 96B214, considerando que um fundador não pode, sozinho, ficar com o poder de alienar bens da fundação: isso iria retirar os poderes da administração.

I – Origem

1 1. O **anteprojeto Ferrer Correia** previa (18.º/1) que a administração e a representação das associações coubessem à direção. O 64.º/1 tomava idêntica medida quanto às fundações[1].

2 **2. Revisões e projeto**. Essa orientação foi mantida na 1.ª Revisão (128.º/1 e 155.º/1)[2]. Na 2.ª Revisão, adotou-se um texto (163.º)[3] que, pelo Projeto (163.º)[4], chegou à redação final.

3 **3. Crítica**. A evolução dos preparatórios mostra que, na 2.ª Revisão, desapareceu a referência a um dos dois poderes básicos da administração: o poder de gestão, sendo o outro o de representação. A explicação é estilística: tendo substituído "direção" por "administração", o revisor ministerial perdeu espaço linguístico para referir o "poder de administração" sendo que, à época, "gestão" não estava, ainda, em uso.

II – A gestão

4 **4. Noção**. O poder fundamental da administração é o de gestão, isto é: o poder de dirigir os assuntos próprios da pessoa coletiva, tomando todas as decisões concretas necessárias e orientando a atividade para a prossecução dos seus fins.

5 O poder de gestão – que o Código Civil omite, embora pressupondo-o, pois é fundamental – abrange a possibilidade de praticar atos materiais da mais diversa natureza, de dar instruções internas e de praticar atos jurídicos, internos e externos.

III – A representação

6 **5. Noção**. Diz-se representação (voluntária) o instituto pelo qual os atos praticados por uma pessoa (o representante), em nome e por conta de outra (o representado), havendo poderes bastantes, se repercutem imediata e automaticamente, na esfera deste.

7 **6.** A **representação orgânica** é um instituto próprio: exprime o vínculo pelo qual os atos praticados pelos titulares de certo órgão se repercutem imediata e automaticamente no ente a que este pertence. Não obstante a diferença estrutural, o vínculo de representação é, histórica, cultural e dogmaticamente, modelado pela representação orgânica voluntária, regulada nos 258.º e seguintes.

8 A precisa determinação do poder de representar depende dos estatutos (163.º/1). Normalmente, estes remetem para a administração, sendo que, por defeito, é esse o regime. Compreende-se: a gestão, para ser eficaz, deve ser apoiada em poderes de representação. O administrador é solicitado a praticar os mais diversos atos jurídicos perante terceiros, mal ficando que, a todo o momento, tivesse de recorrer a uma outra pessoa, como representante.

9 **7. Representantes voluntários**. O 163.º/1, *in fine*, admite que a própria administração possa designar representantes. Normalmente, isso sucede para negócios específicos ou em situações nas quais os administradores designados sejam insuficientes para o necessário[5].

[1] António Ferrer Correia, *Pessoas colectivas*, 254 e 272, respetivamente.

[2] *1.ª Revisão*, 128.º/1 e 155.º/1.

[3] *2.ª Revisão*, 63.

[4] *Projecto*, 46.

[5] Pensamos nas associações de grande porte, que reúnam muitos milhares de associados.

8. Eficácia. Do 163.º/2 resulta: (1) a designação de representantes (em regra: os próprios administradores) feita pelos estatutos é oponível *erga omnes*: os estatutos gozam de uma especial publicidade; (2) essa designação só é oponível aos terceiros que a conhecessem ou, em formulação preferível: é inoponível a terceiros de boa-fé ou terceiros que, sem culpa, a desconhecessem. 10

9. Extensão. O 163.º/2 fixa a regra de que as "anomalias" na representação só são oponíveis a quem as conhecesse. O 266.º/1, a propósito das modificações e da revogação da procuração, também só as considera oponíveis quando levadas ao conhecimento de terceiros por meios idóneos ou quando se mostre que eles delas tinham conhecimento, na conclusão do negócio. Queda retirar uma regra geral: as limitações introduzidas no poder de representação dos administradores ou de qualquer representante *ad hoc* só são oponíveis a terceiros que as conheçam ou, numa fórmula que retome o conteúdo ético da boa-fé, sempre presente: são inoponíveis a terceiros de boa-fé, ou seja, a terceiros que, sem culpa, a desconheçam. Esta solução vai ao encontro do prescrito nos 260.º e 409.º do CSC relativos a sociedades por quotas e anónimas, com os quais deve ser harmonizada. 11

10. Numa **pluralidade** de administradores – aliás obrigatória – pergunta-se como funcionam a representação e a gestão. Em abstrato, temos duas orientações possíveis: o exercício conjunto ou o exercício isolado. Conjunto quando se requeira, para a prática de um ato, a intervenção de mais do que um administrador (ou de todos eles) e isolado quando um administrador, sozinho, possa agir. Quando os estatutos nada digam, o exercício é conjunto[6]. 12

Artigo 164.º (Obrigações e responsabilidade dos titulares dos órgãos da pessoa coletiva)

1. As obrigações e a responsabilidade dos titulares dos órgãos das pessoas coletivas para com estas são definidas nos respetivos estatutos, aplicando-se, na falta de disposições estatutárias, as regras do mandato, com as necessárias adaptações.

2. Os membros dos corpos gerentes não podem abster-se de votar nas deliberações tomadas em reuniões a que estejam presentes, e são responsáveis pelos prejuízos delas decorrentes, salvo se houverem manifestado a sua discordância.

Bibliografia: António Menezes Cordeiro/A. Barreto Menezes Cordeiro, *Tratado de Direito civil*, IV, 5.ª ed. (2019), 724-727; *idem*, *Direito das sociedades*, 1, 4.ª ed. (2020), 867-906; Paulo Olavo Cunha, UCP/ /*Comentário ao Codigo Civil* (2014), 359-360.

Índice

[6] Recordamos o teor do artigo 408.º/1 do CSC, relativo a sociedades anónimas:

> Os poderes de representação do conselho de administração são exercidos conjuntamente pelos administradores, ficando a sociedade vinculada pelos negócios jurídicos concluídos pela maioria dos administradores ou por eles ratificados, ou por número menor destes fixado no contrato de sociedade.

Este preceito pode, por analogia, ser aplicável às pessoas coletivas civis.

I – Origem

1 **1.** O **anteprojeto Ferrer Correia** propôs, no 22.º (responsabilidade dos diretores)[1]:

> 1.º – Os directores respondem para com a associação segundo as normas do mandato.
>
> 2.º – Nenhuma responsabilidade contrai o director que não tenha participado no acto causador do prejuízo, salvo se, estando presente, ele se tiver abstido de manifestar a sua discordância, ou se, sabendo que o acto ia ser praticado, não tiver feito constar, podendo fazê-lo, a sua oposição.
>
> 3.º – Logo que verifiquem que o activo da corporação é inferior ao passivo, os directores provocarão a declaração de insolvência. Se o não fizerem, responderão solidàriamente pelo prejuízo que daí advenha a terceiros.

2 **2. Revisões ministeriais**: na 1.ª (132.º), foi conservado um preceito sensivelmente idêntico[2]. Na 2.ª Revisão (164.º)[3], optou-se por uma redação que, através do Projeto (164.º)[4], chegou incólume ao texto final.

II – O vínculo titular/órgão

3 **3. A natureza** do vínculo que liga os titulares dos órgãos das pessoas coletivas a estas últimas é debatida há dois séculos, a propósito das sociedades anónimas. As doutrinas aí desenvolvidas[5] são aplicáveis às associações e às fundações. De resto, a origem do preceito, através do 18.º do Código Civil italiano, remonta ao Direito comercial.

4 **4. As teorias** básicas são três: (1) contratual; (2) unilateral; (3) mista ou dualista.

5 (1) Segundo a **teoria contratual**, haveria um contrato entre a pessoa coletiva considerada e o titular do seu órgão, contrato esse que lhe asseguraria os poderes de representação e de gestão. Esse contrato foi, inicialmente, tomado como um mandato e, mais tarde, como um "contrato de administração" ou figura contratual *sui generis*. Esta orientação surgiu em França, fez carreira em Itália e é muitas vezes aceite pelos comercialistas portugueses e, em seu seguimento, por alguma jurisprudência. Todavia, ela não responde a três questões: (1) como aparecem deveres legais que transcendem totalmente um contrato; (2) como derivar poderes de representação, quando se sabe, hoje, que o mero mandato é insuficiente para isso, sendo ainda necessária uma procuração; (3) como explicar a "relação de administração" em casos de manifesta ausência de contrato – p. ex.: o administrador judicial.

6 (2) Segue-se a **teoria unilateral** ou institucional: a posição do administrador derivaria de um puro ato unilateral de designação. O visado poderia aceitá-lo, numa posição que não

[1] António Ferrer Correia, *Pessoas colectivas*, 255.
[2] *1.ª Revisão*, 60. Este preceito foi analisado por Marcello Caetano, *Das fundações*, 187-188.
[3] *2.ª Revisão*, 63-64.
[4] *Projecto*, 46.
[5] *Vide* os nossos *Da responsabilidade civil dos administradores das sociedades comerciais* (1997), 335 ss. e *Direito das sociedades*, 1, 4.ª ed. (2020), 812-833.

poderia ser reconduzida à comum aceitação de um contrato. A concessão de poderes de representação e de gestão adviria desse ato. O administrador retiraria os seus deveres das disposições legais ou estatutárias que tivessem aplicação. Esta orientação surgiu em França e na Alemanha, vindo, neste último País, a evoluir para a construção dualista da designação e emprego.

(3) Segundo a **teoria dualista** ou da designação e emprego (*Bestellung* e *Anstellung*), a posição do administrador derivaria de dois atos distintos: um ato unilateral de designação, praticado pela pessoa coletiva e do qual ele retiraria os poderes de representação e de gestão e um contrato de emprego, celebrado entre ambos e que permitiria definir os deveres e os direitos do administrador, entre os quais, sendo esse o caso, o direito à retribuição. Trata-se de orientação pacífica, hoje, na Alemanha e que alguma doutrina (Ferrer Correia) já fez menção de transpor para o nosso País. Todavia, afigura-se-nos que ela não é funcional entre nós, dada a multiplicação de situações de administração em que não há qualquer contrato. 7

5. Posição adotada. Aproveitando a pesquisa realizada no Direito comercial, constatamos que a posição do titular de um órgão não pode ser definida com base no modo de provimento. Este pode advir de um contrato, de uma designação estatutária em que o designado seja mero terceiro, de uma deliberação associativa, de uma decisão administrativa, de cooptação ou, até, de decisão judicial. Esta variedade de fórmulas designativas inculca que pode não haver qualquer contrato: ficam vitimadas, logo, as hipóteses contratualistas e, ainda, a construção dualista das *Bestellung/Anstellung*, porquanto esta última é, necessariamente, um contrato. 8

A posição do administrador caracteriza-se não pelo modo de designação, mas pelo conjunto de direitos e deveres que envolva. É um *status* (estado). E os contornos desse *status* provêm da lei, dos estatutos, de deliberações associativas, de instruções legítimas ou de quaisquer outros fatores relevantes. 9

Embora exista uma variedade de meios suscetíveis de colocar um administrador no seu cargo, o modo paradigmático é o da designação unilateral, feita pela entidade competente. As outras formas operam como sucedâneos, tendo sempre essa matriz basilar em vista. Quanto ao *status* em si: ele visa uma prestação de serviço. 10

III – Os deveres dos titulares (164.º/1)

6. A lei e os estatutos são a fonte básica dos deveres dos titulares de órgãos: isso apesar de o preceito só referir os segundos. O Código Civil é parco em regras. É legítimo recorrer ao CSC, designadamente ao seu 64.º[6] (deveres fundamenrais dos administradores), como auxiliar de interpretação e, até, como preceito suscetível de aplicação, subsidiária ou analógica, no campo civil. 11

Com base no referido 64.º do CSC, podemos apontar: (a) deveres de cuidado, revelando a disponibilidade, a competência técnica e os conhecimentos adequados às funções; (b) deveres de lealdade, no interesse das entidades envolvidas; (c) o grau de diligência próprio do titular criterioso e ordenado. 12

A lealdade envolve deveres de informação, de não-concorrência e de não-aproveitamento do cargo para fins a ele alheios. O titular deve respeitar todos os associados, a própria entidade coletiva e os demais sujeitos que, com ela, contactem. 13

Os estatutos podem diversificar os deveres legais, bem como prever diversas obrigações. 14

[6] Os nossos *Direito das sociedades*, 1, 4.ª ed., 796 ss., e *Código das Sociedades Comerciais anotado*, 3.ª ed. (2020), anot. ao 64.º. Existe, hoje, muita bibliografia sobre o tema, no Direito das sociedades.

15 **7. O recurso ao mandato**[7] corresponde a uma solução arcaica para a posição dos administradores das sociedades, presente no Código italiano. Tem utilidade: o mandato constitui o modelo-base da prestação de serviço. O 1161.º elenca as obrigações do mandatário[8], as quais, com adaptações aos aspetos aqui em causa, permitem o elenco seguinte: (a) praticar os atos envolvidos, seguindo as instruções deliberadas; (b) prestar as informações solicitadas pelos associados ou pela entidade tutelar; (c) comunicar, a essas mesmas pessoas, o modo de execução das suas funções e, caso não tenham sido possíveis, a motivação do ocorrido; (d) prestar contas; (e) entregar o que tenha recebido, no exercício das funções.

IV – A responsabilidade dos titulares

16 **8. Aspetos gerais.** O 164.º/1 dá parcas indicações sobre o tema. Remete para os estatutos e, no omisso, para o mandato. De novo tem utilidade recorrer aos quadros gerais da responsabilidade dos administradores das sociedades, onde o tema é estudado e aplicado desde o séc. XIX[9]. As regras societárias têm aplicação às pessoas coletivas civis: diretamente ou por analogia.

17 **9. Tipos de responsabilidade**: (a) obrigacional, para com o ente coletivo, por inobservância dos deveres específicos legais ou estatutários que tenham os titulares como destinatários e a pessoa coletiva como sujeiro ativo; presume-se, perante o seu incumprimento, a culpa, nos termos gerais do 799.º[10], podendo o quadro ser completado com recurso às regras sobre o mandato; (b) delitual ou aquiliana, em face da inobservância de deveres gerais de respeito ou de normas de proteção: beneficiam os associados, os credores sociais e os terceiros, quando sejam os destinatários da proteção e desde que ocorra a causalidade.

18 **10. A colegialidade (164.º/2)** domina: os titulares não podem abster-se nas reuniões onde estejam presentes e são responsáveis pelos prejuizos causados com as deliberações, salvo se tiverem manifestado a discordância.

Artigo 165.º (Responsabilidade civil das pessoas coletivas)

As pessoas coletivas respondem civilmente pelos atos ou omissões dos seus representantes, agentes ou mandatários nos mesmos termos em que os comitentes respondem pelos atos ou omissões dos seus comissários.

Bibliografia: António Menezes Cordeiro/A. Barreto Menezes Cordeiro, *Tratado de Direito civil*, IV, 5.ª ed. (2019), 739-744; Manuel de Andrade, *Teoria geral da relação jurídica*, 1 (1960), 125-162; Carlos Alberto da Mota Pinto, *Teoria geral do Direito civil*, 4.ª ed. (2005), 321-325.

Índice

[7] RCb 28-set.-2004 (Monteiro Casimiro), Proc. 29/04.

[8] *Tratado de Direito civil*, XII (2018), 563 ss..

[9] *Vide* o nosso *Direito das sociedades*, 1, 4.ª ed., 873 ss., com indicações doutrinárias e jurisprudenciais.

[10] RLx 8-fev.-2011 (Luís Lameiras), CJ XXXVI (2011) 1, 129-133 (131/II), apelando para as regras do mandato. Não havendo violação dos deveres dos titulares, apenas a pessoa coletiva responde: RPt 3-mar.-2005 (José Ferraz), Proc. 0530330.

I – Origem

1 **1. O anteprojeto Ferrer Correia** propôs, no 7.º (responsabilidade civil da pessoa coletiva por factos ilícitos dos seus representantes)[1]:

> 1.º – As pessoas colectivas respondem civilmente pelos actos e omissões dos seus representantes estatutários, se os ditos factos originarem por si próprios a obrigação de indemnizar e se os representantes tiverem causado o dano no exercício das suas atribuições.
>
> 2.º – As pessoas colectivas respondem civilmente pelos actos e omissões de seus agentes e mandatários, nos mesmos termos em que respondem os comitentes e mandantes por factos de seus comitidos.
>
> 3.º – O representante ou agente responderá solidàriamente com a pessoa colectiva. Satisfazendo esta ao lesado a competente indemnização, terá o direito de regresso contra aquele, na hipótese de haver culpa nas relações internas que assim o justifique. Igual direito assistirá ao agente ou representante contra a pessoa colectiva se a indemnização for por ele satisfeita e se da sua parte não tiver existido culpa que deva responsabilizá-lo nas relações internas.

2 **2. Revisões e Projeto**. Na 1.ª Revisão (124.º)[2], o texto de Ferrer foi acolhido com pequenas alterações. Na 2.ª (165.º)[3], chegou-se ao texto final, que passou ao Projeto[4]: a matéria foi, nessa ocasião, muito amputada.

II – Enquadramento e óbices

3 **3. Lugares paralelos e remissões**. O 165.º é repetido, à letra, pelo 998.º/1, relativo às sociedades civis sob forma civil ou civis puras.

4 O 6.º/5 do CSC usa uma fórmula diferente:

> A sociedade responde civilmente pelos atos ou omissões de quem legalmente a represente, nos termos em que os comitentes respondem pelos atos ou omissões dos comissários.

5 A responsabilidade do comitente consta do 500.º[5], enquanto a do representante deriva do 800.º[6].

6 **4. Crítica geral**. Estas fórmulas e remissões não são satisfatórias: revelam uma área em que a doutrina da personalidade coletiva estava incompleta. Todavia, se forem bem interpretadas, numa linha doutrinária em que é possível inscrever Manuel de Andrade e Oliveira Ascensão, poderemos colocar o Direito civil português dentro dos atuais parâmetros da responsabilidade civil das pessoas coletivas.

7 Numa fase inicial, as pessoas coletivas eram consideradas insuscetíveis de incorrer em responsabilidade civil[7]. Mesmo ultrapassando a ideia da ficção e da não aplicabilidade analógica

[1] António Ferrer Correia, *Pessoas colectivas*, 249-250.
[2] *1.ª Revisão*, 57.
[3] *2.ª Revisão*, 64.
[4] *Projecto*, 47.
[5] António Menezes Cordeiro, *Tratado de Direito civil*, VIII, 601-623.
[6] *Idem*, IX, 3.ª ed., 403-408.
[7] Savigny, *System*, 2, § 94 (310-318).

de normas e realidades ficciosas, quedavam dificuldades de fundamentação: a responsabilidade teria de se basear sempre na culpa; ora a pessoa coletiva não poderia ter culpa. Além disso, foi levantado um segundo obstáculo: sendo a pessoa coletiva "incapaz", ela teria sempre de se fazer representar. E os poderes de representação não se alargariam a atos ilícitos.

8 O primeiro avanço consistiu em estabelecer a responsabilidade civil das pessoas coletivas. Procedeu-se em duas fases: a da responsabilidade contratual e a da responsabilidade delitual ou aquiliana. Quanto à contratual, fácil foi demonstrar que a pessoa coletiva podia não cumprir as suas obrigações; seria injusto ilibá-la, uma vez que isso iria provocar grave desigualdade nos meios económico-sociais. No tocante à aquiliana, a dificuldade era maior. Procedeu-se, então, à utilização do esquema da responsabilidade do comitente. Esta (500.º) originou várias teorias[8], acabando a doutrina por se fixar na do risco: o comitente, por beneficiar de condutas alheias, deveria, também, correr o risco de elas se revelarem danosas: responderia, pois, objetivamente, isto é: mesmo sem culpa.

9 A solução do esquema da imputação ao comitente não era satisfatória: (1) em termos jurídico-científicos, verifica-se que o recurso à imputação do comitente está enfeudado à ideia de pessoa coletiva como "incapaz"; agiria através de comissários ou mandatários, cujos feitos apenas mediatamente se repercutiriam na sua esfera jurídica; (2) em termos práticos, a imputação ao comitente equivale a meter de premeio mais uns quantos requisitos; quer isto dizer que a pessoa coletiva acabaria por, no espaço jurídico-social, ter um tratamento diferenciado (mais favorável) do que as pessoas singulares; imagine-se, por exemplo, que o "representante" não tem culpa ou apresenta uma causa de justificação puramente pessoal: a pessoa coletiva potencialmente beneficiada com a sua atuação não responderia, em virtude do final do 500.º/1. Não pode ser.

10 Passa-se a uma terceira fase: a pessoa coletiva responde diretamente pelos atos ilícitos dos titulares dos seus órgãos, desde que tenham agido nessa qualidade. Esta responsabilidade direta, presente na Alemanha e em França[9], foi defendida por Manuel de Andrade, em termos cuidadosos e convincentes[10]. Um tanto na mesma linha, Ferrer Correia, no seu anteprojeto (7.º) distinguiu a responsabilidade da pessoa coletiva pelos atos e omissões "dos seus representantes estatutários", que era direta e a resultante de atos e omissões "de seus agentes e mandatários", que seguia os meandros da responsabilidade dos comitentes[11]. Infelizmente, esta contraposição perdeu-se nas revisões ministeriais. O 165.º uniformiza, sob a imputação ao comitente, os atos ou omissões dos "representantes, agentes ou mandatários". Deu, assim, azo às confusões subsequentes. Com uma agravante: contagiou as próprias sociedades, como se alcança do 998.º/1 e do 6.º/5 do CSC.

11 Perante o teor literal do 165.º, reforçado, para mais, pelo 6.º/5 do CSC, que fala em "quem legalmente a represente", alguma doutrina tem sido levada a pensar que, para efeitos de responsabilidade civil aquiliana, a pessoa coletiva é um "comitente", sendo o seu órgão um "comissário", de modo a aplicar o artigo 500.º[12]. Concretizam-se os óbices jurídico-científicos e práticos, acima referidos. Há que procurar uma solução alternativa: fácil, de resto, uma vez que beneficiamos da doutrina de Manuel de Andrade e das de outros países, que se viram na situação de fazer evoluir o seu pensamento, na matéria.

[8] *Tratado* VIII, 617 ss..

[9] *Vide* indicações no *Tratado*, IV, 5.ª ed., 742.

[10] Manuel de Andrade, *Teoria geral*, 1, 131 ss. (138 ss.).

[11] Ferrer Correia, *Pessoas coletivas*, 249.

[12] Pires de Lima/Antunes Varela, *Código Civil Anotado*, 1, 4.ª ed., 167-168 e Carvalho Fernandes, *Teoria geral*, 1, 6.ª ed., 616 ss. (619).

III – A responsabilidade direta

5. A **pessoa coletiva** é uma pessoa. Logo, ela pode integrar, de modo direto, "aquele que com 12
dolo ou mera culpa ...", referido no 483.º. A culpa (um juízo de censura!) é-lhe diretamente aplicável: nada tem a ver, na conceção atual, com situações de índole psicológica.

O 165.º[13] não se prende com a responsabilidade das pessoas coletivas por atos dos seus 13
órgãos: antes dos seus representantes (voluntários ou "legais", porquanto nos termos da *lei*[14]) eventualmente constituídos para determinados efeitos, dos seus agentes e dos seus mandatários[15]. E aí já fará sentido apelar para a imputação ao comitente.

6. O sistema dá-nos um argumento sistemático, que depõe no mesmo sentido[16]. O 164.º/1 14
fala em obrigações e responsabilidade dos "titulares dos órgãos das pessoas coletivas": expressão correta, dentro do prisma da "representação" orgânica. Assim, quando o 165.º refere os representantes das pessoas coletivas, não pode querer dizer os mesmos "titulares dos órgãos"; será uma realidade diferente e, designadamente: os representantes voluntários, expressamente escolhidos para a conclusão de um contrato ou para qualquer outro efeito[17].

Apenas nas pessoas coletivas públicas – num preceito cuja constitucionalidade é discutí- 15
vel – a responsabilidade teria de se efetivar com a intervenção do esquema da comissão, dado o teor do 501.º.

7. Os pressupostos. Fixada a doutrina, cabe apontar os pressupostos de aplicação do 165.º. 16
Eles variam, consoante se trate de atos de titulares dos órgãos ou de agentes, representantes ou mandatários.

(1) Atos de titulares de órgãos: a imputação é direta, tudo se passando como se a própria 17
pessoa coletiva agisse. Requer-se: (a) um ato praticado no exercício legítimo de funções; (b) a verificação dos pressupostos da responsabilidade civil: facto, imputação ao agente, ilicitude, culpa, nexo de causalidade e dano; (c) sendo a responsabilidade obrigacional, o incumprimento (facto) gera uma presunção de culpa e de ilicitude (798.º e 799.º); (d) operando, nos termos gerais, as causas de justificação e de excusa.

(2) Atos de agentes, representantes (não-titulares) e mandatários: a imputação ocorre por 18
via do 800.º, na responsabilidade obrigacional e do 500.º, na aquiliana.

8. Ónus da prova: salvo na parcela em que haja presunção de culpa-ilicitude, ele cabe ao lesado 19
que pretenda responsabilizar a pessoa coletiva.

IV – Jurisprudência

9. A **concretização jurisprudencial** do 165.º dá-nos indicações decisivas para o seu enten- 20
dimento. Assim:

> *STJ 3-mai.-1995*: pressuposto da responsabilidade civil da pessoa coletiva pelos atos dos seus representantes, mandatários ou agentes é o de que os atos tenham sido praticados no exercício das suas funções; tal não sucede no caso de imputações ofensivas à honra do lesado[18];

[13] Que não tem correspondente no Código Civil italiano; também aí a responsabilidade das pessoas coletivas é direta.

[14] Como modo de ultrapassar o 6.º/5 do CSC: este preceito é inexplicável, em 1986 (data do Código), tendo a ver com a falta de cuidado na sua revisão.

[15] Tal a posição de Oliveira Ascensão, *Teoria geral*, 1, 2.ª ed., especialmente 275 e 276, que merece aplauso.

[16] Trata-se de uma ideia inicialmente apresentada por Marcello Caetano, *As pessoas coletivas no novo Código Civil português*, O Direito 99 (1967), 85-110 (104) e retomada por Oliveira Ascensão, *Teoria geral*, 1, 2.ª ed., 276.

[17] Alguma jurisprudência – assim STJ 21-abr.-2010 (Alves Velho), Proc. 642/04 – insiste em ignorar esta evolução, mantendo a responsabilidade indireta das pessoas coletivas, isto é, através da comissão. Isso deve-se ao hábito de (apenas) consultar o *Código Anotado* de Pires de Lima/Antunes Varela.

[18] STJ 3-mai.-1995 (Miranda Gusmão), BMJ 447 (1995), 431-440.

REv 6-jul.-1995: uma associação desportiva responde pela utilização, autorizada pelos seccionistas[19];

STJ 10-jul.-1997: a pessoa coletiva pública só responde por um contrato se este tiver sido celebrado por alguém dotado dos necessários poderes[20];

RPt 22-nov.-2001: a pessoa coletiva pública é responsável por atos de gestão privada, nos termos gerais, incluindo por omissão culposa (165.º, 501.º, 483.º e 798.º)[21];

RLx 10-fev.-2004: quem demande uma pessoa coletiva pelo incumprimento de um contrato tem o ónus de provar que o mesmo foi celebrado com quem tinha poderes para o ato[22];

STJ 19-jun.-2008: o nexo que liga os órgãos da pessoa coletiva a esta é de verdadeira organicidade, pelo que agindo o órgão, é a própria pessoa coletiva que age; quando o sócio-gerente de uma sociedade conduz um veículo desta, tudo se passa como sendo a própria sociedade a conduzi-lo[23];

STJ 13-abr.-2011: a responsabilidade civil de pessoas coletivas por atos de representantes, mandatários ou agentes está baseada no risco[24].

Artigo 166.º (Destino dos bens em caso de extinção)

1. Extinta a pessoa coletiva, se existirem bens que lhe tenham sido doados ou deixados com qualquer encargo ou que estejam afetados a um certo fim, o tribunal, a requerimento do Ministério Público, dos liquidatários, de qualquer associado ou interessado, ou ainda de herdeiros do doador ou do autor da deixa testamentária, atribui-los-á, com o mesmo encargo ou afetação, a outra pessoa coletiva.

2. Os bens não abrangidos pelo número anterior têm o destino que lhes for fixado pelos estatutos ou por deliberação dos associados, sem prejuízo do disposto em leis especiais; na falta de fixação ou de lei especial, o tribunal, a requerimento do Ministério Público, dos liquidatários ou de qualquer associado ou interessado, determinará que sejam atribuídos a outra pessoa coletiva ou ao Estado, assegurando, tanto quanto possível, a realização dos fins da pessoa extinta.

Bibliografia: Fernando Pires de Lima/João Antunes Varela, *Código Civil Anotado*, I, 4.ª ed. (1987), 168-170.

Índice

[19] REv 6-jul.-1995 (António Manuel Pereira), CJ XX (1995) 4, 259-261 (260).

[20] STJ 10-jul.-1997 (Almeida e Silva), BMJ 469 (1997), 468-475 (473).

[21] RPt 22-nov.-2001 (Maria Rosa Tching), CJ XXVI (2001) 5, 192-196.

[22] RLx 10-fev.-2004 (Ana Grácio), CJ XXIX (2004) 1, 104-108.

[23] STJ 19-jun.-2008 (Custódio Montes), Proc. 08B1754.

[24] STJ 13-abr.-2011 (Alves Velho), Proc. 642/04.

I – Origem e evolução

1. O anteprojeto Ferrer Correia tratava o destino dos bens das pessoas coletivas de modo disperso. Nas associações, propôs os 50.º (destino dos bens), 51.º (sem epígrafe: se o estatuto for omisso), 52.º (sem epígrafe: na falta de deliberação) e 53.º (sem epígrafe: fim diferente do próprio); nas fundações, o 74.º (destino dos bens), o qual remetia para vários preceitos relativos às associações[1] 1

2. Revisões ministeriais e Projeto: na 1.ª, foi mantida e mesmo completada essa orientação: 144.º, 145.º, 146.º e 164.º[2]. Na 2.ª Revisão, a matéria surge simplificada e reunida num único preceito (168.º), comum às diversas pessoas coletivas[3]. Essa orientação manteve-se no Projeto[4], tendo sofrido pequenas alterações no texto definitivo. 2

3. A versão original de 1966 dispunha[5]: 3

> 1. Extinta a pessoa colectiva, se existirem bens que lhe tenham sido doados ou deixados com qualquer encargo ou estejam afectados a certo fim, a entidade competente para o reconhecimento atribuí-los-á, com o mesmo encargo ou afectação, a outra pessoa colectiva.
>
> 2. Os bens não abrangidos pelo número anterior têm o destino que lhes for fixado pelos estatutos ou por deliberação dos associados, sem prejuízo do disposto em leis especiais; na falta de fixação ou de lei especial, a entidade competente determinará que sejam atribuídos a outra pessoa colectiva ou ao Estado, assegurando, tanto quanto possível, a realização dos fins da pessoa extinta.

4. A reforma de 1977 adaptou o preceito à supressão da necessidade de reconhecimento das associações. O DL 496/77, de 25-nov., no 27.º, deu, ao 166.º, a redação seguinte[6]: 4

> 1. Extinta a pessoa colectiva, se existirem bens que lhe tenham sido doados ou deixados com qualquer encargo ou que estejam afectados a um certo fim, o tribunal, a requerimento do Ministério Público, dos liquidatários, de qualquer associado ou interessado, ou ainda de herdeiros do doador ou do autor da deixa testamentária, atribuí-los-á, com o mesmo encargo ou afectação, a outra pessoa colectiva.
>
> 2. Os bens não abrangidos pelo número anterior têm o destino que lhes for fixado pelos estatutos ou por deliberação dos associados, sem prejuízo do disposto em leis especiais; na falta de fixação ou de lei especial, o tribunal, a requerimento do Ministério Público, dos liquidatários ou de qualquer associado ou interessado, determinará que sejam atribuídos a outra pessoa colectiva ou ao Estado, assegurando, tanto quanto possível, a realização dos fins da pessoa extinta.

5. A reforma de 2012 regressou, em parte, à orientação do anteprojeto. A L 24/2012, de 9-jul., que aprovou a Lei-Quadro das Fundações, deu, ao 166.º, um teor diverso: relativo à publicidade (3.º). Ficou com a redação seguinte[7]: 5

[1] António Ferrer Correia, *Pessoas colectivas*, 266-268 e 276.
[2] *1.ª Revisão*, 66-67 e 74.
[3] *2.ª Revisão*, 64.
[4] *Projecto*, 47.
[5] DG I, n.º 274, de 25-nov.-1966, 1899/II-1900/I.
[6] DG I, n.º 273, de 25-nov.-1977, 2818-(12)/II.
[7] DR 1.ª série, n.º 131, de 9-jul.-2012, 3551/I. A anotação a este preceito consta de Fátima Gomes, *UCP/Comentário*, 361-363.

1. São aplicáveis às pessoas coletivas reguladas neste capítulo as disposições legais referentes às sociedades comerciais, no tocante à publicação da respetiva constituição, sede, estatutos, composição dos órgãos sociais e ainda relatórios e contas anuais, devidamente aprovados, bem como os pareceres dos respetivos órgãos de fiscalização.

2. O ato de constituição, os estatutos e as suas alterações não produzem efeitos em relação a terceiros enquanto não forem publicados nos termos do número anterior.

6 O destino dos bens foi, quanto às fundações, remetido para o 12.º da Lei-Quadro. As associações passaram a uma lacuna.

7 **6. A reforma de 2015** – L 150/2015, de 10-set., que alterou a LQF – repôs o sentido inicial do preceito, dando-lhe a redação hoje em vigor[8]. Distingue-se da de 1977, fundamentalmente, por explicitar as legitimidades para se requerer sobre o destino dos bens. Quanto à publicidade, que a reforma de 2012 colocara no 168.º: ela passou, em 2015, para o 168.º, quanto às associações e para o 185.º, quanto às fundações.

8 Flutuações legislativas deste tipo, sem estudos prévios e sem corresponder a opções de fundo, devem ser evitadas: só complicam o conhecimento e a exposição do Direito vigente.

II – **Doações ou deixas com encargos (166.º/1)**

9 **7. A previsão legal** do 166.º/1 opera perante bens que tenham sido doados à pessoa coletiva com qualquer encargo ou que lhe tenham sido deixados, também com encargo. No primeiro caso, estamos em face de uma doação modal (963.º/1); no segundo, de uma instituição de herdeiro ou de uma nomeação de legatário, com encargo (2244.º). Ao aceitar seja a doação, seja a deixa, a pessoa coletiva assume o encargo ou o compromisso de afetar os bens a certo fim (o que também é, tecnicamente, um encargo). O legislador entendeu dispor para a hipótese da extinção da pessoa beneficiária.

10 **8. O destino dos bens** é decidido pelo tribunal. Anteriormente era possível fazer intervir a entidade competente para o reconhecimento: após a reforma de 1977, queda o juiz. Este irá atribuí-los, com o mesmo encargo ou afetação, a outra pessoa coletiva. Não sendo possível manter a mesma situação, haverá que procurar a mais próxima possível, por interpretação extensiva do final do 166.º/1: esse é o espírito da lei, para além da sua letra.

11 **9. A legitimidade** para requerer o novo destino é atribuída ao MP, aos liquidatários, a qualquer associado ou interessado ou aos herdeiros do doador (ou, *a fortiori*, ao próprio doador, quando vivo) ou do autor da deixa testamentária. Havendo conflito entre alguns deles, a solução é encontrada pelo juiz, nos termos da lei do processo, abaixo transcrita.

III – Bens livres (166.º/2)

12 **10. A autonomia privada** prevalece na hipótese de bens não-onerados, quando pertençam a uma pessoa coletiva que se extinga: eles têm o destino fixado nos estatutos ou por deliberação dos sócios, salvo lei especial (166.º/2, 1.ª parte).

13 **11. A intervenção do tribunal** é necessária na falta de fixação de tal destino: os bens são atribuídos a outra pessoa coletiva ou ao Estado, assegurando, quanto possível, os fins da pessoa extinta.

14 **12. A legitimidade** para requerer a medida é atribuída ao MP, aos liquidatários ou a qualquer associado ou interessado, seguindo-se, também aqui, a lei do processo.

[8] DR 1.ª série, n.º 177, de 10-set.-2015, 7533/I.

IV – O procedimento (1078.º a 1081.º do CPC)

13. O processo de jurisdição voluntária relativo à atribuição de bens de pessoa coletiva 15
extinta consta do capítulo XVI do título XV do livro V do CPC, atinente aos processos especiais. Transcrevemos os competentes preceitos:

Artigo 1078.º
Processo de atribuição dos bens

Quando, nos termos do artigo 166.º do Código Civil, se torne necessário solicitar ao tribunal a atribuição ao Estado ou a outra pessoa coletiva de todos ou de parte dos bens de uma pessoa coletiva extinta, o processo segue os termos descritos nos artigos seguintes.

Artigo 1079.º
Formalidades do requerimento

1. O requerimento é acompanhado de todas as provas documentais necessárias e indica um projeto concreto de determinação do destino dos bens a atribuir.

2. Ao requerimento é dada publicidade por anúncio num dos jornais mais lidos da localidade onde se encontre a sede da pessoa coletiva e pela afixação de editais na mesma e na porta do tribunal.

Artigo 1080.º
Citações

1. São citados para se pronunciarem, no prazo de 20 dias, a contar da última citação:

a) O Ministério Público, se não for o requerente;

b) Os representantes da pessoa coletiva a quem se propõe a atribuição dos bens, salvo o disposto no n.º 2 deste artigo;

c) Os liquidatários da pessoa coletiva extinta, se os houver e não forem os requerentes;

d) O testamenteiro ou testamenteiros do autor da deixa testamentária, se existirem e forem conhecidos.

2. Sendo o Ministério Público o requerente e propondo a atribuição dos bens ao Estado, não há lugar à citação de qualquer outro representante deste.

3. Qualquer pessoa que prove interesse legítimo, mesmo moral, na causa pode nela intervir.

Artigo 1081.º
Decisão

1. O juiz procede às diligências que entender necessárias e em seguida decide.

2. Na decisão, o juiz pode impor os deveres, restrições e cauções que entender necessários para assegurar a realização dos encargos ou fins a que os bens estavam afetos.

3. Da decisão cabe sempre recurso, com efeito suspensivo.

Secção II – Associações

Artigo 167.º (Ato de constituição e estatutos)

1. O ato de constituição da associação especificará os bens ou serviços com que os associados concorrem para o património social, a denominação, fim e sede da pessoa coletiva, a forma do seu funcionamento, assim como a sua duração, quando a associação se não constitua por tempo indeterminado.

2. Os estatutos podem especificar ainda os direitos e obrigações dos associados, as condições da sua admissão, saída e exclusão, bem como os termos da extinção da pessoa coletiva e consequente devolução do seu património.

Bibliografia: António Menezes Cordeiro/A. Barreto Menezes Cordeiro, *Tratado de Direito civil*, IV, 5.ª ed. (2019), 791-818; Fernando Pires de Lima/João Antunes Varela, *Código Civil Anotado*, I, 4.ª ed. (1987), 170; Fátima Gomes, *UCP/Comentário ao Código Civil* (2014), 363-365; Luís A. Carvalho Fernandes, *Teoria geral do Direito civil*, I, 6.ª ed. (2012), 565-571; Manuel de Andrade, *Teoria geral da relação jurídica*, 1 (1960), 92-113.

Índice

I – Origem e evolução

1 **1. O anteprojeto Ferrer Correia** preconizou[1]:

1.º – O acto constitutivo das associações deverá especificar, além dos bens e serviços com que os vários associados concorrem para o património social, a denominação, escopo e sede da pessoa colectiva, assim como a duração, caso não se constitua por tempo ilimitado.

2.º – O estatuto deverá conter as regras respeitantes à administração e ao funcionamento da pessoa colectiva. Pode especificar também os direitos e obrigações dos associados, as condições da sua admissão, saída e exclusão, e as normas relativas à dissolução e liquidação do ente, bem como à devolução do seu património.

Em tudo o omisso, regem as disposições dos artigos subsequentes.

3.º – O acto constitutivo e o estatuto podem constar do mesmo instrumento.

[1] António Ferrer Correia, *Pessoas colectivas*, 253.

2. **Revisões ministeriais e Projeto**. A 1.ª Revisão introduziu algumas alterações (126.º)[2]; a 2.ª (167.º)[3] conferiu, ao preceito, a sua redação definitiva: através do Projeto (167.º)[4], passou ao texto promulgado. 2

II – Características gerais

3. **Um tipo básico**. A Lei não define associação: deve ser captada doutrinariamente, através das suas características: um ponto relevante, uma vez que ela constitui o tipo básico de pessoa coletiva corporacional. 3

4. **Os elementos**. (a) **Pessoal**: dois ou mais associados que, salvo cláusula em contrário, irão integrar a assembleia geral; a pluralidade é necessária para a constituição; mas pode haver unipessoalidade superveniente, como inferimos do 182.º/1, *d*). O elemento pessoal permite distinguir as associações das fundações. 4

(b) **Organização**: assembleia geral, administração e conselho fiscal, além dos demais elementos que, obrigatoriamente, devam constar dos estatutos; podem ser previstos órgãos facultativos[5], desde que não retirem aos "legais", competências obrigatórias. 5

(c) **Património**: resultante de bens e serviços aportados pelos associados ou adquiridos por outra forma; o património associativo responde pelas dívidas da associação, sem qualquer responsabilidade dos associados, numa situação de total segregação. 6

(d) **Fim**: não deve ser, basicamente, lucrativo, embora nada impeça que obtenha lucros (incluindo comerciais) para afetar à prossecução dos seus objetivos. 7

(e) **Conformação**: adotam a forma de associação, com uma denominação a condizer e adquirem personalidade seguindo a tramitação prevista na lei; este elemento acaba por ser determinante, podendo, pelo menos teórica e temporariamente, suprir a falta de qualquer (ou quaisquer) dos outros. 8

III – Ato constitutivo e estatutos

5. **A constituição** das associações opera por contrato entre os associados fundadores[6]. Tal contrato deve ser celebrado por escritura pública (158.º/1 e 168.º/1), salvo o regime especial da constituição imediata, introduzido pela L 40/2007, de 24-ago. e abaixo referido. Nos termos do 54.º/1, do RNPC, na redação dada pelo DL 247-B/2008, de 30-dez., os atos de constituição de pessoas coletivas devem fazer menção ao certificado de admissibilidade da denominação. Esse certificado corresponde a um documento, emitido pelo RNPC, que ateste a sua regularidade (45.º/1, do RNPC). 9

6. O **certificado de admissibilidade** pode ser pedido pessoalmente, pela *Net* ou por correio (46.º/1). O pedido feito prevalece por ordem de antiguidade (50.º/1, ambos do RNPC). Obtido o certificado de admissibilidade da designação, ele tem os efeitos seguintes: (1) obriga os interessados ulteriores, na mesma denominação ou noutra que, com ela, se confunda, a procurar uma diversa solução; (2) permite a celebração do pacto constitutivo ou, sendo esse o caso, a sua alteração (54.º/1 e 2); (3) limita a ampliação do objeto associativo às atividades contidas no objeto declarado no certificado de admissibilidade (54.º/4, todos do RNPC, na redação atual). 10

[2] *1.ª Revisão*, 58.
[3] *2.ª Revisão*, 65.
[4] *Projecto*, 47.
[5] RLx 22-nov.-2011 (Rui Vouga), Proc. 1222/09.
[6] Aquando da constituição de uma associação, os estatutos permitem, por vezes, que os aderentes até determinada data usem, igualmente, o título de "fundadores".

11 Pelo RNPC, é atribuído, em conjunto com o certificado de admissibilidade, um número provisório de identificação; após a escritura ou equivalente no caso das associações, o RNPC atribui um número de identificação definitivo: o NIPC ou número de identificação de pessoa coletiva (15.º e 13.º/1, do RNPC, na redação atual).

12 **7.** A lei distingue o **ato de constituição** e os **estatutos** (168.º/1.º). O 167.º/1 e 2 parece mesmo contrapor o que deveria constar de um e dos outros. Assim: (1) o ato de constituição mencionaria os bens ou serviços com que os associados concorressem para o património social, a denominação, fim e sede da pessoa coletiva, a forma do seu funcionamento e a sua duração, quando a associação não se constituísse por tempo indeterminado[7]; (2) os estatutos poderiam especificar ainda os direitos e obrigações dos associados, as condições da sua admissão, saída e exclusão, bem como os termos da extinção da pessoa coletiva e consequente devolução do seu património.

13 No anteprojeto Ferrer Correia, dispunha-se expressamente que o ato constitutivo e "o estatuto" poderiam constar do mesmo documento[8]. A regra desapareceu na versão final do Código; todavia, nada impede que o ato constitutivo e os estatutos constem de um único documento[9]: basta que se mostrem reunidos os requisitos de forma e de substância. Quando haja dois documentos, os elementos necessários elencados como devendo pertencer ao ato constitutivo podem ser deslocados para os estatutos? Aparentemente e numa interpretação literal, isso não seria possível. Contudo, verifica-se que o 167.º/1, entre os elementos que deveriam constar do ato constitutivo, inclui "... a forma do seu funcionamento ...". Este elemento abrange o essencial das rubricas que animam os estatutos de associações e sociedades: assembleias gerais, administrações, modo de representação e fiscalização[10]. Não parece haver substância para esvaziar os estatutos, incluindo tal matéria no ato constitutivo e, muito menos: para invalidar uma associação, quando os elementos do 167.º/1 (e, especialmente, a forma do seu funcionamento) apareçam nos estatutos e não no ato constitutivo. Resta concluir que os elementos necessários do 167.º/2 devem ocorrer nalgum lugar, sendo indiferente que o façam no ato constitutivo ou nos estatutos[11].

14 **8. Aspetos instrumentais**. O funcionamento de uma associação implica uma declaração de início de atividade, junto da Repartição de Finanças competente. Caso a associação pretenda celebrar contratos de trabalho, deve inscrever-se na segurança social como empregadora e fazer a prévia comunicação relativa aos concretos trabalhadores que pretenda empregar. Deve, ainda, exibir um título bastante relativo à sede, de modo a poder celebrar, com referência a esse local, os contratos de fornecimento de eletricidade, água, telefone ou outros.

15 **9. A constituição imediata**. Em 2005 e 2006, foram publicadas sucessivas reformas que visaram simplificar a constituição, as vicissitudes e a extinção das sociedades comerciais. As associações não foram logo visadas, mantendo-se um complexo sistema em vigor. Cabia ao Ministério da Justiça apronta, com eficácia, as necessárias revisões legais. Estas foram aprovadas em Con-

[7] A referência à duração só é necessária quando a associação não se constitua por tempo indeterminado: RLx 21-out.-1999 (Francisco Marcolino de Jesus), BMJ 490 (1999), 312-313 (312/II).

[8] 16.º/3; Ferrer Correia, *Pessoas coletivas*, 253.

[9] Pires de Lima/Antunes Varela, *Código Civil Anotado*, 1, 4.ª ed., 170.

[10] No anteprojeto Ferrer Correia, 16.º/2, 1.ª parte, "o estatuto deverá conter as regras respeitantes à administração e ao funcionamento da pessoa coletiva" – *Pessoas coletivas*, 253. A razão por que esta regra passou para o ato constitutivo, no decurso das revisões ministeriais, é desconhecida.

[11] Pires de Lima/Antunes Varela, *Código Civil anotado*, 1, 4.ª ed., 170, reportam, aliás, aos estatutos toda a matéria do artigo 167.º/1.

selho de Ministros, nos finais de 2006, sendo adotadas pelo Parlamento como L 40/2007, de 24-ago., depois alterada pelo DL 247-B/2008, de 30-dez..

16 O regime especial de constituição imediata de associações não se aplica aos partidos políticos, às pessoas coletivas "religiosas", às associações sócio-profissionais de militares e de agentes das forças de segurança, às associações de empregadores, às associações sindicais, às comissões de trabalhadores e às associações humanitárias de bombeiros (1.º/2, da L 40/2007, de 24-ago.). Também não se aplica quando os interessados concorram, para o património social, com imóveis (1.º/3). O regime especial aqui em causa pressupõe que (2.º): (1) os interessados optem por uma denominação de fantasia previamente criada a favor do Estado ou apresentem um certificado de admissibilidade da denominação acolhida, emitido pelo RNPC; (2) elejam um modelo de estatutos aprovado pelo Instituto dos Registos e do Notariado, IP.

17 A aplicação do regime cabe às conservatórias ou outros serviços previstos em portaria do Governo[12] e isso independentemente da área da sede da associação a constituir (3.º). O prazo da tramitação é rápido: o processo deve-se iniciar e concluir no mesmo dia, em atendimento presencial único (4.º). Os interessados manifestam o seu pedido no serviço competente e optam pela denominação e pelos estatutos, de acordo com os modelos disponíveis (5.º). Apresentam os documentos comprovativos da sua identidade e dos seus poderes de representação e podem, desde logo, proceder à entrega de declaração de início de atividade, para efeitos fiscais ou à indicação dos dados que permitam a sua entrega por via eletrónica (6.º/1 e 2).

18 A sequência do procedimento, a cargo dos serviços, consta do 7.º da L 40/2007, em nove alíneas. Uma vez concluído, o serviço competente entrega, a título gratuito, aos interessados, uma certidão do ato constitutivo e dos estatutos [11.º, *a*)]. Subsequentemente, o serviço (o 12.º fala, então, em "conservatória") efetua diversas diligências, de modo a prevenir todas as entidades competentes. Segundo o preâmbulo da P 229/2010, de 23-abr., nessa data, já haviam sido constituídas, por este procedimento, 2525 associações: uma pequena revolução burocrática, permitida pelos modernos meios informáticos.

IV – A posição dos associados

19 **10.** Os **direitos e deveres** dos associados não constam do Código. Este limita-se, no 167.º/2, a dizer que podem ser especificados pelos estatutos. Com base na doutrina e na prática associativa comum, é possível indicar as obrigações e os direitos típicos. A matéria é dominada pela contraposição entre direitos gerais e direitos especiais dos associados. São gerais aqueles que assistam, por igual, a todos os associados; os especiais são conferidos pelos estatutos a algum ou alguns sócios[13]. Quanto a direitos próprios de classes de associados: serão gerais ou especiais consoante surjam globalmente, para quem se encontre em certas circunstâncias, dependendo da manutenção dos estatutos ou, pelo contrário, emerjam de específicas disposições dirigidas a certos associados, disposições essas que apenas com o consentimento dos próprios possam ser modificadas ou suprimidas[14].

20 **11.** Nos **direitos gerais** dos associados, podemos distinguir: (1) direitos participativos; (2) direitos de desfruto de benefícios associativos; (3) direitos honoríficos e designativos.

[12] Têm sido publicadas diversas portarias a alargar competência para a "associação na hora"; *vide* a P 229/2010, de 23-abr., que dá conta de, nessa data, haver já 116 postos de atendimento habilitados.

[13] O 170.º/2, *in fine*, quando ressalva "os direitos fundados no ato de constituição", tem em vista esta categoria de direitos.

[14] Correspondem aos direitos especiais dos sócios, previstos no artigo 24.º do CSC.

21 (1) Os **direitos participativos** envolvem: (a) o de participar na assembleia geral, opinando e exercendo o direito de voto; (b) o de solicitar informações à administração e a outros órgãos; (c) o de aceder às instalações associativas e de, aí, consultar documentos e obter informações; (d) o de ser eleito para os órgãos sociais.

22 Os estatutos podem delimitar estes direitos, sujeitá-los a regulamentos ou à administração ou, até e em certos casos em que não esteja em causa a função de associações de interesse público ou de associações a que a lei atribua prerrogativas especiais, suprimi-los[15]. Não o fazendo, eles têm aplicação. O direito à informação e o direito ao acesso são corolários do direito ao voto: não faz sentido reconhecer-se este sem atribuir os meios para um exercício consciente.

23 (2) Os **direitos de desfruto** de benefícios associativos dependem da natureza da associação de que se trate. Podem abranger vantagens puramente internas – p. ex., utilizar campos de golfe, de ténis, piscinas, bibliotecas ou restaurantes, de acesso limitado a associados, ou fazê-lo com descontos ou em condições preferenciais – ou vantagens exteriores – p. ex., incluir listas de candidatos a deputados, ou participar em certames com outras associações ou, simplesmente, em desfiles ou competições reservadas a associados. Também estes direitos podem ser delimitados pelos estatutos ou por regulamentos para que estes remetam.

24 (3) Os **direitos honoríficos e designativos** redundam na possibilidade reconhecida aos associados de certas associações de usarem o inerente título ou de exibirem os respetivos sinais distintivos ou insígnias. No caso de associações de grande prestígio (ou, em qualquer caso, quando o associado tenha esse apreço) pode tratar-se de uma dimensão importante. Por vezes fala-se, a propósito deste acervo, em "direitos associativos morais".

25 **12. Obrigações dos associados.** Podemos distinguir: (1) obrigações contributivas; (2) obrigações participativas; (3) deveres acessórios.

26 (1) **Contribuições.** O 167.º/1 dispõe que o ato de constituição "... especificará os bens ou serviços com que os associados concorrem para o património social". Poderia parecer um elemento essencial – o que não é o caso. Em regra, os associados devem contribuir: quer no momento da adesão (jóia), quer, depois disso, periodicamente (quota). A contribuição pode sê-lo em serviços (associado de indústria). Além disso, os estatutos ou regulamentos que deles decorram podem prever outras contribuições dos associados: em certas ocasiões ou como contrapartida de determinadas vantagens.

27 (2) As **obrigações participativas** prendem-se com imposições estatutárias de participação: nos órgãos associativos, nas atividades correntes ou em certas eventualidades. Os estatutos de algumas associações fazem depender, do acatamento destes vetores, o desfruto de regalias associativas; surgem, nessa altura, como encargos.

28 (3) Os **deveres acessórios** decorrem da boa-fé. À partida, eles adstringem os associados a manter uma postura conforme com a sua posição, não prejudicando a imagem ou os interesses da associação e não atentando contra os outros associados, nessa qualidade. Por vezes, os estatutos especificam aspetos daqui decorrentes. Quando não o façam, eles retiram-se da regra geral do 762.º/2, podendo cristalizar em deveres de lealdade, de assistência, de sigilo, de não-concorrência e de não-aproveitamento de oportunidades abertas pela associação. Caso a caso haverá que aferir da sua conformação.

29 **13. O igual tratamento** poderia ter aplicação. Mas não linearmente. Estamos no campo do Direito privado. O princípio da igualdade exerce-se contra o Estado. Não contra particulares:

[15] Pense-se nos denominados "sócios honorários" de certas associações, a quem não é reconhecido o direito de voto.

estes têm o direito de assumir preferências e predileções, que mal ficaria vir cercear. Certas associações desempenham, porém, funções do Estado ou, mais simplesmente, funções de utilidade pública. Nesses casos, devem observar o princípio do igual tratamento, sob pena de perderem essas suas prerrogativas[16].

Fora desses circunstancialismos e nos limites do 280.º, os particulares podem prever os 30
figurinos que entenderem, nos seus estatutos. A eventuais cláusulas diferenciadoras, não é possível opor o princípio da igualdade[17], oponível ao Estado, nem o da liberdade de associação. Este último pode ser invocado pelos partidários da "diferenciação": ninguém fica obrigado a associar-se.

A igualdade de tratamento tem, todavia, uma projeção útil, operativa e da maior impor- 31
tância: a da proibição de arbítrio. Na atuação da associação e, particularmente, na postura desta e dos seus órgãos perante os associados, não podem ser adotadas posições que não tenham cobertura legal ou estatutária. Em suma: o modo coletivo de funcionamento do Direito implica, sempre, o respeito por este e pela sua Ciência.

Uma solução diferenciadora comum consiste em prever diversas categorias de associados, 32
com direitos e deveres próprios. Tal pode ocorrer com base nos mais variados critérios e, designadamente: (1) na qualidade de fundador ou associado subsequente; (2) no tratar-se de associado singular ou coletivo; (3) na antiguidade do associado; (4) no tipo de serviços que preste ou de necessidades que aparente; (5) nas habilitações que exiba. Outras soluções são possíveis: em rigor todas as que a lei não proíba, uma vez que estamos no domínio da autonomia privada.

14. Número mínimo. A lei portuguesa não o prevê. Terá de haver mais do que um, para outor- 33
gar o contrato constitutivo. Para além disso, o 182.º/1, *d*), prevê a extinção da associação pelo falecimento de todos os associados. Haverá outras regras?

Alguns autores tentam vias indiretas, na base do número de associados necessário para 34
integrar os órgãos associativos. Assim, dada a regra da natureza colegial dos órgãos, teríamos de contar, pelo menos, três associados para a administração e outros três para o conselho fiscal[18] (hoje: um): chegaríamos, assim, ao mínimo de seis pessoas[19]. Esta via não é aproveitável: nada na lei obriga a que esses órgãos sejam preenchidos com associados. Pelo contrário: a importância de algumas associações e a sua envergadura recomenda vivamente que se recrutem gestores e fiscais profissionais: não têm de ser membros da associação, sendo mesmo indicado, em certos casos, que o não sejam.

Pode-se fazer intervir, por analogia, o 1007.º, *d*): seis meses para reconstituir a pluralidade 35
de sócios, sob pena de extinção da sociedade, reduzida a um sócio único[20]. Temos defendido a possibilidade de, às associações, aplicar por analogia regras relativas a sociedades. Ora o moderno Direito das sociedades admite a unipessoalidade como situação normal e regular[21]. Não vemos nenhuma razão para, sem qualquer lei expressa, vedar a unipessoalidade no Direito civil. Pelo contrário: o 182.º/1, *d*), ao prever a extinção da sociedade pelo falecimento de *todos* os associados, deixa a porta claramente aberta a que a mesma se mantenha, apenas com um.

[16] *Vide* exemplos no *Tratado* IV, 5.ª ed., 808.

[17] Assim, em RLx 22-nov.-2011 (Rui Vouga), Proc. 1222/09, admitiu-se o voto plural.

[18] Hans-Ewald Hörster, *A parte geral*, 2.ª ed., 443-444 e José de Oliveira Ascensão, *Teoria geral*, 1, 2.ª ed., 301.

[19] Luis A. Carvalho Fernandes, *Teoria geral*, 1, 6.ª ed., 630, acrescenta uma sétima: o presidente da assembleia geral.

[20] Oliveira Ascensão, *Teoria geral*, 1, 2.ª ed., 301.

[21] *Vide* os 270.º-A e seguintes do CSC, aditados pelo DL 257/96, de 31-dez. e os 488.º/1 e 489.º/2, *c*) e 3, do mesmo Código.

36 A manutenção, ainda que provisória, de uma associação sem qualquer associado não parece possível, ao contrário do que sucede com as sociedades comerciais[22]. O 182.º/1, *d*), parece apontar para uma extinção automática.

37 **15. Ingresso, saída e exclusão.** (1) O **ingresso** de pessoas, como membros, numa associação pode ser: (a) inicial, quando se trate de entidades que tenham outorgado no ato constitutivo ou que os estatutos, *ab initio*, enumerem como associadas; (b) superveniente, pela adesão à sociedade. A adesão tem natureza contratual: depende de uma proposta, feita pelo próprio interessado, pela associação através da administração ou da assembleia geral, *motu proprio* ou por iniciativa de algum ou alguns associados, conforme o previsto nos estatutos. As condições de admissão constam dos estatutos (167.º/2). Certas associações não podem condicionar a admissão de novos associados, desde que reúnam os pressupostos mínimos: isso depende, porém, de leis a tanto dirigidas. Na falta de tais leis, os estatutos são soberanos, nos limites do artigo 280.º. Designadamente: a admissão de associados pode depender de uma decisão discricionária, da direção ou da assembleia geral.

38 (2) A **saída** de um associado corresponde à sua retirada voluntária. Em princípio, tal retirada é livre, ainda que com as consequências do 181.º: o desistente não tem o direito a reaver as quotizações que haja pago[23] e perde o direito ao património social; todavia, mantém-se responsável por todas as prestações relativas ao tempo em que foi membro da associação. A possibilidade de desistência corresponde a uma manifestação de liberdade de associação e traduz sempre uma porta de segurança perante qualquer degradação da vida interna da associação. Os estatutos podem condicionar a saída a pré-avisos ou a prestações suplementares: mas sempre sem impedir a sua efetividade prática.

39 (3) A **exclusão** de um associado equivale à extinção dos seus direitos associativos, por decisão da associação: seja da administração, seja da assembleia geral. A lei é omissa. No silêncio dos estatutos, admitimos que a exclusão possa operar por aplicação analógica do 1003.º: será um *minimum*. Os estatutos podem prever outras causas de exclusão ou afastar as do 1003.º: estamos no domínio do disponível e ninguém é obrigado a aderir a nenhuma associação, caso os esquemas de exclusão não convenham. A exclusão pode ser aplicada em termos disciplinares, quando essa faculdade tenha sido estatutariamente consignada.

40 Como corolário natural de livre entrada e saída de associados, as associações apresentam um número variável de membros. Os estatutos podem prever limites máximos ou mínimos (ou fixos) para a massa associativa: vedando entradas para além de certo número e enquanto não houver vagas ou impondo a dissolução quando o número de associados baixe aquém de certa cifra.

41 O 180.º dispõe a natureza pessoal da qualidade de associado: veja-se a competente anotação.

42 **16. O poder disciplinar associativo.** As associações postulam, por vezes, organizações complexas e bastante variadas. Há uma lógica de grupo, com regulamentos a observar e códigos de conduta internos e externos. Surgem, ainda, regras técnicas e situações de sujeição a instruções: pense-se, por exemplo, numa associação de tipo partidário ou de tipo desportivo. Os deveres

[22] *Vide* António Menezes Cordeiro, *Sociedades de ninguém e sociedades sem sócios*, RDS 2019.

[23] Esta regra pode, sem dificuldade, ser alargada a outras importâncias, como as correspondentes a jóias; quanto a cauções: sendo meras garantias, elas serão, em princípio, restituídas, desde que asseguradas as posições que visavam garantir.

de conduta cuja observância seja requerida aos associados devem, em nome de uma eficácia mínima, ser acompanhados pela aplicação de sanções, por parte da associação.

A lei civil apenas refere a eventualidade da exclusão: 180.º. Esta constitui, perante a lógica 43
privatística, a sanção mais grave aplicável por entidades privadas. Infere-se, daqui, que outras sanções, menos graves, são possíveis[24]. Encontramos a ideia de poder disciplinar: a faculdade que as associações tenham de aplicar sanções aos seus associados: um instituto a não confundir com o poder disciplinar que as associações, enquanto entidades patronais, tenham sobre os seus trabalhadores ou sobre as pessoas que lhes estejam tecnicamente subordinadas.

O poder disciplinar deve estar previsto nos estatutos. Estes podem regulá-lo expressamen- 44
te ou remeter para um regulamento adequado, a aprovar pela assembleia geral (solução supletiva) ou pela administração. O poder disciplinar não pode ser exercido em termos arbitrários: uma decorrência do princípio de igual tratamento, acima referenciado.

Perante uma infração disciplinar, cabe à associação desencadear a aplicação das sanções. 45
Será competente o órgão estatutariamente indicado. Normalmente, os estatutos que preveem o poder disciplinar remetem o seu exercício para um órgão adequado: conselho de disciplina ou comissão disciplinar. Nada dizendo, recai a inerente competência na assembleia geral, que concentra todas as funções residuais, isto é: não atribuídas a outros órgãos (172.º/1).

A proibição de arbítrio leva a que as sanções disciplinares sejam aplicadas dentro de certas 46
regras. Designadamente: antes de qualquer sanção, deve ser comunicado ao visado o facto ou factos de que ele é acusado, dando-se oportunidade de se defender. No fim, qualquer decisão deve ser justificada. Podemos isolar, no exercício do poder disciplinar associativo, os seguintes momentos: (1) a iniciativa disciplinar: pode competir ao órgão de disciplina, à administração ou à assembleia geral; equivale à indicação do agente acusado e da matéria relevante, fazendo-se prosseguir o processo; (2) processo disciplinar: simples ou complexo, terá de haver sempre uma fase de acusação e de instrução, com a audição do acusado; (3) eventualmente, o associado poderá ser suspenso preventivamente do exercício dos seus direitos: explicando-se porquê e ouvindo-o, subsequentemente; (4) a fixação dos factos: concluída a instrução, há que indicar os considerados apurados; (5) a aplicação da sanção. Os estatutos não podem prever, apenas, a aplicabilidade de sanções, sem qualquer justificação. A hipótese de alguém aderir a uma associação contribuindo para ela com bens ou serviços e, depois, colocar-se totalmente nas mãos dela, admitindo uma exclusão *ad nutum*, equivaleria à constituição de obrigações naturais sem base legal. A proibição de renúncia antecipada aos direitos do credor (809.º) e de doação de bens futuros (942.º/1) impedem-no.

Questão diversa é a de saber se, perante o exercício do poder disciplinar associativo, há 47
recurso para os tribunais do Estado. Depende. Se os estatutos nada disserem, o recurso impõe-se. Nos termos gerais, ele basear-se-á na violação de direitos atingidos pela decisão disciplinar em jogo. Quando os estatutos vedem qualquer recurso aos tribunais do Estado, essa cláusula é, em princípio, válida: os direitos associativos são direitos disponíveis, dentro dos limites dos bons costumes e da ordem pública.

As sanções aplicáveis são as previstas nos estatutos ou no regulamento. Nada se dizendo, 48
só são possíveis duas sanções: (1) a interpelação ou aviso de que tem obrigações por cumprir; (2) a exclusão. Podem os estatutos prever sanções pecuniárias ou multas: terão a natureza de

[24] *Vide* uma enumeração de possíveis sanções em RLx 15-dez.-2005 (Natalino Bolas), CJ XXX (2005) 5, 167--169 (168/II).

cláusulas penais, designadamente na versão compulsória e sendo-lhes aplicável o 812.º. Também se podem prever penas de suspensão, de duração variável: são um *minus*, em relação à exclusão. No sector desportivo, há que contar com regras próprias e, designadamente, as que preveem uma instância de recurso, dentro da própria orgânica associativa[25]. Também as associações públicas dispõem de regras disciplinares específicas, legalmente consignadas.

49 A natureza do poder disciplinar associativo tem sido discutida. Frente a frente, duas grandes orientações: (1) a teoria da pena; (2) a teoria negocial. Segundo a teoria da pena, o poder disciplinar das associações derivaria da efetiva assunção, por estas, do poder de punir os seus membros, como forma de melhor realizar os seus fins. No fundo, trata-se de uma orientação de cariz institucionalista, que remonta às conceções organicistas e às que descobrem ordenamentos "intermédios", para além do do Estado. A teoria da pena evoluiu para uma ideia de "poder disciplinar" distinto da cláusula penal e exercido, como tal, pela associação. Tal poder implicaria a formulação de um juízo de desvalor sobre o associado. A teoria negocial apresenta o poder disciplinar numa articulação entre cláusulas penais e o poder de denunciar a relação duradoura em que se traduzem os direitos associativos. Tal poder teria de assentar num motivo justificado ou justa causa.

50 Multiplicam-se as intervenções legislativas que reconhecem o poder disciplinar a diversas entidades: desde associações públicas até entidades de utilidade pública, com relevo mediático para as federações desportivas. Quando isso suceda, estamos perante regras de delegação do Estado, que conferem às entidades visadas um verdadeiro e próprio poder disciplinar, com a faculdade de censurar as condutas dos intervenientes. Pelo contrário, em face de associações inteiramente privadas, que apenas no plano estatutário encontrem base para o poder disciplinar, a explicação terá de ser negocial. Mau grado essa base jurídico-positiva, nada impede que sejam prosseguidos fins de prevenção, geral e especial, de acordo com as clássicas finalidades das penas.

51 **17. O *status* de associado**. Os direitos associativos correspondem a um acervo complexo. À partida, dão lugar a uma relação duradoura entre o associado e a associação. Dessa relação derivam direitos e deveres mútuos e, ainda, posições absolutas a respeitar por todos: têm cobertura delitual ou aquiliana. O conteúdo envolvido comporta situações diversificadas: prestações pecuniárias ou de *dare* variadas; prestações de *facere*; sujeições. Lado a lado, podem ocorrer atuações de tipo pessoal e ações indiferenciadas. A mera presença do associado pode ser decisiva ou indiferente. A atuação deste pode ser puramente interior ou exterior. Há ocorrências patrimoniais e não patrimoniais, incluindo a eventual sujeição ao poder disciplinar.

52 Usa-se a locução "direitos associativos". Trata-se, porém, de um conjunto complexo que transcende largamente a figura dos (meros) direitos subjetivos. Teremos de recorrer à ideia de "condição ou estado de associado" ou *status*: o conjunto das posições complexas que integram a sua situação jurídica. O facto de tal *status* ser referido através da locução "direitos" não é indiferente: comunica a ideia básica de uma posição globalmente favorável, na disponibilidade do interessado e que todos devem respeitar.

V – Outros aspetos

53 **18. Remissões**. O 167.º refere ainda e prefigura outros elementos, versados em diversos preceitos: seja a propósito das pessoas coletivas em geral, seja das próprias associações, seja em leis especiais. Para aí remetemos.

[25] Quanto às federações desportivas, *vide* os 52.º e seguintes do DL 248-B/2008, de 31-dez..

Artigo 168.º (Forma e comunicação)

1. O ato de constituição da associação, os estatutos e as suas alterações devem constar de escritura pública, sem prejuízo do disposto em lei especial.

2. O notário, a expensas da associação, promove de imediato a publicação da constituição e dos estatutos, bem como as alterações destes, nos termos legalmente previstos para os atos das sociedades comerciais.

3. O ato de constituição, os estatutos e as suas alterações não produzem efeitos em relação a terceiros, enquanto não forem publicados nos termos do número anterior.

Bibliografia: *Vide* a indicada no 167.º.

Índice

I – Origem e evolução

1 1. **Trabalhos preparatórios**. A regra da constituição das associações por escritura pública constava, em geral com as fundações, do 3.º do anteprojeto Ferrer Correia[1]. O 8.º desse anteprojeto previa a criação de um registo público de pessoas coletivas, desenvolvendo-o nos 9.º, 10.º, 12.º, 13.º e 14.º[2]. A matéria da forma passou ao 120.º da 1.ª Revisão Ministerial[3], obtendo a redação definitiva na 2.ª Revisão (168.º)[4].

2 2. A **versão original (1966)** ficou assim redigida[5]:

> Artigo 168.º (Forma e publicidade)
>
> O acto de constituição da associação, os estatutos e suas alterações devem constar de escritura pública e, para produzirem efeitos em relação a terceiros, necessitam de ser publicados no jornal oficial.

3 3. A **reforma de 1977**, adotada pelo DL 496/77, de 25-nov., introduziu, no 168.º, a redação seguinte[6]:

> 1. O acto de constituição da associação, os estatutos e as suas alterações devem constar de escritura pública.
>
> 2. O notário deve, oficiosamente, a expensas da associação, comunicar a constituição e estatutos, bem como as alterações destes, à autoridade administrativa e ao Ministério Público e remeter ao jornal oficial um extracto para publicação.

[1] António Ferrer Correia, *Pessoas colectivas*, 248.
[2] *Idem*, 250-252.
[3] *1.ª Revisão*, 55.
[4] *2.ª Revisão*, 65; *Projecto*, 48.
[5] DG I, n.º 274, de 25-nov.-1966, 1900/I.
[6] DR I, n.º 273, de 25-nov.-1977, 2818-(12)/II-2818-(13)/I.

> 3. O acto de constituição, os estatutos e as suas alterações não produzem efeitos em relação a terceiros, enquanto não forem publicados nos termos do número anterior.

4 A novidade consistiu, essencialmente, no n.º 2: pouco feliz, segundo Antunes Varela, uma vez que tal disposição, de tipo regulamentar, melhor ficaria no Código do Notariado[7]. De facto, o preceito visou adaptar o sistema à supressão do reconhecimento prévio; o controlo operaria *ex post*, pelo MP.

5 4. A **reforma de 2007**, adotada pela L 40/2007, de 24-ago., que restabeleceu o regime especial de constituição imediata de associações, modificou os dois primeiros números do 168.º[8]:

> 1. O acto de constituição da associação, os estatutos e as suas alterações devem constar de escritura pública, sem prejuízo do disposto em lei especial.
>
> 2. O notário, a expensas da associação, promove de imediato a publicação da constituição e dos estatutos, bem como as alterações destes, nos termos legalmente previstos para os actos das sociedades comerciais.

6 Pretendeu-se, com isso, facilitar a constituição imediata. Simplesmente, omitiu-se a remessa ao MP, dificultando a tarefa deste.

7 5. As **reformas de 2012 e de 2015**. A primeira, resultante da L 24/2012, de 5-jul., que aprovou a LQF, revogou o n.º 3 do preceito[9]. A matéria passou para o 166.º, em geral. A segunda, proveniente da L 150/2015, de 10-set., que alterou a LQF, repôs esse número 3 em vigor[10]. O 166.º recebeu, então, outro conteúdo[11]. Sem palavras.

II – O regime

8 **6. A forma e a publicação** resultam claramente dos números 1 e 2. A escritura mantém-se regra, salvo o esquema da constituição imediata, regido pela L 40/2007[12]. A publicação é feita pelo notário, nos termos do n.º 2. Repare-se que a epígrafe do preceito, por lapso, não foi alterada, continuando a referir "comunicação", na redação do DL 496/77.

9 7. A **eficácia** da constituição, dos estatutos e das suas alterações perante terceiros parece depender da sua publicação (n.º 3). E assim sendo, pergunta-se se a publicação tem eficácia constitutiva, com a consequência de só com ela surgir a personalidade coletiva. Há que optar por uma interpretação restritiva, assente nas proposições seguintes: (1) a personalidade adquire-se com a escritura; a inoponibilidade desta só opera para tutela da confiança de terceiros que, de boa-fé, a desconheçam; (2) a publicação em jornal oficial constitui (apenas) uma presunção inilidível de conhecimento; (3) na falta de publicação, o ato de constituição e os estatutos não são (apenas) oponíveis a terceiro de boa-fé, ou seja, a terceiros que, sem culpa, os desconheçam.

[7] Pires de Lima/Antunes Varela, *Código Civil anotado*, 1, 4.ª ed., 171.

[8] DR 1.ª série, n.º 163, de 24-ago.-2007, 5661/II.

[9] DR 1.ª série, n.º 131, de 9-jul.-2012, 3551/I. *Vide*, nesta redação, Fátima Gomes, *UCP/Comentário ao Código Civil* (2014), 366-367.

[10] DR 1.ª série, n.º 177, de 10-set.-2015, 7533/I.

[11] *Supra*, 166.º.

[12] *Supra*, 167.º, anot. 15.

Artigo 169.º (revogado)
Modificações do acto de constituição ou dos estatutos

As alterações do acto de constituição ou dos estatutos, que impliquem modificação do fim da associação, não produzem efeitos enquanto não forem aprovadas pela entidade competente para o reconhecimento da pessoa colectiva.

O preceito era coerente com a necessidade, firmada pela versão original do Código, de exigir o reconhecimento administrativo da associação a constituir. Com a supressão dessa necessidade, em 1974, o 169.º perdeu o sentido: foi formalmente revogado pelo 28.º do DL 496/77, de 25-nov..

Artigo 170.º (Titulares dos órgãos da associação e revogação dos seus poderes)

1. É a assembleia geral que elege os titulares dos órgãos da associação, sempre que os estatutos não estabeleçam outro processo de escolha.

2. As funções dos titulares eleitos ou designados são revogáveis, mas a revogação não prejudica os direitos fundados no ato de constituição.

3. O direito de revogação pode ser condicionado pelos estatutos à existência de justa causa.

Bibliografia: António Menezes Cordeiro/A. Barreto Menezes Cordeiro, *Tratado de Direito civil*, IV, 5.ª ed. (2019), 830-832; Paulo Olavo Cunha, no *UCP/Comentário ao Código Civil* (2014), 368-370; *vide* a indicada na anotação ao 167.º.

Índice

I – Origem e evolução

1. O anteprojeto Ferrer Correia, no seu 19.º (composição da direção, designação dos diretores e revogação dos seus poderes), propôs[1]: 1

1.º – A direcção poderá ter um ou vários membros, que serão designados pela assembleia geral, no caso de o estatuto não estabelecer outro processo de escolha.

2.º – As funções dos directores são revogáveis, mas a revogação não prejudicará os direitos que possam resultar-lhes da sua posição contratual.

3.º – O direito de revogação poderá ser limitado pelo estatuto à hipótese de existir justa causa.

[1] António Ferrer Correia, *Pessoas colectivas*, 248.

2 2. **Revisões e Projeto**. O preceito de Ferrer Correia passou ao 129.º da 1.ª Revisão, mas com os verbos no presente[2]. Na 2.ª Revisão (170.º), obteve-se a redação definitiva[3]. Ampliou-se, pois, a referência a "diretores" para "titulares dos órgãos".

II – O regime

3 3. A **designação** é feita pela assembleia, sempre que os estatutos não prevejam outro tipo de escolha (n.º 1). O preceito prevê, pois, uma assembleia geral, em vez de adotar puras soluções contratualistas, como sucede com o CSC que privilegia as "deliberações dos sócios".

4 4. A **livre revogabilidade** das posições dos titulares é de regra, mas não prejudica os direitos fixados no ato de constituição (n.º 2): salvo se, naturalmente, este dispuser de outro modo. A revogação compete à própria assembleia. Não se confunde com ela a cessação das funções pelo termo do mandato, nem a exoneração decidida pelo próprio titular. Ocorrendo o termo do mandato, o titular mantém-se em funções até ser substituído[4].

5 5. A **justa causa** pode ser requerida pelos estatutos, para a destituição (revogação)[5]. No campo societário, a destituição é sempre possível: na falta de justa causa, ela obriga, contudo, a indemnizar. Nas associações, sendo o exercício de funções gratuito, o problema não se põe, salvo quanto a danos morais.

6 Sem prejuízo para uma cuidada interpretação dos estatutos, afigura-se-nos que a manutenção em funções de titulares que tenham perdido a confiança do coletivo dos associados é *contra naturam*. A "justa causa" que seja requerida deve ser interpretada latamente, de modo a abranger situações objetivas que tornem inexigível a manutenção em funções.

7 6. **Ónus da prova**: quem invoque a condição de titular de certo órgão deve fazer prova do ato que o investiu nessa posição[6].

Artigo 171.º (Convocação e funcionamento do órgão da administração e do conselho fiscal)

1. O órgão da administração e o conselho fiscal são convocados pelos respetivos presidentes e só podem deliberar com a presença da maioria dos seus titulares.

2. Salvo disposição legal ou estatutária em contrário, as deliberações são tomadas por maioria de votos dos titulares presentes, tendo o presidente, além do seu voto, direito a voto de desempate.

Bibliografia: António Menezes Cordeiro/A. Barreto Menezes Cordeiro, *Tratado de Direito civil*, IV, 5.ª ed. (2019), 831-832; Paulo Olavo Cunha, no *UCP/Comentário ao Código Civil* (2014), 370-372.

Índice

[2] *1.ª Revisão*, 59.

[3] *2.ª Revisão*, 66; *Projecto*, 48.

[4] RLx 24-jan.-2008 (Teresa Prazeres Pais), Proc. 8773/2003.

[5] RCb 28-set.-2004 (Monteiro Casimiro), Proc. 29/04, chama a atenção para a aplicabilidade das regras do mandato (164.º/1), segundo as quais este é sempre revogável (1170.º/1).

[6] RPt 16-mar.-1999 (Durval Morais), Proc. 318/97.

1. **Origem**. O 171.º foi introduzido diretamente pela 2.ª Revisão Ministerial[1] tendo, sem alterações, passado ao Projeto[2] e à versão final. 1

2. Um **preceito de mínimos**: o 171.º/1 contém duas regras: (1) a administração e o conselho fiscal são convocados pelos respetivos presidentes; (2) só podem deliberar com a presença da maioria dos seus titulares[3]. Os estatutos não podem dispensar essas regras; mas podem enriquecê-las: (1) permitindo que os órgãos em causa sejam convocados por um ou mais vogais; (2) exigindo, para as deliberações, *quoruns* qualificados ou, até, a presença de todos. 2

3. A **forma da convocação** é livre: exige-se, apenas, que chegue ao conhecimento ou ao poder dos destinatários. Tecnicamente, é uma declaração de vontade: (1) deve ser firme; (2) deve ser clara e completa, indicando a ordem de trabalhos, o local da reunião e o dia e hora em que deve ocorrer. 3

Os estatutos podem precisar esses elementos. Não o fazendo, a convocatória deve respeitar os usos e as boas práticas: as reuniões decorrem na sede e às horas normais de expediente. Todavia, certas associações funcionam de noite ou aos fins de semana, por razões de disponibilidade dos associados. 4

4. O **funcionamento** (171.º/2) é, todo ele, supletivo. O Código prevê: (1) deliberações por maioria; (2) voto de "desempate" (qualificado) do presidente[4]. Podem os estatutos prever: (1) maiorias qualificadas ou, até, a exigência de unanimidade: (2) outros esquemas de "desempate" ou, pura e simplesmente, a não aprovação de propostas sobre as quais não se tenha formado maioria. 5

O Código não dispõe sobre outras regras comuns, sufragadas pelos usos ou – sendo necessário – adotadas por analogia, a partir das normas sobre sociedades: (1) a palavra é dada e retirada pelo presidente; (2) na falta deste, opera o associado mais antigo ou, havendo igualdade, o mais velho; (3) as reuniões são secretariadas pelo menos antigo ou, na igualdade, pelo mais novo; (4) é lavrada uma ata que, depois de lida e corrigida, é assinada por todos ou, pelo menos, pelo presidente e pelo secretário. 6

Artigo 172.º (Competência da assembleia geral)

1. Competem à assembleia geral todas as deliberações não compreendidas nas atribuições legais ou estatutárias de outros órgãos da pessoa coletiva.

2. São, necessariamente, da competência da assembleia geral a destituição dos titulares dos órgãos da associação, a aprovação do balanço, a alteração dos estatutos, a extinção da associação e a autorização para esta demandar os administradores por factos praticados no exercício do cargo.

Bibliografia: António Menezes Cordeiro, *SA: assembleia geral e deliberações sociais* (2009); Manuel de Andrade, *Teoria geral da relação jurídica*, 1 (1960), 115-121 (órgãos em geral); Paulo Olavo Cunha, no *UCP/ /Comentário ao Código Civil* (2014), 372-373.

[1] *2.ª Revisão*, 66.

[2] *Projecto*, 48.

[3] RLx 7-mar.-1991 (José Paulo de Campos Oliveira), BMJ 405 (1991), 513.

[4] Em rigor, o titular do "voto de desempate" só vota havendo empate: recorde-se o "voto de Minerva", nos júris académicos, sempre favorável ao candidato; já no voto de qualidade, ele vota "normalmente"; só que, havendo empate, ele decide o sentido da deliberação.

Índice

1 **1. Origem**. O 27.º do Anteprojeto Ferrer Correia[1] continha um preceito semelhante ao texto final. Foi modificado na 1.ª Revisão (133.º)[2] e na 2.ª (172.º)[3], obtendo a redação definitiva apenas no Projeto (172.º)[4].

2 **2. Competência residual**. O 172.º/1 atribui à assembleia geral todas as matérias que não caibam legal ou estatutariamente a outros órgãos. Ainda aí será necessário, pela interpretação, verificar se a assembleia geral pode avocar temas da competência de outros órgãos ou deliberar sobre eles subsidiariamente: quando os órgãos em causa o não façam.

3 Ao contrário do que sucede com as sociedades anónimas, cujas assembleias gerais só podem deliberar sobre a gestão a pedido do conselho de administração (373.º/3 do CSC), nas associações isso é possível, salvo cláusula em contrário.

4 **3. Competência necessária**: vem elencada no 172.º/2: (1) destituição dos titulares dos órgãos; (2) aprovação do balanço; (3) alteração dos estatutos; (4) extinção da associação; (5) autorização para esta demandar os administradores por factos praticados no exercício do cargo.

5 **4. Jurisprudência**: por violação da competência necessária, os tribunais têm invalidado: (1) mudanças de sede sem deliberação da assembleia geral, uma vez que elas implicam alterações dos estatutos[5]; (2) pedidos de responsabilização de administradores, mesmo após a cessação de funções, não autorizados pela assembleia[6].

Artigo 173.º (Convocação da assembleia)

1. A assembleia geral deve ser convocada pela administração nas circunstâncias fixadas pelos estatutos e, em qualquer caso, uma vez em cada ano para aprovação do balanço.

2. A assembleia será ainda convocada sempre que a convocação seja requerida, com um fim legítimo, por um conjunto de associados não inferior à quinta parte da sua totalidade, se outro número não for estabelecido nos estatutos.

3. Se a administração não convocar a assembleia nos casos em que deve fazê-lo, a qualquer associado é lícito efetuar a convocação.

Bibliografia: António Menezes Cordeiro/A. Barreto Menezes Cordeiro, *Tratado de Direito civil*, IV, 5.ª ed. (2019), 819-822; Paulo Olavo Cunha, no *UCP/Comentário ao Código Civil* (2014), 373-375.

[1] António Ferrer Correia, *Pessoas colectivas*, 256.
[2] *1.ª Revisão*, 61.
[3] *2.ª Revisão*, 67.
[4] *Projecto*, 49.
[5] RCb 14-mar.-1989 (Roger Lopes), BMJ 385 (1989), 616; STJ 29-nov.-1989 (José Domingues), BMJ 391 (1989), 534-537.
[6] RCb 26-mai.-2009 (Emídio Santos), CJ XXXIV (2009) 3, 9-11.

Índice

1. **Origem**: remonta ao 24.º do Anteprojeto Ferrer Correia[1], em termos que, substancialmente, não eram muito diversos. Foi retomado na 1.ª Revisão (134.º)[2], obtendo a redação definitiva na 2.ª[3]. 1

2. **Composição**. O Código é omisso quanto a esse ponto, claramente prévio. A assembleia geral surge como o órgão que detém as competências básicas da associação. Tendencialmente, ela deve corresponder à reunião de todos os associados. A lei não atribui, porém, a cada um deles, o direito de nela participar. 2

Os estatutos podem limitar a presença, na assembleia geral, a alguns associados: os que tenham uma antiguidade superior a um certo mínimo, como exemplo. Trata-se de restrições provisórias. O associado privado, para sempre, da presença em assembleia geral teria uma posição muito amputada nos seus direitos. No limite, poderia ser um beneficiário da atuação associativa, mas não um associado. Excetua-se a situação dos associados honorários, que não têm direito de voto, ainda que possam participar na assembleia, mas que também não têm deveres, designadamente no tocante a jóias e a quotizações. 3

A participação em assembleia geral não exige a maioridade. Salvo regra em contrário, a norma que permita associações com menores está, de modo automático, a facultar-lhes o acesso à assembleia geral. 4

3. A **convocatória** corresponde a matéria que, embora dogmaticamente simples, pode, pela sua natureza, suscitar dúvidas e dificuldades. 5

A regra básica resulta do 173.º/1: a assembleia deve ser convocada, pela administração (e não pelo presidente da mesa, como ocorre nas sociedades anónimas), nas circunstâncias fixadas nos estatutos ou em qualquer caso, uma vez por ano, para a aprovação do balanço. A lei é injuntiva, fixando uma reunião anual mínima; a partir daí, os estatutos podem prever novas convocações obrigatórias. 6

O 173.º/2 admite uma convocatória pedida por um número mínimo de um quinto dos associados, "com um fim legítimo", se outro número não for estabelecido nos estatutos. Os estatutos podem elevar esse número: mas não ao ponto de tornarem inviável a convocação feita por associados, à margem da administração. Em regra, nas grandes associações, a tendência vai no sentido do abaixamento desse número. Nesta hipótese, a convocatória será feita pela administração, se os estatutos não conferirem competência ao presidente da assembleia geral. 7

A exigência de "um fim legítimo" não parece conseguida. A assembleia deveria ser sempre convocada, a pedido de um quinto dos associados, sem necessidade de mais esse escalão apreciativo. No anteprojeto Ferrer Correia, apenas se dispunha[4]: 8

> A direção convocará ainda a assembleia geral quando assim lhe for requerido, em exposição escrita e fundamentada, por um número de associados não inferior a uma quinta parte da totalidade, se o estatuto não indicar outros números.

[1] António Ferrer Correia, *Pessoas colectivas*, 256.
[2] *1.ª Revisão*, 61-62.
[3] *2.ª Revisão*, 67; *Projecto*, 49.
[4] Ferrer Correia, *Pessoas coletivas*, 256 (artigo 24.º/1.º/III); de notar que a fonte inspiradora deste preceito foi o artigo

9 Na passagem para a versão definitiva perdeu-se a referência à entidade que, a pedido do quinto dos associados, deverá convocar a assembleia. A "exposição escrita e fundamentada" foi substituída por "um fim legítimo". Assim, já se entendeu que não basta um simples requerimento, para se dever convocar a assembleia[5]: há que indicar o motivo, cabendo ao presidente da assembleia geral apreciar a "legitimidade" do pedido[6]. Tal apreciação deve ser muito elementar, sob pena de pôr em crise a própria liberdade de associação. Só deverão ser desatendidos pedidos manifestamente não-sérios, dilatórios ou chicaneiros.

10 Quando a administração não convoque a assembleia, nos casos em que deva fazê-lo, qualquer associado pode efetuar a convocação (173.º/3). O preceito deve ser alargado aos casos em que caiba ao presidente da mesa fazer a convocatória e ele não a faça.

Artigo 174.º (Forma de convocação)

1. A assembleia geral é convocada por meio de aviso postal, expedido para cada um dos associados com a antecedência mínima de oito dias; no aviso indicar-se-á o dia, hora e local da reunião e a respetiva ordem do dia.

2. É dispensada a expedição do aviso postal referido no número anterior sempre que os estatutos prevejam a convocação da assembleia geral mediante publicação do respetivo aviso nos termos legalmente previstos para os atos das sociedades comerciais.

3. São anuláveis as deliberações tomadas sobre matéria estranha à ordem do dia, salvo se todos os associados compareceram à reunião e todos concordaram com o aditamento.

4. A comparência de todos os associados sanciona quaisquer irregularidades da convocação, desde que nenhum deles se oponha à realização da assembleia.

Bibliografia: António Menezes Cordeiro/A. Barreto Menezes Cordeiro, *Tratado de Direito civil*, IV, 5.ª ed. (2019), 821-823; Paulo Olavo Cunha, no *UCP/Comentário ao Código Civil* (2014), 375-378.

Índice

I – Origem e evolução

1 1. O **anteprojeto Ferrer Correia** propôs, no 25.º (formalidades da convocação)[1]:

20.º do Código italiano que, todavia, apenas requeria a iniciativa de um décimo dos associados.

[5] STJ 4-nov.-1999 (Ferreira de Almeida), CJ/Supremo VII (1999) 3, 78-80 (79/I).

[6] *Idem*, loc. cit..

[1] António Ferrer Correia, *Pessoas colectivas*, 257.

1.º – A convocação deverá ser feita com as formalidades prescritas pelo estatuto e, sendo este omisso, por aviso pessoal em carta regista, expedido com a antecipação mínima de oito dias.

2.º – O aviso indicará a ordem do dia da assembleia. São nulas as decisões tomadas sobre objecto estranho à ordem do dia, salvo se todos os associados comparecerem à reunião e todos concordarem com o aditamento. A simples comparência de todos os associados sanará quaisquer outras irregularidades da convocação, salvo se algum se opuser à celebração da assembleia.

2. Revisões e Projeto. O preceito não consta da 1.ª Revisão Ministerial. Ele reaparece na 2.ª (174.º), já com a redação definitiva[2]. 2

3. Versão original e reforma de 2007. Na versão original, o 174.º tinha apenas três números: o atual n.º 2 não figurava, sendo o 3 e o 4, respetivamente 2 e 3[3]. O atual n.º 2 foi acrescentado pela L 40/2007, de 24-ago. (17.º), a qual adotou um regime especial de constituição imediata de associações e atualizou o regime de constituição previsto no Código Civil[4]. 3

II – A convocação

4. O **aviso postal** requerido pelo n.º 1, 1.ª parte, devia ser expedido para cada um dos associados com a antecedência mínima de oito dias. Discutiu-se, antes da reforma de 2007, se o mesmo podia ser substituído por o anúncio em jornal diário, *telex* ou *telefax*, desde que essa via oferecesse iguais ou maiores garantias para os destinatários. Esses meios alternativos, com relevo para os anúncios, eram necessários no caso de associações com milhares de sócios, sendo admitidos por alguma jurisprudência[5]. 4

Mas em sentido contrário, RLx 13-fev.-2007 decidiu que a disposição estatutária que permitisse a convocação por anúncio era nula por contrariar o 174.º/1[6]. A reforma de 2007 suprimiu as dúvidas. 5

5. A **antecedência** de oito dias é imperativa, sendo nula a disposição estatutária que permita um prazo inferior[7]. Trata-se de um prazo civil (279.º): corre em contínuo mas, se terminar em domingo ou feriado, transfere-se para o primeiro dia útil[8]. Todavia, a contagem inicia-se no momento da expedição e não da receção. O prazo visa permitir aos interessados as necessárias preparação e mobilização, para poderem comparecer. 6

6. A **convocatória** (ou aviso) é o documento que incorpora a convocação. Implica uma declaração recipienda, com três efeitos: (1) permite a reunião da assembleia geral, fixando as coordenadas geográficas e temporais; (2) consubstancia o direito dos associados de lá comparecer; (3) fixa a ordem do dia. 7

A fixação da ordem do dia é da maior importância: apenas conhecendo-a poderão os associados ajuizar da necessidade ou da conveniência de comparecer na assembleia. São anuláveis as deliberações estranhas à ordem do dia, salvo se todos os associados estiverem presentes e concordarem com a oportunidade de deliberação, ainda que não com o seu sentido (174.º/1). 8

Quanto à ordem do dia, observa-se ainda o seguinte: (1) os diversos pontos devem estar suficientemente explícitos; por exemplo, não basta uma referência genérica, tipo "outros assun- 9

[2] *2.ª Revisão*, 68; *Projecto*, 49.

[3] DG I, n.º 274, de 25-nov.-1966, 1900/II.

[4] DR 1.ª série, n.º 163, de 24-ago.-2007, 5661/II.

[5] RLx 3-mar.-1994 (Carlos Rodrigues Codeço), BMJ 435 (1994), 882 (o sumário), confirmado em STJ 10-jan.-1995 (Luís Ramiro Vidigal), BMJ 443 (1995), 319-325 (324) (caso "Os Belenenses").

[6] RLx 13-fev.-2007 (Rosário Gonçalves), CJ XXXII (2007) 1, 112-113 (113/I).

[7] STJ 18-jun.-1996 (Aragão Seia), CJ/Supremo IV (1996) 2, 132-134 (133/II).

[8] *Tratado de Direito civil*, V, 3.ª ed. (2018), 161-172, quanto a prazos civis e processuais e à sua contagem.

tos", para legitimar tudo o que, na reunião, se queira incluir; (2) devem considerar-se abrangidos os assuntos que sejam consequência natural e lógica da discussão de outro assunto indicado na convocatória[9].

10 **7. A dispensa de assembleia.** Pergunta-se se a assembleia geral, enquanto reunião dos associados, pode ser substituída pela aprovação de propostas por escrito, mas feitas à distância ou, até, por "referendo" interno. As hipóteses clássicas podem ser ampliadas: teleconferência, conferência telefónica e correio eletrónico. O anteprojeto Ferrer Correia previa a validade de deliberações escritas não tomadas em assembleia, desde que unânimes[10]. Trata-se de uma solução admitida quanto às sociedades comerciais[11], mas que não passou à versão definitiva do Código. Todavia, ela oferece todas as garantias: sendo unânime, é de aceitar, mesmo nas associações. Mas só em organismos muito pequenos ela é pensável.

11 A hipótese de assembleias "à distância" é viável, desde que referida nos estatutos. Na sua falta, não se pode exigir aos associados que disponham do material necessário. Além disso, só os estatutos podem decidir se, dada a natureza da assembleia, é de prescindir do contacto pessoal e direto entre os sócios, para tomar decisões.

III – Sanação e Direito subsidiário

12 **8. Assembleias totalitárias.** Segundo o 174.º/4, a comparência de todos os associados sanciona quaisquer irregularidades da convocação, desde que nenhum deles se oponha à realização da assembleia: um esquema que sanciona, se houver acordo de todos, a falta de ordem do dia (174.º/3). Temos as chamadas assembleias totalitárias, à semelhança do admitido nas sociedades comerciais (54.º do CSC).

13 **9. Direito subsidiário.** Nas matérias omissas, pode recorrer-se no Direito das sociedades comerciais, muito desenvolvido e experiente, no tocante a reuniões e a assembleias[12]. Apenas se impõe uma sindicância, caso a caso e norma a norma, para verificar se a regra comercial é oportuna e não viola valores civis: o que não é de conceber.

14 Particularmente relevante é a temática dos aditamentos à ordem do dia e a disponibilização da informação necessária para deliberar, embora se afigure desnecessário observar, com pormenor, o prescrito na lei das sociedades comerciais[13].

Artigo 175.º (Funcionamento)

1. A assembleia não pode deliberar, em primeira convocação, sem a presença de metade, pelo menos, dos seus associados.

2. Salvo o disposto nos números seguintes, as deliberações são tomadas por maioria absoluta de votos dos associados presentes.

3. As deliberações sobre alterações dos estatutos exigem o voto favorável de três quartos do número dos associados presentes.

[9] STJ 10-jan.-1995 (Luís Ramiro Vidigal), BMJ 443 (1995), 319-325 (324).

[10] Artigo 26.º; *vide* Ferrer Correia, *Pessoas coletivas*, 257.

[11] Artigo 54.º/1 do CSC.

[12] Em RCb 4-out.-2005 (Monteiro Casimiro), Proc. 2059/05, admite-se a "aplicação analógica" de determinada regra do CSC.

[13] RPt 2-mai.-1996 (Viriato Bernardo), CJ XXI (1996) 3, 179-182 (181-182) (caso Clube Português de Automóveis Antigos).

4. As deliberações sobre a dissolução ou prorrogação da pessoa coletiva requerem o voto favorável de três quartos do número de todos os associados.
5. Os estatutos podem exigir um número de votos superior ao fixado nas regras anteriores.

Bibliografia: António Menezes Cordeiro/A. Barreto Menezes Cordeiro, *Tratado de Direito civil*, IV, 5.ª ed. (2019), 823-825; Paulo Olavo Cunha, no *UCP/Comentário ao Código Civil* (2014), 378-382.

Índice

I – Origem

1 **1.** O **anteprojeto Ferrer Correia** dedicava, à matéria hoje presente no 175.º, dois preceitos: o 27.º (Princípio maioritário; quorum) e o 28.º (maioria especial). Não devem ser esquecidos[1]:

27.º (Princípio maioritário; quorum)

1.º – As deliberações da assembleia serão tomadas por maioria de votos dos sócios presentes, feita excepção dos que se abstiverem. Cada sócio terá um voto.

2.º – A assembleia geral só poderá deliberar em primeira convocação com a presença de metade, pelo menos, dos seus membros.

3.º – O estatuto pode estabelecer regras diferentes.

28.º (Maioria especial)

1.º – As deliberações sobre alteração do estatuto exigem o voto favorável de três quartas partes, pelo menos, dos sócios presentes.

2.º – As deliberações sobre a dissolução da pessoa colectiva e o destino do património social requerem o voto favorável de três quartas partes, pelo menos, de todos os associados.

3.º – Para modificar o escopo da associação é necessário o consentimento de todos os associados, podendo o dos membros não presentes ser dado por escrito.

4.º – Vale aqui o disposto no § 3.º do artigo anterior.

2 **2. Revisões e Projeto.** A 1.ª Revisão Ministerial dispensou estes preceitos. Eles reapareceram na 2.ª (175.º), já com a redação definitiva[2]: foi feita uma síntese das propostas iniciais.

[1] António Ferrer Correia, *Pessoas colectivas*, 257 e 258.

[2] *2.ª Revisão*, 68-69; *Projecto*, 50.

II – A mesa da assembleia geral

3 **3. A lacuna.** A assembleia geral, como qualquer órgão coletivo, deve dispor de um presidente e de um secretário. O Código não articulou esta matéria, assim perdendo a oportunidade de se assumir como a lei geral supletiva, quanto a assembleias. Podemos considerar a lacuna como preenchida pelos estatutos, pela prática constante e, se necessário, pelo apelo analógico ao regime das sociedades[3].

4 Nesta base, as assembleias gerais dispõem de uma mesa composta, no mínimo, pelo presidente, que dirige os trabalhos e por um secretário, que elabora a ata[4]. O papel do presidente pode ser fundamental: admitindo ou recusando as propostas e propiciando votações, ele condiciona toda a produção associativa[5]. A sua eleição, quando os estatutos nada digam, deve competir à própria assembleia. Em termos já reconhecidos pela jurisprudência: a própria convocatória da assembleia geral pode caber ao seu presidente, ainda que por iniciativa da administração. Finalmente, havendo empate e sendo o presidente associado, cabe-lhe voto de desempate, além do seu[6].

III – O funcionamento

5 **4. Primeira e segunda convocações.** A assembleia não pode deliberar, em primeira convocação, sem a presença de, pelo menos, metade dos seus associados, isto é: dos associados que nela tenham assento, com direito de voto (175.º/1). É o chamado *quorum* constitutivo ou *quorum* necessário para que a assembleia, em primeira convocação, se possa considerar constituída. Em segunda convocação, a assembleia pode deliberar com qualquer número de associados presentes: é o *quorum* deliberativo. Em qualquer das duas hipóteses e para efeitos de *quorum*, devem contar-se as procurações dispensadas para participar e votar na assembleia.

6 A prática corrente consiste em, na mesma comunicação, remeter logo as duas convocatórias: a primeira e, por hipótese, meia-hora mais tarde, não havendo *quorum*, a segunda. Nas grandes associações com milhares de associados dispersos por todo o País, apenas uma escassa minoria comparece às assembleias.

7 **5. Votações.** As deliberações são tomadas por maioria absoluta dos associados presentes (175.º/2). Compete ao presidente dirigir as votações em sistemas de alternativa, de modo a que haja sempre maiorias possíveis. Em certos casos, a lei estabelece maiorias qualificadas: 3/4 do número de associados presentes[7], para alterações dos estatutos e 3/4 do número total de associados, para a extinção ou a prorrogação de associação (175.º/3 e 4). Trata-se de mínimos: os estatutos podem fixar exigências superiores (175.º/5).

8 **6. Representação.** O associado pode-se fazer representar na assembleia: seja através de outro associado, seja de um terceiro. A possibilidade de representação por outro associado está prevista

[3] Consta do 374.º do CSC, quanto às sociedades anónimas.

[4] A qual é necessária *ad probationem*: RPt 28-jan.-2010 (Pinto de Almeida), Proc. 1634/08.

[5] *Vide* o nosso *SA: assembleia geral*, 45 ss..

[6] Veja-se o lugar paralelo do 171.º/2.

[7] A exclusão estatutária de representações parece constitucional: TC 18/2006, de 6-jan.-2006 (Benjamim Rodrigues), DR II Série n.º 41, de 27-fev.-2006, 2872-2876; a lei não deve ser interpretada como excluindo a representação; onde está "presente" deve ler-se "presente ou representado". Para prevenir dúvidas, o melhor será esclarecer o tema nos estatutos. Em STJ 16-nov.-2006 (João Bernardo), Proc. 06B2647, entendeu-se que os estatutos da associação podem consignar que as deliberações da assembleia geral previstas nos 175.º/2 e 3, sejam eventualmente tomadas também por associados representados. Em STJ 16-abr.-2009 (Lázaro Faria), Proc. 09B0139, exige-se, contudo, que os votantes estejam presentes na assembleia. Não sufragamos. Já em STJ 9-mar.-2010 (Azevedo Ramos), Proc. 68/03, a opção foi a contrária.

no 176.º/1; não vemos razão para impedir a representação por terceiro[8]. Apenas ressalvamos a hipótese de os estatutos determinarem de outra forma e, designadamente, de fixarem o princípio de que somente associados podem estar presentes na assembleia geral.

A representação é uma possibilidade geral de qualquer ordem jurídica moderna: só deve ser afastada perante normas expressas que o determinem. Segundo o 262.º/2, a procuração nem teria de assumir qualquer forma solene. Como o presidente da mesa e a própria assembleia podem exigir a justificação dos poderes do representante (260.º/1), justificação essa que deve ser produzida na altura, é conveniente (ainda que não necessário) que a procuração conste de instrumento escrito, assinado pelo representado. Os estatutos, muitas vezes, exigem uma simples carta, dirigida ao presidente[9]. 9

IV – A modificação, fusão, cisão e transformação

7. O problema. O 175.º/3 refere as alterações de estatutos das associações, requerendo, para elas, uma maioria qualificada de três quartos dos associados presentes. Importa ir mais longe e perguntar, para além do magro contributo legal, até onde pode ir a modificação das associações e se são admitidas, em relação às mesmas, ocorrências de fusão, de cisão e de transformação. 10

8. Modificação, fusão e cisão. O Direito civil não tem qualquer dificuldade em, perante a ausência de normas, recorrer aos quadros e – com uma ponderação e eventuais adaptações a efetuar caso a caso – às soluções indicadas pelo Direito das sociedades comerciais. De resto, o 11.º/2 do DL 595/74, de 7-nov., relativo às associações políticas, manda justamente aplicar, às suas fusão e cisão, com as essenciais adaptações, a matéria relativa às sociedades comerciais. 11

A primeira constatação é a de que a fusão e a cisão de associações é possível: deve ser entendida como uma modificação das entidades preexistentes e não como uma combinação de extinções e de constituições. Assim, haverá que seguir a via da alteração dos estatutos, com a maioria qualificada dos três quartos de associados presentes e não a da maioria qualificada dos três quartos de todos os associados (175.º/3 e 4). 12

A segunda é a de que, quando ocorra algum desses fenómenos, as situações jurídicas preexistentes mantêm-se: surgem na esfera jurídica da nova entidade – ou novas entidades – tal como se encontravam na esfera das antecessoras – ou antecessora, conforme se trate de fusão ou de cisão. Esta situação já tem sido jurisprudencialmente reconhecida, a propósito da fusão de associações sindicais[10]. 13

O CSC prevê exaustivas cautelas preliminares. Fica claro que nenhuma operação deve prejudicar os credores das associações. Todavia, a natureza dessas entidades permite dispensar boa parte das formalidades comerciais, numa situação que só pode ficar definitivamente esclarecida por uma intervenção legislativa capaz. 14

9. A transformação de associações também não levanta dúvidas; assim a passagem de uma associação a federação ou alterações profundas no seu âmbito: tudo isso pode ser enquadrado com modificações nos estatutos. 15

Maiores dúvidas poderia suscitar a transformação de uma associação em sociedade civil pura ou em sociedade comercial. Recordamos o 130.º do CSC, relativo à transformação de sociedades: 16

[8] O final do 180.º não se aplica a esta matéria: apenas aos exercícios intrassocietários ligados à pessoa do associado. Nesse sentido: RLx 12-jul.-2007 (Arnaldo Silva), Proc. 4584/2006.

[9] *Vide* o 380.º/2, do Código das Sociedades Comerciais.

[10] Assim: STJ 18-jan.-1983 (Rui Corte-Real), BMJ 323 (1983), 380-382 (382) e RCb 21-fev.-1995 (Virgílio de Oliveira), CJ XX (1995) 1, 46-49 (48).

1. As sociedades constituídas segundo um dos tipos enumerados no artigo 1.º, n.º 2, podem adotar posteriormente um outro desses tipos, salvo proibição da lei ou do contrato.

2. As sociedades constituídas nos termos dos artigos 980.º e seguintes do Código Civil podem posteriormente adotar algum dos tipos enumerados no artigo 1.º, n.º 2, desta lei.

3. A transformação de uma sociedade, nos termos dos números anteriores, não importa a dissolução dela, salvo se assim for deliberado pelos sócios.

(...)

17 Esta norma – que também tem um contexto civil, uma vez que se reporta às sociedades civis sob forma civil – tem aplicação, por interpretação extensiva ou por analogia, às associações. As associações que delas resultem podem continuar a sua personalidade jurídica, mantendo, íntegras, as situações de que sejam titulares.

18 **10. O voto**. Cada associado tem, em princípio, um voto. Os estatutos podem fixar outras regras[11]. Assim, nas federações de clubes, é normal cada associação federada ter um número de votos que exprima a sua própria representatividade. Também se pode admitir que os estatutos confiram mais votos a certas categorias de associados. Em qualquer caso, as associações assentam em maiorias pessoais, isto é, representativas de pessoas, por oposição às maiorias reais, ou seja, relativas ao capital detido por cada votante e que são de regra nas sociedades.

19 Havendo votos indevidos, pode recorrer-se à prova da resistência: a deliberação é aprovada se, mesmo sem eles, reunir a necessária maioria[12].

Artigo 176.º (Privação do direito de voto)

1. O associado não pode votar, por si ou como representante de outrem, nas matérias em que haja conflito de interesses entre a associação e ele, seu cônjuge, ascendentes ou descendentes.

2. As deliberações tomadas com infração do disposto no número anterior são anuláveis, se o voto do associado impedido for essencial à existência da maioria necessária.

Bibliografia: António Menezes Cordeiro, *Código das Sociedades Comerciais anotado*, 3.ª ed. (2020), anot. ao 384.º; Mafalda Miranda Barbosa, *A proscrição do conflito de interesses no Direito civil: considerações acerca do artigo 261.º CC*, ROA 2019, 157-188; Paulo Olavo Cunha, no *UCP/Comentário ao Código Civil* (2014), 382-384.

Índice

[11] STJ 27-mai.-2008 (Pires da Rosa), Proc. 07B2660: não há nenhum princípio que imponha "um associado, um voto".

[12] STJ 9-mar.-2010 (Azevedo Ramos), Proc. 68/03.

1. Origem. O preceito, com alterações formais, remonta ao anteprojeto Ferrer Correia (29.º)[1], de onde passou à 1.ª (135.º)[2] e à 2.ª (176.º) Revisões Ministeriais[3], que lhe deu a redação definitiva[4]. 1

2. O **conflito de interesses** ocorre quando a deliberação recaia sobre uma situação jurídica que envolva o associado e a associação e na qual a vantagem de um possa implicar a desvantagem de outro. O 384.º/6 do CSC tem aplicação subsidiária[5]. Dispõe[6]: 2

> 6. Um acionista não pode votar, nem por si, nem por representante, nem em representação de outrem, quando a lei expressamente o proíba e ainda quando a deliberação incida sobre:
> *a*) Liberação de uma obrigação ou responsabilidade própria do acionista, quer nessa qualidade quer na de membro de órgão de administração ou de fiscalização;
> *b*) Litígio sobre pretensão da sociedade contra o acionista ou deste contra aquela, quer antes quer depois do recurso a tribunal;
> *c*) Destituição, por justa causa, do seu cargo de titular de órgão social;
> *d*) Qualquer relação, estabelecido ou a estabelecer, entre a sociedade e o acionista, estranha ao contrato de sociedade.

O associado pode votar em eleições nas quais seja candidato e, ainda, em questões intra-associativas que lhe digam respeito: p. ex., o uso de uma biblioteca ou de instalações comuns. 3

A referência a cônjuge, ascendentes ou descendentes deve hoje ser alargada a unidos de facto, a adotados e a adotantes. 4

3. A **prova de resistência**: a deliberação tomada com votos inibidos é anulável, salvo se eles forem desnecessários para as maiorias necessárias (176.º/2)[7]. 5

Artigo 177.º (Deliberações contrárias à lei ou aos estatutos)

As deliberações da assembleia geral contrárias à lei ou aos estatutos, seja pelo seu objeto, seja por virtude de irregularidades havidas na convocação dos associados ou no funcionamento da assembleia, são anuláveis.

Bibliografia: António Menezes Cordeiro, *Direito das sociedades*, 1, 4.ª ed. (2020), 704-721; *idem*, *Código das Sociedades Comerciais anotado*, 3.ª ed. (2020), 53.º a 63.º; António Menezes Cordeiro/A. Barreto Menezes Cordeiro, *Tratado de Direito civil*, IV, 5.ª ed. (2019), 826-829; Paulo Olavo Cunha, no *UCP/Comentário ao Código Civil* (2014), 384-386.

Índice

[1] António Ferrer Correia, *Pessoas colectivas*, 258.
[2] *1.ª Revisão*, 62.
[3] *2.ª Revisão*, 69.
[4] *Projecto*, 50.
[5] Por vezes invoca-se a analogia: esta seria bastante, mas afigura-se desnecessária.
[6] António Menezes Cordeiro, *Código das Sociedades Comerciais anotado*, 3.ª ed. (2020), anot. ao 384.º.
[7] STJ 9-mar.-2010 (Azevedo Ramos), Proc. 68/93; *vide* RLx 12-fev.-2008 (Arnalfo Silva), Proc. 4584/2006.

I – Origem

1 **1. O anteprojeto Ferrer Correia** continha um preceito desenvolvido, quanto a deliberações contrárias à lei ou ao estatuto. Propunha (31.º)[1]:

> 1.º – As deliberações da assembleia contrárias à lei ou ao estatuto poderão ser impugnadas pela direcção ou por qualquer associado que a elas não tenha aderido.
>
> 2.º –A acção deverá ser proposta no prazo de seis meses, contado desde o dia da deliberação. Mas se a impugnação for deduzida por algum associado que não tenha assistido à respectiva assembleia geral, o prazo contar-se-á sòmente a partir da data em que esse associado tomou conhecimento da decisão atacada.
>
> 3.º – Cessa o disposto no parágrafo antecedente quando, dependendo a nulidade da deliberação da nulidade de um dos votos emitidos, esta nulidade puder ser arguida, em harmonia com a lei geral, dentro de um prazo mais largo.
>
> Nesta hipótese, a acção para impugnar o voto emitido servirá também para impugnar a própria deliberação dele dependente.
>
> 4.º – Qualquer das entidades referidas no § 1.º poderá requerer, como acto preparatório da acção de anulação, a suspensão das deliberações ilegais, nos termos fixados no Código de Processo Civil para as sociedades.

2 **2. Revisões ministeriais e Projeto**. O preceito de Ferrer Correia, extenso e menos preciso, manteve-se na 1.ª Revisão, com poucas alterações[2]. Na 2.ª (177.º), obteve uma simplificação radical[3] com poucas alterações no Projeto (177.º)[4], que consignou a redação final.

II – O Direito das sociedades

3 **3. As deliberações** da assembleia geral das associações têm uma natureza específica a que se chama, justamente, deliberativa[5]. Tratando-se, como se trata, de atos jurídicos, são-lhes aplicáveis as regras sobre invalidade e ineficácia dos negócios[6], por via do 295.º

4 No Direito das sociedades comerciais, valores próprios levam a que o tema da invalidade das deliberações desenvolvesse regras adequadas, não coincidentes com as dos negócios jurídicos. A diferença cifra-se, essencialmente, no seguinte: no Direito civil, os vícios dos negócios conduzem, em princípio e por defeito, à nulidade (280.º e 294.º); só perante disposição legal diversa, se cai na anulabilidade. No Direito das sociedades comerciais, a invalidade comum é, nada se dizendo, a anulabilidade [58.º/1, *a*)] vingando a nulidade quando a lei o diga (56.º/1, ambos do CSC). Esta solução destina-se a facultar a consolidação das deliberações que não sejam rapidamente impugnadas, de modo a facilitar o giro comercial. Tudo isto veio a desenvolver-se lentamente e com dificuldade, de tal forma que apenas o CSC conseguiu clarificar a matéria[7].

5 A matéria foi transposta do Direito das sociedades comerciais para o das associações de Direito civil. Todavia, a transposição foi efetuada numa ocasião em que ela não estava ainda

[1] António Ferrer Correia, *Pessoas colectivas*, 258.
[2] *1.ª Revisão*, 62-63.
[3] *2.ª Revisão*, 69.
[4] *Projecto*, 50.
[5] *Tratado* II, 4.ª ed., 93 ss..
[6] *Idem*, 911 ss..
[7] Com indicações: *Direito das sociedades*, 1, 4.ª ed. (2020), 681 ss..

sedimentada no Direito comercial[8]. Resultou, daí, um esquema que deve ser sistematicamente completado.

III – O Direito civil

4. A anulabilidade genericamente prescrita no 177.º antecipou o regime comercial. A preocupação de proteger os terceiros e o tráfego jurídico em geral levou o legislador a prevê-la como o tipo mais genérico de invalidade, ao arrepio do regime geral dos negócios. O Código fê-lo com tal convicção que omitiu mesmo a referência à nulidade, numa situação a superar por via doutrinária. 6

Perante a violação dos estatutos, há que fazer distinções. A inobservância de regras processuais gera a anulabilidade, o mesmo sucedendo com prescrições diretas. Tratando-se, porém, de regras que limitem a capacidade da pessoa coletiva, a eventual invalidação das deliberações subjacentes não põe em causa a validade dos atos de execução: apenas responsabiliza os seus autores, por aplicação analógica ou (preferível) subsidiária do 6.º/4 do CSC. 7

IV – A anulabilidade; a nulidade

4. O **regime da anulabilidade** é fixado no 178.º: pode ser arguida no prazo de seis meses, pelo órgão de administração ou por qualquer associado que não tenha votado a deliberação – n.º 1[9]; tratando-se de associado que não tenha sido convocado regularmente para a reunião da assembleia, o prazo só começa a contar a partir da data em que ele teve conhecimento da deliberação[10] – n.º 2. 8

5. A nulidade: uma deliberação contrária à lei expressa ou de objeto impossível nunca poderia ser meramente anulável, sob pena de se consolidar com o decurso do prazo. O mesmo será óbvio no que toca a deliberações contrárias aos bons costumes ou à ordem pública. Temos de admitir, ao lado das deliberações anuláveis, deliberações verdadeiramente nulas[11]. 9

Segundo o 158.º-A, à constituição de pessoa coletiva é aplicável o 280.º. *A fortiori*, esse preceito deverá ser aplicado às decisões das pessoas coletivas, concretizadas nas deliberações dos seus órgãos. O 295.º coadjuva esta orientação. As deliberações física ou legalmente impossíveis, contrárias à lei ou indetermináveis são nulas, tal como nulas são as que contradigam a ordem pública ou que ofendam os bons costumes. As deliberações que recaiam sobre matéria que, por natureza, escape às decisões das assembleias serão igualmente nulas, por impossibilidade jurídica. Pense-se numa deliberação de perfilhação, por exemplo. 10

Às deliberações nulas aplica-se o regime geral do 286.º, em detrimento do 178.º. Toda esta matéria é, ainda, reforçada pelos 56.º/1 e 58.º/1, do CSC. A doutrina tem evitado referir, sequer, o problema[12]. Quanto à jurisprudência: ela abstém-se de aplicar os 177.º e 178.º às socie- 11

[8] O 31.º do anteprojeto Ferrer Correia, *Pessoas coletivas*, 259, onde se usava a categoria (alemã) da impugnabilidade.

[9] *Vide* STJ 5-jun.-1985 (Lima Cluny), BMJ 348 (1985), 388-395 (391-392) e STJ 6-out.-2005 (Pereira da Silva), Proc. 05B183.

[10] STJ 12-jan.-1995 (Mário de Araújo Ribeiro), BMJ 443 (1995), 326-331 (330-331).

[11] Pires de Lima/Antunes Varela, *Código Civil Anotado*, 1, 4.ª ed., 175, apercebem-se do problema; limitam-se, porém, a remeter para Vasco Lobo Xavier, *Anulação de deliberação social e deliberações conexas* (1976), 194-195, em nota, onde o problema é tratado em termos que merecem aplauso: há situações que não podem deixar de dar azo à nulidade.

[12] *Vide*, por exemplo, Carvalho Fernandes, *Teoria geral*, 1, 6.ª ed., 634 e Oliveira Ascensão, *Teoria geral*, 1, 2.ª ed., 302; este último nem aborda a anulabilidade.

dades comerciais e isso mesmo antes do aparecimento do Código das Sociedades Comerciais[13]. Todavia, surge como evidência cartesiana que certas deliberações são forçosamente nulas.

Artigo 178.º (Regime da anulabilidade)

1. A anulabilidade prevista nos artigos anteriores pode ser arguida, dentro do prazo de seis meses, pelo órgão da administração ou por qualquer associado que não tenha votado a deliberação.

2. Tratando-se de associado que não foi convocado regularmente para a reunião da assembleia, o prazo só começa a correr a partir da data em que ele teve conhecimento da deliberação.

Bibliografia: a indicada na anotação ao 177.º.

Índice

1 1. **Origem**. O preceito remonta ao 31.º do anteprojeto Ferrer Correia, transcrito na anotação ao 177.º. Na 1.ª Revisão, ele manteve-se no 136.º, tendo sido autonomizado, já com a redação definitiva, na 2.ª Revisão (178.º)[1].

2 **2. Legitimidade**. O 178.º/1 confere-a ao órgão de administração ou a qualquer associado que não tenha votado a deliberação anulável[2]. O próprio órgão de administração só pode impugná-la se não a tiver proposto ou apoiado, sem o que teríamos um *venire contra factum proprium*.

3 **3. O prazo** de seis meses conta-se a partir da disponibilidade da ata[3] ou, quando o associado não tenha sido convocado, a partir da data em que tenha tido conhecimento da reunião[4].

4 **4.** A **nulidade**, admitida, em nome do sistema[5], perante a violação de normas imperativas ou em face de contrariedade aos bons costumes e à ordem pública (280.º), pode ser invocada a todo o tempo e por qualquer interessado, sendo conhecível *ex officio* pelo tribunal.

[13] STJ 1-jun.-1973 (José António Fernandes), BMJ 228 (1973), 221-226 (223), STJ 12-dez.-1975 (Eduardo Correia Guedes), BMJ 252 (1975), 174-178 (176), STJ 1-fev.-1977 (Octávio Dias Garcia), BMJ 264 (1977), 218-222 (221), e RLx 18-abr.-1978 (Lima Cluny), CJ III (1978) 2, 481-482 (482/I).

[1] *2.ª Revisão*, 69-70; *Projecto*, 50-51.

[2] Isto é: que tenha votado contra, que se tenha abstido ou que nem tivesse estado na reunião; STJ 5-jun.-1985 (Lima Cluny), BMJ 348 (1985), 388-395 (391-392).

[3] Sem isso, o associado convocado mas não presente nem terá conhecimento da deliberação.

[4] STJ 12-jan.-1995 (Mário de Araújo Ribeiro), BMJ 443 (1995), 326-331 (330-331).

[5] STJ 6-out.-2005 (Pereira da Silva), Proc. 05B183. *Vide* a anotação 7 ao 177.º.

Artigo 179.º (Proteção dos direitos de terceiro)

A anulação das deliberações da assembleia não prejudica os direitos que terceiro de boa-fé haja adquirido em execução das deliberações anuladas.

Bibliografia: António Menezes Cordeiro/A. Barreto Menezes Cordeiro, *Tratado de Direito civil*, IV, 5.ª ed. (2019), 829; Paulo Olavo Cunha, no *UCP/Comentário ao Código Civil* (2014), 387-389; *vide* a indicada na anotação ao 177.º.

Índice

1 **1. Origem**. O preceito descende, quase sem alterações, do 32.º do anteprojeto Ferrer Correia[1].

2 **2.** A **proteção de terceiros** corresponde a uma concretização do princípio da confiança, presente em lugares paralelos como o 291.º e o 61.º do CSC. Na sua falta, nunca alguém poderia contratar com segurança, caso se lhe deparasse uma pessoa coletiva: a própria decisão de contratar poderia provir de uma deliberação inválida.

3 **3. Terceiro de boa-fé** é o não-associado[2] que desconheça, sem culpa, a invalidade perpetrada e os factos que lhe deram origem. Não vale, pois, uma mera ignorância psicológica: antes uma situação ética[3].

Artigo 180.º (Natureza pessoal da qualidade de associado)

Salvo disposição estatutária em contrário, a qualidade de associado não é transmissível, quer por ato entre vivos, quer por sucessão; o associado não pode incumbir outrem de exercer os seus direitos pessoais.

Bibliografia: Daniela Baptista, no *UCP/Comentário ao Código Civil* (2014), 389-392; quanto à natureza do *status* de associado: *supra*, anot. 167.º.

Índice

1 **1. Origem**. O anteprojeto Ferrer Correia, no 33.º (natureza estritamente pessoal da qualidade de sócio), propôs um texto que ainda hoje esclarece o espírito da lei em vigor[1]:

[1] António Ferrer Correia, *Pessoas colectivas*, 259; *1.ª Revisão* (137.º), 63; *2.ª Revisão* (179.º), 70; *Projecto* (179.º), 51.
[2] STJ 9-mar.-2004 (Lopes Pinto), Proc. 04A353.
[3] *Tratado*, I, 4.ª ed., 964 ss..
[1] António Ferrer Correia, *Pessoas colectivas*, 260; *2.ª Revisão* (179.º), 70; *Projecto*, 59.

1.º – A qualidade de associado não é transmissível, nem por acto entre vivos nem por morte.
2.º – O associado não poderá confiar a outrem o exercício dos seus direitos pessoais.
3.º – O estatuto pode estabelecer regras diferentes.

2 O preceito passou à 1.ª Revisão Ministerial (138.º)[2], tendo recebido, na 2.ª (180.º)[3] a sua redação definitiva.

3 **2.** A **natureza supletiva** do 180.º afigura-se clara: di-lo o início do preceito, que envolve a sua parte final e di-lo, ainda, a autonomia privada, que domina as associações previstas no Código Civil. Os estatutos regularão a matéria como entenderem: ninguém é obrigado a aderir à associação, se não concordar.

Artigo 181.º (Efeitos da saída ou exclusão)

O associado que por qualquer forma deixar de pertencer à associação não tem o direito de repetir as quotizações que haja pago e perde o direito ao património social, sem prejuízo da sua responsabilidade por todas as prestações relativas ao tempo em que foi membro da associação.

Bibliografia: Daniela Baptista, em *UCP/Comentário ao Código Civil* (2014), 392-394; Fernando Pires de Lima/João Antunes Varela, *Código Civil anotado*, I, 4.ª ed. (1987), 177.

Índice

1 **1. Origem**. O preceito remonta ao anteprojeto Ferrer Correia (35.º)[1], tendo sido alterado na 1.ª (139.º)[2] e na 2.ª (181.º)[3] Revisões Ministeriais, atingindo nesta a forma definitiva[4].

2 **2.** A **saída** do associado pode resultar de exoneração, quando decidida pelo próprio, de exclusão, quando deliberada pela associação ou de simples perda dessa qualidade, pelo decurso do tempo ou pelo não-pagamento das quotizações[5]. Em qualquer caso, há que respeitar os estatutos.

3 **3.** A **natureza imperativa** do 181.º impõe-se. De outra maneira, a associação perderia a sua autonomia patrimonial, com prejuízo dos credores e danos de imagem para o instituto das associações privadas.

Artigo 182.º (Causas de extinção)

1. As associações extinguem-se:
***a*) Por deliberação da assembleia geral;**

[2] *1.ª Revisão*, 63.
[3] *2.ª Revisão*, 70; *Projecto*, 51.
[1] António Ferrer Correia, *Pessoas colectivas*, 260; *2.ª Revisão* (179.º), 70; *Projecto*, 59.
[2] *1.ª Revisão*, 64.
[3] *2.ª Revisão*, 70.
[4] *Projecto*, 51.
[5] *Vide supra*, anot. 38-40 ao 167.º.

***b*) Pelo decurso do prazo, se tiverem sido constituídas temporariamente;**
***c*) Pela verificação de qualquer outra causa extintiva prevista no ato de constituição ou nos estatutos;**
***d*) Pelo falecimento ou desaparecimento de todos os associados;**
***e*) Por decisão judicial que declare a sua insolvência.**
2. As associações extinguem-se ainda por decisão judicial:
***a*) Quando o seu fim se tenha esgotado ou se haja tornado impossível;**
***b*) Quando o seu fim real não coincida com o fim expresso no ato de constituição ou nos estatutos;**
***c*) Quando o seu fim seja sistematicamente prosseguido por meios ilícitos ou imorais;**
***d*) Quando a sua existência se torne contrária à ordem pública.**

Bibliografia: António Menezes Cordeiro/A. Barreto Menezes Cordeiro, *Tratado de Direito civil*, IV, 5.ª ed. (2019), 835-837; Daniela Baptista, no *UCP/Comentário ao Código Civil* (2014), 395-399.

Índice

1 **1. Origem**. O 182.º remonta ao 36.º do anteprojeto Ferrer Correia[1]; daí passou ao 140.º da 1.ª Revisão Ministerial[2] e ao 182.º da 2.ª[3], tendo redação definitiva no 182.º do Projeto[4].

2 **2. A reforma de 1977** consistiu em, no corpo do 182.º/2, substituir "podem ainda ser extintas pela entidade competente para o reconhecimento" por "extinguem-se ainda por decisão judicial"[5]: na linha do DL 496/77, de 25-nov., adaptou-se o regime à livre constituição de associações.

3 **3. A extinção simples** dispensa uma decisão judicial expressamente dirigida a esse efeito. Ela pode ocorrer, segundo o 182.º/1: (1) por deliberação da assembleia geral – *a*) – tomada por uma maioria qualificada de três quartos de todos os associados (175.º/4); (2) pelo decurso do prazo, se a associação tiver sido constituída temporariamente – *b*); os associados podem obstar à extinção prorrogando o prazo, para o que se exige a referida maioria de três quartos de todos os membros (175.º/4); o 183.º/1 dá, ainda, um prazo de 30 dias, sobre a data da extinção, para permitir a prorrogação; (3) pela verificação de qualquer outra causa extintiva prevista no ato de constituição ou nos estatutos – *c*); esta "causa" pode estar implicitamente consignada: por exemplo, constituída uma associação para um fim determinado, a obtenção deste fim implica a extinção, sem necessidade de recorrer à sentença judicial do 182.º/2, *a*); além disso, a assembleia pode sempre modificar os estatutos, dispondo de mais 30 dias para o fazer (183.º/1); (4) pelo falecimento ou desaparecimento de todos os associados – *d*); como vimos, a lei não impõe a extinção por (mera) unipessoalidade; (5) por decisão judicial que declare a sua insolvência – *e*); repare-se que esta decisão não visa a extinção; esta ocorre, antes, como efeito colateral da falência: 183.º/3.

[1] António Ferrer Correia, *Pessoas colectivas*, 261.
[2] *1.ª Revisão*, 65.
[3] *2.ª Revisão*, 71.
[4] *Projecto*, 51-52.
[5] DR I, n.º 273, de 25-nov.-1977, 2813-(13)/I.

4 **4. Por decisão judicial**, a associação extingue-se quando (182.º/2): (1) o seu fim se tenha esgotado ou se tenha tornado impossível – *a*); a impossibilidade pode ser física ou jurídica; além disso, podem os associados alterar os estatutos, obstando à extinção pela consignação de outro fim; (2) o seu fim real não coincida com o fim expresso no ato de constituição ou nos estatutos – *b*); tratava-se de uma preocupação maior do Estado Novo: reconhecida uma associação com certo fim, esta poderia visar outro, de tipo político; uma interpretação atualista procuraria resolver esta problemática à luz da simulação; (3) o seu fim seja sistematicamente prosseguido por meios ilícitos ou imorais – *c*); a referência à "imoralidade" deve ser aproximada dos bons costumes; (4) a sua existência se torne contrária à ordem pública – *d*). A declaração de extinção pode ser pedida pelo Ministério Público ou por qualquer interessado.

5 As causas de extinção do 182.º podem ser interpretadas de modo extensivo. Mas elas são taxativas[6]: não é possível descobrir novas causas de extinção, sob pena de, à margem da lei, se extinguirem os direitos associativos dos particulares e se colocar em crise a liberdade de associação. Também não podem terceiros, mesmo interessados no património das associações, requerer a sua extinção, à margem do legislado[7]. Finalmente: a extinção decidida por despacho e permitida por Decreto de uma assembleia legislativa regional é inconstitucional[8].

Artigo 183.º (Declaração da extinção)

1. Nos casos previstos nas alíneas *b*) e *c*) do n.º 1 do artigo anterior, a extinção só se produzirá se, nos trinta dias subsequentes à data em que devia operar-se, a assembleia geral não decidir a prorrogação da associação ou a modificação dos estatutos.

2. Nos casos previstos no n.º 2 do artigo precedente, a declaração da extinção pode ser pedida em juízo pelo Ministério Público ou por qualquer interessado.

3. A extinção por virtude da declaração de insolvência dá-se em consequência da própria declaração.

Bibliografia: Fernando Pires de Lima/João Antunes Varela, *Código Civil anotado*, I, 4.ª ed. (1987), 179-180; *vide* a bibliografia citada na anotação ao 182.º.

Índice

[6] RPt 20-mai.-1993 (Boavida Barros), CJ XVIII (1993) 3, 209-214 (214/I), referente à extinção de uma Casa do Povo.

[7] REv 4-mai.-2000 (Branquinho Lobo), CJ XXV (2000) 3, 255-259 (259/I), no mesmo ciclo de decisões quanto a Casas do Povo.

[8] TC 531/92, de 14-out.-1992 (Messias Bento), DR I Série-A n.º 262, de 12-nov.-1992, 5226-5235.

1. Origem. O preceito remonta ao 37.º/2 do anteprojeto Ferrer Correia[1], o qual passou à 1.ª Revisão Ministerial (141.º)[2]. Na 2.ª (183.º)[3] obteve uma redação próxima da do Projeto (183.º)[4] que lhe conferiu a redação final. 1

2. A **redação original** era a seguinte[5]: 2

> 1. Nos casos previstos nas alíneas *b)* e *c)* do n.º 1 do artigo anterior, a assembleia geral será convocada para deliberar sobre a prorrogação da associação ou a modificação dos seus estatutos; não sendo aprovada a prorrogação ou a modificação, a associação considera-se extinta na data da assembleia.
>
> 2. No caso previsto na alínea *d)* do mesmo numero, cabe à entidade competente para o reconhecimento declarar extinta a associação, oficiosamente ou a requerimento de qualquer interessado.
>
> 3. A extinção por virtude da declaração de insolvência dá-se em consequência da própria declaração.

3. O DL 496/77, de 25-nov., que adequou o Código à Constituição de 1976, deu ao preceito a sua redação atual (30.º)[6]. Modificou, desnecessariamente, a redação do n.º 1 e substituiu, no n.º 2, a referência à "entidade competente para o reconhecimento" por "Ministério Público". 3

(1) **Extinção automática**. O preceito visa completar o anterior 182.º. Assim, nos casos de extinção por decurso do prazo ou por outra causa extintiva prevista no ato constitutivo ou nos estatutos [182.º/1, *b)* e *c)*], o 183.º/1, abre-se uma margem de 30 dias para que, querendo, a assembleia geral prorrogue o prazo ou remova a causa extintiva. 4

(2) **Extinção não-automática** (182.º/2): cabe ao MP ou a qualquer interessado pedi-la, em juízo. 5

(3) **Insolvência**: esta não visa, diretamente, a extinção; mas o 183.º/3 associa-a a essa eventualidade. 6

Artigo 184.º (Efeitos da extinção)

1. Extinta a associação, os poderes dos seus órgãos ficam limitados à prática dos atos meramente conservatórios e dos necessários, quer à liquidação do património social, quer à ultimação dos negócios pendentes; pelos atos restantes e pelos danos que deles advenham à associação respondem solidariamente os administradores que os praticarem.

2. Pelas obrigações que os administradores contraírem, a associação só responde perante terceiros se estes estavam de boa-fé e à extinção não tiver sido dada a devida publicidade.

Bibliografia: Henrique Sousa Antunes, no *UCP/Comentário ao Código Civil* (2014), 435-438; *vide* a bibliografia indicada na anotação ao 183.º.

[1] António Ferrer Correia, *Pessoas colectivas*, 262.
[2] *1.ª Revisão*, 65.
[3] *2.ª Revisão*, 71-72.
[4] *Projecto*, 52.
[5] DG I, n.º 274, de 25-nov.-1966, 1901/II.
[6] DR I, n.º 273, de 25-nov.-1977, 2813-(13)/I.

Índice

1 **1. Origem.** O preceito descende do 38.º do anteprojeto Ferrer Correia, que proibia, após a dissolução, "operações novas"[1]. Essa orientação manteve-se na 1.ª Revisão Ministerial (142.º)[2], tendo-se aproximado, na 2.ª (184.º)[3] e no Projeto (184.º)[4], da redação final.

2 **2. A liquidação.** A extinção da associação não pode fazer desaparecer instantaneamente todas as situações jurídicas que dela dependam. Abre-se um período de liquidação, que visa, essencialmente: (1) o exato apuramento do ativo e do passivo da associação; (2) a satisfação do passivo; (3) a atribuição dos bens remanescentes, de acordo com os princípios gerais fixados no artigo 166.º[5]. Estas operações podem ser complexas, prolongando-se por meses ou anos.

3 Os órgãos da associação extinta mantêm-se em funções. Todavia, os seus poderes ficam limitados à prática dos atos meramente conservatórios e dos necessários, quer à liquidação do património social, quer à ultimação dos negócios pendentes (184.º/1, 1.ª parte). Os restantes atos responsabilizam solidariamente os administradores que os pratiquem (*idem*, 2.ª parte): a associação só responde perante terceiros de boa-fé se à extinção não tiver sido dada a devida publicidade. A lei civil não explica pormenores quanto à liquidação.

4 **3. Direito subsidiário.** A matéria conhece um maior desenvolvimento nos 146.º e seguintes, do CSC. Parece possível recorrer a essas regras para colmatar a lacuna civil, quando a analogia das situações o justifique.

5 De notar a manutenção da personalidade jurídica para além da extinção – 146.º/2, do CSC: uma solução especialmente útil, uma vez que a associação em liquidação pode ter negócios pendentes ou, mesmo e quando justificado, celebrar novos negócios, que decorram de anteriores. As associações civis mantêm a sua personalidade: mas apenas na medida do necessário, como se infere do facto de não ficarem vinculadas, perante terceiros, por novos atos dos administradores e salvo boa-fé e falta de publicidade da extinção (184.º/2). Podemos considerá-las pessoas rudimentares.

Excurso: associações dotadas de regimes especiais (167.º a 184.º)

Índice

[1] António Ferrer Correia, *Pessoas colectivas*, 262.
[2] *1.ª Revisão*, 65-66.
[3] *2.ª Revisão*, 72.
[4] *Projecto*, 52.
[5] *Supra*, 166.º, anot. 9-14.

1. Generalidades. No Direito português, o regime mais geral das associações encontra-se codificado no Código Civil. Todavia, existe uma legislação vasta, dispersa e variada, que dispensa regimes gerais a diferentes categorias de associações. Resulta daí que, na prática, as associações tendam a reger-se: (1) pelo Código Civil; (2) pela lei especial que lhes seja aplicável; (3) pelos estatutos. Vamos, na sequência, referir algumas das associações civis significativas. As associações públicas competem ao Direito comum administrativo. 1

2. Partidos políticos. As associações políticas ou partidos políticos são: 2

> (...) organizações de cidadãos de carácter permanente, constituídas com o objetivo fundamental de participar democraticamente na vida política do País e de concorrer de acordo com as leis constitucionais e com os seus estatutos e programas publicados, para a formação e expressão de vontade política do povo, intervindo nomeadamente no processo eleitoral mediante a apresentação ou o patrocínio de candidaturas.

Trata-se da noção dada pelo 1.º/1 do hoje revogado DL 595/74, de 7-nov., alterado pelo DL 126/76, de 13-mar., pela L 28/82, de 25-nov. e pela L 110/97, de 16-set., sendo de notar a L 19/2003, de 20-jun., sobre o seu financiamento. A matéria consta da LO 2/2003, de 22-ago., que não apresenta uma definição. Foi alterada e republicada, sucessivamente, pelas LO 2/2008, de 14-mai. e 1/2018, de 19-abr.. 3

Os partidos políticos adquirem personalidade coletiva pela inscrição no Tribunal Constitucional (14.º da LO 2/2003), requerida por 7.500 cidadãos eleitores no pleno gozo dos seus direitos políticos e civis (15.º)[1]. Devem reger-se por um princípio democrático (5.º), prosseguindo publicamente os seus fins (6.º). Podem associar-se com partidos estrangeiros semelhantes e filiar-se em organizações internacionais democráticas (37.º). Temos, ainda, regras financeiras (38.º) e relativas à extinção (17.º e 18.º). 4

Nos limites legais – mas, por vezes, para além destes – podemos considerar que os partidos políticos detêm o poder e exercem-no em todos os planos da vida nacional[2]. A importância das associações fica, só por aqui, demonstrada. 5

3. Associativismo jovem (ex-associações de estudantes). O associativismo estudantil constitui uma matriz fundamental das diversas associações do campo cívico, cultural e desportivo. As associações de estudantes, com raízes no funcionamento das universidades medievais, ganharam um significado moderno de massas a partir do momento em que decidiram abrir-se a todos os estudantes interessados[3]. Os Estados procuraram controlar o fenómeno, regulando as associações académicas e concedendo-lhes certos benefícios. Dispunha, no fundamental, a L 33/87, de 11-jul., com as alterações introduzidas pelas L 36/87, de 12-dez., 32/88, de 5-fev. e 35/96, de 29-ago.. A matéria foi integrada na L 23/2006, de 23-jun., que, revogando os diplomas anteriores, passou, também, a versar as associações de estudantes. 6

4. Associações de pais e associações de família. As associações de pais e de encarregados de educação, simplesmente designadas associações de pais, têm um regime aprovado pelo DL 372/90, de 27-nov., alterado pelo DL 80/99, de 16-mar., pela L 29/2006, de 4-jul.[4] e pela L 7

[1] TC 367/91, de 28-ago. (Luís Nunes de Almeida), BMJ 409 (1991), 301-307 (304), confirmado pelo Plenário: TC 368/91, de 18-set. (António Vitorino), BMJ 409 (1991), 307-312.

[2] Sobre toda esta matéria: Marcelo Rebelo de Sousa, *Os partidos políticos no Direito constitucional português* (1983) 718 pp..

[3] Em Portugal, esse passo foi dado pela Associação Académica de Coimbra, em assembleia geral de 9-mar.-1904, sob a presidência de António Francisco de Menezes Cordeiro.

[4] A L 29/2006, de 4-jul., republicou, em anexo, o DL 372/90, de 27-nov., na sua versão consolidada.

40/2007, de 24-ago.. Elas visam a defesa e promoção dos interesses dos seus associados, em tudo o que respeita à educação e ensino dos seus filhos e educandos que sejam alunos da educação pré-escolar ou dos ensinos básico ou secundário, público, particular ou cooperativo (2.º). São independentes e democráticas (3.º), dispondo de autonomia (4.º).

8 A constituição das associações de pais obedece à tramitação do artigo 5.º do DL 372/90, de 27-nov.. Adquirem personalidade a partir da data da publicação dos seus estatutos no *Diário da República* (6.º). Têm facilidades quanto a sedes e a instalações (7.º), podendo federar-se (8.º). Têm uma série de direitos (9.º)[5], participando na política educativa (10.º) e na elaboração de legislação (11.º); podem reunir, por sua iniciativa, com os órgãos diretivos (12.º). A lei geral sobre direito de associação é subsidiariamente aplicável (17.º).

9 Embora de âmbito diverso, cumpre também referir as associações de família, reguladas pela L 9/97, de 12-mai.. Visam defender e promover, em vários planos, os "direitos e interesses da família" – 2.º. São independentes e autónomas (3.º). Quando disponham de "representatividade genérica", são parceiros sociais (4.º). Têm uma série de direitos, que vão desde a participação na definição da política de família ao apoio do Estado (6.º). A lei geral sobre o direito de associação é, também e aqui, aplicável (8.º). O registo e o apoio às associações de família resulta do DL 247/98, de 11-ago..

10 **5. Associações de defesa do consumidor e do ambiente**. As associações de defesa do consumidor são reconhecidas na própria LDC, artigos 17.º e seguintes. Podem ser de âmbito nacional, regional ou local, consoante tenham, pelo menos, 3.000, 500 ou 100 associados, respetivamente (17.º/2). Dispõem de uma lista extensa de "direitos" (18.º), para prosseguirem os seus objetivos. O regulamento do apoio do Estado às associações de consumidores foi aprovado pelo Despacho n.º 8/SEAC/95, de 19-abr.. Podem intentar ações inibitórias de cláusulas contratuais gerais[6], bem como outras ações populares[7].

11 As associações de defesa do ambiente dispõem de regras aprovadas pela L 35/98, de 18-jul.[8]. Este diploma, por influência anglo-saxónica, fala em "organizações não-governamentais de ambiente" (ONGA); são, porém, verdadeiras associações "... dotadas de personalidade jurídica e constituídas nos termos da lei geral ..." (2.º/1). São reconhecidas de utilidade pública, em certos termos (4.º). Têm acesso à informação (5.º), participam na definição da política do ambiente (6.º) e são parceiro social (7.º). Têm legitimidade processual em ações do ambiente (10.º)[9], cabendo-lhes um registo nacional (17.º), regulado pela P 478/99, de 29-jun., alterada pela P 71/2003, de 29-jan. e pela P 771/2009, de 20-jul..

12 **6. Associações católicas; misericórdias**. As associações e outras organizações católicas estão na origem das diversas associações benemerentes e, mais longe, no da própria ideia de personalidade coletiva, aplicada seja a associações, seja a fundações. Na atualidade, elas dispõem de um

[5] Em RPt 19-mar.-1998 (Moreira Camilo), CJ XXIII (1998) 2, 213-215 (215/I), entendeu-se, todavia, que uma associação de pais não tinha legitimidade para pedir a condenação de uma empresa a não explorar uma bomba de gasolina nas proximidades da escola.

[6] *Tratado* II, 4.ª ed., 465 ss..

[7] Sobre o tema e com orientações diversas: RLx 12-jun.-1997 (Urbano Dias), CJ XXII (1997) 3, 107-109 (109), STJ 23-set.-1997 (Miranda Gusmão), CJ/Supremo V (1997) 3, 30-33 (32) e STJ 17-fev.-1998 (Pais de Sousa), CJ/Supremo VI (1998) 1, 84-86 (85).

[8] Alterada pela L 82-D/2014, de 31-dez., relativa à fiscalidade verde.

[9] STJ 23-set.-1998 (Garcia Marques), BMJ 479 (1998), 519-548 (536-537); em STA 16-jun.-1999 (Cruz Rodrigues), BMJ 488 (1999), 201-206 (205-206), reconheceu-se essa faculdade, também, a particulares.

regime especial, derivado da Concordata celebrada entre o Estado Português e a Santa Sé, em 18-mai.-2004[10]. Dispõe o 10.º da Concordata:

> A Igreja Católica em Portugal pode organizar-se livremente de harmonia com as normas de direito canónico e constituir, modificar ou extinguir pessoas jurídicas canónicas a que o Estado reconhece personalidade jurídica civil.

A ereção de associações públicas de fiéis é regulada pelo cânone 312, do Código de Direito Canónico de 1983; quanto às privadas, esse mesmo cânone tem aplicação. Este regime diverso do estadual tem sido concretizado, sem dificuldades, pelos tribunais do Estado[11], sendo de reter o especial estatuto dos "ministros do culto"[12]. Exemplo importante de associações da Igreja Católica, a que o Estado reconhece funções significativas é o das santas casas da Misericórdia ou irmandades da Misericórdia[13]. As questões internas das Misericórdias regem-se por Direito próprio, sendo incompetentes os tribunais judiciais[14]. 13

7. Instituições particulares de solidariedade social. As instituições particulares de solidariedade social constituem um universo complexo, que exprime as vias nacionais de expressão da entreajuda humana. Após diversas vicissitudes, o DL 119/83, de 1-abr., intentou codificar a matéria. Foi alterado e republicado no DL 172-A/2014, de 14-nov. e, depois, alterado pela L 76/2015, de 28-jul.. O seu registo é regulado pela P 139/2007, de 29-jan.. O Estatuto aprovado por aquele DL veio distinguir (2.º/1): 14

a) Associações de solidariedade social;
b) [*Revogada*][15];
c) Associações de socorros mútuos;
d) Fundações de solidariedade social;
e) Irmandades de misericórdia.

Podem agrupar-se em missões, federações e confederações (2.º/2). No seu conjunto e no que agora está em causa, elas constituem a grande maioria das associações existentes no País. 15

O Estatuto reconhece a sua autonomia (3.º), prevendo-se um registo (7.º), pelo qual adquirem automaticamente a utilidade pública (8.º). Os seus estatutos devem ter determinadas especificações (10.º), dispensando-se a escritura pública, quando registadas (11.º). Os 52.º e seguintes dispensam, depois, diversas regras quanto às associações de solidariedade social, incluindo: fins e constituição, número mínimo de associados, estatutos, direitos e deveres dos associados, votações, corpos gerentes, competência, convocação, funcionamento, deliberações e outros aspetos (52.º e seguintes). Segue-se, de perto, o Código Civil, com algumas particularidades. 16

As associações de socorros mútuos são remetidas para lei especial (76.º). Dispõe, hoje, o Código das Associações Mutualistas, aprovado pelo DL 72/90, de 3-mar. (112 artigos) e alterado pelo DL 190/2015, de 10-set., relativo às caixas económicas. O 1.º define-as como: 17

[10] RAR 74/2004, de 30-set., no DR I Série-A, n.º 269, de 16-nov.-2004, 6741-6750.

[11] Assim: RCb 28-jan.-2003 (Nunes Ribeiro), CJ XXVII (2003) 1, 22-24 (24/II).

[12] STJ 16-jun.-2004 (Carlos Cadilha), CJ/Supremo XII (2004) 2, 276-278 (278/I).

[13] *Vide* os 68.º e seguintes do Estatuto das Instituições Particulares de Solidariedade Social, aprovado pelo DL 119/83, de 25-fev., e abaixo referido.

[14] STJ 27-jan.-2005 (Custódio Montes), CJ/Supremo XIII (2005) 1, 49-53 (51) e STJ 17-fev.-2005 (Lucas Ferreira de Almeida), CJ/Supremo XIII (2005) 1, 77-79.

[15] Associações de voluntários de ação social, na versão de origem.

(...) instituições particulares de solidariedade social com um número ilimitado de associados, capital indeterminado e duração indefinida que, essencialmente através da quotização dos seus associados, praticam, no interesse destes e de suas famílias, fins de auxílio recíproco, nos termos previstos neste diploma.

18 O ato de constituição requer escritura pública (13.º), o que é dispensado para os estatutos (17.º). Devem ter equilíbrio técnico e financeiro (14.º). Prevê-se um registo especial (15.º), o qual confere utilidade pública (16.º). Pode haver diversas categorias de associados (21.º e seguintes).

19 As irmandades da Misericórdia ou santas casas da Misericórdia são associações canónicas "... com o objetivo de satisfazer carências sociais e de praticar atos de culto católico, de harmonia com o seu espírito tradicional, informado pelos princípios de doutrina e moral cristãs" (68.º). Fazem uma interessante junção entre as ordens civil e canónica[16]. As relações de trabalho que encabecem seguem o regime comum[17].

20 O DL 171/98, de 25-jun., veio equiparar, a instituições particulares de solidariedade social, as casas do povo que prossigam os objetivos previstos no respetivo estatuto. Todas elas são associações privadas – salvo a posição canónica das misericórdias – aplicando-se-lhes, em princípio, o Direito privado[18].

21 **8. Associações de mulheres.** As associações de mulheres resultam da L 107/2015, de 25-ago.. Trata-se de associações 2.º/1:

(...) que sendo constituídas nos termos da lei geral e dotadas de personalidade jurídica, prossigam o escopo referido no artigo anterior e não tenham fins lucrativos.

22 O fim em causa é (...) *a eliminação de todas as formas de discriminação e assegurar o direito à igualdade de género* (1.º).

23 As associações de mulheres, mau grado a designação, não estão legalmente vedadas a homens. Quando de âmbito nacional, têm representatividade genérica (3.º): participam na definição da política relativa às mulheres (4.º). Além disso, todas elas têm direito de antena (5.º) e à informação (6.º), podendo propor medidas de prevenção e controlo [7.º, *a*)] e, ainda, exercer a ação popular [7.º, *b*)]. Prevê-se um registo junto da Comissão para a Cidadania e a Igualdade de Género (10.º).

24 **9. Associações laborais.** As associações laborais são, fundamentalmente, os sindicatos, suas uniões e federações e as associações patronais, suas uniões e federações[19]. O artigo 2.º, *b*), do revogado DL 215-B/75, de 30-abr., conhecido como Lei Sindical, definia o sindicato como uma:

associação permanente de trabalhadores para defesa e promoção dos seus interesses sócio-profissionais.

25 Esta noção consta, hoje, do artigo 442.º/1, *a*), do Código do Trabalho.

[16] Cf. STJ 11-jul.-1985 (Américo Góis Pinheiro), BMJ 349 (1985), 432-436 (434).

[17] REv 4-fev.-1992 (Paiva Carvalho), CJ XVII (1992) 1, 297-298 (297/II).

[18] STJ 5-nov.-2002 (Silva Paixão), CJ/Supremo X (2002) 3, 123-125 (124/II).

[19] Sobre toda esta matéria, *vide* o nosso *Direito do trabalho* I (2019), 869 ss., com indicações. A bibliografia é inabarcável.

O sindicato é, inquestionavelmente, uma associação submetida a um regime especial. Podem descobrir duas orientações: (1) uma orientação restrita, que vê no sindicato uma associação votada ao domínio sócio-profissional, com um papel marcado no tocante à contratação coletiva e à declaração de greve; (2) uma orientação mais ampla, que faculta um alargamento nas funções dos sindicatos, de modo a abrangerem os campos cultural, da mutualidade e assistência, da política, da gestão e das finanças. 26

A própria natureza associativa dos sindicatos e a liberdade aí existente tornam difícil delimitar o seu perfil. Queda uma noção formal: a associação de trabalhadores que se constitua sob a forma de sindicato, adquirindo a personalidade coletiva com o registo no Ministério do Trabalho (10.º/1 da revogada Lei Sindical[20], hoje 483.º/1, do CT). Os sindicatos são enformados por princípios específicos, que escapam à liberdade estatutária. Assim: (1) a autonomia sindical: os sindicatos são independentes das associações patronais ou de quaisquer outras associações não patronais (6.º/1), do Estado, de partidos políticos e de instituições religiosas (6.º/2 da Lei Sindical); a matéria consta hoje, em termos alargados, do 452.º do CT; (2) a liberdade de constituição, sem qualquer autorização prévia e mediante um processo meramente formal (3.º, 8.º e 10.º da Lei Sindical); vejam-se, hoje e entre outros, os 475.º e 483.º, do CT; (3) a liberdade de inscrição que cabe a todo o trabalhador, perante o sindicato que represente a categoria respetiva (16.º/1); (4) a liberdade de saída do sindicato em que ele se encontre inscrito (16.º/4, ambos da Lei Sindical). 27

Os sindicatos podem agrupar-se em uniões, de base regional, em federações, por profissões ou ramos de atividade e em confederações, de âmbito nacional. 28

A matéria relativa a associações patronais foi aprovada pelo revogado DL 215-C/75, de 30-abr.. Hoje, rege o CT, nos seus 506.º e seguintes. Também aqui temos: (1) uma orientação restrita, segundo a qual a associação patronal agrupa empregadores, nessa qualidade e com vista à prossecução de atividades laborais; (2) uma orientação ampla, que abarca interesses empresariais de tipo global. As associações patronais adquirem a personalidade com o registo no Ministério do Trabalho, estando os estatutos sujeitos a publicação no BTE. Por seu turno, as associações podem agrupar-se em uniões, federações e confederações. Toda esta matéria mantém a sua feição no projeto de CT, em fase final de aprovação. 29

10. Associações desportivas. As associações desportivas constituem, hoje, um sector em diferenciação crescente, do Direito das pessoas. Além disso, ele forma, em conjunto com regras próprias da prática desportiva, amadora e profissional, um sistema em evolução rápida, a que se poderá chamar "Direito do desporto"[21]. De todo o modo, na falta de especificidades, aplica-se o Direito privado[22]. 30

Esta área (tal como muitas outras) acusa sucessivas reformas. Rege, hoje, a Lei de Bases da Atividade Física e do Desporto a L 5/2007, de 16-jan., alterada pela L 74/2013, de 6-set.. A sua publicação envolveu a alteração de numerosa legislação subsequente. 31

11. Outras associações; conveniência da reforma do Código Civil. A lei portuguesa contempla, ainda, numerosas outras associações, todas relevantes para a vida do País. Como 32

[20] Todavia, só podem iniciar a sua atividade com a publicação dos seus estatutos no BTE – 10.º/6 da Lei Sindical e 483.º/3 do CT.

[21] Sobre o tema, João Leal Amado, *Vinculação* versus *liberdade/O processo de constituição e extinção da relação laboral do praticante desportivo* (2001). Quanto a sociedades anónimas desportivas: Ricardo Candeias, *Personalização de equipa e trans-formação de clube em sociedade anónima desportiva* (2002).

[22] STJ 18-abr.-1991 (Albuquerque Sousa), BMJ 406 (1991), 586-594 (588), e STJ 10-jan.-1995 (Ramiro Vidigal), BMJ 443 (1995), 319-325 (323).

exemplos, referiremos: as associações de caçadores, previstas no 45.º da Lei da Caça, aprovada pela L 173/99, de 21-set.[23], por último (neste momento) alterado pelo DL 2/2011, de 6-jan.; as associações representativas de municípios e freguesias, de perfil fixado pela L 54/98, de 18-ago., as associações de pessoas portadoras de deficiências, objeto da L 127/99, de 20-ago., alterada pela L 37/2004, de 13-ago., as associações de imigrantes, da L 115/99, de 3-ago., as associações florestais, da L 158/99, de 14-set.[24], revogada pela L 75/2017, de 12-setembro e as associações de defesa dos utentes da saúde, objeto da L 44/2005, de 28-ago..

33 A importância renovada que o associativismo civil assume, particularmente perante a pressão das sociedades comerciais e as influências estrangeiras, justificaria plenamente a atualização e o desenvolvimento do regime das associações, contido no Código Civil.

34 **12. O projeto de "associação europeia"**. Os diversos países da União reconhecem figuras semelhantes ou paralelas à de uma associação civil[25]. Assim, a Comissão Europeia apresentou em 1992, uma proposta sobre o estatuto da associação europeia[26] e, em 1993, uma proposta modificada sobre o mesmo assunto[27]. Ainda em 1993, a Comissão aprontou uma proposta modificada para uma diretriz do Conselho para complementar o estatuto da associação europeia relativamente ao papel dos trabalhadores[28]. A projetada introdução de uma forma europeia de associação visava, em primeira linha, a integração do mercado interno de associações e fundações, quer no âmbito *non-profit*, quer no do emprego e das representações económicas. A ideia foi acolhida com pouco entusiasmo, pondo-se em causa a sua utilidade. Foi dada total prioridade à sociedade anónima europeia[29], mantendo-se a hipótese de uma aprovação futura. O projeto constitui, de todo o modo, um útil instrumento de estudo para os comparatistas.

Secção III – Fundações

Artigo 185.º (Instituição e sua revogação)

1. As fundações visam a prossecução de fins de interesse social, podendo ser instituídas por ato entre vivos ou por testamento.

2. A instituição por atos entre vivos deve constar de escritura pública, salvo o disposto em lei especial, e torna-se irrevogável logo que seja requerido o reconhecimento ou principie o respetivo processo oficioso.

3. Aos herdeiros do instituidor não é permitido revogar a instituição, sem prejuízo do disposto acerca da sucessão legitimária.

4. O ato de instituição, bem como os seus estatutos e suas alterações devem ser publicitados nos termos legalmente previstos para as sociedades comerciais, não produzindo efeitos em relação a terceiros enquanto não o forem.

[23] P 465/2001, de 8-mai., quanto a campos de treino, a instalar a pedido dessas associações. Tudo isto deve ser conjugado com a Lei de Bases Gerais da Caça, adotada pelo DL 202/2004, de 18-ago., por último alterado pelo DL 167/2015, de 21-ago. e com o Código Florestal, aprovado pelo DL 254/2009, de 24-set..

[24] Ressalvada pela L 12/2012, de 13-mar..

[25] Jens Wagner, *Der Europäische Verein/Eine Gesellschaftsform europäischen oder mitgliedstaatlichen Rechts?* (2000), 69 ss., referindo experiências europeias de associações sem fins económicos (França, Bélgica, Áustria, Portugal, Suécia e Espanha) e com fins económicos (Alemanha, Grécia e Luxemburgo); refere, ainda, as experiências europeias que não autonomizam o tipo associativo: Inglaterra, Holanda, Irlanda e Dinamarca (70-86).

[26] JOCE Nr. C 99, de 21-abr.-1992, 1.

[27] JOCE Nr. C 236, de 31-ago.-1993, 1.

[28] JOCE Nr. C 99, de 21-abr.-1992, 14; o desenvolvimento e o estado atual dos projetos, bem como uma análise do seu conteúdo podem ser confrontados em Jens Wagner, *Die Europäische Verein*, 40 ss. e 46 ss..

[29] *Vide* o nosso *Direito europeu das sociedades*, 905 ss..

Bibliografia: António Ferrer Correia, *Pessoas colectivas/Anteprojecto de um capítulo do novo Código Civil*, BMJ 67 (1957), 269-277; António Menezes Cordeiro/A. Barreto Menezes Cordeiro, *Tratado de Direito civil*, IV, 5.ª ed. (2019), 851-883; Diogo Costa Gonçalves/Rui Soares Pereira (coord.), *Direito das fundações em debate/ /Perspetivas de reforma* (2020), 239 pp.; Domingos Soares Farinho, *Fundações e interesse público: Direito administrativo fundacional – enquadramento dogmático* (2014), 1068 pp.; Henrique Sousa Antunes, *UCP/Comentário ao Código Civil* (2014), 403-438; M. Nogueira Serens, *Em tema de fundações* (2019), 114 pp.; Manuel Pita, em Ana Prata (org.), *Código Civil anotado*, 1, 2.ª ed. (2019), 239-273; Manuel Vilar de Macedo, *Regime civil das pessoas colectivas/Anotações aos artigos 157.º a 201.º-A do Código Civil* (2008), 126-152; Marcello Caetano, *Das fundações/Subsídio para a interpretação e reforma da legislação portuguesa* (1962), 206 pp..

Índice

I – Origem e evolução do Direito das fundações

1. Antecedentes. O regime jurídico das fundações consubstancia uma das novidades introduzidas pelo Código Civil[1]. Apesar de já então serem conhecidas e praticadas, o CS dedicava-lhes uma atenção esporádica e insuficiente, em face das necessidades sentidas. A regulação das fundações, em especial quando assumiam maior importância social ou cultural, ficava a cargo dos decretos-leis governamentais que as instituíam[2]. A sistematização e a densificação dogmática do Direito das fundações foram promovidas pela doutrina da época. 1

2. Os trabalhos preparatórios, produzidos por **Ferrer Correia** (1912-2003), tiveram como fonte primordial o Código Civil italiano de 1942. O Anteprojeto Ferrer Correia[3], conservado com ligeiras alterações aquando da 1.ª Revisão Ministerial, foi profundamente alterado pela 2.ª Revisão Ministerial. Na origem desta transformação encontramos, essencialmente, os estudos desenvolvidos por Marcello Caetano[4]. 2

3. Reformas de 2007, 2012 e 2015. O regime jurídico das fundações foi objeto de três reformas. A primeira, de 2007 (L 40/2007, de 24-ago.), alterou o regime da constituição das fundações. A segunda, de 2012 (L 24/2012, de 9-jul.), adequou o Código Civil à então aprovada 3

[1] Evolução histórica das fundações e do seu Direito: *Tratado*, IV, 5.ª ed., 852 ss.; Nogueira Serens, *Em tema de fundações* (2019), 9 ss.; Domingos Soares Farinho, *Fundações e interesse público: Direito administrativo fundacional – enquadramento dogmática* (2014), 51 ss..

[2] *Tratado*, IV, 5.ª ed., 859-860.

[3] António Ferrer Correia, *Pessoas colectivas/Anteprojecto de um capítulo do novo Código Civil*, BMJ 67 (1957), 247-281.

[4] Marcello Caetano, *Das fundações/Subsídio para a interpretação e reforma da legislação portuguesa*, 1962. O impacto da análise de Marcello Caetano sentia-se já na Revisão Ministerial Intercalar da Parte Geral de 1964. De resto,

Lei-Quadro das Fundações (LQF). A terceira, de 2015 (L 150/2015, de 10-set.), enquadra-se na primeira grande revisão da LQF.

4 **4. Lei-Quadro das Fundações**. Com a Reforma de 2012, o regime jurídico das fundações passou a estar dividido entre o Código Civil e a LQF. Não existe, porém, uma divisão clara de matérias entre os dois diplomas. De resto, a LQF reproduz, imaculadamente, diversos preceitos do Código Civil.

5 **5. Direito europeu**. A 8-fev.-2012 foi apresentada uma Proposta de Regulamento do Conselho relativo ao Estado da Fundação Europeia (FE)[5-6]. Apesar da concordância inicial do Parlamento Europeu[7], o processo legislativo não prosseguiu tendo, a Comissão retirado essa Proposta de Regulamento a 7-mar.-2015[8].

II – Origem e evolução do 185.º

6 **6. Preparatórios**. O artigo inaugural do regime jurídico das fundações não corresponde a um artigo único do Anteprojeto Ferrer Correia: resulta da conjugação de vários preceitos dos trabalhos preparatórios, devidamente moldados pelas críticas e sugestões de Marcello Caetano.

7 Apenas com a 2.ª Revisão Ministerial, o 185.º ganhou o conteúdo que hoje, *grosso modo*, se lhe reconhece:

> 1. As fundações podem ser instituídas por acto entre vivos ou por testamento, valendo como aceitação dos bens a elas destinados, num caso ou noutro, o reconhecimento respectivo.
> 2. O reconhecimento pode ser requerido pelo instituidor, seus herdeiros ou executores testamentários, ou ser oficiosamente promovido pela autoridade competente.
> 3. A instituição por acto entre vivos deve constar de escritura pública e torna-se irrevogável logo que seja requerido o reconhecimento ou principie o respectivo processo oficioso.
> 4. Aos herdeiros não é permitido revogar a instituição, sem prejuízo do disposto acerca da sucessão legitimária.

8 **7.** Na **versão final** do 185.º é acrescentado um último número, com o seguinte conteúdo:

> Ao acto de instituição da fundação, quando conste de escritura pública, bem como, em qualquer caso, aos estatutos e suas alterações é aplicação o disposto na parte final do artigo 168.º.

9 **8. Reconstrução da origem**. Apesar de a prossecução de interesses sociais moldar o conceito e o regime jurídico das fundações, a sua expressa referência no 185.º/1 apenas foi introduzida com a reforma de 2012. A parte final do n.º 1 deve-se à influência sistematizadora de Marcello Caetano[9].

10 Também o n.º 2 remonta, com ligeiras alterações, aos estudos de Caetano[10]. O mesmo se verificando com o n.º 3: a 1.ª Revisão Ministerial atribuía aos herdeiros, no seguimento do Anteprojeto de Ferrer Correia[11], a faculdade de revogação da instituição, em moldes análogos aos concedidos ao próprio instituidor[12].

a 2.ª Revisão Ministerial incorporou, na parte relativa às Fundações, o texto da Revisão Ministerial Intercalar da Parte Geral de 1964. Todavia, como esta revisão se mantém, ainda hoje, inédita, iremos sempre reportar-nos à 2.ª Revisão Ministerial.

[5] COM (2012) 35 final, 1-41.

[6] *Tratado*, IV, 5.ª ed., 864 ss..

[7] Parlamento Europeu, *Relatório Provisório*, 18-mar.-2013.

[8] JOUE, 58, N. 80/21 de 7-mar.-2015.

[9] *Das fundações*, 200.

[10] *Das fundações*, 200.

[11] *1.ª Revisão*, 69

[12] Ferrer Correia, *Pessoas colectivas*, 270.

A versão atual do n.º 4 – corresponde ao n.º 5 da versão original – foi introduzida com a reforma de 2012. 11

As referências ao reconhecimento foram transpostas, aquando da reforma de 2012, para o 188.º. 12

III – Conceito de fundação

9. Elementos. O 3.º/1 da LQF define a fundação como: 13

> uma pessoa coletiva, sem fim lucrativo, dotada de um património suficiente e irrevogavelmente afetado à prossecução de um fim de interesse social.

Este preenchimento é aproveitado na definição de fundação privada, constante do 14.º/1 da LQF: 14

> pessoas coletivas de direito privado, sem fim lucrativo, dotadas dos bens e do suporte económico necessários à prossecução de fins de interesse social.

Partindo destes dois preceitos podemos isolar os seguintes elementos: (i) pessoa coletiva (ii) sem fins lucrativos (iii) com um património adequado (iv) aos fins sociais prosseguidos. 15

10. Fins lucrativos. A não-prossecução de fins lucrativos deve ser interpretada restritivamente. Às fundações cabe gerar rendimentos suficientes que lhes possibilitem a realização dos fins sociais definidos. O facto de não o conseguirem fazer é, de resto, fundamento de recusa do seu reconhecimento, 23.º/1, *c*) da LQF. Também não lhes é vedada a distribuição de bens, monetários ou de outra natureza, por pessoas singulares ou coletivas: esse será, não raramente, um dos propósitos em concreto prosseguidos – p. ex.: fundações que visem a prestação de assistência a pessoas com deficiências, a refugiados ou a vítimas de violência. Apenas se pretende impedir que a figura das fundações seja empregue como propósitos puramente comerciais ou que promovam a distribuição de lucros em moldes idênticos aos que se verifica nas sociedades comerciais. 16

11. Património adequado. A desadequação dos bens destinados às fundações – a avaliar caso a caso – veda, nos termos do 21.º/1, *c*), da LQF, o seu reconhecimento, salvo se existirem justificadas expectativas de suprimento dessa insuficiência. Na análise casuística à adequação dos bens destinados a cada fundação importa atender aos fins prosseguidos, mas também, pelo menos, ao modelo de atuação pretendido e à estrutura e organizações internas da pessoa coletiva. 17

12. Interesse social. O 3.º/2 da LQF define os fins de interesse social como: 18

> aqueles que se traduzem no benefício de uma ou mais categorias de pessoas distintas do fundador, seus parentes e afins, ou de pessoas ou entidades a ele ligados por relações de amizade ou de negócios.

De seguida, o legislador apresenta uma extensa lista, meramente exemplificativa, de fins de interesse social. O conceito de interesse social extravasa o conceito de interesse público e com este não se confunde[13]. As fundações podem prosseguir mais do que um fim social[14]. 19

[13] Henrique Sousa Antunes, *UCP/Comentário ao Código Civil* (2014), 408.

[14] São inúmeros os preceitos que apontam nesse sentido, em especial: 188.º/3, *a*): "se os fins"; 22.º/2, *d*) da LQF: "memorando descritivo do fim ou fins"; e 23.º/1, *b*) da LQF: "os fins da fundação".

20 **13. Modalidades**. A LQF reconhece várias modalidades de fundações[15]. A um primeiro nível mantém-se a dicotomia clássica fundações privadas (14.º ss.) e fundações públicas (48.º ss.). Curiosamente, às primeiras pode ser reconhecido o estatuto de utilidade pública (20.º ss.) e as segundas podem assumir uma natureza pública – fundações públicas de Direito público (49.º ss.) – ou privada – fundações públicas de Direito privado (57.º ss., todos da LQF)[16].

21 O legislador prevê três tipos de fundações especiais: (i) fundações de solidariedade social (39.º ss.); (ii) fundações de cooperação para o desenvolvimento (42.º ss.); e (iii) fundações para a criação de estabelecimentos de ensino superior privados (45.º ss.). Estas modalidades regem-se, subsidiariamente, pelo regime das fundações privadas.

22 Por fim, importa distinguir as fundações portuguesas das fundações estrangeiras. Estas últimas encontram-se especialmente reguladas pelo 5.º da LQF.

IV – Regime geral

23 **14. Formação**. A formação das fundações percorre quatro fases: (i) a instituição; (ii) a elaboração dos estatutos; e (iii) o reconhecimento, a que acresce uma (iv) fase: o registo (8.º da LQF e Regime do Registo de Fundações – DL 157/2019, de 22-out.). Apesar de interligadas, estas quatro fases podem ser analisadas autonomamente. Vamos referir a primeira.

24 **15. A instituição** é um negócio jurídico unilateral[17], entre vivos ou por testamento[18]. Por seu intermédio, o instituidor afeta um património a uma pessoa coletiva a criar, com determinados objetivos. Em rigor, a inerente declaração não é recipienda[19].

25 (a) **O instituidor**. As fundações podem ser instituídas por uma ou mais pessoas singulares e/ou coletivas, incluindo pessoas coletivas públicas[20], desde que não detenham sobre a fundação uma influência dominante. Por influência dominante entende-se, nos termos do 4.º/2 da LQF: "a) a afetação exclusiva ou maioritária dos bens que integram o património financeiro inicial da fundação; ou b) o direito de designar ou destituir a maioria dos titulares do órgão de administração da fundação".

26 (b) **Forma**. A instituição *inter vivos* deve constar de escritura pública[21]. A instituição *mortis causa* tem de respeitar as exigências formais previstas nos 2204.º ss.. Os estatutos, as suas alterações e revogações encontram-se igualmente sujeitos a escritura pública[22].

27 (c) **Revogabilidade**. A instituição por ato entre vivos é revogável, pelo instituidor, mas apenas até que seja requerido o reconhecimento ou principie o respetivo processo oficioso. A partir desse momento, a decisão do instituidor torna-se irrevogável[23]. O 3.º da LQF reforça esta ideia, referindo a natureza irrevogável da afetação patrimonial. A irrevogabilidade da instituição torna nula a cláusula pela qual "o fundador reserva para si o direito de dispor, por morte ou por acto entre vivos, dos bens que afectar à Fundação"[24].

28 A instituição *mortis causa* é revogável pelo próprio instituidor, nos termos previstos nos 2311.º ss., relativos à revogação do testamento. Fora destes casos – em que verdadeiramente a vontade do instituidor ainda não produziu efeitos –, a instituição é irrevogável[25]. Os herdeiros do instituidor/testador apenas o podem fazer caso se verifique uma violação do regime da suces-

[15] Artigo 4.º da LQF.
[16] O 57.º da LQF proíbe a criação de novas fundações públicas de Direito privado.
[17] RLx 22-out.-2019 (José Capacete), Proc. 18887/18.
[18] Veja-se, com idêntico sentido, o artigo 17.º/1 da LQF.
[19] *Tratado*, IV, 5.ª ed., 871.
[20] Importa atender ao disposto no 18.º da LQF.
[21] Artigo 80.º/2, *g*) do CNot.
[22] Artigo 80.º/2, *g*) do CNot.
[23] Veja-se, com idêntico sentido, o 17.º/2 da LQF.
[24] STJ 24-out.-1996 (Joaquim de Matos), Proc. 96B214.
[25] Veja-se, com idêntico sentido, o 17.º/3 da LQF.

são legitimária (2156.º ss.). O Anteprojeto Ferrer Correia atribuía aos herdeiros igual faculdade de revogação[26].

(d) **Publicidade**. O ato de instituição, bem como os estatutos e as suas alterações, devem ser publicitados nos termos do 167.º/1 do CSC, por remissão do 185.º/4. A saber: 29

> As publicações obrigatórias devem ser feitas, a expensas da [fundação], em sítio na Internet de acesso público, regulado por portaria do Ministro da Justiça, no qual a informação objeto de publicidade possa ser acedida, designadamente por ordem cronológica.

Enquanto isto não suceder, não produzirá efeitos em relação a terceiros. Esta publicação é regulada pela P 590-A/2005, de 14-jul.. 30

16. Fundações públicas: só podem ser criadas pelo Estado, Regiões Autónomas ou Municípios, isolada ou conjuntamente (50.º/1). As fundações públicas estaduais ou regionais são instituídas por diploma legislativo (50.º/2) e as municipais por deliberação da respetiva assembleia municipal (50.º/3, todos da LQF)[27]. 31

Artigo 186.º (Ato de instituição e estatutos)

1. No ato de instituição deve o instituidor indicar o fim da fundação e especificar os bens que lhe são destinados.

2. No ato de instituição ou nos estatutos deve o instituidor providenciar ainda sobre a sede, organização e funcionamento da fundação, regular os termos da sua transformação ou extinção e fixar o destino dos respetivos bens.

Bibliografia: a indicada no 185.º.

Índice

I – Origem e evolução

1. O anteprojeto Ferrer Correia propunha (57.º)[1]: 1

> 1.º – O acto constitutivo especificará o fim ou fins da fundação e os bens com esta é dotada pelo fundador.

[26] Ferrer Correia, *Pessoas colectivas*, 270.

[27] À criação de fundações municipais aplica-se, com as devidas adaptações, o regime jurídico da atividade empresarial local e das participações locais, consagrado na L 50/2012, de 31-ago.. Este diploma revogou, expressamente, a L 53-F/2006, de 29-dez., referido no artigo 50.º/3 da LQF.

[1] Ferrer Correia, *Pessoas colectivas*, 269.

Do acto constitutivo deverá também constar a sede da fundação, mas a falta deste elemento será suprida quando da elaboração do estatuto.

2.º – O fundador deve formular o estatuto da fundação. Se o não fizer, proceder-se-á nos termos do artigo seguinte.

O estatuto deverá conter as regras respeitantes à estrutura interna do ente jurídico e seu funcionamento, bem como à aplicação dos rendimentos. Poderá prover ainda acerca das suas transformações e extinção, e acerca do destino do património.

2 **2. Revisões ministeriais**: procederam a aperfeiçoamentos linguísticos e de pormenor, sem, todavia, tocar no núcleo do preceito, ou seja, a distinção entre o ato de instituição e os estatutos.

3. Reforma 2015: tornou obrigatória a indicação dos elementos constante do n.º 2: até então
3 era, à luz do Código Civil, meramente facultativa. Esta alteração pôs termo à incongruência então vivida (2012-2015), na medida em que a LQF, ao contrário do Código Civil, impunha a indicação desses elementos, nos termos do seu 18.º/2.

II – Regime

4 **4. Ato de instituição e estatutos**. O legislador distingue o ato de instituição dos estatutos. Do primeiro constam os elementos nuclear das fundações: fins e bens. Os estatutos compreendem todos os demais elementos, com destaque para a organização interna e para funcionamento da pessoa coletiva[2].

5 **5. Fins e bens**. Do ato de instituição, independentemente de ser *inter vivos* ou *mortis causa*, devem constar o fim ou fins da fundação – 185.º e 3.º da LQF – e os bens destinados à fundação.

Nos termos gerais do 280.º/1, esses bens não têm de ser determinados, mas meramente
6 determináveis – p. ex.: rendas de imóveis, dividendos de sociedades comerciais ou outro tipo de rendimento variável. Esses bens terão, de todo o modo, de ser adequados ao fim prosseguido.

6. Sede. A obrigatoriedade da sua indicação surge como uma exceção ao regime geral previsto
7 no 159.º, que estabelece que, na falta de designação estatutária, a sede irá corresponder ao lugar em que funciona normalmente a administração principal da pessoa coletiva.

8 **7. Organização e funcionamento**. A LQF procede a uma concretização dos elementos necessários relativos à organização e ao funcionamento das fundações. São de três naturezas: (1) designação dos órgãos e as suas competências (27.º/1); (2) a sua composição; (3) as obrigações e a responsabilidade dos titulares dos órgãos – aplicando-se subsidiariamente as regras do mandato (29.º/1, ambos da LQF).

9 (1) As fundações têm três **órgãos obrigatórios**: (a) o órgão de administração, ao qual compete a gestão do património da fundação, deliberar sobre propostas de alteração dos estatutos, de modificação e de extinção da fundação [26.º/1, *a*), da LQF] e representar a fundação, salvo se os estatutos determinarem de forma diferente (28.º/1 da LQF)[3]; (b) o órgão diretivo ou executivo, com funções de gestão corrente [26.º/1, *b*), da LQF]; e (c) um órgão de fiscalização, com competências para fiscalizar a gestão e as contas da fundação [26.º/1, *c*), da LQF]. Os estatutos podem prever outros órgãos de natureza consultiva ou de vigilância, caso do conselho de fundadores ou de curadores (26.º/2 da LQF).

10 (2) **A composição**: (a) o órgão de administração é constituído por um número ímpar de titulares, contando-se entre eles o presidente (b) o órgão executivo pode integrar, igualmente, o órgão de administração (27.º/2 da LQF); (c) o órgão de fiscalização pode se constituído por

[2] Veja-se, com idêntico sentido, o 18.º da LQF.

[3] Veja-se, com idêntico sentido, o 163.º/1.

um fiscal único ou por um conselho fiscal, composto por um número ímpar de titulares, contando-se entre eles o presidente (27.º/3 da LQF).

(3) **Obrigações e responsabilidades** dos titulares dos órgãos: aplicam-se, subsidiariamente, as regras do mandato[4] (29.º/1 da LQF). 11

Os mandatos dos titulares dos órgãos não podem ter uma natureza vitalícia, salvo se o contrário tiver sido pretendido, expressamente, pelo instituidor, no ato de instituição da sociedade (26.º/3 da LQF)[5]. 12

Ainda no universo das obrigações e responsabilidades, importa considerar: (i) a obrigatoriedade de aprovar e publicitar códigos de conduta internos (7.º/1); (ii) o cumprimento das regras de transparência elencadas no 9.º[6]; e (iii) a obrigatoriedade do exercício do direito de voto dos titulares dos órgãos da fundação[7], nos termos do 29.º/2, todos da LQF. 13

8. Outros elementos. A parte final do n.º 3 faz ainda referência a três outros elementos: transformação, extinção e destino dos bens. Ao contrário do que se verifica em relação à sede, organização e funcionamento, não cremos que a sua ausência possa ser colmatada pelos executores testamentários ou pela autoridade competente para o reconhecimento, salvo se a vontade manifestada pelo instituidor, expressa ou tácita, possibilitar semelhante interpretação. 14

Artigo 187.º (Estatutos lavrados por pessoa diversa do instituidor)

1. Na falta de estatutos lavrados pelo instituidor ou na insuficiência deles, constando a instituição de testamento, é aos executores deste que compete elaborá-los ou completá-los.

2. A elaboração total ou parcial dos estatutos incumbe à própria autoridade competente para o reconhecimento da fundação, quando o instituidor os não tenha feito e a instituição não conste de testamento, ou quando os executores testamentários os não lavrem dentro do ano posterior à abertura da sucessão.

3. Na elaboração dos estatutos ter-se-á em conta, na medida do possível, a vontade real ou presumível do fundador.

Bibliografia: a indicada no 185.º.

Índice

[4] Solução que resultava já do regime geral das pessoas coletivas: 164.º/1.

[5] Parecer PGR 15-jun.-2001 (João Miguel), Proc. 13/ /2001: considerando, antes da entrada em vigor da LQF, que a natureza vitalícia dos mandatos poderia ser consagrada pelo executor testamentário no caso de lhe competir, nos termos do artigo 187.º, elaborar os estatutos.

[6] Importa ainda considerar, a esse propósito, a P 75/2013, de 18-fev..

[7] Solução que resultava já do regime geral das pessoas coletivas: 164.º.

I – Origem e evolução

1 **1. Anteprojeto Ferrer Correia.** Na origem deste preceito encontramos o 58.º do Anteprojeto Ferrer Correia[1]:

> 1.º – Se o fundador não tiver ele mesmo providenciado, nem providenciar o testamenteiro, ou se o estatuto elaborado por um ou outro tiver lacunas, o estatuto da fundação será organizado ou completado pela autoridade a quem incumbir a outorga do reconhecimento.
>
> 2.º – Na elaboração do estatuo ter-se-á em conta o mais possível a vontade real ou hipotética do fundador.

2 **2. Revisões ministeriais**. O texto final do artigo foi aperfeiçoado pelas diversas revisões ministeriais, sendo, também aqui, notória a ascendência do articulado preparado por Marcello Caetano[2]. As bases dogmáticas mantiveram-se inalteradas: a elaboração dos estatutos cabe, por esta ordem, ao instituidor, aos executores testamentários e à autoridade competente para o reconhecimento.

II – Regime

3 **3. Enquadramento**. O 187.º[3] contempla a hipótese de o instituidor indicar o fim da fundação e especificar os bens que lhe são destinados – elementos a constar da instituição –, mas de não elaborar os estatutos. Nesse caso, cabe aos executores do testamento (n.º 1) ou à autoridade competente para o reconhecimento (n.º 2) proceder à sua elaboração, atendendo, na medida do possível, à vontade real ou presumível do instituidor (n.º 3).

4 **4. Executor testamentário**. A expressão executor do testamento ou testamentário apenas é empregue em três artigos do Código Civil: 62.º, 187.º e 188.º. O facto de não ser utilizado no Livro V suscita dúvidas quanto ao seu preenchimento.

5 A locução aponta, em princípio, para a figura do testamenteiro, previsto nos 2320.º ss.. Todavia, não sendo designado no testamento qualquer testamenteiro ou executor, caberá ao cabeça de casal promover, nos termos gerais, a elaboração dos estatutos da fundação. Uma solução diversa levaria, simplesmente, à não-instituição da fundação e, consequentemente, ao não-cumprimento da última vontade do instituidor.

6 **5. Autoridade competente**. O n.º 2 consagra uma válvula de escape do sistema que permite à autoridade competente elaborar os estatutos da fundação em duas situações distintas: (i) nas fundações constituídas *inter vivos*, quando o instituidor não apresente os estatutos; e (ii) nas fundações *mortis causa*, quando os executores testamentários os não lavrem dentro do ano posterior à abertura da sucessão.

7 O preceito deve ser interpretado conjuntamente com os 23.º/1, *a*) e 33.º/2, *j*) da LQF: se estes últimos determinam que a não apresentação dos estatutos obsta ao reconhecimento da fundação, o 187.º impõe à autoridade competente o dever de colmatar a sua falta.

8 **6. Vontade do instituidor**. A identificação da vontade do instituidor realiza-se nos termos do 2187.º: interpretação dos testamentos. A vontade, real ou presumível, do instituidor apenas releva na medida em que seja possível interpretá-la à luz do contexto do testamento (2187.º/1) ou por recurso a prova complementar (2187.º/2).

[1] Ferrer Correia, *Pessoas colectivas*, 270.

[2] *Das fundações*, 201-202.

[3] O 18.º da LQF tem exatamente o mesmo conteúdo.

No Parecer da PGR 13/2001, de 15-jun.-2001 (*Parecer Fundação Amália Rodrigues*)[4], foi analisada a possibilidade de os estatutos, elaborados pelo executor do testamento, preverem uma organização interna mais complexa do que a exigida pelo Código Civil. Foi concluído que sim. Os argumentos invocados, com os quais concordamos, podem ser resumidos a dois: (i) do facto de a estrutura proposta não se fundar na vontade do instituidor não significa que esta esteja a ser violada; e (ii) a organização interna da fundação deve ser àquela que melhor potencia a prossecução dos interesses designados. 9

Artigo 188.º (Reconhecimento)

1. O reconhecimento deve ser requerido pelo instituidor, seus herdeiros ou executores testamentários, no prazo máximo de 180 dias a contar da data da instituição da fundação, ou ser oficiosamente promovido pela entidade competente.

2. O reconhecimento importa a aquisição, pela fundação, dos bens e direitos que o ato de instituição lhe atribui.

3. O reconhecimento pode ser negado:

***a*) Se os fins da fundação não forem considerados de interesse social pela entidade competente, designadamente se aproveitarem ao instituidor ou sua família ou a um universo restrito de beneficiários com eles relacionados;**

***b*) Se o património afetado for insuficiente ou inadequado, designadamente se estiver onerado com encargos que comprometam a realização dos fins estatutários ou se não gerar rendimentos suficientes para garantir a realização daqueles fins;**

***c*) Se os estatutos apresentarem alguma desconformidade com a lei.**

4. A entidade competente para o reconhecimento promove a publicação no jornal oficial da decisão de reconhecimento ou da sua recusa.

5. Negado o reconhecimento por insuficiência do património, fica a instituição sem efeito, se o instituidor for vivo; mas, se já houver falecido, serão os bens entregues a uma associação ou fundação de fins análogos, que a entidade competente designar, salvo disposição do instituidor em contrário.

Bibliografia: a indicada no 185.º.

Índice

[4] Parecer PGR 15-jun.-2001 (João Miguel), Proc. 13/ /2001: extensa e detalhada análise ao 187.º.

I – Origem e evolução

1 **1. Anteprojeto Ferrer Correia:** remetia (56.º, § 1.º) a matéria do reconhecimento para o 15.º, § 1.º, relativo às associações[1]:

> Salvo preceito de lei em contrário, o reconhecimento das associações será individual e da competência do Governo. Tratando-se de associações que devam limitar a sua actividade ao âmbito de um único distrito, a competência poderá ser delegada no respectivo governador civil.

2 O § 2.º do 56.º previa uma norma específica para as fundações[2]:

> O reconhecimento só deixará de ser concedido quando o fim da instituição for contrário à ordem pública, ou quando os meios para o atingir forem manifestamente insuficientes.

3 **2. Revisões ministeriais e versão final**. A 1.ª Revisão Ministerial procedeu a ligeiras alterações de sintaxe, sem impacto no conteúdo jurídico do preceito[3].

4 A 2.ª Revisão Ministerial procedeu, uma vez mais, por ascendência de Marcello Caetano[4], a alterações de fundo que viriam, *grosso modo*, a ser positivadas na versão final[5]:

> Não será reconhecida a fundação cujo fim não for considerado de interesse social[6] pela entidade competente.
>
> Será igualmente negado o reconhecimento, quando os bens afectados à fundação se mostrem insuficientes para a prossecução do fim visado e não haja fundadas expectativas de suprimento da insuficiência.
>
> Negado o reconhecimento por insuficiência do património, fica a instituição sem efeito, se o instituidor for vivo; mas, se já houver falecido, serão os bens entregues a uma associação ou fundação de fins análogos, que a entidade competente designar, salvo disposição do instituidor em contrário.

5 **3. Reforma de 2012**. O 188.º foi objeto de profundas reformulações com a reforma de 2012: acrescentou o n.º 1 e o n.º 2, reestruturou o n.º 3 e acrescentou o seguinte n.º 4:

> A entidade competente para o reconhecimento promove a publicação no jornal oficial, a expensas da fundação, da decisão de reconhecimento, do ato de instituição e dos estatutos e suas alterações, sem o que tais atos não produzem efeitos em relação a terceiros.

6 **4. Reforma de 2015** introduziu o atual n.º 4 e revogou o seguinte conteúdo:

> A entidade competente para o reconhecimento promove a publicação no jornal oficial, a expensas da fundação, da decisão de reconhecimento, do ato de instituição e dos estatutos e suas alterações, sem o que tais atos não produzem efeitos em relação a terceiros

II – Regime

7 **5. Efeitos**. As fundações adquirem personalidade jurídica através do reconhecimento (158.º/2) e, consequentemente, os direitos que o ato de instituição lhes atribui (188.º/2)[7]. Após a insti-

[1] Ferrer Correia, *Pessoas colectivas*, 269.

[2] *Idem*, 269.

[3] *1.ª Revisão*, 67.

[4] *Das fundações*, 202: o n.º 1 e o n.º 2 propostos não foram considerados.

[5] *2.ª Revisão*, 74.

[6] Na *2.ª Revisão* era empregue a expressão "utilidade pública".

[7] RCb 1-fev.-2005 (Regina Rosa), Proc. 3607/04.

tuição, mas antes do reconhecimento, o sistema reconhece-lhes alguns direitos, nomeadamente de índole processual[8]. Tratam-se, na boa tradição de Paulo Cunha, de pessoas rudimentares.

6. Entidade competente. A competência para reconhecer fundações é dividida[9], com base em critérios territoriais, entre o Primeiro-Ministro – com faculdade de delegação[10] –, a Assembleia Legislativa dos Açores[11] e a Assembleia Legislativa da Madeira. 8

7. Previamente ao reconhecimento. Enquanto o reconhecimento não ocorrer, o instituidor, os seus herdeiros, os executores testamentários ou os administradores designados apenas podem praticar os atos de administração ordinários relativamente aos bens e direitos afetos à fundação, desde que sejam indispensáveis para a sua conservação (20.º/3). Estes sujeitos respondem, solidariamente, pelos atos que pratiquem em nome da fundação (20.º/4, ambos da LQF). 9

8. Legitimidade. O reconhecimento pode ser requerido: (i) pelo instituidor ou seus herdeiros; (ii) por mandatário do instituidor; (iii) pelo executor testamentário; ou (iv) pelo notário que tenha lavrado o ato de instituição (21.º/1 da LQF). 10

9. Procedimento. O procedimento do reconhecimento é regulado pelo extenso 22.º da LQF. O procedimento inicia-se com o preenchimento de formulário constante do sítio da Presidência do Conselho de Ministros[12] (22.º/1 da LQF). Este formulário contém ou deve ser acompanhado dos seguintes elementos, nos termos do 22.º/2 da LQF: *a*) identificação do requerente e justificação da sua legitimidade; *b*) documentos que comprovem a instituição da fundação e a identificação do instituidor ou instituidores e, neste último caso, dos respetivos contributos para o património da fundação ou para o financiamento da sua atividade; *c*) comprovativo de uma dotação patrimonial inicial suficiente; *d*) memorando descritivo do fim ou fins da fundação e das suas áreas de atuação; *e*) relação detalhada dos bens afetos à fundação e indicação dos donativos atribuídos à mesma e, bem assim, dos contratos de subvenção duradoura, caso existam; *f*) compromisso de honra de que não existem dúvidas ou litígios sobre os bens afetos à fundação; *g*) avaliação do património mobiliário afetado à fundação, por perito idóneo; *h*) declaração bancária comprovativa do montante pecuniário inicial afetado à fundação; *i*) certidão de autorização, nos termos do 16.º; *j*) texto dos estatutos e indicação da data da sua publicação; *k*) indicação dos endereços das delegações, se estiverem previstas; e *l*) indicação dos nomes das pessoas que integram ou vão integrar os órgãos da fundação. 11

O 22.º/6 da LQF prevê um procedimento simplificado, que consiste, *grosso modo*, na dispensa da apresentação dos elementos *g*) e *i*), acima referidos (22.º/7 da LQF). O procedimento simplificado pode ser adotado mediante a verificação de três conduções cumulativas: *a*) a fundação tenha sido criada apenas por pessoas de direito privado e não tenha o propósito de ser constituída como instituição particular de solidariedade social ou de prosseguir os objetivos das fundações de cooperação para o desenvolvimento ou das fundações para a criação de estabelecimentos de ensino superior; *b*) A dotação patrimonial inicial da fundação seja apenas constituída por numerário; e *c*) O texto dos estatutos obedeça a modelo previamente aprovado[13]. 12

[8] RLx 22-out.-2019 (José Capacete), Proc. 18887/18; RCb 18-out.-2005 (Nunes Ribeiro), Proc. 2377/05.

[9] Na versão original da LQF, essa competência encontrava-se concentrada na figura do Primeiro-Ministro. As alterações introduzidas em 2015 foram motivadas pelo acórdão TC n.º 534/2014, de 1-jul.-2014 (Fernando Vaz Ventura), DR 1.ª série, n.º 143, de 28-jul.-2014, 4001-4015.

[10] O Primeiro-Ministro do XXI Governo Constitucional delegou essas funções, com faculdade de subdelegação, na Ministra da Presidência e da Modernização Administrativa: Despacho n.º 3440/2016, de 25-fev.-2016.

[11] Artigo 67.º, *e*) do Estatuto Político-Administrativo da Região Autónoma dos Açores.

[12] http://www2.sg.pcm.gov.pt/geupf/FullAccess/NovoPedido.aspx?ReqType=2

[13] O modelo simplificado foi aprovado pelo Despacho n.º 11648-A/2016, de 28-set.-2016.

13 O pedido de reconhecimento está sujeito a registo [2.º, *a*) do Regime do Registo de Fundações].

14 **10. Prazo para apresentação do pedido**. O requerimento dever ser apresentado no prazo máximo de 180 dias a contar da data da instituição da fundação.Volvido este prazo, cabe à própria autoridade competente promover o reconhecimento da fundação.

15 Do confronto entre o disposto no 188.º/1 e o disposto no 187.º/2 resulta uma evidente contradição: o primeiro impõe à autoridade competente o dever de promover o reconhecimento da fundação no prazo de 180 dias a contar da instituição da fundação; e o segundo o dever de lavrar os estatutos se os executores testamentários não o fizerem dentro do ano (365 dias) posterior à abertura da sucessão; sendo que os estatutos devem ser apresentados concomitantemente com o pedido de reconhecimento. Recorrendo ao regime geral da cessão da vigência da lei, previsto no 7.º/2, a parte final do 187.º/2 deve ter-se por revogada.

16 **11. Decisão**. Apresentado o pedido de reconhecimento, a entidade competente tem ao seu dispor três soluções: (i) aprovação; (ii) recusa; ou (iii) solicitar a apresentação de outros elementos que entenda necessários (22.º/5 da LQF).

17 A decisão final deve ser tomada no prazo de 90 dias – para os procedimentos normais – ou de 30 dias – para os procedimentos simplificados – a contar da data da entrada do pedido de reconhecimento.

18 A entidade competente para o reconhecimento deve promover a sua decisão no jornal oficial. Com a reforma de 2015, será de entender que os custos com esta publicação não são suportados pela fundação, nem esta é necessária para a produção de efeitos jurídicos em relação a terceiros.

19 **12. Recusa**. Nos termos do 23.º/1, a entidade competente deve recusar o reconhecimento mediante a verificação das seguintes circunstâncias: *a*) a falta dos elementos referidos no 22.º da LQF; *b*) os fins da fundação não sejam considerados de interesse social, designadamente se aproveitarem ao instituidor ou sua família ou a um universo restrito de beneficiários com eles relacionados; *c*) a insuficiência dos bens afetados para a prossecução do fim ou fins visados quando não existam fundadas expectativas de suprimento da insuficiência, designadamente se estiverem onerados com encargos que comprometam a realização dos fins estatutários ou se não gerarem rendimentos suficientes para garantir a realização daqueles fins; *d*) a desconformidade dos estatutos com a lei; *e*) a existência de omissões, de vícios ou de deficiências que afetem a formação e exteriorização da vontade dos intervenientes no ato de constituição ou nos documentos que o devam instruir; *f*) a nulidade, anulabilidade ou ineficácia do ato de instituição; e *g*) a existência de dúvidas ou litígios, ainda que potenciais, sobre os bens afetos à fundação.

20 **13. Efeitos da recusa**. A recusa do reconhecimento implica a não aquisição de personalidade jurídica por parte da fundação e a consequente torna dos bens à esfera jurídica do instituidor ou dos seus herdeiros, nos termos gerais, tratando-se de uma pessoa singular.

21 O 23.º/2 da LQF estabelece um regime especial sempre que a recusa se funde na insuficiência de bens – nos termos do 23.º/1, *c*) da LQF. Sendo esse o caso, os bens designados serão entregues, salvo se o instituidor for vivo ou tiver determinado de forma contrária, a uma associação ou fundação de fins análogos, a designar pela seguinte ordem: (i) pelo instituidor no ato de instituição; (ii) pelos órgãos próprios da fundação; ou (iii) pela entidade competente para o reconhecimento.

Artigo 189.º (Modificação dos estatutos)

Os estatutos da fundação podem a todo o tempo ser modificados pela autoridade competente para o reconhecimento, sob proposta da respetiva administração, contanto que não haja alteração essencial do fim da instituição e se não contrarie a vontade do fundador.

Bibliografia: a indicada no 185.º.

Índice

I – Origem e evolução

1 **1. Marcello Caetano**. Sem paralelo no Anteprojeto Ferrer Correia ou na 1.ª Revisão Ministerial, o 189.º foi primeiro introduzido na 2.ª Revisão Ministerial[1], tendo o texto de Caetano servido de inspiração direta[2]:

> Os estatutos das fundações poderão a todo o tempo ser modificados pelo Governo sob proposta da respectiva administração, ou ouvida esta, desde que não seja alterado essencialmente o fim da instituição e seja respeitada a vontade expressa do instituidor.

II – Regime

2. Enquadramento. A modificação dos estatutos das fundações rege-se por regras especialmente apertadas, tanto do ponto de vista substantivo – o fim da instituição deve ser respeitado e a vontade do fundador não pode ser contrariada – como procedimental – o processo de modificação é iniciado pela administração da fundação, mas cabe à autoridade competente para o reconhecimento tomar a decisão de modificação. A LQF é omissa em relação a esta matéria, limitando-se a repetir no seu 31.º, palavra por palavra, o conteúdo do 189.º. 2

3. Procedimento. O procedimento de modificação dos estatutos inicia-se com a sua votação pelos membros do órgão de administração da fundação[3]. Os estatutos podem estabelecer maiorias qualificadas para a aprovação da modificação dos estatutos. Votado favoravelmente, a administração deve avançar com a proposta de alteração junto da entidade competente para o reconhecimento[4]. 3

A alteração dos estatutos encontra-se sujeita a registo nos termos do 2.º, *c*) do Regime do Registo de Fundações. 4

4. Limites. A modificação dos estatutos das fundações encontra-se balizada por dois limites: (i) não pode resultar numa alteração essencial ao fim da instituição; e (ii) não pode contrariar 5

[1] *2.ª Revisão*, 55.

[2] *Das fundações*, 203.

[3] Veja-se, com idêntico sentido, o 26.º/1, *a*) da LQF.

[4] A proposta deve ser feita eletronicamente: http://www2.sg.pcm.gov.pt/geupf/FullAccess/NovoPedido.aspx?ReqType=2

a vontade do fundador. Acrescente-se um último limite intrínseco: a modificação dos estatutos apenas pode ocorrer se for benéfica para o funcionamento da fundação ou permitir uma melhor prossecução do fim designado.

6 O primeiro limite deve ser interpretado restritivamente, na medida em que à alteração dos fins fundacionais é aplicável o mais exigente 190.º: *transformação*. O segundo limite apenas respeita à vontade real do instituidor e já não há sua vontade presumível, ao contrário do que se verifica no 187.º/3. Sempre que os estatutos tenham sido elaborados pelo instituidor, a margem de manobra concedida à administração e à autoridade competente para o reconhecimento é necessariamente menor[5].

Artigo 190.º (Transformação)

1. Ouvida a administração, e também o fundador, se for vivo, a entidade competente para o reconhecimento pode ampliar o fim da fundação, sempre que a rentabilização social dos meios disponíveis o aconselhe.

2. A mesma entidade pode ainda, após as audições previstas no número anterior, atribuir à fundação um fim diferente:

***a*) Quando tiver sido inteiramente preenchido o fim para que foi instituída ou este se tiver tornado impossível;**

***b*) Quando o fim da instituição deixar de revestir interesse social;**

***c*) Quando o património se tornar insuficiente para a realização do fim previsto.**

3. O novo fim deve aproximar-se, no que for possível, do fim fixado pelo fundador.

4. Não há lugar à mudança do fim, se o ato de instituição o proibir ou prescrever a extinção da fundação.

Bibliografia: a indicada no 185.º.

Índice

I – Origem e evolução

1 1. O **anteprojeto Ferrer Correia** propunha o seguinte articulado para a transformação do fim da instituição[1]:

[5] Pires de Lima/Antunes Varela, *Código Civil anotado*, I, 4.ª ed., 184.

[1] Ferrer Correia, *Pessoas colectivas*, 274.

1.º – Se desaparecer a necessidade em vista da qual a fundação se constituiu, se o fim se tornar irrealizável ou nocivo à coletividade, se for manifesto que, em virtude de circunstância supervenientes, a fundação com seu escopo primitivo deixou de corresponder aos desígnios do fundador, o Governo, sob proposta da entidade tutelar ou em todo o caso depois de ouvido o seu parecer, poderá atribuir à fundação um fim diferente. Os administradores serão consultados.

O fundamento da transformação poderá residir também na manifesta insuficiência ou excesso do património da obra, relativamente à finalidade primitiva.

2.º – O novo fim da instituição deverá aproximar-se o mais possível do antigo.

3.º – Se o fundador ainda for vivo, a transformação não se fará sem a sua audiência.

4.º – Cessa o disposto no § 1.º se os factos que poderiam motivar a transformação estiverem previstos no estatuto como causa de extinção da fundação e de atribuição dos bens a terceiras pessoas.

2. Revisões ministeriais. A 1.ª Revisão Ministerial (159.º) manteve o Anteprojeto Ferrer Correia inalterado[2]. A 2.ª Revisão Ministerial (190.º), com clara ascendência de Marcello Caetano[3], introduziu importantes alterações substantivas e de sistematização[4]: 2

1. A entidade competente para o reconhecimento pode atribuir à fundação um fim diferente:

a) Quando tiver sido inteiramente preenchido o fim para que foi instituída;

b) Quando o fim da instituição deixar de revestir interesse social ou for necessário integrar a fundação em plano geral ou regional superiormente aprovado;

c) Quando o património se tornar insuficiente para a realização do fim previsto.

2. Em lugar de atribuir à fundação um fim diferente, a entidade competente pode ordenar a sua fusão com outra ou outras de fins análogos, ou incorporá-la em fundação já existente, ou extingui-la.

3. Não há lugar à mudança de fim da fundação, nem à sua fusão ou incorporação, se o acto de instituição prescrever a extinção dela; e nenhuma das medidas será tomada sem que a administração das fundações interessadas seja ouvida.

Coube ainda à 2.ª Revisão Ministerial (190.º) reduzir a epígrafe do 190.º à palavra *transformação*. O Projeto (190.º) manteve o texto[5]. 3

3. Versão final. Ao contrário do que se verifica em relação à maioria dos artigos, a versão final do Código Civil alterou o disposto no Projeto de forma profunda: 4

1. Ouvida a administração, e também o fundador, se for vivo, a entidade competente para o reconhecimento pode atribuir à fundação um fim diferente:

a) Quando tiver sido inteiramente preenchido o fim para que foi instituída ou este se tiver tornado impossível;

b) Quando o fim da instituição deixar de revestir interesse social;

c) Quando o património se tornar insuficiente para a realização do fim previsto.

2. O novo fim deve aproximar-se, no que for possível, do fim fixado pelo fundador.

3. Não há lugar à mudança de fim, se o acto de instituição prescrever a extinção da fundação.

II – Regime

4. Enquadramento. O 190.º prevê, desde a reforma de 2012, duas modalidades de transformação: (i) ampliação do fim da fundação; e (ii) alteração do fim da fundação. 5

[2] *1.ª Revisão*, 72.

[3] *Das fundações*, 203-204.

[4] *2.ª Revisão*, 190-191.

[5] *Projecto*, 54-55.

6 A LQF é omissa em relação a esta matéria, limitando-se a repetir no seu 32.º, palavra por palavra, o conteúdo do 190.º. A ampliação e a alteração dos fins da fundação encontram-se sujeitas a registo nos termos do 2.º, *c*) do Regime do Registo de Fundações.

7 **5. Ampliação do fim.** A decisão de ampliar o fim da fundação é tomada pela entidade competente para o reconhecimento, após ouvir a administração e o fundador, se ainda for vivo. Da ampliação não pode resultar uma alteração ou desvirtuamento do fim prosseguido, mas apenas uma ampliação, pelo que a essência do fim se deve manter inalterada: o respeito pela vontade última do instituidor isso impõe; por exemplo: o fim de uma fundação que prossiga a assistência de pessoas com deficiência na freguesia de Brinches pode ser ampliado de forma a incluir a assistência de pessoas com deficiência na freguesia de Pias, ambas do Concelho de Serpa, mas já não para promover o diálogo europeu.

8 A ampliação só será possível se os recursos monetários, técnicos e humanos da fundação o permitirem ou se a prossecução do fim originário não for, por qualquer outra razão, colocada em causa. A ampliação não será igualmente possível se o ato de instituição o proibir, expressa ou tacitamente.

9 **6. Alteração do fim.** A decisão é tomada pela entidade competente para o reconhecimento, após ouvir a administração e o fundador, se ainda for vivo. A alteração do fim deve, sempre que possível, manter-se o mais fiel possível à vontade manifestada pelo instituidor: no caso das alíneas *a*) e *b*), o *novo fim* deve aproximar-se substantivamente do *fim original*; no caso da alínea *c*) deve promover-se uma circunscrição material, geográfica ou demográfica.

Artigo 190.º-A (Fusão)

Sob proposta das respetivas administrações, ou em alternativa à decisão referida no n.º 2 do artigo anterior, e após as audições previstas no n.º 1 do mesmo artigo, a entidade competente para o reconhecimento pode determinar a fusão de duas ou mais fundações, de fins análogos, contanto que a tal não se oponha a vontade dos fundadores.

Bibliografia: a indicada no 185.º.

Índice

I – Origem e evolução

1 **1. Marcello Caetano.** Não consta do Anteprojeto Ferrer Correia nem da 1.ª Revisão Ministerial qualquer referência à fusão de fundações. A sua inclusão no Código Civil ficou a dever-se a sugestão de Marcello Caetano que incluiu, no artigo relativo à transformação por mudança de fim um número específico sobre a matéria[1]:

[1] *Das fundações*, Art. N/2 (203).

Nos casos previstos no n.º 1 poderá o Governo optar pela fusão da fundação com outra ou outras situações em situação análoga, ou incorporar a fundação noutra de fins quanto possível próximos dos assinados no acto de instituição, ou extinguir a fundação.

2. 2.ª Revisão ministerial e versão final. Na 2.ª Revisão, a proposta de Marcello Caetano foi positivada com ligeiras alterações[2]: 2

Em lugar de atribuir à fundação um fim diferente, a entidade competente poder ordenar a sua fusão com outra ou outras de fins análogos, ou incorporá-la em fundação já existente, ou extingui-la.

As referências à fusão mantinham-se no Projeto (190.º/2)[3]; mas foram eliminadas na versão final do artigo. Não encontrámos qualquer indicação nos trabalhos preparatórios sobre as *rationes* que motivaram esta alteração de última hora. Na versão original do Código Civil, apenas no 191.º/2 encontramos uma menção, muito circunscrita, à fusão de fundações. 3

3. Reforma de 2012. O 190.º-A foi introduzido pela L 24/2012, de 9-jul., que aprovou a LQF[4]. A L 150/2015, de 10-set., afirmou alterar esse preceito (2.º): mas deu-lhe a mesma redação[5]. 4

Conhece-se, pelo menos, uma fusão entre duas fundações em momento anterior à entrada em vigor da LQF: a 4 de setembro de 2008 operou, por Despacho da Secretária de Estado da Modernização Administrativa[6], a fusão da Fundação José Fontana e da Fundação Antero de Quental – Centro de Estudos Municipais e de Acção Regional. Desta fusão institui-se a Fundação Res Publica que assumiu os fins das suas antecessoras[7]. 5

II – Regime

4. Modalidades. A fusão de fundações pode operar mediante a transferência global do património de uma ou mais fundações para outra – caso da Fundação Asilo António do Estoril que se fundiu com a Fundação Salesianos[8] – ou mediante a constituição de uma nova fundação, para a qual se transferem globalmente os patrimónios das fundados fundidas – caso da Fundação Res Publica[9]. 6

Admite-se ainda a cisão e demais transformações de fundações. Pense-se, por exemplo, na Fundação Aga Khan Portugal, que assumiu as posições jurídicas anteriormente assumidas em Portugal, até à data da sua instituição, pela Fundação Aga Khan, com sede em Genebra[10]. 7

5. Procedimento. A fusão de fundações pode operar sob proposta das respetivas fundações – caso da Fundação Res Publica – ou por decisão da autoridade competente para o reconhecimento, nos termos previstos no 190.º/2. A fusão de fundações encontra-se sujeita a registo nos termos do 2.º, *e*) do Regime do Registo de Fundações. 8

6. Limites. A parte final do 190.º-A estabelece dois limites à fusão de fundações: (i) a prossecução de fins análogos; e (ii) a vontade dos respetivos fundadores. Acrescente-se, também aqui, um outro limite, de natureza intrínseca: a fusão apenas pode ocorrer se for benéfica para o funcionamento das fundações ou permitir uma melhor prossecução dos vários fins. 9

[2] *2.ª Revisão*, 75.
[3] *Projecto*, 55.
[4] DR 1.ª série, n.º 131, de 9-jul.-2012, 3552/I.
[5] Basta conferir os textos respetivos.
[6] Despacho 22750/2008, de 4-set..
[7] Veja-se o artigo 1.º do Estatutos da Fundação Res Publica, consultáveis no respetivo sítio da *Internet*.
[8] Despacho 8288/2014, de 26-jun..
[9] Recorre-se à linguagem constante do artigo 97.º do CSC.
[10] Artigo 1.º do DL 27/96, de 30-mar..

10 O primeiro limite deve ser interpretado extensivamente, de forma a permitir fusões de fundações que prossigam fins não contraditórios, desde que da conjugação dessas sinergias resulte uma organização e prossecução dos fins mais eficiente dos objetivos em presença.

Artigo 191.º (Encargo prejudicial aos fins da fundação)

1. Estando o património da fundação onerado com encargos cujo cumprimento impossibilite ou dificulte gravemente o preenchimento do fim institucional, pode a entidade competente para o reconhecimento, sob proposta da administração, suprimir, reduzir ou comutar esses encargos, ouvido o fundador, se for vivo.

2. Se, porém, o encargo tiver sido motivo essencial da instituição, pode a mesma entidade considerar o seu cumprimento como fim da fundação, ou incorporar a fundação noutra pessoa coletiva capaz de satisfazer o encargo à custa do património incorporado, sem prejuízo dos seus próprios fins.

3 - As fundações só podem aceitar heranças a benefício de inventário.

Bibliografia: a indicada no 185.º.

Índice

I – Origem e evolução

1 **1. O anteprojeto Ferrer Correia** propunha o seguinte conteúdo, com a epígrafe *supressão de encargos e condições*[1]:

> Podem ser suprimidos, nos termos do artigo anterior, os encargos e condições impostos à fundação no acto constitutivo, se em virtude de circunstâncias não previstas eles passarem a comprometer perigosamente a realização do fim da obra, e se não houver forte motivo para conjecturar que mais queria o fundado ao cumprimento do encargo do que ao preenchimento dos fins da instituição.

2 **2. Revisões ministeriais e versão final**. A 1.ª Revisão Ministerial (160.º) introduziu alterações de pormenor, nomeadamente substituiu a expressão perigosamente por gravemente[2]. Coube à 2.ª Revisão Ministerial (191.º), por manifesta ascendência de Marcello Caetano,[3] avançar com uma versão consolidado no preceito que viria a ser, com ligeiros aperfeiçoamentos, consagrada na versão original do Código Civil[4]:

[1] Ferrer Correia, *Pessoas colectivas*, 275.

[2] *1.ª Revisão*, 70.

[3] *Das fundações*, Art. O (204-205).

[4] *2.ª Revisão*, 75-76; *Projecto* (191.º), 55..

Estando o património da fundação onerado com encargos cujo cumprimento impossibilite ou dificulte gravemente o preenchimento do fim institucional, pode a entidade competente para o reconhecimento, sob proposta da administração, suprimir, reduzir ou comutar esses encargos, ouvido o fundador, se for vivo.

Se, porém, o encargo tiver sido motivo essencial da instituição, pode a mesma entidade considerar o seu cumprimento como fim da fundação, ou incorporar a fundação noutra pessoa colectiva capaz de satisfazer o encargo à custa do património incorporado, sem prejuízo dos seus próprios fins.

3. Reforma de 2012. O 191.º/3 foi introduzido pelo 3.º da L 24/2012, de 9-jul.[5]. 3

II – Regime

4. Encargos: a expressão é empregue numa aceção ampla, abrangendo não apenas os encargos em sentido técnico – dever de comportamento que funcionamento embora também no interesse de outras pessoas, não possa, por estas, ser exigido no seu cumprimento[6] – como todas as demais obrigações impostas pelo ato de instituição ou pelos estatutos. 4

5. Encargos excessivos. Nos termos do 23.º/1, *c)* da LQF, o reconhecimento da fundação deve ser recusado sempre que esta esteja onerada com encargos que comprometam a realização dos seus fins ou com encargos fraudulentos, i.e., que visem contornar os limites legais, nomeadamente a imperiosidade da prossecução e interesses sociais[7]. 5

O 191.º tem como propósito primário regular encargos que, supervenientemente, se tenham tornado excessivos e isso independentemente de o serem previsíveis ou não, na data de reconhecimento da fundação[8]. Todavia, também encargos excessivos que não tenham sido identificados aquando do reconhecimento permitem a aplicação deste preceito. Nem todos os encargos, previsíveis ou imprevisíveis, supervenientes ou originários, possibilitam a aplicação deste preceito, mas apenas os encargos que impossibilitem a prossecução do fim institucional ou o dificultem gravemente. 6

Este preceito tem uma natureza subsidiária; apenas em situações limite pode ser invocado: a vontade última do instituidor deve ser protegida. Importa considerar, previamente, se o aparente excesso de encargos não resulta de uma má administração da fundação. O STJ não considerou como qualquer invalidade o encargo imposto à fundação, pelo ato de instituição, de prover "à habitação, sustento, educação, saúde e demais despesas, encargos e alimentos do fundador, seu cônjuge e descendentes"[9]. 7

6. Procedimento. Cabe à autoridade competente proceder à supressão, redução ou comutação de encargos, mediante proposta da administração e após ouvir o fundador, se for vivo. 8

7. Encargos essenciais. Sendo o encargo essencial para a instituição da fundação, a entidade competente para o reconhecimento pode decidir incorporar a fundação noutra pessoa coletiva capaz de satisfazer o encargo à custa do património incorporado, sem prejuízo dos seus próprios fins. O procedimento previsto no 191.º-A deve ser seguido, com as necessárias adaptações. 9

8. Benefício de inventário. A exigência contida no número 3 pretende proteger a posição jurídica das fundações. Veja-se o 2071.º, quanto à responsabilidade do herdeiro e quanto à eficácia da aceitação a benefício de inventário. 10

[5] DR 1.ª série, n.º 131, de 9-jul.-2012, 3551/II.

[6] Menezes Cordeiro, *Tratado*, I, 4.ª ed., 918.

[7] Sousa Antunes, em *UCP/Comentário ao Código Civil*, 430.

[8] Marcelo Caetano, *Das fundações*, 190 e Henrique Sousa Antunes, em *UCP/Comentário ao Código Civil*, 429-430.

[9] STJ 24-out.-1996 (Joaquim de Matos), proc. 96B214.

Artigo 192.º (Causas de extinção)

1. As fundações extinguem-se:

a) Pelo decurso do prazo, se tiverem sido constituídas temporariamente;

b) Pela verificação de qualquer outra causa extintiva prevista no ato de instituição;

c) Com o encerramento do processo de insolvência, se não for admissível a continuidade da fundação.

2. As fundações podem ainda ser extintas pela entidade competente para o reconhecimento:

a) Quando o seu fim se tenha esgotado ou se haja tornado impossível;

b) Quando as atividades desenvolvidas demonstrem que o fim real não coincide com o fim previsto no ato de instituição;

c) Quando não tiverem desenvolvido qualquer atividade relevante nos três anos precedentes.

3. As fundações podem ainda ser extintas por decisão judicial, em ação intentada pelo Ministério Público ou pela entidade competente para o reconhecimento:

a) Quando o seu fim seja sistematicamente prosseguido por meios ilícitos ou imorais;

b) Quando a sua existência se torne contrária à ordem pública.

Índice

I – Origem e evolução

1 **1. O anteprojeto Ferrer Correia** propunha, com a epígrafe *Dissolução*, o seguinte conteúdo (71.º)[1]:

> As fundações dissolvem-se nos casos seguintes:
>
> 1. Por se verificar uma causa de extinção prevista no estatuto;
>
> 2. Por ter a fundação cumprido o seu destino, ou em virtude de impossibilidade do fim, mas sem prejuízo do disposto no art.º 69.º[2];
>
> 3. Por efeitos da declaração de insolvência;
>
> 4. Em virtude de imposição da autoridade competente, nos termos e pelos motivos especificados nas leis de direito público, e designadamente por o escopo da fundação se ter tornado contrário à ordem pública, ou por se contrário a ela o fim efectivamente prosseguido.

2 **2. Revisões ministeriais e versão final.** Na 1.ª Revisão (161.º) foram introduzidas apenas alterações formais[3]: os números foram substituídos por alíneas. As sugestões e críticas de Mar-

[1] Ferrer Correia, *Pessoas colectivas*, 275.

[2] Relativo à transformação do fim da instituição.

[3] *1.ª Revisão*, 73.

cello Caetano[4] foram incorporadas na 2.ª Revisão Ministerial e conservadas na versão final do Código Civil[5]:

1. As fundações extinguem-se:
a) Pelo decurso do prazo, se tiverem sido constituídas temporariamente;
b) Pela verificação de qualquer outra causa extintiva prevista no acto de instituição;
c) Por decisão judicial que declare a sua insolvência.
2. As fundações podem ainda ser extintas pela entidade competente para o reconhecimento:
a) Quando o seu fim se tenha esgotado ou se haja tornado impossível;
b) Quando o seu fim real não coincida com o fim expresso no acto de instituição;
c) Quando o seu fim seja sistematicamente prosseguido por meios ilícitos ou imorais;
d) Quando a sua existência de torne contrária à ordem pública.

3. Reforma de 2012. A versão atual do 192.º foi atribuída pela Reforma de 2012[6]. 3

II – Regime

4. Enquadramento. A extinção de fundações opera com a verificação de uma condição ou termo (n.º 1), por decisão da autoridade competente para o reconhecimento (n.º 2) ou por decisão judicial (n.º 3). A LQF é omissa em relação a esta matéria, limitando-se a repetir no seu 35.º, palavra por palavra, o conteúdo do 192.º. 4

5. Condição ou termo. A extinção opera pelo decurso do prazo indicado pelo instituidor[7] (termo) ou com a verificação de qualquer outra causa extintiva prevista no ato de instituição (condição ou termo). A inclusão da alínea *c)* no n.º 1 é sistematicamente incorreta: nos termos da parte final do preceito, a extinção apenas opera se não for admissível a sua continuidade da fundação; esta decisão terá sempre de ser tomada pela autoridade competente. 5

6. Por decisão da autoridade. As situações elencadas na alínea *a)*[8] apresentam-se como as principais causas de extinção de fundações[9], seguindo-se o não desenvolvimento de atividade relevante nos três anos precedentes[10]. 6

Às três alíneas constantes do n.º 2 cumpre acrescentar, para além da já mencionada alínea *c)* do n.º 1, as extinções decorrentes de fusões – por incorporação[11] ou por criação de uma nova fundação[12]. Ambos os casos pressupõem uma decisão da autoridade competente para o reconhecimento. 7

7. Por decisão judicial. A extinção por decisão judicial apenas pode ocorrer quando o fim – perfeitamente adequado – seja prosseguido por meios ilícitos e imorais – i.e., contrários aos bons costumes – ou a própria existência da fundação seja contrária à ordem pública. 8

[4] *Das fundações*, Art. P (204-205).

[5] *2.ª Revisão*, 76.

[6] L 24/2012, de 9-jul., 3.º: DR 1.ª série, n.º 131, de 9-jul.-2012, 3551/II.

[7] P.ex.: Fundação Vasco da Gama: P 12/96, de 7-mar..

[8] P.ex.: Fundação Humberto Delgado: Despacho 1203/ /2013, de 21-jan.; Fundação Academia de Sintra: P 174/ /2001, de 11-jan..

[9] http://www2.sg.pcm.gov.pt/geupf/FullAccess/ListaEntidades.aspx?ReqType=2

[10] P.ex.: Fundação Roche Portugal: Despacho 6017/ /2019, de 17-mai..

[11] P.ex.: Fundação Res Publica: Despacho 22750/2008, de 4-set..

[12] P.ex.: Fundação Asilo António do Estoril que se fundiu com a Fundação Salesianos: Despacho 8288/2014, de 26-jun..

Artigo 193.º (Declaração da extinção)

1. Quando ocorra alguma das causas extintivas previstas no n.º 1 do artigo anterior, a administração da fundação comunica o facto à entidade competente para o reconhecimento, a fim de esta declarar a extinção.

2. A declaração de extinção proferida pela entidade competente para o reconhecimento é publicitada nos termos previstos no n.º 4 do artigo 188.º.

Bibliografia: a indicada no 185.º.

Índice

I – Origem e evolução

1 **1. O anteprojeto Ferrer Correia** avançou, com a epígrafe *Momento em que a dissolução se torna eficaz*, o seguinte conteúdo[1]:

> 1.º – Nos casos dos n.os 1.º e 2.º do artigo anterior, a dissolução tornar-se-á eficaz no momento em que a direcção a verificar.
>
> 2.º – Se a direcção não agir, a dissolução será declarada pelo tribunal, a requerimento da entidade tutela ou de qualquer interessado.
>
> 3.º – Quanto à dissolução por efeito de declaração de insolvência, observar-se-á o disposto no art.º 37.º, § 4.º[2].

2 **2. Revisões ministeriais e versão final**. A 1.ª Revisão Ministerial (162.º) limitou-se a introduzir alterações pontuais, sem impacto efetivo no regime jurídico[3]. A 2.ª Revisão Ministerial (193.º) alterou o modelo proposto por Ferrer Correia, atribuindo apenas à autoridade competente para o reconhecimento competências para declarar a extinção da fundação. Esta conceção conservou-se na versão final do Código Civil[4]:

> Quando ocorra alguma das causas extintas previstas no n.º 1 do artigo anterior, a administração da fundação comunicará o facto à autoridade competente para o reconhecimento, a fim de esta declarar a extinção e tomar as providências que julgue convenientes para a liquidação do património.

[1] Ferrer Correia, *Pessoas colectivas*, 275-276.

[2] "A dissolução por efeito de declaração de insolvência verifica-se no próprio momento desta. A insolvência será, porém, registada, devendo observar-se quanto a este registo o disposto no art.º 12.º, § 2.º".

[3] *1.ª Revisão*, 73.

[4] *2.ª Revisão*, 77; *Projecto* (193.º), 56..

3. **Reforma de 2012**. Com a Reforma de 2012, foi revogada a parte final do preceito: "e tomar as providências que julgue convenientes para a liquidação do património"[5]. 3

4. **Reforma de 2015**. A versão vigente do 193.º foi positivada com a Reforma de 2015. Foi acrescentado o n.º 2[6]. A LQF é omissa em relação a esta matéria, limitando-se a repetir no seu 36.º, palavra por palavra, o conteúdo do 193.º. 4

II – Regime

5. **Declaração da extinção**. Diversamente do que parece resultar das alíneas *a*) e *b*) do 192.º/1, da simples verificação do termo ou condição não opera, automaticamente, a extinção da fundação – ao contrário do que se verifica para as associações[7]. Verificados os pressupostos legais, deve a administração da fundação comunicá-los à autoridade competente para o reconhecimento à qual, por sua vez, cabe declarar a sua extinção. Assiste à autoridade competente para o reconhecimento confirmar o preenchimento dos pressupostos legais. Todavia, o sistema não lhe confere poderes para decidir pela não extinção da fundação. A sua decisão tem uma natureza meramente declaratória. 5

6. **Publicidade**. A entidade competente para o reconhecimento deve publicar a sua decisão no jornal oficial. A extinção da fundação encontra-se sujeita a registo nos termos do 2.º, *f*) do Regime do Registo de Fundações. 6

Artigo 194.º (Efeitos da extinção)

1. A extinção da fundação desencadeia a abertura do processo de liquidação do seu património, competindo à entidade competente para o reconhecimento tomar as providências que julgue convenientes.

2. Na falta de providências especiais em contrário, é aplicável o disposto no artigo 184.º.

Bibliografia: a indicada no 185.º.

Índice

I – Origem e evolução

1. **Anteprojeto Ferrer Correia**. A temática da liquidação das fundações surgia particularmente desenvolvida no Anteprojeto Ferrer Correia[1]. Dividido por três artigos autónomos (73.º a 75.º), 1

[5] L 24/2012, de 9-jul. (3.º), DR 1.ª série, n.º 131, de 9-jul.-2012, 3551-3552.

[6] L 150/2015, de 10-set. (2.º), DR 1.ª série, n.º 177, de 10-set.-2015, 7533/II.

[7] O facto de nos termos do 183.º/1, a extinção apenas operar se, nos trinta dias subsequentes à data em que devia operar-se, a assembleia geral não decidir a prorrogação da associação ou a modificação dos estatutos, não inviabiliza esta interpretação.

[1] Ferrer Correia, *Pessoas colectivas*, 276-277.

a proposta de Ferrer Correia era composta por um artigo introdutório, um artigo dedicado ao destino dos bens e um último com a epígrafe *Fim da liquidação e da existência da pessoa jurídica.*

2 **2. Revisões ministeriais e versão final**. A 1.ª Revisão Ministerial (163.º a 165.º) conservou a visão de Ferrer Correia[2]. Com a 2.ª Revisão Ministerial (194.º) operou um esvaziamento total do regime, limitando-se o projeto a afirmar que[3]:

> Extinta a fundação, na falta de providências especiais em contrário tomadas pela autoridade competente, é aplicável o disposto nos n.ºs. 1 e 2 do 184.º.

3 Esta solução, que veio, com uma ligeira alteração, a ser incorporada na versão final do Código Civil[4] – a remissão é aí feita em bloco para o 184.º –, terá sido influenciada por Marcello Caetano, que considerava que o processo de liquidação de fundações tinha uma natureza administrativista[5].

4 **3. Reforma de 2012**. A versão contemporânea do 194.º foi positivada pela grande reforma das fundações de 2012: 3.º da L 24/2012, de 9-jul.[6].

II – Regime geral

5 **4. Processo de liquidação**. Da extinção da fundação, quer seja por decisão/declaração da autoridade competente para o reconhecimento, quer seja por decisão judicial, decorre a abertura do processo de liquidação do respetivo património. Em caso de insolvência aplica-se o regime geral do CIRE[7].

6 O Código Civil não prevê, na parte relativa às pessoas coletivas nem na parte relativa às fundações, um regime de liquidação do património. Também aqui será de aplicar o Código das Sociedades Comerciais – 146.º ss.[8]: liquidação da sociedade – com as necessárias adaptações. Assim e sem propósito exaustivos, após a sua extinção: (i) à denominação da fundação deve ser editada a menção "fundação em liquidação" ou "em liquidação" (146.º/3 do CSC); (ii) antes de ser iniciada a liquidação devem ser organizados e aprovados os documentos de prestação de contas da fundação, reportados à data da dissolução (149.º/1 do CSC); (iii) a liquidação deve estar encerrada no prazo de dois anos a contar da data em que a fundação se considere extinta, sem prejuízo de prazo inferior estabelecido no estatutos ou fixado pela autoridade competente para o reconhecimento (150.º/1); ou (iv) salvo nos casos de falência ou de acordo diverso entre a sociedade e um seu credor, a extinção da fundação não torna exigíveis as dívidas desta, mas os liquidatários podem antecipar o pagamento delas, embora os prazos tenham sido estabelecidos em benefício dos credores.

7 A parte final do n.º 1, que atribui poderes à autoridade competente para o reconhecimento, deve ser interpretada à luz do regime do Código das Sociedades Comerciais: muitas das normas aí previstas visam proteger o património da fundação e os interesses de terceiros; não se compreenderia que pudessem não ser aplicadas ou afastadas.

8 **5. Destino dos bens**. O regime jurídico do destino dos bens em caso de extinção encontra-se hoje previsto no 12.º da LQF – afastando, consequentemente, o regime geral do 166.º. Extinta

[2] *1.ª Revisão*, 74-75.
[3] *2.ª Revisão*, 77.
[4] *Projecto* (194.º), 56
[5] Marcello Caetano, *Das fundações*, 145 ss.; *vide* o Art. Q, *idem*, 205.
[6] L 24/2012, de 9-jul. (3.º), DR 1.ª série, n.º 131, de 9-jul.-2012, 3552/I.
[7] Artigo 2.º/1, *a*), do CIRE, que refere, sem distinção, "quaisquer pessoas singulares ou coletivas", que inclui as fundações; *vide* Luís Menezes Leitão, *Código da insolvência e da recuperação de empresas*, 10.ª ed. (2018), 59-60.
[8] *Vide* no CIDP/*CSC anotado*, 3.ª ed. (2020), as competentes anotações.

a fundação, os bens revertem para quem o instituidor expressamente determinar e, na ausência de qualquer indicação, para associação ou fundação de fins análogos, designada de acordo com um critério de precedência fixado pelos órgãos da fundação ou pela entidade competente para o reconhecimento, por esta ordem (12.º/1 da LQF). Caso a entidade designada não aceite a doação, é indicada, sucessivamente, uma outra, segundo os mesmos critérios (12.º/2 da LQF). Se todas as entidades designadas recusarem a doação, o património reverte a favor do Estados (12.º/3 da LQF)

Capítulo III – Associações sem personalidade jurídica e comissões especiais

Artigo 195.º (Organização e administração)

1. À organização interna e administração das associações sem personalidade jurídica são aplicáveis as regras estabelecidas pelos associados e, na sua falta, as disposições legais relativas às associações, excetuando as que pressupõem a personalidade destas.

2. As limitações impostas aos poderes normais dos administradores só são oponíveis a terceiro quando estes as conhecia ou devia conhecer.

3. À saída dos associados é aplicável o disposto no artigo 181.º.

Bibliografia: António Ferrer Correia, *Pessoas colectivas/Anteprojecto de um capítulo do novo Código Civil*, BMJ 67 (1957), 277-281; António Menezes Cordeiro/A. Barreto Menezes Cordeiro, *Tratado de Direito civil*, IV, 5.ª ed. (2019), 884-892; Armando Triunfante, *UCP/Comentário ao Código Civil* (2014), 438-450; João Zenha Martins, *Das associações sem personalidade jurídica* (2016), 246 pp.; Manuel Pita, em Ana Prata (org.), *Código Civil anotado*, 1, 2.ª ed. (2019), 259-273; Manuel Vilar de Macedo, *Regime civil das pessoas colectivas//Anotações aos artigos 157.º a 201.º-A do Código Civil* (2008), 152-165.

Índice

I – Origem e evolução das associações sem personalidade jurídica

1 **1. Preparatórios**. Ferrer Correia, responsável pelos trabalhos preparatórios, teve como fonte primordial o Código Civil italiano de 1942[1]. A versão final deste capítulo manteve, com ligeiras alterações sistemáticas e de sintaxe, o espírito originário do Anteprojeto de Ferrer Correia[2].

[1] *Tratado*, IV, 5.ª ed., 885; Vilar de Macedo, *Regime civil*, 153. Quanto ao anteprojeto (76.º a 88.º): Ferrer Correia, *Pessoas colectivas*, 277-281.

[2] *1.ª Revisão* (166.º a 177.º), 75-79; *2.ª Revisão* (195.º a 201.º), 77-80; *Projecto* (195.º a 201.º), 57-59.

2 **2. Reforma de 1977** limitou-se a substituir a expressão *associações não reconhecidas* por *associações sem personalidade jurídica*, alterando nessa linha a designação do capítulo[3]

II – Origem e evolução do 195.º

3 **3. Preparatórios**. A versão original do 195.º corresponde a uma junção dos 76.º e 78.º do Anteprojeto Ferrer Correia[4]:

Artigo 76.º
Organização interna e administração

1.º – A organização interna e a administração das associações não reconhecidas regulam-se pelas normas estabelecidas pelos associados e, na falta destas, pelas disposições legais aplicáveis às associações reconhecidas, salvo aquelas que implicarem a personalidade jurídica da associação.

2.º – Se aos poderes normais dos administradores forem impostas limitações, estas só serão oponíveis a terceiros provando-se que as conheciam ou deviam conhecer.

Artigo 78.º
Condição jurídica dos associados

1.º – A condição jurídica dos associados moldar-se-á, dentro do possível, pela dos membros das associações reconhecidas.

2.º – À entrada e saída de associados serão aplicáveis as regras dos art.os 34.º e 35.º[5].

4 **4. Revisões Ministeriais e versão final**. A 1.ª Revisão (166.º e 167.º) introduziu algumas alterações de sintaxe e retirou a referência à entrada de associados, prevista no 78.º/2 do Anteprojeto Ferrer Correia[6]. Conservou, todavia, a sistematização proposta por Ferrer Correia, composta por dois preceitos autónomos.

5 A versão final do 195.º encontrava-se já consolidada na 2.ª Revisão Ministerial (195.º)[7], não tendo sofrido qualquer modificação subsequentemente.

6 **5. Reforma de 1977** substituiu a expressão associações não reconhecidas por associações sem personalidade jurídica. Alterou, nessa linha, os 195.º e 197.º.

III – Regime

7 **6. Âmbito de aplicação**. A aplicação do regime das associações sem personalidade jurídica pressupõe a verificação dos dois elementos nucleares referidos no 195.º/1: (i) uma organização, com administração própria; e (ii) um elemento pessoal, constituído por associados. Na ausência destes elementos o regime não é passível de ser aplicado.

8 Como exemplos de associações sem personalidade jurídica contam-se (i) as associações em formação, porquanto não cumprirem as exigências do 158.º[8]; (ii) as associações cuja constituição tenha sido declarada nula[9]; ou (iii) o conjunto organizado de proprietários de lojas de um centro comercial[10]. Os nossos tribunais superiores reconhecem, ainda, a aplicação das disposições legais das associações sem personalidade jurídica, sem desconsiderar as especificidades regimes próprios, aos condomínios[11] e aos baldios[12].

[3] DL 496/77, de 25-nov. (31.º): DR I, n.º 273, de 25-nov.-1977, 2818-(13)/I.
[4] Ferrer Correia, *Pessoas colectivas*, 277-278.
[5] Correspondendo ao atual artigo 181.º.
[6] *1.ª Revisão*, 75.
[7] *2.ª Revisão*, 77-78; *Projecto* (195.º), 56-57.
[8] *Tratado*, IV, 5.ª ed., 885.
[9] Vilar de Macedo, *Regime civil*, 153.
[10] STJ 9-mar.-2004 (Alves Velho), Proc. 03A4204.
[11] RPt 7-dez.-2017 (Amaral Ferreira), Proc. 3023/16.
[12] RCb 2-fev.-2016 (Fonte Ramos), Proc. 2682/14.

7. Vontade dos associados. As regras internas relativas ao funcionamento e à organização das associações sem personalidade jurídica são determinadas pelos próprios associados, nos termos e nos limites gerais. Não sendo feita qualquer exigência especial, vigora o princípio geral da liberdade de forma, previsto no 219.º. 9

Apesar de as associações sem personalidade jurídica não se regerem por estatutos[13], no seu sentido mais técnico, as regras internas devem explicitar a sua organização e o seu funcionamento interno, bem como o procedimento para a identificação de associados. Recorde-se que na ausência destes elementos nucleares, o regime das associações sem personalidade jurídica não pode ser invocado. 10

8. Regime das associações. As disposições legais relativas às associações são aplicáveis, em concreto, sempre que as regras acordadas pelos associados sejam omissivas, excetuando, nos termos da parte final do número 1, "as que pressupõem a personalidade destas". Mais concretamente, serão aplicáveis os artigos: 159.º (sede), 162.º (órgãos), 163.º (representação, a entender, todavia, como voluntária e não como orgânica), 164.º (obrigações e responsabilidade dos titulares dos órgãos), 166.º (destino dos bens no caso de extinção), 167.º (ato de constituição e estatutos, na parte relativa a estes), 170.º (titulares dos órgãos da associação e revogação dos seus poderes), 171.º (convocação e funcionamento dos órgãos de administração e do conselho fiscal, este último se for previsto), 172.º (competência da assembleia geral), 173.º (convocação da assembleia), 174.º (forma de convocação), 175.º (funcionamento), 176.º (privação do direito de voto), 177.º (deliberações contrárias à lei ou aos estatutos, com todos os complementos doutrinários que essa matéria implica), 178.º (regime da anulabilidade), 179.º (proteção dos direitos de terceiro), 180.º (natureza pessoal da qualidade de associado), 181.º (efeitos da saída ou exclusão, também aplicável por via do 195.º/3), 182.º (causas de extinção, com adaptações), 183.º (declaração de extinção) e 184.º (efeitos da extinção): se bem se atentar, todos estes preceitos são exequíveis e funcionais sem a personalidade jurídica plena 11

9. Natureza jurídica. Apesar de o legislador as designar, desde 1977, por associações sem personalidade jurídica – e de ser esta a posição por vezes repetida entre nós – o seu regime jurídico é acompanhado de um conjunto de elementos que as permite apresentar como efetivos centros de imputação de normas jurídicas, embora incompletos[14]. 12

Independentemente da natureza substantiva das associações sem personalidade jurídica, é-lhes expressamente reconhecida personalidade judiciária, nos termos do 12.º, *b*) do CPC. 13

10. Poderes dos administradores e terceiros de boa-fé. Os poderes normais a que o 195.º/2 se reporta compreendem os de representação e de administração atribuídos aos administradores de associações (com personalidade jurídica), com as devidas adaptações. As eventuais limitações acordadas pelos associados não prejudicam os terceiros de boa-fé (ética). 14

11. Saída de associados. Nos termos do disposto no 181.º, o associado que saia ou seja excluído de associação sem personalidade jurídica "não tem o direito de repetir as quotizações que haja pago e perde o direito ao património social, sem prejuízo da sua responsabilidade por todas as prestações relativas ao tempo em que foi membro da associação". 15

[13] Vilar de Macedo, *Regime civil*, 153.

[14] *Tratado*, IV, 5.ª ed., 887-889; João Zenha Martins, *Das associações sem personalidade jurídica* (2016), 101 ss.: em sentido próximo,

Artigo 196.º (Fundo comum das associações)

1. As contribuições dos associados e os bens com elas adquiridos constituem o fundo comum da associação.

2. Enquanto a associação subsistir, nenhum associado pode exigir a divisão do fundo comum e nenhum credor dos associados tem o direito de o fazer excutir.

Bibliografia: a indicada no 195.º.

Índice

I – Origem e evolução

1 **1. Preparatórios**. A versão final do 196.º é praticamente idêntica à versão constante do Anteprojeto Ferrer Correia (79.º). A única diferença reside na parte final do número 2, composto, originalmente, pelo texto seguinte: "nem os credores dos associados poderão fazer excutir esse fundo"[1]. A 1.ª Revisão (168.º) manteve o texto, com alterações formais[2], sendo a redação final alcançada na 2.ª Revisão (196.º)[3].

II – Fundo comum

2 **2. Aspetos gerais**. O fundo comum é composto por todas as contribuições dos associados (entradas), a que acrescem os bens que entrem na esfera jurídica da associação sem personalidade jurídica, fruto da sua normal atuação.

3 A criação de um fundo comum não é obrigatória, como resulta do 198.º/1[4]. Contudo, sendo criado, rege-se pelo regime aqui estabelecido.

4 **3. Natureza e credores**. O fundo comum consubstancia um património autónomo, distinto do património pessoal dos associados[5]. Nesse sentido, os bens que o compõem apenas respondem, enquanto a associação subsistir, pelas dívidas assumidas em nome da associação, nos termos do 198.º, e já não pelas dívidas pessoais dos associados, parte final do 196.º/2.

5 Os credores dos associados devedores não podem, sequer, executar a posição do associado devedor, em moldes idênticos ao que se verifica em relação às unidades de participação dos organismos de investimento coletivo. Podem, em todo o caso, fazer uso da impugnação pauliana[6] e dos demais mecanismos de defesa que o sistema reconhece aos credores comuns.

6 **4. Associados**: não podem exigir a divisão do fundo comum nem exigir, consequentemente, a restituição das contribuições avançadas. A distribuição dos bens que compõem o fundo rege-se pelo estabelecido pelos associados e, na sua ausência, pelo disposto no 166.º.

[1] Ferrer Correia, *Pessoas colectivas*, 278.
[2] *1.ª Revisão*, 76.
[3] *2.ª Revisão*, 78.
[4] Vilar de Macedo, *Regime civil*, 156.
[5] No mesmo sentido: Pires de Lima/Antunes Varela, *Código Civil anotado*, I, 4.ª ed., 188.
[6] Pires de Lima/Antunes Varela, *Código Civil anotado*, I, 4.ª ed., 188.

Artigo 197.º (Liberalidades)

1. As liberalidades em favor de associações sem personalidade jurídica consideram-se feitas aos respetivos associados, nessa qualidade, salvo se o autor tiver condicionado a deixa ou doação à aquisição da personalidade jurídica; neste caso, se tal aquisição se não verificar dentro do prazo de um ano, fica a disposição sem efeito.

2. Os bens deixados ou doados à associação sem personalidade jurídica acrescem ao fundo comum, independentemente de outro ato de transmissão.

Bibliografia: a indicada no 195.º.

Índice

I – Origem e evolução

1 **1. Anteprojeto Ferrer Correia** propunha o seguinte articulado, sob a epígrafe *Doações e liberalidades testamentárias*[1]:

> 1.º – As doações e liberdades testamentárias em favor de associação não reconhecidas reputam-se feitas aos respectivos membros nessa qualidade.
>
> 2.º – Os bens doados ou deixados acrescem ao fundo comum referido no artigo anterior, independentemente de qualquer formalidade de transferência.
>
> 3.º – Cessa o disposto no § 1.º se puder concluir-se, pelos termos do contrato ou do testamento, que a solução mais ajustada à intenção do doador ou do testador é considerar a disposição sujeita à condição de a entidade gratificada adquirir a personalidade jurídica. Neste caso, se o pedido de reconhecimento não for apresentado dentro de um ano, ou se a petição vier indeferida e o indeferimento se tornar definitivo, a disposição ficará sem efeito.

2 **2. Revisões ministeriais e versão final**. O preceito, inalterado aquando da 1.ª Revisão Ministerial (169.º)[2], foi profundamente modificado pela 2.ª Revisão (197.º), conquanto o seu espírito inicial tenha sido conservado[3]. A versão aí proposta foi incorporada na versão final do Código Civil sem qualquer aperfeiçoamento:

> 1. As liberalidades em favor de associações não reconhecidas consideram-se feitas aos respectivos associados, nessa qualidade, salvo se o autor tiver subordinado a deixa ou doação à condição do reconhecimento da associação; neste caso, se o reconhecimento for recusado ou não for pedido dentro do prazo de um ano, fica a disposição sem efeito.
>
> 2. Os bens deixados ou doados à associação não reconhecida acrescem ao seu fundo comum, independentemente de outro acto de transmissão.

[1] Ferrer Correia, *Pessoas colectivas*, 278-279.
[2] *1.ª Revisão*, 76.
[3] *2.ª Revisão*, 78-79; *Projecto* (197.º), 57.

3 3. **Reforma de 1977** substituiu a expressão associações não reconhecidas por associações sem personalidade jurídica: desnecessariamente.

II – Regime

4 **4. Fundo comum.** A natureza imperfeita da personalidade jurídica das associações sem personalidade impossibilita que sejam elas próprias a aceitar as liberalidades – em vida ou *mortis causa* – que lhes sejam destinadas. Estas liberalidades entendem-se, consequentemente, como sendo destinadas aos respetivos associados, enquanto um todo e nessa específica qualidade, i.e., os bens não transitam do património dos associados para o fundo comum, mas entram no fundo comum diretamente, sem ser necessário qualquer outro ato ou formalidade, parte final do n.º 2[4].

5 Aplicam-se por inteiro as regras contidas no 196.º, a que acresce, fruto da natureza direta da transmissão, a impossibilidade de os credores dos associados recorrerem à impugnação pauliana[5].

6 **5. Condição resolutiva.** O autor da liberalidade pode condicionar a liberalidade à aquisição de personalidade jurídica. Caso esta não ocorra no prazo de um ano a contar da sua realização, esta tem-se por resolvida.

Artigo 198.º (Responsabilidade por dívidas)

1. Pelas obrigações validamente assumidas em nome da associação responde o fundo comum e, na falta ou insuficiência deste, o património daquele que as tiver contraído; sendo o ato praticado por mais de uma pessoa, respondem todas solidariamente.

2. Na falta ou insuficiência do fundo comum e do património dos associados diretamente responsáveis, têm os credores ação contra os restantes associados, que respondem proporcionalmente à sua entrada para o fundo comum.

3. A representação em juízo do fundo comum cabe àqueles que tiverem assumido a obrigação.

Índice

I – Origem e evolução

1 **1. Anteprojeto Ferrer Correia** avançou com um preceito próximo, com a epígrafe *Dívidas da associação* (81.º)[1]:

[4] Vilar de Macedo, *Regime civil*, 158.

[5] Armando Triunfante, em *UCP/Comentário ao Código Civil* (2014), 443.

[1] Ferrer Correia, *Pessoas colectivas*, 279.

1.º – Pelas obrigações vàlidamente assumidas em nome da associação responde em primeiro lugar o fundo comum e subsidiàriamente o património da pessoa que tiver praticado o respectivo acto ou facto. Se o acto for realizado por mais do que uma pessoa, responderão todos solidariamente.

2.º – Se os credores não puderem fazer-se pagar por nenhum destes meios, terão acção contra os sócios, salvo se outra coisa resultar do funcionamento do art.º 76.º, 2.º[2]

A responsabilidade dos associados será proporcional à sua quota nos bens comuns.

2. Revisões ministeriais e versão final. A 1.ª Revisão (170.º) introduziu apenas melhorias de sintaxe[3]. O n.º 1 e o n.º 2 remontam à 2.ª Revisão (198.º)[4]. O n.º 3, que não constava do Projeto de Código Civil, de 1966[5], foi introduzido apenas na versão final do preceito. 2

II – Regime

3. Enquadramento. O 199.º estabelece um regime especial de responsabilidade pelas dívidas contraída em nome da associação, que difere do regime positivado para as comissões especiais (200.º) e para as sociedades civis puras (997.º). 3

A insolvência das associações sem personalidade é regulada pelo CIRE, nos termos do disposto no 2.º/1, *c*). 4

4. Fundo comum. O fundo comum responde pelas obrigações assumidas em nome da associação, na exata medida da sua disponibilidade. Apenas assim não o será se as obrigações não forem assumidas validamente – p. ex.: por um associado sem poderes para o fazer; aí, apenas o património do associado responde pelas obrigações assumidas. 5

5. Associado responsável. No caso de o fundo comum não existir ou de ser insuficiente, o património dos associados que contraíram cada obrigação em concreto responde pelo seu cumprimento, solidariamente, nos termos do disposto nos 512.º ss.. 6

6. Demais associados. No caso de tanto o fundo comum como o património dos associados que contraíram cada obrigação em concreto serem insuficientes, o património dos demais associados responde pelo seu cumprimento, conjunta e proporcionalmente à correspondente entrada no fundo comum. 7

A responsabilidade dos demais associados encontra-se limitada qualitativamente, em função do valor percentual de cada entrada, mas já não quantitativamente, sendo consequentemente irrelevante o valor concreto das entradas[6]. 8

7. Representação. O disposto no n.º 3 parece excecionar a regra processual geral prevista no 26.º do CPC que determina que, salvo disposição em contrário, as associações sem personalidade jurídica são representadas em juízo pelas pessoas que ajam como administradores. Em princípio, apenas os administradores têm poderes para assumir validamente obrigações em nome da associação, pelo que a contradição é meramente aparente[7]. Contudo, poderá não ser assim: os associados podem estabelecer regras mais flexíveis, ao abrigo do princípio da autonomia privada. 9

[2] Corresponde ao atual 195.º/2.

[3] *1.ª Revisão*, 77.

[4] *2.ª Revisão*, 79.

[5] *Projecto* (198.º), 57-58.

[6] Manuel Pita, em Ana Prata (org.), *Código Civil anotado*, 1, 236.

[7] Armando Triunfante, em *UCP/Comentário ao Código Civil* (2014), 445: sublinhando, precisamente, a aparência desta contradição.

Artigo 199.º (Comissões especiais)

As comissões constituídas para realizar qualquer plano de socorro ou beneficência, ou promover a execução de obras públicas, monumentos, festivais, exposições, festejos e atos semelhantes, se não pedirem o reconhecimento da personalidade da associação ou não a obtiverem, ficam sujeitas, na falta de lei em contrário, às disposições subsequentes.

Bibliografia: António Menezes Cordeiro/A. Barreto Menezes Cordeiro, *Tratado de Direito civil*, IV, 5.ª ed., 890-892; Armando Triunfante, em *UCP/Comentário ao Código Civil* (2014), 445-450.

Índice

I – Origem e evolução

1 **1. Anteprojeto Ferrer Correia**. O espírito do preceito conserva-se inalterado desde o Anteprojeto de Ferrer Correia (84.º)[1]:

> As comissões que se constituírem para levar a cabo algum plano de socorro ou beneficência, ou para promover a execução de obras públicas, monumentos, festivais, exposições, festejos e coisas semelhantes, se não solicitarem ou não obtiverem a personalidade jurídica, ficam sujeitas às normas a seguir determinadas, sem prejuízo do preceituado nas leis especiais.

2 **2. Revisões ministeriais e versão final**. O clausulado foi objeto de aperfeiçoamentos de sintaxe, tanto na 1.ª Revisão Ministerial (173.º)[2] como na 2.ª Revisão (199.º)[3], tendo, com esta última, alcançado a sua versão definitiva.

II – Regime

3 **3. Enquadramento**. As comissões especiais vêm tratadas nos 199.º a 201.º. A insolvência das comissões especiais é regulada pelo CIRE, nos termos do disposto no 2.º/1, *c*). A 2.ª parte do preceito – "se não pedirem o reconhecimento da personalidade da associação ou não a obtiverem" – deve ser interpretada, desde a Reforma de 1977[4], com o seguinte sentido: "se não preencherem os requisitos de que depende a aquisição de personalidade jurídica"[5].

4 Como exemplos de comissões especiais contam-se as incontornáveis comissões de festas[6], mas também comissões formadas por cidadãos eleitores organizados em torno de candidaturas a eleições para órgãos autárquicos[7].

[1] Ferrer Correia, *Pessoas colectivas*, 280: com a epígrafe *Comissões de socorro, beneficência*, etc..
[2] *1.ª Revisão*, 78.
[3] *2.ª Revisão*, 79; *Projecto* (199.º), 58.
[4] Por razões inexplicáveis a Reforma de 1977 não alterou o preceito em consonância com o fim do modelo de reconhecimento.
[5] Pires de Lima/Antunes Varela, *Código Civil anotado*, I, 4.ª ed., 195.
[6] RPt 10-out.-2001 (Baião Papão), Proc. 9910361; RPt 6-jul.-2001 (Amélia Ribeiro), Proc. 0150400.
[7] STJ 22-mar.-2018 (Abrantes Geraldes), proc. 737/ /14.7T8BRG.G1.S1.

4. Natureza. A lei não dá uma noção direta de comissão especial, limitando-se a elencar, a título exemplificativo, alguns atos que estas podem prosseguir. As comissões especiais podem ser apresentadas como agremiações restritas de pessoas que visam a prossecução de fins diferente dos do lucro dos envolvido[8]. Por regra têm uma natureza não duradoura, esgotando-se com a prática do ato prosseguido[9]. As comissões especiais afastam-se das associações sem personalidade por lhes faltar o correspondente substrato organizatório e pessoal, exigido pelo 195.º. Aproximam-se, assim, das fundações. 5

As comissões especiais caracterizam-se pela natureza fiduciária das entregas e pela necessidade de esse património ser administrado em função do fim determinado pelos subscritores, o que tende a aproximá-las das fundações[10]. 6

Em termos de personalidade coletiva, as comissões especiais ficam claramente aquém das associações sem personalidade. A lei considera os fundos afetos aos fins da subscrição, mas não dá margem para ver, neles, um ente autónomo. Resta concluir que não têm personalidade jurídica plena; poderão apenas, para certos fins limitados – por exemplo, a personalidade judiciária – surgir como pessoas rudimentares. 7

Artigo 200.º (Responsabilidade dos organizadores e administradores)

1. Os membros da comissão e os encarregados de administrar os seus fundos são pessoal e solidariamente responsáveis pela conservação dos fundos recolhidos e pela sua afetação ao fim anunciado.

2. Os membros da comissão respondem ainda, pessoal e solidariamente, pelas obrigações contraídas em nome dela.

3. Os subscritores só podem exigir o valor que tiverem subscrito quando se não cumpra, por qualquer motivo, o fim para que a comissão foi constituída.

Bibliografia: a indicada no 199.º.

Índice

I – Origem e evolução

1. Anteprojeto Ferrer Correia. No Anteprojeto apresentado por Ferrer Correia, a matéria hoje compreendida pelo 200.º surgia dividida por dois preceitos[1]: 1

[8] *Tratado*, IV, 5.ª ed., 890.

[9] STJ 22-mar.-2018 (Abrantes Geraldes), Proc. 737/14; RCb 27-nov.-2007 (Falcão Magalhães), Proc. 204/2002.

[10] *Tratado*, IV, 5.ª ed., 891-892: com maiores desenvolvimentos.

[1] António Ferrer Correia, *Pessoas colectivas*, 280-281.

Artigo 85.º
Responsabilidade dos organizadores e administradores

Os organizadores da comissão e os que assumirem o encargo de gerir os fundos recolhidos serão responsáveis pessoal e solidàriamente pela conservação dos ditos fundos e a sua afectação ao fim anunciado.

Artigo 86.º
Responsabilidade dos membros da comissão

1.º – Os membros da comissão respondem pessoal e solidàriamente pelas obrigações assumidas em nome dela.

2.º – Aos subscritores só poderá exigir-se o valor com que tiverem subscrito.

2 **2. Revisões Ministeriais e versão final**. A 1.ª Revisão Ministerial (175.º) alterou o § 2.º do 86.º do Anteprojeto Ferrer Correia e limitou a faculdade dos subscritores de exigirem o valor subscrito somente "quando se não cumpra, por qualquer motivo, o fim da comissão"[2]. A 2.ª Revisão Ministerial procedeu à união dos dois artigos e ao aperfeiçoamento do texto legal (200.º)[3].

II – Regime

3 **3. Enquadramento**. O 200.º menciona três sujeitos distintos: (a) os membros da comissão; (b) os encarregados de administrar os fundos da comissão; e (c) os subscritores.

4 (1) Os **membros da comissão** são, em princípio, os instituidores da comissão, cabendo-lhes a administração do projeto. "A qualidade de membro de ma comissão especial depende apenas da participação nesta, ou seja, está apenas dependente da circunstância de se fazer parte da organização"[4].

5 São responsáveis, solidariamente, (i) pela conservação dos fundos recolhidos e pela sua afetação ao fim anunciado; e (ii) pelas obrigações contraídas em nome dela, nos termos dos 512.º ss.. Não releva, de modo contrastante com o regime das associações sem personalidade, qual dos membros da comissão contraiu a obrigação[5].

6 (2) Os **encarregados de administrar** os fundos da comissão – normalmente serão membros da comissão. mas não necessariamente – assumem o papel vulgarmente designado de tesoureiro. Eles são responsáveis, solidariamente com os membros da comissão, pela conservação dos fundos recolhidos e pela sua afetação ao fim anunciado.

7 (3) Os **subscritores** contribuem para o projeto monetariamente ou em géneros – aproximam-se, com as devidas diferenças, da figura de associado. Não são responsabilizáveis por nenhuma ocorrência. O n.º 3 apenas impossibilita que requeiram a restituição do valor subscrito, salvo se, por qualquer motivo – com culpa dos membros da comissão ou sem ela –, o fim para o qual a comissão foi constituída não for cumprido.

8 **4. Fundo comum**. Ao contrário do que se verifica para as associações sem personalidade jurídica, o regime das comissões especiais não prevê qualquer fundo comum.

[2] *1.ª Revisão*, 79.
[3] *2.ª Revisão*, 79-80; *Projecto* (200.º), 58.
[4] RCb 27-nov.-2007 (Falcão Magalhães), Proc. 204/2002.
[5] STJ 22-mar.-2018 (Abrantes Geraldes), Proc. 737/14.

Artigo 201.º (Aplicação dos bens a outro fim)

1. Se os fundos angariados forem insuficientes para o fim anunciado, ou este se mostrar impossível, ou restar algum saldo depois de satisfeito o fim da comissão, os bens terão a aplicação prevista no ato constitutivo da comissão ou no programa anunciado.

2. Se nenhuma aplicação tiver sido prevista e a comissão não quiser aplicar os bens a um fim análogo, cabe à autoridade administrativa prover sobre o seu destino, respeitando na medida do possível a intenção dos subscritores.

Bibliografia: a indicada no 199.º.

Índice

I – Origem e evolução

1. Anteprojeto Ferrer Correia. A versão final aproxima-se, com ligeiras alterações frásicas, do preceito originariamente avançado por Ferrer Correia[1]: 1

Artigo 88.º
Aplicação dos bens a outro fim

Se os fundos angariados se mostrarem insuficientes para o fim em vista, se este se revelar ou tornar irrealizável, ou se, atingido o fim, se apurar algum saldo, os bens terão a aplicação prevista no acto constitutivo da comissão ou no programa enunciado.

Se nada se tiver estabelecido, nem a comissão quiser incumbir-se de com os referidos bens promover um fim análogo, compete à autoridade administrativa providenciar sobre o destino destes fundos, fazendo de tal sorte que a boa intenção dos subscritores seja o mais possível realizada.

2. Revisões Ministeriais e versão final. A 1.ª Revisão (177.º) procedeu, apenas, à numeração dos dois parágrafos[2]. O preceituado final foi consolidado com a 2.ª Revisão (201.º)[3]. 2

II – Regime

3. Enquadramento. O 201.º estabelece as regras gerais relativas à aplicação do património afetado às comissões especiais para outros fins que não os originariamente determinados, em três situações distintas: (i) o património é insuficiente para prosseguir o fim; (ii) a prossecução do fim torna-se impossível – impossibilidade subsequente legal ou fática[4]; ou (iii) o património não é utilizado na sua totalidade, muito embora já não seja necessário para a prossecução do fim. 3

[1] António Ferrer Correia, *Pessoas colectivas*, 281.

[2] *1.ª Revisão*, 79: contém uma evidente gralha: onde consta suficientes deve-se ler insuficientes.

[3] *2.ª Revisão*, 80; *Projecto* (201.º), 58-59.

[4] Às comissões que prossigam, originariamente, fins fáctica ou legalmente impossíveis, é-lhes aplicável o 280.º/1.

4 **4. Novo fim.** O novo fim é determinado segundo a seguinte ordem: (i) pelo ato constitutivo da comissão ou pelo programa anunciado; (ii) pela comissão; e (iii) pela autoridade administrativa sectorial.

5 No primeiro caso, o novo fim é identificado *ab initio*, pelo que tanto os membros da comissão, como os próprios subscritores não o podem desconhecer. Quando o ato constitutivo da comissão ou o programa anunciado seja omissos, cabe à própria comissão determinar o novo fim a prosseguir. Esta decisão encontra-se, porém, limitada: apenas podem ser eleitos fins análogos – p.ex.: o património é destinado para a festa do ano vindouro[5] ou para um evento de natureza análoga (religiosa, desportiva, etc) e geograficamente coincidente.

6 Se a comissão se recusar a afetar o património remanescente à prossecução de um fim análogo, cabe à autoridade administrativa sectorial fazê-lo – no caso das comissões de festas será, em princípio, o município, através do seu presidente de câmara. A escolha da autoridade administrativa sectorial deve, sempre que possível, afetar esses bens a um fim análogo: apenas assim a vontade dos subscritores é respeitada.

Artigo 201.º-A (Publicidade)

As associações e comissões especiais sem personalidade jurídica promovem a publicação da sua constituição, da sua sede e do seu programa nos termos legalmente previstos para os atos das sociedades comerciais.

Bibliografia: a indicada no 199.º.

Índice

I – Origem e evolução

1 **1. Reforma de 2007.** O preceito foi aditado pelo 18.º da L 40/2007, de 24-ago., que aprovou um regime especial de constituição imediata de associações e atualizou o regime geral de constituição previsto no Código Civil[1].

II – Regime

2 **2. Publicidade.** Nos termos do 167.º do CSC, aqui aplicável, as associações sem personalidade e as comissões especiais devem promover a publicação da sua constituição, sede e programa, a expensas das próprias, em sítio na *Internet* de acesso público, regulado por portaria do Ministro da Justiça, no qual a informação objeto de publicidade possa ser acedida, designadamente por ordem cronológica.

[5] Armando Triunfante, em *UCP/Comentário ao Código Civil* (2014), 449.

[1] DR 1.ª série, n.º 163, de 24-ago.-2007, 5662/I.

Esta publicação é regulada pela Portaria n.º 590-A/2005, de 14 de julho. 3

A publicidade destes elementos, para além de conferir eficácia dos atos práticos perante terceiros[2], permite conhecer a identidade dos associados e dos membros da comissão. 4

3. RNPC. As associações sem personalidade jurídica e as comissões estão sujeitos a inscrição junto do ficheiro central de pessoas coletivas, nos termos do 4.º/1, *d*) do DL 129/98, de 13 de maio. 5

Subtítulo I-A – Dos animais

Artigo 201.º-B (Dos animais)

Os animais são seres vivos dotados de sensibilidade o objeto de proteção jurídica em virtude da sua natureza.

Bibliografia: A. Barreto Menezes Cordeiro, *A natureza jurídica dos animais à luz da Lei n.º 8/2017, de 3 de março*, RDC 2017, 317-333; António Menezes Cordeiro, *Tratado de Direito civil*, III, 4.ª ed., com colaboração de A. Barreto de Menezes Cordeiro (2019), 287-315; António Pereira da Costa, *Dos animais (O Direito e os direitos)*, (1998), 320 pp.; Fernando Araújo, *A hora do animais* (2003), 379 pp.; Filipe Albuquerque Matos/Mafalda Miranda Barbosa, *O novo estatuto jurídico dos animais* (2017), 162 pp.; José Luís Bonifácio Ramos, *O animal: coisa ou* tertium genus?, O Direito 141 (2009), 1071-1104; *idem*, *Manual de direitos reais* (2017), 49-55; Maria Luísa Duarte/Carla Amado Gomes (org.), *Direito (do) animal* (2016), 346 pp.; Rui Pinto Duarte, em Ana Prata (org.), *Código anotado*, 1, 2.ª ed. (2019), 274-276; Sandra Passinhas, *Os animais e o regime português da propriedade horizontal*, ROA 2006, 833-873.

Índice

I – Evolução legislativa

1. Iniciativas anteriores. Do ponto de vista legislativo, o processo de revisão da natureza jurídica dos animais e o seu afastamento do universo das coisas iniciou-se, contemporaneamente, em 2008, pela mão do Ministério da Justiça, que apresentou, junto das associações de proteção dos animais, um anteprojeto de proposta de lei com esses propósitos. 1

Em 2011, foi a apresentada a Petição 138/XI (2.ª), subscrita por 8 305 cidadãos, pedindo à Assembleia da República a alteração do estatuto jurídico dos animais no Código Civil, solicitando a alteração do estatuto jurídico dos animais no Código Civil[1]. 2

Em 2012, foi apresentada nova petição – Petição 80/XII (1.ª) –, subscrita por 12 393 pessoas, solicitando à Assembleia da República o cumprimento do 13.º do Tratado de Lisboa, que Portugal assinou e ratificou, e consequente e imediata alteração dos Códigos Civil e Penal, na parte respeitante aos animais, seres sencientes, e não "coisas móveis"[2]. 3

[2] Vilar de Macedo, *Regime civil*, 165.

[1] DR II Série-B, n.º 16, de 6-ago.-2011, 2-3.
[2] DR II Série-B, n.º 173, de 17-mar.-2012, 10-12.

4 Também em 2012, foi apresentado, pelo Partido Socialista (PS), o Projeto de Lei 173/ /XII (1.ª), que visava alterar o Código Civil, estabelecendo um estatuto jurídico dos animais[3].

5 **2. Lei n.º 8/2017, de 3 de março**. O processo legislativo que originou a L 8/2017 e consagrou um novo *estatuto* (natureza jurídica) dos animais iniciou-se com a apresentação, a 14-abr.-2016, do Projeto de Lei 164/XIII (1.ª), da autoria de vários deputados do PS[4-5].

6 Seguiram-se três outros projetos lei – da autoria, respetivamente, do Partido Pessoas-Animais-Natureza (PAN), do Partido Social Democrata (PSD) e do Bloco de Esquerda (BE).

7 Foram apresentados, ainda, três relevantes pareceres (i) do Conselho Superior da Magistratura; (ii) do Conselho Superior do Ministério Público; e (iii) da Ordem dos Advogados[6]. Procedeu-se, por fim, à audição de um número considerável de entidades[7].

8 O processo legislativo subsequente decorreu com especial harmonia e relativa rapidez, tendo culminado com a apresentação, pelo PS, de um texto único substitutivo de todas iniciativas legislativas e a retirada dos demais projetos pelos vários proponentes[8]. A 22-dez.-2016, procedeu-se à votação na generalidade, na especialidade e em votação global: o diploma foi aprovado "por unanimidade e aclamação"[9].

II – Natureza jurídica dos animais

9 **3. Preparatórios**. Os quatro projetos de lei apresentados, aos quais se acrescentam os três pareceres mencionados, podem ser sistematizados em dois grupos distintos: (i) atribuição de personalidade jurídica aos animais – PAN, Ordem dos Advogados e Conselho Superior do Ministério Público –; e (ii) atribuição de uma natureza que, conquanto imprecisa, não se confunde com a que é concedida às coisas – PS, PSD, BE e Conselho Superior da Magistratura.

10 A primeira solução pode ainda ser dividida consoante os seus proponentes pretendiam atribuir aos animais uma personalidade jurídica tendencialmente plena, abrangendo direitos e deveres – Conselho Superior do Ministério Público –, ou uma personalidade jurídica limitada à titularidade de direitos – PAN e Ordem dos Advogados[10].

11 **4. Solução positivada**. O legislador português, seguindo os avanços positivados em outros códigos civis europeus[11], optou pela solução mais cautelosa: (i) os animais deixaram de ser tratados como coisas, muito embora o 201.º-D mande aplicar subsidiariamente este regime; e (ii) não foi atribuída personalidade jurídica aos animais, mesmo que circunscrita aos direitos[12]. Para todos os efeitos legais, os animais conservam a sua natureza de objeto de relações jurídica: mas com uma proteção especial, conferida por lei.

Artigo 201.º-C (Proteção jurídica dos animais)

A proteção jurídica dos animais opera por via das disposições do presente código e de legislação especial.

[3] DR II Série-A, n.º 123, de 17-fev.-2012, 6-11.

[4] DR II Série-A, n.º 70, de 15-abr.-2016, 8-14.

[5] Este projeto de lei é particularmente próximo do que havia sido apresentado, também pelo Partido Socialista, em 2012.

[6] Com detalhadas indicações: A. Barreto Menezes Cordeiro, *A natureza jurídica dos animais à luz da L 8/2017, de 3 de março*, RDC 2017, 317-333, 320 ss..

[7] Barreto Menezes Cordeiro, *A natureza jurídica*, 326.

[8] Barreto Menezes Cordeiro, *A natureza jurídica*, 326-327.

[9] DR I Série, n.º 32, de 23-dez.-2016, 40.

[10] Barreto Menezes Cordeiro, *A natureza jurídica*, 327: análise aos vários projetos.

[11] Menezes Cordeiro, *Tratado*, III, 4.ª ed., 295 ss..

[12] José Luís Ramos, *Manual de direitos reais*, 53 e *O animal: coisa ou* tertium genus, 1100 ss., defendendo, com argumentos ponderosos, o animal como sujeito de direitos.

Bibliografia: a indicada no 201.º-B.

Índice

I – Código Civil

1. Proteção. No Código Civil, a proteção dos animais opera, *grosso modo*, por intermédio do 1305.º-A. Este preceito surge como uma limitação do direito de propriedade de animais, ao impor um conjunto variado de deveres aos titulares do direito de propriedade, com o propósito de assegurar o bem-estar dos animais e o respeito pelas características individuais de cada espécie. 1

2. Regulação. Numa perspetiva ampla, a proteção dos animais é ainda alcançada, no Código Civil, pelo 493.º-A (indemnização em caso de lesão ou morte de animal); 1323.º (animais e coisas móveis perdidas); 1733.º/1, *h*) (bens incomunicáveis); ou 1793.º-A (animais de companhia)[1]. Todavia, a *ratio* principal destes preceitos não é o animal *per se*, nem o seu bem-estar, mas proteger a posição jurídica dos correspondentes proprietários. 2

II – Legislação especial

3. Proteção internacional. Os animais dispõem, hoje, de uma proteção internacional já considerável, com destaque para a Convenção Europeia sobre a Proteção dos Animais nos Locais de Criação, de 10-mar.-1976[2] e a Convenção Europeia para a Proteção dos Animais de Companhia, de 13-nov.-1987[3-4]. 3

4. Proteção nacional. A proteção dos animais é alcançada, a um primeiro nível, pela Lei de Proteção dos Animais – L 92/95, de 2-set.[5] e pelo DL 276/2001, de 17-out., que estabelece as medidas complementares das disposições da Convenção Europeia para a Proteção dos Animais de Companhia. A estes dois diplomas acresce legislação específica e setorial[6]. 4

Artigo 201.º-D (Regime subsidiário)

Na ausência de lei especial, são aplicáveis subsidiariamente aos animais as disposições relativas às coisas, desde que não sejam incompatíveis com a sua natureza.

Bibliografia: a indicada no 201.º-B.

[1] O bem-estar do animal é aqui referido expressamente.

[2] A convenção foi alargada pelo Protocolo de Alteração de 6-fev.-1992, aprovado para ratificação pelo D 1/93, de 4-jan..

[3] A convenção foi aprovada para ratificação pelo DL 13/93, de 13-abr..

[4] Complementada, internamente pelo DL 276/2001, de 17-out..

[5] Alterada, por último, pela L 69/2014, de 8-ago..

[6] Menezes Cordeiro, *Tratado*, III, 4.ª ed., 300 ss..

Índice

I – Coisas móveis

1 **1. Aplicação direta**. Os animais e as coisas móveis são regulados conjuntamente no âmbito do 1318.º (suscetibilidade de ocupação) e do 1323.º (animais e coisas móveis perdidas). Trata-se, todavia, de uma equiparação direta e não de uma aplicação subsidiária do regime das coisas.

2 **2. Aplicação subsidiária**. A proximidade destes objetos, numa perspetiva puramente técnica, justifica a aplicação subsidiária do regime das coisas, em especial das coisas móveis, aos animais, salvo se a sua aplicação concreta for incompatível com a natureza dos animais. A título de exemplo, refira-se a incompatibilidade da aplicação do 680.º, relativo ao penhor de coisas móveis, ou do 758.º, relativo ao direito de retenção sobre coisa móvel. Nenhum destes preceitos poderá ser invocado em relação a animais.

3 No plano da política legislativa, esta orientação é criticada por José Luís Ramos: o 201.º-D entraria em contradição com o 201.º-B: acaba por equiparar os animais às coisas[1].

II – Regime geral

4 **3. Direito das obrigações**. Enquanto objetos de direitos, os negócios jurídicos relativos a animais encontram-se regulados tanto pelo Livro I como pelo Livro II do Código Civil: os animais podem ser, dentro dos limites da lei, comprados, doados, emprestados ou alugados.

5 **4. Direitos reais**. Também o Livro III do Código Civil é, por princípio, aplicável, nomeadamente a parte relativa à posse, à usucapião e aos direitos reais menores compatíveis com a sua natureza (p.ex.: usufruto)[2].

6 **5. Reflexões jurídicas**: no Direito português, a defesa dos animais presente nalguma legislação entra em contradição com a admissibilidade das touradas e do tiro aos pombos[3]. Enquanto não houver coragem política de pôr cobro a práticas desse tipo, temos um óbice sistemático-axiológico para ir mais longe, noutros domínios.

7 O tema da personificação dos animais deve ser aprofundado com pragmatismo: há que verificar, no plano técnico, se essa personificação permite uma melhor defesa dos valores que eles representam. Nalgumas situações, é possível avançar: p.ex., no que diz respeito aos primatas superiores. Qualquer iniciativa só produzirá efeitos se for conduzida a nível internacional. A crise climática que se avizinha potencia uma rápida evolução nesse domínio: o futuro próximo dilo-á, sendo que ele está dependente da evolução cultural junto dos jovens.

[1] José Luís Ramos, *Manual de direitos reais*, 52.

[2] José Alberto Vieira, *Direitos reais*, 2.ª ed. (2018), 137: em sentido próximo. Todavia, não conseguimos estender a aplicação dos direitos reais de garantia aos animais.

[3] Menezes Cordeiro, *Tratado*, III, 4.ª ed., 316 ss.., com indicações; de resto, essas práticas cruentas entram em contradição com o 1305.º-A/3, sendo que o gáudio de participantes não constitui, à luz de um mínimo de pensamento civilizado, um "motivo legítimo".

SUBTÍTULO II – Das coisas

INTRODUÇÃO (202.º a 216.º)

Bibliografia anterior a 1867: José Homem Correia Teles, *Digesto portuguez ou tractado dos direitos e obrigações civis accomodado ás leis e costumes da nação portugueza – Para servir de subsidio ao novo Codigo Civil*, I, 3.ª ed. (1849, reimp., 1909), 94-116; Manuel Borges Carneiro, *Direito civil de portugal*, IV, Livro II, *Das cousas* (1840), 5-122; Manuel António Coelho da Rocha, *Instituições de Direito civil portuguez*, I, 2.ª ed. (1848, reimp., 1917), 43-55; Manuel de Almeida e Sousa (de Lobão), *Notas a Mello*, 3 (1825), 3-84; Pascoal José de Mello Freire, *Institutiones juris civilis lusitani, cum publici tum privati*, Liber Tertius, *De jure rerum*, 4.ª ed. (1815, reimp., 1845), 1-12.

Bibliografia posterior a 1867 e anterior a 1966: Fernando Andrade Pires de Lima, *Das coisas*, BMJ 91 (1959), 207-222; *idem*, *Noções fundamentais de Direito civil*, II, 1.ª ed. (1945) (com a colaboração de João de Matos Antunes Varela); Guilherme Alves Moreira, *Instituições do Direito civil português*, I (1907), 336-373; Jaime Augusto Cardoso de Gouveia, *Direitos Reais* (1935), 19-156; José Dias Marques, *Direitos Reais (Parte Geral)*, I (1960), 39-93; José Dias Ferreira, *Codigo civil portuguez annotado*, I, 1.ª (1870), 369-391 e 2.ª ed. (1894), 261-276; José Maria Joaquim Tavares, *Os princípios fundamentais do Direito civil*, II (1928), 241-369; Luiz da Cunha Gonçalves, *Tratado de Direito civil em comentário ao Código Civil português*, III (1931), 27-159.

Índice

I – A dogmática histórica da noção de coisa

1. A natureza histórico-cultural de coisa decorre da evolução humana, sendo produto de múltiplos fatores culturais: as tradições dos povos, as correntes filosóficas, a receção de Direito estrangeiro e a Ciência do Direito bem como da repercussão que eles têm em cada momento de vigência de um dado ordenamento jurídico. 1

Não ocorre uma conceção prévia ou uma definição pré-legal ou pré-jurídica de coisa, colhida da Filosofia ou de outro qualquer sector do conhecimento humano, que se imponha ao Direito: apenas entendimentos do seu significado, todos eles historicamente situados e extraídos de várias confluências culturais, tanto externas – p. ex., o Direito romano e a sua leitura ao longo dos séculos – como internas, que tendem a prevalecer num dado momento civilizacional e a deixar a sua marca, seja numa fonte de primeira grandeza, como um código civil, seja em obras de Ciência do Direito. 2

À Ciência do Direito cabe a tarefa do tratamento dogmático do conceito de coisa e, portanto, a sua delimitação, bem como a apresentação das classificações pertinentes, dentro dos princípios e valores do sistema jurídico em vigor, sempre sem perder de vista a evolução deste e a aspiração constante ao seu aperfeiçoamento. 3

4 **2. As Ordenações** não cuidaram do conceito de coisa, embora surjam amiúde classificações a ele atinentes, sobretudo, aquela que distingue as coisas móveis e imóveis. Tão-pouco se acha aí qualquer regulação normativa das coisas ou algo que se assemelhe, sequer remotamente, a uma sistematização das mesmas.

5 Os grandes comentadores lusitanos das Ordenações Filipinas, como Manuel Álvares Pegas (1635-1696) ou Gonçalves da Sylva (†1748), não oferecem uma definição de coisa e não apresentam qualquer sistematização da matéria das coisas, para além de menções esparsas e ocasionais a propósito da abordagem interpretativa a várias figuras ou institutos onde elas surgem objeto de regulação. E o mesmo se pode dizer da canonística portuguesa, com destaque para Agostinho Barbosa (1589-1649).

6 Esta falta de tratamento doutrinário das coisas não equivale a uma supressão dogmática da matéria: o Direito das Ordenações opera num quadro de predominância e de vigência de facto do Direito romano. Pelo que a dogmática romana das coisas, estudada pelos juristas portugueses formados no estrangeiro, em escolas de Direito, sobretudo, italianas e espanholas, se pode considerar subjacente ao Direito civil português nos vários séculos de vigência das Ordenações do Reino.

7 **3. A pré-codificação**: a Lei da Boa Razão (18-ago.-1769) e a Reforma de Estudos da Universidade de Coimbra (23-jun.-1772) levaram à mudança no sistema de fontes, visando diminuir o predomínio do Direito romano e garantir a supremacia do Direito nacional. Surgiu um novo plano de estudos do curso de Direito, com a entrada de cadeiras dedicadas ao Direito pátrio.

8 (1) À cabeça, temos **Pascoal de Mello** (1738-1798), autor das *Institutiones Juris Civilis Lusitani*. A noção de coisa e a apresentação de classificações a ela relativas aparece aí no Livro Terceiro, Título I[1]. Depois de enunciar a classificação de Gaio entre pessoas, coisas e ações, o Autor responde à questão sobre o que são coisas: "coisas são o que aumenta os nossos bens e património". Na noção dada, Mello Freire[2] inclui igualmente as coisas incorpóreas (*res incorporales*), que identifica com os direitos (*iura*), na linha de Gaio e do Direito romano. As classificações apresentadas por Mello Freire assentam nas *Institutiones* de Justiniano. Assim, como classificação principal, distingue as coisas em divinas e humanas[3]. Nas primeiras, inclui as coisas sacras, santas e religiosas, dando-lhe o principal desenvolvimento do Título I. Por sua vez, como coisas humanas enumera as comuns, públicas, universidades e particulares (singulares)[4]. Surge, ainda, a classificação entre coisas móveis e imóveis. Mas, para além de apresentar esta divisão das coisas juntamente com as denominadas hereditárias e adquiridas[5], Mello inclui, naquela classificação, tanto as coisas corpóreas como as incorpóreas[6], mencionando nas últimas, os réditos anuais, as pensões e as locações de longa duração (mais de cem anos)[7].

9 A noção de coisa encontrada em Mello Freire, que na prática a identifica com o próprio património, só remotamente se pode considerar romana e está muito distante já da formulação de Gaio. Igualmente peculiar mostra-se a inserção das coisas incorpóreas (os *iura*) no âmbito da classificação entre móveis e imóveis, que respeita, segundo o Direito romano, apenas às coisas corpóreas. Apesar da influência romana, Mello Freire introduz classificações medievais portuguesas, como a que distingue as coisas em hereditárias ou de avoengo (as herdadas dos avós) e adquiridas e a que distingue as coisas em próprias, alodiais, enfitêuticas e valorizadas[8].

[1] Pascoal de Melo, *Institutiones Juris Civilis Lusitani*, Liber Tertius, 1 ss..
[2] *Idem*, § 1, 1.
[3] *Idem*, § 2, 1 e ss.
[4] *Idem*, § 8, 8 e ss.
[5] *Idem*, § 10, 10 e ss.
[6] *Idem*, § 10, 10.
[7] *Idem*, § 10, 10.
[8] *Idem*, § 11, 12.

(2) **Manuel Borges Carneiro** (1774-1833), na sua obra *Direito civil de Portugal*, dividida em três Livros, dedica o Livro II às coisas (Das Cousas). A sua definição de coisa retira-a Borges Carneiro[9] de Heinécio: "Cousa ou bens em accepção juridica é tudo o que póde pertencer a alguem, e ter uso na vida humana". Quando as coisas pertencem a alguém, elas constituem o seu património, defende Borges Carneiro[10]. Nota-se, assim, a identificação de coisa com património, que se vislumbrava já em Mello Freire. Na divisão das coisas, este Autor[11] apresenta a mesma tripartição inicial em sagradas, santas e eclesiásticas que se colhe do Direito romano e, tal como Mello Freire – embora com terminologia nem sempre coincidente –, separa as coisas comuns, públicas, de corporação ou de indivíduo[12]. Como terceira classificação Borges Carneiro[13] indica a que distingue os móveis e os imóveis. Seguindo sempre Heinécio, o Autor radica como critério da distinção a possibilidade de mudança de um lugar para outro "sem destruição". Dentro dos imóveis, Borges Carneiro[14] introduz a destrinça entre rústicos e urbanos, uma precisão que Mello Freire ignorara e que denota uma clara evolução na compreensão desta matéria. Nas palavras deste civilista: "Não é pois a situação do prédio que constitui esta diferença, mas sim o seu uso". 10

Borges Carneiro não segue a orientação de Mello Freire quanto às coisas incorpóreas, inserindo-as como o segundo no contexto dos imóveis. No seu juízo[15], elas "constituem uma terceira espécie" e compreendem "direitos e ações". Por último, também Borges Carneiro[16] refere a distinção entre os bens adquiridos e os avoengos, mas considera que depois da revogação da L 9-set.-1769 pelo D 17-jul.-1778 ela se tornou "inútil". 11

(3) José Homem **Correia Teles** (1780-1849), no 733.º do *Digesto Portuguez*[17], diz: "A palavra cousa comprehende tambem direito e acção: por isso os direitos e acções são tambem objectos de propriedade". 12

Correia Teles tem aqui em vista as coisas incorpóreas, assimiladas pela doutrina portuguesa (na tradição da leitura romana das coisas incorpóreas como *iura*) a direitos e a ações, e por isso, implicitamente, esclarece que as coisas podem ser corpóreas e incorpóreas, objeto ambas de direitos reais. Seguem-se as classificações das coisas. Para além da distinção entre coisa corpórea e incorpórea, subjacente ao 733.º, não falta a classificação entre coisas no comércio e fora dele (736.º), entre móveis e imóveis (737.º a 742.º), incluindo nesta classificação os direitos, como fazia a doutrina anterior e continuaram a fazer autores posteriores, como, por exemplo, Liz Teixeira. 13

(4) António Ribeiro de **Liz Teixeira** (1790-1847) escreveu o Curso De Direito Civil Portuguez[18]. Na Parte 2.ª desta obra, dedicada ao Direito das Cousas, o Título I consiste na "Divisão das Cousas, e sua natureza ou qualidade". Na formulação da noção de coisa, diz Liz Teixeira[19]: "(...) dizemos cousas não só o que já constitue o nosso património, mas o que pôde augmental-o , e até mesmo o que nos dá utilidade sem que possa entrar neste, utilidade resultante , que augmentá os nossos bens , ainda que a cousa, que lhe deo causa ,fique estranha e não possa pertencer-lhe, o que acontece com o ar, com o sol e com o mar; vindo por tanto res 14

[9] Manuel Borges Carneiro, *Direito civil de Portugal*, II, Livro II, Das Cousas, 1.

[10] *Idem*, 2.

[11] *Idem*, 2 ss.

[12] *Idem*, 3 ss.

[13] *Idem*, 4 ss.

[14] *Idem*, 7 ss.

[15] *Idem*, 9.

[16] *Idem*, 9.

[17] José Homem Correia Teles, *Digesto Portuguez* ou *Tractado dos direitos e obrigações civis accomodado ás leis e costumes da Nação Portugueza*, 1, 117.

[18] Ou *Commentario ás instituições do sr. paschoal josé de mello freire sobre o mesmo Direito*, Parte Segunda, Divisão 1.ª, 2.ª ed. (1848).

[19] *Idem*, II, 2.

a abranger mais do que patrimonium e pecunia, sem com tudo excluir os objectos correspondentes ás idèas próprias destes termos".

15 Apesar desta formulação, Liz Teixeira[20] afirma que o termo "cousas (*res*) significa tudo o que pode ser objecto" de direitos e é o primeiro autor português a proceder à identificação da *res* com o objecto de situações jurídicas (direitos). Dentro das coisas afirma[21] que tanto podem ser "físicas" (corpóreas), aquelas "cuja realidade os nossos sentidos nos mostrão", como concebidas "no espirito ou com a intelligencia" e que não afectam os nossos sentidos (incorpóreas), exemplificando estas últimas com direitos ("como o de suceder na herança, o usofructo, a servidão") e excluindo as acções (identificadas com os direitos) e as obrigações.

16 Nas classificações de coisas, este Autor começa pela contraposição romana entre coisas divinas e humanas, sendo as primeiras santas, sagradas e religiosas e as segundas comuns, públicas, universidades e particulares. Liz Teixeira[22] divide as coisas corpóreas em móveis e imóveis, seguindo o critério tradicional. As primeiras são as que "podem mudar-se ou ser mudadas", sem que a sua conservação ou substância seja posta em causa. Os imóveis são as coisas que não podem ser mudadas ou que sofrem deterioração com a mudança. Os imóveis podem sê-lo por natureza ou por destino[23]. Tal como Borges Carneiro, também Liz Teixeira[24] considera as ações como coisas móveis ou imóveis consoante os direitos que se fazem valer quanto a elas. Imóveis são ainda os réditos anuais, as pensões e as locações de longa duração. As distinções entre coisas hereditárias e adquiridas, assim como em próprias, alodiais, enfiteuticas e valorizadas são repetidas do mesmo que modo que surgem em Mello Freire e Borges Carneiro.

17 (5) Manuel António **Coelho da Rocha** (1793-1850) formula uma definição de coisa e procede depois a uma divisão da exposição, deixando num capítulo a classificação "das cousas consideradas em si mesmas" e num outro "Dos bens em quanto aos possuidores". Definindo coisa, diz Coelho da Rocha[25]: "Em sentido jurídico dizem-se cousas ou bens, tudo aquillo, ou todos aquelles entes, que, servindo de utilidade aos homens, podem ser sujeitos ao seu poder, e portanto objecto de direitos". Esclarece ainda o autor[26]: "Nesta generalidade comprehendem-se não só as cousas physicas, mas tambem as acções ou factos, e os mesmos direitos, em quanto se consideram como objecto de propriedade". Coelho da Rocha tem em vista, neste trecho, a distinção das coisas em corpóreas e incorpóreas e aduz que ambas estão incluídas no conceito de coisa. A formulação de coisa de Coelho da Rocha está em linha com quase todos os civilistas portugueses anteriores, nomeadamente, na inclusão das ações e mesmo dos direitos no âmbito do conceito de *res*. De diferente traz um distanciamento da noção de património e ainda a ligação que faz à ideia de objeto de direito, comum igualmente ao seu contemporâneo Liz Teixeira.

18 No que concerne à classificação das coisas ("das cousas consideradas em si mesmas"), Coelho da Rocha[27] afasta-se consideravelmente dos seus antecessores e contemporâneos no ensino do Direito civil, a começar por Mello Freire. Omite a classificação das coisas em divinas e humanas, de cariz romano, e faz desaparecer as classificações medievais portuguesas tradicionais, como a que contrapõe as coisas de avoengo às adquiridas e a que distingue as coisas em próprias, alodiais, enfitêuticas e valorizadas. Para além de erguer como primeira a distinção das coisas em corpóreas e incorpóreas[28], faz-lhe seguir, em segundo lugar, a classificação das mesmas

[20] *Idem*, II, 2.
[21] *Idem*, II, 3.
[22] *Idem*, II, 26.
[23] *Idem*, II, 27.
[24] *Idem*, II, 27.
[25] *Instituições de Direito civil portuguez*, I, 2.ª ed. (1848), 49 ss..
[26] *Idem*, 49.
[27] *Idem*, 49 ss..
[28] *Idem*, 50.

em móveis e imóveis[29]. O que, no entanto, se afigura distintivo no tratamento dogmático de Coelho da Rocha reside na introdução das classificações que distinguem as coisas fungíveis e não-fungíveis[30], as coisas principais e as acessórias ou pertenças[31] e ainda a menção autonomizada a frutos[32], benfeitorias[33] e "deteriorações"[34]. Ninguém o havia feito anteriormente, pelo menos, em lições escritas que documentam o ensino da matéria no Curso de Direito da Universidade de Coimbra.

O aspeto verdadeiramente inovador da abordagem de Coelho da Rocha reside, porém, na colocação da matéria no sistema de exposição (o sistema externo). Ela surge na Parte geral do Direito civil, a seguir às pessoas e antes dos factos (atos jurídicos) e não no Livro II, a propósito do Direito das Cousas. A explicação para esta rejeição da doutrina tradicional portuguesa e para a nova sistematização apresentada repousa na influência estrangeira da pandectística alemã, colhida de obras traduzidas, na autoria das quais avulta o nome do jurista alemão Mackeldey[35]. Coelho da Rocha foi um precursor da receção dos estudos pandectísticos na doutrina civilística nacional e a matéria das coisas provavelmente uma das primeiras a sofrer essa repercussão. 19

4. Código de Seabra: a noção de coisa surge, nele, na Parte II, Livro I, Título II, cuja epígrafe é "das cousas que podem ser objecto de apropriação e de suas differentes especies, em relação à natureza das mesmas cousas ou das pessoas a quem pertencem". A sistemática escolhida coloca a matéria das coisas no âmbito dos factos aquisitivos de direitos. A influência do *Code Civil* francês transparece aqui, do mesmo modo que a sua inconsistência dogmática. Segundo o 369.º do CS: "Cousa diz-se em direito tudo aquillo que carece de personalidade". Os escravos ficam fora do conceito, numa evolução civilizacional que Portugal assume debaixo da pena do Visconde de Seabra depois do passado esclavagista. Mas na sua amplidão, o conceito abrange realidades que, não sendo pessoas, também não são coisas, como, por exemplo, os direitos e deixa ambiguidade para outras, como a prestação. 20

O CS vigorou quase um século. A dominação inicial do pensamento exegético francês, presente ainda, p. ex., no *Codigo Civil Annotado* de Dias Ferreira, cedeu o passo ao influxo pandectista, já presente em Coelho da Rocha e definitivamente assumido em Guilherme Moreira. E se essa viragem distancia progressivamente a doutrina nacional da dogmática civilística francesa – sem a eliminar de todo, ao menos nos primeiros tempos – ela acolhe o pensamento jurídico alemão, pandectista e pós-pandectista, amiúde por via de traduções e igualmente a doutrina italiana, crescentemente influente. 21

O CS ocupa os 369.º a 382.º com o regime jurídico das coisas, apesar de deixar algumas matérias, como as águas, fora desse enquadramento. Embora relativamente extensa, a regulação normativa das coisas no CS inclui somente três classificações, dividindo aquelas do seguinte modo: (a) no comércio e fora do comércio (370.º a 372.º); (b) móveis e imóveis (373.º a 378.º); (c) públicas, comuns e particulares (379.º a 382.º). 22

Na exiguidade das classificações, o CS fica aquém daquilo que a doutrina portuguesa antecedente já permitia, em particular, Coelho da Rocha. Como virtude, o abandono do critério de distinção das coisas móveis e imóveis com base na suscetibilidade de deslocação da coisa[36], 23

[29] *Idem*, 50 ss..
[30] *Idem*, 53.
[31] *Idem*, 55.
[32] *Idem*, 55.
[33] *Idem*, 56.
[34] *Idem*, 57.
[35] Menezes Cordeiro, *Tratado de Direito civil*, III, Coisas, 4.ª ed. (2019), 43.
[36] O qual, não obstante, continuou a ser usado pela doutrina portuguesa. *Vide*, nomeadamente, Dias Ferreira, *Codigo civil portuguez annotado*, I, 2.ª (1894), 262.

arrimando o conceito de imóvel ao solo e ao que neste vem incorporado por ação da natureza ou do homem.

24 (1) **Guilherme Moreira** (1861-1922) faz a viragem do sistema explicativo do Direito para o modelo pandectista. As suas *Instituições* apresentam uma Parte geral, dando corpo à sistematização germânica do Direito civil e à doutrina que se lhe encontra subjacente, que colheu de versões italianas das Pandectas de Windscheid e de Dernburg e ainda de autores italianos germanófilos, como Fadda e Bensa. Diferentemente da tradição portuguesa anterior, Guilherme Moreira não coloca a coisa como conceito central daquilo a que se referem os direitos. Aí surge antes o conceito de objeto[37], de que as coisas, corpóreas e incorpóreas, são espécie. O autor explica que tomar as coisas como objeto do direito vale apenas para Direitos Reais, "mas não póde applicar-se a todos os direitos subjectivos"[38]. Sem dar propriamente uma noção definitiva de objeto, Guilherme Moreira[39] adianta que "exprime sempre a idêa de bem ou de utilidade".

25 Feita a diferenciação entre objeto e coisa, deixando claro que o primeiro conceito oferece uma extensão maior e a ele se reportam os direitos subjetivos, Guilherme Moreira dá nota de que são as coisas "que principalmente representam o objeto do direito"[40]. Daí que a exposição dogmática deste seja praticamente a exposição da matéria das coisas.

26 A noção legal de coisa inserta no CS, é citada, mas abandonada e substituída pela perspetiva pandectista, de índole histórica e não filosófica e muito mais próxima da realidade do sistema normativo, mesmo que impregnada da inspiração romanista[41]:

> Em linguagem jurídica, porém, cousa é tudo o que tendo utilidade económica, sendo suscetível de occupação e de quantidade limitada, pôde ser objecto de direito ou é susceptível de ser apropriado pelo homem, prestando-lhe alguma utilidade.

27 Dada a noção, Guilherme Moreira[42] menciona os dois elementos do seu conceito: o ser um objeto do mundo externo e a suscetibilidade de constituir um objeto de direito, excluindo do conceito, por falta de apropriação, o ar, o mar alto e o sol. No confronto entre a noção de coisa e de bem, Guilherme Moreira[43] defende ser a primeira sinónima da segunda. Por bem entende a utilidade que uma coisa é suscetível "pelos poderes que o homem sobre ella exerce".

28 Como classificação principal das coisas, Guilherme Moreira[44] distingue as coisas corpóreas ("as cousas materialmente consideradas") e as incorpóreas ("e os direitos sobre elas"), englobando nestas últimas os direitos reais menores, na boa tradição romana, mas acrescentando ainda a propriedade literária e artística e os inventos. Para além desta classificação, outras são apresentadas, como a classificação entre coisas no comércio e fora do comércio[45], coisas consumíveis e não consumíveis[46], coisas fungíveis e não-fungíveis[47], coisas divisíveis e indivisíveis[48], coisas principais e acessórias ou pertenças[49], frutos[50], universalidades de coisas e de direitos[51], presentes e futuras[52] e públicas, comuns e particulares[53]. Como se vê, Guilherme Moreira não se distancia do Código Civil do seu tempo apenas na definição de coisa. Também as classificações apresen-

[37] Guilherme Moreira, *Instituições do Direito civil português*, I (1907), 331 ss..
[38] *Idem*, 331.
[39] *Idem*, 333.
[40] *Idem*, 336.
[41] *Idem*, 336 ss., 337.
[42] *Idem*, 337.
[43] *Idem*, 337.
[44] *Idem*, 338 ss..
[45] *Idem*, 341 ss..
[46] *Idem*, 351 ss..
[47] *Idem*, 352 ss..
[48] *Idem*, 354 ss..
[49] *Idem*, 355 ss..
[50] *Idem*, 356 ss..
[51] *Idem*, 357 ss..
[52] *Idem*, 358 ss..
[53] *Idem*, 359 ss..

tadas superam largamente a exiguidade da tripartição constante do Código Civil de Seabra e revelam o tratamento pandectista, a que o autor se mantém fiel.

(2) **Teixeira d'Abreu** (1865-1930)[54] defende que a coisa pode ser tomada em três sentidos[55]: (a) lato, que coincide com a noção do CS; (b) "próprio" ou "técnico", que considera coisa "tudo aquillo que não tendo personalidade póde, todavia, ser objecto de direitos e obrigações"; (c) restrito, em que se consideram coisas "somente os objectos materiais apropriaveis, em oposição aos direitos, ou cousas incorporeas". Teixeira d'Abreu[56] defende que o CS usa normalmente a palavra coisa no seu sentido técnico (e, portanto, mais reduzido do que a noção legal), fazendo-o como sinónimo de bens[57]. Dando por assentes as três classificações insertas no CS, reconhece[58] a existência de outras classificações de teor doutrinal e com aceno naquele Código. São elas: corpóreas e incorpóreas[59], consumíveis e não consumíveis[60], fungíveis e não-fungíveis[61], divisíveis e indivisíveis[62], principais e acessórias[63] e apropriadas e *nullius*[64]. Na distinção entre as coisas corpóreas e incorpóreas, Teixeira d'Abreu[65] retoma a ortodoxia romana e descreve ainda as últimas como os direitos, elencando os direitos reais menores, entendidos como "desmembramentos da propriedade". O tratamento dado por Teixeira d'Abreu à matéria das coisas distancia-se, tal como sucede em Guilherme Moreira, do regime normativo constante do CS, introduzindo classificações novas, para além das legais. Porém, se na forma a abordagem doutrinária assemelha-se a Guilherme Moreira, no conteúdo registam-se diferenças de fundo, a que não se afigura estranha a literatura consultada, principalmente francesa. 29

II – A preparação do Código Civil

5. O **anteprojeto**, em matéria de coisas, foi elaborado por Pires de Lima (1906-1970)[66]. Com ele surgem breves comentários do autor relativamente a cada um dos preceitos apresentados. O anteprojeto inicia-se com o conceito de coisa (1.º), seguindo-se um preceito dedicado à enunciação das classificações legais de coisa (2.º) e depois, sucessivamente, o elenco das coisas imóveis (3.º), das coisas móveis (4.º), a definição de coisas compostas (5.º), de coisas fungíveis (6.º), de coisas consumíveis (7.º), de coisas divisíveis (8.º), de coisas acessórias (9.º), frutos (10.º a 13.º) e benfeitorias (14.º). 30

Nota-se o abandono de classificações tradicionais romanas, como a que distingue as coisas em públicas, comuns e particulares, e a adoção de outras, igualmente de cariz romanístico, que a pandectística alemã havia desenvolvido e a doutrina portuguesa já mencionava desde Coelho da Rocha, mas que haviam sido ignoradas pelo CS, muito parco em matéria de classificação de coisas e imune ainda aos ventos da ciência jurídica alemã do século XIX. 31

Na discussão sobre as várias formulações do conceito de coisa encontradas nos principais códigos civis, Pires de Lima omite qualquer referência ao *Code Civil* francês e contrapõe somente as orientações, por um lado, dos Códigos Civis alemão e grego e, por outro, do Código Civil italiano. Julgando estreita a noção de coisa do BGB alemão, por se ater somente às coisas corpóreas, o autor do anteprojeto mostra a sua preferência pela orientação vertida no 32

[54] António José Teixeira d'Abreu, *Curso de Direito civil*, I, Introdução (1910), 217 ss..
[55] *Idem*, 217.
[56] *Idem*, 217.
[57] *Idem*, 222 ss..
[58] *Idem*, 224 e ss.
[59] *Idem*, 225 ss..
[60] *Idem*, 227 ss..
[61] *Idem*, 230 ss..
[62] *Idem*, 237 ss..
[63] *Idem*, 240 ss..
[64] *Idem*, 243 ss..
[65] *Idem*, 225 ss..
[66] Fernando Andrade Pires de Lima, *Das coisas*, BMJ 91 (1959), 207-225.

810.º do *Codice* italiano[67]. Se retirarmos a assimilação de bem a coisa, a que procede o Código Civil italiano nesse preceito, e que Pires de Lima rejeita[68], deparamos com uma aproximação substancial do 1.º do anteprojeto (atual 202.º/1), ao mencionado 810.º do *Codice Civile*.

33 Sobre o ponto fulcral da definição de coisa, Pires de Lima[69] critica fortemente a redação do 369.º CS, sobre a qual diz que "formula um conceito demasiadamente amplo, praticamente inútil, e afastado das realidades jurídicas. Domina-o um fundo filosófico e abstrato, sem interesse para o direito positivo (...)". O positivismo jurídico do autor não vem disfarçado. No lugar de uma definição de teor filosófico, Pires de Lima apresenta a sua, integralmente lógica: "Diz-se coisa tudo aquilo que pode ser objeto de relações jurídicas".

34 A um conceito filosófico de coisa, sucedeu, pois, um conceito lógico. Este último funciona num modelo neokantiano em que a relação jurídica ocupa o lugar de conceito agregador da matéria jurídica e em que as coisas são o seu objeto, ao lado dos outros elementos: os sujeitos, os factos e a garantia. Tal modelo servirá para estruturar a Parte geral do Direito, figurando as coisas como objeto da relação jurídica. Entendido no seu âmbito literal e lógico, tal conceito afigura-se não apenas tecnicamente errado, mas também culturalmente desfasado. Ele põe em causa séculos de tradição jurídica, desde o Direito romano, confundindo coisa e objeto da relação jurídica, ao tomar a primeira pelo segundo, esquecendo todo o lastro cultural que o conceito de coisa comporta.

35 O conceito de coisa defendido por Pires de Lima[70] inclui abertamente os direitos. Chega mesmo a afirmar[71] que "os direitos são, na verdade, coisas": uma linha de continuidade com o conceito romano de coisa incorpórea, que respeitava aos *iura*, em aberta oposição com a doutrina alemã do BGB, que considera unicamente as coisas corpóreas no conceito de coisa.

36 Também quanto a este ponto, os desenvolvimentos dogmáticos da primeira metade do século XX permitiam mais. A insistência nos direitos como objeto de outros direitos mostra uma arreigada persistência em não descortinar, na situação, a afetação do objeto de um direito a outro direito e não um caso de direitos sobre direitos. Por outro lado, a dogmática dos bens imateriais, desenvolvida no final do século XIX e início do século XX por Josef Kholer, merecia já o repensar do conceito romano de coisa incorpórea e a quebra da sua ligação de significado aos direitos e sim a coisas intelectuais (a obra literária e artística, a invenção e a marca). No demais relativo às classificações de coisas, guardamos as nossas observações para a interpretação dos preceitos correspondentes no Código Civil de 1966 e que constituem, hoje, Direito positivo português.

37 **6. As revisões ministeriais e o Projeto.** A 1.ª Revisão ministerial inseriu as coisas no subtítulo II do título relativo às relações jurídicas: depois das pessoas e antes dos atos jurídicos: a consagração do sistema germânico. O texto de Pires de Lima foi respeitado, transitando a matéria para os 178.º a 191.º[72].

38 A Revisão intercalar (1964) conservou essa orientação (195.º a 208.º)[73]: teve apenas o cuidado de, dentro de cada artigo, arrumar a matéria em números distintos. A 2.ª Revisão (1965) consolidou a articulado (202.º a 216.º)[74], com um texto que, através do Projeto (1966) (202.º a 216.º)[75], foi inserido no Código promulgado.

[67] *Idem*, 209.
[68] *Idem*, 209.
[69] *Idem*, 207.
[70] *Idem*, 207 ss..
[71] *Idem*, 209.
[72] *1.ª Revisão*, BMJ 107 (1961), 80-84.
[73] *Revisão intercalar* (1964), 77-82.
[74] *2.ª Revisão* (1965), 80-85.
[75] *Projecto* (1966), 59-62.

A quietude que o subtítulo relativo às coisas demonstrou nas revisões ministeriais e no Projeto decorre – como é natural – do papel que o próprio Pires de Lima assumiu em todo o processo conducente ao Código Civil. 39

Artigo 202.º (Noção)

1. Diz-se coisa tudo aquilo que pode ser objeto de relações jurídicas.
2. Consideram-se, porém, fora do comércio todas as coisas que não podem ser objeto de direitos privados, tais como as que se encontram no domínio público e as que são, por sua natureza, insuscetíveis de apropriação individual.

Bibliografia geral depois de 1966: António Menezes Cordeiro/A. Barreto Menezes Cordeiro, *Tratado de Direito civil*, III, *Coisas*, 4.ª ed. (2019), 13-58; Carlos Alberto Mota Pinto, *Teoria geral do Direito civil*, 4.ª ed. (2012) (com a colaboração de António Pinto Monteiro e Paulo Mota Pinto), 341-344; Diogo Bártolo, *Da noção de coisa no Código Civil e a distinção que este faz entre coisas móveis e imóveis*, em Estudos Neves Ribeiro (2007), 281-302; Fernando Andrade Pires de Lima/João de Matos Antunes Varela, *Código Civil anotado*, I, 4.ª ed. (1987), 192-208; Heinrich Ewald Hörster/Eva Sónia Moreira da Silva, *A Parte geral do Código Civil português*, 2.ª ed. (2019), 190-193; João de Castro Mendes, *Direito civil (Teoria geral)*, II (1968), 103-149; José Alberto Vieira, *Direitos Reais*, 3.ª ed. (2020), 124-134; José de Oliveira Ascensão, *Direito Civil (Teoria geral)*, 2.ª ed. (2000); José Luís Ramos, *Manual de direitos reais* (2017), 35-45; Luís Carvalho Fernandes, *Teoria geral do Direito civil*, I, 6.ª ed. (2012), 669-674; Luís Menezes Leitão, *Direitos reais*, 8.ª ed. (2019), 55-57; Maria Clara Sotto Mayor/Ana Teresa Ribeiro, em *UCP/Comentário ao Código Civil* (2014), 450-457; Pedro Pais de Vasconcelos, *Teoria geral do Direito civil*, 9.ª ed. (2019); Raúl Ventura, *História do Direito romano*, II – *Direito das coisas* (1968), 97-103; Rui Pinto Duarte, em Ana Prata (org.), *Código Civil anotado*, I, 2.ª ed. (2019), 277-284.

Índice

I – Enquadramento dogmático

1. Crítica. A definição de coisa vertida no 202.º/1 reveste um puro teor lógico, nos antípodas do 369.º do CS, de matriz estritamente filosófica. Na sua origem encontra-se a conceção neokantiana adotada pela pandectística alemã, que recorre à relação jurídica como conceito sistematizador do Direito, como se sabe, o modelo inspirador da organização da parte geral do Código. Nessa formulação, a coisa vem identificada, não na sua aceção cultural e histórica, como coisa corpórea ou incorpórea, que nos vem do Direito romano, mas simplesmente como objeto. Justamente como o objeto que, a par dos sujeito, facto e garantia, constituem os elementos da relação jurídica. Com isso, a perspetiva cultural perde-se: na história anterior, desde o Direito romano, a coisa não se confunde simplesmente com o objeto (embora o seja também), tendo antes o significado da materialidade (coisas corpóreas) ou dos direitos (coisas incorpóreas). 1

2 Toda a coisa (no comércio) pode constituir objeto de situações jurídicas, mas nem todo o objeto destas consubstancia uma coisa[1]. A favor desta visão não estão apenas elementos histórico-jurídicos transmitidos pela tradição, mas conceções políticas e filosóficas sobre a pessoa humana que se situam no centro da civilização ocidental contemporânea. A vida, a integridade física, a honra e, em geral, os denominados bens da personalidade, não são coisas. A pessoa humana surge como sujeito de uma situação jurídica, nunca como seu objeto. Também não são coisas as prestações sobre as quais recaem os direitos de crédito, que não se podem dissociar da pessoa do devedor e da sua atividade. A vida intrauterina, o ambiente, a segurança e a liberdade podem, igualmente, constituir objeto de direitos subjetivos ou de outras situações jurídicas, mas, do mesmo modo, não são coisas em sentido jurídico. E a lista de exemplos poderia continuar.

3 Não valem gradações para o vocábulo coisa, como propuseram Teixeira d'Abreu e José Tavares. O conceito de coisa para o Direito é dado pela história e tem um conteúdo estritamente cultural, coincidindo, não sem algumas transformações, com o legado do Direito romano. No seu sentido histórico-cultural, a locução coisa engloba, desde logo, os bens materiais, portanto, as coisas corpóreas. A seu lado, porém, aquilo que o intelecto humano apreende e existe fora da pessoa reveste igualmente a natureza de coisa (incorpórea); um legado da filosofia estoica aceite pelo Direito romano e veiculado através dele. O conceito jurídico de coisa engloba, por conseguinte, as coisas corpóreas e as incorpóreas, em termos a clarificar mais abaixo.

4 Se nem todos os objetos regulados pelo Direito constituem coisas, estas, por seu lado, podem surgir como objeto fora de qualquer esquema de relação jurídica[2]. Os direitos reais comprovam isso mesmo. E aqui encontra-se outra crítica à noção legal de coisa prevista no 202.º/1, que coincide, no fundo, com a crítica ao conceito de relação jurídica como conceito básico do existir jurídico. A noção legal de coisa encontrada no 202.º/1 é tecnicamente errada e, como diz Menezes Cordeiro[3], inaproveitável. Teria sido preferível abdicar de uma noção legal e passar logo à apresentação das classificações de coisas e respetivo regime jurídico.

5 **2. Coisa e objeto.** Todas as situações jurídicas têm um objeto; esse objeto, porém, nem sempre é uma coisa. A não-coincidência entre coisa e objeto obriga a manter separados os conceitos respetivos. O conceito de objeto tem uma extensão maior e inclui tudo aquilo em que podem incidir as situações jurídicas, e não somente as coisas. O erro subjacente ao 202.º/1 foi o de querer apropriar um conceito histórico-cultural conhecido, o de coisa, com um conteúdo material próprio e bem identificado, para o lugar de um conceito lógico que o transcende: o de objeto.

6 É possível definir, em abstrato, o objeto das situações jurídicas; assim como fazer-lhe corresponder várias classificações. Todavia, o regime jurídico dos 202.º e seguintes, não obstante a definição equivocada do n.º 1, não é o do objeto da situação jurídica, mas sim o das coisas como categoria histórico-cultural romântica. Isso resulta das classificações legais que se seguem a partir do 203.º e que são todas, sem exceção, atinentes às coisas corpóreas. Para surpreender o regime jurídico dos 202.º e seguintes, temos de quebrar a identificação entre coisa e objeto, fazendo corresponder à primeira o sentido decorrente da História, ou seja, da tradição romanista que ela transporta. Os elementos culturais são, pois, decisivos e, em boa verdade, os únicos que importam.

7 Tendo presente o que ficou dito, poderíamos ser tentados a criticar a inserção sistemática das coisas na Parte geral do Código Civil. Se este regula somente as coisas corpóreas, o lugar

[1] Conforme, de resto, mesmo num quadro de influência da pandectista alemã, observava Guilherme Moreira, *Instituições do Direito civil*, 331.

[2] Menezes Cordeiro, *Tratado de Direito civil*, III, 4.ª ed., 52 ss..

[3] *Idem*, 52.

do seu regime é o do sistema de Direitos Reais, no Livro III do Código Civil. E assim fez o legislador italiano do *Codice Civile*. Se esta leitura se afigura possível em face dos dados do Direito romano, que fazem coincidir as coisas incorpóreas com os direitos reais menores, uma interpretação moderna do conceito de coisa incorpórea desaconselha de todo esta opção. As coisas incorpóreas não se confundem mais com os direitos e o conceito de coisa abrange tanto as coisas corpóreas como as incorpóreas. Esta é a argumentação que suporta um regime jurídico das coisas fora do âmbito da disciplina material de Direitos Reais: a escolha, acertada deste ponto de vista, realizada pelo legislador português.

3. Coisa e bem. No Direito romano os *bona* não tinham um sentido autónomo, sendo uma 8
espécie do conceito de *res*. Contemporaneamente, o legislador italiano preferiu a palavra bens sobre as coisas, mas, simultaneamente, define bem como a coisa que pode ser objeto de direitos, diluindo, desta forma, o sentido de opção perfilhada. Em Portugal, Menezes Cordeiro[4] propôs que o termo bens seja deixado para áreas periféricas do Direito da família, do Direito das sucessões e ainda dos "bens imateriais". Seria, ainda assim, sinónimo de coisa ou, eventualmente, uma espécie deste género, como sucedia no Direito romano.

Na tradição histórica do *Corpus Iuris Civilis*, o conceito central de objeto é o de *res*, ou 9
seja, na evolução linguística portuguesa, de coisa ou cousa. Nenhuma razão há para afastar esta orientação, que tem a seu favor uma prática de mais de dois mil anos[5]. O conceito de coisa continua, pois, a ser o conceito central do objeto das situações jurídicas e fez bem o Código Civil em manter a tradição milenar na matéria, que respeita a nossa tradição jurídica. Na medida, porém, em que o conceito de objeto tem uma extensão maior do que o de coisa, poderia aventar-se ser o bem o conceito de género, e o de coisa o de espécie, invertendo-se, desta maneira, a orientação romana. A palavra bem coincidiria com o objeto das situações jurídicas e para as coisas ficaria o âmbito a elas reservado pela história, o âmbito mais restrito das coisas corpóreas e incorpóreas. Não temos particular empatia com esta alternativa, conquanto a aventemos como possível. Quando se procura dar um sentido económico à palavra bem, ligando-o às ideias de utilidade e de satisfação de necessidades humanas, ela deixa de parecer apropriada ao que está em jogo, porquanto não se adequa a todos os objetos protegidos pelo Direito. Não vemos como a vida ou a honra das pessoas jogue com conceitos económicos de utilidade e de necessidade. A verdade, porém, é que os direitos de personalidade são aludidos justamente como tendo por objeto os bens da personalidade.

4. Noção de coisa. Menezes Cordeiro[6] veio defini-la como "toda a realidade figurativamente 10
delimitada a que o Direito dispense o estatuto historicamente determinado para os seres inanimados". Destacamos três aspetos: a delimitação, imprescindível a um objeto de situações jurídicas; o conteúdo histórico, que dá a dimensão cultural, e, por isso, uma dimensão de realidade, ao conceito de coisa; e, por último, a exclusão dos seres vivos. Este último aspeto acentua uma nota atual de quebra da tradição histórica: as pessoas e os animais não são (mais) coisas para o Direito. Apresentamos de seguida a nossa definição: *diz-se coisa toda a porção delimitada da realidade material ou intelectual exterior à pessoa humana e sem vida*[7].

[4] *Idem*, 49 ss..

[5] *Idem*, 51.

[6] *Idem*, 57.

[7] Partimos do conceito de coisa corpórea que expomos na nossa obra *Direitos Reais*, 3.ª ed. (2020). Contudo, pensando o conceito geral de coisa, e não já apenas de coisa corpórea, entendemos que devemos clarificar, por um lado, o âmbito material ou intelectual a que se pode referir, que funda afinal a distinção entre coisas corpóreas e incorpóreas, e, por outro, a exclusão recente dos animais, com a autonomização de um verdadeiro *tertium genus*.

11 (1) **A delimitação da coisa**. Do ponto de vista teórico e em abstrato, poderemos ver como coisa um mar, um oceano, um continente, um planeta, uma estrela ou o próprio universo. Uma tal qualificação não satisfaria um propósito prático. Por razões de operacionalidade do Direito, a que se liga a atribuição jurídica da coisa a alguém, nos termos de um direito subjetivo ou de outra situação jurídica, requer-se uma determinação dos seus limites. É essa delimitação que individualiza a coisa, fundando a sua identidade e permitindo distingui-la das demais coisas e de outras realidades. A delimitação de cada coisa faz-se exclusivamente de acordo com critérios próprios de uma dada ordem jurídica. Afigura-se possível que um *quid* qualificável como coisa numa ordem jurídica não o seja noutra, sem falar na possibilidade de a classificação a que pertence, dentro do âmbito das coisas, poder igualmente variar do mesmo modo de ordem jurídica para ordem jurídica.

12 Dentro da ordem jurídica, os critérios que permitem a delimitação da coisa e, por conseguinte, a sua individualização como tal, são, também eles, jurídicos. A lógica, por um lado, a filosofia e as outras ciências humanas, por outro, podem desenvolver um conceito de coisa. Mas este não se impõe ao Direito. Do mesmo modo, também não há nada como um conceito pré-jurídico ou pré-legal que se imponha de fora ao Direito. O conteúdo significativo da noção de coisa advém da história, tem natureza cultural, derivando da *res* romana e do tratamento dogmático propiciado pelas sucessivas receções do Direito romano até aos alvores da codificação civil europeia, conforme demos conta anteriormente.

13 (2) **O** seu **carácter objetivo**: a coisa existe na realidade e tem objetividade, não se confundindo ou identificando com a pessoa humana. A civilização ocidental contemporânea não concebe mais a escravatura e a supressão da personalidade jurídica de seres humanos. A evolução recente destacou os animais do conceito de coisa, numa evolução em rutura com a tradição romanista, mas conscientemente acolhida em nome de valores socialmente assumidos na sua proteção.

14 (3) **O âmbito material ou intelectual** indicia a divisão mais importante entre coisas corpóreas e incorpóreas, abaixo tratada.

15 **5. Coisas e direitos. A coisa incorpórea**. No Direito romano a *res* incidia primariamente sobre a materialidade. Coisas eram, antes de mais, os *corpora*; o que podia ser tocado [*corporales hae (sunt) quae tangit possunt*] e, por conseguinte, objeto de perceção pelos sentidos. A ligação da *res* à materialidade era vista de modo tão profundo, pelos juristas romanos, que os levava a defender que apenas ela poderia ser objeto possível da propriedade. Todavia, o Direito romano concebia igualmente as coisas incorpóreas. A filosofia estoica dava aqui o seu contributo, nomeadamente, através da velha distinção de Cícero entre as coisas *quae sunt* e *quae intelliguntur*. As segundas, acessíveis unicamente ao intelecto humano, não podiam ser tocadas.

16 Com a visão estrita da *res* material assimilada à propriedade, as coisas incorpóreas são descritas pelos juristas romanos como os direitos (*iura*): desde logo, os demais direitos reais de gozo além da propriedade: o usufruto, o uso e habitação e as servidões prediais. E aqui residia uma fragilidade fatal desta construção. Quando a pandectística alemã do século XIX demonstrou que os direitos reais menores, assim como a posse[8], incidem sobre a coisa e não sobre qualquer direito, deixou praticamente de haver conteúdo para a noção de coisa incorpórea como entendida pelo Direito romano. O BGB, tributário da análise pandectista, limita a coisa à corpórea, suprimindo a tradição romanista nesta matéria, que continuou presente, todavia, no Código

[8] Para o desenvolvimento, José Alberto Vieira, *A Posse* (2018), *passim*.

Civil francês, no primeiro Código Civil italiano e no CS, todos eles tributários da perspetiva romana.

Os direitos não são coisas, tão pouco coisas incorpóreas. Diversamente, as coisas são objeto dos direitos ou, de forma tecnicamente mais rigorosa, de situações jurídicas. Assim é, ainda, para os denominados direitos sobre direitos, de que constituem exemplos o usufruto de créditos, o usufruto de direito de autor e o penhor de créditos. Nestes casos, o objeto de um direito existente passa a estar afetado a um outro direito e não um direito sobre outro direito. 17

Uma referência à prestação no contexto das coisas incorpóreas. Gaio menciona os créditos como coisas incorpóreas, assim se podendo encontrar um fundamento, no Direito romano, para a defesa presente dessa leitura. Contudo, associar a prestação a uma coisa incorpórea enferma do mesmo obstáculo à consideração das pessoas e, hoje, dos animais como coisa. A prestação representa uma conduta humana e as pessoas não são coisas nem podem mais ser tratadas como tal pelo Direito. Os créditos e as prestações não são coisas[9], corpóreas ou incorpóreas. 18

19

Deste modo, se o conteúdo histórico da *res* incorpórea se encontra nos direitos e se nega que estes sejam coisas, sobra algum sentido útil para o conceito de coisa incorpórea ou devemos suprimir a classificação, assimilando a noção de coisa apenas à coisa corpórea, como fez o BGB alemão? A emergência de proteção na Europa a partir do séc. XVIII dos denominados bens intelectuais ou bens imateriais, a obra literária e artística e a invenção, primeiro, e, mais tarde, toda a panóplia de sinais distintivos do comércio (de que a marca constitui o exemplo maior) e de produções para a indústria (desenhos e modelos), renovou o paradigma romano das coisas incorpóreas: as que apenas o intelecto humano apreende. Assim, a contraposição romana das coisas corpóreas e incorpóreas ganhou um renovado campo de aplicação[10]. Com esta configuração, a classificação pode ser mantida na tradição cultural da *res* romana, com a adaptação contemporânea mencionada, sem violar o sentido da história.

Atendendo ao que ficou dito, a categoria das coisas incorpóreas coincide hoje estritamente, com o âmbito das produções do espírito humano, a obra protegida pelo Direito de Autor, os objetos dos direitos privativos da Propriedade Industrial (patente, modelo de utilidade, marca, desenho, modelo e outros) e, em geral, dos demais bens intelectuais protegidos. Nesta ordem de ideias, constitui coisa corpórea *toda a porção delimitada da realidade material exterior à pessoa humana e sem vida*. O conceito integra aquilo que existe no mundo físico e que pode ser percecionado pelos sentidos humanos ("tocada" na deliciosa fórmula romana). Por contraposição, a coisa incorpórea representa *a porção delimitada da realidade intelectual exterior à pessoa humana*[11]. Apenas a inteligência humana as percebe e lhes dá dimensão, não os sentidos. 20

6. A energia. Na Alemanha, a doutrina tem, de forma quase unânime, recusado a qualificação de coisa corpórea à eletricidade, com o argumento de falta de materialidade da mesma. A questão não tem interesse meramente teórico; se a eletricidade não constitui coisa corpórea, fica afastada, quanto a ela, a incidência da propriedade, dos outros direitos reais e também da posse. 21

[9] Dentro da distinção que fazemos entre objeto da situação jurídica e coisa, com o primeiro a ser conceito de género, as prestações são o objeto dos direitos de crédito, mas não são coisas dentro do sentido histórico-cultural do conceito respetivo.

[10] Impõe-se um esclarecimento terminológico para evitar uma prolixidade linguística que prejudique a compreensão do texto: os denominados bens intelectuais ou imateriais são coisas e coisas incorpóreas (atualmente, as únicas a considerar). O carácter intelectual vem da criação humana; a imaterialidade funda-se na contraposição à materialidade subjacente às coisas corpóreas. Falamos em coisas incorpóreas para aludir aos bens intelectuais ou coisas imateriais.

[11] Julgamos não fazer sentido, quanto à coisa incorpórea, a alusão ao carácter inanimado e, por isso, omitimo-lo na definição.

22 A energia pode existir em qualquer dos três estados físicos da natureza: (a) líquido (o petróleo, p. ex.); (b) gasoso (gás natural, por exemplo); (c) sólido (a eletricidade, p. ex.). Uma afirmação genérica de que a energia constitui coisa para o Direito não pode ser aceite. Formas livres de energia, que existem sem contenção de espécie alguma, não satisfazem os requisitos normativos do conceito de coisa. P. ex., a eletricidade atmosférica, as ondas do mar, o vento (energia eólica) ou um qualquer gás existente na composição do ar (que tenha valor energético). Sem forma e volume definidos, falta a delimitação necessária que individualiza a coisa e lhe dá a identidade, circunscrevendo-a e distinguindo-a das outras coisas.

23 A contenção da energia, por força da ação da natureza ou, quase sempre, por ação do homem, pode trazer a delimitação necessária para que haja coisa defronte do Direito. O petróleo vertido no barril e o gás carregado na botija, p. ex., são coisas, que não devem ser confundidas com os recipientes que as contêm. Como tal, podem ser objeto de propriedade, de posse ou de outros direitos reais.

24 Também a eletricidade, quando armazenada num suporte de contenção, possui a delimitação necessária para ser coisa, como a água, o petróleo ou o gás natural. A suscetibilidade de apreensão pelos sentidos faz dela coisa corpórea e apenas uma interpretação redutora da materialidade, como a adotada maioritariamente na Alemanha, pode afastá-la dessa qualificação. A maioria das ordens jurídicas mais relevantes, com a italiana, a francesa e a austríaca, consideram-na no âmbito das coisas corpóreas[12] e assim se deve entender igualmente em face do Direito português. A energia, nos seus diversos estados físicos (sólido, líquido e gasoso), uma vez delimitada e contida num recipiente (natural ou artificial), constitui coisa segundo o 202.º/1. A suscetibilidade de apreensão pelos sentidos, em virtude da materialidade, reconduz o seu âmbito variado à categoria das coisas corpóreas.

25 **7. A informação digital**. A digitalização projeta-se também no domínio atual da teoria das coisas. Ela assenta numa tecnologia que permite gerar, armazenar e transmitir informação num estado eletromagnético, representado numa linguagem binária de 0s e 1s, que pode ser lida por um número considerável de dispositivos (computadores, portáteis, *tablets*, *smartphones*, *iPads* ou *Notebooks*), bem como armazenado em múltiplos suportes (CD, CD-ROM, disco rígido ou *pen*).

26 A informação gerada inicialmente ou convertida posteriormente no formato digital pode representar outras coisas, p. ex., obras literárias ou artísticas (filmes, músicas, séries televisivas ou fotografias), invenções e marcas, ou veicular simples dados de múltiplas espécies e configurações. Expressa por via de linguagem binária em feixes de 0s e 1s, a informação digitalizada representa valores de quantidade física e de polarização magnética (presença e ausência de corrente ou positiva e negativa), o que significa ter expressão material, acessível aos sentidos humanos. A informação digitalizada, armazenada num qualquer suporte, constitui coisa para o Direito?

27 Uma resposta afirmativa, para além da inserção no âmbito de sentido do 202.º/1, disponibiliza o regime jurídico das coisas corpóreas: não apenas as classificações gerais (203.º), mas o regime geral de Direitos Reais, incluindo a posse e os meios de defesa aí previstos. Importa distinguir: (a) o suporte de armazenamento digital (o CD, DVD, CD-ROM, disco do computador, disco autónomo, ou *pen*); (b) o conteúdo digitalizado e guardado neste formato (dados pessoais, obras protegidas por direito de autor, factos e quaisquer outros dados); (c) a matéria

[12] Menezes Cordeiro, *Tratado de Direito civil*, III, 4.ª ed., 213 ss..

digital que representa o conteúdo digitalizado e que se exprime nos impulsos eletromagnéticos armazenados em suporte digital.

O suporte de armazenamento digital constitui uma coisa corpórea. O conteúdo digital pode ser muito variado, bem como a sua natureza jurídica e o regime normativo aplicável. Um filme ou uma música em formato digital são obras intelectuais e, como tal, coisas incorpóreas; mas, p. ex., os dados pessoais de um conjunto de pessoas são mera informação. Nestes casos estão implicados o regime jurídico de Direito de Autor e a regulação geral de proteção de dados pessoais. Independentemente do que seja a representação do conteúdo digitalizado, a sua natureza jurídica e o regime jurídico específico aplicável, os 0s e 1s dos impulsos eletromagnéticos constituem matéria física, que pode ser apropriada ilicitamente e transmitida a terceiros. 28

O carácter físico da matéria digital depõe a favor da sua qualificação como coisa e coisa corpórea[13], disponibilizando o regime destas coisas e, bem assim, o de Direitos Reais, sem prejuízo da necessária articulação das fontes normativas aplicáveis nas três dimensões implicadas. A título de exemplo, o direito de autor sobre o filme armazenado em DVD limita a propriedade sobre o suporte corpóreo e a matéria digital aí gravada, sobrepondo-se a ambas as propriedades. Em cada caso haverá que perscrutar a hierarquia de exercício dos direitos existentes. 29

8. Coisas dentro e fora do comércio. O 202.º/2 introduz essa classificação romana. Usada no contexto do 202.º e após a definição apresentada no n.º 1, parece ter por escopo a delimitação do conceito de coisa. Assim, não o seria a que esteja fora do comércio. A técnica seguida pelo legislador português merece reparo. A classificação tem pertinência somente após uma prévia qualificação do *quid* concreto como coisa. Se não há coisa, não vale a pena dizer que está fora do comércio. 30

9. O domínio público. A classificação das coisas no comércio e fora do comércio não respeita diretamente às coisas em si, mas ao regime jurídico a que o Direito as submete. As coisas fora do comércio são coisas e coisas corpóreas, móveis ou imóveis[14]: apenas surgem assim classificadas por força de uma opção valorativa do legislador. Uma mudança de regime jurídico e uma coisa até aí fora do comércio deixa de o estar. A classificação não tem como critério a natureza particular da coisa envolvida e sim, apenas, o regime jurídico a que a mesma se encontra sujeita pelo Direito. 31

O significado histórico subjacente ao Direito romano era o de que a coisa no comércio podia pertencer a qualquer um e ser livremente transmitida. A doutrina contemporânea, que aparece subjacente ao 202.º/2, manteve o significado básico do Direito romano, definindo a coisa fora do comércio como a que não possa ser apropriada por privados. O que está em causa, porém, não reside propriamente na natureza dos direitos que podem incidir sobre a coisa, como sugere o 202.º/2 ao mencionar os "direitos privados", mas sim na titularidade desses direitos, que não pode pertencer a pessoas singulares ou coletivas de Direito privado. 32

No Direito romano as coisas fora do comércio apresentavam uma notória diversidade. No Direito português vigente, todavia, o âmbito das coisas fora do comércio tende a coincidir na totalidade com o domínio público[15], geral e especial[16]. Atente-se, para começar, no disposto no 84.º da Constituição: 33

[13] Para a resposta favorável à posse da matéria eletromagnética da informação digitalizada, José Alberto Vieira, *A Posse* (2018), n.º 43, com indicações bibliográficas estrangeiras.

[14] A legislação portuguesa do domínio público tende a considerar apenas os imóveis. Nada impede, todavia, que coisas móveis sejam nele integradas: Menezes Cordeiro, *Tratado de Direito civil*, III, 4.ª ed., 94.

[15] Para os desenvolvimentos devidos, *idem*, 80 ss..

[16] *Vide*, a propósito, Menezes Cordeiro, *idem*, 93 ss..

Artigo 84.º
Domínio público

1. Pertencem ao domínio público:

a) As águas territoriais com os seus leitos e os fundos marinhos contíguos, bem como os lagos, lagoas e cursos de água navegáveis ou flutuáveis, com os respetivos leitos;

b) As camadas aéreas superiores ao território acima do limite reconhecido ao proprietário ou superficiário;

c) Os jazigos minerais, as nascentes de águas mineromedicinais, as cavidades naturais subterrâneas existentes no subsolo, com exceção das rochas, terras comuns e outros materiais habitualmente usados na construção;

d) As estradas;

e) As linhas férreas nacionais;

f) Outros bens como tal classificados por lei.

2. A lei define quais os bens que integram o domínio público do Estado, o domínio público das regiões autónomas e o domínio público das autarquias locais, bem como o seu regime, condições de utilização e limites.

34 O 84.º/2 da Constituição permite perceber, em primeiro lugar, que fica nas mãos do legislador ordinário a delimitação das coisas que integram o domínio público e que ficam, assim, fora do comércio. Em segundo lugar, que a titularidade da propriedade sobre elas pode caber ao Estado, às regiões autónomas e às autarquias locais. A regulação legislativa do domínio público abrange hoje uma extensão considerável de diplomas, que criam[17]: (a) o domínio público hídrico; (b) o domínio público aéreo; (c) o domínio público mineiro; (d) o domínio público dos transportes; (e) o domínio público da história e da cultura; (f) o domínio público militar; (g) os cemitérios. Esta matéria está sujeita a intensa flutuação legislativa e ao sabor das orientações políticas do momento: coisas hoje no comércio podem ser integradas no domínio público e vice-versa[18].

35 **10. Domínio público e Direito civil**. Se a inserção no domínio público significa, antes de mais, sujeição ao Direito público, isto não determina a inaplicabilidade do Direito privado, em particular, do Direito civil[19]. Este pode ser aplicado onde se registe a omissão do Direito público, contando que os princípios particulares deste não imponham no caso solução diversa: 1304.º. Domínio público não abarca toda a titularidade pública de direitos sobre as coisas. Ao lado do público existe um domínio privado do Estado e das entidades públicas. As coisas que o integram estão no comércio e sujeitam-se ao regime geral do Direito civil, se não ocorrer solução diversa, em diploma especial ou excecional. Estão nesta situação, p. ex., os baldios (L 75/2017, de 17-ago.) e os bens culturais (L 107/2001, de 8 de setembro)[20].

36 **11. Fora do comércio por natureza**. Segundo o 202.º/2, estão fora do comércio as coisas "que são, por sua natureza, insuscetíveis de apropriação individual". Este trecho refere-se à qualidade de coisa e não à divisão entre coisas no e fora do comércio. Os exemplos geralmente apontados incluem o ar, a água dos oceanos, os planetas, as estrelas e outros semelhantes: justamente exemplos de realidades que, pela sua falta de delimitação, não permitem a consideração de uma coisa. A classificação que divide as coisas no comércio e fora do comércio supõe que

[17] *Idem*, 94 ss..

[18] Com o crescimento das atribuições das entidades públicas a tendência presente manifesta-se no sentido de um aumento do domínio público e não o contrário.

[19] *Vide* igualmente Menezes Cordeiro, *Tratado de Direito civil*, II, 4.ª ed., 80 ss..

[20] *Idem*, 121 ss. e 133 ss..

uma coisa existe para o Direito, com a operacionalidade que este exige. Se não alcança esse patamar, ela não está nem no comércio nem fora dele. A utilidade do 202.º/2, 2.ª parte, reside em confirmar que o conceito normativo de coisa requer a delimitação de uma porção da realidade exterior ao homem ou ao animal. Isto, porém, nada tem a ver com a classificação legal das coisas no comércio e fora do comércio.

Artigo 203.º (Classificação das coisas)

As coisas são imóveis ou móveis, simples ou compostas, fungíveis ou não fungíveis, consumíveis ou não consumíveis, divisíveis ou indivisíveis, principais ou acessórias, presentes ou futuras.

Bibliografia: António Menezes Cordeiro, *Tratado de Direito civil*, III, 4.ª ed. (2019), 161-174, Fernando Pires de Lima/João Antunes Varela, *Código Civil anotado*, I, 4.ª ed. (1987), 193; Maria Clara Sotto Mayor//Ana Teresa Ribeiro, em *UCP/Comentário ao Código Civil* (2014), 456-457; Raúl Ventura, *História do Direito romano*, II – *Direito das coisas* (1968), 6-16; Rui Pinto Duarte, em Ana Prata (org.), *Código Civil anotado*, I, 2.ª ed. (2019), 285.

Índice

1. Preparatórios. O anteprojeto Pires de Lima comportava um preceito próximo (2.º): apenas não referia a distinção entre coisas presentes e futuras[1]. O seu Autor explicava que a enumeração não era completa: somente visava apontar as que implicavam uma substancial diversidade de regimes[2]. 1

A 1.ª Revisão (179.º) manteve o texto[3], intacto na Revisão intercalar (196.º)[4]. Coube à 2.ª Revisão (203.º) introduzir a referência às coisas presentes e futuras, completando o texto que, via Projeto (203.º)[5], chegou à redação promulgada[6]. 2

2. Classificações legais. Apesar da amplidão do conceito de coisa utilizado pelo 202.º/1, a perspetiva tradicional e histórica do conceito acaba por prevalecer nos artigos seguintes, a começar pelo 203.º: a regulação legal dirige-se às coisas corpóreas, tal como todas as classificações mencionadas no 203.º respeitam, apenas, a esta categoria de coisas. 3

Podemos questionar a técnica seguida neste preceito. A mera enunciação de classificações não oferece qualquer teor normativo. Por outro lado, a enunciação legal das classificações de coisas suscita problemas interpretativos relacionados com o carácter taxativo ou não da mesma. Basta atentar, porém, em que a classificação principal das coisas, a mais relevante historicamente desde Gaio, entre coisas corpóreas e incorpóreas, não surge mencionada no 203.º, tal como, de 4

[1] Fernando Pires de Lima, *Das coisas*, 209.
[2] *Idem*, loc. cit..
[3] *1.ª Revisão*, 80.
[4] *Revisão intercalar*, 78.
[5] *2.ª Revisão*, 81.
[6] *Projecto*, 59.

resto, a classificação constante do 202.º/2, entre coisas no comércio e fora do comércio. Tudo isto permite concluir que o 203.º não consagra um elenco taxativo e que outras classificações de coisas, legais e doutrinais, se afiguram possíveis[7].

5 **3. A extensão do conceito de coisa**, mesmo quando limitado à corpórea, é considerável. A sua utilidade pressupõe classificações que permitam uma identificação e uma aproximação aos aspetos a regular ou, simplesmente, a sistematizar dogmaticamente de acordo com um critério particular.

6 A generalidade das classificações de coisas manuseadas pela dogmática jus civilista e inseridas nos códigos civis modernos tem origem no Direito romano e no pensamento greco-latino[8]. A dimensão histórico-cultural dessas classificações não impede, porém, uma dogmática diferenciada, que seja capaz de romper, a espaços, com a tradição de sentido veiculada pelo Direito romano e pela doutrina das várias receções deste último. Trata-se de algo inevitável: a sociedade contemporânea tem necessidades de regulação que não coincidem com o ambiente social em que se desenvolveram originariamente essas classificações. Viu-se isso anteriormente a propósito das coisas incorpóreas e da superação do sentido original desta classificação, no seu início ligado apenas aos *iura*, para o domínio presente dos denominados "bens intelectuais" ou "bens imateriais"[9].

7 **4. Importância relativa**. Apesar de agregadas unitariamente, as várias classificações de coisas indicadas no 203.º não têm a mesma importância, quer ao nível do regime jurídico, quer ao nível da Ciência do Direito. Tudo depende do âmbito normativo de cada classificação ou do seu valor científico para a sistematização da matéria. A título meramente exemplificativo, a classificação entre coisas imóveis e coisas móveis tende a ganhar uma predominância natural, tanto ao nível teórico da construção dogmática, como da prática do sistema português de Direitos Reais. Isto justifica que o espaço de explicação de cada uma destas classificações apresente diferenças marcadas.

Artigo 204.º (Coisas imóveis)

1. São coisas imóveis:

***a*) Os prédios rústicos e urbanos;**

***b*) As águas;**

***c*) As árvores, os arbustos e os frutos naturais, enquanto estiverem ligados ao solo;**

***d*) Os direitos inerentes aos imóveis mencionados nas alíneas anteriores;**

***e*) As partes integrantes dos prédios rústicos e urbanos.**

2. Entende-se por prédio rústico uma parte delimitada do solo e as construções nele existentes que não tenham autonomia económica, e por prédio urbano qualquer edifício incorporado no solo, com os terrenos que lhe sirvam de logradouro.

3. É parte integrante toda a coisa móvel ligada materialmente ao prédio com carácter de permanência.

[7] Neste sentido, vejam-se, entre outros, Menezes Cordeiro, *Tratado de Direito civil*, III, 4.ª ed., 161 e Pires de Lima/Antunes Varela, *Código Civil anotado*, I, 4.ª (1987), 193.

[8] Menezes Cordeiro, *Tratado de Direito civil*, III, 4.ª ed., 161 ss..

[9] *Vide* as anotações ao 202.º/1, no tocante ao significado das coisas incorpóreas.

Bibliografia: António Menezes Cordeiro, *Tratado de Direito civil*, III, 4.ª ed. (2019), 175-201, Fernando Pires de Lima/João Antunes Varela, *Código Civil anotado*, I, 4.ª ed. (1987), 194-198; José Alberto Vieira, *Direitos reais*, 3.ª ed. (2020), 144-163; José Luís Ramos, *Manual de Direitos Reais* (2017), 40-43; José de Oliveira Ascensão, *Direito civil/Teoria geral*, I, 2.ª ed. (2000), 357-364; Luís Menezes Leitão, *Direitos reais*, 7.ª ed. (2018), 58-66; Maria Clara Sotto Mayor/Ana Teresa Ribeiro, em *UCP/Comentário ao Código Civil* (2014), 457-462; Rui Pinto Duarte, em Ana Prata (org.), *Código Civil anotado*, I, 2.ª ed. (2018), 285-289.

Índice

1. Preparatórios. O 204.º descende, quase sem alterações, do anteprojeto Pires de Lima (3.º)[1]. Relativamente ao texto final, apenas a Revisão intercalar (197.º)[2] aditou, no final do n.º 2, "com os terrenos que lhe sirvam de logradouro"; quanto à 2.ª Revisão (204.º) alterou a ordem relativa das alíneas *c)* e *d)* do n.º 1. 1

2. Elenco e taxatividade. O Código não apresenta uma definição conceptual de coisa móvel ou imóvel. Ao invés, o legislador optou por uma lista de coisas imóveis no n.º 1, considerando coisa móvel toda a coisa nele não compreendida (205.º/1). Pires de Lima[3], no anteprojeto, justificou a solução por ser "difícil definir rigorosamente qualquer das duas categorias (...)". A técnica seguida vem extraída do 812.º do *Codice Civile* italiano. 2

Com isto, afastou-se o entendimento tradicional da doutrina oitocentista, segundo o qual a coisa móvel é aquela que pode ser deslocada de um lado para outro, sem que a sua conservação ou manutenção seja posta em causa e imóvel a que não o possa ser. Igualmente afastado ficou o sistema do CS (374.º e 375.º), de inspiração francesa, que distinguia os imóveis por natureza, por ação do homem e por disposição da lei. 3

O critério de distinção trazido na conjugação entre o 204.º/1 e o 205.º/1 funcionaria se a lista de coisas imóveis enumeradas no primeiro pudesse considerar-se taxativa. Existem, todavia, coisas que não podem deixar de se considerar imóveis e que modo algum se podem divisar na enunciação constante do 204.º/1. Nessa situação encontram-se, nomeadamente, o leito dos cursos de água e os álveos, os poços, as minas, os aquedutos, as estradas e autoestradas, os monumentos, as fontes, os pelourinhos, as estátuas e as pontes[4]. Isto conduz inevitavelmente à recusa do carácter taxativo da enumeração prevista no 204.º/1[5]. O elemento teleológico do preceito deve ser ponderado neste contexto. 4

A falta de carácter taxativo do 204.º/1 não constitui o único óbice ao critério legal de distinção de imóveis, subjacente ao preceito. A alínea *d)* mantém a qualificação romana dos direi- 5

[1] Fernando Pires de Lima, *Das coisas*, 211; *1.ª Revisão* (180.º), 80-81.
[2] *Revisão intercalar*, 78.
[3] Fernando Pires de Lima, *Das coisas*, 210.
[4] Menezes Cordeiro, *Tratado de Direito civil*, III, 4.ª ed., 178 e José Alberto Vieira, *Direitos Reais*, 3.ª ed., 145.
[5] *Idem*, 178 ss. e 145, respetivamente.

tos "inerentes aos imóveis" como coisas imóveis. O preceito refere-se aos direitos reais de gozo menores (usufruto, uso e habitação, superfície e servidões) e integra os mesmos no conceito de coisa (imóvel). O defeito não é exclusivo do Código português, sendo o resultado da influência francesa, que o CS manteve, mas cuja subsistência na segunda codificação civil portuguesa não encontra justificação verosímil: ao invés, é inteiramente incompreensível, após todo o trabalho da pandectista alemã na demonstração de que a coisa (corpórea) é o objeto do direito real menor e que este não constitui uma coisa. Também o Código italiano de 1942, tantas vezes inspiração em 1966, foi desconsiderado no passo evolutivo que havia dado, com a supressão de quaisquer direitos do âmbito da noção legal de coisa imóvel[6].

6 Por último, e apesar de haver deixado cair a classificação tripartida do CS, o 204.º/1 não alude ao substrato natural da coisa imóvel, o solo, nessa parte afastando-se, de forma infeliz, da doutrina subjacente ao 812.º do *Codice Civile* italiano. No seu lugar surge uma subclassificação de coisa imóvel, a que distingue prédios rústicos e urbanos –204.º/1, *a*) – assimilando-se, a título principal, imóvel a prédio, num passo difícil de compreender, que penaliza a formulação do conceito normativo de imóvel.

7 **3. Conceito de imóvel**: o seu elemento nuclear encontra-se no solo[7 8]. A ideia tem confirmação no 204.º/1, *c*) e 2. Um imóvel constitui uma porção delimitada do solo[9]. Essa porção coincide com uma área territorial, demarcada fisicamente por extremas que assinalam o limite da coisa em toda a sua extensão, separando-a do imóvel ou dos imóveis contíguos, que já são outras coisas (imóveis)[10]. A delimitação do solo, ou seja, do imóvel, resulta da aplicação de critérios jurídicos: mesmo quando o limite da coisa imóvel decorra de um evento aleatório (p. ex., uma posse que deu lugar à usucapião) ou de uma operação rigorosamente geométrica (p. ex., um loteamento), ele resulta sempre da aplicação de um regime jurídico que tenha por escopo a delimitação física da coisa.

8 **4. Partes componentes**. O âmbito do imóvel pode aumentar, para além do solo, por força de ação da natureza, da ação do homem ou da aplicação de critérios próprios do Direito[11]. Integram-se no primeiro caso (ação da natureza): (1) as águas pluviais, as águas de fontes e nascentes, os lagos e lagoas – 204.º/1 *b*); (2) as árvores, os arbustos e os frutos naturais – 204.º/1, *c*); (3) as coisas adquiridas por via de acessão natural[12].

9 Enquanto ligados ao solo ou, na expressão do Código italiano (812.º), incorporados no solo, as águas, as árvores, os arbustos e os frutos naturais não se dissociam dele, integrando-o, ao invés. Esses elementos constituem partes componentes da coisa imóvel, sem qualquer autonomia jurídica.

10 A unidade entre o solo e as demais partes naturais que o compõem em conjunto como coisa imóvel apenas se dissolve com a separação material: a água extraída para o tanque, a árvore arrancada ou os frutos colhidos. O 204.º/1, *c*), dispõe claramente que as árvores, os arbustos e os frutos naturais constituem coisa imóvel "enquanto estiverem ligados ao solo". Quando

[6] *Vide* o respetivo 812.º.

[7] Neste sentido, Menezes Cordeiro, *Tratado de Direito civil*, III, 4.ª ed., 179, José Alberto Vieira, *Direitos Reais*, 3.ª ed., 146 e Oliveira Ascensão, *Direito civil – Teoria geral*, I, 2.ª ed., 360.

[8] *Vide* igualmente o 812.º do Código italiano, que toma o solo como o elemento básico do conceito de imóvel.

[9] Menezes Cordeiro, *Tratado de Direito civil*, III, 4.ª ed., 179 e José Alberto Vieira, *Direitos Reais*, 3.ª ed., 146.

[10] *Idem*, loc. cit..

[11] No fundo, como já previam os 374.º e 375.º do CS.

[12] O Código Civil trata a matéria da acessão como um facto jurídico com eficácia de aquisição de direito real de gozo (nomeadamente, da propriedade) na base de uma união de coisas. Na acessão natural (aluvião, avulsão), a aquisição da propriedade supõe a integração de outras coisas no imóvel já existente, cuja extensão fica, assim, aumentada.

essa ligação se quebre, as partes separadas do solo deixam de estar compreendidas no imóvel, ganhando autonomia jurídica como coisas móveis. A ação do homem serve igualmente para alargar o âmbito da noção normativa de coisa imóvel. Isto sucede por via de obra (construções e edifícios) no solo, nas hipóteses contempladas no 204.º/2. Deparamos, ainda, com a imobilidade decorrente de norma jurídica. Referimo-nos, no contexto do 204.º, às partes integrantes mencionadas na alínea *d*) do preceito, abaixo tratada.

O 204.º/1, *d*), menciona como parte do conceito normativo de coisa imóvel "os direitos 11
inerentes aos imóveis mencionados nas alíneas anteriores". Já esclarecemos este ponto[13]: rejeitando a qualificação dos direitos subjetivos (mais amplamente as situações jurídicas), qualquer que seja a sua natureza (e não apenas os direitos reais de gozo), como coisas corpóreas.

O 204.º/1, *d*) representa o estertor da definição romana das coisas incorpóreas, que per- 12
maneceu na dogmática juscivilista europeia até ao século XX, em particular, em França, Itália e Portugal, não obstante a pandectística alemã a ter derrotado convincentemente durante o século XIX. Teria sido possível a Pires de Lima, ou a uma revisão mais exigente do projeto de Código Civil, tomar em conta os dados mais recentes da dogmática das coisas, em particular, os regimes jurídicos do BGB e ainda do *Codice Civile* italiano e eliminar o preceito. Apesar do anacronismo, ele permaneceu num código civil de segunda geração, como o português, onde terá de ser entendido como letra morta. A propriedade e os demais direitos reais de gozo (o usufruto, o uso e habitação, a superfície e as servidões, para nomear somente os regulados no Código Civil) têm coisas, móveis e imóveis, por objeto, não constituindo eles próprios o objeto, um dado que surge evidente a qualquer análise lógica e que deveria ter prevenido, em plena segunda metade do século XX, um retrocesso científico desta magnitude.

5. Extensão em altura e em profundidade. O Código aborda o problema no 1344.º[14], a 13
propósito dos limites da propriedade. A função deste preceito "é a de fixar os limites da coisa imóvel em altura e profundidade e não a de definir o conteúdo do direito de propriedade"[15]. Ele respeita, pois, à teoria das coisas, concretamente, da coisa corpórea, e não ao conteúdo do direito de propriedade, que pressupõe a coisa (corpórea) como seu objeto, mas não a molda na extensão. O conceito de coisa imóvel abrange o espaço aéreo, em altura, e o subsolo, em profundidade? Perguntado por outras palavras, a coisa imóvel como coisa limita-se à superfície do solo ou compreende igualmente uma extensão para cima, em altura, e para baixo, em profundidade?

Na perspetiva romana a propriedade, que se confunde com a coisa, vem concebida de 14
modo a abranger o sobressolo até ao céu (*usque ad caelum*) e o subsolo até aos infernos (*usque ad inferos*). A coisa imóvel teria uma extensão praticamente ilimitada, abrangendo tudo o que se encontrava acima e abaixo da superfície. Dispõe o 1344.º:

> 1. A propriedade dos imóveis abrange o espaço aéreo correspondente à superfície, bem como o subsolo, com tudo o que neles se contém e não esteja desintegrado do domínio por lei ou negócio jurídico".
>
> 2. O proprietário não pode, todavia, proibir atos de terceiro que, pela altura ou profundidade a que têm lugar, não haja interesse em impedir.

[13] Em anotação ao 202.º.

[14] Neste ponto, de resto, em harmonia com o que se passa noutras latitudes. Veja-se nomeadamente, o § 905 do BGB, o 552.º do *Code Civil* ou o 840.º do *Codice Civile*.

[15] *Direitos Reais*, 3.ª ed., 148 ss..

15 A inspiração no 840.º do Código italiano afigura-se clara. Quanto à extensão em altura, o Direito português rejeitou a doutrina, de acordo com a qual, o espaço aéreo não seria coisa, nem objeto possível de uma propriedade, por ser livre[16]. Ao proprietário caberia unicamente um poder de "ocupar" o espaço aéreo no prolongamento do solo. O CS parecia enfileirar por este modo de ver[17], dispondo no seu 2288.º que "o direito de fruição do solo abrange (...) também o espaço aéreo correspondente ao mesmo solo, na altura suscetível de ocupação". Da pandectística, pelas vozes de Windscheid e de Dernburg, viria a defesa da construção romana[18]. Sustenta o primeiro: "à coisa imóvel pertence o espaço que se encontra por cima e por baixo da mesma". E é esta solução que está vertida no 1344.º/1: o espaço aéreo superior ao solo integra a coisa imóvel como sua parte componente ou, por outras palavras, faz parte dela.

16 A inclusão do espaço aéreo na conformação física da coisa imóvel respeita as características tradicionais da *res* corpórea. Partindo da projeção dada pela superfície do solo, também ele constitui uma porção delimitada da realidade material percetível pelos sentidos humanos[19]. Simplesmente, em face do Direito atual, o espaço aéreo liga-se ao solo (ou a uma construção nele incorporada) na projeção vertical deste último, não tendo existência jurídica como coisa autónoma fora dessa ligação. Ele constitui parte de uma coisa imóvel, sujeito ao regime jurídico desta, sem poder valer como coisa independente separada do solo. O 84.º, *b*) da Constituição, incluindo no domínio público o espaço aéreo superior reconhecido ao titular de direito real de gozo sobre imóvel, dá outro importante argumento no sentido da qualificação do espaço aéreo como coisa imóvel ligada ao solo na projeção vertical da superfície do mesmo e confirma o sentido da solução constante do 1344.º/1.

17 No que respeita ao subsolo, ocorrem também duas perspetivas: a de que o imóvel se delimita à superfície e que ao proprietário assiste um poder de "expansão" ou de "ocupação" em profundidade[20], tese que nega a inclusão do subsolo no conceito de coisa imóvel e a perspetiva tradicional, com raízes no Direito romano, que o inclui. Conforme defendemos noutro lugar[21], o subsolo partilha as características de coisa corpórea com o solo, não lhe faltando a delimitação que provém deste. Trata-se, de resto, de uma separação artificial, tal a relação de continuidade e de união em que se encontram ambos.

18 O 1344.º/1 dispõe expressamente que a propriedade abrange o subsolo em que tudo o que não haja sido integrado no domínio público. Quer dizer, a lei portuguesa integra o subsolo como parte da coisa (imóvel) objeto do direito de propriedade. O 84.º, *c*), da Constituição, confirma esta interpretação, ao dispor que alguns dos materiais encontrados no subsolo estão no domínio público, subtraindo-os, desta forma, ao objeto da propriedade.

19 Os limites da coisa imóvel não se quedam pelas suas extremas horizontais, como se houvesse apenas uma superfície a atender; importa contar igualmente com a projeção vertical e subterrânea da coisa. O conceito normativo de coisa imóvel inclui o espaço aéreo superior ao solo e o subsolo. As consequências práticas deste entendimento são significativas. Empresas variadas, por exemplo, de transporte aéreo e de telecomunicações, fazem um uso indiscriminado do espaço aéreo superior à superfície dos prédios, fazendo ruído, poluindo, passando cabos e fios.

[16] Para maiores desenvolvimentos, José Alberto Vieira, *Direitos Reais*, 3.ª ed., 148 ss..

[17] O 2288.º do CS não deixa perceber com clareza se o legislador optou por rejeitar a integração do espaço aéreo na coisa ou, ao contrário, a admitiu. A alusão a uma "occupação" sugere, segundo nos parece, que a conformação inicial da coisa não inclui o espaço aéreo e só a atividade do proprietário a estende à altura "ocupada".

[18] Para maiores desenvolvimentos, José Alberto Vieira, *Direitos Reais*, 148 ss..

[19] *Idem*, 150.

[20] A posição de Oliveira Ascensão, *Direito civil – Reais*, 5.ª ed. (2000), 181-185.

Dispositivos de voo, como os *drones*, atravessam o ar, devassando a vida das pessoas e ameaçando a sua segurança. A inclusão do espaço aéreo como parte componente da coisa disponibiliza, porém, as formas de tutela do direito real de gozo, nomeadamente, a reivindicação. A violação do direito real, por aproveitamento não autorizado da coisa, implica responsabilidade civil e obrigação de indemnizar, nos termos gerais (483.º/1). O mesmo se diga relativamente à posse da coisa e ao recurso às ações possessórias de defesa da posse[22].

Dito isto, não podemos aceitar uma extensão da coisa imóvel até aos céus e aos infernos, 20
para usar a impressiva fórmula romana. Tem de haver um limite em altura e em profundidade para operar a determinação da coisa e, de forma indireta, o aproveitamento que os titulares de direitos reais de gozo podem fazer dela. O 84.º, *b*), da Constituição, supõe esse limite em altura e afasta os excessos da solução romana de um acesso irrestrito ao espaço sideral das estrelas até aos confins do universo. E o mesmo se diga da extensão do imóvel em profundidade atendendo ao 84.º, *c*). Sugerindo um limite superior em altura para a coisa imóvel o Direito português citado não dá qualquer ajuda na fixação de qual ele seja: 500 m? Dois quilómetros? Dez quilómetros?

O apelo à ciência jurídica leva-nos ao contributo de um dos últimos e mais notórios 21
pandectistas. Segundo Dernburg[23], "o senhorio do proprietário encontra o seu fim natural onde acaba a possibilidade de domínio humano". A fórmula de Dernburg tem o defeito da colocação tradicional da matéria, o conteúdo da propriedade e não a delimitação da coisa corpórea. No entanto, descontado este aspeto, ela goza ainda de atualidade, porquanto fixa na possibilidade da ação humana o limite natural da coisa imóvel, em altura e profundidade. Não podemos contar com uma altura ou uma profundidade fixa, mas temos um critério que torna possível determinar em concreto qualquer uma delas. Resta agora saber se o titular do direito real de gozo pode opor-se a qualquer aproveitamento da coisa realizado por terceiro que ocorra no espaço aéreo ou subterrâneo da coisa. Responde o 1344.º/2: mas não se trata já de proceder à fixação do conceito de coisa imóvel e sim de limitar os poderes conteúdo do direito real, pelo que não o abordaremos nesta sede[24].

6. Prédios rústicos e urbanos. A redação do 204.º/2 tem suscitado dúvidas na doutrina 22
e jurisprudência portuguesas sobre o critério usado para distinguir prédio rústico e urbano, fazendo surgir várias teorias na matéria e decisões judiciais desencontradas[25]. Uma porção delimitada de solo sem qualquer construção reveste a natureza incontroversa de prédio rústico. Inversamente, se um edifício se estender por toda a porção de solo, o prédio será inequivocamente urbano.

No meio fica o problema de uma porção de solo construída apenas em parte[26]. Que 23
a simples existência de construção ou de construções no solo não implica a qualificação do prédio como urbano resulta com clareza do 204.º/2. Não basta aportar ao solo uma qualquer construção para se levantar o problema da qualificação entre rústico e urbano. O preceito exige uma incorporação no solo: uma casa pré-fabricada, assente meramente no solo, uma tenda, uma barraca de madeira, não transformam um prédio rústico num prédio urbano, porque as

[21] José Alberto Vieira, *Direitos Reais*, 3.ª ed., 151 ss..

[22] *Idem*, 154 ss..

[23] Heinrich Dernburg/Johannes Biermann, *Pandekten*, I, 7.ª ed. (1902), § 198, nota 4, (464).

[24] José Alberto Vieira, *Direitos Reais*, 3.ª ed., 156.

[25] Um panorama geral pode ser confrontado em Menezes Cordeiro, *Tratado de Direito civil*, III, 4.ª ed., 179 ss., com indicações jurisprudenciais.

[26] O problema não diz respeita apenas ao logradouro. A extensão de construção do edifício pode deixar de fora uma área, considerável ou não, que não serve de apoio àquele e, por conseguinte, não pode ser qualificada como logradouro do prédio.

construções em causa não têm ligação ao solo e, por isso, permanência (atente-se igualmente no disposto no 204.º/3).

24 A classificação de um prédio como rústico ou urbano não assume carácter definitivo, podendo mudar (até várias vezes) por ação do proprietário ou de outro titular de direito real de gozo como o superficiário, de um terceiro ou da própria natureza. O proprietário que constrói um edifício sobre a totalidade do solo, no exercício do seu direito, transforma o prédio rústico em urbano; o terceiro que, com ou sem intenção, lança fogo ao edifício, que fica integralmente consumido pelas chamas, converte um prédio urbano em rústico; e o mesmo se diga se o incêndio tem uma causa natural. Deste modo, a classificação de um prédio como rústico ou urbano não vale para sempre, sendo produto da aplicação do regime jurídico pertinente quando essa avaliação tem lugar. Momentos distintos de aferição podem conduzir a uma classificação diferenciada, atendendo, sobretudo, a ações transformadoras que, entretanto, tenham acontecido no prédio.

25 Têm sido identificadas[27] quatro teorias destinadas a solucionar o problema da classificação da porção de solo construída apenas em parte: (1) do valor; (2) do fracionamento; (3) da consideração social; (4) da afetação económica.

26 (1) A **teoria do valor** deve-se a Castro Mendes[28], que tomava por base uma anterior redação do 1084.º do Código Civil, que já não está em vigor. Sem a base normativa esta teoria não encontra hoje amparo de sustentação e não pode ser defendida com verosimilhança.

27 (2) A **teoria do fracionamento** surge assim explicada por Oliveira Ascensão[29]: "se alguém é titular de um terreno e de uma habitação, mas o terreno não serve de logradouro à habitação, e a habitação não serve de apoio à lavoura, há uma pluralidade de prédios, e não um prédio único, porque ambos têm autonomia económica". Analisadas as coisas desta forma, um prédio com uma parte urbana e outra rústica divide-se em dois prédios, cada um com a sua natureza. Apesar de expedita, a teoria não evita o escolho prático óbvio: um prédio não se divide em dois por haver duas partes que apontam para classificações opostas; continua a ser um único prédio (coisa) do ponto de vista do regime jurídico. A divisão supõe a realização de operações administrativas, registais e civis que não dependem meramente das ações do proprietário no aproveitamento que faz da coisa.

28 (3) A **teoria da consideração social** foi inicialmente defendida por Menezes Cordeiro[30], mas o próprio veio a desistir da mesma[31], por considerar ser ao Direito que cabe a classificação de cada prédio e não a qualquer comunidade social.

29 (4) A **teoria da afetação económica** está aparentemente debaixo da redação do 204.º/2 e revela-se no elemento literal, na contraposição entre as meras construções, que não descaracterizam a natureza rústica do prédio e o edifício, que o transforma em urbano[32]. No primeiro caso, as construções não teriam autonomia económica em face do uso do solo, enquanto que o edifício já a teria, mesmo quando acompanhado de um logradouro. Este, quando destinado ao apoio do edifício, não compromete a natureza urbana do prédio, ainda que ocupe área superior e tenha, por isso, maior extensão do que a área edificada propriamente dita. Este critério não oferece, ainda assim, uma solução segura para todos os casos. O exemplo mais evidente é o da

[27] Menezes Cordeiro, *Tratado de Direito civil*, III, 4.ª ed., 180 ss.. Veja-se também José Alberto Vieira, *Direitos Reais*, 3.ª ed., 160 ss..

[28] *Teoria geral do Direito civil*, II, 116.

[29] *Direito civil – Teoria geral*, I, 2.ª ed., 363.

[30] *Direitos Reais*, 1 (1979), 274.

[31] Menezes Cordeiro, *Tratado de Direito civil*, III, 4.ª ed., 181.

[32] Pires de Lima/Antunes Varela, *Código Civil anotado*, I, 4.ª ed., 195 ss..

herdade alentejana, com casa de habitação, por vezes de grande dimensão, com construções de apoio para o gado e atividade agrícola, acompanhada de um terreno rural de grande dimensão, onde se realiza a atividade económica principal do prédio. Rústico ou urbano?[33]

Uma análise de Direito fiscal permitiria responder com prédio misto. Porém, o conceito 30
de prédio rústico e urbano coloca-se defronte do Direito Civil e deve ser respondido apenas por ele. Na ordem jurídica portuguesa, não existe um *tertium genus*: o prédio ou é rústico ou é urbano. Indicações fiscais encontradas na matriz predial urbana ou de índole registal constantes do registo predial de nada servem para o efeito. Elas resultam de regimes jurídicos distintos e servem propósitos próprios de outros ramos do Direito[34].

A teoria da afetação económica constitui hoje o critério legal de distinção entre prédio 31
rústico e urbano. Trata-se de um critério insuficiente para assegurar uma decisão em todos os casos. Por esse motivo, entendemos que tem de funcionar um outro a título subsidiário. Em caso de dúvida ou de impossibilidade de decisão, por insuficiência do critério legal de decisão, deve entender-se ser rústico o prédio em causa[35]. A rusticidade representa o ponto de partida originário do prédio e a esse estádio deve ser reconduzida a classificação do mesmo quando houver dúvidas sobre a sua natureza de prédio rústico ou urbano.

7. Águas. Na vigência do CS tornou-se célebre a discussão sobre a natureza das águas como coisa 32
móvel ou imóvel. O seu alinhamento sistemático – a regulação do regime jurídico das águas surge na Parte II (Da adquisição dos direitos), no Título III (Capítulo IV, Secção II), dedicado à ocupação – e o tradicional movimento dos cursos de água levaram Teixeira de D'Abreu[36] a defender serem águas coisas móveis. Guilherme Moreira[37], defendeu convictamente a visão oposta: "nenhuma dúvida há de que as águas se acham incorporadas no solo, com o qual formam um todo". Tornando-se doutrina dominante, ela veio a ser seguida por Pires de Lima no anteprojeto.

Ainda assim, um tratamento correto desta matéria impõe várias considerações adicionais,
para se evitarem erros de análise. A água pode surgir nos três estados físicos da natureza: sólido, 33
líquido e gasoso. E consoante o estado físico em que se encontre, a valoração do Direito sobre ela surge diferenciada. No estado gasoso e enquanto compõe a atmosfera, nas suas várias camadas, a água não tem delimitação, não podendo valer como coisa para o Direito[38]. Sem forma e volume definidos, não se afigura possível separar o vapor de água dos demais elementos do ar e individualizá-lo não só em face dos outros elementos gasosos, como a quaisquer outras coisas. O recurso a processos tecnológicos permite captar o vapor de água e guardá-lo num dispositivo de contenção. Nesse caso, a porção retirada e contida, tendo forma e volume concretos, é coisa para o Direito, mas coisa móvel.

No estado sólido a água consiste em gelo ou neve. Nas extensões geladas do planeta, 34
na Antártida e no Ártico, o gelo não tem uma delimitação definida que permita considerá-lo como coisa. Porém, quando a água em forma de gelo ou de neve se gera ou cai sobre uma outra coisa (sólida), a delimitação torna-se possível. Ainda assim, importa distinguir. O gelo e a neve gerados ou caídos em prédio ficam a fazer parte deste, enquanto coisa imóvel, embora sem autonomia jurídica. Contudo, se a água em estado sólido cai ou vem a ser gerada em cima de coisa móvel (por exemplo, a neve na cobertura de um automóvel por ação de tempestade), não faz parte deste. Trata-se de uma nova coisa e de coisa móvel[39].

[33] Propendemos para a natureza rústica, conforme defendemos em *Direitos Reais*, 162 ss..

[34] No mesmo sentido, Menezes Cordeiro, *Tratado de Direito civil*, III, 4.ª ed., 184 ss..

[35] *Idem*, 182.

[36] *Curso de Direito civil*, II (1905), n.º 44 e 44bis (213-219).

[37] *As águas no Direito civil português*, I (1920), 1 ss..

[38] José Alberto Vieira, *Direitos Reais*, 3.ª ed., 655 ss..

[39] Para maiores desenvolvimentos, *idem*, 655 ss..

35 O estado líquido da água é aquele que o Direito tem normalmente em vista e o que subjaz igualmente ao 204.º, *b*). Tal como se viu relativamente aos estados sólido e gasoso, a água em estado líquido somente se torna coisa para o Direito quando se encontre delimitada em termos de operacionalidade jurídica. De nada adiante falar de coisa a propósito de um oceano ou de um mar inteiro. A delimitação física da água (em estado líquido) pode realizar-se consoante ela esteja ou não ligada ao solo. Não estando ligada ao solo, a água delimita-se por via de um qualquer dispositivo ou recipiente de contenção. A água retida dessa forma constitui coisa móvel. Estando ligada ao solo, a delimitação física da água faz-se, mesmo para as águas em movimento (rios, ribeiros, riachos e outros cursos de água), através do leito e das margens. O Direito civil não procede atualmente à definição do que sejam o leito e as margens do curso de águas. Tal definição encontra-se no Direito público, concretamente, nos 10.º e 11.º da L 54/2005, de 15-nov.. Segundo o 10.º:

> Entende-se por leito o terreno coberto pelas águas quando não influenciadas por cheias extraordinárias, inundações ou tempestades. No leito compreendem-se os mouchões, lodeiros e areais nele formados por deposição aluvial.

36 Relativamente às margens, dispõe o 11.º da L 54/2005:

> Entende-se por margem uma faixa de terreno contígua ou sobranceira à linha que limita o leito das águas.

37 A delimitação das águas através do leito e margens não equivale à sua autonomização como coisa. Esta autonomização requer uma norma legal ou um facto jurídico idóneo (por exemplo, a usucapião) que as destaque da incorporação no prédio onde se encontrem[40]. Na verdade, enquanto ligadas ao solo do prédio onde nasceram ou caíram (no caso das águas pluviais), as águas são parte componente desse prédio, não formando, por isso, uma nova coisa para o Direito[41]. Contando que se assumam como coisas para o Direito as águas (em estado líquido) podem ser: (1) móvel; (2) imóvel; (3) parte componente de imóvel. No Direito português a natureza imóvel das águas vem retirada da ligação ou incorporação no solo[42]. Era essa a lição de Guilherme Moreira. Enquanto essa ligação se mantiver as águas são sempre coisa imóvel. Se não houver incidência de uma norma jurídica ou de um facto jurídico, negocial (p. ex., um contrato) ou não negocial (p. ex., a usucapião), as águas não ganham autonomia perante o prédio em que se integrem: são parte componente do prédio no sentido do 204.º/1, *a*), e não coisa independente. Coisa imóvel no sentido do 204.º/1 são as águas que, mantendo-se ligadas ao solo, foram objeto da incidência de norma legal ou de um facto jurídico que as dissociou juridicamente do solo, conferindo-se carácter de um objeto autónomo, de uma nova coisa.

38 Nesta ordem de ideias, as águas são contempladas no 204.º/1 de duas formas: (1) como parte componente de um prédio, quer dizer, sem autonomia jurídica deste [204.º/1, *a*)]; (2) como coisa imóvel *a se*, nos termos do disposto no 204.º/1, *b*), quanto às águas autonomizadas por força de norma legal ou de um facto jurídico ao qual o Direito atribua essa eficácia. Uma

[40] Menezes Cordeiro, *Tratado de Direito civil*, III, 4.ª ed., 184 e José Alberto Vieira, *Direitos Reais*, 3.ª ed., 657 ss..

[41] *Idem*, loc. cit..

[42] Guilherme Moreira, *As águas no Direito civil português*, I, 5. Na doutrina posterior veja-se também Oliveira Ascensão, *Direito civil – Teoria geral*, I, 2.ª ed. (2000), 361 e José Alberto Vieira, *Direitos Reais*, 3.ª ed., 660 ss..

vez quebrada a ligação ou incorporação das águas no solo, sejam elas coisa autónoma ou parte componente de imóvel, cessa o seu carácter de imóvel. As águas extraídas do curso de água para abastecer as populações, para combater os incêndios, para dar de beber aos animais, para uso doméstico ou para engarrafar, e depois retidas num qualquer recipiente, constituem coisas móveis, sujeitas ao regime jurídico destas. Como coisa autónoma, as águas estão submetidas a regimes jurídicos de Direito público (águas públicas) ou de Direito privado (águas particulares)[43]. Como parte componente de um prédio, o seu regime jurídico será, em princípio, o deste último, não faltando, todavia, casos em que águas de prédio privado são integradas no domínio público e sujeitas à regulação normativa deste.

8. Árvores, arbustos e frutos: segundo o 204.º/1, *c*), são coisas imóveis enquanto estiverem ligados ao solo. O preceito deve ser interpretado com cautela. Na verdade, das três uma: (1) estão integrados num prédio ("ligados ao solo"); (2) perderam a ligação ao solo; (3) foram dissociados do prédio por norma jurídica ou por negócio jurídico, mantendo-se a ligação ao solo. Em nenhum dos dois primeiros casos indicados as árvores, os arbustos e os frutos constituem coisa imóvel, pelo menos, se com isso se quer significar que têm autonomia como coisas[44]. Permanecendo ligados ao solo, as árvores, os arbustos e os frutos integram um prédio, rústico ou urbano, como suas partes componentes. Ao invés, havendo sido consumada a separação do solo (com o corte, o arranque ou a colheita), as árvores, os arbustos e os frutos são coisas móveis, estando sujeitas ao regime jurídico destas coisas e não ao dos imóveis. 39

Fazendo parte do imóvel a cujo solo se encontram ligados, as árvores, os arbustos e os frutos ficam sujeitos às vicissitudes jurídicas daquele. A venda ou doação da propriedade da coisa envolve todas as suas partes e, portanto, também as árvores, os arbustos e os frutos. Deste modo, um negócio jurídico que tenha por objeto a transmissão da propriedade de árvores, os arbustos e os frutos enquanto ligados ao solo pode valer apenas na medida em que a lei portuguesa admita o negócio sobre coisa móvel futura (como sucede, por exemplo, no caso da venda de coisa futura (880.º)[45]. 40

No terceiro caso acima enunciado a lei permite a desintegração das árvores, dos arbustos e dos frutos do imóvel de que eram parte componente até aí. Em Portugal essa hipótese pode ocorrer por via de negócio jurídico, nos termos do 1524.º, com a constituição de uma superfície vegetal[46]. A autonomização das árvores e dos arbustos como coisa independente do solo a que estão ligados permite uma propriedade separada (a favor do superficiário), sem que funcione a regra *superficies solo cedit*. 41

9. Direitos inerentes aos imóveis. O 204.º/1, *d*), é um resquício histórico do Direito romano, que via os *iura* como coisas (incorpóreas). Nesta ótica, os direitos reais menores que incidiam sobre imóveis (usufruto, uso e habitação, servidões pessoais) eram analisados e descritos como imóveis. A dogmática francesa do *Code Civil*, assim como as doutrinas italiana e portuguesa do século XIX e início de século XX, com algumas exceções (Guilherme Moreira), mantiveram esta leitura de índole romanista, enquanto a pandectística alemã a reduzia a cinzas, mostrando que o objeto dos direitos reais menores estava na coisa e não no Direito. Pires de Lima ignorou os desenvolvimentos já presentes no BGB alemão e no *Codice Civile* italiano, mantendo no anteprojeto a qualificação dos direitos sobre imóveis como coisas imóveis, que passaria nas revisões 42

[43] Para maiores desenvolvimentos, José Alberto Vieira, *Direitos Reais*, 3.ª ed., 661 ss..

[44] Menezes Cordeiro, *Tratado de Direito civil*, III, 4.ª ed., 190 ss..

[45] *Idem*, 190.

[46] *Idem*, 191.

para o texto final do Código. Apesar disso, o preceito constitui hoje letra morta, como resultado da ciência jurídica contemporânea. Os direitos não são coisas, nem móveis nem imóveis.

43 **10. As partes integrantes**: o 204.º/1, *a*), inclui-as no conceito de imóvel. O 204.º/3, por sua vez, dá uma definição de parte integrante[47]: a coisa móvel ligada materialmente ao prédio com carácter de permanência. O 375.º/1.º do CS, dispunha:

> São imóveis por disposição da lei
> 1.º Os produtos e partes integrantes dos prédios rústicos, e as partes integrantes dos prédios urbanos, que não podem ser separadas sem prejuízo do serviço útil que devem prestar, salvo sendo distraídas pelo próprio dono do prédio.

44 A formulação de parte integrante contida no CS adere à conceção francesa da destinação económica: a coisa móvel posta ao serviço do imóvel fica sujeita ao regime jurídico deste último. Paralelamente, as coisas acessórias e pertenças são omitidas no texto legal.

45 A solução do CS não se mostrou convincente. Guilherme Moreira[48] explicava a matéria num quadro mais complexo de distinção entre coisas principais e acessórias, sendo estas últimas: (a) partes integrantes; (b) pertenças; (c) frutos; (d) benfeitorias; (e) tesouro. O esquema explicativo de Moreira teve adesão de Manuel de Andrade[49], que excluída, no entanto, o tesouro, de Dias Marques[50], que afastava dele as partes integrantes e de Oliveira Ascensão[51], já para o domínio do Código Civil de 1966.

46 No anteprojeto, Pires de Lima[52] distinguia as partes integrantes das coisas acessórias ou pertenças, justificando que as primeiras estão materialmente ligadas ao prédio com carácter de permanência, deixando para o conceito de coisa acessória ou pertença a coisa móvel não ligada materialmente ao prédio, mas unida a ele apenas pelo seu destino económico. O Código veio a dedicar um preceito às coisas acessórias (210.º), inserindo uma definição de parte integrante no preceito dedicado à coisa imóvel. As partes integrantes não são coisas: são partes de coisa imóvel. As partes integrantes não possuem, assim, autonomia jurídica defronte do imóvel em que surjam integradas. Celebrada uma transmissão da propriedade do imóvel, o efeito translativo desencadeia-se igualmente para as partes integrantes[53]. Nenhuma declaração negocial é necessária para esse efeito, uma vez que o sentido da declaração de transmissão da propriedade abrange a coisa imóvel e as partes integrantes não se dissociam dela perante o Direito[54]. E o mesmo se diga em caso de constituição de garantia real (hipoteca ou outra), de penhora, arresto ou outra diligência judicial de apreensão.

47 Também não se afigura legalmente possível um negócio jurídico com eficácia real que tenha as partes integrantes por objeto[55], a não ser que sejam tomadas como coisa futura, esperando a separação material. Perante o Direito existe apenas uma coisa unitária. Assim sucede com os elevadores: uma vez integrados no prédio, perdem autonomia, inviabilizando a cláusula de reserva de propriedade que, sobre eles, incidisse[56].

[47] *Idem*, 191 ss..
[48] *Instituições do Direito civil português*, I, 355.
[49] *Teoria geral da relação jurídica*, I.
[50] Dias Marques, *Direitos Reais*, 84.
[51] *Direito civil – Teoria geral*, I, 2.ª ed., 379.
[52] *Das Coisas*, 213.
[53] Menezes Cordeiro, *Tratado de Direito civil*, III, 4.ª ed., 193.
[54] *Idem*, 192.
[55] *Idem*, 195.
[56] Nesse sentido o AUJ: STJ (P) 31-jan.-1996 (Cardona Ferreira), BMJ 453 (1996), 46-57 = ROA 1996, 291-305. Outras indicações em Menezes Cordeiro, *Tratado*, III, 4.ª ed., 196-197.

11. Regime dos imóveis. A classificação de uma coisa como imóvel importa a aplicação do regime jurídico gizado para estas coisas, que difere em aspetos cruciais do previsto para os móveis. As diferenças não se manifestam apenas no Direito privado, em particular, no Direito civil, surgindo no Direito público, especialmente no Direito administrativo e fiscal. No Direito privado, as regras de forma, de capacidade e de legitimidade negocial apresentam diferenças marcantes no confronto entre coisas imóveis e móveis. A publicidade registal traz outra importante diferença de regime jurídico, conquanto os factos jurídicos respeitantes a alguns móveis estejam igualmente submetidos a esquemas de publicidade registal[57]. O regime jurídico de alguns factos, como a acessão e a usucapião, implicam prazos diversos consoante respeitem a coisas móveis ou imóveis. 48

Artigo 205.º (Coisas móveis)

1. São imóveis todas as coisas não compreendidas no artigo anterior.

2. Às coisas móveis sujeitas a registo público é aplicável o regime das coisas móveis em tudo o que não seja especialmente regulado.

Bibliografia: António Menezes Cordeiro, *Tratado de Direito civil*, III, 4.ª ed. (2019), 202-222; Maria Clara Sotto Mayor/Ana Teresa Ribeiro, em *UCP/Comentário ao Código Civil*, 1 (2014), 463-464; Rui Pinto Duarte, em Ana Prata (org.), *Código Civil anotado*, I 2.ª ed. (2019), 289-291..

Índice

1. Preparatórios. O 4.º do anteprojeto Pires de Lima comportava um texto muito próximo do atual 205.º[1]. Na sua justificação, esse Autor explicava que uma eventual enumeração taxativa de móveis não seria paralela à dos imóveis. Citando o Código italiano (812.º) e o grego (948.º), considerou preferível um conceito negativo: móvel é tudo o que não for imóvel. 1

2. As coisas móveis não implicam um elenco, na visão legal. E não julgamos necessário fazê-lo[2]. Tem interesse, em todo o caso, reforçar que no Direito português a energia vem qualificada como coisa corpórea, em princípio, móvel[3], a par dos demais objetos materiais. 2

3. Móveis sujeitos a registo. O 205.º/2 foi retirado do disposto no 815.º do Código italiano, como explica Pires de Lima[4]. Da sua utilidade podemos, porém, duvidar seriamente. No fundo, o seu teor parece uma pura tautologia; as coisas móveis sujeitas a registo ficam debaixo de aplicação do restante regime jurídico das coisas móveis. Trata-se, assim, de uma norma de enquadramento. 3

[57] *Idem*, 198 ss., para mais desenvolvimentos.

[1] Fernando Pires de Lima, *Das coisas*, 213. *Vide*: *1.ª Revisão* (181.º), 81; *Revisão intercalar* (198.º), 79; *2.ª Revisão* (205.º), 82; *Projecto* (205.º), 60.

[2] Outra perspetiva é a de Menezes Cordeiro, *Tratado de Direito civil*, III, 4.ª ed., 202 ss., que enumera os objetos materiais, a energia, os móveis sujeitos a matrícula e registo e as coisas representativas.

[3] *Idem*, 210-222. Veja-se também José Alberto Vieira, *Direitos Reais*, 3.ª ed., 157.

[4] Fernando Pires de Lima, *Das Coisas*, 214.

4 Disposições excecionais, como a hipoteca prevista para veículos automóveis, não põem em causa a aplicação do regime jurídico das coisas móveis.

5 **4. Regime**. Às coisas móveis vem reconhecido um regime jurídico mais simplificado, não apenas no tocante à forma do negócio jurídico que a elas respeite, mas em relação a outros aspetos, como a capacidade e legitimidade negociais. Os prazos para aquisição da propriedade (ou de outro direito real de gozo) por usucapião, por exemplo, são mais curtos do que os relativos aos imóveis.

Artigo 206.º (Coisas compostas)

1. É havida como coisa composta, ou universalidade de facto, a pluralidade de coisas móveis que, pertencendo à mesma pessoa, têm um destino unitário.

2. As coisas singulares que constituem a universalidade podem ser objeto de relações jurídicas próprias.

Bibliografia: António Menezes Cordeiro, *Tratado de Direito civil*, III, 4.ª ed. (2019), 234-240; José Alberto Vieira, *Direitos Reais*, 3.ª ed. (2020), 163-168; José de Oliveira Ascensão, *Direito civil/Teoria geral*, 1, 2.ª ed. (2000), 373-377; José Luís Ramos, *Manual de Direitos Reais* (2017), 43-44; Luís Menezes Leitão, *Direitos Reais*, 7.ª ed. (2018), 67-68; Maria Clara Sotto Mayor/Ana Teresa Ribeiro, em *UCP/Comentário ao Código Civil*, 1 (2014), 464-466; Raúl Ventura, *História do Direito Romano*, II – *Direito das coisas* (1968), 61-64; Rui Pinto Duarte, em Ana Prata (org.), *Código Civil anotado*, I, 2.ª ed. (2019), 291-292.

Índice

1 **1. Origem**. O Direito romano conhecia três espécies de coisas[1]: as simples, as compostas *ex contingentibus* e as compostas *ex distantibus*. As primeiras continham um só espírito, na pitoresca descrição da filosofia estoica; existiam na natureza e não podiam ser decompostas em outras coisas mais simples. A coisa composta *quod ex contingentibus* era uma única coisa, originada, porém, na fusão de outras coisas simples, que deixavam de ser autónomas. Sobre ela recaía apenas um direito de propriedade. Já a denominada coisa composta *ex distantibus* representava um conjunto de coisas separadas, com um nome comum; o exemplo clássico era o do rebanho.

2 A tripartição romana sofreu a incidência do pensamento jurídico medieval, nomeadamente da escola dos glosadores, que fez cair a categoria das coisas compostas *quod ex contingentibus*. Também no lugar das coisas compostas *ex distantibus* surgiu o conceito de *universitas rerum* (oposto à *universitas personarum*). Por sua vez, a *universitas rerum* desdobrava-se em universalidade

[1] A distinção surge num texto clássico de Pompónio, D. 41.3.30. *Vide* a sua transcrição em latim, acompanhada da tradução portuguesa, em Menezes Cordeiro, *Tratado*, III, 4.ª ed., 235, nota 831.

de coisas corpóreas ou de facto e em universalidades *iuris* ou de direitos, conjuntos de posições jurídicas heterogéneas, ativas e passivas.

Apesar da receção moderna do Direito romano, a classificação romana entre coisas simples e compostas desapareceu nos seus termos originais. Ainda assim, não se pode dizer que a introdução medieval das *universitates rerum* haja operado uma verdadeira substituição ou superação absoluta da doutrina romana, permanecendo, ao invés, uma acentuada nebulosidade em toda esta matéria, com terminologia discrepante. 3

2. Guilherme Moreira[2] não apresenta a classificação das coisas em simples ou compostas, usando, diferentemente, a contraposição entre universalidades de facto e universalidades de direitos. Com efeito, num erro que se assaca a Pires de Lima na redação do anteprojeto do Código Civil, a assimilação da coisa composta a universalidades de facto, tem no Direito português origem em Guilherme Moreira: 4

> Para diversos efeitos jurídicos, várias coisas singulares, simples ou compostas, podem ser consideradas como formando um conjunto, uma universalidade, que seja, como tal, objeto de direito, formando assim um todo distinto de cada uma das coisas que o formam, de modo que esse todo subsiste, embora nessas coisas haja substituição, enquanto existir a universalidade.

As universalidades seriam de coisas, como o rebanho, ou de direitos, como a herança[3]. 5

3. Preparatórios. No anteprojeto, Pires de Lima[4] confessa que "quase nos limitamos a traduzir o art. 816.º do Código Civil italiano", assimilando, como sinónimos, coisa composta e universalidade de facto. Na verdade, no preceito indicado, o *Codice Civile* não regula as coisas compostas, mas apenas as universidades de móveis, ou seja, as universalidades de facto: aqui reside o erro histórico apontado hoje ao 206.º/1[5]. 6

4. Doutrinas. Existem hoje várias explicações sobre os termos da classificação entre coisas simples e compostas. A título de exemplo, Oliveira Ascensão[6] distingue entre coisas simples e complexas, dividindo estas últimas em compostas e coletivas com recurso ao critério romano entre coisas compostas *quod ex contingentibus* e *quod ex distantibus*. Menezes Cordeiro[7], por sua vez, explica que a tripartição histórica cedeu o seu lugar a uma bipartição. As coisas compostas *ex contingentibus* seriam hoje coisas simples, por o Direito as tratar como uma unidade. Às coisas simples contrapõem-se as compostas, entendidas pelo autor como as que "englobam várias coisas simples, pertencentes à mesma pessoa e com um destino unitário: estas absorvem as antigas *ex distantibus*, bem como as subsequentes universalidades de facto"[8]. 7

O que pensar? Como ponto de partida temos as coisas simples: as que não se decompõem em outras coisas mais simples sem destruição ou perda de identidade: um copo, um prato ou uma bola. No entanto, muitas coisas são geradas, concebidas ou fabricadas a partir de outras: um automóvel, uma televisão ou uma bicicleta. Estas eram as que os romanos tinham em vista com o conceito de coisa composta *ex contingentibus*: uma coisa unitária em cuja composição entram outras coisas, que perdem a sua autonomia a favor do conjunto. A bateria ou o pneu do automóvel não constitui coisa para o Direito enquanto parte do automóvel, embora possa 8

[2] *Instituições*, I, 357 ss..
[3] *Idem*, 357 ss..
[4] Fernando Pires de Lima, *Das coisas*, 214. O texto não foi mexido nas revisões subsequentes.
[5] Para essa crítica Menezes Cordeiro, *Tratado de Direito civil*, III, 4.ª ed., 238, Oliveira Ascensão, *Direito civil – Teoria geral*, I, 2.ª ed., 373 e José Alberto Vieira, *Direitos Reais*, 3.ª ed., 163 ss. e 211 ss..
[6] Oliveira Ascensão, *Direito civil – Teoria geral*, I, 2.ª ed., 369-370.
[7] Menezes Cordeiro, *Tratado*, III, 239 ss..
[8] *Idem*, 239.

existir em separado como coisa autónoma; apenas o automóvel é coisa. O Direito português confere às coisas simples e às antigas coisas compostas *ex contingentibus* o mesmo tratamento jurídico, sem diferenças: ambas são coisas unitárias. Assim, um direito de propriedade tanto recai sobre uma bola como incide sobre um avião comercial, apesar deste ser composto por milhares de peças, que individualmente e em separado são coisas autónomas. Perdem, no entanto, essa autonomia no conjunto em que se integram, que constitui uma coisa única para o Direito. Por essa razão, Menezes Cordeiro[9] afirma que as antigas coisas compostas *ex contingentibus* são hoje coisas simples.

9 Temos para nós que ainda hoje se justifica falar em coisa composta quod *ex contingentibus* e que o facto, verdadeiro, de o Direito sujeitar ao mesmo regime jurídico estas coisas e as coisas simples não mata nem o interesse dogmático nem o interesse prático na distinção[10]. Atentemos num exemplo. Suponhamos que o proprietário de um automóvel monta no mesmo uma bateria que não lhe pertence e o proprietário da última a reivindica. A reivindicação não é de parte de coisa (do automóvel) é de coisa, o que significa que neste caso o Direito reconhece que a sua individualidade jurídica se manteve[11].

10 O Direito português alude à coisa composta no 206.º no sentido da coisa composta *ex distantibus* dos romanos: de um conjunto de coisas com destino unitário. Estas mantêm, porém, a sua autonomia no conjunto, sendo objeto de uma atribuição jurídica própria (n.º 2). Assim, recorrendo ao exemplo romano do rebanho, cada animal constitui um objeto distinto dos demais e sobre ele recai um direito de propriedade[12] próprio, igualmente diferente do que tem cada um dos outros animais por objeto. E o mesmo se diga dos livros da biblioteca.

11 Enquanto cada uma das coisas mantém a sua individualidade jurídica como tal, o conjunto não adquire o estatuto de coisa para o Direito[13]. O livro da biblioteca constitui uma coisa, assim como cada animal constitui igualmente um objeto autónomo, mas o conjunto desses elementos numa biblioteca ou num rebanho não o é. O Direito português não tem a biblioteca ou o rebanho como coisa, conforme decorre incontroversamente do princípio da especialidade[14]. Apenas os elementos componentes do complexo ou conjunto o são.

12 No Direito atual, a coisa composta *quod ex distantibus* não representa uma nova coisa, designando tão-somente o conjunto ou complexo de coisas ou objetos mantidos juntos por um destino unitário. A utilidade do conceito consiste somente em tornar possível associar um efeito jurídico unitário a uma única declaração negocial[15]. Por exemplo, se o proprietário dos animais "vende" o rebanho, a declaração negocial desencadeia o efeito translativo para todos os animais, sem que seja necessária uma declaração individual para cada um deles.

13 As críticas ao 206.º/1 não se ficam por aqui. A assimilação de coisa composta e universalidade de facto, constante do anteprojeto de Pires de Lima, passou na versão final do Código. Ela traduz um erro técnico-jurídico. O 816.º do Código Civil italiano menciona apenas as universalidades de móveis, mas não identifica estas com as coisas compostas. O conceito jurídico de universalidade representa uma abstração jurídica, que alude a um complexo ou conjunto de

[9] *Idem*, 239.

[10] Os nossos *Direitos Reais*, 3.ª ed., 164 ss..

[11] Mas *vide* Menezes Cordeiro, *Tratado*, III, 4.ª ed., 239, nota 849, a propósito do exemplo de Castro Mendes: alguém furta uma peça e incorpora-a no seu próprio relógio.

[12] Ou outro direito real de gozo.

[13] Ao contrário do que se pretende na elucidação da figura. *Vide*, por exemplo, Guilherme Moreira *Instituições*, I, 357 ss..

[14] Sobre este, José Alberto Vieira, *Direitos Reais*, 3.ª ed., 207 ss., com indicações bibliográficas.

[15] Como afirma Menezes Cordeiro, *Tratado*, III, 4.ª ed., 239, "a especialidade está no seguinte: as coisas compostas podem ser objeto de atos jurídicos unitários".

elementos (de coisas ou de situações jurídicas). Enquanto abstração jurídica, não é decerto uma porção da realidade material apreensível pelos sentidos humanos, ou seja, uma coisa corpórea como a definimos anteriormente. As universalidades, de facto e de direitos, não são coisas, tão-pouco coisas compostas.

5. A coisa composta. A classificação romana das coisas simples e compostas perdeu terreno no Direito português, podendo-se dizer, inclusive, que hoje todas as coisas são simples, ou seja, recebem um tratamento jurídico unitário. Propendemos, em todo o caso, para ressalvar um significado dogmático para a antiga categoria das coisas compostas quod *ex contingentibus*: explica que a separação de partes componentes pode redundar em coisas juridicamente autónomas, o que não acontece com as coisas simples em sentido estrito ou próprio. 14

A "pluralidade de coisas móveis que, pertencendo à mesma pessoa, têm um destino unitário" não é, no Direito português, uma nova coisa. Essa qualidade permanece apenas em cada uma dessas coisas móveis, conforme esclarece o 206.º/2. Não há uma nova "coisificação" do conjunto, que acresça às verdadeiras coisas que o integram por referência a um fim de destinação dado pelo proprietário. Apenas estas são consideradas como tal na ordem jurídica portuguesa. 15

A categoria da coisa composta *quod ex distantibus* perdeu hoje a totalidade do seu alcance prático. Não adotada pelo Direito positivo, que não a acolhe, tratando-a como objeto independente, ela permanece unicamente um resquício histórico do Direito romano e da sua projeção nas sociedades contemporâneas que o receberam. Deste modo, conforme está redigido, o 206.º tem uma projeção de sentido muito reduzida. Ele constitui uma mera fonte de equívocos interpretativos, na base dos erros técnicos que lhe estão subjacentes. A sua supressão não teria qualquer impacto no Direito português vigente. 16

Artigo 207.º (Coisas fungíveis)

São fungíveis as coisas que se determinam pelo seu género, qualidade e quantidade, quando constituam objeto de relações jurídicas.

Bibliografia: António Menezes Cordeiro, *Tratado de Direito civil*, III, 4.ª ed. (2019), 223-227; José Alberto Vieira, *Direitos Reais*, 3.ª ed. (2020), 182; Luís Menezes Leitão, *Direitos Reais*, 7.ª ed. (2018), 69; Maria Clara Sotto Mayor/Ana Teresa Ribeiro, em *UCP/Comentário ao Código Civil*, 1 (2014), 465-466; Raúl Ventura, *História do Direito Romano*, II – *Direito das coisas* (1968), 61-64; Rui Pinto Duarte, em Ana Prata (org.), *Código Civil anotado*, I, 2.ª ed. (2019), 292-293.

Índice

1. Preparatórios. No anteprojeto, Pires de Lima[1] não avança muito sobre esta classificação, que o CS mencionava no contexto do contrato de mútuo (1636.º) e de comodato (2209.º), indicando que outros códigos civis (o alemão, § 91) e o grego (950.º) o haviam feito no título 1

[1] Fernando Pires de Lima, *Das coisas*, 215.

dedicado às coisas e havia conveniência em fazê-lo igualmente no português[2]. Apresentou um texto que atravessou, incólume, as revisões subsequentes[3].

2 **2. Noção**. Por fungibilidade de uma coisa pretende significar-se a suscetibilidade de substituição ou de sub-rogação. Uma coisa diz-se fungível quando pode ser prestada qualquer uma com as características da coisa que deva ser entregue. Ao contrário, coisa não-fungível é aquela cujos traços individuais a tornam insuscetível de troca ou substituição por qualquer outra. Definida nestes termos, a coisa fungível não deve confundir-se com a coisa indeterminada e vice-versa. Uma coisa determinada pode ser fungível, assim como uma coisa indeterminada pode não o ser. O dinheiro depositado pelo cliente no banco está determinado, mas o levantamento pode ser feito com notas ou moedas diversas, porquanto o dinheiro é coisa fungível; a compra de um Ferrari de coleção a um vendedor que tem dois, com convenção de escolha por aquele do automóvel a entregar ao comprador mostra um exemplo de coisa inicialmente indeterminada, mas não-fungível. Como explica Menezes Cordeiro[4], as coisas indeterminadas apenas podem ser reconduzidas às fungíveis "quando a determinação implique operações de conta, medida ou pesagem".

3 **3. Critério**. O Direito comparado, nomeadamente, o § 91 do BGB alemão, mostra que a fungibilidade pode ser concebida de forma objetivada, atendendo à natureza da coisa, às conceções sociais ou do tráfego jurídico, ou mais subjetivada. A formulação portuguesa do 207.º, muito atabalhoada, parece sugerir que a fungibilidade se apura em concreto, perante a situação jurídica considerada, num modelo de cariz subjetivo[5]. O que remete, em regra, para a interpretação do negócio jurídico ou do regime jurídico aplicável. Assim, o comodato pressupõe coisas fungíveis (1129.º), enquanto o mútuo estrutura o tipo contratual sobre coisas não-fungíveis (1142.º). O contrato de depósito refere-se a coisas não-fungíveis, sendo qualificado como depósito irregular quando se reporte a coisas fungíveis.

4 Sendo fungível, a coisa a prestar pode ser qualquer uma que pertença ao género, possua a qualidade e seja entregue na quantidade prevista. Ela pode, pois, ser substituída ou sub-rogada por uma outra. Ao invés, a coisa não-fungível não pode ser substituída ou sub-rogada por qualquer outra: a entrega respeita sempre àquela coisa e só quanto a ela pode haver cumprimento da obrigação respetiva.

5 **4. Imóveis**. O preceito não limita a aplicação da classificação às coisas móveis. O seu âmbito, parece, estende-se igualmente às imóveis[6]. P. ex.: uma construtora promete comprar 20 lotes numa urbanização uniforme. A sua determinação é feita pelo género e pelo número.

Artigo 208.º (Coisas consumíveis)

São consumíveis as coisas cujo uso regular importa a sua destruição ou a sua alienação.

Bibliografia: António Menezes Cordeiro, *Tratado de Direito civil*, III, 4.ª ed. (2019), 227-229; José Alberto Vieira, *Direitos Reais*, 3.ª ed. (2020), 182; José Luís Ramos, *Manual de Direitos Reais*, 7.ª ed. (2018), 69-70; Luís Menezes Leitão, *Direitos Reais*, 7.ª ed. (2018), 69-70; Maria Clara

[2] Para o enquadramento histórico-dogmático da classificação, Menezes Cordeiro, *Tratado*, III, 4.ª ed., 223-226

[3] *1.ª Revisão* (183.º), 82; *Revisão intercalar* (200.º), 79; *2.ª Revisão* (207.º), 82; *Projecto* (207.º), 60.

[4] Menezes Cordeiro, *Tratado*, III, 4.ª ed., 224 ss..

[5] *Idem*, 225 ss..

[6] *Idem*, 226.

Sotto Mayor/Ana Teresa Ribeiro, em *UCP/Comentário ao Código Civil*, 1 (2014), 466-468; Raúl Ventura, *História do Direito Romano*, II – *Direito das coisas* (1968), 57-60; Rui Pinto Duarte, em Ana Prata (org.), *Código Civil anotado*, I, 2.ª ed. (2019), 293

Índice

1. Preparatórios. O anteprojeto Pires de Lima, referindo o § 91 do BGB alemão e o 952.º do Código Civil grego, propôs uma fórmula para as coisas consumíveis (7.º)[1]: precisamente aquela que, atravessando os preparatórios subsequentes[2], surge, hoje, no Código. 1

2. A noção jurídica de consumo, presente no 208.º, liga o uso da coisa ao resultado do mesmo: a destruição ou alienação dela. A primeira hipótese é de longe a mais frequente; p. ex., para além dos alimentos, temos os combustíveis, o dinheiro, o ar (quando contido em recipientes de contenção) e a energia. A destruição constitui o âmbito normal de coisa consumível. A influência do BGB alemão (§ 92) alargou-o a atividades cujo uso acarrete a alienação de coisas singulares integradas num conjunto, o caso típico das mercadorias compradas pelo comerciante para revenda ou mesmo do dinheiro. 2

Julgamos que a natureza consumível ou não da coisa assenta num juízo objetivado sobre os seus usos possíveis. Um proprietário pode guardar como recordação uma lata de feijão ou um litro de gasolina. O facto de não afetar a coisa ao consumo e, ao contrário, a preservar por tempo indefinido não a torna numa coisa não-consumível: o uso regular da mesma importa sempre a sua destruição e, numa aceção objetiva, isso atribui-lhe sempre a natureza consumível. 3

3. Papel. A classificação tem um alcance prático reduzido. Um regime jurídico das coisas consumíveis surge apenas no contexto do direito de usufruto. Assim, o 1451.º prevê o usufruto de coisas consumíveis, o 1252.º/1 estabelece que o usufruto de coisas deterioráveis só pode incidir sobre coisas não consumíveis, o 1468.º, *b*), regula a prestação de caução pelo usufrutuário de coisas consumíveis e o 1483.º alude a elas a propósito do dever de restituição no fim do usufruto, exonerando naturalmente o usufrutuário de tal dever. 4

Esta categoria de coisas não tem a ver com o Direito do consumo e a ideia de consumidor. Este é o destinatário final do circuito económico (após o produtor e o distribuidor). Assim, o consumidor pode sê-lo de coisas não-consumíveis e, designadamente, de imóveis. 5

Artigo 209.º (Coisas divisíveis)

São divisíveis as coisas que podem ser fracionadas sem alteração da sua substância, diminuição de valor ou prejuízo para o uso a que se destinam.

[1] Fernando Pires de Lima, *Das coisas*, 216.

[2] *1.ª Revisão* (184.º), 82; *Revisão intercalar* (201.º), 87; *2.ª Revisão* (208.º), 83; *Projecto* (208.º), 60.

Bibliografia: António Menezes Cordeiro, *Tratado de Direito civil*, III, 4.ª ed. (2019), 230-232; José Alberto Vieira, *Direitos Reais*, 3.ª ed. (2020), 179-181; Luís Menezes Leitão, *Direitos Reais*, 7.ª ed. (2018), 70-71; Maria Clara Sotto Mayor/Ana Teresa Ribeiro, em *UCP/Comentário ao Código Civil*, 1 (2014), 470-472; Raúl Ventura, *História do Direito Romano*, II – *Direito das coisas* (1968), 64-71; Rui Pinto Duarte, em Ana Prata (org.), *Código Civil anotado*, I, 2.ª ed. (2019), 293-294.

Índice

1 **1. Preparatórios**. O 209.º adveio do 8.º do anteprojeto Pires de Lima[1]. Também aqui o texto inicial atravessou, incólume, as revisões subsequentes[2], assim alcançando o Código promulgado.

2 **2. Três critérios** de divisibilidade resultam do 209.º. No anteprojeto, Pires de Lima[3] fazia notar que o conceito jurídico de divisibilidade se sobrepunha ao material, quer dizer, ele tem carácter normativo e não físico. Os três critérios são: (1) que não haja alteração da substância da coisa; (2) que a coisa não diminua de valor; (3) que não haja prejuízo para o uso a que a coisa se destina.

3 Os dois primeiros critérios remontam à discussão desta classificação no Direito romano; o terceiro foi transposto do 1112.º do Código Civil italiano, como explica Pires de Lima[4]. Os critérios indicados são de aplicação cumulativa. Nas palavras do STJ[5]: "o critério da divisibilidade jurídica das coisas – art. 209.º do CC –, assenta sobre três fatores: (i) a substância; (ii) o valor e (iii) o uso. Uma coisa corpórea é divisível se for cindível em partes, sem perder substância, sem que se reduza o seu valor e sem que o seu uso próprio seja prejudicado"[6].

4 A aplicação simultânea dos três critérios torna realmente difícil a divisibilidade da coisa. Em especial, o critério do valor – cuja exigência remonta a Manuel de Andrade[7], tendo sido acolhida por Pires de Lima – acarreta especiais dificuldades, porquanto, em muitos casos a divisão faz diminuir o valor das coisas divididas. No caso decidido pelo STJ[8] julgou-se "indivisível o bem imóvel que, se constituído em propriedade horizontal teria 9 frações, com uma permilagem e um valor muito distantes do valor das quotas – diversas entre si – dos comproprietários, dando-se a impossibilidade de preencher os quinhões na proporção da quota de cada um e sem o recurso a tornas".

5 Suponha-se, a título de exemplo, que um anel de ouro com uma pedra de diamante vale € 1.000.000,00 e que com a separação da pedra, esta vale € 600.000,00 e o anel (sem a pedra) € 250.000,00: há indivisibilidade, porque se regista uma diminuição do valor da coisa. Se tomarmos agora uma barra de ouro derretida em barritas mais pequenas, que na soma do conjunto permanecem com um valor de conjunto igual ao da barra, constatamos que existe divisibilidade no sentido do 209.º.

[1] Fernando Pires de Lima, *Das coisas*, 217.
[2] *1.ª Revisão* (185.º), 82; *Revisão intercalar* (202.º), 80; *2.ª Revisão* (209.º), 83; *Projecto* (209.º), 61.
[3] Fernando Pires de Lima, *Das coisas*, 217.
[4] *Idem*, loc. cit..
[5] STJ 15-fev.-2018 (Pedro de Lima Gonçalves), Proc. n.º 11337/77.
[6] Lê-se em RPt 27-set.-2016 (José Igrejas Matos), Proc. n.º 350/14: "desde que falte qualquer uma destas circunstâncias a coisa é, para a lei civil, indivisível.".
[7] Manuel de Andrade, *Teoria geral*, I, 256 ss..
[8] STJ 15-fev.-2018, cit. na nota 5.

3. Momento. A divisibilidade da coisa afere-se quando se coloque essa possibilidade[9]. Tendo em conta os critérios legais expostos, uma divisibilidade ou indivisibilidade presentes podem não importar o mesmo resultado num momento posterior. 6

4. Aplicações. A sede mais relevante da matéria encontra-se no regime de comunhão de direitos reais. Não estando nenhum dos comunheiros obrigado a permanecer na comunhão e atribuindo a lei a cada um deles um direito de exigir a divisão da coisa comum (1412.º/1), se a coisa for divisível, ela poderá ser dividida entre os comunheiros (925.º ss. do CPC); se o não for, pode ser adjudicada a algum ou alguns deles ou vendida a terceiro (929.º do CPC), devendo o preço obtido ser atribuído a cada um dos comunheiros na proporção do seu direito à coisa comum. 7

5. Legal e convencional. A indivisibilidade pode resultar da lei. Assim sucede no 1376.º, com a proibição de fracionamento de terrenos com uma área mínima inferior à estipulada na lei. 8

Para além da indivisibilidade legal, pode haver uma indivisibilidade convencional, nos casos em que a lei a admita. É o que sucede na hipótese do 1412.º. Os comunheiros podem convencionar que a coisa não seja dividida por um determinado prazo, que não pode ser superior a cinco anos, renováveis (n.º 2). 9

Artigo 210.º (Coisas acessórias)

1. São coisas acessórias, ou pertenças, as coisas móveis que, não constituindo partes integrantes, estão afetadas por forma duradoura ao serviço ou ornamentação de uma outra.

2. Os negócios jurídicos que têm por objeto a coisa principal não abrangem, salvo declaração negocial em contrário, as coisas acessórias.

Bibliografia: António Menezes Cordeiro, *Tratado de Direito civil*, III, 4.ª ed. (2019), 241-246; José Alberto Vieira, *Direitos Reais*, 3.ª ed. (2020), 168-178; José Luís Ramos, *Manual de Direitos Reais*, 3.ª ed. (2017), 44-45; Luís Menezes Leitão, *Direitos Reais*, 7.ª ed. (2018), 71-73; Maria Clara Sotto Mayor/Ana Teresa Ribeiro, em *UCP/Comentário ao Código Civil*, 1 (2014), 472-474; Rui Pinto Duarte, em Ana Prata (org.), *Código Civil anotado*, I, 2.ª ed. (2019), 294-295.

Índice

1. Preparatórios. Na origem, temos o 9.º do anteprojeto Pires de Lima[1]. Com uma alteração mínima de pura forma, esse texto chegou ao Código definitivo[2]. 1

2. Noção. Na nossa definição[3], a coisa principal consiste na que tenha destinação ou uso independente, enquanto a coisa acessória encontra-se ao serviço ou afeta ao uso de uma outra (prin- 2

[9] Menezes Cordeiro, *Tratado*, III, 4.ª ed., 231.

[1] Fernando Pires de Lima, *Das coisas*, 218.

[2] *1.ª Revisão* (186.º), 82, já com o retoque final; *Revisão intercalar* (203.º), 80; *2.ª Revisão* (210.º), 83; *Projecto* (210.º), 61.

[3] José Alberto Vieira, *Direitos Reais*, 3.ª ed., 168.

cipal). Tanto a principal como a acessória são coisas autónomas, o que permite uma atribuição jurídico-real própria. Sobre cada uma delas recai um direito de propriedade e podem incidir igualmente todos os outros direitos reais do sistema jurídico-real. Esta separação entre a coisa principal e a coisa acessória determina que cada uma delas esteja sujeita ao seu próprio regime jurídico.

3 A caracterização da coisa acessória e, sobretudo, a sua relação com a noção de pertença sempre estiveram dominadas por uma grande obscuridade no Direito português. Enquanto o CS não regulava nem uma nem outra, lembramos que Guilherme Moreira[4] considerava coisas acessórias: (1) partes integrantes; (2) pertenças; (3) frutos; (4) benfeitorias; (5) tesouro. A doutrina portuguesa mais significativa, a começar por Manuel de Andrade[5], apoiou o esquema de Guilherme Moreira, excluindo o tesouro, o mesmo sucedendo com Dias Marques[6], que excluía as partes integrantes e com Oliveira Ascensão[7], já no domínio do atual Código.

4 Uma noção tão ampla de coisa acessória afigura-se imprestável, em face do Direito positivo vigente[8]. As partes integrantes não são coisas, mas partes de coisa; os frutos e as benfeitorias têm um regime jurídico próprio, assim como o tesouro.

5 **3. Acessoriedade**. As coisas acessórias são coisas autónomas e coisas autónomas móveis. As imóveis são excluídas no n.º 1. A relação de acessoriedade molda-se pela finalidade de serviço ou ornamentação em que uma coisa se encontre relativamente à coisa principal[9]. Ou seja: a coisa acessória tem um uso determinado por um escopo funcional – de serviço ou ornamentação – a outra coisa.

6 A subordinação funcional resulta do exercício da propriedade, do direito real menor que estiver em causa (usufruto ou outro) ou até da mera posse. Esse exercício, que alguns autores aludem como o elemento subjetivo da acessoriedade, releva apenas no momento inicial. A partir daí, o que conta é a conexão funcional em que as coisas se encontram uma com a outra (elemento objetivo)[10]: a coisa acessória está ao serviço ou serve a ornamentação da coisa principal.

7 Os exemplos de coisas acessórias são muitos e variados: o pneu sobressalente e o macaco do automóvel, os tapetes, os vasos e a secretária da entrada do edifício, o mobiliário e as máquinas de uma casa de habitação (lavar e secar roupa, lavar loiça e fogão) e as máquinas agrícolas de uma herdade.

8 **4. *Accessorium principale non sequitur*.** O 210.º/1 usa em sinonímia coisas acessórias e pertenças. Pensamos que pode existir espaço conceptual para a distinção[11], mas estamos de acordo com Menezes Cordeiro[12] quanto à impossibilidade de a fundar no Direito positivo português. Ela permitiria corrigir, em larga parte, a inconveniência gerada pelo 210.º/2.

9 O interesse prático principal da distinção liga-se ao destino da coisa acessória em caso de alienação da principal. Nesta matéria, a regra tradicional surge retratada no brocardo *accessorium principale sequitur*: o acessório segue o principal, que sempre foi seguido nas principais ordens jurídicas europeias, até que Pires de Lima[13] veio propor a solução contrária, adotada no 210.º/2. Deste modo, em Portugal, a venda da cama não engloba o colchão, a alienação do automóvel não inclui os tapetes para os pés, assim como a venda dos sapatos deixa de fora os atacadores e por aí fora.

[4] *Supra* na anotação ao 206.º.
[5] *Teoria geral*, I, 266
[6] *Direitos Reais*, 83 ss..
[7] *Direito civil – Teoria geral*, I, 2.ª ed., 379.
[8] Neste sentido, Menezes Cordeiro, *Tratado*, III, 4.ª ed., 242 e José Alberto Vieira, *Direitos Reais*, 3.ª ed., 171.
[9] *Idem*, 172.
[10] Esta deve ser verificável e aquele que invoca a acessoriedade de uma coisa tem de a provar.
[11] José Alberto Vieira, *Direitos Reais*, 3.ª ed., 173 ss..
[12] *Tratado*, III, 4.ª ed., 245.
[13] Fernando Pires de Lima, *Das coisas*, 218-219, com uma justificação que se reporta às partes integrantes.

Por inconveniente que seja, a regra está em vigor. Por outro lado, a impossibilidade de fundar na lei portuguesa a distinção entre coisa acessória e pertença diminui realmente o espaço para se encontrarem soluções que se ajustem à lógica dos negócios jurídicos que as pessoas celebrem, quando estas, por qualquer razão, e na ausência de regra supletiva, nada convencionem a propósito, mas pretendam incluir a coisa acessória no âmbito de eficácia do negócio jurídico que hajam celebrado. 10

A doutrina portuguesa tem tentado obviar aos inconvenientes notórios da regra *accessorium principale non sequitur*, limitando o seu alcance. Castro Mendes[14] argumenta que a venda da coisa principal sem as suas pertenças contraria a boa-fé. A aplicação do 762.º/2 sobrepor-se-ia ao 210.º/2. Oliveira Ascensão[15] alega a existência de um costume contrário à lei, que derrogaria o 210.º/2. De uma forma mais elaborada, intentando a integração sistemática do 210.º/2, Menezes Cordeiro[16] apresenta várias saídas: (1) o alargamento do conceito de partes integrantes, em detrimento de coisas acessórias; (2) o aproveitamento das regras de interpretação e de integração dos negócios; (3) a consideração de deveres acessórios derivados da boa fé; (4) a legislação de proteção do consumidor, nomeadamente, o 4.º da L 24/96. 11

Não cremos que as razões invocadas por Castro Mendes e Oliveira Ascensão possam proceder: a primeira porquanto choca de frente com a regra do 210.º/2 e a segunda na medida em que não se divisa onde encontrar a prática contrária que subjaz ao costume. No que toca à argumentação de Menezes Cordeiro, vemos com muita dificuldade como operar o alargamento do conceito normativo de parte integrante ou encontrar deveres acessórios fundados na boa-fé no contexto negocial da compra e venda. 12

Sem prejuízo da incidência de normas sectoriais (como o 4.º da L 24/96) ou especiais/ /excecionais que surjam consagradas em determinados contextos de regulação, é na interpretação e na integração do negócio jurídico (236.º a 239.º) que se poderá fundar um sentido da declaração negocial favorável a incluir a coisa acessória no destino jurídico da coisa principal[17]. Será, pois, em sede de interpretação, ou em última análise de integração, das declarações negociais das partes, que se torna possível corrigir, afastando-a, a regra supletiva do 210.º/2, demonstrando-se que o sentido dessas declarações determina que o acessório siga o principal e, portanto, que a eficácia translativa do direito relativa à coisa principal abrange as coisas a ela acessórias. 13

Artigo 211.º (Coisas futuras)

São coisas futuras as que não estão em poder do disponente, ou a que este não tem direito, ao tempo da declaração negocial.

Bibliografia: António Menezes Cordeiro, *Tratado de Direito civil*, III, 4.ª ed. (2019), 232-233; José Alberto Vieira, *Direitos Reais*, 3.ª ed. (2020), 178-179; Luís Menezes Leitão, *Direitos Reais*, 7.ª ed. (2018), 73; Marta Sá Rebelo, em *UCP/Comentário ao Código Civil*, 1 (2014), 474-476; Rui Pinto Duarte, em Ana Prata (org.), *Código Civil anotado*, I, 2.ª ed. (2019), 295-296.

[14] *Teoria geral do Direito civil*, I, 415 ss..
[15] *Direito civil – Teoria geral*, I, 2.ª ed., 382.
[16] *Tratado de Direito civil*, III, 4.ª ed., 246.
[17] Também José Alberto Vieira, *Direitos Reais*, 3.ª ed., 177 ss..

Índice

1 **1. Preparatórios**. O 211.º, ao contrário dos seus congéneres, surgiu apenas e com forma definitiva, na 2.ª Revisão ministerial (211.º)[1]. O *Código anotado* de Pires de Lima/Antunes Varela não permite esclarecer o porquê da sua inclusão[2].

2 **2. Noção**. São coisas futuras[3]: (1) aquelas que não têm existência atual; (2) aquelas cujo direito não se encontra na titularidade do disponente no momento da celebração do negócio jurídico e que as partes tomaram nessa qualidade. O 211.º apenas menciona a segunda categoria, mas afigura-se evidente que o sentido primário a considerar respeita à própria existência da coisa. Temos, assim, um critério objetivo, que assenta na realidade do mundo físico e um critério subjetivo, o que a lei portuguesa menciona no 211.º e que faz depender a classificação da titularidade do direito pelo disponente no momento em que a declaração negocial se torna eficaz.

3 Importa esclarecer o sentido do preceito, que surge equívoco na formulação literal usada pelo legislador. Um negócio celebrado sem legitimidade do disponente não transforma em futura a coisa objeto dele. A venda de bens alheios é nula (892.º)[4], não lhe sendo aplicável o disposto para a venda de coisa futura (880.º e 893.º), que é válida[5]. A coisa cujo direito não esteja na titularidade do disponente ao tempo da declaração negocial[6] só deve ser classificada como futura, e sujeita ao regime jurídico das coisas futuras, se as partes do negócio jurídico a tomam nessa qualidade, ou seja, se conhecem a falta da titularidade do disponente e pretendem, ainda assim, a celebração do negócio, tendo em vista a aquisição posterior do direito em causa[7]. Se não for o caso, a coisa é presente e o negócio jurídico enferma de nulidade (892.º).

4 **3. Relevo**. O Direito português admite alguns negócios sobre coisas futuras, como a venda de coisas futuras (880.º e 893.º e 467.º do CCom), enquanto proíbe outros, como a doação de coisa futura (942.º/1). Quando permitidos, os negócios jurídicos com eficácia real, constitutiva ou translativa, apenas desencadeiam essa eficácia quando a coisa se torne presente, isto é, quando o disponente adquira o direito real sobre ela (408.º/2, 1.ª parte). Também nesse momento opera a transferência do risco para o adquirente[8].

5 A classificação tem particular importância em Direitos Reais. Os direitos reais só podem ter por objeto coisas presentes, não sendo admitidos direitos reais sobre coisas futuras. No caso de venda de coisa futura, a transmissão do direito para o comprador requer que primeiramente o comprador se torne titular do direito objeto do contrato (408.º/2); até lá, não há direito real a considerar nem eficácia real do contrato.

[1] *2.ª Revisão* (211.º), 83; *Projecto* (211.º), 61. Também apenas nessa ocasião foi completada a enumeração do 203.º: precisamente para incluir as coisas futuras.

[2] Pires de Lima/Antunes Varela, *Código Civil anotado*, I, 4.ª ed. (1987), 203-204.

[3] Menezes Cordeiro, *Tratado de Direito civil*, III, 4.ª ed., 232 ss. e José Alberto Vieira, *Direitos Reais*, 3.ª ed., 178 ss..

[4] Menezes Cordeiro, *Tratado de Direito civil*, XI (2018), 114 ss..

[5] *Idem*, 197 ss..

[6] O momento a considerar é o da eficácia da declaração negocial nos termos do 224.º/1.

[7] STJ 12-jan.-2010 (Moreira Alves), Proc. 4317/07 e RGm 24-abr.-2012 (Maria da Purificação Carvalho), Proc. 862/11.

[8] STJ 23-abr.-1998 (Matos Namora), CJ/Supremo VI (1998) 2, 46-49n(48/I); num contrato de resinagem, o pinhal foi destruído num incêndio; este ocorreu antes da extração, pelo que o preço não é devido.

Artigo 212.º (Frutos)

1. Diz-se fruto de uma coisa tudo o que ela produz periodicamente, sem prejuízo da sua substância.

2. Os frutos são naturais ou civis; dizem-se naturais os que provêm diretamente da coisa, e civis as rendas ou interesses que a coisa produz em consequência de uma relação jurídica.

3. Consideram-se frutos das universalidades de animais as crias não destinadas à substituição das cabeças que por qualquer causa vierem a faltar, os despojos, e todos os proventos auferidos, ainda que a título eventual.

Bibliografia: António Menezes Cordeiro, *Tratado de Direito civil*, III, 4.ª ed. (2019), 246-250; José Alberto Vieira, *Direitos Reais*, 3.ª ed. (2020), 182-194; Luís Menezes Leitão, *Direitos Reais*, 7.ª ed. (2018), 73-75; Maria Clara Sotto Mayor/Ana Teresa Ribeiro, em *UCP/Comentário ao Código Civil*, 1 (2014), 477-482; Rui Pinto Duarte, em Ana Prata (org.), *Código Civil anotado*, I, 2.ª ed. (2019), 296-297.

Índice

I – Origem e evolução

1 **1. Tradição romana**. Embora não haja surgido uma teoria dos *fructus* em Roma, a origem do conceito é indiscutivelmente romana[1]. Numa sociedade rural, os frutos ligam-se à ação da natureza e ao que ela dá para a alimentação e a satisfação das necessidades das pessoas. A evolução do pensamento romano identifica já frutos fora do domínio da natureza, na ação humana, numa visão económico-social que não pararia de crescer até ao presente.

2 **2. A pré-codificação**. Encontramos uma classificação tripartida dos frutos em Coelho da Rocha[2]: "Esta palavra na acçepção propria significa os productos corporeos orgânicos de uma cousa, a que chamam fructos naturaes. Porém na accepçào lata significa toda a utilidade, ou rendimento, que se pode tirar de qualquer cousa, como os juros, os alugueres; e a estes chamam fructos civis. Quando para a producção dos fructos além das forças da natureza concorre também o trabalho e industria do homem, chamam-se industriaes".

3 Esta tripartição estava presente no *Code* Civil francês (582.º) e, embora o Código Civil italiano de 1865 já houvesse renunciado à categoria dos frutos industriais (444.º), o Código

[1] Para mais referências, Raúl Ventura, *História do Direito romano*, II – *Direito das coisas*, 93-96, Menezes Cordeiro, *Tratado de Direito civil*, III, 4.ª ed., 246 ss. e José Alberto Vieira, *Direitos Reais*, 3.ª ed., 182-194.

[2] *Instituições de Direito civil portuguez*, I, 48 ss..

Civil de Seabra recebeu-a igualmente (495.º). Guilherme Moreira[3], porém, veio esclarecer que a distinção entre frutos naturais e industriais tinha apenas interesse histórico, sufragando a orientação italiana na matéria.

4 **3.** Nos **preparatórios**, Pires de Lima[4] afirma que a "classificação tripartida do nosso Código Civil não tem razão de ser". O Autor defende que não há frutos naturais ou industriais e que a primeira categoria integra a segunda. Deste modo, o novo Código Civil veio a consagrar uma classificação bipartida, entre frutos naturais e civis, deixando cair a categoria dos frutos industriais, que a doutrina portuguesa dominante e mais influente[5] já abandonara.

5 O anteprojeto Pires de Lima (10.º) continha, com diferenças formais, um texto equivalente aos dois primeiros números do 212.º[6]. A 1.ª Revisão (187.º) ajustou o n.º 1[7], em termos mantidos na Revisão intercalar (204.º)[8]. O extenso n.º 3 surgiu apenas na 2.ª Revisão (212.º)[9], assim se alcançando o texto definitivo[10].

II – Regime

6 **4. Conceito**. O conceito legal do 212.º/1 apresenta duas notas distintivas[11]: (1) a produção periódica; (2) a não afetação da substância da coisa. Estas notas acomodam-se aos frutos naturais, mas geram dificuldades quando pensadas para os frutos civis. Com efeito, os frutos naturais e os frutos civis obedecem a uma dogmática que não é totalmente coincidente[12], assim como o respetivo regime jurídico. A definição legal de frutos naturais e civis vertida no 212.º/2 foi retirada, a primeira, do 820.º do Código italiano e a segunda, do § 97 do BGB alemão[13].

7 (1) Os **frutos naturais** são gerados periodicamente pelo poder reprodutivo de algumas coisas[14], tendo a virtualidade de ser separados da coisa mãe sem afetar a integridade desta última[15]. Os frutos naturais resultam do poder reprodutivo próprio da coisa, ou seja, da capacidade da mesma em gerar novas partes, que, por sua vez, podem dar lugar a outras coisas. Esse poder reprodutivo manifesta-se repetidamente, embora de modo finito. Periodicidade equivale a repetição, sem envolver, em todo o caso, o carácter perpétuo: nada dura para sempre!

8 Quando são gerados os frutos naturais são partes de coisa, sem autonomia relativamente à coisa-mãe. Apenas a separação desta lhes confere essa autonomia jurídica como *res*. Segundo o disposto no 204.º/1, *c*), os frutos devem-se considerar imóveis. Importa interpretar o preceito devidamente. Enquanto ligados à árvore, planta ou arbusto incorporados no solo, os frutos são parte da coisa imóvel: não são coisa, seguindo o regime jurídico dos imóveis. Uma vez separados da coisa-mãe, ganham autonomia e são móveis. Também os frutos gerados por coisa móvel (por exemplo, uma planta ou árvore num vaso) são sempre móveis, não se lhes aplicando o 204.º/1, *c*).

9 A qualificação como fruto natural depende de outra circunstância (212.º/1): a ausência de detrimento para a coisa-mãe ("sem prejuízo da sua substância"). O que uma coisa gera repetidamente só pode qualificar-se como fruto natural se a separação puder ocorrer sem perda da sua

[3] *Instituições*, I, 357.

[4] Fernando Pires de Lima, *Das coisas*, 219.

[5] Reportamo-nos a Guilherme Moreira e Manuel de Andrade.

[6] Fernando Pires de Lima, *Das coisas*, 219.

[7] *1.ª Revisão* (187.º), 83.

[8] *Revisão intercalar* (204.º), 80.

[9] *2.ª Revisão* (212.º), 84.

[10] *Projecto* (212.º), 61.

[11] *Vide* a explicação de Pires de Lima, *Das Coisas*, 219.

[12] Para os desenvolvimentos, José Alberto Vieira, *Direitos Reais*, 3.ª ed., 185 ss..

[13] Fernando Pires de Lima, *Das coisas*, 220.

[14] Nem todas as coisas têm a capacidade de gerar frutos, mesmo no mundo natural.

[15] José Alberto Vieira, *Direitos Reais*, 3.ª ed., 187.

identidade e integridade. A preservação da coisa-mãe constitui, pois, requisito da qualificação legal.

(2) Os **frutos civis**, diversamente dos naturais, não são gerados por virtude de um poder 10
reprodutivo da coisa[16]. Os dividendos pagos pelas ações detidas, os juros pagos pelo banco no contexto de um contrato de depósito irregular remunerado, a renda recebida pelo senhorio proprietário ou usufrutuário, por exemplo, constituem um crédito adquirido no contexto de uma dada relação jurídica. Esse crédito ou a coisa entregue em cumprimento do mesmo (dinheiro) não constituem uma parte da coisa-mãe e a classificação como fruto não torna aplicável o disposto 204.º/1, *c*), que não pode valer nunca para os frutos civis.

Pelo facto de os frutos civis não serem extraídos da coisa, não tem pertinência falar, 11
quanto a eles, de separação. A segunda nota distintiva do conceito de frutos dada no 212.º/1, vale somente para os frutos naturais. O regime da colheita antecipada dos frutos (214.º) e o disposto quanto à indemnização ao possuidor pelas despesas de cultura, sementes e restantes matérias-primas (215.º/1 e 1270.º), apenas respeitam aos frutos naturais. Também a classificação dos frutos em pendentes, percebidos e percebiendos é exclusiva dos frutos naturais.

5. Frutos e produtos. O 212.º não procede à distinção entre ambos. Pires de Lima[17] apontava 12
a dificuldade de distinção entre ambos os conceitos. E o 212.º/3 exprime bem essa ausência de diferenciação, qualificando como frutos aquilo que não o pode ser, segundo a definição dada no n.º 1. Na verdade, nem os despojos nem os proventos ocasionais têm periodicidade. Por outro lado, os primeiros decorrem mesmo da perda da coisa e os segundos supõem uma substância degradada, em contradição com a segunda nota distintiva do conceito legal de frutos.

Conforme explicámos noutro lugar[18], os produtos são novas coisas nascidas da separação 13
da coisa-mãe, mas que esta não tem possibilidade de gerar novamente e cuja contínua exploração provoca o seu detrimento, ainda que este seja gradual e lento. Como exemplos de produtos temos os minérios, o mármore da pedreira ou o granito do solo. O produto não decorre de um poder reprodutivo periódico da coisa e o seu aproveitamento gera, em regra, ainda que gradual ou impercetivelmente, a degradação da coisa.

A distinção entre frutos e produtos é relevante quando o titular do direito à fruição não 14
seja o seu proprietário. O titular de um direito real que outorgue fruição pode fazer o aproveitamento dos frutos na medida do seu direito, mas não o pode fazer relativamente aos produtos sempre que estes importem uma degradação da coisa que o direito em causa não autorize. O regime jurídico do usufruto, em particular, o disposto nos 1457.º e 1458.º, ilustra o que dissemos. Os produtos não seguem, em regra, o regime jurídico dos frutos[19], a não ser nos casos em que o seu aproveitamento não acarrete detrimento na coisa, não afeta a substância da coisa no dizer do art. 212.º, n.º 1.

6. Outras realidades. Não são frutos da coisa o que a ela acresça por força da união ou mistura 15
conducentes à acessão, o tesouro encontrado na coisa e a *res nullius* suscetível de ocupação. Os animais bravios, vivendo embora no imóvel, não são parte do mesmo, nem a sua captura (ocupação) faz deles frutos da coisa. O mesmo se diga dos peixes ou outras criaturas que se encontrem nos cursos de água existentes no imóvel[20].

7. Classificações. A principal distingue frutos: (1) pendentes; (2) percebidos; (3) percipiendos. 16
São pendentes os frutos antes da separação ou perceção. Neste estado, os frutos não têm auto-

[16] *Idem*, 185 ss..
[17] Fernando Pires de Lima, *Das coisas*, 219.
[18] José Alberto Vieira, *Direitos Reais*, 3.ª ed., 190.
[19] *Idem*, 190 ss..
[20] *Idem*, 191.

nomia jurídica, não são coisas, constituindo antes uma parte da coisa-mãe. Os negócios jurídicos respeitantes à coisa-mãe envolvem igualmente os frutos pendentes, como partes dela. Aos frutos pendentes a lei alude nos 215.º/2 e 1270.º/2.

17 Os frutos ganham autonomia jurídica como coisas com a separação. Dizem-se então percebidos. Nesse momento, podem ser objeto da constituição ou transmissão de um direito real (408.º/2). Antes disso podem ser negociados como coisas futuras, ficando sujeitos ao regime da venda de bens futuros (880.º). A lei menciona-os nos 213.º/1, 215.º/1 e 1270.º/1.

18 Frutos percipiendos são aqueles, que não havendo sido percebidos, o podiam ter sido. O possuidor de má fé responde pelos frutos que a coisa produziria se houvesse usado uma certa diligência (1271.º, no fim).

Artigo 213.º (Partilha dos frutos)

1. Os que têm direito aos frutos naturais até um momento determinado, ou a partir de certo momento, fazem seus todos os frutos percebidos durante a vigência do seu direito.

2. Quanto a frutos civis, a partilha faz-se proporcionalmente à duração do direito.

Bibliografia: a referida no 212.º.

Índice

1 **1. Preparatórios**. O texto adveio, sem alterações, do 11.º do anteprojeto Pires de Lima[1].

2 **2. Direito aos frutos** tem, em princípio, o proprietário da coisa, na medida em que lhe cabe o poder de fruição (1305.º). Estando a propriedade onerada com um direito menor de gozo (usufruto, uso e habitação) podem os frutos naturais ser colhidos pelo titular respetivo "durante a vigência do seu direito". Se o titular do poder de fruição (proprietário ou usufrutuário) se obrigou a prestar o gozo da coisa a terceiro, envolvendo os frutos naturais (p. ex., no arrendamento rural), os frutos são direito do credor.

3 O 213.º/1 deve ser conjugado com o articulado da posse, nomeadamente, com o regime jurídico constante dos 1270.º/1 e 1271.º. Havendo posse dissociada da titularidade do direito, isto é, havendo uma posse nos termos de um direito real de gozo que atribua a fruição da coisa, sem que o possuidor seja o titular do direito em causa, os frutos pertencem ao possuidor, e não

[1] Fernando Pires de Lima, *Das coisas*, 220; *1.ª Revisão* (188.º), 83; *Revisão intercalar* (205.º), 80-81; *2.ª Revisão* (213.º), 84; *Projecto* (213.º), 62.

[2] Se não for o proprietário do imóvel. Se for, a propriedade da coisa inclui os frutos não colhidos.

ao titular do direito, se a posse for de boa-fé (1270.º/1). Se for de má-fé, o direito aos frutos mantém-se no titular do direito, devendo o possuidor restituir os frutos que a coisa produziu até ao fim da posse, indemnizar o titular pelos frutos que consumiu e ainda pelos frutos que a coisa poderia ter produzido nas mãos de um proprietário diligente e não produziu (1271.º).

3. Propriedade dos frutos naturais. O 213.º/1 assenta numa distinção entre o direito aos frutos e a propriedade dos mesmos. Sendo os frutos parte componente da coisa imóvel enquanto ligados ao solo, a propriedade dos mesmos pertence sempre ao titular do imóvel. Quando o titular do poder de fruição (o usufrutuário ou o usuário) não coincida com o proprietário, a propriedade dos frutos naturais só vem a ser adquirida por ele com a separação (frutos percebidos). Não havendo colheita dos frutos naturais, o titular do direito de fruição não chega a adquirir a propriedade sobre eles, que permanece, por conseguinte, com o proprietário do imóvel. 4

Se houver uma mudança na titularidade do direito à fruição dos frutos naturais antes da colheita, a propriedade desses frutos pode vir a ser adquirida pelo novo titular com a separação[2], ainda que o trabalho e as despesas de produção hajam sido do anterior. Os que foram percebidos, consumidos ou não, durante a vigência do direito anterior permanecem com o titular respetivo. 5

4. Titularidade dos frutos civis. O 213.º/2 obriga a uma contagem do tempo em caso de sucessão na titularidade do direito de fruição durante o período. Os frutos pertencem a cada um dos titulares na proporção do tempo de titularidade do direito. 6

5. Proibições convencionais. Enquanto parte do conteúdo do direito real de gozo, o poder de fruição não tem natureza dispositiva. O princípio da tipicidade (1306.º) obsta a uma tal interpretação. Convenções negociais que o envolvam podem apenas ter eficácia obrigacional. Com eficácia real serão nulas (1306.º/1). 7

Artigo 214.º (Frutos colhidos prematuramente)

Quem colher prematuramente frutos naturais é obrigado a restituí-los, se vier a extinguir-se o seu direito antes da época normal das colheitas.

Bibliografia: a referida no 212.º.

Índice

1. Preparatórios. O texto adveio do 12.º do anteprojeto Pires de Lima[1]. Sem alterações[2], chegou ao atual 214.º. 1

2. Proibição de colheita antecipada. O 214.º dirige-se aos titulares de direitos reais menores, ao possuidor formal de boa-fé e aos titulares de direitos pessoais de fruição, vedando-lhes 2

[1] Fernando Pires de Lima, *Das coisas*, 220.

[2] *1.ª Revisão* (189.º), 83; *Revisão intercalar* (206.º), 81; *2.ª Revisão* (214.º), 84; *Projecto* (214.º), 62.

implicitamente o poder de colherem os frutos antes da época das colheitas, se o seu direito vier a extinguir-se até lá. Fazendo-o, devem restituir os frutos; não sendo a restituição possível, por haverem sido consumidos ou alienados, há lugar a uma indemnização pelo seu valor, ao novo titular.

3 Surge, aqui, uma delimitação negativa do poder de fruição: o titular deste poder está impedido de colher os frutos quando quiser, se estiver na iminência de ver o seu direito extinguir-se antes da época das colheitas. Este preceito não tem aplicação ao proprietário, mesmo que ele venha a alienar o seu direito antes do tempo das colheitas. Isso importaria uma inexplicável restrição do gozo do proprietário, que nada na lei parece abonar. Entendemos, assim, que o novo proprietário não pode invocar este preceito para fundar um direito à restituição dos frutos ou um direito de indemnização.

4 **3. Alienação antecipada**. Os negócios de alienação de frutos antes da colheita, celebrados pelo titular de direito real menor ou por possuidor de boa-fé, são válidos. Se forem onerosos, porém, o preço da alienação pertence ao novo titular do direito de fruição. É a solução que se retira do 1270.º/3 para o possuidor de boa-fé e do 1448.º para o usufrutuário.

Artigo 215.º (Restituição de frutos)

1. Quem for obrigado por lei à restituição de frutos percebidos tem direito a ser indemnizado das despesas de cultura, sementes e matérias-primas e dos restantes encargos de produção e colheita, desde que não sejam superiores ao valor desses frutos.

2. Quando se trate de frutos pendentes, o que é obrigado à entrega da coisa não tem direito a qualquer indemnização, salvo nos casos especialmente previstos na lei.

Bibliografia: a referida no 212.º.

Índice

1 **1. Preparatórios**. O preceito resulta do 15.º do anteprojeto Pires de Lima[1]. Não foi alterado, surgindo, intacto, no 215.º vigente[2].

2 **2. Restituição de frutos e indemnização**. Segundo o 215.º/1, quem for obrigado a restituir frutos colhidos ou a indemnizar o titular do direito aos frutos, no caso destes haverem sido consumidos ou alienados, tem direito a ser indemnizado do valor dos encargos que suportou na

[1] Fernando Pires de Lima, *Das coisas*, 221.

[2] *1.ª Revisão* (190.º), 84; *Revisão intercalar* (207.º), 81; *2.ª Revisão* (215.º), 84; *Projecto* (215.º), 62.

sua produção, até ao valor dos frutos. Tipicamente o caso do possuidor de má-fé (1271.º) ou o daquele que colheu os frutos prematuramente (214.º, n.º 1).

3. Indemnização em caso de frutos pendentes. O 215.º/2 afasta a regra consagrada no n.º 1 no caso de o até aí titular do poder de fruição ter de entregar a coisa com frutos pendentes. O preceito tem um alcance muito reduzido, visto que a lei determina a solução contrária para o possuidor de boa-fé (1270.º/2) e para o usufrutuário (1447.º), solução esta que vale igualmente para o direito de uso e de habitação. 3

Artigo 216.º (Benfeitorias)

1. Consideram-se benfeitorias todas as despesas feitas para conservar ou melhorar a coisa.

2. As benfeitorias são necessárias, úteis ou voluptuárias.

3. São benfeitorias necessárias as que têm por fim evitar a perda, destruição ou deterioração da coisa; úteis as que, não sendo indispensáveis para a sua conservação, lhe aumentam, todavia, o valor; voluptuárias as que, não sendo indispensáveis para a sua conservação nem lhe aumentando o valor, servem apenas para recreio do benfeitorizante.

Bibliografia: António Menezes Cordeiro, *Tratado de Direito civil*, III, 4.ª ed. (2019), 250-252; José Alberto Vieira, *Direitos Reais*, 3.ª ed. (2020), 194-195; Luís Menezes Leitão, *Direitos Reais*, 7.ª ed. (2018), 75; Marta Sá Rebelo, em *UCP/Comentário ao Código Civil*, 1 (2014), 482-487; Rui Pinto Duarte, em Ana Prata (org.), *Código Civil anotado*, I, 2.ª ed. (2019), 299-300.

Índice

1. Preparatórios. O texto do 216.º adveio do 14.º do anteprojeto Pires de Lima[1]: então reduzido a dois números, uma vez que o n.º 2 comportava os atuais n.os 2 e 3. Intocado na 1ª Revisão (191.º)[2], na Revisão intercalar (208.º)[3], na 2.ª Revisão (216.º)[4] e no próprio Projeto (216.º)[5], este preceito é dos poucos que apenas no Código promulgado atingiu a fórmula definitiva. 1

2. Sistemática legal. As benfeitorias eram reguladas no CS (498.º ss.), no contexto do regime jurídico da posse. No atual Código Civil, a definição e as classificações de benfeitorias acham-se neste preceito, mas o seu regime jurídico continua a constar da regulação normativa da posse, nos 1272.º a 1275.º. Para além do regime da posse, as benfeitorias são referidas em numerosos preceitos. Assim, no regime da locação (1046.º e 1074.º/5), no comodato (1138.º), na com- 2

[1] Fernando Pires de Lima, *Das coisas*, 221-222.
[2] *1.ª Revisão*, 84.
[3] *Revisão intercalar*, 81-82.
[4] *2.ª Revisão*, 85.
[5] *Projecto*, 62.

propriedade (1411.º), no usufruto (1450.º), na colação (2115.º), na redução de liberalidades inoficiosas (2177.º) e nos legados (2269.º)[6]. Pode discutir-se o acerto da sistematização legal. As benfeitorias não são coisas e, por isso, a sua inserção num regime jurídico dedicado a elas levanta dúvidas legítimas.

3 **3. Conteúdo.** As benfeitorias são sempre intervenções de alguém sobre uma coisa[7] que impliquem alguma forma de melhoramento[8], independentemente de trazerem ou não um aumento do valor dela. Uma intervenção que consista numa deterioração da coisa não constitui nunca uma benfeitoria.

4 O 216.º/1 define benfeitorias como despesas. Trata-se de uma noção demasiado redutora e algo incaracterística. Os melhoramentos na coisa são suscetíveis de envolver simples trabalho, trabalho e despesas ou também outras coisas, que ficam incorporadas na coisa melhorada. Essas coisas, por sua vez, podem passar a constituir partes integrantes ou componentes da coisa incorporada ou ainda ficar numa relação de acessoriedade com ela[9].

5 **4. Classificações.** As benfeitorias são necessárias, úteis ou voluptuárias (216.º/2). A classificação legal funda-se em dois critérios: (1) a necessidade do melhoramento para evitar a perda ou deterioração da coisa; (2) o eventual aumento do valor objetivo desta resultante desse melhoramento.

6 Se a coisa viesse a perecer ou se deteriorasse caso o melhoramento não fosse feito, a benfeitoria deve qualificar-se como necessária; se não estava em causa nem a perda nem a deterioração da coisa, mas a benfeitoria trouxe-lhe um acréscimo de valor objetivo, a benfeitoria entra na categoria das benfeitorias úteis[10]. Por fim, se não era indispensável para evitar a perda ou deterioração da coisa e não trouxe qualquer aumento de valor a ela, a benfeitoria deve qualificar-se como voluptuária[11].

7 A jurisprudência portuguesa tem vindo a ser chamada ao longo dos anos a qualificar ações concretas sobre a coisa no âmbito do conceito legal de benfeitorias[12] e respetivas classificações, em termos que nem sempre coincidem com a semântica legal. Assim, em RPt 8-mar.-2019[13], o Tribunal afirma o seguinte:

> II – Enquanto as benfeitorias necessárias se definem pela sua indispensabilidade e essencialidade para a conservação do coisa e pelo fim ou propósito que preside à sua realização, independentemente do seu resultado efetivo, as úteis, apesar de dispensáveis, definem-se pelo aumento do valor objetivo que trazem à coisa principal, caracterizando-se, pois, pelo critério do resultado.
>
> IV – As benfeitorias voluptuárias, seguindo também o critério do resultado, distinguem-se das úteis, porque o benefício delas emergente, produz-se apenas na pessoa do seu autor.

[6] Elas surgem, ainda, no 94.º (direitos e obrigações do curador provisório), no 670.º, *b*) (direitos do credor pignoratício), no 691.º/1, *c*) (extensão da hipoteca), no720.º/2, *b*) (redução judicial da hipoteca), no 726.º (terceiro adquirente de coisa hipotecada), no 901.º (garantia do pagamento de benfeitorias) e no 1733.º/2 (bens incomunicáveis).

[7] Despesas por causa da coisa e não na coisa, como, por exemplo, o pagamento de um imposto predial, não constituem benfeitorias e o seu regime jurídico não é o delas.

[8] Neste sentido, Oliveira Ascensão, *Direito civil – Teoria geral*, I, 2.ª ed., 391 e José Alberto Vieira, *Direitos Reais*, 3.ª ed., 194 ss..

[9] José Alberto Vieira, *Direitos Reais*, 3.ª ed., 195.

[10] Como se pode ler em STJ 27-set.-2012 (Fernando Bento), Proc. 1696/08: "as obras, autorizadas pelo proprietário, de adaptação do terreno para servir esse fim configuram-se benfeitorias úteis na medida em que lhe aumentam o valor".

[11] José Alberto Vieira, *Direitos Reais*, 3.ª ed., 195.

[12] Para uma recolha de casos, Menezes Cordeiro, *Tratado de Direito civil*, III, 4.ª ed., 251.

[13] RPt 8-mar.-2019 (Amaral Ferreira), Proc. 401/13.

Subtítulo III – Dos Factos Jurídicos

Capítulo I – Negócio Jurídico

Introdução (217.º a 294.º)

Bibliografia: António Menezes Cordeiro, *Tratado de Direito civil*, II, 4.ª ed. (2014), 21-972; Carlos Alberto da Mota Pinto, *Teoria geral do Direito civil*, 4.ª ed., por António Pinto Monteiro e Paulo Mota Pinto, 4.ª ed. (2005), 355-658; Carlos Ferreira de Almeida, *Contratos* I, 6.ª ed. (2018, reimp.), 93-255; Fernando Pires de Lima/João Antunes Varela, *Código Civil anotado*, I, 4.ª ed. (1987), 208-269; Guilherme Moreira, *Instituições de Direito civil*, I (1907), 375-527; Heinrich Ewald Hörster/Sónia Moreira, *A parte geral do Código Civil português/Teoria geral do Direito civil*, 7.ª ed. (2019) 455-675; Inocêncio Galvão Telles, *Manual dos contratos em geral*, 4.ª ed. (2002), 71-251; Jacinto Rodrigues Bastos, *Das relações jurídicas*, II (1968), 137--230 e III (1968), 7-213 e IV (1969), 7-73; João de Castro Mendes, *Direito civil (Teoria geral)*, III (1968), 3-483; José Alberto González, *Código Civil anotado* I (2011), 260-396; José Alberto Vieira, *Negócio jurídico/ /Anotação ao regime do Código Civil (artigos 217.º a 295.º)* (2006), 130 pp.; José Dias Marques, *Teoria geral do Direito civil*, II (1959), 402 pp.; José de Oliveira Ascensão, *Direito civil (Teoria geral)*, II, 2.ª ed. (2003), 9-490; Luís Alberto Carvalho Fernandes, *Teoria geral do Direito civil*, 2, 5.ª ed. (2014), 13-545; *idem* e AAVV, *UCP/Comentário ao Código Civil* (2014), 487-735; Manuel de Andrade, *Teoria geral da relação jurídica*, II – *Facto jurídico, em especial negócio jurídico* (1960), 3-437; Manuel Pita e outros em Ana Prata (org.), *Código Civil anotado*, 1, 2.ª ed. (2019), 301-397; Paulo Mota Pinto, *Direito civil/Estudos* (2018), 7-511; Pedro Pais de Vasconcelos, *Teoria geral do Direito civil*, 9.ª ed. (2019), 405-764.

Índice

I – Coordenadas históricas

1 **1. Origem**. O negócio jurídico, enquanto manifestação de vontade relevante, conviveu com o contrato durante muitos séculos. O canonismo isolou o *actus juridicus*, surgindo *factum*, na escolástica tardia. No essencial: o contrato busca a sua jurídica-positividade no consenso e na *fides* dele resultante, enquanto o negócio mergulha na vontade do seu autor.

2 A locução negócio jurídico (*negotium juridicum* ou *Rechtsgeschäft*) após antecedentes dispersos, foi usada por Harpprecht (1718-1758) e por Nettelbladt (1719-1791): *usus modernus* tardio, donde passou à primeira pandectística[1]: Hugo (1764-1844), Heise (1788-1851) e Thibaut (1772-1840). A consagração deve-se a Savigny (1779-1861)[2]:

> Por declarações de vontade ou negócios jurídicos entendem-se aqueles factos jurídicos que não só são atuações livres, mas ainda nos quais igualmente a vontade do agente é imediatamente dirigida à constituição ou à dissolução de uma relação jurídica.

3 Na pandectística subsequente, o negócio jurídico tornou-se um instrumento indispensável, permitindo o estudo da vontade humana, quando projetada no Direito[3]. Foi usado por Windscheid (1817-1892), donde passou ao BGB de 1896-1900.

4 **2. Alternativas**. O Direito francês mantém o contrato como categoria básica. O suíço aderiu ao negócio. O italiano, após ter acolhido o *negozio giuridico* por influência alemã, regressou, com o Código Civil de 1942, ao contrato[4].

5 **3. Sentido e utilidade**. O negócio jurídico é uma criação do jusracionalismo, acolhida na parte geral das exposições pandectísticas[5]. Afigura-se adequado: um instituto capaz de albergar, na parte geral, um *genus* no qual se inscrevessem, depois, os contratos e os atos unilaterais das obrigações, os atos próprios de Direitos Reais e de Direito da família bem como o testamento. O nível de abstração requerido é muito elevado. *Summo rigore*, um negócio jurídico, sem mais, não constitui matéria suficiente para enquadrar e resolver um caso concreto. Ele surge, tão-só, como um passo inicial, num processo de realização do Direito.

6 Apesar da sua relativa juventude, o negócio jurídico aproxima-se dos seus primeiros dois séculos e meio: dez gerações de juristas, ao longo de um período histórico da maior agitação. A sua utilidade dogmática, isto é, teórica e prática, está demonstrada, embora requeira um nível jurídico-científico de elevada elaboração.

7 No terreno, o aprofundamento de questões tecidas em torno do negócio não encontra paralelo nas ordens jurídicas que usem sucedâneos, como o contrato e, até, o (inaproveitado) ato jurídico. Vamos mais longe: a dispensa do negócio jurídico, levada a cabo pelo Código italiano de 1942, provocou um claro retrocesso no nível científico da civilística transalpina[6].

[1] *Tratado*, II, 4.ª ed., 29-35, com indicações.
[2] Friedrich Carl von Savigny, *System des heutigen römischen Rechts*, 3 (1840), 98-99.
[3] *Tratado*, II, 4.ª ed., 34-35, com indicações.
[4] Paulo Mota Pinto, *Declaração tácita e comportamento concludente* (1995), 54-59, com indicações.
[5] *Tratado* I, 4.ª ed., 170 ss..
[6] Diversos autores italianos chegaram a anunciar o "crepúsculo" do negócio jurídico, aduzindo razões ideológi-

O negócio jurídico opera como um pólo científico. Ele concentra, num instituto de aparente acessibilidade, a trama complexa tecida em torno da vontade humana, da ação do homem, da tutela da confiança e da articulação destes elementos com o Direito e com a sua Ciência. 8

Embora de forma mais discreta do que o sucedido com o contrato, o negócio preenche um nicho significativo-ideológico. Enquanto expressão técnico-jurídica máxima da autonomia privada, ele dá corpo aos princípios liberais e à vontade individual, no Direito civil. Os seus quadros podem ser usados noutros domínios marcados pela autonomia, como no Direito internacional. 9

II – Coordenadas dogmáticas

4. A autonomia privada exprime a liberdade de constituir e de conformar situações jurídico-privadas, de acordo com a livre vontade do sujeito[7], sem necessidade de fundamentar ou de explicar as suas opções. Este núcleo significativo e axiológico não fica diminuído pela não-consagração constitucional expressa. A volatilidade constitucional concentra-se nos pontos questionados ou desrespeitados, ao longo do percurso histórico das sociedades: qualquer catálogo de direitos e liberdades fundamentais confirma essa asserção. O respeito pelo contratado, decorrência lógica da liberdade contratual e, mais longe, da autonomia privada, está firmemente ancorado em qualquer sociedade e nas representações de cada um: nunca foi questionado, dispensando a tutela formal das constituições políticas. 10

A autonomia privada traduz uma permissão genérica de atuação jurígena[8]. Não se centra num especial objeto, pelo que é irredutível a um direito subjetivo *proprio sensu*. Todavia, não se reconduz a uma liberdade abstrata: antes toma corpo numa autoconformação jurídica, através de atos de validade. O livre-arbítrio do sujeito impõe-se, independentemente do significado jurídico-científico que, daí, se possa retirar e sem relação com a essência última do negócio assim originado. 11

Dados antropológicos, confirmados pela observação, mostram que não existe uma autonomia intrínseca ao ser humano. A autonomia pressupõe sociedade e implica o reconhecimento, por esta, do espaço autorregulativo do sujeito ela é o produto de uma atribuição da Ordem Jurídica. Essa atribuição deixa a cada um o sentido que lhe queira dar, cabendo, à dogmática jurídica, a tarefa de construir um processo de realização que concretize, da melhor maneira, a ideia básica do ordenamento. 12

5. Justificação e limites. Temos três grandes ordens de justificação, de tipo: (1) ético e político-social: a autonomia privada não é uma opção livre do Direito civil; ela corresponde a exigências da dignidade humana e da liberdade geral de cada um; (2) económico-social: a História mostra que, sob regimes alargados de autonomia, consegue-se um máximo de equilíbrio social e de eficiência económica; (3) pessoal, social e profissional, ligado à natureza endógena do cérebro humano ou à livre opção reconhecida pelas grandes religiões, num claro *a posteriori*. 13

A autonomia privada é prosseguida através de diversos dispositivos jurídico-privados que, por vezes, a delimitam. Assim: a lei restringe o valor declarativo do silêncio (218.º); fixa, para casos sensíveis, a exigência de uma forma solene para os negócios (219.º), sob pena de nulidade 14

cas, linguísticas, históricas e jurídico-positivas e provocando, com isso, reações de sinal contrário; *vide* indicações em Paulo Mota Pinto, *Declaração tácita e comportamento concludente no negócio jurídico*, 56-59.

[7] *Tratado* VII, 179 ss..

[8] *Tratado* I, 4.ª ed., 951 ss..

(220.º); dispõe regras cuidadas sobre a perfeição e a eficácia da declaração negocial (224.º a 235.º); rege a interpretação e a integração, em moldes que salientam a autonomia privada (236.º a 239.º); regula a falta e os vícios da vontade (240.º a 257.º); estipula sobre a representação (258.º a 269.º), prolongamento jurídico da autonomia privada; ocupa-se do conteúdo típico dos negócios (270.º a 279.º); veda negócios usurários (280.º a 284.º); enquadra as ineficácias do negócio (285.º a 293.º). Além do Código, há que contar com outros diplomas civis, com relevo para a Lei sobre as Cláusulas Contratuais Gerais (LCCG).

15 **6. O papel da vontade**. Os pais do negócio jurídico, designadamente Daniel Nettelbladt, começaram por apresentar uma noção ampla: abrangia declarações de vontade ou *mentis declarationes* e situações diversas, como as decisões judiciais e as obrigações imediatamente *ex lege*[9]. A doutrina subsequente veio ligar o negócio à declaração de vontade ou à atuação voluntária das pessoas[10].

16 No momento histórico seguinte, os autores imputaram os efeitos do negócio, designadamente a constituição, a supressão ou a modificação de relações jurídicas, à "ação" da pessoa, sem mais; essa "ação" logo foi convolada para "atuação voluntária", para "vontade e declaração de vontade" ou para "manifestação de vontade". Tal sistema veio a ser fechado por Savigny. A vontade está na origem do negócio e é a fonte da sua juridicidade[11]. Nesse sentido vai a definição savignyana de negócio, acima transcrita.

17 (1) A conceção de Savigny, conhecida como **teoria da vontade** ou dogma da vontade, identifica o negócio com a declaração e esta com a vontade (real) do declarante. Ela obtém uma cobertura significativo-ideológica, mercê da sua aproximação à filosofia transcendental alemã e, designadamente, a Kant. Pode ser precisada por diversas formas: (a) a declaração de vontade é o corpo do negócio e visa um efeito jurídico, produzido porque querido; (b) o negócio jurídico traduz (apenas) o querer consciente do fator jurídico-constituendo; (c) o negócio jurídico é a forma na qual a vontade subjetiva, dentro dos limites do ordenamento, desenvolve a sua atividade criadora de Direito.

18 A teoria da vontade evoluiu, emancipando-se da ligação genética e funcional à vontade subjetiva humana. Mesmo sendo o declarante um estudioso acabado do Direito civil, nunca conseguiria prever todos os efeitos que, no futuro, se poderiam vir a associar a um negócio. Os resultados visados seriam, assim, ou os principais ou os empíricos.

19 (2) **A teoria da declaração**. O cientismo do século XIX jogava contra uma ideia autónoma de vontade; esta era tomada como um dado natural, de tipo psicológico, numa aproximação (ainda não assumida) a uma versão empírica da teoria da ação. A adoção do BGB, nos finais do século XIX, manteve um confronto de doutrinas, com a teoria da vontade em destaque. Todavia, o regime estabelecido protegia (também) a confiança do declaratário: abria as portas a um debate subsequente renovado, onde dominaria a teoria da declaração. Decisivo, no negócio jurídico, seria a mera declaração exterior a qual funcionaria como elemento de previsão normativa que – ela sim – desencadearia o próprio negócio jurídico e os seus efeitos. A chave estaria na possibilidade de imputar, objetivamente, a declaração ao seu autor.

20 **7. Síntese: teorias**. O negócio e a vontade podem articular-se em quatro opções: (1) um ato de vontade dirigido a certos efeitos, produzidos porque queridos (teoria dos efeitos jurídicos);

[9] Daniel Nettelbladt, *Systema elementare Iurisprudenciae Positivae Germanorum* (1791), § 183 (108).

[10] *Tratado*, II, 4.ª ed., 47, com indicações.

[11] Indicações: *Tratado*, II, 4.ª ed., 48 ss..

(2) um ato de vontade tendente a um fim protegido e desenvolvido pelo ordenamento (teoria do fim protegido); (3) um ato de autorregulamentação de interesses; (4) um ato de autonomia privada, a que o Direito associa a constituição, a modificação e a extinção de situações jurídicas (teoria da autonomia jurídica).

(1) A **teoria dos efeitos jurídicos**, liga-se ao dogma da vontade. Esta teria uma capacidade intrinsecamente juridificadora: ela atua e, como produto dessa atuação, surge a eficácia, que o Direito se limita a reconhecer. O negócio jurídico identifica-se com a declaração e os efeitos jurídicos provocados são-no por a vontade os pretender. 21

A tese em causa claudica perante algumas considerações de feição jurídico-filosófica e técnico-jurídica: (a) Em termos jurídico-filosóficos, tudo repousa no dogma da vontade e na pretensão ingénua de que a vontade humana produz, por si, efeitos de Direito. Não é assim: o Direito surge do exterior, impondo-se às pessoas; a juridicidade deriva do sistema e não das consciências, numa posição antropologicamente demonstrável e rica em consequências. (b) Num prisma prático, a orientação em análise conduz a resultados inconvenientes. Nenhuma vontade pode ponderar e querer todos os efeitos jurídicos que, daí, derivem ou venham a derivar. Mesmo juristas experientes ver-se-ão impossibilitados de seguir, até ao fim, uma eficácia negocial em progressão caleidoscópica. E quando o negócio seja celebrado por um leigo, fica, por maioria de razão, prejudicada a via de descortinar, nele, efeitos queridos pelo declarante, e porque o sejam. Todo o tráfego negocial ficaria, perante esta leitura, gravemente comprometido. De resto: o regime jurídico-positivo aplicável ao negócio não permite documentar semelhante orientação; pelo contrário. 22

(2) A **teoria do fim protegido** procura corrigir alguns dos óbices apontados. A juridificação dos efeitos ocorre não mercê da vontade humana individual, mas em consequência de uma proteção abstratamente conferida, pelo Direito, ao programa básico do declarante: na medida em que a vontade humana integre tal via protegida pelo ordenamento, desencadear-se-iam os efeitos jurídicos. E tais efeitos seriam desenvolvidos pelas regras aplicáveis. 23

Evita-se a crítica que resulta da utilização intensiva do dogma da vontade. Mantêm-se, contudo, os obstáculos de ordem prática: em caso algum pode, com realismo, defender-se a presença de uma vontade suficientemente recortada para pretender todos os fins protegidos pelo Direito e que o negócio vai, de facto, proporcionar. Na generalidade das hipóteses, existe uma ideia mais ou menos vaga dos objetivos a prosseguir. 24

(3) A **teoria da autorregulamentação** de interesses, defendida por Betti (1890-1968) e, entre nós, por Dias Marques (1926-2005)[12], tem um sabor normativista, de tipo kelseniano: seguindo uma pirâmide de normas, cujos níveis se iriam justificando mútua e sucessivamente, surgiria, na base, o simples negócio, legitimado por normas superiores e capaz de regular interesses, como qualquer norma. Tratando-se de uma regulação providenciada pelo próprio, apenas este poderia sofrer-lhe as consequências: donde a ideia de autorregulamentação. 25

Fica na sombra a origem do "poder de regulamentação", facultando, pelo silêncio, brechas ao dogma da vontade. E fechando tais brechas: há, já, heterorregulamentação. Enquanto referência a interesses, ela remete para uma noção que não define e que pode mesmo mostrar-se perniciosa: afinal, na ausência de interesse (objetivo ou subjetivo), ainda poderá haver negócio se a pessoa o quiser e o Direito o facultar. E ao mencionar a "regulamentação", ela 26

[12] José Dias Marques, *Teoria geral do Direito civil* 2 (1959), 27 ss..

apela para uma ideia de norma que o negócio – em regra – por falta de generalidade, não pode proporcionar.

27 Também a ideia de "regulamentação própria" suscita dúvidas: é tendência atual o admitir uma eficácia jurídico-negocial que transcenda o círculo estreito das partes, de que o exemplo mais claro é o contrato a favor de terceiro (443.º). E atine-se no testamento: trata-se de um importante negócio jurídico que, por definição, não regula os interesses do seu autor.

28 (4) A **teoria da autonomia jurídica** considera o negócio jurídico como um ato de autonomia privada, a que o Direito associa a constituição, a modificação e a extinção de situações jurídicas. Dentro dessa categoria, o negócio distingue-se ainda por implicar liberdade de celebração e liberdade de estipulação.

29 A positividade do negócio jurídico advém do Direito, que institui, regula e defende a autonomia privada. Os efeitos concretamente verificados são os indiciados pelas partes, através das suas declarações; mas cabe ao Direito explicitá-los. Enquanto ato (amplo) humano, o negócio jurídico tem uma estrutura final: o declarante pretende a verificação de um certo efeito jurídico e pauta a sua atividade em função desse escopo. A vontade deve ser dirigida ao efeito pretendido, enquanto jurídico: quem compra quer tornar-se proprietário e por via jurídica. Para além de razões de ordem jurídico-positiva (o Direito português atribui relevância jurídica ao erro e à falta de consciência da declaração), existe um motivo fundamental: ao reconhecer a autonomia privada, é de facto desta que se trata, em sentido próprio: as opções das pessoas produzem os efeitos por elas pretendidos. Doutro modo, não haveria verdadeira autonomia: tudo não passaria de um logro linguístico.

30 Quando se pergunta até onde deve ir a vontade de certos efeitos, para que eles se manifestem e, designadamente, se é necessário que o autor da declaração preveja e pretenda alguns, muitos ou todos os efeitos que se vão produzir, coloca-se já uma questão diversa: a do regime aplicável ao negócio jurídico. Não oferece dúvidas proclamar, à partida, que, perante um negócio jurídico, nem toda a liberdade de estipulação reconhecida pelo Direito tem, de modo necessário, de ser exercida: basta que o declarante faça as opções fundamentais com consciência: o Direito tratará do resto.

III – A receção lusófona

31 **8. Os precursores**. A pré-codificação lusófona do século XIX não documenta referências ao negócio jurídico. Coelho da Rocha (1793-1850), nas suas *Instituições*, seguiu, como ele próprio declara, a sistematização de Mackeldey (1784-1836)[13]. Este último Autor acolhera, no seu ramal, o negócio jurídico. Mas na tradução francesa, usada por Coelho da Rocha, *Rechtsgeschäft* foi vertido para *acte juridique*[14]. E assim, esse Autor apresenta uma noção geral de atos[15] e distingue, nestes, os atos de direito ou atos jurídicos[16], que desempenham o papel de negócios.

32 O negócio jurídico fez a sua entrada, na nossa doutrina[17], pela mão de Guilherme Moreira, responsável, no princípio do século XX, pela transposição do civilismo português para a área

[13] *Vide* o nosso *Teoria geral do Direito civil/Relatório*, 111 e Paulo Mota Pinto, *Declaração tácita*, 11, nota 20.

[14] Ferdinand Mackeldey, *Manuel de Droit Romain, contenant la théorie des institutes*, trad. J. Beving, 3.ª ed. (1846), §§ 167 ss. (92 ss.).

[15] Manuel António Coelho da Rocha, *Instituições de Direito civil portuguez*, 2.ª ed. (1846), § 94 (1, 55-56): Diz-se *acto*, ou acção, neste sentido, todo o facto ou omissão, praticado por uma pessoa, no uso da sua razão.

[16] *Idem*, §§ 95 ss. (1, 56 ss.).

[17] Quanto ao negócio jurídico no Direito português, *vide* o nosso *Teoria geral do Direito civil* 1 (1987/1988), 481 ss., Carlos Ferreira de Almeida, *Texto e enunciado na teoria do negócio jurídico*, 1 (1990), 22 ss., nota 74, Luís Alberto

germânica, num fenómeno assumido, desde os meandros do século XIX (Teixeira de Freitas), pelo privatismo do Brasil.

Na pré-edição de 1903[18], Guilherme Moreira, que utilizava a tradução francesa de Savigny, usa *actos lícitos ou actos jurídicos propriamente dictos*, que define como[19]: 33

> (...) aquelles em que se dá a manifestação directa da vontade para a aquisição, modificação ou extincção dum direito (...)

Já na 1.ª edição, de 1907, o autor menciona os negócios jurídicos dentro dos *actos jurídicos propriamente dictos*[20], ainda que sem uma especial apresentação. Depois, desenvolvendo a matéria, o negócio ocorre como uma normal referência de trabalho[21]. 34

9. Os críticos. O acolhimento do negócio jurídico não foi nem imediato nem pacífico. Ele dependia da receção do sistema germânico e da parte geral, sistema esse que começou por ser criticado, na época, por autores como Abel de Andrade (1895) e Teixeira de Abreu (1910)[22]. De seguida, pressupunha uma adesão científico-cultural à doutrina de Além-Reno, seja por via direta, seja pela mediação italiana. Por fim, implicava uma certa habituação: em português, "negócio" é assimilado a uma prática comercial ou a algo de intrincado. 35

O negócio jurídico, na era pós-Moreira, obteve acolhimento em monografias próximas da doutrina italiana, como as de José Gabriel Pinto Coelho (1886-1978)[23], de António Carneiro Pacheco (1887-1957)[24], de José Beleza dos Santos (1885-1962)[25] e de Adolpho de Azevedo Souto (1874-1953)[26]. Em compensação, José Tavares (1873-1938) manifestou-se contra a expressão "negócio jurídico"[27]: chega a argumentar, desenvolvidamente, contra esse instituto[28]. 36

Outros autores como Mário de Figueiredo (1890-1969)[29] e Luiz da Cunha Gonçalves (1875-1956)[30], mesmo conhecendo o negócio, usam, de modo ostensivo, sempre "acto jurí- 37

Carvalho Fernandes, *A conversão dos negócios jurídicos civis* (1993), 27 ss. e Paulo Mota Pinto, *Declaração tácita*, 11-15, em notas.

[18] Guilherme Alves Moreira, *Instituições do Direito civil portuguez*.

[19] *Instituições*, 1, § 30 (163). Na nota (1), Guilherme Moreira afirma que os *actos jurídicos propriamente dictos* tinham, entre os romanos, a designação de *negotia*, o que não é exato.

[20] Guilherme Alves Moreira, *Instituições do Direito civil português*, I – *Parte geral* (1907), 387, nota 1; o negócio é aí, corretamente, atribuído aos jurisconsultos alemães.

[21] *Idem*, 394 ss..

[22] *Vide*, com indicações, *Tratado* I, 4.ª ed., 237.

[23] José Gabriel Pinto Coelho, *Das cláusulas accessorias dos negócios jurídicos*, 1 – *A condição* (1909), 452 pp, 2 – *Termo-modo-pressuposição* (1910), 250 pp., *Simulação nas letras*, BFD 1 (1914-1915), 217 e *Pessoas que interveem nos actos notariais*, BFD 1 (1914-1915), 311 e 312.

[24] António Faria Carneiro Pacheco, *Do erro acerca da pessoa como causa de nulidade do casamento* (1917), 51 pp., 18: (... elementos necessários à constituição do negócio jurídico ...); mas apenas incidentalmente.

[25] José Beleza dos Santos, *A simulação em Direito civil* 1 (1921), 423 pp. e 2 (1921), 267 pp., 1, 42; mas, p. ex., 36 e 45 e 149 ss.: ato jurídico.

[26] Adolpho de Azevedo Souto, *Defeitos da vontade em Direito civil/O erro*, I (1926), 196 pp., 8 ss.; este Autor, à semelhança de José Tavares, que cita na 1.ª ed., entende o termo "negócio" como dissonante na nossa língua e como suscitando dúvidas jurídicas.

[27] José Maria Joaquim Tavares, *Os princípios fundamentais do Direito civil* 1, 2.ª ed. (1929), 72; depois de explicar o conceito, José Tavares indica preferir o clássico "acto jurídico", por razões linguísticas e pelas dúvidas de fundo que o negócio suscita.

[28] José Tavares, *Os princípios fundamentais*, 2, 375 ss.. No essencial, Tavares contradita a ideia do negócio como "... a manifestação de vontade destinada a produzir consequências jurídicas, isto é, a fazer nascer, modificar ou extinguir uma relação jurídica" – *idem*, 377. Segundo explica, a vontade não poderia ser causa eficiente da produção de efeitos jurídicos.

[29] Mário de Figueiredo, *Caracteres gerais dos títulos de crédito e seu funcionamento jurídico* (1919), 220 pp., 128, subscrevendo a opção de Guilherme Moreira.

[30] Luiz da Cunha Gonçalves, *Tratado de Direito civil* 1 (1929), 319 ss. (321); o autor refere, aí, que os "escritores italianos" chamam negócio jurídico às convenções, o que não é, aliás, nem exato, nem correto.

dico". Houve alguma resistência linguística. Cabral de Moncada tomava nota da conotação comercial, mas escreveu[31]:

> O conceito de negócio jurídico, à-parte a infelicidade da terminologia, parece-nos ser dos conceitos jurídicos mais sólidos e mais fecundos que a Ciência civilística alemã do século passado engendrou e definiu. Posto que digam mal dele, a verdade é que todos o vão adoptando.

38 Paulo Cunha (1908-1986) selou, em definitivo, na Faculdade de Direito de Lisboa, o termo negócio jurídico, definindo-o, lapidarmente, pela presença de liberdade de celebração e de liberdade de estipulação.

39 **10. A consagração**. A receção última do negócio jurídico deu-se com o acesso direto dos estudiosos, à literatura alemã. Foram decisivos, no plano monográfico, António Ferrer Correia (1912-2003)[32] e, nas obras gerais de divulgação, Manuel de Andrade (1899-1958)[33]. A própria lei o acolheu: o DL 34 455, de 22-mar.-1945, veio dispor, no seu 1.º:

> São nulos os negócios jurídicos que tenham por objecto coisas móveis importadas no País e das quais tenham sido comprovadamente esbulhados, por actos de ocupação militar e confisco, os que, à face da legislação vigente nos respectivos territórios à data da declaração de guerra, deviam considerar-se seus legítimos proprietários.

40 A técnica de Manuel de Andrade sofreu uma evolução. No início da sua produção jurídico-científica, Manuel de Andrade usa "actos jurídicos" para exprimir o alemão *Rechtsgeschäfte*[34]. Afigura-se-nos que tal se deve ao facto de, na época, Manuel de Andrade trabalhar com traduções francesas e não, de modo direto, com textos alemães. Apenas na década de quarenta, se deu a viragem para o "negócio jurídico", sendo de admitir um papel do então jovem Ferrer Correia. Ainda sob o Código de Seabra, o negócio jurídico passou a ser um instituto pacífico e corrente[35].

41 **11. A preparação do Código**. A decisão de rever o Código de Seabra, oficializada pelo D 33.908, de 4-set.-1944[36], levou à constituição de uma comissão constituída por quatro grandes civilistas: Manuel de Andrade, Pires de Lima, Paulo Cunha e Vaz Serra, presidente[37]. A Comissão fixou orientações e, designadamente, a de se adotar a sistematização germânica, com uma parte geral. Na distribuição de trabalhos, a parte geral ficou para Manuel de Andrade, as obrigações,

[31] Luís Cabral de Moncada, *Lições de Direito civil/Parte geral* 2, 3.ª ed. (1959), 163, nota 1 = 4.ª ed. póstuma (1995), 516, nota 1 da página 515.

[32] António de Arruda Ferrer Correia, *Erro e interpretação na teoria do negócio jurídico*, 1.ª ed. (1939) e 2.ª ed. (1967), 25-26 e *passim*.

[33] Manuel Augusto Rodrigues de Andrade, *Direito civil*, por Araújo Barros e Orbílio Barbas (1939), 437 pp., 168, onde se define negócio jurídico como:

> a manifestação de vontade duma ou mais pessoas no exercício do poder legal, tendo em vista produzir efeitos práticos protegidos pelo Direito.

De Manuel de Andrade *vide*, ainda, a *Teoria geral da relação jurídica*, por Ricardo da Velha (1953), 70 ss. e a ed. publ. Ferrer Correia/Rui de Alarcão, 2 (1960), 8 ss., com sucessivas reimpressões e correntemente usada.

[34] Manuel Rodrigues Barroca, *Legislação civil comparada (noções elementares)*, apontamentos das lições de Manuel de Andrade em 1926-1927 (1927), 170 pp., 108.

[35] Assim: Inocêncio Galvão Telles, *Manual dos contratos em geral*, 1.ª ed. (1947, correspondendo a lições de 1945-1946); Orlando de Carvalho, *Negócio jurídico indirecto (teoria geral)*, BFD, Supl. X (1952), 1-147; José Dias Marques, *Teoria geral do Direito civil* 2 (1959), 27 ss.; Fernando Augusto Pires de Lima, *Noções fundamentais de Direito civil*, por João Antunes Varela 1, 1.ª ed. (1945), embora não se ocupe dessa matéria, refere, incidentalmente, o negócio jurídico; p. ex., 196.

[36] *Tratado* I, 4.ª ed., 238 ss..

[37] Adriano Vaz Serra, *A revisão geral do Código Civil/Alguns factos e comentários*, BMJ 2 (1947), 24-76 = BFD 22 (1947), 451-513.

para Vaz Serra, os reais e a família, para Pires de Lima e as sucessões, para Paulo Cunha. A atribuição, a Manuel de Andrade, da parte geral, era adequada: tratava-se do cientista que mais longe levara, na época, o estudo e o ensino dessa área civil. Manuel de Andrade associou, ao seu trabalho, António Ferrer Correia e Rui de Alarcão.

Manuel de Andrade (1899-1958) faleceu antes de poder produzir um anteprojeto relativo 42
ao negócio jurídico[38]. A tarefa foi atribuída ao seu então jovem colaborador, Rui de Alarcão (1930-2018)[39], a quem se deve a preparação dos seguintes estudos preparatórios, numerados pela ordem de publicação:

1. Simulação[40];
2. Interpretação e integração dos negócios jurídicos[41];
3. Forma dos negócios jurídicos[42];
4. Reserva mental e declaração não séria[43];
5. Declarações expressas e declarações tácitas; o silêncio[44];
6. Invalidade dos negócios jurídicos[45];
7. Erro, dolo e coação – representação – objeto negocial – negócios usurários – condição[46];
8. Do negócio jurídico[47].

A área do negócio jurídico teve, ainda, aportações de Vaz Serra. Assim sucedeu com os 43
preceitos relativos à perfeição da declaração negocial (224.º a 235.º), incluindo a *culpa in contrahendo* (227.º) e com uma malograda referência às cláusulas contratuais gerais. Elaborou, entre outros, os estudos seguintes, também por ordem de publicação:

1. Culpa do devedor ou do agente (sobre *culpa in contrahendo*)[48];
2. Fontes das obrigações/o contrato e o negócio jurídico unilateral (sobre cláusulas contratuais gerais)[49];
3. Perfeição da declaração de vontade[50].

A comparação entre os preparatórios do negócio, entregues a Rui de Alarcão e os do 44
Direito das obrigações, confiados a Vaz Serra, mostram a presença de estilos distintos. Vaz

[38] A obra codificadora de Manuel de Andrade ficou-se pelos preceitos iniciais do atual Código; *vide* o seu *Fontes do Direito/Vigência, interpretação e aplicação da lei*, BMJ 102 (1961), 141-166, póstumo.

[39] *Vide* a nota prévia de Rui de Alarcão, *Do negócio jurídico//Anteprojecto para o novo Código Civil*, BMJ 105 (1961), 249-279 (249-250).

[40] Rui de Alarcão, *Simulação/Anteprojecto para o novo Código Civil*, BMJ 84 (1959), 305-328.

[41] Rui de Alarcão, *Interpretação e integração dos negócios jurídicos*, BMJ 84 (1959), 329-345.

[42] Rui de Alarcão, *Forma dos negócios jurídicos*, BMJ 86 (1959), 177-208, complementado com um escrito de Adriano Vaz Serra, *Requisitos da forma escrita*, BMJ 86 (1959), 208-224.

[43] Rui de Alarcão, *Reserva mental e declaração não séria*, BMJ 86 (1959), 225-231.

[44] Rui de Alarcão, *Declarações expressas e declarações tácitas – o silêncio*, BMJ 86 (1959), 233-241.

[45] Rui de Alarcão, *Invalidade dos negócios jurídicos/Anteprojecto para o novo Código Civil*, BMJ 89 (1959), 199-267.

[46] Rui de Alarcão, *Erro, dolo e coacção – representação – objecto negocial – negócios usurários – condição*, BMJ 102 (1961), 167-180, complementada por *Breve motivação do anteprojecto sobre o negócio jurídico na parte relativa ao erro, dolo, coação, representação, condição e objecto negocial*, BMJ 138 (1964), 71-122.

[47] Rui de Alarcão, *Do negócio jurídico/Anteprojecto para o novo Código Civil*, BMJ 105 (1961), 249-279.

[48] Adriano Vaz Serra, *Culpa do devedor ou do agente*, BMJ 68 (1957), 13-151, n.º 6 (118-140).

[49] Adriano Vaz Serra, *Fontes das obrigações/O contrato e o negócio jurídico unilateral como fontes das obrigações*, BMJ 77 (1958), 127-217 (162 ss.).

[50] Adriano Vaz Serra, *Perfeição da declaração de vontade/Eficácia da emissão de declaração/Requisitos especiais da conclusão do contrato*, BMJ 103 (1961), 5-151.

Serra opta por estudos prévios maciços, com largos desenvolvimentos de Direito comparado e capeando articulados meticulosos e alargados; Rui de Alarcão concentra-se na redação dos futuros preceitos, com breves justificações de motivos: técnica facilitada pela disponibilidade dos textos de Manuel de Andrade, relativos à teoria geral do Direito civil[51]. A doutrina de fundo resulta de Andrade, embora Rui de Alarcão tivesse procedido a uma cuidadosa ponderação da matéria.

45 Na primeira revisão ministerial (1961), a matéria do negócio jurídico (192.º a 261.º)[52] foi arrumada na perspetiva global do Código. Estava, ainda, um tanto distante do texto final, embora tivesse, relativamente aos projetos de Rui de Alarcão, sofrido menos alterações do que o sucedido com os de Vaz Serra, no Direito das obrigações. Seguiu-se a segunda revisão ministerial (217.º a 294.º, 1965)[53] onde, sob uma aparente discrição, foram introduzidas alterações importantes e, logo a seguir, o Projeto de Código Civil (1966)[54]. As revisões ministeriais, o Projeto e a versão final do Código devem-se ao então Ministro da Justiça, João de Matos Antunes Varela (1919-2005).

46 Como apreciação geral, mormente na área do negócio jurídico, podemos apontar uma redação muito cuidadosa dos preceitos, ponderados até aos diversos meandros. Sectorialmente, foram aproveitados estudos monográficos disponíveis, designadamente os de Ferrer Correia[55], sobre a interpretação e os do próprio Antunes Varela[56]. A influência da obra geral de Manuel de Andrade foi determinante e isso ao ponto de, ainda hoje, ela poder ser usada como meio de estudo, apesar de alinhada, na forma, pelo Código de Seabra. Ocorreu uma receção do sistema romano-germânico, matizada embora por alguma influência italiana e por adaptações nacionais. O texto do Código tem, nesta área, um nível científico elevado. As suas potencialidades encontram-se, passado mais de meio século, ainda por explorar, na sua totalidade.

47 **12. O sistema do Código Civil** colocou o negócio jurídico no primeiro capítulo do Subtítulo III, *Dos factos jurídicos*, do Título II – *Das relações jurídicas*, do Livro I – *Parte geral*, preenche os artigos 217.º a 294.º. Cumpre ter presente o desenvolvimento global da matéria do capítulo em causa:

Secção I – Declaração negocial (217.º a 279.º):
- Subsecção I – Modalidades da declaração (217.º e 218.º);
- Subsecção II – Forma (219.º a 223.º);
- Subsecção III – Perfeição da declaração negocial (224.º a 235.º);
- Subsecção IV – Interpretação e integração (236.º a 239.º);
- Subsecção V – Falta e vícios da vontade (240.º a 257.º);
- Subsecção VI – Representação (258.º a 269.º):
  - Divisão I – Princípios gerais (258.º a 261.º);
  - Divisão II – Representação voluntária (262.º a 269.º).
- Subsecção VII – Condição e termo (270.º a 279.º).

Secção II – Objeto negocial. Negócios usurários (280.º a 284.º);

[51] Em especial: Manuel de Andrade, *Direito civil (Teoria geral da relação jurídica)*, por Ricardo da Velha (1953), 70 ss. e a edição póstuma *Teoria geral da relação jurídica*, 2 (1960), com reimpressões sucessivas, por Ferrer Correia e Rui de Alarcão, 480 pp., 25-437, ambos já citados.

[52] *Código Civil/Livro I – Parte geral (1.ª revisão ministerial)*, BMJ 107 (1961), 5-158 (85-111).

[53] *Código Civil/Livro I – Parte geral (2.ª revisão ministerial)* (1965, polic.), 161 pp., 86-115; foi antecedida pela *Revisão intercalar* (1964), 209.º a 280.º (82-108).

[54] *Código Civil/Projeto* (1966), 63-84.

[55] António Ferrer Correia, *Erro e interpretação no negócio jurídico* (1939), já citado.

[56] João Antunes Varela, *Ineficácia do testamento e vontade conjectural do testador* (1950) e *Ensaio sobre o conceito de modo* (1955).

Secção III – Nulidade e anulabilidade do negócio jurídico (285.º a 294.º).

Ao capítulo I – negócio jurídico, segue-se um II – atos jurídicos, com um único artigo: o 295.º.

O legislador de 1966 optou por uma ordenação dinâmica e funcional da matéria. O núcleo normativo do negócio é constituído pela declaração negocial, tomada, no fundo, como declaração de vontade. Esta, após uma delimitação em função da sua natureza, expressa ou tácita (217.º e 218.º) e da sua forma (219.º a 223.º), é tratada em função do processo tendente à formação do contrato (224.º a 235.º). Consumada a declaração, há que interpretá-la e, eventualmente, que integrá-la (236.º a 239.º). Podem detetar-se a falta da vontade ou a presença de vícios que a atinjam (240.º a 257.º). A representação, traduzindo embora uma problemática própria, opera como o prolongamento da vontade (258.º a 269.º). Algumas cláusulas típicas – a condição e o termo – obtiveram, aqui, o espaço civil (270.º a 279.º). O objeto (280.º e 281.º) é versado em preceitos sintéticos, mas lapidares, seguindo-se os negócios usurários (282.º a 284.º): a única área que sofreu alterações desde 1966 e mais precisamente, através do DL 262/83, de 16-jun.. O capítulo é encerrado pelas invalidades do negócio (285.º a 294.º). 48

13. Crítica. O regime do negócio jurídico é complexo, designadamente pelo prisma pedagógico. A sua separação perante o contrato, relegado para as fontes das obrigações (405.º e seguintes), levanta dúvidas. Uma exposição geral sobre o negócio jurídico acaba, fatalmente, por pressupor ou por implicar referências contínuas ao contrato. Vencidas as dificuldades iniciais, esse obstáculo acaba por surgir estimulante. 49

Separou-se o que aparenta dever estar lado a lado. Os resultados são deste tipo: se se pretender seguir a formação dos contratos, há que recorrer aos 224.º e seguintes; mas a sede de autonomia negocial reside no 405.º. Por seu turno, os contratos surgem explicitamente, no sistema do Código, no Livro II – Direito das obrigações. E aí dentro, operam ainda como "fontes das obrigações". O contrato, como figura muitas vezes negocial e de âmbito alargado, pode atuar como fonte de outras figuras e, designadamente, como fonte de direitos reais, como resulta do 1316.º. O Livro II, nessa área como noutras, funciona assim como Parte geral, perante outras zonas do Código, numa situação sem dúvida anómala, quando se atente na existência, nesse mesmo diploma, de uma parte expressamente apelidada de geral. 50

O estudo do negócio jurídico obriga a abandonar os estritos quadros do Livro I do Código Civil: consequência da aceitação, pelo legislador de 1966, da repartição pandectística das matérias, com parte geral e da adoção, nessa mesma ocasião, da técnica, já superada, da relação jurídica. Na presente obra, formalmente ordenada em função dos artigos do Código Civil, as dificuldades de exposição são minoradas. 51

IV – Dogmática geral

14. A eficácia jurídica ocorre sempre que se verifiquem consequências nas quais seja possível apontar as características da juridicidade. As consequências relevantes são sempre respeitantes a pessoas: sem Humanidade, não há Cultura, não há Ciência e, logo, não há Direito. A eficácia jurídica reporta-se, de modo necessário, a situações jurídicas[57]. A situação jurídica resulta de uma decisão, ou seja, assume-se como o ato e o efeito de realizar o Direito, solucionando um caso concreto. 52

[57] *Tratado* I, 4.ª ed., 863 ss..

53 A decisão jurídica humana, em sentido cognitivo-volitivo: implica Ciência – ou seria arbitrária – e implica opção – ou surgiria automática. A opção, ainda que pressupondo sempre uma margem de manobra, baseia-se em fatores colhidos nas fontes e que, por se mostrarem aptos a infletir a vontade humana, se apresentam como argumentos. Os argumentos articulam--se, com as suas conexões, os seus valores e o seu peso relativo, em modelos de decisão, isto é, em complexos concatenados que habilitem o intérprete-aplicador a decidir com legitimidade.

54 **15. Tipos de eficácia**. A eficácia é a dimensão dinâmica das situações jurídicas: do movimento depende a existência. Perante a situação jurídica, temos eficácias: (1) constitutiva, caso se forme (se constitua) uma situação antes inexistente; (2) transmissiva, sempre que uma situação já existente transite da esfera de uma pessoa para a de outra; (3) modificativa, na hipótese de uma situação, centrada numa determinada pessoa, aí se conservar, mas com alterações no seu conteúdo; (4) extintiva, na eventualidade de se dar o desaparecimento de uma situação antes existente: cumprida uma obrigação, esta extingue-se.

55 A constituição também se diz "aquisição originária" e, a transmissão, "aquisição derivada"[58]: de designações equivalentes, enfocando embora os fenómenos pelo prisma das esferas jurídicas. Pode extinguir-se uma situação e, de seguida, constituir-se uma nova, em tudo idêntica à anterior, mas noutra esfera jurídica. Não há transmissão: exige-se uma cuidada análise do caso concreto, para evitar as dúvidas que a extinção-constituição sempre provocam.

56 **16. Transmissão e sucessão**. Na transmissão, verifica-se a passagem de uma situação jurídica da esfera de uma pessoa, para a de outra; na sucessão, ocorre a substituição de uma pessoa por outra, mantendo-se estática uma situação jurídica a qual, por isso, estando inicialmente na esfera de uma pessoa, surge, depois da troca, na de outra. Aparentemente idênticas, nos seus resultados, transmissão e sucessão implicam eficácias diferentes: na transmissão, a situação transferida pode sofrer certas alterações de elementos circundantes, enquanto na sucessão, ela mantém-se totalmente idêntica. Assim uma situação de posse diz-se de boa-fé quando o possuidor ignore, no início, prejudicar o direito de outrem (1260.º/1); havendo transmissão, ela pode tornar-se de má-fé sempre que, no momento da operação, o transmissário saiba estar a prejudicar outrem; na sucessão, pelo contrário, o sucessor recebe exatamente o que se encontrava na esfera do antecessor: se este estiver de boa-fé, ele fica de boa-fé e, inversamente: a má-fé do primeiro envolve a do segundo.

57 **17. Pessoal, obrigacional e real**: pessoal quando a situação que se constitua, transmita, modifique ou extinga não tenha natureza patrimonial; obrigacional sempre que alguma dessas quatro vicissitudes se reporte a situações obrigacionais; real quando tal ocorra perante situações próprias do Direito das coisas. Nalguns casos, a lei refere expressamente a eficácia real (p. ex., 413.º) ou obrigacional (1306.º/1, *in fine*); noutros, apenas uma ponderada consideração pode elucidar a natureza da situação.

58 **18. Factos, atos e negócios**. O facto jurídico é um evento ao qual o Direito associa efeitos. Nos factos jurídicos em geral ou *lato sensu*, distinguem-se os jurídicos em sentido estrito (*stricto sensu*) dos atos jurídicos, consoante, para efeitos de eficácia, eles sejam considerados como eventos naturais ou, pelo contrário, como manifestações de vontade humana. O facto jurídico *stricto sensu* pode resultar de uma manifestação de vontade humana que, no entanto, não releve, enquanto tal, em termos de eficácia: o Direito trata-a como uma ocorrência. Isso sucede com

[58] Mota Pinto, *Teoria geral*, 4.ª ed., 360 ss..

a gestão de negócios (464.º e seguintes) e em várias hipóteses de enriquecimento sem causa (473.º e seguintes).

19. Atos lícitos e ilícitos. O ato é lícito quando se processe ao abrigo de uma permissão 59
específica, de uma permissão genérica ou, simplesmente, quando seja irrelevante para o Direito. Pode ocorrer enquanto exercício de um direito subjetivo, como atuação processada dentro de uma permissão global de que a autonomia privada é o mais fecundo exemplo ou na qualidade de atitude indiferente para a ordem jurídica.

Os atos ilícitos correspondem a comportamentos humanos desconformes com o Direito, 60
por implicarem atuações proibidas ou por redundarem no não-acatamento de atitudes prescritas. As menções proibitiva ou impositiva das regras atingidas pode ser expressa ou resultar, implícita, de conjunções normativas mais ou menos complexas[59]. A ilicitude provoca, em regra, um juízo jurídico de censura: a culpa. O ato ilícito pode produzir ainda alguns dos efeitos que se destinava a desencadear, segundo o seu autor, ou pode ficar paralisado; ocorrem, ainda e eventualmente, sanções de diversa natureza.

20. Atos e negócios. Os atos em sentido amplo repartem-se em atos jurídicos em sentido 61
estrito (*stricto sensu*) e em negócios jurídicos. Os primeiros postulam mera liberdade de celebração; os segundos vão mais longe: assentam na liberdade de celebração e na liberdade de estipulação. Este critério, na tradição de Paulo Cunha, permite pôr cobro a uma complexa discussão travada em torno dessa classificação[60].

V – Modalidades

21. Unilaterais e multilaterais ou contratos. O negócio unilateral tem uma única parte; o 62
multilateral ou contrato, duas ou mais. A *parte* não equivale a pessoa: num negócio, várias pessoas podem encontrar-se interligadas, de modo a constituir uma única parte. Quando e como isso sucede dá azo a várias teorias[61]. O critério correto assenta nos efeitos que se desencadeiem: (1) nos negócios unilaterais, os efeitos não diferenciam as pessoas que, eventualmente, neles tenham intervindo; por isso, tende, neles, a haver uma única pessoa, uma única declaração ou um único interesse; (2) nos contratos, os efeitos diferenciam duas ou mais pessoas, isto é: fazem surgir, a cargo de cada interveniente, regras próprias, que devam ser cumpridas e que possam ser violadas, independentemente umas das outras; em moldes formais, há mais de uma parte; e em consequência, tendem a surgir várias declarações, várias pessoas e vários interesses. A diferenciação de tratamentos, presente nos contratos, não vai tão longe que impeça uma convergência entre eles: há um regime conjunto, que absorve as posições em presença, originando, em regra, situações jurídicas plurissubjetivas complexas. Como exemplos: (a) são unilaterais: o testamento (2179.º/1), a renúncia [1476.º/1, *e*)][62] ou a confirmação[63] (288.º); (b) são contratuais: a compra e venda (874.º), a doação (940.º), a sociedade (980.º) ou o casamento (1577.º).

Os negócios unilaterais completam-se com a declaração que os consubstancie. Os con- 63
tratos resultam do encontro de duas vontades: proposta e aceitação. Dentro dos negócios contratuais, surgem[64]: (a) contratos sinalagmáticos e não sinalagmáticos, consoante deem lugar a

[59] Por exemplo, Alfred Manigk, *Das System der juristischen Handlungen im neuesten Schriften*, JhJb 83 (1933), 1-107 (6-7) e Hans-Martin Pawlowski, *Allgemeiner Teil des BGB/ /Grundlehren des bürgerlichen Rechts*, 6.ª ed. (2000), 162-163.

[60] Com indicações, *Tratado*, II, 4.ª ed., 85 ss..

[61] *Tratado*, II, 4.ª ed., 90-91.

[62] Não há um dispositivo genérico relativo à renúncia; esta vem referida em artigos dispersos, com base nos quais é possível um princípio geral – *vide*, por exemplo o 1569.º/1, *d*).

[63] Alguns destes atos – e, para já, a confirmação – têm natureza não-negocial, por falta de liberdade de estipulação.

[64] Outras distinções: *Tratado* VII, 187 ss..

obrigações recíprocas, ficando as partes, em simultâneo, na situação de credores e devedores ou, pelo contrário, apenas facultem uma prestação; alguma doutrina chama ainda, aos contratos sinalagmáticos e não sinalagmáticos, respetivamente, bilaterais e unilaterais[65]; (b) contratos monovinculantes e bivinculantes, conforme apenas uma das partes fique vinculada ou ambas surjam nessa situação; esta classificação não se confunde com a anterior: um contrato pode ser sinalagmático, isto é, implicar prestações correlativas e não obstante, apenas uma das partes se encontrar vinculada à sua efetivação; assim, no contrato-promessa "unilateral" (411.º), há sinalagma uma vez que a sua concretização, através do contrato-definitivo, exige declarações de ambas as partes: mas apenas uma das partes deve prestar, se a outra quiser e esta presta quando quiser e caso queira que a outra preste.

64 **22. Conjuntos e deliberações.** No conjunto: várias pessoas são titulares de posições jurídicas que só podem ser atuadas em bloco, por todas elas; por exemplo, vários comproprietários propõem uma denúncia do arrendamento da coisa comum; na deliberação, várias pessoas são titulares de posições jurídicas confluentes que podem, no entanto, ser atuadas em sentido divergente, prevalecendo, então, a posição da maioria[66]; este esquema é habitual no domínio da formação orgânica da vontade imputada a pessoas coletivas – associações e sociedades – mas pode surgir independentemente desse tipo de personalização: associações ditas sem personalidade jurídica, comissões especiais, administração de coisa comum (1407.º) ou propriedade horizontal (1432.º/2).

65 O negócio conjunto pode implicar vontades manifestadas em simultâneo ou sucessivamente, mas todas regidas pelas mesmas normas jurídicas, de modo a conseguir um determinado efeito. Quando elas integrem normas diversas – correspondendo, portanto, a regimes diferenciados – não cabe falar em negócio conjunto: antes ocorrem vários atos autónomos, ainda que conectados: o ato sujeito a autorização, a qual se analisa, também, num ato jurídico: ambos os atos ficam interligados, conservando, porém, uma independência substancializada em regimes autónomos. O fenómeno da conexão – a não confundir com o da pluralidade – pode ainda dar lugar a outras distinções: conexões paritárias, subordinadas ou condicionantes, consoante o tipo de relação que se estabeleça entre os atos em presença. Caso particular de conexão é a processual: vários atos surgem articulados, numa sequência para a obtenção de um fim.

66 Questão duvidosa é a da distinção entre negócio conjunto e a deliberação quando, para certa eficácia, se requeira uma concordância unânime dos membros de uma assembleia. Nessa eventualidade, em termos materiais, o negócio seria conjunto: cada participante tem, só por si, o direito de facultar (ou não) a decisão comum. Porém, em moldes formais, tende a falar-se em deliberação, uma vez que a situação vai encadear-se num todo onde avultam as deliberações propriamente ditas. Caso a caso há que decidir se se aplica o regime societário das deliberações.

67 **23. *Inter vivos* e *mortis causa*.** Os negócios *inter vivos* destinam-se a produzir efeitos em vida dos seus celebrantes. Os negócios *mortis causa*, pelo contrário, manifestar-se-iam apenas depois da morte do seu autor. Esta simplicidade não satisfaz: as partes podem estipular que os seus negócios produzam efeitos com a morte de alguma delas. Não obstante, o negócio é *inter vivos*, por assentar num tipo de regulação primacialmente destinado a reger relações entre declarantes. Assim sucede com o contrato de seguro de vida, que produz efeitos com a morte do segurado[67]:

[65] A própria lei utiliza, por vezes, essa nomenclatura; *vide* o 410.º/2, na redação dada pelo DL 379/86, de 11-nov.; tal terminologia é, contudo, deficiente: todos os contratos são, no mínimo, bilaterais – por terem mais de uma parte – sendo menos correto utilizar depois esses mesmos termos com outro significado.

[66] Com mais elementos, *Direito das sociedades*, 1, 4.ª ed., 659 ss..

[67] *Direito dos seguros*, 2.ª ed., 843 ss..

não é *mortis causa*. Este é, intrinsecamente, concebido pelo Direito para reger situações jurídicas desencadeadas com a morte. Em termos práticos, ele é regulado pelo Direito das sucessões. De novo há que partir dos efeitos, para explicar esta contraposição.

Como exemplos de negócios *mortis causa* ocorrem o testamento (2179.º) e os pactos 68
sucessórios (1700.º e seguintes). A generalidade dos negócios é *inter vivos*. A distinção tem um particular relevo, no tocante aos regimes aplicáveis. O negócio *mortis causa* não tem preocupações de equilíbrio. Na mesma linha, ele não envolve, de modo geral, um problema de confiança dos destinatários que, por isso, careçam de proteção. Implica, assim, regras próprias de interpretação e de aplicação, estranhas à generalidade dos negócios (2187.º).

24. Formais e consensuais: formais os negócios que exijam uma vontade manifestada de um 69
modo fixado na lei; consensuais aqueles que, por não caírem sob a estatuição de normas cominadoras de forma especial, sejam suscetíveis de conclusão por simples consenso (219.º).

25. Reais *quoad constitutionem* e sujeitos a registo constitutivo. Negócios reais são aqueles 70
cuja celebração dependa da tradição de uma coisa[68]; aos negócios reais, nesta aceção, chama-se ainda reais *quoad constitutionem*, como modo de os distinguir dos negócios também ditos reais, mas por terem eficácia real – reais *quoad effectum*.

São reais (*quoad constitutionem*): o penhor (669.º/1) "O penhor só produz os seus efeitos 71
pela entrega da coisa empenhada ...", o comodato (1129.º) "Comodato é o contrato gratuito pela qual uma das partes entrega à outra certa coisa ...", o mútuo (1142.º) "Mútuo é o contrato pelo qual uma das partes empresta à outra dinheiro ou outra coisa fungível ...", o depósito (1185.º) "Depósito é o contrato pelo qual uma das partes entrega à outra uma coisa, móvel ou imóvel ..." e a doação verbal de móveis (947.º/2).

A esta categoria romântica imputa-se não desempenhar, hoje, uma clara função útil[69]. 72
Coloca-se a questão de saber se as partes não podem vincular-se, independentemente da tradição, nos termos que, em princípio, seriam propiciados por eles. Excluindo o penhor, direito real de garantia, que obedece a princípios diferentes, pergunta-se se pode haver, ao lado dos comodatos, mútuos e depósitos reais, isto é, com tradição, comodatos, mútuos e depósitos consensuais, ou seja, perfeitos apenas com o acordo das partes. Entre nós, respondem pela afirmativa Vaz Serra[70] e Mota Pinto[71] numa posição que tem vindo a colher apoios alargados na doutrina e na jurisprudência[72]. Uma resposta negativa ocorre em Antunes Varela[73].

Mau grado a apontada evolução, que temos apoiado, deve reconhecer-se que a exi- 73
gência de tradição para a conformação dos negócios jurídicos reais *quoad constitutionem* não é desprovida de justificação valorativa. A facilidade com que, por vezes, se praticam certos atos, designadamente os gratuitos, explica a necessidade da tradição: ao despojar-se, materialmente, da coisa, o interessado apreende melhor o sentido do negócio que vai concluir. Confirma-o o

[68] Em Direito, diz-se *tradição* a entrega de uma coisa, de modo a transferir a sua posse; *vide* o 1263.º, *b*).

[69] Carlos Mota Pinto, *Cessão da posição contratual* (1970), 11-13; indicações no *Tratado*, II, 4.ª ed., 98.

[70] Adriano Vaz Serra, *Notas acerca do contrato de mútuo*, RLJ 93 (1960), 65-69, 81-83, 97-100, 129-131, 161-164, 177-180 (178 e *passim*).

[71] Carlos Mota Pinto, *Cessão da posição contratual* (1970), 14, *Direito das obrigações* (1973), 287 e *Teoria geral*, 3.ª ed., 398-399 e 4.ª ed., 396-397.

[72] Assim, Almeida Costa, *Direito das obrigações*, 12.ª ed. (2009), 287 e Carvalho Fernandes, *A conversão dos negócios jurídicos civis* (1993), 806 ss. e *Teoria geral*, 2, 5.ª ed., 70 ss.. A orientação em causa foi acolhida pelo acórdão da RLx 12-jun.-1984, Proc. 20.833, 3.ª secção, inédito, o qual foi confirmado por acórdão do STJ 10-dez.-1985, também inédito, mas que, ao contrário do primeiro, não abordou expressamente esse aspeto.

[73] Pires de Lima/Antunes Varela, *Código anotado*, 2, 4.ª ed., 761-763, retomando, no fundo, João Varela, *Ensaio sobre o conceito do modo* (1955), 114.

regime da doação de móvel, quando não seja feita por escrito (967.º/2)[74]. A hipótese de dobrar os velhos negócios reais *quoad constitutionem* por negócios equivalentes, mas meramente consensuais, exige, sempre, uma reflexão caso a caso.

74 O penhor coloca-se numa posição diferente. Trata-se, desta feita, de um negócio real também *quoad effectum*, do qual resulta, pois, um determinado direito real. A sua configuração típica exige publicidade, através da posse, transferida, em princípio, para o titular do direito de penhor – o credor pignoratício. Sem essa publicidade, não é possível constituir a competente situação pignoratícia: um fenómeno de publicidade possessória constitutiva.

75 A necessidade de dar a conhecer certas situações jurídicas consegue-se ainda com recurso ao registo predial. As situações jurídicas relativas a imóveis estão sujeitas à inscrição, em serviços públicos competentes[75], dos factos jurídicos constitutivos, transmissivos, modificativos ou extintivos, que se lhes reportem. O registo, embora tenha efeitos substantivos, não é necessário para que operem os negócios a ele sujeitos: de novo domina, neste campo, o princípio da consensualidade. No caso particular da hipoteca, as especiais exigências de publicidade que ela coloca levam a que o registo seja constitutivo: segundo os 687.º do Código Civil e 4.º/2 do CRP, a hipoteca não produz efeitos, nem mesmo entre as partes, enquanto não se mostrar registada. Há o registo constitutivo, isto é, o registo necessário para que certos negócios jurídicos se produzam como tais. O fenómeno deve ser entendido à luz da publicidade jurídica, num paralelo com os negócios reais *quoad constitutionem*.

76 **26.** Os negócios são **pessoais, obrigacionais e reais *quoad effectum***, consoante o seu tipo de eficácia seja pessoal, obrigacional ou real. Ainda em consonância com outros tipos de eficácia, ocorrem negócios comerciais, agrários, económicos ou de trabalho. Já o negócio de consumo será um negócio civil.

77 As regras aplicáveis a estes negócios variam, sendo objeto de disciplinas diferenciadas, dentro do Direito civil. Em princípio, a parte geral do Direito civil deveria ocupar-se do regime dos negócios jurídicos, fosse qual fosse o seu tipo de eficácia. Admitir-se-ia, naturalmente, a existência de desvios sectoriais, impostos por normas específicas. Boa parte das regras gerais têm, tão-só, imediata aplicação aos negócios obrigacionais.

78 **27. Causais e abstratos**: uma contraposição duvidosa. Ela vale como reportada às obrigações e não, diretamente, a um negócio. A obrigação diz-se causal quando, para valer judicialmente, tenha de ser acompanhada pela sua fonte; é abstrata, na hipótese inversa. A causalidade é de regra, no Direito português[76]. Assim, se alguém quiser demandar outra pessoa para que pague € 10.000, não basta afirmar que é credor por essa importância: terá de explicar que essa quantia lhe é devida por via de um contrato, comprovando-o ou a título de indemnização, invocando e demonstrando os competentes pressupostos. A pretensão deve ser acompanhada pela sua fonte: a sua "causa".

79 A referência a negócios causais e abstratos, típica do Direito alemão, corresponde a outra ordem de fatores. Certos negócios, como o da transmissão de propriedade, devem ser precedidos por outros, que os determinem: por exemplo, a compra e venda. No Direito alemão, a compra e venda tem mera eficácia obrigacional, não transmitindo a propriedade: exige-se um segundo negócio (a entrega ou a inscrição no registo), para que a eficácia real surja. Pois bem:

[74] *Tratado de Direito civil*, XI (2018), 406.

[75] As conservatórias do Registo Predial; *vide* Menezes Cordeiro, *Registo predial*, Enc. Pólis, 5 (1987), 259-266.

[76] *Tratado* VI, 3.ª ed. (2019), 68 ss., com indicações.

este último negócio pode ser causal ou abstrato, conforme dependa, ou não, da existência e da eficácia do primeiro.

Um negócio será causal quando origine obrigações comuns, isto é, dependentes da manu- 80
tenção da sua fonte. Surge abstrato sempre que dê azo a obrigações abstratas: por exemplo, um título de crédito. No Direito civil português, os negócios são, em princípio, sempre causais[77]. A eficácia negocial tornar-se-ia, efetivamente, incompreensível quando desligada da fonte (= "causa") que lhe dera lugar: sendo totalmente abstrata, ela só se torna percetível quando comunicada através da fonte: por exemplo, comunicar os efeitos da compra e venda, sem referir o competente contrato. Numa zona onde impere a tutela da confiança no tráfego jurídico, impõe-se a abstração como solução natural. É o que sucede nos negócios cartulares, isto é, naqueles cuja eficácia emerja de títulos de crédito: subsistem independentemente da fonte que os haja originado, apresentado-se, pois, como negócios abstratos[78].

Dos abstratos, há que distinguir os negócios presuntivos de causa. Segundo o 458.º/1: 81

> Se alguém, por simples declaração unilateral, prometer uma prestação ou reconhecer uma dívida, sem indicação da respetiva causa, fica o credor dispensado de provar a relação fundamental, cuja existência se presume até prova do contrário.

Perante uma promessa de cumprimento ou um reconhecimento de dívida, não é neces- 82
sário demonstrar a fonte (= causa) do débito. Mas nem por isso se pode falar de uma situação abstrata: a questão torna-se causal desde o momento em que se prove o contrário do que resulta da declaração de cumprimento ou de reconhecimento.

28. Típicos e atípicos. O negócio típico encontra a sua regulação na lei; o atípico é engen- 83
drado pelas partes. As partes podem verter, num negócio, elementos típicos e atípicos (405.º): num negócio misto[79]. Diversas são as uniões ou conexões de negócios, na qual dois ou mais negócios são colocados, pelas partes, numa situação de interdependência, que ocasiona efeitos jurídicos. O estudo dos negócios típicos e dos negócios coligados é feito em Direito das obrigações[80].

Os negócios típicos podem compreender elementos injuntivos; cessa, aí, a liberdade de 84
estipulação. Quando a injuntividade seja total – por exemplo, o contrato de casamento – desaparece a natureza negocial. A presença de regras negociais típicas – ou de tipos negociais – corresponde a uma elaboração histórica da matéria. O tipo negocial traduz a solução mais frequente; permite remeter para ela e poupar um esforço regulativo. Ele exprime a saída normal, equilibrada, para os interesses em confronto, forçando as partes a ser explícitas quando, dele, se queiram desviar. O catálogo negocial típico oferecido pela lei, ainda que na disponibilidade das partes, não é neutro: antes suporta os valores que o sistema inseriu no competente domínio.

Nos tipos sociais, temos negócios que, embora não previstos na lei, são de tal forma soli- 85
citados pela prática que adotam um figurino comum, por todos conhecido. Basta uma simples referência ao "tipo social" para, de imediato, as partes se reportarem a todo um conjunto de regras bem conhecidas, na prática jurídico-social. Por exemplo: o contrato de concessão[81] ou o

[77] Julga-se poder defender uma hipótese de situação civil abstrata: a da assunção de dívidas, no caso do 598.º – *Direito das obrigações*, 2, 115 e *Tratado*, IX, 3.ª ed., 863-864; no Direito alemão, pelo contrário, há toda uma categoria de negócios reais abstratos, outro tanto sucedendo com as transmissões de créditos.

[78] *Direito das obrigações*, 2, 133.

[79] *Tratado*, VII, 207 ss..

[80] *Idem*, 273 ss..

[81] *Direito comercial*, 4.ª ed., 794 ss..

contrato de abertura de conta bancária[82]. Os tipos sociais colocam regras próprias de interpretação e de aplicação, também analisadas em Direito das obrigações.

86 O negócio típico é, em princípio, nominado: a lei designa-o pelo seu nome – *nomen iuris*: a compra e venda, a doação e a sociedade são típicas e nominadas. Pode haver dissociação: um negócio que tenha regulação supletiva legal, mas não seja apelidado senão pela doutrina, será típico e inominado; assim sucede com o "contrato de associação", isto é, com o ato de constituição da associação, com os estatutos que o acompanhem (167.º), pressuposto pelos 167.º e 168.º, mas não explicitado por qualquer designação. Por seu turno, aquele que merecer referência legal pelo seu *nomen*, mas que não surja regulado, é nominado e atípico; assim sucede com os contratos de transporte e de hospedagem, referidos no 755.º, *a*) e *b*), sem tratamento explícito no Código.

87 **29. Onerosos e gratuitos**. O oneroso implica esforços económicos para ambas as partes, em simultâneo e com vantagens correlativas[83]; o gratuito ocorre caso cada uma delas retire, tão-só, vantagens ou sacrifícios. Exemplos claros são constituídos, respetivamente, pela compra e venda (874.º e seguintes) e pela doação (940.º e seguintes). Certos negócios podem surgir como onerosos ou gratuitos, consoante o que seja estipulado pelas partes; *vide*, quanto ao mandato e ao depósito, respetivamente, o 1158.º/1 e o 1186.º, que remete, aliás, para o primeiro.

88 Da natureza onerosa ou gratuita deriva a aplicação de múltiplas regras gerais diferenciadas: no que toca aos pressupostos (951.º/2), à interpretação (237.º), às invalidades (289.º/2 e 291.º/1) e aos casos de impugnação (612.º/1). Nos gratuitos, o empobrecimento do património de uma das partes corresponde ao enriquecimento do património da outra. Pode não ser totalmente assim: nas chamadas doações onerosas (963.º), o donatário suporta, também, sacrifícios: o negócio surge oneroso para uma das partes (o donatário) e gratuito para a outra (o doador)[84]. Podem ainda os contratantes compor um negócio misto, parte oneroso e parte gratuito, ainda que globalmente gratuito.

89 **30. De administração e de disposição**. Em termos descritivos, o negócio de administração implica modificações secundárias ou periféricas numa situação, enquanto o negócio de disposição põe em causa a própria subsistência dessa situação. Existe uma marcada relatividade entre as duas noções, que obriga a maiores cautelas. O corte de árvores de uma floresta pode ser um ato de administração quando se trate de um prédio afeto à exploração de madeira, sendo um ato de disposição nas restantes hipóteses.

90 A contraposição deve atender à esfera jurídica global que vá ser atingida: a venda de um automóvel é um ato de administração para o estabelecimento da especialidade que tenha dezenas de automóveis para esse efeito; mas pode ser um ato de disposição para o cidadão comum. Os negócios de administração não atingem, em profundidade, uma esfera jurídica, enquanto, pelo contrário, os de disposição o fazem. Quanto aos efeitos[85]: os atos de disposição só podem, em geral, ser livremente praticados pelo próprio titular da esfera jurídica afetada e desde que ele tenha capacidade para o fazer; quando um ato de disposição deva ser praticado por outrem, o Direito determina precauções, como sejam a autorização judicial (por exemplo, 94.º/3) ou

[82] *Direito bancário*, 6.ª ed., 539 ss..

[83] *Vide* os clássicos Paul Oertmann, *Entgeltliche Rechtsgeschäfte* (1912), 125 pp. e Luigi Mosco, *Onorosità e gratuità degli atti giuridici, con particolare riguardo ai contratti* (1942), XV + 361 pp., 81, bem como Manfred Wolf/Jörg Neuner, *Allgemeiner Teil*, 11.ª ed., § 29, Nr. 81-88 (351-352).

[84] Fernando Pessoa Jorge, *Direito das obrigações*, 1 (1972), 223; *Tratado*, XI (2018), 446 ss..

[85] Carlos Mota Pinto, *Teoria geral*, 3.ª ed., 406 ss. e 4.ª ed., 408 ss..

[86] Dado o DL 272/2001, de 13-out., 2.º/1, *b*) e *d*).

do MP[86] (por exemplo, 1938.º). Têm importância ainda outros preceitos, tais como os 1159.º, 1446.º, 1678.º, 1922.º, 1967.º e seguintes e 2079.º e seguintes, com relevo para o 2091.º[87].

31. Parciários, de organização, de distribuição e aleatórios. O negócio parciário implica a participação das partes em determinados resultados: parceria pecuária (1121.º) e sociedade (980.º). Não se confunde com negócios de organização, contraposta aos negócios de troca. O negócio de organização visa montar uma estrutura que faculte a cooperação permanente de pessoas. O de troca assume, apenas, a permuta de bens ou serviços por dinheiro ou por outras mercadorias. Exemplo paradigmático de organização é o contrato de sociedade. O moderno Direito comercial conhece outras modalidades enquanto, no Direito civil, podemos apontar o contrato de associação. 91

Os negócios de distribuição contrapõem-se aos de consumo[88]. Na distribuição, liga-se a produção ao vendedor final. O negócio de consumo equivale à aquisição de bens pelo destinatário final: o consumidor. O Direito comercial documenta diversos contratos de distribuição, com relevo para a concessão, a agência e a franquia (*franchising*)[89]. A distribuição permanente tem elementos de organização. 92

Um negócio é aleatório quando, no momento da sua celebração, sejam desconhecidas as vantagens patrimoniais que dele derivem. Esse desconhecimento é da própria natureza do contrato, em moldes tais que ele não faça sentido de outra forma. Por exemplo, um contrato de seguro é aleatório ou, pelo menos, tem um elemento de aleatoriedade[90]: ele pressupõe o desconhecimento da ocorrência do sinistro. Típicos negócios aleatórios são os contratos de jogo ou de aposta (1245.º)[91]. Qualquer negócio implica, sempre, flutuação ou risco. Tais negócios são celebrados, na normalidade social, não pela álea que possam conter, mas pela predeterminação das vantagens que acarretem e com as quais as partes contem. 93

32. Instrumentais, preparatórios e acessórios. Os negócios podem valer por si ou, pelo contrário: podem fazer sentido por se articularem com outros negócios. Ocorre um negócio principal ou final, surgindo os restantes como negócios acessórios. Como instrumental, apontamos o contrato-quadro: irá definir os perfis de negócios ulteriores que – esses sim – regularão os interesses em jogo. Como preparatórios, temos o contrato-promessa, o pacto de preferência, a opção, a carta de intenção e diversas outras figuras que inscreveremos no domínio da contratação mitigada. Contrato acessório será a fiança bem como os diversos protocolos laterais. A natureza instrumental, preparatória ou acessória de um negócio tem relevo para a determinação do seu regime: este regime tende a ser infletido pelo do contrato principal ou definitivo. Os contratos em causa só ganham sentido dentro do conjunto mais amplo em que se insiram. 94

VI – Elementos e pressupostos

33. Essenciais, naturais e acidentais[92]. Os essenciais, necessariamente presentes em cada negócio jurídico, podem, por seu turno, abranger elementos gerais e específicos: os primeiros, devem surgir em todos os negócios, enquanto os segundos são apenas imprescindíveis para caracterizar um determinado tipo negocial, distinguindo-o dos demais. São elementos essenciais gerais a capacidade das partes, a declaração ou declarações de vontade e o objeto possível: qualquer negócio jurídico deve, para existir eficazmente, reunir estes elementos. 95

[87] Outros elementos: *Tratado*, II, 4.ª ed., 108 ss..

[88] António Pinto Monteiro, *Contratos de distribuição comercial* (2002), 41 ss..

[89] António Menezes Cordeiro, *Direito comercial*, 4.ª ed., 770 ss..

[90] António Menezes Cordeiro, *Direito dos seguros*, 2.ª ed., 599.

[91] RPt 5-jun.-1990 (Matos Fernandes), CJ XV (1990) 3, 212-215; *Tratado*, XII, 1025 ss..

[92] Manuel de Andrade, *Teoria geral*, 2, 33. ss..

96 96 Os elementos naturais são os efeitos que, por sua natureza, os diversos negócios produzem, mas que as partes podem, ao abrigo da sua autonomia privada, validamente afastar. Em termos deônticos, os elementos naturais correspondem a normas supletivas, isto é, a normas cuja aplicação fica na disponibilidade das pessoas. Tais normas predominam no Direito das obrigações, ao contrário do que sucede nos restantes três sectores do Direito civil.

97 Os elementos acidentais correspondem a estipulações que não são necessárias para a consistência de um negócio e que o Direito não preconiza, ainda que a título supletivo, para o tipo negocial considerado. As partes podem, ao abrigo da sua autonomia privada, incluí-las nos negócios que celebrem; quando o façam, podem ainda utilizar algum dos figurinos que o Direito ponha, para o efeito, à sua disposição ou, pelo contrário, inventar, em moldes originais, um novo elemento acidental.

98 Esta sistematização (como aliás não deixou de notar o próprio Manuel de Andrade), não toma por base um critério uniforme. Particularmente inconveniente se apresenta a categoria dos elementos essenciais, que junta fatores exteriores ao negócio com outros que têm a ver com os seus efeitos[93]. Há outras arrumações possíveis[94].

99 **34. Solução preconizada**. A distinção tradicional entre elementos essenciais, naturais e acidentais, na medida em que mescle realidades diferentes, deve ser abandonada. Elementos tem dois sentidos: (1) em sentido amplo, os elementos traduzem um conjunto de realidades necessárias para que exista uma outra; (2) em sentido estrito, os elementos exprimem os fatores que, num momento estaticamente considerado, componham um *quid*. Os pressupostos do negócio jurídico só podem ser considerados como seus elementos se, destes, se fizer uso em sentido amplo. Mas com isso chega-se a uma heterogeneidade menos conveniente.

100 Os pressupostos do negócio jurídico implicam regras relativas às pessoas, aos bens, ou às relações que, entre ambos, se estabeleçam. Só mediatamente têm a ver com negócios. Devem ser estudadas a propósito das realidades a que, de modo imediato, digam respeito[95]. Os elementos, pelo contrário, têm a ver com normas e princípios ligados, desde logo, à temática negocial.

101 Um estudo estático dos elementos negociais mal esconde uma opção conceptual. Tendo presente que todo o motor da fenomenologia em estudo reside na eficácia, há que ponderar, em termos preferenciais, o desenvolvimento dinâmico do negócio. Optamos por fixar esta ordenação: (a) formação do negócio; (b) conteúdo do negócio; (c) vícios da vontade e da declaração; (d) ineficácia do negócio. Na presente obra, seguimos, como compete, a ordem dos artigos do Código Civil.

Secção I – Declaração negocial

Subsecção I – Modalidades da declaração

Introdução (217.º e 218.º)

Bibliografia: António Menezes Cordeiro, *Tratado de Direito civil*, II, 4.ª ed., 123-131.

[93] Mota Pinto, *Teoria geral*, 4.ª ed., 383-384.

[94] *Tratado*, II, 4.ª ed., 118 ss..

[95] É essa a razão porque é possível – em nossa opinião: conveniente – estudar a formação antes dos pressupostos; neste ponto, aliás, não há novidade. Contra: Carvalho Fernandes, *Teoria geral*, 2, 5.ª ed., 142 ss..

Índice

I – A declaração negocial

1. A declaração equivale a uma manifestação de vontade humana, dotada de um conteúdo juridicamente relevante. Deve ser exteriorizada: depende do reconhecimento que obtenha, junto dos operadores jurídicos. Ela constitui um pressuposto ontológico do negócio jurídico, com o qual não se confunde. Muitas vezes, na linguagem corrente, usam-se as duas modalidades em sinonímia[1]. 1

2. Elementos da declaração, na linha de Savigny, são: (1) a vontade; (2) a declaração, (3) a relação de concordância entre ambas. Na vontade, temos: (a) a do comportamento; (b) a da declaração; (c) a do negócio. A análise é útil, mas deve ser concluída através da síntese que exprime a realidade humana e social: vontade e declaração constituem um *continuum*, só completo com os próprios efeitos que o Direito lhe associe. 2

A declaração implica (1) uma ação; (2) uma comunicação; (3) uma adstrição da própria vontade (ato de validade). 3

3. Natureza: retoma-se o debate sobre a teoria da vontade (subjetiva) e a da declaração (objetiva). A primeira assenta na lógica da autonomia privada: se a declaração não for "vontade", o seu autor não é verdadeiramente autónomo; a segunda, na da confiança: a vontade é inexcogitável (às vezes mesmo para o próprio), sendo que apenas se torna possível aderir ao que resulte da declaração. 4

O Código Civil, na linha de Manuel de Andrade[2], inclina-se para uma orientação objetivista: salvo situações limitadas de relevância do erro, vale a vontade declarada. A solução dogmaticamente correta, no atual estádio dos conhecimentos jurídicos, formulada por Canaris, é a seguinte: a declaração vale por ser vontade e por suscitar confiança; em qualquer caso, o regime é o da vontade, mesmo quando a declaração apenas assente na confiança que suscite[3]. 5

A orientação basicamente objetivista do Código resulta das proposições seguintes: (1) na interpretação prevalece a doutrina da impressão do destinatário (236.º/1), isto é: aquilo que, do exterior, se empreste, em termos significativos, ao ato comunicativo do declarante; (2) a reserva mental, traduzida numa declaração que não corresponda à vontade real, para enganar o declaratário, é irrelevante (244.º/1); (3) a declaração que não equivalha à vontade real só pode ser anulada em condições apertadas (247.º); (4) a declaração feita em situação de incapacidade acidental (incapacidade de entender ou de querer) só pode ser anulada em circunstâncias restritivas (257.º/1). Temos vontade ou tutela da confiança? Ambas, também em contínuo. Não 6

[1] O levantamento, das referências a "declaração" e a "declaração negocial" constam do *Tratado*, II, 4.ª ed., 124.

[2] Manuel de Andrade, *Teoria geral da relação jurídica*, 2, 122 ss.; *vide* Carlos Mota Pinto, *Teoria geral do Direito civil*, 4.ª ed., 415-416.

[3] Indicações: *Tratado*, II, 4.ª ed., 129.

parece possível separá-las, uma vez que a própria vontade se vai formando ao ritmo da confiança que o agente vá inspirando. A partir daqui, cabe aperfeiçoar o regime.

7 4. **Dados neurológicos**: os elementos liberados pelas neurociências explicam que não é sempre possível discernir uma opção cerebral, seguida de indicações aos órgãos motores que controlam a fala ou a escrita, para que manifestem o decidido. O cérebro atua em conjunto com os demais órgãos, de tal modo que a vontade se vai modelando à medida que se procede a exteriorizações.

8 A vontade da declaração, tomada como ação final dirigida a certos efeitos ou a certos efeitos principais, não se distingue, no fundo, da ação efetiva e do produto dessa ação. A vontade e a declaração constituem um *continuum* humano e valorativo, que apenas para efeitos de análise pode ser cindido. Em termos dogmáticos, o problema desloca-se para o regime. Em face de um concreto negócio jurídico, até que ponto se exige a consciência da declaração? E perante uma declaração, releva o erro na exteriorização da vontade? E na própria formação da vontade? Em que margens? Quando se proceda à interpretação do negócio, em que medida se podem investigar as opções interiores do declarante? Ou validar-se-á, apenas, a conduta comunicativa, tal como é entendida pela contraparte? Perante um Direito civil codificado, há que deixar o espaço livre para a determinação do regime do negócio. Fica assim confirmada a orientação jurídica acima defendida: a melhor disponível, neste momento.

II – Tipos de declarações

8 5. As **modalidades** de declarações são numerosas. O Código apenas contrapõe a expressa à tácita (217.º). Além dessa distinção, temos declarações: (1) presumidas e fictas; (2) recipiendas e não-recipiendas; (3) subsequentes e contradeclarações; (4) negociais e não-negociais; (5) completas e incompletas.

10 6. **Presumidas e fictas**. Na presumida, a lei associa, a certa conduta, o sentido de uma declaração negocial, aceitando, contudo, prova em contrário, isto é: que o interessado demonstre que, afinal, outra fora a sua vontade (350.º/2). Na declaração ficta, a presunção é inilidível (*iuris et de iure*) (350.º/2, *in fine*)[4].

11 7. **Recipienda ou não-recipienda** (ou recetícias e não-recetícias): as primeiras têm um destinatário, ao contrário das segundas. A produção de efeitos e o momento em que ela ocorra, particularmente nas recipiendas, suscita questões clássicas a analisar a propósito do artigo 224.º[5].

12 8. **Subsequentes e contradeclarações**: subsequentes quando recaiam sobre declarações prévias, eventualmente já consubstanciadas em negócios jurídicos; p. ex., uma interpelação para a execução de um contrato. As contradeclarações são reportadas a uma declaração feita com o sentido de suprimir ou reduzir os efeitos que dela deveriam resultar; p. ex., a revogação de uma proposta (230.º/1).

13 9. A **declaração não-negocial** é a que não comporte liberdade de estipulação. Dá azo a um ato jurídico *stricto sensu*, sendo ponderadas a esse propósito (295.º)[6].

14 10. A **declaração incompleta** ocorre quando postule subsequentes manifestações de vontade, para adquirir um todo significativo final.

[4] Manuel de Andrade, *Teoria geral*, 2, 138-140.
[5] *Infra*, 224.º, anot. 19 a 26.
[6] *Infra*, 224.º, anot. 19 a 27.

Artigo 217.º (Declaração expressa e declaração tácita)

1. A declaração negocial pode ser expressa ou tácita: é expressa, quando feita por palavras, escrito ou qualquer outro meio direto de manifestação da vontade, e tácita, quando se deduz de factos que, com toda a probabilidade, a revelam.

2. O carácter formal da declaração não impede que ela seja emitida tacitamente, desde que a forma tenha sido observada quanto aos factos de que a declaração se deduz.

Bibliografia: António Menezes Cordeiro, *Tratado de Direito civil*, II, 4.ª ed. (2014), 132-136; Evaristo Mendes/Fernando Sá, no *UCP/Comentário ao Código Civil* (2014), 487-491; José Alberto Vieira, *Negócio jurídico/Anotação ao regime do Código Civil (artigos 217.º a 295.º)* (2006), 7-18; Manuel de Andrade, *Teoria geral da relação jurídica*, 2 (1960), 129-134; Paulo Mota Pinto, *Declaração tácita e comportamento concludente* (1995), 438-732; Rui de Alarcão, *Declarações expressas e declarações tácitas. O silêncio*, BMJ 86 (1959), 233-241.

Índice

I – Origem

1. O anteprojeto Rui de Alarcão, assente na doutrina de Manuel de Andrade, propôs (1.º)[1]: 1

> 1. A declaração negocial pode ser feita não apenas de palavra, por escrito ou por quaisquer outros meios a isso directamente dirigidos, como ainda de modo indirecto, por factos de onde ela necessàriamente se deduza. Neste último caso a declaração chama-se tácita, e diz-se, nos demais, expressa.
>
> 2. O carácter formal da declaração não exclui que ela possa fazer-se tacitamente, desde que a forma prescrita tenha sido observada quanto aos factos de que a declaração decorre.

2. Revisões e projeto. A 1.ª Revisão acolheu o texto de Alarcão (192.º)[2]. A 2.ª (217.º) introduziu pequenas mudanças formais (217.º)[3], assim se alcançando a redação final, presente no Projeto (217.º)[4]. 2

[1] Rui de Alarcão, *Declarações expressas e declarações tácitas*, 233. O texto foi mantido em Rui de Alarcão, *Do negócio jurídico/Anteprojecto para o novo Código Civil*, BMJ 105 (1961), 249-279 (251).

[2] *1.ª Revisão*, 85.

[3] *2.ª Revisão*, 86.

[4] *Projecto*, 63.

II – A declaração tácita

3 **3.** A **noção** resulta do 217.º/1: a declaração é expressa quando seja feita por palavras, escrito ou qualquer outro meio direto de manifestação de vontade; pelo contrário, será tácita quando se deduza de factos que, com toda a probabilidade, a revelem[5]. O Supremo, em acórdão de 5-nov.-1997, veio explicitar a ideia: os comportamentos requeridos pela declaração tácita terão de ser "significantes", "positivos" e "inequívocos"[6]. Na determinação de uma declaração tácita há que atender aos usos e ao ambiente social onde ocorram os factos[7]. Afirmar a existência de uma declaração tácita é questão-de-direito, sindicável pelo Supremo Tribunal de Justiça[8].

4 Com base nas noções legais, há sempre uma atuação devidamente exteriorizada. Nuns casos, é feita de modo direto, por forma a dar, da vontade, uma imagem exterior imediata; noutros, ela resulta, indiretamente, de outros fatores. Não deve confundir-se declaração tácita com inação ou com ausência de declaração: a "declaração tácita" é uma "declaração indireta", autonomizada, enquanto tal, numa classificação consagrada (Galvão Telles/Dias Marques).

5 **4. Teorias subjetiva e objetiva.** Para a subjetiva, a declaração é expressa quando resulta de uma conduta destinada a manifestar uma vontade e tácita caso derive de uma atuação que tenha outros objetivos, mas da qual se possa inferir uma vontade negocial. Para a objetiva, a declaração expressa é atuada com meios cujo sentido declaratório está fixado pelos usos, pela lei ou por convenção; será tácita quando os meios em jogo só no contexto permitam apreender tal sentido.

6 A favor de uma conceção objetiva: dispensa uma indagação psicológica sobre a vontade do agente; contra (Manuel de Andrade): em geral, concorrem meios declarativos dos dois tipos. Podemos considerar que ambas as teorias são válidas, como meios de análise. A declaração expressa pode, todavia, surgir por manifestações atípicas, enquanto a tácita é viável, por vias consagradas.

7 **5. Comportamentos concludentes.** As confusões apontadas levam a doutrina recente a evitar falar em declarações tácitas. A serem-no verdadeiramente, podem confundir-se com o silêncio, examinado no artigo subsequente. Acentua-se, desta feita, o facto de a vontade se manifestar não através de um ato de comunicação a tanto destinado, mas mediante um comportamento que, nas condições em que ocorra, permita inferir a vontade dos efeitos do negócio. E então, cabe distinguir: (1) comportamentos típicos, isto é, estandartizados, de tal modo que, no meio considerado, sejam imediatamente reconhecidos como manifestando a vontade negocial; (2) condutas diversas que permitam inferir essa mesma vontade. Às declarações concludentes aplicam-se as regras respeitantes às expressas[9], ou às tácitas ainda que com as necessárias adaptações.

8 **6. Aplicações.** A categoria das "declarações tácitas" reporta-se aos mais diversos atos e negócios jurídicos; por exemplo, as deliberações podem, também, ser tácitas[10], outro tanto suce-

[5] Com inúmeros elementos, Paulo Mota Pinto, *Declaração tácita e comportamento concludente*, 438 ss..

[6] STJ 5-nov.-1997 (Nascimento Costa), BMJ 471 (1997), 361-368 (367). STJ 24-out.-2000 (Torres Paulo), CJ/ /Supremo VIII (2000) 3, 93-96 (95), complementa: a declaração tácita resulta de um comportamento concludente que, considerando todas as circunstâncias, não deixa fundamento razoável para dúvidas. A inequivocidade dos *facta concludentiae* é aferida por critérios práticos e não por critérios estritamente lógicos: STJ 4-fev.-2003 (Silva Paixão), CJ/Supremo XI (2003) 1, 79-84 (81/II). *Vide* STJ 20-nov.-2012 (Azevedo Ramos), Proc. 3451/08 e RGm 22-jun.-2017 (António Beça Pereira), Proc. 1389/15.

[7] STJ 11-out.-2001 (Silva Paixão), CJ/Supremo IX (2001) 3, 75-78 (77/II).

[8] STJ 5-nov.-1997, BMJ 471, 366, com indicações, bem como STJ 24-out.-2000, CJ/Supremo IX, 3, 96, ambos na nota 6.

[9] Paulo Mota Pinto, *Über Willensmängel bei schlüssigen Verhalten*, FS Canaris 1 (2007), 871-900 (872 ss.).

[10] STJ 22-nov.-1997 (Sousa Inês), BMJ 451 (1995), 460-468 (467).

dendo com a autorização prevista no 1340.º/4, para efeitos de acessão[11], com a aceitação de uma herança[12], com a confirmação[13] e com a adoção de um pacto atributivo de competência internacional[14]. Abaixo constam outras concretizações de declarações tácitas[15].

III – A forma

7. A **natureza formal** de uma declaração não impede que ela seja tacitamente emitida; como dispõe o 217.º/2, requer-se, então, que a forma prescrita tenha sido observada quanto aos factos de que se deduza a declaração em causa. 9

8. **Cláusula "expressa"**. Por vezes, a lei exige que determinada vontade conste de "cláusula expressa" ou seja "expressamente manifestada". Essa ideia é muitas vezes minimizada sob a invocação de que a tal "cláusula expressa" pode ser … tacitamente manifestada. Caso a caso haverá que interpretar o objetivo da lei, ao exigir a "vontade expressa". Em geral essa exigência da lei ocorre perante cláusulas perigosas ou graves para o declarante. A exigência de uma assunção expressa destina-se a consciencializá-lo, visando a sua proteção. Nessa eventualidade haverá que, no mínimo, verificar se, em concreto, o objetivo legal se mostra assegurado. Na dúvida, a exigência legal deve ser tomada em sentido técnico: o de afastar declarações tácitas. 10

Como exemplos, o Código exige declarações expressas nos 587.º/2 (garantia de solvência do devedor na cessão de créditos), 589.º (sub-rogação pelo credor), 590.º/2 (sub-rogação pelo devedor), 591.º/2 (sub-rogação em consequência de empréstimo feito ao devedor), 600.º (insolvência do novo devedor, na arrumação de dívidas), 628.º/1 (vontade de prestar fiança), 641.º/2 (declaração destinada a evitar a perda do benefício da excussão), 731.º/1 (renúncia à hipoteca), 767.º/2 (acordo impeditivo da prestação por terceiro), 859.º (declaração negocial de novação), 861.º (reserva de salvaguarda de garantias, na novação), 956.º/2, *a)* (responsabilidade do doador por doação de bens alheios), 957.º (responsabilidade do doador por ónus ou vício do direito ou da coisa doada), 982.º (cláusula que permite suprimir direitos especiais sem o consentimento do sócio), 990.º (autorização de concorrência) e 997.º/3 (exoneração de responsabilidade de sócios não-administradores). Por vezes, a lei consegue o mesmo efeito exigindo cláusula escrita ou cláusula *a se*, no contrato: 1076.º e 1095.º, como exemplos, no arrendamento urbano. Em todos estes casos, é evidente a preocupação legislativa de assegurar quer a segurança quanto à existência da declaração, quer um suplemento de reflexão, por banda do declarante. 11

IV – Concretização prática

9. A **jurisprudência** mais recente pode, além das espécies já citadas, ser ilustrada nos termos seguintes: 12

STJ 28-fev.-2002: não se pode atribuir ao silêncio sobre um pedido de documentação o sentido de mais um adiamento se não houver factos que com toda a probabilidade o revelem[16];

STJ 30-abr.-2002: há reconhecimento tácito se os comproprietários, ao longo de mais de 30 anos, não promoveram a declaração de nulidade de um arrendamento dado por um usufrutuário de apenas metade do prédio indiviso[17];

[11] RCb 8-fev.-2000 (Custódio Marques Costa), CJ XXV (2000) 1, 17-20 (20/I).

[12] RPt 8-nov.-2001 (Sousa Leite), CJ XXVI (2001) 5, 177-181 (178).

[13] RPt 8-jan.-2002 (Manso Raínho), CJ XXVII (2002) 1, 173-177 (176/I).

[14] RGm 4-jun.-2003 (Leonel Serôdio), CJ XXVIII (2003) 3, 290-292.

[15] *Infra*, anot. 12.

[16] STJ 28-fev.-2002 (Sousa Inês), Proc. 02B191.

[17] STJ 30-abr.-2002 (Ribeiro Coelho), Proc. 02A1019; em rigor, há aqui uma *suppressio*: o consentimento tácito,

STJ 18-set.-2003: de meras negociações não é possível retirar uma concordância com certa ocupação (critério de inequivocidade dos *facta concludentia*[18];

STJ 4-mai.-2004: a confirmação de um ato anulável pode ser tácita[19];

STJ 18-nov.-2004: o reconhecimento de dívida (325.º) pode ser expresso ou tácito, embora, quanto a este, não tenha relevância se não se basear em facto que inequivocamente o exprima[20];

STJ 31-mai.-2005: para além de a declaração tácita poder derivar de factos que "de fora" a façam deduzir, ela também pode derivar do silêncio "quando esse valor lhe seja atribuído por lei, uso ou convenção"[21];

STJ 7-jun.-2005: à conduta a partir da qual se pode efetuar uma ilação podemos chamar "comportamento concludente", que deve ser visto como o elemento objetivo da declaração tácita, o qual é determinado, como na declaração expressa, por via interpretativa[22];

STJ 22-set.-2005: as declarações tácitas são meios indiretos de expressão; quando a lei obriga a uma declaração expressa é, em geral, de entender que quis referir-se a uma declaração que não se preste a dúvidas, ou seja, particularmente explícita e segura[23];

STJ 2-fev.-2006: o proprietário, depois da caducidade do arrendamento, recebe rendas e comunica a sua atualização: isso não permite concluir por uma declaração tácita tendente à renovação do contrato[24];

STJ 22-jun.-2006: não concluindo o prédio no prazo indicado pelos promitentes compradores, o facto de o promitente vendedor deixar a obra parada e ter desaparecido constitui comportamento que revela recusa de cumprimento que, por sua vez, imputa incumprimento definitivo do contrato[25];

STJ 27-fev.-2007: o despedimento de facto terá de extrair-se de atitudes do empregador que revelem, inequivocamente, ao trabalhador, a vontade de fazer cessar o contrato de trabalho[26];

STJ 24-mai.-2007: os comportamentos que podem servir de suporte à declaração negocial tácita integram matéria de facto; tal comportamento declarativo pode estar contido ou ser integrado por comunicações escritas, verbais ou outros atos significativos[27];

STJ 1-jul.-2008: a declaração tácita deve ser avaliada segundo um critério prático, buscando *facta concludentia* inequívoca para apurar um significado negocial, com aquele grau de probabilidade bastante para tomada de decisões pelo homem comum, mas não sempre que se requeira documento exigido *ad probationem*[28];

STJ 11-jan.-2011: o consentimento do credor para a assunção de dívida pode ser tácito[29];

STJ 17-fev.-2011: a indicação de qualidade de gerente prevista no 260.º/4 do CSC pode ser tácita[30];

STJ 31-mar.-2011: a declaração, na compra de móvel, pode ser tácita, bastando que objetivamente, de fora, numa consideração de coerência, ela possa ser deduzida do comportamento do declarante[31];

STJ 19-mar.-2011: renúncia tácita à preferência do locatário que outorga na escritura uma aquisição como usufrutuário[32];

a existir, seria pontual, tendo ocorrido na sequência do arrendamento.

[18] STJ 18-set.-2003 (Ferreira de Almeida), Proc. 03B2195.

[19] STJ 4-mai.-2004 (Afonso de Melo), Proc. 04A1314; *idem*, STJ 15-nov.-2005 (Nuno Cameira), Proc. 05A2589.

[20] STJ 18-nov.-2004 (Araújo Barros), Proc. 04B3459: quanto ao reconhecimento tácito de dívida, também STJ 19-mai.-2010 (Nuno Cameira), Proc. 1380/07.

[21] STJ 31-mai.-2005 (Custódio Montes), Proc. 05B1411.

[22] STJ 7-jun.-2005 (Fernandes Magalhães), Proc. 05A1247.

[23] STJ 22-set.-2005 (Oliveira Barros), Proc. 05B2177.

[24] STJ 2-fev.-2006 (Salvador da Costa), Proc. 06B055.

[25] STJ 22-jun.-2006 (Oliveira Barros), Proc. 06B1272.

[26] STJ 27-fev.-2007 (Pinto Hespanhol), Proc. 07S4479; *vide* também STJ 21-out.-2009 (Vasques Dinis), Proc. 272/09.

[27] STJ 24-mai.-2007 (Alves Velho), Proc. 07A988

[28] STJ 1-jul.-2008 (Sebastião Povoas), Proc. 08A1920.

[29] STJ 11-jan.-2011 (Moreira Alves), Proc. 2199/06.

[30] STJ 17-fev.-2011 (Távora Victor), Proc. 2383/06.

[31] STJ 31-mar.-2011 (Serra Baptista), Proc. 475/06.

[32] STJ 19-mar.-2011 (Tavares de Paiva), Proc. 5326/09.

RGm 28-set.-2017: os comportamentos que podem servir de suporte à declaração tácita devem integrar a factualidade dada como provada, sendo necessário, depois, verificar se integram uma declaração tácita, o que é questão de direito, a resolver pela interpretação segundo o 236.º[33];

RGm 23-nov.-2017: na declaração tácita deve haver uma vontade minimamente exteriorizada, traduzida, ainda que indiretamente, em factos concludentes[34];

RGm 12-abr.-2018: o assentimento do credor para uma dação em cumprimento pode ser tácito[35];

STJ 19-mar.-2019: a aceitação de herança não opera pelo silêncio mas pode ser tácita[36];

STJ 9-mai.-2019: ratificação tácita de uma representação sem poderes[37];

STJ 1-out.-2019: a inclusão, sem mais, de um crédito na relação dos créditos reconhecidos pelo administrador da insolvência vale como declaração tácita de cumprimento ou de recusa de cumprimento do contrato[38].

Artigo 218.º (O silêncio como meio declarativo)

O silêncio vale como declaração negocial, quando esse valor lhe seja atribuído por lei, uso ou convenção.

Bibliografia: António Menezes Cordeiro, *Tratado de Direito civil*, II, 4.ª ed. (2014), 136-141; José Alberto Vieira, *Negócio jurídico/Anotação ao regime do Código Civil (artigos 217.º a 295.º)* (2006), 18-21; Luís A. Carvalho Fernandes, *Teoria geral do Direito civil*, II, 5.ª ed. (2010), 286-288; *idem*, em *UCP/Comentário ao Código Civil* (2014), 492-493; Manuel de Andrade, *Teoria geral da relação jurídica*, 2 (1960), 134-138; Paulo Mota Pinto, *Declaração tácita e comportamento concludente* (1995), 631-717; Rui de Alarcão, *Declarações expressas e declarações tácitas. O silêncio*, BMJ 86 (1959), 233-241.

Índice

I – Origem

1. O **anteprojeto Rui de Alarcão** previa um preceito amplo (2.º)[1]: 1

1. O silêncio vale como declaração negocial em determinado sentido quando a lei ou uma estipulação das partes assim o dispuser. E o mesmo valor lhe competirá se, conforme a boa fé, e tidos em atenção os usos do tráfico, o silenciante devia ter falado ou agido para manifestar a sua vontade

[33] RGm 28-set.-2017 (Ondina Carmo Alves), Proc. 3006/11.

[34] RGm 23-nov.-2017 (Raquel Baptista Tavares), Proc. 854/16.

[35] RGm 12-abr.-2018 (Fernando Fernandes Freitas), Proc. 174/16.

[36] STJ 19-mar.-2019 (Graça Amaral), Proc. 384/17.

[37] STJ 9-mai.-2019 (Hélder Almeida), Proc. 234/14.

[38] STJ 1-out.-2019 (José Raínho), Proc. 1204/14.

[1] Rui de Alarcão, *Declarações expressas e declarações tácitas. O silêncio*, 238.

divergente, e não o fez, embora sabendo que naquele sentido podia ser entendido o seu silêncio, e assim realmente aconteceu.

2. O destinatário duma proposta contratual cujo silêncio não valha como aceitação é obrigado a restituir a coisa que o proponente lhe tenha enviado, quando ele a for ou mandar buscar, e bem assim a conservá-la, só incorrendo, porém, em responsabilidade quando tenha agido com dolo.

2 Na versão completa do articulado sobre o negócio jurídico, publicada dois anos depois, Rui de Alarcão reduziu o preceito ao n.º 1 acima transcrito[2]. De facto, o n.º 2 melhor ficaria na parte relativa aos contratos.

3 **2.** 1.ª Revisão, no seu 193.º, adotou a redação seguinte[3]:

1. O silêncio vale como declaração negocial quando a lei ou a estipulação das partes lhe confiram esse valor.

2. Análogo valor lhe compete quando a parte não haja contestado, como a boa fé e os usos lhe impunham, o alcance declarativo que ao seu silêncio tenha sido atribuído.

4 **3.** 2.ª Revisão e Projeto, firmaram, nos respetivos 218.º, a redação definitiva[4]. Notamos a supressão da estimulante referência à boa-fé que ainda se mantinha na 1.ª Revisão e que, de todo o modo, sempre se deve considerar presente.

II – Noção

5 **4. O silêncio** equivale a uma total ausência de comunicação, por parte do sujeito considerado. O silêncio caracteriza-se não apenas pela falta de palavras, de gestos ou de escritos: ele requer que, da ambiência existente, não se possa, dele, retirar qualquer mensagem. Por vezes, o silêncio equivale, nas circunstâncias que o acompanhem, a uma negativa ou a uma aquiescência: não é verdadeiro. O silêncio jurídico é um *nullum*. Não possui qualquer valor declarativo[5].

6 O silêncio era conhecido e ponderado pelos jurisprudentes romanos. Ao longo da História e, ainda hoje, nas relações sociais comuns, ele tem sido entendido diversamente. Multiplicam-se os ditos e os aforismos: quem cala consente; *qui tacet, consentire videtur*; *wer schweigt, bejaht*; *schweigst du still, so it's dein Will*, etc.. A isso contrapõe-se que tal só se justificaria quando quem cale pudesse e devesse falar (*qui tacet, ubi loqui potuit ac debuit, consentire videtur*). Mas replica-se: se devia falar e não o faz, é responsável pelos danos: não se lhe impute, todavia, uma declaração que não fez. Resta o inverso: quem cala, não recusa nem aceita (*quid tacet neque negat, neque utique fatetur*)[6]. Perante um princípio, pode surgir um contraprincípio que restrinja ou delimite o primeiro. Neste caso, nem será necessário ir tão longe: o silêncio jurídico é ausência de declaração, sendo tomado, pelo BGB e fundamentalmente, como recusa.

7 **5. Consequências**. O silêncio equivale à inexistência de qualquer ação e, logo, de meios destinados a prosseguir algum fim[7]: isso após interpretação das circunstâncias, se a tanto for neces-

[2] Rui de Alarcão, *Do negócio jurídico*, 251-251.

[3] *1.ª Revisão*, 86.

[4] *2.ª Revisão*, 86; *Projecto*, 63; Redação idêntica na *Revisão intercalar* (210.º), 82

[5] Heinrich Ewald Hörster, *A parte geral do Código Civil português/Teoria geral do Direito civil* (1992), n.º 695 (434-435) e 2.ª ed. (2019), n.º 696 (477); RGm 23-nov.-2017 (Raquel Baptista Tavares), Proc. 854/16.

[6] Manuel de Andrade, *Teoria geral*, 135 ss..

[7] STJ 28-jan.-1999 (Ferreira de Almeida), CJ/Supremo VII (1999) 1, 67-70 (69/I).

sário chegar. A mera consideração de princípios gerais permitiria fixar o valor nulo do silêncio e, depois, através da intervenção de outros institutos, recortar algumas delimitações. Todavia, na preparação do Código, optou-se por dispor expressamente sobre o tema.

Na sua proposta, Rui de Alarcão faz, com especial interesse interpretativo, as seguintes observações: 8

> I. O termo *silêncio* vem aqui tomado na sua aceção técnico-jurídica, em que significa não apenas o não falar, mas um *comportamento puramente omissivo ou abstensivo*. Isto mesmo, aliás, se depreende da própria redação do § 1.º, dado que nele se diz que "o silenciante devia ter falado ou agido ..."
>
> II. O problema do silêncio como meio de declaração negocial aparece muito frequentemente posto como a questão de saber se ele poderá valer como aceitação duma proposta de contrato. Mas o problema pode pôr-se em termos mais amplos, e daí que pareça aconselhável a formulação proposta, que se refere ao valor do silêncio como *declaração negocial*.

III – O regime

6. Determinação da lei. O 218.º fixa três hipóteses abstratas de relevância positiva do silêncio[8]. O silêncio vale quando a lei o determine[9]. Assim sucede no 923.º/2 (na venda a contento, a proposta considera-se aceita se, entregue a coisa ao comprador, este não se pronunciar dentro do prazo da aceitação) e no 1163.º (comunicada a execução ou inexecução do mandato, o silêncio do mandante por tempo superior àquele em que teria de pronunciar-se, segundo os usos ou, na falta destes, de acordo com a natureza do assunto, vale como aprovação da conduta do mandatário). Uma importante hipótese de relevância do silêncio surge no 27.º/1 da LCS: quando uma companhia seguradora receba uma proposta de seguro remetida por uma pessoa singular (candidato a tomador do seguro) e nada diga, o contrato tem-se como celebrado, desde que se reúnam certas condições[10]. A linguagem legal não está uniformizada, pelo que se impõe, sempre, uma interpretação sistemática[11]. 9

O silêncio opera quando a lei lhe atribua relevância positiva, isto é, quando valha como declaração de aceitação ou de recusa. Caso a inação do sujeito conduza à caducidade do seu direito (relevância negativa do silêncio), não há propriamente um valor negocial: antes se aplicam as regras da repercussão do tempo nas situações jurídicas e, designadamente, as da caducidade. 10

7. A remissão para **o uso**, que poderia conferir valor negocial ao silêncio, coloca algumas dificuldades. O 3.º/1, numa linguagem que merece crítica[12], dispõe: 11

> Os usos que não forem contrários aos princípios da boa-fé são juridicamente atendíveis quando a lei o determine.

Pergunta-se se a "lei" juridificadora dos usos que emprestem relevância jurídica ao silêncio é o próprio 218.º. A ser esse o caso, o silêncio seria relevante, sempre que houvesse um uso 12

[8] STJ 5-jun.-2018 (Henrique Araújo), Proc. 10855/15.

[9] STJ 21-mar.-2019 (Olindo Geraldes), Proc. 1366/16, onde se nega valor ao silêncio, precisamente por falta de lei que, para ele remeta.

[10] O nosso *Direito dos seguros*, 2.ª ed. (2016), 706-708; STJ 13-nov.-2018 (Maria de Fátima Gomes), Proc. 116/13.

[11] Assim, o artigo 1163.º fala em "aprovação tácita", enquanto o artigo 234.º refere uma "dispensa de declaração de aceitação"; quanto a este preceito *vide*, todavia, *infra*, as anot. ao 234.º.

[12] *Tratado* I, 4.ª ed., 573 ss.; *supra*, 3.º.

nesse sentido: sem necessidade de qualquer outro preceito juridificador. A resposta afigura-se-nos negativa: por razões sistemáticas e sinépicas (relativas às consequências).

13 Em termos sistemáticos, cumpre ter presente que o Código não conferiu relevo aos usos nos domínios da interpretação e da integração negociais (236.º e seguintes); seria anómalo que o fizesse no campo, ainda mais grave, da própria declaração[13]. Em termos sinépicos, atine-se nos particulares inconvenientes que derivam da "juridificação", via usos, do silêncio: as pessoas, independentemente de qualquer vontade, acabariam vinculadas a situações jurídicas de tipo negocial. A possibilidade de prejuízos, designadamente para os consumidores, é evidente[14].

14 O silêncio vale como declaração negocial apenas quando um uso, devidamente juspositivado por uma lei, o determine[15]. Evidentemente: tratando-se de um contrato, este passará a constar do que diga a proposta, incidindo, sobre ela, a atividade de interpretação.

15 **8.** Por fim, podem as partes, por **convenção**, atribuir ao silêncio o significado que lhes aprouver e, entre outros, um sentido negocial: um simples exercício da autonomia privada, que não levanta dúvidas. O declarante pode ainda, voluntariamente, inserir-se em ambiências que permitam, do seu silêncio, inferir uma vontade negocial. Digamos que facultaria uma declaração concludente, distinguindo-se da pura declaração tácita, por esta não resultar de nenhum elemento exterior. Um efeito similar seria possível quando, no silêncio, se viesse a alicerçar uma situação de confiança razoável e legítima: nessa eventualidade, o sujeito silencioso ficaria ligado à necessidade de respeitar a confiança que fez surgir.

16 Estas possibilidades existem, mas devem ser tomadas com cautela. As pessoas têm o direito ao silêncio, até como meio de defesa contra a envolvente e invasiva sociedade dos nossos dias. E desse silêncio, nada pode ser inferido, salvo muito ponderosos elementos em contrário, elementos esses dos quais o sujeito possa, sem esforço, libertar-se.

17 **9. A forma**. Por definição, o silêncio envolve a ausência de declaração; não apresenta nenhuma forma. Acaso a própria lei atribua, ao silêncio, um determinado valor negocial, pode estar implícita a dispensa de uma forma que, doutro modo, seria requerida. Mas outro tanto não sucede com os usos ou com a simples convenção das partes: através da concessão de eficácia ao silêncio, não é viável a dispensa das regras formais.

18 **10. Interpretação**. Aparentemente, nada há para interpretar. A atenção do operador jurídico terá de se concentrar sobre a outra declaração. Não obstante, as circunstâncias em que sobrevenha o silêncio e as regras que o juridifiquem constituem, em si, um possível e significativo objeto de interpretação.

19 **11.** A **prova** do circunstancialismo que dê relevo ao silêncio fica a cargo de quem, dele, se queira prevalecer (342.º/1).

[13] Repare-se que quando os usos atribuíssem o valor de declaração negocial ao silêncio, eles teriam ainda de proporcionar as suas "interpretação" e "integração" e em termos radicais: o silêncio nada querendo dizer, apenas os usos lhe poderiam insuflar um sentido e um alcance.

[14] *Vide* as precauções postas, pelo legislador, quanto ao valor do silêncio ou de manifestações fictícias similares, quando presentes em cláusulas contratuais gerais, no 19.º, *d*), da LCCG. Veja-se, ainda, o 9.º/4, da LDC.

[15] Assim sucede no domínio das situações laborais, nos termos do 12.º/2 da LCT, hoje artigo 1.º do CT. Em compensação, tal não é possível no domínio bancário, dado o regime das cláusulas contratuais gerais e quanto acima foi dito. Quanto aos usos no Direito do trabalho: o nosso *Direito do trabalho*, 1 (2019), 301-303.

Subsecção II – Forma

Artigo 219.º (Liberdade de forma)

A validade da declaração negocial não depende da observância de forma especial, salvo quando a lei a exigir.

Bibliografia: António Menezes Cordeiro, *Tratado de Direito civil*, II, 4.ª ed. (2014), 164-184; Carlos Mota Pinto, *Teoria geral do Direito civil*, 4.ª ed. (2005), 428-440; Manuel de Andrade, *Teoria geral da relação jurídica*, 2 (1960), 141-148; Rui de Alarcão, *Forma dos negócios jurídicos*, BMJ 86 (1959), 177-207.

Índice

I – Origem

1. O **anteprojeto Rui de Alarcão** continha já a norma que, hoje, consta do Código (1.º)[1]: ela não foi alterada nem nas revisões ministeriais[2], nem no projeto[3]. Na justificação de motivos, a opção – hoje generalizada – é brevemente explicada[4]. 1

II – Problemática geral

2. Em Direito, diz-se **forma da declaração** ou do negócio o modo utilizado para exteriorizar a vontade, desde que seja minimamente solene, isto é: acompanhada de sinais exteriores sensíveis pelas pessoas que os presenciem ou que, posteriormente, deles tenham conhecimento. Aos negócios formais – portanto: com forma solene, nesse sentido – contrapõem-se os consensuais, isto é, aqueles que produzem efeito por pura manifestação ou pelo mero consenso das partes, independentemente do modo por que surjam. 2

Em sentido não-jurídico, todas as declarações de vontade têm a sua forma, por simples ou elementar que se apresente. A referência a uma forma da declaração equivale a uma abstração artificial: a declaração é a sua forma e esta equivale a certa declaração. 3

[1] Rui de Alarcão, *Forma dos negócios jurídicos*, 177; *idem*, *Do negócio jurídico*, 252.

[2] *1.ª Revisão* (194.º), 86; Revisão intercalar (211.º), 83; *2.ª Revisão* (219.º), 87.

[3] *Projecto* (219.º), 63.

[4] Rui de Alarcão, *Forma dos negócios jurídicos*, 177-179.

4 **3. Ao longo da História**, as exigências de forma solene para as declarações de vontade apresentam flutuações: ao contrário do que sucede com princípios básicos do Direito civil, estáveis há milénios. Não obstante a contingência daí resultante, é possível apresentar algumas grandes linhas evolutivas. Nas sociedades primitivas, marcadas por uma certa indiferenciação de funções e de ordens normativas e com um acesso limitado à escrita, os atos jurídicos eram solenes: requeriam formas vincadas. Justamente por não se efetuar uma separação entre o ato e a sua forma, esta surgia como um "absoluto" (Flume) ou como forma-ação (*Wirkform*, Dulckeit).

5 Nas sociedades marcadas pelo dinamismo do comércio e pela multiplicação dos negócios jurídicos, as exigências de forma eram aligeiradas. Recentemente foi possível, por abstração, tomar a forma como um requisito adicional para a validade do negócio: antes, a própria forma criava o efeito jurídico. A evolução, todavia, não foi uniforme; tão-pouco teve um sentido sempre desformalizador[5].

6 A situação atual surge moldada por quatro variáveis: (1) uma tendência constante para a desformalização; reformas recentes, que visem diminuir os custos de transação das diversas operações e, particularmente no caso português, lutar contra uma burocratização, agravada pela sobrelotação dos antigos cartórios notariais públicos, aliviaram as exigências formais dos negócios; (2) uma capacidade concreta do sistema para intervir, nas áreas formais, viabilizando situações que, de outro modo, estariam condenadas, por vício de forma; tal o papel da boa-fé, através da figura das inalegabilidades formais; (3) a necessidade de absorver novos esquemas de declarações jurídicas, com relevo para os eletrónicos e automáticos; (4) a reformalização de certos negócios, como modo de melhor tutelar o consumidor e, num aparente paradoxo, de facilitar o tráfego jurídico.

7 **4. Forma *ad substantiam* e *ad probationem***. A primeira é exigida pelo Direito para a própria consubstanciação do negócio em si; na sua falta, há nulidade. A forma *ad probationem* requer-se, apenas, para demonstrar a existência do negócio; na sua falta, o negócio não pode ser comprovado, por o Direito não admitir qualquer outro modo de prova quanto à sua existência.

8 A distinção poderia ser redundante, uma vez que o negócio válido, que não pudesse ser provado por qualquer via, ficaria em tudo assimilado ao negócio nulo. O 364.º/2 dá, no entanto, projeção prática à distinção: quando resulte claramente da lei que uma certa forma é *ad probationem*, é possível demonstrar o negócio atingido "... por confissão expressa, judicial ou extrajudicial, contanto que, neste último caso, a confissão conste de documento de igual ou superior valor probatório"[6].

9 **5. Formalidades**: distinguem-se da forma: esta dá corpo a uma certa exteriorização da vontade (ela é essa própria exteriorização); a formalidade analisa-se em desempenhos exigidos para o surgimento válido de certos negócios[7]. P. ex., segundo o 410.º/3, na redação dada pelo DL 379/86, de 11-nov., exige-se que determinados contratos-promessas celebrados por escrito (forma) se apresentem com reconhecimento presencial da assinatura e certificação, pela entidade competente, da existência de licença de habitação ou de construção (formalidade).

[5] Quanto à evolução histórica: *Tratado*, II, 4.ª ed., 165-167.

[6] O funcionamento deste preceito não é isento de dúvidas; segundo o 352.º do Código Civil, "confissão é o reconhecimento que a parte faz da realidade de um facto que lhe é desfavorável e favorece a parte contrária". Ora, confessar a existência de um negócio pode não ser "desfavorável", no seu conjunto, a qualquer das partes. Haveria, então, que recorrer a uma dupla confissão, o que equivaleria a nova celebração negocial, retirando qualquer alcance à figura.

[7] As formalidades podem ser anteriores ou posteriores à própria declaração ou, mesmo, concomitantes: em qualquer caso, elas não exprimem a vontade negocial em si.

III – Exigências e justificação da forma

6. No **antigo Direito lusófono**, havia uma tradição de formalismo. As Ordenações , no seu 10
livro III, título LIX, elencavam uma lista de contratos que, por respeitarem a bens de raiz ou por atingirem certo valor, só se podiam provar por escritura pública[8]. O Código Comercial de 1833 (Ferreira Borges), aliviou a forma: permitiu que os comerciantes se obrigassem por escrito ou por correspondência epistolar (245.º).

7. O **Código de Seabra** consagrou a liberdade de forma, reportando-a aos contratos. Segundo 11
o seu 686.º[9]:

> A validade dos contractos não depende de formalidade alguma externa, salvo d'aquellas que são prescriptas na lei para a prova d'elles, ou que a lei, por disposição especial, declara substanciaes.

12 Essa regra entroncava nos 647.º e 648.º, que dispunham: 12

> 647.º O consentimento dos estipulantes deve ser claramente manifestado.

> 648.º A manifestação de consentimento póde ser feita por palavra, por escripto, ou por factos d'onde elle necessariamente se deduza.

O CS indicava contratos sujeitos a formas solenes. Como exemplos: a doação de "cou- 13
sas mobiliárias", não acompanhada de tradição, só podia ser feita por escrito (1458.º, § 2.º), enquanto o depósito (1434.º)[10] e o mútuo (1534.º)[11] se submetiam a exigências crescentes, em função do valor. Além disso, a doutrina acrescentava contratos reais *quoad constitutionem*, como o depósito (1431.º) e o empréstimo (1506.º)[12]. Os sucessivos códigos do notariado previam a escritura pública.

8. Na **preparação do Código**, Rui de Alarcão propôs, logo de entrada, a consagração do 14
princípio da liberdade de forma (1.º). Para tanto, apoiou-se no artigo 686.º do Código de Seabra e, ainda, na generalidade dos mais códigos, incluindo o brasileiro de 1916 (129.º)[13]. A inobservância da forma prescrita conduziria à nulidade, se outra não fosse a solução prescrita (2.º)[14]. Cabe consignar o seguinte texto, de Rui de Alarcão:

> No tocante às consequências da inobservância da forma legalmente prescrita, importa ainda acentuar que, em virtude das regras sobre a *culpa in contrahendo* e dos princípios gerais da *boa fé* ou do *abuso do direito*, poderá em certos casos ter-se por excluída a possibilidade de invocação da nulidade por vício de forma, ou de todo o modo, reconhecer-se lugar a uma indemnização, ao menos pelo chamado interesse ou dano negativo ou da confiança.

[8] Ord. Fil., Liv. III, Tít. LIX = ed. Gulbenkian, II e III, 651-652; *vide* Manuel António Coelho da Rocha, *Instituições do Direito Civil Portuguez*, 2.ª ed. (1846), Nota I ao § 188 (1, 25).

[9] José Dias Ferreira, *Codigo Civil Annotado*, 2, 2.ª ed., 29-36, com diversas indicações e Luiz da Cunha Gonçalves, *Tratado de Direito civil*, 4 (1931), 436 ss., também com interessantes elementos.

[10] Segundo o 1434.º, versão original:

> O deposito de valor, excedente a cincoenta mil reis, só póde ser provado por escripto, assignado pelo proprio depositario ou reconhecido como authentico, e, se exceder a cem mil réis, só por escriptura publica.

[11] De acordo com o 1534.º, versão original:

> O mutuo de quantia excedente a duzentos réis só póde ser provado por escripto, assignado pelo proprio mutuário ou reconhecido como authentico; e se exceder a quatrocentos réis, só póde ser provado por escriptura publica.

[12] Manuel de Andrade, *Teoria geral*, 2, 50-51.

[13] *Idem*, 178.

15 9. As **razões justificativas** da forma foram estudadas no séc. XIX. Hoje, apesar de dominar o consensualismo, tais razões conservam a atualidade: elas são decisivas para interpretar e aplicar as regras sobre a forma. Eram apontadas três razões justificativas[15]: solenidade, reflexão e prova.

16 (1) A **solenidade** prende-se com a publicidade de determinadas ações, isto é, com o ato e o efeito de as dar a conhecer ao público. Certos negócios são eficazes – ou, pelo menos, plenamente eficazes – quando sejam conhecidos ou cognoscíveis pelos elementos da comunidade jurídica, em particular no domínio dos direitos reais. A presença de modos formais, solenes, de os celebrar, facultaria essa publicidade.

17 (2) A **reflexão** tem a ver com a gravidade que, para os contratantes, possam ter certos negócios; tais negócios não devem ser produzidos de ânimo ligeiro. A exigência de forma, até porque normalmente conectada com uma certa morosidade, facultaria essa reflexão.

18 (3) A **prova** liga-se à demonstração da ocorrência dos factos. A natureza formal de determinados negócios facilitaria essa demonstração.

19 **10. Dúvidas**. Estas justificações são duvidosas. A publicidade é, hoje em dia, assegurada por institutos próprios, especializados; em termos espontâneos, através da posse; de modo racionalizado, pelo registo ou por determinadas publicações obrigatórias[16]. A forma não confere, só por si, qualquer publicidade.

20 A reflexão pode ser propiciada pela forma de certos negócios; mas nem necessária, nem suficientemente. Não ocorre a possibilidade de, em cada caso, verificar se houve, ou não, a reflexão requerida, independentemente da forma. Acresce ainda que o Direito patentearia um desfasamento entre as exigências formais e o relevo dos negócios por eles atingidos: não se requer forma especial para atos que, pelo seu papel, solicitariam reflexão madura, enquanto, pelo contrário, negócios secundários ficam, dela, dependentes.

21 A prova, por fim, pouco ajuda. Os negócios vitimados por falta de forma são, por vezes, de prova imediata. As dificuldades de prova põem em causa a própria ocorrência do negócio; não a sua validade.

22 **11. As novas justificações**. Não se pode, em definitivo, abdicar de "razões justificativas de forma especial", uma vez que a própria lei para elas remete – por exemplo, 221.º/2 e 238.º/2. A doutrina tem vindo a aprofundar as razões justificativas da forma. Temos[17]: (1) a prova: na presença de um documento, torna-se mais fácil demonstrar a existência de um negócio; (2) a autenticidade: a forma (mais) solene permite fixar, com fidedignidade, o efetivo conteúdo de um negócio; (3) a identificação: pode haver dúvidas sobre quem celebra um contrato, particularmente se houve questões de representação, orgânica ou voluntária; a forma ajuda; (4) a comunicação: contratar é comunicar; ora a observância de uma forma torna qualquer contrato mais sólido e efetivo; (5) a informação material: a leitura de um documento permite conhecer melhor, quanto ao fundo, o que se vai realizar; (6) o indício material: o objeto do negócio fica demarcado, prevenindo-se equívocos e, até, dissensos; (7) a delimitação e a finalização: numa sequência formativa, na qual tenham sido produzidos sucessivos documentos, a adoção de uma forma permite apurar o contrato a que se haja chegado; (8) a oficialização e a publicidade, são espoletadas perante formas mais solenes; (9) o sobreaviso e a proteção, perante a precipitação; (10) a consciencialização: é fácil dizer sim, perante uma proposta; todavia, a circunstância de se

[14] *Idem*, 179.

[15] Indicações: *Tratado*, II, 4.ª ed., 172.

[16] Menezes Cordeiro, *Direitos Reais*, 1, 363 ss, *Direitos Reais/Sumários*, § 8.º, *Registo Predial*, Enc. Pólis, 5 (1987), 259-266 e *Das publicações obrigatórias nos boletins das cotações das bolsas de valores*, O Direito 120 (1988), 341-370 (343 ss. e *passim*).

[17] Indicações: *Tratado*, II, 4.ª ed., 174.

apor uma assinatura num documento ou de fazer a declaração, perante um notário, aumenta a ideia da autovinculação ao que foi declarado; (11) a segurança dada pela intervenção de especialistas; (12) o equilíbrio: o negócio solenemente concluído, perante o notário, permite igualizar as partes, suprimindo a autoridade de uma sobre a outra e disponibilizando informações e oportunidades às duas; (13) a regulação: perante áreas como a da banca e a dos seguros, a formalização dos negócios permite uma supervisão eficaz; (14) a tutela de terceiros e do tráfego; (15) a fiscalização pública: múltiplos deveres, de natureza administrativa e fiscal, podem resultar dos negócios concluídos; a sua sindicância depende da objetivação, dada pela forma; (16) a viabilização: alguns negócios, como os cambiários, implicam títulos escritos; (17) a executoriedade: certas formas dotam as partes de títulos executivos, no caso de não-cumprimento; (18) a proteção do consumidor: duplicando alguns dos fins apontados, o Direito do consumo exige que os negócios sejam fechados, por escrito.

Os dezoito apontados escopos justificativos não são exaustivos. Mas deixam entender que as razões da forma são bem mais amplas do que o tradicionalmente considerado. As contra-argumentações assentes nas exigências do tráfego são facilmente reversíveis: em certas áreas, como a da banca, são justamente razões de celeridade que justificam o recurso a formas padronizadas. 23

As razões apontadas para a justificação das exigências de forma não podem ser sempre entendidas em termos efetivos e racionais: antes em moldes tendenciais e históricos. No domínio patrimonial, o relevo dos diversos negócios liga-se ao valor económico dos bens neles em jogo. Ora as exigências atuais de forma (que atingem, sobretudo, os bens imóveis – 875.º) estão desligadas dos valores em causa. A desarticulação entre o valor dos negócios e a forma por que eles devam ser celebrados pode bloquear, em concreto, a possibilidade de lhe fazer corresponder agravadas necessidades de publicidade, de reflexão ou de prova, bem como os numerosos escopos acima adiantados. 24

IV – Formas especiais

12. As **diversas formas** suscetíveis de dar expressão às declarações de vontade vêm sistematizadas a propósito da prova documental (362.º a 387.º)[18]. Remetemos para as competentes anotações. 25

Artigo 220.º (Inobservância da forma legal)

A declaração negocial que careça da forma legalmente prescrita é nula, quando outra não seja a sanção especialmente prevista na lei.

Bibliografia: António Menezes Cordeiro, *Tratado de Direito civil*, II, 4.ª ed. (2014), 185-201; Carlos Mota Pinto, *Teoria geral do Direito civil*, 4.ª ed. (2005), 433-439; Rui de Alarcão, *Forma dos negócios jurídicos*, BMJ 86 (1959), 179-186.

[18] Adriano Vaz Serra, *Provas (Direito probatório matéria)*, BMJ 110 (1961), 61-256, 111 (1961), 5-194 e 112 (1962), 33-299, especialmente BMJ 112, 276 ss.. *Vide*, quanto à preparação do Código Civil, Jacinto Rodrigues Bastos, *Das relações jurídicas* 5 (1969), 124 ss. e, quanto ao regime geral das provas, o *Tratado*, V, 3.ª ed., 505 ss..

Índice

I – Origem

1 **1.** O **anteprojeto Rui de Alarcão** continha, no 2.º[1], um preceito que, com poucas alterações formais, encontramos nas Revisões[2] e no Projeto[3] e, daí, na redação final. Rui de Alarcão apresenta, para a sua proposta, uma interessante e muito atual justificação de motivos[4].

2 A justificação em causa baseava-se na ordem pública, apoiando-se no Direito vigente (o Código de Seabra) e noutros Direitos[5]. E logo nessa justificação, Rui de Alarcão explica que a solução da nulidade pode, em certos casos, ser afastada pelas regras sobre a *culpa in contrahendo* ou o abuso do direito[6].

II – As regras formais e o sistema

3 **2. A interpretação-aplicação** das regras relativas à forma coloca questões de justiça. Avultam três pontos: (1) o Direito aplica, à inobservância da forma prescrita, a sanção da nulidade (220.º); (2) a manutenção, nos atuais quadros civis, da categoria dos negócios formais é, em certos casos, uma fonte de desconexões e de injustiças; (3) a invocação de nulidades formais, quando feita por quem lhes tenha dado azo, revela-se injusta.

4 A pessoa que, livremente, se obrigue, vai contundir contra representações psicológicas, morais e sociológicas quando, supervenientemente, se venha desvincular, alegando a inobservância de simples regras formais. Além disso, essa regras originam dispêndios e erros, que podem complicar o tráfego privado e a convivência entre as pessoas. Resulta uma pressão sobre as regras formais e sobre a cominação da nulidade, pela sua inobservância, com reflexos na interpretação e na aplicação do 220.º.

5 **3.** O **amenizar da forma** segue vários esquemas: (1) segundo o 221.º/1 e 2, em várias hipóteses podem surgir, válidas, cláusulas acessórias que não assumam a forma legalmente exigida para o negócio; (2) segundo o 238.º/1 e 2, é possível retirar, de um negócio formal, um sentido que tenha um mínimo de correspondência no texto do respetivo documento, ainda que imperfeitamente expresso ou, em certas condições, um sentido que nem com esse mínimo coincida; (3) segundo o 293.º, torna-se possível converter um negócio, nulo por falta de forma, num outro formalmente menos rigoroso, desde que verificado determinado circunstancialismo; (4) outras regras podem

[1] Rui de Alarcão, *Forma dos negócios jurídicos*, 179; *idem*, *Do negócio jurídico*, 252.

[2] *1.ª Revisão* (194.º), 86; *Revisão intercalar* (212.º), 83; *2.ª Revisão* (220.º), 87.

[3] *Projecto* (220.º), 64.

[4] Rui de Alarcão, *Forma dos negócios jurídicos*, 179-186.

[5] Curiosamente, Rui de Alarcão, *Forma dos negócios jurídicos*, 180, afirma que o preceito reproduz o § 3.º da proposta de Heldrich para uma lei sobre a forma dos contratos: Karl Heldrich, *Die Form des Vertrages*, AcP 141 (1941), 89-128: uma obra empenhada na "renovação" nacional-socialista do Direito alemão.

[6] *Idem*, 184-186, dando conta das dúvidas que essas possibilidades suscitam.

ser invocadas e, designadamente: cumprido livremente um negócio nulo por falta de forma, pode suscitar-se a eventualidade da sanação, se a forma pretendida for observada na execução.

No amenizar do formalismo joga ainda a execução específica do contrato-promessa (830.º): a sua simples celebração, geralmente, com regras formais mais leves do que as do competente contrato-definitivo, pode conduzir a uma solução final semelhante à propiciada por um negócio formal, sem que a competente forma tenha sido observada[7]. 6

Tudo visto, as regras que imponham formas devem ser interpretadas sem extensões nem analogias, nos precisos termos impostos pelas leis que as estabeleçam. 7

III – O possível afastamento do 220.º

4. A inalegabilidade *ex bona fide*. A jurisprudência alemã, desde o princípio do séc. XX, considera inadmissível a atitude da pessoa que provoque ou dê azo a uma nulidade formal e depois, quando melhor lhe convier, a venha alegar. Quem proceder desse modo não pode, depois, alegar a nulidade ocorrida: haveria uma inalegalibidade formal, por exercício inadmissível de uma posição jurídica: estaria em causa a boa-fé[8]. Esta construção levanta dúvidas científicas e práticas. 8

O negócio que não observe as regras de forma é nulo (220.º); a nulidade é invocável a todo o tempo, por qualquer interessado e pode ser declarada oficiosamente pelo tribunal (286.º). Nestas condições, não basta impedir o causador de uma nulidade formal de a alegar; haveria que tomar idêntica posição no tocante a quaisquer terceiros interessados, ainda que estranhos ao vício, bem como bloquear o poder do tribunal de, *ex officio*, declarar a nulidade. A nulidade serve valores de tutela da confiança e de segurança jurídica: não se vê como substituí-la, *ad nutum*, por uma invalidade informe. Apesar destas dificuldades, a jurisprudência alemã, contraditando a doutrina, firmou o bloqueio das nulidades formais, quando a boa-fé o exigisse. 9

5. A hipótese de redução teleológica[9] daria uma segunda via para restringir as normas formais. Essas normas e a nulidade pela sua inobservância visariam os valores, acima (simplificadamente) referidos, da publicidade, da reflexão e da facilidade de prova. Quando, em concreto, tais valores se mostrassem acautelados, as regras em causa perderiam a sua razão de ser: não teriam aplicação, por redução teleológica. 10

A possibilidade de, por redução teleológica, prevenir a aplicação de regras formais implicaria, desde logo, a determinação dos objetivos por elas prosseguidos; atingidos estes (ainda que por outra via), ficaria dispensada a aplicação daquelas. Mas não é possível atribuir, às regras formais, objetivos concreta e precisamente relevantes, com consistência bastante. 11

As normas relativas à forma dos negócios jurídicos são plenas: não tendo objetivos exteriores claramente definíveis, elas não comportam redução teleológica. De resto e à reflexão: o valor das normas relativas à forma das declarações reside na sua própria existência. Desde o momento em que tais normas pudessem ser afastadas, pela redução teleológica, a segurança e as facilidades que delas decorrem perder-se-iam. 12

[7] Os inconvenientes desta solução, justamente por permitirem contornar as regras relativas à forma, foram apresentados, *de iure condendo*, aquando da elaboração do Código Civil, por Vaz Serra e, de novo, enfocados por Lobo Xavier, *A forma do contrato-promessa de compra e venda e a execução específica das obrigações emergentes do contrato no Código Civil de 1966*, Est. Paulo Merêa e Guilherme Braga da Cruz, sep. (1983); não obstante, o Supremo, numa linha que aponta com clareza para uma "desformalização" dos negócios, consagrou, no assento de 30-jan.-1985 (Rui Corte-Real), BMJ 343 (1985), 147-152, a doutrina inserida no texto; *vide* o *Tratado*, VII, 416-417.

[8] As competentes decisões exemplares podem ser seguidas no nosso *Da boa fé no Direito civil* (1985), 774 ss.. *Vide*, o *Tratado* II, 4.ª ed., 189 ss., V, 3.ª ed., 333 ss. e *infra*, anot. ao 334.º.

[9] Quanto a esta figura, *vide supra*, 9.º, anot. 43.

IV – A jurisprudência

13 **6. A prática dos tribunais** portugueses, guiada pela necessidade de, com os valores próprios do sistema, resolver os casos concretos com justiça, provocou um fenómeno semelhante ao ocorrido na Alemanha. Em situações marcadas, admitiu, mesmo contra a doutrina, as inalegabilidades formais.

14 **7.** O ***venire contra factum proprium*** foi usado num primeiro grupo de casos: em RLx 8-mar.-1988[10], em RPt 11-mai.-1989[11], em RCb 16-jan.-1990[12], em RCb 14-dez.-1993[13], em RPt 29-set.-1997[14], em STJ 5-fev.-1998[15], em STJ 12-nov.-1998[16], em RLx 20-mai.-1999[17], em STJ 10-fev.-2000[18], em RLx 30-mar.-2000[19] e em RPt 20-mar.-2001[20].

15 **8.** Noutros casos, a **decisão** foi mais **direta**:

STJ 22-nov.-1994: não se pode, por abuso do direito, ceder uma posição contratual de uso de escritório e, muito mais tarde, pretender voltar a ele, por a cessão não ter obedecido ao formalismo prescrito[21];

STJ 28-set.-1995: dispensa a forma escrita do contrato de seguro, por respeito para com uma situação de confiança criada[22];

RLx 31-mar.-1998: não pode invocar a nulidade da locação financeira por vício de forma o locador que, conhecendo *ab initio* a situação, pautou a sua conduta de modo consentâneo com a validade do contrato[23];

RLx 4-mar.-1999: é abuso do direito alguém pedir, através de um terceiro, a um banqueiro, um cartão de crédito, usá-lo largamente e vir, depois, invocar a nulidade do negócio por ter subjacente um contrato de crédito ao consumo que, contra o disposto na lei, não fora reduzido a escrito[24];

RPt 31-mai.-2001: num contrato de arrendamento, a alegação da nulidade por vício de forma poderia ser paralisada por abuso do direito[25];

RPt 22-abr.-2004: num trespasse anterior ao DL n.º 64-A/2000 – e, portanto, sujeito a escritura – haverá abuso do direito na invocação da sua nulidade formal, quando apenas se pretenda evitar o pagamento da parte, ainda em falta, do preço[26];

[10] RLx 8-mar.-1988 (Calixto Pires), CJ XIII (1988) 2, 131-132: seria abuso, por *venire*, atribuir uma remuneração em assembleia de sociedade, nula por falta de forma e, depois, vir alegar o vício.

[11] RPt 11-mai.-1989 (Carlos Matias), CJ XIV (1989) 3, 192-195 (193): seria abuso do direito, por *venire*, provocar uma nulidade formal e alegá-la.

[12] RCb 16-jan.-1990 (Nunes da Cruz), CJ XV (1990) 1, 87-89 (88-89): seria abuso do direito invocar a nulidade do contrato de arrendamento para não pagar rendas.

[13] RCb 14-dez.-1993 (Moreira Camilo), CJ/Supremo II (1994) 3, 157-159 (159/I).

[14] RPt 29-set.-1997 (Ribeiro de Almeida), CJ XXII (1997) 4, 200-202.

[15] STJ 5-fev.-1998 (Torres Paulo), BMJ 474 (1998), 431-435 (434).

[16] STJ 12-nov.-1998 (Quirino Soares), CJ/Supremo VI (1998) 3, 110-112.

[17] RLx 20-mai.-1999 (Ferreira Girão), CJ XXIV (1999) 3, 104-107.

[18] STJ 10-fev.-2000 (Ferreira de Almeida), CJ/Supremo VIII (2000) 1, 76-80.

[19] RLx 30-mar.-2000 (Cordeiro Dias), CJ XXV, 2, 124-125 (124/I).

[20] RPt 20-mar.-2001 (Afonso Correia), CJ XXVI (2001) 2, 183-190 (187/II e 190/I).

[21] STJ 22-nov.-1994 (Carlos Caldas), CJ/Supremo II (1994) 3, 157-159 (159/I).

[22] STJ 28-set.-1995 (Henriques de Matos), BMJ 449 (1995), 374-387.

[23] RLx 31-mar.-1998 (Lino Augusto Pinto), BMJ 475 (1998), 755 (o sumário).

[24] RLx 4-mar.-1999 (Ponce de Leão), CJ XXIV (1999) 2, 78-79 (79/II).

[25] RPt 31-mai.-2001 (Afonso Correia), CJ XXVI (2001) 3, 205-210 (208/I); refere-se, aí, doutrina nos dois sentidos.

[26] RPt 22-abr.-2004 (Saleiro de Abreu), CJ XXIX (2004) 2, 188-191 (190/II): em casos excecionais haverá mesmo inalegabilidade.

RLx 29-abr.-2004: na hipótese de um arrendamento nulo por falta de forma, mas declarado nas Finanças e largamente executado, há abuso na ulterior alegação da nulidade formal[27];

RGm 26-mai.-2004: um acordo de cedência de terrenos, nulo por falta de forma mas em que, durante onze anos, tenha havido uma execução, com os quatro requisitos para a tutela da confiança, a nulidade não pode ser invocada sob pena de vcfp[28];

STJ 30-mai.-2006: o abuso do direito pode operar excecionalmente no caso dos negócios formais, impedindo a procedência da arguição de falta de forma do negócio; é o caso de um arrendamento sujeito a escritura pública, celebrado por escrito particular, que perdurou vários anos, por forma pacífica, nada fazendo prever que o arrendatário viesse invocar nulidade por vício de forma, num manifesto vcfp[29];

STJ 19-mar.-2009: admite o afastamento da alegabilidade de uma nulidade formal, invocada pela parte que, tendo omitido certa formalidade, foi responsável por ela[30];

RCb 11-jan.-2011: a pessoa que contribua para o não-reconhecimento das assinaturas previsto no artigo 410.º/3 não pode valer-se da nulidade daí resultante[31];

RGm 22-fev.-2011: constitui abuso do direito, por *venire contra factum proprium*, vir invocar a nulidade formal de um arrendamento, quando os senhorios poderiam ter marcado a escritura e consentiram, tacitamente, na manutenção da situação existente[32];

STJ 29-nov.-2011: há abuso, por *venire*, por parte da pessoa que considera, longamente, válido um contrato-promessa, mau grado a inobservância da forma prevista no artigo 420.º/3 e, depois, alega a nulidade formal[33];

STJ 24-jan.-2012: *idem*, na invocação da invalidade de um contrato-promessa de venda de um estabelecimento de restauração[34];

RLx 13-jan.-2015: é abuso do direito invocar a nulidade de um arrendamento por falta de licença de utilização depois de longamente se ter usado o local[35];

RGm 9-abr.-2015: num crédito ao consumo, depois de reembolsado já a 50%, é abusivo invocar a sua nulidade pela não entrega de uma cópia ao mutuário[36];

RPt 13-abr.-2015: não há inalegabilidade por falta de duplicado, numa locação financeira, se não foi criada qualquer situação de confiança[37];

RLx 17-set.-2015: é abuso fazer determinada ata incorreta e, depois, invocar a nulidade formal[38];

RGm 17-set.-2015: há inalegabilidade quando, passados sete anos, um mutuário invoque a nulidade do contrato por falta de informação[39];

RGm 15-out.-2015: *idem*, no caso de uma locação financeira totalmente consentida, se vir invocar a sua nulidade pela falta, por mero lapso, de uma assinatura[40];

STJ 17-mar.-2016: pode haver *venire* na invocação de um vício de forma no arrendamento[41];

RPt 15-jun.-2016: elenca os tipos de abuso entre os quais as inalegabilidades *ex bona fide*[42];

RPt 7-nov.-2016: é abusivo invocar a invalidade de um arrendamento rural que vigorou por mais de 40 anos[43];

[27] RLx 29-abr.-2004 (Fátima Galante), CJ XXIX (2004) 2, 113-119 (116/I e 118/I); também se invoca, aqui, o *venire contra factum proprium*.

[28] RGm 26-mai.-2004 (Vieira e Cunha), Proc. 902/04-2.

[29] STJ 30-mai.-2006 (Fernandes Magalhães), Proc. 06A1267.

[30] STJ 19-mar.-2009 (Salazar Casanova), CJ/Supremo XVII (2009) 1, 149-154 (153/I).

[31] RCb 11-jan.-2011 (António Beça Pereira), Proc. 934/ /08.

[32] RGm 22-fev.-2011 (Rosa Tching), Proc. 2019/06.

[33] STJ 29-nov.-2011 (Nuno Cameira), Proc. 2632/08.

[34] STJ 24-jan.-2012 (Gregório Silva Jesus), Proc. 239/07.

[35] RLx 13-jan.-2015 (Cristina Coelho), Proc. 1503/12.

[36] RGm 9-abr.-2015 (António Santos), Proc. 6718/07.

[37] RPt 13-abr.-2015 (Soares de Oliveira), Proc. 21712/14.

[38] RLx 17-set.-2015 (Teresa Albuquerque), Proc. 390/13.

[39] RGm 17-set.-2015 (Ana Cristina Duarte), Proc. 162/07.

[40] RGm 15-out.-2015 (António Santos), Proc. 3270/2.

[41] STJ 17-mar.-2016 (Lopes do Rego), Proc. 2234/11.

[42] RPt 15-jun.-2016 (Soares de Oliveira), Proc. 5429/11.

[43] RPt 7-nov.-2016 (Manuel Domingos Fernandes), Proc. 135/15.

RLx 15-dez.-2016: há inalegabilidade formal quando, num contrato-promessa com entrega da coisa, o promitente adquirente, depois de beneficiar longamente da situação, venha invocar a invalidade por falta de reconhecimento das assinaturas[44];

RCb 7-fev.-2017: numa situação de garantia por crédito ao consumo, não se pode invocar a inalegabilidade formal se não se estiver de boa-fé[45];

RGm 16-fev.-2017: refere a inalegabilidade, mas não a aplica perante determinadas normas imperativas[46];

RLx 14-mar.-2017: refere a inalegabilidade *ex bona fide* e *ex* tutela de confiança[47];

RLx 16-mar.-2017: num caso de um agente desportivo não devidamente inscrito, considera inaplicável a inalegabilidade perante um caso de inexistência do contrato[48];

RGm 3-mai.-2018: fixa os requisitos mais rigorosos para a inalegabilidade: (a) respeitar terceiros de boa-fé; (b) a situação de confiança deve ser censuravelmente aplicável à pessoa a responsabilizar; (c) o investimento de confiança deve ser relevante e de difícil tutela por outra via[49];

STJ 24-mai.-2018: considera que determinada nulidade de um trespasse não pode ser bloqueada na base da *suppressio* ou do *venire* por não haver comportamento contraditório[50];

RCb 19-dez.-2018: admite a inalegabilidade em situações especiais, evitando-se a banalização[51];

RCb 26-nov.-2019: num arrendamento que se prolongou por quase 30 anos, a súbita invocação de uma nulidade formal é abusiva (334.º)[52].

16 **9. A reformulação.** Em anteriores estudos[53], sustentámos não ser possível um bloqueio direto, *ex bona fide* e na base da confiança, da alegação de nulidades formais. A isso se oporia a natureza plena das normas formais e a estrutura aberta da invocação da nulidade. Todavia, havendo abuso do direito na alegação de invalidades formais, designadamente por violação da confiança legítima, o agente seria responsabilizado. E ele teria, designadamente, de repor a situação prejudicada, podendo ser mesmo obrigado a promover a situação jurídica inviabilizada pela invalidade formal.

17 Perante a persistência da nossa jurisprudência e confrontados com casos nos quais a via da inalegabilidade permite uma solução justa e imediata, enquanto o circunlóquio pela responsabilidade civil se apresenta problemático, entendemos rever a nossa posição[54]. Em situações bem vincadas, admitimos hoje que as próprias normas formais cedam perante o sistema, de tal modo que as nulidades derivadas da sua inobservância se tornem verdadeiramente inalegáveis.

18 Mau grado esta abertura, as inalegabilidades formais não podem ser abandonadas ao sentimento ou à deriva linguística dos "casos clamorosamente contrários à Justiça". Há que compor, para elas, modelos de decisão. Partimos do modelo da tutela da confiança. A inalegabilidade aproxima-se, assim, do *venire*, requerendo, como ele: (1) a situação de confiança; (2) a justificação para a confiança; (3) o investimento de confiança; (4) a imputação de confiança ao responsável que irá, depois, arcar com as consequências.

19 Todavia, tratando-se de inalegabilidades formais, teríamos de introduzir, ainda, três proposições: (1) devem estar em jogo apenas os interesses das partes envolvidas; nunca, também, os

[44] RLx 15-dez.-2016 (Manuel Marques), Proc. 1830/14.

[45] RCb 7-fev.-2017 (Maria João Areias), Proc. 1288/11.

[46] RGm 16-fev.-2017 (Jorge Teixeira), Proc. 1452/14.

[47] RLx 14-mar.-2017 (Luís Espírito Santo), Proc. 922/14.

[48] RLx 16-mar.-2017 (Eduardo Petersen Silva), Proc. 10145/14.

[49] RGm 3-mai.-2018 (Sandra Melo), Proc. 447/13; RGm 28-jun.-2018 (Sandra Melo), Proc. 447/13.

[50] STJ 24-mai.-2018 (Fernanda Isabel Pereira), Proc. 7471/15.

[51] RCb 19-dez.-2018 (Moreira do Carmo), Proc. 752/17.

[52] RCb 26-nov.-2019 (Alberto Ruço), Proc. 3493/16.

[53] *Da boa fé*, *maxime* 794-796 e *Tratado* I/1, 2.ª ed. (2000), 383-384.

[54] Por exemplo, *Tratado* I/4 (2005), 310-311.

de terceiros de boa-fé; (2) a situação de confiança deve ser censuravelmente imputável à pessoa a responsabilizar; (3) o investimento de confiança apresentar-se-á sensível, sendo dificilmente assegurado por outra via.

Nessa altura, a tutela da confiança impõe, *ex bona fide*, a manutenção do negócio vitimado 20
pela invalidade formal. *Summo rigore*, passará a ser uma relação legal, apoiada no 334.º e em tudo semelhante à situação negocial falhada por vício de forma. Resta acrescentar que a presente reformulação já obteve reconhecimento nos nossos tribunais superiores[55].

Artigo 221.º (Âmbito da forma legal)

1. As estipulações verbais acessórias anteriores ao documento legalmente exigido para a declaração negocial, ou contemporâneas dele, são nulas, salvo quando a razão determinante da forma lhes não seja aplicável e se prove que correspondem à vontade do autor da declaração.

2. As estipulações posteriores ao documento só estão sujeitas à forma legal prescrita para a declaração se as razões da exigência especial da lei lhes forem aplicáveis.

Bibliografia: António Menezes Cordeiro, *Tratado de Direito civil*, II, 4.ª ed. (2014), 201-203; Carlos Mota Pinto, *Teoria geral do Direito civil*, 4.ª ed. (2005), 431-433; Rui de Alarcão, *Forma dos negócios jurídicos*, BMJ 86 (1959), 186-197.

Índice

I – Origem

1. O anteprojeto Rui de Alarcão propôs, no seu 3.º[1]: 1

> 1. À forma legalmente exigida para a declaração negocial não estão sujeitas as estipulações acessórias anteriores ou contemporâneas da formação do documento, e que não estejam em contradição com ele, quando as circunstâncias do caso as tornem verosímeis e a razão da exigência da forma a não abranja.
>
> 2. A doutrina do parágrafo antecedente aplica-se também aos pactos modificativos de negócios formais, ainda que contradigam o conteúdo do documento, e bem assim aos pactos extintivos dos mesmos negócios.

[55] Assim: TCAS 24-mar.-2016 (Paulo Pereira Gouveia), Proc. 12325/15; RGm 3-mar.-2016 (Sandra Melo), Proc. 447/13.

[1] Rui de Alarcão, *Forma dos negócios jurídicos*, 179; *idem*, *Do negócio jurídico*, 253-254.

3. Presume-se que a razão da exigência da forma não abrange os pactos modificativos e as estipulações anteriores ou contemporâneas, a que se referem os parágrafo antecedentes, quando se destinem a cancelar ou reduzir as obrigações de alguma ou de ambas as partes, nem os pactos extintivos de que se faz menção no parágrafo anterior.

2 2. A **1.ª Revisão** optou por uma redação diversa (196.º)[2]. Assim:

1. À forma legalmente exigida para a declaração negocial não estão sujeitas as estipulações acessórias anteriores ou contemporâneas da formação do documento, que não estejam em contradição com este, quando as circunstâncias do caso as tornem verosímeis.

2. Estão igualmente isentos da forma que a lei prescreva para a declaração negocial os pactos extintivos bem como os pactos modificativos dos negócios formais, ainda que contradigam o documento.

3. Estão, porém, sujeitos à forma prescrita para a declaração as estipulações acessórias e os pactos modificativos ou extintivos para os quais proceda a razão da exigência legal.

3 Não se tratou de meras alterações formais. Relevante é a introdução, no 196.º/3 da 1.ª Revisão, da "razão de exigência legal" como critério de validade.

4 3. A **2.ª Revisão** (221.º)[3] firmou o texto que, passando sem alterações pelo Projeto[4], chegou ao texto final.

II – As distinções legais

5 4. **A fonte** das exigências formais foi tomada como base para a determinação do seu âmbito. O Código distingue: (1) a forma legal, isto é, aquela que, por lei, seja exigida para determinada declaração negocial (221.º); (2) a forma voluntária, ou seja, a que não sendo embora exigida pela lei ou por convenção, venha, no entanto, a ser adotada, livremente, pelo declarante (222.º)[5]; (3) a forma convencional, correspondente à que as partes tenham pactuado adotar (223.º)[6].

6 5. **Os problemas** postos por estas três modalidades de forma são, por natureza, diversos: enquanto na forma legal se trata, fundamentalmente, de apurar o âmbito de aplicação das competentes normas, nas restantes formas (voluntária e convencional) joga-se o saber se as partes pretendem, ou não, atuar a sua autonomia privada, quando se manifestem de modo não-formal.

III – A forma legal

7 6. **A interpretação** das regras que prescrevam uma forma legal opera em termos diretos, encostados à letra da lei: a segurança e a delimitação das nulidades a tanto conduzem.

8 7. **O âmbito**. A forma legal opera, apenas, perante o cerne negocial[7]: as estipulações acessórias só se lhes sujeitam quando a "razão determinante da forma" lhes seja aplicável (221.º/1 e 2)[8]. O mesmo sucede em relação a atos jurídicos subsequentes, tais como a resolução[9]. As regras

[2] *1.ª Revisão*, 87.

[3] *2.ª Revisão*, 87. A *Revisão Intercalar* (213.º), 83, tinha uma redação próxima da da 2.ª Revisão.

[4] *Projecto*, 64.

[5] Assim o sucedido em STJ 5-nov.-1997 (Nascimento Costa), BMJ 471 (1997), 361-368 (365).

[6] Assim o sucedido em STJ 15-jun.-1989 (José Calejo), BMJ 388 (1989), 473-478 (475-476).

[7] Ou "núcleo contratual fundamental", nas palavras de RLx 12-fev.-1998 (Palha da Silveira), CJ XXIII (1998) 1, 115-116.

[8] O n.º 2 desse preceito fala em "razões da exigência especial".

[9] STJ 9-mai.-1995 (Martins da Costa), CJ/Supremo III (1995) 2, 66-68 (68/I). No mesmo sentido, STJ 25-nov.-1999 (José Miranda Gusmão), CJ/Supremo VII (1999) 3, 113-116 (115/I), com a (correta) ressalva de as "razões" da forma assim o exigirem. Veja-se ainda, o 80.º/2, *b*) do CNot..

sobre a forma devem ser estendidas a negócios que se prendam diretamente com o núcleo negocial formalizado. Assim ocorre com a procuração (262.º/2), com a ratificação (268.º/2), com a cessão de posição contratual (425.º), com a cessão de créditos ou de direitos (578.º/1 e 588.º), com a fiança (628.º/1), com a consignação de rendimentos (660.º/1), com o penhor de direitos (681.º/1), com a hipoteca (714.º) ou com a sociedade (981.º/1), como exemplos. Outro tanto deveria suceder com a promessa e com a preferência; porém, a lei aligeirou, aí, as exigências de forma (410.º/2 e 415.º): um ponto importante e que permite conclusões *a contrario*.

8. Contratos coligados e mistos. No tocante a negócios coligados[10], deve entender-se que, 9
a não haver acessoriedade (221.º/1 e 2), cada um segue a forma legal que lhe compita.

Nos contratos mistos, prevalece a forma mais exigente dos elementos em presença: valha, 10
como lugar paralelo, o 981.º/1, relativo à constituição da sociedade, cujo contrato segue a forma requerida para a transmissão dos bens que envolva.

9. As estipulações acessórias, quando pertençam ao negócio considerado, seguem a forma 11
prescrita para ele. Quando separadas, elas podem (1) ser anteriores à própria declaração principal, ou (2) ser contemporâneas. Põe-se, então, o tema suplementar da sua efetiva correspondência com a autonomia privada, quando assumam uma forma menos solene do que a exigida para o cerne negocial[11].

O facto de as partes efetuarem declarações de modo mais solene deixa na sombra as mani- 12
festações anteriores ou simultâneas, num fenómeno psicológico que não passa despercebido ao Direito. Por isso, segundo o 221.º/1, *in fine*, as estipulações em causa só valem se se provar que correspondem à vontade do autor da declaração[12].

Artigo 222.º (Âmbito da forma voluntária)

1. Se a forma escrita não for exigida por lei, mas tiver sido adotada pelo autor da declaração, as estipulações verbais acessórias anteriores ao escrito, ou contemporâneas dele, são válidas, quando se mostre que correspondem à vontade do declarante e a lei as não sujeite à forma escrita.

2. As estipulações verbais posteriores ao documento são válidas, exceto se, para o efeito, a lei exigir a forma escrita.

Bibliografia: António Menezes Cordeiro, *Tratado de Direito civil*, II, 4.ª ed. (2014), 204; Joana Vasconcelos, *UCP/Comentário ao Código Civil* (2014), 499-501.

Índice

[10] Quanto a essa noção e às modalidades: *Tratado*, VII, 273 ss..

[11] O 221.º/1 referencia apenas a hipótese de declarações acessórias *verbais* perante uma declaração principal *escrita;* o normativo legal pode, contudo, generalizar-se às restantes composições possíveis, desde que as declarações acessórias tenham assumido uma forma inferior à exigida para a declaração principal.

[12] A lei diz que são "nulas", o que pode não ser rigorosamente exato; quando já não correspondam à vontade do declarante, haverá que tê-las por revogadas.

1 1. **Origem**. A 2.ª Revisão introduziu, *ex novo*, um 222.º que corresponde à versão final[1]; deu-lhe, ainda, a epígrafe "forma voluntária". Trata-se de uma interessante diferenciação.

2 **2. O problema** coloca-se pelo seguinte: se, embora não sendo nem legal nem contratualmente necessário, as partes adotam espontaneamente determinada forma, quiseram elas, relativamente a estipulações acessórias ou subsequentes que não sigam essa forma, vincular-se?

3 O 222.º/1 e 2, prevê repetidamente a hipótese de a lei sujeitar as estipulações acessórias a forma escrita; esta terá de ser seguida[2], sob pena de nulidade (220.º) num simples aflorar das regras gerais; cabe recorrer ao 221.º para indagar se, de facto elas se sujeitam à forma escrita.

4 **3. Âmbito**. Afastada a concatenação com regras relativas à forma legal perante uma forma voluntária da declaração principal, são válidas as estipulações acessórias posteriores que a não observem e, ainda, as anteriores ou concomitantes que também o não façam, mas então, apenas quando se mostre que correspondem à vontade do declarante. Isto é: quando, pela interpretação, se verifique que elas são conciliáveis com a declaração principal ou, no limite, que validamente alterem essa mesma declaração[3].

5 **4. A prova**. O 394.º/1 considera inadmissível a prova por testemunhas, se tiver por objeto quaisquer convenções contrárias ou adicionais ao conteúdo do documento autêntico ou dos documentos particulares mencionados nos 373.º a 379.º, quer as convenções sejam anteriores à formação do documento ou contemporâneas dele, quer sejam posteriores[4]. Com efeito, essa prova testemunhal, que pode ser facilmente montada, é considerada perigosa[5].

6 Esse preceito aplica-se claramente às hipóteses de forma voluntária. As estipulações acessórias não se provam por testemunhas[6], embora estas possam ser usadas para interpretar ou para completar um início de prova escrita[7]

Artigo 223.º (Forma convencional)

1. Podem as partes estipular uma forma especial para a declaração; presume-se, neste caso, que as partes se não querem vincular senão pela forma convencionada.

2. Se, porém, a forma só for convencionada depois de o negócio estar concluído ou no momento da sua conclusão, e houver fundamento para admitir que as partes se quiseram vincular desde logo, presume-se que a convenção teve em vista a consolidação do negócio, ou qualquer outro efeito, mas não a sua substituição.

Bibliografia: António Menezes Cordeiro, *Tratado de Direito civil*, II, 4.ª ed. (2014), 204-206; Carlos Mota Pinto, *Teoria geral do Direito civil*, 4.ª ed. (2005), 439-440; Joana Vasconcelos, *UCP/Comentário ao Código Civil* (2014), 501-503; Rui de Alarcão, *Forma dos negócios jurídicos*, BMJ 86 (1959), 198-207.

[1] *2.ª Revisão*, 88; *Projecto* (222.º), 64.

[2] STJ 21-fev.-1991 (Ricardo da Velha), BMJ 404 (1991), 411-421 (418).

[3] Em STJ 30-nov.-1983 (João Solano Vieira), BMJ 331 (1983), 549-555 (553-554), admitiu-se a alteração de um caderno de encargos, por acordo verbal entre o empreiteiro e o dono da obra. A saída aqui encontrada é duvidosa: houve, de resto, votos de vencido. Teríamos de conhecer o processo, para opinar.

[4] *Infra*, as anot. a esses preceitos.

[5] Adriano Vaz Serra, anotação a STJ 4-dez.-1973 (Francisco Bruto da Costa), RLJ 107 (1975), 308, *idem*, 309-314 (314/I).

[6] RCb 20-mai.-1986 (João Manuel Ataíde das Neves), CJ XI (1986) 3, 52-55 (54/II).

[7] STJ 21-fev.-1991 (Ricardo da Velha), BMJ 404 (1991), 413-421 (418).

Índice

I – Origem

1. O **anteprojeto Rui de Alarcão**, no seu 4.º, chamava "forma voluntária" ao que o Código, na sequência da 2.ª Revisão, chama "forma convencional", Propôs[1]: 1

> 1. Se as partes estipulam uma forma especial para um negócio jurídico não sujeito legalmente a uma tal formalidade, é de presumir que não querem vincular-se antes da observância dessa forma.
>
> 2. Sendo estipulada a forma só depois de o negócio ter sido concluído, ou ocorrendo essa estipulação nesse momento, quando deva realmente admitir-se que as partes quiseram vincular-se desde logo, não é de presumir que elas tiveram em vista a substituição desse negócio, mas somente a sua consolidação ou outros objectivos. A divergência entre o conteúdo do negócio e o que resulta da sua posterior documentação deve, todavia, entender-se, na dúvida, como alteração daquele conteúdo.

No anteprojeto completo, Rui de Alarcão reteve, apenas, o n.º 1 (7.º)[2]. 2

2. Na **1.ª Revisão**, o texto de Alarcão foi conservado, com a supressão da frase final do seu n.º 2 (197.º)[3]. Na Revisão intercalar (215.º) atingiu-se a redação final; foi, então, adotada a epígrafe "forma convencional" e não "voluntária"[4], 3

II – A forma convencional

3. A forma convencional implica um **pacto prévio** pelo qual as partes combinaram emitir as suas declarações por certo modo: uma possibilidade lícita e eficaz, ao abrigo da autonomia privada. Valem limites impostos quanto a cláusulas contratuais gerais: o 22.º/1, *o*), da LCCG, nas relações com consumidores, considera relativamente proibida a fixação de formalidades que a lei não preveja. Tal fixação pode conduzir, direta ou indiretamente, a uma compressão dos direitos do consumidor. Fora isso, o acordado deve ser observado. 4

As partes podem, de comum acordo, não observar o combinado: haverá então uma revogação (distrate) da prévia convenção de forma, desde que as circunstâncias do caso permitam mesmo concluir pela vontade de suprimir o antes acordado. O problema torna-se ainda mais delicado quando as partes acordem uma forma convencional e estipulem, de modo expresso, que tal forma só por escrito possa ser dispensada. E se o fizerem oralmente? Temos de dar dignidade ao Direito e de divulgar uma cultura de respeito pela palavra dada. Assim, a convenção de forma só por escrito pode ser distratada, a menos que especiais circunstâncias, assentes na boa-fé, permitam outra saída. 5

[1] Rui de Alarcão, *Forma dos negócios jurídicos*, 198.
[2] *Idem*, *Do negócio jurídico*, 254.
[3] *1.ª Revisão*, 87.
[4] *Revisão intercalar* 84; *2.ª Revisão* (223.º), 88; *Projecto* (223.º), 64-65.

6 **4. A "presunção"**. O 223.º/1, relativo à convenção de forma, desvia-se das regras gerais. Por influência do 1352.º, do Código italiano, apenas estabelece a presunção de que, estipulada certa forma, as partes não se quiserem vincular senão por ela. Pode tal presunção, nos termos gerais, ser afastada por prova em contrário (artigo 350.º/2), demonstrando-se então a revogação do pacto quanto à forma.

7 A convenção de forma é constitutiva e não declarativa, numa lógica universal que funciona perante o próprio 223.º: o afastamento da "presunção" passa pela demonstração de revogação do pacto de forma[5], pelo menos no concreto ponto considerado.

8 **5. A convenção posterior ou simultânea**: desde que haja "fundamento para admitir que as partes se quiseram vincular desde logo", o 223.º/2 *presume* que se teve em vista a consolidação do negócio – portanto uma sua formalização, em rigor dispensável – ou qualquer outro efeito que se possa descobrir: não a revogação do negócio já celebrado – "... a sua substituição".

9 **6. Estipulações acessórias**: não são explicitadas, no domínio da forma convencional. A conjunção dos preceitos em jogo e, designadamente, a não-distinção efetuada na matéria pelo 223.º/1, permite concluir que, quando não assumam a forma convencional, as estipulações acessórias obrigam sempre que se mostre corresponderem à vontade das partes. Está-se, de novo, no domínio da autonomia privada, possibilitando os artigos 221.º, 222.º e 223.º um bom exemplo de raciocínio jurídico. O teor geral dos preceitos relativos à forma permite concluir, a propósito da interpretação-aplicação das regras formais, por um importante vector destinado a salvaguardar, na medida do possível, a liberdade negocial[6].

Subsecção III – Perfeição da declaração negocial

Introdução (224.º a 235.º)

Bibliografia: Adriano Vaz Serra, *Perfeição da declaração de vontade – Eficácia da emissão de declaração – Requisitos especiais da conclusão do contrato*, BMJ 103 (1961), 5-151; António Menezes Cordeiro, *Tratado de Direito civil*, II, 4.ª ed. (2014), 317-355; Carlos Alberto da Mota Pinto, *Teoria geral do Direito civil*, 4.ª ed., por António Pinto Monteiro e Paulo Mota Pinto, 4.ª ed. (2005), 647-653; Carlos Ferreira de Almeida, *Contratos* I, 6.ª ed. (2018), 97-220; Fernando A. Ferreira Pinto, no *UCP/Comentário ao Código Civil* (2014), 503-532; Fernando Pessoa Jorge, *Lições de Direito das obrigações*, 1 (1967, polic.); Heinrich Ewald Hörster, *Sobre a formação do contrato segundo os artigos 217.º e 218.º, 224.º a 226.º e 228.º a 235.º do Código Civil*, RDE IX, 1-2 (1983), 121-157; *idem*, *A Parte geral do Código Civil português/Teoria geral do Direito civil* (1992), 446-476 e 2.ª ed. (2019), 490-531; Inocêncio Galvão Telles, *Manual dos contratos em geral*, 4.ª ed. (2002), 125-154; José Alberto Vieira, *Negócio jurídico/Anotação ao regime do Código Civil (Artigos 217.º a 295.º)* (2006), 29-42; José de Oliveira Ascensão, *Direito civil (Teoria geral)*, II, 2.ª ed. (2003), 201-208; Luís Alberto Carvalho Fernandes, *Teoria geral do Direito civil*, 5.ª ed. (2014), 89-105.

Índice

[5] A qual pode resultar de comportamentos concludentes das partes: STJ 22-fev.-2006 (Nuno Cameira), Proc. 04A4265.

[6] *Vide*, também, o artigo 89.º, *b*), do Código do Notariado.

I – Conspecto geral

1. A **formação do contrato** constitui, no essencial o objeto dos 224.º a 235.º. O título "perfeição da declaração negocial" visou incluí-la no capítulo relativo ao negócio jurídico quando, em rigor, ela deveria ter assento na secção relativa aos contratos (405.º a 407.º) do Livro II – Direito das obrigações. Temos um exemplo claro das dificuldades que suscita a articulação de uma Parte geral com o Direito das obrigações ou, mais precisamente, do negócio com o contrato. 1

2. A **sequência processual** da contratação anima a subsecção III em análise. Tudo começa com uma proposta (224.º a 226.º e 228.º), seguindo-se a eventual aceitação (229.º a 235.º). O Código foi resolvendo algumas vicissitudes que podem perturbar essa sequência. 2

No meio fica a *culpa in contrahendo* (227.º), cujo âmbito de aplicação é mais amplo: introduz, na formação dos negócios, o importante princípio da boa-fé, fonte dos deveres acessórios pré-contratuais: um dos avanços da Ciência do Direito. 3

II – Matéria em falta

3. A **limitação** dos 229.º a 235.º é patente: deixam de fora as áreas conexas que mais têm animado as leis e os tribunais dos nossos dias: (1) cláusulas contratuais gerais; (2) contratação mitigada; (3) contratação à distância; (4) tutela do consumidor. 4

4. Os dilemas de um comentário ao Código Civil, perante as apontadas lacunas, são simples: ou se opta por, nesta sede, inserir e anotar os diplomas pertinentes, ou se disponibiliza, em volume próprio, o tratamento especializado dessa matéria. 5

Nesta edição, o *Código Anotado* vai, no presente volume, limitar-se à Parte geral do Código. Serão apenas feitas breves referências às áreas conexas ligadas à contratação. Em volume especial, proceder-se-á às anotações às cláusulas contratuais gerais, aos diplomas sobre a contratação eletrónica e contratação à distância e às leis de defesa do consumidor. 6

A contratação mitigada pode ser comodamente considerada, remetendo-se a *culpa in contrahendo* para o 227.º. 7

III – As cláusulas contratuais gerais (ccg)[1]

5. Características. As ccg são: (1) proposições negocialmente significativas (juridicidade); (2) pré-formuladas (pré-formulação); (3) utilizáveis nas conclusões de uma multiplicidade de con- 8

[1] Com indicações: *Tratado de Direito civil*, II, 4.ª ed. (2014), 357-468.

tratos (indeterminação); (4) não-precedidas ou acompanhadas de qualquer negociação que possa modificar o seu teor (rigidez).

9 (1) **Juridicidade**. As ccg são proposições linguisticamente fixadas, em regra por escrito e nas quais seja possível apontar uma juridicidade negocial. Não se trata de fórmulas de Ciência ou de esquemas opinativos: antes de estruturas vocabulares capazes de exprimir uma volição negocial. A ccg, uma vez subscrita, passa a cláusula negocial, dotada de vinculabilidade.

10 (2) **Pré-formulação**. As ccg são pré-formuladas, isto é: existem antes da sua eventual inclusão num contrato. A prévia existência das ccg assegura que elas se mantenham *quae tales*, independentemente de algum dia serem incluídas nalgum contrato. Isso assegura-lhes, logo, uma certa juridicidade: devem ser comunicadas e esclarecidas, cabendo respeitar certos limites, quanto ao seu conteúdo e podem ser objeto de sindicância jurisdicional.

11 (3) A **multiplicidade** traduz uma conformação estrutural para a utilização em diversos negócios. A apetência para dar corpo a diversos negócios singulares exprime-se em duas possibilidades: (a) num número indeterminado de negócios singulares: pelo seu próprio conteúdo, as ccg dirigem-se a diversos contratos futuros; nesse caso, mesmo que potenciem um único negócio, elas são verdadeiras ccg; será o caso do modelo contratual relativo à venda de frações autónomas indeterminadas, que apenas (ainda) só tenha sido usada uma vez; (b) num número determinado de negócios singulares: a ccg foi desenhada para um certo caso mas veio a ser usada noutros; aí, a jurisprudência e a doutrina alemãs requerem que ela esteja presente em, pelo menos, três contratos.

12 (4) A **rigidez** é um requisito firme: para haver ccg, é mister que os aderentes se limitem a acolhê-las nos contratos singulares concluídos. Se lhes fossem introduzidas modificações, já não seriam ccg: antes e tão-só comuns cláusulas negociais (7.º).

13 **6. Outros traços.** Além das apontadas, surgem outras características que, não sendo necessárias, são frequentes: (1) a desigualdade entre as partes: o utilizador das ccg goza, em regra, de marcada superioridade económica e científica, em relação ao aderente; (2) a complexidade: as ccg alargam-se por um grande número de pontos; por vezes, elas cobrem, com minúcia, todos os aspetos contratuais, incluindo a nacionalidade da lei aplicável e o foro competente para dirimir eventuais litígios; (3) a natureza formulária: as cláusulas constam, com frequência, de documentos escritos extensos, onde o aderente se limita a especificar escassos elementos de identificação.

14 **7. Natureza.** A ideia das ccg surgiu no séc. XIX no sector bancário; eram recolhas atualizadas de práticas apuradas pela experiência. Foram aproximadas dos usos. Havidas, depois, como normas jurídicas, enquanto regras privadas, aptas a reger um número indeterminado de situações: apresentam, tomadas em si, generalidade e abstração. Não obstante, elas não dispõem, *a se*, de jurídica-positividade. Apenas a sua inclusão em contratos singulares lhes confere o atributo da juridicidade. Queda a teoria negocial ou do contrato: as ccg ganham eficácia jurídica mercê da sua inclusão nos contratos singulares. A sua positividade jurídica advém do consenso consubstanciador do contrato: uma doutrina hoje pacífica.

15 Esta leitura não é suficiente. As ccg, independentemente da sua inclusão em contratos, já representam um *quid* juridicamente relevante. As cláusulas devem, antes da conclusão dos contratos singulares, ser comunicadas ao (potencial) aderente (5.º), devidamente informadas (6.º); elas incorrem em múltiplas proibições (15.º, 18.º, 19.º, 21.º e 22.º); elas têm uma lei aplicável que pode não ser a do contrato (23.º); elas podem ser proibidas por decisão judicial, independentemente de integrarem qualquer negócio (25.º), com um completo regime daí decorrente (32.º, 33.º e 34.º, todos da LCCG). As ccg são, logo e por si, negócios jurídicos unilaterais,

suscetíveis de produzir efeitos na esfera de terceiros, independentemente de qualquer aceitação, para efeitos de integração negocial.

8. O tratamento jurídico das ccg passou por quatro fases: (1) reconhecimento jurisdicional (limitado) centrado na sua cognoscibilidade (não valem cláusulas secretas) e na sua compreensibilidade (não valem cláusulas incompreensíveis): quando não, seria impossível integrá-las em contratos; (2) pequena referência legal obrigando a comunicações e a informações; (3) tratamento judicial mais extenso, centrado, também, na injustiça intrínseca de certas cláusulas; (4) leis completas que versam quer a conclusão (comunicação e informação), quer o equilíbrio intrínseco das cláusulas, vedando, em geral, as contrárias à boa-fé e fixando catálogos de ccg proibidas: a Lei alemã de 1976 e a portuguesa de 1985 (LCCG). 16

As ccg confluíram, no plano europeu, com a preocupação de vedar cláusulas abusivas para os consumidores. Assim surgiram regras de produção europeia, em especial a Diretriz 93/13, de 5-abr., alterada pela Diretriz 2011/83, de 25-out., visando a conclusão de contratos e determinadas proibições. 17

9. O DL 446/85, de 25-out. (LCCG)[2] adotou um regime jurídico para as ccg, inspirado (não-copiado) na Lei alemã de 1976. A LCCG assenta em três pilares: (1) a inclusão de ccg; (2) as proibições; (3) a ação inibitória. 18

(1) **A inclusão** depende: (a) de uma comunicação efetiva (5.º); (b) de uma informação adequada (6.º); (c) da inexistência de cláusulas prevalentes (7.º). 19

(2) **As proibições** vedam, sob pena de nulidade, cláusulas: (a) contrárias à boa-fé (15.º e 16.º); (b) absolutamente proibidas, diferenciando-se situações entre empresários (18.º) e com consumidores (21.º); (c) relativamente proibidas, isto é, vedadas precedendo um juízo de valor negativo, diferenciando-se, também, entre empresários (19.º) e com consumidores (22.º). 20

(3) **A ação inibitória** permite que o MP e certas associações de defesa do consumidor, perante ccg proibidas, tomem a iniciativa de, independentemente da sua utilização, propor, em tribunal, a sua proibição. 21

10. Valoração global. As ccg são necessárias: de outro modo, tornar-se-ia impossível a gestão jurídica dos atos de massas que caracterizam as sociedades pós-industriais. Além disso, elas permitem soluções igualitárias e equilibradas para todos. Para tanto impõe-se a intervenção das Leis, preocupadas, sobretudo, com o conteúdo das ccg. Em regra, o consumidor não as lê e, quando o faça, não tem alternativa. Ainda em regra, ele não vai, por pequenos valores, lançar mão de remédios que a Lei lhe dá: donde o relevo da ação inibitória. 22

A LCCG teve êxito: direto, permitindo centenas de proibições por via inibitória; indireto, levando os utilizadores a expurgar previamente as ccg de proposições contrárias à lei. 23

IV – Negócios mitigados[3]

11. Acordos de cortesia: recaem sobre matéria não-patrimonial e de mero trato social. Podem respeitar à hora e ao local de um encontro, a questões protocolares ou a outros ajustes convenientes para um convívio agradável, dentro e fora da contratação jurídica. 24

O acordo de cortesia não se distingue do contrato (apenas) por as partes o terem colocado fora do Direito: ele recai sobre uma matéria que, não tendo conteúdo patrimonial, não releva para o Direito. A presença de uma obrigação derivada do acordo de cortesia pode corresponder a um tipo legal: assim ocorre com a prestação de informações sem base jurídica. 25

[2] Alterado pelos DL 220/95, de 31-ago., 249/99, de 7-jul. e 323/2001, de 17-dez..

[3] Com indicações: *Tratado*, II, 4.ª ed., 304-316.

26 O acordo de cortesia que seja subtraído, apenas, para provocar danos pode dar azo a situações comuns de responsabilidade civil: origina uma obrigação legal de proteção, semelhante à da *culpa in contrahendo*.

27 **12.** O **acordo de cavalheiros** é um convénio que as partes pretenderam colocar fora do campo do Direito[4]. Pode, teoricamente, recair sobre quaisquer assuntos, patrimoniais e pessoais: tem apenas a particularidade de assentar na palavra dada e na honra de quem a dê.

28 O acordo de cavalheiros (desde que se trate mesmo de cavalheiros[5]) é mais adstringente do que qualquer vínculo jurídico: um contrato pode, em certos casos previstos na lei, não ser cumprido; ora o cavalheiro honrará sempre a palavra dada, quaisquer que sejam as circunstâncias e o preço. Mas não é Direito.

29 Ao concluir um acordo de cavalheiros, as partes não podem abdicar da proteção jurídica, a não ser no plano do cavalheirismo. Visto o disposto no 809.º, as obrigações naturais só são viáveis nos casos admitidos por lei[6]. Além disso, funcionam numerosas outras regras, como a nulidade das obrigações indetermináveis (280.º/1), a proibição de doar bens futuros (942.º/1) ou a possibilidade de fixar prazos às obrigações (777.º/1). Assim: (1) o acordo de cavalheiros pelo qual alguém compra um automóvel, pagando ao vendedor o preço que entender justo ou é nulo (280.º/1) ou encontrará um preço fixado nos termos do 883.º/1; (2) o acordo de cavalheiros pelo qual alguém empresta uma quantia a outrem, que este pagará quando puder, será cumprido nos termos do 778.º; (3) o acordo de cavalheiros pelo qual as partes irão celebrar certo contrato: ou satisfaz os requisitos de forma e de substância do contrato-promessa e vale como tal, ou, juridicamente, não opera.

30 No limite, pode-se recorrer às regras sobre liberalidades. A margem para acordos de cavalheiros, sem proteção jurídica, queda-se pelas matérias que não tenham, só por si, relevância patrimonial: veja-se o último exemplo referido[7]. Entre nós, a presença de acordos de cavalheiros já tem sido invocada, em tribunal, para tentar tirar eficácia a certos institutos: à justa causa de destituição de gerente[8], a determinados acordos[9], à falta de forma de um contrato[10] ou a negociações preliminares[11]. Os tribunais têm-se, contudo, limitado a aplicar o Direito. E bem.

31 Em suma: o acordo de cavalheiros deixa de o ser se os interessados não se comportarem como tal. Parece, em especial, lamentável a atitude de exigir uma vantagem, em nome da palavra recebida e recusar a contrapartida, invocando falta de juridicidade. E quando celebrados em família, os acordos de cavalheiros ainda devem merecer mais respeito. Questão diferente da juridicidade do "acordo de cavalheiros" é o facto de a grande maioria dos contratos ser cumprida numa base de "cavalheirismo" e não de juridicidade. No dia-a-dia, as pessoas realizam inúmeros atos jurídicos, assumindo as correspondentes obrigações. Nessa tarefa, elas executam-se simplesmente porque deram a sua palavra e querem honrá-la. Se fosse necessário recorrer à

[4] Antônio Junqueira de Azevedo, *Negócio jurídico e declaração negocial/Noções gerais e formação da declaração negocial* (1986), 41 ss.; Júlio Manuel Vieira Gomes/Antônio Frada de Sousa, *Acordos de honra, prestações de cortesia e contratos*, Est. Almeida Costa (2002), 861-932.

[5] Ou de Senhoras: a expressão "cavalheiro" não tem qualquer conteúdo sexista.

[6] *Tratado* VI, 3.ª ed. (2019), 67-68 e 643.

[7] Quanto ao Direito bancário, discutiu-se a juridicidade das cartas de conforto, à primeira vista assentes no cavalheirismo; hoje responde-se pela positiva; *vide* Menezes Cordeiro, *As cartas de conforto no Direito bancário* (1993), 63 e *Direito bancário*, 6.ª ed., 862 ss.; STJ 19-dez.-2001 (Ferreira Ramos), CJ/Supremo IX (2001) 3, 157-161, RPt 6-jun.-2002 (Moreira Alves), CJ XXVII (2002) 3, 193-195 e STJ 18-mar.-2003 (Reis Figueira), CJ/Supremo XI (2003) 3, 127-131 (130).

[8] STJ 1-jul.-2004 (Ferreira Girão), Proc. 04B1853.

[9] STJ 8-jan.-2004 (Quirino Soares), Proc. 03B4102.

[10] RLx 13-mai.-2008 (Maria do Rosário Morgado), Proc. 355/2008-7.

[11] RLx 21-abr.-2006 (Manuela Gomes), Proc. 2219/2004-6.

justiça do Estado para pôr em prática tais obrigações, o sistema entrava em colapso: (1) muitas das obrigações em jogo, embora jurídicas, são indemonstráveis: não há escritos e não há testemunhas; (2) além disso, o volume de processos provocados pela "judicialização" da vida social submergeria os tribunais.

13. Contratos mitigados *stricto sensu*. Tradicionalmente, a postura dos interessados, em face 32
de um eventual contrato definitivo, só poderia ser de aquiescência ou de recusa. As necessidades do tráfego vieram determinar outra hipótese: a de os interessados, não querendo ainda o contrato, se obrigarem, no futuro, a concluí-lo. Teremos, então, o contrato-promessa. Dentro desta possibilidade abriram-se, depois, outras sub-hipóteses e, designadamente: a de haver contratos-promessas com e sem execução específica. O espaço que fica entre a completa ausência de compromissos e o contrato-definitivo foi-se, ainda, densificando. Poderiam, pelas partes, ser estabelecidos vínculos mais lassos, de conteúdo variável e que teriam em vista uma futura composição de interesses. Chamaremos, genericamente, a essas figuras "contratação mitigada" ou mitigada *stricto sensu*, para excluir as figuras, já referidas, dos acordos de cortesia e dos acordos de cavalheiros[12].

14. Modalidades. A contratação mitigada decorre da prática dos negócios. Diversas figuras 33
têm sido autonomizadas. Temos: (1) tratativas: abrangem troca de correspondência e abordagens preliminares; (2) a carta de intenção (*letter of intent*)[13]: uma declaração, normalmente em forma epistolar e que consigna uma vontade já sedimentada de, em determinadas condições, concluir certo contrato, embora sem se obrigar a tanto; a carta de intenção é, muitas vezes, usada no comércio internacional onde, mercê da diversidade linguística e das dificuldades de redocumentação, se recorre, preliminarmente, a instrumentos mais simples; há várias hipóteses de textos; a carta de intenção é ainda usada para demonstrar uma vontade séria de adquirir, de modo a poderem ser iniciadas auditorias (*due diligence*); (3) o acordo de negociação (*instruction to proceed* ou *Vereinbarung über den Verhandlungsablauf*): ocorre em negociações complexas e consigna uma vontade comum das partes de executar, desde logo, certos pontos, prosseguindo na negociação, dentro de determinados parâmetros; (4) o acordo de base (*head of agreement, principle of agreement* ou *Grundvereinbarung*): também em negociações complexas, podem as partes, obtido um acordo em área nuclear, formalizá-lo desde logo; as negociações prosseguirão, depois, a nível técnico, para aplainar os aspetos secundários; (5) o acordo-quadro (*Rahmenvertrag*): em negociações tendentes a originar múltiplos contratos, as partes assentam num núcleo comum a todos eles; (6) o protocolo complementar (*side letter* ou *Zusatzvereinbarung*): tendo em vista um contrato nuclear, as partes concluem um convénio acessório, tendente a completá-lo[14].

Um exemplo de contrato preparatório, frequente entre nós e que podemos reconduzir à 34
contratação mitigada, é o do "contrato de reserva": um potencial comprador mostra-se interessado, mas pretende conservar total liberdade de decisão; o vendedor "reserva" a coisa vendida, durante um pequeno prazo, comprometendo-se a aguardar a decisão do comprador[15].

15. Relevo. Todas estas figuras são juridicamente relevantes. Cabe verificar qual a vontade dos 35
participantes e, designadamente: se eles se consideram vinculados pelos seus termos e de que

[12] *Vide*: Eduardo Santos Júnior, *Acordos intermédios: entre o início e o termo das negociações para a celebração de um contrato*, ROA 1997, 565-604; Maria Raquel Rei, *Do contrato-quadro* (1997, inédito) e Patrícia Afonso Fonseca, *As cartas de intenção, no processo de formação do contrato. Contributo para o estudo da sua relevância jurídica*, O Direito 138 (2006), 1085--1147 (1108 ss.).

[13] Maiores desenvolvimentos: *Tratado*, II, 4.ª ed., 311-316.

[14] Jurisprudência estrangeira: *Tratado*, II, 4.ª ed., 310.

[15] REv 22-jun.-2004 (Ana Resende), CJ XXIX (2004) 3, 255-258 (256-257 e 258/I).

modo. O acatamento é obrigatório? Em Direito, qualquer acordo válido deve ser cumprido, salvo quando, nele, se diga outra coisa. Tudo dependerá de saber se o acordo mitigado tem um conteúdo suficientemente explícito ou se se limita a obrigar as partes a prosseguir nas negociações. Sendo bastante, o conteúdo deve ser acatado. Não o sendo, a parte faltosa apenas pode ser condenada em indemnização, por interrupção injustificada das negociações. O Tribunal não se substitui-se às partes, negociando por elas.

36 **16. Natureza**. A locução "contratação mitigada", embora sugestiva, pode enganar. Não se trata de vínculos "mais fracos" mas, antes, de vínculos diferentes. As partes podem adotar deveres de procedimento, de esforço e de negociação, tendo em vista um fim eventual. Tais deveres são tão dignos como outros quaisquer: só surgem diferentes dos deveres que, eventualmente, virão à luz na contratação final.

V – A contratação eletrónica

37 **17. A negociação automática**. A partir do início do séc. XX, surgiram dispositivos automáticos capazes de assegurar, contra um pagamento, o fornecimento de determinados bens. Os aparelhos mecânicos foram complementados por instrumentos elétricos e, mais tarde, por instalações puramente eletrónicas e eletro-magnéticas. As operações facultadas pelos autómatos cresceram exponencialmente, cobrindo todo o tipo de móveis e alargando-se aos serviços: transportes, informações, reservas, câmbios, estacionamentos e operações diversas. Os limites postos pelo uso de moedas metálicas foram removidos pela eletrónica: reconhecimento de notas e de cartões bancários e, no limite, identificação da própria pessoa.

38 Numa primeira abordagem, o autómato pratica meras operações materiais[16]. Não tem vontade própria, não representa ninguém e "produz" apenas, de modo fatal, aquilo para que tenha sido programado. Como explicá-lo e qual o seu sentido, perante os esquemas legais de contratação? Duas teorias: a oferta automática e a aceitação automática.

39 (1) **Teoria da oferta automática**: a simples presença de um autómato pronto a funcionar, mediante adequada solicitação feita por um utente, deve ser vista como uma oferta ao público: acionado o autómato, o utente aceita a proposta genérica formulada pela entidade a quem fosse cometida a programação: o autómato é um simples prolongamento, bastante explícito, da vontade cabal do proponente: a pessoa que o controla, entregando os bens e percebendo a contraparte.

40 (2) **Teoria da aceitação automática**: coloca o problema em termos inversos; o simples acionar do autómato, através da introdução de uma moeda, não provoca necessariamente a conclusão do contrato; tal só sucederá se o autómato não estiver vazio, isto é, se se encontrar em condições de fornecer o bem solicitado; o contrato só se concluiria através do funcionamento do autómato, cabendo ao utente a formulação da proposta; a instalação do autómato representa, tão-só, uma atividade preparatória, municiada para aceitar (eventualmente) solicitações que lhe fossem dirigidas.

41 A discussão tem interesse prático. Se o autómato for uma oferta ao público, há contrato com a simples aceitação; qualquer falha subsequente surge como uma violação perpetrada pela pessoa que recorra a autómatos para celebrar os seus negócios[17]. Se o autómato se limitar a rece-

[16] *Vide*, considerando já a inteligência artificial, António Pinto Monteiro, *"Qui facit per alium, facit per se" – será ainda assim na era robótica?* RLJ 148 (2019), 200-211.

[17] E a menos que a falha seja de tal modo patente que implique, nas palavras de Ferreira de Almeida, *Texto e enunciado*, 3, 813, um sinal que contradiga a própria oferta.

ber propostas, não há violação contratual no caso de não funcionamento: apenas se assiste a uma não-aceitação: um dispositivo auxiliar permite, nessa eventualidade, a restituição do dinheiro.

Com a generalização da automação, podem-se antever cenários em que contratos de vulto sejam inteiramente celebrados por autómatos. Várias regras dependem de quem funcione como proponente e de quem opere como aceitante[17]. 42

18. Enquadramento jurídico. Perante os princípios clássicos da automação, a presença de um autómato constitui uma autêntica oferta ao público. A pessoa responsável pelo autómato desfruta, ao programá-lo, de liberdade de estipulação, podendo propor o que entender; pelo contrário, o utente apenas pode aceitar ou recusar a "proposta" automática, colocando-se numa posição semelhante à de aceitante. O autómato não tem liberdade de decisão para aceitar ou recusar uma proposta: as opções competentes foram feitas pelo programador e só por este podem ser alteradas. A última palavra é do utente, num paralelo claro com a aceitação. 43

Hoje, um autómato pode ser programado para responder a solicitações distintas, por forma adaptada a cada uma delas. A "oferta" pode ser ilimitada, correspondendo o autómato a inúmeras solicitações dos utentes: a estes cabe a iniciativa, limitando-se o autómato a aceitar ou a recusar. 44

No limite, o autómato é programável para tomar decisões, sendo ainda perfeitamente concebível um negócio "celebrado" entre autómatos (entre computadores) devidamente programados para o efeito. Os quadros da oferta ao público só explicam os primeiros passos da automação jurídica. Em esquemas mais elaborados, a declaração feita através do autómato pode ser proposta ou aceitação ou, mais genericamente, pode ser de qualquer tipo[18], consoante a vontade dos programadores. São possíveis "negociações": os autómatos, com distintos projetos de contratos, podem aproximar as soluções de modo a encontrar uma saída comum que respeite dados básicos preestabelecidos. Os únicos limites que o Direito opõe a este prolongamento da vontade humana têm a ver com a forma prescrita para certas celebrações negociais. 45

19. A contratação por meios eletrónicos ou por *Internet*[19] não se confunde, em si, com a efetuada através de autómato ou de computador, embora, por vezes, lhe esteja associada. Quando surgiu, houve quem esperasse uma total revolução na doutrina do negócio. Não foi necessário: ela foi enquadrada com recurso aos esquemas negociais consagrados, acrescentando-lhe algumas cautelas. A declaração de vontade feita por computador ou por meios de comunicação eletrónica vale como tal. E naturalmente, têm aplicação as regras referentes ao erro e ao dolo, nas declarações. A matéria foi em parte tratada pelo DL 7/2004, de 7-jan.. 46

A disponibilidade de contratação eletrónica através da *Internet* representa uma imensa vantagem para os particulares e para as empresas. Torna-se possível ter acesso a bens e serviços, no quadro planetário e isso numa escala totalmente inalcançável, em termos de contacto direto. Praticamente tudo pode ser adquirido ou contratado. Cabe ao interessado, num espaço de segundos, comparar preços, características e qualidades. Além disso, poupam-se intermediários e múltiplos custos de transação. O fenómeno da contratação pela *Net* só não foi mais longe por se manifestar um "fetichismo da mercadoria": por razões de ordem psicológica, as pessoas 47

[17] O facto de os autómatos operarem na base de cláusulas contratuais gerais, que procurem resolver os diversos problemas que se venham a pôr, não retira interesse à natureza das declarações que eles traduzam.

[18] Com inclusão de uma declaração com destinatário determinado.

[19] Sobre a *Internet* e o Direito, particularmente o dos contratos, *vide* a obra coletiva *As telecomunicações e o Direito na sociedade de informação* (1999), numa excelente organização de António Pinto Monteiro; indicações: *Tratado*, II, 4.ª ed., 345-349.

hesitam em adquirir certos bens (como os alimentos) ou certos serviços (de ordem pessoal: médica ou jurídica, como exemplo) sem, previamente, tomarem contacto com eles ou com as estruturas de que dependam.

48 Mas tem desvantagens. O particular adquirente não conhece o vendedor oferente, nem pode apreciar os produtos. Teoricamente, tem vias de protesto, mas de acesso difícil. Pode ser levado a comprar inutilidades. Finalmente, assume, com facilidade, encargos que, depois, terá de solver. A matéria é objeto de fontes europeias, com relevo para a Diretriz 2011/83, de 25-out.

Artigo 224.º (Eficácia da declaração negocial)

1. A declaração negocial que tem um destinatário torna-se eficaz logo que chega ao seu poder ou é dele conhecida; as outras, logo que a vontade do declarante se manifesta na forma adequada.

2. É também considerada eficaz a declaração que só por culpa do destinatário não foi por ele oportunamente recebida.

3. A declaração recebida pelo destinatário em condições de, sem culpa sua, não poder ser conhecida é ineficaz.

Bibliografia: António Menezes Cordeiro, *Tratado de Direito civil*, II, 4.ª ed. (2014), 142-163 e 317-325; *vide* a bibliografia indicada na introd. 224.º a 235.º.

Índice

I – Aspetos gerais

1 **1. O processo formativo.** Na formação do contrato, pode ocorrer uma série de atos cujo fim último é o acordo negocial. Fala-se em processo, com três consequências: (1) o resultado final depende da correta verificação dos atos processuais; (2) cada um destes atos faz sentido tendo em vista o fim para que tendam; (3) a falha num deles só é eficaz se perturbar o escopo último.

2. O modelo do Código é o do contrato entre ausentes, isto é, aquele entre cujas proposta e aceitação medeia um espaço de tempo relevante. Esta é a fórmula básica, com a qual o intérprete aplicador pode construir as demais hipóteses. Em rigor, o 224.º aplica-se a qualquer declaração negocial, mas o paradigma é, efetivamente, o do contrato. 2

3. Negócios sem processo. São múltiplos e frequentes: (1) negócios unilaterais: ficam completos apenas com a declaração de vontade do seu autor, exteriorizada pela forma legal; (2) negócios por minuta, isto é: os negócios que se concluem pela adesão ou subscrição, por ambas as partes, de um documento (a minuta), que comporta o teor negocial. A minuta é, muitas vezes, preparada por um terceiro especialista (notário ou advogado), de acordo com indicações previamente dadas pelas partes; (3) negócio por apreensão ou por indicação, seguidas de pagamento; (4) negócio por escolha em lista, seguida pela utilização ou pelo consenso, com subsequente pagamento; (5) a adesão a cláusulas contratuais gerais. Em todos estes casos, as regras do Código Civil devem ser sindicadas, de modo a verificar se têm aplicação. 3

4. A técnica da contratação constitui, hoje, uma disciplina autónoma[1]. Ela permite aos interessados procurar esquemas adequados e baratos para encontrar a melhor solução contratual para os seus interesses. 4

II – Origem do 224.º

5. O **anteprojeto Vaz Serra**, no n.º 1 epigrafado "quando se tornam eficazes as declarações de vontade", propôs[2]: 5

> 1. As declarações de vontade, que não deverem dirigir-se a um destinatário (não-recipiendas), tornam-se eficazes logo que a vontade se exteriorize.
>
> 2. As declarações de vontade, que deverem dirigir-se a um destinatário (recipiendas), tornam-se eficazes no momento em que são por ele recebidas. A declaração considera-se recebida pelo destinatário quando chega ao seu poder.
>
> 3. O declarante, se a boa fé o exigir e souber que o destinatário não tomou conhecimento da declaração ou tiver razões sérias para suspeitar de que ele não pode tomar conhecimento dela, deve repeti-la, sem o que será ineficaz a mesma declaração.
>
> 4. Se a declaração devia ser feita num tempo determinado, o foi nesse tempo, mas, devido a uma circunstância respeitante à esfera do destinatário, é repetida quando tal tempo já terminou, considera-se recebida em tempo, caso a repetição tenha sido feita sem demora. Mas, se não foi recebida pelo destinatário devido a culpa do declarante ou a culpa dele e do destinatário, ou não foi conhecida deste por culpa do declarante ou de ambos, não é eficaz.
>
> 5. Quando a declaração, de que trata o parágrafo anterior, não chegar ao poder do destinatário, em consequência de culpa sua, considera-se ela recebida.
>
> 6. As declarações de vontade, que deverem dirigir-se a um destinatário, se forem verbais e feitas na presença deste, só são eficazes quando forem entendidas por ele, salvo se o mesmo destinatário intencionalmente ou, sem culpa do declarante, culposamente as não entende.

Torna-se desde logo patente a diferença de estilos, relativamente aos anteprojetos de Rui de Alarcão. Vaz Serra procede a largos estudos de Direito comparado[3] e apresenta articulados extensos e pormenorizados. Saliente-se, ainda, que os 224.º a 235.º comportam matéria de tipo contratual, logicamente entregue a um obrigacionista. 6

[1] Indicações: *Tratado*, II, 4.ª ed., 157-163.

[2] Adriano Vaz Serra, *Perfeição da declaração de vontade*, 146-147.

[3] *Idem*, 5-32.

7 **6. Revisões e Projeto**. A 1.ª Revisão Ministerial (198.º) simplificou drasticamente a proposta de Vaz Serra. Passou a dizer[4]:

> 1. As declarações de vontade que se dirigem a um destinatário, tornam-se eficazes logo que chegam ao seu poder; as outras, logo que a vontade do declarante se manifesta na forma adequada.
>
> 2. Considera-se igualmente eficaz a declaração que, emitida durante o período em que o devia ter sido, só por culpa do destinatário não seja por ele oportunamente recebida.

8 A 2.ª Revisão (224.º) fixou a redação definitiva[5]. Foi acrescentado o n.º 3 sobre a hipótese de a declaração não poder ser conhecida pelo destinatário, sem culpa deste.

III – A proposta

9 **7. Noção e papel**. O Código regula contratos entre ausentes[6]; outras hipóteses devem ser construídas pelo aplicador. A proposta é uma declaração feita por uma das partes e que, uma vez aceite pela outra, dá lugar ao contrato. O 224.º regula a eficácia da proposta; mas além disso, dá a chave para o entendimento das diversas declarações, incluindo as relativas ao exercício de direitos potestativos, como a interpelação.

10 **8. Requisitos**. A proposta deve: (1) ser completa; (2) revelar uma intenção inequívoca de contratar; (3) revestir a forma requerida para o negócio em jogo.

11 (1) **Completa** no sentido de abranger todos os pontos a integrar no futuro contrato: ficam incluídos quer os aspetos que devam, necessariamente, ser precisados pelos contratantes (a identidade das partes, o objeto a vender, o montante de preço) quer os que, podendo ser supridos pela lei através de normas supletivas, as partes entendam moldar, segundo a sua autonomia. Faltando algum elemento e ainda que a outra parte o viesse a completar, não haveria, sobre ele, o consenso necessário.

12 (2) Revelar uma **intenção inequívoca** de contratar: não há proposta quando a declaração do "proponente" seja feita em termos dubitativos ou hipotéticos: a proposta deve ser firme, uma vez que a sua simples aceitação dá lugar ao aparecimento do contrato, sem que, ao declarante, seja dada nova oportunidade de exteriorizar a vontade.

13 (3) Deve revestir **a forma requerida** para o contrato de cuja formação se trate: repare-se que a forma do contrato – como a de qualquer negócio – mais não é do que a forma das declarações em que ele assente. A proposta deve surgir de tal modo que uma simples declaração de concordância do seu destinatário faça, dela, um contrato.

14 **9.** Nos **contratos entre presentes**, a situação é diversa. Também aí pode um dos celebrantes apresentar um clausulado, ao qual o outro dê o seu assentimento; ambos funcionam, então, como proponente e aceitante, respetivamente, o que poderá ter interesse no domínio da interpretação das declarações de vontade. Pode, suceder que as partes se limitem ambas a aceitar, um texto de terceiro, em termos de não se poder destrinçar um proponente.

15 Não sendo possível distinguir uma proposta e uma aceitação, os requisitos acima apontados devem reportar-se ao objeto que mereça o assentimento dos contratantes ou que ambos façam seu.

16 **10. Complementações**. A completitude da proposta tem o sentido de ela dever comportar tudo o que as partes decidam levar ao contrato. Daí não resulta: (1) nem que o contrato só con-

[4] *1.ª Revisão*, 88.

[5] *2.ª Revisão*, 88-89; *Projecto* (224.º), 65. A *Revisão intercalar* (216.º), 85, estava próxima.

[6] Em sentido técnico: as pessoas podem estar presentes mas, entre a proposta e a aceitação, medeia um período de tempo relevante; *vide* o 228.º (1, *c*).

tenha o que conste da proposta; (2) nem que não possa haver espaços em branco, a completar por outras fontes; (3) nem que o proponente não possa remeter, para o destinatário, a faculdade de completar a proposta; (4) nem que se vedem lacunas; (5) nem que, de modo assumido ou implícito, não seja viável concluir contratos incompletos.

Assim: (1) o contrato final pode assentar, em menor ou maior grau, em modelos tipificados na lei; no que as partes não regulem, aplicam-se as regras supletivas; esta mesma ideia é alargada aos tipos sociais, cujas normas são veiculadas por usos ou por ccg; (2) o contrato pode comportar espaços em branco nas áreas básicas e para as quais não haja, propriamente, normas supletivas: antes esquemas legais destinados a procurar uma solução; assim o preço, na compra e venda; quando as partes não o fixem, funcionam as regras do 883.º/1: recorre-se, sucessivamente (a) ao preço normalmente praticado pelo vendedor, à data da conclusão, (b) ao do mercado ou bolsa, no momento do contrato e no lugar em que o comprador deva cumprir e (c) ao valor determinado pelo tribunal, segundo juízos de equidade[7]; (3) o proponente pode remeter, para o destinatário, a faculdade de, em certa margem, completar a proposta, ficando vinculado ao que ele disser; será o caso da declaração de venda "ao melhor": a venda vai concretizar-se ao melhor preço que advenha ... do destinatário; (4) as lacunas são possíveis; para elas, dispõe o esquema integrativo do 239.º o qual, quando acuda, logo mostra que a proposta não estava "completa", no sentido laico do termo; (5) as partes podem concluir um contrato incompleto; remetem, para o futuro, uma negociação destinada a completá-lo ou confiam num ulterior esquema de distribuição de riscos. 17

O critério final para decidir da completude de uma proposta é ... a própria aceitação. Perante o 232.º, a proposta fica "fechada" quando a contraparte não suscite a necessidade de acordo sobre qualquer outro ponto. Além disso, o conhecimento da proposta, em ordem a verificar se está completa, passa sempre pela interpretação, à luz dos 236.º e 237.º e de outros cânones aplicáveis. A proposta, para o ser, não carece de clareza: exige, sim, um ato efetivo de comunicação jurígena. 18

IV – A eficácia

11. As declarações recipiendas veem a sua eficácia condicionada pela ligação particular que visam estabelecer com o seu destinatário. O tipo de relacionamento exigido – do qual depende o momento da eficácia – tem sido equacionado com recurso a várias doutrinas, das quais cabe explicitar cinco: (1) a teoria da exteriorização; (2) a teoria da expedição; (3) a teoria da receção; (4) a teoria do acolhimento; (5) a teoria do conhecimento. 19

(1) Pela **teoria da exteriorização** (*Äußerungstheorie*), o negócio ficaria concluído quando a vontade tivesse obtido a sua forma exterior, isto é, quando se manifestasse (Wening, Savigny, Puchta e Jhering). Não chega: a vontade pode exteriorizar-se sem lograr atingir o seu destinatário[8]. Este, não a conhecendo, não lhe pode emprestar nenhum significado, não se alcançando, assim, qualquer relevo social. 20

(2) A **teoria da expedição** (*Entäußerungstheorie*), também dita do envio (*Übermittlungstheorie*), empresta eficácia à declaração quando seja remetida, rumo ao destinatário (von Scheurl, Schliemann e Windscheid). Também não é suficiente: a declaração pode ser enviada, sem nunca chegar ao destinatário. 21

(3) A **teoria da receção** (*Empfangstheorie*) dá mais um passo: a eficácia de uma declaração recipienda depende de o destinatário a receber, com efetividade (Koeppen e Kohler). Mas ainda 22

[8] *Tratado*, XI, 154-156.

[8] Indicações no *Tratado*, II, 4.ª ed., 143-144.

não é satisfatória, uma vez que o destinatário pode recebê-la sem disso se aperceber ou tomar conhecimento.

23 (4) A **teoria do acolhimento** ou da posse (*Besitztheorie*) intenta aperfeiçoar a ideia de receção: em que preciso momento ocorre tal receção? Os efeitos surgiriam logo que a declaração chegasse ao poder do destinatário (Titze). Mas esse "poder" não assegura que o destinatário dela tenha ou possa ter consciência.

24 (5) A **teoria do conhecimento** (*Vernehmungstheorie*), por fim, confere eficácia à declaração que chegue ao efetivo conhecimento do destinatário (Bekker e Regelsberger).

25 **12.** O **Código Civil**, na sequência dos valores ponderados por Vaz Serra, dispôs, de modo expresso, sobre o condicionalismo que rodeia a eficácia das declarações negociais. Assim, segundo o seu artigo 224.º: (1) a declaração não-recipienda torna-se eficaz logo que a vontade do declarante se manifeste na forma adequada (teoria da exteriorização) (artigo 224.º/1, *in fine*); (2) a declaração recipienda é eficaz: (a) quando chegue ao poder do destinatário (teoria da receção) ou dele seja conhecida (teoria do conhecimento) (224.º/1, primeira parte); (b) quando seja remetida e só por culpa do destinatário não tenha sido oportunamente recebida (teoria da expedição) (224.º/1); (c) em qualquer caso, a declaração é ineficaz quando seja recebida pelo destinatário em condições de, sem culpa sua, não poder ser conhecida (relevância negativa da teoria do conhecimento) (224.º/3).

26 Trata-se pois, no fundo, do acolhimento da doutrina da receção, temperada embora nalguns dos seus aspetos, designadamente pelo papel dado ao conhecimento[9]. A doutrina atual explica ainda que a "receção" implica a chegada da declaração ao âmbito do poder ou da atuação do destinatário, de modo a que ele possa conhecê-la; recorre-se, para melhor documentar o essencial, às ideias de "acolhimento" ou de "armazenagem" para cobrir situações em que a declaração fique, por exemplo, na caixa do correio do destinatário ou caia registada num dispositivo de receção automática de chamadas telefónicas ou no correio eletrónico. Mas ainda então será de exigir que o destinatário controle o facto: de outro modo, as declarações não chegaram ao seu poder[10]. Na dúvida, há que privilegiar o conhecimento: vai-se, assim, ao encontro da finalidade das normas e das reflexões facultadas pelo Direito comparado.

27 **13. O risco linguístico.** As declarações de vontade que cheguem ao seu destino, mas não possam ser conhecidas pelos destinatários, por não dominarem a língua em que estejam exaradas, colocam o tema[11]. Nas comunicações verbais dirigidas a outrem, é de bom tom usar um idioma que este conheça: de outro modo, a declaração não faz sentido. Tratando-se de mensagens escritas dirigidas, no território nacional, a pessoas aí residentes ou que aí se encontrem, deve ser usado o português. Cabe, ao destinatário, o encargo da tradução, quando desconheça a língua do País. Um lusófono, no estrangeiro, não esperará, naturalmente, ser aí contactado por um indígena, em português. O risco linguístico corre, em princípio, por quem não conheça a língua do local em que a declaração que remeta se torne eficaz. Ressalva-se a hipótese de se tratar de um estrangeiro residente no País, quando o declarante conheça a sua nacionalidade, as suas limitações linguísticas e, ele próprio, possa usar a língua estrangeira da nacionalidade do visado: *ex bona fide*.

[9] RPt 6-mai.-1999 (João Vaz), CJ XXIV (1999) 3, 180-183 (182/I), falando em doutrina mista da receção e do conhecimento. Na mesma linha: RLx 27-jun.-2002 (Sousa Grandão), CJ XXVII (2002) 3, 113-116 (116/I).

[10] Assim, a declaração constante de correspondência fechada, entregue na morada do destinatário e a um familiar deste, mas estando ele ausente, em férias, não chegou "ao seu poder": RLx 15-dez.-1993 (Martins Ramires), BMJ 432 (1994), 418-419 (o sumário).

[11] *Tratado*, II, 4.ª ed., 147-148, com indicações.

O uso de línguas inverosímeis, de tradução problemática, equivale a uma não-comunicação. Quando se trate de consumidores no território nacional, o uso do português é obrigatório. Finalmente: no comércio internacional, radica-se a prática do uso do inglês. Nenhuma empresa média ou grande irá desconhecer uma declaração, alegando vir a mesma, do estrangeiro, em inglês: a menos que se tenha pactuado, previamente, o uso de qualquer outro idioma. 28

Artigo 225.º (Anúncio público da declaração)

A declaração pode ser feita mediante anúncio publicado num dos jornais da residência do declarante, quando se dirija a pessoa desconhecida ou cujo paradeiro seja por aquele ignorado.

Bibliografia: Fernando Ferreira Pinto/Fernando Sá, em *UCP/Comentário ao Código Civil* (2014), 508.

Índice

1. Origem. O anteprojeto Vaz Serra (3.º) previa, na hipótese de uma declaração de vontade a pessoa desconhecida, ou de paradeiro desconhecido, não havendo culpa do declarante, a realização de uma notificação edital, a determinar pelo tribunal[1]. 1

Essa mesma solução, com uma redação mais simples, foi conservada, na 1.ª Revisão Ministerial (199.º)[2]. A Revisão intercalar (217.º)[3] e a 2.ª mantiveram essa solução (225.º)[4]. Apenas no Projeto (225.º)[5] se abandonou a ideia de uma notificação judicial por éditos, adotando-se o anúncio em jornal, tal como consta do texto em vigor. 2

2. Natureza. O anúncio público é uma proposta com um destinatário. Dado o desconhecimento da pessoa ou do paradeiro (com culpa ou sem ela), recorre-se ao anúncio público. Não se confunde: com a oferta pública, que visa uma generalidade indeterminada de pessoas (pressuposto pelo 230.º/3); com o convite a contratar; com ccg; com o convite à oferta (tipo leilão). 3

4. Eficácia. Embora tendo um destinatário, o anúncio ao público não cai sob o 224.º/1, 1.ª parte; pelo parentesco com a declaração sem destinatário, aplica-se a 2.ª parte desse preceito: torna-se eficaz com a publicação. À sua revogação, se o anúncio for omisso, aplica-se, por analogia, o 230.º/3. 4

Artigo 226.º (Morte, incapacidade ou indisponibilidade superveniente)

1. A morte ou incapacidade do declarante, posterior à emissão da declaração, não prejudica a eficácia desta, salvo se o contrário resultar da própria declaração.

[1] Adriano Vaz Serra, *Perfeição da declaração de vontade*, 147-148.
[2] *1.ª Revisão*, 88.
[3] *Revisão intercalar*, 85.
[4] *2.ª Revisão*, 89.
[5] *Projecto*, 65.

2. A declaração é ineficaz, se o declarante, enquanto o destinatário não a receber ou dela não tiver conhecimento, perder o poder de disposição do direito a que ela se refere.

Bibliografia: Adriano Vaz Serra, *Perfeição da declaração de vontade – Eficácia da emissão da declaração – Requisitos da conclusão do contrato*, BMJ 103 (1961), 5-151 (35-42).

Índice

1 **1. Origem.** A solução deste preceito constava já do anteprojeto Vaz Serra[1], ainda que a redação definitiva só tenha sido alcançada no Projeto[2].

2 **2. Regime.** A proposta transmite-se aos sucessores, por morte do declarante. O seu acompanhamento também não a prejudica: aplicar-se-á o que resulte da competente sentença. Em ambos os casos, pode a própria proposta dispor diversamente ou resultar do seu teor que o contrato que dela emerja só pode ser executado pessoal e livremente pelo declarante.

3 A declaração é "ineficaz" (caduca) se, antes de produzir efeito, o declarante perder o poder de disposição do direito (a legitimidade) a que ela se refere. Se isso ocorrer depois de produzir efeitos, teremos uma impossibilidade superveniente de cumprimento do contrato. Aplicar-se-á o regime competente.

Artigo 227.º (Culpa na formação dos contratos)

1. Quem negoceia com outrem para conclusão de um contrato deve, tanto nos preliminares como na formação dele, proceder segundo as regras da boa-fé, sob pena de responder pelos danos que culposamente causar à outra parte.

2. A responsabilidade prescreve nos termos do artigo 498.º.

Bibliografia: Adriano Vaz Serra, *Culpa do devedor ou do agente*, BMJ 68 (1957), 13-149 (118-140); António Menezes Cordeiro, *Da boa fé no Direito civil* (1985), 537-660; *Tratado de Direito civil*, II, 4.ª ed. (2014), 207-295; Carlos Alberto da Mota Pinto, *A responsabilidade pré-negocial pela não conclusão de contratos*, 1963; Carlos Ferreira de Almeida, *Contratos* I, 6.ª ed. (2018, reimp.), 221-255; Dário Moura Vicente, *Da responsabilidade pré-contratual em Direito internacional privado*, 2001; *idem*, *Culpa na formação dos contratos*, Est. 35 anos Código Civil, III (2007), 265-284; Mário Júlio de Almeida Costa, *Responsabilidade civil pela ruptura das negociações preparatórias de um contrato*, 1984; Paulo Mota Pinto, *Interesse contratual positivo e interesse contratual negativo*, I e II (2008), *passim*; Rudolf von Jhering, *Culpa in contrahendo ou indemnização em contratos nulos ou não chegados à perfeição*, trad. e nota introdutória de Paulo Mota Pinto, 2008; a bibliografia disponível, mesmo em português, é muito extensa: pode ser localizada nas obras acima referidas; apenas indicamos os escritos representativos da evolução do tema.

[1] Adriano Vaz Serra, *Perfeição da declaração de vontade* (2.º), 147.

[2] *1.ª Revisão* (200.º), 88; *Revisão intercalar* (218.º), 85; *2.ª Revisão* (228.º), 89; *Projecto* (228.º), 65.

Índice

I – Origem

1. O **anteprojeto Vaz Serra** propôs, sob a epígrafe "culpa na formação do contrato" (8.º)[1]: 1

> 1. Quem entra em negociações com outrem, para a conclusão de um contrato, deve, nessas negociações e na formação do contrato, proceder de acordo com a boa fé para com a outra parte, devendo, em especial, fazer-lhe comunicações, dar-lhe explicações e conservar os seus bens jurídicos, na medida que a boa fé exigir. Se assim culposamente o não fizer, é obrigado a indemnizar os danos causados à outra parte.
>
> 2. A responsabilidade, de que no parágrafo anterior se faz menção, não depende de se chegar a concluir o contrato.
>
> 3. Incorre em responsabilidade, no caso de rotura de negociações, aquele que entrou ou prosseguiu nelas com o único fim de as romper ou aquele que conscientemente fez com que a outra parte acreditasse, sem dúvida, em que o contrato se realizaria e depois, sem motivo justificado, rompe as mesmas negociações.

Vaz Serra propunha mais dois artigos para a *culpa in contrahendum* (cic): o 9.º mandava *grosso modo* aplicar o regime da relação contratual em preparação, exceto no caso do 8.º/3, em que se aplicaria a responsabilidade delitual; o 10.º preocupava-se com a indemnização[2]. Vaz Serra hesitou quanto à colocação da cic: poderia ficar na área da formação dos contratos ou na da responsabilidade civil[3]. 2

[1] Adriano Vaz Serra, *Culpa do devedor ou do agente*, 145.

[2] *Idem*, 145-146, transcrito no *Tratado*, II, 4.ª ed., 257.

[3] Adriano Vaz Serra, *Culpa do devedor ou do agente*, 118. Na versão reduzida do seu anteprojeto: Vaz Serra, *Direito das obrigações*, BMJ 98 (1960), 13-316 (197-199), 88.º a 90.º. Parece aí inclinar-se para a segunda hipótese, já que a colocou a propósito do não-cumprimento das obrigações.

3 **2.** Na **1.ª Revisão Ministerial**, o articulado de Vaz Serra foi reduzido a um único artigo (o 775.º), inserido numa secção sobre o não-cumprimento das obrigações (Livro II). Com o seguinte teor (culpa na formação do contrato)[4]:

> Quem negoceia com outrem para conclusão dum contrato deve, tanto nos preliminares como na formação do contrato, proceder segundo as regras da boa fé, sob pena de ser obrigado a indemnizar os danos que causar no outro contraente.

4 **3.** Na **2.ª Revisão Ministerial**, o preceito foi transplantado para a Parte geral (227.º)[5], recebendo, praticamente, a redação final[6].

II – Surgimento e evolução

5 **4.** A ***culpa in contrahendo* (cic)** fora esporadicamente reconhecida na jurisprudência comercial alemã do séc. XIX, baseada na *bona fides*[7]. Coube a Jhering (1818-1892), em 1861, num célebre artigo[8], apresentar o instituto e dar-lhe o nome porque é conhecido: cic. Acolhida na pandectística tardia, a cic falhou o BGB: apenas nele foi inserida, na reforma de 2001/2002 (§ 311)[9]. Em Itália, a cic encontrou lugar no 1337.º do Código de 1942, enquanto em França, após muita resistência, ele passou ao Código Civil, através da grande reforma de 2016 (1112.º)[10].

6 **5. O papel da cic**, no início, foi o de complementar o restritivo sistema alemão de responsabilidade civil. Nos casos emblemáticos de danos pessoais causados a clientes em estabelecimentos comerciais, seria possível, por via aquiliana, responsabilizar o empregado responsável. Mas não o dono do estabelecimento: este poderia ilidir a *culpa in eligendo* provando que pusera o cuidado exigível na escolha do empregado. Por esta via, não se poderia conseguir uma indemnização razoável.

7 Através da boa-fé, fonte de deveres específicos, cair-se-ia na responsabilidade obrigacional. O dono do estabelecimento seria responsável pelos atos dos auxiliares, sem possibilidade de descarte por elisão da *culpa in eligendo*[11].

8 **6. Alargamento**. A jurisprudência alemã da segunda metade do séc. XX permitiu um novo papel: o da proteção do contraente débil. Hoje, o instituto da cic está generalizado assegurando, na área das negociações preliminares e, mais latamente, dos contactos negociais, a salvaguarda dos valores básicos do sistema.

9 **7. Constelações de casos**. Na base da Ciência universal, podemos ordenar as múltiplas decisões concretizadoras da cic em cinco pólos[12]: (1) a vulnerabilidade pré-negocial: há que proteger o contraente ou participante que, *in concreto*, fique vulnerável; (2) a contratação ineficaz: o causador do óbice responde; (3) a interrupção injustificada das negociações; (4) a tutela da parte fraca, nos planos social, económico ou jurídico; (5) a responsabilidade por atos de terceiros.

10 A cic cobre hoje toda a área das relações pré-contratuais, gerando uma dogmática que se alargou através de deveres acessórios eficazes na vigência dos contratos, na sua nulidade e *post factum finitum*.

[4] *Código Civil/Direito das obrigações*, BMJ 119 (1962), 27-219 (195). Na *Revisão intercalar*, a cic mantinha-se ausente da Parte geral.

[5] *2.ª Revisão*, 89-90. A diferença cifrou-se em que a remissão hoje feita para o 498.º ficara em branco: este último preceito ainda não fora numerado.

[6] *Projecto* (227.º), 66.

[7] Com indicações, *Tratado*, II, 4.ª ed., 209-210.

[8] Rudolf von Jhering, JhJb 4 (1861), 1-113, trad. em português por Paulo Mota Pinto (2008).

[9] *Vide* o texto em *Tratado*, II, 249.

[10] António Menezes Cordeiro, *A reforma francesa do Direito das obrigações (2016)*, RDC 2017, 9-29 (23-24).

[11] Os casos relevantes constam do *Tratado*, II, 4.ª ed., 216-217.

[12] *Idem*,220-223.

III – A receção lusófona

8. Os precursores. A cic entrou na literatura nacional através de Guilherme Moreira[13]: admi-tia-a em certos casos. Os autores subsequentes foram pouco recetivos. Uma década volvida e sem especiais apoios bibliográficos, Belesa dos Santos veio considerar a doutrina da cic "pouco objetiva, precária e contingente"[14]. Reis Maia refere que a "teoria nova" da cic seria inútil, pois os princípios gerais permitiram resolver os casos para que ela foi inventada[15]. Jaime de Gouveia sobe a parada: 11

> (...) a doutrina da *culpa in contrahendo* é ilógica e arbitrária; havendo contrato, seria um contra-senso atribuir-lhe efeitos nas negociações, pois seriam anteriores à causa; sendo o contrato nulo, não poderia produzir quaisquer efeitos.

Para atos ilícitos perpetrados antes da conclusão contratual, Jaime de Gouveia abre, apenas, as portas à responsabilidade delitual[16]. Posições deste tipo derivam da não-consideração das fontes e, sobretudo, dos problemas concretos que, desde o início do séc. XX, a cic veio resolver. 12

A defesa de uma (certa) cic coube a José Tavares[17] e a Cunha Gonçalves[18]. Gomes da Silva faz uma curta mas importante referência ao dano equivalente à inutilização de gastos motivados pela proposta de um contrato que, por culpa do proponente, não chegue a celebrar-se ou seja viciado de nulidade[19]. 13

A literatura subsequente, do âmbito de Seabra, manteve referências discretas, genericamente favoráveis à cic mas sem, dela, fazerem aplicações efetivas. Assim sucedeu com Manuel de Andrade[20], com Cabral de Moncada[21] e com Ascenção Barbosa[22]. Galvão Telles faz uma primeira referência ao (limitativo) interesse negativo[23]. A receção da cic foi completada por Vaz Serra, na preparação do Código Civil, por Carlos Mota Pinto[24], numa importante monografia sobre a responsabilidade pré-contratual e, em termos mais largos, por Ruy de Albuquerque[25]. 14

9. Na preparação do Código Civil, o tema da cic foi objeto de um importante trecho de Vaz Serra, incluído em escrito sobre a culpa do devedor ou do agente, já citado, com algumas considerações, nem sempre fidedignas, de Direito comparado[26]. Teve o duplo mérito de asse- 15

[13] Guilherme Moreira, *Instituições do Direito civil português*, II (1911), n.º 202 (664-675). A progressão da cic na literatura lusófona pode ser seguida em Paulo Mota Pinto, *Interesse contratual negativo*, 1, 226 ss. e no *Tratado*, II, 4.ª ed., 251-264; 265-266, quanto ao Brasil.

[14] José Belesa dos Santos, *A simulação* 1 (1921), 10 ss. (14).

[15] José Reis Maia, *Direito geral das obrigações* (1926), 459-460.

[16] Jaime de Gouveia, *Da responsabilidade contratual* (1932), 293 e 294.

[17] José Tavares, *Os princípios fundamentais do Direito civil*, 1, 2.ª ed. (1929), 506.

[18] Luiz da Cunha Gonçalves, *Tratado de Direito civil*, 4 (1931), 246-247.

[19] Manuel Duarte Gomes da Silva, *O dever de prestar e o dever de indemnizar*, 1 (1944), 118.

[20] Manuel de Andrade, *Teoria geral das obrigações*, 3.ª ed. (1966, póstuma, com a colaboração de Rui de Alarcão), 402; o original remonta a meados da década de cinquenta do século XX. Francisco Pereira Coelho, nos *Aditamentos*, por Abílio Neto e Pupo Correia (1963/1964), nada acrescenta à breve referência transcrita no texto.

[21] Luís Cabral de Moncada, *Lições de Direito civil* 2, 3.ª ed. (1959), 240-241, referindo a cic como uma forma de encarar as relações e a vontade.

[22] Pedro Ascenção Barbosa, *Do contrato-promessa*, 2.ª ed. (1957), 78, admitindo a cic e (por influência de Galvão Telles, abaixo referido) reconduzindo-a a um ilícito e à boa-fé.

[23] Inocêncio Galvão Telles, *Manual dos contratos em geral*, 3.ª ed. (1965), 187-188.

[24] Carlos Mota Pinto, *A responsabilidade pré-negocial pela não conclusão dos contratos*, BFD suplemento 14 (1966, mas 1963), 143-251 (há separata, pela qual se cita).

[25] Ruy de Albuquerque, *Da culpa in contrahendo no Direito luso-brasileiro* (1961, dact.).

[26] *Tratado*, IV, 5.ª ed., 255-256.

gurar a consagração da cic, no Código de 1966 e de estabelecer a sua ligação à boa-fé. No tocante à indemnização, esse Autor interrogou-se se ela se deveria limitar ao interesse negativo ou da confiança ou se devia atingir, também, o interesse positivo ou do cumprimento. Optou pelo primeiro, embora admitisse o segundo[27]: (...) quando, porém, caso se houvesse procedido regularmente, o contrato tivesse chegado a aperfeiçoar-se (...). Propôs um articulado bastante pormenorizado[28], acima parcialmente transcrito.

16 **10. O acolhimento subsequente** obtido pela cic, na doutrina e na jurisprudência, começou modesto: um fenómeno natural, no refluxo exegético que sempre sucede à entrada em vigor de um novo Código Civil. Apesar dos termos latos do 227.º/1, o tipo de mensagem que ele comporta, com relevo para a referência à boa-fé, implicava a divulgação de dados jurídico-científicos de especial extensão e profundidade, que não foi logo possível. Em 1983 (dezassete anos depois da promulgação do Código), com exceção de alguns artigos, o dispositivo do 227.º/1 apenas merecia referências escassas, nas obras de ordem geral[29]. No nosso *Da boa fé* procedemos à exposição da matéria[30], desde os primórdios anteriores a Jhering à situação então existente, propondo as nossas próprias soluções. Não obstante, apenas lentamente o tema foi sendo divulgado, mantendo-se longamente atado à letra do artigo 227.º/1[31]. Alguma extensão ficou a dever-se a Almeida Costa, em troços sempre cuidadosos, apoiados e documentados. Todavia, nos escritos que publicou ao longo de trinta anos, este Autor não abandonou as posições restritivas do início, limitando, em consequência, quer o alcance da cic, quer a indemnização que dele possa resultar[32]: circunscreve a cic ao campo delitual e a indemnização ao interesse negativo.

17 A matéria da cic veio a conhecer desenvolvimentos doutrinários mais significativos na viragem do século[33]. Em 1991, surgem as *Notas*, de Ana Prata[34] e, em 1995, a dissertação de mestrado de Filipe Albuquerque Matos[35]. Obras gerais, como o *Tratado*[36], os *Contratos*, de Ferreira de Almeida[37] e as *Obrigações*, de Menezes Leitão[38], deram-lhe guarida, apontando as linhas dogmáticas recentes. No princípio do milénio, avultam as dissertações envolventes e de

[27] Adriano Vaz Serra, *Culpa do devedor ou agente*, 133 ss. (135), apoiando-se, designadamente, em Enneccerus/ /Lehmann, em Heck e em Blomeyer.

28 *Idem*, 145-146.

[29] *Vide* as menções então existentes em *Da boa fé*, 576, nota 182.

[30] *Da boa fé*, 527-587.

[31] Vejam-se Pires de Lima/Antunes Varela, *Código civil anotado* 1, 4.ª ed. (1987), 215-216; o tema fez a sua aparição apenas na 5.ª ed. de Antunes Varela, *Das obrigações em geral* (1986), 258 ss., com alguns elementos claramente ditados pela pressão da então recente bibliografia portuguesa na matéria, mas mantendo e mesmo agravando o teor restritivo do *Código anotado*.

[32] Mário Júlio de Almeida Costa, *Responsabilidade civil pela ruptura das negociações preparatórias de um contrato* (1984, reimp., 1994), 99 pp.; este Autor voltou ao tema em *Intervenções fulcrais da boa fé nos contratos*, RLJ 133 (2001), 297-303, em *Direito das obrigações*, 12.ª ed. (2009), 298-312, em *O cálculo da indemnização na responsabilidade civil pela ruptura das negociações preparatórias de um contrato*, RLJ 139 (2010), 314-323 (316 ss.) e, com Henrique Sousa Antunes, em *Anotação a STJ 31-mar.-2011*, RLJ 141 (2012), 323-331.

[33] Elementos anteriores podem ser confrontados em Almeida Costa, *Responsabilidade civil pela ruptura de negociações* cit., 44-45, nota 33.

[34] Ana Prata, *Notas sobre a responsabilidade pré-contratual*, RB 16 (1990), 75-179 e 17 (1991), 43-147; existe separata com 2.ª reimp. (2005), 214 pp., habitualmente usada.

[35] Filipe Albuquerque Matos, *A fase preliminar do contrato* (1995), 295 pp., polic., 16 ss..

[36] *Tratado* I, 1.ª ed. (1999), 331-348, I/1, 2.ª ed. (2000), 391-409 e I/1, 3.ª ed. (2005), 497-524. O *Tratado* I/1 foi antecedido, no tocante à cic, pelo nosso *Teoria geral do Direito civil*, 2, 1.ª ed. (1987), § 23 (177-211) e 1, 2.ª ed. (1987/1988), § 25.º (685-723).

[37] Carlos Ferreira de Almeida, *Contratos* I, 4.ª ed. (2008), 201-232 e 6.ª ed. (2018), 193-219, com um desenvolvimento sintético, mas importante.

[38] Luís Menezes Leitão, *Direito das obrigações*, 1 – *Introdução/Da constituição das obrigações*, 1.ª ed. (2000), 313-318; 1, 2.ª ed. (2002), 33-338; 1, 3.ª ed. (2003), 355-361; 1, 4.ª ed. (2005), 334-340; 1, 5.ª ed. (2006), 350-357; 1, 6.ª ed. (2007), 354-360; 1, 7.ª ed. (2008), 356-363; 1, 8.ª ed. (2009), 355-362; 1, 9.ª ed. (2010), 370-377; 1, 10.ª ed. (2013), 322-328; 1, 13.ª ed. (2016), 320-326; 1, 15.ª ed. (2018), 355-362.

primeira qualidade de Dário Moura Vicente[39], de Manuel Carneiro da Frada[40] e de Paulo Mota Pinto[41]. Foram ainda publicadas as monografias de António Carvalho Martins[42], de Eva Sónia Moreira da Silva[43], de Daniela M. Ferreira Cunha[44], de Sara Costa Apostolides[45], novamente de Eva Sónia Moreira da Silva[46] e de Mariana Fontes da Costa[47].

No domínio dos artigos e dos comentários de jurisprudência, multiplicaram-se as inter- 18
venções. Sem preocupações de exaustão, além das nossas[48], referimos as de Inocêncio Galvão Telles[49], Manuel Gomes da Silva e Rita Amaral Cabral[50], João Calvão da Silva[51], Luís Menezes Leitão[52], Jorge Sinde Monteiro[53], Paulo Fernando Soares do Nascimento[54], Eva Sónia Moreira da Silva[55], Carlos Ferreira de Almeida[56], Nuno Pinto Oliveira[57], Patrícia Afonso Fonseca[58], Dário Moura Vicente[59], Filipe Albuquerque Matos[60] e Joaquim de Sousa Ribeiro[61]. As anotações e comentários ao Código Civil encontram, na cic, uma área importante: José Alberto Vieira[62], Maria da Graça Trigo[63] e Ana Prata[64], todos com indicações. Mencionamos, ainda, as recolhas de pareceres e estudos de Arlindo Monteiro Nunes[65], bem como os relatórios académi-

[39] Dário Moura Vicente, *Da responsabilidade pré-contratual em Direito internacional privado* (2001), 829 pp., 241 ss., 300 ss. e *passim*.

[40] Manuel Carneiro da Frada, *Teoria da confiança e responsabilidade civil* (2004, reimp., 2007), 99-218.

[41] Paulo Mota Pinto, *Interesse contratual negativo e interesse contratual positivo*, 1 (2008), 1125-1471.

[42] António Carvalho Martins, *Responsabilidade pré-contratual* (2002), 143 pp..

[43] Eva Sónia Moreira da Silva, *Da responsabilidade pré-contratual por violação de deveres de informação* (2003), 264 pp..

[44] Daniela M. Ferreira Cunha, *Responsabilidade pré-contratual por ruptura das negociações* (2006), 222 pp..

[45] Sara Costa Apostolides, *Do dever pré-contratual de informação e da sua aplicabilidade na formação do contrato de trabalho* (2008), 341 ss. (29 ss.).

[46] Eva Sónia Moreira da Silva, *As relações entre a responsabilidade pré-contratual por de informações e os vícios da vontade (erro e dolo)/O caso da indução negligente em erro* (2010), 403 pp..

[47] Mariana Fontes da Costa, *Ruptura de negociações pré-contratuais e cartas de intenção* (2011), 210 pp., 33 ss..

[48] *Concessão de crédito e responsabilidade bancária*, BMJ 357 (1986), 5-66 e *Dolo na conclusão do negócio. Culpa in contrahendo*, O Direito 125 (1993), 145-174.

[49] Inocêncio Galvão Telles, *Culpa na formação do contrato*, O Direito 125 (1993), 333-356, também incluído em Arlindo Monteiro Nunes, abaixo citado.

[50] Manuel Gomes da Silva/Rita Amaral Cabral, *Responsabilidade pré-contratual*, O Direito 127 (1995), 439-461.

[51] João Calvão da Silva, *Negociação e formação de contratos*, em *Estudos de Direito civil e processo civil (Pareceres)* (1996), 29-75 e *Negociações preparatórias do contrato-promessa e responsabilidade pré-contratual*, *idem*, 77-95.

[52] Luís Menezes Leitão, *Negociações e responsabilidade pré-contratual nos contratos comerciais internacionais*, ROA 60 (2000), 49-71 = Estudos Gomes da Silva (2001), 765-788.

[53] Jorge Sinde Monteiro, *Culpa in contrahendo*, CDA 42 (2003), 5-14 (7/II ss.).

[54] Paulo Fernando Soares do Nascimento, *A responsabilidade pré-contratual pela ruptura das negociações e a recusa injustificada de formalização do contrato*, Estudos Galvão Telles IV (2003), 179-226.

[55] Eva Sónia Moreira da Silva, *O ónus da prova na responsabilidade pré-contratual por violação dos deveres de informação*, em *10 anos da licenciatura em Direito da Universidade do Minho* (2004), 281-296 e *Algumas notas sobre a reforma do BGB no âmbito da responsabilidade pré-contratual: o § 311*, Estudos Henrique Mesquita 2 (2009), 869-889.

[56] Carlos Ferreira de Almeida, *Contrato formal e pré-contrato informal*, em *35 anos do Código Civil* II (2006), 349-365 (361 ss.).

[57] Nuno Pinto Oliveira, *Culpa in contrahendo. Interesse contratual negativo e interesse contratual positivo*, STJ 26-jan.-2006, CDP 20 (2006), 26-34, *idem*, 34-49.

[58] Patrícia Afonso Fonseca, *As cartas de intenção no processo de formação do contrato. Contributo para o estudo da sua relevância*, O Direito 138 (2006), 1085-1147.

[59] Dário Moura Vicente, *Culpa na formação dos contratos*, em *35 anos do Código Civil* 1 (2007), 265-284.

[60] Filipe Albuquerque Matos, *A fase preliminar do contrato*, em *35 anos do Código Civil* III (2007), 309-368 (320 ss.).

[61] Joaquim de Sousa Ribeiro, *Responsabilidade pré-contratual: breves anotações sobre a natureza e o regime*, Est. Henrique Mesquita 2 (2009), 745-767.

[62] José Alberto Vieira, *Negócio jurídico/Anotação ao regime do Código Civil* (2006), 31-34.

[63] Maria da Graça Trigo, *UCP/Comentário* (2014), 510-514.

[64] Ana Prata, *Código Civil anotado* (2017), 279-282.

[65] Arlindo Monteiro Nunes (org.), *A privatização da sociedade financeira portuguesa*, com escritos de Ferrer Correia, Almeno de Sá, nosso, Monteiro Fernandes, Fernando Pessoa Jorge, Inocêncio Galvão Telles, João Calvão da Silva, Manuel Gomes da Silva, Marcelo Rebelo de Sousa e Rita Amaral Cabral (1995), 325 pp..

cos de Pedro Manuel Ferreira Múrias[66], Jorge de Abreu e Tiago Pitta e Cunha[67], Mateus Moura Jorge Raibo[68], Laerte de Castro Alves[69] e João Ricardo Branco[70].

19 Também no Direito público, se multiplicam os estudos sobre a boa-fé incluindo, com frequência, temas de cic ou dela próxima. Assim, cabe referir o escrito clássico de Marcelo Rebelo de Sousa[71], os trabalhos de Lisa Sousa Ferreira[72], de João Taborda da Gama[73] e de Pedro Moniz Lopes[74], bem como a dissertação maciça de Miguel Assis Raimundo que, embora sem visar diretamente esse tema, examina, com profundidade, a problemática da formação dos contratos públicos[75]. Referências cuidadosas à cic ocorrem, ainda, em Rui Cardona Ferreira[76].

20 O atual estado da doutrina nacional ultrapassa as mais secretas ambições dos anos oitenta do passado século. O tema da cic tem florescido em obras gerais e em várias dezenas de estudos monográficos, alguns dos quais de grande fôlego. De um invento algo exótico, reservado a alguns iniciados e que chegou a ser apelidado de "absurdo" e "contraditório", a cic popularizou-se, integrando o dia-a-dia das universidades e do ensino do Direito civil. A hora da verdade é, todavia, a sua situação, à luz da jurisprudência. Abaixo se fará a competente análise, desde já se adiantando que confirma um caso de acolhimento pleno do instituto.

21 **11. Outras consagrações legais**, para além do 227.º, no próprio Código Civil: (1) o 229.º/1, segundo o qual o proponente que receba uma aceitação tardia, mas emitida na vigência da proposta, tem o dever de avisar imediatamente o aceitante de que não considera a aceitação eficaz, sob pena de responder, pelo prejuízo; temos uma concretização de um óbvio dever de lealdade; (2) o 898.º, no domínio da compra e venda, de bens alheios, prevê a hipótese de um dos contraentes ter procedido de boa-fé e o outro dolosamente: tem o primeiro o direito de ser indemnizado, nos termos gerais, de todos os prejuízos que não teria sofrido se o contrato fosse válido desde o começo, ou não tivesse sido celebrado, conforme venha, ou não a ser sanada a nulidade[77].

22 Fora do Código, podemos apontar as consagrações seguintes[78]: (1) o 9.º/1 da Lei de Defesa do Consumidor[79], refere a "lealdade e a boa-fé nos preliminares", quanto a contratos com consumidores; (2) o 102.º do CT 2009: retoma o 227.º do Código Civil[80]; (3) o 304.º-A/2 do CVM[81]; (4) os 76.º/3, 79.º/4 e 105.º/3 do CCP.

[66] Pedro Manuel Ferreira Múrias, *Representação legal e culpa in contrahendo* (1996), 56 pp..

[67] Jorge de Abreu e Tiago Pitta e Cunha, *Responsabilidade civil pré-contratual. Um caso de ruptura de negociações e a confiança do lesado* (1999), 368 pp., com peças processuais, jurisprudência e pareceres nosso e do Prof. Antunes Varela.

[68] Mateus Moura Jorge Raibo, *Culpa in contrahendo do banqueiro por falta ou não conclusão de um contrato* (2001), 47 pp..

[69] Laerte de Castro Alves, *Responsabilidade pré-contratual pela ruptura de negociações preparatórias na formação do contrato de compra e venda internacional de mercadorias* (2005), 51 pp..

[70] João Ricardo Branco, *Representação voluntária e culpa in contrahendo* (2009), 40 pp..

[71] Marcelo Rebelo de Sousa, *Responsabilidade pré-contratual: vertentes privatística e publicística*, O Direito 125 (1993), 383-416, também incluído em Arlindo Monteiro Nunes, acima citado.

[72] Lisa Sousa Ferreira, *Responsabilidade civil pré-contratual da Administração Pública pela não celebração de um contrato* (2002), 79 pp..

[73] João Taborda da Gama, *Promessas administrativas/Da decisão de autovinculação ao acto devido* (2008), 304 pp..

[74] Pedro Moniz Lopes, *Princípio da boa-fé e decisão administrativa* (2011), 450 pp..

[75] Miguel Assis Raimundo, *A formação dos contratos públicos/Uma concorrência ajustada ao interesse público* (2013), 1323 pp..

[76] Rui Cardona Ferreira, *Indemnização do interesse contratual positivo e perda de chance (em especial, na contratação pública)* (2011), 380 pp., 65 ss..

[77] Já se tem pretendido ver, aqui, uma limitação ao "interesse negativo"; mas não necessariamente: demonstrando-se que, a não haver contrato nulo, teria sido celebrado um válido, pode computar-se o interesse do cumprimento.

[78] Carlos Ferreira de Almeida, *Contratos*, 6.ª ed., 222-223.

[79] Aprovada pela Lei n.º 24/96, de 31 de julho.

[80] *Vide* o nosso *Direito do trabalho*, II (2019), 281 ss..

[81] No campo mobiliário, *vide* Carlos Costa Pina, *Dever de informação e responsabilidade pelo prospecto no mercado primário de valores mobiliários* (1999), 282 pp. e Gonçalo André Castilho dos Santos, *A responsabilidade civil do intermediário financeiro perante o cliente* (2008), 302 pp..

IV – Dogmática geral

12. As teorias. A cic, como qualquer instituto assente na boa-fé, não comporta uma análise exegética: há que fazer apelo à Ciência do Direito, na sua plenitude. É relevante conhecer as teorias explicativas[82]: (1) contratuais; (2) legais. 23

(1) **Contratuais**. Havendo negociações, as partes assumiriam um acordo prévio relativo ao seu desenrolar; noutra leitura: o próprio e futuro contrato teria uma pré-eficácia. Tal orientação não cobre situações em que, de todo, não haja contrato e deixa na sombra o teor do "acordo preparatório". 24

(2) **Legais**: os deveres da cic resultam do sistema. Temos subhipóteses, nas teorias: (a) da relação contratual de facto (Haupt); (b) dos deveres extralegais (Dölle); (c) da confiança (Ballerstedt); (d) da autovinculação sem contrato (Köndgen); (e) dos deveres unitários (Canaris). Esta última é mais completa: havendo contactos, surgem deveres legais de proteção e conexos que operam *in contrahendo*, na constância do contrato, na sua eventual insubsistência e após a sua cessação. 25

13. Deveres típicos: (1) de informação; (2) de lealdade; (3) de segurança. 26

(1) **De informação**: as partes devem trocar todos os conhecimentos necessários e úteis para a consciente celebração de um contrato; em causa dados sobre o objeto e o conteúdo do contrato, sobre elementos circundantes (p. ex., a situação do mercado), sobre elas próprias e quaisquer outros. 27

(2) **De lealdade**: as partes não devem aproveitar o cenário pré-contratual para tirar vantagens extra; assim, ficam adstritas a segredo e a confidencialidade e não devem fazer concorrência na base de elementos obtidos; previnem, ainda, situações que possam frustrar o contrato ou a sua utilidade; entronca, aqui, o dever de não interromper injustificadamente as negociações. 28

(3) **De segurança**: nos preliminares, as partes colocam-se numa certa vulnerabilidade; devem prevenir danos à integridade física (p. ex., mantendo limpas as instalações, para evitar acidentes) e patrimonial (p. ex., prevenir furtos ou danos). 29

14. A **natureza obrigacional** dos deveres assentes na cic é justificativa do instituto. A tutela das pessoas e do seu património opera por via aquiliana (483.º/1). Fica, todavia, muito enfraquecida, no terreno. A presença de deveres específicos permite a inversão do ónus da prova, graças à presunção de culpa-ilicitude (798.º/1). O lesado prova os factos e o dano; a partir daí, cabe ao agente mostrar que não agiu em oposição a deveres de informação, de lealdade ou de segurança ou que não o fez censuravelmente. Não cabe, neste cenário, recorrer à denominada terceira-via, intermédia entre as responsabilidades contratual e delitual: a cic pertence à "primeira-via"[83]. 30

15. A indemnização deve ser integral, não havendo base legal para a limitar ao denominado interesse negativo. Todos os bens atingidos pelas normas violadas devem ser ressarcidos, reconstituindo-se a situação que existiria, se não se tem verificado o evento que obriga à reparação (562.º): prevalecem as regras gerais da responsabilidade civil[84]. 31

Se resultar dos factos que, a não haver cic, teria sido concluído um contrato com determinados benefícios, a indemnização pode alargar-se ao interesse positivo. 32

[82] *Tratado*, II, 4.ª ed., 232-242, com indicações.

[83] *Tratado*, II, 4.ª ed., 240-242; a terceira-via foi construída na Alemanha, para permitir ultrapassar a estreiteza dos seus quadros sobre a responsabilidade civil; foi abandonada depois da reforma de 2001/2002, por desnecessidade.

[84] RPt 10-jul.-2019 (Francisco Mota Vieira), Proc. 947/ /19.

33 **16.** As **despesas inutilizadas** por via da frustração das negociações podem ser consideradas no cômputo da indemnização, desde que sejam razoáveis, em face da realidade concreta. Deve, ainda, ser tido em conta o montante perdido por força da cic[85].

V – A análise do 227.º

34 **17. A não-limitação a contratos.** O 227.º refere negociar "com outrem para conclusão de *um contrato*". Pergunta-se: a *culpa in contrahendo* é (apenas) contratual ou terá um alcance negocial? O Código não previu, na Parte geral, uma rubrica especialmente dedicada à formação do contrato, cujas regras surgem no seio de preceitos dirigidos ao negócio. Num comum fenómeno de contágio linguístico, normas negociais surgem reportadas a contratos, quando, na realidade, visam os negócios em geral. Pelo espírito da lei, o legislador (objetivo) pretendeu colocar todo o espaço que precede a conclusão de um negócio, sob a égide do sistema. Não se jogam, apenas, contratos. Assim, perante qualquer negócio, mesmo unilateral ou, até, em face de simples atos jurídicos (*vide* o 295.º), funcionam as regras da *culpa in contrahendo*[86].

35 **18. A não-limitação a "negociações".** A história do instituto mostra [87] que os deveres de segurança pré-negociais surgem independentemente de quaisquer negociações, formais ou informais. Basta uma especial proximidade que tenha a ver com a eventual conclusão de um negócio, para que ocorra a relação pré-negocial complexa. A sua densidade será mínima: mas não nula. Também aqui o espírito da lei e os valores do sistema explicam que "negociar" deve ser tomado em sentido muito amplo. Não se requerem negociações formais ou informais: a simples proximidade negocial é suficiente.

36 **19. Preliminares e formação.** O terceiro ponto reporta "tanto nos preliminares como na formação". Esta fórmula, um tanto bizarra na sua referência a preliminares[88], fixa, aparentemente, duas fases na preparação do contrato[89]: (1) os "preliminares", que pressuporiam toda a troca de informações necessárias, para se alcançar um acordo; (2) a "formação", que exprimiria a formalização do acordo, designadamente quando estivesse em jogo uma forma solene, que requereria atividades de redocumentação.

37 Distinções deste tipo são sempre tendenciais, uma vez que se reportam a uma realidade essencialmente unitária e muito mutável. Além disso, num procedimento negocial complexo, não há apenas as duas fases prefiguradas pelo legislador[90].

38 **20. As regras da boa-fé.** O 227.º/1 "proceder segundo as regras da boa-fé". Esta locução presta-se a desenvolvimentos linguísticos. E eles não têm faltado, seja na doutrina, seja nas decisões que visam aplicar o preceito. Faz-se apelo, a tal propósito, à "lisura", à "honestidade", às "práticas corretas", à "lealdade", à "decência", às "boas práticas" e à "ética dos negócios". Essas e outras expressões apreciativas e valorativas são úteis, como auxiliares de interpretação e de aplicação. Todavia, não são suficientes.

[85] Tal a solução do novo § 284 do Código alemão; *vide* Maria de Lurdes Pereira, *A indemnização de despesas inutilizadas na responsabilidade obrigacional* (2012, polic.) e *Tratado*, II, 4.ª ed., 242-244.

[86] Referindo a aplicabilidade da cic a todo o tipo de negócios, incluindo os preliminares: STJ 21-mar.-2013 (Gabriel Catarino), Proc. 6805/03.

[87] Assim sucedeu nos casos exemplares do "linóleo" (1911) e da casca de banana (1961); *vide* o *Tratado*, II, 4.ª ed., 216-217.

[88] A referência a "preliminares" adveio da 1.ª revisão ministerial, artigo 775.º, por manifesto mimetismo com o Código italiano.

[89] Trata-se de um ponto muito enfatizado por Almeida Costa, *Responsabilidade civil pela ruptura das negociações* cit., 49 ss. e, em *obiter dicta*, retomado pela jurisprudência.

[90] *Tratado*, II, 4.ª ed., 157 ss..

A boa-fé referida no 227.º/1 é a objetiva, presente em preceitos como os artigos 334.º (abuso do direito), 437.º/1 (alteração das circunstâncias) e 762.º/2 (deveres acessórios). Equivale a uma remissão para os valores fundamentais do sistema, presentes nas situações consideradas. Tais valores são mediados pelos princípios da tutela da confiança e da primazia da materialidade subjacente[91]. O seu alcance é inesgotável. Analiticamente, ela origina deveres de segurança, de informação e de lealdade, hoje pacíficos na jurisprudência. Compreensivamente, temos os cinco grandes grupos de casos em que vimos ordenarem-se as situações de cic: vulnerabilidade pré-negocial, contratação ineficaz, interrupção injustificada de negociações, tutela da parte fraca e responsabilidade por atos de terceiros. 39

Em suma: remeter para as "regras da boa-fé" é reenviar o tema para a Ciência do Direito: uma Ciência do Direito evoluída, capaz de acolher e de concretizar conceitos indeterminados e que não tenha resistências quanto a procurar, na história, os pontos de referência úteis para a evolução do instituto. 40

21. Sob pena de responsabilidade, remata por fim o 227.º/1, "pelos danos que culposamente causar a outra parte". O preceito não delimita nem exclui quaisquer danos: são todos os que sejam "culposamente causados": um ponto importante por desamparar literalmente as restrições ao interesse negativo ou de confiança. Repare-se que ele era conhecido, designadamente por Vaz Serra, aquando da confeção do Código. Ao argumento literal junta-se o histórico: não se limitou, com conhecimento de causa. 41

"Culposamente" representa um juízo de culpa, isto é, de censura jurídica perante quem inobserve conscientemente uma norma jurídica. Abrange, nos termos gerais, quer o dolo, quer a mera negligência[92]. Todavia: estamos perante uma situação de responsabilidade obrigacional, onde, por via do 799.º/1, sempre se presumiria a culpa. Não é de esperar que o legislador se repita. "Culposamente", quer pela semântica do preceito, quer pelos vetores gerais, implica mais qualquer coisa: o advérbio visa delimitar os danos a indemnizar. E tais serão os que resultem da inobservância (culposa) das regras da boa-fé, por oposição a todos aqueles que possam surgir. 42

22. A prescrição. O 227.º/2 remete, no tocante à prescrição, para o 498.º. Trata-se de uma previsão de prescrição subjetiva, uma vez que começa a correr não a partir do momento em que o direito possa ser exercido (306.º/1), mas apenas quando o titular dele tenha conhecimento, ainda que ignorando a identidade do responsável (hipótese pouco verosímil, na cic) ou a extensão dos danos. Consequentemente, o prazo é curto: três anos. Paralelamente, corre a prescrição ordinária, objetiva e de vinte anos[93]. 43

O legislador, mau grado a natureza obrigacional da responsabilidade, optou pela prescrição aplicável às imputações aquilianas: mais flexível e capaz de servir, com justiça, a segurança jurídica. Este tipo de prescrição foi generalizado, pela reforma do BGB de 2001/2002[94]. É de esperar que, com o tempo, se adote igual solução, entre nós. 44

VI – Os casos típicos na jurisprudência

23. Conspecto geral. Os inícios foram difíceis: os próprios tribunais chegaram a manifestar surpresa por, em casos evidentes, as partes não invocarem a cic: uma posição pedagógica cor- 45

[91] *Tratado* I, 4.ª ed., 966 ss..

[92] *Tratado* VIII, 470 ss..

[93] *Vide* a aplicação em STJ 12-set.-2019 (Rosa Ribeiro Coelho), Proc. 2604/15.

[94] *Tratado* V, 3.ª ed., 184 ss..

reta[95]. Posteriormente, os tribunais vieram a manejar a cic com uma tranquilidade crescente: temos, publicados, mais de 600 acórdãos de tribunais superiores, relativos à cic. Vamos arrumar alguns casos relevantes, de acordo com os cinco grupos típicos acima ordenados: vulnerabilidade pré-negocial, contratação ineficaz, interrupção injustificada de negociações, tutela da parte fraca e responsabilidade de terceiros. No seio desses casos, é possível apontar a trilogia dos deveres prévios, em deveres de proteção, de informação e de lealdade, acolhidos pelos tribunais[96].

46 **24. A vulnerabilidade pré-negocial** traduz situações nas quais uma das partes detém elementos, designadamente informações, decisivas para a outra, mas omite comunicá-las à contraparte, aquando das negociações. Assim:

STJ 10-dez.-2009: é responsável o banco que não informou, em negociações, que não estava habilitado, pela supervisão, para certa atuação[97];

STJ 19-mai.-2010: há cic por parte do banco que promove certo negócio na base de informações erradas[98];

STJ 15-mai.-2012: depois de tudo assente para uma escritura de compra e venda, o comprador não comparece por não lhe ter sido dada a informação de que havia processos administrativos relativos ao local; o Supremo entendeu que não se justificava o não-comparecimento; temos dificuldade em acompanhar; aparentemente, ambas as partes omitiram informação: é óbvio que a existência dos processos devia ter sido comunicada; todavia, não se pode faltar, sem aviso prévio, a uma escritura combinada;

RGm 30-mai.-2018: responsabilidade bancária por quebra do dever de informar[99];

STJ 11-abr.-2019: cic por declaração de nulidade de concessão de crédito, havendo violação de deveres de informação[100].

47 Não se documentam, na jurisprudência portuguesa, situações de violação de deveres de segurança, por danos à vida ou à integridade física: as partes têm procurado saídas de tipo aquiliano, o que bem se compreende, dada a habituação existente, confortada por a previsão do 483.º/1 ser mais extensa e generosa do que o correspondente alemão. Mas em STJ 10-dez.-2009, foram (e bem, embora pecando por defeito) arbitrados danos morais, numa situação de omissão informativa por parte de um banco[101]. Dogmaticamente, houve uma violação de um dever de segurança destinado a proteger a integridade moral dos envolvidos.

48 **25. Contratação ineficaz ou inadequada**[102]. Esta ocorre em situações de vício da coisa, que não possam ser enquadradas (totalmente) com recurso ao regime da compra e venda. Assim:

STJ 6-dez.-1978: fora celebrada uma promessa de compra e venda de um imóvel no pressuposto de que o mesmo seria transmitido livre de inquilinos; os projetados transmitentes não conseguiram a desocupação, vindo a ser condenados na restituição simples do sinal e, por via do artigo 227.º, no ressarcimento das despesas[103];

[95] *Vide*, com indicações, *Da boa fé*, 576, nota 183.

[96] STJ 6-nov.-2012 (Nuno Cameira), Proc. 4068/06.

[97] STJ 10-dez.-2009 (Salazar Casanova), Proc. 3795/04.

[98] STJ 19-mai.-2010 (Fonseca Ramos), Proc. 369/05: subjacente está a ideia, muito fecunda, de que o banco, até pela sua posição, tinha um dever de diligência de se esclarecer devidamente.

[99] RGm 30-mai.-2018 (António Barroca Penha), Proc. 348/17; RCb 8-mai.-2019 (António Carvalho Martins), Proc. 43/18.

[100] STJ 11-abr.-2019 (Tomé Gomes), Proc. 2758/15.

[101] STJ 10-dez.-2009 (Salazar Casanova), Proc. 3795/04, acima referido.

[102] STJ 6-nov.-2012 (Nuno Cameira), Proc. 4068/06, acima referido, afirma que a cic funciona quer perante a rutura de negociações, quer perante contratos indesejados.

[103] STJ 6-dez.-1978 (Rodrigues Bastos), BMJ 282 (1979), 156-159.

RLx 24-abr.-2008: incorre em cic o vendedor de uma fração autónoma de um prédio que não tenha afeto um lugar condigno de garagem, além da anulação[104];

RCb 21-dez.-2010: age contra a boa-fé *in contrahendo* a entidade que vende um *Mercedes*, viciando a quilometragem: de 320.000 para 120.000 km; repare-se que a pura invalidação do negócio não permitiria solucionar o problema[105];

STJ 20-dez.-2017: indemnização pela nulidade do contrato que, dadas as circunstâncias, foi limitada ao interesse negativo[106];

RCb 24-abr.-2018: responsabilidade por violação do dever de informar: concretamente, numa compra de imóvel, da existência de uma servidão de passagem de águas subterrâneas[107].

Não é dogmaticamente correto vir entender que a cic não pode coabitar com a invalidade por dolo[108]. Uma das funções da cic (desde Jhering!) é justamente a de complementar o regime das invalidades, permitindo ressarcir danos das pessoas que, delas, sejam vítimas. 49

26. Rutura de negociações é o grupo de casos que, à distância, mais tem ocupado os nossos tribunais. Recordamos dois casos emblemáticos: o primeiro, relatado pelo saudoso conselheiro Octávio Dias Garcia e o segundo, pelo conselheiro Solano Viana e que esteve na origem da importante anotação de Almeida Costa: 50

STJ 19-jan.-1978: desenrolara-se uma negociação tendente à doação de quotas de uma sociedade; os projetados donatários, confiantes na doação, realizaram uma série de despesas; houve rutura: as instâncias recusaram o pedido indemnizatório, por entenderem que sendo o negócio definitivo formal, não havia lugar a *culpa*; o Supremo, e bem, desamparou tal argumento e recambiou o processo para as instâncias, para aí se apurar a eventual ocorrência dos pressupostos da *cic*[109];

STJ 5-fev.-1981: os réus iniciaram negociações com vista à aquisição de quotas de uma sociedade; os autores ficaram convencidos de que a transação se iria concretizar e iniciaram, em consequência, atividades dispendiosas, nessa base; os réus foram condenados em indemnização, pela rutura injustificada[110].

51 Em datas mais recentes, sublinhamos: 51

RLx 7-out.-2010: a propósito do fornecimento de material clínico para um hospital, houve rutura injustificada da negociação de um *leasing* relativo à aquisição; há cic[111];

STJ 16-dez.-2010: no decurso de negociações, chega-se a acordo quanto a determinada venda; o projetado vendedor realiza diversas obras, tendo essa operação em vista; a contraparte, sem justificação, não cumpre; há indemnização por cic[112];

[104] RLx 24-abr.-2008 (Carla Mendes), Proc. 1322/2008.

[105] RCb 21-dez.-2010 (Arlindo Oliveira), Proc. 2634/09.

[106] STJ 20-dez.-2017 (Maria da Graça Trigo), Proc. 1219/11; *vide* RLx 6-dez.-2017 (Maria Teresa Albuquerque), Proc. 2164/10.

[107] RCb 24-abr.-2018 (Moreira do Carmo), Proc. 278/15; *idem*, RGm 28-mar.-2019 (Joaquim Boavida), Proc. 1029/18: foi omitido que certo prédio a adquirir ia ser sujeito a obras.

[108] Como fez STJ 20-jan.-2005 (Ferreira de Almeida), Proc. 04B4349: o Supremo revogou as decisões das instâncias que aplicaram a cic, num caso de venda de veículos com a quilometragem viciada, invocando erradamente que ela não poderia coabitar com a invalidade por dolo.

[109] STJ 19-jan.-1978 (Octávio Dias Garcia), BMJ 273 (1978), 206-209 = RLJ 111 (1978), 211-214, com anot. de Vaz Serra, favorável.

[110] STJ 5-fev.-1981 (Solano Viana), RLJ 116 (1983), 81-84, anot. Almeida Costa, publicada em separata: *Ruptura das negociações* cit.. Na base deste acórdão, RPt 26-fev.-1980 (Machado Costa), CJ V (1980) 1, 58-61, bem documentado e que o Supremo veio confirmar.

[111] RLx 7-out.-2010 (Rui da Ponte Gomes), Proc. 3061//08.

[112] STJ 16-dez.-2010 (Silva Salazar), Proc. 44/07; o Supremo sublinha a violação da lealdade e da confiança e admite o ressarcimento do dano positivo.

STJ 18-dez.-2012: numa negociação tendente à aquisição de um estabelecimento (loja), os compradores entusiasmaram-se (justificadamente) e investiram trabalho próprio e da família e assumiram custos; há rutura injustificada; cabe a cic[113];

RGm 15-dez.-2016: a responsabilidade por cic decorre de uma das partes ter gerado, na outra, a confiança e a expectativa de que o contrato seria concluído e não da rutura das negociações, da não conclusão do contrato ou da recusa da sua celebração, as quais são manifestações de liberdade contratual negativa[114];

STJ 6-dez.-2018: só existe cic por rutura das negociações quando uma das partes assumiu um comportamento que razoavelmente criou na outra a convicção de que o contrato se formaria, assim a predispondo a ações ou omissões que não teria adotado se não tivesse aquela conclusão como certa[115];

RLx 4-jul.-2019: há cic da parte que, tendo iniciado negociações que levaram a outra a efetuar uma *due diligence*, se desinteresse sem avisar a contraparte[116].

52 Situações de rutura injustificada de negociações foram apontadas e decididas em STJ 18-set.-2000[117], RPt 15-dez.-2003[118], STJ 28-abr.-2009[119], STJ 31-mar.-2011[120], RGm 19-out.-2017[121], RPt 27-jun.-2018[122], STJ 22-nov.-2018[123] e RGm 21-fev.-2019[124].

53 **27.** A **tutela da parte fraca**, ainda que não assumida expressamente, enquanto tal, ocorre em diversos e significativos arestos. Assim:

RLx 2-jul.-2001: a propósito da concessão de exploração de uma bomba de gasolina, negociada durante três anos, a multinacional concedente não disse que só admitia contratar por cinco anos; há cic[125];

RPt 5-dez.-2003: um banco negoceia um mútuo com um deficiente, convicto de que haveria uma bonificação nos juros; contrata nessa base; apura depois o (seu) erro e pretende repercutir o sobrecusto no consumidor, debitando-lho; não o pode fazer, por cic[126];

STJ 17-set.-2012: um banco promove determinado negócio, depois rejeitado pelas autoridades de supervisão; os interessados, confiantes no banco (a *Deutsche Bank*), suportaram despesas e deixaram empregos; há cic[127].

54 **28.** A **responsabilidade de terceiro** por cic surge documentada. Desde logo, o devedor responde, em termos de cic, por atos do seu representante[128]. Mas a responsabilidade autónoma do representante também é reconhecida[129].

[113] STJ 18-dez.-2012 (António Joaquim Piçarra), Proc. 1610/07.

[114] RGm 15-dez.-2016 (Maria Fernanda Ventura), Proc. 2/10.

[115] STJ 6-dez.-2018 (Ilídio Sacarrão Martins), Proc. 3407/15; RLx 22-jun.-2016 (Ilídio Sacarrão Martins), Proc. 1009/13.

[116] RLx 4-jul.-2019 (António Valente), Proc. 839/09.

[117] STJ 18-set.-2000 (Lopes Pinto), Proc. 01A615.

[118] RPt 15-dez.-2003 (Fonseca Ramos), Proc. 0355987; este aresto explica que bastam meras declarações de molde a conduzirem à rutura das negociações.

[119] STJ 28-abr.-2009 (Azevedo Ramos), Proc. 09A0457.

[120] STJ 31-mar.-2011 (Fernando Bento), Proc. 3682/05 = = RLJ 141 (2012), 309-323, que não reconheceu a cic por não se terem provado danos.

[121] RGm 19-out.-2017 (Sandra Melo), Proc. 4042/12.

[122] RPt 27-jun.-2018 (Carlos Querido), Proc. 3093/16; também RPt 9-jan.-2017 (Manuel Domingos Fernandes), Proc. 4784/12.

[123] STJ 22-nov.-2018 (Sousa Lameiro), Proc. 1156/12.

[124] RGm 21-fev.-2019 (Pedro Damião e Cunha), Proc. 1295/17.

[125] RLx 2-jul.-2001 (Rua Dias), Proc. 0026047.

[126] RPt 5-dez.-2003 (Fonseca Ramos), Proc. 0355837; como se vê, a "indemnização" foi automaticamente aferida ao interesse positivo.

[127] STJ 17-set.-2012 (Bettencourt de Faria), Proc. 3729/ /04, arbitrando, todavia, indemnizações diminutas.

[128] RPt 27-nov.-2000 (Pinto Ferreira), Proc. 0051054.

[129] RGm 9-nov.-2017 (Ana Cristina Duarte), Proc. 936/16.

Artigo 228.º (Duração da proposta contratual)

1. A proposta de contrato obriga o proponente nos termos seguintes:

a) Se for fixado pelo proponente ou convencionado pelas partes um prazo para a aceitação, a proposta mantém-se até o prazo findar;

b) Se não for fixado prazo, mas o proponente pedir resposta imediata, a proposta mantém-se até que, em condições normais, esta e a aceitação cheguem ao seu destino;

c) Se não for fixado prazo e a proposta for feita a pessoa ausente ou, por escrito, a pessoa presente, manter-se-á até cinco dias depois do prazo que resulta do preceituado na alínea precedente.

2. O disposto no número anterior não prejudica o direito de revogação da proposta nos termos em que a revogação é admitida no artigo 230.º.

Bibliografia: Adriano Vaz Serra, *Perfeição da declaração de vontade – Eficácia da emissão da declaração – Requisitos da conclusão do contrato*, BMJ 103 (1961), 5-151 (57-69); António Menezes Cordeiro, *Tratado de Direito civil*, II, 4.ª ed. (2014), 321-325; Carlos Ferreira de Almeida, *Contratos*, 1, 6.ª ed. (2018), 132-136; Fernando A. Ferreira Pinto, *UCP/Comentário do Código Civil*, 1 (2014), 514-517.

Índice

I – Origem

1. O anteprojeto Vaz Serra propôs, no 4.º (tempo de duração da proposta de contrato)[1]: 1

> 1. A proposta de contrato obriga o proponente, nos seguintes termos:
>
> *a*) Se o proponente fixou um prazo para a aceitação ou ele foi convencionado, até que esse prazo termine sem receber a declaração de aceitação;

[1] Adriano Vaz Serra, *Perfeição da declaração de vontade* (2.º), 147.

b) Se não se fixou prazo, mas o proponente pediu uma resposta imediata, até que, nas condições normais, a proposta e a aceitação cheguem ao seu destino;

c) Se não se fixou prazo, a proposta foi verbal ou por outro meio de ligação directa e foi feita a uma pessoa presente, até que se dê resposta imediata;

d) Se não se fixou prazo e a proposta foi feita a uma pessoa ausente ou por escrito a pessoa presente, até ao momento em que o proponente pode esperar, em circunstâncias normais, a recepção da resposta. Mas, quando o proponente conheça ou deva conhecer as causas extraordinárias de atraso, o prazo para a aceitação prolonga-se pelo tempo correspondente, salvo se da proposta se concluir o contrário.

2 **2. Revisões e Projeto**. Na 1.ª Revisão (201.º), o texto foi simplificado, conservando três alíneas[2]. Na 2.ª (228.º), o preceito adquiriu a redação final[3], passando ao Projeto (228)[4].

3 A versão de 1966 veio simplificar o esquema do CS (650.º a 653.º): elegante, mas com margem para dúvidas interpretativas.

II – Atos preparatórios

4 **3. Noção**: abrange todos os atos que visem a eventual conclusão de um contrato, não se reconduzindo à proposta, à aceitação ou à rejeição.

5 São materiais ou jurídicos, consoante se analisem em simples modificações do mundo material ou antes impliquem comunicações jurídicas: aprontar uma sala de reunião ou a celebração de um pacto quanto à forma do futuro e eventual contrato. Entre os preparatórios materiais incluem-se os contactos preliminares: neles, as partes procuram conhecer-se e indagar a possível negociação dos seus interesses.

6 Os atos preparatórios jurídicos são vinculativos ou não-vinculativos conforme obriguem, ou não, as partes a práticas ulteriores. É vinculativo o contrato-promessa, enquanto a mera proposta de qualquer pacto preparatório não adstringe, por si, as partes, a qualquer conduta.

7 **4. Atos típicos**. (1) A **minuta** ou punctação é um documento no qual as partes vão exarando os diversos pontos a inserir no futuro contrato, à medida que sejam acordados. Na ideia tradicional, o contrato é aprovado no seu todo: os pontos sectoriais acordados, mesmo quando lançados num papel, não vinculam os contraentes antes da aprovação global final. Em negociações complexas, ocorrem atas das reuniões, por escrito ou noutros suportes, bem como volumosas trocas de correspondência, de onde resultam acordos sectoriais. Podem ter alcance normativo imediato: é questão de interpretação o saber se as partes se consideram já vinculadas ou se tudo ficou condicionado por uma aprovação final global.

8 (2) **Típicos legais** são: (a) a convenção sobre a forma do futuro e eventual contrato (223.º); (b) a convenção sobre o valor do silêncio (218.º); (c) a convenção das partes sobre o prazo de subsistência de eventuais propostas [228.º/1, *a*)]; (d) o contrato-promessa ou contrato pelo qual as partes se obrigam a celebrar o contrato definitivo (410.º e seguintes); (e) o pacto de preferência ou contrato pelo qual uma das partes se obriga a, querendo contratar, fazê-lo preferencialmente com a outra, desde que esta acompanhe a oferta de um terceiro (414.º e seguintes).

9 (3) **Típicos sociais**: embora não consagrados expressamente na lei civil, têm um relevo prático marcado, correspondendo a tipos sociais. Tal ocorre com o contrato de opção, pelo qual uma pessoa, querendo, pode provocar o aparecimento de um contrato predeterminado[5].

[2] *1.ª Revisão*, 89.

[3] *2.ª Revisão*, 90; na *Revisão intercalar* (219.º), 86, o texto estava próximo da 2.ª Revisão.

[4] *Projecto*, 66.

[5] *Tratado* VII, 537 ss..

5. O concurso para a celebração corresponde a um ou mais atos jurídicos destinados a 10
promover o aparecimento de uma pluralidade de interessados na conclusão de um contrato e, depois, a facultar, por escolha, a seleção de um deles, para a celebração em causa[6]. São elementos essenciais (1) pluralidade de interessados e, (2) a escolha.

O concurso pode visar: (1) a escolha do parceiro mais idóneo: dada a complexidade das 11
sociedades técnicas, a pessoa interessada em contratar não conhece, muitas vezes, os potenciais parceiros; o concurso, normalmente acompanhado por publicidade alargada, permite um afluxo de possíveis contratantes, facultando escolhas adequadas; (2) o aproveitamento dos mecanismos da concorrência: ao abrir um concurso, o interessado dirige-se aos eventuais interessados; estes, para arrematar o lugar, vão oferecer melhores condições, procurando ultrapassar-se uns aos outros; (3) a procura da melhor gestão: por vezes, o dono do concurso não tem ideias assentes quanto ao próprio contrato a celebrar; os interessados são levados a concorrer apresentando propostas globais – por exemplo, para a recuperação de uma empresa; resulta, daí, uma busca de melhor gestão, que transcende o mero universo contratual; (4) a legitimação da escolha: para a celebração de um contrato, a legitimidade material advém da autonomia privada; mas se a celebração de um contrato for precedida de um concurso, ficará a ideia, na comunidade jurídica, não só de que havia o direito de celebrar tal contrato mas, também, de que foi, para contratante, escolhido o melhor: donde o relevo que o concurso para a celebração de contratos adquire, no sector público[7]; mas também no privado, o prestígio de uma empresa pode requerer a contratação, na base de prévios concursos.

O regime comporta várias hipóteses que podem ser esquematizadas como segue: (1) o 12
concurso indicativo ou vinculativo, de acordo com a sua finalidade: a de construir, apenas, uma fonte de informações para o autor do concurso ou, pelo contrário, a de se integrar com efetividade num processo tendente à formação de um contrato; (2) o concurso como proposta ou como solicitação conforme, dos seus termos, resulte o aparecimento do contrato logo que algum interessado preencha certas condições ou, pelo contrário, os interessados se limitem a apresentar propostas, que o autor do concurso pode, depois, aceitar.

A abertura do concurso implica, para o seu autor, o instituir de regras de tipo processual e 13
de tipo substantivo. As processuais ditam comportamentos instrumentais: entrega de propostas, documentação, prazos, modo de abertura, etc.. As substantivas ligam-se à ponderação concursal e fixam os quadros do contrato a celebrar, os parâmetros referentes aos solicitados (a natureza pública ou restrita do concurso, as habilitações requeridas, etc.) e os critérios de decisão.

O concurso vincula o seu autor, salvo quando, nos termos da abertura, ele seja indicativo. 14
As pessoas são livres de contratar e podem, por maioria de razão, fazer prévias consultas ou sondagens ao mercado. Quando, porém, abram um concurso, devem respeitá-lo, até ao fim[8]. Nesse sentido dispõem três razões de Direito positivo: (1) o princípio do cumprimento das vinculações unilateralmente assumidas (459.º); (2) o princípio da boa-fé, na vertente de tutela da confiança: não pode uma pessoa gerar, na comunidade jurídica, a convicção de que, para a celebração de um contrato, será seguida certa metodologia e, depois, supervenientemente,

[6] Para maiores desenvolvimentos, Menezes Cordeiro, *Da abertura de concurso para a celebração de um contrato no Direito privado*, BMJ 369 (1988), 5-59 e *Tratado*, II, 4.ª ed., 299-303.

[7] O concurso público é obrigatório nos casos especificados nos artigos 17.º e seguintes do CCP (Código dos Contratos Públicos).

[8] REv 24-fev.-2000 (Maria Laura Leonardo), CJ XXV (2000) 1, 276-280 (279/II e 280/I).

desamparar essa confiança; (3) a tutela da confiança pré-contratual[9]; no limite, quem viole normas que o próprio haja adotado, para um concurso público, incorre em *culpa in contrahendo*[10] ou, quiçá, em *venire contra factum proprium*.

15 A entidade competente para a escolha consta da declaração de abertura do concurso; quando nada se diga, compete ao dono do concurso. Devem ser respeitadas as bitolas implícita ou explicitamente referidas na mesma abertura. Na omissão, a boa-fé exige que, atenta a finalidade do concurso, se escolha de acordo com os valores comuns nesse tipo de atividade: prevalecem as escalas que todos esperariam ver funcionar. A melhor candidatura, nas variáveis preço/qualidade, será, em princípio, vencedora.

16 O incumprimento das regras aplicáveis ao concurso obriga a indemnizar todos os lesados pelos prejuízos; em casos especiais, sempre que o concurso seja suficientemente preciso para permitir apontar o vencedor e para conhecer o contrato definitivo, é possível o recurso a uma execução específica, nos termos do 830.º.

III – O regime

17 **6. A proposta**, elemento necessário, é uma declaração recipienda que, uma vez aceite, dá azo a um contrato. Deve reunir as características anunciadas em anotação ao 224.º[11]: completude, firmeza e forma requerida.

18 Tecnicamente, é um negócio unilateral que faz surgir, na esfera do destinatário, o direito potestativo de a aceitar e, na do proponente, a sujeição à aceitação. O Direito português não admite, supletivamente (230.º/1), a revogação da proposta depois de ela ser eficaz (224.º) e antes de se formar o contrato. Nessas condições, é importante saber qual a sua duração.

19 **7. A duração** é fixada nos termos seguintes[12]: (a) se for fixado um prazo para a aceitação, pelo proponente ou por acordo das partes, a proposta mantém-se até ao seu termo – 228.º/1, *a*); (b) se não for fixado mas o proponente pedir resposta imediata, a proposta conserva-se até que, em condições normais, ela e a aceitação cheguem ao seu destino – 228.º/1, *b*); (c) se nada for dito, ela subsiste pelo período que, em condições normais, possibilite que proposta e aceitação cheguem aos seus destinos, acrescido de cinco dias – 228.º/1, *c*)[13].

20 A duração das propostas depende do período até que, "em condições normais, proposta e aceitação cheguem ao seu destino". Esse período é determinado em abstrato e tendo em conta o meio utilizado pelo proponente. Será mínimo com um meio de comunicação rápido – por exemplo, o telegrama, o fax ou o correio eletrónico; será maior se se recorrer ao correio, dependendo do seu tipo (aéreo, terrestre ou marítimo) e da distância. Para efeitos de notificações postais de atos de processo, o DL 121/76, de 11-fev., absorvido, depois, pelo 254.º/2, do revogado CPC de 1961, presumia no seu 1.º/3, uma receção ocorrida "... no terceiro dia posterior ao do registo ou no primeiro dia útil seguinte a esse ...". O aperfeiçoamento das comunicações permite determinar o exato dia da receção de cartas, designadamente quando se trate de correio registado ou de situação certificada pelo distribuidor (*vide* o 230.º do CPC de 2013). O prazo de três dias mantém-se como presunção de recebimento, mesmo nos casos de remessa eletrónica e a contar da data da elaboração (248.º do CPC de 2013).

[9] STA 13-mar.-2001 (Américo Pires Esteves), AcD XLI (2002) 482, 164-174 (164).

[10] STJ 27-out.-1997 (Nascimento Costa), Proc. 98B317.

[11] *Supra*, 224.º, anot. 10 a 13.

[12] STJ 5-mai.-1994 (Costa Raposo), CJ/Supremo II (1994) 2, 84-86 (85-86) = Proc. 084963.

[13] O 652.º do CS fixa esse lapso em oito dias.

A inexistência de regras civis sobre o "tempo normal" necessário para uma expedição postal e a imperiosa vantagem, no plano da segurança, associada a uma duração fixa, levam-nos a manter o prazo de três dias como o período para que, em condições normais, uma carta chegue ao seu destino. 21

Salvo em casos de carta registada ou de situação certificada, quando o proponente use o correio e peça resposta imediata, uma eventual aceitação deverá chegar nos seis dias subsequentes, passando o prazo a onze, quando ele nada diga; em qualquer caso, o prazo que termine em domingo ou feriado transfere-se para o primeiro dia útil seguinte; *vide*, também, o 279.º, *e*). Querendo prevenir dúvidas, o proponente remeterá a declaração por carta registada com aviso de receção: a data da receção corresponderá, então, à data aposta no aviso assinado[14]. 22

8. A extinção determina a duração da proposta. Ela ocorre: (1) pelo decurso do prazo; (2) pela revogação; (3) pela aceitação ou a rejeição; (4) por outros modos. 23

(1) O **decurso do prazo** extingue, por caducidade, a proposta atingida. Os prazos comuns aplicáveis resultam do 228.º/1. Outra hipótese: a de o proponente, sem se ter reservado a faculdade de revogar, vir declarar que a sua proposta se manteria indefinidamente: funciona a prescrição, no seu prazo ordinário de vinte anos – 300.º ss., 309.º: um prazo excessivo. Propõe-se a aplicação analógica do 411.º: o proponente pode solicitar ao tribunal a fixação de um prazo para que o destinatário aceite ou rejeite; passado tal prazo, segue-se a caducidade da proposta. 24

(2) A **revogação** é um ato unilateral, praticado pelo proponente, que visa a extinção da proposta previamente emitida. A revogação só é possível enquanto não houver contrato. Segundo o 230.º, a revogação é viável em duas hipóteses: (a) quando o proponente se tenha reservado a faculdade de revogar – 230.º/1; (b) quando a revogação se dê em moldes tais que seja, pelo destinatário, recebida antes da proposta, ou ao mesmo tempo com esta – 230.º/2[15]. 25

(3) A **aceitação** faz desaparecer a proposta, promovendo a sua integração no contrato. A **rejeição** conduz ao mesmo resultado, desta feita por renúncia, do destinatário, ao direito potestativo de a aceitar. 26

(4) **Outras formas**: (a) por morte ou incapacidade do proponente, havendo fundamento para presumir ser essa a sua vontade – 231.º/1 – ou se tal resultar da própria declaração – 226.º/1[16]; (b) por morte ou incapacidade do destinatário – 231.º/2; (c) por ilegitimidade superveniente do proponente, desde que anterior à receção da proposta – 226.º/2; (d) por anulação ou por impossibilidade absoluta superveniente. 27

IV – Oferta ao público

9. Noção: é uma modalidade de proposta contratual, caracterizada por ser dirigida a uma generalidade de pessoas[17]. Deve ser completa, inequívoca e com a forma requerida para o contrato a celebrar. 28

[14] É esta a regra em processo penal; RPt 5-jul.-1995 (Ferreira Dinis), CJ XX (1995) 4, 222-224 (223).

[15] A flexibilidade atual das comunicações permite entender estas conjunções legais: uma pessoa pode formular uma proposta, enviá-la pelo correio e telefaxar, depois, a revogá-la, de tal modo que a revogação chegue primeiro; é ainda possível que uma pessoa, tendo feito a sua proposta pelo correio, a revogue pela mesma via, de tal modo que ambas as cartas cheguem na mesma remessa.

[16] Estes dois preceitos não estão perfeitamente harmonizados; julga-se, porém, que o artigo 231.º/1 consome o 226.º/1, dados os valores em jogo, apenas com a prevenção de que o "fundamento" deve ser procurado na declaração, havendo ainda que ponderar as regras sucessórias – artigo 2025.º/1.

[17] *Vide* o nosso *Direito das obrigações*, 1, 445, com bibliografia, bem como Ferreira de Almeida, *Texto e enunciado*, 3 (1190), 804 ss. e *Contratos*, 1, 5.ª ed., 105 ss..

29 **10. Afins**: (1) o **convite a contratar**: através de vários meios, as entidades interessadas podem incitar pessoas indeterminadas a contratar; aí assenta a importante atividade da publicidade; não há, porém, oferta ao público quando o "convite" não compreenda todos os elementos para que, da sua simples aceitação, surja o contrato; em regra, o simples convite publicitário pressupõe negociações ulteriores, das quais poderá resultar uma verdadeira proposta; veja-se, todavia, o 7.º/5 da LDC: as informações concretas inseridas em publicidade são integradas nos contratos;

30 (2) a **proposta** feita **a pessoa desconhecida** ou de paradeiro ignorado: trata-se de uma proposta comum, com destinatário específico, por oposição a genérico; desconhecendo-se a identidade ou o paradeiro deste, há que proceder a um anúncio público, nos termos do 225.º;

31 (3) as **cláusulas contratuais gerais**: embora genéricas, não surgem, necessariamente, como proposta e implicam uma rigidez que não enforma, sempre, a oferta ao público.

32 **11. O relevo** é marcado. Os múltiplos contratos celebrados no dia a dia não podem, por claras razões de ordem prática, assentar em discriminadas propostas individualmente dirigidas. A oferta ao público (portanto proposta genérica, dirigida a todos os interessados) surge como idónea para proporcionar muitos contratos com um mínimo de esforço e de custos.

33 A oferta ao público pode ser formulada através de qualquer meio suscetível de demonstrar uma intenção de contratar, completa e efetiva. Entre os meios mais frequentes contam-se os catálogos ou impressos remetidos a pessoas indeterminadas, as tabuletas, os anúncios ou a simples exposição dos bens em escaparates, acompanhada da indicação do respetivo preço. Ponto é que, perante uma eventual aceitação, logo resulte um contrato.

34 A oferta ao público, é referida quanto à sua extinção; segundo o 230.º/3:

> A revogação da proposta, quando dirigida ao público, é eficaz desde que seja feita na forma da oferta ou em forma equivalente.

35 Este preceito, pela sua letra como pelo seu espírito, tem também aplicação ao caso do anúncio público da declaração, feito nos termos do 225.º: a proposta a pessoa desconhecida ou de paradeiro ignorado[18].

36 No Direito mobiliário, existem ofertas públicas com regulamentações legais. O CVM tem um título dedicado a ofertas públicas (108.º e seguintes) distinguindo ofertas públicas de distribuição (OPD) e ofertas públicas de aquisição (OPA). A OPA constitui a figura paradigmática, podendo ser de realização obrigatória, em diversas circunstâncias. As OP devem ser previamente anunciadas, sujeitando-se a registo junto da CMVM (114.º e seguintes do CVM). Os seus diversos meandros são regulados pela Lei[19], sendo certo que, na ausência de regras, o Direito civil tem aplicação supletiva.

37 **12. *Invitatio ad offerendum***[20]. No convite à oferta, o seu autor declara-se pronto a receber propostas que, depois, poderá aceitar. Não é publicitação de bens ou serviços nem uma proposta que saia do controlo do seu autor, como na oferta ao público: falta a firmeza, portadora da vontade de vinculação, própria da verdadeira proposta.

38 O convite à oferta é conhecido, na prática: prospetos, catálogos, anúncios, tabuletas ou proposições inseridas na *Net*, pelas quais o seu autor se declara pronto a acolher e a ponderar propostas que lhe sejam dirigidas. Por vezes, a mera *invitatio* resulta da aposição de cláusulas tais

[18] *Supra*, 225.º, anot. 4.

[19] Menezes Cordeiro, *Ofertas públicas de aquisição*, ROA 56 (1996), 499-533.

[20] *Tratado*, II, 4.ª ed., 327-331.

como "acesso" ou "preço reservado", "oferta livre", ou "oferta limitada". As "aceitações" dos interessados devem ser (re)confirmadas pelos oferentes: mesmo quando existam "propostas" completas, a sua efetivação depende de haver mercadorias em *stock*, de ser viável o envio ou de ser obtida licença bancária para o pagamento. Esses pontos não são, tecnicamente, condições: requerem uma opção livre do oferente, salvo a boa-fé.

O recurso a convites à oferta corresponde ainda à técnica de contratação própria de certos sectores, como o dos seguros. A seguradora apresenta-se como mera destinatária das propostas dos seus clientes: os tomadores de seguros[21]. Tais propostas devem seguir canais próprios e sujeitam-se, em regra, às ccg da seguradora visada, que mantém a possibilidade de as aceitar (ou não). 39

13. O leilão é uma modalidade do convite à oferta: o oferente (normalmente representado pelo leiloeiro) declara vender (ou contratar) com o interessado que ofereça o melhor preço. Várias regras são possíveis, na disponibilidade do oferente, designadamente: (1) a indicação de um valor mínimo que, a não ser alcançado, bloqueie a venda; (2) a fixação de lances mínimos, aquando do leilão propriamente dito; (3) a obrigação de pagar a pronto ou de entregar, de imediato, uma percentagem do preço; (4) as vias de entrega do objeto arrematado. As regras do leilão, por vezes inseridas em regulamentos preparados por profissionais são, tecnicamente, ccg, sujeitando-se à competente lei. 40

O leilão não é uma sucessão de contratos sujeitos a condições resolutivas traduzidas pela ocorrência de lances superiores ou a condições suspensivas negativas da ocorrência desses mesmos lances. Seria um artificialismo, já que o leilão tem uma estrutura social e juridicamente unitária. Além disso, todos têm a clara perceção que o contrato surge apenas com a adjudicação final ou proclamação equivalente. Até lá, há um tipo social de negociação coletiva. O 227.º tem sempre aplicação. 41

Artigo 229.º (Receção tardia)

1. Se o proponente receber a aceitação tardiamente, mas não tiver razões para admitir que ela foi expedida fora de tempo, deve avisar imediatamente o aceitante de que o contrato se não concluiu, sob pena de responder pelo prejuízo havido.

2. O proponente pode, todavia, considerar eficaz a resposta tardia, desde que ela tenha sido expedida em tempo oportuno; em qualquer outro caso, a formação do contrato depende de nova proposta e nova aceitação.

Bibliografia: Adriano Vaz Serra, *Perfeição da declaração de vontade – Eficácia da emissão da declaração – Requisitos da conclusão do contrato*, BMJ 103 (1961), 5-151 (69-77); António Menezes Cordeiro, *Tratado de Direito civil*, II, 4.ª ed. (2014), 333; Fernando Ferreira Pinto/Fernando Sá, *UCP/Comentário do Código Civil*, 1 (2014), 517-519.

Índice

[21] *Direito dos seguros*, 2.ª ed., 705 ss..

1 1. O **anteprojeto Vaz Serra** propôs, no 5.º (receção tardia da aceitação)[1]:

1. Quando o proponente, tendo recebido a aceitação depois de findos os prazos indicados no artigo precedente, saiba ou deva saber que a aceitação foi expedida a tempo, considera-se recebida em tempo útil a mesma aceitação, excepto se o proponente avisar, sem demora, o aceitante de que tem como caduca a proposta.

2. Se o proponente, recebendo uma aceitação tardia, não tiver motivo para supor que o aceitante não a julga expedida a tempo, deve, de acordo com a boa fé, avisá-lo, sem demora, da recepção tardia, sem o que responde por indemnização.

3. O proponente pode considerar recebida em tempo a resposta tardia, desde que avise a outra parte enquanto possa entender-se que ela mantém a declaração de aceitação.

2 **2. Revisões e Projeto**. Na 1.ª Revisão (202.º), o texto foi simplificado, passando a dois números[2]. Na intercalar (220.º)[3], a redação ficou quase final, chegando-se ao termo no Projeto (229.º)[4].

3 **3. A aceitação** é uma declaração recipienda, formulada pelo destinatário da proposta negocial ou por qualquer interessado, quando haja oferta ao público, cujo conteúdo exprima uma total concordância com o teor da declaração do proponente. Tem duas características: (1) traduz uma concordância total e inequívoca; (2) reveste a forma exigida para o contrato.

4 Pode ser expressa ou tácita (217.º/1)[5]. Tem de haver acordo sobre todos os problemas que qualquer das partes queira suscitar. Sendo uma declaração recipienda, a aceitação produz efeitos, nos termos do 224.º.

5 **4. A receção tardia**. Pode suceder que a aceitação comece a produzir os seus efeitos apenas quando a proposta já não tenha eficácia (229.º): não há, de imediato, qualquer contrato. A conclusão de um negócio exige que a proposta e a aceitação se encontrem em plena eficácia. Assente este ponto, determina o 229.º a distinção que segue: (1) a aceitação foi expedida fora de tempo: o proponente nada tem a fazer, se quiser o contrato; se pretender a sua celebração, terá de fazer nova proposta; (2) a aceitação foi expedida em tempo útil: o proponente deve avisar o aceitante de que não chegou a concluir-se qualquer contrato, sob pena de responder pelos prejuízos, numa especial concretização de um dever de informação pré-negocial; se pretender o contrato, basta-lhe considerar a aceitação tardia como eficaz.

6 **5. A conclusão** ocorre no momento em que a aceitação se torne eficaz, isto é: logo que chega ao poder do destinatário ou dele seja conhecida (224.º/1).

7 Ela dá-se no lugar da receção da aceitação[6]. Celebrado o contrato, desencadeiam-se os efeitos nele previstos. E assim, o próprio contrato pode fixar o momento do início dos seus efeitos[7].

[1] Adriano Vaz Serra, *Perfeição da declaração de vontade* (2.º), 148-149.

[2] *1.ª Revisão*, 89.

[3] *Revisão intercalar*, 86-87; apenas, no final do n.º 1, se usava o plural: "prejuízos havidos".

[4] *2.ª Revisão*, (229.º), 90-91; *Projecto*, 66.

[5] STJ 28-jun.-2007 (Pereira da Silva), Proc. 07B1711; outros atos podem ser expressos ou tácitos; assim sucede com a aceitação da herança, que não é "aceitação" de nenhuma proposta, segundo o artigo 2056.º/1, do Código Civil; *vide* STJ 10-dez.-1997 (Mário Cancela), BMJ 472 (1998), 443-453 (451).

[6] Carlos Ferreira de Almeida, *Contratos*, 1, 4.ª ed., 126 ss. e 6.ª ed., 136-137.

[7] RPt 6-mai.-1999 (João Vaz), CJ XXIV (1999) 3, 180-183 (182/II).

Artigo 230.º (Irrevogabilidade da proposta)

1. Salvo declaração em contrário, a proposta de contrato é irrevogável depois de ser recebida pelo destinatário ou de ser dele conhecida.

2. Se, porém, ao mesmo tempo que a proposta, ou antes dela, o destinatário receber a retratação do proponente ou tiver por outro meio conhecimento dela, fica a proposta sem efeito.

3. A revogação da proposta, quando dirigida ao público, é eficaz, desde que seja feita na forma da oferta ou em forma equivalente.

Bibliografia: Adriano Vaz Serra, *Perfeição da declaração de vontade – Eficácia da emissão da declaração – Requisitos da conclusão do contrato*, BMJ 103 (1961), 5-151 (77-91); Carlos Ferreira de Almeida, *Contratos*, 1, 6.ª ed. (reimp., 2018), 135; Fernando Ferreira Pinto/Fernando Sá, *UCP/Comentário do Código Civil*, 1 (2014), 519-523.

Índice

1 **1. O anteprojeto Vaz Serra**, no 6.º (irrevogabilidade da proposta), sugeriu[1]:

> 1. A proposta de contrato é irrevogável depois de recebida pelo destinatário.
>
> 2. Se, porém, o destinatário receber a retratação da proposta antes ou ao mesmo tempo que esta, é havida como não feita a mesma proposta. Assim se observa também quando tenha conhecimento da retratação antes de conhecer a proposta.
>
> 3. O proponente pode excluir a irrevogabilidade da sua proposta, desde que o faça claramente e o declare antes de a proposta chegar ao conhecimento do destinatário. Feita esta declaração, pode a proposta ser revogada, uma vez que a revogação chegue à outra parte antes de ela expedir a sua aceitação ou praticar actos assimilados à declaração de aceitação nos termos do art.º 9.º.
>
> 4. A revogação da oferta ao público é eficaz, se for feita na forma da oferta ou numa forma equivalente.

2 **2. Revisões e Projeto**. A 1.ª Revisão simplificou o texto (203.º). Os n.ºs 1, 2 e 3 foram condensados no novo n.º 1, enquanto o n.º 4 passou a n.º 2[2]. A 2.ª Revisão (230.º) deu-lhe a redação quase final, em três números[3], chegando-se ao termo no Projeto (230.º)[4].

3 **3. A revogação** da proposta é um ato unilateral, praticado pelo proponente, que tem por conteúdo a extinção da proposta previamente emitida. Só é possível enquanto não houver contrato; passada tal marca, haveria não uma mera revogação da proposta, mas a revogação do próprio contrato, possível, em princípio, através de um acordo (distrate).

[1] Adriano Vaz Serra, *Perfeição da declaração de vontade*, 149.
[2] *1.ª Revisão*, 90.
[3] *2.ª Revisão*, 91; retomou a *Revisão intercalar* (221.º), 87.
[4] *Projecto*, 67.

4 Pelo 230.°, a revogação é viável em duas hipóteses: (1) quando o proponente se tenha reservado a faculdade de revogar – 230.°/1; (2) quando a revogação se dê em moldes tais que seja, pelo destinatário, recebida antes da proposta, ou ao mesmo tempo com esta – 230.°/2[5]. "Ao mesmo tempo" significa na mesma ocasião: a simultaneidade é impossível.

5 **4. A irrevogabilidade** da proposta[6] é crucial para dar consistência ao direito potestativo de a aceitar. Cabe aos proponentes as cautelas necessárias.

Artigo 231.º (Morte ou incapacidade do proponente ou do destinatário)

1. Não obsta à conclusão do contrato a morte ou incapacidade do proponente, exceto se houver fundamento para presumir que outra teria sido a sua vontade.

2. A morte ou incapacidade do destinatário determina a ineficácia da proposta.

Bibliografia: Adriano Vaz Serra, *Perfeição da declaração de vontade – Eficácia da emissão da declaração – Requisitos da conclusão do contrato*, BMJ 103 (1961), 5-151 (92-100); António Menezes Cordeiro, *Tratado de Direito civil*, II, 4.ª ed. (2014), 235; Fernando Ferreira Pinto/Fernando Sá, *UCP/Comentário do Código Civil*, 1 (2014), 523-525.

Índice

1 **1. O anteprojeto Vaz Serra** propôs, no 7.º (morte ou incapacidade do proponente ou do destinatário)[1]:

> 1. A conclusão do contrato não é impedida pela morte ou incapacidade do proponente antes da aceitação, salvo se for de admitir que outra teria sido a vontade do proponente, se tivesse previsto os ditos factos.
>
> 2. A morte ou incapacidade do destinatário da proposta determina ou não a extinção desta, consoante o que resultar das circunstâncias.

2 **2. Revisões e Projeto**. A 1.ª Revisão (200.º) restringiu o preceito à morte ou incapacidade do declarante[2]. A 2.ª (231.º) retomou a hipótese da morte do declaratário[3], chegando-se à redação final no Projeto (231.º)[4].

3 **3. Regime**. A morte do proponente não prejudica a proposta; a inerente sujeição passa aos seus sucessores. Assim não ocorrerá se, dadas as circunstâncias, outra for a vontade presumível do declarante. A proposta caduca, todavia, se, pelo seu conteúdo pessoal ou *intuitu personae*, ela

[5] A flexibilidade atual das comunicações permite entender estas conjunções legais: uma pessoa pode formular uma proposta, enviá-la pelo correio e telefaxar, depois, a revogá-la, de tal modo que a revogação chegue primeiro; é ainda possível que uma pessoa, tendo feito a sua proposta pelo correio, a revogue pela mesma via, de tal modo que ambas as cartas cheguem na mesma remessa.

[6] STJ 21-fev.-2006 (Custódio Montes), CJ/Supremo XIV (2006) 1, 78-80 (79/I).

[1] Adriano Vaz Serra, *Perfeição da declaração de vontade*, 149.

[2] *1.ª Revisão*, 88.

[3] *2.ª Revisão*, 91.

[4] *Projecto*, 67.

não puder passar aos sucessores; p. ex., uma proposta de prestação de serviço de cirurgia ou de advocacia. A incapacitação do proponente, independentemente de ser decretado o seu acompanhamento, segue o mesmo regime, se o futuro e eventual contrato não puder ser executado por terceiros.

A morte ou incapacidade do destinatário faz caducar a proposta (n.º 2). 4

Artigo 232.º (Âmbito do acordo de vontades)

O contrato não fica concluído enquanto as partes não houverem acordado em todas as cláusulas sobre as quais qualquer delas tenha julgado necessário o acordo.

Bibliografia: Adriano Vaz Serra, *Perfeição da declaração de vontade – Eficácia da emissão da declaração – Requisitos da conclusão do contrato*, BMJ 103 (1961), 5-151 (130-135); António Menezes Cordeiro, *Tratado de Direito civil*, II, 4.ª ed. (2014), 321; Fernando Ferreira Pinto/Fernando Sá, *UCP/Comentário do Código Civil*, 1 (2014), 525-527; João Baptista Machado, *A cláusula do razoável* (1986), em *Obra dispersa* 1 (1991), 457-621 (535-539).

Índice

1 **1.** O **anteprojeto Vaz Serra** preconizou, no 11.º (necessidade de acordo acerca dos pontos do contrato)[1]:

> Na dúvida, o contrato não se conclui enquanto as partes não tenham convencionado acerca de todos os pontos do contrato, a respeito dos quais, embora só em virtude de declaração de uma delas, deva haver acordo.

2. Revisões e Projeto. Na 1.ª Revisão, o preceito passou ao 205.º, com alterações de forma[2]. 2
Na 2.ª (232.º) chegou-se à redação definitiva[3], a qual passou ao Projeto (232.º)[4].

3. O **regime** da conclusão não permite distinguir cláusulas decisivas das restantes[5]. Por via da 3
autonomia privada, qualquer parte pode fazer depender o acordo de pontos que, para a outra, seriam insignificantes, salvo a sindicância da boa-fé (227.º).

Artigo 233.º (Aceitação com modificações)

A aceitação com aditamentos, limitações ou outras modificações importa rejeição da proposta; mas, se a modificação for suficientemente precisa, equivale a nova proposta, contanto que outro sentido não resulte da declaração.

[1] Adriano Vaz Serra, *Perfeição da declaração de vontade*, 149.
[2] *1.ª Revisão*, 90.
[3] *2.ª Revisão*, 92. Na *Revisão intercalar* (223.º), 87-88, o preceito adquiriu um n.º 2 correspondente ao atual 233.º.
[4] *Projecto*, 67.
[5] RPt 13-jul.-1993 (Norberto Brandão), CJ XVIII (1993) 4, 200-203 (203).

Bibliografia: Adriano Vaz Serra, *Perfeição da declaração de vontade – Eficácia da emissão da declaração – Requisitos da conclusão do contrato*, BMJ 103 (1961), 5-151 (135-138); António Menezes Cordeiro, *Tratado de Direito civil*, II, 4.ª ed. (2014), 334; Fernando Ferreira Pinto/Fernando Sá, *UCP/Comentário do Código Civil*, 1 (2014), 525-527.

Índice

1 **1. O anteprojeto Vaz Serra** continha, no 12.º, um preceito lato: aceitação depois da rejeição da proposta, aceitação com modificações e revogação da aceitação[1]. Interessa reter o n.º 2 desse preceito:

> Na dúvida, uma aceitação com adições, limitações ou outras modificações importa rejeição da proposta, mas, se a modificação for suficientemente determinada, vale como nova proposta.

2 **2. Revisões e Projeto**. Na 1.ª Revisão, o preceito conservou-se no 206.º/2, com uma redação já mais próxima da final[2]. Na 2.ª Revisão, o preceito foi autonomizado (233.º)[3], já com o teor definitivo, que passou ao Projeto (233.º)[4].

3 **3. A contraproposta** corresponde a uma proposta formulada pelo destinatário de uma primeira proposta. O 233.º tem um sentido interpretativo: havendo uma "aceitação" com modificações há, implicitamente, rejeição do inicialmente proposto; mas sendo as modificações suficientemente precisas e nada se dizendo em contrário, temos a contraproposta. A esta aplica-se o regime da proposta, designadamente quanto a prazos.

Artigo 234.º (Dispensa da declaração de aceitação)

Quando a proposta, a própria natureza ou circunstâncias do negócio, ou os usos tornem dispensável a declaração de aceitação, tem-se o contrato por concluído logo que a conduta da outra parte mostre a intenção de aceitar a proposta.

Bibliografia: Adriano Vaz Serra, *Perfeição da declaração de vontade – Eficácia da emissão da declaração – Requisitos da conclusão do contrato*, BMJ 103 (1961), 5-151 (103-114); António Menezes Cordeiro, *Tratado de Direito civil*, II, 4.ª ed. (2014), 335-339; Fernando Ferreira Pinto/Fernando Sá, *UCP/Comentário do Código Civil*, 1 (2014), 529-531; Paulo Mota Pinto, *Declaração tácita e comportamento concludente* (1995), 568-630.

Índice

[1] Adriano Vaz Serra, *Perfeição da declaração de vontade*, 151.
[2] *1.ª Revisão*, 91.
[3] *2.ª Revisão*, 92.
[4] *Projecto*, 67.

1. O **anteprojeto Vaz Serra** propôs, no 9.º (dispensa da declaração de aceitação)[1]: 1

1. Quando resultar da proposta, da natureza do negócio, das circunstâncias ou dos usos do tráfico, que não é de esperar uma declaração de aceitação, o contrato conclui-se logo que a conduta da outra parte revele claramente a vontade de aceitar.

2. Nos casos previstos no parágrafo anterior, deve o aceitante, se a boa fé a isso o obrigar, expedir ao proponente, sem demora, informação de que praticou o acto revelador da aceitação, devendo, quando assim culposamente o não fizer, reparar os danos causados pela dita falta.

3. Quando a declaração de aceitação não seja de esperar, nos termos do presente artigo, a proposta caduca no momento em que, segundo a vontade do proponente, revelada na proposta ou nas circunstâncias, deva extinguir-se.

2. **Revisões e Projeto**. Na 1.ª Revisão, o preceito passou ao 204.º, ficando reduzido, com alterações, ao n.º 1[2]. A Revisão intercalar (224.º) deu-lhe a redação definitiva[3]. 2

3. **Nos negócios correntes**, uma proposta pode ser logo seguida pela execução, a cargo da outra parte: pense-se numa encomenda de mercadorias ou em estabelecimentos de autosserviço. O automobilista que se abastece numa bomba não formula qualquer declaração de aceitação, embora ninguém duvide da conclusão do contrato e do dever de pagar o abastecimento. 3

A formação de um contrato "sem declaração de aceitação" pode traduzir-se, materialmente: (a) em atos de apropriação, tais como o uso, a modificação, o consumo ou a disposição das coisas objeto de oferta (mas não encomendadas); exemplos: a abertura de páginas de um livro, escrever o nome, também num livro ou a colocação de pão num cesto[4]; (b) em atos de cumprimento, como a reserva de um hotel, a colocação de dinheiro num autómato ou a execução de um negócio; (c) em atos concludentes, como os habituais no tráfego de massas. 4

4. **Indícios da dispensa**: o 234.º refere os seguintes: (1) a proposta: pode dispensar a declaração de aceitação, mas não a própria aceitação; nessa eventualidade, indicará qualquer outra via de aquiescência como, por exemplo, a de disponibilizar os bens em jogo; tal eventualidade deve, todavia, passar pelo crivo da tutela do consumidor e pela boa-fé; a ideia do 234.º é a de facilitar o tráfego e a vida do destinatário da proposta e não onerar este com negócios não desejados; (2) as circunstâncias do negócio; há, aqui, uma clara abertura a comportamentos concludentes e aos acima referidos atos de apropriação e atos de cumprimento; (3) os usos; o Código foi pouco generoso com os usos, admitindo-os apenas quando haja remissão legal e não sejam contrários ao sistema (3.º/1); este último ponto permite, em especial, uma sindicância, à luz da tutela do consumidor. 5

5. **Teorias**. Perante o § 151 do BGB, fonte do 234.º, temos: (1) a teoria do exercício da vontade, também dita do negócio de pura vontade (*Willensbetätigung* ou *bloßes Willensgeschäft*), segundo a qual o preceito não visaria qualquer manifestação de vontade, para a conclusão do negócio; (2) a teoria da dispensa da comunicação ou do destinatário, defendendo que existiria sempre uma declaração de vontade, exteriorizada de alguma forma, mas sem necessidade de envio ao proponente (*nicht empfangsbedürftig*). 6

Hoje inclinamo-nos para a primeira hipótese. A "dispensa de declaração de aceitação" abre as portas a negócios jurídicos nos quais falta um ato de comunicação, dirigido à outra parte, 7

[1] Adriano Vaz Serra, *Perfeição da declaração de vontade*, 150.

[2] *1.ª Revisão*, 90.

[3] *Revisão intercalar*, 88; *2.ª Revisão* (234.º), 92; *Projecto* (234.º), 68.

[4] Entenda-se : não condicionado, de tal modo que já mais ninguém o irá adquirir.

isto é, ao proponente. Afigura-se irreal pretender que exista uma "vontade não comunicada", idêntica à comunicada: a vontade é um todo, em conjunto com a ação que desencadeie. Cada um sabe que a sua vontade se forma e se desenvolve à medida que se desenrolam as ações que lhe sejam imputáveis.

8 A dispensa de "declaração de aceitação" é isso mesmo. Não se confunde com a declaração tácita que é, ainda, uma declaração; tão-pouco pode ser uma declaração tácita não-recipienda porque, a não ter destinatário, não é comunicação[5]; antes corresponde a uma autodeterminação sem comunicação ao proponente. Só à custa de enorme abstração e de algum artificialismo poderíamos ver, aqui, ainda uma declaração de vontade[6].

9 **7. Regime**. Os diversos preceitos próprios da declaração de vontade ou não têm aplicação ou têm-na em moldes muito embrionários. São inaplicáveis: o 233.º (aceitação com modificações), o 235.º (revogação da aceitação), os 240.º a 243.º (simulação), os 258.º a 269.º (representação do aceitante) e, em geral, às diversas cláusulas que extravasem o núcleo simples do contrato. São aplicáveis, mas com fortes simplificações, os 236.º a 239.º (interpretação e integração) e os 245.º a 257.º (falta e vícios da vontade). Em compensação, ganham peso as regras sobre o ónus da prova: na falta de declaração, cabe à parte que queira invocar ou prevalecer-se do negócio, alegar e demonstrar as competentes atuações.

Artigo 235.º (Revogação da aceitação ou da rejeição)

1. Se o destinatário rejeitar a proposta mas depois a aceitar, prevalece a aceitação, desde que esta chegue ao poder do proponente, ou seja dele conhecida, ao mesmo tempo que a rejeição, ou antes dela.

2. A aceitação pode ser revogada mediante declaração que ao mesmo tempo, ou antes dela, chegue ao poder do proponente ou seja dele conhecida.

Bibliografia: António Menezes Cordeiro, *Tratado de Direito civil*, II, 4.ª ed. (2014), 334 e 339; Fernando Ferreira Pinto/Fernando Sá, *UCP/Comentário do Código Civil*, 1 (2014), 531-532.

Índice

1 1. O **anteprojeto Vaz Serra** ocupou-se desta matéria no 12.º: um preceito extenso de que interessa reter os n.ºs 1 e 3[1]:

> 1. Se o destinatário rejeitar a proposta, mas depois a aceitar, chegando a aceitação ao proponente antes de ele tomar conhecimento da rejeição, prevalece a mesma aceitação.
>
> (...)

[5] Contra: Paulo Mota Pinto, *Declaração tácita* cit., 621.

[6] Contra, *idem*, *maxime* 630, embora com uma excelente argumentação.

[1] Adriano Vaz Serra, *Perfeição da declaração de vontade*, 151; o n.º 2 serviu de modelo ao atual 233.º, acima anotado.

3. A aceitação pode ser revogada mediante declaração que chegue ao proponente antes da aceitação ou que, embora chegue ao mesmo tempo ou depois, seja conhecida dele antes de conhecida a aceitação

2. Revisões e Projeto. Na 1.ª Revisão, os transcritos n.ºs 1 e 3 passaram ao 206.º/1 e 3[2], numa redação presente na Revisão intercalar (225.º)[3] e na 2.ª Revisão (235.º)[4], chegando-se à definitiva no Projeto (235.º)[5]. 2

3. O regime da revogação de aceitação ou de rejeição é paralelo ao estabelecido no 230.º/2, para a revogação da própria proposta. 3

Subsecção IV – Interpretação e integração

Introdução (236.° a 239.°)

Bibliografia: A. Barreto Menezes Cordeiro, *A interpretação contratual anglo-saxónica*, O Direito 2009, 665--678; António Ferrer Correia, *Erro e interpretação na teoria do negócio jurídico*, 1985 (reimp. da 2.ª ed.); António Menezes Cordeiro, *Tratado de Direito civil*, II, 4.ª ed. (2014), 673-778; Carlos Ferreira de Almeida, *Texto e Enunciado na teoria do negócio jurídico*, I (1992), 177-201 e *passim*; *idem*, *Interpretação do contrato*, O Direito (1992), 629-651; *idem*, *Contratos*, IV – *Funções. Circunstâncias. Interpretação*, 2.ª ed. (2018); Eduardo Santos Júnior, *Sobre a teoria da interpretação dos negócios jurídicos* (1988); Evaristo Mendes/Fernando Sá, em *UCP/ /Comentário ao Código Civil* (2014), 532-551; Luís Carvalho Fernandes, *Teoria geral do Direito civil*, II, 5.ª ed. (2014), 443-463; Manuel Carneiro da Frada, *Sobre a interpretação do contrato*, Estudos em homenagem a Miguel Galvão Teles, II (2012), 975-984 = O Direito 2012, 499 e ss.; Maria Raquel Rei, *Interpretação da declaração negocial no Direito civil português* (2010), *idem*, *A interpretação do contrato e os limites do método relevado no art. 236.º do Código Civil*, em Código Civil – Livro do Cinquentenário, II (2019), 475-494; Marisa Vaz Cunha, *Ónus de indagar a vontade do outro*, em Código Civil – Livro do Cinquentenário, II (2019), 495-518; Rui de Alarcão, *Interpretação e integração dos negócios jurídicos – anteprojecto para o novo Código Civil*, BMJ 84 (1959), 329-345; Rui Pinto Duarte, *A interpretação dos contratos* (2016) 102 pp..

Índice

I – Os antecedentes

1. A interpretação da declaração negocial, na aceção moderna adotada pelo Código, corresponde à fixação do sentido juridicamente relevante do comportamento ao qual serão atribuídos 1

[2] *1.ª Revisão*, 90-91.

[3] *Revisão intercalar*, 88.

[4] *2.ª Revisão*, 92-93.

[5] *Projecto*, 68.

efeitos jurídicos em atenção ao sentido apurado. A integração da declaração negocial é o modo de detetar e colmatar uma lacuna na regulação negocial.

2 **2. Incipiência inicial**. Sem prejuízo de máximas romanas sobre a interpretação de certos tipos negociais ou sobre certos problemas de interpretação[1], não se identificam normas jurídicas gerais sobre a interpretação das declarações negociais no período anterior ao séc. XIX[2]. A preocupação da comunidade jurídica, em matéria de interpretação, concentrou-se na interpretação da lei. O formalismo imperante e o facto de vigorar o princípio da tipicidade em matéria contratual ajudam a explicar algum desse desinteresse.

3 **3.** O **Código de Seabra** consagrava um capítulo composto de dois artigos à interpretação dos contratos (capítulo VI do Título I – Dos contratos e obrigações em geral, do Livro II – Dos direitos que se adquirem por facto e vontade propria e de outrem conjuntamente, 684.º-685.º)[3].

4 **4.** A matéria da interpretação e integração dos negócios jurídicos foi, na **preparação do Código de 1966**, cometida a Manuel de Andrade e, após o falecimento deste, a Rui de Alarcão. No Anteprojeto Rui de Alarcão surge delineado o quadro legislativo que acabou por ser aprovado. Houve alterações em todos os artigos propostos, mas, com exceção da eliminação de um preceito em que se determinava o momento relevante para efeitos de recolha dos elementos de interpretação atendíveis, elas restringiram-se à redação dos artigos propostos[4].

II – A discussão atual

5 **5. Objetivismo e subjetivismo**. O debate acerca de interpretação e da integração de lacunas da declaração negocial realizou-se, tradicionalmente, entre as teses subjetivistas e as teses objetivistas. As primeiras aproximavam o sentido da interpretação (e, portanto, os elementos de interpretação e as técnicas de apuramento do sentido negocial) da determinação da vontade do declarante; as segundas conferiam prevalência à própria declaração negocial, em detrimento da vontade na sua origem.

6 Até ao séc. XIX predominaram as teses subjetivistas; com o trabalho de Erich Danz (1850-1914)[5], ganharam terreno as objetivistas. Entre nós, a viragem para o objetivismo ilustra-se com a dissertação de Ferrer Correia (1939), *Erro e interpretação na teoria do negócio jurídico*. O Código Civil é, num balanço geral, objetivista.

7 **6.** A **atualidade** é, ainda, marcada pela influência das teses germânicas da *Ergänzende Auslegung* (interpretação complementadora)[6]. Esta advoga o esbatimento das fronteiras entre a interpretação e a integração de lacunas, favorecendo uma complementação do sentido da declaração negocial com recurso ao sistema jurídico, às conceções de justiça dominantes ou a outros valores ou referências, para além dos elementos clássicos da interpretação negocial[7].

[1] Por exemplo *in claris non fit interpretatio, in dubio favorabilia sunt amplianda et odiosa restringenda*, etc. Os artigos 1156.º a 1164.º do Código Civil francês ilustram este tipo de regras esparsas, herdadas de tempos imemoriais.

[2] Sobre a evolução da reflexão acerca da interpretação da declaração negocial, documentável a partir da Idade Média, *vide* Menezes Cordeiro, *Tratado*, II, 686-692, e a bibliografia aí mencionada.

[3] José Dias Ferreira, *Codigo Civil annotado*, II, 2.ª ed. (1895), 27-28; Luiz da Cunha Gonçalves, *Tratado*, IV (1931), 421-436.

[4] Rui de Alarcão, *Interpretação e integração dos negócios jurídicos*, 329-345, com explicações; *1.ª Revisão* (207.º a 210.º), 91-92; *Revisão intercalar* (226.º a 229.º), 89-90; *2.ª Revisão* (236.º a 239.º), 93-94; *Projecto* (236.º a 239.º), 68-69.

[5] *Die Auslegung der Rechtsgeschäfte / Zugleich ein Beitrag zur Rechts- und Tatfrage* (1897), publicado em Portugal sob o título *A interpretação dos negócios jurídicos (contratos, testamentos, etc.). Estudo sôbre a questão de Direito e a questão de facto* (1941).

[6] Na sequência, sobretudo, de *Die Methode der Auslegung des Rechtsgeschäfts / Zugleich ein Beitrag zur Theorie der Willenserklärung* (1930), de Karl Larenz, e do impacto gerado no meio jurídico alemão, em particular depois da sua reimpressão, em 1967.

[7] O BGB dispõe de dois artigos gerais sobre interpretação e nenhum sobre integração de lacunas. Os artigos dedica-

A interpretação complementadora dispõe de vários partidários[8], podendo ser documentada em múltiplos arestos[9]. 8

III – A natureza e âmbito das normas sobre interpretação

7. É discutida a **natureza jurídica ou extra-jurídica** das normas sobre interpretação da declaração negocial[10]. O seu carácter jurídico é disputado atendendo a que o apuramento do sentido dos comportamentos é ditado por um conjunto de ciências e de conhecimentos que transcendem o Direito. Com efeito, a linguística, a psicologia e a semiótica, desempenham um papel fundamental na atribuição de sentido a um comportamento. Atendendo, porém, a que as normas jurídicas de interpretação se destinam a fixar (apenas) o sentido juridicamente relevante do comportamento; e a que o recurso a normas de interpretação é um modo de estabelecer regras sobre a matéria a interpretar, conclui-se que as normas sobre interpretação positivadas revestem carácter jurídico. 9

8. Supletividade. As normas sobre interpretação, com exceção das reveladas pelo 238.º, são supletivas. O princípio da autonomia contratual e a formulação das próprias regras, impõem o atendimento à vontade das partes, quando elas se tenham pretendido afastar dos critérios legislativos. Valem (405.º) os acordos àcerca das regras de interpretação negocial. As normas sobre interpretação (provenham da lei ou de cláusulas contratuais) correspondem a um modo (indireto) de determinação dos efeitos jurídicos, isto é, do conteúdo do negócio jurídico. 10

9. Atos não-negociais. As regras de interpretação consagradas nos 236.º a 239.º aplicam-se aos atos jurídicos que não sejam negócios jurídicos, na medida em que a analogia das situações o justifique (295.º)[11]. 11

IV – Questão-de-facto ou questão-de-Direito

10. O **recurso de revista** pode ter por fundamento, de acordo com o disposto no 722.º/1, *a*), do CPC, "a violação da lei substantiva, que pode consistir tanto no erro de interpretação ou de aplicação, como no erro de determinação da norma aplicável". A lei substantiva, diz-nos o n.º 2 do mesmo artigo, são "as normas e os princípios de direito internacional geral ou comum e as disposições genéricas, de carácter substantivo, emanadas dos órgãos de soberania, nacionais ou estrangeiros, ou constantes de convenções ou tratados internacionais". O n.º 3 explicita ainda que "o erro na apreciação das provas e na fixação dos factos materiais da causa não pode ser objeto de recurso de revista, salvo havendo ofensa de uma disposição expressa de lei que exija certa espécie de prova para a existência do facto ou que fixe a força de determinado meio de prova". Esta configuração do recurso de revista originou um intenso debate acerca de a inter- 12

dos à interpretação regulam a interpretação da declaração negocial (§133), mandando dar primazia à vontade real do declarante e não ao sentido literal da declaração; e a interpretação do contrato (§157), mandando atender aos ditames da boa-fé e aos usos. A necessidade de harmonizar esta dicotomia, o apelo à boa-fé e a ausência de regras para disciplinar a integração de lacunas ajudam a explicar as traves mestras da interpretação complementadora.

[8] Menezes Cordeiro, *Tratado*, II, 769-770; Manuel Carneiro da Frada, *Sobre a interpretação do contrato*, Estudos em homenagem a Miguel Galvão Teles, vol. II (2012), 975-984; Pedro Pais de Vasconcelos e Pedro Leitão Pais de Vasconcelos, *Teoria Geral do Direito Civil* (2019), 544-562 (546-548).

[9] Para uma visão crítica da interpretação complementadora aplicada ao Direito português, *vide* Maria Raquel Rei, *A interpretação do contrato e os limites do método relevado no art. 236.º do Código Civil*, Código Civil, Livro do Cinquentenário (2019), vol. II, 475-480.

[10] Menezes Cordeiro, *Tratado*, II, 676-479.

[11] Sobre a aplicação aos atos processuais, *vide* Ana Paula Costa Silva, *Acto e processo, O dogma da irrelevância da vontade na interpretação e nos vícios do acto postulativo* (2003); *vide* as anot. ao 295.º.

pretação e a integração da declaração negocial constituírem, para efeitos de recurso, matéria de Direito ou matéria de facto[12].

13 O problema não pode ser abordado em globo. Há, na temática da interpretação e da integração da declaração negocial, aspetos de facto e aspetos de Direito[13]. Por exemplo, determinar quem foi o declarante e quem foi o declaratário, saber o que foi dito pelo declarante, em que língua se estabeleceu a comunicação, qual a naturalidade do declaratário ou qual o nível de instrução do declarante e do declaratário, é matéria de facto; concluir acerca do sentido que um declaratário normal atribuiria ao comportamento do declarante, acerca do maior equilíbrio das prestações, da existência de mínimo de correspondência com o texto do documento, da densificação da boa-fé, é matéria de Direito. Sobre os problemas de interpretação/integração que constituam matéria de facto não há recurso de revista; sobre os que constituam matéria de Direito, pode haver.

14 A aplicação do disposto no 236.º/2, também não é puramente matéria de facto ou matéria de Direito. Por exemplo: determinar aquilo que o declaratário conhecia é matéria de facto; saber o que deveria o declaratário ter concluído a partir daquilo que conheceu, é matéria de Direito.

15 **11.** A análise da **jurisprudência** sobre este tema, ainda que, com frequência, apresente proclamações genéricas acerca de a interpretação/integração serem matéria de facto ou de Direito, mostra que, nos concretos problemas decididos, é tido em consideração se o tribunal é chamado a pronunciar-se sobre um aspeto relativo à matéria de facto ou à matéria de Direito[14] [15].

Artigo 236.º – Sentido normal da declaração

1. A declaração negocial vale com o sentido que um declaratário normal, colocado na posição do real declaratário, possa deduzir do comportamento do declarante, salvo se este não puder razoavelmente contar com ele.

2. Sempre que o declaratário conheça a vontade real do declarante, é de acordo com ela que vale a declaração emitida.

Bibliografia: António Menezes Cordeiro, *Tratado de Direito civil*, II, 4.ª ed. (2014), 715-741; Maria Raquel Rei, *Interpretação da declaração negocial no Direito civil português* (2010), 56-183.

Índice

[12] Menezes Cordeiro, *Tratado*, II, 679-685, com jurisprudência ilustrativa da evolução tendente a considerar a interpretação negocial (também) como questão-de-direito.

[13] Para mais desenvolvimentos, *vide* Maria Raquel Rei, *Interpretação da declaração negocial no Direito civil português* (2010), 383-409.

[14] Uma seleção de acórdãos acerca deste tema ao longo do tempo pode ser consultada em Menezes Cordeiro, *Tratado*, II, 679-685; por último, STJ 6-dez.-2017 (Maria do Rosário Morgado), Proc. 272/12, nota 14.

[15] A análise da jurisprudência deve igualmente levar em consideração as alterações legislativas ocorridas quer na passagem do Código Civil de 1867 para o Código Civil de 1966, quer nas alterações ao Direito processual civil.

I – Origem

1. No Anteprojeto Rui de Alarcão propôs-se[1]: 1

Artigo 1.º

Tipo de sentido negocial decisivo para a interpretação

1. A declaração negocial deve ser interpretada, salvo se da sua natureza ou da lei outra coisa resultar, tal como o teria feito um declaratário razoável, colocado na posição concreta do declaratário efectivo. O sentido assim atribuído à declaração não valerá se o declarante não devesse também contar com ele.

2. Quando o destinatário, todavia, tenha conhecido a vontade real do declarante, de acordo com essa vontade se entenderá a declaração.

2. Na **1.ª Revisão**, o Anteprojeto sofreu alterações, passando o correspondente artigo (207.º), com a mesma epígrafe, a dispor[2]: 2

1. A declaração negocial vale com o sentido que do comportamento do declarante pode colher um declaratário normal, colocado na posição efectiva do declaratário real, salvo se com esse sentido não pudesse razoàvelmente contar o próprio declarante.

2. Sempre que o destinatário conheça, porém, a vontade real do declarante, é de acordo com essa vontade que vale a declaração emitida.

3. Na **Revisão intercalar** (1964), o 226.º/1 rezava[3]: 3

A declaração negocial vale com o sentido que o declaratário normal pode deduzir do comportamento do declarante, salvo se este não puder razoàvelmente contar com ele.

4. Na **2.ª Revisão** (236.º), o artigo conheceu a epígrafe, o número e o teor definitivos, não voltando a ser alterado[4]. 4

II – Âmbito de aplicação

5. O 236.º estabelece a regra geral em matéria de método de interpretação de uma **declaração negocial**. A lei adotou como paradigma a declaração negocial e não o contrato ou o negócio 5

[1] Rui de Alarcão, *Interpretação e integração*, 330.
[2] *1.ª Revisão*, 91.
[3] *Revisão intercalar*, 89.
[4] *2.ª Revisão*, 93; *Projecto* (236.º), 68.

jurídico. Esta opção permite uniformidade metodológica na interpretação dos comportamentos durante o processo de formação dos contratos (cada declaração é interpretada do mesmo modo, independentemente de existir contrato). Consequentemente, formado o contrato, nada mais há a interpretar: o método revelado no 236.º aplica-se à proposta e à aceitação – cujos conteúdos, por força, devem coincidir materialmente, sob pena de não se formar qualquer contrato (232.º). Constatada a aceitação, terminou a tarefa de interpretação dos comportamentos negociais[5].

6 Afirmar que o objeto da interpretação é a declaração negocial deve ser entendido como referindo-se à vertente material ou objetiva da declaração negocial. *I.e.*, ao comportamento do declarante que exterioriza a declaração de vontade. A conclusão acerca de estarmos perante uma "declaração negocial" pressupõe concluída a tarefa de interpretação de um comportamento. Só depois de atribuído um sentido a um comportamento poderá afirmar-se se esse comportamento vale como declaração negocial.

7 **6.** O 236.º não pode aplicar-se a **declarações não-recipiendas**. Com efeito, o modelo metodológico pressupõe a existência de um declarante e de um declaratário. Relativamente às declarações não-recipiendas, existe uma lacuna legislativa, que deve ser preenchida por aplicação analógica da norma revelada no 2187.º. O 236.º não pode aplicar-se analogicamente às declarações não-recipiendas porque as razões justificativas do respetivo regime não se verificam no caso omisso[6].

III – O sentido do declaratário (236.º/1, 1.ª parte)

8 **7. Modelo-base**. O apuramento do sentido jurídico de uma declaração faz-se a partir de um modelo que consiste em ficcionar, na posição do declaratário real, um homem médio (um declaratário normal). E é esse homem médio, colocado na posição do real declaratário, que irá atribuir o sentido ao comportamento do declarante (o objeto da interpretação).

9 **8.** O **declaratário normal** é uma bitola de diligência, na recolha dos elementos de interpretação, na atenção ao comportamento do declarante e na agudeza de espírito a relacionar os elementos de interpretação. Declaratário normal é o destinatário (do comportamento) médio, mediano[7].

10 **9.** Não é apresentado um **elenco de elementos de interpretação**: os elementos de interpretação são todos (e apenas) aqueles a que um declaratário normal, colocado na posição do real declaratário, poderia recorrer. Não constituem elementos de interpretação aqueles factos ou circunstâncias a que o declaratário real não tinha nem poderia ter acesso. De acesso impossível são os elementos de interpretação posteriores ao comportamento interpretando – ainda que exista variada doutrina e jurisprudência a dar-lhes relevância[8]. São elementos de interpretação geralmente presentes na interpretação a história negocial do declarante e do declaratário[9], a

[5] Desenvolvimentos acerca da interpretação do contrato como tarefa diferente, à luz do Direito português, da interpretação das declarações negociais que o compõem (designadamente quando as partes tenham recorrido a modelos de formação do negócio "alternativos") podem ser encontrados em Maria Raquel Rei, *A interpretação da declaração*, 258-290.

[6] Para mais desenvolvimentos, designadamente quanto às razões justificativas da regulamentação das declarações recipiendas e do testamento, *vide* Maria Raquel Rei, *A interpretação da declaração*, 314-333.

[7] STJ 2-mai.-2018 (Ferreira Pinto), Proc. 1019/09.

[8] Os factos posteriores ao comportamento interpretando (designadamente o modo como o negócio foi executado) relevam, por exemplo, para concluir acerca do entendimento das partes quanto ao sentido do negócio, ou para demonstrar a alteração do negócio (especialmente relevante no caso dos contratos duradouros, em que é normal que, durante o período de vigência do contrato, as partes ajustem o negócio à alteração das circunstâncias envolventes).

[9] Tida em atenção, p. ex., em STJ 10-mar.-2011 (Lopes do Rego), Proc. 5961/09, a respeito da interpretação de uma cláusula de arbitragem. O tribunal ponderou a

linguagem não verbal do declarante, os usos, a totalidade do comportamento negocial e as conexões entre as várias parcelas desse comportamento[10], a finalidade prosseguida pelas partes[11].

10. Quanto à **ponderação ou hierarquização dos elementos de interpretação** apenas 11
dispomos das orientações proporcionadas pelo modelo do declaratário normal, colocado na posição do real declaratário: não há ponderações tabeladas ou hierarquizações rígidas. Tudo depende do modo como, em cada caso, o declaratário normal, colocado a posição do real declaratário, ordenaria os vários elementos de interpretação que fosse recolhendo.

11. Ónus das partes. Atento o modelo consagrado, pode com propriedade afirmar-se que 12
o declarante tem o ónus de formular adequadamente os seus desejos, sob pena de não os ver vertidos para o sentido da declaração negocial e o declaratário real tem o ónus do adequado entendimento, sob pena de aquilo que compreendeu não corresponder ao sentido jurídico da declaração negocial.

IV – A imputabilidade ao declarante (236.º/1, 2.ª parte)

12. O sentido razoável. O alcance atribuído pelo declaratário normal colocado na posição do 13
real declaratário não constitui o sentido jurídico do comportamento, se o declarante não puder razoavelmente contar com ele. Trata-se de uma salvaguarda do declarante perante a preferência que a lei concedeu à compreensão do declaratário. Esta salvaguarda, atento o advérbio "razoavelmente", será poucas vezes aplicada. Dominantemente em casos em que o comportamento interpretando inclua signos com significado muito específico e restrito tais como regionalismos, jargões profissionais ou técnicos.

Estamos perante uma exceção ao sentido normal da declaração. A lei não determina que 14
o sentido jurídico passe a ser o pretendido pelo declarante, mas, antes, que o apurado à luz da primeira parte do 236.º/1, não vale como o sentido jurídico da declaração. Na generalidade dos casos, estes comportamentos não produzem efeitos jurídicos por indeterminação do respetivo sentido.

V – A vontade real do declarante (236.º/2)

13. O n.º 2 do preceito faz corresponder o sentido jurídico ao sentido correspondente à von- 15
tade real do declarante, sempre que esse sentido seja conhecido do declaratário[12]. É vulgar invocar-se esta regra apenas quando a declaração possua um sentido recôndito e esse sentido seja conhecido do declaratário, mas, na generalidade dos casos, a vontade real encontra uma manifestação clara no comportamento negocial e o declaratário normal, colocado na posição do real declaratário, retira da declaração o sentido correspondente à vontade real do declarante.

sequência dos negócios jurídicos celebrados pelas partes e as relações entre eles em ordem a concluir acerca da abrangência de uma convenção de arbitragem. Também no acórdão de 17-set.-2009 (Mário Cruz), Proc. 1958/07, o Supremo concluiu àcerca da interpretação de uma cláusula penal, depois de ponderando as várias relações havidas entre as partes no contrato, bem como as demais estipulações contratuais.

[10] Por exemplo, o já mencionado STJ 17-set.-2009; STJ 25-out.-2011 (Fonseca Ramos), Proc. 2546/07, o tribunal interpretou um acordo contemporâneo de umas partilhas considerando essas partilhas e os objetivos das partes ao celebrar o acordo paralelo.

[11] Veja-se, p. ex., STJ 12-nov.-2019 (Maria Clara Sottomayor), Proc. 1494/17, em que o Tribunal, depois de listar os elementos de interpretação mais vulgarmente utilizáveis na interpretação, destaca o objetivo das partes como decisivo, no caso concreto, para interpretar os termos de uma perícia colegial estabelecida num contrato de transação; e o já mencionado acórdão do STJ 25-out.-2011 (Fonseca Ramos), Proc. 2546/07.

[12] Menezes Cordeiro, *Tratado*, II, 4.ª ed., 734 e 735, exige, ainda, que o declaratário, além de conhecer a vontade real do declarante, concorde com ela.

16 A mais valia do n.º 2 reside na possibilidade de recorrer a elementos de interpretação rebuscados (*i.e.*, não disponíveis para um declaratário normal colocado na posição do real declaratário) ou a um critério mais exigente do que o do declaratário normal (porque o declaratário real é especialmente atento ou arguto).

17 **14. Objetividade.** O sentido a que o n.º 2 respeita não é obtido por telepatia: é necessário deduzi-lo de elementos de interpretação objetivos. Significa isto que não basta ao declarante "confessar" que aquele sentido corresponde à sua vontade real (ou declarar que não corresponde, quando não o pretenda) para que o sentido seja aceite: é preciso demonstrar que se trata do sentido correspondente à vontade real do declarante e que esse sentido foi apreendido pelo declaratário. O declaratário não tem a obrigação de conhecer a vontade real do declarante. A regra do n.º 2 apenas vale se o declaratário real conhecer efetivamente essa vontade e não apenas quando a devesse conhecer: caso difícil de verificar, atendendo a que, para que aplicação da regra se discuta, é preciso que o sentido não tenha sido apreendido pelo declaratário normal.

VI – Declarações especiais

18 **15. A interpretação comum.** O 236.º estabelece a metodologia geral de apuramento do sentido jurídico de uma declaração negocial. Estrutura essa metodologia a partir do carácter recipiendo da declaração negocial e, portanto, dos elementos naturais das declarações recipiendas (declarante, declaratário, dualidade subjetiva no processo de comunicação, dimensão da declaração enquanto comportamento e enquanto significante de um significado, oposição declaração e vontade). Há algumas declarações recipiendas que requerem valorações diversas

19 **16. Interpretações especiais.** São exemplos as convenções coletivas[13], as declarações com mais do que um declarante, as declarações com mais do que um declaratário, as declarações com eficácia perante terceiros, as declarações geradoras de pessoas coletivas[14], os estatutos das pessoas coletivas[15] ou as declarações que consubstanciam contratos duradouros[16].

20 O disposto no 236.º deve aplicar-se às declarações negociais recipiendas – ainda que a solução, atentas as particularidades da declaração em causa, torne a tarefa especialmente difícil (como no caso das declarações com vários declarantes ou vários declaratários) ou aparentemente desajustada (como nas declarações com eficácia perante terceiros). Não há elementos de interpretação do 236.º que permitam restringir a letra da lei e, pelo contrário, a aplicação do critério legal (que é supletivo) a todas as declarações negociais potencia o exercício da autonomia privada – ao contrário do que sucederia com métodos de interpretação mais próximos do disposto acerca da interpretação da lei.

[13] Menezes Cordeiro, *Direito do trabalho*, 1 (2019), 715 ss..

[14] Menezes Cordeiro, *Direito das sociedades*, 1, 4.ª ed. (2020), 441 ss..

[15] Sustentando a aplicação à interpretação dos estatutos das pessoas coletivas do disposto nos artigos 9.º e 10.º, e não das regras de interpretação e integração dos negócios jurídicos, *vide* Menezes Cordeiro, *Tratado*, IV, 5.ª ed. (2019), 712. Também é defendida a aplicação de "cânones objetivos", próximos dos aplicáveis à interpretação da lei, para todos os contratos regulativos – isto é, "aqueles que estabelecem regras de aplicação prolongada, suscetíveis de transcender o exato momento pontual de execução de um negócio", incluindo as "fontes privadas, como as convenções coletivas de trabalho, os negócios normativos e os regulamentos privados", em *Tratado*, II, 4.ª ed., 753.

[16] Mais desenvolvimentos sobre a interpretação destas declarações, em Maria Raquel Rei, *A interpretação do contrato e os limites do método relevado no art. 236.º do Código Civil*, Código Civil, Livro do Cinquentenário, II (2019), 488-494, e *A interpretação da declaração negocial*, 290-315.

Artigo 237.º – Casos duvidosos

Em caso de dúvida sobre o sentido da declaração, prevalece, nos negócios gratuitos, o menos gravoso para o disponente e, nos onerosos, o que conduzir ao maior equilíbrio das prestações.

Bibliografia: António Menezes Cordeiro, *Tratado*, II, 4.ª ed. (2014), 742-749; Maria Raquel Rei, *Interpretação da declaração negocial no Direito civil português* (2010), 183-218.

Índice

I – Origem

1. No **Anteprojeto Rui de Alarcão** propõe-se[1]: 1

Artigo 3.º
Critérios a adoptar quando a interpretação leve a um resultado duvidoso

1. A declaração negocial deve ser interpretada, em caso de dúvida, antes no sentido em que possa ter efeito do que no sentido segundo o qual não teria efeito algum.

2. Se não puder decidir-se a dúvida sobre o significado da declaração negocial, prevalecerá, nos negócios gratuitos, o sentido que torne a liberalidade menos gravosa para o disponente, e, nos negócios onerosos, o sentido que conduza a um maior equilíbrio entre as prestações das partes.

2. **Revisões.** Na 1.ª, o Anteprojeto sofreu alterações, passando o correspondente artigo (208.º, Critério a adotar nos casos duvidosos), a dispor[2]: 2

> No caso de dúvida sobre o sentido decisivo da declaração, prevalece nos negócios gratuitos a interpretação que torne a liberalidade menos gravosa para o disponente e, nos negócios onerosos, o sentido que conduza a um maior equilíbrio entre as prestações de ambas as partes.

Na Revisão intercalar (227.º), o artigo conheceu a epígrafe e o teor definitivos, não voltando a ser alterado[3]. 3

[1] Rui de Alarcão, *Interpretação e integração*, 334.
[2] *1.ª Revisão*, 91.
[3] *Revisão intercalar*, 89; *2.ª Revisão* (237.º), 93; *Projecto* (237.º), 68.

II – Casos duvidosos

4 **3. A dúvida.** A aplicação do 237.º supõe a existência de dúvidas acerca do sentido da declaração. Não se trata, porém, da dúvida própria do trabalho jurídico, mas, sim, da dúvida posterior a esse trabalho. O intérprete-aplicador interpretou o comportamento negocial e, mesmo assim, não esclareceu a dúvida acerca do sentido jurídico do comportamento. Nesses casos, antes de concluir pela nulidade da declaração (por indeterminação), o intérprete deve socorrer-se deste último recurso.

5 O 237.º não consagra um método de integração das declarações negociais nem de correção do conteúdo das declarações. Trata-se, apenas, de esclarecer dúvidas quanto ao sentido do comportamento negocial interpretando.

6 **4. Âmbito.** Ao invés do que sucedia à luz do CS (685.º), a dúvida pode respeitar a elementos acessórios e a elementos principais do negócio.

7 O critério de solução de dúvidas aplica-se antes das normas supletivas: para saber se as partes afastaram ou não as normas supletivas é preciso interpretar os comportamentos declarativos. E, havendo dúvidas quanto a essa interpretação, esclarecê-las.

III – O perímetro do 237.º

8 **5. Situações não-patrimoniais.** O disposto no 237.º não é aplicável a todas as declarações negociais. Este último recurso no esclarecimento de dúvidas de interpretação destina-se a declarações integrantes de negócios gratuitos ou de negócios onerosos[4]. Negócios que, porque não revistam conteúdo patrimonial, não se integram nesta dicotomia, não podem beneficiar desta norma. Do mesmo modo, declarações em que a dúvida interpretativa consista em saber se o negócio é oneroso ou gratuito também não podem beneficiar da aplicação desta norma.

9 O negócio é oneroso se der origem a atribuições patrimoniais recíprocas, *i.e.*, se do negócio resultar a atribuição ou a necessidade jurídica de o sujeito realizar uma atribuição patrimonial a favor de outro que, por seu turno, também realiza ou terá de realizar uma atribuição patrimonial a favor do primeiro. E é gratuito se a prestação de uma das partes não for retribuída, se um dos sujeitos realizar uma atribuição patrimonial a favor de outro, assumidamente sem retorno patrimonial. O carácter oneroso ou gratuito afere-se, não declaração a declaração, mas perante o negócio jurídico. A caracterização deve fazer-se, portanto, de harmonia com as prestações principais[5].

10 O disposto no 237.º não resolve todas as dúvidas de interpretação, mesmo quando a declaração em questão pertence a um negócio gratuito ou oneroso. Com efeito, atendendo ao critério de solução, se a dúvida não se dissipar com a atribuição de um maior benefício ao disponente ou com o maior equilíbrio das prestações, a norma é imprestável no caso concreto.

11 **6. Lacuna.** Relativamente a declarações às quais não seja aplicável o disposto no 237.º, a solução, perante a dúvida, será, consoante os casos, a conclusão acerca de estarmos perante uma lacuna legal (por falta de norma semelhante à revelada pelo 237.º), perante uma lacuna negocial (a resolver por aplicação do disposto no 239.º), ou, mais frequentemente, perante a nulidade da declaração por indeterminação.

[4] Acerca da distinção entre negócios onerosos e gratuitos, Menezes Cordeiro, *Tratado*, II, 4.ª ed., 106-107. Especificamente sobre esta distinção no quadro do 237.º, Maria Raquel Rei, *A interpretação da declaração*, 189-200.

[5] Diferente da classificação dos negócios jurídicos como onerosos e gratuitos, é a que distingue os negócios em sinalagmáticos e não sinalagmáticos (Menezes Cordeiro, *Tratado*, VII, 194-199). A primeira atende à presença ou ausência de atribuições patrimoniais, e a segunda à presença ou ausência de vinculações recíprocas (ainda que não se traduzam em atribuições patrimoniais).

7. As **doações modais**[6], **interessadas ou remuneratórias**[7] devem ser consideradas, para 12
efeitos de aplicação deste artigo, negócios gratuitos. Em nenhum eles o negócio incorpora a correspetividade patrimonial própria dos negócios onerosos.

8. Já as **doações indiretas**[8] podem, consoante os casos, integrar a categoria dos negócios gratui- 13
tos ou onerosos. Nestes casos, é determinante analisar o grau de descaracterização do tipo legal introduzido pelas cláusulas especificamente desenhadas pelas partes para concluir ou não pela correspetividade patrimonial que caracteriza esta dicotomia.

9. Os **negócios aleatórios**[9] são negócios onerosos: qualquer das partes adquire, por efeito do 14
negócio, uma contrapartida patrimonial (para uma das partes, apenas uma expectativa jurídica – que, eventualmente se transformará na desejada contrapartida de verificação incerta, mas que não deixa de ser uma contrapartida com conteúdo patrimonial).

IV – O menos gravoso para o disponente e o maior equilíbrio das prestações

10. O **menos gravoso** para o disponente é o sentido que conduzir à menor disposição 15
patrimonial.

11. O **maior equilíbrio das prestações** determina-se em termos absolutos e não em função 16
do equilibro contratual gizado pelas partes – de resto, ainda não apurado, atendendo a que ainda há dúvidas sobre o conteúdo de, pelo menos, uma parte do contrato.

Qualquer dos critérios é apreciado objetivamente e não à luz daquilo que as partes con- 17
siderem menos gravoso ou mais equilibrado. A vontade hipotética é critério de integração de lacunas (239.º), mas não critério de esclarecimento de dúvidas.

Artigo 238.º – (Negócios formais)

1. Nos negócios formais não pode a declaração valer com um sentido que não tenha um mínimo de correspondência no texto do respetivo documento, ainda que imperfeitamente expresso.

2. Esse sentido pode, todavia, valer, se corresponder à vontade real das partes e as razões determinantes da forma do negócio se não opuserem a essa validade.

Bibliografia: António Menezes Cordeiro, *Tratado*, II, 4.ª ed. (2014), 751-752; Maria Raquel Rei, *Interpretação da declaração negocial no Direito civil português* (2010), 219-255.

Índice

[6] Sobre as doações modais, Menezes Cordeiro, *Tratado*, XI (2018), 453-460 e 467.

[7] Sobre as doações remuneratórias, *idem*, 394-396.

[8] Sobre as doações indiretas, *idem*, 381-385.

[9] Sobre os negócios aleatórios, Menezes Cordeiro, *Tratado*, II, 4.ª ed., 111-112 e XII (2018), 1025-1045.

I – Origem

1 **1.** No **Anteprojeto Rui de Alarcão** propôs-se um artigo (4.º) sobre Interpretação dos negócios formais[1]:

> 1. Os negócios formais não podem ser entendidos com um significado que não se encontre expresso, seja embora imperfeitamente, no texto do respectivo documento.
>
> 2. Um tal sentido poderá, todavia, valer quando corresponda à vontade real concordante das partes e à sua relevância se não oponham as razões determinantes do formalismo a que tais negócios estejam submetidos.

2 **2. Revisões e Projeto**. Na 1.ª, o Anteprojeto sofreu alterações, passando a dispor[2]:

> 1. Os negócios formais não podem ser entendidos com um significado que não tenha um mínimo suficiente de correspondência no texto do respectivo documento.
>
> 2. Esse significado pode todavia valer se, correspondendo à vontade real concordante das partes, à sua vigência se não opuserem as razões determinantes do formalismo a que o negócio está sujeito.

3 Na Revisão intercalar (228.º), o preceito evoluiu[3]:

> 1. Nos negócios formais não pode a declaração valer com um sentido que não tenha um mínimo, ainda que imperfeito, de correspondência no texto do respectivo documento.
>
> 2. Esse significado pode, todavia, valer se corresponder à vontade real das partes, e à sua validade se não opuserem as regras determinantes da forma do negócio.

4 Na 2.ª Revisão, o artigo foi de novo alterado (238.º)[4]:

> 1. Nos negócios formais não pode a declaração valer com um sentido que não tenha um mínimo de correspondência no texto do respectivo documento, ainda que imperfeitamente expresso.
>
> 2. Esse sentido pode, todavia, valer se corresponder à vontade real das partes, e à sua validade se não opuserem as razões determinantes da forma do negócio.

5 O Projeto suprimiu uma vírgula no n.º 2[5] e apenas na versão aprovada do Código se chegou à redação do atual 238.º, com a reformulação da parte final do n.º 2.

II – Âmbito de aplicação

6 **3. Negócios formais**. O disposto no 238.º aplica-se a todos os negócios jurídicos que tenham adotado uma forma especial[6] – seja por exigência da lei, por imposição de convenção das partes

[1] Rui de Alarcão, *Interpretação e integração*, 336-337.
[2] *1.ª Revisão*, 92.
[3] *Revisão intercalar*, 89.
[4] *2.ª Revisão*, 93-94.
[5] *Projecto*, 69.
[6] Sobre a forma, Menezes Cordeiro, *Tratado*, II, 4.ª ed., 164-206.

ou por escolha do(s) declarante(s). Aplica-se igualmente, por analogia, aos negócios formais em que a forma exigida não seja escrita (p. ex., o casamento): nesse caso, o sentido determinante tem de encontrar correspondência mínima (ainda que imperfeitamente expressa) no suporte formal em causa.

A limitação imposta no final do n.º 2 à validade do sentido correspondente à vontade real 7
das partes sem o mínimo de correspondência no documento é aplicável apenas aos negócios em que a forma seja exigida pela lei. Com efeito, nos outros casos, a falta de observância da forma não gera invalidade: apenas a presunção de que o conteúdo da declaração não corresponde à vontade do declarante; *vide* 222.º e 223.º.

4. O método de interpretação dos negócios jurídicos formais é o revelado pelos 236.º e 8
237.º. O 238.º limita-se a consagrar um limite ao atendimento do sentido apurado pelo método geral revelado pelos artigos anteriores. De facto, se os únicos elementos de interpretação admissíveis, nos negócios jurídicos formais, fossem o documento em que se materializou a declaração negocial, a proibição de atender a sentidos que não tivessem um mínimo de correspondência com o texto do documento ficaria privada de sentido: seria impossível que o sentido apurado a partir apenas do documento não tivesse um mínimo de correspondência com o texto do documento. O disposto no 393.º/3, é mais um indício da correção do âmbito de aplicação do disposto no 238.º aqui defendido.

III – Um mínimo de correspondência

5. O mínimo de correspondência é apurado por relação com o sentido literal do documento[7]. 9
É essa a interpretação natural de "texto" do respetivo documento e é, ainda, a interpretação adequada à contraposição realizada, neste artigo, entre o sentido normal da declaração e o sentido do "texto do respetivo documento". A consideração do carácter formal do negócio (*maxime* se estivermos perante forma legal) conduz-nos à mesma conclusão: a admissão de sentidos fora dos sentidos literais possíveis conduziria à irrelevância das exigências de forma.

Um mínimo de qualquer coisa é a mais pequena porção dessa coisa. Neste caso "essa 10
coisa" é a correspondência entre o sentido apurado e o texto do documento. Correspondência consiste numa relação de reciprocidade ou conformidade entre duas realidades (*co* + *responder*): no caso, reciprocidade ou conformidade entre o sentido apurado à luz do disposto nos 236.º-237.º e o sentido próprio do texto do documento.

Existe um mínimo de correspondência entre o sentido apurado e o texto do documento 11
quando o elemento literal da interpretação negocial (o texto do documento) corrobora o sentido apurado. Ou seja: o sentido pode não ter sido apurado apenas com base no texto do documento; no entanto, esse sentido tem que se poder atribuir ao texto do documento, o texto do documento tem que poder dizer-se a *forma* do sentido negocial apurado.

6. Variações. O mínimo de correspondência é um conceito que varia com o tipo de documen- 12
to em causa. Havendo forma notarial, esse mínimo é mais exigente do que não ocorrendo tal tipo de forma. Há imperfeições admissíveis em documentos elaborados por declarantes comuns e há imperfeições admissíveis em documentos elaborados por profissionais – *vide* os 42.º e 43.º do CNot.

7. Falta de correspondência. Nos casos em que a declaração negocial não possa valer por- 13
que não encontra um mínimo de correspondência com o texto do documento, mas em que, não obstante, o documento tem um (outro) sentido, têm diversos destinos, consoante o tipo de

[7] STJ 5-fev.-2019 (Fátima Gomes), Proc. 121/14.

negócio formal. Sendo a forma exigida pela lei, o sentido do documento não é aproveitável enquanto negócio jurídico: o negócio que as partes quiseram celebrar é nulo por falta de forma (220.º e 238.º/2): o sentido do texto do documento, *per se*, não tem valor jurídico. Se a forma for convencional, o sentido jurídico apurado pode valer como o sentido do negócio se for ilidida a presunção consagrada no 223.º. Se a forma for voluntária, impõe-se a conclusão de que o documento, afinal, não manifesta a declaração negocial, encontrando-se ela vertida nos outros elementos de interpretação que permitiram apurar o sentido do negócio, à luz do disposto nos 236.º e 237.º.

IV – Vontade real das partes e razões determinantes da forma

14 **8. Vontade real.** O 238.º/2 afasta a limitação ao sentido jurídico da declaração negocial integrada em negócios formais estabelecida no n.º 1 nos casos em que cumulativamente: (1) esse sentido corresponda à vontade real das partes e (2) as razões determinantes da forma do negócio se não oponham a essa validade. Nesses casos, retomam integral aplicação as regras gerais dos 236.º e 237.º.

15 **9.** As **razões determinantes da forma** são, na forma legal, sobretudo, a prova da declaração; na forma convencional e voluntária, as razões variam, de acordo com o caso concreto e os objetivos das partes. Relativamente à forma legal, muito embora a prova seja uma razão comum, alguns negócios têm outras razões específicas (por exemplo, o controlo do cumprimento das obrigações fiscais), a averiguar perante cada norma de forma.

16 **10. Autores críticos** relativamente à possibilidade de identificar com fiabilidade as razões determinantes da forma[8], perante o disposto no 238.º/2, recorrerem a reconstruções históricas em ordem a apurar qual a razão determinante da forma no caso em análise.

Artigo 239.º – Integração

Na falta de disposição especial, a declaração negocial deve ser integrada de harmonia com a vontade que as partes teriam tido se houvessem previsto o ponto omisso, ou de acordo com os ditames da boa-fé, quando outra seja a solução por eles imposta.

Bibliografia: António Menezes Cordeiro, *Tratado*, II, 4.ª ed. (2014), 757-778

Índice

[8] Menezes Cordeiro, *Tratado*, II, 4.ª ed., 172-176.

I – Origem

1. O 3.º do **Anteprojeto Rui de Alarcão** era dedicado à integração[1]: 1

A integração da declaração negocial, quando não ocorram disposições especiais, deve fazer-se em harmonia com a vontade que as partes presumìvelmente teriam tido se houvessem previsto o ponto omisso, ou de acordo com as exigências da boa-fé, se ela outra coisa reclamar.

2. Revisões e Projeto. Na 1.ª, o Anteprojeto sofreu alterações, passando o correspondente artigo (210.º) a dispor[2]: 2

A declaração negocial deve, na falta de disposições especiais, ser integrada de harmonia com a intenção que as partes presuntivamente teriam tido se houvessem previsto o ponto omisso ou de acordo com os ditames da boa-fé, quando outra seja a solução por eles imposta.

A Revisão intercalar manteve a redação da 1.ª (229.º)[3]. Na 2.ª Revisão, o artigo conheceu o número e o teor definitivos, não voltando a ser alterado[4]. 3

II – A deteção da lacuna negocial

3. Pontos omissos. A aplicação do disposto no 239.º supõe concluída a tarefa de interpretação do negócio. Só depois de apurado o sentido de uma declaração negocial se torna possível verificar se essa declaração contém pontos omissos. Uma lacuna negocial corresponde a uma cláusula que as partes teriam querido contemplar no negócio que celebraram. 4

Não há lacuna negocial perante um aspeto que uma das partes queria ter regulado de um modo e outra de outro[5]. Nesses casos estamos perante a falta de acordo. Também não há lacuna relativamente a cláusulas que as partes deveriam ter contemplado se fossem sensatas ou se tivessem tratado dos seus interesses de modo competente. Nesses casos há um negócio mal negociado ou um negócio inconveniente ou até injusto: não uma lacuna. A lacuna é uma omissão no negócio efetivamente celebrado e não no negócio que deveria ou poderia ter sido celebrado. 5

4. Se existirem **normas supletivas** que completem as estipulações das partes, não há lacunas negociais. É, porém, possível existir uma lacuna consistente na falta de afastamento, pelas partes, da norma supletiva. 6

5. O inciso inicial **"na falta de disposição especial"** respeita a normas específicas em matéria de integração de lacunas negociais e não à mera existência de normas supletivas nas matérias não tratadas especificamente pelas partes. Estas normas especiais podem ter por fonte o próprio contrato (405.º), o que é relativamente vulgar em contratos complexos que beneficiaram da intervenção de profissionais do Direito na respetiva negociação/redação. 7

III – Critérios de integração da lacuna

6. A vontade hipotética. O primeiro critério de integração de lacunas é "a vontade que as partes teriam tido se houvessem previsto o ponto omisso" (vontade hipotética ou conjectural). 8

[1] Rui de Alarcão, *Interpretação e integração*, 338.
[2] *1.ª Revisão*, 92.
[3] *Revisão intercalar*, 90.
[4] *2.ª Revisão*, 94; *Projecto* (239.º), 69.
[5] Pires de Lima/Antunes Varela, *Código Civil anotado*, I (1987), 226, sustentam, porém, que os ditames da boa-fé são especialmente indicados para preencher lacunas em caso de "não coincidência entre a vontade presumível de uma das partes e a vontade presumível da outra".

A partir dos elementos disponíveis do negócio (sentido jurídico apurado, elementos de interpretação), o intérprete deve construir a vontade que as partes teriam tido se se tivessem apercebido da existência da lacuna e tivessem regulado o ponto omisso. Nos contratos, é necessário que a vontade hipotética traduza a vontade de ambas as partes. Não haveria contrato (e, portanto, não estaremos perante uma lacuna) se apenas uma das partes houvesse previsto (ou previsto nestes moldes) o ponto omisso.

9 **7. A boa-fé.** A lei estabelece um limite à vontade hipotética como critério de integração de lacunas: é necessário que o preceito obtido não seja contrário aos ditames da boa-fé[6]. Se for, a lacuna será integrada de acordo com os ditames da boa-fé e não de acordo com a vontade hipotética das partes[7]. A boa-fé funciona, simultaneamente, como limite e como critério alternativo em caso de ultrapassagem do limite.

10 **8. Questão-de-direito.** A determinação do preceito que irá integrar a lacuna negocial é matéria de Direito para efeitos de recurso de revista. Porém, é matéria de facto a demonstração de todos os elementos que permitirão ao juiz concluir acerca de qual teria sido a vontade hipotética das partes: o curso das negociações, o carácter das partes, os negócios em que estão envolvidas e o que cada uma delas pretendia com aquele negócio.

IV – Jurisprudência

11 **9. Jurisprudência**: a interpretação e a integração dos negócios, como decorre da natureza unitária do processo de realização do Direito, opera, muitas vezes, em conjunto. Apontamos algumas decisões, mais recentes, neste momento:

STJ 4-dez.-2018: aplicação, a uma convenção de arbitragem, dos 236.º a 238.º[8];

STJ 5-fev.-2019: a interpretação de um consórcio faz-se à luz dos 236.º e seguintes, como questão-de-direito, atendendo ao seu teor literal, ainda que imperfeitamente expresso[9];

STJ 19-fev.-2019: no âmbito da resolução do BES, há que aplicar às declaração do NB os 236.º a 238º[10];

STJ 28-fev.-2019: não havendo dúvidas sobre o sentido da declaração negocial, não é aplicável o 237º[11];

STJ 7-mar.-2019: a interpretação de um contrato de arrendamento, quanto a obras a cargo do arrendatário, segue os 236.º e seguintes[12];

STJ 7-nov.-2019: a interpretação do negócio jurídico com recurso aos critérios legalmente fixados nos 236º e seguintes, quando as instâncias não apuraram a vontade real dos contraentes, é questão-de-direito[13];

STJ 17-dez.-2019: ao contrato de seguro de acidentes pessoais, de grupo e não contributivo, em que as beneficiárias trabalhadoras são seguradas por força da celebração do contrato de emprego-inserção, é aplicável a LCCG, na parte relativa às regras de interpretação e de integração[14].

[6] Sobre o conceito de boa-fé objetiva e o respetivo preenchimento, Menezes Cordeiro, *Tratado*, I, 958-978, e, mais desenvolvidamente, *Da boa fé no Direito civil* (1985).

[7] STJ 22-nov.-2018 (Olindo Geraldes), Proc. 1684/04.

[8] STJ 4-dez.-2018 (Cabral Tavares), Proc. 598/17.

[9] STJ 5-fev.-2019 (Fátima Gomes), Proc. 121/14.

[10] STJ 19-fev.-2019 (Alexandre Reis), Proc. 2967/16.

[11] STJ 28-fev.-2019 (Olindo Geraldes), Proc. 961/14.

[12] STJ 7-mar.-2019 (Abrantes Geraldes), Proc. 189/13.

[13] STJ 7-nov.-2019 (Rosa Ribeiro Coelho), Proc. 314/11.

[14] STJ 17-dez.-2019 (António Magalhães), Proc. 155/16.

Subsecção V – Falta e vícios da vontade

Introdução (240.º a 257.º)

Bibliografia: Ana Filipa Morais Antunes e outros, *UCP/Comentário ao Código Civil*, 1 (2014), 552-622; António Menezes Cordeiro, *Tratado de Direito civil*, II, 4.ª ed. (2014), 779-785; Carlos Mota Pinto, *Teoria geral do Direito civil*, 4.ª ed., por António Pinto Monteiro e Paulo Mota Pinto (2005), 457-466 e 498-499; Fernando Pires de Lima/João Antunes Varela, *Código Civil Anotado*, I, 4.ª ed. (1987), 227--240; Heinrich Ewald Hörster/Sónia Moreira da Silva, *A Parte geral do Código Civil português*, 2.ª ed. (2019), 571-675; José Alberto Vieira, *Negócio jurídico/Anotação ao regime do Código Civil (Artigos 217.º a 295.º)* (2006), 49-72; Luís A. Carvalho Fernandes, *Teoria geral do Direito civil*, II, 5.ª ed. (2010), 190-201; Mafalda Miranda Barbosa, *Falta e vícios da vontade/Dogmática e jurisprudência em diálogo* (2020), 205 pp.; Manuel de Andrade, *Teoria geral da relação jurídica*, 2 (1960), 149-168 e 227-231; Manuel Pita, em Ana Prata (org.), *Código civil anotado*, 1, 2.ª ed. (2019), 326-342; Paulo Mota Pinto, *Falta e vícios da vontade/O Código Civil e os regimes mais recentes*, Est. 35 anos do Código Civil II (2006), 459-500; Pedro Pais de Vasconcelos, *Teoria geral do Direito civil*, 9.ª ed. (2019), 650-699; Rui de Alarcão, trabalhos preparatórios citados na p. 31-32.

Índice

I – Evolução

1 **1. Generalidades**. O negócio jurídico, como manifestação de livre escolha do próprio, emerge da declaração de vontade. A autodeterminação, por seu turno, funda-se na liberdade e na própria dignidade humana. Somente por abstração se poderia construir uma linha perfeita que unisse a vontade, a declaração, o negócio e os seus efeitos. Diversos óbices, internos e externos, podem perturbar essa geometria ideal. Ao longo da História, foram-se formando ilhas problemáticas, que obtiveram soluções. Nos últimos dois séculos intentou-se construir uma teoria lógica, capaz de reunir num sistema os elementos tipicamente apurados.

2 **2.** A **pré-codificação** civil dá-nos, dos vícios da vontade e da declaração, uma imagem de grande condensação. Correia Telles (1842), em secção relativa ao consentimento, fixa o quadro seguinte[1]:

> 236 É nullo o consentimento, se interveio erro sobre a substancia da cousa, que faz o objetcto do contrato.
>
> 237 O mesmo é havendo erro ácêrca da pessoa, quando pelas circunstâncias se colija, que tal contrato não teria sido feito, se o erro fôra conhecido.
>
> 238 É nullo o consentimento extorquido por força, ou por ameaças.

239 Mas as ameaças devem ser taes, que façam temer a perda da vida, da saude, da honra, ou da liberdade.

3 Estas proposições assentavam nalgumas citações romanas e em preceitos dos códigos estrangeiros então existentes. Por seu turno, Coelho da Rocha (1846), considera defeituoso o consentimento em que intervenha[2]:

a) *erro ou ignorancia. Erro* é a idéa falsa d'uma cousa, e *ignorancia* a falta total da idéa. Tanto um, como outra, podem ser *de direito* ou *de facto*. O erro, ou seja *de direito* ou *de facto*, annulla o acto em que interveio, sempre que verse sobre cousa substancial, quer relativamente ao objecto, quer relativamente á pessoa (...)

b) *Dôlo* ou fraude é o artificio malicioso, que se emprega para enganar uma pessoa, e leval-a a praticar uma acção, que sem isso não praticaria (...)

4 **3.** O **Código de Seabra** desenvolveu a doutrina da pré-codificação. No seu 656.º, previa[3]:

O consentimento prestado por erro ou coacção produz a nullidade do contrato, nos termos seguintes.

5 Seguiam-se várias modalidades de erro: sobre a causa, o objeto e a pessoa, em termos depois desenvolvidos (657.º a 662.º)[4]. O artigo 663.º ocupava-se do erro que procede de dolo[5], cabendo ao erro *commum e geral* e ao *erro de calculo arithmetico, ou de escripta* os 664.º e 665.º[6]. Os 666.º e 667.º ocupavam-se da coação e, ainda, do erro[7]. A simulação obteve um tratamento diferenciado (1031.º). A presença de uma influência napoleónica é nítida.

6 **4. Guilherme Moreira**, apoiado na pandectística, distingue entre a vontade real e a vontade declarada, podendo haver discrepância. Anota, no CS, a inexistência de uma teoria geral sobre os vícios da vontade e procede a uma exposição cuidada sobre os diversos tipos de erro e sobre a coação[8]. No domínio do CS, o maior desenvolvimento ficou a dever-se a Cunha Gonçalves, o qual referia figuras como a falta de consciência da declaração[9].

7 **5. Manuel de Andrade** modernizou toda esta matéria[10]. Distingue a divergência entre a vontade e a declaração, nas suas diversas hipóteses (simulação, reserva mental, declarações não-sérias, coação absoluta, erro na declaração e erro na transmissão da declaração) e os vícios da vontade (erro-vício, dolo, coação e estado de necessidade)[11]. O cenário daqui resultante, através de Rui de Alarcão[12], foi decisivo para o Código Civil. Consideraremos a evolução preparatória dos diversos preceitos.

[1] J. H. Correia Telles, *Digesto Portuguez*, 1, 3.ª ed., 34.
[2] M. A. Coelho da Rocha, *Instituições de Direito civil portuguez*, §§ 100-101 (2, 58-59); os itálicos são do original.
[3] José Dias Ferreira, *Codigo civil annotado*, 2, 1.ª ed. (1871), 161.
[4] *Idem*, 161-169.
[5] *Idem*, 169-173
[6] *Idem*, 173.
[7] *Idem*, 173-174.
[8] Guilherme Moreira, *Instituições do Direito civil*, 1, 401, 408 e 411-433.
[9] Luiz da Cunha Gonçalves, *Tratado de Direito civil*, 4, 293-336.
[10] Manuel de Andrade, *Teoria geral*, 2, 149-225; existiam versões de alunos anteriores, a partir da década de 40 do século XX.
[11] *Idem*, 227-284.
[12] Rui de Alarcão, *Breve motivação do anteprojeto sobre o negócio jurídico na parte relativa ao erro, dolo, coacção, representação, condição e objecto negocial*, BMJ 138 (1964), 71-122, entre outros estudos relevantes.

II – Princípios gerais

6. Vícios da vontade. O negócio jurídico vale perante o Direito, enquanto manifestação da autonomia privada. Nessa medida, ele releva por corresponder a uma decisão assumida na sequência de uma ponderação imputável ao sujeito. A decisão deve ser exteriorizada, para produzir os seus efeitos. Pode haver falhas: (1) na própria vontade em si; (2) na declaração. 8

(1) O processo que leva à tomada de decisão do sujeito autónomo é perturbado: há um vício na formação da vontade. Tal vício pode ir desde a pura e simples falta de vontade até à ausência de liberdade ou à liberdade que, por assentar em elementos inexatos, não seja verdadeiramente autónoma. 9

(2) A vontade, em si, forma-se devidamente; no entanto, algo interfere aquando da sua exteriorização, de tal modo que a declaração não corresponda à vontade real do sujeito: há divergência entre a vontade e a declaração. Ainda aqui, a divergência pode assumir várias feições e, designadamente, ser intencional (surgindo, portanto, porque o declarante a quis) ou não-intencional (derivando, de lapsos ou dificuldades ocorridas na exteriorização ou na comunicação). 10

7. Quadro dos vícios[13]: 11

A – vícios (na formação) da vontade:
a) ausência de vontade:
– coação física (246.º);
– falta de consciência da declaração (246.º);
– incapacidade acidental (257.º, em parte).
b) vontade deficiente:
– por falta de liberdade (coação moral, 258.º e ss.);
– por falta de conhecimentos (erro-vício, 251.º e 252.º e dolo, 253.º e 254.º);
– por ambos (incapacidade acidental, 257.º, em parte).
B – divergências entre a vontade e a declaração:
a) intencionais:
– simulação (240.º e ss.);
– reserva mental (244.º);
– declarações não sérias (245.º).
b) não intencionais:
– erro-obstáculo (247.º);
– erro de cálculo ou de escrita (249.º);
– erro na transmissão (250.º).

O Código não apresenta esta matéria de acordo com o sistema mais lógico; este está, porém, subjacente, na tipificação das figuras como na imposição dos regimes, de acordo com uma tradição apurada ao longo dos séculos. 12

[13] O tema dos vícios da vontade e da declaração dá lugar a uma bibliografia larga e especializada. Entre nós, e todos com o seu sistema de exposição, cabe referir: Guilherme Moreira, *Instituições*, 1, 400 ss., José Tavares, *Princípios fundamentais*, 2, 472 ss., Paulo Cunha, *Direito civil*, 1, 108 ss. (132), Cabral de Moncada, *Lições de Direito Civil*, 2, 3.ª ed., 299 ss., Inocêncio Galvão Telles, *Manual dos contratos em geral*, 3.ª ed., 68 ss., Manuel de Andrade, *Teoria geral*, 2, 149 ss. e 227 ss., Castro Mendes, *Teoria geral*, 2, 77 ss., Mota Pinto, *Teoria geral*, 4.ª ed., 457 ss., Heinrich Ewald Hörster, *A parte geral*, 2.ª ed., 571 ss. e Carvalho Fernandes, *Teoria geral*, 2, 5.ª ed., 190 ss. e 307 ss.. Uma referência especial deve ser feita a Diogo Costa Gonçalves, *Erro obstáculo e erro vício/Subsídios para a determinação do alcance normativo dos artigos 247.º, 251.º e 252.º do Código Civil*, RFDUL 45 (2004), 309-400, com indicações e a Paulo Mota Pinto, *Falta e vícios da vontade – O Código Civil e os regimes mais recentes*, em Comemorações dos 35 anos do Código Civil 2 (2006), 459-500.

13 **8. A autonomia e a confiança** são dois princípios fundamentais que norteiam as soluções que o Direito faz corresponder a estes vícios. A autonomia privada exige que a vontade juridicamente relevante corresponda à vontade real, livre e esclarecida, do declarante. A tutela da confiança requer a proteção da pessoa que tenha dado crédito à declaração de outrem, mesmo quando esta não reúna todos os requisitos que um puro esquema de autonomia privada exigiria. Estes princípios contrapõem-se e complementam-se em termos diversificados, de acordo com o cenário típico correspondente à perturbação verificada; consoante a relevância relativa que assumam, assim as soluções jurídicas para os problemas registados.

14 Feitas estas prevenções, a presente obra vai seguir a ordenação dos artigos do Código Civil.

Artigo 240.º (Simulação)

1. Se, por acordo entre declarante e declaratário, e no intuito de enganar terceiros, houver divergência entre a declaração negocial e a vontade real do declarante, o negócio diz-se simulado.

2. O negócio simulado é nulo.

Bibliografia: A. Barreto Menezes Cordeiro, *Da simulação no Direito civil*, 2.ª ed. (2017), 190 pp.; Ana Sofia Morais Antunes, *UCP/Comentário do Código Civil*, 1 (2014), 552-557; António Menezes Cordeiro/A. Barreto Menezes Cordeiro, *Tratado de Direito civil*, II, 4.ª ed. (2014), 875-909; Fernando Ferreira Pinto/ /Fernando Sá, *UCP/Comentário do Código Civil*, 1 (2014), 531-532; Heinrich Ewald Hörster, *Simulação. Simulação relativa. Formalismo legal*, CDP 19 (2007), 3-28; *idem*, *A Parte Geral do Código Civil Português/ /Teoria geral do Direito civil*, 2.ª ed. (2019), 592-611; José Beleza dos Santos, *A simulação em Direito civil* I (1921), 423 pp. e II, *Acção – Prova – Simulação fiscal* (s/d), 267 pp.; Luís Carvalho Fernandes, *Teoria geral do Direito civil* II, 5.ª ed. (2012), 310-315 e 344-360; *idem*, *Estudos sobre a simulação* (2004), 303 pp.; Mafalda Miranda Barbosa, *Falta e vícios da vontade* (2020), 13-35.

Índice

I – **Origem e evolução**[1]

1. Direito romano: inicialmente continha referências esparsas à simulação; no período de Justiniano (séc. VI), o *Codex* dedicou-lhe o título XXII do livro IV: a verdade da substância vale mais do que a escrita simulada[2]. 1

2. Direito comum: Azo (1150-1225), na glosa ao referido título marcou um primeiro desenvolvimento jurídico-científico para a simulação, aproximando a *simulatio* da *fraus legis*. As características atuais da simulação foram afeiçoadas pelos humanistas, com relevo para Cujacius (1522-1590) e para Donellus (1527-1591). 2

3. Nas **codificações**, a matéria simulatória foi simplificada. O Código francês fixa a regra de que os negócios dissimulados só produzem efeitos entre as partes (1321.º) e, ainda aí, com restrições quanto à prova. O BGB alemão foi mais aberto (§ 117): admite a força vinculativa dos negócios dissimulados, remetendo para os institutos gerais a proteção de terceiros de boa-fé. O Código italiano dedicou, à simulação, um capítulo específico (1414.º a 1417.º), com influência direta no Código de 1966. 3

II – Direito lusófono[3]

4. No **Direito antigo**, a simulação, na linha do Direito comum, era aproximada da fraude à lei, sendo, como tal, punida pelas Ordenações. Esta orientação manteve-se na pré-codificação, com o requisito de uma intenção maliciosa[4]. A solução era a nulidade do negócio[5]. 4

5. O **Código de Seabra** conservou essa tradição: a simulação não ocorria a propósito dos vícios contratuais ou do consenso mas, antes, no seio dos *actos e contractos celebrados em prejuizo de terceiros*[6]. Dispunha no 1031.º: 5

> Os actos ou contractos simuladamente celebrados pelos contrahentes com o fim de defraudar os direitos de terceiro, podem ser annullados ou rescindidos a todo o tempo, a requerimento dos prejudicados.
>
> § unico. Simulado diz-se o acto ou contracto, em que as partes declaram, ou confessam falsamente alguma cousa, que na verdade se não passou, ou que entre ellas não foi convencionada.

Guilherme Moreira, na linha pandectística do Direito civil português, reconduziu o tema da simulação ao da manifestação de vontade[7], modernizando o instituto[8]. Sobre ele recaíram duas importantes monografias, de Beleza dos Santos[9] e de Paulo Cunha[10], esta última centrada embora no processo civil. Houve, ainda, extensas exposições de Cunha Gonçalves[11] e de Manuel de Andrade[12]. 6

[1] Com elementos, *Tratado*, II, 4.ª ed., 875-881.

[2] C. 4.22.1.

[3] Com elementos, *Tratado*, II, 4.ª ed., 881-882.

[4] Coelho da Rocha, *Instituições*, 1, § 101, em nota (1, 59).

[5] Correia Telles, *Digesto portuguez*, 260-261 (1, 36)

[6] José Dias Ferreira, *Código civil portuguez annotado*, 2, 2.ª ed., 271 ss..

[7] Guilherme Moreira, *Instituições*, § 35 (1, 400 ss., especialmente 404 ss.).

[8] Guilherme Moreira teve em particular conta a monografia clássica de Francesco Ferrara, *Della simulazione dei negozi giuridici*, 5.ª ed. (1922), de que usou uma edição anterior.

[9] José Beleza dos Santos, *A simulação/Estudo de Direito civil*, 2 volumes (1921), 423 + 267 pp..

[10] Paulo A. V. Cunha, *Simulação processual e anulação do caso julgado* (1935), 408 pp..

[11] Luiz da Cunha Gonçalves, *Tratado*, 5, 703-802.

[12] Manuel de Andrade, *Teoria geral*, 2, 168-215.

7 **6. A preparação do Código de 1966** aproveitou esses avanços[13]. As opções formuladas e que, depois, passaram ao texto final, podem sintetizar-se nestes termos: (1) recondução da simulação à área dos vícios da vontade e da declaração; (2) princípio básico da nulidade do negócio simulado; (3) possibilidade de aproveitar o negócio dissimulado, desde que ressalvados os competentes requisitos; (4) proteção dos terceiros de boa-fé.

8 Sob a reforma jogou o seguinte: a simulação, pela especial acuidade que, entre nós, assumiam os impostos sobre a transmissão de imóveis (a sisa e, depois, o imposto municipal sobre as transmissões onerosas de imóveis) e sobre os rendimentos derivados da sua venda, e pela proliferação extraordinária dos direitos de preferência legais, está muito divulgada, em Portugal. Multiplicam-se as invocações, em Tribunal, de ocorrências simulatórias, com as dúvidas e decorrências subsequentes[14].

III – Preparatórios

9 **7.** O **anteprojeto Rui de Alarcão**, no 1.º relativo à simulação, propôs[15]:

> **1.** Se, por acordo entre declarante e declaratário, e com ânimo de enganar terceiros ou de frustrar a aplicação de algum preceito legal, se emite uma declaração realmente não querida, a declaração assim simulada é nula.

10 O n.º 2 reportava-se à simulação relativa, estando na base do atual 241.º.

11 **8. Revisões e Projeto.** A 1.ª Revisão Ministerial conservou, com alterações formais, o texto de Alarcão (211.º/1)[16]. A 2.ª Revisão (240.º)[17] deu, ao preceito, o teor definitivo que passou ao Projeto[18] e ao Código de 1966. O preceito foi desdobrado, em termos que ampliaram a sua elegância.

IV – Modalidades

12 **9.** Simulação **inocente e fraudulenta** consoante vise apenas enganar alguém – os contraentes são motivados por um *animus decipiendi* – ou também prejudicar (ao *animus decipiendi* acresce um *animus nocendi*)[19]. Regra geral, a simulação será fraudulenta: as partes não pretendem apenas criar uma falsa aparência para o exterior; têm, ainda, como fim imediato, retirar benefícios, em prejuízo de terceiros.

13 Como exemplo clássico de simulação inocente refira-se a doação dissimulada em compra e venda, com o propósito de não ferir a susceptibilidade de terceiros igualmente interessados no bem, conquanto a sua posição não seja suportada juridicamente[20]. A simulação fraudulenta mais frequente visa o prejuízo do fisco.

10. A simulação é **absoluta** quando as partes não pretendam celebrar qualquer negócio; é **relativa** sempre que, sob a simulação, se esconda um negócio verdadeiramente pretendido: o negócio dissimulado[21].

[13] Rui de Alarcão, *Simulação/Anteprojecto para o novo Código Civil*, BMJ 84 (1959), 305-328.

[14] Na plataforma *blook* estão listadas mais de 3500 decisões sobre a simulação.

[15] Rui de Alarcão, *Simulação*, 305; *idem*, *Do negócio jurídico/ /Anteprojecto para o novo Código civil*, BMJ 105 (1961), 256-257 (12.º).

[16] *1.ª Revisão*, 92.

[17] *2.ª Revisão*, 94.

[18] *Projecto*, 69.

[19] Quanto aos elementos que distinguem as duas modalidades: STJ 18-dez.-2012 (Álvaro Rodrigues), Proc. 466/07.

[20] Carlos Mota Pinto, *Teoria geral*, 4.ª ed., 467; Carvalho Fernandes *Teoria geral*, 2, 5.ª ed., 312.

[21] As partes fingem uma venda, quando não pretenderam qualquer transmissão do domínio: a simulação é absoluta;

Na absoluta, as partes apresentam uma mudança, quando, na realidade, o *status* real per- 15
manece inalterado. Por regra, essa aparência tem, como fim, evitar uma qualquer consequência jurídica prejudicial: simula-se vender para evitar que os bens sejam executados[22], para iludir credores[23] ou para que um determinado bem não seja considerado para efeitos de partilhas de herança[24] ou de divórcio[25]. Simula-se o próprio divórcio[26] ou uma doação para contornar o assentimento de outros filhos[27], além de simulações de litígios, abaixo referidas[28]. Na simulação relativa, as partes pretendem uma efetiva alteração do *status* real mas com contornos distintos dos declarados para o exterior.

11. A simulação relativa pode ser **objetiva**, quando a divergência recaia sobre o objeto do negó- 16
cio ou sobre o seu conteúdo; ou **subjetiva**, sempre que incidir sobre as próprias partes: temos uma interposição fictícia[29]. Na interposição fictícia temos um acordo tripartido[30].

(1) Dentro da modalidade objetiva podem ainda ser apontados dois subtipos distintos: 17
simulação **objetiva total** e simulação objetiva parcial[31]. A primeira subcategoria engloba as simulações sobre a natureza do negócio, ou seja, o negócio simulado e o negócio dissimulado pertencem a tipos legais ou sociais distintos: pense-se no exemplo clássico em que se celebra um contrato de compra e venda com o propósito de cobrir uma doação[32].

(2) Na simulação **objetiva parcial**, temos apenas um negócio: a simulação respeita 18
somente a parte do seu conteúdo, sem, todavia, afetar a qualificação do contrato concluído. É o caso da simulação dita de valor, com um desfasamento entre o preço declarado e o preço efetivamente pago. A recondução destas situações à figura da simulação relativa não é imune a críticas: as partes celebram apenas um negócio: não temos um negócio simulado e um negócio dissimulado; o suposto negócio dissimulado esgota-se num valor diferente do manifestado, o que se apresenta insuficiente para subsumir os factos ao regime simulatório. Os nossos tribunais têm vindo a defender que a simulação de valor não acarreta a nulidade do negócio, como estabelece o legislador de forma expressa, na parte final do artigo 241.º/1, implicando apenas a determinação do preço real[33].

12. A simulação de valor consubstancia uma **simulação imprópria**[34], cujo regime aplicável, de 19
base jurisprudencial, se distingue do regime simulatório positivado, quer no que respeita aos seus elementos fácticos – temos apenas um negócio jurídico –, quer em relação aos efeitos jurídicos daí decorrentes – simples determinação do preço real. Este raciocínio pode, em princípio, ser estendido às restantes simulações ditas parciais.

elas declaram uma venda quando pretendem uma doação: há simulação relativa. O negócio dissimulado será, neste exemplo, a doação. Quanto à distinção: STJ 14-mar.-2019 (Maria do Rosário Morgado), Proc. 8765/16.

[22] STJ 29-jun.-2005 (Salvador da Costa), Proc. 05B2086 ou STJ 17-abr.-2012 (Sebastião Póvoas), Proc. 261/2000.

[23] RLx 4-mai.-2010 (Maria do Rosário Barbosa), Proc. 3076/05.

[24] STJ 3-mar.-2005 (Ferreira de Almeida), Proc. 05B200.

[25] STJ 14-fev.-2008 (Oliveira Rocha), Proc. 180B08.

[26] RGm 3-mai.-2018 (Maria Luísa Ramos), Proc. 2125/08.

[27] RGm 11-jul.-2017 (António Sobrinho), Proc. 1013/16.

[28] *Infra*, anot. 25.

[29] RCb 18-mai.-2010 (Emídio Costa), Proc. 665/04: documenta a alienação de uma licença farmacêutica a quem não era o verdadeiro adquirente; antes da sua liberalização, apenas farmacêuticos podiam ser proprietários de farmácias.

[30] RCb 9-mai.-2017 (Jorge Arcanjo), Proc. 1941/12.

[31] Galvão Telles, *Manual dos contratos*, 4.ª ed., 168-169.

[32] STJ 9-out.-2003 (Oliveira Barros), Proc. 03B2536.

[33] STJ 15-mai.-1990 (Jorge Vasconcelos), BMJ 397 (1990), 478-483 (482); STJ 5-jun.-2007 (Fonseca Ramos), Proc. 07A1364.

[34] RPt 16-nov.-2009 (Anabela Luna de Carvalho), Proc. 3746/06.

20 **V – Figuras afins da simulação**

13. A simulação não se confunde com a simples **falsidade**. A simulação consubstancia um vício interno: exprime uma declaração divergente da vontade mas efetivamente exarada pelas partes. O documento através do qual a vontade simulada se manifesta não é forjado: é verdadeiro. A falsidade, por sua vez, constitui um vício externo ou formal, não assenta numa divergência de vontade mas na falsificação de um documento: existe uma divergência entre o conteúdo do documento e a vontade manifestada[35]. A simulação respeita ao conteúdo do negócio e a falsidade ao documento que o titula[36].

21 Esta distinção tem relevância para efeitos penais: a simples divergência de vontade não é criminalizada, ao contrário do que se verifica com a falsificação de documentos[37].

22 **14.** Os **negócios indiretos** caracterizam-se pela utilização de um tipo contratual fora da função que este, normalmente, é chamado a desempenhar[38]. Não há um pacto simulatório nem uma divergência entre a vontade manifestada e a vontade real: as partes empregam um negócio jurídico com uma finalidade distinta da habitual sem, contudo, violarem qualquer preceito jurídico[39].

23 **15.** A simulação diferencia-se do **negócio fiduciário**[40], isto é, aquele que surge acompanhado por uma cláusula segundo a qual o beneficiário só deve atuar a posição jurídica adquirida num determinado sentido, em benefício do alienante ou de terceiro. Apesar das fortes amarras histórico-dogmáticas e práticas que aproximam o negócio fiduciário da simulação, é hoje unanimemente aceite, tanto pela doutrina[41] como pela jurisprudência[42], que estamos perante duas realidades jurídicas distintas. O negócio fiduciário é um negócio atípico e realmente querido, que não assenta numa divergência entre a vontade manifestada e a vontade real. A sua validade, como se verifica para qualquer negócio, tipificado ou não, deve ser averiguada em concreto, à luz dos seus exatos contornos, e não por simples remissão para o regime simulatório[43].

24 **16.** A simulação, na sua modalidade interposição fictícia de pessoas, não se confunde com a **interposição real** de pessoas[44]. Na interposição real, seja ela fiduciária ou assente em mandato sem representação, uma pessoa contrata com outra (apenas) para que esta, depois, transfira para o verdadeiro destinatário da operação aquilo que adquiriu: é vontade das partes percorrer todo este circuito, não havendo divergências entre a vontade manifestada e a vontade real[45].

25 **17.** A simulação, enquanto vício de vontade, não deve ser confundida com a **simulação processual**, prevista no 612.º (*ex* 665.º) do CPC. Na simulação processual, que também pressupõe uma mancomunação entre dois ou mais sujeitos, os intervenientes, recorrendo aos tribunais, criam a aparência de um litígio inexistente com o propósito de obter uma sentença que lhes proporcione contornar a lei ou enganar terceiros[46]. O 612.º em causa permite que o tribunal, ao detetar essa situação, obste a que ela se produza. Se a simulação processual passar despercebida,

[35] RLx 26-set.-2007 (Domingos Duarte), Proc. 9986/06.

[36] RCb 12-jul.-2006 (Belmiro de Andrade), Proc. 1923/06

[37] RCb 6-dez.-2006 (Freitas Vieira), Proc. 162/99 (Jusnet).

[38] *Tratado* VII, 249-253.

[39] STJ 11-set.-2012 (Fonseca Ramos), Proc. 3026/05; STJ 16-abr.-2013 (António Joaquim Piçarra), Proc. 2449/08.

[40] A. Barreto Menezes Cordeiro, *Do Trust no Direito civil* (2013), 751 ss..

[41] A. Barreto Menezes Cordeiro, *Do Trust*, 760, nota 2840.

[42] STJ 17-dez.-2002 (Pinto Monteiro), Proc. 02A3267; STJ 16-mar.-2011 (Lopes do Rego), Proc. 279/2002; STJ 28-jun.-2017 (Roque Nogueira), Proc. 1626/12; STJ 26-abr.-2018 (Fernanda Isabel Pereira), Proc. 2037/13.

[43] Sobre os negócios fiduciários, *vide Tratado*, VII, 255 ss..

[44] RGm 18-dez.-2017 (Sandra Melo), Proc. 170/16.

[45] STJ 9-mai.-2002 (Ferreira de Almeida), Proc. 02B1342: o tribunal aplica o regime do mandato em desfavor do regime da simulação; RPt 26-set.-2011 (Soares de Oliveira), Proc. 424/2001 e RLx 14-fev.-2013 (Teresa Albuquerque), Proc. 7157/05: com idêntico conteúdo; STJ 12-jul.-2018 (Fátima Gomes), Proc. 659/16.

[46] RLx 23-mar.-2004 (Maria Amélia Ribeiro), CJ XXIX (2004) 2, 96-99 (97/I); RCb 26-set.-2006 (Garcia Calejo), Proc. 453/05.

cabe o recurso de revisão [696.º, *g*)][47], de acordo com um esquema primeiro introduzido pelo CPC de 1939[48].

VI – O regime

18. Requisitos, segundo o 240.º[49]: (1) um acordo entre o declarante e o declaratário[50]; (2) no sentido de uma divergência entre a declaração e a vontade das partes; (3) com o intuito de enganar terceiros. 26

Estes elementos devem ser invocados e provados por quem pretenda prevalecer-se da simulação ou de aspetos do seu regime[51]. 27

(1) A **divergência** entre a vontade declarada e a vontade real representa o elemento mais distintivo da simulação: no seu seio surgem as diferentes modalidades e os pontos mais delicados do seu regime. 28

(2) **O acordo simulatório** é um elemento diferenciador da simulação, no âmbito dos vícios do negócio[52]. Não basta uma das partes manifestar uma intenção que não corresponda à sua vontade real: exige-se uma sintonia entre todos os contraentes, sem o que haveria reserva mental: nesta, uma das partes escamoteia a sua vontade real dos restantes intervenientes; o negócio concluído é apenas pretendido por um dos contraentes[53]. A simulação pressupõe um conluio, o que não se verifica na reserva mental[54]. De resto, sendo a divergência comum a todas as partes, aplica-se, como seria expectável, o regime da simulação (244.º/2). A prova da intenção simulatória é feita por quem invoque a simulação[55], havendo que recorrer a indícios ou presunções judiciais[56]. 29

(3) **O intuito de enganar terceiros** basta[57]: não é necessário o querer prejudicá-los, ao contrário do que sucedia no CS[58]. Esse intuito deve ser provado por quem invoque a 30

[47] STJ 24-mai.-2018 (Rosa Ribeiro Coelho), Proc. 412/12; RGm 7-mar.-2019 (José Alberto Moreira Dias), Proc. 37/14.

[48] RPt 13-out.-2016 (José Igreja Matos), Proc. 1871/10; STJ 26-jan.-2017 (Tomé Gomes), Proc. 2226/13.

[49] STJ 29-jun.-2004 (Azevedo Ramos), CJ/Supremo XII (2004) 2, 116-119 (118/I); STJ 22-fev.-2011 (Fonseca Ramos), Proc. 1819/064; STJ 17-abr.-2012 (Sebastião Póvoas), Proc. 261/2000; STJ 27-nov.-2012 (Marques Pereira), Proc. n.º 752/2001; STJ 14-jun.-2018 (Tomé Gomes), Proc. 206/08; RGm 9-abr.-2019 (Maria Amália Santos), Proc. 56/14; STJ 11-jul.-2019 (Olindo Geraldes), Proc. 23189/15; STJ 11-jul.-2019 (António Joaquim Piçarra), Proc. 3245/06.

[50] Ou *pactum simulationis*: STJ 22-jun.-2004 (Alves Velho), CJ XXIX (2004) 2, 102-106 (105/II).

[51] STJ 6-out.-1998 (Silva Paixão), CJ/Supremo VI (1998) 3, 55-57 (57/I); STJ 14-abr.-2011 (Granja da Fonseca), Proc. 2358/07; RLx 18-set.-2012 (Graça Amaral), Proc. 5729/03; RCb 15-nov.-2016 (Fonte Ramos), Proc. 394/11; RLx 19-abr.-2018 (Carla Mendes), Proc. 53/13; STJ 3-out.-2019 (Maria da Graça Trigo), Proc. 1574/13. A ação deve ser proposta contra todos os sujeitos que celebraram o negócio: STJ 27-nov.-2012 (Marques Pereira), Proc. 752/2001: litisconsórcio necessário passivo.

[52] STJ 22-fev.-2011 (Fonseca Ramos), Proc. 1819/06: a apresentação da simulação, da reserva mental e da declaração não-séria, como exemplos de divergência intencional entre a vontade real e a manifestada, é enganadora. Nos dois últimos vícios de vontade, a intencionalidade respeita, apenas, a uma das declarações de vontade e não ao acordo final.

[53] STJ 15-jun.-1994 (Araújo Ribeiro), Proc. 085334.

[54] RCb 2-out.-1985 (Baltazar Coelho), CJ X (1985) 4, 73-76.

[55] RLx 19-abr.-2018 (Ferreira de Almeida), Proc. 53/13: essa prova não foi feita nesse caso.

[56] RCb 16-jan.-2018 (Moreira do Carmo), Proc. 1094/14; RGm 5-abr.-2018 (José Amaral), Proc. 340/16; RGm 10-jan.-2019 (Maria João Pinto Marques), Proc. 4114/15; RGm 14-fev.-2019 (Alcides Rodrigues), Proc. 6420/14.

[57] Na falta desse intuito não há simulação: RCb 12-out.-1999 (Soares Ramos), CJ XXIV (1999) 5, 5-8 (7/II) e STJ 8-out.-2009 (Serra Baptista), Proc. 3132/06. Quanto à criação da aparência: STJ 9-out.-2003 (Oliveira Barros), CJ XI (2003) 3, 93-99 (96/II), muito bem documentado, STJ 30-jun.-2011 (Orlando Afonso), Proc. 1440/07 e RGm 19-set.-2019 (Alexandra Rolim Mendes), Proc. 52/18. Quanto à distinção: STJ 9-out.-2003 (Oliveira Barros), CJ/Supremo XI, 3, 93-99 (95).

[58] Parte da doutrina de Seabra defendia a extensão do regime previsto no artigo 1031.º às simulações ditas fraudulentas, apesar da letra do preceito: Guilherme Moreira, *Instituições*, 1, 405 e Beleza dos Santos, *A simulação*, 1, 66-67.

simulação[59]. Os elementos relevantes, quando haja representação, devem ocorrer na esfera do representante (259.º/1)[60].

31 "Terceiro", no âmbito da simulação, será qualquer pessoa alheia ao conluio ou acordo simulatório[61], mas não, necessariamente, estranha ao contrato simulado[62]. Também o Estado é considerado terceiro para efeitos de aplicação do regime da simulação: pense-se no exemplo perfeito da celebração de um contrato simulado com o intuito de ver diminuídos os impostos ou as taxas inerentes ao negócio efetivamente pretendido. A celebração de um contrato simulado com o propósito de contornar a lei, i.e., de enganar o Estado, enquanto entidade governativa ou legislativa, não preenche os requisitos necessários[63].

32 **19. A nulidade**: na tradição das Ordenações, o 240.º/2 considera lapidarmente o negócio simulado – absoluto ou relativo – como nulo[64]. Não obstante, não se trata de uma verdadeira nulidade, uma vez que, visto o disposto nos 242.º e 243.º, ela não pode – contra o 286.º[65] – ser invocada por qualquer interessado nem, por maioria de razão, ser declarada oficiosamente pelo tribunal, sob pena de se esvaziar a proteção devida aos terceiros de boa-fé. Fica, todavia, a ideia de que o negócio simulado não produz efeitos entre as partes e perante terceiros que conheçam ou devessem conhecer a simulação: os terceiros de "má-fé", em termos abaixo explicitados.

Artigo 241.º (Simulação relativa)

1. Quando sob o negócio simulado exista um outro que as partes quiseram realizar, é aplicável a este o regime que lhe corresponderia se fosse concluído sem dissimulação, não sendo a sua validade prejudicada pela nulidade do negócio simulado.

2. Se, porém, o negócio dissimulado for de natureza formal, só é válido se tiver sido observada a forma exigida por lei.

Bibliografia: a indicada ao 240.º.

Índice

Com posição contrária, veja-se José Tavares, *Princípios fundamentais*, 1, 2.ª ed., 556.

[59] STJ 14-fev.-2017 (José Rainho), Proc. 724/09.

[60] STJ 22-mar.-2018 (Abrantes Geraldes), Proc. 2810/13.

[61] RLx 22-jun.-2017 (Ondina Carmo Alves), Proc. 2810/13.

[62] STJ 27-jun.-2000 (Ribeiro Coelho), CJ/Supremo VIII (2000) 2, 135-137 (137/II): o terceiro era, aqui, o representado. Com factos idênticos, veja-se STJ 3-fev.-2009 (Mário Cruz), Proc. 08A3732: um procurador fez usos dos poderes que lhe foram conferidos para enganar, através de uma simulação, o representado; STJ 29-mai.-2007 (Azevedo Ramos), Proc. 07A1334.

[63] RLx 26-nov.-1987 (Ricardo Velha), CJ XII (1987) 5, 128-134 (130).

[64] A nulidade, quando deva ser judicialmente colocada, pode invocar-se, nos termos gerais, por ação ou por exceção; neste último caso, não há que chamar à ação todos os outros contratantes, se se pretender, apenas, uma defesa e não uma decisão *erga omnes*: RLx 7-jul.-1992 (Almeida Valadas), CJ XVII (1992) 4, 192-193 (193/I).

[65] O artigo 243.º/1 limita o 286.º: STJ 25-mar.-2003 (Afonso Correia), CJ/Supremo XI (2003) 1, 133-137 (135/II); STJ 17-abr.-2012 (Sebastião Póvoas), Proc. 261/2000: fala de uma nulidade atípica.

I – Origem

1. O anteprojeto Rui de Alarcão, no 1.º/2, comportou o seguinte trecho[1]: 1

> 2. Quando um negócio jurídico, que realmente se quis realizar, se oculta sob o negócio simulado, é-lhe aplicável o tratamento jurídico que lhe corresponderia se tivesse sido concluído sem dissimulação. Sendo o negócio dissimulado de natureza formal, a sua validade supõe, na falta de uma contradeclaração com a forma legalmente requerida para tal negócio, que as razões do seu formalismo se mostrem satisfeitas com a observância das formalidades revestidas pelo negócio simulado.

2. Revisões e Projeto. Na 1.ª Revisão, o preceito passou ao 211.º/2, com alterações formais[2]. 2
Adquiriu um espaço próprio, na 2.ª Revisão (241.º) que o desdobrou nos seus atuais dois números[3], já com a redação final.

II – Regime

3. O negócio dissimulado não é afetado pela nulidade do simulado, seguindo o 241.º/1[4]. 3
Mas não é necessariamente válido: o intérprete-aplicador terá sempre de o averiguar, enquanto negócio jurídico completo e autónomo[5]. Cabe aos interessados na preservação do dissimulado alegar e demonstrar a sua validade[6]. Para efeitos tributários, é também o dissimulado que será tido em consideração, segundo o 39.º da LGT[7].

4. A forma, enquanto requisito de validade do dissimulado levou ao 241.º/2. A versão final é 4
mais rigorosa do que a proposta de Rui de Alarcão. Este fazia depender a validade do negócio não da observância da forma, mas da satisfação das razões subjacentes à sua exigência legal[8]. Prevaleceu, após a 2.ª Revisão, uma solução mais grave[9]: a validade do negócio dissimulado esta dependente do respeito pela forma legal exigida. Todavia, Antunes Varela, autor material da 2.ª Revisão, veio dizer que o legislador pretendeu consagrar a tese de Manuel de Andrade[10], mais ampla.

[1] Rui de Alarcão, *Simulação*, 305; *idem*, *Do negócio jurídico* (211.º/2), 93, com poucas alterações.
[2] *1.ª Revisão*, 93.
[3] *2.ª Revisão*, 95; *Projecto* (241.º), 69-70.
[4] Esta solução era já defendida pela doutrina nacional, no âmbito do Código de Seabra, *vide* Rui de Alarcão, *Simulação*, 309: o autor do projeto teve este facto em consideração, como o próprio o reconhece.
[5] STJ 22-mai.-2012 (Fonseca Ramos), Proc. 82/04: o negócio dissimulado fica sujeito a uma valoração jurídica autónoma; STJ 23-nov.-2011 (Garcia Calejo), Proc. 783/09: tanto o negócio simulado como o negócio dissimulado foram considerados nulos por vício de forma; a análise foi, todavia, feita autonomamente, para cada um dos negócios.
[6] STJ 14-set.-2010 (João Camilo), Proc. 4432/03.
[7] Diz-nos o n.º 1: "Em caso de simulação de negócio jurídico, a tributação recai sobre o negócio jurídico real e não sobre o negócio jurídico simulado". Quanto a simulação em Direito fiscal Gustavo Lopes Courinha, *O verdadeiro sentido da simulação fiscal: em especial, das doações de imóveis a favor da sociedade com reporte de prejuízos/regime simplificado de IRC* em *Estudos em memória do Prof. Doutor J. L. Saldanha Sanches*, 3, (2011), 137-156.
[8] *Simulação*, 305. Era esta a solução defendida por Manuel de Andrade, *Teoria geral*, 2, 192-194.
[9] O preceito positivado segue o conteúdo do assento de 23-jul.-1952 = BMJ 32 (1952), 258-260, que, por sua vez, teve como fonte inspiradora o estudo de Beleza dos Santos, *A simulação*, 2, 357 ss..
[10] Pires de Lima/Antunes Varela, *Código Civil anotado*, 1, 4.ª ed., 228.

5 O significado do texto positivado divide a doutrina. Temos três teorias: (i) a da forma da declaração; (ii) a da forma do negócio; e (iii) a da *ratio* da forma.

6 (1) Para a primeira teoria[11], o negócio dissimulado apenas pode ser declarado válido se as próprias declarações de vontade respeitarem a forma exigida; na prática, uma doação de bem imóvel simulada em compra e venda apenas será validada se o *animus donandi* constar no texto negocial.

7 (2) Para a doutrina da forma do negócio, não releva se a declaração de vontade característica do negócio dissimulado revestiu a forma legalmente exigida[12]; a validade deve ser declarada sempre que exista uma identidade entre a forma empregue pelo negócio simulado e a forma exigida pelo negócio dissimulado: a doação de bem imóvel simulada em compra e venda, vale se esta constar de escritura pública ou de documento particular autenticado.

8 (3) A teoria da *ratio* da forma retoma os ensinamentos de Manuel de Andrade defendidos por Alarcão: a validade do negócio dissimulado está dependente do preenchimento das razões justificativas subjacentes à exigência de uma forma especial[13]. Este caminho é hoje percorrido pela maioria da jurisprudência[14].

9 **5. Solução preconizada.** Temos os pressupostos seguintes: (1) as exigências formais respeitam ao regime do negócio dissimulado; (2) ao consagrar este preceito o legislador pretendeu salvaguardar o negócio dissimulado, realmente querido pelas partes, sem pôr em causa os princípios do sistema; (3) apesar de o conjunto dos trabalhos preparatórios, abrangendo o anteprojeto de Rui de Alarcão e as alterações que se seguiram, não serem conclusivos, os elementos que dispomos apontam num claro sentido: (i) o autor material do anteprojeto defende a tese professada por Manuel de Andrade; (ii) o autor das revisões ministeriais sempre considerou que a intenção do legislador passou pela consagração dessa mesma teoria; e (iii) logo após a entrada em vigor do Código, o STJ considerou também, alterando de forma radical a posição anteriormente defendida, ser essa a interpretação mais correta do preceito[15]; (4) na busca por uma solução sustentada, o intérprete-aplicador deve procurar a resposta no seio do regime da declaração.

10 Partindo dos pressupostos interpretativos acima elencados, a nossa Ciência Jurídica tem sustentado dois caminhos possíveis: (1) aplicação analógica do 238.º; e (2) aplicação analógica do 217.º

11 (1) A **aplicação do 238.º** à simulação relativa foi explorada por Vaz Serra[16]. No número 1 do 238.º, o legislador estabelece que "nos negócios formais não pode a declaração valer com um sentido que não tenha um mínimo de correspondência no texto do respetivo documento, ainda que imperfeitamente expresso". Este princípio geral, de acordo com o seu número 2, cede nos casos em que se verifiquem, cumulativamente, dois elementos: (1) se esse sentido

[11] Galvão Telles, *Manual dos contratos*, 4.ª ed., 180-181; Mota Pinto, *Teoria geral*, 4.ª ed., 474-475; Hörster, *Teoria geral*, 546-547 e 2.ª ed., 606.

[12] Pires de Lima/Antunes Varela, *Código Anotado*, 1, 4.ª ed., 228; Pais de Vasconcelos, *Teoria geral*, 9.ª ed., 682-689 (688).

[13] Vaz Serra, *Anotação a STJ 6-jun.-1967*, 101 RLJ, 1968, 68-78; *idem*, *Anotação a STJ 18-abr.-1969*, 103 RLJ, 1971, 356-362; *idem*, *Anotação a STJ 22-jun.-1979*, 113 RLJ, 1980, 57-64 e 70-74; Oliveira Ascensão, *Direito civil/Teoria geral*, 2, 2.ª ed., 225-226; Carvalho Fernandes, *Teoria geral*, 2, 5.ª ed., 323-325.

[14] STJ 19-jul.-1979 (Miguel Caeiro), RLJ 113 (1980), 57-60; STJ 9-fev.-2003 (Oliveira Barros), Proc. 03B2536; STJ 26-nov.-2009 (Ferreira de Sousa), Proc. 336/1999; STJ 23-nov.-2011 (Garcia Calejo), Proc. 783/09; STJ 28-mai.-2013 (Fernandes do Vale), Proc. 866/05.

[15] STJ 18-abr.-1969 (Lopes Cardoso), RLJ 103 (1971), 356-359.

[16] Adriano Vaz Serra, *Anotação a STJ 6-jun.-1967*, já referido.

(que não tem um mínimo de correspondência no texto) corresponder à vontade real das partes; e (2) se "as razões determinantes da forma do negócio se não opuseram a essa validade". Vaz Serra conclui pela sua aplicação à simulação relativa, conquanto reconheça que o preceito não terá sido pensado originariamente para este tipo de situações[17]. Queda um problema: estarão as razões justificativas da forma acauteladas? Vaz Serra mostra-se cauteloso[18].

(2) A **aplicação do 217.º/2** é proposta por Pais de Vasconcelos[19]. Diz-nos o artigo 12
217.º/2: "O carácter formal da declaração não impede que ela seja emitida tacitamente, desde que a forma tenha sido observada quanto aos factos de que da declaração se deduz". O preceito não pode ser lido isoladamente, desprendido da norma contida no número 1: a declaração negocial é tácita "quando se deduz dos factos que, com toda a probabilidade, a relevam". Ou seja, aplicando o regime inteiro à simulação relativa, seria necessário deduzir da escritura pública da declaração de compra e venda a intenção de doar e apenas depois se poderia invocar o 217.º/2. Num confronto entre o 217.º e o 238.º, na perspetiva de aproveitamento do negócio dissimulado, o segundo representa um *plus*, visto não exigir um mínimo de correspondência com a vontade declarada, desde que respeitada a vontade das partes e a *ratio* da forma exigida.

(3) As **razões determinantes de prova**, por via do 238.º apontam a solução. Vaz Serra 13
expõe dúvidas: na doação simulada em compra e venda não consta, do texto do negócio, um *animus donandi*, sendo que "a declaração de vender não é tão grave como a de doar"; e na compra e venda simulada em doação, não consta o preço, sendo que "a declaração de aceitar uma doação não é tão grave com a de comprar"[20]. O que justifica a forma?

Será o *animus* que move as partes? 14

O Código exige escritura pública ou documento particular autenticado nos preceitos 15
seguintes: constituição de associações, 168.º; constituição de fundações, 185.º; contratos-promessa com eficácia real, 413.º; cessão de créditos hipotecários de bens imóveis, 578.º/2; consignação voluntária de bens imóveis, 660.º; hipoteca de bens imóveis, 714.º; compra e venda de bens imóveis, 875.º; doação de bens imóveis, 947.º; contratos de mútuo superior a 20 000 euros, 1143.º; rendas perpétuas, 1232.º; algumas transações, 1253.º; modificação do título constitutivo de propriedade horizontal; convenções antenupciais, 1710.º; reconciliação de cônjuges, 1795.º-C; perfilhação, 1853.º; reabilitação de indigno, 2038.º; alienação de herança, 2126.º; ou revogação expressa do testamento, 2312.º.

Desta série, parece certo que a exigência de forma especial para a doação de bens imóveis 16
não é motivada por qualquer *animus* mas pela natureza do objeto transmitido: bem imóvel. Assim, tendo o negócio simulado sido celebrado por escritura pública e exigindo a lei, para o negócio dissimulado, essa mesma forma, nada deve obstar ao seu aproveitamento e à consequente declaração de validade pelo tribunal.

III – A prova da simulação

6. O 394.º/2 parece proibir a **prova testemunhal** do acordo simulatório e do negócio dissi- 17
mulado, quando invocados pelos simuladores[21]. Trata-se de uma regra que remonta ao Direito

[17] *Idem*, 76.

[18] *Idem*, 76-77.

[19] Pedro Pais de Vasconcelos, *Teoria geral*, 9.ª ed., 683: o autor não explicita uma aplicação analógica do preceito. Todavia, da leitura do texto julgamos ser essa a interpretação mais fundada.

[20] Adriano Vaz Serra, *Anotação a STJ 6-jun.-1967*, 76.

[21] STJ 15-abr.-1993 (Miranda Gusmão), CJ/Supremo I (1993) 2, 61-62 (62/1): o juiz não poderia considerar respostas aos quesitos na base de depoimentos de testemunhas, na simulação invocada pelos simuladores.

napoleónico e que visa dificultar a declaração de nulidade dos atos[22]. Ainda hoje ela é justificada com o objectivo de esconjurar os "perigos" que a prova testemunhal poderia provocar: qualquer ato poderia ser contraditado.

18 A simulação é, só por si, difícil de provar. Impedir a prova testemunhal equivale a restringir a regra do 240.º/2, quanto à nulidade da simulação. A confiança de terceiros de boa-fé está sempre devidamente acautelada pelo 243.º. Assim, prevalece um entendimento restritivo do 394.º/2[23]: visa-se, no fundo, fazer prevalecer a verdade dos factos[24].

19 **7.** A **jurisprudência** acolhe essa interpretação restritiva: a proibição do 384.º/1 não é absoluta[25]. Havendo um princípio de prova escrita[26], quando seja impossível obter prova escrita ou em caso de perda não culposa dos documentos que forneciam prova[27] é admissível complementá-la através de testemunhas[28]. Os próprios simuladores podem ser ouvidos sobre a simulação[29]. Em termos práticos, admite-se, como princípio de prova escrita, uma escritura de retificação[30]. Esta evolução jurisprudencial constitui um bom exemplo de adaptação do sistema a novas exigências ético-normativas. Além disso, nenhuma dificuldade existe em, perante as dificuldades de prova sempre suscitadas pela simulação, invocar outros remédios com ela concorrentes[31].

20 **8. Cautelas.** Contra este entendimento veio manifestar-se Luís Menezes Leitão, referindo doutrina do âmbito de Seabra[32] e, sobretudo, recordando o objetivo da lei: o de evitar que, com base numa prova testemunhal de "conteúdo altamente duvidoso, se venha pôr em causa, a fiabilidade do documento autêntico"[33]. Tem a sua razão: só com cautela o juiz pode validar factos derivados de depoimentos e desde que, como foi dito, haja um início de prova documental minimamente consistente. Vigora o princípio da livre apreciação da prova testemunhal, pelo que o juiz tem toda a margem para não se deixar convencer. Mas um Direito contemporâneo deve ser transparente e leal quanto às suas soluções: quando queira impor uma saída deve fazê-lo diretamente e não recorrendo a circunlóquios de limitar *a priori* as vias para descobrir a verdade. Já não acompanhamos este Autor na passagem do 394.º/2 para a inoponibilidade da simulação aos preferentes. Não está em causa a punição dos simuladores a qual (num Direito moderno) teria de passar pela medida da culpa de cada um deles. Está sim, a de saber se a necessária proteção de terceiros vai ao ponto de lhes proporcionar um enriquecimento escandaloso, devido ao puro acaso. Não estamos a falar de "pequenas simulações", mas de saltos vertiginosos, que se documentam nos

[22] Beleza dos Santos, *A simulação*, 2, 146 ss..

[23] Quanto à origem deste preceito, *vide* Vaz Serra, *Provas (Direito probatório material)*, BMJ 110 (1961), 61-256, 111 (1961), 5-194 e 112 (1961), 33-299 (BMJ 112, 194-199).

[24] Mota Pinto/Pinto Monteiro, *Arguição da simulação pelos simuladores/Prova testemunhal*, CJ X (1985) 3, 9-15 e Luís Carvalho Fernandes, *A prova da simulação pelos simuladores* em *Estudos*, 45-68.

[25] RPt 2-mar.-2017 (Domingos Morais), Proc. 2843/15.

[26] RLx 22-jun.-2017 (Maria Manuela Gomes), Proc. 1965/12; RGm 9-abr.-2019 (Joaquim Espinheira Baltar), Proc. 56/17; RGm 10-jul.-2019 (Maria Amália Santos), Proc. 2808/18; RPt 25-mar.-2010 (M. Pinto dos Santos), Proc. 4925/07: exige três requisitos para que a prova escrita seja tida em consideração: (1) existência de um documento; (2) tem de ser proveniente daquele a quem é oposto, i.e., do simulador; e (3) que o escrito seja verosímil; STJ 7-fev.-2017 (Sebastião Póvoas), Proc. 3071/13, com uma ordenação um pouco diversa.

[27] STJ 26-nov.-2002 (Garcia Marques), Proc. 02A2882.

[28] REv 25-mar-2004 (Ana Resende), Proc. 2460/03; RPt 25-out.-2005 (Alberto Sobrinho), Proc. 0524564. Carlos Alberto Mota Pinto/António Pinto Monteiro, *Arguição da simulação pelos simuladores: prova testemunhal*, CJ X (1985) 3, 9-15.

[29] RLx 9-jul.-1992 (António da Cruz), CJ XVII (1992) 4, 136-140 (138/II); STJ 5-jun.-2007 (Fonseca Ramos), Proc. 07A134.

[30] RCb 24-jan.-1995 (Francisco Lourenço), CJ XX (1995) 1, 35-39 (39/I).

[31] STJ 14-jan.-1997 (Torres Paulo), BMJ 463 (1997), 464-470 (470): um negócio simulado que também incorra nos requisitos da ação pauliana pode ser atacado por esta última via.

[32] Luís Menezes Leitão, *Direito das obrigações*, 1, 15.ª ed., 258-259.

[33] *Idem*, 236; quanto ao depoimento de parte, as suas limitações enquanto meio de prova são conhecidas, sendo que a categoria foi revista pelo Código de Processo Civil de 2013.

tribunais, em que prédios vendidos por 10.000 são declarados por 1.000. Nem o preferente acreditará, jamais, na veracidade deste último valor. Por isso mantemos que nenhum investimento de confiança pode ser feito na base de semelhantes discrepâncias. De toda a maneira, as despesas e demais danos causados ao preferente, quando ele próprio esteja de boa-fé, devem ser ressarcidos.

As restrições do 394.º/2 não se aplicam a terceiros não-simuladores, que podem provar 21
normalmente a simulação (394.º/3)[34]. Nessa situação estão, também, os herdeiros legitimários[35].

Artigo 242.º (Legitimidade para arguir a simulação)

1. Sem prejuízo do disposto no Artigo 286.º, a nulidade do negócio simulado pode ser arguida pelos próprios simuladores entre si, ainda que a simulação seja fraudulenta.

2. A nulidade pode também ser invocada pelos herdeiros legitimários que pretendam agir em vida do autor da sucessão contra os negócios por ele simuladamente feitos com o intuito de os prejudicar.

Bibliografia: a indicada ao 241.º.

Índice

1 **1.** O **anteprojeto Rui de Alarcão** preconizou (2.º)[1]:

> **1.** A nulidade do negócio simulado pode ser arguida pelos próprios simuladores entre si, mesmo que se trate de simulação fraudulenta, assim como pelos credores que tenham nessa arguição algum interesse sério, embora o devedor se não ache insolvente.
>
> **2.** Essa nulidade pode também ser invocada pelos herdeiros legitimários que pretendam agir, em vida do hereditando, contra os negócios por ele simuladamente concluídos com o intuito de os prejudicar, e bem assim por quaisquer outras pessoas que em tal invocação tenham interesse.

2. Revisões e Projeto. Mantendo o sentido básico, o texto transcrito foi alterado formalmente 2
na 1.ª (212.º)[2] e na 2.ª (242.º)[3] Revisões Ministeriais. O Projeto (242.º) consignou a redação definitiva[4].

[34] STJ 21-set.-2017 (António Joaquim Piçarra), Proc. 875/03.

[35] RPt 18-dez.-2018 (Filipe Caroço), Proc. 3332/17; diversamente: RPt 18-mai.-2017 (Ataíde das Neves), Proc. 824/06.

[1] Rui de Alarcão, *Simulação*, 312; *idem*, *Do negócio jurídico* (13.º), 257.

[2] *1.ª Revisão*, 93.

[3] *2.ª Revisão*, 95.

[4] *Projecto*, 70.

3 **3. Legitimidade dos simuladores**, mesmo fraudulentos, é expressa no 242.º/1. Em princípio, sempre o poderiam fazer (286.º); todavia, essa hipótese seria precludida pela proibição de *tu quoque* (334.º): tirar partido do próprio ilícito. A opção legal dá prevalência à autonomia privada.

4 **4. Legitimidade dos herdeiros** legitimários (242.º/2)[5] constitui um suplemento de defesa destes, ditado pela experiência: aguardar pela abertura da sucessão poderia comprometer quer a subsistência dos bens, quer as hipóteses de prova do ocorrido. Essa legitimidade é aferida em função do que o autor diga na petição inicial[6].

Artigo 243.º (Inoponibilidade da simulação a terceiros de boa fé)

1. A nulidade proveniente da simulação não pode ser arguida pelo simulador contra terceiro de boa-fé.

2. A boa-fé consiste na ignorância da simulação ao tempo em que foram constituídos os respetivos direitos.

3. Considera-se sempre de má-fé o terceiro que adquiriu o direito posteriormente ao registo da ação de simulação, quando a este haja lugar.

Bibliografia: António Pinto Monteiro, *Simulação e terceiros de boa fé* (Breve apontamento), RLJ 146 (2016), 38-42; *vide*, ainda, a indicada ao 240.º.

Índice

I – Origem

1 **1. O anteprojeto Rui de Alarcão** propôs (3.º)[1]:

> **1.** A nulidade do negócio simulado não pode ser arguida pelos simuladores contra terceiros, que não estejam de má fé e cujos direitos seriam prejudicados se tal negócio não subsistisse como válido.
>
> **2.** Consideram-se de má fé os terceiros que tinham conhecimento da simulação ao tempo em que adquiriram os respectivos direitos, ou, mesmo que o não tivessem, desde que a esse tempo já se achasse registada, sendo caso disso, a acção simulatória.

2 **2. Revisões e Projeto**. A 1.ª Revisão (213.º) manteve, basicamente, a orientação de Alarcão (213.º)[2]. Já na 2.ª (243.º) suprimiu-se a referência a (...) *cujos direitos seriam prejudicados*[3]. A redação manteve-se no Projeto[4] e, daí, à versão promulgada.

[5] STJ 14-jun.-2018 (Tomé Gomes), Proc. 206/08.

[6] RCb 9-jan.-2017 (Moreira do Carmo), Proc. 203/11.

[1] Rui de Alarcão, *Simulação*, 317; *idem*, *Do negócio jurídico* (14.º), 258.

[2] *1.ª Revisão*, 93-94.

[3] *2.ª Revisão*, 95-96.

[4] *Projecto*, 70.

II – O regime

3. Uma nulidade "relativa"[5]. O 243.º/1 não permite que os simuladores oponham a nulidade aos terceiros de boa-fé. Isso significa que o 286.º perde aplicação: ela não pode ser invocada por qualquer interessado[6], assim como não pode ser oficiosamente declarada pelo tribunal[7]. 3

Estamos perante uma solução tradicional, já presente no Direito comum e que visa dar estabilidade ao tráfego jurídico: na sua falta, nunca nenhum adquirente estaria tranquilo: a montante poderiam ser sempre invocada e "demonstrada" uma simulação. 4

4. Noção de terceiro: em princípio todo aquele que não seja parte. Na simulação, o conceito relevante, segundo a proposta de Rui de Alarcão, era mais restrito: estariam em causa apenas os terceiros cujos direitos fossem prejudicados pela invalidade do negócio simulado. Essa orientação sobreviveu à 1.ª Revisão Ministerial, mas caiu na 2.ª, por razões ignotas. Veremos as eventuais consequências. 5

5. De boa-fé: o 243.º/2 define-a como a "ignorância" da simulação ao tempo em que foram constituídos os respetivos direitos. O 243.º/3 complementa: considera-se de má-fé o que adquirira depois de registada uma eventual ação de simulação. 6

Duas hipóteses: vale uma boa-fé psicológica[8], equivalente ao puro desconhecimento ou uma boa-fé ética, própria do desconhecimento não-culposo? O problema foi debatido e esclarecido, em geral, no séc. XIX[9], sendo a solução, nos vários Direitos, a da boa-fé ética. De outro modo: (a) o Direito iria premiar os néscios, os indolentes e os não-diligentes: nunca sabem nada; (b) o sistema iria abdicar de conduzir as condutas humanas; (c) a prova seria muito difícil: o juiz não pode (nem deve) entrar no espírito das pessoas. 7

Está de boa-fé aquele que, agindo com o cuidado requerido ao *bonus pater familias*, desconheça o ocorrido. E perante a má-fé, o juiz dirá: ninguém pode afirmar se alguém conhece ou desconhece a simulação; mas dadas as circunstâncias, se não conhece devia conhecer. 8

III – Simulação e preferências

6. O problema. Uma das simulações mais frequentes era, na prática, a venda por um preço declarado inferior ao real, para defraudar o fisco: vendia-se por 500.000 euros mas, declarava-se, na escritura, apenas o preço de 50.000 euros. Nessa altura, se tiver sido preterido um preferente legal, este pode mover uma ação de preferência, pagando os 50.000 euros, apenas; e se os simuladores explicarem – e provarem – que o preço fora, na realidade, o de 500.000 euros, poderia o preferente escudar-se com o 243.º/1: os simuladores não podem arguir a simulação contra terceiros de boa-fé[10]. O preferente teria um enriquecimento escandaloso. 9

A injustiça levou Manuel de Andrade, ainda no CS, a sustentar que só seriam terceiros, para efeitos de tutela da boa-fé na simulação, as pessoas prejudicadas com a invalidação do negócio simulado; não aquelas que apenas lucrariam com ele[11]. Na linha desta argumentação, Rui de Alarcão propôs, no seu anteprojeto, o preceito acima transcrito e que limitava os terceiros 10

[5] Quanto à categoria das nulidades relativas, *infra* 285.º, anot. 11-13.

[6] Portanto: por qualquer pessoa que possa ser afetada pela simulação: RGm 12-jan.-2017 (Ana Cristina Duarte), Proc. 2476/12.

[7] RLx 11-out.-2018 (Carla Mendes), Proc. 1999/13, referindo tratar-se de uma exceção perentória.

[8] Opção de Carvalho Fernandes, *Simulação e tutela de terceiros*, 144-148; contra: *Tratado*, II, 4.ª ed., 896, nota 3110.

[9] *Tratado*, I, 4.ª ed., 964 ss., com indicações.

[10] Hoje as simulações fiscais visam defraudar o IRS ou o IRC, no essencial; são "impostas" pelos vendedores e não pelos compradores, como sucedia a propósito da sisa, depois substituída pelo IMT; cria-se, assim, uma situação de especial injustiça.

[11] Manuel de Andrade, *Teoria geral*, 2, 207.

protegidos aos que fossem prejudicados com a situação. No entanto, esse Autor enredou-se em dubitativas explicações[12] que tiraram impacto à solução proposta. Na 2.ª Revisão, o preceito foi suprimido. Nessa base, Castro Mendes[13] e Antunes Varela[14] defenderam que a simulação era, em qualquer caso, inoponível a terceiros de boa-fé. Em sentido diverso vieram depor Mota Pinto[15] e Almeida Costa[16]: o objetivo da lei, perante os interesses em presença, nunca poderia ser o de facultar o enriquecimento do preferente.

11 Esta última posição, defendida pela doutrina generalista mais moderna[17], foi acolhida pela jurisprudência. Depois de, numa primeira fase, os nossos tribunais terem avançado diferentes respostas, a doutrina do abuso do direito acabou por receber uma apoio alargado: sendo a diferença entre o valor real e o valor declarado conhecido do preferente, o exercício do direito de preferência é abusivo[18].

12 **7. A solução prática.** A simulação pode, nos termos gerais, ser constatada na própria ação de preferência[19]: aí será, então, declarada a competente nulidade, de modo a poder preferir-se pelo preço real[20]. Só na hipótese de ter surgido uma ação de simulação autónoma será necessário, ao preferente, aguardar pelo trânsito em julgado da decisão que declare a nulidade, para preferir por esse preço podendo, em alternativa, preferir desde logo pelo preço real[21].

13 **8. A confiança.** O exercício do direito de preferência por um sujeito que conheça a simulação do preço não preenche os requisitos clássicos do princípio da tutela da confiança: esta só se justifica quando haja um investimento de confiança, isto é: quando o confiante adira à aparência e, nessa base, erga um edifício jurídico e social que não possa ser ignorado sem dano injusto. Ora o preferente por valor simulado inferior ao real não fez qualquer investimento de confiança. A sua posição não pode invocar a tutela dispensada, à aparência, pela boa-fé.

Artigo 244.º (Reserva mental)

1. Há reserva mental, sempre que é emitida uma declaração contrária à vontade real com o intuito de enganar o declaratário.

[12] *Idem*, ob. cit., *maxime* 320, onde se conclui deste jeito:

> Preferível é talvez, portanto, falar apenas, como se faz no § 1.º, em terceiros (de boa-fé) *prejudicados*. Ou até mesmo excluir essa referência, e aludir somente à inoponibilidade da simulação a terceiros de boa fé.

[13] Castro Mendes, *Teoria geral*, 3, 190 ss., impressionado pela evolução dos preparatórios.

[14] Pires de Lima/Antunes Varela, *Código Anotado*, 1, 4.ª ed., 229-230 e na 1.ª ed. (1967), 157, anterior a Castro Mendes e Antunes Varela, *Das obrigações em geral*, 1, 10.ª ed., 383, nota 1.

[15] Mota Pinto, *Teoria geral*, 4.ª ed., 482, dizendo "...dado o fim do artigo 243.º (proteger a confiança dos terceiros), a solução mais acertada é a que impede que a invocação da simulação possa causar prejuízos e não já a que vai ao ponto de, por essa causa, originar vantagens ou lucros que nada legitima".

[16] Almeida Costa, *Direito das obrigações*, 12.ª ed., 457-458, nota 3, com indicações bibliográficas completas; ambos estes autores defenderam, inicialmente, as suas posições antes de 1978.

[17] Menezes Cordeiro, *Direito das obrigações*, 1, 500 ss.; Oliveira Ascensão, *Direito civil/Teoria geral*, 2, 2.ª ed., 229; Carvalho Fernandes, *Teoria geral*, 2, 5.ª ed., 330 e *Simulação e tutela de terceiros*, 111 ss..

[18] STJ 21-out.-2003 (Ribeiro de Almeida), Proc. 03A2822; RPt 24-nov.-2005 (Ataíde das Neves), Proc. 0534769; RCb 4-nov.-2008 (Graça Santos Silva), Proc. 557/2001: o preferente tem de estar em condições de exercer o direito de preferência.

[19] STJ 21-out.-2003 (Ribeiro de Almeida), Proc. 03A2822.

[20] STJ 11-jan.-2011 (Sousa Leite), Proc. 1204/07: o tribunal diz que não pode conhecer a alegada simulação do preço, por não ter sido invocada na petição inicial; RPt 24-nov.-2004 (Ataíde das Neves), Proc. 0534769; RGm 4-out.-2018 (Maria João Matos), Proc. 71/18: o valor da ação será, então, o do preço declarado.

[21] STJ 2-jul.-1998 (Fernando Fabião), BMJ 479 (1998), 566-570 (569). Para além das obras generalistas, veja-se o abrangente artigo de Heinrich Ewald Hörster, *Simulação. Simulação relativa. Formalismo legal*, CDP 19 (2007), 3-28.

2. A reserva não prejudica a validade da declaração, exceto se for conhecida do declaratário; neste caso, a reserva tem os efeitos da simulação.

Bibliografia: Ana Filipa Morais Antunes e outros, *UCP/Comentário ao Código Civil*, 1 (2014), 572-575; António Menezes Cordeiro, *Tratado de Direito civil*, II, 4.ª ed. (2014), 816-822; Carlos Mota Pinto, *Teoria geral do Direito civil*, 4.ª ed. (2005), 486-488; Isabel Meneres Campos/Sérgio Mouta Faria, *Notas sobre a reserva mental*, Est. Heinrich Ewald Hörster (2012), 285-297; Luís A. Carvalho Fernandes, *Teoria geral do Direito civil*, II, 5.ª ed. (2012), 361-363; Mafalda Miranda Barbosa, *Falta e vícios da vontade* (2020), 36-44; Manuel de Andrade, *Teoria geral da relação jurídica*, 2 (1960), 215-218; Paulo Mota Pinto, *Declaração tácita e comportamento concludente no negócio jurídico* (1995), 262-291; Rui de Alarcão, *Reserva mental e declarações não sérias/Anteprojecto para o novo Código Civil*, BMJ 86 (1959), 225-231 (225-229).

Índice

I – O regime

1. Antecedentes. No Direito canónico, quanto ao casamento, o relevo da *conscientia* deu relevância à *reservatio* (cânone 1101.º/II, do Código de 1983). Já no Direito civil, desde Azo (1150-1220), a opção foi a inversa: ***propositum in mente retentum nihil operatur***[1]. 1

Savigny considera a reserva mental irrelevante. Todavia, isso contundia com o dogma da vontade: permitia negócios onde esta faltava. Não obstante, evidentes razões de segurança e de tutela da confiança levaram a que a pandectística lhe retirasse eficácia. 2

2. O **anteprojeto Rui de Alarcão** preconiza o texto seguinte (1.º)[2]: 3

> A declaração negocial não é nula pelo simples facto de o declarante a ter emitido sob a reserva, que foi seu intento ocultar do declaratário, de não querer aquilo que declarou. A declaração será, todavia, nula se o declaratário tiver conhecido a reserva.

Rui de Alarcão inspirou-se no § 116 do BGB e seguiu a doutrina de Manuel de Andrade: o CS omitia este vício da vontade. 4

3. Revisões e Projeto. Na 1.ª Revisão (215.º), o texto de Alarcão foi mantido[3]. Na 2.ª (244.º), alcançou-se a redação definitiva[4]. 5

II – Noção e regime

4. Noção: ocorre uma declaração com o intuito interior de enganar o declaratário: o declarante não pretende o que declara querer. Exteriormente, deve haver uma declaração[5]. A reserva 6

[1] Elementos: *Tratado*, II, 4.ª ed., 816-818.
[2] Rui de Alarcão, *Reserva mental e declarações não sérias*, 225.
[3] *1.ª Revisão*, 94-95.
[4] *2.ª Revisão*, 96; *Projecto* (244.º), 70.
[5] Na sua falta, não há reserva mental: REv 14-nov.-1996 (Fernando Bento), CJ XXI (1996) 5, 263-268 (265/

é absoluta ou relativa, consoante o declarante não pretenda nenhum negócio ou antes queira um negócio diferente do declarado. A reserva diz-se inocente ou fraudulenta conforme não vise prejudicar ninguém ou, pelo contrário, assuma *animus nocendi*. Em qualquer caso, é necessário que o declaratário desconheça a reserva[6].

7 **5. Regime.** A reserva mental sendo, como é, puramente interior (*propositum in mente retentum*) não prejudica a validade da declaração. Trata-se de uma evidência[7]: como explica Manuel de Andrade, em palavras que mantêm a atualidade:

> É difícil conceber que existe alguém tão falho de senso jurídico que suponha que, pelo simples facto de não querer os efeitos jurídicos correspondentes à sua declaração, isto baste para invalidar o respectivo negócio[8].

8 Esse Autor põe todavia a hipótese de alguém concluir um negócio que não queira, mas pensando ser o mesmo nulo por um vício que, na realidade, não se verifique. Nessa eventualidade tem, todavia, aplicação o regime do erro: não o da reserva mental: os motivos determinantes da vontade, relativos ao objeto (ou conteúdo) (251.º) assentaram num *error iuris*. Haverá que aplicar o competente regime, sendo ainda certo que a prova é difícil.

9 **6. Convolação para a simulação** (244.º/2): foi apressada e impensadamente introduzida na 2.ª Revisão, quando o declaratário conheça a reserva.

10 De facto, a simulação pressupõe um acordo entre o declarante e o declaratário e o intuito de enganar terceiros (240.º/1); na reserva conhecida pelo declaratário[9], não há tal acordo nem, logicamente, o comum intuito de enganar terceiros. A remissão do final do artigo 244.º/2 deve, pois, ser lida em termos cabais: há uma remissão para a simulação *in totum*: esta só se aplicará se se encontrarem reunidos os seus diversos requisitos. Mas, à partida, a reserva mental conhecida pela outra parte dá azo a nulidade[10]: passará a simulação se houver o acordo simulatório e a intenção de enganar terceiros.

11 As pessoas sentem-se e ficam vinculadas às palavras e aos atos: não aos pensamentos, ainda que porventura os conheçam ou pensem conhecer. A juridicidade está suficientemente ancorada nos corações e nos espíritos da Humanidade para ser da maior evidência que vale a declaração feita, ainda que, no fundo, a vontade fosse outra.

12 **7. O fundamento** da irrelevância da reserva mental já foi visto na defesa da confiança: de facto, desta pouco ficaria se qualquer declaração de vontade pudesse ser invalidada pela vontade íntima do seu autor. Mas nem é preciso ir tão longe: está em jogo a relevância negocial da declaração e da vontade. O declarante exterioriza o que quis declarar: e aqui reside a sua liberdade e a sua autonomia. Esta orientação deve ser sufragada.

/II-266/I): fora feito um anúncio, com reserva mental: mas faltou a declaração formal de venda, pelo que não se julgou haver reserva.

[6] RPt 23-jun.-1997 (Lázaro de Faria), Proc. 9651090.

[7] *Tratado*, II, 4.ª ed., 821.

[8] Manuel de Andrade, *Teoria geral*, 2, 216.

[9] Altura em que, de todo o modo, se pode pôr a hipótese da sua relevância: RLx 12-nov.-1998 (Ana Paula Boularot), Proc. 0059796.

[10] STJ 10-jul.-2008 (Maria dos Prazeres Beleza), Proc. 07B1994 = RLJ 137 (2008), anot. João Calvão da Silva, *idem*, 293-316.

Artigo 245.º (Declarações não sérias)

1. A declaração não séria, feita na expectativa de que a falta de seriedade não seja desconhecida, carece de qualquer efeito.

2. Se, porém, a declaração for feita em circunstâncias que induzam o declaratário a aceitar justificadamente a sua seriedade, tem ele o direito de ser indemnizado pelo prejuízo que sofrer.

Bibliografia: António Menezes Cordeiro, *Tratado de Direito civil*, II, 4.ª ed. (2014), 809-815; Carlos Mota Pinto, *Teoria geral do Direito civil*, 4.ª ed. (2005), 488-489; Evaristo Mendes/Fernando Sá, *UCP/ /Comentário do Código Civil* (2014), 575-578; Mafalda Miranda Barbosa, *Falta e vícios da vontade* (2020), 44-50; Manuel de Andrade, *Teoria geral da relação jurídica*, 2 (1960), 218-219; Paulo Mota Pinto, *Declaração tácita e comportamento concludente no negócio jurídico* (1995), 253-261; Rui de Alarcão, *Reserva mental e declarações não sérias/Anteprojecto para o novo Código Civil*, BMJ 86 (1959), 225-231 (229-231).

Índice

I – Noção e origem

1. Noção: declaração diz-se não-séria quando o declarante, apesar de lhe dar uma conformação jurídica, a faça não com o objetivo de concluir um negócio mas, simplesmente, de efetuar uma tirada jocosa, jactante, publicitária, cénica ou ilustrativa[1]. A intenção do declarante pode ser boa, neutra, desagradável ou maléfica. 1

2. O **Direito romano** já conhecia a eventualidade de declarações não-sérias, prevendo que as mesmas não produzissem efeito. A orientação manteve-se, sendo retomada por Savigny. Não requeria a cognoscibilidade, pela contraparte, do carácter não sério. Jhering, por seu turno, optava pela natureza vinculativa da declaração não-séria, caso o destinatário não se apercebesse da falta de seriedade, numa opção compartilhada por Windscheid[2]. 2

3. O **BGB** dispôs, no § 118 (falta de seriedade): 3

> Uma declaração de vontade não efetuada seriamente, realizada com a expectativa de que a falta de seriedade não seria desconhecida, é nula.

Este preceito exerceu uma influência decisiva no Código Civil de 1966: de novo a doutrina alemã apresenta o maior relevo, teórico e prático, no entendimento e na aplicação do Direito lusófono. 4

[1] Manuel de Andrade, *Teoria geral*, 2, 218 e, em parte, Pires de Lima/Antunes Varela, *Código Anotado*, 1, 4.ª ed., 231. Sobre toda esta matéria, em especial: Paulo Mota Pinto, *Declaração tácita*, 253-262.

[2] Indicações: *Tratado*, II, 4.ª ed., 810.

5 **4.** O **Código de Seabra** é omisso. Mas Guilherme Moreira estudou o tema e sublinha que, no negócio jurídico, está em causa a autonomia da vontade mas, também, o interesse da coletividade. E conclui[3]:

> Do que fica dicto resulta que a *reserva mental*, pela qual uma das partes intencionalmente declara que quer o que realmente não quer com o fim de enganar a outra, não póde ser invocada para rescindir um acto juridico, e tambem não póde constituir fundamento para a annullação do acto juridico o facto de se haver declarado a vontade *causa ludendi*, quando a pessoa a quem essa declaração é dirigida não tenha motivo para suppor que a declaração não é seriamente feita.

6 José Tavares baseia a eficácia ou a ineficácia das declarações não-sérias (e da reserva mental), seja na "certeza" e na "segurança das transacções", seja na própria eficácia jurídica da vontade. Inocêncio Galvão Telles atribui a eficácia das declarações não-sérias, sendo a falta de seriedade oculta, à aplicação da ideia de responsabilidade[4]. Finalmente, Manuel de Andrade distingue as declarações não-sérias (não visam enganar ninguém) da reserva mental e contrapõe as jocosas (*ludendi causa*), as cénicas, as didáticas (*demonstrationis causa*), as jactansiosas e as publicitárias. Quanto a efeitos: o negócio é nulo quando o declaratário soubesse, ou devesse saber (p. ex., nas didáticas ou nas cénicas) da não-seriedade da declaração.

7 **5.** Nos **preparatórios**, as declarações não-sérias obtiveram, em conjunto com a reserva mental, um pequeno estudo de Rui de Alarcão[5]: facilitado pela doutrina anterior. Propôs[6]:

> A declaração feita não sèriamente, na expectativa de que não será desconhecida a falta de seriedade, não produz efeito, se o declaratário não sabia nem devia saber da não seriedade, deve, todavia, o declarante indemnizá-lo pelos danos resultantes de ter confiado na validade da declaração.

8 Afirma apoiar-se no Direito alemão embora se afaste do § 118 do BGB, que considera a declaração "nula". Alarcão entendeu dever deixar em aberto a hipótese de se considerar nem haver qualquer declaração negocial.

9 A 1.ª revisão ministerial reduziu o preceito à primeira proposição: retirou qualquer referência à responsabilidade (216.º)[7]. Esta foi reintroduzida na 2.ª revisão (245.º), com uma redação semelhante à atual e num número 2[8].

10 Podemos considerar terem sido ensaiadas, nos preparatórios, diversas saídas para o problema. Curiosamente, a hipótese de entender eficaz o negócio jurídico não-sério, mas cuja falta de seriedade não fosse (nem devesse ser) conhecida pelo destinatário, foi prematuramente afastada. Há uma quebra intrassistemática perante o regime da reserva mental. Veremos, pela interpretação, como transcender este óbice.

[3] Guilherme Moreira, *Instituições do Direito civil*, 1, n.º 157 (403-404); os itálicos são do original.

[4] Inocêncio Galvão Telles, *Dos contratos em geral*, 1.ª ed. (1947), n.º 66 (135-136).

[5] Rui de Alarcão, *Reserva mental e declarações não sérias / Anteprojecto para o novo Código Civil*, BMJ 86 (1959), 225-231.

[6] Rui de Alarcão, *Reserva mental e declarações não sérias*, 229-230.

[7] *1.ª Revisão*, 95.

[8] *2.ª Revisão*, 96; *Projecto*, 70-71.

II – O regime

6. Âmbito. Ficam envolvidas todas as situações nas quais o declarante não tenha a intenção de emprestar, à declaração feita, uma dimensão jurídico-negocial, esperando que o "declaratário" disso se aperceba. Temos: (1) uma declaração linguisticamente capaz de exprimir uma vontade negocial eficaz: uma afirmação descabida ou disparatada, em si ou pelo contexto, não tem qualquer relevância capaz de avocar o 245.º; (2) acompanhada pela falta de vontade (de consciência) de lhe emprestar uma dimensão jurídica; (3) em termos que, de algum modo, se reflitam seja no seu teor, seja nas circunstâncias que acompanhem o sucedido: uma falta de seriedade puramente íntima, que não assuma uma dimensão de alteridade, não releva para o Direito; (4) e na expectativa de que a falta de seriedade não seja desconhecida, isto é, de que o destinatário se aperceba dela; esta "expectativa" deve alicerçar-se em algo de substancial, seja objetivamente (todos percebem a falta de seriedade) seja subjetivamente (o concreto destinatário deveria aperceber-se disso dado, por exemplo, o historial de brincadeiras entre ambos existente). 11

Na dúvida, há que interpretar a declaração à luz do 236.º, para verificar se a falta de seriedade é acessível ao horizonte do destinatário: normal, na posição do real. Não ocorre um especial dever, a cargo do declaratário, de indagar da seriedade das declarações negociais que lhe sejam dirigidas: o Direito é assunto sério; todos têm a consciência de que os contratos devem ser cumpridos e de que as declarações de vontade são para valer. Opera, apenas, o dever geral de prestar atenção ao que se ouça e veja, quando se pretenda concluir um negócio. 12

Se, mau grado a "expectativa" do declarante, a falta de seriedade não for cognoscível, caímos na reserva mental (244.º/1). Uma declaração não-séria, feita de tal modo que a não-seriedade não seja percetível tem (objetivamente) o intuito de enganar o declaratário. A "sanção" será, nessa altura, a validade da declaração (244.º/2). 13

7. A **aceitação da seriedade**, quando justificada, por parte do declaratário, dá direito a uma indemnização (245.º/2). A ser assim, a declaração não-séria e a reserva mental ficariam indistinguíveis. O quadro – em nome de uma interpretação sistemática – terá de ser o seguinte: (1) declaração patentemente não-séria: aplica-se o 245.º/1; (2) declaração patentemente não-séria, mas que, por particulares condicionalismos, enganou o declaratário: aplica-se o 245.º/2; (3) declaração secretamente não-séria: aplica-se o regime da reserva mental, sendo o negócio válido e eficaz. 14

O regime português atinente a declarações não-sérias e às figuras circundantes será, deste modo, dos mais completos e subtis. A jurisprudência já recorreu a ele para enquadrar casos atípicos. Assim, em STJ 9-nov.-1999, entendeu-se que o contrato-promessa assinado pelas partes sem qualquer vontade de celebrar um negócio e sem visar o engano de terceiros não produz quaisquer efeitos por ser ... não-sério[9]. 15

Queda, ainda, uma hipótese: a da declaração normal que, por força das circunstâncias, seja entendida como não-séria. O declaratário que, nessa base, a aceita, fica vinculado? A chave reside no 236.º. Se a declaração for tomada, pelo declaratário normal, na posição do real, como não-séria, ela cai no 245.º/1, mesmo quando fosse seriíssima. Logo, a sua aceitação é irrelevante. Fechamos a lógica objetivista do sistema de 1966. 16

[9] STJ 9-nov.-1999 (Machado Soares), BMJ 491 (1999), 238-241 (240/I).

Artigo 246.º (Falta de consciência da declaração e coação física)

A declaração não produz qualquer efeito, se o declarante não tiver a consciência de fazer uma declaração negocial ou for coagido pela força física a emiti-la; mas, se a falta de consciência da declaração foi devida a culpa, fica o declarante obrigado a indemnizar o declaratário.

Bibliografia: António Menezes Cordeiro, *Tratado de Direito civil*, II, 4.ª ed. (2014), 786-797 e 823-834; Evaristo Mendes/Fernando Sá, *UCP/Comentário do Código Civil* (2014), 578-581; Manuel de Andrade, *Teoria geral da relação jurídica*, 2 (1960), 218-219; Paulo Mota Pinto, *Declaração tácita e comportamento concludente no negócio jurídico* (1995), 220-252 e 329-330; Rui de Alarcão, *Breve motivação do anteprojecto sobre o negócio jurídico na parte relativa ao erro, dolo, coacção, representação, condição e objecto negocial*, BMJ 138 (1964), 71-122 (88-89).

Índice

I – Origem

1 **1. Antecedentes**: o 246.º reuniu duas figuras distintas. A falta de consciência da declaração foi um aprofundamento pandectístico[1] que, através de Enneccerus/Nipperdey, Manuel de Andrade e Rui de Alarcão, chegou ao Código. A coação tem ascendência romana, ainda que a distinção em física e moral levante dúvidas.

2 **2.** O **projeto Rui de Alarcão** propôs, numa rubrica relativa ao erro na declaração e num artigo 1.º epigrafado "efeito do erro na declaração sobre a validade do negócio"[2]:

> 2. A declaração não produz efeito se o declarante não teve a consciência de emitir uma declaração negocial. Mas se essa omissão foi devida a culpa fica o declarante obrigado a indemnizar o declaratário.

3 Já a coação constava de uma rubrica "erro-motivo, dolo e coacção" (5.º), dedicado, apenas, à coação moral[3].

[1] *Tratado*, II, 4.ª ed., 786-789, com indicações.

[2] Rui de Alarcão, *Erro, dolo e coacção – representação – objecto negocial – negócios usurários – condição*, BMJ 102 (1961), 167-180 (167). *Idem*, *Do negócio jurídico/Anteprojecto para o novo Código Civil*, BMJ 105 (1961), 249-178 (251), artigo 15.º/2.

[3] *Idem*, *Erro, dolo e coacção*, 170.

3. Nas **Revisões Ministeriais**; a orientação manteve-se, na 1.ª (217.º/2)[4]. Na 2.ª (246.º), surpreendentemente, surge a junção com a coação física[5], numa fórmula que, sem alterações, passou ao Projeto (246.º)[6] e ao texto final. 4

II – Falta de consciência da declaração

4. A **autonomia** da figura levanta dúvidas: constitui um resquício do dogma da vontade. A declaração vale por si, como ação humana voluntária. A "consciência" dessa ação representa um "plus" insondável: quiçá inseparável da própria ação. Duas teorias: (1) do erro: a falta de consciência seria uma forma de erro na formação da vontade, devendo seguir o inerente regime: anulabilidade, quando cognoscível; (2) da aparência (Canaris): faltando a consciência, já não haveria verdadeiro exercício da autonomia, mas apenas uma figuração exterior. 5

Sem consciência não há vontade e, sem esta, a declaração assenta, apenas, na confiança que suscite. O Direito não pode ir mais longe: se a falta de consciência não se refletir na conduta e/ou nas circunstâncias, a declaração é válida. 6

5. A **delimitação** da falta de consciência é difícil. Perante o 236.º/1, a declaração tomada como tal, pelo declaratário normal, na posição do real, é válida. E em face do 247.º: o erro só pode ser invocado se o declaratário conhecesse ou não devesse ignorar a essencialidade, para o declarante, do elemento sobre que ele incidiu. A falta de consciência não pode ser mais eficaz do que o erro[7]. 7

O 246.º não pode ter em vista uma consciência íntima, no sentido de uma (ausência de) vontade da qual, apenas introspetivamente, o próprio declarante se pudesse aperceber. O Direito não penetra (não tem de penetrar e não deve penetrar) no íntimo de cada um: apenas versa a vida de relação. Desta consideração estrutural e do conjunto do sistema, com relevo para os 236.º e 247.º; inferimos que a falta de consciência da declaração relevante é aquela que seja percetível, na própria ambiência negocial onde o tema se ponha. 8

6. Relevância. O declarante que emita uma proposta ou outra declaração, em boa e devida forma, sem ter consciência do que faça, incorre nos canais da eficácia jurídica. A declaração vai-lhe ser imputada com o sentido que lhe daria o declaratário normal; apenas na conjuntura do erro ele a poderia impugnar. 9

Só assim não será quando a falta de consciência seja de tal modo aparente que, perante o declaratário normal, ela lhe não possa ser imputada. Nessa altura – e porque não se pode admitir a inexistência[8] – o ato será nulo. Ainda então, se a falta de consciência puder ser censurada ao declarante – portanto, se ele fez a declaração violando deveres de lealdade ou de informação ou se se colocar voluntariamente na situação de o fazer[9] – ele fica obrigado a indemnizar o declaratário (246.º, *in fine*). Necessário será que se mostrem reunidos os diversos pressupostos da responsabilidade civil. 10

A jurisprudência tem evitado aplicar esta figura. Assim, ela entende, uniformemente, que a falta de consciência da declaração só opera perante capazes[10], enquanto, em RCb 14-mai.- 11

[4] *1.ª Revisão*, 95.

[5] *2.ª Revisão*, 96-97.

[6] *Projecto*, 71.

[7] Paulo Mota Pinto, *Declaração tácita*, 242 ss..

[8] *Infra*, intr. 285.º a 294.º, anot. 14 a 23.

[9] No fundo: se ele agir com *culpa in contrahendo*, numa aproximação feita, nos preparatórios, por Rui de Alarcão: *Breve motivação*, 89.

[10] REv 25-jan.-1996 (Pereira Carvalho), CJ XXI (1996) 1, 277-278 (277/II): no caso, tratava-se de um testamento feito por incapaz. Em rigor – e caso não houvesse boas razões para tentar restringir a figura – nenhum motivo se perfila para não a aplicar a incapazes, desde que (o que não terá sido o caso), se verificassem os seus requisitos. Orientação semelhante ocorre em RCb 11-jul.-2000 (Helder Almeida), CJ XXV (2000) 4, 6-9 (8/II), em STJ 4-out.-

-1996, se estabeleceu que tal falta só releva quando seja total: atingindo apenas parte do negócio, caberia recorrer ao erro[11].

12 Uma utilização atualista da figura da falta de consciência da declaração ocorreu em RCb 26-jan.-1999: para evitar a inclusão, num contrato, de uma cláusula contratual geral concretamente injusta, da qual não houvera conhecimento[12]: mas para isso há regras especiais. Além disso e quando alegada, a falta de consciência tem de se provar, o que não é fácil[13]. Não se vê como invocar falta de consciência da declaração quando esta seja atestada em documento autêntico, com base na perceção da entidade documentadora; aí, haveria que invocar, desde logo, a falsidade do documento[14].

III – Coação física

13 **7. Antecedentes**[15]. No Direito romano, a *vis absoluta* era conhecida. Todavia, a *actio quod metus causa*, com conotações penais, cobria também a atual coação moral. O pensamento canónico, preocupado com a liberdade do casamento, operou a contraposição entre a *vis compulsiva* e a *vis absoluta*. A primeira conduz à coação moral (*voluntas coacta sed voluntas*), que não invalidava necessariamente o negócio. A segunda suprimia a vontade do visado. Esta última, pela sua impressividade, nem carecia de leis civis para bloquear os negócios que originasse.

14 **8.** O **Código de Seabra**: o seu 666.º, § único, definia:

> A coacção consiste no emprego da força physica, ou de quaesquer meios, que produzam damnos, ou fortes receios d'elles, relativamente á pessoa, honra ou fazenda do contrahente ou de terceiros.

15 Mau grado a indistinção, Guilherme Moreira, distingue a pura força, que nem seria coação, da coação propriamente dita, ainda que "física": a primeira não dava lugar a declarações relevantes; a coação facultava situações "rescindíveis"[16]. José Tavares apontava a indistinção entre as duas "coações"[17], enquanto Paulo Cunha fazia a separação[18]. Caberia ao Código de 1966 solucionar as dúvidas.

16 **9. Preparatórios**. Manuel de Andrade separava a coação física da moral[19]. Todavia, ponderando o tema, Rui de Alarcão optou por não propor qualquer norma para a coação física: seria desnecessária, assim segundo os demais códigos civis[20]. Foi apenas na 2.ª Revisão Ministerial, sem justificações, que surgiu um 246.º[21], idêntico ao Projeto[22] e à versão final.

17 A ideia do revisor ministerial terá sido: uma vez que na falta de consciência como na coação física não há vontade, faltam totalmente os efeitos[23]. A semelhança, nesses pontos, seria tão clara que justificou a junção.

-2001 (Oliveira Barros), CJ/Supremo IX (2001) 3, 61-65 (63/II) e em RPt 19-dez.-2012 (Luís Lameiras), Proc. 1267/06.

[11] RCb 14-mai.-1996 (Francisco Lourenço), CJ XXI (1996) 3, 10-14 (13/II).

[12] RCb 26-jan.-1999 (Eduardo Antunes), CJ XXIV (1999) 1, 9-12 (11/II).

[13] Assim, REv 20-set.-2007 (Fernando Bento), Proc. 1216/07.

[14] RCb 31-mai.-2011 (Barateiro Martins), CJ XXXVI (2011) 3, 32-41 (37): este acórdão contém importantes considerações sobre a falta de consciência da declaração.

[15] *Tratado*, II, 4.ª ed., 823-826, com indicações.

[16] Guilherme Moreira, *Instituições do Direito civil*, 1, 426-427.

[17] José Tavares, *Princípios fundamentais*, 2, 514.

[18] Paulo Cunha, *Direito civil*, 1, 169.

[19] Manuel de Andrade, *Teoria geral da relação jurídica*, 2, 219-220.

[20] Rui de Alarcão, *Breve motivação*, 98 (n.º 15).

[21] *2.ª Revisão*, 96-97.

[22] *Projecto*, 71.

[23] Pires de Lima/Antunes Varela, *Código Civil anotado*, I, 4.ª ed. (1987), 232.

10. A **distinção** entre a coação física e a moral é difícil. À partida, far-se-ia pelos meios: na física, a força exercida sobre o declarante é material (por exemplo, pegar na mão à força para assinar) enquanto, na moral, ela seria psicológica (por exemplo, ameaças de agressão se não assinar). Mas a fronteira não é satisfatória: a droga que enfraquece a vontade é físico-psicológica, enquanto a agressão em curso tem, também, as duas dimensões. 18

Tentou-se outra via: a distinção baseada no resultado. A coação física surgiria quando a pressão exercida sobre o declarante fosse tal que já não se pudesse falar em vontade dele; pelo contrário, ela seria moral sempre que a pressão ainda permitisse falar em vontade, embora deturpada pela ameaça. Esta via é complicada na sua concretização: uma mesma pressão pode ocasionar coação física ou moral consoante a pessoa atingida ou, até, conforme o estado de espírito de uma mesma pessoa. 19

Apesar das dificuldades, a lei vigente consagra um regime distinto para as coações física e moral. Há que distingui-las. A regra deverá ser a seguinte: qualquer situação de coação implica, à partida, o regime da coação moral: recordamos o brocardo *voluntas coacta, voluntas est* (a vontade coagida é vontade). Todavia, quando a situação seja de tal modo significativa que não possa falar-se de *voluntas*, por o coagido não ter, em termos de normalidade, margem de escolha (por exemplo: uma ameaça de morte verosímil), caímos na coação física. 20

IV – O regime

11. A nulidade. O 246.º uniformiza as consequências da falta de consciência e da coação física: "a declaração não produz qualquer efeito". A doutrina comum retira, daí, o vício da inexistência. Este vício não existe, no Direito português[24]. Trata-se, pois, de nulidade. 21

A técnica abstrata usada pelo legislador, para além de dúvidas concretas, pode conduzir a soluções injustas ou inconvenientes. Havendo coação moral, o negócio é anulável (256.º); o coagido poderá invocar o vício mas não, em princípio, qualquer terceiro; deste modo, supervenientemente, cessando a coação e tornando-se, afinal, o negócio favorável, o coagido pode escolher mantê-lo. Porém, perante a coação física (246.º) o vício seria o da nulidade ou, quiçá, o da inexistência. O coagido, mesmo a querer conservar o negócio por, subsequentemente, se ter tornado favorável, já não o poderia fazer. 22

In concreto, o regime da coação física pode ser mais gravoso, para o coagido, do que o da coação moral: uma situação de disfunção valorativa, que recomenda as maiores cautelas aplicativas. No limite, a pessoa que exerça coação física e venha, depois, invocar a nulidade daí decorrente incorre em abuso do direito, na fórmula *tu quoque*: pretende prevalecer-se do ilícito próprio: é a correção possível. 23

Nos tribunais não surgem situações de coação física. Apenas na jurisprudência possessória, a propósito da posse violenta (1261.º/2), ocorrem situações de coação física[25]. Seja qual for o regime, deveremos sempre sublinhar que a violência, sob qualquer forma, repugna profundamente ao Direito civil e ao pensamento humanista que o sustenta. 24

[24] *Infra*, intr. 285.º a 294.º, anot. 14 a 23; *Tratado*, II, 4.ª ed., 925-930.

[25] *Vide* os casos referidos na nossa *A posse*, 3.ª ed., 99-100. O 246.º, na parte relativa à coação, aparece referido em RLx 29-set.-1992 (Joaquim Dias), CJ XVII (1992) 4, 153-161 (157/II), a propósito de um trabalhador que renunciara a certos direitos e em conjunto com a coação moral e em REv 26-set.-1996 (Geraldes de Carvalho), CJ XXI (1996) 4, 281-282, onde se diz simplesmente que a coação exerce-se sempre sobre pessoas, seja ela física ou moral. Em STJ 7-jul.-1999 (Dionísio Correia), BMJ 489 (1999), 338-340 (339/II), a propósito do esbulho, refere-se a coação física e a moral.

Artigo 247.º (Erro na declaração)

Quando, em virtude de erro, a vontade declarada não corresponda à vontade real do autor, a declaração negocial é anulável, desde que o declaratário conhecesse ou não devesse ignorar a essencialidade, para o declarante, do elemento sobre que incidiu o erro.

Bibliografia: António Ferrer Correia, *Erro e interpretação na teoria do negócio jurídico*, 2.ª ed. (1967, reimp., 1985), com o apêndice, 301-311, sobre o Código de 1966; António Menezes Cordeiro, *Tratado de Direito civil*, II, 4.ª ed. (2014), 835-852; António Pinto Monteiro, *Erro e vinculação negocial* (2010, reimp.), 55 pp.; Carlos Mota Pinto, *Teoria geral do Direito civil*, 4.ª ed. (2005), 492-497; Diogo Costa Gonçalves, *Erro obstáculo e erro vício* (2004), 146 pp.; Inocêncio Galvão Telles, *Manual dos contratos em geral*, 4.ª ed. (2002), 195-202; Mafalda Miranda Barbosa, *Falta e vícios da vontade* (2020), 59-62; Manuel de Andrade, *Teoria geral da relação jurídica*, 2 (1960), 233-255; Maria João Vaz Tomé, *UCP/Comentário do Código Civil* (2014), 582-585; Paulo Mota Pinto, *Declaração tácita e comportamento concludente no negócio jurídico* (1995), 344-411; *idem*, *Requisitos da relevância do erro/Nos princípios do Direito europeu dos contratos e no Código Civil português*, Est. Inocêncio Galvão Telles, IV (2003), 43-139.

Índice

I – Origem[1]

1 **1.** No **Direito romano**, a ideia de erro desenvolveu-se a partir do dolo. Seguiu-se a tipificação empírica de diversas modalidades, em função do erro em si, da pessoa envolvida, do objeto e das suas características.

2 **2.** Na **evolução subsequente**, o regime do erro oscilou entre uma generalização uniformizadora (jusnaturalismo, Código francês) e uma tipificação diferenciadora (doutrina alemã). Savigny distinguiu o erro de comunicação do da formação da vontade.

3 **3. Pré-codificação e Seabra**: a primeira simplificou a matéria[2]; o segundo enunciou, no 657.º, os erros sobre a causa, o objeto ou as suas qualidades e a pessoa, desenvolvendo-os (658.º a 665.º). Guilherme Moreira fez a transposição parcial para o sistema alemão[3].

4 Subsequentemente, o tema do erro foi retomado monograficamente por autores importantes: Beleza dos Santos[4], Ferrer Correia[5] e Antunes Varela[6]. Além disso, cumpre apontar

[1] Com elementos: *Tratado*, II, 4.ª ed., 835-841.
[2] Coelho da Rocha, *Instituições*, § 100 (1, 58); Corrêa Telles, *Digesto Portuguez*, 1, 34.
[3] Guilherme Moreira, *Instituições*, 1, 412-413.
[4] José Beleza dos Santos, *A simulação*, 1, 3 ss..
[5] António Ferrer Correia, *Erro e interpretação na teoria do negócio jurídico* (1939), com a 2.ª ed. (1967) e diversas reimpressões.
[6] João Antunes Varela, *Ineficácia do tratamento e vontade conjectural do testador* (1950), 75 ss..

desenvolvimentos significativos em obras gerais: Cabral de Moncada[7] e Manuel de Andrade[8]. Todo este esforço científico conduziu a uma receção diversificada – e em vários estádios – do pensamento jurídico-científico alemão, sobre um fundo de cepa napoleónica e de tradição românica nacional.

Na base de uma doutrina extensa Rui de Alarcão preparou os preceitos sobre o erro 5
que hoje constam do Código Civil[9]. O competente anteprojeto aceitou linhas de força que provinham do CS (o requisito da essencialidade)[10] enriquecidas com elementos doutrinários subsequentes, como a dispensa da excusabilidade (Ferrer Correia)[11]. Finalmente, o anteprojeto cometeu o feito único de, em lei, referir a doutrina da base do negócio[12].

4. Preparatórios: o 247.º descende, com modificações formais, do 1.º/1 do anteprojeto Rui 6
de Alarcão[13]. Apenas se nota a supressão do n.º 2 desse preceito, relativo à falta de consciência da declaração, hoje aninhada no 246.º.

5. Opções básicas de 1966. O erro surge nos 247.º a 252.º. O legislador parte do erro na 7
declaração, onde fixa o regime geral (247.º). Admite a validação do negócio (248.º) e regula o simples erro de escrita (249.º) e o de transmissão da declaração (250.º). Passa ao erro-vício sobre a pessoa ou sobre o objeto do negócio (251.º), ao erro sobre outros motivos determinantes (251.º/1) e conclui com o erro sobre a base do negócio (252.º/2).

O sistema exposto distingue-se dos demais : (1) é marcadamente doutrinário: na sua ela- 8
boração jogaram múltiplos estudos teóricos, aprofundados mas alheios à prática jurisprudencial; (2) distingue (contra o alemão e ao encontro do italiano) o erro na declaração ou erro-obstáculo (247.º) do erro na formação da vontade ou erro-vício (251.º e 252.º); mas contra o italiano, parte do primeiro para o segundo e não o inverso; (3) coloca a relevância do erro na cognoscibilidade, pelo declaratário, da essencialidade do elemento sobre que ele recai e não na mera essencialidade para o declarante (sistema alemão[14]) ou na cognoscibilidade do próprio erro, pelo declaratário (sistema italiano[15]); (4) mantém a categoria de Seabra do erro residual, que exige acordo sobre a essencialidade de motivos periféricos (252.º/1); (5) introduz a categoria única do erro sobre a base do negócio, para o submeter ao regime da alteração das circunstâncias (252.º/2).

O regime português do erro continua a merecer intervenções dogmáticas fortes[16]. 9
Tomado ponto por ponto, ele levanta perplexidades e, até, francas discordâncias em diversas zonas: a sua origem fragmentária e a insuficiência das transposições em que assenta a tanto conduzem[17]. Todavia, no seu conjunto, ele permite cinzelar um sistema com uma identidade

[7] Luís Cabral de Moncada, *Lições de Direito Civil*, 3.ª ed. (1959), 279-317 e 4.ª ed. póstuma (1995), 609-639.

[8] Manuel de Andrade, *Teoria geral*, 2, 233-255; na ed. publ. por Ricardo da Velha (de 1953), 205-234.

[9] Rui de Alarcão, *Breve motivação do anteprojecto sobre o negócio jurídico, na parte relativa ao erro*, 71-72 e 86-94.

[10] *Idem*, BMJ 138, 87.

[11] Ferrer Correia, *Erro e interpretação*, 2.ª ed., 293 ss..

[12] Alarcão justifica-se citando Vaz Serra, em passagem na qual este admite a equiparação da inexistência da base do negócio, no momento da celebração, ao seu desaparecimento superveniente; *vide* Vaz Serra, *Resolução ou modificação dos contratos por alteração das circunstâncias*, BMJ 68 (1957), 293-385 (381); quanto a Rui de Alarcão, *vide Breve motivação*, 93-94.

[13] Rui de Alarcão, *Erro, dolo e coacção*, 167; *1.ª Revisão* (217.º/1), 95; *2.ª Revisão* (247.º), 97; *Projecto* (247.º), 71.

[14] Recorde-se o § 119 do BGB, temperado embora pelo dever de indemnizar, a cargo do declarante, quando o declaratário acreditasse na validade da declaração, salvo se conhecesse ou devesse conhecer o vício (§ 122).

[15] Assim, o artigo 1428.º do *Codice*, depois desenvolvido nos preceitos subsequentes.

[16] Carlos Ferreira de Almeida, *Texto e enunciado*, 1, 102 ss., António Pinto Monteiro, *Erro e vinculação*, passim e Paulo Mota Pinto, *Declaração tácita*, 344 ss., todos com inúmeras indicações.

[17] *Vide* o nosso *Da boa fé*, 1084 ss..

marcada, equilibrado e dotado de imensas potencialidades de progresso. A sua análise expositiva deve, hoje, fazer-se a par com o conhecimento da sua aplicação.

II – Regime

10 6. **Erro na declaração** ou erro-obstáculo: a vontade formou-se corretamente; porém, aquando da exteriorização ou da comunicação, houve uma falha, de tal modo que a declaração não retrata a vontade do declarante[18]. A lei não delimita os elementos sobre os quais recaia o erro na declaração, para este ser relevante. Valem todos, desde que essenciais para o declarante e portanto: (1) elementos nucleares do contrato: o objeto, o conteúdo ou outros aspetos principais; (2) elementos circundantes: características acessórias do objeto, cláusulas acidentais ou fatores periféricos diversos; (3) fatores relativos às partes, incluindo a identidade, a qualidade, a função ou as mais variadas características.

11 7. A **relevância** do erro na declaração exige[19]: (1) a essencialidade, para o declarante, do elemento sobre que recaiu o erro[20]; (2) o conhecimento dessa essencialidade, pelo declaratário ou o dever de a conhecer.

12 (1) Há **essencialidade** relativa a certo elemento quando, sem ele, o declarante não tivesse emitido a declaração de vontade com o sentido que veio a ser exteriorizado[21]. Permite excluir o erro indiferente e o erro incidental: no primeiro caso, o declarante concluiria o negócio declarado; no segundo, concluí-lo-ia igualmente, ainda que com algumas modificações. A bitola da essencialidade é subjetiva: cada um determina, livremente, os fatores que o possam levar a contratar. Mas certos elementos podem ser essenciais: o preço, numa cessão de quotas ou com uma cláusula de exoneração de responsabilidade[22].

13 (2) O **conhecimento** da essencialidade do elemento, por parte do declaratário é, também, um dado subjetivo: ou conhece ou não conhece. Em regra, o conhecimento deriva de uma comunicação expressa, nesse sentido: todavia, ele pode advir do conjunto das circunstâncias que rodeiem o negócio ou, quiçá, da própria natureza deste.

14 (3) O **dever de conhecer** a essencialidade é objetivo: tem natureza normativa. Por princípio, não há qualquer dever de indagar, na contratação, as razões que levam a outra parte a fazê-lo. Pelo contrário: num Mundo cada vez mais invasivo, há boas razões para sustentar que os motivos justificativos de qualquer declaração negocial pertencem ao foro íntimo de cada um, não podendo ser devassados. Apenas em casos muito delimitados e perante os fatores circundantes, se poderá dizer que o declaratário não deve ignorar a essencialidade de determinado elemento, para o declarante. No fundo, resolver-se-ão questões de prova: o declaratário ou sabe ou devia saber. Esta dimensão dá, à essencialidade, uma feição objetivista: tudo redunda em saber se, perante o horizonte do declaratário, a essencialidade era cognoscível.

[18] A fórmula legal que prevê uma "vontade declarada" e uma "vontade real" tem sido criticada; melhor teria sido conservar a fórmula de Rui de Alarcão, no anteprojeto: "Quando (...) a declaração não corresponda à vontade real do seu autor..."; *vide* a *Breve motivação*, BMJ 138, 71. Quanto à contraposição entre o erro na declaração e o erro na formação da vontade, *vide* a fórmula sintética de Carneiro da Frada, *Erro e incumprimento na não-conformidade da coisa com o interesse do comprador*, O Direito 121 (1989), 461-484 (466, nota 12).

[19] STJ 9-nov.-2017 (Sousa Lameira), Proc. 6966/09 (um caso de subempreitada); STJ 8-nov.-2018 (Oliveira Abreu), Proc. 399/14 (contrato de seguro).

[20] Um requisito presente em todos os tipos de erro; RPt 10-jan.-2002 (Pinto de Almeida), CJ XXVII (2002) 1, 177-182 (180/I).

[21] STJ 16-set.-2008 (Fonseca Ramos), Proc. 08A2265; RPt 23-nov.-2017 (Amaral Ferreira), Proc. 2615/12.

[22] STJ 22-set.-2009 (Garcia Calejo), CJ/Supremo XVII (2009) 3, 58-62 (61) = Proc. 347/09.

O conhecimento (a sua exigência) constitui a válvula de segurança do sistema: de outro modo, qualquer pessoa poderia ser confrontada com a supressão de um negócio ao qual dera plena adesão. A essencialidade e o conhecimento – ou as circunstâncias que originem o dever de conhecer – devem ser invocadas e provadas pelo interessado em anular o negócio[23]. Tal sucede, aliás, com os diversos fatores que constituem este instituto[24]. 15

8. Outros requisitos. A essencialidade absorve outros eventuais requisitos. Em compensação, a lei vigente não exige a desculpabilidade do erro[25]. Mas, perante um erro indesculpável, é mais difícil exigir à contraparte o dever de conhecer a essencialidade do elemento[26]. 16

Não se requer, hoje, a singularidade: o artigo 664.º do CS, que excluía a relevância do erro comum e geral, não tem correspondente no Código atual. Não obstante, perante um erro geral, torna-se mais difícil imputar, à contraparte, o dever de conhecer a essencialidade do elemento visado[27]. 17

O erro na declaração exige uma efetiva declaração[28]: não chega uma ambiência de ordem geral. As regras a ele atinentes aplicam-se a negócios diversos, como às partilhas[29] ou à assinatura de títulos de crédito[30]. 18

9. A responsabilidade. A anulação do contrato, por erro na declaração, pode provocar danos ao declaratário. Existe um dever elementar, imposto pela boa-fé e pela tutela de confiança, de fazer corresponder as declarações de vontade realizadas ao que, efetivamente, se pretenda. Assim, o 19

[23] Assim: em STJ 23-mar.-1976 (Ferreira da Costa), BMJ 255 (1976), 133-138 (137), fora vendido um sonar sem se explicar que era necessário pessoal habilitado para o seu manuseio; pedida a anulação por erro, esta veio a ser recusada por não se ter demonstrado que a vendedora soubesse ou não devesse ignorar que a outra parte considerava essencial a não-habilitação do pessoal utilizador; em STJ 31-mai.-1984 (Lopes Neves), BMJ 337 (1984), 366-369 (368): não se pode relevar uma invocação de erro por os autos serem totalmente omissos quanto à essencialidade do ponto sobre que ele recaia; em REv 26-set.-1995 (Mário Pereira), CJ XX (1995) 4, 266-269 (268/II), considerou-se provado um erro-obstáculo; todavia, não se demonstrou o conhecimento, pelo declaratário, da essencialidade do elemento sobre que ele recaiu ou o dever de a conhecer, pelo que não se aplicou o 247.º; em RLx 9-mai.-1996 (Ferreira Girão), CJ XXI (1996) 3, 84-87 (85/II), recusou-se a aplicação do regime do erro por se ter omitido, nos articulados, o conhecimento da essencialidade do erro, numa falha não suprível nas alegações; também em STJ 20-jan.-1998 (César Marques), CJ/Supremo VI (1998) 1, 19-23 (22/II), não se considerou provada a essencialidade. Referindo a essencialidade: RLx 8-jan.-1975 (Miguel Caeiro), BMJ 243 (1975), 313 (o sumário), RPt 26-nov.-1992 (Sampaio da Nóvoa), CJ XVII (1992) 5, 234-236 (236/I), RPt 7-mar.-1994 (Reis Figueira), CJ XIX (1994) 2, 187-190 (188/II), STJ 5-mar.-1996 (Pereira da Graça), CJ/Supremo IV (1996) 1, 119-122 (121/I) e RCb 28-mar.-2000 (António Geraldes), CJ XXV (2000) 2, 31-38 (34/II).

[24] REv 8-mai.-1997 (Conceição Bento), CJ XXII (1997) 3, 260-262 (261/I).

[25] Assim: RLx 13-dez.-1972 (sem ind. relator), BMJ 222 (1972), 463, RLx 8-jan.-1975, BMJ 243, 313 e STJ 6-dez.-1977 (Oliveira Carvalho), BMJ 272 (1978), 189-192 (191). Em STJ 14-mar.-1979 (Abel de Campos), BMJ 285 (1979), 273-277 (276) = RLJ 112 (1980), 264-267 (266), Anot. Vaz Serra, *idem*, 267-268 e 274-275, na vigência do Código de Seabra, fez-se aplicação da desculpabilidade; em anotação, Vaz Serra, RLJ 112, 267 e 268, chama a atenção para a sua dispensa, à luz do Código Civil de 1966. Todavia, em RLx 20-nov.-1997 (Urbano Dias), CJ XXII (1997) 5, 96-97 (97/II), aparece referida a "escusabilidade" entre as condições de anulabilidade por erro; mas vem referida, apenas, a propósito de Manuel de Andrade, explicando-se que, pelo Código de 1966, ela já não é requerida.

[26] Por exemplo: se um cego declara (por erro) querer comprar uns óculos graduados, o lapso é indesculpável; todavia, perante tal exibição de erro, o declaratário pensará que não é elemento essencial, para o declarante, a utilização própria dos óculos: poderiam servir para terceiros. Não se lhe pode exigir outra atitude.

[27] Por exemplo: se o interessado comprara espumante para, no dia 31-dez.-1999, celebrar a mudança do milénio, não se podia exigir, ao declaratário, que conhecesse a essencialidade do elemento sobre que recaiu o erro: todos acreditavam que, nessa data mudou o século, quando, não tendo havido "ano zero", o terceiro milénio só começou em 1-jan.-2001; o negócio não era anulável por erro.

[28] REv 26-set.-1991 (António Manuel Pereira), CJ XVI (1991) 4, 303-305 (304/I).

[29] RCb 9-jan.-1990 (Costa Marques), CJ XV (1990) 1, 84-86 (85/II).

[30] RPt 27-fev.-1970 (sem ind. relator), BMJ 195 (1970), 260 (o sumário).

declarante pode responder por *culpa in contrahendo*: verificados os requisitos, ele deve indemnizar o declaratário de todos os danos, sem limitação ao interesse negativo.

20 **10.** O **dissenso** ocorre quando as partes formulem declarações não coincidentes, convencidas de que concluíam um contrato: A diz que vende um automóvel e B aceita que ele pinte um muro. Nessa eventualidade, não há contrato. Qualquer das partes que se aperceba do *quid pro quo* tem o dever de prevenir a outra de que nada se concluiu[31]: não foi formulada nenhuma proposta que obtivesse aceitação. Independentemente disso, temos duas declarações de vontade distintas que, eventualmente, poderão estar viciadas por erro, na declaração ou na própria formação da vontade. Verificados os requisitos, elas podem ser anuladas, caso, para tanto, haja interesse. O dissenso nem sequer envolve rejeição, pelo que a proposta permanece válida e eficaz até que caduque, seja rejeitada ou seja aceite.

Artigo 248.º (Validação do negócio)

A anulabilidade fundada em erro na declaração não procede, se o declaratário aceitar o negócio como o declarante o queria.

Bibliografia: António Menezes Cordeiro, *Tratado de Direito civil*, II, 4.ª ed. (2014), 853-854; Fernando Oliveira e Sá, *Erro e validação do negócio jurídico/Breves notas sobre o art. 248.º do Código Civil*, Est. Carvalho Fernandes 1 (2011), 525-540; Maria João Vaz Tomé, *UCP/Comentário do Código Civil* (2014), 585-586.

Índice

1 **1. Preparatórios**. O 248.º resulta de uma nota de rodapé de Rui de Alarcão, inspirada no Código Suiço[1]. Na 1.ª Revisão, surge um 218.º (Forma de obstar à nulidade procedente de erro)[2]:

> A nulidade fundada no erro não procede sempre que a outra parte prefira às consequências da nulidade a aceitação do negócio tal como a vítima do erro suponha tê-lo realizado.

2 A 2.ª Revisão (248.º)[3] deu-lhe a redação definitiva, retomada no Projeto (248.º)[4]. Foi atualizada a linguagem, passando a referir-se a "anulabilidade".

[31] Pires de Lima/Antunes Varela, *Código anotado*, 1, 4.ª ed., 233, parecem entender que, no dissenso, haveria sempre erro dos intervenientes (na declaração), seguindo-se a anulabilidade. Não necessariamente: o dissenso advém da não-coincidência das declarações; apenas eventualmente poderá, ainda, haver erro.

[1] Rui de Alarcão, *Erro, dolo e coacção*, 168, nota; *idem*, *Do negócio jurídico/Anteprojecto*, 261, nota 10.

[2] *1.ª Revisão*, 95. Jogou a influência do 1432.º do Código italiano.

[3] *2.ª Revisão*, 97.

[4] *Projecto*, 71.

2. Afins[5]. A validação distingue-se da confirmação (288.º/1), que suprime a anulabilidade, mantendo o negócio "errado"; da ratificação (268.º), que estabelece, *a posteriori*, um vínculo de representação; da aprovação (469.º), que regulariza uma gestão de negócios; da caducidade e da prescrição do direito de ambas; da renúncia a esse mesmo direito. 3

3. Pressupostos. Uma declaração[6]; pela validação, prevalece a vontade real do declarante[7], numa figura que já foi judicialmente entendida como uma manifestação prática do princípio da redução dos negócios (292.º)[8]. 4

4. Eficácia. O 247.º atribui um direito potestativo, ao declaratário, que se distingue da *falsa demonstratio non nocet* e da redução/conversão: (1) 236.º/2: *falsa demonstratio non nocet*: o declaratário conhece a vontade real do declarante e concorda com ela: o contrato forma-se, imediatamente, modelado segundo essa vontade; (2) 292.º e 293.º: consumada a anulação por erro, o negócio pode reduzir-se ou converter-se, se a vontade hipotética das partes o facultar: temos um (re)aproveitamento do negócio que é ulterior e não segue, particularmente, nenhuma vontade real. O Código alcança um nível elevado de diferenciação dogmática no aproveitamento dos negócios jurídicos. 5

5. Forma. O 248.º tem um limite objetivo de funcionamento: a necessidade de respeitar as regras formais[9]. Além dos princípios gerais sobre a forma, valem os 238.º e 293.º: ambos depõem nesse mesmo sentido. 6

Artigo 249.º (Erro de cálculo ou de escrita)

O simples erro de cálculo ou de escrita, revelado no próprio contexto da declaração ou através das circunstâncias em que a declaração é feita, apenas dá direito à retificação desta.

Bibliografia: António Menezes Cordeiro, *Tratado de Direito civil*, II, 4.ª ed. (2014), 855-856.

Índice

1. Preparatórios. Presente no anteprojeto Rui de Alarcão[1], o preceito manteve-se na 1.ª Revisão (219.º)[2], tendo obtido a redação definitiva na 2.ª Revisão (249.º)[3], idêntica ao Projeto (249.º)[4]. Corresponde ao 665.º do CS. 1

[5] O nosso *Da confirmação no Direito civil* (2008), 121 ss. e 127 ss..

[6] REv 26-set.-1991 (António Manuel Pereira), CJ XVI (1991) 4, 303-305 (304/I).

[7] STJ 13-fev.-1986 (Senra Malgueiro), BMJ 354 (1986), 514-519 (518) = O Direito 120 (1988), 243-249 (247), anot. Carvalho Fernandes, *idem*, 249-265.

[8] STJ 30-jan.-1986 (Góis Pinheiro), BMJ 353 (1986), 383-386 (386); na realidade e como se explicará, *infra*, no texto, quer a validação, quer a redução, quer outras figuras surgem como manifestações de um princípio mais geral de *favor negotii*.

[9] Assim, Carvalho Fernandes, Anot. a STJ 13-fev.-1986 cit., O Direito 120, 264-265.

[1] Rui de Alarcão, *Erro, dolo e coacção*, 167; *idem*, *Do negócio jurídico/Anteprojecto* (19.º), 260; *idem*, *Breve motivação*, 90.

[2] *1.ª Revisão*, 96.

[3] *2.ª Revisão*, 97.

[4] *Projecto*, 71.

2 2. **Perfil.** Cobre as hipóteses de *lapsus calami* (lapso de pena) ou de *lapsus linguae* (lapso de língua). O erro é de tal modo ostensivo, que resulta do próprio contexto do documento ou das circunstâncias da declaração. Em rigor, nem há erro, uma vez que a declaração deve ser globalmente interpretada. Não se verificando a imediata aparência do erro, haverá que aplicar o regime geral do 247.º[5] ou outro qualquer, previsto por lei específica[6]. Estas mesmas regras têm aplicação na hipótese de erro informático[7].

3 3. **Âmbito**: alarga-se aos atos de processo não dotados de normas especiais: aflora, no 247.º, uma regra geral aplicável a todos os atos jurídicos: no processo penal[8] e no processo civil[9], os diversos atos praticados podem ser retificados, nos termos e condições do 249.º. Todavia, terá de ocorrer um "erro manifesto" ou "erro ostensivo"[10]: não é possível, por esta via, complementar as puras e simples omissões[11] ou corrigir peças processuais[12]. O próprio Tribunal, sob invocação do 249.º, pode reformular ou aditar quesitos[13].

4 O erro de escrita e de cálculo já foi invocado, no tocante a guias de depósito de rendas na Caixa Geral de Depósitos[14]. Campo atual é o do lapso na faturação de energia: sendo manifesto, o competente erro não vincula o declarante[15]. Por fim, documenta-se, por erro de escrita devidamente provado, uma correção de um contrato de hipoteca, em que houve a troca do prédio[16] e, *ab initio*, de uma apólice de seguro[17].

Artigo 250.º (Erro na transmissão da declaração)

1. A declaração negocial inexatamente transmitida por quem seja incumbido da transmissão pode ser anulada nos termos do Artigo 247.º.

2. Quando, porém, a inexatidão for devida a dolo do intermediário, a declaração é sempre anulável.

Bibliografia: António Menezes Cordeiro, *Tratado de Direito civil*, II, 4.ª ed. (2014), 852-853; Raúl Guichard e outros, *UCP/Comentário do Código Civil* (2014), 588-591; Carlos Mota Pinto, *Teoria geral do Direito civil*, 4.ª ed. (2005), 371-372.

[5] RPt 10-jan.-1995 (Araújo Barros), CJ XX (1995) 1, 191-194 (193/I) e STJ 16-abr.-2002 (Garcia Marques), CJ/ /Supremo X (2002) 2, 27-32 (31/II); TCAS 6-set.-2018 (Cristina dos Santos), Proc. 51/17..

[6] Tal o caso da lei processual, que comporta regras para certas falhas de atos.

[7] Assim o caso decidido em STJ 20-jan.-1999 (Padrão Gonçalves), CJ/Supremo VII (1999) 1, 261-263 (263/I): por invocado erro informático, fora enviada, a um trabalhador, uma declaração de não-renovação de um contrato a termo; para além de outros aspetos, o Supremo entendeu que esse erro não resultava do contexto: o artigo 249.º não teria, por isso, aplicação.

[8] STJ 6-jun.-1973 (António Pedro Sameiro), BMJ 228 (1973), 121-124 (124).

[9] RPt 15-nov.-1990 (Bessa Pacheco), CJ XV (1990) 5, 198-200 (199/I), RLx 24-mai.-1994 (Sousa Inês), CJ XIX (1994) 3, 99-101 (100/I) e STJ 25-fev.-1997 (Fernando Fabião), BMJ 464 (1997), 458-463.

[10] RPt 10-jan.-1995, CJ XX, 1, 193/I.

[11] RLx 18-mar.-1992 (César Teles), CJ XVII (1992) 2, 193-196 (194/II): foram, aqui, omitidos vários artigos na contestação; o tribunal entendeu que havia ausência de declaração e não erro de escrita.

[12] RLx 14-mai.-1998 (Silva Pereira), CJ XXIII (1998) 3, 96-100 (98/2): não haveria, aí, *lapsus calami* revelado no próprio contexto da petição.

[13] RPt 21-nov.-1994 (Guimarães Dias), CJ XIX (1994) 5, 213-215 (215/I).

[14] RCb 1-fev.-1994 (Mota e Costa), CJ XIX (1994) 1, 31-33 (32/I), embora não tendo, aí, sido aplicado o regime do artigo 249.º.

[15] RCb 6-jan.-1996 (Nuno Cameira), CJ XXI (1996) 1, 5-7 (6/II).

[16] STJ 11-nov.-2003 (Lopes Pinto), Proc. 03A2989.

[17] STJ 27-jan.-2010 (Lázaro Faria), Proc. 80/06.

Índice

1. Preparatórios. O preceito adveio do 3.º do anteprojeto Rui de Alarcão[1]. Teve, nos subsequentes preparatórios alterações formais[2]. 1

2. Transmissão inexata (n.º 1): o intermediário ou o núncio não transmitem fielmente a vontade do mandante. Outro tanto pode suceder em casos de mandato com representação, quando o representante se desvie das instruções recebidas[3]. Caso o destinatário conheça a essencialidade, para o mandante, do elemento deturpado na transmissão ou não deva ignorá-lo, o negócio é anulável. Tudo se passa como se a declaração tivesse sido diretamente transmitida[4]. 2

3. Dolo do intermediário (n.º 2), nos casos em que este altere propositadamente a declaração. Aí, no conflito entre a autonomia privada e a tutela da confiança, a lei entendeu dar a primazia à primeira: a declaração é sempre anulável. O dolo deve ser provado por quem o invoque, havendo, contra o autor do feito e verificados os pressupostos legais, um direito à indemnização, a favor de todos os lesados. Tal indemnização deve ressarcir os danos ocasionados: não, apenas, os que se prendam com o chamado interesse negativo. 3

Artigo 251.º (Erro sobre a pessoa ou sobre o objeto do negócio)

O erro que atinja os motivos determinantes da vontade, quando se refira à pessoa do declaratário ou ao objeto do negócio, torna este anulável nos termos do artigo 247.º.

Bibliografia: António Menezes Cordeiro, *Tratado de Direito civil*, II, 4.ª ed. (2014), 857-862; Ana Filipa Morais Antunes, *UCP/Comentário do Código Civil* (2014), 591-599; Carlos Mota Pinto, *Teoria geral do Direito civil*, 4.ª ed. (2005), 512-518; *vide* as indicações dadas na anotação ao 247.º.

Índice

[1] Rui de Alarcão, *Erro, dolo e coacção*, 168; *idem*, *Do negócio jurídico/Anteprojecto* (20.º), 260.

[2] *1.ª Revisão* (220.º), 96; *2.ª Revisão* (250.º), 98; *Projecto* (250.º), 71-72.

[3] Trata-se de hipótese considerada em STJ 22-jun.-1979 (António Melo Bandeira), BMJ 288 (1979), 287-291 (289) = RLJ 113 (1980), 42-44 (44), anot. Vaz Serra, *idem*, 44-48 e 57.

[4] Vaz Serra, Anot. a STJ 22-jun.-1979, RLJ 113, 46; como este Autor faz notar, retomando Rui de Alarcão, *Breve motivação*, BMJ 138, 90-91, a solução do 250.º corresponde à da generalidade dos diversos códigos civis, com relevo para o alemão – § 120 – e para o italiano – 1433.º.

1 **1. Preparatórios**. O anteprojeto Rui de Alarcão distinguiu o erro-motivo prevendo, no 1.º[1], um preceito muito semelhante ao que, através das revisões e do Projecto[2], chegou ao texto final.

2 **2. Delimitação**. O Código versou o erro na declaração (247.º) sem restrições de âmbito: apenas valem a essencialidade e o seu conhecimento. Passa, no 251.º, ao erro da vontade ou erro-vício, relativo ao "lado interno"[3] da declaração.

3 No erro-vício, o Código retomou a tradição napoleónica[4] de só admitir a relevância quando fossem atingidos pontos especificamente enumerados. Utilizou, no entanto, uma linguagem complexa[5].

4 **3. Pessoa do declaratário**, o erro pode reportar-se à sua identidade ou às suas qualidades. Em qualquer dos casos, só será relevante quando colha um elemento concretamente essencial, sendo – ou devendo ser – essa essencialidade conhecida pelo declaratário, pela aplicação do 247.º. Bem se compreende: quem contrate com um oftalmologista para tratar dos dentes comete um erro seja quanto à identidade da pessoa, seja quanto às suas qualidades.

5 **4.** O erro relativo ao **objeto** tem sido prudente e corretamente alargado pela doutrina e pela jurisprudência. Não está em causa, apenas, a identidade do objeto, mas as suas qualidades[6] e, particularmente, o seu valor[7]. Relevam, também, as qualidades jurídicas do objeto[8]. Além disso e numa interpretação correta e da maior importância, o "objeto" abrange o conteúdo do negócio[9]. Quando, porém, as qualidades de uma coisa constem do próprio contrato e não

[1] Rui de Alarcão, *Erro, dolo e coacção*, 168; *idem*, *Do negócio jurídico/Anteprojecto* (21.º), 261.

[2] *1.ª Revisão* (221.º), 96; *2.ª Revisão* (251.º), 98; *Projecto* (251.º), 72.

[3] STJ 17-jan.-2017 (Ana Paula Boularot), Proc. 4527/14.

[4] Presente, todavia, nos códigos alemão (§ 119) e italiano (artigo 1429.º), ainda que em muito menor grau. Nenhum destes códigos consagra, no entanto, uma maior eficácia ao erro na declaração do que ao erro da vontade, como ocorre com o português.

[5] Bastaria dizer (veja-se a linguagem do Código de Seabra): "O erro relativo à pessoa do declaratário ou ao objeto do negócio...". A perífrase "erro que atinja os motivos determinantes da vontade" provém do anteprojeto – Rui Alarcão, *Breve motivação*, BMJ 138, 72 e 92 – e deriva do preciosismo dogmático alcançado, neste domínio, pela literatura portuguesa especializada, nos meados do séc. XX. A jurisprudência tem atingido explicações cuidadas e precisas do (pela lei chamado) "erro sobre os motivos". Assim este implicaria "...uma ideia inexata sobre a existência, a permanência ou a verificação de certa circunstância presente ou atual que foi determinante, que foi decisiva para a declaração negocial; determinante ao ponto de ser lícito dizer-se que sem ela – sem essa ideia inexata, errónea – a declaração não teria sido emitida, ou não teria sido emitida nos termos em que o foi" – RCb 1-mar.-1995 (Vasconcelos Cameira), CJ XX (1995) 2, 5-8 (6/I).

[6] RLx 8-jan.-1975 (Miguel Caeiro), BMJ 243 (1975), 313; STJ 3-jun.-2003 (Alves Velho), CJ/Supremo XI (2003) 2, 93-97 (95/II); RPt 15-nov.-2018 (Leonel Serôdio), Proc. 376/17: compra de um terreno com a convicção de ter aptidão construtiva. Em STJ 22-jan.-1998 (Roger Lopes), CJ/Supremo VI (1998) 1, 33-36 (36/II), numa hipótese de compra de um prédio que (vem a apurar-se), tinha uma área inferior à figurada pela parte, num ponto essencial, optou-se pelo erro sobre a base do negócio quando há simples erro sobre o objeto. E quanto à redução do preço aí decidida e bem: ela deveria assentar nos artigos 913.º/1 e 911.º e não no 437.º. *Vide*, ainda, RCb 21-out.-2003 (Isaías Pádua), CJ XXVIII (2003) 4, 28-31 (30/II).

[7] RPt 9-mai.-1994 (Antero Ribeiro), CJ XIX (1994) 3, 194-197 (195/II): fora adquirido, em 6-jan.-1986, um José Malhoa, por 700 c., tomado por autêntico; o quadro poderia valer, aquando da decisão, 5 ou 6.000 c.; todavia, várias peritagens confirmaram não ser obra daquele pintor, valendo o quadro entre 15 a 20 c.; a Relação do Porto entendeu haver erro sobre o objeto, aplicando o 251.º.

[8] STJ 29-fev.-1996 (Mário Cancela), CJ/Supremo IV (1996) 1, 107-108 (108/II): fora arrendado um local sem a necessária licença; opera o 251.º; RCb 31-mai.-2005 (Maria Regina Rosa), CJ XXX (2005) 3, 25-28 (27/II) (automóvel com documentos falsificados); STJ 22-jan.-2008 (Moreira Camilo), Proc. 07A4326 (reconhecimento da titularidade de um terceiro sobre um imóvel que, afinal, era próprio); RLx 24-mar.-2011 (Rosa Barroso), CJ XXXV (2011) 2, 105-107 (107/I) (aquisição de quotas de uma sociedade dona de um infantário sobre o qual já havia ordem de encerramento).

[9] RPt 26-nov.-1992 (Sampaio da Nóvoa), CJ XVII (1992) 5, 234-236 (235/I e 236/I): fora celebrado um contrato de trespasse de um cabeleireiro, estando o trespassante (erradamente) convicto de que podia ir viver no local: acabou por ser despejado, vindo, depois, pedir a anulação por erro – a qual lhe foi concedida: e bem.

se verifiquem, a hipótese é de incumprimento e não de erro[10] e isso apesar das dificuldades causadas pelo 913.º[11].

A jurisprudência tem oscilado quanto a saber se o erro pode abranger as representações sobre a evolução futura do objeto[12]. Em rigor, a inesperada evolução dos acontecimentos dá azo à alteração das circunstâncias. Esta evolui, nalgumas áreas, para a aplicação do regime do erro; o legislador de 1966, assente numa doutrina antiga, fez o inverso: isolou o *erro* sobre a "base do negócio", mas para mandar aplicar o regime da alteração das circunstâncias. Em rigor, o erro sobre o futuro do objeto seguirá o regime do 252.º (e não o do 251.º). Assim não será quando fiquem envolvidas as qualidades (atuais) da coisa e, designadamente, o seu valor (atual)[13]. O interessado terá de provar que as evoluções desfavoráveis, capazes de, no presente, traduzir o erro, têm a ver com o próprio objeto em jogo[14]. 6

5. Regime: segue o do 247.º. Vale a essencialidade do elemento sobre que recaia e o conhecimento – ou dever de conhecer – dessa essencialidade, pelo destinatário[15]. O conhecimento não se consegue, na prática, demonstrar, a menos que conste do contrato. O "dever de conhecer" introduz um fator de objetivação que dá consistência ao sistema, tutelando a confiança: quem compra uma mercadoria pensando que é a mais barata do mercado poderá fazer, disso, um fator essencial; mas das muitas motivações possíveis, nenhum vendedor tem o dever de conhecer esse elemento: qualquer interessado compra por precisar na altura, por lhe ter ocorrido, por ser mais prático ou por ser, em qualquer caso, suficientemente barato para permitir a decisão de compra[16]. 7

6. Erro de direito: não há base para o distinguir do erro de facto[17]. O erro da vontade sobre a pessoa ou sobre o objeto pode advir da falsa representação de regras jurídicas: a compra de um 8

[10] RPt 5-mai.-1997 (Azevedo Ramos), CJ XXII (1997) 3, 179-181 (181/II); *vide* RPt 28-mar.-2011 (Anabela Luna de Carvalho), CJ XXXVI (2011) 2, 212-214 (214/II).

[11] *Tratado de Direito civil*, XI (2018), 251 ss..

[12] Em STJ 2-fev.-1971 (Carvalho Júnior), BMJ 204 (1971), 131-136 (135), respondeu-se pela positiva; em RCb 1-mar.-1995 (Vasconcelos Cameira), CJ XX (1995) 2, 5-8 (6/II), pela negativa.

[13] Tal o caso decidido em STJ 26-mai.-1994 (Costa Raposo), BMJ 437 (1994), 486-500: vendera-se um terreno na suposição de que se destinava a um parque; mais tarde, foi lá construído um edifício de 10 andares. O Supremo recusou a aplicação do 251.º, por se tratar de um erro acerca da relação do objeto com a motivação do declaratário; desamparou, também, o 252.º/1 (por falta de acordo) deixando em aberto o 252.º/2 – BMJ 437, 496 e 497. Num caso desta natureza houve, seguramente, erro sobre o objeto, designadamente quanto ao seu valor – o que, *in concreto*, não foi invocado. Além disso, impunha-se sempre a intervenção da boa-fé. No BMJ 437 (1994), 500-502, figura uma anotação assinada L.N.L.S., onde se referem vários acórdãos não publicados. Também em RPt 15-mai.-1995 (Paiva Gonçalves), BMJ 447 (1995), 562 (o sumário), surgiu um problema atinente ao futuro dos terrenos objeto de um negócio: uma Câmara Municipal compra um terreno por baixo preço, sob ameaça de expropriação por indemnização irrisória e declarando que o mesmo se destinaria a um parque e afeta-o, depois, à construção. A provarem-se tais factos, caímos, aqui, no dolo e na *culpa in contrahendo*. Em termos de erro, o acórdão inclinou-se para uma base negocial subjetiva; todavia, invocando-se – e provando-se o que, apenas pelo sumário publicado, não é percetível – a falsa representação quanto ao valor da coisa, seria possível anular o contrato com base no 251.º: erro sobre o objeto.

[14] Documenta-se esta afirmação com STJ 5-mar.-1996 (Pereira da Graça), CJ/Supremo IV (1996) 1, 119-122 (121/II): fora adquirido um automóvel novo que, *sponte sua*, entrou em combustão; o comprador invoca erro por desconhecer que não havia garantia; no entanto, o Tribunal não considerou provado que o incêndio tivesse a ver com as próprias qualidades do veículo: faltaria um nexo de causalidade. Possivelmente a moderna doutrina da responsabilidade civil, designadamente as regras da responsabilidade do produtor, permitiriam outra solução. Além disso e num caso destes, a generalidade das marcas não deixaria de substituir, graciosamente, a viatura autoincendiada.

[15] RGm 25-mai.-2017 (Maria de Fátima Almeida Andrade), Proc. 1136/14; STJ 13-nov.-2018 (Ana Paula Boularot), Proc. 273/13.

[16] Resolvemos pois, por esta via, o problema que Mota Pinto situa na necessidade de delimitar as qualidades do objeto que podem ser atingidas pelo erro; desse Autor *vide* a *Teoria geral*, 4.ª ed., 517.

[17] Mota Pinto, *Cessão da posição contratual* (1970), 18-19, nota 1, com indicações e *Teoria geral*, 4.ª ed., 516-517, nota 708, onde se refere a "...resistência exótica, oposta durante muito tempo, à relevância do erro de direito...".

terreno por se pensar que é sempre permitido construir ou a contratação de um solicitador por se julgar que pode advogar são (verificados os requisitos do 247.º) anuláveis por erro, respetivamente, no objeto e na pessoa: e no entanto, em ambos os casos há erros de direito. A anulação por erro da vontade tem a ver com a má conformação desta; ele não dispensa ninguém de observar a lei, a pretexto do seu desconhecimento. Não está, pois, em causa o 6.º.

9 Já foi decidido como erro sobre o objeto a situação da pessoa que outorga numa escritura de cessão da posição de arrendatário, sujeita a autorização do senhorio, na convicção de concluir um contrato de trespasse[18]; afigura-se-nos que há, de facto, um erro sobre o objeto, mas de natureza jurídica: um erro de direito.

10 A RCb 26-mar.-2009 entendeu que a trabalhadora que concluiu um acordo de cessação do contrato de trabalho na convicção (errada) de que iria beneficiar de um subsídio de desemprego, que lhe foi recusado, incorreu em erro de direito, que poderia relevar para efeitos do artigo 252.º/2 (base do negócio)[19]. Aparentemente, há erro de direito, mas sobre os motivos (252.º/1), embora a saída pela base do negócio possa permitir, mais facilmente, a intervenção da boa-fé. *In casu*, a relevância do erro foi recusada por não se ter provado a essencialidade do motivo.

11 **7.** O regime do erro da vontade é aplicável, com adaptações, a **atos não contratuais**[20]. O declaratário figurado no 247.º é substituído pela figura do interveniente normal que entre em contacto com a situação criada e que possa ser prejudicado com a sua supressão *ad nutum*. O 295.º está presente.

Artigo 252.º (Erro sobre os motivos)

1. O erro que recaia nos motivos determinantes da vontade, mas se não refira à pessoa do declaratário nem ao objeto do negócio, só é causa de anulação se as partes houverem reconhecido, por acordo, a essencialidade do motivo.

2. Se, porém, recair sobre as circunstâncias que constituem a base do negócio, é aplicável ao erro do declarante o disposto sobre a resolução ou modificação do contrato por alteração das circunstâncias vigentes no momento em que o negócio foi concluído.

Bibliografia: Ana Filipa Morais Antunes, *UCP/Comentário do Código Civil* (2014), 599-605; António Menezes Cordeiro, *Tratado de Direito civil*, II, 4.ª ed. (2014), 853-854; *idem*, *Tratado*, IX, 3.ª ed., 549-721; António Pinto Monteiro, *Erro e vinculação negocial/A propósito da aplicação do bem a fim diferente* (2002), 55 pp.; Francisco Manuel Pereira Coelho, *Causa objectiva e motivos individuais no negócio jurídico*, 35 anos do Código Civil 2 (2006), 423-457; Diogo Pereira Duarte, *Modificação dos contratos segundo juízos de equidade (contributo para a interpretação dos arts. 252.º e 437.º do Código Civil*, O Direito 2007, 141-213. Mafalda Miranda Barbosa, *Falta e vícios da vontade* (2020), 67-122. *Vide* a bibliografia indicada ao 247.º; quanto à base do negócio, *vide* a anotação ao 437.º, do volume II da presente obra, em preparação.

[18] STJ 30-out.-2003 (Quirino Soares), Proc. 03P3430.

[19] RCb 26-mar.-2009 (Azevedo Mendes), CJ XXXIV (2009) 2, 53-57 (56).

[20] STJ 8-jul.-1997 (Cardona Ferreira), BMJ 469 (1997), 545-551 (549), quanto à aplicação ao título constitutivo da propriedade horizontal.

Índice

I – Origem

1 **1.** O **anteprojeto Rui Alarcão**, no 2.º, já continha, praticamente, o texto do 252.º (Erro sobre os simples motivos. Erro sobre a base do negócio)[1].

> O erro que versa sobre qualquer motivo que tenha determinado o declarante, e que não diga respeito à pessoa ou ao objecto do negócio, só será causa de anulação se as partes houverem estabelecido uma cláusula no sentido da essencialidade do motivo. Mas se o erro recair sobre as circunstâncias que constituíram a base do negócio é aplicável o disposto sobre a resolução ou modificação do contrato por alteração de circunstâncias.

2 **2. Revisões e Projeto**. A 1.ª (222.º) dividiu o preceito em dois números[2], dando-lhe a 2.ª (252.º) a redação final[3], presente também no Projeto (252.º)[4].

II – Erro sobre os motivos (252.º/1)

3 **3. Âmbito**. O preceito visa aditar ao estreito universo do 251.º (o objeto e a pessoa) uma hipótese residual[5]. As declarações podem visar os motivos mais variados, que apenas dizem respeito a cada um. Nessa altura, o facto de o destinatário conhecer a essencialidade do motivo não justifica a supressão do negócio: não se tratando de um elemento nuclear, ele não tem nada com isso. Com uma ressalva: a de ambas as partes terem reconhecido, por acordo, a essencialidade do motivo[6]. Havendo tal acordo, a autonomia das partes é soberana. Dispensado fica o regime do artigo 247.º.

4 **4.** O **acordo** exigido para a relevância dos motivos pode ser tácito[7]. O Supremo fala num "recíproco reconhecimento"[8]: ambas as partes associam a sua vontade à essencialidade do motivo, identificando-o minimamente na sua configuração e no seu papel[9].

[1] Rui de Alarcão, *Erro, dolo e coacção*, 169; *idem*, *Do negócio jurídico/Anteprojecto*, 261. O preceito proveio do 660.º do CS: erro sobre a causa.

[2] *1.ª Revisão*, 96-97.

[3] *2.ª Revisão*, 98.

[4] *Projecto*, 72.

[5] Nas palavras do Supremo – STJ 18-jan.-1996 (Metello de Nápoles), CJ/Supremo IV (1996), 46-52 (51/I): o artigo 252.º/1, no fundo, realiza "uma exclusão": "exclui-se a relevância do erro sobre os motivos, para além do condicionalismo lá prescrito".

[6] RPt 7-mar.-1994 (Reis Figueira), CJ XIX (1994) 2, 187-190 (188/II).

[7] RLx 13-dez.-1972 (sem ind. relator), BMJ 222 (1972), 463; STJ 12-jun.-1984 (Magalhães Baião), BMJ 338 (1984), 382-385 (385); STJ 20-jan.-2005 (Oliveira Barros), Proc. 04B4502; nesse sentido houvera já uma indicação de Rui Alarcão, *Breve motivação*, BMJ 138, 93.

[8] STJ 2-nov.-1977 (Alves Pinto), BMJ 271 (1977), 190-195 (193), num caso em que, por o reconhecimento da essencialidade do motivo frustrado ser meramente pressuposto, se optou pelo erro sobre a base do negócio. Este aresto tem dois interessantes votos de vencido: do Conselheiro Ferreira da Costa que optou pela aplicação do artigo 252.º/1, defendendo a anulabilidade e do Conselheiro Álvares de Moura que, situando embora o problema no âmbito do artigo 252.º/2, entendeu não ser de resolver o contrato, por não se ter demonstrado que a exigência das obrigações por ele assumidas fosse manifestamente contrária à boa-fé – artigo 437.º/1.

[9] O "recíproco reconhecimento" foi apurado em STJ 22-fev.-1994 (Cardona Ferreira), BMJ 434 (1994), 603-

5 O 251.º/1, foi aplicado a uma cessão de exploração de um café e *snack bar* que, ao contrário do exarado no preâmbulo do contrato, não tinha alvará bastante[10]; obras relativas à instalação de uma padaria-pastelaria para a qual, depois, não se obteve o necessário licenciamento, são reconduzidas ao erro sobre a base do negócio: não houve acordo sobre a essencialidade do motivo[11].

6 O acordo sobre a essencialidade dos motivos, não equivale a uma condição resolutiva. Esta implica uma vontade condicional; p. ex., vendo, mas a venda desaparece se não houver casamento; a relevância, por acordo, dos motivos traduz uma vontade pura, apenas negocialmente justificada: vendo sabendo que tu só compras porque vais casar. Os regimes são diferentes: a condição opera automaticamente, enquanto a anulabilidade por eventual erro sobre os motivos tem de ser potestativamente exercida; a supressão da condição exige mútuo acordo, enquanto a mera anulabilidade pode ser confirmada unilateralmente (288.º); na pendência da condição, o adquirente tem de conformar-se com uma atuação circunspecta (272.º a 274.º), enquanto o mero conhecimento da relevância do motivo deixa o adquirente livre para agir como entender. É questão de interpretação o saber se se trata de condição resolutiva ou de motivo negocialmente relevante.

III – Erro sobre a base do negócio (252.º/2)

7 **5. A base do negócio**, no Direito português, designa o instituto da alteração das circunstâncias ou, mais latamente, as próprias circunstâncias que rodearam a conclusão de um contrato[12]. A alteração superveniente permite, em certo condicionalismo, a revogação do contrato ou a sua alteração segundo juízos de equidade (437.º). O 252.º/2 versa a hipótese de ter havido erro sobre tais circunstâncias, aquando da conclusão do negócio.

8 Para relevarem, as circunstâncias (a "base do negócio") devem ser conhecidas por ambas as partes, como tendo presidido à formação da vontade negocial. Assim: (1) dispensa-se o acordo das partes quanto à essencialidade, ou caímos no 252.º/1[13]; (2) em compensação, a frustração dos elementos que presidiram à vontade deve ser de tal tipo que a exigência do cumprimento seja gravemente contrária à boa-fé[14].

9 **6. As consequências**. A remissão para o 437.º abrange, apenas, os pressupostos: não a "sanção" nele prevista[15]. Ao erro sobre a base do negócio aplica-se a anulabilidade e não a resolução[16].

10 **7. Jurisprudência**: (1) o 252.º/2 assenta no erro ou desconformidade da representação da realidade, enquanto o 437.º/1 tem em vista a evolução posterior das circunstâncias[17]; esta posição

-613 (611): alguém comprou invocando um direito de preferência, circunstância que foi reconhecida por ambos os contraentes. Em REv 3-jun.-2002 (Ana Luísa Geraldes), CJ XXVII (2002) 3, 255-259, temos o seguinte: um mediador convence uns inquilinos estrangeiros de que era obrigatória a inclusão de uma cláusula que previsse a duração mínima de dois anos; para além do dolo de terceiro, há erro sobre os motivos, efetivamente reconhecidos por ambas as partes.

[10] STJ 8-jun.-2006 (Nuno Cameira), Proc. 06A1112.

[11] STJ 15-mai.-2008 (Custódio Montes), Proc. 08B1275.

[12] *Tratado de Direito civil*, IX, 3.ª ed., 549 ss. (595 ss.), com indicações.

[13] STJ 2-nov.-1977 (Alves Pinto), BMJ 271 (1977), 190-195 (193) – "o acordo está pressuposto" –, RPt 7-mai.-1994 (Reis Figueira), CJ XIX (1994) 2, 187-190 (188/II) e RLx 5-mai.-1994 (Almeida e Sousa), CJ XIX (1994) 3, 81-86.

[14] Assim, STJ 18-jan.-1996 (Metello de Nápoles), CJ/Supremo IV (1996) 1, 46-52 (51/II). Noutro exemplo – RPt 15-mai.-1995 (Paiva Gonçalves), BMJ 447 (1995), 562 (o sumário): uma Câmara compra por baixo preço, invocando-se a hipótese de expropriação para um parque; vende, depois, para construção. Sobre o tema *vide* o excelente escrito de António Pinto Monteiro, *Erro e vinculação negocial* (2002), 16 ss..

[15] STJ 29-jan.-2019 (Roque Nogueira), Proc. 951/06.

[16] Nas palavras da RPt 10-jan.-2002 (Pinto de Almeida), CJ XXVII (2002) 1, 177-182 (180/II): a remissão do artigo 252.º/2 para o artigo 437.º não significa a aplicação direta deste preceito.

[17] STJ 6-nov.-2003 (Ferreira de Almeida), Proc. 03B3120.

não deve ser tomada em termos rígidos; (2) no erro, a base do negócio é unilateral, respeitando apenas ao errante; na alteração das circunstâncias, ela é bilateral[18]; (3) o erro relativo a circunstâncias futuras é um erro de previsão e só é relevante na medida em que se verifiquem os requisitos do 437.º[19]; (4) releva um elemento essencial objetivo: a convicção de que seria possível certa construção[20]; (5) o erro deve recair sobre elementos essenciais[21]; (6) é aplicável o prazo de um ano do 287.º/1[22]; (7) não funciona na falta de uma errada perceção das circunstâncias[23]; (8) releva a base existente no momento da contratação[24].

Artigo 253.º (Dolo)

1. Entende-se por dolo qualquer sugestão ou artifício que alguém empregue com a intenção ou consciência de induzir ou manter em erro o autor da declaração, bem como a dissimulação, pelo declaratário ou terceiro, do erro do declarante.

2. Não constituem dolo ilícito as sugestões ou artifícios usuais, considerados legítimos segundo as conceções dominantes no comércio jurídico, nem a dissimulação do erro, quando nenhum dever de elucidar o declarante resulte da lei, de estipulação negocial ou daquelas conceções.

Bibliografia: Ana Filipa Morais Antunes, *UCP/Comentário do Código Civil* (2014), 605-609; António Menezes Cordeiro, *Tratado de Direito civil*, II, 4.ª ed. (2014), 871-874; Carlos Mota Pinto, *Teoria geral do Direito civil*, 4.ª ed. (2005), 523-524; Luís A. Carvalho Fernandes, *Teoria geral do Direito civil*, 2, 5.ª ed. (2012), 222-225; Mafalda Miranda Barbosa, *Falta e vícios da vontade* (2020), 123-167; Paulo Mota Pinto, *Declaração tácita e comportamento concludente no negócio jurídico* (1995), 313-317.

Índice

1. Preparatórios. O preceito descende, com poucas alterações, do 3.º do anteprojeto Rui de Alarcão[1]. Antecedente imediato: 663.º, § único e 667.º do CS. 1

2. O **dolo** tem uma dupla aceção completamente distinta[2]: (1) a sugestão ou artifício usados com o fim de enganar o autor da declaração e previstos no 253.º/1; (2) a modalidade mais grave 2

[18] STJ 28-mai.-2009 (Oliveira Vasconcelos), CJ/Supremo XVII (2009) 2, 84-88 (86/II).

[19] STJ 17-mar.-2010 (Sousa Peixoto), Proc. 7/06.

[20] STJ 27-nov.-2012 (Gabriel Catarino), Proc. 9052/09.

[21] STJ 10-dez.-2013 (Gabriel Catarino), Proc. 675/08.

[22] STJ 2-out.-2014 (Lopes do Rego), Proc. 1060/11.

[23] STJ 13-jan.-2015 (Gabriel Catarino), Proc. 219/11.

[24] RCb 6-dez.-2016 (Jorge Manuel Loureiro), Proc. 2466/11.

[1] Rui de Alarcão, *Erro, dolo e coacção*, 169; *idem*, *Do negócio jurídico/Anteprojecto* (23.º), 261-262; *vide 1.ª Revisão* (223.º), 97; *2.ª Revisão* (253.º), 99; *Projecto* (253.º), 72.

[2] Este duplo significado do termo "dolo" ocorre, também, no Direito italiano; *vide* Alberto Trabucchi, *Dolo (diritto civile)*, NssDI VI (1960), 150-155 (150). Em compensação ele não se verifica no Direito alemão, onde as duas aceções correspondem a palavras diversas – *Täuschung* para dolo-vício e *Vorsatz* para dolo-culpa – nem no Direito francês onde, embora por razões conceituais, as designações também são diferentes – *dol* para o dolo-vício e *faute* para a culpa-ilicitude, abrangendo a versão mais grave.

de culpa, contraposta à "mera culpa" ou negligência referida no 483.º/1. Apenas a primeira aceção está, agora e aqui, em causa.

3 O dolo dá lugar a uma espécie agravada de erro: é um erro provocado, nas palavras de Manuel de Andrade[3]. Diz este Autor:

> A sugestão ou artifício há-de traduzir-se em quaisquer expedientes ou maquinações tendentes a desfigurar a verdade (manobras dolosas) – e que realmente a desfiguram (de outro modo não haveria erro) –, quer criando aparências ilusórias (*suggestio falsi*; obrepção), quer destruindo ou sonegando quaisquer elementos que pudessem instruir o enganado (*suppressio veri*; subrepção). Deve tratar-se, portanto, de qualquer processo enganatório. Podem ser simples palavras contendo afirmações sabidamente inexactas (*allegatio falsi*; mentira), ou tendentes essas palavras a desviar a atenção do enganado de qualquer pista que poderia elucidá-lo. (...)[4].

4 **3.** A **relevância** do dolo depende, segundo a sistematização geralmente acolhida, na doutrina[5] como na jurisprudência[6], de três fatores: (1) que o declarante esteja em erro; (2) que o erro tenha sido causado ou dissimulado pelo declaratário ou por terceiro[7]; (3) que o declaratário ou terceiro haja recorrido a qualquer artifício, sugestão ou embuste.

5 A relevância do dolo depende de uma dupla causalidade: é preciso que o dolo seja determinante do erro e o erro determinante do negócio[8]. Sendo o erro simples, o negócio só é anulável se ele recair sobre elemento essencial e se o declaratário conhecer ou dever conhecer essa essencialidade; sendo o erro qualificado por dolo, essa anulabilidade surge se for determinante da vontade: não tem de ser essencial, pois bastará que, por qualquer razão (mesmo periférica) tenha dado lugar à vontade e não se põe o problema do conhecimento uma vez que, neste caso, ele foi pura e simplesmente causado pelo declaratário[9].

Artigo 254.º (Efeitos do dolo)

1. O declarante cuja vontade tenha sido determinada por dolo pode anular a declaração; a anulabilidade não é excluída pelo facto de o dolo ser bilateral.

2. Quando o dolo provier de terceiro, a declaração só é anulável se o destinatário tinha ou devia ter conhecimento dele; mas, se alguém tiver adquirido direta-

[3] Manuel de Andrade, *Teoria geral*, 2, 256.

[4] *Idem*, 256-257.

[5] Pires de Lima/Antunes Varela, *Código Anotado*, 1, 4.ª ed., 237; o nosso *Dolo na conclusão do negócio/Culpa in contrahendo/Anotação a STJ 13-Jan.-1993*, O Direito 1993, 145-174.

[6] STJ 11-out.-1977 (Oliveira Carvalho), BMJ 270 (1977), 192-201 (197), onde, designadamente, se lê: "Usar dolo, enganar outrem ou deixá-lo no engano é contribuir para um erro. Neste vício, o consentimento em vez de esclarecido e espontâneo apresenta-se defeituosamente formado". *Vide*, ainda, RPt 4-mai.-1982 (Joaquim Gonçalves), CJ VII (1982) 3, 191-194 (193, 2.ª col.) e RCb 28-jun.-1994 (Mário Pereira), CJ XIX (1994) 3, 41-43 (43/I).

[7] Ou seja: exige-se a intencionalidade, a qual teria de ser provada: STJ 20-jan.-2000 (Ferreira de Almeida), CJ/ /Supremo VIII (2000) 1, 45-49 (48/I); todavia, tal "prova" poderá resultar das características gerais do caso, ou bloquearemos (ainda mais) o funcionamento deste instituto.

[8] Castro Mendes, *Teoria geral*, 2, 113. Exemplos jurisprudenciais de dolo são-nos dados por RCb 5-fev.-1991 (Herculano Namora), CJ XVI (1991) 1, 68-70 (70/I) – o gerente e o subgerente de um banco praticam artifícios para levar uma pessoa a subscrever letras – e STJ 25-fev.-1993 (César Marques), CJ/Supremo I (1993) 1, 154-156 (155/II), onde foram dadas falsas informações sobre uma garagem para levar à conclusão de um negócio.

[9] Mota Pinto, *Teoria geral*, 4.ª ed., 528.

mente algum direito por virtude da declaração, esta é anulável em relação ao beneficiário, se tiver sido ele o autor do dolo ou se o conhecia ou devia ter conhecido.

Bibliografia: A referida na anotação ao 253.º.

Índice

1. Preparatórios. O preceito remonta, com poucas alterações, ao 4.º do anteprojeto Rui de Alarcão[1]. Antecedente imediato: o 663.º do CS. 1

2. A anulabilidade fica à disposição da vítima do dolo. Este é suficiente, dispensando-se os requisitos do 247.º: deve apenas ser causal do erro. 2

A bilateralidade do dolo não obsta à anulação. Ela fica na disponibilidade de cada uma das partes. O Direito não justifica um mal com outro mal. 3

3. O dolo de terceiro só permite a anulação se a contraparte (o destinatário) tinha ou devia ter conhecimento dele (má-fé). Tendo alguém adquirido diretamente um direito em virtude da declaração viciada, só há anulabilidade em relação ao beneficiário se ele for o autor do dolo ou se o conhecia e devia conhecer. 4

4. Responsabilidade. A anulação por dolo é cumulável com a indemnização dos danos causados. Designadamente pode fazer-se, em simultâneo, apelo às regras da *culpa in contrahendo*[2]. Esta, através da técnica dos deveres acessórios e da relação obrigacional sem dever de prestar principal, pode ser aplicável a terceiros que provoquem o erro qualificado por dolo. 5

Artigo 255.º (Coação moral)

1. Diz-se feita sob coação moral a declaração negocial determinada pelo receio de um mal de que o declarante foi ilicitamente ameaçado com o fim de obter dele a declaração.

2. A ameaça tanto pode respeitar à pessoa como à honra ou fazenda do declarante ou de terceiro.

3. Não constitui coação a ameaça do exercício normal de um direito nem o simples temor reverencial.

Bibliografia: António Menezes Cordeiro, *Tratado de Direito civil*, II, 4.ª ed. (2014), 829-834; Joana Vasconcelos, *UCP/Comentário do Código Civil* (2014), 623-616; Mafalda Miranda Barbosa, *Falta e vícios da vontade* (2020), 167-185; *vide* a bibliografia indicada ao 246.º.

[1] Rui de Alarcão, *Erro, dolo e coacção*, 169-170; *idem*, *Do negócio jurídico/Anteprojecto* (24.º), 262; *1.ª Revisão*, 97-98; *2.ª Revisão*, 99; *Projecto*, 73.

[2] STJ 20-jan.-2000 (Ferreira de Almeida), CJ/Supremo VIII (2000) 1, 45-49 (48/I).

Índice

1 **1. Preparatórios**. O preceito adveio do 5.º do anteprojeto Rui de Alarcão[1]. Teve poucas alterações subsequentes[2]. A novidade residiu na introdução da coação física, nas revisões (246.º).

2 **2. Modalidades**[3]: pode ser principal ou apenas incidental, consoante atinja o essencial do negócio ou, tão-só, aspetos acessórios; pode ser dirigida ao próprio ou ao terceiro, conforme a pessoa ameaçada; pode visar a pessoa, a honra ou os bens do próprio ou de terceiros; pode provir do declaratário ou de terceiros.

3 **3. Requisitos**: vale, ainda hoje, a enumeração apresentada por Manuel de Andrade[4]: (a) essencialidade: a coacção deverá determinar o núcleo da declaração; (b) intenção de coagir: não lidamos, aqui, com o estado de necessidade; o declaratário terá, assim, de ser vítima de uma efectiva ação humana destinada a extorquir-lhe a declaração pretendida; (c) gravidade do mal: variável embora, segundo as circunstâncias, o mal prefigurado pela ameaça deve ter peso bastante; (d) gravidade da ameaça: independentemente do mal em si, há que ponderar a probabilidade da sua consumação e a sua seriedade; (e) injustiça ou ilicitude da cominação: a "ameaça" do exercício de um direito (vou para Tribunal se não pagares) não é coação.

4 **4. O temor reverencial**. Seguindo a tradição, o 255.º/3 exclui, do campo da coação, o exercício normal do direito e o simples temor reverencial. Este era definido por Coelho da Rocha como receio de desgostar o pai, a mãe ou outros superiores a quem se deve respeito[5]. Trata-se de um ponto cuidadosamente delimitado pelos canonistas, com vista a salvaguardar determinados casamentos. Hoje, o temor reverencial pode ocorrer, sobretudo, em situações de trabalho[6]. O óbice enfrentado pelo Direito não reside na ilicitude da pressão mas, "apenas", na limitação da liberdade que ela possa ocasionar.

Artigo 256.º (Efeitos da coacção)

A declaração negocial extorquida por coação é anulável, ainda que esta provenha de terceiro; neste caso, porém, é necessário que seja grave o mal e justificado o receio da sua consumação.

Bibliografia: a indicada ao 255.º.

[1] Rui de Alarcão, *Erro, dolo e coacção*, 170; *idem*, *Do negócio jurídico/Anteprojecto* (25.º), 262.

[2] *1.ª Revisão* (225.º), 98; *2.ª Revisão* (255.º), 100; *Projecto*, 73.

[3] Manuel de Andrade, *Teoria geral*, 2, 267 ss..

[4] *Idem*, 2, 273 ss.. Em RLx 27-jun.-1991 (Silva Paixão), CJ XVI (1991) 3, 165-168 (167/I) referiram-se os seguintes elementos: *a*) ameaça à pessoa, à honra ou à fazenda do declarante ou de terceiros; *b*) a ilicitude dessa ameaça; *c*) o propósito do comitente de extorquir a declaração mediante coação; *d*) o nexo genético entre a declaração, a ameaça e o receio de efetivação do mal; em STJ 22-fev.-2018 (Olindo Geraldes), Proc. 94/14, referiram-se: a ameaça de um mal, a ilicitude da ameaça e a intencionalidade.

[5] Coelho da Rocha, *Instituições*, 1, 60.

[6] RPt 4-mai.-1998 (César Teles), CJ XXIII (1998) 3, 243-245 (245/I).

Índice

1. Preparatórios: advém, com poucas alterações, do 6.º do anteprojeto Rui de Alarcão[1]. 1

2. Sanção. À coação moral corresponde a sanção da anulabilidade[2] (256.º). Assim se distingue 2
da coação física, que nos leva à nulidade (246.º).

3. Na **jurisprudência**, são escassas as hipóteses de coação moral: normalmente, ela surge refe- 3
rida apenas para ser afastada[3] ou, indiretamente, a propósito da posse violenta[4]. O Supremo decidiu-se por uma hipótese de coação moral, no caso seguinte: a EDP ameaçara suspender o fornecimento de energia elétrica a um novo consumidor, como forma de o obrigar a pagar uma dívida que não era sua: todos os elementos da figura aí se verificariam[5]. Vale a atualidade das velhas figuras românicas.

Em compensação, os tribunais não viram coação moral nos casos seguintes: um interes- 4
sado queixa-se de que um banco, aproveitando a sua prisão preventiva por presumível emissão de cheque sem cobertura, o obrigou a renegociar certas dívidas em termos desfavoráveis: não se teria provado a ilegalidade, sendo certo que o tribunal ficou impressionado com a não-seriedade do interessado[6]; uma pessoa prejudicada assina uma declaração de se encontrar totalmente ressarcida só para reaver parte do que lhe haviam tirado[7]; um trabalhador faz cessar o contrato de trabalho por mútuo acordo por a entidade patronal ter dito que iria piorar as suas funções: não se teria demonstrado a essencialidade da coação[8]; um Município comunicou a uma empresa de captação de areias que lhe iria fechar as vias de acesso se ela não pagasse mais 50$00 por m³ de areia: não haveria ilicitude[9]; o operador do serviço telefónico obtém o pagamento de determinada dívida sob a advertência de que iria cortar o serviço: não há coação[10]; o filho do sacador de um cheque faz uma declaração confessória de dívida, por o tomador lhe dizer que, se não o fizesse, iria recorrer à Justiça: nada a opor[11]; uma testadora faz disposições de última vontade, prejudicando uma filha: não se provou a ameaça feita pela beneficiária[12].

Artigo 257.º (Incapacidade acidental)

1. A declaração negocial feita por quem, devido a qualquer causa, se encontrava acidentalmente incapacitado de entender o sentido dela ou não tinha o livre

[1] Rui de Alarcão, *Erro, dolo e coacção*, 170; *idem*, *Do negócio jurídico/Anteprojecto* (263.º), 262; *1.ª Revisão* (226.º), 98; *2.ª Revisão* (256.º), 100; *Projecto* (256.º), 73.

[2] Incidentalmente, RCb 14-mai.-1996 (Francisco Lourenço), CJ XXI (1996) 3, 10-14 (13/II).

[3] Assim, RLx 1-fev.-1990 (Prazeres Pais), CJ XV (1990) 1, 152-155 (154/II).

[4] Assim, REv 26-set.-1996 (Geraldes de Carvalho), CJ XXI (1996) 4, 281-282 (282/I).

[5] STJ 11-mar.-1997 (Fernando Fabião), BMJ 465 (1997), 552-560 (557 e 558).

[6] STJ 24-fev.-1999 (Ferreira de Almeida), BMJ 484 (1999), 371-380 (378/II); houve, aqui, coação, só que não foi considerada relevante, pelo fator apontado.

[7] STJ 28-abr.-1999 (Mariano Pereira), CJ/Supremo VII (1999) 2, 185-193 (188/II); também se entendeu que não havia aqui reserva mental.

[8] RLx 24-nov.-1999 (Manuela Gomes), CJ XXIV (1999) I, 163-165 (164/II).

[9] RCb 27-abr.-1999 (Gil Roque), CJ XXIV (1999) 2, 37-40, confirmado por STJ 13-abr.-2000 (Nascimento Costa; vencido: Pereira da Graça), CJ/Supremo VIII (2000) 1, 156-162; neste caso, parece-nos haver coação.

[10] STJ 11-mai.-2000 (Dionísio Correia), CJ/Supremo VIII (2000) 2, 54-58 (56/II).

[11] STJ 15-jan.-2008 (Fonseca Ramos), Proc. 07A4313 = = CJ/Supremo XVI (2008) 1, 42-45 (44-45).

[12] RPt 8-mar.-2019 (Madeira Pinto), Proc. 756/13.

exercício da sua vontade é anulável, desde que o facto seja notório ou conhecido do declaratário.

2. O facto é notório, quando uma pessoa de normal diligência o teria podido notar.

Bibliografia: António Menezes Cordeiro, *Tratado de Direito civil*, II, 4.ª ed. (2014), 798-808; Maria de Fátima Ribeiro, *UCP/Comentário do Código Civil* (2014), 619-622.

Índice

1 **1.** O **anteprojeto Campos Costa** previa o tema ora versado no negócio jurídico, a propósito da falta ou vícios da vontade, no domínio da interdição[1]. Propôs (14.º)[2]:

> **1.** São anuláveis os actos praticados por quem, [não] estando embora interdito, tenha estado incapaz de entender ou de querer por qualquer causa, ainda que transitória, no momento da conclusão do acto, contanto que deste resulte grave prejuízo para o seu autor.
>
> **2.** A anulação dos contratos só pode ser decretada quando, pelo prejuízo causado ou que se possa causar à pessoa incapaz de entender ou de querer ou pela qualidade do contrato ou por qualquer outra circunstância, se mostre ter havido má fé da parte contrária.

2 **2.** Na **1.ª revisão ministerial**, o preceito foi simplificado, mantendo-se no campo da interdição. Segundo o 111.º[3]:

> Aos actos praticados pelo interdito antes da publicação dos anúncios referentes à acção de interdição é aplicável o regime a que estão sujeitos os actos praticados por quem, não estando embora interdito, tenha estado incapaz de entender ou de querer por qualquer causa, ainda que transitória.

3 **3.** Na **2.ª revisão ministerial**, surge um 257.º, sobre incapacidade acidental[4], semelhante ao preceito hoje vigente[5]. A matéria transitou, pois, do campo das incapacidades de exercício para o da declaração de vontade.

[1] Quanto ao CS: *Tratado*, II, 4.ª ed., 800-801.

[2] Américo Campos Costa, *Incapacidades e formas do seu suprimento/Anteprojecto do Código Civil*, BMJ 111 (1961), 195-231 (216).

[3] *1.ª Revisão*, 52.

[4] *2.ª Revisão*, 100.

[5] *Projecto* (257.º), 73-74.

II – Pressupostos e afins

4. Os **pressupostos subjetivos (n.º 1).** Aproveita quem[6]: (1) se encontre "acidentalmente" incapacitado: acidentalmente contrapõe-se a permanente ou persistentemente, altura em que se aplica o regime da menoridade ou o do acompanhamento; aos atos do acompanhado anteriores à ação aplica-se, também, o regime da incapacidade acidental (154.º/4); (2) por qualquer causa: a lei não distingue; podem-se elencar factos patológicos extrínsecos, como a embriaguês ou o efeito de psicotrópicos ou de estupefacientes, factos patológicos intrínsecos, como uma doença súbita dos foros psicológico ou psiquiátrico, um delírio febril, um estado de pânico ou um trauma e factos não-patológicos, como a hipnose, o sonambulismo, o cansaço extremo, a euforia perante um acontecimento fasto ou um acesso de ira ou estado *ab irato*; (3) de entender o sentido da declaração: a causa acidentalmente incapacitante atinge a capacidade intelectiva da pessoa; podemos distinguir a perceção (o agente não atentou no idioma usado ou não foi capaz de ouvir ou de ler), o raciocínio (o agente percecionou a matéria, mas não foi capaz de a posicionar no tempo, no espaço ou na escala valorativa ou de a relacionar com outros dados, de modo a formular um juízo capaz) e a comunicação (o agente ficou bloqueado, quanto a emitir uma declaração coerente ou consonante com os demais elementos); (4) ou de exercer livremente a sua vontade: a causa afetou a autonomia do declarante, impelindo-o, seja a decidir mecanicamente, seja a proceder de modo aleatório. 4

Os elementos subjetivos (a causa eficiente e as limitações ao discernimento e à liberdade) atuam num conjunto inseparável. Na prática, o próprio pode ter dúvidas sobre se perdeu discernimento e em que segmento ou se viu limitado o grau de livre-arbítrio que se impunha. Todavia, a análise tem a sua utilidade. 5

5. Pressuposto objetivo. O n.º 1 fixa o requisito objetivo de o facto ser notório ou conhecido do declaratário. O 257.º/2 explicita que o facto é notório quando uma pessoa de normal diligência o teria podido notar. 6

Pela análise gramatical do preceito, o "facto" reporta-se ao conjunto antes referido, ou seja: a pessoa que, por qualquer causa, se encontrava acidentalmente incapacitada de entender o sentido da declaração ou não tinha o livre exercício da sua vontade. Partindo deste ponto, poderíamos descartar a "causa", já que qualquer uma serve. Todavia, na generalidade dos casos, é percetível, sobretudo, a causa. Por exemplo, perante um ébrio, fica claro que não é altura de contratar e isso independentemente de se indagar a sua concreta capacidade de entendimento ou de livre autodeterminação. O facto conhecido ou notório é o que se reporta à situação, no seu conjunto e que desemboca no défice de entendimento ou de liberdade. 7

6. Deveres de cuidado. A pessoa de normal diligência (*bonus pater familias*) tem o encargo, quiçá o dever, de não contratar com quem saiba ou deva saber não estar na posse de todas as suas faculdades de entendimento e de livre decisão. Quando o faça, sujeita-se, desde logo, à impugnabilidade no negócio, por via do 257.º/1. Mas além disso, pode incorrer em responsabilidade, por violação de deveres de lealdade e de segurança *in contrahendo* (227.º/1) ou, até, por atentado a direitos de personalidade (483.º/1). 8

O 257.º/1 é claro: funciona perante qualquer causa. Não obstante, as posições jurídicas que dele emerjam sujeitam-se, como todas as outras, à sindicância do sistema. Assim, a pessoa 9

[6] Heinrich Ewald Horster, *A parte geral*, 2.ª ed., 367 ss.; Paulo Mota Pinto, *Declaração tácita*, 294 ss.; Carlos Alberto da Mota Pinto, *Teoria geral*, 4.ª ed., 538; Luís Carvalho Fernandes, *Teoria geral*, 1, 5.ª ed., 370-372; Pedro Pais de Vasconcelos, *Teoria geral*, 9.ª ed., 676. De notar que Carvalho Fernandes coloca a incapacidade acidental no domínio das incapacidades.

que propositadamente se coloque em situação de incapacidade acidental pode, quando pretenda anular o negócio celebrado, ser detida por abuso do direito, designadamente nas modalidades de *venire contra factum proprium* ou de *tu quoque*. Caso a caso haverá que verificá-lo.

10 **7. Afins.** A incapacidade acidental distingue-se da menoridade (123.º) e do acompanhamento (138.º): equivalem a situações estáveis, que se prolongam no tempo e que são publicitadas através do registo civil. Já a acidental ocorre pontualmente e, na falta de publicidade, deve ser detetada e apreciada sumariamente pelo declaratário. Os atos praticados pelos legalmente incapazes são anuláveis, mas no âmbito de uma invalidade que segue regras especiais fixadas para os menores (125.º e 127.º) e para os acompanhados (154.º/1 e 2).

11 Mais delicada é a delimitação perante a falta de consciência da declaração (246.º). Conceptualmente, a separação é clara[7]: (1) na falta de consciência da declaração, o agente mantém o discernimento e a liberdade; simplesmente, julga mover-se fora do palco do juridicamente relevante; (2) na incapacidade acidental, o agente, apesar de saber-se na área negocial, não tem discernimento ou liberdade para concretizar a atividade jurígena. Na prática, a sobreposição entre as duas figuras é fácil: basta que o acidentalmente incapaz, além da falta de discernimento ou de liberdade quanto ao que declare, também não se aperceba de que profere uma declaração com conteúdo jurígena. Cabe-lhe, então, escolher, das duas figuras, qual a que lhe convém invocar; ou alegar as duas, conjunta ou supletivamente.

12 Também a declaração não-séria (245.º) sobrevive no confronto com a incapacidade acidental. Naquela, o declarante tem discernimento e liberdade, quando faz a declaração. Esta, todavia, não é séria, havendo a expectativa de que essa falta de seriedade seja percetível pelo declaratário.

13 O 2199.º comporta um regime especial de incapacidade acidental, no domínio do testamento. Aí, como não existe a necessidade de proteger a confiança do declaratário, já que o testamento é um negócio unilateral, desaparece o requisito do conhecimento do facto da incapacidade ou da sua notoriedade[8].

14 O 234.º do Código de Processo Civil (ex-242.º) ocupa-se da incapacidade de facto do citando fixando, para ela, determinado regime.

15 **8. Regime.** A declaração feita sob incapacidade acidental é anulável. Em termos práticos e mau grado o vício, o declarante pode optar por conservar o negócio: basta que, passado o óbice, ele faça um juízo favorável sobre o contratado ou que, não obstante o sucedido, o mesmo declarante prefira honrar a sua palavra.

16 O regime da incapacidade acidental pode ser mais vantajoso para o declarante atingido do que o da falta de consciência da declaração ou o da declaração não-séria. Nestas duas situações, a declaração "não produz efeitos", situação que convolamos para a nulidade. O declarante não as pode, pois, aproveitar, ainda que, supervenientemente, elas se lhe venham a revelar favoráveis. Já na incapacidade acidental, a mera anulabilidade confere, ao declarante, o direito potestativo de impugnar o negócio: direito que exercerá, ou não, conforme o que melhor lhe convier.

17 **9. Jurisprudência**: tem entendido, em moldes estritos, o dispositivo da incapacidade acidental. Assim, segundo um acórdão do Supremo de 3-mai.-1971 – o primeiro que se ocupou da figura – a anulação por via do 257.º obedeceria a três requisitos[9]: (1) condições psíquicas de

[7] Quanto à distinção entre as duas figuras: RCb 31-mai.-2011 (Barateiro Martins), CJ XXXVI (2011) 3, 32-41 (35-36).

[8] STJ 25-fev.-2003 (Fernando Pinto Monteiro), CJ/Supremo XXVIII (2003) 1, 109-111 (110/II).

[9] STJ 3-mai.-1971 (Jacinto Rodrigues Bastos), BMJ 237 (1971), 176-180 (179); em BMJ 237, 181, pode confrontar-se uma anotação com vastas indicações bibliográficas relativas à figura da incapacidade acidental, no âmbito do Código de Seabra.

não entender e querer; (2) no momento da prática do ato; (3) e sendo isso facto notório ou do conhecimento do declaratário.

Explicou o Supremo que não era suficiente o enfraquecimento da vontade ou a obnubilação ou diminuição de faculdades do declaratário[10]. Torna-se muito difícil provar, *a posteriori*, a incapacidade e o seu conhecimento. 18

O preenchimento dos requisitos do 257.º veio a ser sucessivamente recusado: em STJ 15-fev.-1989 (teria de se provar a incapacidade e o conhecimento dela pelo declaratário[11]), em STJ 15-out.-1991 (a incapacidade teria de ser cognoscível por um declaratário "com normal diligência"[12]), em RCb 7-jul.-1992 (onde se faz um paralelo com o 2199.º, relativo à incapacidade acidental no testamento[13]) e em STJ 21-mar.-1995 (que sublinha a exigência de um facto "...notório ou conhecido da outra parte" quando, no caso, havia uma mera depressão nervosa[14]). Apenas a REv, em 25-jun.-1998, aplicou o preceito, perante o caso de um trabalhador que assina uma rescisão de um contrato de trabalho sob influência do álcool: ora, logo após a assinatura, fez (eventualidade pouco frequente) um teste adequado que revelou uma taxa de alcoolémia não inferior a 1 g.[15]: mais de trinta anos volvidos sobre a entrada em vigor do Código, surgiu, assim, um primeiro caso. A incapacidade acidental foi aplicada, depois, pela RCb 12-dez.-2017, num caso de partilha conjugal[16], pelo STJ 11-dez.-2018, perante declarações constantes de um documento autêntico, quando o declarante delira, referindo factos desconexos[17] e pela RCb 22-out.-2019, num caso de doação, quando se provou que a doadora tinha notórias faltas de discernimento e de vontade[18]. 19

Subsequentemente, relevamos os casos seguintes: 20

- *STJ 4-out.-2001*: subsume-se no 257.º (e não no 246.º) a situação do declarante que, ao tempo da declaração, estava acamado, com perda gradual do estado de consciência, não compreendendo o que se lhe dizia, deixou de conhecer o dinheiro e desinteressou-se pelas coisas e bens[19];
- *STJ 9-dez.-2004*: num caso de interdição em curso, em que o 257.º era aplicável por via do 150.º, entendeu-se que a presença de dois médicos no ato de outorga de uma escritura pública, que garantiram ao notário a sanidade mental do alienante, não fez garantir não ser notória a insanidade então existente[20];
- *STJ 7-nov.-2006*: cabe à interessada na anulação do ato provar que, apesar de várias diligências que empreendeu, estava acidentalmente incapacitada, ao celebrar o ato e, ainda, que essa situação era notória ou conhecida pela outra parte[21];
- *STJ 5-jun.-2007*: ocupa-se da aplicabilidade do 257.º à celebração de um mútuo ao consumo[22];

[10] STJ 3-mai.-1971 (Jacinto Rodrigues Bastos), BMJ 237 (1971), 176-180 (180); no caso vertente, o Supremo recusou a aplicação do 257.º, perante uma situação de arteriosclerose senil difusa, insuficiente, todavia, para destruir totalmente a vontade e o entendimento.

[11] STJ 15-fev.-1989 (Pinto Ferreira), BMJ 410 (1991), 742-746 (744).

[12] STJ 15-out.-1991 (Rui de Brito), BMJ 410 (1991), 742-746 (744).

[13] RCb 7-jul.-1992 (Virgílio de Oliveira), CJ XVII (1992) 4, 57-63 (60/I).

[14] STJ 21-mar.-1995 (Ramiro Vidigal), CJ/Supremo III (1995) 1, 130-132 (131/I) = BMJ 445 (1995), 480-485 (484).

[15] REv 25-jun.-1998 (Gonçalves da Rocha), CJ XXIII (1998) 3, 298-300 (300/I).

[16] RCb 12-dez.-2017 (Luís Cravo), Proc. 123/15.

[17] STJ 11-dez.-2018 (Pinto de Almeida), Proc. 342/15.

[18] RCb 22-out.-2019 (Maria Teresa Albuquerque), Proc. 94/14.

[19] STJ 4-out.-2001 (Oliveira Barros), CJ/Supremo IX (2001) 3, 61-65 (64).

[20] STJ 9-dez.-2004 (Moreira Alves), CJ/Supremo XII (2004) 3, 131-134 (132/I).

[21] STJ 7-nov.-2006 (Borges Soeiro), Proc. 06A2585.

[22] STJ 5-jun.-2007 (Moreira Camilo), CJ/Supremo XV (2007) 2, 102-107 (194/I).

– *STJ 13-jan.-2009*: a aplicabilidade do 257.º não depende de o declarante vir, depois, a ser ou não declarado interdito; a defesa da segurança exige que o declaratário sabia ou devia-se ter apercebido de que o declarante não estava lúcido[23];

– *STJ 8-jun.-2017*: no reconhecimento da incapacidade acidental, é insuficiente a data do início da incapacidade decretada na sentença de interdição; não podendo afirmar-se que o declarante estivesse desprovido da sua capacidade de entender e querer, na aposição da impressão digital na escritura, não se retira a genuinidade exigida ao ato[24];

– *STJ 22-fev.-2018*: à doação de um imóvel feita por um interdito antes da propositura da ação de interdição, aplica-se o 257.º e não o 2189.º, *b*), por analogia; mandou baixar os autos, para esclarecer os pressupostos daquele preceito[25]

Subseção VI – Representação

Introdução (258.º a 269.º)

Bibliografia: Ana Prata, *Código Civil anotado*, I, 2.ª ed. (2019), 342-361; António Menezes Cordeiro/A. Barreto Menezes Cordeiro, *Tratado de Direito civil*, IV, 5.ª ed. (2019), 724-727; *idem*, V, 3.ª ed. (2018), 65-154; *idem*, *Direito comercial*, 4.ª ed. (2016), 656-688; *idem*, *Direito das sociedades*, I, 4.ª ed. (2020), 341--349; José Alberto Vieira, *Negócio jurídico/Anotação ao regime do Código Civil (artigos 217.º a 295.º)* (2006), 73-87; Pedro de Albuquerque, *A representação voluntária em Direito civil (ensaio de reconstrução dogmática)* (2004), 1360 pp.; *idem*, *A vinculação das sociedades comerciais anónimas e por quotas*, I (2017), 15 ss.; *idem*, *A representação voluntária em Direito civil (breve síntese de um ensaio de reconstrução dogmática)*, em *Código Civil//Livro do Cinquentenário*, II (2019), 615-629; Pedro Leitão Pais de Vasconcelos, *A preposição. Representação comercial* (2017), 589 pp.; Pires de Lima/Antunes Varela, *Código Civil anotado*, I (1987), 240-250; Raúl Guichard, *A representação sem poderes no Direito civil português. A ratificação*, I e II (2009, polic.), 29 ss.; Raúl Guichard/Catarina Ribeiro/Ana Teresa Ribeiro, em *UCP/Comentário ao Código Civil/Parte geral* (2014), 623-660.

Índice

[23] STJ 13-jan.-2009 (Hélder Roque), Proc. 08A3809 = = CJ/Supremo XVII (2009) 1, 43-47 (47/II).

[24] STJ 8-jun.-2017 (Olindo Geraldes), Proc. 1852/08.

[25] STJ 22-fev.-2018 (Hélder Almeida), Proc. 8319/09.

I – Ideia geral e antecedentes

1. Ideia geral. Na representação alguém (o representante) atua expressando uma vontade, depois repercutida, direta e imediatamente, na esfera jurídica de outrem. A representação propriamente dita é a voluntária. A seu lado surgem outras "representações" que operariam como afins: (1) orgânica; (2) legal; (3) institória. 1

(1) Um dos centros referidos no âmbito da representação reside na chamada representação das pessoas coletivas ou **representação orgânica**. Nela debatem-se duas teorias: a da representação, devida a Savigny[1], e a orgânica, imputável, nomeadamente, a Otto Von Gierke[2]. Mas, não há, em sentido próprio, nenhuma verdadeira representação orgânica[3]. A atuação dos órgãos é da própria pessoa coletiva, num modo de funcionamento coletivo. A menção à representação orgânica resulta de uma necessidade linguística e conceptual[4]. Isso, não impede, todavia, a integração dos esquemas coletivos através das regras atinentes à representação[5]. 2

(2) Outro núcleo vulgarmente associado à representação é o da chamada **representação legal**. Também esta deve ser afastada do núcleo da representação em sentido rigoroso. Os "representantes" legais não representam os filhos no sentido comum de se autodeterminarem com *contemplatio domini*[6]. Os princípios gerais, referidos nos 258.º a 261.º, são regras essencialmente aplicáveis à representação voluntária. 3

(3) Surgiu ainda a tentativa de isolar uma **representação institória** como uma modalidade própria e autónoma de representação[7]. Mas esta dita forma de representação não tem independência relativamente às demais. Reconduz-se a elas em função da natureza do concreto do ato de preposição[8]. O facto de haver associação de poderes, ao preposto, em função de um dito *status*, não altera a situação. 4

[1] Savigny, *System des heutigen römischen Rechts* 2, 1840, 281 ss..

[2] Von Gierke, *Deutsches Privatrecht*, I, 1895, 518 ss.; ss., 603 ss.; Id., *Die Genossenschaftstheorie und die deutsche Rechtsprechung*, reimpressão da ed. de 1887, 1963, 603 ss..

[3] Assim, também, Menezes Cordeiro, *Tratado*, V, 3.ª ed., 82; Pedro de Albuquerque, *A vinculação das sociedades comerciais anónimas e por quotas*, I (2017), 15 ss., nota 6.

[4] Na mesma direção Menezes Cordeiro, *Tratado*, V, 3.ª, 82.

[5] Inocêncio Galvão Telles, *Contrato entre sociedades anónimas e o seu director*, in O Direito, 1955, 12 e ss.; Vaz Serra, *Contrato consigo mesmo*, in RLJ, 91 (1958), 202, 203; Id., *Contrato consigo mesmo e negociação de directores ou gerentes de sociedades anónimas ou por quotas com as respectivas sociedades*, in RLJ 100 (1967-1968), 81 ss., 97 ss., 129 e ss., 161 ss., 176 ss., 193 ss.; Ferrer Correia, *Sociedades fictícias e unipessoais* (1948), 312; Pedro de Albuquerque, *A representação voluntária em direito civil (ensaio de reconstrução dogmática)* (2004), 940, nota 1477; *idem*, *A vinculação das sociedades comerciais*, I, 15 ss., nota 6; Raúl Guichard, *A representação sem poderes no direito civil português. A ratificação*, I (2009, polic.), 88 ss., 92, nota 100. Na jurisprudência, p. ex., STJ 6-abr.-1983 (Pedro Lima Cluny), BMJ 326 (1983), 430-445 (responsabilidade civil do estado – representação orgânica, abuso de representação – negócio usurário – responsabilidade do estado pela gestão das empresas intervencionadas); STJ 10-jul.-1997 (Almeida e Silva), BMJ, 469 (1997), 468-475 (representação sem poderes – ratificação – responsabilidade contratual de pessoa coletiva pública).

[6] *Vide* as explicações de Menezes Cordeiro, *Tratado*, V, 3.ª ed., 83.

[7] Pedro Leitão Pais de Vasconcelos, *A preposição*, 207 ss..

[8] Que não pode ser dispensado, ao invés do que parece sugerir Pedro Leitão Pais de Vasconcelos, *A preposição*, 211, ao mencionar a existência de poderes de representação do preposto, independentemente da prova qualquer ato que integre elementos de preposição. Não se pode dizer que o âmbito dos poderes de representação, na preposição, resultem, não da vontade do *dominus*, mas da atividade para a qual o preposto é colocado. Essa colocação depende da vontade do principal. Por isso, também os poderes têm a sua fonte na vontade do dono do negócio. Não nos parece deverem emoldurar-se situações de pessoas que surgem enquadradas publicamente numa organização permanente, sem para isso haver um efetivo ato de preposição (real ou deduzido das regras probatórias), ainda, na figura da preposição (ou que se possa falar de uma preposição sem relação subjacente). Nessas hipóteses poder-se-á, antes, proceder a uma situação de tutela da boa-fé na base de um alargamento do 23.º/1 do DL 178/86. *Vide* Pedro de Albuquerque, *A representação voluntária*, 1054-1067 e Menezes Cordeiro, *Tratado*, V, 3.ª ed., 146 e 147, que fala a este respeito numa representação institucional.

5 **2. Direito romano**. A análise das fontes relativas aos primórdios da história de Roma mostra a inexistência de uma expressiva necessidade de alguém se fazer suprir, por outrem, na realização de negócios jurídicos. Isso levou ao desenvolvimento de uma casuística adversa à admissibilidade da representação direta entre pessoas livres, resumida nas fórmulas *per extraneam personam nobis adquiri non posse*; *conditio nostra per alterum deterior fieri non potest*; e *per liberam personam adquiri nobis nihil potest*.

6 A evolução posterior levou à abertura de brechas. Diversas manifestações assumidas pelo fenómeno representativo principiaram por se apoiar na ideia de identidade pessoal ou na relação hierárquica entre o agente e o sujeito a quem se imputavam os efeitos jurídicos. Neste cenário a *praepositio* e o *iussum* desempenharam um papel fundamental. Relevo assumem ainda figuras como as *actiones adiecticiaie qualitatis*, o *institor*, o *exercitor* e a gestão de negócios. Como resultado de alterações no estatuto socioeconómico do *procurator*, foi-se admitindo a possibilidade de, para além de um liberto, também um *extraneus* preencher o lugar de procurador. Quebrado o vínculo entre o procurador e a família do *dominus*, o procurador vê desaparecer o alicerce da sua atuação. A concessão de um mandato ao procurador torna-se necessária, com um valor próximo do da *praepositio*, mas suscetível de se alargar às partes livres. O *procurator*, que operava na base do *iussum* do principal, passa a ser tido também como um mandatário, tal como o era o procurador livre. A estrutura da relação interna é indiferente: o *mandatum*, instrumento válido para a instituição do *procurator libertus* e dotado de alguns elementos da *praepositio*, permite que a *actio institoria*, ou mais propriamente a *actio quasi institoria (actio ad exemplum institoriae actionis)*, pudesse ser intentada contra o *dominus* se o *procurato*r fosse um cidadão livre[9]. Sob aparentes proibições, abre-se a porta a fenómenos de representação direta.

7 **3. Direito intermédio**. Os glosadores e comentadores continuaram a afirmar o princípio da proibição da representação direta ou produção de efeitos jurídicos diretos em esfera jurídica alheia. Não obstante, recorriam amiúde a artifícios de dialética e a construções assinaladas por diversas subtilezas destinadas a garantir a harmonia com o *Corpus Iuris* e a abrir a possibilidade de comportamentos opostos à referida proibição. Entre tais subtilezas situa-se o catálogo das excepções à regra do *alteri stipulari nemo potest* constante da Glosa de Accursius, *Nihil agit, I, Si qui alii,* Rub. De *inutilibus stipulationibus*. Outros exemplos são dados pelas diversas formas de estipulação e pelos contratos celebrados por juízes, notários e outras pessoas públicas. Fundamental é, ainda, o esforço dos canonistas.

8 Os denodos no sentido de se alargar a campo de atuação livre com efeitos para outrem, sem, porém, se ultrapassar definitivamente o princípio do *alteri stipulari nemo potest*, mantiveram-se ao longo do período do *ius commune* até ao racionalismo[10]. Aproveitando o caminho preparado pela segunda escolástica[11], os jusracionalistas[12], com relevo para Grotius[13] e, depois, Pufendorf[14], Wolff[15] e Zeiler[16], entre outros, abandonariam definitivamente o princípio do *alteri*

[9] Para um estudo do fenómeno representativo no Direito romano: Pedro de Albuquerque, *A representação*, 43-178; Menezes Cordeiro, *Tratado*, V, 3.ª ed., 67-69.

[10] Para mais pormenores a respeito da evolução do fenómeno representativo durante o período do Direito intermédio, Pedro de Albuquerque, *A representação*, 179-289, e depois, na doutrina alemã oitocentista, 313-471, 812 ss..

[11] *Idem*, 244 ss..

[12] *Idem*, 248 e ss.. Note-se o facto de o mérito da doutrina jusracionalista não ter sido o proporcionar pela primeira vez a produção de efeitos diretos em esfera jurídica alheia. Isso já era já admitido pelo Direito romano e pelo Direito comum desde a glosa. O mérito dos jusracionalistas foi o de assentar esses efeitos na autonomia privada.

[13] Pedro de Albuquerque, *A representação*, 268 ss.. Em sentido diferente, Menezes Cordeiro, *Tratado*, V, 3.ª ed., 70, defende haver ainda uma não-aceitação da figura por parte de Grotius.

[14] Pedro de Albuquerque, *A representação*, 274 ss.

[15] *Idem*, 278 ss..

[16] *Idem*, 281 ss..

stipulari nemo potest, aceitando a possibilidade de representação jurídica direta e voluntária[17]. Esta orientação influenciou as codificações[18] jusnaturalistas dos vários países e está presente na pré-codificação francesa: Domat e Pothier[19]. Apelava-se, porém, ainda à figura do mandato para alicerçar o poder de representação. Seria necessário esperar pelo século XIX e por Savigny para a representação assumir um lugar no contexto de uma teoria geral e ser orientada por princípios.

II – As codificações

4. O *Code civil* francês. A elaboração ultimada pela pré-codificação foi acolhida pelo Código de Napoleão[20]. Nele, mandato e procuração misturam-se. O mandato é a base do fenómeno representativo. 9

5. Jhering e Laband e a distinção entre procuração e mandato. A dogmática oitocentista alemã procedeu a uma reelaboração da representação, com os contributos, entre outros, de Savigny, Buchka, Jhering, Scheurl, Windscheid e Laband[21], com a elaboração da chamada «teoria da representação» e, também, a separação entre procuração e mandato e a formulação doutrinária da abstração da procuração. Savigny confere à representação um tratamento de ordem geral, deixando de estar confinada ao mandato[22]. Jhering acentua a dimensão interna do mandato. Laband continuaria: na base de um exercício de pura lógica formal e dedutiva, própria do conceptualismo, feito perante o ADHGB, veio a distinguir a procuração e o mandato. A primeira outorgaria os poderes de representação; o segundo daria lugar a uma prestação de serviços apenas relevante nas relações internas entre o *dominus* e o representante, mas sem relevo perante o terceiro. Estava formada a doutrina da abstração da procuração. Os poderes de representação não seriam afetados por vicissitudes da relação interna. Esta ideia mereceria, depois, múltiplas adesões na pandectística[23]. 10

6. A segunda codificação. O BGB verteu a separação entre representação e a procuração (§§ 164 seguintes.), tida como negócio unilateral, e o contrato de mandato (§§ 662 seguintes.). No início, o BGB é visto como acolhendo a ideia de abstração da procuração. A orientação teve receção em Itália e repercutiu-se no Código civil italiano de 1942. Mas, na Alemanha, acabou por haver algum recuo, por certa doutrina, a respeito da abstração da *procuratio*. Afinal, para esta, manter-se-ia alguma ligação entre poderes de representação e negócio gestório. Reações semelhantes aparecem, também, em autores italianos[24]. O Código civil brasileiro de 2002 refere a representação, como instituto comum, na Parte geral (115.º a 120.º), mantendo, porém, o mandato como fonte de poderes de representação (653.º a 692.º). 11

III – A experiência portuguesa

7. Anterior à pré-codificação. Segundo Coelho da Rocha, os praxistas portugueses não teriam estudado a figura do mandato extrajudicial[25]. Mas a doutrina portuguesa do *ius commune* conheceu e tratou, na verdade, o mandato extrajudicial na linha do Direito romano e da tradição do 12

[17] De relevo afigura-se, também, no âmbito do *usus modernus pandectarum* (escola esta muitas vezes valorizada positivamente na divulgação dos contributos do jusracionalismo nesta matéria), a aportação de Böhmer. *Vide*: Pedro de Albuquerque, *A representação*, 265 s., nota 1328; Menezes Cordeiro, *Tratado*, V, 3.ª ed., 70.

[18] Pedro de Albuquerque, *A representação*, 295 ss..

[19] *Idem*, 283 ss., nota 1328; Menezes Cordeiro, *Tratado*, V, 3.ª ed., 70.

[20] *Idem*, 300 ss.; Menezes Cordeiro, *Tratado*, V, 3.ª ed., 71 ss..

[21] *Idem*, 313 ss., com indicações.

[22] *Idem*, 316-321, com indicações.

[23] *Idem*, 335 ss..

[24] *Idem*, 405 ss., com muitas indicações.

[25] *Idem*, 289, com indicações.

Direito comum[26], assim como as figuras da *actio institoria*, do *institor*[27] e do *procurator*. Aparecem, ainda, alusões pontuais, a figuras situadas neste âmbito, nalgumas fontes pátrias e nas sucessivas Ordenações[28 29 30]. Por sua vez, a doutrina da pré-codicação mantém-se no âmbito do fenómeno representativo de matriz romana, assente no mandato dotado de eficácia representativa[31].

13 **8. O Código de Seabra**, aproveitando as aportações napoleónicas, foi mais longe. Admite a possibilidade de os contratos serem realizados pessoalmente ou por interposta pessoa, para isso autorizada, bem como a possibilidade de ratificação, se faltar a autorização (645.º e 646.º). A representação surge diretamente referida (1318.º). Mencionam-se, ainda, as relações entre mandato e procuração (1319.º). Subsequentemente desenvolve-se a matéria[32 33].

14 **9. A receção do pandectismo**. A penetração do pandectismo no domínio da representação foi relativamente lenta[34]. Coube a Inocêncio Galvão Telles[35] e, depois, a Ferrer Correia[36] pro-

[26] Francisco de Caldas Pereira de Castro, *Analyticus commentarius sive ad typum instrumenti emptionis et venditionis tractatus, maxime* Caps. VII, XV, XVI e XX [*Opera omnia*, «*Coloniae Allobrogum*», 1745, 38 ss., 129 ss., 189 ss., 195]; Pedro Barbosa de Luna, *Commentari ad interpretationem tituli Pandectarum de judiciis, Ad Leg. Haeres absens*, § *Apud Labeonem ff. De judiciis*, n.ºs 1 e ss. [*Coloniae Allobrogum*, 1737, 250 e ss.]; Bento Pereyera, *Elucidarium sacrae theologiae moralis et juris utriusque*, L. II, *Elucidatio* XIV, *Sectio* IX n.º 1058 ss. [Veneza, 1678, 303 ss.]; Id., *Promptuarium theologicum morale, secundum jus commune, et lusitanum, Tractatus* XX, *Sectio* VI, *De mandato, negotiorum gestore, Novatione, et delegatione, Quaestio* I ss. [Évora, 1703, Parte I, 460 ss.] – e, ainda, as indicações em Pessoa Jorge, *O mandato sem representação* (1961), 77, Pedro de Albuquerque, *A representação*, 289 ss.; Estevan Lo Ré Pousada, *Aspectos de uma tradição jurídica romano-peninsular: delineamentos sobre a história do mandato no Direito luso-brasileiro* (2010, polic.), *maxime* 182 ss., com alusão à aproximação funcional entre *procuratio* e *mandatum*, mas com referências, pormenorizadas, também ao mandato extrajudicial (32, nota 16, 120, 211, 215 ss., 219, 254 ss.; para as fontes castelhanas, vigentes entre nós como Direito subsidiário, como as *Flores de Derecho*, o *Fuero real* e as *Siete Partidas*, mas também com um estudo do *Doctrinal de los juicios*, *idem*, 145 ss., *maxime* 148, nota 75, 165, nota 80, 171 ss.,), e para o âmbito do Direito societário, Pedro Barbosa, *Tractatum*, in *Opera*, L. *Servi de electione* 5, § *Labeo*, *ff. de legatis* I, n.º 21 [177] e Manoel Antonio Monteiro de Campos Coelho da Costa Franco, *Tractado practico jurídico e civel dividido em duas partes: na primeira se tracta do contracto da Sociedade e Companhias*, Parte I, Cap. VI, n.º 8 [Lisboa, 1768, 31]: «(...) *para as coisas pertencentes à sociedade, se diz que o socio* a socio habet mandatum (...) *naõ he preciza ratificação quando precede o mandato* (...)». *Vide* Pedro de Albuquerque, *A vinculação*, I, 428 ss., 433 e 434, com indicações.

[27] V. *Alvaro Valasco*, *Decisionum, Consultationum ac rerum iudicatarum in Regno Lusitaniae*, CXLIII, Consult. n.º 4, Consult. XCVIII, n.º 10 [Francoforte, 1650, I, 180, Francoforte, 649, II, 95]; Silvestre Gomes De Moraes, *Tractatus de executionibus instrumentorum et sententiarum*, V, Cap. IX, n.º 3 [Coimbra, 1742, II, 71]. No domínio do Direito das sociedades, Pedro de Albuquerque, *A vinculação*, I, 428 ss., 433 e 434, com indicações.

[28] Estevan Lo Ré Pousada, *Aspectos de uma tradição jurídica romano-peninsular, passim, maxime* 182 ss..

[29] Relativamente ao ensinamento de Heineccius e Waldeck, importantes para o Direito nacional, v. Pedro de Albuquerque, *A representação*, 293, nota 1493.

[30] Para o Direito visigótico: Pedro de Albuquerque, *A representação*, 263 ss., nota 1323; e Estevan Lo Ré Pousada, *Aspectos de uma tradição jurídica romano-peninsular*, 122 ss., com pormenor.

[31] Mello Freire, *Instituições do direito civil português*, (trad. Miguel Pinto de Meneses) BMJ, 168 (1967), 59 ss. (= *Institutiones iuris civilis lusitani, cum publici tum privati*, Lib. IV, Tit. II, § 10 [data iligível, IV, 3.ª ed., 21 ss.]); Coelho da Rocha, *Instituições de Direito civil portuguez*, I, 2.ª ed. (1848), 619 ss.; 8.ª ed., sem data, 540 ss.; Corrêa Telles, *Digesto Portuguez, ou Tratado dos modos de adquirir a propriedade; de a gozar e de a administrar, e de a transferir por derradeira vontade; para servir de subsidio ao novo Código Civil*, III, 4.ª ed. (1853), 98 ss.; Pedro de Albuquerque, *A representação*, 291 ss.; Estevan Lo Ré Pousada, *Aspectos de uma tradição jurídica romano-peninsular*, 254 ss.; Menezes Cordeiro, *Tratado*, V, 3.ª ed., 88 ss..

[32] Para a doutrina coeva a este diploma: de forma ilustrativa, José Dias Ferreira, *Código civil portuguez*, III (1898), 2.ª ed., 5 ss.; Luiz da Cunha Gonçalves, *Tratado de direito civil*, 4 (1931), 189-207; para mais referências, nomeadamente bibliográficas, Pedro de Albuquerque, *A representação*, 311 s., 485 ss.; Menezes Cordeiro, *Tratado*, V, 3.ª ed., 89 ss..

[33] A propósito do mandato comercial, por todos, Menezes Cordeiro, *Tratado*, V, 3.ª ed., 91. Relativamente à contraposição histórica entre representação e comissão, Estevan Lo Ré Pousada, *Aspectos de uma tradição jurídica romano-peninsular*, 258 ss..

[34] No mesmo sentido Menezes Cordeiro, *Tratado*, V, 3.ª ed., 90 e XII (2018), 471-474; *vide*, ainda, para mais pormenores a respeito do desenvolvimento do fenómeno representativo, entre nós, neste período, Pedro de Albuquerque, *A representação*, 485 ss..

[35] Inocêncio Galvão Telles, *Dos Contratos em geral* (1947), 261 ss.; *idem*, *Manual dos contratos em geral*, 3.ª ed. (1965),

ceder à contraposição entre procuração e mandato. Isso expressar-se-ia no âmbito da preparação do Código Civil, primeiro através do próprio Inocêncio Galvão Telles[37], depois, no anteprojeto de Rui de Alarcão[38]. Pessoa Jorge consolidou a defesa do mandato sem representação, em estudo monográfico[39].

10. Código Civil de 1966 verteu a distinção entre procuração e mandato. A representação é 15
regulada nos 262.º e seguintes. O mandato nos 1157.º seguintes. Este pode ser com representação ou sem ela (1178.º e seguintes)[40].

IV – A dogmática da representação

11. As teorias da representação. Na representação, uma pessoa manifesta uma vontade que, 16
depois, se reflete na esfera de outra pessoa. Era necessário explicar dogmaticamente o fenómeno. Savigny propôs a teoria do dono do negócio: o representante seria o transmitente da vontade do *dominus*. A *voluntas* deste serviria, assim, de fundamento ao negócio representativo. É diferente a teoria da representação, defendida, entre outros, por Buchka: a vontade, alicerce do negócio representativo existiria, apenas, no representante. Ela refletia-se na esfera do representado, dependendo dos autores, ora por força de uma ficção, ora por força de um fenómeno de separação entre causa e efeitos. À doutrina da vontade do dono e à teoria da representação opor-se-iam, todavia, as chamadas teorias da cooperação: o negócio representativo seria, antes, o produto da vontade conjugada do representado e do representante.

12. Enquadramento do fenómeno representativo. Do ponto de vista técnico, a represen- 17
tação traduz-se num poder potestativo[41] do representante de, observados certos pressupostos, atuar com *contemplatio domini* e, dessa forma, produzir efeitos jurídicos na esfera do representado. Trata-se além disso, de um poder funcional[42]. Mas não se está diante de um direito subjetivo[43]. Ele é marcado pela funcionalidade[44]: a representação existe em virtude da presença, na

310 ss.; *idem, O mandato sem representação*, CJ VII (1983) 3, 5-17. Para mais pormenores: Pedro de Albuquerque, *A representação*, 488 ss..

[36] António Ferrer Correia, *A procuração na teoria da representação voluntária*, in *Estudos Jurídicos*, II, *Direito Civil e Comercial. Direito Comercial* (1969), 1 ss..

[37] Inocêncio Galvão Telles, *Mandato, (Anteprojecto de um capítulo do futuro Código Civil Português)* BMJ 16 (1950), 38-46, *maxime* 44 ss.; *idem, Contratos Civis (Projecto completo de um título do futuro Código Civil Português e respectiva Exposição de Motivos)*, RFDUL IX (1953), 144-221 = BMJ 83 (1959), 114-182; há separata.

38 Rui de Alarcão, *Erro, dolo e coação – representação – objecto negocial – Negócios usurários – condição (Anteprojectos para o novo Código Civil)*, BMJ 102 (1961), 167-180 (171--172); *Do negócio jurídico. Anteprojecto para o novo Código Civil)*, BMJ 105 (1961), 249-278 (263-267); *idem, Breve motivação do anteprojecto sobre o negócio jurídico na parte relativa ao erro, dolo, coacção, representação, condição e objecto negocial*, BMJ 138 (1964), 71-122 (103-114).

[39] Fernando Pessoa Jorge, *O mandato sem representação* (1961, reimp., 2001), 434 pp., 153 ss..

[40] Trata-se de um aspeto hoje pacífico. Na jurisprudência v., por exemplo, STJ -10-09-2019 (Assunção Raimundo), Proc. 1546/15 (prestação de contas – procuração – mandato – poderes de representação – interpretação). Mais referências podem ser vistas em Menezes Cordeiro, *Tratado*, XI, 93, nota 292.

[41] Pedro de Albuquerque, *A representação*, 1196 e 1197; Menezes Cordeiro, *Tratado* V, 3.ª ed., 86.

[42] Pedro de Albuquerque, *A representação*, 1196 e 1197; Menezes Cordeiro, *Tratado* V, 3.ª ed., 87.

[43] *Vide* as indicações nesse sentido fornecidas em Pedro de Albuquerque, *A representação*, 1196, 1197, e nota 2311. Em sentido oposto, Menezes Cordeiro, *Tratado* V, 3.ª ed., 86, considerando poder falar-se numa permissão normativa de aproveitamento de um bem dado, à semelhança dos direitos potestativos; o "bem" residiria na própria possibilidade de desencadear o efeito potestativo. Porém, esse efeito não é gerado em proveito do representante ao invés do sucedido noutras situações potestativas. Donde, nos parecer, com vénia, não se poder falar nem em bem, nem em aproveitamento, a não ser nas hipóteses nas quais, por se estar diante de uma representação também no interesse do representante, este tem um direito em sentido próprio (para além do mero poder existente nas outras situações) à própria atividade representativa.

[44] Pedro de Albuquerque, *A representação*, 1197, com indicações no mesmo sentido; também Menezes Cordeiro, *Tratado* V, 3.ª ed., 87.

esfera do representante, de um poder, de natureza potestativa e funcional, de agir em nome e por conta do representado[45], imputando na esfera jurídica do *dominus* a atuação do primeiro.

18 O nosso Direito estabeleceu, no 259.º, a teoria da cooperação entre o representante e o representado na realização do negócio representativo[46]. O que se imputa é a ação ou comportamento do representante. Não os efeitos. É na esfera do representado que o negócio se torna definitivo, perfeito e válido. Destarte, o autor do ato será juridicamente sempre o dono do negócio. O representante é um agente. O fundamento do negócio representativo reside em ambos.

Divisão I – Princípios gerais

Artigo 258.º (Efeitos da representação)

O negócio jurídico realizado pelo representante em nome do representado, nos limites dos poderes que lhe competem, produz os seus efeitos na esfera jurídica deste último.

Bibliografia: António Menezes Cordeiro, *Tratado de Direito civil*, V, 3.ª ed. (2018), 122-123; Pedro de Albuquerque, *A representação voluntária em Direito civil (ensaio de reconstrução dogmática)* (2004), *passim*; *vide* a bibliografia referida na introdução aos 258.º a 269.º.

Índice

1 **1. Origem**. Corresponde, sem alterações de fundo, ao 1.º do anteprojeto de Rui de Alarcão[1] e ao 258.º do Projeto de Código Civil[2].

2 **2. Pressupostos**: (1) uma atuação jurídica; (2) em nome de outrem; (3) por conta dessa mesma pessoa; (4) com poderes para o efeito[3].

3 (1) **uma atuação jurídica**: a representação revela-se a propósito da celebração de um negócio ou da prática de um ato jurídico a ele assimilável; uma pura atuação material, salvo se com projeções jurídicas, não faculta uma representação;

4 (2) **em nome de outrem**, também dita *nomine alieno* ou havendo *contemplatio domini*: o representante, para o ser, deve afirmar, à outra parte e a todos os demais interessados, que atua

[45] Sobre tudo isto: Pedro de Albuquerque, *A representação*, 1195 ss.; Menezes Cordeiro, *Tratado* V, 3.ª ed., 87.

[46] Pedro de Albuquerque, *A representação*, 1081 ss., 1199 ss..

[1] Rui de Alarcão, *Erro, dolo e coação*, BMJ 102 (1961), 171; *idem*, *Do negócio jurídico*, BMJ 105 (1961), 263; *idem*, *Breve motivação*, BMJ 138 (1964), 75, 103 e 104; *vide*: *1.ª Revisão* (227.º), 98; *Revisão intercalar* (248.º), 96; *2.ª Revisão* (258.º), 101, com a redação final.

[2] *Projecto*, 74.

[3] António Menezes Cordeiro, *Tratado*, V, 3.ª ed., 115-117. *Vide* STJ 4-jul.-2019 (Fernando Samões), Proc. 2939/15.

nessa qualidade. Cabe fazê-lo de modo a ser entendido, sem o que a atuação se irá refletir na esfera do representante e não na do representado. Com efeito: (a) a representação, ainda que enquadrada em deveres, é um poder do representante, que este exercerá, ou não, consoante o entenda; (b) o terceiro que com ele contrate tem o direito de conhecer a outra parte: daí pode depender a própria decisão de contratar.

A *contemplatio* pode, em certos casos, extrair-se das circunstâncias que rodeiam a celebra- 5
ção do ato; não é de admitir a "representação anónima", na qual o representante, invocando uma atuação *nomine alieno*, não identifique o representado[4]. Havendo acordo, poderíamos assistir a um contrato para pessoa a nomear.

(3) **por conta do representado**: não há representação quando alguém trate dos seus 6
próprios negócios, usando falsamente o nome de outrem; atuar "por conta" (expressão retirada do mandato) exprime a natureza funcional da representação; normalmente implícita na *contemplatio domini*, ela é útil por introduzir à relação de base;

(4) **com poderes para o efeito**: resultam de um negócio a tanto dirigido: uma procu- 7
ração ou um negócio misto com elementos da procuração. Na ausência de poderes de representação, só a ratificação permite a eficácia em relação ao representado.

3. Procuração e mandato: uma distinção ligada à representação. O mandato ilustra a relação 8
interna, entre o representante e o representado, dando corpo à situação subjacente. O poder do representante está funcionalizado em função desse fator. Mas conserva-se, em grau variado, a autonomia do representante: de outro modo, haveria mera nunciatura.

4. Efeitos. O 258.º menciona a produção de efeitos na esfera do representado. Mas, em rigor, 9
imputa-se o ato ou o negócio. O poder de disposição mantém-se na esfera do representado, sendo atuado pelo representante. É ao *dominus* a quem se deve o título que confere, ao representante, a legitimidade ou o poder para interferir na sua esfera jurídica. Este aspeto, assim como a funcionalização da representação, que garante a conformação da representação com a ideia da autonomia privada. A imputação do ato ao representado é imediata e automática[5].

5. Âmbito: o 258.º surge a encabeçar os princípios gerais atinentes à representação. A ideia 10
terá sido prever uma série de preceitos referentes às várias representações. Todavia, o preceito é referente à representação voluntária. A aplicação dos 258.º e seguintes a outras situações de representação depende da correspondente analogia[6].

Artigo 259.º (Falta ou vícios da vontade e estados subjectivos relevantes)

1. À excepção dos elementos em que tenha sido decisiva a vontade do representado, é na pessoa do representante que deve verificar-se, para efeitos de nulidade ou anulabilidade da declaração, a falta ou vício da vontade, bem como o conhecimento ou ignorância dos factos que podem influir nos efeitos do negócio.

2. Ao representado de má-fé não aproveita a boa-fé do representante.

[4] Pode debater-se se é de admitir uma «representação anónima» em que o representante atue com *contemplatio domini* mas não identifique a pessoa do representado. *Vide* Raúl Guichard/Catarina Ribeiro/Ana Teresa Ribeiro, *UCP/Comentário do Código Civil/Parte geral*, (2014), 626 e Menezes Cordeiro, *Tratado*, V, 3.ª ed., 147. Não é admissível uma representação sem *contemplatio domini*. E nesse sentido, não pode haver uma representação anónima. Mas é debatível a hipótese de o representante afirmar agir em nome de outrem, sem identificar o *dominus*. Dir-se-ia, porém, que a imputação do ato depende da identificação do respetivo sujeito.

[5] Menezes Cordeiro, V, 3.ª ed., 123.

[6] *Idem*, 122.

Bibliografia: António Menezes Cordeiro, *Tratado de Direito civil*, V, 3.ª ed. (2018), 123-124; Maria de Lurdes Pereira, *Os estados subjectivos na representação voluntária. Em especial o conhecimento ou desconhecimento juridicamente relevante*, RFDUL XXXIX (1998), 1, 135-192; Mário Júlio de Almeida Costa, *A vontade e a declaração na teoria do negócio jurídico representativo*, BMJ 127 (1963), 145-174; Pedro de Albuquerque, *A representação voluntária em Direito civil (ensaio de reconstrução dogmática)* (2004), 1081-1102; Pires de Lima/Antunes Varela, *Código Civil anotado*, I (1987), 241-242; Raúl Guichard, *O problema dos estados subjectivos relevantes no contexto da representação. Uma análise do artigo 259.º do Código Civil* (1991, polic.); Raúl Guichard/Catarina Ribeiro//Ana Teresa Ribeiro, em *UCP/Comentário do Código Civil/Parte geral*, (2014), 628-630.

Índice

1 **1. Origem**. O preceito remonta ao 29.º do Anteprojeto de Rui de Alarcão[1]. Este autor referia, expressamente, neste âmbito, o § 166 do *BGB*, os 1390.º e 1391.º do Código Civil italiano e o 12.º do Anteprojecto Unidroit, como exemplos de legislações e projetos onde o assunto dos vícios da vontade e estados subjetivos relevantes mereceu um tratamento específico[2].

2 A redação da 1.ª Revisão (229.º) aproximou-se da definitiva[3]; a Revisão intercalar (250.º) progrediu nessa via[4], sendo o texto final obtido na 2.ª Revisão (259.º)[5].

3 **2. A relevância das vontades do representado e do representante**. O 259.º adotou a teoria da cooperação entre o representante e o representado, na realização do negócio representativo. Ambas as vontades, do *dominus* e do representante, relevam na medida da sua contribuição para o negócio representativo. A repercussão do estado subjetivo do representado sobre o negócio representativo não depende do conhecimento ou do dever de conhecer, pelo terceiro, do facto de o representado ter predeterminado certo aspeto do conteúdo do ato posto pelo representante.

4 **3. Os vícios ou invalidade da relação subjacente**: A consagração, pelo 259.º, da teoria da cooperação na realização do negócio representativo traz, igualmente por esta via, o negócio gestório e as chamadas instruções internas para o âmbito das relações estabelecidas com o próprio terceiro. Os vícios ou invalidade da relação-base ou das instruções proferidas à margem da procuração que se repercutam sobre o conteúdo do negócio representativo geram a invalidade deste[6]. Portanto, a vontade relevante do representado não é apenas a expressa na procuração.

5 **4. A má-fé do representado** prejudica sempre, mesmo que o representante esteja de boa-fé. A regra básica é a presente no 259.º/2, a prevalecer sobre o 259.º/1, segunda parte. Em primeiro lugar e antes de mais, releva o estado do conhecimento do representado, sempre que

[1] Rui de Alarcão, *Do negócio jurídico*, BMJ 105 (1961), 264; *idem*, *Erro, dolo e coação*, BMJ 102 (1961), 171 e *Breve motivação do anteprojecto*, BMJ 138 (1964), 76, 105-106, onde o preceito corresponde ao 3.º.

[2] Rui de Alarcão, *Breve motivação*, 104-105. Para uma análise do problema de saber em que medida o Direito reteve as soluções consagradas nestas fontes, ou, pelo contrário se afastou delas, designadamente, Raúl Guichard, *O problema dos estados subjectivos*, 153 ss. e Pedro de Albuquerque, *A representação*, 1082 ss., com indicações adicionais.

[3] *1.ª Revisão*, 99.

[4] *Revisão intercalar*, 97.

[5] *2.ª Revisão*, 101.

[6] Pedro de Albuquerque, *A representação voluntária*, 1102 ss. e 1131 ss..

ele, direta ou indiretamente, se tenha erigido em elemento de determinação da atuação do representante. Apenas na ausência desse conhecimento se atenderá à pessoa do procurador[7].

Artigo 260.º (Justificação dos poderes do representante)

1. Se uma pessoa dirigir em nome de outrem uma declaração a terceiro, pode este exigir que o representante, dentro de prazo razoável, faça prova dos seus poderes, sob pena de a declaração não produzir efeitos.

2. Se os poderes de representação constarem de documento, pode o terceiro exigir uma cópia dele assinada pelo representante.

Bibliografia: António Menezes Cordeiro, *Tratado de Direito civil*, V, 3.ª ed. (2018), 124-125; Raúl Guichard e outros, em *UCP/Comentário do Código Civil/Parte geral* (2014), 630-631.

Índice

1. Origem. O anteprojeto Rui de Alarcão, no seu 5.º, continha um texto já próximo do atual 260.º[1]. A proposta atravessou, com retoques, a 1.ª Revisão (231.º)[2] e a Revisão intercalar (251.º)[3], atingindo a versão definitiva na 2.ª Revisão (260.º)[4] e no Projeto (260.º[5]. 1

2. Justificação dos poderes: O representante age em nome do representado. Salvo uma gestão representativa, ele manifesta a existência de poderes de representação. Por forma a evitar incertezas, o interessado tem a possibilidade de exigir que o representante faça prova dos seus poderes, dentro de prazo razoável, sob pena de a declaração não produzir efeitos (260.º/1). 2

3. Justificação de **poderes** de representação **constantes de documento**: estando os poderes de representação vertidos em documento escrito, o terceiro pode exigir cópia dele assinada pelo representante (260.º/2). É uma forma de reforçar a confiança do terceiro e de melhor responsabilizar o representado[6]. 3

4. Enquadramento dogmático: O terceiro tem o ónus material ou encargo de averiguar se o representante possui ou não os poderes por ele alegados[7]. E se não se estabelece aqui nenhuma 4

[7] Pedro de Albuquerque, *A representação, passim*. Relativamente à imputação do conhecimento às pessoas coletivas, em especial sociedades: José Ferreira Gomes/Diogo Costa Gonçalves, *A imputação de conhecimento às sociedades* (2017), 170 pp..

[1] Rui de Alarcão, *Erro, dolo e coacção*, BMJ 102 (1961), 172; *idem, Do negócio jurídico*, BMJ 105 (1961), 264 (31.º).

[2] *1.ª Revisão*, 99-100.

[3] *Revisão intercalar*, 97.

[4] *2.ª Revisão*, 101-102.

[5] *Projecto*, 74-75.

[6] Assim também Menezes Cordeiro, *Tratado*, V, 3.ª ed., 125.

[7] *Vide*, no sentido da existência aqui de um verdadeiro ónus, Pires de Lima/Antunes Varela, *Código Civil anotado*, I, 4.ª ed. (1987), 242; Januário Gomes, *Em tema de revogação do mandato civil* (1989), 305 pp., 235-236, para quem a possibilidade atribuída pelo 260.º do Código Civil ao terceiro de exigir a prova dos poderes do representante é um ónus de diligência; Paulo Mota Pinto, *Aparência de poderes de representação e tutela de terceiros*, BFD LXIX (1993), 587-645 (617, nota 51).

consequência para a hipótese de o *procurator* não fazer tal prova (também o 242.º do Código Comercial fixa apenas a obrigação do mandatário de exibir o mandato escrito aos terceiros com quem contratar), o 268.º/1 aponta claramente no sentido da averiguação dos poderes do representante corresponder, em geral, a um ónus do terceiro, ao situar, a cargo deste, o risco da falta de poderes. Não se pode naturalmente dizer que a ineficácia do negócio representativo se destine a provocar a verificação, por parte do terceiro, dos poderes do representante. Mas a contraparte no negócio representativo perde, se não proceder à verificação dos poderes representativos, a possibilidade de invocar a tutela da confiança por ele depositada nos poderes de representação[8]. Se não o fez e omitiu essa cautela.

Artigo 261.º (Negócio consigo mesmo)

1. É anulável o negócio celebrado pelo representante consigo mesmo, seja em nome próprio, seja em representação de terceiro, a não ser que o representado tenha especificadamente consentido na celebração, ou que o negócio exclua por sua natureza a possibilidade de um conflito de interesses.

2. Considera-se celebrado pelo representante, para o efeito do número precedente, o negócio realizado por aquele em quem tiverem sido substabelecidos os poderes de representação.

Bibliografia: António Menezes Cordeiro, *Tratado de Direito civil*, V, 3.ª ed. (2018), 125-127; Jorge Duarte Pinheiro, *O negócio consigo mesmo*, em Est. Inocêncio Galvão Telles IV (2003), 141-177; Pedro de Albuquerque, *A representação voluntária em Direito civil* (2004), 935-944; Raúl Guichard e outros, em *UCP/Comentário do Código Civil/Parte geral*, (2014), 631-636.

Índice

I – Origem e evolução

1 **1. O Código de Seabra**, no 1562.º, dispunha[1]:

> Não podem ser compradores, nem directamente nem por interposta pessoa:
>
> 1.º Os mandatarios ou procuradores, e os estabelecimentos, quanto aos bens, de cuja venda ou administração se achem encarregados; (...)

[8] Paulo Mota Pinto, *Aparência de poderes de representação*, 617 e 637, nota 641.

[1] José Dias Ferreira, *Codigo Civil annotado*, IV, 1.ª ed. (1875), 22-23.

2. O **anteprojeto Rui de Alarcão**, no 7.º, preconizou uma generalização da regra, nos termos seguintes[2]: 2

> O representante não pode concluir um negócio consigo mesmo, seja em nome próprio seja em representação de um terceiro, a menos que o representado nisso tenha especificamente consentido ou que o negócio seja de molde a excluir a possibilidade de um conflito de interesses. O representado pode, todavia, ratificar o negócio ineficaz.

Explica Alarcão que se trata de doutrina comum[3], 3

> (...) por ser de recear que, em face dos interesses contrapostos em jogo, o representante sacrifique os do representado a favor dos seus, ou, no caso de dupla representação, sacrifique os interesses de um dos representados em benefício dos do outro.

3. **Revisões e Projeto**. A 1.ª Revisão Ministerial (233.º) acolheu o texto de Alarcão, com um pequeno ajustamento[4]. A redação transitou para a Revisão intercalar (252.º)[5]. Na 2.ª (261.º), manteve-se a orientação inicial ("o representante não pode"), sendo introduzido um n.º 2, que corresponde ao atual[6]. O Projeto manteve a mesma opção (261.º)[7]. 4

Apenas na versão final a proibição de celebrar negócios consigo mesmo foi substituída pela sua anulabilidade. Nessa ocasião, foi suprimido o 261.º/3 do Projeto, que permitia, ao representado, confirmar o negócio: provavelmente, por inutilidade. 5

II – Negócios consigo mesmo[8]

4. **Autonegócio**: na primeira hipótese do 261.º/1, o representante conclui um negócio consigo mesmo, na qualidade de uma das partes (ele próprio) e como representante da outra. O conflito de interesses resulta da hipótese de ele prejudicar o representante, em benefício pessoal[9]. Mesmo quando isso não suceda, o autonegócio pode suscitar alarme na comunidade: o conflito de interesses, ainda que potencial, deve ser evitado. 6

5. **Dupla representação**: a segunda hipótese do mesmo 261.º/1: alguém representa, em simultâneo, ambas as partes. O conflito resulta, aqui, do facto de poder avantajar uma delas, à custa da outra. Pelo menos: pode haver suspeita de que assim seja. 7

6. **Negócio com subprocurador**: o 261.º/2, como era inevitável, equipara às duas hipóteses do n.º 1 o negócio em que intervenha a pessoa a quem o representante tenha substabelecido os seus poderes de representação, com o próprio representante. Jogam as *rationes* acima alinhadas[10]. 8

III – Regime

7. A **anulabilidade** do negócio consigo mesmo, introduzida, apenas, na versão promulgada do Código, corresponde a uma preocupação comercialista de 1966, herdada do 1395.º do Código 9

[2] Rui de Alarcão, *Erro, dolo e coacção*, BMJ 102 (1961), 172-173; *idem*, *Do negócio jurídico*, BMJ 105 (1961), 265 (33.º).

[3] Rui de Alarcão, *Breve motivação*, BMJ 138 (1964), 109.

[4] *1.ª Revisão*, 100.

[5] *Revisão intercalar*, 97-98.

[6] *2.ª Revisão*, 102,

[7] *Projecto*, 75: substituiu a hipótese de o representado ratificar o negócio pela de o confirmar.

[8] Luís Carvalho Fernandes, *Teoria geral do Direito civil*, 2, 5.ª ed. (2014), 263-264; António Menezes Cordeiro, *Tratado*, V, 3.ª ed., 125.

[9] STJ 29-jan.-2019 (Roque Nogueira), Proc. 3698/09, II.

[10] RLx 8-mar.-2018 (Maria de Jesus Correia), Proc. 3698/09.

italiano[11]. Com efeito, ela reforça as possibilidades de aproveitamento do contrato: apenas o representado (ou algum deles) pode invalidar o negócio e isso no prazo de um ano (287.º/1).

IV – Delimitação

10 **8.** A **autorização do representante**: este, no âmbito da autonomia privada, pode autorizar especificadamente o negócio em jogo. Debate-se se o consentimento do representado basta para tornar o negócio consigo mesmo válido ou se seria necessário, ainda, mostrar-se a própria autorização de tal modo especificada que levasse, ela mesma, à exclusão do conflito de interesses. Uma simples autorização genérica seria, ainda, de molde a permitir o referido conflito, e, destarte, afetaria a validade do negócio consigo mesmo. A finalidade do 261.º é a de evitar a possibilidade de a, maior ou menor, discricionariedade, inerente ao poder de representação, redundar num prejuízo ou perigo para o representado o qual não consentiu de forma ponderada na realização do negócio consigo mesmo.

11 Nestes termos, ou a procuração na qual se deu a autorização prevê poderes especiais e especificados – embora não seja de exigir uma especificação total ou máxima, designadamente, através da outorga de uma procuração especialíssima, a qual apenas deixasse ao representante a decisão sobre se outorga ou não o negócio – ou, na eventualidade de conter poderes gerais, ou não especificados, a própria autorização para a celebração do negócio consigo mesmo deve determinar os moldes dentro dos quais semelhante tipo de ato haverá de considerar-se permitido pelo *dominus*[12].

12 **9.** A **natureza do negócio** pode excluir a hipótese de conflito de interesses[13]. Assim sucede quando a representação vise atos predeterminados (p. ex., o cancelamento de uma hipoteca relativa a uma obrigação já cumprida) ou atos sem riscos patrimoniais.

13 **10. Outras situações:** Tem-se ponderado se o 261.º não é extensível a outras situações. Desde logo, no âmbito da chamada representação orgânica em que também se pode assistir a um autocontrato ou a uma situação de dupla representação[14]. No domínio das sociedades anónimas o 397.º/2 do CSC regula, expressamente, os contratos celebrados entre a sociedade e os seus administradores. Suscita-se, ainda, a aplicação analógica do 261.º a hipóteses de conflitos de interesses, mas sem identidade de pessoas[15]. Parece, todavia, dever fazer-se intervir nessas situações,

[11] O § 181 do BGB proíbe o negócio consigo mesmo; admitia-se, depois, a ratificação. O Código italiano, tendo absorvido o Direito comercial, denota maiores preocupações com a segurança do comércio e com o *favor negotii*.

[12] Não parece, assim e com a devida vénia, acertada a decisão proferida pelo STJ 15-fev.-1989 (Pinto Ferreira), BMJ 384 (1989), 584-591, *maxime* 590 e 591, segundo a qual uma procuração em que expressamente se declara conceder-se poderes ao representante «*para ceder a quem e pelo preço e condições que entender por convenientes, a quota de que ele outorgante* (...)», contém uma autorização específica para a realização de um negócio consigo mesmo. Este é, a nosso ver, e em regra, um daqueles casos subsumíveis à proibição de celebração de um negócio consigo mesmo. Diferentes são já as considerações finais tecidas no aresto, segundo as quais, «*Elucidativo e, de certo modo, explicativo do caracterizado consentimento especificado do representado* (...) *é o contexto negociatório que precedeu a escritura da cessão* (...). *Assim afigura-se líquido que o representado* (...) *previu o negócio do representante consigo mesmo* (...) *e quis realmente consentir nele*». No sentido segundo o qual a confirmação do negócio consigo mesmo pode resultar de simples facto concludente, não carece de forma especial e nem necessita de se dirigir a um destinatário: STJ 3-mar.-1998 (Fernandes Magalhães), BMJ 475 (1998), 610-615 (614). *Vide* STJ 1-mar.-2018 (António Piçarra), Proc. 978/15.

[13] STJ 26-jun.-2003 (Lucas Ferreira de Almeida), CJ/ /Supremo XI (2003) 2, 122-124 (124/II).

[14] Na direção segundo a qual os 258.º e seguintes se aplicam analogicamente à representação orgânica: António Ferrer Correia, *Sociedades fictícias e unipessoais* (1948), 312; Oliveira Ascensão, *Direito civil/Parte geral*, II (2002), 232, nota 271, e 249. O STJ 10-jul.-1997 (Almeida e Silva), BMJ 469 (1997), 468-475, aplica estes preceitos a uma situação de representação legal de um junta de freguesia.

[15] Raúl Guichard e outros, em *UCP/Comentário do Código Civil/Parte geral* (2014), 634.

antes, o regime do abuso e falta de poderes de representação devendo o terceiro com quem o negócio é realizado suspeitar imediatamente da existência, nessa situação, de poderes representativos, em razão da evidência do conflito de interesses[16].

Divisão II – Representação voluntária

Artigo 262.º (Procuração)

1. Diz-se procuração o ato pelo qual alguém atribui a outrem, voluntariamente, poderes representativos.

2. Salvo disposição legal em contrário, a procuração revestirá a forma exigida para o negócio que o procurador deva realizar.

Bibliografia: António Menezes Cordeiro, *A representação no Código Civil: sistemas e perspectivas de reforma*, em *35 anos do Código Civil*, 2 (2006), 393-442; *idem*, *Tratado de Direito civil*, V, 3.ª ed. (2018), 127-130; João Nuno Calvão da Silva, *Procuração (art. 116.º do Cód. Not. e art. 38.º do DL n.º 76-A/2006, de 29-3)*, ROA 2007, 731-753; Pedro de Albuquerque, *A representação voluntária* (2004), 945 ss.; Raúl Guichard, *Acerca do instituto da representação voluntária no Código Civil de 1966*, DJ XVIII (2004) 1, 197-207; *idem* e outros, em *UCP/Comentário do Código Civil/Parte geral*, (2014), 636-641.

Índice

I – Origem e evolução

1 **1. Ordenações**: continham regras sobre os advogados e procuradores[1], surgindo referências ao tema em leis extravagantes[2]. A ideia de representação não era conhecida; os seus efeitos práticos alcançavam-se através do mandato[3], o qual concedia poderes ao "procurador" ou ao "feitor"[4].

[16] *Idem*, 634.

[1] *Ord. Fil.*, Liv. I, tit. XLVIII; na ed. Gulbenkian I, 85-91.

[2] Duarte Nunes de Lião, *Leis extravagantes*, 1.ª Parte, tit. XXI (1569), 51-52.

[3] Pascoal de Mello, *Instituições de Direito civil português* (trad. Miguel Pinto de Meneses), Liv. 4, tit. 3, § 10 = BMJ 168 (1967), 59.

[4] J. H. Corrêa Telles, *Digesto Portuguez*, III (1845), art. 599 ss. (86 ss.); M. A. Coelho da Rocha, *Instituições de Direito civil portuguez*, 2.ª ed. (1848), § 792 (540). Indicações: Fernando Pessoa Jorge, *O mandato sem representação*, 75 ss..

2 **2.** O **Código de Seabra**: dispunha[5]:

> 1318.º Dá-se contracto de mandato ou procuradoria, quando alguma pessoa se encarrega de prestar, ou fazer alguma cousa, por mandato e em nome de outrem. O mandato póde ser verbal ou escripto.
>
> 1319.º Diz-se procuração o documento, em que o mandante ou constituinte exprime o seu mandato. A procuração póde ser publica ou particular.

3 **3.** O **Código Veiga Beirão** (1888), no 231.º, associa o mandato comercial à concessão de poderes de representação. Este preceito mantém-se em vigor[6].

4 **4. Anteprojeto e revisões**. O anteprojeto Rui de Alarcão (4.º) limita-se a dispor quanto à forma, num preceito que hoje surge no 262.º/2[7]:

> Salvo onde a lei disponha diversamente, a procuração considera-se sujeita à forma exigida para o negócio a que diz respeito.

5 A 1.ª Revisão ministerial (230.º) manteve essa orientação, com alterações formais[8]. A Revisão intercalar (1964) suprimiu o preceito[9]. Ele ressurgiu, agora em dois números e com a definição de procuração, já em redação definitiva, na 2.ª Revisão (262.º)[10], como tal passando ao Projeto (262.º)[11].

II – A procuração (262.º/1)

6 **5. Negócio e documento**. Tecnicamente, a procuração é um negócio jurídico unilateral[12], resultante de uma declaração recipienda. Como tal, implica liberdade de celebração e de estipulação. O seu objetivo é o da concessão de poderes de representação ao beneficiário, com o âmbito que o seu emitente entenda conferir. Embora deva ser comunicada ao procurador e ao terceiro, aquando do negócio representativo, ela produz efeitos independentemente da aceitação.

7 O procurador designado pode renunciar à procuração (265.º/1, 1.ª parte). Todavia, enquanto o não fizer, é mesmo procurador, numa situação que lhe pode acarretar encargos e dissabores: incompatibilidades para outros negócios e, até, atentado ao bom nome e reputação, quando o emitente não seja pessoa recomendável. Há, pois, um dever de boa-fé, a cargo do emitente, com eventuais obrigações de indemnização. Ocorre um certo reequilíbrio pelo facto de, em regra, a procuração surgir no seio de um contrato mais vasto, normalmente de mandato. E aí, é necessária a aceitação para a produção de efeitos,

8 Na tradição de Seabra, a procuração designa, também, o documento onde esses poderes tenham sido atribuídos.

9 **6. Interpretação**. A declaração relativa à emissão de uma procuração deve ser interpretada nos termos gerais do 236.º: o seu sentido decisivo é o apreendido por um declaratário normal, colocado na posição do declaratário real[13].

[5] José Dias Ferreira, *Codigo civil portuguez annotado*, III, 1.ª ed. (1872), 352-354; Luiz da Cunha Gonçalves, *Tratado*, 4 (1932), 189 ss..

[6] António Menezes Cordeiro, *Tratado de Direito civil*, V, 3.ª ed., 91-92.

[7] Rui de Alarcão, *Erro, dolo e coacção*, 172; *idem*, *Do negócio jurídico* (30.º), 264.

[8] *1.ª Revisão*, 99.

[9] *Revisão intercalar* (248.º a 254.º), 96-99.

[10] *2.ª Revisão*, 102-103.

[11] *Projecto*, 75.

[12] STJ 7-jul.-2009 (Serra Baptista), Proc. 63/2001; STJ 4-jul.-2019 (Fernando Samões), Proc. 2939/15.

[13] RPt 4-nov.-2019 (Joaquim Moura), Proc. 1980/18; Raul Guichard e outros, em *UCP/Comentário*, 638; António Menezes Cordeiro, *Tratado*, V, 3.ª ed., 129.

Embora o Código trate a procuração, aparentemente, como um negócio isolado, na prá- 10
tica, ela surge sempre integrada no já referido contrato mais vasto: normalmente, um mandato. A interpretação deve, então, ser feita em conjunto, designadamente para a determinação da extensão dos poderes de representação.

7. Modalidades: (1) expressa e tácita; (2) com poderes gerais ou especiais; (3) civil e comercial; 11
(4) forense; (5) situações especiais; (6) tolerada e aparente; (7) institucional; (8) *post mortem*.

(1) A procuração **tácita** resulta, nos termos gerais, de atos que com toda a probabilidade 12
a revelem (217.º/1). Ela emerge, designadamente, de contratos que, pelo seu conteúdo, envolvam a prática de atos jurídicos em nome e por conta do *dominus*. Assim sucede com o contrato de trabalho que, dependendo do seu conteúdo, atribui ao trabalhador poderes de representação do empregador (115.º/3, do CT)[14].

(2) **Poderes gerais e especiais**: os primeiros permitem, ao representante, a prática de 13
uma atividade genérica, em nome e por conta do representado; a segunda destina-se à prática de atos específicos. O CS, no seu 1323.º, distinguia expressamente a procuração geral da especial. A distinção era importante porque, segundo o 1325.º daquele Código, a procuração geral só podia autorizar atos de mera administração.

No vigente, a contraposição ocorre a propósito do mandato. Segundo o seu 1159.º, 14

> 1. O mandato geral só compreende os atos de administração ordinária.
> 2. O mandato especial abrange, além dos atos nele referidos, todos os demais necessários à sua execução.

A distinção é aplicável à procuração[15], na base de um argumento histórico, de um argumento sistemático e de um argumento lógico *a fortiori*. Historicamente, recordamos os citados 15
1323.º e 1325.º do CS e o facto de toda esta matéria se ter vindo a desenvolver a partir do mandato. O argumento sistemático aponta a unidade natural que deve acompanhar o mandato com representação: o mandatário irá receber os poderes necessários para executar cada ponto do mandato. Finalmente, o argumento lógico explica que não faz sentido ter uma lei mais exigente para um mero serviço – o mandato – do que para os poderes de representação, que podem mexer em razões profundas de interesse público e privado.

(3) **Civil e comercial**. O mandato comercial envolve representação (231.º e 233.º do 16
CCom). Distingue-se do civil, que pode (1178.º) ou não (1180.º) implicar representação[16]. O mandato comercial envolve vários tipos: comum (231.º a 247.º); gerentes, auxiliares e caixeiros (248.º a 265.º); comissão (266.º a 277.º, todos do CCom)[17] Este último opera sem representação; os outros conferem poderes representativos, em grau diverso.

(4) **Mandato forense**[18]: presente no Código de Seabra (1354.º a 1362.º)[19], ele consta 17
hoje, do 67.º/1 do Estatuto da AO de 2015, sendo de relevar a L 49/2004, de 24-ago., relativa aos "atos próprios dos advogados". O mandato forense é oneroso e envolve poderes de representação[20].

[14] Em rigor, não há, aqui, uma procuração tácita: antes um efeito resultante do próprio contrato de trabalho.

[15] João de Castro Mendes, *Direito civil (Teoria Geral)*, III (1968), 405, embora sem apresentar, aí, as suas razões; *Tratado*, V, 3.ª ed., 542-548, quanto ao mandato.

[16] António Menezes Cordeiro, *Tratado*, XII, 695-708; *idem, Direito comercial*, 4.ª ed., 681-688.

[17] *Idem*, 684-688.

[18] *Tratado*, XII, 709-720.

[19] José Dias Ferreira, *Codigo civil annotado*, 3, 1.ª ed., 372-386; Luiz da Cunha Gonçalves, *Tratado*, 7 (1933), 486-514.

[20] STJ 5-fev.-2014 (Hélder Roque), Proc. 488/09; RGm 28-set.-2017 (José Cravo), Proc. 554/14.

18 (5) **Situações especiais**: a procuração é referida nos 453.º/1 (designação no contrato para pessoa a nomear), 1179.º (a revogação ou renúncia da procuração implicam revogação do mandato), 1620.º/2 (casamento por procuração), 1621.º (revogação e caducidade da procuração), 1628.º, *d*) (casamento inexistente por ineficácia da procuração) e 1678.º/2, *f*) (procuração para administrar os bens do casal). Em cada caso há que verificar os requisitos e a extensão da procuração envolvida. Esta não é possível no testamento (2182.º/1).

19 (6) **Tolerada e aparente**: modalidades próprias do Direito alemão, com algum relevo no português, tratadas em anotação ao 266.º.

20 (7) **Institucional**, solução proposta para as procurações aparentes; *idem*, anot. ao 266.º.

21 (8) ***Post mortem***: sobrevive à morte do representado; *idem*, anot. ao 266.º.

III – A forma (262.º/2)[21]

22 **8. Regra geral**: segundo o 262.º/2, a procuração deve revestir a forma exigida para o negócio a realizar pelo procurador: verbal, se o negócio a realizar pelo procurador o puder ser também; escrita, se a forma exigida pelo negócio representativo for essa.

23 Na eventualidade de ser exigida escritura pública para o negócio representativo, a procuração pode ser lavrada por instrumento público, por documento escrito e assinado pelo representado com reconhecimento presencial da letra e assinatura ou por documento autenticado (116.º/1 do CNot).

24 **9. Regras especiais** operam para certos tipos de procuração, como sucede com as passadas a advogados ou procuradores (DL 267/92, de 28-nov., artigo único, DL 168/95, de 15-jul.). As procurações conferidas também no interesse de procurador ou de terceiro devem ser lavradas por instrumento público cujo original é arquivado no cartório notarial (116.º/2 do CNot).

25 A simetria formal, entre a *procuratio* e negócio representativo, tentada pelo 262.º/2, e a exigência de forma para a procuração, por ele imposta, sempre se mostra limitada no seu alcance, pela relevância do abuso de representação e pela importância, dentro de certos limites, das instruções a *latere* da *procuratio*; ambos manifestações do impacto do negócio causal na determinação do âmbito do negócio de outorga de poderes representativos.

26 **10.** Os **substabelecimentos** revestem a forma exigida para as procurações (116.º/3 do CNot).

Artigo 263.º (Capacidade do procurador)

O procurador não necessita de ter mais do que a capacidade de entender e querer exigida pela natureza do negócio que haja de efectuar.

Bibliografia: António Menezes Cordeiro, *Tratado de Direito civil*, V, 3.ª ed. (2018), 132-133; Fernando Pires de Lima/João Antunes Varela, *Código Civil anotado*, I, 4.ª ed. (1987), 245; Raúl Guichard e outros, em *UCP/ Comentário do Código Civil* (2014), 641-643.

Índice

[21] *Vide* indicações jurisprudenciais em Pedro de Albuquerque, *A representação voluntária*, 1036-1037, nota 1757.

I – Origem

1. O **Código de Seabra** (1334.º) permitia, com restrições[1]: 1

> As mulheres casadas, e os menores não emancipados podem ser mandatários (…)

2. **Preparatórios**. O anteprojeto Rui de Alarcão limitou-se a propor (2.º)[2]: 2

> O representante cujos poderes advenham da vontade do representado, não carece de ter mais do que a capacidade de entender e de querer, tida em atenção a natureza e o conteúdo do negócio.

Ligeiramente retocado na 1.ª Revisão Ministerial (228.º)[3] e na Revisão intercalar (249.º)[4], 3
o preceito obteve a redação definitiva na 2.ª Revisão (263.º)[5], retomada no Projeto (263.º)[6].

II – O regime

A **justificação** técnica do 263.º reside no 259.º/1: a falta ou vício da vontade, para serem relevantes, devem, em princípio, ocorrer na esfera do representante. Em termos práticos, a solução aligeirada do 263.º justifica-se para facilitar o funcionamento do instituto: pense-se na procuração passada a um filho menor, para concluir um negócio, em princípio simples. 4

4. A **natureza do negócio** determina o *quantum* de capacidade de entender e querer. Estando em causa um ato simples (p. ex., um pagamento), ela pode ser mínima; em face de um negócio complexo, ainda por ultimar, ocorrem dúvidas. O Direito entende que, ao constituir um menor ou um acompanhado como procuradores, o representado assume o risco de uma má condução do negócio final em causa. 5

5. A **falta de capacidade** de entender e querer convoca o instituto da incapacidade acidental (294.º), aplicável por via do 259.º/1, parte inicial (Raul Guichard). Com efeito, se essa falta não foi notória ou conhecida do declaratário, o risco mantém-se na esfera do representado. 6

Artigo 264.º (Substituição do procurador)

1. O procurador só pode fazer-se substituir por outrem se o representado o permitir ou se a faculdade de substituição resultar do conteúdo da procuração ou da relação jurídica que a determina.

2. A substituição não envolve exclusão do procurador primitivo, salvo declaração em contrário.

3. Sendo autorizada a substituição, o procurador só é responsável para com o representado se tiver agido com culpa na escolha do substituto ou nas instruções que lhe deu.

[1] José Dias Ferreira, *Codigo civil annotado*, III, 1.ª ed., 364-365, onde pode ser seguida a discussão havida a propósito deste preceito, na comissão revisora.

[2] Rui de Alarcão, *Erro, dolo e coacção*, 171; *idem*, *Do negócio jurídico* (28.º), 263.

[3] *1.ª Revisão*, 99.

[4] *Revisão intercalar*, 96-97.

[5] *2.ª Revisão*, 103.

[6] *Projecto*, 75.

4. O procurador pode servir-se de auxiliares na execução da procuração, se outra coisa não resultar do negócio ou da natureza do acto que haja de praticar.

Bibliografia: António Menezes Cordeiro, *Tratado de Direito civil*, V, 3.ª ed. (2018), 133-134; Pedro Romano Martinez, *O subcontrato* (1989), 211 pp., 33-36; Raúl Guichard e outros, em *UCP/Comentário do Código Civil* (2014), 642-645.

Índice

I – Origem

1 **1.** O **Código de Seabra**, no 1342.º, dispunha[1]:

> O mandatário não póde encarregar a outrem o cumprimento do mandato, se para isso não lhe tiverem sido dados poderes; e se lhe forem dados sem designação de pessoa, responderá pelo substituto, sendo este notoriamente inhabil ou insolvente.

2 **2. Preparatórios**. No anteprojeto Rui de Alarcão, o tema era tratado no 6.º, nos termos seguintes[2]:

> 1. O representante só pode fazer-se substituir por outrem se o representado o permitir expressamente ou se isso resultar do conteúdo da procuração ou da relação jurídica que a determine.
>
> 2. A substituição não envolve exclusão do representante primitivo, a não ser que assim tenha sido expressamente autorizado.

3 A 1.ª Revisão (232.º) retocou o preceito[3], tendo a redação final, com pequena diferença, sido obtida na 2.ª Revisão (264.º)[4] e no Projeto (264.º)[5].

II – Regime

4 **3. Hipóteses de substituição**. O 264.º/1, que vale também para outros contratos e, designadamente, para o mandato (1165.º)[6], admite que o procurador se possa fazer substituir em três cenários distintos[7]: (1) se o representado o permitir; (2) se a possibilidade de substituição resultar do conteúdo da própria representação; (3) se essa mesma possibilidade emergir da relação-base.

[1] José Dias Ferreira, *Codigo civil annotado*, III, 1.ª ed., 367-368.

[2] Rui de Alarcão, *Erro, dolo e coacção*, 172; *idem*, *Do negócio jurídico* (32.º), 265.

[3] *1.ª Revisão*, 100.

[4] *2.ª Revisão*, 103.

[5] *Projecto*, 76.

[6] Enquanto isso, o artigo 1171.º prevê a extinção do mandato se se assistir à designação de outra pessoa, por parte do mandante, para a prática dos mesmos atos. Verificada a cessação do mandato por esse motivo verificar-se-á, também, a extinção do poder de representação segundo o 265.º/1.

[7] Para uma referência à questão que consiste em saber quais as possíveis configurações da sub-representação, e em particular, se é, ou não admissível, à luz do nosso Direito, um representante do representante, Raúl Guichard, *O problema dos "estados subjectivos" relevantes*, 95 ss., e notas (202) e ss..

5 As duas primeiras hipóteses explicam-se imediatamente pela autonomia privada e pela natureza disponível dos poderes de representação[8]. A terceira hipótese resulta da ligação que existe procuração e relação subjacente[9] e atesta a causalidade da *procuratio* e dos poderes representativos. Em todos estes cenários, a possibilidade de substituição pode ser deduzida tacitamente. Na procuração forense presume-se a possibilidade de substabelecer (44.º/2 do CPC). No domínio do contrato de agência é permitida a utilização de subagentes, exceto convenção em contrário (5.º/1 do DL 178/86).

6 **4. Substituição com e sem reserva.** O 264.º/2 prevê a possibilidade de, existindo declaração nesse sentido, a substituição de novo procurador poder envolver a exclusão do antigo. A substituição pode ser com ou sem reserva: com reserva, o procurador inicial mantém os poderes de representação; sem reserva, a substituição determina a exclusão do procurador inicial.

7 Por força do 264.º/2, a regra supletiva é a da substituição com reserva. Sendo feita com reserva, o *dominus* pode ou revogar os poderes do representante inicial, com uma revogação tácita dos poderes do subrepresentante, ou revogar diretamente ambos os poderes ou só os do subprocurador. Havendo substituição sem reserva, se o *dominus* pretender revogar os poderes. terá de o fazer diretamente[10], apesar de continuar a ser possível uma revogação tácita por algum outro modo que não a revogação indireta dos poderes do procurador inicial.

8 **5. Responsabilidade do procurador inicial.** O 264.º/2 estabelece uma responsabilidade do procurador, perante o representado, se tiver agido com culpa na escolha do substituto ou nas instruções que lhe deu. Trata-se de uma responsabilidade por culpa *in eligendo* ou *in instruendo*. A solução tem sido sujeita a críticas, por afastar o regime dos 500.º/1 e 800.º/1[11]. Subjacente ao 264.º/3 estaria a ideia de a procuração ser um negócio gratuito. Por isso, tudo assentaria num favor e não haveria motivo para responsabilizar objetivamente o procurador. A ser assim, porém, não estando preenchida a *ratio* desta norma, pelo facto de o negócio base implicar o regime comum do 800.º/1, o procurador responde nos termos gerais[12].

9 **6. Efeitos de uma substituição não autorizada**: se a substituição não for possível, mas se, apesar disso, for nomeado um subprocurador, este mostrar-se-á desprovido de poderes representativos[13].

10 **7. Recurso a auxiliares**: é mais ampla a possibilidade de o procurador se servir de auxiliares. Isso é viável exceto se a isso se opuser o negócio-base ou a natureza do ato a praticar. Não é mencionado, pelo preceito, o afastamento da faculdade de apelo a auxiliares por cláusula em contrário, presente na procuração; mas se a disposição existir não pode haver intervenção de auxiliares[14].

11 **8. A procuração e o negócio-base.** A substituição do procurador, tal como sucede com outros dispositivos aplicáveis (259.º/1, 261.º/1, 262.º/2 e 265.º/1), tem a ver com o negócio-base, isto é, o negócio concluído entre o representante e o representado em cujo âmbito foi emitida a procuração. O Código Civil acolheu, na linha da diferenciação iniciada por Jhering, a separação entre a procuração e o mandato. Todavia, isso não se traduziu numa abstração da procuração relativamente à relação subjacente. A procuração não é independente ou insensível, ao

[8] No mesmo sentido Menezes Cordeiro, *Tratado*, V, 3.ª ed., 133.

[9] Menezes Cordeiro, *Tratado*, XI, 133.

[10] Relativamente a uma extinção dos poderes de subrepresentação por motivos atinentes à relação base inicial, Raúl Guichard e outros, em *UCP/Comentário do Código Civil* (2014), 643 e 645.

[11] Menezes Cordeiro, *Tratado*, V, 3.ª ed., 133.

[12] Na mesma direção, Menezes Cordeiro, *Tratado*, V, 3.ª ed., 133-134. *Vide*, também, Raúl Guichard e outros, em *UCP/Comentário do Código Civil* (2014), 643-644.

[13] *Idem*, 644.

[14] Na mesma linha Menezes Cordeiro, *Tratado*, V, 3.ª ed., 134.

invés de posições muitas vezes defendidas, nem na sua origem, nem na sua extensão, nem, ainda, na sua sorte, relativamente à relação-base[15].

12 Os fenómenos normalmente explicados como traduzindo essa abstração ou insensibilidade da procuração nada têm a ver com ela. Traduzem, antes meros fenómenos de tutela da boa-fé depositada por terceiros na aparência de poderes de representação. A vontade reconhecível do autor da procuração não pode deixar de ser a de que o representante atue licitamente, e desse modo, dentro dos precisos limites do respetivo negócio-base. Por isso, na medida do seu reconhecimento, por força do 236.º, esses elementos interferem na determinação da amplitude dos poderes. A dita procuração pura ou isolada não é admissível. Ela não outorga nenhum título válido ao procurador para interferir nos negócios do *dominus*. Além disso, no nosso Ordenamento vale a regra da causalidade. Não se admitem vinculações abstratas, puras ou porque sim. Uma vez mais, os efeitos desta procuração explicam-se, tão só, pela tutela da boa-fé e da aparência.

13 A relação subjacente será, por norma, um mandato. Aliás, os 1178.º e 1179.º determinam a aplicação ao mandato das regras referentes à procuração. Mas a relação-base pode ser constituída por uma situação de outra natureza com relevo para o contrato de trabalho.

Artigo 265.º (Extinção da procuração)

1. A procuração extingue-se quando o procurador a ela renuncia, ou quando cessa a relação jurídica que lhe serve de base, excepto se outra for, neste caso, a vontade do representado.

2. A procuração é livremente revogável pelo representado, não obstante convenção em contrário ou renúncia ao direito de revogação.

3. Mas, se a procuração tiver sido conferida também no interesse do procurador ou de terceiro, não pode ser revogada sem acordo do interessado, salvo ocorrendo justa causa.

Bibliografia: António Menezes Cordeiro, *Tratado de Direito civil*, IV, 5.ª ed. (2019), 134-137; Januário Costa Gomes, *Em tema de revogação do mandato civil* (1989), 305 pp., 83-268; Pedro de Albuquerque, *Contrato-promessa, procuração irrevogável e acção de preferência, anotação a STJ 2.3.2004*, CDP 13 (2006), 9-36; Pedro Leitão Pais de Vasconcelos, *A procuração irrevogável*, 2.ª ed. (2016), 306 pp.; Raúl Guichard/Catarina Ribeiro/Ana Teresa Ribeiro, em *UCP/Comentário do Código Civil* (2014), 645-647.

Índice

[15] Para mais pormenores: Pedro de Albuquerque, *A representação voluntária*, 504 ss. e *passim*; na mesma linha António Menezes Cordeiro, *Tratado*, V, 3.ª ed., 131-132.

I – Origem

1. O Código de Seabra dispunha: 1

Artigo 1363.º O mandato expira:
1.º Pela revogação;
2.º Pela renuncia do mandatario;
3.º Pela morte, ou pela interdicção do constituinte ou do mandatario;
4.º Pela insolvencia, ou pela mudança de estado do constituinte ou do mandatario, se por esta mudança se tornar inhabil aquelle para conferir, ou este para acceitar o mandato;
5.º Pela expiração do praso do mandato, ou pela conclusão do negocio.

Artigo 1364.º O constituinte pode revogar, quando e como lhe aprouver, o mandato conferido, sem prejuizo de qualquer condição ou convenção em contrario.

§ único. Se a procuração fôr por escripto, poderá o constituinte exigir, que o mandatário lh'a restitua se a tiver em seu poder.

2. Preparatórios. O anteprojeto Rui de Alarcão propôs um preceito extenso, virado para a procuração (8.º)[1] e materialmente próximo do atual. Seguiram-se retoques na 1.ª Revisão Ministerial (234.º)[2], tendo a redação definitiva sido alcançada na 2.ª Revisão (265.º)[3] e no Projeto (265.º)[4]. 2

II – Regime

3. As causas de extinção: o 265.º/1 refere três situações determinantes da extinção da procuração: (1) a renúncia do procurador; (2) a cessação do negócio-base; (3) a revogação da procuração pelo representado. Assunto, diverso é o da oponibilidade das causas de extinção prevista no 266.º. 3

Estas causas de extinção da procuração não esgotam, porém, a totalidade das possibilidades. A realização do ato representativo, ou o seu fracasso, podem determinar a extinção da procuração com poderes especiais; pode ter havido substituição sem reserva (264.º/2); pode ter havido insolvência do representado (112.º do CIRE); ou pode haver morte ou incapacidade do representante ou do representado[5]. As regras previstas no 1174.º e 1175.º, para o mandato, aplicam-se à procuração, seja diretamente, quando ele seja a relação-base, seja por analogia[6]. 4

(1) A procuração pode livremente ser objeto de **renúncia**, expressa ou tácita. Esta possibilidade não pode sequer ser afastada. Mas uma renúncia intempestiva pode dar lugar a indemnizações por prejuízos causados ao *dominus*. Na presença de um mandato com representação, a renúncia à *procuratio* determina a revogação do *mandatum* (1179.º). Tem, por isso, aplicação o 1172.º e o dever de indemnizar prejuízos aí previstos[7]. 5

(2) A cessação do **negócio-base** determina, também, a extinção da procuração. Trata-se de uma manifestação de dependência da sorte da procuração relativamente à relação causal. Admite-se, porém, poder a procuração subsistir se for outra a vontade do representado. Nesse cenário, os poderes de representação mantêm-se, devendo ser amparados, posteriormente, por uma outra relação subjacente[8]. Esta possibilidade, não é, pois, uma porta aberta à procuração isolada. 6

[1] Rui de Alarcão, *Erro, dolo e coacção*, 173; *idem*, *Do negócio jurídico* (32.º), 265-266.
[2] *1.ª Revisão*, 101.
[3] *2.ª Revisão*, 104. Curiosamente, este preceito não surge na Revisão intercalar.
[4] *Projecto*, 76.
[5] Raúl Guichard e outros, em *UCP/Comentário do Código Civil* (2014), 646.
[6] *Idem*, 646; Menezes Cordeiro, *Tratado*, V, 3.ª ed., 135; STJ 7-mar.-1995 (César Marques), CJ/Supremo III (1995) 1, 113-116 (115/II).
[7] Menezes Cordeiro, *Tratado*, V, 3.ª ed., 134.
[8] Nesse sentido v., por exemplo, Pedro de Albuquerque, *A representação, passim*; Menezes Cordeiro, *Tratado*, V, 3.ª ed., 134.

7 (3) A **revogação** tem, em princípio, como destinatário o representante, muito embora se admitam situações de revogação tácita (1171.º). Além disso, a revogação deve ser levada ao conhecimento de terceiros por meios idóneos (266.º/1). Não é possível renunciar-se ao direito de revogação da *procuratio*. O representado pode, em regra, revogar sempre a procuração. Na eventualidade de existir disposição a renunciar ou direito de revogação, a outorga dos poderes será válida e, não obstante a cláusula em sentido oposto, a procuração permanece revogável. Haverá, porém, lugar a eventuais indemnizações se o negócio subjacente assim o determinar. Tratando-se de mandato, valem os 1170.º, 1171.º, 1179.º.

8 **4.** A **procuração irrevogável**: o 265.º/3 prevê a procuração conferida, também no interesse do procurador ou de terceiro[9]. Deve obedecer à forma prevista no 116.º/2 do CNot[10]. Quando conferida, não pode ser revogada sem acordo do interessado, salvo havendo justa causa. Ou seja: sendo a procuração conferida, também, no interesse do procurador ou de terceiro, ela é irrevogável, salvo havendo justa causa.

9 Confrontada com o § 168 do BGB, mencionado na fundamentação do Anteprojecto de Rui de Alarcão, a doutrina germânica tem entendido de forma praticamente pacífica que, para existir irrevogabilidade da procuração, esta deve desempenhar a função de permitir o cumprimento ou a execução da relação subjacente. A mesma solução vale entre nós: para a *procuratio* e o poder de representação serem insuscetíveis de revogação, deve resultar para o *procurator* ou para o *tertius*, ou eventualmente para ambos, uma pretensão cuja satisfação pressuponha o exercício do poder de representação como um instrumento ao serviço de uma posição própria destes. Não basta um qualquer interesse do procurador ou do terceiro para excluir a possibilidade de o constituinte retirar, ao constituído, os poderes concedidos de forma irrevogável.

10 A irrevogabilidade da procuração apenas é admitida em casos nos quais a relação fundamental, justificativa da procuração, imponha como um seu trecho a manutenção do vínculo procuratório, pois, de outra maneira se violaria essa relação fundamental[11]. Este entendimento é, no essencial, partilhado pelos nossos tribunais, apenas, aqui e ali, com pequenos desvios os quais não comprometem a ideia essencial[12].

[9] *Idem*, 134.

[10] Não é admissível uma procuração no exclusivo interesse do representado ou de terceiro. Mais recentemente, pode ver-se contra a admissibilidade de um mandato ou de uma procuração no interesse exclusivo do representante, ou de terceiro, Pires de Lima/Antunes Varela, *Código Civil anotado*, I, 4.ª ed., 247, e II, 4.ª ed. (1997), 809-810. No sentido da inadmissibilidade de um mandato no interesse exclusivo do mandatário mas da possibilidade de concessão de poderes de representação apenas no interesse do representado, pode ver-se Pessoa Jorge, *O mandato sem representação*, 182 e ss. e Pedro de Albuquerque, *A representação voluntária, passim*.

[11] Expressamente nessa direção, Oliveira Ascensão, *Direito civil/Parte geral*, II, 245; Pedro Leitão Pais de Vasconcelos, *A procuração*, 52 ss., 85 ss., 91 ss., 95 ss. e 127; Pedro de Albuquerque, *A representação, passim*. Pires de Lima/ /Antunes Varela, *Código anotado*, I, 4.ª ed., 246 e 247, os quais, embora sem afirmarem expressamente a opinião dos demais autores antes citados nesta nota, oferecem, todavia, exemplos bem elucidativos e onde ela está implícita. Por último, a este respeito, Menezes Cordeiro, *Tratado*, V, 3.ª ed., 136. A propósito da explicação da irrevogabilidade do mandato, por todos, na nossa doutrina, Pires de Lima/Antunes Varela, *Código anotado*, II, 4.ª ed., 809-810; Januário Gomes, *Em tema de revogação do mandato*, 146 ss.; na jurisprudência, STJ 24-jan.-1990 (Eliseu Figueira), BMJ 393 (1990), 588-593 (591) (contrato a favor de terceiro – natureza das funções do IARN – mandato de interesse comum).

[12] STJ 17-jan.-1991 (Matos Canas), CJ XVI (1991) 1, 286-289 (288-289); RCb 13-out.-1998 (Ferreira Barros), CJ (1998) 4, 35-39 (38-39) (onde se considera que, por não existir uma relação subjacente no sentido da irrevogabilidade, a procuração caduca por morte do representado); STJ 27-set.-1994 (Costa Marques), CJ/Supremo II (1994) 3, 66-68 (68); STJ 13-fev.-1996 (Martins da Costa), CJ/Supremo IV (1996) 1, 86-88 (88); STJ 3-jun.-1997 (Lopes Pinto), BMJ 468 (1997), 361-369 (367-368), quanto à não-caducidade do mandato; STJ 23-nov.-1999 (Ribeiro Coelho), Proc. 99A506; STJ 13-dez.-2018 (Oliveira Abreu), Proc. 2450/14: para que a procuração seja irrevogável, não basta que isso se proclame no respetivo instrumento ou tão-pouco que se declare que é outor-

5. A **justa causa**. Havendo irrevogabilidade da procuração, a revogação só pode ter lugar se existir justa causa[13]. Na falta dela, a revogação será ineficaz. Por justa causa entende-se algum fundamento objetivo ou subjetivo de não-manutenção dos poderes de representação[14]. Também por justa causa se deve entender a extinção, termo ou invalidade da relação jurídica subjacente. Constitui, igualmente, causa de revogação da procuração a possibilidade de o representado invocar determinado tipo de exceções contra a pretensão do representante ou terceiro à celebração do negócio representativo assim como a existência ou prática de atos de desmando por parte do *procurator*. A existir um vício da procuração, parece dever aceitar-se, igualmente, ser ele justa causa de revogação dos poderes de representação. 11

Artigo 266.º (Proteção de terceiros)

1. As modificações e a revogação da procuração devem ser levadas ao conhecimento de terceiros por meios idóneos, sob pena de lhes não serem oponíveis senão quando se mostre que delas tinham conhecimento no momento da conclusão do negócio.

2. As restantes causas extintivas da procuração não podem ser opostas a terceiro que, sem culpa, as tenha ignorado.

Bibliografia: António Menezes Cordeiro, *Tratado de Direito civil*, IV, 5.ª ed. (2019), 138-149; Raúl Guichard e outros, em *UCP/Comentário do Código Civil* (2014), 648-650; Rui Ataíde, *A responsabilidade do "representado" na representação tolerada. Um problema de representação sem poderes* (2008), 336 pp.; *vide* a referida na introdução (258.º a 261.º).

Índice

gada no interesse próprio do mandatário, impondo-se a demonstração de uma relação subjacente àquela outorga que sustente essa irrevogabilidade.

Em certas hipóteses não se indica o sentido do interesse do procurador ou do terceiro: RLx 11-out.-1990 (Lopes Pinto), CJ XV (1990) 4, 145-147. Todavia, a única nota discordante vem de STJ 9-mar.-1995 (Figueiredo de Sousa), BMJ 445 (1995), 458-462 (461-462), que considerou não extinto, por morte do principal, o mandato para doação, dado o interesse moral da procuradora e filha do representado em executar a vontade do falecido pai. Temos, aqui, valores diferenciados, que explicam a solução.

[13] STJ 29-jan.-2019 (Roque Nogueira), Proc. 3698/09; STA 4-dez.-2019 (Paulo Antunes), Proc. 0813/05.

[14] Menezes Cordeiro, *Tratado*, V, 3.ª ed., 136.

I – Origem

1 **1. O Código de Seabra** determinava[1]:

> Artigo 1369.º Os actos praticados pelo mandatário, depois da expiração do mandato, não obrigam o constituinte, nem para com o mandatário, nem para com terceiro, excepto:
> 1.º Nos casos dos artigos 1366.º, 1367.º e 1368.º;
> 2.º Se o mandatário ignora a expiração do mandato;
> 3.º Se o mandatário, auctorisado a tratar com certa e determinada pessoa, houver com ella contractado, ignorando esta a expiração do mandato, posto que o dito mandatário a não ignorasse.
> § único. N'este ultimo caso, porém, o mandatário é responsavel para com o constituinte, por todas as perdas e damnos a que der causa.

2 **2. Anteprojeto e revisões**. Rui de Alarcão propôs o texto seguinte (9.º)[2]:

> 1. As modificações e a revogação da procuração devem ser levadas ao conhecimento dos terceiros com meios idóneos. Doutro modo não lhes serão oponíveis, a não ser que se prove que os terceiros as conheciam no momento da conclusão do negócio.
> 2. As outras causas extintivas da procuração não podem ser opostas aos terceiros que, sem culpa, as tenham ignorado.

3 A 1.ª Revisão Ministerial (235.º) deu, ao preceito, a sua forma definitiva[3]. Como tal atravessou a 2.ª Revisão (266.º)[4] e o Projeto (266.º)[5].

II – Regime geral

4 **3. O âmbito de aplicação**. O 266.º vale para factos modificativos ou extintivos da procuração a ela posteriores, mas não para os anteriores ou coevos à *procuratio*[6]. A relevância destes últimos apura-se, não segundo o 266.º, mas, sim, em razão do disposto no 236.º e 269.º[7]. Se, nos termos destes dois preceitos, o terceiro conhecer ou dever conhecer factos anteriores ou contemporâneos à procuração que extingam ou modifiquem a amplitude da procuração, eles serão oponíveis ao *tertius*. Não existindo conhecimento, nem dever de conhecimento, a apurar nos termos do 236.º e 269.º, tais factos serão inoponíveis ao terceiro.

5 **4. Modificações e revogação**. O 266.º/1 determina deverem as modificações e a revogação da procuração ser levadas ao conhecimento de terceiros por meios idóneos, sob pena de carecerem de oponibilidade exceto quando se mostre terem estes delas conhecimento no momento da conclusão do negócio. Trata-se de um encargo em sentido técnico[8]. O preceito refere-se diretamente a modificações e revogação da procuração. Tem, pois, subjacente como pressuposto

[1] José Dias Ferreira, *Codigo civil annotado*, III, 1.ª ed., 390--391.
[2] Rui de Alarcão, *Erro, dolo e coacção*, 173; *idem*, *Do negócio jurídico* (35.º), 266.
[3] *1.ª Revisão*, 101.
[4] *2.ª Revisão*, 104; curiosamente, o preceito desaparecera na Revisão intercalar, que simplificou muito o articulado relativo à representação.
[5] *Projecto*, 76.
[6] Para mais pormenores, Pedro de Albuquerque, *A representação voluntária*, 845 ss., nota 1187 e 884 ss., com ulteriores indicações bibliográficas.
[7] A propósito da relevância do 236.º para determinar a oponibilidade/inoponibilidade externa dos factos modificativos ou extintivos, designadamente instruções *a latere* ou a própria relação subjacente, da procuração mas que são dela anteriores ou contemporâneos, Pedro de Albuquerque, *A representação voluntária*, *passim*.
[8] Pedro de Albuquerque, *A representação voluntária*, *passim*; Menezes Cordeiro, *Tratado*, V, 3.ª ed., 139.

a circunstância de o *dominus* controlar, através da sua vontade e, de algum modo, as circunstâncias que afetam os poderes de representação. Por isso, parece dever enquadrar-se, também aqui, a hipótese de o principal propositadamente ter gerado a invalidade do negócio gestório. Aliás, em casos deste tipo, na qual a invalidade ou ineficácia de um negócio jurídico seja imputável a um ato censurável de uma das partes, já seriam aplicáveis as regras da *culpa in contrahendo*, as quais, neste caso, parece, no entanto, deverem ceder, perante o 266.º/1.

O preceito não refere o que se deve ter por meios idóneos[9]. Deve ser suficiente, para libertar o representado das consequências da aparência de representação, a simples realização do *actus contrarius* ao gerador dessa mesma aparência. O assunto transporta, de algum modo, a questão da notificação da comunicação da modificação (ou revogação) da procuração para o problema da articulação do 226.º/1 de uma banda, com o 224.º/1, da outra[10]. 6

Atenta a circunstância de o fundamento subjacente ao 266.º ser a confiança, poder-se-ia entender que, não tendo havido utilização de meios idóneos, o 266.º/1 requer uma ignorância ética e não apenas psicológica do terceiro. Muito embora a boa-fé subjetiva deva ser ética e o dever de conhecimento seja, em geral equiparável ao conhecimento, nesta situação específica do 266.º/1, a solução deve ser outra. Isto, dado o encargo ou ónus material imposto sobre o representado de levar ao conhecimento de terceiros, por meios idóneos, as modificações e a revogação da procuração, sob pena de elas não lhes serem oponíveis senão quando se mostre não terem delas conhecimento. Parece, pois, apontar-se para uma efetiva necessidade de esclarecimento. A isto deve, ainda, acrescer a circunstância de se estar, no caso regulado pelo 266.º/1, perante uma situação de aparência resultante de um ato voluntário do representado e não diante de uma qualquer hipótese normal de titularidade. Portanto, deve realmente correr por conta do representado o pôr termo à situação aparente através do esclarecimento da outra parte. 7

O 266.º/1 regula, precisamente, o risco conexo com o exercício da legitimação representativa, devidamente conferida mas entretanto desaparecida. Se, no âmbito do 266.º/1, se devesse equiparar a simples cognoscibilidade ao conhecimento, a exigência de comunicação da extinção da revogação ou modificação da procuração seria menos útil. Antes dela, o *tertius* seria prejudicado pela ignorância com culpa. Depois dela, o terceiro continuaria a ser penalizado pela ignorância culposa. E nem a presunção de ignorância vislumbrada no 266.º/1 modificaria esse estado de coisas, pois, no âmbito da responsabilidade pela confiança resultante da aparência gerada, de que o preceito em análise é uma concretização, a boa-fé (subjetiva e ética própria de pessoa, que sem desrespeitar deveres de cuidado, desconheça estar a ofender posições alheias), em geral, presume-se. Será, pois, este um dos raros cenários em que o dever de conhecimento não equivale ao conhecimento[11]. Ainda assim, uma vez divulgada a revogação por meios idó- 8

[9] Sobre o assunto: Rui de Alarcão, *Breve motivação*, BMJ 138, 111 e 112; Paulo Mota Pinto, *Aparência de poderes de representação*, 606, nota (29); Carvalho Fernandes, *Teoria geral*, II, 180; Rui Ataíde, *A responsabilidade*, 15 e 27 ss.; Helena Mota, *Do abuso de representação*, 152, nota (277); Oliveira Ascensão, *Direito Civil*, II, 262 e 263, o qual considera dever, para a revogação, ser dada a mesma publicidade que a observada na constituição e outorga da procuração, não sem sublinhar, porém, a existência de problemas práticos graves neste domínio; Helena Brito, *A representação..*, p. 159, nota (204), onde na esteira de outros autores se aponta no sentido de se poder considerar idóneo o meio facultado pelo 263.º do CPC, ou seja, a notificação para revogação de mandato ou procuração; Pedro de Albuquerque, *A representação nos contratos internacionais* (1999), 847 ss., nota 1188.

[10] A este respeito: Pires de Lima/Antunes Varela, *Código anotado*, I, 4.ª ed., 247; Rui Ataíde, *A responsabilidade do representado*, 28 e 29.

[11] A este respeito: Pedro de Albuquerque, *A representação voluntária*, 958 ss., e nota 1548. Considerando que o artigo 266.º/1, exige o conhecimento efetivo, exceto claro está, e segundo nos parece, na eventualidade da revogação ou modificação da procuração ter sido publicitada através de

neos, passa a haver oponibilidade da extinção dos poderes de representação independentemente do conhecimento efetivo.

9 **5. As restantes causas extintivas**: não podem ser opostas a terceiro que, sem culpa, as tivesse ignorado (266.º/2). A diferença relativamente ao 266.º/1, está no facto de a aplicação do 266.º/2 não depender de um ato voluntário do representado. Para a hipótese de o negócio causal se mostrar afetado por vicissitudes ignoradas pelo suposto representado, ao tempo da outorga da procuração, o negócio celebrado pelo *falsus procurator* será vinculativo se o terceiro as ignorar sem culpa (266.º/2, 269.º). Não há aqui nenhuma presunção de ignorância[12].

10 **6. Procuração tolerada e procuração aparente**. O 266.º protege os terceiros ou certos terceiros, perante modificações ou perante a revogação da procuração, de que não tivessem, de uma ou de outra, sem culpa, conhecimento. No Direito alemão, em face dos §§ 170 a 172 do BGB, de teor comparável, a doutrina e a jurisprudência determinaram um princípio de tutela da confiança de terceiros, particularmente útil no domínio comercial[13]. Na base desse princípio, foram autonomizados dois institutos, destinados a essa tutela: (1) a procuração tolerada; (2) a procuração aparente.

11 (1) Na **procuração tolerada** (*Duldungsvollmacht*), verifica-se que alguém admite, repetidamente, que um terceiro se arrogue seu representante. Quando isso suceda, reconhecem-se, ao "representante" aparente, autênticos poderes de representação. Não se aceita que, por esta via, surja uma verdadeira procuração: apenas um esquema de tutela, por força da confiança, imputada ao "representado", suscitada pela conduta do "representante". Todavia, alguma doutrina defende a presença, neste caso, de uma verdadeira procuração negocialmente consubstanciada.

12 (2) Na **procuração aparente** (*Anscheinsvollmacht*), algumas jurisprudência e doutrina vão ainda mais longe: alguém arroga-se representante de outrem, sem conhecimento do "representado" (e por isso não cabendo falar em procuração tolerada). Porém, o "representado", se tivesse usado do cuidado exigível, designadamente na vigilância dos seus subordinados, poderia (e deveria) prevenir a situação. Teríamos, assim, como elemento objetivo, a aparência da representação e, como elemento subjetivo, a negligência do "representado": na presença de ambos, os poderes de representação teriam lugar. O representado, a usar de um comportamento cuidadoso, deveria reconhecer a situação, podendo intervir. Alguma doutrina é, aqui, especialmente cautelosa: para Canaris, este esquema operaria, apenas, no Direito comercial facultando, nos outros sectores, uma mera responsabilidade por danos de confiança. Em qualquer dos casos teria de se exigir a boa-fé por parte do terceiro protegido: a tutela não opera quando ele conhecesse ou devesse conhecer a falta da procuração.

meios idóneos, enquanto requisito de oponibilidade, a terceiros, da cessação do poder de representação pode, ainda, ver-se, na jurisprudência, por exemplo, e se bem interpretamos, STJ 7-mar.-1995 (César Marques), CJ/Supremo III (1995) 1, 113-116 (116). 114 e ss., e 116. Na doutrina, Ferrer Correia, *A procuração*, 16, nota (1); Paulo Mota Pinto, *Aparência de poderes de representação*, 607, nota (33) e 607 e 608, nota (34); Helena Mota, *Do abuso de representação*, 152 ss.; e se bem vimos Pires de Lima/Antunes Varela, *Código anotado*, I, 4.ª ed., comentário ao artigo 266.º, 247; Menezes Cordeiro, *Tratado*, V, 3.ª ed., 139. Ainda assim, a propósito da mitigação das exigências de prova da boa-fé subjetiva própria de uma pessoa a qual, sem violar deveres de cuidado e de indagação que ao caso caibam, ignore estar a violar posições alheias parece deve, em geral, Paulo Mota Pinto, *Aparência de poderes de representação*, 637, nota (98) e 643, nota (102); Carneiro da Frada, *Uma terceira via no Direito da responsabilidade civil* (1997), 114 pp., 104 e Pedro de Albuquerque, *A representação voluntária*, 1058 ss., nota 1816, com indicações adicionais.

[12] Pedro de Albuquerque, *A representação voluntária*, 960, nota 1548; Menezes Cordeiro, *Tratado*, V, 3.ª ed., 139, com jurisprudência.

[13] Com elementos: Pedro de Albuquerque, *A representação voluntária*, 991 ss.; António Menezes Cordeiro, *Tratado*, V, 3.ª ed., 141 ss.. *Vide* referências na jurisprudência: RLx 20-dez.-2018 (Manuel Marques), Proc. 1197/13; RLx 20-jun.-2019 (Vaz Gomes), Proc. 467/14.

7. Direito português: recusa-se que sejam utilizáveis os esquemas da procuração tolerada e os da procuração aparente[14]. À partida, não parece possível alargar o 266.º a casos nos quais falte, pura e simplesmente, uma procuração. A previsão protetora assenta num instrumento de representação efetivamente existente, cuja cessação não foi comunicada ao terceiro que, nele, acredite: temos uma razão muito forte para a tutela da aparência. Na falta de procuração e mesmo em situações de tolerância ou de aparência, nada há que, objetivamente, faculte a aplicação do referido 266.º: só pela boa-fé. 13

8. A **proteção *ex bona fide***: a confiança é protegida, no Direito português, através da boa-fé e do abuso do direito[15]. Assim, não admitimos a "procuração tolerada" nem a "procuração aparente" a não ser como figuras de estilo para designar a proteção abaixo referida. Todavia, o terceiro que seja colocado numa situação de acreditar, justificadamente, na existência de uma procuração, pode ser protegido: sempre que, do conjunto da situação, resulte que a invocação, pelo "representado", da falta de procuração constitua abuso do direito, seja na modalidade do *venire contra factum proprium*, seja na da *surrectio*[16]. 14

Em qualquer dos casos exigir-se-á cautela e parcimónia na concessão de tal tutela: ela poderá pôr em causa interesses legítimos do *dominus* e, até, de outros terceiros. Uma fonte de dificuldades poderá advir do artigo 269.º. Este preceito, quebrando a lógica do artigo 268.º e, em geral, de todo o sistema português da representação voluntária, veio aparentemente admitir que, havendo abuso da representação, não se siga imediatamente o regime da representação sem poderes, salvo se "... a outra parte conhecia ou devia conhecer o abuso". Não retiramos, todavia e deste preceito, qualquer hipótese autónoma de tutela da confiança, na procuração. Este preceito apenas fez correr contra o representado o risco de os termos da procuração transcenderem a função para que ela foi concedida, como adiante melhor será explicado[17]. 15

9. O Direito português vigente comporta um dispositivo em torno do qual se afigura possível construir uma ideia de **procuração institucional** (Menezes Cordeiro), destinada a assegurar o tráfego jurídico e a proteger terceiros. Na origem temos o 23.º/1 do DL 178/86, de 3-jul., relativo ao contrato de agência[18]. Esse preceito, precisamente epigrafado *representação aparente*, dispõe: 16

> O negócio celebrado por um agente sem poderes de representação é eficaz perante o principal se tiverem existido razões ponderosas, objetivamente apreciadas, tendo em conta as circunstâncias do caso, que justifiquem a confiança do terceiro de boa-fé na legitimidade do agente, desde que o principal tenha igualmente contribuído para fundar a confiança do terceiro.

Também o 30.º/3 da LCS (DL 72/2008, de 16-abr.), comporta um preceito similar: valida contratos de seguro concluídos por mediadores sem poderes em nome de seguradoras, quando a confiança criada assim o imponha[19], em moldes semelhantes aos do 23.º/1, acima citado. 17

[14] P. ex., Heinrich Ewald Hörster, *A parte geral do Código Civil português/Teoria geral do Direito civil* (1992), 484, nota 36, responde pela negativa, invocando o artigo 457.º do Código Civil.

[15] Menezes Cordeiro, Tratado, V, 3.ª ed., 271 ss..

[16] *Vide* RPt 18-nov.-1993 (Carlos Matias), O Direito 126 (1994), anot. Menezes Cordeiro/Carneiro da Frada, *idem*, 686-715 (702 ss.), favorável.

[17] Diferente foi o caso decidido por RLx 8-jun.-2017 (Jorge Leal), Proc. 637/12.5: um procurador declarou falsamente numa escritura, com conhecimento do comprador, que o preço já tinha sido integralmente pago; esta situação não afeta a validade do negócio; o vendedor apenas pode compelir o comprador ao pagamento em falta.

[18] Antonio Menezes Cordeiro, *Direito comercial*, 4.ª ed., 786 ss., com indicações e, em especial, as obras de António Pinto Monteiro; *idem*, *Tratado*, V, 3.ª ed., 145-146.

[19] RPt 24-set.-2019 (Rui Moreira), Proc. 15351/14.

18 Podemos apontar os requisitos seguintes: (1) uma atuação em nome alheio; (2) um terceiro de boa-fé; (3) com uma confiança justificada; (4) para a qual tenha contribuído o principal. Os primeiro, terceiro e quarto requisitos fundem-se num só, de tipo global: uma situação de agência aparentemente completa, para a qual contribuam o agente e o principal e da qual seja razoável esperar a decorrência de poderes de representação. A boa-fé do terceiro resulta da aparência global da agência com representação. A própria lei (23.º/1) determina uma representação na base da aparência.

19 Este preceito pode ser usado para alargar a tutela de terceiros, perante falhas de representação[20].

20 À partida e em face de situações puramente individuais, a pessoa que contrate com um alegado representante tem um mínimo de cautelas a observar. O artigo 260.º permite-lhe exigir, do representante, a prova dos seus poderes, prova essa que, se não for feita num prazo razoável, deixa a declaração sem efeitos – e isso mesmo quando exista uma procuração inatacável. Compreende-se que a tutela da aparência exija uma prévia procuração, manifestando-se, apenas, quando sobrevenham modificações ou a extinção (266.º).

21 Mas se a situação for institucional (no sentido de surgir enquadrada numa organização permanente, com trabalhadores ou agentes e serviços diferenciados) a realidade sócio-cultural é diversa. Ninguém vai, num supermercado, invocar perante o empregado da caixa o 266.º, exigindo-lhe a justificação dos seus poderes e isso para evitar a hipótese de uma "representação" sem poderes e não seguida de ratificação (268.º/1). A confiança é imediata, total e geral. Compete ao empregador/empresário manter a disciplina na empresa, assegurando-se da legitimidade dos seus colaboradores. Quando não: *sibi imputet*.

22 Menezes Cordeiro refere, a tal propósito, uma procuração institucional. Esta surge sempre que uma pessoa, de boa-fé, contrate com uma organização em cujo nome atue um "agente" em termos tais que, de acordo com os dados sócio-culturais vigentes e visto a sua inserção orgânica, seja tranquila a existência de poderes de representação[21]. Trata-se de um prudente alargamento do 23.º/1 do DL 178/86 o qual, amparado na boa-fé, nada tem de excecional.

23 **10. A procuração *post mortem*.** Um esquema particularmente eficaz para a tutela de terceiros, no domínio da representação voluntária, é constituído pela chamada procuração *post mortem*[22]. Chegamos lá por etapas.

24 O 265.º reporta-se à extinção da procuração: ela ocorre por renúncia do procurador, por revogação do representado ou pela cessação da relação subjacente. Será irrevogável, salvo justa causa, se tiver sido concedida também no interesse do procurador ou de terceiro. Infere-se, daqui, que a morte do representado não implica, necessariamente, a caducidade da procuração. Em certos casos, é mesmo evidente a não-caducidade: por exemplo, ocorrendo a morte do comerciante, prosseguem os negócios concluídos pelos trabalhadores e agentes, agora com efeitos na esfera dos sucessores.

[20] Paulo Mota Pinto, *Aparência de poderes de representação e tutela de terceiros/Reflexão a propósito do artigo 23.º do Decreto-Lei n.º 178/86, de 3 de Julho*, BFD 69 (1993), 587-645, louvando o preceito; *vide*, ainda, Pedro de Albuquerque, *A representação voluntária* cit., 999 ss., com numerosas indicações.

[21] Assim o caso decidido pelo STJ 10-dez.-2015 (Gonçalves Rocha), Proc. 2876/12: à pessoa que contrata com o vice-provedor de uma misericórdia convencida de que este tinha poderes de representação não lhe pode ser oposta a invocação de falta de poderes. *Vide*, ainda, no campo dos seguros, o já citado RPt 24-set.-2019 (Rui Moreira), Proc. 15351/14.

[22] Entre nós, em especial, Pedro Leitão Pais de Vasconcelos, *A procuração irrevogável*, 180 ss..

Nas situações individualizadas, a procuração tende, porém, a caducar pela morte do representado, em virtude da cessação da relação subjacente[23]. Tal o caso paradigmático do mandato, que caduca com a morte do mandante – 1174.º, *a*) – envolvendo o termo da procuração que o acompanhe – 265.º/1. Aqui intervém o artigo 1175.º, cuja 1.ª parte dispõe: 25

> A morte do mandante ou a sentença de acompanhamento a ele relativa não faz caducar o mandato, quando este tenha sido conferido também no interesse do mandatário ou de terceiro;

Aproveitando estes preceitos e, ainda, o artigo 1170.º/2, é frequente, na prática jurídica, passarem-se procurações relativas a negócios concretos, no interesse também do representante, irrevogáveis e eficazes *post mortem*[24]. 26

Como exemplo: um interessado negoceia determinada compra, mas não é possível elaborar logo a escritura, por questões burocráticas; paga de imediato o preço por inteiro, em troca de uma procuração irrevogável e eficaz *post mortem* a seu favor (com cláusula de negócio consigo mesmo) ou a favor de um terceiro de sua confiança. Ocorrem, também, procurações deste tipo a favor de banqueiros, para poderem hipotecar determinado imóvel, como garantia de certo crédito. E muitas outras hipóteses são documentadas. Havendo uma procuração irrevogável, haverá que fazer um juízo de licitude sobre o conjunto negocial em que ela se insere. Caberá a nulidade quando esse conjunto assuma, por exemplo, natureza comissória[25]. 27

O terceiro, perante uma procuração irrevogável e eficaz *post mortem*, fica latamente protegido. Em rigor, há duas situações possíveis: a da procuração *trans mortem*, quando produza efeitos em vida do representante e se prolongue depois do seu falecimento e a da procuração *post mortem stricto sensu*, nos casos em que ela apenas produza efeitos após esse falecimento. Esta última situação deve ser compaginada com as regras sucessórias. 28

Pergunta-se, porém, o que entender por "... também no interesse do mandatário ou de terceiro". O "interesse" reporta-se, aqui, a um direito subjetivo (ou posição similarmente protegida), do representante ou de terceiro. Esse direito subjetivo resulta não da procuração (que não tem, por definição, qualquer aptidão para tal), mas da relação subjacente: por exemplo, do mandato ou de qualquer outro negócio que, com ele, esteja conectado[26]. Trata-se de um ponto jurisprudencialmente assente. 29

Artigo 267.º – Restituição do documento da representação

1. O representante deve restituir o documento de onde constem os seus poderes, logo que a procuração tiver caducado.
2. O representante não goza do direito de retenção do documento.

Bibliografia: Ana Prata, *Código Civil anotado*, I (2017), 325-326; António Menezes Cordeiro, *Tratado de Direito civil*, IV,V, 3.ª ed. (2018), 137; Pires de Lima/Antunes Varela, *Código Civil anotado*, I (1987), 248; Raúl Guichard e outros, em *UCP/Comentário do Código Civil* (2014), 650-651.

[23] STJ 14-jul.-2016 (Abrantes Geraldes), Proc. 111/13.

[24] STJ 13-jul.-2010 (Fonseca Ramos), Proc. 67/1999; STJ 18-fev.-2014 (Fonseca Ramos), Proc. 3083/11; STJ 28-mai.-2015 (Fernanda Isabel Pereira), Proc. 123/06; STJ 13-set.-2016 (Garcia Calejo), Proc. 986/12.

[25] Tal o caso decidido em RPt 7-jun.-2004 (Fernandes do Vale), CJ XXIX (2004) 3, 186-190 (189/I).

[26] Leitão Pais de Vasconcelos, *A procuração irrevogável*, 111 ss.; *vide* o referido STJ 13-set.-2016, ponto II do sumário.

Índice

I – Origem

1 **1. O Código de Seabra**, a propósito da revogação do mandato, no seu 1364.º, § único, dispunha[1]:

> Se a procuração for por escripto, poderá o constituinte exigir, que o mandatário lh'a restitua, se a tiver em seu poder.

2 **2. Preparatórios**. Rui de Alarcão propôs, com elegância[2]:

> O representante é obrigado, sem que lhe assista o direito de retenção, a restituir o documento donde constem os seus poderes, uma vez que a procuração tenha cessado.

3 A 1.ª Revisão (236.º) introduziu alterações formais[3], sendo a redação final obtida na 2.ª Revisão (267.º)[4] e no Projeto (267.º)[5].

II – Regime

4 **3. Dever de restituição.** Assistindo-se à extinção da procuração, o representante deve proceder à restituição do documento de onde constem os poderes de representação. O propósito do 267.º/1 é o de evitar situações suscetíveis de levarem ao engano de terceiros. O preceito apenas refere a hipótese de ter havido caducidade da procuração. Mas a solução nele imposta é extensível a todos os cenários de extinção da *procuratio*[6]. O incumprimento deste dever obriga a indemnizar os danos gerados.

5 **4. Ausência de retenção.** O representante não goza do direito de retenção do documento (267.º/2), muito embora possa ter direito à retenção das coisas que, no exercício dos poderes de representação, possam vir ao seu poder. Porém, em certos cenários, ele pode ter interesse em ficar com uma cópia para prova posterior de que agiu com poderes de representação[7]. Além disso, pode por vezes não existir um instrumento avulso, estando a procuração e relação-base reunidas num mesmo documento. Nessa eventualidade pode aceitar-se ter o representado um direito de manter o documento[8].

Artigo 268.º – Representação sem poderes

1. O negócio que uma pessoa, sem poderes de representação, celebre em nome de outrem é ineficaz em relação a este, se não for por ele ratificado.

[1] José Dias Ferreira, *Codigo civil annotado*, III, 1.ª ed., 389.
[2] Rui de Alarcão, *Erro, dolo e coacção*, 174; *idem*, *Do negócio jurídico* (36.º), 266.
[3] *1.ª Revisão*, 101.
[4] *2.ª Revisão*, 104-105; também este preceito desaparece da Revisão intercalar.
[5] *Projecto*, 77.
[6] Na mesma direção, Raúl Guichard e outros, em *UCP/Comentário do Código Civil*, 650; Menezes Cordeiro, *Tratado*, V, 3.ª ed., 137.
[7] *Idem*, em *UCP/Comentário do Código Civil*, 650.
[8] *Idem*, 650.

2. A ratificação está sujeita à forma exigida para a procuração e tem eficácia retroactiva, sem prejuízo dos direitos de terceiro.

3. Considera-se negada a ratificação, se não for feita dentro do prazo que a outra parte fixar para o efeito.

4. Enquanto o negócio não for ratificado, tem a outra parte a faculdade de o revogar ou rejeitar, salvo se, no momento da conclusão, conhecia a falta de poderes do representante.

Bibliografia: António Menezes Cordeiro, *Tratado de Direito civil*, IV,V, 3.ª ed. (2018), 150-152; *idem*/Manuel Carneiro da Frada, *Da inadmissibilidade da recusa de ratificação por* venire contra factum proprium/*anot. RPt 18-nov.-1993*, O Direito 1994, 677-715; Paulo Mota Pinto, *Interesse contratual negativo e interesse contratual positivo*, II (2008), 1304-1314; Raúl Guichard e outros, em *UCP/Comentário do Código Civil* (2014), 651-657; Rui Pinto, *Falta e abuso de poderes na representação voluntária* (1994), 128 pp..

Índice

I – Origem

1 **1. O Código de Seabra**, em capítulo relativo à capacidades dos contraentes (646.º), dispunha[1]:

> Os contractos feitos em nome de outrem, sem a devida auctorização, produzem o seu effeito, sendo ratificados antes que a outra parte se retracte.

2 **2. Anteprojeto e revisões**. Rui de Alarcão propôs um preceito extenso em cinco números, materialmente semelhantes ao texto do Código (11.º), exceto o n.º 1[2]:

> O negócio jurídico que uma pessoa, sem poderes de representação, conclua em nome de outra, é ineficaz em relação a esta, salvo se esta o ratificar. A mesma solução é aplicável ao caso de o requerente ter abusado dos seus poderes, se o terceiro conhecia ou devia conhecer esse abuso.

3 A 1.ª Revisão (237.º), com alterações formais, manteve a mesma orientação[3]. A Revisão intercalar conservou o preceito (253.º), mas retirou-lhe a representação sem poderes, designando-a "excesso dos limites do mandato", em artigo autónomo (254.º)[4]. A redação definitiva ocorreu na 2.ª Revisão (268.º)[5], donde passou ao Projeto (268.º)[6].

II – Regime

4 **3. A falta de poderes** decorre de um ato praticado em nome e por conta de outra pessoa sem que, para tanto, existam os necessários instrumentos de representação.

[1] José Dias Ferreira, *Codigo civil annotado*, II, 1.ª ed. (1871), 158.

[2] Rui de Alarcão, *Erro, dolo e coacção*, 174; *idem*, *Do negócio jurídico* (37.º), 266-267.

[3] *1.ª Revisão*, 102.

[4] *Revisão intercalar*, 98-99.

[5] *2.ª Revisão*, 105.

[6] *Projecto*, 77.

5 À partida, semelhante negócio deveria ser nulo: coloca-se fora do âmbito da autonomia do seu autor, faltando-lhe, por isso, a legitimidade. Todavia, o negócio pode ser favorável ao *dominus*: todo o instituto da gestão representativa do negócio assenta nessa eventualidade (471.º). Donde o dispositivo do 268.º/1: o negócio é ineficaz em relação ao *dominus* se não for, por ele, ratificado. A lei protege o representado[7].

6 **4.** A **ratificação** surge como um ato jurídico em sentido estrito pelo qual o "representando" acolhe o negócio em causa na sua esfera jurídica. A ratificação do ato não se confunde com a aprovação da sua prática, ou, se se quiser, com a da gestão onde ele se inclua (469.º)[8]. A aprovação apenas implica que o *dominus* renuncie a eventuais indemnizações que lhe poderiam caber por danos causados com a atuação sem poderes do "representante" e que está disposto a compensar o representante pelas despesas e danos que ele tenha sofrido com a sua atuação.

7 A aprovação traduz, ainda, a vontade do "representado" de não invocar os mecanismos do incumprimento eventualmente perpetrado pelo *falsus procurator*. É o que sucede sempre que, rompendo um mandato, o mandatário pratique atos não cobertos pelos poderes de representação que lhe tivessem sido conferidos. Nessa eventualidade, o ato praticado sem poderes traduz uma violação contratual. Pois bem: pode haver ratificação, mas não aprovação, de tal modo que se mantenha, incólume, a responsabilidade contratual do mandatário.

8 Não há contradição na hipótese de uma ratificação sem aprovação. O negócio celebrado sem poderes, mesmo quando represente uma violação de direitos do *dominus* ou traduza o incumprimento de um contrato celebrado entre ele e o gestor, pode vir a ser aproveitável, seja intrinsecamente, seja através de outras vantagens que o *dominus* consiga negociar. A ratificação coloca-se nesse plano específico, não prejudicando o carácter jurídico e eticamente reprovável da conduta do agente.

9 **5.** Como se impunha, a ratificação está sujeita à **forma requerida** para a própria procuração (268.º/2), e tem eficácia retroativa, sem prejuízo dos direitos de terceiros – *idem*. Se for negada, o negócio ficará sem quaisquer efeitos, salvo se outra coisa se inferir do seu próprio teor[9]. A ratificação pode ser tácita, nos termos gerais[10].

10 **6. A ineficácia** do negócio, relativamente ao representado, mantém-se, não havendo ratificação. Como foi praticado em nome e por conta dele, enquanto se mantiver essa ineficácia, o negócio poucos efeitos práticos irá surtir. De todo o modo, o próprio terceiro fica vinculado a ele. Para não protelar esta situação, a lei distingue duas hipóteses: (1) a de o terceiro ter conhecimento da falta de poderes do representante, no momento da conclusão; (2) a de ele não ter tal conhecimento.

11 (1) No primeiro caso, o terceiro pode fixar um prazo para que sobrevenha a ratificação: se o prazo for ultrapassado, considera-se negada a ratificação (268.º/3), ficando o negócio sem

[7] REv 3-nov.-2016 (Paulo Amaral), Proc. 611/14: a tutela cessa, todavia, caso o representado cometa *venire contra factum proprium*.

[8] Menezes Cordeiro, *Direito das obrigações*, 2, 23 ss.; *idem*, *Tratado* VIII, 113 ss. e 116 ss..

[9] Quanto à ratificação: STJ 2-dez.-1993 (Miranda Gusmão), CJ I (1993) 3, 155-156 (156/II): a ratificação pode ser verbal se verbal for o arrendamento a ratificar; STJ 17-fev.-1994 (Carlos da Silva Caldas), CJ/Supremo II (1994) 1, 107-109 (108/I): o negócio celebrado em representação sem poderes pode ser ratificado; STJ 17-jan.-1995 (Martins da Costa), CJ/Supremo III (1995) 1, 25-28 (28/I): a ratificação só está sujeita à forma exigida pelo negócio; STJ 16-abr.-1996 (Matos Canas), CJ/ /Supremo V (1996) 2, 19-23 (22/II), num caso em que, concretamente, não houvera ratificação; STJ 17-fev.-1998 (Machado Soares), CJ/Supremo VI (1998) 1, 68-70 (69/II), onde, num acervo de negócios, se admitiu uma ratificação de apenas um deles; STJ 2-jun.-2015 (Hélder Roque), Proc. 505/07, na hipótese de o ato não ser praticado na esfera dos poderes do representante; STJ 10-dez.-2015 (Gonçalo Roque), Proc. 2876/12, num caso colmatado pela representação institucional.

[10] STJ 9-mai.-2019 (Hélder Almeida), Proc. 234/14.

efeito. Se tal prazo não for fixado, o terceiro sujeita-se a que o "representado" protele, indefinidamente, a situação. Admitimos, todavia, que por via de um princípio patente no artigo 411.º, o terceiro possa pedir ao tribunal que fixe ao "representado" um prazo razoável para que ratifique (ou rejeite) o negócio, sem o que este caducará.

(2) No segundo caso, o terceiro pode, a todo o tempo, revogar ou rejeitar o negócio em causa. Sendo recusada a ratificação, o negócio cai. 12

7. Jurisprudência: 13

TCAN 11-fev.-2015: a falta de uma procuração num processo de contratação pública implica com uma formalidade *ad probationem*: pode ser sanada[11];

RPt 12-nov.-2015: os poderes de representação não incluem os de realizar atos ilícitos; logo, não se repercutem em termos de responsabilidade contratual, quedando a ideia de risco[12];

RLx 29-jun.-2016: quando alguém venda uma coisa que não é só sua, invocando ter poderes, há representação sem poderes e não venda de coisa alheia[13];

STJ 17-dez.-2019: se à data de celebração de mútuo com hipoteca, a pessoa que assume a posição de garante não tiver legitimidade para alienar o bem dado em garantia, esta é ineficaz em relação ao titular do respetivo direito sobre esse bem[14].

Artigo 269.º (Abuso da representação)

O disposto no Artigo anterior é aplicável ao caso de o representante ter abusado dos seus poderes, se a outra parte conhecia ou devia conhecer o abuso.

Bibliografia: António Menezes Cordeiro, *Tratado de Direito civil*, V, 3.ª ed. (2018), 153-154; Helena Mota, *Do abuso de representação/Uma análise da problemática subjacente ao artigo 269.º do Código Civil de 1966* (2001), 188 pp.; Pedro de Albuquerque, *A representação voluntária em Direito civil* (2004), 705-738 e 775-811; Raúl Guichard e outros, em *UCP/Comentário do Código Civil* (2014), 657-660.

Índice

I – Origem

1. Preparatórios. O preceito adveio do 11.º/1, 2.ª parte, do anteprojeto Rui de Alarcão (11.º), que versava também a representação sem poderes[1]. Assim se manteve na 1.ª Revisão (237.º/1, 2.ª parte)[2], até obter uma autonomização na Revisão intercalar, ainda com uma linguagem arcaica. 1

A redação definitiva ocorreu na 2.ª Revisão (269.º)[3], donde passou ao Projeto (269.º)[4]. 2

[11] TCAN 11-fev.-2015 (Esperança Mealha), Proc. 00496//14.
[12] RPt 12-nov.-2015 (Fernando Baptista), Proc. 85/14.
[13] RLx 29-jun.-2016 (Pedro Martins), Proc. 5003/14.
[14] STJ 17-dez.-2019 (Maria do Rosário Morgado), Proc. 3294/11.

[1] Transcrito na anotação ao 268.º.
[2] *Idem*.
[3] *2.ª Revisão*, 105.
[4] *Projecto*, 77.

II – Regime

3 2. O **abuso de representação** ocorre quando o representante tenha poderes, mas ultrapasse o âmbito resultante da relação subjacente. O 269.º[5] determina, nessa eventualidade, a aplicação do regime da representação sem poderes, "... se a outra parte conhecia ou devia conhecer o abuso". A uma primeira leitura, estaríamos aqui perante uma nova hipótese de tutela da aparência: o abuso de representação seria inoponível ao terceiro de boa-fé. Essa hipótese iria duplamente contra a corrente: quer pela sua inserção sistemática, quer pelo desvio que representa perante a regra mais geral da representação sem poderes. Os preparatórios ilustram, de resto, o desprendimento do abuso relativamente à representação sem poderes.

4 A origem do preceito, confirma a dissonância: o 268.º segue o 1399.º do Código italiano; este, todavia, visto o seu 1398.º, equipara a representação sem poderes ao abuso de representação[6], traduz a situação na qual os poderes efetivamente existentes sejam superados pelo ato praticado: fica equiparado à representação sem poderes da que, no fundo, é apenas uma modalidade. Mas o Código bebeu o "abuso de representação" noutra fonte, onde tem um sentido diverso: na doutrina alemã[7]. Dizem Enneccerus/Nipperdey, a tal propósito:

> Quando não se ultrapasse o poder de representação (em especial a procuração) mas, antes, se abuse dele, isto é, se use dele de modo a contrariar o seu escopo ou as indicações do representado e a contraparte conheça ou devesse conhecer o abuso, o negócio não fica coberto pelo poder de representação. Também haverá, então, representação sem poder[8].

5 3. **Natureza**. O abuso de representação vem a ser o exercício dos inerentes poderes em oposição à relação subjacente: com o que dela resulte, de modo direto ou por violação dos deveres de lealdade que ela postula. O terceiro não pode ser confrontado com tal relação, sem expressão direta nos próprios poderes: salvo se a conhecesse ou devesse conhecer. Perante tal interpretação[9], o 269.º joga, de modo harmonioso, com o conjunto das regras relativas à procuração.

6 4. **Jurisprudência** tem feito aplicação deste preceito, por exemplo, nos casos de venda por um preço inferior ao do valor de mercado[10] – o que envolve o correspondente contrato-promessa[11] –, do exercício dos poderes de representação em sentido contrário ao seu fim ou às indicações do representante[12] ou sem o seu conhecimento[13] ou de aconselhamento político que ultrapasse a relação subjacente[14]. Efetivamente, aí, não só se mostra defraudada a função em que o representante havia sido investido como também se gera uma situação objetiva que o terceiro adquirente conhecia ou devia conhecer.

[5] Sobre esse preceito, Helena Mota, *Do abuso de representação*, 135 ss..

[6] Menezes Cordeiro, *Tratado*, V, 3.ª ed., 153.

[7] O 269.º adveio, como vimos, do 11.º/1, 2.ª parte, do anteprojeto de Rui de Alarcão, *Breve motivação*, 79, o qual (*idem*, 113) se inspirou, diretamente, na fórmula de Enneccerus/Nipperdey, abaixo citada.

[8] Enneccerus/Nipperdey, *Allgemeiner Teil des bürgerlichen Rechts*, 1, 15.ª ed. (1959), § 183, I, 5 (2, 1125).

[9] *Vide*, no mesmo sentido, Pires de Lima/Antunes Varela, *Código Civil anotado*, 1, 4.ª ed., 249.

[10] STJ 16-nov.-1988 (Lima Cluny), BMJ 381 (1988), 640-650 (647); STJ 5-mar.-1996 (Torres Paulo), CJ/Supremo IV (1996) 1, 111-115 (114/I e II); RCb 20-abr.-2004 (Emídio Rodrigues), CJ XXIX (2004) 2, 26-28 (28/II); RCb 14-dez.-2010 (Artur Dias), Proc. 346/08; RLx 17-mai.-2016 (Rosa Ribeiro Coelho), Proc. 8472/03.

[11] STJ 3-dez.-2015 (Tavares de Paiva), Proc. 8210/04.

[12] STJ 9-set.-2010 (Pereira da Silva), Proc. 220/2002.

[13] RPt 26-jun.-2016 (José Igrejas Matos), Proc. 50702/14: um administrador de condomínio contrata a manutenção dos elevadores por cinco anos e com uma cláusula penal, sem informar os condóminos e sem conhecimento da assembleia.

[14] RCb 22-out.-2019 (Barateiro Martins), Proc. 98823/18.

Subsecção VII – Condição e termo

Introdução (270.º a 279.º)

Bibliografia: Ana Isabel Afonso, *A condição como elemento acidental do negócio jurídico* (2014), 611 pp.; *idem, UCP/Comentário ao Código Civil*, 1 (2014), 660-681; António Menezes Cordeiro, *Tratado de Direito civil*, II, 4.ª ed. (2014), 617-656; Carlos Mota Pinto, *Teoria geral do Direito civil*, 4.ª ed. (2005), 561-576; Durval Ferreira, *Negócio jurídico condicional* (1998), 232 pp.; Guilherme Moreira, *Instituições de Direito civil*, 1 (1907), 468-491; Heirinch Ewald Hörster/Sónia Moreira da Silva, *A parte geral do Código Civil português*, 2.ª ed. (2019), 546-552; João de Castro Mendes, *Direito civil (Teoria geral)*, III (1968), 309-332; *idem, Da condição*, BMJ 263 (1977), 37-60; João de Oliveira Geraldes, *Tipicidade contratual e condicionalidade suspensiva/Estudo sobre a exterioridade condicional e sobre a posição jurídica resultante dos tipos contratuais condicionados* (2010), 360 pp.; *idem, Condição suspensiva e interesse unilateral*, O Direito 2011, 309-339; José de Oliveira Ascensão, *Direito civil/Teoria geral*, II, 2.ª ed. (2003), 345-356; José Dias Marques, *Teoria geral do Direito civil*, II (1959), 121-146; José Alberto Vieira, *Negócio jurídico/Anotação ao regime do Código Civil (Artigos 217.º a 295.º)* (2006), 87-94; Luís A. Carvalho Fernandes, *Teoria geral do Direito civil*, II, 5.ª ed. (2012), 410-427; Manuel de Andrade, *Teoria geral da relação jurídica*, 2 (1960), 155-384; Nuno Baptista Nunes, *Do negócio sob condição* (1995), 163 pp.; Rui de Alarcão, *Breve motivação do anteprojecto sobre o negócio jurídico na parte relativa ao erro, dolo, coacção, representação, condição e objecto negocial*, BMJ 138 (1964), 71-122 (115-120), Pedro Pais de Vasconcelos, *Teoria geral do Direito civil*, 9.ª ed. (2019), 603-617.

Índice

1. Origem e evolução. No Direito romano clássico, a condição suspensiva inseria-se no próprio contrato, enquanto a resolutiva, de origem pretoriana, era exterior: permitia a uma das partes pôr termo ao contrato, em certas circunstâncias. Com Justiniano, ambas foram aproximadas. Neste período surgiu a retroatividade da condição. 1

Bártolo, sedimentou a ideia de retroatividade: persistiu no Direito comum, sendo acolhida nas codificações[1]. 2

2. Modalidades: o 270.º distingue condições suspensivas e resolutivas. Temos ainda: 3

(1) **Condições casuais e potestativas**, conforme o evento incerto de que dependam se traduza num facto alheio aos participantes ou, pelo contrário, emerja da vontade de um deles; neste último caso, o beneficiário em causa recebe o direito potestativo de deter ou de desencadear a eficácia do negócio, consoante seja resolutiva ou suspensiva; a condição casual pode depender de um facto natural, de um ato de terceiro ou de um ato societário ou administrativo. 4

[1] Elementos: *Tratado*, II, 4.ª ed., 617-628.

5 (2) **Condições de momento certo e de momento incerto**, consoante ocorram numa ocasião prefixada, ainda que incerta – p. ex., "quando o beneficiário fizer trinta anos", o que poderá suceder ou não, consoante ele sobreviva até essa idade – ou numa ocasião indeterminada – por exemplo, "quando ele casar": não se sabe nem se casa, nem quando casa.

6 (3) **Condições automáticas e exercitáveis**, de acordo com a desnecessidade, para a sua eficácia, de qualquer manifestação de vontade ou, pelo contrário, com essa necessidade; a condição exercitável pode ser aproximada de um misto entre a condição casual e a potestativa, uma vez que, além do evento, requer uma vontade do agente.

7 (4) **Outros critérios** permitem distinguir condições impróprias, condições indeterminadas, condições ilícitas, condições impossíveis, condições legais e condições contrárias aos bons costumes.

8 **3. Condições impróprias**: falta algum dos requisitos das verdadeiras condições: ou a natureza futura do evento, ou a sua incerteza ou a voluntariedade da própria cláusula em si. São impróprias:

9 (1) as **condições presentes ou passadas**: a eficácia fica dependente de algo que, ocorrendo aquando da celebração, não deixa margem de pendência; há condição quando as partes se reportem não ao facto em si, mas ao conhecimento dele: produz-se tal efeito quando chegar ao nosso conhecimento (se chegar) que ocorreu tal facto;

10 (2) as **condições impossíveis**, por razões físicas (*si digito coelum tetigeris* – se tocares no céu com o dedo ou *si mares ebiberis* se beberes o mar) ou jurídicas (se venderes a um cão) nunca poderão ocorrer; neste último caso ainda se poderia distinguir entre impossibilidade legal e impossibilidade moral, consoante a verificação da condição seja vedada por lei ou por princípios gerais ou cláusulas indeterminadas, *maxime* pela boa-fé ou pelos bons costumes;

11 (3) as **condições necessárias**, ou seja, aquelas que, também por razões naturais ou legais, irão de certeza ocorrer, mesmo que em momento incerto; por exemplo, a "condição" se (quando) alguém morrer ou se (quando) alguém deixar o Governo ou a Assembleia; a condição necessária é um termo incerto (*certus an incertus quando*);

12 (4) as **condições legais** ou *condiciones iuris*, no sentido de abranger os factos eventuais e futuros a que a própria lei – e não as partes – subordine certa eficácia; por exemplo, as convenções antenupciais produzem efeito depois do (se houver) casamento; entre as condições legais aparece a chamada condição resolutiva tácita, isto é, a possibilidade de alguém resolver o contrato por incumprimento da contraparte (se a outra parte não cumprir – 801.º/2, do Código Civil); desta figura é possível aproximar a "condição" resolutiva consistente na impossibilidade superveniente, física ou legal, de certa prestação.

13 No tocante às condições impróprias, há que fazer uma verificação ponto por ponto, para determinar a aplicabilidade das regras próprias da condição.

14 **4. Afins**: (1) o termo: traduz um evento futuro e certo, quanto à sua ocorrência[2]; (2) o modo: próprio dos negócios gratuitos e que postula uma atuação do beneficiário[3]; (3) regimes especiais, como o caso da reversão da coisa doada (960.º e seguintes[4]); (4) a cláusula penal (810.º): visa sancionar uma eventualidade e não adequar o negócio a uma eventualidade futura[5].

[2] STJ 5-fev.-1985 (Moreira da Silva), BMJ 344 (1985), 406-410 (409).

[3] Inocêncio Galvão Telles, *Condição ou modo e usucapião*, O Direito 121 (1989), 641-659 (650 ss.); STJ 3-out.-2019 (Maria da Graça Trigo), Proc. 1574/13: a condição resolve, mas não obriga, enquanto o modo obriga, mas não resolve.

[4] RCb 22-jul.-1986 (Pereira da Silva), CJ XI (1986) 4, 70-72.

[5] RPt 24-set.-2019 (Alexandra Pelayo), Proc. 28633/15.

5. Natureza. A condição aparece, em termos formais, como algo de autónomo: um aditivo 15
introduzido num negócio. Tal deve-se à limitação da linguagem humana, obrigada a recorrer a perífrases para traduzir algo que, afinal, tem natureza unitária.

Não há uma vontade de certo efeito e, depois, nova vontade de o subordinar a deter- 16
minado evento; há, antes uma vontade única, mas condicional[6]. Todo o conteúdo do negócio condicionado fica, por igual, tocado pela condição, com reflexos no regime: a invalidade de uma condição acarreta a invalidade de todo o negócio (*vitiat et vitiatur*). A doutrina tem criticado, com unanimidade, as situações inversas, que apenas ocorrem, aliás, nos negócios gratuitos e nas quais a condição inválida se tem "como não escrita": trata-se de uma solução que pode penalizar, sem justificação, a autonomia privada.

Subscrevemos a teoria da unidade, que se nos afigura claramente vencedora, na Ciência 17
jurídica da atualidade[7]. Além das razões de fundo que a apoiam e do regime da invalidade da condição (271.º), temos: (1) o regime da pendência (272.º, 273.º e 274.º), o qual mostra a presença de regras que "ultrapassam" a condição, agindo sobre o todo; (2) a regra da retroatividade (276.º) que, *summo rigore*, não pode ser tomada à letra, uma vez que traduz uma realidade conjunta.

6. A condicionabilidade. A liberdade contratual (405.º/1) conduz à livre aponibilidade de 18
condições: quem é livre de estipular, pode condicionar. Os atos em sentido estrito não são condicionáveis (o apossamento, a ocupação, o achamento e a acessão[8]) ou já terão outra natureza.

A lei proíbe, em certos casos, a aposição de condições: na compensação (848.º/2), 19
no casamento (1618.º/2), na perfilhação (1852.º/1) ou na aceitação ou repúdio da herança (2054.º/1 e 2064.º/1). No Direito comercial temos novas hipóteses de atos não condicionáveis: tal o endosso[9], a que se tem acrescentado o aceite e o aval[10].

As condições não podem ser inseridas em negócios que o Direito pretenda firmes e como 20
fórmula de os precarizar. Assim, o arrendamento não poderia ser condicionado resolutivamente, sob pena de se frustrar o princípio vinculístico da renovação automática[11], outro tanto sucedendo com o contrato de trabalho, dada, desta feita, a proibição dos despedimentos[12]. No caso do arrendamento, a solução correta implicava a invalidade de todo o negócio; no do contrato de trabalho, há que contar com determinadas conversões legais.

7. Função. A condição satisfaz necessidades práticas. Na contratação, as partes desconhecem a 21
evolução futura dos factos em que assentem. Tem interesse subordinar a própria eficácia negocial ao desenrolar dos factos. Além disso, a condição surge em tipos negociais complexos, seja de base legal, seja de base social: a compra com reserva de propriedade fica dependente do facto futuro e incerto da sua verificação. A condição também pode ser usada como garantia em obrigações duradouras: por exemplo, pode-se condicionar um contrato de fornecimento à boa qualidade

[6] STJ 12-jan.-1999 (Torres Paulo), CJ/Supremo VII (1999) 1, 27-30 (28/II).

[7] João de Oliveira Geraldes, *Tipicidade contratual e condicionalidade suspensiva, maxime* 207.

[8] *Vide* uma aplicação desta regra em RCb 2-mai.-1984 (Pereira da Silva), CJ IX (1984) 3, 36-38 (37/I).

[9] Artigos 12.º da LULL.

[10] Artigos 26.º/1 e 31.º da LULL.

[11] RCb 23-out.-1984 (Vassanta Tambá), CJ IX (1984) 4, 57-60 (59/II) e RCb 12-fev.-1985 (Santos Monteiro), BMJ 344 (1985), 466: esta opção pode, hoje, ser revista.

[12] RPt 2-mai.-1988 (Neto Parra), CJ XIII (1988) 3, 265-267 (266/II). Nalgumas conjunções, o contrato de trabalho seria condicionável: RPt 13-nov.-1989 (José Correia), CJ XIV (1989) 5, 244-246 e RLx 8-nov.-1995 (Carlos Horta), CJ XX (1995) 5, 177-178 (178/II). A revogação condicional do contrato de trabalho não suscita dúvidas: REv 8-mai.-1997 (Gonçalves Rocha), CJ XXII (1997) 3, 291-292 (292/II). Quanto ao tema: o nosso *Direito do trabalho*, II (2019), 591-604.

dos bens fornecidos[13] ou, até, construir uma "condição do cumprimento". Ela tem um papel de relevo no moderno mundo dos negócios financeiros. Um bom domínio da teoria geral é decisivo.

Artigo 270.º (Noção de condição)

As partes podem subordinar a um acontecimento futuro e incerto a produção dos efeitos do negócio jurídico ou a sua resolução: no primeiro caso, diz-se suspensiva a condição; no segundo, resolutiva.

Bibliografia: a indicada na introdução aos 270.º a 277.º.

Índice

1 **1. Origem**. O preceito retoma, com poucas diferenças de forma, o 1.º do anteprojeto Rui Alarcão[1]. É uma norma de enquadramento.

2 **2. Regras básicas**: (1) livre condicionalidade dos negócios: só por exceção vigora uma norma diversa[2]; (2) a subordinação a um facto futuro (ou de conhecimento futuro) e incerto (*incertus an*); admite-se o facto de momento certo, mas de ocorrência incerta (quando fizer trinta anos … se os fizer).

3 **3.** A **distinção clássica**: suspensiva: o negócio não produz efeitos enquanto não ocorre o evento futuro e incerto; resolutiva: o negócio deixa de os produzir (caduca) se ocorrer o evento em causa.

4 **4. Âmbito**. O regime básico funciona em todo o Direito, incluindo o da família[3], o das sucessões[4], o comercial[5] e o do processo, bem como no Direito público[6], atingindo os atos administrativos[7]. Os títulos executivos são reportáveis a obrigações condicionais (715.º do CPC de 2013, ex-804.º/1)[8].

[13] REv 23-nov.-2005 (Fernando Bento), CJ XXX (2005) 5, 265-266 (266).

[1] Rui Alarcão, *Erro, dolo e coacção – Representação – objecto negocial – negócios usurários – condição*, BMJ 102 (1962), 167-180 (178); citaremos: *Condição; idem, Negócio jurídico/ /Anteprojecto* (38.º), 267; *1.ª Revisão* (238.º), 102; *2.ª Revisão* (270.º), 106; *Projecto* (270.º), 77.

[2] Exemplo na introdução aos 270.º a 177.º, anot. 19.

[3] STJ 13-mar.-2001 (Fernandes Magalhães), CJ/Supremo IX (2001) 1, 161-163 (162-163): é válido o contrato-promessa de partilha de bens comuns do casal, subordinado à condição suspensiva do decretamento do divórcio entre os promitentes.

[4] STJ 7-fev.-2002 (Neves Ribeiro), CJ/Supremo X (2002) 1, 75-77 ("no caso do falecimento da minha mulher ainda existirem bens provenientes da minha meação, estes serão herdados por meus irmãos e sobrinhos").

[5] RCb 26-nov.-2002 (Paulo Távora Victor), CJ XXVII (2002) 5, 21-22, num contrato de abertura de crédito.

[6] STA 14-jun.-1985 (Cruz Rodrigues), AcD XXV (1985) 293, 525-543 (541).

[7] STA 16-jun.-1992 (Oliveira e Castro), BMJ 418 (1992), 611-616 (615).

[8] REv 29-set.-1988 (Cortez Neves), CJ XIII (1988) 4, 248-250; *vide* Miguel Teixeira de Sousa, *Acção executiva singular* (1998), 100.

5 Podem ainda surgir atos jurídicos típicos que impliquem, só por si, condições: assim, 5
o pagamento do cheque ao seu portador, pelo próprio banco sacado, considera-se feito sob a condição suspensiva de existência de saldo suficiente na conta do sacador[9]; em novo exemplo: o contrato para pessoa a nomear (452.º e seguintes) sujeita-se a uma dupla condição: resolutiva quanto aos seus efeitos imediatos, dependendo do direito de nomeação pelo autor da reserva e suspensiva quanto aos efeitos em relação ao terceiro a nomear[10].

Artigo 271.º (Condições ilícitas ou impossíveis)

1. É nulo o negócio jurídico subordinado a uma condição contrária à lei ou à ordem pública, ou ofensiva dos bons costumes.

2. É igualmente nulo o negócio sujeito a uma condição suspensiva que seja física ou legalmente impossível; se for resolutiva, tem-se a condição por não escrita.

Bibliografia: Ana Isabel Afonso, *A condição como elemento acidental do negócio jurídico* (2014), 663-666; António Menezes Cordeiro, *Tratado de Direito civil*, II, 4.ª ed. (2014), 647-649; *vide* a bibliografia indicada na introdução aos 270.º a 277.º.

Índice

I – Origem

1 **1.** O **anteprojeto Rui Alarcão** continha a regra seguinte (2.º)[1]:

> 1. É nulo o negócio jurídico ao qual é aposta uma condição, suspensiva ou resolutiva, contrária a normas imperativas, à ordem pública ou aos bons costumes.
> 2. A doutrina do § 1.º vale igualmente para as condições impossíveis, salvo sendo resolutivas, pois então têm-se por não escritas.
> 3. O disposto nos parágrafos antecedentes aplica-se também às disposições testamentárias.

2 **2. Revisões e Projeto**. A 1.ª Revisão manteve a redação[2]. Na 2.ª (271.º) desapareceu o importante n.º 3[3], com uma redação que, via Projeto (271.º)[4], passou à versão final. A decisão tomada na 2.ª Revisão, de submeter os negócios gratuitos a regras próprias foi deliberada: mas não explicada[5].

[9] Artigo 3.º da LUCh; *vide* STJ 18-jun.-1996 (Martins Costa), BMJ 458 (1996), 347-352 (349).

[10] STJ 23-jan.-1986 (Tinoco de Almeida), BMJ 353 (1986), 429-438 (436).

[1] Rui Alarcão, *Condição*, 178; *idem*, *Negócio jurídico/Anteprojecto* (39.º), 268.

[2] *1.ª Revisão* (239.º), 103.

[3] *2.ª Revisão*, 106.

[4] *Projecto*, 78.

[5] Pires de Lima/Antunes Varela, *Código Civil anotado*, I, 4.ª ed. (1987), 251.

II – Condições ilícitas ou impossíveis

3 **3. Ilícitas**: o 271.º/1 visa as condições: (1) contrárias à lei imperativa (280.º/1 e 294.º), seja por figurarem um evento desse tipo ou conduzirem a ele[6], seja por se tratar de negócio não-condicionável; (2) contrária à ordem pública, isto é, a princípios injuntivos do ordenamento[7]; (3) ofensivas dos bons costumes, ou seja, de códigos deontológicos concretamente aplicáveis ou de regras firmes de moral sexual e familiar[8].

4 Podemos admitir uma ilicitude indireta, isto é, a que resulte não do evento em si, mas da sua articulação condicional: compro se romper o noivado ou se desistir do exame.

5 **4. Impossíveis**: o 271.º/2 especifica as impossibilidades física (contraria as evidências da natureza) e jurídica (pressupõe um efeito jurídico vedado pelo Direito) (281.º/1)[9].

6 O 271.º não especifica as condições indetermináveis (281.º/1); elas podem ser reconduzidas à ideia de impossibilidade.

III – A nulidade

7 **5. *Vitiat et vitiatur*.** O 271.º considera o negócio sujeito a uma condição vedada nulo: todo ele. Esse regime resulta da natureza global da condição: o negócio fica em modo condicional; retirar-lhe a "condição" faria, dele, algo de diferente, não querido pelas partes.

8 **6. Exceções**: em certos casos, a lei prescreve a nulidade, apenas, da condição, normalmente recorrendo à perífrase "consideram-se não escritas": *vitiatur non vitiat*. Assim sucede com os atos pessoais e familiares no domínio do casamento (1618.º/2) e da perfilhação (1852.º/2), dada a evidente necessidade ético-jurídica de os preservar.

9 A regra *vitiatur sed non vitiat* também vigora no domínio de atos gratuitos (2230.º/1, quanto ao testamento, aplicável à doação nos termos do 967.º)[10]. Mas estas regras, tal como as familiares, vão contra a autonomia privada e devem ser aplicadas com muito parcimónia e em termos restritivos[11], por força dos elementos sistemático e teleológico de interpretação[12]. Tomada à letra, esta ideia da (mera) nulidade de certas condições teria efeitos deste tipo: caso contigo quando fizeres 80 anos (se fizeres): a condição tem-se por não escrita, segundo o 1618.º/2, pelo que o casamento seria válido e (imediatamente) eficaz. Ou, num exemplo de Castro Mendes: dou-te quando as galinhas tiverem dentes: a condição é impossível, pelo que se tem por não escrita (967.º e 2230.º/1), sendo a doação válida e (imediatamente) eficaz[13]. Não pode ser: em ambos os casos, o declarante manifesta a vontade de não praticar o ato.

10 Em todas as hipóteses de mera nulidade da condição, por expressa injunção legal, há que ponderar se as partes terão mesmo querido o negócio sem a condição. Quando for patente a negativa, o facto de a condição se ter "como não escrita" acarreta a nulidade do conjunto.

[6] RPt 11-abr.-2019 (Miguel Baldaia de Morais), Proc. 1238/16, quanto à promessa de partilha condicionada ao divórcio, admissível em certos termos.

[7] *Tratado*, II, 4.ª ed., 603 ss.; *infra*, 280.º.

[8] *Idem*, 584 ss.; *infra*, 280.º.

[9] *Idem*, 544 ss.; *infra*, 280.º.

[10] STJ 17-out.-1985 (Góis Pinheiro), BMJ 350 (1985), 355-365 (361) e STJ 12-jan.-1988 (Eliseu Figueira), BMJ 373 (1988), 544-548 (548).

[11] Mota Pinto, *Teoria geral*, 4.ª ed., 570-571, dá uma explicação para estas regras no domínio dos atos gratuitos. No caso do testamento, um princípio do *favor testamentorum* é ponderoso: a nulidade do testamento deita tudo a perder, uma vez que não se pode pedir ao falecido que reformule o texto; já no tocante às doações, não vemos como aplicar a mesma construção.

[12] Deve frisar-se que já Guilherme Moreira, *Instituições*, 1, 470, mostrava dúvidas quanto a esta solução; a questão devia ter sido mais aprofundada aquando da preparação do Código Civil: Rui Alarcão foi-lhe sensível, propondo um regime de nulidade idêntico, para os atos gratuitos; mas a 2.ª Revisão inverteu o processo, conduzindo à situação atual.

[13] Castro Mendes, *Da condição*, 57.

7. A **condição resolutiva** física ou legalmente impossível tem-se por não escrita (271.º/2). Desta feita, temos uma aplicação do 275.º/2: a certeza de que a condição não se pode verificar equivale à sua não-verificação. 11

Artigo 272.º (Pendência da condição)

Aquele que contrair uma obrigação ou alienar um direito sob condição suspensiva, ou adquirir um direito sob condição resolutiva, deve agir, na pendência da condição, segundo os ditames da boa-fé, por forma que não comprometa a integridade do direito da outra parte.

Bibliografia: Ana Afonso, *A condição como elemento acidental do negócio jurídico* (2014), 667-669; António Menezes Cordeiro, *Tratado de Direito civil*, II, 4.ª ed. (2014), 650-656; *vide* a bibliografia indicada na introdução aos 270.º a 277.º.

Índice

I – Origem

1 **1. Preparatórios**. O preceito teve origem no 3.º do anteprojeto Rui Alarcão[1], conhecendo poucas alterações subsequentes[2]. A referência à boa-fé foi inspirada no 1358.º do Código italiano[3].

II – Regime

2 **2. Princípios gerais**: procuram um equilíbrio: por um lado, a condição deve ser respeitada, envolvendo todo o negócio; por outro, ela não pode paralisar o comércio jurídico, na expectativa de que ocorra.

3 A conjunção destas proposições opostas pode ser concretizada com o auxílio de três vetores[4]: (1) a autonomia privada: a condição deve ser observada; as partes, aliás, podem estipular os seus efeitos, compondo soluções diversas das legais, sempre que o Direito as não proíba; (2) a boa-fé: nas suas duas vertentes da tutela de confiança e da primazia da materialidade subjacente, a boa-fé deve ser acatada pelas partes, de modo a não falsear o seu objetivo e a não se

[1] Rui Alarcão, *Condição*, 179; *idem*, *Negócio jurídico/Anteprojecto* (40.º), 268.

[2] *1.ª Revisão* (240.º), 103; *2.ª Revisão* (272.º), 106-107; foi, então, retirada da epígrafe a referência à boa-fé; *Projecto* (272.º), 78.

[3] Rui Alarcão, *Notas justificativas*, n.º 43 (117). O 1358.º adveio do § 162 do BGB; *vide Tratado*, II, 4.ª ed., 652-653.

[4] STJ 12-jan.-1999 (Torres Paulo), CJ/Supremo VII (1991) 1, 27-30 (28-29).

provocarem danos desnecessários; (3) a distribuição de riscos: uma situação condicionada é, por definição, uma situação instável; as partes – ou alguma delas – podem, daí, retirar danos: trata-se de um risco que correm e que livremente assumiram, pelo que deve ser suportado, de acordo com a ordem natural das coisas.

4 **3. A pendência** ocorre desde o momento em que seja celebrado o negócio condicionado e até à altura em que se verifique a condição ou haja a certeza de que ela se não se pode verificar. A pendência gera uma situação de conflito de direitos: aquele que aliene um direito sob condição suspensiva mantém-se seu titular, mas deixará de o ser com a verificação dela; o que adquira um direito sob condição resolutiva, passa a ser seu titular, mas deixará de o ser com a verificação da mesma. Em ambos os casos, o titular é precário; se lhe fosse permitido agir como titular pleno, ele poderia pôr em perigo o direito da outra parte. Mas é, ainda, titular: alguma vantagem há-de retirar desse facto[5].

5 A pendência cessa pela verificação da condição, ou pela não-verificação, consoante ela se manifeste pela positiva ou pela negativa. A certeza de que ela não se pode verificar equivale à não-verificação (275.º/1). A condição deve seguir o seu curso natural. Não pode ser nem impedida, nem provocada (275.º/2).

III – A boa-fé

6 **4.** O 272.º apela à **boa-fé objetiva**: exprime a necessidade de, em cada situação jurídica, se observarem os vetores fundamentais da ordem jurídica[6]. Tal necessidade conduz à observância de dois grandes subprincípios[7]: (1) a tutela da confiança; (2) a primazia da materialidade subjacente.

7 **5.** A **tutela da confiança** implica que, na pendência da condição, as partes não possam agir contra o que, pelas suas opções contratuais ou pela ordem natural das coisas, iria suceder, em termos que provocaram a crença legítima da outra parte.

8 **6.** A **primazia da materialidade subjacente** obriga a que a condição não possa transformar-se num jogo formal de proposições: deve exprimir, no seu funcionamento, a vontade condicional das partes, isto é, a sua subordinação ao facto futuro e incerto que escapa à vontade de qualquer delas. É contrário à boa-fé qualquer atuação das partes que incida sobre o *iter* formativo da condição: (1) que venha a interferir na sua ocorrência (ou não-ocorrência) em termos que contrariem a confiança da outra parte; (2) que venha a bulir com a essência futura e incerta da verificação da condição, transformando-a, por exemplo, num simples exercício potestativo da parte interventora.

9 Os deveres oriundos da boa-fé e que funcionam na pendência da condição são deveres acessórios, de tipo contratual, que decorrem do negócio mesmo antes da verificação da condição[8].

[5] Nas palavras da RLx 4-nov.-1997 (Fernando Pinto Monteiro), CJ XXII (1997) 5, 73-74 (74/I): "... durante a pendência, o credor condicional não tem ainda um direito exercitável em relação ao devedor, embora as partes estejam já vinculadas de tal modo que estão sujeitas à produção dos efeitos do negócio, uma vez verificado o evento condicionante".

[6] *Tratado*, I, 4.ª ed., 963-964.

[7] *Idem*, 969 ss. e 975 ss..

[8] STJ 23-out.-2003 (Ferreira Girão), CJ/Supremo XI (2003) 3, 108-111 (111/I).

Artigo 273.º – Pendência da condição: atos conservatórios

Na pendência da condição suspensiva, o adquirente do direito pode praticar atos conservatórios, e igualmente os pode realizar, na pendência da condição resolutiva, o devedor ou o alienante condicional.

Bibliografia: António Menezes Cordeiro, *Tratado de Direito civil*, X – *Garantias* (2015), 279-417; *vide* as indicações dadas nos artigos anteriores.

Índice

1. Origem. Adveio, sem alterações, do 4.º do anteprojeto Rui Alarcão[1]. Retoma o 1356.º do Código italiano. 1

2. O beneficiário ***pendente conditione***[2] é detentor de uma expectativa; donde a necessidade de, por uma norma especial, lhes atribuir a legitimidade conservatória. 2

3. Os **meios conservatórios** à sua disposição compreendem: (1) a declaração de nulidade (605.º), a ação sub-rogatória (606.º a 609.º), a ação pauliana (610.º a 618.º) e o arresto (619.º a 622.º). Pode ainda lançar mão dos diversos procedimentos cautelares, verificados os pressupostos respetivos. 3

4. A **jurisprudência**, embaraçada com a presença de uma mera expectativa[3], tem dificuldade em aplicar o 273.º[4]. O tribunal deve, em qualquer caso, ponderar todos os parâmetros, sem esquecer a consistência da condição invocada. 4

Artigo 274.º – Pendência da condição: atos dispositivos

1. Os atos de disposição dos bens ou direitos que constituem objeto do negócio condicional, realizados na pendência da condição, ficam sujeitos à eficácia ou ineficácia do próprio negócio, salvo estipulação em contrário.
2. Se houver lugar à restituição do que tiver sido alienado, é aplicável, diretamente ou por analogia, o disposto nos Artigos 1269.º e seguintes em relação ao possuidor de boa-fé.

Bibliografia: António Menezes Cordeiro, *Tratado de Direito civil*, XIII – *Direitos reais* (2020), no prelo; *vide* a referida nos artigos anteriores.

[1] Rui Alarcão, *Condição*, 179; *idem*, *Negócio jurídico/Anteprojecto* (41.º), 269; *1.ª Revisão* (241.º), 103; *2.ª Revisão* (273.º), 107; *Projecto* (273.º), 78.

[2] Em latim clássico, escreve-se *condicio*; *conditio* é a fórmula medieval hoje usada; *condictio* corresponde à figura processual que hoje desembocou no enriquecimento sem causa.

[3] Assim: RLx 30-nov.-1973 (s/ind. relator), BMJ 237 (1974), 306.

[4] *Vide* RLx 22-abr.-2010 (Pereira Rodrigues), Proc. 6406/09.

Índice

1 **1. Origem**. O anteprojeto Rui Alarcão continha um preceito próximo[1]. Mantido na 1.ª Revisão (242.º)[2], ele foi alterado na 2.ª (274.º)[3], recebendo a redação final apenas no Projeto (274.º)[4]. Aproveitou o 1357.º do Código italiano.

2 **2.** Os **atos de disposição** permitidos pelo 274.º/1, que sempre seriam possíveis pelas regras gerais, reportam-se à expectativa *pendente conditione*. O disponente não pode alienar mais do que o por ele detido: os próprios atos em jogo ficam condicionados, desaparecendo com a verificação da condição resolutiva[5].

3 Aplicação desta regra é a possibilidade de o vendedor, na pendência de uma reserva da propriedade, poder dispor da propriedade da coisa vendida, hipotecando-a, ainda que com eficácia sujeita à reserva[6].

4 **3.** A **posse de boa-fé** aplica-se na hipótese de, mercê do funcionamento da condição, haver que restituir o alienado. Assim, o possuidor de boa-fé: (1) só responde pela perda ou deterioração da coisa se tiver procedido com culpa (1269.º); (2) faz seus os frutos até saber que não está a prejudicar o direito alheio; (3) é indemnizado pelas benfeitorias necessárias e úteis, podendo levantar estas últimas, sem detrimento para a coisa (1273.º/1); (4) pode levantar as voluptuárias, nessa mesma situação (1275.º/1).

Artigo 275.º (Verificação e não verificação da condição)

1. A certeza de que a condição se não pode verificar equivale à sua não verificação.

2. Se a verificação da condição for impedida, contra as regras da boa-fé, por aquele a quem prejudica, tem-se por verificada; se for provocada, nos mesmos termos, por aquele a quem aproveita, considera-se como não verificada.

Bibliografia: a referida no artigo 272.º.

Índice

[1] Rui Alarcão, *Condição*, 179; *idem*, *Negócio jurídico/Anteprojecto* (42.º), 269.
[2] *1.ª Revisão*, 104.
[3] *2.ª Revisão*, 107.
[4] *Projecto* (273.º), 78.
[5] Adriano Vaz Serra, anot. STJ 19-jul.-1978, RLJ 112 (1979), 82/II.
[6] STJ 1-fev.-1995 (Sousa Inês), BMJ 444 (1995), 609-617 (614).

1. Origem. O anteprojeto Rui Alarcão comportava (6.º) um texto similar[1]. Retocado na 1.ª Revisão (243.º)[2], ele atingiu a redação final na 2.ª (275.º)[3]. Inspirou-se no 1359.º do Código italiano. 1

2. A não-verificação da condição pode ser constatada no terreno. Mas pode, também, advir do conhecimento humano: o saber-se que ele não se pode concretizar é equivalente (n.º 1). 2

3. A boa-fé determina que as partes não devam interferir na verificação ou não-verificação da condição: 272.º, concretizado no 275.º. Este sanciona: (1) a condição impedida por aquele a quem prejudica: tem-se por verificada; (2) a condição provocada por aquele a quem aproveita: tem-se por não-verificada. 3

Num contrato bilateral, a condição, seja ela qual for, vai sempre, em simultâneo, beneficiar e prejudicar ambas as partes. Por exemplo: a condição resolutiva prejudica o adquirente, que perde a coisa, mas beneficia-o, liberando-o do pagamento do preço. Pretender, num caso desses, que a verificação provocada da condição não é sancionável, por não lhe aproveitar, seria abrir a porta para que, nos contratos bilaterais ou situações equiparáveis, as partes pudessem, livremente, interferir na condição. Não pode ser. Assim, cabe entender-se que qualquer das partes que impeça uma condição deve considerar-se prejudicada por ela; de igual modo, qualquer das partes que provoque uma condição deve considerar-se como aproveitando dessa ocorrência. Estes pontos devem, todavia, ser ponderados, caso a caso. Noutros termos: nunca nenhuma das partes pode, contra a boa-fé, impedir ou provocar condições. Resta acrescentar que a condição é uma "cláusula típica" frequente, com larga documentação jurisprudencial. O seu regime responde a inúmeras questões práticas. 4

4. A jurisprudência documenta: 5

STJ 28-fev.-2008: foi celebrado um comodato com condição resolutiva: o comodatário restituía o terreno caso se obtivesse uma autorização da câmara para construir; o comodatário requer, à câmara em causa, a não-autorização com êxito: impediu, contra a boa-fé, a verificação da condição, a qual se tem por ocorrida[4];

STJ 29-abr.-2010: a testadora deixa um legado de 3.000 c. a uma empregada, na condição de esta se manter ao seu serviço à data da sua morte; a herdeira, prejudicada com o encargo, interna, sem necessidade, a testadora num lar, dispensando os serviços da legatária: impediu, contra a boa-fé, a verificação da condição, a qual se tem como concretizada[5].

Artigo 276.º (Retroatividade da condição)

Os efeitos do preenchimento da condição retrotraem-se à data da conclusão do negócio, a não ser que, pela vontade das partes ou pela natureza do ato, hajam de ser reportados a outro momento.

Bibliografia: Ana Afonso, *UCP/Comentário ao Código Civil*, 1 (2014), 677-679; António Menezes Cordeiro, *Tratado de Direito civil*, II, 4.ª ed. (2014), 621-624.

[1] Rui Alarcão, *Condição*, 179-180; *idem*, *Negócio jurídico/ /Anteprojecto* (43.º), 269-270.
[2] *1.ª Revisão*, 104.
[3] *2.ª Revisão*, 107-108; *Projecto* (275.º), 79.
[4] STJ 28-fev.-2008 (Azevedo Ramos), CJ/Supremo, XVI (2008), 122-126 (126/I).
[5] STJ 29-abr.-2010 (Silva Salazar), Proc. 2334/06.

Índice

1 **1. Origem**. O anteprojeto Rui Alarcão continha um texto similar (7.º)[1], mantido na 1.ª Revisão (244.º)[2]. O texto definitivo ocorreu na 2.ª Revisão (276.º)[3]. Retoma o 1360.º/1, do Código italiano de 1942.

2 A retroatividade da condição foi adotada por Justiniano (séc. VI), tendo sido formulada por Bártolo (1313-1357), em termos retomados pelo *mos gallicum*, encontrando abrigo no 1179.º do Código Napoleão (1804). Daí passou ao Código italiano de 1865 (1170.º) e ao Código de Seabra (678.º). A pandectística manteve-a; todavia, um estudo de Windscheid (1851), tomou a posição oposta, influenciando os §§ 158 e 159 do BGB: só há retroatividade quando essa seja a vontade das partes. O Código manteve-se fiel à linha tradicional.

3 **2. Justificação**: a retroatividade da condição dá mais consistência à situação. Na suspensiva, o negócio irá consolidar-se *ab initio*, robustecendo a verificação da condição; na resolutiva, tudo se passa como se nunca tivesse havido condição, o que não é de somenos. Opera *erga omnes*, como se infere do 274.º/1.

4 **3. Limites**: a vontade das partes, que pode afastar a retroatividade ou reportar a eficácia a qualquer outro momento e a natureza das coisas, que pode bloquear a antecipação de efeitos.

5 Os únicos efeitos que retroagem são os do negócio condicionado e não, necessariamente, quaisquer outros atos, ainda que relativos ao mesmo objeto[4].

Artigo 277.º (Não retroatividade)

1. Sendo a condição resolutiva aposta a um contrato de execução continuada ou periódica, é aplicável o disposto no n.º 2 do artigo 434.º.

2. O preenchimento da condição não prejudica a validade dos atos de administração ordinária realizados, enquanto a condição estiver pendente, pela parte a quem incumbir o exercício do direito.

3. À aquisição de frutos pela parte a que se refere o número anterior são aplicáveis as disposições relativas à aquisição de frutos pelo possuidor de boa-fé.

Bibliografia: António Menezes Cordeiro, *Tratado de Direito civil*, IX, 3.ª ed. (2017), 924-926; *idem*, XIII (2020), no prelo.

Índice

[1] Rui Alarcão, *Condição*, 180; *idem*, *Negócio jurídico/Anteprojecto* (44.º), 270.
[2] *1.ª Revisão*, 104.
[3] *2.ª Revisão*, 108; *Projecto* (276.º), 79.
[4] STJ 30-mar.-1993 (Adriano Pereira Cardigos), BMJ 425 (1993), 466-471 (470).

1. Origem. O texto, desde o anteprojeto Rui Alarcão (8.º)[1], passando pela 1.ª Revisão (245.º)[2] e pela 2.ª (277.º)[3], foi conhecendo sucessivos retoques, só tendo estabilizado no Projeto (277.º)[4]. A relativa instabilidade preparatória adveio das remissões, implícitas e explícitas, para outros lugares do Código. Segue, em parte, o 1360.º/2 do Código italiano. 1

2. Nos contratos de **execução continuada ou periódica (n.º 1)** a verificação da condição resolutiva não abrange as prestações já efetuadas (434.º/2, 1.ª parte); será o caso de prestações de *facere*, que não possam ser repetidas. Mas se se verificar que não foi prestado qualquer serviço, a retroatividade já funciona (434.º/2, 2.ª parte): opera um "vínculo" que legitima a "resolução" de todas elas. 2

3. Os **atos de administração ordinária (n.º 2)** são aqueles que, dependendo da situação, não impliquem a disposição de bens de capital[5]. Na pendência da condição, podem ser levados a cabo por quem tiver o exercício do direito, em nova exceção à retroatividade. De outro modo, os bens ficariam desaproveitados, podendo, inclusive, deteriorar-se por isso. 3

4. Frutos (n.º 3): o titular do exercício do direito faz seus os frutos: é possuidor de boa-fé (1270.º/1), até que sobrevenha a condição que lhe retire esse exercício. O preferido de boa-fé que deva abrir mão da coisa mercê de uma ação de preferência beneficia desse regime, com expressa remissão para o 277.º/3[6]. 4

Artigo 278.º (Termo)

Se for estipulado que os efeitos do negócio jurídico comecem ou cessem a partir de certo momento, é aplicável à estipulação, com as necessárias adaptações, o disposto nos artigos 272.º e 273.º.

Bibliografia: Adriano Vaz Serra, *Tempo da prestação. Denúncia*, BMJ 50 (1955), 49-211; Ana Afonso, *UCP/Comentário ao Código Civil*, 1 (2014), 682-684; António Menezes Cordeiro, *Tratado de Direito civil*, II, 4.ª ed. (2014), 657-661.

Índice

[1] Rui Alarcão, *Condição*, 180; *idem*, *Negócio jurídico/Anteprojecto* (45.º), 270.
[2] *1.ª Revisão*, 105.
[3] *2.ª Revisão*, 108.
[4] *Projecto*, 79.
[5] *Supra*, introdução aos 217.º a 235.º, anot. 89-90.
[6] RLx 6-nov.-2001 (Roque Nogueira), CJ XXVI (2001) 5, 72-74 (73/II).

I – Origem e evolução

1 **1.** O termo, no **Direito romano**, dizia-se *dies*: *dies a quo* ou momento a partir do qual uma cláusula produzia efeito e *dies ad quem*, ou aquele que marcava o fim da eficácia. Ao longo da História, o termo manteve-se à sombra da condição: boa parte das questões que coloca são similares, conquanto que mais simples: não há que contar com a incerteza da sua verificação.

2 **2.** O termo pode ser usado em duas **aceções**: como evento futuro e certo que conceda ou retire eficácia a um negócio e como cláusula que o contenha. Pode ser expresso através de um prazo, o que explica a confusão habitual entre ambas as realidades.

3 O relevo prático que assume levou os códigos modernos a fixar regras claras quanto à sua efetivação.

4 **3. Preparatórios.** O 278.º, inspirado no § 163 do BGB que, tal como aquele, faz remissão para preceitos da condição, surgiu apenas na 2.ª Revisão (278.º)[1], já com a redação final[2].

II – Modalidades e afins

5 **4. Modalidades**: (1) **inicial e resolutivo**, consoante a eficácia principie com a sua verificação (suspensivo, dilatório, *dies a quo* ou *ex quo*), ou cesse com ela (perentório, final ou *dies ad quem*).

6 (2) **Certo e incerto**, conforme se conheça, no início, o preciso momento da ocorrência (no dia tal) ou inversamente (nas próximas eleições).

7 (3) **Expresso e tácito**: resulta da vontade assumida pelas partes (dia tal) ou de circunstâncias que a revelem (um serviço para executar em São Paulo, logo que chegue).

8 (4) **Convencional ou legal**: adotado por negócio ou imposto por lei (1443.º, quanto à extinção do usufruto).

9 (5) **Essencial e não essencial**, em função de o seu decurso impossibilitar a prestação ou conduzir, apenas, à mora.

10 (6) **Civil e processual**: obedecem a regras diferentes de contagem, abaixo indicadas[3].

11 **5. Afins**: condições, por se tratar de "termos" de verificação incerta: *dies incertus an certus quando* (quando fizeres 21 anos); *dies incertus an incertus quando* (quando casares).

III – Regime

12 **6. Aprazabilidade** é a qualidade do negócio ao qual possam ser apostos termos. Serão todos, salvo proibição legal, como sucede em certos contratos de trabalho[4].

13 **7.** A **pendência** ou situação que decorre entre a conclusão e o termo. O 278.º remete para os 272.º (pendência da condição e dever de boa-fé) e 273.º (atos conservatórios): visa compatibilizar a situação do titular do direito na pendência e aquele que o receberá.

14 *A contrario*, poderia parecer que os 274.º, 275.º, 276.º e 277.º não teriam aplicação ao termo. Não é assim: mau grado o termo, pode a parte que abrirá mão do direito, praticar atos dispositivos e de administração, havendo, então, que recorrer aos 274.º e 277.º/2 e 3. Também se pode verificar que um termo, apesar de certo por definição, se venha a impossibilitar por modificação superveniente: por exemplo: pago quando o automóvel se transformar em sucata; o caso o automóvel pereça de tal modo que nem sucata fique: o 275.º/1 terá, então, a maior utilidade.

15 Pode alguém impedir, contra a boa-fé, a verificação de um termo ou, também contra a boa-fé, provocá-lo: a certeza do termo não equivale à sua intangibilidade. O 272.º/2 é aplicá-

[1] *2.ª Revisão*, 108-109.
16 [2] *Projecto* (278.º), 79.
[3] *Infra*, 279.º, anot. 6-7.
[4] *Vide* os 139.º e seguintes do CT e o nosso *Direito do trabalho*, II (2019), 609 ss..

vel. Também a retroatividade do termo pode operar ou não, consoante a vontade das partes e as circunstâncias. Os artigos 276.º e 277.º/1 têm, assim, utilidade.

Preconiza-se um entendimento lato da remissão feita no 278.º: todo o regime da condição é aplicável ao termo, cabendo depois, caso a caso e preceito a preceito, ponderar até onde vai essa aplicabilidade. Se necessário, podemos invocar a analogia.

Artigo 279.º (Cômputo do termo)

À fixação do termo são aplicáveis, em caso de dúvida, as seguintes regras:

***a*) Se o termo se referir ao princípio, meio ou fim do mês, entende-se como tal, respetivamente, o primeiro dia, o dia 15 e o último dia do mês; se for fixado no princípio, meio ou fim do ano, entende-se, respetivamente, o primeiro dia do ano, o dia 30 de junho e o dia 31 de dezembro;**

***b*) Na contagem de qualquer prazo não se inclui o dia, nem a hora, se o prazo for de horas, em que ocorrer o evento a partir do qual o prazo começa a correr;**

***c*) O prazo fixado em semanas, meses ou anos, a contar de certa data, termina às 24 horas do dia que corresponda, dentro da última semana, mês ou ano, a essa data; mas, se no último mês não existir dia correspondente, o prazo finda no último dia desse mês;**

***d*) É havido, respetivamente, como prazo de uma ou duas semanas o designado por oito ou quinze dias, sendo havido como prazo de um ou dois dias o designado por 24 ou 48 horas;**

***e*) O prazo que termine em domingo ou dia feriado transfere-se para o primeiro dia útil; aos domingos e dias feriados são equiparadas as férias judiciais, se o ato sujeito a prazo tiver de ser praticado em juízo.**

Bibliografia: Adriano Vaz Serra, *Tempo da prestação. Denúncia*, BMJ 50 (1955), 49-211; *idem*, *Prescrição e caducidade*, BMJ 105 (1961), 5-248; António Menezes Cordeiro, *Tratado de Direito civil*, II, 4.ª ed. (2014), 662-663; Catarina de Oliveira Carvalho, *UCP/Comentário ao Código Civil* (2014), 684-690.

Índice

I – A contagem do tempo

1 **1. Calendário Juliano.** A necessidade de formalizar regras seguras sobre o decurso e a medição do tempo remonta à Antiguidade. No Direito romano, vigorava o Calendário Juliano, fixado em 46 a. C. por Júlio César, aconselhado pelo astrónomo Sosígenes. A dificuldade resulta de articular as translações da Terra (ano) e da Lua (mês) com a rotação da Terra (dia): não são divisíveis em termos de unidade.

2 O Calendário Juliano adotou o ano solar e, para o encaixar com a translação da Lua, introduziu alterações na duração dos meses e o ano bissexto. Todavia, subsistiu uma diferença de três dias em 400 anos o que, com o andar dos séculos, conduziu a um "atraso" de semana e meia, no séc. XVI.

3 **2.** O **Calendário Gregoriano** visou corrigir essa situação[1]. Fixou o início do ano no primeiro dia de janeiro e ajustou os anos bissextos. Os anos (em Portugal, desde 1422) são contados pela Era de Cristo, sendo o seu nascimento o ano 1[2]. Hoje, o Calendário Gregoriano é universal no Ocidente. O Código refere-o expressamente nos 1075.º, 1098.º e 1100.º, relativos ao arrendamento.

4 **3. Tipos de prazos.** Ao longo dos séculos, foram-se desenvolvendo diversas técnicas, relativas à contagem dos prazos ou cômputo do tempo. Este corre entre dois extremos: o do início da contagem (*dies a quo*) e o da sua expiração (*dies ad quem*). Seguem-se três tipos de prazos: (1) natural; (2) civil; (3) processual.

5 (1) **Cômputo natural**: *a momento ad momentum* ou *dies mobilis*: tem em conta o preciso momento do início (dia e hora): o nascido às 11 horas é maior a partir das 11 horas do dia em que perfizer 18 anos.

6 (2) **Cômputo civil**: *dies civiles*: a contagem opera ano a ano, mês a mês ou dia a dia, sem atentar em unidades de tempo inferiores: maioridade às 0 horas do dia em que completar 18 anos.

7 (3) **Cômputo processual**: derivado da prática romana de não realizar atos nos dias nefastos, ele tem evoluído ao longo das reformas; no essencial, tem em conta as férias dos tribunais.

II – Evolução em Portugal

8 **4.** Nas **Ordenações**, o título XIII do Livro III dispunha[3]:

> Em todo termo, que por qualquer maneira fôr assinado, não se entenderá nelle o dia, em que tal termo fôr assinado. E sendo assinado termo de mez, ou de anno, o mês se entenderá de trinta dias e o anno se entenderá do dia seguinte depois do dia, em que for assinado, até outros tantos dias daquelle mez do anno seguinte[4].

9 **5.** O **Código Comercial de Ferreira Borges** (1833) alterou a matéria; assim, segundo o seu 265.º:

[1] Adotado pelo Papa Gregório XIII (1502-1585), através da Bula *Inter Gravissimas* (24-fev.-1582) e aplicado em Portugal a partir de 4-out.-1582.

[2] E não o ano zero, como se imporia; o zero, proveniente da Índia (provavelmente, da China) ainda não fora introduzido pelos árabes. Uma melhor cronologia aponta para que Jesus Cristo tenha nascido no ano 3 a. C..

[3] *Ord. Fil.*, Liv. III, Tit. XIII = ed. Gulbenkian, 576/II.

[4] Prosseguia o § 1 (e único) do título em causa:

> (...) o dia derradeiro, em que se acabar o termo, será comprehendido nelle: salvo se fôr dia feriado, em que tal acto se não possa fazer (...) será obrigado a fazer (...) no primeiro dia logo seguinte não feriado (..)

Nas *Ordenações Afonsinas* – Liv. III, tit. XVIII = ed. Gulbenkian, 72 – o dia em que o termo *he assignado* contar-se-ia, ou não, consoante os casos.

> No computo de dias, mezes e annos, se entenderá nos contractos por dia o espaço de vinte e quatro horas; por mez, qual se acha designado no calendario gregoriano; e por anno, o decurso de trezentos e sessenta e cinco dias.

Continuava o 266.º: 10

> Em todas as obrigações mercantis a termo fixo, constante de numero determinado de dias, não se conta em caso algum o dia da data do contracto, senão o seguinte immediato; salva convenção expressa: conta-se porém o dia da expiração do termo, que se chama *dia do vencimento*.

6. O **Código Comercial de Veiga Beirão** (1888), no 311.º, sobre letras, dispunha: 11

> Entender-se-á por dia o espaço de vinte e quatro horas, começando-se a contar da primeira hora depois da meia noite; os ano serão os que se acham fixados pelo calendário gregoriano, e os meses serão computados em trinta dias.

7. O **Código de Seabra** estabeleceu um esquema completo: dele partiu o legislador de 1966. Segundo o seu 560.º: 12

> O tempo da prescrição conta-se por anos, meses e dias, e não de momento a momento, excepto nos casos em que a lei expressamente o determine.
>
> § 1.º O ano regula-se pelo calendário Gregoriano.
>
> § 2.º O mês é sempre computado em trinta dias.

A prescrição de trinta dias era reportada a dias de vinte e quatro horas, principiando a correr depois da meia noite (561.º). O dia em que começa a correr a prescrição conta-se por inteiro, ainda que não seja completo, mas o dia em que a prescrição finda deve ser completo (562.º). Finalmente, quando o último dia da prescrição fosse feriado, esta só se consideraria finda no primeiro dia seguinte não-feriado (563.º), todos do CS. Estas regras, reportadas apenas à prescrição, colidiam com outras, civis, comerciais e processuais. O Código procurou fixar um quadro geral[5], ainda que inserindo-o, porventura discutivelmente, a propósito do termo. 13

8. Preparatórios. O 279.º adveio de um anteprojeto Vaz Serra, relativo à prescrição[6]. O preceito, não numerado, surgia com a nota de se destinar a uma divisão especial da Parte geral[7]. 14

Na 1.ª Revisão, o preceito desaparece, sendo substituído por uma remissão para o tempo da prestação (276.º)[8], que não estava previsto. Ele ressurge na Revisão intercalar de 1964 (264.º)[9] e, depois, na 2.ª Revisão (279.º)[10], já com a forma definitiva. 15

III – Regime

9. Tipos de regras. O 279.º compreende: (1) regras destinadas a interpretar as declarações de vontade feitas pelas partes, a propósito da estipulação de termo; (2) regras gerais sobre o cômputo dos prazos. 16

(1) As **regras sobre a interpretação** das declarações aplicam-se a quaisquer outras fontes, quando estas assumam a configuração prevista: (a) quando o termo se reporte ao princípio,

[5] Adriano Vaz Serra, *Prescrição e caducidade*, 240 ss..
[6] *Idem*, 290-291.
[7] *Idem*, 290, nota 1259.
[8] *1.ª Revisão*, 117.
[9] *Revisão intercalar*, 102-103.
[10] *2.ª Revisão*, 109-110; *Projecto* (279.º), 80.

meio ou fim do mês, entende-se, como tal, o primeiro dia, o dia 15 e o último dia do mês [279.º, *a*), 1.ª parte]; (b) quando se fixe o princípio, meio ou fim do ano entende-se, respetivamente, o primeiro dia do ano, o dia 30 de junho e o dia 31 de dezembro (*idem*, 2.ª parte); (c) é havido, respetivamente, como prazo de uma ou duas semanas o designado por oito ou quinze dias (279.º, *d*), 1.ª parte); (d) é havido, respetivamente, como prazo de um ou dois dias o designado por 24 ou 48 horas (*idem*, 2.ª parte). Estas proposições procuram adaptar a linguagem corrente das pessoas à realidade jurídica, mais precisa.

18 (2) As **regras gerais** sobre a contagem dos prazos são: (a) na contagem de qualquer prazo não se inclui o dia (nem a hora, se o prazo for de horas) em que ocorreu o evento a partir do qual o prazo começa a correr [279.º, *b*)]: uma solução oposta à do 562.º do CS, mas que vai ao encontro da do 148.º CPC, em vigor aquando da preparação do Código[11]; (b) o prazo fixado em semanas[12], meses ou anos, a contar de certa data, termina às 24 horas do dia que corresponda, dentro da última semana, mês ou ano, a essa data [279.º, *c*), 1.ª parte]; como dizia o CS (562.º, 2.ª parte), o último dia deve ser completo; (c) se no último mês não existir dia correspondente, o prazo finda no último dia desse mês [279.º, *c*), 2.ª parte]; assim, se no dia 31 de julho se fixa um prazo de 2 meses, estes ter-se-ão por concluídos no 30 de setembro; uma especial atenção deve ser sempre dada ao mês de fevereiro; (d) o prazo que termine num domingo ou num feriado transfere-se para o primeiro dia útil [279.º, *e*), 1.ª parte]; (e) a 2.ª parte desse preceito, num esforço para aproximar os prazos substantivos dos adjetivos, veio equiparar as férias judiciais aos domingos e feriados, quando o ato sujeito a prazo tenha de ser praticado em juízo.

19 **10. Prazos processuais**: as suas especificidades remontam ao Direito romano: nos dias nefastos, não era possível aplicar a justiça. Mais tarde, têm a ver com as férias dos tribunais. Segundo o 66.º do CPC de 1876[13]:

> Os actos judiciaes não podem ser praticados em dias santificados, ou feriados, nem durante as ferias.

20 Quanto ao cômputo, o mesmo Código dispunha, no seu 68.º:

> § 3.º Não se conta no praso o dia em que elle começar, mas conta-se aquelle em que findar.
>
> § 4.º O praso corre durante as ferias e em dias feriados ou sanctificados, mas quando fôr feriado ou sanctificado ou estiver comprehendido nas ferias o ultimo dia, e o acto de que se tratar não poder, por sua natureza, praticar-se n'esses dias, o praso só terminará no seguinte primeiro dia util.
>
> § 5.º O praso de anno corre desde o dia em que teve começo até egual dia do mesmo mez no anno em que deve terminar (...) O praso de mez é sempre de trinta dias.

21 O CPC de 1939, no 146.º, § 1.º, determinava que o prazo expirado em férias, domingo ou feriado, transferia-se para o primeiro dia útil seguinte.

22 No CPC 1961, o esquema é diverso. De facto, segundo o seu 144.º, o prazo judicial suspendia-se durante as férias, sábados e domingos e dias feriados. Destinou-se esta reforma a evitar

[11] *Vide*, ainda, Manuel de Andrade, *Teoria geral da relação jurídica*, 2, 442.

[12] Incluindo, pois, o de oito ou de quinze dias, por via do artigo 279.º, *d*).

[13] Nos tribunais comerciais de 1.ª instância, "... não há férias senão em honra divina ..."; *vide* José Dias Ferreira, *Codigo de Processo Civil Annotado* 1 (1887), 132.

os inconvenientes, derivados da lei anterior de, no mesmo dia – por exemplo: o primeiro após as férias judiciais – se vencerem numerosos prazos, tudo em simultâneo, com grande confusão nos serviços.

Hoje, o 138.º do CPC manda suspender os prazos nas férias judiciais, com determinadas 23
exceções: conserva-se, pois e também aí, a diferença relativamente a prazos civis.

11. O âmbito dos prazos civis. A existência de duas técnicas distintas de contagem de prazos 24
– a dos prazos substantivos e a dos adjetivos – representa um fator de permanente sobressalto, no campo da prática. A reforma processual de 1995/1996, que provocou uma notável aproximação entre os dois sistemas, é, por isso e neste ponto, de aplaudir. Mantém-se, todavia, a diferença.

Os prazos civis relevam em várias áreas: (1) a contagem de uma pena de prisão obedece às 25
regras do 279.º, *c*)[14]; (2) o prazo para a interposição de recurso contencioso é substantivo, aplicando-se o 279.º, *e*)[15]; (3) o prazo de 90 dias para a regularização do cheque sem provisão, dado pela L 16/86, para efeitos de amnistia, não é judicial; segue o 279.º[16]; (4) o prazo dos contratos de trabalho a termo segue o cômputo do 279.º, *b*) e *c*)[17]; (5) o prazo para propor a suspensão de um despedimento é substantivo e não judicial[18]; (6) ao prazo para a prescrição dos créditos provenientes do contrato de trabalho (38.º da LCT) aplica-se por via do 296.º, o 279.º, *c*)[19] e o 279.º, *e*)[20]; (7) para efeitos de entrada em vigor do RAU, os 30 dias de *vacatio* observam o 279.º[21]; (8) o prazo de 30 dias fixado pelo 772.º/3 do CPC[22] (versão anterior à reforma de 95/96) é substantivo[23]; (9) o prazo para comunicar ao senhorio a ocorrência de um trespasse é substantivo[24]; (10) o prazo para a propositura da ação de fundo correspondente a um arrolamento tem natureza substantiva, expirando no primeiro dia útil após as férias judiciais[25]; (11) à contagem do período experimental, em contrato de trabalho aplica-se o 279.º, *b*)[26]; (12) o prazo de reflexão para a revogação de um contrato de mútuo é substantivo[27]; (13) as leis processuais administrativas fazem apelo ao 279.º[28]: uma opção que sempre resolve dúvidas potenciais, mas que se imporia por força do 296.º, vindo a ser aplicada, sem dificuldades, pela jurisprudência[29].

12. Disposições transitórias. O Código introduziu disposições transitórias nos seus 297.º e 26
299.º. A sua colocação é discutível: poderiam ter ficado junto ao 12.º, relativo à aplicação das leis no tempo ou figurar no diploma preambular que aprovou o Código Civil.

As soluções do Código são as seguintes: (1) se o prazo se tiver iniciado pela lei velha e a 27
lei nova o encurtar: reinicia-se a contagem, à luz da lei nova e à data da vigência desta; posto

[14] Assento do STJ(P) 5-dez.-1973 (Daniel Ferreira), BMJ 332 (1974), 37-40 (39) = DG I Série de 5-jan.-1974 13-14 (14/II).

[15] STA 2-fev.-1984 (Leitão Cardoso), AcD XXIII (1984), 272-273, 960-970.

[16] STJ 19-nov.-1986 (Almeida Simões), BMJ 361 (1986), 269-277 (271).

[17] RLx 5-abr.-1989 (Nuno Alvim), CJ XIV (1989) 2, 181-182.

[18] RLx 7-mar.-1990 (Rodrigues da Silva), CJ XV (1990) 2, 186-187 (187/II): estava-se, ainda, no âmbito do Decreto-Lei n.º 372-A/75, de 16 de julho, mais precisamente do seu artigo 11.º/5.

[19] STJ 4-nov.-1992 (Dias Simão), BMJ 421 (1992), 262-266 (264).

[20] STJ 18-jan.-1995 (Dias Simão) CJ/Supremo III (1995) 1, 250-252 (252/I).

[21] RLx 5-nov.-1992 (Silva Paixão), CJ XVII (1992) 5, 117-118 (118/II).

[22] Trata-se de um prazo para interpor recurso de revisão.

[23] RLx 3-jun.-1993 (Cruz Broco), CJ XVIII (1993) 3, 119-120 (120/I).

[24] STJ 9-nov.-1994 (Pereira Cardigos), CJ/Supremo II (1994) 3, 116-118 (118/I).

[25] REv 7-mar.-1996 (Manuel Pereira), BMJ 455 (1996), 589.

[26] RLx 1-abr.-1998 (Garcia Reis), CJ XXIII (1998) 2, 178-179 (179/I).

[27] STJ 6-nov.-2007 (Mário Cruz), CJ/Supremo XV (2007) 3, 127-129 (128).

[28] Assim o artigo 28.º/1 da LPTA.

[29] STA(P) 3-out.-1996 (Cruz Rodrigues), BMJ 460 (1996), 771-773 (772) e STA 6-mai.-1997 (Padrão Gonçalves), BMJ 467 (1997), 607.

isso, aplica-se o da lei velha ou o da lei nova, consoante o que primeiro expirar (297.º/1)[30]; (2) na mesma situação e se a lei nova alongar o prazo: este tem aplicação, mas computa-se, nele, o tempo decorrido desde o início (297.º/2); (3) tudo isto tem aplicação aos prazos fixados pelos tribunais ou por outras entidades (297.º/3).

Secção II – Objeto negocial. Negócios usurários

Artigo 280.º (Requisitos do objecto negocial)

1. É nulo o negócio jurídico cujo objeto seja física ou legalmente impossível, contrário à lei ou indeterminável.

2. É nulo o negócio contrário à ordem pública, ou ofensivo dos bons costumes.

Bibliografia: Adriano Vaz Serra, *Objecto da obrigação: a prestação: suas espécies, conteúdo e requisitos*, BMJ 74 (1958), 15-282 (80-237); António Menezes Cordeiro, *Tratado de Direito civil*, II, 4.ª ed. (2014), 541-605; *idem*, IX, 3.ª ed. (2017), 301-383 (quanto à impossibilidade); Carlos Mota Pinto, *Teoria geral do Direito civil*, 4.ª ed. (2005), 553-559; Elsa Vaz Sequeira, *UCP/Comentário ao Código Civil* (2014), 690-696; José de Oliveira Ascensão, *Direito civil/Teoria geral*, II, 2.ª ed. (2003), 310-336; José Ferreira Gomes, *A nulidade do negócio jurídico por contrariedade à lei (artigos 294.º e 280.º/1 CC): normas de conduta v. normas de validade*, Código Civil/Livro do Cinquentenário, II (2019), 167-198; Luís A. Carvalho Fernandes, *Teoria geral do Direito civil*, 2, 5.ª ed. (2012), 159-166; Manuel de Andrade, *Teoria geral da relação jurídica*, 2 (1960), 327--353; Nuno Pinto de Oliveira, *Princípios de Direito dos contratos* (2011), 509-562; Paulo Mota Pinto, *Interesse contratual negativo e interesse contratual positivo*, 2 (2008), 1225-1253; Rui Alarcão, *Breve motivação do anteprojecto sobre o negócio jurídico na parte relativa ao erro, dolo, coacção, representação, condição e objecto negocial*, BMJ 138 (1964), 71-122 (120-122); Pedro Pais de Vasconcelos, *Teoria geral do Direito civil*, 9.ª ed. (2019), 574-594.

Índice

[30] Deve entender-se que a lei nova fixa um "prazo mais curto" quando a lei velha não estabelecesse qualquer prazo, aplicando-se, então, o artigo 297.º/1: RPt 21-jul.-1971 (sem indicação de relator), BMJ 211 (1971), 328 (o sumário) e RLx 2-mai.-1973 (*idem*), BMJ 227 (1973), 202 (o sumário); em abono: Pires de Lima/Antunes Varela, *Código Civil Anotado*, 1, 4.ª ed., 271.

I – Preparatórios

1. O anteprojeto Rui de Alarcão, relativo ao objeto negocial, sugeriu[1]: 1

> 1.º *Requisitos do objecto negocial.* O objecto do negócio jurídico deve ser possível, lícito e determinado ou determinável.
>
> 2.º *Negócios contra a ordem pública ou contra os bons costumes.* 1. É nulo o negócio jurídico que contraria a ordem pública ou os bons costumes. (...)

O articulado proposto por Alarcão segue o sistema de Manuel de Andrade[2]. No que toca à redação, ele transcreveu, à letra, o 1346.º do Código Civil italiano[3]. 2

Quanto à conformidade aos bons costumes e à ordem pública: Alarcão remete para os estudos de Vaz Serra, sobre os requisitos da prestação[4]. Aí, propunha-se a regra do respeito pela ordem pública e pelos bons costumes e o princípio da nulidade do negócio, quando houvesse impossibilidade originária e objetiva da respetiva prestação[5]. 3

2. Revisões. Na 1.ª revisão, o articulado de Alarcão era respeitado[6]. Todavia, na 2.ª (280.º), Antunes Varela optou por fundir, num único preceito, a licitude, a possibilidade, a determinabilidade e a não-contrariedade à ordem pública e aos bons costumes[7]. Além disso, fixou esses requisitos pela negativa: cominando, à cabeça, a nulidade dos negócios que os não respeitassem. Esse foi o dispositivo que passou à versão final do Código Civil[8]. 4

Aparentemente inóqua, a alteração teve dois inconvenientes: (1) levou à duplicação com o (atual) 294.º (ainda que, pela interpretação, seja possível diferenciar os preceitos[9]); (2) dificultou a superação do requisito da possibilidade, requerida pela atual Ciência do Direito, bem como a ideia, hoje pacífica, de que a obrigação – e logo o negócio – subsistem sem o dever de prestação principal. 5

3. Requisitos: são: (a) possibilidade; (b) conformidade com a lei; (c) determinabilidade; (d) conformidade com a ordem pública; (e) conformidade com os bons costumes. A ordenação dogmaticamente correta não é essa: a possibilidade aproxima-se da determinabilidade e os bons costumes antecedem a ordem pública. Nesta cumpre distinguir a ordem pública interna ou, simplesmente, ordem pública e a ordem pública internacional. Todavia, na presente obra, mantemos a arrumação legal. 6

[1] Rui de Alarcão, *Do negócio jurídico/Anteprojecto para o novo Código Civil*, BMJ 105 (1961), 249-278 (271).

[2] Manuel de Andrade, *Teoria geral*, 2, 327 ss..

[3] Rui de Alarcão, *Breve motivação*, 120: apenas substituiu "contrato" por negócio.

[4] Mais precisamente: Adriano Vaz Serra, *Objecto da obrigação. A prestação – suas espécies, conteúdo e requisitos*, BMJ 74 (1958), 15-283, n.º 40 (260-261).

[5] *Idem*, artigos 2.º e 4.º/1 (262 e 263).

[6] *1.ª Revisão* (245.º e 246.º), 105-106.

[7] *2.ª Revisão*, 110; na *Revisão intercalar* (265.º e 266.º), 103, ainda se mantinham os preceitos separados.

[8] *Projecto* (280.º), 80.

[9] *Infra*, 294.º, anot. 7-8.

II – A possibilidade

7 **4. Ideia e evolução**. O negócio jurídico postula atuações humanas exequíveis, isto é, possíveis: no plano do conteúdo e no do objeto. O que não pode ser prestado, não pode ser devido, numa verdade natural, uma imposição da natureza das coisas ou num dado lógico-material. O ponto, por tão óbvio, dispensaria mesmo qualquer consagração legal[10]. Todavia, quer histórica, quer dogmaticamente, o problema é bem mais complexo.

8 A impossibilidade assume diversas formas; atinge o negócio *ab initio* ou em momento superveniente; revela-se geral ou, apenas, perante uma concreta parte; pode ser material ou jurídica; ocorre espontaneamente ou por via de alguma das partes. Em suma: a aparente simplicidade de origem não dispensa um tratamento jurídico-científico. Além disso, intervêm múltiplos acidentes histórico-culturais que, ao longo da História, lhe dão uma feição multifacetada.

9 **5.** No **Direito romano**, o bloqueio representado pela impossibilidade era reconhecido. Retemos Celso: *impossibilium nulla est obligatio*[11]. Exigia-se uma impossibilidade objetiva, física (motivada, por exemplo, pela perda do objeto) ou jurídica (presente, por exemplo, no negócio relativo a uma *res extra commercium*). A impossibilidade meramente atinente ao devedor não era exonerante.

10 **6.** Os textos romanos foram retomados, ao longo da História, tendo merecido uma especial atenção dos **pandectistas** e, em especial, a de Friedrich Mommsen (1818-1892). O requisito da possibilidade ficou assente, tendo sido acolhido por Windscheid (1817-1892), que exerceu especial influência na preparação do BGB. Segundo o seu hoje revogado § 306, *O contrato dirigido a uma prestação impossível é nulo.*

11 **7. Oscilações subsequentes**. A opção do BGB (1907) foi criticada por Ernst Rabel (1874--1955): a impossibilidade nem tinha ascendência romana, nem era uma decorrência apodítica, sendo desconhecida pela *Common Law*.

12 Mais tarde, os estudos de Christian Wollschläger (1970) vieram determinar que o requisito da possibilidade, fixado no Direito romano, ainda que sem uma teorização geral, se foi implantando, até ao racionalismo: um elemento que, tendo a sua lógica, pertence ao acervo dos conceitos continentais.

13 Não obstante, ele tem conhecido diversas formas de consagração. O Código Napoleão apenas indiretamente se reportava ao tema: ao exigir que o objeto dos contratos fosse uma coisa no comércio (1128.º). A doutrina não tem dúvidas, no entanto, em elencar a possibilidade, entre os requisitos do contrato.

14 A reforma alemã de 2001/2002 do BGB suprimiu a possibilidade como requisito do negócio. Quando muito, ela pode afetar a prestação principal. A obrigação mantém-se assente em prestações secundárias e em deveres acessórios.

15 **8.** O **Código de Seabra**, acolhendo a tradição do Direito comum, veio dispor[12]:

> 669.º É nullo o contrato, cujo objecto não seja physica e legalmente possivel.
>
> 670.º Nos contratos só se considera como physicamente impossivel o que o é absolutamente em relação ao objecto do contrato, mas não em relação à pessoa que se obriga.

[10] Indicações: *Tratado*, II, 4.ª ed., 544-547.

[11] Em português: a obrigação de impossíveis é nula.

[12] José Dias Ferreira, *Codigo Civil Portuguez Annotado*, 2, 1.ª ed., 174 e 2.ª ed., 17.

A doutrina tomou essas disposições como evidências apodíticas. Guilherme Moreira falava mesmo em inexistência, reportada aos negócios jurídicos cujo objeto, pela ordem natural das causas ou em virtude da ordem jurídica, não seja possível[13]. Na base do articulado de Seabra, a doutrina isolava e contrapunha os diversos tipos de impossibilidade: absoluta e relativa, física e jurídica e temporária e definitiva[14]. Manuel de Andrade dedicou, ao requisito da possibilidade, páginas importantes e desenvolvidas[15]. 16

9. Na **preparação do Código de 1966**, a possibilidade veio a ser convocada por duas áreas. A Parte geral, em preceitos preconizados por Rui de Alarcão, inseria a possibilidade entre os requisitos do negócio jurídico. Como vimos, na 2.ª revisão, Antunes Varela convolou os requisitos do negócio jurídico para uma causa de nulidade, quando faltassem[16]. O Direito das obrigações, em artigos provenientes dos estudos de Vaz Serra, refere as situações de impossibilidade superveniente, não imputável (790.º a 797.º) e imputável (801.º a 803.º) ao devedor. 17

A dispersão do Código Civil, com uma referência única e indiferenciada à impossibilidade inicial e com um subsistema dogmático mais completo, no que tange à impossibilidade superveniente, obriga a um tratamento conjunto da matéria. Nos últimos anos, houve progressos jurídico-científicos assinaláveis, neste domínio. Eles devem ser tidos em conta, na linha de uma interpretação moderadamente atualista das fontes[17]. 18

10. Modalidades. (1) **Física ou jurídica**, consoante o conteúdo ou o objeto contundam, ontologicamente, com a natureza das coisas ou com o Direito[18]. No caso da possibilidade física, cabe distinguir: (a) ela pode ser vedada pela falta de substrato: pense-se no negócio de reparação de uma casa, quando esta arda totalmente ou na prestação de serviço médico, a um paciente que faleça; (b) ela pode perder conteúdo por supressão do escopo: o fornecimento de um vestido de noiva, quando a interessada já tenha casado. A jurisprudência documenta hipóteses de impossibilidade jurídica, superveniente ou inicial[19]. 19

[13] Guilherme Moreira, *Instituições do Direito civil*, 1, n.º 176 (460-461).

[14] Luiz da Cunha Gonçalves, *Tratado*, 4, n.º 526 (338-339).

[15] Manuel de Andrade, *Teoria geral*, 2, 327-332.

[16] *Supra*, anot. 4.

[17] *Vide* o nosso *Da modernização do Direito civil* 1 (2004), 105 ss.; Eduardo dos Santos Júnior, *Da impossibilidade pessoal de cumprir: breve confronto do novo Direito alemão com o Direito português*, O Direito 142 (2010), 423-434 = Centenário Paulo Cunha (2012), 313-326; Gabriela Mesquita Sousa, *Impossibilidade de cumprimento da obrigação: as alterações do regime alemão e as normas do Código Civil português*, em Maria Olinda Garcia (org.), *Estudos sobre incumprimento do contrato* (2011), 105-130; Menezes Cordeiro, *Tratado*, IX, 3.ª ed. (2017), 312 ss.; Catarina Monteiro Pires, *Impossibilidade da prestação* (2018), 882 pp.; *idem*, *Quatro proposições em torno da vinculação debitória, revisitando o Código Civil de 1966, no seu cinquentenário: impossibilidade, abuso do direito, alteração das circunstâncias e diligência exigível*, Código Civil/Livro do Cinquentenário, I (2019), 163-184.

[18] A lei distingue a impossibilidade jurídica e a contrariedade à lei. O negócio juridicamente impossível é, latamente, contrário à lei: sê-lo-ão, de resto, todos os negócios que não reúnam os diversos requisitos. Todavia, a impossibilidade jurídica distingue-se de uma contrariedade à lei, em sentido restrito, por pressupor um objeto jurídico que, independentemente de quaisquer regras, sempre seria inviável. O tema acusa flutuações: Mota Pinto, *Teoria geral*, 4.ª ed., 556-557 e Castro Mendes, *Teoria geral*, 2, 265 ss. e, perante o Código de Seabra, Dias Marques, *Teoria geral*, 2, 44 ss., Manuel de Andrade, *Teoria geral*, 2, 328 ss. e Galvão Telles, *Manual dos contratos em geral*, 3.ª ed., 416.

[19] Assim: RLx 2-nov.-2000 (Urbano Dias), CJ XXV (2000) 5, 71-78 (caso Benfica/Olivedesportos), em que se considerou impossível, juridicamente, a cedência de direitos transmissivos a quem não estivesse habilitado como estação televisiva e RLx 22-mai.-2001 (Ferreira Girão), XXVI (2001) 3, 96-98 – torna-se impossível o contrato-promessa que vise um prédio depois integrado num parque natural. O Supremo, em STJ 13-fev.-2001 (Tomé de Carvalho), CJ/Supremo IX (2001) 1, 113-117 (116), explica que a impossibilidade física se reporta ao objeto (mediato) e não às cláusulas. Todavia, a REv 22-jan.-2004 (Bernardo Domingos), CJ XXIX (2004) 1, 238-242 (241/II), entendeu como legalmente impossível a compra de um automóvel com o número de *chassis* modificado. Na verdade, quer o conteúdo (cláusulas) quer o objeto (mediato) podem ser física ou legalmente impossíveis, dependendo das circunstâncias.

20 (2) A possibilidade é **absoluta ou relativa** – também dita objetiva ou subjetiva –, conforme atinja o objeto do negócio, sejam quais forem as pessoas envolvidas ou, pelo contrário, opere somente perante os sujeitos concretamente considerados. Apenas a absoluta é verdadeira impossibilidade: o sujeito especificamente impedido de atuar certo negócio pode celebrá-lo, desde que se faça, depois, substituir na execução[20]. Esta distinção explica a possibilidade de negociar coisas futuras, mesmo na hipótese de estas existirem, mas fora da esfera do disponente (211.º e 401.º/2).

21 (3) A possibilidade é **temporária ou definitiva** em função da sua extensão temporal e em termos de previsibilidade: no primeiro caso, é previsível que ela cesse, ao contrário do que sucede no segundo. Enquanto requisito negativo, releva a impossibilidade definitiva; sendo ela meramente temporária, o negócio poderá ser viável, dentro das regras das coisas futuras.

22 (4) Distingue-se ainda a impossibilidade **efetiva** da impossibilidade meramente **económica**. No primeiro caso, o objeto do negócio é ontologicamente inviável. No segundo, ele é pensável, mas surge economicamente tão pesado, que se torna injusto ou iníquo. Todavia, as únicas entidades capazes de, em concreto, fixar bitolas de "justiça" ou de "equidade" são as próprias partes. A menos que se verifique erro ou outro vício relevante, o objeto "difícil", tendo sido querido validamente pelas partes, é juridicamente operacional.

23 Retenha-se a ideia de que a "possibilidade" deve ser aferida em termos de normalidade social e não, apenas, de viabilidade matemática[21].

24 (5) A impossibilidade **inicial** e a **superveniente**: a primeira opera logo no momento da celebração, vindo a segunda a manifestar-se, apenas, mais tarde[22]. As consequências dogmáticas são importantes: a inicial conduz à aplicação do 280.º/1: implica a nulidade do negócio; a superveniente conduz à extinção da obrigação, quando a impossibilidade ocorra por causa não-imputável ao devedor (790.º/1) ou na sua extinção com aplicação das regras do incumprimento, quando o próprio devedor ocasione a responsabilidade (801.º/1).

25 (6) Uma interessante modalidade, introduzida por Paulo Cunha, é a da **impossibilidade moral**[23]. Desta feita, o objeto seria inviável por contrariar uma conjunção de normas ou de princípios jurídicos[24]. Ocorre num negócio cujo objeto, em si possível, física e juridicamente, exija, no seu cumprimento, a violação de valores. A possibilidade deve ser aferida *in concreto*. A "impossibilidade moral" é uma modalidade de impossibilidade jurídica, quando estejam em causa dados fundamentais do sistema jurídico, expressos pela ideia de "boa-fé".

III – A não-contrariedade à lei

26 **11. A licitude; quadro geral.** A autonomia privada, expressa nos diversos negócios jurídicos, não é ilimitada. O Direito, através de normas e de princípios, norteia as condutas humanas, de acordo com um sistema que aspira a uma harmonia científica, segundo valores histórica e culturalmente elaborados. O espaço dado, aos particulares, pelo Direito privado, é extenso. Mas tem

[20] *Vide* os 401.º/3 e 791.º.

[21] Nas palavras de STJ 13-nov.-1997 (Costa Soares), CJ/ /Supremo V (1997) 3, 135-138 (137/I): a impossibilidade de uma obrigação ocorre "... não só quando esta se torne seguramente inviável, mas também quando a probabilidade da sua realização, por não depender apenas de circunstâncias controláveis, pela vontade do devedor, se torne extremamente improvável".

[22] STJ 11-out.-2001 (Miranda Gusmão), CJ/Supremo IX (2001), 81-87 (85/II).

[23] *Vide* a nossa *A "impossibilidade moral": do tratamento igualitário no cumprimento das obrigações*, em *Estudos de Direito civil*, 1 (1994), 143-197.

[24] Tribunal Arbitral 30-mai.-1944 (Paulo Cunha), O Direito 77 (1945), 181-192, 210-224 e 250-256, confirmado por RLx 26-mai.-1945, O Direito 77 (1945), 282-286.

margens. A licitude é o requisito dos negócios jurídicos que consiste na não-ultrapassagem dos limites injuntivos do ordenamento.

A licitude do negócio tem dois alcances: (1) em sentido amplo, o negócio é lícito quando surja perfeito, isto é, quando integre os diversos requisitos postos, pela lei, para a sua plena eficácia; nesta aceção, a licitude absorve todos os demais requisitos e, designadamente: a possibilidade, a determinabilidade e a conformidade com os bons costumes e a ordem pública; além disso, poderiam ser convocadas as demais imposições jurídicas, como as atinentes à forma e ao processo de formação; (2) em sentido restrito, a licitude do negócio diz-nos que, dele, não resultam condutas executivas contrárias a normas jurídicas imperativas. 27

Na ilicitude restrita ou *proprio sensu*, podemos distinguir: (1) a ilicitude da conduta em si: o sujeito obriga-se a ultrapassar os limites legais da velocidade; (2) a ilicitude do resultado: o sujeito obriga-se a furtar uma quantia[25]; (3) a ilicitude dos meios: o sujeito obriga-se a assistir ao desafio desportivo, sem pagar o ingresso; (4) a ilicitude do fim: o sujeito adquire uma carabina para disparar sobre o vizinho; (5) a ilicitude da relação meios/resultado ou meios/fim: o sujeito obriga-se a, por meios em si lícitos (comprar uma arma, com observância do condicionalismo legal), para resultados em si lícitos (casar) ou para fins também lícitos (ser feliz), mas estabelecendo, entre eles, uma relação inaceitável (ameaçar a noiva para que dê o assentimento). 28

12. Os 280.º/1 e 294.º. O Código contém diversas normas imperativas, embora a tónica geral, particularmente no Direito das obrigações, resida na supletividade. Caso a caso haverá que poderar as consequências da sua inobservância. Na Parte geral, o Código consagrou o princípio geral da licitude, como corolário da existência de limites à autonomia privada. Ele apoia-se nos 280.º/1 e 294.º[26], funcionando perante normas imperativas[27], como evidência, ao ponto de, por vezes, nem se referirem aqueles preceitos[28]. O 294.º considera nulos os negócios contrários a leis imperativas. 29

A presença de dois preceitos relativos à licitude dos negócios deve ser explicada. O 280.º/1 deriva do anteprojeto de Rui de Alarcão sobre o objeto do negócio, tendo emergido da necessidade de, com base no 1346.º do Código italiano, fixar, em geral, os requisitos do negócio[29]. Já o 294.º proveio do projeto de Rui de Alarcão sobre a invalidade dos negócios jurídicos[30]. Aí, a abrir a matéria das invalidades, o Autor começou por definir a consequência da violação da lei imperativa: 30

> Os negócios jurídicos praticados contra disposição da lei, quer esta seja proibitiva quer preceptiva, envolvem invalidade, salvo nos casos em que da mesma lei resultar o contrário.

Este preceito foi evoluindo: no projeto geral de Rui de Alarcão sobre negócio jurídico (61.º)[31], na 1.ª revisão ministerial (261.º)[32] e sobretudo na 2.ª (280.º), onde, com a formulação negativa, ele foi aproximado da nulidade, tendo o texto definitivo surgido no pro- 31

[25] Um exemplo de jurisprudência: RLx 8-mai.-1997 (Pessoa dos Santos), CJ XXII (1997) 3, 73-82 (81/I): um acto de acessão industrial imobiliária perante um prédio clandestino; ou, ainda, um contrato de florestação com eucaliptos em área ardida, quando o 4.º do DL 172/88, de 16-mai., proibia, na época, reconversões culturais, durante o período dos dez anos subsequentes ao incêndio.

[26] STJ 4-jun.-1998 (Almeida Silva), CJ/Supremo VI (1998) 2, 108-112 (111/I).

[27] RLx 10-mar.-1998 (André dos Santos), CJ XXIII (1998) 2, 90-93 (92/II).

[28] STJ 10-fev.-1998 (Costa Soares), CJ/Supremo VI (1998) 1, 56-58 (18).

[29] *Supra*, anot. 1-2.

[30] Rui de Alarcão, *Invalidade dos negócios jurídicos*, BMJ 89 (1959), 199-267 (202).

[31] Rui de Alarcão, *Do negócio jurídico*, 278.

[32] BMJ 107 (1961), 111.

jeto[33]. Ou seja: enquanto (hoje) o 280.º/1 fixa a delimitação negativa do conteúdo do negócio, o artigo 294.º explicita o tipo de invalidade que cabe, perante o negócio contrário à lei imperativa. E (também hoje) ambos os preceitos confluem indicando a nulidade.

32 Os 280.º/1 e 294.º, referidos em conjunto ou separadamente, têm sido usados, na jurisprudência, em casos deste tipo:

> RLx 16-dez.-2003: é nula a prestação de uma garantia, pela sociedade, fora das situações previstas pelo 6.º/3, do CSC[34];
> RCb 20-abr.-2004: uma venda realizada com abuso do direito é nula; no caso, um mandatário, podendo contratar consigo mesmo, vende (e adquire) um prédio por metade do seu valor[35];
> RPt 13-dez.-2004: são nulas as normas dos estatutos das associações que violem a lei[36];
> STJ 13-dez.-2007: o abuso do direito pode conduzir à nulidade, por via do artigo 294.º[37].

33 Em rigor, o 294.º é mais amplo do que o 280.º/1. Um negócio jurídico cujo objeto seja lícito pode, por razões circundantes, contundir com normas de conduta imperativas: cai no 294.º[38].

34 **13. A conformidade legal** corresponde a um requisito residual destinado a facultar a sistematização dos fatores que a lei exija para a validade de negócios específicos. Assim, os direitos litigiosos não podem ser cedidos às pessoas referidas no 579.º; os pais e avós não podem vender a filhos ou netos excepto nas condições referidas no 877.º.

IV – A fraude à lei

35 14. **Origem**[39]. As fontes romanas deram diversas aplicações concretas. Na origem, a *fraus* traduzia uma quebra do Direito, particularmente uma quebra da lealdade. Mais tarde, o termo evoluiu para a causação propositada de danos, em especial através de burla. Os atos em fraude à lei distinguir-se-iam dos atos contrários à lei. É muito conhecida e citada a contraposição de Paulo:

> Age contra a lei aquele que fez aquilo que a lei proíbe; age em fraude à lei aquele que evita o comando dela, respeitando as palavras da lei[40].

36 No Direito alemão, a fraude à lei (contornar a lei) consiste em alcançar um fim proibido através de um negócio permitido. Sendo vedado o fim, vedado fica o negócio que o pretenda obter: a fraude à lei não tem, pois, autonomia.

37 No Direito italiano, a fraude à lei conservou-se por mais tempo, constando do abaixo transcrito 1344.º do Código Civil.

38 Frente a frente duas teorias: a objetiva e a subjetiva: (1) a objetiva fazia depender a fraude à lei do simples facto de o ato visado prosseguir, em si, um escopo proibido; o problema reside em distinguir a fraude à lei da atuação pura e simplesmente contrária à lei; (2) a subjetiva pressu-

[33] Jacinto Rodrigues Bastos, *Das relações jurídicas Segundo o Código Civil de 1966*, IV *Arts. 285.º a 333.º* (1969), 71. A solução adveio da *Revisão intercalar* (279.º), 108.

[34] RLx 16-dez.-2003 (Tibério Silva), CJ XXVIII (2003) 5, 122-126 (125/II).

[35] RCb 20-abr.-2004 (Emídio Rodrigues), CJ XXIX (2004) 2, 26-28 (28/II).

[36] RPt 13-dez.-2004 (Fonseca Ramos), CJ XXIX (2004) 5, 196-201 (201/I).

[37] STJ 13-dez.-2007 (Mário Cruz), Proc. 07A3023.

[38] José Ferreira Gomes, *A nulidade do negócio por contrariedade à lei*, 189 ss.

[39] Em especial: A. Barreto Menezes Cordeiro, *Do Trust no Direito civil* (2013), § 37.º (767 ss.), com indicações; *Tratado*, II, 4.ª ed., 574-583.

[40] Paulo, D. 1.3.29; também Ulpiano, D. 1.3.30; usa-se a tradução de João de Castro Mendes, *Teoria geral*, 2, 332.

punha, na fraude à lei, uma intenção do agente de evitar a aplicação da norma imperativa; mas poderia contrapor-se que a intenção, só por si, não relevaria, desde que o agente se movimentasse dentro do espaço permitido. O relevo deriva do 1344.º do Código Civil italiano:

> Também se considera ilícita a causa quando o contrato constitua um meio para iludir a aplicação de uma norma imperativa.

A sanção reside no 1418.º/II do mesmo Código: a nulidade do negócio. 39

15. O Direito português: à partida, tanto o CS como o de 1966 são omissos. O problema da fraude à lei foi divulgado por Beleza dos Santos: vem aderir à construção germânica da não-autonomia do instituto: tudo residiria numa questão de interpretação dos factos legais em causa[41]. 40

Manuel de Andrade voltou ao assunto com várias precisões, mas em termos bastante próximos[42]. Definindo os negócios em fraude à lei nos termos clássicos como "...aqueles que procuram contornar ou circunvir uma proibição legal, tentando chegar ao mesmo resultado por caminhos diversos dos quais a lei designadamente previu e proibiu...", Manuel de Andrade expõe as teorias subjetiva e objetiva, acabando por aderir à segunda[43]. E fazendo-o, não pode deixar de pôr em crise a autonomia da fraude, reconduzindo-a à interpretação. 41

Esta posição surge na doutrina posterior ao Código Civil de 1966, ainda que com diversas precisões: Mota Pinto[44], Castro Mendes[45], Vaz Serra[46], Carvalho Fernandes[47] e nós próprios[48]. O que não constitui surpresa: no âmbito da preparação do Código Civil, tal foi a opção feita pelos especialistas que intervieram diretamente nesse ponto: Vaz Serra[49] e Rui de Alarcão[50]; e por isso mesmo, esses autores vieram a concluir não ser necessário inserir no Código um preceito específico sobre o tema[51]. Acrescente-se, ainda, que esta orientação é acolhida na jurisprudência. Como diz o Supremo: "em suma e na realidade, o negócio em fraude à lei é sempre um negócio contrário a ela"[52]. 42

16. Posição adotada. Hoje, entendemos que a fraude à lei é uma forma de ilicitude que envolve, por si, a nulidade do negócio[53]. A sua particularidade reside no facto de as partes terem tentado, através de artifícios mais ou menos assumidos, conferir ao negócio uma feição inóqua. A fraude à lei exige uma interpretação melhorada dos preceitos vigentes: (1) se se proíbe o resultado, também se proíbem os meios indiretos para lá chegar[54]; nas palavras da Relação do Porto: 43

[41] José Beleza dos Santos, *A simulação*, 1, 101 ss..
[42] Manuel de Andrade, *Teoria geral*, 2, 337 ss..
[43] Manuel de Andrade, *Teoria geral*, 2, 338.
[44] Carlos Alberto da Mota Pinto, *Teoria geral*, 4.ª ed., 557.
[45] João de Castro Mendes, *Teoria geral*, 2, 332-334.
[46] Adriano Vaz Serra, *Anot. ao acórdão do STJ de 6-Jan.-1976* (Oliveira Carvalho), RLJ 110 (1977), 26-29 (28).
[47] Carvalho Fernandes, *Teoria geral*, 2, 5.ª ed., 161, quando considera que a fraude à lei (apenas) implica ilicitude indireta: as partes procuram, por via lícita, atingir um resultado proibido.
[48] Menezes Cordeiro, *Teoria geral*, 2, 2.ª ed., 123-124.
[49] Adriano Vaz Serra, *A prestação*, 15-283 (n.º 29).
[50] Rui de Alarcão, *Breve motivação*, 120-121.
[51] Em especial Rui de Alarcão, *Breve motivação*, 121.
[52] STJ 9-mai.-1985 (Góis Pinheiro), BMJ 347 (1985), 404-408 (407). Também a RLx 2-dez.-1997 (Dinis Nunes), BMJ 472 (1998), 552 (o sumário), equipara a fraude à lei à violação direta da lei, aplicando o 280.º.
[53] Alteramos, em parte, a posição que defendemos em anteriores edições do *Tratado*: em especial, somos sensíveis à argumentação deduzida por A. Barreto Menezes Cordeiro, *Do* Trust, 776-777.
[54] Assim: por lei, só os farmacêuticos podiam ser donos de farmácias; era nulo o esquema que consiste em adquirir uma farmácia através de uma sociedade irregular com intervenção formal de uma farmacêutica: RPt 29-abr.-1999 (Custódio Montes), CJ XXIV (1999) 2, 212-219 (216/I).

> (...) a cláusula revela-se contrária à lei, seja por violação frontal, seja porque o cumprimento da prestação contratual produziria um resultado que a lei quis impedir e que teve por ofensivo do interesse social[55]

(2) se se proíbe apenas um meio (por se apresentar perigoso ou insidioso) fica em aberto a possibilidade de percorrer outras vias que a lei não vede.

44 Nalguns casos a lei, depois de prescrever certo regime, proíbe expressamente os negócios que possam contorná-lo: assim sucedia no Direito do trabalho, com os contratos a termo, no domínio do DL 781/76, hoje revogado. Segundo o 3.º/2 desse diploma:

> A estipulação de prazo será nula se tiver por fim iludir as disposições que regulam o contrato sem prazo.

45 Este preceito originou a grande maioria das decisões judiciais que referem a figura da fraude à lei[56]. Todavia e pela forma indireta por que ele mencionava a licitude, deu sempre azo a dúvidas. A posterior LCCT, nos seus artigos 41.º e seguintes, tratava o regime do contrato a termo com maior precisão. Evitou um preceito semelhante ao acima transcrito. O Código do Trabalho fechou o círculo: a fraude à lei tem, no Direito do trabalho, o mesmo papel que assume no civil. A fraude à lei poderia, noutro contexto, designar o abuso do direito[57]. Esta figura não pode, todavia, deixar de ser estudada enquanto tal: tem uma vincada identidade dogmática.

46 Apesar destas particularidades que a enfraquecem, a fraude à lei assenta numa composição linguística muito clara, fortemente marcada pela História. Enquanto manifestação particular da ilicitude, repousa em três pontos: (1) uma aparência inóqua; (2) uma intenção específica de prosseguir um objetivo vedado por lei; (3) a efetiva consecução desse objetivo.

47 O Código consagra-a no Direito internacional privado. Segundo o 21.º, epigrafado "fraude à lei":

> Na aplicação das normas de conflitos são irrelevantes as situações de facto ou de direito criadas com o intuito fraudulento de evitar a aplicabilidade da lei que, noutras circunstâncias, seria competente.

48 Requer-se um "intuito fraudulento". Outros preceitos legais podem ser referidos. Segundo o 27.º do DL 133/2009, de 2-jun., relativo ao crédito ao consumo, epigrafado "fraude à lei":

> 1. São nulas as situações criadas com o intuito fraudulento de evitar a aplicação do disposto no presente decreto-lei.
>
> 2. Configuram, nomeadamente, casos de fraude à lei:
>
> *a*) O fracionamento do montante do crédito por contratos distintos;
>
> *b*) A transformação de contratos de crédito sujeitos ao regime do presente decreto-lei em contratos de crédito excluídos do âmbito da aplicação do mesmo;

[55] RPt 24-mai.-2001 (Alves Velho), CJ XXVI (2001) 3, 201204 (204/I).

[56] RCb 7-out.-1993 (Sousa Lamas), CJ XVIII (1993) 4, 99-101 (100/I) e RLx 13-abr.-1994 (Dinis Roldão), CJ XIX (1994) 2, 166-169 (168/II), como exemplos.

[57] RPt 3-fev.-2004 (Fernando Samões), CJ XXIX (2004) 1, 172-178 (177/I).

c) A escolha do direito de um país terceiro aplicável ao contrato de crédito, se esse contrato apresentar uma relação estreita com o território português ou de um outro Estado membro da União Europeia.

A jurisprudência conhece a fraude à lei e faz, dela, uma certa aplicação. Assim: 49

– *STJ 22-jan.-2008*: não há ilicitude por fraude à lei quando uma procuração, pretensamente outorgada contra o 281.º, não tenha servido para a conclusão de qualquer negócio[58];
– *STJ 27-jan.-2010*: o direito de denúncia facultado, ao senhorio, para habitação própria não funciona quando a necessidade habitacional tenha sido intencionalmente criada, segundo o 109.º do RAU, então em vigor; estão em causa condutas fraudulentas, que criem uma falsa necessidade de habitação[59];
– *STJ 13-abr.-2010*: o direito de remição previsto no 912.º do CPC (hoje, 842.º do CPC de 2013) visa preservar, na família, certos bens executados; pode-se, perante essa finalidade, equacionar a verificação de fraude à lei, por parte do remidor, desde que se prove que o exercício de tal direito visou arranjar uma forma de mais tarde ou mais cedo, poder facilmente negociar o bem em jogo[60];
– *STJ 7-jun.-2011*: a técnica que consiste em dividir matricialmente um prédio, sempre sob a mesma titularidade e, depois, vender as parcelas a pessoas diferentes, não é admissível: há, de facto, um fracionamento não permitido, legitimado em fraude à lei[61];
– *19-abr.-2012*: não é possível, através da acessão industrial imobiliária, em fraude à lei, adquirir-se uma parcela de terreno sem observância das normas imperativas relativas aos destaques[62].

A fraude à lei fica disponível como mais um instrumento ao serviço da concretização do Direito. Deve ser usada com parcimónia, para não pôr em causa uma regra civil básica: é permitido quanto, por lei formal, não for proibido. 50

V – A determinabilidade (280.º/1)

17. Ideia geral e evolução. Um negócio traduz um conteúdo comunicativo: quer as partes quer terceiros tomam conhecimento do que ele signifique, de modo a poderem comportar-se em consonância. Quando dele não derive uma informação clara, estamos perante um negócio indeterminável. A indeterminabilidade pode resultar de uma confusão vocabular inultrapassável ou de uma remissão para realidades que, por si, não tenham um teor percetível. 51

Cumpre distinguir entre um negócio indeterminado e um negócio indeterminável. No primeiro caso, o negócio não permite, de momento, apreender o seu objeto ou o seu conteúdo; não obstante, quer as partes, quer a lei podem comportar dispositivos que, ulteriormente, facultem uma determinação: veja-se o 400.º, quanto à determinação da prestação e o 883.º, quanto à determinação do preço. O negócio é indeterminado, mas surge determinável. No segundo caso, o negócio é, de todo, indeterminável. 52

O CS, que referia expressamente o requisito da possibilidade (669.º e 670.º), completava, no 671.º: 53

> Não podem legalmente ser objecto de contracto:
>
> (...)
>
> 3.º As cousas cuja especie não é, ou não póde ser determinada.

[58] STJ 22-jan.-2008 (Nuno Cameira), Proc. 07A4255 = CJ/Supremo XVI (2008) 1, 55-56 (56/II).

[59] STJ 27-jan.-2010 (Rodrigues dos Santos), Proc. 7521/03.

[60] STJ 13-abr.-2010 (Urbano Dias), Proc. 477-D/1996.

[61] STJ 7-jun.-2011 (Nuno Cameira), Proc. 197/2000.

[62] STJ 19-abr.-2012 (Lopes do Rego), Proc. 34/09.

54 A determinabilidade era reconduzida à ideia de legalidade: como tal é considerada por Manuel de Andrade[63].

55 Na preparação do Código de 1966, pesou o 1346.º do Código italiano. Este preceito elencava, como realidades distintas, a possibilidade, a licitude e a determinabilidade, refletindo-se nos preparatórios e no texto final.

56 **18. Autonomia dogmática.** A determinabilidade do conteúdo e a do objeto do negócio tendem a ser aproximadas da possibilidade de ambas essas realidades[64]: o negócio que, para as partes, implique condutas indeterminadas e indetermináveis torna-se de execução impossível. Todavia, a prática moderna permite detetar, na determinabilidade, um valor autónomo, particularmente importante para a defesa das pessoas e, em especial, dos consumidores.

57 A possibilidade implica uma dogmática própria: surge inicial ou superveniente, objetiva ou subjetiva, temporária ou definitiva e material ou jurídica. As regras aplicáveis podem ser distintas, de modo a encontrar, para cada situação, saídas adequadas. A determinabilidade coloca um tema de consciência na conformação da vontade negocial. Uma pessoa que se obrigue a um negócio de conteúdo indeterminável – leia-se: no momento da conclusão – dá um salto no escuro. Se o contrato se mantiver, para sempre, indeterminável, ninguém o pode cumprir. E se, supervenientemente, ocorrer uma determinabilidade ou, quiçá, uma determinação? Será que o contratante previu o sentido que o negócio iria assumir? Poderia tê-lo feito? Compreende-se, a essa luz, o cuidado revelado pelo 280.º/1: procura proteger, em interpretação atualista, as partes contra tais imponderáveis.

58 **19. Aplicação: a tutela da parte fraca.** A jurisprudência é relevante, tutelando a parte fraca:

- é nula, por o seu objeto ser indeterminável, a fiança em que os fiadores se responsabilizam por todas e quaisquer responsabilidades a assumir por sociedade comercial perante um banco, provenientes de toda e qualquer operação em Direito permitida, feita com aquela sociedade ou em que ela fosse, por qualquer modo, responsável: STJ 19-fev.-1991[65], STJ 21-jan.-1993[66], RPt 28-mai.-1996[67], STJ 18-jun.-1996[68] e STJ 3-fev.-1999[69];
- sempre que o objeto da obrigação seja assumido de modo vago e incapaz de defini-la ou de concretizá-la, o negócio é nulo; o nosso Direito não acolhe a fiança *omnibus*: STJ 15-jun.-1994[70];
- é nula a fiança de responsabilidades futuras do devedor se estas não estiverem determinadas ou fixado o critério para a sua determinação: STJ 14-dez.-1994[71], STJ 22-jun.-1999[72] e STJ 30-set.-1999[73];
- a garantia por fiança de relações resultantes de um programa negociável ou relação complexa de negócios teria, inevitavelmente, um conteúdo indeterminável porque, dada a amplitude das relações em causa, os fiadores obrigar-se-iam, ilimitadamente, correndo um risco de difícil avaliação, ficando inteiramente à mercê do banco credor: STJ 19-out.-1999[74];

[63] Manuel de Andrade, *Teoria geral*, 2, 333.

[64] *Vide* RPt 22-jan.-1991 (Martins da Costa), CJ XVI (1990) 1, 231-235.

[65] STJ 19-fev.-1991 (Beça Pereira), ROA 1991, 525-541, anot. Menezes Cordeiro, favorável, revogando RPt 8-fev.-1990 (Simões Ventura), CJ XV (1990) 1, 241-244 (243/II), de sinal inverso.

[66] STJ 21-jan.-1993 (Raúl Mateus), CJ/Supremo I (1993) 1, 71-74 (74).

[67] RPt 28-mai.-1996 (Mário Cruz), CJ XXI (1996) 3, 204-212 (210/II).

[68] STJ 18-jun.-1996 (Metello de Nápoles), BMJ 458 (1996), 281-286 (285).

[69] STJ 3-fev.-1999 (Miranda Gusmão), BMJ 484 (1999), 333-338 (338) = CJ/Supremo VII (1999) 1, 75-78 (78/I).

[70] STJ 15-jun.-1994 (Martins da Fonseca), BMJ 438 (1994), 471-476 (476).

[71] STJ 14-dez.-1994 (Sá Couto), BMJ 442 (1995), 185-190 (189).

[72] STJ 22-jun.-1999 (Francisco Lourenço), BMJ 488 (1999), 337-344 (343-344).

[73] STJ 30-set.-1999 (Noronha Nascimento), CJ/Supremo VIII (1999) 3, 48-49 (49/I).

[74] STJ 19-out.-1999 Garcia Marques), BMJ 490 (1999), 262-269 (268 e 269).

– é nula, por indeterminabilidade do seu objeto, a fiança de obrigações futuras, quando o fiador se constitua garante de todas as responsabilidades provenientes de qualquer operação em Direito consentida, sem menção expressa da sua origem ou natureza e independentemente da qualidade em que o afiançado intervenha: acórdão uniformizador de jurisprudência n.º 4/2001, de 23-jan.-2001[75];
– é nula a locação financeira cujo valor residual seja indeterminável: STJ 23-nov.-1999[76];
– é nulo o aval concedido na proporção da quota do avalista em certa sociedade, sem que o seu montante possa resultar do título: STJ 3-jul.-2000[77].

Após o acórdão uniformizador n.º 4/2001, o fluxo das garantias indetermináveis diminuiu. Os bancos passaram a ter mais cautelas com a redação dos competentes contratos. Além disso, a doutrina veio discernir diversas situações[78]. Existe uma manifesta pressão, favorável aos bancos, no sentido de "reabilitar" as fianças *omnibus*, isto é, relativas a todo um conjunto indeterminado de créditos. Há que evitar regressões. As garantias são, já de si, perigosas. Admiti-las por créditos indetermináveis, aquando da contratação, é uma autêntica disposição de bens futuros, contrária ao nosso Direito[79]. 59

Há que conjugar os artigos 280.º/1 e 400.º/2. Tomado à letra, este preceito permitiria a determinação de quaisquer prestações, inutilizando o primeiro. O 400.º/2 só se aplica nas situações previstas nesse mesmo preceito: as de a determinação da prestação ser confiada a uma das partes ou a um terceiro e não ocorrer em tempo devido. De seguida, pressupõe-se um contrato sinalagmático, sob pena de não haver base para qualquer "equidade". Finalmente: o 400.º só intervém se o negócio não for, logo *ab initio*, nulo por via do 280.º/1[80]. A exigência de determinabilidade do conteúdo e do objeto do negócio é, hoje, uma exigência material de tutela da parte fraca. 60

VI – Bons costumes (280.º/2)

20. Generalidades. Segundo o 280.º/2, é nulo o negócio jurídico contrário à ordem pública ou ofensivo dos bons costumes. Surgem, na lei civil, diversas formulações desse tipo: 61

271.º/1: é nulo o negócio jurídico subordinado a uma condição contrária à lei ou à ordem pública, ou ofensiva dos bons costumes;

281.º: é nulo o negócio jurídico cujo fim comum a ambas as partes seja contrário à lei, à ordem pública ou ofensivo dos bons costumes;

334.º: é ilegítimo o exercício de um direito quando o titular exceda manifestamente os limites impostos pela boa-fé, pelos bons costumes ou pelo fim social ou económico do direito;

340.º/2: o consentimento do lesado não exclui a ilicitude do ato, quando este for contrário a uma proibição legal ou aos bons costumes;

465.º: o gestor deve: *a*) Conformar-se com o interesse e a vontade do dono do negócio, sempre que esta não seja contrária à lei ou à ordem pública ou ofensiva dos bons costumes;

967.º: no domínio da doação, as condições ou encargos física ou legalmente impossíveis, contrários à lei ou à ordem pública, ou ofensivos dos bons costumes ficam sujeitos às regras estabelecidas em matéria testamentária;

[75] STJ (P) n.º 4/2001, de 23-jan.-2001 (Torres Paulo), DR I-A, n.º 57, de 8-mar.-2001, 1252-1262 (1260/II).

[76] STJ 23-nov.-1999 (Ribeiro Coelho), CJ/Supremo VII (1999) 3, 97-98 (98/I).

[77] STJ 3-jul.-2000 (Ribeiro Coelho), CJ/Supremo VIII (2000) 2, 139-141.

[78] Januário Gomes, *Assunção fidejussória de dívida/Sobre o sentido e o âmbito da vinculação como fiador* (2000), 597 ss..

[79] *Tratado* VI, 3.ª ed., 67-68.

[80] STJ 19-out.-1999, BMJ 490, 262. *Vide* Menezes Cordeiro, *Impugnação pauliana/Fiança de conteúdo indeterminável*, CJ XVII (1992) 3, 55-64 (61/II).

1422.º/2: é especialmente vedado aos condóminos, *b*) Destinar a sua fração a usos ofensivos dos bons costumes;

2186.º: é nula a disposição testamentária, quando da interpretação do testamento resulte que foi essencialmente determinada por um fim contrário à lei ou à ordem pública, ou ofensivo dos bons costumes;

2230.º/2: no testamento, a condição contrária à lei ou ofensiva dos bons costumes tem-se por não escrita, salvo o disposto no 2186.º;

2245.º: é aplicável aos encargos impossíveis, contrários à lei ou à ordem pública, ou ofensivos dos bons costumes, o disposto no 2230.º.

62 O Código referia os "costumes desonrosos", nos 1636.º, *c*) e 1778.º, *e*), como fundamento de anulação do casamento e de divórcio; esses preceitos foram revogados pelo DL 496/77, de 25-nov.. Mencionava, ainda e no 1093.º/1, *c*), como causa de resolução do arrendamento pelo senhorio, o facto de o locatário aplicar o prédio, reiterada ou habitualmente, a práticas ilícitas, imorais e desonestas. Este preceito foi revogado pelo 3.º/1, *a*), do DL 321-B/90, de 15-out., tendo transitado para o 64.º/1, *c*), do RAU. Finalmente, pela L 6/2006, de 27-fev., o preceito regressou ao Código: desta feita ao 1083.º/2. Prevê-se, aí, como fundamento de resolução pelo senhorio, a utilização do prédio contrária à lei, aos bons costumes ou à ordem pública.

63 Os bons costumes e a ordem pública constituem noções distintas. Além disso, os bons costumes permitem uma sindicância de todos os negócios jurídicos. Trata-se de um conceito indeterminado, isto é: ele não faculta uma imediata apreensão quanto ao seu conteúdo normativo.

64 Em situações deste tipo, impõe-se um particular esforço de cautela e de precisão, por parte do intérprete-aplicador, com recurso à História e ao Direito comparado. Alguma doutrina, sem estudar o problema, compraz-se em apresentar noções vagas ou "originais" dos bons costumes, na base de apregoadas éticas coletivas. Verberamos essa atitude: traduz um retrocesso científico e vem provocar dispensáveis perplexidades na jurisprudência.

65 **21. Evolução histórica**[81]. No Direito romano ocorrem hipóteses típicas de comportamentos contrários aos *mores*. A bitola não era, no principado, ajuizada em função de critérios religiosos ou filosóficos, mas de acordo com princípios éticos geralmente reconhecidos. No Direito justinianeu, uma lei, atribuída a Antonino e relatada no *codex*, veio dispor[82]:

> Pacta, quae contra legis constitutiones quae vel contra bonos mores fiunt, nullam vim habere indubitati iuris est [em português: É de Direito certo que os pactos que sejam contrários à lei, e às constituições, assim como contrários aos bons costumes, não têm qualquer força].

66 Na receção do Direito romano, a natureza dispersa das menções aos bons costumes manteve-se. O jusracionalismo permitiu uma generalização. Esta ocorreu, mas cheia de imprecisões dogmáticas. Grotius explica a necessidade de equilíbrio contratual como regra moral, enquanto Pufendorf versa o tema dos *pacta turpia*. Domat reconhecia uma ordem moral distinta do Direito, enquanto Pothier considerava o tema a propósito da "causa" das obrigações: estas seriam nulas quando a causa em jogo – na tradução de Corrêa Telles: (...) he offensiva da justiça, da boa-fé, ou dos bons costumes (...) Esta orientação foi acolhida no Código Napoleão.

67 A doutrina francesa teve dificuldades em precisar os "bons costumes" (*bonnes moeurs*). Colocou, frente a frente, uma tendência idealista, que os aproximaria da moral cristã e uma ten-

[81] *Tratado*, II, 4.ª ed., 585-596, com indicações.

[82] C. 2.3.6.

dência sociológica, que os ligaria às práticas sociais. Acaba por apelar a uma síntese de ambas as orientações: seriam regras de moral social – portanto: de conduta e não de consciência – essenciais em certa sociedade. O Direito penal daria pontos de referência para a sua concretização.

Em paralelo, o tema foi aprofundado na pandectística alemã; esta não se ocupou, porém, nem com a natureza última da contrariedade aos bons costumes, nem com um agrupamento completo dos casos nela incluídos. Tal agrupamento foi prosseguido, pela primeira vez, por Windscheid. 68

Lotmar (1850-1922) fixa três hipóteses típicas de contrariedade aos bons costumes: a do negócio que obrigue a uma ação, a uma suportação ou a uma omissão imorais, como os clássicos contratos de *societas* ou de *mandatus turpis* ou do reconhecimento falso da paternidade; a do contrato que obrigue a uma ação, a uma suportação ou a uma omissão que, não sendo em si imorais, não possam, em face da moral, ser contratualmente assumidos, como o caso de alguém obrigar-se a cumprir os deveres paternais; e a dos contratos que impliquem contribuições em dinheiro contra prestações que, pela moral, não possam ser remuneradas, como no campo do trato sexual. 69

O BGB alemão, consigna, no seu § 138, I, a regra da nulidade do negócio contrário aos bons costumes. Uma posição inicial viu uma remissão para a moral. Este entendimento levanta dificuldades: para além das atinentes à determinação do que se tenha por "moral", acresce, por intuição imediata, a existência de regras morais estranhas ao Direito. Na necessidade de concretizar a "moral" adotou-se uma bitola a "retirar da consciência popular dominante, do sentimento de decência de todos os que pensam équa e justamente". 70

A impalpabilidade da moral levou ao aparecimento de entendimentos sociológicos dos bons costumes. Mas não ficava clara a diferença entre bons costumes, usos e Direito consuetudinário. E porque estes dois últimos conseguiram atingir sentidos técnicos precisos[83], a não perder, houve que reformular os primeiros. A manutenção permanente de uma componente moral no seio dos bons costumes, acrescida mesmo quando, depois do segundo conflito mundial, se assistiu ao renascer do Direito natural, levou, conjuntamente com a necessidade de evitar fugas metafísicas excessivas e com o influxo de pressões sociológicas, a tentativas de sínteses novas. Os bons costumes remeteriam, em tal sequência, para a moral social. 71

22. O Direito lusófono. O CS limitou-se a exarar, no seu artigo 671.º[84]: 72

> Não podem legalmente ser objecto de contrato:
>
> (...)
>
> 4.º Os actos contrários à moral pública, ou às obrigações impostas por lei.

A Constituição de 1933 falava em Religião Católica (46.º). Desta se aproximava, pois, a "moral pública" do CS. Manuel de Andrade mantinha, todavia, precisões de maior exigência: a "moral pública" traduziria um conjunto de regras morais aceites pela consciência social[85]. Não estariam em causa os usos observados na sociedade (*mores*) mas aqueles que devam ser observados (*boni mores*). Os comandos assim visados seriam juridicizados em bloco pelo referido 671.º/4. 73

[83] Menezes Cordeiro, *Costume*, Enc. Pólis 1 (1983), 1348-1351 (1349); *Tratado* I, 4.ª ed., 558 ss. e 573 ss., respetivamente.

[84] Luiz da Cunha Gonçalves, *Tratado*, 4, 345 ss..

[85] Manuel de Andrade, *Teoria geral*, 2, 341.

74 Na preparação do Código de 1966, Vaz Serra regressou à designação "bons costumes", do alemão *gute Sitten*, versão germânica do latim *boni mores*[86]. Essa base, em conjunto com toda a feição da atual Ciência jurídica lusófona, habilita-nos a propugnar por um tratamento sistemático dos bons costumes. Ocorre o envolvimento dos bons costumes com a moral social. Esta tem, todavia, uma existência própria, justamente caracterizada pela não-positividade: não é produzida pelos factos normativos próprios do Direito; não tem regras elaboradas e aplicadas pela Ciência do Direito; não é sancionada por instâncias jurídicas. A juridificação em bloco da moral social iria retirar, a esta, o seu particular valor: o de operar como um ordenamento social não-jurídico, facilitando a vida dos grupos, mas sem manietar (demasiado) as pessoas. Quando muito: apenas uma área bem circunscrita da moral social poderá estar em causa.

75 O Código aproxima, muitas vezes, "bons costumes", "ordem pública" e "boa-fé". Trata-se, contudo, de conceitos bem distintos, todos dotados de história e de dogmática próprias. Não se vislumbra qualquer vantagem em tudo lidar no conjunto[87]. No tocante à boa-fé, a distinção está feita: os bons costumes não apelam aos valores fundamentais do ordenamento, concretizados pelos princípios mediantes da tutela da confiança e da primazia da materialidade subjacente. Antes têm a ver com regras circunscritas e acolhidas, do exterior, pelo sistema. A ordem pública, expressamente autonomizada, dá-nos um apanhado de princípios indisponíveis.

76 O Direito civil reconhece bitolas a que empresta um conteúdo jurídico mas que, por razões de circunspecta tradição, nunca refere de modo expresso. Estão nessas condições as regras de comportamento sexual e familiar e que, no fundamental, têm o seguinte conteúdo: não são admissíveis negócios jurídicos (excluindo os atos próprios do Direito da família e que a lei tipifica) que tenham por objeto prestações que envolvam relações familiares ou condutas sexuais. Tem havido modificações nestes domínios, mercê da evolução cultural recente, sem que, por isso, deixe de haver regras[88]. Confrontado com essa evolução, o juiz deve aplicar as bitolas vigentes no momento da execução do negócio.

77 Os bons costumes abarcam, ainda, regras deontológicas, formuladas por instâncias profissionais próprias: advogados, médicos, jornalistas e banqueiros. Eles envolvem as duas áreas referidas: regras de conduta sexual e familiar e códigos deontológicos, que a lei não explicita mas que são de fácil reconhecimento objetivo, em cada momento social.

78 **23. A concretização** dos bons costumes opera na base do 280.º/2, do Código. Mas ocorre ainda em torno do 56.º do CSC que, a propósito de deliberações nulas, prescreve[89]:

> 1. São nulas as deliberações dos sócios:
>
> (...)
>
> *d*) Cujo conteúdo, diretamente ou por atos de outros órgãos que determine ou permita, seja ofensivo dos bons costumes ou de preceitos legais que não possam ser derrogados, nem sequer por vontade unânime dos sócios.

79 Esse preceito, desnecessariamente complicado, refere "bons costumes" idênticos aos do Código Civil[90]. Não faz sentido multiplicar os conceitos básicos de privatismo e isso sem pre-

[86] Vaz Serra, *Objecto da obrigação/A prestação, seu objecto e requisitos*, 175. A expressão "bons costumes" era, todavia, tradicional, entre nós: ela foi usada – como se viu – pelos clássicos oitocentistas da pré-codificação.

[87] *Da boa fé*, 1223-1224.

[88] A variabilidade da matéria, por vezes exacerbada, é uma constante; RCb 19-fev.-2002 (Alexandre Reis), CJ XXVII (2002) 1, 34-37 (35/I).

[89] António Menezes Cordeiro, *CSCClássica*, 3.ª ed. (2020.), anot. art. 56.º.

[90] *Direito das sociedades* 1, 4.ª ed., 696 ss..

juízo para o facto de, no campo societário, a concretização dessa ideia sofrer as necessárias inflexões.

Nas decisões judiciais relativas aos bons costumes, podemos indicar três vertentes: (1) os bons costumes referidos em conjunto com a boa-fé, a propósito de abuso do direito e seguindo a letra do 334.º; (2) os bons costumes como tópico argumentativo, destinado a reforçar decisões apoiadas noutros lugares normativos; (3) os bons costumes propriamente ditos, ora na sua vertente de moral sexual e familiar, ora na das regras deontológicas aplicáveis, ainda que, por vezes, sem uma referência explícita, nesse campo. 80

Os bons costumes não têm, tecnicamente, a ver com o abuso do direito. Correspondem a regras de conduta externa e não a limites intrínsecos dos direitos, impostos pelo sistema. O 334.º, proveniente de uma apressada transposição do 281.º do Código Civil grego, deve, assim, ser aperfeiçoado pela interpretação[91]. 81

Indicamos decisões exemplares, onde domina a inobservância da deontologia comercial: 82

- *RPt 17-jun.-1997*: é contrária aos bons costumes a flagrante iniquidade da destituição de um administrador[92];
- *RPt 13-abr.-1999*: *idem*, quanto à venda, por preço vil, de um imóvel, ao sócio maioritário[93];
- *STJ 3-fev.-2000*: *idem*, no que tange à venda, por 210.000 c., de um estabelecimento que valia 518.000 c. e isso quando o sócio minoritário cobria este último preço[94];
- *STJ 15-dez.-2005*: contraria os bons costumes, integrando a nulidade prevista no artigo 56.º/1, *d*), do Código das Sociedades Comerciais, a deliberação de venda de um edifício por menos de metade do seu valor real[95];
- *RLx 17-mar.-2009*: na nossa sociedade, a prática da prostituição repugna à consciência moral do cidadão comum e por isso é contrária aos bons costumes; assim, justifica-se o despejo do locado, onde a mesma seja levada a cabo[96];
- *RPt 20-abr.-2009*: atenta contra os bons costumes levar um idoso com mais de 90 anos, viúvo há uma semana e sem filhos, a um notário, para outorga de uma procuração que permitiu, ao agente, ficar com boa parte dos bens do lesado[97];
- *RGm 26-abr.-2012*: a constituição de hipotecas não é um ato imoral ou ofensivo das regras éticas aceites pelas pessoas honestas, passível de ser considerado nulo por atentar contra os bons costumes[98];
- *RGm 31-mai.-2012*: num esquema de entradas tipo pirâmide, há um contrato de jogo não autorizado e, como tal, ilícito; além disso, pode, nele, apontar-se um fim contrário aos bons costumes[99];
- *RLx 14-jun.-2012*: não atenta contra os bons costumes a deliberação social que aprove um procedimento criminal contra administradores[100]
- *STJ 14-fev.-2013*: não se provando um fundamento fictício para dissolver uma sociedade, não há violação dos bons costumes[101];
- *STJ 21-mar.-2013*: os bons costumes consistem em normas de conduta de carácter não-jurídico, que refletem as regras dominantes de uma moral social de uma determinada época e de um certo meio; são ofendidos por um conluio destinado a alienar bens por 1/20 do seu valor[102];

[91] *Tratado de Direito civil*, V, 3.ª ed., 272-274; *infra*, 334.º, anot. 15-17 e 27-35.
[92] RPt 17-jun.-1997 (Afonso Correia), CJ XXII (1997) 3, 220-224 (223/II).
[93] RPt 13-abr.-1999 (Afonso Correia), CJ XXIV (1999) 2, 196-202 (202/I).
[94] STJ 3-fev.-2000 (Miranda Gusmão), CJ/Supremo VIII (2000) 1, 59-63 (62/I).
[95] STJ 15-dez.-2005 (Oliveira Barros), Proc. 05B3320.
[96] RLx 17-mar.-2009 (Anabela Calafate), Proc. 1446/07.
[97] RPt 20-abr.-2009 (Maria Graça Mira), Proc. 0825355.
[98] RGm 26-abr.-2012 (Rita Romeira), Proc. 623/08.
[99] RGm 31-mai.-2012 (Manso Raínho), Proc. 3869/10.
[100] RLx 14-jun.-2012 (Jorge Leal), Proc. 91/08.
[101] STJ 14-fev.-2013 (João Bernardo), Proc. 765/07.
[102] STJ 21-mar.-2013 (Granja da Fonseca), Proc. 637/1999.

– *RGm 7-mai.-2013*: um negócio indireto não é contrário aos bons costumes, ou seja, às regras da moral dominante[103];

– *RCb 14-mar.-2017*: deliberações contrárias aos bons costumes são as que envolvem comportamentos chocantes, como instigar à prostituição ou ao pagamento de luvas[104];

– *RPt 27-jun.-2018*: os bons costumes contemporâneos são valores ou princípios que estabelecem um mínimo de exigências éticas de convivência, no âmbito de uma sociedade decente respeitando a laicidade, a pluralidade, a diversidade e a multiculturalidade[105];

– *STJ 30-abr.-2019*: a cláusula geral dos bons costumes proíbe um contrato que vise prejudicar direta, intencional e deliberadamente um terceiro, em proveito próprio[106].

VII – A ordem pública (280.º/2)

83 **24. Aspetos gerais**. A "ordem pública" provém do artigo 6.º do Código Civil francês de 1804. Tratava-se de ressalvar as regras que delimitavam a autonomia privada, isto é. as regras imperativas, por oposição às supletivas. O trabalho da jurisprudência permitiu transcender o estádio do mero conjunto de normas, numa tarefa impulsionada pelo próprio substantivo "ordem", que sugeria um "ordenamento" ou sistema coerente.

84 Ao contrário dos bons costumes, a ordem pública (interna) constitui um fator sistemático de restrição da autonomia privada. Esta é limitada por normas jurídicas imperativas. Todavia, o sistema não inclui apenas normas, a retirar das fontes, pela interpretação: ele abrange, antes, também princípios, a construir pela Ciência jurídica. Tais princípios correspondem a vetores não expressamente legislados, mas de funcionamento importante. Eles podem ser injuntivos. Muitas vezes, eles prendem-se com bens de personalidade: justamente uma área onde, mercê dos valores em presença, a autonomia privada surge limitada. Nesse sentido, é paradigmática a proibição do 81.º/1.

85 São contrários à ordem pública, contratos que exijam esforços desmesurados ao devedor ou que restrinjam demasiado a sua liberdade pessoal ou económica. Também são contrários à ordem pública negócios que atinjam valores constitucionais importantes – por exemplo: uma obrigação de não trabalhar – ou dados estruturantes do sistema.

86 **25. Aplicações**. A prática jurisprudencial tem vindo a desenvolver-se. É curioso anotar que a ordem pública tem sido mais aplicada pelos tribunais portugueses do que os bons costumes. Ela tem sido invocada para deter negócios contrários a regras imperativas, como os que contrariem os salários mínimos[107]. No mesmo vício incorrem os negócios que visem defraudar procedimentos cautelares decididos pelo tribunal[108], que contrariem o regime vinculístico do arrendamento[109] ou que iludam direitos sucessórios[110].

87 Os direitos de personalidade (direito à imagem) não podem ser excessivamente limitados, designadamente em face de crianças[111].

[103] RGm 7-mai.-2013 (Rosa Tching), Proc. 873/05.

[104] RCb 14-mar.-2017 (Fonte Ramos), Proc. 1327/12.

[105] RPt 27-jun.-2018 (Joaquim Correia Gomes), Proc. 8/17.

[106] STJ 30-abr.-2019 (Nuno Pinto de Oliveira), Proc. 261/14.

[107] RCb 12-abr.-1984 (Mendes Carvalhão), CJ IX (1984) 2, 96 = BMJ 336 (1984), 475.

[108] REv 28-mai.-1986 (Sampaio e Silva), CJ XI (1986) 3, 258-260 e REv 26-mai.-1988 (Faria Sousa), CJ XIII (1988) 3, 287-292 (289).

[109] STJ 17-jul.-1986 (Góis Pinheiro), BMJ 359 (1986), 680-685.

[110] STJ 4-out.-2001 (Abel Freire), CJ/Supremo IX (2001) 3, 58-61 (61/II).

[111] STJ 30-mai.-2019 (Catarina Serra), Proc. 336/18.

Também é contrária à ordem pública a assunção de garantias *in aeternum et omnibus* e portanto: sem limite de tempo e em dimensão indeterminável. Todavia, havendo proibições específicas, a cláusula da ordem pública ficaria prejudicada[112]. 88

26. Noção diversa é a de **ordem pública internacional** (22.º)[113]. Desta feita joga o conjunto de princípios tão consistentes que não admitem a aplicação interna de normas de Direito estrangeiro que os contraditem[114]. A convergência dos sistemas económicos e a generalização da tutela dos direitos humanos têm vindo a retirar relevância prática à ordem internacional. Ela releva no domínio da arbitragem[115]. 89

Artigo 281.º (Fim contrário à lei ou à ordem pública, ou ofensivo dos bons costumes)

Se apenas o fim do negócio jurídico for contrário à lei ou à ordem pública, ou ofensivo dos bons costumes, o negócio só é nulo quando o fim for comum a ambas as partes.

Bibliografia: a referida quanto ao 280.º.

Índice

1. Origem. Adveio do 2.º do anteprojeto Rui de Alarcão[1], assim concebido: 1

> 2. Se a ofensa de um contrato à ordem pública ou aos bons costumes se depreender somente do fim que com ele se teve em vista, e esse fim for comum a ambas as partes, considera-se nulo tal contrato. A mesma solução é aplicável se o fim for apenas de uma das partes mas tiver carácter criminosos e a outra parte contratar com conhecimento do carácter criminoso desse fim, ao ponto de dever ter-se como evidentemente contrário aos bons costumes o seu procedimento.

O preceito foi simplificado na 1.ª Revisão (248.º/2)[2], passando a artigo autónomo na 2.ª (281.º)[3], com redação definitiva no Projeto (281.º)[4]. 2

[112] RLx 28-mai.-1996 (Mário Cruz), CJ XXI (1996) 3, 205-212 (210/II).

[113] José de Oliveira Ascensão, *Tribunal competente (acção de simples apreciação negativa respeitante à sentença estrangeira violadora da ordem pública internacional portuguesa)*, CJ X (1985) 4, 21-31 (23 ss.); Baptista Machado/Moura Ramos, *Direito internacional privado/Parecer*, CJ X (1985) 5, 11-23; *Tratado*, II, 4.ª ed., 606-616. Quanto a excessos no recurso à reserva de ordem pública internacional, *vide* António Marques dos Santos, *As normas de aplicação imediata no Direito internacional privado/Esboço de uma teoria geral* I (1990), 171 ss..

[114] RCb 12-mar.-1985 (Ataíde das Neves), CJ X (1985) 2, 42-45.

[115] *Vide* o nosso *Tratado da Arbitragem* (2016), 46.º, anot. 76-141.

[1] Rui de Alarcão, *Do negócio jurídico*, 271.

[2] *1.ª Revisão*, 106. Esta orientação ainda se mantinha no 266.º/2 da Revisão intercalar; *vide*, aí, 103.

[3] *2.ª Revisão*, 110.

[4] *Projeto*, 81.

3 **2.** O **fim do negócio** reporta-se à utilização que se faça do seu conteúdo ou do seu objeto. Esses elementos são exteriores, pelo que só relevam quando comuns às duas (ou mais) partes.

4 **3.** A **jurisprudência** não distinguia suficientemente os bons costumes das noções circundantes[5]. Mais tarde, ela aperfeiçoou o sistema, limitando, nos termos que temos vindo a defender, os bons costumes às regras de conduta sexual e familiar. Assim, considera ofensivo aos bons costumes o negócio destinado a pagar favores íntimos[6]. Mas com uma precisão importante: o relacionamento amoroso, a ser motivo de negócio, não prejudica: o atentado aos bons costumes surge, sim, se ele for o fim do negócio em jogo[7]. O progresso científico tem sido lento[8], mas mantém-se[9]. O preceito não é considerado aplicável a negócios unilaterais, como a procuração[10].

Artigo 282.º (Negócios usurários)

1. É anulável, por usura, o negócio jurídico, quando alguém, explorando a situação de necessidade, inexperiência, ligeireza, dependência, estado mental ou fraqueza de carácter de outrem, obtiver deste, para si ou para terceiro, a promessa ou a concessão de benefícios excessivos ou injustificados.

2. Fica ressalvado o regime especial estabelecido nos Artigos 559.º-A e 1146.º.

Bibliografia: Adriano Vaz Serra, *Mora do devedor*, BMJ 44 (1955), 5-317(112-195); António Menezes Cordeiro, *Tratado de Direito civil*, II, 4.ª ed. (2014), 469-504; Heinrich Ewald Hörster/Sónia Moreira da Silva, *A Parte geral do Código Civil português/Teoria geral do Direito civil*, 2.ª ed. (2019), 619-625; José de Oliveira Ascensão, *Direito civil/Teoria geral*, II, 2.ª ed. (2003), 336-341; Luís A. Carvalho Fernandes, *Teoria geral do Direito civil*, 2, 5.ª ed. (2012), 244-253; Paulo Mota Pinto, *Interesse contratual negativo e interesse contratual positivo*, 2 (2008), 1377-1379; Pedro Camargo Eiró, *Do negócio usurário* (1990), 172 pp.; *idem*, *UCP/Comentário ao Código Civil* (2014), 698-702; Rui Alarcão, *Breve motivação do anteprojecto sobre o negócio jurídico na parte relativa ao erro, dolo, coacção, representação, condição e objecto negocial*, BMJ 138 (1964), 71-122 (84-85 e 122).

Índice

[5] STJ 28-fev.-1978 (Oliveira Carvalho), BMJ 274 (1978), 223-232 (229) e STJ 15-dez.-1983 (Moreira da Silva), BMJ 332 (1984), 463-467 (467) = RLJ 120 (1987), 54-57, anot. Baptista Machado, *idem*, 57-64 (62 ss.), concordante.

[6] RPt 22-jan.-1994 (Norman Mascarenhas), CJ XIX (1994) 1, 217-218 (218/I).

[7] RPt 19-dez.-1996 (Oliveira Vasconcelos), CJ XXI (1996) 5, 222-226 (224/I).

[8] *Vide* a recaída representada por STJ 10-mai.-2000 (Martins da Costa), BMJ 497 (2000), 343-349 (347/I), que veio equiparar os bons costumes a uma moral social informe, que não define; isto sucede por se usarem, sem critério, livros anteriores a 1966 ou de conteúdo desatualizado; de notar, ainda, que este insólito acórdão, mesmo no plano em que pretendeu colocar-se, considerou, de modo expresso, que um ato de vingança ou de represália sobre os próprios filhos está em consonância com a tal "moral social". Não está.

[9] Assim, em RPt 9-mar.-2004 (Alberto Sobrinho), CJ XXIX (2004) 2, 160-164 (163/II), recusou-se (e bem) que fosse contrária aos bons costumes a cláusula que uniformizasse os incumprimentos, isto é: que associasse as mesmas consequências ao inadimplemento mínimo ou aos mais graves. Mesmo quando pudesse repugnar à ordem jurídica, teríamos de ou encontrar, *in casu*, uma específica deontologia ou de reconduzir o tema a outro princípio: p. ex., ao 809.º.

[10] STJ 21-jan.-2008 (Nuno Cameira), CJ/Supremo XVI (2008) 1, 55-56 (56/I).

I – Origem e evolução

1. A ***laesio enormis***. A existência de regras aplicáveis na formação dos contratos destinados a assegurar um mínimo de equilíbrio e de justiça material entre as partes é antiga. Tais regras apenas regrediram no período liberal, dada a crença nas virtualidades do mercado livre[1]. 1

Em Roma, no final do Império, um rescrito de Diocleciano/Maximiano de 286 d. C., veio determinar a restituição do que tivesse sido vendido por um preço inferior a metade do que fosse justo[2]: foi a base da *laesio enormis* (Hugolinus, 1216), operacional perante o *ultra dimidium*. A lesão passou a integrar o património do Direito comum. 2

Ligado ao problema da lesão e ao do aproveitamento da necessidade das pessoas, surge o dos juros e o da sua proibição[3]. A supressão de limites para os juros anda ligada à abolição do instituto da lesão. 3

2. As **codificações** seguiram estilos distintos[4]. O Código francês consignou uma lesão objetiva, presente quando ultrapassada, nos contratos, uma desproporção de 7/12. Daí passou a outros códigos latinos, na base do *ultra dimidium*. Já o Código alemão optou por uma solução mais matizada, derivando o negócio condenável da contrariedade aos bons costumes (§ 138), com requisitos objetivos (desproporção entre as prestações e fraqueza considerável do prejudicado) e subjetivos (aproveitamento dessa fraqueza). 4

3. O **Direito europeu**, com relevo para o DCFR, fixou a fórmula da exploração desleal (*unfair exploitation*): permite afastar contratos em que se explore a necessidade económica ou a urgência extrema, perante a imprevidência, a ignorância ou a falta de experiência negocial do lesado[5]. 5

4. Direito português. As Ordenações Afonsinas (1446) retomaram a Lei Segunda: permitiam "desfazer" o contrato se o "vendedor foi enganado além da metade do justo preço"[6]. Essa regra manteve-se nas Ordenações Manuelinas (1513) e nas Filipinas (1603)[7]. 6

O tema da lesão foi acolhido pelos clássicos da pré-codificação: Borges Carneiro (1774-1833)[8], Correia Telles (1780-1849)[9] e Coelho da Rocha (1793-1850)[10]. Diz este último Autor[11]: 7

[1] Indicações: *Tratado*, II, 4.ª ed., 469-475.
[2] C. 4.44.2, conhecido como a "Lei Segunda".
[3] *Tratado de Direito civil*, XII (2018), 201-209.
[4] *Tratado*, II, 4.ª ed., 476-483.
[5] *Idem*, 483-484.
[6] Ord. Af, Liv. IV, Tit. XXXXV, pr. = ed. Gulbenkian, IV, 167.
[7] *Tratado*, II, 4.ª ed, 485-486.
[8] Manuel Borges Carneiro, *Direito civil de Portugal*, II (1827), § 182, 258-261, ainda que centrado no tema da venda e troca entre pai e filho.
[9] José Homem Correia Telles, *Digesto Portuguez*, 1, 3.ª ed. (1849), artigos 252 a 259; o Autor aproxima a lesão do dolo e distingue a lesão enormíssima.
[10] Manuel António Coelho da Rocha, *Instituições de Direito civil portuguez*, 2.ª ed. (1846), § 737 (II, 508-509).
[11] *Idem*, 508.

Diz-se haver *lesão* nos contratos commutativos todas as vezes que uma das partes não recebe o equivalente d'aquillo que dá. Se as leis permittissem rescindir os contractos por qualquer pequena desproporção, poucos contractos seriam seguros, as disputas multiplicar-se-hiam, e o commercio e as necessidades mais ordinarias da vida soffreriam muito.

8 E prossegue[12]:

Com razão pois só se permitte rescindir os contractos, intervindo lesão *enorme*, isto é, engano em mais de ametade de aquelle valor que a parte por commum estimação devia receber; por se presumir erro, ou dolo (...) Por esta razão podem rescindir-se todos os contractos comutativos, e mesmo a transacção (...)

9 Os Autores, sob os ventos liberais, sentiam a necessidade de o apoiar nas ideias de erro ou de dolo. Mas a assim ser, este último instituto seria suficiente. A *laesio* perdia o seu espaço essencialmente objetivo.

10 O Código Comercial de Ferreira Borges (1833) deu o passo seguinte. Segundo o seu artigo 494.º[13]:

A rescisão por lesão não tem logar nos contractos de compras e vendas commerciaes, salvo havendo dolo, erro ou violência.

11 O Direito comercial dava um passo claro para a revogação da velha Lei Segunda.

12 **5.** O **Código de Seabra** veio completar a evolução acima apontada. O seu 1582.º foi direto[14]:

O contrato de compra e venda não poderá ser rescindido com o pretexto de lesão ou de vicios da cousa, denominados redhibitorios, salvo se essa lesão ou esses vicios envolverem erro que annulle o consentimento, nos termos declarados nos artigos 656.º a 658.º e 687.º a 701.º ou havendo estipulação expressa em contrario[15].

13 A doutrina aplaudiu a supressão da velha *laesio*[16]. Explica que o Direito antigo era complicadíssimo[17]. Mas sobretudo: os ventos liberais que levaram à desregulação dos juros, não contemporizaram com o enfraquecer do princípio contratual. A lesão sobreviveu, por razões sociais, apenas a propósito do contrato de aprendizagem. O 1426.º do CS dispunha:

Póde ser rescindido todo e qualquer contracto d'esta especie, em que o aprendiz se tenha obrigado a trabalhar por tanto tempo, que o seu trabalho viria a valer mais do dobro da retribuição que razoavelmente deveria dar ao mestre, pagando o ensino a dinheiro.

[12] *Idem*, 509.

[13] *Codigo Commercial Portuguez*, ed. Imprensa da Universidade (1856), 96.

[14] *Vide* José Dias Ferreira, *Codigo Civil Portuguez Annotado* 4, 1.ª ed. (1875), 48 e 3, 2.ª ed. (1898), 181.

[15] Na fase do projeto, o tema foi discutido. A abolição da lesão foi contestada por Joaquim José Pais da Silva. O próprio Visconde de Seabra defendeu a solução que passou ao Código. Deu nove razões para a abolição em causa: (1) a livre disposição; (2) a lei suprema do contrato, celebrado sem erro, dolo ou violência; (3) não ser a igualdade dos valores da essência dos contratos comutativos; (4) os prejuízos que poderiam resultar da quebra do contrato; (5) a atenuação do crédito predial, por mais uma causa rescisória; (6) a necessidade de harmonizar a lei civil com a comercial; (7) a conveniência de diminuir litígios; (8) a dificuldade de arbitramento do justo preço; (9) a imoralidade da faculdade que se concede ao que se diz lesado. *Vide* José Dias Ferreira, *Codigo Civil Portuguez Annotado* 2, 1.ª ed. (1871), 165.

[16] José Dias Ferreira, *Codigo Civil Annotado*, 4, 1.ª ed., 49 e 3, 2.ª ed., 182.

A solução radical de Seabra não deixou de ser criticada[18]. Desde logo ele juntava o tema da lesão e o dos vícios redibitórios: profundamente diferentes. De seguida, demonstrava uma especial insensibilidade à História e ao Direito comparado. Desde cedo, se fizeram sentir valorações no sentido de restabelecer a *laesio enormis*, ainda que numa base jurídico-científica distinta. Tal seria o passo seguinte, através das invalidações dos negócios usurários. 14

II – Preparatórios

6. Anteprojeto Vaz Serra. Durante o século XIX, foram cometidos graves abusos, no tocante a taxas de juros. Em resultado de tais práticas, o contrato de usura, previsto nos 1636.º e seguintes do CS para designar os mútuos remunerados, ganhou um sentido pejorativo. Esta evolução semântica foi ponderada, aquando da preparação do Código Civil de 1966[19]: a expressão "usura" foi, então, reservada para os juros excessivos – usurários – e para os negócios que, antigamente, incorreriam na rescisão por lesão. 15

Na preparação do Código, Vaz Serra ponderou as diversas soluções estrangeiras, com um especial cuidado para a alemã[20]. A situação estava madura para a reintrodução de regras mínimas sobre o equilíbrio substancial dos contratos, agora sob a veste de "negócios usurários". Vaz Serra manifestou dúvidas de inserção sistemática da matéria, embora já apontasse para a sua colocação na Parte Geral[21]. O modelo considerado foi o alemão, embora com particularidades. O texto básico, depois desenvolvido em múltiplos preceitos, foi o seguinte[22]: 16

> Quando, por aproveitamento consciente da situação de necessidade, económica ou não, de inexperiência, de ligeireza, de limitação mental ou de uma relação de dependência de outrem, se obtém a promessa ou a concessão, para si ou para terceiro, e em troca duma prestação, de uma contraprestação evidentemente desproporcionada, ao tempo do negócio, com a prestação, é o mesmo negócio anulável, por usura, a pedido do prejudicado, e quer a iniciativa dele tenha partido deste, quer da outra parte.

No seu articulado geral sobre Direito das obrigações, Vaz Serra manteve essa regra (24.º/1)[23], muito desenvolvida (24.º a 33.º)[24]. 17

7. Anteprojeto Rui de Alarcão e Revisões. Posteriormente, e acatando uma indicação do próprio Vaz Serra, a matéria passou para a Parte Geral, merecendo o cuidado de Rui de Alarcão. Aí, os preceitos propostos por Vaz Serra são acolhidos, mas de modo simplificado[25]. O anteprojeto de Rui de Alarcão propõe[26]: 18

> Artigo 3.º – *Anulabilidade de um negócio por usura*
>
> 1. Um negócio jurídico é anulável, por usura, quando, por aproveitamento consciente da situação de necessidade, da inexperiência, da ligeireza, da limitação mental ou de uma relação de

[17] José Joaquim Lopes Praça, *Estudos sobre o codigo civil: sobre rescisão do contrato de compra e venda por lesão e vicios redhibitorios, segundo o art. 1582 do codigo civil portuguez* (1871), 71 pp., 17 ss..

[18] Luiz da Cunha Gonçalves, *Tratado de Direito civil*, 8 (1934), 593 ss..

[19] Inocêncio Galvão Telles, *Contratos civis*, RFDUL IX (1953), 144-221 (196-197).

[20] Adriano Vaz Serra, *Mora do devedor*, BMJ 48 (1955), 5-317 (112-195), concluindo com um articulado).

[21] *Idem*, 114.

[22] *Idem*, 190.

[23] Adriano Vaz Serra, *Direito das obrigações*, BMJ 98 (1960), 129-316 (144-145).

[24] *Idem*, 144-151.

[25] Rui de Alarcão, *Breve motivação do anteprojecto sobre o negócio jurídico na parte relativa ao erro, dolo, coacção, representação, condição e objecto negocial*, BMJ 138 (1964), 71-122 (122).

[26] *Idem*, 84-85.

dependência de outrem, se obtém a promessa ou a concessão, para si ou para terceiro, de uma contraprestação manifestamente desproporcionada, ao tempo do negócio, com a respectiva prestação.

2. O disposto no n° 1 aplica-se mesmo que se trate de um contrato aleatório, e bem assim é aplicável a negócios jurídicos diferentes dos que nesse número se prevêem, quando por eles se obtenha a promessa ou a concessão de vantagens evidentemente excessivas.

3. No caso de aproveitamento consciente da situação de necessidade em que uma pessoa se acha de se salvar ou de salvar outrem de um perigo, pode o juiz, uma vez anulado o negócio, atribuir uma retribuição equitativa pelo serviço prestado.

Artigo 4.º – *Modificação do negócio*

1. O lesado pode pretender, em vez da anulação, que o negócio seja modificado de harmonia com a boa-fé, devendo a outra parte, quando lhe seja manifestada uma tal pretensão, declarar, sem demora culposa, se se conforma ou não com ela.

2. A parte contra a qual se declara a anulação pode obstar a ela desde que ofereça, sem demora culposa, uma modificação do negócio que o ponha de acordo com a boa-fé.

Artigo 5.º – *Usura criminosa*

Quando o negócio usurário constitui crime, o prazo para o exercício do direito de anulação ou de modificação não cessa enquanto o crime não prescrever; e se o crime se extinguir por causa diferente da prescrição ou no juízo penal for proferida sentença com trânsito em julgado, aquele prazo conta-se da data da extinção do crime ou daquela em que a sentença transitar em julgado, suposto que, nos termos do artigo ... [artigo 5.º, n.º 2, do Anteprojecto sobre o negócio jurídico, no *Boletim do Ministério da Justiça*, n.º 105], não devesse contar-se de data ulterior.

19 Os preceitos passaram, com poucas alterações de forma, aos 249.º a 251.º da 1.ª Revisão Ministerial[27] e, com a redação já definitiva, aos 282.º a 284.º, da 2.ª[28].

20 **8. A redação original** do 282.º foi a seguinte[29]:

1. É anulável, por usura, o negócio jurídico, quando alguém, aproveitando conscientemente a situação de necessidade, inexperiência, dependência ou deficiência psíquica de outrem, obteve deste, para si ou para terceiro, a promessa ou concessão de benefícios manifestamente excessivos ou injustificados.

2. Fica ressalvado o regime especial estabelecido para o mútuo no artigo 1146.º

III – Óbices e reforma de 1983

21 **9. Óbices**. Fruto das apontadas vicissitudes, o Código consagrou três especificidades: (1) acolheu a (mera) anulabilidade e não a nulidade; (2) afastou-se a figura dos bons costumes; (3) adotou um forte conjunto de requisitos exteriores ao negócio em si.

22 Todas estas cautelas vieram somar-se às já alinhadas pelo legislador alemão. Em tais condições, o preceito final assumiu uma feição muito parcimoniosa: mais do que o princípio do primado da liberdade das partes exigiria. Consumou-se, ainda, uma aproximação entre a usura e a lesão (n.º 1). O n.º 2 ressalvava o regime especial estabelecido para o mútuo, no artigo

[27] BMJ 107 (1961), 106-107.

[28] *Código CivilLivro I – Parte geral (2.ª revisão ministerial)* (1965), 110-111; *vide* Jacinto Rodrigues Bastos, *Das relações jurídicas III (Arts. 229.º a 284.º)* (1968), 192-203, com diversas transcrições de trabalhos preparatórios. A redação em causa adveio, em rigor, do 267.º da *Revisão intercalar*, 103-104.

[29] DG I, n.º 274, de 25-nov.-1966, 1910/I.

1146.º. A matéria dos juros excessivos ficou, pois, com um tratamento objetivo e claramente autónomo: o legislador fixou, aí, juros máximos, sem impor outros requisitos[30].

10. A reforma de 1983. As cautelas foram tantas que o novo preceito não tinha aplicação. 23
Em 1983, vivia-se uma crise económica, que multiplicava as injustiças e as situações de exploração. O legislador decidiu intervir. O DL 262/83, de 16-jun., tocou em vários temas: negócios usurários (282.º), momento da constituição em mora (805.º), obrigações pecuniárias (806.º), funcionamento da cláusula penal (811.º), redução equitativa da cláusula penal (812.º) e usura (1146.º). Além disso, acrescentou, ao Código Civil, os 559.º-A (juros moratórios) e 829.º-A (sanção pecuniária compulsória). Alterou, ainda, o 102.º do Código Comercial, sobre obrigações de juros e revogou o velho D 21:370, de 14-out.-1932, sobre a limitação dos juros.

No tocante à usura, o preâmbulo, considerando em conjunto o negócio e os juros usu- 24
rários, vem explicar[31]:

> 2. Quanto à usura (artigos 282º, 559º-A e 1146.º), sentiu-se a necessidade de alargar o âmbito do conceito fornecido pelo Código Civil, demasiado restrito para as variadas situações carecidas de tutela jurídica com que a vida real nos confronta. Por outro lado, e principalmente, uma vez que também o recém-publicado Código Penal assim procedera, havia natural e necessariamente de albergar-se na lei civil, pelo menos, a gama de hipóteses caídas sob a alçada da lei criminal.
>
> Unifica-se, além disso, todo o regime jurídico da usura, obviando, em particular, a que o respeito formal das margens legalmente admitidas nos contratos de mútuo viesse preterir a qualificação de certos actos como materialmente usurários segundo o critério geral. À mesma unificação se procede ainda quando se estende o regime próprio do mútuo a quaisquer negócios de crédito ou análogos.
>
> Com isto, que valerá nos mesmos termos em direito civil e em direito comercial, pode revogar-se, enfim, de forma expressa, o pouco que resta ainda do velho Decreto n.º 21:730, de 14 de outubro de 1932.

O 282.º recebeu nova redação[32], hoje em vigor. 25

11. As **alterações** traduziram-se em substituir "aproveitando conscientemente" por "explo- 26
rando" e "situação de deficiência psíquica" por "situação de estado mental ou fraqueza de carácter" e em suprimir a exigência da *manifesta* excessividade dos benefícios. "Situação (...) de estado mental" não é fórmula linguisticamente correcta, em vernáculo[33]. Além disso, as modificações introduzidas pouco adiantam[34]: apenas a supressão do advérbio "manifestamente" traduz uma ideia sistemática de alargamento. Isto dito, podemos, pela interpretação e dada a clara intenção legislativa de alargar a figura, facilitar o seu funcionamento[35].

Apesar da boa vontade do legislador e dos estudiosos, a usura manteve-se com um perfil 27
muito elevado. Ela só se torna operacional em casos extremos o que, nos momentos de crise, é particularmente insuficiente. Havia uma sólida tradição ocidental de reagir contra a exploração contratual dos mais fracos. Não sendo possível concretizá-la pela usura, ficam, em aberto, outros institutos, com relevo para o abuso do direito.

[30] Uma hipótese de juros usurários: RLx 16-jan.-2001 (Mário Rua Dias), CJ XXVI (2001) 1, 81-84 (84/I).

[31] DR I, n.º 136, de 16-jun.-1983, 2131/I.

[32] *Idem*, 2131/II.

[33] Nesse sentido: Hans-Ewald Hörster, *A parte geral*, 1.ª ed. (1992), 558 e 2.ª ed. (2019), 623.

[34] Pires de Lima/Antunes Varela, *Código Civil Anotado*, 1, 4.ª ed., 260-261.

[35] A jurisprudência entendeu (e bem) a intervenção do DL 262/83, de 16-jun., como visando alargar o funcionamento da figura: STJ 27-jan.-1987 (Joaquim Figueiredo), BMJ 363 (1987), 480-487 (486), numa decisão que operou, ainda, pelo regime inicial do Código Civil.

IV – O regime vigente; a natureza

28 **12. Generalidades**. O negócio usurário tem, hoje, um regime diverso do dos juros usurários: estes são objetiva e matematicamente fixados, enquanto o primeiro lida com vários conceitos indeterminados. Os juros correspondem, ainda, a uma tradição própria, tendo poucas conexões dogmáticas com a atual usura. O 282.º apresenta alguma complexidade, sendo desejável analisá-lo em vários elementos[36]. Temos, assim, elementos reportados aos sujeitos e, dentro destes, relativos ao usurário e à vítima da lesão e elementos atinentes ao negócio[37].

29 **13. Elementos subjetivos**. Em relação ao usurário, a lei actual exige que ele "explore" uma situação de vulnerabilidade da vítima. A fórmula equivale ao "aproveitamento consciente" exigido pelo original 282.º. Mas não totalmente: a "exploração" pode ser objetiva, isto é, pode não implicar o conhecimento da fraqueza da contraparte. A supressão do adjetivo "consciente" tem significado.

30 Quanto à vítima, a lei exige uma "...situação de necessidade, inexperiência, ligeireza, dependência, estado mental ou fraqueza de carácter...". Temos situações exteriores que podem atingir qualquer um (a necessidade ou a dependência), situações de formação incompleta (a inexperiência) ou deficiente (a ligeireza) e situações de fundo, sejam elas transitórias (estado mental) ou permanentes (fraqueza de carácter)[38]. O elenco é suficientemente literário para inculcar uma natureza não taxativa: qualquer outro fator, com relevo para a ignorância ou para a concreta falta de informação, pode consubstanciar este elemento[39]. Podemos inserer aqui uma figura que, hoje, não tem, entre nós, consagração expressa: a dos negócios concluídos em estado de necessidade. Verificando-se o perigo atual de um grave dano (339.º/1), pode uma pessoa ser levada, para o evitar, a concluir um negócio excessivamente oneroso. Nessa eventualidade, mesmo quando não haja intenção de explorar o ocorrido, o 282.º tem aplicação[40].

31 **14. Elementos objetivos**. Cifram-se na "... promessa ou a concessão de benefícios excessivos ou injustificados". Temos, aqui, um resquício da *laesio enormis*. A alteração de 1983 suprimiu a exigência da natureza manifesta da excessividade ou da falta de justificação: basta a constatação de uma não-equivalência apreciável entre as prestações ou uma não-justificação para o benefício. A lesão *ultra dimidium* (portanto equivalente a mais de metade do valor em jogo) é, até por razões históricas, sempre excessiva. Uma lesão que se comporte dentro do equivalente à taxa máxima de juros nunca será excessiva. Entre esses limites, o intérprete-aplicador decidirá. Finalmente: os "benefícios", quando justificados, já não permitem o recurso ao instituto da usura[41].

[36] Pedro Eiró, *Do negócio usurário* (1990), 21 ss. e, desse mesmo Autor, a rubrica sobre negócios usurários, na nossa *Teoria geral*, 2, 2.ª ed., 87 ss.. *Vide*, quanto aos requisitos da *usura*, RGm 24-mar.-2004 (Vieira da Cunha), CJ XXIX (2004) 2, 273-277 (274/II).

[37] Quanto aos elementos da usura: RCb 30-set.-1997 (Araújo Ferreira), CJ XXII (1997) 4, 26-29 (28/I), que, todavia, acaba por fazer apelo a outros factores.

[38] Quanto à análise circunstanciada destes elementos, *vide* Pedro Eiró, *Do negócio usurário*, 28 ss.. No citado acórdão da RGm 24-mar.-2004, CJ XXIX, 2, 275/II, não houve aplicação da figura por não se terem provado os elementos subjetivos da usura.

[39] Uma interpretação aparentemente restritiva da lei é a proposta por Heinrich Ewald Hörster, *A parte geral*, 1.ª ed., 557 e 2.ª ed., 621, quando escreve que "... a finalidade do art. 282.º não é – na senda de um 'pensamento de equidade geral' – permitir aos incautos, aos imprevidentes e aos despreocupados, depois de terem feito um mau negócio ao agirem dentro dos parâmetros da autonomia privada, desvincular-se agora do mesmo e das suas obrigações mediante a invocação de uma situação de inferioridade, alegadamente existente". Na realidade, os "incautos e os imprevidentes" não estão, eles próprios, a observar deveres de cuidado (de que poderão, em regra, prescindir). Não podem, pois, prevalecer-se da situação, salvo se forem ultrapassados limites. Por outro lado, o negócio que só *a posteriori* se venha a revelar mau, não coloca qualquer problema de usura; quando muito, o do erro ou o da alteração das circunstâncias.

[40] Veja-se o 156.º do Código Civil brasileiro de 2002.

[41] Assim, RLx 2-out.-2003 (Tibério Silva), CJ XXVIII (2003) 4, 106-108 (107), entendeu-se que, dadas as contrapartidas que iriam receber, não eram usurários os pagamentos assumidos por lojistas, em centros comerciais.

15. Natureza unitária. As proposições do 282.º devem ser interpretadas e aplicadas em conjunto, dentro de um sistema móvel: quando a lesão seja muito grande, a "exploração" e a fraqueza do prejudicado podem estar menos caracterizadas. E quando a dependência do prejudicado seja escandalosa, não será de exigir um tão grande desequilíbrio. 32

Os negócios usurários correspondem a um instituto autónomo: quer histórico-culturalmente, quer dogmaticamente. O Direito intervém perante o desequilíbrio não justificado das prestações. Não há fundamento para o reconduzir a outros institutos e, designadamente, aos bons costumes ou ao vício na formação da vontade. Quanto aos bons costumes: o vício da usura é intrínseco (desequilíbrio injustificado das prestações) e não extrínseco (contrariedade a um corpo exterior de regras); além disso, as consequências são diversas: a lei prevê a anulabilidade e não a nulidade, imposta pelo 280.º/2. Quanto ao vício na formação da vontade: a tónica da usura é objetiva (o desequilíbrio) e não subjetiva (a vontade mal formada ou mal exteriorizada); além disso, as consequências são, também diversas, uma vez que se admite a *reductio ad aequitatem*, desconhecida no erro. 33

Não quer isso dizer que um mesmo negócio não possa, simultaneamente, ser usurário, atentar contra os bons costumes e assentar num vício na formação da vontade. Quando isso suceda, quedará aos interessados escolher a via jurídica que mais lhes convenha – ou invocar várias delas. 34

16. A **aplicação** da usura mantém-se frágil. Pouco invocada pelos interessados dadas as dificuldades de prova que acarreta, ela encontra escassa recetividade nos tribunais. Assim, havendo uma doação mista – portanto: uma venda por baixo preço, de modo a beneficiar os compradores – o tribunal não vê usura, por não se caracterizar suficientemente a fragilidade do vendedor e por, tendo os compradores assumido o compromisso de cuidarem do comprador até ao fim dos seus dias, o benefício parecer justificado[42]. 35

Outros casos: trabalhadores são levados a renunciar a um suplemento de reforma: não há usura por não se ter provado uma situação de necessidade ou de dependência, por parte deles[43]; uma empresa inclui, numa empreitada, uma cláusula de revisão de preços insuficiente: a simples invocação de "pressão por falta de dinheiro e a sua sobrevivência como empresa" é insuficiente para aplicar o artigo 282.º[44]; o cliente de um banco, aconselhado por este a fazer um certo negócio ruinoso, não tem proteção por via da usura por esta não proteger os incautos e os imprevidentes[45]. 36

17. O 282.º estabelece a solução da **anulabilidade**, para o negócio usurário: obriga o próprio lesado a invocar o vício, o que é sempre uma *deminutio*[46]. 37

18. Jurisprudência. 38

STJ 12-set.-2006: "esta excessividade da usura partilha a censura ético-jurídica devida ao negócio ofensivo dos bons costumes, pois não pode deixar de chocar pessoas honestas, correctas, de boa-fé, a moral predominante, a cobrança de juros de 10% ao mês conducente à venda do andar (…) para salvaguardar os empréstimos concedidos aos AA nas vistas condições (…), tanto mais que já tudo se encontra pago (…).

[42] RLx 23-out.-1986 (Carvalho Pinheiro), CJ XI (1986) 4, 165-167 (166).

[43] STJ 18-mai.-1993 (César Marques), CJ/Supremo I (1993) 2, 107-109 (108-109).

[44] STA 18-nov.-1993 (Azevedo Moreira), BMJ 431 (1993), 528-529 (o sumário).

[45] STJ 14-mar.-1995 (Ramiro Vidigal), CJ/Supremo III (1995) 2, 25-27 (26/II).

[46] Hans-Ewald Hörster, *Parte geral*, 1.ª ed., 555 e 557.

A consciência de explorar a situação de inferioridade resulta manifesta da manutenção da actividade usurária durante anos, das quantias envolvidas e do resultado obtido, com venda da casa em vez da constituição de adequada garantia"[47];

STJ 21-abr.-2009: num negócio em que foi invocada coação moral, que não se provou, o Supremo veio considerar que, "quando muito" poder-se-ia falar de usura, se os queixosos tivessem alegado e demonstrado que os Réus se aproveitaram, explorando-os, de uma situação de necessidade, de inexperiência, de ligeireza, de dependência, de estado mental ou fraqueza[48];

RLx 13-jul.-2012: num caso em que se alega um negócio usurário, considera que não se provou um aproveitamento consciente e intencional do estado de fraqueza[49];

RGm 26-abr.-2012: provando-se apenas que a parte não tinha experiência negocial e que há muito vinha sendo pressionada pelos seus fornecedores para pagar às dívidas, não tem que se concluir necessariamente que o negócio pretensamente usurário foi concluído mediante exploração de uma situação de inferioridade[50];

RPt 11-jul.-2012: num caso em que um imóvel que valia € 288.000 foi vendido por € 99.000, entendeu-se haver lesão *ultra dimidium*; o acórdão, que todavia invalidou a venda, apoiou-se numa pauliana[51];

RCb 20-nov.-2012: recorda os requisitos da usura e o ónus da sua prova; fez baixar os autos para se levarem, à instrução, os pertinentes factos[52];

STJ 22-dez.-2012: considerou, entre outros aspetos, como usurária a situação em que, através de um jogo de contratos, uma pessoa, pressionada pelo desemprego e por outras circunstâncias, vendeu um imóvel para conseguir um crédito, do qual recebeu, depois, apenas uma pequena quantia[53];

RGm 11-mai.-2017: refere os requisitos subjetivos e objetivos da usura (282.º) e considera não-usurários juros de 17,5%, acordados em 1995[54];

RLx 13-jul.-2017: a Ré, usando da situação de necessidade, dependência e fragilidade emocional do lesado, prometeu que cuidaria dele até à morte, mediante a doação da sua casa; aplica o 282.º[55];

RCb 24-abr.-2018: a situação de vulnerabilidade em que se encontrava o autor, que foi conscientemente aproveitada pela ré para se apropriar dos valores em causa, mediante a promessa de dele cuidar e com ele manter relações sexuais, configura um negócio usurário e, como tal, anulável[56];

RCb 30-abr.-2019: o regime jurídico do 282.º é aplicável a qualquer tipo de negócio jurídico, incluindo-se os unilaterais, como o testamento[57].

39 O negócio usurário pode ser dinamizado, se bem atentarmos na natureza móvel dos seus múltiplos requisitos. Se um deles for particularmente vincado, podemos ser menos exigentes quanto aos restantes. Uma venda *ultra dimidium*, se não for devidamente justificada, é sempre usurária: uma simples presunção *hominis* logo revela que só por necessidade, dependência, fraqueza e exploração alguém aceita vender por menos de metade do preço do mercado. O seu alargamento aos negócios unilaterais é significativo.

[47] STJ 12-set.-2006 (Afonso Correia), Proc. 06A1988.

[48] STJ 21-abr.-2009 (Urbano Dias), Proc. 09A0653; vencido: Paulo Sá, por entender que, *in casu*, houve mesmo coação moral.

[49] RLx 13-jul.-2012 (Maria do Rosário Barbosa), Proc. 504/06.

[50] RGm 26-abr.-2012 (Manso Raínho), Proc. 696/07.

[51] RPt 11-jul.-2012 (Rui Moura), Proc. 270-G/2001; tratava-se de uma insolvência.

[52] RCb 20-nov.-2012 (Albertina Pedroso), Proc. 2430//07.8.

[53] STJ 22-dez.-2012 (Távora Victor), Proc. 3309/07.9, bem documentado; vencido: Granja da Fonseca, por entender que não se provara o elemento subjetivo da usura; neste caso, além da usura, afigura-se que não foi cumprido um negócio fiduciário subjacente.

[54] RGm 11-mai.-2017 (Fernando Fernandes Freitas), Proc. 10757/06.

[55] RLx 13-jul.-2017 (Carla Câmara), Proc. 654/10.

[56] RCb 24-abr.-2018 (Arlindo Oliveira), Proc. 1216/15.

[57] RCb 30-abr.-2019 (Fonte Ramos), Proc. 3409/18.

Artigo 283.º (Modificação dos negócios usurários)

1. Em lugar da anulação, o lesado pode requerer a modificação do negócio segundo juízos de equidade.

2. Requerida a anulação, a parte contrária tem a faculdade de opor-se ao pedido, declarando aceitar a modificação do negócio nos termos do número anterior.

Bibliografia: a indicada ao 282.º.

Índice

1. Preparatórios. O anteprojeto Vaz Serra propôs (6.º)[1]: 1

> 1. O lesado pode pedir, em vez da anulação, que o negócio seja modificado de acordo com a boa fé, se isso for possível.
>
> 2. Também a parte, contra a qual se pede a anulação, pode obstar a esta, desde que ofereça uma modificação do negócio, que o ponha de acordo com a boa fé.

O texto passou, com alterações, ao anteprojeto Rui de Alarcão (4.º)[2]. Com retoques, 2
ocorre na 1.ª Revisão (250.º)[3], surgindo na 2.ª, já sem referência à boa-fé, substituída por "juízos de equidade" (283.º)[4]. O Projeto (283.º) alterou pormenores[5].

2. O **regime** equivale à sanação prevista no 248.º[6], com adaptações. A *reductio ad equitatem* 3
pressupõe que, ao lesado, seja entregue a parcela obtida com a usura. O cálculo desta deve ser prudentemente feito pelo tribunal, com recurso aos dados disponíveis.

3. O **prazo** para invocar a anulabilidade é de um ano a contar da cessação do vício que lhe deu 4
origem. No caso da usura, esse prazo opera, também, para pedir a redução equitativa. A RLx entendeu ser razoável contar esse prazo a partir do pagamento[7].

Artigo 284.º (Usura criminosa)

Quando o negócio usurário constituir crime, o prazo para o exercício do direito de anulação ou modificação não termina enquanto o crime não prescrever; e, se a responsabilidade criminal se extinguir por causa diferente da prescrição ou no juízo penal for proferida sentença que transite em julgado, aquele prazo conta-se da data da extinção da responsabilidade criminal ou daquela em que a sentença transitar em julgado, salvo se houver de contar-se a partir de momento posterior, por força do disposto no n.º 1 do artigo 287.º.

[1] Adriano Vaz Serra, *Mora do devedor*, 193-184.
[2] Rui de Alarcão, *Objecto negocial*, 84.
[3] *1.ª Revisão*, 106-107.
[4] *2.ª Revisão*, 111. Na *Revisão intercalar* (268.º), 104, optara-se por "critérios de razoabilidade".
[5] *Projecto*, 81.
[6] *Supra*, 248.º e suas anotações.
[7] RLx 7-dez.-1991 (Coutinho de Figueiredo), Proc. 0046241.

Bibliografia: a indicada ao 282.º.

Índice

1 **1. Preparatórios**. O preceito remonta ao 5.º/3 do anteprojeto Vaz Serra[1]: passou ao de Rui de Alarcão (5.º)[2] e, daí, à 1.ª (251.º)[3] e à 2.ª (284.º)[4] revisões ministeriais. Nesta última recebeu a redação definitiva[5].

2 **2.** O **regime** do 284.º consiste em alinhar o prazo dos direitos de anulação ou de modificação de negócios usurários pelos aplicáveis ao crime eventualmente ocasionado pela prática de tais negócios.

3 O crime de usura consta do 226.º do Código Penal[6]:

> 1. Quem, com intenção de alcançar um benefício patrimonial, para si ou para outra pessoa, explorando situação de necessidade, anomalia psíquica, incapacidade, inépcia, inexperiência ou fraqueza de carácter do devedor, ou relação de dependência deste, fizer com que ele se obrigue a conceder ou prometa, sob qualquer forma, a seu favor ou a favor de outra pessoa, vantagem pecuniária que for, segundo as circunstancias do caso, manifestamente desproporcionada com a contraprestação é punido com pena de prisão até 2 anos ou com pena de multa até 240 dias.

Secção III – Nulidade e anulabilidade do negócio jurídico

Introdução (285.º a 294.º)

Bibliografia: António Menezes Cordeiro, *Da ineficácia civil: reflexões críticas*, Est. Oliveira Ascensão 1 (2008), 233-265; *idem*, *Tratado de Direito civil*, II, 4.ª ed. (2014), 911-972; Carlos Mota Pinto, *Teoria geral do Direito civil*, 4.ª ed. (2005), 615-644; Heirinch Ewald Hörster/Sónia Moreira da Silva, *A parte geral do Código Civil português*, 2.ª ed. (2019), 571-673; João de Castro Mendes, *Direito civil (Teoria geral)*, III (1968), 421-455; José de Oliveira Ascensão, *Direito civil/Teoria geral*, II, 2.ª ed. (2003), 364-431; Luís A. Carvalho Fernandes, *Teoria geral do Direito civil*, II, 5.ª ed. (2014), 485-545; Manuel de Andrade, *Teoria geral da relação jurídica*, 2 (1960), 411-437; Maria Clara Sottomayor e outros, no *UCP/Comentário ao Código Civil* (2014), 706-735; Pedro Pais de Vasconcelos, *Teoria geral do Direito civil*, 9.ª ed. (2019), 726-758; Rui de Alarcão, *Invalidade dos negócios jurídicos/Anteprojecto para o novo Código Civil*, BMJ 89 (1959), 199-267; *idem*, *Sobre a invalidade de negócio jurídico*, Est. Teixeira Ribeiro (1981), 3-22.

Índice

[1] Adriano Vaz Serra, *Mora do devedor*, 193.
[2] Rui de Alarcão, *Objecto negocial*, 85.
[3] *1.ª Revisão*, 107.
[4] *2.ª Revisão*, 111; o preceito constava já da *Revisão intercalar* (269.º), 104.
[5] *Projecto* (284.º), 81-82.
[6] Este crime é circunstancialmente referido em RLx 8-out.-2019 (Agostinho Torres), Proc. 920/17.

I – Ineficácia e invalidade

1. Origem histórica[1]. No Direito romano faltava uma teoria geral da ineficácia. Manifestações concretas, ainda que dispersas, ocorriam a propósito de negócios e de situações singulares. Perante negócios que violassem proibições, o pretor negava a ação. Operavam vícios menos marcados: o negócio *quasi nullus*, base da anulabilidade e a nulidade parcial, nos bastidores da redução. 1

A *in integrum restitutio* permitia rescindir um negócio que, válido em si, tivesse sido concluído em circunstâncias que tornavam iníqua a sua execução. 2

No período intermédio, com flutuações terminológicas, foram sendo isoladas certas categorias. Bártolo contrapôs o *ius dicendi nullum*, que operava *ipso iure*, ao *ius rescindens*, a invocar através da *in integrum restitutio*: uma contraposição arcaica entre as nossas nulidade e anulabilidade. 3

2. A **elaboração periférica**[2] marcou o desenvolvimento das ineficácias e das invalidades. Elas foram ocorrendo ao longo da História, faltando um plano de conjunto. A anulabilidade surgiu autonomamente, com raízes romanas, sem ligação específica à nulidade. 4

3. O sistema de Savigny está na origem do quadro presente no BGB alemão, que influenciaria as codificações subsequentes, entre as quais a nossa[3]. Este Autor insere o tema no campo da invalidade (*Ungültigkeit*). Esta ocorreria quando um facto jurídico não originasse todos os efeitos que, em princípio, lhe corresponderiam. Ela poderia ser plena ou não-plena: no primeiro caso, o facto não produziria nenhum efeito: seria a nulidade. A segunda hipótese (a da invalidade não-plena) abrangeria diversas possibilidades. Savigny enumera: (1) a presença de uma ação (*actio metus* ou a *pauliana*); (2) a atuação de uma exceção (a *exceptio doli*); (3) a existência de uma obrigação que contrariaria a eficácia do facto (a de restituição de bens dotais); (4) a ocorrência da *restitutio*; (5) a *bonorum possessio contra tabulas*. 5

A tudo isto chama Savigny a "impugnabilidade de uma relação jurídica", impugnabilidade essa que, na língua latina, foi vertida para "anulabilidade". Assim, enquanto na nulidade estaríamos perante uma pura negação, na anulabilidade assistir-se-ia à presença de um direito contrário, na esfera de uma pessoa. 6

Poderiam estar em jogo situações referentes: (1) à ilicitude dos atos; (2) a vícios genéticos dos negócios; (3) a ocorrências posteriores que ditassem a cessação de certos efeitos; (4) à incompleitude dos processos de produção negocial; (5) a esquemas processuais destinados a deter o andamento das ações. 7

O negócio jurídico seria prejudicado na sua eficácia quando ultrapassasse as margens legais para ele fixadas ou quando, na sua formação, tivessem ocorrido desconformidades; essa mesma eficácia pode cessar, na sua vigência, através de atos a tanto destinados; na sua base, a lei 8

[1] Indicações: *Tratado*, II, 4.ª ed., 911-913.
[2] *Idem*, 913-916.
[3] *Idem*. 916-918.

pode exigir um processo complexo de cuja completitude dependa uma eficácia plena; por fim, a técnica processual das ações/exceções oitocentistas apresentava, como instrumento de não-eficácia, a própria possibilidade de mover exceções.

9 **4. A evolução posterior** pode ser enquadrada em dois parâmetros: a simplificação e a substancialização. A simplificação resulta da tendência para reduzir, através de generalizações ou de depurações, as diversas figuras de ineficácia. A substancialização exprime a conversão das figuras puramente processuais em realidades substantivas. Nas últimas décadas, a evolução cifra-se, entre nós, no sentido de uma nova multiplicação de manifestações de ineficácia.

II – O quadro clássico

10 **5. A ineficácia *lato sensu*** abrange as diversas manifestações nas quais um negócio não produza (todos) os efeitos que, em princípio, se destinaria a produzir.

11 **6. Invalidade e ineficácia em sentido estrito**: (1) na invalidade, a não-produção normal de efeitos opera mercê da presença, no negócio celebrado, de vícios ou desconformidades com a ordem jurídica; (2) na ineficácia em sentido estrito, o negócio, em si, não tem vícios; apenas se verifica uma conjunção com fatores extrínsecos que conduz à referida não-produção.

12 **7. A nulidade e a anulabilidade** distinguem-se dentro da invalidade, consoante o regime em jogo. A essas duas figuras seria possível acrescentar a das invalidades mistas ou atípicas. Não reconhecemos a figura da inexistência como vício autónomo[4]. Outros quadros são possíveis, tendo sido apresentados, entre nós[5] como no estrangeiro[6]. Em última instância, apenas a capacidade para transmitir um determinado regime jurídico-positivo pode servir de bitola para ajuizar as vantagens ou desvantagens de cada um deles.

13 Outras distinções, por vezes frequentes, separam as ineficácias totais das parciais, consoante o negócio jurídico seja atingido no seu todo ou apenas nalguma ou nalgumas das suas cláusulas e as iniciais das supervenientes, conforme atinjam o negócio à nascença, ou derivem de posteriores alterações legislativas.

III – A pretensa inexistência

14 **8. A origem do problema**. A inexistência é uma categoria controversa. O problema não se resolve com profissões de fé, nem com considerações filosóficas: antes requer um estudo histórico e dogmático, de base científica[7].

[4] *Infra*, anotações 14 a 23.

[5] Guilherme Moreira, *Instituições*, 1, 508 ss., distinguia a nulidade, mais restrita e implicando um vício, da ineficácia, mais ampla, que incluiria situações em si idóneas, mas incompletas ou condicionadas do exterior; contrapunha, depois, a nulidade ou inexistência à anulabilidade ou nulidade relativa e excluía a inexistência como vício autónomo; Manuel de Andrade, *Teoria geral*, ed. por Ricardo Velha, 2 (1953), polic., 411 ss., admitia, em termos similares, a ineficácia como conceito mais amplo e a nulidade como mais restrita. Na primeira, descobria uma ineficácia absoluta e outra relativa, consoante fosse extensiva a todos – mesmo as partes – ou se limitasse a terceiros; contrapunha, depois, uma nulidade absoluta a outra relativa, mas admitia, junto à nulidade, a figura da inexistência; Galvão Telles, *Manual dos contratos em geral*, 3.ª ed., 327 ss., expõe um quadro semelhante ao aqui propugnado e que correspondia, também, em traços largos, ao de Paulo Cunha, embora com a adenda da inexistência; Castro Mendes, *Direito civil (Teoria geral)*, 3, 423 ss., apresentando o que chama "quadros dos valores negativos do negócio jurídico", considera: a invalidade e a irregularidade e, como "valores negativos de menor importância", a inoponibilidade e a impugnabilidade; na invalidade, distinguia a inexistência, a nulidade e anulabilidade; Mota Pinto, *Teoria geral*, 4.ª ed., 615 ss. adota o esquema de Manuel de Andrade, embora atualizando a terminologia; Carvalho Fernandes, *Teoria geral*, 2, 5.ª ed., 485 ss., parte de uma distinção entre eficácia e validade, na base do negócio ter, em si, suscetibilidade de produção de efeitos ou de subsistência e apresenta um quadro que reúne a inexistência, a invalidade e a irregularidade.

[6] Tem um especial interesse referir a experiência brasileira: Antônio Junqueira de Azevedo, *Negócio jurídico/Existência, validade e eficácia*, 2.ª ed. (1986), 31 ss..

[7] Indicações: *Tratado*, II, 4.ª ed., 925-930.

A atual inexistência surgiu, em termos conjunturais[8], na doutrina napoleónica, para resol- 15
ver uma questão de interpretação suscitada pelo Código Civil francês e pela doutrina subsequente. Procurando, ainda no rescaldo da Revolução Francesa, que admitira o divórcio em larga escala, restringir os casos de dissolução do casamento, a doutrina e a jurisprudência fixaram a regra de que "não há nulidade do casamento sem um texto que a pronuncie de modo expresso". Simplesmente, o texto do Código Napoleão não continha referências à nulidade do casamento em três situações (então) graves: casamentos celebrados entre duas pessoas do mesmo sexo; casamentos contraídos sem qualquer forma legal; e casamentos "concluídos" faltando o consentimento dalguma das partes. Para ultrapassar o bloqueio representado pelo brocardo *pas de nullité sans texte*, optou-se, nesses casos, pela presença de um vício ainda mais pesado, que nem careceria de lei expressa: o da inexistência.

Adquirida, por esta via e no Direito matrimonial, a ideia de inexistência, alguma doutrina 16
francesa procedeu à sua generalização, alargando-a aos diversos atos jurídicos. Desde sempre, porém, houve críticos, diretos ou indiretos. Os atuais obrigacionistas franceses consideram a doutrina da inexistência "inútil e falsa". E no próprio Direito matrimonial, a inexistência é, hoje, rejeitada[9].

9. Em Portugal, a doutrina francesa da inexistência não penetrou com facilidade. Guilherme 17
Moreira considerava-a idêntica à nulidade; apenas no Direito da família admitiria, a título excecional, a possibilidade da inexistência, como vício mais grave do que a nulidade[10]. Pires de Lima ia mais longe: mesmo no Direito do casamento, a nulidade seria suficiente para enquadrar todas as falhas[11]. Cunha Gonçalves, no entanto, veio admitir, por nítido influxo de alguns autores franceses, essa figura[12]. Raúl Ventura votou contra a inexistência – que equipara à nulidade[13] – mas Manuel de Andrade, a favor, limitando-a, embora, ao domínio do casamento[14]. Galvão Telles tomou posição contrária: os casos pretensamente apresentados como de inexistência legal ou são de inexistência material – não há nada – ou de nulidade (absoluta)[15].

O surto exegético que se seguiu à publicação do Código de 1966 foi favorável à inexis- 18
tência, dada a sua consagração verbal no domínio do casamento[16].

10. A não-autonomia. Cabe distinguir: na inexistência material, não haveria nada: faltariam os 19
próprios elementos materiais (por exemplo, as declarações) de que depende um negócio jurídico; na inexistência jurídica, surgiria ainda uma configuração negocial, a que o Direito retiraria, no entanto, qualquer tipo de eficácia.

Apenas a inexistência jurídica releva na discussão subsequente. A inexistência material 20
é puramente descritiva: em qualquer momento, o número de negócios que nunca chegaram

[8] Diz (o insuspeitamente clássico) Pires de Lima, *O casamento putativo no Direito civil português* (1930), 103:

> A doutrina da inexistência é uma doutrina de difícil exposição, tantos foram os aspetos de que os seus defensores lançaram mão para a justificar, sem se preocuparem com uma construção de conjunto e com um sistema harmónico de dedução.
>
> E a razão está em que, essa doutrina, não surgiu de um raciocínio lógico, mas de uma necessidade prática.

[9] Indicações: *Tratado*, II, 4.ª ed., 926.

[10] Guilherme Moreira, *Instituições*, 1, 510 e nota 1.

[11] Pires de Lima, *O casamento putativo*, 127, 137 ss. e *passim*.

[12] Luiz da Cunha Gonçalves, *Tratado*, 1, 394 ss.. Este Autor fixava assim um "quadro tripartido de nulidades": inexistência legal, nulidade absoluta e nulidade relativa ou anulabilidade.

[13] Raúl Ventura, *Valor jurídico do casamento*, supl. à RFDUL 1951, 35.

[14] Manuel de Andrade, *Teoria geral*, 2, 415.

[15] Galvão Telles, *Contratos em geral*, 333.

[16] Assim: Mota Pinto, *Teoria geral*, 3.ª ed., 609 = 4.ª ed., 617, Rui de Alarcão, *A confirmação dos negócios anuláveis*, 1 (1971), 33-39, Castro Mendes, *Teoria geral*, 2 (1978-79, versão revista em 1985), 289-290, Carvalho Fernandes, *Teoria geral*, 2, 5.ª ed., 485 ss. e Pedro Pais de Vasconcelos, *Teoria geral*, 9.ª ed., 726-730. No Direito da família, *vide* Antunes Varela, *Direito da Família*, 4.ª ed. (1996), 283 ss..

a existir é infinito: é impensável tomá-los um por um para, daí, fazer uma categoria jurídica operacional. A autonomia da inexistência (jurídica) depende de, dela, se inferir um regime diferente do de outras ineficácias e, designadamente, do da nulidade. O negócio (como qualquer realidade jurídica) não tem outra ontologia que não a do seu regime. Abdicando dele, temos uma pura categoria vocabular, que não permite, do Direito, fazer a Ciência da resolução científica dos problemas.

21 No Direito da família, a questão é discutível. A lei portuguesa distingue, no casamento, os vícios da inexistência e da anulabilidade (1627.º). A contraposição deveria dar-se entre a nulidade e a anulabilidade: só assim não sucede porque o Código pretendeu deixar disponível a "nulidade" para os casamentos católicos[17] (1647.°/3). A inexistência distinguir-se-ia da nulidade ou da anulabilidade por vedar, por completo, a produção de efeitos. O casamento declarado nulo ou anulado produz efeitos entre os cônjuges de boa-fé e os próprios terceiros (casamento putativo, 1647.º): aquele que acredita na aparência de um casamento não deve ser prejudicado pela ineficácia dele. Isso não sucederia com o casamento inexistente; a própria lei o afirma (1630.°/1). Porém, os vícios que conduzem à inexistência (1628.º) não são de molde a questionar a aparência do casamento[18]: a pessoa que, de boa-fé, acredite nele, merece tanta tutela quanto a concedida a quem creia num casamento declarado nulo ou anulado. Fica em aberto a possibilidade de restringir, pela interpretação, o 1630.°/1: elaborado com meras preocupações conceptuais, esse preceito – bem como os que se reportam à inexistência – acaba por não ponderar os interesses e os valores em jogo.

22 A transposição da inexistência para o negócio em geral, num passo que nenhuma lei indicia[19], conduz a resultados ainda mais inadequados. O negócio nulo produz alguns efeitos. Por exemplo, a pessoa que, na base de um negócio nulo, receba o controlo material de uma coisa, pode, em certos casos, beneficiar de uma posse que se presume de boa-fé (1259.°/1 e 1260.°/2); o possuidor de boa-fé, por seu turno, faz seus os frutos da coisa (1270.°/1) até que seja informado da nulidade. A ter consistência, a inexistência jurídica não propiciaria nenhum desses efeitos. Assim, o adquirente de boa-fé através de negócio nulo (p. ex., por simulação, 240.°/1) ou anulável (p. ex., por coação, 256.º) pode beneficiar daqueles esquemas; mas sendo o negócio inexistente (e isso sucederia, porventura, no caso do 246.°, falta de consciência da declaração) tudo ficaria bloqueado. Repare-se: o adquirente pode ignorar totalmente a "coação física" de que esteja a ser vítima a contraparte (pense-se numa contratação por *telefax*) ou, *a fortiori*, a sua "falta de consciência da declaração".

23 Os pretensos casos de inexistência jurídica são, pois, casos de nulidade, sob pena de gravíssimas injustiças, enquadradas por puros conceptualismos. A sua transposição para outras áreas, como a do registo, conduzem a inconvenientes ainda maiores[20].

[17] A nulidade destes é declarada pelos tribunais canónicos, de acordo com regras próprias; *vide* REv 16-dez.-2008 (Almeida Simões), Proc. 1144/08-3.

[18] O próprio casamento celebrado entre duas pessoas do mesmo sexo, antes de permitido pela L 9/2010, de 31-mai., podia provocar a boa-fé de terceiros e, até, dos cônjuges; como explicava Pires de Lima, há casos de hermafroditismo ou de sexo indeterminado, em que apenas após cuidadas análises, é possível determinar o sexo de uma pessoa.

[19] Heinrich Ewald Hörster, *A parte geral*, 1.ª ed., 518 e 2.ª ed., 574.

[20] *Tratado*, II, 4.ª ed., 929-930.

IV – Ineficácia estrita e irregularidade

11. A ineficácia em sentido estrito traduz a situação do negócio jurídico que, não tendo, em si, vícios, não produza, todavia, todos os seus efeitos, por força de fatores extrínsecos[21]. Ineficácias deste tipo só surgem nos casos específicos, previstos pela lei. 24

Alguns exemplos: (1) Segundo o 81.º/6, do CIRE[22], "São ineficazes os atos realizados pelo insolvente em contravenção do disposto nos números anteriores (...)"; (2) o CVM prevê, em certos casos, a obrigatoriedade de lançamento de OPA. Segundo o seu 192.º/1, o não cumprimento dessa obrigação: "(...) determina a imediata inibição dos direitos de voto e a dividendos (...)"; (3) alguém, para defraudar os seus credores, aliena, sem critério, o seu património: os atos de alienação sujeitam-se à ação pauliana, podendo ser impugnados nos termos dos 610.º e seguintes. 25

Nestas três situações, os negócios celebrados são válidos: nada os afeta, em si. Todavia, ou são totalmente inoponíveis (81.º/1, do CIRE) ou são inoponíveis nalguns dos seus aspetos (192.º/1, do CVM) ou são impugnáveis (610.º). Trata-se de "ineficácias em sentido estrito", de acordo com a designação tradicional portuguesa. Temos uma categoria residual; as figuras a ela redutíveis assumem regimes particulares, a apurar caso a caso pela interpretação. 26

12. A irregularidade. A eficácia do negócio jurídico depende do seu enquadramento, dentro da autonomia privada. Podem ter aplicação, além das da autonomia privada, outras regras. A sua inobservância provoca a irregularidade do negócio atingido, sem prejudicar a sua eficácia. 27

Os exemplos tradicionais de irregularidade negocial ocorriam no domínio matrimonial[23]. O menor que casar sem autorização dos pais ou do tutor celebra um casamento eficaz, mas sujeita-se a certas sanções quanto aos bens (1649.º); o casamento celebrado com impedimento é válido, mas dá lugar a determinadas consequências, também no domínio dos bens (1650.º). Há outras possibilidades; por exemplo, a compra e venda de imóvel sem que tenha sido exibido o registo da coisa a favor do alienante é irregular, perante o 9.º do CRP[24]; não prejudica, porém, a validade do negócio. Da mesma forma, a inobservância de certas regras fiscais pode sujeitar as partes a multas; o negócio será irregular, mas é eficaz. 28

Artigo 285.º (Disposição geral)

Na falta de regime especial, são aplicáveis à nulidade e à anulabilidade do negócio jurídico as disposições dos artigos subsequentes.

Bibliografia: António Menezes Cordeiro, *Da ineficácia civil: reflexões críticas*, Est. Oliveira Ascensão 1 (2008), 233-265; *idem*, *Tratado de Direito civil*, II, 4.ª ed. (2014), 942-946; a indicada na introdução aos 285.º a 294.º.

[21] Inocêncio Galvão Telles, *Manual dos contratos*, 3.ª ed., 329 e 347 e Carvalho Fernandes, *Teoria geral*, 2, 5.ª ed., 542 ss..

[22] Perante o anterior CPEF, Oliveira Ascensão, *Efeitos da falência sobre a pessoa e negócios do falido*, ROA 1995, 641-688, Carvalho Fernandes/João Labareda, *Código dos Processos Especiais de Recuperação da Empresa e da Falência Anotado*, 3.ª ed. (1999), 408 ss. e Maria do Rosário Epifânio, *Os efeitos substantivos da falência* (2000), 183 ss.; quanto ao atual Direito, Luís Menezes Leitão, *Código da Insolvência e da Recuperação de Empresas*, 10.ª ed. (2018), 157.

[23] Manuel de Andrade, *Teoria geral*, 2, 413-414.

[24] E pode envolver a responsabilidade disciplinar do notário.

Índice

I – Origem e natureza

1 **1. Preparatórios**. O 2.º do anteprojeto Rui de Alarcão dispunha[1]:

> Na falta de um regime especial a invalidade rege-se pelas regras dos artigos seguintes.

2 Alarcão manteve esse texto no seu anteprojeto global (52.º), substituindo "regras" por "normas"[2]. A 1.ª Revisão (252.º) fez outro tanto, mas escolhendo "prescrições contidas nos artigos subsequentes"[3]. A 2.ª Revisão (285.º) removeu "invalidade", substituindo-a por "nulidade" e "anulabilidade"[4]: sem razão aparente. A fórmula definitiva aguardou pelo 285.º do Projeto[5].

3 **2. Um preceito de enquadramento**: tal o papel do 285.º. A multiplicação de regras especiais, dentro da própria versão inicial do Código (p. ex., 243.º e 892.º), que também se enquadram nos 285.º a 294.º, reduz o alcance do preceito.

II – Dogmática civil da invalidade

4 **3. Ponto de partida**: reside na contraposição entre a nulidade e a anulabilidade. Em termos atualistas: (1) a nulidade equivale a um *status rei*: um estado do próprio negócio; como consequência, temos uma permissão genérica de impugnação; (2) a anulabilidade traduz um *status personae*: uma característica específica de um dos intervenientes, ao qual é reconhecida uma permissão específica de impugnação. A contraposição corresponde a valores próprios de cada uma das duas categorias, com regimes distintos.

5 A nulidade equivale à regra civil geral, preenchendo uma categoria alargada. A anulabilidade traduz uma categoria residual, que drenou, ao longo da História, diversas figuras unificadas pelo efeito prático: um sujeito tem o poder de deter a eficácia de um negócio jurídico. Este quadro não corresponde já aos regimes constantes do Código Civil e diplomas conexos.

6 **4. Tipos de nulidades**. À partida, a nulidade origina uma permissão genérica de impugnação: qualquer interessado o pode fazer; a todo o tempo; e o tribunal pode declará-la *ex officio* (286.º).

7 A confluência com outros princípios leva a entorses no que, à partida, seria um regime lógico e coerente: (1) o simulador não pode arguir a nulidade da simulação contra o terceiro de boa-fé (243.º/1); (2) o vendedor de coisa alheia não pode opor a sua nulidade ao comprador de boa-fé, assim como não pode opô-la ao vendedor de boa-fé o comprador doloso (892.º); (3) a nulidade da venda de bens alheios pode cessar por convalidação (895.º); (4) a nulidade do contrato de sociedade de capitais, só invocável em certas circunstâncias, é igualmente sanável (42.º

[1] Rui de Alarcão, *Invalidade dos negócios jurídicos*, 205.
[2] *Idem, Do negócio jurídico/Anteprojecto para o novo Código Civil*, 273.
[3] *1.ª Revisão*, 107.
[4] *2.ª Revisão*, 112; este teor adveio da *Revisão intercalar* (270.º), 105.
[5] *Projecto*, 82.

do CSC); (5) a nulidade de uma deliberação social não é invocável, em determinadas situações, por certos sócios (56.º/3 do CSC) e pode ser ultrapassada pela renovação da deliberação inválida (62.º do mesmo Código); (6) a lei prevê, no domínio da família (1939.º/2) e dos negócios gratuitos (968.º e 2309.º), negócios nulos confirmáveis.

Nas "exceções" apontadas, a natureza dos interesses protegidos, dobrada pelo princípio da tutela da confiança, contrariam a lógica da nulidade: quer o bloqueio de certas nulidades perante pessoas de boa-fé, quer a convalidação por certos desaparecimentos supervenientes de vícios visam proteger a confiança de determinados interessados, com o reforço, daí derivado, da circulação dos bens. Prosseguindo: o negócio nulo, nos casos previstos, mantém-se em vida não *a se*, mas por força do princípio da confiança. 8

Um negócio simulado não corresponde à vontade de nenhuma das partes que o tenham concluído. Logo, ele não vale *ex* 406.º/1: antes *ex bona fide* ou *ex fiducia*. A juridificação opera não por via da autonomia privada, mas por força da tutela da confiança a qual, por analogia, adota um código genético semelhante ao da eficácia negocial. E assim sendo, nenhuma vantagem se perfila em, contrariando a linguagem comum que afeiçoou o Direito, vir dizer que o negócio simulado ininvocável é irremediavelmente nulo, surgindo, todavia, um *quid* em tudo semelhante a ele, mas *ex bona fide*. Temos, sim, uma nulidade que, sobreposta à tutela da confiança, dá azo a uma invalidade que apenas opera em relação a certas pessoas ou em certas conjunturas. 9

Poderíamos formular juízos paralelos, no tocante às demais nulidades sanáveis ou confirmáveis: verifica-se que elas são estabelecidas no interesse de certas pessoas, que se mostram acauteladas e, ainda, que cumpre proteger terceiros. 10

5. Nulidades absolutas e relativas, numa recuperação de terminologia, agora disponível: (1) as nulidades absolutas, correspondentes ao perfil do 286.º; (2) as nulidades relativas, que ocorrem sempre que surja uma nulidade suscetível de não ser invocável por qualquer interessado ou que seja sanável. Neste último caso, a jurídica-positividade do negócio advém da tutela da confiança; além disso, a nulidade já não é invocável por todos. *A fortiori*: não pode ser declarada, de ofício, pelo juiz. 11

Quanto à explicação dogmática: as nulidades relativas derivam de um concurso: (1) entre a permissão genérica de as invocar; (2) e o direito potestativo de, *ex bona fide*, ou conservar os efeitos do negócio ou, saneado o negócio, fazer surgir, *ex novo*, as posições jurídicas equivalentes ao negócio nulo. 12

A nulidade relativa é estruturalmente diferente da anulabilidade: apenas na aparência as duas figuras se aproximam. Com efeito, na nulidade, ainda que relativa, mantém-se a permissão genérica de impugnação; todavia, esta é contraditada pontualmente pelo direito potestativo de invocar a tutela da confiança, detendo a impugnação ou provocando a legitimação superveniente, com a consequente convalescença do negócio. 13

6. O **ónus da prova** decorre deste cenário: (1) na nulidade relativa, a pessoa protegida invoca e demonstra os factos de que decorre a tutela; (2) na anulabilidade, o interessado fará prova dos factos que dão azo ao seu direito à impugnação. 14

7. Tipos de anulabilidades. A anulabilidade é uma realidade subjetiva: tem a ver com a posição específica do sujeito, equivalendo a um *status personae*. Ela traduz, na esfera do sujeito, um direito potestativo de impugnar certo negócio. As circunstâncias que permitem tal impugnação são fixadas em abstrato, podendo dizer respeito a qualquer uma das partes, no negócio considerado. 15

16 A lei quebra, nalguns casos, o princípio da igualdade. Por razões de desproteção pessoal (caso do menor) ou social (caso do adquirente de habitação própria ou do locatário[6]), o legislador apenas confere o direito de impugnação a um dos intervenientes na relação.

17 **8. As anulabilidades privilegiadas** resultam dessa proteção. Assim: (1) os atos dos menores não representados apenas podem ser anulados a requerimento do progenitor que exerça o poder paternal, do tutor e do administrador de bens, ou a requerimento do menor, no ano subsequente à maioridade ou emancipação ou a requerimento de qualquer herdeiro do menor, no prazo de um ano a contar da morte deste e desde que não tivesse expirado o prazo para o próprio menor o fazer (125.º/1); (2) nos contratos-promessas referidos no artigo 410.º/3, o promitente alienante só pode invocar a anulabilidade decorrente da falta de certificação das licenças de construção ou de habitação, se a contraparte a tiver causado culposamente.

Artigo 286.º (Nulidade)

A nulidade é invocável a todo o tempo por qualquer interessado e pode ser declarada oficiosamente pelo tribunal.

Bibliografia: José Lebre de Freitas, *O conceito de interessado no artigo 286.º do Código Civil e a sua legitimidade processual*, Est. José Dias Marques (2007), 363-386; *vide* a bibliografia indicada na introdução aos 285.º a 294.º.

Índice

1 **1. Preparatórios**. O anteprojeto Rui de Alarcão previa, em preceitos distintos[1]:

> 3.º/1 A nulidade pode ser invocada por qualquer interessado e declarada, oficiosamente, pelo juiz.
>
> 5.º/1 A nulidade pode fazer-se valer a todo o tempo, salvos os efeitos do usucapião e da prescrição dos direitos de restituição (...)

2 A 1.ª Revisão manteve essa orientação (253.º/1 e 255.º/1) [2]. A 2.ª (286.º)[3] operou a junção que, sem alterações, passou ao Projeto (286.º)[4] e à redação final.

3 **2. Situações de nulidade**, no Código[5]: (1) falta de forma legal (220.º); (2) simulação (240.º/2); (3) reserva mental conhecida pelo declaratário (244.º/2); (4) declaração não-séria

[6] Na legislação pós 1974-75 e hoje substituída.

[1] Rui de Alarcão, *Invalidade dos negócios jurídicos*, 208 e 221, com observações: 208-211 e 221-226; *idem*, *Do negócio jurídico*, 274 (53.º) e 275 (55.º).

[2] *1.ª Revisão*, 108 e 208-209.

[3] *2.ª Revisão*, 112; já a *Revisão intercalar* (271.º), 105.

[4] *Projecto*, 82.

[5] Defendemos que a "inexistência" não tem autonomia; por isso, certos casos ditos de inexistência são reconduzidos à nulidade.

(245.º/1); (5) declaração feita sem consciência negocial ou sob coação física (246.º); (6) objeto física ou legalmente impossível, contrário à lei ou indeterminável (280.º/1); (7) contrariedade à ordem pública ou aos bons costumes (280.º/2); (8) fim contrário à lei ou à ordem pública ou ofensivo dos bons costumes, quando seja comum a ambas as partes (281.º); (9) contrariedade à lei imperativa (294.º).

Para além dos referidos, outros preceitos preveem casos particulares de nulidade. Na Parte geral, são nulos, por exemplo: (1) a limitação voluntária ao exercício dos direitos de personalidade, quando contrário à ordem pública (81.º); (2) os negócios subordinados a condições contrárias à lei, à ordem pública ou ofensiva dos bons costumes, bem como os sujeitos a uma condição suspensiva física ou legalmente impossível (271.º); (3) os negócios destinados a modificar os prazos legais da prescrição ou a facilitá-la ou dificultá-la por outra forma (300.º); (4) a convenção que inverta o ónus da prova, quando se trate do direito indisponível ou a inversão torne excessivamente difícil a uma das partes o exercício do seu direito (345.º/1) ou que exclua algum meio de prova ou admita um meio de prova diverso dos legais; *idem*, n.º 2; (5) a convenção que afete determinações legais quanto à prova que tenham por fundamento razões de ordem pública (345.º/2, *in fine*). 4

As partes especiais do Código Civil abrangem novas previsões de nulidade; outro tanto acontece em relação a leis extravagantes, com relevo para o diploma relativo às cláusulas contratuais gerais. Para além disso, a nulidade impõe-se, por defeito, sempre que a lei, direta ou indiretamente, não aponte para a anulabilidade. 5

3. Fundamentos, decorrentes das previsões explanadas: (1) a falta de algum elemento essencial do negócio como, por exemplo, a vontade ou o objeto; (2) a contrariedade à lei imperativa ou, mais latamente, ao Direito. 6

Os preceitos em jogo não se articulam num todo harmónico: o Código dispersou a matéria, distribuindo-a, por vezes, em tipos desfocados. Tem-se tentado autonomizar a ideia de nulidade a partir de certos valores subjacentes: ela seria cominada perante os vícios mais pesados do negócio, designadamente quando se colocassem em questão os denominados interesses públicos. As contingências históricas e culturais do Direito não permitem seguir tal via: uma das mais precisas nulidades cominadas pelo Direito (a nulidade formal) não comporta valores substantivos claros. 7

Os dois fundamentos apontados esgotam o universo lógico das falhas negociais. Assim (ainda que por via interpretativa, dado o silêncio da lei) pode concluir-se que a nulidade é o tipo residual da ineficácia: perante uma falha negocial, quando a lei não determine outra saída, a consequência é a nulidade. 8

4. Regime. A nulidade atinge o negócio em si. Segundo o 286.º e na linha do Direito anterior[6], verifica-se que: (1) a nulidade é invocável a todo o tempo[7]; (2) por qualquer interessado; (3) podendo ser declarada oficiosamente pelo tribunal[8]. 9

Embora a invocação da nulidade produza certos efeitos, designadamente no campo processual e quando ocorra em juízo, deve entender-se que ela opera *ipso iure*, isto é, independentemente de qualquer vontade a desencadear. A invocação da nulidade não depende de uma 10

[6] Guilherme Moreira, *Instituições*, 1, 511 ss., Manuel de Andrade, *Teoria geral*, 2, 417 ss., Galvão Telles, *Manual dos contratos em geral*, 333 ss., Mota Pinto, *Teoria geral*, 3.ª ed., 611 ss. = 4.ª ed., 620 ss., Castro Mendes, *Teoria geral*, 2, 290 ss. e Carvalho Fernandes, *Teoria geral*, 2, 5.ª ed., 502 ss..

[7] STJ 17-out.-2019 (Paula Sá Fernandes), Proc. 1232/15.

[8] RLx 28-nov.-1996 (Cruz Broco), CJ XXI (1996) 5, 113-115 e REv 29-jan.-1998 (Fonseca Ramos), CJ XXIII (1998) 1, 265-267 (267/I).

permissão normativa específica de o fazer: a permissão é genérica. O próprio tribunal, quando dela tenha conhecimento e quando caiba no princípio do dispositivo, deve, *ex officio*, declará-la. Não há um direito potestativo de atuar a nulidade. O Tribunal não constitui a nulidade do negócio: limita-se a declará-la, de modo a que não restem dúvidas.

11 O facto de a nulidade ser invocável a todo o tempo não significa que não possam subsistir efeitos semelhantes aos que o negócio jurídico propiciaria, quando fosse válido: assim sucede quando atue outra causa constitutiva como, por exemplo, a usucapião.

12 **5. A invocação**. Há dois sistemas[9]: o dos Direitos latinos, que exige uma invocação judicial[10] e o do Direito alemão, que admite uma invalidação por mera declaração extrajudicial dirigida à contraparte[11], a interpretar de acordo com as regras negociais.

13 Aquando da preparação do Código, Rui de Alarcão propôs, para a anulabilidade, a possibilidade de invocação extrajudicial[12]. Tal proposta manteve-se, ainda, na primeira revisão ministerial (254.º/1)[13], mas foi silenciosamente suprimida na segunda[14], sem que, no entanto, se introduzisse qualquer preceito de sinal contrário. A supressão foi suficiente para levar alguma doutrina a defender a necessidade de invocação judicial, seja para a anulação[15], seja para as invalidades em geral[16].

14 A necessidade de recorrer ao Tribunal, para exercer um direito, é uma formalidade anómala e pesadíssima. Assim, ela só se impõe quando prevista por lei (219.º), lei essa que, a surgir, será excecional. O Código não contém qualquer norma que obrigue à invocação judicial. Pelo contrário: os 286.º e 287.º falam em invocar a nulidade e arguir a anulabilidade sem inserirem qualquer rasto de uma necessidade de invocação judicial[17]. Não parece viável, na falta de base legal, exigir tal procedimento: anómalo e pesadíssimo, como cumpre repetir.

15 O 291.º/1 pressupõe ações de declaração de nulidade ou de anulação. Mas isso explica-se por, aí, se pretenderem fazer valer posições contrárias ao que resulta do registo predial: a nulidade deste, seja substantiva seja registal, só pode ser invocada depois de declarada por decisão judicial, com trânsito em julgado – 17.º/1, do CRP. A lei é omissa quanto ao regime geral da invocação das invalidades, o que depõe no sentido da desformalização, mau grado os preparatórios[18]; no entanto, há uma diretriz que impõe o recurso a juízo – ou um acordo – perante invalidades que atinjam situações registadas.

16 Se a declaração de nulidade ou a anulação "informais" não foram aceites pelos destinatários, há litígio, a dirimir em juízo. O tribunal limitar-se-á, então, a apreciar se a invocação da nulidade ou se a anulação foram devidamente atuadas[19]. Isto dito: dada a existência de opiniões diversas, recomenda-se cautela nas opções a tomar: na dúvida e em negócios importantes, pode ser aconselhável recorrer logo à via judicial.

[9] Com elementos: Rui de Alarcão, *A confirmação dos negócios anuláveis*, 1 (1971), 58-63; *Tratado*, II, 4.ª ed., 933-935.

[10] Assim, os 1421.º e ss., quanto à nulidade e 1441.º e ss., quanto à anulabilidade, ambos do Código italiano.

[11] Tal o sentido do § 143 do BGB.

[12] O competente texto e a sua justificação constam de Rui de Alarcão, *A confirmação*, 60-61, nota 65.

[13] *1.ª Revisão*, 108.

[14] *2.ª Revisão*, 112; a supressão ocorreu na *Revisão intercalar*, 105.

[15] Rui de Alarcão, ob. e loc. cit..

[16] Carvalho Fernandes, *Teoria geral*, 2, 5.ª ed., 505-506.

[17] Quando imponha o exercício judicial dos direitos, o Código é muito claro: vejam-se, como exemplo, os seus 323.º/1 e 1047.º. Fora do Código Civil, cabe referir o 17.º/1 do CRP.

[18] Que têm, neste caso, um fraco valor, na interpretação da lei: não houve, aqui, qualquer justificação ministerial para as alterações introduzidas no anteprojeto.

[19] Nessa eventualidade, já não será rigoroso considerar "constitutiva" a ação de anulação.

Artigo 287.º (Anulabilidade)

1. Só têm legitimidade para arguir a anulabilidade as pessoas em cujo interesse a lei a estabelece, e só dentro do ano subsequente à cessação do vício que lhe serve de fundamento.

2. Enquanto, porém, o negócio não estiver cumprido, pode a anulabilidade ser arguida, sem dependência de prazo, tanto por via de ação como por via de exceção.

Bibliografia: a indicada na introdução aos 285.º a 294.º.

Índice

1. Preparatórios. O anteprojeto Rui de Alarcão, em espelho com o ocorrido quanto à nulidade, propôs, em separado[1]: 1

> 3.º/2 A nulidade só pode ser invocada pelas pessoas no interesse das quais é estabelecida.
>
> 5.º/2 A anulabilidade pode fazer-se valer pelo prazo de um ano, a contar do momento em que a inércia de quem tem direito de anular o negócio já não encontra a sua justificação no facto mesmo que é causa da anulabilidade. 3. A anulabilidade pode, todavia, ser oposta, por via de excepção, a todo o tempo em que o cumprimento do negócio for pedido. Se não se achar cumprido o negócio, pode o direito de anulação fazer-se valer, ainda que por via de acção ou de declaração, sem dependência de prazo.

O esquema foi mantido na 1.ª Revisão (253.º/2 e 255.º/2)[2]. A 2.ª (287.º)[3] juntou os preceitos, em termos que, sem alterações, passaram ao Projeto (287.º)[4] e à versão final. 2

2. Casos de anulabilidade: 125.º (atos dos menores); 126.º (dolo do menor); 178.º (anulabilidade das deliberações); 247.º (erro na declaração); 248.º (validação do negócio); 250.º (erro na transmissão da declaração); 251.º (erro sobre a pessoa ou sobre o objeto do negócio); 254.º (efeitos do dolo); 256.º (efeitos da coação); 257.º (incapacidade acidental); 259.º (falta ou vícios da vontade na representação); 261.º (negócio consigo mesmo); 282.º (negócios usurários); 285.º (regime geral); 288.º (confirmação); 291.º (inoponibilidade da nulidade e da anulação); 359.º (confissão); 433.º (regime da resolução); 632.º (invalidade, na fiança, da obrigação principal); 839.º (invalidade da dação); 856.º (*idem*, da compensação); 905.º, 906.º, 907.º e 908.º (venda de bens onerados); 938.º (venda de coisas em viagem); 957.º (ónus ou vícios do direito da coisa doada); 1028.º (invalidade na pluralidade de fins da locação); 1631.º a 1675.º (anulabilidade do casamento); 1638.º (*idem*, por coação moral); 1687.º (alienação de móvel sem autorização do outro cônjuge); 1860.º (*idem*, da perfilhação); 1861.º (*idem*); 2060.º (anulação da aceitação 3

[1] Rui de Alarcão, *Invalidade dos negócios jurídicos*, 208 e 221, acompanhados de observações.
[2] *1.ª Revisão*, 108 e 109.
[3] *2.ª Revisão*, 112; *Revisão intercalar* (272.º), 105.
[4] *Projecto*, 82.

de herança); 2065.º (anulação do repúdio de herança); 2199.º, 2200.º e 2201.º (anulação do testamento).

4 **3. Regime.** Ao contrário da nulidade, a anulabilidade não traduz uma falha estrutural do negócio. Ela apenas diz que os valores relativos a uma determinada pessoa não foram suficientemente atendidos, aquando da celebração. E assim, a lei concede a esse interessado o direito potestativo de impugnar o negócio[5]. Por isso, a anulabilidade[6]: (1) só pode ser invocada pelas "...pessoas em cujo interesse a lei a estabelece..." (287.º/1); (2) e no prazo de um ano subsequente à cessação do vício – *idem*; (3) admitindo a confirmação (288.º).

4 Cabe, pela interpretação, verificar se se está perante uma anulabilidade ou se se cai na regra geral da nulidade. Note-se que o Direito anterior distinguia a nulidade absoluta e a relativa, equivalente, grosso modo, à atual anulabilidade. Assim, perante textos anteriores a 1966, quando surja "nulidade" há, pela interpretação, que verificar o tipo de invalidade efetivamente presente. Como exemplo: o 342.º do CCom (de 1888) associava, às reticências (ou falta de informação correta) no contrato de seguro, a nulidade do mesmo. Trata-se, todavia, de mera anulabilidade[7].

6 **4. O negócio não-cumprido** mantém intacto o direito de o anular, seja por ação, seja por exceção (287.º/2). Esta regra tem grande relevo prático, uma vez que mantém viva a anulabilidade para além do prazo de um ano fixado no n.º 1.

7 Na hipótese de um cumprimento parcial ou ainda em curso, o n.º 2 tem aplicação. Apenas quando estivessem por executar aspetos mínimos, a boa-fé determinaria a observância do prazo de um ano.

8 **5. A invocação**, na linha acima explicitada, pode ser extrajudicial[8]. As referências à "ação" e à "exceção" visam apenas clarificar a dimensão processual, caso ela venha a ter lugar. Não as impõem. Todavia, dada a existência de opiniões dissonantes, recomenda-se cautela nas opções a tomar. Na dúvida e em negócios importantes, melhor será recorrer à vida judicial.

Artigo 288.º (Confirmação)

1. A anulabilidade é sanável mediante confirmação.

2. A confirmação compete à pessoa a quem pertencer o direito de anulação, e só é eficaz quando for posterior à cessação do vício que serve de fundamento à anulabilidade e o seu autor tiver conhecimento do vício e do direito à anulação.

3. A confirmação pode ser expressa ou tácita e não depende de forma especial.

4. A confirmação tem eficácia retroativa, mesmo em relação a terceiro.

Bibliografia: António Menezes Cordeiro, *Da confirmação no Direito civil* (2008), 172 pp.; *idem*, *Tratado de Direito civil*, II, 4.ª ed. (2014), 958-972; Rui de Alarcão, *A confirmação dos negócios anuláveis* (1971), 251 pp.; *vide* a indicada na introdução aos 285.º a 294.º.

[5] RLx 20-set.-2018 (António Santos), Proc. 3070/16; na linguagem jurídica alemã, anulabilidade diz-se "impugnabilidade".

[6] RPt 16-out.-1990 (Matos Fernandes), CJ XV (1990) 4, 231-233 (231).

[7] António Menezes Cordeiro, *Direito dos seguros*, 2.ª ed. (2916), 628; STJ 10-mai.-2001 (Barata Figueira), CJ/ /Supremo IX (2001) 2, 60-62.

[8] *Supra*, 286.º, anot. 12 a 16.

Índice

I – Origem e evolução

1. Origem. A confirmação moderna deve-se a Lothar Ritter von Seuffert (1843-1920)[1]. Este Autor, dispondo dos quadros de Savigny quanto às invalidades, apurou que, na velha *ratihabitio* romana havia, na realidade, três institutos diversos: (1) a aprovação na gestão de negócios; (2) a autorização perante negócios alheios; (3) a confirmação de negócios anuláveis. A confirmação equivale ao ato pelo qual, numa situação de anulabilidade, o titular do direito potestativo de proceder à impugnação opta, antes, pela validação do negócio atingido. Após toda uma evolução complexa ela consta, hoje, do 288.º. 1

2. Preparatórios. O preceito remonta ao 6.º do anteprojeto Rui de Alarcão[2]. Daí, com retoques, passou à 1.ª Revisão (256.º)[3], adquirindo, na 2.ª (288.º)[4], a redação definitiva[5]. 2

II – Afins

3. A **ratificação** deriva da *ratihabitio* a qual, até Seuffert, incluía também a confirmação. Hoje, não há confusão possível. A ratificação (268.º) é um ato jurídico unilateral que estabelece, *a posteriori*, um vínculo de representação. Esta exige: (1) uma atuação *nomine alieno*; (2) por conta dele; (3) com poderes. A ratificação vem, supervenientemente ou após a conclusão do negócio, conferir os poderes em causa. 3

Estruturalmente, a ratificação configura-se como um ato que vem conferir eficácia a um negócio que, de outra forma, dela careceria. Materialmente ela inscreve-se no poder genérico que todos os sujeitos do Direito têm de constituir representantes voluntários. O regime é distinto do da confirmação; a ratificação: (1) está sujeita à forma da procuração (268.º/2), a qual 4

[1] Para mais elementos, remete-se para o nosso *Da confirmação no Direito civil* (2008), 172 pp. e para as indicações aí inseridas.

[2] Rui de Alarcão, *Invalidade dos negócios jurídicos*, 227, com observações, 227-235; *idem*, *Negócio jurídico* (56.º), 276.

[3] *1.ª Revisão*, 109.

[4] *2.ª Revisão*, 112-113; *Revisão intercalar* (273.º), 105-106, dizia-se, no final do n.º 1: (...) e houver consciência da sua existência e do direito à anulação.

[5] *Projecto*, 82-83.

equivale à forma exigida para o negócio a realizar (262.º/2); (2) tem eficácia retroativa (268.º/2, *in medio*), uma vez que obriga a tratar o negócio ratificado como se, *ab initio*, houvesse poderes de representação; (3) mas respeitando os direitos de terceiros (268.º/2, *in fine*) justamente porque aquI – e ao contrário da confirmação – há verdadeira eficácia retroativa.

5 **4.** A **aprovação** (469.º) é um ato próprio do dono do negócio, perante a gestão. Por essa via, o *dominus*: (1) renuncia a quaisquer direitos que pudesse ter contra o gestor; (2) reconhece o direito do gestor a reembolsos e a indemnizações. Traduz o exercício de um direito potestativo, com efeitos complexos. Não se prende, de modo específico, com qualquer ato, isoladamente tomado.

6 **5.** A **validação**, prevista no 248.º, é o ato pelo qual, perante um negócio anulável por erro, o interessado evita a anulação aceitando o negócio tal como o declarante incurso no erro o pretendia. Tecnicamente, a validação surge como uma aceitação de proposta equivalente à (má) representação real do declarante errado.

7 **6.** A ***reductio ad aequitatem*** (283.º) é uma validação especialmente adaptada aos negócios usurários. Desta feita, o negócio usurário é validado, desde que reconvertido a proporções justas. Subjacentes estão as inerentes propostas, que os interessados irão aceitar.

8 **7.** A **convalidação** equivale à sanação automática de um negócio inválido (quiçá: nulo!) pelo desaparecimento superveniente dos vícios que o afetavam. Só é possível *ope legis*: assim na convalidação da venda de bens alheios, nula, por, supervenientemente, o vendedor adquirir a propriedade da coisa ou a titularidade do direito (895.º) ou por, também supervenientemente, desaparecer a causa da invalidade de um contrato de trabalho (118.º/1, do CT). A convalidação *ope legis* é excecional: depende sempre de um preceito legal, devidamente apoiado na lógica do sistema (sob pena de inconstitucionalidade), que a prescreva.

9 **8.** A **convalescença** é uma modalidade de convalidação, aplicável a certas vendas anuláveis (906.º/1). Como especialidade: constitui objeto de um dever do vendedor (907.º/1), o qual deve fazer cessar os ónus ou limitações relativos à coisa vendida e que provocavam a anulabilidade: o produto de um dever legal acessório.

10 **9.** O **perdão** traduz um ato unilateral pelo qual o doador releva o donatário ingrato da sua falta; com isso, põe-se termo à revogabilidade da doação por ingratidão [975.º, *c*)]. Corresponde a uma figura própria das doações, que equivale a um direito potestativo mais vasto.

11 **10. Em suma**: todas estas realidades têm, em comum, o repescar um negócio ferido de invalidade ou de revogabilidade. Simplesmente, em vez de traduzirem um ato voluntário que sana, simplesmente, um negócio anulável, os institutos apontados: (1) ora conduzem a um negócio diferente do inicial: validação e *reductio*; (2) ora equivalem a uma intervenção legislativa empenhada em fazer cessar certas invalidades: convalidação e convalescença; (3) ora traduzem o relevar de certas faltas: perdão.

12 Estas figuras devem ser procuradas, localizadas, interpretadas e construídas nos mais diversos locais normativos. Uma clivagem importante separa as voluntárias (validação, *reductio* e perdão) das legais ou obrigatórias (convalidação e convalescença). Há que ter um especial cuidado com as flutuações terminológicas, devendo evitar-se apriorismos na fixação dos regimes respetivos.

III – Regime

13 **11. Requisitos objetivos e subjetivos**. A confirmação "só é eficaz" (288.º/2, 2.ª parte), cumulativamente: (1) quando for posterior à cessação do vício que serve de fundamento à anulabilidade: de outro modo, conserva-se a causa eficiente da invalidade, não havendo

como suprimi-la; (2) quando o seu autor tiver conhecimento do vício; (3) e do seu direito à anulação.

Há vícios que suscitam complexas construções dogmáticas, sobre as quais os especialistas não estão de acordo. Pense-se no "erro sobre os motivos" (252.º/1) ou no "erro sobre a base do negócio" (252.º/2). Fica fora de questão exigir, ao interessado, o domínio dessa matéria. O conhecimento do vício é, simplesmente, a consciência dos factos que o originaram: o erro, o dolo ou a coação, como exemplos. Não se exige a apreensão das particularidades jurídicas inerentes a esses fenómenos. Por seu turno, o conhecimento do "direito à anulação" – um direito potestativo de construção delicada – é, apenas, o ter presente a possibilidade de, mercê do vício, pôr termo ao negócio, sob pena de o confirmante nem ter consciência do ato que vai levar a cabo. 14

12. Ineficácia. Na falta de algum dos requisitos, a confirmação "não é eficaz": é nula: (1) a nulidade é a ineficácia comum, que ocorre sempre que a lei não predisponha a anulabilidade; ora, aqui, a lei nada explicita, pelo que caímos na nulidade; (2) os valores subjacentes dizem-nos que uma "confirmação falsa" deve poder ser invocada por terceiros, uma vez que a verdadeira confirmação lhes é oponível; (3) a eventualidade de "confirmações anuláveis" (e, logo, "confirmáveis") iria constituir um fator de suplementar complexidade, sem vantagens percetíveis. 15

13. Confirmação expressa e tácita (288.º/3, 1.ª parte): é a regra comum (217.º/1). Nos termos gerais, a confirmação tácita ocorre: (1) perante comportamentos que, com toda a probabilidade, revelem a intenção de consolidar o negócio[6]; (2) quando o interessado prescinda de invocar anulabilidades[7]; (3) quando decorra um comportamento concludente, com esse conteúdo[8]. 16

A natureza tácita da confirmação não dispensa o conjunto dos seus elementos objetivos e subjetivos: cessação do vício e conhecimento quer do vício, quer do direito à anulação. Tudo isso deverá inferir-se seja dos próprios factos que, "com toda a probabilidade", revelem a vontade tácita, seja de elementos circundantes razoáveis. 17

Na prática, a hipótese mais frequente de confirmação tácita ocorre quando o interessado, depois de ter manifestado o conhecimento de um vício já cessado e de se ter dado conta do direito à anulação, optar por executar o negócio. 18

14. A **dispensa de forma** solene (288.º/3, *in fine*) para a confirmação surge como um elemento da maior importância, cuja origem remonta à pandectística. Com efeito e *prima facie*, seria de esperar que, para a confirmação, se exigisse precisamente a mesma forma requerida para o negócio a confirmar. Entende a lei que, tendo a forma sido observada no negócio (meramente) anulável, os seus objetivos já haviam sido alcançados. A não ser impugnando nos prazos legais, o negócio anulável convalidar-se-ia, pelo decurso do tempo, sem que, jamais, lhe pudessem ser contrapostos óbices formais. Não há que exigir "forma" para a confirmação, sob pena de, no final, se chegar a um *plus* de formalismo. 19

15. A (aparente) eficácia retroativa (288.º/4) pressuporia que um *quid*, em princípio apto, *ex natura*, para produzir efeitos *in futurum*, mercê de um aditivo, os viesse a produzir, também, no passado. Será essa a ideia de uma lei retroativa: no presente e para o futuro, tudo se passará como se, no passado, se tivessem iniciado determinados efeitos jurídicos. 20

[6] RCb 11-dez.-1979 (Martins de Almeida), BMJ 294 (1980), 406 (o sumário).

[7] RLx 20-fev.-1992 (Joaquim de Matos), CJ XVII (1992) 1, 162-166 (165/II).

[8] STJ 3-mar.-1998 (Fernandes Magalhães), BMJ 475 (1998), 610-615 (614-615); RPt 25-out.-2018 (Leonel Serôdio), Proc. 712/16.

21 Um negócio anulável é eficaz e deve ser plenamente cumprido pelas partes. Apenas com um senão: um dos intervenientes tem o direito potestativo de promover a sua anulação. Se não o fizer (ou enquanto o não fizer) o negócio tem, por si, forças suficientes para produzir os seus efeitos. Sobrevindo a anulação esta tem, salvo exceções, eficácia retroativa (289.º/1): o negócio será tratado, no presente, como se, no passado, ele não tivesse existido.

22 Perante isso, a confirmação não tem, em rigor, eficácia retroativa. De facto, quando ela ocorra, o negócio será tratado como se, *ab initio*, fosse válido. Mas na falta de confirmação e a menos que sobreviesse uma anulação, o negócio sempre funcionaria, *ab initio*, como válido. A confirmação nada acrescenta.

23 A confirmação não é propriamente retroativa, no sentido de comportar um aditivo capaz de lhe dar uma projeção para o passado que, em si, ela não teria. A confirmação ocorre, muito simplesmente. E sendo o, ela impede que, no futuro, ocorra qualquer anulação que, essa sim, teria efeitos no passado.

24 **16. "*Animus confirmandi*"?** O confirmante quer, muito singelamente, o negócio em jogo e a sua execução. Haverá um *animus negotii*: sempre o haveria, ou faleceriam as declarações de vontade, declarações essas nas quais, de resto, o tal *animus negotii* se dissolve. Mas não há, como autónomo nem, muito menos, como necessário, um *animus confirmandi*.

IV – Extinção do direito de anular

25 **17.** A **caducidade** ocorre pelo decurso do prazo de um ano após o conhecimento do vício que baseia a anulabilidade (287.º/1). A caducidade não envolve nenhum ato voluntário embora, *summo rigore*, dependa da vontade do titular do direito à anulação. O seu regime é distinto do da confirmação: 328.º e seguintes.

26 **18.** Independentemente de se iniciar o prazo de caducidade, o direito à anulação sujeita-se à **prescrição** (298.º/1): nenhuma disposição legal proclama, aqui, uma posição imprescritível. Também neste ponto os regimes são inconfundíveis, embora os efeitos práticos desemboquem, todos, na sanação do negócio.

27 **19.** A **renúncia** ao direito de anular o negócio: (1) a confirmação visa o negócio anulável, sanando-o; (2) a renúncia dirige-se ao direito de anular ou impugnar o negócio, extinguindo-o.

28 Perante este quadro, os requisitos são diferentes. Enquanto a confirmação exige a cessação do vício e o conhecimento deste e do direito de anular, a renúncia a este último direito requer, apenas, que ele seja disponível.

29 Não é possível confirmar um negócio antes de estar determinada a anulabilidade que o vicie. Quanto a renunciar previamente à invocação de qualquer anulabilidade: tudo depende do tipo de negócio em causa. Se é possível doar o que ele represente, também será possível a renúncia a invocar eventuais anulabilidades. Todavia, a renúncia não pode ser aleatória, sob pena de não gerar situações civis. Ou seja: não é possível renunciar a hipotéticas anulabilidades, sejam elas quais forem. Mas em situações mais delimitadas (p. ex.: adquire-se um quadro na perspetiva de ser um Malhoa; mas desde já se renuncia a pedir a anulação na hipótese de ser uma cópia) a renúncia será possível. Mas não a confirmação.

V – Confirmação de negócios nulos?

30 **20. Inviabilidade.** Os negócios nulos não podem ser confirmados: a menos que se use "confirmação" num sentido amplo, de modo a abranger a sanação, a renovação do contrato (*renovatio contractus*) e, ainda, outras figuras. O progresso do Direito e da sua Ciência reside, todavia, numa

diferenciação crescente de realidades distintas e não numa miscegenação de institutos já autonomizados pela História e pelo regime.

Não obstante, o Código Civil e outros diplomas, entre os quais o CSC, reportam confirmações de atos nulos. Recordamos: (1) no campo dos atos gratuitos, a confirmação de doações nulas (968.º) e do testamento (2309.º); (2) no Direito da família, a confirmação de atos nulos do tutor (1939.º/2); (3) no Direito das sociedades, deliberações nulas podem ser renovadas (62.º do CSC), enquanto a própria nulidade do contrato de sociedade é, em certos casos, sanável (42.º); (4) a nulidade da venda de bens alheios pode ser convalidada (895.º). 31

Tudo depende do que se entenda por confirmação. É possível (mas não desejável) construir, por abstração, um conceito amplo de confirmação que inclua diversas formas de reaproveitamento de negócios inválidos[9]: mas isso obrigaria a subdistinções que desamparariam os avanços conseguidos. 32

21. Natureza. Quanto às "confirmações" de atos nulos: as qualificações legais não são vinculativas para o intérprete-aplicador: apenas o regime é decisivo. Nos atos gratuitos, a "confirmação" veda, a certas pessoas, a possibilidade de invocar as nulidades (obviamente relativas) aí em causa[10]; no Direito da família, estamos próximos da anulabilidade: se o ato vedado for, *in concreto*, benéfico para o pupilo, porque não permitir, a este, aproveitá-lo? As recuperações de (certas) deliberações nulas e do próprio contrato de sociedade têm a ver com o círculo de pessoas protegidas. Em suma: nada disto é generalizável, cabendo, caso a caso, ver o seu exato campo de aplicação. 33

Perante uma nulidade comum, cessando a causa da invalidade, designadamente por alteração da lei, caso uma das partes venha "confirmar" o ato, *quid iuris*? Não cabe aplicar o 288.º: (1) a "confirmação" não poderia ser unilateral: exigir-se-iam, sempre, novas declarações de ambas as partes; quando muito, poder-se-ia construir uma relação de confiança equivalente, na base da boa-fé, mas já com pressupostos diferentes dos do negócio e dos da confirmação; (2) a "confirmação" não poderia ser retroativa: enquanto foi vedado por lei, o negócio é mesmo nulo. 34

Fixadas as noções: nada impede que o 288.º possa ser aplicado, por analogia, fora da sua terra de origem. Tudo depende de uma verificação, a efetuar no caso concreto, com tranquila objetividade científica. 35

VI – A natureza

22. Trata-se de um **ato jurídico unilateral**, *stricto sensu*, assente numa declaração de vontade não-recipienda. Aplica-se-lhe, por via do 295.º, o regime geral dos negócios[11]: (1) um ato jurídico: corresponde a uma livre conformação da vontade humana, com efeitos jurídicos; (2) unilateral: ela depende de uma única pessoa; (3) *stricto sensu*: há liberdade de celebração, mas não de estipulação; noutros termos: quando se pretendessem introduzir "cláusulas" na confirmação, estaríamos já perante algo de diferente do previsto no 288.º; (4) assente numa declaração de vontade não-recipienda: a confirmação é eficaz logo que denote a vontade do interessado; não se exige que a contraparte a receba ou dela tenha conhecimento. 36

[9] José de Oliveira Ascensão, *Teoria geral*, 2, 2.ª ed., n.º 224 (418-420) e *A confirmação de negócios nulos como instituto geral da ordem jurídica portuguesa*, Est. Heinrich Ewald Hörster (2012), 333-344, responde pela positiva. Quanto à doutrina alemã, que não permite sufragar tal orientação: *Tratado*, II, 4.ª ed., 969-970.

[10] Explicámo-lo, com pormenor, em *Da confirmação*, 139 ss. e 145-146.

[11] RPt 19-jun.-2006 (Fernando Baptista), CJ XXX (2006) 1, 191-195 (194/I).

37 **23. A liberdade de estipulação** exige desenvolvimento. A confirmação visa levantar a dúvida da anulabilidade. Poder-se-á imaginar uma confirmação onerosa, condicionada ou, simplesmente, inserida num negócio mais vasto? Não. Qualquer dessas eventualidades iria tornar mais onerosa a posição da contraparte. Esta teria, pois, de aceitar. Com isso, a confirmação deixaria, de facto, de ser um ato *stricto sensu*, passando a negócio. Mas seria, igualmente, um contrato. Estaríamos longe da figura ora em análise.

38 Enquanto ato unilateral, a confirmação visa o negócio jurídico a que se reporta. A vontade do confirmante é a de que o negócio em questão fique consolidado, pondo cobro à incerteza existente. Não se trata, apenas, de não exercer o direito de anulação: para isso, bastaria nada fazer, aguardando o decurso do prazo de caducidade do direito de impugnar. Antes se procura, desde logo, evitar que, sobre o negócio, se mantenham quaisquer dúvidas.

39 **24. Integração**. Em termos de construção dogmática, a confirmação inscreve-se num direito potestativo mais vasto e que assiste ao beneficiário de uma anulabilidade. Esse direito envolve: (1) a possibilidade de anular; (2) a possibilidade de não-cumprir, invocando, a anulabilidade como exceção (287.º/2, *in fine*); (3) a possibilidade de confirmar. Fica clara a interligação existencial entre o poder de anular e o de confirmar.

Artigo 289.º (Efeitos da declaração de nulidade e da anulação)

1. Tanto a declaração de nulidade como a anulação do negócio têm efeito retroativo, devendo ser restituído tudo o que tiver sido prestado ou, se a restituição em espécie não for possível, o valor correspondente.

2. Tendo alguma das partes alienado gratuitamente coisa que devesse restituir, e não podendo tornar-se efetiva contra o alienante a restituição do valor dela, fica o adquirente obrigado em lugar daquele, mas só na medida do seu enriquecimento.

3. É aplicável em qualquer dos casos previstos nos números anteriores, diretamente ou por analogia, o disposto nos Artigos 1269.º e seguintes.

Bibliografia: António Menezes Cordeiro, *Tratado de Direito civil*, VIII (2010), 260-263; *idem*, II, 4.ª ed. (2014), 935-938; Júlio Manuel Vieira Gomes, *O conceito de enriquecimento, o enriquecimento forçado e os vários paradigmas do enriquecimento sem causa* (1998), 565-663; *vide* a indicada na introdução aos 285.º a 294.º.

Índice

1 **1. Preparatórios**. O preceito adveio do 7.º do anteprojeto Rui de Alarcão. Este tinha especificidades que facilitam o entendimento do texto atual[1]:

[1] Rui de Alarcão, *Invalidade dos negócios jurídicos*, 235, com observações, 235-242; *idem*, *Negócio jurídico* (57.º), 276.

7.º (Efeito da nulidade e da anulação) 1. A nulidade e a anulação de um negócio jurídico têm efeito retroactivo, devendo restituir-se o que tiver sido prestado, ou o seu valor, se a restituição em espécie não for possível.

2. A obrigação de restituição segue as normas relativas ao enriquecimento sem causa.

3. Os deveres recíprocos de restituição devem ser satisfeitos simultâneamente, sendo extensivos no caso, na parte aplicável, as disposições relativas à excepção do contrato não cumprido.

A 1.ª Revisão introduziu modificações formais (257.º)[2]. Na 2.ª (289.º), foi suprimida a referência expressa ao enriquecimento sem causa[3], tendo o texto definitivo sido alcançado no Projeto[4]. 2

2. A relação de liquidação (n.º 1). A declaração de nulidade e a anulação do negócio têm efeito retroativo, segundo o 289.º/1[5]. Desde o momento em que uma ou outra sejam decididas, estabelece-se, entre as partes, uma relação de liquidação: deve ser restituído tudo o que tiver sido prestado[6] ou, se a restituição em espécie não for possível, o valor correspondente, nos termos desse mesmo preceito[7]. 3

3. Nos contratos de **execução continuada**, em que uma das partes beneficie do gozo de uma coisa – como no arrendamento – ou de serviços – como na empreitada, no mandato ou no depósito[8] – a restituição em espécie não é possível. Nessa altura, haverá que restituir o valor correspondente o qual, por expressa convenção das partes, não pode deixar de ser o da contraprestação acordada[9]. Isto é: sendo um arrendamento declarado nulo, deve o "senhorio" restituir as rendas recebidas e o "inquilino" o valor relativo ao gozo de que desfrutou e que equivale, precisamente, às rendas. Ambas as prestações restituitórias se extinguem por compensação[10], tudo funcionando, afinal, como se não houvesse eficácia retroativa[11]. 4

4. Recurso ao enriquecimento (n.º 2 e n.º 3). O dever de restituição predisposto no 289.º/1 tem natureza legal. Ele prevalece sobre a obrigação de restituir o enriquecimento, meramente subsidiária[12] e pode ser decretado, pelo tribunal, quando ele conheça, oficiosamente, a nulidade[13]. No entanto, haverá que recorrer às regras do enriquecimento se a mera obrigação de restituir não assegurar que todas as deslocações ou intervenções patrimoniais injustamente processadas, ao abrigo do negócio declarado nulo ou anulado, foram devolvidas[14]. 5

[2] *1.ª Revisão*, 109.

[3] *2.ª Revisão*, 113; a supressão ocorreu na *Revisão intercalar* (274.º), 106.

[4] *Projecto*, 83.

[5] STJ 27-nov.-1990 (Simões Ventura), BMJ 401 (1990), 579-582.

[6] RPt 4-mar.-2002 (António Gonçalves), CJ XXVII (2002) 2, 180-183.

[7] RLx 7-nov.-1991 (Nascimento Gomes), CJ XVI (1991) 5, 126-127 (127/I), numa nulidade por não-notificação, à Caixa Geral de Depósitos, de determinada venda executiva, STJ 2-fev-1993 (Eduardo Martins), CJ/Supremo I (1993) 1, 110-111 (111/I), na nulidade adveniente da venda de um loteamento ilegal, STJ 26-jun.-1997 (Aragão Seia), BMJ 468 (1997), 404-410 (409), na falta de forma de um arrendamento, RLx 24-set.-2002 (Roque Nogueira), CJ XXVII (2002) 4, 76-79 (79/I) e STJ 14-out.-2003 (Alves Velho), CJ/Supremo XI (2003) 3, 103-104 (104).

[8] Tratando-se de contrato de trabalho – e num afloramento de regras que, afinal, acabam por ser as gerais – há um regime especial: segundo o artigo 15.º/1, da LCT, "o contrato de trabalho declarado nulo ou anulado produz efeitos como se fosse válido em relação ao tempo durante o qual esteve em execução...".

[9] RLx 17-jan.-1991 (Quirino Soares), CJ XVI (1991) 1, 133-141 (139/II) e RLx 28-nov.-1996 (Cruz Broco), CJ XXI (1996) 5, 113-115.

[10] RLx 4-jun.-1998 (Proença Fouto), CJ XXIII (1998) 3, 122-123 (123/I).

[11] Também a resolução do contrato tem efeito retroativo; todavia, em relação a ela, a lei foi mais matizada; *vide* o artigo 434.º.

[12] STJ 31-mar.-1993 (Sousa Macedo), CJ/Supremo I (1993) 2, 55-58 (57/II) e STJ 15-out.-1998 (Pinto Monteiro), CJ/Supremo VI (1998) 3, 63-66 (65/II); *vide* Luís Menezes Leitão, *O enriquecimento sem causa no Direito civil* (2005), 442 ss..

[13] Tal o conteúdo do Assento n.º 4/95, de 28 de março (Miguel Montenegro), DR I Série-A n.º 114, de 17-mai.-1995, 2939-2941 (2941).

[14] RLx 17-jan.-1991, CJ XVI, 1, 140/I e RLx 4-jun.-1998, CJ XXIII, 3, 123/I, ambos já citados.

6 Não será assim quando ocorra uma outra causa de atribuição patrimonial. O próprio 289.º/3 manda aplicar, diretamente ou por analogia, o disposto nos 1269.º e seguintes e, portanto: o regime da posse, incluindo as regras sobre a perda ou deterioração da coisa, sobre os frutos, sobre os encargos e sobre as benfeitorias. Caso a caso será necessário indagar a boa ou má-fé do obrigado à restituição[15]. Para além das regras sobre a posse, outras poderão infletir, num ou noutro sentido, o dever de restituição; assim sucede, por exemplo, com as regras da acessão, da usucapião ou, até, com a interferência de direitos fundamentais: pense-se na restituição de um *pace-maker*, que ponha em perigo o direito à vida.

7 Pode a parte obrigada à restituição ter alienado gratuitamente a coisa que devesse restituir: cabe-lhe devolver o seu valor. Porém, se a restituição deste não puder tornar-se efetiva, fica o beneficiário da liberalidade obrigado em lugar daquele, mas só na medida do seu enriquecimento (289.º/2). Trata-se de um afloramento da regra prevista no 481.º/1.

Artigo 290.º (Momento da restituição)

As obrigações recíprocas de restituição que incumbem às partes por força da nulidade ou anulação do negócio devem ser cumpridas simultaneamente, sendo extensivas ao caso, na parte aplicável, as normas relativas à exceção de não cumprimento do contrato.

Bibliografia: António Menezes Cordeiro, *Tratado de Direito civil*, IX, 3.ª ed. (2017), 273-300; *vide* a indicação ao 289.º.

Índice

1 **1. Preparatórios**. O preceito proveio do 7.º/3 do anteprojeto Rui de Alarcão, acima transcrito[1]. Daí passou ao 257.º/3 da 1.ª Revisão[2], adquirindo autonomia e a redação final no 275.º da Revisão intercalar[3] e, daí, no 290.º da 2.ª[4].

2 **2. O regime** do 290.º – a restituição recíproca – é uma decorrência da relação de liquidação, que visa colocar as partes em situação neutral. Nenhuma ganha ou perde. Além disso, opera a exceção de contrato não cumprido (428.º)[5], com o seu triplo papel: compulsório, de garantia e de manifestação da justiça comutativa. Não podem, assim, no domínio do 290.º, ocorrer restituições antecipadas[6].

[15] É ao abrigo destas regras que se deve solucionar o problema – que tem dividido a doutrina e a jurisprudência – de saber se, devendo ser restituída uma importância, há lugar ao pagamento de juros; depende: se o obrigado à restituição estava de boa-fé, ele faz seus os frutos civis; caso contrário, restitui: 1270.º/1 e 1271.º. Quanto aos limites à eficácia retroativa da nulidade: STJ 30-out.-1997 (Miranda Gusmão), BMJ 470 (1997), 559-567 (565).

[1] Artigo 289.º, anot. 1.
[2] *1.ª Revisão*, 109.
[3] *Revisão intercalar*, 106.
[4] *2.ª Revisão*, 113-114; *Projecto* (290.º), 83.
[5] *Tratado*, IX, 3.ª ed., 291-292.
[6] STJ 31-out.-1995 (Roger Lopes), BMJ 450 (1995), 390--398 (398).

3. A **manutenção da relação** inicial, até às restituições finais é assegurada pelo próprio dever de restituição, pelas obrigações secundárias e pelos deveres acessórios. Ocorre uma manifestação de obrigação sem dever de prestar principal[7]. 3

Artigo 291.º (Inoponibilidade da nulidade e da anulação)

1. A declaração de nulidade ou a anulação do negócio jurídico que respeite a bens imóveis, ou a móveis sujeitos a registo, não prejudica os direitos adquiridos sobre os mesmos bens, a título oneroso, por terceiro de boa-fé, se o registo da aquisição for anterior ao registo da ação de nulidade ou anulação ou ao registo do acordo entre as partes acerca da invalidade do negócio.

2. Os direitos de terceiro não são, todavia, reconhecidos, se a ação for proposta e registada dentro dos três anos posteriores à conclusão do negócio.

3. É considerado de boa-fé o terceiro adquirente que no momento da aquisição desconhecia, sem culpa, o vício do negócio nulo ou anulável.

Bibliografia: António Menezes Cordeiro, *Direitos reais*, 1 (1979), 380-389; *idem*, *Tratado de Direito civil*, II, 4.ª ed. (2014), 938-941; Henrique Sousa Antunes, *Direitos reais* (2017), 116-121; José Alberto González, *A realidade registal predial para terceiros* (2006), 542 pp.; José Alberto Vieira, *Direitos reais*, 2.ª ed. (2018), 278-281; José de Oliveira Ascensão, *Direito Civil/Reais*, 5.ª ed. (2000), 368-382; José Luís Bonifácio Ramos, *Manual de Direitos reais* (2017), 247-251; Luís Alberto Carvalho Fernandes, *Direitos reais*, 5.ª ed. (2007), 141-149; Luís Couto Gonçalves, *A aplicação do artigo 291.º/2 do Código Civil a terceiros para efeitos de registo*, CDP 9 (2005), 43-53; Luís Menezes Leitão, *Direitos reais*, 7.ª ed. (2018), 264-265; Maria Clara Sottomayor, *Invalidade e registo/A protecção do terceiro adquirente de boa fé* (2010), 615-763; Mónica Jardim, *Efeitos substantivos do registo predial/Terceiros para efeitos de registo* (2013), 705-783; Rui de Mascarenhas Ataíde, *Os efeitos substantivos do registo*, ROA 2017, 553-588; Rui Pinto Duarte, *Curso de direitos reais*, 3.ª ed. (2013), 170-173.

Índice

1. Preparatórios. O cerne do preceito constava do extenso 8.º do anteprojeto Rui de Alarcão[1]. Transitou para a 1.ª Revisão (258.º)[2], tendo obtido uma simplificação na 2.ª (291.º)[3] e redação definitiva no Projeto (291.º)[4]. 1

2. O princípio geral. A declaração de nulidade ou a anulação de um negócio envolvem a nulidade dos negócios subsequentes, que dependam do primeiro. Trata-se de uma consequência inevitável da retroatividade dessas figuras: se A vende a B que vende a C, a nulidade da primeira 2

[7] *Tratado*, II, 4.ª ed., 938.

[1] Rui de Alarcão, *Invalidade dos negócios jurídicos*, 242-243, com observações, 243-252; *idem*, *Negócio jurídico* (58.º), 276-277.

[2] *1.ª Revisão*, 110.

[3] *2.ª Revisão*, 114. *Vide*, na *Revisão intercalar* (276.º), 106-107.

[4] *Projecto*, 83-84.

venda implica a da segunda, por ilegitimidade (892.º); se D vende a E que, nessa base, se obriga a prestar a F, a nulidade da venda implica a nulidade da obrigação, por impossibilidade legal[5].

3 Em certos casos, coloca-se um problema de tutela da confiança de terceiros e do comércio jurídico: *quid iuris* se alguém, acreditando na validade de negócios antecedentes, celebra um contrato na base do qual efetue um investimento de confiança considerável? O Direito conhece uma especial tutela de terceiros, quando estejam em causa direitos reais.

4 **3.** No caso de **bens móveis**, o terceiro que os haja adquirido, de boa-fé, a um comerciante que negoceie em coisa do mesmo ou semelhante género, tem o direito à restituição do preço pago, a efetuar pelo beneficiário da restituição (1301.º)[6]. O terceiro só é tutelado se tiver comprado, isto é: adquirido a título oneroso. É o investimento de confiança.

5 **4.** No campo dos **imóveis sujeitos a registo**, vale o 291.º: não são prejudicados os direitos de terceiros, adquiridos de boa fé[7] e a título oneroso e que registem a aquisição antes de inscrita qualquer ação de nulidade ou de anulação ou qualquer acordo quanto à validade do negócio – n.º 1; todavia, esse regime só opera passados três anos sobre a conclusão do negócio[8]. Atente-se nos requisitos: (1) um negócio nulo ou anulado[9]; (2) um terceiro de boa-fé; (3) que adquira, a título oneroso; (4) e sendo decorridos 3 anos sobre a celebração do negócio em causa.

6 Os terceiros são protegidos por estarem de boa-fé e por terem realizado o investimento de confiança: o título oneroso e o decurso dos 3 anos atestam-no. Este preceito não se confunde com o artigo 17.º/2 do CRP: exige-se, aqui, um registo prévio, nulo ou anulado, não requerido pela lei civil[10].

7 **5. Âmbito**. Tem-se suscitado, na jurisprudência, a dúvida de saber se o artigo 291.º se aplica aos casos de ineficácia *stricto sensu* dos negócios. A questão coloca-se, designadamente, no tocante a contratos praticados com violação de direitos de preferência: pode o terceiro adquirente prevalecer-se do 291.º? Algumas decisões respondem negativamente: a (mera) ineficácia não permitiria a tutela de terceiros[11]. Tais decisões estão corretas. Mas não as fundamentações.

8 As razões que levam à tutela dos terceiros – boa-fé, investimento de confiança e inação das partes interessadas – podem proceder tanto nas invalidades como nas ineficácias. Além disso, tal tutela não tem nada de excecional: a letra da lei, só por si, não permitiria a exclusão. No caso das preferências legais, todavia, o 291.º – tal como o 17.º/2 do CRP – não se aplica pela razão simples de elas não estarem sujeitas a registo. Consequentemente, não só os preferentes não têm modo de as publicitar como os próprios terceiros adquirentes não têm especial fundamento para clamar a ignorância da sua existência. De resto e na generalidade dos casos, a preferência legal deduz-se da situação de fundo, pelo que – visto o 291.º/3 – não há, sequer, boa-fé[12].

[5] RCb 20-out.-1992 (Herculano Namora), CJ XVII (1992) 4, 92-93 (93/1), referindo Carlos Alberto da Mota Pinto, *Cessão da posição contratual* (1971), 456.

[6] Não vigora, em Portugal, o princípio "posse vale título", que permitiria a imediata aquisição da propriedade, *a non domino*, pelo terceiro de boa-fé; *vide* a nossa *A posse: perspectivas dogmáticas actuais*, 3.ª ed. (2000), 116 ss..

[7] O 291.º/3 define a boa-fé nos termos corretos: subjetivos e éticos.

[8] STJ 14-nov.-1996 (Almeida e Silva), CJ/Supremo IV (1996) 3, 104-107 (105/II): não aplicou o preceito por ainda não haverem decorrido os 3 anos.

[9] Quanto à possibilidade de o 291.º se aplicar à ineficácia *vide* RCb 22-mai.-2002 (Helder Roque), CJ XXVII (2002) 3, 14-17; trata-se de um ponto que terá de ser verificado caso a caso.

[10] *Vide* os nossos *Sumários de Direitos Reais* (2001), n.º 26; esta posição é subscrita por diversos autores, com exemplo em Carvalho Fernandes, Henrique Sousa Antunes e José Luís Ramos.

[11] REv 18-dez.-1990 (Brito Câmara), CJ XV (1990) 5, 269-272 (272/I) e RCb 20-jun.-1995 (Pereira da Graça), CJ XX (1995) 3, 44-47 (46/II).

[12] É o caso patente de REv 18-dez.-1990, CJ XV, 5, 272/ /II: alguém compra metade indivisa de um prédio, sem prévia comunicação aos outros consortes, para efeitos de preferência: como invocar boa-fé?

Cabe completar o quadro da tutela oferecida, pelo artigo 291.º, a determinados terceiros, mediante a indicação de algumas decisões neste momento mais recentes. Assim: 9

STJ 15-mar.-2012: o regime do 291.º não abrange a hipótese de o negócio jurídico ser declarado ineficaz: *in casu*, deixou sem proteção um banco a favor do qual fora constituída uma hipoteca, por parte de um titular cuja aquisição foi declarada nula; não é assim: o adquirente de hipoteca é um terceiro, para efeitos desse preceito, cabendo verificar os demais requisitos; nesta situação, afigura-se que, de facto, tais requisitos não estavam reunidos: a decisão foi acertada, mas, com o devido respeito, não a fundamentação[13];

STJ 17-abr.-2012: os preferentes que vierem a adquirir bens de terceiros que, por sua vez, foram preferentes em negócio simulado são terceiros, perante o autor, aplicando-se o 291.º; mas não estão de boa-fé se, no momento das ações de preferência, conheciam as simulações anteriores[14];

STJ 27-set.-2012: numa venda de pais para filhos, anulada por falta da competente autorização e cujo beneficiário hipotecou a favor de um banco, não pode este prevalecer-se do 291.º se não provar que desconhecia, sem culpa, a existência dessa filiação; subjacente está a ideia de que o banco conhecia (ou devia conhecer) esse facto, perante os documentos disponíveis[15];

RPt 11-abr.-2013: num caso de venda de bens alheios, considera que o 291.º visa invalidades substantivas e o 17.º/2 do CRP, as nulidades de registo, posição que proclama maioritárias[16]; esta decisão visou uma decisão considerada justa, que não dependia da querela sobre a conjugação desses preceitos;

STJ 20-dez.-2017: no âmbito de uma ação em que o vendedor pretenda obter contra um terceiro adquirente a declaração de nulidade ou a anulação de uma compra e venda de imóveis, celebrado com quem depois os vendeu a esse terceiro, incumbe a este provar a boa-fé na respetiva aquisição sucessiva, nos termos e para os efeitos do 291.º/1 e 3[17].

Artigo 292.º (Redução)

A nulidade ou anulação parcial não determina a invalidade de todo o negócio, salvo quando se mostre que este não teria sido concluído sem a parte viciada.

Bibliografia: António Menezes Cordeiro, *Tratado de Direito civil*, II, 4.ª ed. (2014), 947-953; Carlos Mota Pinto, *Teoria geral do Direito civil*, 4.ª ed. (2005), 632-639; Inocêncio Galvão Telles, *Redução do negócio jurídico*, RT 1953, 290-296; Joaquim Augusto Domingues Damas, *A redução do negócio jurídico*, ROA 1985, 709-756; Luís Alberto Carvalho Fernandes, *Teoria geral do Direito civil*, II (2014), 518-528.

Índice

[13] STJ 15-mar.-2012 (João Trindade), Proc. 622/05.3.
[14] STJ 17-abr.-2012 (Sebastião Póvoas), Proc. 261/2000.
[15] STJ 27-set.-2012 (Tavares de Paiva), Proc. 3375/09.
[16] RPt 11-abr.-2013 (Pinto de Almeida), CJ XXXVIII (2013) 2, 180-183 (181/II).
[17] STJ 20-dez.-2017 (Tomé Gomes), Proc. 3018/14.

1 **1. Preparatórios**. O anteprojeto Rui de Alarcão propôs um muito interessante 9.º[1]:

> A nulidade ou a anulação parciais de um negócio jurídico não acarretam a invalidade de todo o negócio, salvo provando-se que as partes não o teriam concluído sem a cláusula directamente viciada, caso se tivessem apercebido da invalidade. A redução pode ainda ter lugar, apesar de não ser nesse sentido a vontade conjectural das partes, se a boa fé assim o exigir.

2 A 1.ª Revisão manteve o teor geral (259.º)[2]. A 2.ª suprimiu a estimulante referência à boa-fé (292.º)[3] e deu-lhe a redação definitiva[4].

3 **2.** O primeiro requisito é o da **invalidade parcial**. Na base desta fórmula, algumas doutrina e jurisprudência têm admitido uma regra de divisibilidade dos negócios. De modo algum: o que a lei diz é: a nulidade ou anulação (*quando seja*) parcial não determina a invalidade do conjunto. A lei não permite que a prestação seja realizada por partes, havendo pois um princípio da integralidade do cumprimento (763.º): não se compreenderia como facultar uma desarticulação de princípio dos negócios, a pretexto da invalidade[5]. Pela interpretação e em momento logicamente anterior, cabe determinar o alcance de qualquer invalidade.

4 **3.** O segundo requisito é a **vontade das partes**, no tocante ao ponto da redução: esta não opera quando se mostre que o negócio não teria sido concluído, sem a parte viciada. Basta provar, pelas circunstâncias objetivas ou pela vontade real de uma das partes, conhecida e aceite pela outra (236.º) ou pela sua vontade hipotética e pela boa-fé (239.º) que, sem a parte viciada, aquele concreto negócio não teria visto a luz.

5 Em termos de ónus da prova: (1) o interessado na salvaguarda do negócio deve invocar e provar os factos de onde decorra a natureza meramente parcial da invalidade[6] e, portanto, a divisibilidade do negócio em causa, a qual não é regra (763.º) e não se presume; (2) ao seu opositor caberá invocar e provar os factos de onde se infira que, sem a parte viciada, não teria havido negócio.

6 **4. Outros requisitos**: (1) o respeito pela boa-fé; (2) o respeito pelas regras formais; (3) o respeito por outras normas imperativas.

7 A boa-fé surge, no 239.º, devendo funcionar perante a redução e a conversão: não há redução quando ela atente contra a confiança legítima das partes ou contra a materialidade subjacente. Esta última é claramente percetível quando o negócio reduzido não permita prosseguir os fins ou as funções vertidos, pelas partes, no negócio inválido.

8 As regras formais foram salvaguardadas nos 238.º e 293.º. Mas também aqui se impõem: não pode, pela redução, chegar-se a um tipo negocial com exigências de forma não satisfeitas no

[1] Rui de Alarcão, *Invalidade dos negócios jurídicos*, 253, com observações, 253-260; *idem*, *Negócio jurídico* (59.º), 277-278.

[2] *1.ª Revisão*, 110-111.

[3] *2.ª Revisão*, 114 e já na *Revisão intercalar* (277.º), 107.

[4] *Projecto* (292.º), 84.

[5] No sentido da boa doutrina, RPt 31-jan.-1994 (Abílio Vasconcelos), CJ XIX (1994) 1, 220-221 (221/I): discutia-se um problema de fiança por débitos futuros, nula por indeterminabilidade do objeto; tentou-se a hipótese da redução à parte determinada; a Relação do Porto entendeu, e bem, que a garantia não era "divisível", nesses termos. Em RCb 23-mar.-1999 (Coelho de Matos), CJ XXIV (1999) 2, 24-26 (25/II) e em STJ 16-dez.-1999 (Torres Paulo), CJ/Supremo VII (1999) 3, 147-151 (149//II), fala-se numa "presunção de divisibilidade"; com a devida vénia, não nos parece: o interessado na redução terá de demonstrar que ela é possível, nos termos gerais. A questão tem sido debatida a propósito do contrato-promessa, abaixo referido.

[6] Contra: Carvalho Fernandes, Anotação a STJ 29-nov.-1989, RDES 1993, 196-238 (237), segundo o qual o artigo 292.º estabeleceria uma presunção de divisibilidade do negócio; todavia, tal versão choca frontalmente com o (indiscutido) princípio da integralidade do cumprimento. No sentido (correto) de a redução dever ser requerida pela

negócio a reduzir. Por exemplo: uma doação de coisa móvel com cláusula de tradição simbólica é válida verbalmente; sendo esta cláusula anulada, a doação exigiria forma escrita (947.º/2) pelo que só há redução se tal forma tiver sido seguida no negócio a reduzir.

Outras normas imperativas devem-se mostrar respeitadas. Assim o caso decidido em RCb 28-mar.-2000, onde a redução conduziria à divisão de um terreno sem as necessárias licenças: não pode ser aplicada[7]. 9

5. Em suma: na área negocial, domina a autonomia privada. Esta deve prevalecer sobre uma regra de *favor negotii*. Quando as partes celebrem um negócio, querem-no no seu todo. Sobrevindo uma invalidade, deve entender-se, na dúvida, que as partes pretendem que todo o negócio seja afetado e isso mesmo quando (o que não se presume) ele seja divisível. A redução, quando não haja acordo das partes, pressupõe, sempre, uma especial iniciativa da interessada e uma cuidada sindicância do tribunal. 10

Mas a boa-fé e a autonomia privada podem jogar, em concreto, no sentido da redução. Fazer soçobrar um negócio, por uma pequena invalidade, que não comprometa o plano desenhado pelas partes, fica fora de causa. Além disso, a confiança de quem seja surpreendido por uma invalidade parcial deve ser tutelada. 11

6. O problema no contrato-promessa[8]. O contrato-promessa pode ser bilateral (bivinculante), quando ambas as partes fiquem adstritas a celebrar o contrato definitivo, ou unilateral (monovinculante), quando apenas uma parte fique obrigada ao definitivo: a outra será, então, livre de decidir. O contrato-promessa relativo a contrato formal exige forma escrita; todavia, sendo o contrato monovinculante, admite-se que baste a assinatura da pessoa que irá ficar obrigada (410.º/2), depois alterado. *Quid iuris* se um contrato-promessa bivinculante surgir assinado apenas por uma das partes? 12

Pouco depois da entrada em vigor do Código Civil, veio decidir-se que, havendo apenas uma assinatura, tal contrato valia como monovinculante[9]. Contra manifestou-se Vaz Serra: esta transmutação só seria possível se se verificassem as regras da redução[10]. As dúvidas suscitadas levaram a novo acórdão, com as secções cíveis reunidas, onde foi confirmada a primeira orientação do Supremo: na presença de uma só assinatura, valia o contrato como monovinculante[11]. Durante algum tempo, o Supremo conservou esta orientação: 3-jan.-1975[12] e 18-nov.-1975[13]. 13

Todavia, em 26-abr.-1977, o Supremo, num acórdão tirado com as secções reunidas, decidiu de modo diverso: apenas verificados os requisitos do 292.º se poderia preservar, como monovinculante, um contrato-promessa assinado só por uma das partes[14]. Em novo acórdão, o Supremo manteve a orientação[15]. O tema conheceu uma acalmia: o Supremo, em repetidos 14

parte interessada, a qual deve, assim, fazer prova dos competentes elementos: RPt 26-abr.-2004 (Fonseca Ramos), CJ XXIX (2004) 2, 196-200 (200/I).

[7] RCb 28-mar.-2000 (António Geraldes), CJ XXIV (2000) 2, 31-38 (35/I); conseguiu-se a solução pretendida (a da divisão) através das regras da usucapião que prevalecem, na verdade, sobre quaisquer outras.

[8] *Vide* o *Tratado*, VIII, 341 ss..

[9] STJ 25-abr.-1972 (Albuquerque Rocha), BMJ 216 (1972), 144-146 = RLJ 106 (1973), 123-125. Com diversos elementos, Victor R. Calvete, *A forma do contrato-promessa e as consequências da sua inobservância* (1990), 54 ss..

[10] Adriano Vaz Serra, not. a STJ 25-abr.-1972, RLJ 106 (1973), 125-127 (127).

[11] STJ 2-jul.-1974 (Arala Chaves), BMJ 239 (1974), 168-177 = RLJ 108 (1976) 280-286, Anot. Vaz Serra, loc. cit., 286-288 e 291-299 (294), desfavorável.

[12] STJ 3-jan.-1975 (Arala Chaves), BMJ 243 (1975), 235-239.

[13] STJ 18-nov.-1975 (Rodrigues Bastos), BMJ 252 (1975), 235-239.

[14] STJ 26-abr.-1977 (Rodrigues Bastos), BMJ 266 (1977), 156-159.

[15] STJ 10-mai.-1977 (Oliveira Carvalho), BMJ 267 (1977), 139-142 = RLJ 111 (1978), 106-108, Anot. Vaz Serra, *idem*, 109-110 (110), sublinhando, aqui, a presença de uma "invalidade negocial".

acórdãos, renovou essa opção: 7-nov.-1978[16], 4-dez.-1979[17], 3-jun.-1980[18], 11-mar.-1982[19], 7-fev.-1985[20] e 29-nov.-1989[21], numa posição respeitada pelas Relações[22].

15 As dúvidas voltaram a suscitar-se, surgindo decisões que admitiam a imediata convolação para a promessa monovinculante, na presença de uma única assinatura[23]. O Supremo, com todo o formalismo então aplicável, tirou um assento, assim lavrado – 29-nov.-1989:

> No domínio do texto primitivo do n.º 2 do artigo 410.º do Código Civil vigente, o contrato-promessa bilateral de compra e venda de imóvel, exarado em documento assinado apenas por um dos contraentes é nulo, mas pode considerar-se válido como contrato-promessa unilateral, desde que essa tivesse sido a vontade das partes[24].

16 Resolveu-se um problema, mas criou-se outro: o assento impedia transmutações automáticas, mas não dizia se o aproveitamento da promessa inválida se fazia pela redução ou pela conversão. A doutrina dividiu-se: Almeida Costa, com base na fundamentação do assento, inclinou-se para a redução[25], enquanto Antunes Varela preferiu a conversão[26]. A jurisprudência subsequente passou a tentar interpretar o ambíguo assento de 29-nov.-1989. Houve arestos no sentido da conversão[27] e no sentido da redução[28], com uma insistência do Supremo nesta última: STJ 25-mar.-1993[29], 9-jan.-1997[30] e 12-mar.-1998[31]. Mas o importante acórdão de 25-nov.-2003 veio optar pela conversão[32].

17 A questão não é de mera qualificação: envolve o regime. A redução pode ser travada mostrando-se que o negócio não teria sido concluído sem a parte viciada (292.º), o que constitui um aceno à vontade real; a conversão pelo contrário, apela a uma vontade hipotética modelada pelo fim, mais objetiva (293.º). Além disso, o ónus da prova não é coincidente; na redução, o interessado deve provar a divisibilidade do negócio cabendo à contraparte demonstrar que ele não teria sido concluído senão na totalidade; na conversão, compete ao interessado fazer prova de que teria havido – a saber-se da invalidade – um negócio diverso.

[16] STJ 7-nov.-1978 (Aquilino Ribeiro), BMJ 281 (1978), 296-298.

[17] STJ 4-dez.-1979 (Rui Corte-Real), BMJ 292 (1980), 352-356.

[18] STJ 3-jun.-1980 (Sequeira Carvalho), BMJ 298 (1980), 283-285.

[19] STJ 11-mar.-1982 (Mário de Brito), BMJ 315 (1982), 249-254.

[20] STJ 7-fev.-1985 (Campos Costa), RLJ 111 (1986), 16-19, Anot. Almeida Costa, *idem*, 19-22.

[21] STJ 29-nov.-1989 (Menéres Pimentel), BMJ 391 (1989), 610-617 = RDES XXXV (1993), 185-196 (194), anot. Carvalho Fernandes, *idem*, 196-238, discordante. Nesta mesma data foi tirado o Assento do Supremo, abaixo referido.

[22] Assim, RCb 16-mar.-1982 (Marques Cordeiro), CJ VII (1982) 2, 79-82 (82/II) e RCb 30-mai.-1989 (Pires de Lima), CJ XIV (1989) 3, 80-83.

[23] STJ 29-abr.-1986 (Almeida Ribeiro), BMJ 356 (1986), 358-363.

[24] STJ(P) 29-nov.-1989 (Castro Mendes), BMJ 391 (1989), 101-106 = RLJ 125 (1992), 214-218, com diversas declarações e com votos de vencido.

[25] Almeida Costa, Anot. Assento 29-nov.-1989, RLJ 125 (1992), 222-224 (224) e *Direito das Obrigações*, 12.ª ed. (2009), 394-395.

[26] Antunes Varela, *Direito das obrigações*, 10.ª ed., 326.

[27] Assim, RCb 6-set.-1992 (Francisco Lourenço), CJ XVII (1992) 4, 68-71 (70).

[28] RPt 18-dez.-1995 (Reis Figueira), CJ XX (1995) 5, 233-237 (237/II), chamando – e bem – a atenção para o papel da boa-fé, em qualquer decisão.

[29] STJ 25-mar.-1993 (Miranda Gusmão), CJ/Supremo I (1993) 2, 39-42 (41/II).

[30] STJ 9-jan.-1997 (Miranda Gusmão), BMJ 463 (1997), 544-559 (552), num excelente e muito bem elaborado acórdão.

[31] STJ 12-mar.-1998 (Costa Soares), CJ/Supremo VI (1998) 1, 124-127 (126/I).

[32] STJ 25-nov.-2003 (Azevedo Ramos), CJ/Supremo XI (2003) 3, 161-165 (162/I): um acórdão bem documentado e de fino recorte doutrinário.

Pela nossa parte, sempre temos preconizado uma interpretação-aplicação conjunta dos dois preceitos, a que acrescentaríamos ainda, pelo menos, o 239.º, com o seu apelo à boa-fé. A jurisprudência tem vindo, de resto, a aproximar-se desse caminho. 18

Uma promessa monovinculante é *visceralmente diferente* da bivinculante: na primeira, surge uma parte sujeita ao livre arbítrio de outra, o que não sucede na segunda. Não há, aqui, um mero problema de "invalidade parcial": o ponto é tão importante que todo o contrato fica atingido. Apenas a conversão podia salvá-lo. Só que, surpreendentemente, a redução poderá, *in concreto*, salvaguardar melhor os interesses do contratante vinculado, dadas as facilidades probatórias. Donde a importância do papel da boa-fé, para assegurar o predomínio da solução mais justa. 19

7. As regras da redução podem ter aplicação aos **contratos coligados**, isto é: às situações nas quais as partes celebrem dois ou mais contratos formalmente distintos, mas genética ou funcionalmente unidos. Pense-se em várias vendas simultâneas ou numa compra para revenda imediata. Nessa altura, a invalidade de um dos contratos coligados poderá acarretar a do outro (ou outros), salvo a aplicação das regras da redução. Há, aqui, uma diferente distribuição do ónus da prova: a situação de coligação deve ser invocada e provada por quem, delas, se queira prevalecer. 20

Artigo 293.º (Conversão)

O negócio nulo ou anulado pode converter-se num negócio de tipo ou conteúdo diferente, do qual contenha os requisitos essenciais de substância e de forma, quando o fim prosseguido pelas partes permita supor que elas o teriam querido, se tivessem previsto a invalidade.

Bibliografia: António Menezes Cordeiro, *Tratado de Direito civil*, II, 4.ª ed. (2014), 953-957; Eduardo Correia, *A conversão dos negócios jurídicos ineficazes*, BFD XXIV (1948), 360-389; Luís Alberto Carvalho Fernandes, *A conversão dos negócios jurídicos civis* (1993, reimp., 2008), 974 pp..

Índice

I – Origem e evolução[1]

1. Origem. No Direito romano, admitia-se, em diversos atos, a possibilidade da conversão; tal hipótese era, contudo, negada noutras situações. Como figura geral, a conversão impôs-se no século XVIII, graças a Harpprecht (1747): trata-se, assim, de uma manifestação racionalística do *usus modernus*. 1

[1] Indicações: *Tratado*, II, 4.ª ed., 953-954.

2 **2. Evolução.** As dificuldades em atingir a conversão, em termos periféricos, explicarão o silêncio de Domat e de Pothier e, daí, o facto de ela não ser referida na primeira geração de códigos civis: nem o Código Napoleão, nem o nosso Código de Seabra se lhe reportam. A pandectística acolheu-o, aperfeiçoando-o e logrando a sua consagração no § 140 do BGB.

3 **3. Em Portugal**, as primeiras referências gerais à conversão datam do *Tratado*, de Cunha Gonçalves, tendo sido expendidas a propósito do 10.° do CS[2]. Mais tarde, ela foi acolhida pela generalidade da doutrina, com relevo para Manuel de Andrade: estava assegurada a sua consagração no Código Civil de 1966. Bastante importante foi o tratamento da conversão no Código Civil italiano, mais precisamente no 1424.º.

4 **4. Preparatórios.** O Anteprojeto Rui de Alarcão propôs um preceito semelhante ao atual (10.º): só que, no final, acrescentava[3]:

> A conversão pode ter lugar, independentemente deste último requisito, se a boa fé assim o exigir,

5 A 1.ª Revisão conservou, praticamente, o mesmo preceito (260.º)[4]. Coube à 2.ª retirar a boa-fé (293.º)[5], dando-lhe a redação definitiva[6].

II – Regime

6 5. Os **condicionalismos legais** da conversão resultam do 293.º[7]: (1) a manutenção dos requisitos essenciais de substância e de forma; (2) o respeito pela vontade hipotética das partes.

7 O primeiro requisito deve ser integrado com os elementos a retirar dos 236.°/2 e 238.°/2: não faria sentido, pela simples interpretação, obter, de declarações negociais, negócios inatingíveis pela conversão. Os requisitos essenciais terão de ser imputáveis à vontade comum das partes, antes e depois da conversão, enquanto a forma deve ser aferida de acordo com as suas razões determinantes.

8 O segundo requisito leva-nos à integração. A vontade hipotética aqui dominante (que constitui o motor da conversão) deve ser aferida segundo a boa-fé e os demais elementos atendíveis exigindo, como se sabe, uma valoração objetiva[8]. Trata-se de uma questão-de-direito, que não deve ser quesitada. Todavia, os elementos fácticos de que ela se depreenda – e que podem, eventualmente, transcender o mero contrato – têm de ser invocados e provados pelos interessados, nos termos gerais. A vontade é o grande motor de todos os institutos privados: sem ela, não se põe a hipótese de alterar qualquer negócio, mesmo anómalo[9].

[2] Cunha Gonçalves, *Tratado*, 1, 403 ss.; segundo o § único do artigo 10.° do Código de Seabra,

> Esta nulidade pode, contudo, sanar-se pelo consentimento dos interessados, se a lei infringida não for de interesse e ordem pública.

[3] Rui de Alarcão, *Invalidade dos negócios jurídicos*, 260, com observações, 260-267; *idem*, *Negócio jurídico* (60.º), 278.

[4] *1.ª Revisão*, 111.

[5] *2.ª Revisão*, 115; a supressão ocorrera na *Revisão intercalar* (278.º), 107.

[6] *Projecto*, 84.

[7] STJ 20-mai.-1997 (Fernandes Magalhães), CJ/Supremo V (1997) 2, 86-89 (89/I); RCb 20-mai.-1997 (Silva Freitas), CJ XXII (1997) 3, 14-22 (16/II); RCb 5-dez.-2012 (Maria Domingas Simões), Proc. 10/11; STJ 21-mar.-2013 (Granja da Fonseca), Proc. 637/1999.

[8] RLx 15-dez.-1999 (Salvador da Costa), CJ XXIV (1994) 5, 125-132 (130/I); RPt 15-mai.-2018 (Rodrigues Pires), Proc. 8558/16.

[9] Tal o caso de RPt 6-mai.-2004 (Gonçalo Silvano), CJ XXIX (2004) 3, 170-174: um arrendamento por baixo preço a favor de uma filha nem é simulação nem dá azo a conversão: foi mesmo isso o que as partes quiseram.

O terceiro requisito (a licitude) é natural: a conversão não pode ser usada para contornar normas imperativas[10]. 9

6. O **funcionamento prático** da conversão tem sido entravado por pressupostos legalistas e conceptuais. Assim, em STJ 8-abr.-1969, recusou-se a conversão de uma adoção (não reconhecida à luz do Código de Seabra) em doação *mortis causa*, por se tratar de um negócio inexistente e não nulo[11]: uma pura violência, dado ser claríssima e lícita a vontade das partes aí envolvidas. Posteriormente, a maioria das invocações de conversão tem a ver com o aproveitamento de contratos, nulos por falta de forma, na modalidade dos correspondentes contratos-promessas. Tem havido dificuldade em manusear o instituto: as partes interessadas ora omitem os elementos necessários à determinação da vontade hipotética[12], ora não invocam a própria conversão[13], a qual não é de conhecimento oficioso[14]. Mas também se exacerba o aspeto conceptual da forma: a conversão poderia levar à frustração do fim da lei ao sujeitar certos negócios a escritura pública[15]. Não é assim: se o "negócio" resultante da conversão não estiver sujeito a escritura, nada haverá a objetar. A vontade hipotética ou conjectural tem sido sublinhada[16]. Em data mais recente, o Supremo tem vindo a acolher a conversão, para ressalvar contratos formalmente nulos: é invocada a justiça e o sistema e a necessidade de uma "re-valorização" (Carvalho Fernandes), em nome do fim económico-social[17]. 10

III – Construção e conversões legais

7. **Na construção jurídica** da conversão, encontramos uma orientação que, nela, via a passagem de um primeiro para um segundo negócio, através do aproveitamento de alguns elementos naquele contidos: a tese dualista. Subsequentemente impôs-se uma outra opção, mais realista e adequada: apenas há *um* negócio; simplesmente, verificada uma falha que impeça a sua validade e eficácia plenas, impõe-se, pela interpretação, um conteúdo que não suscite tais óbices: a orientação diz-se monista[18]. Efetivamente, a conversão exprime, no fundo, uma interpretação melhorada do negócio, de modo a, dele, fazer uma leitura sistemática e cientificamente correta. Tudo visto, não há qualquer conversão de "negócios": convertem-se, sim, meras declarações. 11

[10] RGm 28-set.-2017 (Raquel Baptista Tavares), Proc. 1405/14.

[11] STJ 8-abr.-1969 (Joaquim de Melo), BMJ 186 (1969), 230-234 = RLJ 103 (1970), 312-315, com um excelente voto de vencido de Rui Guimarães. O acórdão tem, todavia, uma anotação favorável de Pires de Lima, *idem*, 315-320 (319), baseado no desrespeito de regras formais.

[12] STJ 6-jan.-1970 (Carvalho Júnior), BMJ 193 (1970), 322-324 (324); na época, a vontade hipotética era considerada um facto quesitável, o que, hoje, já não sucede; tratava-se de converter um arrendamento nulo por falta de forma numa promessa de arrendamento. Todavia, em STJ 18-mai.-2004 (Reis Figueira), CJ/Supremo XII (2004) 2, 63-65 (64/II), desamparou-se uma conversão por os autores não terem alegado a vontade hipotética; a solução estará correta se se ler: não alegaram os factos de onde se inferiria a vontade hipotética, como abaixo se diz no texto.

[13] STJ 4-mai.-1993 (Pais de Sousa), CJ/Supremo I (1993) 2, 86-89 (89/II): uma conversão de uma cessão de exploração, nula por falta de forma, num arrendamento; RPt 6-nov.-2012 (José Igreja Matos), Proc. 200/10.

[14] STJ 5-nov.-1998 (Torres Paulo), CJ/Supremo VI (1998) 3, 93-95 (94-95).

[15] STJ 17-dez.-1974 (Abel de Campos), BMJ 242 (1975), 257-261 (260): pretendia-se converter em promessa de arrendamento um arrendamento ferido de nulidade formal.

[16] RPt 2-mai.-1996 (Sousa Peixoto), CJ XXI (1996) 3, 175-179 (176-177); recusa, contudo, a conversão de uma venda em promessa de venda, por invocada falta de vontade hipotética.

[17] STJ 15-out.-1996 (Torres Paulo), CJ/Supremo IV (1996) 3, 59-62 (61/II e 62/I), referindo um outro acórdão, inédito: STJ 18-jun.-1996 (Torres Paulo), Proc. 230/96. Admitiu-se, aí, contra a prática habitual do Supremo, a conversão de uma cessão de exploração numa promessa de cessão. A ideia foi retomada em REv 17-mai.-2001 (Graça Romba), CJ XXVI (2001) 3, 270-271 (271/I).

[18] A contraposição que pode ser seguida em Carvalho Fernandes, *A conversão, passim*. Este Autor propõe o termo "re-valoração" do negócio, para explicar a conversão.

12 **8.** O Direito conhece hipóteses de **conversão legal**: perante certas desconformidades, indica, de imediato, qual o destino dos negócios atingidos – p. ex., no 1306.º/1[19]. Caso a caso deveremos verificar, pela interpretação, se é possível bloquear a "conversão legal" pela não ocorrência dos requisitos previstos no 293.º[20]. À partida, a resposta é positiva: estamos no Direito civil.

Artigo 294.º (Negócios celebrados contra a lei)

Os negócios jurídicos celebrados contra disposição legal de carácter imperativo são nulos, salvo nos casos em que outra solução resulte da lei.

Bibliografia: José Ferreira Gomes, *A nulidade do negócio jurídico por contrariedade à lei (artigos 294.º e 280.º/1 CC): normas de conduta v. normas de validade*, em *Código Civil/Livro do Cinquentenário*, II (2019), 167-198.

Índice

I – Origem

1 **1.** O **Código de Seabra**, dispunha, no 10.º[1]:

> Os actos praticados contra a disposição da lei, quer esta seja prohibitiva, quer perceptiva, envolvem nullidade, salvo nos casos em que a mesma lei ordenar o contrario.
>
> § unico. Esta nullidade póde, contudo, sanar-se pelo consentimento dos interessados, se a lei infringida não for de interesse e ordem publica.

2 Esse preceito contracenava com o 671.º, 4.º, do CS[2]:

> Não podem legalmente ser objecto do contrato:
>
> (...)
>
> 4.º Os actos contrarios á moral publica ou ás obrigações impostas por lei.

3 Havia uma sobreposição parcial entre o 10.º e o 671.º, 4.º, do CS. Todavia, continham valorações próprias: enquanto o primeiro, até pela localização sistemática, vincava a imperatividade da lei, o segundo visava os limites da autonomia contratual[3].

[19] Oliveira Ascensão, *A tipicidade dos direitos reais* (1968), 95 ss.

[20] Carvalho Fernandes, *A conversão*, 583 ss..

[1] José Dias Ferreira, *Codigo Civil portuguez annotado*, I, 1.ª ed. (1870), 27-28 e anot., 28-31.

[2] *Idem*, II, 1.ª ed. (1871), 174-175; *vide* José Ferreira Gomes, *A nulidade do negócio*, 174 ss., com indicações.

[3] José Ferreira Gomes, *A nulidade do negócio*, 174 ss., com indicações.

2. O **anteprojeto Vaz Serra** relativo ao objeto da obrigação, retomou a regra no seu 12.º[4]: 4

1. São nulos os negócios jurídicos contrários a normas ou princípios de ordem pública (...)
2. São normas ou princípios de ordem pública aqueles que se destinem a defender um interesse que deve prevalecer sobre as estipulações das partes (...)

Há uma clara migração de um sistema de fontes para a área de validade dos negócios. 5

3. O **anteprojeto Rui de Alarcão** sobre a invalidade dos negócios jurídicos comportava, logo no 1.º, o texto que desembocou no atual 294.º[5]. No anteprojeto global, Alarcão optou por inseri-lo no final da rubrica sobre a nulidade e a anulabilidade dos negócios (61.º)[6]. Daí transitou, com alterações, para a 1.ª Revisão (261.º)[7], para a 2.ª (294.º), com pequenas modificações[8] e, retocado, para o Projeto[9]. 6

II – Âmbito

4. Normas de conduta e de validade: uma contraposição que, segundo Ferreira Gomes, teria utilidade. As primeiras radicariam no 294.º, enquanto os segundos se prendem ao 280.º/**1**. Todavia, esse mesmo Autor explica que ambos os preceitos visam a validade[10]. Com razão: embora usando uma semântica distinta, os dois preceitos estão direcionados para a validade dos negócios e, por essa via, para a conduta dos agentes. 7

5. As **situações abrangidas** pelo 294.º seriam de duas ordens: (1) preterição de **formalidades** imperativas[11]: (a) as que precedam o casamento (1610.º); (b) as relativas ao testamento cerrado (2206.º); (c) as atinentes a certos contratos-promessas (410.º/3); (d) o reconhecimento para a constituição de sociedades comerciais (7.º/1, do CSC); (e) as relativas ao crédito ao consumo (13.º/1 do DL 133/2009, de 2-jun.); (f) as atinentes a concursos obrigatórios. 8

(2) **Contratos proibidos**, em áreas sectoriais, mercê do circunstancialismo e isso apesar de, em abstrato, serem válidos, pelo seu conteúdo[12]: (a) STJ 21-mai.-1991: sociedade por quotas em contrariedade com o 1714.º[13]; (b) STJ 22-fev.-1994: a transcrição do casamento canónico que não contenha os requisitos legais[14]; (c) STJ 13-dez.-2007: o contrato em abuso do direito[15]. 9

6. O **significado último** do 294.º: fixa, como regra básica da invalidade dos negócios, a nulidade. Apenas quando "outra solução resulte da lei" se recorre à anulabilidade ou a outro vício. Os tribunais citam, muitas vezes, em conjunto, os 280.º/1 e 294.º. Em regra, sobrepõe-se, ainda que com ângulos próprios. 10

[4] Adriano Vaz Serra, *Objecto da obrigação/A prestação – suas espécies, conteúdo e requisitos*, BMJ 74 (1958), 15-283 (268).
[5] Rui de Alarcão, *Invalidade dos negócios jurídicos*, 202, com observações, 202-205.
[6] *Idem*, *Negócio jurídico*, 278.
[7] *1.ª Revisão*, 110-111.
[8] *2.ª Revisão*, 114 e, antes dela, *Revisão intercalar* (279.º), 108.
[9] *Projecto* (292.º), 84.
[10] José Ferreira Gomes, *A nulidade do negócio*, 168 e *passim*.
[11] *Idem*, 187, de onde é retirada esta enumeração. *Vide* também RLx 8-nov.-2012 (Anabela Calafate), CJ XXX (2012) 5, 76-81 (80/I): compra de imóvel sem licença de utilização.
[12] *Idem*, Ferreira Gomes, 195-196.
[13] STJ 21-mai.-1991 (Leite Marreiros), Proc. 080328; esta matéria é, hoje, tratada diversamente, à luz do 8.º do CSC que revogou, pelo menos em parte, o 1714.º; este acórdão decidiu ao abrigo da lei anterior.
[14] STJ 22-fev.-1994 (Santos Monteiro), Proc. 083878.
[15] STJ 13-dez.-2007 (Mário Cruz), Proc. 07A3023.

Capítulo II – Atos jurídicos

Artigo 295.º (Disposições reguladoras)

Aos atos jurídicos que não sejam negócios jurídicos são aplicáveis, na medida em que a analogia das situações o justifique, as disposições do capítulo precedente.

Bibliografia: António Menezes Cordeiro, *Tratado de Direito civil*, II, 4.ª ed. (2014), 113-115; Paula Costa e Silva, *Acto e processo/O dogma da irrelevância da vontade na interpretação e nos vícios do acto postulativo* (2003), 690 pp.; Paula Costa e Silva/Nuno Trigo dos Reis, *O acto jurídico no Código Civil de 1966*, em *Código Civil/Livro do Cinquentenário*, II (2019), 519-584.

Índice

1 **1. Preparatórios**. O preceito surge na 1.ª Revisão Ministerial, ocupando, como preceito único, um capítulo II, denominado "dos simples actos juridicos" (262.º), com o teor seguinte[1]:

> Aos actos jurídicos, cujos efeitos fundamentais a lei não fixe em obediência à vontade real das partes, são aplicáveis, com as necessárias acomodações, as disposições do capítulo precedente.

2 No fundo, este preceito dava corpo à noção de "simples ato jurídico" presente em Manuel da Andrade[2].

3 A Revisão intercalar (280.º)[3], retomada na 2.ª Revisão (295.º) deu, ao preceito, a redação final, extensiva ao título do capítulo II[4].

4 **2.** Os **atos jurídicos *stricto sensu***, simples atos jurídicos ou atos não-negociais são manifestações de vontade humana dotadas de mera liberdade de celebração: ou se praticam, ou não, sendo irrelevante a vontade para a determinação dos seus efeitos: falta a liberdade de estipulação.

5 Correspondem a uma forma menos elevada do exercício da autonomia privada. Documentem-se, sobretudo, no domínio do Direito das coisas: o apossamento [1263.°, *a*)], a ocupação (1318.°) ou a especificação (1338.°), do Direito da família: o contrato de casamento, nos aspetos pessoais (1577.°), ou a perfilhação (1849.°) a que podemos acrescentar a declaração de requerer a simples separação de bens (1767.°), de pedir o divórcio (1773.°), ou de solicitar a separação de pessoas e bens (1794.°) – e no das sucessões – aceitação (2050.°) e repúdio (2062.°), de herança, declaração de pedir a partilha (2101.°) ou de pedir a redução de liberalidades inoficiosas (2169.°) e do Direito das sucessões: a aceitação da herança (2050.°), ou o seu repúdio

[1] *13 Revisão*, 111.
[2] Manuel da Andrade, *Teoria geral da relação jurídica*, 2, 9-10; *vide* Pires de Lima/Antunes Varela, *Código Civil anotado*, 1, 4.ª ed., 269-270.
[3] *Revisão intercalar*, 108.
[4] *2.ª Revisão*, 115; *Projecto* (295.º), 84.

(2062.º), tudo como exemplos. No Direito das obrigações, pelo contrário, dominam os negócios (405.º). Todavia, temos importantes atos *stricto sensu* no campo dos deveres acessórios e da *culpa in contrahendo*. Assim, o mero início de negociações dá azo a deveres pré-contratuais, independentemente da vontade das partes (227.º/1). Além disso, temos como exemplos: (1) a ratificação: declaração unilateral que estabelece, *a posteriori*, um vínculo de representação (268.º); (2) a aprovação: declaração própria do dono do negócio, perante uma situação de gestão de negócios (469.º); (3) a confirmação: declaração do titular do direito de anular um negócio anulável, de que prescinde desse direito, convalidando o negócio (288.º); (4) a validação: declaração pela qual, perante um negócio anulável por erro, o interessado evita a anulação aceitando o negócio tal como o declarante, incurso no erro, o pretendia (248.º); (5) a *reductio ad equitatem*: uma validação especialmente adaptada aos negócios usurários (283.º); (6) a rejeição ou a adesão, do terceiro beneficiário, a um contrato a favor de terceiro (447.º): a primeira põe cobro à promessa e a segunda torna-a irrevogável; (7) a convalidação de negócios nulos: declaração que impede o seu autor, nas nulidades relativas, de as invocar (968.º): é uma figura excecional, explicável pelos valores em presença; (8) a convalescença: uma modalidade de convalidação, aplicável a certas vendas anuláveis (906.º/1), constituindo um dever do devedor (907.º/1); (9) o perdão: a declaração pela qual o devedor releva o donatário ingrato da sua falta, pondo termo à revogabilidade da doação por ingratidão – 975.º, *c*); (10) a anulação: uma declaração de exercício do direito potestativo de impugnar os negócios anuláveis (287.º/1); (11) a invocação da nulidade: a declaração, feita por qualquer interessado, de pôr cobro a negócios nulos (286.º).

3. Modalidades. Atos semelhantes a negócios e os atos reais: os primeiros resultam de mani- 6
festações de vontade a que o Direito associa determinados efeitos; os segundos têm a ver com puros comportamentos materiais, que desencadeiam efeitos a nível jurídico. Esta ideia pode ser adaptada, distinguindo-se: (1) atos quase-negociais, equivalentes aos atos jurídicos em sentido estrito, que se analisem numa pura manifestação de vontade (p. ex,, a perfilhação); (2) atos materiais, correspondentes aos atos jurídicos em sentido estrito, que resultem de atuações materiais voluntárias (p. ex., um apossamento[5]).

4. O regime. Na medida do possível, aplicam-se as regras respeitantes ao negócio jurídico; tal 7
o sistema defendido pela doutrina e consagrado no 295.º. Essa regra tem, no entanto, escasso relevo, no tocante aos atos materiais: não operam as normas relativas à capacidade de exercício (1266.º): o que permite afastar as regras relativas a declarações de vontade, aos seus requisitos e às suas condições de validade e eficácia.

O princípio geral do 295.º pode ser aplicado a atuações humanas que, por serem devidas 8
ou puramente funcionais, não devam considerar-se "atos", marcados pela liberdade de celebração. Tal será o caso de uma sentença judicial. Esta, por via do 295.º do Código Civil, deve ser interpretada à luz do 236.º[6].

5. Enquadramento. O 295.º enquadra o tema. A aplicação nele referida passa, depois, por 9
juízos de proximidade e de analogia, sempre necessários caso a caso.

[5] Mota Pinto, *Teoria geral*, 4.ª ed., 358, e Pires de Lima/ /Antunes Varela, *Código Civil anotado*., 1, 4.ª ed., 270-271, na sequência de Manuel de Andrade, utilizam, para designar estas realidades, as locuções "atos quase-negociais" e "operações jurídicas", respetivamente.

[6] STJ 28-jan.-1997 (Silva Paixão), CJ/Supremo V (1997) 1, 83-85 (84/I).

Capítulo III – O tempo e sua repercussão nas relações jurídicas

Introdução (296.º a 333.º)

Bibliografia: Abílio Neto, *Código Civil anotado*, 20.ª ed. (2018), 239-275; Adriano Vaz Serra, *Prescrição extintiva e caducidade*, BMJ 105 (1961), 5-248, 106 (1961), 45-278 e 107 (1961), 159-306; há separata; Ana Filipa Morais Antunes, *Prescrição e caducidade/Anotação aos artigos 296.º a 333.º do Código Civil ("O tempo e a sua repercussão nas relações jurídicas")* (2008), 198 pp.; *idem*, *Algumas questões sobre prescrição e caducidade*, Est. Sérvulo Correia, III (2010), 35-52; António Menezes Cordeiro, *Tratado de Direito civil*, V, 3.ª ed. (2018), 155-270; Fernando Pires de Lima/João Antunes Varela, *Código Civil anotado*, I, 4.ª ed. (1987), 270-298; José Dias Marques, *Teoria geral da caducidade*, O Direito 84 (1952), 11-49; *idem*, *A prescrição extintiva* (1953), 232 pp.; Jacinto Rodrigues Bastos, *Das relações jurídicas*, IV (1969), 74-214; Luís A. Carvalho Fernandes, *Teoria geral do Direito civil*, II, 5.ª ed. (2014), 691-711; Manuel de Andrade, *Teoria geral da relação jurídica*, II (1960), 439-467; Ricardo Bernardes e outros, em Ana Prata, *Código Civil anotado*, I (2017), 365-405; Teresa Teixeira da Mota e outros, *UCP/Comentário do Código Civil* (2014), 737-783.

Índice

I – Generalidades

1 **1.** A **estabilidade** das situações jurídicas representa um valor que o Direito intenta prosseguir. Confrontado com a fragilidade humana, a ordem jurídica legitima as relações fiáveis, que sobrevivam à eventualidade do perecimento dos seus suportes humanos.

2 O instituto da sucessão *mortis causa* opera como um prolongamento natural da propriedade. Esta passa aos sucessores, numa dimensão que legitima o esforço e que tranquiliza os visados. Mas ele assegura, ainda, a sobrevivência dos créditos. Os credores não dependem da sobrevida dos devedores: eles sabem poder agir contra os sucessores, nas forças das heranças.

3 **2.** A **repercussão no tempo** afigura-se, necessária em diversas conjunturas. Posições jurídicas que não sejam exercidas durante períodos dilatados perdem a sua eficácia: diversas razões, debatidas a propósito da prescrição, exigem-no. Além disso, temos situações sujeitas a termos resolutivos, designadamente a prazos extintivos. São requeridas regras específicas.

4 **3.** O **minuto jurídico**. A repercussão do tempo nas situações jurídicas traça fronteiras: antes e depois do expirar de prazos. Este fenómeno é delicado e pode suscitar dúvidas e surpresas, junto de leigos. Significa que o titular da mais confortável fortuna pode, no momento seguinte, perdê-la a favor de outra pessoa. O relevo do minuto jurídico é evidente: exige um cuidado muito atento dos operadores jurídicos.

II – Os institutos implicados

4. A **evolução histórico-cultural** da temática do tempo nas situações jurídicas levou ao sur- 5
gimento de diversos institutos, ao sabor das necessidades práticas e das contingências que sempre
acompanham estes fenómenos. Apesar de, na Antiguidade, eles já serem conhecidos, apenas nos
dois últimos séculos foi possível proceder ao seu reagrupamento e à sua análise integrada.

O decurso do tempo e a determinação do "minuto jurídico" colocam problemas em 6
várias áreas. Os temas do início da contagem, do seu decurso, das suspensões, das interrupções
e do epílogo comportam variações múltiplas, potenciadas pela intervenção de outros institutos,
como os da posse e da boa-fé. Apesar do esforço representado pelas codificações, mantêm-se
flutuações até aos nossos dias. A reforma alemã de 2001/2002 modificou pontos nucleares da
prescrição: prova de que os institutos implicados mantêm uma certa instabilidade, prosseguindo
os esforços para o seu aperfeiçoamento.

5. Enumeração. O Direito moderno permite apontar, como institutos destinados a repercutir 7
o tempo nas situações jurídicas, a prescrição extintiva, no campo das obrigações, a usucapião
ou prescrição aquisitiva, nos direitos reais, a caducidade, de âmbito geral, o não-uso, nos direitos
reais e a *suppressio* e a *surrectio*, enquanto manifestações concretas da boa-fé. Cada experiência
nacional aproveita, com medidas e variantes próprias, as projeções destes institutos.

III – O Direito lusófono

6. O **predomínio da prescrição** marcou o Direito das Ordenações e o do próprio Código de 8
Seabra. Os demais institutos relevantes afirmam-se seja em aproximação às regras da prescrição,
seja em desvio a elas. A prescrição é, fundamentalmente, um instituto de Direito das obrigações.
Por consequência, a repercussão do tempo nas situações jurídicas vem a ser modelada por essa
ligação estrutural e dogmática.

7. A **preparação do Código**, no campo da repercussão do tempo nas situações jurídicas foi 9
confiada a Vaz Serra: autor de um significativo estudo preparatório, em mais de 600 páginas,
publicado em 1961: ainda hoje, a análise mais extensa disponível, entre nós, sobre essa matéria.

A entrega deste capítulo a um obrigacionista ditou o estilo e a dogmática subjacentes, 10
reforçando as ligações jurídico-científicas da prescrição ao Direito das obrigações.

8. A **geografia do Código**, no capítulo III, exprime a realidade substancial. Comporta três 11
secções: **I** – Disposições gerais (296.º a 299.º); **II** – Prescrição (300.º a 327.º); **III** – Caducidade
(328.º a 333.º).

9. A **prescrição** vem, ainda, referida nos artigos seguintes: 40.º (lei aplicável à prescrição e à 12
caducidade); 284.º (usura criminosa; responsabilidade criminal); 430.º (exceção de não-cum-
primento); 477.º (repetição do indevido); 482.º (da restituição do enriquecimento); 498.º (res-
ponsabilidade civil); 521.º (solidariedade passiva); 530.º (*idem*, ativa); 636.º (na fiança); 730.º
(hipoteca); 1292.º (aplicação à usucapião); 1536.º (direito de superfície); 2308.º (ação de nuli-
dade do testamento).

10. A **caducidade** ocorre nos preceitos subsequentes: 40.º (lei aplicável); 267.º/1 (procura- 13
ção); 359.º (confissão); 411.º (promessa unilateral); 416.º (preferência); 436.º (resolução); 618.º
(pauliana); 621.º (arresto); 652.º (fiança); 824.º (venda em execução); 850.º (compensação);
917.º (anulação da compra por erro); 921.º (garantia de bom funcionamento); 930.º (venda a
retro); 945.º (proposta de doação); 976.º (revogação da doação); 1005.º (oposição à exclusão);
1048.º (falta de pagamento da renda ou aluguer); 1051.º a 1053.º e 1056.º (contrato de locação);
1079.º e 1080.º (arrendamento urbano); 1085.º (resolução do arrendamento); 1089.º (subarren-
damento); 1091.º (preferência); 1106.º (transmissão por morte); 1113.º (*idem*); 1122.º e 1123.º

(parceria); 1141.º (comodato); 1174.º a 1177.º (mandato); 1220.º, 1224.º e 1226.º (empreitada); 1282.º (ações possessórias); 1379.º (fracionamento); 1397.º (águas); 1433.º (deliberações de condóminos); 1595.º (promessa de casamento); 1621.º (procuração para casamento); 1645.º (anulação do casamento); 1703.º a 1705.º (pactos sucessórios); 1707.º-A (renúncia à condição de herdeiro); 1716.º e 1717.º (convenções antenupciais); 1733.º (bens incomunicáveis); 1760.º (doações para casamento); 1766.º (doação entre casados); 1793.º (casa de morada de família); 1844.º (impugnação de paternidade); 1860.º (*idem*, de perfilhação); 1983.º (adoção); 2020.º (união de facto); 2041.º (representação na sucessão testamentária); 2059.º (aceitação da herança); 2103.º-A (casa de morada de família); 2125.º (legado); 2167.º (deserdação); 2178.º (redução de liberalidades); 2248.º (resolução de disposição testamentária); 2308.º (nulidade de testamento); 2317.º (disposições testamentárias); 2329.º (pluralidade de testamenteiros); 2333.º (testamentaria).

14 A dispersão de preceitos sobre a caducidade permite confirmar a prescrição como instituto geral da repercussão do tempo nas situações jurídicas. De fora ficam, apenas, institutos próprios de direitos reais.

15 **11. Relevo prático.** As regras sobre a repercussão do tempo nas situações jurídicas acompanham, em permanência, todos os institutos. O seu papel é imenso: todos os práticos do Direito devem acompanhar os meandros dos regimes em jogo.

Secção I – Disposições gerais

Artigo 296.º (Contagem dos prazos)

As regras constantes do artigo 279.º são aplicáveis, na falta de disposição especial em contrário, aos prazos e termos fixados por lei, pelos tribunais ou por qualquer outra autoridade.

Bibliografia: a indicada a propósito do 279.º.

Índice

1 **1. Preparatórios**. O preceito surgiu na Revisão intercalar (281.º)[1], passando à 2.ª Revisão Ministerial (296.º)[2], já com a redação que, através do Projeto (296.º)[3], passou ao texto em vigor.

2 O 279.º foi inicialmente pensado para encimar a matéria da prescrição, colocada nas obrigações. Vingou, depois, a ideia de o colocar na Parte geral, como modo de ampliar o seu âmbito.

[1] *Revisão intercalar*, 108-109.
[2] *2.ª Revisão*, 116.
[3] *Projecto*, 85.

3 2. **Regime**. A remissão para o 279.º afigura-se duplamente natural: (1) pelo seu 3
alcance geral, ele sempre teria aplicação no domínio da repercussão do tempo nas situações jurídicas; (2) a natureza sensível do tempo, particularmente tendo em conta o "minuto jurídico" exige a uniformização resultante do final do preceito, que reporta prazos fixados: (a) por lei; (b) pelos tribunais; (c) por qualquer outra autoridade.

Artigo 297.º (Alteração de prazos)

1. A lei que estabelecer, para qualquer efeito, um prazo mais curto do que o fixado na lei anterior é também aplicável aos prazos que já estiverem em curso, mas o prazo só se conta a partir da entrada em vigor da nova lei, a não ser que, segundo a lei antiga, falte menos tempo para o prazo se completar.

2. A lei que fixar um prazo mais longo é igualmente aplicável aos prazos que já estejam em curso, mas computar-se-á neles todo o tempo decorrido desde o seu momento inicial.

3. A doutrina dos números anteriores é extensiva, na parte aplicável, aos prazos fixados pelos tribunais ou por qualquer autoridade.

Bibliografia: a indicada a propósito do 279.º.

Índice

1. Preparatórios. No anteprojeto Vaz Serra, figurava um 37.º, num capítulo intitulado 1
"Direito transitório", com um teor equivalente ao do 297.º[1]. Na 1.ª Revisão, o preceito foi colocado no 295.º, em secção sobre normas de conflitos[2]. Reapareceu no 197.º da 2.ª Revisão[3], com a colocação atual, donde passou, com poucas alterações, ao 297.º do Projeto[4].

O Código introduziu disposições transitórias nos seus 297.º e 299.º. A sua colocação é 2
discutível: poderiam ter ficado junto ao 12.º, relativo à aplicação das leis no tempo ou figurar no diploma preambular que aprovou o Código Civil.

2. O **Código de Seabra** já enfrentara o problema da transição de regimes no domínio da 3
prescrição: 564.º e 566.º. Adotou-se, aí, uma filosofia simples: prescrição iniciada pela lei velha seguiria até ao fim sempre de acordo com a lei velha; todavia, quando iniciada pela lei velha, se o prazo ainda em falta, segundo esta, fosse maior do que o da totalidade da lei nova, esta teria aplicação, com o limite mínimo de três meses após a publicação do Código[5].

[1] Adriano Vaz Serra, *Prescrição extintiva e caducidade*, 301.
[2] *1.ª Revisão*, 128.
[3] *2.ª Revisão*, 116, antecedida pelo 282.º da *Revisão intercalar*, 109.
[4] *Projecto*, 85.
[5] José Dias Ferreira, *Codigo Civil Anotado*, 1, 2.ª ed.., 400 ss..

4 **3. Regime**. As soluções do Código são as seguintes: (1) se o prazo se tiver iniciado pela lei velha e a lei nova o encurtar: reinicia-se a contagem, à luz da lei nova e à data da vigência desta; posto isso, aplica-se o da lei velha ou o da lei nova, consoante o que primeiro expirar (297.º/1)[6]; (2) na mesma situação e se a lei nova alongar o prazo: este tem aplicação, mas computa-se, nele, o tempo decorrido desde o início (297.º/2).

5 Tudo isto tem aplicação aos prazos fixados pelos tribunais ou por outras entidades: 297.º/3.

Artigo 298.º (Prescrição, caducidade e não uso do direito)

1. Estão sujeitos a prescrição, pelo seu não exercício durante o lapso de tempo estabelecido na lei, os direitos que não sejam indisponíveis ou que a lei não declare isentos de prescrição.

2. Quando, por força da lei ou por vontade das partes, um direito deva ser exercido dentro de certo prazo, são aplicáveis as regras da caducidade, a menos que a lei se refira expressamente à prescrição.

3. Os direitos de propriedade, usufruto, uso e habitação, enfiteuse, superfície e servidão não prescrevem, mas podem extinguir-se pelo não uso nos casos especialmente previstos na lei, sendo aplicáveis nesses casos, na falta de disposição em contrário, as regras da caducidade.

Bibliografia: Ana Filipa Morais Antunes, *Prescrição e caducidade* (2008), 13-35; António Menezes Cordeiro, *Tratado de Direito civil*, V, 3.ª ed. (2018), 159-160.

Índice

I – Origem

1 **1. O anteprojeto Vaz Serra** entrava na matéria (1.º) com o preceito seguinte[1]:

> 1. Ressalvados os direitos indisponíveis e os outros que a lei excluir, estão sujeitos a prescrição quaisquer direitos, se não forem exercidos pelo tempo fixado na lei.

[6] Deve entender-se que a lei nova fixa um "prazo mais curto" quando a lei velha não estabelecesse qualquer prazo, aplicando-se, então, o 297.º/1: RPt 21-jul.-1971 (sem indicação de relator), BMJ 211 (1971), 328 (o sumário) e RLx 2-mai.-1973 (*idem*), BMJ 227 (1973), 202 (o sumário); em abono: Pires de Lima/Antunes Varela, *Código Civil Anotado*, 1, 4.ª ed., 271.

[1] Adriano Vaz Serra, *Prescrição extintiva e caducidade*, 279-280.

2. Os direitos que façam parte do domínio público, do Estado ou de outra corporação pública sobre bens alheios são insusceptíveis de prescrição, salvo a favor do titular de boa fé dos ditos bens e tendo decorrido o dobro do prazo ordinário da prescrição.

3. São imprescritíveis os direitos que fazem parte do conteúdo legal de outro direito, assim como as acções de simples apreciação ou declaração.

O preceito abrangia regras públicas e tinha um conteúdo complexo, excessivamente dogmático. 2

2. Revisões. Na 1.ª, o 265.º deu, ao preceito, uma orientação diversa[2]: 3

1. São susceptíveis de prescrever todos os direitos, que não sejam indisponíveis ou que a lei não declare especialmente isentos da prescrição, desde que não sejam exercidos durante certo tempo.

2. Não estão sujeitos a prescrição os direitos reais, sem expressa declaração legal em contrário.

Na 2.ª (298.º)[3], a redação complicou-se, sendo praticamente igual à que, via Projeto (298.º)[4], chegou ao texto final. 4

II – O regime

3. Uma **norma de enquadramento**: tal o papel do 298.º. Visa delimitar as três figuras básicas que exprimem a repercussão do tempo nas situações jurídicas: prescrição, caducidade e não-uso. Todas elas têm origens históricas muito diferenciadas, como será referido a propósito de cada uma delas. 5

4. A **prescrição** é o instituto-base: aplica-se a todas as situações jurídicas (em regra, mas não exclusivamente: direitos) que não sejam indisponíveis ou que não estejam isentos de prescrição. 6

(1) São **indisponíveis** os direitos de personalidade e os direitos relativos às situações familiares: mesmo quando parcialmente comercializáveis, como o direito à imagem. 7

(2) São **imprescritíveis** os direitos reais de gozo (298.º/3), a ação de reivindicação (1313.º) e o direito de demarcação (1355.º), ambos com ressalva da usucapião. 8

(3) **Âmbito**: embora a lei não o diga de modo expresso, a prescrição é, fundamentalmente, um instituto de Direito das obrigações. Os direitos reais de gozo não prescrevem: o regime da prescrição está, todo ele, moldado nas relações obrigacionais. 9

5. A caducidade, aqui tomada no sentido estrito de sujeição de uma situação jurídica a um termo ou limite temporal, é um instituto que opera caso a caso, em função de normas específicas ou de acordos a tanto destinados. 10

6. O não-uso é um instituto próprio dos direitos reais de gozo ditos menores: usufruto [1476.º/1, *c)*], uso e habitação (1490.º) e servidões [1569.º/1, *b)* e 1570.º]. No tocante a direitos reais de garantia e de aquisição, funciona a prescrição. 11

Ao não-uso aplicam-se, na falta de disposição em contrário, as regras da caducidade (298.º/3, *in fine*). Regras especiais são as previstas, no 1570.º, para as servidões. 12

III – Prescrição e caducidade

7. A **distinção** entre a prescrição e a caducidade é decisiva, para a determinação do regime aplicável. Vale a tabela seguinte (não exaustiva):

[2] *1.ª Revisão*, 112.

[3] *2.ª Revisão*, 117; na *Revisão intercalar* (283.º), 109, ainda não se referia o não-uso.

[4] *Projecto*, 85-86.

	prescrição	caducidade
origem	romana pós-clássica	séc. XIX
sede legal	300.º a 327.º	328.º a 333.º
âmbito	geral (298.º/1)	lei especial ou acordo (298.º/2)
isenções	direitos indisponíveis; lei especial (298.º/2)	direitos indisponíveis (330.º/1)
vontade das partes	imune (300.º)	sensível, salvo indisponíveis (330.º/1)
prazos	20 anos (ordinária)	em geral, curtos
suspensão	sim (318.º a 322.º)	não (328.º)
interrupção	sim (323.º a 327.º)	não (328.º), salvo exercício
conhecimento oficioso	não (303.º)	sim, quando indisponível (333.º/1)
renúncia antecipada	não (302.º)	sim, por acordo (330.º/1)
causa impeditiva	citação ou notificação judiciais (323.º/1); reconhecimento (325.º)	exercício do direito; reconhecimento (331.º)
efeitos	obrigação natural (304.º/1 e 2)	extintivo

Artigo 299.º (Alteração de qualificação)

1. Se a lei considerar de caducidade um prazo que a lei anterior tratava como prescricional, ou se, ao contrário, considerar como prazo de prescrição o que a lei antiga tratava como caso de caducidade, a nova qualificação é também aplicável aos prazos em curso.

2. No primeiro caso, porém, se a prescrição estiver suspensa ou tiver sido interrompida no domínio da lei antiga, nem a suspensão nem a interrupção serão atingidas pela aplicação da nova lei; no segundo, o prazo passa a ser suscetível de suspensão e interrupção nos termos gerais da prescrição.

Bibliografia: António Menezes Cordeiro, *Tratado de Direito civil*, V, 3.ª ed. (2018), 171-172.

Índice

1 **1. Preparatórios**. O preceito tem um teor de aplicação no tempo. Assim, ele adveio do 37.º/2 e 3 do anteprojeto Vaz Serra, precisamente dedicado ao Direito transitório[1]. Na 1.ª Revisão,

[1] Adriano Vaz Serra, *Prescrição extintiva e caducidade*, 301-302; *vide supra*, 297.º, anot. 1.

passou à secção "normas de conflitos" (296.º)[2] e, daí, à 2.ª Revisão (299.º)[3], com a redação final[4]. Faria sentido estar junto ao 297.º.

2. Alterações de justificação de prescrição para caducidade e vice-versa: (a) a nova qualificação, com todas as consequências no plano do regime, aplica-se às situações já em curso; (b) todavia, a lei nova não atinge as suspensão ou interrupção da prescrição, ocorridas em face da lei velha. 2

No tocante a "qualificações", valem as que correspondam aos regimes em jogo, independentemente das locuções usadas pelo legislador. Assim, o 123.º do CIRE, a propósito da resolução em benefício da massa insolvente, refere, em epígrafe, "prescrição do direito". Tudo visto trata-se, porém, de caducidade[5]. 3

3. O **regime** aplicável, em função da alteração de qualificação, não é, apenas, o relativo a "prazos". Todas as regras envolventes estão em jogo, como resulta do 299.º/2, quando refere a suspensão e a interrupção. 4

Secção II – Prescrição

Introdução (300.º a 327.º)

Bibliografia: António Menezes Cordeiro, *Tratado de Direito civil*, V, 3.ª ed. (2018), 173-201; José Dias Marques, *Prescrição extintiva* (1953), 1-75; Júlio Gomes, *UCP/Comentário ao Código Civil* (2014), 743-744; *vide* as indicações dadas na introdução (296.º a 333.º).

Índice

I – Origem e evolução

1. Direito romano. A prescrição resultou da fusão, feita por Justiniano, entre o *usus* que, no Direito clássico, permitia a aquisição do *dominium* através da posse e a *longi temporis praescriptio*, de origem grega, instituída em 199 d.C. num rescrito de Septimo Severo e de Antonino Caracala. 1

A *praescriptio* operava como uma exceção processual, permitindo deter a pretensão do autor através da exibição de uma posse alongada (10 ou 20 anos, consoante o interessado vivesse, ou não, na mesma cidade) e com *iusta causa*. Constantino (365 d.C.) adotou uma *longissimi temporis praescriptio*: 40 anos e *bona fides*. Justiniano unificou a aquisição do domínio 2

[2] *1.ª Revisão*, 128; na *Revisão intercalar* (284.º), 110.

[3] *2.ª Revisão*, 128.

[4] *Projecto* (299.º), 86.

[5] STJ 2-abr.-2019 (Ana Paula Boularot), Proc. 2134/17.

e o bloqueio de pretensões obrigacionais através de uma prescrição geral, ora aquisitiva, ora extintiva, de trinta anos.

3 **2. Ordenações**: fixaram uma regra geral de 30 anos, com exigência de boa-fé[1]. A aproximação entre a prescrição e a usucapião (prescrição aquisitiva) ficou consumada com as *Institutiones* de Pascoal de Mello[2].

4 **3.** O **Código de Seabra** previu um título denominado *Dos direitos que se adquirem por mera posse e prescrição*[3] (474.º a 566.º). Aí tratava a posse (474.º a 505.º) e a prescrição (505.º a 566.º). Nesta distinguia a positiva (517.º a 534.º), hoje reconduzida à usucapião e a negativa (535.º a 547.º), surgindo ainda disposições gerais (505.º a 516.º) e transitórias (564.º a 566.º).

5 **4.** A **preparação do Código Civil** levou a que, logo no início (1944), fossem firmadas duas orientações básicas: (1) a prescrição ficaria restrita à "negativa"; (2) seria colocada na Parte geral, até por ser próxima da caducidade; (3) a usucapião, na tradição romana e por via do Código italiano, passaria para direitos reais[4].

6 Optou-se, ainda, por não definir a prescrição; esta surge na sequência das disposições gerais e, em especial, do 296.º. O Código entrou na matéria fixando logo a regra da inderrogabilidade.

II – Fundamentos e natureza

7 **5. Os fundamentos** surgidos ao longo dos tempos podem ser arrumados: (1) atinentes ao devedor; (2) de ordem geral.

8 (1) **Atinentes ao devedor**, a prescrição visa, essencialmente, relevá-lo de prova. À medida que o tempo passe, o devedor irá ter uma crescente dificuldade em fazer prova do pagamento que tenha efetuado; ninguém conserva recibos, quitações ou outros comprovativos anos e anos a fio. A não haver prescrição, qualquer pessoa poderia, a todo o tempo, ser demandada novamente por quase tudo o que pagou ao longo da vida. Esta função só parcialmente é aproveitável: os credores do devedor podem ter interesse em que este beneficie da prescrição. A lei dá-lhes, de resto, a possibilidade de a invocarem (305.º).

9 (2) Escopos **de ordem geral**: ligam-se à paz jurídica e à segurança. A ideia de uma "paz jurídica" ou de um "desagravamento dos tribunais", não colhe: o tribunal não pode, de ofício, constatar a prescrição (303.º). Não procede a ideia de que a prescrição serviria, em simultâneo, o interesse do credor, incitando-o, por hipótese, a exigir o cumprimento das obrigações[5]: o interesse do credor será, sempre, o de dispor de um máximo de pretensões, podendo ordenar no tempo, de acordo com conveniências suas, o exercício dos seus direitos.

10 A prescrição visa, no essencial, tutelar o interesse do devedor: uma orientação que se comprova, em termos históricos. Ela é ainda confortada pela aproximação histórica à usucapião. A usucapião protege a pessoa que poderia estar na iminência de entregar a coisa, isto é: o seu "devedor": nunca a pessoa a quem uma usucapião seja oposta. As recentes reformas relativas à prescrição, com o fito assumido de proteger o consumidor, mais confirmam todas estas asserções.

11 **6. Natureza.** A prescrição nada tem de excecional: assim, as suas normas podem ser interpretadas, extensiva ou restritivamente, de acordo com as regras gerais do Direito.

[1] *Ord. Fil.*, Liv. IV, Tit. LXXXIX = ed. Gulbenkian, 4, 896-899; mais indicações: *Tratado*, V, 3.ª ed., 191-192.

[2] Pascoal de Mello, *Institutiones Juris Civilis Lusitani*, III, 4.ª ed. (1815), 29 ss..

[3] José Dias Ferreira, *Codigo Civil annotado*, II, 1.ª ed. (1971), 5-114.

[4] Adriano Vaz Serra, *A revisão geral do Código Civil*, BMJ 2 (1947), 24-76 (59-60 e 35-36).

[5] De igual modo, não é verosímil afirmar que a prescrição serve sempre os credores: poderá beneficiá-los ou prejudicá-los, conforme os casos.

Apenas com uma ressalva: a das normas relativas a prazos. Quando fixe um prazo, a norma torna-se autossuficiente: vale por si, esgotando-se na missão de fixar um prazo predeterminado. Não é lícito, ao intérprete aplicador, alongar ou restringir prazos (pré-) fixados por lei, a coberto de diretrizes jurídico-científicas. Por exemplo: considerando os fins das normas e a índole dos institutos em presença, admitimos que uma hipótese de prescrição possa ser considerada extintiva ou presuntiva; mas já não será viável encurtar (ou alongar), pelos valores em presença, prazos prescricionais claramente fixados na lei. 12

Desta feita, as regras sobre a prescrição são plenas: não admitem nem interpretações extensivas ou restritivas, nem reduções teleológicas. 13

Subsecção I – Disposições gerais

Artigo 300.º (Inderrogabilidade do regime da prescrição)

São nulos os negócios jurídicos destinados a modificar os prazos legais da prescrição ou a facilitar ou dificultar por outro modo as condições em que a prescrição opera os seus efeitos.

Bibliografia: Ana Filipa Morais Antunes, *Prescrição e caducidade* (2008), 36-38; António Menezes Cordeiro, *Tratado de Direito civil*, V, 3.ª ed. (2018), 197-201; Júlio Gomes, *UCP/Comentário ao Código Civil* (2014), 943-944.

Índice

1 **1. Preparatórios.** O 300.º ocorre no anteprojeto Vaz Serra (3.º)[1], donde passou, com retoques, à 1.ª Revisão (264.º)[2] e, pouco alterado, à 2.ª (300.º)[3] e ao Projeto (300.º)[4].

2 **2. A imperatividade** do regime da prescrição é, à cabeça, fixado pelo 300.º. O preceito veda: (1) modificar os prazos; (2) facilitar o regime; (3) dificultá-lo.

3 Este ponto permite logo distinguir a prescrição da caducidade. Ele tem sido justificado com razões de ordem pública. Podemos ir mas longe: a inderrogabilidade do regime da prescrição visa: (1) a segurança jurídica, uma vez que uniformiza as diversas situações; (2) a justiça, prevenindo a renúncia antecipada a direitos, na linha de um princípio geral das obrigações[5], patente nos 809.º (renúncia antecipada aos direitos do credor), 942.º/1 (doação de bens futuros) e 944.º (pactos leoninos), todos proibidos.

4 **3. Aplicação**:

[1] Adriano Vaz Serra, *Prescrição extintiva e caducidade*, 280.
[2] *1.ª Revisão*, 112.
[3] *2.ª Revisão*, 118; na *Revisão intercalar* (285.º), 110.
[4] *Projecto*, 86.
[5] *Tratado de Direito civil*, VI, 3.ª ed. (2019), 67-68.

STJ 26-jun.-1970: a prescrição é orientada pela ordem pública: não pode ser admitida uma caducidade convencional que venha reduzir o seu prazo; estava em causa um contrato de seguro, visando prevenir dificuldades para o beneficiário[6];

RLx 13-mai.-1993: é nula a cláusula inserida nas Condições Gerais de Prestação de Serviços de Transitários que altera o regime da prescrição[7];

STJ 29-abr.-1999: a prescrição do procedimento criminal não implica a do direito à indemnização civil[8];

RPt 4-jan.-2011: na falta de regras, o regime geral da prescrição aplica-se no campo comercial (prémios de seguros)[9].

Artigo 301.º (A quem aproveita a prescrição)

A prescrição aproveita a todos os que dela possam tirar benefício, sem exceção dos incapazes.

Bibliografia: António Menezes Cordeiro, *Tratado de Direito civil*, V, 3.ª ed. (2018), 202-203.

Índice

1 **1. Preparatórios**. Presente no 4.º do anteprojeto Vaz Serra[1]; passou, quase incólume, ao 265.º da 1.ª Revisão[2] e aos 286.º da Revisão intercalar[3] e 301.º da 2.ª[4], já com redação definitiva[5].

2 **2.** O **regime** do 301.º deriva do 507.º do CS, o qual se refletiu, também, no 1289.º. O preceito é evidente: todos são iguais perante a lei. Mas tem utilidade: a prescrição depende (também) das opções do devedor, que pode ou não querer (conscientemente) cumprir ou não pretender beneficiar do instituto.

3 Em etapas anteriores, exigia-se a boa-fé do beneficiário. Hoje, esse requisito desapareceu: todos beneficiam. Quanto ao incapaz: não tendo, por si, a opção de não-cumprir, poderia entrar noutras valorações, particularmente relevantes nas prescrições presuntivas. Também aqui a lei corta em frente: todos beneficiam.

Artigo 302.º (Renúncia da prescrição)

1. A renúncia da prescrição só é admitida depois de haver decorrido o prazo prescricional.

[6] STJ 26-jun.-1970 (Acácio Oliveira Carvalho), BMJ 198 (1970), 127-130 (127) = Proc. 063210.

[7] RLx 13-mai.-1993 (Nascimento Gomes), CJ XVIII (1999) 3, 97-99 (98).

[8] STJ 29-abr.-1999 (Abranches Martins), CJ/Supremo VII (1999) 2, 203-204 (203/II) com outras indicações jurisprudenciais.

[9] RPt 4-jan.-2011 (Maria Cecília Agante), Proc. 364/08.

[1] Adriano Vaz Serra, *Prescrição extintiva e caducidade*, 281.

[2] *1.ª Revisão*, 113.

[3] *Revisão intercalar*, 111.

[4] *2.ª Revisão*, 118.

[5] *Projecto*, 87.

2. A renúncia pode ser tácita e não necessita de ser aceita pelo beneficiário.
3. Só tem legitimidade para renunciar à prescrição quem puder dispor do benefício que a prescrição tenha criado.

Bibliografia: Adriano Vaz Serra, *Prescrição extintiva e caducidade*, BMJ 105 (1961), 131-145; Ana Filipa Morais Antunes, *Prescrição e caducidade* (2008), 39-45; António Menezes Cordeiro, *Tratado de Direito civil*, V, 3.ª ed. (2018), 201-202; Júlio Gomes, *UCP/Comentário ao Código Civil* (2014), 745-746.

Índice

1. Preparatórios. O preceito remonta ao 5.º do anteprojeto Vaz Serra; aí, comportava um n.º 4 relativo aos poderes, neste domínio, do representante legal do incapaz[1]. O 266.º da 1.ª Revisão condensou, num n.º 3, os 3 e 4 de Vaz Serra[2]. A 2.ª Revisão, na linha da Revisão intercalar (287.º), deu-lhe a redação final (302.º)[3]. 1

2. A **irrenunciabilidade** antecipada ao direito potestativo de invocar a prestação deriva de dois princípios estruturantes: (1) o da irrenunciabilidade antecipada aos diversos direitos[4], claramente presente no 809.º; (2) o da imperatividade das regras da prescrição (300.º). 2

3. Após o decurso do prazo, o direito à invocação é renunciável[5]. A renúncia implica uma declaração unilateral[6] recipienda, visando a extinção do direito potestativo de invocar a prescrição. Já se exigiu, para a eficácia da renúncia, que o devedor tivesse conhecimento de que a dívida se encontrava prescrita[7]. Impõe-se algum pragmatismo, sob pena de paralisar o dispositivo. O devedor que, de todo em todo, não tivesse nem pudesse ter conhecimento do seu direito de invocar a prescrição, não pode renunciar a ele. Todavia[8], também não é possível demonstrar, designadamente nos casos de renúncia tácita, que o devedor conhecia o expirar da prescrição. 3

Ficamo-nos pela seguinte ideia reitora: a renúncia à prescrição é operativa quando o devedor conhecesse ou devesse conhecer o decurso do seu prazo. 4

4. Renúncia tácita: vem especificada no 302.º/2. O preceito, embora decorrente já do 217.º/1, tem a sua utilidade. A jurisprudência esclarece alguns pontos: (1) renuncia tacitamente à prescrição quem, depois de decorrido o prazo prescricional, reconheça a dívida exequenda, obrigando-se a pagá-la[9]; (2) há renúncia tácita quando se admita que a dívida de capital e juros subsiste, apesar de decorrido o prazo[10]; (3) há também renúncia tácita quando o devedor de uma obrigação prescrita proponha ao credor formas de pagamento[11]; (4) há igualmente renúncia 5

[1] Adriano Vaz Serra, *Prescrição extintiva e caducidade*, 281.
[2] *1.ª Revisão*, 113.
[3] *Revisão intercalar*, 111; *2.ª Revisão*, 118-119; *Projecto* (302.º), 87.
[4] *Tratado de Direito civil*, VI, 3.ª ed. (2019), 67-68.
[5] E não antes: RLx 15-jun.-1989 (Herlander Martins), CJ XIV (1989) 3, 147-150 (149).
[6] Dispensando, por isso, qualquer aceitação ou concordância do destinatário; REv 26-mar.-1987 (Araújo Santos), CJ XII (1987) 2, 294-295 (294/II).
[7] RLx 19-mai.-1994 (Silva Paixão), CJ XIX (1994) 3, 98-99 (99/I), com outras indicações.
[8] E a menos que haja uma declaração expressa de conhecimento do direito de invocar a prescrição, o que é anómalo.
[9] RLx 27-jan.-1983 (Ianquel Milhano), BMJ 329 (1983), 614 = CJ VIII (1983) 1, 112-113 (113/I), com indicações.
[10] REv 19-dez.-1989 (Araújo dos Anjos), CJ XIV (1989) 5, 275-276 (276).
[11] RLx 6-nov.-1990 (David Faria), BMJ 401 (1990), 630.

tácita quando o devedor declare, após a prescrição, que pagará quando receber determinadas indemnizações[12]; (5) o pedido de uma moratória é um meio tácito de renúncia à prescrição[13]; (6) não há renúncia tácita na não-exigência de devolução de uma letra pelo aceitante[14].

6 **5. O Assento de 5-mai.-1994.** A questão de saber se, havendo renúncia à prescrição, se iniciaria, daí para o futuro, nova contagem de prazo, deu azo a jurisprudência desencontrada.

7 A lei é clara: não pode haver negócios que dificultem, para o futuro, a prescrição (300.º). A renúncia é possível, mas apenas após o decurso do respetivo prazo (302.º/1): nela, o devedor despoja-se do direito de invocar uma certa prescrição, já consumada: não de futuras prescrições. Verificada a renúncia, pode iniciar-se nova prescrição, se o direito continuar a não ser exercido. Nessa linha, o Supremo tirou assento[15]:

> A renúncia à prescrição permitida pelo artigo 302.º do Código Civil só produz efeitos em relação ao prazo prescricional decorrido até ao ato de renúncia, não podendo impedir os efeitos de ulterior decurso de novo prazo.

Artigo 303.º (Invocação da prescrição)

O tribunal não pode suprir, de ofício, a prescrição; esta necessita, para ser eficaz, de ser invocada, judicial ou extrajudicialmente, por aquele a quem aproveita, pelo seu representante ou, tratando-se de incapaz, pelo Ministério Público.

Bibliografia: Adriano Vaz Serra, *Prescrição extintiva e caducidade*, BMJ 105 (1961), 145-157; Ana Filipa Morais Antunes, *Prescrição e caducidade* (2008), 45-51; António Menezes Cordeiro, *Tratado de Direito civil*, V, 3.ª ed. (2018), 202-204; Júlio Gomes, *UCP/Comentário ao Código Civil* (2014), 746-749.

Índice

1 1 **1. Preparatórios.** O anteprojeto Vaz Serra continha (8.º) um preceito mais amplo[1]:

> 1. O juiz não pode suprir, de ofício, a prescrição que não foi oposta inequívoca, ainda que não expressamente, por aquele a quem aproveita. Não é necessário, porém, que ela seja deduzida no processo, devendo o juiz tê-la também em atenção quando resulte que o demandado a invocara já extrajudicialmente contra o autor.

[12] REv 26-mar.-1987, CJ XII, 2, 294/II, já citado.

[13] STJ 24-out.-1995 (Martins da Costa), Proc. 087165 = = CJ/Supremo III (1995) 3, 72-74 (73-74).

[14] RPt 14-jul.-2010 (José Ferraz), Proc. 2616/08.

[15] STJ(P) 5-mai.-1994 (Mário de Magalhães Araújo Ribeiro), BMJ 437 (1994), 29-34; no mesmo sentido e com diversos elementos, o parecer do MP, Proc. 83 149 (Pereira da Costa), BMJ 437 (1994), 5-12.

[1] Adriano Vaz Serra, *Prescrição extintiva e caducidade*, 281-282.

2. A prescrição pode ser alegada mesmo depois da contestação, se o interessado provar justo motivo para não a ter invocado na contestação. Deve, em tal caso, assegurar-se a audiência da parte contrária. A prescrição não pode ser alegada perante o tribunal de revista.

3. Se a parte contrária obstou, pela sua conduta, ainda que não intencionalmente, a que o titular exercesse a tempo o seu direito, e a invocação da prescrição se apresenta como ofensiva da boa fé, deve o juiz rejeitar tal invocação, com o efeito de ter o titular mais o prazo aconselhado pela boa fé para exercer o aludido direito.

A 1.ª Revisão simplificou o preceito (267.º)[2]. A 2.ª Revisão prosseguiu nessa linha (303.º)[3], vindo a redação final a ser alcançada, apenas, no Projeto (303.º)[4]. 2

2. A **necessidade de invocação** decorre da lógica da prescrição e dos valores subjacentes. O mero decurso do prazo dá lugar a um direito potestativo: o de a invocar. O beneficiário decide se, dela, se pretende prevalecer. A hipótese de um devedor, beneficiado pela prescrição, não a querer usar, nada tem de anormal: podem prevalecer aspetos morais ou, até, patrimoniais e pragmáticos: o comerciante preferirá pagar o que deve do que fazer constar, na praça, que recorreu à prescrição, com prejuízo para o seu credor legítimo. 3

Recorrer à prescrição é uma opção que exige um claro ato de autodeterminação e isso no seio de uma posição privada. O 303.º é claro: o tribunal não pode suprir, de ofício, a prescrição: esta, para ser eficaz, deve ser invocada, judicial ou extrajudicialmente[5]. Nos termos gerais: pelo próprio, pelo seu representante ou pelo MP, em representação de incapaz. 4

3. O **conhecimento judicial** oficioso de exceções perentórias é regra geral, salvo quando a lei diga diferentemente (579.º do CPC). Também por isso o 303.º é importante: coloca a prescrição no campo das exceções perentórias cujo conhecimento a lei torna dependente da vontade do interessado. 5

Artigo 304.º (Efeitos da prescrição)

1. Completada a prescrição, tem o beneficiário a faculdade de recusar o cumprimento da prestação ou de se opor, por qualquer modo, ao exercício do direito prescrito.

2. Não pode, contudo, ser repetida a prestação realizada espontaneamente em cumprimento de uma obrigação prescrita, ainda quando feita com ignorância da prescrição; este regime é aplicável a quaisquer formas de satisfação do direito prescrito, bem como ao seu reconhecimento ou à prestação de garantias.

3. No caso de venda com reserva de propriedade até ao pagamento do preço, se prescrever o crédito do preço, pode o vendedor, não obstante a prescrição, exigir a restituição da coisa quando o preço não seja pago.

Bibliografia: Adriano Vaz Serra, *Prescrição extintiva e caducidade*, BMJ 105 (1961), 157-170; Ana Filipa Morais Antunes, *Prescrição e caducidade* (2008), 51-57; António Menezes Cordeiro, *Tratado de Direito civil*, V, 3.ª ed. (2018), 209-211; *idem*, VI, 3.ª ed. (2019), 629-654; Júlio Gomes, *UCP/Comentário ao Código Civil* (2014), 748-749.

[2] *1.ª Revisão*, 113.

[3] *2.ª Revisão*, 119; anteriormente: *Revisão intercalar* (288.º), 111.

[4] *Projecto*, 87.

[5] STJ 29-abr.-1999 (Abranches Martins), CJ/Supremo VII (1999) 2, 203-204 (203/II).

Índice

1 **1. Preparatórios**. O 304.º constava já, praticamente, do 7.º do anteprojeto Vaz Serra[1]. Daí passou, com alterações, ao 268.º da 1.ª Revisão[2] e, com retoques, ao 289.º da Revisão intercalar[3] e ao 304.º da 2.ª[4], com redação definitiva[5].

2 **2. A exceção**. A prescrição funciona como contra-direito: permite, ao beneficiário, bloquear a pretensão do credor, designadamente por exceção. Trata-se de uma exceção perentória, que conduz à absolvição do pedido (576.º/3, do CPC), mas que depende de invocação pelo beneficiário (579.º, do CPC).

3 **3. A eficácia** da prescrição não é extintiva. Ela transforma, quando invocada, a obrigação prescrita numa obrigação natural. Tal o sentido do 304.º/2, 1.ª parte: não pode ser repetida a prestação espontânea de obrigação prescrita, mesmo que feita com ignorância da prescrição: no fundo, a regra básica das obrigações naturais (403.º).

4 A "espontaneidade" requerida, em face do lugar paralelo do 403.º/2, significa "livre de toda a coação".

5 A obrigação "prescrita", mas cuja prescrição não tenha sido invocada, é uma obrigação comum. Sendo cumprida, nada há a fazer: o tribunal não a pode aplicar de ofício. Duas hipóteses: (1) ou o dever não a quis invocar; (2) ou ele não a conhecia, altura em que a lei não permite invalidar o cumprimento, repetindo a prestação.

6 **4. O funcionamento** da prescrição opera quando esta tenha sido invocada mas, não obstante, o devedor cumprir: não há repetição em face do 304.º/2, complementado com o 403.º.

7 **5. Quadro de efeitos**. Decorrido o prazo prescricional: (1) o devedor pode invocar a prescrição, pode renunciar a ela ou pode nada fazer; (2) se invocar a prescrição, a obrigação passa a natural; se, não obstante, for cumprida, não pode ser repetida; (3) se renunciar à prescrição, a obrigação mantém-se civil, devendo ser cumprida, nos termos comuns; (4) se nada fizer, a obrigação mantém-se, também, civil; aí, uma de duas: (5) ou o devedor cumpre e a prestação não pode ser repetida, por ser civil; (6) ou não cumpre (mas sem a invocar, consciente ou inconscientemente) e irá ser condenado no seu cumprimento, por a obrigação ser civil.

8 Podemos precisar duas afirmações que por vezes ocorrem, na doutrina como na jurisprudência: a da eficácia extintiva da prescrição[6] e da sua potencialidade para transformar obrigações civis em naturais[7]. A prescrição dá azo, apenas, ao direito de a invocar; se este direito não for exercido, a obrigação mantém-se civil, não havendo quaisquer efeitos. Se a prescrição for invocada, aí sim: teremos uma obrigação natural. Inexigível, mas com *soluti retentio*.

[1] Adriano Vaz Serra, *Prescrição extintiva e caducidade*, 282--283.
[2] *1.ª Revisão*, 114.
[3] *Revisão intercalar*, 111-112.
[4] *2.ª Revisão*, 119.
[5] *Projecto*, 87-88.
[6] José Dias Marques, *Prescrição extintiva*, 27 e Joaquim de Sousa Ribeiro, *Prescrições presuntivas: sua compatibilidade com a não impugnação dos factos articulados pelo autor*, RDE V, 2 (1979), 390-411 (393).
[7] STJ 6-jul.-2000 (Torres Paulo), CJ/Supremo VIII (2000) 2, 155-158 (156/II). Trata-se de uma opção que já defendemos no *Direito das obrigações*, 2, 155 ss..

6. Na **venda com reserva de propriedade** (304.º/3), mau grado a prescrição do crédito do preço, o vendedor mantém o direito à restituição da coisa, enquanto ele não for pago. Solução natural, uma vez que a propriedade não prescreve (298.º/3). 9

Artigo 305.º (Oponibilidade da prescrição por terceiro)

1. A prescrição é invocável pelos credores e por terceiros com legítimo interesse na sua declaração, ainda que o devedor a ela tenha renunciado.

2. Se, porém, o devedor tiver renunciado, a prescrição só pode ser invocada pelos credores desde que se verifiquem os requisitos exigidos para a impugnação pauliana.

3. Se, demandado o devedor, este não alegar a prescrição e for condenado, o caso julgado não afeta o direito reconhecido aos seus credores.

Bibliografia: Adriano Vaz Serra, *Prescrição extintiva e caducidade*, BMJ 105 (1961), 178-188; Ana Filipa Morais Antunes, *Prescrição e caducidade* (2008), 58-62; António Menezes Cordeiro, *Tratado de Direito civil*, X – *Garantias* (2015), 352-403, quanto à pauliana; Júlio Gomes, *UCP/Comentário ao Código Civil* (2014), 749-750.

Índice

1. Preparatórios. O preceito remonta ao 9.º do anteprojeto Vaz Serra[1] passando, com poucos retoques, ao 270.º da 1.ª Revisão[2]. Na 2.ª (305.º)[3] chegou-se a uma redação quase definitiva[4]. 1

2. A **conservação da garantia patrimonial** dos credores confere, a estes, uma série de pretensões: (1) a legitimidade para invocar a nulidade de atos praticados pelo devedor (605.º); (2) a sub-rogação do credor ao devedor (606.º a 609.º); a ação pauliana (610.º a 618.º). 2

O 305.º inscreve-se nessa lógica: permite aos credores invocar a prescrição[5], mesmo quando o devedor a ela tenha renunciado – o que só seria possível após o decurso do competente prazo (302.º/1). O 305.º/1 alarga a legitimidade para invocar a prescrição em causa a "terceiros com legítimo interesse na sua declaração". Estão nessas condições os garantes, pessoais ou reais, do devedor bem como os seus legitimários. 3

3. A ação pauliana. A renúncia à prescrição, possível após o decurso do prazo, é eficaz; o 305.º/2, nessa eventualidade, só permite a invocação da prescrição aos credores do devedor e, ainda então, se operarem os requisitos da ação pauliana. O que se compreende: apenas os credores desfrutam da garantia patrimonial. 4

[1] Adriano Vaz Serra, *Prescrição extintiva e caducidade*, 283.
[2] *1.ª Revisão*, 114-115.
[3] *2.ª Revisão*, 120; na *Revisão intercalar* (290.º), 112.
[4] *Projecto*, 88.
[5] STJ 26-mai.-1992 (Ramiro Vidigal), Proc. 080984: a seguradora pode alegar, contra o lesado, a prescrição do direito à indemnização, quando o segurado não o faça.

5 São requisitos da pauliana (610.º e 612.º)[6]: (1) atos que envolvam a diminuição da garantia patrimonial do crédito; (2) que não sejam de natureza pessoal; (3) sendo o crédito anterior ao ato ou, se posterior, ter sido realizado dolosamente para impedir a satisfação do direito do futuro credor; (4) resultando, dele, a impossibilidade de obter satisfação integral do crédito ou o agravamento dessa impossibilidade; (5) havendo, se o ato for oneroso, má-fé do devedor e do terceiro; (6) ou independentemente disso, se o ato for gratuito.

6 **4.** O **caso julgado** formado em torno da condenação do devedor que, podendo, não tenha alegado a prescrição, não impede o credor de a invocar (305.º/3). A lei leva, até às últimas consequências, a lógica de prevenir que o não-recurso à prescrição seja usado, consciente ou inconscientemente, para prejudicar os credores do devedor e o próprio crédito em geral.

Artigo 306.º (Início do curso da prescrição)

1. O prazo da prescrição começa a correr quando o direito puder ser exercido; se, porém, o beneficiário da prescrição só estiver obrigado a cumprir decorrido certo tempo sobre a interpelação, só findo esse tempo se inicia o prazo da prescrição.

2. A prescrição de direitos sujeitos a condição suspensiva ou termo inicial só começa depois de a condição se verificar ou o termo se vencer.

3. Se for estipulado que o devedor cumprirá quando puder, ou o prazo for deixado ao arbítrio do devedor, a prescrição só começa a correr depois da morte dele.

4. Se a dívida for ilíquida, a prescrição começa a correr desde que ao credor seja lícito promover a liquidação; promovida a liquidação, a prescrição do resultado líquido começa a correr desde que seja feito o seu apuramento por acordo ou sentença passada em julgado.

Bibliografia: Adriano Vaz Serra, *Prescrição extintiva e caducidade*, BMJ 105 (1961), 188-197; Ana Filipa Morais Antunes, *Prescrição e caducidade* (2008), 62-69; António Menezes Cordeiro, *Tratado de Direito civil*, V, 3.ª ed. (2018), 204-207; Júlio Gomes, *UCP/Comentário ao Código Civil* (2014), 750-753.

Índice

1 **1. Preparatórios**. O anteprojeto Vaz Serra, ainda que com uma arrumação diversa (11.º), abrigava já um preceito semelhante ao atual[1]. O 20.º/3 reportava o "obstáculo jurídico ao exercício do direito", relativo a direitos condicionados[2]. A 1.ª Revisão reuniu essas normas no 275.º[3]. Daí, com alterações, passou à 2.ª (306.º)[4] e, após novos retoques, ao Projeto (306.º)[5].

[6] *Tratado*, X, 352-378.

[1] Adriano Vaz Serra, *Prescrição extintiva e caducidade*, 284.

[2] *Idem*, 291.

[3] *1.ª Revisão*, 116-117.

[4] *2.ª Revisão*, 120-121; na *Revisão intercalar* (291.º), 112-113.

[5] *Projecto*, 88.

2. Sistemas objetivo e subjetivo. A determinação do início do prazo da prescrição é um dado estruturante deste instituto: de nada valeria fixar prazos seguros se a sua contagem fosse fluida. Há dois sistemas possíveis: (1) o objetivo; (2) o subjetivo. 2

(1) Pelo **sistema objetivo**, o prazo começa a correr logo que o direito possa ser exercido ou melhor [296.º e 279.º, *b*)]: no dia seguinte, já que o próprio dia não se conta. E isso independentemente de o titular ter conhecimento da sua existência ou dispor de meios para o exercer. Este sistema era tradicional. As injustiças a que pode dar azo são compensadas pelo facto de comportar prazos longos e de jogar com o subinstituto da suspensão da prescrição. 3

(2) Pelo **sistema subjetivo**, o prazo prescricional só se inicia quando o credor tenha conhecimento dos elementos essenciais relativos ao seu direito. Postula, em regra, prazos curtos. 4

3. O **Código Civil** optou, como regra, pelo sistema objetivo: 306.º/1. A segunda parte desse preceito, dispensavelmente, esclarece que se o vencimento ocorrer apenas após um certo tempo depois da interpelação, só então se inicia o prazo. 5

Todavia, nos 482.º (prescrição do direito à restituição do enriquecimento) e 498.º (prescrição do direito à indemnização), adota-se o sistema subjetivo: a prescrição só se inicia a contar do momento em que o credor tenha conhecimento do direito que lhe compete e (no caso do enriquecimento) da pessoa responsável. O prazo é de três anos. Essa prescrição subjetiva é dobrada pela ordinária (objetiva), agora a contar da data, respetivamente, do enriquecimento e do facto danoso. 6

4. Reforma da prescrição: seguindo o modelo alemão após a revisão do BGB de 2001/2002, implica uma aproximação ao sistema subjetivo, com prazos curtos. Hoje, os 20 anos do prazo ordinário não correspondem ao dinamismo do comércio. 7

5. Concretizações: resultam do próprio 306.º. Assim. (1) se couber ao credor interpelar o devedor e não o fizer, inicia-se a prescrição; havendo interpelação, inicia-se novo prazo; (2) se, após a interpelação, houver ainda uma dilação, a prescrição só se inicia depois de "... findo esse tempo ..." (306.º/1, 2.ª parte); (3) havendo condição suspensiva, a prescrição inicia-se depois da sua verificação (306.º/2); (4) havendo termo inicial, ela inicia-se após o seu vencimento (*idem*); (5) nas obrigações *cum potuerit* ou *cum voluerit* (cumpre quando puder ou quando quiser)[6], a prescrição corre apenas após a morte do devedor (306.º/3); trata-se de uma solução desarmónica, uma vez que a obrigação *cum potuerit* (quando puder) se vence com a efetiva possibilidade do devedor, ficando, não obstante, imprescritível, até à sua morte, o que é disfuncional; impõe-se, assim, uma interpretação restritiva do 306.º/3 em causa, no tocante às obrigações "quando puder": estas prescrevem desde o momento em que a "possibilidade" esteja estabelecida; (6) nas obrigações ilíquidas, a prescrição inicia-se quando o credor possa promover a sua liquidação; fazendo-o, a obrigação líquida daí resultante inicia nova contagem (306.º/4). 8

6. Jurisprudência. O tema do início da prescrição surge, na prática, em conjunto com outras questões próprias desse instituto. Exemplificamos algumas situações relevantes na prática: 9

STJ 20-abr.-1997: a prescrição de créditos laborais inicia-se no dia seguinte àquele em que os intervenientes tiverem conhecimento da reforma do trabalhador[7]; de facto, na pendência do contrato de trabalho, não corre a prescrição (381.º do CT);

[6] Artigo 778.º; *vide Direito das obrigações*, 2, 191 e *Tratado* IX, 3.ª ed., 86 ss..

[7] STJ 20-abr.-1997 (Matos Canas), CJ/Supremo V (1997) 2, 270-274 (274/II).

RPt 3-abr.-2000: na presença de dois contratos distintos, a prescrição dos débitos deles resultantes inicia-se e corre em separado[8];

RLx 17-jan.-2007: os dias feriados não constituem causa impeditiva do início da contagem do prazo prescricional a que se refere o 306.º/1, 1.ª parte[9].

Artigo 307.º (Prestações periódicas)

Tratando-se de renda perpétua ou vitalícia ou de outras prestações periódicas análogas, a prescrição do direito unitário do credor corre desde a exigibilidade da primeira prestação que não for paga.

Bibliografia: Adriano Vaz Serra, *Prescrição extintiva e caducidade*, BMJ 105 (1961), 170-176 e 213-215; Ana Filipa Morais Antunes, *Prescrição e caducidade* (2008), 69-70; António Menezes Cordeiro, *Tratado de Direito civil*, V, 3.ª ed. (2018), 205-207.

Índice

1 **1. Preparatórios**. O preceito constava já do anteprojeto Vaz Serra (8.º)[1]. Daí passou ao 269.º da 1.ª Revisão[2], atingindo a redação definitiva na 2.ª (307.º)[3].

2 **2. Prestações periódicas**: assentam numa distinção entre: (1) o direito unitário e (2) os direitos singulares que dele se desprendem periodicamente.

3 (1) O **direito unitário** ou primário, que o 307.º exemplifica com a renda perpétua ou vitalícia, acrescentando "outras prestações análogas"; nada se dizendo na lei, estes direitos unitários prescrevem no prazo ordinário de 20 anos (309.º).

4 (2) Os **direitos singulares**, que implicam as prestações periódicas, uma vez constituídos, têm autonomia; prescrevem em cinco anos, salvo exceções (310.º).

5 **3.** As **rendas**, perpétuas (1231.º a 1237.º)[4] e vitalícia (1238.º a 1244.º)[5], postulam um tronco ou direito unitário, do qual derivam prestações periódicas, normalmente anuais [310.º, *a*)].

6 **4. Prestações periódicas análogas:** presta-se a dúvidas. Pires de Lima e Antunes Varela, dão como exemplos: (a) a renda fixada como indemnização (567.º); (b) o legado de prestações periódicas (2273.º); (c) os juros (561.º)[6]. O 307.º, apesar da epígrafe, não respeita à prescrição de prestações periódicas: apenas ao início da prescrição do direito unitário, primário ou de base.

[8] RPt 3-abr.-2000 (Sousa Peixoto), CJ XXV (2000) 2, 253-255 (255).

[9] RLx 17-jan.-2007 (Maria João Romba), Proc. 9401//2006.

[1] Adriano Vaz Serra, *Prescrição extintiva e caducidade*, 283.

[2] *1.ª Revisão*, 114.

[3] *2.ª Revisão*, 121; *Projecto*, 89.

[4] *Tratado de Direito civil*, XII (2018), 1013 ss. (1019).

[5] *Idem*, 1021.

[6] Pires de Lima/Antunes Varela, *Código Civil anotado*, 1, 4.ª ed. (1987), 278.

5. Os **juros**. Na hipótese das rendas, o direito unitário não pode ser exigido: apenas as prestações periódicas são devidas. No caso dos juros, a dívida de capital deve ser paga, independentemente dos juros. Veja-se o seguinte cenário: num mútuo em que o capital deva ser pago ao fim de trinta anos; o credor deixa de cobrar os juros, que irão prescrevendo em cinco anos, à medida que caiam [310.º, *d*)]. A dívida de capital prescreve, ao fim de vinte anos a contar da primeira falha dos juros e isso mesmo quando faltem dez anos para poder ser exigida? 7

Pois bem: não há analogia, uma vez que o direito primário é exigível, enquanto tal. Além disso, não é concebível a prescrição "geral" do direito aos juros, uma vez que estes apenas prescrevem prestação a prestação. 8

6. Dívidas em prestações[7] não são "prestações periódicas análogas". Simplesmente, a falta de realização de uma delas importa o vencimento de todas (781.º). Nessa altura, o crédito pode, todo ele, ser exigido, assim se iniciando a prescrição (306.º/1). 9

7. Em suma, perante situações que envolvam a prescrição de situações com prestações periódicas, temos: (a) prestações que representem o correspetivo de direitos de gozo de coisas alheias; (b) prestações que traduzam o correspetivo do aproveitamento de coisas fungíveis a restituir em *tantundem* (mútuo); (c) prestações que, por dependerem de um título único, não tenham natureza de acessoriedade em relação a um direito principal (renda vitalícia). Na primeira situação, cada prestação prescreve por si, enquanto o direito próprio segue o regime típico dos direitos reais; na segunda, as prestações e o direito ao capital têm prescrições diferenciadas; na terceira, a prescrição do conjunto aferir-se-ia pela primeira prestação não paga, como manda o 307.º. 10

Artigo 308.º (Transmissão)

1. Depois de iniciada, a prescrição continua a correr, ainda que o direito passe para novo titular.

2. Se a dívida for assumida por terceiro, a prescrição continua a correr em benefício dele, a não ser que a assunção importe reconhecimento interruptivo da prescrição.

Bibliografia: Adriano Vaz Serra, *Prescrição extintiva e caducidade*, BMJ 105 (1961), 219-220; Ana Filipa Morais Antunes, *Prescrição e caducidade* (2008), 70-72; António Menezes Cordeiro, *Tratado de Direito civil*, V, 3.ª ed. (2018), 207-209; Júlio Gomes, *UCP/Comentário ao Código Civil* (2014), 754.

Índice

1. Preparatórios. O texto remonta, em substância, ao anteprojeto Vaz Serra (10.º)[1]: tinha, aí, a epígrafe "sucessão". Daí passou ao 271.º da 1.ª Revisão[2], adquirindo a forma final na 2.ª (308.º), incluindo a epígrafe "transmissão"[3]. 1

[7] *Tratado de Direito civil*, IX, 3.ª ed., 95 ss..
[1] Adriano Vaz Serra, *Prescrição extintiva e caducidade*, 284.
[2] *1.ª Revisão*, 115.
[3] *2.ª Revisão*, 121; *Projecto* (308.º), 89. Na *Revisão intercalar* (293.º), 113, ainda se fazia uma referência expressa a "algum herdeiro".

2 **2. *Accessio temporis*.** A prescrição reporta-se a situações jurídicas e não a pessoas. Iniciada, ela prossegue independentemente de: (1) o crédito se transmitir para um credor diverso do inicial (308.º/1); (2) o débito se transmitir para um novo devedor (308.º/2). Em qualquer dos casos, o tempo prescricional decorrido desde o início vai-se somando ao relativo aos sujeitos subsequentes. A primeira hipótese é possível por cessão de crédito ou por sub-rogação (577.º e seguintes e 589.º e seguintes); a segunda, por assunção (595.º e seguintes). Ambas podem ocorrer por cessão de posição contratual (424.º e seguintes) por sub-rogação legal por transmissão de títulos de crédito ou por sucessão *mortis causa*.

3 Em termos práticos: o novo credor pode ver invocado, contra ele, o tempo de prescrição já decorrido contra o seu antecessor; o novo devedor pode somar ao seu o tempo processado a favor do seu antecessor. Trata-se da *accessio temporis*[4].

4 A *accessio temporis* torna se uma evidência, justamente se se considerar a situação em si e não a pessoa: é indiferente que ocorra uma cessão singular ou universal e *a parte creditoris* ou *debitoris*. No domínio da usucapião, as regras são mais complicadas, uma vez que o efeito depende de certas características que têm a ver com a pessoa ou com a legitimidade do beneficiário[5]. O 1256.º dá, por isso, à "acessão na posse", uma estrutura potestativa: esta pode nem sempre convir, ao beneficiário. Na prescrição, o problema não se põe, dada a sua insensibilidade a esses fatores.

5 **3. O reconhecimento interruptivo.** O 308.º refere a *accessio temporis* como "transmissão". Prevê-a pelo lado do credor (n.º 1) e pelo do devedor (n.º 2). Neste último caso, a transmissão exige, em regra, o consentimento do credor; tal consentimento, a ser solicitado pelo devedor, envolve o reconhecimento, por este, da existência do direito e, por aí, a interrupção da prescrição (325.º): donde a ressalva, talvez dispensável, do 308.º/2, 2.ª parte.

6 O preceito é generalizável: pode ocorrer que a própria transmissão de crédito envolva reconhecimento da dívida pelo devedor (por exemplo: na cessão da posição contratual) e, daí, interrupção. Por seu turno, há transmissão de dívidas sem intervenção das partes (por exemplo: na sucessão *mortis causa* ou em certas sub-rogações legais).

Subsecção II – Prazos da prescrição

Artigo 309.º (Prazo ordinário)

O prazo ordinário da prescrição é de vinte anos.

Bibliografia: Adriano Vaz Serra, *Prescrição extintiva e caducidade*, BMJ 105 (1961), 221-225; Ana Filipa Morais Antunes, *Prescrição e caducidade* (2008), 72-78; António Menezes Cordeiro, *Tratado de Direito civil*, V, 3.ª ed. (2018), 212-213; Júlio Gomes, *UCP/Comentário ao Código Civil* (2014), 754-755.

Índice

[4] José Dias Marques, *Prescrição extintiva*, 206 ss..

[5] Portanto: boa ou má-fé ou posse titulada ou não titulada, designadamente.

1. Preparatórios: 12.º do anteprojeto Vaz Serra[1], 272.º da 1.ª Revisão[2], 294.º da Revisão intercalar[3], e 309.º da 2.ª, onde atingiu a redação definitiva[4]. O sentido básico adveio de Vaz Serra. 1

2. O **Código de Seabra** estabelecia, no seu 535.º, um regime diverso e diferenciado. A prescrição ocorria se a obrigação não tivesse sido exigida pelo período de vinte anos "... e o devedor se achar em boa-fé quando findar o tempo da prescrição ..." ou por trinta anos, sem distinção de boa ou de má-fé. Definia o § único: 2

> A boa fé, na prescrição negativa, consiste na ignorância da obrigação. Esta ignorância não se presume nos que originariamente contrariam a obrigação.

3. O **prazo ordinário**, hoje fixado, é único: sempre aplicável quando a lei não fixe hipóteses especiais[5] e independentemente da boa ou da má-fé do devedor. 3

Uma prescrição de vinte anos é, hoje, irrealista[6]. Trata-se de um período muito longo, que retira sentido ao instituto. Basta ver que, na prática judicial, o apelo ao prazo geral se faz ... para explicitar a inaplicabilidade de outros prazos mais curtos e, daí, a inexistência da prescrição[7]. 4

4. Prazos reduzidos: temperam a largueza do prazo ordinário da prescrição (310.º, 316.º e 317.º, abaixo anotados). Mas ocorrendo um prazo mais reduzido e sobrevindo uma condenação transitada ou outro título executivo, o prazo ordinário passa a ter aplicação (311.º/1). Assim se passa com a condenação em indemnização a liquidar em execução de sentença, em que o prazo passa dos 3 (498.º/1) para os 20 anos (309.º e 311.º/1)[8], com a sentença que reconheça a existência de um crédito já vencido[9], ou com a relativa a direitos cambiários[10] ou com a obrigação de juros, cujo prazo passará dos 5 para os 20 anos, perante um título executivo[11]. 5

Artigo 310.º (Prescrição de cinco anos)

Prescrevem no prazo de cinco anos:

***a)* As anuidades de rendas perpétuas ou vitalícias;**

***b)* As rendas e alugueres devidos pelo locatário, ainda que pagos por uma só vez;**

[1] Adriano Vaz Serra, *Prescrição extintiva e caducidade*, 284.

[2] *1.ª Revisão*, 115.

[3] *Revisão intercalar*, 114, já com o teor da 2.ª Revisão.

[4] *2.ª Revisão*, 121; *Projecto* (308.º), 89.

[5] Assim, é de vinte anos o prazo de prescrição aplicável à responsabilidade do banco por violação de deveres de informação: RCb 17-set.-2019 (Carlos Moreira), Proc. 4971/17; RGm 3-out.-2019 (Alexandre Rolim Mendes), Proc. 3993/18.

[6] No Direito comparado, que ilustra, em geral, prazos mais curtos: *Tratado*, V, 3.ª ed., 213.

[7] Assim e como exemplos: RLx 18-jun.-1996 (André dos Santos), BMJ 458 (1996), 383: a dívida resultante de um serviço postal avençado prescreve em 20 anos e não nos 5 do 310.º; STJ 26-fev.-1997 (Carvalho Pinheiro), CJ/ /Supremo V (1997) 1, 282-286 (286/I): o prazo de prescrição dos créditos laborais previstos no 38.º/1 da LCT, havendo sentença que os reconheça, passa a ser o ordinário do 309.º; STJ 4-nov.-1999 (Abílio Vasconcelos), CJ/Supremo VII (1999) 3, 77-78 (78/I): a sub-rogação é distinta do regresso, não caindo no prazo do 498.º/1; RPt 12-jan.-2000 (Pinto Monteiro), CJ XXV (2000) 1, 231 (231/II): à caução de boa conduta aplica-se o prazo ordinário e não o prazo especial de 6 meses previsto no 14.º, § 1.º, do DL 12:487, de 14-out.-1926, relativo aos objetos e às quantias apreendidos em processo penal e não reclamados pelos donos.

[8] RLx 2-nov.-1979 (Victor Coelho), BMJ 296 (1980), 328.

[9] RCb 9-abr.-1991 (Augusto Vieira), BMJ 406 (1991), 732.

[10] STJ 2-fev.-1993 (Martins da Costa), CJ/Supremo I (1993) 1, 112-113 (113/I).

[11] STJ 12-nov.-1996 (Cardona Ferreira), CJ/Supremo IV (1996) 3, 97-98 (98/II).

c) Os foros;

d) Os juros convencionais ou legais, ainda que ilíquidos, e os dividendos das sociedades;

e) As quotas de amortização do capital pagáveis com os juros;

f) As pensões alimentícias vencidas;

g) Quaisquer outras prestações periodicamente renováveis.

Bibliografia: Adriano Vaz Serra, *Prescrição extintiva e caducidade*, BMJ 105 (1961), 221-225; Ana Filipa Morais Antunes, *Prescrição e caducidade* (2008), 78-87; António Menezes Cordeiro, *Tratado de Direito civil*, V, 3.ª ed. (2018), 213-216; Júlio Gomes, *UCP/Comentário ao Código Civil* (2014), 755-757.

Índice

1 **1. Preparatórios**. Embora sem a divisão por alíneas, o preceito adveio do 13.º do anteprojeto Vaz Serra[1]. As alíneas em causa surgiram na 1.ª Revisão (273.º)[2], tendo a redação definitiva sido remetida para a 2.ª[3].

2 **2. O sistema** do Código é fixado na sequência do prazo ordinário de 20 anos. Segue-se um sistema de prazos mais curtos, com exceções. Nas palavras do Supremo, os 310.º e 311.º fixam um regime de degrau em degrau, de regra, exceção, exceção a exceção, nova exceção[4].

3 **3. A prescrição quinquenal** ocorre em sete situações (310.º):

a) *As anuidades de rendas perpétuas ou vitalícias*: trata-se das figuras previstas nos 1231.º e 1238.º, já referidas; o Código regulou o início da contagem da prescrição do direito unitário (307.º); as diversas anuidades são agora submetidas à prescrição quinquenal;

b) *As rendas e alugueres devidos pelo locatário, ainda que pagos por uma só vez*: a matéria consta dos 1038.º, *a*) e 1039.º e seguintes;

c) *Os foros*: tratava-se de prestações anuais devidas pelo enfiteuta ao senhorio direto, por força do revogado 1499.º, *a*); essa figura está hoje extinta[5];

d) *Os juros convencionais ou legais, ainda que ilíquidos e os dividendos das sociedades*: a obrigação de juros resulta dos 559.º e seguintes; quanto aos dividendos, fala-se, hoje, em "direito aos lucros" da sociedade[6], sendo de notar a inclusão, no Código Civil, de temáticas materialmente comerciais;

e) *As quotas de amortização do capital pagáveis com os juros*: opera nos casos em que se tenha convencionado que o próprio capital iria sendo pago em prestações, com os juros; numa ocasião pode suceder que, por força do contrato, o não pagamento de uma prestação provoque o vencimento das restantes; pois bem: a prescrição quinquenal apenas se irá aplicando escalonadamente, na medida do plano de pagamento inicial, pois é

[1] Adriano Vaz Serra, *Prescrição extintiva e caducidade*, 285.

[2] *1.ª Revisão*, 116.

[3] *2.ª Revisão*, 122; *Projecto* (310.º), 89-90; na *Revisão intercalar* (295.º), a redação era já muito próxima.

[4] STJ 12-nov.-1996 (Cardona Ferreira), CJ/Supremo IV (1996) 3, 97-98 (98/II).

[5] *Tratado* I, 4.ª ed., 378-379.

[6] *Vide* os 183.º, 217.º e 294.º do CSC e 991.º e seguintes do CC.

este o combinado e que as partes têm como referência[7]; podemos acrescentar que na eventualidade do vencimento antecipado, já não se trata de ... quotas de amortização;

f) *As pensões alimentícias vencidas*: a figura vem tratada nos 2203.º;

g) *Quaisquer outras prestações periodicamente renováveis*: a jurisprudência refere, em especial, as dívidas por fornecimento de energia elétrica[8] e as correspondentes aos prémios de seguros[9]; no tocante a fornecimentos de água, energia elétrica, gás e telefone temos o regime especial da L 23/96, de 26-jul..

4. A não-excecionalidade. A cláusula geral da alínea *g)* mostra que a situação nada tem de excecional. Quaisquer prestações periodicamente renováveis – quando outra regra não exista – devem, pois, ser-lhe reconduzidas. 4

Artigo 311.º (Direitos reconhecidos em sentença ou título executivo)

1. O direito para cuja prescrição, bem que só presuntiva, a lei estabelecer um prazo mais curto do que o prazo ordinário fica sujeito a este último, se sobrevier sentença passada em julgado que o reconheça, ou outro título executivo.

2. Quando, porém, a sentença ou o outro título se referir a prestações ainda não devidas, a prescrição continua a ser, em relação a elas, a de curto prazo.

Bibliografia: Adriano Vaz Serra, *Prescrição extintiva e caducidade*, BMJ 106 (1961), 133-141 e 251-253; Ana Filipa Morais Antunes, *Prescrição e caducidade* (2008), 87-90; Júlio Gomes, *UCP/Comentário ao Código Civil* (2014), 757.

Índice

1. Preparatórios. O 14.º do anteprojeto Vaz Serra continha uma regulação mais extensa[1]: 1

> 1. Os direitos para com os quais a lei estabelecer uma prescrição inferior à ordinária, ainda que presuntiva, prescrevem no prazo ordinário, quando em relação a eles intervier sentença passada em julgado a reconhecê-los.
>
> 2. Tratando-se de sentença de condenação relativa a prestações não surgidas ainda, a prescrição continua a ser a de curto prazo aplicável a estas prestações.

[7] STJ 4-mai.-1993 (Santos Monteiro), CJ/Supremo I (1993) 2, 82-84 (84).

[8] RLx 24-nov.-1976 (Sequeira de Carvalho), BMJ 263 (1977), 291, RCb 15-nov.-1994 (Cardoso de Albuquerque), CJ XIX (1994) 5, 43-45 (44/I), incluindo juros de mora e RCb 6-jan.-1996 (Nuno Cameira), CJ XXI (1996) 1, 5-7 (7/I).

[9] STJ 9-jan.-1979 (Rui Corte-Real), BMJ 283 (1979), 230-232 (231-232).

[1] Adriano Vaz Serra, *Prescrição extintiva e caducidade*, 285-286.

3. Se a sentença disser respeito ao direito actual a uma prestação futura e fixar um prazo para a realização desta, é aplicável a prescrição ordinária, contada do referido prazo.

4. No caso de sentença constitutiva, a prescrição aplicável é a relativa ao direito em causa, ainda que mais curta que a ordinária.

5. À sentença passada em julgado é equiparado, para os efeitos declarados neste artigo, o título executivo diverso de sentença.

2 A 1.ª Revisão (274.º) simplificou o preceito[2], numa linha aperfeiçoada na Intercalar (296.º)[3] e na 2.ª (311.º)[4], chegando-se, no Projeto (311.º)[5], à redação final.

3 **2.** A **sentença transitada** que reconheça um direito sujeito a uma prescrição inferior à ordinária determina a aplicabilidade, a este, do prazo de vinte anos. A solução explica-se[6]: (1) pela dignidade que assume o caso julgado; (2) pela descompressão que ele causa, junto do credor. A lei não exige uma condenação: vale, para a aplicação deste regime, uma sentença de simples apreciação[7].

4 **3. Outro título executivo** dá azo à mesma transmutação de prazos, desde que superveniente. Opera, ainda que para este aspeto restrito, uma como que novação objetiva.

5 **4. Prestações não devidas**, mesmo quando se lhes refira a sentença ou outro título executivo, mantém os prazos curtos de origem (311.º/2): não opera, em relação a elas, a *ratio legis* acima referida.

6 **5. Jurisprudência**:

STJ 2-fev.-1993: o 311.º/1 é aplicável às obrigações cambiárias[8];

STJ 12-nov.-1996: a condenação nos juros vencidos implica a aplicação, a estes, da prescrição de vinte anos; aos vincendos, mantém-se a quinquenal[9];

STJ 4-nov.-1999: quando uma sentença transitada condene vários devedores solidariamente, o que pague pode executá-la contra os demais, por ter ficado sub-rogado nos direitos do credor; o prazo de prescrição do direito sub-rogado passa a ser de 20 anos[10];

RGm 10-jul.-2019: quando ocorra uma condenação transitada, ainda que numa obrigação ilíquida, o prazo de prescrição passa a ser o ordinário[11].

Subsecção III – Prescrições presuntivas

Artigo 312.º (Fundamento das prescrições presuntivas)

As prescrições de que trata a presente subsecção fundam-se na presunção de cumprimento.

[2] *1.ª Revisão*, 116.

[3] *Revisão intercalar*, 114-115.

[4] *2.ª Revisão*, 122.

[5] *Projecto*, 90.

[6] STJ 19-fev.-2004 (Afonso de Melo), Proc. 04A095.

[7] STJ 16-jun.-2009 (Urbano Dias), CJ/Supremo XVII (2009) 2, 110-113 (112/II); mas já não valerá uma mera homologação de um acordo: um ponto que nos merece reserva.

[8] STJ 2-fev.-1993 (José Martins da Costa), CJ/Supremo I (1993) 1, 112-113 (112/II).

[9] STJ 12-nov.-1996 (Cardona Ferreira), CJ/Supremo IV (1996) 3, 97-98 (98/II); STJ 22-nov.-2007 (Albano Sobrinho), Proc. 07B3799.

[10] STJ 4-nov.-1999 (Abílio Vasconcelos), CJ/Supremo VII (1999) 3, 77-78 (78/I); *vide* STJ 4-jul.-2019 (Nuno Pinto Oliveira), Proc. 1977/15.

[11] RGm 10-jul.-2019 (António Barroca Penha), Proc. 600/10.

Bibliografia: Adriano Vaz Serra, *Prescrição extintiva e caducidade*, BMJ 106 (1961), 45-59; Ana Filipa Morais Antunes, *Prescrição e caducidade* (2008), 90-95; António Menezes Cordeiro, *Tratado de Direito civil*, V, 3.ª ed. (2018), 217-221; João Calvão da Silva, *A prescrição presuntiva e a armadilha do ónus da prova*, RLJ 138 (2009), 267-270; Joaquim de Sousa Ribeiro, *Prescrições presuntivas: uma compatibilidade com a não impugnação dos factos articulados pelo autor*, RDE V, 2 (1979), 390-411; José Brandão Proença, em *UCP/Comentário ao Código Civil* (2014), 757-759; Maria Raquel Rei, *As prescrições presuntivas*, em Francisco Salgado Zenha/*Liber amicorum* (2003), 611-633.

Índice

I – Origem

1. O **Código de Seabra** previa prescrições de 6 meses (dívidas de estalagens, hospedarias, casas de pasto, açougues ou quaisquer lojas de mercearias ou de bebidas, vencimentos de trabalhadores e soldadas de criados ao mês), de um ano (retribuição de professores, médicos, funcionários, 1
soldadas de criados ao ano e diversas indemnizações), de dois anos (retribuição de advogados), de três anos (professores, com ajuste anual e outros casos) –538.º a 541.º. Posto isso, dispunha:

> Aquele, a quem fôr oposta alguma das prescrições mencionadas nestes artigos, poderá requerer, que a pessoa que a não opõe declare sob juramento se a dívida foi ou não paga, e neste caso se julgue conforme o juramento, sem que este possa ser referido.

Presumia-se, pois, que havia cumprimento, numa presunção a ilidir pelo referido jura- 2
mento.

O 580.º do CPC de 1939 aboliu o juramento como meio de prova. Resultaram, daí, 3
várias teorias e, designadamente: (1) a de que as presunções presuntivas teriam sido abolidas, reconduzindo-se às civis[1]; (2) a de que elas se mantinham, podendo ser ilididas por confissão[2] ou por qualquer outro meio[3].

2. Na **preparação do Código Civil**, o problema foi cuidadosamente ponderado por Vaz Serra. 4
Haveria que manter – ou, dada a situação existente, reanimar – as prescrições presuntivas ou, pelo contrário, que suprimi-las, reconduzindo-as ao regime geral[4]? Em particular, valorou-se que as prescrições de muito curto prazo só poderiam manter-se como presuntivas: a abolir a figura, elas teriam de ver o prazo ampliado, com inconvenientes práticos.

3. Preparatórios. Tudo ponderado, Vaz Serra propos, no 15.º/1 do anteprojeto, um preceito, 5
semelhante em substância, ao do CS, embora mais alargado[5]:

> Se ao credor for oposta alguma das prescrições dos artigos 17.º e 18.º, as quais se fundam numa presunção de pagamento, ele só pode ilidir essa presunção mediante confissão do devedor, ainda que, requerido o depoimento deste, ele resulte de recusa a depor ou de recusa a prestar o juramento.

[1] José Dias Marques, *Prescrição extintiva*, 51.

[2] Manuel de Andrade, *Teoria geral da relação jurídica*, 2, 453.

[3] Tal a orientação da jurisprudência: STJ 14-dez.-1954 (Almeida Ribeiro), BMJ 46 (1955), 428-432 (431), STJ 1-jul.-1955 (Lencastre da Veiga), BMJ 50 (1955), 309-311 (311), STJ 7-jun.-1960 (S. Figueirinhas), BMJ 98 (1960), 486-488 (487) e STJ 26-nov.-1965 (Gonçalves Pereira), BMJ 151 (1965), 265-266 (266).

[4] Adriano Vaz Serra, *Prescrição e caducidade*, 254 ss..

[5] Adriano Vaz Serra, *Prescrição extintiva e caducidade*, 286.

6 Mantinham-se algumas referências arcaicas.

7 A 1.ª Revisão ocupou-se do tema no 278.º, agora com a redação seguinte[6]:

> 1. Nas prescrições de que trata a presente subsecção, fundadas na presunção de pagamento, é lícito ao credor ilidir a presunção legal mediante confissão do devedor.

8 A Revisão intercalar (297.º)[7], retomada na 2.ª, formulou uma redação quase definitiva (312.º)[8] referindo "pagamento", em vez de "incumprimento": substituição ocorrida no Projeto (312.º)[9], em termos mais adequados.

II – Fundamento e adequação

9 **4. Fundamento.** As prescrições presuntivas baseiam-se numa presunção de que as dívidas visadas foram pagas[10]. De um modo geral, elas reportam-se a débitos marcados pela oralidade ou próprios do dia-a-dia. Qualquer discussão a seu respeito ou ocorre imediatamente, ou é impossível de dirimir com consciência.

10 Todavia, remetê-las para a prescrição extintiva (com um prazo muito curto) poderia ter um efeito duplamento nocivo: (1) contribuiria para um ambiente de laxismo e de desatenção: as pessoas não curariam de pagar o que devem, refugiando-se numa fácil prescrição; (2) conduziria a um aumento da litigiosidade: os credores desencadeariam, à mínima demora, os procedimentos jurisdicionais, para não serem surpreendidos por prescrições muito curtas.

11 **5. Adequação.** A salvaguarda das prescrições extintivas apresenta-se, assim, como uma útil diferenciação de regimes, adequada para os países da Europa do Sul e conforme com as suas tradições jurídico-científicas.

Artigo 313.º (Confissão do devedor)

1. A presunção de cumprimento pelo decurso do prazo só pode ser ilidida por confissão do devedor originário ou daquele a quem a dívida tiver sido transmitida por sucessão.

2. A confissão extrajudicial só releva quando for realizada por escrito.

Bibliografia: Adriano Vaz Serra, *Prescrição extintiva e caducidade*, BMJ 106 (1961), 53-59; Ana Filipa Morais Antunes, *Prescrição e caducidade* (2008), 95-104; António Menezes Cordeiro, *Tratado de Direito civil*, V, 3.ª ed. (2018), 219-221; José Brandão Proença, em *UCP/Comentário ao Código Civil* (2014), 760-762.

Índice

[6] *1.ª Revisão*, 118.
[7] *Revisão intercalar*, 115.
[8] *2.ª Revisão*, 123.
[9] *Projeto*, 90.
[10] Quanto às prescrições presuntivas no Direito português vigente: Maria Raquel Rei, *As prescrições presuntivas*, em Francisco Salgado Zenha/*Liber amicorum* (2003), 611-633.

1. Preparatórios. O preceito descende do 15.º do anteprojeto Vaz Serra, acima transcrito[1]. 1
Passou ao 278.º da 1.ª Revisão[2], tendo sido autonomizado, com a redação final, na intercalar (298.º)[3] e na 2.ª (313.º)[4]. Tem antecedentes sumariados nas anotações ao 312.º.

2. A presunção do 312.º é muito forte. O credor, contra o disposto no 350.º/2, não pode 2
ilidi-la provando que, afinal, o devedor não pagou. Apenas o próprio devedor, caindo em si, o pode fazer: por confissão (313.º).

3. A confissão, segundo o 352.º, é o reconhecimento que a parte faz da realidade de um facto 3
que lhe é desfavorável e favorece a parte contrária. No caso da ilisão da prescrição presuntiva, a confissão consiste no reconhecimento de que a dívida não foi paga. A confissão deve ser feita pelo devedor originário ou por aquele a quem a dívida tenha sido transferida por sucessão (313.º/1).

A confissão extrajudicial, exige forma escrita: 313.º/2. Uma nova precaução que dificulta 4
a ilisão.

Artigo 314.º (Confissão tácita)

Considera-se confessada a dívida, se o devedor se recusar a depor ou a prestar juramento no tribunal, ou praticar em juízo actos incompatíveis com a presunção de cumprimento.

Bibliografia: ver a referida na anotação ao 313.º.

Índice

1. Preparatórios. Teve, no anteprojeto Vaz Serra e na 1.ª Revisão[1], a mesma origem do 313.º. 1
Na Revisão intercalar (298.º) alcançou uma redação próxima da final[2].

2. A **confissão tácita** não segue totalmente as regras do 217.º/1. O 314.º limita os factos que 2
permitem inferi-la a três hipóteses: (1) o devedor se recusar a depor; (2) ou a prestar juramento; (3) ou praticar, em juízo, atos incompatíveis com a presunção de cumprimento.

3. A **jurisprudência** tem afinado a terceira hipótese: 3

– os opositores a uma ação de honorários de um advogado que se põem a discutir o seu montante ilidem, obviamente, a presunção de que pagaram[3];
– o opositor ao pedido de condenação no preço de serviços, que nega a dívida, ilide a presunção de que o pagou[4];

[1] *Supra*, 312.º, anot. 1.
[2] *Idem*, anot. 2.
[3] *Revisão intercalar*, 115.
[4] *2.ª Revisão*, 123; *Projecto* (313.º), 90.
[1] *Supra*, 313.º, anot. 1.
[2] *Revisão intercalar*, 115; *2.ª Revisão* (314.º), 123; *Projecto* (314.º), 91.
[3] STJ 24-mai.-1974 (João Moura), BMJ 237 (1974), 182-184 (184) e STJ 24-mai.-1974 (Manuel Fernandes Costa), BMJ 237 (1974), 186-189 (189).
[4] STJ 8-nov.-1974 (João Moura), BMJ 241 (1974), 270--272 (271).
[5] STJ 19-jun.-1979 (Hernani de Lencastre), BMJ 288 (1979), 364-368 (367) = RDE V, 2 (1979), 385-390,

– o próprio devedor que, em contestação, reconheça não ter efetuado o pagamento, ilide a presunção[5];
– o réu que queira fazer valer a prescrição presuntiva terá de alegar claramente que pagou[6];
– na falta de impugnação especificada dos factos invocados pela autora, o réu confessa tacitamente, ilidindo a presunção da prescrição[7].

4 4 Este acervo pode-se considerar adquirido, ilustrando a receção, pelos tribunais, do esquema da prescrição presuntiva, adotada pelo Código Civil. O decurso dos prazos não seria, assim e só por si, extintivo[8], cabendo ao credor a prova (ainda que limitadamente exequível) de que a dívida se mantém[9]. A jurisprudência subsequente veio reafirmar as especificidades da prescrição presuntiva, precisando as circunstâncias de uma ilisão por confissão[10].

Artigo 315.º (Aplicação das regras gerais)

As obrigações sujeitas a prescrição presuntiva estão subordinadas, nos termos gerais, às regras da prescrição ordinária.

Bibliografia: Adriano Vaz Serra, *Prescrição extintiva e caducidade*, BMJ 106 (1961), 61-74; Ana Filipa Morais Antunes, *Prescrição e caducidade* (2008), 104-106.

Índice

1 **1. Preparatórios**. O preceito deriva do 16.º/1 do anteprojeto Vaz Serra[1]. A partir daí, sofreu meras alterações formais[2].

2 **2. Regime**. Para além dos aspetos ligados ao seu fundamento, a prescrição presuntiva rege-se pelas regras gerais: 315.º. Têm aplicação as normas sobre a indisponibilidade, a invocação, o decurso do prazo, a suspensão e a interrupção[3]. Nalguns casos, normas específicas introduzem diferenciações: tal a hipótese do 430.º.

3 Este estado de coisas permite à doutrina considerar a prescrição presuntiva como um dos mais característicos institutos do Direito civil. Ela opera como híbrido, misto de presunção e de prescrição. Em termos históricos, culturais e jurídico-científicos, a pescrição presuntiva situa-se, contudo, no núcleo da prescrição, cujo regime modela.

anot. contra, Sousa Ribeiro e STJ 6-dez.-1990 (Joaquim de Carvalho), BMJ 402 (1991), 532-536 (536).

[6] RLx 21-out.-1986 (Farinha Ribeiras), BMJ 364 (1987), 934; num sentido menos afirmativo: STJ 12-jun.-1986 (Solano Viana), BMJ 358 (1986), 558-563 (562).

[7] RPt 13-dez.-1993 (Azevedo Ramos), CJ XVIII (1993) 5, 240-242 (241-242).

[8] RPt 15-mai.-1995 (Abílio Vasconcelos), BMJ 447 (1995), 573 (o sumário).

[9] RPt 28-jun.-1999 (Fonseca Ramos), BMJ 488 (1999), 414/II.

[10] STJ 19-jun.-1997 (Nascimento Costa), BMJ 468 (1997), 356-360 e STJ 14-out.-1999 (Ferreira de Almeida), BMJ 490 (1999), 223-226 (225).

[1] Adriano Vaz Serra, *Prescrição*, 287.

[2] *1.ª Revisão* (287.º/3), 118; *2.ª Revisão* (315.º), 123-124; *Projecto* (315.º), 91.

[3] STJ 12-mar.-1998 (Costa Marques), CJ/Supremo VI (1998) 1, 127-129 (128/II).

Artigo 316.º – Prescrição de seis meses

Prescrevem no prazo de seis meses os créditos de estabelecimentos de alojamento, comidas ou bebidas, pelo alojamento, comidas ou bebidas que forneçam, sem prejuízo do disposto na alínea *a*) do Artigo seguinte.

Bibliografia: Adriano Vaz Serra, *Prescrição extintiva e caducidade*, BMJ 106 (1961), 74-81; Ana Filipa Morais Antunes, *Prescrição e caducidade* (2008), 106-108; José Brandão Proença, em *UCP/Comentário ao Código Civil* (2014), 763; Maria Raquel Rei, *As prescrições presuntivas*, Francisco Salgado Zenha/*Liber amicorum* (2007), 612-617.

Índice

1 **1. Preparatórios**. O preceito advém do 17.º do anteprojeto Vaz Serra, mais desenvolvido[1]. Simplificado na 1.ª Revisão (279.º)[2], ele ganhou a parte final (sem prejuízo ...) na 2.ª (316.º)[3]: redação definitiva[4].

2 **2. Elenco**. A prescrição de seis meses respeita a os créditos de estabelecimentos de alojamento, comidas ou bebidas, pelo alojamento, comidas ou bebidas que forneçam. Este preceito é herdeiro do 538.º do CS, que referia estalagens, hospedarias, casas de pasto, açougues e outras lojas e, ainda, vencimentos de trabalhadores e soldadas de criados. Estes dois últimos aspetos foram, todavia, retirados da lei civil, uma vez que esta remeteu o contrato de trabalho para legislação especial (1153.º).

3 A prescrição dos créditos provenientes do contrato de trabalho resulta do 337.º do CT, que prevê, no seu n.º 1, uma prescrição extintiva de um ano contado a partir do dia seguinte àquele em que cessou o contrato de trabalho. O n.º 2, embora sem se reportar a uma prescrição, determina algo que tem a ver com presunções: os créditos resultantes de indemnizações por falta de férias, pela aplicação de sanções abusivas ou pela realização de trabalho suplementar, vencidos há mais de cinco anos, só podem ser provados por documento idóneo.

Artigo 317.º – Prescrição de dois anos

Prescrevem no prazo de dois anos:

***a*) Os créditos dos estabelecimentos que forneçam alojamento, ou alojamento e alimentação, a estudantes, bem como os créditos dos estabelecimentos de ensino, educação, assistência ou tratamento, relativamente aos serviços prestados;**

***b*) Os créditos dos comerciantes pelos objetos vendidos a quem não seja comerciante ou os não destine ao seu comércio, e bem assim os créditos daqueles que exerçam profissionalmente uma indústria, pelo fornecimento de mercadorias**

[1] Adriano Vaz Serra, *Prescrição*, 287.
[2] *1.ª Revisão*, 119.
[3] *2.ª Revisão*, 124.
[4] *Projecto* (316.º), 91.

ou produtos, execução de trabalhos ou gestão de negócios alheios, incluindo as despesas que hajam efetuado, a menos que a prestação se destine ao exercício industrial do devedor;

***c*) Os créditos pelos serviços prestados no exercício de profissões liberais e pelo reembolso das despesas correspondentes.**

Bibliografia: Adriano Vaz Serra, *Prescrição extintiva e caducidade*, BMJ 106 (1961), 81-106; Ana Filipa Morais Antunes, *Prescrição e caducidade* (2008), 108-113; José Brandão Proença, em *UCP/Comentário ao Código Civil* (2014), 764-765.

Índice

1 **1. Preparatórios**. O anteprojeto Vaz Serra previa a prescrição de dois anos num extenso preceito (18.º)[1]. A complexidade manteve-se na 1.ª Revisão (280.º)[2]. A 2.ª Revisão (317.º) simplificou o texto, referindo ainda, numa alínea *a*), os créditos emergentes do contrato de trabalho[3]. A situação manteve-se no Projeto (317.º)[4], tendo sido "corrigida", apenas, no texto final: a matéria laboral passou à LCT.

2 **2.** A **prescrição bienal** está prevista quanto a: (1) créditos dos estabelecimentos que forneçam alojamento ou alojamento e alimentação a estudantes, bem como os créditos de estabelecimentos de ensino, assistência ou tratamento, relativamente aos serviços prestados – *a*); (2) créditos de comerciantes pelas vendas a não comerciantes ou não destinadas ao comércio e créditos dos que exerçam profissionalmente uma indústria, pelo fornecimento de mercadorias ou produtos, execução de trabalhos ou gestão de negócios alheios, incluindo despesas, a menos que a prestação se destine ao exercício industrial do devedor – *b*); (3) créditos pelos serviços prestados no exercício de profissões liberais e pelo reembolso das despesas correspondentes – *c*).

3 **3. Eventual taxatividade**. O elenco de situações de prescrição presuntiva incluídas nos 316.º e 317.º, é fechado ou taxativo? O problema não se põe quando uma lei avulsa venha prever novas hipóteses de prescrição de prazo curto, explicitando que se trata de "prescrições presuntivas". Ocorre, todavia, quando tais "prescrições breves" sejam adotadas por lei que não especifique a sua natureza presuntiva. Uma prescrição de prazo curto, quando nada se diga, é uma prescrição extintiva ou presuntiva?

4 O problema ocorre com os créditos de consumidores, por força de serviços essenciais. Alguns princípios podem ser adiantados em abstrato. A ideia de que a regra é a da prescrição extintiva, sendo a presuntiva "exceção", é puramente conceptual: esquece os valores em causa.

5 O princípio é a da subsistência dos créditos, até ao seu pagamento. A prescrição ordinária rema já contra essa regra: justifica-se por conhecidas razões histórico-culturais acima expostas, sob pena de ser mesmo inconstitucional, por violação da propriedade privada. A partir daí, as

[1] Adriano Vaz Serra, *Prescrição*, 288-289: cinco números, dos quais o primeiro desdobrado em 6 pontos.

[2] *1.ª Revisão*, 119-120.

[3] *2.ª Revisão*, 124-125; na *Revisão intercalar* (302.º), 116-117.

[4] *Projecto* (316.º), 91-92.

exceções vêm-se somando e são cada vez mais gravosas: a prescrição quinquenal é exceção à ordinária; as prescrições bienal e de seis meses, presuntivas, são exceção à quinquenal; as (hipotéticas) prescrições bienal e de seis meses extintivas, exceção à presuntiva. A medida da excecionalidade é dada pela distância ao padrão-base. Esse padrão não pode deixar de ser constituído pela defesa dos direitos legitimamente adquiridos, com uma moderada sujeição ao decurso do tempo. A essa luz, é seguramente mais excecional uma hipotética prescrição extintiva de curto prazo do que uma prescrição presuntiva nesse mesmo prazo: a primeira sacrifica mais os direitos do credor do que a segunda.

Uma prescrição de curto prazo, quando nada se diga, pode, no Direito português, ser 6
presuntiva: é a solução mais próxima do padrão-base. A pretender um desvio maior, o legislador terá de o assumir, dizendo-o.

4. Jurisprudência: 7

STJ 29-nov.-2006: representando um crédito parte do preço de um contrato de empreitada de construção de imóvel, não é aplicável (317.º, *b*)[5];

STJ 12-mar.-2009: a falta de prova do momento da cessação dos serviços pelo mandatário judicial impede que se saiba quando começaria a contar o prazo de prescrição presuntiva previsto no 317.º, *c*)[6];

STJ 9-fev.-2010: não exercendo um condómino uma atividade industrial, não tem aplicação a reserva do final do 317.º, *b*)[7];

STJ 12-set.-2013: os créditos de honorários e reembolso de despesas em que incorreu o mandatário prescrevem em dois anos: 317.º, *c*)[8];

RPt 24-jan.-2019: o 342.º/2 do CVM prevê uma prescrição de dois anos para a responsabilidade do intermediário financeiro, salvo dolo ou culpa grave em que o prazo será o ordinário[9];

RPt 7-fev.-2019: transitando em julgado a sentença condenatória no pagamento de honorários a advogado, o prazo de prescrição já não é o do 317.º, *c*), mas o ordinário de 20 anos[10].

Subsecção IV – Suspensão da prescrição

Artigo 318.º (Causas bilaterais da suspensão)

A prescrição não começa nem corre:

a) Entre os cônjuges, ainda que separados judicialmente de pessoas e bens;

b) Entre quem exerça o poder paternal e as pessoas a ele sujeitas, entre o tutor e o tutelado ou entre o curador e o curatelado;

c) Entre as pessoas cujos bens estejam sujeitos, por lei ou por determinação judicial ou de terceiro, à administração de outrem e aquelas que exercem a administração, até serem aprovadas as contas finais;

d) Entre as pessoas coletivas e os respetivos administradores, relativamente à responsabilidade destes pelo exercício dos seus cargos, enquanto neles se mantiverem;

[5] STJ 29-nov.-2006 (Alves Velho), Proc. 06A3693.
[6] STJ 12-mar.-2009 (Maria dos Prazeres Beleza), Proc. 08B3421.
[7] STJ 9-fev.-2010 (Garcia Calejo), Proc. 2614/06.
[8] STJ 12-set.-2013 (Granja da Fonseca), Proc. 593/09.
[9] RPt 24-jan.-2019 (Paulo Dias da Silva), Proc. 761/16.
[10] RPt 7-fev.-2019 (Filipe Caroço), Proc. 1519/17.

e) **Entre quem presta o trabalho doméstico e o respetivo patrão, enquanto o contrato durar;**

f) **Enquanto o devedor for usufrutuário do crédito ou tiver direito de penhor sobre ele.**

Bibliografia: Adriano Vaz Serra, *Prescrição extintiva e caducidade*, BMJ 106 (1961), 141-164; Ana Filipa Morais Antunes, *Prescrição e caducidade* (2008), 114-128; António Menezes Cordeiro, *Tratado de Direito civil*, V, 3.ª ed. (2018), 225-230; Júlio Gomes, em *UCP/Comentário ao Código Civil* (2014), 766-768.

Índice

1 **1. Preparatórios**. O anteprojeto Vaz Serra continha, no 21.º, o texto base do atual 318.º[1]. Comportava um ponto suplementar: a suspensão entre terceiro e mulher casada, em certas circunstâncias. Esse ponto ainda passou à 1.ª Revisão (281.º)[2], tendo caído na Revisão intercalar (303.º)[3] na 2.ª (318.º)[4], que adotou a redação final[5].

2 **2. Figuras afins**: (1) a imprescritibilidade: a situação suspensa está sujeita a prescrição; esta, todavia, não prossegue durante certo período; (2) o não-início: normalmente por não poder ser exercido, certo direito não vê, contra ele, correr (ainda) a prescrição: 306.º; (3) a impossibilidade: trata-se de uma figura jurisprudencialmente referida para retratar casos em que, fora do 306.º, a prescrição não pode iniciar-se, por ausência de direito atuável; por exemplo, por ter havido compensação que (só) depois foi anulada[6]; (4) a interrupção: marca o fim de certo processo prescricional incompleto, sem qualquer eficácia.

3 **3. Efeitos**: a suspensão da prescrição faz deter o prazo em curso (*praescriptio dormiens*), mas não inutiliza o prazo já decorrido; cessando a suspensão, o prazo anteriormente decorrido aproveita-se, somando-se ao que decorra depois.

4 Cumpre distinguir: (1) a suspensão inicial ("a prescrição não começa ...", 318.º, 319.º e 320.º/1, todos no início): verificada a causa de suspensão antes ou aquando da consubstanciação dos requisitos que marcam o início da prescrição, esta não começa; a figura distingue-se do não-início porque, ao contrário deste, pressupõe os diversos requisitos, mas com um *plus*: a causa suspensiva; (2) a suspensão intercalar ("a prescrição não ... corre ...", citados artigos): a prescrição já se tinha iniciado quando ocorre a causa suspensiva; o prazo pára, aproveitando-se, contudo, quando recomece a correr; (3) a suspensão final ("a prescrição não se completa sem ter decorrido um ano ..." – 320.º/1, *in fine*; "a prescrição suspende-se (...) no decurso dos últimos três meses do prazo" – 321.º/1; "... não se completa antes de decorridos seis meses ..." – 322.º): desta feita, o facto suspensivo, além de paralisar o decurso do tempo, garante um mínimo de tempo final para o exercício do direito.

[1] Adriano Vaz Serra, *Prescrição*, 292.
[2] *1.ª Revisão*, 120-121.
[3] *Revisão intercalar*, 117-118.
[4] *2.ª Revisão*, 125.
[5] *Projecto*, 92.
[6] STJ 6-jul.-2000 (Torres Paulo), CJ/Supremo VIII (2000) 2, 155-158 (158/I).

5 **4. Natureza.** A suspensão não é de conhecimento oficioso: nos termos gerais, ela terá de ser invocada (e demonstrada) pela pessoa a quem aproveite.

6 A suspensão não é uma mera delimitação no conteúdo da prescrição: antes funciona como objeto de um direito potestativo de deter o funcionamento da prescrição, em certas circunstâncias, suspendendo o conteúdo do respetivo prazo. Uma vez invocada, a suspensão tem eficácia retroativa: os seus efeitos operam desde o momento em que se mostrem reunidos os competentes requisitos.

7 **5. Sistema subjacente.** A prescrição é um instituto associado à certeza e à segurança: está ontologicamente ligada ao decurso de prazos os quais são impessoais: ignoram quaisquer particularidades do caso concreto. Todavia, ela é temperada com algumas regras que permitem, *in concreto*, respeitar valores e ocorrências que o Direito civil não pode ignorar. Aqui se inscreve a figura da interrupção da prescrição[7].

8 O Código distingue: (1) causas bilaterais; (2) causas subjetivas; (3) causas objetivas. As causas bilaterais implicam uma suspensão da prescrição entre duas pessoas particularmente relacionadas: entre cônjuges, por exemplo. As causas subjetivas relacionam-se com a suspensão favorável a pessoas que se encontrem em situações que o Direito tutela: militares na guerra, por exemplo. As causas objetivas derivam de situações jurídicas sensíveis: um caso de força maior, por exemplo.

9 **6.** As **causas bilaterais** da suspensão constam do 318.º[8]: (1) entre cônjuges, ainda que separados judicialmente de pessoas e bens – *a*); (2) entre quem exerça o poder paternal e as pessoas a ele sujeitas, entre o tutor e o tutelado ou entre o curador e o curatelado – *b*); (3) entre as pessoas cujos bens estejam sujeitos, por lei ou por determinação judicial ou de terceiro, à administração de outrem e aquelas que exercem a administração, até serem aprovadas as contas finais – *c*); (4) entre as pessoas coletivas e os respetivos administradores, relativamente à responsabilidade destes pelo exercício dos seus cargos, enquanto neles se encontrarem – *d*); (5) entre quem presta o trabalho doméstico e o respetivo patrão, enquanto o contrato durar – *e*); (6) entre o credor e o seu devedor, enquanto este for usufrutuário do crédito ou tiver penhor sobre ele – *f*).

10 Nas duas primeiras hipóteses, temos relações de família. A suspensão da prescrição visa, aí, obviar por um lado a que, com receio da prescrição, se instale uma litigiosidade desnecessária e, por outro, que os intervenientes possam prescindir dos seus direitos, para salvaguarda da harmonia ou por temor reverencial.

11 Nas alíneas *c*) e *d*), o problema é de conflito de interesses. Havendo administração de bens de terceiro, cabe ao administrador invocar a prescrição (dele) contra a entidade administrada ou invocar a prescrição (desta) contra ele próprio. Poderá não o fazer ou fazê-lo em termos que não seriam os normais. A suspensão tudo resolve.

12 A causa de suspensão do 318.º, *d*) – responsabilidade dos administradores – não se aplica, hoje, às sociedades comerciais. O artigo 174.º do CSC fixa regras de prescrição incompatíveis com essa suspensão – assim o n.º 1, *b*) – que prevalecem.

13 A alínea *e*) corresponde a um resquício do tempo em que o serviço doméstico constava do CS (1370.º a 1390.º)[9]. No fundo, ele dá corpo à necessidade de tutela do trabalhador que, na pendência do contrato e mercê da subordinação em que se encontra, poderá não exercer devi-

[7] José Dias Marques, *Prescrição extintiva*, 94 ss.; *Tratado*, V, 3.ª ed., 224-225.

[8] Trata-se de matéria proveniente dos 549.º a 551.º do CS e que recebe, agora, uma melhor arrumação.

[9] Embora esta concreta suspensão não constasse do CS.

damente os seus direitos. Mas também contempla a necessidade de paz nas relações, na medida em que não "obriga" a entidade empregadora a exercer precipitadamente os seus direitos[10].

14 A alínea *f)* tem a ver com conflitos de interesses. Havendo concurso de direitos sobre a mesma prestação, em que diversas posições deveriam ser exercidas por pessoas afetadas pela prescrição, entendeu o legislador recorrer à suspensão. O sistema distende-se, prevenindo-se impugnações e outras litigiosidades.

Artigo 319.º (Suspensão a favor de militares e pessoas adstritas às forças militares)

A prescrição não começa nem corre contra militares em serviço, durante o tempo de guerra ou mobilização, dentro ou fora do País, ou contra as pessoas que estejam, por motivo de serviço, adstritas às forças militares.

Bibliografia: Adriano Vaz Serra, *Prescrição extintiva e caducidade*, BMJ 106 (1961), 170-172; Ana Filipa Morais Antunes, *Prescrição e caducidade* (2008), 121-122; António Menezes Cordeiro, *Tratado de Direito civil*, V, 3.ª ed. (2018), 226-227.

Índice

1 **1. Preparatórios.** Vale o 23.º/1 do anteprojeto Vaz Serra; os restante números desse preceito diziam respeito à suspensão por força maior (n.º 2), à prescrição dos direitos de herança (n.º 3) e a prazos inferiores a seis meses, quanto a esta última situação[1].

2 O 283.º da 1.ª Revisão[2] manteve, com simplificações, essa orientação, cabendo à 2.ª (319.º)[3] delimitar o preceito aos militares e pessoas adstritas às forças militares: a redação final[4].

3 **2. Causa subjetiva** de suspensão é a do 319.º. Põe-se a questão do "tempo de guerra": vale apenas a declarada ou deve somar-se-lhe qualquer outra operação militar, como a repressão de motins ou a expedição pacificadora ou humanitária ao estrangeiro?

4 A prescrição serve a segurança. Só valem situações de guerra constitucionalmente declarada, ou por todos reconhecida[5]. Para outros casos que atinjam militares ou civis em serviço, vale o 321.º: força maior.

[10] O trabalho doméstico foi regulado pelo DL 508/80, de 21-out., depois substituído pelo DL 235/92, de 24-out.. O 318.º, *e)*, mantém-se em vigor. A suspensão da prescrição entre as partes numa relação jurídica de trabalho resulta da lei geral do trabalho: artigo 381.º do CT. Mas sob uma diferente linguagem: a de fazer contar a prescrição após o termo do contrato de trabalho.

[1] Adriano Vaz Serra, *Prescrição*, 294-295.

[2] *1.ª Revisão*, 122.

[3] *2.ª Revisão*, 126; na *Revisão intercalar*, 118, o ponto dos militares era, ainda, uma alínea do preceito anterior.

[4] *Projecto* (319.º), 92.

[5] Luiz da Cunha Gonçalves, *Tratado*, 3, 761-762, considerava tempo de guerra o decorrido entre a abertura das hostilidades e a celebração da paz. Por seu turno, Dias Marques, *Prescrição extintiva*, 114, alargava a ideia de guerra à "civil". Ambas as precisões mantêm atualidade, desde que se possa mesmo falar em "guerra".

Artigo 320.º (Suspensão a favor de menores e dos maiores acompanhados)

1. A prescrição não começa nem corre contra menores enquanto não tiverem quem os represente ou administre seus bens, salvo se respeitar a atos para os quais o menor tenha capacidade; e, ainda que o menor tenha representante legal ou quem administre os seus bens, a prescrição contra ele não se completa sem ter decorrido um ano a partir do termo da incapacidade.

2. Tratando-se de prescrições presuntivas, a prescrição não se suspende, mas não se completa sem ter decorrido um ano sobre a data em que o menor passou a ter representante legal ou administrador dos seus bens ou adquiriu plena capacidade.

3. O disposto nos números anteriores é aplicável aos maiores acompanhados que não tenham capacidade para exercer o seu direito, com a diferença de que a incapacidade se considera finda, caso não tenha cessado antes, passados três anos sobre o termo do prazo que seria aplicável se a suspensão se não houvesse verificado.

Bibliografia: Adriano Vaz Serra, *Prescrição extintiva e caducidade*, BMJ 106 (1961), 170-172; Ana Filipa Morais Antunes, *Prescrição e caducidade* (2008), 122-124; António Menezes Cordeiro, *Tratado de Direito civil*, V, 3.ª ed. (2018), 226-227.

Índice

1. Preparatórios. O 22.º do anteprojeto Vaz Serra curava da suspensão "a favor do menor e dementes"[1]. O preceito transitou para a 1.ª Revisão (282.º)[2], cabendo à 2.ª (320.º) atualizar para "interditos e inabilitados"[3], em redação final. 1

2. A **reforma de 2018**, conduzida pela L 49/2018, de 14-ago., que criou o regime do maior acompanhado, em substituição da interdição e da inabilitação, deu a redação atual ao n.º 3. A redação inicial era a seguinte[4]: 2

Artigo 320.º

Suspensão a favor de menores, interditos ou inabilitados

(...)

3. O disposto nos números anteriores é aplicável aos interditos e inabilitados que não tenham capacidade para exercer o seu direito, com a diferença de que a incapacidade se considera finda, caso não tenha cessado antes, passados três anos sobre o termo do prazo que seria aplicável se a suspensão se não houvesse verificado.

Adriano Vaz Serra, *Prescrição e caducidade*, 374-375, já com a experiência da II Guerra Mundial bem presente, afirma que, na guerra moderna, todos podem ser afetados no exercício dos seus direitos, pelo que haveria que fazer apelo a normas especiais; de toda a forma e por tradição, conservou-se o preceito, no texto do Código Civil.

[1] Adriano Vaz Serra, *Prescrição*, 293.

[2] *1.ª Revisão*, 121.

[3] *2.ª Revisão*, 126; *Projecto*, 93; a atualização ocorreu na *Revisão intercalar* (304.º), 118, não-publicada.

[4] DR I, n.º 274, de 25-nov.-1966, 1913/II.

3 3 3. No tocante a **menores**, o 320.º compreende várias regras: (1) a prescrição não começa nem corre enquanto não tiverem quem os represente ou administre os seus bens, salvo se respeitar a atos para os quais o menor tenha capacidade (320.º/1, 1.ª parte); (2) mesmo então, a prescrição não se completa sem ter decorrido um ano sobre o termo da incapacidade (320.º/1, 2.ª parte)[5]; (3) a prescrição presuntiva prossegue mas não se completa sem ter decorrido um ano sobre a obtenção do representante ou administrador ou sobre a aquisição da plena capacidade (320.º/2).

4 **4.** Tudo isto é aplicável a **acompanhados** (320.º/3); mas com uma especificidade: a suspensão dura um máximo de três anos, ideia que a lei exprime através da perífrase supreendente "a incapacidade considera-se finda...". De facto, podendo o acompanhamento conservar-se para sempre, a prescrição ficaria, sem essa limitação, definitivamente bloqueada[6].

Artigo 321.º (Suspensão por motivo de força maior ou dolo do obrigado)

1. A prescrição suspende-se durante o tempo em que o titular estiver impedido de fazer valer o seu direito, por motivo de força maior, no decurso dos últimos três meses do prazo.

2. Se o titular não tiver exercido o seu direito em consequência de dolo do obrigado, é aplicável o disposto no número anterior.

Bibliografia: Adriano Vaz Serra, *Prescrição extintiva e caducidade*, BMJ 105 (1961), 199-209 e 106 (1961), 175-178; Ana Filipa Morais Antunes, *Prescrição e caducidade* (2008), 124-126; António Menezes Cordeiro, *Tratado de Direito civil*, V, 3.ª ed. (2018), 228-229; Júlio Gomes, em *UCP/Comentário do Código Civil* (2014), 770-771.

Índice

1 **1. Preparatórios**. A suspensão por força maior constava do 23.º/2 do anteprojeto Vaz Serra, relativo a "outras causas de suspensão"[1]. A atuação do obrigado tendente a evitar o exercício proveio do 6.º/3 (alegação da prescrição) que previa um conflito mais longo[2]:

> Se a parte obstou, pela sua conduta, ainda que não intencionalmente, a que o titular exercesse a tempo o seu direito, e a invocação da prescrição se apresenta como ofensiva da boa fé, deve o juiz rejeitar tal invocação, com o efeito de ter o titular mais o prazo aconselhado pela boa fé para exercer o seu direito.

[5] RPt 9-out.-1995 (Azevedo Ramos), CJ XX (1995) 4, 208-211 (210/II).

[6] STJ 29-abr.-1998 (Sousa Lamas), CJ/Supremo VI (1998) 2, 268-270 (269/I): as causas de suspensão são taxativas; não vale alegar anomalia psíquica: haveria que invocar e provar a interdição, segundo o Direito da época.

[1] Adriano Vaz Serra, *Prescrição*, 294.

[2] *Idem*, 282.

A 1.ª Revisão (283.º/2) acolheu o troço relativo à força maior[3]; a hipótese de o obrigado obstar ao exercício caiu. Reapareceu na 2.ª Revisão (321.º)[4], surgindo aí o preceito já em redação final[5]. 2

2. Regime. O 321.º contém as causas objetivas de suspensão. São duas: (1) a suspensão nos últimos três meses do prazo, enquanto o titular estiver impedido de fazer valer o seu direito, por motivo de força maior; (2) *idem*, na hipótese de dolo do obrigado, que o impeça de tal exercício. 3

3. Motivo de força maior era uma expressão, própria do CS[6], para designar a impossibilidade. Segundo o 705.º daquele Código, o contraente que faltasse ao cumprimento não era responsável pelos prejuízos que causasse, 4

> (...) salvo tendo sido impedido por facto do mesmo contraente, por força maior, ou por caso fortuito, para o qual de nenhum modo haja contribuído.

Vaz Serra, nos estudos preparatórios do atual Código Civil, abandonou o esquema do "caso fortuito" "ou de força maior"[7] a favor da construção romano-germânica da impossibilidade[8]. E de facto, essa instrução foi acolhida, constando hoje dos 790.º e seguintes e 801.º e seguintes. Residualmente (e por lapsos de revisão), "força maior" surge, ainda, no Código Civil. 5

Não oferece dúvidas a aproximação entre o 321.º/1 e o 790.º: há suspensão, nos últimos três meses do prazo, quando o titular estiver impossibilitado, por causa que lhe não seja imputável, de fazer valer o seu direito. Releva, naturalmente, a impossibilidade efetiva, temporária e absoluta, nos termos gerais[9]. 6

4. Dolo do obrigado. A hipótese de dolo do obrigado (321.º/2) destina-se a evitar que este possa tirar partido do ilícito próprio, invocando a prescrição que provocou. Por exemplo: evitando que o credor conheça a sua identidade[10]. 7

Em rigor, a hipótese de dolo do obrigado poderia ser reconduzida ao n.º 1 do mesmo preceito. Trata-se, todavia, do afloramento de um princípio importante, que fica sempre bem em qualquer lei. 8

Artigo 322.º (Prescrição dos direitos da herança ou contra ela)

A prescrição de direitos da herança ou contra ela não se completa antes de decorridos seis meses depois de haver pessoa por quem ou contra quem os direitos possam ser invocados.

[3] *1.ª Revisão*, 122.

[4] *2.ª Revisão*, 127; já constava da *Revisão intercalar* (305.º), 119.

[5] *Projecto*, 93.

[6] Luiz da Cunha Gonçalves, *Tratado de Direito civil*, 4, 527 ss., com múltiplas indicações.

[7] Alguma doutrina tentara distinguir essas duas noções: "caso fortuito" seria imprevisível; a "força maior" irresistível.

[8] Adriano Vaz Serra, *Impossibilidade superveniente por causa não imputável ao devedor e desaparecimento do interesse do credor*, BMJ 46 (1955) 5-152 (5 ss.).

[9] *Tratado* IX, 3.ª ed., 330 ss.. Nem toda e qualquer causa que impeça o exercício do direito provoca a suspensão (*contra non valentem agere non currit praescriptio*): Vaz Serra, *Prescrição e caducidade*, 143. José Dias Marques, *Prescrição extintiva*, 122, admitia um alargamento com recurso ao justo impedimento do Código de Processo Civil – hoje, 140.º – de modo a aplicá-lo como fundamento de suspensão. Tal só será possível por via da "força maior" do 321.º/1.

[10] RLx 28-nov.-2007 (Natalino Bolas), Proc. 5535/2007.

Bibliografia: Adriano Vaz Serra, *Prescrição extintiva e caducidade*, BMJ 106 (1961), 178-180; Ana Filipa Morais Antunes, *Prescrição e caducidade* (2008), 128; Júlio Gomes, em *UCP/Comentário do Código Civil* (2014), 771-772.

Índice

1 **1. Preparatórios**. A prescrição de direitos da herança ou contra ela constava do 23.º (outras causas de suspensão), n.os 3 e 4, do anteprojeto Vaz Serra[1]. Daí passou ao 283.º/3 da 1.ª Revisão[2], adquirindo, na 2.ª (322.º)[3], a redação final[4].

2 **2.** A **suspensão** visa, aqui, proteger a herança da situação de indefinição em que ela possa incorrer, enquanto não houver cabeça de casal. A defesa da herança tutela quer os sucessores, quer os credores do património hereditário.

Subsecção V – Interrupção da prescrição

Artigo 323.º (Interrupção promovida pelo titular)

1. A prescrição interrompe-se pela citação ou notificação judicial de qualquer ato que exprima, direta ou indiretamente, a intenção de exercer o direito, seja qual for o processo a que o ato pertence e ainda que o tribunal seja incompetente.

2. Se a citação ou notificação se não fizer dentro de cinco dias depois de ter sido requerida, por causa não imputável ao requerente, tem-se a prescrição por interrompida logo que decorram os cinco dias.

3. A anulação da citação ou notificação não impede o efeito interruptivo previsto nos números anteriores.

4. É equiparado à citação ou notificação, para efeitos deste Artigo, qualquer outro meio judicial pelo qual se dê conhecimento do ato àquele contra quem o direito pode ser exercido.

Bibliografia: Adriano Vaz Serra, *Prescrição extintiva e caducidade*, BMJ 106 (1961), 185-209; Ana Filipa Morais Antunes, *Prescrição e caducidade* (2008), 129-150; António Menezes Cordeiro, *Tratado de Direito civil*, V, 3.ª ed. (2018), 231-235; Júlio Gomes, em *UCP/Comentário ao Código Civil* (2014), 772-773.

Índice

[1] Adriano Vaz Serra, *Prescrição*, 294.
[2] *1.ª Revisão*, 122.
[3] *2.ª Revisão*, 127; constava, já, da *Revisão intercalar* (306.º), 119.
[4] *Projecto*, 93.

I – Origem e enquadramento

1. Preparatórios. O preceito provém do anteprojeto Vaz Serra (24.º)[1]. A matéria transitou, na 1.ª Revisão, para o 284.º[2]. Na 2.ª Revisão, temos a redação final (323.º)[3]. 1

2. Contraposição à suspensão. A interrupção da prescrição é um instituto evidente: se não estivesse prevista na lei, sempre se imporia. Se estão sujeitos a prescrição *pelo seu não exercício durante o lapso de tempo estabelecido na lei*, determinados direitos (298.º/1), o processo cessa logo que eles sejam exercidos[4]. 2

A interrupção ganha autonomia dogmática, mercê da sua designação e, em especial, da contraposição com a suspensão: (1) a suspensão permite o aproveitamento do prazo que tenha decorrido antes dela; (2) a interrupção inutiliza todo o prazo anterior, obrigando a nova contagem a partir do zero. 3

A interrupção é estruturalmente diferente da suspensão. Não exprime uma posição jurídico-subjetiva capaz de, potestivamente, interferir no processo prescricional: apenas corresponde a uma projeção linguística da comum eficácia do direito subjetivo de cuja prescrição se trate. A sua especificidade advém da natureza das obrigações: vínculos abstratos, sem existência percetível pelos sentidos. O seu exercício, em moldes de deter veleidades prescricionais, assume uma fórmula clara e impressiva. Dogmaticamente, a interrupção traduz a ausência súbita do processo de prescrição. Como facto positivo marcante, apenas ocorre o reinício do processo (326.º). 4

II – Interrupção promovida pelo titular

3. Requisitos (323.º/1): (1) pela citação ou notificação judicial de qualquer ato que exprima a intenção de exercer o direito[5]; (2) podendo essa intenção ser expressa direta ou indiretamente; (3) seja qual for o processo a que o ato pertence; (4) ainda que o tribunal seja incompetente. 5

Aparentemente, o interessado tem de lançar mão de meios jurisdicionais para interromper a prescrição. Vários esquemas facilitam a situação: ela é complexa e onerosa, particularmente quando se trate de prescrições de curto prazo. 6

4. O 323.º/1 refere a "**citação ou notificação judicial de qualquer ato**". Pergunta-se se é necessária a instauração de um processo – ou o decurso de um processo que possa ser aproveitado – ou se bastará uma notificação judicial avulsa, prevista no 256.º do CPC e independente de qualquer processo. A jurisprudência dividiu-se, contra[6] e a favor[7]. Foi tirado assento no sentido da admissibilidade da notificação judicial avulsa, como forma de interromper a prescrição[8]: 323.º/4, latamente interpretado. 7

5. Intenção, direta ou indireta: uma diligência judicial afasta o desinteresse pelo direito em jogo. Não releva o processo onde o problema se ponha e a incompetência do tribunal não prejudica[9]. 8

[1] Adriano Vaz Serra, *Prescrição*, 294-295.
[2] *1.ª Revisão*, 122-123.
[3] *2.ª Revisão*, 127-128; *Projecto* (323.º), 94; constava já da *Revisão intercalar* (307.º), 119-120, com exceção do n.º 2.
[4] José Dias Marques, *Prescrição extintiva*, 135-136.
[5] RGm 27-jun.-2019 (Margarida Sousa), Proc. 1176/08.
[6] STJ 12-mar.-1996 (José Martins da Costa), BMJ 455 (1996), 441-448.
[7] STJ 3-jun.-1997 (Fernandes Magalhães), CJ/Supremo V (1997) 2, 114-115 (115/II).
[8] STJ(P) n.º 3/98 de 26-mar.-1998 (Miranda Gusmão; vencidos: Martins da Costa e outros), BMJ 475 (1998), 21-34 = DR I Série-A, n.º , de 12-mai.-1998, 2183-2188 (2187/II).
[9] STJ 17-jun.-1998 (Machado Soares), BMJ 478 (1998), 321-323 (322-323); RPt 19-mar.-2001 (Sousa Peixoto), CJ XXVI (2001) 2, 238-240 (240).

9 A falta de procuração forense não impede a citação e, daí, a interrupção[10]: permite, em emergência, a gestão, interrompendo qualquer prescrição próxima do seu termo.

10 **6. Anulação da citação ou da notificação** (323.º/3): a interrupção mantém-se. Não se trata de praticar atos judiciais, mas de levar ao conhecimento do devedor, de modo particularmente solene, a intenção de exercer um direito.

III – Demoras

11 **7. Os cinco dias**. As citações ou notificações podem demorar dias ou semanas a efetivar: por sobrecarga dos tribunais ou por razões atinentes ao próprio devedor. Resolve o 323.º/2: se a citação ou notificação se não fizer dentro de cinco dias depois de ter sido requerida por causa não imputável ao requerente, tem-se a prescrição por interrompida logo que decorram os cinco dias[11].

12 **8.** A **jurisprudência** esclarece:

- no âmbito do 323.º/2, a prescrição é interrompida independentemente da citação, mesmo quando esta não seja levada a cabo por férias judiciais[12];
- quando os autores ajam com a diligência devida, requerendo a citação dos réus com cinco dias de antecedência, beneficiam da ficção legal do 323.º/2[13];
- a citação prévia também deve ser requerida até cinco dias de antecedência, para efeitos do 323.º/2[14];
- se o prazo prescricional terminar durante as férias judiciais e a citação ocorrer no primeiro dia útil subsequente, há interrupção, por via do 279.º[15];
- a interrupção pela citação presumida não opera se o prazo legal tiver expirado antes dos cinco dias[16].

Artigo 324.º (Compromisso arbitral)

1. O compromisso arbitral interrompe a prescrição relativamente ao direito que se pretende tornar efectivo.

2. Havendo cláusula compromissória ou sendo o julgamento arbitral determinado por lei, a prescrição considera-se interrompida quando se verifique algum dos casos previstos no artigo anterior.

Bibliografia: Ana Filipa Morais Antunes, *Prescrição e caducidade* (2008), 150-151; António Menezes Cordeiro, *Tratado da arbitragem/Comentário à Lei 63/2011, de 14 de dezembro* (2015), 95 e *passim*.

[10] RCb 30-nov.-1995 (Daniel Almada), CJ XX (1995) 5, 92-93 (93/II).

[11] STJ 19-jun.-2019 (Alexandre Reis), Proc. 3173/17; STJ 11-jul.-2019 (Rosa Ribeiro Coelho), Proc. 1406/16.

[12] STJ 17-jun.-1998 (Ferreira Ramos), BMJ 478 (1998), 324-331 (324-325), o qual cita, em abono dezoito acórdãos anteriores, e RLx 24-fev.-1999 (Ferreira Marques), CJ XXIV (1999) 1, 173-176 (173-174).

[13] REv 4-mar.-1999 (Verdasca Garcia), BMJ 485 (1999), 496/II.

[14] STJ 24-mar.-1999 (Victor Devesa), CJ/Supremo VIII (1999) 2, 251-253.

[15] STJ 25-mai.-1999 (Silva Graça), CJ/Supremo VIII (1999) 2, 109-110.

[16] RCb 24-set.-2019 (Moreira do Carmo), Proc. 3960/16.

Índice

1. Preparatórios. A via arbitral como fundamento de interrupção, provém do anteprojeto Vaz Serra (25.º)[1]. Passou ao 285.º da 1.ª Revisão, com a epígrafe lata "intervenção do tribunal arbitral"[2]. A 2.ª Revisão (324.º) retocou o n.º 3[3], tendo a redação final sido obtida no Projeto (324.º)[4]. 1

2. O **compromisso arbitral** é uma convenção de arbitragem relativa a um litígio atual, ainda que afeto a um tribunal do Estado (1.º/1, 1.ª parte, da LAV de 2011). A sua mera celebração mostra a intenção de exercer o direito: há interrupção (324.º/1). 2

3. A **cláusula compromissória** visa submeter, a arbitragem, litígios eventuais (1.º/1, 2.ª parte, da LAV): a interrupção sobrevém pela citação ou notificação, nos termos do 323.º/1 (324.º/2). 3

4. Arbitragem obrigatória: aplica-se esse mesmo regime. 4

Artigo 325.º (Reconhecimento)

1. A prescrição é ainda interrompida pelo reconhecimento do direito, efetuado perante o respetivo titular por aquele contra quem o direito pode ser exercido.

2. O reconhecimento tácito só é relevante quando resulte de factos que inequivocamente o exprimam.

Bibliografia: Adriano Vaz Serra, *Prescrição extintiva e caducidade*, BMJ 106 (1961), 217-242; Ana Filipa Morais Antunes, *Prescrição e caducidade* (2008), 151-159; António Menezes Cordeiro, *Tratado de Direito civil*, V, 3.ª ed. (2018), 234-235; Júlio Gomes, em *UCP/Comentário ao Código Civil* (2014), 774-775.

Índice

1. Preparatórios. O reconhecimento do direito constava do anteprojeto Vaz Serra (26.º)[1]. Com poucas alterações, passou à 1.ª (286.º)[2] e à 2.ª (325.º)[3] Revisões Ministeriais, recebendo, nesta última, a redação definitiva[4]. 1

2. O **reconhecimento** do direito, perante o seu titular, feito pelo devedor ou, em geral, pela pessoa contra a qual ele possa ser exercido, interrompe a prescrição. 2

[1] Adriano Vaz Serra, *Prescrição*, 295.
[2] *1.ª Revisão*, 123.
[3] *2.ª Revisão*, 128; ocorreu, aí, a epígrafe "compromisso arbitral". Na *Revisão intercalar* (308.º), 120, ela rezava, ainda, "intervenção do tribunal arbitral".
[4] *Projecto*, 94.

[1] Adriano Vaz Serra, *Prescrição*, 296.
[2] *1.ª Revisão*, 124.
[3] *2.ª Revisão*, 128: a *Revisão intercalar* (309.º), 120, exigia, ainda, "reconhecimento expresso"..
[4] *Projecto*, 94.

3 O reconhecimento é uma declaração de ciência: não de vontade[5]. Esta última traduz um *plus*, além da ciência pelo que, *a fortiori*, tem eficácia interruptiva.

4 **3.** O **reconhecimento tácito**, possível pelas regras gerais (217.º/1) é enfatizado no 325.º/2: reforça a ideia de inequivocidade.

5 **4. Jurisprudência**:

– o pagamento de alguns juros traduz o reconhecimento da dívida de capital que os gerou, mas não dos juros anteriormente vencidos[6];
– a embargante que sempre se mostrou disponível junto da embargada para proceder ao pagamento de letras, fazendo pedidos de prazo para a sua liquidação ou alegando impossibilidade momentânea para o fazer, reconhece o direito do credor e interrompe a prescrição[7];
– se uma seguradora põe à disposição do interessado uma quantia ainda que inferior à pretendida, tem-se a prescrição por interrompida[8];
– o reconhecimento de um direito, prescrito ou não, faz iniciar novo prazo prescricional[9];
– o reconhecimento tácito deve ser sempre claro, inequívoco e concludente, sem deixar dúvidas[10].

Artigo 326.º (Efeitos da interrupção)

1. A interrupção inutiliza para a prescrição todo o tempo decorrido anteriormente, começando a correr novo prazo a partir do acto interruptivo, sem prejuízo do disposto nos n.os 1 e 3 do artigo seguinte.

2. A nova prescrição está sujeita ao prazo da prescrição primitiva, salvo o disposto no artigo 311.º.

Bibliografia: Adriano Vaz Serra, *Prescrição extintiva e caducidade*, BMJ 106 (1961), 243-278; Ana Filipa Morais Antunes, *Prescrição e caducidade* (2008), 160-163; António Menezes Cordeiro, *Tratado de Direito civil*, V, 3.ª ed. (2018), 235; Júlio Gomes, em *UCP/Comentário ao Código Civil* (2014), 775-776.

Índice

1 **1. Preparatórios**. Na origem temos o 27.º/1 e 2, do anteprojeto Vaz Serra: um longo preceito, que discriminava diversas interrupções, uma vez que se ocupava da duração da interrupção[1].

[5] RLx 18-jun.-2019 (José Capacete), Proc. 16681/18.
[6] REv 10-jan.-1985 (Varela Pinto), CJ X (1985) 1, 299-300 (300).
[7] STJ 28-abr.-1994 (Zeferino Faria), CJ/Supremo II (1994) 2, 69-71 (70-71).
[8] RCb 5-nov.-1996 (Coelho de Matos), BMJ 461 (1996), 529.
[9] STJ 22-set.-2009 (Alves Velho), Proc. 180/2002.
[10] REv 28-jan.-1999 (Fernando Bento), BMJ 488 (1999), 287/I; RCb 24-set.-2019 (Moreira do Carmo), Proc. 3960/16.
[1] Adriano Vaz Serra, *Prescrição*, 296-297.

Na 1.ª Revisão, esses dois números foram autonomizados (287.º)[2], resultando o texto definitivo da 2.ª (326.º)[3].

2 **2. Regime**: a interrupção inutiliza todo o período decorrido antes dela (donde a ressalva dos 321.º/1 e 3), começa a correr novo prazo.

3 O "novo prazo" equivale ao primitivo, salvo quando o direito em jogo seja reconhecido por sentença transitada ou quando sobrevenha um título executivo: 311.º, ressalvado pelo 326.º/2.

Artigo 327.º (Duração da interrupção)

1. Se a interrupção resultar de citação, notificação ou ato equiparado, ou de compromisso arbitral, o novo prazo de prescrição não começa a correr enquanto não passar em julgado a decisão que puser termo ao processo.

2. Quando, porém, se verifique a desistência ou a absolvição da instância, ou esta seja considerada deserta, ou fique sem efeito o compromisso arbitral, o novo prazo prescricional começa a correr logo após o acto interruptivo.

3. Se, por motivo processual não imputável ao titular do direito, o réu for absolvido da instância ou ficar sem efeito o compromisso arbitral, e o prazo da prescrição tiver entretanto terminado ou terminar nos dois meses imediatos ao trânsito em julgado da decisão ou da verificação do facto que torna ineficaz o compromisso, não se considera completada a prescrição antes de findarem estes dois meses.

Bibliografia: referida na anotação ao 326.º.

Índice

1 **1. Preparatórios**: vale o 27.º/3 a 6 do anteprojeto Vaz Serra[1]. A matéria foi autonomizada no 288.º da 1.ª Revisão[2], com alguma simplificação na 2.ª (327.º)[3]. A redação final foi obtida no Projeto (327.º)[4].

2 **2. Regime**. A regra básica deriva do n.º 1: resultando a interrupção de citação, notificação ou equiparado ou de compromisso, o novo prazo inicia-se com o trânsito em julgado da decisão que ponha termo ao processo.

3 Ocorrendo desistência, absolvição da instância, instância deserta ou ineficácia do compromisso, o novo prazo inicia-se logo após o ato interruptivo (n.º 2).

[2] *1.ª Revisão*, 124.

[3] *2.ª Revisão*, 129; *Projecto* (326.º), 95. A redação final constava já da *Revisão intercalar* (310.º), 121, salvo a numeração do hoje 311.º.

[1] Adriano Vaz Serra, *Prescrição*, 296-297.

[2] *1.ª Revisão*, 124-125.

[3] *2.ª Revisão*, 129.

[4] *Projecto*, 95.

4 Não sendo a absolvição da instância, ou a ineficácia do compromisso imputáveis ao autor e sendo o réu absolvido, o n.º 3 garante sempre um período de dois anos para novas interrupções[5].

Secção III – Cadudicade

Introdução (328.º a 333.º)

Bibliografia: Abílio Neto, *Código Civil anotado*, 20.ª ed. (2018), 272-275; Adriano Vaz Serra, *Prescrição extintiva e caducidade*, BMJ 107 (1961), 163-279; Ana Filipa Morais Antunes, *Prescrição e caducidade* (2008), 167-191; Aníbal de Castro, *A caducidade na doutrina, na lei e na jurisprudência (caducidade resolutiva)*, 2.ª ed. (1980), 246 pp.; António Menezes Cordeiro, *Da caducidade no Direito português*, Est. Dias Marques (2007), 7-30; *idem*, *Tratado de Direito civil*, V, 3.ª ed. (2018), 242-265; Carlos Mota Pinto, *Teoria geral do Direito civil*, 4.ª ed. (2005), 374-376; Fernando Pires de Lima/João Antunes Varela, *Código Civil anotado*, I, 4.ª ed. (1987), 294-298; Jacinto Rodrigues Bastos, *Das relações jurídicas*, IV (1969), 198-214; José Dias Marques, *Teoria geral da caducidade* (1953), 112 pp.; Júlio Gomes, em *UCP/Comentário ao Código Civil* (2014), 779--783; Luís A. Carvalho Fernandes, *Teoria geral do Direito civil*, 5.ª ed. (2014), 705-711; Manuel de Andrade, *Teoria geral da relação jurídica*, II (1960), 463-467; Pedro Pais de Vasconcelos/Pedro Leitão Pais de Vasconcelos, *Teoria geral do Direito civil*, 9.ª ed. (2019), 397-400; Pedro Romano Martinez, *Da cessação do contrato*, 3.ª ed. (2015), 646 pp.. *Vide* a introd. aos 296.º a 333.º.

Índice

I – Semântica geral

1 **1. Noções ampla e restrita.** Caducidade deriva de caduco, latim *caducus* (de *cado*, cair): o que cai, o fraco, o transitório e o caduco. A expressão foi introduzida na linguagem jurídica portuguesa apenas no início do século XX, para designar a supressão de determinadas situações. Assumiu, todavia, nas leis e na prática dos autores, dois sentidos diferentes: lato e restrito.

[5] STJ 21-out.-1993 (Mário Cancelo), CJ/Supremo I (1993) 3, 79-81 (81); STJ 16-fev.-2012 (Lopes do Rego), CJ/Supremo XX (2012) 1, 80-83 (81).

(1) **Em sentido lato**, a caducidade corresponde à cessação de situações jurídicas, mercê da superveniência de um facto a que a lei ou outras fontes atribuam esse efeito, ou seja: à extinção de uma posição jurídica pela verificação de um facto *stricto sensu* dotado de eficácia extintiva. 2

(2) **Em sentido estrito**, a caducidade é uma forma de repercussão do tempo nas situações jurídicas que, por lei ou por contrato, devam ser exercidas dentro de certo termo. Expirado o respetivo prazo sem que se verifique o exercício, há extinção. 3

2. Casos de caducidade em sentido amplo: são múltiplos. No campo civil[1]:

no contrato de locação (1051.º/1): este caduca: 4

a) Findo o prazo estipulado ou estabelecido por lei;

b) Verificando-se a condição a que as partes o subordinaram, ou tornando-se certo que não pode verificar-se, conforme a condição seja resolutiva ou suspensiva;

c) Quando cesse o direito ou findem os poderes legais de administração com base nos quais o contrato foi celebrado;

d) Por morte do locatário ou, tratando-se de pessoa coletiva, pela extinção desta, salvo convenção escrita em contrário;

e) Pela perda da coisa locada;

f) No caso de expropriação por utilidade pública, a não ser que a expropriação se compadeça com a subsistência do contrato.

no contrato de parceria pecuária (1123.º):

A parceria caduca pela morte do parceiro pensador ou pela perda dos animais, e também quando cesse o direito ou findem os poderes legais de administração com base nos quais o contrato foi celebrado, ou quando se verifique a condição resolutiva a que as partes o subordinaram.

no contrato de comodato (1141.º):

O contrato caduca pela morte do comodatário.

no contrato de mandato (1174.º):

O mandato caduca:

a) Por morte ou interdição do mandante ou do mandatário;

b) Por inabilitação do mandante, se o mandato tiver por objeto atos que não possam ser praticados sem intervenção do curador.

Caducidade do contrato de trabalho (387.º do CT):

a) Verificando-se o seu termo;

b) Em caso de impossibilidade superveniente, absoluta e definitiva de o trabalhador prestar o seu trabalho ou de o empregador o receber; 5

c) Com a reforma do trabalhador, por velhice ou invalidez.

A caducidade reporta-se a situações jurídicas duradouras. Aparentemente, obrigacionais: no domínio dos direitos reais, o Código evita referir a caducidade, mesmo em casos manifestamente paralelos. Veja-se a extinção do usufruto (1476.º/1), da superfície (1536.º/1) e das servidões (1569.º/1). Não podemos, daí, inferir regras absolutas, uma vez que a caducidade surge em numerosos diplomas não-civis. 6

[1] José Dias Marques, *Teoria geral do Direito civil* (1959) 2, 274, Fernando Cunha de Sá, *Caducidade do contrato de arrendamento* (1968) 1, 53 ss. e Pedro Romano Martinez, *Da cessação do contrato*, 39 ss. e *passim*.

7 As hipóteses de caducidade em sentido amplo ligam-se: (1) à verificação de um termo; (2) à impossibilidade superveniente das prestações, seja por razões subjetivas (morte ou incapacitação do devedor) ou objetivas (perda da coisa ou expropriação); (3) à ilegitimidade superveniente (cessação dos poderes que presidiram à celebração do contrato)

8 **3. Casos de caducidade estrita**. O Codigo consigna dezenas de prazos de caducidade, nas mais diversas situações. Dois grandes grupos: (1) o da caducidade simples; (2) o da caducidade punitiva.

9 (1) Como exemplos de **caducidade simples**: (1) prevê-se um prazo de um ano para pedir a anulação dos negócios (287.º/1), numa efetiva previsão de caducidade (*vide* 359.º/1); (2) o direito de repetição do cumprimento de obrigação alheia julgada própria não ocorre se o credor tiver deixado prescrever ou caducar o seu direito (477.º/1); (3) o direito de impugnação (pauliana) caduca ao fim de cinco anos (618.º); (4) se o arresto for considerado injustificado ou caducar, o requerente é responsável pelos danos causados ao arrestado (621.º).

10 Nestas hipóteses, a lei surge como predominantemente neutra.

11 (2) Na **caducidade punitiva**, o Direito impõe a cessação de uma posição jurídica como reação ao seu não-exercício, no prazo fixado. Por vezes usa mesmo a expressão "sob pena de caducidade". Como exemplos: (1) não havendo um prazo fixado para a resolução, pode a outra parte "... fixar ao titular do direito de resolução um prazo razoável para que o exerça, *sob pena de caducidade*" (436.º/2); (2) o fiador com benefício da excussão pode exigir, vencida a obrigação "... que o credor proceda contra o devedor dentro de dois meses a contar do vencimento, *sob pena de a fiança caducar* (652.º/2); (3) na empreitada, "o dono da obra deve, *sob pena de caducidade* dos direitos conferidos nos artigos seguintes, denunciar ao empreiteiro os defeitos da obra dentro dos trinta dias seguintes ao do seu descobrimento" (1220.º/1).

12 Há preceitos paralelos onde não se usa a locução "sob pena de": tal o caso dos prazos fixados para a denúncia de vícios na coisa vendida (890.º). Na caducidade punitiva, a previsão da caducidade estrita tem a ver com a instituição de um encargo na esfera do titular da posição sujeita a termo: deve exercê-lo com prontidão, se quiser beneficiar do que ela represente. A generalidade das situações de caducidade, particularmente da punitiva, tem a ver com direitos potestativos. A ordem jurídica pretende que tais direitos, potencialmente desestabilizadores, sejam exercidos com prontidão ou cessem. Donde o sujeitá-los a prazos.

13 **4. O Codigo** ocupa-se, nesta secção III, apenas, da caducidade estrita: tem a ver com a repercussão do tempo nas situações jurídicas.

II – Origem e desenvolvimento

14 **5. A multiplicidade**. A fixação de prazos para o exercício de certas posições jurídicas veio surgindo ao longo da História, motivada por diversas razões, sem plano de conjunto.

15 No Direito romano, certos direitos tinham horizontes temporários para serem exercidos: mas sem, daí, se extrapolar qualquer instituto geral. Posteriormente, a prescrição conheceu uma evolução aglutinante: absorveu a usucapião e, ainda, as diversas manifestações de prazos singulares.

16 6. A **distinção** entre a prescrição e outras manifestações de eficácia do tempo nas situações jurídicas ficou a dever-se aos grandes sistematizadores: Donellus e Savigny[2]. Seguiu, depois, caminhos convergentes nas ordens europeias, ainda que com flutuações, mesmo terminológicas: *déchéance*, em França, *decadenza*, na Itália, *Befristung*, na Alemanha e decadência, no Brasil.

[2] Indicações: *Tratado*, V, 3.ª ed., 246-250.

7. A evolução em Portugal. "Prazo" equivalia à enfiteuse. Esta podia ser perpétua (prazo fateusim perpétuo) ou temporária (prazos por uma ou mais vidas ou prazos de nomeação)[3]. O emprazamento temporário equivalia à situação mais frequente, de tal modo que "prazo" veio a identificar-se, semanticamente, com a duração limitada e, depois, com o próprio lapso de tempo a ela correspondente. A submissão de um direito em posição equivalente a um termo temporal cujo decurso implicasse a sua extinção era reconduzido à prescrição. 17

A doutrina do início do séc. XX apercebeu-se de que estava perante fenómenos distintos: a prescrição e a existência de prazos para o exercício de certas posições. Guilherme Moreira[4] fez a contraposição. Cabral de Moncada, por seu turno, separa claramente, da prescrição, a *caducidade* ou *perempção*[5]. A prescrição implicaria a extinção pelo não-exercício, enquanto a perempção traduziria o "... termo natural da eficácia dos direitos em virtude de ter chegado o seu limite máximo de duração"[6]. A perempção dirige-se, em primeira linha, aos direitos potestativos[7]. Esta orientação veio a ser sufragada por Alberto dos Reis[8], por Manuel de Andrade[9] e por Barbosa de Magalhães[10]. Tínhamos uma orientação bem amparada que reservava a prescrição para os direitos subjetivos em sentido próprio, ficando a caducidade para os direitos potestativos. Mas ela não era unívoca: Dias Marques, profundo estudioso da matéria da prescrição e da caducidade, vem reservar a primeira para os direitos de crédito[11]. Na falta de leis claras, a jurisprudência tinha a maior das dificuldades em acompanhar a contraposição[12]. 18

8. Preparatórios. Vaz Serra faz o ponto da situação nas doutrinas nacional e estrangeira. Aprova a expressão "caducidade", já corrente e opta pela sua distinção da prescrição[13]. No anteprojeto proposto por Vaz Serra, a caducidade constava de 9 artigos (28.º a 36.º) surgindo ainda no artigo 37.º, com uma disposição transitória[14]. Nas revisões ministeriais a matéria foi condensada, sendo então patente uma certa influência do Código Civil italiano[15]. 19

III – Aspetos gerais do regime

9. A determinação da natureza do prazo. Antes da consagração expressa da caducidade, o problema era complexo: exigia uma ponderação, norma a norma dos objetivos do legislador. Hoje, o 298.º/2 contém uma solução clara: 20

> Quando, por força da lei ou da vontade das partes, um direito deva ser exercido dentro de certo prazo, são aplicáveis as regras da caducidade, a menos que a lei se refira expressamente à prescrição.

Na hipótese de um "prazo" por vontade das partes, dificilmente se poderia cair na prescrição: fosse esse o caso e a inerente cláusula seria nula, dado o 300.º. Perante um prazo legal: 21

[3] J. H. Corrêa Telles, *Digesto Portuguez*, 3, 129.

[4] Guilherme Alves Moreira, *Instituições de Direito civil português*, 1, 759-760.

[5] Luís Cabral de Moncada, *Lições de Direito civil/Parte geral*, 3.ª ed., 2 (1959), 429 ss. e 442 ss.. O texto remonta à edição de 1932-1933.

[6] *Idem*, 2, 442.

[7] *Idem*, 2, 446-447 e nota 1, nesta última página.

[8] José Alberto dos Reis, *Caducidade e caso julgado na acção de investigação de paternidade ilegítima*, RLJ 76 (1943), 49-54 (50/I), defendendo a caducidade do assento de 18-abr.-1933, perante o novo Código de Processo Civil.

[9] Manuel de Andrade, *Teoria geral da relação jurídica*, 463 ss.; na ed. de Ricardo da Velha (1953), 487 ss..

[10] José Barbosa de Magalhães, *Prazos de caducidade, de prescrição e de propositura de acções* (1950), 25 ss. e *passim*.

[11] Em especial: *A prescrição extintiva*, 71 ss..

[12] Aníbal de Castro, *A caducidade/na doutrina, na lei e na jurisprudência (caducidade resolutiva)*, 1962, especialmente 17 ss.. *Vide* diversos casos ilustrativos no *Tratado*, V, 3.ª ed., 251-253.

[13] Adriano Vaz Serra, *Prescrição extintiva e caducidade*, n.os 101 ss. (161 ss. e 486 ss. da separata).

[14] *Idem*, 297-302.

[15] Jacinto Rodrigues Bastos, *Das relações jurídicas*, 4, 198 ss..

ou a disposição relevante contém a palavra "prescrição", associando-a à prescrição ou caímos na caducidade[16]. Trata-se de normas estritas e plenas: apenas admitem uma interpretação literal e são imunes, seja à analogia, seja à redução teleológica. De outro modo, perder-se-ia o objetivo último do Direito, quando fixa prazos: a segurança jurídica[17].

22 Apesar da natureza estrita e plena da norma que refira (ou que omita) a prescrição, há sempre um mínimo de controlo que o sistema deve exercer sobre cada uma das suas decisões. Pode, num preceito, referir-se a "prescrição" mas, em simultâneo: estabelecendo normas tais que seja evidente tratar-se de caducidade. E inversamente: pode faltar a menção expressa à "prescrição" (ou, até: referenciar-se, de forma expressa, a caducidade), sendo todavia óbvio, pelo conjunto do comando, que é mesmo de prescrição que se trata. Nessa altura, o legislador incorreria em *protestatio facta contraria*, prevalecendo o sentido (expresso) do conjunto do preceito. A partir daí, só é de admitir um controlo através da boa-fé e da modelação das consequências da decisão imposta pela prescrição/caducidade. O Direito português vigente é particularmente claro e seguro, nesta contraposição.

23 O princípio mais básico é o da prescrição. A ela estão sujeitos todos os direitos disponíveis que a lei não declare isentos de prescrição (298.º/1). No silêncio da lei, essa regra tem aplicação. A presença de uma norma que imponha um prazo é – ela sim – um *plus* regulativo que apela à caducidade. De outro modo, estaríamos em face de um regime *ad hoc* de prescrição. Salvo a prescrição, as posições jurídicas ativas não estão sujeitas, por regra, a nenhum prazo; os seus titulares exercê-las-ão quando entenderem.

24 **10. Prazos substantivos**: em princípio, com a consequente aplicação do regime do 279.º[18] e, designadamente: terminando a um sábado, ele é transferido para o primeiro dia útil seguinte[19]. A sua natureza substantiva impõe-se pelo tipo de situação atingida[20]. Mas o direito de requerer a suspensão das deliberações sociais, ainda que beneficiando do regime dos prazos judiciais, visto o 137.º/4, ex-144.º/4 do CPC[21], é igualmente substantivo: as suas projeções não são puramente processuais.

25 **11. Tipos de caducidade**: (1) **legal ou convencional**, consoante seja predisposta diretamente pela lei ou por convenção das partes (330.º/1). A caducidade convencional tem um regime diferenciado: 330.º/2 e 331.º/2, por exemplo e em parte.

26 (2) **Relativa a matéria disponível e a matéria indisponível**. No primeiro caso, as partes podem alterar o regime legal, ao contrário do que sucede no segundo (330.º/1). De igual modo, perante direitos disponíveis, surge o reconhecimento do direito como facto impeditivo (331.º/2), enquanto a sua apreciação não é oficiosa (333.º). *Grosso modo* são indisponíveis as situações jurídicas de natureza não-patrimonial, nas áreas dos direitos de personalidade e da família. São ainda indisponíveis as posições de tipo público, que tenham a ver com o funcionamento dos tribunais ou da Administração.

[16] Pires de Lima/Antunes Varela, *Código Civil Anotado*, 1, 4.ª ed., 272; RLx 15-mar.-1974 (s/ind. relator), BMJ 325 (1974), 337 (o sumário).

[17] STJ 31-jan.-1980 (João Moura), BMJ 293 (1980), 252-255 (255): "... as disposições legais que estabelecem prazos de caducidade não podem aplicar-se a situações que nas mesmas não estejam clara e taxativamente definidas e concretizadas".

[18] *Vida* as competentes anotações.

[19] RLx 12-fev.-1982 (Ricardo da Velha), CJ VII (1982) 1, 182-184 (184/I).

[20] RPt 31-out.-1991 (Cesário de Matos), BMJ 410 (1991), 876 (o sumário), no tocante a um direito de preferência.

[21] RCb 2-mar.-1999 (Araújo Ferreira), CJ XXIV (1999) 2, 13-14 (14); *vide* RPt 14-dez.-2000 (Sousa Leite), CJ XXV (2000) 5, 215-216 (216), quanto à restituição de posse.

(3) **Relativas a atos substantivos e a ações judiciais**: as primeiras precludem direitos extrajudiciais, enquanto as segundas se reportam ao direito de propor certa ação em juízo. Estas últimas têm regras especiais: 332.º. 27

(4) **Em função do sector jurídico-normativo**: as caducidades obrigacional, real, de Direito da família e sucessória. Os termos classificativos alargam-se, para lá do Direito civil, a todo o ordenamento. As áreas mais densas no tocante a manifestações de prazos de caducidade são, precisamente, aquelas em que se verifica um maior intervencionismo do Estado, em termos de cercear a livre autonomia das partes: o Direito do trabalho, particularmente nas áreas disciplinares e dos acidentes e o Direito do arrendamento. 28

Artigo 328.º (Suspensão e interrupção)

O prazo de caducidade não se suspende nem se interrompe senão nos casos em que a lei o determine.

Bibliografia: António Menezes Cordeiro, *Tratado de Direito civil*, V, 3.ª ed. (2018), 257-259; *vide* a indicada na introdução (328.º a 333.º).

Índice

1. Preparatórios. No anteprojeto Vaz Serra, o 28.º/1 dispunha[1]: 1

> Quando da lei respectiva se concluir claramente que um direito deve ser exercido dentro de certo prazo sob pena, não de prescrição, mas de caducidade, não são aplicáveis as regras legais sobre suspensão e interrupção, a não ser que o contrário resulte da lei.

Na 1.ª Revisão (289.º), o preceito ganhou autonomia e foi simplificado[2]. Na 2.ª (328.º)[3] obteve a redação definitiva[4]. 2

2. O **regime** afasta, da caducidade, os institutos gerais da suspensão (318.º a 322.º) e da interrupção (323.º a 327.º), previstos para a prescrição[5]. A lei permite a suspensão na caducidade convencional (330.º/2) e a suspensão e interrupção nas ações de anulação de declaração de nulidade de testamentos (2308.º/3). 3

Artigo 329.º (Começo do prazo)

O prazo de caducidade, se a lei não fixar outra data, começa a correr no momento em que o direito puder legalmente ser exercido.

[1] Adriano Vaz Serra, *Prescrição extintiva e caducidade*, BMJ 107, 297-298.

[2] *1.ª Revisão*, 125.

[3] *2.ª Revisão*, 130; o texto final já constava da *Revisão intercalar* (312.º), 122.

[4] *Projecto*, 95.

[5] RLx 4-nov.-1998 (Fernando Beça), Proc. 0043296.

Bibliografia: Adriano Vaz Serra, *Prescrição extintiva e caducidade*, BMJ 107 (1961), 205-206; Ana Filipa Morais Antunes, *Prescrição e caducidade* (2008), 170-174; António Menezes Cordeiro, *Tratado de Direito civil*, V, 3.ª ed. (2018), 257-258; Júlio Gomes, em *UCP/Comentário ao Código Civil* (2014), 779.

Índice

1 **1. Preparatórios**. O preceito advém do anteprojeto Vaz Serra, 28.º/2[1]. Daí passou ao 290.º da 1.ª Revisão[2], atingindo a redação definitiva no 329.º da 2.ª[3].

2 **2. Regime**. O 329.º distingue-se do preceito equivalente relativo à prescrição (306.º) em dois pontos: (1) prevê que a lei possa fixar outra data; (2) não associa o início do decurso do prazo à exigibilidade.

3 O primeiro ponto parece pouco relevante: a lei pode sempre determinar qualquer outro ponto *a quo*, para a contagem do prazo, que não o da possibilidade do exercício[4]. Todavia, essa eventualidade, na prescrição, não faria sentido, uma vez que retiraria a dimensão social ao próprio decurso do prazo. Já na caducidade, o caso é diverso: imperam razões de normalização que bem poderiam exigir prazos "cegos": contados a partir de momentos visíveis e independentemente de poder haver qualquer exercício da posição atingida[5].

4 O segundo prende-se com a ligação genética da prescrição às obrigações: o seu regime está talhado para as relações obrigacionais: donde o 306.º/1, 2.ª parte e, ainda, os números 3 e 4 desse mesmo preceito.

5 **3. Casos específicos**. O início depende, por vezes, do conhecimento do facto que habilite agir:

STJ 21-mai.-2002: quanto a obras como fundamento de despejo[6];

STJ 4-dez.-2002: quanto ao conhecimento da infração disciplinar laboral, para efeitos de intentar o competente processo[7];

RLx 18-dez.-2002 e *RCb 3-jun.-2003*: quanto ao conhecimento da razão invocada pelo testador, para contagem do prazo para impugnar a deserdação[8].

6 O início do prazo pode estar associado à estrutura normativa do tema em jogo – p. ex.:

RLx 18-dez.-2002: a caducidade do processo disciplinar instaurado com fundamento em faltas injustificadas durante um ano civil só se inicia no primeiro dia do ano civil seguinte[9];

RLx 18-dez.-2002: o prazo de caducidade de ação de acidente de trabalho só começa a correr com a efetiva entrega ao sinistrado do boletim de alta e não com o mero conhecimento dessa alta[10];

[1] Adriano Vaz Serra, *Prescrição extintiva e caducidade*, BMJ 107, 298.

[2] *1.ª Revisão*, 125; na *Revisão intercalar* (313.º), 122, o texto não era, ainda, o final.

[3] *2.ª Revisão*, 130; *Projecto*, 96.

[4] STJ 24-mar.-1977 (Daniel Ferreira), BMJ 265 (1977), 191-195 (194).

[5] Assim: a anulação dos atos dos menores pode ser desencadeada no prazo de um ano – 125.º, *b*) e *c*) – a contar da sua maioridade ou emancipação ou da sua morte.

[6] STJ 21-mai.-2002 (Pais de Sousa), CJ/Supremo X (2002) 2, 83-85 (84/II).

[7] STJ 4-dez.-2002 (Vítor Mesquita), AcD XLII (2003), 500-501, 1395-1412 (1409).

[8] RLx 18-dez.-2002 (Guilherme Pires), CJ XXVII (2002) 5, 160-161 (160/II); RCb 3-jun.-2003 (Helder Roque), CJ XXVIII (2003) 3, 27-29 (29/II).

[9] RLx 18-dez.-2002 cit., CJ XXVII, 5, 160/II.

[10] RLx 18-dez.-2002 (Maria João Romba), CJ XXVII (2002) 5, 161-162 (162/I).

RLx 25-fev.-2003: o prazo para pedir a anulação de uma procuração irrevogável por coação moral conta-se a partir da data em que prescreveu o correspondente procedimento criminal[11];
RCb 11-mar.-2003: nos acidentes de trabalho, a instância inicia-se com o recebimento em juízo da participação do sinistro, pelo que o prazo de caducidade se conta desde essa data e não da da petição inicial[12].

Artigo 330.º (Estipulações válidas sobre a caducidade)

1. São válidos os negócios pelos quais se criem casos especiais de caducidade, se modifique o regime legal desta ou se renuncie a ela, contanto que não se trate de matéria subtraída à disponibilidade das partes ou de fraude às regras legais da prescrição.
2. São aplicáveis aos casos convencionais de caducidade, na dúvida acerca da vontade dos contraentes, as disposições relativas à suspensão da prescrição.

Bibliografia: Ana Filipa Morais Antunes, *Prescrição e caducidade* (2008), 174-177; *vide* a indicada na introdução (328.º a 333.º).

Índice

1. Preparatórios. O preceito adveio do anteprojeto Vaz Serra: 29.º[1]. A 1.ª Revisão (291.º) complementou o preceito, ressalvando as situações indisponíveis (n.º 3)[2], hoje incluídas no final do n.º **1.** A 2.ª Revisão consagrou (330.º) uma redação quase definitiva[3], a qual seria alcançada no Projeto (330.º)[4]. 1

2. A **autonomia privada** pode intervir no domínio da caducidade, ao contrário do que sucede na prescrição (300.º). Com dois limites: (1) o de se tratar de situações indisponíveis; (2) o de se defraudar o regime da prescrição (n.º 1). 2

(1) **Situações indisponíveis**: em geral: (a) as de natureza pessoal ou familiar; (b) as de ordem pública, como as integrantes de regras públicas ou processuais; (c) as que venham bulir com direitos de terceiros. 3

(2) **Fraude à prescrição**: ocorre quando a caducidade concorra com regras prescricionais; por exemplo, fixar prazos de caducidade mais curtos do que a prescrição prevista para defesa dos consumidores; numa área deste tipo, a "fraude" é objetiva[5]. 4

[11] RLx 25-fev.-2003 (Rosa Ribeiro Coelho), CJ XXVIII (2003) 1, 116-118 (118/I).
[12] RCb 11-mar.-2003 (Bordalo Lema), CJ XXVIII (2003) 2, 56-58 (57/I).
[1] Adriano Vaz Serra, *Prescrição extintiva e caducidade*, BMJ 107, 298.
[2] *1.ª Revisão*, 126; redação ainda não definitiva na *Revisão intercalar* (314.º), 122.
[3] *2.ª Revisão*, 130.
[4] *Projecto*, 96.
[5] Quanto à fraude à lei: *Tratado*, II, 4.ª ed. (2014), 574-583.

5 **3. Âmbito**. O 330.º/1 refere "modificar o regime legal" e renunciar à caducidade. Estão em jogo, além da renúncia, os prazos[6], a suspensão, a interrupção e o próprio alcance da figura, dentro de situações complexas. Tudo isso deve ser feito por acordo: a renúncia unilateral não é, em geral, válida (809.º).

6 **4.** As **regras supletivas** aplicáveis, no tocante às caducidades convencionais são, no domínio da suspensão, as da prescrição (330.º/2). No tocante à interrupção funciona o 331.º.

Artigo 331.º (Causas impeditivas da caducidade)

1. Só impede a caducidade a prática, dentro do prazo legal ou convencional, do ato a que a lei ou convenção atribua efeito impeditivo.

2. Quando, porém, se trate de prazo fixado por contrato ou disposição legal relativa a direito disponível, impede também a caducidade o reconhecimento do direito por parte daquele contra quem deva ser exercido.

Bibliografia: Ana Filipa Morais Antunes, *Prescrição e caducidade* (2008), 177-181; António Menezes Cordeiro, *Tratado de Direito civil*, V, 3.ª ed. (2018), 259-260; Júlio Gomes, em *UCP/Comentário ao Código Civil* (2014), 780-781.

Índice

1 **1. Preparatórios**. O preceito remonta ao 31.º do anteprojeto Vaz Serra[1]. Com poucas alterações[2], chegou ao texto final.

2 **2.** A **causa impeditiva** da caducidade é, basicamente, o exercício da posição sujeita à caducidade[3]. No caso de caducidades convencionais, vale também o reconhecimento do direito por parte daquele contra quem deva ser exercido. A declaração de reconhecimento deve, todavia, ser convenientemente interpretada: pode o declarante reconhecer o direito, mas com o prazo nele aposto.

3 **3.** A **jurisprudência** exige que o reconhecimento tenha o mesmo efeito do que a prática do ato sujeito a caducidade[4]. Não vale como tal uma "simples admissão genérica (...) mas um reconhecimento concreto, preciso, sem ambiguidades ou de natureza, vaga ou genérica"[5]. Além disso, para ter efeitos impeditivos da caducidade, o reconhecimento deve ter lugar antes de o próprio direito em jogo ter caducado[6].

[6] STJ 7-dez.-2016 (Maria dos Prazeres Beleza), Proc. 551/13.

[1] Adriano Vaz Serra, *Prescrição extintiva e caducidade*, BMJ 107, 299.

[2] *1.ª Revisão* (292.º), 126; *Revisão intercalar* (315.º), 123; *2.ª Revisão* (331.º), 131; *Projecto* (331.º), 96.

[3] RGm 17-dez.-2018 (Alexandre Rolim Mendes), Proc. 480/17; RGm 19-set.-2019 (Alexandre Rolim Mendes), Proc. 5676/17.

[4] RLx 30-nov.-1977 (Campos Costa), BMJ 273 (1977), 316 (o sumário).

[5] RPt 6-out.-1987 (Metello de Nápoles), CJ XVII (1987) 4, 229-231 (230/II) e STJ 25-nov.-1998 (Martins da Costa), BMJ 481 (1998), 430-436 (435).

[6] REv 15-abr.-1993 (Armando Luís), BMJ 426 (1993), 545 (o sumário).

Artigo 332.º (Absolvição e interrupção da instância e ineficácia do compromisso arbitral)

1. Quando a caducidade se referir ao direito de propor certa ação em juízo e esta tiver sido tempestivamente proposta, é aplicável o disposto no n.º 3 do artigo 327.º; mas, se o prazo fixado para a caducidade for inferior a dois meses, é substituído por ele o designado nesse preceito.

2. Nos casos previstos na primeira parte do número anterior, se a instância se tiver interrompido, não se conta para efeitos de caducidade o prazo decorrido entre a proposição da ação e a interrupção da instância.

Bibliografia: Ana Filipa Morais Antunes, *Prescrição e caducidade* (2008), 181-183; Júlio Gomes, em *UCP/ /Comentário ao Código Civil* (2014), 781-782.

Índice

1. Preparatórios. O preceito descende dos 32.º e 33.º do anteprojeto Vaz Serra[1]. A 1.ª Revisão concentrou a matéria no 293.º[2], tendo a 2.ª (332.º)[3] encontrado a redação que, com um retoque, passou ao Projeto (332.º)[4]. 1

2. A **propositura de uma ação** pode estar sujeita a prazo de caducidade. Sobrevindo absolvição da instância ou ineficácia do compromisso arbitral não imputável ao titular do direito, temos uma situação paralela à da prescrição. O 332.º/1 remete, por isso, para o 327.º/2. 2

3. A **interrupção** da instância permite a interrupção da caducidade: desde a propositura da ação até à interrupção da instância. 3

Artigo 333.º (Apreciação oficiosa da caducidade)

1. A caducidade é apreciada oficiosamente pelo tribunal e pode ser alegada em qualquer fase do processo, se for estabelecida em matéria excluída da disponibilidade das partes.

2. Se for estabelecida em matéria não excluída da disponibilidade das partes, é aplicável à caducidade o disposto no artigo 303.º.

Bibliografia: Ana Filipa Morais Antunes, *Prescrição e caducidade* (2008), 183-191; António Menezes Cordeiro, *Tratado de Direito civil*, V, 3.ª ed. (2018), 261-262; Júlio Gomes, em *UCP/Comentário ao Código Civil* (2014), 782-783.

[1] Adriano Vaz Serra, *Prescrição extintiva e caducidade*, BMJ 107, 299-300.
[2] *1.ª Revisão*, 127.
[3] *2.ª Revisão*, 131; na *Revisão intercalar* (316.º), 123, o texto era, ainda, diverso.
[4] *Projecto*, 96-97.

Índice

1 **1. Preparatórios**. O preceito proveio do 36.º do anteprojeto Vaz Serra, mais pormenorizado[1]. A 1.ª Revisão (294.º) ainda conservava um n.º 3[2], com o teor seguinte:

> Se a parte contrária obstar, pela sua conduta, ainda que não intencionalmente, a que o titular exerça em tempo o seu direito, não se verifica a caducidade.

2 A 2.ª Revisão (333.º) adotou a redação definitiva[3], a qual passou ao Projeto (333.º)[4].

3 **2.** A **apreciação oficiosa** depende da natureza indisponível da caducidade considerada[5]. Pode ser apreciada em qualquer fase do processo[6].

4 **3.** Como **exemplos jurisdicionais** de situações em que se entendeu haver lugar a declaração oficiosa de caducidade temos: a caducidade do direito de requerer a falência[7]; a caducidade do registo de marcas para exportação[8]; a caducidade do direito previsto no 225.º do CPP, relativo ao direito de indemnização por prisão preventiva manifestamente ilegal[9]; a caducidade do direito de pedir o reconhecimento da paternidade ilegítima[10]; em todos estes casos dominam valores e, concretamente, posições jurídicas que transcendem a esfera do interessado na (não-) caducidade.

5 Tratando-se de posições indisponíveis, a não-invocação da caducidade poderia traduzir uma forma de prescindir delas; precisamente o que a lei não pretende[11]. O conhecimento oficioso permite ultrapassar o problema.

6 **4. Em matéria disponível**, o 331.º/2 remete para o 303.º. Segundo este preceito, o tribunal não pode suprir, de ofício, a prescrição: esta deve ser invocada, judicial ou extrajudicialmente, por aquele a quem aproveita, pelo seu representante ou, tratando-se de incapaz, pelo MP. Ficam abrangidas pela regra da não-oficiosidade[12]: (1) as caducidades impostas por lei mas relativas a direitos disponíveis: normalmente, de natureza patrimonial; (2) as caducidades fixadas por convenção entre as partes.

[1] Adriano Vaz Serra, *Prescrição extintiva e caducidade*, BMJ 107, 300-301.

[2] *1.ª Revisão*, 127.

[3] *2.ª Revisão*, 131-132; seguiu a *Revisão intercalar* (317.º), 123-124.

[4] *Projecto*, 97.

[5] Não tem, pois, de ser invocada pelas partes: RLx 24-nov.-1980 (Pedro Macedo), CJ V (1980) 5, 56-57 (57/II).

[6] E logo, também na fase dos recursos, como se infere, *a contrario*, de STJ 1-jun.-1988 (Baltazar Coelho), BMJ 378 (1988), 728-733 (731).

[7] RPt 2-mar.-1999 (Ferreira de Seabra), BMJ 485 (1999), 485/II (o sumário).

[8] STJ 26-out.-1999 (Garcia Marques), BMJ 490 (1999), 250-255 (255/II).

[9] RLx 3-fev.-2004 (Tomé Gomes), CJ XXIX (2004) 1, 98-100 (99/I, citando outra jurisprudência).

[10] RPt 2-jul.-1971 (s/ind. relator), BMJ 209 (1971), 193.

[11] STJ 4-jul.-2019 (Paulo S´´á), Proc. 4374/17.

[12] REv 21-mar.-1998 (António da Silva Gonçalves), BMJ 477 (1998), 588 (o sumário); RPt 4-nov.-2019 (Paula Leal de Carvalho), Proc. 1989/16.

SUBTÍTULO IV – Do exercício e tutela dos direitos

CAPITULO I – Disposições gerais

Artigo 334.º – Abuso do direito

É ilegítimo o exercício de um direito, quando o titular exceda manifestamente os limites impostos pela boa-fé, pelos bons costumes ou pelo fim social ou económico desse direito.

Bibliografia: Adriano Vaz Serra, *Abuso do direito (em matéria de responsabilidade civil)*, BMJ 85 (1959), 243-343; António Menezes Cordeiro, *Da boa fé no Direito civil* (1984, 7.ª reimp., 2017), 661-901; *idem*, *Do abuso do direito: estado das questões e perspectivas*, ROA 2005, 327-385; *idem*, *Litigância de má-fé, abuso do direito de ação e culpa "in agendo"*, 3.ª ed. (2014), 89-147; *idem*, *Tratado de Direito civil*, V, 3.ª ed. (2018), 271-421; Tito Arantes, *Do abuso do direito e da sua repercussão em Portugal/Ensaio jurídico* (1936), 108 pp.; a bibliografia nacional e estrangeira é inabarcável; indicações mais completas constam das nossas obras, acima referidas.

Índice

I – Terminologia e método

1 **1. Terminologia**: o abuso do direito exprime, em português, o exercício inadmissível de posições jurídicas, isto é, a atuação formalmente concorde com as normas, mas substantivamente contrária aos valores fundamentais da ordem jurídica.

2 No abuso do direito não há, necessariamente, um direito: apenas uma posição jurídica atuada em termos axiologicamente inadmissíveis.

3 **2. Método**. O abuso do direito constitui, hoje, um instituto sedimentado e experiente, apoiado em milhares de decisões dos nossos tribunais superiores. Na sua origem estiveram questões concretas, solucionadas na base de expedientes linguísticos: exercício clamorosamente injusto, profundamente contrário aos sentimentos básicos e expediente inaceitável à luz dos valores elementares, como exemplos.

4 Com a evolução da Ciência do Direito, as decisões foram reagrupadas em grandes constelações de casos, ordenados em subinstitutos assentes em parâmetros cada vez mais precisos e de funcionamento previsível.

5 O estudo do abuso faz-se na base de jurisprudência, recorrendo às virtualidades que o atual pensamento sistemático possibilita. As obras antigas devem ser respeitadas: mas não faz sentido decidir na base de citações anteriores a 1966. O 334.º não é aplicável à luz do que nele se lê: antes implica uma remissão para uma Ciência do Direito evoluída, atual e sensível às questões que, na base, exigem a sua intervenção.

II – Origem e evolução

6 **3. Origem**. No Direito romano surgem manifestações parcelares do abuso: (1) a *aemulatio* ou exercício sem utilidade própria, com a intenção de prejudicar outrem; (2) a *exceptio doli*, na modalidade de *exceptio doli praesentis* ou *generalis*[1], capaz de deter a pessoa que se apresentasse maldosamente em juízo; (3) a *temeritas* processual, próxima da litigância de má-fé. Ao longo do

[1] A *exceptio doli praeteritis* ou *specialis* enfrentava o dolo perpetrado na celebração do contrato; é a antepassada do 253.º.

[2] José Dias Ferreira, *Codigo Civil portuguez annotado*, I, 1.ª ed. (1870), 35 e 2.ª ed. (1984), 24. O 13.º dispunha:

> Quem, em conformidade com a lei, exerce o proprio direito, não responde pelos prejuizos que possam resultar d'esse mesmo exercicio.

José Dias Ferreira considerava este preceito como "escusado n'um livro de leis".

período intermédio, os textos romanos foram usados, em termos periféricos. Apenas depois da dogmatização do direito subjetivo foi possível retomar a ideia de abuso.

4. A **tradição francesa** admitia o abuso por via jurisprudencial: no caso da chaminé falsa de Colmar (1855), condenou-se o proprietário que edificara uma construção apenas para tapar a janela do vizinho; no dos dirigíveis de Compiègne (1917), o dono do terreno que colocou espigões de ferro para furar os balões construídos pelo vizinho. Mais tarde, o conceito desenvolveu-se com base na *faute*, rumo à responsabilidade civil. 7

5. A **tradição alemã** aproveitou a *exceptio doli* e sancionou a chicana: o exercício do direito apenas para provocar danos a outrem. Esta figura foi acolhida no § 226 do BGB, com escassa aplicação. Tentou-se, depois, a via dos bons costumes (§ 826), apenas possível em face do dolo e com êxito na Áustria. Finalmente e através de várias figuras parcelares, como o *venire contra factum proprium*, a *suppressio* e o *tu quoque*, considerou-se exercício inadmissível o que contrariasse a boa-fé. 8

6. A **receção em Portugal**: o 13.º do CS[2] consagrava, expressamente, o brocardo *qui suo iure utitur neminem ledit*: o que levou autores importantes, como Guilherme Moreira[3] e Teixeira de Abreu[4], a restringir a introdução do instituto. A doutrina veio, depois, fazer declarações de princípio favoráveis, com relevo para José Tavares[5], Cunha Gonçalves[6] e Cabral de Moncada[7]. Outros autores tomaram idênticas posturas, procurando minimizar o efeito negativo do 13.º do CS[8]. Houve um fundo favorável ao abuso do direito em Portugal, ainda que sem bases jurídico-científicas. O 334.º repousa, todavia, numa receção mais ampla, devida a Vaz Serra. 9

III – Os preparatórios

7. Vaz Serra foi o autor do anteprojeto relativo ao abuso do direito[9]. Tratava-o em oito artigos, extensos, num total de trinta e quatro números. Encarou: (1) o ato intencional manifestamente contrário à consciência jurídica dominante na coletividade social (1.º)[10]; (2) uma série de aplicações desse tipo de atos, entendidos como abusivos, com inclusão da *exceptio doli*[11], da violação da obrigação por terceiro[12], da chicana[13] e da nulidade formal abusiva (2.º); (3) o ato 10

[3] Guilherme Moreira, *Instituições de Direito Civil*, 1 (1907), 632-639; este Autor faz uma referência ao problema, tal como se punha na época. Apenas admite a aplicação do "abuso" nos casos em que o exercício do direito vise prejudicar outrem sem que, de todo, o agente possa demonstrar que visava, também, o interesse próprio. Guilherme Moreira refere o tema, ainda, em *Estudos sobre a responsabilidade civil*, RLJ 39 (1906), 337-339, 353-356 e *passim* (339) e, provavelmente, na RLJ 44 (1912), 460-462 (461-462), em resposta, não assinada, a uma consulta.

[4] Teixeira de Abreu, *Curso de Direito civil* (1910), 213.

[5] José Tavares, *Princípios fundamentais de Direito civil*, 1, 2.ª ed. (1929), 542-543.

[6] Cunha Gonçalves, *Tratado de Direito civil*, 1 (1929), 423-451, com uma atenção especial às relações de vizinhança e ao Direito comparado.

[7] Cabral de Moncada, *Lições de Direito civil*, 2, 3.ª ed. (1958), 354, nota 1.

[8] Tito Arantes, *Do abuso do direito e da sua repercussão em Portugal* (1936), 91 ss. e Gândara de Oliveira, *Da teoria do abuso do direito em face do Código Civil português*, GadvRLd (1942), 13-18 (15 ss.).

[9] Adriano Vaz Serra, *Abuso do direito (em matéria de responsabilidade civil)*, BMJ 85 (1959), 243-343.

[10] A "consciência jurídica dominante" corresponde ao "sentimento jurídico dominante", do agrado de Manuel de Andrade, *Teoria geral das Obrigações*, 3.ª ed. (1966), 63-64; este Autor em *Sobre a validade das cláusulas de liquidação de partes sociais pelo último balanço*, RLJ 87 (1955), 305-309 (307), fala nas injustiças clamorosas que se apresentem, no caso concreto, "... intoleravelmente ofensiva do nosso sentido ético-jurídico ..." e em *Algumas questões em matéria de "injúrias graves" como fundamento de divórcio*, sep. RLJ 88 (1956), 73, num "... verdadeiro escândalo para o nosso sentido ético-jurídico ...".

[11] Mas uma *exceptio doli* limitada, uma vez que permitiria, apenas, enfrentar a invocação da perda de um direito de outrem por aquele que dolosamente a provocou (n.º 1) e a "obtenção astuciosa de sentença ou de outras decisões judiciais injustas, mediante atos antijurídicos ou afirmações conhecidamente falsas".

[12] Formulada com cautela: o terceiro, para incorrer em abuso, teria de cooperar conscientemente na violação de uma obrigação alheia, em circunstâncias especialmente

clamorosamente ofensivo da consciência jurídica dominante, embora sem a intenção exigida no 1.º e o ato contrário ao fim do direito[14] (3.º); (4) a dedução judicial de pretensão ou oposição sem fundamento, conhecidamente ou por negligência e o recurso a certas práticas condenáveis, no decurso do litígio (4.º)[15]; (5) a queixa, denúncia ou acusação criminal e o testemunho, quando feitos de modo inexato de má-fé ou culposamente[16] (5.º); (6) os conselhos, recomendações e informações[17] (6.º); (7) as publicações[18] (7.º); (8) novamente a *exceptio doli*, o *venire contra factum proprium* e a *suppressio*[19] (8.º).

11 Em conjunto com hipóteses meramente delituais – pense-se nas queixa, denúncia ou acusação criminais, feitas "de má-fé ou culposamente" ou nos conselhos, recomendações e informações – Vaz Serra alinhou, de facto, uma série de manifestações de exercício inadmissível do direito, tal como eram isoladas nas doutrina e jurisprudência alemãs.

12 **8. Revisões ministeriais**. O anteprojeto Vaz Serra, simplificado pelo próprio na versão resumida do Direito das obrigações[20], foi profundamente alterado nas revisões ministeriais. Na 1.ª Revisão, foi substituído pelo 297.º:

> O exercício de um direito, com a consciência de lesar outrem através de factos que contrariem os princípios éticos fundamentais do sistema jurídico, obriga a indemnizar os danos direta ou indiretamente causados[21].

13 Note-se a perspetivação da figura pelo prisma da responsabilidade civil, a sua subordinação ao entendimento moral do abuso do direito e a exigência de um elemento subjetivo, tra-

graves e chocantes para a consciência social. Esta orientação deve ser aproximada das propostas de Vaz Serra, que não vingaram, no sentido da consagração explícita da chamada eficácia externa dos créditos, com a possibilidade, apenas, de haver abuso do direito, por parte do terceiro; Vaz Serra, *Responsabilidade de terceiros no não-cumprimento de obrigações*, BMJ 85 (1959), 345-360 (355 ss.) = *Responsabilidade civil* (1959), 338.

[13] A chicana não vinha, porém, expressa em termos objetivos, tal como a doutrina alemã dominante a entende na linguagem do § 226 BGB. Vaz Serra falou em "... acto praticado com o fim exclusivo de prejudicar outrem" (n.º 4) o que, conjugado, para mais, com o requisito da intencionalidade proposto no 1.º/1 do projeto, indiciava o fim subjetivo do agente.

[14] N.ºs 1 e 2, respetivamente. No caso do ato contrário ao fim do direito, haveria abuso ainda que, da sua prática, resultasse utilidade para o autor; ressalvava-se, porém, a hipótese de o ato, embora contrário, satisfazer também o fim legal, desde que não ofendesse clamorosamente a consciência social dominante.

[15] A indemnização devida em tais casos era minuciosamente tratada, prevendo-se a hipótese da responsabilidade do mandatário judicial (n.º 4).

[16] Previam-se, ainda, embora em conexão duvidosa com o abuso do direito, determinadas pretensões a favor de pessoas injustamente condenadas ou detidas (n.ºs 3 e 4).

[17] A conexão com o abuso do direito é, também aqui, duvidosa. Fazia-se, porém, menção à hipótese de o conselho, recomendação ou informação serem dados "... com a intenção de prejudicar e com ofensa manifesta da consciência social dominante, nos termos do artigo 1.º ...", o que poderia ser uma base de ligação.

[18] Era, de certo modo, o tratamento do chamado abuso de liberdade de imprensa, conectado, por alguma doutrina, com o abuso do direito.

[19] O preceito proposto subordina-se à epígrafe "aquisição ou exercício contrário à boa-fé": previa-se a aquisição ou o exercício de um direito contrário à boa-fé a combater pela (*sic*) "exceção de aquisição ou exercício contrário à boa-fé", e que parecem, com clareza, ser as *exceptiones doli, specialis* e *generalis*, respetivamente. Vaz Serra especificava ainda a utilização da *exceptio* pelo autor, contra uma *exceptio* apresentada, pelo réu, de má-fé – a réplica de ofensa à boa-fé –, a exigência do que deva ser logo restituído, o comportamento contraditório com a atuação anterior, quando esta, objetivamente interpretada de acordo com a lei, os bons costumes ou a boa-fé, justificasse a convicção de que não se faria valer o direito – esta formulação traduz, numa das suas construções, a situação jurídica conhecida por *venire contra factum proprium* – ou quando o exercício ulterior desse direito ofenda os bons costumes ou a boa-fé – e desta feita, depara-se uma fórmula que exprime a *suppressio*, num dos seus entendimentos, também.

[20] Vaz Serra, *Direito das Obrigações (parte resumida)*, BMJ 101 (1960), 15-408 (116-117, artigo 735.º): limitava o articulado aos 1.º, 3.º e 6.º do primeiro anteprojeto, com algumas alterações.

[21] *1.ª Revisão*, 129.

duzido na expressão "consciência de lesar outrem". Do modelo alemão passava-se, deste modo, radicalmente e sem estudos de apoio, ao francês puro, na sua versão subjetiva.

Na 2.ª Revisão, o preceito foi muito modificado, surgindo, praticamente, com a configura- 14
ção do projeto[22] e, depois, no próprio Código em si. As referências, agora feitas, à "boa-fé" e aos "bons costumes", apontam, numa primeira leitura, de novo para o modelo alemão. O caso é mais complicado: a 2.ª Revisão acolheu, quase sem alterações o 281.º do Código Civil grego.

9. O 281.º do Código Civil grego dispõe[23]: 15

> O exercício é proibido quando exceda manifestamente os limites postos pela boa-fé, pelos bons costumes ou pelo escopo social ou económico do direito.

O preceito foi elaborado por Giorgios Maridakis (1890-1979). Jurista de formação ger- 16
mânica, Maridakis retirou a referência à boa-fé da doutrina alemã, aos bons costumes da doutrina austríaca, ao "escopo" do projeto franco-italiano das obrigações (1927) (74.º/2) e ao "manifestamente" do Código Civil suíço (2.º/2).

A amálgama daqui resultante, literariamente atraente, foi transposta pela Revisão inter- 17
calar de 1964 (318.º) e, depois, pela 2.ª Revisão ministerial, sem justificações conhecidas. Ela obriga a uma desconstrução, de modo a permitir uma doutrina coerente do abuso do direito[24].

IV – A implantação jurisprudencial

10. As fases. O abuso do direito é um instituto corrente, diariamente aplicado nos nossos tri- 18
bunais. Tal sucedeu na sequência de uma progressão que poderemos indiciar em cinco fases: (1) a fase pré-científica (anterior a 1966); (2) a fase exegético-pontual (de 1967 a 1984); (3) a fase da implantação (1985 a 1990); (4) a fase da expansão (1991 a 2000); (5) a fase do afinamento (2001 em diante).

Trata-se de fases detetáveis, apenas, a nível global. 19

11. Pré-científica (antes de 1966) foi contemporânea do CS, cujo 13.º, já referido, travou a 20
radicação do abuso do direito. Documentam-se, contudo, três decisões:

> *RCb 26-mai.-1928*, condenou um proprietário a elevar de metro e meio uma chaminé que emitia fumos incómodos para o vizinho[25];
>
> *STJ 27-jan.-1933*, considerou abusiva a construção sobre um muro comum, de uma sapata e de uma calha, fonte de infiltrações no prédio vizinho[26];
>
> *RLx 30-jun.-1951*: não pode um senhorio pedir a um arrendatário que subloque parte da coisa a terceiro e, depois, invocando falta de autorização escrita, mover um despejo[27]; dir-se-ia, hoje, haver *venire contra factum proprium*.

12. **Fase exegético-pontual (1967-1984)**. Após a entrada em vigor do Código, a situação 21
não se modificou. Surgem numerosas decisões que ponderam o abuso do direito, mas sem o

[22] *2.ª Revisão* (334.º), 132; *Projecto* (334.º), 97. A viragem para o 281.º do Código grego, abaixo referida, ocorreu na *Revisão intercalar* de 1964 (318.º); *vide*, aí, 124.

[23] O Código Civil grego pode ser consultado na tradução alemã de Demetrios Gogos, *Das Zivilgesetzbuch von Griechenland (1940)* (1951, reimp., 2016), VIII + 308 pp. (31), e na tradução francesa de Pierre Mamopoulos, *Code civil hellénique* (1956), 411 pp. (44). O mosaico subjacente ao 281.º do Código grego é apontado na própria doutrina helénica.

[24] *Infra*, anot. 27-35.

[25] RCb 26-mai.-1928, BFD 11 (1930), 133-171, anot. Teixeira de Abreu, *Da construção de chaminés, idem*, 171-204, crítico.

[26] STJ 27-jan.-1933 (B. Veiga), RLJ 65 (1933), 381-382.

[27] RLx 30-jun.-1951 (Eduardo Coimbra), BMJ 39 (1952), 338-345 (344); o abuso do direito é, aí, derivado dos 14.º e 15.º do Código de Seabra, relativos à colisão de direitos.

aplicar[28]. Os nossos tribunais superiores tentavam interpretar o 334.º em moldes exegéticos de modo a, dele, retirar material útil. Não era possível, pelo que, durante longos anos, o preceito teve escassa concretização. Registaram-se interessantes casos de aplicação pontual:

RLd 17-jul.-1970: um senhorio estimula a instalação de uma indústria doméstica, por parte do inquilino; depois e com esse fundamento, intenta uma ação de despejo; há abuso do direito por *venire contra factum proprium*[29];

RLx 13-dez.-1976: movido um despejo por não pagamento de uma renda de 800$00, verifica-se que o inquilino sacara um cheque nesse montante, quando dispunha de um saldo de 795$60, completado nesse mesmo dia: o despejo foi negado por abuso[30];

STJ 2-mar.-1978: três irmãos, através de uma sociedade, constroem três residências: uma para cada; um deles cai em desgraça: a sociedade vem reivindicar a fração a ele destinada, pedindo a sua entrega, julgou-se esta prática como abusiva[31];

STJ 26-mar.-1980: um proprietário reconstrói o seu edifício, deixando exposto o muro do edifício contíguo; promete obras de resguardo, que não faz; entendeu-se haver uma prática abusiva[32];

RPt 3-fev.-1981: um armazém arrendado deixa entrar água; instado, o senhorio não faz obras; o arrendatário evacua o local: o senhorio move um despejo por desocupação: há abuso, pois serve-se ele "... do seu ilícito em proveito próprio exclusivo"[33];

STJ 31-mar.-1981: foi deliberado, sem formalismos, arbitrar certa remuneração à sócia-gerente de uma sociedade; depois, vem a sociedade exigir a restituição do total assim pago: há abuso[34].

22 Estes cinco casos, conquanto que quase isolados, permitem, no longo período a que se reportam, ilustrar situações de *venire contra factum proprium* (RLd 17-jul.-1970 e STJ 2-mar.-1978), de desequilíbrio no exercício (RLx 17-dez.-1976), de *surrectio* (STJ 26-mar.-1980), de *tu quoque* (RPt 3-fev.-1981) e de inalegabilidade formal (STJ 31-mar.-1981). Apesar de escassas, as espécies relatadas mostram a erupção pontual de uma problemática antes desconhecida[35].

23 **13. Implantação (1985-1990)**: a concretização do abuso do direito passa a fazer-se a um ritmo crescente. Nesse sentido jogaram a renovação dos quadros de magistrados dos tribunais superiores e a difusão de elementos jurídico-científicos favoráveis a uma aplicação alargada do instituto[36]. Até 1990, temos cerca de 50 acórdãos relevantes. Documentam-se, com interesse, os diversos tipos de concretização do abuso do direito[37].

24 **14. Expansão (1991-2000)**. O abuso do direito é apreciado e ponderado correntemente, nas mais diversas situações. Contabilizámos mais de 250 acórdãos publicados nesse período, sobre abuso do direito[38]. A jurisprudência portuguesa ficou ao nível da alemã, no que toca à concretização da boa-fé e das condutas inadmissíveis. Ela permite, ainda, isolar algumas linhas de força:

[28] *Vide* as espécies citadas em *Da boa fé*, 886 (895-897).

[29] RLd 17-jul.-1970 (Manuel Fernandes Mota), AcRLd 1970, 492-496 (493-494).

[30] RLx 17-dez.-1976 (Correia de Paiva), BMJ 264 (1977), 234 (o sumário).

[31] STJ 2-mar.-1978 (Octávio Dias Garcia), BMJ 275 (1978), 214-219 (216-218) = RLJ 111 (1979), 291-294 (292-294), anot. Vaz Serra, favorável – *idem*, 295-297.

[32] STJ 26-mar.-1980 (Octávio Dias Garcia), RLJ 114 (1981), 35-40 (39-40).

[33] RPt 3-fev.-1981 (Joaquim Carvalho), CJ VI (1981) 1, 146-148 = BMJ 304 (1981), 469 (o sumário).

[34] STJ 31-mar.-1981 (Rui Corte-Real), BMJ 305 (1981), 323-327 (326-327).

[35] Foi neste estádio jurisprudencial que foi escrito *Da boa fé no Direito civil* (1983); *vide*, aí, 895-896, nota 889, o elenco das decisões em que o abuso foi ponderado, sem obter aplicação.

[36] Na base da citações judiciais então verificadas, terá contribuído o nosso *Da boa fé* e, ainda, o importante estudo de João Baptista Machado, *Tutela da confiança e "venire contra factum proprium"* (1985), em *Obras dispersas* 1 (1991), 345-423, surgido pouco depois.

[37] Podem ser confrontados alguns elementos na nossa *Teoria geral do Direito civil*, 1, 2.ª ed. (1989), § 13.º.

[38] *Vide* algumas dessas decisões *infra*, anot. 47 a 87, a propósito dos diversos tipos de atuação abusiva.

(1) houve uma concentração de casos exemplares em torno do *venire contra factum proprium*, com cerca de 20 acórdãos; (2) surgiu uma preocupação em isolar os elementos próprios da tutela da confiança; (3) verificou-se uma tendência clara para objetivar a tutela concedida pelo abuso do direito; (4) admitiu-se a sua ponderação a título oficioso.

15. Afinamento (após 2001). A jurisprudência torna-se menos imediatista e vai, progressi- 25
vamente, abandonando as remissões *ad nutum* para as fórmulas clássicas antigas empoladas, tais como "termos clamorosamente ofensivos da justiça". Afasta-se da exigência do abuso *manifesto*, a favor de ponderações mais precisas. O abuso do direito desliga-se da ideia de "direito subjetivo", surgindo como uma instância geral de controlo dos exercícios jurídicos.

No seu conjunto e contando apenas decisões publicadas, os nossos tribunais superiores 26
terão ponderado o abuso do direito, desde 1967, em milhares[39]. Na base de uma amostragem realizada quanto a acórdãos não publicados, podemos considerar que os números absolutos ultrapassaram os cinco milhares: quiçá mesmo os quinze mil. Em muitos deles o abuso do direito, embora analisado, não foi constatado. Mas o seu papel mantém-se. Em definitivo: qualquer processo se sujeita, hoje, a uma sindicância do sistema feita pelo crivo do abuso do direito. Não é de esperar retrocessos. Em boa hora, pois, estamos em face de um dos mais significativos avanços jurídico-científicos desde 1967.

V – A decomposição do 334.º

16. A heterogeneidade do 334.º resulta da transposição do Código grego (281.º). A fórmula 27
de Maridakis representa um mosaico de aportações retiradas de ordenamentos distintos e de diversas épocas históricas. Não é possível uma dogmatização completa e clara. Há que decompor os seus elementos.

17. Decomposição. (1) É **ilegítimo**: o agente mantém-se dono do direito; mas ao abusar, já 28
não tem título bastante; não sendo a ilegitimidade daí resultante sanável ou suprível, podemos equipará-la à ilicitude; de resto, esse é o sentido do 281.º do Código grego.

(2) O **exercício de um direito**: não se trata, apenas, de "direitos" subjetivos; antes de 29
quaisquer posições jurídicas que potenciam condutas, incluindo o cumprimento de deveres; a referência a "abuso do direito" é puramente tradicional.

(3) O **excesso manifesto**: a adjetivação visa um apoio vocabular; hoje, já não é neces- 30
sária, embora dê solenidade à figura.

(4) **Limites da boa-fé**: são os derivados dos valores fundamentais do sistema, sendo 31
concretizados através dos princípios: (a) da tutela da confiança e (b) da primazia da materialidade subjacente.

(a) **Tutela da confiança**: a pessoa colocada numa situação de crença legítima, devida- 32
mente justificada no plano social e pessoal, em termos que o levem a desenvolver uma atividade significativa que não possa, sem dano, ser revertida (o investimento de confiança) é protegida, devendo essa proteção ser encabeçada por quem tenha dado azo à confiança em causa.

(b) A **primazia da materialidade subjacente** recorda que o Direito visa efetivar solu- 33
ções substanciais, em detrimento de meras conformações formais com os seus comandos.

(5) **Bons costumes**: correspondem a regras de conduta sexual e familiar aceites na socie-
dade e a códigos deontológicos vigentes em certos sectores (advogados, médicos ou jornalistas, 34

[39] No sítio *blook*, em dezembro de 2019, "abuso do direito" em jurisprudência lista 10.537 acórdãos de todos os tribunais: STJ, 2729; RCb, 761; REv, 536; RGm, 764; RLx, 2.071; RPt, 2.040; surgem, ainda, decisões dos tribunais administrativos e do TJE.

como exemplos); a violação dos bons costumes dá lugar à ilicitude comum e não a abuso do direito.

35 (6) **Fim social ou económico**: implica interpretar a norma que conceda o direito; caso esta tenha um sentido funcional, a sua ultrapassagem dá azo a uma atuação estranha ao direito considerado, o que não é, tecnicamente, um abuso: apenas uma violação das normas que restrinjam o exercício ou lhe cometam funções.

36 **18. Boa-fé e tipos abusivos**. O abuso do direito, na linha romano-germânica do atual Direito lusófono, deve ser reconduzido à boa-fé: o elemento dominante no mosaico do 334.º. Partindo das linhas reitoras da jurisprudência, conjugada com o desenvolvimento sistemático dos finais do séc. XX, em aprofundamento no presente séc. XXI, o abuso é tratado em grandes tipos de atos abusivos: (1) *venire contra factum proprium*; (2) inalegabilidades formais; (3) *suppressio*; (4) *tu quoque*; (5) desequilíbrio no exercício. Estas figuras, justamente por serem meros tipos, podem ocorrer em sobreposição: uma mesma conduta abusiva é suscetível de integrar vários deles.

37 **19. Excurso relativo à boa-fé**[40]. No Direito romano antigo, a *fides*, personificada na deusa desse nome, representava a lealdade à palavra dada. A sua banalização retirou-lhe impressividade, ficando o termo disponível. No séc. II a. C., o pretor criou novas ações contratuais, à margem do anterior formalismo: para lhes dar verosimilhança, apoiou-os na *fides* reforçada com o adjetivo *bona*. A *bona fides* está na base dos contratos básicos: compra e venda, locação, sociedade e mandato, num primeiro tempo. Concluída a sua missão, a *bona fides* ficou novamente disponível: foi usada num contexto diferente, para designar, na usucapião e na acessão, a situação de quem, sem culpa, ignore lesar o direito alheio: a boa-fé subjetiva. No final do Império, a *bona fides* contratual ("objetiva") estava diluída, tendo-se miscigenado com conceitos romanos como o *bonum et aequum* e gregos, como a *aequitas*.

38 A *bona fides* subjetiva conservou o sentido próprio de ignorância não-culpada, sendo este último ponto reforçado pelo canonismo. A objetiva manteve a linha de um princípio aprazível, pouco concretizável. Foi enriquecida com aportações germânicas (respeito pela palavra exterior e pela aparência) e canónicas (dimensão ética e ausência de pecado).

39 Na codificação francesa (1804), a boa-fé objetiva apenas tinha um vago sentido de reforço dos contratos, sem projeções práticas. Já na Alemanha, a evolução foi diversa: confrontados com o surto económico do séc. XIX e privados de códigos, os tribunais passaram a decidir de acordo com o bom senso e as boas práticas, invocando a *bona fides*. Esta foi usada para colmatar lacunas e para enquadrar figuras como a *culpa in contrahendo*.

40 O BGB (1896-1900) acolheu a matéria, distinguindo a boa-fé objetiva (*Treu und Glauben*) e a subjetiva (*guter Glauben*), própria da posse e dos direitos reais. A objetiva ocorre no importante § 242 (o parágrafo real):

> O devedor está adstrito a realizar a prestação de acordo com o requerido pela boa-fé com consideração pelos costumes do tráfego.

41 Na base deste preceito, ao longo do séc. XX, desenvolveram-se os institutos do abuso do direito, da alteração das circunstâncias, da *culpa in contrahendo* e dos deveres acessórios: só encontraram consagração expressa na grande reforma de 2001[41]. Por seu turno, o Código francês,

[40] Quanto à evolução histórica: o nosso *Da boa fé*, 53 ss..

[41] O nosso *A modernização do Direito das obrigações*, I, ROA 2002, 91-110.

após mais de dois séculos de aplicação à margem da boa-fé, veio receber esses mesmos institutos, na grande reforma de 2016[42].

No Direito português, a boa-fé objetiva foi ganhando espaço à medida que se intensificou a viragem para o âmbito de influência romano-germânica. A evolução ficou sedimentada no Código de 1966: 227.º/1 (*culpa in contrahendo*), 239.º (integração dos negócios), 334.º (abuso do direito), 437.º/1 (alteração das circunstâncias) e 762.º/2 (deveres acessórios). Todos esses institutos conhecem, hoje, uma aplicação corrente e segura, com destaque para o abuso do direito. 42

A boa-fé permite, aos tribunais, em qualquer situação, decidir de acordo com parâmetros jurídico-científicos, firmes e previsíveis, que permitam transcender formalismos e, até, incongruências legislativas. A boa-fé ora complementa, ora supera, ora corrige e ora integra as diversas decisões jurídicas. 43

VI – *Venire contra factum proprium* (vcfp ou *venire*) [43]

20. Sentido e origem. O vcfp exprime o exercício de uma posição jurídica em contradição com uma conduta antes assumida ou proclamada pelo agente. A conduta sinuosa é socialmente desprimorosa, pondo em causa a credibilidade do agente e fazendo oscilar a confiança nas relações humanas. O Direito proíbe condutas contraditórias: mas apenas em certas circunstâncias, historicamente reunidas em torno da boa-fé e do abuso do direito. Não se pretende um colete de forças, à margem da contratação normal. 44

No Direito romano surgiram manifestações escassas do *venire*. A origem do brocardo vcfp não é clara: apenas a canonística terá aditado o final *nulli conceditur*, que sela a proibição. A ideia foi retomada pela Glosa e referenciada por Bártolo (1313-1357). Uma generalização deveu-se a Samuel Stryk (1640-1710), sem sequência. Somente no princípio do séc. XX, Erwin Riezler (1873-1953) estudou o vcfp (1912), em termos de generalidade, sendo depois desenvolvido pela doutrina e pela jurisprudência, com reflexos em Itália e em Portugal. 45

21. Modalidades. O *venire* assenta, estruturalmente, em duas condutas: a segunda contradiz a primeira. (1) No positivo, o agente gera a convicção de que não irá praticar certo ato e, depois, pratica-o. (2) No negativo, o agente anuncia certa conduta e, subsequentemente, nega-a. Em qualquer caso, só há vcfp quando o *factum proprium* não possa ser reconduzido a uma declaração negocial ou a um comportamento concludente. 46

(1) No ***venire* positivo**, subdistinguimos: (a) **Direitos potestativos**: 47

RCb 30-jun.-1994: há abuso, por *venire*, por parte do trabalhador que, aprovando um plano de recuperação da empresa de onde decorre uma moratória, venha depois rescindir o contrato, invocando salários em atraso[44];

RCb 31-mar.-1998: é *venire* vir resolver um arrendamento por não pagamento de rendas quando, durante três anos, o inquilino depositou, sem problemas, a renda em local diferente do devido[45].

(b) **Direitos comuns**: 48

STJ 25-mai.-1999: surge um *venire* quando alguém deixe colocar botijas de gás no estabelecimento e, depois, mande retirá-las[46];

[42] O nosso *A reforma francesa do Direito das obrigações (2016)*, RDC 2017, 9-29.

[43] *Da boa fé*, 742 ss.; *Tratado*, V, 3.ª ed., 307 ss..

[44] RCb 30-jun.-1994 (Sousa Lamas), CJ XIX (1994) 3, 70-73 (73).

[45] RCb 31-mar.-1998 (Serra Baptista), CJ XXIII (1998) 2, 41-46 (45/II).

[46] STJ 25-mai.-1999 (Fernandes Magalhães), CJ/Supremo VII (1999) 2, 116-118 (118/II).

RPt 9-mar.-2000: *idem*, na hipótese de um proprietário autorizar determinadas plantações e vir, depois, exigir a entrega dos terrenos[47].

49 (c) **Liberdades gerais**:

STJ 5-mar.-1996: há *venire* quando se prometa vender uma fração e, depois, se venda a terceiros o prédio todo[48];

STJ 20-jan.-1999: *idem*, no caso de alguém, num processo, alterar o pedido e a causa de pedir, pondo em causa a relação material litigada[49].

50 (2) No ***venire* negativo**, alguém, conhecendo uma invalidade, anuncia que não irá invocá-la e, depois, alega-a. Assim:

RCb 28-jun.-1994: há *venire* quando o vendedor, decorrido o prazo de caducidade, aceita perante o comprador reparar a coisa e, depois, na ação por este proposta, invoque a exceção de caducidade da garantia[50];

STJ 12-nov.-1998: é abusivo, por *venire*, invocar a invalidade atípica do artigo 410.º/3, depois de a haver provocado[51].

51 **22. Doutrinas**. O vcfp deve ser sancionado: mas apenas quando injustificado e em circunstâncias ponderosas. Ocorrem quatro teorias: (1) **A da boa-fé**: a qual seria ofendida pelo vcfp; assim é: todavia, a boa-fé apenas confere, ao juiz, liberdade para sancionar o abuso e o *venire*, dando corpo ao sentimento geral de justiça; não confere coordenadas dogmáticas de decisão.

52 (2) **A da confiança**: a proibição de *venire* visa proteger a confiança de quem adira ao *factum proprium*; assim é: cabe, agora, precisar os termos da tutela.

53 (3) **A do negócio jurídico**, que decorreria do *factum* e ao qual o agente ficaria vinculado; sendo possível apurar declarações confluentes de vontade, ainda que tácitas e não havendo óbices formais, caímos no negócio; mas o vcfp opera, precisamente, quando esse não seja o caso.

54 (4) **A da dissolução** do vcfp: parte de uma noção alargada de autonomia privada; esta pode ocorrer desde que uma postura seja sociologicamente relevante e mereça adesão. A recondução do *venire* à autonomia será viável num plano muito elevado de abstração; o regime aplicável é diferenciado, justificando a manutenção da figura.

55 **23.** A **concretização da confiança** assenta num modelo que joga com quatro proposições[52]: (1) uma situação de confiança conforme com o sistema e traduzida na boa-fé subjetiva e ética, própria da pessoa que, sem violar os deveres de cuidado que ao caso caibam, ignore estar a lesar posições alheias; (2) uma justificação para essa confiança, expressa na presença de elementos objetivos capazes de, em abstrato, provocar uma crença plausível; (3) um investimento de con-

[47] RPt 9-mar.-2000 (João Bernardo), CJ XXV (2000) 2, 190-195 (194/I).

[48] STJ 5-mar.-1996 (Miranda Gusmão), CJ/Supremo IV (1996) 1, 115-118 (118).

[49] STJ 20-jan.-1999 (Nascimento Costa), CJ/Supremo VII (1999) 1, 50-53 (52/I).

[50] RCb 28-jun.-1994 (Mário Pereira), CJ XIX (1994) 3, 41-43 (43).

[51] STJ 12-nov.-1998 (Quirino Soares), CJ/Supremo VI (1998) 3, 110-112 = ROA 1998, 929-967, anot. Menezes Cordeiro, desfavorável: a proposição está certa; porém, a aplicação feita, nesse caso, não teve em conta determinados elementos que indicariam outra solução.

[52] Este enunciado (*Da boa fé*, 443 ss., 742 ss. e 1243 ss.) tem sido, com flutuações, acolhido na jurisprudência; p. ex., STJ 5-set.-2017 (Fonseca Ramos), Proc. 281/16 (no texto); STJ 18-set.-2018 (António Joaquim Piçarra), Proc. 4051/10 (no texto); RCb 16-out.-2018 (Moreira do Carmo), Proc. 2793/16; RPt 8-mar.-2019 (Carlos Portela), Proc. 539/16 (no texto); RCb 10-jul.-2019 (Alberto Ruço), Proc. 7571/17 (no texto). Decisões anteriores: *Tratado*, I, 4.ª ed. (2012), 971, nota 2601.

fiança consistente em, da parte do sujeito, ter havido um assentar efetivo de atividades jurídicas sobre a crença consubstanciada; (4) a imputação da situação de confiança criada à pessoa que vai ser atingida pela proteção dada ao confiante: tal pessoa, por ação ou omissão, terá dado lugar à entrega do confiante em causa ou ao fator objetivo que a tanto conduziu.

As quatro proposições apontadas articulam-se de acordo com um sistema móvel: não há uma hierarquia entre elas e a presença de alguma ou algumas pode, no concreto, ser dispensada: desde que as restantes assumam um peso suficiente para suportar a decisão. 56

24. Jurisprudência: o vcfp constitui o tipo dominante de abuso do direito, tendo uma larga aplicação jurisprudencial[53]. Passamos a referir apenas as subsequentes a meados de 2017: 57

STJ 3-out.-2017: há abuso do direito, por vcfp, quando se faça uma manfestação de exercício da preferência e, depois, se afirme que não foi feita em cumprimento do 416.º[54];

STJ 19-out.-2017: o simples decurso do tempo e a não-exigência de pagamento a um avalista não geram um *factum proprium* [55];

RCb 9-jan.-2018: a parte que invoque e consiga provar determinado facto não pode, em recurso, dar o dito por não dito: seria um vcfp[56];

RPt 21-fev.-2018: a inobservância de diligências mínimas com vista ao conhecimento do risco assumido pelo segurador implica, sob pena de vcfp, que ele suporte as inerentes consequências[57];

RGm 1-mar.-2018: a falta de imediata reação à violação de um direito próprio não chega para consubstanciar o *venire*[58];

RPt 7-mai.-2018: o segurado que não paga pontualmente um prémio comete vcfp se, tendo transmitido à segurdora e a terceiros a ideia de que pretendia manter o seguro e, depois, invoca a sua não-subsistência para não pagar[59];

STJ 20-jun.-2018: o vcfp exige, para além do decurso de tempo, elementos circunstanciais que melhor alicercem a justificada e legítima confiança da outra parte[60];

RGm 6-dez.-2018: o senhorio acompanha as obras feitas pelo inquilino; não pode invocar, depois, obras não-autorizadas: vcfp[61];

RPt 25-mar.-2019: o vcfp deve ser invocado na fase declarativa da sentença e não na executiva[62];

RGm 2-mai.-2019: ocorre *venire* quando, manifestada claramente a vontade de cessação de uma servidão, esta venha a ser invocada supervenientemente[63];

STJ 23-mai.-2019: configura vcfp questionar a subscrição de um aceite, depois de ela haver sido admitida[64];

RGm 24-out.-2019: age em vcfp o demandado que cria uma situação que retarda a propositura de uma ação de modo a tornar incerta a sua necessidade e, depois, invoca a caducidade da mesma[65];

STJ 21-nov.-2019: todos devem atuar como pessoas de bem de modo a não defraudar as legítimas expectativas e a confiança gerada nos outros, sob pena de *venire*[66].

[53] Decisões anteriores aos finais de 1993: o nosso *Teoria geral do Direito civil*, 1, 2.ª ed. (1994), 377 ss.; daí a meados de 2000: *Tratado*, I/1, 2.ª ed. (2000), 253; daí a meados de 2017, *Tratado*, I, 4.ª ed., 328-331; na *blook*, *venire* obtém 3.931 decisões, das quais 284 do Supremo: o seu alinhamento seria virtualmente inviável.

[54] STJ 3-out.-2017 (Ana Paula Boularot), Proc. 1518/14.

[55] STJ 19-out.-2017 (Rosa Tching), Proc. 1468/11.

[56] RCb 9-jan.-2018 (Moreira do Carmo), Proc. 825/15.

[57] RPt 21-fev.-2018 (Filipe Caroço), Proc. 1069/16.

[58] RGm 1-mar.-2018 (Maria João Matos), Proc. 1920/15.

[59] RPt 7-mai.-2018 (Jorge Seabra), Proc. 13210/16.

[60] STJ 20-jun.-2018 (Ribeiro Cardoso), Proc. 641/15.

[61] RGm 6-dez.-2018 (Margarida Sousa), Proc. 105/16.

[62] RPt 25-mar.-2019 (Nelson Fernandes), Proc. 226/16.

[63] RGm 2-mai.-2019 (Fernando Fernandes Freitas), Proc. 2319/17.

[64] STJ 23-mai.-2019 (Henrique Araújo), Proc. 3589/08.

[65] RGm 24-out.-2019 (Sandra Melo), Proc. 3138/19.

[66] STJ 21-nov.-2019 (Bernardo Domingos), Proc. 1668//17.

VII – Inalegabilidades formais

58 **25. O tipo** das inalegabilidades reporta-se a um subgrupo do *venire*: alguém provoca uma nulidade formal, prevalece-se do contrato nulo daí resultante enquanto lhe convier e, depois, invoca a nulidade. Há abuso. Todavia, a questão não surge linear: a nulidade formal é invocável por qualquer interessado e é declarável de ofício pelo tribunal. Não chega bloquear a invocação pelo agente abusivo: há que "validar" o negócio *ex bona fide*, torneando a norma imperativa que comina a nulidade.

59 A doutrina hesitou. A jurisprudência, confrontada com a necessidade de decidir com justiça determinados casos, avançou, reconhecendo o tipo: ora diretamente, ora invocando o *venire*. A matéria foi acima tratada, em anotação ao 220.º[67]. Para aí se remete[68].

VIII – *Suppressio*

60 **26.** A **designação** foi proposta, por nós, para traduzir o alemão *Verwirkung*[69]. Surgiram outras designações: caducidade, inibição, preclusão, paralisação, perda e decadência: expressões inadequadas, ora por traduzirem outros institutos, ora por quebrarem, sem vantagem, a unidade terminológica, prejudicando a realização jurisprudencial. Esta tem vindo a confluir com a *suppressio*[70]. A inovação faz-se estudando: não mudando palavras.

61 **27. Noção**. A *suppressio* exprime o subinstituto pelo qual a pessoa que, podendo exercer uma posição jurídica, não o faça durante um período de tempo significativo, em termos que levem outrem a acreditar legitimamente em que ela não mais será exercida e, depois, sem justificação a exerça, provocando danos[71].

62 **28. Teorias**. (1) **Negativistas**: a *suppressio* não seria admissível por contundir com as regras da prescrição, de aplicação plena. A consagração jurisprudencial, confrontada com casos reais que exigiam solução, fez perder terreno ao negativismo.

63 (2) **Renúncia**, levada a cabo pelo não-exercente. Esta teoria conduz a uma ficção: o (não) agente omite qualquer conduta e, daí, qualquer manifestação de vontade. Além disso, sempre haveria que acrescentar requisitos junto da outra parte e, designadamente, a aceitação.

64 (3) **Boa-fé**, em especial como modalidade do vcfp. A *suppressio* não teria eficácia extintiva: antes visaria a tutela da confiança da pessoa que, em face da inação, acreditou legitimamente que a posição jurídica não mais seria exercida. Mais do que suprimir um direito, ela iria, antes, provocar um surgimento (*surrectio*), na esfera do beneficiário[72].

65 **29. Pressupostos**, próximos do vcfp, eles seriam os seguintes: (1) um não-exercício prolongado; (2) uma situação de confiança daí derivada, coadjuvada por elementos circundantes que a sustentem; (3) uma justificação para essa confiança; (4) um investimento de confiança; (5) a imputação da confiança ao não exercente.

66 Em termos práticos, a *suppressio* funciona como modalidade de vcfp, na qual o *factum* esteja diluído no tempo, de tal modo que se apresente como uma inação eloquente.

[67] *Supra*, 220.º, anot. 8-15.

[68] Referimos, além da jurisprudência aí citada, STJ 19-set.-2019 (Tomé Gomes), Proc. 3493/16, invocando o vcfp.

[69] *Da boa fé*, 797 ss..

[70] Na *blook*: 185 decisões para *suppressio* (35 do STJ) e 278 para *supressio* (59 do STJ); ambas as grafias estão corretas. *Suppressio* é, ainda, a expressão acolhida na imensa jurisprudência do Brasil.

[71] STJ 4-jul.-2019 (Ana Paula Boularot), Proc. 611/17, no texto.

[72] Propusemos *surrectio* para traduzir o alemão *Erwirkung*: *Da boa fé*, 816 ss.; o termo tem sido geralmente aceite: na contagem da *blook*, a *surrectio* vem referida em 186 acórdãos, do quais 26 do STJ.

[73] *Vide supra*, nota 70.

30. A **jurisprudência**, conquanto que aquém da do vcfp, está hoje documentada em centenas de decisões[73]. Referimos, algumas[74], do último ano: 67

STJ 5-jun.-2018: age com abuso do direito na modalidade da *suppressio* o banco que só ao fim de treze anos deduza execução contra um avalista, já depois de ele ter deixado de ser sócio da subscritora[75]

STJ 5-set.-2018: a inércia, desacompanhada de outras circunstâncias, é insuficiente para alicerçar a *suppressio* [76];

STJ 7-mar.-2019: na *suppressio*, o não-exercício deve ser acompanhado por circunstâncias tais que ele não mais possa ocorrer, sob pena de defraudar a boa-fé[77];

STJ 8-out.-2019: além de outros aspetos, a autora não invocou uma anulabilidade durante um período tão longo que criou nos réus a representação de que ele não mais seria exercido: há abuso na modalidade de *suppressio* [78]

STJ 27-nov.-2019: não há *suppressio* quando o agente, apesar de ter retardado a sua atuação, venha a cumprir um dever funcional; neste caso: o administrador da insolvência[79].

IX – *Tu quoque*

31. A **fórmula** *tu quoque*[80] exprime a máxima pela qual a pessoa que viole uma norma jurídica não pode depois, sem abuso: (1) ou prevalecer-se da situação daí decorrente; (2) ou exercer a posição violada pelo próprio; (3) ou exigir a outrem o acatamento da situação inobservada. Operam brocardos como *turpitudinem suam allegans non auditur* ou *equity must come with clean hands*. 68

A concretização dos brocardos exige cautelas. Fere a sensibilidade, ética e jurídica, que uma pessoa possa desrespeitar um comando e, depois, vir exigir a outrem o seu acatamento. Não é líquido, contudo e sempre *a priori*, que um sujeito venha eximir-se aos seus deveres alegando violações perpetradas por outra pessoa. 69

32. Consagrações parcelares. O Código consigna várias menções a uma proibição de aproveitamento do próprio ilícito. Assim: 70

(1) **126.º**: não tem o direito de invocar a anulabilidade o menor que para praticar o ato, tenha usado de dolo com o fito de se fazer passar por maior ou emancipado;

(2) **275.º/2**: o beneficiário da condição não pode aproveitar-se da sua verificação quando, contra a boa-fé, a tenha provocado; o prejudicado não pode, da mesma forma, beneficiar da não verificação quando, contra a boa-fé, a tenha impedido;

(3) **321.º/2**: a prescrição suspende-se nos últimos três meses do prazo enquanto o titular estiver impedido de exercer o seu direito, em consequência de dolo do obrigado;

(4) **339.º/2**, primeira parte: o agente em estado de necessidade responde pelos danos que cause quando, por sua culpa exclusiva, tenha provocado o perigo;

(5) **342.º/2**, há inversão do ónus da prova quando a parte contrária tiver culposamente tornado impossível a prova do onerado;

(6) **438.º**: a parte lesada por alteração das circunstâncias não pode pedir a resolução ou modificação do contrato, se estava em mora aquando da ocorrência;

[74] Decisões anteriores a 1993, no nosso *Teoria geral*, 1, 2.ª ed., 380 ss.; de 1994 a 2000, *Tratado*, I/1, 2.ª ed., 261; de 2000 a 2017, *Tratado*, V, 3.ª ed., 362-364: todas a título de exemplo.

[75] STJ 5-jun.-2018 (Henrique Araújo), Proc. 10855/15.

[76] STJ 5-set.-2018 (Ribeiro Cardoso), Proc. 64/13.

[77] STJ 7-mar.-2019 (Maria da Graça Trigo), Proc. 299/16.

[78] STJ 8-out.-2019 (Maria João Vaz Tomé), Proc. 3138/10 (no texto).

[79] STJ 27-nov.-2019 (Ana Paula Boularot), Proc. 3327/10.

[80] *Tu quoque* (também tu!) terá sido a exclamação proferida por Júlio César, aquando do seu assassinato, no Senado, dirigindo-se a Bruto e no momento em que se apercebeu de que também ele se encontrava entre os seus assassinos.

(7) **475.º**: não há restituição do enriquecimento quando o autor efetuou a prestação impedindo, contra a boa-fé, a verificação do efeito com ela pretendido;

(8) **525.º/2**: o codevedor solidário não pode opor ao devedor, que satisfez o crédito por inteiro, os meios de defesa que este não tenha usado contra o credor, quando lhe seja imputável essa não-oposição;

(9) **526.º/2**: o benefício da repartição do prejuízo por todos os devedores solidários, quando um deles fique insolvente, não aproveita ao credor do regresso que só por negligência não tenha cobrado a parte do codevedor na obrigação solidária;

(10) **570.º/1**: a culpa do lesado pode reduzir ou excluir a indemnização;

(11) **577.º/2**: o cessionário que viole uma convenção, onde se proíba ou restrinja a possibilidade de cessão, não pode alegar o não ser parte na convenção em causa;

(12) **580.º/2**: as pessoas impedidas de adquirir direitos litigiosos não podem, caso o façam, alegar a nulidade da cessão;

(13) **647.º**: o devedor que consinta no cumprimento pelo fiador e que, injustificadamente, não lhe dê conhecimento dos meios de defesa que poderia opor ao credor, não pode opô-los, depois, contra o fiador;

(14) **756.º, *a*) e *b*)**: a pessoa que tenha obtido por meios ilícitos uma coisa ou que realize de má-fé determinadas despesas não tem o direito de retenção que, de outro modo, lhe assistiria;

(15) **765.º/2**: o devedor que, de boa ou má-fé, preste coisa de que lhe não seja lícito dispor não pode impugnar o cumprimento sem oferecer nova prestação;

(16) **892.º**: na venda de bens alheios, o comprador doloso não pode opor a nulidade ao vendedor de boa-fé;

(17) **1033.º, *c*)**: o locador não responde por vício da coisa, se o defeito for da responsabilidade do locatário;

(18) **1602.º, *d*)**: a condenação anterior de um dos nubentes, como autor ou cúmplice, por homicídio doloso, ainda que não consumado, contra o cônjuge do outro, gera impedimento dirimente relativo;

(19) **1779.º/2** (revogado): na apreciação dos factos que possam constituir causa de divórcio, o tribunal devia apreciar a culpa suscetível de ser imputada ao requerente;

(20) **2034.º, *a*), *b*) e *d*)**: é incapaz, por indignidade, para suceder, o condenado por homicídio doloso contra o autor da sucessão, o que, por meio de dolo ou coação induzir o autor a fazer, revogar ou modificar o testamento, ou disso o impediu e o que, dolosamente, subtraiu, ocultou, inutilizou, falsificou ou suprimiu o testamento, antes ou depois da morte do autor da sucessão, ou se aproveitou de algum desses factos.

71 **33. Generalização; teorias.** A construção de um princípio geral é recente. Assente num estudo de Erwin Riezler (1941), apenas no último terço do séc. XX ocorreram análises profundas. Surgiram oito teorias[81]:

72 (1) A **retaliação**: fazer o mal a quem mal fez. Este vetor, mercê do Cristianismo, não se coaduna com o pensamento ocidental. Mesmo quando superado o talião, não se deve retaliar: particularmente no campo do Direito civil.

73 (2) A **regra da integridade** (o *honeste vivere* de Ulpiano): não dá, por si, a chave do *tu quoque*: o titular exercente faltoso devia ter atuado de modo íntegro; assim é: mas porque não será de exigir integridade à contraparte?

74 (3) A **recusa de proteção** jurídica prende-se com um entendimento do enriquecimento, no Direito alemão: o exercente colocar-se-ia à margem do Direito: não poderia acolher-se à sua proteção. Hoje entende-se que a recusa de tutela juridica não é eficaz.

[81] As competentes indicações constam do *Tratado*, V, 3.ª ed., 368-373.

(4) A **compensação de culpas** (ou culpa do lesado) teria um certo paralelo com o *tu quoque*: em ambos o prejudicado não pode, de algum modo, ser totalmente ressarcido por estar implicado numa prática desvalorizada. O paralelo é apenas descritivo: enquanto a compensação de culpas se prende com a imputação de um dano, no *tu quoque* os comportamentos das partes são desencontrados, não se reportando, ambos, ao mesmo dano. 75

(5) O **recurso ao próprio não-direito** era a solução tradicional. Todavia, falta, no *tu quoque*, a atuação com base numa posição jurídica faltosa, o que tiraria validade material a um ato formalmente conforme. Isto dito: há, aqui, uma pista a explorar. 76

(6) O ***venire** contra factum proprium* poderia, em leitura apressada, integrar o *tu quoque*: a pessoa que desrespeita um contrato e exige, depois, a sua observância à contraparte incorre em contradição. Isso pressuporia um alargamento prévio do *venire*, uma vez que, no *tu quoque*, a contradição não está no comportamento do titular-exercente em si, mas nas bitolas valorativas por ele utilizadas para julgar e julgar-se. 77

(7) A **renúncia a sanções** postula, por parte do titular faltoso, a vontade eficaz de prescindir da proteção que o Direito, de outro modo, lhe proporcionaria. Tal vontade, porém, nem sempre existe; quando exista, é difícil de demonstrar; quando se demonstre, levanta uma série de dúvidas quanto à sua eficácia: seria impossível: 809.º. 78

(8) A **proporcionalidade contratual** sublinha a natureza do sinalagma. Este traduz a existência e a configuração dos deveres contrapostos os quais, sem essa inserção sistemática, perderiam a identidade e o sentido que os definem. O *tu quoque* ganha, perante esta colocação do sinalagma, uma perspetiva diferente: qualquer atentado a uma das prestações implicadas pode ser, na realidade, um atentado ao sinalagma; sendo-o, altera toda a harmonia da estrutura sinalagmática, atingindo, com isso, a outra prestação. A justificação e a medida do *tu quoque* estão, pois, nas alterações que a violação primeiro perpetrada tenha provocado no sinalagma. Parece-nos uma via promissora, testada com êxito perante a jurisprudência[82]. 79

34. Posição adotada. No *tu quoque* contratual, o titular-exercente excede-se por recorrer às potencialidades regulativas de um contrato que ele próprio já violara. É admissível, fora do fenómeno contratual, o exercício de posições jurídicas em cuja base tenha havido atuações incorretas? O princípio que se manifesta no *tu quoque* e que, de modo repetido, aflora no Código, em termos acima delineados, responde negativamente. Há que ponderar os alcance e sentido dessa negativa. 80

A atuação de posições jurídicas indevidamente obtidas tem sido considerada contrária à boa-fé: 334.º. Existe uma situação jurídica que, por força de um comportamento anterior do seu beneficiário, foi alterada, na sua configuração, por forma a não permitir atuações ao seu abrigo que, de outro modo, seriam possíveis. A nova situação criada altera a configuração da posição jurídica do exercente; no limite, pode ir até à extinção. Cometida a violação pelo próprio, *apenas formalmente* tudo parece idêntico. A materialidade subjacente – princípio no qual se concretiza, também, a boa-fé – já é outra. No *tu quoque*, já não está em jogo uma manifestação de tutela da confiança: antes a de um outro princípio mediante, concretizador da boa-fé e a que damos a designação "primazia da materialidade subjacente"[83]. 81

35. A **jurisprudência**, após hesitações iniciais, acolhe o abuso do direito, na fórmula *tu quoque*[84]. 82
Alguns exemplos dos últimos anos[85]:

[82] *Da boa fé*, 845-846.
[83] *Tratado* I, 4.ª ed., 975 ss..
[84] Na *blook*, temos 285 decisões, das quais 51 do STJ; 53 no ITIJ.
[85] Outras decisões: *Tratado*, V, 3.ª ed., 376-377.

RCb 15-dez.-2016: quem comete violação contratual não pode atuar como se tivesse tido um comportamento leal ao contrato sobretudo quando, num momento prévio, desequilibrou a regulação material das obrigações da contraparte[86];

STJ 18-set.-2018: aponta o papel do *tu quoque*, não o aplicando por falta de requisitos[87];

STJ 6-nov.-2018: a autora vem invocar o não-cumprimento de regras jurídicas que ela própria contornou: procedeu a uma inseminação heteróloga sem consentimento do cônjuge e pretende, em relação a este, a filiação, o que seria *tu quoque*; todavia, tendo depois havido reconciliação e reconhecimento por parte do pai, este já não pode impugnar a filiação[88];

STJ 14-mar.-2019: o autor que deixe, ilicitamente, de pagar as quotas de um condomínio, não pode prevalecer-se da não-realização de obras para justificar esse não-pagamento: *tu quoque*[89];

X – O desequilíbrio no exercício

83 **36.** A **desproporção** entre a vantagem auferida pelo titular do direito e o sacrifício por ele imposto a outrem constitui um tipo clássico de abuso do direito, por atentado à boa-fé. Está em especial jogo o princípio da primazia da materialidade subjacente. As valorações subjacentes à atribuição de um direito subjetivo nunca são absolutas: lidam, sempre, com a sua integração no tecido social legítimo.

84 O desequilíbrio surge como um tipo residual: abrange os antigos atos emulativos, o desencadear de poderes-sanção por faltas insignificantes, a atuação puramente desequilibrada e o exercício jurídico-subjetivo sem atentar a situações especiais relevadas pelo Direito.

85 **37. Sanções desconexas** ocorrem, p. ex., em STJ 21-nov.-2019: age contra a boa-fé o senhorio que invoca uma resolução do arrendamento por falta de uma pequena parcela de renda, quando esta ultrapasse, por ano, os € 77.000,00[90].

86 **38. Atuação desequilibrada** verifica-se, p. ex., em RCb 9-jan.-2017: o autor pretende a demolição de uma parede da casa dos réus, para restituição de uma faixa de terreno: há um desequilíbrio grave entre o benefício pretendido e o sacrifício imposto aos réus[91].

87 Subcasos deste tipo são os ocasionados pelas preferências em negócios simulados, que permitiriam ao preferente adquirir imóveis por uma pequena fração do seu valor[92].

88 Muito relevantes são certas questões de inquilinato, designadamente as postas pela exigência, aos senhorios, de obras dispendiosas, quando as rendas pagas sejam insignificantes[93]. Como exemplos:

STJ 28-nov.-2002: "Ora, no caso sub judice, está-se a pretender que os senhorios gastem em obras no local arrendado uma importância que corresponde a cerca de doze anos do que estavam a receber, proveniente das rendas, o que, a nosso ver, excede manifesta e largamente os limites impostos pelos interesses sócio-económicos subjacentes ao direito do ora recorrente a exigir reparações no prédio locado"[94];

RLx 18-mar.-2004: (...) comete abuso do direito o inquilino que exige do senhorio a realização de obras de reparação do locado, em consequência do estado de degradação, no caso de

[86] RCb 15-dez.-2016 (Luís Cravo), Proc. 1138/15.

[87] STJ 18-set.-2018 (António Joaquim Piçarra), Proc. 4051/10.

[88] STJ 6-nov.-2018 (Pinto de Almeida), Proc. 2790/16.

[89] STJ 14-mar.-2019 (Nuno Pinto Oliveira), Proc. 1189/ /15.

[90] STJ 21-nov.-2019 (Bernardo Domingos), Proc. 1668/ /17.

[91] RCb 9-jan.-2017 (Luís Cravo), Proc. 102/11.

[92] STJ 4-mar.-1997 (Pais de Sousa), CJ/Supremo V (1997) 1, 121-125 (125/I); STJ 26-abr.-2018 (Fernanda Isabel Pereira), Proc. 2037/13. *Vide* outros casos em *Tratado* VII, 525-527.

[93] STJ 9-out.-1997 (Henrique de Matos), BMJ 470 (1997), 546-557 e RCb 27-jan.-1998 (Soares Ramos), CJ XXIII (1998) 1, 16-18 = BMJ 473 (1998), 569 (o sumário). *Vide* outros casos no nosso *O novo regime do arrendamento urbano*, Est. Pitta e Cunha (2010), 71-88.

[94] STJ 28-nov.-2002 (Edmundo Baptista), Proc. 02B3436.

manifesta desproporcionalidade entre o seu custo e o montante da renda. É o que se verifica quando um arrendatário exige ao senhorio a realização de obras no valor de € 7.891,08, quando paga de renda mensal a quantia de € 4,99[95];

RLx 29-abr.-2004: há abuso do direito quando não se verifique qualquer equivalência entre a renda paga e o custo das obras exigidas[96];

STJ 8-jun.-2006: há abuso do direito quando se requeira, ao senhorio, a realização de obras e sejam necessários 12 anos de rendas para o seu retorno[97];

STJ 14-nov.-2006: constitui abuso do direito exigir do senhorio obras de conservação extraordinárias de um edifício centenário, que exige o dispêndio de vários milhares de euros, quando pagam uma renda de 93,89 euros e foi reconhecido pela Câmara que o prédio está em ruínas[98];

RLx 11-jul.-2007: traduz abuso do direito reclamar obras no montante de 300.000 contos em prédio arrendado que proporciona uma renda anual de 652.042$00[99];

STJ 30-set.-2008: abusa do direito o inquilino que, pagando uma renda mensal de € 2,30 exige dos senhorios, que vivem de pensões de reforma, obras custeadas em € 5.000,00[100];

RLx 2-fev.-2016: *idem* o inquilino que paga uma renda mensal de € 9,23, a um proprietário que paga um IMI de € 99,72 e que exige, a este, obras de € 20.910,00[101];

STJ 19-jan.-2017: *idem* o inquilino que suporte € 38,94 de renda e pretende obras avultadas[102].

Surgem outras situações de pagamentos excessivos[103]. 89

XI – Construção, objetividade e natureza oficiosa

39. A **natureza** do abuso do direito já se prestou a construções de assinalável complexidade[104]. 90
Hoje, podemos abreviar. As regras jurídicas não se aplicam isoladamente. Em cada caso, é sempre a ordem jurídica, no seu todo, que é chamada a depor. Esta, através da boa-fé e dos princípios da tutela da confiança e da primazia da materialidade subjacente, está sempre disponível para o controlo interno do exercício dos direitos. Quando atuadas em contradição com a boa-fé (com o sistema, no seu essencial), há abuso, normalmente manifestado através de algum dos tipos abusivos.

40. O abuso é, hoje, um **instituto objetivo**[105]. Não depende de culpa do agente ou de quais- 91
quer intenções suas.

41. Conhecimento oficioso. A aplicação do abuso do direito depende de terem sido alegados 92
e provados os competentes pressupostos – salva a hipótese de se tratar de posições indisponíveis. Além disso, as consequências que se retirem do abuso devem estar compreendidas no pedido feito ao Tribunal, em virtude do princípio dispositivo[106].

[95] RLx 18-mar.-2004 (Fátima Galante), Proc. 1275//2004-6.

[96] RLx 29-abr.-2004 (Fátima Galante), CJ XXIX (2004) 2, 113-119 (118/I).

[97] STJ 8-jun.-2006 (Oliveira Barros), Proc. 06B1103.

[98] STJ 14-nov.-2006 (Fernandes Magalhães), Proc. 06B3597.

[99] RLx 12-jul.-2007 (Pimentel Marcos), Proc. 4848/2007; p "conto" equivalia a mil escudos.

[100] STJ 30-set.-2008 (Paulo Sá), CJ/Supremo XVI (2008) 3, 46-50 (49-50), com indicações.

[101] RLx 2-fev.-2016 (Cristina Coelho), Proc. 7030/14.

[102] STJ 19-jan.-2017 (Maria da Graça Trigo), Proc. 1381/13, com muitas indicações.

[103] RCb 11-fev.-2014 (Jorge Arcanjo), Proc. 1198/12: exigir a um lojista € 15.000,00 pelo ingresso, quando ele permaneceu quatro dias no local, pelos quais pagou a renda.

[104] Indicações: *Tratado*, V, 3.ª ed., 390-409.

[105] RLx 12-jun.-1997 (Carlos Valverde), CJ XXII (1997) 3, 110-114 (113/II); RPt 15-jun.-2016 (Soares de Oliveira), Proc. 5429/11.

[106] STJ 20-mai.-1997 (Fernandes de Magalhães), BMJ 467 (1997), 557-564 (562); RLx 29-jan.-1999 (Salazar Casanova), CJ XXIII (1998) 1, 103-105 (104//II); RLx 18-mar.-2003 (António Abrantes Geraldes), CJ XXVIII (2003) 2, 79-86 (85/I); RLx 4-out.-2007 (António Valente), Proc. 5427/2007. Jurisprudência anterior: *Tratado* I/1, 2.ª ed., 247, nota 501.

93 Verificados tais pressupostos, o abuso do direito é constatado pelo Tribunal, mesmo quando o interessado não o tenha expressamente mencionado: é, nesse sentido, de conhecimento oficioso[107]. O Tribunal pode, por si e em qualquer momento, ponderar os valores fundamentais do sistema, que tudo comporta e justifica. Além disso, não fica vinculado às alegações jurídicas das partes. Esta asserção não é prejudicada pelo facto de, em termos processuais, não ser possível, por vezes, rediscutir questões, em revista, quando arrumadas já pelas instâncias[108].

Artigo 335.º (Colisão de direitos)

1. Havendo colisão de direitos iguais ou da mesma espécie, devem os titulares ceder na medida do necessário para que todos produzam igualmente o seu efeito, sem maior detrimento para qualquer das partes.

2. Se os direitos forem desiguais ou de espécie diferente, prevalece o que deva considerar-se superior.

Bibliografia: António Menezes Cordeiro, *Da colisão de direitos*, O Direito 2005, 37-55; *idem*, *Tratado de Direito civil*, V, 3.ª ed. (2018), 423-444; Elsa Vaz de Sequeira, *Dos pressupostos da colisão de direitos no Direito civil* (2004), 324 pp.; *idem*, *Da distinção entre limites extrínsecos do direito e limites intrínsecos no seu exercício*, Est. Carvalho Fernandes (2011), 443-463; *idem*, em *UCP/Comentário ao Código Civil* (2014), 789-793; Miguel Galvão Teles, *Espaços marítimos, delimitação e colisão de direitos*, Est. Armando Marques Guedes (2004), 617-647.

Índice

[107] STJ 22-nov.-1994 (Carlos Caldas), CJ/Supremo II (1994) 3, 157-159 (159/I); REv 23-abr.-1998 (Tavares de Paiva), CJ XXIII (1998) 2, 278-281 (281/II); STJ 25-nov.-1999 (Duarte Soares), CJ/Supremo VI (1998) 2, 138-143 (142); STJ 11-out.-2001 (Silva Salazar), CJ/Supremo IX (2001) 3, 65-69 (68/II); RPt 20-mar.-2006 (Pinto Ferreira), Proc. 0650306; STJ 11-dez.-2012 (Fernandes do Vale), Proc. 116/07.

[108] STJ 13-set.-2011 (Helder Roque), Proc. 1272/04.

I – Origem e evolução

1. A **colisão** de direitos foi autonomizada nos finais do séc. XVII, em especial por Samuel Stryk (1684). Envolvia, também, os conflitos de leis. O *usus modernus* e a primeira pandectística ocuparam-se do tema, com relevo para Glück (1800) e para Thibaut (1817). Pela sua influência na pré-codificação portuguesa, cumpre também referir Mackeldey (1814). O ALR prussiano e o Código Civil austríaco tiveram-na em conta[1]. 1

Na literatura europeia, a colisão de direitos manteve alguma presença. Recentemente, foi reanimada para enquadrar conflitos entre direitos de personalidade e a liberdade de expressão. 2

2. Na **pré-codificação**, jogou o peso de Mackeldey, que elaborou um quadro bastante completo sobre a colisão e as saídas para a mesma[2]. Correia Telles (1845) apresentou o esquema seguinte[3]: 3

> 16. Se o direito de um se encontra com o exercício do direito de outro, o direito menor deve ceder ao maior.
>
> 17. Em paridade de direitos, o primeiro em tempo é primeiro em direito.
>
> 18. Se é desconhecida a prioridade do tempo, aquelle que menos sofre deve ceder ao outro, que sofreria mais.
>
> 19. Assim aquelle que trata de captar lucro, deve ceder àquelle, que trata de conseguir a sua indemnização.
>
> 20. Sendo possível usarem ambos do seu direito, cedendo cada um uma parte d'elle, cada qual deve ceder o bastante, para usarem ao mesmo tempo.
>
> 21. O direito maior e mais extenso encerra em si o menor, e mais limitado.

Também Coelho da Rocha se ocupou, de modo expresso, da colisão de direitos[4]. 4

Assim, fixando diversas regras relativas aos direitos e ao seu exercício, cumpre atentar nas 5.ª a 7.ª: 5

> 5.ª Na collisão dos direitos prefere o maior, isto é, o mais favorecido pelas leis;
>
> 6.ª Se são egualmente favorecidos, aquelle que tem por fim evitar um damno, deve preferir áquele que tracta de obter um [benefício];
>
> 7.ª Se os direitos são perfeitamente eguaes, deve cada um ceder em parte, quando seja necessario, para que ambos o exercitem[4].

3. O **Código de Seabra**, amparado nos antecedentes apontados, concedeu um espaço condigno à colisão: 6

> *Artigo 14.º* Quem, exercendo o proprio direito, procura interesses, deve, em collisão e na falta de providencia especial, ceder a quem pretende evitar prejuízos.
>
> *Artigo 15.º* Em concurso de direitos eguaes ou da mesma especie, devem os interessados ceder reciprocamente o necessario, para que esses direitos produzam o seu effeito, sem maior detrimento de uma que de outra parte.

Estes preceitos não obtiveram grandes desenvolvimentos, nos 99 anos de vigência do CS. Quanto à regra do 14.º, Dias Ferreira considerou "... justo o princípio, com quanto seja rara a sua applicação, e difficil no desenvolvimento atual da sciencia economica ...". E o mesmo 7

[1] Elementos sobre a evolução histórica: *Tratado*, V, 3.ª ed., 423-426.

[2] *Idem*, 426.

[3] J. H. Corrêa Telles, *Digesto Portuguez*, 3.ª ed. (1845), 1, 8-9; o autor baseava cada uma destas proposições em citações dispersas.

4 M. A. Coelho da Rocha, *Instituições de Direito civil portuguez*, 2.ª ed. (1848), § 49 (1, 27).

Autor, relativamente ao 15.º, explicava que "em direito philosophico" são iguais todos os direitos: mas não "em direito positivo"[5]. Com referência ao 14.º: na linguagem da época, "procurar interesses" é procurar lucros.

8 Guilherme Moreira fazia uma referência célere ao tema da colisão[6], enquanto Cunha Gonçalves, normalmente muito desenvolvido, consagra à análise da colisão de direitos um espaço modesto: limita-se a chamar a atenção para algumas concretas hipóteses de colisão, dotadas de regimes explícitos, no Código[7]. Ainda uma referência para Manuel Casanova: refere os 14.º e 15.º do CS, a propósito de conflitos de qualificações; acaba, aliás, por os considerar inúteis, nesse domínio[8].

9 **4.** Os **preparatórios** do Código de 1966 foram muito simples: o 335.º surgiu, com uma redação próxima da final, apenas na Revisão intercalar de 1964 (319.º)[9], rematada na 2.ª Revisão Ministerial (335.º)[10]. Foi aproveitado o 15.º do CS, com o complemento do n.º 2[11].

II – Noção, afins e decomposição

10 **5. Noção**. Na colisão, dois ou mais direitos subjetivos asseguram, aos seus titulares, permissões incompatíveis entre si. A colisão de direitos pressupõe, deste modo, um concurso real de normas[12].

11 **6. Afins**. (1) **Colisão aparente**: havendo direitos incompatíveis, apenas um deles deve subsistir; assim, na dupla venda: se uma pessoa vende a mesma coisa a duas pessoas, sucessivamente, poder-se-ia falar em colisão (aparente), a solucionar pelo princípio *prior tempore, potior iure*: prevalece o mais antigo; todavia, tendo vendido uma coisa a uma primeira pessoa, esta torna-se a proprietária (408.º/1); ao vender à segunda, já há ilegitimidade (892.º), pelo que o segundo comprador nada adquire, não tendo qualquer direito; não há colisão real: existe uma única permissão normativa específica em presença, isto é: um único direito; o mesmo raciocínio é aplicável à "incompatibilidade entre direitos pessoais de gozo" referida no 407.º[13-14].

12 (2) **Conflitos de sobreposição**: sobre o mesmo objeto, incidem direitos de pessoas distintas; nessa ocasião, as respetivas permissões normativas delimitam-se, automaticamente, de

[4] M. A. Coelho da Rocha, *Instituições de Direito civil portuguez* (1842), § 49 (1, 26-27); o Autor, além dos *Digesta*, cita o ARL e Mackeldey.

[5] José Dias Ferreira, *Codigo Civil Annotado* 1, 2.ª ed. (1894), 24-25.

[6] Guilherme Moreira, *Instituições de Direito civil*, 1 (1907), 632-633; chega mesmo a afirmar – ob. cit., 633:

> Uma verdadeira collisão de direitos, em que o titular dum procure interesses e o de outro evitar prejuízos, afigura-se-nos impossível.

[7] Luiz da Cunha Gonçalves, *Tratado de Direito civil* 1 (1929), 451-454.

[8] Manuel Joaquim de Azevedo Borges Casanova, *Conflitos de qualificações e de leis internas (Aplicações à responsabilidade civil)* (1945), 118-145.

[9] *Revisão intercalar*, 124.

[10] *2.ª Revisão*, 132; *Projecto* (335.º), 97.

[11] Fernando Pires de Lima/João Antunes Varela, *Código Civil anotado*, 1, 4.ª ed. (1987), 300-301.

[12] António Baião do Nascimento, *Do concurso de normas* (1971), 37 ss.. Uma panorâmica da matéria, embora centrada no Direito penal: Luís Duarte d'Almeida, *O "concurso de normas" em Direito penal* (2004), 9 ss. e *passim*. *Vide*, ainda, o importante escrito de José António Veloso, *Concurso e conflito de normas*, DJ XVII (2003, mas março 2004), 205-272.

[13] Portanto: quem arrende um prédio a uma pessoa já não pode arrendá-lo (validamente) a uma segunda, pois está a dispor do que já dispôs; o melindre tem a ver com a afirmada natureza não-real do arrendamento; mas não há que fazer intervir o tema, uma vez que uma pura lógica obrigacional permitiria idêntica saída: tendo já dado certo prédio em arrendamento, o proprietário, ao fazê-lo pela segunda vez, celebra um negócio juridicamente impossível e, como tal, nulo (280.º/1); de novo temos a prevalência de um direito sobre um não-direito, o que não retrata qualquer colisão.

[14] Também poderemos ter uma colisão aparente no concurso entre direitos reais e direitos de crédito; em princípio, o direito de crédito, deparando com um direito real adverso: ou não surge, por impossibilidade inicial ou extingue-se, por impossibilidade superveniente – *vide Direitos reais*, 324-325; em qualquer dos casos, o direito real fica sozinho, não se podendo falar em colisão.

acordo com determinadas regras; assim, havendo contitularidade, há que lidar com o dispositivo dos 1403.º e seguintes, aplicáveis genericamente, por via do 1404.º; do mesmo modo, os conflitos hierárquicos (p. ex.: direito de propriedade e direito de usufruto) ou prevalentes (p. ex.: várias hipotecas) encontram soluções explícitas nos seus regimes próprios[15].

13 (3) **Conflitos de vizinhança**: resultam eles da incidência de direitos reais sobre prédios contíguos ou muito próximos; também aqui existe um regime explícito[16].

14 (4) **Concurso de credores**: na execução patrimonial, verificando-se a insuficiência do património do devedor para satisfazer todos os créditos, há regras de prevalência e de rateio, as quais se aplicam.

15 Nestas hipóteses, as permissões normativas em presença são delimitadas ou restringidas por outras normas: não chega a haver verdadeira colisão. Podem porém as delimitações abstratas que previnam a colisão reverter para exercícios potencialmente conflituantes; p. ex., o uso da coisa comum (1406.º/1): querendo ambos os comproprietários usar a coisa em simultâneo.

16 **7. Decomposição**. (1) **Direitos iguais**: derivam das mesmas normas; p. ex., direito à vida, à saúde ou de propriedade. A igualdade é-o em termos qualitativos: não é perturbada por, nos direitos patrimoniais, poder ocorrer uma desigualdade quantitativa; p. ex., dois comproprietários com quotas de 1/3 e de 2/3, respetivamente.

17 (2) **Direitos da mesma espécie**: provêm de normas que, embora distintas, contemplem o mesmo tipo de bens; p. ex., o direito à vida conflituando com o direito à integridade física.

18 **8.** A **ideia básica** assenta em três proposiçoes: (1) os diversos titulares cedem na medida do necessário; (2) para que todos os direitos produzam igualmente o seu efeito; (3) sem maior detrimento para qualquer das partes.

19 Há um comando de cedências mútuas, guiado por um princípio de igual tratamento: seja nas vantagens, seja nos prejuízos. As cedências mútuas são negativamente delimitadas pelo 335.º/2, segundo o qual, na falta dos indicados pressupostos – portanto: se os direitos forem desiguais ou de espécie diferente – prevalece o que deva considerar-se superior. Aparentemente claro, o princípio do igual tratamento levanta, na prática, as maiores dúvidas. Para as esclarecer há que partir da hipótese da desigualdade dos direitos.

III – Critérios de decisão

20 **9.** A **prevenção** de colisão de direitos é uma preocupação básica. Antes de recorrer à grelha de critérios destinados a superar conflitos, o Direito, diretamente ou pelo princípio básico da boa-fé (tutela da confiança e primazia da materialidade subjacente), prescreve condutas que previnam colisões. P. ex., o representante deve evitar o conflito com o representado. A prevenção é importante, quando a colisão de direitos seja extrapolada para a de deveres.

21 **10. Direitos diferentes**. O 335.º não aponta critérios: manda prevalecer "o que deva considerar-se superior". Na base da doutrina e da jurisprudência, apontamos seis critérios, a aplicar em cada caso, com flexibilidade. São eles: (1) antiguidade relativa; (2) danos pelo não-exercício; (3) lucros do exercício; (4) prevalência em abstrato; (5) igual sacrifício; (6) composições aleatórias.

(1) ***Prior tempore, potior iure***: o direito primeiro constituído tende a prevalecer, no seu
22 exercício, sobre direitos válidos, mas só depois formados. Este critério dá corpo a vetores de estabilidade que dominam nas sociedades humanas desde a sedentarização; além disso, acolhe igualmente o princípio da confiança. Na base deste critério, por exemplo, a fábrica em labora-

[15] *Direitos reais*, 436 ss..

[16] *Direitos reais*, 422 ss.; *vide* os artigos 1346.º e seguintes.

ção não pode parar pela construção de novas residências, cujos proprietários invoquem o direito ao repouso. Mas já não poderia instalar-se, *ex novo*, tal fábrica, junto de um bairro residencial preexistente.

23 (2) A **minimização dos danos**: o direito subjetivo deve ser interpretado e concretizado de modo a que não se converta em prejuízo. Perante uma colisão, há sempre que perguntar pelas consequências do não-exercício ou do não-exercício pleno, por parte de cada um dos envolvidos: dá-se prevalência àquele cujo não-exercício acarrete maiores danos. O "dano" é considerado em termos sociais e humanos: não meramente econométricos. P. ex.: numa colisão entre o direito de iniciativa económica (a construção de uma linha de metropolitano) e o direito ao repouso do morador, cede este último se se verificar que, com uma pequena despesa, o morador poderá ser provisoriamente realojado, enquanto a paragem noturna das obras acarretaria um prejuízo astronómico: o morador deve ser indemnizado; quanto à dimensão social do dano: há que ponderar, quando se mande parar uma unidade fabril, a perda de postos de trabalho ou os prejuízos para a exportação. Intervêm os danos não-patrimoniais. Assim, na colisão de direitos de usar um automóvel, prevalece o do titular que pretenda levar o filho ao hospital, sobre o do que queira ir passear: o dano do não-exercício é, no primeiro caso, superior ao do segundo.

24 (3) Os **lucros do exercício**: têm uma dimensão individual: a lógica da subjetivação jurídica, que dobra, ela própria, a da apropriação privada. Todavia, ele tem ainda um papel social, que interessa a toda a sociedade e que o Direito valoriza. Numa colisão, este fator deve ser usado: se o exercício de um direito dá, ao seu titular, um bom lucro, ele prevalece sobre outro exercício igualmente legítimo, mas sem tais consequências. Resta acrescentar que "lucro" não é, aqui, apenas faturação; releva, antes, uma dimensão social ampla. P. ex.: na utilização de uma casinha, num certo fim de semana, prevalece o exercício do contitular que tenha sete filhos sobre o de um outro que, tendo alternativas, lá vá *solo*; do mesmo modo, a utilização produtiva de um recinto leva a melhor sobre a sua manutenção devoluta.

25 (4) A **ponderação abstrata** opera quando os três critérios anteriores sejam inconclusivos. Sendo os direitos desiguais ou de espécie diferente, poderemos concluir que um deles seja, em abstrato, mais ponderoso. Excluímos do âmbito da colisão os casos dotados de regimes explícitos (p. ex.: direitos reais *versus* direitos de crédito); ficam-nos situações de tal modo diversas que não foram, na História da dogmática, objeto de específicas soluções. Pense-se na colisão entre direitos indisponíveis e direitos disponíveis: prevalecem os primeiros.

26 (5) O **igual sacrifício** opera perante o "empate", em face dos anteriores: devem os titulares ceder na medida do necessário para que todos produzam igualmente o seu efeito, sem maior detrimento para qualquer das partes (335.º/1). Essa cedência mútua postula que, no concreto, se trate de direitos que comportem exercícios parcelares.

27 (6) **Composição aleatória**. Se nenhum dos critérios operar e não sendo possível resolver o problema pelo igual exercício, temos, segundo a lição dos clássicos: (a) ou ambos os direitos se anulam, nenhum podendo ser exercido; (b) ou se recorre a composições aleatórias.

28 A primeira hipótese teria, a seu favor, a manutenção de uma certa paz social. Todavia, parece pouco razoável, pois redunda no desperdício de riqueza. Por isso, a título de última saída, ficam-nos as composições aleatórias: equilibradas, se possível ou puras, na hipótese contrária. P. ex.: se uma pessoa tem o direito de levar um automóvel para uma discoteca e a outra, para um local diferente de diversão, na falta de outro critério, uma de duas: ou combinam que uma vai num fim de semana e outra no outro, à escolha ou à sorte ou, se for saída única, sorteiam quem sai.

Chegados a este ponto, o Direito reconhece que já não tem critérios científicos para oferecer. O problema pode ser encarado com regras de cortesia ou de trato social: essenciais, mas não jurídicas. 29

11. Sistema móvel: dá corpo aos critérios acima enunciados. A hierarquia que representam é apenas tendencial. No concreto, o juiz valora-os, dando a primazia ao que se mostre, no terreno e ponderadas todas as circunstâncias, mais ponderoso. 30

12. Direitos iguais: a lei determina a prevalência do princípio do igual tratamento: *devem os titulares ceder na medida do necessário para que todos produzam igualmente o seu efeito, sem maior detrimento para qualquer das partes*, nas palavras do 335.º/1, 2.ª parte. 31

A cedência mútua postula: (1) que os direitos sejam, por natureza, suscetíveis de exercícios parcelares; (2) que seja possível uma repartição, por igual, das vantagens do direito e, ainda, uma igualização de "detrimentos". E se o não for? 32

A "igualdade" ou a "pertença à mesma espécie" são constatáveis em abstrato. Na hipótese de a colisão não poder ser resolvida com recurso ao princípio do igual tratamento, temos uma lacuna. Pela analogia manifesta e pela proximidade sistemática, faz-se então apelo ao 335.º/2: verificando, em concreto, se alguns dos tais direitos "iguais ou da mesma espécie" deve considerar-se superior, no seu exercício. Caímos, assim, nos três primeiros critérios acima enunciados, a articular nos termos de um sistema móvel: a antiguidade relativa, o menor dano e o maior prejuízo. 33

Se nenhum desses critérios – ou todos em conjunto – se mostrar operacional, temos um problema: não se pode apelar à prevalência em abstrato, uma vez que estamos perante direitos iguais, nem ao igual sacrifício, que já vimos ser impossível. Ficam-nos, nessa altura, as composições aleatórias: ou com equilíbrio ou puras. O problema já se pôs: numa situação obstétrica crítica, com dois gémeos, o médico só pode salvar um deles. Ambos estão em igualdade e têm a mesma possibilidade de viver. Decide à sorte: a Religião ajuda. 34

13. A **jurisprudência (após 2000)** 35

STJ 26-set.-2000: colisão entre os direitos ao bom nome e reputação e à intimidade privada e as liberdades de imprensa e de informação e expressão do pensamento; foi dada primazia aos primeiros sobre as segundas, por via do 335.º; todavia, explicou-se que poderia prevalecer, em certos casos, a liberdade de informação, dizendo[17]:

> Os valores jurídicos que a tal podem conduzir são aqueles que refletem um interesse público de tal maneira intenso, por os factos eventualmente atentatórios do direito ao bom nome e reputação ou da reserva da intimidade da vida privada serem suscetíveis de afetar o bem estar da vida da comunidade, que justificam a divulgação dos mesmos, desde que (...) tal seja feito de forma a não exceder o necessário a tal divulgação.

REv 8-fev.-2001: mercê da utilização de uma máquina de assustar pássaros, surge um conflito entre direitos de personalidade (direito ao repouso e ao descanso) e direitos patrimoniais (direito de propriedade e de trabalho): prevalecem os primeiros, "atenta a natureza dos interesses tutelados"[18];

RLx 5-abr.-2001: uma colisão entre a liberdade de expressão e o direito ao bom nome; perante o 335.º, haveria que aplicar os princípios da harmonização ou da concordância prática; não sendo possível, prevalece o direito à honra[19];

[17] STJ 26-set.-2000 (Silva Salazar), CJ VIII (2000), 42-45 (44/I e II).

[18] REv 8-fev.-2001 (Ana Geraldes), CJ XXVI (2001) 1, 267-271 (269).

[19] RLx 5-abr.-2001 (Salvador da Costa), CJ XXVI (2001) 2, 103-114 (106/II).

RCb 15-jan.-2002: numa colisão entre os direitos de personalidade e os inerentes a um bar noturno ruidoso, ambos cedem: mandou-se fechar o bar às 22.00[20];

RGm 20-nov.-2002: a instalação de uma fábrica, mesmo quando conforme com os regulamentos, não deve prejudicar a sanidade das pessoas; quando isso suceda, visto o 335.º/2, esta deve prevalecer[21];

RPt 12-dez.-2002: numa colisão de direitos entre o morador habitacional e o vizinho que mantém currais, com cheiros e ruídos, prevalecem os do primeiro, dada a atual evolução dos hábitos dos portugueses[22];

RPt 26-mai.-2003: verifica-se uma colisão entre o dever de sigilo a que se encontra sujeita a Vodafone e os interesses da Justiça em ter acesso a certas informações; visto o 335.º, pode a Vodafone dar a pedida informação[23];

STJ 21-out.-2003: inquilinos que o eram há 25 anos são atingidos pela atividade económica da Ré; foi dito[24]:

> (...) quanto à colisão de direitos, decidiu-se que nos termos do art. 335.º, n.º 2, do C. Civil, o direito ao repouso é superior ao direito de propriedade e ao direito de exercício de atividade comercial.

RGm 29-out.-2003: uma instalação fabril emite ruídos que perturbam o sono e o sossego dos moradores vizinhos; há um conflito entre os direitos de personalidade destes e os direitos patrimoniais dos tabalhadores; perante o 335.º, estes cedem frente àqueles; a solução encontrada foi, por procedimento cautelar, mandar parar o funcionamento das máquinas entre as 21 horas e as 8 horas do dia seguinte[25];

STJ 15-jan.-2004: numa colisão entre o direito ao repouso e ao ambiente de vida humana, sadio e equilibrado e o direito à atividade económica inerente ao funcionamento de uma vacaria, o direito ao repouso "... sairá privilegiado ..." não se podendo, todavia, sacrificar radicalmente os direitos materiais – artigo 335.º/2"; adotou-se, assim, uma conciliação complexa, com suspensão de atividade até obras adequadas de isolamento, na vacaria, abaixamento do número de cabeças de gado, não execução de trabalhos ruidosos de noite e até às 7 horas da madrugada e pagamento de uma indemnização[26];

RCb 19-fev.-2004: um andar habitacional sobre um supermercado origina uma colisão entre o direito ao repouso e à tranquilidade e os direitos de natureza económica; o direito à vida é superior; todavia, apenas em concreto é possível conciliar tais direitos, na base de princípios de proporcionalidade e de razoabilidade; assim, compete à dona do supermercado propor medidas de isolamento e outras, tendentes à coexistência dos direitos em presença[27].

STJ 26-fev.-2004: um conflito entre a liberdade de informação e o direito à honra, ao bom nome e à reserva de intimidade privada, causado por notícias falsas alusivas a adultério: a dignidade humana leva à prevalência do direito à honra, não havendo circunstância que legitimasse tal conduta; foi arbitrada uma indemnização de 24.939,99 euros[28];

STJ 27-mai.-2004: o 335.º é, aqui, usado a propósito de deveres incompatíveis:

> Existindo colisão de deveres que recaiam sobre a mesma pessoa, caberá ao agente dar prevalência ao mais importante.

[20] RCb 15-jan.-2002 (Silva Freitas; vencido: Quintela Proença), CJ XXVII (2002) 1, 5-10 (9/II).

[21] RGm 20-nov.-2002 (Leonel Serôdio), CJ XXVII (2002) 5, 273-275 (276/I).

[22] RPt 12-dez.-2002 (João Bernardo), CJ XXVII (2002) 5, 192-195 (194/I).

[23] RPt 26-mai.-2003 (Fonseca Ramos), CJ XXVIII (2003) 3, 175-177.

[24] STJ 21-out.-2003 (Afonso de Melo), CJ/Supremo XI (2003) 3, 106-108 (108/II).

[25] RGm 29-out.-2003 (Manso Rainho), CJ XXVIII (2003) 4, 284-286 (285/II).

[26] STJ 15-jan.-2004 (Ferreira Girão), CJ/Supremo XII (2004) 1, 23-26 (24/I e II e 25/I).

[27] RCb 19-fev.-2004 (Paulo Távora Vítor), CJ XXIX (2004) 1, 34-37 (35/I e II).

[28] STJ 26-fev.-2004 (Araújo Barros), CJ/Supremo XII (2004) 1, 74-80 (78/I e II e 80).

Mas recorda que o cumprimento de dever incompatível só justifica a inobservância do dever preterido se o próprio agente não tiver dado azo à impossibilidade de satisfazer ambos[29];

RCb 7-jul.-2004: num conflito entre direitos de personalidade e o direito de propriedade e de trabalho, resultante da instalação de uma vacaria: apenas em *ultima ratio* haveria que proceder ao sacrifício de um deles, havendo que respeitar a "proporcionalidade" e a "razoabilidade"; ora uma vez que os proprietários apenas passam, por ano, duas a três semanas na casa, não se justificaria a medida drástica de mandar fechar a vacaria[30];

STJ 28-out.-2008: o direito ao ambiente e à qualidade de vida prevalece sobre o direito de tapagem[31]

RPt 12-nov.-2008: num conflito entre direitos de personalidade e a propriedade, este só cede na medida do necessário[32];

STJ 17-dez.-2009: o direito de liberdade de imprensa não permite atentar contra a reserva de intimidade da vida privada[33];

STJ 19-out.-2010: o direito à integridade física e moral prevalece sobre o interesse público à realização de certas obras, ainda que reconhecido[34];

RPt 10-out.-2011: o direito à tapagem pode ceder perante o direito à insolação, à luz e ao calor do Sol[35];

RLx 19-jan.-2012: colisão entre a liberdade de imprensa e a reserva da intimidade da vida privada[36];

RPt 28-mar.-2012: o direito à saúde prevalece sobre a propriedade privada a qual, todavia, só cede na medida do necessário[37];

RGm 26-abr.-2012: os direitos de personalidade, neles se incluindo o direito ao repouso, descanso e tranquilidade devem prevalecer, em caso de conflito, entre estes e direitos de natureza económica, designadamente ligados a atividades de natureza comercial ou industrial[38];

STJ 24-mai.-2012: o direito à identidade pessoal prevalece sobre os direitos de personalidade relativos ao respeito pelos mortos; assim, é possível exumar um cadáver, para proceder a exames de ADN, no âmbito de uma ação de filiação[39];

RCb 13-nov.-2012: na colisão de direitos, a sua compressão recíproca ou cedência de um deles apenas é de decretar se se provar não ser possível o respetivo exercício simultâneo e integral[40];

STJ 15-nov.-2012: com referência a determinadas águas, o direito do proprietário prevalece sobre os direitos de pescadores estranhos[41];

RLx 21-mar.-2013: entre o direito do locatário ao gozo integral da coisa e o interesse geral do planeamento urbano, prevalece o último[42];

STJ 2-dez.-2013: o direito à saúde e ao repouso prevalece sobre o de colocação de linhas elétricas a curta distância do prédio[43];

STJ 2-dez.-2013: os direitos em colisão com a liberdade de expressão só podem prevalecer sobre este na medida em que a própria Constituição os consagre[44]; uma saída formalmente correta, desde que se possam, da Constituição, tirar os competentes desenvolvimentos;

STJ 20-mar.-2014: o direito ao sigilo bancário não pode fazer perigar outros direitos fundamentais[45];

[29] STJ 27-mai.-2004 (Azevedo Ramos), CJ/Supremo XII (2004) 2, 71-74 (73/I).

[30] RCb 7-jul.-2004 (Cardoso Albuquerque), CJ XXIX (2004) 3, 38-40 (39-40).

[31] STJ 28-out.-2008 (Sebastião Póvoas), Proc. 08A3005, com importante anotação de Pedro de Albuquerque, ROA 2009, 377-396.

[32] RPt 12-nov.-2008 (Caimoto Jácome), Proc. 0856156.

[33] STJ 17-dez.-2009 (Oliveira Rocha), Proc. 4822/06.

[34] STJ 19-out.-2010 (Alves Velho), Proc. 565/1999.

[35] RPt 10-out.-2011 (Maria Adelaide Domingos), Proc. 10054/07. Em RPt 27-out.-2011 (Maria Amália Santos), Proc. 91/05, uma situação paralela foi resolvida com recurso ao abuso do direito.

[36] RLx 19-jan.-2012 (Fátima Galante), Proc. 1769/11.

[37] RPt 28-mar.-2012 (Ondina Carmo Alves), Proc. 140/08.

[38] RGm 26-abr.-2012 (Amílcar Andrade), Proc. 3707/07.

[39] STJ 24-mai.-2012 (Serra Baptista), Proc. 69/09.

[40] RCb 13-nov.-2012 (Carlos Moreira), Proc. 470/10.

[41] STJ 15-nov.-2012 (Orlando Afonso), Proc. 279/07.

[42] RLx 21-mar.-2013 (Ezagüy Martins), Proc. 802/07.

[43] STJ 2-dez.-2013 (Bettencourt de Faria), Proc. 110//2000.

[44] STJ 2-dez.-2013 (Paulo Sá), Proc. 1667/08.

[45] STJ 20-mar.-2014 (Rui da Ponte Gomes), Proc. 2505/09.

RPt 8-mai.-2014: peticionado, pelos autores, o fecho de um estabelecimento por perturbar o seu direito ao sossego, cabe aos réus invocar e provar a sua disponibilidade para obras de isolamento[46];

RLx 17-mar.-2015: num conflito entre o direito à honra (um dirigente desportivo acusado de um "calote") e o direito à liberdade de informação, deve prevalecer o primeiro, no caso concreto[47];

RPt 8-jul.-2015: equaciona um conflito entre o direito ao repouso e à vida familiar com o direito de exploração de um estabelecimento comercial, com produção alimentar[48];

RGm 3-mar.-2016: um vizinho pretende construir uma vedação, para defender a sua intimidade privada; o outro invoca o direito à saúde e à insolação; o tribunal arbitra uma altura razoável (1,80 m) para a vedação, que permita compatibilizar os direitos em colisão[49];

RGm 15-mar.-2016: uma decisão similar[50];

RLx 7-abr.-2016: concilia o direito ao repouso com as lições de piano da vizinha, fixando um número máximo de horas diárias (duas) e proibindo a aprendiz de acompanhar o piano com pancadas dadas no soalho com os pés[51];

STJ 29-jun.-2017: num conflito entre o direito ao exercício da iniciativa privada (estabelecimento noturno) e o direito ao sossego do vizinho, prevalece este último[52];

STJ 13-jul.-2017: entre a honra e o bom nome e a liberdade de imprensa não se pode decidir em abstrato; no caso concreto, estando em causa uma figura pública que sempre publicitou a sua vida privada, prevalece a segunda[53];

RLx 6-dez.-2017: o 335.º é aplicável à propriedade industrial, por via do 1303.º/2[54];

STJ 3-mai.-2018: a colisão entre o direito dos autores a um ambiente sadio e ecologicamente equilibrado e o direito da ré à organização da atividade económica, deve ser resolvido à luz do 335.º; a instalação, pela ré, de uma subestação elétrica com seis linhas de alta tensão produtora de ruído deve ser solucionada com barreiras acústicas e com uma indemnização[55];

STJ 18-out.-2018: na colisão entre o direito à integridade física e moral e a um ambiente sadio e ecologicamente equilibrado e os direitos à livre iniciativa económica; assim, laborando a ré em contínuo com vibrações que afetam os autores, proíbe-se a atividade das 22 às 6 horas e aos domingos[56];

RPt 13-jun.-2019: na colisão relativa à vizinhança impera o casuísmo ditado, em larga medida, pela natureza das coisas, sem subordinação a esquemas teóricos preestabelecidos; far-se-á uma ordenação axiológica referida à natureza, sentido e função do Direito e ao relevo dos valores personalísticos; a solução para um conflito pode residir na redução de um muro de estrema, para permitir o arejamento e a insolação do prédio vizinho[57];

STJ 3-out.-2019: o direito dos autores ao sono e ao repouso é interrompido e afetado diariamente, entre as 3 e as 5 da manhã, pelo barulho estridente do galo e galinhas que os réus criam num anexo distante apenas 4,395 metros da casa dos autores; prevalece o direito dos autores, enquanto emanação dos direitos de personalidade, sobre o direito de propriedade dos réus[58].

[46] RPt 8-mai.-2014 (José Manuel de Araújo Barros), Proc. 169/07.

[47] RLx 17-mar.-2015 (Orlando Nascimento), Proc. 755/ /13.

[48] RPt 8-jul.-2015 (Fernando Samões), Proc. 912/14.

[49] RGm 3-mar.-2016 (Miguel Baldaia Morais), Proc. 593/11.

[50] RGm 15-mar.-2016 (Helena Melo), Proc. 331/16.8.

[51] RLx 7-abr.-2016 (Maria Manuela Gomes), Proc. 7091/ /10.4.

[52] STJ 29-jun.-2017 (Lopes do Rego), Proc. 117/13.1.

[53] STJ 13-jul.-2017 (Lopes do Rego), Proc. 1405/07 (caso Santana Lopes).

[54] RLx 6-dez.-2017 (José Capacete), Proc. 1670/17.

[55] STJ 3-mai.-2018 (Cabral Tavares), Proc. 2115/04.

[56] STJ 18-out.-2018 (Rosa Tching), Proc. 3499/11.

[57] RPt 13-jun.-2019 (Filipe Caroço), Proc. 673/17.

[58] STJ 3-out.-2019 (Rosa Tching), Proc. 3722/16.

IV – Balanço e outros conflitos

14. Balanço. Sob as diversas decisões que dão primazia aos direitos mais diretamente ligados à dignidade humana – o direito ao repouso e o direito ao bom nome – esconde-se outra realidade, que consideramos de relevo: a primazia dos direitos mais antigos. 36

As decisões examinadas relatam, invariavelmente, situações de pessoas que estavam tranquilas e que, de modo superveniente, vêm a ser perturbadas no seu sossego ou na sua honra. Tradicionalmente, este critério era importante, para dirimir colisões de direitos. Ainda que sob criptojustificações, essa importância mantém-se. A propósito da "compatibilização" razoável, a nossa jurisprudência valida os critérios do menor prejuízo. 37

Os critérios da colisão de direitos são úteis para enfrentar outras situações de concurso. Desde logo: concursos de princípios, como sucede, por exemplo, quando está em jogo a liberdade de expressão e de informação. E sobretudo: conflitos de deveres. Trata-se de um tema que, pertencendo embora ao Direito das obrigações, encontra a sua solução à luz do 335.º. 38

No Direito penal, o conflito de deveres é objeto de uma previsão específica. Assim, segundo o 36.º do Código Penal: 39

> 1. Não é ilícito o facto de quem, em caso de conflito no cumprimento de deveres jurídicos ou de ordens legítimas da autoridade, satisfazer dever ou ordem de valor igual ou superior ao do dever ou ordem que sacrificar.
>
> 2. O dever de obediência hierárquica cessa quando conduzir à prática de um crime.

A ideia de "valor igual" ou "superior" implica uma ponderação com pontos evidentes de contacto com a do 335.º/2. Todavia, no Direito penal, tal ponderação é mais marcadamente valorativa, pela natureza das coisas. 40

Artigo 336.º (Ação direta)

1. É lícito o recurso à força com o fim de realizar ou assegurar o próprio direito, quando a ação directa for indispensável, pela impossibilidade de recorrer em tempo útil aos meios coercivos normais, para evitar a inutilização prática desse direito, contanto que o agente não exceda o que for necessário para evitar o prejuízo.

2. A ação direta pode consistir na apropriação, destruição ou deterioração de uma coisa, na eliminação da resistência irregularmente oposta ao exercício do direito, ou noutro ato análogo.

3. A ação direta não é lícita, quando sacrifique interesses superiores aos que o agente visa realizar ou assegurar.

Bibliografia: Adriano Vaz Serra, *Causas justificativas do facto danoso*, BMJ 85 (1959), 13-112 (69-87); Ana Taveira da Fonseca, em *UCP/Comentário ao Código Civil* (2014), 793-797; António Menezes Cordeiro, *Tratado de Direito civil*, V, 3.ª ed. (2018), 491-499; *idem*, VIII (2015, reimp.), 498-502; Fernando Pessoa Jorge, *Ensaio sobre os pressupostos da responsabilidade civil* (1968, reimp. 1999), 211-226; Germano Marques da Silva, *Da tutela dos direitos na ação direta*, ROA 1973, 5-81.

Índice

I – Ordenação

1 **1.** A **tutela privada** de situações jurídicas é permitida em casos delimitados. Por regra, há que recorrer ao Direito e aos tribunais do Estado. Não sendo de todo possível, a lei abre três institutos de recurso: (1) legítima defesa; (2) estado de necessidade; (3) ação direta, pela ordem lógico-cultural.

2 A lei limita esses institutos em três pontos: (a) a impossibilidade de recorrer aos meios jurídicos comuns; (b) a presença de situações de ofensa ponderosas; (c) a contenção dos meios de defesa disponíveis; (d) a ponderação dos resultados.

3 A matriz histórica e dogmática é a legítima defesa: levou ao afinamento dos pressupostos e permitiu que, por aditamentos, por supressões e por adaptações, se chegasse aos outros institutos. Além disso, o pensamento jurídico-filosófico relativo à própria hipótese de tutela privada desenvolveu-se em torno da legítima defesa.

4 **2.** A **sistematização** dos institutos da tutela privada não foi fácil. Vaz Serra, nos preparatórios, abordou-as como "causas justificativas do facto danoso", no âmbito da exclusão da responsabilidade civil. Adotou, no anteprojeto, a ordenação seguinte: 1.º Estado de necessidade; 2.º Legítima defesa; 3.º Ação direta; 4.º Autorização legal; 5.º Consentimento do lesado[1]. Este último não tem a ver com a tutela privada: antes com a disposição de direitos. Apenas foi aditado na lógica de causa de exclusão da responsabilidade civil.

5 Na 1.ª Revisão Ministerial, a tutela privada enriquecida com o consentimento do lesado passou para a Parte geral, por outra ordem: 298.º (Legitimidade da ação direta); 299.º (Erro sobre os pressupostos que legitimam a ação direta); 300.º (O consentimento do lesado, como causa de exclusão da ilicitude); 301.º (Legítima defesa); 302.º (Estado de necessidade)[2]. A Revisão intercalar (320.º a 323.º)[3], retomada na 2.ª Revisão, deu-lhe a arrumação final (336.º a 340.º)[4]: ainda que a redação apenas no Projeto viesse a ser fechada.

II – Origem e preparatórios

6 **3. Origem**. Desde a Antiguidade e em regra como modalidade alargada de legítima defesa, foi-se admitindo, pontualmente, a possibilidade do recurso à própria força, para defesa, ainda que provisória, de direitos ameaçados[5].

[1] Adriano Vaz Serra, *Causas justificativas do facto danoso*, 109-112.
[2] *1.ª Revisão*, 129-131.
[3] *Revisão intercalar*, 124-126.
[4] *2.ª Revisão*, 133-135.
[5] Elementos: *Tratado*, V, 3.ª ed., 491-492.

O Código Napoleão e os subsequentes códigos da primeira geração não consignaram, com generalidade, a hipótese de uma ação direta, distinta da legítima defesa. O tema foi discutido na preparação do BGB alemão. Foi acolhido ainda que com cautelas e sem perturbar o esquema comum do processo civil. Este exemplo passou a algumas codificações subsequentes, como a suíça e a grega, sendo, todavia, estranho à italiana. O CS não versou, de modo especificado e em geral, a ação direta. 7

4. Anteprojeto Vaz Serra: no 3.º, propôs um texto longo[6]: 8

1. Não é antijurídico o procedimento daquele que, para satisfação ou garantia do seu direito privado, susceptível de dar lugar a coerção judicial, recorre à força, desde que exista o perigo de, sem este recurso, o direito se perder ou se tornar muito mais difícil o seu exercício, não possa conseguir em tempo útil a intervenção da autoridade e não exceda a medida indispensável para afastar o perigo.

2. A acção directa pode ser exercida mediante o acto de se apoderar de coisas da outra parte ou de as destruir ou deteriorar, eliminar a resistência desta ou outros actos congruentes. Não é permitida quando importe a prática de actos com que se lesem interesses superiores pessoalmente protegidos ou desproporcionados em relação ao interesse que pretende satisfazer-se ou assegurar-se.

3. Se o agente julgava, por erro, que se verificavam os requisitos, de que nos parágrafos anteriores se faz menção, é obrigado a indemnizar, salvo provando que não teve culpa no erro.

4. A acção directa pode ser exercida pelo titular do direito que, por meio dela, pretende satisfazer-se ou assegurar-se pelo seu representante, podendo eles servir-se de auxiliares. Se a acção directa for exercida por um representante sem poder de representação, é legítima a defesa contra ela, mas não há a obrigação de indemnizar, caso se dê a ratificação.

5. Se o titular do direito de acção directa se apoderar de coisas da outra parte, e este acto tiver por fim a defesa de um crédito pecuniário, deve ou de um direito que possa transformar-se em crédito pecuniário, deve ele requerer, logo depois, a execução, se for já possível, ou o arresto, devendo tais coisas ser restituídas se o requerimento demora ou é rejeitado. A acção directa, nesta modalidade, não é permitida, em relação a coisas impenhoráveis ou para levar à prática de actos relativamente aos quais não é possível a execução.

6. À acção directa mediante destruição ou deterioração de uma coisa é extensivo o disposto na segunda parte do parágrafo anterior.

5. Revisões e Projeto. Na 1.ª Revisão, o preceito foi simplificado, distribuindo-se por dois artigos: 298.º e 299.º[7]. A Revisão intercalar (320.º)[8], retomada pela 2.ª Revisão, reduziu-os a um preceito único (336.º)[9], próximo da redação final que foi alcançada no Projeto (336.º)[10]. O oscilar verificado nos preparatórios ilustra a ambivalência sistemática destes institutos. 9

6. Consagrações pontuais da ação direta surgem, no Código, particularmente nos direitos reais. Temos: (1) 1322.º/1: o proprietário de enxame de abelhas tem o direito de o perseguir e capturar em prédio alheio, ainda que respondendo pelos danos; (2) 1349.º/1: o proprietário de um prédio é obrigado a consentir que, nele sejam levantados andaimes, colocados objetos ou feitos passar materiais, para reparar edifícios ou construções contíguas; (3) 1366.º/1: o titular de um prédio pode arrancar ou cortar raízes, troncos ou ramos que provenham do prédio vizinho, se o dono da árvore, sendo rogado judicial ou extrajudicialmente, o não fizer dentro de três dias; (4) 1427.º: as reparações indispensáveis e urgentes nas partes comuns do edifício 10

[6] Adriano Vaz Serra, *Causas justificativas do facto danoso*, 111-112.

[7] *1.ª Revisão*, 129-130.

[8] *Revisão intercalar*, 124-125.

[9] *2.ª Revisão*, 133.

[10] *Projecto*, 98.

podem ser levadas a cabo, na falta ou impedimento do administrador, por iniciativa de qualquer condómino; (5) os 1277.º e 1314.º preveem a ação direta como meio de defesa da posse e da propriedade, respetivamente; a legítima defesa também poderia ter cabimento; (6) no Direito do trabalho ocorre um caso especial de ação direta, dotado de um regime específico muito diferenciado: a greve: 591.º e seguintes do CT.

III – Pressupostos

11 **7. Enumeração**: (1) a necessidade de realizar ou de assegurar o próprio direito; (2) o recurso à força; (3) a contenção nos meios usados.

12 **8.** A **necessidade** afere-se por dois parâmetros (336.º/1): (a) a urgência, de modo a evitar a inutilização prática do direito em causa; (b) a impossibilidade de recorrer, em tempo útil, aos meios coercivos normais.

13 A referência ao "próprio direito" deve ser tomada em termos latos: a ação direta tem cabimento para defender quaisquer posições ativas, desde que suficientemente precisas para permitirem as conexões subsequentes. Pode, por exemplo e em ação direta, alguém forçar a entrada num leilão aberto ao público, para licitar em tempo útil: defende-se, assim, a autonomia privada. Mas já não será lícito fazer revistar, à saída, todos os frequentadores de um supermercado: se não houver indícios concretos de que algum praticou um furto e apenas em relação a ele.

14 A posição jurídica a defender deve ser suscetível de coerção jurídica: não é possível recorrer à ação direta relativamente a obrigações naturais ou a situações jurídicas que, pela sua configuração, não possam ainda ser exercitadas.

15 **9.** O **recurso à própria força** representa o cerne do instituto. Exige-se uma específica vontade de autoajuda ou ação direta: para além de uma concreta forma privada de exercício dos direitos, requer-se um máximo de racionalidade, por parte do agente.

16 A ação direta pode dirigir-se contra coisas ou contra pessoas. O próprio Código Civil exemplifica as possibilidades da sua concretização: 336.º/2.

17 **10.** A **contenção** opera numa dupla dimensão: (1) não pode exceder o que for necessário para evitar o prejuízo (336.º/1, *in fine*); (2) não deve sacrificar interesses superiores aos que o agente vise realizar ou assegurar (336.º/3).

18 A ação direta permite eliminar uma resistência irregularmente oposta ao exercício de um direito; mas se essa resistência tomar a forma de agressão, pessoal ou patrimonial, já pode haver legítima defesa; e se dela resultar um perigo, teremos um estado de necessidade. A hipótese de indefinição entre a ação direta e a legítima defesa é tão patente que o 338.º optou por tratar em conjunto a hipótese de erro sobre os pressupostos dos dois institutos. Havendo concurso entre formas de autotutela, pode o agente prevalecer-se da que mais lhe convier. Estamos no campo do Direito privado, de tal modo que, aos particulares, cabe eleger os meios que lhes aprouver.

IV – Regime

19 **11. Licitude.** Verificados os pressupostos da ação direta, o agente não tem qualquer dever de indemnizar os danos que dela decorram. Eles são imputáveis ou ao "resistente" ou a quem haja ocasionado a situação ou, finalmente, ao risco próprio dos circunstantes.

20 **12.** O **excesso de ação direta** verifica-se quando o agente ultrapassasse, na sua atuação, o necessário para evitar a inutilização prática da posição a tutelar ou, em qualquer caso, quando sacrifique interesses superiores aos que visava realizar ou assegurar (336.º/1, *in fine* e 336.º/3). O excesso é ilícito, com as devidas consequências. Ocorrendo os factos em ambiente de especial tensão, o excesso pode ser desculpável havendo, contudo, que providenciar quanto aos danos.

13. Ação putativa: o agente age na suposição errónea de se verificarem os pressupostos que justificam a ação direta (338.º). Sintomaticamente, o regime ocorre em simultâneo com a legítima defesa putativa: a fronteira entre as duas figuras é ténue, havendo mesmo áreas de sobreposição. Além disso, pode ocorrer que o agente suponha agir em legítima defesa, quando o caso seja de ação direta: e inversamente. 21

O erro é possível perante qualquer um dos pressupostos da ação direta: pode o agente, erradamente, representar-se: um direito ou posição que afinal, não detenha; uma impossibilidade insubsistente de recorrer aos meios normais; um óbice ou uma resistência de facto inexistentes; uma via de atuação inadequada, com prejuízos dispensáveis ou que ultrapassem o dano a evitar. Sendo o erro desculpável, a ação direta é eficaz. O juízo de desculpabilidade segue, nos termos gerais (487.º/2), a bitola do *bonus pater familias*, colocado na concreta posição do agente. Quando tal juízo seja negativo, o agente não tem cobertura jurídica: deve indemnizar. Na hipótese inversa: digamos que cada um corre o risco de ver, contra si, formar-se uma aparência de ação direta. 22

14. Fundamento e natureza. A ação direta funda-se na defesa dos próprios direitos. A Ordem Jurídica, reconhecendo que nem sempre a sua atuação é eficaz, faculta aos particulares, em certas circunstâncias, uma hipótese de autotutela. Podemos ir mais longe. Os efeitos conseguidos com a ação direta bem sucedida são os que obteria a Ordem Jurídica, se pudesse funcionar na sua plenitude. No seu conjunto, os direitos subjetivos *são* o ordenamento de cuja preservação se trate. Por isso, tal como a legítima defesa, também a ação direta tem um fundamento supraindividual, situado na defesa global do sistema. 23

15. Jurisprudência: 24

REv 8-jan.-1985: a ação direta é excluída quando consistir numa conduta especialmente tipificada como criminosa[11];

RPt 21-jan.-1986: é lícito ao proprietário de uma vinha colocar nela sardinhas envenenadas, para eliminar os animais que a invadam, para comer as uvas[12];

STJ 20-abr.-1988: num caso de dano por destruição de uma coisa, entendeu-se que a ação direta só seria admissível na impossibilidade de recorrer aos meios coercivos normais[13];

STJ 18-mai.-1988: admite que a ação direta civil possa integrar a causa justificativa penal do exercício de um direito – artigo 31.º/2, *b*), do Código Penal – ainda que não no concreto caso aí em jogo[14];

RCb 29-mar.-1989: o abate a tiro de pombos alheios em prédio rústico só é ação direta se eles estiverem a causar danos nas culturas e houver sido feita uma prevenção à dona dos animais[15];

REv 20-jan.-1998: não pode, em ação direta, o proprietário de um terreno destruir uma barraca de madeira lá erguida; estariam abertas as vias judiciais[16];

RPt 12-jan.-1999: a ação direta é facultativa; se o agente não quiser ou não puder recorrer a ela, lançará mão dos meios judiciais[17];

[11] REv 8-jan.-1985 (Orlando Saraiva Lima), BMJ 345 (1985), 468; este ponto terá de ser objeto de maior indagação: se a ação for civilmente lícita, os bens penalmente tutelados estarão, em regra, protegidos; faltará, ainda, o desvalor da ação e a própria culpa.

[12] RPt 22-jan.-1986 (Teixeira do Carmo), CJ XI (1986) 1, 197-200 (199-200).

[13] STJ 20-abr.-1988 (José Saraiva), BMJ 376 (1988), 366-370 (369).

[14] STJ 18-mai.-1988 (Manso Preto), BMJ 377 (1988), 275-279 (277).

[15] RCb 29-mar.-1989 (Andrade Saraiva), CJ XIX (1989) 2, 87-89 (88/II).

[16] REv 20-jan.-1998 (Sousa Magalhães), BMJ 473 (1998), 578-579 (o sumário).

[17] RPt 12-jan.-1999 (Emérico Soares), BMJ 483 (1999), 275 (o sumário).

RCb 27-out.-1999: age em ação direta a pessoa que, dentro de uma propriedade privada, abate a tiro uma cabra que, após várias tentativas de expulsão, já causara danos de valor equivalente ao do próprio animal; fica excluída a ilicitude penal, por via do artigo 31.º/1 e 2, *b*), do Código Penal[18];

STJ 19-abr.-2012: a substituição de terceiros ao empreiteiro, para corrigir erros de obra, em ação direta, só é possível quando absolutamente necessária[19];

RLx 9-jul.-2014: não admitiu a ação direta num caso em que o agente, considerando que as janelas do prédio contíguo violavam a sua propriedade, entaipou-as, pura e simplesmente; a Relação entendeu que o agente tivera tempo suficiente para recorrer aos meios normais de realização do Direito[20];

RPt 20-jan.-2016: validou a ação direta por parte da pessoa que procedeu ao tamponamento de uma caixa de coletor instalada pelos serviços públicos sem a sua autorização e que inundava a sua garagem[21].

25 25 Como hipótese ilustrativa de ação direta, referimos uma decisão do *Bundesgerichtshof* alemão de 3-nov.-1993, que considerou legítima, à luz da ação direta, o controlo de sacos de clientes de um supermercado, desde que haja suspeitas concretas de furto.

Artigo 337.º (Legítima defesa)

1. Considera-se justificado o ato destinado a afastar qualquer agressão atual e contrária à lei contra a pessoa ou património do agente ou de terceiro, desde que não seja possível fazê-lo pelos meios normais e o prejuízo causado pelo ato não seja manifestamente superior ao que pode resultar da agressão.

2. O ato considera-se igualmente justificado, ainda que haja excesso de legítima defesa, se o excesso for devido a perturbação ou medo não culposo do agente.

Bibliografia: Adriano Vaz Serra, *Causas justificativas do facto danoso*, BMJ 85 (1959), 13-112 (45-69); Américo Taipa de Carvalho, *A legítima defesa* (1995), 568 pp.; António Menezes Cordeiro, *Tratado de Direito civil*, V, 3.ª ed. (2018), 452-480; *idem*, VIII (2015, reimp.), 490-493; Fernando Pessoa Jorge, *Ensaio sobre os pressupostos da responsabilidade civil* (1968, reimp. 1999), 226-251; Maria da Conceição Valdágua, *Aspectos da legítima defesa no Código Penal e no Código Civil*, RFDUL 1995, 235-286; Maria da Graça Trigo, em *UCP/Comentário ao Código Civil* (2014), 797-800; Maria Fernanda Palma, *A justificação por legítima defesa como problema de delimitação de direitos* (1990), 868 pp.; Teresa Quintela, *O direito de necessidade e a legítima defesa no Código Civil e no Código Penal* (1994), 100 pp..

Índice

[18] RCb 27-out.-1999 (Ferreira Dinis), BMJ 490 (1999), 326 = BMJ 491 (1999), 351 (o sumário).

[19] STJ 19-abr.-2012 (Ana Paula Boularot), Proc. 453/06.

[20] RLx 9-jul.-2014 (António Valente), Proc. 2171/13.

[21] RPt 20-jan.-2016 (Borges Martins), Proc. 1442/13.

I – A justificação da legítima defesa[1]

1. Direito romano. Cícero explicava que, segundo a própria razão, a natureza prescreve que os bárbaros, os gentios e as feras possam sempre resistir à força[2]. Ulpiano exprimia-se nestes termos[3]: 1

> (...) pois dizia (Pompónio) é lícito repelir a força com a força: apenas se sujeita ao que ele próprio já fez

acrescentando noutro troço[4]:

> Cassio escreveu que é lícito repelir a força com a força, tal como advém do Direito natural.

Podemos considerar que, no Direito romano, a legítima defesa aparecia como algo de natural, imediatamente percetível e sem necessidade de apontar especiais requisitos ou condicionamentos. 2

2. O Cristianismo tornou o tema mais complexo. O Antigo Testamento conservava as regras tradicionais, inscritas no espírito humano, ainda que com uma justificação transcendental. Assim: 3

> Quem derramar o sangue do homem, terá o seu próprio sangue derramado por outro homem. Porque o homem foi feito à imagem de Deus[5].

A legítima defesa estendia-se à defesa da propriedade: 4

> Se um ladrão for surpreendido a arrombar uma casa, for ferido e morrer, não existe homicídio culposo[6].

Tudo muda nos Evangelhos. Por exemplo: 5

> Ouviste o que foi dito: "olho por olho e dente por dente!" Eu (Jesus Cristo) porém, digo-vos: não vos vingueis de quem vos fez mal. Pelo contrário: se alguém te bater na face direita, oferece-lhe também a esquerda![7].

[1] Elementos: *Tratado*, V, 3.ª ed., 452-458.
[2] Cícero, *Pro T. Amnio Milone Oratio*, 11 = M. Tulli Ciceronis Orationes, ed. Albert C. Clark, reimp., vol. II (1952), s/ ind. p..
[3] Ulpiano, D. 4.2.12.1 = Mommsen/Kruger, 16.ª ed. I (1954), 81/I (*nam cum liceat, inquit, vim vi repellere, quod fecit passus est*) – Otto Behrends e outros, *Corpus Iuris Civilis* II – *Digesten 1-10* (1995), 350.
[4] Ulpiano, D. 43.16.1.27 = Mommsen/Kruger, 16.ª ed. I, 736/II.
[5] *Génesis*, 9, 6.
[6] *Êxodo*, 22, 1.
[7] *S. Mateus*, 5, 38.

6 O Evangelho proíbe a vingança: mas não determina que as pessoas se coloquem à mercê de agressores. Não obstante, o Cristianismo subsequente manteve cautelas formais e de fundo quanto ao emprego da violência. S. Agostinho (354-430) admitia a legítima defesa: mas apenas para salvar a própria vida. O desafio subsequente, particularmente após a receção do Direito romano, residiu em conciliar a legítima defesa com uma regra básica da não-violência.

7 No Direito canónico, com expresso apelo ao Direito natural, admitia-se a força para repelir a violência. Deu-se, deste modo, uma conciliação entre a legítima defesa e o pensamento cristão, sendo o tema desenvolvido pelos comentadores.

8 3. O **Direito natural**, correspondente, aliás, a um período histórico de guerras e de violências, reforçou as bases da legítima defesa. Hugo Grotius (1583-1645) exprimia-se nestes termos:

> cada um é, pela natureza, o protetor de si próprio: para isso nos foram dadas as mãos.

9 Thomas Hobbes (1588-1679) não apresentou uma teoria da legítima defesa; admitia-a, porém, outro tanto sucedendo com John Locke (1632-1704) e com Samuel Pufendorf (1632--1694), mais próximo de Grotius.

10 **4. Kant e Hegel**. Em reação contra tais aberturas, **Kant** deixa uma margem escassa para a legítima defesa, que nem refere. Lidamos, aqui, com uma ordem jurídica radicada numa ideia de liberdade individual, sob o império da lei moral.

11 Também **Hegel** não refere a legítima defesa: fá-lo-iam os hegelianos, na base do sistema por ele firmado. Desta feita, trabalhamos com um Direito abstrato e supraindividual: o fundamento da legítima defesa está em que o Direito não deve nunca ceder perante o ilícito; o agente está a defender não só a sua própria posição mas, ainda, o interesse da comunidade na manutenção do Direito objetivo[8].

12 Muito referido[9], Berner vem, nessa base, desenhar uma legítima defesa bastante extensa: "O Direito não deve vergar-se ao ilícito. Porque este aniquila o Direito, assim deve o Direito afirmar-se energicamente contra ele".

13 **5. O dilema: eficácia ou proporcionalidade**. Uma conceção de tipo neo-hegeliano que veja, na legítima defesa, um instituto destinado a precaver a ordem jurídica contra qualquer violação, irá privilegiar uma autotutela eficaz: o agente pode, por todos os meios, mesmo os mais radicais, repelir qualquer atentado de que seja alvo.

14 Uma construção baseada nas liberdades individuais de cada um apelará para uma proporcionalidade de meios: não pode o agente, em legítima defesa, para defender os seus bens, sacrificar valores manifestamente superiores.

15 Esta contraposição conheceu, entre nós, interessantes tomadas de posição de Maria Fernanda Palma[10] e de Américo Taipa de Carvalho[11]. Para a primeira, teríamos na legítima defesa um tema de delimitação dos direitos em presença: não seria possível uma legítima defesa ilimitada que, para defender certos bens comuns, viesse pôr em causa bens qualitativamente superiores[12].

[8] Jorge de Figueiredo Dias, *Direito penal/Parte geral* I (2004), 381, com indicações.

[9] Assim, Américo Taipa de Carvalho, *A legítima defesa/Da fundamentação teorético-normativa e preventivo-geral e especial à redefinição dogmática* (1994), 10 e Figueiredo Dias, *Direito penal*, 381.

[10] Maria Fernanda Palma, *A justificação por legítima defesa como problema de delimitação de direitos* (1990), 866 pp., com conclusões gerais (831 ss. e em especial, 833 ss.). Dessa Autora, *vide*, também, *Direito penal/Parte geral/A teoria da infração como teoria da decisão penal* (2013), 249 ss. e 4.ª ed. (2019), 286 ss..

[11] Américo Taipa de Carvalho, *A legítima defesa* (1994). Um resumo da posição destes dois Autores pode ser confrontado em Figueiredo Dias, *Direito penal*, 383.

[12] Fernanda Palma, *A justificação por legítima defesa*, 441 ss..

Já o segundo considera haver injustiça no impor, ao agredido por um agressor doloso, uma limitação da sua liberdade de estar ou de defesa dos seus bens[13]. Figueiredo Dias aponta os extremos a que tais conceções podem dar lugar: a de Fernanda Palma, (mais) proporcional, por nivelar as posições dos intervenientes, quando um deles atua ilicitamente; a de Taipa de Carvalho por não atender à relatividade que sempre assume a ilicitude[14].

A moderna penalística procura uma síntese entre os dois termos, apresentados como supraindividualistas e individualistas, respetivamente[15]. Surge, assim, a fórmula configurada entre nós por Figueiredo Dias, segundo a qual a legítima defesa visa a "preservação do Direito na pessoa do agredido". Chega-se à ideia de que não está em jogo nem uma construção puramente individualista, nem uma leitura supraindividual, mas antes: a uma ideia intersubjetiva. 16

Podemos tomar este ponto como base para as reflexões subsequentes. Se a legítima defesa assenta, em simultâneo, nos vetores individualista e supraindividual, ela deverá ser especialmente sensível às realidades sociais a que se aplique. 17

6. O atual momento histórico. As sociedades modernas caracterizam-se pela massificação, pelo isolamento das pessoas e por uma violência infelizmente mal contida pelo Estado. Multiplicam-se os assaltos a pessoas e a bens, sendo certo e sabido que as forças policiais só surgem *a posteriori*. Muitas vezes os cidadãos optam por nem participar os crimes de que são alvo: a investigação subsequente, quando ocorra, apenas redunda em novos incómodos para a própria vítima. As forças policiais encontram-se numa situação de grave desmotivação, mercê, entre outros aspetos, de uma comunicação social ávida na busca de abusos policiais, mas silenciosa quanto ao sofrimento dos ofendidos. Domina, ainda, uma ideia difusa de que é "politicamente correto" criticar as ações policiais. 18

Nessas condições, cumpre acentuar a vertente supraindividual da legítima defesa. Ao abandonar os cidadãos à sua sorte[16], o Estado tem, pelo menos, de lhes reconhecer o recurso à autotutela. O Direito civil mantém-se como uma área humanista, essencialmente não-violenta. Mas justamente por isso: na presente conjuntura, cabe-lhe, pelo papel de prevenção geral que a legítima defesa assume, contribuir, através de uma visão supraindividual desse instituto, para colmatar uma grave brecha, no desempenho estadual. 19

Dispomos, ainda, de um fundamento constitucional muito sólido. Segundo o 21.º da Constituição, epigrafado "direito de resistência": 20

> Todos têm o direito de resistir a qualquer ordem que ofenda os seus direitos, liberdades e garantias e de repelir pela força qualquer agressão, quando não seja possível recorrer à autoridade pública.

Resulta, deste preceito, uma diretriz relevante para todo o ordenamento[17]. 21

Também a Convenção Europeia dos Direitos do Homem contempla a legítima defesa, pelo menos na melhor opinião. Assim, segundo o seu 2.º:

> 1. Ninguém poderá ser intencionalmente privado da vida.

[13] Taipa de Carvalho, *A legítima defesa, maxime* 434.

[14] Figueiredo Dias, *Direito penal*, 383, apresentando, ainda, outras observações a ambos os Autores referidos.

[15] Indicações: *Tratado*, V, 3.ª ed., 457.

[16] Chega, hoje, a reconhecer-se oficialmente a existência de "bairros problemáticos", onde a polícia não pode entrar (!). Tanto basta para justificar o que dizemos, no texto.

[17] Jorge Miranda/Rui Medeiros, *Constituição portuguesa anotada*, I (2005), 206-208.

2. a) Não haverá violação do presente artigo quando a morte resulte do recurso à força, tornado absolutamente necessário para assegurar a defesa de qualquer pessoa contra uma violência ilegal.

(...)

II – Os pressupostos da legítima defesa

22 **7. Enumeração**. Segundo o 337.º/1, são pressupostos da legítima defesa[18]: (1) uma agressão atual e contrária à lei, contra a pessoa ou património do agente ou de terceiro; (2) um ato de defesa necessário; (3) o prejuízo causado pelo ato não seja manifestamente superior ao que pode resultar da agressão.

23 Com exceção do último dos referidos pressupostos, esta fórmula pode ser considerada semelhante à legítima defesa presente no 32.º do Código Penal.

24 **8. Uma agressão** (1) é uma **conduta humana**: nunca um comportamento animal ou um evento natural. Perante estas duas últimas eventualidades, pode por-se a hipótese do estado de necessidade. Comportamento agressivo é toda a conduta que venha contundir com valores tutelados pelo Direito. O termo "agressão" é, na linguagem comum, assimilado a um atentado à integridade física das pessoas. Tecnicamente, não é assim: o desrespeito por qualquer posição protegida, pessoal ou patrimonial, é "agressão":

Em *RCb 17-set.-2003* discutiu-se e decidiu-se (mal) o caso seguinte: num local de diversão e em público, um indivíduo (o agressor) puxou, por duas vezes, as barbas do agente; este, procurando evitar confrontos, retira-se; é novamente surpreendido pelo agressor, que lhe puxa novamente as barbas; defende-se, então, com um copo, provocando ferimentos na cara do agressor; o tribunal veio entender que a ofensa à honra não estava incluída na legítima defesa, sendo a agressão demasiado insignificante para justificar a reação: negou a legítima defesa[19]. Mas não: o problema foi, justamente, ter-se tomado à letra a "agressão". Ninguém é obrigado a suportar atos incorretos ou desprimorosos podendo perfeitamente reagir em legítima defesa, dentro dos competentes pressupostos.

Em *STJ 22-jan.-2014* não se considerou agressão para efeitos de legítima defesa, uma mera discussão[20]: bem.

25 A conduta humana sê-lo-á, apenas, quando voluntária. Disparar sobre um sonâmbulo ou sobre uma pessoa totalmente embriagada não constitui legítima defesa – ainda que, por ignorância desculpável desses elementos, possa haver equivalentes efeitos, como se alcança do 338.º.

26 A conduta agressiva poderá ser uma ação ou uma omissão. Assim, será legítima defesa coagir um médico que se recuse a tratar um paciente em perigo ou um motorista que não queira transportar o ferido grave para o hospital.

27 (2) A **agressão** deve ser **atual**. Fica excluída a agressão consumada e, logo, passada: contra esta já nada se poderá fazer, em termos de a afastar. Admitir, contra ela, uma reação seria um ato de vingança, estranho ao Direito civil. Na hipótese de a agressão se prolongar no tempo e

[18] Jorge Ribeiro de Faria, *Direito das obrigações* 1 (reimp., 2001), 444-446, João Antunes Varela, *Das obrigações em geral* 1, 10.ª ed. (2000), 555-558, Mário Júlio de Almeida Costa, *Direito das obrigações*, 12.ª ed. (2009), 570-571, Oliveira Ascensão, *O Direito/Introdução e teoria geral*, 13.ª ed. (2005), 93-95 e Luís Menezes Leitão, *Direito das obrigações* 1, 2.ª ed. (2002), 290-292, 3.ª ed. (2003), 309-311, 4.ª ed. (2005), 290-292, 10.ª ed. (2013), 277-279 e 15.ª ed. (2018), 304-305. O maior desenvolvimento sobre o tema continua a ser o de Fernando Pessoa Jorge, *Ensaio sobre os pressupostos da responsabilidade civil*, 226 ss.. Na jurisprudência: REv 26-set.-2017 (Carlos Berguete Coelho), Proc. 411/10.

[19] RCb 17-set.-2003 (Oliveira Mendes), CJ XXVIII (2003) 4, 39-42 (42/I).

[20] STJ 22-jan.-2014 (Pires da Graça), Proc. 1444/12.

até que cesse por completo, a legítima defesa tem cabimento. Fica excluída a agressão futura: em princípio, perante uma agressão planeada e de que o agente tenha conhecimento, cabe avisar as autoridades competentes. Não consideramos futura a agressão iminente: se o agressor procura sacar uma arma ou se prepara para desferir um murro, cabe a legítima defesa. O critério último da atualidade reside no perigo concreto que, no momento considerado, corra o bem jurídico protegido.

Quanto a dispositivos automáticos para disparar sobre intrusos ou ao uso de cães amestrados para atacar: aplicam-se as regras gerais. Se tudo estiver adequada e cautelosamente preparado para operar, apenas, perante agressões ilícitas, há legítima defesa. 28

(3) A **agressão** deve ser **ilícita**: "contrária à lei". Figueiredo Dias defende uma ideia ampla de ilicitude: será relevante, para efeitos de legítima defesa, qualquer violação da ordem jurídica e não, apenas, de normas penais[21]. 29

A legítima defesa não é possível, apenas, contra crimes. Exige-se, porém, que a ilicitude da conduta consista na violação de normas destinadas a proteger o bem jurídico cuja defesa está em jogo. Só assim há agressão. 30

Deste modo, não será legítima defesa disparar sobre um baile noturno não autorizado, porque as regras de tranquilidade pública dão azo a meros interesses reflexamente tutelados[22]. Também não será possível, sob invocação de legítima defesa, agredir o devedor inadimplente: o incumprimento determina a aplicação de outras normas que mantêm intacto o património do credor. Mas, em legítima defesa, já se poderá impedir o devedor de destruir uma coisa não fungível, que devesse entregar ao credor. 31

Resulta deste requisito que não há legítima defesa contra "agressões" lícitas e, designadamente: contra atos de legítima defesa[23]. De outro modo, teríamos uma espiral de violência, que o Direito não pode legitimar. 32

Além de ilícita, a agressão deve ser culposa e isso com uma subquestão: dolosa ou (meramente) negligente? O juízo de culpa é uma questão-de-direito. Não vemos como exigir a alguém que tenha, pelos seus próprios meios, de remover uma agressão, a formulação de um juízo de valor sobre a conduta do agressor. Basta que a conduta do agressor seja objetivamente ilícita. As dúvidas quanto à culpa serão, muitas vezes, interrogações quanto à própria ilicitude[24]. 33

Contra inimputáveis profundos ou crianças de idade inferior a sete anos – é a idade civilmente relevante, perante o 488.º/2 – não cabe, em princípio, legítima defesa: não cometem factos ilícitos. Quando muito, haverá estado de necessidade. Se a inimputabilidade não for aparente, a legítima defesa será putativa. 34

(4) **A agressão relativa à pessoa ou ao património do agente ou de terceiro**. Na linguagem penal: deve reportar-se a interesses juridicamente protegidos do agente ou de ter- 35

[21] Figueiredo Dias admite, assim, legítima defesa destinada a fazer cessar as emissões de ruído de um bar que funcione para além do permitido e sem insonorização, de modo a impedir o repouso. Só não haveria lugar a legítima defesa quando estiverem previstos procedimentos especiais, como ocorre com o cumprimento dos créditos. Parece-nos uma opção demasiado lata, pelo menos em termos civis: as condutas em causa serão violações: mas não agressões.

[22] Mas já será admitida a legítima defesa contra um fumador que persista em fumar num espaço fechado livre de fumo: está a agredir a saúde dos presentes.

[23] Assim os casos decididos em STJ 20-nov.-2013 (Maia Costa), Proc. 775/11 e em RLx 13-mar.-2015 (Conceição Gomes), Proc. 1332/14.

[24] Pode suceder que a conduta agressiva seja patentemente (apenas) negligente. Por exemplo: um automobilista diverte-se a percorrer um parque frequentado por crianças em alta velocidade; de um momento para o outro, poderá ocorrer um grave atropelamento. Parece razoável a legítima defesa contra tal atitude. Da mesma forma, será possível agir contra o caçador descuidado que faça disparos junto a uma escola ou perto de uma residência exposta. Nesses casos (como em todos) a defesa deverá ser adequada ao perigo.

ceiro. A lei civil é de interpretar em termos latos. A agressão relevante, para efeitos de legítima defesa, deverá visar: (a) ou direitos de personalidade, incluindo o direito à honra; (b) ou direitos patrimoniais; (c) ou liberdades; (d) ou valores jurídicos que não deem lugar a direitos subjetivos.

36 A pessoa impedida de se exprimir livremente pode agir em legítima defesa. E esta é possível contra quem, por exemplo, se prepare para matar ilicitamente animais ou para lançar poluentes nos rios ou, até, no alto mar. O Direito deve acompanhar os problemas do Planeta. A chave da legítima defesa está na ilicitude da conduta ou na ilicitude do resultado. Na impossibilidade de recorrer aos órgãos próprios, o Direito confia a cada um a sua preservação.

37 **9. A defesa necessária**. Pela natureza das coisas, trata-se de um ato material, voluntariamente adotado: na linguagem penal diz-se um "facto". Excluídas ficam, pois, meras atuações reflexas, que não possam ser imputadas à vontade do agente. O ato defensivo pode consistir no uso de armas, brancas ou de fogo, no recurso a técnicas de luta pessoal ou numa atuação de fortuna. Cabe ao agente, de entre os meios disponíveis, escolher o mais adequado.

38 A atuação do agente é ditada pela necessidade. Podemos distinguir[25]: (1) a necessidade da defesa; (2) a necessidade do meio.

39 (1) A **necessidade da defesa** resulta, perante o 337.º/1, da perífrase "... desde que não seja possível fazê-lo pelos meios normais ...". Os meios normais são: (a) meios públicos; (b) meios privados.

40 Os meios públicos consistem no recurso às autoridades de segurança e, designadamente, às forças policiais. Mais remotamente: no apelo aos tribunais, quando a natureza da agressão seja compatível com alguma demora. Os meios privados abrangem todas as iniciativas particulares que possam remover a agressão: fechar uma porta, dissuadir o agressor ou chamar amigos ou familiares, como exemplos.

41 O juízo de "necessidade" deve ser formulado pelo agente, nas circunstâncias em que se encontre[26]. A lei não lhe impõe que corra riscos, nem que abdique de direitos seus. Assim, se o agressor pretende evitar a entrada do agente num local público, não é este obrigado a recuar, para remover uma agressão iminente. Pode agir em legítima defesa[27].

42 (2) Quanto à **necessidade do meio**: ela não se confunde com a proporcionalidade da defesa, a qual depende do uso que, do meio em causa, se venha a fazer. O meio mais "normal" será sempre o menos perigoso ou contundente. Pensamos que o inerente juízo se deve prolongar na própria ação defensiva. Assim, a uma agressão a murro poder-se-á responder com um esquivar, seguido de contra-ataque; na impossibilidade de o fazer, usar-se-á a pistola[28]. Um meio aparentemente dispensável tornar-se-á necessário se não houver outro disponível. Uma pessoa frágil e sem treino de luta poderá usar meios mais perigosos de defesa.

[25] Figueiredo Dias, *Direito penal*, 1, 395 ss. e 398 ss., embora noutra sequência e Taipa de Carvalho, *A legítima defesa*, 311 ss..

[26] RCb 12-fev.-1998 (Vieira Marinho), CJ XXIII (1998) 1, 53-56 (55/I): a necessidade deve ser aferida objetivamente, segundo a bitola do homem médio, colocado na posição do agente.

[27] Ocorre, aqui, referir o problema clássico da fuga: perante uma agressão iminente, deve o agente pôr-se em fuga, assim evitando ter de molestar o agressor? Tradicionalmente, a resposta era negativa: a fuga seria uma desonra, à qual ninguém teria de se submeter. Hoje, a resposta mantém-se negativa, por razões diversas: ou por se entender que, de outro modo, não haveria legítima defesa, perdendo-se o efeito dissuasivo que esta representa ou por – na nossa ideia – se abdicar, *ad nutum*, de um direito que a lei não retira: o de ficar. Evidentemente: a fuga será a solução mais indicada quando o agente não tenha força física, coragem ou armas para enfrentar a agressão; mas essa é a fraqueza estrutural da autotutela.

[28] STJ 12-jan.-2012 (Rodrigues da Costa), Proc. 224/10, considerando, numa situação desse tipo, adequado o uso de uma navalha.

(3) ***Animus defendendi***: o agente, ao atuar, deve fazê-lo com a intenção de defender-se? A doutrina faz uma distinção; separa[29]: (a) elementos subjetivos das causas de justificação: o agente teria consciência de se mover no seu âmbito; (b) um específico *animus defendendi*, próprio da legítima defesa e a aditar ao primeiro. 43

A legítima defesa é algo tão natural e instintivo que nos parece irreal operar tal distinção. Ao agente terá de se exigir um comportamento defensivo e, logo: uma intenção de repelir a agressão. Repare-se: estão em causa, muitas vezes, bens disponíveis de que o agente poderá querer prescindir. A legítima defesa é uma opção sua. Além disso, o Direito não legitima atuações perigosas não dirigidas por qualquer razão humana[30]. A intenção requerida é muito elementar: normalmente, não há tempo para introspeção. Mesmo um inimputável pode ter vontade suficiente para agir em legítima defesa. Esta apenas não dá cobertura a puros intuitos agressivos[31]. 44

10. A (pretensa) proporcionalidade. Segundo o final do 337.º/1, o prejuízo causado pelo ato não deveria ser manifestamente superior ao que pode resultar da agressão. Este preceito é insatisfatório: há que interpretá-lo com a maior cautela, tendo ainda em conta a globalidade do ordenamento e, em especial, as regras penais pertinentes[32]. O legislador não adotou, quanto à legítima defesa, a mesma fórmula contida no Código Penal. O Direito alemão, prevendo as imensas dificuldades que a vigência, no mesmo ordenamento, de fórmulas de legítima defesa diferentes – civil e penal – poderia causar, adotou, no BGB e no StGB[33], precisamente a mesma norma – §§ 227/2 e 32/2, respetivamente – nos termos seguintes: 45

> Legítima defesa é a defesa que seja necessária para repelir uma agressão atual e ilícita, contra o próprio ou contra um terceiro.

A legítima defesa é a resposta, permitida pelo Direito, a uma agressão ilícita. Por coerência: o *quantum* da resposta terá de ser o necessário para, de todo, pôr cobro à agressão. Não faz sentido permitir a tutela privada e, depois, recusar os meios necessários para a sua efetivação. O agente, uma vez iniciada a conduta defensiva, fica especialmente exposto ao agressor, caso a sua defesa não seja eficaz: é de esperar uma agressão aumentada e, porventura, bem mais perigosa. A legítima defesa é um instrumento ao serviço dos particulares e dos seus direitos: não pode transformar-se numa acrescida fonte de riscos e de problemas, para quem se limite a fazer observar a lei[34]. 46

Quanto à ponderação de prejuízos: a não poder haver uma manifesta superioridade dos danos causados pelo agente perante os que poderiam resultar da agressão, não vemos defesa eficaz[35]. 47

[29] Figueiredo Dias, *Direito penal*, 1, 370 e 408.

[30] P. ex.: um particular decide disparar sobre a primeira pessoa que se apresente à porta da sua casa; executa o plano, mas mata, por casualidade, um ladrão. Não vemos, aqui, qualquer legítima defesa, ainda que, civilmente, possam ser minorados certos aspetos indemnizatórios decorrentes da sua conduta.

[31] STJ 27-nov.-2013 (Santos Cabral), Proc. 2239/11.

[32] A exigência da "proporcionalidade" remonta ao anteprojeto de Vaz Serra, *Causas justificativas do facto danoso*, 111; todavia, a justificação de motivos é, neste ponto, muito elementar – ob. cit., 60 ss. – não aprofundando o tema.

[33] Sigla de *Strafgesetzbuch* ou Código Penal alemão.

[34] Criticando o 337.º/1 do Código Civil: Taipa de Carvalho, *Legítima defesa*, 57. No mesmo sentido, Conceição Valdágua, Cortes Rosa e Figueiredo Dias, abaixo citados.

[35] Em face de um roubo: como responder com uma arma de fogo? É evidente que o risco da supressão da vida surge muito superior à dos bens ameaçados. E mesmo perante um crime iminente de violação: como esfaquear, em defesa, o agressor? De novo o direito à vida é manifestamente superior à autodeterminação sexual. Em qualquer destes casos, apenas a possível (e provável) "manifesta superioridade de danos" a causar ao agressor dá consistência à defesa.

48 A possibilidade de legítima defesa só é eficaz se os potenciais agressores souberem que podem contar com uma reação juridicamente válida muito superior ao dano que pretendiam infligir. Tomado nestes termos, o instituto da legítima defesa tutela, também, os fracos: os prevaricadores não sabem, de antemão, com o que poderão contar. Finalmente: no atual momento histórico, verifica-se uma deficiência flagrante, por parte do Estado, na defesa dos cidadãos. Cabe ao Direito (privado) dar uma resposta.

49 Tudo aponta para a necessidade de restringir, quanto possível, a irrefletida menção final do 337.º/**1.** Neste cenário, verifica-se que a exigência controversa da não-manifesta superioridade do dano a infligir ao agressor não encontra correspondência no 32.º do Código Penal. Uma mesma conduta poderia ser considerada justificada, por integrar legítima defesa, à luz do Direito penal e ser ilícita, por extravasar a legítima defesa, perante o Código Civil. Como resolver?

50 Uma primeira solução residiria em admitir "legítimas defesas" diferentes, no Direito civil e no Direito penal. Em rigor, isso seria possível, uma vez que ambos os ordenamentos lidam com problemas distintos. Mas não há a mínima vantagem em tais duplicações: a legítima defesa é algo de popular, no sentido mais profundo e autêntico do termo; não se compreende a subtileza de uma duplicidade que os próprios especialistas não entendem nem explicam.

51 Tal duplicidade iria provocar soluções desconexas[36]: imagine-se uma agressão, à qual o agente põe cobro de modo a causar danos manifestamente superiores aos evitados; perante o 32.º do Código Penal há legítima defesa; perante o 337.º/1, não há; como não há, o próprio agressor passa, civilmente, a agredido, podendo usar de legítima defesa contra o agente: este, por seu turno, não se pode defender, em face da lei civil (não há legítima defesa contra legítima defesa), mas pode fazê-lo perante a lei penal; fazendo-o, viola de novo a lei civil, permitindo nova agressão: tudo isso num círculo de violência causado pelo próprio Direito! Além disso, no meio da confusão, qualquer terceiro poderia legitimamente intervir em defesa de um ou de outro dos contendores, sem que o Direito desse qualquer bitola de solução justa. Haveria grave contradição axiológica.

52 Queda uma segunda solução: o final do 337.º/1 foi revogado pelo 32.º do Código Penal[37]. Conseguimos, por esta via, uniformizar a ordem jurídica, adotar a solução que uma interpretação correta das normas civis já aconselharia e prevenir uma grave quebra sistemática, num ponto da maior sensibilidade.

53 Ultrapassado o *quid pro quo* provocado pela insensibilidade do legislador de 1966 ao tema da legítima defesa, mantém-se, todavia, a questão da proporcionalidade. Esta é assegurada, desde logo, pelos próprios pressupostos da legítima defesa, com relevo: (1) para a necessidade de defesa; (2) para a necessidade do meio.

54 A ação defensiva deve apresentar-se, quando possível, proporcionada à natureza da agressão. A doutrina civil deixa claro que não se exige nenhuma ponderação de valor dos bens em causa. Se se determinar que, *in concreto*, o agente podia ter afastado a agressão com um meio moderado e, todavia, recorreu a um meio extremo, pode haver excesso. Assim não será se ele tiver dúvidas quanto à suficiência do meio moderado: pode usar o extremo. No caso das armas

[36] Maria da Conceição Santana Valdágua, *Aspectos da legítima defesa no Código Penal e no Código Civil*, em *Jornadas de Homenagem ao Professor Doutor Cavaleiro de Ferreira* (1995), 235-285, especialmente 275.

[37] Além de Conceição Valdágua, *Aspectos da legítima defesa*, 274 ss., também Taipa de Carvalho, *Legítima defesa*, 57, Manuel Cortes Rosa, *Die Funktion der Abgrenzung von Unrecht und Schuld im Strafrechtsystem*, em *Bausteine des europäischen Strafrechts/Coimbra-Symposium für Claus Roxin* (1993), 183-211 (197-198) e Figueiredo Dias, *Direito penal*, 1, 411-412.

de fogo, há que observar regras específicas, abaixo referidas[38]. Fora isso, os limites da legítima defesa, perante a revogação do final do 337.º/1, pelo Código Penal, terão de resultar da boa-fé.

III – O regime da legítima defesa

11. A boa-fé. A pessoa que atue em legítima defesa prolonga o exercício de certas posições jurídicas, suas ou de terceiros, à custa das do agressor. Deve respeitar os valores fundamentais do sistema, classicamente referenciados através da boa-fé. Esta, designadamente por via das suas vertentes da tutela da confiança e da primazia da materialidade subjacente, permite enquadrar alguns dos problemas. Não há legítima defesa: (1) quando a agressão tenha sido provocada pelo próprio agente; (2) quando a defesa não vise afastar a agressão mas qualquer outro objetivo. 55

(1) A hipótese da **provocação**[39] traduz-se em, por parte do agente, ter havido uma atuação prévia (p. ex., com injúrias, comportamentos agressivos ou desafios) tendente a desencadear uma agressão. Contra ela exerceria, depois, o agente uma "legítima defesa" fulminante. Nessas circunstâncias, a legítima defesa estaria a ser exercida fora da materialidade subjacente que a justifica. Haverá abuso do direito (334.º) e não uma legítima defesa eficaz[40]. 56

(2) Não há legítima defesa quando o agente aproveite o ensejo para prosseguir **fins diferentes** dos do afastamento da agressão. Os exemplos clássicos são os de um defendente motivado por ódio, por ciúme ou por inveja[41]. A doutrina admite que esses sentimentos negativos se misturem com o *animus defendendi*, sem prejudicar a legítima defesa. A pessoa que, por necessidade, tenha de recorrer à legítima defesa está, em regra, numa situação de perturbação mental, sendo presa fácil da ira e do desforço. 57

(3) A boa-fé dá **outros limites** à legítima defesa. Mau grado a recusa da proporcionalidade, temos de entender que a permissão normativa de usar a própria força só se justifica até um certo limite, ainda que variável, de acordo com as circunstâncias. Esse limite é ditado pelos valores fundamentais do ordenamento, dando relevo: (a) ao facto de poder estar em jogo a vida do agressor ou de terceiros; (b) à manifesta superioridade do agente, em função, por exemplo, da arma ou do especial treino de que tenha beneficiado; (c) à manifesta inferioridade do agressor, em função do seu estado físico, de embriaguez ou de fatores circunstanciais visíveis. 58

O juízo de adequação não pode sê-lo *a posteriori*. Terminado o momento crítico, tudo se torna sereno e evidente. Todavia, o agente deve decidir antes. Podemos lançar mão da bitola do agente normal, colocado na posição do concreto agente, sob o circunstancialismo reinante[42]. Essa bitola é, ainda, alargada, de modo a ter em conta a intensa perturbação que sempre reina em situações de vias de facto. Tudo visto, teremos os limites da ação, forçosamente latos, pois se trata de repelir uma agressão ilícita, à qual ninguém, nunca, pode estar sujeito. 59

[38] *Infra*, anot. 67-69.

[39] Especialmente, considerada no Direito penal; *vide* Figueiredo Dias, *Direito penal*, 1, 401 ss., com indicações. O tema é, porém, também civil: Tilman Repgen, no Staudinger (2009), § 227, Nr. 40 (917) e Nr. 62 (924).

[40] Tal o caso discutido e decidido em STJ 7-dez.-1998 (Martins Ramires), BMJ 492 (1999), 159-168 (165): após uma altercação num estabelecimento, causada por um indivíduo alcoolizado, o "defendente" retira-se; regressa, depois, para buscar água quente para descongelar o vidro do automóvel e acaba por aí ficar mais algum tempo; sai, depois, na frente do "agressor"; este vai ao automóvel buscar uma bengala; o "defendente" aproxima-se, de modo a ser agredido por uma bengalada; vai ao automóvel próprio buscar uma arma; aproxima-se para levar nova bengalada e, nessa ocasião, dispara a matar; entendeu o Tribunal que foi preparada a "agressão", de modo a possibilitar a "legítima defesa"; decidiu-se, pois, pela presença de um homicídio simples.

[41] O caso de RPt 1-mar.-1995 (Fonseca Guimarães), BMJ 445 (1995), 618 (o sumário): controlado o agressor, o agente, com ele prostrado em terra, põe-lhe os joelhos sobre o peito e desfere vários murros, em atitude de desforço.

[42] Por exemplo: a hipótese de legítima defesa entre cônjuges deverá ser ponderada em função da realidade do casal.

60 **12. O excesso de legítima defesa** consta do 337.º/2. Na interpretação deste preceito, devemos reter que o final do 337.º/1 foi, efetivamente, revogado pelo Código Penal e que o excesso não se confunde com a legítima defesa putativa, regulada no 338.º.

61 Há excesso de legítima defesa quando a ação do defendente se alongue para além do que seria necessário para deter eficazmente a agressão. O problema põe-se, naturalmente, apenas para além das margens alargadas que podem enformar a atitude do defendente. Temos: (1) o excesso intensivo; (2) o excesso extensivo.

62 (1) No **excesso intensivo**, o agente ultrapassa, com a sua ação, o que seria razoavelmente necessário para a sua defesa. Será o caso de alguém usar, em defesa, uma pistola de gás, fazendo-o demasiado perto e, com isso, cegando o agressor; (2) no **extensivo**, o agente prolonga a ação depois de neutralizada a agressão. Por exemplo: aplica golpes já com o agressor rendido. O Código estende a legítima defesa ("... igualmente justificado ...") à hipótese de excesso, desde que este se mostre devido: (a) a perturbação; (b) a medo não-culposo.

63 Pelas regras gerais, tanto a perturbação como o medo terão de ser "não-culposos": o agente não pode beneficiar de circunstâncias que, ele próprio e censuravelmente tenha criado. Poderemos, para o efeito, utilizar a bitola do *bonus pater familias* (487.º/2), colocado na posição do concreto agente. A perturbação é natural: ela corresponde, em regra, à descarga de adrenalina motivada pela situação extraordinária que o defendente teve de enfrentar. O agente pode perder o contacto com a realidade, ficando impossibilitado de avaliar as consequências dos seus atos.

64 Também o medo corresponde a uma reação comum. O agente, assustado, tenderá a assegurar-se, para além do necessário, de que a agressão não irá prosseguir ou não irá ser retomada.

65 Os tribunais portugueses são, por vezes, estritos – demasiado estritos – no julgamento de hipóteses de excesso de legítima defesa[43]. Anotemos alguns casos judicialmente decididos:

RCb 9-dez.-1993: há manifesto excesso de meios quando a agente desfere, com uma enxada, uma pancada na cabeça de uma pessoa que se lhe dirigia com uma faca na mão com o propósito de a agredir[44];

STJ 26-mai.-1994: estando um grupo de pessoas a apedrejar um estabelecimento e a danificar um automóvel, e saindo o agente, em defesa, com uma pistola, não há legítima defesa se, depois de o grupo se dispersar, ele ainda perseguir e atingir a tiro um dos agressores[45];

STJ 10-out.-1996: há legítima defesa se, aquando da resposta a um assalto e na impossibilidade de recorrer à força pública, o agente responder, a tiro a um assaltante que o enfrentava empunhando uma faca[46];

STJ 21-jan.-1998: num episódio ligado a questões de prostituição, um grupo de agressores decide ir a determinada casa, na presença e sem autorização dos donos, procurar uma cidadã estrangeira; provocam danos e chegam a agressões; retiram-se, regressando novamente, tendo sido chamada a GNR, que acalmou os ânimos; retirada a força da GNR, o grupo salta o muro e tenta nova invasão; a agente dispara um tiro mortal: houve legítima defesa[47];

STJ 13-dez.-2001: existe uma relação degradada entre dois irmãos; após vários acontecimentos, um deles espera outro e avança, contra ele, com uma forquilha; o agente dispara, em defesa,

[43] *Vide* a situação relatada em Taipa de Carvalho, *A legítima defesa*, 320, nota 554.

[44] RCb 9-dez.-1993 (Almeida Santos), BMJ 432 (1994), 439.

[45] STJ 26-mai.-1994 (Sousa Guedes), BMJ 437 (1994), 296-302 (301).

[46] STJ 10-out.-1996 (Sá Nogueira), BMJ 460 (1996), 359-368 (367).

[47] STJ 25-jan.-1998 (Virgílio de Oliveira; vencido: Joaquim Dias), BMJ 473 (1998), 133-147 (143).

a dois metros; o agressor foge com a forquilha, acabando por cair, de barriga para baixo; o agente persegue-o e usa a própria forquilha para atingir o agressor, já prostrado, matando-o: não há legítima defesa[48];

REv 6-dez.-2016: numa cena de violência entre mulheres, verifica-se, em determinado momento, que a agressora imobilizou a vítima (inicial), deitada de barriga para baixo, presa pelos cabelos e com um joelho nas costas; a vítima, depois de avisar, logra apoderar-se de uma faca e fere a agressora no peito, vindo esta a falecer; o tribunal não validou a legítima defesa[49].

Esclareça-se que os tribunais julgam, com severidade, situações em que o defendente usa 66 armas de fogo[50]; estas, como veremos, sujeitam-se a regras especiais.

13. As armas de fogo: constituem o grande óbice da legítima defesa. O essencial da jurispru- 67 dência sobre os (efetivos) pressupostos da legítima defesa e sobre o excesso de legítima defesa tem a ver com o uso de tais armas: uma vez armado, o mais frágil ser humano pode matar um agressor, de pessoas ou de bens. Semelhante eventualidade, dado o 24.º da Constituição e, para mais, num País que há muito aboliu a pena de morte, não pode ser encarada de ânimo ligeiro.

O detentor de uma arma de fogo deve seguir, em termos de legítima defesa, um código 68 de conduta bastante estrito. Desde logo, estando armado, deve evitar locais movimentados, bares noturnos e discotecas e, em geral, sítios onde se consuma álcool ou onde seja de esperar exaltações ou rixas. De seguida e em princípio: (1) só deve usar a arma para defender bens consideráveis: a vida ou a integridade física, própria ou de terceiros ou bens patrimoniais elevados; nunca perante bagatelas; (2) deve, sempre, avisar o agressor de que está armado, em termos dissuasivos; (3) deve disparar tiros de aviso; (4) deve apontar a zonas não vitais; (5) só esgotadas todas as hipóteses poderá visar o tronco ou a cabeça: ainda nessa hipótese, tanto quanto as circunstâncias o permitam, apenas para salvar vidas humanas ou bens de valor crítico.

O detentor de arma de fogo tem o dever de saber servir-se dela, mantendo-se adestrado. 69 Nas mãos de um leigo, a arma de fogo pode tornar-se inútil: será um perigo, antes de mais, para o próprio e para a sua família. O uso descuidado ou indevido de uma arma de fogo representa um ilícito que nenhuma legítima defesa pode sufragar. Mas paralelamente: perante uma agressão, perpetrada ou iminente, com arma de fogo, legitimada fica uma defesa também com arma de fogo.

14. A natureza. A legítima defesa é uma permissão genérica: a de repelir, quando necessário e 70 pela força, qualquer agressão ilícita contra valores juridicamente protegidos.

Artigo 338.º (Erro acerca dos pressupostos da ação direta ou da legítima defesa)

Se o titular do direito agir na suposição errónea de se verificarem os pressupostos que justificam a ação direta ou a legítima defesa, é obrigado a indemnizar o prejuízo causado, salvo se o erro for desculpável.

[48] STJ 13-dez.-2001 (Pereira Madeira), CJ/Supremo IX (2001) 3, 242-247 (244-246); o tribunal entendeu, porém, que o agente, logo perante a ameaça da forquilha, deveria ter fugido ou procurado refúgio no automóvel; ora isso seria, já, legitimar o agressor.

[49] REv 6-dez.-2016 (João Martinho Cardoso), Proc. 496/13; distingue-se, aí, entre o excesso asténico (por medo ou susto) e esténico (por ira, rancor ou vingança).

[50] Assim, RPt 11-dez.-2013 (Eduarda Lobo), Proc. 154/05.

Bibliografia: António Menezes Cordeiro, *Tratado de Direito civil*, V, 3.ª ed. (2018), 476-477; Maria da Graça Trigo/Ana Taveira da Fonseca, em *UCP/Comentário ao Código Civil* (2014), 797-800; Maria Fernanda Palma, *A justificação por legítima defesa como problema de delimitação de direitos* (1990), 868 pp.; Teresa Quintela, *O direito de necessidade e a legítima defesa no Código Civil e no Código Penal* (1994), 100 pp..

Índice

1 **1. Preparatórios**. O 338.º descende dos 2.º/3 e 3.º/3 do anteprojeto Vaz Serra[1], já com um sentido praticamente idêntico. Estes preceitos reaparecem no 301.º/1 da 1.ª Revisão[2], assumindo uma versão quase definitiva na Revisão intercalar (322.º)[3] e na 2.ª Revisão (338.º)[4]. A final: no Projeto (338.º)[5]. Na Revisão intercalar, o preceito foi alargado à ação direta.

2 **2. A legítima defesa putativa**[6] existe, apenas, no espírito do agente. Na realidade, não se verificam os seus pressupostos. Logo, o ato deveria ser ilícito. Todavia, se o erro for desculpável, ele não é obrigado a indemnizar.

3 A questão que se põe a propósito da legítima defesa putativa reside no eventual alargamento da justificação do ato: seria, pois, um tema de licitude e não de culpa. A legítima defesa corresponde a um figurino humano, assente na confiança criada por certos atos e não num exame naturalístico da realidade. Imaginemos um assalto à mão armada, a um estabelecimento, em que os agressores esbofeteiam a empregada da caixa e, sob ameaça de pistolas, exigem o dinheiro; o dono, perante o perigo de uma retaliação mortal contra a empregada ou contra ele próprio, surge armado e atira à cabeça dos assaltantes; verifica-se, depois, que estes usavam pistolas de plástico. Há legítima defesa plena, ainda que putativa.

4 A lei diz, aparentemente, o contrário, uma vez que obrigaria a indemnizar, salvo a cláusula geral da culpa. O risco de situações que aparentem agressões corre por quem as crie: não pelos defendentes. Interpretando, no seu conjunto, o 338.º, diremos simplesmente que a legítima defesa putativa é justificante quando a aparência justificativa não seja imputável ao agente.

5 Estas considerações aplicam-se à ação direta.

Artigo 339.º (Estado de necessidade)

1. É lícita a ação daquele que destruir ou danificar coisa alheia com o fim de remover o perigo atual de um dano manifestamente superior, quer do agente, quer de terceiro.

2. O autor da destruição ou do dano é, todavia, obrigado a indemnizar o lesado pelo prejuízo sofrido, se o perigo for provocado por sua culpa exclusiva; em qualquer outro caso, o tribunal pode fixar uma indemnização equitativa e condenar nela não só o agente, como aqueles que tiraram proveito do acto ou contribuíram para o estado de necessidade.

[1] Adriano Vaz Serra, *Causas justificativas do facto danoso*, 111.
[2] *1.ª Revisão*, 131.
[3] *Revisão intercalar*, 125-126.
[4] *2.ª Revisão*, 134.
[5] *Projecto*, 98.
[6] RPt 11-dez.-2013 (Eduardo Lobo), Proc. 154/05.

Bibliografia: Adriano Vaz Serra, *Causas justificativas do facto danoso*, BMJ 85 (1959), 13-112 (16-45); António Menezes Cordeiro, *Tratado de Direito civil*, V, 3.ª ed. (2018), 481-490; *idem*, VIII (2015, reimp.), 494-497; Fernando Pessoa Jorge, *Ensaio sobre os pressupostos da responsabilidade civil* (1968, reimp., 1999), 251-262; Maria da Graça Trigo, em *UCP/Comentário ao Código Civil* (2014), 801-805.

Índice

I – Origem e evolução

1. Antecedentes. O Direito romano reconhecia a necessidade de provocar danos para salvar pessoas. Muito referida, a *Lex Rhodia de jactu* permitia, em navios em perigo, lançar a carga pela borda fora[1]. 1

O *usus modernus* dos séculos XVII e XVIII admitiu um *ius necessitatis*, patente na pandectística, nas codificações naturalistas e em certas codificações e projetos do século XIX. 2

Apesar desses antecedentes, quer o Código Napoleão, quer o Código Civil italiano de 1865 mantiveram-se mudos, quanto ao tema. O nosso CS antecipou-se, ainda que sem tratar esta problemática pelo prisma da justificação da ilicitude: apenas pelo da indemnização[2]: 3

> *2396.º* – Se, para evitar algum prejuízo imminente, que por outro modo se não possa impedir, se fizer algum damno em propriedade alheia, será esse damno indemnizado por aquelle a favor de quem for feito.
>
> *§ único* – Se o damno for feito em proveito de mais de um individuo, a indemnização será paga por todos elles, na proporção do beneficio que cada um tiver recebido.
>
> *2397.º* – Quando o beneficio se estender a uma povoação inteira, ou quando o damno for ordenado pela auctoridade publica no exercicio das suas attribuições, a indemnização será paga pelas pessoas em favor das quaes o damno for feito, sendo distribuida e paga na conformidade dos regulamentos administrativos.

O BGB alemão, que deu uma dupla guarida ao estado de necessidade: nos §§ 228 e 904, respetivamente atinentes aos chamados estados de necessidade defensivo e ofensivo. 4

2. Preparatórios. O anteprojeto Vaz Serra consagrou um longo preceito (1.º) ao estado de necessidade[3]. A 1.ª Revisão (302.º) condensou a matéria em dois números[4], surgindo na 2.ª (339.º)[5] a redação definitiva[6]. 5

[1] Indicações: *Tratado*, V, 3.ª ed., 482.

[2] José Dias Ferreira, *Codigo Civil Portuguez Annotado*, 4, 2.ª ed. (1905), 303-304, com exemplos; assim:

> Se para obstar ao desenvolvimento de um incendio (...) que ameaçasse devorar uma casa ou uma povoação, fosse derribado algum predio, a fim de evitar a communicação do fogo (...) pagariam esse damno os beneficiados (...)

[3] Adriano Vaz Serra, *Causas justificativas do facto danoso*, 109-110.

[4] *1.ª Revisão*, 131.

[5] *2.ª Revisão*, 134; o texto da *Revisão intercalar* (323.º), 126, estava próximo.

[6] *Projecto*, 99.

II – Os pressupostos

6 **3. Enumeração**[7] (339.º/1): (1) um perigo atual de um dano, para o agente ou para um terceiro; (2) dano esse que seja manifestamente superior ao dano causado pelo agente; (3) um comportamento danoso, destinado a remover esse perigo.

7 **4.** O **perigo de um dano**, para o agente ou para terceiro, constitui a base do estado de necessidade. Ao contrário da legítima defesa: não se lida, aqui, com uma agressão ilícita nem, consequentemente, com a necessidade de preservar a ordem jurídica.

8 O dano pode ser patrimonial, pessoal ou moral. A lei não distingue, caindo todas as hipóteses na sua letra, no seu espírito e na sua teleologia. A lei refere um "perigo atual". Pode traduzir um dano já em curso, mas minorável ou um dano iminente. Subjacente fica a impossibilidade de afastar o perigo, sem a atuação em necessidade. E, designadamente: a inviabilidade de avisar, em tempo útil, as autoridades competentes para a remoção do perigo.

9 **5.** A **proporcionalidade**, em termos tais que o dano evitado seja manifestamente superior ao causado pelo agente, faz, aqui, todo o sentido. Não está em causa repelir uma agressão ilícita, a qual justificaria uma reação radical, mas, apenas, o distribuir os danos, numa perspetiva social solidária. A ponderação deve ser feita pelo próprio agente, de acordo com os elementos disponíveis no momento. Basta que, nesse juízo, o dano a prevenir se apresente como muito provável, na sua concretização e no seu montante. Além disso, a valoração dos danos em jogo deve operar de acordo com bitolas gerais de valor: não segundo escalas privativas do agente. Estas últimas podem apenas, no plano da responsabilidade, operar como causas de exculpação.

10 **6.** O **comportamento do agente**: a ação implicada é a necessária: quer quanto à sua efetivação, quer quanto aos meios utilizados. Deve ser objetivamente adequada à remoção do dano, contendo-se nos limites aqui exigíveis.

11 O comportamento permitido é danoso. Perante a letra do 339.º/1, apenas poderiam, em necessidade, ser causados danos a coisas[8]. Trata-se da opção de Vaz Serra[9], retomada do Direito alemão. Para evitar a morte de uma pessoa que se recuse a abandonar uma casa em chamas, é civilmente lícito retirá-la à força.

12 Dada a teleologia do 339.º/1 (permitir um dano para evitar um dano desmesuradamente maior), não há dificuldade em alargar a referência a "coisa", aí feita, a todo e qualquer bem, incluindo bens imateriais e bens de personalidade[10]. Aliás, no Direito civil português, "coisa" não é, apenas e em rigor, a coisa corpórea (202.º/1)[11]. *In casu* haverá, porém, que ir ainda mais longe, alargando o preceito às próprias pessoas. Contra uma atuação em estado de necessidade, não pode haver legítima defesa: falta o pressuposto básico da agressão ilícita.

III – O regime

13 **7. Princípio-base**. Verificada a situação de necessidade, a ação do agente é lícita. O dano causado não lhe pode ser imputado a título aquiliano, isto é: por via do 483.º/1. Pergunta-se se será justo que esse dano seja suportado pelo titular dos valores atingidos.

[7] Pessoa Jorge, *Ensaio sobre os pressupostos*, 254, Ribeiro de Faria, *Direito das obrigações*, 1, 446, Antunes Varela, *Das obrigações em geral*, 1, 10.ª ed., 558, Almeida Costa, *Direito das obrigações*, 12.ª ed., 572 e Menezes Leitão, *Direito das obrigações*, 1, 15.ª ed., 307.

[8] Pessoa Jorge, *Ensaio sobre os pressupostos*, 256.

[9] Vaz Serra, *Causas justificativas do facto danoso*, 24-25 e 109; Vaz Serra parece apoiar-se em von Tuhr: demasiado antigo, já na época.

[10] Trata-se de uma opção que tem vindo a obter a adesão tanto de penalistas como de civilistas. Assim: Teresa Quintela de Brito, *O direito de necessidade e a legítima defesa no Código Civil e no Código Penal* (1994), 78-80, Mário Júlio de Almeida Costa, *Direito das obrigações*, 9.ª ed., 525 e Jorge de Figueiredo Dias, *Direito penal*, 1, 435.

[11] *Tratado* III, 4.ª ed. (2019), 51 ss..

O 339.º/2 vem dispor sobre o destino ou a repartição desse dano. Prevê: (1) a sua imputação ao agente, quando o perigo tenha sido provocado por sua culpa exclusiva; (2) a sua imputação equitativa ao mesmo agente, àqueles que tenham tirado proveito do ato ou que hajam contribuído para o estado de necessidade. Temos situações de imputação de danos por atos lícitos[12]. 14

8. O excesso. A lei não contempla essa hipótese. Podemos configurá-lo como uma situação na qual o agente, movido pelo zelo, atinja bens que não seria necessário danificar, para esconjurar o perigo. Tendo em conta a teleologia do preceito e não havendo uma avaliação culposa por parte do agente, a situação deve ter-se por justificada. Tal como sucede na legítima defesa, também o estado de necessidade pode ocasionar situações de grande tensão psicológica, a que o Direito não deixa de atender. Ao Tribunal cabe, depois, refazer a justiça possível, através do jogo das indemnizações: por facto lícito. 15

9. Estado de necessidade putativo: o agente comporta-se na convicção, não culposa, de se verificarem os pressupostos que levaram à ação. Não vemos qualquer razão material para não estender, a tal ocorrência, o regime do artigo 338.º. Pelo contrário: perante o estado de necessidade pode sempre haver, depois, uma (re)distribuição equitativa dos danos (339.º/2), de tal modo que ninguém saia injustamente prejudicado, para além do risco normal em que todos incorrem. 16

10. Fundamento e natureza. O estado de necessidade pode, tal como a legítima defesa, ser reconduzido a uma ideia ampla de autotutela. Todavia tem, perante ela, diferenças essenciais. Enquanto, na legítima defesa, domina uma ideia de proteção do ordenamento e de integridade de direitos, o estado de necessidade é enformado por um postulado de solidariedade entre as pessoas. No fundamental, o 339.º/1 dá abrigo à natural ajuda mútua entre os seres humanos, capazes de sacrificar o imediato, para salvaguardar o essencial. Pode até falar-se, a tal propósito, num "dever de suportação como dever de cidadania institucional". 17

Em termos técnicos, o estado de necessidade não pode reconduzir-se a um direito subjetivo: falta-lhe, para tanto, a necessária especificidade. Equivale a uma permissão genérica com conteúdo funcional: a de atingir bens juridicamente tutelados, quando isso se mostre efetivamente necessário para salvaguardar bens superiores. 18

11. Jurisprudência: 19

REv 15-out.-2013: a ASAE apreende determinados produtos alimentares, os quais ficam em arcas seladas; ao fim de uns meses, a interessada deita tudo no lixo, invocando a sua deterioração, violando, com isso, as regras que exigiriam a preservação das provas; explicou que tentara a aceleração do processo legal; foi considerada justificada[13];

RPt 28-jan.-2015: um condutor, inibido de conduzir, viola a proibição, sendo detido; invoca necessidade imperiosa de conduzir, o que foi considerado não-provado[14];

REv 17- mar.-2015: um caso semelhante[15];

RLx 5-abr.-2016: numa situação de abuso de confiança fiscal, o arguido invoca que usara o dinheiro devido ao Estado para pagar os salários dos trabalhadores; não foi considerado haver estado de necessidade[16];

RCb 28-set.-2016: uma médica é intercetada em excesso de velocidade; explica que se dirigia, em grande urgência, para o hospital, tendo sido chamada; a Relação não aceitou haver estado de necessidade[17].

[12] O nosso *Direito das obrigações* 2, 395.

[13] REv 15-out.-2013 (Maria Isabel Duarte), Proc. 88/11.

[14] RPt 28-jan.-2015 (Neto de Moura), Proc. 9/13.

[15] REv 17- mar.-2015 (Maia Leonor Esteves), Proc. 88/13.

[16] RLx 5-abr.-2016 (Artur Vargues), Proc. 1262/12.

[17] RCb 28-set.-2016 (Vasques Osório), Proc. 7168/15. A médica fora inibida de conduzir durante 75 dias; num caso de homicídio involuntário, os tribunais aplicam 15 dias de inibição; a desmedida das sanções "acessórias" de inibição

Artigo 340.º (Consentimento do lesado)

1. O ato lesivo dos direitos de outrem é lícito, desde que este tenha consentido na lesão.

2. O consentimento do lesado não exclui, porém, a ilicitude do ato, quando este for contrário a uma proibição legal ou aos bons costumes.

3. Tem-se por consentida a lesão, quando esta se deu no interesse do lesado e de acordo com a sua vontade presumível.

Bibliografia: A. Barreto Menezes Cordeiro, *O consentimento do titular dos dados no RGPD*, RDC 2018, 839-863; Adriano Vaz Serra, *Causas justificativas do facto danoso*, BMJ 85 (1959), 13-112 (104-109); André Gonçalo Pereira Dias, *Direitos dos pacientes e responsabilidade médica* (2015), 997 pp., 684 ss., António Menezes Cordeiro, *Tratado de Direito civil*, V, 3.ª ed. (2018), 500-503; *idem*, VIII (2015, reimp.), 494-497; Fernando Pessoa Jorge, *Ensaio sobre os pressupostos da responsabilidade civil* (1968, reimp., 1999), 269-281; João Vaz Rodrigues, *O consentimento informado para o acto médico no ordenamento português (elementos para o estudo da manifestação de vontade do paciente)* (2001), 552 pp.; José Brandão Proença, em *UCP/Comentário ao Código Civil* (2014), 805-809.

Índice

I – Preparatórios

1 **1.** O **anteprojeto Vaz Serra** propôs (5.º)[1]:

> 1. Não é antijurídico o acto, se o lesado consentiu nele. Este consentimento não exclui a antijuridicidade, quando for contrário a uma proibição legal ou aos bons costumes.
>
> 2. Presume-se o consentimento, se a lesão se faz no interesse do lesado e de acordo com a sua vontade real ou presumível.

2 **2. Revisões**. A 1.ª (300.º) pouco alterou[2]. Na Revisão intercalar (324.º), retomada na 2.ª (340.º), surge o n.º 3[3], tudo com uma redação quase definitiva[4]. As vicissitudes das diversas cau-

de conduzir, aplicadas administrativamente, dá azo a situações como a descrita.

[1] Adriano Vaz Serra, *Causas justificativas do facto danoso*, 112.

[2] *1.ª Revisão*, 130, com a sugestiva epígrafe "o consentimento do lesado, como causa de exclusão da ilicitude".

[3] *Revisão intercalar*, 126; *2.ª Revisão*, 134-135.

[4] *Projecto*, 99.

sas de justificação explicam que o consentimento do lesado, clara matéria de responsabilidade civil, surja neste campo.

II – Pressupostos e natureza

3. Pressupostos do consentimento do lesado são[5]: (1) um direito disponível; (2) um ato de consentimento; (3) um ato lesivo. 3

(1) A **disponibilidade** resulta do 340.º/2. Distingue-se entre a indisponibilidade de um direito e as hipóteses de, havendo embora disponibilidade, o consentimento do lesado se revelar ineficaz, para efeitos de justificação de ilicitude, por o concreto ato ofensivo ser, por si, contrário à lei ou aos bons costumes. As hipóteses de proibição legal são mais extensas. Assim: (a) no domínio dos direitos de personalidade, há restrições ponderosas (81.º); (b) no campo dos créditos, não é permitida uma renúncia prévia aos direitos do credor (809.º), tendo a remissão, sempre, natureza contratual (863.º/1); (c) não é possível a doação de bens futuros (942.º/1); (d) no Direito da família trabalha-se, em regra, com situações indisponíveis. 4

De facto, o 340.º só opera perante a responsabilidade aquiliana (483.º/1), especialmente com direitos reais e (nas devidas margens) com direitos de personalidade. A sua solene inclusão na parte geral do Código faculta um equívoco imputável à classificação germânica pura. 5

(2) O **ato de consentimento** é, em regra, unilateral. Não se exclua, à partida, uma natureza negocial: o *dominus* pode estipular os termos e o alcance da autorização dada. Há, nessa eventualidade, liberdade de celebração e liberdade de estipulação. 6

Dependendo das circunstâncias (127.º), o consentimento do lesado exige legitimidade, capacidade de gozo e capacidade de exercício. Integra uma declaração de vontade, expressa ou tácita[6] e deve passar pelo crivo das regras sobre a perfeição e a eficácia das declarações de vontade. 7

Em certos casos, o "lesado" não está em condições de consentir na lesão a qual, todavia, é no seu interesse e corresponde à sua vontade plausível (340.º/3): o consentimento tem-se por verificado. Tal ocorre nos casos em que se imponha uma intervenção médica de urgência, sem que o interessado esteja em condições de dar a sua concordância. 8

(3) O **ato lesivo** é levado a cabo perante o consentimento do interessado. Tomamos o ato num sentido amplo: (a) pode provocar um dano efetivo, de tipo patrimonial ou moral[7]; (b) pode não ser danoso mas, todavia, integrar um núcleo de bens aos quais os terceiros não devem aceder. O ato lesivo não deve ir além do consentido. Havendo excesso ou ocorrendo um consentimento putativo, o agente é responsável pelos danos, salva a hipótese da falta de culpa. 9

4. Justificação e natureza. O consentimento do lesado encontra a sua justificação básica na liberdade pressuposta pelos direitos subjetivos. Por definição: sendo direitos, não têm de ser exercidos; além disso, eles envolvem, para o seu titular, a possibilidade de permitir ingerências no âmbito da sua própria permissão normativa específica de atuação. Podemos extrapolar a figura 10

[5] Como obra de referência: Ansgar Ohly, *"Volenti non fit iniuria"/Die Einwilligung im Privatrecht* (2002), XXI + 503 pp..

[6] Assim, tem-se por consentido o molestar físico, no âmbito da prática do futebol, a que o ofendido voluntariamente se entregue: RCb 16-mar.-2000 (João Trindade), BMJ 495 (2000), 369/II (o sumário), com relevância penal. Todavia, a lesão deve conter-se no risco próprio do desporto em causa: STJ 12-mai.-2016 (Fernanda Isabel Pereira), Proc. 108/09.

[7] Assim, não é lícita a divulgação, por um jornalista, de dados relativos à situação fiscal de um particular, sem o seu consentimento: viola a intimidade da sua vida privada: RLx 16-out.-2001 (Santos Rita), CJ XXI (2001) 4, 148-150 (150).

do consentimento do lesado para outras posições ativas permitidas e, designadamente, para o domínio das permissões genéricas ou liberdades.

11 Em termos gerais, o consentimento do lesado (do "ofendido") pode ser construído de diversas formas e designadamente: como fator que ponha em causa a tipicidade penal da ação ou como verdadeira causa de justificação[8]. Em moldes civis, há que distinguir diversas situações: (1) o exercício normal do direito, que habilita os terceiros a agir: o convite para jantar em casa do "lesado"; não há qualquer dano (pelo contrário!); de outro modo, porém, o ato é proibido; (2) o exercício, anormal mas lícito, do direito, em termos que permitam atuações de outro modo vedadas: será o caso de o proprietário de um quadro decidir que o mesmo é um alvo para treinos com pistola; podem os presentes atirar ao quadro, sem "dano"; (3) a obtenção de uma vantagem, numa área reservada, porém, ao titular do direito: a autorização para uma intervenção cirúrgica que irá prolongar a vida do "lesado"; (4) o efetivo sofrimento de um dano, que o lesado decide suportar: a permissão para que os moradores da aldeia se sirvam do seu pomar.

III – Situações especiais

12 **5.** O **consentimento para atos médicos** resulta dos princípios gerais aplicáveis às declarações de vontade, com relevo para a boa-fé. O lesado deve estar na posse de todas as informações, quer relativamente ao ato lesivo, quer com referência às consequências que dele possam decorrer. Nas situações de consentimento para intervenções médicas, o tema é especialmente delicado, constando de diversas leis avulsas. Assim:

13 (1) **Estatuto da Ordem dos Médicos**[9], 135.º/11: o médico deve fornecer a informação adequada ao doente e dele obter o seu consentimento livre e esclarecido.

14 (2) **Código Penal**, 157.º: o consentimento só é eficaz quando o paciente tiver sido devidamente esclarecido sobre o diagnóstico e a índole, alcance, envergadura e possíveis conseqüências da intervenção ou do tratamento, salvo se isso implicar o esclarecimento de circunstâncias que, a serem conhecidas pelo paciente, poriam em perigo a sua vida ou seriam suscetíveis de lhe causar grave dano à saúde física ou psíquica.

15 (3) **Procriação medicamente assistida**[10], 14.º/1: os beneficiários devem prestar o seu consentimento livre, esclarecido, de forma expressa e por escrito, perante o médico responsável.

(4) **Lei da investigação clínica**[11], 2.º, *e*): o consentimento informado é a decisão
16 expressa de participar num estudo clínico, tomada livremente por uma pessoa dotada de capacidade de o prestar ou, na falta desta, pelo seu representante legal, após ter sido devidamente informada sobre a natureza, o alcance, as consequências e os riscos do estudo, bem como o direito de se retirar do mesmo a qualquer momento.

17 (5) **Lei da Saúde Mental**[12], 5.º/1, *d*) e 5.º/2: consentimento prévio para eletroconvulsivoterapia e para intervenções psicocirúrgicas.

18 (6) **Utente dos serviços de saúde**[13], 3.º/1: o consentimento ou a recusa da prestação de cuidados de saúde devem ser declarados de forma libre e esclarecida, salvo disposição especial da lei.

[8] Com elementos, Figueiredo Dias, *Direito penal*, 1, 442; *vide* Maria Fernanda Palma, *Direito penal/Parte geral*, 306 ss..

[9] Aprovado pelo DL 282/77, de 5-jul., alterado e republicado, por último (em dez.-2019), pela L 117/2015, de 31-ago.

[10] L 32/2006, de 26-jul., por último (em dez.-2019) alterada pela L 49/2019, de 8-jul..

[11] L 21/2014, de 16-abr., por último (em dez.-2019) alterada pela L 49/2019, de 8-jul..

[12] L 38/98, de 24-jul., por último (em dez. 2019) alterada pela L 49/2018, de 14-ago..

[13] L 15/2014, de 21-mar., por último (em dez.-2019) alterada pela L 110/2019, de 9-set..

(7) **Regulamento de Deontologia Médica**[14], 20.º/1: o consentimento do doente só é válido se este, no momento em que o dá, tiver a capacidade de decidir livremente, se estiver na posse de informação relevante e se for dado na ausência de coações físicas ou morais. 19

6. Regulamento Geral sobre a Proteção de Dados (2016)[15], especialmente 6.º, 7.º e 8.º; a sua execução é assegurada pela L 58/2019, de 8-ago.; o acesso a dados pessoais vai contundir com diversos direitos de personalidade: donde a necessidade de consentimento dos visados[16]. 20

7. Segredo bancário: garantido pelo 78.º do RGIC, ele cede em circunstâncias previstas na lei e, ainda, havendo autorização do cliente do banqueiro: uma posição reforçada pelo 195.º (violação de segredo) do Código Penal. O segredo bancário tutela a integridade moral das pessoas (25.º) e a vida privada e familiar (26.º/1), ambos da Constituição[17]: donde a necessidade de consentimento do visado. O seu levantamento exige uma intervenção do tribunal[18]. Sucessivas reformas, transcendendo o exigido pelo "memorando da Troika", vieram enfraquecer o segredo bancário, deixando em aberto um cenário orwelliano[19]. 21

8. Segredo dos seguros: determinado no 119.º/1 da LCS e nos 32.º a 38.º do RGAS, ele protege a integridade moral e a vida privada e familiar nesse sector, tendencialmente invasivo[20]. 22

9. Jurisprudência: praticamente ligada ao consentimento para atos médicos. Assim: 23

STJ 13-mar.-2007: a transfusão não é um ato ilícito se tiver sido efetuada mediante a prestação do consentimento do lesado, depois de informado dos riscos a ele inerentes, e após submissão do dador, devidamente identificado, a um exame preliminar; neste caso, o lesado foi contaminado com o vírus da hepatite C que, à data, ainda não havia sido isolado[21];

STJ 7-jun.-2011: num caso de direito à imagem e de fotografias, considerou-se que, em situações-limite, pode ocorrer uma presunção de consentimento, bastando para tal que a conduta do visado revele um comportamento de tal modo alheado à sorte de captação de imagens que dele se possa inferir uma anuência desprendida ou imane ao conteúdo e destino das imagens[22];

RPt 2-mai.-2012: considera constitucional a norma do 156.º/2 do Código da Estrada, relativo ao exame de sangue de intervenientes em acidentes, para pesquisa de álcool ou de substâncias psicotrópicas[23]

RLx 10-nov.-2016: através do consentimento informado, o paciente aceita transferir para a sua esfera jurídica as eventuais consequências danosas emergentes do ato médico realizado com integral respeito pelas *leges artis*[24];

-*STJ 2-nov.-2017*: num caso de extração de um siso a qual, mesmo quando bem executada, pode atingir o nervo lingual, o que sucedeu, sem que o paciente tivesse sido informado desse risco[25];

RLx 6-fev.-2018: um médico extrai um dente, que estava a causar uma infeção, quando o paciente pensava que ele iria extrair um outro; há responsabilidade por falta de esclarecimento[26];

STJ 22-mar.-2018: o consentimento informado dos pacientes não deve ser apenas genérico; assim, não afasta a ilicitude de uma colonoscopia que redunde numa perfuração do cólon[27];

[14] Reg. 707/2016, de 20-mai., DR 2.ª série, n.º 139, de 21-jul.-2016, 22578/I.

[15] Reg. 2016/679, de 27-abr..

[16] A. Barreto Menezes Cordeiro, *Direito privado da proteção de dados* (2019), 399 pp., 181-217 e *passim*; *idem*, *Direito da proteção de dados* (2020), 456 pp., 167-203.

[17] O nosso *Direito bancário*, 6.ª ed. (2018, reimp.), 363 ss..

[18] *Idem*, 370 ss..

[19] *Idem*, 393 ss..

[20] O nosso *Direito dos seguros*, 2.ª ed. (2017, reimp.), 736-737.

[21] STJ 13-mar.-2007 (Nuno Cameira), Proc. 07A96.

[22] STJ 7-jun.-2011 (Gabriel Catarino), Proc. 1581/07.

[23] RPt 2-mai.-2012 (Melo Lima), Proc. 63/08, referindo jurisprudência constitucional.

[24] RLx 10-nov.-2016 (Jorge Leal), Proc. 23592/11.

[25] STJ 2-nov.-2017 (Maria dos Prazeres Beleza), Proc. 23592/11.

[26] RLx 6-fev.-2018 (Carlos Oliveira), Proc. 1889/15.

[27] STJ 22-mar.-2018 (Maria da Graça Trigo), Proc. 7053/12.

RGm 10-jan.-2019: não só a má prática é fonte de responsabilidade médica: também o é a violação dos direitos dos pacientes, com realce para a sua autonomia e autodeterminação, por desrespeito do dever de informar: um caso de má prática estomatológica[28].

Capítulo II – Provas

Introdução (341.º a 396.º)

Bibliografia: Adriano Vaz Serra, *Provas (Direito probatório material)* (1962); António Menezes Cordeiro, *Tratado de Direito civil*, V, 3.ª ed. (2018); Cláudia Sofia Alves Trindade, *A prova dos estados subjetivos no processo civil* (2016); Isabel Alexandre, *Provas ilícitas em processo civil* (1998); João de Castro Mendes, *Do conceito de prova em processo civil* (1961); João Marques Martins, *Presunções judiciais na responsabilidade civil extracontratual* (2017); *idem*, *Prova por presunções judiciais na responsabilidade civil aquiliana* (2017); José Lebre de Freitas, *A confissão no Direito probatório/Um estudo de Direito positivo* (2013); *idem*, *A falsidade no Direito probatório* (2013); *idem*, em Ana Prata (org.), *Código civil anotado*, 1, 2.ª ed. (2019), 452-515; José Manuel Aroso Linhares, *Regras de experiência e liberdade objectiva do juízo de prova/Convenções e limites de um possível modelo teorético* (1988); Luís Filipe Pires de Sousa, *Prova por presunção no Direito civil* (2017); Maria Clara Calheiros, *Para uma teoria da prova* (2015); Miguel Teixeira de Sousa, *A prova em processo civil/Ensaio sobre o raciocínio probatório* (no prelo); Pedro Ferreira Múrias, *Por uma distribuição fundamentada do ónus da prova* (2000); Rui Soares Pereira, *O nexo de causalidade na responsabilidade delitual/Fundamento e limites do juízo de condicionalidade* (2017).

Índice

I – Enquadramento geral

1 **1. Noção de prova.** Todo o processo comporta matéria de facto (resultante das alegações das partes ou da investigação do tribunal) e matéria de direito (aplicada *ex officio* pelo tribunal em função da matéria de facto apurada no processo). A prova respeita fundamentalmente à matéria

[28] RGm 10-jan.-2019 (Sandra Melo), Proc. 3192/14.

de facto, isto é, numa formulação algo simplificada, à construção da premissa menor do chamado silogismo judiciário.

2 O 341.º estabelece que as provas têm por função a demonstração da realidade dos factos. Mais adequado do que definir a prova pela função dos meios de prova, ou seja, através dos meios pelos quais se realiza a demonstração do facto probando, é definir a prova pela sua finalidade ou pelo seu resultado. Nesta óptica, a prova pode ser definida como a demonstração de factos em juízo.

3 Esta demonstração não é objectiva, ou seja, não é uma demonstração científica do facto, mas antes subjectiva: ela encontra-se realizada quando o juiz fica convencido, em função da prova produzida, da verdade (ou, em certos casos, da verosimilhança) do facto. Em todo o caso, a convicção do juiz não pode ser uma convicção arbitrária ou intuitiva, mas antes uma convicção racional e fundamentada.

4 **2. Objecto da prova**. O objecto da prova é constituído por factos relevantes e controvertidos, ou seja, por factos que não só sejam relevantes para a decisão da causa, mas também por factos que tenham sido alegados por uma das partes e impugnados pela outra parte. Os factos que não são controvertidos estão adquiridos para o processo, pelo que em relação a eles, em regra, não se justifica nenhuma actividade probatória.

5 Apesar de ser muito frequente o entendimento de que, em processo, não há factos, mas apenas afirmações de factos, o mesmo não deve ser seguido. Efectivamente, um facto não é mais do que um enunciado linguístico que descreve um estado de coisas. Nem "céu", nem "nublado" é um facto, mas já o é o enunciado – que pode ser verdadeiro ou falso – "o céu está nublado".

6 Os factos que podem constituir objecto de prova são muito variados. Esses factos são frequentemente factos ocorridos no mundo, mas também podem ser estados anímicos ou psíquicos, factos futuros ou prognoses ou ainda factos hipotéticos, isto é, factos que teriam ocorrido se outros factos tivessem acontecido (como, por exemplo, o que teria sucedido se a vítima do acidente tivesse sido socorrida a tempo) ou não tivessem acontecido (como, por exemplo, o que teria ocorrido se o candidato não tivesse sido discriminado no acesso ao emprego). Esses factos também podem ser factos positivos, ou seja, factos que aconteceram, ou factos negativos, isto é, factos que não aconteceram. Note-se, no entanto, que, atendendo à dificuldade de provar um facto negativo, as regras sobre a distribuição do ónus da prova foram construídas para evitar, na medida do possível, a prova de factos negativos. Por exemplo: entre o não pagamento da dívida alegado pelo autor e o seu pagamento invocado pelo demandado, é este pagamento (facto positivo) que deve ser provado em juízo (342.º/2).

7 Apesar de incumbir ao juiz aplicar a regra jurídica que entende ser aplicável à matéria de facto apurada no processo (*iura novit curia*: 5.º/3 do CPC), em certas situações a matéria de direito também pode constituir objecto de prova. O 348.º/1 estabelece que, em determinadas circunstâncias, incumbe à parte interessada a prova de direito consuetudinário, local ou estrangeiro. O mesmo pode ser dito quanto a fontes de direito privadas, como, por exemplo, os estatutos de uma associação.

8 **3. Referência da prova**. Normalmente, a prova tem por referência a verdade do facto probando, ou seja, exige que o juiz forme a convicção sobre a verdade deste facto. Em algumas situações, a prova tem por referência a verosimilhança do facto probando: nesta hipótese, exige-se apenas que o juiz forme a convicção sobre a aparência de verdade do facto probando.

9 Para evitar confusões frequentes, importa distinguir a verosimilhança do facto probando da probabilidade deste facto. Enquanto a verosimilhança é, como, aliás, resulta do seu étimo, a

aparência de verdade do facto probando, a probabilidade do facto probando é a probabilidade da ocorrência deste facto em função da ocorrência de um facto instrumental ou probatório (cf. 5.º/2/a) do CPC). A probabilidade é sempre relacional: um facto é provável (ou não provável) sempre em função de um outro facto.

10 Esta conclusão permite concluir que no 217.º/1 é realmente de probabilidade que se deve falar, dado que a declaração tácita é inferida de um outro facto, isto é, de um facto probatório. Em contrapartida, a referência à probabilidade no 345.º e no 368.º/1 do CPC é totalmente equivocada, dado que não se pretende impor que a existência do direito do terceiro ou do direito acautelado tenha de ser inferida de qualquer facto probatório. Correcto seria falar, neste contexto, de verosimilhança do direito do terceiro ou do direito acautelado, dado que, na fase introdutória dos embargos de terceiro e nos procedimentos cautelares, o juiz, em vez de ter de formar a convicção sobre a existência do direito, tem apenas de formar a convicção sobre a aparência dessa existência.

11 Assente a distinção entre a verosimilhança e a probabilidade, resta concluir que nada impede que a verosimilhança do facto probando possa ser inferida, com base num critério de probabilidade, de um facto probatório. O mesmo há que concluir quando a prova tem por referência a verdade do facto probando: esta verdade também pode ser inferida, com fundamento num critério de probabilidade, de um facto probatório. Em conclusão: a probabilidade do facto probando não é um resultado probatório admissível, dado que o que se exige não é que o juiz conclua que o facto probando é provável, mas antes que este facto é verdadeiro ou verosímil; assim, a probabilidade apenas pode ser um meio para corroborar a inferência da verdade ou da verosimilhança do facto probando de um facto probatório.

12 **4. Direito probatório**. Costuma distinguir-se entre Direito probatório material e Direito probatório formal: o primeiro respeita aos meios de prova admissíveis e aos critérios da sua avaliação pelo juiz; o segundo refere-se à produção da prova em processo. No direito português, a distinção é especialmente importante, porque o direito probatório material é regulado no CC (341.º a 397.º) e o direito probatório formal no CPC (410.º a 526.º).

II – Direito à prova

13 **5. Generalidades.** O direito à prova é uma decorrência da garantia do processo equitativo. Esta garantia assegura que as partes devem poder alegar em juízo os factos que consideram relevantes para a defesa dos seus interesses. Consequentemente, as partes também devem poder provar esses factos no caso de os mesmos, através da impugnação da contraparte, se terem tornado controvertidos e, por isso, necessitados de prova.

14 **6. Restrições.** O direito à prova não é um direito absoluto. São inúmeras as restrições que são impostas ao exercício do direito à prova. Basta pensar, a título de exemplo, nas preclusões que afectam a alegação de factos em processo, a apresentação de provas e a formulação do requerimento probatório, bem como na inadmissibilidade da prova ilícita e na limitação do número de testemunhas que podem ser apresentadas pela parte. A verdade processual é, necessariamente, uma verdade contingente.

15 Uma das mais significativas restrições ao direito à prova é constituída pela proibição das provas ilícitas. No âmbito do processo penal, o 32.º/8 da CRP estabelece que são nulas todas as provas obtidas mediante tortura, coacção, ofensa da integridade física ou moral da pessoa, abusiva intromissão na vida privada, no domicílio, na correspondência ou nas telecomunicações. Nada obsta a que a mesma regra deva valer no âmbito do processo civil, pois que mal se compreenderia que fossem lícitas em processo civil provas que são ilícitas em processo penal ou que

fossem ilícitas em processo civil provas que são lícitas em processo penal. O que está em causa não são os diferentes interesses que são tutelados em cada um daqueles processos, mas antes a restrição que certos direitos fundamentais impõem ao direito à prova em qualquer processo. Não se compreenderia que, com o argumento de que, em processo civil, se tutelam (normalmente) interesses privados, fosse admissível recorrer a provas obtidas através, por exemplo, de uma abusiva intromissão na vida privada de uma das partes. Para além do mais, a admissibilidade desta prova seria contraditória com a tutela da vida privada assegurada, em matéria probatória, no 417.º/3/b do CPC, porque não se compreenderia que a parte pudesse recusar a colaboração com o argumento de que o facto respeita à sua vida privada e a outra parte pudesse apresentar uma prova obtida através de uma abusiva intromissão nessa mesma vida privada. Portanto, nada impede a aplicação analógica do disposto no 32.º/8 da CRP ao processo civil.

O 32.º/8 da CRP estabelece a ilicitude da prova pelo modo da sua obtenção. A prova 16 também pode ser ilícita porque o que é proibido não é o modo da sua obtenção, mas antes a sua produção. Por exemplo: é ilícita a prova de um facto quando a mesma decorre da violação do sigilo profissional, apesar de o modo como o profissional obteve o conhecimento desse facto não ser ilícito.

7. Dever de colaboração. O direito à prova implica um correlativo dever de colaboração de 17 partes e de terceiros (417.º/1 do CPC). Este dever de colaboração cede, no entanto, perante alguns direitos fundamentais da parte ou do terceiro (417.º/3/a e b do CPC) ou perante o dever de sigilo ou de segredo (417.º/3/c do CPC).

III – Força probatória

8. Generalidades. Segundo a força probatória, distingue-se entre a prova bastante, a prova plena 18 e a prova legal.

9. Concretização. A distinção assenta nos seguintes critérios: 19

(1) a prova bastante é aquela que cede perante contraprova (346.º), isto é, perante a dúvida sobre a verdade ou a verosimilhança do facto provado; noutros termos: a contraprova não se destina a formar nenhuma convicção no juiz, mas antes a abalar uma possível convicção do juiz sobre a verdade ou a verosimilhança do facto;

(2) a prova plena é aquela que só cede perante a prova do contrário (347.º), ou seja, perante a prova do facto contrário do facto provado; qualquer presunção ilidível tem o valor de prova plena, dado que a sua ilisão só pode ser realizada através da prova do contrário do facto presumido (350.º/2);

(3) a prova pleníssima é aquela que nem sequer cede perante a prova do contrário, isto é, que nem sequer admite a prova do facto contrário do facto provado; é o que sucede nas presunções inilidíveis (350.º/2).

IV – Graus de prova

10. Generalidades. De acordo com o grau de convicção que é exigida ao tribunal, pode dis- 20 tinguir-se entre a prova *stricto sensu*, a mera justificação e o princípio de prova.

11. Concretização. A distinção baseia-se nos seguintes critérios: 21

(1) a prova *stricto sensu* exige a convicção da verdade do facto probando; na falta de qualquer disposição legal específica, a prova refere-se à verdade do facto probando e exige uma convicção do juiz sobre essa verdade;

(2) a mera justificação basta-se com a convicção da verosimilhança do facto probando; a mera justificação só é suficiente quando a lei o estabeleça; devidamente interpretado o disposto no 368.º/1 do CPC, a mera justificação é suficiente no âmbito dos procedimentos cautelares;

(3) o princípio (ou começo) de prova basta-se com a convicção da hipótese do facto probando, mas esta convicção não é relevante enquanto não for corroborada por outras provas que demonstrem a verdade ou a verosimilhança daquele facto; por vezes, a lei admite a relevância do princípio de prova (421.º/1 do CPC), noutras, exclui essa relevância (1811.º e 1868.º).

22 **12. Medida da prova.** A distinção entre a prova *stricto sensu* e a mera justificação também fornece a medida da convicção do juiz e, portanto, a medida da prova: na primeira, o juiz tem de formar a convicção sobre a verdade do facto probando; na segunda, apenas a convicção sobre a verosimilhança deste facto.

V – Prova simples e complexa

23 **13. Generalidades.** Uma das classificações mais significativas e estruturantes da prova – apesar de, mesmo quando referida ou sugerida, nem sempre ser devidamente considerada – é a que distingue entre a prova simples e a prova complexa. A distinção assenta no seguinte:

(1) a prova simples é aquela em que o meio de prova demonstra o facto probando; por exemplo: a testemunha afirma que viu o réu agredir o autor (facto probando);

(2) a prova complexa é aquela em que o meio de prova demonstra um facto probatório ou instrumental e em que deste facto se pode inferir o facto probando; por exemplo: a prova pericial demonstra que o autor sofre de uma determinada doença (facto probatório); por sua vez, deste facto probatório infere-se a origem profissional da doença (facto probando).

24 **14. Relevância.** A distinção entre a prova simples e a prova complexa é muito relevante em vários sentidos. Um deles é o de que é completamente distinto estabelecer a relação entre o meio de prova e o facto probando ou o facto probatório e a relação entre este facto probatório e o facto probando. A relação entre o meio de prova e o facto probando ou probatório é uma relação demonstrativa: trata-se de saber se, por exemplo, o documento prova o facto probando ou probatório ou se do depoimento da testemunha resulta demonstrado qualquer desses factos. Em contrapartida, a relação entre o facto probatório e o facto probando é uma relação de inferência: trata-se de determinar se, por exemplo, do rastro de travagem deixado no asfalto (facto probatório) se pode inferir que o automóvel acidentado circulava em excesso de velocidade (facto probando).

25 Um outro aspecto em que é muito relevante a distinção entre a prova simples e a prova complexa respeita à aplicação da probabilidade na valoração da prova produzida. A relevância resulta das seguintes considerações:

(1) na prova simples, não é possível utilizar nenhuma regra de probabilidade para aferir a relação entre o meio de prova e o facto probando, dado que o meio de prova não é um facto do qual possa ser inferido o facto probando; por exemplo: não é possível valorar o depoimento de uma testemunha através da probabilidade da demonstração do facto probando;

(2) em contrapartida, é possível utilizar uma regra de probabilidade (sem agora discutir que tipo de probabilidade pode ser o adequado) na relação de inferência que, na prova complexa, se estabelece entre o facto probatório e o facto probando; por exemplo: é possível determinar a probabilidade com que o desmoronamento da construção (facto probatório) é explicado pelo erro no projecto (facto probando).

26 Assim, se, na prova complexa, a relação entre o meio de prova e o facto probatório é igual à relação que se estabelece na prova simples entre o meio de prova e o facto probando, tudo é

completamente diferente na relação entre o facto probatório e o facto probando. Para que este facto possa ser considerado provado é necessário que o mesmo possa ser inferido daquele facto probatório, ou seja, é necessário que o facto probatório possa constituir a base de uma presunção. Em concreto, isso pode suceder através de uma das seguintes presunções:

(1) presunções legais (350.º/1); neste caso, é o legislador que estabelece que do facto probatório se infere o facto probando; por exemplo: se está provado o incumprimento contratual (facto probatório), então infere-se que esse incumprimento foi culposo (799.º) (facto probando);

(2) presunções judiciais ou naturais (351.º); nesta hipótese, é ao juiz que, através da livre apreciação da prova (607.º/5 do CPC), cabe inferir, com fundamento em máximas de experiência, o facto probando do facto probatório; por exemplo: se está provado que um automóvel embateu noutro automóvel que seguia à sua frente (facto probatório), então está provado que o condutor que provocou o acidente conduzia de forma negligente (facto probando).

15. Prova *prima facie*. A prova *prima facie* (ou prova de primeira aparência) assenta numa relação típica entre um facto probatório e o facto probando, pelo que, em si mesma, é suficiente para excluir qualquer outra alternativa e, por isso, dispensa qualquer outra prova no caso concreto. Por exemplo: se alguém fumava enquanto manipulava material pirotécnico que veio a explodir, pode concluir-se, sem margem para dúvidas, que actuou de forma negligente. 27

28 A prova *prima facie*, precisamente porque assenta numa relação típica entre o facto probatório e o facto probando, não é uma prova "fraca", mas antes uma prova "forte". Quer dizer: a prova *prima facie* é uma prova de primeira aparência, não uma primeira aparência de prova. É por isso que a prova *prima facie* é aplicada, com frequência, no estabelecimento da relação entre o facto ilícito e o dano e na qualificação da conduta como negligente.

VI – Ónus da prova

16. Generalidades. A repartição do ónus da prova entre as partes baseia-se numa valoração assimétrica da alegação do autor e da impugnação do réu. A situação é a seguinte: 29

(1) as alegações do autor são consideradas verdadeiras até serem impugnadas pelo réu; por exemplo: se o autor alegar que emprestou uma certa quantia ao réu, esta alegação é considerada verdadeira até ser impugnada por esta parte;

(2) as impugnações do réu são consideradas verdadeiras até o autor provar a verdade das suas alegações; por exemplo: se o réu impugnar ter recebido alguma quantia do autor, esta impugnação é considerada verdadeira até o autor provar que emprestou a quantia ao réu.

Quer dizer: perante duas afirmações contraditórias, a lei atribui a uma delas – em concreto, à impugnação do réu – a qualidade de ser considerada verdadeira, independentemente de qualquer prova pela parte que a produziu. 30

O mesmo vale, *mutatis mutandis*, para as excepções peremptórias invocadas pelo réu. Também a alegação do correspondente facto impeditivo, modificativo ou extintivo é considerada verdadeira até ser impugnada pelo autor. Depois desta impugnação, incumbe ao réu excipiente provar o facto impeditivo, modificativo ou extintivo que alegou. 31

17. Regra geral. A referida assimetria na valoração da alegação do autor e na impugnação do réu está subjacente ao regime paradigmático estabelecido no 342.º: 32

(1) àquele que invocar um direito cabe fazer a prova dos factos constitutivos do direito alegado (342.º/1); disto decorre que, se o autor alegar um direito e se esta alegação for impugnada pelo réu, incumbe àquele demandante a prova dos respectivos factos constitutivos;

(2) a prova dos factos impeditivos, modificativos ou extintivos do direito invocado, ou seja, a prova de uma excepção peremptória, compete àquele contra quem a invocação desse direito é feita (342.º/2); isto significa que, se o réu alegar uma excepção peremptória e se esta alegação for impugnada pelo autor, cabe àquela parte demandada a prova do respectivo facto impeditivo, modificativo ou extintivo.

33 **18. Inversão do ónus da prova.** O ónus da prova inverte-se (e a parte onerada passa a ter de provar o facto contrário do facto probando) nas seguintes situações:

(1) quando haja presunção legal, dispensa ou liberação do ónus da prova ou convenção das partes e, de um modo geral, sempre que a lei o determine (344.º/1);

(2) quando a parte contrária tiver culposamente tornado impossível a prova à parte onerada, sem prejuízo das sanções que a lei de processo mande especialmente aplicar à desobediência ou às falsas declarações (344.º/2; cf. 417.º/2 do CPC).

34 **19. *Non liquet*.** Pode suceder que a prova do facto probando não seja conseguida ou seja inconclusiva. Nesta situação de *non liquet*, o tribunal ficciona o facto contrário do facto probando e decide em conformidade (414.º do CPC). Por exemplo: o réu invoca o pagamento da dívida alegada pelo autor; esta parte impugna esse pagamento; ao réu incumbe a prova do pagamento da dívida (342.º/2); o réu não consegue fazer prova do pagamento; o tribunal ficciona que não houve pagamento (414.º do CPC) e, se nada mais obstar, condena o réu no pagamento da dívida.

VII – Valoração da prova

35 **20. Generalidades.** A prova pode ter um valor fixado pelo legislador ou ser livremente valorada pelo tribunal. No primeiro caso, fala-se de prova legal; no segundo, de prova livre.

36 **21. Prova livre.** Quando a prova não tenha um valor fixado pelo legislador, o tribunal aprecia livremente a prova segundo a sua prudente convicção acerca da prova produzida pela parte (607.º/5 do CPC). A exigência de que a convicção seja prudente exclui qualquer convicção arbitrária – ou seja, não fundamentada em razões objectivas e controláveis – ou mesmo intuitiva – isto é, em que o juiz não consegue exteriorizar as razões da sua convicção.

37 De modo a permitir o controlo da decisão do juiz sobre a prova realizada pelas partes, o juiz deve, na fundamentação da sentença, declarar quais os factos que julga provados e quais os que julga não provados, analisando criticamente as provas, indicando as ilações tiradas dos factos probatórios e, por fim, especificando os demais fundamentos que foram decisivos para a sua convicção (607.º/4 do CPC). Formulações genéricas ou vazias não são suficientes como fundamentação da decisão sobre a prova.

Secção I – Disposições gerais

Artigo 341.º (Função das provas)

As provas têm por função a demonstração da realidade dos factos.

Bibliografia: Adriano Vaz Serra, *Provas (Direito probatório material)*, BMJ 110 (1961), 61-78; António Menezes Cordeiro, *Tratado de Direito civil*, V, 3.ª ed. (2018), 505-511; Fernando Pereira Rodrigues, *Os meios de prova em processo civil*, 3.ª ed. (2017), 15-17; João de Castro Mendes, *Do conceito de prova em processo civil* (1961), 780 pp., 741; Manuel Tomás Soares Gomes, *Um olhar sobre a prova em demanda da verdade em processo civil*, Revista CEJ, 2005, 3, 127-168; Mariana França Gouveia, *A prova*, Themis (edição especial),

2008, 331-341; Miguel Teixeira de Sousa, *A livre apreciação da prova em processo civil*, SI, XXXIII, n.ºs 187--188 (1984), 115-146; *idem*, *As partes, o objeto e a prova na acção declarativa* (1995), 282 pp., 195-262; Rita Lynce de Faria, *UCP/Comentário ao Código Civil* (2014), 809-811.

Índice

I – Origem

1. O Código de Seabra dispunha, no 2404.º[1]: 1

> Prova é a demonstração da verdade dos factos allegados em juizo.

2. Preparatórios. A Comissão de Reforma, logo em 1944, pronunciou-se nos seguintes 2
termos[2]:

> h) Deverá incluir-se a teoria das provas e a doutrina das excepções, em especial a do caso julgado? – Não se tomou a este respeito nenhuma deliberação ficando o vogal Dr. Manuel de Andrade incumbido de ponderar o assunto visto ser muito duvidosa qualquer das soluções, de que existem exemplos nos direitos modernos.

Vaz Serra, no estudo preparatório, retoma esta hesitação, acabando por optar pela inclu- 3
são, no Código, da disciplina material das provas[3]. Mas não propôs nenhuma definição[4]. 4

A noção do 341.º surgiu, com a redação definitiva, no 303.º da 1.ª Revisão[5]. As dúvidas persistiram: o preceito desaparece na Revisão intercalar[6], ressurgindo na 2.ª Revisão (341.º)[7] e, daí, no Projeto (341.º)[8].

II – Sentido do termo "prova" no 341.º

3. Os vários sentidos. O termo "prova" não é unívoco: pode designar quer a atividade des- 5
tinada a demonstrar que certo facto ocorreu, quer a fonte da informação sobre a ocorrência do facto e quer a própria circunstância de a ocorrência do facto ter ficado demonstrada: respetivamente, prova como atividade probatória, prova como meio de prova e prova como resultado da atividade probatória[9]. Este último sentido era utilizado no 2404.º do CS[10], sendo diferente a perspetiva do 341.º.

[1] José Dias Ferreira, *Codigo Civil annotado*, V, 1.ª ed. (1876), 134; pode, aí, ser confrontada a origem do preceito.
[2] Adriano Vaz Serra, *A revisão geral do Código Civil/Alguns factos e comentários*, BMJ 2 (1947), 24-76 (36).
[3] Adriano Vaz Serra, *Provas*, 61-64.
[4] *Idem*, BMJ 112, 267-293.
[5] *1.ª Revisão*, 132.
[6] *Revisão intercalar*, 127: entra no tema com a prova do Direito consuetudinário, local ou estrangeiro (325.º).
[7] *2.ª Revisão*, 135.
[8] *Projecto*, 99.
[9] João de Castro Mendes, *Do conceito de prova*, 49; *idem*, *Direito processual civil*, II (1987), 661.
[10] José Alberto dos Reis, *Código de Processo Civil anotado*, III (1950, reimp., 1985), 238; João de Castro Mendes, *Do conceito de prova*, 272. Para este último Autor, o sentido próprio da palavra prova seria, aliás, o de resultado probatório (*idem*, 273-274).

6 A prova "não pode visar um estado de *certeza lógica, absoluta*", mas "criar no espírito do julgador um estado de *convicção*, assente na *certeza relativa* do facto", que se distingue, em qualquer caso, da mera verosimilhança, também designada probabilidade séria ou simples justificação[11].

7 **4. Prova como atividade probatória**? O 341.º parece usar o termo "prova" no sentido de atividade probatória, pois é esse o que mais se harmoniza com a sua inserção sistemática: o exercício e a tutela dos direitos, de que trata todo o Subtítulo IV (do Título II do Livro I), com uma conotação dinâmica e não estática. A tutela dos direitos pressupõe a declaração destes e a declaração dos direitos pressupõe o reconhecimento dos factos dos quais derivam, reconhecimento que se faria atuando de certo modo.

8 A atividade probatória pode desenrolar-se num contexto judicial, aqui englobando uma atividade probatória inicial ou preparatória (a instrução, que se destina a "coligir no processo os meios de prova a utilizar, e preparar a sua utilização") e uma atividade probatória propriamente dita (a produção da prova, que "tem em regra lugar na audiência final")[12], ou extrajudicialmente, sempre que seja necessário convencer uma entidade diversa do juiz da realidade de certo facto ou preparar a prova perante qualquer entidade, incluindo o juiz[13].

9 **5. Regulação da atividade probatória**. Mesmo que se entenda – o que não é o entendimento preferível – que o 341.º se refere à prova enquanto atividade probatória e que pretende assinalar a utilidade dessa atividade para a tutela dos direitos, é forçoso admitir que o preceito não regula essa atividade, em si mesma considerada: em se tratando de atividade desenvolvida em contexto judicial, são as leis processuais que disciplinam a admissão e a produção de meios de prova (410.º ss. do CPC, dedicados à instrução do processo, e o 604.º/3 do mesmo código, que versa sobre a produção das provas constituendas, isto é, daquelas que, diversamente das provas pré-constituídas, se formam no processo, geralmente na audiência final[14]).

10 **6. Prova como meio de prova**. A circunstância de o 341.º e os preceitos subsequentes não regularem a atividade probatória, em si mesma considerada, aliada à referência a "provas" e não simplesmente à "prova" no 341.º, e, sobretudo, a verificação de que a maioria dos preceitos do capítulo II (iniciado com o 341.º) é dedicada aos meios de prova, induzem a conclusão de que não é a atividade probatória mas os meios de prova que o 341.º tem em vista[15]. É também no sentido de meio de prova que muitos preceitos do CPC usam o termo "prova"[16].

11 Os meios de prova, quando analisados numa perspetiva estática, designam-se também fontes de prova – pessoal, como é o caso da parte e da testemunha; real, como é o caso dos documentos e dos monumentos –, e, quando analisados numa perspetiva dinâmica, são igualmente conhecidos como factores probatórios, de que são exemplos a leitura de um documento ou o depoimento de uma testemunha[17].

[11] Assim, Antunes Varela/J. Miguel Bezerra/Sampaio e Nora, *Manual de Processo Civil*, 2.ª ed. (1985), 435-437.

[12] João de Castro Mendes, *Direito processual*, II, 656-657.

[13] João de Castro Mendes, *Direito processual*, II, 678.

[14] Já no sentido de que o preceito correspondente, no CPC de 1939, ao 410.º do atual CPC (que é de 2013) – isto é, o 517.º daquele código –, tinha em vista a prova no sentido de atividade probatória, José Alberto dos Reis, *Código de Processo Civil anotado*, III, 238.

[15] Crendo também ser esse o sentido da palavra "prova" no 341.º: João de Castro Mendes, *Direito processual*, II, 661; João Marques Martins, *Prova por presunções judiciais na responsabilidade civil aquiliana* (2017), 311; *idem*, *Presunções judiciais na responsabilidade civil extracontratual* (2017), 103.

[16] Sobre esses preceitos, José Lebre de Freitas, *A ação declarativa comum*, 4.ª ed. (2017), 14.1.3.

[17] Sobre as duas perspetivas dos meios de prova, com vários exemplos e distinções de fontes de prova e de factores probatórios, José Lebre de Freitas, *A ação declarativa comum*, 4.ª ed., 14.1.1. e 14.1.2.

7. Direito probatório material e formal. O 341.º diverge do 2404.º do CS no ponto em que não relaciona a prova com um processo judicial pendente ou a instaurar, conferindo-lhe, antes, uma utilidade mais vasta. 12

Deste modo, indicia que as normas de Direito probatório – entendido como o Direito que regula a atividade probatória – constantes dos preceitos subsequentes do Código não têm natureza processual, isto é, que o designado Direito probatório material – que se determinaria por exclusão de partes e se contraporia ao Direito probatório formal, este com assento no CPC e destinado a regular a produção de prova em juízo[18] – não constitui Direito processual-material, mas Direito material[19], o que pode ser relevante designadamente para o efeito da aplicação no tempo das respetivas leis reguladoras[20]. 13

Todavia, outras disposições gerais do CC sobre prova têm em vista processos judiciais (p. ex., o 343.º ou o 344.º/2), o que torna pouco nítida a separação entre os dois ramos do Direito probatório[21] e menos clara a razão da sua regulação num ou noutro código. 14

III – Objeto da prova

8. Factos ou afirmações de facto. O 341.º relaciona a prova com os factos e, diversamente do CS, não alude à verdade dos factos mas à realidade dos factos e não faz referência às alegações de factos em juízo. 15

Esta diferente perspetiva induz a conclusão de que o atual código teria adotado a teoria clássica segundo a qual o objeto da prova são factos, rejeitando a mais moderna teoria segundo 16

[18] Distinguindo assim o Direito probatório material e o formal, João de Castro Mendes, *Direito processual*, II, 678-679. Em concreto, o Direito probatório material abrangeria três áreas: o ónus da prova, a admissibilidade dos meios de prova e a força probatória dos meios de prova; assim, p. ex. – já que a tripartição parece ser consensual –, Antunes Varela/J. Miguel Bezerra/Sampaio e Nora, *Manual de Processo Civil*, 2.ª ed., 445.

[19] Considerando (e invocando a seu favor a doutrina dominante na vigência do CPC de 1939) que o Direito probatório material ainda pertenceria ao Direito processual, fazendo parte do chamado Direito processual-material, e que o Direito probatório formal constituiria Direito processual puro, veja-se José Alberto dos Reis, *Código de Processo Civil anotado*, III, 240-241. A razão para a inclusão de toda a matéria das provas no Direito processual seria, como salienta o mesmo Autor, a prova destinar-se a formar a convicção do juiz. No mesmo sentido, Manuel de Andrade, *Noções elementares de processo civil* (1979), 193. Desenvolvidamente sobre a natureza, material ou processual, do Direito probatório, e concluindo que a prova é uma figura de teoria geral do direito, João de Castro Mendes, *Do conceito de prova em processo civil* (1961), 730-738. Interpretando esta conclusão no sentido de que o Direito probatório constituiria, para Castro Mendes, essencialmente Direito substantivo, veja-se Antunes Varela/J. Miguel Bezerra/Sampaio e Nora, *Manual de Processo Civil*, 2.ª ed., 443-445, que também referem que, dos trabalhos preparatórios do CC de 1966, resultou o vencimento da orientação segundo a qual há duas zonas distintas do Direito probatório, uma pertencente ao Direito processual e outra ao Direito material, o que segundo os Autores está certo, porquanto "as provas visam, independentemente da proposição de qualquer acção em juízo, garantir aos interessados a *certeza* dos seus direitos e facilitar a negociação destes no comércio jurídico". Esta orientação que obteve vencimento encontra-se em Adriano Vaz Serra, *Provas*, 61-67.

[20] Em relação à lei processual, a doutrina tende a aceitar o princípio da aplicação imediata da lei nova tanto às ações a instaurar como aos atos futuros praticados em ações pendentes: assim, por exemplo, Manuel de Andrade, *Noções elementares de processo civil*, 41-44 e Antunes Varela/J. Miguel Bezerra/Sampaio e Nora, *Manual de Processo Civil*, 2.ª ed., 47-49; contestando tal peculiaridade da lei processual, João de Castro Mendes, *Direito processual civil*, I (1986), 154-171. Saliente-se, em qualquer caso – o que parece demonstrar ou o acerto da crítica de Castro Mendes ou a pouca utilidade da discussão sobre a natureza do Direito probatório material –, que a não inclusão do Direito probatório material no Direito processual não tem impedido a doutrina de submeter alguns aspetos daquele ao princípio da aplicação imediata da lei nova: é o caso de Antunes Varela/J. Miguel Bezerra/Sampaio e Nora, *Manual de Processo Civil*, 2.ª ed., 61-63.

[21] Sobre o carácter controverso da distinção entre o Direito probatório material e o formal, Miguel Teixeira de Sousa, *A livre apreciação da prova em processo civil*, 118; veja-se, em sentido semelhante, Mariana França Gouveia, *A prova*, 333-334.

a qual o objeto da prova são afirmações ou proposições de facto[22], aliás conhecida e aceite no anteprojeto Vaz Serra[23].

17 Todavia, "sendo a prova a geração duma convicção, o seu objeto só pode ser uma realidade subjetiva"[24], pelo que a atividade probatória que se desenvolve em juízo e os meios de prova aí apresentados ou produzidos têm em vista a confirmação ou demonstração de alegações ou afirmações de facto e não a descoberta de factos novos[25]. "Verdadeiro objeto da prova não é a realidade, mas uma representação intelectual apresentada como correspondendo-lhe: atomisticamente, uma *afirmação*; globalmente, uma *versão*"[26]. Em correspondência, o objeto do resultado probatório – o outro sentido da palavra prova, como acima se referiu –, seriam afirmações demonstradas e não factos demonstrados[27].

18 Quando se usa a palavra prova no sentido de atividade probatória desenvolvida em juízo e dos meios aí utilizados, ou no sentido de resultado dessa atividade, só impropriamente e por razões de facilidade de expressão se diz que o seu objeto são factos; e o mesmo pode dizer-se quando a prova se desenvolva fora do contexto judicial, pois também nesse caso se pretende formar a convicção de certa pessoa.

19 Os factos (isto é, afirmações de facto) que podem ser objeto da prova podem ser tanto os estados ou acontecimentos que "sirvam de pressuposto às normas legais aplicáveis, como os chamados *factos acessórios* […], que tocam apenas à admissibilidade dum meio probatório […] ou à sua autoridade", tanto os factos do mundo exterior ou externos como os factos da vida psíquica ou internos, tanto os factos reais como os hipotéticos e tanto os "factos *nus e crus* (se verdadeiramente os há) como os juízos de facto"[28].

20 **9. Factos carecidos de prova**. O 341.º trata do objeto possível da prova, mas não responde à questão de saber se todos os factos (ou afirmações de facto) carecem de prova, sob pena de não serem atendidos pelo juiz (ou por qualquer outra entidade que deles se deva socorrer para proferir uma decisão), ou se, diversamente, o juiz pode socorrer-se da sua ciência privada ou de alguns factos que, mesmo não integrando a sua ciência privada, não hajam sido objeto de demonstração em juízo. A essa questão responde, por exemplo, o 412.º/1 do CPC, ao estabelecer que "[n]ão carecem de prova nem de alegação os factos notórios, devendo considerar-se como tais os factos que são do conhecimento geral": deste preceito decorre, não só que os factos notórios não carecem de prova, como também que os factos que integram a ciência privada do juiz não podem ser atendidos, já que, não constituindo factos do conhecimento geral, estão sujeitos à regra geral da necessidade de prova constante do 410.º do CPC e decorrente do próprio princípio do contraditório (415.º do CPC)[29].

[22] Dando conta destas duas teorias e ainda de uma teoria eclética (de Carnelutti), segundo a qual objeto da prova são factos e afirmações, João de Castro Mendes, *Do conceito de prova em processo civil*, 478-534 e 711-714.

[23] Adriano Vaz Serra, *Provas*, 74, nota 24-a.

[24] João de Castro Mendes, *Do conceito de prova em processo civil*, 481.

[25] João de Castro Mendes, *Direito processual civil*, II, 660.

[26] João de Castro Mendes, *Do conceito de prova em processo civil*, 531. Discordando parcialmente desta posição, pois considera que o objeto da prova é, não a alegação de facto, mas o conteúdo representável da alegação (ou a representação fática), João Marques Martins, *Prova por presunções judiciais na responsabilidade civil aquiliana* (2017), 327-337; *idem*, *Presunções judiciais na responsabilidade civil extracontratual*, 108-111.

[27] João de Castro Mendes, *Do conceito de prova em processo civil*, 533 e 541.

[28] Manuel de Andrade, *Noções elementares de processo civil* (1979), 194.

[29] A proibição do uso, em processo, da ciência privada do juiz, extrai-se ainda dos 115.º e 499.º do CPC: sobre tal proibição, veja-se João de Castro Mendes, *Do conceito de prova em processo civil*, 608-603; Cláudia Sofia Alves Trindade, *A prova de estados subjetivos no processo civil: presunções judiciais e regras de experiência* (2016), 281-293.

10. Direito e temas da prova. Do 341.º, que apenas alude a factos, infere-se que o direito ou outras realidades – por exemplo, os temas da prova enunciados no despacho a que se refere o 596.º/1 do CPC – não são suscetíveis de demonstração através de prova. 21

No que diz respeito ao Direito, não só não constitui objeto de prova, nos termos do 341.º (por isso não podendo ser qualificados como meios de prova os pareceres dos advogados, professores ou técnicos a que se refere o 426.º do CPC), como o 5.º/3 do CPC submete-o ao princípio da oficiosidade: com efeito, segundo este preceito, "[o] juiz não está sujeito às alegações das partes no tocante à indagação, interpretação e aplicação das regras de direito". *Vide*, contudo, o 348.º, que admite a prova do Direito. 22

Também o 410.º do CPC torna menos clara a articulação entre a prova e os factos (ou, melhor dizendo, as afirmações de facto) que subjaz ao 341.º. Com efeito, sob a epígrafe "Objeto da instrução", determina que "[a] instrução tem por objeto os temas da prova enunciados ou, quando não tenha de haver lugar a esta enunciação, os factos necessitados de prova", dando assim a entender que objeto da prova podem ser temas da prova enunciados e não factos (ou afirmações de facto). 23

Porém, a consideração dos temas da prova enunciados como objeto da instrução (como parece decorrer do 410.º do CPC) levanta algumas dificuldades. Por um lado, a expressão "tema da prova" tradicionalmente equivale a "objeto da prova"[30], parecendo consequentemente que o 410.º do CPC declara, de modo repetitivo, que o objeto da instrução é o objeto da prova; por outro lado, resulta do 607.º/3 a 5 do CPC que, na sentença, o juiz julga provados ou não provados *factos*, e não temas da prova; finalmente, porque mesmo que o 341.º seja interpretado no sentido de que se refere às afirmações de facto continua a não haver coincidência entre essa realidade e os temas da prova, porquanto esta figura pode traduzir conclusões factuais e/ou jurídicas[31]. Parece, deste modo, preferível entender que a enunciação dos temas da prova não constitui objeto da instrução, apenas servindo para a orientação desta[32]. 24

Artigo 342.º (Ónus da prova)

1. Àquele que invocar um direito cabe fazer a prova dos factos constitutivos do direito alegado.

2. A prova dos factos impeditivos, modificativos ou extintivos do direito invocado compete àquele contra quem a invocação é feita.

3. Em caso de dúvida, os factos devem ser considerados como constitutivos do direito.

Bibliografia: Adriano Vaz Serra, *Provas*, BMJ 110 (1961), 111-167; António Menezes Cordeiro, *Tratado de Direito civil*, V, 3.ª ed. (2018), 511-515; Elizabeth Fernandez, *A prova difícil ou impossível (a tutela judicial*

[30] Assim, José Alberto dos Reis, *Código de Processo Civil anotado*, III, 239.

[31] Considerando que os temas da prova podem ser enunciados como factos concretos ou como conclusões, factuais e/ou jurídicas, RLx 29-mai.-2014 (António Martins), Proc. 444/12.

[32] Entendendo, diferentemente do sustentado no texto, que, na medida em que os temas da prova se referem a um conjunto de factos, seria possível fazê-los coincidir com o objeto da prova – que, na sua perspetiva, e como atrás se viu, equivaleria a uma representação fática, João Marques Martins, *Prova por presunções judiciais na responsabilidade civil aquiliana*, 337; *idem*, *Presunções judiciais na responsabilidade civil extracontratual*, 111-112.

efetiva no dilema entre a previsibilidade e a proporcionalidade, Est. José Lebre de Freitas, I (2013), 811-834; Helena Cabrita, *A fundamentação de facto e de direito da decisão cível* (2015), 288 pp.; Hugo Luz dos Santos, *A distribuição dinâmica do ónus da prova no direito probatório material português*, RDES, ano 57 (2016), 245--278; *idem*, *Plaidoyer por uma distribuição dinâmica do ónus da prova e pela teoria das esferas de risco à luz do recente acórdão do Supremo Tribunal de Justiça de 18/12/2013: o admirável mundo novo do homebanking*, O Direito (2017), 715-743; Maria dos Prazeres Beleza, *O ativismo judiciário em matéria probatória e a teoria dinâmica da distribuição do ónus da prova*, in https://sites.google.com/site/ippcivil/recursos-bibliograficos; Micael Martins Teixeira, *Por uma distribuição dinâmica do ónus da prova* (2012), 93 pp.; Miguel Teixeira de Sousa, *A livre apreciação da prova em processo civil*, SI XXXIII, n.ºs 187-188 (1984), 115-146; Paula Costa e Silva/Nuno Trigo dos Reis, *A prova difícil: da* probatio levior *à inversão do ónus da prova*, in https://www.academia.edu; Pedro Ferreira Múrias, *Por uma distribuição fundamentada do ónus da prova* (2000), 180 pp.; Rita Lynce de Faria, *UCP/Comentário ao Código Civil* (2014), 811-813.

Índice

I – Antecedentes e origem

1 **1. O Código de Seabra** dispunha, no 2405.º[1]:

> A obrigação de provar incumbe àquelle que allega o facto: excepto se tiver em seu favor alguma presumpção de direito.

2 **2.** Os **códigos de processo** civil denotam uma evolução. O Código de 1876 não se ocupava do tema, remetido para o Código Civil[2]. O Código de 1939 fez opção diversa[3]. Dispõe, no 515.º

> Incumbe ao autor fazer a prova dos factos, positivos ou negativos, que servem de fundamento à acção; incumbe ao réu fazer a prova dos factos, positivos ou negativos, que servem de fundamento à excepção.
>
> § único. O tribunal deve tomar em consideração todas as provas produzidas, emanem ou não da parte que devia produzi-las nos termos deste artigo, sem prejuízo porém das disposições que declarem irrelevantes a alegação de um facto quando não seja feita por certo interessado.

[1] José Dias Ferreira, *Codigo civil annotado*, V, 1.ª ed. (1876), 134-135, com os antecedentes.

[2] José Dias Ferreira, *Codigo de processo civil annotado*, I (1887), 293 ss..

[3] José Alberto dos Reis, *Código de processo civil anotado*, III (1950), 266-269, com indicação dos preparatórios.

O 520.º prosseguia: 3

A dúvida sobre a verdade de um facto e sobre a repartição do ónus da prova resolver-se-á contra a parte a quem o facto aproveita.

O Código de 1961, nos seus 515.º e 516.º, retomava, no essencial, as regras transcritas do de 1939. O 515.º/1 foi revogado pelo DL 47 690, de 11-mai.-1967[4], que veio rever o CPC, em função do Código Civil: passou a comportar apenas o anterior n.º 2, agora com a epígrafe "provas atendíveis". O 516.º manteve-se. 4

3. Preparatórios. O anteprojeto Vaz Serra (3.º)[5], propôs: 5

1. Àquele que invoca um direito cumpre fazer a prova dos factos constitutivos desse direito.
2. A prova dos factos impeditivos, modificativos ou extintivos do direito invocado cabe àquele contra quem tal invocação é feita.
3. Consideram-se impeditivos do direito invocado os factos anormais que excluem a eficácia do mesmo direito.

As revisões ministeriais prosseguiram uma tarefa de teorização. Assim, na 1.ª Revisão, o 306.º optou pelo teor seguinte[6]. 6

1. Àquele que invoca um direito cumpre fazer a prova dos factos constitutivos do direito alegado. Cabe à parte contrária a prova dos factos constitutivos da excepção que contra o direito seja deduzida.

2. A prova dos factos impeditivos, modificativos ou extintivos do direito invocado pelo autor ou pelo réu cabe àquele contra quem a invocação seja feita.

3. Consideram-se impeditivos do direito invocado os factos anormais que excluam a sua eficácia.

Na Revisão intercalar (327.º), os números 1 e 2 receberam a redação final; já o n.º 3 conservava a referência aos "factos anormais"[7]. A 2.ª Revisão (342.º)[8] alcançou o texto definitivo, acolhido no Projeto (342.º)[9]. 7

4. O CPC de 2013, no 413.º, sob a epígrafe "Provas atendíveis", consagra o princípio da aquisição processual, já presente nos códigos de 1939 e 1961, estabelecendo que: 8

[o] tribunal deve tomar em consideração todas as provas produzidas, tenham ou não emanado da parte que devia produzi-las, sem prejuízo das disposições que declarem irrelevante a alegação de um facto, quando não seja feita por certo interessado".

O 414.º, sob a epígrafe "Princípio a observar em casos de dúvida", reproduz também o que a propósito do chamado ónus da prova objetivo prescreviam os anteriores códigos adjetivos, determinando que 9

[4] DG I, n.º 112, de 11-mai.-1967, 882/II.
[5] Adriano Vaz Serra, *Provas*, BMJ 112 (1962), 269.
[6] *1.ª Revisão*, 133-134.
[7] *Revisão intercalar*, 128.
[8] *2.ª Revisão*, 135.
[9] *Projecto*, 100.

[a] dúvida sobre a realidade de um facto e sobre a repartição do ónus da prova resolve-se contra a parte a quem o facto aproveita.

II – Sentido do termo "prova" no 342.º

10 **5. Prova como atividade probatória**: "prova", usado no 342.º, não equivale a meio de prova, diversamente do que sucede no 341.º[10]. Numa primeira leitura, parece estar antes em causa a atividade probatória: aquela que é do interesse do titular do direito fazer, para que esse direito seja reconhecido, e aquela que é do interesse daquele contra quem o direito é invocado realizar, para que esse direito não seja reconhecido. Seria ainda da tutela de direitos que o preceito trataria, e tal harmonizar-se-ia com a sua inserção sistemática.

11 Contudo, o apontado sentido não se harmonizaria também com dois aspetos da figura do ónus da prova, adiante referidos: a possibilidade de a atividade probatória ser feita, não pelo interessado mas pelo juiz ou pela parte contrária, e a aplicação das regras sobre ónus da prova depois da atividade probatória, quando a demonstração do facto, apesar dessa atividade, não tenha ocorrido. Assim, é essencialmente a prova enquanto resultado probatório que o 342.º tem em vista[11].

III – Critério geral de distribuição do ónus da prova

12 **6. O direito invocado e a natureza dos factos**. O 342.º distribui o ónus da prova tomando como referência o direito que certo sujeito invoca – ao qual haverá que equiparar "qualquer posição jurídica ativa de que o interessado queira prevalecer-se"[12] – e distinguindo entre, por um lado, os factos constitutivos desse direito e, por outro lado, os factos impeditivos, modificativos ou extintivos do mesmo direito.

13 O 342.º abstrai do carácter positivo ou negativo dos factos[13], recorrendo, diversamente, ao critério da natureza dos factos, que o CPC de 1961, redação originária, já consagrara no preceito dedicado à repartição do ónus da prova (515.º/1). Esse mesmo critério, e a consequente contraposição dos factos constitutivos aos factos impeditivos, modificativos ou extintivos, encontrava-se noutros preceitos do CPC de 1961, designadamente no referente à noção de exceção perentória (o 493.º/3), subsistindo no CPC de 2013 (veja-se o 571.º/2, referente à defesa por exceção, o 576.º/3, referente à noção de exceção perentória, o 584.º/2, referente à função da réplica nas ações de simples apreciação negativa, o 588.º/1, referente à admissibilidade dos articulados supervenientes, o 611.º/1, referente à atendibilidade dos factos jurídicos supervenientes, e o 726.º/2 c), referente ao indeferimento liminar do requerimento
14 executivo).

A circunstância de a diferenciação dos factos surgir tanto a propósito do ónus da alegação, no CPC de 1961, como do ónus da prova, no CC, aponta no sentido de que o 342.º se inspirou numa classificação doutrinária anterior àquele primeiro código: a que distingue as as noções de facto constitutivo, impeditivo, modificativo e extintivo geralmente utilizadas na doutrina portuguesa até 1961, por influência italiana[14]. Os factos constitutivos seriam aqueles de que nasce

[10] *Vide* 341.º, anot. 6.

[11] Neste sentido, José Lebre de Freitas, *A ação declarativa comum*, 4.ª ed., 14.1.3.

[12] António Menezes Cordeiro, *Tratado de Direito civil*, V, 3.ª ed. (2018), 512-513.

[13] João de Castro Mendes, *Direito processual civil* (1987), 671.

[14] Sobre a inspiração do 342.º na doutrina italiana dos "factos" e concluindo que o 342.º/ 1 e 2 não é, em termos históricos, a "teoria das normas" de Rosenberg, segundo a qual "nenhuma norma pode ser aplicada sem que o juiz se

o direito, os modificativos aqueles que modificam o direito nascido, os extintivos aqueles que extinguem o direito nascido e os impeditivos (os mais difíceis de definir) aqueles que paralisam o efeito jurídico dos factos constitutivos[15]. Por vezes havia alguma variação na terminologia – por exemplo, em relação aos factos modificativos ou extintivos salientava-se que pressupunham que o direito se havia validamente constituído, e em relação aos impeditivos que se opunham ao eficaz surgimento do direito[16] –, mas, no essencial, as definições não variavam.

Na prática, seguia-se o critério cronológico quando se pretendia distinguir os factos cons- 15
titutivos dos extintivos: os primeiros eram contemporâneos à formação da relação jurídica e os segundos posteriores a essa formação[17].

7. Dificuldades na qualificação. Em face do 342.º, que toma como referência o direito que 16
certo sujeito invoca, pode dizer-se, com segurança, que nenhum facto pode, em abstrato, ser qualificado numa das quatro categorias: a qualificação depende do direito que se pretenda fazer valer. Por exemplo, o facto da coação moral no momento da celebração de certo contrato pode considerar-se constitutivo do direito à anulação que um dos contraentes invoque e, ao mesmo tempo, impeditivo do direito de crédito que, por força da celebração desse contrato, o outro contraente alegue: deste modo, se a ação proposta se destinar à anulação do contrato, a coação moral é facto constitutivo; já se se destinar ao cumprimento do contrato, traduz um facto impeditivo.

Aplicando as regras do 342.º no exemplo dado chegar-se-ia então à seguinte conclusão: 17
invocando-se o direito à anulação de certo contrato numa ação destinada a destruir os seus efeitos, o 342.º faria recair o ónus da prova do vício sobre aquele que se arroga o direito à anulação, isto é, sobre o autor, já que é aquele vício que suporta este direito (342.º/1), onerando o interessado na manutenção dos efeitos do negócio com a prova da confirmação do negócio ou do decurso do prazo para arguir o vício (342.º/2, 287.º/1 e 288.º); mas, invocando-se o direito de crédito numa ação de restituição de quantia mutuada ou numa ação destinada ao pagamento do preço de uma compra e venda, o 342.º determinaria que é àquele que se afirma como credor que compete provar o mútuo ou a compra e venda (342.º/1), cabendo àquele a quem é pedida a restituição ou o pagamento (isto é, ao pretenso devedor) a prova de algum vício do negócio, tal como de alguma moratória ou do cumprimento da obrigação (342.º/2). 18

Mesmo com a prevenção de que a qualificação dos factos não pode fazer-se em abstrato[18], subsistem dificuldades, sobretudo na distinção entre factos constitutivos e impeditivos, que se apresentam, como no exemplo dado, contemporâneos[19]: pode, na verdade, perguntar-se por que motivo na ação destinada ao cumprimento do contrato há de qualificar-se a coação moral como facto impeditivo (a provar pelo réu), em vez de qualificar-se como constitutivo o facto

convença da verificação de todos os elementos da sua *fati species*" e há que distinguir, tendo em conta a redação legal, as normas que aproveitam a cada uma das partes, veja-se Pedro Ferreira Múrias, *Por uma distribuição fundamentada do ónus da prova* (2000), 115-131 e 43.

[15] A estas noções e à doutrina italiana que as desenvolveu (Carnelutti, Betti, Micheli) faz referência José Alberto dos Reis, *Código de Processo Civil anotado*, III, 274-294.

[16] Adriano Vaz Serra, *Provas*, BMJ 110, 125.

[17] José Alberto dos Reis, *Código de Processo Civil anotado*, III, 294.

[18] Fazendo esta prevenção e assinalando que a circunstância de a diferenciação dos factos não poder fazer-se em abstrato nada tem de chocante, veja-se, invocando também a seu favor a tese de Micheli, José Alberto dos Reis, *Código de Processo Civil anotado*, III, 278-279 e 282.

[19] Já no sentido de que a grande dificuldade reside na distinção entre os factos constitutivos e os impeditivos, José Alberto dos Reis, *Código de Processo Civil anotado*, III, 282 e 294-296.

da ausência de coação moral (a provar pelo autor), até porque o facto constitutivo tanto pode ser positivo como negativo.

19 A dificuldade na distinção entre os factos constitutivos e os impeditivos levava a doutrina que inspirou o Código a seguir o critério da normalidade ou o da regra-exceção, segundo o qual o autor não tem o ónus da prova da ocorrência dos factos normais (por exemplo, da capacidade dos contraentes, numa ação de cumprimento), tendo o réu o ónus da prova da não-ocorrência desses factos[20].

20 Essa mesma doutrina também considerava nítida a qualificação como facto impeditivo do facto que fosse fundamento de uma exceção em sentido próprio, isto é, de um facto que não podia ser tomado em consideração pelo juiz a menos que fosse alegado pelo réu, como sucede com o benefício da excussão do fiador ou com o erro, na ação de dívida[21], acrescentando que, no campo das exceções em sentido amplo, importava distinguir (o que não era fácil), a exceção da impugnação, pois de tal dependia a repartição do ónus da prova (no primeiro caso, competia ao réu; no segundo, ao autor)[22].

21 Outro caso de dificuldade de qualificação é o do cumprimento da obrigação: se surge claramente como facto extintivo nas ações destinadas a exigir a prestação de uma coisa ou de um facto positivo, já em se tratando de ação destinada a exigir a prestação de um facto negativo, uma indemnização pelo incumprimento ou a resolução do contrato por incumprimento, há bons argumentos no sentido de configurar o incumprimento como facto constitutivo do direito do autor[23].

22 Se a dificuldade de qualificação do facto for intransponível, aplica-se o 342.º/3: o facto deve considerar-se constitutivo.

23 **8. Insuficiência da qualificação**. A qualificação dos factos para efeitos do 342.º é, não só difícil, como por vezes insuficiente ou desadequada para a distribuição do ónus da prova. Quanto aos factos modificativos, decorre do 342.º/2 que a sua prova incumbe àquele contra quem o direito é invocado, isto é, que a lei presumiu que os mesmos seriam favoráveis ao réu, correspondendo a exceções perentórias (p. ex., uma moratória concedida pelo credor ao devedor, numa ação de dívida)[24]. Todavia, a doutrina tem salientado que se esses factos forem favoráveis àquele que invoca o direito, então é o alegado titular o onerado com a sua prova: tal significa que o critério da natureza dos factos deve, em alguns casos, ser conjugado ou complementado

[20] Assim, fazendo referência à doutrina de Chiovenda e de Betti, José Alberto dos Reis, *Código de Processo Civil anotado*, III, 294-295. Recorrendo ainda a este critério para questionar a usual qualificação, como facto constitutivo, do requisito do direito de preferência, a que alude o 1380.º/1, consistente em o adquirente não ser proprietário de nenhum prédio confinante com o alienado, veja-se – em anotação a STJ 15-mai.-2007 (Nuno Cameira), Proc. 07A958 – José Lebre de Freitas, *A propriedade de prédio confinante na norma do art. 1380.º, n.º 1, do Código Civil. Facto constitutivo e facto impeditivo*, CDP 30 (2010), 16-25 (23).

[21] Assim, José Alberto dos Reis, *Código de Processo Civil anotado*, III, 297.

[22] *Idem*, 297-300.

[23] Considerando que o incumprimento do réu é facto constitutivo do direito do autor, quando se trate de obrigação de não fazer – dado que esta obrigação, quando não cumprida, faz nascer um direito novo, que é "o de o credor fazer desaparecer o facto lesivo" – e, bem assim, quando se trate de resolução por incumprimento – por aqui o incumprimento ser pressuposto necessário do direito à resolução –, mas já não quando esteja em causa responsabilidade contratual, veja-se José Alberto dos Reis, *Código de Processo Civil anotado*, III, 286 e 291-293. Concluindo que só no primeiro caso o incumprimento seria facto constitutivo, veja-se Antunes Varela/J. Miguel Bezerra/Sampaio e Nora, *Manual de Processo Civil*, 2.ª ed. (1985), 461-463. Sobre o problema veja-se, ainda, Rita Lynce de Faria, *A inversão do ónus da prova no direito civil português* (2018), 86-89.

[24] Sobre exceções perentórias baseadas em factos modificativos, com exemplos, veja-se Manuel de Andrade, *Noções elementares de processo civil* (1979), 130-132.

pelo critério do 414.º do CPC, segundo o qual a dúvida sobre a realidade de um facto resolve-se contra a parte a quem o facto aproveita[25].

9. Facilidade ou dificuldade da prova. Ao 342.º não é estranha a ideia de maior ou menor facilidade de prova. Para aquele que invoque um direito e pretenda fazê-lo reconhecer, parece mais fácil provar a existência dos factos constitutivos desse direito do que a inexistência dos respetivos factos impeditivos (por exemplo, para o credor parece mais fácil provar a existência do negócio de que emergiu o crédito do que a capacidade das partes ou a ausência de um vício do negócio[26]) e para o sujeito contra o qual o direito é invocado parece mais fácil provar a existência dos respetivos factos extintivos ou impeditivos do que a inexistência dos factos constitutivos (por exemplo, para o devedor parece mais fácil provar a existência de um vício do negócio ou o cumprimento da obrigação do que a não-celebração do próprio negócio do qual emergiu o crédito[27]): ora o 342.º atribui precisamente ao primeiro sujeito o ónus da prova dos factos constitutivos e ao segundo o ónus da prova dos factos impeditivos e extintivos. 24

Embora ao 342.º pareça subjazer a ideia da maior ou menor facilidade de prova – que justifica outras regras de distribuição e de inversão do ónus da prova[28] –, na sua aplicação não releva a concreta facilidade ou dificuldade da parte na prova de determinado facto, que dependem, "em primeira linha, das caraterísticas do facto ou das circunstâncias da sua ocorrência" (havendo, neste caso, uma dificuldade probatória objetiva, como sucede relativamente a factos muito antigos ou de acesso restrito), mas também das "reais possibilidades de um determinado sujeito" (dificuldade probatória subjetiva)[29]: p. ex., e quanto a esta última vertente, pode ao autor ser difícil ou mesmo impossível provar o facto constitutivo do direito que invoca, designadamente por se tratar de ação de responsabilidade civil médica e não possuir os conhecimentos técnicos ou os dados clínicos necessários para demonstrar o nexo causal entre o ato do médico e a doença de que padece, que, nem por isso, fica desonerado da prova desse facto. O ónus da prova é, para usar a terminologia da teoria que de seguida será referenciada, distribuído pela lei, no 342.º, de modo "estático", relevando apenas para essa distribuição a natureza do facto, à luz da norma que se invoca como fundamento da pretensão. 25

Para colmatar esta aparente injustiça, a lei admite, no campo da dificuldade probatória objetiva, a prova indiciária, e poder-se-iam ponderar outras soluções, como a aceitação de menores graus de convencimento[30]. 26

[25] Assim, Manuel de Andrade, *Noções elementares de processo civil* (1979), 202 ("Os factos modificativos são tratados como constitutivos ou como extintivos, consoante o sentido da modificação") e João de Castro Mendes, *Direito processual civil*, II, 671.

[26] A este propósito, afirma José Alberto dos Reis, *Código de Processo Civil anotado*, III, 276 e 295-296, que "[s]e um indivíduo empresta a outro certa quantia, o que é regular e normal é que fique em seu poder com documento comprovativo do empréstimo ou que realize o ato na presença de pessoas que possam mais tarde servir de testemunhas", já se colocando esse indivíduo em "graves embaraços" se se lhe exigisse a prova das "circunstâncias de facto que se apresentam, na vida real, como fortemente prováveis ou verosímeis", como é o caso da capacidade dos contraentes e das condições gerais de validade do negócio jurídico.

[27] Seguindo ainda José Alberto dos Reis, *Código de Processo Civil anotado*, III, 276 e 295, "[s]e o devedor paga a quantia recebida, é natural ou que exija documento de quitação ou que faça a entrega do dinheiro diante de testemunhas", sendo-lhe também "relativamente fácil" provar a falta dos requisitos normais do negócio jurídico, como a capacidade, ou provar o erro ou a coação.

[28] Assinalando este aspeto, quanto às inversões, Rita Lynce de Faria, *A inversão do ónus da prova no direito civil português*, 70-71.

[29] Assim, Paula Costa e Silva/Nuno Trigo dos Reis, *A prova difícil*, 8 e 11-12.

[30] Sobre o ponto, Paula Costa e Silva/Nuno Trigo dos Reis, *A prova difícil*, 12-21. Em particular sobre a dificuldade de prova dos estados subjetivos (emoções e perceções) e a necessidade de uso, nesse domínio, de presunções judiciais, Cláudia Sofia Alves Trindade, *A prova de estados subjetivos no processo civil: presunções judiciais e regras de experiência* (2016), 41-43, 53-55 e 69-81.

27 **10. Distribuição dinâmica do ónus da prova**: corresponde a uma teoria desenvolvida, no campo da dificuldade probatória subjetiva, por um autor argentino (Jorge W. Peyrano[31]) e que tem suscitado o interesse da doutrina, designadamente argentina, brasileira e também portuguesa[32], recebendo ainda consagração, embora mitigada, designadamente nos §§ 1.º e 2.º do 373.º do CPC brasileiro de 2015 ou no n.º 7 do 217 da *Ley de Enjuiciamiento Civil* espanhola, de 2000: competiria ao juiz, segundo essa teoria adepta de uma maior flexibilidade das regras gerais de distribuição do ónus da prova, repartir tal ónus de modo casuístico, atribuindo-o à parte que, em concreto, estivesse melhor colocada para fazer a prova do facto. Assim, por exemplo, justificar-se-ia que nas ações de responsabilidade médica coubesse ao médico a prova da inexistência de culpa ou de ilicitude, ou de que o dano não teve como causa a intervenção médica, por lhe ser mais fácil, por razões ligadas à proximidade e controlo dos factos, demonstrar aqueles factos do que ao paciente demonstrar a culpa, a ilicitude e o nexo causal[33].

28 A referida teoria é apelativa no ponto em que procura a solução mais justa para a causa, mas apresenta desvantagens, pela incerteza que envolve para as partes (teria o credor proposto a ação se soubesse que o juiz viria a onerá-lo com a prova do incumprimento?; teria o réu omitido a alegação de um facto impeditivo se soubesse que não teria de demonstrá-lo?), pelas assimetrias que gera entre o plano processual e os outros planos em que se desenvolve a atividade probatória (por que motivo só em processo civil se consente a repartição casuística do ónus da prova e não também quando a prova se deva fazer perante entidades diversas do juiz?; as regras sobre o ónus da prova variam consoante o contexto da atividade probatória?; essa eventual variação decorre de, apenas no contexto processual, estar consagrada a proibição de denegação de justiça?) e pela insegurança que pode causar nas relações de Direito privado (terá o credor, à cautela, de procurar obter prova de que o devedor não está em erro?; deverá o médico munir-se de pareceres de outros médicos e de todo o tipo de exames clínicos, antes de realizar a operação?).

29 A distribuição dinâmica, por outro lado, parece sustentável, entre nós, apenas no plano do Direito a constituir: não há, na verdade, nenhum preceito legal que autorize o juiz a, à revelia das regras legais sobre distribuição do ónus da prova, distribuí-lo diferentemente, de um modo supostamente mais equitativo, além de que as dificuldades de prova já são, elas próprias, ponderadas pelo legislador (no 342.º implicitamente, como se viu, e expressamente no 344.º/2).

[31] Veja-se, sobre o surgimento desta teoria em 1981, sua evolução e principais propostas, AAVV, *Cargas probatorias dinámicas* (Jorge W. Peyrano – diretor/Inés Lépori White – coordenadora) (2008), 640 pp..

[32] Sobre a teoria, assinalando as respetivas fragilidades e aventando, como alternativa, a possibilidade de, em áreas carecidas de regras específicas, ser aprovada legislação também específica, Maria dos Prazeres Beleza, *O ativismo judiciário em matéria probatória e a teoria dinâmica da distribuição do ónus da prova*, n.º 10. Encarando-a também de modo desfavorável, essencialmente porque "[a] superação dos *estados de necessidade probatórios* através de uma inversão do ónus injustificada poderia conduzir ao rompimento da relação fundamental entre os problemas da prova e as valorações do direito material", veja-se, entre nós, Paula Costa e Silva/Nuno Trigo dos Reis, *A prova difícil*, 22-24. De modo favorável, *de iure condendo*, por razões de garantia do direito à tutela judicial efetiva, Elizabeth Fernández, *A prova difícil ou impossível*, 828-832, e, por entender que a teoria poderia ser congraçada com o princípio da gestão processual, Hugo Luz dos Santos, *A distribuição dinâmica do ónus da prova no direito probatório material português*, 245-278 (271). De modo favorável à teoria à luz dos princípios processuais, e encontrando indícios da sua consagração no ordenamento português, pois seria possível aplicar analogicamente regras específicas de certas áreas sobre ónus da prova, que assentam na maior facilidade probatória de uma das partes (a distribuição dinâmica seria assim, para o Autor, um critério legalmente previsto e de aplicação generalista, verificados os seus pressupostos, de repartição do ónus da prova no nosso ordenamento jurídico), Micael Martins Teixeira, *Por uma distribuição dinâmica do ónus da prova* (2012), 54 ss. e 68 ss..

[33] Assim, Micael Martins Teixeira, *Por uma distribuição*, 36 e Hugo Luz dos Santos, *A distribuição*, 250-255.

Finalmente, não se afigura uma solução particularmente original, que não haja sido ponderada, pelo menos nos seus traços essenciais, quando se avançou para os critérios rígidos hoje existentes. É significativa, a este propósito, a referência que José Alberto dos Reis, na pendência do já longínquo CPC de 1939, fazia ao "casuísmo são" propugnado por Guasp em sede de ónus da prova, bem como a uma posição doutrinária que, perante a "desoladora verificação" da impossibilidade de "encontrar uma fórmula geral e totalmente definitiva do ónus da prova", defendia "investir o juiz do poder de distribuir o ónus da prova em cada caso concreto segundo o seu prudente arbítrio, isto é, conforme lhe parecer razoável e justo", sugerindo ainda o mesmo Autor a possibilidade de consagração legal de uma repartição do ónus da prova que, assente em critérios de orientação ditados pela lei, permitisse, quando esses critérios não fossem suficientes, cometer ao juiz a repartição conforme lhe parecesse mais justo[34]. No anteprojeto Vaz Serra também se ponderou a maior intervenção do julgador no domínio da repartição do ónus da prova[35]. 30

11. Dúvida sobre a natureza do facto. O 342.º/3 decide a incerteza classificatória do facto contra quem invoca o direito, na medida em que determina que esse facto deve considerar-se constitutivo. Suscita-se o problema do âmbito de aplicação do 414.º do CPC, na parte em que dispõe que a *dúvida sobre a repartição do ónus da prova* resolve-se contra a parte a quem o facto aproveita: com efeito, se o facto se deve considerar constitutivo em caso de dúvida intransponível na qualificação, parece que não se pode colocar um problema de dúvida acerca da repartição do ónus da prova que não esteja já solucionado pelo 342.º/3[36]. 31

Uma hipótese de conciliação dos dois preceitos seria entender que o 414.º do CPC esclarece o 342.º/1 e 2, sempre que a prova do facto, segundo a classificação deste último artigo, caiba a certa pessoa, mas na verdade o facto aproveite a outra pessoa, o que, como se viu, tem sido apontado a propósito dos factos modificativos. Tomando como exemplo, numa ação de dívida, a redução convencional do prazo a favor do devedor (facto modificativo favorável ao autor)[37], apesar de nenhuma dúvida haver acerca da qualificação de tal facto como modificativo, pois não é constitutivo do direito do autor, nem extingue esse direito, nem impede o seu válido surgimento – e, por não haver tal dúvida de qualificação, não ser aplicável o 342.º/3 –, a verdade é que, como o mesmo facto é favorável ao autor, pode surgir a dúvida acerca da repartição do ónus da prova e a tal dúvida responde o 414.º do CPC, fazendo impender a sua prova sobre o autor. O 342.º/3 responderia a uma dúvida de qualificação e o 414.º do CPC, na parte que agora releva, a um problema de inadequação da qualificação ao caso concreto. 32

Esta hipótese de conciliação dos dois preceitos reserva, na prática, o 342.º/3 para as dificuldades de distinção entre os factos constitutivos e os impeditivos e o 414.º do CPC para as dificuldades de distinção dentro dos factos modificativos (mais precisamente, entre os factos modificativos favoráveis ao réu e os favoráveis ao autor), além de que pressupõe que a qualificação dos factos possa ser feita antes e independentemente da determinação da parte a quem 33

[34] José Alberto dos Reis, *Código de Processo Civil anotado*, III, 274-275.

[35] Adriano Vaz Serra, *Provas*, BMJ 110, 119-120; criticamente sobre a orientação deste autor, Mariana França Gouveia, *A prova*, 335, nota 16.

[36] João Marques Martins, *Prova por presunções judiciais na responsabilidade civil aquiliana* (2017), 355-356.

[37] Sobre este exemplo e sobre os equívocos que a categoria dos factos modificativos gerou no pensamento de Vaz Serra, que os assumiu sempre como factos favoráveis ao réu (orientação que, aliás, transparece do 342.º/2), veja-se Pedro Ferreira Múrias, *Por uma distribuição fundamentada do ónus da prova* (2000), 127-128, nota 367.

o facto aproveita: ora, não só é anómalo tratar dessas duas distinções em dois distintos códigos, como é o próprio 414.º do CPC, ao estabelecer que a dúvida se resolve contra a parte a quem o facto aproveita, a sugerir que a qualificação deva ser feita à luz da ideia de favorabilidade do facto.

34 Significa esta conclusão (a conciliação entre o 342.º/3 e o 414.º do CPC é difícil, senão mesmo impossível) que é inútil a referência, no 414.º do CPC, à dúvida sobre a repartição do ónus da prova, e que o preceito, nessa parte, é consumido pelo 342.º/3? A referência do 414.º do CPC é mais expressiva do que o disposto no 342.º/3, que só de modo forçado abrange situações diversas da da dúvida na qualificação de um facto como impeditivo ou constitutivo[38] – com efeito, os factos modificativos e extintivos, sendo posteriores ao surgimento do direito, em regra não geram dúvida quanto a poderem ser qualificados como constitutivos; por outro lado, uma dúvida de qualificação de um facto favorável ao réu não pode ser resolvida considerando esse facto como constitutivo[39] –, pelo que é aquele primeiro preceito (o 414.º do CPC) que deve prevalecer e não este último (o 342.º/3). Trata-se de uma razão para considerar que a opção, tomada em 1966-1967, no sentido do tratamento do ónus da prova, em dois distintos códigos, não ponderou devidamente a articulação entre os dois regimes e que o sistema, tal como estava antes, era mais simples e coerente.

IV – O ónus da prova subjetivo e o ónus da prova objetivo

35 **12. Significado da distinção**. O 342.º parece referir-se ao designado ónus da prova subjetivo, formal ou de produção de prova, que se usa contrapor ao designado ónus da prova objetivo ou material, que estaria consagrado no 414.º do CPC (e também na última parte do 346.º do CC[40]).

36 Na contraposição entre o ónus da prova subjetivo e o objetivo, o primeiro surge normalmente descrito como uma regra de comportamento, dirigida aos interessados no reconhecimento ou no não-reconhecimento de direito invocado, e o ónus da prova objetivo como uma regra de decisão em caso de dúvida sobre a realidade de um facto, portanto dirigida ao juiz, impedido de se abster de julgar alegando dúvida insanável acerca dos factos em litígio (8.º/1).

37 Como o 342.º contém regras dirigidas àqueles que invocam direitos e àqueles contra quem os direitos são invocados, estabelecendo os factos que lhes incumbiria demonstrar – diversamente do 414.º do CPC, que, na medida em que alude à resolução de uma dúvida em processo e surge após um preceito que expressamente refere um dever do juiz (o 413.º do CPC), se dirige sobretudo ao juiz –, é natural que possa ser entendido como tendo um objeto diferente e destinatários também diferentes do 414.º do CPC.

38 A conclusão de que o 342.º se referiria a um ónus diferente do ónus contemplado no 414.º do CPC acentua-se quando se atenta na circunstância de, durante muito tempo no nosso ordenamento, as regras constantes dos dois preceitos figurarem no mesmo código (o CPC de 1939 e, depois, o CPC de 1961), tendo ocorrido a sua separação em 1966-1967, precisamente

[38] Dando a entender que o 342.º/3 se justifica para resolver a dúvida sobre se um facto é constitutivo ou impeditivo, Manuel de Andrade, *Noções elementares de processo civil*, 201-202, nota 3 e Pires de Lima/Antunes Varela, *Código Civil anotado*, I, 4.ª ed. (1987), 306.

[39] Por exemplo, um facto modificativo favorável ao réu pode reconduzir-se a um facto extintivo ou impeditivo (José Alberto dos Reis, *Código de Processo Civil anotado*, III, 296 e Manuel de Andrade, *Noções elementares de processo civil*, 131-132), mas não se vê como tal dúvida de qualificação possa ser resolvida entendendo o facto como constitutivo, nos termos do 342.º/3, uma vez que o facto constitutivo é favorável ao autor.

[40] Assim, João de Castro Mendes, *Direito processual civil*, II, 670.

com o atual CC e com a revisão de 1967 do CPC de 1961, num momento em que a doutrina generalizadamente distinguia os dois ónus[41].

A diferenciação entre os dois ónus e a atribuição, à regra do 342.º, de um objeto diferente da regra do 414.º do CPC são, porém, bastante problemáticas. A utilidade do comportamento prescrito no 342.º só é compreendida quando este se conjugue com preceitos da lei adjetiva, designadamente o 414.º do CPC: visto isoladamente, o 342.º omite a vantagem em caso de cumprimento do encargo e a penalização em caso do seu incumprimento, mas decorre do 607.º/3 do CPC que a vantagem é a aplicação da norma jurídica correspondente ao facto provado e do 414.º do CPC que a penalização é uma decisão desfavorável em caso de dúvida. 39

Este último aspeto – o de o 342.º omitir a consequência tanto no caso de prova do facto como no caso de falta de prova do facto, só sendo verdadeiramente compreendido em conjugação com o 414.º do CPC – leva a considerar que a crítica possível à distinção entre o ónus subjetivo e o objetivo não é a de esta distinção apenas assumir relevância e significado no âmbito do processo civil (ou de um processo judicial ou para-judicial ao qual sejam subsidiariamente aplicáveis as regras do processo civil), por só aí existirem partes e uma entidade incumbida de decidir, mesmo em caso de dúvida acerca da realidade dos factos, sobre a titularidade de um direito que haja sido invocado. Com efeito, a ideia subjacente ao 414.º do CPC – a de a dúvida quanto à existência do facto dever ser resolvida contra aquele a quem o facto aproveita – deve valer sempre que seja necessário fazer prova, judicial ou extrajudicialmente (o que é, aliás, corroborado pelo 346.º, parte final, que não alude a processos judiciais), pelo que a crítica é outra: é a de que as figuras dificilmente se distinguem, de tal modo se complementam. 40

O que acabou de dizer-se reforça o entendimento de que, em 1966-1967, não se tomou a melhor opção, ao incluir as regras sobre a repartição do ónus da prova no CC e, no CPC, o princípio a observar em caso de dúvida, à luz de uma distinção muito rígida entre o direito probatório material e o formal. 41

13. Conteúdo da decisão em caso de dúvida: a que se refere o 414.º do CPC, quando determina que a dúvida quanto à existência de um facto deve ser resolvida contra aquele a quem o facto aproveita? Não se trata de considerar, ou de decidir, que o facto cuja prova competia à parte não se encontra provado, pois esse aspeto anterior e que se prende com a valoração da prova é tratado no 607.º/4, do CPC, sem prejuízo de a distribuição do ónus da prova relevar para a identificação dos factos relativamente aos quais deve incidir a pronúncia de "provado" ou "não-provado"[42]. 42

Nem se trata também, embora ela deva suceder-se (se os pressupostos processuais estiverem preenchidos), da própria decisão de mérito desfavorável ao onerado (de absolvição do réu do pedido, se o onerado for autor; de condenação do réu no pedido, se o onerado for réu)[43], pois o 414.º do CPC, pela sua inserção sistemática, não versa a aplicação do direito 43

[41] A oposição entre os dois ónus foi descoberta em finais do séc. XIX: Pedro Ferreira Múrias, *Por uma distribuição fundamentada do ónus da prova*, 20.

[42] Sobre este aspeto: Helena Cabrita, *A fundamentação de facto e de direito da decisão cível* (2015), 159-161: o juiz não terá de pronunciar-se sobre as versões de ambas as partes sobre o mesmo facto – por exemplo, numa ação de condenação no pagamento do preço de uma compra e venda em que não foi lograda a prova da celebração do contrato, o juiz não terá de dar como não-provado que o contrato foi celebrado (versão do autor) e como provado que o contrato não foi celebrado (versão do réu) –, mas apenas sobre a versão da parte que está onerada com a prova do facto – no exemplo dado, como o ónus da prova da celebração da compra e venda recai sobre o autor, terá apenas o juiz de dar como provado ou não provado o facto (positivo) dessa celebração.

[43] Salientando a profunda divergência entre o processo civil e o processo penal no que diz respeito à valoração do *non liquet* em matéria probatória, Miguel Teixeira de Sousa, *A livre apreciação da prova em processo civil*, 116-117.

aos factos (deste aspeto, relativamente aos factos provados, trata o 607.º/3 do CPC). Trata-se apenas de considerar, ou de decidir, que o facto cuja prova competia ao onerado e que não ficou provado, não ocorreu, de ter o facto "por inexistente com a consequência de não poder ser aplicada a norma de cuja hipótese constituía pressuposto da sua aplicação"[44]: assim, por exemplo, na dúvida sobre se, numa ação de condenação no pagamento fundada em compra e venda, ocorreu esta compra e venda, o tribunal considerará que ela não ocorreu e não que ela ocorreu, pois é essa a consequência desfavorável para o onerado, que, quanto a esse facto, é o autor; correlativamente, se o tribunal estiver em dúvida sobre o pagamento, considerará que ele não teve lugar, uma vez que essa é a consequência desfavorável para o réu, que estava onerado com a prova desse facto.

44 **14. Natureza do ónus da prova subjetivo**: este, entendido como regra de comportamento, e o ónus da prova objetivo, entendido como regra de decisão, complementam-se no ponto em que só o 414.º do CPC permite saber qual é a consequência desfavorável que o interessado pode esperar e, bem assim, no ponto em que se o 342.º permite saber a quem é que o facto não provado em geral aproveita, também o 414.º clarifica que sobre o réu nem sempre recai o ónus da prova dos factos modificativos, em concreto, não recai se estes factos não lhe aproveitarem.

45 Todavia, pode perguntar-se se a distinção entre os dois ónus ainda se impõe, em atenção agora à circunstância de o 414.º do CPC nada dizer quanto à intensidade do comportamento que ao interessado se exige para evitar a consequência desfavorável. Perguntando de outro modo: haverá uma dimensão da figura regulada no 342.º que não é explicada pelo 414.º do CPC, isto é, pela regra de decisão em caso de dúvida? Esta questão prende-se com a da natureza do ónus da prova subjetivo e com a da possível consagração, no 342.º, de um verdadeiro ónus para o interessado.

46 Na resposta a esta questão, importa sublinhar que o grau de exigência do 342.º, no que diz respeito ao comportamento que impõe aos interessados, só é plenamente aferido quando se tomem em consideração os poderes e os deveres da entidade perante a qual se desenvolve a atividade probatória e cuja convicção esses mesmos interessados pretendem formar: visto isoladamente, o 342.º estabelece um encargo, mas a verdade é que o direito pode ficar reconhecido sem o interessado nenhum encargo ter tido. Em processo civil, o ónus da prova subjetivo não constitui um verdadeiro ónus, na medida em que a parte pode não produzir prova (ou por inércia ou por inadequação dos meios de prova que apresentou para o fim que visava atingir) e, mesmo assim, o juiz dar como provado o facto que lhe aproveita recorrendo a meios de prova apresentados pela parte contrária ou por iniciativa do próprio juiz (possibilidade decorrente do funcionamento, respetivamente, dos princípios da aquisição processual e do inquisitório, consagrados nos 413.º e 411.º do CPC), além de que a parte pode produzir prova e tal não ser suficiente para convencer o juiz acerca da realidade do facto que a parte pretendia demonstrar (possibilidade decorrente do funcionamento do princípio da livre apreciação das provas, consagrado no 607.º/5, 1.ª parte do CPC e aflorado em vários preceitos do CC, como por exemplo nos 389.º ou 396.º, respetivamente quanto à prova pericial e à prova testemunhal, que não vincula o juiz a atribuir um valor probatório pré-estabelecido aos meios de prova, ou pelo menos a todos os meios de prova que as partes apresentem)[45].

[44] Artur Anselmo de Castro, *Direito processual civil declaratório*, III (1982), 349.

[45] No sentido de que o ónus da prova não é um verdadeiro ónus, pelas razões apontadas, João de Castro Mendes, *Do conceito de prova em processo civil* (1961), 439-440; *idem*, *Direito processual civil*, II, 668. Diferentemente, Helena Cabrita, *A fundamentação de facto e de direito da decisão cível*, 115-116.

Não consubstanciando o ónus da prova subjetivo um verdadeiro ónus em processo civil, torna-se inútil distingui-lo do ónus da prova objetivo: aquela figura nada parece explicar que não seja explicado pela regra de decisão em caso de dúvida. Há apenas uma regra de decisão em caso de dúvida, cujo conteúdo resulta da conjugação entre o 342.º do CC e o 414.º do CPC. A essa regra dá-se normalmente a designação de ónus da prova objetivo[46]. 47

A referência de alguma doutrina ao interesse em cooperar na atividade probatória[47] tem escassa utilidade, se entendida como um especial interesse da parte, superior a qualquer outro que em processo ela prossiga (por exemplo, o interesse em arguir uma nulidade ou o interesse em recorrer): a lei não lhe confere especial proteção nem a sua não-satisfação causa à parte um prejuízo maior do que a não-satisfação de outros interesses. A esta conclusão não obsta a verificação de que as regras sobre distribuição do ónus da prova influenciam o comportamento das partes, sobretudo o comportamento do autor, pois "[a] necessidade de prova, por parte do réu, só surge, na verdade, no momento em que se ache feita a prova dos factos constitutivos", podendo até lá manter-se inativo, sem prejuízo de lhe ser útil procurar obstar a que o autor prove os factos constitutivos e de só lhe ser possível saber se ocorreu a prova dos factos constitutivos no momento do julgamento[48]: com efeito, é natural que as partes pautem o seu comportamento em função de regras que pretendam ver aplicadas na decisão, tal não constituindo particularidade do comportamento probatório. 48

Fora do processo civil, há margem para a aceitação de um ónus da prova subjetivo? Embora aí não deva naturalmente invocar-se os princípios da aquisição processual e do inquisitório, a verdade é que a lei substantiva também não estabelece a regra de que a prova deve ser feita pelo interessado e não pode ser feita por outras pessoas. Este aspeto, associado à vigência do princípio da livre apreciação das provas[49], induz a conclusão de que, também no campo extrajudicial, é difícil sustentar a existência de um verdadeiro ónus da prova e, como tal, de um ónus da prova subjetivo. 49

15. Momento e circunstâncias da aplicação do 342.º. Dado que em processo civil a atividade probatória do interessado não tem como consequência necessária a demonstração do facto que lhe aproveita, nem a sua inatividade a não-demonstração desse facto, o 342.º assume especial relevância, não tanto na fase da instrução do processo (que cronologicamente não se demarca das restantes, tendo, em regra, lugar desde a fase dos articulados até ao início das alegações orais com que culmina a audiência final: 552.º/6 e 604.º/3 do CPC), mas na fase da sentença (mais precisamente no momento da decisão final: 607.º/3, parte final, do CPC). É nesta 50

[46] Pois nela permanecem, não obstante o aditamento do termo "objetivo", resquícios dos processos do passado, em que ainda "não se interiorizara o carácter real e problemático da incerteza em processo" e as atenções se concentravam na "distribuição da atividade de produção de prova pelas partes em litígio". A designação não é das mais felizes. Sobre a evolução do ónus da prova, do sentido subjetivo para o objetivo, Pedro Ferreira Múrias, *Por uma distribuição fundamentada do ónus da prova* (2000), 20-28.

[47] A este interesse alude João de Castro Mendes, *Do conceito de prova em processo civil*, 440.

[48] Assim, José Alberto dos Reis, *Código de Processo Civil anotado*, III, 284.

[49] A consagração, no atual sistema, do princípio da livre apreciação das provas – do qual decorreria que a prova só é tarifada quando o legislador assim o decida e que mesmo em relação à prova tarifada "cabe ao julgador verificar se os meios de prova reúnem as condições de que a lei faz depender o reconhecimento da aptidão representativa que lhes fixa" [*vide* João Marques Martins, *Prova por presunções judiciais na responsabilidade civil aquiliana*, 365-366; *idem*, *Documentos eletrónicos e meios de prova*, em Código Civil: Livro do Cinquentenário, I (2019), 795-824 (797)] –, não deve fazer esquecer que há muitas e importantes exceções a esse princípio, levando a questionar se não se estará, antes, perante um sistema misto de valoração da prova (sobre o ponto, José Luís Bonifácio Ramos, *Questões relativas à reforma do Código de Processo Civil*, Est. Lebre de Freitas, I (2013), 917-956 (951).

última fase que o juiz, perante a possível dúvida (irredutível, porque a instrução já teve lugar e nenhuma atividade probatória há a realizar ainda) sobre a realidade de um facto – e sem prejuízo do disposto no 607.º/1, 2.ª parte do CPC, que permite ao juiz, se não se julgar suficientemente esclarecido, ordenar a reabertura da audiência –, tem de resolver essa dúvida contra a parte a quem o facto aproveita, nos termos do 414.º do CPC (que, de algum modo, reitera a proibição de denegação de justiça consagrada em outros preceitos: p. ex., o 8.º/1 e o 369.º/1 do Código Penal); por outro lado, só em caso de dúvida e quando a dúvida deva ser resolvida de acordo com as regras de distribuição do ónus da prova o 342.º terá aplicação na fase da sentença, o que significa que nem sempre tem aplicação (não tem aplicação quando o juiz não esteja em dúvida e não tem aplicação quando a dúvida deva ser resolvida de acordo com outros critérios, por exemplo nos termos dos 23.º/2, 237.º, 279.º, 348.º/3, 506.º/2[50], 566.º/3, 926.º, 1145.º/1, 1354.º/2, 1359.º/2, 1565.º/2 ou 2262.º).

51 Ora sendo ao juiz necessário determinar se o facto aproveita ao autor ou ao réu (porque o 414.º do CPC não o esclarece e porque de tal depende o conteúdo da decisão de mérito), o 342.º vem esclarecer que o critério a ter em conta para esse efeito é o da natureza constitutiva do facto face ao direito invocado na ação ou, diversamente, o da sua natureza impeditiva, modificativa ou extintiva face a esse mesmo direito.

52 **16. Ónus da prova e ónus de alegação**. Em processo civil, se é possível sustentar que o ónus da prova tendencialmente acompanha o ónus de alegação, parece claro que ele não depende da própria alegação de factos, ao contrário do que decorria do texto do 2405.º do CS. A circunstância de a parte ter alegado determinado facto não origina, para si, o encargo de demonstrá-lo: não só o 342.º a tal não alude, como um tal encargo penalizaria a parte que cumprisse o dever de revelação de factos relevantes para a decisão da causa [542.º/2, *b*), 2.ª parte do CPC][51].

53 A relação possível entre o ónus da prova e o ónus de alegação é a seguinte: sobre o autor, que está onerado com a prova dos factos constitutivos do seu direito, recai também, em regra, o ónus de alegar os factos essenciais que constituem a causa de pedir (5.º/1, 1.ª parte, do CPC), e sobre o réu, que está onerado com a prova dos factos impeditivos, modificativos e extintivos do direito do autor, recai também, em regra, o ónus de alegar os factos em que se baseiam as exceções (5.º/1, 2.ª parte, do CPC); o ónus de alegação consagrado no 5.º/1 do CPC também assenta na distinção entre factos constitutivos, impeditivos, modificativos e extintivos (como se vê, por ex., do 584.º/2 do CPC); não cumprindo as partes este ónus de alegação, o juiz não pode tomar em consideração os correspondentes factos (5.º/1 e 3 do CPC, *a contrario*), pelo que nem se levanta o problema de saber a quem compete a respetiva prova.

54 Importa reconhecer que podem aplicar-se as regras sobre o ónus da prova em relação a factos que não carecem de alegação, como sucede quanto aos factos que, nos processos de jurisdição voluntária, o juiz pode investigar livremente (986.º/2 do CPC) e, bem assim, que a parte, apesar de ter o ónus de alegar certo facto, pode não estar onerada com a respetiva prova, como sucede nos casos de inversão do ónus da prova[52]; finalmente, o ónus de alegação assenta

[50] No caso do 506.º/2, Rita Lynce de Faria, *A inversão do ónus da prova no Direito civil português*, 43-44, considera, antes, que se trata de uma repartição salomónica do ónus da prova.

[51] Assim, Manuel de Andrade, *Noções elementares de processo civil*, 203 e Adriano Vaz Serra, *Provas*, BMJ 110, 139.

[52] Sobre esta última questão, José Lebre de Freitas, *A ação declarativa comum*, 4.ª ed., 14.3.1., nota 26, explicando a manutenção do ónus de alegação nas situações em que a lei determina a inversão do ónus da prova (presunções legais, impossibilitação culposa da prova e dispensa ou liberação do ónus da prova) e Rita Lynce de Faria, *A inversão do ónus da prova no direito civil português*, 17-18. Referindo vários casos de não acompanhamento dos dois ónus, Pedro Ferreira Múrias, *Por uma distribuição fundamentada do ónus da prova*, 37-38. A alegação do incumprimento do réu por

nas ideias de disponibilidade e de auto-responsabilidade das partes, que são estranhas ao ónus da prova, desde logo pela relevância extra-processual desta última figura[53].

Artigo 343.º (Ónus da prova em casos especiais)

1. Nas ações de simples apreciação ou declaração negativa, compete ao réu a prova dos factos constitutivos do direito que se arroga.

2. Nas ações que devam ser propostas dentro de certo prazo a contar da data em que o autor teve conhecimento de determinado facto, cabe ao réu a prova de o prazo ter já decorrido, salvo se outra for a solução especialmente consignada na lei.

3. Se o direito invocado pelo autor estiver sujeito a condição suspensiva ou a termo inicial, cabe-lhe a prova de que a condição se verificou ou o termo se venceu; se o direito estiver sujeito a condição resolutiva ou a termo final, cabe ao réu provar a verificação da condição ou o vencimento do prazo.

Bibliografia: Adriano Vaz Serra, *Provas (Direito probatório material)*, BMJ 110 (1961), 133-137 e 144-150; António Menezes Cordeiro, *Tratado de Direito civil*, V, 3.ª ed. (2018), 514; Rita Lynce de Faria, no *UCP/ /Comentário ao Código Civil* (2014), 813-815.

Índice

I – Antecedentes

1. Códigos anteriores. O CS não continha um preceito equivalente ao do 343.º. O mesmo sucedia com o CPC de 1961, que na sua versão originária, só continha uma norma correspondente ao 342.º (o 515.º/1), aliás abolido na revisão de 1967. 1

parte do autor, nas ações de cumprimento, é por vezes referida como exemplo de não acompanhamento entre o ónus de alegação e o ónus da prova, mas parece que só impropriamente se pode falar em ónus de alegação do incumprimento, dado que a não alegação desse incumprimento não tem como consequência a não consideração do facto correspondente pelo juiz (como sucederia se se tratasse de um ónus de alegação) mas a inadmissibilidade da ação, por não preenchimento dos requisitos do 557.º do CPC, relativo ao pedido de prestações vincendas. Sobre as consequências da alegação, na presunção legal, apenas do facto indiciário e não do facto presumido, ou vice-versa, e sobre a necessidade de alegação do facto presumido na presunção judicial, veja-se Luís Filipe Pires de Sousa, *Prova por presunção no Direito civil*, 2.ª ed. (2013), 61-62.

[53] Assim, Pedro Ferreira Múrias, *Por uma distribuição fundamentada do ónus da prova*, 38.

2 **2. Preparatórios.** No anteprojeto Vaz Serra discutem-se os três problemas a que os três números do 343.º procuram dar resposta e sugere-se um articulado bastante semelhante ao que acabou por ficar consagrado[1].

II – Ações de simples apreciação negativa (343.º/1)

3 **3. Sede legal.** As ações de simples apreciação ou declaração negativa estão previstas no 10.º/3 a) do CPC, na parte em que se refere às ações destinadas a "obter unicamente a declaração da [...] inexistência de um direito ou de um facto", aí se contrapondo às ações de simples apreciação ou declaração positiva, que visam obter a declaração da existência de um direito ou de um facto.

4 O 584.º/2 do CPC também lhes faz referência, ao determinar que "[n]as ações de simples apreciação negativa, a réplica serve para o autor impugnar os factos constitutivos que o réu tenha alegado e para alegar os factos impeditivos ou extintivos do direito invocado pelo réu".

5 **4. Ações abrangidas.** Não estão abrangidas no 343.º/1 as ações de impugnação da paternidade presumida de acordo com o 1826.º/1, que alguma doutrina qualificava, anteriormente ao código, como ações de simples apreciação negativa[2], já que o 343.º/1 pressupõe que incumbe ao réu a demonstração do facto constitutivo e naquelas ações é o autor que, nos termos do 1839.º/2, "deve provar que, de acordo com as circunstâncias, a paternidade do marido da mãe é manifestamente improvável". Não estão igualmente abrangidas no preceito as ações inibitórias e as ações de impugnação da resolução de contrato-promessa[3].

6 Constituem exemplos de ações de simples apreciação negativa referidas no 343.º/1 aquelas em que o autor pede a declaração de que o réu não é credor do autor, não é proprietário de certo imóvel, não é filho do autor ou não é titular de um direito de servidão incidente sobre um prédio do autor (ação negatória de servidão). O 343.º/1 parece ter apenas em consideração as ações de declaração da inexistência de direitos e não também as ações de declaração da inexistência de factos, uma vez que alude a um direito de que o réu se arrogaria. No entanto, o problema da repartição do ónus da prova coloca-se nos mesmos termos relativamente aos dois tipos de ações e era tratado pela doutrina, antes do surgimento do preceito, como um problema único[4], pelo que não há razões para fazer aquela restrição.

7 **5. Relação entre o 343.º/1 e o 342.º/1.** O 343.º/1, ao atribuir ao réu o ónus da prova do facto constitutivo do direito de que se arroga, parece ainda repetir a regra do 342.º/1, que precisamente atribui o ónus da prova do facto constitutivo àquele que invoca determinado direito, sem referir se quem o faz é autor ou réu na ação: sob este ponto de vista, a única particularidade do preceito estaria em assinalar que, contrariamente ao que sucede na generalidade das ações, não é o autor o onerado com a prova do facto constitutivo do direito invocado na ação, mas o réu; de todo o modo, tal não introduziria qualquer desvio ou mesmo qualquer especialidade em relação à regra geral, apenas tendo a utilidade de dissipar uma dúvida que poderia surgir numa ação em que o direito discutido é do réu; e tanto não se estaria perante uma regra especial que

[1] Adriano Vaz Serra, *Provas (Direito probatório material)*, BMJ 110 (1961), 133-137 e 144-150 e BMJ 112 (1962), 269-270; *1.ª Revisão* (307.º), 134; *Revisão intercalar* (328.º), 128-129; *2.ª Revisão* (343.º), 136; *Projecto* (343.º), 100.

[2] Inserindo-se nessa doutrina, José Alberto dos Reis, *Código de Processo Civil anotado*, III, 289.

[3] Sobre estes dois exemplos, no apontado sentido, Miguel Teixeira de Sousa, *Acções de apreciação negativa: o que são e o que não podem ser*, 17/03/2014, https://blogippc.blogspot.com/2014/03/accoes-de-apreciacao-negativa-o-que-sao.html.

[4] Assim, José Alberto dos Reis, *Código de Processo Civil anotado*, III, 288-291.

o ónus da prova continuaria a acompanhar o ónus de alegação do facto constitutivo, explicitado no 584.º/2 do CPC.

A perspetiva apontada não é pacífica nem elucida sobre todas as questões que se colocam nas ações em referência. Não é pacífica porque também se pode entender que, nas ações de simples apreciação negativa como em qualquer ação, o autor faz valer um direito próprio, cujo facto constitutivo lhe caberia provar nos termos do 342.º/1. Ora, ao tomar como referência um direito alardeado pelo réu e não propriamente a pretensão que o autor faz valer na ação, aproximando as ações de simples apreciação negativa das ações de jatância ou provocação, o 343.º/1 não se limitaria a repetir a regra do 342.º/1: bem ao invés, pode ser interpretado – e é-o por significativa doutrina e jurisprudência – no sentido de consagrar uma inversão do ónus da prova, no ponto em que dispensa o autor da prova do facto negativo que constitui o fundamento da sua ação (isto é, do facto que lhe aproveita), fazendo recair sobre o réu a prova do facto contrário[5]. 8

Parece claro que o próprio legislador não configurou a situação como uma inversão do ónus da prova, uma vez que a não tratou no 344.º. Saber se se está perante uma inversão do ónus da prova passa pela análise de várias questões que o 343.º/1 silencia. Em primeiro lugar, pode perguntar-se se há factos, e quais, cuja prova competirá ao autor. Adaptando agora o 342.º/2 (e não o 342.º/1) a esta hipótese, e novamente recorrendo ao 584.º/2 do CPC, dir-se-ia que competirá ao autor provar os factos impeditivos, modificativos e extintivos do direito invocado pelo réu. 9

Em segundo lugar, a circunstância de caber ao réu, nas ações de simples apreciação negativa, a alegação e prova do facto constitutivo suscita a dúvida sobre a necessidade de causa de pedir nestas ações e, em caso afirmativo, sobre a sua identificação: a resposta deve ser não só afirmativa, dado que em todas as ações é necessária a indicação de uma causa de pedir sob pena de ineptidão da petição inicial [*vide* o 186.º/2, *a*) do CPC], como também no sentido de que tal causa de pedir não se confunde com o facto que sustenta o interesse processual (ou interesse em agir) do autor, à semelhança do que também sucede na generalidade das ações[6]. 10

Finalmente, a circunstância de o réu estar onerado com a alegação e prova do facto constitutivo levanta o problema de saber se o réu não pode, antes, impugnar os factos impeditivos, modificativos ou extintivos alegados pelo autor, questão a que também deve responder-se afirmativamente, nos termos gerais do 574.º do CPC[7]. 11

[5] Rejeitando a equiparação das modernas ações de simples apreciação negativa às antigas ações de jatância ou provocação, José Alberto dos Reis, *Código de Processo Civil anotado*, III, 289-290, entendia – entendimento que o CC não viria a consagrar – que naquelas ações incumbia ao autor a prova do facto constitutivo, se bem que negativo. Considerando que a solução do 343.º/1 se desvia do 342.º/1, instituindo uma inversão do ónus da prova, veja-se Antunes Varela/J. Miguel Bezerra/Sampaio e Nora, *Manual de Processo Civil*, 2.ª ed., 460-461, assinalando que o desvio se deveu à circunstância de o legislador ter entendido ser mais difícil eliminar todas as causas possíveis da produção do direito do que demonstrar uma sua causa específica. Também no sentido da inversão do ónus da prova, Rita Lynce de Faria, *A inversão do ónus da prova no direito civil português*, 49-51, por entender que o facto constitutivo do direito do autor seria, em se aplicando o 342.º/1, integrado por todos os factos impeditivos, modificativos ou extintivos do direito do réu, solução que a lei não quis, por tornar demasiado pesado o ónus do autor.

[6] No sentido de que o conteúdo das afirmações do réu ou os factos por este praticados "constituem, sob a forma negativa, a causa de pedir neste tipo de ações, isto é, os factos dos quais, tanto quanto o autor sabe, o réu retira a afirmação do seu direito ou uma prática conforme com a sua existência [...]", José Lebre de Freitas, *A ação declarativa comum*, 4.ª ed., 5.1.2., nota 15. Em sentido não totalmente coincidente, considerando que a causa de pedir das ações de simples apreciação negativa são os factos impeditivos, modificativos ou extintivos do direito do réu, Miguel Teixeira de Sousa, *Acções de apreciação negativa e ónus da prova*, 18/03/2014, https://blogippc.blogspot.com/2014/03/accoes-de-apreciacao-negativa-e-onus-da.html.

[7] Em sentido afirmativo, Miguel Teixeira de Sousa, *Acções de apreciação negativa e ónus da prova*, 18/03/2014, https://blogippc.blogspot.com/2014/03/accoes-de-apreciacao-

12 Perante estes dados, não parece que nas ações de simples apreciação negativa a repartição do ónus da prova entre as partes sofra significativas alterações, quanto ao aspeto do número de factos a provar. O mesmo é dizer que, a haver uma inversão do ónus da prova no tocante ao facto constitutivo, equivalente poderia ser a conclusão quanto aos factos impeditivos, modificativos e extintivos. Esta conclusão, aliada à verificação de que o 342.º/1, quando alude ao direito invocado, abrange quer os casos de invocação judicial quer extrajudicial de direitos (pois a matéria das provas não tem apenas incidência processual), e à de que é problemática a identificação do direito invocado pelo autor nas ações de simples apreciação negativa, induz a considerar que o 343.º/1 não consubstancia uma inversão do ónus da prova, limitando-se a repetir a regra do 342.º/1, por referência à invocação extrajudicial do direito pelo réu.

III – Ações que devam ser propostas dentro de certo prazo (343.º/2)

13 **6. Exemplos**: a ação de anulação de negócio jurídico, a ação de preferência ou a ação de impugnação da paternidade (respetivamente, 287.º/1, 1410.º/1 e 1842.º/1).

14 **7. Inversão do ónus da prova**. Em relação às assinaladas ações, pode entender-se que a sua proposição dentro do prazo é facto constitutivo do direito que o autor faz valer na ação, cabendo-lhe, nessa medida, fazer prova do respeito do prazo. E sendo o prazo contado a partir do conhecimento de certo facto, isso implicaria a difícil demonstração de que não obtivera tal conhecimento em momento anterior àquele que indica e que ainda cumpre o prazo. A lei, porém, trata no 343.º/2 os factos dos quais decorre o decurso do prazo como factos extintivos do direito do autor e, como tal, onera o réu com a prova respetiva, designadamente com a prova de que o autor obteve o conhecimento do facto em certo momento anterior ao prazo legal para propor a ação.

15 Para alguma doutrina, este regime consagra, em parte, uma inversão do ónus da prova: com efeito, se bem que das regras gerais de distribuição do ónus da prova já pudesse resultar que ao réu competiria, por se tratar de facto extintivo, a demonstração de que entre o *facto gerador do direito potestativo* (por exemplo, a coação moral, no caso da ação de anulação de contrato) e a data da proposição da ação decorrera um período superior ao prazo estabelecido na lei para a proposição da ação, essas regras também poderiam implicar que ao autor coubesse, por se tratar de facto impeditivo daquele facto extintivo, a prova de que *o conhecimento* se dera depois da verificação do facto gerador do direito potestativo (ou que não se dera aquando da verificação desse facto) e, como tal, que o prazo de proposição da ação fora respeitado; ora esta última solução não foi pretendida pela lei, que quis onerar apenas o réu, e não também o autor, com a prova do decurso do prazo, o que significaria que a lei inverteu o ónus da prova do conhecimento[8].

16 Concorda-se com a conclusão de que o 343.º/2 espelha uma inversão do ónus da prova, por isso se justificando a existência do preceito, e não tanto pela dificuldade da prova de factos negativos ou pela necessidade de resolver dúvidas interpretativas dos nossos tribunais acerca do ónus da prova da extemporaneidade de ações sujeitas a prazo[9].

-negativa-e-onus-da.html, e "Jurisprudência", 03/03/ /2016, https://blogippc.blogspot.com/2016/03/jurisprudencia-298.html

[8] Julga-se que é pelo motivo apontado que Antunes Varela/J. Miguel Bezerra/Sampaio e Nora, *Manual de Processo Civil*, 2.ª ed., 458-460, entendem que o 342.º/3 consagra "em parte, uma verdadeira *inversão do ónus da prova*". Sobre o decurso do prazo como causa extintiva do direito do autor, sobre o ónus da prova do réu dos factos constitutivos dessa causa extintiva e sobre a possibilidade (afastada pelo 359.º) de ser qualificada como facto impeditivo dessa causa extintiva a circunstância de o autor só mais tarde ter tido conhecimento do ato ou evento motivador da ação, veja-se Manuel de Andrade, *Noções elementares de processo civil* (1979), 205-207.

[9] Sobre essas dúvidas, surgidas no âmbito de ações de despejo e de preferência, veja-se, além das obras referidas na nota anterior, José Alberto dos Reis, *Código de Processo Civil anotado*, III, 302-303.

Porém, não convence a apontada explicação para a existência de uma inversão do ónus da prova, atendendo a que a configuração do decurso do prazo como caducidade e, como tal, como facto extintivo do direito potestativo levaria a enquadrar a situação no 342.º/2, que não confere relevância, para o efeito da qualificação, à distinção entre o facto gerador do direito potestativo e o conhecimento desse facto (do que se concluiria que o 343.º/2 se limita a repetir o 342.º/2[10]). Ela também não realça suficientemente, a nosso ver, a circunstância de o 343.º/2 aplicar as regras sobre ónus da prova ao *direito de ação*, que é assim (bem ou mal) autonomizado do próprio direito que se faz valer na ação. 17

Em relação ao direito de ação, é difícil sustentar que o conhecimento de certo facto (por exemplo, um elemento essencial da alienação: *vide* o 1410.º/1, relativo à ação de preferência) não seja seu facto constitutivo, dado que o exercício do direito de ação, por definição, depende do conhecimento desse facto; a configuração desse conhecimento como facto extintivo também é problemática, dado que os factos extintivos são, igualmene por definição, de ocorrência posterior ao surgimento do direito e, no caso do direito de ação, a alegação de que o conhecimento ocorreu há mais tempo não importa a alegação de facto posterior, antes parecendo funcionar como impugnação de um facto alegado pelo autor. E, devendo o conhecimento ser qualificado como facto constitutivo sem que o autor esteja, nos termos do 343.º/2, onerado com a prova desse facto, verifica-se, na verdade, quanto ao *direito de ação*, um desvio à regra geral do 342.º/1. 18

IV – Direitos sujeitos a condição ou termo (343.º/3)

19 **8. Concretização do 342.º/1 e 2.** O 343.º/3 esclarece, no que parece ser uma mera concretização do 342.º/1 e 2, que a verificação da condição suspensiva ou do termo inicial é facto constitutivo do direito do autor e a verificação da condição resolutiva ou do termo final é facto extintivo daquele direito, pelo que o ónus da prova compete, correspondentemente, a um ou a outro; o regime é, ainda, justificado pela dificuldade de prova de factos negativos[11].

20 **9. Ónus da prova da existência ou inexistência da condição ou termo**: o 343.º/3 não trata da questão prévia de saber a quem compete a sua prova, diferentemente do que sucedia no articulado do anteprojeto Vaz Serra[12] –, isto é, se é o autor que tem o encargo de provar que o negócio não contém uma cláusula acessória desse teor ou se é o réu que tem o encargo de provar que o negócio está sujeito a condição ou termo. A doutrina não é unânime a esse respeito, parecendo defensável entender-se que, embora o autor não tenha de alegar que o negócio não está sujeito a condição ou termo, a alegação da existência de tal cláusula pelo réu constitui defesa por impugnação de facto, onerando o autor com a prova da sua inexistência; e só provada a existência da cláusula se aplica o regime do 342.º/3[13].

[10] António Menezes Cordeiro, *Tratado de Direito civil*, V, 3.ª ed. (2018), 514. Assim também, Rita Lynce de Faria, *A inversão do ónus da prova*, 67, assinalando, com pertinência, que o facto extintivo do direito do autor é, não o decurso do prazo, mas "o decurso do prazo desde a data do conhecimento".

[11] Assim, Pires de Lima e Antunes Varela, *Código Civil anotado*, I, 4.ª ed., 307.

[12] Veja-se Adriano Vaz Serra, *Provas*, BMJ 112, 269-270: no 4.º/3 estabelecia-se que "[s]e a outra parte alegar que o direito invocado pelo autor está sujeito a condição ou a termo, compete-lhe a respetiva prova […]".

[13] Assim, Antunes Varela/J. Miguel Bezerra/Sampaio e Nora, *Manual de Processo Civil*, 2.ª ed., 464-465. Considerando, diferentemente, que é sobre o réu que recai o ónus da prova da condicionalidade do negócio e não sobre o autor o da sua incondicionalidade, Artur Anselmo de Castro, *Direito processual civil declaratório*, III, 359-360.

Artigo 344.º (Inversão do ónus da prova)

1. As regras dos artigos anteriores invertem-se, quando haja presunção legal, dispensa ou liberação do ónus da prova, ou convenção válida nesse sentido, e, de um modo geral, sempre que a lei o determine.

2. Há também inversão do ónus da prova, quando a parte contrária tiver culposamente tornado impossível a prova ao onerado, sem prejuízo das sanções que a lei de processo mande especialmente aplicar à desobediência ou às falsas declarações.

Bibliografia: António Menezes Cordeiro, *Tratado de Direito civil*, 3.ª ed. (2018), 515; Rita Lynce de Faria, *A inversão do ónus da prova no direito civil português* (2018); *idem*, *UCP/Comentário ao Código Civil* (2014), 816-818.

Índice

I – Origem

1 **1. Preparatórios**. O CS não continha preceito equivalente ao do 344.º. No anteprojeto Vaz Serra dá-se largamente conta do problema da inversão do ónus da prova e sugere-se a sua resolução por via legal[1]. Propôs um preceito (5.º) cujo sentido era próximo do final[2].

2 **2. Em que consiste**. A inversão do ónus da prova não deve ser interpretada como atribuindo, diversamente do que sucede com o 342.º, o ónus da prova dos factos constitutivos àquele contra quem o direito é invocado e o dos factos impeditivos, modificativos e extintivos àquele que invoca o direito[3]. Significa apenas que o facto cuja prova cabia à parte, por força das regras dos 342.º e 343.º, deixa de a ela caber, passando a incumbir o ónus da prova do facto contrário à parte contrária[4].

[1] Adriano Vaz Serra, *Provas*, BMJ 110 (1961), 117 (sobre a inversão espontânea do ónus da prova) e 153-167 (sobre as causas da inversão), e BMJ 112 (1962), 270, referente ao artigo proposto no anteprojeto (o 5.º).

[2] *1.ª Revisão* (308.º), 134-135; *Revisão intercalar* (329.º), 129; *2.ª Revisão* (344.º), 136; *Projecto* (344.º), 100.

[3] Chamando a atenção para este ponto, João Marques Martins, *Prova por presunções judiciais na responsabilidade civil aquiliana* (2017), 357-358.

[4] Sobre a complexidade da noção de facto contrário, João Marques Martins, *idem*, 358-359.

II – O caso da presunção legal

3. Significado da inversão. O 344.º/1 configura a presunção legal, regulada no 350.º, como um caso de inversão do ónus da prova, o que se explica na medida em que o beneficiário daquela não precisa de provar o facto que lhe aproveita (o facto presumido), como sucederia se se aplicassem as regras gerais do 342.º/1 e 2, mas à outra parte é que cabe a demonstração do facto contrário, ou seja, a prova de que o facto presumido não ocorreu. O mesmo raciocínio está subjacente, aliás, aos outros casos de inversão regulados no 344.º/1 e 2: em vez de certo facto (por exemplo, o cumprimento) ter de ser demonstrado por certa pessoa, segundo as regras gerais, é o facto contrário (no exemplo dado, o incumprimento) que tem de ser demonstrado por outra pessoa. 3

4. Presunções diversas da presunção legal e inversão. Apenas a presunção legal ilidível (*vide* o 350.º/2, 1.ª parte), e não também a presunção judicial (351.º) e a presunção legal inilidível (350.º/2, 2.ª parte), pode configurar uma inversão do ónus da prova, nos termos do preceito sob anotação. No caso da presunção judicial, porque esta pode ser ilidida por contraprova (346.º), continuando o beneficiário da mesma presunção onerado com a respetiva prova e não sendo à parte contrária exigida a demonstração de que o facto presumido não ocorreu, mas apenas que é duvidoso que tenha ocorrido[5]; no caso da presunção legal inilidível, porque não é possível a demonstração de que o facto presumido não ocorreu, sendo o ónus da prova deste facto, mais do que invertido, eliminado[6]. 4

5. Inversão ou alteração do tema da prova. Não é consensual haver uma verdadeira inversão do ónus da prova: pode sustentar-se, antes, que a presunção legal opera uma mera alteração do tema da prova, na medida em que aquele que dela beneficia, apesar de não ter de provar o facto presumido, continua a estar onerado com a prova – que é mais fácil, e daí falar-se em *benefício* – do facto-base da presunção[7]. Sob este prisma, a figura distinguir-se-ia das restantes a que o 344.º se refere, particularmente da dispensa ou liberação do ónus probatório. 5

III – O caso da dispensa ou liberação do ónus da prova

6. Noção. A dispensa ou liberação do ónus da prova, a que se refere o 344.º/1, pode ser legal ou convencional, neste último caso havendo que respeitar os requisitos do 345.º/1. A distinção entre a dispensa ou liberação legal do ónus da prova e a presunção legal é dificultada pela própria lei, porque esta trata a presunção legal como um caso de dispensa de prova (*vide* o 350.º/1). 6

Pode tentar-se a distinção afirmando que a uma presunção subjaz sempre uma regra de experiência segundo a qual a ocorrência de um facto normalmente está associada à de outro, o que já não sucederia com a dispensa ou liberação do ónus da prova. 7

Decisiva para a distinção, em qualquer caso, parece ser a já referida deslocação do tema da prova que tem lugar na presunção legal. Por isso mesmo, "[a]o passo que a presunção legal se baseia na prova do facto que lhe está na base, a dispensa ou liberação do ónus da prova traduz-se 8

[5] No sentido de que a presunção judicial não inverte o ónus da prova, embora, na prática, conduza frequentemente a esse resultado, "quando o magistrado vai além das regras da experiência para considerar um facto como provado", ou "quando o juiz se recusa a considerar como provado um facto que todas as provas indiciam ter ocorrido", veja-se Rita Lynce de Faria, *A inversão do ónus da prova*, 40-41 e 81-85.

[6] Rita Lynce de Faria, *A inversão do ónus da prova*, 41.

[7] Assim, João de Castro Mendes, *Do conceito de prova em processo civil*, 424-425, Manuel de Andrade, *Noções elementares de processo civil*, 216 e Luís Filipe Pires de Sousa, *Prova por presunção no direito civil*, 2.ª ed. (2013), 92-94 e 99.

na obtenção dum resultado probatório sem a apresentação dum meio de prova ou qualquer atividade probatória", de que constituem exemplos os 68.º/2, 779.º ou 360.º[8].

IV – O caso da inversão contratual

9 **7. Remissão**. Sobre a inversão contratual do ónus da prova, a que alude o 344.º/1 ao referir a "convenção válida nesse sentido", veja-se a anotação ao 345.º.

V – A determinação da lei

10 **8. Sentido da referência**. O 344.º/1, parte final, menciona ainda a possibilidade de inversão do ónus da prova por determinação da lei ("de um modo geral, sempre que a lei o determine"). Parecem estar aqui em causa disposições legais que, não consagrando explicitamente presunções ou dispensas de prova, ordenam aquela inversão. Embora não se configure facilmente como pode a inversão ocorrer sem presunção ou dispensa[9], parece que a referência ora em causa tem em vista evitar que, por certa disposição não usar o termo "presunção" ou "dispensa", o intérprete conclua que não pode ocorrer a inversão.

VI – A impossibilitação culposa da prova

11 **9. Em que pode traduzir-se**. O 344.º/2 inverte o ónus da prova quando a parte contrária tiver culposamente tornado impossível a prova ao onerado, o que pode suceder tanto através de uma conduta ativa como omissiva desta parte contrária, desde que decisiva para a prova se ter tornado impossível e desde que culposa[10].

12 Não basta, para o efeito da inversão, que a parte contrária ao onerado tenha dificultado essa prova – embora também não se exija, para concluir no sentido da impossibilidade da prova, que o facto só pudesse ser provado por um único meio de prova[11] –, nem releva, para efeitos de inversão, a recusa lícita de cooperação para a descoberta da verdade a que alude o 417.º/3 do CPC (recusa por motivo de violação da integridade física ou moral das pessoas[12], por motivo de intromissão na vida privada ou familiar, no domicílio, na correspondência ou nas telecomunicações, ou por motivo de violação de sigilo profissional ou de funcionários públicos, ou de segredo de Estado, cuja quebra não tenha sido ordenada pelo competente tribunal) ou disposição equivalente (por ex., o 454.º/2, do CPC, que não admite o depoimento sobre factos criminosos ou torpes, de que a parte seja arguida), ainda que fora da lei processual, porquanto o 344.º/2 alude a uma conduta culposa.

13 **10. Sanções**. Segundo o 344.º/2, tanto a conduta ativa como a omissiva daquele que impossibilita a prova de forma culposa podem, além de justificar a inversão do ónus da prova, ser

[8] Assim, José Lebre de Freitas, *A ação declarativa comum*, 4.ª ed., 14.3.1. Sobre o 779.º veja-se ainda Luís Filipe Pires de Sousa, *Prova por presunção no direito civil*, 2.ª ed., 100, nota 171 e Rita Lynce de Faria, *A inversão do ónus da prova*, 47.

[9] Rita Lynce de Faria, *A inversão do ónus da prova*, 62-63, considera desnecessária a referência no 344.º/1 à inversão do ónus da prova por determinação legal.

[10] Vários exemplos de impossibilitação culposa podem encontrar-se em José Lebre de Freitas, *A ação declarativa comum*, 4.ª ed., 14.3.1.

[11] Como observa Rita Lynce de Faria, *A inversão do ónus da prova no direito civil português*, 58, nota 156, "pode suceder que a prova de um facto apenas seja alcançada através de diversos meios de prova em conjunto. Impossibilitado um deles, a prova pode tornar-se impossível, não obstante a possibilidade de recurso aos restantes".

[12] A recusa de realização de exames pelo pretenso pai, nas ações de investigação de paternidade, não é lícita, como decorre do 1801.º do CC, e como tal essa recusa pode determinar a inversão do ónus da prova nos termos do 344.º/2: não obstante, só podem ser usados, para compelir o réu a realizar o exame, meios coercitivos que não molestem a respetiva integridade física ou moral (cf. a referência aos meios coercitivos possíveis, constante do 417.º/2 do CPC). Em sentido diferente, Rita Lynce de Faria, *A inversão do ónus da prova no direito civil português*, 61-62.

sancionadas nos termos da lei de processo, por constituírem desobediência ou falsas declarações. As sanções que o CPC estabelece são a multa e a indemnização à parte contrária, a título de responsabilidade por litigância de má-fé decorrente de omissão grave do dever de cooperação (542.º/1 e 2 c) do CPC). A falsidade de depoimento de parte está, porém, prevista e punida fora do CPC, mais precisamente no 359.º/1 do Código Penal, e a desobediência "a ordem ou a mandado legítimos, regularmente comunicados e emanados de autoridade ou funcionário competente", encontra-se regulada no 348.º deste último código. Parece, assim, que a remissão para a lei de processo, feita no 344.º/2, deve ser completada por uma remissão para a lei penal.

11. Recusa ilícita de colaboração da parte. No caso da conduta omissiva, ou recusa de 14
cooperação para a descoberta da verdade, a recusa ilícita da parte, além de poder determinar a inversão do ónus da prova nos termos do 344.º/2, justifica a aplicação ao recusante de multa e de meios coercitivos lícitos e adequados, conforme prescreve o 417.º/2, 1.ª parte, do CPC; confere ainda à parte contrária ao recusante, que é a onerada com a prova, o direito a uma indemnização por litigância de má-fé, como decorre do já referido 542.º/1 e 2 c) do CPC; é também livremente valorada pelo tribunal para efeitos probatórios, por força do 417.º/2, 2.ª parte, do CPC (também do 357.º/2, quanto à declaração confessória).

Ao estabelecer que o valor da recusa ilícita de colaboração da parte é livremente apreciado 15
pelo tribunal para efeitos probatórios, "sem prejuízo da inversão do ónus da prova decorrente do preceituado no n.º 2 do artigo 344.º do Código Civil", o 417.º/2, 2.ª parte do CPC dá a entender que a recusa ilícita de cooperação não é, por si só, suficiente para demonstrar a verificação de certo facto, dado que se o fosse não se tornaria necessário aplicar as regras sobre ónus da prova, entre as quais figuram as relativas à sua inversão, que pressupõem a dúvida sobre a realidade de um facto (*vide* o 414.º CPC)[13].

12. Razão de ser da disposição. A razão de ser do 344.º/2 pode procurar-se no princípio 16
da boa fé, mais precisamente na "regra-mãe *tu quoque*"[14], além de que "traduz uma regra da experiência que leva a concluir que aquele que destruiu culposamente uma prova receia os seus resultados"[15].

Artigo 345.º (Convenções sobre as provas)

1. É nula a convenção que inverta o ónus da prova, quando se trate de direito indisponível ou a inversão torne excessivamente difícil a uma das partes o exercício do direito.

2. É nula, nas mesmas condições, a convenção que excluir algum meio legal de prova ou admitir um meio de prova diverso dos legais; mas, se as determinações

[13] Em sentido diferente, Rita Lynce de Faria, *A inversão do ónus da prova no direito civil português*, 59-60: para a Autora, é incompatível a livre apreciação da recusa e a inversão do ónus da prova nos termos do 344.º/2, pelo que a primeira consequência se aplica à parte onerada e a segunda à parte não onerada. A nosso ver, a incompatibilidade só existiria se a recusa bastasse para demonstrar o facto que não aproveita ao recusante; por outro lado, não parece que o regime do 417.º/2 do CPC, com uma conotação sancionatória, seja aplicável à parte onerada com a prova, que seria assim sancionada por não zelar pelos seus interesses. Em sentido também diferente, na medida em que discorda da "degradação do dever de colaborar para uma categoria de *probatio inferior*", Luís Filipe Pires de Sousa, *Prova por presunção no direito civil*, 2.ª ed., 33-34.

[14] Assim, António Menezes Cordeiro, *Tratado de Direito civil*, V, 3.ª ed., 515.

[15] Rita Lynce de Faria, *A inversão do ónus da prova no direito civil português*, 58.

legais quanto à prova tiverem por fundamento razões de ordem pública, a convenção é nula em quaisquer circunstâncias.

Bibliografia: Adriano Vaz Serra, *Provas*, BMJ 110 (1961), 102-111; António Menezes Cordeiro, *Tratado de Direito civil*, V, 3.ª ed. (2018), 515-516; Rita Lynce de Faria, *UCP/Comentário ao Código Civil* (2014), 818-819.

Índice

I – Origem

1 **1.** O **Código de Seabra** não continha preceito equivalente ao 345.º, o que levantava, na vigência desse Código, a dúvida sobre a validade das convenções probatórias no nosso direito[1]: dúvida que, aliás, também se colocava em outros ordenamentos[2].

2 **2. Preparatórios.** No anteprojeto Vaz Serra o problema da possibilidade de afastamento, pelas partes, da disciplina legal das provas é tratado com profundidade e sugere-se a introdução de um artigo que o regule, de conteúdo semelhante ao que viria a vingar[3].

II – Requisitos de validade

3 **3. Considerações gerais**. Esclarecendo o 345.º, diversamente do que sucedia na vigência do código anterior, que as convenções sobre as provas "são genericamente possíveis, ao abrigo da autonomia privada (405.º/1)"[4], a sua validade depende, porém, do preenchimento de três requisitos: (1) disponibilidade do direito; (2) razoabilidade; (3) conformidade com a ordem pública.

4 **4. Inversão do ónus da prova**

5 (1) **A disponibilidade do direito**: pode ser afetada pela convenção que inverta o ónus da prova[5]; logo, tal convenção não é válida, em face de direitos indisponíveis.

[1] Considerando-as genericamente nulas, José Alberto dos Reis, *Código de Processo Civil anotado*, III, 251.

[2] A doutrina estrangeira tendia a considerar nulas as convenções em referência: José Alberto dos Reis, *Código de Processo Civil anotado*, III, 250; Manuel de Andrade, *Noções elementares de processo civil*, 212. Encontram-se ainda referências à antiga discussão sobre a validade dos contratos incidentes na distribuição do ónus da prova em Rita Lynce de Faria, *A inversão do ónus da prova no direito civil português*, 52-53.

[3] Adriano Vaz Serra, *Provas*, BMJ 110, 102-111 e, quanto ao artigo proposto (2.º), BMJ 112 (1962), 268-269; *1.ª Revisão* (305.º), 133; *Revisão intercalar* (326.º), 127-128; *2.ª Revisão* (345.º), 137; *Projecto* (345.º), 101.

[4] António Menezes Cordeiro, *Tratado de Direito civil*, V, 3.ª ed. (2018), 515.

[5] Assim, não pode "convencionar-se que é ao pretenso pai que cabe provar, numa acção de investigação [1869.º ss.], que não é pai" (Pires de Lima/Antunes Varela, *Código Civil anotado*, I, 4.ª ed., 309).

(2) **A razoabilidade**: exige-se que a convenção não torne excessivamente difícil, a uma das partes, o exercício do direito. Em princípio, uma convenção através da qual o titular do direito fique onerado com a prova da inexistência de um facto extintivo torna excessivamente difícil o exercício desse direito, pelo que essa convenção é nula, nos termos do 345.º/1: assim, a convenção normalmente incide sobre factos impeditivos e constitutivos, onerando aquele que invoca o direito com a prova da não-verificação de um facto impeditivo ou a parte contrária com a prova da não verificação de um elemento da fatispécie constitutiva[6]. 6

5. Exclusão de meios de prova: a exclusão de meios de prova que a lei admite não é lícita (345.º/2), se a exclusão – além de desrespeitar qualquer um dos requisitos do n.º 1 – infringir a ordem pública. No anteprojeto Vaz Serra não se colocava a hipótese de tal violação, apenas relativamente à convenção que admitisse meio de prova diverso dos legais se ponderando a possibilidade de, desse modo, se infringir a ordem pública: não por se partir do princípio de que o elenco dos meios de prova era taxativo, mas porque a lei contemplava várias restrições à prova testemunhal, que seriam defraudadas se uma convenção a viesse depois admitir[7]. 7

(3) **Ordem pública**: pode tornar ilícita uma exclusão, por acordo, de um meio de prova: p. ex., a necessidade especial de proteção do contraente economicamente mais débil. Assim, atendendo a que "[a]s convenções sobre provas podem tornar gravoso o exercício dos direitos de algum dos interessados", o 21.º, *g)* da LCCG veda as cláusulas contratuais gerais que "[m]odifiquem os critérios de repartição do ónus da prova ou restrinjam a utilização de meios probatórios legalmente admitidos", no âmbito das relações com consumidores finais[8]. 8

Diversamente do n.º 2, o 345.º/1 não confere relevância às razões de ordem pública para efeitos de aferição da validade das convenções probatórias. Tal significa que as regras relativas ao ónus da prova não se justificam por razões de ordem pública, mas as relativas à admissibilidade dos meios de prova são inspiradas nessas razões. Tais razões reconduzem-se à correta decisão do litígio através do melhor esclarecimento do juiz[9]. 9

6. Admissão de meios de prova. O 345.º/2 não tem em vista proibir, em geral, o uso de provas atípicas, isto é, daquelas que não se encontram previstas nos 349.º ss., não configurando presunção, confissão, documento, prova pericial, inspeção judicial ou prova testemunhal (tal como no anteprojeto Vaz Serra o preceito equivalente não tinha tal sentido[10]). Trata-se apenas de proibi-las – e ainda de proibir alguma prova típica que seja excluída num especial caso, por disposição legal especial – se os requisitos do n.º 1 não estiverem preenchidos e, ainda, se razões de ordem pública o impuserem. 10

III – Negócios unilaterais

7. Validade. É questionável se da previsão no 345.º de contratos probatórios pode deduzir-se a proibição de negócios jurídicos unilaterais em matéria probatória e se, não podendo o preceito ser assim interpretado, o negócio está sujeito a alguma forma especial[11]. 11

[6] Assim, José Lebre de Freitas, *A ação declarativa comum*, 4.ª ed., 14.3.1.

[7] Adriano Vaz Serra, *Provas*, BMJ 110 (1961), 110, nota 71.

[8] António Menezes Cordeiro, *Tratado de Direito civil*, V, 3.ª ed., 516.

[9] Era este o motivo indicado no anteprojeto Vaz Serra para nada se opor, de princípio, às convenções que invertessem o ónus da prova: Adriano Vaz Serra, *Provas*, BMJ 110 (1961), 107): as regras legais sobre ónus da prova teriam em vista proteger a parte não onerada e não esclarecer melhor o juiz.

[10] Como já se frisou no n.º anterior desta anotação.

[11] No sentido de que são válidos, respeitados os requisitos do 345.º, os negócios jurídicos unilaterais que invertam o ónus da prova (naturalmente em desfavor do autor do negócio) e de que a correspondente declaração tem de ser expressa, Rita Lynce de Faria, *A inversão do ónus da prova no direito civil português*, 56-58.

Artigo 346.º (Contraprova)

Salvo o disposto no Artigo seguinte, à prova que for produzida pela parte sobre quem recai o ónus probatório pode a parte contrária opor contraprova a respeito dos mesmos factos, destinada a torná-los duvidosos; se o conseguir, é a questão decidida contra a parte onerada com a prova.

Bibliografia: Adriano Vaz Serra, *Provas (Direito probatório material)*, BMJ 110 (1961), 168-177; Rita Lynce de Faria, *UCP/Comentário ao Código Civil* (2014), 819-820.

Índice

I – Origem

1 **1.** O **Código de Seabra** não continha um preceito equivalente ao 346.º. No anteprojeto Vaz Serra discute-se o ónus da contraprova e propõe-se um preceito (6.º/1) muito semelhante ao que viria a ficar consagrado no Código[1].

II – Noção de contraprova

2 **2. Contraprova e prova do contrário**. A contraprova de que trata o 346.º, também designada prova contrária, consiste na atividade destinada a suscitar a dúvida sobre a realidade do facto, isto é, a tornar incerto esse facto, distinguindo-se da prova do contrário porque esta destina-se a "tornar certo não ser verdadeiro um facto já demonstrado, formalmente, por prova legal plena"[2]. A contraprova, se bem sucedida (isto é, se gerar a dúvida no espírito do julgador acerca da realidade de um facto), tem o efeito a que se refere o 346.º, parte final e, bem assim, o 414.º do CPC: considera-se que o facto tornado duvidoso pela contraprova não se verificou, assim se resolvendo a dúvida contra a parte a quem o facto aproveita.

3 **3. Contraprova e impugnação de alegações de facto**. O 346.º refere-se à prova e não às alegações de facto em processo civil. As alegações de facto, quando feitas pelo autor, seguem o regime do 574.º do CPC, pelo que se o réu não as impugnar, consideram-se, em regra, admitidos por acordo os correspondentes factos; quando feitas pelo réu, e não contra-alegando o autor, o efeito é semelhante, considerando-se admitidos por acordo os factos aduzidos pelo réu (587.º/1 do CPC). Dito de outro modo, relativamente às alegações de facto a impugnação tem

[1] Adriano Vaz Serra, *Provas*, BMJ 110 (1961), 171 e BMJ 112 (1962), 270-271; *1.ª Revisão* (309.º), 135; *Revisão intercalar* (330.º), 129; *2.ª Revisão* (346.º), 137; *Projecto* (346.º), 101.

[2] Manuel de Andrade, *Noções elementares de processo civil*, 208; veja-se, ainda, José Alberto dos Reis, *Código de Processo Civil anotado*, III, 246.

em vista tornar o facto alegado necessitado de prova, enquanto relativamente à prova de que trata o 346.º a contraprova tem em vista suscitar a dúvida sobre a realidade do facto sobre o qual aquela já incidiu ou provavelmente incidirá[3].

III – Aplicação do 346.º à prova legal bastante e à prova livre

4. Prova legal bastante. O 346.º refere-se à prova no sentido de meio de prova, estabelecendo um regime que é aplicável tanto à prova legal bastante como à prova livre[4]. 4

A prova legal bastante constitui prova legal ou tarifada positiva: enquanto prova legal ou tarifada, carateriza-se por ter o seu valor probatório fixado na lei, diversamente do que sucede em relação à prova livre; enquanto prova legal ou tarifada positiva carateriza-se por impor ao julgador que "oficialmente, não intimamente", tire de certo meio de prova a conclusão de que certo facto está demonstrado, e não, como sucede quanto à prova legal ou tarifada negativa, que não extraia nenhuma conclusão de certo meio probatório[5]. 5

A prova legal bastante distingue-se das restantes provas legais positivas por ceder mediante contraprova, não exigindo, para tanto, prova do contrário (diversamente do que sucede com a prova legal plena: 347.º, aliás ressalvado na 1.ª parte do 346.º). Exemplo de prova legal bastante, quanto à letra e assinatura, ou só à assinatura, é o documento particular assinado: aquelas ficam demonstradas com a mera apresentação do documento (374.º/1), a menos que a parte contrária impugne a veracidade da letra ou da assinatura (374.º/2). 6

5. A **prova livre** não tem o seu valor fixado na lei, sendo livremente apreciada pelo julgador, e cede, tal como a prova legal bastante, mediante contraprova. A prova livre vem mencionada genericamente no 607.º/4 do CPC e em vários preceitos do CC, por ex. no 389.º (prova pericial) ou 396.º (prova testemunhal). 7

Artigo 347.º (Modo de contrariar a prova legal plena)

A prova legal plena só pode ser contrariada por meio de prova que mostre não ser verdadeiro o facto que dela for objeto, sem prejuízo de outras restrições especialmente determinadas na lei.

Bibliografia: Rita Lynce de Faria, *UCP/Comentário ao Código Civil* (2014), 820-821.

Índice

[3] A contraprova pode ser feita antes da prova principal: assim, citando Nikisch, Adriano Vaz Serra, *Provas*, BMJ 110 (1961), 169.

[4] João de Castro Mendes, *Direito processual civil*, II, 673-674.

[5] *Idem*, 685. Sobre os conceitos de prova legal positiva e negativa, veja-se ainda, do mesmo Autor, *Do conceito de prova em processo civil*, 410-415.

1 **1. Origem.** O CS não continha um preceito equivalente ao 347.º. A propósito da eficácia probatória dos meios de prova, o anteprojeto Vaz Serra alude resumidamente à prova plena e dedica-lhe um número num dos artigos propostos (6.º)[1].

2 Na 1.ª Revisão, essa orientação manteve-se: 309.º/3[2]. A Revisão intercalar autonomizou a norma em artigo próprio (347.º)[3], numa redação definitiva, na 2.ª Revisão (347.º)[4] e no Projeto (347.º)[5].

I – Exemplos e modalidades de prova legal plena.

3 **2. Exemplos** de prova legal plena: (a) a presunção legal ilidível, a que se referem os 349.º e 350.º/2, 1.ª parte, ao aludirem, respetivamente, à "lei" e à ilisão mediante prova em contrário; (b) a confissão judicial escrita (358.º/1), a confissão extrajudicial feita em documento autêntico ou particular e feita à parte contrária ou a quem a represente (358.º/2); (c) a reprodução mecânica, nos termos do 368.º, o documento autêntico (371.º/1), ou o documento particular, nos termos do 376.º/1.

4 **3. Modalidades**: (a) a prova plena simples, relativamente à qual a prova do contrário pode fazer-se por qualquer meio; (b) a prova plena qualificada, relativamente à qual a prova do contrário não pode fazer-se por testemunhas ou presunções judiciais e que constitui a regra, como se vê da conjugação entre o 393.º/2 e o 351.º[6]. É a esta proibição que parece referir-se o 347.º, parte final.

II – Distinção em face das outras provas legais

5 **4. Prova legal plena e bastante.** Diversamente do que sucede com a prova legal bastante (e com a prova livre), para abalar a prova legal plena, de que trata o 347.º, não é suficiente suscitar a dúvida no espírito do julgador acerca da verificação do facto por ela demonstrado: exige-se a demonstração de que tal facto não é verdadeiro, isto é, a prova do contrário (também designada prova em contrário). Por isso, a distinção entre ambas atende ao *critério do grau de destrutibilidade do resultado probatório alcançado*, o qual também serve para as distinguir da prova pleníssima[7].

6 **5. Prova legal plena e pleníssima.** A prova legal plena também não se confunde com a prova legal pleníssima (de que constituem exemplo as presunções inilidíveis, referidas no 350.º/2, 2.ª parte), dado que esta não admite sequer a prova do contrário, embora admita impugnação dos seus pressupostos[8].

Artigo 348.º (Direito consuetudinário, local, ou estrangeiro)

1. Àquele que invocar direito consuetudinário, local, ou estrangeiro compete fazer a prova da sua existência e conteúdo; mas o tribunal deve procurar, oficiosamente, obter o respetivo conhecimento.

2. O conhecimento oficioso incumbe também ao tribunal, sempre que este tenha de decidir com base no direito consuetudinário, local, ou estrangeiro e nenhuma das partes o tenha invocado, ou a parte contrária tenha reconhecido a sua existência e conteúdo ou não haja deduzido oposição.

[1] Adriano Vaz Serra, *Provas*, BMJ 110 (1961), 78 e BMJ 112 (1962), 270-271.
[2] *1.ª Revisão*, 135.
[3] *Revisão intercalar*, 129-130.
[4] *2.ª Revisão*, 137.
[5] *Projecto*, 137.
[6] João de Castro Mendes, *Direito processual civil*, II, 675-676.
[7] José Lebre de Freitas, *A ação declarativa comum*, 14.4.
[8] João de Castro Mendes, *Direito processual civil*, II, 676

3. Na impossibilidade de determinar o conteúdo do direito aplicável, o tribunal recorrerá às regras do direito comum português.

Bibliografia: Adriano Vaz Serra, *Provas*, BMJ 110 (1961), 90-100; Rita Lynce de Faria, *UCP/Comentário ao Código Civil* (2014), 821-823.

Índice

I – Origem do preceito

1. O **Código de Seabra**, no 2406.º, dispunha[1]: 1

> Nos casos em que for invocado algum estatuto, ou postura municipal d'este paiz, ou alguma lei estrangeira, cuja existência seja contestada, será obrigado a provar a dita existência aquelle que tiver allegado tal estatuto, postura ou lei.

2. Os códigos de processo. O CPC de 1939, no 521.º, dispôs[2]: 2

> A parte que invocar direito consuetudinário, local ou estrangeiro, que o tribunal desconheça, deve produzir a prova da existência e do conteúdo desse direito; mas o juiz deve oficiosamente servir-se de todos os meios ao seu alcance para obter o respetivo conhecimento, podendo dirigir-se ao Ministério da Justiça.

O CPC de 1961 (517.º) acolheu, praticamente, o 521.º de 1939. A reforma de 1967[3] suprimiu-o, precisamente porque a regra transitara para o 348.º do Código Civil.. 3

3. Preparatórios. O anteprojeto Vaz Serra, após ponderação de diversas doutrinas, consagrou um preceito próximo do vigente; não continha, todavia, a regra do atual n.º 3 (1.º)[4]. O preceito, na 1.ª Revisão (304.º), conservou o teor geral. No n.º 3 surgia esta curiosa norma[5]: 4

[1] José Dias Ferreira, *Codigo civil annotado*, V (1876), 135-136. O preceito de Seabra remonta às Ordenações Filipinas: Liv. III, tit. LIII, § 9.

[2] José Alberto dos Reis, *Codigo de processo civil anotado*, 3, 305-312.

[3] DL 47 690, de 11-mai.-1967; *vide*, em especial, o DG I, n.º 112, de 11-mai.-1967, 982-983.

[4] Adriano Vaz Serra, *Provas*, BMJ 110 (1961), 90-100 e BMJ 112 (1962), 267-268.

[5] *1.ª Revisão*, 132-133 (133).

Se o juiz não obtiver a prova do direito estrangeiro, rejeitará o pedido nele baseado. Se não conseguir a prova do direito consuetudinário ou do direito local, deve aplicar o direito comum.

5 5 Na Revisão intercalar (325.º) o preceito ficou próximo do final: apenas, no n.º 3, se mandava "subsidiariamente" recorrer ao Direito comum português[6]. A redação definitiva adveio da 2.ª Revisão (348.º)[7], de onde passaria ao Projeto (348.º)[8].

II – Razão de ser do preceito

6 **4. Noção de Direito consuetudinário, local ou estrangeiro**. Na vigência do CPC de 1939 o Direito local compreendia designadamente as posturas municipais, os regulamentos de polícia de Governo civil e os estatutos de corporações[9]. Na vigência do CPC de 1961 aludia-se às posturas e aos regulamentos municipais[10] A competência das autarquias locais para aprovar regulamentos e posturas encontra-se prevista na L 75/2013, de 12-set..

7 Na noção de Direito estrangeiro não deve incluir-se o Direito de fonte europeia ou internacional, designadamente porque o 348.º tem em vista um Direito menos acessível (*infra*, 5.)[11].

8 **5. Função jurisdicional e acessibilidade do Direito aplicável**. Nos termos do 341.º, o Direito (por se distinguir do facto e só sobre o facto incidir a prova) não pode ser objeto de prova. O 348.º, algo contraditoriamente, prevê a prova do Direito consuetudinário, do Direito local e do Direito estrangeiro, este último podendo ser aplicável por força das normas de conflitos de leis e de outras normas de Direito internacional privado.

9 A razão para este diverso regime assenta, sem prejuízo do alcance que deva ser atribuído a tal diferenciação, em duas considerações: por um lado, o exercício da função jurisdicional exige do juiz o conhecimento do Direito, pelo que o juiz não deve depender das partes para a identificação e interpretação da lei aplicável; por outro lado, essa exigência não se manifesta do mesmo modo em relação a todas as fontes, pois nem todas elas são igualmente acessíveis ao juiz. Estas considerações e esta diferenciação remontam, aliás, ao tempo das Ordenações, que davam a entender que só não carecia de prova o direito comum, entendido como direito nacional legislado, de carácter geral[12].

III – Ónus da prova?

10 **6. Distinção entre a existência e o conteúdo do direito**. O 348.º/1, 1.ª parte, faz recair sobre os interessados o ónus da prova da existência e do conteúdo do Direito consuetudinário, local e estrangeiro que invoquem. No que se refere à *existência* do Direito consuetudinário, local e estrangeiro, pode-se falar de um ónus da prova no sentido dos 342.º ss. (ou, melhor dizendo, de uma figura semelhante à consagrada nestes preceitos, que, como se viu, não se reconduz a um verdadeiro ónus), já que se a prova não for feita, se considerará que esse Direito não existe, nos termos gerais – e, não existindo, o tribunal aplicará o Direito aplicável, nos termos também gerais do 5.º/3 do CPC –; no que diz respeito ao *conteúdo* do Direito claramente não se está perante um ónus da prova no sentido dos 342.º e segs.

[6] *Revisão intercalar*, 127.

[7] *2.ª Revisão*, 138.

[8] *Projecto*, 101-102.

[9] Assim, José Alberto dos Reis, *Código de Processo Civil anotado*, III, 310.

[10] Antunes Varela/J. Miguel Bezerra/Sampaio e Nora, *Manual de Processo Civil*, 2.ª ed., 438. A competência das autarquias locais para aprovar regulamentos e posturas encontra-se hoje prevista na L 75/2013, de 12-dez..

[11] *Infra*, anot. 8; no sentido de que por direito estrangeiro "deve entender-se todo aquele que não vigora na ordem jurídica portuguesa", Miguel Teixeira de Sousa, *As partes, o objeto e a prova na acção declarativa*, 214.

[12] Assim, José Alberto dos Reis, *Código de Processo Civil anotado*, III, 305-306.

Com efeito, se a prova dever ser feita em tribunal e o conteúdo do Direito não ficar demonstrado, a desvantagem não é a de o tribunal dar como assente que o Direito consuetudinário, local e estrangeiro não tem o conteúdo alegado pelas partes, ou tem o conteúdo contrário – como sucederia se se tratasse de um ónus da prova, por força da conjugação dos 342.º ss. com o 414.º do CPC –, antes sendo associada à inatividade a desvantagem constante do 348.º/3, que se traduz na aplicação das regras do Direito comum português[13]. 11

De qualquer modo, e mais uma vez, não se está perante um verdadeiro ónus relativamente ao conteúdo do Direito, atendendo a que à inatividade do interessado não se segue inelutavelmente a desvantagem: é que o conhecimento oficioso do Direito consuetudinário, local e estrangeiro (que constitui um dever do juiz, nos termos do 348.º/1, 2.ª parte e 348.º/2) pode suprir aquela inatividade, assim obstando à aplicação do 348.º/3. 12

IV – Conhecimento oficioso do Direito

7. Conjugação com o 5.º/3 do CPC. O 348.º/1, 2.ª parte, alude ao conhecimento oficioso do Direito consuetudinário, local ou estrangeiro, mas não é fácil a conjugação deste preceito e do 348.º/2 com o 5.º/3 do CPC: o 5.º/3 do CPC consagra o princípio da oficiosidade no tocante à matéria de Direito, determinando que "[o] juiz não está sujeito às alegações das partes no tocante à indagação, interpretação e aplicação das regras de direito" e, desse modo, parece que aqueles preceitos da lei substantiva introduzem um qualquer desvio ou especialidade a este princípio, quando se trate de Direito consuetudinário, local ou estrangeiro. 13

Tratar-se-á, não propriamente de conhecimento oficioso, como referem o 348.º/1, 2.ª parte, e 348.º/2, mas de um dever de esclarecimento do tribunal, como sustenta alguma doutrina?[14] É difícil estabelecer, nesta matéria, uma apriorística graduação no esforço que ao juiz é exigido no conhecimento do Direito, tudo dependendo das circunstâncias do caso concreto; talvez seja o dever de colaboração do interessado que se acentua e não propriamente o dever de conhecimento oficioso do juiz que diminui, em se tratando de Direito consuetudinário, local ou estrangeiro, e por razões relacionadas com a presumida maior proximidade daquele interessado com esse direito (o que, aliás, nenhuma originalidade apresenta, porquanto é natural que o grau de exigência de colaboração com a justiça dependa da possibilidade daquele a quem a colaboração é solicitada). 14

8. Regimes especiais. Os 85.º/2 do CNot e 43.º-A do CRP estabelecem, respetivamente para os notários e para os conservadores do registo predial, um regime diferente daquele que para os juízes resulta do 348.º/1, 2.ª parte, quanto ao conhecimento oficioso do Direito estrangeiro. Nos termos daquele primeiro preceito, "[q]uando a lei reguladora da sucessão não for a portuguesa e o notário a não conhecer, a escritura deve ser instruída com documento idóneo comprovativo da referida lei"; o segundo preceito, introduzido pelo DL 125/2013, de 30-ago., estabelece, por seu turno, que "[q]uando a viabilidade do pedido de registo deva ser apreciada com base em direito estrangeiro, deve o interessado fazer prova, mediante documento idóneo, do respetivo conteúdo". Estes regimes especiais parecem justificar-se pelas "dificuldades práticas vivenciadas nos processos registais e da atividade notarial com a cognição do direito estrangeiro, 15

[13] De modo ligeiramente diverso, já que dá a entender que a desvantagem constante do 348.º/3 se aplica, de modo indiferenciado, tanto à falta de prova do conteúdo como à falta de prova da existência do direito consuetudinário, local e estrangeiro, Antunes Varela/J. Miguel Bezerra//Sampaio e Nora, *Manual de Processo Civil*, 2.ª ed., 438.

[14] É esta a posição de Antunes Varela/J. Miguel Bezerra//Sampaio e Nora, *Manual de Processo Civil*, 2.ª ed., 437-438.

com os inerentes efeitos nefastos na rapidez e celeridade de tais processos, a que se soma a ausência de apoio institucional a tais serviços no conhecimento oficioso da lei estrangeira"[15].

V – Necessidade da prova

16 **9. Não-invocação do Direito pelo interessado**. O 348.º/1, 1.ª parte ("Àquele que invocar direito [...]), dá a entender que a prova do Direito consuetudinário, local ou estrangeiro só tem lugar quando algum interessado o invoque, para sustentar a sua pretensão, e não também quando o juiz (ou outra entidade à qual incumba apreciar essa pretensão), sem tal invocação ter ocorrido, conclua que o Direito nacional legislado, de carácter geral, não é aplicável. Do 348.º/2, é certo, decorre que também nesta hipótese há lugar ao conhecimento oficioso (isto é, que o juiz não pode deixar de considerar na decisão o direito extraordinário por ele não ter sido invocado pela parte)[16], mas nada resulta quanto à necessidade de o juiz determinar a produção de *prova* sobre a matéria, ou a apresentação de algum meio de prova já constituído. Supõe-se que a solução deve ser a mesma, de modo a permitir o contraditório das partes (não sabendo estas quais os elementos de que o juiz dispõe para concluir que certa norma existe ou tem certo conteúdo, dificilmente se poderão pronunciar sobre a matéria).

17 **10. Confissão ou não impugnação do direito**. O 348.º/2 estabelece que a confissão ou não oposição da parte contrária não dispensa o juiz de proceder às averiguações que lhe forem possíveis, de modo a obter o conhecimento do Direito consuetudinário, local ou estrangeiro[17].

18 Parece que com esta regra se quis afastar possíveis consequências da consideração do Direito como facto: tratado como facto, o Direito consuetudinário, local ou estrangeiro podia entender-se plenamente provado em caso de confissão judicial escrita ou em caso de não-impugnação pela parte contrária, respetivamente nos termos do 358.º/1 e do 574.º/2 do CPC.

19 **11. Meios de prova e atividade probatória**. O 348.º é omisso quanto aos meios de prova suscetíveis de demonstrar a existência e o conteúdo do Direito consuetudinário, local ou estrangeiro, pelo que parece que a demonstração pode efetuar-se por qualquer meio de prova (documental ou testemunhal, por exemplo). A demonstração pode ainda assentar em elementos informativos que, em virtude da circunstância de não incidirem sobre factos mas sobre o Direito, não podem normalmente ser qualificados como meios de prova, como é o caso dos pareceres de advogados ou professores de Direito: com efeito, sendo o Direito consuetudinário, local e estrangeiro, ao contrário do Direito nacional legislado de carácter geral, tratado como um facto, os pareceres que sobre ele incidirem representam meios de prova da sua existência e conteúdo[18]. Por outro lado ainda, a prova deve incidir tanto sobre o texto da lei estrangeira, como sobre a doutrina e a jurisprudência[19].

20 Relativamente à atividade probatória a realizar, é de aplicar, em se tratando de demonstração judicial, o disposto no CPC quanto ao procedimento probatório próprio de cada meio de prova, o que significa, por exemplo, que se a prova a fazer for documental, se aplicará o disposto nos 423.º ss. do CPC. Mais duvidoso é que precluda o direito de apresentação de certo

[15] Assim, RGm 14-fev.-2019 (Alcides Rodrigues), Proc. 3380/18, numa questão de registos e notariado.

[16] Perante a não abrangência desta hipótese na letra do 521.º do CPC de 1939, José Alberto dos Reis, *Código de Processo Civil anotado*, III, 309, argumentando com o dever de obediência do juiz à lei nacional e comum que lhe mandava aplicar o "direito extraordinário", não hesitava em considerá-la também regulada pelo preceito.

[17] Assim, Manuel de Andrade, *Noções elementares de processo civil*, 195.

[18] Face ao correspondente preceito do CPC de 1939 (o 521.º), José Alberto dos Reis, *Código de Processo Civil anotado*, III, 309-311, também conferia grande amplitude ao leque de meios de prova admissíveis.

[19] Miguel Teixeira de Sousa, *As partes, o objeto e a prova na acção declarativa*, 214.

meio de prova, por ultrapassagem do prazo processual determinado para o efeito (veja-se, p. ex., o 552.º/6 do CPC, relativo à apresentação do rol de testemunhas na petição inicial), dado que é oficioso o conhecimento do Direito extraordinário.

A aplicação do Direito nacional à prova do Direito estrangeiro deve ser feita sempre com prevalência do Direito europeu e internacional que porventura regulem tal matéria, sendo especialmente relevantes, no domínio da informação jurídica, a Convenção Europeia no Âmbito da Informação sobre o Direito Estrangeiro (concluída em Londres, em 7-jun.-1968) e o Protocolo Adicional à Convenção Europeia no Domínio da Informação sobre o Direito Estrangeiro (concluído em Estrasburgo, em 15-mar.-1978), bem como a Convenção sobre Informação em Matéria Jurídica com Respeito ao Direito Vigente e sua Aplicação (concluída em Brasília, em 22-set.-1972). Em RLx 4-fev.-2010[20] entendeu-se que a prova da existência e do conteúdo do Direito estrangeiro não cai no Regul. 1206/2001, de 28-mai., relativo à cooperação entre os tribunais dos Estados-Membros, no domínio das provas em matéria civil e comercial. 21

VI – Dúvida sobre o conteúdo do direito

12. A aplicação do Direito comum português. O 348.º/3 revela que a lei portuguesa se afastou da posição de Rosenberg, pois manda o juiz aplicar o Direito comum português quando não lhe seja possível determinar o conteúdo do Direito consuetudinário, local ou estrangeiro, em vez de desatender a pretensão fundada na norma em causa[21]. 22

A aplicação do Direito comum português, nos termos do 348.º/3, e em se tratando de Direito estrangeiro, deve ter lugar, porém, só depois de se concluir que a lei que for subsidiariamente competente, referida no 23.º/2 (que, por sua vez, remete para outros preceitos: veja-se, p. ex., o 35.º/2, 2.ª parte), ou não existe ou não tem, ela própria, um conteúdo determinável[22]. 23

Secção II – Presunções

Artigo 349.º (Noção)

Presunções são as ilações que a lei ou o julgador tira de um facto conhecido para firmar um facto desconhecido.

Bibliografia: Adriano Vaz Serra, *Provas*, BMJ 110 (1961), 180-198; António Menezes Cordeiro, *Tratado de Direito civil*, V, 3.ª ed. (2018), 522-530; João Marques Martins, *Prova por presunções judiciais na responsabilidade civil aquiliana* (2017), 656 pp.; Rita Lynce de Faria, *UCP/Comentário ao Código Civil* (2014), 822-824.

Índice

[20] RLx 4-fev.-2010 (Vaz Gomes), Proc. 3662/05.

[21] Manuel de Andrade, *Noções elementares de processo civil*, 195. A posição de Rosenberg era também perfilhada por José Alberto dos Reis, *Código de Processo Civil anotado*, III, 307 e 312. Quanto ao uso de presunções na determinação co conteúdo da lei estrangeira: Dário Moura Vicente/Maria Helena Brito, *Application of Foreign Law (Portugal)*, em Carlos Esplugues/José Luis Iglesias/Guillerme Palao (ed.) (2011), 307.

[22] Assim, Pires de Lima/Antunes Varela, *Código Civil anotado*, I, 4.ª ed., 311.

I – Origem

1 **1. O Código de Seabra.** O 349.º tem um conteúdo praticamente idêntico ao do 2516.º do CS[1]:

> Presumpções são as consequências ou illacções, que a lei ou o julgador deduz de um facto conhecido, para firmar um facto desconhecido.

2 **2. Preparatórios.** No anteprojeto Vaz Serra refere-se que as presunções, se devem ser reguladas no CC a propósito das provas, não o devem ser enquanto meios de prova[2], avançando-se também uma noção de presunção essencialmente idêntica à do CS[3].

II – As presunções como meios de prova

3 **3. Inserção sistemática do 349.º.** A secção II do capítulo do CC dedicado às provas, iniciada com o 349.º, dá a entender que as presunções constituem meios de prova, uma vez que todas as restantes secções do mesmo capítulo têm em vista meios de prova, que cada uma delas regula em especial. Era essa, de resto, também a orientação do CS, que no preceito que enumerava os únicos meios de prova admitidos pelo Código – o 2407.º – incluía as presunções.

4 **4. Obstáculos à qualificação.** A qualificação da presunção resultante da sua inserção sistemática é logo abalada pelo 350.º/1, que trata a presunção legal mais como uma dispensa de prova do que como um meio de prova[4].

5 O CPC também não trata as presunções como meios de prova, no título que dedica à instrução do processo (Título V do Livro II, 410.º ss.), versando-as apenas a propósito da sentença, no 607.º. As razões para o CPC não tratar as presunções nos mesmos termos em que o faz em relação à generalidade dos meios de prova – veja-se, por exemplo, os 423.º ss. do CPC, que desenvolvidamente regulam a prova documental, ou os 467.º ss. do CPC, quanto à prova pericial – podem ainda procurar-se naquelas que justificavam uma situação semelhante na vigência do CPC de 1939: por um lado, a circunstância de as presunções não darem lugar a diligências probatórias próprias, sendo o facto base da presunção provado pelos meios de prova comuns e o facto presumido acertado por preceito legal ou operações mentais do julgador (*vide* o 607.º/4 do CPC, relativo à fundamentação da sentença); por outro lado, a circunstância de ao CC caber enunciar as presunções legais e a de o princípio da livre apreciação da prova (hoje no 607.º/5 do CPC) bastar para fundar as presunções judiciais[5].

III – Presunções legais e judiciais

6 **5. Distinção.** O 349.º distingue as presunções (também designadas prova por indução, por inferência ou conjetural) em presunções legais (também conhecidas como presunções de

[1] José Dias Ferreira, *Codigo Civil annotado*, V, 1.º ed. (1876), 216-217.
[2] Adriano Vaz Serra, *Provas*, BMJ 110 (1961), 198.
[3] No 7.º/1: *idem*, BMJ 112 (1962), 271; *1.ª Revisão* (310.º), 135-136; *Revisão intercalar* (332.º), 130; *2.ª Revisão* (349.º), 138; *Projecto* (349.º), 102.
[4] João de Castro Mendes, *Direito processual civil*, II, 696.
[5] Eram estes os motivos apresentados por José Alberto dos Reis, *Código de Processo Civil anotado*,. III, 250.

Direito, embora esta expressão por vezes tenha um significado mais restrito, contraposto ao de presunções de factos[6]) e judiciais (também conhecidas como presunções naturais, de facto, simples ou de experiência)[7], consoante a ilação resulte da lei ou do julgador. A essa distinção também se refere o 607.º/4 do CPC, que determina que na fundamentação da sentença o juiz extrai dos factos apurados "as presunções impostas pela lei ou por regras de experiência".

As presunções judiciais traduzem um afloramento da regra da livre apreciação da prova, 7
não tendo a mesma natureza das presunções legais, que são regras legais[8]. Pode assim duvidar-se da bondade do tratamento de ambas as figuras no mesmo preceito[9]. Tal só se justifica por, apesar da respetiva diversidade, apresentarem alguns aspetos comuns que, por sua vez, as distinguem de outras figuras; justifica-se eventualmente por as caraterísticas de ambas por vezes surgirem amalgamadas em figuras híbridas, como é o caso da prova *prima facie*[10].

6. Aspetos comuns. As presunções legais e judiciais têm de comum, segundo o 349.º, consti- 8
tuírem inferências retiradas de factos conhecidos (também designados factos base da presunção ou factos indiciários: um facto ou uma pluralidade de factos[11]), de modo a obter a demonstração de factos desconhecidos (também designados factos presumidos), o resultado que se pretende alcançar. Mas verdadeiramente quando a presunção legal é aplicada, nenhuma inferência tem lugar, porque essa inferência já foi feita pelo legislador, quando elaborou a norma[12]. De todo o modo, a estrutura das duas figuras é similar no ponto em que existe um nexo lógico entre dois factos (o facto-base e o facto presumido), bem como similar é a sua função ("alcançar a certeza judicial sobre a existência de um facto alegado e relevante"), pelo que se aproximam num plano estrutural e conceptual[13].

De comum têm ainda não constituírem ilações imediatamente tiradas a partir dos meios de 9
prova regulados nos 352.º ss., como sucede na designada prova indireta (designação que abrange a generalidade dos meios de prova, salvo a inspeção judicial), mas um "avanço que, a partir dos factos probatórios assim provados, se dá mais para além no caminho da prova do facto principal", por isso sendo tratadas no CC com autonomia relativamente àqueles meios de prova[14].

Um outro aspeto comum é o de o facto probatório (o "facto conhecido", a que se refere 10
o 349.º, ou o facto que constitui a base da presunção) poder ser provado através de qualquer meio, designadamente através de presunção, surgindo então uma cadeia de inferências, isto é, uma presunção de segundo grau[15].

[6] Sobre este significado mais restrito, Manuel de Andrade, *Noções elementares de processo civil*, 215, nota 2; dando exemplos de presunções de direito, neste significado mais restrito, Luís Filipe Pires de Sousa, *Prova por presunção no direito civil*, 2.ª ed. (2013), 109-110.

[7] Sobre as várias designações das presunções, Manuel de Andrade, *Noções elementares de processo civil*, 215.

[8] António Menezes Cordeiro, *Tratado de Direito civil*, V, 3.ª ed. (2018), 529.

[9] Contestando a sugestão da "equivalência conceptual e metodológica entre as presunções judiciais e legais", João Marques Martins, *Prova por presunções judiciais na responsabilidade civil aquiliana*, 504

[10] Sobre esta técnica probatória, João Marques Martins, *Prova por presunções judiciais na responsabilidade civil aquiliana*, 584-588.

[11] Distinguindo entre as presunções monobásicas e as pluribásicas, Luís Filipe Pires de Sousa, *Prova por presunção no direito civil*, 2.ª ed., 31. Para exemplos de indícios: *idem*, 203-229.

[12] Negando a existência de uma inferência, na presunção legal, Luís Filipe Pires de Sousa, *Prova por presunção no direito civil*, 2.ª ed., 30.

[13] Assim, Luís Filipe Pires de Sousa, *Prova por presunção no direito civil*, 2.ª ed., 91.

[14] José Lebre de Freitas, *Introdução ao processo civil*, 4.ª ed., 9.3., nota 9. Sobre a distinção entre prova direta e indireta, que considerava a *summa divisio* das provas, veja-se João de Castro Mendes, *Do conceito de prova em processo civil*, 175-190. *Vide*, ainda, Luís Filipe Pires de Sousa, *Prova por presunção no direito civil*, 2.ª ed., 23-24 e João Marques Martins, *Prova por presunções judiciais na responsabilidade civil aquiliana*, 343-346.

[15] Assim, Luís Filipe Pires de Sousa, *Prova por presunção no direito civil*, 2.ª ed., 48-49.

11 Há ainda a assinalar em comum: a presunção, quer legal, quer judicial, não constitui um facto notório – definido no 412.º/1 do CPC como um facto do conhecimento geral, de que constitui exemplo, entre muitos, a inflação –, uma vez que este "vale *de per si*, não requerendo a formulação do nexo lógico ínsito à presunção"[16].

IV – O raciocínio subjacente às presunções

12 **7. Presunções judiciais.** A lei não esclarece, nem lhe compete esclarecer, que tipo de raciocínio ou operação intelectual está subjacente às inferências (às "ilações"), nomeadamente se o dedutivo ou o indutivo[17]. Exemplos de presunções judiciais na nossa jurisprudência recente: "não é plausível que [o Autor] tivesse tomado a decisão de subscrever estas obrigações se lhe tivesse sido dito, pelos funcionários do apelante, que corria o risco de perder todo ou parte do seu dinheiro no caso de insolvência da sociedade emitente dessas obrigações"[18]; "segundo as regras da experiência comum, ninguém, de acordo com o padrão do homem médio, demora 19 anos para reclamar o pagamento de um empréstimo, sem nada fazer durante tal lapso de tempo"[19].

13 A doutrina e a jurisprudência portuguesas associam normalmente as presunções judiciais ao raciocínio dedutivo[20], não obstante afirmarem também que as regras de experiência aplicadas nesse raciocínio foram obtidas por indução[21]. Esclarece a lei apenas, no 607.º/4 do CPC, que o raciocínio subjacente às ilações, no caso das presunções judiciais, assenta em regras ou máximas de experiência. Estas podem ser definidas como "juízos de normalidade que descrevem o que geralmente acontece no mundo real", extraindo-se da observação da realidade, sempre com base na experiência[22].

14 As regras de experiência não têm necessariamente de ser anteriores ao problema que o julgador tem de resolver[23] e a jurisprudência portuguesa tem procedido à sua identificação em numerosos acórdãos[24], embora nem sempre explicitando o seu processo formativo[25], que, na visão tradicional da doutrina, e como se referiu, é a indução[26]. É discutível se as regras de experiência podem resultar do saber privado do juiz[27], se devem ser justificadas no processo[28] e se as partes devem poder rebatê-las, antes mesmo de o juiz as utilizar na respetiva decisão[29].

[16] Assim, Luís Filipe Pires de Sousa, *Prova por presunção no direito civil*, 2.ª ed., 74.

[17] Sobre esses dois tipos de raciocínio, atribuindo especial importância à analogia e à abdução (dois sub-tipos de raciocínio indutivo) na atividade jurídico-probatória, João Marques Martins, *Prova por presunções judiciais na responsabilidade civil aquiliana*, 371-433.

[18] STJ 5-jun.-2018 (Sousa Lameira), Proc. 18331/16.

[19] STJ 11-abr.-2019 (Rosa Tching) Proc. 8531/14.

[20] Assim, mas contestando tal associação e concebendo a presunção judicial como argumento indutivo, João Marques Martins, *Prova por presunções judiciais na responsabilidade civil aquiliana*, 516-581.

[21] Salientando este ponto, Luís Filipe Pires de Sousa, *Prova por presunção no direito civil*, 2.ª ed., 59 e João Marques Martins, *Prova por presunções judiciais na responsabilidade civil aquiliana*, 461.

[22] Assim, Cláudia Sofia Alves Trindade, *A prova de estados subjetivos no processo civil: presunções judiciais e regras de experiência* (2016), 249. Veja-se também Luís Filipe Pires de Sousa, *Prova por presunção no direito civil*, 2.ª ed., 75-83, quanto ao conceito, tipologia e funções das máximas de experiência. Alertando que as regras da experiência não são preconceitos nem pré-juízos, Miguel Teixeira de Sousa, *As partes, o objeto e a prova na acção declarativa* (1995), 213.

[23] Assim, João Marques Martins, *Prova por presunções judiciais na responsabilidade civil aquiliana*, 460.

[24] Alguns exemplos de regras de experiência aceites pelos nossos tribunais podem encontrar-se em João Marques Martins, Prova por presunções judiciais na responsabilidade civil aquiliana, Princípia, 2017, pp. 447-449.

[25] *Idem*, 459.

[26] Considerando que para a formação das regras de experiência relevam diferentes subespécies de indução, João Marques Martins, *Prova por presunções judiciais na responsabilidade civil aquiliana*, 461 e 461-463 e *Presunções judiciais na responsabilidade civil extracontratual*, 123-124.

[27] Sobre o ponto, Luís Filipe Pires de Sousa, *Prova por presunção no direito civil*, 2.ª ed., 84-85 e João Marques Martins, *Prova por presunções judiciais na responsabilidade civil aquiliana*, 480-481.

[28] *Idem*, 486 e 559 ss..

[29] *Idem*, 507-511.

8. Presunções legais. Estarão as regras de experiência também subjacentes às presunções 15
legais, diversamente do que o 607.º/4 do CPC sugere? A doutrina tem entendido que sim, na medida em que usualmente recorre a essa caraterística para distinguir as presunções legais das ficções legais (veja-se a anotação ao 350.º): as presunções legais constituiriam, nessa perspetiva, receções normativas de máximas da experiência, como sucederia com as presunções de paternidade do 1871.º/1[30]. Todavia, já assim não será quando a presunção legal vise apenas facilitar a prova ou proteger certa pessoa que a lei considera estar numa situação de desfavor[31].

Artigo 350.º (Presunções legais)

1. Quem tem a seu favor a presunção legal escusa de provar o facto a que ela conduz.

2. As presunções legais podem, todavia, ser ilididas mediante prova em contrário, exceto nos casos em que a lei o proibir.

Bibliografia: *vide* a referida em anotação ao 349.º.

Índice

I – Origem

1. O **Código de Seabra** tratava das presunções legais nos 2517.º e 2518.º[1]: 1

2517.º Quem tiver a seu favor a presumpção legal escusa provar o facto que n'ella se funda.

2518.º As presumpções estabelecidas na lei podem todavia ser elididas pela prova em contrario, excepto nos casos em que a lei absolutamente o prohibir.

2. Preparatórios. No anteprojeto Vaz Serra analisa-se a natureza, os tipos e os efeitos das 2
presunções legais, propondo-se a sua regulação em moldes semelhantes aos já existentes, mas

[30] Assim, Luís Filipe Pires de Sousa, *Prova por presunção no direito civil*, 2.ª ed., 92.

[31] São também fundamentos possíveis das presunções legais, a par da experiência, verosimilhança e probabilidade; Luís Filipe Pires de Sousa, *Prova por presunção no direito civil*, 2.ª ed., 92-93).

[1] José Dias Ferreira, *Codigo Civil annotado*, V, 1.ª ed. (1876), 216-217.

num artigo (o 7.º, em quatro números) genericamente dedicado às presunções[2]. Esta orientação manteve-se, na 1.ª Revisão (310.º)[3]. A Revisão intercalar (333.º e 334.º) cindiu a matéria (333.º e 334.º)[4], em termos que passaram à 2.ª Revisão (350.º e 351.º)[5] e ao Projeto (350.º e 351.º)[6]

II – Efeitos das presunções legais

3 **3. Dispensa de prova.** As presunções legais conduzem a uma dispensa de prova do facto presumido, mas não impedem a prova deste através de um meio de prova diverso da presunção[7].

III – Ilisão das presunções legais

4 **4. Presunções ilidíveis e inilidíveis.** As presunções legais podem ser ilidíveis, também conhecidas como presunções *tantum juris* ou presunções relativas, e inilidíveis, também conhecidas como presunções *juris et de jure* ou absolutas. As primeiras encontram-se referidas no 350.º/2, 1.ª parte e as segundas na 2.ª parte do mesmo preceito. Como decorre do 350.º/2, 2.ª parte, a regra quanto às presunções legais é a de elas serem ilidíveis.

5 **5. Modo de ilisão.** O modo de ilisão das presunções ilidíveis é a prova do contrário (ou em contrário), nos termos do 350.º/2, 1.ª parte, pelo que aquelas presunções cabem na definição de prova legal plena constante do 347.º.

6 Todavia, nem sempre é assim: no caso da presunção de paternidade, o 1871.º/2 estabelece que a mesma se considera ilidida "quando existam dúvidas sérias sobre a paternidade do investigado", o que significa que o seu valor probatório é menor do que o da generalidade das presunções ilidíveis, embora também superior ao das presunções judiciais, que podem ser ilididas através de contraprova, isto é, da mera dúvida (cf. o 346.º), situando-se, portanto, entre a prova plena e a bastante[8]. A presunção em causa, por outro lado, tanto pode ser qualificada como presunção legal, por ser estabelecida pela lei (nas situações previstas no 1871.º/1), quanto como presunção natural, por ser ilidível mediante contraprova, embora qualificada[9].

7 A prova do contrário que se exige para ilidir a presunção ilidível dirige-se contra o facto presumido, não impedindo, porém, a parte interessada na ilisão da presunção de abalar o facto-base da presunção através de contraprova, nos termos do 346.º, se o facto-base tiver sido demonstrado por meio de prova com força de prova bastante (todavia, se tiver sido demonstrado por prova legal plena, exigir-se-á prova do contrário, nos termos gerais do 347.º): se a parte interessada conseguir abalar o facto-base, a presunção deixa de poder ser retirada do facto-base e, como tal, não lhe será necessário ilidi-la[10].

8 Numa primeira análise, a prova do contrário necessária para ilidir a presunção ilidível não parece poder ser feita por qualquer meio: com efeito, segundo os 393.º/2 e 351.º não é admissível prova testemunhal nem prova por presunção judicial quando o facto estiver plenamente provado por meio com força probatória plena; ora o facto presumido, quando se trate

[2] Adriano Vaz Serra, *Provas*, BMJ 110 (1961), 181-190 e BMJ 112 (1962), 271-272.
[3] *1.ª Revisão*, 135-136.
[4] *Revisão intercalar*, 130.
[5] *2.ª Revisão*, 138-139.
[6] *Projecto*, 102.
[7] Assim, Luís Filipe Pires de Sousa, *Prova por presunção no direito civil*, 2.ª ed., 93.
[8] Assinalando a estranheza de não ser suficiente a simples contraprova mas também não se exigir a prova do contrário, sendo peculiar o valor probatório da presunção de paternidade, Antunes Varela, Anotação a STJ 22-out.-1981 e ao Assento n.º 4/83, RLJ 116 (1984), 313-320, 338-347, 377-381 e 117 (1984), 26-32 e 50-57 (55, nota 1).
[9] Perfilhando esta última orientação, Miguel Teixeira de Sousa, *As partes, o objeto e a prova na acção declarativa* (1995), 240-241.
[10] Sobre este ponto, veja-se Luís Filipe Pires de Sousa, *Prova por presunção no direito civil*, 2.ª ed., 101-102.

de presunção ilidível, está plenamente provado, pelo que daqueles preceitos parece decorrer a inadmissibilidade daquele meio e método de prova. Indo até mais longe, podia estender-se este raciocínio às presunções legais como tal não qualificadas pela lei, mas apenas pela doutrina, como sucede com a presunção legal de culpa constante do 493.º/2, a propósito dos danos causados no exercício de atividades perigosas[11]: em todos estes casos a inveracidade do facto presumido não podia ser demonstrada por prova testemunhal ou presunção judicial.

Todavia, o âmbito de aplicação dos 393.º/2 e 351.º é mais restrito e não abrange a 9
demonstração de que o facto presumido, por presunção *juris tantum*, não se verificou. A razão para tal restrição de âmbito não está em a proibição em referência não abranger a demonstração de que o facto plenamente provado não se verificou (por este aspeto ser totalmente regulado pelo 394.º/1, que só rege as convenções contra o conteúdo de documentos e não de presunções), mas, mais propriamente, ter em vista a demonstração de que esse facto se verificou, desse modo constituindo um afloramento do princípio da proibição da prática de atos inúteis em processo civil: tal possível razão, que teria suporte nos antecedentes históricos do preceito[12], não é aceite pela doutrina e jurisprudência portuguesas, que aplicam o 393.º/2 também quando se pretenda contrariar a prova plena.

A razão prende-se, por um lado, com a circunstância de que seria questionável a exigência 10
de um determinado meio de prova para a demonstração da inexistência do facto presumido e já não para a sua existência e, sobretudo, com a circunstância de a presunção legal não constituir, verdadeiramente, um meio de prova.

E pode a prova do contrário que se exige para ilidir a presunção ilidível dirigir-se, não 11
contra o facto presumido, mas contra o nexo lógico subjacente à presunção legal? A resposta deve ser afirmativa, consistindo a prova do contrário, nesse caso, na demonstração da debilidade ou irracionalidade da máxima da experiência[13].

IV – A presunção legal ilidível

6. Exemplos. Constituem presunções ilidíveis a generalidade das presunções do CC, de que 12
constituem exemplo as consagradas no 799.º (presunção de culpa do devedor na responsabilidade civil contratual), 1254.º (presunções de posse), 1260.º/2 (presunção de boa fé da posse titulada) e 1268.º/1 (presunção da titularidade do direito de que goza o possuidor)[14].

7. Distinção em face da dispensa ou exoneração do ónus da prova. A presunção ili- 13
dível, segundo alguma doutrina, não se confunde com a dispensa ou exoneração do ónus da prova, pois exigiria a prova do facto conhecido – beneficiando o titular na medida em que o facto conhecido é mais fácil de provar do que o facto desconhecido –, enquanto a segunda (de que constituiria exemplo, à luz do 478.º do CS, a presunção de boa-fé da posse) não exigiria do interessado qualquer espécie de prova[15].

[11] Qualificando a regra do 493.º/2 como presunção legal de culpa, excecional face à do 487.º/1, segundo a qual é ao lesado que incumbe provar a culpa do autor da lesão, veja-se Joaquim de Sousa Ribeiro, *O ónus da prova da culpa na responsabilidade civil por acidente de viação* (1980), 3-4.

[12] O 393.º/2 corresponde ao 637.º do CPC de 1939 (que regulava os factos sobre que não era admissível a inquirição de testemunhas), preceito que José Alberto dos Reis, *Código de Processo Civil anotado*, IV, 412-413 considerava um afloramento do princípio referido no texto e cuja existência justificava por, entre o momento da elaboração do questionário e o da inquirição da testemunha, poder ter sido feita a prova plena do facto sobre o qual a testemunha iria depor.

[13] Sobre o problema, e no sentido apontado, Luís Filipe Pires de Sousa, *Prova por presunção no direito civil*, 2.ª ed., 102-104.

[14] Assim, com numerosos exemplos de presunções, António Menezes Cordeiro, *Tratado de Direito civil*, V, 3.ª ed., 525-529.

[15] Assim, José Alberto dos Reis, *Código de Processo Civil anotado*, III, 249. Formulando dúvidas sobre a clareza da

V – A presunção legal inilidível

14 **8. Exemplos.** As presunções inilidíveis, como o nome sugere, não podem ser destruídas por prova do contrário, ou seja, "o facto desconhecido que como ilação se deduz do facto conhecido tem de ser aceite, necessàriamente, como certo"[16]. Constituem exemplos de preceitos que consagram presunções inilidíveis os 243.º/3, 579.º/2, 1093.º/2, 1260.º/3 e 2198.º/2[17].

15 **9. Distinção em face da ficção legal.** As presunções inilidíveis aproximam-se das ficções legais no ponto em que não admitem sequer prova do contrário, mas distinguem-se destas na medida em que ainda assentam nas regras da experiência, que associam, na perspetiva do legislador, a ocorrência de um facto à ocorrência de outro facto, enquanto as ficções legais (de que constituem exemplo o direito de representação em matéria sucessória, nos termos dos 2039.º e 2045.º e a retroatividade da condição suspensiva, nos termos do 276.º) abstraem dessas regras e da normal associação ou não entre factos, pretendendo apenas atribuir a certos factos os efeitos jurídicos de outros factos[18].

Artigo 351.º (Presunções judiciais)

As presunções judiciais só são admitidas nos casos e termos em que é admitida a prova testemunhal.

Bibliografia: *vide* a referida em anotação ao 349.º.

Índice

I – Origem

1 **1.** O **Código de Seabra**, no 2519.º estabelecia[1]:

> As presumpções, que não forem estabelecidas por lei, dependem do prudente arbitrio do julgador; mas só podem admittir-se nos casos em que a prova testemunhal é de receber.

2 **2. Preparatórios.** No anteprojeto Vaz Serra as presunções judiciais são analisadas, propondo-se, para o CC, preceito praticamente idêntico ao do atual 351.º, constante de um n.º de um artigo dedicado às presunções (o art. 7.º)[2].

distinção das duas figuras, João Marques Martins, *Prova por presunções judiciais na responsabilidade civil aquiliana*, 500.

[16] Assim, José Alberto dos Reis, *Código de Processo Civil anotado*, III, 248-249. *Vide* a anot. ao 344.º.

[17] Sobre estes exemplos, veja-se José Lebre de Freitas, *A ação declarativa comum*, 4.ª ed., 14.4., nota 34 e Luís Filipe Pires de Sousa, *Prova por presunção no direito civil*, 2.ª ed., 97-98.

[18] Sobre estas duas figuras e dando os referidos exemplos, veja-se Manuel de Andrade, *Noções elementares de processo civil* (1979), 216, Antunes Varela/J. Miguel Bezerra/Sampaio e Nora, *Manual de Processo Civil*, 2.ª ed., 502-503; veja-se, ainda, dando como exemplo de ficção legal a figura do 275.º/2, Luís Filipe Pires de Sousa, *Prova por presunção no direito civil*, 2.ª ed., 71.

[1] José Dias Ferreira, *Codigo Civil annotado*, V, 1.ª ed., 217.

[2] Adriano Vaz Serra, *Provas*, BMJ 110 (1961), 190-193 e BMJ 112 (1962), 271-272. *Vide*, quanto à evolução dos preparatórios, a anot. 2 ao 350.º.

II – Regime legal

3. Admissibilidade. O 351.º remete para os 393.º a 395.º, que estabelecem os casos em que a prova testemunhal é excluída, vedando também a prova por presunções judiciais nesses casos. Apesar da natureza substancialmente diferente das duas figuras (a prova testemunhal constitui um meio de prova e a presunção judicial um tipo de raciocínio), no anteprojeto Vaz Serra indica-se a razão para tal equiparação: a precariedade de ambas as figuras, embora por motivos diferentes: no caso da prova testemunhal, a precariedade decorre do perigo de parcialidade ou de venalidade da testemunha; no caso da presunção judicial, diferentemente, do perigo de raciocínio viciado do juiz[3]. 3

4. Valor probatório. O valor probatório das presunções judiciais, caso se entendesse que constituem meios de prova, não poderia ser tarifado, pois não é conjeturável proibir-se ao julgador a livre apreciação do seu raciocínio ou do resultado deste, nem fixar-se abstrata e geralmente a esse raciocínio a aptidão de representação[4]. Desse modo, porque nunca lhe poderia ser aplicável o regime da prova legal plena (*vide* o 347.º), compreende-se que a generalidade da doutrina considere que a presunção judicial cede por simples contraprova, nos termos do 346.º[5]. 4

A contraprova pode dirigir-se quer ao facto presumido quer ao facto-base (se este não estiver plenamente provado, caso em que não bastará a contraprova, exigindo-se prova do contrário: 347.º), devendo admitir-se ainda o contraditório relativamente ao próprio raciocínio presuntivo, utilizado pela contraparte ou pelo juiz[6], e à regra de experiência em que assenta a presunção judicial[7]. 5

Secção III – Confissão

Artigo 352.º (Noção)

Confissão é o reconhecimento que a parte faz da realidade de um facto que lhe é desfavorável e favorece a parte contrária.

Bibliografia: Adriano Vaz Serra, *Provas (Direito probatório material)*, BMJ 110 (1961), 199-256 e 111 (1961), 5-70; António Menezes Cordeiro, *Tratado de Direito civil*, V, 3.ª ed. (2018), 531-534; Fernando Pereira Barbosa, *Os meios de prova em processo civil*, 3.ª ed. (2018), 360 pp.; José Dias Ferreira, *Codigo Civil portuguez annotado*, V, 1.ª ed. (1876), 136-146; José Lebre de Freitas, *A confissão no Direito probatório (Um estudo de Direito positivo)* (1990), 808 pp.; Luiz da Cunha Gonçalves, *Tratado de Direito civil*, XIII (1940), 568-598; Rita Barbosa Cruz, em *UCP/Comentário ao Código Civil* (2014), 826-828.

[3] Adriano Vaz Serra, *Provas*, BMJ 110 (1961), 191. Criticando o preconceito dirigido à prova por presunções judiciais e assinalando que a convicção fundada em qualquer meio de prova pode ser frágil ou robusta, João Marques Martins, *Prova por presunções judiciais na responsabilidade civil aquiliana*, 364-365.

[4] Assim, João Marques Martins, *Prova por presunções judiciais na responsabilidade civil aquiliana*, 366-367.

[5] Neste sentido, por exemplo, Manuel de Andrade, *Noções elementares de processo civil*, 216; José Alberto dos Reis, *Código de Processo Civil anotado*, III, 250.

[6] Sobre este ponto, Luís Filipe Pires de Sousa, *Prova por presunção no direito civil*, 2.ª ed., 115-117.

[7] Sobre este ponto, e observando a diferença face à presunção legal (que não admite prova do contrário da regra da experiência), Cláudia Sofia Alves Trindade, *A prova de estados subjetivos no processo civil: presunções judiciais e regras de experiência* (2016), 297-301.

Índice

I – Origens e preparatórios

1 **1. O Código de Seabra** definia (2408.º)[1]:

> A confissão é o reconhecimento expresso, que a parte faz do direito da parte contraria, ou da verdade do facto por esta allegado.

2 Uma noção semelhante ocorria no 560.º do CPC de 1939[2]. O CPC de 1961 distinguia a confissão do pedido (293.º), a qual tinha relativamente a ele, efeitos modificativos ou extintivos, conforme o seu âmbito (294.º).

3 **2.** Nos **preparatórios,** Vaz Serra ponderou a colocação da matéria das provas e, designadamente, se seria oportuno, para além das leis de processo, inseri-la no Código Civil: (a) ela visa não só a convicção do juiz mas, também, a de outras pessoas e entidades; (b) a dispersão da prova por vários diplomas; (c) a especial atinência de certos meios de prova, como a confissão, com o direito substantivo[3]. Retemos, neste ponto, a referência expressa à confissão.

4 O anteprojeto Vaz Serra definia confissão no 8.º/1[4] em termos muito próximos dos das revisões ministeriais[5], do Projeto[6] e do texto final.

II – Dogmática básica

5 **3.** A **noção legal** coloca a confissão no plano dos factos: uma pessoa confessa caso admita um evento que lhe é desfavorável e favoreça a parte contrária[7]. O 352.º tem, subjacente, um pré-entendimento processual: refere "parte" e "parte contrária", num típico posicionamento em juízo.

6 Todavia, a confissão extrajudicial (355.º/1) pode ocorrer independentemente de qualquer processo. Recorde-se o reconhecimento: (1) da obrigação prescrita (304.º/2); (2) do direito, como forma de interromper a prescrição (308.º/2 e 325.º); (3) *idem*, quanto à caducidade (331.º); (4) da cessão de posição contratual (424.º/2); (5) de dívida (458.º/2); (6) dos direitos do gestor (469.º); (6) da sublocação pelo locador (1061.º); (7) dos defeitos da obra, pelo empreiteiro; (8) do direito de propriedade, pelo possuidor ou pelo detentor; (9) do parentesco (1603.º/1); (10) da paternidade (1796.º/2); (11) da maternidade (1815.º); (12) *idem*, para efeito de alimentos (1832.º/3); (13) novamente da paternidade (1848.º/1); (14) da qualidade sucessó-

[1] José Dias Ferreira, *Codigo Civil annotado*, V, 1.ª ed., 136. No CPC de 1876, a matéria surgia nos 216.º a 234.º; *idem*, *Codigo do Processo Civil annotado*, I (1887), 304-320.

[2] José Alberto dos Reis, *Código de Processo Civil anotado*, IV (1951), 63-74.

[3] Adriano Vaz Serra, *Provas*, BMJ 110, 65-67.

[4] *Idem*, BMJ 112, 272.

[5] *1.ª Revisão* (311.º/1), 136; *Revisão intercalar* (335.º), 131; *2.ª Revisão* (352.º), 139.

[6] *Projecto* (352.º), 102.

[7] STJ 3-jul.-2018 (José Raínho), Proc. 3057/11.

ria (2075.º/1): todas estas figuras, com regimes próprios, podem ser reconduzidas a uma ideia ampla de confissão material.

4. Afins da confissão: (1) a confissão do pedido (284.º, do CPC): não tem a ver com provas mas, tão-só, com a renúncia a certas posições substantivas; (2) a não-impugnação, a qual implica a admissão, por acordo, dos factos em jogo (574.º/2, do CPC)[8]; (3) a remissão, assente num acordo e que releva (apenas) no plano substantivo (863.º/1); (4) o depoimento de parte (452.º a 465.º do CPC)[9]: pode conter confissões, mas não necessariamente; (5) as declarações de parte (466.º do CPC), a apreciar livremente, salvo se contiverem confissão. 7

5. Regime: ocorre, de modo circunstanciado, nos 353.º a 361.º, com relevo para os pressupostos (353.º), as modalidades (355.º), as formas (356.º), a eficácia (358.º) e a invalidade (359.º). O 352.º surge como norma de enquadramento, destinada a introduzir a matéria subsequente. 8

III – Fundamento e natureza

6. A confissão no próprio campo judiciário, é um meio muito corrente e eficaz de prova. Normalmente, as pessoas dizem a verdade, mesmo quando lhes seja desfavorável. E por isso, há sempre uma massa significativa de factos que, em cada processo, são reconhecidos livremente pelas partes. 9

7. O fundamento da confissão pode ser procurado: (1) na especial plausabilidade que sempre apresenta o reconhecimento, pelo próprio, de um facto que lhe seja desfavorável; (2) na ideia de que cada um pode dispor dos seus direitos; (3) no acordo que se estabelece entre as partes. 10

A confissão é um ato estruturalmente funcional: visa a demonstração de certo facto, tendo, pois, essência probatória. A uma primeira leitura, quando feita nos articulados, ela poderia surgir como um negócio de tipo contratual: cada um confessa se quiser e confessa o que quiser; a confissão só não pode ser retirada se aceite pela outra parte. Tal ideia até seria completada pela exigência legal de disponibilidade do direito em jogo. 11

Uma melhor reflexão mostra que essa via não pode ser percorrida até ao fim: há sempre o controlo da impossibilidade e da inexistência notória [354.º, *c*)]. Além disso, devemos entender que as partes estão sujeitas à boa-fé e que o tribunal não pode ser usado para esquemas extravagantes ou surrealistas. Não há liberdade de estipulação[10]: só se pode confessar a verdade. 12

8. Natureza. A confissão, mau grado as modalidades que comporta, é um ato unitário. Ora, na confissão judicial provocada, mais se acentua o dever de verdade, podendo mesmo discutir-se a liberdade de celebração. A confissão fica reduzida a um ato jurídico *stricto sensu*, de tipo funcional[11]. São-lhe aplicáveis as regras dos negócios jurídicos (295.º) em tudo o que não se disponha em termos especiais. 13

Artigo 353.º (Capacidade e legitimação)

1. A confissão só é eficaz quando feita por pessoa com capacidade e poder para dispor do direito a que o facto confessado se refira.

[8] RCb 17-set.-2019 (Alberto Ruço), Proc. 6516/18. A admissão já não ocorre se, mercê do tipo de resposta, não houve articulado para responder: STJ 10-jan.-2017 (Nuno Cameira), Proc. 761/13.

[9] RGm 13-jun.-2019 (Ana Cristina Duarte), Proc. 5077//18.

[10] *Tratado* II, 4.ª ed., 85-89.

[11] A doutrina tende a aproximar-se de soluções deste tipo; *vide* Vaz Serra, *Provas* cit., 207 ss. (210) e Lebre de Freitas, *A confissão*, 501 ss. (589).

2. A confissão feita pelo litisconsorte é eficaz, se o litisconsórcio for voluntário, embora o seu efeito se restrinja ao interesse do confitente; mas não o é, se o litisconsórcio for necessário.

3. A confissão feita por um substituto processual não é eficaz contra o substituído.

Bibliografia: António Menezes Cordeiro, *Tratado de Direito civil*, V, 3.ª ed. (2018), 531; Rita Barbosa Cruz, em *UCP/Comentário ao Código Civil* (2014), 828-830.

Índice

1 **1. Preparatórios**. O preceito remonta ao 2411.º do CS. No anteprojeto Vaz Serra, ele já constava, praticamente, do 8.º/2, 3 e 4[1]. Na 1.ª Revisão, ficou reduzido ao atual n.º 1 (311.º/2)[2]. Na intercalar (336.º)[3] 2.ª, recuperou-se o texto de Vaz Serra (353.º), com alterações[4].

2 **2. Capacidade e legitimidade**. O 313.º/1 requer, para a eficácia da confissão, que o confitente tenha "capacidade" para dispor do direito suportado pelo facto confessado. A capacidade reporta-se, aqui, à de gozo e à de exercício: o instituto da confissão pode ser usado por maiores, menores, acompanhados e pessoas coletivas. Há que observar as regras que, a cada caso, devam caber.

3 O 313.º/1 refere o "poder" de dispor do direito. Temos, ainda, que sob uma linguagem menos técnica, uma referência à legitimidade. Apenas o titular do direito em jogo pode confessar[5]. Nas hipóteses de representação voluntária, exigem-se poderes especiais para confessar. Nas de representação dita legal, há que observar a autorização do tribunal [hoje, do MP, por via do DL 272/2001, de 13-out., 2.º/1, *b*)], quando estejam em jogo as situações referidas no 1889.º/1 (pais) ou 1938.º/1 (tutor).

4 A lei trata a confissão como um ato dispositivo. Mesmo quando corresponda à verdade, tal como o confitente a represente, a confissão retira-lhe pretensões e meios de defesa.

5 **3. Litisconsórcio**: o 353.º/3 concretiza o mesmo princípio. No voluntário, o litisconsorte confitente mais não faz do que dispor da sua posição, sem afetar a dos seus parceiros. No necessário, a confissão teria de ser levada a cabo por todos os litisconsortes[6].

6 **4. Substituto processual**: é-lhe atribuída, por lei, legitimidade (indireta) para exercer uma posição de que não é titular; isso em nome próprio e não no do substituído[7]: assim sucede no caso de invocação da nulidade pelos credores (605.º/1) ou na ação sub-rogatória (606.º/1). O substituto, caso confesse, não pode, com isso, afetar o substituído (353.º/3).

[1] Adriano Vaz Serra, *Provas*, 272.
[2] *1.ª Revisão*, 136.
[3] *Revisão intercalar*, 131.
[4] *2.ª Revisão*, 139-140; *Projecto*, 103.
[5] STJ 22-abr.-1999 (Sousa Inês), Proc. 99B248: a "confissão" que prejudique terceiros não vale como tal: há ilegitimidade para confessar.
[6] STJ 14-jun.-2011 (Martins de Sousa), Proc. 3222/05: sendo feita apenas por um contitular, a confissão é valorada livremente como qualquer meio de prova; também STJ 27-nov.-2012 (Marques Pereira), Proc. 752/2001.
[7] RLx 17-jan.-2012 (Maria João Areias), Proc. 9814/03.

Artigo 354.º (Inadmissibilidade da confissão)

A confissão não faz prova contra o confitente:
***a*) Se for declarada insuficiente por lei ou recair sobre facto cujo reconhecimento ou investigação a lei proíba;**
***b*) Se recair sobre factos relativos a direitos indisponíveis;**
***c*) Se o facto confessado for impossível ou notoriamente inexistente.**

Bibliografia: Rita Barbosa Cruz, em *UCP/Comentário ao Código Civil* (2014), 830-832; *vide* a referida em anotação ao 352.º.

Índice

1. Preparatórios. O preceito, no tocante às alíneas *a*) e *b*) remonta ao 2412.º do CS; a alínea *c*) adveio do CPC de 1961. Vaz Serra, no 9.º do anteprojeto, referia apenas as referidas duas primeiras alíneas[1]. Essa situação manteve-se na 1.ª Revisão (313.º)[2]. A alínea *c*) adveio da Revisão intercalar (337.º)[3], donde passou à 2.ª Revisão (354.º)[4], assim se alcançando a redação atual[5]. 1

2. (a) A confissão **insuficiente por lei** é, desde logo, a que recaia sobre um ato formalmente inválido: em rigor, ele pode ser havido como provado, mas não como evento eficaz. 2

O facto cujo reconhecimento ou investigação a lei proíba prende-se com regras de família. Assim: 1809.º (casos em que não é admitida a averiguação oficiosa da maternidade); 1815.º (*idem*, quanto ao reconhecimento); 1848.º (*idem*, quanto à paternidade)[6]. 3

3. (b) **Direitos indisponíveis** não podem ser alijados por via da confissão. Tal sucede com os factos relativos a uma investigação de paternidade, que devem ser objeto de prova não-confessória[7]. O problema não é processual: antes de Direito substantivo. 4

4. (c) **Factos impossíveis** ou notoriamente inexistentes não são confessáveis. Parece óbvio, numa disposição que deve ser alargada à improbabilidade jurídica[8]. Quem invoque a impossibilidade deve prová-la[9]. 5

[1] Adriano Vaz Serra, *Provas*, 272.
[2] *1.ª Revisão*, 137.
[3] *Revisão intercalar*, 131-132.
[4] *2.ª Revisão*, 140.
[5] *Projecto* (354.º), 103.
[6] No entendimento dos tribunais, pode-se, todavia e na mesma ação, cumular a impugnação de paternidade com uma investigação relativa à mesma: STJ 23-jan.-2014 (Serra Baptista), CJ/Supremo XXII (2014) 1, 67-69 (69/I).
[7] Assento do STJ(P) de 16-out.-1984 (Amaral Aguiar), BMJ 340 (1984), 157-162 (161):

> Por respeitarem a direitos indisponíveis, por factos confessados pelo pretenso pai em ação de investigação de paternidade contra ele proposta devem ser levados ao questionário e não à especificação.

[8] RLx 18-mai.-2010 (Tomé Gomes), Proc. 961/09, ainda que a propósito de um procedimento executivo.
[9] RLx 18-mai.-2010 (Cristina Coelho), Proc. 1263/08.

Artigo 355.º (Modalidades)

1. A confissão pode ser judicial ou extrajudicial.

2. Confissão judicial é a feita em juízo, competente ou não, mesmo quando arbitral, e ainda que o processo seja de jurisdição voluntária.

3. A confissão feita num processo só vale como judicial nesse processo; a realizada em qualquer procedimento preliminar ou incidental só vale como confissão judicial na ação correspondente.

4. Confissão extrajudicial é a feita por algum modo diferente da confissão judicial.

Bibliografia: a indicada em anotação ao 352.º.

Índice

1 **1. Preparatórios**. O preceito adveio do anteprojeto Vaz Serra (10.º)[1]. Retocado na 1.ª (314.º)[2], na intercalar (338.º)[3] e na 2.ª (355.º)[4] Revisões Ministeriais, ainda que em pormenores, só atingiu a versão definitiva no Projeto (355.º)[5].

2 **2.** A **confissão judicial** é feita em juízo e mesmo quando (n.º 2): (a) incompetente; (b) arbitral; (c) de jurisdição voluntária. A lei não contemporiza com confissões que, depois, venham a ser retiradas, invocando aspetos puramente processuais. Opera o princípio da aquisição processual[6].

3 A confissão só vale como judicial no processo em que for realizada; mas se efetuada em procedimento preliminar ou incidental vale como judicial (apenas) na ação correspondente (n.º 2)[7].

4 **3.** A **confissão extrajudicial** é, por exclusão de partes, toda a não-judicial. Os termos desta apresentam-se, pois, como taxativos.

Artigo 356.º (Formas da confissão judicial)

1. A confissão judicial espontânea pode ser feita nos articulados, segundo as prescrições da lei processual, ou em qualquer outro ato do processo, firmado pela parte pessoalmente ou por procurador especialmente autorizado.

2. A confissão judicial provocada pode ser feita em depoimento de parte ou em prestação de informações ou esclarecimentos ao tribunal.

Bibliografia: António Menezes Cordeiro, *Tratado de Direito civil*, V, 3.ª ed. (2018), 532; Rita Barbosa Cruz, em *UCP/Comentário ao Código Civil* (2014), 833-835; *vide* a referida em anotação ao 352.º.

[1] Adriano Vaz Serra, *Provas*, 273.
[2] *1.ª Revisão*, 137.
[3] *Revisão intercalar*, 132.
[4] *2.ª Revisão*, 140.
[5] *Projecto*, 103.
[6] RPt 24-nov.-2009 (Vieira e Cunha), Proc. 1889/06.
[7] STJ 12-out.-2006 (Alberto Sobrinho), Proc. 06B2587.

Índice

1. Preparatórios. Remonta ao 10.º/3 do anteprojeto Vaz Serra[1], tendo sido parcialmente autonomizado na 1.ª Revisão (315.º/2 e 3)[2]. A intercalar (339.º)[3] e a 2.ª (356.º) aproximaram-no da redação definitiva[4], a qual foi alcançada no Projeto[5]. 1

2. Confissão espontânea, feita nos articulados, de acordo com as regras do processo. Pode, aí, ser feita por mandatário com poderes gerais; fora dos articulados, exige-se um procurador expressamente autorizado (356.º/1, *in fine*)[6]. 2

3. Confissão provocada: resulta de depoimento de parte (452.º a 465.º do CPC). O juiz pode determiná-lo oficiosamente (452.º/1) ou alguma das partes ou compartes requerê-lo, indicando discriminadamente os factos sobre que há de recair (452.º/2 e 453.º/3, ambos do CPC). 3

O depoimento de parte[7] tem por objeto factos pessoais ou de que o depoente tenha conhecimento (454.º/1): mas não sobre factos criminosos ou torpes de que a parte seja arguida (454.º/2, ambos do CPC). 4

4. Declarações de parte, previstas no 466.º do CPC, não têm conteúdo confessório e são livremente apreciadas pelo tribunal. 5

Artigo 357.º (Declaração confessória)

1. A declaração confessória deve ser inequívoca, salvo se a lei o dispensar.

2. Se for ordenado o depoimento de parte ou o comparecimento desta para prestação de informações ou esclarecimentos, mas ela não comparecer ou se recusar a depor ou a prestar as informações ou esclarecimentos, sem provar justo impedimento, ou responder que não se recorda ou nada sabe, o tribunal apreciará livremente o valor da conduta da parte para efeitos probatórios.

Bibliografia: *vide* a referida em anotação ao 352.º.

Índice

1. Preparatórios. O 357.º tem as suas origens no 11.º (o 357.º/1) e no 12.º/5 (o 357.º/2) do anteprojeto Vaz Serra[1]. Na intercalar (340.º)[2] e na 1.ª Revisão, esses textos vieram preencher 1

[1] Adriano Vaz Serra, *Provas*, 273.
[2] *1.ª Revisão*, 138.
[3] *Revisão intercalar*, 132.
[4] *2.ª Revisão*, 141.
[5] *Projecto*, 104.
[6] STJ 3-jun.-2004 (Araújo Barros), Proc. 04B1849.
[7] A não confundir com a confissão: STJ 17-dez.-2003 (Ferreira Girão), Proc. 03B1909.
[1] Adriano Vaz Serra, *Provas*, 273 e 274.
[2] *Revisão intercalar*, 133.

o 315.º/1 e 3[3], chegando-se à versão definitiva na 2.ª (357.º)[4]. Não houve, neste processo, alterações de fundo.

2 **2. Inequivocamente**[5]. O 357.º/1 coloca uma regra de interpretação estrita, que opera em contramão relativamente ao regime geral do 236.º. Dada a natureza dispositiva da confissão, a lei pretende que o confitente aja consciente.

3 Põe-se, aqui, o tema do *animus confitenti*[6]: até que ponto será de exigir que o confitente queria: (a) ou os efeitos da confissão; (b) ou o conhecimento dos factos pela outra parte. A resposta é negativa, quanto aos dois pontos. A confissão apenas exige que o seu autor conheça ou deva conhecer a seriedade da sua postura. A exigência de inequivocidade visa reforçar esse elemento. No terreno, ocorre aqui mais um ponto que justifica a necessidade de recorrer a um mandatário judicial: previne atitudes precipitadas.

4 **3. A falta de colaboração** da parte cujo depoimento tenha sido ordenado, por não-comparência, recusa de poder ou de prestar informações ou esclarecimentos sem provar impedimento ou, ainda, por via dizer que não se recorda ou que nada sabe, é apreciada livremente pelo tribunal[7]. Em regra, as conclusões são penalizantes, ainda que não se traduzam necessariamente no considerar provado o ponto omisso.

Artigo 358.º (Força probatória da confissão)

1. A confissão judicial escrita tem força probatória plena contra o confitente.

2. A confissão extrajudicial, em documento autêntico ou particular, considera-se provada nos termos aplicáveis a estes documentos e, se for feita à parte contrária ou a quem a represente, tem força probatória plena.

3. A confissão extrajudicial não constante de documento não pode ser provada por testemunhas nos casos em que não é admitida a prova testemunhal; quando esta seja admitida, a força probatória da confissão é livremente apreciada pelo tribunal.

4. A confissão judicial que não seja escrita e a confissão extrajudicial feita a terceiro ou contida em testamento são apreciadas livremente pelo tribunal.

Bibliografia: Rita Barbosa Cruz, em *UCP/Comentário ao Código Civil* (2014), 838-840; *vide* a referida em anotação ao 352.º.

Índice

[3] *1.ª Revisão*, 137-138.
[4] *2.ª Revisão*, 141; *Projecto* (357.º), 104.
[5] RPt 17-nov.-2003 (Fonseca Ramos), Proc. 0355516.
[6] José Lebre de Freitas, *A confissão no Direito probatório* (1990), 561-578.
[7] Assim sucede nos casos em que o investigando se recuse a exames hematológicos determinados pelo tribunal: STJ 30-mar.-1993 (Dionísio de Pinho), CJ/Supremo I (1993) 2, 42-44(43/II); RLx 7-mar.-1996 (José Paulo de Campos Oliveira), BMJ 455 (1996), 559.

1. Preparatórios. O preceito constava já do 12.º do anteprojeto Vaz Serra[1]. Alterado, na forma, pela 1.ª Revisão (316.º)[2], ele atingiu, na intercalar (341.º)[3] e na 2.ª (358.º)[4], a sua redação final. Não conheceu flutuações substanciais assinaláveis. 1

2. Confissão judicial escrita[5], nos articulados, reduzida a termo ou produzida em depoimento de parte escrito tem força probatória plena contra o confitente[6]. É havida como a rainha das provas: (a) sendo contrária aos interesses do próprio declarante, ela dispõe de grande verosimilhança; (b) dá um máximo de legitimidade ao que seja decidido; (c) tranquiliza o tribunal e a opinião pública quanto ao sentido da decisão. 2

Em certos momentos históricos e no processo penal, a confissão era mesmo havida como o único meio de prova capaz de justificar penas graves. Donde a legitimidade de submeter ao arguidos à questão (a tortura) para a obter. 3

Sendo plena, a prova por confissão desdobra-se: (a) perante o confitente, que não mais a pode retirar, não se demonstrando a sua invalidade e, ainda, a sua inverdade; (b) em face da contraparte, que fica exonerada de demonstrar o que já resulta da confissão; (c) no campo do tribunal, que deve admitir o facto como sendo verídico. 4

3. Confissão extrajudicial: (1) **em documento**, autêntico ou particular, tem o peso probatório desses documentos (*vide* 371.º e 372.º e 376.º, quanto aos documentos particulares); assume força probatória plena se for dirigido à outra parte ou a quem a represente (358.º/2)[7]; caso contrário, será livremente valorada pelo juiz. Uma vez formulada, só pode ser destruída pela dupla cumulativa: (a) invalidação; (b) demonstração da não-verdade. 5

(2) **oral**: quando admitida, é apreciada livremente; não é possível demonstrá-la por testemunhas, quando seja vedada a prova testemunhal (358.º/3); *vide* 393.º e 394.º, quanto a restrições à prova testemunhal. 6

(3) **outras**: judicial não-escrita, extrajudicial feita a terceiro e testamentária: são livremente apreciadas pelo tribunal (358.º/4). 7

Artigo 359.º (Nulidade e anulabilidade da confissão)

1. A confissão, judicial ou extrajudicial, pode ser declarada nula ou anulada, nos termos gerais, por falta ou vícios da vontade, mesmo depois do trânsito em julgado da decisão, se ainda não tiver caducado o direito de pedir a sua anulação.

2. O erro, desde que seja essencial, não tem de satisfazer aos requisitos exigidos para a anulação dos negócios jurídicos.

Bibliografia: *vide* a referida em anotação ao 352.º e, quanto à nulidade e à anulabilidade em geral, a da introdução aos 285.º a 294.º.

[1] Adriano Vaz Serra, *Provas*, 273-274.

[2] *1.ª Revisão*, 138.

[3] *Revisão intercalar*, 133.

[4] *2.ª Revisão*, 141-142; *Projecto* (358.º), 104.

[5] A mera gravação não substitui a redução a escrito, para efeitos de prova plena: STJ 16-dez.-2010 (Helder Roque), Proc. 1873/06.

[6] STJ 27-mar.-2014 (Orlando Afonso), Proc. 1344/07.

[7] STJ 22-jan.-2013 (Nuno Cameira), Proc. 376/08.

Índice

1 **1. Preparatórios**. O anteprojeto Vaz Serra continha um 13.º assim concebido (ineficácia e impugnabilidade da confissão)[1].

1. A confissão pode ser impugnada quando devida a erro, dolo da outra parte ou coacção. O erro não tem de satisfazer aos requisitos exigidos pela lei para a anulação de negócios jurídicos.

2. Quando a confissão for devida a dolo de terceiro, é impugnável, se a outra parte tinha ou devia ter conhecimento do dolo. Quanto àquilo de que resulte um benefício directo para terceiro, a confissão é impugnável, se foi este o autor do dolo ou o conhecia ou devia ter conhecido, usando da diligência normal.

3. Nos casos de coação absoluta, erro na declaração, declaração não séria, reserva mental, incapacidade ou falta de legitimação, a confissão será eficaz ou ineficaz ou impugnável, conforme o que resultar das disposições legais relativas às declarações de vontade.

2 Era usada uma linguagem ainda presa às expressões alemãs, uma vez que, à época, ainda não havia sido oficializada a terminologia depois inserida no Código Civil, por Rui de Alarcão. Sobressai o n.º 1, 2.ª parte, em que dispensa o erro relevante exigido para a anulação do negócio jurídico.

3 A 1.ª Revisão (317.º)[2] manteve a orientação de Vaz Serra. A Revisão intercalar (342.º)[3] aproximou-se da redação final a qual ocorreu na 2.ª Revisão (359.º)[4].

4 **2.** A **invalidade** da confissão, judicial ou extrajudicial, pode ser atuada, pedindo-se a declaração da sua nulidade ou a sua anulação, nos termos gerais, por falta ou vício da vontade e isso mesmo após o trânsito em julgado da decisão (359.º/1). Esta terá de ser objeto de um recurso de revisão: 696.º, *d*), do CPC[5]. Não havendo trânsito em julgado, a invalidade pode ser invocada na própria ação em que a confissão haja sido produzida.

5 A aplicabilidade das regras sempre operaria, por força do 295.º[6]. Estão em causa os 240.º e seguintes, quanto à falta e aos vícios da vontade e os 285.º e seguintes, quanto aos regimes da nulidade e da anulabilidade.

6 **3.** A **dupla demonstração** é exigida: há que provar os factos que conduzam à invalidade da confissão e, ainda, a falta de verdade da declaração confessória. Cabe respeitar o prazo da anulação[7].

7 **4.** O **erro invalidante** deve ser essencial: mas não tem de satisfazer os requisitos fixados para a anulação dos negócios jurídicos (359.º/2). Pelo seguinte: na confissão há uma declaração de ciência e não de vontade.

[1] Adriano Vaz Serra, *Provas*, 274-275.
[2] *1.ª Revisão*, 139.
[3] *Revisão intercalar*, 134.
[4] *2.ª Revisão*, 142; *Projecto* (359.º), 105.
[5] STJ 7-mar.-2018 (Manuel Augusto de Matos), Proc. 490/10, ainda que em processo penal.
[6] Pires de Lima/Antunes Varela, *Código Civil anotado*, I, 4.ª ed. (1987), 318-319.
[7] STJ 11-fev.-2010 (Maria dos Prazeres Beleza), Proc. 259/09, onde se considerou a existência de uma preclusão processual.

5. A **irretratabilidade** da confissão resulta, também, destes dispositivos. Uma vez proferida, ela não mais pode ser retirada exceto, em processo, quando feita nos articulados, enquanto a parte conrária não a aceitar especificamente (465.º/2). 8

Artigo 360.º (Indivisibilidade da confissão)

Se a declaração confessória, judicial ou extrajudicial, for acompanhada da narração de outros factos ou circunstâncias tendentes a infirmar a eficácia do facto confessado ou a modificar ou extinguir os seus efeitos, a parte que dela quiser aproveitar-se como prova plena tem de aceitar também como verdadeiros os outros factos ou circunstâncias, salvo se provar a sua inexactidão.

Bibliografia: José Lebre de Freitas, *A confissão no Direito probatório* (1990), 197-231; Rita Barbosa Cruz, em *UCP/Comentário ao Código Civil* (2014), 840-841.

Índice

1. Preparatórios. A indivisibilidade adveio do 2417.º do CS. Vaz Serra, no seu anteprojeto, propôs um 14.º com uma redação próxima da atual[1]. A 1.ª Revisão (318.º) deu-lhe retoques formais[2], atingindo-se a redação definitiva na Revisão intercalar (343.º)[3]. 1

2. A **confissão complexa** ocorre caso o confitente, aos factos confessados, adite outros que lhe diminuam ou retirem o alcance probatório (confissão qualificada) ou que ela surja de tal modo que permita, ao mesmo confitente, uma defesa por exceção ou uma reconvenção (p. ex., recebi mas restituí). 2

3. O **princípio da indivisibilidade** implica que o beneficiário não possa prevalecer-se, apenas, da parcela da confissão que lhe seja favorável, antes (querendo), a deva aceitar no seu todo. Não opera a teoria das passas de uva (*Rosinentheorie*): retirar, de um todo, apenas aquilo que convenha. 3

A indivisibilidade apoia-se na unidade da confissão: um ato de disposição que não deve ser agravado contra o disponente. Também se invoca o pragmatismo: facilitam-se as confissões, uma vez que o confitente sabe que a sua declaração vai ser ponderada no conjunto, com os prós e os contras que envolva. 4

Artigo 361.º (Valor do reconhecimento não confessório)

O reconhecimento de factos desfavoráveis, que não possa valer como confissão, vale como elemento probatório que o tribunal apreciará livremente.

[1] Adriano Vaz Serra, *Provas*, 275.
[2] *1.ª Revisão*, 139.
[3] *Revisão intercalar*, 134; *2.ª Revisão* (343.º), 142-143; *Projecto* (360.º), 105.

Bibliografia: *vide* a referida em anotação ao 352.º.

Índice

1 **1. Preparatórios**: o preceito constava do 15.º do anteprojeto Vaz Serra[1]. Desapareceu na 1.ª Revisão, vindo a ressurgir, na intercalar (344.º), já com a redação final[2].

2 **2. A liberdade de apreciação** é a regra que, por defeito, tem aplicação. Sempre que ocorra um reconhecimento de factos desfavoráveis, que não possa ser reconduzido a uma confissão, opera a livre apreciação de prova[3].

Secção IV – Prova documental

Subsecção I – Disposições gerais

Artigo 362.º (Noção)

Prova documental é a que resulta de documento; diz-se documento qualquer objeto elaborado pelo homem com o fim de reproduzir ou representar uma pessoa, coisa ou facto.

Bibliografia: Adriano Vaz Serra, *Provas (Direito probatório material)*, BMJ 111 (1961), 79-194 e 112 (1961), 33-146; António Menezes Cordeiro, *Tratado de Direito civil*, V, 3.ª ed. (2018), 535-543; Fernando Pereira Rodrigues, *A prova em Direito civil* (2011), 313 pp.; *idem*, *Os meios de prova em processo civil*, 3.ª ed. (2017), 360 pp. 73-138; Fernando Pires de Lima/João Antunes Varela, *Código Civil anotado*, I, 4.ª ed. (1987), 320--339; João Marques Martins, *Documentos eletrónicos e meios de prova*, em *Código Civil/Cinquentenário*, I (2019), 795-824; José Alberto dos Reis, *Codigo de Processo Civil annotado*, III (1950), 350-462 e IV (1951), 1-63; José Dias Ferreira, *Codigo Civil portuguez annotado*, V, 1.ª ed. (1876), 148-210; *idem*, *Codigo de processo civil annotado*, 1 (1887), 293-303; J. M. Gonçalves Sampaio, *A prova por documentos particulares/Na doutrina, na lei e na jurisprudência*, 3.ª ed. (2010), 260 pp.; Luiz da Cunha Gonçalves, *Tratado de Direito civil*, XIII (1940), 620-769; Maria dos Prazeres Beleza, em *UCP/Comentário ao Código Civil* (2014), 842-861; Pedro Lacerda, *A prova por documentos eletrónicos*, CDP 54 (2016), 11-28.

Índice

[1] Adriano Vaz Serra, *Provas*, 275.

[2] *Revisão intercalar*, 134; *2.ª Revisão* (361.º), 143; *Projecto* (361.º), 105.

[3] Assim sucede com a afirmação do advogado, com simples mandato forense, feita em alegações: RPt 15-abr.-1982 (José Calejo), BMJ 316 (1982), 274 (o sumário).

1. Preparatórios. O preceito remonta ao 2420.º do CS, limitado embora ao "documento escrito". O anteprojeto Vaz Serra definia documento no 16.º/1, em termos similares aos atuais[1]. O preceito sofreu ligeiras alterações na 1.ª Revisão (319.º)[2], atingindo a redação final na Revisão intercalar (345.º)[3]. 1

2. Noção funcional: documento é o objeto elaborado pelo homem com o fito de representar uma pessoa, um objeto ou um facto. Ficariam afastadas representações de realidades sem fins comprovativos: obras de arte, p. ex.. Os "documentos naturais" podem ter relevo probatório: mas não como documentos em sentido técnico-jurídico. Também não são documentos os pareceres técnicos[4] e as decisões judiciais[5]. 2

3. Classificações. O Código comporta diversas modalidades de documentos: autênticos e particulares (363.º), passados em país estrangeiro (365.º), autenticados (377.º), em branco (378.º) e telegramas (379.º), a considerar nas anotações competentes. 3

Temos outras classificações, que permitem esclarecer a matéria em função de diversos critérios: (1) do suporte: documentos escritos e reproduções mecânicas, subdividindo-se estas últimas em fotográficas, cinematográficas ou fonográficas, na linguagem do Código (368.º); hoje temos documentos escritos e documentos eletrónicos ou digitais[6], podendo ainda, nas reproduções, mencionar-se os documentos videográficos e os audiográficos; (2) da entidade de origem: documentos oficiais e documentos particulares, podendo, nestes últimos, surgir documentos produzidos pelo autor e pelo réu; quanto a estes, fará sentido apelar ao regime da confissão; os documentos oficiais, por seu turno, serão notariais, centrais, regionais, locais, eclesiásticos, etc., em função da concreta entidade emissora; (3) do país de origem: documentos nacionais e estrangeiros; os fenómenos da diplomacia, das organizações internacionais e da integração habilitam, ainda, a distinguir documentos diplomáticos, internacionais e europeus; (4) de critérios jurídicos: documentos autênticos, autenticados e particulares; documentos originais e cópias; documentos reformados; certidões e diversos outros. 4

4. Papel. Os documentos propiciam demonstrações irrefutáveis da verdade dos factos, permitindo decisões alicerçadas por excelência e socialmente aceites. Para tanto, contribuem: (1) a sua própria natureza: as recordações humanas alteram-se e podem ser adulteradas; os documentos mantêm-se sempre inalterados, enquanto sobreviver o seu suporte; (2) a sua finalidade: os documentos são preparados para o seu papel probatório; por isso, na sua confeção, devem ser seguidos diversos procedimentos, que os tornam mais fidedignos. 5

Mas daí pode resultar a sua fraqueza. Muitos documentos são elaborados tendo já em vista um eventual uso em juízo. Compete ao tribunal, quando judique, discernir todos esses aspetos. 6

5. Processo. Cabe transcrever os 423.º a 451.º do CPC: 7

Artigo 423.º
Momento da apresentação

1. Os documentos destinados a fazer prova dos fundamentos da ação ou da defesa devem ser apresentados com o articulado em que se aleguem os factos correspondentes.

[1] Adriano Vaz Serra, *Provas*, 276.

[2] *1.ª Revisão*, 140.

[3] *Revisão intercalar*, 135; *2.ª Revisão* (362.º), 143; *Projecto* (362.º), 105.

[4] STJ 26-set.-1996 (Mário Cancela), BMJ 459 (1996), 513-518 (516-517): um parecer técnico alusivo ao rebentamento de um pneu.

[5] STJ 3-mai.-2011 (Fonseca Ramos), CJ/Supremo XIX (2011) 3, 57-58 (58/I).

[6] Pedro Lacerda, *A prova por documentos eletrónicos*, 12/I.

2. Se não forem juntos com o articulado respetivo, os documentos podem ser apresentados até 20 dias antes da data em que se realize a audiência final, mas a parte é condenada em multa, exceto se provar que os não pôde oferecer com o articulado.

3. Após o limite temporal previsto no número anterior, só são admitidos os documentos cuja apresentação não tenha sido possível até àquele momento, bem como aqueles cuja apresentação se tenha tornado necessária em virtude de ocorrência posterior.

Artigo 424.º

Efeitos da apresentação posterior de documentos

A apresentação de documentos nos termos do disposto no n.º 3 do artigo anterior não obsta à realização das diligências de produção de prova, salvo se, não podendo a parte contrária examiná-los no próprio ato, mesmo com suspensão dos trabalhos pelo tempo necessário, o tribunal considerar o documento relevante e declarar que existe grave inconveniente no prosseguimento da audiência.

Artigo 425.º

Apresentação em momento posterior

Depois do encerramento da discussão só são admitidos, no caso de recurso, os documentos cuja apresentação não tenha sido possível até àquele momento.

Artigo 426.º

Junção de pareceres

Os pareceres de advogados, professores ou técnicos podem ser juntos, nos tribunais de 1.ª instância, em qualquer estado do processo.

Artigo 427.º

Notificação à parte contrária

Quando o documento seja oferecido com o último articulado ou depois dele, a sua apresentação é notificada à parte contrária, salvo se esta estiver presente ou o documento for oferecido com alegações que admitam resposta.

Artigo 428.º

Exibição de reproduções cinematográficas e de registos fonográficos

À parte que apresente como prova qualquer reprodução cinematográfica ou registo fonográfico incumbe facultar ao tribunal os meios técnicos de o exibir, sempre que seja necessário, sem prejuízo do disposto no artigo 411.º.

Artigo 429.º

Documentos em poder da parte contrária

1. Quando se pretenda fazer uso de documento em poder da parte contrária, o interessado requer que ela seja notificada para apresentar o documento dentro do prazo que for designado; no requerimento, a parte identifica quanto possível o documento e especifica os factos que com ele quer provar.

2. Se os factos que a parte pretende provar tiverem interesse para a decisão da causa, é ordenada a notificação.

Artigo 430.º

Não apresentação do documento

Se o notificado não apresentar o documento, é-lhe aplicável o disposto no n.º 2 do artigo 417.º.

Artigo 431.º
Escusa do notificado

1. Se o notificado declarar que não possui o documento, o requerente é admitido a provar, por qualquer meio, que a declaração não corresponde à verdade.

2. Incumbe ao notificado que haja possuído o documento e que pretenda eximir-se ao efeito previsto no n.º 2 do artigo 344.º do Código Civil demonstrar que, sem culpa sua, ele desapareceu ou foi destruído.

Artigo 432.º
Documentos em poder de terceiro

Se o documento estiver em poder de terceiro, a parte requer que o possuidor seja notificado para o entregar na secretaria, dentro do prazo que for fixado, sendo aplicável a este caso o disposto no artigo 429.º.

Artigo 433.º
Sanções aplicáveis ao notificado

O tribunal pode ordenar a apreensão do documento e condenar o notificado em multa, quando ele não efetuar a entrega, nem fizer nenhuma declaração, ou quando declarar que não possui o documento e o requerente provar que a declaração é falsa.

Artigo 434.º
Recusa de entrega justificada

Se o possuidor, apesar de não se verificar nenhum dos casos previstos no n.º 3 do artigo 417.º, alegar justa causa para não efetuar a entrega, é obrigado, sob pena de lhe serem aplicáveis as sanções prescritas no artigo anterior, a facultar o documento para o efeito de ser fotografado, examinado judicialmente, ou se extraírem dele as cópias ou reproduções necessárias.

Artigo 435.º
Ressalva da escrituração comercial

A exibição judicial, por inteiro, dos livros de escrituração comercial e dos documentos a ela relativos rege-se pelo disposto na legislação comercial.

Artigo 436.º
Requisição de documentos

1. Incumbe ao tribunal, por sua iniciativa ou a requerimento de qualquer das partes, requisitar informações, pareceres técnicos, plantas, fotografias, desenhos, objetos ou outros documentos necessários ao esclarecimento da verdade.

2. A requisição pode ser feita aos organismos oficiais, às partes ou a terceiros.

Artigo 437.º
Sanções aplicáveis às partes e a terceiros

As partes e terceiros que não cumpram a requisição incorrem em multa, salvo se justificarem o seu procedimento, sem prejuízo dos meios coercitivos destinados ao cumprimento da requisição.

Artigo 438.º
Despesas provocadas pela requisição

1. As despesas a que der lugar a requisição entram em regra de custas, a título de encargos, sendo logo abonadas aos organismos oficiais e a terceiros pela parte que tiver sugerido a diligência ou por aquela a quem a diligência aproveitar.

2. Quando o juiz verifique que os documentos requisitados se revelam manifestamente impertinentes ou desnecessários e caso a parte requerente não tenha atuado com a prudência devida, é a mesma condenada ao pagamento de multa nos termos do Regulamento das Custas Processuais.

Artigo 439.º
Notificação às partes

A obtenção dos documentos requisitados é notificada às partes.

Artigo 440.º
Legalização dos documentos passados em país estrangeiro

1. Sem prejuízo do que se encontra estabelecido em regulamentos europeus e em outros instrumentos internacionais, os documentos autênticos passados em país estrangeiro, na conformidade da lei desse país, consideram-se legalizados desde que a assinatura do funcionário público esteja reconhecida por agente diplomático ou consular português no Estado respetivo e a assinatura deste agente esteja autenticada com o selo branco consular respetivo.

2. Se os documentos particulares lavrados fora de Portugal estiverem legalizados por funcionário público estrangeiro, a legalização carece de valor enquanto se não obtiverem os reconhecimentos exigidos no número anterior.

Artigo 441.º
Cópia de documentos de leitura difícil

1. Se a letra do documento for de difícil leitura, a parte é obrigada a apresentar uma cópia legível.

2. Se a parte não cumprir, incorre em multa e junta-se cópia à custa dela.

Artigo 442.º
Junção e restituição de documentos e pareceres

1. Independentemente de despacho, a secretaria junta ao processo todos os documentos e pareceres apresentados para esse efeito, a não ser que eles sejam manifestamente extemporâneos; nesse caso, a secretaria faz os autos conclusos, com a sua informação, e o juiz decide sobre a junção.

2. Os documentos incorporam-se no processo, salvo se, por sua natureza, não puderem ser incorporados ou houver inconveniente na incorporação; neste caso, ficam depositados na secretaria, por forma que as partes os possam examinar.

3. Os documentos não podem ser retirados senão depois de passar em julgado a decisão que põe termo à causa, salvo se o respetivo possuidor justificar a necessidade de restituição antecipada; neste caso, fica no processo cópia integral, obrigando-se a pessoa a quem foram restituídos a exibir o original, sempre que isso lhe seja exigido.

4. Transitada a decisão, os documentos pertencentes aos organismos oficiais ou a terceiros são entregues imediatamente, enquanto os pertencentes às partes só são restituídos mediante requerimento, deixando-se no processo fotocópia do documento entregue.

Artigo 443.º
Documentos indevidamente recebidos ou tardiamente apresentados

1. Juntos os documentos e cumprido pela secretaria o disposto no artigo 427.º, o juiz, logo que o processo lhe seja concluso, se não tiver ordenado a junção e verificar que os documentos são impertinentes ou desnecessários, manda retirá-los do processo e restitui-os ao apresentante, condenando este ao pagamento de multa nos termos do Regulamento das Custas Processuais.

2. Caso seja aplicável o disposto no n.º 2 do artigo 423.º, a parte é condenada no pagamento de uma única multa.

Artigo 444.º
Impugnação da genuinidade de documento

1. A impugnação da letra ou assinatura do documento particular ou da exatidão da reprodução mecânica, a negação das instruções a que se refere o n.º 1 do artigo 381.º do Código Civil e a declaração de que não se sabe se a letra ou a assinatura do documento particular é verdadeira devem ser feitas no prazo de 10 dias contados da apresentação do documento, se a parte a ela estiver presente, ou da notificação da junção, no caso contrário.

2. Se, porém, respeitarem a documento junto com articulado que não seja o último, devem ser feitas no articulado seguinte e, se se referirem a documento junto com a alegação do recorrente, são feitas dentro do prazo facultado para a alegação do recorrido.

3. No mesmo prazo deve ser feito o pedido de confronto da certidão ou da cópia com o original ou com a certidão de que foi extraída.

Artigo 445.º
Prova

1. Com a prática de qualquer dos atos referidos no n.º 1 do artigo anterior, o impugnante pode requerer a produção de prova.

2. Notificada a impugnação, a parte que produziu o documento pode requerer a produção de prova destinada a convencer da sua genuinidade, no prazo de 10 dias, limitado, porém, em 1.ª instância, ao termo das alegações orais.

3. A produção de prova oferecida depois de designado dia para a audiência final não suspende as diligências para ela nem determina o seu adiamento; se não houver tempo para notificar as testemunhas oferecidas, ficam as partes obrigadas a apresentá-las.

Artigo 446.º
Ilisão da autenticidade ou da força probatória de documento

1. No prazo estabelecido no artigo 444.º, devem também ser arguidas a falta de autenticidade de documento presumido por lei como autêntico, a falsidade do documento, a subscrição de documento particular por pessoa que não sabia ou não podia ler sem a intervenção notarial a que se refere o artigo 373.º do Código Civil, a subtração de documento particular assinado em branco e a inserção nele de declarações divergentes do ajustado com o signatário.

2. Se a parte só depois desse prazo tiver conhecimento do facto que fundamenta a arguição, pode esta ter lugar dentro de 10 dias a contar da data do conhecimento.

3. A parte que haja reconhecido o documento como isento de vícios só pode arguir vícios supervenientes, nos termos do número anterior, sem prejuízo do conhecimento oficioso nos termos da lei civil.

Artigo 447.º
Arguição pelo apresentante

1. A arguição da falsidade parcial de documento, bem como da inserção, em documento particular assinado em branco, de declarações só parcialmente divergentes do ajustado com o signatário, podem ser feitas pelo próprio apresentante que se queira valer da parte não viciada do documento.

2. O apresentante do documento pode também arguir a falsidade superveniente deste, nos termos e no prazo do n.º 2 do artigo anterior.

Artigo 448.º
Resposta

1. A parte contrária é notificada para responder, salvo se a arguição houver sido feita em articulado que não seja o último; neste caso, pode responder no articulado seguinte.

2. Se a parte contrária não responder ou declarar que não quer fazer uso do documento, não pode este ser atendido na causa para efeito algum.

3. Apresentada a resposta, é negado seguimento à arguição se esta for manifestamente improcedente ou meramente dilatória, ou se o documento não puder ter influência na decisão da causa.

Artigo 449.º
Instrução e julgamento

1. Com a arguição e com a resposta, podem as partes requerer a produção de prova.

2. A matéria do incidente é considerada nos temas da prova enunciados ou a enunciar nos termos do n.º 1 do artigo 596.º.

3. A produção de prova, bem como a decisão, têm lugar juntamente com a da causa, cujos termos se suspendem para o efeito, quando necessário.

4. A decisão proferida sobre a arguição é notificada ao Ministério Público.

Artigo 450.º
Processamento como incidente

1. Se a arguição tiver lugar em ação executiva, em processo especial cuja tramitação inviabilize o julgamento conjunto ou em processo pendente de recurso, a instrução e o julgamento fazem-se nos termos gerais estabelecidos para os incidentes da instância.

2. Quando a arguição tenha lugar em ação executiva, nem o exequente nem outro credor pode ser pago, na pendência do incidente, sem prestar caução.

3. Se a arguição tiver lugar em processo pendente de recurso, são suspensos os termos deste e, admitida a arguição, o processo baixa à 1.ª instância para instrução e julgamento, a menos que, pela sua simplicidade, a questão possa ser resolvida no tribunal em que o processo se encontra, nos termos aplicáveis dos n.os 1 e 2 do artigo 357.º; os recursos interpostos no incidente para o tribunal que o mandou seguir são julgados com aquele em que a arguição foi feita.

4. O incidente é declarado sem efeito se o respetivo processo estiver parado durante mais de 30 dias, por negligência do arguente em promover os seus termos.

Artigo 451.º
Falsidade de ato judicial

1. A falsidade da citação deve ser arguida dentro de 10 dias, a contar da intervenção do réu no processo.

2. A falsidade de qualquer outro ato judicial deve ser arguida no prazo de 10 dias, a contar daquele em que deva entender-se que a parte teve conhecimento do ato.

3. Ao incidente de falsidade de ato judicial é aplicável, com as necessárias adaptações, o disposto nos artigos 446.º a 450.º.

4. Quando a falsidade respeitar ao ato de citação e puder prejudicar a defesa do citando, a causa suspende-se logo que seja admitida a arguição, até decisão definitiva desta, observando-se o disposto no n.º 1 do artigo 450.º; mas o incidente não tem seguimento se o autor, notificado da arguição, requerer a repetição do ato da citação.

Artigo 363.º (Modalidades dos documentos escritos)

1. Os documentos escritos podem ser autênticos ou particulares.

2. Autênticos são os documentos exarados, com as formalidades legais, pelas autoridades públicas nos limites da sua competência ou, dentro do círculo de atividade que lhe é atribuído, pelo notário ou outro oficial público provido de fé pública; todos os outros documentos são particulares.

3. Os documentos particulares são havidos por autenticados, quando confirmados pelas partes, perante notário, nos termos prescritos nas leis notariais.

Bibliografia: Pedro Lacerda, *A prova por documentos eletrónicos*, CDP 54 (2016), 11-28; *vide* a referida em anotação ao 362.º.

Índice

1. Preparatórios. As distinções estavam presentes no CS: 2421.º, 2422.º e 2431.º. No antepro- 1
jeto Vaz Serra ocorria uma referência no 16.º/2 e, depois, as várias categorias nos 17.º e 21.º[1]. Este preceito reapareceu na 1.ª Revisão: 319.º/2, 320.º/1 e 2 e 322.º[2]. Na Revisão intercalar (346.º) e na 2.ª Revisão, tudo isso foi condensado num preceito (363.º)[3] o qual, com um retoque, passou ao Projeto (363.º)[4].

2. Documentos autênticos (n.º 2) são os exarados pelas autoridades públicas nos limites das 2
suas competências ou, no seu círculo de atividade, pelo notário ou outro oficial público, provido de fé pública[5].

Oficial público paradigmático, para este efeito, é o notário. O 1.º/1 do CNot[6] explicita: 3

> A função notarial destina-se a dar forma legal e conferir fé pública aos atos jurídicos extrajudiciais.

[1] Adriano Vaz Serra, *Provas*, 276-277 e 278-279.

[2] *1.ª Revisão*, 140 e 141-142.

[3] *Revisão intercalar*, 135; *2.ª Revisão*, 143-144.

[4] *Projecto*, 106.

[5] STJ 27-out.-1998 (Fernando Pinto Monteiro), BMJ 480 (1998), 402-407 (406).

[6] Aprovado pelo DL 207/95, de 14-ago. e alterado (contendo as retificações) 24 vezes, a última das quais, neste momento, pela L 89/2017, de 21-ago..

4 **3. Documentos particulares autenticados** quando confirmados pelas partes, perante o notário, nos termos prescritos pelas leis notariais (n.º 3). Hoje são praticamente idênticos aos autênticos [377.º; 703.º/1, *b*), do CPC]. No Código, é frequente a referência a documento autêntico ou autenticado: 143.º/2, *d*) (designação de acompanhante); 578.º/2 (cessão de créditos hipotecários); 660.º (constituição de consignação); 714.º (constituição de hipoteca voluntária); 787.ºe 789.º (quitação); 875.º (compra e venda de imóveis); 930.º (resolução na venda a retro); 947.º (doação de imóveis); 1143.º (mútuo de valor superior a € 25.000,00); 1232.º (renda perpétua); 1239.º (renda vitalícia); 1250.º (transação); 1419.º (título constitutivo de propriedade horizontal); 1422.º-A (junção de frações autónomas); 1677.º-B/2 (consentimento do ex-cônjuge para o uso do seu nome pelo outro); 1857.º/2, *b*) (perfilhação de maiores); 1928.º/3 (tutor designado pelos pais); 2126.º/2 (alienação de herança).

5 **4. Documentos particulares simples**: todos os demais, avultando, ainda, os assinados.

6 **5. Documentos eletrónicos**: são os elaborados mediante processamento eletrónico de dados – 2.º, *a*), do DL 290-D/99, de 2-ago.; satisfazem a forma escrita quando o seu conteúdo seja suscetível de representação escrita (3.º/1); valem como documento particular assinado quando aposta assinatura digital por entidade credenciada (3.º/2)[7].

7 **6. Delimitações**. Não são autênticos: o certificado médico de óbito[8]; o atestado médico[9]; a certidão emitida pela entidade gestora da bolsa[10]; a certidão camarária relativa a um caminho[11]: não produzem prova plena.

Artigo 364.º (Exigência legal de documento escrito)

1. Quando a lei exigir, como forma da declaração negocial, documento autêntico, autenticado ou particular, não pode este ser substituído por outro meio de prova ou por outro documento que não seja de força probatória superior.

2. Se, porém, resultar claramente da lei que o documento é exigido apenas para prova da declaração, pode ser substituído por confissão expressa, judicial ou extrajudicial, contanto que, neste último caso, a confissão conste de documento de igual ou superior valor probatório.

Bibliografia: Maria dos Prazeres Beleza, em *UCP/Comentário ao Código Civil* (2014), 845-847; *vide* a referida em anotação ao 362.º.

Índice

[7] Pedro Lacerda, *A prova por documentos eletrónicos*, 17 ss..
[8] STJ 2-out.-2008 (Salvador da Costa), Proc. 08B2654.
[9] STJ 24-jun.-2010 (Bettencourt de Faria), Proc. 600/09.
[10] STJ 18-nov.-2008 (Salvador da Costa), Proc. 08B3583.
[11] STJ 3-dez.-2009 (João Camilo), Proc. 3851/03; mas *vide* STJ 24-mai.-2012 (Granja da Fonseca), Proc. 1187/08.

1. Preparatórios. Com raiz no 2428.º do CS, o preceito adveio do 39.º do anteprojeto Vaz Serra[1]. Retocado na 1.ª Revisão (343.º)[2], ele alcançou o teor definitivo na 2.ª[3]. 1
2. A **hierarquia** de documentos é estabelecida pelo 364.º/1: autêntico, autenticado e particular. Perante ela, a regra geral determina: o documento exigido pode ser substituído por outro, desde que de grau superior[4]. 2
3. Substituição por confissão: é possível para substituir um documento exigido, apenas, para prova da declaração[5] e desde que a confissão seja ou judicial ou extrajudicial exarada em documento de igual ou superior valor probatório. 3

Artigo 365.º (Documentos passados em país estrangeiro)

1. Os documentos autênticos ou particulares passados em país estrangeiro, na conformidade da respetiva lei, fazem prova como o fariam os documentos da mesma natureza exarados em Portugal.

2. Se o documento não estiver legalizado, nos termos da lei processual, e houver fundadas dúvidas acerca da sua autenticidade ou da autenticidade do reconhecimento, pode ser exigida a sua legalização.

Bibliografia: Maria dos Prazeres Beleza, em *UCP/Comentário ao Código Civil* (2014), 845-847; *vide* a referida em anotação ao 362.º.

Índice

1. Preâmbulo. Presente no 2430.º do CS, ele foi desenvolvido no anteprojeto Vaz Serra (41.º)[1]: um preceito longo, em quatro números. A 1.ª Revisão (348.º) procedeu a alguma síntese[2], ocorrendo, na intercalar (348.º)[3] a redação final. 1
2. A **equiparação** de documentos passados no estrangeiro, em conformidade com a lei aplicável aos documentos nacionais da mesma natureza, é a regra básica (n.º 1). 2
3. A **legalização** pode ser requerida quando haja fundadas dúvidas sobre a sua autenticidade ou a autenticidade do reconhecimento (n.º 2)[4]. 3
4. A **Convenção de Haia** de 5-out.-1961, relativa à Supressão da Exigência de Legalização dos Atos Públicos Estrangeiros, aprovada para ratificação pelo DL 49 450, de 24-jan.-1968, 4

[1] Adriano Vaz Serra, *Provas*, 288.
[2] *1.ª Revisão*, 151.
[3] *2.ª Revisão*, 144; *Projecto* (364.º), 106; a *Revisão intercalar* (347.º), 136, estava muito próxima da final, salvo um pormenor de redação.
[4] STJ 31-out..2006 (Nuno Cameira), Proc. 06A2999; STJ 20-set.-2007 (Maria dos Prazeres Beleza), Proc. 07B1963.
[5] STJ 12-fev.-2009 (Maria dos Prazeres Beleza), Proc. 07B4125.

[1] Adriano Vaz Serra, *Provas*, 288.
[2] *1.ª Revisão*, 151.
[3] *Revisão intercalar*, 136; *2.ª Revisão* (364.º), 144; *Projecto* (364.º), 106.
[4] STJ 5-dez.-2002 (Ferreira de Almeida), Proc. 02B3970.

prevê que a legalização opere por apostilha (3.º e 4.º). Quanto à emissão da apostilha: DL 86/2009, de 3-abr.[5].

Artigo 366.º (Falta de requisitos legais)

A força probatória do documento escrito a que falte algum dos requisitos exigidos na lei é apreciada livremente pelo tribunal.

Bibliografia: Maria dos Prazeres Beleza, em *UCP/Comentário ao Código Civil* (2014), 845-847; *vide* a referida em anotação ao 362.º.

Índice

1 **1. Preparatórios**. Presente no anteprojeto Vaz Serra (33.º)[1] ele passou intacto ao 338.º da 1.ª Revisão[2], com redação definitiva na Revisão intercalar (349.º)[3].

2 **2. A livre apreciação** do documento escrito a que faltem requisitos legais mostra que, mau grado a falha, eles ainda têm poder probatório[4].

Artigo 367.º (Reforma de documentos escritos)

Podem ser reformados judicialmente os documentos escritos que por qualquer modo tiverem desaparecido.

Bibliografia: Maria dos Prazeres Beleza, em *UCP/Comentário ao Código Civil* (2014), 845-847; *vide* a referida em anotação ao 362.º.

Índice

[5] *Vide* Maria dos Prazeres Beleza, em *UCP/Comentário ao Código Civil* (2014), 848, com outros elementos.

[1] Adriano Vaz Serra, *Provas*, 285.

[2] *1.ª Revisão*, 149.

[3] *Revisão intercalar*, 136-137; *2.ª Revisão* (366.º), 145; *Projecto* (366.º), 107.

[4] STJ 28-mai.-1986 (Góis Pinheiro), Proc. 073437 = BMJ 357 (1986), 349-353 (352); STJ 16-jun.-1999 (Sousa Lamas), Proc. 99S068.

1. Preparatórios. Remonta ao 2429.º do CS, sendo recebido no anteprojeto Vaz Serra (40.º)[1]; retocado na 1.ª Revisão Ministerial (347.º)[2] e rematado na intercalar (350.º) e na 2.ª (367.º)[3]. 1
2. O **processo especial** de reforma constava dos 1069.º a 1073.º do CPC de 1961[4]; foi suprimido do Código atual, sem vantagens: haverá que recorrer ao processo comum. 2
3. Ao **desaparecimento** são equiparados o furto, o roubo e o extravio[5]. A reforma, concluída de acordo com a lei, permite obter um título com o valor do documento desaparecido. 3

Artigo 368.º (Reproduções mecânicas)

As reproduções fotográficas ou cinematográficas, os registos fonográficos e, de um modo geral, quaisquer outras reproduções mecânicas de factos ou de coisas fazem prova plena dos factos e das coisas que representam, se a parte contra quem os documentos são apresentados não impugnar a sua exatidão.

Bibliografia: Alexandre Dias Pereira, *Comércio electrónico na sociedade de informação* (1999), 174 pp.; Pedro Lacerda, *A prova por documentos eletrónicos*, CDP 54 (2016), 11-28; *vide* a referida em anotação ao 362.º.

Índice

1. Preâmbulo. O preceito surge *ex novo* no anteprojeto Vaz Serra (42.º)[1]. Foi retocado na 1.ª Revisão (346.º)[2] e atingiu a redação definitiva na intercalar (351.º) e na 2.ª (368.º)[3]. 1
2. As **reproduções mecânicas** de factos ou de coisas incluem fotografias[4], filmes, gravações áudio e quaisquer outras[5], na enumeração do 368.º, 1.ª parte. Elas fazem prova plena se a parte contra a qual sejam produzidas não impugnar a sua exatidão: "prova plena" do documento reproduzido e não do facto a que se reporte[6]. Quanto a fotocópias: 387.º. 2

Subsecção II – Documentos autênticos

Artigo 369.º (Competência da autoridade ou oficial público)

1. O documento só é autêntico quando a autoridade ou oficial público que o exara for competente, em razão da matéria e do lugar, e não estiver legalmente impedido de o lavrar.

[1] Adriano Vaz Serra, *Provas*, 288.
[2] *1.ª Revisão*, 153.
[3] *Revisão intercalar*, 137; *2.ª Revisão*, 145; *Projecto* (367.º), 107.
[4] STJ27-nov.-2007 (Maria dos Prazeres Beleza), Proc. 07B1301.
[5] STJ 7-abr.-2011 (Moreira Alves), Proc. 3023/06.
[1] Adriano Vaz Serra, *Provas*, 289.
[2] *1.ª Revisão*, 152.
[3] *Revisão intercalar*, 137; *2.ª Revisão*, 145-146; *Projecto* (368.º), 107.
[4] STJ 31-mai.-2007 (Maria dos Prazeres Beleza), Proc. 07B1333.
[5] Tais como levantamentos topográficos: STJ 21-nov.-2019 (Maria da Graça Trigo), Proc. 92/13 (no texto).
[6] STJ 7-out.-1993 (Ferreira da Silva), Proc. 085713.

2. Considera-se, porém, exarado por autoridade ou oficial público competente o documento lavrado por quem exerça publicamente as respetivas funções, a não ser que os intervenientes ou beneficiários conhecessem, no momento da sua feitura, a falsa qualidade da autoridade ou oficial público, a sua incompetência ou a irregularidade da sua investidura.

Bibliografia: *vide* a referida em anotação ao 362.º.

Índice

1 **1. Preâmbulo**. O preceito ocorria no 17.º/3 e 4 do anteprojeto Vaz Serra[1]. Daí passou ao 320.º/2 e 3 da 1.ª Revisão[2]. Na Revisão intercalar (352.º) ganhou autonomia[3], ocupando, na 2.ª, o 369.º, com a redação definitiva[4]. Foi autonomizada a subsecção II, sobre documentos autênticos.

2 **2. Requisitos** da autenticidade do documento: (1) oficial público; (2) competente em razão da matéria e do lugar; (3) não estando legalmente impedido. O preceito retoma, em parte, o 363.º/2.

3 **3. Funcionário putativo**: o 369.º/2 valida a sua atuação quando ele exerça publicamente as funções, salvo se os intervenientes ou beneficiários conhecessem (ou devessem conhecer) a falsa qualidade da autoridade ou oficial público, a sua incompetência ou a irregularidade da sua investidura, isto é, estivessem de má-fé.

Artigo 370.º (Autenticidade)

1. Presume-se que o documento provém da autoridade ou oficial público a quem é atribuído, quando estiver subscrito pelo autor com assinatura reconhecida por notário ou com o selo do respetivo serviço.

2. A presunção de autenticidade pode ser ilidida mediante prova em contrário, e pode ser excluída oficiosamente pelo tribunal quando seja manifesta pelos sinais exteriores do documento a sua falta de autenticidade; em caso de dúvida, pode ser ouvida a autoridade ou oficial público a quem o documento é atribuído.

3. Quando o documento for anterior ao século XVIII, a sua autenticidade será estabelecida por meio de exame feito na Torre do Tombo, desde que seja contestada ou posta em dúvida por alguma das partes ou pela entidade a quem o documento for apresentado.

Bibliografia: *vide* a referida em anotação ao 362.º.

[1] Adriano Vaz Serra, *Provas*, 276-277.
[2] *1.ª Revisão*, 140.
[3] *Revisão intercalar*, 137-138.
[4] *2.ª Revisão*, 146; *Projecto*, 107.

Índice

1 **1. Preparatórios**. Com ascendente nos 2423.º e 2424.º do CS, o preceito deve-se ao anteprojeto Vaz Serra (18.º)[1]: este apenas remetia para a Torre do Tombo os documentos anteriores ao séc. XVI[2]. Retocado na 1.ª Revisão (322.º), que manteve o séc. XVI[3], ele alcançou a redação quase definitiva na Revisão intercalar (353.º)[4] e a definitiva, na 2.ª (370.º)[5].

2 **2. Presunção de autenticidade**: ocorre quando o documento estiver subscrito pelo autor com assinatura reconhecida por notário ou com selo do respetivo serviço (n.º 1). Sem esta presunção, as dúvidas e discussões seriam permanentes.

3 A presunção é simplesmente *iuris tantum* (344.º/1): pode ser ilidida por prova em contrário ou oficiosamente excluída pelo juiz, quando a falta de autenticidade seja exteriormente manifesta; pode, na dúvida, ser ouvida a autoridade ou o oficial público a quem o documento seja atribuído[6].

4 **3.** A **Torre do Tombo** pode ser chamada a estabelecer, por meio de exame, autenticidade de documentos anteriores ao séc. XVIII[7], caso seja posta em dúvida por alguma das partes ou pela entidade a quem o documento seja apresentado[8].

Artigo 371.º (Força probatória)

1. Os documentos autênticos fazem prova plena dos factos que referem como praticados pela autoridade ou oficial público respectivo, assim como dos factos que neles são atestados com base nas perceções da entidade documentadora; os meros juízos pessoais do documentador só valem como elementos sujeitos à livre apreciação do julgador.

2. Se o documento contiver palavras emendadas, truncadas ou escritas sobre rasuras ou entrelinhas, sem a devida ressalva, determinará o julgador livremente a medida em que os vícios externos do documento excluem ou reduzem a sua força probatória.

Bibliografia: *vide* a referida em anotação ao 362.º.

[1] Adriano Vaz Serra, *Provas*, 277.
[2] Era a solução do 2497.º do Código de Seabra.
[3] *1.ª Revisão*, 141-142.
[4] Revisão intercalar, 138.
[5] *2.ª Revisão*, 146-147; *Projecto* (370.º), 108.
[6] Em juízo, pode ocorrer a intervenção principal provocada da ajudante de notário que tenha lavrado uma ata arguida de falsidade, mesmo que, contra ele, não tenha sido deduzido nenhum pedido indemnizatório: RPt 15-dez.-2003 (Fonseca Ramos), CJ XXVIII (2003) 5, 214-216 (216).
[7] Em rigor, este dispositivo deveria aplicar-se a documentos anteriores a 31-dez.-1700, já que o séc. XVIII principia, apenas, em 1-jan.-1701; todavia (e tal como sucedeu com o séc. XXI), a *vox populi* coloca a mudança do século em 1-dez.-1700.
[8] STJ 28-set.-1988 (Gama Prazeres), BMJ 379 (1988), 566-577 (570 ss.), num caso muito interessante com documentos que remontam ao séc. XI.

Índice

1 **1. Preparatórios**. Com ascendente nos 2425.º e 2427.º do CS, o preceito advém do 19.º do anteprojeto Vaz Serra[1]. Desenvolvido no 323.º da 1.ª Revisão[2], ele alcançou a versão final na 2.ª Revisão (371.º)[3].

2 **2. Graus de prova**: um documento autêntico faz prova plena apenas dos factos que refiram como praticados pela autoridade ou oficial público emitente, bem como dos factos neles atestados com base nas perceções dos mesmos (371.º/1, 1.ª parte); quanto a meros juízos pessoais: ficam à livre apreciação do juiz[4].

3 Numa escritura notarial, o preço aí indicado só é plenamente provado se tiver sido pago na presença do notário[5].

4 **3. Emendas e entrelinhas**: retiram força probatória ao documento autêntico (371.º/2): o julgador aprecia livremente esse facto.

5 **4.** A **prova testemunhal** pode ser usada para a apreensão do verdadeiro sentido de uma escritura ou de um documento[6].

Artigo 372.º (Falsidade)

1. A força probatória dos documentos autênticos só pode ser ilidida com base na sua falsidade.

2. O documento é falso, quando nele se atesta como tendo sido objeto da perceção da autoridade ou oficial público qualquer facto que na realidade se não verificou, ou como tendo sido praticado pela entidade responsável qualquer ato que na realidade o não foi.

3. Se a falsidade for evidente em face dos sinais exteriores do documento, pode o tribunal, oficiosamente, declará-lo falso.

Bibliografia: José Lebre de Freitas, *A falsidade no Direito probatório* (1984, reimp., 2013), 240 pp.; *vide* a referida em anotação ao 362.º.

Índice

[1] Adriano Vaz Serra, *Provas*, 277-278.
[2] *1.ª Revisão*, 142.
[3] *2.ª Revisão*, 147; *Projecto*, 108; na *Revisão intercalar* (354.º), 138-139, a redação aproximava-se da final.
[4] STJ 2-mar.-2011 (João Bernardo), Proc. 888/07.
[5] STJ 23-set.-2010 (Álvaro Rodrigues), Proc. 78/03.
[6] STJ 26-jan.-1994 (Araújo Ribeiro), Proc. 085783.

1. Preparatórios. O preceito remonta ao 2496.º do CS. O anteprojeto Vaz Serra colocou-o no seu 20.º[1]. Ampliado no 321.º da 1.ª Revisão Ministerial[2] e alterado na intercalar (355.º)[3], ele recebeu a redação final na 2.ª (372.º)[4]. 1

2. Tipos de falsidade[5]: (1) **material** ou externa: o documento foi forjado ou adulterado, não correspondendo ao que foi ou seria elaborado pela entidade competente; a falsidade material pode ser absoluta quando o documento nada tenha a ver com o suposto emitente ou relativa, se "apenas" tiver havido adulteração; diz-se, ainda, inicial ou superveniente se o vício ocorrer logo com a emissão do documento ou apenas em momento ulterior. Não há falsidade se o documento, num quadro de simulação, declara uma vontade diversa da real: o problema não é do documento[6]; 2

(2) **ideológica**[7]: o documentador declara atos que não praticou ou atesta factos que não ocorreram ou que não verificou. 3

3. A lei processual (o 446.º do CPC) dispõe sobre a ilisão da autenticidade ou da força probatória do documento. Não faz distinções em função dos tipos de falsidade ou quais mantêm apenas relevo descritivo. 4

4. A **declaração oficiosa** de falsidade, quando a mesma seja evidente em face dos sinais exteriores do documento, é possível, pelo tribunal (372.º/3): uma medida já subjacente ao 370.º/2. 5

Subsecção III – Documentos particulares

Artigo 373.º (Assinatura)

1. Os documentos particulares devem ser assinados pelo seu autor, ou por outrem a seu rogo, se o rogante não souber ou não puder assinar.

2. Nos títulos emitidos em grande número ou nos demais casos em que o uso o admita, pode a assinatura ser substituída por simples reprodução mecânica.

3. Se o documento for subscrito por pessoa que não saiba ou não possa ler, a subscrição só obriga quando feita ou confirmada perante notário, depois de lido o documento ao subscritor.

4. O rogo deve igualmente ser dado ou confirmado perante notário, depois de lido o documento ao rogante.

Bibliografia: *vide* a referida em anotação ao 362.º.

[1] Adriano Vaz Serra, *Provas*, 278.

[2] *1.ª Revisão*, 141.

[3] *Revisão intercalar* (355.º), 139.

[4] *2.ª Revisão*, 147-148; *Projecto* (372.º), 108-109.

[5] O 2496.º do CS dispunha:

A falsidade do documento póde consistir:

1.º Na supposição d'elle;

2.º Na de alguma das pessoas que n'elle são mencionadas, como partes, ou como testemunhas;

3.º Em se mencionar n'elle, como praticado no acto da sua celebração, algum facto que realmente não se deu;

4.º Na viciação da data, contexto ou assignaturas do documento.

[6] STJ 26-jan.-2012 (Bettencourt de Faria), Proc. 2036/07.

[7] STJ 23-out.-2002 (Luís Fonseca), Proc. 03B2690; RCb 20-jun.-2018 (Jorge França), Proc. 2259/13, relativo à falsidade de uma ata de assembleia geral.

Índice

1 **1. Preparatórios**. O CS, no seu 2431.º, ocupava-se do tema. No 22.º do anteprojeto Vaz Serra falava-se na "forma escrita legal", em seis números extensos[1]: compreendia a assinatura a rogo (n.º 5) e os telegramas (n.º 6). Na 1.ª Revisão (325.º, 326.º e 327.º) previa-se um preceito para a assinatura a rogo[2]. A intercalar (356.º) depurou esses preceitos[3], tendo, na 2.ª (373.º), sido alcançada a redação final[4].

2 **2.** A **assinatura** é pessoal e socialmente relevante: (1) cada ser humano tem uma letra própria, diferente das demais, numa particularidade que se acentua quando escreva o seu próprio nome, normalmente com abreviaturas próprias; (2) o ato de assinar implica uma assunção, no plano da consciência, daquilo que se diz[5]; (3) a presença de uma assinatura (na grande maioria dos casos: genuína) cria, na comunidade, uma situação de confiança relativamente ao documento.

3 A lei fixa, pois, o dever (em rigor: o encargo) da assinatura: ela deve figurar nos documentos particulares (373.º/1).

4 **3.** A **chancela** ou reprodução mecânica da assinatura é facultada nos títulos emitidos em grande número ou quando o uso o admita: pense-se nas notas de banco.

5 **4. Sucedâneos**: (1) a pessoa que não possa ou não saiba ler só fica obrigada quando a subscrição seja feita ou confirmada perante o notário, depois de lido o documento ao subscritor (373.º/3); (2) a assinatura a rogo deve ser dada ou confirmada perante o notário, depois de lido o documento ao rogante[6].

6 **5.** A **impressão digital** pode ser usada para atribuir a autoria de um documento ou a concordância com ele[7]: desde que a lei não exija assinatura.

Artigo 374.º (Autoria da letra e da assinatura)

1. A letra e a assinatura, ou só a assinatura, de um documento particular consideram-se verdadeiras, quando reconhecidas ou não impugnadas pela parte contra quem o documento é apresentado, ou quando esta declare não saber se lhe pertencem, apesar de lhe serem atribuídas, ou quando sejam havidas legal ou judicialmente como verdadeiras.

2. Se a parte contra quem o documento é apresentado impugnar a veracidade da letra ou da assinatura, ou declarar que não sabe se são verdadeiras, não lhe sendo elas imputadas, incumbe à parte que apresentar o documento a prova da sua veracidade.

Bibliografia: *vide* a referida em anotação ao 362.º.

[1] Adriano Vaz Serra, *Provas*, 279-280.
[2] *1.ª Revisão*, 143 e 144.
[3] *Revisão intercalar*, 139-140.
[4] *2.ª Revisão*, 148; *Projecto*, 109.
[5] *Vide* STJ 4-nov.-2010 (Maria dos Prazeres Beleza), Proc. 2916/05.
[6] RPt 10-set.-2019 (Márcia Portela), Proc. 1038/16.
[7] STJ 6-mai.-2008 (Moreira Camilo), Proc. 08A1187.

Índice

1. Preparatórios. Presente no 2435.º do CS, o preceito foi inserido no 24.º do anteprojeto Vaz Serra: "determinação da autoria da letra e da assinatura de documentos particulares"[1]. A 1.ª Revisão retocou-o (329.º)[2], enquanto a Revisão intercalar (357.º)[3], retomada pela 2.ª (374.º) lhe deu redação definitiva[4]. 1

2. A **presunção de autenticidade** dos documentos particulares, embora ténue, é fixada pelo 374.º/1; em si, presumem-se genuínos. Todavia, se a parte contra quem sejam apresentados os impugnar ou declarar que não sabe se lhes pertencem, cabe à parte que os apresente provar a veracidade[5]. 2

Artigo 375.º (Reconhecimento notarial)

1. Se estiverem reconhecidas presencialmente, nos termos das leis notariais, a letra e a assinatura do documento, ou só a assinatura, têm-se por verdadeiras.

2. Se a parte contra quem o documento é apresentado arguir a falsidade do reconhecimento presencial da letra e da assinatura, ou só da assinatura, a ela incumbe a prova dessa falsidade.

3. Salvo disposição legal em contrário, o reconhecimento por semelhança vale como mero juízo pericial.

Bibliografia: Maria dos Prazeres Beleza, em *UCPO/Comentário ao Código Civil* (2014), 857-858; *vide* a referida em anotação ao 362.º.

Índice

1. Preparatórios. O preceito advém do 24.º do anteprojeto Vaz Serra[1]. Foi simplificado na 1.ª Revisão (330.º)[2] e definitivamente fixado na Revisão intercalar (358.º)[3]. 1

2. O **reconhecimento presencial** inverte o ónus resultante do 374.º. Uma vez reconhecidas, nos termos das leis notariais, a letra e a assinatura do documento, incumbe à parte contra quem 2

[1] Adriano Vaz Serra, *Provas*, 280-281.
[2] *1.ª Revisão*, 145.
[3] *Revisão intercalar*, 140.
[4] *2.ª Revisão*, 148-149; *Projecto* (374.º), 109.
[5] A parte em causa pode não ser a emitente: STJ 25-nov.-2008 (Sebastião Póvoas), Proc. 08A3501.

[1] Adriano Vaz Serra, *Provas*, 280-281.
[2] *1.ª Revisão*, 145-146.
[3] *Revisão intercalar*, 141; *2.ª Revisão*, 149; *Projecto* (375.º), 110.

o documento for apresentado provar a sua falsidade. Diversas entidades têm recebido, por leis avulsas, o poder de atestar a autoria e de certificar ou autenticar documentos particulares.

3 **3.** O **reconhecimento por semelhança** vale como mero juízo pericial (375.º/3).

4 **4. Outras entidades** têm o poder de fazer reconhecimentos simples ou com menções especiais (38.º/1, do DL 76-A/2006, de 29-mar.): conservadores, oficiais de registo, advogados e solicitadores. Podem, ainda, certificar a conformidade de fotocópias com documentos originais (*idem*). Para tanto é necessário o registo informático desses atos: P 657-B/2006, de 29-jun.[4].

Artigo 376.º (Força probatória)

1. O documento particular cuja autoria seja reconhecida nos termos dos artigos antecedentes faz prova plena quanto às declarações atribuídas ao seu autor, sem prejuízo da arguição e prova da falsidade do documento.

2. Os factos compreendidos na declaração consideram-se provados na medida em que forem contrários aos interesses do declarante; mas a declaração é indivisível, nos termos prescritos para a prova por confissão.

3. Se o documento contiver notas marginais, palavras entrelinhadas, rasuras, emendas ou outros vícios externos, sem a devida ressalva, cabe ao julgador fixar livremente a medida em que esses vícios excluem ou reduzem a força probatória do documento.

Bibliografia: *vide* a referida em anotação ao 362.º.

Índice

1 **1. Preparatórios**. Corresponde ao 2432.º do CS. Foi recebido pelo 25.º do anteprojeto Vaz Serra[1] e alterado (sem reflexos de fundo) na 1.ª Revisão (331.º)[2]. Seguiram-se alterações na Revisão intercalar (359.º)[3] e retoques na 2.ª (376.º)[4], com redação definitiva no Projeto (376.º)[5].

2 **2. Prova plena**: opera relativamente ao documento particular reconhecido nos termos dos 374.º e 375.º, quanto às declarações atribuídas ao autor. Pode, todavia, ser arguida e provada a sua falsidade (n.º 1).

3 **3. Factos desfavoráveis**: compreendidos na declaração documentada, consideram-se provados; mas a declaração é indivisível, nos termos previstos para a confissão (n.º 2): *vide* o 360.º.

4 **4. Vícios externos**, tais como notas marginais, entrelinhas, rasuras, emendas ou outros: cabe ao julgador fixar livremente em que medida excluem ou reduzem a força probatória do documento.

[4] RCb 23-out.-2018 (Alberto Ruço), Proc. 9273/17.
[1] Adriano Vaz Serra, *Provas*, 281-282.
[2] *1.ª Revisão*, 146.
[3] *Revisão intercalar*, 141.
[4] *2.ª Revisão*, 149-150.
[5] *Projecto*, 110.

Artigo 377.º (Documentos autenticados)

Os documentos particulares autenticados nos termos da lei notarial têm a força probatória dos documentos autênticos, mas não os substituem quando a lei exija documento desta natureza para a validade do ato.

Bibliografia: *vide* a referida em anotação ao 362.º.

Índice

1 **1. Preparatórios**. O preceito surge *ex novo* no anteprojeto Vaz Serra (21.º)[1]. Na 1.ª Revisão (324.º) a redação era próxima[2], chegando-se à definitiva na Revisão intercalar (360.º)[3].

2 **2. Autenticação**: opera nos termos do 363.º; recai sobre documentos particulares nos quais o notário, por termo de autenticação, atesta que os autores confirmaram, perante ele, a correspondência entre o conteúdo e a vontade dos declarantes[4].

3 **3. Força probatória**: a equivalente aos documentos autênticos, aos quais são, hoje, frequentemente equiparados[5]. Todavia, não os substituem quando a lei exija documento autêntico para a validade do ato: uma regra de forma.

Artigo 378.º (Assinatura em branco)

Se o documento tiver sido assinado em branco, total ou parcialmente, o seu valor probatório pode ser ilidido, mostrando-se que nele se inseriram declarações divergentes do ajustado com o signatário ou que o documento lhe foi subtraído.

Bibliografia: *vide* a referida em anotação ao 362.º.

Índice

1 **1. Preparatórios**. Preceito novo, inserido no 25.º do anteprojeto Vaz Serra[1]. Daí passou ao 331.º/2 da 1.ª Revisão[2], sendo autonomizado, como 361.º, na Revisão intercalar[3] e no 378.º e com redação definitiva, na 2.ª[4].

[1] Adriano Vaz Serra, *Provas*, 278-279.
[2] *1.ª Revisão*, 143.
[3] *Revisão intercalar*, 141-142; *2.ª Revisão* (377.º), 150; *Projecto* (377.º), 110.
[4] RCb 6-mar.-2018 (António Carvalho Martins), Proc. 1068/18.
[5] *Vide supra*, 369.º a 372.º.

[1] Adriano Vaz Serra, *Provas*, 281-282.
[2] *1.ª Revisão*, 146.
[3] *Revisão intercalar*, 142.
[4] *2.ª Revisão*, 150; *Projecto* (378.º), 111.

2 **2. O pacto de preenchimento**. Um documento assinado em branco é entregue a um terceiro, para que o preencha[5]. Essa entrega surge acompanhada por um pacto de preenchimento: o terceiro irá confecionar o conteúdo do documento de acordo com as instruções recebidas do mandante. Trata-se de uma facilidade para o assinante, desde que este tenha o cuidado de entregar o documento a pessoa de confiança. Vale, então, como documento particular assinado. Os pactos de preenchimento são frequentes no domínio cambiário[6].

3 **3.** A **ilisição** do poder probatório pode, pelo próprio, ser feita demonstrando: (1) que o pacto de preenchimento não foi cumprido, tendo-se, no documento, inserido declarações diversas do ajustado; (2) que o documento lhe foi subtraído.

Artigo 379.º (Valor dos telegramas)

Os telegramas cujos originais tenham sido escritos e assinados, ou somente assinados, pela pessoa em nome de quem são expedidos, ou por outrem a seu rogo, nos termos do n.º 4 do artigo 373.º, são considerados para todos os efeitos como documentos particulares e estão sujeitos, como tais, ao disposto nos artigos anteriores.

Bibliografia: *vide* a referida em anotação ao 362.º.

Índice

1 **1. Preparatórios**. O valor dos telegramas tem antecedentes no 97.º, § único do Código Comercial de 1888. Vaz Serra trouxe-o para o campo civil, no 32.º do seu anteprojeto[1]. Retomado no 337.º da 1.ª Revisão[2], ele obteve o teor final na Revisão intercalar (363.º)[3].

2 **2. O valor probatório** dos telegramas é equiparado ao dos documentos particulares, desde que se mostre que os respetivos originais foram escritos e assinados ou somente assinados pela pessoa em cujo nome são expedidos[4].

Subsecção IV – Disposições especiais

Artigo 380.º (Registos e outros escritos)

1. Os registos e outros escritos onde habitualmente alguém tome nota dos pagamentos que lhe são efetuados fazem prova contra o seu autor, se indicarem

[5] Se for preenchido pelo próprio não haverá assinatura "em branco".

[6] STJ 11-jul.-2019 (António Abrantes Geraldes), Proc. 10336/16.

[1] Adriano Vaz Serra, *Provas*, 285.

[2] *1.ª Revisão*, 149.

[3] *Revisão intercalar*, 142; *2.ª Revisão* (379.º), 150-151; *Projecto* (379.º), 111.

[4] Uma referência, a propósito da validade de uma convenção de arbitragem: RPt 7-mai.-2019 (Anabela Dias da Silva), Proc. 1188/16.

inequivocamente, posto que mediante um simples sinal, a receção de algum pagamento; mas o autor do escrito pode provar, por qualquer meio, que a nota não corresponde à realidade.

2. Têm igual força probatória os mesmos escritos, quando feitos e assinados por outrem, segundo instruções do credor.

3. É aplicável nestes casos a regra da indivisibilidade, nos termos prescritos para a prova por confissão.

Bibliografia: António Menezes Cordeiro, *Direito comercial*, 4.ª ed. (2016), 405-417; Maria Joana Féria Colaço, em *UCP/Comentário ao Código Civil* (2014), 864-867.

Índice

1. **Preparatórios**. O preceito remonta ao 2439.º do CS. Vaz Serra, no anteprojeto, previa (27.º) um preceito mais denso do que o atual, incluído na secção relativa à prova documental[1]. A 1.ª Revisão Ministerial reduziu o preceito a um número único (333.º), mantendo a mesma orientação sistemática[2]. Na Revisão intercalar (364.º), 2.ª (380.º) foi-lhe dada a redação definitiva, criando-se a atual subsecção **IV** – Disposições especiais[3]. 1

2. **Registos contabilísticos**: embora em termos generalizados, o 380.º visa essa realidade mercantil. O 44.º do CCom fixa a força probatória da escrituração entre comerciantes. O 380.º/1 refere uma força probatória geral, mas contra o seu autor, no tocante aos pagamentos que lhe sejam efetuados: não obstante, trata-se de uma presunção, uma vez que o seu autor pode provar, por qualquer meio. que a nota não corresponde à verdade[4]. O n.º 2 alarga essa força vinculativa aos escritos feitos e assinados por outrem (normalmente: o contabilista) segundo instruções do credor. 2

3. A **indivisibilidade** da confissão (360.º) é expressamente ressalvada, como se impunha: utilizar registos e outros escritos contra o seu autor tem um óbvio sentido confessório. 3

Artigo 381.º (Notas em seguimento, à margem ou no verso do documento)

1. A nota escrita pelo credor, ou por outrem segundo instruções dele, em seguimento, à margem ou no verso do documento que ficou em poder do credor, ainda que não esteja datada nem firmada, faz prova do facto anotado, se favorecer a exoneração do devedor.

2. Idêntico valor é atribuído à nota escrita pelo credor, ou segundo instruções dele, em seguimento, à margem ou no verso de documento de quitação ou de título de dívida em poder do devedor.

[1] Adriano Vaz Serra, *Provas*, 283.
[2] *1.ª Revisão*, 147.
[3] *Revisão intercalar*, 143; *2.ª Revisão* (380.º), 151; *Projecto* (380.º), 111.
[4] RLx 11-mar.-2010 (António Valente), Proc. 700/09.

3. A força probatória das notas pode ser contrariada por qualquer meio de prova; mas, quando se trate de quitação no documento ou título em poder do devedor, se a nota estiver assinada pelo credor, são aplicáveis as regras legais acerca dos documentos particulares assinados pelo seu autor.

Bibliografia: António Menezes Cordeiro, *Direito comercial*, 4.ª ed. (2016), 405-417; Maria Joana Féria Colaço, em *UCP/Comentário ao Código Civil* (2014), 864-867.

Índice

1 **1. Preparatórios**. O preceito provém do 2438.º do CS. No anteprojeto Vaz Serra, ele surgiu como 28.º, num teor não muito diverso do atual[1]. Com alterações na 1.ª Revisão (334.º)[2], ele acolheu, na intercalar (365.º)[3] e na 2.ª (381.º)[4] uma redação quase idêntica à do Projeto (381.º): essa, sim, a final[5].

2 **2. Notas exoneratórias** do devedor, exaradas no seguimento, à margem ou no verso do documento em poder do credor, mesmo não datadas ou assinadas, fazem prova do facto (381.º/1). O mesmo ocorre quanto a notas em documento no poder do devedor (381.º/2): documento de quitação ou título de dívida. Em ambos os casos o mesmo regime funciona se o autor das notas for um terceiro que atue seguindo instruções do credor.

3 Estamos em face de regras próprias do Direito das obrigações, com especial relevância no domínio do comércio. As notas marginais apostas manualmente e não assinadas suscitam, todavia, pouca confiança: são livremente apreciadas pelo tribunal[6].

4 **3. Ilisão da força probatória** das notas em causa (n.º 3): pode operar com recurso a qualquer meio de prova (1.ª parte); tratando-se de quitação no documento ou título em poder do devedor e estando a nota assinada pelo credor, aplicam-se as regras sobre documentos particulares assinados pelo próprio (2.ª parte): as do 376.º.

Artigo 382.º (Cancelamento dos escritos ou notas)

Se forem cancelados pelo credor, os escritos a que se referem os dois artigos anteriores perdem a força probatória que neles lhes é atribuída, ainda que o cancelamento não prejudique a sua leitura, salvo quando forem feitos por exigência do devedor ou de terceiro, nos termos do Artigo 788.º.

Bibliografia: António Menezes Cordeiro, *Direito comercial*, 4.ª ed. (2016), 405-417; Maria Joana Féria Colaço, em *UCP/Comentário ao Código Civil* (2014), 864-867.

[1] Adriano Vaz Serra, *Provas*, 283-284.
[2] *1.ª Revisão*, 148.
[3] *Revisão intercalar*, 143-144.
[4] *2.ª Revisão*, 151-152.
[5] *Projecto*, 112.
[6] STJ 12-jan.-1995 (Ferreira da Silva), Proc. 085713.

Índice

1. Preparatórios. O preceito foi introduzido no anteprojeto Vaz Serra (29.º)[1]. Daí passou à 1.ª Revisão (335.º), quase intocado[2]. Na 2.ª, novos retoques (382.º)[3], donde seguiu para o Projeto[4]. A expressão "ou de terceiro" só surgiu no Código publicado. 1

2. O cancelamento, pelo credor, dos escritos referidos nos 380.º e 381.º retira-lhes a força probatória: mesmo que o cancelamento não os torne ilegíveis. 2

A força probatória mantém-se se o cancelamento recair sobre dívida em cujo título, a pedido do devedor ou de terceiro, tenha ficado exarado o cumprimento efetuado (788.º). 3

Artigo 383.º (Certidões)

1. As certidões de teor extraídas de documentos arquivados nas repartições notariais ou noutras repartições públicas, quando expedidas pelo notário ou por outro depositário público autorizado, têm a força probatória dos originais.

2. A prova resultante da certidão de teor parcial pode ser invalidada ou modificada por meio da certidão de teor integral.

3. Qualquer interessado, e bem assim a autoridade pública a quem for exibida, para efeito de prova, uma certidão parcial, podem exigir do apresentante a exibição da certidão integral correspondente.

Bibliografia: Maria Joana Féria Colaço, em *UCP/Comentário ao Código Civil* (2014), 869-874.

Índice

1. Preparatórios. Oriundo do 2498.º do CS, o preceito tomou assento no 34.º/1 e 2 do anteprojeto Vaz Serra[1]. Sem alterações no 339.º/1 e 2 da 1.ª Revisão Ministerial[2], o preceito adquiriu forma quase definitiva na intercalar (367.º)[3] e definitiva na 2.ª (383.º)[4], sendo rematado no Projeto (383.º)[5]. 1

2. A **certidão de teor** extraída de documento arquivado nos cartórios notariais ou noutras repartições públicas, quando expedidas pelo responsável, têm a força probatória dos originais (383.º/1)[6]: solução natural, uma vez que o original está arquivado. 2

[1] Adriano Vaz Serra, *Provas*, 284.
[2] *1.ª Revisão*, 148.
[3] *2.ª Revisão*, 152; na *Revisão intercalar* (366.º), já idêntico: 144.
[4] *Projecto* (382.º), 112.

[1] Adriano Vaz Serra, *Provas*, 286.
[2] *1.ª Revisão*, 150.
[3] *Revisão intercalar*, 144.
[4] *2.ª Revisão*, 152-153.
[5] *Projecto*, 112-113.
[6] RLx 13-jul.-2010 (Manual Finanças), CJ XXXV (2010) 3, 119-121, relativa a uma certidão lavrada pela Conservatória dos Registos Centrais, com base numa certidão de registo emitida pelo Registo Civil de Munique.

3 **3.** Sendo a **certidão meramente parcial**, pode a prova dela resultante ser contrariada por certidão de teor integral (n.º 2): o trecho desinserido do conjunto pode, efetivamente, prestar-se a interpretações descontextualizadas.

4 Exibida uma certidão parcial, pode a autoridade pública a quem ela seja apresentada exigir a exibição da certidão integral.

Artigo 384.º (Certidões de certidões)

As certidões de certidões, expedidas na conformidade da lei, têm a força probatória das certidões de que forem extraídas.

Bibliografia: Maria Joana Féria Colaço, em *UCP/Comentário ao Código Civil* (2014), 869-874.

Índice

1 **1. Preparatórios**. No 34.º/4 do anteprojeto Vaz Serra, este preceito surgiu *ex novo*[1] e com a redação definitiva. Na 1.ª Revisão foi autonomizado como 340.º[2], passando à intercalar (368.º)[3], à 2.ª (384.º)[4] e ao Projeto[5], sem alterações.

2 **2.** A **certidão de certidão**, regularmente expedida, tem o valor da própria certidão certificada. Equivale à cópia de uma cópia: assegurada a correspondência, a solução legal é óbvia.

Artigo 385.º (Invalidação da força probatória das certidões)

1. A força probatória das certidões pode ser invalidada ou modificada por confronto com o original ou com a certidão de que foram extraídas.

2. A pessoa contra quem for apresentada a certidão pode exigir que o confronto seja feito na sua presença.

Bibliografia: Maria Joana Féria Colaço, em *UCP/Comentário ao Código Civil* (2014), 869-874.

Índice

[1] Adriano Vaz Serra, *Provas*, 286.
[2] *1.ª Revisão*, 150.
[3] *Revisão intercalar*, 145.
[4] *2.ª Revisão*, 153.
[5] *Projecto*, 113.

1. Preparatórios. O preceito tem correspondência no 2500.º do CS. Vaz Serra colocou a matéria no 34.º/1 e 5, do seu anteprojeto[1]. Daí transitou, com a mesma redação, para os 339.º/1 e 341.º da 1.ª Revisão[2]. Na Revisão intercalar (369.º), obteve a redação finl[3]. 1

2. A **invalidação** da certidão, enquanto fonte de força probatória, no todo ou em parte, faz-se por confronto com o original (n.º 1). A pessoa contra a qual a certidão seja apresentada pode exigir que o confronto seja feito na sua presença (n.º 2). 2

3. O **abuso do direito** é, aqui, representado pela possibilidade de se usar esta faculdade, sem que qualquer particularidade o justifique. A tutela da confiança e a primazia da materialidade subjacente requerem um mínimo de fundamentação, aquando da exigência de confronto com o original. 3

Artigo 386.º (Públicas-formas)

1. As cópias de teor, total ou parcial, expedidas por oficial público autorizado e extraídas de documentos avulsos que lhe sejam apresentados para esse efeito têm a força probatória do respetivo original, se a parte contra a qual forem apresentadas não requerer a exibição desse original.

2. Requerida a exibição, a pública-forma não tem a força probatória do original, se este não for apresentado ou, sendo-o, se não mostrar conforme com ela.

Bibliografia: Maria Joana Féria Colaço, em *UCP/Comentário ao Código Civil* (2014), 869-874.

Índice

1. Preparatórios. O 2501.º do CS já se ocupava do tema. Vaz Serra, no 35.º do anteprojeto, deu-lhe uma redação moderna[1]. Alterado (pouco) na 1.ª Revisão (342.º)[2], o preceito recebeu, na Revisão intercalar (370.º), a redação definitiva[3]. 1

2. A **pública-forma** representa uma certidão elaborada pelo oficial público autorizado. Também aqui a parte contra a qual ela seja produzida pode requerer a exibição do original (n.º 1). Não sendo apresentado o original quando requerido ou, sendo-o, não houver conformidade da pública-forma com o original, ela perde a força probatória. Logicamente. 2

Artigo 387.º (Fotocópias de documentos)

1. As cópias fotográficas de documentos arquivados nas repartições notariais ou noutras repartições públicas têm a força probatória das certidões de teor, se

[1] Adriano Vaz Serra, *Provas*, 286.
[2] *1.ª Revisão*, 150 e 151.
[3] *Revisão intercalar*, 145; *2.ª Revisão* (385.º), 153; *Projecto* (385.º), 113.

[1] Adriano Vaz Serra, *Provas*, 287.
[2] *1.ª Revisão*, 151.
[3] *Revisão intercalar*, 145; *2.ª Revisão* (386.º), 153-154; *Projecto* (386.º), 113.

a conformidade delas com o original for atestada pela entidade competente para expedir estas últimas; é aplicável, neste caso, o disposto no Artigo 385.º.

2. As cópias fotográficas de documentos estranhos aos arquivos mencionados no número anterior têm o valor da pública-forma, se a sua conformidade com o original for atestada por notário; é aplicável, neste caso, o disposto no Artigo 386.º.

Bibliografia: Maria Joana Féria Colaço, em *UCP/Comentário ao Código Civil* (2014), 869-874.

Índice

1 **1. Preparatórios**. O preceito é novo: ao tempo de Seabra, a fotocópia nao havia ainda sido inventada. Vaz Serra, no 36.º do anteprojeto, referia "cópias fotográficas" com o preceito próximo do atual[1]. Alterado na 1.ª Revisão (345.º)[2], o preceito obteve, na Revisão intercalar (371.º), a redação final[3].

2 **2. Fotocópias**: (1) **De documentos arquivados** nas repartições notariais ou públicas têm a força de certidões de teor, se a sua conformidade com o original for atestada pela entidade competente para expedir as certidões em causa (n.º 1).

3 (2) **De outros documentos**: valem como pública-forma, se a sua conformidade com o original for atestada por notário; nessa altura, segue-se o regime das públicas-formas, designadamente quanto ao modo de contrariar o seu poder probatório (386.º).

Secção V – Prova pericial

Artigo 388.º (Objeto)

A prova pericial tem por fim a perceção ou apreciação de factos por meio de peritos, quando sejam necessários conhecimentos especiais que os julgadores não possuem, ou quando os factos, relativos a pessoas, não devam ser objeto de inspeção judicial.

Bibliografia: Rita Gouveia, em *UCP/Comentário ao Código Civil* (2014), 880-882.

Índice

[1] Adriano Vaz Serra, *Provas*, 287.
[2] *1.ª Revisão*, 152.
[3] *Revisão intercalar*, 146; *2.ª Revisão* (387.º), 154; *Projecto* (387.º), 113-114.

1. Preparatórios. O preceito leva-nos ao 2418.º do CS. O 43.º do anteprojeto Vaz Serra, sob a epígrafe "admissibilidade", continha uma norma já semelhante à atual[1]. Ajustado na 1.ª Revisão (349.º), com a mesma epígrafe[2], ele acolheu, na 2.ª (388.º), a redação definitiva[3]. 1

2. A unificação da prova pericial foi levada a cabo pelo 388.º. Anteriormente, distinguia-se: (1) o exame, relativo a móveis ou, até, a pessoas; (2) a vistoria, referente a imóveis; (3) a avaliação, destinada a calcular o valor de coisas ou direitos. 2

3. Pressupostos: (1) necessidade de conhecimentos especiais que o juiz não possua ou não seja suposto possuir[4]; (2) factos relativos a pessoas que não devam ser objeto de inspeção judicial. Na primeira categoria estão em jogo temas de engenharia, de arquitetura, do ambiente, de finanças ou de contabilidade, como exemplos. Na segunda temos questões de saúde e de integridade física ou mental, que ponham em jogo o decoro ou a intimidade de cada um. 3

4. Processo. A prova pericial vem tratada nos 467.º a 489.º do CPC, que transcrevemos, para facilidade de consulta: 4

Capítulo IV – Prova pericial

Secção I – Designação dos peritos

Artigo 467.º
Quem realiza a perícia

1. A perícia, requerida por qualquer das partes ou determinada oficiosamente pelo juiz, é requisitada pelo tribunal a estabelecimento, laboratório ou serviço oficial apropriado ou, quando tal não seja possível ou conveniente, realizada por um único perito, nomeado pelo juiz de entre pessoas de reconhecida idoneidade e competência na matéria em causa, sem prejuízo do disposto no artigo seguinte.

2. As partes são ouvidas sobre a nomeação do perito, podendo sugerir quem deve realizar a diligência; havendo acordo das partes sobre a identidade do perito a designar, deve o juiz nomeá-lo, salvo se fundadamente tiver razões para pôr em causa a sua idoneidade ou competência.

3. As perícias médico-legais são realizadas pelos serviços médico-legais ou pelos peritos médicos contratados, nos termos previstos no diploma que as regulamenta.

4. As restantes perícias podem ser realizadas por entidade contratada pelo estabelecimento, laboratório ou serviço oficial, desde que não tenha qualquer interesse em relação ao objeto da causa nem ligação com as partes.

Artigo 468.º
Perícia colegial e singular

1. A perícia é realizada por mais de um perito, até ao número de três, funcionando em moldes colegiais ou interdisciplinares:

a) Quando o juiz oficiosamente o determine, por entender que a perícia reveste especial complexidade ou exige conhecimento de matérias distintas;

b) Quando alguma das partes, nos requerimentos previstos no artigo 475.º e no n.º 1 do artigo 476.º, requerer a realização de perícia colegial.

[1] Adriano Vaz Serra, *Provas*, 290.

[2] *1.ª Revisão*, 153-154.

[3] *2.ª Revisão*, 154-155; *Projecto* (388.º), 114. Na *Revisão intercalar*, 146, a secção V tinha ainda, por epígrafe, o título "prova por aditamento".

[4] Recai sobre factos que reclamem conhecimentos científicos, técnicos ou artísticos especiais, que não fizerem parte do cultura geral e da experiência comum, se deva presumir não serem detidos pelo juiz: RGm 26-set.-2019 (José Alberto Moreira Dias), Proc. 137/16.

2. No caso previsto na alínea *b*) do número anterior, se as partes acordarem logo na nomeação dos peritos, é aplicável o disposto na segunda parte do n.º 2 do artigo anterior; não havendo acordo, cada parte escolhe um dos peritos e o juiz nomeia o terceiro.

3. As partes que pretendam usar a faculdade prevista na alínea *b*) do n.º 1 devem indicar logo os respetivos peritos, salvo se, alegando dificuldade justificada, pedirem a prorrogação do prazo para a indicação.

4. Se houver mais de um autor ou mais de um réu e ocorrer divergência entre eles na escolha do respetivo perito, prevalece a designação da maioria; não chegando a formar-se maioria, a nomeação devolve-se ao juiz.

5. Nas ações de valor não superior a metade da alçada da Relação, a perícia é realizada por um único perito, aplicando-se o disposto no artigo 467.º.

Artigo 469.º
Desempenho da função de perito

1. O perito é obrigado a desempenhar com diligência a função para que tiver sido nomeado, podendo o juiz condená-lo em multa quando infrinja os deveres de colaboração com o tribunal.

2. O perito pode ser destituído pelo juiz se desempenhar de forma negligente o encargo que lhe foi cometido, designadamente quando não apresente ou impossibilite, pela sua inércia, a apresentação do relatório pericial no prazo fixado.

Artigo 470.º
Obstáculos à nomeação de peritos

1. É aplicável aos peritos o regime de impedimentos e suspeições que vigora para os juízes, com as necessárias adaptações.

2. Estão dispensados do exercício da função de perito os titulares dos órgãos de soberania ou dos órgãos equivalentes das Regiões Autónomas, bem como aqueles que, por lei, lhes estejam equiparados, os magistrados do Ministério Público em efetividade de funções e os agentes diplomáticos de países estrangeiros.

3. Podem pedir escusa da intervenção como peritos todos aqueles a quem seja inexigível o desempenho da tarefa, atentos os motivos pessoais invocados.

Artigo 471.º
Verificação dos obstáculos à nomeação

1. As causas de impedimento, suspeição e dispensa legal do exercício da função de perito podem ser alegadas pelas partes e pelo próprio perito designado, consoante as circunstâncias, dentro do prazo de 10 dias a contar do conhecimento da nomeação ou, sendo superveniente o conhecimento da causa, nos 10 dias subsequentes; e podem ser oficiosamente conhecidas até à realização da diligência.

2. As escusas são requeridas pelo próprio perito, no prazo de cinco dias a contar do conhecimento da nomeação.

3. Das decisões proferidas sobre impedimentos, suspeições ou escusas não cabe recurso.

Artigo 472.º
Nova nomeação de peritos

Quando houver lugar à nomeação de novo perito, em consequência do reconhecimento dos obstáculos previstos no artigo anterior, da remoção do perito inicialmente designado ou da impossibilidade superveniente de este realizar a diligência, imputável ao perito proposto pela parte, pertence ao juiz a respetiva nomeação.

Artigo 473.º
Peritos estranhos à comarca

1. As partes têm o ónus de apresentar os peritos estranhos à comarca cuja nomeação hajam proposto.

2. Tratando-se de perito escolhido pelo juiz, são-lhe satisfeitas antecipadamente as despesas de deslocação.

3. Quando a diligência tiver de realizar-se por carta, a nomeação dos peritos pode ter lugar no juízo deprecado.

Secção II – Proposição e objeto da prova pericial

Artigo 474.º
Desistência da diligência

A parte que requereu a diligência não pode desistir dela sem a anuência da parte contrária.

Artigo 475.º
Indicação do objeto da perícia

1. Ao requerer a perícia, a parte indica logo, sob pena de rejeição, o respetivo objeto, enunciando as questões de facto que pretende ver esclarecidas através da diligência.

2. A perícia pode reportar-se, quer aos factos articulados pelo requerente, quer aos alegados pela parte contrária.

Artigo 476.º
Fixação do objeto da perícia

1. Se entender que a diligência não é impertinente nem dilatória, o juiz ouve a parte contrária sobre o objeto proposto, facultando-lhe aderir a este ou propor a sua ampliação ou restrição.

2. Incumbe ao juiz, no despacho em que ordene a realização da diligência, determinar o respetivo objeto, indeferindo as questões suscitadas pelas partes que considere inadmissíveis ou irrelevantes ou ampliando-o a outras que considere necessárias ao apuramento da verdade.

Artigo 477.º
Perícia oficiosamente determinada

Quando se trate de perícia oficiosamente ordenada, o juiz indica, no despacho em que determina a realização da diligência, o respetivo objeto, podendo as partes sugerir o alargamento a outra matéria.

Secção III – Realização da perícia

Artigo 478.º
Fixação do começo da diligência

1. No próprio despacho em que ordene a realização da perícia e nomeie os peritos, o juiz designa a data e local para o começo da diligência, notificando-se as partes.

2. Quando se trate de exames a efetuar em institutos ou estabelecimentos oficiais, o juiz requisita ao diretor daqueles a realização da perícia, indicando o seu objeto e o prazo de apresentação do relatório pericial.

3. Quando por razões técnicas ou de serviço a perícia não puder ser realizada no prazo determinado pelo juiz, por si ou nos termos do n.º 4 do artigo 467.º, deve tal facto ser de imediato

comunicado ao tribunal, para que este possa determinar a eventual designação de novo perito, nos termos do n.º 1 do artigo 467.º.

Artigo 479.º
Prestação de compromisso pelos peritos

1. Os peritos nomeados prestam compromisso de cumprimento consciencioso da função que lhes é cometida, salvo se forem funcionários públicos e intervierem no exercício das suas funções.

2. O compromisso a que alude o número anterior é prestado no ato de início da diligência, quando o juiz a ela assista.

3. Se o juiz não assistir à realização da diligência, o compromisso a que se refere o n.º 1 pode ser prestado mediante declaração escrita e assinada pelo perito, podendo constar do relatório pericial.

Artigo 480.º
Atos de inspeção por parte dos peritos

1. Definido o objeto da perícia, procedem os peritos à inspeção e averiguações necessárias à elaboração do relatório pericial.

2. O juiz assiste à inspeção sempre que o considere necessário.

3. As partes podem assistir à diligência e fazer-se assistir por assessor técnico, nos termos previstos no artigo 50.º, salvo se a perícia for suscetível de ofender o pudor ou implicar quebra de qualquer sigilo que o tribunal entenda merecer proteção.

4. As partes podem fazer ao perito as observações que entendam e devem prestar os esclarecimentos que o perito julgue necessários; se o juiz estiver presente, podem também requerer o que entendam conveniente em relação ao objeto da diligência.

Artigo 481.º
Meios à disposição dos peritos

1. Os peritos podem socorrer-se de todos os meios necessários ao bom desempenho da sua função, podendo solicitar a realização de diligências ou a prestação de esclarecimentos, ou que lhes sejam facultados quaisquer elementos constantes do processo.

2. Se os peritos, para procederem à diligência, necessitarem de destruir, alterar ou inutilizar qualquer objeto, devem pedir previamente autorização ao juiz.

3. Concedida a autorização, fica nos autos a descrição exata do objeto e, sempre que possível, a sua fotografia, ou, tratando-se de documento, fotocópia devidamente conferida.

Artigo 482.º
Exame de reconhecimento de letra

1. Quando o exame para o reconhecimento de letra não puder ter por base a comparação com letra constante de escrito já existente e que se saiba pertencer à pessoa a quem é atribuída, é esta notificada para comparecer perante o perito designado, devendo escrever, na sua presença, as palavras que ele indicar.

2. Quando o interessado residir fora da área da comarca e a deslocação representar sacrifício desproporcionado, é expedida carta precatória, acompanhada de um papel lacrado, contendo a indicação das palavras que o notificado há de escrever na presença do juiz deprecado.

Artigo 483.º
Fixação de prazo para a apresentação de relatório

1. Quando a perícia não possa logo encerrar-se com a imediata apresentação do relatório pericial, o juiz fixa o prazo dentro do qual a diligência há de ficar concluída, que não pode exceder 30 dias.

2. Os peritos indicam às partes o dia e hora em que vão prosseguir com os atos de inspeção, sempre que lhes seja lícito assistir à continuação da diligência.

3. O prazo fixado pode ser prorrogado, por uma única vez, ocorrendo motivo justificado.

Artigo 484.º
Relatório pericial

1. O resultado da perícia é expresso em relatório, no qual o perito ou peritos se pronunciam fundamentadamente sobre o respetivo objeto.

2. Tratando-se de perícia colegial, se não houver unanimidade, o discordante apresenta as suas razões.

3. Se o juiz assistir à inspeção e o perito puder de imediato pronunciar-se, o relatório é ditado para a ata.

Artigo 485.º
Reclamações contra o relatório pericial

1. A apresentação do relatório pericial é notificada às partes.

2. Se as partes entenderem que há qualquer deficiência, obscuridade ou contradição no relatório pericial, ou que as conclusões não se mostram devidamente fundamentadas, podem formular as suas reclamações.

3. Se as reclamações forem atendidas, o juiz ordena que o perito complete, esclareça ou fundamente, por escrito, o relatório apresentado.

4. O juiz pode, mesmo na falta de reclamações, determinar oficiosamente a prestação dos esclarecimentos ou aditamentos previstos nos números anteriores.

Artigo 486.º
Comparência dos peritos na audiência final

1. Quando alguma das partes o requeira ou o juiz o ordene, os peritos comparecem na audiência final, a fim de prestarem, sob juramento, os esclarecimentos que lhes sejam pedidos.

2. Os peritos de estabelecimentos, laboratórios ou serviços oficiais são ouvidos por teleconferência a partir do seu local de trabalho.

Secção IV – Segunda perícia

Artigo 487.º
Realização de segunda perícia

1. Qualquer das partes pode requerer que se proceda a segunda perícia, no prazo de 10 dias a contar do conhecimento do resultado da primeira, alegando fundadamente as razões da sua discordância relativamente ao relatório pericial apresentado.

2. O tribunal pode ordenar oficiosamente e a todo o tempo a realização de segunda perícia, desde que a julgue necessária ao apuramento da verdade.

3. A segunda perícia tem por objeto a averiguação dos mesmos factos sobre que incidiu a primeira e destina-se a corrigir a eventual inexatidão dos resultados desta.

Artigo 488.º
Regime da segunda perícia

A segunda perícia rege-se pelas disposições aplicáveis à primeira, com as ressalvas seguintes:

a) Não pode intervir na segunda perícia perito que tenha participado na primeira;

b) Quando a primeira o tenha sido, a segunda perícia será colegial, tendo o mesmo número de peritos daquela.

Artigo 489.º
Valor da segunda perícia

A segunda perícia não invalida a primeira, sendo uma e outra livremente apreciadas pelo tribunal.

Artigo 389.º (Força probatória)

A força probatória das respostas dos peritos é fixada livremente pelo tribunal.

Bibliografia: *vide* a indicada na anotação ao artigo anterior.

Índice

1 **1. Preparatórios**. Presente no 2419.º do CS, o preceito derivou do 44.º do anteprojeto Vaz Serra, já com o mesmo sentido[1]. Alterado na 1.ª Revisão (350.º)[2], ele recebeu o texto definitivo na 2.ª (389.º)[3].

2 **2.** As **respostas aos peritos**, sobretudo se fundamentadas convenientemente, podem ser decisivas para qualquer pleito. Todavia, delas não resulta prova vinculada: o juiz aprecia livremente o que delas resulte. Quando se desvie da posição pericial, o tribunal deve dar a sua justificação[4].

Secção VI – Prova por inspeção

Artigo 390.º (Objeto)

A prova por inspeção tem por fim a percepção directa de factos pelo tribunal.

Bibliografia: Rita Gouveia, em *UCP/Comentário ao Código Civil* (2014), 884-886.

Índice

[1] Adriano Vaz Serra, *Provas*, 290.

[2] *1.ª Revisão*, 154; na *Revisão intercalar* (373.º), 146-147, usava-se, ainda, "força probatória do arbitramento".

[3] *2.ª Revisão*, 155; *Projecto* (389.º), 114.

[4] RPt 7-out.-2019 (Jerónimo Freitas), Proc. 11684/17 (exame médico em matéria laboral).

1. Preparatórios. Introduzido de novo pelo 45.º do anteprojeto Vaz Serra, com um lato conteúdo e sob a epígrafe "admissibilidade"[1]: 1

> 1. A prova por inspecção tem por fim a percepção de factos mediante o uso dos sentidos.
> 2. Quando a inspecção importar dificuldades ou riscos especiais, que aconselhem a intervenção apenas de peritos, ou quando só possa ser feita com êxito por peritos, é ela efectuada sem a intervenção pessoal do juiz.
> 3. A inspecção corporal deve ser realizada com todas as cautelas indispensáveis para assegurar o respeito da pessoa.

Na 1.ª Revisão, esse texto foi reformado (351.º)[2]. Na intercalar (374.º), ele foi simplificado, recebendo a redação definitiva[3]. 2

2. A inspeção judicial: desta feita, é o próprio tribunal que se desloca ao terreno, de modo a, diretamente, percecionar os factos. A inspeção é especialmente requerida em casos de direitos reais, que impliquem o conhecimento do local. 3

3. O processo. A inspeção judicial vem regulada nos 490.º a 494.º do CPC. Transcrevem-se, para facilidade de consulta: 4

> CAPÍTULO V
> Inspeção judicial
>
> Artigo 490.º
> Fim da inspeção
>
> 1. O tribunal, sempre que o julgue conveniente, pode, por sua iniciativa ou a requerimento das partes, e com ressalva da intimidade da vida privada e familiar e da dignidade humana, inspecionar coisas ou pessoas, a fim de se esclarecer sobre qualquer facto que interesse à decisão da causa, podendo deslocar-se ao local da questão ou mandar proceder à reconstituição dos factos, quando a entender necessária.
> 2. Incumbe à parte que requerer a diligência fornecer ao tribunal os meios adequados à sua realização, salvo se estiver isenta ou dispensada do pagamento de custas.
>
> Artigo 491.º
> Intervenção das partes
>
> As partes são notificadas do dia e hora da inspeção e podem, por si ou por seus advogados, prestar ao tribunal os esclarecimentos de que ele carecer, assim como chamar a sua atenção para os factos que reputem de interesse para a resolução da causa.
>
> Artigo 492.º
> Intervenção de técnico
>
> 1. É permitido ao tribunal fazer-se acompanhar de pessoa que tenha competência para o elucidar sobre a averiguação e interpretação dos factos que se propõe observar.
> 2. O técnico é nomeado no despacho que ordenar a diligência e deve comparecer na audiência final.

[1] Adriano Vaz Serra, *Provas*, 290-291.
[2] *1.ª Revisão*, 154.
[3] Revisão intercalar, 147; *2.ª Revisão* (390.º), 155; *Projecto* (390.º), 114.

Artigo 493.º
Auto de inspeção

Da diligência é lavrado auto em que se registem todos os elementos úteis para o exame e decisão da causa, podendo o juiz determinar que se tirem fotografias para serem juntas ao processo.

Artigo 494.º
Verificações não judiciais qualificadas

1. Sempre que seja legalmente admissível a inspeção judicial, mas o juiz entenda que se não justifica, face à natureza da matéria, a perceção direta dos factos pelo tribunal, pode ser incumbido técnico ou pessoa qualificada de proceder aos atos de inspeção de coisas ou locais ou de reconstituição de factos e de apresentar o seu relatório, aplicando-se, com as necessárias adaptações, o disposto nos artigos anteriores.

2. Sem prejuízo das atestações realizadas por autoridade ou oficial público, as verificações não judiciais qualificadas são livremente apreciadas pelo tribunal.

Artigo 391.º – Força probatória

O resultado da inspeção é livremente apreciado pelo tribunal.

Bibliografia: Rita Gouveia, em *UCP/Comentário ao Código Civil* (2014), 884-886.

Índice

1 **1. Preparatórios**. O 46.º do anteprojeto Vaz Serra tinha a redação seguinte[1]:

1. A eficácia do resultado da inspecção é apreciada livremente pelo tribunal, salvo na medida em que esse resultado deva, segundo os dados da ciência, considerar-se seguro.

2. Se a parte recusar, sem motivo legítimo, inspecção na sua pessoa ou em coisas na sua posse, pode o juiz considerar provado o facto que se pretendia averiguar.

2 Na 1.ª Revisão (352.º), o preceito foi simplificado, ficando com a redação quase atual[2], finalmente recebida na 2.ª Revisão (391.º)[3].

3 **2.** O **auto de inspeção**, previsto no 493.º do CPC, acima transcrito, é um elemento relevante para a livre apreciação e para a sua fundamentação. Sendo omitido, ocorre uma nulidade: relevante se influir na decisão da causa (195.º/1 do CPC)[4].

[1] Adriano Vaz Serra, *Provas*, 291.

[2] *1.ª Revisão*, 155; na *Revisão intercalar* (375.º), 147, usava-se o plural: "os resultados".

[3] *2.ª Revisão*, 155; *Projecto* (391.º), 115.

[4] RCb 11-set.-2018 (Falcão de Magalhães), Proc. 5547/16.

Secção VII – Prova testemunhal

Artigo 392.º (Admissibilidade)

A prova por testemunhas é admitida em todos os casos em que não seja direta ou indiretamente afastada.

Bibliografia: Rita Gouveia, em *UCP/Comentário ao Código Civil* (2014), 886-888.

Índice

1. Preparatórios. Com antecedentes no 2506.º do CS, o preceito adveio do 47.º do anteprojeto Vaz Serra[1]. Na 1.ª Revisão, não foi mantido, embora o seu teor se alcançasse de outros artigos[2]. Na Revisão intercalar (375.º), ele reapareceu com a redação definitiva[3]. 1

2. Prova testemunhal é o depoimento prestado por quem não seja parte, sobre factos controvertidos, comunicando as suas perceções. Ela é sempre admitida (392.º), salvo proibição legal, "direta ou indireta". 2

3. Processo. A prova testemunhal é cuidadosamente regulamentada no CPC (495.º a 526.º). Transcrevemos, apenas, o 516.º (regime do depoimento): 3

> 1. A testemunha depõe com precisão sobre a matéria dos temas da prova, indicando a razão da ciência e quaisquer circunstâncias que possam justificar o conhecimento; a razão da ciência invocada é, quando possível, especificada e fundamentada.
> 2. O interrogatório é feito pelo advogado da parte que ofereceu a testemunha, podendo o advogado da outra parte fazer-lhe, quanto aos factos sobre que tiver deposto, as instâncias indispensáveis para se completar ou esclarecer o depoimento.
> 3. O juiz deve obstar a que os advogados tratem desprimorosamente a testemunha e lhe façam perguntas ou considerações impertinentes, sugestivas, capciosas ou vexatórias.
> 4. O interrogatório e as instâncias são feitos pelos mandatários das partes, sem prejuízo dos esclarecimentos pedidos pelo juiz ou de este poder fazer as perguntas que julgue convenientes para o apuramento da verdade.
> 5. O juiz avoca o interrogatório quando tal se mostrar necessário para assegurar a tranquilidade da testemunha ou pôr termo a instâncias inconvenientes.
> 6. A testemunha, antes de responder às perguntas que lhe sejam feitas, pode consultar o processo, exigir que lhe sejam mostrados determinados documentos que nele existam, ou apresentar documentos destinados a corroborar o seu depoimento; só são recebidos e juntos ao processo os documentos que a parte respetiva não pudesse ter oferecido.
> 7. É aplicável ao depoimento das testemunhas o disposto no n.º 2 do artigo 461.º.

[1] Adriano Vaz Serra, *Provas*, 291.
[2] *1.ª Revisão*, 155-156.
[3] *Revisão intercalar*, 147; *2.ª Revisão* (392.º), 156; *Projecto* (392.º), 115.

Artigo 393.° (Inadmissibilidade da prova testemunhal)

1. Se a declaração negocial, por disposição da lei ou estipulação das partes, houver de ser reduzida a escrito ou necessitar de ser provada por escrito, não é admitida prova testemunhal.

2. Também não é admitida prova por testemunhas, quando o facto estiver plenamente provado por documento ou por outro meio com força probatória plena.

3. As regras dos números anteriores não são aplicáveis à simples interpretação do contexto do documento.

Bibliografia: Rita Gouveia, em *UCP/Comentário ao Código Civil* (2014), 888-890.

Índice

1 **1. Preparatórios**. Com raízes nos 2507.° e 2508.° do CS, o preceito proveio do 48.°/1 e 2 (Restrições) do anteprojeto Vaz Serra[1]. Daí passou ao 353.° da 1.ª Revisão, com a epígrafe "factos para que é exigida forma escrita ou provados plenamente"[2], numa situação que se manteve na Revisão intercalar (377.°)[3]. Coube à 2.ª Revisão (393.°) dar-lhe a redação final, mas ainda com a epígrafe da 1.ª Revisão, ele reapareceu com a redação definitiva[4]. O retoque final ocorreu no Projeto (393.°)[5].

2 **2. Prova obrigatória por escrito**, quer por a estipulação estar sujeita a essa forma quer por a exigência *ad probationem* não admitir prova testemunhal (n.° 1).

3 **3. Prova plena**: quando ocorra, por documento ou outro meio, também afasta a prova testemunhal (n.° 2).

4 **4. Interpretação**: pode ser sempre complementada por via testemunhal (n.° 3).

Artigo 394.° (Convenções contra o conteúdo de documentos ou além dele)

1. É inadmissível a prova por testemunhas, se tiver por objeto quaisquer convenções contrárias ou adicionais ao conteúdo de documento autêntico ou dos documentos particulares mencionados nos artigos 373.° a 379.°, quer as convenções sejam anteriores à formação do documento ou contemporâneas dele, quer sejam posteriores.

2. A proibição do número anterior aplica-se ao acordo simulatório e ao negócio dissimulado, quando invocados pelos simuladores.

3. O disposto nos números anteriores não é aplicável a terceiros.

[1] Adriano Vaz Serra, *Provas*, 291-292.
[2] *1.ª Revisão*, 155.
[3] *Revisão intercalar*, 147.
[4] *2.ª Revisão*, 156.
[5] *Projecto*, 115.

Bibliografia: Rita Gouveia, em *UCP/Comentário ao Código Civil* (2014), 890-893.

Índice

1. Preparatórios. O CS, nos seus 2507.º e 2508.º, já continha regras deste tipo. O anteprojeto Vaz Serra concedeu-lhe o 48.º/3 e 4[1]. O 354.º da 1.ª Revisão condensou a matéria num único número[2]. A Revisão intercalar (378.º) desdobrou-a em dois números[3] A 2.ª Revisão (394.º) deu-lhe a compleixão final[4]. 1

2. Afastamento de prova testemunhal: ocorre também quanto a convenções contrárias ou adicionais ao conteúdo de documento autêntico ou dos particulares referidos nos 373.º a 379.º, sejam elas anteriores, contemporâneas ou posteriores ao documento: de outro modo, qualquer desses documentos seria posto em causa (n.º 1). 2

3. Simulação. Quando invocada pelos simuladores, não se admite a prova testemunhal quer quanto ao acordo simulatório, quer quanto ao negócio dissimulado (n.º 2). Esta regra, que torna muito difícil a prova da simulação, tem sido amenizada com recurso a diversos esquemas[5]. 3

4. Terceiros: não são abrangidos pelas limitações apontadas (n.º 3). 4

Artigo 395.º (Factos extintivos da obrigação)

As disposições dos artigos precedentes são aplicáveis ao cumprimento, remissão, novação, compensação e, de um modo geral, aos contratos extintivos da relação obrigacional, mas não aos factos extintivos da obrigação, quando invocados por terceiro.

Índice

1. Preparatórios. Vaz Serra introduziu, neste domínio, um preceito novo: o 50.º, epigrafado "prova do cumprimento, da remissão e de outros factos extintivos da obrigação"[1]. Pouco alterado no 355.º da 1.ª Revisão[2], ele recebeu novos retoques na intercalar (379.º)[3] e na 2.ª (395.º)[4] e a redação final no Projeto (395.º)[5]. 1

2. A **extinção das obrigações** é equiparada, para efeitos probatórios ao disposto nos 393.º e 394.º. A matéria deve, todavia, ser considerada em face de cada facto extintivo típico. 2

[1] Adriano Vaz Serra, *Provas*, 292.
[2] *1.ª Revisão*, 155.
[3] *Revisão intercalar* (378.º), 148.
[4] *2.ª Revisão*, 156-157; *Projecto* (394.º), 115-116.
[5] *Supra*, anot. ao 243.º.

[1] Adriano Vaz Serra, *Provas*, 293.
[2] *1.ª Revisão*, 156.
[3] *Revisão intercalar*, 148.
[4] *2.ª Revisão*, 157.
[5] *Projecto*, 116.

Artigo 396.º (Força probatória)

A força probatória dos depoimentos das testemunhas é apreciada livremente pelo tribunal.

Índice

1 **1. Preparatórios**. Com raízes nos 2512.º e 25.º15.º do CS, o preceito nasceu no 51.º do anteprojeto Vaz Serra[1]: já com a redação final[2].

2 **2.** A **livre apreciação** é fundamental, quanto à prova testemunhal. As razões de ciência, a credibilidade e a coerência de cada testemunha e a interligação dos depoimentos com todos os outros meios de prova constantes dos processos exigem uma prudente ponderação que fazem um intenso apelo à acuidade, à experiência e ao bom senso do julgador.

[1] Adriano Vaz Serra, *Provas*, 293.

[2] *1.ª Revisão* (356.º), 156; *Revisão intercalar* (380.º), 149; *2.ª Revisão* (396.º), 157; *Projecto* (396.º), 116.

ÍNDICE IDEOGRÁFICO[1]

[1] Técnica de citação: as indicações em **negro** referem-se à Introdução ao Código Comentado (**intr**), à introdução ao Diploma Preambular (**intr 47 344**), aos artigos do Diploma Preambular (p. ex., **1.º 47 344**), à introdução aos grupos de artigos (p. ex., **intr 1.º/13.º** ou **intr 1.º/4.º**) e aos diversos artigos do Código (p. ex., **1.º**); os números em redondo, que se lhe seguem, remetem para as anotações à margem